U0574524

域外漢籍珍本文庫編纂出版委員會

域外漢籍珍本文庫

第一輯
子部

西南師範大學出版社
人民出版社

群書治要

（二）

羣書治要卷第三十六

秘書監鉅鹿男臣魏徵等奉　勅撰

吳子　商君子　尸子　申子

吳子　吳起

圖國

本書無下民字　三作四　進戰下有不和於戰不可以決

吳子曰古之圖國家者必先教百姓而親萬民、民有三不和不和於國不可以出軍不和於軍、不可以出陣不和於陣不可以進戰、凡兵所起者五一曰爭名二曰爭利三曰積惡、

勝二句　數作服

四曰內亂五曰困飢其名又五一曰義兵二曰強兵三曰剛兵四曰暴兵五曰逆兵禁暴救亂曰義恃衆以伐曰強因怒興師曰剛棄禮貪利曰暴國危民疲舉事動衆曰逆五者之數各有其道義必以禮服強必以謙服剛必以辭服暴必以詐服逆必以權服此其勢也、

論將

命作令輕令　不辭王而後言作辭不補六字二而字共作之古字通用　設作教

夫總文武者軍之將也兼剛柔者兵之事也凡人之論將恒觀之於勇勇之於將乃數分之一耳夫勇者輕命而不知利未可也故將之所愼者五一曰理二曰備三曰果四曰戒五曰約理者治衆如治寡備者出門如見敵果者迎敵不懷生戒者雖克如始戰約者法令省而不煩受命而不辭家敵破而後言反將之禮也故師出之日有死而榮無生而辱也凡制國治軍必設之以禮厲之以義在大足以戰在小足以守矣然戰勝易守勝難是故以勝得天下者稀以亡者衆、

吾居二字作君一字

武侯曰願聞陣必定戰必勝守必固之道對曰君使賢者居上不肖處下則陣已定矣民安其田宅親其有司則守已固矣百姓皆是吾君而非鄰國則戰已勝矣

治兵

武侯問曰兵以何爲勝吳子曰兵以治爲勝又問不在衆乎對曰若法令不明賞罰不信金之不止鼓之不進雖有百萬之師何益於用所謂治者居則有禮動則有威進不可當退不可追、

前卻如節、左右應麾、投之所往、天下莫當、名曰父子之兵也、

勵士

武侯曰、嚴刑明賞、足以勝敵乎、吳子曰、嚴明之事、非所恃也、發號布令、而民樂聞、興師動衆、而民樂戰、交兵接刃、而民安死、此三者、人之所恃也、武侯曰、致之奈何、對曰、君舉有功而進之饗之、無功而厲之、於是武侯設坐廟庭、爲三行、饗士大夫、上功坐前行、肴席有重器上牢、次功坐中行、肴席器差減、無功坐後行、肴席無重器、饗畢而出、乃又班賜有功者之父母妻子於廟門之外、亦以功爲差數、唯無功者不得耳、死事之家、歲使使者勞賜其父母、行之五年、秦人興師臨於西河、魏士聞之、介冑不待吏令、奮擊之者、以萬數、吳子曰、臣聞之、人有短長、氣有盛衰、君試發無功者五萬人、臣請率以當之、其可乎、今使一死賊伏於曠野、千人追之、莫不梟視狼顧、何者、恐其暴起而害己也、是則一人投命、足懼千夫、

五作三

則作以

今臣以五萬之衆、而爲一死賊、以率討之、固難當矣、武侯從之、兼車五百乘、騎三千匹、而以破秦五十萬衆、此勵士之功也、

舊無一字補之

魏武侯嘗謀事、羣臣莫能及、罷朝而有喜色、吳起進曰、昔楚莊王謀事、羣臣莫能及、罷朝而有憂色、曰、寡人聞之、世不絕聖、國不乏賢、能得其師者王、能得其友者霸、今寡人不才、而羣臣莫之過、國其殆矣、莊王所憂、而君悅之、臣竊懼矣、於是武侯乃慙、

商君子　　商鞅

六法

先王當時而立法、度務而制事、法宜其時則治、事適其務、故有功、然則法有時而治、事有當而功、今時移而法不變、務易而事以古、是法與時詭、而事與務易也、故法立而亂益、務爲而事廢、故聖人之治國也、不法古、不循今、當時而立功、在難而能免、今民能變俗矣、而法不易、國形更勢矣、而務以古、夫法者、民之治也、務者、事之用

域外漢籍珍本文庫

也。國失法則危，事失用則不成，故法不當時而務不適用，而不危者，未之有也。

脩權

國之所以治者三，一曰法，二曰信，三曰權。法者，君臣之所共操也；信者，君臣之所共立也；權者，君之所獨制也。人主失守則危，君臣釋法任私則亂。故立法明分，而不以私害法，則治。權制獨斷於君則威，民信其賞則事功，不信其刑則姦無端矣。唯明主愛權重信，而不以私害法也。故

上多惠言而不克其賞，則下不用；數加嚴命而不致其刑，則民傲罪。凡賞者文也，刑者武也。文武者法之約也。故明主慎法，不蔽之謂明，不欺之謂察。故賞厚而信，刑重而必，不失疏遠，不私親近，故臣不蔽主，而下不欺上。世之為治者，多釋法而任私議，此國之所以亂也。先王懸權衡，立尺寸，而至今法之，其分明也。夫釋權衡而斷輕重，廢尺寸而意長短，雖察商賈不用，為其不必也。故法者，國之權衡也。夫背法度而任私議，

皆不知類者也。故立法明分，中程者賞，毀公者誅。賞誅之法，不失其議，故民不爭。不以爵祿便近親，則勞臣不怨；不以刑罰隱疏遠，則下親上。故官賢選能，不以其勞，則忠臣不進；行賞賦祿不稱其功，則戰士不用。凡人臣之事君也，多以主所好事君。君好法，則臣以法事君；君好言，則臣以言事君。君好法，則端直之士在前；君好言，則毀譽之臣在側。公私之分明，則小人不嫉賢，而不肖者不妬功。故三王以義親，五伯以法正

諸侯，皆非私天下之利也。今亂世之君臣，區區然皆欲擅一國之利，而蒐一官之重，以便其私，此國之所以危也。夫廢法度而好私議，則姦臣鬻權以約祿，秩官之吏隱下而漁民。諺曰：蠹衆而木折，隙大而牆壞。故大臣爭於私，而不顧其民，則下離上。下離上者，國之隙也。秩官之吏隱下以漁百姓，此民之蠹也。故國有隙蠹而不亡者，天下鮮矣。故明主任法去私，而國無隙蠹矣。

蒐作當

秩舊作秩下同改之

定分

去食下舊無欲字補之

真作貞巨盜作民皆

法令者、民之命也、爲治之本也、所以備民也、智者不得過、愚者不得不及、名分不定、而欲天下之治、是猶欲無饑而去食、欲無寒而去衣也、其不幾亦明矣、一兔走、而百人追之、非以兔爲可分以爲百、由名之未定也、夫賣兔者滿市、盜不敢取、由名分之定也、故名分未定、堯舜禹湯且皆加務而逐之、名分已定、貪盜不取、今法令不明、其名不定、天下之人得議之、此所謂名分不定也、夫名分不定、堯舜猶將皆折而姦之、而況衆人乎、故聖人必爲法令置官也、置吏也、爲天下師、所以定分也、名分定、則大詐貞信、巨盜愿慤、而各自治也、故夫名分定、勢治之道也、名分不定、勢亂之道也、故勢治者、不可亂也、勢亂者不可治也、夫勢亂而欲治之、愈亂矣、勢治而治之、則治矣、故聖人治治、不治亂也、聖人爲民法、必使之明白易知、愚智徧能知之、萬民無陷於險危也、故聖人立天下、而天下無刑死者、非可刑殺而不刑殺也、萬民皆知所以避禍就福、而皆自治也、明主因治而治之、故天下大治也、

勸學

尸子　　尸佼

學不倦所以治己也、教不厭所以治人也、是故子路卞之野人、子貢衛之賈人、顏涿聚盜也、顓孫師駔也、孔子教之、皆爲顯士、夫學譬之猶礪也、夫昆吾之金、而銖父之錫、使干越之工、鑄之以爲劒、而勿加砥礪、則以刺不入、以擊不斷、磨之礱礪、加之以黃砥、則其刺也無前、其擊也無下、自是觀之、礪之與弗礪、其相去遠矣、今人皆知礪其劒、而弗知礪其身、夫學身之礪砥也、夫子曰、車唯恐地之不堅也、舟唯恐水之不深也、有其器、則以人之難爲易、夫道以人之難爲易也、是故曾子曰、父母愛之、喜而不忘、父母惡之、懼而無咎、然則愛與惡、其於成孝無擇也、史鰌曰、君親而近之、至敬以遜、貌而疏之、敬無怨、然則親與疏、其於成忠無擇也、孔子曰、自娛於檃括之中、直己而不直人、以善廢而不邑邑、蘧伯

玉之行也、然則興與廢、其於成善無擇也、屈侯附曰、賢者易知也、觀其富之所分、達之所進、窮之所不取、然則窮與達、其於成賢無擇也、是故愛惡親疏、廢興窮達、皆可以成義、有其器也、桓公之舉管仲、穆公之舉百里、比其德也、此所以國甚僻小、身至穢汚、而爲政於天下也、今非比志意也、比容貌、非比德行也、而論爵列、亦可以却敵服遠矣、農夫比粟、商賈比財、烈士比義、是故監門逆旅、農夫陶人、皆得與焉、爵列私貴也、

德行公貴也、奚以知其然也、司城子罕遇乘封人而下、其僕曰、乘封人也、奚爲下之、子罕曰、古之所謂良人者、良其行也、貴人者、貴其心也、今天爵而人良其行、而貴其心、吾敢弗敬乎、以是觀之、古之所謂貴、非爵列也、所謂良、非先故也、人君貴於一國、而不達於天下、天子貴於一世、而不達於後世、唯德行與天地相弊也、爵列者、德行之舍也、其所息也、詩曰、蔽芾甘棠、勿剪勿敗、召伯所憩、仁者之所息、人不敢敗也、天子諸侯、人之所以貴也、桀紂處之則賤矣、是故曰、爵列非貴也、今天下貴爵列、而賤德行、是貴甘棠而賤召伯也、亦反矣、夫德義也者、視之弗見、聽之弗聞、天地以正、萬物以徧、無爵而貴、（而舊作與改之）不祿而尊也、

貴言

范獻子遊於河、大夫皆存、君曰、孰知欒氏之子、大夫莫答、舟人清涓舍檝而答曰、君奚問欒氏之子爲、君曰、自吾亡欒氏也、其老者未死、而少

者壯矣、吾是以問之、清涓曰、君善修晉國之政、內得大夫而外不失百姓、雖欒氏之子、其若君何、君若不修晉國之政、內不得大夫、而外失百姓、則舟中之人、皆欒氏之子也、君曰、善哉言、明日朝、令賜舟人清涓田萬畝、清涓辭、君曰、以此田也、易彼言也、子尚喪寡人猶得也、古之貴言也若此、臣天下、一天下也、一天下者、令於天下則行、禁焉則止、桀紂令天下而不行、禁焉而不止、故不得臣也、目之所美、心以爲不義、弗敢視

也口之所甘心以爲非義弗敢食也耳之所樂心以爲不義不敢聽也身之所安心以爲不義弗敢服也然則令於天下而行禁焉而止者心也故曰心者身之君也天子以天下受令於心心不當則天下禍諸侯以國受令於心心不當則國亡匹夫以身受令於心心不當則身爲戮矣禍之始也易除其除之不可者避之及其成也欲除之不可欲避之不可治於神者其事少而功多干霄之木始若蘖足易去也及其成達

也百人用斧斤弗能僨也熛火始起易息也及其焚雲夢孟諸雖以天下之役抒江漢之水弗能救也夫禍之始也猶熛火蘖足也易止也及其措於大事雖孔子墨翟之賢弗能救也屋焚而人救之則知德之乎老者使塗隙戒突故終身無失火之患而不知德也入於囹圄解於患難者則三族德之敎之以仁義慈悌則終身無患而莫之德夫禍亦有突賢者行天下而務塞之則天下無兵患矣而莫之知德也故曰聖人

治於神愚人爭於神也天地之道莫見其所以長物而物長莫見其所以亡物而物亡聖人之道亦然其興福也人莫之見而福興矣其除禍也人莫之知而禍除矣故曰神人益天下以財爲仁勞天下以力爲義分天下以生爲神修先王之術除禍難之本使天下丈夫耕而食婦人織而衣皆得戴其首父子相保此其分萬物以生盈天下以財不可勝計也神也者萬物之始萬事之紀也

四儀

行有四儀一曰志動不忘仁二曰智用不忘義三曰力事不忘忠四曰口言不忘信愼守四儀以終其身名功之從之也猶形之有影聲之有響也是故志不忘仁則中能寬裕智不忘義則行有文理力不忘忠則動無廢功口不忘信則言若符節若中寬裕而行文理動有功而言可信也雖古之有厚功大名見於四海之外知萬世之後者其行身也無以加於此矣

明堂

夫高顯尊貴利天下之徑也非仁者之所以輕也何以知其然耶日之能燭遠勢高也使日在井中則不能燭十步矣舜之方陶也不能利其巷下南面而君天下蠻夷戎狄皆被其福目在足下則不可以視矣天高明然後能燭臨萬物地廣大然後能載任羣體其本不美則其枝葉莖心不得美矣此古今之大徑也是故聖王謹修其身以君天下則天道至焉地道稽焉萬物

度焉古者明王之求賢也不避遠近不論貴賤卑爵以下賢輕身以先士故堯從舜於畎畝之中北面而見之不爭禮貌此先王之所以能正天地利萬物之故也今諸侯之君廣其土地之富而奪其兵革之強以驕士士亦務其德行美其道術以輕上此仁者之所非也曾子曰取人者必畏與人者必驕今說者懷畏而聽者懷驕以此行義不亦難乎非求賢務士而能致大名於天下者未之嘗聞也夫士不可妄致也覆巢破卵則鳳皇不至焉刳胎焚夭則騏驎不往焉竭澤漉魚則神龍不下焉夫禽獸之愚而不可妄致也而況於火食之民乎是故曰待士不敬舉士不信則善士不往焉聽言耳目不瞿視聽不深則善言不往焉孔子曰大哉河海乎下之也夫河下天下之川故廣人下天下之士故大故曰下士者得賢下敵者得友下衆者得譽故度於往古觀於先王非求賢務士而能立功於天下成名於後世者未之嘗有也夫求士不遵

其道而能致士者未之嘗見也然則先王之道可知已務行之而已矣

分

天地生萬物聖人裁之裁物以制分便事以立官君臣父子上下長幼貴賤親疏皆得其分曰治愛得分曰仁施得分曰義慮得分曰智動得分曰適言得分曰信皆得其分而後為成人明王之治民也事少而功立身逸而國治言寡而令行事少而功多守要也身逸而國治用賢也

言寡而令行正名也君人者苟能正名愚智盡情執一以靜令名自正令事自定賞罰隨名民莫不敬周公之治天下也酒肉不徹於前鐘鼓不解於懸聽樂而國治勞無事焉飲酒而賢舉智無事焉自爲而民富仁無事焉知此道也者衆賢爲役愚智盡情矣

明王之道易行也勞不進一步聽獄不後皐陶食不損一味富民不後虞舜樂不損一日用兵不後湯武書之不盈尺簡南面而立一言而國

治堯舜復生弗能更也身無變而治國無變而王湯武復生弗能更也執一之道去智與巧有虞之君天下也使天下貢善殷周之君天下也使天下貢才夫至衆賢而能用之此有虞之盛德也

三人之所廢天下弗能興也三人之所興天下弗能廢也親曰不孝君曰不忠友曰不信天下弗能興也親言其孝君言其忠友言其信天下弗能廢也夫符節合之則是非自見行亦有符

無疑然

三者合則行自見矣此所以觀行也諸治官臨衆者上比度以觀其賢案法以觀其罪吏雖有邪僻無所逃之所以觀勝任也羣臣之愚智日効於前擇其知事者而令之謀羣臣之所舉日効於前擇其知人者而令之舉羣臣之治亂日効於前擇其勝任者而令之治羣臣之行可得而察也擇其賢者而舉之則民競於行勝任者治則百官不亂知人者舉則賢者不隱知事者謀則大舉不失聖王正言於朝而四方治矣是

故曰正名去僞事成若化以實覆名百事皆成夫用賢使能不勞而治正名覆實不罰而威達情見素則是非不蔽復本原始則言若符節良工之馬易御也聖王之民易治也其此之謂乎

發蒙

若夫名分聖之所審也造父之所以與交者少操轡馬之百節皆與明王之所以與臣下交者少審名分羣臣莫敢不盡力竭智矣天下之可治分成也是非之可辦名定也無過其實罪也

弗及愚也、是故情盡而不僞、質素而無巧、故有道之君、其無易聽、此名分之所審也、若夫臨官治事者、案其法、則民敬事、任士進賢者、保其後、則民愼舉、議國親事者、盡其實、則民敬言、孔子曰、臨事而懼、希不濟、易曰、若履虎尾、終之吉、若羣臣之衆、皆戒愼恐懼、若履虎尾、則何不濟之有乎、君明則臣少罪、夫使衆者、詔作則遲、分地則速、是何也、無所逃其罪也、言亦有地、不可不分也、君臣同地、則臣有所逃其罪矣、故陳繩、則

木之枉者有罪、措準、則地之險者有罪、審名分、則羣臣之不審者有罪、夫愛民且利之也、愛而不利、則非慈母之德也、好士且知之也、好而弗知、則衆而無用也、力於朝且治之也、力而弗治、則勞而無功矣、三者雖異、道一也、是故曰、審一之經、百事乃成、審一之紀、百事乃理、名實判爲兩、合爲一、是非隨名實、賞罰隨是非、是則有賞、非則有罰、人君之所獨斷也、明君之立也、正其貌、莊其心、虛其視、不躁其聽、不淫審分應辭、以

立於廷、則隱匿疏遠、雖有非焉、必不多矣、明君不用長耳目、不行閒諜、不強聞見、形至而觀、聲至而聽、事至而應、近者不過、則遠者治矣、明者不失、則微者敬矣、家人子姪和、臣妾力、則家富、丈人雖厚衣食無傷也、子姪不和、臣妾不力、家貧、丈人雖薄衣食無益也、而況於萬乘之君乎、國之所以不治者三、不知用賢、此其一也、雖知用賢、求不能得、此其二也、雖得賢、不能盡、此其三也、正名以御之、則堯舜之智必盡矣、明分以

示之、則桀紂之暴必止矣、賢者盡、暴者止、則治民之道、不可以加矣、聽朝之道、使人有分、有大善者、必問孰進之、有大過者、必云孰任之、而行賞罰焉、且以觀賢不肖也、今有大善者、不問孰進之、有大過者、不問孰任之、則有分無益已、問孰任之、而不行賞罰、則問之無益已、是非不得盡見、謂之蔽、見而弗能知、謂之虛、知而弗能賞、謂之縱、三者亂之本也、明分則不蔽、正名則不虛、賞賢罰暴則不縱、三者治之道也、於羣臣之

中賢則貴之不肖則賤之治則使之不治則愛之不忠則罪之賢不肖治不治忠不忠由是觀之猶白黑也陳繩而斲之則巧拙易知也夫觀羣臣亦有繩以名引之則雖堯舜不服矣慮事而當不若進賢進賢而當不若知賢知賢又能用之備矣治天下之要在於正名正名去僞事成若化苟能正名天成地平爲人臣者以進賢爲功爲人君者以用賢爲功爲人臣者進賢是自爲置上也自爲置上而無賞是故不爲也進

不肖者是自爲置下也自爲置下而無罪是故爲之也使進賢者必有賞進不肖者必有罪無敢進也者爲無能之人若此則必多進賢矣

敢進至之人不通恐當作無敢爲進無能之人者也

恕

恕者以身爲度者也己所不欲毋加諸人惡諸人則去諸己欲諸人則求諸己此恕也農夫之耨去害苗者也賢者之治去害義者也慮之無益於義而慮之此心之穢也道之無益於義而道之此言之穢也爲之無益於義而爲之此行之穢也慮中義則智爲上言中義則言爲師事中義則行爲法射不善而欲教人人不學也行不脩而欲談人人不聽也夫驥唯伯樂獨知之不害其爲良馬也行亦然唯賢者獨知之不害其爲善士也

治天下

治天下有四術一曰忠愛二曰無私三曰用賢四曰度量度量通則財足矣用賢則多功矣無私百智之宗也忠愛父母之行也奚以知其然

父母之所畜子者非賢彊也非聰明也非俊智也愛之憂之欲其賢己也人利之與我利之無擇也此父母所以畜子也然則愛天下欲其賢己也人利之與我利之無擇也則天下之畜亦然矣此堯之所以畜天下也有虞氏盛德見人有善如己有善見人有過如己有過天無私於物地無私於物襲此行者謂之天子誠愛天下者得賢奚以知其然也弱子有疾慈母之見秦醫也不爭禮貌在囹圄其走大吏也不愛資財

入疑欠

視天下若子、是故其見醫者、不爭禮貌、其奉養也、不愛資財、故文王之見太公望也、一日五反、桓公之奉管仲也、列城有數、此所以其僻小身至穢汚而爲正於天下也、鄭簡公謂子産曰、飲酒之不樂、鐘鼓之不鳴、寡人之任也、國家之不入、朝廷之不治、與諸侯交之不得志、子之任也、子産治鄭、國無盜賊、道無餓人、孔子曰、若鄭簡公之好樂、雖抱鐘而朝可也、夫用賢身樂而名附事少而功多、國治而能逸、

凡治之道、莫如因智、智之道、莫如因賢、譬之猶相馬而借伯樂也、相玉而借猗頓也、亦必不過矣、今有人於此、盡力以爲舟、濟大水而不用也、盡力以爲車、行遠而不乘也、則人必以爲無慧、今人盡力以學、謀事則不借智、處行則不因賢、舍其學不用也、此其無慧也、有甚於舍舟而涉、舍車而走者矣、

仁意

治水潦者、禹也、播五種者、后稷也、聽獄折衷者、臯陶也、舜無爲也、而天下以爲父母、愛天下莫甚焉、天下之善者、唯仁也、夫喪其子者、苟可以得之、無擇人也、仁者之於善也亦然、是故堯擧舜於畎畒、湯擧伊尹於雍人、內擧不避親、外擧不避讎、仁者之於善也、無擇也、無惡也、唯善之所在、堯問於舜曰、何事、舜曰、事天、平地而注水、水流濕、均薪而施火、火從燥、召之類也、是故堯爲善而衆美至焉、桀爲非而衆惡至焉、

廣

怒疑私心之誤下怒弇之怒同一疑之言疑若

因井中視星、所視不過數星、自丘上以視、則見其始出、又見其入、非明益也、勢使然也、夫私心、井中也、公心、丘上也、故智載於私、則所知少、載於公、則所知多矣、何以知其然、夫吳越之國、以臣妾爲殉、中國聞而非之、怒則以親戚殉、一言夫智在公、則愛吳越之臣妾、在私、則忘其親戚、非智損也、怒弇之也、好亦然、語曰、莫知其子之惡也、非智損也、愛弇之也、是故夫論貴賤、辨是非者、必且自公心言之、自公心聽之、而後可知

也四夫愛其宅不愛其隣諸侯愛其國不愛其敵天子兼天下而愛之大也

綽子

堯養無告禹愛辜人湯武及禽獸此先王之所以安危而懷遠也聖人於大私之中也爲無私其於大好惡之中也爲無好惡舜曰南風之薰兮可以解吾民之慍兮舜不歌禽獸而歌民湯曰朕身有罪無及萬方萬方有罪朕身受之湯不私其身而私萬方文王曰苟有仁人何必周親不私其親而私萬國先王非無私也所私者與人不同也

處道

孔子曰欲知則問欲能則學欲給則豫欲善則肆國亂則擇其邪人去之則國治矣胷中亂則擇其邪欲而去之則德正矣天下非無盲者也美人之貴明目者衆也天下非無聾者也辨士之貴聰耳者衆也天下非無亂人也堯舜之貴可教者衆也孔子曰君子者盂也民者水也盂

方則水方盂圓則水圓上何好而民不從昔者勾踐好勇而民輕死靈王好細腰而民多餓夫死與餓民之所惡也君誠好之百姓自然而況仁義乎桀紂之有天下也四海之內皆亂而關龍逢王子比干不與焉而謂之皆亂其亂者衆也堯舜之有天下也四海之內皆治而丹朱商均不與焉而謂之皆治其治者衆也故曰君誠服之百姓自然卿大夫服之百姓若逸官長服之百姓若流夫民之可教者衆故曰猶水也德者天地萬物得也義者天地萬物宜也禮者天地萬物體也使天地萬物皆得其宜當其體者謂之大仁食所以爲肥也壹飯而問人曰奚若則皆笑之夫治天下大事也今人皆壹飯而問奚若者也善人以治天地則可矣我奚爲而人善仲尼曰得之身者得之民失之身者失之民不出於戶而知天下不下其堂而治四方知反之於己者也以是觀之治己則人治矣

神明

域外漢籍珍本文庫

仁義聖智參天地天若不覆民將何恃何望地
若不載民將安居安行聖人若弗治民將安率
安將是故天覆之地載之聖人治之聖人之身
猶日也夫日圓尺光盈天地聖人之身小其所
燭遠聖人正己而四方治矣上綱苟直百目皆
開德行苟直羣物皆正正也者正人者也身不
正則人不從是故不言而信不怒而威不施而
仁有諸心而彼正謂之至政今人曰天亂矣難
以爲善此不然也夫饑者易食寒者易衣此亂

而後易爲德也

申子　　不害

大體

夫一婦擅夫衆婦皆亂一臣專君羣臣皆蔽故
妬妻不難破家也亂臣不難破國也是以明君
使其臣並進輻湊莫得專君今人君之所以高
爲城郭而謹門閭之閉者爲寇戎盜賊之至也
今夫弒君而取國者非必踰城郭之險而犯門
閭之閉也蔽君之明塞君之聽奪之政而專其

令有其民而取其國矣今使烏獲彭祖負千鈞
之重而懷琬琰之美令孟賁成荊帶干將之劒
衞之行乎幽道則盜猶偸之矣今人君之力非
賢乎烏獲彭祖而勇非賢乎孟賁成荊也其所
守者非特琬琰之美千金之重也而欲勿失其
可得耶明君如身臣如手君若號臣如響君設
其本臣操其末君治其要臣行其詳君操其柄
臣事其常爲人臣者操契以責其名名者天地
之綱聖人之符張天地之綱用聖人之符則萬

物之情無所逃之矣故善爲主者倚於愚立於
不盈設於不敢藏於無事竄端匿疏示天下無
爲是以近者親之遠者懷之示人有餘者人奪
之示人不足者人與之剛者折危者覆動者搖
靜者安名自正也事自定也是以有道者自名
而正之隨事而定之也鼓不與於五音而爲五
音主有道者不爲五官之事而爲治主君知其
道也官人知其事也十言十當百爲百當者人
臣之事非君人之道也昔者堯之治天下也以

名其名正則天下治桀之治天下也亦以名其名倚而天下亂是以聖人貴名之正也主處其大臣處其細以其名聽之以其名視之以其名命之鏡設精無爲而美惡自備衡設平無爲而輕重自得凡因之道身與公無事無事而天下自極也

羣書治要卷第三十六

羣書治要卷第三十七

秘書監鉅鹿男臣魏徵等奉　勅撰

孟子　慎子　尹文子　莊子

尉繚子

孟子

梁惠王

孟子見於梁惠王王曰叟不遠千里而來亦將

本書無於字

有以利吾國乎孟子對曰王何必曰利亦曰仁義而已矣（王何必以利爲名乎亦唯有仁義之道可以爲名耳以利爲名則有不利之患矣）

王曰何以利吾國大夫曰何以利吾家士庶人曰何以利吾身上下交征利而國危矣（征取也從王至庶人各欲取利必至於篡弑）未有仁而遺其親者也未有義而後其君者也梁惠王曰寡人願安承教（願安意承受孟子之教命）

無人也之也

孟子對曰殺人以梃與刃有以異乎（梃杖也）曰無以異也以刃與政有以異乎曰無以異也（以刃與政殺人無異也）庖有肥肉廐有肥馬民有飢色野有餓莩此率獸而食人也獸相食且人惡之爲民父母行政不免率獸而食人惡在

域外漢籍珍本文庫

無耳字

其爲民父母也、爲政乃若率禽獸食人、安在其爲民父母之道、齊宣王
問曰、文王之囿方七十里、有諸、孟子曰、有之、曰、
若是其大乎、王怪其大、曰、民猶以爲小也、曰、寡人之
囿方四十里、民猶以爲大、何也、曰、文王之囿、
方七十里、芻蕘者往焉、雉菟者往焉、與民同之、
民以爲小、不亦宜乎、臣聞郊關之內、有囿方四
十里、殺其麋鹿者、如殺人之罪、郊關、齊四境之郊、皆有關也、
則是方四十里、爲阱於國中也、民以爲大、不亦
宜乎、設陷阱者、丈尺之間耳、今陷阱乃方四十里、民患其大、不亦宜乎、

有作之　有作人

公孫丑
孟子曰、人皆有不忍人之心、言人人皆有不忍加惡於人之心也、
先王有不忍人之心、斯有不忍人之政矣、以不
忍人之心、行不忍人之政、治天下可運之於掌
上、先王推不忍害人之心、以行不忍傷民之政、以是治天下、亦易於轉丸於掌上也、所
以謂人皆有不忍人之心者、今有乍見孺子將
入於井、則皆有怵惕惻隱之心、由此觀之、無惻
隱之心、非人也、無羞惡之心、非人也、無辭讓之
心、非人也、無是非之心、非人也、言無此四者、當若禽獸、非人之

無技字

心也、惻隱之心、仁之端也、羞惡之心、義之端也、辭
讓之心、禮之端也、是非之心、智之端也、端者、首也、人
之有是四端也、猶其有四體也、有是四端、而自
謂不能者、自賊者也、自賊害其性、使爲不善、謂其君不能
者、賊其君者也、謂其君不能爲善、而不匡正者、賊其君使陷惡者也、孟子
曰、矢人豈不仁於函人哉、矢人唯恐不傷人、函
人唯恐傷人、巫匠亦然、故術技不可不慎也、矢箭
也、函鎧也、作箭之人、其性非獨不仁於作鎧之人也、術使之然、巫欲祝活人、匠作棺欲其早售、
利在人死也、故治術不可不慎修其善者也、孟子曰、子路人告之以

其作有　又甚作　有大

其過則喜、禹聞善言則拜、大舜又甚焉、善與人
同、舍己從人、樂取於人以爲善、自耕稼陶漁以
至爲帝、無非取於人者、取諸人以爲善、是與人
爲善也、故君子莫大乎與人爲善、舜從耕於歷山、及陶漁、皆取人之善謀而從之、故曰、莫大乎與人爲善也、
滕文公
陳相見孟子、道許行之言曰、賢者與民並耕而
食、孟子曰、治天下有大人之事、有小人之事、或
勞心、或勞力、勞心者治人、勞力者治於人、故治

法食作養

無婁子之字

於人者食人、不能治人者食於人、天下之通義也、勞心者君也、勞力者民也、君施教以治之、民竭力治公田、以奉食其上、天下通義、所常行也、當堯之時、洪水橫流、氾濫於天下、堯獨憂之、舉舜而治焉、舜使禹疏九河、決汝漢、八年於外、三過其門而不入、雖欲耕得乎、堯以不得舜爲己憂、舜以不得禹皐陶爲己憂、分人以財謂之惠、教人以善謂之忠、爲天下得人謂之仁、是故以天下與人易、爲天下得人難、

離婁

孟子曰、離婁子之明、公輸子之巧、不以規矩、不能成方圓、師曠之聰、不以六律、不能正五音、堯舜之道、不以仁政、不能平治天下、言當行仁恩之政、天下乃可平、今有仁心仁聞、而民不被澤、不可法於後世者、不行先王之道也、仁心性仁也、仁聞仁聲遠聞也、雖然猶須行先王之道、使百姓被澤、乃可爲後世法也、故曰、徒善不足以爲政、徒法不能以自行、但有善心而不行之、不足以爲政、但有善法度而不施之、法度亦不能獨自行、聖人既竭目力焉、繼之以規矩準繩、以爲方圓、既竭耳力焉、繼之以六律、正五音、既竭心

羣書治要　卷之三十七　四

無家字

無之內二字

舊無恩字補之

思焉、繼之以不忍人之政、而仁覆天下也、故爲高必因丘陵、爲下必因川澤、爲政不因先王之法、可謂智乎、言因自然則用力少而成功多、是以惟仁者宜在高位、不仁而在高位、是播惡於衆也、仁者能由先王之道、不仁者逆道、則播揚其惡於衆人也、

孟子曰、三代之得天下也以仁、其失天下也以不仁、國家之所以廢興存亡者亦然、天子不仁、不保四海之內、諸侯不仁、不保社稷、卿大夫不仁、不保宗廟、士庶人不仁、不保四體、今惡死亡而樂不仁、猶惡醉而強酒、

孟子告齊宣王曰、君之視臣如手足、則臣之視君如腹心、君之視臣如犬馬、則臣之視君如國人、君之視臣如土芥、則臣之視君如寇讎、芥草芥也、臣緣君恩以爲差等、

告子

孟子曰、今有無名之指、屈而不申、非疾痛害事、如有能申之者、則不遠秦楚之路、爲指之不若人也、無名之指、手第四指也、餘指皆有名、無名指非手之用指也、指不若人、

羣書治要　卷之三十七　五

則知惡之心不若人則不知惡此之謂不知類心不若人可惡之大者也而反惡指故曰不知類類事也
孟子曰仁之勝不仁也猶水之勝火也今之爲仁者猶以一杯水救一車薪之火也不息則謂水不勝火者此與於不仁之甚者也
孟子曰五穀種之美者也苟爲不熟不如荑稗夫仁亦在熟之而已矣熟成也

盡心

孟子曰以佚道使民雖勞不怨謂教民趣農役有常時不使失

業當時雖勞後獲其利則逸矣以生道殺民雖死不怨殺者殺此罪人者其意欲生人也故雖伏罪而死不怨殺者也

慎子

天有明不憂人之闇也地有財不憂人之貧也聖人有德而不憂人之危也天雖不憂人之闇也闢戶牖必取己明焉則天無事也地雖不憂人之貧也伐木刈草必取己富焉則地無事矣聖人雖不憂人之危也百姓準上而比於其下必取己安焉則聖人無事矣故聖人處上能無害人不能使人無已害也則百姓除其害矣聖人之有天下也受之也非取之也有光明之德故百姓推而與之耳豈其心哉百姓之於聖人也養之也非使聖人養已也則聖人無事矣毛嬙西施天下之至姣也衣之以皮倛則見之者皆走荀卿曰仲尼之狀面若蒙倛易之以玄緆則行者皆止緆謂細布由是觀之則玄緆色之助也姣者辭之則色厭矣走背跋踚窮谷野走千里藥也走背辭藥則足廢理有相須待具而成故雖賁傾城之觀必俟衣裳之飾雖挺越常之足必假藥物而疾故有才無勢將顯

墜於溝壑有勢無才亦騰乎風雲萬動云云咸皆然耳故騰虵遊霧飛龍乘雲雲罷霧霽與蚯蚓同則失其所乘也故賢而屈於不肖者權輕也不肖而服於賢者位尊也堯爲匹夫不能使其隣家至南面而王則令行禁止由此觀之賢不足以服不肖而勢位足以服不肖而勢位足以屈賢矣故無名而斷者權重也弩弱而矰高者乘於風也身不肖而令行者得助於衆也故舉重越高者不慢於藥愛赤子者不慢於保絕險歷遠者不慢於御此得

助則成、釋助則廢矣、夫三王五伯之德、參於天地、通於鬼神、周於生物者、其得助博也、古者工不兼事、士不兼官、工不兼事則事省、事省則易勝、士不兼官則職寡、職寡則易守、故士位可世、工事可常、古之宰物、皆用其一能、以成其一事、是以用無弃人、使無弃才、若乃任使於過分之中、役物於異便之地、則上下顚倒、事能淆亂矣、百工之子、不學而能者、非生巧也、言有其常事也、今也國無常道、官無常法、是以國家日繆、教雖成官不足、官不足則道理匱、道理匱則慕賢智、慕賢智則國家

之政要在一人之心矣、人之情也、莫不自賢、則不相推、政要在一人、從一人之所欲、不必善、則政教陵遲矣、古者立天子而貴之者、非以利一人也、曰天下無一貴、理無由通、通理以爲天下也、故立天子以爲天下也、非立天下以爲天子也、立國君以爲國也、非立國以爲君也、立官長以爲官也、非立官以爲長也、法雖不善、猶愈於無法、所以一人心也、夫投鉤分財、投策分馬、非鉤策爲均也、使得美者不知所以賜、得惡者不知所以怨、此所以塞怨望、使不上也、明君動事必

禍恐猶誤

由惠、定罪分財必由法、行德制中必由禮、法者所以愛民、禮者所以便事、故欲不得干時、必於農隙也、愛不得犯法、當官而行、貴不得踰規、祿不得踰位、惠不得兼官、工不得兼事、以能受事、以事受利、若是者、上無羨賞、民無羨財、羨猶溢也、

因循

天道因則大、因百姓之情、遂自然之性、則其功至高、其道至大也、化則細、化使從我、物所樂、其理禍狹、其德細小也、因也者、因人之情也、人莫不自爲也、化而使之爲我、則莫可得而用矣、違性

矯情、引彼就我、則忿戾乖違、莫有從之者矣、是故先王不受祿者不臣、祿不厚者、不與入難、人不得其所以自爲也、則上不取用焉、夫君上取用、必須天機之動、性分之遍、然後上下交泰、經世可久耳、故放使自爲、則無不得、任而使之、則無不失矣、故用人之自爲、不用人之爲我、則莫不可得而用矣、此之謂因、

本書民雜以下違上謂因

民雜

民雜處而各有所能、所能者不同、此民之情也、故聖人、不求備於一人也、大君者大上也、兼畜下者也、下之所能不同、而皆上之用也、是以大君因民之能

聾者使其聽盲者使其視當作聾者使其視盲者使其聽

爲資盡芭而畜之、無能去取焉、夫人君之御世也、皆曲盡百姓之能、兼羅萬物之分、因其長短、就而用之、使能文者爲文、能武者爲武、聾者使其聽、盲者使其視、故理有盡用、物無弃財、是故不設一方以求於人、故所求者無不足也、大君不擇其下、故足也、不擇其下、則易爲下矣、易爲下則下莫不容、莫不容故多下、多下之謂大上、其下既多、故在上者大、君臣之道、臣事事、言事其所事、而君無事、百官之屬各有所司、君逸樂而臣任勞、臣盡智力以善其事、而君無與焉、仰成而已、故事無不治、人君自任而務爲善以先下、則是

代下負任蒙勞也、臣反逸矣、故曰君人者、好爲善以先下、則不敢與君爭爲善以先君矣、君好見其善、則羣下皆淫善於君矣、上以一方之善、而施於衆方之中、求其爲贍、偏已多矣、君偏既多、而臣辭其善、則天下亂矣、皆私其所知、以自覆掩、有過則臣反責君、逆亂之道、夫所以置三公而列百官者、將使羣臣各進所知、以康庶績耳、若乃君顯其善、而臣藏其能、百事從君而出、衆端自上而下、則臣善不用、而歸惡有在矣、君之智未必最賢於衆也、以未最賢、而欲以善盡被下、則不贍矣、假使其賢、猶不可推一已之智、以察羣下、而況不最賢、若使君之智

同世之世疑衍

己疑已字

最賢、以一君而盡贍下則勞、勞則有倦、倦則衰、衰則復反於不贍之道也、是以人君自任而躬事、則臣不事事矣、言君之專荷其事、則臣下不復以事爲事矣、是君臣易位也、謂之倒逆、倒逆則亂矣、人君任臣而勿自躬、則臣事事矣、是君臣之順、治亂之分、不可不察、所謂任人者逸、自任者勞也、

知忠

亂世之中、亡國之臣、非獨無忠臣也、治國之中、顯君之臣、非獨能盡忠也、治國之人、忠不偏於

其君、亂世之人、道不偏於其臣、然而治亂之世、同世有忠道之人、臣之欲忠者不絕世、而君未得寧其上、夫滅亡之國、皆有忠臣耳、然賢君千載一會、忠臣世世有之、值其一隆之時、則相與而交興矣、遇其昬亂之主、則相與而俱已矣、無遇比干子胥之忠、而毀瘁主君於闇墨之中、遂深溺滅名而死、由是觀之、忠未足以救亂世、而適足以重非、何以識其然也、曰、父有良子、而舜放瞽叟、桀有忠臣、而過盈天下、然則孝子不生慈父之義、六親不和、有孝慈也、而忠臣不生聖君之下、國家昬亂、有貞臣也、故明主

之使其臣也、忠不得過職、而職不得過官、是以過脩於身、而下不敢以善驕矜、守職之吏人、務其治、而莫敢淫偸其事、官正以敬其業、和吏人、務其治、而莫敢淫偸其事、官正以順以事其上、如此則至治已、此五帝三王之業也、亡國之君非一人之罪也、惡不衆、則不足以亡其國也、治國之君非一人之力也、善不多、則不足以興治也、將治亂在乎賢使任職、而不在於忠也、故智盈天下澤及其君、忠盈天下害及其國、故桀之所以亡、堯不能以爲存、然而堯有不勝之善、言其善道不可勝言也、而桀有運非之名、天下之惡皆歸之也、則得人與失人也、故廊廟之材蓋非一木之枝也、狐白之裘蓋非一狐之皮也、治亂安危存亡榮辱之施、非一人之力也、

德立

立天子者、不使諸侯疑焉、立諸侯者、不使大夫疑焉、立正妻者、不使嬖妾疑焉、立嫡子者、不使庶孽疑焉、疑則動、兩則爭、雜則相傷、害在有與、不在獨也、故臣有兩位者、國必亂、臣兩位而國不亂者、君猶在也、恃君而不亂、失君必亂、子有兩位者、家必亂、子有兩位、而家不亂者、親猶在也、恃親而不亂、失親必亂、臣疑其君、無不危之國、孽疑其宗、無不危之家、

君人

君人者、舍法而以身治、則誅賞奪與、從君心出矣、然則受賞者雖當、望多無窮、受罰者雖當、望輕無已、民之所信者法也、今在賞者欲多、在罰者欲少、無法以限之、則不知所論矣、雖極聰明以窮輕重、盡心以班奪與、夫何解於怨望哉、君舍法、而以心裁輕重、則是同功而殊罰也、怨之所由生也、是以分馬者之用策、分田者之用鉤也、非以鉤策爲過人智也、所以去私塞怨也、故曰、大君任法而弗躬爲、則事斷於法矣、法之所加、各以其分、蒙其賞罰、而無望於君也、是以怨不生、而上下和矣、

君臣

爲人君者、不多聽、物有本、事有原、據法倚數、以觀得失、無法之言、不聽於耳、無法之勞、不圖於功、無勞之親、不任於官、官不私親、法不遺愛、上下無事、

唯法所在法令者生民之命至治之令天下之程式萬事之儀表智者不得過愚者不得不及焉

尹文子

大道

古人以度審長短以量受少多以衡平輕重以律均清濁以名稽虛實以法定治亂以簡制煩惑以易御險難萬事皆歸於一百度皆準於法歸一者簡之至準法者易之極如此則頑嚚聾瞽可與察慧聰明同治矣天下萬事不可備能責其備能於一人則賢聖其猶病諸設一人能備天下之事則左右前後之宜遠近遲疾之間必有不兼者焉苟有不兼於治闕矣全治而無闕者大小多少各當其分農商工仕不易其業則處上有何事哉故有理而無益於治者君子不言有能而無益於事者君子弗為君子非樂有言有益於治不得不言君子非樂有為有益於事不得不為故所言者不出於名法權術所為者不出於農稼軍陣周務而已故明主任之

治外之理小人之所必言事外之能小人之所必為小人亦知言有損於治而不能不言小人亦知能有損於治而不能不為故所言者極於儒墨是非之辯所為者極於堅偽偏抗之行求名而已故明主誅之故古語曰不知無害為君子知之無損為小人工匠不能無害於巧君子不知無害於治此言信矣為善使人不能得從為巧使人不能得為此獨善獨巧者也未盡巧善之理為善與衆行之為巧與衆能之此善之善者巧之巧者也故所貴聖人之治不貴其獨治貴其能與衆共治也所貴工倕之巧不貴其獨巧貴其與衆共巧也今世之人行欲獨賢事欲獨能辯欲出羣勇欲絕衆獨行之賢不足以成化獨能之事不足以周務出羣之辯不可為戶說絕衆之勇不可與征陣凡此四者亂之所由生是以聖人任道以通其險立法以理其差使賢愚不相弃能鄙不相遺能鄙不相遺則能鄙齊功賢愚不相弃則賢愚等慮此至治之術

也名定則物不競分明則私不行物不競非無心由名定故無所厝其心私不行非無欲由分明故無所厝其欲然則心欲人人有之而得同於無心無欲者制之有道也彭蒙曰雉菟在野衆人逐之分未定也雞豕滿市莫有志者分定故也圓者之轉非能轉而轉不得不轉也方者之止非能止而止不得不止也因圓者之自轉使不得止因方者之自止使不得轉何苦物之失分故因賢者之有用使不得不用因愚者之

無用使不得用用與不用皆非我也因彼可用與不可用而自得其用也自得其用奚患物之亂也道行於世則貧賤者不怨富貴者不驕愚弱者不懾智勇者不矜足於分也法行於世則貧賤者不敢怨富貴富貴者不敢凌貧賤愚弱者不敢冀智勇智勇者不敢鄙愚弱此法之不及道也世之所貴同而貴之謂之俗世之所用同而用之謂之物苟違於人俗所不與苟忮於衆俗所共去故人心皆殊而爲行若一所好各

異而資用必同此俗之所齊物之所飾故所齊不可不慎所飾不可不擇昔齊桓好衣紫合境不鬻異綵楚莊愛細腰一國皆有飢色上之所以率下乃治亂之所由也國亂有三事年飢民散無食以聚之則亂治國無法則亂有法而不能用則亂有食以聚民有法而能行國不治未之有也

本書聖人作大道下

聖人

仁義禮樂名法刑賞凡此八者五帝三王治世

之術也故仁以導之義以宜之禮以行之樂以和之名以正之法以齊之刑以威之賞以勸之故仁者所以博施於物亦所以生偏私義者所以立節行亦所以成華僞禮者所以行謹敬亦所以生惰慢樂者所以和情志亦所以生淫放名者所以正尊卑亦所以生矜篡法者所以齊衆異亦所以生乖分刑者所以威不服亦所以生陵暴賞者所以勸忠能亦所以生鄙爭凡此八術無隱於人而常存於世非自顯於堯湯之

時非敵逃於桀紂之朝用得其道則天下治用失其道則天下亂過此而往雖彌綸天地纏絡萬品治道之外非羣生所飡挹聖人措而不言也凡國之將存亡有六徵有衰國有亂國有亡國有昌國有強國有治國所謂亂亡之國者凶虐殘暴不與焉所謂強治之國者威力仁義不與焉君年長多妾媵少子孫疏宗強衰國也君寵臣臣愛君公法廢私欲行亂國也國貧小家富大君權輕臣勢重亡國也凡此三徵不待凶

虐殘暴而後弱也雖曰見存吾必謂之亡者也內無專寵外無近習支庶繁息長幼不亂昌國也農桑以時倉廩充實兵甲勁利封疆修理強國也上不能勝其下下不能犯其上上下不相勝犯故禁令行人人無私雖經險易而國不可侵治國也凡此三徵不待威力仁義而後強雖曰見弱吾必謂之存者也語曰佞辨可以熒惑鬼神探人之心度人之欲順人於嗜好而弗敢逆納人於邪惡而求利人喜聞己之美也善能

揚之惡聞己之過也而善能飾之得之於眉睫之間承之於言行之先世俗之人聞譽則悅聞毀則戚此衆人之大情有同己則喜異己則怒此人之大情故佞人善爲譽者也善順從者也人言是亦是之人言非亦非之從人之所愛隨人之所憎故明君雖能納正直未必親正直雖能遠佞人未必能疏佞人故舜禹者以能不用佞人亦未必憎佞人語曰佞辨惑物舜禹不能得憎不可不察乎

老子曰民不畏死如之何其以死懼之凡人之不畏死由刑罰過刑罰過則民不賴其生生無所賴視君之威末如也刑罰中則民畏死畏死由生之可樂故可以死懼矣此人君之所宜執臣下之所宜懼之

田子曰人皆自爲而不能爲人故君人者之使人使其自爲用而不使爲我用魏下先生曰善哉田子之言古者君之使臣求不私愛於己求顯忠於己而居官者必能臨陣者必勇祿賞之

所勸、名法之所齊、不出於己心、不利於己身、語曰、祿薄者不可與經亂、賞輕者不可與入難、此處上者所宜愼者也、父之於子也、令有必行者、有不必行者、去貴妻、賣愛妾、此令必行者也、因曰、汝無敢恨、汝無敢思、令必不行者也、故爲人上者、必愼所令焉、人貧則怨人、富則驕人、怨人者苦人之不祿施於己也、起於情所難安、而不能安、猶可怨也、驕人者無所苦、而無故驕人、此情所易制、弗能制、不可怨矣、貧賤之望富貴甚

微、而富貴不能酬其甚微之望、夫富者之所惡貧者之所美、貴者之所輕、賤者之所榮、然而弗酬、不與同苦樂故也、雖不酬之於我、弗傷、今萬民之望人君、亦如貧賤者之望富貴、其所望者蓋欲料長幼、平賦斂、時其飢寒、省其疾痛、賞罰不濫、使役以時、如此而已、則於人君弗損也、然而弗酬、弗與同勞逸、故也、故爲人君不可不與人同勞逸焉、故富貴者、不可不酬貧賤、而人君不可不酬萬民、則萬民之所不願戴、所不願戴、

君位替矣、危莫甚焉、禍莫大焉、

莊子

胠篋

昔者容成氏、大庭氏、伯皇氏、中央氏、栗陸氏、驪畜氏、軒轅氏、赫胥氏、尊盧氏、祝融氏、伏戲氏、神農氏、當是之時、民結繩而用之、足以紀要而已、甘其食、美其服、適故常甘、當故常美、若思夫侈靡、則無時慊意矣、樂其俗、安其居、隣國相望、雞犬之音相聞、人至老死、而不相往來、無求之至、若此之時、則至治已、今遂至使民延

頸舉踵、曰某所有賢者、贏糧而趣之、則內弃其親、而外弃其主之事、足迹接乎諸侯之境、車軌結乎千里之外、至治之迹、猶致斯弊、則是上好智之過也、上謂至治之君、智而好之、則有斯過矣、上誠好智而無道、天下大亂矣、何以知其然耶、夫弓弩畢弋機變之智多、則鳥亂於上矣、鉤餌罟罝罾笱之智多、則魚亂於水矣、削格羅落罝罘之智多、則獸亂於澤矣、攻之逾密、避之逾巧、則雖禽獸、猶不可圖之以智、而況人哉、故治天下者、唯不任知、任知則無妙也、智詐同異之變多、則俗惑於辯矣、上之所多者、下不能

本書弃作去

法至治作好知

罟罝作網罟

意作德

安其少也。性少而以逐多則迷矣。

天地

堯觀乎華。華封人曰。嘻聖人。請祝聖人。使聖人壽。堯曰。辭。使聖人富。堯曰。辭。使聖人多男子。堯曰。辭。封人曰。壽富多男子。人之所欲也。汝獨不用何。堯曰。多男子則多懼。富則多事。壽則多辱。是三者。皆非所以養意。故辭。封人曰。始也以汝爲聖人也。今然君子也。天生烝民。必授之職。多男子而授之職。則何懼之有。物皆得所而志定。富而使分之。則何事之有。寄之天下。故無事也。聖人鶉居。無事而斯安也。而鷇食。仰物而足。鳥行而無章。率性而動。無常迹也。天下有道。則與物皆昌。天下無道。則修德就閒。雖湯武之事。苟順天應人。未爲不閒。故無爲而無不爲者。非不閒也。千歲厭世。去而上僊。夫至人極壽命之長。任窮通之變。其生也天行。其死也物化。故云厭世而上僊。乘彼白雲。至于帝鄉。氣之散。無不至之。三患莫至。身常無殃。則何辱之有。

堯治天下。伯成子高立爲諸侯。堯授舜。舜授禹。伯成子高辭爲諸侯而耕。禹往見之。則耕在野。禹趨就下風。立而問焉。曰。昔堯治天下。吾子立爲諸侯。堯授舜。舜授予。而吾子辭爲諸侯而耕。敢問其故何也。子高曰。昔堯治天下。不賞而民勸。不罰而民畏。今子賞罰而民且不仁。德自此衰。刑自此立。後世之亂。自此始矣。

天道

夫帝王之德。以天地爲宗。以道德爲主。以無爲爲常。無爲也。則用天下而有餘。有餘者。閑暇之謂也。有爲也。則爲天下用而不足。不足者。汲汲然欲爲物用者也。欲爲物用。故可

注以作臣

得而以也。故古之人貴夫無爲也。上無爲也。下亦無爲也。是下與上同德也。下與上同德。則不臣。下有爲也。上亦有爲也。是上與下同道也。上與下同道。則不主。夫工人無爲於刻木。而有爲於用斧。主上無爲於親事。而有爲於用臣。臣能親事。主能用臣。斧能刻木。而工能用斧。各當其能。則天理自然。非有爲也。若乃主代臣事。則非主矣。臣秉主用。則非臣也。故各司其任。則上下咸得。而無爲之理至矣。上必無爲而用天下。下必有爲。爲天下用。此不易之道也。故古之王天下者。智雖落天地。不自慮也。辯雖雕萬物。而不自說也。能雖窮海內。不自爲也。

（夫在上者患於不能無爲也、而代人臣之所司、使咎繇不得行其明斷、后稷不得施其播殖、則羣才失其任、而主上困於役矣、冕旒垂目、而付之天下、天下皆得其自爲、斯乃無爲而無不爲者也、故上下皆無爲矣、但上之無爲則用下、下之無爲則自用矣、）天不產而萬物化、地不長而萬物育、（所謂自爾、）帝王無爲而天下功成、（功自彼成、）故曰莫神於天、莫富於地、莫大於帝王、故曰帝王之德配天地、（同乎天地之無爲也、）此乘天地、馳萬物、而用人羣之道也、本在於上、末在於下、要在於主、詳在於臣、三軍五兵之運、德之末也、賞罰利害、五刑之辟、教之末也、禮法數度、刑名比詳、治之末也、鐘鼓之音、羽旄之容、樂之末也、哭泣衰經、降殺之服、哀之末也、此五末者、須精神之運、心術之動、然後從者也、（夫精神心術者、五末之本也、任自然而運動、則五事之末、不振而自舉也、）末學者古之人有之、而非所以先也、（所先者本也、）君先而臣從、長先而少從、男先而女從、夫尊卑先後、天地之行也、故聖人取象焉、（言此先後、雖是人事、然皆在至理中來、非聖人之所作也、）天尊地卑、神明之位也、春夏秋冬、四時之序也、萬物化作、盛衰之殺、變化之流也、夫天地至神也、而有尊卑先後之序、而況人道乎、（明夫尊卑先後之序、固有物之所不能無也、）宗廟尚親、朝廷尚尊、鄉黨尚齒、行事尚賢、大道之序也、（言非但人倫之所尚也、）愚智處宜、貴賤履位、（官各當其才也、）必分其能、（無相易業、）必由其名、（名當其實、故由名而實不濫也、）以此事上、以此畜下、以此治物、以此修身、智謀不用、必歸其天、此之謂太平、治之至也、禮法數度、刑名比詳、古之人有之、此下之所以事上、非上之所以畜下也、（寄此事於羣下、斯乃畜下者也、）昔者舜問於堯曰、天王之用心何如、堯曰、吾不傲無告、（無告者、所謂頑民也、）不廢窮民、（恆加恩也、）苦死者、嘉孺子、而哀婦人、此吾所以用心已、舜曰、美則美矣、而未大也、堯曰、然則何如、舜曰、天德而出寧、（與天合德、則雖出而靜也、）日月照而四時行、若晝夜之有經、雲行雨施矣、（此皆不爲而自然者也、）堯曰、子天之合也、我人之合也、夫天地者、古之所大也、而黃帝堯舜之所共美也、故古之王天下者、奚爲哉、天地而已矣、

知北遊

聖人行不言之教、（任其自行、斯不言之教也、）道不可致也、（道在

自然非可言致也失道而後德失德而後仁失仁而後義失義而後禮禮者道之華亂之首也禮有常則故矯效之所由生也故曰爲道者日損損華偽也損之又損之以至於無爲無爲而無不爲也華去而朴全則雖爲而非爲也天地有大美而不言四時有明法而不議萬物有成理而不說此孔子之所云予欲無言至人無爲任其自爲而已大聖不作唯因任也觀於天地之謂也觀其形容象其物宜與天地無異者

徐無鬼

黃帝將見大隗乎具茨之山方明爲御昌寓驂乘張若謵廖前馬昆閽滑稽後車至襄城之野七聖皆迷無所問塗適遇牧馬童子問塗焉曰若知具茨之山乎曰然曰知大隗之所存乎曰然黃帝曰異哉小童非徒知具茨之山又知大隗之所存請問爲天下小童曰夫爲天下者亦何以異乎牧馬者哉亦去其害馬者而已矣馬既過分爲害黃帝再拜稽首稱天師而退

尉繚子

天官

梁惠王問尉繚子曰吾聞黃帝有刑德可以百戰百勝其有之乎尉繚曰不然黃帝所謂刑德者以刑伐之以德守之非世之所謂刑德也世之所謂刑德者天官時日陰陽向背者也黃帝者人事而已矣何以言之今有城於此從其東西攻之不能取從其南北攻之不能取此四者豈不得順時乘利者哉然不能取者何城高池深兵戰備具謀而守之也若乃城下池淺守弱

可取也由是觀之天官時日不若人事也故按刑德天官之陳曰背水陳者爲絕地向阪陳者爲廢軍武王之伐紂也背濟水向山之阪以萬二千人擊紂之億有八萬人斷紂頭懸之白旗紂豈不得天官之陳哉然不得勝者何人事不得也黃帝曰先稽己智者謂之天官以是觀之人事而已矣

兵談

王者民望之如日月歸之如父母歸之如流水

絕疑紀

故曰、明乎禁舍開塞、其取天下若化、故曰、國貧者能富之、地不任者任之、四時不應者能應之、故夫土廣而任、則其國不得無富、民衆而制、則其國不得無治、且富治之國、兵不發刃甲不出暴而威服天下矣、故曰、兵勝於朝廷、勝於喪絕、勝於土功、勝於市井、暴甲而勝、將勝也、戰而勝、臣勝也、戰再勝、當一敗、十萬之師出、費日千金、故百戰百勝、非善之善者也、不戰而勝、善之善者也、

戰威

令所以一衆心也、不審所出、則數變、數變則令雖出衆不信也、出令之法、雖有小過毋更、小疑毋申、事所以待衆力也、不審所動、則數變、數變則事雖起衆不安也、動事之法、雖有小過毋更、小難毋戚、故上無疑令、則衆不二聽、動無疑事、則衆不二志、古率民者、未有不能得其心、而能得力者也、未有不能得其力、而能致其死者也、故國必有禮信親愛之義、而後民以飢易飽、國必有孝慈廉耻之俗、而後民以死易生、故古率民者、必先禮信、而後爵祿、先廉耻、而後刑罰、先親愛、而後託其身焉、民死其上如其親、而後申之以制、古爲戰者、必本氣以厲志、厲志以使四枝、四枝以使五兵、故志不厲、則士不死節、士不死節、雖衆不武、厲士之道、民之所以生、不可不厚也、爵列之等、死喪之禮、民之所以營也、不可不顯也、必因民之所生以制之、因其所營以顯之、因其所歸以固之、田祿之實、飲食之糧、親戚同鄉、鄉里相勸、死喪相救、丘墓相從、民之所以

丘墓作兵役

歸、不可不速也、如此、故什伍如親戚、阡陌如朋友、故止如堵墻、動如風雨、車不結軌、士不旋踵、此本戰之道也、地所以養民也、城所以守地也、戰所以守城也、故務耕者其民不飢、務守者其地不危、務戰者其城不圍、三者先王之本務也、而兵最急矣、故先王務尊於兵、尊於兵其本有五、委積不多、則事不行、賞祿不厚、則民不勸、武士不選、則士不強、備用不便、則士橫、刑誅不必、

用作任　舉作獲　政作功　上事作和　立作張　通作成

則士不良、先王務此五者、故靜能守其所有、動
能成其所欲、王國富民、霸國富士、僅存之國富
大夫、亡國富倉府、是謂上溢而下漏、故患無所
救、故曰、舉賢用能、不時日而事利、明法審令、不
卜筮而事吉、貴政養勞、不禱祠而得福、故曰、天
時不如地利、地利不如人事、聖人所貴、人事而
已矣、勤勞之事、將必從己先、故暑不立蓋、寒不
重裘、有登降之險、將必下步、軍井通而後飲、軍
食熟而後食、壘成而後舍、軍不畢食、亦不火食、

飢飽勞逸、寒暑必身度之、如此則師雖久不老、
雖老不弊、故軍無損卒、將無惰志、

兵令

兵者凶器也、戰者逆德也、爭者事之末也、王者
所以伐暴亂、而定仁義也、戰國所以立威侵敵
也、弱國所以不能廢兵者、以武為植、以文為種、
以武為表、以文為裏、以武為外、以文為內、能審
此二者、知所以勝敗矣、武者所以凌敵分死生
也、文者所以視利害觀安危、武者所以犯敵也、

將下舊無甚字補之

文者所以守之也、兵用文武也、如響之應聲也、
如影之隨身也、將有威則生、無威則死、有威則
勝、無威則敗、卒有將則鬬、無將則北、有將則死、
無將則辱、威者賞罰之謂也、卒畏將甚於敵者、
戰勝、卒畏敵甚於將者、戰北、夫戰而知所以勝
敗者、固稱將於敵也、敵之與將也、猶權衡也、將
之於卒也、非有父母之慟、血膚之屬、六親之私、
然而見敵走之如歸、前雖有千刃之谿、不測之
淵、見入湯火如蹈者、前見全明之賞、後見必死

之刑也、將之能制士卒、其在軍營之內、行陣之
間、明慶賞、嚴刑罰、陳斧鉞、飾章旗、有功必賞、犯
令必死、及至兩敵相至、行陣薄近、將提枹而鼓
之、存亡生死、存枹之端矣、雖有天下善兵者、不
能圖大鼓之後矣、

羣書治要卷第三十七

羣書治要卷第三十八

秘書監鉅鹿男臣魏徵等奉　勅撰

孫卿子　　荀況

本書取作出

君子曰學不可以已青取之藍而青於藍冰水爲之而寒於水故木受繩則直金就礪則利君子博學而日三省乎已則知明而行無過矣故不登高山不知天之高也不臨深谿不知地之厚也不聞先王之遺言不知學問之大也于越夷貉之子生而同聲長而異俗教使之然也吾

嘗終日而思矣不如須臾之所學吾嘗跂而望矣不如登高之博見也登高而招臂非加長也而見者遠順風而呼聲非加疾也而聞者彰假輿馬者非利足也而致千里假舟檝者非能水也而絶江河君子生非異也善假於物也故君子居必擇鄉遊必就士所以防邪僻而近中正也積土成山風雨興焉積水成淵蛟龍生焉積善成德聖心備焉故不積跬步無以至千里不積小流無以成河海故聲無小而不聞行無隱

備作循

而不形玉在山而木草潤淵生珠而崖不枯爲善積也安有不聞者乎

見善必以自存也見不善必以自省也故非我而當者吾師也是我而當者吾友也諂諛我者吾賊也故君子隆師而親友以致惡其賊好善無厭受諫而能誡雖欲無進得乎哉小人反是致亂而惡人之非己致不肖而欲人之賢己心如虎狼行如禽獸而又怨人之賊己諂諛者親諫爭者疏循正爲笑至忠爲賊雖欲無滅亡得

循作修

乎哉

夫驥一日而千里駑馬十駕則亦及之矣或遲或速或先或後耳胡爲乎其不可相及也跬步而不休跛鼈千里累土而不輟丘山崇成彼人之才性之相懸也豈若跛鼈之與六驥足哉然而跛鼈致之六驥不致是無他故焉或爲之或不爲耳

無耳字

君子易知而難狎易懼而難脇畏患而不避義死欲利而不爲所非交親而不比言辯而不辭

蕩蕩乎其有以殊於世也、君子能亦好、不能亦
好、小人能亦醜、不能亦醜、君子能則寬容直易、
以開導人、不能則恭敬撙絀、以畏事人、小人能
則倨傲僻違、以驕溢人、不能則妬嫉怨誹、以傾
覆人、故曰、君子能則人榮學焉、不能則人樂告
之、小人能則人賤學焉、不能則人羞告之、是君
子小人之分也、

君子養心、莫善於誠、致誠無他、唯仁之守、唯義
之行、誠心守仁則能化、誠心行義則能變、變化

代興、謂之天德、天不言而人推高焉、地不言而
人推厚焉、四時不言而百姓期焉、夫此有常、以
至其誠者也、君子至德、嘿然而喻、未施而親、不
怒而威、天地爲大矣、不誠則不能化萬物、聖人
爲智矣、不誠則不能化萬民、父子爲親矣、不誠
則疏、君上爲尊矣、不誠則卑、夫誠者、君子之守、
而政事之本也、君子位尊而志恭、心小而道大、
所聽視者近、而所聞見者遠、是何耶、則操術然
也、君子審後王之道、而論於百王之前、推禮義

之統、分是非之分、總天下之要、治海內之衆、若
使一人、故操彌約、而事彌大、五寸之矩、盡天下
之方、故君子不下室堂、而海內之情舉積此者、
則操術然也、

好榮惡辱、好利惡害、是君子小人所同也、若其
所以求之之道則異、小人疾爲誕、而欲人之信己、
疾爲詐、而欲人之親己、禽獸行、而欲人之善己、
慮之難知也、行之難安也、持之難立也、成則必
不得其所好、必遇其所惡焉、故君子者、信矣、而

脩舊作循改之

亦欲人之信己、忠矣、而亦欲人之親己、脩正治
辨矣、而亦欲人之善己、慮之易知也、行之易安
也、持之易立也、成則必得其所好、必不遇其所
惡焉、是故窮則不隱、通則大明、身死而名彌白、
兼服天下之心、高上尊貴、不以驕人、聰明聖智、
不以窮人、齊給速通、不爭先人、剛毅勇敢、不以
傷人、不知則問、不能則學、雖能必讓、君子能爲
可貴、不能使人必貴己、能爲可信、不能使人必
信己、能爲可用、不能使人必用己、故君子耻不

下貴作之

修、不恥見汚、恥不信、不恥不見信、恥不能、不恥
不見用、是以不誘於譽、不恐於誹、率道而行、端
然正己、不爲物傾側、夫是之謂誠君子、
仲尼之門人、五尺之豎子、言羞稱乎五伯、是何
也、曰然、彼非本政教也、非致隆高也、非綦文理
也、非服人心也、向方略、審勞逸、畜積脩鬬、而能
顚倒其敵者也、詐心已勝矣、彼以讓飾爭、依乎
仁而蹈利者也、小人之傑也、彼固曷足稱乎大
君子之門哉、彼王者不然、致賢而能以救不肖、

致強而能以寬弱、戰必能殆之、而羞與之鬬、委
然成文、以示之天下、自化矣、有灾繆者然後誅
之、故聖王之誅甚省矣、
秦昭王問孫卿曰、儒無益於人之國、孫卿曰、儒
者法先王、隆禮義、謹乎臣子、而致貴其上者也、
雖窮困凍餧、必不以邪道爲貪、無置錐之地、而
明於持社稷之大義、勢在人上、則王公之材也、
在人下、則社稷之臣、國君之寶也、雖隱於窮閻
陋屋、人莫不貴、貴道誠存也、在本朝則美政、在

能人所能之能舊皆作賢改之　知者知人所知之知舊皆作智改之　止舊作上改之

下位則美俗、儒之爲人下如是矣、其爲人上也、
廣大矣、志意定乎內、禮節修乎朝、法則度量正
乎官、忠信愛利形乎下、故近者歌謳而樂之、遠
者竭蹶而趍之、四海之內若一家、通達之屬莫
不從服、夫其爲人下也如彼、其爲人上也如此、
何爲其無益於人之國乎、昭王曰善、君子之所
謂賢者、非能徧能人之所能之謂也、君子之所
謂知者、非能徧知人之所知之謂也、君子之所
謂辨者、非能徧辨人之所辨之謂也、君子之所
謂察者、非能徧察人之所察之謂也、有所止矣、

相高下、序五種、君子不如農人、通財貨、辨貴賤、
君子不如賈人、設規矩、便備用、君子不如工人、
若夫論德而定次、量能而授官、使賢不肖皆得
其位、能不能皆得其官、萬物得宜、事變得應、言
必當理、事必當務、然後君子之所長也、君子無
爵而貴、無祿而富、不言而信、不怒而威、窮處而
榮、獨居而樂、豈不至尊至富至重至嚴哉、
請問爲政、曰聽政之大分、以善至者待之以禮、

以不善至者待之以刑兩者分別則賢不肖不雜是非不亂賢不肖不雜則英傑至是非不亂則國家治若是令行禁止王者之事畢矣公平者職之衡也中和者聽之繩也其有法者以法行其無法者以類舉聽之盡也偏黨而無經聽之辟也故有良法而亂者有之矣有君子而亂者自古及今未嘗聞也傳曰治生乎君子亂生乎小人此之謂也

馬駭輿則君子不安輿庶人駭政則君子不安

位馬駭輿則莫若靜之庶人駭政則莫若惠之選賢良舉篤敬興孝悌收孤寡如是則庶人安政然後君子安位矣傳曰君者舟也庶人者水也水則載舟水則覆舟此之謂也故君人者欲安則莫若平政愛民矣欲榮則莫若隆禮敬士矣欲立功名則莫若尚賢使能矣是君人者之大節也三節者當則其餘莫不當矣三節者不當則其餘雖曲當由將無益也成侯嗣公聚斂計數之君也未及取民也鄭子產取民者也未及為政也管仲為政者也未及修禮也故修禮者王為政者強取民者安聚斂者亡故王者富民霸者富士僅存之國富大夫亡國富筐篋實府庫筐篋已富府庫已實而百姓貧夫是之謂上溢而下漏入不可以守出不可以戰則傾覆滅亡可立而待也故我聚之以亡敵得之以強聚斂者召寇肥敵亡國危身之道也故明君不蹈也

足國之道節用裕民而善藏其餘也節用以禮

裕民以政彼裕民則民富出實百倍上以法取焉而下以禮節用之餘若丘山夫君子奚患乎無餘也故知節用裕民則必有仁義聖良之名而且有富厚丘山之積矣不知節用裕民則民貧出實不半上雖好取侵奪猶將寡獲也而或以無禮節用之則必有貪利之名而且有空虛窮乏之實矣禮者貴賤有等長幼有差貧富輕重皆有稱者也德必稱位位必稱祿祿必稱用由士以上則必以禮樂節之衆庶百姓則必以

法數制之、輕田野之稅、平關市之征、省商賈之數、罕興力役、無奪農時、如是則國富矣、夫是謂以政裕民也、人之生不能無羣、羣而無分則爭、爭則亂、亂則窮矣、故無分者、人之大害也、有分者、天下之本利也、古者先王分割而等異之也、故使或美或惡、或厚或薄、或逸樂或劬勞、非特以爲淫夸之聲、將以明仁之文、通仁之順也、故爲雕琢刻鏤、黼黻文章、使之以辨貴賤而已、不求其觀、爲鐘鼓管磬、琴瑟竽笙、使之以辨吉凶、

合歡定和而已、不求其餘、爲宮室臺榭、使以避燥濕、辨輕重而已、不求其外、若夫重色而衣之、重味而食之、重財物而制之、合天下而君之、非特以爲淫泰也、以爲王天下、理萬變、裁萬物、養萬民、兼制天下者、爲莫若仁人之善也、夫故其知慮足以治之、其仁厚足以安之、其德音足以化之、得之則治、失之則亂、百姓誠賴其智也、故相率而爲之勞苦、以務逸之、以養其智也、誠美其厚也、故爲之出死斷亡、以覆救之、以養其厚

意作德

也、誠美其意也、故爲雕琢刻鏤、黼黻文章、以藩飾之、以養其德也、故仁人在上、百姓貴之如帝、親之如父母、爲之出死斷亡者、無他故焉、其所是焉誠美、其所得焉誠大、其所利焉誠多也、故曰、君子以德、小人以力也、百姓之力、待之而後功、百姓之羣、待之而後和、百姓之財、待之而後聚、百姓之勢、待之而後安、百姓之壽、待之而後長、父子不得不親、兄弟不得不順、男女不得不歡、少者以長、老者以養、故曰、天地生之、聖人成

之、此之謂也、今之世不然、厚刀布之斂、以奪之財、重田野之稅、以奪之食、苛關市之征、以難其事、權謀傾覆、以靡弊之、百姓曉然皆知其將大危亡也、是以臣背其節、而不死其事者、無他故焉、人主自取之也、不敎而誅、則刑繁而邪不勝、敎而不誅、則姦民不懲、誅而不賞、則勤勵之民不勸、誅賞而不類、則下疑俗險、而百姓不壹、故先王明禮義以壹之、致忠信以愛之、尚賢使能以次之、爵服賞慶以申重之、時其事、輕其任、以

調齊之、兼覆之、養長之、如保赤子、若是故姦邪不作、盜賊不起、而化善者勸勉矣、是何則其道易、其塞固、其政令壹、其防表明也、故曰、上壹則下壹矣、上貳則下貳矣、

國者天下之制利用也、人主者天下之利勢也、得道以持之、則大安也、大榮也、不得道以持之、則大危矣、大累矣、故用國者、義立而王、信立而霸、權謀立而亡、三者明主之所謹擇也、仁人之所務白也、湯以亳、武王以鎬、皆百里之地也、天下

爲一、諸侯爲臣、通達之屬、莫不從服、無他故焉、以濟義矣、是所謂義立而王也、齊桓、晉文、楚莊、吳闔廬、越勾踐、是皆僻陋之國也、威動天下、強殆中國、無他故焉、信也、是所謂信立而霸也、不務張其義、濟其信、唯利之求、內則不憚詐其民、而求小利焉、外則不憚詐其與、而求大利焉、內不修正其所以有、然常欲人之有、如是則臣下百姓莫不以詐心待其上矣、上詐其下、下詐其上、則是上下析也、如是則敵國輕之、與國疑之、

權謀日行、而國不免危亡、齊閔薛公是也、是無他故焉、唯其不由禮義、而由權謀也、三者明主之所謹擇也、而仁人之所務白也、善擇者制人、不善擇者爲人制之、（爲人作人）

國君者、天下之大器也、重任也、不可不善爲擇所而後措之、措險則危、不可不善爲擇道、然後道之、塗薉則塞、危塞則亡、故道王者之法、與王者之人爲之、則亦王矣、道霸者之法、與霸者之人爲之、則亦霸矣、道亡國之法、與亡國之人爲

之、則亦亡矣、故國者世以新者也、改玉改行也、一朝之日也、一日之人也、然而有千歲之國、何也、曰援夫千歲之信法以持之也、安與夫千歲之信士爲之也、人無百歲之壽、而有千歲之信士、何也、曰、以夫千歲之法自持者、是乃千歲之信士矣、故與積禮義之君子爲之、則王、與端誠信全之士爲之、則霸、與權謀傾覆之人爲之、則亡、三者明主之所謹擇也、國危則無樂君、國安則無憂民、亂則國危、治則國安、今君人者、急逐

忘作綏

樂而綏治國、豈不過甚哉、譬之是由好聲色而
恬無耳目也、豈不哀哉、故百樂者、生於治國者
也、憂患者、生於亂國者也、急逐樂而忘治國、非
知樂者也、故明君者、必將先治其國、然後百樂
得其中、闇君者、必將荒逐樂、而綏治國、故憂患
不可勝校也、必至於身死國亡、然後止也、豈不
哀哉、將以為樂、乃得憂焉、將以為安、乃得危焉、
將以為福、乃得死亡焉、豈不哀哉、嗚呼君人者、
亦可以察若言矣、故治國有道、人主有職、若夫

論一相、以兼率之、使臣下百吏莫不宿道向方
而務、是夫人主之職也、若是則名配堯禹、人主
者、守至約而詳、事至逸而功、垂衣裳、不下簟席
之上、而海內之人、莫不願得以為帝王、夫是之
謂至約、樂莫大焉、人主者、以官人為能者也、匹
夫者、以自能為能者也、人主得使人為之、匹夫
則無所移之、今以一人兼聽天下、必自為之、然
後可、則勞苦耗萃莫甚焉、如是則雖臧獲、不肯
與天子易勢業、以是縣天下、壹四海、役夫之道

也、傳曰、士大夫分職而聽、諸侯之君、分土而守、
三公總方而議、則天子拱已止矣、故人主欲得
善射、射遠中微、則莫若使羿逢門矣、欲得善馭
及速致遠、則莫若使王良造父矣、欲調一天下、
制秦楚、則莫若聰明君子矣、其用智甚簡、其為
事不勞、而功名致大、甚易處而甚可樂矣、夫貴
為天子、富有天下、名為聖王、兼制人、人莫得而
制也、是人情之所同欲也、欲是之主、並肩而存、
能建是之士、不世絕、千歲而不合、何也、曰人主

不公、人臣不忠也、人主則外賢而偏舉、人臣則
爭職而妬賢、是其所以不合之故也、人主胡不
廣焉無恤親疏、無偏貴賤、唯誠能之求、人臣輕
職業讓賢、而安隨其後矣、如是則功壹天下、名
配禹舜、物由有可樂如是其美者乎、嗚呼君人
者、亦可以察若言矣、治國者分已定、則主相臣
下百吏、各謹其所聞、不務聽其所不聞、各謹其
所見、不務視其所不見、則雖幽閑隱僻、百姓莫
不敬分安制、以化其上、是治國之徵也、主道治

三得舊皆作三德改之 興舊作與改之 無不字 偸作輸 甚作綦

近不治遠、治明不治幽、治一不治二、主能治近、則遠者理、主能治明、則幽者化、主能當一、則百事正、夫兼聽天下、日有餘而治不足者如此也、是治之極也、既能治近、又務治遠、既能治明、又務治幽、既能當一、又務正百、是過者也、過猶不及也、不能治近、又務治遠、不能察明、又務見幽、不能當一、又務正百、是悖者也、故明主好要、而闇主好詳、主好要則百事詳、主好詳則百事荒矣、

國得百姓之力者富、得百姓之死者強、得百姓之譽者榮、三得者具、而天下歸之、三得者亡、而天下去之、湯武興天下同利、除天下同害、政令制度所以接百姓者、有非理如豪末、必不加焉、故百姓親之如父母、爲之死亡而不偸也、亂世不然、使愚詔智、不肖臨賢、生民則致貧隘、使民則甚勞苦、又望百姓爲之死、不可得也、孔子曰、審吾所以適人、人之所以來我也、大國之主、好見小利、又好以權謀傾覆之人斷事、社稷必危、是傷國者也、大國之主好詐、羣臣亦從而成俗、羣臣若是、則衆庶亦不隆禮義、而好貪利矣、君臣上下之俗、莫不若是、則地雖廣、權必輕、人雖衆、兵必弱、刑雖繁、令不下通、是之謂傷國、

有亂君、無亂國、有治人、無治法、羿之法非亡也、而羿不世中、禹之法猶存、而夏不世王、故法不能獨立、得其人則存、失其人則亡、法者治之端也、君子者法之源也、故有君子、則法雖省、足以偏矣、無君子、則法雖具、足以亂矣、故明主急得其人、而闇主急得其勢、急得其人、則身逸而國治、功大而名美、急得其勢、則身勞而國亂、功廢而名辱、故君人者、勞於索之、而休於使之、械數者治之流也、非治之源也、君子者治之源也、官人守數、君子養源、故上好禮義、尚賢使能、而無貪利之心、則下亦將綦辭讓、致忠信、而謹於臣子矣、故賞不治、政令不煩、而俗美、百姓莫敢不順上之法、象上之志、而勸上之事、而安樂之矣、君者民之源也、源清則流清、源濁則流濁、故有

社稷而不能愛民不能利民而求民之親愛己不可得也民不親不愛而求其爲己用爲己死不可得也民不爲己用不爲己死而求兵之勁城之固不可得也兵不勁城不固而求敵之不至不可得也敵至而求無危削不滅亡不可得也故人主欲强固安樂則莫若反之民欲附下壹民則莫若反之政欲修政美國則莫若求其人故君人者愛民而安好士而榮兩者無一焉而亡也明分職序事業拔材官能莫不治理則公道達而私門塞矣公義明而私事息矣如是則德厚者進而佞悅者止貪利者退而廉節者起兼聽齊明而百事不留故天子不視而見不聽而聰不慮而知不動而功塊然獨坐而天下從之如四支之從心也

人主有六患使賢者爲之則與不肖者規之使智者慮之則與愚者論之使修士行之則與姦邪之人疑之雖欲成功得乎哉譬之是猶立直木而恐其影之枉也惑莫大焉語曰公正之士

以作之

衆人之痤也循道之人姦邪之賊也今使姦邪之人論其怨賊而求其無偏得乎哉譬之是猶立枉木而求其影之直也亂莫大焉故古之人爲之不然其取人有道其用人有法取人以道參之以禮用人之法禁之以等行義動靜度之以禮智慮取舍稽之以成日月積久校之以功故卑不得臨尊輕不得懸重愚不得謀智是以萬舉不過也

人主欲得善射射遠中微者欲得善馭及速致遠者懸貴爵重賞以招致之內不可阿子衆外不可隱遠人能致是者取之是豈不必得之之道哉雖聖人不能易也欲治國馭民調壹上下將內以固城外以拒難治則制人人不能制也亂則危辱滅亡可立而待也而求卿相輔佐則獨不若是其公也唯便辟親比己者之用也豈不過甚哉故有社稷者莫不欲强俄則弱矣莫不欲安俄則危矣莫不欲存俄則亡矣故明主有私人以金石珠玉無私人以官職事業是何

也曰本不利於所私也彼不能而主使之則是主闇也臣不能而誣能則是臣詐也主闇於上臣詐於下滅亡無日俱害之道也夫文王非無貴戚也非無子弟也非無便僻也乃舉太公而用之兼制天下立七十一國姬姓獨居五十三人周之子孫莫不爲顯諸侯如是者能愛人也故舉天下之大道立天下之大功然後隱其所憐所愛故曰唯明主爲能愛其所愛闇主則必危其所愛此之謂也

從命而利君謂之順從命而不利君謂之諂逆命而利君謂之忠逆命而不利君謂之篡不恤君之榮辱不恤國之臧否偸合苟容以持祿養交而已謂之國賊君有過謀過事將危國家隕社稷之具也大臣父兄有能進言於君用則可不用則去謂之諫有能進言於君用則可不用則死謂之爭有能比智同力率羣臣百吏而相與強君矯君以解國之大患除國之大害成於尊君安國謂之輔有能抗君之命竊君之重反

上君作之

君之事以安國之危除君之辱謂之弼故諫爭輔弼之人社稷之臣也國君之寶也明君之所尊所厚也而闇主惑君爲己賊也故明君之所賞闇君之所罰也闇君之所賞明君之所殺也傳曰從道不從君正義之臣設則朝廷不頗諫爭輔弼之人信則君過不遠爪牙之士施則仇讎不作邊境之臣處則界垂不喪故明主好同闇主好獨明主尚賢使能而饗其盛闇主妬賢畏能而滅其功罰其忠賞其賊夫是之謂至闇

有大忠者有次忠者有下忠者有國賊者以德覆君而化之大忠也以德調君而補之次忠也以是諫非而怒之下忠也不恤君之榮辱不恤國之臧否偸合苟容以持祿養交而已國賊也人主之患不在乎不言而在乎不誠夫言用賢者口也卻賢者行也口行相反而欲賢者之至不肖者之退不亦難乎夫耀蟬者務在明其火振其樹而已火不明雖振其樹無益也今人主有能明其德則天下歸之若蟬之歸明火也

舊無善
附之善
神之

臨武君與荀卿議兵於趙孝成王前王曰請問兵要臨武君曰上得天時下得地利觀敵之變動後之發先之至此用兵之要術也荀卿曰不然所聞古之道凡用兵戰攻之本在乎一民也弓矢不調則羿不能以中微六馬不和則造父不能以致遠士民不親附則湯武不能以必勝也故善附民者是乃善用兵者也故兵要在乎善附民而已臨武君曰不然兵之所貴者勢利也所行者變詐也善用之者莫知其所從出孫

吳用之無敵於天下豈必待附民乎荀卿曰不然臣之所道仁人之兵王者之志也君之所貴權謀勢利攻奪變詐也仁人之兵不可詐也彼可詐者怠慢者也故以桀詐桀猶有幸焉以桀詐堯譬之若以卵投石若以指撓沸若赴水火入焉焦沒耳故仁人上下一心三軍同力臣之於君下之於上若子之事父弟之事兄若手臂之扞頭目而覆胸腹也詐而襲之與先驚而後擊之一也臨武君曰善陳囂問荀卿曰先生議

修作循
下同

兵常以仁義爲本仁者愛人義者修理然則又何以兵爲凡所爲有兵者爲爭奪也荀卿曰非汝所知也彼仁者愛人愛人故惡人之害之也義者修理修理故惡人之亂之也彼兵者所以禁暴除害也非爭奪也故仁人之兵所存者神所過者化若時雨之降莫不悅喜故近者親其善遠方慕其德兵不血刃遠邇來服德盛於此施及四極

天行有常不爲堯存不爲桀亡應之以治則吉

循作修
忒作貳

應之以亂則凶強本而節用則天不能貧養備而動時則天不能病循道而不忒則天不能禍故水旱不能使之饑寒暑不能使之疾妖不能使之凶背道而妄行則天不能吉故水旱未至而饑寒暑未薄而疾怪未生而凶受時與治世同而殃禍與治世異不可以怨天其道然也故明於天人之分則可謂至人矣

天不爲人之惡寒輟冬地不爲人之惡遼遠輟廣君子不爲小人之匈匈輟行天有常道地有

常數君子有常體君子道其常小人計其功星墜木鳴國人皆恐是天地之變陰陽之化物之罕至者也怪之可也而畏之非也夫日月之有食風雨之不時怪異之儻見是無世而不嘗有之上明而政平則是雖並世起無傷也上闇而政險則是雖無一至者無益也若夫天地之變畏之非也人妖則可畏也政險失民田薉稼惡糴貴民饑道路有死人夫是之謂人妖也政令不明舉措不時本事不理夫是之謂人妖也禮義不修外內無別男女淫亂父子相疑上下乖離寇難日至夫是之謂人妖也三者錯無安國矣其說甚爾其災甚慘傳曰萬物之怪書不說無用之辯不急之察弃而不治也若夫君臣之義父子之親夫婦之別則日切磋而不舍也在天者莫明於日月在人者莫明於禮義故人之命在天國之命在禮君人者隆禮尊賢而王重法愛民而霸好利多詐而危權謀傾覆而亡矣主道明則下安主道幽則下危故下安則貴上

慤舊作整改之

下危則賤上故上易知則下親上矣上難知則下畏上矣下親上則上安下畏上則上危故主道莫惡乎難知莫危乎使下畏已傳曰惡之者衆則危矣

入孝出悌人之小行也上順下篤人之中行也從道不從君從義不從父人之大行也孝子所以不從命有三從命則親危不從命則親安孝子不從命乃衷也從命則親辱不從命則親榮孝子不從命乃義也從命則禽獸不從命則修飾孝子不從命乃敬也故可以從而不從是不子也未可以從而從是不衷也明於從不從之義而能致恭敬忠信端慤以慎行之則可謂大孝矣傳曰從道不從君從義不從父此之謂也繁弱鉅黍古之良弓也然而不得排檄則不能自正干將莫耶古之良劒也然而不加砥礪則不能利不得人力則不能斷驊騮騄耳古之良馬也然而必前有銜轡之制後有鞭策之威加之以造父之馭然後一日致千里也夫人雖有

性質美而心辨智必求賢師而事之擇賢友而
友之得賢師而事之則所聞者堯舜禹湯之道
也得良友而友之則所見者忠信敬讓之行也
身日進於仁義而不自知者靡使然也今與不
善人處則所聞者欺誣詐僞也所見者汙漫淫
邪貪利之行也身且加於刑戮而不自知者靡
使然也傳曰不知其子視其友不知其君視其
左右靡而已矣
桓公用其賊文公用其盜故明主任計不信怒

闇主信怒不任計計勝怒則強怒勝計者亡
天子即位上卿進曰如之何憂長也能除患則
爲福不能則爲賊授天子一策中卿進曰配天
而有下土者先事慮事先患慮患先事慮事謂
之接接則事優成先患慮患謂之豫豫則禍不
生事至而後慮者後之後之則事不擧患至而
後慮者謂之困困則禍不可禦授天子二策下
卿進曰敬戒無怠慶者在堂弔者在閭禍與福
鄰莫知其門務哉務哉萬民望之授天子三策

後之後
之作謂
之後後

口能言之身能行之國寶也口不能言身能行
之國器也口能言之身不能行國用也口言善
身行惡國妖也治國者敬其寶愛其器任其用
除其妖義與利者人之所兩有也雖堯舜不能
去民之欲利然而能使其欲利不克其好義也
雖桀紂亦不能去民之好義然而能使其好義
不勝其欲利也故義勝利者爲治世利克義者
爲亂世上重義則義克利上重利則利克義故
天子不言多少諸侯不言利害大夫不言得喪

士不通貨財從士以上皆羞利而不與民爭業
樂分施而耻積藏然後民不困則貧窶者有所
竄其中矣仁義禮善之於人也譬之若貨財粟
米之於家也多有之者富少有之者貧至無有
者窮
聖王在上分義行乎下則士大夫無沉淫之行
百吏官人無怠慢之事衆庶百姓無姦怪之俗
無盜賊之罪莫敢犯上之禁天下曉然皆知夫
盜竊之不可以爲富也皆知夫賊害之不可以

後作故
則作財

爲壽也皆知夫犯上之禁不可以爲安也由其道則人得其所好焉不由其道則必遇其所惡焉是故刑罰甚省而威行如流也故刑當罪則威不當罪則侮爵當賢則貴不當賢則賤古者刑不過罪爵不踰德故殺其父而臣其子殺其兄而臣其弟刑罰不怒罪爵賞不踰德是以爲善者勸爲不善者沮威行如流化易如神亂世不然刑罰怒罪爵賞踰德以族論罪以世舉賢故一人有罪而三族皆夷德雖如舜不免刑均是以族論罪也先祖賢子孫必顯行雖如桀列從必尊此以世舉賢也以族論罪以世舉賢欲無亂得乎尊聖者王貴賢者霸敬賢者存嫚賢者亡古今一也故尚賢使能等貴賤分親疏序長幼此先王之道也故尚賢使能則主尊下安貴賤有等則令行而不留親疏有分則施行而不悖長幼有序則事業捷成而有所休故仁者仁此者也義者分此者也節者死生此者也忠者惇慎於此者也兼此而能之備矣

羣書治要卷第三十八

羣書治要卷第三十九

秘書監鉅鹿男臣魏徵等奉　勅撰

呂氏春秋

先聖王之治天下也、必先公、公則天下平、（平、和）嘗觀於上志、（上志、古記）有得天下者衆矣、其得之必以公、其失之必以偏、（偏私不正）凡主之立也、生於公、故洪範曰、無偏無黨、王道蕩蕩、（蕩蕩、平易）陰陽之和、不長一類、甘露時雨、不私一物、萬民之主、不阿一人、桓公行公去私惡、用管子而爲五伯長、行私

阿所愛、用豎刁而蟲出於戶、（五子爭立、無主喪、六十日乃殯、至使蟲流出戶也、）人之少也愚、其長也智、故智而用私、不若愚而用公、（用私以敗、用公則齊、）天無私覆也、地無私載也、日月無私燭也、四時無私爲也、行其德而萬物得遂長焉、（遂成、）庖人調和而不敢食、故可以爲庖、若使庖人調和而食之、則不可以爲庖矣、伯王之君亦然、誅暴而不私、以封天下之賢者、故可以爲伯王、若使王伯之君誅暴而私之、則亦不可以爲王伯矣、（誅暴有所私枉、則不可以爲王伯、）

本書伯王作王伯、下同

水泉深、則魚鼈歸之、樹木盛、則飛鳥歸之、庶草茂、則禽獸歸之、人主賢、則豪桀歸之、故聖王不務歸之者、而務其所歸、（務人使歸之、末也、務其所行可歸、本也、）彊令之笑不樂、強令之哭不悲、（皆無其中心也、）彊令之爲道也、可以成小、而不可以成大、大寒既至、民煖是利、大熱在上、民淸是走、故民無常處、見利之聚、無利之去、欲爲天子、民之所走、不可不察、凡論人、通則觀其所禮、（通、達、）貴則觀其所進、富則

觀其所養、聽則觀其所行、（養則養賢也、行則行仁也、）近則觀其所好、習則觀其所言、（好則好義也、言則言道也、）窮則觀其所不受、賤則觀其所不爲、喜之以驗其守、（守、情守也、）樂之以驗其僻、（僻、邪、）怒之以驗其節、（節、性、）懼之以驗其特、（特、獨也、雖獨不恐也、）哀之以驗其仁、（仁人見可哀者、則不忍之也、）苦之以驗其志、八觀六驗、此賢主之所以論人也、論人必以六戚四隱、（六戚、六親也、四隱、相匿揚長蔽短也、）何謂六戚、父母兄弟妻子、何謂四隱、交友故舊邑里門廊、內則用六戚四隱、外則以八觀六驗、人之

羕美作美羕

情僞貪鄙美美無所失矣、言盡知之、此先聖王之所以知人也、

先王之教、莫榮於孝、莫顯於忠、忠孝、人君人親之所甚欲也、顯榮、人臣人子之所甚願也、然而人君人親不得所欲、人臣人子不得所願、此生於不知理義、不知理義、在君父則不仁不慈、在臣子則不忠不孝、不知理義生於不學、生猶出也、是故古之聖王未有不尊師也、尊師則不論貴賤貧富矣、神農師悉諸、黃帝師大橈、悉姓諸名也、大橈作甲子者也、帝顓頊師伯夷父、帝嚳

師伯招、帝堯師子州支父、帝舜師許由、禹師大成贄、湯師小臣、小臣、謂伊尹、文王武王師呂望周公旦、齊桓公師管夷吾、晉文公師咎犯隨會、秦穆公師百里奚公孫枝、楚莊王師孫叔敖沈尹筮、沈縣大夫、吳王闔閭師伍子胥文之儀、文氏儀名、越王勾踐師范蠡大夫種、此十聖六賢者、未有不尊師者也、今尊不至於帝、智不至於聖、而欲無尊師、奚由至哉、至於道也、此五帝之所以絶、三代之所以滅、言五帝三代之後、不復重道尊師、故以絶滅也、

筮作巫

主皆作生

音樂之所由來遠矣、天下太平、萬民安寧、皆化其上、化猶隨也、樂乃可成、故唯得道之人、其可與言樂乎、言說、亡國戮民、非無樂也、其樂不樂、不和於雅、故不樂也、溺者非不笑也、溺人必笑、雖笑不歡、罪人非不歌也、當死者、雖歌不樂也、狂者非不舞也、雖舞不能中節、亂世之樂有似於此、君臣失位、父子失處、夫婦失宜、民人呻吟、其以爲樂、若之何哉、以民人呻吟歎戚、不可爲樂也、故曰若之何也、亂世之樂、爲木革之聲、則若雷、爲金石之聲、則若霆、爲絲竹歌舞之聲、則若譟、譟、叫、以此駭心氣

動耳目搖蕩生、則可矣、生、性、以此爲樂、則不樂、不樂、不和、故樂愈侈、而民愈鬱、侈、淫也、鬱、怨也、國愈亂、主愈卑、則亦失樂之情矣、凡古聖王之所爲貴樂者、爲其樂也、夏桀殷紂、作爲侈樂、大鼓鐘磬管簫之音、以鉅爲美、鉅、大、以俶詭殊瑰、耳所未嘗聞、目所未嘗見、俶、始也、始作詭異瑰奇之樂、故耳未嘗聞、目未嘗見、務以相過、不用度量、不用樂之法制、侈則侈矣、失樂之情、失樂之情、其樂不樂、非正樂也、故曰不樂、樂不樂者、其民必怨、其主必傷、怨、悲也、傷、病也、此主乎不知樂之情、而以侈爲務、故

也、耳之情欲聲、心不樂五音在前弗聽、目之情欲色、心弗樂、五色在前弗視、鼻之情欲香、心弗樂芬香在前弗臭、口之情欲味、心弗樂、五味在前弗味、欲之者耳目鼻口也、樂之者心也、心必和平然後樂、心樂然後耳目鼻口有以欲之、故樂之務在於和心、和心在於行適、適、中適也、夫樂有適、心亦有適、人之情欲壽而惡夭、欲安而惡危、欲榮而惡辱、欲逸而惡勞、四欲得、四惡除、則心適矣、四欲之得也、在於勝理、勝理以治身、則生全矣、生全則壽長矣、勝理以治國則法立矣、法立則天下服、服、於理也、故適心之務在勝理、凡音樂通乎政、而風乎俗者也、風猶化也、俗定而樂化之矣、故有道之世、觀其音而知其俗、觀其俗而知其政矣、觀其政而知其主矣、故先王必託於音樂以論其敎、論、明、故先王之制樂也、非特以歡耳目極口腹之欲也、特、止也、將以敎民平好惡、行理義也、平、正也、行、猶通、

黃鍾之月、土事毋作、愼毋發蓋、以固天閉地、十一月也、大呂之月、數將幾終、十二月也、幾、近也、終、盡也、歲且更起、而農民毋有所使、使、役、大蔟之月、陽氣始至、正月、草木繁動、動、生、令農發土、毋或失時、發土而耕、夾鍾之月、寛裕和平、行德去刑、夾鍾二月、毋或作事以害羣生、事、兵成事、姑洗之月、達通道路、溝瀆修利、三月也、時雨將降、故修利溝瀆、中呂之月、毋聚大衆、巡勸農事、四月也、大衆謂軍旅興功築宜、草木方長、毋攜民心、民當務農長育穀木、傜役聚、則心攜離、逆上命也、蕤賓之月、陽氣在上、安壯養孩、五月也、壯、盛也、孩、少

築宜恐有誤字

本朝不靜、草木早槁、靜、安也、朝政不寧、故草木變動、墮落早枯槁也、林鍾之月、草木盛滿、陰氣將刑、六月也、立秋則行戮、故曰陰氣將始殺也、毋發大事、以將陽氣、發、起也、將猶養、夷則之月、修法飾刑、選士厲兵、七月也、飾、正也、詰誅不義、以懷遠方、懷、柔、南呂之月、八月、趣農收聚、毋敢懈怠、無射之月、疾斷有罪、當法勿赦、九月也、有罪當斷、殺勿赦、應鍾之月、陰陽不通、閉而爲冬、十月也、陽伏在下、陰閉於上、故不通、修別喪紀、審民所終、審、愼也、終、卒也、修別喪服親疎輕重、服制之紀也、周文王立國八年、寢疾五日、而地動東西南北、

陰氣將刑作陰將始刑

飾作飭

飾作飭

不出周郊、百吏皆請曰、臣聞地之動也、爲人主也、今王寢疾、請移之、文王曰、若何其移之也、對曰、興事動衆、以增國城、其可以移之乎、文王曰、天之見妖、以罰有罪也、我必有罪、故天以此罰我也、今興事動衆、以增國城、是重吾罪也、不可、（重猶益也、移咎徵於他人、是益吾咎、）昌也、請改行重善以移之、其可以免乎、於是謹其禮秩皮革、以交諸侯、飾其辭令幣帛、以禮豪士、無幾何疾乃止、（止除、）立國五十一年而終、

已下舊有子字刪之

宋景公之時、熒惑在心、公懼、召子韋而問之曰、熒惑在心、何也、（子韋宋之太史、）子韋曰、熒惑者天罰也、心者宋分野也、禍當君、雖然可移於宰相、公曰、宰相所與治國家也、而移死焉不祥、曰可移於民、公曰、民死寡人將誰爲君乎、曰可移於歲、公曰歲饑民必餓、死爲人君而殺其民以自活、其誰以我爲君乎、是寡人之命固盡已、子無復言矣、子韋再拜曰、臣敢賀君、天之處高而聽卑、君有至德之言三、天必三賞君、今昔熒惑必徙三

食作饐

舍、君延年二十一歲、是昔也、熒惑果徙三舍、

兵之所自來者上矣、（自、從也、上、久也、）家無怒笞、則豎子嬰兒之有過也立見、國無刑罰、則百姓之相侵也立見、天下無誅伐、則諸侯之相暴也立見、故怒笞不可偃於家、刑罰不可偃於國、誅伐不可偃於天下、有巧有拙而已矣、（巧者以治、拙者以亂、）故古之聖王、有義兵而無偃兵、夫有以食死者、欲禁天下之食悖矣、有以乘舟死者、欲禁天下之船悖矣、有以用兵喪其國者、欲偃天下之兵悖矣、兵

之不可偃也、譬之若水火然、（水以療渴、火以熟食、不可乏也、兵以除亂、亦不可偃、）善用之則爲福、不能用之則爲禍、（能者養之取福、不能者敗以取禍也、）善用藥者亦然、得良藥則活人、得惡藥則殺人、義兵之爲天下良藥也亦大矣、（義兵除天下之凶殘、解百姓之倒懸、故方之於良藥、）故兵誠義、以誅暴君而振苦民、民之悅之也、若孝子之見慈親也、若饑者之見美食也、民之號呼而走之、（走歸、）若彊弩之射於深谿也、義兵至、鄰國之民歸之、若流水、誅國之民望之若父母、行地滋遠、得民滋衆、兵不

接及、而民服若化。（若、順。）
義也者、萬事之紀也、君臣上下親疏之所由起
（上人情作於己）
也。治亂安危之所在也。勿求於他、必反人情。人
情欲生而惡死、欲榮而惡辱。死生榮辱之道壹、
則三軍之士可使一心矣。
衣人以其寒、食人以其饑。饑寒、人之大害也。救
（多作甚）
之大義也。人之困窮多如饑寒。故賢主必憐人
之困也、必哀人之窮也。如此則名號顯矣、國士
得矣。（得國士也。）人主其胡可以無務行德愛人乎。行

德愛人、則民親其上。民親其上、則皆樂爲其君
死矣。趙簡子有兩白騾而甚愛之。陽城胥渠、（陽城
姓、胥渠名也。）廣門之官夜款門而謁曰、主君之臣胥
渠有疾。（廣門、邑名也。官、小臣也。款、叩也。）醫教之曰、得白騾之肝、
病則止、不得則死。謁者通。簡子曰、夫殺畜以活
人、不亦仁乎。於是召庖人殺白騾、取肝以與之。
無幾何、趙興兵而攻翟。廣門之官、左七百人、右
七百人、皆先登而獲甲首。（獲衣甲者之首也。）人主其胡
可以不好士也。

孝子之重其親、慈親之愛其子也、痛於肌骨、性
也。所重所愛、死而弃之溝壑、人之情不忍爲。故
（舊無葬死之死補之）
有葬死之義。葬者藏也。慈親孝子之所愼也。（愼、重。）
愼之者、以生人之心慮也。（慮、計。）以生人之心爲死
者慮、莫如無動、莫如無發。無發無動、莫如無有
可利。無有可利、此之謂重閉。（人不發掘、不見動搖、謂之重閉。）葬
不可不藏也。葬淺則狐狸掘之、深則及於水泉。
故凡葬必於高陵之上、以避狐狸之患、水泉之
濕。此則善矣。而忘姦邪盜賊寇亂之難、豈不惑

哉。（厚葬人利之、必有此難、故謂之惑也。）慈親孝子備之者、得葬之
情矣。今世俗大亂、人主愈侈、非葬之心也。非爲
死者慮也。生者以相矜也。侈靡者以爲榮、儉節
者以爲辱、不以便死爲故。（故、事。）而徒以生者之誹
譽爲務。此非慈親孝子之心也。父雖死、孝子之
重之不怠。（重、尊也。怠、懈也。）子雖死、慈親之愛之不懈。夫
葬所愛重、而以生者之所甚欲、其以安之、若之
何哉。（厚葬必發掘、故曰其以安之也、若之何、言不安。）
世之爲丘壠也、其高大若山、其樹之若林、其設

闕庭爲宮室、若都邑、以此觀世示富則可矣、以此爲死者則不可、夫死者其視萬歲猶一瞚也、人之壽久不過百、中壽不過六十、以百與六十、爲無窮者慮、其情必不相當矣、以無窮爲死者慮、則得之矣、今有人於此、爲石銘置之壟上曰、此其中珠玉玩好、財物寶器甚多、不可不掘、掘之必大富、人必相與笑之、以爲大惑、（惑，悖。）世之厚葬也、有似於此、自古及今、未有不亡之國也、無不亡之國者、是無不掘之墓也、以耳目所聞見、

齊荊燕嘗亡矣、宋中山已亡矣、趙魏韓皆失其故國矣、自此以上者、亡國不可勝數、（上猶前也。）是故古大墓無不掘者也、而皆爭爲之、豈不悲哉、堯葬於穀林、通樹之、（通林以爲樹也。）舜葬於紀市、不變其肆、（市肆如故、言不煩民。）禹葬於會稽、不變人徒、（變動也、言無所興造、不擾民也。）是故先王以儉節葬死也、非愛其費、非惡其勞、以爲死者也、（爲猶便也。）先王之所惡、唯死者之辱也、發則必辱、儉則不發、故先王之葬必儉也、謂愛人者衆、知愛人者寡、（謂凡愛死人者衆多、厚葬之也、知所以愛之者寡、能儉葬者少也。）故宋未亡而東冢掘、（文公冢也。）齊未亡而莊公冢掘、（以葬厚、冢見發。）國安寧而猶若此、又況百世之後、而國已亡乎、故孝子忠臣、親父交友、不可不察也、夫愛之而反害之、安之而反危之、其此之謂乎、

至忠逆於耳、倒於心、（倒亦逆也。）非賢主其孰能聽之、（舊無逆於之於字補之）（聽受。）故賢主之所說、不肖主之所誅也、（賢主悅忠言、不肖主反之。）今有樹於此、而欲其美也、人時灌之、則惡之、（惡其灌之者也。）而日伐其根、則必無活樹矣、夫惡聞忠

言、自伐之精者也、（精猶甚、甚於自伐其根也。）賢主必自知士、故士盡力竭智、直言交爭、而不辭其患、（士爲知己者死、故盡力竭智、何患之辭也。）豫讓公孫弘是已、當是時也、智伯孟嘗君知之矣、（智伯知豫讓、故爲之報讎、孟嘗君知公孫弘、故爲之不受折於秦也。）世之人主、得地百里則喜、四境皆賀、得士則不喜、不知相賀、不通乎輕重也、湯武千乘也、而士皆歸之、桀紂天子也、而士皆去之、孔墨布衣之士也、萬乘之主、千乘之君、不能與之爭士也、（士不歸之、而歸孔墨、故曰不能與之爭士。）自此觀之、

所是作所謂

尊貴富大、不足以來士矣、(來猶致也、)必自知之、然後可、(可者可至、)豫讓之友謂豫讓曰、子嘗事范氏中行氏、諸侯盡滅之、而子不爲報、至於智氏、而子必爲之報、何故、豫讓曰、范氏中行氏、我寒而不我衣、我饑而不我食、而時使我與千人共其養、是衆人畜我也、夫衆人畜我者、我亦衆人事之、至於智氏則不然、出則乘我以車、入則足我以養、衆人廣朝、而必加禮於吾所、是國士畜我也、夫國士畜我者、我亦國士事之、豫讓國士也、而猶以人於己也、(於猶厚也、)又況於中人乎、孟嘗君爲從、(關東曰從、)公孫弘謂孟嘗君曰、不若使人西觀秦、意者秦王帝王之主也、君恐不得爲臣、何暇從以難之、(言不能成從以難秦、)意者秦王不肖主也、君從以難之未晚也、孟嘗君曰、善、願因請公往矣、公孫弘見昭王、昭王曰、薛之地小大幾何、公孫弘對曰、百里、昭王笑而曰、寡人之國、地數千里、猶未敢以有難也、今孟嘗君之地方百里、而欲以難寡人、猶可乎、公孫弘對曰、孟嘗君好士、大王不好

暫作慙　與作有

士也、昭王曰、孟嘗君之好人何如、對曰、義不臣乎天子、不友乎諸侯、得意暫爲人君、不得意不肯爲人臣、如此者三人、能治可爲管商之師、(管管仲、商商鞅、)能致其主霸王、如此者五人、萬乘之嚴主、辱其使者、退而自刎、必以其血汚其衣、與如臣者七人、昭王笑而謝焉、

世之聽者、多有所尤、多有所尤、卽聽必悖矣、(尤過、)人有亡鈇者、意其隣之子、視其色言語動作態度、無爲而不竊鈇、(竊盜、)掘其谷得其鈇、(谷坑、)他日復見其鄰之子、動作態度、無似竊鈇者、其隣之子非變也、己則變之、變之者無他、有所尤也、邾之故法、爲甲裳以帛、(以帛綴甲、)公息忌謂邾君曰、不若以組、邾君曰、將何所得組、公息忌對曰、上用之、則民爲之矣、邾君曰、善、下令、令官爲甲必以組、公息忌因令其家皆爲組、人有傷之者曰、公息忌之所以欲用組者、其家多爲組也、(傷敗、)邾君不悅、於是乎止無以組、(以用、)邾君有所尤也、爲甲以組而便、公息忌雖多爲組、何傷、以組不便、公息

忌雖無爲組、亦何益爲組與不爲組、不足以累公息忌之說、累猶辱也、凡聽言不可不察、察者詳也、不察則善不善不分、善不善不分、亂莫大焉、

昔禹一沐而三捉髮、一食而三起、以禮有道之士、通乎己之不足、欲以聞所不聞知所不知故也、通乎己之不足則不與物爭矣、情欲之物不爭、愉易平靜以待之、使夫自以之、以用、因然而然之、使夫自言之、亡國之主反此、自賢而少人、少人則說者持容而不極、極至、聽者自多而不得、自多自賢、

三王之佐、皆能以公及其私矣、俗主之佐、其欲名實也、與三王之佐同、其名無不辱者、其實無不危者、無功故也、皆患其身之不貴於國也、而不患其主之不貴於天下也、皆患其家之不富也、而不患其國之不大也、此所以欲榮而愈辱、欲安而愈危、故榮富非自至、緣功伐也、今功伐甚薄、而所望厚、誣也、以薄獲厚爲誣、無功伐而求榮富詐也、以虛取之爲詐、詐誣之道、君子不由、由用、

凡爲天下治國家、必務其本也、務本莫貴於孝、人主孝則名章榮、天下譽、譽樂、人臣孝則事君忠、處官廉、臨難死、士民孝則耕芸疾、守戰固、不疲北、夫執一術而百喜至、百邪去、天下從者、其唯孝乎、故論人必以所親、而後及所疏、必以所重、而後及所輕、曾子曰、先王之所以治天下者五、貴貴、貴德、貴老、敬長、慈幼、此五者先王之所以定天下也、定安、所爲貴貴、爲其近於君也、所爲貴德、爲其近於聖也、所爲貴老、爲其近於親也、所爲敬長、爲其近於兄也、所爲慈幼、爲其近於弟也、

昔晉文公將與楚人戰於城濮、召咎犯而問曰、楚衆我寡、奈何而可、咎犯對曰、臣聞繁禮之君、不足於文、繁戰之君、不足於詐、足猶厭也、君亦詐之而已、文公以咎犯言告雍季、雍季曰、竭澤而漁、豈不獲得、而明年無魚、焚藪而田、豈不獲得、而明年無獸、言盡其類、詐僞之爲道、雖今偷可、後將無復、不可復行、非長術也、文公用咎犯之言、而敗楚人於城濮、反而爲賞、雍季在上、左右諫曰、城濮之功、咎犯之謀也、君用其言、而後其身、或者不

可乎、公曰、雍季之言、百世之利也、咎犯之言、一時之務也、務猶事也、焉有以一時之務、先百世之利者乎、孔子聞之曰、臨難用詐、足以卻敵、返而尊賢、足以報德、文公雖不終、始焉足以霸矣、

賢主愈大愈懼、愈彊愈恐、愈益、凡大者小鄰國也、彊者勝其敵也、大者侵削鄰國、使小、勝其敵則多怨、小鄰國則多患、多怨、國雖大、惡得不懼、惡得不恐、惡安、故賢主於安思危、安不忘危、於達思窮、顯不忘約、於得思喪、喪、亡也、有得必有失、故思之也、

惠盎見宋康王、康王曰、寡人之所悅者、勇有力也、不悅爲仁義者、客將何以敎寡人、惠盎對曰、臣有道於此、有道於此、勇有力也、使人雖勇、刺之不入、雖有力、擊之弗中、夫刺之不入、擊之不中、此猶辱也、臣有道於此、使人雖有勇弗敢刺、雖有力弗敢擊、夫弗敢、非無其志也、臣有道於此、使人本無其志、本無有擊刺之志也、夫無其志、未有愛利之心也、臣有道於此、使天下丈夫女子、莫不驩然皆欲愛利之、此其賢於勇有力也、言以仁義之德、使民皆欲愛利之、故賢於勇有力也、大王獨無意耶、宋王曰、此寡人之所欲得也、曰、孔墨是也、言當爲孔丘墨翟之德、則得所欲也、孔丘墨翟、無地爲君、以德見尊也、無官爲長、以道見敬、天下丈夫女子、莫不延頸擧踵、而願安利之、願其尊高而利己也、今大王萬乘之主也、誠有其志、孔墨之志、則四境之內、皆得其利矣、其賢於孔墨也遠矣、得賢名過於孔墨、

武王使人候殷、反報曰、殷亂矣、武王曰、其亂焉至、對曰、讒慝勝忠良、武王曰、尚未也、又往、反報曰、賢者出走矣、武王曰、尚未也、又往、反報曰、其

亂甚矣、百姓不敢誹怨矣、武王遽告太公、太公曰、其亂至矣、不可以駕矣、駕、加也、

凡國之亡也、有道者必先去、古今一也、君子見機而作、不待終日、故必先去、天下雖有有道之士、固猶少、千里而有一士、比肩也、累世而有一聖人、繼踵也、士與聖人之所自來、若此其難也、而治必待之、治奚由至乎、雖幸而有、未必知也、不知則與無同、不知其賢而用之、故不治、不治則與無賢同、此治世之所以短、而亂世之所以長也、短、少也、長、多也、故亡國相望、言不絕也、賢主知

聖行賢

其若此也、故曰慎一日以終其世、譬之若登山者、處已高矣、左右視、尚魏魏焉山在其上矣、聖者之所與處、有似於此、身已賢矣、行已高矣、左右視、尚盡賢於己也、故周公曰、與我齊者、吾不與處、無益我者也、（齊、等也、等則不能勝己、故曰、無益我者也、）以爲賢者必與賢於己者處、賢者之得可與處也、禮之、諸衆齊民、不待知而使、不待禮而令、（令、亦使也、）若夫有道之士、必禮必知、然後其智能可盡也、（可盡得而用也、）

凡人主必審分、然後治可以至、（分、謂仁義禮律殺生與奪之分、至、至於治也、）凡爲善難、任善易、奚以知之、今與驥俱走、則人不勝驥矣、居於車上而任驥、則驥不勝人矣、人主好人官、（好爲臣之官事、）則是與驥俱走也、必多所不及矣、（言力不贍也、）夫人主亦有車、無去其車、則衆善皆盡力竭能矣、人主之車、所以乘物也、不知乘物而自怙恃、奮其智能、多其教詔、而好自以、（詔、亦教也、以、用也、）則百官恫擾、（恫、動、擾、亂、）少長相越、萬邪並起、權威分移、（政在家門、）此亡國之風、（風、化、）王良之所以使馬者、約審握其轡、而四馬莫敢不盡力、有道之主、其所以使羣臣者亦有轡、正名審分、是治之轡也、故案其實、審其名、以求其情、聽其言、察其類、毋使放悖、（放、紛也、悖、亂也、）堯舜之民不獨義、禹湯之臣不獨忠、得其數也、（御之得其術也、）桀紂之民不獨鄙、幽厲之臣不獨僻、失其理也、今有人於此、求牛則名馬、求馬則名牛、所求必不得矣、（失其名、故不得、）而因用威怒、有司必誹怨矣、牛馬必擾亂矣、百官衆有司也、萬物羣牛馬也、不正其名、不分

其職、而數用刑罰、亂莫大焉、昊天無形、而萬物以成、（天無所制作、物形、而物自成也、）大聖無事、而千官盡能、（官得其人、其人任其職、故盡能也、）此之謂不教之教、無言之詔、故有以知君之狂、以其言之當、（君狂言、臣下不敢諫止、而喜輕言、自以其言爲當、是以知其言之當、）有以知君之惑、以其言之得、（狂言而得、所以知其感也、）君也者、以無當爲當、以無得爲得者也、當得不在於君而在臣、（待臣匡之、）今之爲車者、數官然後成、（輪輿轅軸、各自有材、故曰數官然後成也、）夫國豈特爲車哉、衆智衆能之所持也、不可以一物一方安也、

舊當上無君字補之

方道也、思慮自傷也、思慮勞精神也、智差自亡也、用智過差、極其情欲、以自消亡、奮能自殃也、奮強、凡姦邪險詖之人也、必有因何因因主之爲、因、猶隨也、人主好以己爲、己所好情欲、則爲也、則守職者舍職而阿主之爲、有過則主無以責之、則人主日侵、而人臣日得、得其阿主之心、是宜動者靜、宜靜者動、尊之爲卑、卑之爲尊、從此生矣、此國之所以衰、而敵之所以攻也、凡官者、以治爲任、以亂爲罪、今亂而無責、則亂愈長矣、人主以好爲示能、以能示衆、以好唱自奮、奮彊、

人臣以不爭持位、以聽從取容、是君代有司爲有司也、大臣匡君、進思盡忠、退思補過、此以聽從取容、無有正君者、君當自正耳、是爲代有司爲有司、是臣得後隨、以進其業也、後隨、隨後也、其業、不爭取容之業也、君臣不定、君不君、臣不臣、故不定也、人主自智而愚人、自巧而拙人、若此則愚拙者請矣、君自謂智而巧、故愚拙者從之請也、巧智者詔矣、詔多則請者愈多矣、請者愈多、且無不請也、主雖巧智、未無不知也、未能盡無所不知也、以未無不知、應無不請、其道固窮、固必窮而不知其窮、其患又將反以自多、

重重塞塞作甸塞

是之謂重重塞塞之主、無存國矣、故有道之主、因而不爲、因循舊法、不改爲也、責而不詔、責臣成功、不妄有所教詔、不伐之言、不奪之事、督名審實、官使自司、以不知爲道、以奈何爲實、以不知爲道、道尚因循、長養不違戾自然之性、故以不可奈何爲實也、絕江者託於船、致遠者託於驥、霸王者託於賢、伊尹呂尚管夷吾百里奚、此霸王之船驥也、釋父兄與子弟、非疏之也、任庖人釣者與仇人僕虜、非阿之也、用持社稷立功名之道、不得不然也、庖人則伊尹、釣者卽呂尚、仇人則管夷吾、僕虜卽百里奚也、非阿私近之也、用其以持社稷立功名之道也、故曰不得不然、

三代之道無二、以信爲管、管、准法也、宋人有取道者、其馬不進、到而投之谿水、到、殺也、投、棄、又後取道、其馬不進、又到而投之谿水、如此者三、雖造父之所以威馬、不過此矣、不得造父之道、而徒得其威、無益於御、人主之不肖者、有似於此、不得其道、而徒多其威、威愈多、民愈不用、民不爲之用也、亡國之主、多以威使其民矣、故威不可無有、而不足專恃、譬之若鹽之於味、凡鹽之用、有所託也、不

放作敗，下皆同

適則敗。所託而不可食，威亦然矣。惡乎託？託於愛利。愛則利民。愛利之心息，而徒疾行威，身必咎矣。古之君民者，仁義以治之，愛利以安之，忠信以導之，務除其災，致其福，故民之於上也，若璽之於塗。此五帝三王之所以無敵也。

東野稷以御見莊公，莊公以爲造父不過也。顏闔曰：其馬將敗。少頃，東野稷之馬放而至。莊公召顏闔而問之曰：子何以知其放也？對曰：夫進退中繩，左右旋中規，造父之御無以過焉。猶求

其馬，臣是以知其放也。故亂國之使其民，不論人之性，不反人之情，煩爲教而過不識，過，責也。識，知也。重爲任而罪不勝，不能勝其所任者而罰。民進則欲其賞，退則畏其罪。知其能力之不足也，則以僞繼矣。知則上又從而罪之，罪其僞也。是以罪召罪也。召，致。故禮煩則不莊，業衆則無功，令苛則不聽，禁多則不行。桀紂之禁，不可勝數，故民不用而身爲戮，

凡使賢不肖異，使不肖以賞罰，不肖者喜生惡死，則可使也矣。使賢以義。唯義所在，死生一也。故賢主之使其下也，必以義，必審賞罰，然後賢不肖盡爲用也。

菑作蕢，注同

我也下舊無必字，補之

凡人筋骨欲其固也，心志欲其和也，精氣欲其行也。若此，則病無所居，而惡無由生矣。病之留，惡之生，精氣鬱也。鬱，滯不通。故水鬱則爲汚，水淺不流曰汚。樹鬱則爲蠹，蠹，蝎。草鬱則爲菑，菑，穢。國亦有鬱，主德不通，民欲不達，此國之鬱也。國之鬱處久，則百惡並起，而萬災叢生矣。叢，聚。故聖人貴豪士與忠臣也，爲其敢直言而決鬱塞也。趙簡子曰：厥也愛我，鐸也不我愛也。厥，簡子家臣也。鐸，尹鐸，亦家臣。厥之諫

我也，必於無人之所；鐸之諫我也，喜質我於人中。質，正。必使我醜。尹鐸對曰：厥也愛君之醜，愛，惜。而不愛君之過也；鐸也愛君之過，而不愛君之醜也。不質君於人中，恐君之不變也。變，改。此簡子之賢也。人主賢則人臣之言刻。刻，盡。人主執民之命，執民之命，重任也，不得以快志。亡國之主必驕，必自智，必輕物。自謂有過人智，故輕物。物，人也。驕則簡士，簡，賤。自智則專獨，不咨忠良。輕物則無備，傳曰：無備而官辦，猶拾瀋。無備召禍，專獨位危，簡士壅塞，士不盡規，故壅塞無聞知。欲無壅

塞必禮士欲位無危必得衆欲無召禍必完備三者君人之大經也（經道）趙簡子沈欒徼於河曰吾嘗好聲色矣而欒徼致之吾嘗好宮室臺榭矣而欒徼爲之吾嘗好良馬善御矣而欒徼來之今吾好士六年矣而欒徼未嘗進一人是長吾過而紬吾善也（所得者皆過也所不進乃善故曰長吾過而紬吾善也）故若簡子能以理督責於其臣矣以理督責於其臣則人主可與爲善而不可與爲非可與爲直而不可與爲枉此三

代之盛敎也

吳起行魏武侯自送之曰先生將何以治西河對曰以忠以信以勇以敢武侯曰安忠曰忠君（盡忠於君）安信曰信民（施信於民）安勇曰勇去不肖（勇於去不肖也）安敢曰敢用賢（用賢無疑）武侯曰四者足矣

使人大迷惑者必物之相似者也玉人之所患患石之似玉者賢主之所患患人博聞辯言而似通者（通達）亡國之主似智亡國之臣似忠似之物此愚者之所大惑而聖人之所加慮也（思則知之）

賢主所貴莫如士所以貴士直言也言直則枉者見矣人主之患欲聞枉而惡直言是障其原而欲其水也水奚自至（自從）是賤其所欲而貴其所惡也所欲奚自來（所欲欲聞己枉所惡惡聞直言也直言何從來至）能意見齊宣王宣王曰寡人聞子好直有之乎（能拙也意名也）對曰意惡能直意聞好直之士家不處亂國身不見汙君今身得見王而家宅乎齊意惡能直（宅居也惡安也）若能意者使謹乎論主之側亦必不阿主（阿曲）不阿主主之所得豈少哉此賢主之所求而不肖主之所惡也

荊文王得茹黃之狗宛路之矰（矰弋射短矢也）以田於雲夢（田獵也雲夢楚澤也）三月不反得丹之姬淫朞年不聽朝（淫惑）保申曰先王卜以臣爲保吉（保大保官申名）今王之罪當笞王曰願請變更而無笞保申曰臣承先王之令不敢廢也王不受笞是廢先王之令也臣寧抵罪於王毋抵罪於先王王曰諾引席王伏保申束細荊五十跪而加之于背如此者再謂王起矣王曰有笞之名一也遂致之（遂痛）

閞作開

（致之）保申曰臣聞君子恥之小人痛之恥之不變
痛之何益保申起出請死文王曰此不穀之過
也保申何罪王乃變更召保申殺茹黃之狗折
宛路之矰放丹之姬務治荊國兼國三十九令
荊國廣大至於此者保申之力也極言之功也
齊宣王好射悅人之謂己能用彊弓（示有力也）其嘗
所用不過三石以示左右左右皆試引之中開
而止（閞開弓弦至半而止）皆曰此不下九石非王其孰能
用是宣王終身自以爲用九石豈不悲哉（傷其自誣）

（而不知實）非直士其孰不阿主故亂國之主患在乎
用三石爲九石（力不足而自以爲有餘也其功德其治理皆亦如之）
欲知平直則必準繩欲知方圓則必規矩人主
欲自知則必直士（唯直士能正言）故天子立輔弼設師
保所以舉過也（舉猶正也）務在自知堯有欲諫之鼓
舜有誹謗之木湯有司過之士武有戒愼之鞀
（欲戒者搖其鞀鼓也）猶恐不能自知今賢非堯舜湯武也
而有揜蔽之道奚由自知哉荊成齊莊不自知
而殺吳王智伯不自知而亡故敗莫大於不自

覸作觀　　善作喜

知范氏之亡也（范氏晉卿）百姓有得其鐘者欲負而
走則鐘大不可負以椎毀之鐘況然有音恐人
之聞之而奪己也遽揜其耳惡人之聞之可也
惡己自聞之悖矣爲人主而惡聞其過亦由此
（此自揜其耳之類也）
荊有善相人者所言無遺策（遺失）莊王見而問焉
對曰臣非能相人也能覸人之友也布衣也其
友皆孝悌純謹畏令如此者家必日益身必日
安此所謂吉人也事君也其友皆誠信有行好

善如此者事君日益官職日進此所謂吉臣也
人主也朝臣多賢左右多忠主有失敢交爭正
諫（交俱）如此者國日安主日尊天下日服此所謂
吉主也臣非能相人也能觀人之友也莊王善
之於是疾收士日夜不懈遂霸天下
先王用非其有如己有之通乎君道者也爲宮
室必任巧匠奚故（奚何）曰匠不巧則宮室不善也
夫國重物也其不善也豈特宮室哉（特猶直也）巧匠
爲宮室爲圓必以規爲方必以矩爲平直必以

準繩功已就、就成不知規矩準繩、而賞巧匠宮室已成、不知巧匠而皆曰此某君某王之宮室也、人主之不通乎主道者則不然、自爲之則不能任賢者惡之與不肖者議之、此功名之所以傷傷敗、國家之所以危、危亡湯武一日而盡有夏商之民盡有夏商之地盡有夏商之財、以其民安而天下莫敢危之以其地封而天下莫不悅以其財賞而天下皆競勸、勸進通乎用非其有也

衛靈公天寒鑿池宛春諫曰、天寒起役恐傷民、傷病公曰天寒乎哉宛春曰公衣狐裘坐熊席是以不寒、今民衣弊不補履決不組君則不寒民則寒矣公曰善令罷役左右以諫曰公鑿池不知天之寒也而春也知之以春之知也而令罷之福將歸於春也而怨將歸於君公曰不然夫春也魯國之匹夫也而我舉之、舉用夫民未有見焉、未見其德今將令人以此見之且春也有善如寡人有、春之善非寡人之善歟靈公之論宛春也可謂知君道矣

羣書治要卷第三十九

羣書治要卷第四十

秘書監鉅鹿男臣魏徵等奉　勅撰

韓子　三略　新語　賈子

韓子

十過

十過、一曰、行小忠、則大忠之賊也、二曰、顧小利、則大利之殘也、三曰、行僻自用、無禮諸侯、則亡身之至也、四曰、不務聽治、而好五音、則窮身之事也、五曰、貪愎喜利、則滅國殺身之本也、六曰、耽於女樂、不顧國政、則亡國之禍也、七曰、離內遠遊、忽於諫士、則危身之道也、八曰、過而不聽於忠臣、而獨行其意、則滅高名為人笑之始也、九曰、內不量力、外恃諸侯、則削國之患也、十曰、國小無禮、不用諫臣、則絕世之勢也、

說難

昔者彌子瑕有寵於衛君、衛國之法、竊駕君車者罪刖、彌子母病、人閒有夜告彌子、彌子矯駕君車以歸、君曰、孝哉、為母故犯刖罪、異日與君

遊於菓園、食桃而甘、不盡以其半啖君、君曰、愛我哉、忘其口而啖寡人、及彌子色衰愛弛、得罪於君、君曰、是故嘗矯駕吾車、又嘗啖我以餘桃、故彌子之行、未移於初也、而前所以見賢、後獲罪者、人主愛憎之變也、故有愛於主、則智當而加親、有憎於主、則智不當而加疏、

解老

工人數變業、則失其功、作者數搖徙、則亡其功、一人之作、日亡半日、十日則亡五人之功、萬人之作、日亡半日、十日則亡五萬人之功、然則數變業、其民彌衆、其虧彌大矣、凡法令更、則利害易、利害易、則民務變、民務變、謂之變業、故以理觀之、事大衆而數搖之、則少成功、藏大器而數徙之、則多敗傷、烹小鮮而數撓之、則賊其宰、治大國而數變法、則民苦之、是以有道之君、貴虛靜而重變法、故曰、治大國者若烹小鮮、

說林上

樂羊為魏將、攻中山、其子在中山、中山之君烹

舊無巴字補之下巴同

其子而遺之樂羊盡一杯文侯謂堵師贊曰樂
羊以我故食其子之肉答曰其子而食之且誰
不食樂羊罷中山文侯賞其功而疑其心孟孫
獵得麑使秦西巴持之以歸其母隨而呼秦西
巴以不忍而與之孟孫大怒逐之居三月復召
為其子傅其御曰曩將罪之今使傅子何也孟
孫曰夫不忍麑又且忍吾子乎故曰巧詐不如
拙誠樂羊以有功見疑秦西巴以有罪益信

觀行

古之人目短於自見故以鏡觀面智短於自知
故以道正己目失鏡則無以正鬚眉身失道則
無以知迷惑西門豹之性急故佩韋以緩己董
闕于之心緩故佩絃以自急故以有餘補不足
以長續短之謂明主

天下有信數三一曰智有所不能立二曰力有
所不能舉三曰強有所不能勝故雖有堯之智
而無衆人之助大功不立有烏獲之勁而不得
人助不能自舉有賁育之強而無術法不得長

生故勢有不可得事有不可成故烏獲輕千鈞
而重其身非其身重於千鈞也勢不便也離婁
易百步而難眉睫非百步近而眉睫遠也道不
可也故明主不窮烏獲以其不能自舉不困離
婁以其不能自見因可勢求易道故用力寡而
功名立

用人

釋法術而心治堯不能正一國去規矩而妄意
奚仲不能成一輪使中主守法術拙匠執規矩
則萬不失也君人者能去賢巧之所不能而守
中拙之所萬不失則人力盡而功名立

功名

明君之所以立功成名者四一曰天時二曰人
心三曰伎能四曰勢位非天時雖十堯不能冬
生一穗逆人心雖賁育不能盡人力故得天時
則不務而自生得人心則不趣而自勸因伎能
則不急而自疾得勢位則不進而成名若水之
流若船之浮守自然之道行毋窮之令故曰明

志作毒

怨舊作
據改之

主

大體

古之全大體者望天地觀江海因山谷日月照四時行雲布風動不以智累心不以心累己寄治亂於法術託是非於賞罰屬輕重於權衡不逆天理不傷情性不吹毛而求小疵不洗垢而察難知守成理因自然榮辱之責在乎已而不在乎人上不天則下不徧覆心不地則物不畢載大山不立好惡故能成其高江海不擇小助

故能成其富故大人寄形於天地而萬物備措心於山海而國家富上無忿怒之志下無伏怨之患故長利積大功立名成於前德垂於後治之至也

外儲說左上

文公反國至河令籩豆捐之席蓐捐之手足胼胝面目梨黑者後之咎犯聞之而夜哭文公曰咎氏不欲寡人之反國耶對曰籩豆所以食也而君捐之席蓐所以臥也而君弃之手足胼胝

道作適

面目梨黑勞有功者也而君後之今臣與在後中不勝其哀故哭也且臣為君行詐偽以反國者衆矣臣尚自惡也而況於君乎再拜而辭文公止之乃解左驂而盟於河

魏文侯與虞人期獵明日會疾風左右止文侯不聽曰可以疾風之故而失信吾不為也遂自驅車往犯風而罷虞人

曾子妻之市其子隨而泣其母曰汝還顧反為汝殺彘妻道市來曾子欲捕彘殺之其妻止之

曰特與嬰兒戲也曾子曰嬰兒者非有知也待父母而學之者也今子欺之是教子欺也母欺子子而不信其母非所以成敎也遂殺彘

外儲說左下

文王伐崇至黃鳳墟而韈繫解左右顧無可令結係文王自結之太公曰君何為自結係文王曰吾聞上君之所與處者盡其師也中君之所與處者盡其友也下君之所與處者盡其使也今寡人雖不肖所與處者皆先君之人也故無

可令結之者也

解狐與邢伯柳爲怨趙簡主問於解狐曰孰可爲上黨守對曰邢伯柳可簡主曰非子之讎乎對曰臣聞忠臣之擧賢也不避仇讎其廢不肖也不阿親近簡主曰善遂以爲守邢伯柳聞之乃見解狐謝解狐曰擧子公也怨子私也往矣怨子如異日

舊無難勢字加之

難勢

夫良馬固車使臧獲御之則爲人笑王良御之而日取千里車馬非異也或至乎千里或爲人笑則巧拙相去遠矣今以國爲車以勢爲馬以號令爲轡銜以刑罰爲鞭策堯舜御之則天下治桀紂御之則天下亂則賢不肖相去遠矣夫欲追遠致速不如任王良欲進利除害不如任賢能此則不知類之患也夫堯舜亦民之王良也

明主之治國也適其時事以致財物論其稅賦以均貧富厚其爵祿以盡賢能重其刑罰以禁

姦邪使民以力得富以事致貴以過受罪以功置賞而不望慈惠之賜此帝王之政也

舊無姦劫弑臣字加之

姦劫弑臣

凡姦臣者皆欲順人主之心以取信幸之勢者也是以主有所善臣從而譽之主有所憎臣因而毀之凡人之大體取舍同則相是也取舍異則相非也今人臣之所譽者人主之所是也此之謂同取人臣之所毀者人主之所非也此之謂同舍夫取舍合同而相與逆者未嘗聞也此人臣之所取信幸之道也夫姦臣得乘信幸之勢以毀譽進退羣臣者也人主非有術數以御之非有參驗以審之必將以曩之合已信今之言此幸臣之所以得欺主成私者也故主必蔽於上臣必重於下矣此之謂擅主之臣國有擅主之臣則羣下不得盡智力以陳其忠百官之吏不得奉令以致其力矣何以明之夫安利者就之危害者去之此人之情也人主者非目若離婁乃爲明也非耳若師曠乃爲聰也不任其

數、而待目以爲明、所見者少矣、非不蔽之術也、不因其勢、而待耳以爲聽、所聞者寡矣、非不欺之道也、明主者使天下不得不爲己視、使天下不得不爲己聽、故身在深宮之中、明燭四海之內、而天下弗能蔽、弗能欺也、

三略

夫主將之法、務在於攬英雄之心、攬、結也、賞祿有功、通志於衆、凡爲人主、患在驕志盈、不通下、故誡也、故與衆同好靡不成、與衆同惡靡不傾、治國安家、得人者也、人謂

賢人也、伊尹赴而湯隆、甯戚到而齊興、亡國破家失人者也、微子去而殷滅、伍員奔而楚亡、是以明君賢臣屈已而申人、夫用兵之要、在於崇禮而重祿、禮崇則智士至、祿重則義士輕其死、故祿賢不愛財、賞功不逾時、則下力并、而敵國削矣、用人之道、尊之以爵、贍之以財、則士自來、易曰、何以聚人、曰財、接之以禮、厲之以辭、崇接士之禮、厲士以見危授命之辭、則士死之、夫將師者、必與士卒同滋味、而共安危、敵乃可加、養士如此、乃可加兵於敵也、昔者良將之用兵也、人有饋

本書辭作義

同書作逆改之

一簞醪者、使投諸河、與士卒同流而飲之、夫一簞之醪、不能味一河之水、而三軍之士思爲致死者、以滋味之及己也、軍井未達、將不言渴、達、徹也、軍幕未辦、將不言倦、冬不服裘、夏不操扇、與衆同也、是謂禮將、是謂達禮之將、與之安、與之危、故其衆可合而不可離、將與士同禍福共安危、衆如一體、而不可離也、可用而不可疲、不疲者、以主恩養素積、策謀和同也、故曰、畜恩不倦、以一取萬、夫恩以接下、則士歸之、養一人、可以致萬人、燕養郭隗、以致樂毅、是也、良將之統軍也、恕己而治人、推

惠施恩、士力日新、推此之樂惠、而施恩於人、皆忠恕之道、將士用力、故日益新、戰如風發、攻如河決、故其衆可望而不可當、可下而不可勝、以身先人、故兵爲天下雄、賞罰明則將威行、官人得則士卒服、所任賢則敵國振、所得賢、則敵國畏威而振怖也、賢者所適、其前無敵、故士可下而不可驕、將者國之命、將能制勝、國家安定、將拒諫、則英雄散、策不從、則謀士叛、善惡同則功臣倦、將專己則下歸咎、將自臧、則下少功、臧、善也、將受讒、則下有離心、將貪財、則姦不禁、上貪則下

（盜也、）將內顧、則士卒慕、（內顧、思妻妾也、）將有一、則衆不服、（自拒諫以下、將犯此一條、則衆不服、以其違主道、）有二則軍無式、（式、法也、）有三則軍乖背、有四則禍及國、（衆乖散、則國亡、故曰禍及國也、）軍無財則士不來、軍無賞則士不往、香餌之下、必有懸魚、重賞之下、必有勇夫、故禮者、士之所歸、賞者、士之所死、招其所歸、示其所死、則所求者至、（求賢材士至、求戰則致死、故曰所求者至、）故禮而後悔者、則士不止、賞而後悔者、則士不使、禮賞不倦、則士爭死矣、

姦雄相稱、鄣蔽主明、毀譽並興、壅塞主聽、各阿所私、令主失忠、故主察異言、乃覩其萌、主聘儒賢、姦雄乃遁、主任舊齒、萬事乃理、主聘岩穴、士乃得實、（故傅說陟而殷道興、四皓至而漢祚長、得治之實也、）

將不得專作將在自專

軍勢曰、出軍行師、將不得專、進退由內御之、則功難成、（凡師出專制、不稟命於內、稟命則無威、無威則士不用命、士不用命則功不賊、）夫能扶天下之危者、則據天下之安、（能持天下之危、故天下安之、）能除天下之憂者、則享天下之樂、（天下願奉而安樂之、）能救天下之禍者、則得天下之福、（除天下禍、故天下樂福之、）

禮作體下同

下心作樂

故澤及人民、則賢歸之、（恩澤洽人民、和則賢者至、）澤及昆蟲、則聖歸之、（萬物得其所、則聖人至也、）賢人所歸、則其國強、聖人所歸、則六合同、賢者之政、降人以禮、（禮服道化、揖讓恭謹、故曰降人以禮者也、）聖人之政、降人以心、（心服教令、故降人以心也、）禮降可以圖始、（禮服道化者、可與謀始也、）心降可以保終、（心服道化、天下和親、故可保終也、）降禮以禮、降心以心、釋近而謀遠者、勞而無功、釋遠而謀近者、逸而有終、逸政多忠臣、勞政多怨民、故曰、務廣地者荒、（不修德政而務廣地、荒之道、）務廣德者強也、（務崇節儉、廣其德教、強之

多作歸

令作善

道也、）荒國者無善政、廣德者其下正、（君德廣於上、則兆庶正於下也、）廢一善、則衆善衰、賞一惡、則衆惡多、善者得其祐、惡者受其誅、則國安而衆善到矣、一令逆者、則百令失、（君令一逆、民不從、故百令皆廢也、）一惡施者、則百惡結、（一惡得施、則百惡結而相從也、）故令施於順民、惡加於凶人、（教令施於順化之民、刑惡加於凶逆之人、）則令行而不怨、羣下附親矣、（教令當刑法、值百姓悅之、親附之也、）有清白之志者、不可以爵祿得、（四皓是也、）有守節之志者、不可以威刑脅、（晏嬰季子是也、）故明君求臣、必視

其所以爲人者而致焉、視其爲人所執之志而求之也、致清白之士、脩其禮、四皓亢志、不屈於革命之主、太子脩禮卑辭、而降其節焉、致守節之士、脩其道、不可以非道屈也、而後士可致而名可保、保猶全也、

聖王之用兵也、非好樂之、將以誅暴討亂、夫以義而誅不義、若決江河而漑熒火、臨不測而擠欲墜、其克之必也、所以必優遊恬惔者何、重傷人物、兵者凶器、戰者危事、相殺傷之道、故不果爲也、是天道也、天道樂生也、夫人之有道者、若魚之有水、得水而生、失水而

死、人失道而亡、得道而存也、故君人者、畏懼而不敢失道、賢聖內、則邪臣外、舜舉皋陶、湯舉伊尹、不仁者遠矣、隨會在朝、則姦邪外奔、是、邪臣內、則賢聖斃、惡來任而比干死、無忌用而伍奢戮、故曰斃、內外失宜、禍亂傳世、苟失內外之宜、爲子孫之禍、故曰傳世也、傷賢者、殃及三世、蔽賢者、身受其害、進賢者、德流子孫、昔鮑叔進管仲、以身下之、子孫世祿於齊、有封邑者十餘世、常爲名大夫、故曰德流子孫也、妬賢者、名不全、昔龐涓妬孫臏、身死於白木、故曰名不全也、故君子急於求賢、而美名章矣、利一害百、民去城郭、利一害萬、國乃思散去、一

聖作臣下同

求作進

利百、民乃慕澤、慕思君之恩澤也、去一利萬、政乃不亂、刑以止刑、殺以止殺、政得其所、亂無由生也、

新語　陸賈

夫居高者、自處不可以不安、履危者、任杖不可以不固、自處不安則墜、任杖不固則仆、是以聖人居高處上、則以仁義爲巢、乘危履傾、則以聖賢爲杖、故高而不墜、危而不仆、昔者堯以仁義爲巢、舜以稷契爲杖、故高而益安、動而益固、處宴安之臺、承克讓之塗、德配天地、光被八極、功

垂於無窮、名傳於不朽、蓋自處得其巢、任杖得其人也、秦以刑罰爲巢、故有覆巢破卵之患、以李斯趙高爲杖、故有頓仆跌傷之禍、何者、所任者非也、故杖聖者帝、杖賢者王、杖仁者霸、杖智者強、杖讒者滅、杖賊者亡、詩云、讒人罔極、交亂四國、衆邪合心、以傾一君、國危民失、不亦宜乎、道莫大於無爲、行莫大於謹敬、何以言之、昔舜治天下也、彈五絃之琴、歌南風之詩、寂若無治國之意、漠若無憂天下之心、然而天下大治、故

朽舊作腐改之

本書智作義

木長作土燥

無爲者、乃有爲者也、秦始皇設刑法、爲車裂之
誅、築長城以備胡越、蒙恬討亂於外、李斯治法
於內、事愈煩、下愈亂、法愈衆、姧愈縱、秦非不欲
治也、然失之者、舉措大衆、刑罰大極故也、
君子尚寬舒以褒其身、行身中和以致疏遠、民
畏其威而從其化、懷其德而歸其境、美其治而
不敢違其政、民不罰而畏、不賞而勸、漸漬於道
德、而被中和之所致也、
夫法令所以誅暴也、故曾閔之孝、夷齊之廉、此
寧畏法教而爲之者哉、故堯舜之民、可比屋而
封、桀紂之民、可比屋而誅、何者、化使其然也、故
近河之地濕、而近山之木長者、以類相及也、高
山出雲、丘阜生氣、四瀆東流、百川無西行者、小
象大、而少從多也、
夫南面之君、乃百姓之所取法則者也、舉措動
作、不可以失法度、故上之化下、由風之靡草也、
王者尚武於朝、則農夫繕甲兵於田、故君子之
御下也、民奢應之以儉、驕淫者統之以理、未有

令作至　取作先　相作所

上仁而下賊、讓行而爭路者也、故孔子曰、移風
易俗、豈家令人視之哉、亦取之於身而已矣、衆
口毀譽、浮石沈木、羣邪相抑、以直爲曲、以白爲
黑、曲直之異形、白黑之殊色、天下之易見也、然
而目繆心惑者、衆邪誤之、
秦二世之時、趙高駕鹿而從行、王曰、丞相何爲
駕鹿、高曰、馬也、於是乃問羣臣、羣臣半言馬、半
言鹿、當此時、秦王不敢信其直目、而從邪臣之
言、鹿與馬之異形、乃衆人之所知也、然不能別
其是非、況於闇昧之事乎、
人有與曾子同姓名者殺人、有人告曾子母曰、
參乃殺人、母方織如故、有頃人復告之、若是者三、
曾子母投杼踰垣而去、夫流言之並至、衆人之
所是非、雖賢智不敢自畢、況凡人乎、
質美者以通爲貴、才良者以顯爲大、梗梓豫章、
天下之名木也、生深山之中、谿谷之旁、立則爲
衆木之珍、仆則爲世用、因江河之道、而達于京
師、因斧斤之功、得舒其文色、上則備帝王御物、

畢作安　恐必　大作能　梓作柟　珍作宗

而作不
戾作隧

賢墨誤

下則賜公卿、庶賤而得以備器械、及其戾於山陵之阻、隔於九派之間、仆於塊磔之津、頓於窮窕之谿、廣者無舟車之道、狹者無徒步之蹊、知者所不見、見者所不知、當斯之時、尚不如道傍之枯楊、生於大都之廣地、近於大匠之名工、材器制斷、規矩度量、賢者補朽、短者接長、大者治樽、小者治觴、彼則枯槁而遠弃、此則爲宗廟之瑚璉者、通與不通也、人亦猶此、夫窮澤之民、據犂接耜之士、或懷不羈之能、有禹皋陶之美、然身不容於世、無紹介通之者也、公卿之子弟、貴戚之黨友、雖無過人之能、然身在尊重之處、輔之者強、而飾之衆也、夫欲富國強威、闢地服遠者、必得之於民、欲建功興譽、垂名烈、流榮華者、必取之於身、故據千乘之衆、持百姓之命、苞山澤之饒、主士衆之力、而功不存乎身、名不顯於世者、統理之非也、天地之性、萬物之類、懷德者衆歸之、恃刑者民畏之、歸之則充其側、畏之則去其域、故設刑者

牢作刑

聚作衆

槪作功
羈作傳

不厭輕、爲德者不厭重、行罰不患薄、布賞不患厚、所以親近而致遠也、夫刑重者、則心煩、事衆者、則身勞、心煩者、則刑罰縱橫、而無所立、身勞者、則百端迴邪、而無所就、是以君子之爲治也、混然無事、寂然無聲、官府若無人、亭落若無吏、郵無夜行之卒、鄉無夜召之征、犬不夜吠、雞不夜鳴、耆老甘味於堂、丁男耕芸於野、在朝忠於君、在家孝於親、於是雖不言而信誠、不怒而威行、豈待堅甲利兵、深牢刻令、朝夕切切而後行哉、

昔者晉厲齊莊楚靈宋襄、乘大國之權、杖衆民之威、軍師橫出、凌轢諸侯、外驕敵國、內刻百姓、鄰國之讎結於外、羣臣之怨積於內、而欲建金石之統、繼不絕之世、豈不難哉、故宋襄死於泓之戰、三君殺於臣之手、皆輕師尚威、以致於斯、故春秋重而書之、嗟嘆而傷之、三君強其威而失其國、急其刑而自賊、斯乃去事之戒、來事之師也、

魯莊公一年之中以三時興築作之役規虞山林草澤之利與民爭田漁薪採之饒刻桷丹楹眩曜靡麗收民十二之稅不足以供邪曲之欲繕不足好以快婦人之目財盡於驕淫力疲於不急上困於用下饑於食於是爲齊衛陳宋所伐賢臣出邪臣亂子般殺魯國危也故爲威不強還自亡立法不明還自傷莊公之謂也

足作用之二字

治以道德爲上行以仁義爲本故尊於位而無德者絀富於財而無義者刑賤而好道者尊貧而有義者榮夫酒池可以運舟糟丘可以遠望豈貧於財哉統四海之權主九州之衆豈弱於武力哉然功不能自存而威不能自守非貧弱也乃道德不存乎身仁義不加於下也故察於利而惛於道者衆之所謀也果於力而寡於義者兵之所圖也君子篤於義而薄於利敏於行而愼於言所廣功德也故曰不義而富且貴於我如浮雲夫懷璧玉要環珮服名寶藏珍怪玉斗酌酒金罍刻鏤所以夸小人之目者也高臺百仞金城文畫所以疲百姓之力者也故聖人卑宮室而高道德惡衣服而勤仁義不損其行以好其容不虧其德以飾其身國不興不事之功家不藏不用之器所以稀力役而省貢獻也璧玉珠璣不御於上則玩好之物弃於下琱琢刻畫之類不納於君則淫伎曲巧絶於下夫釋農桑之事入山海採珠璣捕豹翠消筋力散布帛以極耳目之好快淫侈之心豈不謬哉

好作增

君明於德可以及於遠臣篤於義可以至於大何以言之昔湯以七十里之封升帝王之位周公自立三公之官比德於五帝三王斯乃口出善言身行善道之所致也故安危之効吉凶之符壹出於身存亡之道成敗之事一起於善行堯舜不易日月而興桀紂不易星辰而亡天道不改而人道易也

王疑作代改之

羣書治要　卷四十一

夫持天地之政操四海之綱屈申不可以失法動作不可以離度謬誤出口則亂及萬里之外何況刑無罪於獄而誅無辜於市哉故世衰道

心作身

遠當作達

失、非天之所爲也、乃君國者有以取之、惡政生惡氣、惡氣生災異、螟蟲之類、隨氣而生、虹蜺之屬、因政而見、治道失於下、則天文變於上、惡政流於民、則螟蟲生於野、

夫善道存乎心、無遠而不至也、惡行著乎己、無近而不去也、周公躬行禮義、郊祀后稷、越裳奉貢而至、麟鳳白雉、草澤而應、殷紂無道、微子弃骨肉而亡、行善者則百姓悅、行惡者則子孫怨、是以明者、可以致遠、否者以失近、

夫長於變者、不可窮以詐、通於道者、不可驚以怪、審於辭者、不可惑以言、遠於義者、不可動以利、是以君子博思而廣聽、進退順法、動作合度、聞見欲衆、而採擇欲謹、學問欲博、而行己欲敦、見邪而知其直、見華而知其實、目不淫於炫燿之色、耳不亂於阿諛之辭、雖利之以齊魯之富、而志不移、談之以王喬赤松之壽、而行不易、然後能壹其道而定其操、致其事而立其功也、凡人則不然、目放於富貴之榮、耳亂於不死之道、

可作一

質作賢

主作因

故多弃其所長、而求其所短、不得其所無、而失其所有、是以吳王夫差、知艾陵之可以取勝、而不知攜李之可以破亡也、故事或見可利而喪萬機、取壹福而致百禍、聖人因變而立功、由異而致太平、堯舜承蚩尤之失、而思欽明之道、君子見惡於外、則知變於內矣、今之爲君者、則不然、治不以五帝之術、則曰今之世不可以道治也、爲臣者不師稷契、則曰今之民不可以仁義正也、爲子者不執曾閔之質、朝夕不休、而曰家

人不和也、學者不操回賜之精、晝夜不懈、而曰世所不行也、自人君至於庶人、未有不法聖道而師賢者也、易曰、豐其屋、蔀其家、窺其戶、闃其無人、無人者、非無人也、言無聖賢以治之也、故仁者在位、而仁人來、義者在朝、而義士至、是以墨子之門多勇士、仲尼之門多道德、文王之朝多賢良、秦王之庭多不詳、故善者必有所主而至、惡者必有所因而來、夫善惡不空作、禍福不濫生、唯心之所向、志之所行而已矣、

脆嘗本書作庖宰

賈子　　賈誼

梁嘗有疑獄、羣臣半以爲當罪、半以爲無罪、梁王曰、陶之朱叟以布衣而富侔國、是必有奇智、乃召朱公而問之、朱公曰、臣鄙民也、不知當獄、雖然臣之家有二白璧、其色相如也、其徑相如也、然其價一者千金、一者五百金、王曰、徑與色澤皆相如也、一者千金、一者五百金何也、朱公曰、側而視之、其一者厚倍之、是以千金、梁王曰、善、故獄疑則從去、賞疑則從與、梁國大悅、墻薄亟壞、繒薄亟裂、器薄亟毀、酒薄亟酸、夫薄而可以曠日持久者、殆未有也、故有國畜民施政教者、臣竊以爲厚之而可耳、

楚惠王食寒葅而得蛭、因遂吞之、腹有疾而不能食、令尹入問曰、王安得此疾也、王曰、我食寒葅而得蛭、念譴之而不行其罪、是法廢而威不立也、譴而行其誅、則脆嘗監食者法皆當死、心又不忍也、故吾恐蛭之見也、因遂吞之、令尹避席再拜而賀曰、臣聞天道無親、唯德是輔、王有仁德、天之所奉也、病不爲傷、是昔也、惠王之後而蛭出、心腹之積皆愈、

鄒穆公食不衆味、衣不雜采、自刻以廣民、親賢以定國、親民猶子、臣下順從、若手之投心也、故以鄒之細、魯衛不敢輕、齊楚不能脅、穆公死、鄒之百姓、若失慈父、四境之隣於鄒者、士民向方而道哭、琴瑟無音、期年而後始復、故愛出者愛反、福往者福來、

宋康王之時、有雀生鸇於城之陬、使史占之曰、

小而生大、必霸天下、康王大喜、於是滅滕、伐諸侯、取淮北之地、乃愈自信、欲霸之亟成、射天笞地、斬社稷而焚之、罵國老之諫者、爲無頭之冠、以示有勇、國人大駭、齊王聞而伐之、民散城不守、王乃逃而死、故見祥而爲不可、祥必爲禍、

懷王問於賈君曰、人之謂知道者爲先生何也、對曰、此博號也、大者在人主、中者在卿大夫、下者在布衣之士、乃其正名、非爲先生也、爲先醒也、彼世主未學道理、則嘿然惛於得失、不知治

亂存亡之所以然、忙忙猶醉也、而賢主者學問不倦、好道不厭、慧然先達於道理矣、故未治也、知所以治、未亂也、知所以亂、未安也、知所以安、未危也、知所以危、故昭然先寤乎所以存亡矣、故曰先醒、譬猶俱醉而獨先發也、故世主有先醒者、有後醒者、有不醒者、昔楚莊王與晉人戰大克、歸過申侯之邑、申侯進飯、日中而王不食、申侯請罪、王喟然歎曰、非子之罪也、吾聞之曰、其君賢君也、而又有師者王、其君中君也、而有師者霸、其君下君也、而羣臣又莫若者亡、今我下君也、而羣臣又莫若也、吾聞之、世不絕賢、天下有賢、而我獨不得、若吾生者、何以食爲、故莊王戰服大國、義從諸侯、思得賢佐、日中忘飯、可謂明君矣、此之謂先寤所以存亡、此先醒者也、

昔宋昭公出亡至乎境、喟然歎曰、嗚呼、吾知所以亡矣、吾被服而立、侍御者數百人、無不曰吾君聖者、內外不聞吾過、吾是以至此、吾困宜矣、於是革心易行、晝學道而昔講之、二年而美聞、

宋人迎而復之、卒爲賢君、謚爲昭公、既亡矣、而乃寤所以存亡、此後醒者也、昔者虢君驕恣自伐、詔諛親貴、諫臣誅逐、政治踳亂、國人不服、晉師伐之、虢君出走、至於澤中曰、吾渴而欲飲、其御乃進清酒、曰吾饑而欲食、御進腶脯粱糗、虢君喜曰、何給也、御曰、儲之久矣、曰何故儲之、對曰、爲君出亡而道饑渴也、君曰、子知寡人之亡也、對曰、知之、曰知之、何不以諫、對曰、君好詔諛而惡至言、臣願諫、恐先亡、虢君作色而怒、御謝曰、臣之言過也、君曰、吾所以亡者誠何也、其御曰、君不知也、君之所亡者、以大賢也、虢君曰、賢人之所以存也、乃亡何也、對曰、天下之君皆不肖、疾君之獨賢也、故亡、虢君喜笑曰、嗟、賢故若是苦耶、遂徒行而逃於山中、饑倦、枕御膝而卧、御以塊自代而去、君遂餓死、爲禽獸食、此已亡矣、猶不寤所以存亡、此不醒者也、

梁大夫有宋就者、爲邊縣令、與楚鄰界、梁之邊亭、與楚之邊亭、皆種瓜、梁之邊亭、劬力而數灌

華作死恐婺

茅茨作茆茨

其瓜瓜美楚人竊而希灌其瓜瓜惡楚令怒其亭瓜之惡也楚亭惡梁亭之賢己因往夜竊搔梁亭之瓜皆有華焦者矣宋就令人往竊爲楚亭夜善灌其瓜其瓜日以美楚亭怪而察之則乃梁亭也楚王聞之悅梁之陰讓也乃謝以重幣而請交於梁王故梁楚之驩由宋就始語曰轉敗而爲功因禍而爲福老子曰報怨以德此之謂也

翟王使者之楚楚王欲夸之故饗客於章華之臺上者三休乃至其上楚王曰翟國亦有此臺乎使者對曰不翟寠國也惡見此臺翟王之自爲室也堂高三尺茅茨弗翦采椽不刮然且翟王猶以爲作之者大苦居之者大逸翟國惡見此臺也楚王媿焉

王者官人有六等一曰師二曰友三曰大臣四曰左右五曰侍御六曰厮役智足以爲原泉行足以爲表儀問焉則應求焉則得入人之家足以重人之家入人之國足以重人之國者謂之

政下有也字

師智足以爲礱厲行足以爲輔助明於進賢敢於退不肖內相匡正外相揚美謂之友智足以謀國事行足以爲民率仁足以合上下之驩國有法則退而守之君有難則能死之職之所守君不以阿私託者大臣也修身正行不怍於鄉曲道路談說不怍於朝廷執戟居前能舉君之失過不難以死持之者左右也不貪於財不淫於色事君不敢有二心君有失過雖不能正諫以死持之愁悴有憂色不勸聽從者侍御也柔

色傴僂唯諛之行唯言之聽以睚眦之間事君者厮役也故與師爲國者帝與友爲國者王與大臣爲國者覇與左右爲國者強與侍御爲國者若存若亡與厮役爲國者亡可立而待

聞之於政民無不爲本也國以爲本君以爲本吏以爲本故國以民爲安危君以民爲威侮吏以民爲貴賤此之謂民無不爲本也民無不爲命也國以爲命君以爲命吏以爲命故國以民爲存亡君以民爲盲明吏以民爲賢不肖此之

謂民無不爲命也民無不爲功也故國以爲功君以爲功吏以爲功故國以民爲興壞君以民爲強弱吏以民爲能否此之謂民無不爲功也故夫民者至賤而不可簡也至愚而不可欺也故自古而至於今與民爲仇者有遲有速而民必勝之矣道也者福之本也祥也者福之榮也無道者必禍之本不祥者必失福之榮矣故行而不緣道者其言也必不顧義矣故紂自謂天王也而桀自謂天子也已滅之後民以罵也以

此觀之則位不足以爲尊而號不足以爲榮矣故君子之貴也士民貴之故謂之貴故君子之富也士民樂之故謂之富故君子之貴也與民以福故士民貴之故君子之富也與民以財故士民樂之

君能爲善則吏必能爲善矣吏能爲善則民必能爲善矣故民之不善吏之罪也吏之不善君之過也嗚呼戒之戒之故夫士民者率之以道然後士民道也率之以義然後士民義也率之以忠然後士民忠也率之以信然後士民信也故爲人君者出其令也其如聲士民學之其如嚮曲折而從君其如影

渚澤有枯水而國無枯士矣故有不能求士之君而無不可得之士故有不能治民之吏而無不可治之人故君明而吏賢矣吏賢而民治矣故見其民而知其君矣故君功見於選士吏功見於治民王者有易政而無易國有易吏而無易民故因是國也而爲安因是民也而爲治是

以湯以桀之亂民爲治武王以紂之北卒爲強

周武王問鬻子曰寡人願守而必存攻而必得戰而必勝則吾爲此奈何鬻子對曰攻守戰勝同道而和與嚴其備也故曰和可以守而嚴可以守嚴不若和之固也和可以攻而嚴可以攻嚴不若和之得也和可以戰而嚴可以戰嚴不若和之勝也則唯由和而可也故諸侯發政施令政平於人者謂之文政矣諸侯接士而使吏禮恭於人者謂之文禮矣諸侯聽獄斷治刑仁

夭竭作大遏

於人者謂之文誅矣故三文行於政立於治陳於行其由此守而不存攻而不得戰而不勝者自古而至於今未之嘗聞也今也君王欲守而必存攻而必得戰而必勝則唯由此爲可也武王曰受命矣

周成王曰寡人聞之聖在上位使民富且壽云若夫富則可爲也壽則不在天乎鬻子對曰聖人在上位則天下無軍兵之事民不私相殺則民免於一死而得一生矣君積於道而吏積於

德而民積於用力故婦人爲其所衣丈夫爲其所食則民無凍餓則民免於二死而得二生矣君積於仁而吏積於愛而民積於財刑罰廢矣而民無夭竭之誅則民免於三死而得三生矣使民有時而用之有節則民無厲疾則民免於四死而得四生矣興賢良以禁邪惡賢人必用不肖人不作則民得其命矣故夫富且壽者聖王之功也王曰受命矣

殷湯放桀武王殺紂此天下之所同聞也爲人臣而放其君爲人下而殺其上天下之至逆也而所以長有天下者以其爲天下開利除害以義繼之也故聲名稱於天下而傳於後世以其後世之隱其惡而揚其德美立其功烈而傳於久遠故天下皆稱聖帝至治其道之也當矣

羣書治要卷第四十

羣書治要卷第四十一

秘書監鉅鹿男臣魏徵等奉　勅撰

淮南子

原道

本書云夫道者覆天載地廓四方析八極云云其德優天地而和陰陽云云

舊無誅字繁字補之

夫道者覆天地而和陰陽節四時而調五行故達於道者處上而民弗重也居前而衆不害也天下歸之姦邪畏之以其無爭於萬物也故莫能與之爭故體道者逸而不窮任數者勞而無功夫峭法刻誅者非霸王之業也（峭峻）箠策繁用者非致遠之御也離朱之明察鍼末於百步之外而不能見淵中之魚師曠之聰合八風之調而不能聽十里之外故任一人之能不足以治三畝之宅修道理之數因天地之自然則六合不足均也

本經

平作和

憂下有喪字無哀字

凡人之性心平欲得則樂歌舞節則禽獸跳矣有憂則悲哀有所侵犯則怒怒則有所釋憾矣故鐘鼓管簫所以飾喜也衰絰苴杖（苴麻）所以飾哀也金鼓鈇鉞所以飾怒也必有其質乃爲之文古者聖王在上上下同心君臣輯睦衣食有餘家足人給父慈子孝兄良弟順天下和洽人

舊無和字補之

得其願故聖人爲之作禮樂以和節之末世之政田漁重稅關市急征民力竭於徭役財用殫於會賦（會計）居者無食行者無糧老者不養死者

贅疑責

不葬贅妻鬻子以給上求猶不能贍其用愚夫惷婦皆有流連之心悽愴之意乃始爲之撞大鐘擊鳴鼓吹竽笙彈琴瑟則失樂之本矣古者

力作忠

上求薄而民用給君施其德臣盡其力父行其慈子竭其孝各致其愛而無憾恨其間矣夫三年之喪非強引而致之也聽樂不樂食旨不甘

弛作絕

思慕之心未能弛也晚世風流俗敗嗜欲多而禮義廢君臣相欺父子相疑怨尤充胷思心盡亡被衰戴絰戲笑其中雖致之三年失喪之本矣古者天子一畿（千里爲畿）諸侯一同（百里爲同也）各守其分地不得相侵有不行王道暴虐萬民亂政犯禁者乃舉兵而伐之戮其君易其黨卜其子孫

本注作天子不滅國諸侯不滅姓古之政也

以代之、（天子不滅同姓、諸侯不滅國、自古之正也、）晚世務廣地侵壤、并兼無已、舉不義之兵、而伐無罪之國、殺不辜之民、而絕先聖之後、大國出攻、小國城守、驅人之馬牛、繫人之子女、毀人之宗廟、徙人之重寶、流血千里、暴骸滿野、以贍貪主之欲、非兵之所爲主也、故兵者所以討暴也、非所以爲暴也、樂者所以致和也、非所以爲淫也、喪者所以盡哀也、非所以爲僞也、故事親有道矣、而愛爲務、朝廷有容矣、而敬爲上、處喪有禮矣、而哀爲主、用兵有術矣、而義爲本、本立而道行、本傷而道廢矣、

壹動作壹度　道作導　政作正　無者字

主術

人主之術、處無爲之事、行不言之教、清靜而不動、壹動而不搖、因循而任下、責成而不勞、是故心知規而師傅喻道、口能言而行人稱辭、足能行而相者前導、耳能聽而執政者進諫、是故慮無失策、舉無過事、言成文章、而行爲儀表於天下、進退應時、動靜循理、不爲醜美好憎、不爲賞

闇作聽

罰喜怒、事由自然、莫出於己、故古之王者、冕而前旒、所以蔽明、（冕冠也、前旒冕前珠飾也、）黈纊充耳、所以揜聰、（黈纊所以塞耳、）天子外屏、所以自障也、故所理者遠、則所在者近、所治者大、則所守者小、目妄視則淫、耳妄聞則惑、口妄言則亂、三關者、不可不慎守也、

夫明主之聽於羣臣、其計可用也、不羞其位、其言可行也、不責其辯、闇主則不然、信所愛習親近者、雖邪枉不正、不能見也、疏遠卑賤者、雖竭力盡忠、不能知也、有言者窮之以辭、有諫者誅之以罪、如此而欲炤海內、存萬方、是猶塞耳而聽清濁、掩目而視青黃也、其離聰明亦遠矣、湯武聖主也、而不能與越人乘舼舟浮江湖、伊尹賢相也、而不能與胡人騎原馬服騊駼、（原國名、在益州西南、出千里馬、騊駼野馬、）孔墨博通、而不能與山居者入榛薄出險阻、由此觀之、則人智之於物淺矣、而欲以炤海內、存萬方、不因道理之數、而專己之能、則其窮不達矣、故智不足以爲治、勇不足以爲

舼舟作舲舟　原作騵注云黃馬白腹曰騵　無出字

守作保

彊則人才不足以任明矣、然而君人者、不下廟堂之上、而知四海之外者、因物以識物、因人以知人也、故人主深居隱處、以避燥濕、閨門重襲、以避姦賊、內不知閭里之情、外不知山澤之形、帷幕之外、目不能見十里之前、耳不能聞百步之外、然天下之物、無所不通者、其灌輸者大、而斟酌者衆也、是故不出戶知天下、不窺牖知天道、乘衆人之智、則天下不足有也、專用其心、則獨身不能守也、

因下舊無其字補之

主道圓者、運轉而無端、化育如神、虛無因循、常後而不先者也、臣道方者、論是處當、爲事先唱、守職分明、以立成功者也、是故君臣異道則治、同道則亂、各得其宜、處得其當、則上下有以相使也、夫載重而馬羸、雖造父不能以致遠、車輕而馬良、中工可以追速、是故聖人之舉事也、豈能咈道理之數、詭自然之性、以曲爲直、以詘爲伸哉、未嘗不因其資而用之也、是以積力之所舉、則無不勝也、衆智之所爲、則無不成也、賢主

其所下舊無以字補之　大字疑衍　跋作跂

之用人、猶巧匠制木、大小脩短、皆得所宜、規矩方圓、各有所施、殊形異材、莫不可得而用也、天下之物、莫凶於奚毒、奚毒附子。然而良醫橐而藏之、有所用也、是故竹木草莽之材、猶有不棄者、而又況人乎、今夫朝廷之所不舉、而鄉邑之所不譽、非其人不肖、其所以官之者非其職也、麋之上山也、大獐不能跂也、及其下也、牧豎能追之、才有脩短也、是故有大略者、不可責以捷巧、有小智者、不可任以大功、人有其才、物有其形、有

天地之數作天下之大數　有作式　從或作弁　人事作隩突

任一而太重、有任百而尚輕、是故審於豪氂之計者、必遺天地之數、不失小物之選者、惑於大事之舉、猶狸之不可使搏牛、虎之不可使捕鼠也、今人之才、有欲平九州、從方外、存危國、而乃責之以閨閤之禮、人事之間、或佞巧小具、脩鄉曲之俗、卑下衆人之耳目、而乃任之以天下之權、治亂之機、是猶以斧鬋毛、而以刀伐木也、皆失其宜矣、

人主之賦斂於人也、必先計歲收、量民積聚、知

無民字 欲舊作上改之 香作美

民饒饉有餘不足之數然後取車輿衣食供養其欲高臺層榭非不麗也然民無窟室狹廬窟室上室則明主不樂也肥醲甘脆非不香也然民無糟糠菽粟則明主不甘也匡牀衽席非不寧也然而民有處邊城犯危難澤死暴骸者則明主不安也故古之君人者甚憯怛於民也國有饑者食不重味民有寒者而冬不被裘歲豐穀登乃始懸鐘鼓陳干戚君臣上下同心而樂之國無哀人故古之爲金石管絃者所以宣樂也兵革斧鉞所以飾怒也觴酌俎豆所以効喜也衰絰菅屨所以喻哀也此皆有充於內而成象於外者也及至亂主取民則不裁其力求下則不量其積男女不得事耕織之業以供上之求力勤財匱君臣相疾而乃始撞大鐘擊鳴鼓吹竽笙彈琴瑟是由貫介冑而入廟被綺羅而從軍也失樂之所由生矣

食者民之本也民者國之本也國者君之本也是故君人者上因天時下盡地財中用人力是

欲諫之欲作敢 銘一作鞀 無著其之其

以羣生遂長五穀蕃殖各因其宜所以應時脩備富利國民實曠來遠者其道備矣非能目見而足行之也欲利之也欲利之也不忘於心則官自備矣心之於九竅四支也不能一事焉然而動靜聽視皆以爲主者不忘乎欲利之也故堯爲善而衆善至桀爲非而衆非來矣

凡人之論心欲小而志欲大智欲圓而行欲方能欲多而事欲鮮堯置欲諫之鼓舜立誹謗之木湯有司直之人武王有戒慎之銘過若毫氂而既已備之矣夫聖人之於善也無小而不舉於過也無微而不改戰戰慄慄日慎一日由此觀之則聖人之心小矣武王克殷發鉅橋之粟散鹿臺之錢封比干之墓解箕子之囚無故無新唯賢之親用非其有使非其人晏然若其故有之由此觀之則聖人之志大矣文王周觀得失徧覽是非堯舜所以昌桀紂所以亡者皆著之於明堂由是觀之則聖人之智圓矣成康繼文武之業守明堂之制觀存亡之跡見成敗之

變，非道不言，非義不行，言不苟出，行不苟爲，擇善而後從事焉。由此觀之，則聖人之行方矣。孔子之通智過萇弘，（萇弘，周景王之史臣，通天下鬼方之術也。）勇服孟賁，（孟賁，衛人。）能亦多矣，然而勇力不聞，伎巧不知，專行孝道以成素王，事亦鮮矣。夫聖人之智固已多矣，其所守者約，故舉而必榮。愚人之智固以少矣，其所事者又多，故動而必窮矣。

繆稱

主者，國之心也，心治則百節皆安，心擾則百節皆亂。（治，猶理也。節，猶事也。以體喻也。）故其心治者，枝體相遺，（遺，忘。）其國治者，君臣相忘也。（各得其所，無所思念。）君子非義無以生，失義則失其所以生；小人非嗜欲無以活，失嗜欲則失其所以活。故君子懼失義，小人懼失利。觀其所懼，知居殊矣。

[義上有仁字下同] [居作各]

凡人各賢其所悅，而悅其所快，世莫不舉賢，（賢其所悅者，而悅其所行之快性，人無不舉與己同者以爲賢也。）或以治，或以亂，非自遁也，求同于已者，（遁，失。）已未必賢，而求與已同者也，而欲得賢，亦不幾矣。（幾，近也。）

[其所行之快性作其性之所快] [凡]

齊俗

子路拯溺而受牛謝，（拯，舉也。）孔子曰：魯國必好救人於患矣。子貢贖人而不受金於府，（魯國之法，贖人於他國者，受金於府。）孔子曰：魯國不復贖人矣。子路受而勸德，子貢讓而止善。孔子之明，以小知大，以近知遠，通於論者也。由此觀之，廉有所不在，而不可公行也。故行齊於俗，可隨也；事周於能，易爲也。矜僞以惑世，伉行以違衆，聖人不以爲民俗也。

[無上不字]

日月欲明，浮雲蓋之；河水欲清，沙石穢之；人性

欲平，嗜欲害之。夫縱欲而失性，動未嘗正也。以治身則失，以治國則敗，是故不聞道者，無以反性。故古之聖王能得諸己，故令行禁止，名傳後世，德施四海。是故凡將舉事，必先平意清神，神清意平，物乃可正。夫載哀者聞歌聲而泣，載樂者聞哭者而笑，何者？載使然也。是故貴虛。（虛者，無所載於哀樂。）故水激則波興，氣亂則智昏，智昏不可以爲政，波水不可以爲平。故聖王執一而勿失，萬物之情測矣，四夷

[則失之失作危敗作亂] [本注云載疑作感] [測作旣]

季或作宓註同

九州服矣、
天下是非無所定、世各是其所是、非其所非、所
謂是與所謂非各異、皆自是而非人、今吾欲擇
是而居之、擇非而去之、不知世之所謂是非者、
孰是孰非、客有見人於季子者、季子子賤也、客出、季
子曰、子之所見客獨有三過、望我而笑、是僈也、
僈慢談語而不稱師、是反也、交淺而言深、是亂也、
客曰、望君而笑、是公也、談語而不稱師、是通也、
交淺而言深、是忠也、故客之容一體也、或以為

舊無治字補之

職作體

君子、或以為小人、所自見之異也、故趣舍合、則
言忠而益親、身疏則謀當而見疑也、親母為其
子治扢禿、血流至耳、見者以為愛之至也、使在
於繼母、則過者以為嫉也、事之情一也、所從觀
者異也、從城上視牛如羊、視羊如豚、所居高也、
窺面於盤水則圓、於杯水即橢、面形不變、其故
有所圓、有所橢者、所自窺之異也、今吾雖欲正
身而待物、庸遽知世之所自窺我者乎、治世之
職易守也、其事易為也、是以人不兼官、官不兼

擊作摯

事、各安其性、不得相干、故伊尹之興土功也、脩
脛者使之蹠钁、長脛以蹋插者使入深、彊脊者使之負土、
脊彊者任重也、眇者使之準、傴者使之塗、傴人塗地、因其俛也、各
有所宜、而人性齊矣、胡人便於馬、越人便於舟、
異形殊類、易事而悖、失處而賤、得勢而貴、聖人
總而用之、其數一也、夫摯輕重、不失銖兩、聖人
弗用、而懸之乎權衡、視高下、不差尺寸、明主弗
任、而求之乎浣準、浣準、水望之平、何則、人材不可專用、
而度量可世傳也、夫待要褭飛兔而駕之、要褭飛兔

絡慕作毛嬙註同

苛或作苛

任作禮

揚或作揭註同

遽或作遂

調作詆

遽作處

繞作典

稽作積

皆一日萬里也、則世莫乘車、待西施絡慕而為妃、西施絡慕
古好女也、則終身不家矣、然不待古之英俊、而人自
足者、因其所有、而遂用之也、
治國之道、上無苛令、官無煩治、士無偽行、工無
淫巧、其事任而不擾、其器完而不飾、亂世則不
然、為行者相揚以高、揚舉為禮者相矜以偽、車輿
極於雕琢、器用遽於刻鏤、求貨者爭難得以為
寶、調文者遽於煩繞、以為慧、爭為詭辯、久稽而
不決、無益於治、工為奇器、歷歲而後成、不周於

用故神農之法曰、丈夫丁壯而不耕、天下有受其饑者、婦人當年而不織、天下有受其寒者、故身自耕、妻親織、以爲天下先、其道民也、不貴難得之貨、不器無用之物、是故其耕不彊者、無以養生、其織不力者、無以揜形、有餘不足、各歸其身、衣食饒裕、姦邪不生、安樂無事、而天下均平、故孔丘曾參無所施其善、孟賁成荊無所行其威、（成荊、古勇士也、）衰世之俗、以其智巧詐僞、飾衆無用、貴遠方之貨、珍難得之財、不積於養生之具、澆天下之淳、以清爲濁、人失其情、故其爲編戶齊民、無以異、然貧富之相去也、猶人君與僕虜、不足倫之、夫乘奇伎爲邪施者、自足乎一世之間、守正脩理、不爲苟得者、不免乎饑渴之患、而欲民之去末反本、是猶發其源而壅其流也、且夫雕文刻鏤、傷農事者也、錦繡纂組、害女功者也、農事廢業、饑之本也、女功不繼、寒之源也、饑寒並至、而能無犯令干誅者、古今未之聞也、故江河決流、一鄉父子兄弟相遺而走、爭升陵阪上

〔裕作溢〕

高丘、輕足者先、不能相顧也、世樂志平、見鄰國人溺、尚猶哀之、況親戚乎、而人不能解也、游者不能拯溺、手足有所急也、灼者不能救火、身體有所痛也、夫民有餘卽讓、不足卽爭、讓則禮義生、爭則暴亂起、扣門求火水、莫不與者、所饒足也、林中不賣薪、湖上不鬻魚、所有餘也、故物隆則欲省、求贍則爭止、故世治則小人守正、而利不能誘也、世亂則君子爲姦、而刑不能禁也、

〔隆作豐〕〔刑作法〕

道應

惠子爲惠王爲國法、（惠王、魏惠王、惠子、惠施也、）已成、王甚悅之、以示翟煎、翟煎曰、善、王曰、可行耶、煎曰、不可、王曰、善而不可行、何也、對曰、今舉大木者、前呼邪許、後亦應之、此舉重勸力之歌也、豈無鄭衛激楚之音哉、然而不用者、不若此其宜也、治國在禮、不在文辯、故老子曰、法令滋彰、盜賊多有、此之謂也、

趙襄子使攻翟而勝之、襄子方將食而有憂色、左右曰、一朝而兩城下、此人之所喜也、今君有

〔襄上舊有以字〕

憂色何也、襄子曰、江河之大也、不過三日、三日而滅、飄風暴雨、日中不須臾、言其不能終日、今趙氏之德行無積、一朝而兩城下、亡其及我乎、孔子聞之曰、趙氏其昌乎、夫憂所以爲昌也、而喜所以爲亡也、勝非其難者也、持之其難者也、賢主以此持勝、故其福及後世、齊楚吳越、皆嘗勝矣、然而卒取亡焉、不通乎持勝也、唯有道之主能持勝、

齊王后死、欲置后而未定、使羣臣議、薛公欲中王之意、薛公田嬰、因獻十珥而美其一、旦日因問美珥之所在、因勸立以爲王后、齊王大悅、遂重薛公、故人主之嗜慾見於外、則爲人臣之所制、故老子曰、塞其兌、閉其門、終身不勤、

宓子治單父三年、宓子子賤也、而巫馬期、巫馬期孔子弟子也、往觀化焉、微視之、見夜漁者、得魚則釋之、問焉、漁者對曰、宓子不欲人之取小魚也、所得者小魚、是以釋之、巫馬期歸以報孔子曰、宓子之德至矣、使人闇行、若有嚴刑在其側者、宓子何以至於此、孔子曰、丘嘗問之以治、言曰、誠於此者形於彼、宓子必行此術也、

氾論

天下豈有常法哉、當於世事、得於人理、順於天地、則可以正治矣、夫神農伏羲不施賞罰、而民不爲非、然立政者、不能廢法而治民、舜執干戚而服有苗、然征伐者、不能釋甲兵而制彊暴、由此觀之、法度者、所以論民俗而節緩急也、器械者、因時變而制宜適也、聖人作法、而萬民制焉、賢者立禮、而不肖者拘焉、制法之民、不可與遠舉、拘禮之人、不可以應變、耳不知清濁之分者、不可令調音、心不知治亂之源者、不可令制法度、必有獨聞之聽、獨見之明、然後能擅道而行也、夫殷變夏、周變殷、春秋變周、三代之禮不同、何古之從、今儒墨稱三代文武而不行也、是言其所不行也、儒墨之所言今皆不行也、非今時之世而不改、是行其所非也、稱其所是、行其所非、是以盡日極慮、而無益於治、勞形竭精、而無補於主、今夫圖工好畫鬼魅、而憎圖狗馬、鬼魅無信驗、而狗

著作以王二字無終字

嘗試作二君

馬切於前也夫存危治亂非智不能而道先稱古雖愚有餘故不用之法聖主不行不驗之言明主不聽也

今諸疆者勝則度地計衆富者利則量粟稱金如此則千乘之君無不霸王萬乘之國無破亡者矣國之亡也大不足恃道之行也小不可輕由此觀之存在得道而不在於大亡在失道而不在於小也亂國之君務廣其地而不務仁義務高其位而不務道德是釋其所以存而就其

所以亡也故桀困於焦門而不能自非其所行而悔不殺湯於夏臺紂拘於宣室而不反其過而悔其不殺文王於牖里嘗試處強大之勢而脩道德之論湯武救罪之不給何謀之敢慮乎若上亂三光之明下失萬民之心雖微湯武孰弗能奪今不審其在已者而反備諸乎人天下非一湯武也殺一人卽必或繼之者矣且湯武之所以處小弱而能著者以其有道也桀紂之所以處強大而終見奪者以其無道也今不行

治作名

君子作仁一字下同

葵作善莧作惡

慕作感脩作循

人之所以王而反益已之所以奪者趍亡之道也

事有可行而不可言者有可言而不可行者或易爲而難成者或難成而易敗者所謂可行而不可言者趣舍也可言而不可行者僞詐也易爲而難成者事也難成而易敗者治也此四策者聖人之所獨視而留志也

未有功而知其賢者唯堯之知舜也功成事立而知其賢者市人之知舜也夫物之相類者世

主之所亂惑也嫌疑肖象者衆人之所眩燿也故狠者類智而非智也狠慢也愚者類君子而非君子也戇者類勇而非勇也使人之相去也若玉之與石也葵之與莧也則論人易矣

天下莫易於爲善而莫難於爲不善所謂爲善者靜而無爲也所謂爲不善者躁而多欲也適情辭餘無所誘慕脩性保眞無變於已故曰爲善者易也越城郭踰險塞篡殺矯誣非人之性也故曰爲不善難也今人之所以犯囹圄之罪

脩作循　伯作陌

而陷於刑戮之患者、由嗜欲無厭、不脩度量之故也、何以知其然、今夫陳卒設兵而相當、將施令曰、斬首者拜爵、而曲橈者要斬、然而隊伯之卒、皆不能前遂斬首之功、而後被要斬之罪、是去恐死而就必死也、故事或欲之、適足以失之、或避之、適足以就之、有人乘舩而遇大風者、波至而恐、自投水中、非不貪生而畏死、惑於恐死而反忘生也、故人之嗜欲亦猶此也、故達道之人、不苟得、不讓福、其有不弃、非其有不索也、恆盈而不溢、常虛而易足、今夫溜水足以溢壺榼、而江河不能實漏卮、故人心猶此也、自當以道術度量、食充虛、衣禦寒、則足以養七尺之形矣、若無道術度量、則萬乘之勢、不足以為尊、天下之富、不足以為樂矣、

詮言

為治之本、務在於安民、安民之本、在於足用、足用之本、在於勿奪時、勿奪時之本、在於省事、省事之本、在於節欲、節欲之本、在於反性、釋道而任智者必危、弃數而用材者必困、有以欲多亡者、未有以無欲危者也、有以欲治而亂者、未有以守常失者也、故智不足以免患、愚不足以至於失、寧守其分、循其理、失之不憂、得之不喜、因春而生、因秋而殺、所生者不德、所殺者不怨、則近於道矣、聖人守其所以有、不求其所未得、求其所未得、則所有者亡矣、脩其所有、則所欲者至矣、故用兵者、先為不可勝、以待敵之可勝也、治國者、先為不可奪也、以待敵之可奪也、舜脩之歷山、而海內從、文王脩之岐周、而天下移、使舜趍天下之利、而忘脩己之道、身猶弗能保、何尺地之有乎、故福莫大無禍、利莫美不喪、動之為物、不損則益、（動有為也、）不成則毀、不利則病、皆險也、（險言危難不可行、）道之者危、

舊脫說山字加之

說山

儉作踰　尤作有

上求材、臣殘木、上求魚、臣乾谷、上求楫、而下致舩、上言若絲、下言若綸、上有一善、下有二譽、上有三衰、下有九殺、（衰殺皆喻儉也、傳曰、上之所好、下尤甚焉、故有九殺也、）

人閒

夫言出於口者、不可止於人、行發於邇者、不可禁於遠、事者難成而易敗也、名者難立而易廢也、千里之堤、以螻蟻之穴漏、百尋之屋、以突隙之煙焚、（突、竈突也、）堯戒曰、戰戰慄慄、日愼一日、莫蹪於山、而蹪於垤、（蹪、躓、垤、螘封也、）是故人者皆輕小害、易微事、是以多悔、患至而後憂之、是猶病者已惓、（惓、劇、）而索良醫也、雖有扁鵲、俞夫之巧、猶不能生也、（俞夫、黃帝時醫、）

天下有三危、少德而多寵、一危也、材下而位高、二危也、身無大功、而有厚祿、三危也、賢主不苟得、忠臣不苟利、何以明之、中行繆伯攻鼓、弗能下、（中行繆伯、晉大夫、鼓、比翟、）餽閒倫曰、鼓之嗇夫閒倫知之、（餽閒倫、晉大夫、）〔閒或作聞下及注同〕請無罷武丈夫、而鼓可得也、繆伯弗應、左右曰、不折一戟、不傷一卒、而鼓可得也、君奚為弗取、繆伯曰、閒倫為人佞而不仁、若使閒倫下之、吾可以勿賞乎、若賞之、是賞佞人、佞人得志、是使晉國之武、舍仁而為佞、雖得鼓、將何所用之、

泰族

聖王在上位、廓然無形、寂然無聲、官府若無事、朝廷若無人、無隱士、無逸民、無勞役、無冤刑、四海之內、莫不仰上之德、象主之指、夷狄之國、重譯而至、非戶辯而家說之也、推其誠心、施之天下而已矣、詩曰、惠此中國、以綏四方、內順外寧矣、〔舊無處邠至攻之六字〕大王亶父處邠、狄人攻之、杖策而去、百姓攜幼扶老、〔神之〕〔舊無令〕而國乎岐周、非令之所能召也、秦穆公

〔神之〕為食駿馬之傷也、飲之美酒、以其死力報、非券之所責也、（券、契也、）〔季作秊〕季子治單父、夜漁者得小卽釋之、〔讓舊作訒改之〕非刑之所能禁也、孔子為魯司寇、田漁皆讓長、（長者得多、）而斑白不負戴、（斑白、鬢有白髮、）非法之所能致也、夫矢之所以射遠貫堅者、弩力也、其所以中的剖微者、人心也、賞善罰暴者、政令也、〔誠作神〕其所以行者、精誠也、故弩雖彊、不能獨中、令雖明、不能〔總作德〕獨行、必有精氣所與之、故總道以被民、而民不從、誠心弗施也、

註因字無

孝作順

天地四時、非生萬物者、神明接、陰陽和、而萬物生之、聖人之治天下、非易民性也、拊循其所有、而滌蕩之、故因則大、化則細矣、能因循則大矣、化而欲作則小、先王之制法也、因民之所好、而為之節文者也、因其好色、而制婚姻之禮、故男女有班、因其好音、而正雅頌之聲、故風俗不流、因其寧室家樂妻子、教之以孝、故父子有親、因其喜朋友、而教之以悌、故長幼有序、然後脩朝聘、以明貴賤、鄉飲習射、以明長幼、時蒐振旅、以習用兵、蒐、簡車馬也、

入學庠序、以脩人倫、此皆人所有於性、而聖人所匠成也、

民無廉耻、不可治也、非脩禮義、廉耻不立、民不知禮義、法弗能正也、非崇善廢醜、不向禮義、無法不可以為治也、不知禮義、不可以行法、法能殺不孝者、而不能使人為孔墨之行、法能刑竊盜者、而不能使人為伯夷之廉、孔子養徒三千人、皆入孝出悌、言為文章、行為儀表、教之所成也、墨子服役百八十人、皆可使赴火蹈刃、死不

人作之

賢得之得舊作德改之

還踵、化之所致也、夫刻肌膚、鑱皮革、被創流血、至難也、然越人為之、以求榮也、越人以箴刺其皮、為龍文、聖王在位、明好憎、以示人、經誹譽、以導之、親賢而進之、賤不肖而退之、無被創流血之患、而有高世尊顯之名、民孰不從、古者法設而不犯、刑措而不用、非可刑而不刑也、百工維時、庶績咸熙、禮義脩而任賢得也、故舉天下之高、以為三公、一國之高、以為九卿、一縣之高、以為二十七大夫、一鄉之高、以為八十一元士、各以小大之材、

處其位、得其宜、由本流末、以重制輕、上唱而民和、上動而下隨、四海之內、一心同歸、背貪鄙而向義理、於其以化民也、若風之搖草木、無之而不靡、今使愚教智、使不肖臨賢、雖嚴刑罰、民弗從者、小不能制大、弱不能使強也、故聖主者舉賢以立功、不肖主舉其所與同、文王舉太公望、召公奭而王、桓公任管仲隰朋而霸、此舉賢以立功也、夫差用太宰嚭而滅、秦任李斯趙高而亡、此舉所與同也、故觀其所舉、而治亂可見也、

人下有一字

察其黨與而賢不肖可論也夫聖人之屈者以求申也枉者以求直也故雖出邪僻之道行幽昧之塗將欲以興大道成大功猶出林之中不得直道拯溺之人不得不濡足夫觀逐者於其反也觀行者於其終也故百川並流不注海者不爲川谷趍行蹐馳不歸善者不爲君子故善言歸乎可行善行歸乎仁義君子之過也猶日月之蝕也何害於明小人之可也猶狗之晝吠鴟之夜見何益於善夫智者不妄爲勇者不妄發擇善而爲之計義而行之故事成而功足賴也身死而名足稱也雖有智能必以仁義爲之本而後可立也智能蹐馳百事並作聖人以仁義爲之準繩中之者謂之君子不中者謂之小人人莫不知學之有益於已也然而不能者嬉戲害之也人皆多以無用害有用故知不博而日不足以鑿觀池之力耕則田野必闢矣以積土山之高脩隄防則水用必足矣以食狗馬鴻鴈之費養士則名譽必榮矣以弋獵博奕之日

原作螈

誦詩書則聞識必博矣故上下異道則治同道則亂位高而道大者從事大而道小者凶故小快害義小慧害道小辯害治苛峭傷德大政不險故民易導至治寬裕故下不相賊至德樸素故民無慝原蠶一歲再收非不利也然而王法禁之者爲其殘桑也家老異糧而食之殊器而亨之子婦跣而上堂跪而酌羹非不費也然而不可省者爲其害義也待媒而結言娉納而取婦紱絻而親迎非不煩也然而不可易者以防淫也使民居處相司有罪相告於以禁姦非不轂也然而不可行者爲傷和睦之心而構仇讎之怨也故事有鑿一孔而生百隙樹一物而生萬葉者所鑿不足以爲便而所開足以爲敗所樹不足以爲利而所生足以爲穢愚者惑於小利而忘其大害不可以爲法也故仁智人材之美者也所謂仁者愛人也所謂智者知人也愛人則無虐刑矣知人則無亂政矣三代之所以昌也智伯有五過人之材智伯美髯長大一材也射御足力二

材也、伎藝畢極、三材也、巧文辯惠、四材也、強毅果敢、五材也、而不免於身死人手者、不愛人也、齊王建有三過人之巧、力能引強、走先馳馬、超能越高、而身虜於秦者、不知賢也、齊王建任用后勝之計、不用淳于越之言、故仁莫大於愛人、智莫大於知人、二者不立、雖察惠捷巧、不免於亂矣、

羣書治要卷第四十一

羣書治要卷第四十二

秘書監鉅鹿男臣魏徵等奉　勅撰

鹽鐵論　新序

鹽鐵論

（本書壺作壹、杅作材、）（政作正）（食疑受）（善言作諫諍）（論作倫）

行遠道者假於車、濟江海者因於舟、故賢士之立功成名、因於資而假物者也、公輸子能因人主之材木、以搆宮室臺榭、而不能自爲專屋狹廬、材不足也、歐冶能因君之銅鐵、以爲金鑪大鍾、而不能自爲壺鼎槃杅、無其用也、君子能因人主之政朝、以和百姓潤衆庶、而不能自饒其家、勢不便也、故舜耕於歷山、恩不及州里、太公屠牛於朝歌、利不及妻子、及其見用、恩流八荒、德溢四海、故舜假之堯、太公因之周、君子能修身以假道者、不能枉道而假財也、扁鵲不能治不受鍼藥之疾、賢聖不能正不食善言之君、故桀有關龍逢而夏亡、紂有三仁而商滅、故不患無夷吾由余之論、患無桓穆之聽耳、是以孔子東西無所遇、屈原放逐於楚國也、

不得作而不　罪作罔

故曰、直道而事人、焉往而不三黜、枉道而事人、何必去父母之邦、此所以言而不見從行不得合者也、

古者篤教以導民、明辟以正刑、刑之於治猶策之於御也、良工不能無策而御、有策而勿用也、聖人假法以成教、教成而刑不施、故威厲而不殺、刑設而不犯、今廢其紀綱、而不能張壞其禮義而不能防、民陷於罪、從而獵之以刑、是猶開其闌牢、發以毒矢也、不盡不止矣、曾子曰、上失

其道、民散久矣、如得其情、則哀矜而勿喜、夫不傷民之不治、而伐已之能、得姦猶弋者覩鳥獸挂罻羅而喜也、今天下之被誅者、不必有管蔡之邪鄧晳之偽也、孔子曰、人而不仁、疾之以甚亂也、故民亂反之政、政亂反之身、身正而天下定、是以君子嘉善而矜不能、恩及刑人、德潤窮夫、施惠悅爾、行刑不樂也、

周公之相成王也、百姓饒樂、國無窮人、非代之耕織也、易其田疇、薄其稅斂、則民富矣、上以奉

得作有德　爲之作爲善　必上有雨字　死作餓　斂作撿見作民　之蠻貊作蠻貊之國

君親、下無飢寒之憂、則教可成也、語曰、既富矣、又何加焉、曰教之、教之以德、齊之以禮、則民徙義而從善、莫不入孝出悌、夫何奢侈暴慢之有乎、管子曰、倉廩實而知禮節、百姓足而知榮辱、故富民易與適禮、

古者政得則陰陽調、星辰理、風雨時、故行修於內、聲聞于外、爲之於下、福應于天、周公在上、而天下太平、國無夭傷、歲無荒年、當此時、雨不破塊、風不鳴條、旬而一雨、必以夜、無丘陵高下皆

孰、今不省其所以然、而曰陰陽之運也、非所聞也、孟子曰、野有死殍、不知收也、狗彘食人食、不知斂也、爲民父母、見饑而死、則曰非我歲也、何異乎以刃殺之、則曰非我兵也、方今之務、在除飢寒之患、罷鹽鐵、退權利、分土地、趣本業、養桑麻、盡地力也、寡功節用、則民自富、如是則水旱不能憂、凶年不能累也、

王者崇禮施德、尚仁義、而賤怪力、故聖人絕而不言、孔子曰、言忠信、行篤敬、雖之蠻貊、不可弃

威作盛 禮下有儀字

也、今萬方絕國之君、奉贄獻見者、懷天子之威德、而欲觀中國之禮、宜設明堂辟廱以示之、揚干戚昭雅頌以風之、今乃以玩好不用之器、奇蟲不畜之獸、角抵之戲、炫燿之物陳夸之、殆與周公之待遠方殊也、昔周公處謙讓以交异士、執禮德以下天下、故辭越裳之贄、見恭敬之禮也、既與入文王之廟、是見大孝之禮也、目覩威儀干戚之容、耳聽升歌雅頌之聲、心充至德、欣然以歸、此四夷所以慕義內附、非重譯狄鞮來

升作昇 充下舊有以字刪之

觀猛獸熊羆也、夫犀象兕虎、南夷之所多也、驢騾馲駝、北狄之常畜也、中國所鮮、外國賤之、南越以孔雀珥門戶、昆山之旁、以玉璞抵烏鵲、今貴人之所賤、珍人之所饒、非所以厚中國、而明盛德也、隋和世之名寶也、而不能安危存亡、故喻德示威、唯賢臣良相、不在戎馬珍怪也、是以聖王以賢為寶、不以珠玉為寶、昔晏子修之樽俎之間、而折衝乎千里、不能者、雖隋和滿篋、無益於存亡矣、

海作㑃 宛春天寒乎哉云云七字作天寒哉我何不寒哉

衛靈公當隆冬興衆穿池、海春以諫曰、天寒百姓凍餒、願公之罷役也、公曰、天寒乎哉、寒乎哉、海春曰、人之言曰、安者不能恤危、飽者不能食飢、故餘粱肉者、難為言隱約、處逸樂者、難為言勤苦、夫高堂邃宇、廣廈洞房者、不知專屋狹廬上漏下濕者之痛也、繫馬百駟、貨財充內、儲陳納新者、不知有旦無暮、稱貸者之急也、乘堅驅良、列騎成行者、不知負擔步行者之勞也、匡牀薦席、侍御滿側者、不知服輅輓船、登高絕流者

推作摧 仗作伏 木作求

之難也、衣輕煖、處溫室、載安車者、不知乘長城眺胡代、向淸風者危寒也、妻子好合、子孫保之者、不知老母之憔悴、匹婦之悲恨也、耳聽五音、目視弄優者、不知蒙流矢、推敵方外之死亡也、東向仗几、振筆而調文者、不知木索之急、箠楚之痛也、昔商鞅之任秦也、刑人若刈菅茅、用師若彈丸、從軍旅者、暴骨長城、戍漕者、輜車相望、生而往、死而還、彼獨非人子耶、故君子仁以恕、義以度所好惡、與天下共之、

地廣而不德者國危，兵強而凌敵者身亡。虎兕相搏，而螻蟻得志；兩敵相機，而匹夫乘閑。是以聖王見利慮害，見遠存近。

道徑衆，民不知所由也；法令衆，人不知所避也。故王者之制法也，昭乎如日月，故民不迷；曠乎若大路，故民不惑。幽隱遠方，折乎知之；愚婦童婦，咸知所避。是故法令不犯，而獄犴不用也。昔秦法繁於秋荼，而網密於凝脂，然而上下相遁，姦偽萌生，有司治之，若救爛捌焦，不能禁。非網疏而罪漏，禮義廢而刑罰任也。方今律令百有餘篇，文章繁，罪名重，羣國用之，疑惑或淺或深。自吏明習者，不知所處，而況愚民乎？律令塵蠹於棧閣，吏不能徧覩，而況愚民乎？此斷獄所以滋衆，而民犯禁滋多也。親服之屬甚衆，上附下附，而服不過五；五刑之屬三千，上殺下殺，而罪不過五。故治民之道，務篤於教也。

法能刑人，而不能使人廉；能殺人，而不能使人仁。所貴良醫者，貴其審消息而退邪氣也，非貴其下鍼石而鑽肌膚也。所貴良吏者，貴其絕惡於未萌，使之不為非，非貴其拘之囹圄而刑殺之也。今之所謂良吏者，文察則以禍其民，強力則以厲其下，不本法之所由生，而專己之殘心，文誅假法，以陷不辜，累無罪，以子及父，以弟及兄。一人有罪，州里驚駭，十家奔亡，若癰疽之相

漫，色淫之相連，一節動而百枝搖。詩云：舍彼有罪，既伏其辜，若此無罪，淪胥以鋪，傷無罪而累也。非患銚鉏之不利，患其舍草而芸苗也；非患無準平，患其舍枉而繩直也。故親近為過不必誅，是鉏不用也；疏遠有功不必賞，是苗不養也。故世不患無法，而患無必行之法也。

古者周其禮而明其教，禮周教明，不從者，然後等之以刑，刑罰中，民不怨矣。故舜施四罪而天下咸服，誅不仁也。輕重各伏其誅，刑必加而無赦，赦維疑者。若此，則世安得不軌之人而罪之乎？今廢其德教，而責之禮義，是虐民也。春秋傳曰：子有罪，執其父；臣有罪，執其君。聽失之大者

也，今以子誅父，以弟誅兄，親戚相坐，什伍相連，若引根本而及華葉，傷小指而累四體也。如此，則以有罪反誅無罪，反誅無罪，則天下之無罪者寡矣。（上及誅作誅及）故吏不以多斷爲良，醫不以多刺爲工。子產殺一人，刑二人，道不拾遺，而民無誣心。故爲民父母，似養疾子，長恩厚而已。（似作以）自首匿相坐之法立，骨肉之恩廢，而刑罪多矣。聞父母之於子，雖有罪，猶匿之，其不欲服罪爾。子爲父隱，父爲子隱，未聞父子之相坐也。聞兄弟能緩追以

免賊，未聞兄弟之相坐也。聞惡惡止其人，疾始而誅首惡，未聞什伍而相坐也。（伍而之而作之）紂爲炮烙之刑，而秦有收孥之法，趙高以峻文決罪於內，百官以峭法斷割於外，死者相枕席，刑者相望，百姓側目重足，不寒而慄。方此之時，豈特冒火蹈刃哉。然父子相背，兄弟相嫚，至於骨肉相殘，上下相殺，非刑輕而罰不必，令太嚴而仁恩不施也。故政寬則下親其上，政嚴則臣謀其主。晉厲以幽，二世以弒，惡在峻法之不犯，

（格作挌　和作恩）嚴家之無格虜也。聖人知之，是以務和而不務威。故高皇帝約秦苛法，以慰怨毒之人，而長和睦之心，唯恐刑之重而德之薄也。是以恩施無窮，澤流後世。商鞅、吳起以秦楚之法爲輕而累之，上危其主，下沒其身，或非特慈母乎。（戚以下六字本書闕疑有誤）民之仰法，猶魚之仰水，水清則靜，濁則擾，擾則不安其居，靜則樂其業，樂其業則富，富則仁生，贍則爭止。是以成康之世，賞無所施，法無所加，非可刑而不刑，民莫犯禁也；非可賞而不賞，民

莫不仁也。若斯則吏何事而可理乎。今之治民者，若拙御之御馬也，行則頓之，止則擊之，身創於箠，吻傷於銜，而求其無失，何可得也。故疲馬不畏鞭箠，疲民不畏刑法，雖增而累之，其有益乎。

古者明其仁義之誓，使民不踰，不教而殺，是虐民也。與其刑不可踰，不若義之不可踰也。聞禮義行而刑罰中，未聞刑罰任而孝悌興也。（任作行）高牆狹基，不可立也；嚴刑峻法，不可久也。二世信趙

知死不再作死不再生

舊無厚字補之

高之計、派督責而任誅斷、刑者半道、死者日積、殺人多者爲忠、斂民悉者爲能、百姓不勝其求、黔首不勝其刑、海內同憂而俱不聊生、故過任之事、父不得於子、無已之求、君不得於臣、知死不再、窮鼠齧貍、匹夫奔萬乘、舍人折弓、陳勝吳廣是也、聞不一朞而社稷爲虛、惡在其能長制羣下、而久守其國也、

新序

楚恭王有疾、召令尹曰、常侍莞蘇與我處、常勸我以義、吾與處不安也、不見不思也、雖然吾有得也、其功不細、必厚爵之、申侯伯與我處、常縱恣吾、吾所樂者、勸吾爲之、吾所好者、先吾服之、吾與處歡樂之、不見則戚、雖然吾終無得也、其過不細、必亟遣之、令尹曰諾、明日王薨、令尹卽拜莞蘇爲上卿、而逐申侯伯出之境、曾子曰、人之將死、其言也善、恭王之謂也、孔子曰、朝聞道夕死可矣、於是以開後嗣、覺來世、猶愈沒身不寤者也、

本書爲徒作又死

出作逐

趙簡子上羊腸之坂、羣臣皆偏袒推車、而虎會獨擔戟行歌、不推車、簡子曰、羣臣皆推車、會獨擔戟行歌、是會爲人臣侮其主、爲人臣侮其主者、其罪何若、對曰、爲人臣而侮其主者、死而又死、簡子曰、何謂死而又死、會曰、身死妻子爲徒、若是謂死而又死也、君旣已聞爲人臣而侮其主者之罪矣、君亦聞爲人君而侮其臣者乎、簡子曰何若、會曰、爲人君而侮其臣者、智者不爲謀、辯者不爲使、勇者不爲鬭、智者不爲謀、則社稷危、辯者不爲使、則使不通、勇者不爲鬭、則邊境侵、簡子曰善、乃以會爲上客、

魏文侯與大夫坐、問曰、寡人何如君也、羣臣皆曰、君仁君也、次至翟黃、曰、君非仁君也、曰、子何以言之、對曰、君伐中山、不以封君之弟、而以封君之長子、臣以此知君之非仁君也、文侯怒而出之、次至任座、文侯問曰、寡人何如君也、任座對曰、君仁君也、曰、子何以言之、對曰、臣聞之、其君仁者其臣直、向翟黃之言直、臣是以知君仁

君也文侯曰善復召翟黄
中行寅將亡乃召其大祝而欲加罪焉曰子爲我祝犧牲不肥澤耶且齋戒不敬耶使國亡何也祝簡對曰昔者吾先君中行穆子皮車十乘不憂其薄也憂德義之不足也今主君有革車百乘不憂德義之薄唯患車之不足也夫船車飾則賦斂厚賦斂厚則民怨謗詛矣且君苟以爲祝有益於國乎則詛亦將爲損世亡矣一人祝之一國詛之一祝不勝萬詛國亡不亦宜乎

祝其何罪中行子乃慙
秦欲伐楚使使者往觀楚之寶器楚王聞之召令尹子西而問焉曰秦欲觀楚之寶器吾和氏之璧隨侯之珠可以示諸令尹子西對曰不知也召昭奚恤而問焉昭奚恤曰此欲觀吾國得失而圖之寶器在賢臣珠玉玩好之物非寶之重者也王遂使昭奚恤應之昭奚恤爲東面之壇一爲南面之壇四爲西面之壇一秦使者至昭奚恤曰君客也請就上位東面令尹子西南

攝作攝

面太宗子敖次之葉公子高次之司馬子反次之昭奚恤自居西面之壇稱曰客欲觀楚之寶器楚國之寶者賢臣也理百姓實倉廩使民各得其所令尹子西在此奉珪璧使諸侯解忿悁之難交兩國之歡使無兵革之憂太宗子敖在此守封疆謹境界不侵隣國隣國亦不見侵葉公子高在此理師旅整兵戎以當強敵提枹鼓以動百萬之衆所使皆趣湯火蹈白刃出萬死不顧一生司馬子反在此懷霸王之餘議攝治

亂之遺風昭奚恤在此唯大國之所觀秦使者瞿然無以對使者反言於秦君曰楚多賢臣未可謀也遂不伐楚
昔者唐虞崇舉九賢布之於位而海内大康要荒來賓麟鳳在郊商湯用伊尹而文武用太公閎夭成王任周邵而海内大治越裳重譯祥瑞並降遂安千載皆由任賢之功也無賢臣雖五帝三王不能以興齊桓得管仲有霸諸侯之榮失管仲而有亂危之辱虞不用百里奚而亡秦

變作史

以作謂

穆用之而霸楚不用子胥而破吳王闔廬用之而霸夫差非徒不用子胥也又殺之而卒以亡燕昭王用樂毅推弱燕之兵破強齊之讎屠七十城而惠王廢樂毅變代以騎劫兵立破亡七十城此父用之子不用其事可見也故闔廬用子胥而興夫差殺之而以亡昭王用樂毅以勝惠王逐之而以敗此的的然若白黑也秦不用叔孫通項王不用陳平韓信而皆滅漢用之而大興此未遠也夫失賢者其禍如彼用賢者其

福如此人君莫不求賢以自輔然而國以亂亡者所以賢者不賢也或使賢者爲之與不肖者議之使智者圖之與愚者謀之不肖嫉賢愚者妬智是賢者之所以隔蔽也所以千歲不合者也或不肯用賢或用賢而不能久也或久而不能終也或不肖子廢賢父之忠臣其禍敗難一二錄也然其要在於已不明而聽衆口也故譖訴不行斯爲明矣

魏龐共與太子質於邯鄲謂魏王曰今一人言市中有虎王信之乎王曰不信也曰二人言王信之乎曰寡人疑矣曰三人言王信之乎曰寡人信之矣龐共曰夫市之無虎明矣三人言而成有虎今邯鄲去魏遠於市議臣者過三人願王察之也魏王曰寡人知之矣及龐共自邯鄲反讒口果至矣遂不得見

昔者鄒忌以鼓琴見齊宣王宣王善之與語三日遂拜以爲相有稷下先生淳于髡之屬七十二人乃相與俱行見鄒忌曰狐白之裘補之以

辭作辯

弊羊皮何如忌曰諾請不敢雜賢以不肖髡曰方內而圜釭何如忌曰諾請謹門戶不敢留客髡等曰三人共牧一羊羊不得食人不得息何如忌曰諾請減吏省員使無擾民淳于髡等三辭鄒忌三知之如應響淳于髡等辭屈辭而去梁君出獵見白鴈羣梁君下車彀弩欲射之道有行者梁君謂行者止行者不止白鴈羣駭梁君怒欲射行者其御公孫龍下車撫矢曰君止梁君忿然作色而怒曰龍不與其君而顧與他

年作歲　無數字

人、何也、公孫龍對曰、昔者齊景公之時、大旱三年、卜之曰、必以人祠、乃雨、景公曰、凡吾所以求雨者、爲吾民也、今必使吾以人祠、乃且雨、寡人將自當之、言未卒、而天大雨方千里、何也、爲有德於天而惠於民也、今主君以白鴈之故、而欲射殺之、無異於虎狼矣、梁君援其手與上車、歸入郭門、呼萬年曰、幸哉今日也、人獵皆得獸、吾獵得善言而歸、

晉文公出田、逐獸碭入大澤、迷不知所出、其中有漁者、文公謂曰、我若君也、道安從出、漁者曰、臣願有獻、文公曰、出澤而受之、於是送出澤、漁者曰、鴻鵠保河海之中、厭而欲數移、徙之小澤、則必有丸繒之憂、黿鼉保深淵、厭而出之淺渚、則必有羅網釣射之憂、今君逐獸碭入至此、何行之太遠也、文公曰、善哉、謂從者記漁者名、漁者曰、君何以名爲、君其尊天事地、敬社稷、固四國、慈愛萬民、薄賦斂、輕租稅者、臣亦與焉、君不敬社稷、不固四國、外失禮於諸侯、內逆民心、一

有作得　得作能　侯作而

國流亡、漁者雖有厚賜、不得保也、遂辭不受、曰君亟歸國、臣亦反漁所、

晉文公逐麋而失之、問農夫老古曰、吾麋何在、老古以足指曰、如是往矣、文公曰、寡人問子、子以足指、何也、老古振衣而起曰、壹不意人君之如此也、虎豹之居也、厭閑而近人、故得、魚鼈之居也、厭深而之淺、故得、諸侯厭衆而亡其國、詩曰、維鵲有巢、維鳩居之、君放不歸、人將居之矣、於是文公恐、歸遇欒武子、欒武子曰、獵得獸乎、侯有悅色、文公曰、吾逐麋而失之、得善言、故有悅色、武子曰、其人安在、曰、吾未與來、武子曰、處上位而不卹其下、驕也、緩令急誅、暴也、取人言而弃其身、盜也、文公曰、善、還車載老古與俱歸、

魏文侯出遊、見路人反裘而負芻、文侯曰、胡爲反裘而負芻、對曰、臣愛其毛、文侯曰、若不知其裏盡而毛無所恃矣、明年東陽上計錢布十倍、大夫畢賀、文侯曰、此非所以賀我也、譬無異夫路人反裘而負芻也、將愛其毛、不知其裏盡、毛

無所恃也今吾田地不加廣士民不加衆而錢十倍必取之士大夫也吾聞之下不安者其上不可居此非所以賀我也

齊有婦人極醜號曰無鹽女臼頭深目長壯大節卬鼻結喉肥項少髮折腰出胷皮膚若漆行年三十無所容入於是乃自詣宣王曰妾齊之不售女也聞君王之聖德願備後宮之掃除謁者以聞宣王方置酒於漸臺左右聞之莫不掩口而笑曰此天下強顏女子也於是宣王乃召

而見之但揚目銜齒舉手拊肘曰殆哉殆哉如此者四宣王曰願遂聞命對曰今大王之君國也西有衡秦之患南有強楚之讎外有三國之難內聚姧臣衆人不附春秋四十壯男不立故不務衆子而務衆婦尊所好而忽所恃一旦山陵崩阤社稷不定此一殆也漸臺五重黃金白玉翡翠珠璣莫落連飾萬民疲極此二殆也賢者伏匿於山林諂諛強進於左右邪偽立於本朝諫者不得通入此三殆也酒漿沈湎以夜續

舊無强舉二字補之

朝女樂俳優從橫大笑外不修諸侯之禮內不秉國家之治此四殆也故曰殆哉殆哉於是宣王掩然無聲喟然而歎曰痛乎無鹽君之言今乃壹聞寡人之殆幾不全也於是立毀漸臺罷女樂退諂諛去雕琢選兵馬實府庫招進直言延及側陋擇吉日立太子拜無鹽君以為王后而齊國大安醜女之功也

有司請事於桓公桓公曰以告仲父有司又請桓公曰以告仲父若是者三在側者曰一則告

仲父二則告仲父易哉為君桓公曰吾未得仲父則難已得仲父之後則曷為其不易也故王者勞於求賢逸於得人舜舉衆賢在位垂衣裳恭己無為而天下治湯文用伊呂成王任周邵刑措不用用衆賢故也

公季成謂魏文侯曰田子方雖賢人然而非有土君也君常與之齊禮假有賢於子方者君有何以加之文侯曰如子方者非成所得議也子方仁人也仁人也者國之寶也智士也者國之

下有作又古字通用

齊作縫 補作純

器也博通之士也者國之尊也故國有仁人則羣臣不爭國有智士則無四鄰諸侯之患國有博通之士則人主尊固非成之所得議也公季成自退於郊

孟嘗君問於白圭曰魏文侯名過於齊桓而功不及五伯者何白圭對曰文侯師子夏友田子方敬段干木此名之所以過於桓公也卜相則曰成與黃孰可此功之所以不及五伯也以私愛妨公舉在職者不堪其事故功廢也然而名號顯榮者三士翊之也如相三士則王功成豈特霸哉

晉平公問於叔向曰昔齊桓公九合諸侯一匡天下不識其君之力乎其臣之力乎叔向對曰管仲善制割隰朋善削齊賓胥無善補緣桓公知衣而已亦其臣之力也師曠侍曰臣請譬之以五味管仲善斷割之隰朋善煎熬之賓胥無善齊和之羹已熟矣奉而進之而君不食誰能強之亦其君之力也

也作矣 謀作諫 身作人

晉文公田於虢遇一老夫而問曰子處此故也虢亡其有說乎對曰虢君斷則不能謀則不與也不能斷又不能用人此虢之所以亡也文公輟田而歸遇趙衰而告之衰曰古之君子聽其言而用其身今之君子聽其言而弃其身哀哉晉國之憂也文公乃召賞之於是晉國樂納善言文公卒以霸也

晉平公過九原而歎曰嗟乎此地之蘊吾良臣多矣若使死者可起也吾將誰與歸乎叔向對曰趙武乎公曰子黨於子之師也對曰臣敢言趙武之爲人也立若不勝衣言若不出口然其身所舉士於白屋下者四十六人是其無私德也臣故以爲賢也平公曰善

周文王作靈臺及爲池沼掘地得死人之骨吏以聞於文王文王曰更葬之吏曰此無主矣文王曰有天下者天下之主也有一國者一國之主也寡人固其主又安求主遂令吏以衣棺更葬之天下聞之皆曰文王賢矣澤及朽骨又況

於人乎或得寶以危國文王得朽骨以喻其意而天下歸心焉

甯戚欲干齊桓公窮困無以自進於是爲商旅賃車以適齊暮宿于郭門之外桓公郊迎客夜開門辟賃車甯戚飯牛於車下擊牛角疾商歌桓公聞之曰異哉此歌者非常人也命後車載之桓公反甯戚見說桓公以全境內明日復見說桓公以爲天下桓公大悅將任之而羣臣爭之曰客衛人去齊不遠不若使人問之而賢也用之未晚也桓公曰不然問之恐有小惡以其小惡忘人之大美此人主之所以失天下之士也且人固難全權用其長者遂舉而授之以爲卿當此舉也桓公得之矣所以成霸也

齊桓公見小臣稷一日三至不得見從者曰萬乘之主見布衣士一日三至而不得見亦可以止矣桓公曰不然士之傲爵祿者固輕其主其主傲霸王者亦輕其士縱夫子傲爵祿吾庸敢傲霸王乎五往而後得見天下聞之皆曰桓公

全作合

而作固 賢下有人字

猶下布衣之士而況國君乎於是相率而朝靡有不至

魏文侯過段干木之閭而軾其僕曰君何爲軾曰此非段干木之閭與段干木蓋賢者也吾安敢不軾且段干木光于德寡人光于地段干木富乎義寡人富乎財地不如德財不如義寡人當事之者也遂致祿百萬而時問之國人皆喜居無幾何秦興兵而欲攻魏司馬唐且諫秦君曰段干木賢者也而魏禮之天下莫不聞無乃不可加兵乎秦君以爲然乃案兵而輟不攻魏文侯可謂善用兵矣夫君子之用兵也莫見其形而功已成此之謂也野人之用兵也鼓聲則似雷號呼則動地塵氣充天流矢如雨扶傷舉死履腸涉血無罪之民其死者已量於澤矣而國之存亡主之死生猶未知也其離仁義亦遠矣

晉平公問於叔向曰國家之患孰爲大對曰大臣重祿而不極諫近臣畏罪而不敢言下情不

無者字

上通此患之大者也、公曰善、
子張見魯哀公、見七日、哀公不禮、託僕夫去曰、
臣聞君好士、故不遠千里之外、百舍重趼、不敢
休息以見君、見七日、而君不禮、君之好士也、有
似葉公子高之好龍也、葉公子高好龍、鉤以寫
龍、鑿以寫龍、屋室雕文以寫龍、於是也天龍聞
而下之、窺頭於牖、拖尾於堂、葉公見之、棄而還
走、失其魂魄、是葉公非好龍也、好夫似龍而非
龍者也、今臣聞君好士、故不遠千里之外、以見

君、七日不禮、君非好士也、好夫似士而非士者
也、詩曰、中心藏之、何日忘之、敢託而去、
孟子見齊宣王於雪宮、王左右顧曰、賢者亦有
此樂耶、孟子對曰、有、人不得則非其上矣、不得
而非其上者非也、爲人之上者、而不與民同樂
者亦非也、樂民之樂者、人亦樂其樂、憂人之憂
者、民亦憂其憂、樂以天下、憂以天下、然而不王
者、未之有也、
鄒穆公有令、食鳧鴈者必以秕、無以粟、於是倉

費上有爲字　利作計　而已作也一字

秕盡、而求易於民、二石粟而得一石秕、吏以費
請以粟食之、穆公曰、去、非汝所知也、夫百姓暴
背而耕、勤而不敢惰者、豈爲鳥獸也哉、粟米人
之上食也、奈何其以養鳥、且汝知小利、而不知
大會也、周諺曰、囊漏貯中、汝獨不聞耶、夫君者
人之父母也、取倉之粟、移之於民、此非吾粟耶、
鳥食鄒之秕、不害鄒之粟而已、粟之在倉、與在
民於我何擇耶、民聞之、皆知其私積之與公家
爲一體也、此之謂知富國矣、

齊有田巴先生者、行修於內、智明於外、齊王聞
其賢、聘而將問政焉、田巴先生改制新衣、鬋飾
冠帶、顧謂其妾曰、何若、其妾曰、佼、將出門、問其
從者曰、何若、從者曰、佼、過於淄水、自闚、醜惡甚
矣、遂見齊王、齊王問政焉、對曰、政在正身、正身
之本、在於羣臣、今者大王召臣、臣改制鬋飾、將
造公門、問於妾、妾愛臣、諛臣曰佼、將出門、問從
者、從者畏臣、曰佼、臣臨淄水而觀影、然後自知
醜惡也、今齊之臣妾諛王者、非特二人也、王能

下則疑之范史注作之

德厚范史注易地

臨淄水見已之惡過而自改斯齊國治矣

臧孫行猛政子贛非之臧孫召子贛而問曰我不法耶曰法矣我不廉耶曰廉矣我不能事耶曰能事矣臧孫曰三者吾唯恐不能今盡能之子尚何非耶子貢曰子法矣好以害人子廉矣好以驕上子能事矣好以陵下夫政者猶張琴瑟也大弦急則小弦絶矣是以位尊者德不可以薄官大者治不可以小地廣者制不可以狹民衆者法不可以苛天性然也故曰罰得則姦

邪止矣賞得則下歡悅矣由此觀之子則賊心已見矣獨不聞夫子產之相鄭乎其論材推賢舉能也抑惡而揚善故有大略者不問其所短有德厚者不問其小疵有大功者宿惡滅息咸人之美不成人之惡也其牧民之道養之以仁教之以禮使之以義修法練教必遵民所樂故從其所便而處之因其所欲而與之順其所好而勸之賞之疑者從重罰之疑者從輕其罰審其賞明其刑省其德純其治約而教化行矣治

思疑恵或恩

爲疑僞

亂疑辭

鄭七年而風俗和平灾害不生國無刑人囹圄空虛及死國人聞之皆叩心流涕曰子產已死吾將安歸夫使子產命可易吾不愛家一人其生也則見愛其死也而可悲仕者哭於廷商人哭於市農人哭於野處女哭於室良人絶琴瑟大夫解佩玦婦人脫簪珥皆巷哭然則思者仁恕之道也君子之治始於不足見而終於不可及此之謂也蓋德厚者報美怨大者禍深故曰德莫大於仁而禍莫大於刻夫善不可以爲求

而惡不可以亂去今子方病民喜而相賀曰臧孫子已病幸其將死子之病少愈而民以相懼曰臧孫子病又愈矣何吾命之不幸也臧孫子又不死矣子之病也人以相喜生也人以相駭子之賊心亦甚深矣爲政若此如之何不非也於是臧孫子慙焉退而避位

子路治蒲三年孔子過之入其境曰善哉由乎恭敬以信矣入其邑曰善哉由乎忠信以寬矣至於其廷曰善哉由乎明察以斷矣子貢執轡

而問曰、夫子未見由、而三稱其善、可得聞乎、孔子曰、我入其境、田疇盡易、草萊甚闢、溝洫甚深、此其恭敬以信、故其民盡力也、入其邑、牆屋甚崇、樹木甚茂、此忠信以寬、故其民不偸也、入其廷、廷甚閑、此明察以斷、故其民不擾也、

羣書治要卷第四十二

羣書治要卷第四十三

秘書監鉅鹿男臣魏徵等奉　勅撰

說苑　　劉向

君道

河間獻王曰、堯存心於天下、加志於窮民、痛萬姓之罹罪、憂衆生之不遂也、有一民飢、則曰此我飢之也、有一民寒、則曰此我寒之也、一民有罪、則曰此我陷之也、仁昭而義立、德博而化廣、故不賞而民勸、不罰而民治、先恕而後教、是堯道也、

河間獻王曰、禹稱民無食、則我不能使也、功成而不利於民、則我不能勸也、故疏河而道之、鑿江通於九派、灑五湖而定東海、民亦勞矣、然而不怨苦者、利歸於民也、

禹出見罪人、下車問而泣之、左右曰、罪人不順道使然、君王何爲痛之至於此也、禹曰、堯舜之民、皆以堯舜之心爲心、今寡人爲君也、百姓各自以其心爲心、是以痛之也、

當堯之時、舜爲司徒、契爲司馬、禹爲司空、后稷爲田疇、夔爲樂正、倕爲工師、伯夷爲秩宗、皋陶爲大理、益掌驅禽、堯不能爲一焉、堯爲君而九子者爲臣、其何故也、堯知九職之事、使九子各受其事、皆勝其任、以成功、堯遂乘成功以王天下、是故知人者主道也、知事者臣道也、主道知人、臣道知事、毋亂舊法、而天下治矣、

本書乘成功作成厥功

明主者有三懼、一曰處尊位而恐不聞其過、二曰得意而恐驕、三曰聞天下之至言、而恐不能

行、

師經鼓琴、魏文侯起舞、賦曰、使我言而無見違、師經援琴而撞文侯、不中、中旒潰之、文侯顧謂左右曰、爲人臣而撞其君、其罪何如、左右曰、罪當烹、提師經下堂一等、師經曰、臣可得一言而死乎、文侯曰、可、師經曰、昔堯舜之爲君也、唯恐言而人不違、桀紂之爲君也、唯恐言而人違之、臣撞桀紂、非撞吾君也、文侯曰、釋之、是寡人之過也、懸琴於城門、以爲寡人符、不補旒、以爲寡人戒、

臣術

有作行

人臣之行、有六正則榮、犯六邪則辱、何謂六正、一曰萌牙未動、形兆未見、昭然獨見存亡之機、得失之要、豫禁乎未然前、使主超然立乎顯榮之處、如此者聖臣也、

未作不前上有之字

二曰、虚心白意、進善通道、勉主以禮義、諭主以長策、將順其美、匡救其惡、如此者大臣也、

大作良

三曰、夙興夜寐、進賢不懈、數稱於往古之行事、以厲主意、如此者忠臣也、四曰、

明察極見成敗、早防而救之、塞其間、絕其源、轉禍以爲福、使君終以無憂、如此者智臣也、五曰、守文奉法、任官職事、不受贈遺、衣服端齊、食飲節儉、如此者貞臣也、六曰、國家昏亂、所爲不諛、敢犯主之嚴顏、面言主之過失、如此者直臣也、是謂六正也、何謂六邪、一曰、安官貪祿、不務公事、與世沈浮、左右觀望、如此者具臣也、二曰、主所言皆曰善、主所爲皆曰可、隱而求主之所好而進之、以快主之耳目、偷合苟容、與主爲樂、不

顧其後害、如此者諛臣也、三曰、中實險詖、外貌小謹、巧言令色、又心疾賢、所欲進則明其美、隱其惡、所欲退則明其過、匿其美、使主賞罰不當、號令不行、如此者姧臣也、四曰、智足以飾非、辯足以行說、內離骨肉之親、外妬亂朝廷、如此者讒臣也、五曰、專權擅勢、以爲輕重、私門成黨、以富其家、擅矯主命、以自顯貴、如此者賊臣也、六曰、諂主以邪、墜主於不義、朋黨比周、以蔽主明、使白黑無別、是非無聞、使主惡布於境內、聞於四鄰、如此者亡國之臣也、是謂六邪、賢臣處六正之道、不行六邪之術、故上安而下治、生則見樂、死則見思、此人臣之術也、

湯問伊尹曰、三公九卿、大夫列士、其相去何如、對曰、智通於大道、應變而不窮、辯於萬物之情、其言足以調陰陽、正四時、節風雨、如是者舉以爲三公、故三公之事、常在於道也、不失四時、通於地理、能通不通、能利不利、如此者舉以爲九卿、九卿之事、常在於德也、通於人事、行猷舉繩、通於關梁、實於府庫、如是者舉以爲大夫、大夫之事、常在於仁也、忠正強諫、而無有姧詐、去私立公、而言有法度、如是者舉以爲列士、列士之事、常在於義也、故道德仁義定、而天下正、凡此四者、明王臣而不臣、湯曰、何謂臣而不臣、對曰、君之所不名臣者四、諸父臣而不名、諸兄臣而不名、先王之臣、臣而不名、盛德之士、臣而不名、是謂大順也、

貴德

聖人之於天下也、譬猶一堂之上也、今有滿堂飲酒者、有一人獨索然向隅而泣、則一堂之人皆不樂矣、聖人之於天下也、譬猶一堂之上也、有一人不得其所者、則孝子不敢以其物薦進也、

復恩

晉文公亡時、陶叔狐從、文公反國、三行賞而不及、見咎犯曰、吾從君而亡、十有三年、顏色黧黑、手足胼胝、今君反國、三行賞而不及我、意者君

無賞字

忘我與我我有大敵與咎犯言之文公文公曰嘻我豈忘是子哉夫耽我以道說我以仁昭明我名使我爲成人者吾以爲上賞防我以禮諫我以義使不得爲非者吾以爲次賞勇壯強禦難在前則居前難在後則居後免我於患難中者吾復以爲次賞且子獨不聞乎死人者不如存人之身亡人者不如存人之國三行賞之後而勞苦之士次之勞苦之士子固爲首矣吾豈敢忘子哉周內史叔興聞之曰文公其霸乎昔者聖王先德後力文公其當之矣

華作燈　待作持　二作三

楚莊王賜羣臣酒日暮酒酣華燭滅乃有引美人衣者美人援絕其冠纓告王曰今燭滅有引妾衣者援得其纓待之矣促上火視絕纓者王曰賜人酒使醉失禮奈何欲顯婦人節而辱士乎乃命左右今與寡人飲不絕冠纓者不歡羣臣皆絕纓而上火盡歡而罷居二年晉與楚戰有一臣常在前五合五獲首而却敵卒得勝之莊王怪而問之對曰臣往者醉失禮王隱忍不

久舊作人改之

暴而誅常願肝腦塗地用頸血湔敵久矣臣乃夜絕纓者也

陽虎得罪北見簡子曰自今已來不復樹人矣簡子曰何哉對曰夫堂上之人臣所樹者過半矣朝廷之吏臣所立者亦過半矣邊境之士臣所立者亦過半矣今夫堂上之人親卻臣於君朝廷之吏親危臣於法邊境之士親劫臣於兵簡子曰唯賢者爲能復恩不肖者不能夫樹桃李者夏得休息秋得食焉樹蒺藜者夏不得休

種作樹

息秋得其刺焉今子之所種者蒺藜也非桃李也自今已來擇人而樹之毋已樹而擇之也

政理

政有三品王者之政化之霸者之政威之強國之政脅之夫此三者各有所施而化之爲貴矣夫化之不變而後威之威之不變而後脅之脅之不變而後刑之夫至於刑者則非王者之所貴也是以聖王先德教而後刑罰立榮恥而明防禁崇禮義之節以示之賤貨利之弊以變之

節作禮

進之作進闕

過作愚

則下莫不慕義節之榮而惡貪亂之耻其所由
致之者化使然也
治國有二機刑德是也王者尚其德而稀其刑
霸者刑德並湊強國先其刑而後其德夫刑德
者化之所由興也德者養善而進之者也刑者
懲惡而禁後者也故德化之崇者至於賞刑罰
之甚者至於誅夫誅賞者所以別賢不肖而列
有功與無功也誅賞繆則善惡亂矣夫有功而
不賞則善不勸矣有過而不誅則惡不懼矣善

不勸而能以行化乎天下者未嘗聞也
齊桓公逐鹿而遠入山谷之中見一老公問之
曰是爲何谷對曰爲愚公之谷也公曰何故對
曰以臣名之公曰何爲以公名之對曰臣故畜
牸牛子大賣之而買駒少年曰牛不能生馬遂
持駒去傍隣聞之以臣爲愚故名此谷爲愚公
之谷桓公曰誠愚矣夫何爲而與之桓公遂歸
以告管仲管仲曰此夷吾之過也使堯在上咎
繇爲理安有取人之駒見暴如此叟者也是公

舊無固

逸之固

字補之

知獄訟不正故與之耳請退而修政孔子曰弟
子記之桓公霸君也管仲賢佐也猶有以智爲
愚者況不及桓公管仲者乎
宓子賤治單父彈鳴琴身不下堂而單父治巫
馬期亦治單父以星出以星入日夜不處以身
親之而單父亦治巫馬期問其故於子賤子賤
曰我之謂任人子之謂任力任力者固勞任人
者固逸也人曰宓子賤則君子矣逸四支全耳
目平心氣而百官治巫馬期則不然弊性事情

勞煩教詔雖治猶未至也
孔子謂宓子賤曰子治單父而衆悅語丘所以
爲之者曰不齊父其父子其子恤諸孤而哀喪
紀孔子曰善小節也小人附矣猶未足也曰不
齊所父事者三人所兄事者五人所友者十一
人孔子曰父事三人可以教孝矣兄事五人可
以教悌矣友十一人可以教學矣中節也中民
附矣猶未足也曰民有賢於不齊者五人不齊
事之皆教不齊所以治之術孔子曰欲其大者

乃於此在矣昔者堯舜清微其身務來賢人夫舉賢者百福之宗也而神明之主也惜也不齊之所治者小所治者大其與堯舜繼矣

齊桓公問於管仲曰國何患對曰患夫社鼠桓公曰何謂也對曰夫社束木而塗之鼠因往託焉熏之則恐燒其木灌之則恐壞其塗此鼠所以不可得殺者以社故也夫國亦有社鼠人主左右是也內則蔽善惡於君上外則賣權重於百姓不誅之則爲亂誅之則爲人主所案據腹

有之此亦國之社鼠也人有酤酒者爲器甚潔清置表甚長而酒酸不售問之里人其故里人曰公之狗猛人挈器而入且酤公酒狗迎而噬之此酒所以酸不售之故也夫國亦有猛狗用事者也有道術之士欲明萬乘之主而用事者迎而齕之此亦國之猛狗也左右爲社鼠用事者爲猛狗則道術之士不得用矣此治國之所患也

齊侯問於晏子曰爲政何患對曰患善惡之不分公曰何以察之對曰審擇左右左右善則百僚各獲其所宜而善惡分矣孔子聞之曰此言信矣善進則不善無由入矣不善進則善亦無由入矣

尊賢

人君之欲平治天下而垂榮名者必尊賢而下士易曰自上下下其道大光又曰以貴下賤大得民夫明王之施德而下下將懷遠而致近也朝無賢人猶鴻鵠之無羽翼雖有千里之望猶

不能致其意之所欲至矣是故絕江海者託於船致遠道者託於乘欲霸王者託於賢非其人而欲有功若夏至之日而欲夜之長也射魚指天而欲發之當也雖舜禹猶亦困而又況乎俗主哉

禹以夏王桀以夏亡湯以殷王紂以殷亡闔廬以吳戰勝無敵於天下而夫差以見禽於越穆公以秦顯名尊號而二世以劫於望夷其所以君王者同而功迹不等者所任異也是故成王

處織縧而朝諸侯周公用事也趙武靈王年五十而餓於沙丘任李兌故也桓公得管仲九合諸侯一匡天下失管仲任豎刁易牙而身死不葬爲天下笑一人之身榮辱俱施焉在所任也故魏有公子無忌削地復得趙任藺相如秦兵不敢出楚有申包胥而昭王反位齊有田單襄王得國由此觀之國無賢佐俊士而能以成功立名安危繼絕者未嘗有也故國不務大而務得民心佐不務多而務得賢俊得民心者民往

之有賢佐者士歸之文王請除炮烙之刑而殷民從湯去張網之三面而夏民從以其所爲順於民心也故聲同則處異而相應德合則未見而相親賢者立於本朝則天下之豪相率而趨之矣故無常安之國無恒治之民得賢者則安昌失之者則危亡自古及今未有不然者也

周公攝天子位七年布衣之士執贄而所師見者十人所友見者十二人窮巷白屋所先見者四十九人進善者百人教士者千人官朝者萬

域外漢籍珍本文庫

心作必

人當此之時誠使周公驕而且悋則天下賢士至者寡矣苟有至者則心貪而尸祿者也尸祿之臣不能存君也

齊桓公設庭燎朞年而士不至於是有以九九之術見者公曰九九足以見乎對曰臣非以九九爲足以見臣聞主君待士朞年而士不至夫士之所以不至者君天下之賢君也四方之士皆自以不及故不至也夫九九薄能耳而君猶禮之況賢於九九者乎公曰善乃因禮之朞月四方之士相攜而並至

齊宣王坐淳于髡侍王曰先生論寡人何好髡曰古者所好四王所好三焉王曰可得聞乎髡曰古者好馬王亦好馬古者好味王亦好味古者好色王亦好色古者好士王獨不好士王曰國無士耳有則寡人亦悅之矣髡曰古者有驊騮騏驥今無有王選於衆王好馬矣古者有豹象之胎今無有王選於衆王好味矣古者有毛嬙西施今無有王選於衆王好色矣王必將待

仁作行

堯舜禹湯之士而後好之則禹湯之士亦不好王矣宣王默然無以應

衞君問於田讓曰寡人封侯盡千里之地賞賜盡御府繒帛而士不至何也對曰君之賞賜不可以功及君之誅罰不可以理避猶舉杖而呼狗張弓而祝雞矣雖有香餌而不能致者害之必也

魏文侯從中山奔命安邑田子方後太子擊遇之下車而趍子方坐乘如故告太子曰爲我請君待我朝哥太子不悅謂子方曰不識貧窮者驕人乎富貴者驕人乎子方曰貧賤者驕人富貴者安敢驕人人主驕人而亡其國大夫驕人而亡其家貧窮者若不得意納履而去安往而不得貧窮乎太子及文侯道子方之語文侯嘆曰微吾子之故吾安得聞賢人之言吾下子方以仁得而友之自吾友子方也君臣益親百姓益附吾是以得友士之功我欲伐中山吾以武下樂羊三年而中山爲獻於我我是以得友武之功吾所以不少進於此者吾未見以智驕我者也若得以智驕我者豈不及古之人乎

齊桓公使管仲治國對曰賤不能臨貴桓公以爲上卿而國不治公曰何故對曰貧不能使富公賜之齊國之市租一年而國不治公曰何故對曰疏不能制親公立以爲仲父齊國大安而遂霸天下孔子曰管仲之賢不得此三權者亦不能使其君南面而霸矣

桓公問於管仲曰吾欲使爵腐於酒肉腐於俎得毋害於霸乎管仲對曰此極非其貴者耳然亦無害於霸也桓公曰何如而害霸乎對曰不知賢害霸也知而不用害霸也用而不任害霸也任而不信害霸也信而復使小人參之害霸也桓公曰善

田忌去齊奔楚楚王問曰楚齊常欲相并爲之奈何對曰齊使申孺將則楚發五萬人使上將軍將之至禽將軍首而反耳齊使眄子將則楚悉發四封之內王自出將僅存耳於是齊使申

孺將楚發五萬人使上將軍將斬其首而反於是齊王更使眄子將楚悉發四境之內王自出將僅而得免至舍王曰何先生知之早耶忌曰申孺爲人侮賢者而輕不肖者賢不肖俱不爲用是以亡也眄子之爲人也尊賢者而愛不肖者賢不肖俱負任是以王僅得存耳

何字在下知上

正諫

易曰王臣謇謇匪躬之故人臣之所以謇謇爲難而諫其君者非爲身也將欲以匡君之過矯

君之失也君有過失危亡之萌也見君之過失而不諫是輕君之危亡也夫輕君之危亡者忠臣不忍爲也

法誡

法誡作敬慎

昔成王封伯禽於魯將辭去周公戒之曰往矣子其無以魯國驕士也我文王之子武王之弟今王之叔父也又相天子吾於天下不輕矣然甞一沐而三捉髮一食而三吐哺猶恐失天下之士吾聞之曰德行廣大而守以恭者榮土地博裕而守以儉者安祿位尊盛而守以卑者貴人衆兵强而守以畏者勝聰明叡智而守以愚者益博聞多記而守以淺者廣此六守者皆謙德也貴爲天子富有四海德不謙者失天下亡其身桀紂是也可不愼乎故易曰有一道大足以守天下中足以守國家小足以守其身謙之謂也夫天道毀滿而益謙地道變滿而流謙鬼神害滿而福謙人道惡滿而好謙易曰謙亨君子有終吉子其無以魯國驕士矣

孫叔敖爲楚令尹一國吏民皆來賀有一老父後來弔叔敖曰楚王不知臣不肖使臣受吏民之垢人盡來賀子獨後來弔豈有說乎父曰有身已貴而驕人者民去之位已高而擅權者君惡之祿已厚而不知足者患處之叔敖再拜曰敬受命願聞餘敎父曰位已高而意益下官益大而心益小祿已厚而愼不敢取君謹守此三者足以治楚矣

魏公子牟東行穰侯送之曰先生獨無一言以

敬丹乎公子年曰夫官不與勢期而勢自至勢不與富期而富自至富不與貴期而貴自至貴不與驕期而驕自至驕不與罪期而罪自至罪不與死期而死自至穰侯曰善

善說

齊宣王出獵於社山父老相與勞王王曰父老苦矣賜父老田不租父老皆拜閭丘先生獨不拜王曰父老以為少耶賜父老無傜役先生又不拜王曰父老皆拜先生獨不拜寡人得無有

過乎閭丘先生對曰聞大王來遊所以為勞大王望得壽於大王望得富於大王望得貴於大王王曰天殺生有時非寡人所得與也無以壽先生倉廩雖實以備災害無以富先生大官無缺小官卑賤無以貴先生先生對曰此非人臣所敢望也願大王選有脩行者以為吏平其法度如此臣少可以得壽焉振之以時無煩擾百姓如是臣可少得以富焉願大王出令令少者敬老如是臣可少得以貴焉今大王幸賜臣田不租然則倉廩將虛也賜臣無傜役然則官府無使焉此固非臣之所敢望也齊王曰善

修文

成王將冠周公使祝雍祝王曰達而勿多祝雍曰使王近於仁遠於佞嗇於時惠於財任賢使能

反質

秦始皇帝既兼天下侈靡奢泰有方士韓客侯生齊客盧生相與謀曰當今時不可以居上樂

以刑殺為威下畏罪持祿莫敢盡忠上不聞過而日驕下懾服以慢欺而取容諫者不用而失道滋甚吾黨久居且為所害乃亡去始皇聞之大怒曰吾聞諸生多為妖言以亂黔首乃使御史悉上諸生諸生四百餘人皆坑之侯生後得始皇召而見之侯生曰陛下肯聽臣一言乎始皇曰若欲何言生曰今陛下奢侈失本淫佚趣末宮室臺閣連屬增累珠玉重寶積襲成山婦女倡優數巨萬人鐘鼓之樂流漫無窮輿馬文

飾所以自奉、靡靡爛漫、不可勝極、黔首匱竭、民力殫盡、尚不自知、又急誹謗、嚴威刻下、下喑上聾、臣等故去、臣等不惜臣之身、惜陛下國之亡耳、今陛下之淫、萬丹朱而千昆吾桀紂、臣恐陛下之十亡、曾不一存、始皇默然久之曰、汝何不早言、侯生曰、陛下自賢自健、上侮五帝、下凌三王、棄素樸、就末技、陛下亡徵久見矣、臣等恐言之無益、而自為取死、故逃而不敢言、今臣以必死、故為陛下陳之、雖不能使陛下不亡、欲使陛

下自知也、始皇曰、吾可以變乎、侯生曰、刑已成矣、陛下坐而待亡耳、若陛下欲更之、能若堯與禹乎、不然無冀也、始皇喟然而歎、遂釋不誅、

魏文侯問李克曰、刑罰之源安生、對曰、生於姦邪淫佚之行也、凡姦邪之心、飢寒而起、淫佚者文飾之耗、雕文刻鏤、害農事者也、文繡纂組、傷女功者也、農事害則飢之本、女功傷則寒之源也、飢寒並至、而能不為姦邪者、未之有也、男女飾美以相矜、而能無淫佚者、未嘗有也、故上不禁技功、則國貧民侈、國貧民侈、則貧窮者為姦邪、而富足者為淫佚、則驅民而為邪也、民已為邪、因以法隨而誅之、則是為民設陷也、刑罰之起有源、人主不塞其本、而督其末、傷國之道也、文侯曰、善、

忌作它

季文子相魯、妾不衣帛、馬不食粟、仲孫忌諫曰、子為魯上卿、妾不衣帛、馬不食粟、人其以子為愛、且不華國也、文子曰、然、吾觀人之父母衣麤食蔬、吾是以不敢、且吾聞君子以德華國、不聞

以妾與馬、夫德者得於我、又得於彼、故可行、若淫於奢侈、沈於文章、不能自反、何以守國、仲孫忌慚而退、

羣書治要卷第四十三

羣書治要卷第四十四

秘書監鉅鹿男臣魏徵等奉　勅撰

桓子新論　潛夫論

桓子新論　　桓譚

昔秦王見周室之失統喪權於諸侯故遂自恃不任人封立諸侯及陳勝楚漢咸由布衣非封君有土而並共滅秦高帝既定天下念項王從函谷入而已由武關到推却關修強守禦內充實三軍外多發屯戍設窮治黨與之法重懸告

推却關恐有誤

反之賞及王翁之奪取乃不犯關梁阨塞而坐得其處王翁自見以專國秉政得之卽抑重臣收下權使事無大小深淺皆斷決於己身及其失之人不從大臣生焉更始帝見王翁以失百姓心亡天下既西到京師恃民悅喜則自安樂不聽納諫臣謀士赤眉圍其外而近臣反城遂以破敗由是觀之夫患害奇邪不一何可勝爲設防量備哉防備之善者則唯量賢智大材然後先見豫圖遏將救之耳

焉恐怨

遏將當作將遏

維鍼艾方藥者已病之具也非良醫不能以愈人材能德行者治國之器也非明君不能以立功醫無鍼藥可作爲求買以行術伎不須必自有也君無材德可選任明輔不待必躬能也由是察焉則材能德行國之鍼藥也其得立功效乃在君輔傳曰得十良馬不如得一伯樂得十利劒不如得一歐冶多得善物不如少得能知物知物者之致善珍珍益廣非特止於十也言求取輔佐之術既得之又有大難三而止善

二爲世之事中庸多大材少少不勝衆一口不能與一國訟持孤特之論干雷同之計以疏賤之處逆貴近之心則萬不合此一難也夫建踔殊爲非常乃世俗所不能見也又使明智圖事而與衆平之亦必不足此二難也既聽納有所施行而事未及成讒人隨而惡之卽中道狐疑或使言者還受其尤此三難也智者盡心竭言以爲國造事衆間之則反見疑豈不當合遂被譖想雖有十善隔以一惡去此一止善也材能

想恐怨

設忠讖

咎恐合

之士世所嫉妬遭遇明君乃壹興起既幸得之又復隨衆弗與知者雖有若仲尼猶且出走此二止善也是故非君臣致密堅固割心相信動無間疑若伊呂之見用傅說通夢管鮑之信任則難以遂功竟意矣又說之言亦甚多端其欲觀使者則以古之賢輔厲主欲間疏別離則以專權危國者論之蓋父子至親而人主有高宗孝已之設及景武時栗衛太子之事忠臣高節時有龍逢比干伍員鼂錯之變比類衆多不可

盡記則事曷可爲邪庸易知邪雖然察前世已然之効可以觀覽亦可以爲戒維諸高妙大材之人重時遇咎皆欲上與賢侔而垂榮歷載安肯毀名廢義而爲不軌惡行乎若夫魯連解齊趙之金封虞卿捐萬戶與國相乃樂以成名肆志豈復干求便辟趍利耶覽諸邪背叛之臣皆小辨貪饕之人也大材者莫有焉由是觀之世間高士材能絕異者其行親任亦明矣不主乃意疑之也如不能聽納施行其策雖廣知得亦終無益也

凡人耳目所聞見心意所知識情性所好惡利害所去就亦皆同務焉若材能有大小智略有深淺聽明有闇照質行有薄厚亦則異度焉非有大材深智則不能見其大體大體者皆是當之事也夫言是而計當遭變而用權常守正見事不惑內有度量不可傾移而誑以譎異爲知大體矣如無大材則雖威權如王翁察慧如公孫龍敏給如東方朔言灾異如京君明及博見

多聞書至萬篇爲儒教授數百千人祇益不知大體焉維王翁之過絕世人有三焉其智足以飾非奪是辨能窮詰說士威則震懼羣下又數陰中不快己者故羣臣莫能抗答其論莫敢干犯匡諫卒以致亡敗其不知大體之禍也

夫帝王之大體者則高帝是矣高帝曰張良蕭何韓信此三子者皆人傑也吾能用之故得天下此其知大體之効也

王翁始秉國政自以通明賢聖而謂羣下才智

莫能出其上是故舉措興事輒欲自信任不肯與諸明習者通共苟直意而發得之而用是以稀獲其功効焉故卒遇破亡此不知大體者也高帝懷大智略能自揆度羣臣制事定法常謂曰庳而勿高也度吾所能行爲之憲度内疏政合於時故民臣樂悦爲世所思此知大體者也

王翁嘉慕前聖之治而簡薄漢家法令故多所變更欲事事効古美先聖制度而不知己之不能行其事釋近趍遠所尚非務故以高義退致

廢亂此不知大體者也高祖欲攻魏乃使人窺視其國相及諸將率左右用事者知其主名乃曰此皆不如吾蕭何曹參韓信樊噲等亦易與耳遂往擊破之此知大體者也

王翁前欲北伐匈奴及後東擊青徐衆郡赤眉之徒皆不擇良將而但以世姓及信謹文吏或遣親屬子孫素所愛好咸無權智將帥之用猥使據軍持衆當赴強敵是以軍合則損士衆散走咎在不擇將將與主俱不知大體者也

思恐思

夫言行在於美善不在於衆多出一美言善行而天下從之或見一惡意醜事而萬民違可不慎乎故易曰言行君子之樞機樞機之發榮辱之主所以動天地者也

王翁刑殺人又復加毒害焉至生燒人以醯五毒灌死者肌肉及埋之復薦覆以荊棘人既死與木土等雖重加創毒亦何損益成湯之省納無補於士民士民向之者嘉其有德惠也齊宣之活牛無益於賢人賢人善之者貴其有仁心

也文王葬枯骨無益於衆庶衆庶悦之者其思義動之也王翁之殘死人無損於生人生人惡之者以殘酷示之也維此四事忽微而顯著纖細而猶大故二聖以興一君用稱王翁以亡知大體與不知者遠矣

聖王治國崇禮讓顯仁義以尊賢愛民爲務是爲卜筮維寡祭祀用稀王翁好卜筮信時日而篤於事鬼神多作廟兆絜齋祀祭犧牲殽膳之費吏卒辦治之苦不可稱道爲政不善見叛天

下及難作兵起無權策以自救解乃馳之南郊告禱搏心言寃號興流涕叩頭請命幸天哀助之也當兵入宮日矢射交集燔火大起逃漸臺下尚抱其符命書及所作威斗可謂蔽惑至甚矣

矢射當作射矢

淳于髡至鄰家見其竈突之直而積薪在旁曰此且有火災即敎使更爲曲突而徙遠其薪竈家不聽後災火果及積薪而燔其屋鄰里並救擊及滅止而亨羊具酒以勞謝救火者曲突遠

薪固不肯呼淳于髡飮飯智者譏之云敎人曲突遠薪固無恩澤燋頭爛額反爲上客蓋傷其賤本而貴末豈夫獨突薪可以除害哉而人病國亂亦皆如斯是故良醫醫其未發而明君絕其本謀後世多損於杜塞未萌而勤於攻擊已成謀臣稀賞而鬬士常榮猶彼人殆失事之重輕察淳于髡之預言可以無不通此見微之類也

王者初興皆先建根本廣立藩屛以自樹黨而強固國基焉是以周武王克殷未下輿而封黃帝堯舜夏殷之後及同姓親屬功臣德行以爲羽翼佐助鴻業永垂流于後嗣乃者強秦罷去諸侯而獨自恃任一身子弟無所封孤弱無與是以爲帝十四歲而亡漢高祖始定天下背亡秦之短計導殷周之長道褒顯功德多封子弟後雖多以驕佚敗亡然漢之基本得以定成而異姓強臣不能復傾至景武之世見諸王數作亂因抑奪其權勢而王但得虛尊坐食租稅故

流恐統

導恐遵

漢朝遂弱孤單特立是以王翁不興兵領士而徑取天下又懷貪功獨專之利不肯封建子孫及同姓戚屬爲藩輔之固故兵起莫之救助也傳曰與死人同病者不可爲醫與亡國同政者不可爲謀王翁行甚類暴秦故亦十五歲而亡

失獵射禽獸者始欲中之恐其創不大也既已得之又惡其傷肉多也鄙人有得鮮醬而美之及飯惡與人共食即小唾其中共者怒因涕其醬遂弃而但不得食焉彼亡秦王翁欲取天下

但疑俱

時乃樂與人分之及已得而重愛不肯與是惜肉嗜鱻之類也

昔齊桓公出見一故墟而問之或對曰郭氏之墟也復問郭氏曷爲墟曰善善而惡惡焉桓公曰善善惡惡乃所以爲存而反爲墟何也曰善善而不能用惡惡而不能去彼善人知其貴己而不用則怨之惡人見其賤己而不好則仇之夫與善人爲怨惡人爲仇欲毋亡得乎乃者王翁善天下賢智材能之士皆徵聚而不肯用使

人懷誹謗而怨之更始帝惡諸王假號無義之人而不能去令各心恨而仇之是以王翁見攻而身死宮室燒盡更始帝爲諸王假號而出走令城郭殘二王皆有善善惡惡之費故不免於禍難大灾卒使長安大都壞敗爲墟此大非之行也北蠻之先與中國並歷年茲多不可記也仁者不能以德來強者不能以力并也其性忿鷙獸聚而鳥散其強難屈而和難得是以聖王羈縻而不專制也昔周室衰微夷狄交侵中國

甬恐民

及恐反

彊當作殄

天下當補作字

不絕如綫於是宣王中興僅得復其侵地夫以秦始皇之強帶甲四十萬不敢窺河西乃築長城以分之漢興高祖見圍於平城呂后時爲不軌之言文帝時匈奴大入烽火候騎至雍甘泉景武之間兵出數困卒不能禽制卽與之結和親然後邊甬得安中國以寧其後匈奴內亂分爲五單于甘延壽得承其弊以深德呼韓耶單于故肯委質稱臣來入朝見漢家漢家得以宣德廣之隆而威示四海莫不率服歷世無寇安

危尚未可知而猥復侵刻匈奴往攻奪其璽綬而貶損其大臣號位變易舊常分單于爲十五是以恨恚大怒事相攻拒王翁不自非悔及遂持屈強無理多拜將率調發兵馬運徙糧食財物以彈索天下天下愁恨怨苦因大擾亂竟不能挫傷一胡虜徒自窮極竭盡而已書曰天孽可避自作孽不可活其斯之謂矣夫高帝之見圍十日不食及得免脫遂無慍色誠知其往攻非務而怨之無益也今匈奴負於王翁王翁就

往侵削擾之故使事至于斯豈所謂肉自生蟲
而人自生禍者耶其爲不急乃劇如此自作之
甚者也
天疑災
夫異變怪者天下所常有無世而不然逢明主
賢臣智士仁人則修德善政省職慎行以應之
故咎殃消亡而禍轉爲福焉昔大戊遭桑穀生
朝之怪獲中宗之號武丁有雊雉升鼎之異身
享百年之壽周成王遇雷風折木之變而獲反
風歲熟之報宋景公有熒惑守心之憂星爲徙

三舍由是觀之則莫善於以德義精誠報塞之
矣故周書曰天子見怪則脩德諸侯見怪則脩
政大夫見怪則脩職士庶見怪則脩身神不能
傷道妖亦不能害德及衰世薄俗君臣多淫驕
失政士庶多邪心惡行是以數有灾異變怪又
不能內自省視畏天戒而反外考謗議求問厥
故惑於佞愚而以自詿誤而令患禍得就皆違
天逆道者也
或言往者公卿重臣缺而衆人咸豫部署云甲

處疑慮
乙當爲之後果然彼何以處知而又能與上同
意乎孔子謂子貢億則屢中令衆人能與子貢
等乎余應曰世之在位人率同輩相去不甚膠
著其脩善少愈者固上下所昔聞知也夫明殊
者視異智均者慮侔故羣下之隱常與上同度
也如昔湯武之用伊呂高宗之取傅說桓穆之
授管甯由奚豈衆人所識知哉彼羣下雖好意
貢恐負
措亦焉能貢斯以可居大臣輔相者乎國家設
重恐置
理官制刑辟所以定姦邪又內量中丞御史以

正齊轂下故常用明習者始於欲分正法而終
未恐衍
乎侵輕深刻皆務酷虐過度欲見未盡力而求
獲功賞或著能立事而惡劣弱之謗是以役以
箠楚舞文成惡及事成獄畢雖使皐陶聽之猶
不能聞也至以言語小故陷致人於族滅事誠
可悼痛焉漸至乎朝廷時有忿悁聞惡弗原故
令天下相放俱成惑議有司之行深刻云下尚
執重而令上得施恩澤此言甚非也夫賢吏正
士爲上處事持法宜如丹青矣是故言之當必

以知至方道疑有阿諛坐帝之帝恐衍

於恐衍

可行也罪之當必可刑也如何苟欲阿指乎如遭上忽略不宿留而聽行其事則當受強死也哀帝時待詔伍客以知皇好方道數召後坐帝事下獄獄窮訊得其宿與人言漢朝當生勇怒子如武帝者刻暴以爲先帝爲怒子非所宜言大不敬夫言語之時過差失誤乃不足被以刑誅及詆欺事可無於不至罪易言大人虎變君子豹變即以是論諭人主寧可謂曰何爲比我禽獸乎如稱君之聖明與堯舜同或可怒曰何故比我於死人乎世主既不通而輔佐執事者

復隨而聽之順成之不亦重爲矇矇乎

潛夫論

本書黑作墨

天地之所貴者人也聖人之所尚者義也德義之所成者智也明智之所求者學問也雖有至聖不生而智雖有至材不生而能故志曰黃帝師風后顓頊師老彭帝嚳師祝融堯師務成舜師紀后禹師墨如湯師伊尹文武師姜尚周公師庶秀孔子師老聃夫此十一君者皆上聖也由待學問其智乃博其德乃碩而況於凡人乎是故工欲善其事必先利其器士欲宣其義必先讀其書易曰君子以多志前言往行以畜其德是以人之有學也猶物之有治也故夏后之璜楚和之璧不琢不錯不離礫石夫瑚簋之器朝祭之服其始也乃山野之木蠶繭之絲耳使巧倕加繩墨而制之以斤斧女工加五色而製之以機杼則皆成宗廟之器黼黻之章可羞於鬼神可御於王公而況君子敦貞之質察敏之才攝之以良朋教之以明師文之以禮樂導之以詩書幽讚之以周易明之以春秋其有不濟

乎

凡爲治之大體莫善於抑末而務本莫不善於離本而飾末夫爲國者以富民爲本以正學爲基民富乃可教學正乃得義民貧則背善學淫則詐僞入學則不亂得義則忠孝故明君之法務此二者以爲太平基也夫富民者以農桑爲本以游業爲末百工者以致用爲本以巧飾爲

界疑計

末商賈者以通貨爲本以鬻奇爲末三者守本離末則民富離本守末則民貧貧則阸而忘善富則樂而可教教訓者以道義爲本以巧辯爲末辭語者以信順爲本以詭麗爲末列士者以孝悌爲本以交游爲末孝悌以致養爲本以華觀爲末人臣者以忠正爲本以媚愛爲末五者守本離末則仁義興離本守末則道德崩愼本略末猶可也舍本務末則惡矣夫用天之道分地之利六畜生於時百物取於野此富國之本也遊業末事以收民利此貧邦之源也忠信謹愼此德義之基也虛無譎詭此亂道之根也故力田所以富國也今民去農桑赴遊業披採衆利聚之一門雖於私家有富然公計愈貧矣百工者所使備器也器以便事爲善以膠固爲上今工好造雕琢之器僞飾之巧以欺民取賄雖於姦工有利而國界愈病矣商賈者所以通物也物以任用爲要以堅牢爲資今競鬻無用之貨淫侈之弊以惑民取產雖於淫商有得然國

費作貧爲是

計愈失矣此三者外雖有勤力富家之私名然內有損民貧國之公費故爲政者明督工商勿使淫僞困辱游業勿使擅利寬假本農而寵遂學士則民富而國平矣夫教訓者所以遂道術而崇德義也今學問之士好語虛無之事爭著雕麗之文以求見異於世品人鮮識從而尚之此傷道德之實而惑矇夫之失者也詩賦者所以頌善醜之德泄哀樂之情也故溫雅以廣文興喻以盡意今賦頌之徒苟爲饒辯屈蹇之辭競陳誣罔無然之事以索見怪於世愚夫戇士從而奇之此悖孩童之思而長不誠之言者也盡孝悌於父母正操行於閨門所以爲列士也今多務交游以結黨偷勢竊名以取濟渡夸末之徒從而尚之此逼貞士之節而眩世俗之心者也養生順志所以爲孝也今多違志以儉養約生以待終終沒之後乃崇飾喪紀以言孝盛饗賓旅以求名誣善之徒從而稱之此亂孝悌之眞行而誤後生之痛者也忠正以事君信法

玩作撓

以理下所以居官也今多姦諛以取媚玩法以便己苟得之徒從而賢之此滅貞良之行開亂危之源者也五者外雖有賢才之虛譽內有傷道德之至實凡此八者皆衰世之務而闇君之所固也

必作心

國之所以治者君明也其所以亂者君闇也君之所以明者兼聽也其所以闇者偏信也是故人君通必兼聽則聖日廣矣庸說偏信則愚日甚矣詩云先民有言詢于芻蕘夫堯舜之治闢

徒下有弗能塞三字

四門明四目通四聰是以天下輻湊而聖無不照故共鯀之徒也靖言庸回弗能惑也秦之二世務隱藏己而斷百僚隔捐疏賤而信趙高是以聽塞於貴重之臣明蔽於驕妒之人故天下潰叛弗得聞也皆知高殺莫敢言之周章至戲乃始駭闇樂進勸乃後悔不亦晚乎故人君兼聽納下則貴臣不得誣而遠人不得欺也是故明君莅衆務下之言以昭外也敬納卑賤以誘賢也其無拒言未必言者之盡用也乃懼拒無用而讓有用也其無慢賤也未必其人盡賢也乃懼慢不肖而絕賢聖也是故聖王表小以厲大賞鄙以招賢然後良士集于朝下情達于君也故上無遺失之策官無亂法之臣此君民之所利而姦佞之所患也舜曰予違汝弼汝無面從退有後言故治國之道勸之使諫宣之使言然後君明察而治情通矣且凡驕臣之好隱賢也既患其正義以繩己矣又耻居上位而明不及下尹居其職而策不出於己是以郤宛得衆

無居字尹疑尸

無諫字挍作抹

乘作恃

而子常殺之屈原得君而椒蘭搆讒耿壽建常平而嚴延妬其諫謀陳湯殺郅支而匡衡挍其功由此觀之處位卑賤而欲效善於君則必先與寵人爲讎矣乘舊寵沮之於內而己接賤欲自信於外此思善之君願忠之士所以雖並生一世而終不得遇者也

國之所以存者治也其所以亡者亂也人君莫不好治而惡亂樂存而畏亡然嘗觀上記近古已來亡代有三穢國不數夫何故哉察其敗皆

二與字共作以

由君常好其所以亂、而惡其所以治、憎其所與存、而愛其所與亡、是故雖相去百世、殊俗千里、然其亡徵敗迹、若重規襲矩、晉節合符、故曰、殷鑒不遠、在夏后之世、夫與死人同病者、不可生也、與亡國同行者、不可存也、豈虛言哉、何以知人且病、以其不嗜食也、何以知國之將亂、以其不嗜賢也、是故病家之廚、非無嘉饌、乃其人弗之能食、故遂死也、亂國之官、非無賢人、其君弗之能任、故遂亡也、故養壽之士、先病服藥、養世

舊無脈字補之　灸鍼作鍼石　道下有術字

之君、先亂任賢、是以身常安、而國脈永也、身之病待醫而愈、國之亂待賢而治、治身有黃帝之術、理世有孔子之經、然病不愈而亂不治者、非灸鍼之法誤、而五經之言誣也、乃因之者、非其人、苟非其人、則規不圓、而矩不方、繩不直、而準不平、鑽燧不得火、鼓石不下金、驅馬不可以追速、進舟不可以涉水也、凡此八者、有形見物、苟非其人、猶尚無功、則又況乎懷道以撫民氓、乘六龍以御天心者哉、夫理世不得眞賢、譬由治

固作賢

病不得眞藥也、是故先王爲官擇人、必得其材、功加於民、德稱其位、此三代開國建侯、所以能傳嗣百世、歷載千數者也、

凡有國之君、未嘗不欲治也、而治不世見者、所任不固也、世未嘗無賢也、而賢不得用者、羣臣妬也、主有索賢之心、而無得賢之術、臣有進賢之名、而無進賢之實、此所以人君孤危於上、而道獨抑於下也、夫國君之所以致治者、公也、公法行則宄亂絕、佞臣之所以便身者、私也、私術

思私作無法　隔作絕　亟作咸

用則公法奪、列士之所以建節者、義也、正節立則醜類代、此姦臣亂吏、思私之徒、所以爲日夜杜隔賢君義士之間、亟使不相得者也、夫賢者之爲人臣、不損君以奉佞、不阿衆以取容、不墮公以聽私、不撓法以吐剛、其明能照姦、而義不比黨、是以范武歸晉、而國姦逃、華元反朝、而魚氏亡、故正義之士、與邪枉之人、不兩立、而人君之取士也、不能參聽民氓、斷之聰明、反徒信亂臣之說、獨用汚吏之言、此所謂與仇選使、令囚

謂作爲 功作政 三上有使字 宿作苟 而以下作權噬賢之狗而外招賢欲其至也

擇吏者也書云謀及乃心謀及庶人孔子曰衆好之必察焉衆惡之必察焉故聖人之施舍也不必任衆亦不必專己必察彼己之謂而度之以義故舉無遺失而功無廢滅也惑君則不然己有所愛則因以斷正不稽於衆不謀於心苟眩於愛唯言是從此政之所以敗亂而士之所以放佚者也故有周之制天子聽政三公至於列士獻詩庶人傳語近臣盡規親戚補察瞽史敎誨耆艾脩之而後王斟酌焉是以事行而無

敗也末世則不然徒信貴人驕妒之議獨用宿媚蠱惑之言行豐禮者蒙愆咎論德義者見尤惡於是諛臣佞人從以詆訾之法被以議上之刑此賢士之姤困也夫詆訾之法者伐賢之斧也而驕妒之臣噬賢之狗也人君內秉伐賢之斧而外招噬賢之狗欲其至理也不亦悲乎兵之設也久矣涉歷五代以迄于今國未嘗不以德昌而以兵彊也今兵巧之械盈乎府庫孫吳之言聊乎將耳然諸將用之進戰則兵敗退

用作明是 嶢作阪 徼至爾今舊作求實取令敗之

守則城亡是何也哉彼此之情不聞乎主上勝負之數不用乎將心士卒進無利而退無畏此所以然也夫服重上嶢步驟千里馬之禍也然騏驥樂之者以御者良足爲盡力也先登陷陣赴死嚴敵民之禍也然節士樂之者以明君可爲効死也凡人所以肯赴死亡而不辭者非爲趍利則因以避害也無賢鄙愚智皆然顧其所利害有異耳不利顯名則利厚賞也不避恥辱則避禍亂也非此四者雖聖王不能以要其臣

慈父不能以必其子明主深知之故崇利顯害以與下市使親疏貴賤愚智必順我令乃得其欲是以一旦軍鼓雷震旌旗並發士皆奮激競於死敵者豈其情厭久生而樂空死哉乃義士且以徼其名貪夫且以求其賞爾今吏從軍敗沒死公事者以十萬數上不聞弔唁嗟歎之榮名下又無祿賞之厚實節士無所勸慕庸夫無所貪利此其所以人懷阻解不肯復死者也軍起以來暴師五年典兵之吏將以千數大小之

屈作拙
扶作巧

戰、歲十百合、而希有功、歷察其敗、無他故焉、皆將不明於變勢、而士不勸於死敵也、其士之不能死也、乃其將不能效也、言賞則不與、言罰則不行、士進有獨死之禍、退蒙衆生之福、此其所以臨陣忘戰、而競思奔北者也、今觀諸將、既無料敵合變之奇、復無明賞必罰之信、然其士又甚貧困、器械不簡習、將恩不素結、卒然有急、則吏以暴發虐其士、士以所屈遇敵扶、此為將吏驅怨以禦讎、士卒縛手以待寇也、夫將不能勸其士、士不能用其兵、此二者、與無兵等、無士無兵、而欲合戰、其敗負也、理數也、然故曰、其敗者非天之所災、將之過也、

一作全
名下有揚

人君之稱、莫大於明、人臣之譽、莫美於忠、此二德者、古來君臣所共願也、然明不繼踵、忠不萬一者、非必愚闇不逮、而惡名也、所以求之非道耳、夫明據下起、忠依上成、二人同心、則其利斷金、能如此者、要在於明操法術而已矣、夫帝王者、其利重矣、其威大矣、徒懸重利、足以勸善、徒設嚴威、可以懲姧、乃張重利以誘民、操大威以驅民、則舉世之人、可令冒白刃而不恨、赴湯火而不難、豈云但率之以共治而不宜哉、若鷹鸇鳥也、然獵夫御之、猶使終日奮擊而不敢怠、豈有人臣而不可使盡力者哉、故進忠扶危者、賢不肖之所共願也、誠皆願之而行違者、常苦其道不利而有害、言未得信而身敗、廣觀古來、愛君憂主、敢言之臣、忠信未達、而為左右所鞫案、吏為愚惡無狀之臣者、豈可勝數哉、孝成終沒之日、不知王章之直、孝哀終沒之日、不知王嘉之忠也、後賢雖有憂君哀主之情、忠誠正直之節、然猶且沈吟觀聽、是以忠臣必待明君、乃能顯其節、良吏必得察主、乃能成其功、故聖人求之於己、不以責下也、凡為人上、法術明而賞罰必者、雖無言語、而勢自治、法術不明、而賞罰不必者、雖日號令、然勢自亂、是故勢治者、雖委之不亂、勢亂者、雖懃之不治也、堯舜拱己、無為而有餘、勢治也、胡亥王莽、馳騖而不足、勢亂也、故

順作愼

曰、善者求之於勢、弗責於人、是以明王審法度而布教令、不行私以欺法、不黷教以辱命、故臣下敬其言而奉其禁、竭其心而稱其職、此由法術明也、是故聖人顯諸仁、藏諸用、神而化之、使民宜之、然後致其治、而成其功、功業効於民、美譽傳於世、然後君乃得稱明、臣乃得稱忠、此所謂明據下作、忠依上成、二人同心、其利斷金者也、

人君之治、莫大於道、莫盛於德、莫美於教、莫神於化、道者所以持之也、德者所以苞之也、教者所以知之也、化者所以致之也、民有性、有情、有化、有俗、情性者、心也本也、化俗者、行也末也、上君撫世、先其本而後其末、順其心而理其行、心情苟正、則姦慝無所生、邪意無所載矣、是故上聖不務治民事、而務治民心、故曰、聽訟吾由人也、必也使無訟乎、導之以德、齊之以禮、民親愛則無相害傷之意、動思義則無姦邪之心、夫若此者、非法律之所使也、非威刑之所強也、此乃教化之所致也、聖人甚尊德禮、而卑刑罰、故舜先勑契以敬敷五教、而後命臯陶以五刑三居、是故凡立法者、非以司民短而誅過誤、乃以防姧惡而救禍敗、檢淫邪而內正道耳、民蒙善化、則人有士君子之心、被惡政、則人有懷姧亂之慮、故善者之養天民也、由良工之爲麴豉也、起居以其時、寒溫得其適、則一蔭之麴豉、盡美而多量、其遇拙工、則一蔭之麴豉、皆臭敗而弃捐、今六合亦由一蔭也、黔首之屬猶豆麥也、變化云爲、在將者耳、遭良吏、則皆懷忠信而履仁厚、遇惡吏、則皆懷姦邪而行淺薄、忠厚積則致太平、姧薄積則致危亡、是以聖帝明王、皆敦德化而薄威刑、德者所以修已也、威者所以治人也、民之生世也、猶鑠金之在鑪、方圓薄厚、隨鎔制耳、是故世之善惡、俗之薄厚、皆在於君主、誠能使六合之內、舉世之人、咸懷方厚之情、而無淺薄之惡、各奉公正之心、而無姦險之慮、則羲農之俗、復見于兹、麟龍鸞鳳、復畜于郊矣、

域外漢籍珍本文庫

羣書治要卷第四十四

羣書治要卷第四十五

秘書監鉅鹿男臣魏徵等奉　勅撰

政論　仲長子昌言

政論

自堯舜之帝湯武之王皆賴明哲之佐博物之
臣故臯陶陳謨而唐虞以興伊箕作訓而殷周
用隆及繼體之君欲立中興之功者曷嘗不賴
賢哲之謀乎凡天下之所以不治者常由人主
承平日久俗漸弊而不寤政浸衰而不改習亂

本傳逸作怢

安危逸不自覩或荒耽嗜欲不恤萬機或耳蔽
箴誨厭僞忽眞或猶豫岐路莫適所從或見信
之佐括囊守祿或疎遠之臣言以賤廢是以王
綱縱弛於上智士鬱伊於下悲夫且守文之君
繼陵遲之緒譬諸乘弊車矣當求巧工使輯治
之折則接之緩則契之補琢換易可復為新新
不已用之無窮若遂不治因而乘之摧拉捌裂
亦無可奈何矣若武丁之獲傅說宣王之得申
甫是則其巧工也今朝廷以聖哲之姿龍飛天

施作設

無然疾二字

衢大臣輔政將成斷金誠宜有以滿天下望稱兆民之心年穀豐稔風俗未乂夫風俗者國之脈診也不和誠未足爲休書曰雖休勿休況不休而可休乎且濟時救世之術豈必體堯蹈舜然後乃治哉期於補綻決壞枝拄邪傾隨形裁割取時君所能行要厝斯世於安寧之域而已故聖人執權遭時定制步驟之差各有云施不强人以不能背所急而慕所聞也昔孝武皇帝策書曰三代不同法所由殊路而建德一也蓋

孔子對葉公以來遠哀公以臨民景公以節禮非其不同所急異務也然疾俗人拘文牽古不達權制奇瑋所聞簡忽所見策不見珍計不見信夫人既不知善之爲善又將不知不善之爲不善惡足與論家國之大事哉故每有言事頗合聖聽者或下羣臣令集議之雖有可採輒見掎奪何者其頑士闇於時權安習所見殆不知樂成況可與慮始乎心閃意舛不知所云則苟云率由舊章而已其達者或矜名嫉能耻善策

下況其餘哉四字恐衍文

追恐退

不從已出則舞筆奮辭以破其義寡不勝衆遂見屏弃雖稷契復存由將困焉斯實賈生之所以排於絳灌屈子以舒憤者也夫以文帝之明賈生之賢絳灌之忠而有此患況其餘哉況其餘哉且世主莫不願得尼軻之倫以爲輔佐卒然獲之未必珍也自非題牓其面曰魯孔丘鄒孟軻殆必不見敬信何以明其然也此二者善已存於上矣當時皆見薄賤而莫能任用困戹削逐待放不追勞辱勤瘁爲豎子所議笑其

故獲也夫淳淑之士固不曲道以媚時不詭行以徼名耻鄉原之譽比周之黨而世主凡君明不能別異量之士而適足受譖潤之愬前君既失之於古後君又蹈之於今是以命世之士常抑於當時而見思於後人以往揆來亦何容易向使賢不肖相去如泰山之與蟻垤策謀得失相覺如日月之與螢火雖頑嚚之人猶能察焉常患賢佞難別是非倒紛始相去如毫氂而禍福差以千里故聖君明主其猶慎之

舊無下川之下字補之

夫人之情莫不樂富貴榮華美服麗飾鏗鏘眩燿芬芳嘉味者也晝則思之夜則夢焉唯斯之務無須臾不存於心猶急水之歸下下川之赴壑不厚爲之制度則皆侯服王食僭至尊踰天制矣是故先王之御世也必明法度以閑民欲崇隄防以禦水害法度替而民散亂隄防墮而水泛溢頃者法度頹不督古而舊號網漏吞舟故庸夫設藻梲之飾匹豎享方丈之饌下僭其上尊卑無別禮壞而莫救法墮而不恒斯蓋有識之士所爲於邑而增歎者也律令雖有輿服制度然斷之不自其源禁之又不密今使列肆賣侈功商賈鬻僭服百工作淫器民見可欲不能不買賈人之列戶蹈踰侈矣故王政一傾普天率土莫不奢僭者非家至人告乃時勢驅之使然此則天下之患一也且世奢服僭則無用之器貴本務之業賤矣農桑勤而利薄工商逸而入厚故農夫輟耒而雕鏤工女投杼而刺文躬耕者少末作者衆生土雖皆墾乂故地功不

法疑沃

致苟無力穡焉得有年財鬱蓄而不盡出百姓窮匱而爲姦寇是以倉廩空而囹圄實一穀不登則飢餧流死上下俱匱無以相濟國以民爲根民以穀爲命命盡則根拔根拔則本顚此最國家之毒憂可爲熱心者也斯則天下之患二也法度既墮輿服無限婢妾皆戴瑱楴之飾而被織文之衣乃送終之家亦無法度至用輴梓黃腸多藏寶貨享牛作倡高墳大寢是可忍也孰不可忍而俗人多之咸曰健子天下跂慕耻不相逮念親將終無以奉遺乃約其供養豫修亡歿之備老親之飢寒以事淫法之華稱竭家盡業甘心而不恨窮阨既迫迫爲盜賊拘執陷罪爲世大戮痛乎化俗之刑陷愚民也且橘柚之貢堯舜所不嘗御山龍華蟲帝王不以爲褻服今之臣妾皆餘黃甘而厭文繡者蓋以萬數矣其餘稱此不可勝記古者墓而不墳文武之兆與平地齊今豪民之墳已千坊矣欲民不匱誠亦難矣是以天戚戚人汲汲外溺者風內憂

冠幘冠

窮竭故在位者則犯王法以聚斂愚民則冒罪戮以爲健俗之壞敗乃至於斯此天下之患三也承三患之弊繼荒頓之緒而徒欲修舊修故而無匡改雖唐虞復存無益於治亂也昔聖王遠慮深思患民情之難防憂奢淫之害政乃塞其源以絕其末深其刑而重其罰夫善堙川者必杜其源善防姦者必絕其萌昔子產相鄭殊尊卑異章服而國用治豈大漢之明主曾不如小藩之陪臣在修之與不耳

易曰言行君子所以動天地也仲尼曰人而無信不知其可今官之接民甚多違理苟解面前不顧先哲作使百工及從民市輒設計加以誘來之器成之後更不與直老弱凍餓痛號道路守闕告哀終不見省歷年累歲乃纔給之又云逋直請十與三此逋直豈物主之罪耶不自咎責反復滅之冤抑酷痛足感和氣既爾復平弊敗之物與之至有車輿故謁者冠幘之則莫取服之則不可其餘雜物略皆此輩是以百姓創

艾咸以官爲忌諱遯逃鼠竄莫肯應募因乃捕之劫以威勢心苟不樂則器械行沽虛費則用不周於事故曰上爲下效然後謂之教上下相效殆如此將何以防之罰則不恕不罰則不治是以風移於詐俗易於欺獄訟繁多民好殘僞爲政如此未睹其利斯皆起於典藏之吏不明爲國之體苟割脛以肥頭不知脛弱亦將顛仆也禮讓聚斂之臣詩曰貪人敗類蓋傷之也

傳曰工欲善其事必先利其器舊時永平建初

之際去戰攻未久朝廷留意於武備財用優饒主者躬親故官兵常牢勁精利謝蔡大僕之弩及龍亭九年之劍至今擅名天下頃主者既不勑愼而詔書又誤進入之賓貪饕之吏競約其財用狡猾之工復盜竊之至以麻枲被弓弩米粥雜漆燒鎧鐵焠醯中令脆易冶孔又褊小刀牟悉鈍故邊民敢鬬健士皆自作私兵不肯用官器凡漢所以能制胡者徒擅鎧弩之利也鎧則不堅弩則不勁永失所恃矣且夫士之身苟

兵鈍甲耎、不可依恃、雖孟賁卞莊、由有猶豫、推
此論之、以小況大、使三軍器械、皆可依阻、則膽
強勢盛、各有赴敵不旋之慮、若皆弊敗、不足任
用、亦競奮、皆不避水火矣、三軍皆奮、則何敵不
尅、誠宜復申明巧工舊令、除進入之課、復故財
用、雖頗為吏工所中尚、勝於自中也、苟以牢利
任用為故、無問其他、月令曰、物刻工名、以覆其
誠、功有不當、必行其罪、以窮其情、今雖刻名之、
而賞罰不能、又數有赦贖、主者輕翫、無所懲畏、

夫兵革國之大事、宜特留意、重其法罰、敢有巧
詐、輒行之輩、罪勿以赦贖除、則吏敬其職、工慎
其業矣、昔聖王之治天下、咸建諸侯、以臨其民、
國有常君、君有定臣、上下相安、政如一家、秦兼
天下、罷侯置縣、於是君臣始有不親之釁矣、我
文景患其如此、故令長視事至十餘年、居位或
長子孫、永久則相習、上下無所竄情、加以心堅
意專、安官樂職、圖慮久長、而無苟且之政、吏民
供奉、亦竭忠盡節、而無壹切之計、故能君臣和

睦、百姓康樂、苟有康樂之心充於中、則和氣應
於外、是以災害不生、禍亂不作、自頃以來、政教
稍改、重刑闕於大臣、而密罔刻於下職、鼎輔不
思在寬之德、牧牧守逐之、各競擿微短、吹毛
求疵、重案深詆、以中傷貞良、長吏或實清廉、心
平行潔、內省不疚、不肯媚竈、曲禮不行於所屬、
私敬無廢於府州、郡側目、以為負折、乃選巧文
猾吏、向壁作條、誣覆闔門、攝捕妻子、人情恥令
妻子就逮、則不迫自去、且人主莫不欲豹產之

臣、然西門豹治鄴一年、民欲殺之、子產相鄭、初
亦見詛、三載之後、德化乃洽、今長吏下車百日、
無他異觀、則州郡睥睨、待以惡意、滿歲寂漠、便
見驅逐、正使豹產復在、方見怨詛、應時奔馳、何
緣得成易歌之勛、垂不朽之名者哉、猶馮唐評
文帝之不能用李牧矣、近漢世所謂良吏、黃侯
召父之治郡視事、皆且十年、然後功業乃著、且
以仲尼之聖、由曰三年有成、況凡庸之士、而責
以造次之效哉、故夫卒成之政、必有橫暴酷烈

之失而世俗歸稱謂之辦治故絀已復進弃已復用横遷超取不由次第是以殘猛之人遂奮其毒仁賢之士劫俗爲虐本操雖異驅出一揆故朝廷不獲温良之用兆民不蒙寬惠之德則百姓之命委於酷吏之手嗷嗷之怨咎歸于上夫民善之則畜惡之則讎讎滿天下可不懼哉是以有國有家者甚畏其民既畏其怨又畏其罰故養之如傷病愛之如赤子兢兢業業懼以終始恐失羣臣之和以墮先王之軌也今朝廷

雖屢下恩澤之詔垂卹民之言而法度制令甚失養民之道勞思而無功華繁而實寡必欲求利民之術則宜沛然改法有以安固長吏原其小罪闊略微過取其大較惠下而已昔唐虞之制三載考績三考黜陟所以表善而簡惡盡臣力也漢法亦三年壹察治狀舉孝廉尤異宣帝時王成爲膠東相黄霸爲潁川太守皆且十年但就增秩賜金封關內侯以次入爲公卿然後政化大行勛埀竹帛皆先帝舊法所宜因循及

中興後上官象爲并州刺史祭彤爲遼東太守視事各十八年皆增秩中二千石近日所見或一期之中郡主易數二千石雲擾波轉潰潰紛紛吏民疑惑不知所謂及公卿尚書亦復如此且臺閣之職尤宜簡習帝時尚書但厚加賞賜希得外補是以機事周密莫有漏洩昔舜命九官自受終于文祖以至陟方五十年不聞復有改易也聖人行之於古以致時雍文宣擬式亦至隆平若不克從是羞效唐虞而耻遵先帝也

帝上疑脫先字或云帝當作嘗

昔明王之統黎元蓋濟其欲而爲之節度者也凡人情之所通好則恕己而足之因民有樂生之性故分祿以頤其士制廬井以養其萌然後上下交足厥心乃静人非食不活衣食足然後可教以禮義威以刑罰苟其不足慈親不能畜其子況君能檢其臣乎故古記曰倉廩實而知禮節衣食足而知榮辱今所使分威權御民人理獄訟幹府庫者皆羣臣之所爲而其奉祿甚薄仰不足以養父母俯不足以活妻子父母者

性所愛也、妻子者性所親也、所愛所親、方將凍餧雖冒刄求利、尚猶不避、況可令臨財御衆乎、是所謂渴馬守水、餓犬護肉、欲其不侵、亦不幾矣、夫事有不疑、勢有不然、蓋此之類、雖時有素富骨清者、未能百一、不可爲天下通率、聖王知其如此、故重其祿、以防其貪欲、使之取足於奉、不與百姓爭利、故其爲士者、習推讓之風、耻言十五之計、而拔葵去織之義形矣、故三代之賦也、足以代其耕、故晏平仲諸侯之大夫耳、祿足

贍五百、斯非優衍之故耶、昔在暴秦反道違聖、厚自封寵、而虜遇臣下、漢興因循、未改其制、夫百里長吏、荷諸侯之任、而食監門之祿、請舉一隅、以率其餘、一月之祿、得粟二十斛、錢二千、長吏雖欲崇約、猶當有從者一人、假令無奴、當復取客、客庸一月千芻、膏肉五百、薪炭鹽菜又五百、二人食粟六斛、其餘財足給馬、豈能供冬夏衣被、四時祠祀、賓客升酒之費乎、況復迎父母致妻子哉、不迎父母、則違定省、不致妻子、則繼

嗣絕、迎之不足相贍、自非夷齊、孰能餓死、於是則有賣官鬻獄、盜賊主守之姧生矣、孝宣皇帝悼其如此、乃詔曰、吏不平則治道衰、今小吏皆勤事、奉之薄、欲其不侵漁百姓難矣、其益吏奉百石以下什五、然尚儉隘、又不上逮古賦祿雖不可悉遵、宜少增益、以賙其匱、使足代耕自供、以絕其內顧念姧之心、然後重其受取之罰、則吏內足於財、外憚嚴刑、人懷羔羊之絜、民無侵枉之性矣、昔周之衰也、大夫無祿、詩人刺之、暴

秦之政、始建薄奉、亡新之亂、不與吏除、三亡之失、異世同術、我無所鑒、夏后及商、覆車之軌、宜以爲戒、大赦之造、乃聖王受命而興、討亂除殘、誅其鯨鯢、赦其臣民、漸染化者耳、及戰國之時、犯罪者輒亡奔隣國、遂赦之以誘還其逋逃之民、漢承秦制、遵而不越、孝文皇帝即位二十三年、乃赦示不廢舊章而已、近永平建初之際、亦六七年乃壹赦、命子皆老於草野、窮困懲艾、比之於死、頃間以來、歲且壹赦、百姓忸忕、輕爲姧

尊疑遵

非每迫春節徼倖之會犯惡尤多近前年一期
之中大小四赦諺曰一歲再赦奴兒喑嗯況不
軌之民孰不肆意遂以赦爲常俗初期望之過
期不至亡命蓄積羣輩屯聚爲朝廷憂如是則
刼不得不赦赦以趣姦姦以趣赦轉相驅踧兩
不得息雖日赦之亂甫繁耳由坐飲多發消渴
而水更不得去口其歸亦無終矣又踐祚改元
際未嘗不赦每其令曰蕩滌舊惡將與士大夫
更始是襃已薄先且違無改之義非所以明孝

抑邪之道也昔莞子有云赦者奔馬之委轡不
赦者痤疽之砭石及匡衡吳漢將相之儁而皆
建言不當數赦今如欲尊先王之制宜曠然更
下大赦令因明諭使知永不復赦則羣下震慄
莫輕犯罪縱不能然宜十歲以上乃時壹赦

仲長子昌言

德教者人君之常任也而刑罰爲之佐助焉古
之聖帝明王所以能親百姓訓五品和萬邦蕃
黎民召天地之嘉應降鬼神之吉靈者寔德是

爲而非刑之攸致也至於革命之期運非征伐
用兵則不能定其業姦宄之成羣非嚴刑峻法
則不能破其黨時勢不同所用之數亦宜異也
教化以禮義爲宗禮義以典籍爲本常道行於
百世權宜用於一時所不可得而易者也故制
不足則引之無所至禮無等則用之不可依法
無常則網羅當道路教不明則士民無所信引
之無所至則難以致治用之不可依則無所取
正羅網當道路則不可得而避士民無所信則

其志不知所定非治理之道也誠令方來之作
禮簡而易用儀省而易行法明而易知教約而
易從篇章既著勿復刊剟儀故既定勿復變易
而人主臨之以至公行之以忠仁壹德於恆久
先之用已身又使通治亂之大體者總綱紀而
爲輔佐知稼穡之艱難者親民事而布惠利政
不分於外戚之家權不入於宦豎之門下無侵
民之吏京師無佞邪之臣則天神可降地祇可
出大治之後有易亂之民者安寧無故邪心起

也大亂之後有易治之勢者創艾禍災樂生全
也刑繁而亂益甚者法難勝避苟免而無耻也
教興而罰罕用者仁義相厲廉耻成也任[illegible][illegible]
於大亂之會必有恃仁恩之敗用酷吏於清治
之世必有殺良民之殘此其大數也我有公心
焉則士民不敢念其私矣我有儉心焉則士民
不敢行其險矣我有平心焉則士民不敢放其
奢矣此躬行之所徵者也開道塗焉起隄防焉
舍我塗而不由踰隄防而橫行逆我政者也誅

羣書治要　卷之四十五　十六

之而知罪可使悔過於後矣誅之而不知罪明
刑之所取者也教有道禁不義而身以先之令
德者也身不能先而聰略能行之嚴明者也忠
仁爲上勤以守之其成雖遲君子之德也譎詐
以御其下欺其民而取其心雖有立成之功至
德之所不貴也

廉隅貞潔者德之令也流逸奔隨者行之汚也
風有所從來俗有所由起疾其末者刈其本惡
其流者塞其源夫男女之際明別其外內遠絕
其聲音激厲其廉耻塗塞其釁隙由尚有胥心
之逸念睇眄之過視而況開其門導其徑者乎
今嫁娶之會捶杖以督之戲謔酒醴以趣情欲
宣淫佚於廣衆之中顯陰私於族親之間汚風
詭俗生淫長姧莫此之甚不可不斷者也

漢興以來皆引母妻之黨爲上將謂之輔政而
所賴以治理者甚少而所坐以危亂者甚衆妙
采於萬夫之望其良猶未可得而遇也況欲求
之妃妾之黨取之於驕盈之家徼天幸以自獲

羣書治要　卷之四十五　十七

其人者哉夫以丈夫之智猶不能久處公正長
思利害耽榮樂寵死而後已又況婦人之愚而
望其遵巡正路謙虛節儉深圖遠慮爲國家校
計者乎故其欲關豫朝政恠快私願是乃理之
自然也昔趙綰白不奏事於大后而受不測之
罪王章陳日蝕之變而取背叛之誅夫二后不
甚名爲無道之婦人猶尚若此又況呂后飛燕
傅昭儀之等乎夫母之於我尊且親於其私親
亦若我父之欲厚其父兄子弟也妻之於我愛

用恐衍

趍疑趨

且媟於其私親亦若我之欲厚我父兄子弟也我之欲盡孝順於慈母無所擇事矣我之欲効恩情於愛妻妾亦無所擇力矣而所求於我者非使我有四體之勞苦肌膚用之疾病也夫以此欵呕盻睞之間至易也誰能違此者乎唯不世之主抱獨斷絕異之明有堅剛不移之氣然後可庶幾其不陷没流淪耳

宦豎者傳言給使之臣也拚掃是為趍走是供傳延房臥之內交錯婦人之間又亦實刑者之

所宜也孝宣之世則以弘恭為中書令石顯為僕射中宗嚴明二豎不敢容錯其姧心也後暨孝元常抱病而留好於音樂悉以樞機委之石顯則昏迷霧亂之政起而仇忠害正之禍成矣嗚呼父子之間相監至近而明闇之分若此豈不良足悲耶孝桓皇帝起自蠡吾而登至尊侯覽張讓之等以亂承亂政令多門權利並作迷荒帝主濁亂海內高命士惡其如此直言正諭與相摩切被誣見陷謂之黨人靈皇帝登自解

世下有脫文

犢以繼孝桓中常侍曹節侯覽等造為維綱帝終不寤寵之日隆唯其所言無求不得凡貪淫放縱僭凌横恣撓亂内外螫噬民化隆自順桓之時盛極孝靈之世前後五十餘年天下亦何緣得不破壞耶古之聖人立禮垂典使子孫少在師保不令處於婦女小人之間蓋猶見此之良審也

和神氣懲思慮避風濕節飲食適嗜欲此壽考之方也不幸而有疾則鍼石湯藥之所去也肅

禮容居中正康道德履仁義敬天地恪宗廟此吉祥之術也不幸而有災則克己責躬之所復也然而有禱祈之禮史巫之事者盡中正竭精誠也下世其本而為姦邪之階於是淫厲亂神之禮興焉俏張變怪之言起焉丹書厭勝之物作焉故常俗忌諱可笑事時世之所遂往而通人所深疾也且夫堀地九仞以取水鑿山百步以攻金入林伐木不卜日適野刈草不擇時及其構而居之制而用之則疑其吉凶不亦迷乎

簡郊社、慢祖禰、逆時令、背大順、而反求福祐於不祥之物、取信誠於愚惑之人、不亦誤乎、彼圖家畫舍、轉局指天者、不能自使室家滑利、子孫貴富、而望其能致之於我、不亦惑乎、今有嚴禁於下、而上不去、非教化之法也、諸厭勝之物、非禮之祭、皆所宜急除者也、情無所止、禮為之儉、欲無所齊、法為之防、越禮宜貶、踰法宜刑、先王之所以紀綱人物也、若不制此二者、人情之縱橫馳騁、誰能度其所極者哉、表正則影直、範端

則器良、行之於上、禁之於下、非元首之教也、君臣士民、並順私心、又大亂之道也、頃皇子皇女有夭折、年未及殤、爵加王主之號、葬從成人之禮、非也、及下殤以上、已有國邑之名、雖不合古制、行之可也、王侯者所與共受氣於祖考、幹合而支分者也、性類純美、臭味芬香、孰有加此乎、然而生長於驕溢之處、自恣於色樂之中、不聞典籍之法言、不因師傅之良教、故使其心同於夷狄、其行比於禽獸也、長幼相効、子孫相襲、家

以為風、世以為俗、故姓族之門、不與王侯婚者、不以其五品不和睦、閨門不潔盛耶、所貴於善者、以其有禮義也、所賤於惡者、以其有罪過也、今以所貴者教民、以所賤者教親、不亦悖乎、可令王侯子弟、悉入大學、廣之以他山、肅之以二物、則腥臊之汚可除、而芬芳之風可發矣、

有天下者、莫不君之以王、而治之以道、道有大中、所以為貴也、又何慕於空言高論、難行之術、而臺樹則高數十百尺、壁帶加珠玉之物、木土

被綈錦之飾、不見夫之女子、成市於宮中、未曾御之婦人、生幽於山陵、繼體之君、誠欲行道、雖父之所興、可有所壞者也、雖父之美人、可有所嫁者也、至若門庭足以容朝賀之會、公堂足以陳千人之坐、席臺榭足以覽都民之有無、防闔足以殊五等之尊卑、宇殿高顯敞、而不加以雕采之巧、錯塗之飾、是自其中也、苑囿池沼百里、而還使芻蕘雉菟者、得時往焉、隨農郄而講事、因田狩以教戰、上虞郊廟、下虞賓客、是又自

邵當作節

其中也嫡庶之數使從周制妾之無子與希幸
者以時出之均齊恩施以廣子姓使令之人取
足相供時其上下通其隔曠是又自然其中也
在位之人有乘柴馬弊車者矣有食蔬藿者矣
有親飲食之蒸烹者矣有過客不敢沽酒市脯
者矣有妻子不到官舍者矣有還奉祿者矣有
辭爵賞者矣莫不稱述以爲清邵非不清邵而
不可以言中也好節之士有遇君子而不食其
食者矣有妻子凍餒而不納善人之施者矣有

茅茨蒿屏而上漏下濕者矣有窮居僻處求而
不可得見者矣莫不歎美以爲高潔此非不高
潔而不可以言中也夫世之所以高此者亦有
由然先古之制休廢時王之政不平直正不行
詐僞獨售於是世俗同共知節義之難復持也
乃舍正從邪背道而馳姦彼獨能介然不爲故
見貴也如使王度昭明祿除從古服章不中法
則詰之以典制貨財不及禮則間之以志故向
所稱以清邵者將欲何矯哉向所歎云高潔者

人當作之

欲以何厲哉故人主能使違時詭俗之行無所
復剴摩困苦難爲之約無所復激切步驟乎平
夷之塗偃息乎大中之居人享其宜物安其所
然後足以稱賢聖之王公中和人君子矣
古者君之於臣無不答拜也雖王者有變不必
相因猶宜存其大者御史大夫三公之列也今
不爲起非也爲太子時太傅即位之後宜常答
其拜少傅可比三公爲之起周禮王爲三公六
卿錫衰爲諸侯緦衰爲大夫士疑衰及於其病

時皆自問焉古禮雖難悉奉行師傅三公所不
宜闕者也凡在京師大夫以上疾者可遣使修
賜問之恩州牧郡守遠者其死然後有弔贈之
禮也坐而論道謂之三公作而行之謂之士大夫
論道必求高明之士幹事必使良能之人非獨
三太三少可與言也凡在列位者皆宜及焉故
士不與其言何知其術之淺深不試之事何以
知其能之高下與羣臣言議者又非但用觀彼
之志行察彼之才能也乃所以自弘天德益聖

（猶上恐脫聖人二字）

性也猶十五志學朋友講習自強不息德與年進至于七十然後心從而不踰矩況於不及中規者乎而不自勉也公卿列校侍中尚書皆九州之選也而不與之從容言議諮論古事訪國家正事問四海豪英琢磨珪璧染練金錫何以昭仁心於民物廣令聞於天下哉人主有常不可諫者五焉一曰廢后黜正二曰不節情欲三曰專愛一人四曰寵幸佞諂五曰驕貴外戚廢后黜正覆其國家者也不節情欲伐其性命者

也專愛一人絕其繼嗣者也寵幸佞諂壅蔽忠正者也驕貴外戚濁亂政治者也此為疾痛在於膏肓此為傾危比於累卵者也然而人臣破首分形所不能救止也不忌初故仁也以計御情智也以嚴專制禮也豐之以財而勿與之位亦足以為恩也封之以土而勿與之權亦足以為厚也何必友年彌世惑賢亂國然後於我心乃快哉

（忌恐當作忘）（友恐當作久）

人之事親也不去乎父母之側不倦乎勞辱之事唯父母之所言也唯父母之所欲也於其體之不安則不能寢於其飡之不飽則不能食孜孜為此以沒其身惡有為此人父母而憎之者也人之事君也言無小大無愆也事無勞逸無所避也其見識知也則不恃恩寵而加敬其見遺忘也則不懷怨恨而加勤安危不貳其志險易不革其心孜孜為此以沒其身惡有為此人君長而憎之者也人之交士也仁愛篤恕謙遜敬讓忠誠發乎內信效著乎外流言無所受愛

憎無所偏幽閑攻人之短會友述人之長有負我者我又加厚焉有疑我者我又加信焉患難必相及行潛德而不有立潛功而不名孜孜為此以沒其身惡有與此人交而憎之者也故事親而不為親所知是孝未至者也事君而不為君所知是忠未至者也與人交而不為人所知是信義未至者也父母怨咎人不以正已審其不然可違而不報也父母欲與人以官位爵祿而才實不可可違而不從也父母欲為奢泰侈

靡以適心快意可違而不許也父母不好學問疾子孫之爲之可違而學也父母不好善士惡子孫交之可違而友也士友有患故待已而濟父母不欲其行可違而往也故不可違而違非孝也可違而不違亦非孝也好不違非孝也好違亦非孝也其得義而已也

昔高祖誅秦項而陟天子之位光武討篡臣而復已亡之漢皆受命之聖主也蕭曹丙魏平勃霍光之等夷諸呂尊大宗廢昌邑而立孝宣經緯國家鎮安社稷一代之名臣也二主數子之所以震威四海布德生民建功立業流名百世者唯人事之盡耳無天道之學焉然則王天下作大臣者不待於知天道矣所貴乎用天之道者則指星辰以授民事順四時而興功業其大略吉凶之祥又何取焉故知天道而無人略者是巫醫卜祝之伍下愚不齒之民也信天道而背人事者是昏亂迷惑之主覆國亡家之臣也問者曰治天下者壹之乎人事抑亦有取諸天

令當作今

道也曰所取於天道者謂四時之宜也所壹於人事者謂治亂之實也周禮之馮相保章其無所用耶曰大備於天人之道耳是非治天下之本也是非理生民之要也曰然則本與要奚所存耶曰王者官人無私唯賢是親勤郵政事屢省功臣賞錫期於功勞刑罰歸乎罪惡政平民安各得其所則天地將自從我而正矣休祥將自應我而集矣惡物將自舍我而亡矣求其不然乃不可得也王者所官者非親屬則寵幸也所愛者非美色則巧佞也以同異爲善惡以喜怒爲賞罰取乎麗女怠乎萬機黎民冤枉類殘賊雖五方之兆不失四時之禮斷獄之政不違冬日之期蓍龜積於廟門之中犧牲羣麗碑之間馮相坐臺上而不下祝史伏壇旁而不去猶無益於敗亡也從此言之人事爲本天道爲末不其然與故審我已善而不復恃乎天道上也疑我未善引天道以自濟者其次也不求諸己而求諸天者下愚之主也令夫王者誠忠心於

自省、專思慮於治道、自省無愆、治道不謬、則彼嘉物之生、休祥之來、是我汲井而水出、爨竈而火燃者耳、何足以爲賀者耶、故歡於報應、喜於珍祥、是劣者之私情、未可謂大上之公德也、

羣書治要卷第四十五

域外漢籍珍本文庫

羣書治要卷第四十六

秘書監鉅鹿男臣魏徵等奉　勅撰

申鑒　中論　典論

申鑒　荀悅

本書原作序

夫道之大本、仁義而已、五典以經之、羣籍以緯之、前鑒既明、後復申之、故古之聖王、其於仁義也、申重無已、篤厚無疆、謂之申鑒、天作道、皇作極、臣作輔、民作基、制度以綱之、事業以紀之、先王之政、一曰承天、二曰正身、三曰任賢、四曰恤民、五曰明制、六曰立業、承天惟允、正身惟恒、任賢惟固、恤民惟勤、明制惟典、立業惟敦、是謂政體、致治之術、先屏四患、乃崇五政、一曰僞、二曰私、三曰放、四曰奢、僞亂俗、私壞法、放越軌、奢敗制、四者不除、則政無由行矣、俗亂則道荒、雖天地不得保其性矣、法壞則世傾、雖人主不得守其度矣、軌越則禮亡、雖聖人不得全其行矣、制敗則欲肆、雖四表不能充其求矣、是謂四患、興農桑以養其生、審好惡以正其俗、宣文敎以章

放作效

其化立武備以秉其威明賞罰以統其法是謂五政民不畏死不可懼以罪民不樂生不可勸以善雖使卨布五教咎繇作士政不行焉故在上者先豐民財以定其志帝耕籍田后桑蠶宮國無遊民野無荒業財不虛用力不妄加以周民事是謂養生君子之所以動天地應神明正萬物而成王治者必本乎眞實而已故在上者審則儀道以定好惡善惡要於功罪毀譽放於準驗聽言責事擧名察實無或詐僞淫巧以蕩

衆心故事無不核物無不功善無不顯惡無不彰俗無姦怪民無淫風百姓上下覩利害之存乎己也故肅恭其心愼脩其行有罪惡者無徼幸無罪過者不憂懼請謁無所行貨賂無所用則民志平矣是謂正俗君子以情用小人以刑用榮辱者賞罰之精華也故禮教榮辱以加君子治其情也桎梏鞭朴以加小人治其刑也君子不犯辱況於刑乎小人不忌刑況於辱乎若夫中人之倫則刑禮兼焉教化之廢推中人而

憂作交　求作進　短作失

墜於小人之域教化之行引中人而納於君子之塗是謂彰化

小人之情緩則驕驕則恣急則叛叛則謀亂安則思欲非威強無以懲之故在上者必有武備以戒不虞以遏寇虐安居則寄之內政有事則用之軍旅是謂秉威

賞罰政之柄也明賞必罰審信愼令賞以勸善罰以懲惡人主不妄賞非徒愛其財也賞妄行則善不勸矣不妄罰非徒矜其人也罰妄行則

惡不懲矣賞不勸謂之止善罰不懲謂之縱惡在上者能不止下爲善不縱下爲惡則國治矣是謂統法四患既蠲五政既立行之以誠守之以固簡而不怠疏而不失無爲爲之使自施之無事事之使自憂之不肅而成不嚴而治垂拱揖讓而海內平矣是謂爲政之方

惟恤十難以任賢能一曰不知二曰不求三曰不任四曰不終五曰以小怨弃大德六曰以小過黜大功七曰以小短掩大美八曰以干訐傷

忠正，九曰以邪說亂正度，十曰以讒嫉廢賢能，
是謂十難。十難不除，則賢臣不用，賢臣不用，則
國非其國也。
惟審九風以定國常。一曰治，二曰衰，三曰弱，四
曰乖，五曰亂，六曰荒，七曰叛，八曰危，九曰亡。君
臣親而有禮，百僚和而不同，讓而不爭，勤而不
怨，無事唯職，是司此治國之風也。禮俗不一，職
咨度作譏嫉
位不重，小臣咨度，庶人作議，此衰國之風也。君
謙作議
好謙臣好逸，士好遊，民好流，此弱國之風也。君

臣爭明，朝廷爭功，士大夫爭名，庶人爭利，此乖
國之風也。上多欲，下多端，法不定，政多門，此亂
國之風也。以侈為博，以伉為高，以濫為通，遵禮
謂之劬，守法謂之固，此荒國之風也。以苛為察，
以利為公，以割下為能，以附上為忠，此叛國之
疑作豢
風也。上下相疏，內外相疑，小臣爭寵，大臣爭權，
此危國之風也。上不訪下，下不諫上，婦言用，私
政行，此亡國之風也。
督作督
惟督五赦，以綏民中。一曰原心，二曰明德，三曰

褒作褎
勸功，四曰褒化，五曰權計。凡先王之攸赦，必是
族也，非是族焉，刑茲無赦。
有一言而可常行者恕也，一行而可常履者正
也。恕者仁之術也，正者義之要也，至矣哉。
或曰：聖王以天下為樂乎？曰：否。聖王以天下為
憂，天下以聖王為樂，凡主以天下為樂，天下以
凡主為憂。聖王屈己以申天下之樂，凡主申己
以屈天下之憂，申天下之樂，故樂亦報之；屈天
下之憂，故憂亦及之，天之道也。

治世之臣所貴乎順者三：一曰心順，二曰職順，
三曰道順。衰世之臣所貴乎順者三：一曰體順，
真上恐脫則字
二曰辭順，三曰事順。治世之順，真順也；衰世之
順，則生逆也。體苟順則逆節，辭苟順則逆忠，事
苟順則逆道。下有憂民，則上不盡樂；下有飢民，
則上不備膳；下有寒民，則上不具服。故足寒傷
心，民憂傷國。
舊無乎字補之
或曰：三皇之民至敦也，其治至清也，天性乎？曰：
皇民敦，秦民弊，時也；山民樸，市民玩，處也；桀紂

不易民而亂湯武不易民而治政也皇民寡寡斯敦皇治純純斯清矣唯性不求無益之物不畜難得之貨節華麗之餝退利進之路則民俗清矣簡小忌去淫祀絕奇怪則妖僞息矣致精誠求諸已正大事則神明應矣放邪說絕淫智抑百家崇聖典則道義定矣去浮華舉功實絕末技周本務則事業脩矣

精舊作情攷之

尚主之制非古也釐降二女陶唐之典歸妹元吉帝乙之訓王姬歸齊宗周之禮也以陰乘陽違天也以婦凌夫違人也違天不祥違人不義

古者天子諸侯有事必告於廟有二史右史記事左史記言事爲春秋言爲尚書君舉必記臧否成敗無不存焉下及士庶苟有茂異咸在載籍或欲顯而不得欲隱而名章得失一朝榮辱千載善人勸焉淫人懼焉故先王重之以副賞罰以輔法敎宜於今者官以其方各書其事歲盡則集之於尚書各備史官使掌其典

廟下有朝字　二事字共作動　副作[illegible]

君子有三鑒鑒乎前鑒乎人鑒乎鏡前惟訓人惟賢鏡惟明商德之衰不鑒於禹湯也周秦之弊不鑒於羣下也側弁垢顏不鑒於明鏡也故君子惟鑒之務焉

商德作夏商　羣作民

不任所愛之謂公唯義是從之謂明齊桓公中材也夫能成功業由有異焉者矣妾媵盈宮非無愛幸也羣臣盈朝非無親近也然外則管仲射已衛姬色衰非愛也任之也然後知非賢不可任非智不可從也夫此之舉弘矣哉

義作公

膏肓純白二豎不生茲謂心寧省闥清淨嬖孽不作茲謂主平夫膏肓近心而處阨針之不逮藥之不中攻之不可二豎藏焉是謂篤患故治身治國者唯是之畏

主作政

或曰愛民如子仁之至乎曰未也愛民如身仁之至乎曰未也湯禱桑林邾遷於繹景祀於旱可謂愛民矣曰何重民而輕身也曰人主承天命以養民者也民存則社稷存人亡則社稷亡故重民者所以重社稷而承天命也

或問曰孟軻稱人皆可以爲堯舜其信矣乎曰

人作大

導下有非字

先作引

人非下愚則可以爲堯舜矣寫堯舜貌同堯之性則否服堯之制行堯之道則可矣行之於前則古之堯舜也行之於後則今之堯舜也或曰人皆可以爲桀紂乎曰行桀紂之事是桀紂也堯舜桀紂之事常並存於世唯人所用而已

人主之患常立於二難之間在上而國家不治是難也治國家則必勤身苦思矯情以從道是難也有難之難闇主取之無難之難明主居之

人臣之患常立於二罪之間在職而不盡忠直

之道罪也盡忠直之道焉則必矯上拂下罪也有罪之罪邪臣由之無罪之罪忠臣致之

人臣有三罪一曰導二曰阿失三曰尸寵以非先上謂之導從上之非謂之阿見非不言謂之尸導臣誅阿臣刑尸臣絀

忠有三術一曰防二曰救三曰戒先其未然謂之防也發而進諫謂之救也行而責之謂之戒也防爲上救次之戒爲下

或問天子守在四夷有諸曰此外守也天子之內守在身曰何謂也曰至尊者其攻之者衆焉故便辟御侍攻人主而奪其財近幸妻妾攻人主而奪其寵逸遊伎藝攻人主而奪其志左右小臣攻人主而奪其行不令之臣攻人主而奪其事是謂內寇自古失道之君其見攻者衆矣小者危身大者亡國鯀共工之徒攻堯儀狄攻禹弗能克故唐夏平南之威攻文公申侯伯攻恭王不能克故晉楚興萬衆之寇凌疆埸非患也一言之寇襲於膝下患之甚矣八域重譯而

羣書治要　卷之四十六　八

獻珍非寶也腹心之人匍匐而獻善寶之至矣故明主愼內守除內寇而重內寶君子所惡乎異者三好生事也好生奇也好變常也好生事則多端而動衆好生奇則離道而惑俗好變常則輕法而亂度故名不貴苟傳行不貴苟難純德無慝其上也伏而不動其次也動而不行行而不遠遠而能復又其次也其下遠而已矣

已矣作不近也三字

中論　徐幹

慌其瞻視輕其辭令而望民之則我者未之有

也、莫之則者必慢之者至矣、小人見慢、而致怨
乎人、患已之卑、而不思其所以然、哀哉、是故君
子敬孤獨、而慎幽微、雖在隱蔽、鬼神不得見其
隙、況於遊宴乎、君子口無戲謔之言、言必有防、
身無戲謔之行、行必有撿、言必有防、行必有撿、
雖妻妾不可得而黷也、雖朋友不可得而狎也、
是以不愠怒、而敎行于閨門、不諫諭、而風聲化
乎鄉黨、傳稱、大人正已而物正者、蓋此之謂也、
徒以匹夫之居猶然、況得志而行於天下乎、故

追作迫下同

唐帝允恭克讓、光被四表、成湯不敢怠遑、而掩
有九域、文王祗畏、而造彼區夏也、
民心莫不有治道、至於用之則異矣、或用乎人、
或用乎已、用乎已者、謂之務本、用乎人者、謂之
追末、君子之治之也、先務其本、故德建而怨寡、
小人之治之也、先追其末、故功廢而讎多、夫見
人而不自見者、謂之矇、聞人而不自聞者、謂之
聵、慮人而不自慮者、謂之瞀、故明莫大於自見、
聰莫大於自聞、叡莫大於自慮、此三者舉之甚

位作德　受作愛

輕、行之甚邇、而人莫之知也、故知者舉甚輕之
事、以任天下之重、行甚邇之路、以窮天下之遠、
故位彌高、基彌固、勝彌衆、受彌廣、君子之於已
也、無事而不懼焉、我之有善、懼人之未吾好也、
我之有不善、懼人之必吾惡也、見人之善、懼我
之不能脩也、見人之不善、懼我之必若彼也、故
君子不恤年之將衰、而憂志之有倦、不寢道焉、
不宿義焉、言而不行、斯寢道矣、行而不時、斯宿
義矣、是故君子之務、以行前言也、民之過在於

善作喜

哀死而不愛生、悔往而不慎來、善語乎已然、好
爭乎遂事、墮今日而懈於後旬、如斯以及於老、

撫其心作謂子張

故孔子撫其心曰、師吾欲聞彼、將以改此也、聞
彼而不以改此、雖聞何益、小人朝爲而夕求其

及作反

成、坐施而立望其及、行一日之善、而問終身之
譽、譽不至則曰、善無益矣、遂疑聖人之言、背先
王之教、存其舊術、順其常好、是以身辱名賤、而

永作不免二字　猶下有虛字

永爲人役也、
人之爲德、其猶器歟、器虛則物注、滿則止焉、故

君子常虛其心、志恭其容貌、不以逸羣之才、加乎衆人之上、視彼猶賢、自視猶不肖也、故人願告之而不厭、誨之而不倦、君子之於善道也、大則大識之、小則小識之、善無大小、咸載於心、然後舉而行之、我之所有、既不可奪、而我之所無、又取於人、是以功常前人、而人後之也、故夫才敏過人、未足貴也、博辯過人、未足貴也、勇決過人、未足貴也、君子之所貴者、遷善懼其不及、改惡恐其有餘、故孔子曰、顏氏之子、其殆庶幾乎、

有不善、未嘗不知、知之未嘗復行、夫惡猶疾也、攻之則日益悛、不攻則日甚、故君子之相求也、非特與善也、將以攻惡也、惡不廢則善不興、自然之道也、先民有言、人之所難者二、樂知其惡者難、以惡告人者難、夫唯君子然後能爲己之所難、能致人之所難也、夫酒食人之所愛也、而人相見莫不進焉、不吝於所愛者、以彼之嗜之也、使嗜忠言甚於酒食、人豈其愛之乎、故忠言之不出、以未有嗜之者也、詩云、匪言不能、胡其

知作攻

未有舊作未良

畏之

畏忌、目也者、遠察天際、而不能近見其睫、心亦如之、君子誠知心之似目也、是以務鑒於人、以觀得失、故視不過垣墻之裡、而見邦國之表、聽不過闕槷之內、而聞千里之外、因人之耳目也、人之耳目、盡爲我用、則我之聰明、無敵於天下矣、是謂人一之、我萬之、人塞之、我通之、故其高不可爲員、其廣不可爲方、先王之禮、左史記事、右史記言、師瞽誦詩、庶僚箴誨、器用載銘、筵席書戒、月考其爲、歲會其行、所以自供正也、昔衛

武公年過九十、猶夙夜不怠、思聞訓道、命其羣臣曰、無謂我老耄而舍我、必朝夕交戒我、凡興國之君、未有不然者也、下愚反此道、以爲己既仁矣、知矣、神明矣、何求乎衆人、是以辜罪昭著、腥德發聞、百姓傷心、鬼神怨痛、若有告之者、則曰、斯事也、徒生乎子心、出乎子口、於是刑焉、戮焉、辱焉、不然則曰、與我異德故也、未達我道故也、又安足責、是已之非、遂初之謬、至於身危國亡、可痛矣已、

彼作此　智作致　無夫人也三字

事莫貴乎有驗言莫弃乎無徵言之未有益也不言未有損也水之寒也火之熱也金石之堅剛也彼數物未嘗有言而人莫不知其然者信著乎其體也使吾所行之信若彼數物誰其疑我哉今不信吾所行而怨人之不信己猶教人執鬼縛魅而怨人之不得也惑亦甚矣孔子曰欲人之信己則微言而篤行之篤行之則用日久用日久則事著明事著明則有目者莫不見也有耳者莫不聞也其可誣乎故根深而枝葉

茂行久而名譽遠人情也莫不惡謗而卒不免乎謗其故何也非愛智力而不已之也已之之術反也謗之爲名也逃之而愈至拒之而愈來訟之而愈多明乎此則君子不足爲也闇乎此則小人不足得也帝舜屢省禹拜昌言明乎此者也厲王加戮吳起刺之闇乎此者也夫人也皆書名前策著形列圖或爲世法或爲世戒可不愼歟夫聞過而不改謂之喪心思過而不改謂之失體失體喪心之人禍亂之所及也君子

債作植　所作取　乎疑字誤　澆作濆

舍旃君子不友不如己者非羞彼而大我也不如己者須己愼者也然則扶人不暇將誰相我哉吾之債也亦無日矣故墳庳則水縱友邪則己僻是以君子愼所友孔子曰居而得賢友福之次也夫賢者言足聽貌足象行足法加乎善奬人之美而好攝人之過其不隱也如影其不諱也如響故我之憚之若嚴君在堂而神明處室矣雖欲爲不善其敢乎

夫利口者心足以見小數言足以盡巧辭給足

以應切問難足以斷俗疑然而好說不倦諜諜如也夫類族辨物之士者寡而愚闇不達之人者多孰知其非乎此其所以無用而不見廢也至賤而不見遺也先王之法析言破律亂名改作行僻而堅言僞而辨者殺之爲其疑衆惑民而澆亂至道也

古之制爵祿也爵以居有德祿以養有功功大者其祿厚德遠者其爵尊功小者其祿薄德近者其爵卑是故觀其爵則別其人之德見其祿

充作竟 示作視

則知其人之功不待問之也古之君子貴爵祿者蓋以此也爵祿者先王所重也爵祿之賤也由處之者不宜也賤其人斯賤其位矣其貴也由處之者宜之也貴其人斯貴其位矣黻衣繡裳君子之所服愛其德故美其服也暴亂之君非無此服民弗美也位也者立德之機也勢也者行義之杼也聖人蹈機握杼織成天地之化使萬物順焉人倫正焉六合之內各充其願其為大寶不亦宜乎夫登高而建旌則所示者廣矣順風而奮鐸則所聞者遠矣非旌色之益明非鐸聲之益長所託者然也況居富貴之地而行其政令者也

數作圖 般作折

人君之大患也莫大乎詳於小事而略於大道察於近物而暗於遠數自古及今未有如此而不亡也詳於小事察於近物者謂耳聽於絲竹歌謠之和目明乎雕琢采色之章口給乎辯慧切對之辭心通乎短言小說之文手習乎射御書數之功體比乎俯仰般旋之容凡此數者觀

勤作勤 思作志 皆以作以人皆三字 已與以同下足作是

之足以盡人之心學之足以勤人之思且先王之末教也非有小才智則亦不能為也是故能之者莫不自悅乎其事而無取於人皆以不能故也夫君居南面之尊秉殺生之權者其勢固足已勝人矣而加之以勝人之能懷足已之心誰敢犯之者乎以匹夫行之猶莫敢規也而況於人君哉故罪惡若山而已不見謗聲若雷而已不聞豈不甚乎夫小事者味甘而大道者醇淡近物者易驗而遠數者難效非大明君子

則不能兼通也故皆惑於所甘而不能至乎所淡炫於所易而不能及於所難是以治君世寡而亂君世多也故人君之所務者其在大道遠數乎大道遠數者謂仁足以覆燾羣生惠足以撫養百姓明足以照見四方智足以統理萬物權足以應變無端義足以阜生財用威足以禁遏姦非武足以平定禍亂詳於聽受而審於官人達於廢興之源通於安危之分如此則君道畢矣今使人君視如離婁聽如師曠御如王良

忠直下舊有者字删之

射如夷羿書如史籀計如隸首走追騶馬力折
門鍵有此六者可謂善於有司之職何益於治
乎無此六者可謂亡於有司之職何增於亂乎
必以廢仁義妨道德矣何則小器不能兼容治
亂又不繫於此而中才之人所好也昔潞豐舒
晉智伯瑶之亡皆怙其三材恃其五賢而以不
仁之故也故人君多伎藝好小智而不通於大
道者祇足以拒諫者之說而鉗忠直之口也祇
足以追亡國之跡而背安家之軌也不其然耶

不其然耶
帝者昧旦而視朝南面而聽天下將與誰爲之
豈非羣公卿士歟故大臣不可以不得其人也
大臣者君股肱耳目也所以視聽也所以行事
也先王知其如是故博求聰明叡哲君子措諸
上位使執邦之政令焉執政聰明叡哲則其事
舉其事舉則百僚莫不任其職百僚莫不任其
職則庶事莫不致其治庶事莫不致其治則九
牧之人莫不得其所故書曰元首明哉股肱良

無弑字

哉庶事康哉
凡亡國之君其朝未嘗無致治之臣也其府未
嘗無先王之書也然而不免乎亡者何也其賢
不用其法不行也苟書法而不行其事爵賢而
不用其道則法無異於路說而賢無異於木主
也昔桀奔南巢紂踣于京厲流于彘幽滅于戲
當是時也三后之典尚在而良謀之臣猶存也
下及春秋之世楚有伍舉左史倚相右尹子革
而靈王喪師衛有大叔儀公子鱄蘧伯玉而獻
公出奔晉有趙宣孟范武子而靈公被弑魯有

子家羈叔孫婼而昭公野死齊有晏平仲南史
氏而莊公不免弑虞虢有宮之奇舟之僑而二
公絶祀由是觀之苟不用賢雖有無益也然彼
亦知有馬必待乘之然後遠行有醫必待使之
而後愈疾至於有賢則不知必待用之而後興
治也且六國之君雖不用賢及其致人也猶脩
禮盡意不敢侮慢也至於王莽既不能用及其
致之也尚不能言莽之爲人內實奸邪外慕古

義亦聘求名儒、徵命術士、政煩教虐、無以致之、
於是脅之以峻刑、威之以重戮、賢者恐懼、莫敢
不至、徒張設虛名、以夸海內、莽亦卒以滅亡、且
莽之爵人也、其實囚之也、囚人者非必著桎梏、
置之囹圄之謂也、拘係之愁憂之之謂也、使在
朝之人、欲進則不得陳其謀、欲退則不得安其
身、是則以綸組為繩索、以印佩為鉗鈦也、小人
君子則舊作君子惰服之
雖樂之、君子則以為辱矣、故明主之得賢也、得
其心也、非謂得其軀也、苟得其軀、而不論其心、

斯與籠鳥檻獸、未有異也、則賢者之於我也、亦
日雖作雖曰
猶怨讎、豈為我用哉、日雖班萬鍾之祿、將何益
歟、故苟得其心、萬里猶近、苟失其心、同衾為遠、
今不脩所以得賢者之心、而務脩所以執賢者
之身、至於社稷顛覆、宗廟廢絕、豈不哀哉、孫子
曰、人主之患、不在於言不用賢、而在於誠不用
賢、言用賢者口也、卻賢者行也、口行反而欲賢
者之進、不肖之退、不亦難乎、善哉言也、故人君
苟脩其道義、昭其德音、慎其威儀、審其教令、刑

頗作僻
無頗類、惠澤播流、百官樂職、萬民得所、則賢者
其親作親戚
仰之如天地、愛之如其親、樂之如塤篪、歆之如
蘭芳、故其歸我也、猶決壅導滯、注之大壑、何不
無乎字
至之有乎、苟麤穢暴虐、香馨不登、讒邪在側、殺
戮不辜、宮館崇侈、妻妾無度、淫樂日縱、征稅繁
怨喪作死亡
多、財力匱竭、怨喪盈野、矜己自得、諫者被誅、外
內震騷、遠近怨悲、則賢者之視我容貌、如蝴蜥、
臺殿如狴牢、采服如衰絰、歌樂如號哭、酒醴如
滲漉、肴饌如糞土、衆事舉措、每無一善、彼之惡

我也如是、其肯至哉、今不務明其義、而徒設其
祿、可以獲小人、難以得君子、君子者、行不苟合、
立不易方、不以天下枉道、不以樂生害仁、安可
縛作搏
以祿誘哉、雖強縛執之、而不獲已、亦杜口佯愚、
賴下有焉字
苟免不暇、國之安危、將何賴、
政之大綱有二、賞罰之謂也、人君明乎賞罰之
道、則治不難矣、賞罰者、不在於必重、而在於必
行、必行則雖不重而民肅、不行也則雖重而
民怠、故先王務賞罰之必行也、夫當賞者不賞、

不勸不懼上共有民字

禮記所以二字

則爲善者失其本望而疑其所行當罰者不罰則爲惡者輕其國法而怙其所守苟如是也雖日用斧鉞於市而民不去惡矣日賜爵祿於朝而民不興善矣是以聖人不敢以親戚之恩而廢刑罰不敢以怨讎之忿而留慶賞夫何故哉將以有救也故司馬法曰賞罰不踰時欲使民速見善惡之報也踰時且猶不可而況廢之者乎賞罰不可以疏亦不可以數數則所及者多疏則所漏者多賞罰不可以重亦不可以輕賞

輕則不勸罰輕則不懼賞重則民徼幸罰重則民無聊故先王明恕以聽之思中以平之而不失其節也夫賞罰之於萬人猶轡策之於駟馬也轡策之不調非徒遲速之分也至於覆車而摧轅賞罰之不明非徒治亂之分也至於滅國而喪身可不慎乎可不慎乎

天地之間含氣而生者莫知乎人人情之至痛莫過乎喪親夫創巨者其日久痛甚者其愈遲故聖王制三年之服所以稱情而立文爲至痛

在下立文下

照疑昭

極也自天子至于庶人莫不由之帝王相傳未有知其所從來者及孝文皇帝天姿謙讓務崇簡易其將弃萬國乃顧臣子令勿行久喪已葬則除之將以省煩勞而寬羣下也觀其詔文唯欲施乎己而已非爲漢室創制喪禮而傳之於來世也後人遂奉而行焉莫之分理至乎顯宗聖德欽明深照孝文一時之制又惟先王之禮不可以久違是以世祖徂崩則斬衰三年孝明既沒朝之大臣徒以己之私意忖度嗣君之必

貪速除也檢之以大宗遺詔不惟孝子之心哀慕未歇故令聖王之迹陵遲而莫遵短喪之制遂行而不除斯誠可悼之甚者也滕文公小國之君耳加之生周之末世禮敎不行猶能改前之失咨問於孟軻而服喪三年豈況大漢配天之主而廢三年之喪豈不惜哉且作法於仁其弊猶薄道隆於己歷世則廢況以不仁之作宜之於海內而望家有慈孝民德歸厚不亦難乎詩曰爾之敎矣民胥放矣聖主若以遊宴之間

潛當作僭

超然遠思、覽周公之舊章、咨顯宗之故事、感蓼莪之篤行、惡素冠之所刺、發復古之德音、改大宗之權令、事行之後、永爲典式、傳示萬代、不刊之道也、

昔之聖王制爲禮法、貴有常尊、賤有等差、君子小人各司分職、故下無潛上之愆、而人役財力、能相供足也、往昔海內富民及工商之家、資財巨萬、役使奴婢、多者以百數、少者以十數、斯豈先王制禮之意哉、夫國有四民、不相干黷、士者

勞心、工農商者勞力、勞心之謂君子、勞力之謂小人、君子者治人、小人者治於人、治於人者食人、治人者食於人、百王之達義也、今夫無德而居富之民、宜治於人、且食人者也、役使奴婢、不勞筋力、目喻頤指、從容垂拱、雖懷忠信之士、讀聖哲之書、端委執笏、列在朝位者、何以加之、且今之君子、尚多貧匱、家無奴婢、既其有者、不足供事、妻子勤勞、躬自爨烹、其故何也、皆由罔利之人、與之競逐、又有紆青拖紫、并兼之門、使之

猶疑獨

然也、夫物有所盈、則有所縮、聖人知其如此、故裒多益寡、稱物平施、動爲之防、不使過度、是以治可致也、爲國而令廉讓君子不足、如此而使貪人有餘如彼、非所以辨尊卑等貴賤、賤財利、尚道德也、今太守令長得稱君者、以慶賞刑威咸自己出也、民畜奴婢、或至數百、慶賞刑威亦自己出、則與郡縣長吏又何以異、夫奴婢雖賤、俱含五常、本帝王良民、而使編戶小人爲己役、哀窮失所、猶無告訴、豈不枉哉、今自斗食佐吏

以上至諸侯王、皆治民人者也、宜畜奴婢、農工商及給趍走使令者、皆勞力躬作、治於人者也、宜不得畜、昔孝哀皇帝即位、師丹輔政、建議令畜田宅奴婢者有限、時丁傅用事、董賢貴寵、皆不樂之、事遂廢覆、夫師丹之徒、皆前朝知名大臣、患疾并兼之家、建納忠信、爲國設禁、然爲邪臣所抑、卒不施行、豈況布衣之士、而欲唱議立制、不亦遠乎、

典論

何進滅於吳匡張璋袁紹亡於審配郭圖劉表
昏於蔡瑁張允孔子曰佞人殆信矣古事已列
於載籍聊復論此數子以爲後之監誡作姦讒
中平之初大將軍何進弟車騎苗並開府近士
吳匡張璋各以異端有寵於進而苗惡其爲人
匡璋毀苗而稱進進聞而嘉之以爲一於己後
靈帝崩進爲宦者韓悝等所害匡璋忌苗遂劫
進之衆殺苗于北闕而何氏滅矣昔鄭昭公殺
於渠彌魯隱公死於羽父苗也能無及此乎夫
忠臣之事主也尊其父以重其子奉其兄以敬
其弟故曰愛其人者及其屋烏況乎骨肉之間
哉而進獨何嘉焉袁紹之子譚長而慧尚少而
美紹妻愛尚數稱其才紹亦雅奇其貌欲以爲
後未顯而紹死別駕審配護軍逢紀宿以驕侈
不爲譚所善於是外順紹妻內慮私害矯紹之
遺命奉尚爲嗣潁川郭圖辛評與配紀有隙懼
有後患相與依譚盛陳嫡長之義激以絀降之
辱勸其爲亂而譚亦素有意焉與尚親振干戈

欲相屠裂王師承天人之符應以席卷乎河朔
遂走尚梟譚禽配馘圖二子既滅臣無餘紹遇
因運得收英雄之謀假士民之力東苞巨海之
實西舉全晉之地南阻白渠黃河北有勁弓胡
馬地方二千里衆數十萬可謂威矣當此之時
無敵於天下視霸王易於覆手而不能抑遏愚
妻顯別嫡庶婉戀私愛寵子以貌其後敗績喪
師身以疾死邪臣飾姦二子相屠墳土未乾而
宗廟爲墟其誤至矣劉表長子曰琦表始愛之
稱其類已久之爲少子琮納後妻蔡氏之姪至
蔡氏有寵其弟蔡瑁表甥張允並幸於表憚琦
之長欲圖毀之而琮日睦於蔡氏允瑁爲之先
後琮之有善雖小各聞有過雖大必蔽蔡氏稱
美於內瑁允歎德於外表日然之而琦益疏矣
出爲江夏太守監兵於外瑁允陰司其過闕隨
而毀之美無顯而不掩闕無微而不露於是表
忿怒之色日發誚讓之書日至而琮堅爲嗣矣
故曰容刀生於身疏積愛出於近習豈謂是耶

魏志注所引典論歡下有心字

忌恐當作忘

昔泄柳申詳無人乎穆公之側則不能安其身
君臣則然父子亦猶是乎後表疾病琦歸省疾
琦素慈孝瑁允恐其見表父子相感更有託後
之意謂曰將軍命君撫臨江夏爲國東藩其任
至重今釋衆而來必見譴怒傷親之歡以增其
疾非孝敬也遂遏于戶外使不得見琦流涕而
去士民聞而傷焉雖易牙杜宮豎牛虛器何以
加此琦豈忌晨鳧北犬之獻乎隔戶牖而不達
何言千里之中山嗟乎父子之間可至是也表

試恐當作弒

卒琮竟嗣立以侯與琦琦怒投印僞辭奔喪內
有討瑁允之意會王師已臨其郊琮舉州請罪
琦遂奔于江南昔伊戾費忌以無寵而作讒江
充焚豐以負罪而造蠱高斯之詐也貪權躬寵
之罔也欲貴皆近取乎骨肉之間以成其凶逆
悲夫匡璋配圖瑁允之徒固未足多怪以後監
前無不烹菹夷滅爲百世戮試然猶昧於一往
者姦利之心篤也其誰離父子隔昆弟成姦於
朝制事於須臾皆緣厓隙以措意託氣應以發

事挾宜愠之成畫投必忿之常心勢如懷怒應
若發機雖在聖智不能自免況乎中材之人若
夫爰盎之諫淮南田叔之救梁孝杜鄴之紿二
王安國之和兩主倉唐之稱詩史丹之引過周
昌犯色以廷爭叔孫切諫以陳誠三老抗疏以
理冤千秋託靈以寤主彼數公者或顯德於前
朝或揚聲於上世或累遷而登相或受金於帝
室其言既酬福亦隨之斯可謂善處骨肉之間
矣

閒疑間

三代之亡由乎婦人故詩刺豔女書誡哲婦斯
已著在篇籍矣近事之若此者衆或在布衣細
人其失不足以敗政亂俗至於二袁過竊聲名
一世豪士而術以之失紹以之滅斯有國者所
宜慎也是以錄之庶以爲誡于後作內誡古之
有國有家者無不患貴臣擅朝寵妻專室故女
無美惡入宮見妒士無賢愚入朝見嫉夫寵幸
之欲專愛擅權其來尚矣然莫不恭慎於明世
而恣睢於閒時者度主以行志也故龍陽臨釣

嬪疑媢

而泣以塞美人之路鄭袖僞隆其愛以殘魏女之貌司隸馮方女國色也世亂避地楊州袁術登城見而悅之遂納焉甚愛幸之諸婦害其寵紿言將軍貴人有志節當時涕泣示憂愁必長見敬重馮氏女以爲然後見術輒垂涕術果以爲有心志益哀之諸婦因是共絞懸之廁梁言自殺術誠以爲不得志而死厚加殯斂袁紹妻劉氏甚妬忌紹死僵尸未殯寵妾五人妻盡殺之以爲死者有知當復見紹乃髡頭墨面以毀其形追妬亡魂戮及死人惡婦之爲一至是哉其少子尚又爲盡殺死者之家嬪誂惡母蔑死先父行暴逆忘大義滅其宜矣紹聽順妻意欲以尚爲嗣又不時決定身死而二子爭國舉宗塗地社稷爲墟上定冀州屯鄴舍紹之第余親涉其庭登其堂遊其閣寢其房棟宇未墮陛除自若忽然而他姓處之紹雖蔽乎亦由惡婦

羣書治要卷第四十六

羣書治要卷第四十七

秘書監鉅鹿男臣魏徵等奉　勅撰

劉廙別傳　政論注曰備政　蔣子　政要論

劉廙別傳

備政

夫爲政者譬猶工匠之造屋也廣厦既成衆棁不安則梁棟爲之斷折一物不備則千柱爲之並廢善爲屋者知梁棁之不可以不安故棟梁常存知一物之不可以不備故衆榱與之共成也善爲政者知一事之不可闕也故無物而不備知一是之不可失也故衆非與之共得其不然者輕一事之爲小忽而闕焉不知衆物與之共多也覩一非之爲小也輕而略焉不知衆是與之共失也夫政之相須猶輗轄之在車無輗轄猶可以小進也謂之歷遠而不頓躓者未之有也夫爲政者輕一失而不矜之猶乘無轄之車安其少進而不覩其頓躓之患也夫車之患近故無不覩焉國之患遠故無不忽焉知其體

者夕惕若厲、慎其愆矣、夫為政者、莫善於清其吏也、故選託於由夷、而又威之以篤罰、欲其貪之必懲、令之必從也、而姦益多巧爾大、何也、知清之為清、而不知所以清之、故免而無耻也、曰欲其清、而薄其祿、祿薄所以不得成其清、夫飢寒切於肌膚、固人情之所難也、其甚又將使其父不父、子不子、兄不兄、弟不弟、夫不夫、婦不婦矣、貧則仁義之事狹、而怨望之心篤、從政者捐私門、而委身於公朝、榮不足以光室族、祿不足

衰捐疑弃捐

以代其身、骨肉飢寒、離怨於內、朋友離叛、衰捐於外、虧仁孝、損名譽、能守之而不易者、萬無一也、不能原其所以然、又將佐其室族之不和、合門之不登也、疑其名、必將忘其實、因而下之、不移之士、雖苦身於內、冒謗於外、捐私門之患、畢死力於國、然猶未獲見信之衷、不免黜放之罪、故守清者、死於溝壑、而猶有遺謗於世也、為之至難、其罰至重、誰能為之哉、人知守清之必困於終也、違清而又懼卒罰之及其身也、故不為

昭昭之行、而咸思闇昧之利、姦巧機於內、而虛名逸於外、人主貴其虛名、而不知賤其所以為名也、虛名彰於世、姦實隱於身、人主眩其虛、必有以闇其實矣、故因而貴之、敬而用之、此所謂惡貪而罰於由夷、好清而賞於盜跖也、名實相違、好惡相錯、此欲清而不知重其祿之故也、不知重其祿、非徒失於清也、又將使清分於私、而知周於欺、推此一失、以至於欺、苟欺之行、何事而不亂哉、故知清而不知所以重其祿者、則欺

必須至亡也百三字恐當連正文逆疑併

而濁、知重其祿、而不知所以少其吏者、則竭而不足、知少其吏、而不知所以盡其力者、則事繁而職闕、凡此數事、相須而成、偏廢則有者不為用矣、其餘放欺、無事而不若此者也、不可得一二而載之耳、故明君必須良佐、而後致治、非良佐能獨治也、必須善法有以用之、夫君猶醫也、臣猶鍼也、法陰陽補瀉也、鍼非人不入、人非鍼不徹、於病二者既備、而不知陰陽補瀉、則無益於疾也、又況逆失之哉、今用鍼而不存於善術、使所鍼必死、夫然也、欲其疾之瘳亦遠、良醫急於速瘳、而不恃鍼入之無恙也、明君急於治平、而不恃亡失之不便亡也、

正名

夫名不正、則其事錯矣、物無制、則其用淫矣、錯則無以知其實、淫則無以禁其非、故王者必正名以督其實、制物以息其非、名其何以正之哉、曰行不美則名不得稱、稱必實所以然、効其所以成、故實無不稱於名、名無不當於實也、曰物又何以制之哉、曰物可以養生、而不可廢之於民者、富之備之、無益於養生、而可以寶於世者、則隨尊卑而爲之制、使不爲此官不得服此服、不得備此飾、故其物甚可欲、民不得服、雖捐之曠野、而民不敢取也、雖簡於禁、而民皆無欲也、是以民一於業、本務而末息、有益之物阜而賤、無益之寶省而貴矣、所謂貴者、民貴願之也、匪謂賈貴於市也、故其政惠、其民潔、其法易、其業大、昔人曰唯器與名、不可以假人、其此之謂與、

愼愛

夫人主莫不愛愛己、而莫知愛己者之不足愛也、故惑小臣之佞、而不能廢也、忘違己之益己

忘疑忌

而不能用也、夫犬之爲猛也、莫不愛其主矣、見其主、則騰踊而不能自禁、此歡愛之甚也、有非則鳴吠、而不遑於夙夜、此自效之至也、昔宋人有沽酒者、酒酸而不售、何也、以其有猛犬之故也、夫犬知愛其主、而不能爲其主慮酒酸之患者不噬也、夫小臣之欲忠其主也、知愛之而不能去其嫉妒之心、又安能敬有道爲己願稷契之佐哉、此養犬以求不貧、愛小臣以喪良賢也、悲夫、爲國者之不可不察也、

審愛

爲人君者、莫不利小人以廣其視聽、謂視聽之可以益於己也、今彼有惡而己不見、無善而己愛之者、何也、智不周其惡、而義不能割其情也、己不能割情於所愛、慮不能覩其得失之機、彼亦能見己成敗於所闇、割私情以事其上哉、其勢適足以厚姦人之資、此朋黨者之所以日固、獨善之所以孤弄也、故視聽日多、而闇蔽日甚、豈不詭哉、

弄疑弃

欲失

夫人君莫不願衆心之一於己也、而疾姦黨之比於人也、欲得之而不知所以得之、故欲之益甚而不可得、亦甚疾之、益力而爲之者亦益勤矣、何也、彼將恐其黨也、任之而不知所以信之、朝任其身、夕訪於惡、惡無毀實、善無賞分、事無小大訪而後知、彼衆之不必同於道也、又知訪之不能於己也、雖至誠至忠、俾曾參以事其親、借龍逢以貫其忠、猶將屈於私交、況世俗之庸臣哉、故爲君而欲使其臣之無黨者、得其人也、得其人而使必盡節於國者、信之於己也、

疑賢

自古人君莫不願得忠賢而用之也、既得之莫不訪之於衆人也、忠於君者、豈能必利於人、苟無利於人、又何能保譽於人哉、故常願之於心、而常先之於人也、非願之之不篤、而失之也、所以定之之術非也、故爲忠者獲小賞、而大乖違於人、恃人君之獨知之耳、而獲訪之於人、此爲

成恐誡
或威

忠者福無幾、而禍不測於身也、得於君不過須之歡、失於君而終身之故患、稍賞名而實窮於罰也、是以忠者逝而遂、智者慮而不爲、爲忠者不利、則其爲不忠者利矣、凡利之所在、人無不欲、人無不欲、故無不爲、不忠矣、爲君者、以一人而獨慮於衆姦之上、雖至明而猶困於見闇、又況庸君之能覩之哉、庸人知忠之無益於己、而私名之可以得於人、得於人可以重於君也、故篤私交、薄公義、爲己者殖而長之、爲國也抑而割之、是以眞實之人黜於國、阿欲之人盈於朝矣、由是田季之恩隆、而齊魯之政衰也、雖成之市朝、示之刀鋸、私欲益盛、齊魯日困、何也、誠威之以言、而賞之以實也、好惡相錯、政令日弊、昔人曰、爲君難、不其然哉、

任臣

人君所以尊敬人臣者、以其知任人臣委所信、而保治於己也、是以其聽察其明昭、身日高而視日下、事日遠而聽日近、業至難而身至易、功

若疑君 美疑業 阿下恐有脫文 有下不字恐衍

至多而勤至少也若多疑而自任也則其臣不思其所以爲國而思其所以得於君深其計而淺其事以求其指撝人主淺之則不陷於之難人主深之則進而順之以取其心所矚者忠於國而難明於君者也所修者不必忠於國而易行於時者也因其所貴者貴之故能同其貴因其所賤者賤之故能殊於賤其所貴者不必賢所賤者不必愚也家懷因循之術人爲悅心易見之行夫美大者深而難明利長者不可以倉

卒形也故難明長利之事廢於世阿易見之行塞於側爲非不知過知困不知其乏此爲天下共一人之智以一人而獨治於四海之內也其業大其智寡豈不蔽哉以一蔽主而臨不量之阿欲能不惑其功者未之有也苟惑之則人得其志矣人得其志則君之志失矣君勞臣逸上下易所是一君爲臣而萬臣爲君也以一臣而事萬君鮮不用矣有不用人之名而終爲人所用也是以明主愼之不貴知所用於已而貴知所用於人能用人故人無不爲已用也昔舜恭已正南面而已天下不多臯陶稷契之數而貴聖舜獨治之功故曰爲之者不必名其功獲其業者不必勤其身也其舜之謂與

下視

夫自足者不足自明者不明日月至光至大而有所不遍者以其高於衆之上也燈燭至微至小而無不可之者以其明之下能照日月之所蔽也聖人能覩往知來不下堂而知四方蕭墻

之表有所不喻焉誠無所以知之也夫有所以知之無遠而不覩無所以知之雖近不如童昏之履之也人豈踰於日月而皆賢於聖哉故高於人之上者必有以應於人其察之也視下視下者見之詳矣人君誠能知所不知不遺燈燭童昏之見故無不可知而不知也何幽冥之不盡況人情之足蔽哉

蔣子萬機論　蔣濟

政略

看疑見

夫君王之治、必須賢佐、然後爲泰、故君稱元首、
臣爲股肱、譬之一體、相須而行也、是以陶唐欽
明、羲氏平秩、有虞明目、元愷敷教、皆此君唱臣
和、同亮天功、故能天成地平、咸熙於和穆、盛德
之治也、夫隨俗樹化、因世建業、愼在務三而已、
一曰擇人、二曰因民、三曰從時、時移而不移、違
天之祥也、民望而不因、違人之咎也、好善而不
能擇人、敗官之患也、三者失、則天人之事悖矣、
夫人乖則時逆、時逆則天違、天違而望國安、未

有也、

刑論

患之巨者、狡猾之獄焉、狡黠之民、不事家事、煩
貸鄉黨、以見厭賤、因反忿恨、看國家忌諱、造誹
謗、崇飾戲言、以成醜語、被以叛逆、告白長吏、長
吏或內利疾惡盡節之名、外以爲功、遂使無罪
并門滅族、父子孩耄、肝腦塗地、豈不劇哉、求媚
之臣、側入取舍、雖悉孚啖君、孤已悅主、而不憚
也、況因捕叛之時、無悅親之民、必獲盡節之稱

脩疑循

乎、夫妄造誹謗、虛書叛逆、狡黠之民也、而詐忠
者知而族之、此國之大殘、不可不察也、

用奇

或曰官人用士、累功積効、以文相敘、明主之法、
忠臣之節盡矣、若拔奇求異、超等踰第、非臣之
事也、應之曰、顧當憂世無奇人、儻有又不能識
耳、明法忠節、未必已盡也、自昔五帝之冠、固有
黜陟之謨矣、復勤揚側陋、殷有考誠之誥矣、復
力索巖穴、西伯有呈效之誓矣、復旁求魚釣小

伯有督課之法矣、復遽求囚俘、漢祖有賞爵之
約矣、復急追亡信、若脩敘爲明法、拔奇爲非事、
是兩帝三君非聖哲、而鮑蕭非忠吏也、然則考
功案第、守成之法也、拔奇取異、定社稷之事也、
當多事之世、而論無事之法、處用奇之時、而必
効一官之智、此所以上古多無嚴之國也、是以
高世之主、感功之臣、張法以御常人、厚禮以延
奇逸、求之若不及、索之若骨肉、故能消災除難、
君臣同烈也、曩使五主二臣、牽於有司、束於脩

常、不念疇諮、則唐民康哉之歌不作、殷無高宗之號、周無殖商雅頌之美、齊無九合功、漢殲於京索而不帝矣、故明君良臣、垂意於奇異、誠欲濟其事也、使奇異塡於溝壑、有國者將不興其治矣、

漢元帝爲太子時、諫持法泰深、求用儒生、宣帝作色怒之、云俗儒不達、不足任、亂吾家者太子也、據如斯言、漢之中滅、職由宣帝、非太子也、乃知班固步驟盛衰、發明是非之理、彿逮古史遠矣、昔秦穆公近納英儒、招致智辯、知富國強兵、至于始皇、乘歷世餘、滅吞六國、建帝號、而坑儒任刑、疏扶蘇之諫、外蒙恬之直、受胡亥之曲、信趙高之諛、身沒三歲、秦無噍類矣、前史書二世之禍、始皇所起也、夫漢祖初以三章、結黔首之心、並任儒辯、以并諸侯、然後罔漏吞舟之魚、烝民樸謹、天下大治、宣帝受六世之洪業、繼武昭之成法、四夷怖征伐之威、生民厭兵革之苦、海內歸勢、適當安樂時也、而以峻法繩下、賤儒貴

名則二字似衍

刑名、是時名則石顯弘恭之徒、便僻危嶮、杜塞公論、專制於事、使其君負無窮之謗也、如此誰果亂宣帝家哉、向使宣帝豫料杜石之士、骨鯁之臣、屬之社稷、不令宦豎秉持天機、豈近於元世棟橈榱崩、三十年間、漢爲新家哉、推討之始皇任刑、禍近及身、宣帝好刑、短喪天下、不同於秦禍少者耳、

政要論　桓範

為君難

或曰、仲尼稱爲君難、夫人君者、處尊高之位、執賞罰之柄、用人之才、因人之力、何爲不成、何求不得、功立則受其功、治成則厚其福、故官人舜也、治水禹也、稼穡弃也、理訟皐陶也、堯無事焉、而由之聖治、何爲君難耶、曰、此其所以爲難也、夫日月照於晝夜、風雨動潤於萬物、陰陽代以生殺、四時迭以成歲、不見天事、而猶貴之者、其所以運氣陶演、協和施化、皆天之爲也、是以天萬物之覆、君萬物之燾也、懷生之類、有不浸潤

於澤者天以爲負負首之民有不霑濡於惠者君以爲耻是以在上者體人君之大德懷恤下之小心闡化立教必以其道發言則通四海行政則動萬物慮之於心思之於內布之於天下正身於廟堂之上而化應於千里之外雖黈纊塞耳隱屏而居照幽達情燭於宇宙動作周旋無事不慮服一綵則念女功之勞御一穀則恤農夫之勤決不聽之獄則懼刑之不中進一士之爵則恐官之失賢賞毫氂之善必有所勸罰

纖芥之惡必有所沮使化若春氣澤如時雨消凋汚之人移薄僞之俗救衰世之弊反之於上古之朴至德加於天下惠厚施於百姓故民仰之如天地愛之如父母敬之如神明畏之如雷霆且佐治之臣歷世難遇庸人衆而賢才寡是故君人者不能皆得稷契之幹伊呂之輔猶造父不能皆得騏驥之乘追風之匹也御駑鹽必煩轡銜統庸臣必勞智慮是以人君其所以濟輔羣下均養小大審覈眞僞考察變態在於幽

慮上恐有脫字　二姧字疑一有誤

士疑當作上或主

冥窈妙之中割毫折芒纖微之間非天下之至精孰能盡於此哉故臣有立小忠以售大不忠效小信以成大不信可不慮之以詐乎臣有貌厲而內荏色取仁而行違可不慮之以虛乎臣有害同儕以專朝塞下情以壅上可不慮之以嫉乎臣有進邪說以亂是因似然以傷賢可不慮之以姧乎臣有因賞以恩因罰以佐威可不慮之以姧乎臣有外顯相薦內陰相謗事託公而實挾私可不慮之以欺乎臣有事左右以求

進託重臣以自結可不慮之以僞乎臣有和同以取諸苟合以求薦可不慮之以禍乎臣有悅君意以求親悅主言以取容可不慮之以佞乎此九慮者所以防惡也臣有辭拙而意工言逆而事順可不恕之以直乎臣有樸騃而辭訥外疏而內敏可不恕之以質乎臣有犯難以爲士離謗以爲國可不恕之以忠乎臣有守正以逆衆意執法而違私志可不恕之以公乎臣有不曲己以求合不耦世以取容可不恕之以貞乎

臣有從側陋而進顯言由卑賤而陳國事可不
怨之以難乎臣有孤特而執節分立而見毀可
不怨之以勁乎此七怨者所以進善接下之理
也御臣之道豈徒七怨九慮而已哉

臣不易

昔孔子言為臣不易或人以為易言臣之事君
供職奉命勑身恭己忠順而已忠則獲寵安之
福順則無危辱之憂曷為不易哉此言似易論
之甚難夫君臣之接以愚奉智不易以明事闇

危字上下疑有脫文

為難唯以賢事聖以聖事賢為可然賢聖相遭
既稀又周公之於成王猶未能得斯誠不易也
且父子以恩親君臣以義固恩有所為虧況義
能無所為缺哉苟有虧缺亦何容易且夫事君
者竭忠義之道盡忠義之節服勞辱之事當危
之難肝腦塗地膏液潤草而不辭者以安上治
民宣化成德使君為一代之聖明己為一世之
良輔輔千乘則念過管晏佐天下則思醜稷禹
豈為七尺之軀寵一官之貴貪充家之祿榮華

以上疑脫是字

卿之觀哉以忠臣之事主投命委身期於成功
立事便國利民故不為難易變節安危革行也
然為大臣者或仍舊德藉故勢或見拔擢重任
其所以保寵成功承上安下則當遠威權之地
避嫌疑之分知虧盈之數達止足之義動依典
禮事念忠篤乃當匡上之行諫主之非獻可濟
否匪躬之故剛亦不吐柔亦不茹所謂大臣以
道事君也然當託於幽微當行於隱密使怨咎
從己身而衆善自君發為羣寮之表式作萬官

皐下疑脫則字

之儀範豈得偸樂容悅而已哉然或為邪臣所
譖幸臣所亂聽一疑而不見信事似然而不可
釋忠計詭而為非善事變而為惡罪結於天無
所禱請激直言而無所訴深者即時伏劒賜死
淺者以漸斥逐放弃蓋比干龍逢所以見害於
飛廉惡來孔子周公所以見毀於管蔡季孫也
斯則大臣所以不易也為小臣者得任則治其
職受事脩其業思不出其位慮不過其責竭力
致誠忠信而已然或困辱而不均厭抑而失所

是以賢者或非其議、預非其事、不著其陋、不嫌
其弃、庶買一言而利一事、然以至輕至微、至疏
至賤、干萬乘之主、約以禮義之度、匡以行事之
非、忤執政之臣、暴其所短、説合則裁自若、不當
則離禍害、或計不欲人知、事不從人豫、而己策
謀適合、陳偶同上者、或顯戮其身、以神其計、在
下者或妬其人、而奪其策、蓋關思見殺於鄭、韓
非受誅於秦、龐涓刖孫臏之足、魏齊折應侯之
脇、斯又孤官小臣所以為難也、為小臣者一當

若為苟若疑有誤字

恪恭職司、出內惟允、造膝詭辭、執心審密、忠上
愛主、媚不求與、寵而已、若為苟若此、患為外人
所彈、邪臣所嫉、以職近而言易、身親而見信、奉
公俠私之吏、求害之以見直、懷姧抱邪之臣、欲
除之以示忠、言有若是、事有似然、雖父子之間、
猶不能明、況臣之於君而得之乎、故上官毀屈
平、爰盎譖朝錯、公孫排主父、張湯陷嚴助、夫數
子者雖示純德、亦親近之臣、所以為難也、為外
臣者盡力致死、其義一也、不以遠而自外、疏而

典恐當作與

自簡、親涉其事、而掌其任、苟有可以興利除害、
安危定亂、雖違本朝之議、詭常法之道、陳之於
主、行之於身、志於忠上濟事、憂公無私、善否之
間、在己典主可也、然患為左右所輕重、貴臣所
壅制、或逆而毀之、使不得用、或用而害之、使不
得成、或成而譖之、使不得其所、吳起見毀於魏、
李牧見殺於趙、樂毅被讒於燕、章邯畏誅於秦、
斯又外臣所以為危也、此舉梗槩耳、曲折纖妙、
豈可得備論之哉、夫治國之本有二、刑也德也、

未之有也衍

二者相須而行、相待而成矣、天以陰陽成歲、人
以刑德成治、故雖聖人為政、不能偏用也、故任
德多、用刑少者、五帝也、刑德相半者、三王也、杖
刑多、任德少者、五霸也、純用刑、強而亡者、秦也、
夫人君欲治者、既達專持刑德之柄矣、位必使
當其德、祿必使當其功、官必使當其能、此三者
治亂之本也、位當其德、則賢者居上、不肖者居
下、祿當其功、則有勞者勸、無勞者慕、未之有也、
凡國無常治、亦無常亂、欲治者治、不欲治者亂、

後之國士人民亦前之有也前之有亦後之有也而禹獨以安幽厲獨以危斯不易天地異人民欲與不欲也奚坂之馬庸夫統銜則為弊乘伯樂執轡即為良驥非馬更異教民亦然也故遇禹湯則為良民遭桀紂則為凶頑治使然也故善治國者不尤斯民而罪諸己不責諸下而求諸身傳曰禹湯罪己其興也勃焉桀紂罪人其亡也忽焉由是言之長民治國之本在身故詹何曰未聞身治而國亂者也若詹者可謂知治本矣

政務

凡吏之於君民之於吏莫不聽其言而則其行故為政之務務在正身身正於此而民應於彼詩云爾之教矣民胥效矣是以葉公問政孔子對曰子帥而正孰敢不正又曰苟正其身於從政乎何有不能正其身如正人何故君子為政以正己為先教禁為次若君正於上則吏不敢邪於下吏正於下則民不敢僻於野國無傾君朝無邪吏野無僻民而政之不善者未之有也凡政之務務在節事事節於上則民有餘力於下下有餘力則無爭訟之有乎民民無爭訟則政無為而治教不言而行矣

節欲

夫人生而有情情發而為欲物見於外情動於中物之感人也無窮而情之所欲也無極是物至而人化也人化也者滅天理矣夫欲至無極以尋難窮之物雖有賢聖之姿鮮不衰敗故脩身治國也要莫大於節欲傳曰欲不可縱歷觀

有家有國其得之也莫不階於儉約其失之也莫不由於奢侈儉者節欲奢者放情放情者危節欲者安堯舜之居土階三等夏日衣葛冬日鹿裘禹卑宮室而菲飲食此數帝者非其情之不好乃節儉之至也故其所取民賦也薄而使民力也寡其育物也廣而興利也厚故家給人足國積饒而羣衛也以仁義興而四海安孔子曰以約失之者鮮矣且夫閑情無欲者上也咈

羣衛也以恐有脫文誤字

純當作絕

恭王誤作共王其艷當作艷其

心消除者次之昔帝舜藏黃金於嶄巖之山抵
珠玉於深川之底及儀狄獻旨酒而禹甘之於
是疎遠儀狄純上旨酒此能閉情於無欲者也
楚文王悅婦人而廢朝政好獵而忘歸於是
放逐丹姬斷殺如黃及共王破陳而得夏姬其
艷國色王納之宮從巫臣之諫壞後垣而出之
此能㘞心消除之也既不能閉情欲能抑除之
斯可矣故舜禹之德巍巍稱聖楚文用朝隣國
恭王終謚爲恭也

詳刑

夫刑辟之作所從尚矣聖人以治亂人以亡故
古今帝王莫不詳愼之者以爲人命至重壹死
不生一斷不屬故也夫堯舜之明猶惟刑之恤
也是以後聖制法設三槐九棘之吏肺石嘉石
之訊然猶復三判僉曰可殺然後殺之罰若有
疑卽從其輕此蓋詳愼之至也故苟詳則死者
不恨生者不忿忿恨不作則災害不生災害不
生太平之治也是以聖主用其刑也詳而行之
必欲民犯之者寡而畏之者衆明刑至於無刑
善殺至於無殺此之謂矣夫闇亂之主用刑彌
繁而犯之者益多而殺之者彌衆而慢之者尤
甚者何由用之不詳而行之不必也不詳則罪
不值所罪不值則當死反生不必則令有所虧
令有所虧則刑罰不齊矣失此二者雖日用五
刑而民猶輕犯之故亂刑之刑刑以生刑惡殺
之殺殺以致殺此之謂也

兵要

聖人之用兵也將以利物不以害物也將以救
亡非以危存也故不得已而用之耳然以戰者
危事兵者凶器不欲人之好用之故制法遺後
命將出師雖勝敵而反猶以喪禮處之明弗樂
也故曰好戰者亡忘戰者危不好不忘天下之
王也夫兵之要在於修政修政之要在於得民
心得民心在於利之利之之要在於仁以愛之
義以理之也故六馬不和造父不能以致遠臣
民不附湯武不能以立功故兵之要在得衆者

域外漢籍珍本文庫

善政之謂也善政者恤民之患除民之害也故政善於內兵強於外歷觀古今用兵之敗非鼓之日也民心離散素行豫敗也用兵之勝非陣之朝也民心親附素行豫勝也故法天之道履地之德盡人之和君臣輯穆上下一心盟誓不用賞罰未施消姦慝於未萌折凶邪於殊俗此帝者之兵也德以爲卒威以爲輔修仁義之行行愷悌之令闢地殖穀國富民豐賞罰明約誓信民樂爲之死將樂爲之亡師不越境旅不涉場而敵人稽顙此王者之兵也

辨能

夫商鞅申韓之徒其能也貴尚譎詐務行苛尅則伊尹周邵之罪人也然其尊君卑臣富國強兵有可取焉甯成郅都輩放商韓之治專以殘暴爲能然其抑強撫弱背私立公尚有可取焉其晚世之所謂能者乃犯公家之法赴私門之勢廢百姓之務趣人間之事決煩理務臨時苟辦但使官無譴負之累不省下民吁嗟之冤復

士字似衍

其整頓當作整頓其

爲字恐衍

是申韓甯郅之罪人也而俗猶共言其能執政者選用不廢者何也爲貴勢之所持人間之士所稱聽聲用名者衆察實審能者寡故使能否之分不定也夫定令長之能者守相也定守相之能者州牧刺史也然刺史之徒未必能考論能否也未必能端平也或委任下吏聽浮游之譽或受其戚黨貴勢之託其整頓傳舍待望迎實聽其請謁供其私求則行道之人言其能也治政以威嚴爲先行事務邀時取辦悕望上官之指敬順監司之教期會之命無降身以接士之來違法以供其求欲人間之事無不循言說之談無不用則寄寓游行幅巾之士言其能也有此三者爲之談聽聲譽者之所以可惑能否之所以不定也

尊嫡

凡先祖爾安宗廟傳國土利民人者在於立嗣繼世繼世之道莫重於尊嫡別庶也故聖人之制禮貴嫡異其服數殊其寵秩所以一羣下之

生疑言

望塞釁爭之路杜邪防萌深根固本之慮歷觀
前代后妻賤而娣媵貴太子卑而庶子尊莫不
爭亂以至危亡是以周有子帶之難齊有無知
之禍晉有莊伯之患衛有州吁之篡故傳曰並
后匹嫡兩政耦國亂之本也

諫爭

夫諫爭者所以納君於道矯枉正非救上之謬
也上苟有謬而無救焉則害於事害於事則危
道也故曰危而不持顛而不扶則將焉用彼相
扶之之道莫過於諫矣故子從命者不得爲孝
臣苟順者不得爲忠是以國之將興貴在諫臣
家之將盛貴在諫子若託物以風喻微生而不
切不切則不改唯正諫直諫可以補缺也詩云
袞職有缺仲山甫補之柔亦不茹剛亦不吐正
諫者也易曰王臣謇謇傳曰愕愕者昌直諫者
也然則咈人之耳逆人之意變人之情抑人之
欲不爾不爲諫也雖有父子兄弟猶用生怨隙
焉況臣於君有天壤之殊無親戚之屬以至賤

面恐而字誤

干至貴以至稀閒至親何庸易耶惡死亡而樂
生存恥困辱而樂榮寵雖甚愚人猶知之也況
士君子乎今正言直諫則近死辱而遠榮寵人
情何好焉此乃欲忠於主耳夫不能諫則君危
固諫則身殆賢人君子不忍觀上之危而不愛
身之殆故蒙危辱之災逆人主之鱗及罪而弗
避者忠也義也深思諫士之事知進諫之難矣

決壅

夫人君爲左右所壅制此有目而無見有耳而
無聞積無聞見必至亂正故國有壅臣禍速近
隣人臣之欲壅其主者無國無之何也利在於
壅也壅則擅寵於身威權獨於己此人臣日夜
所禱祝面求也人臣之壅其君微妙工巧見壅
之時不知也率至亡敗然後悔焉爲人君之務
在於決壅決壅之務在於進下進下之道在於
博聽博聽之義無貴賤同異隸豎牧圉皆得達
焉若此則所聞見者廣所聞見者廣則雖欲求
壅弗得也人主之好惡不可見於外也所好惡

見於外則臣妾乘其所好惡以行壅制焉故曰人君無見其意將為下餌昔晉公好色驪女乘色以壅之吳王好廣地太宰陳伐以壅之桓公好味易牙烝首子以壅之及薛公進美珥以勸立后龍陽臨釣魚行微巧之詐以壅制其主沈宴無端甚可畏矣古今亡國多矣皆由壅蔽於帷幄之內沈溺於諂諛之言也而秦二世獨甚趙高見二世好淫游之樂遺於政因曰帝王貴有天下者貴得縱欲恣意尊嚴若神固可得聞

見之禍恐有誤字

而不可得覩高遂專權欺內二世見殺望夷臨死乃知見之禍悔復無及豈不哀哉

讚象

導實疑有誤字

庶幾疑有誤字

夫讚象之所作所以昭述勳德思詠政惠此蓋詩頌之末流矣宜由上而興非專下而作也世考之導實有勳績惠利加於百姓遺愛留於民庶宜請于國當錄於史官載於竹帛上章君將之德下宣臣吏之忠若言不足紀事不足述虛而為盈亡而為有此聖人之所疾庶幾之所耻也

銘誄

夫渝世富貴乘時要世爵以賂至官以賄成視常侍黃門賓客假其氣勢以致公卿牧守所在宰莅無清惠之政而有饕餮之害為臣無忠誠之行而有姦欺之罪背正向邪附下內上此乃繩墨之所加流放之所棄而門生故吏合集財貨刊石紀功稱述勳德高邈伊周下凌管晏遠追豹產近踰黃邵勢重者稱美財富者文麗後

人相踵稱以為義外若讚善內為己發上下相效競以為榮其流之弊乃至於此欺曜當時疑誤後世罪莫大焉且夫賞生以爵祿榮死以誄謚是人主權柄而漢世不禁使私稱與王命爭流臣子與君上俱用善惡無章得失無效豈不誤哉

序作

夫著作書論者乃欲闡弘大道述明聖教推演事義盡極情類記是貶非以為法式當時可行

賤疑姓　篇疑篤

後世可修。且古者富貴而名賤廢滅。不可勝記。唯篇論俶儻之人。爲不朽耳。夫奮名於百代之前。而流譽於千載之後。以其覽之者益聞之者有覺故也。豈徒轉相放効。名作書論。浮辭談說而無損益哉。而世俗之人。不解作體。而務汎溢之言。不存有益之義。非也。故作者不尚其辭麗而貴其存道也。不好其巧慧。而惡其傷義也。故夫小辯破道。狂簡之徒。斐然成文。皆聖人之所疾矣。

羣書治要卷第四十七

羣書治要卷第四十八

秘書監鉅鹿男臣魏徵等奉　勅撰

體論　典語

體論　杜恕

人主之大患。莫大乎好名。人主好名。則羣臣知所要矣。夫名所以名善者也。善脩而名自隨之。非好之之所能得也。苟好之甚。則必僞行要名。而姦臣以僞事應之。一人而受其慶。則舉天下應之矣。君以僞化天下。欲貞信敦樸。誠難矣。雖有至聰至達之主。由無緣見其非而知其僞。況庸主乎。人主之高而處隩。譬猶遊雲夢而迷惑。當借左右以正東西者也。左曰功巍巍矣。右曰名赫赫乎。今日聞斯論。明日聞斯論。苟不校之以事類。則人主鄉然自以爲名齊乎堯舜。而化治乎泰平也。羣臣瑣瑣。皆不足任也。堯舜之臣宜獨斷者也。不足任之臣。當受成者也。以獨斷之君。與受成之臣。帥訛僞之俗。而天下治者。未之有也。夫聖人之修其身。所以御羣臣也。御羣臣也、所以化萬民也、其法輕而易守、其禮簡而易持、其求諸己也誠、其化諸人也深、苟非其人、道不虛行、苟非其道、治不虛應、是以古之聖君之於其臣也、疾則視之無數、死則臨其大斂小斂、為徹膳不舉樂、豈徒色取仁、而實違之者哉、乃慘怛之心、出於自然、形於顏色、世未有不自然而能得人自然者也、色取仁而實違之者、謂之虛、不以誠待其臣、而望其臣以誠事己、謂之愚、虛愚之君、未有能得人之死力者也、故書稱君為元首、臣為股肱、期其一體相須而成也、而儉偽淺薄之士、有商鞅韓非申不害者、專飾巧辯邪偽之術、以熒惑諸侯、著法術之書、其言云、尊君而卑臣、上以尊君取容於人主、下以卑臣、得售其姦說、此聽受之端、參言之要、不可不慎、元首已尊矣、而復云尊之、是以君過乎頭也、股肱已卑矣、而復曰卑之、是使其臣不及乎手足也、君過乎頭、而臣不及乎手足、是離其體也、君臣體離、而望治化之洽、未之前聞也、且夫術家

說又云、明主之道、當外御羣臣、內疑妻子、其引證連類、非不辯且悅也、然不免於利口之覆國家也、何以言之、夫善進、不善無由入、不善進、善亦無由入、故湯舉伊尹、而不仁者遠、何畏乎驩兜、何遷乎有苗、夫姦臣賊子、下愚不移之人、自古及今、未嘗不有也、百歲一人、是為繼踵、千里一人、是為比肩、而舉以為戒、是猶一噎而禁食也、噎者雖少、餓者必多、未知姦臣賊子處之云何、且令人主魁然獨立、是無臣子也、又誰為君父乎、是猶髡其枝而欲根之蔭、揜其目而欲視之明、襲獨立之跡、而願其扶疏也、夫衒名好術之主、又有惑焉、皆曰為君之道、凡事當密、人主苟密、則羣臣無所容其巧、而不敢怠於職、此即趙高之教二世、不當聽朝之類也、是好乘高履危、而笑先僵者也、易曰、機事不密則害成、易稱機事、不謂凡事也、不謂宜共而獨之也、不謂釋公而行私也、人主欲以之匿病飾非、而人臣反以之竊寵擅權、疑似之間、可不察歟、夫設官分

職君之體也委任責成君之體也好謀無倦君之體也寬以得衆君之體也含垢藏疾君之體也不動如山君之體也難知如淵君之體也君有君人之體其臣畏而愛之此文王所以戒百辟也夫何法術之有哉故善爲政者務在於擇人而已及其求人也總其大略不具其小善則不失賢矣故曰記人之功忘人之過宜爲君者也人有厚德無問其小節人有大譽無訾其小故自古及今未有能全其行者也和氏之璧不

能無瑕隋侯之珠不能無纇然天下寶之者不以小故妨大美也不以小故妨大美故能成大功夫成大功在己而已何具之於人也今之從政者稱賢聖則先乎商韓言治道則師乎法術法術之御世有似鐵轡之御馬非必能制馬也適所以梏其手也人君之數至少而人臣之數至衆以至少御至衆其勢不勝也人主任術而欲御其臣無術其勢不禁也俱任術則至少者不便也故君使臣以禮則臣事君以忠晏平仲

對齊景公君若弃禮則齊國五尺之童皆能勝嬰又能勝君所以服者以有禮也今末世弃禮任術之君之於其身也得無所不能勝五尺之童子乎三代之亡非其法亡也御法者非其人也苟得其人王良造父能以腐索御奔駟伊尹太公能以敗法御捍民苟非其人不由其道索雖堅馬必敗法雖明民必叛奈何乎萬乘之主釋人而任法哉且世未嘗無賢也求賢之務非其道故常不遇之也除去湯武聖人之君任賢

之功近觀齊桓中才之主耳猶知勞於索人逸於任之不疑子糾之親不忘射鉤之怨蕩然而委政焉不已明乎九合諸侯壹匡天下不亦榮乎一曰仲父二曰仲父不已優乎孰與秦二世懸石程書愈密愈亂爲之愈勤而天下愈叛至於弑死以斯二者觀之優劣之相懸存亡之相背不亦昭昭乎夫人生莫不欲安存而惡危亡莫不欲榮樂而惡勞辱也終恒不得其所欲而不免乎所惡者何誠失道也欲宮室之崇麗也

必懸重賞而求良匠內不以阿親戚外不以遺疎遠必得其人然後授之故宮室崇麗而處之逸樂至於求其輔佐獨不若是之公也唯便辟親近者之用故圖國不如圖舍是人主之大患也使賢者爲之與不肖者議之使智者慮之與愚者斷之使修士履之與邪人疑之此又人主之所患也夫賞賢使能則民知其方賞罰明必則民不偷兼聽齊明則天下歸之然後明分職序事業公道開而私門塞矣如此則忠公者進

而佞悅者止虛僞者退而貞實者起自羣臣以下至乎庶人莫不修己而後敢安其職業變心易慮反其端慤此之謂政化之極審斯論者明君之體畢矣

凡人臣之於其君也猶四支之戴元首耳目之爲心使也皆相須而成爲體相得而後爲治者也故虞書曰臣作股肱耳目而屠蒯亦云汝爲君目將司明也汝爲君耳將司聽也然則君人者安可以斯須無臣臣人者安可以斯須無君斯須無君斯須無臣是斯須無身也故臣之事君猶子之事父而加敬焉父子至親矣然其相須尚不及乎身之與手足也身之於手足可謂無間矣然而聖人猶復督而致之故其化益淳其恩益密自然不覺教化之移也姦人離而間之故使其臣自疑於下而令其君孤立乎上君臣相疑上下離心乃姦人之所以爲劫殺之資也然夫中才之主明不及乎治化之原而惑於僞術似是之說故備之愈密而姦人愈甚譬猶

登高者愈懼愈危愈危愈墜孰如早去邪徑而就夫大道乎凡士之結髮束脩立志於家門欲以事君也宗族稱孝焉鄉黨稱悌焉及志乎學自託於師友師貴其義而友安其信孝悌以篤信義又著以此立身以此事君何待乎法然後爲安及其爲人臣也稱才居位稱能受祿不面譽以求親不偷悅以苟合公家之利知無不爲也上足以尊主安國下足以豐財阜民謀事不忘其君圖身不忘其國內匡其過外揚其義不

下比以闇上不上同以病下見善行之如不及見賢舉之如不容內舉不避親戚外舉不避仇讎程功積事而不望其報進賢達能而不求其賞道塗不爭險易之利見難而無苟免之心其身可殺而其守不可奪此直道之臣所以佐賢明之主致治平之功者也若夫主明而臣闇主闇而臣僞有盡忠不見信有見信而不盡忠溷淆於臣主之分出入於治亂之間或被褐懷玉以待時或巧言令色以容身又可勝盡哉是以

古之全其道者進則正退則曲正則與世樂其業曲則全身歸於道不傲世以華衆不立高以爲名不爲苟得以偷安不爲苟免而無耻夫脩之於鄉閭壞之於朝廷可惜也脩之於已立壞之於闔棺可惜也君子惜茲二者是以有殺身以成仁無求生以害仁況害仁以求寵乎故孔子曰不義而富且貴於我如浮雲若夫智慮足以圖國忠貞足以悟主公平足以懷衆溫柔足以服人不誹毀以取進不刻人以自入不苟容

以隱忠不耽祿以傷高通則使上恤其下窮則敎下順其上故用於上則民安行於下則君尊可謂進不失忠退不失行此正士之義爲臣之體也凡趣舍之患在於見可欲而不慮其敗見可利而不慮其害故動近於危辱昔孫叔敖三相楚國而其心愈卑每益祿而其施愈博位滋高而其禮愈恭正考父傴僂而走晏平仲辭其賜邑此皆守滿以沖爲臣之體也夫不憂主之不尊於天下而唯憂己之不富貴此古之所謂

庸人而今之所謂顯士小人之所榮慕而君子之所以爲耻也凡人臣之論所以事君者有四有賢主之臣有明主之臣有中主之臣有庸主之臣上能尊主下能壹民物至能應事起能辨敎化流於下如影響之應形聲此賢主之臣也內足以壹民外足以拒難民親而士信之身之所長不以拂君身之所短不取功此明主之臣也君有過事能壹心同力相與諫而正之以解國之大患成君之大榮此中主之臣也端愨而

守法壹心以事君君有過事雖不能正諫其憂見於顏色此庸主之臣也以庸主之臣也事賢主則從以賢主之臣事庸主則凶古之所以成其名者皆度主而行者也脩之在己而遭遇有時是以古人抱麟而泣也夫名不可以虛偽取也不可以比周爭也故君子務脩諸內而讓之於外務積於身而處之以不足夫為人臣其猶土乎萬物載焉而不辭其重水瀆汚焉而不辭其下草木殖焉而不有其功此成功而不處為

臣之體也若夫處大位任大事荷重權於萬乘之國必無後患者其上莫如推賢讓能而安隨其後不為管仲即為鮑叔耳其次莫如廣樹而並進之不為魏成子即為翟黃耳安有壅君蔽主專權之害哉此事君之道為臣之體也

夫行也者舉趾所由之徑路也東西南北之趣舍也君子小人之分界也吉凶榮辱之皂白也由南則失北也由東則失西矣由乎利則失為君子由乎義則失為小人吉凶榮辱之所由生義利為之本母也是以君子慎趣舍焉夫君子直道以耦世小人枉行以取容君子揜人之過以長善小人毀人之善以為功君子寬賢容衆以為道小人徼訐懷詐以為智君子下學而無常師小人恥學而羞不能此又君子小人之分界也君子心有所定計有所守智不務多務行其所知行不務多務審其所由安之若性行之如不及小人則不然心不在乎道義之經口不吐乎訓誥之言不擇賢以託身不力行以自定

隨轉如流不知所執此又君子小人之分界也君子之養其心莫善於誠夫誠君子所以懷萬物也天不言而人推高焉地不言而人推厚焉四時不言而人期焉此以至誠者也誠者天地之大定而君子之所守也天地有紀矣不誠則不能化育君臣有義矣不誠則不能相臨父子有禮矣不誠則疏夫婦有恩矣不誠則離交接有分矣不誠則絕以義應當曲得其情其唯誠乎

孔子曰、爲政以德、又曰、導之以德、齊之以禮、有恥且格、然則德之爲政大矣、而禮次之也、夫德禮也者、其導民之具歟、太上養化、使民日遷善、而不知其所以然、此治之上也、其次使民交讓、處勞而不怨、此治之次也、其下正法、使民利賞而歡善、畏刑而不敢爲非、此治之下也、夫善御民者、其猶御馬乎、正其銜勒、齊其轡策、均馬力、和馬心、故能不勞而極千里、善御民者、壹其德禮、正其百官、齊民力、和民心、是故令不再而民

從刑、不用而天下化治、所貴聖人者、非貴其隨罪而作刑也、貴其防亂之所生也、是以至人之爲治也、民有小罪、必求其善、以赦其過、民有大罪、必原其故、以仁輔化、是故上下親而不離、道化流而不蘊、夫君子欲政之速行、莫如以道御之也、皋繇瘖而爲大理、有不貴乎言也、師曠盲而爲大宰、有不貴乎見也、唯神化之爲貴、是故聖王冕而前旒、所以蔽明、黈纊充耳、所以揜聰也、觀夫弊俗偷薄之政、耳目以效聰明、設倚伏

然上恐脫情字

以探民情、是爲以軍政虜其民也、而望民之信向之、可謂不識乎分者矣、難哉爲君也、夫君尊嚴而威、高遠而危、民者卑賤而恭、愚弱而神、惡之則國亡、愛之則國存、御民者必明此要、故南面而臨官、不敢以其富貴驕人、有諸中而能圖外、取諸身而能暢遠、觀一物而貫乎萬者、以身爲本也、夫欲知天之終始也、今日是也、欲知千萬之情、一人情是也、故爲政者、不可以不知民之情、知民然後民乃從令、己所不欲、不施之於

人、令安得不從乎、故善政者、簡而易行、則民不變、法存身而民象之、則民不怨、近臣便嬖、百官因之而後達、則羣臣自汙也、是以爲政者、必慎擇其左右、左右正則人主正矣、人主正則夫號令安得曲耶、天下大惡有五、而盜竊不豫焉、一曰、心達而性險、二曰、行僻而志堅、三曰、言僞而辭辯、四曰、記醜而喻博、五曰、循非而言澤、此五者有一於人、則不可以不誅、況兼而有之、置之左右、訪之以事、而人主能立其身者、未之有也、

夫淫逸盜竊、百姓之所惡也、我從而刑之殘之刻剝之、雖過乎當、百姓不以爲暴者、公也、怨曠饑寒、亦百姓之所惡也、遁而陷於法、我從而寬宥之、雖及于刑、必加隱惻焉、百姓不以我爲偏者、公也、我之所重、百姓之所憎也、我之所輕、百姓之所憐也、是故賞約而勸善、刑省而禁姦、由此言之、公之於法、無不可也、過輕亦可、過重亦可、私之於法、無可也、過輕則縱姦、過重則傷善、今之爲法者、不平公私之分、而辯輕重之文、不本百姓之心、而謹奏當之書、是治化在身而走求之也、聖人之於法也已公矣、然猶身懼其未也、故曰、與其害善、寧其利淫、知刑當之難必也、從而救之以化、此上古之所務也、後之治獄者則不然、未訊罪人、則驅而致之意、謂之能、下不探獄之所由生、爲之分、而上求人主之微旨、以爲制、謂之忠、其當官也能、其事上也忠、則名利隨而與之、驅世而陷此、以望道化之隆、亦不幾矣、凡聽訟決獄、必原父子之親、立君臣之義、權

輕重之叙、測淺深之量、悉其聰明、致其忠愛、然後察之、疑則與衆共之、衆疑則從輕者、所以重之也、非爲法不具也、以爲法不獨立、當須賢明共聽斷之也、故舜命臯繇曰、汝作士、惟刑之恤、又復加之以三訊、衆所謂善、然後斷之、是以爲法參之人情也、故春秋傳曰、小大之獄、雖不能察、必以情、而世俗拘愚苛刻之吏、以爲情也者、取貨賂者也、立愛憎者也、祐親戚者也、陷怨讎者也、何世俗小吏之情、與夫古人之懸遠乎、無乃風化使之然邪、有司以此情疑之羣吏、人主以此情疑之有司、是君臣上下不通相疑也、不通相疑、欲其盡忠立節、亦難矣、苟非忠節、免而無耻、免而無耻、以民安所厝其手足乎、春秋之時、王道浸壞、教化不行、子産相鄭而鑄刑書、偸薄之政、自此始矣、逮至戰國、韓任申子、秦用商鞅、連相坐之法、造參夷之誅、至於始皇、兼吞六國、遂滅禮義之官、專任刑罰、而姦邪並生、天下叛之、高祖約法三章、而天下大悦、及孝文即位、

〔罔疑罔〕〔効恐劾〕

躬脩玄默論議務在寬厚天下化之有刑厝之
風至於孝武徵發煩數百姓虛耗窮民犯法酷
吏擊斷姦宄不勝於是張湯趙禹之屬條定法
令轉相比況禁罔積密文書盈於机格典者不
能徧覩姦吏因緣爲市議者咸怨傷之凡治獄
之情必本所犯之事以爲之主不放訊不旁求
不貴多端以見聰明也故律正其舉劾之法參
伍其辭以求實也非所以飾實也但當參伍聽
明之耳目不使獄吏斷練飾治成辭於手也孔
子曰古之聽獄求所以生之也今之聽獄求所
以殺之也故斥言以破律詆案以成法執左道
以亂政皆王誅之所必加也
夫聽察者乃存亡之門戶安危之機要也若人
主聽察不博偏受所信則謀有所漏不盡良策
若博其觀聽納受無方考察不精則數有所亂
矣人主以獨聽之聰考察成敗之數利害之說
雜而並至以干闕聽如此誠至精之難在於人
主耳不在竭誠納謀盡己之策者也若人主聽

察不差納受不謬則計濟事全利倍功大治隆
而國富民強而敵滅矣若過聽不精納受不審
則計困事敗利喪功虧國貧而兵弱治亂而勢
危矣聽察之所考不可不精不可不審者如此
急也凡有國之主不可謂舉國無深謀之臣闔
朝無智策之士也在聽察所考精與不精審與
不審耳何以驗其然乎在昔漢祖者聰聽之主
也納陳恢之謀則下南陽不用婁敬之計則困
平城廣武君者策謀之士也韓信納其計則燕
齊舉陳餘不用其謀則泜水敗由此觀之漢祖
之聽未必一闇一聰也在於精與不精耳廣武
之謀非爲一拙一工也在用與不用耳不可謂
事濟者有計策之士覆敗者無深謀之臣也吳
王夫差拒子胥之謀納宰嚭之說國滅身亡者
不可謂無深謀之臣也楚懷王拒屈原之計納
靳尚之策沒秦而不反者不可謂無計畫之士
也虞公不用宮奇之謀滅於晉仇由不聽赤章
之言亡於智氏蹇叔之哭不能濟崤澠之覆趙

賢當作監

括之毋不能救長平之敗此皆人主之聽不精不審耳由此觀之天下之國莫不皆有忠臣謀士也或喪師敗軍危身亡國者誠在人主之聽不精不審取忠臣謀博士將何國無之乎

臣以爲忠良慮治益國之臣必竭誠納謀懇惻而不隱者欲以究盡治亂之數紛展安危之策耳故凖聖主明君莫不皆有獻可退否納忠之臣也昔者帝舜大聖之君也猶有咎繇獻謨夏禹納戒暨至殷之成湯周之文武皆亦至聖之

君也然必俟伊尹爲輔呂尚爲師然後乃能興功濟業混一天下者誠視聽之聰察須忠良爲耳目也由此觀之忠良慮治益國之臣者得不師蹤往古襲迹前聖投命自盡以輔佐視聽乎夫人君者以至尊之聽聽總萬機而賢之以至貴之明察料治亂而考焉將當能皆窮究其孔要料盡其門戶乎其數必用有所遺漏不有忠臣良謀輔佐視聽者則凡百機微有所不聞矣何以論其然乎夫人君所以尊異於人者順志

烈當作裂　綈疑錦

養眞也歡康之處則嚴樂盈耳玩好足目美色充欲麗服適體遠眺迥望則登雲表之崇臺逍遥容豫則歷飛閣之高觀嬉乎綠水之淸池遊乎桂林之芳園弋鳧與鴈從禽逐獸行與毛嬙俱入與西施處將當何從體覺窮愁之感悴識鰥獨之難堪乎食則膳鼎几俎庶羞兼品酸甘盈備珍饌充庭奏樂而進鳴鐘而徹間饋代至口不絕味將當何從覺饑餒之阨艱識困餓之難堪乎暑則襏霧縠襲纖絺處華屋之大廈居

重陰之玄堂褰羅帷以來淸風烈凝冰以遏微暑侍者御粉扇典衣易輕裳飄飄焉有秋日之涼將當何從體覺炎夏之鬱赫識毒熱之難堪乎寒則服綈袍襲輕裘綿衾貂蓐疊茵累席居隩竂之深室處複帘之重幄燃猛炭於室隅以起溫御玉巵之旨酒以禦寒燄燄焉有夏日之熱將當何從體覺隆冬之慘烈識毒寒之難堪乎此數者誠無從得而知之者也凡百機微如此比類者必用遺漏有所未詳也如此則至忠

之臣者得不輔佐視聽以起竊遺忘乎

典語　陸景

爵祿賞罰人主之威柄帝王之所以爲尊者也故爵祿不可不重重之則居之者貴輕之則處之者賤居之者貴則君子慕義取之者賤則小人覬覦君子慕義治道之兆小人覬覦亂政之漸也易曰聖人之大寶曰位何以守位曰人故先王重於爵位愼於官人制爵必俟有德班祿必施有功是以見其爵者昭其德聞其祿者知

其功然猶誡以威罰勸以黜陟顯以錫命耀以車服故朝無曠官之譏士無尸祿之責矣夫無功而受祿君子猶不可況小人乎孔子所以耻稟丘之封而惡季氏之富也故曰富與貴是人之所欲不以其道得之不處苟得其志執鞭可爲苟非其道卿相猶避明君不可以虛授人臣亦不可以苟受也書曰天工人其代之是以聖帝明王重器與名尤愼官人故周褒申伯吉甫著誦祈父失職詩人作刺王商爲宰單于震畏千秋登相匈奴輕漢推此言之官人封爵不可不愼也官得其人方類相求雖在下位士以爲榮也俗以貨成位失其守雖則三公士以爲辱也故王陽在位貢公彈冠王許並立班伯耻之天子據率土之資總三才之任以制御六合統理羣生固未易爲也是以聖帝明王憂勞待旦勤於日昃未有不汲汲於求賢勤勤於遠惡者也故大舜招二八於唐朝投四凶於荒裔殛鯀不嫌登禹親仁也舉子不爲宥父遠惡也以能

昭德立化爲百王之命也夫世之治亂國之安危非由他也俊乂在官則治道淸姧佞干政則禍亂作故王者任人不可不愼也得人之道蓋在於敬賢而誅惡也敬一賢則衆賢悅誅一惡則衆惡懼昔魯誅少正佞人變行燕禮郭隗羣士嚮至此非其效與然人主處於深宮之中生於禁闥之內眼不親見臣下之得失耳不親聞賢愚之否臧焉知臣下誰忠誰否誰是誰非須當留思隱括聽言觀行驗之以實効之以事能

推事効實則賢愚明而治道清矣
王者所以稱天子者以其號令政治法天而行故也夫天之育萬物也耀之以日月紀之以星辰運之以陰陽成之以寒暑震之以雷霆潤之以雲雨天不親事而萬事歸功者以所任者得其宜也然握璿璣御七辰調四時制五行此蓋天子之所爲任者也孔子曰唯天爲大唯堯則之帝王之盛莫過虞舜帝堯之末洪水有滔天之災烝民有昏墊之憂於是咨嗟四岳擧及側

陋虞舜既登百揆時敘二八龍騰並幹唐朝故能揚嚴億載冠德百王舜既受終並簡俊德咸列庶官從容垂拱身無一勞而庶事歸功光炎百世者所任得其人也
天子所以立公卿大夫列士之官者非但欲備員數設虛位而已也以天下至廣庶事總猥非一人之身所能周理故分官別職各守其位事有大小故官有尊卑人有優劣故爵有等級三公者帝王之所杖也自非天下之俊德當世之

各得下其字疑衍

良材即不得而處其任處其任者必荷其責在其任者必知所職夫臣輔社稷佐日揚光燮齊七政宣化四方此三公之職籩豆之事則有司存大臣不親細事猶周鼎不調小味也故書曰元首叢脞哉股肱惰哉庶事墮哉此之謂也陳平曰宰相者上佐天子下理陰陽外撫四夷諸侯內親附百姓使卿大夫各得其任其職也可謂知其任者也
天下至廣萬機至繁人主以一人之身處重仭

之內而御至廣之士聽至繁之政安知萬國之聲息民俗之動靜乎故古之聖帝立輔弼之臣列官司之守勸之以爵賞誡之以刑罰故明誡以効其功考績以核其能德高者位尊才優者任重人主總君議以觀衆智杖忠賢而布政化廣必周雖繁必理何則御之有此具也夫君稱元首臣云股肱明大臣與人主一體者也堯明俊德守位以人所以強四支而輔體也其爲己

登階之間恐有脫字

用豈細也哉苟非其選器不虛假苟得其人委
之無疑君之任臣如身之信手臣之事君亦宜
如手之擊身安則共樂痛則同憂其上下協心
以治世事不俟命而自勤不求容而自親何則
相信之忠著也是以天子改容於大臣所以重
之也人臣盡命於君上所以報德也寵之以爵
級而天下莫不尊其位任之以重器天下莫不
敬其人顯之以車服天下莫不瞻其榮者以其
荷光景於辰耀登階於天路也若此之人進退

必足以動天地而應列宿也故選不可以不精
任之不可以不信進不可以不禮退之不可以
權辱昔賈生嘗陳階級而文帝加重大臣每賢
其遺言博引古今文辭雅偉眞君人之至道王
臣之碩謨也
夫料才覈能治世之要也凡人之才用有所周
能有偏達自非聖人誰兼資百行備貫衆理乎
故明君聖主裁而用焉昔舜命羣司隨才守位
漢述功臣三傑異稱況非此儔而可備責乎且

採疑採

造父善御師曠知音皆古之至奇也使其探事
易伎則彼此俱屈何則才有偏達也人之才能
率皆此類不可不料也若任得其才才堪其任
而國不治者未之有也或有用士而不能以治
者既任之不盡其才不覈其能故功難成而世
不治也馬無輦重之任牛無千里之迹違其本
性責其効事豈可得哉使韓信下帷仲舒當戎
于公馳說陸賈聽訟必無曩時之勲而顯今日
之名也何則素非才之所長也推此論之何可

無下恐有脫字

不料哉
政有宜於古而不利於今有長於彼而不行於
此者風移俗易每世則變故結繩之治五帝不
行三代損益政法不同隨時改制所以救弊也
易曰隨時之義大矣哉孔子曰不教民戰是謂
弃之司馬法曰國雖大好戰必亡天下雖安忘
戰必危明用武有時昔秦杖威用武卒成王業
吞滅六國帝有天下而不斟酌唐虞以美其治
損益三代以御其世爾乃廢先聖之教任殘酷

之政阻兵行威暴虐海內故百姓怨毒雄桀奮起至於二世社稷湮滅非武不能取而所守之者非也傳曰夫兵猶火也不戢將自焚秦無戢兵之慮故有自焚之禍好戰必亡此之謂也徐偃王好行仁義不修武備楚人伐之身死國滅天下雖安武不可廢況以區區之徐處爭奪之世乎忘戰必危此之謂也漢高帝發跡泗水龍起豐沛仁以懷遠武以弭難任奇納策遂掃秦項被以惠澤飾以文德文武並作祚流世長此

高帝之舉也秦漢俱杖兵用武以取天下漢何以昌秦何以亡秦知取而不知守漢取守之具備矣乎中世孝武以成功恢帝綱元成以儒術失皇綱德不堪也王莽之世內尚文章外繕師旅立明堂之制修辟廱之禮招集儒學思遵古道文武之事備矣然而命絕於漸臺支解於漢刄者豈文武之不能治世哉而用之者拙也班輸騁功於利器拙夫操刀而傷手非利器有害於工匠而夫膏粱旨饌時或生疾針艾藥石時或瘳疾故體病則攻之以針艾疾瘳則養之以膏粱文武之道亦猶是矣世亂則威之以師旅道治則被之以文德

天生烝民授之以君所以綜理四海收養品庶也王者據天位御萬國臨兆民之衆有率土之資此所以尊者也然宮室壯觀出於民力器服珍玩生於民財千乘萬騎由於民衆無此三者則天子魁然獨在無所爲尊者也明主智君階民以爲尊國須政而後治其恤民也憂勞待旦

日側忘飡恕己及下務在博愛臨御華殿軒檻華美則欲民皆有容身之宅廬室之居窈窕盈堂美女侍側則欲民皆有配匹之偶室家之好肥肉淳酒珠膳玉食則欲民皆有餘糧之資充飢之飴輕裘累煖衣裳重襲則欲民皆有溫身之服禦寒之備凡四者生民之本性人情所共有故明主樂之於上亦欲士女歡之於下是以仁惠廣洽家安厥所臨軍則士忘其死御政則民戴其化此先王之所以豐動祚享長期者也

若居無庇首之廬，家無配匹之偶，户無充飢之食，身無蔽形之衣，婚姻無以致娉，死葬無以相卹，飢寒入於腸骨，悲愁出於肝心，雖百舜不能杜其怨聲，千堯不能成其治迹。是以明主御世，恤民養士，恕下以身，自近及遠，化通宇宙，丕懼民之不安，故能康厥世治，播其德教焉。

羣書治要卷第四十八

羣書治要卷第四十九

秘書監鉅鹿男臣魏徵等奉　勅撰

傅子　傅玄

治國有二柄，一曰賞，二曰罰。賞者，政之大德也；罰者，政之大威也。人所以畏天地者，以其能生而殺之也。爲治審持二柄，能使殺生不妄，則其威德與天地並矣。信順者，天地之正道也；詐逆者，天地之邪路也。民之所好，莫甚於生；所惡，莫甚於死。善治民者，開其正道，因所好而賞之，則民樂其德也；塞其邪路，因所惡而罰之，則民畏

其威矣。善賞者，賞一善而天下之善皆勸；善罰者，罰一惡而天下之惡皆懼者，何？賞公而罰不貳也。有善雖疏賤必賞，有惡雖貴近必誅，可不謂公而不貳乎？若賞一無功，則天下飾詐矣；罰一無罪，則天下懷疑矣。是以明德慎賞，而不肯輕之；明德慎罰，而不肯忽之。夫威德者，相須而濟者也。故獨任威刑而無德惠，則民不樂生；獨任德惠而無威刑，則民不畏死。民不樂生，不可

得而敎也民不畏死不可得而制也有國立政能使其民可敎可制者其唯威德足以相濟者乎

賢者聖人所與共治天下者也故先王以擧賢爲急擧賢之本莫大正身而壹其聽身不正聽不壹則賢者不至雖至不爲之用矣古之明君簡天下之良材擧天下之賢人豈家至而戶閱之乎開至公之路秉至平之心執大象而致之亦云誠而已矣夫任誠天地可感而况於人乎

傅說巖下之築夫也高宗引而相之呂尚屠釣之賤老也文武尊而宗之陳平項氏之亡臣也高祖以爲腹心四君不以小疵忘大德三臣不以疏賤而自疑其建帝王之業不亦宜乎文王內擧周公旦天下不以爲私其子外擧太公望天下稱其公周公誅弟而典刑立桓公任讎而齊國治苟其無私他人之與骨肉其於誅賞豈二法哉唯至公然後可以擧賢也夏禹有言知人則哲惟帝其難之因斯以談君莫賢於高祖

士上有亡字　相取作將相可取　滕公下有而誅之三字　子下有也字

臣莫奇於韓信高祖在巴漢困矣韓信去楚而亡窮矣夫以高祖之明困而思士信之奇材窮而願進其相遭也宜萬里響應不移景而相取矣然信歸漢歷時而不見知非徒不見知而已又將案法而誅之向不遇滕公則身不免於戮死不値蕭何則終不離於亡命幸而得存固水濱之餓夫市中之怯子又安得市人可驅而立乎天下之功也哉蕭何一言而不世之交合定傾之功立豈蕭何知人之明絕於高祖而韓信

求進之意曲於蕭何乎尊卑之勢異而高下之處殊也高祖勢尊而處高故思進者難蕭何勢卑而處下故自納者易然則居尊高之位者其接人之道固難而在卑下之地者其相知之道固易矣昔人知居上取士之難故虛心而下聽知在下相接之易故因人以致人舜之擧咎陶難得咎陶致天下之士易湯之擧伊尹難得伊尹致天下之士易故擧一人而聽之者王道也擧二人而聽之者霸道也擧三人而聽之者僅

下既得二字無

存之道也聽一人何以王也任明而致信也聽二人何以霸也任術而設疑也聽三人何以僅存也從二而求一也明主任人之道專致人之道博任人道專故邪不得間致人之道博故下無所壅任人之道不專則讒說起而異心生致人之道不博則殊塗塞而良材屈使舜未得咎陶湯未得伊尹而不求賢則上下不交而大業廢矣既得咎陶既得伊尹而又人人自用是代大匠斲也君臣易位勞神之道也今之人或抵掌而言稱古多賢患世無人退不自三省而坐誣一世豈不甚耶夫聖人者不世而出者也賢能之士何世無之何以知其然舜興而五臣顯武王興而九賢進齊桓之霸管仲爲之謀秦孝之強商君佐之以法欲王則王佐至欲霸則霸臣出欲富國強兵則富國強兵之人往求無不得唱無不和是以天下之不乏賢也顧求與不求耳何憂天下之無人乎

夫裁徑尺之帛刋方寸之木不任左右必求良工者裁帛刋木非左右之所能故也徑尺之帛方寸之木薄物也非良工不能裁之況帝王之佐經國之任可不審擇其人乎故構大廈者先擇匠然後簡材治國家者先擇佐然後定民大匠構屋必大材爲棟梁小材爲榱橑苟有所中尺寸之木無弃也非獨屋有棟梁國家亦然大德爲宰相此國之棟梁也審其棟梁則經國之本立矣經國之本立則庶官無曠而天工時叙矣

價作賈

舊無其字補之

天下之害莫甚於女飾上之人不節其耳目之欲殫生民之巧以極天下之變一首之飾盈千金之價婢妾之服兼四海之珍縱欲者無窮用力者有盡用有盡之力逞無窮之欲此漢靈之所以失其民也上欲無節衆下肆情淫奓並興而百姓受其殃毒矣嘗見漢末一筆之柙雕以黃金飾以和璧綴以隨珠發以翠羽此筆非文犀之植必象齒之管豐狐之柱秋兔之翰用之者必被珠繡之衣踐雕玉之履由是推之其極

域外漢籍珍本文庫

靡不至矣。然公卿大夫刻石爲碑，鐫石爲虎，碑虎崇僞，陳於三衢，妨功喪德，異端並起，衆邪之亂正若此，豈不哀哉。夫經國立功之道有二，一曰息欲，二曰明制。欲息制明，而天下定矣。

夫商賈者，所以伸盈虛而獲天地之利，通有無而壹四海之財。其人可甚賤，而其業不可廢。蓋衆利之所充，而積僞之所生，不可不審察也。古者民樸而化淳，上少欲而下尠僞，衣足以暖身，食足以充口，器足以給用，居足以避風雨，養以

大道而民樂其生，敦以大質而下無逸心。日中爲市，民交易而退，各得其所，蓋化淳也。曁周世殷盛，承變極文，而重爲之防，國有定制，下供常事，役賦有恆，而業不廢，君臣相與，一體上下，譬之形影，官恕民忠，而恩侔父子，上不徵非常之物，下不供非常之求，君不索無用之寶，民不鬻無用之貨，自公侯至于皁隷僕妾，尊卑殊禮，貴賤異等，萬機運於上，百事動於下，而六合晏如者，分數定也。夫神農正其綱，先之以無欲，而咸

典作正　而廢至末利八字無　內作罔　乎作半　瘁舊作瘁改之

安其道；周綜其目，壹之以中典，而民不越法。及秦亂四民，而廢常賤，競逐末利，而弃本業，苟合壹切之風起矣。於是士樹姦於朝，賈窮僞於市，臣挾邪以內其君，子懷利以詐其父，一人唱欲，而億兆和，上逞無厭之欲，下充無極之求，都有專市之賈，邑有傾世之商，商賈富乎公室，農夫伏於隴畝而墮溝壑，上愈增無常之好以徵下，下窮死而不知所歸，哀夫。且末流滥溢而本源竭，纖靡盈市而穀帛罄，其勢然也。古言非典義，

學士不以經心，事非田桑，農夫不以亂業，器非時用，工人不以措手，物非世資，商賈不以適市，士思其訓，農思其務，工思其用，賈思其常，是以上用足而下不匱。故壹野不如壹市，壹市不如壹朝，壹朝不如一用，一用不如上息欲，上息欲而下反眞矣。不息欲於上，而欲於下之安靜，此猶縱火焚林，而索原野之不彫瘁，難矣。故明君，止欲而寬下，急商而緩農，貴本而賤末，朝無蔽賢之臣，市無專利之賈，國無擅山澤之民，一臣

商賈專利作一商賈利

蔽賢、則上下之道壅、商賈專利、則四方之資困、
民擅山澤、則兼并之路開、兼并之路開、而上以
無常役、下賦一物、非民所生、而請於商賈、則民
財暴賤、民財暴賤、而非常暴貴、非常暴貴、則本
竭而末盈、末盈本竭、而國富民安、未之有矣、
昔者聖人之崇仁也、將以興天下之利也、利或
不興、須仁以濟、天下有不得其所、若己推而委
之於溝壑然、夫仁者、蓋推己以及人也、故己所
不欲、無施於人、推己所欲、以及天下、推己心孝

於父母、以及天下、則天下之爲人子者、不失其
事親之道矣、推己心有樂於妻子、以及天下、則
天下之爲人父者、不失其室家之歡矣、推己之
不忍於飢寒、以及天下之心、含生無凍餒之憂
矣、此三者、非難見之理、非難行之事、唯不內推
其心、以恕乎人、未之思耳、夫何遠之有哉、古之
仁人、推所好、以訓天下、而民莫不尚德、推所惡
以誡天下、而民莫不知恥、孔子曰、仁遠乎哉、我
欲仁、斯仁至矣、此之謂也、若子方惠及於老馬、

西巴不忍而放麑、皆仁之端也、推而廣之、可以
及乎遠矣、
蓋天地著信、而四時不悖、日月著信、而昏明有
常、王者體信、而萬國以安、諸侯秉信、而境內以
和、君子履信、而厥身以立、古之聖君賢佐、將化
世美俗、去信須臾、而能安上治民者、未之有也、
夫象天則地、履信思順、以壹天下、此王者之信
也、據法持正、行以不貳、此諸侯之信也、言出乎
口、結乎心、守以不移、以立其身、此君子之信也、

心作誹

先作遇

講信修義、而人道定矣、若君不信、以御臣、臣不
信以奉君、父不信以敎子、子不信以事父、夫不
信以遇婦、婦不信以承夫、則君臣相疑於朝、父
子相疑於家、夫婦相疑於室矣、小大混然而懷
姧心、上下紛然而競相欺、人倫於是亡矣、夫信
由上而結者也、故君以信訓其臣、則臣以信忠
其君、父以信誨其子、則子以信孝其父、夫以信
先其婦、則婦以信順其夫、上秉常以化下、下服
常而應上、其不化者、百未有一也、夫爲人上竭

赧下有者字
信斯作信思

至誠開信以待下、則懷信者歡然而樂進、不信者赧然而回意矣、老子不云乎、信不足焉、有不信也、故以信待人、不信思信、不信待人、信斯不信、況本無信者乎、先王欲下之信也、故示之以款誠、而民莫欺其上、申之以禮教、而民篤於義矣、夫以上接下、而以不信隨之、是亦日夜見災也、周幽以詭烽滅國、齊襄以瓜時致殺、非其顯乎、故禍莫大於無信、無信則不知所親、不知所親則左右書己之所疑、況天下乎、信者亦疑、不

信亦疑、則忠誠者喪心而結舌、懷姦者飾邪以自納、此無信之禍也、

傅子曰、能以禮教興天下者、其知大本之所立乎、夫大本者、與天地並存、與人道俱設、雖蔽天地、不可以質文損益變也、大本有三、一曰君臣、以立邦國、二曰父子、以定家室、三曰夫婦、以別內外、三本者立、則天下正、三本不立、則天下不可得而正、天下不可得而正、則有國有家者亟亡、而立人之道廢矣、禮之大本、存乎三者、可不

賊作賤

謂之近乎、用之而蔽天地、可不謂之遠乎、由近以知遠、推己以況人、此禮之情也、

商君始殘禮樂、至乎始皇、遂滅其制、賊九族、破五教、獨任其威刑酷暴之政、內去禮義之教、外無列國之輔、日縱桀紂之淫樂、君臣競留意於刑書、雖荷戟百萬、石城造天、威凌滄海、胡越不動、身死未收、姦謀內發、而太子已死於外矣、胡亥不覺、二年而滅、曾無盡忠效節之臣以救其難、豈非敬義不立、和愛先亡之禍也哉、禮義者、

危敗作危毀

先王之藩衛也、秦廢禮義、是去其藩衛也、夫齎不訾之寶、獨宿於野、其為危敗、甚於累卵、方之於秦、猶有泰山之安、易曰、上慢下暴、盜思伐之、其秦之謂與、

立善防惡謂之禮、禁非立是謂之法、法者所以正不法也、明書禁令曰法、誅殺威罰曰刑、治世之民、從善者多、上立德而下服其化、故先禮而後刑也、亂世之民、從善者少、上不能以德化之、故先刑而後禮也、周書曰、小乃不可不殺、乃有

侮上疑脫威字

大罪非終乃惟眚裁然則心惡者雖小必誅意善過誤雖大必赦此先王所以立刑法之本也禮法殊塗而同歸賞刑遞用而相濟矣是故聖帝明王惟刑之恤惟敬五刑以成三德若乃暴君昏主刑殘法酷作五虐之刑設炮烙之辟而天下之民無所措其手足矣故聖人傷之乃建三典殊其輕重以定厥中司寇行刑君為之不舉樂哀矜之心至也八辟議其故而宥之仁愛之情篤也柔愿之主聞先王之有哀矜仁愛議獄緩死也則妄輕其刑而赦元惡刑妄輕則威政墮而法易犯元惡赦則姦人興而善人困剛猛之主聞先王之以五刑糺萬民舜誅四凶而天下服也於是峻法酷刑以侮天下罪連三族戮及善民無辜而死者過半矣下民怨而思叛諸侯乘其弊而起萬乘之主死於人手者失其道也齊秦之君所以威制天下而或不能自保其身何也法峻而教不設也末儒見峻法之生叛則去法而純仁偏法見弱法之失政則去仁

法刑之法疑任字誤

衒作衙

既食於人四字無

故作欲

而法刑此法所以世輕世重而恒失其中也爵祿者國柄之本而貴富之所由不可以不重也然則爵非德不授祿非功不與二教既立則良士不敢以賤德受貴爵勞臣不敢以微功受重祿況無德無功而敢虛于爵祿之制乎然則先王之用爵祿不可謂輕矣夫爵者位之級而祿者官之實也級有等而稱其位實足利而周其官此立爵祿之分也爵祿之分定必明選其人而重用之德貴功多者受重爵大位厚祿尊官德淺功寡者受輕爵小位薄祿卑官厚足以衒宗黨薄足以代其耕居官奉職者坐而食於人既食於人不敢以私利經心既受祿於官而或營私利則公法繩之於上而顯議廢之於下是以仁讓之教存廉耻之化行貪鄙之路塞嗜欲之情滅百官各敬其職大臣論道於朝公議日興而私利日廢矣明君必順善制而後致治非善制之能獨治也必須良佐有以行之也故治其民而不省其事則事繁而職亂知省其職

吏作利
無天字

主上有
人字

而不知節其吏厚其祿也則天下力既竭而上猶未供薄其祿也則吏競背公義營私利此教之所以必廢而不行也凡欲爲治者無不欲其吏之清也不知所以致清而求其清此猶滑其源而望其流之潔也知所以致清則雖舉盜跖不敢爲非不知所以致清則雖舉夷叔必犯其制矣夫授夷叔以事而薄其祿近不足以濟其身遠不足以及室家父母餓於前妻子餒於後不營則骨肉之道虧營之則奉公之制犯骨肉

之道虧則怨毒之心生怨毒之心生則仁義之理衰矣使夷叔有父母存無以致養必不採薇於首陽顧公制而守死矣由此言之吏祿不重則夷叔必犯矣夫弃家門委身於公朝榮不足以庇宗人祿不足以濟家室骨肉怨於內交黨離於外仁孝之道虧名譽之利損能守志而不移者鮮矣主不詳察聞其怨興於內而交離於外薄其名必時黜其身矣家困而身黜不移之士不顧私門之怨不憚遠近之謫死而後已不

基疑墓

改其行上不見信於君下不見明於俗遂委死溝壑而莫之能知也豈不悲夫天下知爲清之若此則改行而從俗矣清者化而爲濁善者變而陷於非若此而能以致治者未之聞也

昔先王之興役賦所以安上濟下盡利用之宜是故隨時質文不過其節計民豐約而平均之使力足以供事財足以周用乃立壹定之制以爲常典甸都有常分諸侯有常職焉萬國致其貢器用殊其物上不興非常之賦下不進非常

之貢上下同心以奉常教民雖輸力致財而莫怨其上者所務公而制有常也戰國之際弃德任威競相吞代而天下之民困矣秦弁海內遂滅先王之制行其暴政內造阿房之宮繼以驪山之役外築長城之限重以百越之戍賦過太半傾天下之財不足以盈其欲役及閭左竭天下之力不足以周其事於是蓄怨積憤同聲而起陳涉項梁之疇奮劒大呼而天下之民響應以從之驪山之基未閉而敵國已收其圖籍矣

昔者東野畢御、盡其馬之力、而顔回知其必敗、況御天下、而可盡人之力也哉、夫用人之力、歳不過三日者、謂治平無事之世、故周之典制載焉、若黄帝之時、外有赤帝蚩尤之難、內設舟車門衛甲兵之備、六興大役、再行天誅、居無安處即天下之民、亦不得不勞也、勞而不怨、用之至平也、禹鑿龍門、闢伊闕、築九山、滌百川、過門不入、薄飲食、卑宮室、以率先天下、天下樂盡其力、而不敢辭勞者、儉而有節、所趣公也、故世有事、

即役煩而賦重、世無事、即役簡而賦輕、役簡賦輕、則奉上之禮宜崇、國家之制宜備、此周公所以定六典也、役煩賦重、即上宜損制以恤其下、事宜從省以致其用、此黄帝夏禹之所以成其功也、後之爲政、思黄帝之至平、夏禹之積儉、周制之有常、隨時益損、而息耗之、庶幾雖勞而不怨矣、

畏作威

虎至猛也、可畏而服、鹿至麤也、可教而使、木至勁也、可柔而屈、石至堅也、可消而用、況人含五

使下作使天下

常之性、有善可因、有惡可改者乎、人之所重、莫重乎身、貴教之道行、士有伏節成義、死而不顧者矣、此先王因善教義、因義而立禮者也、因善教義、故義成而教行、因義立禮、故禮設而義通、若夫商韓孫吳、知人性之貪得樂進、而不知兼濟其善、於是束之以法、要之以功、使下唯力是恃、唯爭是務、恃力務爭、至有探湯赴火而忘其身者、好利之心獨用也、人懷好利之心、則善端沒矣、中國所以常制四夷者、禮義之教行也、失

其所以教、則同乎夷狄矣、其所以同、則同乎禽獸矣、不唯同乎禽獸、亂將甚焉、何者、禽獸保其性然者也、人以智役力者也、智役力而無教節、是智巧日用、而相殘無極也、相殘無極、亂孰大焉、不濟其善、而唯力是恃、其不大亂、幾稀耳、人之性、避害從利、故利出於禮讓、即修禮讓、利出於力爭、則任力爭、修禮讓、則上安下順而無侵奪、任力爭、則父子幾乎相危、而況於悠悠者乎、上好德則下修行、上好言則下飾辯、修行則仁

義興焉、飾辯則大僞起焉、此必然之徵也、德者難成而難見者也、言者易撰而易悅者也、先王知言之易、而悅之者衆、故不尚焉、不尊賢尚德、舉善以教、而以一言之悅取人、則天下之弃德飾辯、以要其上者不尠矣、何者、德難爲而言易飾也、夫貪榮重利、常人之性也、上之所好、榮利存焉、故上好之、下必趣之、趣之不已、雖死不避也、先王知人有好善尚德之性、而又貪榮而重利、故貴其所尚、而抑其所貪、貴其所尚、故禮讓興、抑其所貪、故廉耻存、夫榮利者可抑而不可絕也、故明爲顯名高位、豐祿厚賞、使天下希而慕之、不修行崇德、則不得此名、不居此位、不食此祿、不獲此賞、此先王立教之大體也、夫德修之難、不積其實、不成其名、夫言撰之易、合所悅而大用、修之不久、所悅無常、故君子不貴也、

立德之本、莫尚乎正心、心正而後身正、身正而後左右正、左右正而後朝廷正、朝廷正而後國家正、國家正而後天下正、故天下不正、修之國

家、國家不正、修之朝廷、朝廷不正、修之左右、左右不正、修之身、身不正、修之心、所修彌近、而所濟彌遠、禹湯罪己、其興也勃焉、正心之謂也、心者神明之主、萬理之統、動而不失正、天地可感、而況於人乎、況於萬物乎、夫有正心、必有正德、以正德臨民、猶樹表望影、不令而行、大雅云、儀形文王、萬邦作孚、此之謂也、有邪心、必有枉行、以枉行臨民、猶樹曲表、而望其影之直、若乃身坐廊廟之內、意馳雲夢之野、臨朝宰事、情繫曲房之娛、心與體離、情與志乖、形神且不相保、孰左右之能正乎哉、忠正仁理存乎心、則萬品不失其倫矣、禮度儀法存乎體、則遠邇內外咸知所象矣、古之大君子、修身治人、先正其心、自得而已矣、能自得則無不得矣、苟自失則無不失矣、無不得者、治天下有餘、故否則保身居正、終年不失其和、達則兼善天下、物無不得其所、無不失者、營妻子不足、故否則是己非人、而禍逮乎其身、達則縱情用物、而殃及乎天下、昔者有

視用人作用是人

虞氏彈五絃之琴，而天下樂其和者，自得也。秦始皇築長城之塞以爲固，禍機發於左右者，自失也。夫推心以及人，而四海蒙其佑，則文王其人也。不推心慮用天下，則左右不可保，亡秦是也。秦之虣君目玩傾城之色，天下男女怨曠而不肯恤也，耳淫亡國之聲，天下小大哀怨而不知撫也，意盈四海之外，口窮天下之味，宮室造天而起，萬國爲之憔瘁，猶未足以逞其欲，唯不推心以況人，故視用人如用草芥，使用人如用

己惡有不得其性者乎？古之達治者，知心爲萬事主，動而無節則亂，故先正其心，其心正於內而後動靜不妄，以率先天下，而後天下履正，而咸保其性也。斯遠乎哉，求之心而已矣。

夫能通天下之志者，莫大乎至公，能行至公者，莫要乎無忌心，唯至公，故近者安焉，遠者歸焉，枉直取正，而天下信之，唯無忌心，故進者自盡而退不懷疑，其道泰然，浸潤之譖，不敢干也。虞書曰：闢四門，則天下之人，輻湊其庭矣。明四目，

未作夫皆樂之樂無

則天下之人，樂爲之視矣。達四聰，則天下之人，樂爲之聽矣。江海所以能爲百谷王者，以其不逆之也。苟有所逆，衆流之不至者多矣。衆流不至者多，則無以成其深矣。夫有公心，必有公道，有公道，必有公制。丹朱商均，子也，不肖，堯舜黜之，管叔蔡叔，弟也，爲惡，周公誅之，苟不善，雖子弟不赦，則於天下無所私矣。鯀亂政，舜殛之，禹聖明，舉用之，戮其父而授其子，則於天下無所忌矣。石厚，子也，石碏誅之，冀缺，讎也，晉侯舉之，

是之謂公道。未在人上，天下皆樂爲之用，無遠無近，苟所懷得達，死命可致也。唯患衆流異源，清濁不同，愛惡相攻，而親疏黨別，上之人，或有所好所好之流獨進，而所不好之流退矣。通者一而塞者萬，則公道廢而利道行矣。於是天下之志，塞而不通，欲自納者，因左右而達，則權移左右，而上勢分矣。昧於利者，知趣左右之必通，必變業以求進矣。昧利者變業，而黨成正士守志而日否，則雖見者盈庭，而上之所開實寡，外

舊無法字補之

倦於人而內寡閒此自閉之道也故先王之教進賢者為上賞蔽賢者為上戮順禮者進逆法者誅設誹謗之木容狂狷之人任公而去私內恕而無忌是之謂公制也公道行則天下之志通公制立則私曲之情塞矣

凡有血氣苟不相順皆有爭心隱而難分微而害深者莫甚於言矣君人者將和衆定民而殊其善惡以通天下之志者也聞言不可不審也聞言未審而以定善惡則是非有錯而飾辯巧

言之流起矣故聽言不如觀事觀事不如觀行聽言必審其本觀事必挍其實觀行必考其迹參三者而詳之近少失矣問曰漢之官制皆用秦法秦不二世而滅漢二十餘世而後亡者何也答曰其制則同用之則異秦任私而有忌心法峻而惡聞其失任私者怨有忌心則天下疑法峻則民不順之惡聞其失則過不上聞此秦之所以不二世而滅也漢初入秦約法三章論功定賞先封所憎約法三章公而簡也先封所

尚下有寬字

然下有愛字

憎無忌也雖網漏吞舟而百姓安之者能通天下之志得其略也世尚簡尊儒貴學政雖有失能容直臣簡則不苛寬則衆歸之尊儒貴學則民篤於義能容直臣則上之失不害於下而民之所患上聞矣自非聖人焉無失失而能改則所失少矣心以為是故言行由之其或不是不自知也先王患人之不自知其失而處尊者天下之命在焉順之則生逆之則死順而無節則諂諛進逆而畏死則直道屈明主患諛己者衆

而無由聞失也故開敢諫之路納逆己之言苟所言出於忠誠雖事不盡是猶歡然之所通直言之塗引而致之非為名也以為直言不聞則己之耳目塞耳目塞於內諛者順之於外此三季所以至亡而不自知也周昌比高祖於桀紂而高祖託以愛子周亞夫申軍令而太宗為之不驅朱雲折檻辛慶忌叩頭流血斯乃寬簡之風漢所以歷年四百也

天下之福莫大於無欲天下之禍莫大於不知

周疑閒

足無欲則無求無求者所以成其儉也不知足則物莫能盈其欲矣莫能盈其欲則雖有天下所求無已所欲無極矣海内之物不益萬民之力有盡縱無已之求以滅不益之物逞無極之欲而役有盡之力此殷士所以倒戈於牧野秦民所以不期而周叛曲論之好奢而不足者豈非天下之大禍耶

民富則安貧則危明主之治也分其業而壹其事業分則不相亂事壹則各盡其力而不相亂

則民必安矣重親民之吏而不數遷重則樂其職不數遷則志不流於他官樂其職而志不流於他官則盡心恤其下盡心以恤其下則民必安矣附法以寬民者賞尅法以要名者誅寬民者賞則法不虧於下尅民者誅而名不亂於上則民必安矣量時而置官則吏省而民供吏省則精精則當才而不遺力民則供順供順則思義而不背上上愛其下下樂其上則民必安矣篤鄉閭之教則民存知相恤而亡知相救存相

民而下恐有闕文

弱上下恐有脫字

恤而亡相救則鄰居相恃懷土而無遷志鄰居相恃懷土無遷志則民必安矣度時宜而立制量民力以役賦役賦有常上無橫求則事事有儲而并兼之際塞事有儲并兼之際塞則民必安矣圖遠必驗之近興事必度之民知稼穡之艱難重用其民如保赤子則民必安矣職業無分事務不壹職荒事廢相督不已若是者民危親民之吏不重有資者無勞而數遷競營私以害公飾虛以求進仕宦如寄視用其民如用路

人若是者民危以法寬民者不賞尅民為能者必進下力盡矣而用之不已若是者民危吏多而民不能供上下不相樂若是者民危鄉閭無教存不相恤而亡不相救若是者民危不度時而立制不量民而役賦無常橫求相仍弱窮迫不堪其命若是者民危視遠而忘近興事不度於民不知稼穡艱難而轉用之如是者民危安民而上危民危而上安者未之有也虞書曰安民則惠黎民懷之其為治之要乎今之刺史古

之牧伯也今之郡縣古之諸侯也州總其統郡舉其綱縣理其目各職守不得相干治之經也夫彈枉正邪糺其不法擊一以警百者刺史之職也比物校成考定能否均其勞逸同其得失有大不可而後舉之者太守之職也親民授業平理百事猛以威吏寬以容民者令長之職也然則令長者最親民之吏百姓之命也國以民爲本親民之吏不可以不留意也

傅子曰利天下者天下亦利害天下者天下亦

害之利則利害則害無有幽深隱微無不報也仁人在位常爲天下所歸者無他也善爲天下興利而已矣

劉子問政傅子曰政在去私私不去則公道亡公道亡則禮教無所立禮教無所立則刑賞不用情刑賞不用情而下從之者未之有也夫去私者所以立公道也唯公然後可正天下傅子曰善爲政者天地不能害也而況於人乎堯水湯旱而人無菜色猶太平也不亦美乎晉饑矣

越恐當作所
仁人作仁而
深刑作深刻

僻而爲秦越禽人且害之而況於天地乎

傅子曰秦始皇之無道豈不甚哉視殺人如殺狗彘狗彘仁人用之猶有節始皇之殺人觸情而已其不以道如是而李斯又深刑峻法隨其指而妄殺人秦不二世而滅李斯無遺類以不道遇人人亦以不道報之人雖之天絕之行無道未有不亡者也或曰漢太宗除肉刑可謂仁乎傅子曰匹夫之仁非王天下之仁也夫王天下者大有濟者也非小不忍之謂也先王之制

殺人者死故生者懼傷人者殘其體故終身懲所刑者寡而所濟者衆故天下稱仁焉今不忍殘人之體而忍殺之既不類傷人刑輕是失其所以懲也失其所以懲則易傷人人易相傷亂之漸也猶有不忍人心故曰匹夫之仁也

傅子曰古之賢君樂聞其過故直言得至以補其闕古之忠臣不敢隱君之過故有過者知所以改其戒不改以死繼之不亦至直乎

傅子曰至哉季文子之事君也使惡人不得行

（常下有由字　推役修作推修　割作剖　上惑疑衍）

其境內況在其君之側乎推公心而行直道有臣若此其君稀陷乎不義矣

傅子曰正道之不行常佞人亂之也故桀信其佞臣推役修以殺其正臣關龍逄而夏以亡紂信其佞臣惡來以割其正臣王子比干之心而殷以亡曰惑佞之不可用如此何惑者之不息也傅子曰佞人善養人私欲也故多私欲者悅之唯聖人無私欲賢者能去私欲也有見人之私欲必以正道矯之者正人之徒也違正而從之者佞人之徒也自察其心斯知佞正之分矣

或問佞孰為大傅子曰行足以服俗辯足以惑衆言必稱乎仁義隱其惡心而不可卒見伺主之欲微合之得其志敢以非道陷善人稱之有術飾之有利非聖人不能別此大佞也其次心不欲為仁義言亦必稱之行無大可非動不違乎俗合主所欲而不敢正也有害之者然後陷之最下佞者行不顧乎天下唯求主心使文巧辭自利而已顯然害善行之不怍若四凶可謂大佞者也若安昌侯張禹可謂次佞也若趙高石顯可謂最下佞者也大佞形隱為害深下佞形露為害淺形露猶不別之可謂至闇也已

治人之謂治正己之謂正人不能自治故設法以一之身不正雖有明法即民或不從故必正己以先之也然即明法者所以齊衆也正己者所以率人也夫法設而民從之者得所故也法獨設而無主即不行有主而不一則勢分一則順分則爭此自然之理也

（至明作至能）

天地至神不能同道而生萬物聖人至明不能一撿而治百姓故以異致同者天地之道也因物制宜者聖人之治也既得其道雖有詭常之變相害之物不傷乎治體矣水火之性相滅也善用之者陳釜鼎乎其間爨之煑之而能兩盡其用不相害也五味以調百品以成天下之物為火水者多矣若施釜鼎乎其間則何憂乎相害何患乎不盡其用也

羣書治要卷第四十九

羣書治要卷第五十

秘書監鉅鹿男臣魏徵等奉　勅撰

袁子正書　抱朴子

袁子正書　袁淮

禮政

治國之大體有四一曰仁義二曰禮制三曰法令四曰刑罰四本者具則帝王之功立矣所謂仁者愛人者也愛人父母之行也爲民父母故能興天下之利也所謂義者能辨物理者也物得理故能除天下之害也興利除害者則賢人之業也夫仁義禮制者治之本也法令刑罰者治之末也無本者不立無末者不成夫禮教之治先之以仁義示之以敬讓使民遷善日用而不知也儒者見其如此因謂治國不須刑法不知刑法承其下而後仁義興於上也法令者賞善禁淫居治之要會商韓見其如此因曰治國不待仁義不知仁義爲之體故法令行於下也是故導之以德齊之以禮則民有耻導之以政

齊之以刑則民苟免是治之貴賤者也先仁而後法先教而後刑是治之先後者也夫遠物難明而近理易知故禮讓緩而刑罰急是治之緩急也夫仁者使人有德不能使人知禁禮者使人知禁不能使人必仁故本之者仁明之者禮也必行之者刑罰也先王爲禮以達人之性理刑以承禮之所不足故以仁義爲不足以治者不知人性者也是故失教失教者無本也以刑法爲不可用者是不知情僞者也是故失威失

威者不禁也故有刑法而無仁義久則民忽民忽則怒也有仁義而無刑法則民慢民慢則姦起也故曰本之以仁成之以法使兩通而無偏重則治之至也夫仁義雖弱而持久刑殺雖強而速亡自然之治也

經國

先王之制立爵五等所以立蕃屏利後嗣者也是故國治而萬世安秦以列國之勢而幷天下於是去五等之爵而置郡縣雖有親子母弟皆爲匹夫及其衰一夫大呼而天下去及至漢家見亡秦之以孤特亡也於是大封子弟或連城數十廓地千里自關巳東皆爲王國力多而權重故亦有七國之難魏興以新承大亂之後民人損減不可則以古治於是封建侯王皆使寄地空名而無其實王國使有老兵百餘人以衛其國雖有王侯之號而乃儕於匹夫縣隔千里之外無朝聘之儀隣國無會同之制諸侯遊獵不得過三十里又爲設防輔監國之官以司察

之王侯皆思爲布衣不能得既違宗國蕃屏之義又虧親戚骨肉之恩昔武王既克殷下車而封子弟同姓之國五十餘然亦卜世三十卜年七百至乎王赧之後海內無主三十餘年故諸侯之治則輔車相持翼戴天子以禮征伐雖有亂君暴主若吳楚之君者不過恣睢其國惡能爲天下害乎周以千乘之賦封諸侯今也曾無一城之田何周室之奢泰而今日之儉少也豈古今之道不同而今日之勢然哉未之思耳夫

［治疑法］

物莫不有弊、聖人者豈能無衰、能審終始之道、
取其長者而已、今雖不能盡建五等、猶宜封諸
親戚、使少有土地、制朝聘會同之義、以合親戚
之恩、講禮以明其職業、黜陟以討其不然、如是
則國有常守、兵有常強、保世延祚、長久而有家
矣、

設官

古者三公論王職、六卿典事業、事大者官大、事
小者官小、今三公之官、或無事、或職小、又有貴

重之官、無治事之實、此官虛設者也、秦漢置丞
相九卿之官、以治萬機、其後天子不能與公卿
造事、外之而置尚書、又外之而置中書、轉相重
累、稍執機事、制百官之本、公卿之職遂輕、則失
體矣、又有兵士而封侯者、古之尊貴者、以職大
故貴、今列侯無事、未有無職而空貴者也、世衰
禮廢、五等散亡、故有賜爵封侯之賞、既公且侯、
失其制、今有卿相之才、居三公之位、修其治政、
以安寧國家、未必封侯也、而今軍政之法、斬一

牙門將者封侯、夫斬一將之功、孰與安寧天下
也、安寧天下者不爵、斬一將之功者封侯、失封
賞之意矣、夫離古意、制外內不壹、小大錯貿、轉
相重累、是以人執異端、窺欲無極、此治道之所
患也、先王置官、各有分職、使各以其屬達之於
王、自己職事、則是非精練、百官奏則下情不塞、［奏上似脫字］
先王之道也、

政略

夫有不急之官、則有不急之祿、國之蛑賊也、明

主設官、使人當於事、人當於事、則吏少而民多、
民多則歸農者衆、吏少則所奉者寡、使吏祿厚
則養足、則無求於民、無求於民、姦軌息矣、祿足
以代耕、則壹心於職、壹心於職、則政理、政理則
民不擾、民不擾則不亂其農矣、養生有制、送終
有度、嫁娶宴享、皆有分節、衣服食味、皆有品袠、
明設其禮而嚴其禁、如是則國無違法之民、財
無無用之費矣、此富民之大略也、非先王之法
行不得行、非先王之法言不得道、名不可以虛

求貴不可以僞得。有天下坦然知所去就矣。本行而不本名。責義而不責功。行莫大於孝敬。義莫大於忠信。則天下之人。知所以措身矣。此教之大略也。夫禮設則民貴行。分明則事不錯。民貴行則所治寡。事不錯則下靜壹。此富民致治之道也。禮重而刑輕則士勸。愛施而罰必則民服。士勸則忠信之人至。民服則犯法者寡。德全則教誠。教誠則感神。行深則著厚。著厚則流遠。尚義則同利者相覆。尚法則貴公者相刻。相刻則無親。相覆則無疏。措禮則政平。政平則民誠。設術則政險。政險則民僞。此禮義法術之情也。

論兵

夫爲政失道。可思而更也。兵者存亡之機。一死不可復生也。故曰。天下難事在於兵。今有人於此。力舉重鼎。氣蓋三軍。一怒而三軍之士皆震。世俗見若人者。謂之能用兵矣。然以吾觀之。此亡國之兵也。夫有氣者。志先其謀。無策而徑往。怒心一奮。天下若無人焉。不量其力。而輕天下

盡疑畫誤

之物。偏遇可以幸勝。有數者禦之則必死矣。凡用兵正體不備。不可以全勝。故善用兵者。我謂之死則民盡死。我謂之生則民盡生。我使之勇。則民盡勇。我使之怯。則民盡怯。能死而不能生。能勇而不能怯。此兵之半。非全勝者也。夫用戰有四。有大體者。難與持久。有威刑者。難與爭險。善柔者。待之以重。善任勢者。禦之以堅。用兵能使民堅重者。則可與之赴湯火。可與之避患難。進不可詭。退不可追。所在而民安。盡地而守固。

疑間不能入。權譎不能設也。堅重者。備物者也。備物者無偏形。無偏形。故其變無不之也。故禮與法首尾也。文與武本末也。故禮正而後法明。文用而後武法。故用兵不知先爲政。則亡國之兵也。用人有四。一曰以功業期之。二曰與天下同利。三曰樂人之勝己。四曰因才而處任。以功業期之。則人盡其能。與天下同利。則民樂其業。樂人勝己。則下無隱情。因才擇任。則衆物備舉。人各有能有不能也。是以智者不以一能求衆善。

漫恐當作浸
諫恐當作譖

不以一過掩衆美不遺小類不弃小力故能有爲也夫治天下者其所以行之在一一者何也曰公而已矣故公者所以攻天下之邪屛讒慝之萌兵者傾危之物死生之機一物不至則衆亂興矣故以仁聚天下之心以公塞天下之隙心公而隙塞則民專而可用矣公心明故賢才至一公則萬事通一私則萬事閉兵者死生之機也是故貴公

王子主失

有王子者著主失之書子張甚善之爲袁子稱之曰夫人之所以貴於大人者非爲其官爵也以其言忠信行篤敬人主授之不虛人臣受之不安也若居其位不論其能賞其身不議其功則私門之路通而公正之道塞矣凡世之所患非患人主之有過失也患有過欲改而不能得也是何也夫姦臣之事君固欲苟悅其心夫物未嘗無似象似象之言漫潤之諫非明者不能察也姦臣因以似象之言而爲之容說人主不能別也是而悅之惑亂其心舉動日繆而常自以爲得道此有國之常患也夫佞邪之言柔順而有文忠正之言簡直而多逆使忠臣之言是也人主固弗快之矣今姦臣之言已捭於人主不自以爲非忠臣以逆迕之言說之人主方以爲誣妄何其言之見聽哉是以大者刳腹小者見奴忠臣涉危死而言不見聽姦臣饗榮利而言見悅則天下奚蹈夫危死而不用去夫榮樂而見聽哉故有被髮而爲狂有竄伏於窟穴此

古今之常也凡姦臣者好爲難成之事以徼幸成功之利而能先得人主之心上之人不能審察而悅其巧言則見其賞而不見其罰矣爲人臣有禮未必尊無禮未必卑則姦臣知所以事主矣雖有今日之失必知明日所以復之塗也故人主賞罰一不當則邪人爲巧滋生其爲姦滋甚知者雖見其非而不敢言爲將不用也夫先王之道遠而難明當世之法近而易知凡人莫不違其疏而從其親見其小而闇其大今賢

者固遠主矣而執遠而難明之物姦人固近主矣而執近而易知之理則忠正之言奚時而得達哉故主蔽於上姦成於下國亡而家破伍子胥爲吳破楚令闔閭霸及夫差立鴟夷而浮之江樂毅爲燕王破強齊報大耻及惠王立而驅逐之夫二子之於國家可謂有功矣夫差惠王足以知之矣然猶不免於危死者人主不能常明而忠邪之道異故也又況於草茅孤遠之臣而無二子之功涉姦邪之門經傾險之途欲其

身達不亦難哉今人雖有子產之賢而無子皮之舉有解狐之德而無祁奚之直亦何由得達而進用哉故有祁奚之直而無宣子之聽有子皮之賢而無當國之權則雖荊山之璞猶且見瓦耳故有管仲之賢有鮑叔之友必遇桓公而後達有陳平之智有無知之友必遇高祖而後聽桓公高祖不可遇雖有二子之才夫奚得用哉

厚德

舊令作有改之

恃門戶之閉以禁盜者不如明其刑也明其刑不如厚其德也故有教禁有刑禁有物禁聖人者兼而用之故民知耻而無過行也不能止民惡心而欲以刀鋸禁其外雖日刑人於市不能制也明者知制之在於本故退而修德爲男女之禮妃匹之合則不淫矣爲廉耻之教知足之分則不盜矣以賢制爵令民德厚矣故聖人貴恒恒者德之固也聖人久於其道而天下化成未有不恒而可以成德無德而可以持久者也

用賢

治國有四一曰尚德二曰考能三曰賞功四曰罰罪四者明則國治矣夫論士不以其德而以其舊考能不以其才而以其久而求下之貴上不可得也賞可以勢求罰可以力避而求下之無姦不可得也爲官長非苟相君也治天下也用賢非以役之尚德也行之以公故天下歸之故明王之使人有五一曰以大體期之二曰要其成功三曰忠信不疑四曰至公無私五曰與

天下同憂以大體期之則臣自重要其成功則臣勤懼忠信不疑則臣盡節至公無私則臣盡情與天下同憂則臣盡死夫唯信而後可以使人昔者齊威王使章子將而伐魏人言其反者三威王不應也自是之後爲齊將者無有自疑之心是以兵强於終始也唯君子爲能信一不信則終身之行廢矣故君子重之漢高祖山東之匹夫也無有咫尺之土十室之聚能任天下之智力舉大體而不苛故王天下莫之能禦也

項籍楚之世將有重於民橫行天下然而卒死東城者何也有一范增不能用意忌多疑不信大臣故也寬則得衆用賢則多功信則人歸之悅近

孔子曰爲上不寬吾何以觀之苛政甚於猛虎詩人疾掊克在位是以聖人體德居簡而以虛受人夫有德則謙謙則能讓虛則寬寬則愛物世俗以公刻爲能以苛察爲明以忌諱爲深三物具則國危矣故禮法欲其簡禁令欲其約事業欲其希簡則易明約則易從希則有功此聖賢之務也漢高祖山東之匹夫也起兵之日天下英賢奔走而歸之賢士輻湊而樂爲之用是以王天下而莫之能禦唯其以簡節寬大受天下之物故也是故寬則得衆虛則受物信則不疑不忌諱則下情達而人心安夫高祖非能舉必當也唯以其心曠故人不疑況乎以至公處物而以聰明治人乎堯先親九族文王刑于寡妻物莫不由內及外由大信而結由易簡而上

安由仁厚而下親今諸侯王國之制無一成之田一旅之衆獨坐空宮之中民莫見其面其所以防禦之備甚於仇讎內無公族之輔外無藩屏之援是以兄弟無睦親之歡百姓無光明之德弊薄之俗與忠厚之禮衰近者不親遠者不附人主孤立於上而本根無庇蔭之助此天下之大患也聖人者以仁義爲本以大信持之根深而基厚故風雨不怒伏也

貴公

受當作愛

治國之道萬端所以行之在一一者何曰公而已矣唯公心而後可以有國唯公心可以有家唯公心可以有身身也者爲國之本也公也者爲身之本也夫私人之所欲而治之所甚惡也欲爲國者一不欲爲國者萬凡有國而以私臨之則國分爲萬矣故立天子所以治天下也置三公所以佐其王也觀事故而立制贍民心而立法制不可以輕重輕重卽頗邪法不可以私倚私倚卽姦起古之人有當市繁之時而竊人

金者人問其故曰吾徒見金不見人也故其愛者必有大迷宋人有子甚醜而以勝曾上之美故心倚於私者卽所知少也亂於色者卽目不別精麤沈於聲者則耳不別淸濁偏於受者卽心不別是非是以聖人節欲去私故能與物無尤與人無爭也明主知其然也雖有天下之大四海之富而不敢私其親故百姓超然背私而向公公道行卽邪利無所隱矣向公卽百姓之所道者一向私卽百姓之所道者萬一向公則

明不勞而姦自息一向私則繁刑罰而姦不禁故公之爲道言甚約而用之甚博

治亂

治國之要有三一曰食二曰兵三曰信三者國之急務存亡之機明主之所重也民之所惡者莫如死豈獨百姓之心然雖堯舜亦然民困衣食將死亡而望其奉法從教不可得也夫唯君子而後能固窮故有國而不務食是責天下之人而爲君子之行也伯夷餓死於首陽之山傷

性也管仲分財自取多傷義也夫有伯夷之節故可以不食而死有管仲之才故可以不讓而取然死不如生爭不如讓故有民而國貧者則君子傷道小人傷行矣君子傷道則教虧小人傷行則姦起夫民者君之所求用也民富則所求盡得民貧則所求盡失用而不得故無強兵求而皆失故無興國明主知爲國之不可以不富也故率民於農富國有八政一曰儉以足用二曰時以生利三曰貴農賤商四曰常民之業

五曰出入有度六曰以貨均財七曰抑談說之士八曰塞朋黨之門夫儉則能廣時則農修貴農則穀重賤商則貨輕有常則民壹有度則不散貨布則并衆塞抑談說之士則百姓不淫塞朋黨之門則天下歸本知此八者國雖小必王不知此八者國雖大必亡凡上之所以能制其下者以有利權也貨者能富之之謂利有罪者能罰之之謂權今爲國不明其威禁使刑賞利祿壹出於己則國貧而家富離上而趣下矣夫

處至貴之上有一國之富不可以不明其威刑而納公實之言此國之所以治亂也至貴者人奪之至富者人取之是以明君不敢恃其尊以道爲尊不敢恃其強以法爲強親道不親人故天下皆親也愛義不愛近故萬里爲近也天下同道萬里一心是故以人治人以國治國以天下治天下聖王之道也凡有國者患在壅塞故不可以不公患在虛巧故不可以不實患在詐僞故不可以不信三者明則國安三者不明則

落疑發

國危苟功之所在雖疏遠必賞苟罪之所在雖親近必罰辯智無所横其辭左右無所開其說君子卿大夫其敬懼如布衣之慮故百姓蹈法而無徼幸之心君制而臣從令行而禁止壅塞之路閉而人主安太山矣夫禮者所以正君子也法者所以治小人也治在於君子功在於小人故爲國而不以禮則君子不讓制民而不以法則小人不懼君子不讓則治不立小人不懼則功不成是以聖人之法使貴賤不同禮賢愚

不同法毀法者誅有罪者罰爵位以其才行不計本末刑賞以其功過不計輕重言必出於公實行必落於法理是以百姓樂義不敢爲非也太上使民知道其次使民知心其下使民不得爲非使民知道者德也使民知心者義也使民不得爲非者威禁也威禁者賞必行刑必斷之謂也此三道者治天下之具也欲王而王欲霸而霸欲強而強在人主所志也

損益

夫服物不稱、則貴賤無等、於是富者踰侈、貧者不及、小人乘君子之器、賈豎襲卿士之服、被文繡、佩銀黃、重門而玉食、其中左右叱咄頤指而使、是故有財者光榮、無財者卑辱、上接卿相、下雄齊民、珍寶旁流、而刑放於賄、下而法侵、能無虧乎、

世治

天地之道貴大、聖人之道貴寬、無分寸之曲、至直也、以是繩之、則工不足於材矣、無纖分之短、

至善也、以是規之、則人主不足於人矣、故凡用人者、不求備於一人、桓公之於甯戚也、知之矣、夫有近會者無遠期、今之爲法、曰選擧之官、不得見人、曰以絕姦私也、夫處深宮之中、而選天下之人、以爲明、奚從而知之、夫交接人之道、不可絕也、故聖人求所以治交、而不求絕交、人莫問不交、以人禁人、足以私禁私也、先王之用人不然、不論貴賤、不禁交遊、以德底爵、以能底官、以功底錄、具賞罰以待其歸、雖使之遊、誰敢離

之疑交

道哉、

刑法

禮法明則民無私慮、事業專則民無邪僞、百官具則民不要功、故有國者、爲法欲其正也、事業欲其久也、百官欲其常也、天下之事、以次爲爵祿、以次進士、君子以精德顯、夫德有次、則行修、官有次、則人辭事、有次則民安、農夫思其疆畔、百工思其規矩、士君子思其德行、羣臣百官思其分職、上之人思其一道、侵官無所由、離業無

所至、夫然、故天下之道正、而民壹、夫變化者、聖人之事也、非常者、上智之任也、此入於權道、非賢者之所窺也、才智至明、而好爲異事者、亂之端也、是以聖人甚惡奇功、天下有可赦之心、而有可赦之罪、無可赦之心、而無可赦之罪、明王之不赦罪、非樂殺而惡生也、以爲樂生之實在於此物也、夫思可赦之法、則法出入、法出入則姦邪得容其議、姦邪得容其議、則法日亂、犯罪者多、而私議並興、則雖欲無赦、不可已、夫數賞

向疑中

則賢能不勸數赦則罪人徼幸明主知之故不爲也夫可赦之罪千百之一也得之於一而傷之於萬治道不取也故先王知赦罪不可爲也故所俘虜壹斷之於法務求所以立法而不求可赦之法也法立令行則民不犯法法不立令不行則民多觸死故曰能殺而後能生能斷而後仁立國之治亂在於定法定法則民心定移法則民心移法者所以正之事者也一出而正再出而邪三出而亂法出而不正是無法也法

正而不行是無君也是以明君將有行也必先求之於心慮先定而後書之於策言出而不可易也令下而不反也如陰陽之動如四時之行如風雨之施所至而化所育而長夫天之不可逆者時也君之不可逆者法也使四時而可逆則非天也法令而可違是非君也今有十人礦弩於百萬之衆未有不震怖者也夫十矢之不能殺百萬人可知也然一軍皆震者以爲唯無向則已所中必死也明君正其禮明其法嚴其

刑持滿不發以牧萬民犯禮者死逆法者誅賞無不信刑無不必則暴亂之人莫敢試矣故中人必死一矢可以懼萬人有罪必誅一刑可以禁天下是以明君重法慎令

人主

人主莫不欲得賢而用之而所用者不免於不肖莫不欲得姦而除之而所除者不免於罰賢若是者賞罰之不當任使之所由也人主之所賞非謂其不可賞也必以爲當矣人主之所罪

非以爲不可罰也必以爲信矣智不能見是非之理明不能察浸潤之言所任者不必智所用者不必忠故有賞賢罰暴之名而有戮能養姦之實此天下之大患也

致賢

雖有離婁之目不能兩視而明夔曠之耳不能兩聽而聰仲尼之智不能兩慮而察夫以天下之至明至智猶不能參聽而俱存之而況於凡人乎故以目雖至明有所不知以因雖凡人無

所不得故善學者假先王以論道善因者借外智以接物故假人之目以視奚適夫兩見假人之耳以聽奚適夫兩聞假人之智以慮奚適夫兩察故夫處天下之大道而智不窮興天下之大業而慮不竭統齊羣言之類而口不勞兼聽古今之辦而志不倦者其唯用賢乎

明賞罰

夫干祿者唯利所在智足以取當世而不能日月不違仁當其用智以禦世賢者有不如也聖

人明於此道故張仁義以開天下之門抑情僞以塞天下之戶相賞罰以隨之賞足榮而罰可畏智者知榮辱之必至是故勸善之心生而不軌之姦息賞一人而天下知所從罰一人而天下知所避明開塞之路使百姓曉然知軌疏之所由是以賢者不憂知者不懼干祿者不邪是故仁者安仁智者利仁畏罪者強仁天下盡爲仁明法之謂死者人之所甚惡也殺人者仁人之所不忍也人之於利欲有犯死罪而爲之先

相賞之間疑有脫字

疏疑跡

王制肉刑斷人之體徹膚去樂咨嗟而行之者不得已也刑不斷則不威避親貴則法日弊如是則姦不禁而犯罪者多惠施一人之身而傷天下生也聖人計之於利害故行之不疑是故刑殺者乃愛人之心也滌泣而行之故天下明其仁也雖貴重不得免故天下知其斷也仁見故民不怨立斷下不犯聖王之所以禁姦也先王制爲八議赦宥之差斷之以三槐九棘之聽服念五六日至于旬時全正義也而後斷之仁

心如此之厚故至刑可爲也

抱朴子　　葛洪

酒誡

抱朴子曰目之所好不可從也耳之所樂不可不愼也鼻之所喜不可任也口之所嗜不可隨也心之所欲不可恣也故惑目者必逸容鮮藻也惑耳者必妍音淫聲也惑鼻者必芷蕙芬馥也惑口者必珍羞嘉旨也惑心者必勢利功名也五者畢惑則或承之禍爲身患者不亦信哉

本書不愼作順一字

舊無忌之至鹿十六字補之

是以其抑情也劇乎隄防之備，決其御性也過乎腐轡之乘奔，故能內保永年，外免豐累也。夫酒醴之近味，生病之毒物，無豪銛之細益，有丘山之巨損，君子以之敗德，小人以之速罪，耽之惑之，尠不及禍。世之士人，亦知其然，既莫能絕，又不肯節，縱口心之近欲，輕召灾之根原，似熱䐈之忞冷，雖適己而身危，小大亂喪，亦罔非酒。然而俗人是酣是湎，其初筵也，抑抑濟濟，言希容整，詠湛露之厭厭，歌在鎬之愷樂，舉萬壽之觴，誦溫克之義，日未移晷，體輕耳熱，流離海螺之器並用，滿酌罰餘之令遂急，醉而不出，拔轄投井，於是口涌鼻溢，濡首及亂，屢舞僊僊，舍其座遷，載號載呶，如沸如羹，或爭辭尚勝，或啞啞獨笑，或無對而談，或嘔吐机筵，或顛蹙染倡，或冠脫帶解，貞良者流華督之顧眄，怯愞者效慶忌之蕃捷，遲重者蓬轉而波擾，整肅者鹿踊而魚躍，口訥於寒暑者，皆撫掌以諧聲，謙卑而不競者，悉裨瞻以高交，廉恥之儀毀，而荒錯之疢

本書酌作酗　邦作鄉

發，闒茸之性露，而傲狠之態出，精濁神亂，臧否顛倒，或奔車走馬，赴阬谷而不憚，以九折之坂爲蟻封也，或登危蹋穨，雖墮墜而不覺，以呂梁之淵爲牛迹也，或肆忿於器物，或酌醬於妻子，加枉酷於臣僕，用剡鋒乎六畜，熾火烈於室廬，遷威怒於路人，加暴害於士友，褻嚴主以夷黷者有矣，犯凶人而受困者有矣，言雖尚辭煩而拔理，拜伏徒多勞而非敬，臣子失禮於君親之前，幼賤悖慢於老宿之座，謂清談爲詆詈，以忠告爲侵己，於是白刃抽而忘思難之慮，棒杖奮而罔顧乎先後，構灑血之讎，招大辟之禍，以少凌長，則邦黨加重責矣，辱人父兄，則子弟將推刃矣，發人所諱，則壯士不能堪矣，計數深刻，則醒者不能恕矣，起衆患於須臾，結百痾於膏肓，奔駟不能追既往之悔，思改而無自反之蹊，蓋知者所深防，而庸人所不免也。其爲禍敗，不可勝載。然而歡集，莫之或釋，舉白盈耳，不論能否，料瀝霤於小餘，以督遲爲輕己，傾筐注於所敬

恧作怒

慇懃變而成薄勸之不持督之不盡恧色醜音所由而發也夫風經府藏使人怱怳或遇斯疾莫不憂懼吞苦忍痛欲其速愈至於醉之病性何異於茲而獨居密以逃風不能割情以節酒若畏酒如畏風憎醉如憎病則荒沈之咎塞而流連之失止矣夫風之為病猶展攻治酒之為變在乎呼噏及其悶亂若存若亡視泰山如彈

讙作嚾

丸見蒼海如盤盂仰讙天墮俯呼地陷臥待虎狼投井赴火而不謂惡也夫用身之如此亦安

能惜敬恭之禮護喜怒之失哉昔儀狄既疏大禹以興糟丘酒池辛癸以亡豐侯得罪以戴樽銜杯景升荒壞以三雅之爵趙武之失眾子反之誅戮灌夫之滅族季布之疏斥子建之免退徐邈之禁言皆是物也世人之好之樂之者甚多而戒之畏之者至少彼眾我寡良箴安施且願君子節之而已

疾謬

斯作漸

抱朴子曰世故繼有禮教斯頹敬讓莫崇傲慢

疇作儔

成俗疇類飲會或蹲或踞暑夏之月露首袒體盛務唯在樗蒲彈棊所論極於聲色之間舉足不離綺襦紈袴之側游步不去勢利酒客之門不聞清言講道之言專以醜辭嘲弄為先以如此者為高遠以不爾者為騃野於是馳逐之庸民偶俗之近人慕之者猶宵蟲之赴明燭學之者猶輕毛之應飈風嘲戲之言或上及祖考或下逮婦女往者務其深焉報者恐不重焉唱之者不慮見答之後患和之者恥於言輕之不塞

以不應者為拙劣以先止者為負敗如此交惡之辭焉得嘿哉其有才思者之為之也猶善於依因機會言微理舉雅而可笑中而不傷若夫疏拙者之為之也則枉曲直湊使人愕然妍之與蚩其於宜絕豈唯無益而已哉乃有使酒之客及於難侵之性不能堪之拂衣拔棘而手足相及醜言加於所尊歡心變而成讎絕交壞厚構隙致禍以杯螺相擲者有矣以陰私相訐者有矣昔陳靈之被矢灌氏之泯族匪降自天口

輪作輪

寳爲之樞機、榮辱之主、三緘之戒、豈欺我哉、激電不能追既往之失、辭班輪不能磨斯言之既玷、雖不能三思而吐情談、猶可息謔調以杜禍萌也、然而迷謬者無自見之明、觸情者諱逆耳之規、恢美而無直亮之鍼艾、群惑而無指南以自反、諂媚小人歡笑以贊善、面從之徒拊節以稱功、益使惑者不覺其非、自謂有端晏之捷、過人之辯、而不寤斯乃招患之旌、召害之符也、豈徒減其方策之令問、虧其沒世之德音而

恢作疾 按疾當作疢

已哉、然敢爲此者非必篤顧也、率多冠蓋之後、勢援之門、素頗力行善事、以竊虛名、名既粗立、本情便放、或假財色以交權豪、或因時運以叨榮位、或以婚姻而成貴戚、故弁毀譽以合威柄、器盈志溢、態發病出、黨成交廣、道通步高、清論所不能復制、繩墨所不能復彈、遂成鷹頭之蠅、廟垣之鼠、所未及者則低眉掃地以奉望之、其下者、作威作福以轄御之、故勝己者則不得聞、聞亦陽不知也、減己者則不敢言、言亦不能禁

顧作爲 無多字

也、

刺驕

蓋勞謙虛己則附之者衆、驕慢倨傲則去之者多矣、附之者衆則安之徵也、去之者多則危之診也、存亡之機於是乎在、輕而爲之不亦蔽哉、自尊重之道、乃在乎以貴下賤、卑以自牧也、非此之謂也、乃衰薄之弊俗、膏肓之廢疾、安共爲之、可悲者也、不修善事、即爲惡人、無事於大則爲小人、紂爲無道、見稱獨夫、仲尼陪臣、謂爲素

輕下有 重字

舊無人 無至則 爲七字 補之

王、即君子不在乎富貴矣、今爲犯禮之行、而不喜聞遄死之譏、是負豕而憎人說其臭、投泥而諱人言其汚也、夫節士不能使人敬之、而志不可奪也、不能使人不憎之、而道不可屈也、不能令人不辱之、而榮在我也、不能令人不擯之、而操之不可改也、故分定計決、勸沮不能干、樂天知命、憂懼不能入、困瘁而益堅、窮否而不悔、誠能用心如此者、亦安肯草靡萍浮、傚禮之所弃者之所爲哉、俗之傷破人倫、劇於寇賊之來、不

舊無經字補之

能經久其所損壞一時而已若夫貴門子孫及在位之士不惜典刑而皆科頭袒體踞見賓客毀辱天官又移染庸民後生晚出見彼或已經清資或叨竊虛名而躬自爲之則凡夫便謂立身當世莫此之爲美也夫守禮防者苦且難而其人多窮賤焉恣驕放者樂且易而爲者皆速達焉於是俗人莫不委此而就彼矣世間或有少無淸白之操業長以買官而富貴或亦其所知足以自飾也其黨與足以相引也而無行之子便指以爲證曰彼縱情恣欲而不妨其赫奕矣此整身履道而不免於貧賤矣而不知榮顯者有幸而頓淪者不遇皆不由其行也

博喻

抱朴子曰民財匱矣而求不已下力極矣而役不休欲怨歎之不生規其寧之惟永猶斷根以續枝剜背以裨腹刻目以廣明割耳以開聽也

抱朴子曰法無一定而慕權宜之隨時功不倍前而好屢變以偶俗猶剸高馬以適卑車削跗踝以就褊履斷長劍以赴短鞞剖尺璧以納促匣也

蛣作蠹

減食作食毒

抱朴子曰禁令不明而嚴刑以靜亂廟筭不精而窮兵以侵隣猶釤禾以計蝗蟲伐木以殺蛣蝎減食以中蚤蝨撤舍以逐雀鼠也

廣譬

抱朴子曰三辰蔽於天則淸景闇於地根荄蹷於此則柯條瘁於彼道失於近則禍及於遠政繆於上而民困於下

抱朴子曰貴遠而賤近者常人之用情也信耳而疑目者古今之所患也是以秦王歎息於韓非之書而想其爲人漢武慷慨於相如之文而恨不同世及既得之終不能拔或納讒而誅之或放之乎冗散此蓋葉公之好僞形見眞龍而失色也

群書治要卷第五十終

韵府群玉

提要

《韻府群玉》二十卷，宋陰幼遇編，日本東京大學東洋文化研究所藏朝鮮翻刻元統二年（一五九九年）梅溪書院刊本。四周雙邊，白口，雙魚尾。此書分韻為一百零六部，按詞語最下一字歸韻。本書包括音切、散事（新增許氏說文、徐氏音義）、事韻、活套、卦名、書篇、詩篇、年號、歲名、地理（附州郡名、地名）、人名（附字與號、帝王名號、國君名號、夷名、妓名）、姓氏、草木（附花名、木名、草名、藥名、果名）、禽獸（禽名、獸名）、鱗介、昆蟲、曲名、樂名（附律名）等項。陰幼遇，一作時遇，字時夫，元江西奉新人。

韻府羣玉序

翰林　滕玉霄序

自乾坤相文而成八卦盪摩剛柔以極於萬有一千五百二十之數蓋字生於聲聲生於氣其爲無窮之字則皆四聲二氣之離合四象八卦之雜糅耳然雖無窮也至於四聲韻出而字亦窮矣非字窮也囿於萬有一千五百二十之數者窮也吾友陰君昆仲爲韻府羣玉以事繫韻以韻摘事經史子傳蒐獵靡遺是又能以有窮之韻而寄無窮之事亦大奇矣使事非奇則可以言韻府而所府豈皆玉哉吾嘗慨然宇宙之事常新而無窮雖皆囿於數亦必有理而後寓於文章者有根極人人知積玉以自矜其多瑩者瑛者瓊者璿者山玄者水蒼者而如截肪者非不富且麗也然君子比德於玉則玉豈在多耶叩之而其聲清越以長必有妙於所擇者矣蓋以有窮之韻而寄無窮之音者吾黨之所以善鳴玉也不然崑山之玉可以抵鵲用者反以多自病耳陰君二妙博洽而文其所著述不獨此翰林滕賓序

姚江村序

四聲韻出而小學湮矣其音聲反切清濁輕重之測通乎陰陽律呂之變天地萬物之終始者於道德性命之懿亦或有助也至唐宋監部之所刊定則主於詞章之靡矣於是雕蟲之子角雕霓之細兎宴之賞擅雞場之雋帖括富於連珠剽綴袐於碎金則書滛傳癖之響幾絕今　陰氏兄弟研精鉤玄掇韻繫事蒐獵羣策攷剔奇僻牛渚犀燃幽怪靡遁驪山冢發珍貝自獻吾懼來學之日媮也雖然劉窻之荒速果獵之酬對抽毫未發披本默契如在紅羅梅屋與重光子遇角花月一字之響登太清樓而間長層諸人拍銅刻拂文璧之談辯豈不快哉昔人有玉池日浴衆寶出之又有遇異人授玉象如生者羣玉樓有此乎吾嘗與子爲池滌濯匵韞以發新瑩且以象姑鎮此府尚日幾其生玉子也至大

庚戌騰江村姚雲

翰林承旨趙子昂題

上涉羣經下苞諸子賢於回溪史韻多矣

吴興趙孟頫題

陰竹埜序

韻摭事衆矣同乎纂於史宗於詩林若樵之海若漁之名不同何事不同也用得同乎匪偏則泛匪泛則畧寧不爲觀者病一日登書樓見季子棐几萬籤問之曰幸父兄與歲月暇得恣獵羣籍遇

欣然與意會處筆之將繫於韻摘其異而會諸同也噫嘻小子敢狂簡與人惟士難士惟讀書難讀而能精鑒博采著爲書尤難爾犯其所難何居予始規進取習舉子業自講明性命義理外視餘皆若不必爲海屋添籌酬對人間事無虛日則又不暇爲鬢雪益深眼月向晦則遂不可爲矣方今

聖朝寬厚吾道優崇士將由科目舉正覃思稽古之日爾小子欲爲吾所未及爲志吾志也然作室者必有規矩陶器者必有範模著書立言何獨不然爰授以凡例俾勉爲之垂三十載告成予方披閱間有客過竹所見而獎許之過情請名曰韻府羣玉予初難之曰謂是書若圭璋璸璧可寶與抑謂所集事猶圭璋璸璧與書以事實斯名其可客又曰文公器也私諸己孰若公諸人秘論衡以爲異者未廣也請綉諸梓予益難之盍目不鄴侯萬軸胷不世南秘書寧不起

管窺蠡測之誚子固謂其纂袜三十秋攻苦寸績自成一家書於後進或有毫髮助瑾瑜之瑕可匿也吾懼槐市陰成十目所視人將指而議之曰此有所謬彼有所遺是殆宋愚燕石爾子之説近於謷人之説近於詆詆不必下謷不必矜安知謷之非美疢詆之非藥石乎子曰可人曰不可吾固不可可子之可亦不可不可人之不可可不可必以質諸當世之司文衡者是猶抱璞而質諸卞

和也和謂之可則可客曰唯大德丁未春前進士竹埜倦翁八十四歲書于聚德樓

陰復春自序

鄗子籍稽博古者猶莫誌於琅琊字不題糕能詩者或未稽於糗餌探討之難如此故凡事必類則易見義必釋則易知也予季以事繫韻多所摘奇豈皆能判然無疑者疑而不釋是猶擿埴冥行而已若龍斷本如字而或切爲丁貫夏屋本食俎而或用爲巨室春牘春雅揔禁醲濫脾折凍梨之類皆載諸經而初學講明或未到至有讀鸛衙三鱣之鱣爲鼉蕭何主進之進爲贐挏馬則謂桐馬欸乃則謂襖靄龔舛承訛鮮克辨正又如撲滿須捷褸裂盂青窶數剛卯桑鵝鐵獺魚丁虎乙鼠姑鴉舅一經三雅戍削萃蔡谽谺巃嵸沆瀣贔屭金僕姑玉連瑣等字不可殫述此前輩常所用而不知者誦以爲恠嗟夫文固不必恠也然班馬等賦所以使人嵬眼頊耳正由時出奇字有以襯複之方今文體尚古吾黨之士獨不願熏香班馬與愚故隨字註釋以備觀鑒庶乎索韻而得事考釋而無疑其亦有小補云延祐改元甲寅秋鄉試後五日幼達書

陰勁弦自序

是編敬遵　先子凡例刻意纂集幸續于成繼得二三同志者相與讎校其是否而損益之書成而失怙痛哉謹奉遺訓質正於儒林巨擘爰鋟諸梓用廣其傳惟冀先志云尒不然安敢犯不韙之戒切惟近世黃氏所編韻會雖不詳於紀事然非包羅今古者不及此而猶遺驄璁紳嘶等字況時遇襪線其才甕天其見寧無遺珠之嘆其間雖覓繆呼金根妄改亦或不旣與人爲善者遺則續之誤則正之以便初學幸甚時遇謹白

增修韻府羣玉凡例

一采摘事中緊切字爲母詳繫於平仄韻之下一事或
數出者略載註云詳其韻

一事類備要等書元無門類者如身體顏色喜怒言笑
盲聾吃瘂嬰孩壽筭等事今並附益之

一監韻元不收如尖禪樹打玄九等事今並收入

一是書本取事要字奇者載之如詩賦押韻所刊及人
所常知者玆得以略

一姓氏人名亦爲切用今備存之其有百家姓所不收
及收而事闕者如淦溱諶之類亦隨所見筆之人

名則略述其事迹庶識其爲何如人而用之也其
不述者則人所常知兼於姓氏下可考

一具録詩篇易爻似乎附贅然三百五篇六十四卦之
義大略可見又如坡詩云我今已括囊象在四六
坤由此推之皆可觸類而長

一尋索事實易於指掌不專爲詩詞而設亦或考卞疑
義訓釋音字場屋或一助云

一儒釋爲教雖殊然前輩著述未嘗不用禪語今存大
略以備觀覧

一活套以便初學或可化腐爲奇

已上凡例九條並依元本所書今增修大意
續見于下

一元本字韻並無音切而類次參差未便檢閱今本字
之先後並依禮韻次序同音者各以類收首字增
以音切遇圈則別是一音也

一元本字韻比禮韻闕者今多增入

一元本續得事料別爲拾遺今各收歸本類中

一今本於各韻下首入音切連以散事次用中字書繫
事韻料至僧道事則別以一圈又其次活套卦名
等共十五類各用黑牌表而出之其目如左

韻下類目

㊀音切　㊁散事　㊂事韻

㊃活套　㊄卦名　㊅書篇

㊆詩篇　㊇年號　㊈歲名

㊉地理州郡名地名　⑪人名字與號附○帝王名號○國君名號○夷名妓名

⑫姓氏　⑬草木花名木名草名藥名菓名

⑭禽獸禽名獸名　⑮鱗介　⑯昆蟲

⑰樂名律名　⑱曲名

增修韻府羣玉凡例畢

韻府羣玉該載事目

天文　地理
時令 如四序朝夕寒暑之類
歲名 如甲曰閼逢寅曰孟陬之類
人物 如父子師友主客農商漁樵仙釋奴婢之類
人事 如耕桑漁獵談笑行步歌舞坐睡送迎之類
氏族 郡望五音附　人名
身體　官職
性行 如巧拙遲急貪廉之類
壽典 見去聲壽字下及歲字下

百穀　飲食
服飾　宮室
器用　舟車
文學 如詩賦碑銘類　經籍 如易爻書詩篇類
技術 如琴棊書畫醫卜之類
禽獸　鱗介
昆蟲　竹木
花果　珍寶
燈火 及香燭之類　顏色
數目

事目終

韻府羣玉目錄

十五咸 凡銜同用

上聲

九卷

一董 獨用　二腫 獨用
三講 獨用　四紙 旨止同用
五尾 獨用　六語 獨用
七麌 姥同用　八薺 獨用

十卷

九蟹 駭同用　十賄 海同用
十一軫 準同用　十二吻 隱同用
十三阮 混佷同用　十四旱 緩同用

十一卷

十五潸 産同用　十六銑 獮同用
十七篠 小同用　十八巧 獨用
十九皓 獨用　二十哿 果同用

十二卷

二十一馬 獨用　二十二養 蕩同用
二十三梗 耿靜同用　二十四迥 拯等同用
二十五有 厚黝同用　二十六寑 獨用
二十七感 敢同用　二十八琰 忝儼同用
二十九豏 檻范同用

去聲

十三卷

一送 獨用　二宋 用同用
三絳 獨用　四寘 至志同用
五未 獨用　六御 獨用
七遇 暮同用

十四卷

八霽 祭同用　九泰 獨用
十卦 怪夬同用　十一隊 代廢同用
十二震 稕同用

十五卷

十三問 焮同用　十四願 恩恨同用
十五翰 換同用　十六諫 襉同用
十七霰 線同用　十八嘯 笑同用
十九效 獨用　二十號 獨用
二十一箇 過同用

十六卷

二十二禡 獨用　二十三漾 宕同用
二十四敬 諍勁同用　二十五徑 證嶝同用
二十六宥 候幼同用　二十七沁 獨用
二十八勘 闞同用　二十九豔 㮇釅同用
三十陷 鑑梵同用

入聲

十七卷

一屋 獨用　二沃 燭同用
三覺 獨用

十八卷

四質 術櫛同用　五物 迄同用
六月 没同用　七曷 末同用

韻府羣玉目錄 下

元統甲戌春
梅溪書院刊

韻府羣玉卷之一

上平聲

晚學 陰時夫 勁弦 編輯
新吴 陰中夫 復春 編註

一東 獨用

東 德紅切 記 大明生於丨 禮器 詩 我來自丨 東山 駕言徂丨 車攻 支 孟 決諸丨方則丨流 莊 順流而丨行○坦腹丨床 詳床 道東 漢鄭玄事
馬融辭歸融曰吾丨丨矣 本傳 易東 丁寬字易於田何寬東歸何曰丨巳丨矣 本傳 乃東 夏枯草名丨丨冬至後生五月枯 本草 活東
科斗丨丨 爾雅 蝦蟆名○急就章曰款東亦曰款涷以其凌寒而生 丁東 丁當佩聲或謂丨 詩 東即當也 小東 丨丨大東杼軸其空 詩 言
大小皆取 闑東 賓入不中門公事自闑西私事自丨丨 禮記 門東 叫怒索飲啼丨丨 杜 謂庖厨丨在丨 天東 鼓角漏丨丨 杜
於東國
秀句滿丨 荊公 墻東 避世丨丨王君公 逢萌 ○漢隱士王應仲也 江東 項羽敗還無面目見丨丨父老○袁淑謂謝莊曰丨丨無我卿
當獨步○丨丨日暮雲 杜 山東 丨丨出相山西出將 漢史 ○丨丨老羸思見德化 賈山 遼東 管寧自欲老丨丨 魏 ○寧至丨丨依公孫度避
難若將終焉 河東 韋瓊勃日給丨丨酒一升 北史本傳 ○移民丨丨 孟 ○丨丨吾股肱郡 史 甬東 越滅吳使吳王居 左哀二十 膠
東 張敞為丨丨相 漢書 征東 蜀馬超魏張遼諸葛誕晉王渾皆為丨丨將軍○符登謂雷惡地曰雷丨丨其聖乎 晉 鎮東 蜀趙雲魏胡威
諸葛誕皆為丨丨將軍 史 平東 晉杜預王濬皆為丨丨將軍 史 ○齊以張瓌為丨丨將軍 符登防王敬則敬則曰東今有誰只是欲平我亦然東亦未
易可 平 史 斗柄東 丨丨丨而天下春 鶡冠子 馬首東 欒黶曰吾丨丨欲丨乃歸下軍從之 襄十四 水必東 丨萬折丨 荀 在宥
鴻溝東 割丨丨以丨為漢西為楚 史項紀 盡東 晉人曰必使齊之封內盡東其畝 左成二 官名東 馮緄開綏笥有兩赤蛇分
南北走許曼筮之曰三歲後當為邊將丨有東丨後為遼東守 吾欲東 韓信謂漢王曰丨亦丨丨亦安能鬱鬱久居此乎 韓信傳 梟從東 丨謂
方皆惡我声 詩 鳩曰我將東丨西 川障東 障百丨而東之 韓 日貫東 丨沒丨丨 太玄 日沒反照東也 東復東 家住錢塘丨丨
丨丨 李 閬 問在東 王導丨王述丨丨 宋慣述不答詳慣 吳河東 之丨丨 喜為丨丨太守反叛者聞丨丨來望風降散 南史 過巴東
叙寘丨丨 國 萊公撥巴東令呼丨丨丨 湘山野錄 施家東 西施所居有東丨 西施家詳施 薛家東 裴俠遭父憂擇地忽聞空中人
曰丨於丨 杜史 瀼西瀼東 杜甫居丨丨復居丨丨東人在丨丨東 蜀 瀼音曩○ 有文者東 尹翁歸河東守田延年行縣至平陽

召故吏令｜｜｜有武者西閣數十人尹獨曰翁歸文武兼備惟所施設(本)住西住東陸機參佐解三間士龍住東頭士衡｜｜頭(世說)
宿西食東齊女欲東家食西家｜詳宿　在西笑東還如嚮老望長安長安｜｜向東｜(僧皎然)　扶桑更東徐綫送日
本使還絕域將無外｜｜｜｜○扶桑東有碧海(十洲記)｜｜｜有　石言易東｜｜｜於陝若言｜｜也(晉劉曜)○松忽向東玄奘法師
西域取經手摩靈岩寺｜曰吾西去汝可西長若歸即東向使弟子知之及去其枝年年西向一年｜｜｜弟子曰吾師歸矣果然寫摩頂松(大唐新語)
(活套)海｜陝｜斉｜離｜｜隣｜瀰溷｜五雲｜(詩篇)大｜刺亂也詳小東下(人名)【陪】景祐中爲太子舍人獻文望賜館職賜進士出
身擲敷不受○【東｜】妓名竇鞏悼妓詩惟有側輪車上鐸耳邊長似叫東｜(抒情集)(姓氏)平原微音舜七友東不啻之後　涷夏暴雨(楚詞)使
｜雨兮洒塵又水名又瀧｜沾漬貌　蝀螮｜○同徒紅切(孟子)善與人｜(公孫丑)膾炙所｜也姓所｜也(尽心下)得我心所｜然有｜
耆焉(告上)巨屨小屨｜賈(滕上)(詩)我稼既｜二之日其(七月)(易)声｜｜氣(禮記)｜軌｜文｜倫(中庸)(左)近不偪｜(咸九八)无違｜(定四)(書)詢謀僉｜｜
(禹謨)四海會同(禹貢)是之謂大｜(洪範)○亦作仝　雷同毋｜｜(曲礼)　蟻同蜂聚(選賦)　子同｜生公曰是其生也與吾同
物命之曰｜(左)言同日生　孫同鄭玄｜手文似已名小｜又云玄与孫並丁卯歲故名(本傳)　阿同一旦扣門呼｜｜(坡)子由小字同叔

殷同廣行人掌｜｜(秋官)又｜見曰｜○｜｜｜六服盡來朝也　趨同行合｜｜千里相從行不合｜不｜對門不相通(淮南)　儀同後周
伊妻穆字奴千周文曰奴千面作｜｜見我矣即拜｜｜　參同魏伯陽著｜｜契論作丹意詳丹　尚同墨子著｜｜三篇　一同百里
也○列國｜｜(周)亦曰縣同　三同刘孝標云予與馮敬通有｜｜不遇一也剛直二也俱有忌妻三也至見異字　四同李攀與李敏同姓同
歲同門又同年及第故詩云契分｜般｜　六同六律合陽声｜｜合陰声律以竹同以銅言助陽宣氣與之同也(禮大司樂)○典同掌六律｜｜
百同王畿方千里積｜｜也(禮載師注)　事事同樂天寄元微之一生休戚與窮通處二相隨｜｜｜　據亦同齊侯曰梁丘據与我
和夫晏子曰｜｜｜也焉得爲和(左昭廿)　將無同王衍問阮瞻聖教与老莊同異答曰｜｜｜詳語　面不同人心不同如其｜焉(襄三十一)
(杜)曰萬不同吹有｜｜｜｜(莊)(活套)度量｜庶言｜利害｜好惡｜步驟｜尊酒｜臭味｜輕重｜多寡｜(年号)大｜(梁)(高祖)
(人名)【盧｜】玉川子号　銅山上有薑下有｜鉄(酉陽)以｜爲鑑可正衣冠(魏徵傳)　膽銅｜水浸鐵成｜曰｜｜(長編)　井銅鑿｜
得｜買奴得翁詳奴　青銅張鷟文猶｜｜｜錢万選万中(負半千傳)○素絲潔｜｜｜(歐)水面磨｜｜(曾鞏)　籠銅鼓｜｜鄧通銅
｜｜相當貧餓死文帝曰富通者在我賜蜀｜山得自鑄錢後有罪寄死人家　崔烈銅｜｜入錢五百万爲司徒問其子鈞曰議者何如曰大人

少有英称議者嫉其｜臭　首山銅黄帝采｜｜｜鑄鼎荊山下　柏梁銅漢武起｜｜臺立｜柱仙人掌承露(本)　虎符銅漢銅
｜｜發兵遣使唐銅魚符詳符　物爲銅天地爲炉萬｜｜｜(鵩賦)　半通銅(子)五兩之綸｜｜之｜皆有秩綸綬也銅印也謂嗇夫印綬
(活套)漏轉｜百錬｜有董｜　桐梧桐子可食青桐似梧桐無子白桐花黄紫色宜琴瑟亦雅曰櫬桐榮桐又赬桐夏花紅如火刺桐出泉
州花先葉後則五谷熟今壓油者名岡桐又西域胡桐淚可汗金銀(詩)椅｜梓漆梧｜生矣于彼高岡(卷阿)(孟)拱把之桐梓　孤桐嶧陽｜(書)
青桐王羲方置宅指庭中｜｜一双曰此應酬直召宅主付錢四千(詩)　剪桐成王與唐叔虞燕居援桐葉｜珪曰以封汝周公請封曰天子
无戲言(呂氏春秋)　爨桐呉人燒桐以｜蔡邕請爲琴号焦尾(活套)井｜絲｜｜枯｜　僮未冠者一云罪人之子没官者(漢書注)滇僰之
地多出｜僕(賈誼)今民賣｜｜者(詩)被之｜二竦敬兒　峒禹迹之內三崆｜黄帝問道處在汝州(杜詩)崆｜小麥熟在臨洮又其一在安定○廣成
子住崆｜｜千二百年　筒韻會筒訓竹名筩訓斷竹然唐人已用詩筒郫筒愚見二字可通用　詩筒白樂天元微之唱和以｜｜著｜(林逋集注)
郫筒蜀郫縣出大竹截以盛酒閉以藕絲包以蕉葉信宿香達於外曰｜｜酒(杜)酒憶｜｜不用沽郫音皮　飯筒楚人五日竹筒貯米祭屈
原(楚)｜｜｜扨懸棰　翠筒｜｜初窒棟詳棟　釣筒(谷)日落幾家收｜｜　錢筒坡在黄州以｜百五十作一塊用不盡者貯竹｜中詳义

運筒灌(杜)小園｜｜○生龍脫筒山谷云俞清老欲爲僧｜｜｜恐難堪忍後數年儒冠自若(詩僧)　筩訓斷竹詳見筒
鳳竹筩伶倫取嶰谷之竹吹之爲黄鐘之宮制十二筩｜｜之鳴自此黄鐘官皆可以生之是爲律本(前律曆)　受書缿筩趙廣漢守
潁川爲缿筩投書其後民相告許(本)若今盛錢筒可入不可出　寄書竹筩陸機竹筩盛書係黄耳犬至家詳犬　吸酒碧筩魏鄭公慤
率賓佐避暑取荷葉盛酒刺葉與柄通屈莖如象鼻傳｜之名碧筩盃(文帝紀)　童(語)互鄉｜子闕黨｜子(書)比頑童(伊訓)(詩)狂｜恣行(列)堯游
於康衢聞兒｜謠○蜀先主舍東南一木｜｜若車盖　奇童李泌七歲被召明皇方与張說觀弈說請試方圓動靜曰方若棊局圓若棊子動若
棊生靜若棊死泌答曰方若行義圓若用智動若騁才靜若得意說因賀得奇童　神童賈黄中七歲｜｜｜及第李昉詩七歲｜｜古所難賈家門
户有衣冠　終童終軍入關棄繻年二十餘号｜｜　黄童黄香九歲失母思慕憔悴号曰天下無双江夏｜｜○(韓)白叟　青童倚樹
招｜｜(李)又仙人｜｜君○又｜｜肝神黄童脾神(黄庭)　阿童童謠云｜｜復｜｜銜刀浮渡江王濬小字｜｜羊祜因表留監軍爲順流計(羊祜)
聖童漢任延年十二明詩易春秋号｜｜　頭童｜｜齒豁(韓)　宛童女蘿曰｜｜(爾)(雅)又云老禿鶖　五尺童｜｜｜子羞称五伯(仲)
(寄)(闕)八百童前巴寡婦清富至童｜｜人　山不童史人　老還童淮南王安八公詣門王使閽人難之｜公曰王薄吾｜今

則少矣八公皆變爲童子門吏驚報王王北面叩首八童子復爲老人授王丹
經二十六卷与王白日升天雞犬舐藥亦升天故雞鳴天上犬吠雲中〔神仙〕
〔傳〕兩郎童 越人生男女必貨視之童區寄者十一歲二豪劫持虛所賣之
童伺一豪睡取其刃殺之一豪將殺童二曰｜｜｜孰若爲
一郎童云云童又殺一
豪刺史奇之〔柳區寄傳〕名閩兒童 兒童誦君実走 辛知司馬〔蛟〕 夢賜五童 王相國｜人領 一綠衣童子曰
汝有憂民之心｜此｜｜〔滎陽相〕〔洁套〕桑下｜｜ 心猶｜｜〔詩〕校童剌忽也 権臣擅命〔姓氏〕鴈門 宮音
子是夕夫人孕生慶之〔湘山野錄〕
顓項生老童因氏〔盛〕字漢宗爲不其 瞳子 目童 重瞳 堯眉八彩舜目｜｜又
令虎傷人捕虎論罪詳虎汪丹陽守〔図〕〔淮南〕項羽亦｜｜
隋魚俱羅｜｜煬帝忌而誅之〔史記南唐〕方瞳｜｜壽千 歲詳方 紺瞳｜｜綠髮仙 翁也〔神仙傳〕
李煜一目｜｜〇五代東漢劉旻｜｜〔史〕
綠瞳 唐黠戛斯古堅昆國其人赤髮｜｜李 青瞳｜｜黃眉翁｜ ｜｜詳眉 月如瞳 徐稚九 歲人曰
陵居其地生而黑瞳者必曰陵苗裔〔史〕
｜中无物當益明徐曰｜人眼 龍瞳鳳頸 武后 赤脉千瞳 袁天綱曰竇軌 ｜｜爲將必多殺〔唐〕
中有｜子无此必不明〔世說〕
〔書〕〔洁套〕｜｜〔啞〕 双｜兩 侗 〔楊子〕倥｜顓｜ 蒙注无知也 瞳 日欲出 朣 月欲出 絧 布名 罿 網 魚 艟 舼
舟名 穜 禾先種後熟〔詩〕黍稷重穋重与｜同 潼 水名 衕 通街 犝 无角牛 通作童 易童牛之牿 羶 无角羊 通作童
〔詩〕俾出童羖 䮵 馬駱 毴 毛散｜氉 詷 共也 眮 䖃舡 船 舟名 鮦 魚名 死餌 詳豚字 ｜貪以〇
〔句五〕〔中〕
中 陟弓切〔書〕建｜ 允執厥｜〔虞時〕｜〔左〕天中 端午爲｜｜節 令中 壽一百 長一寸〔相書〕
受｜以生〇漢｜二千石注｜滿也
曆土中 自服于｜〔書召誥〕 宅中 ｜｜〔東京賦〕 圖大 禺中 日出暘谷至衡陽曰｜｜〔淮南子〕近午也 環中 樞始得其
也 ｜｜以應
无窮〔莊齊物〕是非 惠中 秀外而｜〔盤谷序〕 熱中 不得於君則｜｜〔孟〕 賦中 中貢 禹 考中 盧承慶
反覆相尋無窮也 考課一
官遭風失米曰考中下其人自若改曰非力所 時一中 徐邈曰臣不能自懲
及｜｜云云又改云寵辱不驚考中上詳辱 ｜｜復｜｜之詳聖
射奉中 司｜｜｜注士鹿中大夫兕中士鹿中 皮豎獸名閭如驢一角昔
筭者曰中〔周〕射事飾中舍筭〔礼春官〕〔太史〕鄉射礼君国中射則皮豎
中於郊則閭中於竟則虎中大夫兕中刻木如兕虎而伏背上立圜圈以盛
音釋中則釋之中周礼無音曰丁仲反者係釋注內字韻林韻會皆入在此
韻 注虞中 獸人令禽｜于｜｜〔礼天官〕令 羿彀中 游於｜｜｜其不中 掌中
得禽者置虞人所立虞旗之中 者命也〔莊德充符〕
中 詩僧皎然有僧神詩謁之御濤詩云此波涵帝澤皎然指波字當改僧怫
然去皎然寫中字於｜｜須臾僧回云欲易中字如何展手示之遂定交
〔唐詩紀〕張三中 張子野人呼爲｜｜｜ 謂心中 日再中 新垣平曰臣候｜｜
〔古今詩話〕事眼中淚意中人也 ｜頃之日卻復中

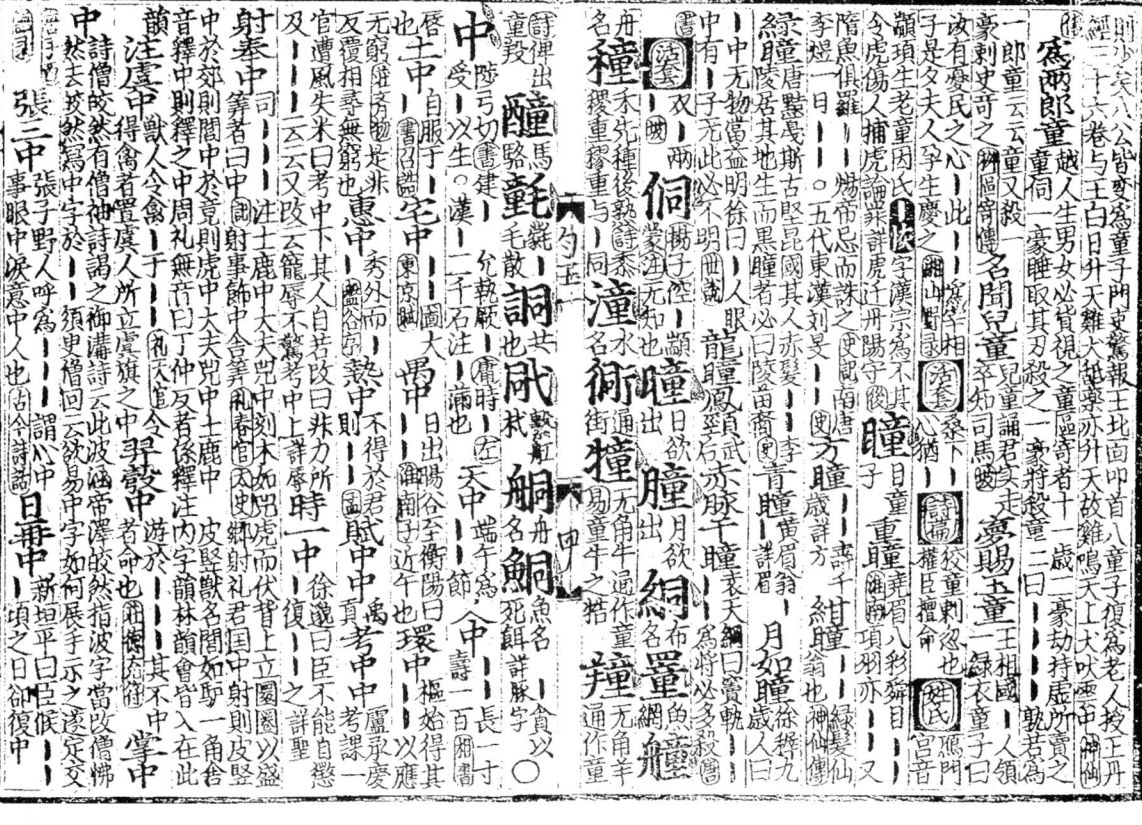

石虛中 詳硯名〔洁套〕黃｜〔剛〕腸一之｜〔周〕衣袞｜｜詳袋
藥籠｜詳藥 酒船｜詳船 阿堵｜詳堵〔詩箋〕桑｜剌奔也 衛人以宋淫亂
廷之方｜美衛文〔人名〕裴〔李〕〔衷〕白〔居〕唐相裴李德裕〔〕崔微｜衛女也寫眞寄
公也徙居楚丘 唐人推命以日干爲主百不失一〔闕文〕
衷 誠也中也〔湯誥〕上帝降｜〔左傳〕天誘其｜ 又衷裘衣在 和衷 協恭｜〔書〕
〔傳〕｜其袒服 又適也〔左〕服之不｜ 又楚子｜中〔左〕
〔洁套〕｜析｜愚 忠〔東漢夏〕｜〔隸〕諫不｜乎 許忠 張湯〔洁套〕顒｜抗｜謀｜孤 ｜貫日｜告以｜〔人名〕
〔揚国〕〔李〕迁丹陽守起李校 〇蟲 直弓切 雜｜ 得失无了 豸蟲 孔
〔陳〕三迁太尉有声稱〔東後紀〕 鳥｜時〔杜甫鷄行〕 蟲叢
子有｜｜賦言是虫 三蟲 衣州〔新民〕二尸虫也 華蟲 山龍｜｜〔書〕 桃蟲 鷦也 鷦鷯 ｜｜〔周〕
幼長斯蒙不以爲辛 蛇殺｜｜ 桃｜允彼｜｜〔詩〕
也 夏蟲｜｜不可以語冰〔莊秋水〕者 春蟲 陽發蟄｜ 鶯於時也 壤蟲 盧敖見一士入雲中〔〕 曰吾比夫子猶黃鵠之
与｜｜雉 周蟲 或問吾子好賦曰然童子｜｜篆刻俄而曰壯夫 五蟲 叙頭㚇〔〕
也詳篆 周蟲｜未爲也或曰霧縠之組麗曰女工之蠧矣〔揚子〕
〔图〕六蟲 南禪師和詩不已或作｜｜蕭生 詩魚蟲 介雅｜｜ 柳書蟲 稍欲初吠蛤
〔密〕各之引又六禽獸爲喻〔荊九卷〕 ｜｜〔爾雅〕 ｜｜老平｜｜
〔蒙〕百足蟲｜｜之｜至｜死不僵〔典史〕 ｜｜｜生 蠶書蟲 宜殊 蠹死文字間〔〕〔洁套〕羽｜秋｜ 蟲 〔詩箋〕草｜ 大夫 陸｜青｜
〔句五〕〔本〕
妻能以礼自防也 沖 洪惟我幼｜人〔書大誥〕 大盈若｜〔老〕 ｜｜｜ 謙沖 順守｜
〔四〕淵沖｜〔選〕 〔周七月〕｜｜水｜也 亦以太｜〔〕 一飛｜天〔詳〕飛 謙沖｜〔晉書〕
种 稚也〔姓氏〕東〔〕司馬河 蟲 旱熱也通作蟲 翀 上飛也 通作冲
盅 器虛也〔老〕道｜而用之 〇忡 憂心｜｜〔詩〕丑中切〔人名〕晉人 唐人 〇終 職戎切〇原 始反｜ 原
始要｜｜〔易〕謹終 ｜惟其始〔書仲虺〕 鮮克｜ 一終 晉侯曰十二年矣是謂｜｜〇歲星十二年一
有｜〔詩蕩〕高朗令｜〔既醉〕思始成｜〔詩〕 一終｜｜星｜也
周天 三終 孔子厄陳蔡子路援戚而舞 十終 里｜爲｜終十爲｜ 善始者
〔左〕｜｜孔子和之曲｜｜〔家語〕 同｜方百里〔〕 古終 可以｜
｜〔記〕嚴終 冠蓋尽｜｜〔攻〕 〔人名〕服昌蒲冬袒不寒〔〕〔姓氏〕南陽徵音陸終
｜｜助｜軍也 〔宗〕隱士采藥武安山 之後〔〕｜字子
要濟南人年十八太守奇之軍捐太守而去至長安 冬蠑 阜｜蝗也一生八
上書拜爲謁者上召｜｜壽〇之對 奔蹶事〔〕 ｜｜十一子阜｜如蝗
青色蠶｜細長飛翅作声土｜今呼 簽 優 鼮 豹文 螽 小 〇崇 鋤弓切〇
蝀蝑斷｜｜戎鳴者幽州人呼春箕 ｜也 鼠 雨
福祿來｜〔詩〕｜｜悠良〔〕欽｜｜天道〔書仲虺〕 逢崇 孫夷｜｜｜ 樽緬微比
其軟｜歆〔書〕文王伐｜退脩德教〔〕 之〔左〕 客崇 ｜｜〔周〕上
崇与天｜〔〕 墉崇 如｜〔詩皇矣〕 班資崇 許｜｜｜之〔人名〕〔〕〔〕崇｜揆詩僧工絶
｜〔〕 ｜〔思詛〕

潀水○嵩息中切中嶽丨山䢖紀武帝在丨山聞呼万歲者三丨一時冠蓋慕蕭丨華丨秋丨衛人名蔵逍
岐禎壁[隆匠]長丨丨松山高大也詩丨高維岳人名丨䟆丨丨戲謝安曰蒼生如卿何高丨松詩采
封注今丨菜○早丨細切肥牛肚晚丨松周顒或問菜味曰春初早韭秋末丨丨南史白松蒸豚披類
丨異著軍功丨丨適用如葵丨奴肥為種丨丨齊梁
盜松齊范元琰見人丨其丨丨丨蹤丨松丨之丨蹋地松丨撥雪挑來丨丨○
丨豢走欲起其愧恥貪丨丨洪丨丨老丨丨
戎如融切○可以即丨丨惟口出好興丨元戎丨丨十乘六月阿戎詩談棠戎狐裘
丨丨丨祖考丨氏在祀与丨左丨
詩丨近左戎丨戎弃綦有丨戎之説融當作丨此戲出詩丨小丨美襄公也秦
傳作茸於黄帝丨跪意在軍丨也賓服録丨丨備兵甲討西戎
人名抱其靴詳靴王丨姓氏柳立侯丨漢宣時人戎夷之後丨唐節度有詩名丨漢功臣
丨丨春狨似猴毛長黄赤色可為布皮作茙厚也駥馬八尺㧓助也
秋時人鞍褥尾金色名金線丨生廣南越人閔丨纖而射之通作
戎詩烝○弓居戎切孟招虞人以丨不可以執丨丨丨詩
也无戎交韔二丨小戎二矛重丨丨宮角丨其丨丨水畫形丨一
良弓高鳥尽丨丨藏韓信挂弓襄王謂宋玉曰能大言乎玉傷弓鳥詩蒼烏號弓龍詳繁
丨藏韓信日彎弓丨扶桑丨楚故事

弱弓弱天子弓淙朱穆拜尚書虎賁當殿下置弓於地曰此丨丨丨詳敢于
越穆呵曰丨丨丨當置盾首置地大不敬收付詔獄丨丨丨
丨丨楚人弓丨丨亡烏號之丨左右請求之王曰丨丨亡丨楚人得之何求六
也孔子聞曰惜乎不大也不曰人遺之人得之何必楚也家語
鈞弓公侵齊門于陽州士皆坐列曰顔高之弓丨丨丨皆取而傳觀之陽州人
出顔高奪人弱弓籍丘子鉏擊之与一人俱斃偃且射子鉏中頰噎因
丨两石弓張弘靖曰天下无事尔輩挽丨丨丨不如識一丁字五代五百弓鼓小者聞丨丨丨丨一里半也西域記
因丨丨丨丨丨
○冬占寛閑丨丨丨形丨錫有功諸侯也小雅彤丨丨丨
丨丨丨丨丨詩篇兄刺幽王也不親九族而好讒佞人名丨名雅姓氏太原羽音曾大
夫叔弓之後淙光禄勳丨弓㞢不有丨丨書干戈省厥丨丨惟尹丨
丨丨後魏博陵太守丨丨丨丨躬易不有丨丨書干戈省厥丨丨
直丨者記丨丨丨之丨丨鞠丨丨人名丨丨丨詩我丨不閲丨丨弗丨弗親語有
躳故丨丨微丨丨不傳丨論事无避衆畏其口丨
清明在丨丨掌法寛平丨丨丨宮
青宮東宮春宮太子宮亦曰南宮丨丨淙建尚書百官府曰丨丨丨杜寄賈吏部
丨丨吾故人舊註以丨丨丨為礼部非也泮宮半於天子之宮
獨南面礼儀之方澤宮天子習射於丨丨黄帝有丨丨丨紫宮北極五星
有水礼記作頖宮丨射義擇賢之宮合宮之聽丨丨皆在丨丨
丨丨丨丨
天文絳宮心為丨丨肺為玉堂宮肝為清冷宮膽為幽宮丨丨俯馮夷之廣寒宮
丨紫極宮脾為中黄宮腎為牧宮丨丨丨丨丨

詩水晶宮盧杞嘗謄上碧霄見宮闕樓臺皆以丨丨碧雲宮於丨丨丨詩丨洞庭君宴柳毅
月丨為牆有女子曰此水晶丨也丨丨
珠宮請盟丨丨丨蓬萊宮丨丨謁帝丨丨阿房宮秦長樂宮漢祖未央宮漢祖甘泉宮始皇作漢武廣
之周十九里長楊宮秦作漢修之垂楊數畝建章宮漢武作千門万戶周二十里五柞宮漢離宮有丨丨丨九
成宮即隋仁壽宮唐改名一畝宮人丨丨營者丨丨丨之丨丨黄庭宮脾中央即丨丨之丨丨曰常在黄庭經註都邑聲宮丨聽
丨人民之丨丨丨丨蜥蜴守宮漢武午日取丨丨飼以丹砂体尽赤次年
則歳美漢天文此日搗之塗宮人臂有犯則消故曰丨丨丨詩丨丨丨丨
頌僖公能復周人名丨丨丨後漢人丨丨梁冀嬖奴姓氏太原羽音丨之奇之
公之宇也丨李賀詩丨丨一生花裏活後唐殿中侍御史丨丨丨丨諫
丨丨丨丨
丨丨居河東令河東有宮氏丨丨丨虞大夫晋假道於虞伐虢丨丨丨
由丨丨孔子曰獨居思仁公言仁義一日三復白圭之玷是丨丨之行也家
語○融以戎切左其樂也丨融胹丨丨圓融公家之費敷於民間
丨丨丨丨詩昭明有丨丨丨丨丨丨者謂之丨丨丨長編
丨丨也祝融孟夏其神丨丨月令又山丨丨丨沖丨混丨丨春
詳戎丨丨名石廩騰鄭雅丨丨丨丨丨丨丨丨丨雪丨泥丨
師李膺丨丨杜甫酒伴詩伴丨丨姓氏南康宮音人名丨丨丨游太李
唐言利臣丨丨金陵法融禅師号丨丨祝融之後瀜沖丨水深彤名丨
丨丨丨丨彤丨丨丨

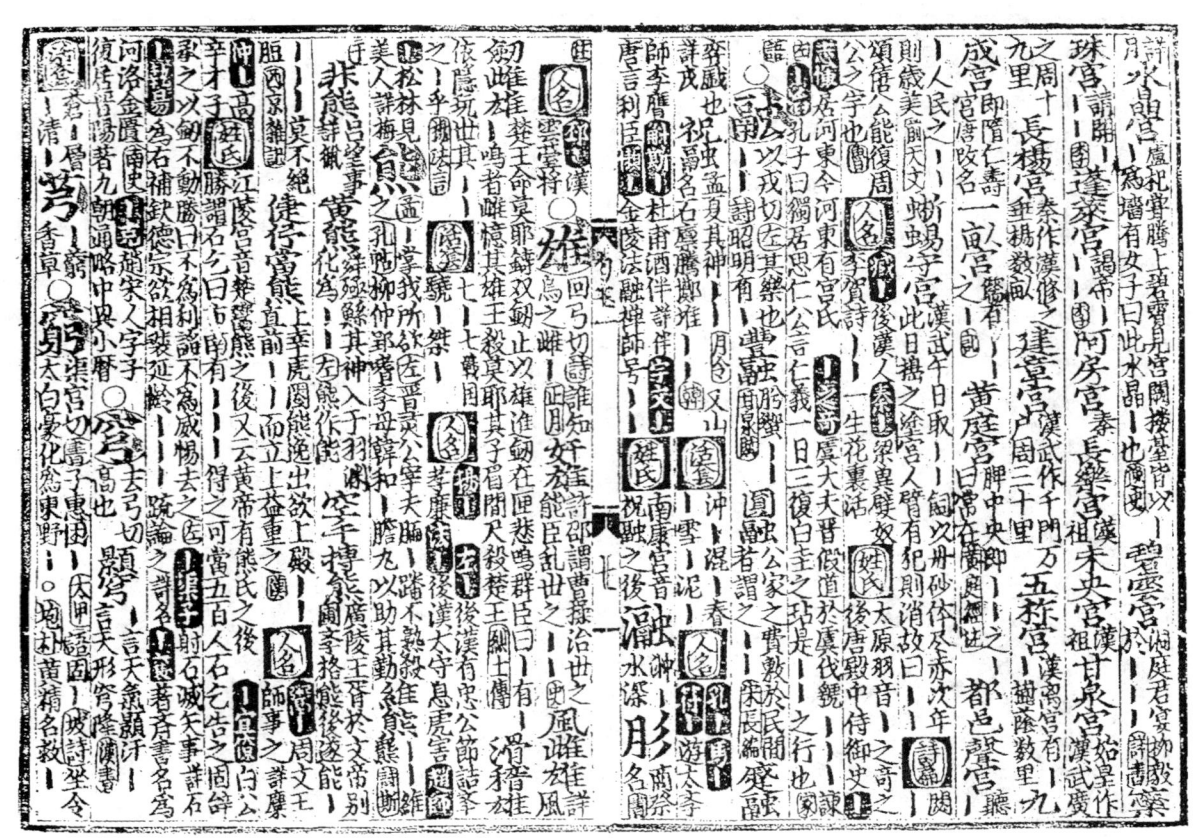

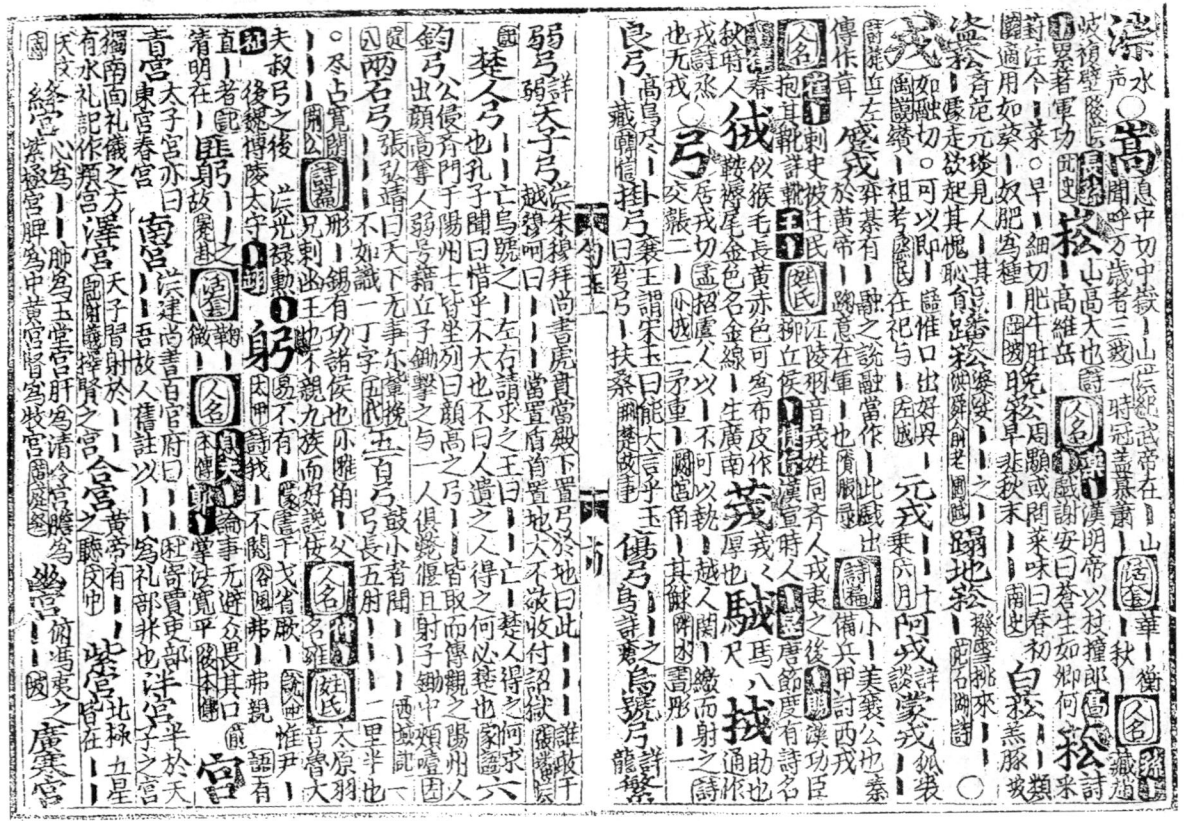

漢雄回弓切詩誰知雄詳
人名丨丨丨雲莹将○雄烏之雌丨正月丨丨姦雄能臣乱世之丨丨丨風雄
劒雌雄楚王命莫耶鑄双劒止以雄進劒在匣悲鳴群臣曰丨有丨滑稽
丨丨鳴者雌憶其雄王殺莫耶其子眉間尺殺楚王烈士傳
依隱玩世其丨丨七丨丨七戰國人名丨丨孝廉丨丨後漢太守息虎害丨
之丨乎丨丨丨號丨丨丨丨左丨後漢有忠公節詰李
丨松林見丨丨孟丨掌我所欲左晋灵公宰夫胹丨丨蹯不熟殺維熊丨丨維
美人詳梅熊之孔帖柳仲郢嘗李母韓和丨膽丸以助其勤
熊詩丨丨丨黄熊舜殛鯀其神入于羽淵空手搏熊廣陵王胥於文帝別
丨丨丨化為丨丨左熊作能丨丨丨丨闡李格熊後遂能丨
丨丨丨莫不絶倢仔當熊上幸虎圈熊逸出欲上殿丨丨人名丨丨周文王
丨丨西京雜記直前丨丨而立上益重之漢丨丨丨丨師事之詳麋
仲丨高姓氏江陵宮音楚鬻熊之後又云黄帝有熊氏之後丨丨丨白公
辛才子勝謂石乞曰市南有丨丨丨得之可當五百人石乞告之固辞
承之以劒不動勝曰不為利謟不為威惕去之左丨丨子射石滅矢事詳石
丨丨丨為右補闕德宗欲相裴延齡丨丨丨疏論之詩名丨丨著齊書名為
河洛金匱南史丨丨趙宋人字子丨○穹去弓切丨穹丨言天氣穹汗丨
復居洛陽著九朝通略中與小曆丨丨丨穹高也丨丨言天形穹隆漢書
丨丨丨丨丨丨穹丨丨清丨芎香草○竆渠宮切書子惠困丨大甲語困丨彼詩莖令
丨丨丨丨丨太白豪化為東野丨丨○丨地丨黄精名救丨

子部　第三册

送窮高陽氏子好衣敝食糜晦日巷死世於是月以破窮衣粥弃於巷〔唐四時宝鑑〕。昌黎作丨丨文 留窮 詞唐子西作丨丨
祖韓文丨丨詩皆 五窮〔韓文〕智窮學窮文窮命窮交窮〔全〕 逐窮 阮籍率意独駕車跡所窮輒慟哭而返〔詳晉書〕 圖窮 荊軻
奉地圖献秦丨丨又騷鼡丨技而丨 詩窮 歐公論梅聖俞曰世謂丨人多丨能丨人殆窮者而後詩工也 醜窮 君子不丨榮通
而匕首見詳首 詩非丨能丨人殆窮者而後詩工也 醜窮不丨丨詳夫
諱窮 孔子曰我丨丨久矣丨而不免命也〔莊子秋水〕 歎窮 鳥窮則啄人窮則詐〔荀子哀公〕丨丨則攫 方朔窮 鄭舍人曰問朔一事朔窮臣當
賜帛 詩妓 黄九窮 披見山谷茶詩蕭成車声遶羊腸句曰丨丨丨 恁地怎得不丨 蒭窮 蒲城詩瘦詞那復吐窮丨 通作窮相如窮昌
山鞠窮 楚伐蕭蕭无社蕭大夫呼申叔展 申叔展曰有麥麴乎曰无有 有山鞠窮乎曰无有 一物禦濕欲无社逃泥水中无社不改故曰无
何魚腹疾奈何曰目於眢井而拯之若為茅絰哭井則已 赤蕨又叡結茅 〇
表井須哭乃應明日蕭潰申叔視茅絰号哭而出之〔左宣十二〕 鞠音弓
馮 房戎切 馬行疾皃。〔披〕灵燭自解丨 謂丨夷也 披雖押在此文選却音憑 〔地理〕諸丨 地名〔孟〕 舜生於諸馮 〔姓氏〕 姬平宮音 周文王子
畢公高之後畢万封魏文孫食采丨城因氏又云鄭大夫丨簡子之後 〔丨立〕 字聖卿
〔丨諼〕 弾鋏帰来 詳鋏 鋏券 詳券 〔丨唐〕 對漢文帝論將拜車騎都尉 〔丨奉世〕 字子
與兄野王代為西河守歌曰大馮君小馮君兄弟継踵相因循 〔丨奉世〕 字子
明上黨人出使斬莎車王威振西域 〔丨異〕 字公孫潁川人号大樹將軍 詳樹
奮翼躍也 詳翼〔丨動〕 拜郟令与賊力戦光武曰此健令也 〔丨素弗〕 東隣騏驥
詳隣 〔丨京〕 字當世 趙宋鄂州人 父式題其書後云將作監丞通判京南軍府
事後廷對第一 芃 草盛皃 又音蓬 〇 風 方戎切〔書〕 二十八宿 〔左〕 六鷁退飛丨也 〔淮南〕 虎嘯而丨生 雄風 楚襄王遊
宮如式之言 退飛丨也 〔淮南〕 虎嘯而丨生
於蘭臺之宮曰快哉此風此寡人与庶人共者也宋玉曰發明耳目寧
体便人此大王之丨丨 徽徒寸切 溷濁邑欲温致温此庶人之丨丨 〔選〕 剛風
鵰鸞展翅不動去地四十里風 颶風 四方之丨 颺風 丨丨而欲
力猛壯可驗有丨丨世界〔梁楞伽〕 颶風〔論衡〕 溯風 翥〔張子平賦〕 御風 行不知
風乘我耶我 批風 貧家何以娛客但丨 嘲風 弄月 下風 群臣敢 仁風 奉揚 扇
秉風耶〔列〕 批風 知抹月丨丨 詳批 嘲風弄月 下風在 丨丨 丨詳扇
風 唐列刺史姓名於丨丨〔唐〕 閣風 崑崙山有 晨風 鸇也亦曰 追風 秦良馬
〔文〕陳成頭觸丨丨詳弁 閬風丨丨 詳山 晨風 鸇〔詩注〕 追風 詳馬 楊
風揚凝式善行草西洛寺壁三百 條風 東北風也 言丨治万
餘処題寫我遍号丨丨〔宋書〕 條風 物而出之〔史律書〕 閶風 至〔月令〕 仲秋 丨丨
八風 節八音而行丨丨 節風 禹治水沐甚 花信風 始梅花終楝花凡二十 攀柳
丨〔農五〕 八方風 節風 雨丨丨 疾丨〔冊〕 花信風 四番丨丨丨〔歳時記〕 攀柳
風 河朔春時疾風数日 一作三日乃 〔閲覽〕 愛松風 陶弘景丨丨丨 庭院皆松 鄭公
風止否則経年曰吹花丨丨丨 愛松風 每聞之欣然而楽〔南史〕 鄭公
風 鄭弘請於神曰常患若耶溪載薪為難 願 故人風 清風來丨 坐春風 朱公
旦南風暮北風至今為然号丨丨丨〔郡〕 故人風 〔杜甫〕 坐春風 掞見

明道於汝州曰如在春 歌南風 舜鼓琴歌丨丨 南風 又歌南風 〔左〕 荊楚風 三旬已
風中丨了一月〔歸歲〕 歌南風 舜事詩徳歌北風 又歌南風〔左〕 荊楚風 過黄梅
雨万里初來丨丨丨 〔鑑〕 吳中梅雨既過清風丨丨其丨〔曆〕丨丨見
弥句曰丨丨丨 此風自海上与舶俱至故云 馬牛風 則走牛宮順風馬喜逆
風。風馬牛不相及 運斤風丨丨 成唱 迴風 漢宮人麗娟体弱常恐随風
〔左〕 注牝牡相誘曰風 運斤風丨 詳斤 唱迴風 辛丨丨 曲罷棄翻落如秋〔國〕
〔實〕石尤風 詩尤 逆風也 鯉魚風 老〔李賀〕 九月風 鐸占風 詩鐸 鳥相風 詩鳥 戭防風 防風 後至
〔說〕 丨丨 杜甫 雞丨丨 禹丨之 癒頭風 丨丨 詳癒 已大風 永州異蛇丨丨 觀民風 古者采詩 以丨丨丨 蛇憐風 蛇憐蛇
〔史記〕 詳 内障遮風 楊国忠冬月選婢妾肥大者遮風謂之丨丨 〔開事〕 瀟書長風 屏内有寒色 詩瀟 坐琉璃 丨丨 回
撐丨 長丨 国丨 遺丨 祖丨 鄰丨 望丨 古丨 家丨 華丨 終丨 衛莊姜傷己也
生丨 破浪丨 詳浪 艷光丨 詳月 一帆丨 到骨丨 〔劉〕 〔詩籍〕 凱丨 美孝子也
谷丨 刺夫婦失道也〔邶〕 北丨 刺虐也 晨丨 刺康公
也 褒賢臣〔秦〕 匪丨 思周道也〔檜〕 谷丨 刺幽王也〔周〕 楓 冬植之故曰丨
宸〔漢書〕 老丨 化為羽人〔述異記〕 老丨 為人形 江楓 楓落吳江冷〔唐信明〕 楓 一名攝 漢宮殿
曰丨丨 〔孫〕 家人鑽火用青丨〇 脂 同為青 丨 楓 槭 械楓 黄帝殺
其丨 於宋山之上丨 〔活套〕 冊丨 青 豐 〔詩〕作邑于丨 時和歲丨 新豐 上皇
寫丨 林〔典軌輿紀〕 丨 霜丨 豐 〔周禮〕 丨〔禮器〕 礼不丨 不殺 漢太
思東帰高祖改街里為豐号丨丨 〔地理志〕 沛作丨丨 并徙舊社 放犬羊雞鴨
於通衢亦識其家 故詩雞犬識丨丨 〇 馬周舍丨丨 逆旅主人不顧命酒
酌 詳 淡豐 丨乱獄丨 小安豐 王尊呼謝尚為 射豐〔禮〕 射命弟子設豐〔三禮〕 殼
酌 淡豐丨〔昭六〕 小安豐丨丨丨 詳稍 豐 同 〇 射罰丨作人形
也豐 下〔周〕 〔活套〕 蘩丨 凶丨 鎬丨 〔卦名〕 ䷶ 雷電皆至丨 初九遇其配主雖
耗丨 啬丨 道丨 亨 旬无咎往有尚六二丨其蔀日中見
斗往得疑疾有孚發若吉九三丨其沛日中見沬折其右肱无咎九四丨其
蔀日中見斗遇其夷主吉六五來章有慶譽吉上六丨其屋蔀其家闚其户
闃其无人三 〔年号〕 元丨 〔人名〕 〔叔〕 〔丨稷〕 〔丨熙〕 前紀 〔丨坊〕 剛直特立 〔姓氏〕 括陽宫音 鄭穆公
歲不覿凶 〔晉〕 〔丨稷〕 〔丨侯〕 王戎曾〔祖〕 子丨之後 春秋
有丨 施丨 卷丨 點丨 衍 趙宋人字相 灃 水 酆 周文王所都 又國
之居 明州除御史中丞首論蔡京章惇俱黜 灃 名 酆 名在畢原丨 鄗
沉魂北 豐 丨 蕃 豐 怒發〔國〕 渢 大声也〔左〕丨丨乎 渢 浮也 相如傳〇
羅丨〔國〕 豐 荒蕪 豐 〔風〕丨 黄 渢 大而婉 又浮皃 泛 渢丨 淫泛濫
充 昌終切〔孟〕 如皆擴而丨之 氣体之丨也 丨 実〔記〕 礼運〔禮〕 盈〔詩〕
〔我疆〕 又見子丨 古良善人〔晉〕 食貧不丨 衣食〔選〕 文武四丨 魏外家斯少
由中丨〔杜〕 早 殷充 物產丨 〔周〕 棟宇充丨 其為書充 〔人名〕 〔丨諸〕 〔丨宗〕 後〔晉〕
丨 觀国賓 殷充丨 〔周禮〕 棟宇充丨丨 〔孫〕 〔丨壹世〕 唐 〔姓氏〕 皇
宮音 漢有丨中 忧 心動 琉 玉 〇 隆 力中切〇 道 隆 丨 丨 則從而丨 蟲 〔左〕 鵠
仙人丨 尚之後 忧 心動 琉 玉斑 〇 隆 力中切 丨則從而丨 蘊隆 二而替隆之而 替

二二一九

𠃬隆季春丨丨乃出以將其捵隆丨丨之吉不曉〔詩套〕穹丨系丨比丨好丨〔李賀〕
丙〔詔〕雷師也本作隆 乎下也〔易〕大〔過〕只丨声丨丨
〔年號〕建丨〔人名〕〔師曠〕七夕曝書〔高隆〕〔姓氏〕南陽 漢詔曰萬丨不能自存者
〔國〕詳〔曠〕〔高〕〔丨〕髮〔姓氏〕宮音 㝫 〔建武〕前漢書 小臣疲丨老㝫
山東丨嬴丨丨疾恩衰癃 疵殘 〔後〕隆 故〔靈〕 雷丨雷 窿 天勢〇 空 苦紅
見德化之成〔易〕〔國〕癃丨丨〔國〕鼕 音 師詳隆 穹丨 切〇
殷浩遂丨丨函詳函淳于髡失鵠獻 書空 殷浩被黜終日 鑿空 西北始通於
龍次楚 詩箋司丨見憤詳憤 丨作咄二怪事 漢然張騫丨
丨〔天〕丨丨恐 三空 陳蕃諫桓帝當今田野 土空 秦人呼士窖空為丨丨
〔寓〕〔國〕囊空 〔詩〕〔注〕〔國〕空朝廷空倉庫空〔國〕 无名子詩更著皮裘入
丨丨馬群空 伯樂過冀北之 東帳空 丨丨〔丨〕寺夜 杼軸空 大 丨〔國〕 一丨 豪丨丨〔國〕撐
君空 野丨丨遂丨〔韓〕 丨 鶴怨〔北〕〔山〕〔文〕 東朔 屋空 丨丨〔國〕
青空 仰見突兀 丨〔韓〕 聲塵空 丨作賦 丨丨 專 轉頭空 万事丨〔國〕 放箭空 金盤丨〔國〕 丨丨未 〇色空
丨丨〔圓覺〕即是 竟空 看丨无丨是凡夫法有 丨 法空 人空丨亦丨二 鏡空 齊君孝寓胡
空无丨是二乘法詳見 空亦復空 詳 鏡 僧与衆如拳
食之知過去未來事乃至靈 丨〔國〕〔國〕〔國〕大空 裴休訪洪州善覺禪師問有侍者否曰有
隱寺尚懸法名丨丨〔國〕 一 兩个乃喚丨丨小空二虎自庵後出師
曰有客 頑空 責其空不貴丨丨丨丨者木石 虛空 欲丨丨 合成五色 不
且去 頑空 是也惟真空不壞〔林玉露〕 盡 只益自勞〔國〕
落空 圭峯曰真能落空則真不落空 丨丨 上人丨〔國〕身與空等 嵩山元圭禪師岳
空〇了二方知丨丨丨丨〔國〕 神曰我能生死人
師曰吾本不生汝焉能死吾視丨丨丨丨視吾〔詩套〕 談丨丨 凌丨丨〔姓氏〕 孔丘官音費
与汝等汝能壞空与汝乎神稽首受戒〔傳燈〕 姓司空頓丘
〔國〕〔國〕〔國〕徵音為司空因氏 唐侍御史 倥 无知也 悾 信也〔詩〕 丨丨而 崆 衣
〔國〕字表聖作亭名休休詳宜 丨侗〔國〕 不信〔注〕愨也 袂
〇公 古紅切詩退食〔國〕丨〔羔羊〕夙 上公 建介于丨〔國〕 諸侯不臣 曾公以
公 夜在丨〔小星〕〔實〕与丨併倨 丨〔書〕〔微子〕 寓公丨丨〔國〕 〔國〕 奏
丨丨〔民〕 木公 亦曰東王公又 祖公 賦芋 黃公 苦獻丨丨朏 壬公 丁女 飛空
大功也 号王皇君詳母 〔詳〕 醉眠〔國〕黃鳥 丨丨 〔國〕
水 愚公 移山 黑頭公 庾亮曰明府當作 筆頭公 古弼頭尖号 長嘯公 范鎮有
也 詳山 丨丨三丁諸葛恢 丨丨 詳 長嘯却
胡騎既及使契丹 丁固夢松核丨丨 詳
虜 白 丨丨丨也 十八公 年寓三丨詳益 六七公 此丨丨丨 和 慈 懷 策 曾 亭是公 音
无本 亡是 人 而 問吾公 免 毅 〔丨〕 丨丨丨丨〇 赤 熙 公 號丨丨 唐律得 輕 罪即 教 者 國 公
托言〔國〕〔國〕 鄭伯 寔 至 夜 飲 詳 谷 〔國〕
〔國〕 丨丨丨 婆 不公 伯丨年來 竹 中指 至 橫 文上 節 絕 古
丨丨丨 〔國〕 弭 魚 成 公 陶侃手紋 曰 貴 相 侃 封 撫 令 極丨丨 壁上 切 丨
丨 字 宋 顏延之 何 侃 呼 顏 公 顏 曰 身 非 三 公 又 非 〔詩套〕 丨至丨
〔國〕 〔國〕 怒 人 呼 公 田 舍 公 又 非 君 家 阿 公 何 見 呼 為 公 侃 〔國〕 天丨 普 益

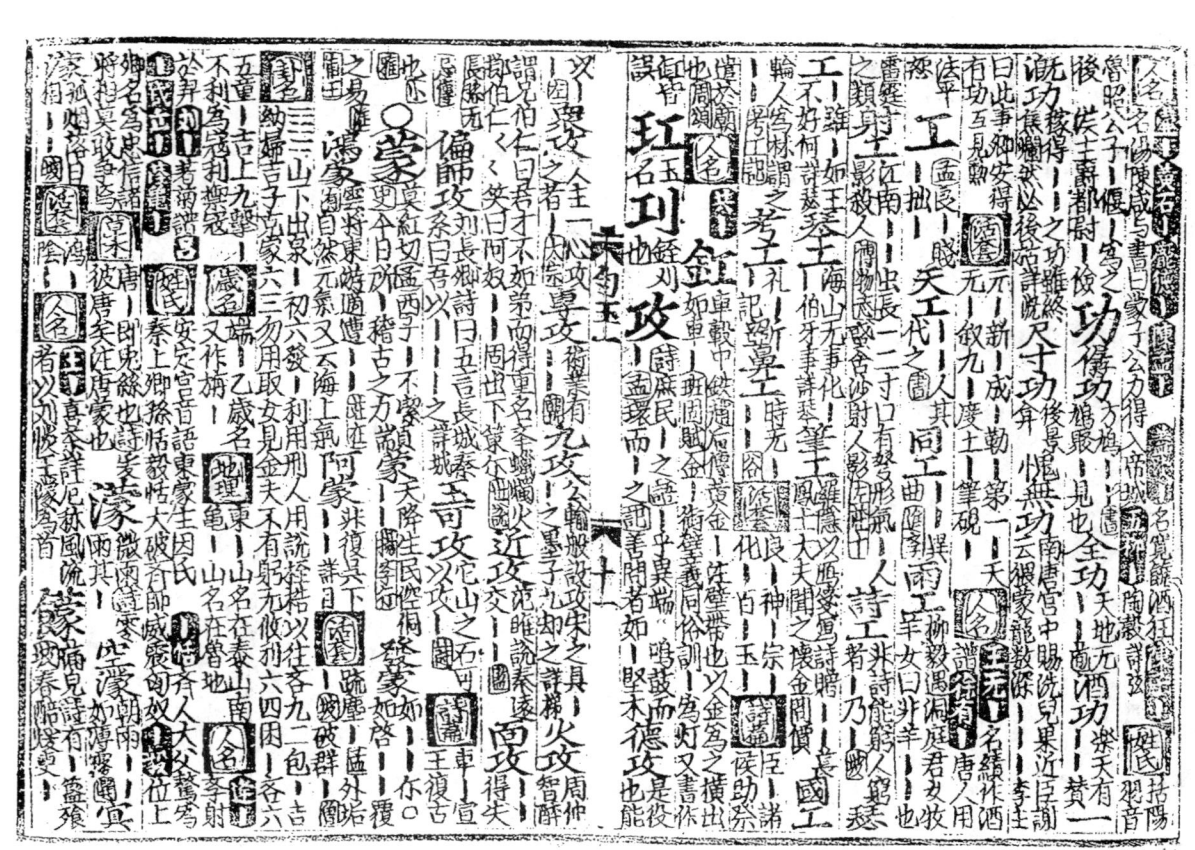

〔人名〕 曾 昭公子丨偃丨為之 功 傷功 方鵠丨 〔書〕 名 寬饒 酒狂 〔姓氏〕 括陽
後 〔瑤石〕 陽陳咸与書曰 家子公力得入帝城 〔國〕 陶穀 詩 弦 習音
〔國〕 洪士蔚 都尉丨 後 鵠 厥丨 見也 全功 天地元 酒功 樂天 有一
浩 功 稼 得丨丨之功 雖 終 丨丨 見也 丨丨 〔國〕 丨丨 贊丨
〔國〕 然 必 後 詳 說 尺寸 功 後 昱 愧無 功 南唐 宮 中 賜 洗 兒 果 近 臣 謝
曰此事 卿 安 得 云 很 蒙 龍 數 深 丨丨丨 李主
有功 互見 〔詩套〕 元丨新丨成丨勤丨第一丨天丨 〔人名〕 〔王元〕 名 績 作 酒
法 平 无丨敘九丨慶土丨筆硯丨 譜 〔徐〕 〔有〕 唐人用
〔孟〕 〔良〕 丨 賤 天工 丨人 其 同工 丨 異 曲 〔國〕 〔國〕 雨工 柳毅 遇 洞庭 君 女 牧
際 工 拙丨丨 代之〔國〕 丨丨 羊 女 曰 非 羊丨丨也
雷經 射工 江 南丨丨出 長一二寸 口有 弩 形 氣丨人 詩工 非詩 能 窮 人 窮 丨
之類 影 殺人 〔博物志〕 或 含 沙 射 人 影 〔國〕 者丨乃丨〔國〕 丨 丨 甚
工 丨雖丨如王丨 琴工 海山无事化丨丨 筆工 羅隱以鳳 爰 寫 詩 贈 丨丨 基 國工
丨 不好何 詳 琴 丨 伯 牙 事 詳 琴 丨 鳳 士 大 夫 聞 之 懷 金 問 價
輪 人 為 林 謂 之 考工 礼丨丨 斲工 時 无丨〔谷〕 〔詩套〕 良丨神丨宗丨〔詩〕〔國〕 臣丨諸
丨丨〔考工記〕 記 輪 輿 丨丨 〔國〕 化 丨 百 丨 玉丨 侯 助 祭
遺於 廟 〔人名〕 〔共〕 釭 車 轂 中 鐵 過 石 傳 黃 金 丨 往 壁 帶 也 以 金 為 之 橫 出
也 周 頌 名 玉 如 車 丨 班 固 賦 金 丨 術 壁 義 同 俗 訓 丨 為 灯 又 書 作
紅 皆 玒 玎 也 鉦 刈 攻 〔詩〕 庶民丨之 〔詩〕 丨乎 異端 鳴鼓 而 德攻 是役
誤 〔孟〕 〔環〕 而丨之 〔記〕 善 問 者 如丨堅 木 也 能
以丨〔國〕 發攻 人 主 一 心 攻 〔國〕 衍 業 有 九攻 公輸般設 攻 宋 之 具 丨 火攻 周 仲
丨 〔國〕 之 者 丨 〔仁宗〕 暴攻 丨丨 〔國〕 九攻 丨之 墨子 九 却 之 詳 梯 智 潮
謂 兄 伯 仁 曰 吾 才 不 如 弟 而 得 重 名 至 蠟 燭 火 近攻 范 雎 說 秦 遠 丨 面攻 得 失
掛 伯 仁 丨 笑 曰 阿 奴 丨 丨 周 出 下 策 作 〔國〕 交丨丨 〔國〕
長 涂 元 偏師攻 刘 長 卿 詩 曰 五 言 長 城 秦 系 曰 吾 以 丨丨丨之 詳 城 奇攻 以 攻 丨 〔國〕 它 山 之 石 可 〔詩〕 〔雅〕 車丨宣 王 復 古
〔國〕 〔儒〕
也 水 蒙 莫 紅 切 〔蓋〕 西 子 丨 不 蒙 頁 天 降 生 民 倥 侗 發 蒙 如 丨丨 亦 〇
〔國〕 〇 蒙 〔史〕 今 日 所 丨 稽 古 之 力 蒙 丨丨 〔揚子〕 〔注〕 如 啓 丨 丨 覆
〔國〕 之 易 鴻蒙 雲 將 東 遊 遭 丨丨〔莊〕〔注〕 阿蒙 非 復 吳 下 丨丨 〔國〕 詳 日 〔詩套〕 丨 〔國〕 破 群 丨 〔國〕 號 塵 丨 猛 外 垢
〔國〕 〔國〕 自 然 元 氣 又 云 海 上 氣
三 三 山 下 出 泉丨初 六 發丨 利 用 刑 人 用 說 桎 梏 以 往 吝 九 二 包丨 吉
〔卦名〕 納 婦 吉 子 克 家 六 三 勿 用 取 女 見 金 夫 不 有 躬 无 攸 利 六 四 困丨 吝 六
五 童丨 吉 上 九 擊丨 〔歲名〕 端丨 乙 歲 名 〔地理〕 東丨丨 山 名 在 泰 山 南 〔人名〕 李 射
不 利 為 寇 利 禦 寇 又 作 㭽丨 黽丨丨 山 名 在 魯 地 〔國〕
於 羿 〔刘〕 者 弟 譜 〔吕〕 〔姓氏〕 安 定 宮 音 語 東 蒙 主 因 氏 〔國〕 〔國〕 位 上
卿 名 為 忠 信 諸 〔國〕 〔國〕 秦 上 卿 孫 恬 毅 恬 大 破 齊 師 威 震 匈 奴 〔國〕 齊 人 大 父 鷔 為
將 相 莫 敢 争 又 為 〔草木〕 唐丨 凶 兔 絲 也 詩 爰 濛 微 雨 〔詩〕〔國〕 空濛 朝 雨丨丨 宜
彼 唐 矣 注 唐 蒙 也 雨 其丨 如 薄 霧 〔國〕
家 孤 煙 落 日 〔詩套〕 鴻丨〔人名〕 〔王〕 喜 玉 詳 尼 椒 風 流 丨 幪 痛 見 詩 有 丨 盡 殘
宿 丨丨 〔國〕 陰丨 者 以 刈 假 玉 濛 為 首 〔國〕 丨 春 酩 酊

冡 覆也 幪 蓋衣一曰下刑墨幪丨巾也使刑者不 髳 草木叢生（延雅）
也 幪 得冠飾（揚）夏屋幪丨（杜）清旭散錦丨 髳 覡丨弟雖也
霥 天氣下地不應也（唐）濛 月將 朦 日未 朦 戰船 朦 不明（記）昭然
裴寂贊龍翔雲丨 入 朦 明 丨艟 若發丨矣（孔）
樂師有瞽丨（詩）丨瞍奏公 罞 麋罟 夢 不明（謚）視天丨丨（左）楚子文初生弃
於夢三年不見月精必丨 之丨中 又雲丨澤漢書有二音
瞢 目不明 懜 惛也 懵 無知 ○ 龍 盧紅切 ○丨貨物丨盖鉄皆包牟之義
明 義之牢群丨鵝 晋隱士郭瑀曰翔鴻安
（詩話）可丨哉 鐵龍 唐酷吏索元礼作丨丨龍因首○ 雕龍 閉以丨丨 穿龍丨丨天
鐵龍田單宗人以丨丨得脫難詳軸 周龍（鵲鵲賦） 地（圖）
條龍 慕容垂猶龍驤也宜 智龍 聖人以丨丨 舜惠狙 開龍 林逋出客至童子丨
後龍 謹其丨丨詳條 公以丨丨 君狙（列） 丨放鶴逋即歸詳鵲
互見 望鶴龍 陳逵字道林善言理時人欲折之逵以如意拄頰歎曰 放鶴龍
鶴 音孫伯符志業不遂丨丨山谷嗟父之人竟不得談
金龍丨丨 銀絲龍 赤墀櫻桃拔隱 怕鶴龍 鶴亦丨丨 七鶴龍 齊使淳于髡丨丨
獻壽詩為 銀絲 音映丨丨丨（困） 怕鶴 音丨丨（容）鷹鶴 音於楚飛其鵠揭空
丨見王曰欲鵠飛亡吾欲刺腹恐人議王令士自殺買鵠代之是欺王也 宰
欲弃亡痛兩主使不通故來服過王曰信士如此悋鵠在也厚賜之（史記）
相紗龍 李藩僧相之曰判官是紗籠中人（原化） 籠詩 紗籠 王播題詩木蘭寺
紗籠（記）丨丨 宜司以以丨丨 護之藩果相 後鎮揚州訪丨丨

玉二　十二

碧丨丨之（文） 天下為龍 以丨丨丨丨 則雀死所逃故濕以庖人籠伊尹秦以
詳鍾及袖 五羊皮龍 百里奚（莊）尹好廚故湯用為庖人奚拘於
宛穆公以五羊皮贖之 水精燈籠 趙宋劉謁為通判明達 書生寄鵝籠 許彦
或云奚好五色皮裘 籠號丨丨丨（東齋記事） 鵝籠 遇一
丨丨求丨丨丨与兩鵝並 ○ 重龍 十六開士於浴堂證悟水因於丨丨 焙浴
坐負之不覺其重詳鵝 具次得大安樂諸人會得則少焙之中有
丈六金身○千眼丨丨是（活套） 聾 丨丨 聾 宋丨（左）耳不聽五声之和為丨（潘）鄭昭
法王國香字冷丨丨（容） 瑴 （選）發聾披丨 韓信所於丨
（杜）此身漂泊苦西東右臂偏 心聾 心不涉牽猶 詐聾 丁王盤不仕佯狂丨丨 每
左耳丨 ○竜溺治丨詳肉 心聾丨丨之丨（列） 說話即色字（寺匠）
佯聾 秦少游詩戲東坡耳聾坡 杜微聾 微字国輔称聾不出丞相亮与書曰
丨聾 亦云今君疑我持丨丨 君但以德輔時不責君軍事乃拜諫
議大夫 許丞聾 黄霸為太守長史丨丨老病丨督郵白逐之霸 社酒治聾 李文
夫（困）許丞聾曰丨丨廉吏雖老尚能拜起送迎重所何傷 公云
吾為翰林李士月給內醞兵部李相濤春社寄詩云丨丨今日沒 家翁癡聾
心情為之治聾丨一瓶（歸）送俗傳社酒能丨丨 兵部小字社翁
唐代宗曰不痴不聾不作阿丨 ○ 唱得耳聾 百丈參馬祖々便喝百丈大省
阿丨兒女閨帷之言安足听 後云我被馬大師一丨直丨三
日丨（活套） 盲丨丨 瓏 玲丨玉声 玲瓏（蜀）歷零搖丨丨（李賀）白雲空破碧丨丨 詳硫
丨丨 頑丨丨 瓏 又明貌 山名也 ○ 黃雞催曉唱丨丨 璁

瓏丨丨（英）諸玉色白 礱 磨也（揚）李行有刀者丨諸有玉者 礱 磨丨丨（邸）祇礪 艾礱
采璆說之精而刊 龓 鍇諸前性惡篇金必丨丨而後利（國策）
正丨丨（曹元洛） 朧 月出 兒 煞朧 翠羽幡（韓）朦朧 此事終 朣朧 星月掩映雲丨
初丨丨（錦） 攏 養獸 攏 丨丨（謝） 月朧丨（論）正似雲月
丨（蛾） 櫳 檻 豅 大谷 龓 豕 日未病 嚨 喉 朧 也 日欲 襱 袴也（齊）曾曰丨（閩） 豅
大谷或作谾（相如） 丨丨 嚨 充實（詩） 四 龔 亦作攏 小白 西日袴一曰裙
（謝）石深山之谾々 龐 牡丨丨 龔 愈謂曰丨（活套） 珠丨綉丨 房丨簾丨 ○
洪 戶公切 庬洪 湛恩丨丨丨（相如傳） 射洪 陳子昂書堂在梓州丨丨縣有詩百 步洪 在彭城坡有丨丨丨丨詩（活套）
寬丨含丨纖丨範 陳（人名）（晉）丨 媿祖敗失馬丨以馬賂之丨丨富而性吝（崔）
丨業遵丨水抑丨 為晉御史朝廷憚之互見（鐘）（嵩）丨 晋人得用砂脩
道（姓氏） 用音共工氏之後避仇改為丨 唐丨 河北黜陟使德宗
時（四丨）趙宋蔵章丨氏 駒父玉父與父龜父 山谷四甥俱有才名
號四丨 龜父詩百篇山谷謂句二可傳駒父放浪江湖擢諫議大夫詩号老
圃集（三丨）饒州人父皓建炎使粘罕流冷山二十年怪朝官至徽猷直学
三子（皆遞遞）皆名臣 紅 陳紅 太倉之粟紅腐陳 二指因 軟紅 西湖風月不
適至丞相号三丨（閔紀）不妨持節散丨丨（坡） 東紅 如東華丨丨
香士詳丨 紅 城西野桃 長紅 北俗既任以花枝挂縷曰 二紅 蛾在齊安作麥
士及華小紅丨丨（谷） 長紅丨丨○ 花枝長丨丨（坡） 紅飯 雜小紅豆妻

玉二　十七

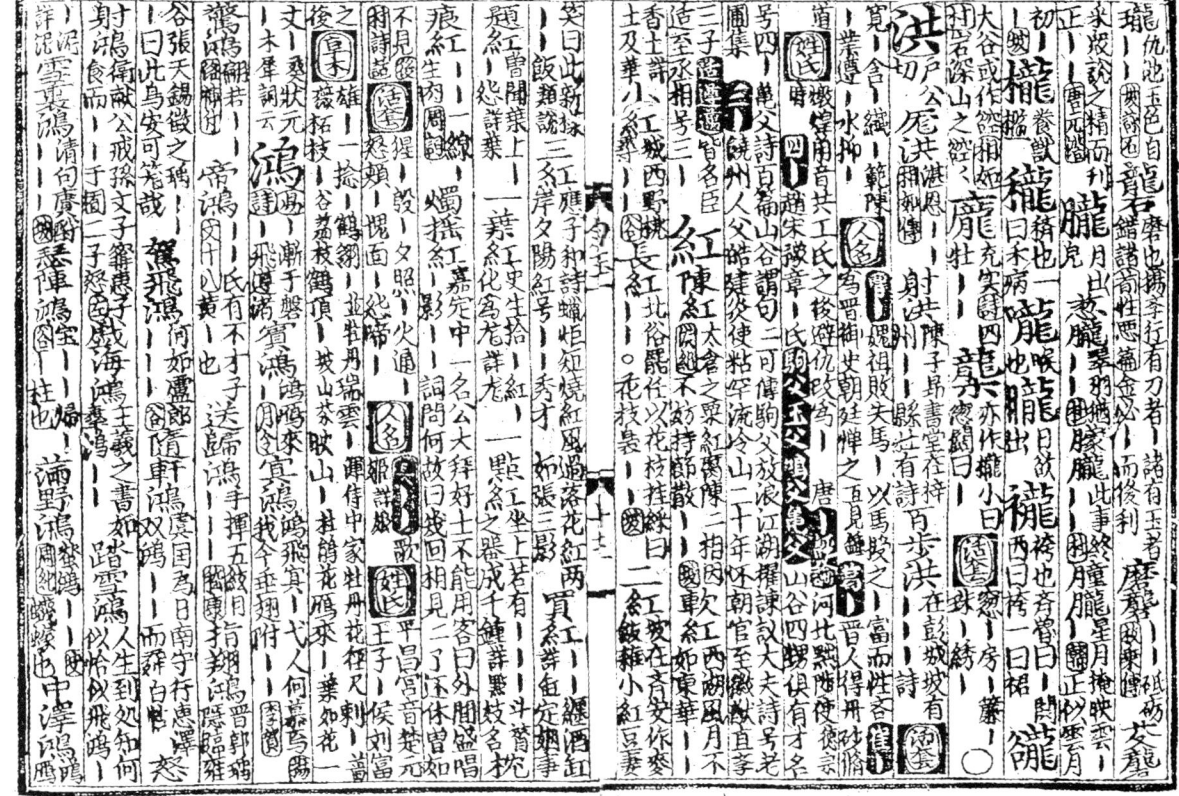

笑曰此新樣 三紅 應子和詩蠟炬知燒紅風過落花紅兩 買紅丨丨 纏酒缸
丨丨飯類說 紅岸 夕陽紅号丨丨秀才 如張三影 詳角定姻事
題紅 曾開葉上丨丨 一葉紅 史生拾丨紅丨丨 一點紅 坐上若有丨丨丨斗旗枕
紅丨怨詳葉 紅化為龍詳龍 紅之器成千鍾詳黙 妓名
痕紅 生肉（周詞） 丨丨一線丨 燭搖紅 嘉定中一名公大拜好士不能用客曰外間盛唱
紅丨影丨丨詞問何故曰我回相見二了休曾如
不見（後） 握丨散丨夕照丨丨火通丨（人名） 歌 平昌宮音楚元
（樹詩話）（活套） 怨頰丨愧面丨怨啼丨 娜詳娘（姓氏） 王子丨侯劉富
之 雄丨丨一捻丨鶴翎丨 並牡丹瑞雲丨（陣）侍中家牡丹花徑尺剌丨 蔷
後（草木） 發 柘枝丨 谷荔枝 鶴頂丨 英山茶 映山丨 杜鵑花 鴈來丨 葉如花一
丈丨 癸狀元 鴻（過）丨漸于磐 賓鴻 鴻鴈來賓 冥鴻 鴻飛冥丨弋人何慕焉（揚）
丨未犀詞云 （詩）丨飛遵渚 鴻丨（月令） 我今垂翅附丨丨（李賀）
鷺鴻 翩若丨丨（洛神賦） 帝鴻 丨丨氏有不才子（文什八）黃丨也 送歸鴻 手揮五弦目（嵇康） 指翔鴻 晉郭璞隱臨雅
谷張天錫徵之稱丨丨 飛鴻 何如盧郎（谷） 隨軒鴻（吳）国為日南守行惠澤 怒
丨曰此鳥安可籠哉 丨丨丨 双鴻 丨丨而舜白帗
寸鴻 衛獻公戒孫文子甯惠子 戲海鴻 王羲之書如 踏雪鴻 人生到処知何
射鴻 食而丨丨子樋二子怒（左） 群鴻丨丨 似恰似飛鴻丨
丨泥 雪泥鴻 清句廣（韻） 蹇軍鴻 宝丨丨 帰丨 滿野鴻 蒼鴻丨丨（坡） 中澤鴻 鴻
詳泥 丨丨丨 鴻（谷）丨柱也 （周紀） 嗷嗷也 鴈

于飛集于丨丨〔詩〕〔活套〕征丨燕遊丨鴻丨鱗丨便丨〔人名〕〔論〕唐隱士〔〕洪高士褒孟光〔〕汶白虎觀与諸儒集丨丨賈人与辟
兼從等号五俊〔何〕霍光子光重之曰丨丨摩天去 虹 名蝃蝀雄曰丨雌曰
矣〔〕王仙客藉其力与刘振女无双復合詳倚 霓朝西夕東。鈞〔蘇〕
絲詳〔蘇〕以丨霓爲 玉虹 山爲翠浪湧水作晴虹丨丨貫夜燭 奔虹 唐正觀中良馬有
丨丨流〔〕晴虹〔谷〕一曰灯也 奔虹流雲駒丨丨赤之
名華渚虹流丨丨 黃帝生虹 飲澗虹 嘗下澗丨兩頭 皆垂丨中〔〕 貫日虹 荊軻刺秦王白虹丨丨 聶政刺韓傀白丨貫日
〔史〕又飲金虹 義熙初薛願家虹丨 吸酒虹 韋皐鎮蜀虹垂首於筵丨 複道虹 兵象 其丨吐金成器〔〕 旬日拜中書〔〕集
丨丨橫空不霽 五綵虹 安得丨丨駕氣 如虹 丨丨白丨〔武〕筆 長丨斷 何丨〔阿房〕 天作長橋〔李〕 端吐白虹〔谷〕〔活套〕丨架丨
截雨 涳 水未導道也 湀 水章 或作紅 鴻 大壑餘流滑无声 訌 潰也〔詩〕蟊賊內 快瀉双石丨〔陳〕 丨通作虹〔詩〕实丨
虹小子注 〇 叢 祖紅切 惑乱也 桂叢 丨樹丨生兮山之幽〔招隱〕 蚕叢 古蜀天子詳見 事叢 日薄丨丨〔唐〕〔劉祥道傳〕
金碧叢 岸芳丨丨〔圖〕 蒲葦叢 何事与秋螢爭〔谷〕 少年叢 強顏猶入〔曾〕 去年叢 花發丨丨〔樹詩〕
〔活套〕芳丨霜丨露丨炬丨〔人名〕〔〕唐梨園 丨兩股丨衆怨丨 妓善歌詳〔盛〕 叢 草叢生 淙 水會也〔詩〕鳧鷖在丨 𥼶

韻 匀玉一 十四

着丨取 〇 翁 烏紅切。 魚〔〕 若丨詳蓑賓奴得丨詳奴 洪王曰吾丨即 社翁 詳雜 丨乃朱氏丨 鄰翁所化詳〔〕 海翁丨丨
忘機 塞翁 丨丨失 詳鳴 馬詳 南翁 丨丨巴曲醉〔〕 至衆會上頗所巴歌乞此一日醉 晉隱者丨丨 社日 禿翁 老丨丨〔〕 与長孺共一
〔傳〕言灌嬰无 官位拔擬 新翁 丨丨 利其小〔谷〕 筍婦 遺此兩丨 孝翁丨〔〕 涪翁 山谷謂涪州別駕号丨 丨或云涪 縮〔谷〕十九卷 晁
翁 化爲白丨似老丨〔〕 春溪蒲稗役丨丨〔谷〕 朱翁 丨丨 殊翁 翁鶴頸也 雜詳〔〕 鬈鑠翁 詳 鑠 鹿皮翁 翁拙巧奪手能爲器械後山君
馬〔〕 浣花翁 〔傳〕 肖訪丨丨 老丨无〔〕 贅 丗翁 丨丨 詳室 趙宋王檝号 囁嚅翁 丨〔〕 小蠻知在否試問丨丨 李林甫謂白樂天
写丨丨丨。 若不出口号丨丨丨 唐寶鞏言 田舍翁 儉素帝曰丨丨丨 宋武帝大修宮室表韻盛称高祖 得此已過矣 多田翁 〔盧〕從
憑爲刑書盛植良 田帝自爲丨丨丨 碧繼翁 白鷺 詳〔〕 蜜翁翁 張師雄 好以甘言 悦人号丨丨丨 〔活套〕 詩丨醉丨山 丨釣丨主人
丨詳袍大 家丨詳〔〕 〔人名〕〔〕洪人翁〔〕 宋詩人〔〕 魏相〔〕 孫推〔〕 四皓〔〕 詳眉〔〕 陸羽〔〕 袁〔〕 山谷〔姓氏〕
塩官商音周昭王庶子食采丨山因氏 詞有詠槐花詩詳攬〔〕〔〕君渭川天兩金于〔〕故富与王侯等〔〕〔〕唐人字文饒甫田人擢宏 〔〕洪人
眂脂富傾縣邑〔〕〔〕字德功崇人 誶詩能文負失父 好著 以百數 〇 怱 倉紅切作匆非遽也。 書云丨丨不暇草〔漢〕〔傳〕 張伯英指擾二丨

怱長雞莫 鍾〔〕〔〕 葱 食味用東丨漢丨 儀礼夜 卷蘗注丨韭之屬服之止卧 〔〕爲太守勸民各種丨五十本。 縱 橙姜畫丨〔〕 燕飯饒
沖丨〔傳〕。俗謂 寸葱 陸續母截葱 宜男草爲韮丨 丨必丨詳〔蘇〕 販葱 梁呂僧珍其先丨丨 宦僧珍曰汝等自有常分但當速還 僧珍貴兄子求
葱肆 後陳就井丹至故丨葵飯丨棗之食 东〔困〕 設葱 丹拚去之曰何其薄邪更置盛饌〔困〕 縮葱 侯思止食韲餅必令丨 丨号丨丨侍郎詳餅
青葱丨謂之丨〔東都〕華〔〕詩 織翠丨如丨〔李賀〕 瑞葱 丨葱丨〔光武〕 望氣者至南陽曰氣佳哉 暢達也 楦葱 丨公之丨太 公之關皆良
劍〔〕劍色 青如葱也 水晶葱 金柑玉板笋銀杏丨 丨丨吉州土產也 厭悲葱 芋栗丨丨丨 魏武侯謂徐无鬼居山林食 以擯寡人久矣
〔匯〕 三斗葱 屈突通泣官勤政語曰寧食丨丨丨莫 逢屈突通寧食三斗艾莫逢屈突蓋〔〕 大官葱 丨丨丨 陸放翁羌羹僭用 比常葱
差 小 聰 〔書〕達四丨〔〕昕思丨〔孟〕師曠之丨 〔選〕戴纓充耳所以塞丨〔谷〕 掩聰 宋景文修唐史好艱深 語云震霆不及丨丨 兩聽
聰丨耳不丨丨而 丨〔前漢〕 惠 耳聰 耳下蚼動謂牛聽 殷師丨丨丨開 〇 琴 聰 耳工詩詳殘 怱僧思聰善丨 驄 黃驄 果
每乘丨丨馬陷 陣號丨丨年少 青驄 安西都護胡丨〔〕言胡地馬 御史驄 桓典爲丨丨常乘丨馬語曰行二且止避驄馬丨丨 鮑氏
驄鞍宜与子永孫吴俱爲司隸皆乘驄 馬歌曰丨丨丨二入同隸冊入公 玉花驄 先帝天馬丨丨丨〔〕 青海驄 日步千里〔唐史〕 玉

韻 匀玉一 十五

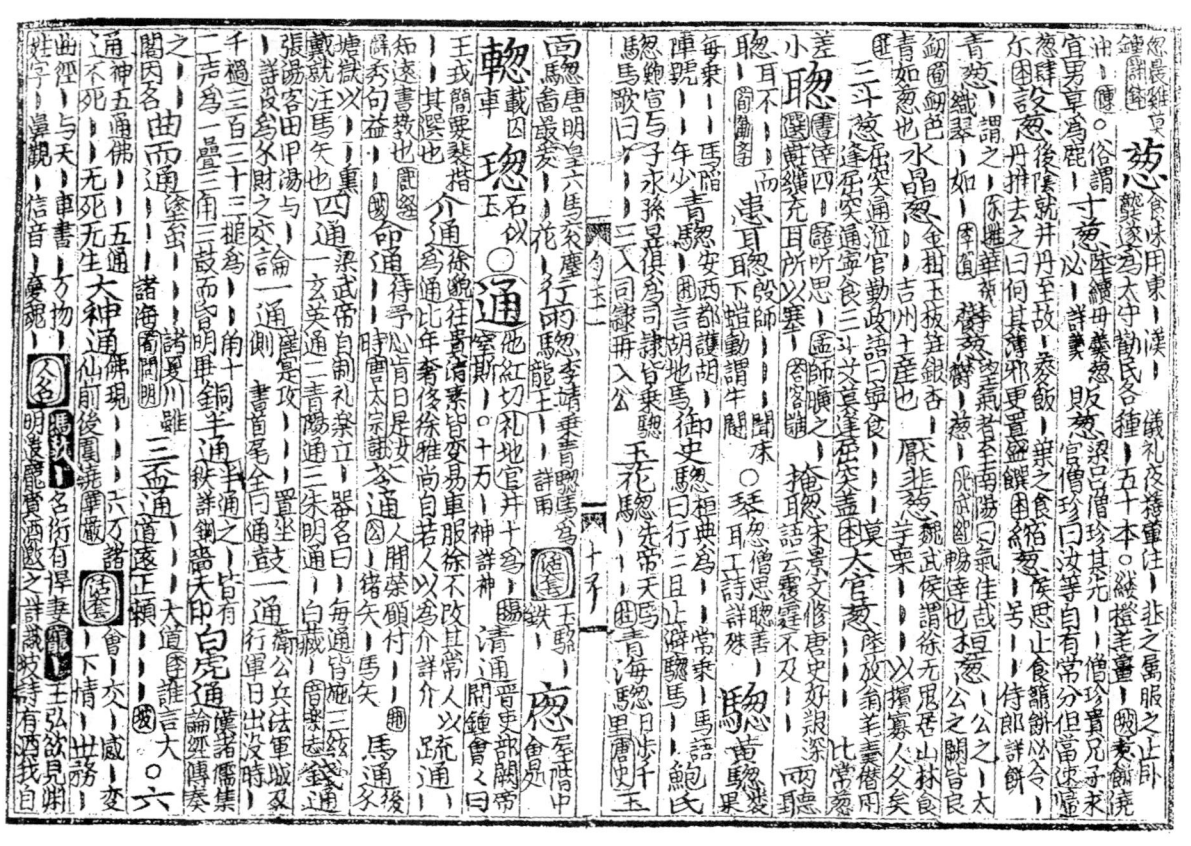

面驄 唐明皇六馬衣塵丁 馬畜最先丨丨花丨 怱 李靖乘青驄馬爲 行雨驄 龍王丨丨詳雨 〔活套〕 玉驄丨 鐵丨 窻 屋階中 會見
輗 車 載囚 瑽 玉 石似 〇 通 他紅切 窒斯丨〇十万丨神詳神 〔禮〕地官井十爲丨〔賜〕 清通 晉史部闕帝開鍾會丨曰
王戎簡要裴楷 丨丨其選也 介通 徐邈往書請素皆變易車服徐不改其常人以 爲通比年奢侈徐雅尚自若人以爲介詳介 疏通丨
知遠書數也〔武經〕 辯秀句益丨丨〔國〕 命通 丨丨時〔唐太宗〕 待予心肯日是汝丨丨〔冊〕 答通 人開榮頗付〔公〕丨褚矢丨馬矢 馬通 後冬
塘獄以丨丨熏 戴就注馬矢也 四通 梁武帝自制礼樂立丨器名曰丨每通皆施三絃 一玄英通二青陽通三朱明通丨白藏丨〔音樂志〕 錢通
張湯客田甲湯与丨論丨丨丨置坐 丨詳役爲冬財之交 論一通 側 書首尾全同通 鼓一通 衛公兵法軍城及行軍日出沒時丨
千過三百三十三搥爲丨丨角十 二声爲一疊三角三鼓而昏明畢 銅 半通 丨通之丨皆有 秩詳鋼 當大印 白虎通 漢諸儒集論經傳奏
之丨丨丨諸夏川雖 閣因各 曲而通 塗〔〕 丨丨丨諸海〔前漢〕 三五通 道遠 正頼丨丨丨丨 大道〔李〕 誰言大〔〕 〇 六
通 神五通佛丨丨五通 通不死丨丨无死无生 大神通 佛現丨丨丨六通 仙前後圍繞〔華嚴〕 諸 〔活套〕 會丨交丨感丨变 丨下情丨世務丨
幽徑丨与天丨車書丨方物丨丨 姓字丨鼻觀丨信音丨夔魏丨丨 〔人名〕〔馬默〕丨名衍有悍妻〔龍丨〕王弘欲見淵 明遠鹿賁酒遨之詳 我說詩有酒我自

至不須準擬龍猶(韓丨)説韓信自王 孤標丨 崇人(陸丨)即楚 (姓氏)西河商音巴
狂接輿(五丨)名淹夢五色筆 郭丨 銅山(王丨)文中子 大夫食采通
川因 侗 大貌又未成器之 恫 痛也(詩)神罔時丨 ○ 葼 祖紅切木細枝
氏 丨人(語)丨而不愿 或作痌(周書)痌瘝 也(傳)曰惡毋怒
子折丨皆之其惠存 唐杜生善易有亡奴者占曰出行逢使者懇
焉(魏都賦)弱丨係實 丐鞭折葼丨其丨果值使者姬生語使者丨道旁丨代
之奴伏 嵏 鳥飛斂足 鬉 髮乱 稯 (礼注)禾四秉曰筥十筥曰丨 緵 百髮(?)又絲
其下(史) 丨十丨曰秅丨猶束也 數也八十縷
也(詩)五緎注倍紀為丨(王吉) 總 縫也(詩)素絲五丨注疏謂紀 嵕 九丨山
傳一月之祿十丨布二匹 絲之飾有五紀丨皆縫也 名在醴
泉東文峯聚処曰丨(校獵) 嵸 巃丨 輚 車 不耕 鬷 釜 艐 船不行
賦虎落二丨注二峯聚处 山兒 輪 而種曰丨(爾雅)屬 又(書)伐
三丨注 豵 生六月純(周礼)一歲曰丨(爾雅)豕生三子曰丨(詩)一 猣 犬生三子
国名 發五丨(騶虞)言私其丨(七月)邊岩窮无豜丨(吳都)
騣 馬 丨丨霧丨丨 猲獢連豕動(困)坡云見秦州進馬 五騣 唐人
馬鬣 風騣 (晋)(倒)肉馬項下重胡倒毛生肉端此丨丨也(賦集) (尚)(前)
騣馬三騣者曰三花 綠騣 紫燕黃金瞳瞅之 水滴騣 李靖夜半一婦人扣行雨
丨丨者曰五花(杜甫) 騣之搖丨丨(李) 戒曰取瓶丨一丨馬丨上
乃平地三 椶 丨櫚結实如魚子狀(蜀都) 窗者醋浸可致千里(杜甫 井六又) 丨葉又
尺詳雨 見李伐張為相作丨櫚拂詞寓意又枯丨行有同枯丨葉使
我沉吟久(江淹)異木之生疑竹疑草(王褒)丨櫚葉 ○ 蓬 薄紅切蒿也桒散
散夜又頤坡贈君不負二百尾中有鵝黃子魚子 蓬 注濁風輒拔而旋
(國語)桑弧丨矢詩弧又盛貌(詩)其 飛蓬 首如丨丨 轉蓬 古者觀丨丨為車白
葉丨丨(莊)風丨丨然起於北海 (詩伯兮) (曹)年光如丨丨(谷) 飄風
蓬 蒼庭慰定 指揮慈浜 心蓬 夫子猶有蓬之丨(莊) 秋蓬 尾眉書客感 霜蓬
蓬丨丨(杜)旋蓬如丨丨(李) 八蓬(頂適)蓬非直達者也 秋蓬丨丨(李賀)
意思萧索 孤蓬丨丨轉 編蓬 子貢作褒室丨丨為 秋蓬 轉弱无人謂裡甚擬
如丨丨(東坡) 孤蓬 霜根(困) 編蓬户 蓬户甕牖(儒行) 丨丨孤其根本
容其枝 蓬蓬 莫藏春笋手且 麻中蓬 蓬生麻中不扶 方丨方丈蓬萊也
葉(國語) 為剥丨丨(谷) 自植(荀勸學) (活套) 風中丨(曾)一科丨
(?)丨 篷 編竹覆舟車者 晉吳隱之竹 (活套) 車丨推丨編丨釣丨雪丨
丨丨(?) 丨為屏風(困)風雨打船丨(谷) 孤丨掩丨雨打丨
逢 鼓声(詩)鼉 韸 鼓丨丨 鬆 髮乱 峯 茂 兒 烽 塵 起 芃 (詩)其麥丨丨泰苗丨丨 棫樸 ○
烘 呼東切又音紅燎也(詩)卭丨 冬烘 唐人下第詩主司
于烘(谷)宮衣黃帶御炉丨 頭腦太丨丨 詳認

二冬 與鍾同用

冬 都攻切(月令)天地閉塞而成丨(王莽傳)三上 冬 十月曰冬丨 顓帝執權丨御
皇帝象春五伯象丨夜氣歲夜乃一日之丨 (魏相傳)

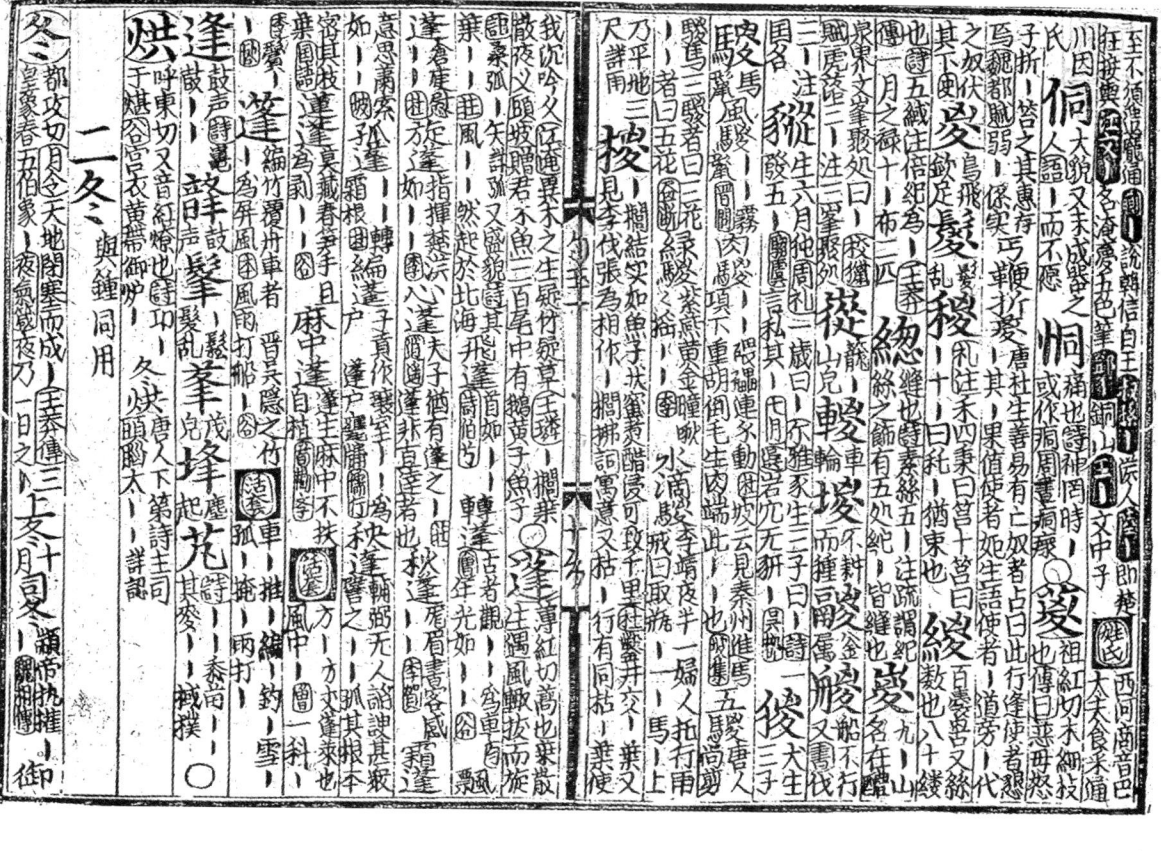

冬 我有旨蓄亦以丨丨(谷風)御 不 鼕 鼕 天丨為人惡寒 𡆫 丨丨 (?) 酢天
御丨也 聚美來禦 躬冬之時 而丨丨(蜀都) 排寒冬 丨丨(韓)
門 冬丨酒丨吟詩二首 (活套) 迎丨丨 降丨丨 雺 兒 雨 ○ 琮 祖宗切(礼冬)館璧丨九寸又盟 丨五寸 以為旂鈕起量者(説)
(文)瑞玉外八角 黃琮(礼春官)丨丨禮地 (人名) 劉 悰 樂也(孟郊) 心 淙 水声(選) 仰聆大
中虛圓大八寸 表之子 緒病无丨
壑 漎 (孟郊)水會楚 慒 慮也 賨 南蛮賦也歲輸 ○ 農 奴冬切 三農 九穀(礼) 生
丨漎 水有丨 布一疋曰丨布 農 切
(天官)山農澤 九農 以九邑為丨丨 上農 夫食九人(孟) 堯農 食力乃丨 老農(語) 明農
農平地農 丨丨正(昭十七) 丨丨(孟詩)
周公曰其 勸農 夏命農勉作(月令) 孟 劭農(成紀) 部一音翹 傷農 馮道云谷
丨丨哉(書) 丨丨力本(晁錯傳) 丨丨傳其祖税(匡) 貴傷民谷
戰丨 惰農 暨作勞(書) 自安不丨 萬石農 以天下讓之丨丨与舜為友丨丨之不受(莊) 大司農 鄭當時為丨丨 引渭水穿渠
便民(匡)桑弘羊領 (活套) 良丨丨 (人名) 神丨 教民稼穡 棄丨 (姓氏) 鴟門 儂 我也
丨丨丨利析秋毫 力丨丨 漢成帝使求遺書 宮音 (晉)賀
生子深愧無功此事如何 震 露多兒 膿 血 腫 ○ 宗 作冬切 求(?)亦可丨也(詩)
得到丨丨又語音帶吳丨 來丨 (左)晉吾丨也
六宗 禋于丨丨(書) 三昭九穆 九宗 懷姓(左) 九族也 儒宗 賀循為丨丨世(晉) 談宗 晉潘京善談論(?)宗廣 曰君恨不李亦若李
必為一代丨丨 亢宗
丨丨(困) 瞽宗 春誦夏弦太師詔之 秩宗 伯夷汝作丨丨 朝宗 海(書)
予馬能丨丨 殷學也 郊廟礼官
(困)亢 蔽也 起宗 後魏主重門族薛氏不許入郡 姓薛宗起應對 不避宗 盧
癸娶慶舍女人曰 明下乃入郡姓帝曰卿非宗起乃丨丨也(困) 蒲
子丨丨丨何也(左) 百泉宗 張數曰梨丨丨之 查何敢比詳梨 ○ 三宗 眼宗耳宗心宗 五宗 臨濟宗 潙仰宗
丨丨丨今臨濟宗獨盛(傳)
曹洞宗雲門宗法眼宗為 南北宗 六祖得法往曹溪神秀亦襲(傳) 定慧宗 達摩立六
丨丨丨 五祖法居荊州号丨丨丨
宗有相宗無相宗丨丨丨 (活套) 正丨 百丗丨 (人名) 丨名曄陸凱寄梅一枝
戒行宗无得宗寂靜宗(傳) 万物丨 (翰超) 來有鳳毛(謝朝丨) 李
白額識荊州 (宋处丨) 雞(?) (鄭林丨) 名泰 阮丨 名籍竹林 (姓氏) 京兆宮音周
七賢(五丨)哭竹冬生笋 漢儒 張丨 武后佞臣 大夫宗伯之
後以官為氏 (上海丨) 南陽丨丨 主畫諾詳諾 慤 字元叔父問所志曰願乘
長風破万里浪後為豫章守曰得一州如斗大 (上丨) 字元懍少聰敏呼小兒
李士梁元帝令兼記室(丨炳) ○ 鬆 (困)髮 思恭切 鬘丨 髮乱(曾子) 鬆 髼鬆 齊地宋甚
字少文棲丘飲谷三十年 吳郡 舜人齊拂玉丨 曾子固云
霧氣凝木上可愛 輕丨 惺丨 淞 江名 淞 也 東 ○ 鐘 名(酒) 職容切 酒丨 又量
曰霜淞丨丨花 (活套) 逢丨 丨万丨 於我何
加(史)(魏)成食禄千丨 釜 鐘 豆區 丨丨(左昭三) 丨丨(賈)上
又聚也(左) 美於是 釜鍾十為丨 六斛四斗 遞鐘 音遞 伯牙操丨丨 琴名亦曰號

鍾　龍鍾裴度未第乘蹇驢上天津橋二老人曰須此人為相度曰見我｜｜〔□〕
龍鍾相戲〔談錄〕詳倒又｜｜竹名老者如竹枝葉搖曳不自禁持〔□〕
〔百〕情鍾王衍喪幼子曰｜之所｜正在我輩詳情　琉璃鍾晉崔洪手不執珠玉汝南王亮嘗以｜｜行酒崔不執〔晉〕〔語林〕秀氣
｜愛〔姓氏〕潁川角音宋微子後祖公曾孫州黎仕楚食采｜離因氏〔｜□〕魏人
所楚人因於晉琴操南音詳音〔｜子期〕楚人善聽琴詳琴〔｜□〕鍾　棊｜
字元常仕相国文帝賜五熟釜銘詳釜工書詳瘦〔｜期〕晉人字彥
胄匪石為心寒松為操〔｜氏〕晉王渾妻｜｜有夫人之礼〔國〕詳鄰也歧
伯為｜又云垂為｜又〔考工〕　華鍾發聲音鏗〔□東都付〕　晨鍾上｜｜〔□〕　黃鍾弃瓦釜｜毀
記晁氏為｜〔選〕銘功鼎｜
雷鳴〔國〕　石鍾李渤記曰得双石於潭上扣而聆之南音函胡北音清越〔□〕｜｜山記　夜半鍾声到客舡佳甚但欧公云唐詩｜｜　｜｜
｜非撞｜時按南史立仲孚讀書嘗以中宵鍾声為限則｜｜吳中寺故
事也〔王直方詩話〕金輪寺僧謙｜｜詠中秋月得清光何処无之句喜極撞
〔宋〕｜｜〔□〕　萬石鍾撞｜｜之〔方朔傳〕　自鳴鍾漢武時鍾｜｜三日東方朔曰銅者山之子山恐有崩者一日蜀山崩○豐山九鍾霜降
〔海經〕｜｜〔山〕　飯後鍾王播客楊州木蘭院僧厭苦之｜｜擊｜後二紀播鎮揚州訪旧詩有曰上堂已了各西東慚愧闍梨｜｜碧紗籠之
矣續云二十年來塵撲　闍黎鍾長楽｜｜〔李〕聲亥如鍾洪｜詳談　寸莛撞鍾建
面如今始得碧紗籠　｜｜天

下之鳴鍾撞之以莛豈能發其音　問如撞鍾善待｜者｜｜｜扣之大中山
声哉〔說苑〕有如｜｜｜巨｜〔韓〕撞鍾者大鳴扣之小者小鳴〔記〕
迎鍾智伯欲伐｜｜而无道為大鍾方車二軌〔呂氏春秋〕　未葬聞鍾晉知悼子卒｜
以遺之乃斬岸湮谷以｜｜平公飲酒鼓鐘杜
賁入寢云　○晨雞暮鍾僧問佛法大意曰擾擾〔語錄〕霜｜是
云詳飲　匆匆｜｜｜詳鈴　｜暮｜〔詩〕鼓｜刺幽王也〔□小〕
〔律名〕夾｜二月林｜六月應｜十月黃｜十二月　蚣虫名　忪心動　伀征行遑　○龍力鍾切有鱗曰蛟｜无翼
〔□〕日應｜有角曰虬　六龍時乘｜｜　潛神龍〔易〕　驪龍珠　乖龍｜｜苦行雨多
｜无角曰螭｜　龍飛龍亢龍〔莊〕詳　竄匿古木及簷
搵內雷神捉龍有誤墜洛中洞穴見宮殿人物九処大羊髯有珠人　豢龍古
捕之〔國語〕取食之出問張華曰九仙舘也犬羊乃｜｜〔□〕　有
｜｜氏御龍氏求其嗜欲飲食之龍　騎龍黃帝鑄鼎荊山下成有龍下迎黃
多嵎之一雌死潛醢以食夏后〔左〕帝上｜群臣後宮從上天七十餘
人小臣悉持｜髯拔墜黃帝弓百姓抱弓　縮龍西域方士禹步吹氣龍即浮
而号後名其処曰鼎湖弓曰烏號〔□郊祀〕出十餘丈更吹輒｜至數寸
掇取入壺之早処發｜入潭又禹步　謫龍見　｜｜天龍聞
吹之復長十數丈須臾雨至〔朝野〕　詳後　畫龍葉公子高好｜｜而下窺頭於牖拖尾於屋
葉公遠走非好龍者好似龍也曾非好士好似士者也〔莊〕張僧繇安楽寺｜
二｜云點睛即飛去人為點其一須臾雷霆破壁一龍上天不點眼者見在

〔求斷〕〔記〕　看龍詳看　○句龍氏后土　燭龍陽消息為龍銜火照天門名｜｜天不足西北无陰　象龍丑大雩季
宛得名　章龍廬仝竹詩｜｜正　季龍十年春雨　遊龍孤蒲雜｜｜　伏龍夜度
馬｜｜穿龍称宛莫殺入汝口　季龍養｜｜〔國〕遊龍〔國〕馬如｜｜｜伏龍絕橋
看｜〔國〕錢龍長安妓楽上巳結｜為｜　槐龍趙宋迩英閣双｜如｜晉王
｜｜為龔作｜｜會〔夜□記〕｜｜風動｜｜舜〔國〕水中龍潛造
戰船謠曰不畏岸上　密雲龍趙宋神宗下建州造　○物化龍有虵蠋化成之
虎只畏｜｜｜〔史〕｜｜｜茶〔谷詩註〕龍〔抱朴〕大鯉登
龍門化為龙不登者點額暴腮矣〔白帖〕騎龙鳴者得龙子如守宮十余養之
長大稍有去者一旦鳴者騎龍仙去〔白帖〕費長房付杖化龙詳杖雷煥之子
佩劍至延平律化為龙詳劍陶侃梭　○龍化人張公諱路斯為宣城令夫人
化龙詳梭史生得紅葉化龍詳葉　石氏生九子張公釣於焦氏
臺歸則体常湿而寒夫人問故曰我龙也蓼人郭祥遠亦龙也与我争釣処
宝殿明日當戰使九子助我〻領絳綃郭青綃明日射青綃中之九子皆化
為龙〔改作碑□〕扶風馬孺子戲郊亭上有奇女墮地光曄少年駭且恍之女
怒曰故居釣天帝宮吾心後大被謫七日當復云〻化為白龍〔柳文〕僧講経
一叟來听曰某山下龙也幸歳旱得閒來此僧曰能救旱乎曰上帝封〇人
江湖有水不得用僧曰此硯水可用乎乃吸水去是夕大雨悉黑水
似龍黃憲与李元礼俱娶桓温女人謂两女俱乘龙〔權□覽〕華歆管寧邴原
為友號為一龍歆龍頭原腹寧尾〔魏志〕晉童謠五馬渡江一馬化為龙

聊元帝　登李膺門者号龙門　徐庶曰孔明卧龙　李克用一目微眇号
独眼龙〔五代〕公孫作孽挠号不睡龙詳挠　秦使者夜過華陰有人遮使
者曰今年祖龙死謂始皇龙君象祖始也　荀淑子八人荀氏八龙慈明无
双　周諫議竇禹鈞五子相継登科号五龙　吾願身為雲東野化為龙四
方上下逐東野虽有别离无由　宋纖人中之龍欵詳壁〔年号〕黃｜〔□宣〕〔人名〕〔□〕舜納言〔□〕名雲
逢〔韓〕〔伯〕鬼笑曾利〔□〕〔姓氏〕
武陵羽音舜臣龍之後又豢龍氏之後　〔□〕項羽將韓信擊｜｜〔史〕
〔□〕洪人名述為山都長敦厚周慎廉公有威　敖伯高不得猶為謹敕之士〔□〕
詳鵠〔｜啟〕字欽訥為晉太常　龍草名〔柳宗〕　龍稿旱　書容切　古
卿奉使吳越揖而不拜〔五代〕　龍花助慈｜　龍玉名　○舂者雍父初作
｜〔詩〕或｜或揄〔生民〕　機舂｜｜漂浚力〔孟□〕智不如鈕舂崎嶇等｜｜江都王槩人以｜　洪
〔西羌傳〕水｜何漕　〔圖〕杜預作連機水碓
杵｜不中　宿舂適百里者｜｜　俵舂後公沙穆為吳　高舂日所入処　下舂日至淵隅
程輭〔國〕粮詳粮　祜｜｜詳曰　又山名
曰高舂晡時至連石　戈舂不道礼意以詩書為之猶以稚舂　楚王戊淫暴使
曰｜｜晡後〔淮南子〕　指測问｜｜泰也〔荀勸學〕白公｜｜〔漢史〕
高築杵正斗粟舂一｜｜尚　城旦舂〔漢〕張蒼定律為｜｜｜满三歳為鬼薪
身而舂也可｜詳粟　白粲｜｜謂旦〻起治城｜者婦人
不預外徭役但舂米此四歳刑取　為歳不登〔□〕
薪給宗廟白粲令擇米皆三歳刑　止馬舂〔帝紀〕｜｜人為｜｜粟較泰舂韓獻肅

方祈酹周斗何意丨丨丨丨【容】夢枕春丨丨浪頭【李洞】巨浪春洪濤丨丨日
秦百里奚死舂者不相杵　秋濤舂千枕　夕相丨丨撞【賦】
【活套】撞丨丨雨丨丨　𢫬 撞也　惷 愚也丨而愚【記】　蹖 踊丨也　騶 驚馬　䳲 鴉丨布谷鳥　○松 祥容切
千歲丨丨鶴棲其上　枯丨丨化石　二松 崔斯立為縣丞植二松丨丨吟哦其間【韓】　四松 初移時大抵三尺強【困】丨丨
詩石　陶弘景愛聽丨丨風詳風
【詩】五松 始皇逢疾風暴雨避丨丨下因封大夫　七松 鄭薰隱居時丨丨處士【唐】　夢松 丁固丨丨生腹上十八公後十
八年為公　死松 崔融有丨丨賦　松苔 陸龜蒙賦高有丨丨卑有澤葵　多節松 庾亮謂和嶠森森如千丈松雖磥砢有節目施之大廈有棟梁之用【晉】　三
徑松 陶淵明丨丨　偃蓋松 詳　大蘿施松 蔦與女蘿施于松柏【詩】丨丨　蒿倚松 韓子猗蓊黯自斷丨丨長丨丨【韓】　徂徠松
丨丨多　老丨【國】　鹿䴊松 蒼松 元丨丨 詳鹿孝感事　石上松 遇方栽松南公指石曰這裏何不栽曰功不浪施南曰也知無下手處【僧寶傳】
○磨頂松 詳東坡丨丨　談松 丙大朗禪師每丨丨技　談柄 談論號丨丨詳柄　【活套】哦丨　餐丨　五鬣丨詳　風入丨丨琴声也
【赤松子】三皇時雨師隨風雨上下【列仙傳】　【操】拜馬援　【姓氏】東莞宮音秦封松為大夫因氏　○衝 尺容切　冠詳壁秀桀丨　怒髮丨　牛
斗臨衝與爾丨丨【詩】【皇矣】戰車也　蒙衝 周瑜作丨丨鬪艦詳艦　折衝【家語】丨丨千里之外　丨遐　撙俎丨丨【通】　馬衝 本強則精神

丨丨【前李商】　枕席之上【陸抗】丨丨　渠衝 攻城車或作距衝丨丨入冗而求利【荀】　八衝 鈐丨丨爭驅丨丨【度人經】【選】流　天前衝 孔明
八陣有丨丨　丨天後衝【活套】奔丨　鍋丨　氣丨丨　【人名】五代唐李嗣源號【李衝】　罿 捕鳥網【詩】雉罹于丨　【西京付】抚鴻丨御短繳　班固
憧 行不絕【易】丨丨往來又心不定　轞 戰車　艟 艨丨戰船亦作蒙衝　䡴 短　䑚 行見　𨕲 行　馬不
○容 餘封切【漢書】【宋書】兼丨并包【同】偷合苟丨【史記】　九容 足容重手容恭目容端口容止頭容直声
容静氣容肅立容德【禮記玉藻】　三容 王射三獲丨丨　腹丨 御輦數百人詳腹　【孔】注容者防也如今床頭小曲屏風
色容莊　以自防蔽司馬法軍容不入國國容不入軍也又
云容謂之也待獲者所蔽容者容身其中之者矢至此之　先容 唐張行成補
極不過也。諸侯二獲二容大夫士一獲一容【禮射人】　侍御史太宗
日朕自峑之無丨丨也【唐】蟠木根柢　舂容 善待問者如撞鐘待其丨丨然後
為萬乘器者以左右丨為之丨也　盡其声【學記】　叙寥寥短章丨丨乎
【傳】大蒲　和容 鄉大夫五物詢衆庶一曰丨丨二曰丨丨【孔】容貌也　路容【周亞夫傳】丨丨式車　脩容 既而丨丨 曾子與子貢入於其馬【檀弓】
慶容 抗丨丨走俗狀【毌丘儉】　婦容 婦德婦言丨丨婦功【記】　昭容 唐女官正二品天子坐朝丨丨引坐殿戶外丨丨紫袖垂【函】　治
容【經】【易】丨丨誨　婉容 丨丨有愉色者必有【禮祭義】　職從容 唐以陳玄補璧李博士盧端草制云沉懷厚朴之才宜典從容之丨　若

為容 教妾丨丨【杜荀鶴】　許嫁之容 丨允之丨許　醜 詩曰婦有四德御有幾曰新婦所
不好德何謂　丨者丨亦士有百行御有幾許曰皆備曰君好色
備許敷【郭子】　為悅己容 士為知己者死女為悅己容者【史記】　【活套】從丨　雍丨　形丨　【人名】【後漢】殷
嗣宗廷【郎顗】漢人　燉煌宮音　芙蓉 荷花 詳荷面丨丨看丨丨【韓】　王維泛綠水依
官至六百石自引去【姓氏】南丨氏後　又木
丨丨一名拒霜一名木蓮孟後主城上種此名錦城【成都記】君獻置酒於香
亭拒霜獨向君獻開【坡詞引】○襯障繡丨丨【國】丨丨帳暖度春宵【白】趙宋慶
曆中朝士見美女三十餘迎丨丨館主詳館石曼卿主丨丨城詳城李商言
遇老嫗言郎君明年丨丨鏡下及第果然詳鏡青熒丨丨劍犀兕豈独刻【國】
青山削出金丨丨　丨丨峯在衡山李詩　庸【書】若時登丨　作庸 麥布囷窮賣丨　雇傭亦　舊庸【書】汝能丨丨起用也　附庸 諸侯
日丨丨【孟】士　租庸 唐法丨丨調用人之力歲二十日閏加二日不役者日絹三尺曰庸　中庸 天下丨丨有朗公【唐】
田丨丨【閟宮】
八統五曰丨丨　魏勃庸 人言丨丨勇妄丨丨人亦詳勇　【人名】【後漢】原父　蛩庸 簡蔡士累蟹曰　墉 既勤垣丨
安有功也【禮】
環以萬雉　高墉 公用射隼於丨丨之上【解卦】　厚墉 無德而福猶無基而厚丨丨也【晉語】　崇墉 以伐丨丨【皇矣】　穿墉 謂
之丨丨【說命】
鼠無牙何以穿墉丨其丨弗克攻【同人卦】　鏞 大鐘【詩】賁鼓維丨【書】笙丨以閒
丨我丨【行露】　鏞鐘大丨在東序【東京付】宮懸金丨

邛 国名　南歌鄘 吳季札所樂丨丨【左】　四鄘 邦于丨丨【昭十八】鄘城也以禳火災　【人名】【唐書】宗朝相　唐憲
鄘 丨比邶歌鄘為之丨丨
雇　寘傭 周紂拜洛陽令下車先問大姓吏數閭里豪強以對怒　治家傭
也臣本問貴戚董宣能知此丨丨子京師肅清夏見周
黨錮事起匿姓丨丨兵　傭
名為丨丨　庸丨丨　溶 水盛丨丨　沇溶 奔縱丨丨淋漓　滃溶 落【國】息
丨芳澤在【人名】海風江月亦相思　丨丨月丨　沇 音充流行見
滃【李村】唐人送薛膺詩　輢 宂 車行　䡴 車兒　䃧 縱丨　佩声
在　榕 生南方枝着地即生根卷曲臭惡不可為材山谷南遷維舟丨下人作丨溪閣　○封 府容切【刑法志】同十為
【史】雍齒先丨　○剪桐戲丨詳桐　江湖詳有　堯封 鄭門何處是　提封 率四方之內總詳其
穀戶詳戶歲旱上帝丨丨　丨丨【困】提封丨丨項畝
數　萬封 雷霆百里故縣令孫丨丨【內則】　東封 王元請一泥丸為大王丨丨函谷關　○願上丨丨書【陳后主】　乾封 唐
丨丨二千年乃詔曰天旱意丨丨乎　堂封 三百丨丨自此始【源乾曜】　囊封 詔丨丨奏事
請夫丨丨【後漢】濱上　斗封 武后時吳敕丨丨詳敕。口傳謹試　密封 無辭
書者一本與尚書合計封侯書信白綃丨丨二道印【唐宰相】　入而樂與
之比者命曰黃封上尊白酒馮丨丨義　封拆 施丨丨【古文】　晉王忱
丨丨【貨殖】　黃封【國】筆下貴丨丨酒　蟻封 東馬終丨丨　曰策如榮　泥封

奎以丨丨丨之詳泥丨衛 比屋封 君虞乙世丨丨 酒泉封 漢鄭弘好飲曰得
青張騫受金泥之宝封 可丨丨(子产傳) 丨丨丨郡笑出望
外帝笑丨丨 郡王 大夫封 秦時封松爲 丨丨詳松 頳谷封 舍肉懷帰 丨丨丨(左傳) 孔子之喪子夏曰
矣見若坊者矣見若覆夏屋者矣見若斧者 馬鬣封 吾見封之若堂者
者矣從若斧者焉丨丨丨之謂也(記檀弓) 傳五封 諸乗丨者持尺丨未傳信
叁封之有朔會者累封之兩端各兩封凡四封乗置丨者丨 以御史大夫印乗傳者
丨之兩端各二中央一也軺傳再封一馬一封(漢平帝紀) 駝一封 大氏国
橐丨(漢)省上書數百封 陳遵治丨口 出一封
如一封土煞 古丨丨丨 華封祝壽 詳男(莊子)雲丨(年号)元丨(漢武)(人名)

(姓氏)渤海宫音炎帝之後丨逢爲黄帝師因氏 後
汲黯(丨)燕子樓(丨)漢侍中丨岌(丨)字处道外總機事內參密
(丨)謀帷幄(丨)(杜甫)字仲連三世同財爲梁郡太守有高士風(南史)(丨)字
杜册詩国色朝酣酒 比叟 字廣度爲務德慎言遠佞防
士元位祕書丞風流自立威仪閑雅 (丨)唐冀州人字碩夫會昌初
姦四戒(丨)倫字德彝識略過人自致卿相(唐)
爲翰林李士作詔慰遂將傷夷者曰傷居尔体痛在朕躬帝賜以宫錦
葑 蔓菁(詩)采丨采丨采葑采菲无以下体又采葛根謂也云 封 名牛
云采丨采丨〇東坡積丨草西湖成堤詳堤 䃔 戶封切 石隕声
颫 大風〇攻 姑宗切事 〇 胷 許容切(六帖)丨剖生 虎胷 麟腹丨丨 偃胷
風 見東匀 契〇丨吞雲夢詳禾 刻琥馬付

胷 名在〈木+林〉札者胷有 〈日+八〉胷二十八丨丨丨 芥蔕胷 一洗丨丨 磊隗胷 酒以澆胷
胷丨丨(晏居箕部) 心丨(李賀) 丨(阮) 中之丨丨
(陸雲)(大名) 酥丨氣塡 兇 (韓愈)丨按丨去丨兇奴(史記) 兇 人行声 然而喜 洶 水勢 凶 (書)一極
丨錦绣丨除丨報千古 丨詩降此鞠丨(節南山) 備丨(孟)
河內丨(礼)洽 四凶 (舜)去丨 訩 鞠訩也丨訟也〇 顒 魚容切 兒敬(詩)丨丨
年之丨豊(左)丨 (左傳) 顒 又頭大也(詩)其
大有(人名) 李膺善(丨)後漢人尚氣節与 鯛 魚口上見 延頸丨丨 然淮南
丨丨 (後漢)安道次子 喁 水濁則魚丨 (前漢)(延)度有吾詩 江鱓乍唫丨
禺 番丨今〇 邕 於容切(人名)(漢)漢人工篆法 虎賁士兒類丨 詳飲
丨廣州 州名 (蔡)邕文獲財(本傳)(杜)杜詩有憑丨丨
甕 丨埋 雝 声也亦作雍(詩)肅雍和 雝 塞 丝 水 饔 熟食 外饔 內饔
木栽 噰 鳴又作雝(詩)雝二鳴鴈 灉 也 澭 名 饔飱 而洽 丨丨 掌王
及世子后膳羞丨丨 掌丨祭 饔飱(孟)丨熟食也 尸饔 有毋之 丨丨 (詩祈父)
祭祀及賓客飡丨(礼秋官) 未就(昭廿) 子勞役毋丨主丨事
佐饔 鬭得傷詳鬭 雍 和也亦作雝又辟雍 經史多 時雍 於變丨 辟雍 於樂
丨丨得胷丨丨 作雍字今依出处附于此 時雍丨(書) 丨丨
(詩) 三雍 初建丨丨 辟雍明 西雝 于彼丨丨丨丨 和 同名 雍 蔡雍謂顏雍
丨雍 堂灵臺也(後儒林) (詩)(丨)肅雝 鳴(有聲) 雍 曰御必成名
以吾名与(詩)(箴)雝 禘太祖也(周)(歲名)(人名) 雝 辟丨 亦作雍 癰 痈也
(丨)(周表傳) 戊歲 互見雍匀 或作

癰 (鄭)(傳) 破癰 丨丨 潰丨 舐痔者得車一 潰癰 以生爲附贅縣疣 以死爲
發頭癰 秦王 丨丨 決疣 (田)丨丨 負痛勝
於丨內 〇 醲 女容切醇(說文) 沉醲 丨郁(歐)丨 醇醲 揚 茂化 於 肥醲 甘脆
食 醉醲 丨(杜)杜酒醲面丨 醲醲 (費) 丨丨(選) 濃
山色不如濃 (陸雲) 丨丨春丨丨丨丨 睡思 丨 穠 華多兒(詩)穠丨 纖穠 不肯對
丨詳老 丨丨 丨丨丨 望 得中(盈)淡 更纖 丨 丨 (杜)
穠 衣厚也(詩)何彼丨矣(召南) 〇 重 直容切〇 舜丨 瞳 文王丨 易戲 丨 席 (杜)煙花
波丨矣 一萬 丨 丨 明妾 心如膜退 丨丨 (荊公) 雲 零亂 萋山粉黛
丨 (匡)二重 捲我屋上 三重 丨(田)九 九重 詳門 九重 君之 天八重 (陶侃)夢登 而墜
詳 三重 丨 (呂)謙 九重 丨丨 (離騷) 丨丨 至丨丨丨
異味重 (誰看)丨(田) 孔髭重 日高丨丨 布 兩重 厚之 酒飲 丙 鍾粗 種 禾先種
翼 丨丨 丨丨 丨(杜荀鶴) 丨丨 着丨丨(陸) 後熟(詩)
作重(陸詩)禾 鍾 夏 〇 從 疾容切(易)雲 龍 風丨 虎(唐)耽樂 莖從(韻)
稷重穋 蚕 從 之丨天丨 之 降心以相 丨 御士 丨 庶
民從(洪範) 面從 汝无丨 景從 (嬴)粮而丨 適從 吾誰丨(左) 月從 (書)丨丨 亦 三從 婦人 幼從
(洪範) 從 (過秦論) 思(易) 父嫁從夫
夫死從子是故 無從 孔子曰吾悪夫丨丨 (姓氏) 東莞 角音漢 〇 逢 (書)符容切
有丨丨之義(記) 從 之丨丨也詳默 将軍丨公 子孫
其丨吉(李廣傳) 丨 時 辭文 聖賢 相丨 冠準 爲丁謂 貶崖州後 丁亦
貶崖州或詩曰若見崖州 冠司户人生何处不相丨 折梅丨 驛使詳梅

過逢 与其所丨丨丨 山頭 生丨巧丨 閥丨甲歲
過逢 吹笙彈箏(國) 飯顆逢丨丨 杜甫(陸雲)喜相丨 (歲名) 上音烱(人名)
東塗西抹詳抹 (恩)縫 (詩)羔羊之皮可以丨丨 彌縫 伍承丨丨 (左)輔 布可縫 一尺
(丨)岐有吹丨丨詩 縫 裳(孟)郊臨行密丨 弥縫 賛丨丨 (房杜)(賛) 縫 ○
丨尚丨丨 無長縫 暗蛩有虛織短 冠縮縫古者丨丨丨 今也衡縫(記檀弓) 縮
丨丨詳要 縫 綫丨丨丨(孟郊) 縮縫 從也衡音橫謂橫丨 辟積多也
峯 夫容切 孤峯 〇(宣)蒸誤文如丨丨 絕壁 丨 夏丨多 峯 丨 嶺丨 兩峯 來
丨丨 蒙 〇 又借丨丨 独宿 丨丨 雲峯 奇丨 (陶) 負峯 秀(廬山) 遠
(國)眉也 芙蓉峯 衡山五峯丨丨紫蓋天柱石廩祝 蓮花峯 華山頂上 天柱峯
唐咸通間中秋吉兩櫂知微 艇也芙蓉丨最爲竦傑非晴不見 有丨丨丨丨 中峯 (賦)岸[illegible]
客登丨丨丨 艇 月之色如 九疑峯 轻言丨 丨丨 (同) 木三峯 肆意氣端重
若有以服其旁之二 石九峯 李正臣異丨丨丨 頭 如峯 花奴擊羯鼓吋硝帽
峯 (鬼泉)(木 山記) 坡名壺中九華 丨 上簪花不墜(宋璟)曰
丨丨 青山丨手 如 落鴈峯 李白登華山丨丨丨 日恨不携
急雨點 (羯鼓録) 謝眺驚人詩來搔首問青天 文人峯 泰山有丨 因呼
妻父爲 十二峯 巫山 五老峯 (廬山) 五臺山亦 回鴈峯 在衡州鴈至此不 丨丨
嶽丈 山 丨 峯秀出 詳臺 過春而丨 (歸去) 江上
峯 唐人錢起夢中得句曲終 丨 丨 之丨丨 紫駝峯 丨丨丨丨 妙高峯 唨盧海上 丨丨丨 (殿)
丨人不見丨丨數丨青 出(炙)(金閣)〇 文殊師利言南方有

国名勝槩山頂出五峯神光頭痛如刺空中云此乃[活套]留丨星[人名]五丨先生
名丨丨丨瞰骨師視其丨如五峯秀丨玉丨
胡宏。[雲丨和尚]邏末德事**蜂**[正]丨蠆有毒　本作䗬　蜜蜂上何以服其
詳㤀[郤詵丨]參馬祖詳傳甲山王傳說言丨生　蜜虫衆曰元毒王
所居一臺大如粟俗曰王臺生子其中或三或五歲分其族　壺蜂即蜜蜂。
而去山毗患其分也以棘刺閑於王臺則子尽死[王元之]　玄蜂若丨
[國語]蜂蠆有毒丨丨自求辛螫[詩小毖]丨使也**稚蜂**。纯雖其名丨丨[列天端]
[㬎]丨蜂丨不可使而使之是自求其毒也　趂衙供蜜課[俗]仰
蜂丨丨粘荷蜂只有丨丨不愁兩蠟房細腰蜂名蜾蠃蒲盧螟蛉音𧊔翁所
虫落[窦固]荷蜂仰卧万花枝[楊]言運实細腰蜂負不但螟蛉産一卵於上外
化成形斷食所負之虫**吐飯成蜂**葛仙翁對客丨丨或集客身良久
飛声似云類我〻〻仙翁張口蜂飛入口成飯食之[神仙傳]**變**
倖掇蜂丨[唐高寶]丨得以丨去毒螫蜂尹伯奇母取蜂丨丨丨衣上伯奇前欲去之
[列女]母大呼曰伯奇牽我父吉甫見疑伯奇自死
[傳][活套]狂丨**鏠**秦省丨丨丨[𨓵]用丨如**詞鋒**丨丨[𨓵]
雄丨丨**鋒**丨鏑**筆鋒**五車推丨丨也[書談]詞鋒燦[潘岳]推鋒
見**藏鋒**見**鉆鋒**留矣丨丨丨印泥畫沙貴藏丨也
上藏鋒匕鉆鋒[西京俗]**爭鋒**雖与[周亞夫]　**交鋒**婁所[魏帝贊]　**先鋒**薛仁貴白衣
追鋒丨丨車晝夜行四百餘里。晋**針鋒**齒宋見千里[晋子傳]嘍鋒齒神丨丨字士
追鋒司馬望性急特給丨丨車詳車釧鋒丨丨　[晋子]　鑼鋒千[黃庭]　丨丨詳衣
〔勻玉一〕
〔二十四丿一〕
為鋒諸侯之鋤以智蠲天鋒紀昌李射於飛衛衛術誅紀衛相遇於野二
為鋒男丨丨丨詳鋒觸天鋒人交射中路天鋒相丨而墜二子泣而投弓謀
為父子[列子]叢林箭。**不露鋒**僧問大亭和尚如何是箭鋒拄本行和尚示
鋒相拄之義本此　不露鋒太亭境云丨丨丨[傳]　前鋒拄衆云事從幽
盖合埋因丨丨丨若有人道[活套]文丨談丨機丨前丨**烽**边有警举火也
得老僧分半院与汝同住[傳]語丨聚其丨淬其丨[漢書]丨火通甘
泉**四烽**隋法賊少举二烽來多举**六烽**王世充營於黑石圍李密於月城
四火二烽大逼举丨丨[本紀]六火窰窰直趍黑石連举丨丨乃解圍**夕**
烽抱関望丨丨[醫昏]**戲舉烽**周幽王丨丨丨以悅褒姒欲其笑也[活套]塞丨
烽曰燧夜曰烽也　戲舉火後犬戎攻幽王举烽諸侯不至詳笑　狼丨
丨**望手**美也**昌手**子之丰兮俟我於巷兮子之丨兮俟[詩篇]丨刺乱也
丨望手　豊也　昌手我於堂兮[詩]丮堤士女爭丨丨[㬎]昏姻道缺　郛
捀木末**夆**逆鋒**丄縱**即容切亦作從東西曰衡南北曰丨**横**丨丨
捀也　夆也　[總]楄福傳六国之丨　蘇秦主丨詳横横從其畝
[詩國]**合從**丨丨連横**山從**朝見呉山横**莫為楚縱**毛遂曰合從者丨**兩縱**
[國][戰國策]　見呉丨丨[國]　丨非為趙也[國]　兩縱
三〻横丨丨丨締丨**縱**[選]縱轡前丨[比山]**蹋從**丨三皇之丨丨
習字也詳習[活套]定丨**蹤**穆文希丨三輔豪蹋蹤高丨[㬎雌]**追蹤**三五
[闕]**比蹤**与唐丨**雲蹤**行丨丨本**卓蹤**冠德丨丨丨**萬徑蹤**丨丨人**萍**丨仙丨
[賈]比蹤丨[國]　雲蹤元丨[國]　卓蹤者陶唐[選]萬徑蹤丨滅[毀]　[活套]　遺丨孤丨

〔勻五二〕
〔二十五〕

[德]丨○**茸**而容切[李]昌蒲花紫丨欣可怜夜**毛茸**丨狐裘丨詳戎**手茸**生意斷丨丨
丨丨**織茸**草花茂丨**蒙茸**春色已丨[國]**尨茸**丨丨[㬎]**鹿茸**楖棄風微**毳茸**[國]萧艾徒
[國]織茸丨[高卿]　蒙茸丨丨[國]　尨茸風棄乱　鹿茸丨養丨[國]　毳茸雉媒嬌[國]丨春草
[曹植詩]丨丨[活套]唾丨草**龍**[縱]蜀也**猪**矛厲。**𧔧**渠容切**駏**丨韓詩低頭
呉王獵处　剪丨　蛩〻駏驉北方二獸又有獸名蛩得甘草必丨拜東野願
得終始如丨丨　蛩〻駏驉北方二獸又有獸名蛩得甘草必**蛬**曰促織
韶以道二獸二獸見人來負蛩以走蛩假足於二獸互見蛩　蟋蟀丨一
通作蛩蟀夜**邛**小**笻**竹名可為杖張騫使大宛得之三**笻**張魏公在蜀有僧与
雨鳴寒丨　舟也　騫使大宛得之三邛三小邑來因指足　蒋
張曰婦女風邪斬之僧　[活套]瘦丨葛陂丨**邛**州名一曰臨丨又病也[前]臨
辛尼去乃丨杖丨也　搘丨吟丨　維王之丨　亦孔之丨　[㬎]
邛丨丨道士洪都客[長恨歌]巴邛有二叟弈棊詳橘**跫**實　○[㬎]　切
邛相如与文君賣酒丨丨[本]丨丨人壯二橘中**蛩**跫　[㬎]常容
踪備居止多丨**粧慵**強撐青鏡欲**一生慵**當閒愁叔夜丨在丨中弾
踪慵丨[孟浩]　粧慵丨丨[荊公]　一生慵疲役懶散比我未為慵[樂天]　[活套]
燕丨鶯丨睡丨**鱅**魚又名鰫幽○**恭**九容切[書]象丨滔天　恪丨亦事[語]
思丨柳嬌丨鱅州曰胡丨　恭令色足丨　兒恩丨詔手容丨[孟]
之不**後恭**蘇秦嫂前倨丨丨以[活套]蹙丨嚴丨温丨[人名]穿[郡]丨後漢賢**供**
丨之不後恭其位高金多也詳倨　丨協丨篤丨　[㬎]　鶴鼙[㬎]
〔勻五二〕
〔二十五〕
[選]惟正之丨通作共[詩]小共大共上丨日丨歲丨玄桃**共**[孟]丨為子戚
共[左]謂詩不丨〻山色丨詩料丨伏臘丨斗酒丨　[孟]　敬丨朝夕
[選]三命茲益丨**皐共**善惡雜[書]九丨[活套]縣丨二**龔**給也[迦]万丨兩龔丨楚
[詩]靖丨亦位　皐共丨丨[國]　亡書　小人　龔国罔不丨　兩龔丨楚
丨之[人名]知名[劉丨]向之孫[丨]後漢以善文記[姓氏]丨[勝]字君賓与丨舍相友
寮[揚]　[主丨]後漢人引進黃憲陳蕃　並著名節舍字君倩即两
龔[遂]字少卿為渤海太守盗賊皆罷詳猜[丨]字孟道風俗端雅范述曰
此荊楚仙人[成良]道宋人字实之除參政薦謝諤揚万里等世称荊人
○**樅**七恭切[字說]丨松葉柏身則棄与身皆直檜柏葉松身　**銎**
丨松身則葉与身皆曲又[詩]崇業維丨注懸鐘磬処及鐘屬○**銎**恭[立]
切斤斧**銃**車
孔也　**鏦**弓

三江　獨用

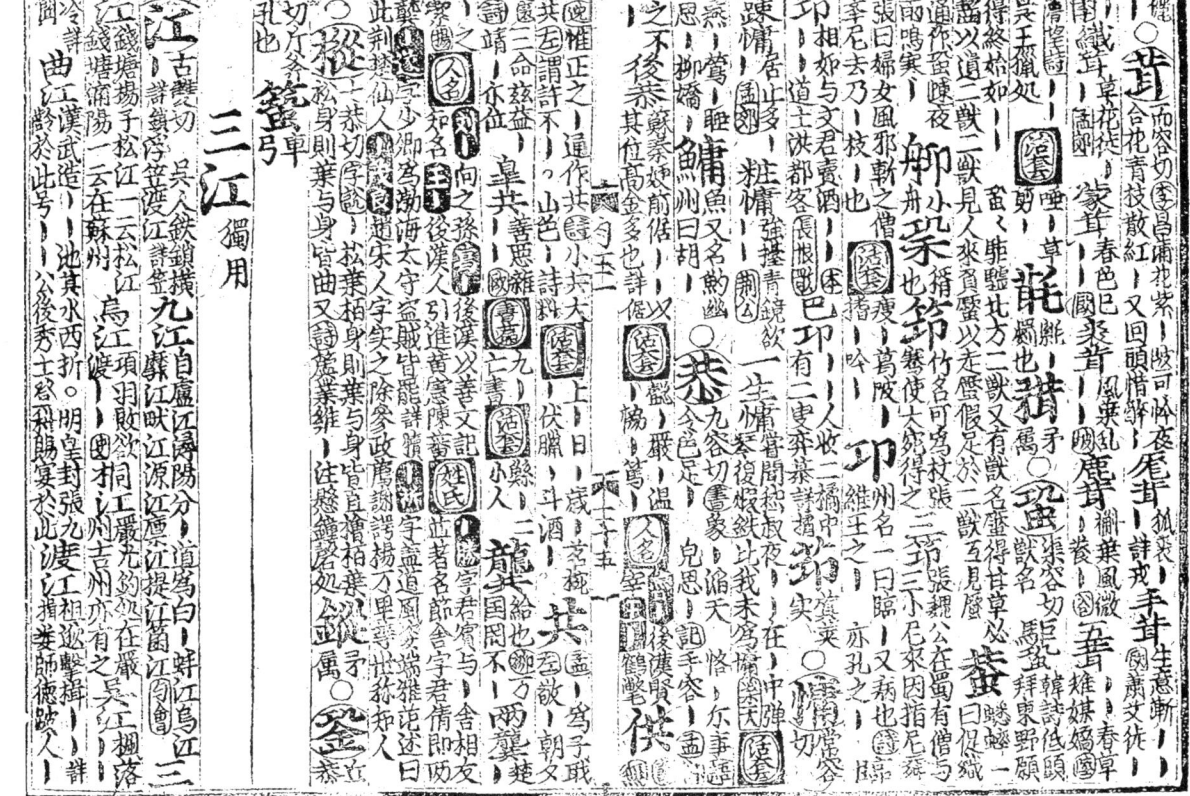

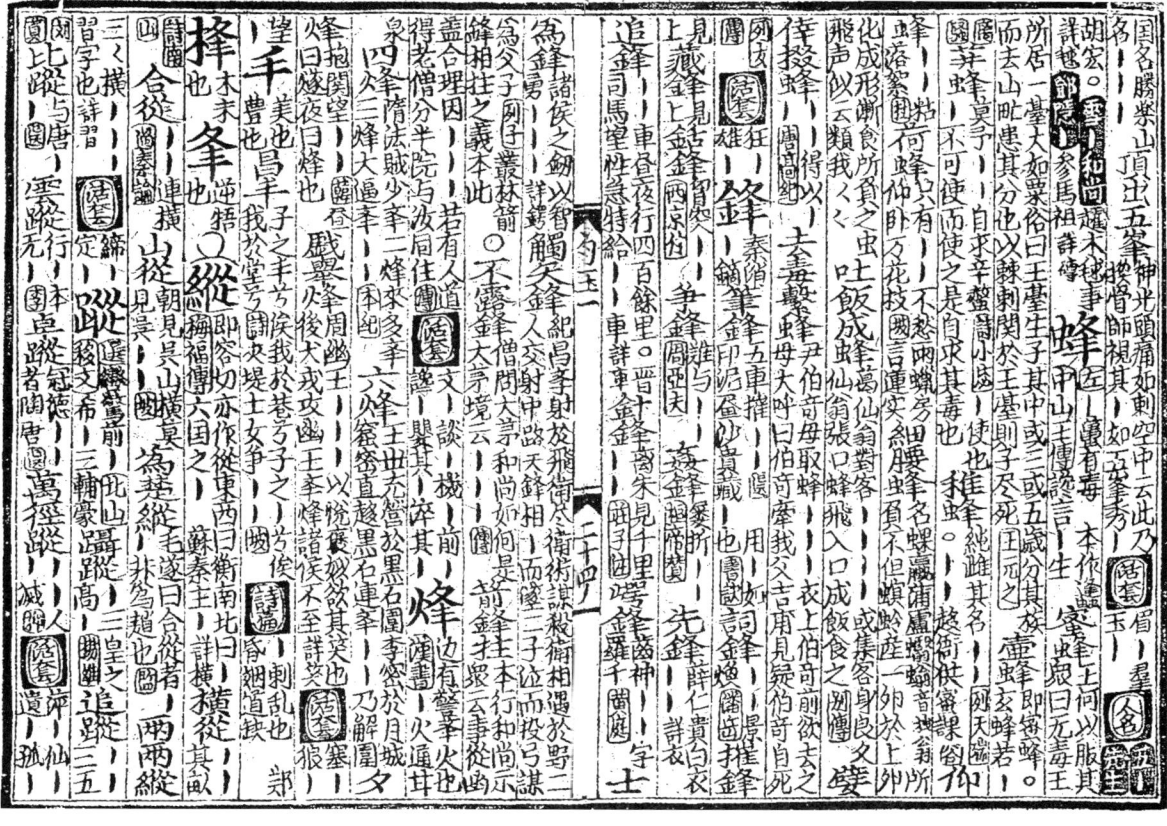

江古雙切　呉人鉄鎖横**九江**自廬江尋陽分丨道為白丨蚌江烏江**三**
丨詳鎖浮笠渡江詳笠**九江**彭蠡江畎江源江廩江提江箘江[禹會]
江錢塘揚子松江一云松江　**烏江**項羽敗欲**洞江**嚴光釣处在嚴
江錢塘瀨陽一云在蘇州　烏江渡丨丨[史]相江州吉州亦有之**呉江**楓落
冷詳　**曲江**漢武造丨丨池其水西折。明皇封張九**渡江**相邀擊楫丨丨詳
[閏]　曲江齡於此號丨丨公後秀士登科賜宴於此　渡江指婁師德跡人丨

丨詩澁江泰苑波瀾閣笑陸海丨丨〔文〕陸才如
淩澁江海丨才如丨〔鍾嶸詩品〕陸機潘岳
帝江 天山有神狀如黃囊六足四翼渾沌無面目是
識〔歐〕辞実爲丨丨或作鴻江丨丨凈如練〔謝朓〕 呑江 渦夔丨丨起解頭〔公〕
〔山海經〕我心塊然如丨丨〔公〕澄江丨丨消客愁〔杜〕 決西江
莊子曰待我丨丨丨之水而活汝〔詳栗〕
濯錦江 杜甫浣花溪又曰丨丨
。吸西江 馬祖曰待汝一口丨盡丨丨水即向汝道〔詳吸〕
〔活套〕澄丨丨耍丨丨琴丨丨
〔姓氏〕濟陽商青伯益之後封於江因氏 曰燕趙固多奇士〔韓〕
〔丨淹〕夢得五色筆而文章頹〔詳華〕升降承明之闕出入金華之殿
〔丨趙〕挺雞燒賊〔詳雜〕
〔丨矩〕宋人号古心宋亡赴水死
江守以宴孫召還船輕皆載土〔丨万里〕〔丨容〕見冠倦武帝
〔丨拉〕字文通
杠 狀前横木又旌旗竿〔廣韻〕天子杠高九仞諸侯七仞大夫三仞又〔晋天文志〕華盖下九星曰丨 絹杠 工綦錦丨丨 天杠 北極
〔隋志〕
筆如杠安得巨丨〔國〕錦韜杠 韔弓丨丨〔公〕
矼 聚石渡水通作杠 孟歲十一月徒杠成又〔尔雅〕石杠謂之彴 石矼
六月飛雪民工世俗不辨趙丨不見魯公斷石誰
硐丨丨〔國〕玨矼丨与丨〔國〕砂石家爲丨寫丨〔谷〕
釭 灯也唐人用銀丨字
丨衛壁音公 殘釭 閉門孤燈〔活套〕蕭丨流丨寒丨釣丨書丨。下箔 蟫燒丨〔谷〕金
〔詳東〕句缸 對丨丨〔國〕青丨蝸燒丨
扛 豐扛 弱步歌鼎
獨扛 龍文百斛丨筆〔詳〕 丨扛 力可丨丨〔詳鼎〕。
尨 莫江切厚也又雜也〔書〕不和政丨 駹尨〔谷〕爲下国丨丨〔詩長〕大丨厚也 敦尨

句五二　十五卷

民生丨〔左傳〕 奇尨 将必擇其丨丨 福厚者〔丈書〕 鴻尨 蒙后土之丨〔國〕 言尨 文勝而丨〔國〕 眉尨 吃口丨〔國〕 賤丨 服尨
衣之尨〔左〕
尨 犬多毛〔詩〕无使丨也吠 〔丨〕又雜也〔左〕丨涼冬殺 靈尨 〔丨〕丨〔吠〕〔國〕枸杞根 或夜吠 奇尨 音容倦〔陸〕〔丨〕〔丨〕〔活套〕
吠月 哤 語亂丨〔谷〕 惡少朝囋丨 駹 馬面頰白又夷部名〔相如傳〕邛莋丨丨 〔國〕。
牕 楚江切 〔丨〕窗 宋処宗着一籠 丨丨間功業
大進八牕五户丨丨〔冬官〕 玲瓏丨丨明堂之制〔国〕 南牕 倚傲〔陶詞〕 北牕 陶潜高卧丨丨自録詩義皇上人〔詳〕人緑
詳雜
牕女〔霍天〕 牕丨丨貧家錦牕撩亂〔韋蘇老詩〕 綺牕 瓊樓丨 幽牕 将錀匙出〔无本〕可檢丨丨取
之号丨丨船牕淺沙明月 工牕晴丨丨 夜牕 流璃牕 繡丨坐武帝〔丨〕 一云舜〔詳端〕
含人〔鄭〕丨〔國〕 虫牕 貫丨〔谷〕 王珊牕有宋色
丨丨窺丨而下視〔得虛光世〕刻玉丨丨〔季〕 雲霧牕 赤壁風月留玉堂丨丨丨〔谷〕 玉牕
女形於牕上也。 夏宿丨丨〔季〕 閑事枕牕〔寒山女詩〕 〇日
影 交牕 老宿見丨丨丨丨間百丈惟政師曰牕就月乎曰 蜂子鑽牕 古靈行
景 蓬窗就牕乎師曰長老房内有客帰去好〔古靈師語録〕 蜂子鑽牕脚向來
受業師 ゝ牕下看經有丨丨 投牕求出灵曰世界如許闊不肯出丨它故紙〔傳灯〕 蠅 猕猴 六牕 仰山問如何得見性師曰如猴有六
牕内有一丨丨東邊呼山ゝ丨丨〔國〕 〔活套〕 軒丨丨灯丨書丨螢
應如是丨丨 〔詳〕 丨遂丨青瑣丨〔詳〕 丨 雙 撞也〔前漢相如傳〕丨金鼓。起牀

初丨〔韓〕鏦 矛 ... 〔丨〕属〇
邦 博江切〔書〕二百里男丨〔詩〕殿天子之丨〔語〕一言與丨 詒尔多 迷邦〔論語〕懷宝丨丨 經邦
論道丨〔周官〕 爽邦 哲〔天〕〔詳〕 由丨 酒邦 我詩如曹鄶丨丨 〔谷〕 比邦 大邦 比邾莒小国〔詳〕奴 羊丨齊魯丨丨魚丨異
丨〔周官〕 丨不成丨〔谷〕 〔活套〕
它 〔人名〕劉丨 漢祖〇
缸 〔醯〕下江切或作瓨〔漢書〕 醯醬千瓨注長頸罌 玉缸 〔丨〕若椀蕉漿携所有瓮罌无謝丨爲丨〔杜〕 金缸 豈惟
間伴倒〔荆公〕丨春缸 寒酤〔炎〕 〔丨〕 丨丨〔國〕 麗缸 壁雉丨丨〔韻〕 四缸 纏工 誠堪 埒阿巽買丨丨〔谷〕山公子求昏於東丨酒
孩子適伯達之女阿巽其後契闊竟 〔覃〕盎缸 挿秋盈疇丨酒 〔丨〕
不成昏定親以丨絲丨酒甕故云 酒缸 丨丨〔廬山高〕 降 〔詩〕福禄丨 〔丨〕彼丨 崇
降 文王伐丨不降退脩德 原降 晋文公退一舎丨原丨而丨丨〔詳原〕 乞降 投戈丨丨〔破宋幽文〕 受降 〔漢築〕丨丨城
丨降 教因壘而丨〔僖十九〕
丨丨 如受敵〔後景秉傳〕 世丨 坑降 秦白起挾詐丨趙丨卒四十万於長平 〔丨〕〔丨〕 殺降
方尊兩耳未敢築丨丨〔谷〕 又項羽詐丨秦丨卒二十万〔漢紀〕
人已服降丨下降漢紀信丨帝云 心降 我丨〔詩〕則丨 氣降 其丨吃律
之不祥〔漢史〕言降漢王降楚〔國〕 何由丨〔國〕李陵降 戰敗
丨匈奴 百萬降 劉盆子将丨丨衆丨陛下何以待 〔活套〕 豎旗 丨望風丨丨 〔人名〕丨〔老〕
奴〔國〕 之光武曰待汝以不死尔〔漢紀〕 北面丨 睡魔丨丨
高陽氏 洚 水不遵道〇 瀧 〔韓〕閭江切奔湍也韶州樂昌縣有丨水名 瀧 始下樂昌丨 又張東之貶丨州 瀧 壯猛
才子

句五二　二十七

〔韓詩〕 龎 〔丨〕 丨龎 君乃寬當爲籍乃丨丨 磨九瀧 舟行十里丨丨丨〔國〕〇
〔邢表〕 龎豆瀧丨〔韓〕 松風悲龎龎〔谷〕
丨聘女 無雙 国士丨丨 〔杜〕 黃香丨丨 江夏丨丨 無等雙 城南晁正字国器丨丨丨〔谷〕 白鶴雙 時有
詳璧 〔丨〕 慈明丨丨 荀爽子
雙 所江切 雍伯得璧五雙 陽
飛來 〔活套〕 釼丨璧丨 〔人名〕 〔无丨〕 刘振女得古押衙乃与王仙客爲夫婦〔詳衙〕 〔姓氏〕 天水宮音顓項之後封双蒙城因氏
丨〔國〕 鬢綰丨
艭 艄丨 舟名〇 龐 薄江切 高屋 窮龐 斫樹收丨丨 老龐 牀下拜 居士龐 古无丨丨丨丨〔國〕
龎丨丨与女灵 〔丨〕 窮龐〔閭〕 謂龐涓
照修禅皆坐化〔活套〕 樹下 詳竈 〔姓氏〕 因氏 始平宮音周文王子畢公高之後封丨鄉
鹿門山採藥不反〔詳安〕 〔丨統〕 字士元蜀人爲南州士之冠晁曾肅曰士元非百里
白馬号白馬将軍〔丨〕 〔丨公〕 字仲達抜雍事〔詳涓〕 〔丨涓〕 魏将詳竈 〔丨德〕 字令明仕魏每戦乗
才〔詳足〕 〔丨蘊〕 字醇之仕趙宋爲 〔丨公〕 携妻子登
褞丨〔丨〕 〔言行録〕 〔丨氏〕 美詩妻 逄 塞也又〔丨〕 〔人名〕 閔龐丨 夏忠臣 〔姓氏〕 音夏殷
諸侯丨公伯陵封齊土因氏 字或作逢 鼓丨丨丨 〔丨蒙〕 射於羿〔孟〕 〔丨〕 長楽宮
師陳於鑫丑父与公易位〔國〕忠臣 〔丨萌〕 字子康後漢時挂冠詳冠勾 〔丨丑父〕 斉〇
腔 苦江切肉空也骨丨 羊腔 雖声吐欵殷酒瓮丨丨〔韓〕 新腔 秀句入丨丨不同
体曰丨羊丨也 膣 蛮音与竹萌乃不美丨丨丨〔谷〕 新月丨丨〔谷〕
腔黃花虱栗笑白 〔活套〕 笛丨成丨換丨 〇 撞 宅江切 待問如丨鍾〔詳〕 鍾
月雪丨丨丨〔谷〕 梅花丨恨葡丨 沱增怒丨玉斗〔詳斗〕 〔漢明帝〕

自起丨丨莛撞万石之〻鐘不以丨丨丨横撞大吕勁鳴洪微撞子帰治小国洪擊
郎詳郎莛撞起音(鄭杜欒)上音亭扌撞鐘丨丨(文粹)微扌撞鐘噎丨丨(被)擊
撞文章曰娯戲金舂童洪濤曰浪日撞播也漢𡘋童五呂欲盈其氣不令見
扌石日丨丨(韓)扌夕相丨丨(韓)幢建丨榮慶幢丨丨(韓)風騷壇上見
丨丨(荆公)十碧油幢(選)軍○纓絡幢起七宝塔以丨丨丨折幔童法達師礼
年擁丨丨(谷)碧油幢幕也纓絡幢幡洪養之(維摩經)丨丨折幔幢祖師頭不
至地祖師曰礼本丨丨丨頭奚不至地(傳)雖垢幢有一菩薩名丨丨丨坐於
時間正論除疑網每讀高辞丨丨丨(荆公)嶋垢幢道場将成正覺有惡魔前
來惱(法華)亦丨(晉志)碧○椿 株江切木也韓斬拔栟与丨(谷)椷(法華)封○
乱丨白虎丨丨 樸作株丨 道家以鼻為係牛丨丨
淙 鋤江切水流淙丨丨懸崖巨石飛(廬山高)石淙韓子華有丨南淙愚公君北公呂偘叅
声丨丨 莊坡有詩 史隱丨丨(后村)玉
淙四海群從閒迩
來頹丨丨(谷)

韻府羣玉卷之一

韻府羣玉卷之二

上平聲

四支 與脂之同用

支 章移切枝也又庶也(詩)本丨百世 又離丨自入 孥支 韓愈以双戟之一
異之意又鐵丨鮮丨絹也(韻會)樂不可丨(張協) 贈崔立之詩云異
日期對舉當如合丨丨○元魏行臺給券當中豎裂 掭支丨丨六月凉風析
一支給有功人一支送門下防巧偽也 支券也 (殷六言)頑借也析
支丨丨(書禹貢)渠搜 三支 支謙安業於支見〻〻 安業於支纖世孫天下博 燕支国名
知不出丨丨(高僧傳)暫息丨丨 論重參二祖禅(傳)
古詩多用代作臙脂字西河 黃支丨丨 獻犀牛(前漢) 月支 万里戎王子何洪
歌失我丨丨山婦女无顔色 (漢)在日南之南 年別丨丨(國)
支離落丨丨(左傳)措三大夫(漢)四支 暢於丨(易坤) 反支 後明帝以丨丨日不受章疏(潛夫論)用
二日 中戟丨丨 月朔日為正戌亥朔一日丨丨申酉朔
丨丨 中戟支 呂布謂表術將曰布射戟小支中者 斬鄧支 陳湯使外国丨单
各解兵一發正丨明日罷兵(詳戟) 手丨丨首還(漢)
置度支 魏丨丨丨尚 一木支 大厦之顛非丨 雞支 曾雞之不朗蜀頁犖
書令户部 丨所(文中) 丨之丨丨(韓) 燎扌支
瘠骨頰丨丨 (姓氏)部陽徵音丨雄傳云其先月丨胡人今琅邪有丨氏 晉
丨丨(趙) 天竺人字道林高僧也(高僧傳)母乞屋墓白鶴止其旁唐高宗
表異 枝 桂林一丨 詳桂 身標枝上如丨丨民如野鹿(南天地)捉丨衣之 丨无
其家 木 如蝸甲化枯丨(谷) 心在上爲君者亦然野鹿者放而自得也
孫枝 梧桐生丨丨寫(風俗通) 南枝 庚嶺梅丨丨巳開 折枝 為長者丨丨 (匡莫待) 親枝 身
孫枝 琴其清 北枝 方開 扌无花空丨丨 詳梅 也
者丨之 騈枝 中心疑者 騈枝 丨拇丨指(莊) 拇〻指 踆枝 折丨丨而 附枝 累
丨丨也(易) 嶲枝其丨丨 連二指丨指手有六指 繼佩(詩) 无
詳來 狂枝 韓魏公門客踰墻宿妓公因 赦 賜王枝 漢武帝得西那国五枝賜
丨丨 竹二寸長丨丨 丨乱出墻(詳墻) 近臣年高者 病則扶行
詳 連理枝 顔寫丨丨(長恨歌) 萬年枝 風動丨丨(謝) 借一枝 季義甫爲詩丨枝无限
訝 丨(元輝)冬青樹也 曲不丨丨丨栖太宗曰
将与卿全樹 鳳凰枝 碧梧棲老鳳凰枝丨丨 巢林不 珊瑚枝 忽驚明月鈎鏁
何止一枝 丨丨(杜)焦鷯枝過一丨(杜) 扌珊瑚枝出丨丨(孟郊)
唱柳枝 白樂天寵姬善丨楊丨 舞柘枝 黃庭堅年十七第年将耳順腰季朝曰
丨柳枝丨因名楊柳枝(詳柳) 枝老婦丨丨丨剩負呈手藝(雜志)本拓
枝舞訛 敢竹枝 北歲見月 贈一枝 江南无所有聊 傲霜枝 菊殘猶有 ○横出
作柘枝 丨丨丨(類) 丨丨春(荆州記) 丨丨丨(坡)
一枝 道信大師曰廬山紫雲如蓋下有白氣横分六道汝等會 灑楊枝水 勒石
木否弘忍曰莫是和尚化後丨丨丨丨佛法否師曰善(傳) 扌楊枝水
子梟死佛圖澄取楊枝沾水丨之遂甦 又勝求文两 松枝談柄 詳見
痂瘡磊疹域取楊柳枝拂水而呪者三即起行(高僧傳) 扌松

(草木)

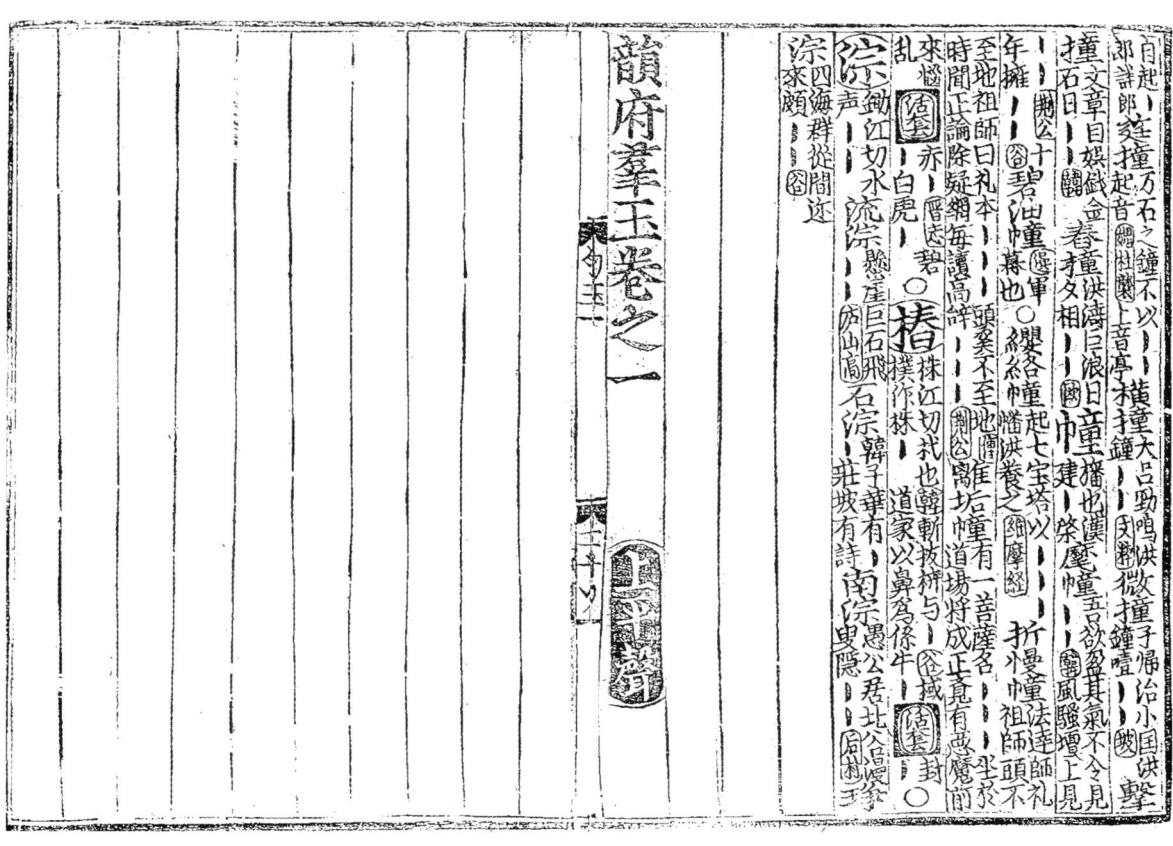

荔枝 果名 貴妃好ㄧㄧ南海飛馳以獻用牧之詩一騎紅塵妃子笑无人
知是ㄧㄧ來 蔡君謨譜云與化軍入皇陳紫陳氏林擢先閉戶傭墻
入錢得者爲幸 樂天云一日色変二日香変三日味変 最忌麝香遇之
花實尽落 ㄧ名天在忠州姻旧千財率不若但責ㄧㄧ齒与之 張九齡賦
紫紋紺理黛朶細枝 坡詩海山仙人絳羅襦 圜器古以角作 樊噲曰
紅紗中單白玉膚 炎雲駢火実瑶露酌天漿 卮 ㄧ酒安足辞 莊寓言
言日 玉卮 高祖奉ㄧ爲壽 漏卮 江河不能実ㄧ 射卮 後周宇文貴ㄧ中金ㄧ 魏帝
出 ㄧ 雅記論衡 ㄧ 因賜之 西 与後魏宇文順事
同 金屈卮 御宴酒器 ㄧㄧㄧ 如意 匏子卮 李適之飲器名 卯飲卮 和ㄧㄧㄧ 黄 敬之餘圭刀帰
鸂鶒卮 唐昭宗有ㄧㄧ 而有手把子 男華録 肢 春色柔四ㄧ 栺 杜詆又ㄧ 氏
鸂鶒卮 此卮 五代 人名 王母女 嗒臥酸体ㄧ 栺詳栺 移 弋支切 韻
張騫使月ㄧ 人名 闕ㄧ氏 單于后 姓氏 烏ㄧ 鄭當傳破雍糧軍烏ㄧ又 支
西域国名 于后 貨殖傳烏ㄧ贏畜牧烏於然切 ○
下愚不ㄧ 孟 ㄧ民ㄧ粟 梁 風移 世変ㄧ 移南ㄧ可ㄧ 出判不可搖動 詳判
惠上 貧賤不能ㄧ 説文上 畢命 山移 愚公移山 詳山 北ㄧㄧ文 詳文
帶孔移 沈約革ㄧ常 詩孔 星ㄧ影ㄧ文 酏 飲酏 正辨四飲一清 醴 酏
移稼 ㄧㄧ 活套 ㄧ推ㄧ推ㄧ 也 四酏 醫 二醫 二ㄧ 醫 ㄧ 礼 食
婦事舅姑ㄧㄧ酒醴 礼 移 棠棣 栘 栘前几日衣架 論 扅 扊ㄧ門 日
內則 粥禰曰ㄧ稀曰ㄧ 棣 男女不同椸架 閔 詳 嗶 暆 行

ㄧㄧ 樂浪 有東ㄧ縣 蛇 詩 委ㄧ 委 ㄧ 自公退食 箋 注 自得委 曲兒 漢書作逶ㄧ 選 作蛇 蛇 ㄧ 音義並同 貤 賞也 移与爵 謻 也 甑
沵 ㄧ 沵 冰 謻 室 樓閣 迻 小屋 ㄧ ㄧ 丙 移 ㄧ 草 兒 匜 盥 器 奉匜 懷 嬴 沃 盥 左傳 ㄧ ㄧ 盤 匜 具 公食大夫 卜臣 以 礼 爲
公盥 卮匜 數斗 ㄧㄧ 則 酒漿 器 詑 孟 ㄧㄧ 言 声音 ○ 爲 文 遂支切 說 母猴也 爲 ㄧ 爲 詘 ㄧ 爲 ㄧ 故 ㄧ 吠 ㄧ 爲 有
也
有ㄧ百爲 至 秋 ㄧ 何能爲 鄭 ㄧㄧ 大 東 奚 无 能 爲也 左 石 碏 曰 老 ㄧ 隱四 用 意 爲 不 ㄧㄧㄧ 文 如 翻 水 成 初 奕
典 ㄧ 韓 易 方
南爲 而 ㄧ 以之九万里 ○ 嬀 姓也 俱爲切 溈 音 爲 水 名 又 ○ 麾 指ㄧ 許爲切 旌旗 所 以 揚 在 爽 猶 則
詳 鶴 ㄧ ㄧ
引之 倚門 擠 搖 麾 自可持 搖麾 以 麾 若 秉 白 ㄧ 牧 誓 指 麾 立 而 ㄧㄧ 一 麾 嘉 顏 延 之 守 永
則 ㄧ 之 論 見 ㄧ 撝 西 京 賦 祖 作 五
君 詠 五 麾 不 入 招 麾 往 來 付 造 物 未 用 相 ㄧㄧ 使 漢 書 戈 麾 魯 陽 公 逐 日 援
朝 ㄧ 乃 出 守 招 麾 ㄧ 之 不 來 ㄧ 之 不 去 ㄧ 而 ㄧ 之 詳 日 撝
裂 也 手 指 也 ○ 痿 於 危 切 痺 濕 病 逶 ㄧ 去 貌 ㄧ 臨 羨 委 ㄧ 曲 也 く 行 倭 ㄧ 順 兒 詩 周 道 ㄧ 遲 ○ 萎
又 易 謙 ㄧ 記 哲 人 其 萎 乎 草 木 明 覆 載 妍 枯 萎 ㄧ 老 眼 欲 ㄧ 曉 ㄧ 鮧 ㄧ 鹿 ○ 麋 ㄧ 爛 悲 切 孟 ㄧ 其 民 實 至
草 木 枯 記 哲 人 其 ㄧ 乎 ㄧ 萎 ㄧ 臭 奇 ㄧ ㄧ 鮧 ㄧ 鹿 ○ 麋 ㄧ 爛 其 民 實 至
人 其 ㄧ 乎 ㄧ 臭 齊 ㄧ ㄧ 覽 ㄧ 鹿 ㄧ 麋 爛 其 民 實 至
言 刀 劍 所 壓 无 不 ㄧ 滅 陳 子 昂 魏 餹 麋 飲 ㄧ 肥 甘 慕 彼 食 麋 高 陽 氏 子 好 衣
經 夾 背 ㄧ 石 山 吹 糸 作 ㄧ 甘 勝 蜜 ㄧ 韓 昌 送 窮 ㄧㄧ 弊 ㄧㄧ 晦 日 巷

○ㄧㄧ給ㄧ 飲成 粱陳太丘有客使元方季方炊二子听客設論忘着箄ㄧ 沙
上方 國 飯成 ㄧ 落釜 皆ㄧㄧ 太丘曰如此但糜自可何必飯也 世說
作糜 炊ㄧㄧㄧ 三糜 骨 乘 奧 金 糜 也 粥 ㄧ 醿 酴 ㄧ 酒 名 唐 宰 相 草木 花
糜 不 飽 詳 沙 餉 馬 耳 ㄧ 也 寒 食 宴 用 酴 ㄧ 酒 醫 說 名
一 穎 三 蕤 曾 端 伯 十 友 ㄧㄧ 韻 友 亦 作 荼 蘼 賈 島 詩 莫 教 蕤 落 西 風 後
荊 棘 滿 庭 君 始 知 山 谷 詩 日 色 漸 逢 風 力 細 倚 闌 偷 舜 白 露 裳 又 露 濕 何 郎
試 湯 餅 日 烘 苟 令 炷 爐 香 ㄧ 繫 也 亦 作 縻 羈 ㄧ 好 爵 与 爾 靡 之 漢 羈 縻 ㄧㄧ 不 絕
如 香 又 名 姓 因 爐 酒 醾 文 紀 爲 酒 醪 以 麋 麴 若 多 注 散 也 羈 縻 國 奴 贊
縻 縻 ㄧ 醿 ㄧ 纏 縻 ㄧ 漢 ㄧ 詩 受 ㄧ 胥 縻 傳 說 ㄧㄧ 莊 刑 徒 之 感 縻 人 文 ㄧ 漢 ㄧ 縻 ㄧ ㄧ 縻 縻 也 ○
ㄧ ㄧ 國 緤 縻 ㄧ 史 孔 以 鉄 鎖 相 連 繫 人 以 鉄 ㄧㄧ 縻 人 文 縻 分
隨 許 規 切 亦 作 隨 墮 也 書 万 事 ㄧ 哉 孟 子 揚 左 孔 子 爲 ㄧ 朝 ㄧ 睢 仰 目 莊 盱 ㄧ ㄧ
墮 司 冠 ㄧ 三 都 ㄧ 又 ㄧ 邸 ㄧ 費 過 秦 論 七 朝 ㄧ 孔 ㄧ 嚴 徐 不 敢
連 死 觽 可 解 結 記 ㄧ 小 ㄧ 注 以 象 骨 爲 ㄧ 鑴 鼎 也 又 日 大 鍾 又 孔 ㄧ ○ 垂 是 爲
ㄧ 觽 用 之 又 詩 童 子 佩 ㄧ 戶 圭 切 鑴 眦 浸 二 曰 象 三 曰 ㄧ
切 易 ㄧ 衣 裳 ㄧ 礼 運 ㄧ 日 星 ㄧ 禹 ㄧ 釣 ㄧ 籬 ㄧ 淚 ㄧ 雲 人名 陲 边
ㄧ 功 名 於 竹 帛 ㄧ 異 傳 ㄧ 翅 同 谿 活 套 雨 ㄧ 困 ㄧ 杓 ㄧ 公 臣 叔 陲 ㄧ
漢 文 紀 休 兵 北 ㄧ 令 ㄧ 日 二 ㄧ 晏 然 初 荷 鋪 ㄧ 倕 ㄧ 黃 帝 時 巧 人 雕 鐫 般 工
西 岩 ㄧ 扱 此 行 間 看 古 黃 ㄧ 谷 君 居 天 南 ㄧ 倕 ㄧ 扱 意 思 巧 妙 般 与 ㄧ

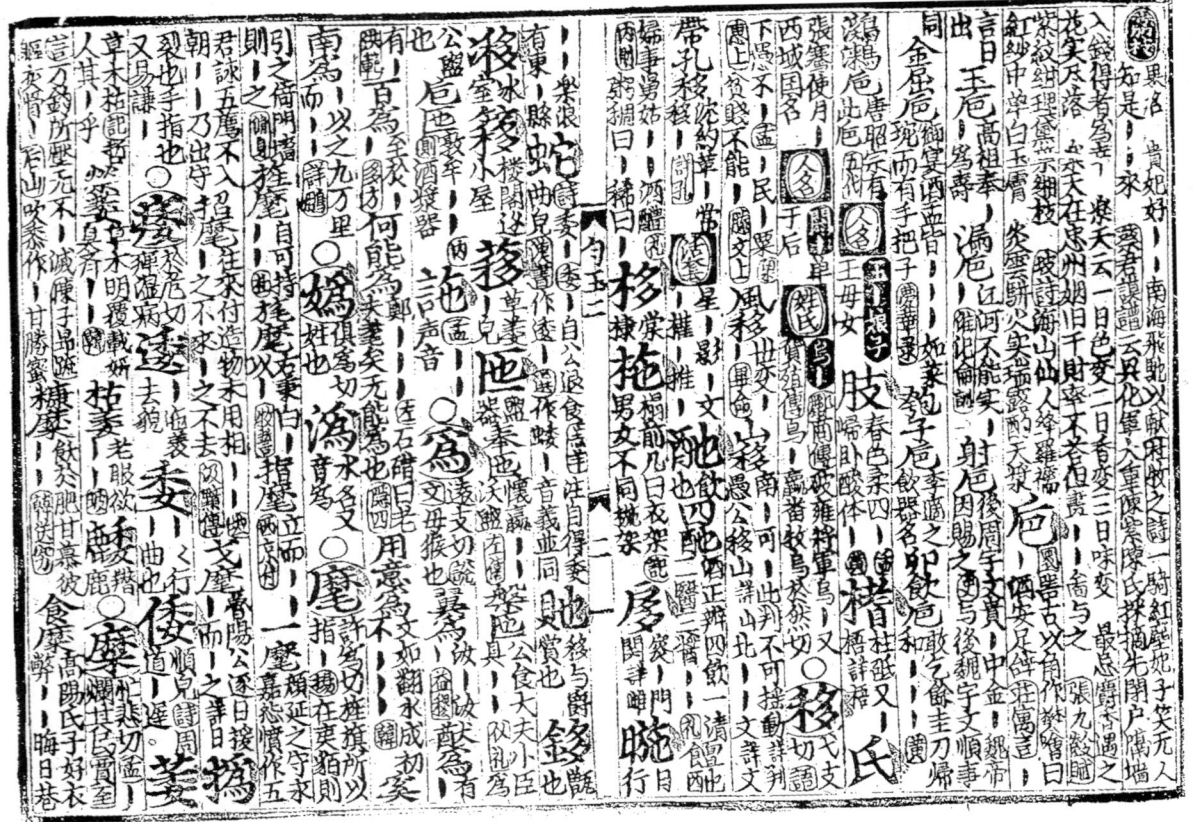

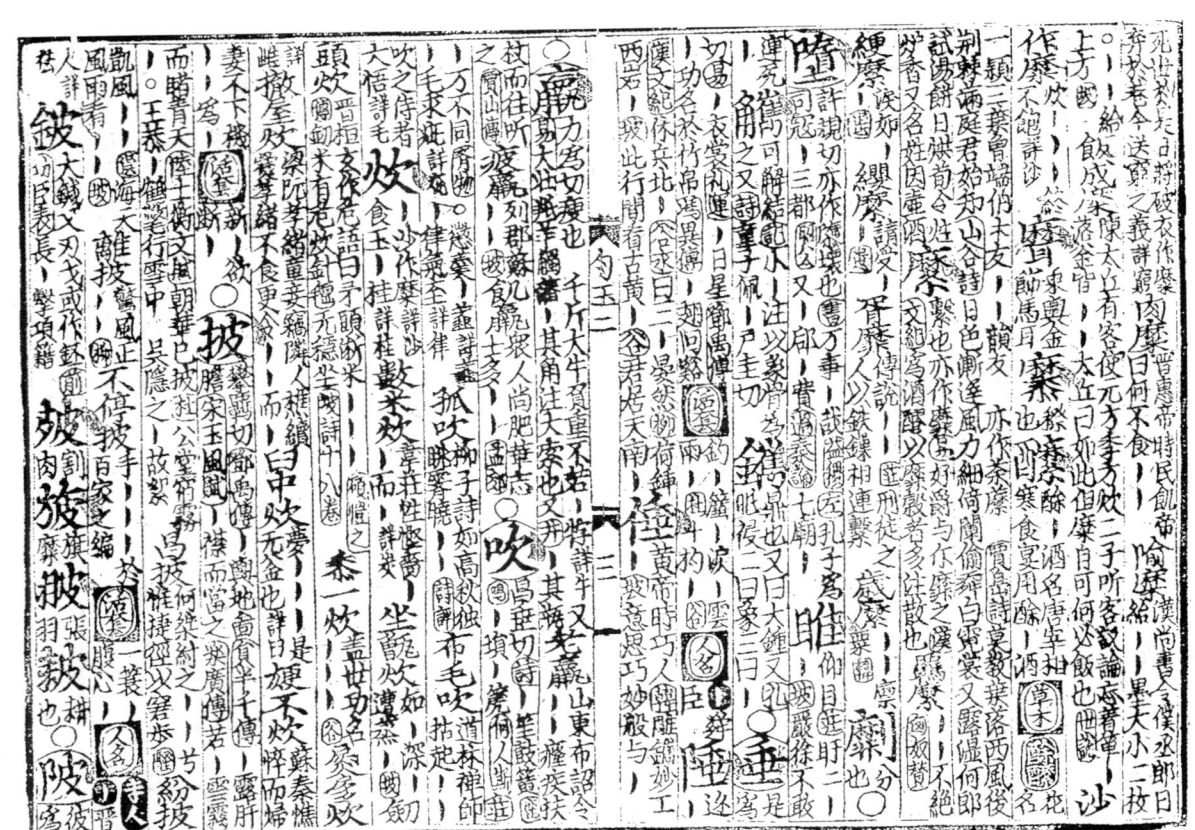

○ 巍 力 爲 切 瘦 也 千 斤 大 牛 負 重 不 若 ㄧ 犍 詳 牛 又 ㄧ 羸 ㄧ 山 東 布 詔 令
巍 易 大 壯 羝 羊 觸 藩 ㄧ 其 角 注 大 索 也 又 羸 ㄧ 其 瓶 ㄧ 羸 ㄧ ㄧ 癃 疾 扶
杖 而 往 所 疲 羸 列 郡 蘇 飢 羸 衆 人 尚 肥 華 志 ○ 吹 鳥 垂 切 詩 ㄧ 笙 鼓 簧 莊
之 賈 山 傳 ㄧ ㄧ 披 食 羸 士 多 ㄧ ㄧ 孟 嗚 ㄧ 塤 ㄧ 篪 何 人 斷 莊
ㄧ 万 不 同 齊 物 ○ 炊 食 爨 ㄧ 蘆 詳 蘆 孤 吹 柳 子 詩 如 高 秋 獨 布 毛 吹 道 林 禪 師
ㄧ 毛 求 疵 詳 疵 ㄧ 律 氣 至 詳 律 眺 寥 曉 ㄧ ㄧ 詩 評 拈 起 ㄧ ㄧ
吹 之 侍 者 炊 ㄧ 沙 作 糜 詳 沙 數 米 炊 章 莊 性 慳 嗇 ㄧ 坐 甑 炊 如 ㄧ 深 ㄧ 劒
大 悟 詳 毛 食 玉 ㄧ 桂 詳 桂 ㄧ 而 ㄧ 詳 炭 灘 慈 ㄧ 國 ㄧ
頭 炊 晋 桓 玄 作 危 語 曰 矛 頭 淅 米 ㄧ ㄧ 傾 懷 之 柰 一 炊 盖 世 功 名 各 黍 炊
頭 炊 魯 釗 米 有 老 炊 釗 龜 元 德 坐 破 詩 廿 八 卷 ㄧ ㄧ 炊 ㄧ 爨 ㄧ 齊 ㄧ ㄧ
詳 撤 屋 炊 梁 阮 孝 緒 童 妾 竊 鄰 人 樵 爨 ㄧ 而 ㄧ 白 中 炊 夢 ㄧㄧ 是 嫂 不 炊 蘇 秦 憔
雌 ㄧ 孝 緒 不 食 更 令 撤 ㄧ ㄧ 而 元 釜 也 詳 臼 悴 而 婦
妻 不 下 機 ㄧ 新 ㄧ 欲 ○ 披 拔 羈 切 鄧 禹 傳 ㄧ 輿 地 圖 賓 半 千 傳 ㄧ 露 肝
ㄧㄧ 爲 ㄧ 斷 ㄧ 活 套 ㄧ 膽 宋 玉 風 賦 ㄧ 襟 而 當 之 梁 廣 傳 若 ㄧ 雲 霧
而 睹 青 天 陸 士 衡 文 賦 朝 華 已 披 莊 公 堂 宿 霧 ㄧ 鳥 披 何 桀 紂 之 ㄧㄧ 兮 紛 披
ㄧ ○ 王 恭 ㄧ 鶴 氅 行 雪 中 ㄧ 吳 隱 之 ㄧ 故 絮 ㄧ 披 猖 捷 徑 以 窘 步 離 騷
凱 風 ㄧㄧ 選 海 大 雉 離 披 鷲 風 止 不 停 披 手 ㄧㄧㄧ 於 活 套 一 襲 ㄧ 人 名 寺 人
風 雨 肴 ㄧ ㄧ 暎 ㄧ ㄧ 畸 百 家 之 編 腹 心 ㄧ 晉 ㄧ
人 詳 鈹 大 鍼 又 刃 戈 或 作 鉟 前 鈹 割 肉 旇 旗 靡 翍 張 羽 ㄧ 翍 也 ○ 陂 彼 爲
姓 切 臣 表 長 ㄧ 擊 項 籍

切【匣】九澤號丨月陂唐教坊前有丨丨鄭陂大守丨渾與丨開葛陂費長
【二注】爲晏西丨丨好形如偃月【教坊記】鄭陂田号丨丨【三国】房投
杖化龍　林宗謂黄丨汪汪若千頃美陂杜甫丨丨行家云少壯幾時
処【韻會】憲陂丨丨澄之不清撓之不濁渼陂奈老何向來哀樂何其多【因】鴻
隙陂汝南有丨丨大丨翟方進奏罷之苦旱【詩箋】澤丨刺時也　陳罷似
陂謠曰反乎覆陂當復誰云者兩黄鵠【本】靈公淫於其国　熊
有黄丨赤丨【詩】古卜罷文王畋于渭濵狐罷深叢見【韓】虎畏羆羆貐畏虎
夢維何維熊維丨丨非羆卜曰非熊丨丨狐罷丨丨羆被髮人立絶
有犬逐羆晉人以五丨丨一丨羆鷙而力長於用【人名】【王】韓軌等襲華州
力大犬羆大犬弱而健巧於用小【陳无己羆說】羆大呼詬曰老羆當
道卧貉子那敢【記】已篙糞　碑　豐碑公室視丨丨二家視桓楹【記】斲大木形
過敵驚退【北史】竹節　如石碑於槨四角樹之穿中爲鹿盧下
棺以繂天子六繂四碑諸　雜碑李衡鼠獄得之丨丨【芝田】　棠棣碑賈敦頤爲
侯四繂二碑士二繂無碑【國】丨丨是平蔡事詳西　洛州司馬
第敦實爲長史人　水中碑杜預好爲後世名刻碑一立峴山　黨人碑宋宣和
立碑号丨丨丨　一沉丨丨曰安知後不爲陵谷乎　毀立元
祐丨丨丨　一墮淚碑晉羊祜守襄陽卒百姓爲建碑　記惡碑盧奂累任大郡
夕雷擊碎　碑望者莫不流涕名丨丨丨【圉】　凡治惡以所犯
刻石再犯必致之　謝作碑裴度修福先寺將立碑求文於白居易判官皇甫
死籍時謂丨丨丨　湜怒曰近捨湜而遠取居易請從此辭度謝之湜

韵玉二　四

飲酒揮毫立就裴酬以車馬器玩約千緡湜怒曰碑三千字每字三縑
何不得裴笑依數酬之【唐闕史】○唐李邕長碑頌受納金帛鉅万杜詩云千
謁牖其門碑板照四裔豐屋珊瑚鉤麒　悔作碑姚崇病戒諸子曰張說與吾
麟織成罽毯騶隨釦凡義取无虚歲　隙深然其人奢侈吾殁當來
弔汝盛陳宝玩張不顧卒矣若爾目當致此玩以神道碑請得即録進
仍先礲石速鐫張料事遅後必悔諸子如言張碑文曰八柱承天高明之位
列四時成歲亭毒之功存数日果取本刪改引使　没字碑五代任圜曰犍協
者視之碑已攻畢說丨曰死姚崇猶筭生張說　不識文字虚有表
尒号丨　讀蔡邕碑祢衡与黄祖子射共丨丨丨所作丨曰吾一覧能識之讀
丨丨　雖其中石缺二字不明因書之射殺不差与王粲事同
曹娥碑黄絹幼婦　不愧作碑蔡邕爲郭林宗碑文曰吾爲碑銘多矣率有慚
碑事詳絹　慚邕惟有道丨丨亦○林宗不愧蔡邕碑【國】車
薦福碑范文正守饒有書生上謁自言飢寒時盛称歐陽率更字薦福寺碑
丨福碑直千金范爲打千本紙墨已具一夕雷丨其碑語曰有客打碑來丨
丨无人舞鶴上停皆仆碑事魏證　平淮西碑詳韓碑　陰題蹙崖碑唐元結作中興頌【隨巻】路丨
揚州【墨客揮犀】　曰丨
○隨句爲切【韻】行成　詭隨無縱【詩民勞】丨丨　曹隨蕭規丨丨【揚雄傳】　名隨說名而丨我肩
隨子思應子丨　【後漢法官傳】
隨丨丨【後漢】五年以長則丨丨　琴鶴隨趙清獻公事詳鶴　錦囊隨李賀事詳囊　荷鍤隨劉伶事詳鍤【隨巻】倡丨丨根丨丨

【卦名】丨二澤中有雷丨初九官有渝貞吉出門交有功六二係小子失丈夫
六三係丈夫失小子隨有求得利居貞九四隨有獲貞凶有孚在道以
明何咎九五孚于嘉吉上六拘【人名】陸龜蒙号【姓氏】河内羽音隋姓同晋有
係之乃從維之王用亨于西山【天隨子】丨會漢有丨何丨嵩
虧去爲切【書】功丨一簣【易】丨盈而益謙【易】成虧有丨与丨昭氏之鼓琴
【漢】澤傳月滿則丨　缺与昔来死无增丨　虧也无丨与丨昭氏之不
鼓琴也　蔽虧日月丨丨　○闚缺規切門中視　窺子三年不丨【園】詳董
【莊】齊物　蔽虧【子虛賦】　也【語】丨見室家　【孟】鑽穴隙相丨　管
窺丨中丨豹時見一斑　俯窺舜時鳥鵲之巢俛而窺四望冬杖【田】不
窺詳斑　以丨丨天詳天　窺可丨而丨【文中】接眼窺敢丨丨丨【韓】　○奇
渠羈切【漢書】蕭何丨韓信【蜀】諸葛亮天下　一奇亦丨丨也【鄭布傳】　六奇陳平出
奇才【魏】【莊】幼子好此丨服【韓】怪丨丨丨　不能丞丨丨【宣云】
丨計　十奇王元規任何清縣民歌其政有丨丨　瓌奇所宝尤【韓】　鴟奇少皥氏不才子謂之丨丨　雝
【本】　民歌其政有丨丨　【左文】丨丨本獸名食人
奇丨蟠木根抵輪囷丨丨中　神奇万物一也臭腐化爲丨丨神　攫奇偶儷丨丨【孔】
丨詳容委曲盤戾兒　奇復化爲臭腐【莊知北遊】　【樂志】作駒巳
【漢】丨丨閱奇揚雄時有好事者載酒丨丨　吐奇天龍丨丨　太奇魏太祖拊王彰鬚
丨丨字　劉棻嘗從雄學作奇字　丨分【韓】　曰黄鬚兒竟丨丨
也詳　一段奇不辭千里遠成　男子奇唐王適自称奇丨丨丨顧見○【人名】
讀　此丨丨丨【咬】　丨丨要爲天下丨【王適墓誌】　【宣之】

三　五

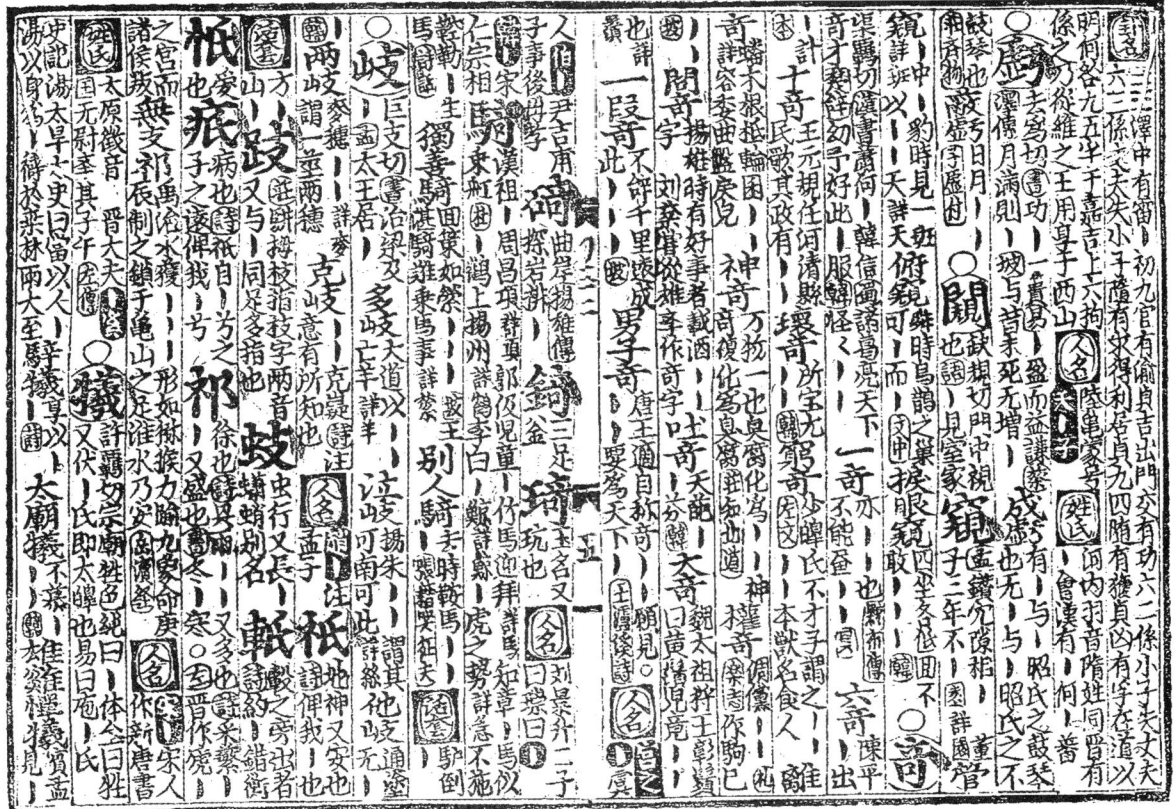

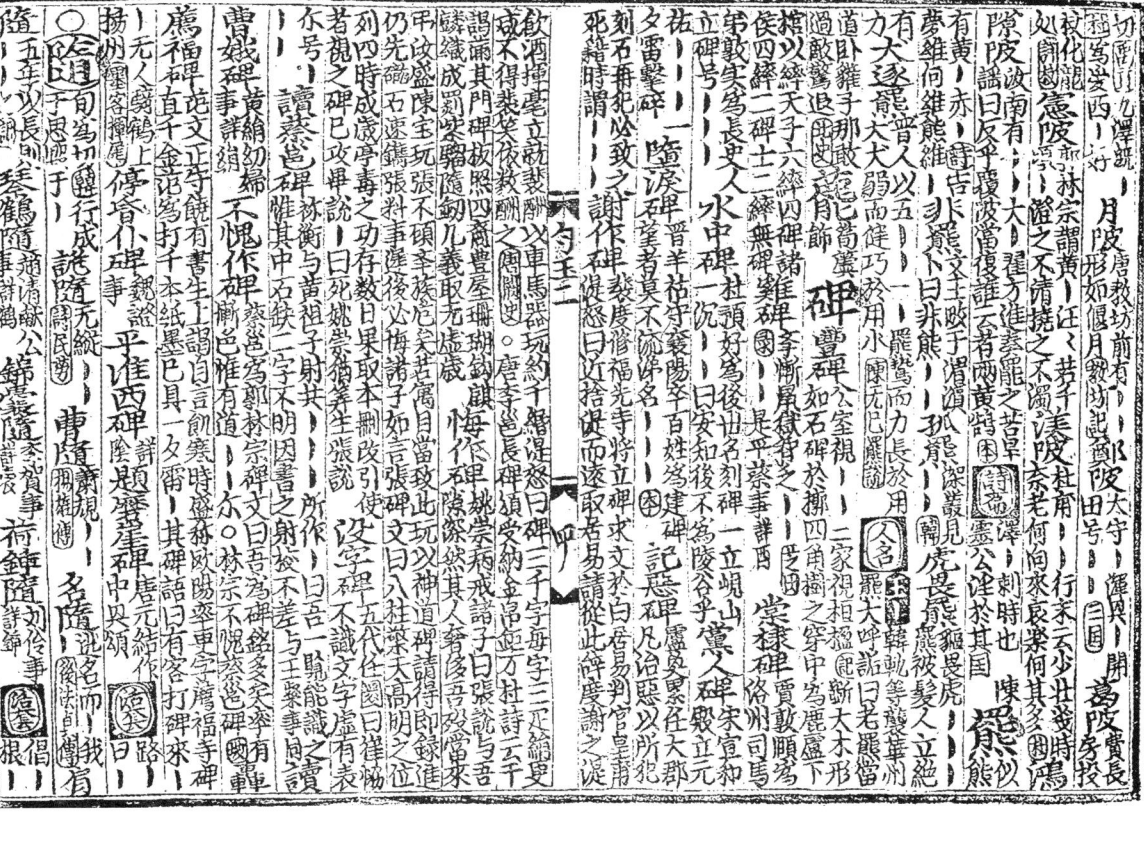

人【注】尹吉甫　崎曲岸【揚雄傳】　錡三足　琦玉名又　【人名】劉昊升二子
子事後世學　搖岩崎丨　釜　玩也　曰樂曰【丁】
【韓】宋騎漢祖丨周昌項【詳項】郭伋兒童丨竹馬迎拜【詳馬】知章丨馬似
乙宗相騎東舡【田】丨鶴上揚州【詳鶴】李白丨鯨【詳鯨】丨虎之勢【詳急】不施
驚勤丨生　獨善騎田策如祭丨丨丨【敬王】　別人騎去時鞍馬丨丨【隨巻】丨
馬【詩話】　騎甚騎難乘馬事詳蔡　【張耆晏祖夫】驢倒
○岐巨支切【書】治梁及岐　多岐大道以丨丨　歧揚朱丨丨謂其他岐通逵
丨【孟】太王居丨　亡羊詳羊　可南可北詳絲丨
【國】兩岐麥穗丨丨詳麥　克岐丨丨克嶷【詩注】【人名】【趙】注　祇地神又安也
丨丨謂一莖兩穗　岐意有所知也　孟子　【詩】俾我丨也
【寰宇】方丨　跂【莊】駢拇枝指跂字兩音　蚑虫行又長丨　軝
山丨　又与丨同足多指也　蟰蛸別名　【詩】約丨錯衡轂之旁出者
祇愛也　疧病也【詩】祇自丨兮之　祁徐也【詩】丨丨又多也【註】采蘩丨
也　子之遠俾我丨号　丨又盛也【書】冬丨丨寒○【宋】晋作虒丨
之宮而　无支祁禹治水獲丨丨丨形如獼猴力踰九象命庚　【人名】宋人
諸侯叛　辰制之鎖于龜山之足淮水乃安【岳瀆經】　【宋祁】作新唐書
【姓氏】太原織音　晋大夫【祁奚】　○犧許羈切宗廟牲名【說文】曰丨体全曰牲
国无尉奚其子午【左傳】　又伏丨氏即太皞也易曰庖丨氏
史記湯太旱七年史曰當以人丨　辛犧享以丨　太廟犧不蘩丨　佳雄憚犧賓孟
湯以身爲丨禱於桑林雨大至　騂犧丨丨【詩】　丨丨【韓】　太公見丨

丨自齒女毛詩者曰　丨其丨也（左明九二）以身代犧武后教給事閤朝隱盤令僧道迎至神所會疾愈特加賞賚張元丨丨丨丨休浴伏於相
一尺代犧畜以進后大悅易爲犧牲　羲　丨和官名又伏丨包丨氏又（列）周穆王駕八駿右騄耳左白丨　蟣　勺也　曦　日光　隆
犧抵觸丨　蘇犧富丨丨之（盛夏交辭）（鏡鑒）癸丨寒丨朝丨　巘　險丨本作巇巘丨山相對危險
曦丨（郭）（陸雲）家布在　戲　於丨數辭又大將旗曰丨下　巘也（史）乘間抵丨覺高危登丨
方冊撐領丨　韓信傳可致丨下　○　歆　丘奇切　歐　孔子觀於周廟有欹器焉使子
路取水試之滿則覆中則正丨則滿（欹）或問持丨曰挹丨（图）（詩經）巾丨　觭　一角
丨子曰嗚有滿而不覆者哉（家語）（楊）器惡含丨丨日丨　宜　魚羈切（記）
倪一　踦　腳跛　聚石　蟜　長足爲渡虫　檥　蜀以丨爲薪三年可燒　○
仰丨踦跛爲渡　檥（杜）館閣丨木三年大
土地之丨時措之丨礼從丨（詩）來燕來宜　便宜（趙充國）留田丨丨　時宜（元帝紀）不違丨丨　二宜
丨（鬼[?]）毫士彼丨（楊[?]）前權時施丨
左丞孔戣以老自乞曰五年一宜去爲左丨丨去（图）三宜　司空（图）居中條山亭名休丨
右丞不能進退郎官惟相之爲丨丨去　曰量才一宜休揣分二宜休
耄而瞶丨丨休　風宜　氣所丨（書）　土宜　周礼有丨丨之法　（人名）（杜）牧小姪　轙　車衡載馬轡者　㕒　屋
山峨　㕒　駿丨烏漢侍　儀　中書礼丨丨三百威丨　兩儀　是生丨丨　三儀　摛丨丨（太玄）天
岩也　鵔　中鵔丨冠　二千　書履風來丨丨（易）
地　九儀　司儀掌丨丨賓客　繹儀　丨丨奔日之仙　朝儀　丨丨奔月叔孫通
人　九儀　擯相之礼（礼）（叔官）與日同府（雜事）　結儀　之仙（黃庭）　朝儀　起丨丨
（李[?]）漢儀　復見丨官威（光武紀）　羽儀　丨丨天　渾天儀　後張衡作丨丨（朝）（韓）渾天儀　滿水轉之以考曆（詩）（齊）之生各得
其宜（人名）（公明）（張）（儀）戰国人（鎮）（丨）　涯　水際與佳韻義同各隨本音用　聖
也　春秋時人（蘇）（丨）唐人　（書）其無津丨古詩各在天一丨
涯丨（顏）水丨　○　皮　蒲麋切（語）射不主丨（左）　霜皮　四十圍（杜）丨丨溜雨　面皮　有丨丨（國史）且看桃花龍
皮丨李德裕極熱時金盆貯水漬白丨　鹿皮　漢武造白　豹皮　豐狐文丨不免網
皮　丨頻暑都人如涉高秋（劇談錄）丨（蔡）　豹皮　羅之患丨之爲災
也（莊）（列）　羊皮　百里奚五丨丨詳聲千丨　鼠皮　相丨有（詩）　竹皮　漢高祖丨冠詳冠　榴皮　呂仙
（列女）羊皮之丨不如一狐之腋詳腋　鼠皮　丨丨（詩）
題詩　撥皮　謝公稱王述丨　雞皮　夏姬得道丨三少詳少　老頭皮　宋真宗訪得隱者楊朴
詩貪　皆真（世說）　豹留皮　王彥章曰人死留名丨死丨丨　字琶
臣妻詩云更休落魄貪杯酒亦莫猖狂愛詠詩　豹留皮
今日捉將官裏去這回斷送丨丨丨（侯鯖錄）　代謂
皮　秋風撥破丨　食瓜皮　後周王羆性儉客削瓜皮侵肉羆就地取食之　面似靴皮　田元均在三司深厭干請每強笑遣
丨丨丨（賦石）（獨）　面似靴皮
之日數年笑得丨　羊質虎皮　丨丨丨丨見草而說見豺而戰（揚子）　蠶女馬皮　高辛時蜀蠶女父被掠惟所乘馬在
丨丨丨（歸田錄）

母誓曰得父者以女嫁之馬驚躍而去數日父乘馬歸馬嘶鳴不已父曰人
而偶非類乎殺馬曝皮於庭皮丨丨飛去旬日皮復棲桑上女化爲蠶食桑
吐繭成絲蜀人塑女像被丨丨　捬拭烏皮　几詳几　○　得皮得髓　達磨將滅命門人各
謂之馬頭娘以祈蠶焉（高[?]）
言所得云云師曰道副丨（人名）（達磨）　丨詳髓
吾丨慧可丨吾丨（記）（鄭）　郫　蜀地　○　陂　姓氏之後漢諫議大夫丨（列）（晉）（翻）（丨）天水徼音周賀十翊神
尚書郎丨湛（唐）（劉禹錫）　皮子　詳　疲　心
識鑒（晉史）（日）（休）（劉禹錫）唐翰林學士著桃花賦九諷丨（蜀）（齊）（韓）（陸[?]）　卑　名
形俱丨光武紀我自樂此不　神疲　貴賤丨丨賤苦形勞富
爲丨也（騷）時蠖之其將丨（魏）　陂　蜀地
再起丨丨（谷明）　玉匙　金鑰常完堅（黃庭）重丨丨開（图）　牽匙　管鑰丨丨（杜）無鑰匙　楊貂
年夜飲滑流丨丨　玉匙　支鎖關鑰要得丨丨　雲起　翻丨（柱）　無鑰匙　性作
制敕令史將鑰匙出丨本　擊拂茶匙　茶匙要丨丨　有力金爲上銀鐵次之　匙　是支切　（鷓）鶻龍
可謚乃斷總取之詳總　之竹者輕建安不用（蔡君謨茶錄）
安福也易　翅　翠飛兒亦作提詩歸飛　○　兒　汝移切（杜）雞護落巢丨丨暖溪
丨既平　提丨又朱丨懸崖銀　君戲集他人詩指呼市人如
使丨丨○倒（棚）家兒　蘭（虫）其芽稱田兒　碧蓮丨　雲兒　李密貧朋文章奇麗　粉兒
破丨詳棚　其丨丨也（韓）細兒丨黠（嘲）　者付丨丨　敢之（賈官）
來鵠曰今之丨丨　王兒　鄭州李孝恭（籍）中有丨丨　玉兒（王霜）時有丨丨　健兒　淇
乳子可與仇泰商紀善內声羅虬挑之不答　鑒兒　丨丨詳鑒　丨上

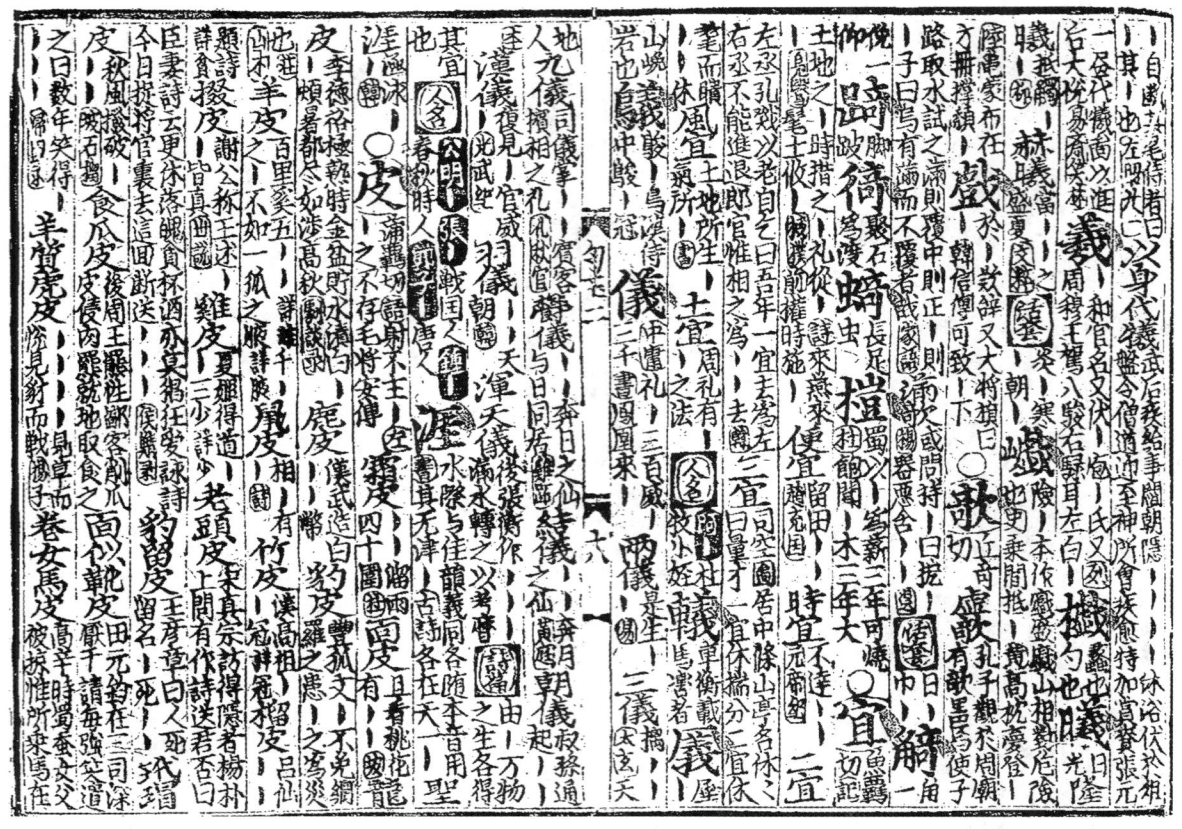

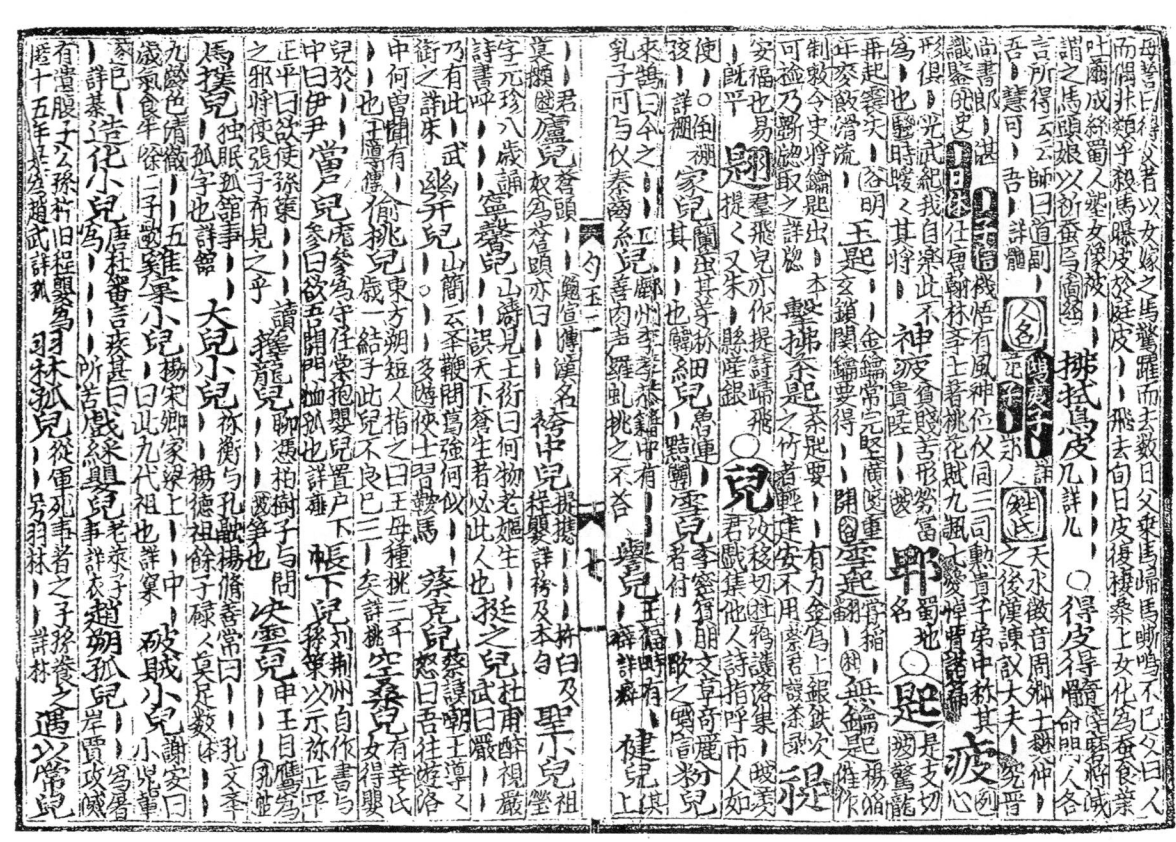

丨丨君　盧兒　蒼頭丨丨（鮑宣傳）漢名　椅中兒　提攜丨丨椅白及　聖小兒　祖
莫擬（鑒）　奴爲蒼頭亦曰丨丨　襁中兒　程嬰詳椅及本白　瑩
字元珍八歲誦　寧馨兒　山濤見王衍曰何物老嫗生丨丨　挺之兒　杜甫醉視嚴
詩書呼丨丨丨　誤天下蒼生者必此人也　武曰嚴丨丨
乃有此丨丨武　幽并兒　山簡云希鞭問葛彊何似丨丨　蔡克兒　蔡謨嘲王導之
衙之詳朱　○丨丨多遊俠士習數馬　空桑兒　怒曰吾往遊洛
中何曾聞有丨丨　偷桃兒　東方朔短人指之曰王母種桃三千　有辛氏女得嬰
丨丨也（王[?]傳）　歲一結子此兒不良已三丨丨矣詳桃
兒於丨丨　當戶兒　虎參爲守任棠抱嬰兒置戶下　帳下兒　孫策以示孫正平
中曰伊尹　參曰欲吾開門恤孤也詳雍　刘荊州自作書與
正平曰欲使孫策丨丨丨丨讀　豢龍兒　聊憑柏樹子與問　決雲兒　申王目鷹爲
之邪將使張子布兒之乎　（魏[?]）爭也　（孔[?]）
馬　撲兒　独眠孤館事丨丨孤字也詳館　大兒小兒　孫衡與孔融楊脩善常曰丨丨孔文舉
九齡色清徹丨丨五　雞窠小兒　楊宋卿家梁上丨丨中丨丨　破賊小兒　謝安曰　小兒輩
歲氣食牛（徐二子）（顏氏）丨日此九代祖也詳窠　楊德祖餘子碌碌莫足數也丨丨
（蓼[?]）巳丨詳綦　造化小兒　唐杜審言疾甚曰丨丨所苦戲彩嬰兒　老萊子事詳衣　趙朔孤兒　丨丨岸賈攻滅
丨丨詳綦　爲丨丨丨丨丨　爲屠
有遺腹子公孫杵臼程嬰爲　羽林孤兒　從軍死事者之子孫養之　遇以常兒
匿十五年立爲趙武詳孤　丨丨號羽林丨丨詳林

子部　第三冊

謝惠連初不為父方明所知族兄灵運
曰阿連才悟如此而尊作常兒丨丨之　伯道無兒鄧攸遇賊步走擔其兒及弟之子度不兩全謂妻曰
吾弟惟一子理不可絕當棄我兒後當有子妻泣從之其子朝棄莫及攸繫
於樹而去後妻不復孕語曰天道无知使鄧丨丨丨　贊曰逆子参走豈
慈父之用心也　嗚呼丨丨　人名　杜甫長子　蘇子由子　謝靈運
絕嗣宜哉晉　些丨丨　小字　黃帝時識味人　元載妓詳書
潘妃小字詳階　兒　喔咿嚅　○離　呂支切魏相傳蛇也　離有女丨丨別也流離
丨丨之子詩　強笑也　常隸丨抱衡同夏　丨丨南蠻
㒓立梟也　陸離參差也　衍蔓流爛疹又丨丨天人付　丨丨詩不明也　支離
衛為丨丨之卒左哀十五陣名○丨丨蹠者有役則以病不受功上与　株離
病者粟則受三鍾丨丨其形者猶足全其天年況丨丨其德者乎莊
西夷樂名　十離　辭書記醉竹元相公出幕作丨丨詩以獻　長離謝夷妃
詩鼓鍾注丨丨謂魚離池燕離巢珠離掌鏡離臺之類　即大筝也
武英君記○前丨丨而後商　牛離将軍以贈古今注　兜離　佅丨丨困不偶求
皇相如付灵鳥名即鳳也　乃蕃名故相别　東夷樂名四夷樂名
也　佅侏遝離　雄兔脚撲朔雌兔眼丨丨木蘭　綠耳古　親戚離　般浩
音韓賁遝離國　中有丨丨五兔兒　纖離之良馬　彼黜
甥韓伯至徙所浩詠曹顏遠詩云　彊丨丨
富貴他人合貧賤丨丨因泣下　生別離　悽悲莫悲於丨丨　初九須鉛然敬
　　　　　　三明兩作

句五二

之丨无咎六二黃丨元吉九三日昃之丨不鼓缶而歌則大耋之嗟凶九四突
如其來如焚如死如棄如六五出涕沱若戚嗟若吉上九王用出征有嘉折
首獲匪其醜无咎　詩盈　宗周也　閔　勇士見携子　不受珠璣
将　仕吴南海太守操　離　猛獸又卦　項羽
行清純使　得道　名与離同　接白　白帽　詳離　太守鄭
姓植丨丨為　接離山簡倒着白丨丨　李白帽取白頭翅芤離　晉傳咸勁令史
丨丨魏志　離上長翰毛為之　本作離依本傳附此　子離新立　丨丨二十
文　千矛万丨　內離　唐書傳突曰周齊每丨丨夏人為丨丨　剖離丨破　銀絲　明皇賜祿
樊噲丨丨　○鑽離　鑽家　雄離丨丨　蒸元柳如傳香草　蹠離　山什物有
丨丨　丨丨雞名　丨丨東　離　江丨　即芦蓠似芹　淳酒通
韓零弃弃兮吹離　醪　糟丨丨　得酒忘　離生江中　丨丨作漓
使丨之　薄也　醨　醇丨丨　丨丨　醪酒　少味還同　離　憂也遭也
答隆我独于丨　魚离　離雉逢此　丨丨　丨丨　書不丨于
網之設鴻則丨之　東發　雉罹　丨丨詩　驪　馬深黑　四驪比物
騆丨丨　是骖小戎　眼睩不辨丨与丨　黃馬黑喙　驪色也　丨丨詩文月
馬驪○九方臯得馬曰牡而黃及冊往乃牡而驪詳馬　驪附者也　謹嚴
手獄丨丨　前拔光耀明孔叢　和鸞玲瓏鬼　丨丨乃勸　歷祭
之丨丨長麗　丨丨唐星也一曰鳥也　黎麗鳳蓋　東都付　丨丨亦玲瓏兒　詩翰　魚丨美　万物盛

多能備礼　玉理　高丨東夷国名　漓　滲丨水滲入地又漉丨　灕　瀉亦龍　枝鬚血丨丨　璃　琉
也小性　璃石出大秦国為器者以自然灰冶之近世鎔冶石汁加以藥火成者光澤
玉不減　魏太祖為丨丨行殷容百人　晉簡文帝坐丨丨牕內有美色詳燭
元載家丨丨盤一尺面　郭侯家傳　巧者媚兒丨丨　椒詳飛唐末尚　鈠
剗流离之象五行志○携來當晉不得卧一府争看黃丨丨　韓愈詩　玻
璃　西国千年冰化故曰冰玉　縭　婦人褘令香纓也通作縭　帨縭　長女當及事誰
謂又詩親結其縭注帨巾也　助出丨丨　韓詩　蠡
瓠勺方朔傳以丨測海　又史匈奴君長名　蠡丨　蠡解也　瓢
谷丨谷音鹿　又長楊賦燒爤　丨注燒酪也　麓　草木相附　丨土而生　剝　破也　纚　繼丨苗
纚　縷也　詩丨丨　縰纚　丨長六尺一幅可　丨丨　露詩鳥　丨黃　丨事　丨纚
丨丨維之　韜髮而黑之丨內則注　風纚　唐儒李傳丨丨　麗見鶯
丨戎　○疵　疾移切　病也書大誥國　瑕疵　予取予求不丨疵　悔吝者言乎其
國　有丨　呂刑　五過之丨丨　小疵丨丨也　系辭　苟
与揚也大醇　丨丨而有疵　趙孟　丨丨　顯時言　齧　吹毛求疵　漢武誶摧抑諸侯王
而丨丨韓　面有疵手不央問疵丨丨國語　丨奏其過惡
骴　殘骨韓遐過羊黑頭　玼　玉病　玼　臯兒丨生下田根如指頭黑色劉玄傳
死陰中食枯丨丨　搖兒丨而食又韻會兒丨丨章名
即移切　貴也漢律民不發者丨丨丨　箕人　蕢　揚積曰尺寸
貲　二十二又財也張釋之傳入丨丨為郎　蕢貲　前地理　士皆先人

句五三

丨安可以奉十家貲漢文帝丨丨之　費　貲　安排壯亭謝收章堂貲為頓王
攉臣予詳庶　貲　魏高柔疏　拾丨丨丨　錢錄事不
寄丨丨丨　杜甫創丨丨　訾　量也思也記孟春日在丨丨用丨丨之驅　晉處貲
丨錄事許助而未到也　管室娵丨之次亥宮也　不訾　漢傳家亦丨丨丨　
盈傳皆言无訾　勁海獻音帝奢妃丨丨　嫉
量可以比之　姓氏　之後漢有接慮侯丨順　觜　觜宿　西方　髭　口上須　周灵
之丨丨吟髭丨安我个字撚斷　自髭　嗟我去六公父紅　霜髭流年苒苒　王生而有丨　謂
王丨丨　髭　髭丨丨盧延遜　湖生丨丨國　丨丨入丨丨國　摘髭　收髭　連年
第如丨頷　剃髭　趙宋李由美髭髯御試夢丨削俱盡解著曰　○赤髭　佛陀耶
下丨丨韓　髮省元是則劉滋今替滋矣果狀元及第紀　尊者丨丨
丨丨号丨丨眦邪沙○　地　○鸂　居宜切　馬絡頭又丨丨　頁鸂　于把日臣丨丨　鸂
白足丨丨　迎我笑國　鸂名　丨丨　縻也　鸂縱從君　詳魏
至德之世禽獸可丨丨而游莊　金鸂丨丨　李　玉鸂　華奈殊鶺白丨丨　谷
可丨而兮豈云異夫犬羊賈誼　金鸂丨丨　馬蹄行山立氣深穩可
銜鸂　飛黃掘高鸂　夫馬腕丨丨　不鸂　司馬迁曰少負不鸂之才　漢書　角鸂　剪髮為髻男丨女丨
　　丨丨國　鸂丨丨荊公　丨丨　之才　丨丨　丨鸂　又因曰丨丨双髻也
午逢日丨　覊　左　通作鸂旅寓也　畸　殘丨　丨荊
三髻也　丨左　弃親用丨　畸　田　剞　刀也　奇　亦作踦不偶也　奇丨
奇　㪅　丨孜　孜　丨丨　司射請數上声一等為丨一算為丨告曰某賢　丨陽卦丨　傳　扐丨　系
於某若干丨奇則日丨鈞則日左右鈞禮記丨　音奇　鄭音滐數　奇　李廣丨丨　音犇

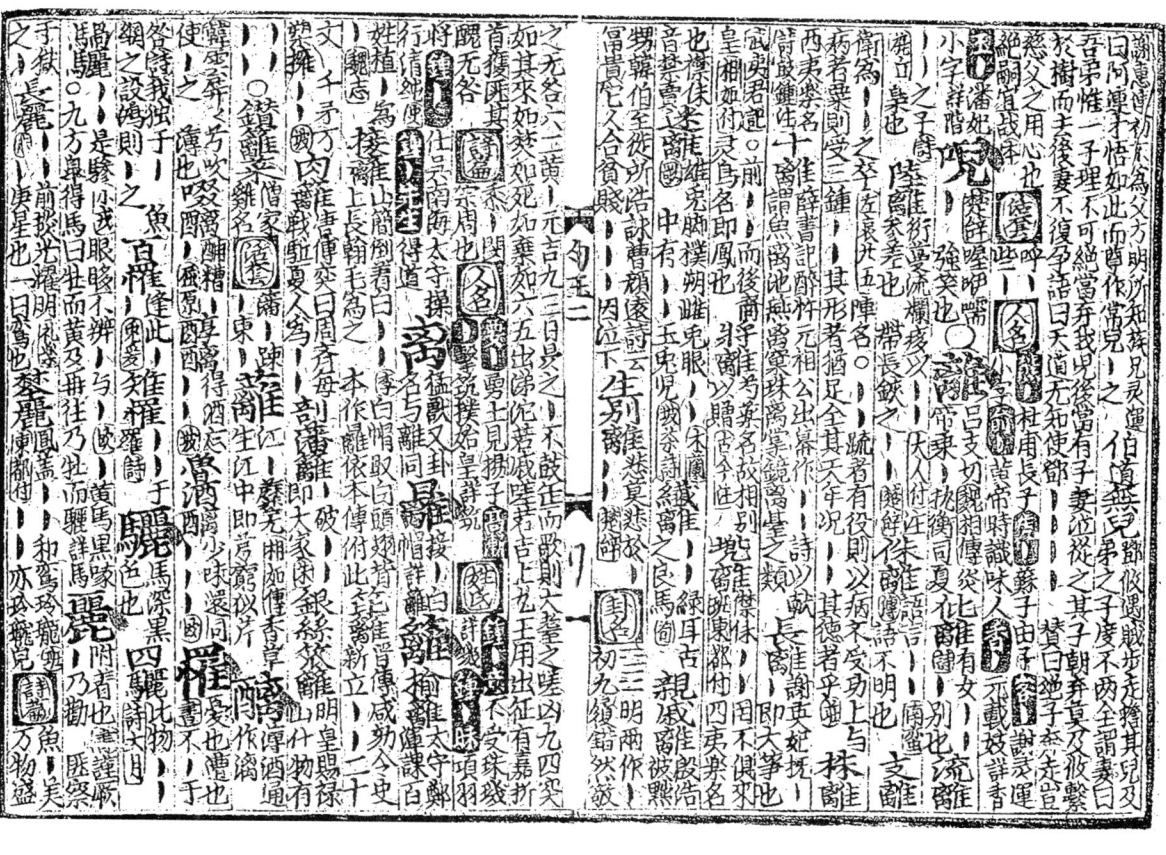

二四三

数爲囮奴所敗爲丨丨不偶 鴈門踦坐事免後復爲都護故云 丨丨之丨 段會宗爲丨丨守〔後漢〕〔李〕踦奇同 丨丨耦丨踦丨嬴丨〇
䍐 賓弥切〔世家〕大高听〔中庸〕登高必自〔甲公傳〕丨之无甚高論〔孟〕如彼其丨〔宋〕華䍐東胡依丨丨丨 䍐又丨丨帶名 小腰秀 山爲号〇
領若丨丨只〔楚辭〕注衣帶頭也言腰細小腰秀長若以丨丨帶約而束之 俾〔宣高〕〔孟〕丨丨而 鉀 斧 鵯 椑〔荆州記〕宜都
志梁侯國有 裨〔韓詩〕裨也助也〔魏遼傳〕參丨得失 〇 脾 頭弥切土藏也徐曰 出大丨〔地理〕
鳥丨八稜 〔韓〕訛足相陪丨 竟死何丨 信生於土故丨主信
〔詩〕兎爰刺桓王失信注兎无丨 沈〔記〕月令孟春其祀戶祭先丨 徐家脾丨家丨真安穩邪〔品林〕 沈脾 徐海嗜酒沈傳師善食揚嗣復云 蜜脾
犯態新成 肝卑 崇血盟父子 指 詩脾 清氣散入 禆〔偏〕將〔姓氏〕鄭大夫 〇 陴
丨滿丨〔國〕 肝月天出丨丨〔谷〕 丨人丨
城上女墻〔顔真卿〕 子太叔授 埤 增也〔詩〕政事一丨益我 蜱 山足 〇 施
〔鄉〕浚隍增丨 又丨陴兵丨丨〔左〕 通作脾〔詩〕福祿脾之
式支切〔孟〕丨丨從外來注喜〻 五采丨丨於 敷施 奢受 西施 吳越
悦皃〔漢紀〕武帝外丨仁義 章施五色 丨丨〔進〕請
退軍許之吳得丨丨爲築姑蘇臺詳墓 吳亡西子從范蠡泛 東施 越州諸暨
五湖 杜牧之云蠡未必踏於汧也 唐丨丨事詳登 縣有西施
家丨丨家〔寰宇記〕今代 戚施 蕪婉之求得此丨丨 嬙 也有類異出丨不
捧心笑取笑如丨丨〔谷〕戚施〔詩〕面柔下不能仰 女方誇丨丨〔歐〕朱粉施用

丨丨〔谷〕〔後漢〕先丨〔記〕廣審丨〔孟〕〔人名〕恵丨事〔姓氏〕吳吳㦰音魯恵公子丨父尾 發丨設丨逆丨 見祖子 生丨伯因氏 字長鄉
〔後漢〕漢拜博士与五經諸儒論經同異於石渠閣 陳後主時爲中書舍人心算口占應時條理 長 鍦 矛短 覘 視丨西柔 不能仰者〇
斯 息移切〔詩〕湛彼露丨 息丨勤丨 鶴千丨倉万丨箱〔甫田〕 螽斯 歌斯丨丨於丨哭於斯聚 飲斯 晋平公飲
酒杜蕢酌曰曠丨丨詳飲 又酌曰調 丨丨以丨之〔詩〕 兎斯有丨首 斯斯後離也 其斯白也 波斯 西域国名去中国万里 頓
斤魏有丨丨国人来朝不食五穀飲 鑑斯 商王拘西伯於姜里太公得大鵝 其桂發立日中无影〔王子年拾遺記〕丨丨戎丨丨之以獻〔六韜〕名馬也
斤頻〻之篇其於丨丨〔揚子〕弁彼鸒斯丨〔詩〕 其雅烏也小而多群腹下白 本作鵯 說項斤平生不解藏人善到处 其逢人丨丨丨〔揚祭酒〕〔詩篇〕
鑫丨后妃子孫衆多也 何人丨蘇丨〔人名〕 作閟宫詩者 秦相 公刺暴公也暴公爲卿士而譖蘇公 衛善射者〔張略〕 龍公詳羌
〔唐〕斯 小澌 流水 〔後王〕丨丨 春澌 滑揚 斤方事不疑〔谷〕鶼 鳥名 詩人 其雨澌也 流澌 泮澌 冰丨丨
詳 廝 養馬者又取薪者〔蘇秦傳〕丨徒十万 虒 虒有角 有丨祈宫〔地理〕上丨地名在長安〇 縣丨玉壘山在蜀郡 褫 福也
〔選〕丨〇 差 又宜切〔韓〕劍 參差 行荼〔詩〕龍鞬丨丨〔阿房宫〕仲夏衍蔬 儀炎 鋒白丨丨 嵯峨 丨丨之旨〔記〕吹丨丨丨 兮誰思〔楚〕九歌注

篇管其形丨丨〇姜白石鯸詳落 鱗 姜 蔡少霞仙居〔人名〕 吳王名一音在此〇 詩倚 間品玉丨丨 碧丸丨丨 揚子或問景丨
螭 抽知切如龙而黄 无角北方曰土螻 六螭丨丨〔淮南〕日乘車駕以 右螭 左右史〔唐會要〕二史分立殿下直螭首丨下〔晏公〕
螭首和墨濡筆即螭首 坳处号螭頭〔唐會要〕 坳螭 挾筆磨〔荆公〕丨 豹螭 剪鬣若〔曹子建文〕丨丨 虎螭 鸞飄裏消摯〔韓〕篆字
也 赤螭丨〔子虚〕 白螭 駕青虬兮驂白螭〔楚〕丨丨 犬蹝螭秦有青玉五枝灯 人螭
漢外戚箴初爲天子後 爲丨丨 比对之惡 恕螭 陵城西有螭室于江法曹史唐登 浴其雌螭捲以入柳子作丨丨文〔西京記〕螭下作丨丨〔人名〕王恬小字
丨虎謝安称之 魑 丨魅 弃〇 彌 民卑切〔詩〕俾尒丨尒性 誕丨厥 曰 詳髮 丨走魅 月丨〔語〕丨高丨堅〔揚〕年丨高德丨劭堅
彌 嬰兒也 斤彌 乾餘骨其沫爲丨丨 意益彌篤二丨丨〔韓〕天可彌 謂 井蛙尒信〔歐〕詳 子 其弓丨丨爲食醯
釋〇沙彌 僧落髮後称丨丨 華 須彌 譬如日出闇浮提先照一切丨丨山等 弓言息慈 李渤問歸宗禪師云人言芥子納
丨丨恐无此理〇〔人名〕〔王僧〕丨 琅 罙 周也深 彌 瀰 大水〇 雌 此移切〔詩〕 一踢丨丨顛倒卓 小字也 也冒也丨 尚求其丨
〔語〕山梁丨雉〇安能丨伏 伏雌 百里奚爲秦相上作樂所賃澣婦自言 詳伏丨雄劍詳劍丨雄風詳風 知音援琴撫絃歌曰百里奚五羊皮臨

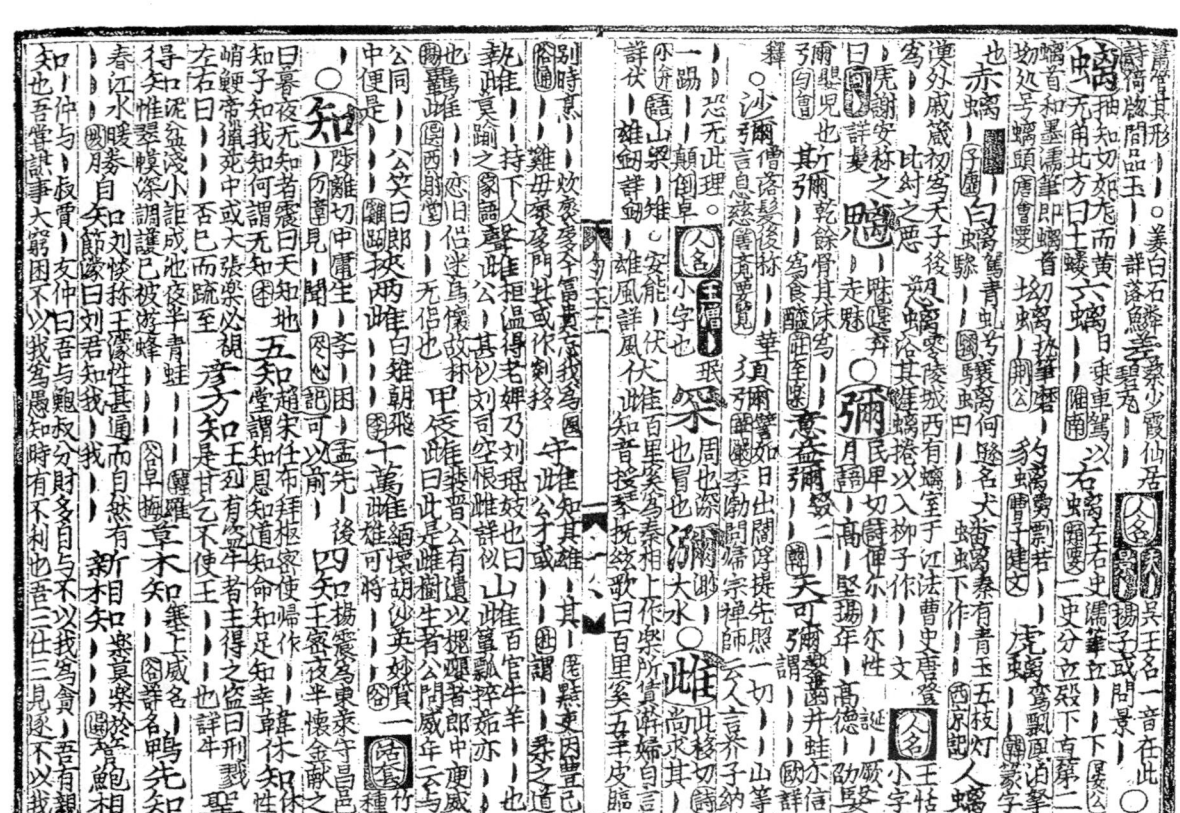

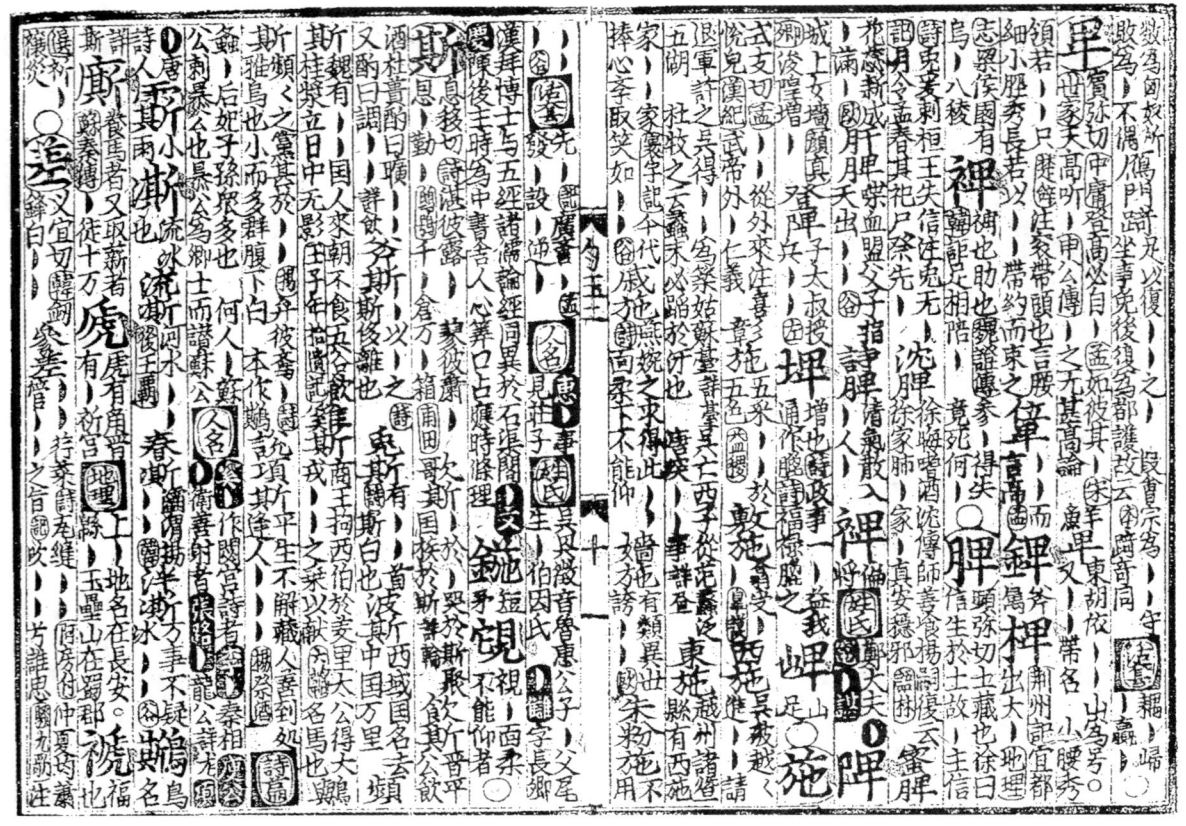

别時烹丨丨炊扊扅今富貴忘我爲〔國〕 守雌 知其雄丨其丨〔老〕黔吏因豐己 〔風俗通〕丨丨雞母秦扊扅門牡或作剡移 公才或丨丨〔困〕謂丨丨柔之道
執雌丨丨持下人 聲雌 扭温得老婢乃刘琨妓也曰 山雌 百官牛羊丨丨也 孰丨冥蹻之〔家語〕 聲雌公丨甚似刘司空恨雌詳似 山雌算瓢猝茹亦丨丨
也 鸚雌丨丨恋旧侶逐鳥懷故栖 甲侯雌 裴晋公有遺以槐瓔者郎中庾威 鹖雌 丨丨无侶也 曰此是雌樹生者公問威年二之与
公同丨丨公笑曰郎挾兩雌 白雉朝飛 十萬雌 緬懷胡沙英妙質一〔陆龜蒙〕竹 中便是丨丨丨〔雞跖〕丨丨丨〔李〕雌雄可將丨丨〔谷〕種
丨〇 知 陟離切〔中庸〕生丨李丨困丨〔孟〕先丨後 四知 楊震爲東莱守昌邑 見丨聞丨〔記〕可以前丨 知王密夜半懐金獻之
曰暮夜无知者震曰天知地 知子知我知何謂无知〔李〕 五知 趙宋任布拜樞密使歸作丨丨 堂謂知息知道知命知足知幸 韋休知性
峭鞭帝獵苑中或大張樂必視 左右曰丨丨丨否已而蹤至 彦方知 王烈有盜牛者主得之盜曰刑戮 是甘乞不使王丨丨丨也詳牛 聖
得知 泥涅淺小詎成池夜半青蛙丨丨丨 矣惟翠幙深調護已被游蜂丨丨丨〔韓〕羅 草木知〔谷〕〔早梅〕 箋七威名丨〔谷〕詳名 鴨先知
春江水暖〔?〕月 勝自知 刘惔孫王濛性甚通而自然有 自節濛曰刘君知我丨我丨丨 新相知 樂莫樂於 鮑相
知丨仲与丨叔貫丨友仲曰吾与鮑叔分財多自与不以我爲貪丨吾有親
知也吾嘗謀事大窮困不以我爲愚知時有不利也吾三仕三見逐不以我

爲不肖知不遭時也知我者鮑叔生我者父毋鮑叔有疾管仲不食不内漿
曰士爲知己者用馬爲知己者良鮑子死天下莫我知安用水漿雖爲之死
亦何傷哉〔韓詩外傳〕錢穀不知周勃爲相上問一歲决獄幾何勃謝不知又問ㅣ出入幾何又謝ㅣㅣ〔本〕清畏人知晉胡質子
威守徐州帝曰卿清何如父曰臣ㅣㅣ不ㅣ父ㅣㅣㅣ非魚何知惠子曰子ㅣㅣ以ㅣ魚之樂莊子曰子非我何以知我不知魚之
樂詳魚○冷暖自知如人飲水ㅣㅣㅣㅣ〔傳燈〕〔活套〕故ㅣ結ㅣ主ㅣ〔人名〕〔魏无ㅣ〕薦陳平〔李日ㅣ〕唐武后時人用刑尚平恕
知貧以財貧也○漪於宜切水文通作漣猗河水清且ㅣㅣ猗。坡有南ㅣ堂漣猗〔詩伐檀〕下同論猗ㅣㅣ直猗清且
ㅣ清漪翠色弄ㅣ〔陶〕寒漪比風卷ㅣ〔王令〕風漪卷送八尺ㅣ〔韓〕〔活套〕碧ㅣ綠ㅣ椅梓也今云梧桐〔詩〕其桐其
椅禕美也猗嗟夫又歎美辭〔詩〕綠竹ㅣㅣ又長也〔詩〕有實其ㅣ又加也ㅣ于畝丘又助語〔書〕斷斷ㅣ無它技。〔韓〕ㅣ蘭操蘭之猗〔詩皇〕
〔人名〕衛夫人字茂ㅣ工隸書王右軍師之○馳直離切〔詩〕不失其ㅣ〔書〕嗇夫ㅣ〔車攻〕驅馳也載ㅣ載ㅣ〔皇者華〕騁我ㅣ
〔孟〕志馳臧宫馬武ㅣ〔吳漢傳〕伊吾之北〔活套〕西ㅣ交ㅣ波ㅣ四ㅣ〔詩論〕載ㅣ許穆夫人作也閔衛亡力不能救池〔孟〕鑿
斯ㅣ也〔滕文公上〕瑤池穆天子觴西王母於ㅣㅣ之上〔本〕仇池ㅣㅣ縣山上池百頃四方壁辛氏〔三秦記〕老人真欲往
淇水以爲ㅣ〔唐十七〕

勺　五十五

〔國〕ㅣㅣ章池謝靈運夢池塘生春ㅣ墨池王羲之洗ㅣ酒池紂以ㅣ爲〔殷紀〕湯池金城ㅣㅣ〔前唐邑傳〕咸池日出
于暘谷浴于ㅣㅣ〔淮南〕又陶唐氏樂愚池池曰ㅣ〔柳〕天池南溟者ㅣ也〔莊〕三池膽爲中池口爲華池小腹爲玉池故有ㅣ之
名〔黃庭〕〔經注〕差池ㅣㅣ其羽〔詩〕吾臭味也而何敢ㅣㅣ〔左〕太液池漢建章宮昆明池ㅣㅣ國有ㅣ方二百里漢武欲伐
戰〔西南夷傳〕ㅣ象之以習水影娥池漢武帝月臺下影娥池有ㅣㅣ詳娥高陽池山簡每遊習氏池上置酒輒醉曰ㅣㅣ兒童歌曰日夕ㅣ作
倒載歸着白接䍦倒載蓮花池王儉幕府號ㅣㅣㅣ詳荷手譚池日本國有凝露臺ㅣ上有ㅣ池ㅣ有玉棊子不由制度黑白分明〔本〕
〔陽〕〔錄〕鳳凰池晉荀勗爲中書監除尚書令人賀之曰奪我ㅣㅣ諸君何賀邪〔本〕中書近禁地故云鵞鴨池李愬平蔡事詳雪華
清池春泉賜浴ㅣㅣ詳湯漚麻池石勒与李陽爭ㅣ詳拳奮翼池垂翅鍛翮ㅣ詳翼〔詩篇〕東門之ㅣㅣ
刺時也疾其君淫昏〔姓氏〕西平織音傒中魏城門侯ㅣ仲魚篪竹長尺四寸八孔或作箎〔禮〕命樂師調竽笙篪簧〔禮〕如塤
篪ㅣ〔潘安仁〕頌付撤塤篪ㅣ公篪ㅣ長尺二寸詳塤塤篪伯氏吹ㅣ仲氏吹ㅣ〔何人斯〕天之牖民如ㅣ如ㅣ〔板〕老嫗吹
篪ㅣ後魏河間王琛曰朝雲諸羌叛王令朝雲假爲ㅣㅣ〔伽藍記〕羌涕泣叛降語曰快馬健兒不如ㅣㅣㅣㅣ○危魚爲切其辭ㅣ〔書〕

居寵思ㅣ〔周官〕〔語〕ㅣ言ㅣ行又虛ㅣ北方宿阽危天下ㅣㅣ〔前食貨〕阽音閻欲墮之意欹危清波鴻ㅣ〔孟郊〕浮危所餘十九齒飄
飄盡ㅣㅣ〔韓〕齒危髮秀之老〔選王文憲集序〕齒將落也三危水之美者有ㅣㅣ之露〔呂春秋〕晚露味挹ㅣ〔谷〕又ㅣㅣ山有青鳥居之蘭芳蹈九
爲王母取食着〔山海經〕累卵危晉荀息曰ㅣ其上靈公曰ㅣ十二棊子加九哉詳臺上屋騎危詳市危棲也
峗三ㅣ山名○釃〔西京賦〕山宜切以筐漉酒猶濾也〔詩〕ㅣ酒有藇又疏也分也〔前溝洫志〕ㅣ二渠以引河東釃ㅣㅣ〔國〕灑
襹ㅣ被毛羽之衣貌籭竹器蓰五倍也〔孟〕或相倍ㅣ○規居隨切〔記〕周旋中ㅣ春規ㅣ爲ㅣ〔前志〕青
規伏奏ㅣㅣ〔群〕內ㅣ規禁地以ㅣㅣ右規禹左準繩ㅣ畫ㅣ矩〔史〕蕭規曹隨ㅣㅣ〔揚子〕規諫ㅣ敢不敬承夜以ㅣㅣ〔韓〕出規元結
門人叔將出遊三年而ㅣㅣ還元子作ㅣㅣ一篇眼四規名在星曹者ㅣ有ㅣㅣ〔隱居真誥〕○百丈清規新吳ㅣㅣ山懷海禪師創
立今禪門並依此〔活套〕良ㅣ成ㅣ箴ㅣ宏ㅣ家ㅣ定ㅣ月半ㅣㅣ〔人名〕〔虔元ㅣ〕〔皇甫ㅣ〕亮雉詳鶴子ㅣ鳥摫裂帛爲衣
也○劑遵爲切翦齊也又〔禮〕聽賣買以質ㅣ注兩書一札同而別之長曰質短曰ㅣ若今下手書○嶉遵綏切山高貌○
厜津垂切山顛○衰初危切殺也等衰ㅣ皆有ㅣㅣ〔左桓二〕〔人名〕〔趙ㅣ〕晉人○蠵悅吹切背ㅣ大龜甲可卜

勺　五十五

腄珠垂切瘢也○脂旨夷切〔詩〕載ㅣ載舝〔泉水〕如ㅣ如韋詳韋披披綿黃雀誤多ㅣ膏脂身如ㅣㅣ不燃能自潤詳膏
脂小桃猶李販脂ㅣㅣ辱處也而雍伯千金〔貨殖〕凝脂膚如ㅣ〔碩人〕耄脂日損功詳冰鏤冰ㅣㅣ棄脂渭流漲膩
ㅣㅣ水也民脂剝民ㅣㅣ〔晉史〕松脂長生詳癩服之可口脂私語ㅣㅣ月香〔詩句〕面脂貴妃勻ㅣㅣ在手印牡丹
〔阿房付〕花上詳丹竊脂是也鳥名〔左〕九扈注桑扈ㅣㅣ交交鳴〔詩〕塗石脂石崇ㅣ屋以椒王愷用赤ㅣㅣ〔本〕車載脂僕夫起〔詩〕
〔國〕ㅣㅣ祗〔書〕ㅣ敬六德〔武成〕〔詩〕上帝是ㅣ〔長發〕○夷以脂切〔詩〕我心則ㅣ〔風雨〕〔商頌〕云胡不ㅣ九夷畎夷于夷方夷黃夷白夷
赤夷元夷風夷陽夷〔東夷傳〕皋夷ㅣㅣ〔兩貫〕馮夷河伯也女夷和ㅣ〔淮南子〕花神ㅣㅣ鼓吹以司天隨夷謂ㅣ爲
弱兮謂跖蹻庚貴〔前賈誼傳〕希夷ㅣ曰ㅣ日ㅣ〔老〕陳摶號ㅣㅣ先生嵎夷暘谷〔堯典〕醜夷在ㅣㅣ不爭〔記〕衆ㅣ儕也等夷
因皓曰陛下之ㅣㅣ芟夷ㅣㅣ蘊崇之〔左〕清夷乾ㅣ坤ㅣ〔李德裕詩〕燮夷堂ㅣ參文本李ㅣ鴟夷酒者〔孫陽傳注〕ㅣ榼形今盛
吳王取馬革爲ㅣㅣ受子胥沉之坦夷直道甚ㅣㅣ〔谷〕支夷禹登衡山夢赤繡ㅣㅣ蒼水使者授其水金簡玉字乃得治水之要〔吳越春秋〕
夷ㅣㅣ倚浪以傲睨〔江淹賦〕○優婆夷優婆塞ㅣㅣ在家二衆詳衆ㅣ此〔卦名〕明夷ㅣ三三明入地中明ㅣ初九ㅣ于飛垂其翼君子于

行三日不食有攸往主人有言六二明丨夷于左股用拯馬壯吉九三明丨
于南狩得其大首不可疾貞六四入于左股獲明丨之心于出門庭六五箕
子之明丨利貞上六不明〔人名〕伯丨〔草木〕辛丨正二月花夏秋再開如蓮
晦初登于天後入于地〔?〕丨子花而小紫色紅艷又名侯桃
〔本草〕新雉〔?〕丨緑以江蘺離以丨丨 洟 涕丨鼻液〔易〕 悕 悦也 姨 〔詩〕邢侯之丨 封
〔桐君付〕茈香草〔?〕丨丙藥也〔廣雅〕
姨 崔元微月夜見青衣女伴曰楊氏李氏陶氏又緋衣小女曰石醋皆殊色
芳香醋曰苑中每被惡風相撓常求丨家十八丨相庇煩處士每歲旦作
一幡上圖日月五星立苑東崔為立幡東風刮地折木飛花而苑中花不動
崔乃悟女伴即衆花精丨丨乃風神也後楊氏輩各裹桃李花數斗來謝云
服之却老〔傳異記〕 阿姨 秦国夫人曰豈有天子丨丨无錢用邪詩興 堂姨 狄仁傑為相侯問盧氏丨丨仁傑因曰表弟有何願姨曰老姨
止一子不欲令事女主〔?〕 姨 符承祖用事姻親爭附其從母楊氏惟姚氏婦
甘守貧賤仁傑慙〔?〕 丨不然謂承祖之母曰姊雖有一時之樂不若妹
有无憂之樂由〔通鑑〕秦號姨明皇大姨韓国三丨丨国 大小姨 歐陽脩丙為薛簡肅公壻
是号丨丨〔通鑑〕 故文忠曰舊女壻為新女
壻丨姨夫 峓 嵎丨東表之 陝 陰也 徒 行平易也 跠 踞也 痍 傷也〔前漢書〕金
作丨丨夫地亦作峓 夷也 瘡丨者甫起
痍 〔?〕僧卧冰夌朝詠捨丨丨 瘢痍洗刮求 寅 東方之辰〔記〕正月建丨〔漢志〕
〔?〕金瘡曰丨丨〔後漢書〕丨丨〔?〕 万物族出於丨〔召誥〕越五日

甲丨 夤 恭也事見 桋〔詩〕隰有丨 彝〔書〕是訓是丨〔?〕其乾勿用非謀非丨〔康誥〕
丨真韵丨 杝丨丨 訓丨憲〔詩〕民之秉丨〔?〕又宗廟常
器〔?〕丨功銘丨丨 宗彝丨〔書注〕 丨 六彝小宗伯掌丨丨之名物〔註〕雞彝斝彝黄彝 玉彝 佀
也 彝〔王文憲傳〕 器 鳥彝虎彝蜼彝 持
白酒勸佳客直待〔人名〕〔?〕 唐人〔?〕
璵丹覆丨丨〔?〕 晋人周顗重之 〇 師 蹤夷切〔語〕何常丨之有〔孟〕
爲丨〔仲?〕〔記〕祭先聖先丨 文王世子 不 丨京師 大也〔公羊〕 帰而求之有餘丨〔書〕主善
足以爲人丨〔孝經〕弟子不必不如丨 丨丨者何衆 龍師 伏羲以丨
師黄帝雲師少昊 雲師 上水師丨丨 三百指鉄網 漁師 命丨丨伐蛟 名官神農火
鳥師〔百官表〕 〔?〕 自欲掩羣〔?〕舟人 漁師 取黿〔月令〕 農師 為棄
〔?〕丨丨 餅師 寧王取賣餅者妻問曰汝 士師 法〔?〕丨丨 掌国 六師〔書〕 張皇丨 九師 刘安
丨丨 餅師〔?〕丨丨否默然不對詳餅 〔?〕〔禮〕 九師 聘善
易者九人號丨丨 班師 書烏 致師 環人掌丨丨 花師 宋単父字仲孺種花牡
書〔?〕向〔?〕 〔?〕 致其必戰之志 〔?〕 丹能變易千種人呼
〔?〕丨丨〔匡〕 丨丨 青牛師 封君達隴西人号丨丨丨 常棄
〔列仙傳〕 活郎師 嵩山湖水東流多有丨丨〔山海經〕科斗也 青牛有病死者以藥或針即愈
〔神仙傳〕 不能師 饑丨丨〔?〕 真吾師 痛飲丨丨〔?〕 一字師 鄭谷改僧齊己梅詩數枝開作
丨丨〇張詠詩独恨太平无一事江南閑殺老 一枝開齊己下拜人以谷為丨丨
尚書蕭楚才改恨為幸〔八〕公曰子吾丨丨詳幸 帝王師 張良老父出一編授
之曰讀是可為丨丨

丨詩 百世師 四夫而為丨丨丨〔?〕 章句師 馬融鄭玄丨〔介?〕〇 黄冠師 詳冠 玉板師 不怕石頭
黄丨丨 笠 〔?〕 王三錫命六三丨或輿尸貞凶 人名 周穆王時工人造木偶 〔?〕
也詳笠〔封名〕 地中有水丨初六丨出以律否臧凶九二在丨中吉无咎
執言无咎長子帥丨弟子輿尸貞凶六四丨左次无咎六五田有禽利
上六大君有命開国承家小人勿用〔人名〕〔?〕 人能歌舞〔?〕 〔?〕衰天罡字
太原鐵音 鄭有叔詹堵叔丨叔三良為政未可間也〔?〕 〔?〕丨冒梁丨孟子
丨曠之聰〔?〕〔?〕 字仲公琅邪人治詩爲国元輔社稷之臣爲世儒宗〔?〕
篩 竹器或作籭 雪如篩 春丨丨〔?〕 〇 空中篩 夜圍愛丨〔王評?〕〇宋乾德
篩 落紅豆成人須史一貴人盛冠服墮地 中伐金陵城破或夢一女子以巨篩
云徐舍人也既寤聞徐鍇死〔西清詩話〕 未經篩 六祖在吾米五祖問米熟
〔?〕 日影丨丨 獅 後猊一名白澤似虎正黄有髯尾端茸毛大如斗銅頭鐵 未答曰丨丨〔傳灯录〕
子頭丨月光丨丨色食虎豹〇魏武經白狼山逢丨子忽一物如狸跳上丨
轂丨子伏不敢起遂殺之〔博物志〕 宋宗慤討林邑王林邑具装被象慤
糖獅 唐張子路誣李泌受嚴震金獅子 佛座名丨子座 詳座 雲若弄得六出丨子詳出
宗料是沙丨丨子果然殺子路〔高士傳〕 百技德 凌氣獅 郤稅上殺氣浪号 河
東獅 陳季常妻柳氏悍至或詬罵坡翁戲云誰似龍丘居士賢談空說有夜 丨子詳闌
不眠忽聞丨丨子吼拄杖落手心茫然 柳郡望丨吼出〔傳灯〕

〇 毗 頻脂切〔詩〕天子是丨〔節南山〕輔也 夸毗 屈己便僻以從於人 丨丨 〔板詩〕 謂卑 卑毗 黄金丨丨〔前漢〕 帶名也 茶
毗 僧家謂火葵曰丨丨 〇 丨一个僧〔?〕不〔人名〕 辛丨 引裾 比 和也〔左〕鍾
丨竟灯花落丨丨 丨 声不丨乎 阜比 事見左〔莊〕十年 朱文公贊張
橫渠阜撤 貔 豹〔?〕 〔春秋〕 〔?〕獻其丨皮〔?〕 如虎如 躯 通作毗 豼 轉丨体 鮆 魚名 榅 梠也
丨丨詳撤 丨〔詩〕 丨〔?〕 楯 連榰
太西都賦 咨 即夷切〔詩〕周爰丨諏丨謀丨度丨詢 〔舜典〕 帝曰丨
鐩 鑑文丨 玭 也 高 〔皐〕丨者华〔書〕 下民其丨 丨 十有二牧 暨咨
妙 語發 怨咨 小民惟曰 丨丨丨〔?〕 齎咨 涕洟〔易〕 〔人名〕 趙丨 吳大夫使魏有口才 資
丨丨〔國〕 〔書君牙〕 〔?〕 陳寔〔?〕 宋神宗時人詳陳
〔易〕丨丨 始丨生〔乾坤〕 師 資 善人者不善人之丨 不善人 兼資 以詩成之
有元相丨丨〔系辭〕 賢 者善人之丨丨故曰丨丨〔?〕 良資 丨丨〔?〕
李靖丨丨 不計丨丨 丨之 萬金資 丨丨之 二十徑資 陶
丨丨 文武 官資 只計不白 琛資 計丨丨〔禁卑〕〔?〕 張良不愛丨丨 為韓報仇〔?〕 潛
曰聊欲弦歌以為丨丨丨之丨可 貫山資 已成蜀計〔?〕 〔?〕 〔人名〕 宗丨 丘
爭執事者聞之以為彭澤令〔?〕 丨丨 借丨丨〔?〕 遂 棄丨丨 王孫
詳詩 姿 態也 鳳姿 唐太宗右 風姿 丨王衍丨詳雅 美姿 夏侯湛潘岳並丨丨同輿
詳詩 〔?〕 丨之丨 丨詳雅 接因人謂連璧互見果 壞
姿〔?〕 丨丨〔?〕 弄姿 李固胡粉飾兒搔 松柏姿 〔?〕丨丨之丨絕 美容姿 美人出
〔神女付〕 頭丨丨策免〔?〕 〔?〕 茂 詳婁 南国灼

灼｜｜涹淫婑牧駒時有蛕兒女婑已頁秭梁贊皆目[韻會]雄｜英｜幽｜｜○玉
｜[字]｜｜｜蛕[幽]寫｜｜｜[幽]樹｜[幽]雪霜｜｜梁操
｜｜冰雪｜靡靡｜齎持也[戰國策]｜盜粮[史]纖々束資洛｜｜稽也積柔
[畫圖]澗壑｜[谷]齎亦可｜[荆公]聊復爾耳｜父雨｜稽
齎｜｜裳下緝｜哀母服粢稷也｜盛齍黍稷器[禮]｜玉○飢居夷切舊注与饑字義不同韵
亦作齊語攝齊通作齊
會云字異義同可通看[孟]有｜且飢恭氏｜調飢[左]子見君子怒如｜｜[詩]
若由己｜之[詩]載渴載｜采薇阻飢｜[書]惄飢[韓詩]意｜朝也啼
飢年登而妻瘠飢韗々業之可以｜｜詳乳恭吝垂猶｜也｜則方朔飢
飢｜｜[豳]瘠食芝且覓黃精与｜｜[豳]人饑飢附人飽則飛去詳應方朔
｜｜曰侏儒飽欲死蠟支飢充年食｜半斤可｜[博物志]字不救飢平生五千卷[豳]
臣朔｜欲死詳栗
肉也[漢書]浹於｜膚○周昭王以青鳳毛｜｜酒亦云千歲蘗王肌酒暈無端｜｜[豳]冰肌突香寂寞[杜甫]肌
為脂｜袠揚志有蕙
肌不意寒暑之肌｜人｜輕紅肌快剥千顆[谷]○鴖奴脂切鴖也一曰鳶
｜｜[蒯通傳]砭月骨[谷]輕紅肌月｜｜｜｜怪｜即鵝鷁｜名角
｜鳴即雨在无所見夜即飛莣鴖工誦｜｜剌不敬也躋鴖蝗山之下沃野
蒡｜令鴖｜似鷹而白[左][襄九]逸詩名有｜｜[食貨志]
蘢也有人謝恵羊者曰攝恵｜｜設讀爭作性悪鴖張大等｜｜有鴖巢
羊也○又攜柱下横木入沙者曰｜｜[韻志]蓋鴖佛殿親弹其一鴖二大

鴖盤空悲鳴一鴖摶其巾一送一鴖時｜｜｜開鎖眉鴖本作紫皮鴖古
傷攖其鬢有餘瘠死[酉陽雜俎]　[韻會]云通作鴖[酉陽]也　師
曰即令盛酒飛紙鴖鳳翕○絺丑飢切細葛絺衫｜紛[書]繡黻｜絺綿絺
鴖謂鴖恵也　注繡六章於｜又音上声縫刺也
蒙彼｜｜[詩]蒲絺覆頁｜裘絺我｜[孫毛西]　會絺絺章｜一瓻盛酒瓶匱
君子偕老　[禺貢]　　　　　絺句[唐]　瓻見[錢]俗語
借書一｜還書一｜訛　○茨疾資切以茅蓋屋福茨｜棟如｜稼茨曾孫
寫癡者并通作鴖[詩]鴖墨子堯茅｜不剪[瓻]茨[瞻彼洛矣]｜｜之
如｜｜如瓻茨[楚茨]之山七聖皆迷詳徐[詩]楚茨｜｜衛人
絮[南史]包茨既勤垣墉惟其塗｜｜[書]具茨黄帝見大隗於　楚
刺其上也頑通君母瓚有瓷陶器瓷者[蘇]｜繅瓷瓶｜｜以酒花瓷定州
｜朿姚玉也政須臧重｜泥飾｜盖也　[居遊]醋醱[豳]付花瓷｜｜瑑紅
玉太邑瓷[豳]｜｜燒｜輕且堅　縹瓷規模定州
[豳]｜｜巾州屬邑　醋大兩声　餈稻餅也[礼]粮餈｜養藜也又采
｜注路[谷]　餈餌粉｜詳餌　薺｜禮趁以采
外樂節○尼女夷切伊尼得｜｜[谷]鹿名　紫駁尼飢家青粗飯寒贈｜｜
[仁]僧尼漢明帝聽刘峻女出家此中国為尼　尼｜[谷]欲字[說詩]蕃禍也
尼之始[事物紀原]唐武后為尼　芻尼二十四祖母夢吞明暗二珠
即相二即｜｜昔如來在雪山修道｜｜業於項上佛成道｜｜受瞿尼清
報為那提国王佛記云汝後与聖同脫今无疾矣[傳燈]｜｜野鵲子瞿尼淨

｜｜宝珠映於五色隨方各現[貞覺]比毗尼伏閒聊閒昔心寮仪｜｜[六]十八
[經]言性照貞明也　濁水得｜｜[谷]　[翻譯]注僧律也佛氏以修多羅為經
｜｜為律阿毗曇為論皆梵語陀羅尼[觀世音菩薩說比]｜｜｜巳天[人名]阮咸輩皆放達与
[靈壇]梵唐不　而字死續紛而下[佛頂心經]　[佛]　　[玉]
傳黃陵散与之　怩心慙[書]顏厚有怩｜稺稚自生跜龍動皃○埿直尼切塗
冉埿尚書省中以丹朱涂地金埿｜｜玉｜｜[豳]　噔｜虯　階上地也
曰｜｜赤墀[元后傳]　籍[選]　玉墀陽春度龍墀刘禹楚額扣｜
　　　　　　　　　　　　　　　　　　[豳]　｜｜[豳]　｜血被面[豳]
[注選]軒｜[臣]形｜｜[人名]周唐起遲[杜]雲在棲遲衡門之下可
[國]九尺｜｜[谷]　[人名]　居舍人　　意俱｜以｜｜[詩]　倭遲周道
[詩四牡]歷陵遲[大東]礼義｜巧遲｜｜不足林拙　拙遲以拙速為事一人沉吟久
遨之兒　[宣室志]　遲速乃垂名詳下　　　　　　　　　　　　栗遲与三丈夫聯句且曰
之方得一人曰拙則｜矣何來遲辰乎之々何｜之蟻遲磨疾｜
乃速耶再聯愈拙　｜而去之速[選]　詳磨馬遲偃為
吏書蕭瑀圖侍中不得同從郊祀瑀車後偃數十步瑀曰君馬何疾偃曰牛
駿駁精不偃曰君｜何｜何不著鞭使致千里瑀曰一聲自造青雲何至与
駑馬爭路牛遲鍾繇調州秦云君舞褐登宰府二十六日遲塵蓋守兵馬郡乞兒
爭路牛遲乘小車一何駛乎秦曰君少有文采故守吏戕獼猴乘土｜又何
｜也[魏]　晉荀鳴鶴陸士龍會張華々曰今日不可作常語陸曰雲間陸
[晉世語]遼遲士龍荀曰日下荀鳴鶴陸曰既開青雲睹白雉何不張尔弓挾

尓矢張曰荀何遲荀曰本謂雲龍騤二今乃山麋野豕春遲｜杜牧白是｜｜夫較
麗野麇獸微｜強是以故｜一坐撫掌[晉書陸雲傳]　不須惆悵怨芳時
詳　　　　見事遲[左]睢与秦穆者王稽入秦道逢恐相穰侯勞稽曰君得无与諸侯
續　　　　客俱來乎稽曰不敢時睢匿車中曰穰侯智士而｜｜｜｜向疑車
中有人忘索之睢下車走行十餘里果还索无客乃已○姚[韻會]｜得句
祟病戒諸子請碑於張說曰張｜｜｜後必悔果然詳碑　[人名]
[姓氏]太原徵音　殷賢人[韻]尉｜坻水中高地[詩]宛在水中坻之｜
名須[姓氏]｜任　晉有｜昭　敬德　　　[蒹葭]　　　如氏曾孫
｜｜如[史]肉如坻有｜｜泜水名泊水衣墻草又蚔蟻蚳子貾貝也○私息夷切
京[甫田]｜[左]　　　　　　　　　　　　　　　　　蚳餘｜　　　[詩]
遂及我｜[大田]曹以公滅｜[賈案]公亦忘｜｜[詩注]私備言｜
｜君[顏歸傳]不可干以｜[挂]花柳更无｜維私譚公｜｜｜或問倫
賤私其也天子之｜｜｜三無私天无私覆地无私載五倫私第｜｜[楚史]
貝私[祝私]家臣称私　手日月无私照[記間居]　私有｜乎曰子兄
子病一夜十起退而安寢子有病[孟]爲官爲私晉惠帝在華林園聞蝦蟇曰
[豳]不省視通夕不寐謂无私乎[豳]｜｜此鳴者｜｜｜乎｜｜乎[豳]　○
[豳]兎式之切通作尸在床曰｜在棺曰｜鞭兎楚殺伍奢子員後破楚軍
曰扱○曹娥父溺得｜詳娥　入郢掘平王墓｜｜三百　裹兎馬援
曰男兒當死於邊野以馬革｜｜｜伏兎蠶驕相爭｜封兎秦伐晉濟河焚
还葬尔安能卧兒女子手中那[圖]｜｜數万詳角　封兎舟｜殺｜而还[左]

〔文王〕𡗓羕殷浩曰官本臭腐故 行死丨不辛者雖存如丨尸 陳也又主也古者
丨將官而丨丨詳𡗓 丨走肉〔拾遺記〕 立丨主神書𡗓和
丨厥官〔劉延〕詩言人載丨 公丨來燕來寧爲弟子𡗓丨〔毛〕 天父尸 君子抱
坐如丨〔左〕拟老牛莫之敢丨 〔禮〕寢不丨𩉢官傳拱默丨祿 孫不抱
子謂孫可以爲丨丨丨子 神子有丨丨丨文。欲長生者先去三尸
不可以爲丨丨丨尸也〔記〕 罵三尸 三尸常以月望晦朔上天白人間罪過盖
三尸欲人死爲鬼歆享祭祀 寄丨丨丨无丨 著 丨千歲一本百莖下
也〔廣記〕即三彭各有名見〔彭〕 爲雞尸 爲牛後詳後 著 有神龜〔系辞〕幽贊於
神明而生丨丨一丨之徳 菁著 浸彼丨丨 折著 〔唐〕張公謹排闥丨丨抗丨 天子
圓而神。丨蓍事詳蓍 丨〔國〕 蓍 擯正詞〔国〕丨丨示无疑 士蓍 蓍九
尺諸侯蓍七尺大夫蓍 手中蓍 〔蘧〕蓬知非我所師流 鳲 丨丨鳩布 ○ 蓍 集
五尺丨丨三尺〔釋文〕 年已以丨丨丨〔國〕 尸 鷇也 脂
切〔礼〕八十日丨〔記〕六十日丨指使〔詩〕俾尒丨丨丨故當 瘀蓍
丨而丈〔國宮〕〔左〕不懦不丨丨〔昭〕丨丨強也 蓍 以太子爲左丨丨王
充〔疑〕丨丨金鏃淫夷〔長〕 〔姓氏〕 堯姓〔侯〕 又春神皮〔日〕 鰭 良脊骨〔礼〕姜魚
〔陽付〕注馬脊劉曰丨丨 袜社 伊丨氏之作春也 魚 夏右丨〔曾〕伊尹
身如菹 ○ 伊 於脂切〔書〕丨咯 智士丨丨于下 張 〔張〕〔楽〕師潁州計口
丨〔排捐〕 〔左〕左遲右丨 𨉚伊〔瞿宴傳〕不舒兒 渠伊 卒丨丨分〔詹臨遠〕
〔宋遺史〕良爲鼻祖 聲吾伊 南窗讀書丨丨丨〔谷〕凡調曲爲者 奏涼伊 天宝樂
來丨丨爲伴侶〔谷〕聲 歌詩声者羊吾夷伊那何之類 章多以

魚 支 十丿一

邊地名曲若涼州〔活套〕 碧丨〔温公詩〕謂
伊州之類詳州 丨水在丨從丨〔人名〕 殷臣 〔姓氏〕 陳留宮音 堯
〔春秋〕名摯相湯生莘相公戊亨有祥〔人名〕 蜀人字𢹂伯擢昭文將軍雍容風議
〔圖書〕〔人名〕代人勇健善射走及飛鳥良牛却行後拜司空清約自守〔北史〕 蕃蕾 丨祈氏商孫
咿 嚘伊丨丨嚅呢以事 嗢伊 滇王掃官邀使者跪進拜語丨丨〔聲〕
孤舟兒女鳴 婦人乎〔騷卜居〕 吅咿 〔東坡〕伊丨九譯重〔彌錄〕 丨乙骨反 嚘咿
自丨丨〔國〕鳴咿丨 伊 風口鳴丨〔蘇子瞻〕 〔活套〕 唖 洢 作伊 水名〔書〕 黟 名 黑木 ○ 黎 力脂切果名 事見斉韻通
作黎老也〔書〕 黎 果色通作黎 犁 牛駁文又耕 剺 割 匀會 蠡
播弃丨老 黧〔書〕黎士青丨 也俗作丨 蔾 丨也 蛶 未收 蛤蜊 蔾
遊北海見一士卷龜殼而食丨丨詳遊。王融自恃門地沈昭略曰是何年
少融曰誰云不知而御此問昭略曰那知此事且食丨丨詳見去声少匀
蔾 蒺 丨子三角状如菱一云旱草歳欲旱 ○ 葵 渠惟切菜 蜀葵
蒺丨先生〔不雅〕軍拔作鉄蒺丨布敵路 葵 也又花名 蜀葵 花如木
紅紫皆有紅者 錦葵 花小葉圓 叢低又一種 蒲葵 可食葉似丨〔詩〕七月 槿白黄
又号一丈紅 錦葵 赤名戎葵 錢葵 千葉可愛 蒲葵 烹葵 謝安丨丨翁
詳 鳧葵 挂荘丨丨〔馬融傳〕 葉團 鏤葵 蔡朗父諱純因 楚葵 芹 澤葵 苔 兎葵 劉
禹 鳧葵 似蓴生水中名水葵 名蓴曰丨丨
錫復遊玄都觀惟丨丨頃陽葵 葵藿之丨 葉太丨虽不回光然向之 衛足葵
燕麥動揺春風尓詳挑 若誠也〔曹植表〕丨葉向日不令根

魏荘之智不如葵 魯丨丨邑之女過時未適人倚柱而嘯曰魯君
葵猶能丨其丨〔左〕 漆室憂葵 老太子幼隣婦曰此卿大夫之憂也女曰不然
昔有客馬逸踐吾園葵使吾終歳不飽葵吾聞河潤九里漸洳 儀 揆葵丨
三百里魯国有患君臣父子被其辱婦女獨安所避乎〔列女〕
休相曾茹葵丨園丨而弃之見家織布出妻 莫我敢葵〔板詩〕葵揆也民疾痛
〔故〕葵我曰令農夫女子安所售其業乎〔董策〕 呻吟莫敢揆度其事
揆 於丨丨 鄈 地丨 追 陟誰切〔書〕雖悔可丨〔詩〕來者猶可丨〔孟〕莫予丨也
丨推也 葵 大名 ○ 。蕭何丨韓信〔史〕述丨祖功〔賈山至言〕豪傑相攀
〔明〕雷 丨追也 ○ 蕤 儒誰切亦作蕤 章木實丨丨也 芳蕤 二〔陸士衡賦〕 英蕤 〔鮑照舞鶴賦〕花也
〔公〕 瓊蕤 意願重 霜蕤 分无素手簪羅髻且折 葳蕤 羽盖丨丨〔東〕 姜蕤 文字少
瓊蕤 丨丨〔國〕浸玉醅〔賦茶賦〕 乱兒 姜蕤 丨丨〔韓〕琴
蕤 並 丨丨來〔陳去非〕 玉蕤 浣薇丨丨 緌 糸冠纓又〔礼〕夏采建綏〔注〕當
蕤〔鄭〕又丨丨雲猶並旗名 玉蕤 露〔國〕香也 緌 作丨以旄牛尾注於干首也
〔記〕蚕則冠而蟬有丨〔詩〕冠丨丨 桵 木名 楼 禾四 ○ 追 居追切出蔡因名〔大〕
双止〔竝〕暮雲丨丨止還作丨 戴礼甲虫三百六十
神丨為之長〔大戴〕百歳一尾千歳十尾〔不雌〕十丨神丨靈丨攝丨 寳龜 遺我
筮丨山丨澤丨水丨火丨宝丨文丨易舍尒靈丨〔書〕納錫大丨 大丨
〔書〕丨元龜 崑命于丨丨〔禹謨〕 朋龜 十丨之賛丨詳朋 鐀龜 發兵行將丨丨丨 我丨
丨元 崔祖无说爲丨丨 丨詳朋 以决吉凶〔記〕 契龜 〔鄭詩〕開也

龜 之 十八 一

攻龜 龜人丨丨 焯龜 童二錯著 宋元君丨人被髮曰予爲清江使者被
用春時 火龜 丨丨〔内函〕 夢龜 漁者預且得予元君召預且得五丨
五尺刳之以七十二鑽而无遺策仲尼曰能夢於元君不能奇 馬龜 黄豬入山
避預且之網智能七十二鑽无遺策不能避刳腸之患〔莊子〕 迷路忽見
大龜丨丨肯行十餘里 踞龜 盧敖遊北海見一士丨 礎龜 吳王夫差射堂柱
得至溪水〔續搜神記〕 丨殼而食蛤蜊詳遊 丨皆如伏丨〔㳙闓〕
〔記〕 脫筒龜 詳 夢吞龜 文賛丨丨金 放白龜 毛宝豹得白龜贖放之後戦敗投
丨文思大進 江躍物至岸視之乃所放龜也〔晉〕
〔神〕 左顧龜 孔愉買龜放之中流龜丨丨又愉封侯 曳尾龜 楚聘莊子莊子曰
〔記〕 鑄印龜亦回首者三似所放龜〔晉孔愉〕 楚有神龜死三歳
矣王巾笥藏之此龜寧其死留骨而貴乎寧其生丨丨於 吞氣龜 郗儉墜空
泥塗乎使者曰寧生而曳尾塗中〔莊子〕 井見大龜
張口丨丨或俛或仰試 指床龜 南方老人以龜丨丨足二千餘年老人死丨
隨所爲遂不飢詳息 尚生能行氣導引若此〔龜策傳〕。張說女爲
曷盧公求官父指丨丨丨丨 遊於蓮 五總龜 殷戩獻博李邕丨
示之女曰曷得遂事矣〔国〕 千歲龜 丨葉上〔龜策傳〕 丨丨。龜千歳一
聚問无 青純龜 〔公主〕純緑也謂甲 石龜 張鋋見巴西侯飲酒久之有曰洞
不知 丨丨千歳龜丨髮也 石丨玄先生在門言訖一人被黒衣頭
長身廣揖与坐天將曉鋋悟見身 手不龜 不龜丨〔手藥〕詳手 鼻龜 〔賀〕知章丨丨丨
卧丨丨中一丨形甚巨也〔宣室記〕 換酒詳見酒

（活套）著ㄧ易　田圻ㄧ騩黑　騩馬淺　○衰　所追切　論語何德之ㄧ　甚矣吾ㄧ也　興衰ㄧㄧ撥亂　扶衰ㄧㄧ救弊
早衰ㄧ婉晚驚衰ㄧ杜ㄧ驚我遷如許　國氣再衰　一鼓作ㄧ再而ㄧ三而竭　酒扶衰朽　ㄧ用ㄧㄧ損減衰
積ㄧㄧㄧ從衰得白詳老　（活套）盛ㄧ鬢毛ㄧ筋力ㄧ　榱　榱桷也　雨滴華ㄧ　○維　以追切繫也又方隅　天維綠石
補ㄧ　地維共工氏折天柱　地絕ㄧㄧ詳社　坤維大火流　潘維禾備　唐太紀　ㄧㄧ盤維ㄧㄧ尽戮宗社　盤維為壚　漢高紀
四維礼義廉恥謂ㄧㄧ　管子　是繫維ㄧ之ㄧ之以求綱維為国ㄧㄧ　○迦維天竺ㄧㄧ羅衛国天地之
中也　耶維或云ㄧㄧ闍毗荼毗皆言焚燒也　要覧　歲名巳歲　暑ㄧ　人名　蜀勇将　宋韓纑　唐詩人韓偓子
惟　書共ㄧ帝臣　董仲思ㄧ往古　謀惟　載ㄧ戴　四惟王戒謹ㄧㄧ　之遺　書哥无ㄧ賢　救乘傳事无
ㄧ葉○滄海　遐遺　不ㄧㄧ　子遺靡有　懃遺　詩又左傳　不ㄧㄧㄧ一老　拾遺道不ㄧㄧ　延年
ㄧ珠詳發
汲黯出入禁闥補過ㄧㄧ　荊公　无ㄧ　濰水名　壝埋也　壝埒　○累　倫追切繩　累亦作累
○更似青衫杜ㄧㄧ
孟係累其子弟　又作湘累　敬平楚之ㄧㄧ　揚雄反騷　不以罪死曰累　木ㄧ以為儲胥
縲　語在縲絏之中　柵也ㄧ繩也以
木擁捲又繩　如貫珠　記印　ㄧㄧ綏　十黍　輕重不失ㄧㄧ
連結詳背　纍纍　若之　仙冢ㄧㄧ　詳雀　絫　曰ㄧ黍　律暦　富貴ㄧ
ㄧㄧ纍　予乘四戴　蘽　盛土籠　通作蘽　蘽　反蘽裡而掩之　○綏　息遺切　詩福ㄧ之　交綏　秦晉
ㄧ山行乘ㄧ
出戰ㄧㄧ　左文十二　死綏　司馬法将軍ㄧㄧ　魏志　綏退也　有前一　執綏　正立
未致爭而兩退曰綏　死綏尺无退一寸　○居官死戰ㄧㄧ　睢　水名　漢書ㄧㄧ
之總処　綏　援綏　左車ㄧ　曲礼　（活套）撫ㄧ綏ㄧ　綏　張騫西域得胡ㄧ　睢　水為之不流　後漢人
（活套）龍ㄧ　閭居　賦篆ㄧ　芬芳
○逵　渠追切　路九逵曰ㄧ詳逵　中逵　施于ㄧㄧ　鬼　馗　道士女巫ㄧㄧ　人名　晉人
監韻不收并在逵字下　今依韻會別出　○鍾ㄧ鬼名　草木名　中ㄧ菌
明皇夢有鬼藍袍曰臣終南山進士鍾ㄧ除虎耗之孽
夔　獸名如龍一足有角手人面　国語木石之怪ㄧ罔兩　一夔　堯作大章
ㄧ怜蚿詳怜　又楚ㄧ子国　又禹謨ㄧㄧ　齋慄慄懼兒　ㄧㄧ足矣
四夔　唐崔造韓會盧東美張正則　乳虁　黃帝戰涿鹿以鼓為警衛　故
自謂王佐才号ㄧㄧ　文苑傳　吼虁虁　曲有虁虁ㄧ雕鶚爭　取虁
皮冒　鼓也　（活套）皋ㄧㄧ　龍ㄧㄧ　人名　舜典樂官ㄧㄧ　陶侃因ㄧ　姓氏　京兆羽音以国為氏
召為督郵　詩人号白石ㄧㄧ　趙人ㄧ安後燕人ㄧㄧ
騤　馬行兒　詩　四牡ㄧㄧ　戣　戟屬　㹁　牛名　頯　面顴　或作頄　○眉　旻悲切　史　八彩　○紫芝ㄧㄧ
騰ㄧ　易壯于頄

字詳字ㄧ　間　尨眉ㄧㄧ秋　書客感　長眉　有胡僧不知幾百歲眉ㄧ數寸　太白
黃色見歸期　表天綱見李文本曰李堂
美眉過目　它日文章冠天下　廣眉　城中好ㄧㄧ四　黃眉　東方朔遇老母採桑
國眉毛覆眼　唐毛若虛傳　方且半額　詳　於海瀕有ㄧㄧ翁曰
此眉為吾妻吾却食吞氣已九千餘　白眉　馬良兄弟五人並有才名諺曰馬
歲目中瞳子有青光能見幽隱之物　氏五常ㄧㄧ最良ㄧ字季常眉有
國志　蛾眉　ㄧ臺我　臻首ㄧㄧ　詩碩人　淡掃ㄧㄧ　赤眉　光武紀　ㄧ賊　愁眉　孫壽善作ㄧ　十眉
朝至明　妝詠　号国夫人　ㄧ妝詳妝
ㄧ明皇按樂ㄧ　介眉　以ㄧㄧ壽　詩七月　眉豪也　揚眉　李白云不使　曲眉　而豐
ㄧ圖詳暈　○東齐謂老曰眉ㄧ助也　揚白ㄧㄧ吐氣
兩翠眉　明招何所有ㄧ衹守ㄧ　明招大師頌　遠山眉　卓文君眉望如ㄧㄧ詳黛　連眉　積子
黃ㄧ過陽都女悅之乃留　長
捐奉坐而連眉詳妃　張敞畫眉　敞為京兆尹為婦畫眉有司奏上問之
對曰臣聞夫婦之私有過於此者上弗
責　淵明攢眉　遠師勉令ㄧㄧ入蓮社　淵明ㄧ而去詳社　方朔察眉　東ㄧㄧ事可ㄧㄧ　○言者生　即事須眉膽看生
可察　眉　忘目中眉　曰我无須吾ㄧ其ㄧ也　舉案齊眉　梁鴻妻孟光每饋食　後漢
傷眉　韋固遇異人云君妻乃北店賣菜陳嫗女因見
嫗抱二歲女貌陋ㄧ之傷眉間後竟娶之詳緣　（活套）翠ㄧ脩ㄧ軒ㄧ　刺ㄧ　彼
嵋　蜀峨ㄧ山　麋　鹿屬　左　賜故孟諸之ㄧ　介麋　逢澤有ㄧㄧ介大也　童麋
麋　蜀子能曰臣捕獸　詩　居河之ㄧ　與湄同　ㄧㄧ則已老矣坐　臨江麋　ㄧ之人畋得ㄧ麑曰抱
麋出門見外犬走與為戲　麋築問事臣尚少也　周文王師事之　大冒不之犬與之甚善三年
犬共食之麋至死不悟　入澤麋　北齐河間守崔諶恃勢從李繪乞麋角鴿
則ㄧㄧ下　官手足遲　不能獻ㄧㄧ　六麋　迹人黨逐晉魏錡　又射　六麋　天麋有四足
追飛挺走　以事佞人　麋以ㄧ乃不逐　国語　人名
與子都　姓氏　汝南　麋ㄧ　麋芳　ㄧㄧ之居人ㄧ之
古之醜人　宮音　ㄧ水生　湄　水草交　詩　井湄　觀毓之居人ㄧ之
與眉　湫湄　在水之ㄧ　元作眉義
同　相　檐也　楣也　梠也　女作楣　諶曰
封矦女作妃君看ㄧ　門上橫梁　楣　都付ㄧ　棟也ㄧ梁也　虹霓　田楣於ㄧㄧ　西
却ㄧ門ㄧ　楊妃傳　燕巢楣　殷亮侍祖母疾不脫衣者　唐本傳　女ㄧㄧ　男ㄧㄧ芳菊
鄉飲當楣　數年有白ㄧㄧ　辛夷楣　芳　九歌　ㄧㄧ
○悲　逋眉切　詩　我心傷ㄧ　七月　○墨　五
立ㄧㄧ　儀礼　楣前梁也　子ㄧ　絲　詩　絲宋玉ㄧ秋　楚辭
ㄧㄧ酒主人阼階上　○悲
悲　廬服著ㄧㄧ文　鼓琴悲　雍門周ㄧㄧ　孟嘗君曰琴能使文ㄧ乎　曰足下千
悲　傷不遇時　秋後墳墓生荊棘游童堅牧躑躅其上而歌曰孟
嘗君之尊貴亦若此乎　君喟然淚承睫而未下　鼓角悲　五更ㄧㄧ
雍門周引琴ㄧ之　君欷歔而就之　桓譚新論　鼓角声ㄧ壯　一里悲　崔騑

之齊謳歌假食因漫老哀哭丨丨斷腥悲獸頸魚長丨
丨愁城復長歌一里懽怍詳歌安寒悲武侍御喪偶
愈曰以丨丨人名○帷洧丕切漢張良運籌丨帷選李袂甫帷孔子
丨若慰尔魂帷成丨方文帝集書囊爲殿丨絲帷見衛
夫人〻〻在書帷董仲舒爲博士下帷講誦三妓帷謝安刘夫人帷諸丨作
丨丨中拜書帷年不窺園弟子轉相授業妓帷樂太傅暫見便下丨太
傳索開夫人文帷丨丨不棄爲總帷丨丨靈井幹玄暉詩寨帷賈琮爲冀
云恐傷盛德幃埋馬也記總帷丨細布而踈爲灵帳裙州刺史旧
車垂赤帷裳琮曰刺史當遠視廣聽糾察美悪何垂帷裳以自
掩乎命丨之百姓聞風震悚有贓過者皆望風解印綬去披帷律咕歎
曰經其户寂其无人丨其捲帷趙宋范仲淹子純仁娶婦或傳去幨帷漢明
丨其人則在非名賢乎以羅綺爲帷幔公曰當火於庭帝賜
剌史郭賀三公之服粉十袞成帷先丨後丨可
行部丨丨以彰有德華縷成帷以丨丨○錐用丨指地不亦小乎
秋水○蘇秦讀書欲睡引丨自刺其股詳股職追切莊用管窺天
賀君敢臨刑引丨自刺其舌戒子謹口詳舌囊錐秦圍邯鄲趙平原君合從
曰臣得如錐之処丨中乃脫穎而出非特末見而已遂行云云於楚得食客十九人毛遂
左手持盤右手招十九人曰公等碌碌所謂因人成事者也圖利錐祖納謂梅陶鍾
雅曰君丨如丨我鈍如椎立錐秦氏富者田連阡陌貧者无丨丨之地前食貨双瞳夾鏡耳
持我鈍椎捶君丨丨詳椎容錐馬李

匀五王　大二

錐李世管傾巧毛錐丨丨子安两錢錐干將斬羽截鐵此至利也使以畫錐
錐事人号丨丨毛錐用哉詳舊两錢錐之補履不如丨丨之晁无
筆如丨丨容横江鐵錐吳者鐵錐暗置江中晋王濬○貧無錐香岩曰去年丨丨
丨丨容鐵錐着我燃燒之須臾融液詳鎖卓丨之地今年丨
錐也丨騅馬蒼黑詩有丨有駓項羽傳時不利兮丨不逝萑草名荒
詳貧騅蒻也隹詩翩丨者騅与丨同○誰
視視切孟子爲丨孟舍我其丨晋生大誰漢有丨丨卒主問非常之何誰借
五月而能言不至乎孩而始丨天運人云姓名是誰有丨丨長何誰問
此丨丨云是鬼吾誰不記丨丨相逢莫相問我賓主誰知丨丨丨但使笑談莫
谷子景京選詰不記丨丨陳客丨付何
死也方朔傳連丨兄在脊也又○邳貧悲切○張良曰臣始起下丨脽
詞后土処史記漢祭后土汾丨史所見惟刘丨丨謂刘裕晋史○
王攀悲切書嘉乃丨丨績禹謨民用丨変盤庚上亦丨克遠省大誥人名
丨冒海隅君奭丨丨顕哉丨承哉君牙受丗丨丨基丨訓丨業
𨐆有力也詩丨駓二采詩維祁騅馬黃白鵻子騅
以車丨丨駓維丨又穀皮也騅毛雜豯鉟以灵姑丨
牽吉○恇恐懼也揚剛則䠒○推傳追切擊也又丨鈍周鐵椎秦圍邯鄲魏公
㭉名丨柔則丨又慢也勃其丨少文如此漢
子无忌矯魏王令伐晋鄙人疑之亥袖四十斤丨丨椎殺晋鄙金椎儒以詩
逐將兵救趙史○張良得力士爲丨丨白二十斤擊始皇礼發冢

大儒臚傳曰東方作矣事之何若小儒曰不解裙襦口中有珠云〻生神椎
不布施死何含珠爲儒以丨丨控其頤別其頰无傷口中珠莊外物
晋祖納時梅陶鍾雅説事納輒困之曰君利如錐我鈍如椎持我鈍椎捶
君利錐陶雅並称有神錐不可得椎納曰假有神錐必有丨丨相納傳擢
椎丨丨詩御史益脫校書丨椎独丨爲丨孟光椎丨操作而前○十抽
才郎詳脫擢四齒杷也耳椎一椎韓愈成王碑謂十椎抽其一爲兵
揵椎如來滅後大迦葉升須弥山頂擊丨丨起五百羅漢成山录無孔鐵椎
才金石板木砧椎有声可以集衆者皆名丨丨要覽或作揵
古禅師曰无心即是道如寒灰死火枯木石頭又人名朱炳仙道詳視得錐摧也
以一个丨丨丨丨始得莫李佛法但是休心語录錐亦作
鍾追蚕葬○搥又誰切係碑寒暑相丨孟喜丨所爲終軍傳各以類丨
杜武紀丨赤心韓使軍事倚丨秦濟祭鱷魚文注倚丨丨
今師活套情可丨理素人名僧之丨晋萑草名
巫也丨辛国丨萑也○胝張尼切繭也皮厚也
隨往申包胥如秦乞師○紕稿夷切繒壞也詩素史記爲手足胼丨丨幽
商重丨丨丨汲水丨生絲丨之係紕至切○吹馨夷切唸丨
詩民之丨○之止而切語助又往也詩一葦航丨孟将何丨韓曎呻也亦作𠻎
方殷丨百川而東丨○時復一中丨詳中後者鞭丨詳鞭守識之居白
易生七月識又有之王羲之子七人知名者玄之㣲之徽之操詩話
之无丨詳无之之献之孟郊詩義之生五子羲之丨丨丨丨戒貍進戒

匀五二　卅三

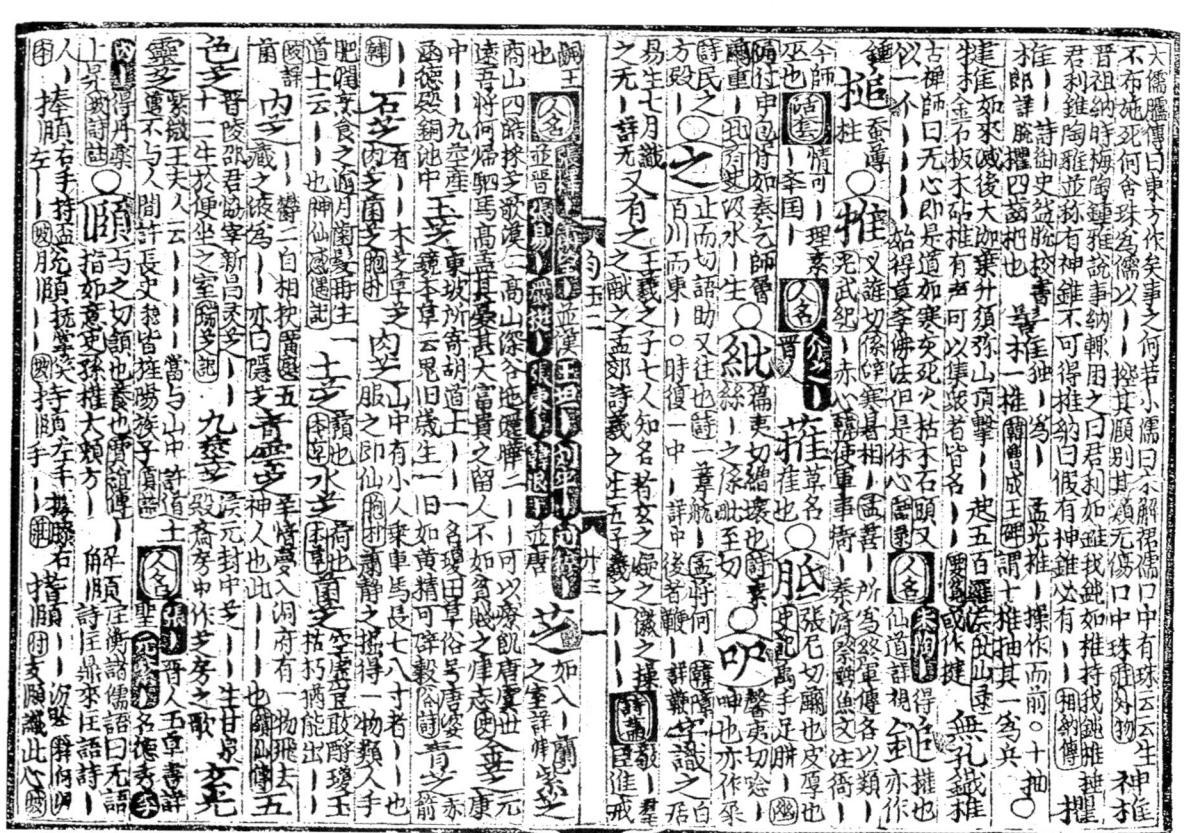

綱王人名張良並晋張翰丨並漢王吉丨並唐
也商山四皓採芝歌漢二高山深谷逸隱曄二丨丨可以療飢唐虞世芝
遠吾将何帰駟馬高蓋其憂甚大富貴之留人不如貧賤之肆志史之如入丨蘭
中丨丨九莖産金芝東坡所寄胡道士丨丨元康
函德殿銅池中玉芝鏡本草云鬼旧歲生一名瓊田草俗号唐婆芝
丨丨石芝有丨丨木芝草芝肉芝一旧如黄精可辟穀俗詩青芝亦箭
肉芝菌芝抱朴山中有小人乘車馬長七八寸者丨丨也
韓肥猲烹食之滿月蘭叢再生服之即仙抱朴蕭靜之掘得一物類人手
道士云丨丨也神仙感遇記土芝穎也本草水芝荷也菌芝空虚豈敢爵瓊玉
殷詳内芝丨丨欝二白相挾蘭選五本草拈折摘能出丨丨
菌藏之彼爲丨丨亦曰隱芝青靈芝芊情夢入洞府有一物飛去
色芝晋陵邵君協宰新昌灵芝丨丨神人也此丨丨丨也續仙傳五
十二生於便坐之室瑞芝記九莖芝漢元封中芝丨丨生甘泉宮
靈芝繁織王夫人云丨丨丨丨殿齋房中作芝房之歌
芝遭不与人間許長史悉皆拄腸孩子真誥丨丨當与山中許道士人名聖張晋人五草壽詳
内傳得丹桒丨○頤丐之切頷也養也賈誼傳丨解頤匡衡諸儒語曰无語
上昇敢詩話人丨指如意史孫權大頰方丨詩匡鼎來匡語詩丨名德秀字
附人丨捧頤右手持盃脫頤抚掌笑持頤左手撫膝右支頤藏此
左丨丨波脫頤丨丨𢿙持頤手丨丨附搘頤丨丨汲黯傳何

揩支頤大冠若箕長期頤百年曰夥頤丨丨方言謂多言曰控頤儒以金椎丨
同義拄頤齣丨丨【戰國】其頤丨丨【記】夥頤丨丨【句會】控頤其丨詳椎
【卦名】☶☳山下有雷丨初九舍尔灵亀觀我朶頤動也六二顛頤拂經于丘
頤征凶六三拂頤貞凶十年勿用无攸利六四顛頤吉虎視眈眈其欲
逐逐无咎六五拂經居貞吉不可【人名】周惇頤濂溪　宧　室東撟也張
涉大川上九由頤厲吉利涉大川桂頤伊川　北隅　把　良受書
詳覆　頤　貽　遺也本作詒【詩】丨我來牟【思文】丨厥孫謀【豐水有芑】丨尔
丨上頤　瞿　貝多福【天保】自丨伊阻【卷阿】【書】丨厥子孫【孟】憲言丨後人【左】
鄧子產　丨書於　怡　【語】兄弟丨丨【聖德詩】丨丨愉々【活套】靜丨自丨心丨　台　【貢】我也【書】祇丨德先【禹】夏罪其如丨【大誥】
詒　欺也　飴　米蘖煎成乾糖亦作粘石崇以粘澳釜【晏】含飴漢明德后云丨
也　小餅如嚼木中有酥与丨【谷】三危露如丨丨食丨弄孫不能復
関　玉飴　服食玄谿飲瓊台謝玄卿遇仙設龍洞台梁把羅子入丨丨求珠得
政　丨食以丨【黃庭】瓊食素麟脂丨丨酒香丨食食如菰栗膏丨丨香美見風
日堅如石矣　○時　市之切　夏時吾得丨焉【記】　農時不違丨【孟】　瓜時往詳瓜　救時姚崇丨丨宰相【唐】
一時彼丨丨也【孟】　丨丨【禮】　三時害【左】　不十二時丨丨　一日思親【谷】【活套】清丨芳丨良丨平丨
千載丨丨丨丨　待丨感丨逢丨知丨
四【人名】李伯時　工部号龍眠　【姓氏】時　龍西徵音　斉賢人丨子　後趙謁者僕
丨【人名】鄭當時　名莊好客　朝丨軌　【田】丨苗　焉魏詩春令留擯事詳擯

【傳】徐州人破黃巢功第一後兼中書令鉅鹿郡王【五代】　塒　雞棲垣【詩註】
【起之】張有湖贈亭云彭城時氏族君崇德吳與庐陵
鰣　魚名四月有之　○疑　語其切【易】斷天下之丨【系辭】【書】五刑之丨五罰之丨【呂刑】汯
則有大丨謀及乃心【洪範】【記】周人作誓而民始丨【檀弓】○徐
殺狂言孟　羣疑　遇雨之吉丨【睽卦】　功疑惟輕丨丨惟重【書傳】　蓄疑　謀【書】　敗
德丨【國】　丨亡也　罪疑　以有丨見丨詳拙　決
疑下以丨丨不疑何事　傳疑　信以丨信丨以　闕疑　多聞丨　嫌疑　決丨丨　稽疑　明
疑卜【左】丨丨獄詳獄　丨丨【谷梁威四】丨【論】　【曲禮】　用
【洪範】孤疑　孟賁之丨丨不如庸夫之　前疑　丨丨後丞詳　九疑　舜葬処丨峯皆
必至【劇微傳】○丨性多丨　丞官名也　相似本作嶷
【活套】危丨憂丨驚丨　【人名】【時】從人　嶷　九丨山　　嶷　角利　　息慈
猜丨逢丨鴟丨　不疑　詳嶷　見上　角皃　○思　切【詩】
百尔所丨【載馳】彝日不丨【泉水】悠々我丨【終風】如之何勿　去思　何武居官无
丨【君子于役】求言孝丨【白駒】記違丨之語三丨九丨近丨　赫々之名丨
後常見　締思　左思作三都　千里【谷】【人名】【子】丨名仮【左】晉　絲　【書】厥貢
丨【本】　賦丨丨十稔　憂思　丨丨　人　陳丨王曹植　丨漆丨厥
篚檿丨【禹貢】【詩】抱布貿丨【氓】素丨五紽【記】分　繭　尹鐸曰為丨丨乎為保障
繭絲丨【月令】又一蚕為忽十忽為丨【句會】　　祭　詳障言取民財如繅絲
然錦絲王倨作紫絲歩障石　色絲　黃絹者丨　尊絲　敗化丨　釣絲　李白丨　蠶
崇作丨丨步障詳帳　也絶字丗旧　丨　熟【田】　以虹霓為

丨丨詳　舊絲　被褐短褐　素絲　唐宰相張嘉貞欲納郭元振為壻曰吾五女各有
衣　鶉如丨【列】　姿色各持一綫幔後取便丨之元振牽一紅丨綵
得第三女　泣絲　淮南子曰墨翟見練絲而丨為其可以黃可以　乞絲　社甫寓蜀吞
丨行丨曰如或相憫惠　治絲　丨丨而棼之也【左】　繰絲　六丨如丨　鐵絲　憶尔腰下
我一兩丨【雲仙散录】　　【詩白華】　　丨丨【前田】剔絲
尨尾丨丨秀潤【玉】　獨繭絲　詹何以丨丨為綸【詳】　藕中絲　妾心丨丨虽断猶　碧金絲
賀【范至能硯譜】　　　　　　　　　　　　　　　　　　　牽連【張籍去婦詞】
唐代宗時弥羅国貢丨丨丨其国宗大者連十數　銀鉤絲　丨丨丨【谷】言如絲
頭蚕長四寸其色金其絲丨表裏通瑩【杜陽編】　貧家能得
玉丨丨丨其　寫烏絲　正圍紅袖丨丨丨【谷】○出越州　剡烏絲欄【傳】彈朱絲　想見
出如綸【記】　　素段三尺授李生人授筆成章【國小王傳】　　　【深呈】
丨丨【國】磐青絲玉勒丨【國】事桐絲　丨丨【蜀】學如累絲　樂羊子遠遊尋師一年來歸妻
成於機杼一絲而累至寸不已遂成於尺累尺不已遂　引刀趍機曰此織本自蚕繭
成文匹若今斷之則損前功羊感之七年不反【列女傳】○寸絲不掛　問陸宣
大夫十二時中作麼生陸曰丨丨【活套】免丨　桑名晴【人名】袁盎　南泉師
丨丨丨師云猶是階下漢【傳灯】丨兩丨丨丨　字丨　司　【書】不犯於
假弃厥丨【胤征】　鼎司　三公丨丨　台司　位亞丨丨【王】　南司　御史　上司　位正丨丨
欽乃攸丨【周官】　【楊昂成傳】　　　【文憲總集序】　　　臺　有丨【周官】　【撫蜀付】

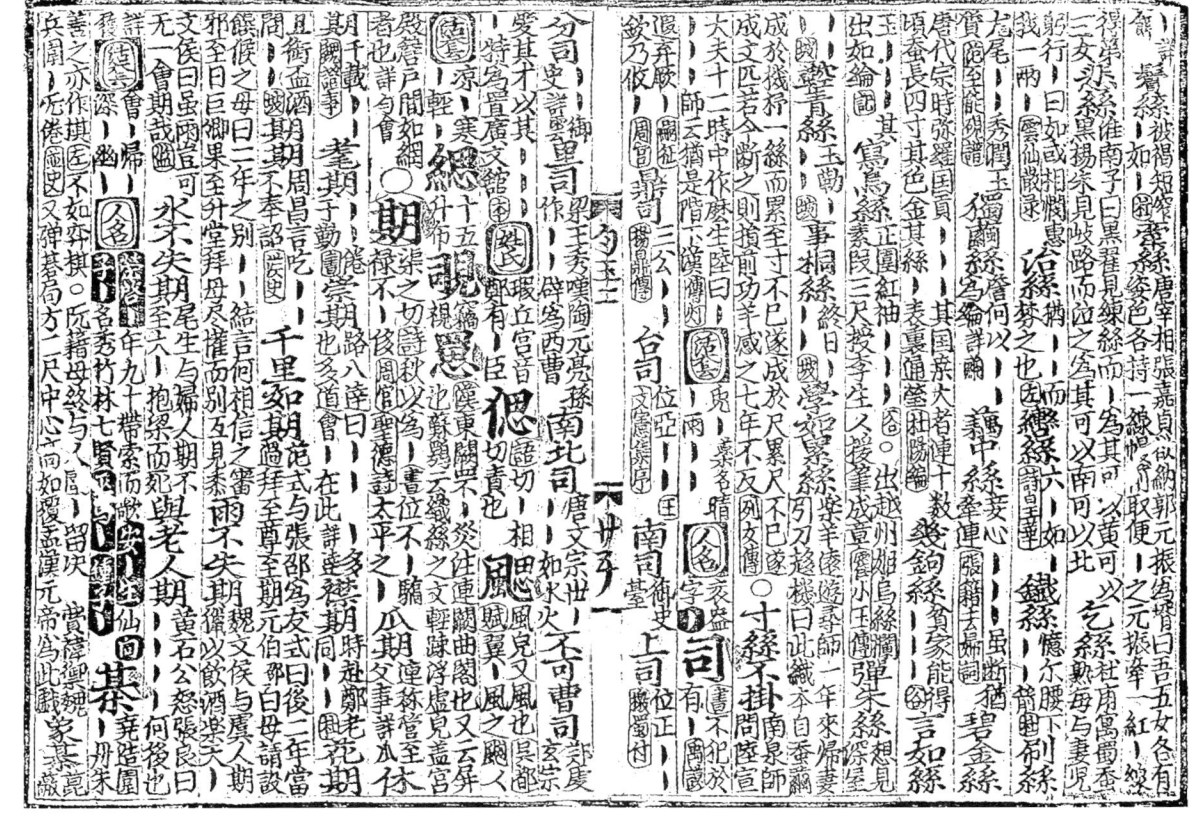

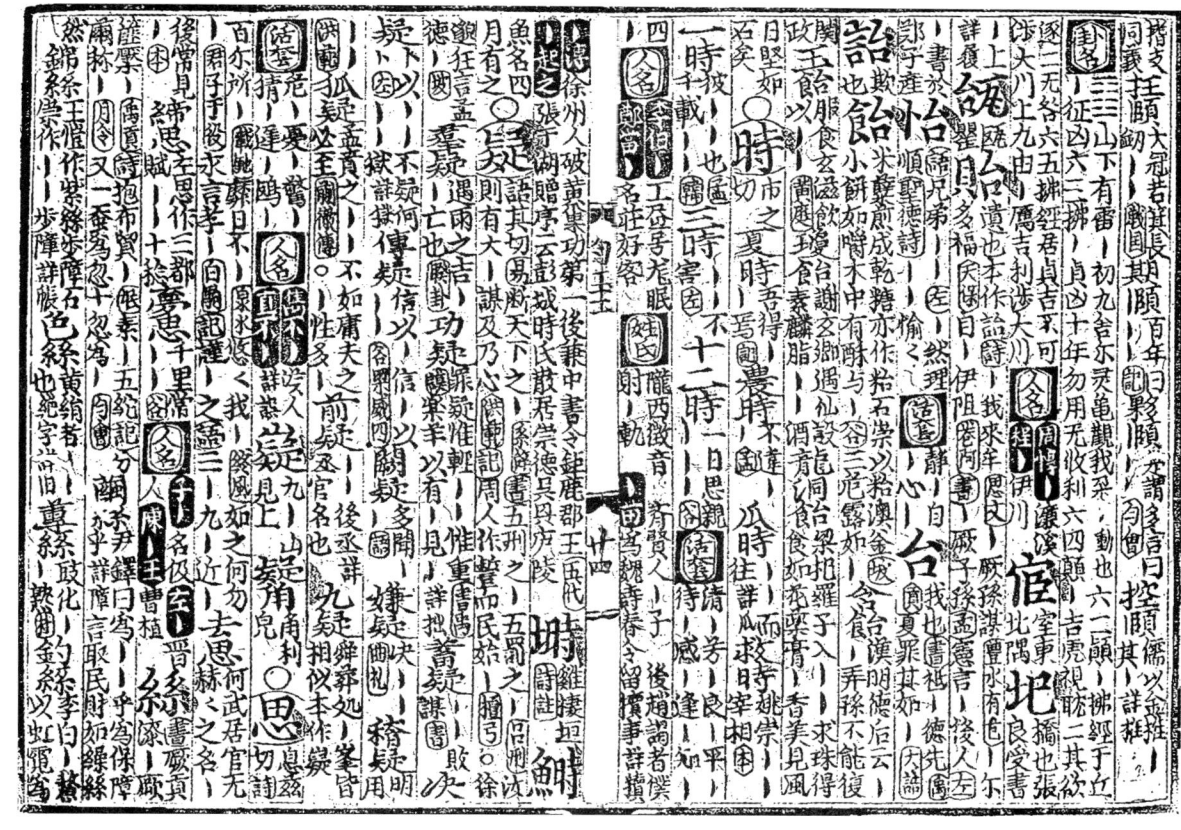

今司丨丨御丨　皇司　梁王秀嘆陶元亮孫　南北司　唐文宗世丨丨如水火　不可曹司　郭虔
受其才以其　　作丨丨辟為西曹　　　　　　　　　　　　　　　　　　玄宗
丨特為置廣文館【本】　【姓氏】司　瑕丘宫音　鄭有丨臣　偲　【語】切丨相　　　【吳都】
【活套】凉丨寒丨　思　十五　　　窺　　偲　切責也　颸　風皃又風也
丨輕丨　颸　升布　䫴　視　【漢東關】罘罳丨丨炎注連闕曲閣也又云屏　【賦】翼丨風之颸人
殷簷戶間如網　○期　渠之切【詩】秋以為丨【書】位不丨驕　瓜期　連称管至休
者也詳句會　　　　祿不丨侈【周官】【聖德詩】太平之丨　　　　父事詳瓜
月千載丨丨　耄期　丨丨倦　　　路八達曰丨丨　多期　時赴鄭老　花期
其【國語事】　其于勤【國】崇期也多道會丨在此詳逵　襟期　同丨丨【固】
且銜盃酒　朔期　周昌言吃丨丨　千里如期　范式与張邵為友式曰後二年當
問丨丨【國】期期不奉詔【漢史】　　　　　過拜至尊至期元伯邵白母請設
饌候之母曰二年之別丨丨結言何相信之審　雨不失期　魏文侯与虞人期
邪至日巨御果至升堂拜母尽懽而別互見柔　　　　　　　獵以飲酒樂天丨
文侯曰虽雨豈可　水不失期　尾生与婦人期不　與老人期　黃石公怒張良曰
无一會期哉【國】　　　　　其至丄八丨抱梁而死　　丨丨丨何後也
詳會丨歸丨　　【人名】【榮啓】丨年九十帶索而歌　安丨生　仙【圍】　棊　丨堯造圍　丹朱
後【活套】深丨幽丨　　子丨名秀竹林七賢【晉】　　紀丨
善之亦作棋【左】不如弈棊○阮籍母終与人　圍丨留決　　費禕與魏
兵闘丨忘倦【魏史】又彈棊局方二尺中心高如覆盂漢元帝為此戲　　家棊　嵬蔵

丨丨有六博〔楚辭詳〕崑玉作𥷚着即 綦棋奕〓〓丨丨不定〔〓〕彈棊〔梁冀〕少時能挽
令擇蒲馬丨丨謂以象牙飾棊也 綦棋不〓〓遇〔〓〕彈棊〔〓〕丨丨格五六
博 覆棊 王粲觀人圍棊局壞為丨之不誤 爛柯棊〔詳〕 不能棊〔杜〕〓請曰出聞事皆能之唯丨搭蕡与着丨尒〔〓〓〕
臨敵圍棊 謝安苻堅百万次淮淝安命駕出別墅与玄圍棊賭別墅安棊當劣於玄是日玄懼〓不勝安謂甥羊曇曰以墅乞汝遊涉至夜還指
授將師各當其任淝而破堅驛書至安方圍棊看書竟了无喜色棊如故客問之曰小兒輩遂已破賊還內過戶限喜甚不覺屐齒之折〔晉〕 賭郡 貝君
圍棊 宋文帝与羊玄保圍棊丨丨〔詳賭〕 與子圍棊 王導共其子悅圍棊爭道導笑曰相与有瓜葛那得尒邪 貪賭圍棊〔蜀〕
州刺史安重霸丨丨州民有油客姓鄧能棊召對敵只令立侍每落一子俾
退立牖下俟我算路乃進之終日不下十數子鄧倦立且飢殆不可堪次日
又召或諷曰本不為棊何不獻賂獻金三鋌獲免 九卿累棊 荀息諫曰臣能累十二棊子加丨丨於上公曰危哉息曰此不危云云〔詳臺〕
出遊圍棊 王積新丨丨攜丨丨短具盃紙為局棋子盛竹筒中〔國史補〕互見枰 昏睡弈棊〔宋〕道
李重恩弈棊冠絕當世然形神昏頓号李憨棋 就枕闘棊 李岩老好睡眾
一无所曉對弈丨丨但開目隨手應之出人意表 人下棊岩老丨
丨丨數偶坐觀棊 東坡云予不解棊遊廬山白鶴觀兒子過与僧守張中弈
局詳局 予丨丨竟日不厭詩云小兒近道剝啄信指勝固欣然敗

亦可〔活套〕詳猗 猗仙丨旗 熊虎為丨象其猛也〔礼〕司常掌九丨之丨詳旗 黃旗丨丨紫
喜 旗 物〔過秦論〕揭竿為丨丨〇正之丨 盖見於
東紅旗丨丨破賊非吾事黄 鳳旗翠丨之丨 雲旗靡丨丨 華旗力有拄洪鼎
南紅旗紙除書无我名〔宋天〕 鳳旗〔李斯書〕 雲旗〔上林付〕 華旗揭丨丨〔〓〕
羽旗春毀晴熏 牙旗丨丨穿夜市鉄馬 褰旗斬將丨丨 仆旗我老詩增 星旗兩
羽旗赤丨丨〔〓〕 牙旗聲春冰〔〓上元〕 褰旗丨〔李陵〕 仆旗丨鼓丨〔〓〕 星旗
開張中丨耀芒〔乞丐文〕左旗九丨在河 荼旗 捨旗幾時綠〔皮求詩〕 降旗未須
鼓兩旁右丨亦如之河鼓居中〔晉天文〕 丨有一捨兩丨之号 降旗堅百
戰當即建 綦彭丨似 其凄〔詩温〕丨如玉〔小戎〕 四綦 唐郭弘霸討徐敬業云
丨丨〔后山〕 綦〔蠻詳蠻〕 丨以風〔〓衣〕 誓抽其筋食其肉飲其
血絕其髓武后悅授 祺 祥也詩壽考 春祺 維丨之丨〔〓〕 萁 豆萁互然萁
御史号丨丨御史 維丨〔行葦〕 〔志青陽歌〕 見本句燃萁
萁豆丨豆丨豆 落為萁 種一頃豆丨 淇 水名〔詩〕送我乎 琪 玉 璂 弁飾
在金中泣詳豆 而丨丨詳豆 淇丨之上〔桑中〕 屬丨 也
綦 帛蒼艾色〔詩〕縞衣丨巾〔出〕 五綦 目欲綦色耳欲綦声口欲綦味鼻欲綦
〔其東門〕又極也荀君丨貴 臭心欲綦佚此丨丨者荀〔王覇〕極也
齊綦 兩足不能相過丨謂之丨 楚 履綦 忠君兮丨丨〔班〕 以
謂之跛女輩反綺謂之轍 〔傳付〕 迹也 棋棯為綦 履丨丨〔揚雄〕
丨丨婦曻丑綦履迹〔人名〕〔〓〓〕 斳 香草 又 可也〔荀〕 〔〓〕
也言躡惡人迹 蘄 蔀天下而无丨 方斳 斳馬銜也 結韁丨丨 騏

仁〓〓 騏 馬青驪色〔詩〕有四騏丨丨 翼〔詩〕 翼子其射丨丨〔子虛付〕
獸 騤者丨〔騤頭〕 遊騏如馬一角者 〇 詩 書之切〔語〕可与言丨
三寺丨 采詩 古有丨丨之官〔前藝文〕 刪詩 書〔書序〕 丨丨定 改詩 謝惠連丨丨既罷无知音者遇好句自吟而已〔雲仙〕 祭詩
乎〔十六〕
賈島嘗以歲除取一年詩丨以酒脯 補詩 晉束皙丨丨六篇 題詩 唐淮南進崔叔清
日勞吾精神是以補之〔金門歲節〕 詩逸丨丨六篇 詩百篇德宗曰此
丨丨何用進時謂準勅丨丨〔國史補〕徐凝瀑布詩云一條
界破青山色坡詩云飛流濺沫知多少不為徐凝洗丨丨 五言詩 漢時蘇李出
首吏号〔〓〕 七言詩 漢武柏梁臺成詔羣臣能 臺中詩 東坡謂摩詰之 不能
蘇武李陵 為丨丨丨者得上坐〔詩話〕 丨丨丨有丨〔詩〕盎
詩彭淵材五恨曾子 三分詩 郭功甫詩七分來是 〔人名〕〔杜〕〔美〕後漢杜毋 〇
固丨丨詳恨 讀丨來是丨詳讀 至孝詳鄉
而 如之切〔語〕李丨述丨 偏其反丨室是遠〔九〕巳丨殆丨〔十八〕〔詩〕俟我
於著乎丨又庭乎丨堂乎丨充耳以素乎丨又青乎丨黃乎丨尚之以
瓊華乎丨又瓊瑩乎〔〓〕 鱗之而 捽人為筍簴必深其爪出其目作其
丨瓊英乎丨〔屠蕭〕 丨丨丨〔孔〕 丨丨龍蛇之屬丨丨頰頷也〔人名〕莊大宗師
〔意丨子〕 髵 獸毛〔西京賦〕 耏 罪不至髡也〔漢書注〕輕罪不至于髡完其
見許由 猛毅 丨丨贊故曰丨〔功臣表〕丨為鬼薪又多須皃 冒
彡丨丨之類跋涉縣延〔〓〕 洏 漣丨 陑 湯升 胹 煑也〔左〕宰夫 栭 屋櫨
而〔章紀〕謂須發蒙冒其面 流浡 自丨 丨能蹯不熟 也又

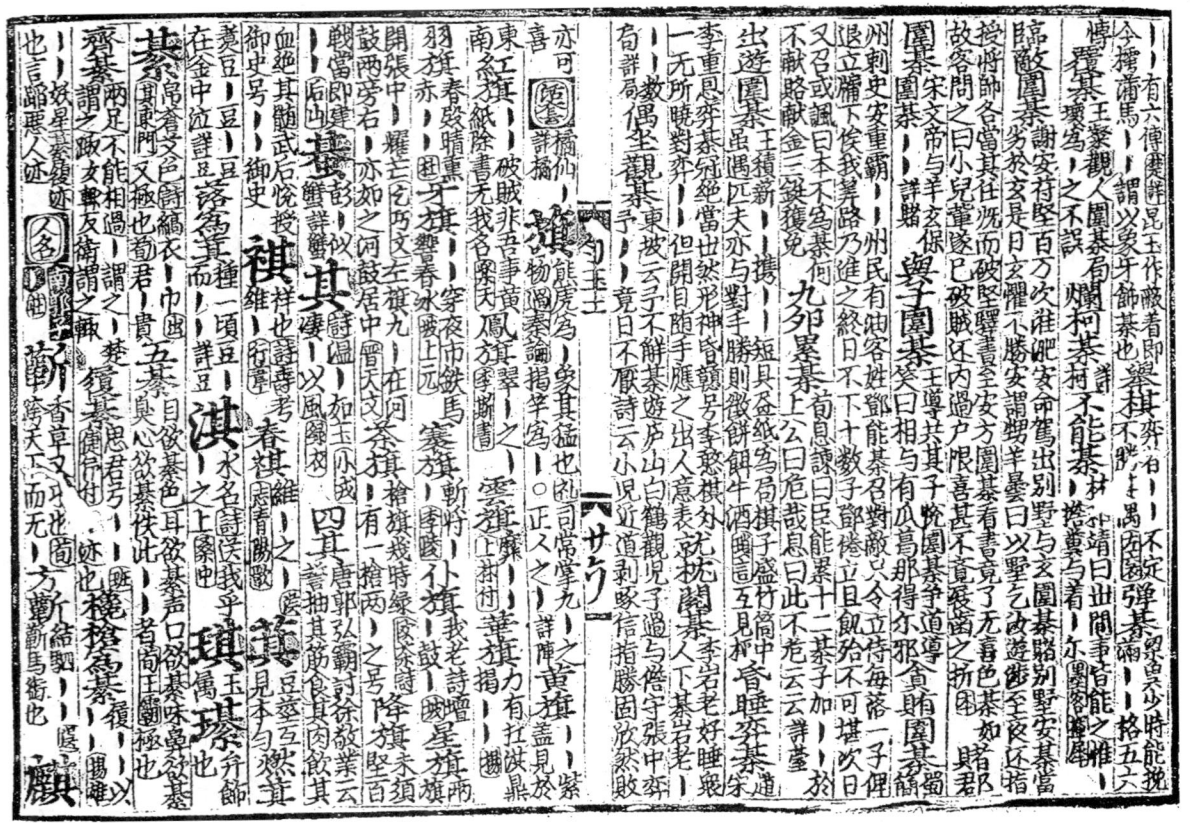

小棗曰丨又〔記〕芝之丨〔内〕 鮞 魚子〔国語〕 鴯 〓鳥莫智於 〇 欺 去其切〔語〕
〔則〕死華藥而生者芝〔〓〕 魚禁鯤丨 鶓丨 燕也 勿丨也〔〓〕
〔四〕吾誰丨欺天乎〔記〕毋自丨也 面欺 伏兵戕 和欺 齊俗語謂密相欺 秋色欺
孟可丨以其方 莫之或丨 丨丨〔〓〕 許者曰丨丨〔〓〕
客路中 丨丨偏丨 百人欺 宋呂正獻薦常秩後悔之伯淳曰願侍郎 民不忍欺 鄭子産為
丨丨丨丨西門豹治鄴民不敢 平生不欺 趙宋賈黯字直孺曰吾得范公
政丨丨丨丨 其受丨丨丨不可好賢之心少替〔童蒙訓〕
欺〓賤為政民不能欺〔史滑稽〕 仲淹不欺二字丨丨用不盡
魌 逐疫丨頭皃面如蒙 僛 醉舞皃〔詩〕 〇 姬 居之切〔詩〕虽則
〔孟〕 俱方相也俱与丨同 屢舞丨丨 王丨娈彼諸丨 蒼姬丨丨〔〓〕
淑姬 彼美丨〔詩〕 曼姬 鄭女丨丨〔〓〕 鄭麗姬 君安丨丨〔記〕晉 小姬 足睡〔谷〕
琴姬 披有贈田舞 瑶姬 帝之季女丨丨封於巫山之臺〔神女付〕 澤馬姬〔納〕丨戎女為丨 丨丨同
孔 丨丨詩 王 姬遊美蓉城披有詩〔活套〕
丨〔人名〕名琰〔〓〕傳侍〔文〕蔡邕女〔班〕 南陽微音 周丨姓漢有丨 其 語辭
丨丨〔〓〕楚〔〓〕陳 〔姓氏〕嘉唐有水部郎中丨処遜 〔詩〕夜
如何丨〔庭燎〕子 〔地理〕不丨邑在琅邪〇 〔人名〕〔〓〕漢 基〔詩〕邦家之丨〔〓〕
曰何丨〔園有桃〕 祝丨即夾谷之地 〔食〕並 立太平之丨
〔南山有臺〕 丕基 受此丕丨 福基 丨生有丨 鎡基 雖有丨丨〔孟〕 小由基 養由基
維德之丨〔書立政〕 〔穀梁傳〕 本作錤詳錤 善射趙

宋陳堯咨亦善〔活套〕丨皇丨鴻丨雁 丨星好風丨丨四星二踵象丨之
射号丨丨丨 丨始丨故丨 箕〔書〕形武成釋丨子囚〔晉纂〕毋取丨帝立
而辞語。頴水丨成是丨丨〔詩雅〕丨有丨〔大東〕箕東方 騎箕傳說丨丨
山許由隱于丨山南箕宿考星者多驗於南方故曰丨丨 尾〔附大宗〕
〔韻〕歛箕秦以民頭数丨穀以丨受 之故云頭會箕歛〔陳餘傳〕弓箕良弓之子必学為丨〔学記〕造弓撓角 幹者調其三体相勝有似為楊柳箕
撓而小反毎曲 幹宿直箕牛生前丨丨丨斗〔皷旦言〕。簸箕僧問大隋和尚如何是和
古旦反勝音升任也 尚家風曰赤土畚丨丨
謂丨丨有脣米〔活套〕伊丨之 箕〔記〕掃曰箒丨〔又〕漢五行志厭弧丨服〔又〕柔
跣不出〔語录〕賢臣 似厳又韻會云丨草如荻則馬所食席丨
皆當在此〔柳〕病顙之駒坐席箕一名塞芦生北胡王莚丨丨蕭詩卑若箕馬
以灘胡秣以香丨〔詳廢〕于不向南牧馬丨丨漁蒲天山下〔 〕桔箕藍
丨丨喧千桃夢成風 錤鎡丨鋤也 居語助 朞周年〔書〕丨三百有六旬有六日
雨浪翻江〔谷十一卷〕 通作期〔語〕期月而已〔中庸〕不能
期月 踑踞也通作箕 諆謀也 似茲切通作辭 文詞詩詞當作
守也 漢祖箕踞 誋誑也 〇詞 詞字言辞當作辞字。帰去來丨
〔謝明〕回波丨丨詞 甚付〔活套〕楚丨漁父 辭〔書〕奉丨伐罪〔易〕吉人之丨寡
丨詳辨 李兒歌〔韓〕丨柳枝丨 諫人之丨多 脩丨立其誠
情見乎〔孟〕淫丨 𧮫〔唐〕李延壽刪落丨丨自解〔 〕
詖丨邪丨遁丨 酉 謂醞丨浮丨 曼辭〔馬〕〔傳〕美也 度辭巧語 遣意丨

丨聊復寄当 一辭孔子作春秋子夏之徒不能贊一辭〔史世家〕 半辭 侯生曾无一言丨兩辭无或
辭〔國〕詳辦 丨丨 送我〔信陵君傳〕 私家
于獄之丨 單辭明清于丨丨 辤 不受也通作辭〔語〕善為我丨〔孟〕不丨小官
丨〔呂刑〕單辭〔同上〕偏辞也 丨尊居甲丨富居貧〔万章〕中庸爵祿可丨
也。蓋曰為受 辥 稽首丨〔舜典〕九百辭粟〔論六〕十萬辭丨〔孟〕而 安足辭 樊噲 卮酒
辛丨〔 〕詳稍 受辛〔 〕
丨丨〔困〕祠 柄 祠 春祭名〔詩〕禴丨烝嘗。漢 毀生祠 狄仁傑為魏州刺史民
州貪暴民 后土祠 祖過魯以太牢丨孔子 為立生祠後其子官魏
丨丨丨 瓊花事 杜康祠 王績所居有盤石 丨丨丨祭之〔困〕朱邑祠 邑為桐鄉吏死 民為起冢立祠
〇 釐 里之切理也〔書〕帝丨下土 丕丨上 允釐工〔堯典〕百揆 保釐〔畢命〕東陟釐
帝之景命又福也〔史記〕受丨宣室
丨丨紙 名 詳紙 毫毛 十毫也〔易〕差若毫丨。紀 吕以丨垂 詳 通作釐 白氂 天漢三年天雨 足生氂 後岑熙為太守
丨丨〔五行志〕
歌曰狗吠不驚 〔人名〕晉獲齊丨丨〔 〕 漢武相〔 〕 嫠 寡婦〔左〕丨 斄 涎也 夏之
丨不丨丨〔困〕 不卹緯 衰也褒人之
神化為二龍以伺王庭夏后請其丨藏之周厉王時丨流 剺 剝也 狸 鋏也
于庭化為玄黿童妾遭之而孕是生褒姒〔史記〕五帛積 又車
也〔孟〕反縻丨 狸〔詩〕取彼狐丨〔七月〕〔楊〕丨変則豹〔莊〕騏驥驊騮一日千里
狌鼯鼠之類 而捕鼠不如丨狌言殊技也〔講德論〕養雞者不畜丨 文

貍里乘赤豹而從 玉貍〔廣雅〕。誤隨斉相燧牛尾焚動封作糟丘子踏盤雪天
豸丨丨〔小詞〕 豸相傳皂衣郎字曰季貍氏奇章〔同上〕沙地馬誠帝山童
牛尾 射貍左丨丨首〔記〕〔樂記〕貍善搏行則 安問孤狸張綱為御史曰豺狼
貍 身豸擬度其發必獲故侯取象焉 當道丨丨丨 詳鞠
犛牛 黑色 〔人名〕一日〔 〕 舜辛十六相 〇 菑 莊持切田一歲曰丨二歲曰新三歲曰
〔詩〕于此丨畝又其丨 曰新丨始反草畲漸和柔新成田而尚新也〔書〕厥父 畬〔爾雅〕鄭云一歲曰丨二歲曰畬三歲
布丨 其翳〔莊〕身如矩丨本作𣟴木立死也〔大誥〕 敿菑〔弁楫〕既勤丨丨開
去章 東菑 〔 〕丨丨 石菑 讀林竹弓揵丨丨 〔漢武紀〕子敢菑 椔 木立死 詳菑
黑也〔詩〕丨衣美好善也〔語〕涅 謂音也面右立之乃以土墳塞
而不丨〔 〕〔列〕點素成丨 緇 纁緇一染謂之縓再染謂之䞓三染 緇
〔曰〕 入為丨七入為丨〔考工記〕 淄 澄〔玉〕无〔孟〕
巨緇 任公子為大鉤丨丨投 名緇 顧言懷丨
辛東海詳瀰大黑綸也 〔柳〕僧也
輜 丨丨 菑路〔 〕 輜〔載衣物車前後皆蔽〕 又〔光武紀〕丨重 詳重雲
輜〔傳〕如雲多也 〔 〕車丨丨 錙均為人防勞何必隨 錙 六銖一 淄 水出泰山梁 ...
道。易牙辨丨 〔 〕 〔嵇叔文仲〕 曰八兩 丨父〔書〕丨丨 沉
澠二水味詳澠 〇 嬉 許其切戲也〔吳都賦〕以遨 遊嬉舍哺而嬉 鼓 荒嬉 業
于勤 丨以丨〔黃〕有酒可以留人丨 嬉 丨 〔 〕而丨〔 〕 精
手勤丨嬉嘉夷路肆詒嬉使脫小履相 兒嬉七八十翁嬉戲如 水嬉杜牧觀
于丨〔韓〕丨〔柳〕詩嬉丨丨〔荊公〕小丨状〔文帝紀〕 女嬉 潮州丨

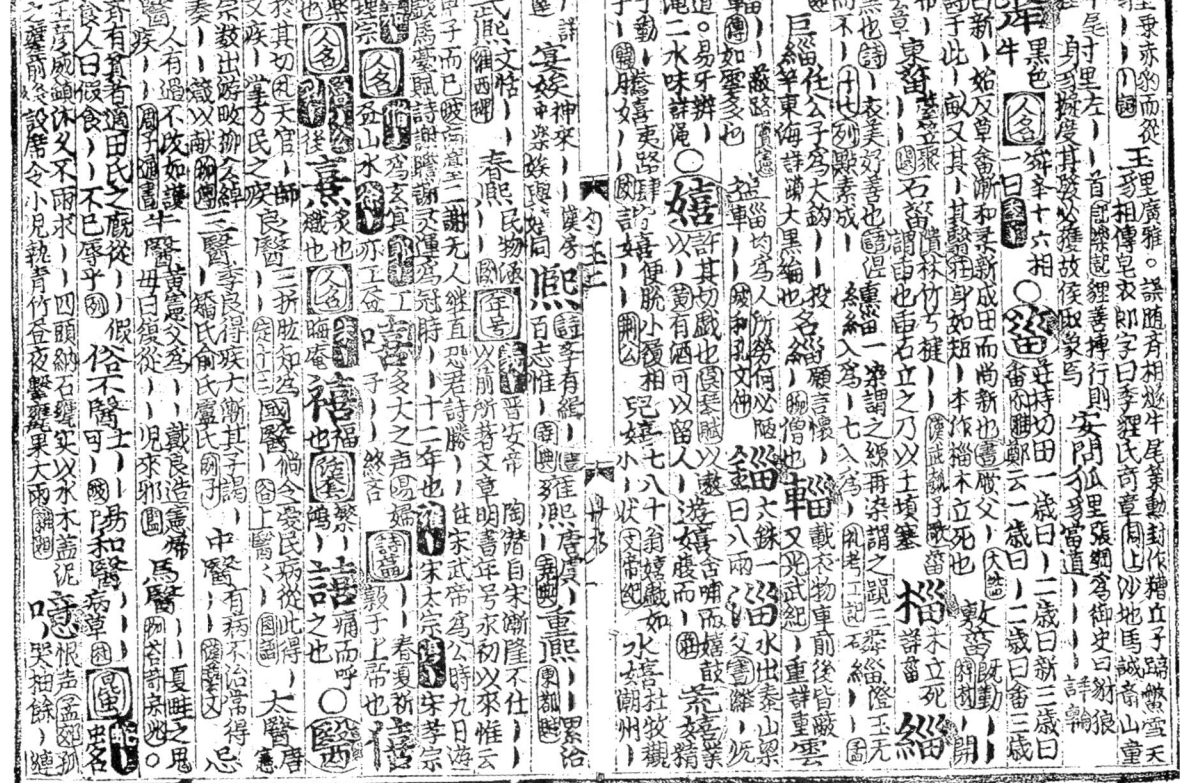

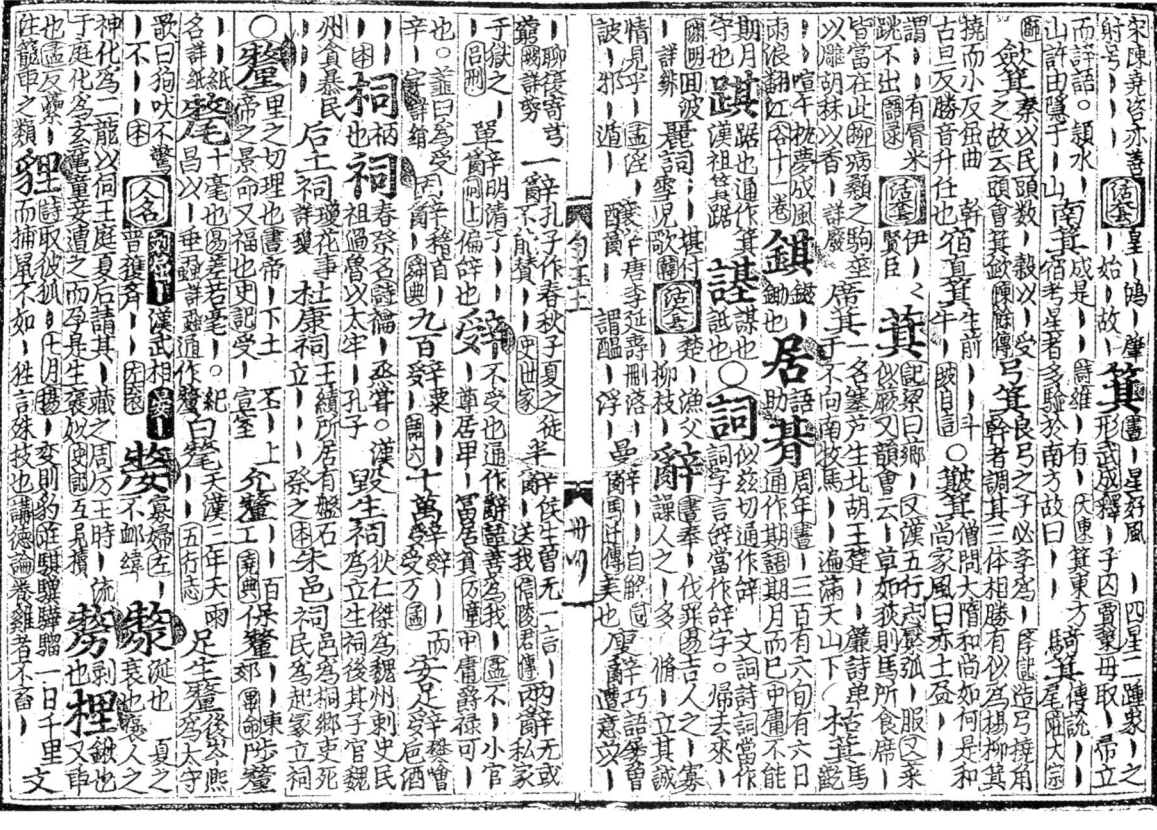

丨詳 宴娛 神來丨丨漢房 熙〔詩〕李有緝丨〔 〕 ...
遥 娛神栄娛與嬉同 百志惟丨〔舜典〕 雍熙 丨丨 丨熙 唐虞〔堯典〕 重熙 丨丨〔東都賦〕累洽
武熙文恬〔淮西碑〕 春熙 民物〔 〕〔年号〕〔詩〕以前所著文章明書年号永初以來惟云
甲子而已 〔 〕〔宋〕 〔戲〕 晉安帝 陶潛自宋漸隆不仕
戲馬臺賦詩謝瞻謝靈運為冠時丨丨十二年也〔 〕 宋太宗〔 〕 宋武帝為公時九日遊
丨丨 〔 〕為玄宜丨 工 丨丨丨 往 〔淮〕 ... 年號 孝宗
理宗〔人名〕 登山水 〔 〕 亦工畫 口 子丨丨丨 終吉 嘻 多大之声〔易〕婦 〔詩〕 噫嘻 毅子上帝也 〇 丨丨 春夏祈
也〔人名〕 從 熹 熾也 〔人名〕晦庵 〔 〕 禧 福也〔 〕 譆 痛而呼 〇 醫 〔 〕 樂丨 鳴丨丨 譆之也
於其切〔 〕天官丨師 掌万民之疾 良醫 三折肱知為 國醫 〔國語〕 大醫 唐〔 〕
又疾丨 丨丨〔定十三〕 丨〔谷上〕醫之丨 倘令愛民病從此得丨
宗數出遊畋柳公綽 三醫 李良得疾大漸其子謁丨 中醫 有病不治常得
奏丨丨識以献〔柳〕 丨 翁氏俞氏盧氏〔列子〕 丨丨〔 〕 忌
人有過不改如護 牛醫 黃憲父為丨丨 戴良造憲佛 馬醫 丨丨 夏畦之鬼
醫 疾丨丨〔周子通書〕 毋日復從丨丨兒來邪〔 〕 〔物名詩〕 。
齊有貧者適田氏之廐從丨丨假 醫 丨丨丨 陽和醫 病草〔 〕
食人曰假食丨丨不已辱乎〔列〕 可丨〔國〕
〔王彥威〕鎮汴丈不雨求丨丨四顥納石甕实以水木蓋泥 噫 根声〔孟郊〕狐
之〔 〕前祭 設席令小兒執青竹昼夜擊甕果大雨〔 〕 口丨 哭相餘丨 〔 〕

适但五噫梁鴻作丨丨○癡丑之切。丨
憂丨之歌詳歌、聾家翁詳聾 白癡周兒無慧成上 因注所謂丨丨 騃癡畢我令去
小丨大丨韓侂胄頑石李益與李賀齊名然有癡病多猜忌閑妻 書癡竇
愷之癡丨各半詳暴妬癡妾避之爲苛虐有散灰扃户之譚時謂丨丨 氏
子弟皆喜武独竇威尚
文諸兄訊爲丨丨宋 賣癡吳俗分歲罷小兒繞街呼叫云丨汝丨賣汝獃
不須錢奉賒 虎癡魏許褚勇力絶人而 四癡李濟翁云借書一癡借書二癡
丨獃三百年 虎癡癡軍中呼丨丨詳尾 癡索書三癡還書丨丨 戲苑雌黄
互見 肥癡沈昭略瞋目視王約曰何乃丨而丨詳狂 虎頭癡才絶畫絶丨絶
脊謝乃曰人謂丨丨丨丨信 生子癡晋揚濟曰丨丨丨丨了官事官事未易
自丨述曰非无此論但晚合尔 癡了也了事正作癡復爲快尔 博弈傳
叔不癡晋王湛初有隱德皆以爲癡兄子濟輕之嘗詣湛湛談易玄理微妙
嘆曰家有名士三十年而不知出門濟有馬无能騎者請騎之湛回
策如縈濟益歎其雄 晋武見濟曰 阮宣曰看看老癖 貪
御家癡叔死未濟曰臣丨殊丨丨 李 斷飲癡丨漢忍斷杯中物 詳物
嗔癡詳 盍君旁癡 晋光曰侯丨丨熹 笞 漢史子盗父兵罪當丨 賈誼惠伏中 令
行而丨其背 刑法志 漢景減定丨令
鞭答奏執敲朴丨丨六下 過秦論 上界真人足 笞吾折丨丨之尔 史 齝 止齒
官府豈如散仙丨丨鸞鳳終日相追陪 歸 光武曰赤眉來東

牛食已復嚼出○持直之切 詩丨盈 虎闟 語危而不丨 十六 孟丨其志 公孫丑
武傳丨節 暴勝之傳丨斧衣繡 孔光傳丨祿固位。畢卓丨
螯丨酒杯 詳蟹 摸 倒持丨丨太阿 福傳 溥持漫頭丨丨起溲牢丸 束晳餅賦
稜丨兩端詳稜 搏持扇田録云丨丨疑即今煎夾子 鷸蚌
相持詳蚌 雲不堪持 嶺上多白雲云云丨丨丨贈君詳雲 ○軍持梵云丨丨此云瓶常貯水隨身淨手也 寄歸傳 結套 扶
緇丨操丨支丨 治 孟丨人不丨 韓 宂不見丨 記 給草 ○蚩充之切謹厚貌 詩蚩之丨
丨控丨禁丨 其國 楊渾傳 无撿不丨
丨又 媸 醜也 文賦 嗤 笑也 選 受丨於拙目。漢明帝詔上 結套 嘲丨○
丨宂 姸丨好惡 書者不得虛荃示不爲謟予丨也 誆丨
鷀 鸕鶿 切 鷁之 鳥名 生一云吐而生子峽中呼鳥鬼 相如賦鵁鶄盧注 也 唐書不雨行零祀有白丨丨羣類冥從果大雨 慈 記 父
止於丨。孟子丨母三遷 宣慈和 左昭 丨丨惠 八慈 庶哉門戶有丨丨 荀氏八龍 堂上慈 尉我丨丨 删公 ○息慈
落髮後稱丨丨謂安 人名 左丨吳大夫 又丨 魏荀叔丨後漢 磁石可引鍼 本草 山之陽産鐵其陰有丨石 茲 黽
国○茲子之切 書念丨在丨 禹謨 其鑒于 布茲周武伐紂後毛叔鄭奉明
名丨在丨悲地 東覽 无逸 語文不在丨 詩挹彼注丨 水衛康叔封丨丨 史記 茲
蓐也藉席之名公羊傳屬負茲注 龍茲丨丨華瑾以爲実 來茲今茲
席也諸侯有疾稱負茲謂托疾也 龍茲龍鬚席也実謂实於棺槨 茲

美禾丨丨 美麥 呂氏春秋 茲年也 諱今爲茲 記 父名獎金故爲文 皆以今爲茲 孔氏叢說 孜勤也 書 孜丨 孳生也
滋 書 植德務丨 東晉書 无使丨蔓 隱元 蕃滋碩大丨 左 阜滋鳥獸丨丨 東都賦 眾滋丨而後有丨 左僖十五 華滋
白露滋 丨丨 李 玄滋服食丨丨飲
借問生丨丨 玄滋以玉飴 黄庭 春滋李迪夢剃鬚解者曰首元是刘滋 碧
茲林兄淡 滋丨丨 李 仔克也又任也 詩弼時丨肩 人名 宋詩人號苕溪漁隱 矣果狀元及第詳首 耔擁禾根也 詩或耘或丨

五微 獨用

微無非切 易幾者動之丨 書虞舜側丨 中庸莫顯 三微元旦曰丨丨 白虎
乎丨 孟具體而丨 孫丑 首積丨至著 強国注 通言陽氣始通萬
物始 太微丨丨天子 少微丨丨四星士大夫之位一名處
動 之庭 晉志 士星明大而黄則賢士舉 同上 紫微丨丨天帝之坐 同上 ○趙
晉丨丨垣一 翠微山未及上曰丨丨 險微見細德之丨丨
小星亦詳垣 一曰山腰 方 賈誼 喜微 陶淵 根晨光之丨丨日欲出
霖微水精春殿 詩 丨丨 湮微將遂丨丨寝 識微丨丨知著 防微杜漸
雰微 樹嘉緑新丨丨 孟 寝微 浸微滅 識微 子傳
匪宣 危微人心惟危道心惟丨 書 活套 精丨發丨寒丨 詩 式丨黎侯寓于衛其臣勸以歸也 人名
公 酒力丨一徑丨

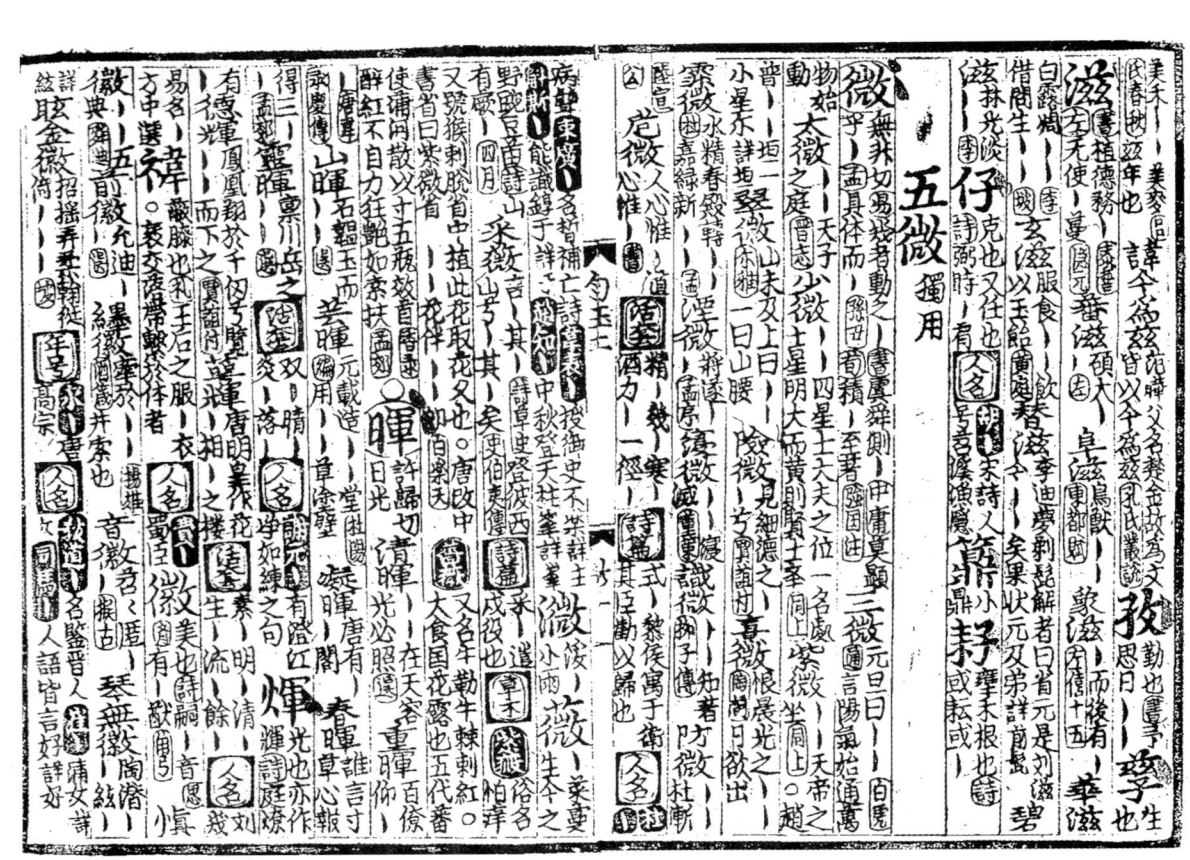

病 東 名哲補亡詩 按海史不榮辭主 搉 微 薇
對 能識鎚于詳 中秋登天柱峯詳峯 薇 小雨 薇丨菜蔓
野豌豆 詩山采薇言丨其丨 詩草史 登彼西 生今之
有憂丨 四月 采薇山兮丨其丨矣 史伯夷傳 詩 采丨遣戌役也 草木 俗名
又號猴刺脫肖中 植此花取花乂也。唐段中 白樂天 大食国花露也五代番 柏葎
書省曰紫微省 丨丨花伴丨丨 又名牛勤牛棘刺紅。
使蒲丙散以寸五瓶 效首 暉日光 在天客 重暉百僚
醉紅不自力狂艷如素扶 孟 許歸切 清暉 光必照 選 仰丨
丨 郡 山暉石韞玉而 丨丨 選 芸暉 元載造丨丨堂 杜陽 凝暉唐有丨丨閣 春暉 草心報 誰言寸
得三丨 孟郊 靈暉 稟川岳之 活套 編用丨丨 草涂壁
丨 双丨睛丨丨落 人名 有澄江 煇 光也亦作
有德輝鳳凰翔於千仞兮覽 淨如練之句 輝 詩庭燎
丨德輝 丨丨而下之 賈誼 吳 唐明皇作花 素丨明丨清丨 人名 刘
丨光丨丨 丨相丨之樓 活套 生丨流丨餘丨 戣
易名丨 韓 薇 藤也 孔 王后之服丨衣 人名 蜀臣 微 美也 詩 嗣丨音 愿
方中 漢 ○ 褒衣 襟帶 體者 有丨 猷 用弓 慎
徽 丨丨五 前徽 允迪丨 暴 微 紛 并索也 揚雄 音徽 名之匿丨 琴無徽陶潛丨
徽典 丨丨丨 雅 擬古 丨絃丨丨
絃 詳 暉 金徽 倚丨丨丨 招搖弄 年號 高宗 永 人名 唐 名鑒 晉人 語皆言好 詳好 補女 詳

揮發揮六爻丨易乾　電揮如丨斲丨　雲煙揮毫落紙杜　天戈揮丨　憤起揮丨石鼓歌　月毫
揮翰文揮　玉麈揮談辯如雲　頻指揮外間李父　急手揮軍老來才盡无新語只
秉快指揮　趙太祖丨丨丨丨詳狀　活套　筆丨弱丨汗丨淚丨奮丨　人名　語行人子羽　字子羽　揮欲煩君丨丨陳
丨幟通　翬大飛也鼓翅丨丨　然又雉名詩如丨　褘杜也在牆曰丨又記內則丨褘○　徽幟也王彝傳殊
謂雉旗鳥　翬斯飛又左五雉為五工正中央曰丨丨氏得之以挈天地　豕韋在商為丨丨氏左顧
韋雨非切柔皮也　狶韋丨丨莊大宗師古帝王名　豕韋帝大彭之後所封處
丨編三絕詳編　佩韋　將突梯滑稽如丨如丨以
韋布丨衣丨帶之佩韋董安于性緩佩弦西門豹性急丨丨詳佩　脂韋挈楹乎下居○唐張仲方
韋士賈山傳　為京兆坐丨　人名　呂不韋秦相　姓氏　京兆羽音豕韋氏之後
丨不拜戢　晉大儒為丞相封扶陽侯　韋賢字長孺徙鄒
明經復至相諺曰遺子黃金滿籯不如教子一經本　韋玄成賢之子以
寬閑西男子不為降將軍　韋思謙名仁約鄭州人仕唐監察御史　韋孝寬字孝寬自云孝
震揖州縣進御史大夫詳嶽　明日張膽事詳膽　韋安石　韋良嗣器之曰大才
徒勞州縣可乎　韋述典書四十年任史官二十年淡榮利祿山亂獨抱國
史藏南山唐　韋皋字城武代張延賞為西川節度陸暢為蜀道易以美之互
見皋後封南康郡王　韋陟字安卿善文辭調洛陽令宋璟曰盛德遺範尽在
此矣○鄭公五雲詳雲　韋處厚字德載安狀甚儒至延爭不可回奪　韋貫之字
子斐恥為呈身御史詳身　韋綬為翰林學士帝幸其院發太寢以蜀袍覆之
而去詳袍　韋應物少為三衛郎後折節讀書所居掃地焚香而　園丨丨甚丨爐範
坐其詩清深妙麗唐　韋夏卿字子明曰吾將為松菊主人詳味
園丨丨天九丨式子丨丨　天子不丁果然口腹為災怪夢　瀆園南山
地孫卿　九園尚書九州　合園丨丨刑　打園去呼鷹雪丨丨谷　姣園唐申王吉笑令宮
羽解園王獻之与客談論辯理將屈嫂道韞遣婢云欲為小郎丨丨乃申前議客不能屈詳郎　女密園而坐曰丨丨
丨開元　燭園楊國忠子弟上元夜各有千炬丨丨同上　松園鍾輻植松蔓朱吏曰丨丨三尺子當又第果然摭言　棘園唐礼部閱
試日春丨　垓下園漢祖紀　白登園同上　邯鄲園曾酒薄而丨丨詳酒　四十園霜皮溜雨杜金
丨之詳菽
帶園丨丨丨　廣陵芍藥有名　樂百園著詳樂　丨社樹挈之丨丨散木也無可用故壽莊人間世　腰十園月腰十園天真國子胥
身長一丈丨丨丨吳越春　柳十園栖溫嘆漢時所種丨皆已丨丨詳柳○　塵園閣山谷至黔為開元寺丨丨
欽庚子嵩丨帶丨丨世說
丨文墨　活套　園丨破愁丨　重丨墻丨腰丨　幃婦人香囊又單帳也　撫幃凰流付丨谷詳蘩　破幃　安幃冠萊公青幃　壞輾補
自娛
活套　箭丨旁丨紡丨鳳丨翠丨　闈宮中門　春闈太子宮又曰諸闈　彤闈日月生丨禮元　皇闈明丨闕丨選

虎闈國子監　端闈西都賦○卻迎朱　活套　禁丨宸丨庭丨宮丨　違語終日不丨孟不丨農時
筆丨丨丨曾子問　經丨礼丨慈丨
不丨顏左天威　蹇違昭德丨丨　睽弼違予違汝書　庸違靜言丨丨堯典　靜依違謀之其
照百官相二　庸違時能言用則違之　依違臧則具
是違謀之不臧　世相違丨与我而陶詞　世事違丨丨　相丨每丨睽丨從丨乖丨
則具是丨　相違丨丨如此後山　活套　无丨願丨分丨
壯心○　霏芳非切雰也詩雨雪丨丨采薇　林霏日出而丨　夕霏袖上烟霞收丨丨李
丨佳言如鋸木屑丨丨不絕開歐
烟霏空翠搖丨　菲茂兒又食菲降集隨九歌　飲芳菲草木变　活套　芳丨　妃思詩
丨丨城芳菊也　芳而丨丨韓
賢丨　宓妃伏羲之女即洛神女　梅妃明皇宮人江氏好梅故曰丨丨　擯妃擯子牽黃擯過踢都女慌水
擯妃之乃留相奉号丨丨詳眉
妃丁女真丨丨丁女火也　復一妃亡一妃丨丨進詳妃　萬玉妃從以丨丨　鵑鳥妃秦少游南京有所聘山谷
戲云誰饋百牢丨丨指所聘者　花貴妃江水夜韶樂海誠齋　活套　宮丨真丨醉丨月丨睡丨棠丨湘丨舜妻　人名　娥皇
丨丨　道步事詳步　慕容垂娶段氏字元妃沱陽王德　昭君漢　騑馬行兒詩四
娶其妹季妃並婉惠詳婦唐　壯丨丨又驂
馬征騑五馬助驂騑儼丨丨於上○　緋芳非切　緋宮而未還朱衣因內宴
馬丨丨騑路滕閣記

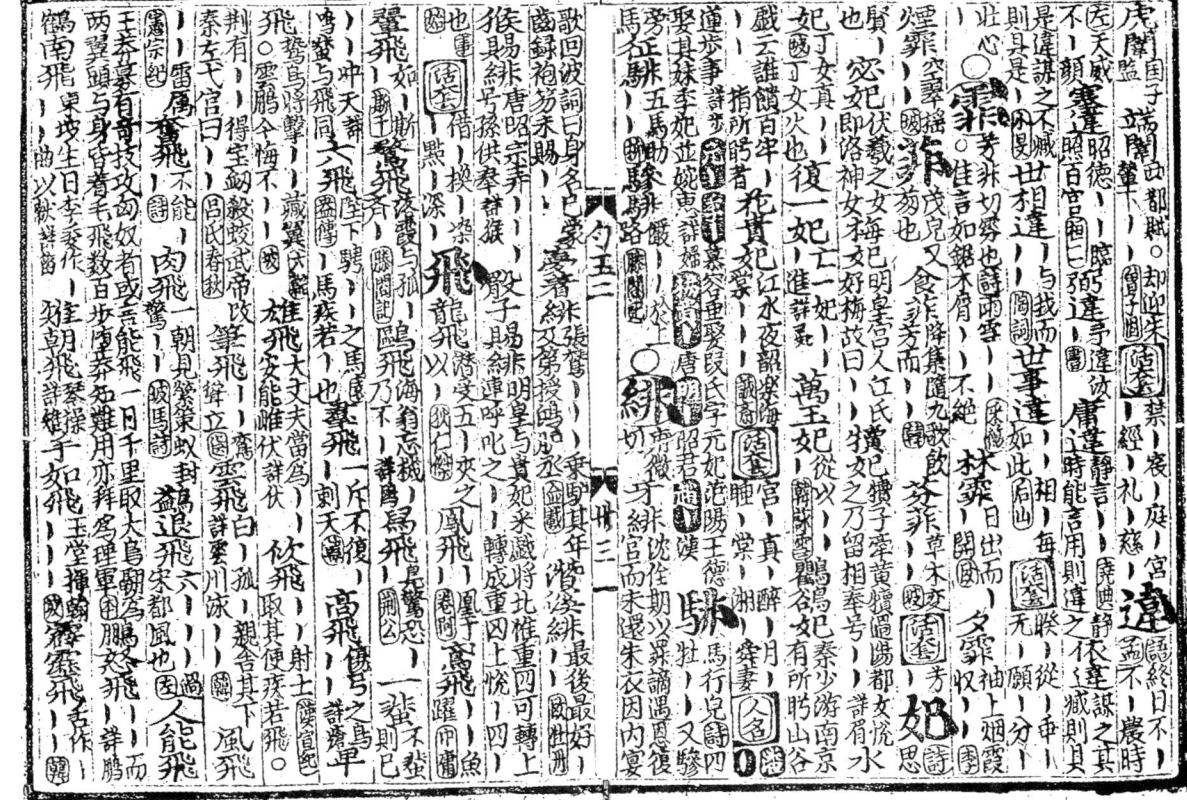

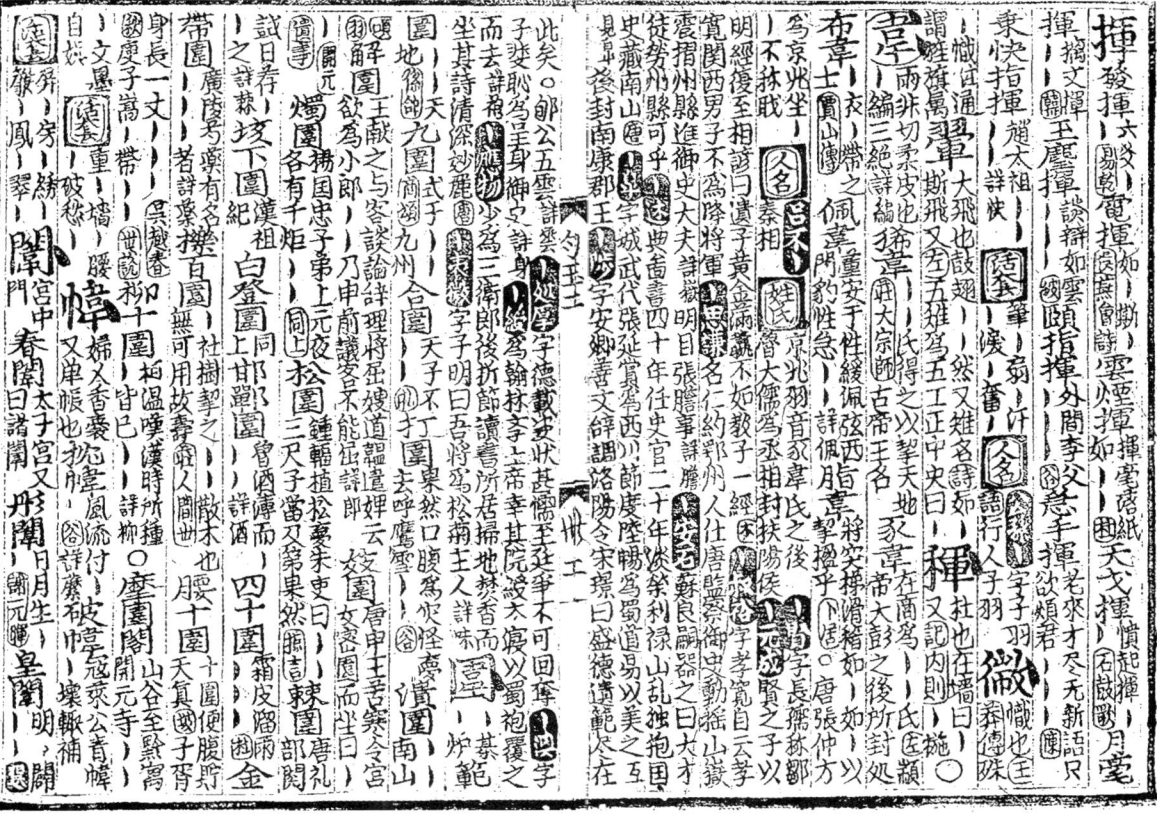

歌回波詞曰身名已蒙象笏未賜丨丨　乘驛其年賜緋遂緋丨丨最後最好丨歐世冊
齒錄袍笏未賜丨丨
猴賜緋唐昭宗弄丨丨丨孫供奉詳猴　殺子賜緋明皇与貴妃采戲將北惟重四可轉上
其緋号孫供奉　其緋連呼叱之丨丨轉成重四上悅丨四丨
也事　活套　借丨換丨染丨點丨深丨　飛龍飛潛变五丨交之　鳳飛丨凰于卷阿　高飛丨丨魚躍中庸
龍飛以丨狄仁傑
螢飛如丨斷滕王閣記　鶩飛落霞与孤丨丨　鷗飛海翁忘機丨　鳥飛皇見驚恐丨丨開公　一蜚不蜚則已
丨丨沖天詳　乃不丨詳鳥
鳴蜚与飛同　六飛陛下騁丨丨之馬袁盎傳丨馬疾若丨也　蜚飛一斥不復丨　高飛傷弓之鳥詳鳥早
飛鷙鳥將擊丨丨　藏翼六韜　雄飛大丈夫當為丨丨安能雌伏詳伏　欲飛丨丨射士漢宣紀
丨○雲鵬今悔不丨丨城　取其便疾若飛○
判有丨丨得宝劍殺蛟武帝改　爭飛丨丨鳶　雲飛白丨孤丨親舍其下　風飛
秦左弋官曰丨丨呂氏春秋　鋒立圖　雲飛詳婁川詠丨丨韓
丨丨雷厲　奮飛不能丨詩　肉飛一朝見鶩丨丨破馬詩　鷁退飛六丨丨丨過宋都風也左　過人能飛
憲宗紀　王莽募有奇技攻匈奴者或言能飛一日千里取大鳥翮為　鵬怒飛丨丨而
兩翼頭与身皆著毛飛數百步墮莽知難用亦拜為理軍莊　鵬怒飛丨丨詳鵬
鶴南飛東坡生日李委作丨丨丨以獻詳笛　雉朝飛琴操犢牧子　如飛丨丨　玉堂揮翰　霰飛舌作丨韓

活套 丁丨孤丨 橫丨竟丨 人名 蜀將 曲名 丨 借分
非 孟格君心之丨 四非 淵語顏 百非 夫子見人一善忘其百非
丨丨 家語 公非 公是丨 昨非 覺今是而丨 淵明詞 非非 是々丨丨之謂智非是々非之謂愚 荀○丨丨近乎訕是々近乎諛
賊是々堂歐公 人非 民丨 詳鶴 事非 琵琶丨巳 知非 蘧伯玉年五十而知四十九年丨 淮南 蘧
有是々堂記
伯玉行年六十而六十化未嘗不始於是之而卒詘之 嫁非 無所丨丨 唐詩
以非也未知今之所謂是之非五十九丨也 莊則陽 嫁非 嫡庶 猶嫁禍
飾非強足以拒敵辯足以 追非 茲謂丨丨 前五 厚非 未可丨丨 ○非非想天 非想
丨非以丨丨 莊盜跖 附傳 猶遂非 王莽傳
丨丨丨丨 華嚴 叉 人名 刑名 誹 漢高紀 丨 沮誹 準書 腹誹 不入言而丨丨 漢食貨 緋 香也
饕 餘食 騑 馬逸 也 䬠 金 丨 引領望 詩 黃緋 漢丞相丨丨 百官志 北緋 李士院丨丨者
南便於 園緋 周礼有國士敬 剕 緋 新詔下 丨丨 王維田家 爲其在浴堂之
詔 丨 獄門曰丨丨 白板緋 雀乳青杏井鷄鳴 活套
柴丨竹丨山丨重丨郊丨岩 ○肥 符非切 語 丨 馬易 丨 駿 詳 遐 ○ 楊国
丨掩丨啓丨夕丨夜丨裨 肥 婢妾丨者遊風 崔子敦 丨 偉号崔
著 詳 經肥 貴門多 巴 煩公遺騎割丨 鮫巴 桃花流水丨 盧巴 張翰秋
䏁 輕肥 貴門 孟 魚月丨 谷謝送 魚月魚 張志和 魚月 風歌 馬肥

秋高丨 雅肥 黃丨 家泰 紅肥丨 縱雨 菓肥 重堅 丨丨 秦肥 越人視丨 人 杷肥
丨健 雅肥 秋正丨 紅肥丨 梅 菓肥 禮記 秦肥 越人之丨 瘠 韓
肥 丨 義肥 韓非子云子夏見子夏肥而問之子夏曰吾苦戰勝入見夫子
瘠 曾以義肥 之義則榮之出見富貴又榮之二者戰於胸中而夫子之丨勝
故丨也 國肥 家之肥也丨之丨也 瓜肥 張蒼肥白 古肥 張史長論書法猷
見戰 國肥 天下之肥也 禮運 奎肥 如丨 詳瓠 古肥之丨丨 張旭今瘦
墨 土肥 泉甘而稚肥丨丨 牛呼 蟹 蠶肥 水痕初落丨 肉陣肥 楊国忠婢妾肥
國 丨丨 韓 稚肥 牟年 詳年 丨丨 射通 者遮風謂丨丨
齊 水漸肥 雨入 松江 瘦可肥 人丨尚丨丨 士 泛硯肥 松煙丨 禮 瘦孝肥 趙礼
言 丨 衛肥丨丨 國 瘦可肥 俗不可醫 丨丨 硯肥 丨丨 孝肥 爲賊
所得 將食之兄孝自以王 約 凝肥 丨丨 肥而 食言而肥 孟武伯惡郭重曰何
身代曰丨丨不如丨丨 詳 狂 肥 也公曰丨丨 多矣
能無肥 而肥 或謂陳平何丨而肥其嫂疾平 猩 猩 稚肥丨丨 披禽人索
乎 詩 言 食糠而肥 不親家産曰食丨 厭 亦 詳嫂 肥 肥者乃自丨丨
之 詳 猩 泣而遣 活套 甘丨瘠丨 攢丨 人名 袁安仁 如 掾 腓 也 易 咸其丨 注 脛腨
之 詳 猩 綠丨土膏丨 也往祭曾恭 詳 雅 腓 也 詩 小人所丨 注
足肚 具腓 百卉丨丨 牛羊腓丨丨 字之 花草腓 蜂蝶 擢 藏丨丨 水名
也 四月 病也 腓 詩 腓 避也 草腓 丨丨 荊公 肥 晋破
符堅於淮丨 又夏水至 痱 風病 賈策 風痱 起丨丨 谷 罪 道人 炎 扇 疒 隱也 ○ 威 於非
此与淮合亦名合丨 且病丨 病 也 切 記

不怒而 丨 樂記 書 毋倚勢作丨 天威 丨丨 不違顏 尺 僖九 碎威 帷丨丨作 皇威 丨丨 海岱 清
君陳 愛克厥威允罔功 胤征 天威 咫尺 皇威
發威 大宗紀 丨丨頗 發威 弧 不能安弦自發其丨 者人 詳 弧 假威 狐丨 詳狐 虎 伊威丨丨 在室 爾雅 東山 委鼠也本作蛜威
出處 南威 丨丨爲之鮮顏西施爲之巧 等威 賤有 丨丨 注 詣 丁令威 鳥丨丨 有鳥有
附此 南威 笑 曾子建十啓 並美婦名 威儀有等差
丨詳 蜿 丨 蚓丨 五見威 ○ 坐看月窗盤蜥蜴靜聞 九歌 彰石鬼丨 丨 翠草木盛兒又 ○
鶴 蟛 風慢落伊丨 萋龐不解歎蟎丨 迷
巢希切 亦作祈 以丨 甘雨 甫田 春夏丨 穀于上帝 周書 丨 活套 禱
天永命 召誥 記 儒不丨多積多文以爲富 儒行 詩 與雨祈丨
怨丨丨 楚氏 太原徵音 堯伊丨 氏之後歐公爲丨 衛尉墓碑云黃帝之裔
穰丨 晉丨爲公族大夫 左 丨丨 能委善矣孫其辭不爲諂立其
子不爲比子祈午也 趙盾車右丨丨 者国之勇士也 公羊
丨嘉 好 丨 清貧好學博通經傳 晉書 有人夜呼丨丨 曰丨丨 歸去來
世 旂 盛 心舌 組丨 組 旂 交龍爲 丨 注 畫兩龍相倚也諸侯所 龍旂丨丨陽
圖 記 無丨 祖 礼 丨 建 詩 言觀其丨 庭燎 孟士以丨 禹貢上 龍旂 詩 載
見 淑旂 丨丨 綏章 詩 變旂 青旂 冬令 夏赤旂秋白旂冬黑旂 美容旂 呼吸明月
淑 善也 互見章 丨丨 季春之月天子載丨丨 月 光手掉丨
丨丨 試一旂 新茗 茶中丨丨 荊公 活套 雄丨 䶞 帝都亦作圻 左 天子之
韓 詩 旂字疑与旗通互見旗 地一圻又門內曰丨 詩

之籍施邦国之政 王畿外五百里曰
薄送 帝畿 遠 王畿 丨丨 千里 邦畿 丨丨 千里 九畿 以丨丨 礼夏官 圻 封畿 丨 十爲 丨
我丨 成方氏 詩玄鳥 君 前刑法
侯畿 又甸畿男畿采畿衛畿蠻畿夷畿鎮畿 邦畿 中書 丨丨 陳 書 作圻
畿番畿四方皆有此丨丨 相去各五百里 交畿 丨 京丨都丨国丨
石畿 請彼爲裳衣 白 日畿 帝畿千里 家 日月經 畿 活套 甸丨門丨 頎 長
丨 爲門丨 韓 故曰丨丨 也
詩 碕 曲岸也 ○ 磯 居依切 亦作崎 類說拾遺 居言行 樞機 係書 若虞 関機丨丨
嗟丨而長兮 丨張 太甲上 魏證 疏 聖 丨丨 東
闔闢 丨 圓機 丨丨之 文中 危機 晉諸葛長民曰貧賤常思富貴々々必履 丨丨 列樹 決機 丨丨於兩 投機 丨丨
論 丨 機士 陣之間 史
之會 張 斷機 孟子之母而屬毋以刃丨丨曰子之廢學若吾丨丨事同 詳 絲 丨 梵機 公儀休
公羊 斷機 孟子懼勤學不息 ○ 与樂羊妻丨丨 相魯見
家織布出妻丨丨 日今農夫 心有機 子貢過漢陰見一丈人爲圃畦鑿隧而
夫女工安所售其貨乎 董 入井抱甕而出灌用力多而見功寡子
貢曰有械于此一日浸百畦鑿木爲機後重前輕挈水若抽數若泆湯其名
桔槔 圃者笑曰有機械者必有機事有機事者必有機心吾不爲也子貢慚
然而嘆 杜德機 善者機 衡氣機 鄭有神巫季咸列子与之見壺子出曰
子 應帝 子之先生死矣列子告壺子々々曰向
吾示之以地文是殆見吾丨丨丨也明日又見曰全然有生矣壺子曰吾示
之以天壤是殆見吾丨丨丨 咸又見曰子之先生不齊吾無得而相焉 云云

壺子曰吾示大冲莫勝是殆見吾丨丨丨也莊帝王杜德機是閉其生意而不動故曰死善者機是生意已動故曰生丨平也足丨丨半動半靜故季咸不可摸捉
帝杼機丨谷十二卷丨草木文章丨丨 凡鷗忘機海翁忘機鷗乃不飛詳鷗爲鼠發機千鈞之弩不爲鼷丨丨
妻不下機蘇秦憔悴而歸丨丨丨丨詳印○佛機人生百歲不善諸丨丨一日而得了決之傳燈丨丨宋若第一機雲門問卧龍長連床上李得底是第戎機曰第二機箭鋒機鈍根仍落丨丨事丨丨門云作麼生是丨丨丨龍曰峭緊草鞋金機丨丨事詳鋒兵丨丨
天丨神丨化丨錦丨鳴丨人名晉人幾易可与丨也見丨而作書一日万丨皋陶謨帷時惟丨益稷語言不可若是其丨注期也研
幾極深丨丨沉幾光武贊丨丨先物知幾神乎易丨丨其庶幾殆丨丨乎顏子之子其人名文險怪被黜乃易名
燀詳鑱魚鈎逆鋌又大鎌也剀封也礼士師丨珥譏市丨譏関丨丨而不征孟丨丨譏列丨爭丨罵
鐖翁嫗所嘲譏語罪發丨笑詩檜無譏季札觀於周樂自鄶以下丨丨丨鄭丨丨丨鐖也祥磯也又激
也孟是不可丨也澋浪磯在小孤山側俗訛爲彭郎詳郎牛渚磯溫嶠燃犀處詳水黃鶴磯丨丨丨丨頭采
石磯李白捉月處語套釣丨漁丨石丨古丨滑丨釣月丨鞿馬絡又鞿也金鞿門前騕裊馬鞿黃丨丨漫行

旡軌躅漫止璣珠不員者符瑞圖有丨鏡璿璣在丨丨玉衡書璣即渾元丨丨谷
也運轉如天以晷月璣丨丨（後漢賈琮傳）翠羽傳璣死珠之磬丨丨之珥丨丨丨謂從下翌之璣徑八尺明璣以珠宛轉裝飾以璣丨着於珥答
璣育選好女舜丨家語舜曲也機耕也鐖語年丨丨水鐖丨丨秦轍之栗秦
丨丨存丨語套告丨○稀香衣切丨踈也木鐖用不足毀詳彂晉鐖書晉開之栗左傳
丨丨戚諫書稀晉朝元一事白星稀月明丨丨弄稀衰丨摘蝶稀花謝丨鬢稀丨丨丨
頭輕戚丨丨丨丨知音稀但傷丨人煙稀六合丨語套紅丨客丨柳依
甲丨車馬丨菜丨希罕也望也語怨是用丨丨史紂爲象箸公孫弘傳丨音瑟希鼓丨丨先進曾點鏗爾舍瑟
大音希七十希古來丨丨丨丨人生丨丨丨欷歔丨嘆丨箕子唏音与丨同傍丨依丨睎乾也選朝
詩東方未丨露晞白丨未丨詩蒹葭人生丨丨丨九土睎日之升丨丨丨丨睎望也露待日丨
往日始升也露晞如朝丨之易丨古今注本作希楊丨驥丨丨乱亶睎多情
風花乱薄倖睎本作希揚丨驥丨之馬丨顏之徒豨北方豨豕也○衣於希切漢息紀妾似
郎如丨丨丨丨睎之馬丨顏之徒豨雉名豨也丨丨宵丨箴揚大寒
索丨衮衣是以有丨九罭繡衣持斧詳斧暴勝之丨丨老萊子年七十作嬰兒戲着五
衮丨丨兮九罭丨丨斑衣色丨丨燗丨取水上堂跌仆卧地

為小兒啼或弄烏於親側欲其喜高士傳褐衣直不疑丨傳帶素衣王吉好車馬衣服鮮明而遷徙不過丨丨天下服其廉而怪其奢
鶉衣子夏家貧衣若懸丨荷衣製芰丨以牛衣漢王章妻劉泣後爲京兆上封事妻曰人當知足獨不念丨丨中涕泣時邪果下廷尉死漢丨丨衣臥丨丨中与妻丨丨衣丨丨
綴衣丨丨丨虎賁丨丨書解衣丨丨衣我韓信雪衣記得金龍
丨丨亂麻爲之令呼爲龍具丨放丨丨天上浮丨如白丨烏衣丨丨燕子垣衣垣丨廣雅丨曰金衣明皇謂鶯爲
鷓鴣雲衣白丨詩雲衣丨國詳燕垣丨丨丨丨丨丨公子
玄衣龜曰丨督郵羽衣赤壁付丨丨綸丨丨衣不勝衣若丨丨趙文子退然金縷衣把酒一所國丨詳縷遣天
下衣齊桓公出遊見老人命之食曰請丨丨食遺之丨曰請丨丨丨丨丨先
公曰吾府庫有限老人曰春不奪農時即有食夏不奪蠶工即有衣
逢白衣薛仁貴從征遼西特驍勇着丨丨丨丨者誰送酒白衣陶明事點頭朱衣歐陽公知
舉白衣太宗問丨丨丨丨丨丨詳菊丨丨丨貢舉每考
卷坐後覔有一朱衣人丨不好新衣桓冲丨丨丨丨浴後婦故送新衣冲大怒
丨丨然後其文入格丨婦曰衣不經新何由而故冲大笑着之晉
襂襵擊衣趙襄子獲丨丨丨讓曰臣固伏誅願請君衣而丨之以致報讓爲之
衣蹴之意拔劍三躍而擊之曰可以報智伯矣伏劍自殺丨丨
衣夏侯亶妓妾无衣每閣筆奏○三衣僧一曰僧伽梨即大衣也二曰欝多羅
樂時謂丨丨夏侯丨丨詳嫌丨丨丨即七條也三曰安陀會即五條也

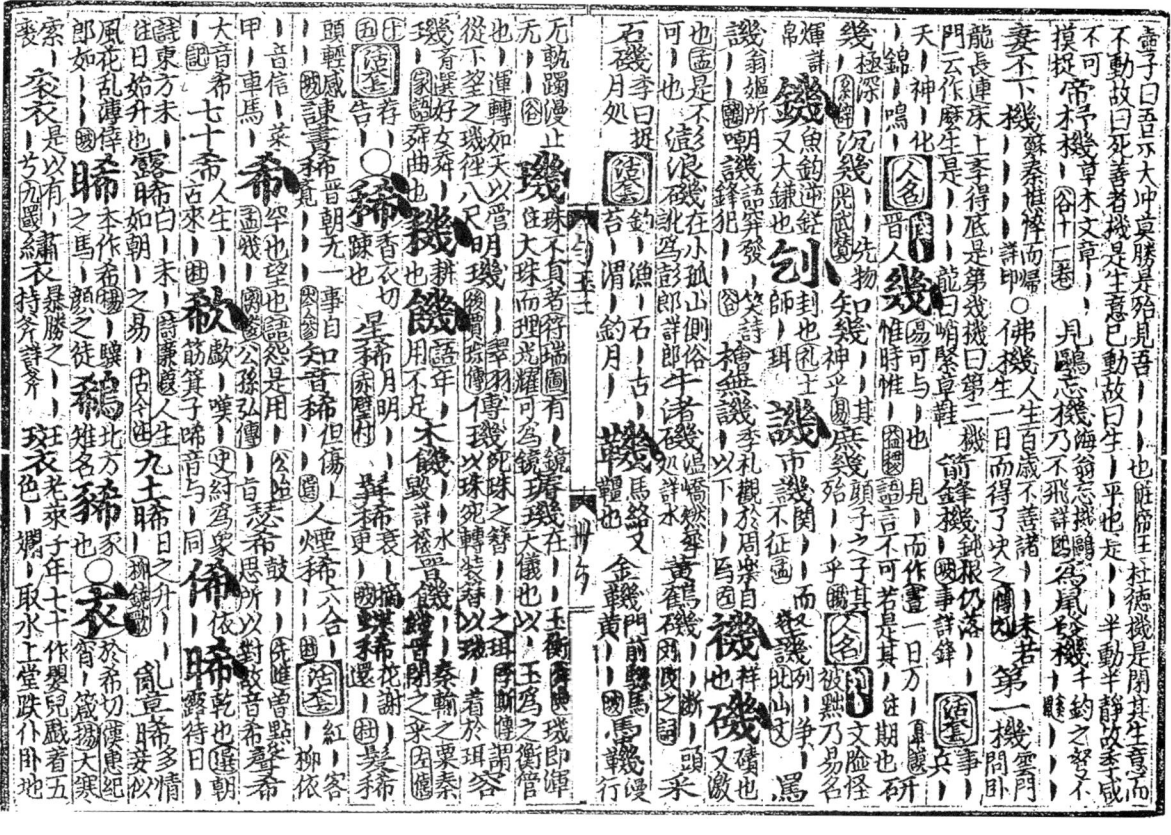

此是丨丨若呼七條褊衫襦為三丨誤也貞觀傳衣釋迦佛生四十九年將金縷僧伽黎衣傳与一祖摩訶迦葉傳至三十二祖弘忍傳燈○達磨
以袈裟後慧可曰昔如來以正法眼藏付迦葉展轉至我今付汝吾滅後二
百年衣止不丨六祖慧能得丨鉢即南奔嶺外有明上座追至大庾嶺能
擲衣鉢於石上曰此衣信可爭邪明上座之不動曰我來求法非爲衣也遍体
流汗泣礼而去六祖丨丨爲天下所宗有張行昌受囑潛懷刃入室將欲
加害六祖置金十兩於方丈張揮刃者三都无所損祖曰正劍不邪邪劍不
正只負汝金不負汝命張驚仆久乃蘇求哀祖与金令去六祖謂七祖曰
吾受衣以來遭此多難後代爭競必多衣即留鎮山門汝當以法分化行思
得法乃住青原丨丨乃西域㲲㲲布緝木綿花心織成傳燈○袈裟
名无垢衣又名消瘦語套錦丨垂丨授丨詩緇丨美
衣離塵服忍辱鎧丨甕丨布丨征丨毛丨不勝丨論朝丨寢丨詩好善也
素綠丨衞莊姜傷己也丨麦上僭丨美晉武公人名晉明易丨音意痛依知
也始并晉國用兵也秦絲丨繹寶尸也周頌丨宣丨告書
小人之丨无逸詩楊柳丨丨晉鄭鳥丨輔車丨丨依於德丨憑依神所
相丨蜀曹贊丨日月之末光○王粲丨劉表詳樓據依於仁語
違依謀之其臧則具是丨詩小旻謀之因依公水石相丨丨丨活套瞻丨帰丨
丨丨藏則具是丨違○因依正欲老大相丨丨丨緑竹丨客
凛○沂魚衣切書會于泗丨浴沂丨乎語岂雪皃丨霜○䰠丨語韋切高也語
丨丨丨選于河之丨丨丨丨丨丨育成功韓

丨冠〔詩〕莪巍南山峨高拔丨丨〔曾子固〕崔嵬丨冠切雲之〔陸詩〕〔活套〕功丨山丨嵬 犂牛名肉數千

〔唐書〕丨丨 ○歸 李韋切〔詩〕豈不懷丨丨 式遄其丨 薄言丨寧 歸全丨丨 自止於丨 浴之不丨 不辭无丨〔語〕詠而丨 璧歸趙詳璧 青歸丨丨 葉新〔柳〕

三歸 管氏有丨丨〔語八佾〕旧註婦人謂嫁曰歸娶三姓女也朱子云臺名 將歸丨 韓文有丨 琴操 胡不歸 式微式微〔詩〕無

傳歸 客歌驪駒主人歌 丨丨詳驪 載月歸 滿船空丨丨 明丨詳食 給事塗歸 中詔敕不便者塗歸奏還謂之丨丨

〔隋志〕 繫弓忘歸 丨丨矢名 弓名古接〔嵇叔夜詩〕遠志當歸 姜維詣諸葛亮得母書令求當歸維曰但有丨丨不在丨

丨〔隆盛雜語〕二一行師臨死封一物与明皇至西幸發視之乃當歸〔開元傳信記〕 喚起催歸丨丨 喚起西〔韓贈同遊〕 丨丨絲窓卓曙 二鳥名韻 自宋

會云杜鵑歌 名催歸 哥緩緩歸 遺民幾度垂垂老 山兒歌陌上花云吳越王妃春遊王遺書曰陌上花開 遊女長丨丨丨丨〔坡七卷〕杭州九州

可緩緩歸矣吳人 用其語為歌也 〔活套〕同丨〔易〕指丨子御丨令 威丨 倒載丨 烏知丨 〔人名〕〔尹龍〕前漢人〔姓氏〕京兆徵音 春秋時晉

有婦人丨生因氏 〔丨崔歸〕字正礼蘇州人仕唐博通墳典對策第一後拜 左拾遺使新羅褒素性衣食而已東夷傳其清德〔丨城〕字冲之唐德宗欲

相裴延齡能執易蹤論之登曰願寄吾名雷霆之下君難独処故 同列有所諫正輒署无所迴避 為太子侍讀獻龍樓箴以諷 騩 馬黑色又

韻玉三　卅

大丨 山名

六魚 獨用

魚 語居切易作尸又豚丨〔中孚〕得丨忘筌〔莊〕〔孟〕為淵敺丨〔符堅〕饋生丨於鄭 子產〔孟子〕緣木求丨〔梁惠〕左 如棠觀丨〔隱五〕家語水太清則无丨〔記禮〕

祭丨〔月令〕○魚魚雅雅 詳雅河丨腹疾詳寫 白魚 武王渡河丨丨入于王舟〔周〕〔爾雅〕衣書中蠹虫亦曰丨丨 蠹魚矣〔國〕丨維丨 貫魚

丨丨以宮人寵〔易〕 養魚 臨淵丨丨〔董仲舒〕 金魚 陳堯咨守荊南每以弓矢為樂母馮夫人怒杖之碎丨丨〔類說〕 銅魚 唐為丨丨符以起軍

旅易守 長詳符 木魚 贈君丨丨三百尾〔坡〕櫻筍也詳撥○僧舍丨丨者由從夜不合目修行者忘寐修道魚可化龍乃可入聖〔劉斧摭遺〕 寺魚

有人以簡牘磨滅以陶為丨丨 陰丨為丨玄為家詳豕 妾魚 魚婢小魚也亦曰丨丨〔爾雅〕 武昌魚 晉武徙都丨丨童謠云寧飲建業水不食丨丨丨

〔監〕 丨〔選〕 吞舟魚 漢刑法志網漏丨丨之丨 盈車魚 詹何以侒繭為綸芒刺為鈎剖粒為餌於百仞之泉引丨丨之丨〔列〕 遊魚

假息丨丨 銅盆魚 左慈丨丨之丨丨釣丨 釜中魚 范冉清廉歌曰丨丨生丨范萊蕪詳塵 硯中魚 徐玄之見人如粟行案上傳呼

批將王欲觀魚於紫石潭數十人持魚具入丨丨獲小丨而出玄之大駭 放生魚 孟簡為常州刺史与盧仝遊北湖買魚放之 掛鉤魚

起坐有如丨丨丨〔國〕 冰底魚 懶於丨〔國〕 注虫魚 自笑正玄家更丨丨〔曾子固〕 鹿角魚 梅聖俞有丨丨詩海中魚角

蠡蠡不擬 龍乃擬 鹿山上魚 徑山老人山上有鯉魚詳鯉 半面魚 越王食魚未尽以半棄之為魚者遂无一面名丨丨 比目

魚丨丨不行〔爾雅〕 不比 丙穴魚 嘉魚出於丨丨詳丙 王餘魚 吳丨食鱠有丨棄水中化為丨名丨丨 泣前魚 龍陽君釣

十餘魚而泣下楚王問之曰臣始得魚甚喜後得益多而遂欲棄前所得也今臣得拂枕席四海之內美人甚多聞臣得幸褰裳趨者眾矣則臣亦猶前所得之魚且將棄矣○安

知治容子紅袖丨丨丨〔谷〕 吾其魚 微禹丨丨乎〔左〕 泣枯魚 枯魚過河丨何時還復入〔樂府〕詳泣 葬江

魚 南北才兒丨丨丨〔韓〕 同鰥魚 以丨丨 鰥魚目不閉故〔元田錄〕 刺史魚 老佩丨〔國〕 北路魚 徐君与袁陽弘皆豪侈人曰

南路徐丨丨〔南史〕 香餌懸魚 有丨丨丨之下必〔三略〕 賞花釣魚 趙宋春月召兩府兩制三館於後苑丨丨丨〔溫公詩話〕 紅

裳人魚 待制查道奉使高麗見沙中一婦人紅裳雙袒髻鬟紛乱肘後微有紅鬣查命扶於水中拜手感戀而沒乃丨丨丨也〔徂異記〕又謝仲玉見婦人出沒波中腰已下皆魚也〔稽神錄〕 石彈小魚 李後主青石硯池中有黃丨丨九水不耗後陶穀得之後主索不已陶碎之中有丨丨跳

池上死〔宋〕〔旁四論〕 愁似鰥魚 夜不丨丨知〔張子野〕 子魚青魚 宋景仁后謂秦會之夫人曰丨丨大者絕少夫人曰妾家有之

韻玉三　卅一

乃以百尾進太后笑曰我道這婆子村丨丨似子魚而大〔類說〕 粥魚 齋魚丨丨已響梧桐〔國〕亦曰丨丨 晝日壁魚丨丨 蠹魚

於隙曰日之光咫尺也〔西文〕 學士銀魚 碧山丨丨 裝丨丨〔困〕 貴妃玉魚 丨丨其涼津沃肺 肺熱含一丨丨〔天宝遺事〕 藉李迪

玉魚 唐丨丨 寧黃衣曰未須來待玉魚符下也後於龍尾道見一丨丨把玩至家數日卒〔類說〕 陶朱養魚 以六畝地為池魚魚有九洲求懷

子鯉魚長三尺者二十頭牡鯉四頭二月上旬日納之池令無声凡魚遶行則肥牝聚石作九島魚繞之日行千里 又云二月庚子投池中魚至三百

六十頭即有蛟龍長之風雨則飛去 四月六月八月各投一龜則能守之 莊子觀魚 莊子与惠子遊於濠梁之上丨丨 莊子曰儵魚出遊從容是魚

樂也惠子曰子非魚何以知魚之樂〔莊子〕 曰子非我何以知我不知魚之樂 任公釣魚 丨丨為大鉤巨緇五十犗為餌蹲於會稽投竿

東海朞年不得魚一旦大魚牽巨鉤得其魚腊之自制河以東莫不厭若魚者〔莊外物〕 羊續懸魚 續字興祖為廬江守府丞饋魚受而懸之

後復進魚出前魚示之〔後漢〕 公儀辭魚 丨丨休相魯客有遺魚者不受客曰君嗜魚何不受曰以嗜魚故不受今為相能自給魚若受魚而免誰

復給我魚者〔史〕 殃及池魚 有池仲魚城門失火仲魚燒死丨丨丨丨〔廣韻〕 諺云城門失火 〔活套〕取熊丨〔孟〕 撕越丨 同隊丨〔韓〕〔莊〕子知魚〔國〕

遺双丨詩書 北溟丨詳溟 淵轍丨 詳要緩 鑿丨詳鑿 食無丨詳鋏 〔詩篇〕南有嘉丨樂与賢也小雅 〔人名〕〔姓氏〕鴉門羽音字子

子部　第三册

丨之後　成十五年宋丨石爲左師　漁　孔季冬始丨　家　耕漁非身所丨丨
宋丨爲少宰　唐宦者丨朝恩　語竭澤而丨　耕漁不食　後周
傳　陶漁耕稼　丨佃漁以丨以侵漁丨丨百姓　坐漁而丨　詳辭　活套　燕丨獵　丨史　○
丨陶漁丨　國　系辭　漢宣紀　丨
初　楚居切　書　謹厥丨丨　泰初丨有无〻有无名　古初　物　丨丨　帝初丨若丨丨之
遂初　晉孫綽　詩　遂初賦　不有丨丨泰初丨氣之始　莊天地　禮運　周禮
初　温曰何不尋君丨丨　賦　晉孫綽遊放山水作丨丨賦後諫桓温移都　晉本　月生初　李翁　田　同丨初賢愚
丨丨詩過黃初　再聞誦新作　突　賦知人家國事邪　丨　初
韓　詩過黃初丨過黃初丨　田　活套　姓丨丨　年号　太丨　建丨　漢武帝　黃丨　魏文　則天　人名
丨丨　書　傷魚切　○篆丨丨史籀　又李斯作　詳篆隸　丨　程邈
孝本丨名紹　宋史太　○　書　作詳隸　飛帛丨丨詳帛八分丨詳分楷丨王次仲
丨霹靂破柱事詳柱
所作　草丨漢有之　不行書　鍾胡一　家爲丨丨法　詳行　正書之小簡書　此
知作者姓名　衛恒傳　爲者　兼真者爲行真　帶草者爲行草　簡書　畏
出軍　丨丨　詩　圖書　蕭何入秦丞相府取　七書　孫子吳子司馬法唐太宗李衛公尉繚子黃石公三略太公六韜　揔
丨丨　圖書　文籍　丨丨藏之　監　問尉繚子黃石公三略太公六韜
百一十　漆書　孔壁　汲冢竹簡科斗　爰書　張湯劾鼠掠治傳　丨丨　傳獄書也
四篇　漆書　皆丨丨　仇池筆記　丨丨者趙高作丨丨　垂教李隸丨時獄
史書体　柳書　唐丨丨公權　善丨　外夷入貢　詒書　叔向丨子產丨子產丨
皆用此　柳書　皆引署　貨物曰　丨丨　詒書　左　子產復書　寓書於子西以

告宣子　左　丨丨　奇書　黃耳丨丨事詳犬○　殷浩還豫章　貴游丨丨百餘函　殷至板
後漢二十四　奇書　橋沉於江　曰沉者自沉浮者自浮　殷洪喬不能作致書郵　晉
春　借書　晉皇甫謐　就武帝丨丨送一車与之　丨丨一　麼　事詳　麼　趙宋和
晉　借書　篆知制誥　每草詔閉戶精思　偏覽群籍　沙州表求經藏碑丨　佛丨数
千卷　人　笑　抄書　白首尚丨丨　國　封禪書　相如家　茂陵爲一卷書　未死時曰有使者來
之　國史　抄書　丨丨國　封禪書　求書奏之　乃言丨丨　○　茂陵它日求遺　稾
猶　喜　曾无　封　賢能書　鄉老及鄉大夫群吏獻丨丨之丨于　進　遺書　李泌　咫尺
禪書　漢相通詩　賢能書　王　王拜而受之　登于天府　天地官　遺書傳
書　廣武君曰奉一介　中涓書　万石君爲丨　讀父書　趙以趙括代廉頗爲將　藺
丨丨之丨　史記　丨丨受丨謁　讀父書　相如曰括徒能丨丨傳
不知合變　吳顧愷每得父書　酒掃　五車書　詳　行秘書　唐太宗出行有司請
斂襟拜跪　讀之每句應諾　畢復再拜　五車書　車　載書以從太宗曰虞
世南在此　丨丨　家　不中書　中書君宜　絕交書　晉呂相作絕交書　嵇康与山
丨丨也鄰　侯書　多丨　韓　不中書丨丨　國　絕秦書　丨丨　困　絕交書
濤丨丨丨曰不喜作書　而人間多事　堆案盈几　不相酬答則犯教傷義　換羊
欲自勉則不能久　選　○　管城子无食肉相　孔方兄有丨丨丨　谷六卷
書丨丨披帖爲丨　種樹書　長把丨丨丨丨人　三千乘書　張華徙居載書丨丨秘覽
丨丨詳羊　種樹書　言避世之士　韓　三千乘書　丨臨貧華本以取正　晉書
萬卷書　唐李泌　頗一見秘書字崎曰秘閣万卷豈時　王充家貧常
書　日能　狎邪未戔辞去　蠟試問奥篇丨辨如響　閱市　肆書　於洛陽市肆

閱所賣書　一見能　誦　家博通諸家　天祿校書　劉向事　詳閣　地上披書　詳　復曝腹曬書　郝隆七日見　隣
人曬衣　隆丨丨
于庭曰　我丨丨　腹中　世說　門　腹藏書　楊氏　書　被人盜　尽矣　崔季珪　女崔留　函　籍　珍頗　遊其家　既而曰崔
氏青　被人盜　尽矣　崔遂令檢之　玠丨丨　曰已藏之經
筍矣　得劉公書　刘弘　任荊州刺史　每有所　輒手書守相　叮寧欵密　莫　子子公
詳　藏　得劉公書　不感悅　咸曰丨丨一紙丨賢於十部從事　晉陶潛　紀
書　漢陳咸　滞於郡守　数賂陳湯　書曰即　雙　鯉素書　客從遠方來遺我
蒙子公力　得入帝城　死不恨　湯字子公　雙鯉素書　魚呼童烹鯉魚中有尺
丨丨長跪讀素書　書中竟何如　柳毅傳書　柳毅　唐人　下第歸至涇陽　見一婦牧
上有加飡飯　下有長相憶　古詩　柳毅傳書　羊　曰妾洞庭君小女　嫁涇川次子
爲婢所惑　得罪舅姑　毀黜至此　敢寄尺牘於洞庭之陰　有大橘　擊樹三
當有應者　毅如言　見千門万戶　曰靈虛殿　一人取書進之　君泣曰　老夫之罪
使孺弱　惟言未畢　有赤龍長万丈　擘天而去　俄而祥風慶雲　幢節玲瓏　紅
妝千百　中有一人　即寄書者　乃宴毅於碧雲宮　辞去　後毅娶盧氏　貌美　曰予
即洞庭君女　涇上之辱　君能救之　茲奉閨　讀十年書　沈彬之曰　早知窮達有
府　求以爲好　同歸洞庭　莫知其迹　異聞集　讀十年書　命　恨不十年讀書　南史
共君一夜話　窮愁著書　不得意乃著書　八篇　史虞卿傳　○　讀書爲書　唐張參
勝丨丨丨　窮愁著書　太史公曰丨丨非丨丨无以自見　讀書爲書　爲司業
年老　手寫九經　以　異人異書　袁彬　人稱其才　進曰不見丨丨　當得丨丨丨　○人
爲丨丨不如丨丨丨　異人異書　疑蔡邕得異書　搜其帳中　果得王充論衡　後漢
大書特書　退之下筆德有經　將丨丨丨丨　善效人書　魏　鍾會与鄧艾平蜀　艾先
大書特書　不一書　昌　而已也　韓昌　答元　稹　善效人書　入成都　會丨丨丨丨乃艾
章表　皆易其言　學人字書　首乞　劍直百万　有母　鍾夫人　許　鍾會善書　乃　学荀
令　悖傲　驕伐　學人字書　手迹作書与母取劍　不還　後鍾兄弟起宅　荀　勖　大
傳其父形容　如平生　二　鍾　見　世說　牛角掛書　唐李密字元邃　蒲　鞯　乘牛　挂漢
入門感慟　宅遂空庭　世說　牛角掛書　書角上行且讀　楊素奇之　一本　不整草
書　席豫爲子弟　傳　吏　不作草　魚腹帛書　陳勝以丹帛書曰勝王字　置丨丨　匈奴
書　草　草書　卑有分丨丨丨　魚腹帛書　中　令賣之　買者烹之得書　本傳　丨丨　匈奴
媛書　高后無于　詣書　同馬光薦　劉安世充館職　曰光嚮居　足下問　沉陽托書　孔
媛書　后無于　訪不絕　光居政府　足下獨無書　所以相薦　沉陽托書　翊
爲洛陽令　置水庭前　得囑托　皆自吞書　陶侃爲荊州　遠近　得螢尾書　許
書　皆投水中　晉書　先賢傳　皆自吞書　書疏莫不手答　得螢尾書　尾　活套
屬丨丨羽丨除　舒　詩　匪安匪　汉漢　丨丨　日舒　化国之丨丨　監舒　月御曰丨　素舒
丨丨誦殘丨丨　舒　大宰　用之者　丨丨日舒　以長詩　日　監舒　淮南
斉　敬皇后　哀冊　丨丨丨是　卷舒　簡編可丨　全　發丨慘丨寬丨眉　人名
丨丨　仲　德月也　荊　舒　懲　國　卷舒丨丨　丨体丨柳眼丨丨　董　仲
尚　温丨　截蒲爲書　魏丨　晉人成宅相　張　文丨　張之弟也　並善草　姓氏　京兆
書　舒　丨　稱　家　詳　家　丨　淵明長子　顏　脩　无匹　能丨　丨　沉　伏父　音舒子
之後　以国爲姓　丨　元輿　唐　婺州人　裴度表掌書記　文　擬　豪健　一時推許
獻文　闕下　不報　上書自言　所上八万言　皆　錄精粹　出入今古　可輔教化　豈主

二五九

父可比哉　唐文士遺文然尤四篇遺甘露之禍死文宗觀其牡丹賦為之
泣下詳丹　丨亘　趙宋人字信道明州人縣兩路分奄疆界命亶往至則示以
朝廷威信夷人以肉置刀頭啖亶亶以口承之衆皆歡呼　丨遜　東坡与煥從
舟得臨醆字六首　東坡文　東坡祈雪霧豬泉坡有詩贈堯文云願君發豪句
複姓　唐哥丨翰　半段槍詳槍　鵕似鷂　紓緩也　琭美玉一曰易也或作柔　○居九魚切　語丨　謨丨申
申孟　逆丨无教　与木石丨　廣丨　易　兇丨野処　孫陸　書　蕩析离丨　盤庚　出
入起丨　晁命　家語　与善人丨詳室　記　閑丨　漢高紀　安能擣擣久丨　此乎　楚辭
卜帝居天丨所丨有紅雲擁之　酒誥　越百姓丨丨丨　公孫卿曰仙
丨帝居詳雲　山同壯丨丨　陶詩　里居注致仕居田丨者　媿居人好丨丨　史　鳥
居聖人丨丨而鷇食。居居自我人丨丨　國　傲　三居五宅丨丨丨　書　流罪有化
居如丨鳥之丨无常処　居居狠无相親之意　遠有近有遠近之中
居懋迁有无丨丨　易　貨也丨所積也　索居子夏曰吾離群丨丨久矣　禮記　府中居譚之丨丨　韓　水竹居謝姓從來丨丨
丨　群丨　陸賈　者丨　人名丨　姓氏　鴈門官音　晉大夫先且丨之後漢有求城侯丨般　裾衣後丨也　華裾丨丨
纖舞青如　轄裾飄丨丨翳　霞裾待我丹成馭風去　借　鄒陽曳裾上書曰臣
慈　李賀　長袖　韓　君瓊佩与丨丨　國　飾愚陋則何
王之門不可　辛毗引裾　魏文帝欲徙冀州十万戶丨丨諫
曳長裾乎　國　辛毗引裾帝不答而起毗隨而丨其丨　魏志　陸參　丨帝丨長丨襟　丨香丨錦丨
振丨整冠丨　國　珸佩玉名佩有瑀琚佩玉丨丨　報琪琚言語傾丨　人名丨奕
韓　老萊丨　國　珩璜丨璣　瓊琚之以丨丨　武詩　琪琚丨　孟郊
杜贈詩　豆蒄梢頭惟萃萃　王　据槓木也木腫節可　据戟柄也　詩　予手拮丨
佐明皇平內難号內相　為杖　詩　其檉其丨　鴨嘲　手執脊曲局如
戟　宮　鞎車　黃帝作丨　詩　大丨艦艦有丨轔轔　詩　丨局　巾車　周禮　丨脂轄
也　也　軌舟丨所至　淮南子　古者觀轉蓬為丨　注主車
之官。又丨猶衣也　犯丨丨之清塵　漢相如傳　銅車抗　漢　丨丨　齊　禮　檀車
以衣飾丨故曰丨丨　屬車大駕丨丨八十一乘　銅車　漢書注太子　輦車
後漢劉　耳不聞丨　轋車鸞丨　轢夫人丨丨　牛車漢初將相　鹿車白首歸
丨之声　安車也　錦車持節　西域傳　或乘丨丨　乘一丨
丨羊車晉武帝寵者甚衆常乘丨丨恣其所適宮人取竹葉插戶鹽汁灑地引帝車。衛玠風神秀異乘丨丨入市見者以為玉人　晉書　轝車
唐其羲御史以丨羽飾丨　飛車奇肱国民能為丨丨　革車　孟　巢車車上為櫓
豎見泉中魚家察微隱也　飛車從風遠行　博物志　成十六注
前車丨丨覆後　後車見上。又史世家丨丨載已坐　崇車丨丨　日晉中　闔　皋車皋舟曰丨　專車和
車戒　賈誼　文王丨丨載已坐　崇車丨丨　詳皋　驕
為中書令恥与荀勗同　器車　記禮運　山出丨丨　追鋒車晉宗室義陽成王望時高貴
乘每丨丨而坐詳坐　鄉公好士公性急以望外官
特給丨丨丨武賁五人　三望車宋沈慶之給九杖丨丨丨慶之每朝賀常乘
每有燕集亦勉至　二　贖身无　車履行田園過之者不知三公也

又賜九杖丨丨　戶牖富人　下澤車
並因疏　國　長者車　陳平少貧以席為門然門外多丨丨　以女孫与之
馬援傳　張負曰固有美如陳平長貧者乎
詳良　花外車　司馬溫公居洛登崇德閣約康節不至詩曰　薄板車　老子乘
林間高閣望已久丨丨小丨猶未來　聞見錄　青牛丨
丨丨度　虛左車　魏公子丨車丨　出無車　馮驩歌曰長鋏歸丨丨　詳劍　乘轅車　王導妻曹
閔　詳牛　自迎侯生　國　來乎丨丨　挾車　性妬導密
置衆妾於別館曹知而將往導遽命駕以麈尾柄驅牛而進司徒蔡謨戲曰
朝廷欲加公九錫導謙退而已謨曰不聞餘物惟有丨丨犢丨長柄麈尾導
大怒　詐漢王車　項羽圍漢王將軍紀信乘王車黃屋左纛曰食盡丨丨降楚　高祖紀　破公主車　後魏高道穆為御史尉莊宗妹
壽陽公主行犯清路執赤棒卒呵不止道穆令卒丨丨訴于帝帝曰清貞之人豈可責　誤中副車　張良擊秦皇丨　詳推
棒丨其車丨丨　丨丨丨　驛
服鹽車丨丨丨而上太行伯樂遭之驥俛而噴仰　于公高車　于定國父
門閭令容駟馬丨蓋丨　而長鳴者何也見伯樂之知己也　戰國策　丨曰可高大
吾子孫必有興者　詳于　黃霸高車　霸任刺史詔賜車蓋特高一丈以彰有德　申公安車　漢武安車蒲輪迎丨
国　千秋小車田丨丨年老得乘丨丨　國　廣德懸車　薛丨丨　帝賜安車駟馬
入宮殿因号車丨丨　歸沛丨安丨以為榮傳之子
孫　范式素車丨丨　字巨卿張劭字元伯相友善劭卒式夢劭呼曰巨卿吾以
某日死某時葬子豈能相及式馳赴之未到而喪已發將至壙
柩不肯進其母撫之曰元伯豈有望邪移時見有丨丨白　慶封美車　車丁李
馬号哭而前母曰必巨卿也式因執紼引柩乃前　後漢　丨丨獻
武子丨澤可以鑑　左傳　阮裕焚車　晉　丨丨有好車借无不給有人意欲借而
叔曰車甚澤人必瘁　國　不敢言裕聞之曰有車而使人不敢借何
以車為命　醉者墜車丨丨之丨丨不害　不忘巾車　馮異光武按地巾車鄉扳
焚之　國　者其神全也　莊　異尋還歸後異朝京師曰
小臣丨敢丨　兩　詩　丨丨出丨勞旋師也　小雅　大丨刺周大夫也　禮義陵
丨丨之恩　國　陸參　丨　豎男女淫奔无將大丨大夫悔將小人也　交小
暨　人名　徐丨　名續耳贖　鴡鴨丨雅鳥也　鵰音四又　渠强魚切　詩夏
而事无不知詳反　鶉丨海鳥也見左傳　○渠屋丨丨權輿
迮深廣兒　古宕丨地渠　白渠丨公穿丨溉田　汙渠清濁映　石渠漢藏書閣
立丨州　國　吟詩正億丨　白渠因名丨丨　漢書　丨丨名詳閣
雉渠脊令丨丨也　詩　廣渠鳥名丨丨似鳧灰色雞　卑渠魏文有丨丨碗賦　芋
鑿渠　爾雅注　本作鷄　脚一名草渠即今水雞　玉之屬本作磲
渠其士毛則蓑荷丨丨　犀渠家有鶴膝戶有丨丨　吳都注皆　奸渠丨丨必
後　馬融傳　即芋魁　楯名　奉文丨之丨　國語注甲也　剪　劉昭
匡于渠兒識父母丨丨　乘渠滄州有流丨丨泛金石不沉州　溫香渠石虎浴
晉　車渠笑悅　劉子訓傳　人以石鉄為船　游覽　相感志　池百雜
香袞湯水中浴罷洩　龍鱗渠隋煬帝築西苑其內為海十餘里海北有丨丨
水名丨丨丨　拾遺記　丨衍注海內緣渠十六院門皆臨渠每院以四

子部　第三册

品夫人主之乘輿游幸競以珍羞相高（本）強八集詳強十二渠西門豹爲鄴令開||溉田得其水利民因富足（史記）||灌||濟||（結套）
通||決||開||勤||（人名）詳石鷄||射石没羽||名載鶊鶊||春鳩也醵合錢飲酒又御藥韵渠美||紅荷也
籧||隅抽籧||（李）籧篨||篨粗竹席又（詩）||篨不鮮（注）不能俯者碟||碑||石次玉也詳渠鐻金銀器名璩環屬戎貫耳
腒鳥腊也傳曰堯如腊舜如||遽||麥也又（註）||||然衛籧||知非不去几籧伏羲||之所
行終而況敢行者乎||於||（選）周也（注）自得皃詳蝶衛籧||（賦）
（列仙傳）人間也古帝王名審籧（禰衡傳）武子伯玉||（宮）籧||籧||（戰）（姓氏）衛賢人（伯玉）○
余以諸切亦作予（詩）胡寧忍||或敢侮||||起予商||（論語）者愁予目眇眇兮（楚辭）
女轉弃||（書）予獨後||（離騷）甲甲其罟||
陳趙予坡与陳續常趙景貺合歐陽家作詩云麥田||景貺曰此句法甚辛丞負予崔斯立曰余不負丞而||||
詳沮予||||於賢（人名）（字）（出）秦（姓氏）（姓）下邳商音秦由余之後代居歙州
丞沮予人之閒（莊）（韻）唐開元太宰博士（有）有孝
行父亡號叫而絕奏改其里爲孝行里（南史）（謝）字安道趙宋人居韶州迁
集賢校理論范仲淹不當貶坐落職知秦州慶曆中除右正言數言事合意
迁知制誥三使北戎（詩）旟州里所建鳥隼取其勇捷（詩）況設我||（近）干旟子子
時相忌之出知吉州（周）旐維||矣旡羊（唐中興頌）千麾万||干旟旟
（韻）句玉二
||（詩）風旟世事曰反覆翻璵璠||魯宝玉雒大雞（韻）十四輿蕃庶皃（詩）我黍||
||||如||中||（國語）||又威儀中適（語）
（千首）||如也輿||（孟）||方物（前漢）||||譽（語）誰毀誰（韓）況望多名||一人毀譽李布
如也輿（孟）開封也||○王福畤有||兒齊詳齊||||日陛
下以||||之言而召臣以（劉）亨封毀譽齊威王召即墨大夫曰毀言日至吾使
一人之毀而去臣詳毀人視即墨田野闢人民給官无事東方
以寧封之万家召阿大夫曰譽言日至吾使人視阿田方朔自譽||上書
野不闢人民貧餒是日烹阿大夫及左右嘗譽者（史）高||称||
上偉之令待詔公車○又||||曰拔劍割肉何壯也歸輿（易）君子得||（左）
遺細君又何仁也上笑曰令君自責更復||||詳肉僕臣||（注）弥賤
者堪輿天地總名||坤輿||爲大方輿漫漫||||（東）扶輿||綺靡（相如）（付）
也堪輿天道||地道坤輿||（論衡）方輿（晉樂詩）地也扶輿佳氣皃○中州清
淑之氣蜿蟺||（韓退之廖道士）籃輿自適（陶潛傳）||||亦足肩輿言韋忠諫任紛
||（韓侯廖道士）籃輿向承||||||亦足肩輿言||||以朝板輿晉潘岳微雨新
夫人乃御||||遠覽王戚近周家園或宴于林或禊于汜昆弟班白兒童稚
齒孫万壽以獻觴或一懽而一喜壽觴举慈顏和浮杯樂飲絲竹駢羅頓足
起舞抗音高歌人生||安樂孰知其他（晉）題輿||周環辟陳蕃爲別駕不就環||別駕辟輿唐申王
安樂孰知其他（晉）||曰陳仲舉坐不復更辟蕃起視戰醉輿每醉使
宮妓將錦綵結一兜子擡德輿令名||之禮輿||敵||之||假輿||馬者非
歸寢室號曰||||（遺事）||也（左）也（左傳）利足也而致

千里（荀）駁輿馬||||則君子賦輿晉人曰群臣卒||||爲||||不承||||（語）
（新序）||駁輿不安（荀王制）（成二年）兵車也權輿始也造衡自
||始造車兕輿神馬載||（國語）詳輪六尺輿皆天子所与共||||者執靶附輿駕齒滕
自||始兕輿||（國語）詳輪天下英豪（袁盎傳）||||轅靶附輿驂乘黃
王良||||韓哀||||纍騁馳
鴐忽如景蘇（貨殖頌）又詳馬覩導毋輿崔邠字处仁迁太常故事始視事大
人榮上殿載輿鍾繇閱四部樂邠||||||公卿避道都
之||上殿載輿事賞高行輿||||以簣輿前注編||木爲（結套）輪||（孟）地
||政||奪||||（詩翁）權||剌康（人名）（張耳傳）亦曰笥輿詳笥||乘||玉
竹||笥||公也素（語）慎言其||慎行其||（爲政）（孟）||粟||布（滕文）（易）
詳飯又孟子字子||（楚辭）楚（注）（經）唐人（顏）||名崰有餘癖（字）（家語）果飯問子孫病
（積德）筆諫詳諫||餘||慶||殃（左）婦||於終（孝經序）糟粕之||（朱雲傳）
以厉其||（韓）紆||爲姘○東三餘董遇曰学者當以||||冬者歲之遺餘曾
壁||光詳烛賈予||勇詳曁三餘餘夜者日之餘陰雨月之餘（魏略）遺餘不
補其||者余道之真以治身其||||以爲国羨餘獻||||（学）餕餘婦盥饋舅
||（韓文）緒餘家其土苴以治天下（莊讓王）羨餘（文融傳）餕餘姑食辛婦
（記郊特牲）||私之也羸餘馬少游曰但取衣食才足殘餘烏鳥争餕餘晉重耳曰其
||||私之也羸餘致求||||自苦尔詳鳥殘餘||||（國）波餘||及晉国者
君之||幣餘以九賦斂財賄九曰||||之賦（周天官）謂占賣国閏餘史正||
也（左）幣餘中之行幣皆本作當增賦者若今賈人倍筭矣閏餘||（史天）
（韻）句玉二
（官）王餘吳王江中食鱠有餘弃於（玄）||||魚蝦有餘（前韻）不足（韻）十五||（谷）吳甜餘一桃||
||琴（人名）（陳）（國）渼人（盧）鰵||亦作与（語）歸||歸||（記）（婦官）渼人||||（谷）吳甜餘一桃||（國）（結套）||詩
曰||（詩）如何新||（臣工）（韓）誰之過||（詩）猗||那||有婕||（爾雅）一歲曰畬
經訓乃畬||互見畬（結套）新||經||○定||月○相居切（書）||訓告||教誨（无逸）二歲曰新三歲
此鱷胥||||与竹萌乃不美羊腔（谷）（苔謝公定）若蝶胥（注）||亦名||也徒胥
民給徭役者若象胥（周礼庖人注）說文||醢也||||（礼）小胥（注）小吏
||||衛士詳徒象胥通夷狄之言曰||||（礼）小胥詩听||||抄追胥年豐村
（谷）||諸胥木擁槍壘以爲||||（錫雄長楊賦）木擁柵其外又以竹槍壘爲外儲
||儲胥軍中藩籬也一曰||待也||須也有儲畜以待所須○風雲長爲
護||||（李義山謁孔明）華胥黃帝夢遊||||之国扶胥南海道八十里||||赫胥氏（莊）||||
（馬融廣成頌）注上古既覓天下大治詳夢扶胥之口黃木之灣詳灣赫胥||||以
帝王一云炎帝靈胥||習御長風狎翫燕胥侯氏||樂胥君子||淪胥||||以
卒也||相也相||||（選吳都賦）||（詩）||（詩）鋪（詩）
引鋪徧得罪董胥下獲||||之辜（嵇叔夜傳）||胥相也相熏以得罪憎餘胥周公曰愛人者及其屋
||||討狼居胥宋王元謨北伐帝曰聞元謨胥上之烏憎其人||其||
封狼居胥之言使人有||||||意（結套）閭||大||（人名）（王元謨）楚人吳人（姓氏）

琅琊羽首　春秋時衛有丨申父丨弥敌晉有丨偃丨臣晉丨臣佐下軍
上德也左傳二十八丨偃宋人字安道漳州長沙人好事柳開曰公有名
於天下 諝 智也孔胥徒 詳胥讀為丨 蛆 曰蚯丨虫名 糈 丨粮也 疽 瘫丨七餘切 吮疽 吳起与士卒
疽者起讓直養癰丨丨 人名 侍人丨衛 苴 麻之有子者又披讀道藏經冶之
自丨之譏疽 杜根傳 用士丨押在魚韵又袞用丨竹杖 有病同甘苦
○互見子余 督 九月丨丨 詩 丨拾也 人名 亦在此韵 沮 書 東會丨 丨二水名 山戴石 處詩
切丨字下 司馬援丨 又丨 張良丨擊丨 徐七預切 袞狙 丨丨 智誠
彼 狙 丨猿猴 屬 韓 偶然章服 丨 衆猿丨 丨嗟 丨 餧便甘寢 何畏猿与 狙 丨
笑 丨又伺也 粗頭勿出口他人丨丨 ○張良擊 徐七預切 巧狙 王 丨 登于丨狙之 一狙走
列黃 詳狙公賦芋朝三莫四丨丨皆喜 詳莊 丨 澤 丨 陰姤 沮 巧狙 山衆狙走 一狙
圖 君丨 狙 朝四莫三丨丨 皆喜 詳莊 列 沮 丨 陰 姤丨丨 丨
委蛇 攫搔見丨 於王 王射之 敏給搏矢趨射之 丨 詐 狙 御得其道狙丨
死王曰丨之伐巧恃其便以傲予至此極也 國 丨 詐狙 咸作使 臨閭道 雎 王
摯而有別 又氏云即 關丨后妃之德也 詩 趄 丨 其行次
杜鵑詩丨鳩是也 詩 丨 之德也 人名 詩 范丨 越 且字 其義同
士魚切 亦作鉏 鋤 不見公与相起身自舉丨 春鋤 丨丨 丨 疑 經鋤 丨倪寬 而
○芳蘭當門不得不丨 詳蘭 又 春丨 鷺也 鋤 丨丨 丨 而
休息則讀 借父耰鋤 秦俗 丨丨 丨丨 而去之 淵明把
誦詩倪 鄉 處有德色 賈 傳 美類 者 鋤 丨其 良 輟 倪寬傳 指諸呂

助 豈比陶 丨丨 竊苦 自 丨丨
鋤 疑 雖有 荷 助 倦 湘 谷 詩
勳 民相助也 撙 詩 抽居切 似 椿名 山椿 又名 虎目 捷 脫 丨 處 袞如丨 蒲子故名 事 詳 丨 緺
絕墨 小枝卷曲不中規 莊 樗 吾有大木人 謂之 丨丨 其木擁腫不中
矩 至於 逢匠者不顧 丨 謂之 丨丨 國 新 樗 舍 丨 官 道 樗 我方神其
丨丨 人名 樗 詩七月 丨丨 虫 社 樂 丨丨
圖 故 丨 憑 龍攄蛇 丨 雲布 丨 攄 己攄 丨丨 閒 丨 怠丨 涯 丨 謀丨 攄 蒲丨
也 姓氏 秦相 攄 也 附 圖 括 襄
○又分也 雷 禹 丨丨 九河 王 名 人名 璩 丨 所 菹 切 通作 疏 盛 疏 踊 戚 丨 東 舍 丨 草 丨 立 苗
熙布 佽 丨 爵 而貴之 九河 疏 欲疏 訊 情 丨 貌 親 史 記 禹 飲酒 吉 疏 儀狄
綺 疏 蝦 晃 於 丨丨 太公 丨 曾中丨丨 无 然 恩 離 疏 丨丨 鐸 跳 而 享
系 蹤 戶 疏 怨也 又 梁 冀 傳 門 疏 丨丨 之服 君 疏 其丨丨 以 慮 疏 嵇康 与 山
素 知吾 濟 碧 疏 寒 窗 丨 容 怨也 生 疏 老宿有語丨丨 人名 括 囊 丨 計丨 跡丨 影
○ 常令 松 熟 詳 丨 處 一 文 學 丨 空丨 分丨 慵丨
通丨 閒丨 闊丨 頑丨 蕭丨 二丨 迂丨 曉 鍾丨 樹 人名 免 被 詩 丨 以 病 東海
扶丨 礼 法丨 信 音丨 兩丨丨 數 斯丨 綠 鬢丨 姓氏 音
乞 骸骨 歸 漢 太子 太傅 与 兄子 少傅 並 疏 広 給 屬 後 出 孫 衛 著丨 巾 晉 成 倍 時 常 藏
踈 丨 丨 八 及 有 丨 丨 靴 空 竭 惟 有 丨 數千 端 王 曾 書 ○丨 裳 竹

詩 許 蔬 漢安帝時李舍 嘉 蔬 孫 宋 廟 祭 丨丨 瞶 豆 亭 臺 疑 丨 蔬 四時 蔬 丨 水 蔬 詩 來
壽 詩 顏 散 拗 為 園 丨 日 丨 詞 曰 蔬 丨 丨
獻 熊 狀 水餅 弃 蔬 鮑 焦 周末人不仕 採蔬而食 子貢曰今子惡其君 處其土
嚼 丨丨 容 食其蔬 何志行之相違乎 鮑子遂丨其丨而餓死 韓詩外
鼠 壤 蔬 之餘 弃於 丨丨 有 餘丨 刑天道 謂 食 蔬 晚丨 春丨 野丨 蕪丨 通作 疏 撈
噫 蓬 頭 墮 不 眠丨 居貝 蘇 傳 忠 諫 丨 不愛物也 話 盤丨 五 畝丨 无名丨 梳
猶 髮 之有丨 疑 衰 髮 不 滿丨 爬 梳 蜂 也 蟻 雜 不 曉 蔬 韓 丨丨 丨也 水晶 梳
月 高 雲 插 油 木 梳 坐 上 若 无丨丨 一 束 可丨丨 蔬 髮 梳 阿 房 付 丨丨 也 水晶梳
谷 丨 龍 炮 鳳 都 成 虛 詳 點 括 不丨丨 虛 朽 居 切 易 係 消 息
史 察 更 名 下 定 无丨 士○ 魏 公子 車騎 紫 虛 洛 鳴 雁 於丨丨 盈丨 詞 実 若丨 国
丨 左 自 迎 侯 生 詳 車丨 舟 飄 不 詳 舸 李白 獨 付 天也 太 虛丨丨 道 不 遊 六
盧 易 系 詳 周 流丨丨 清 虛 月 宮 廣 寒丨丨 集 虛 惟 道丨丨 孤 虛 日 辰 不
丨 史 龜 策 傳 注 日辰六甲丨丨 如甲子 旬 戌 書 堯 典 丨丨 全曰丨
亥 為 丨 辰 巳 為丨 又 風 角丨丨 李 靖 傳 器 虛 歌 詳 新 腹 虛 空 丨 韓 憑 虛
御 室 虛丨 生 天 風 吹 下丨 声 詳 臺 及 声 此 擣 虛 丨 批 亢丨 亢 虛
風 國 空 虛 白 詳 室 步 虛 声 備 言 衆 仙 縹 緲 輕 舉 之 美
叟 流 雖 以 逃 虛 青 林 嗟 我 似丨 賦 子 虛 相 如 作 括 囊 九丨 碧丨 冲丨丨
賈 付 丨 荆 公 詳 人 子 虛 丨 靜丨 謙丨 凌丨 人名

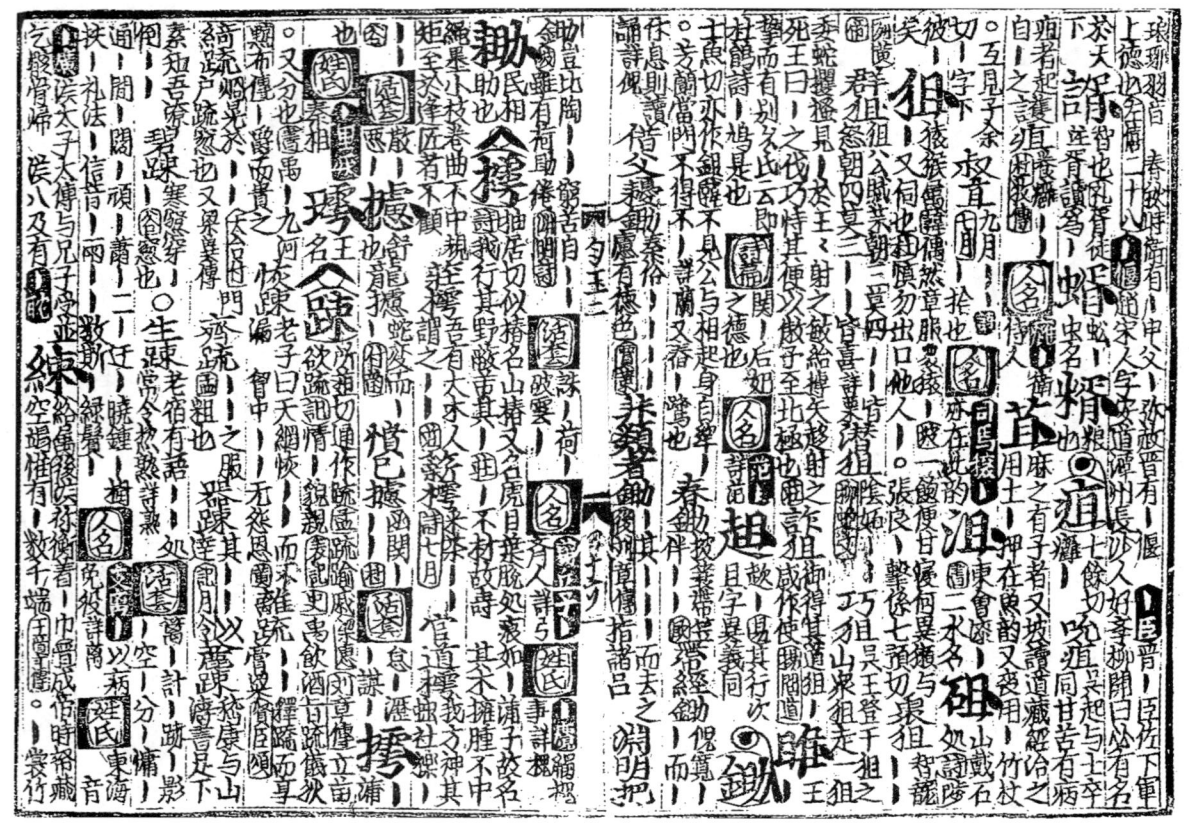

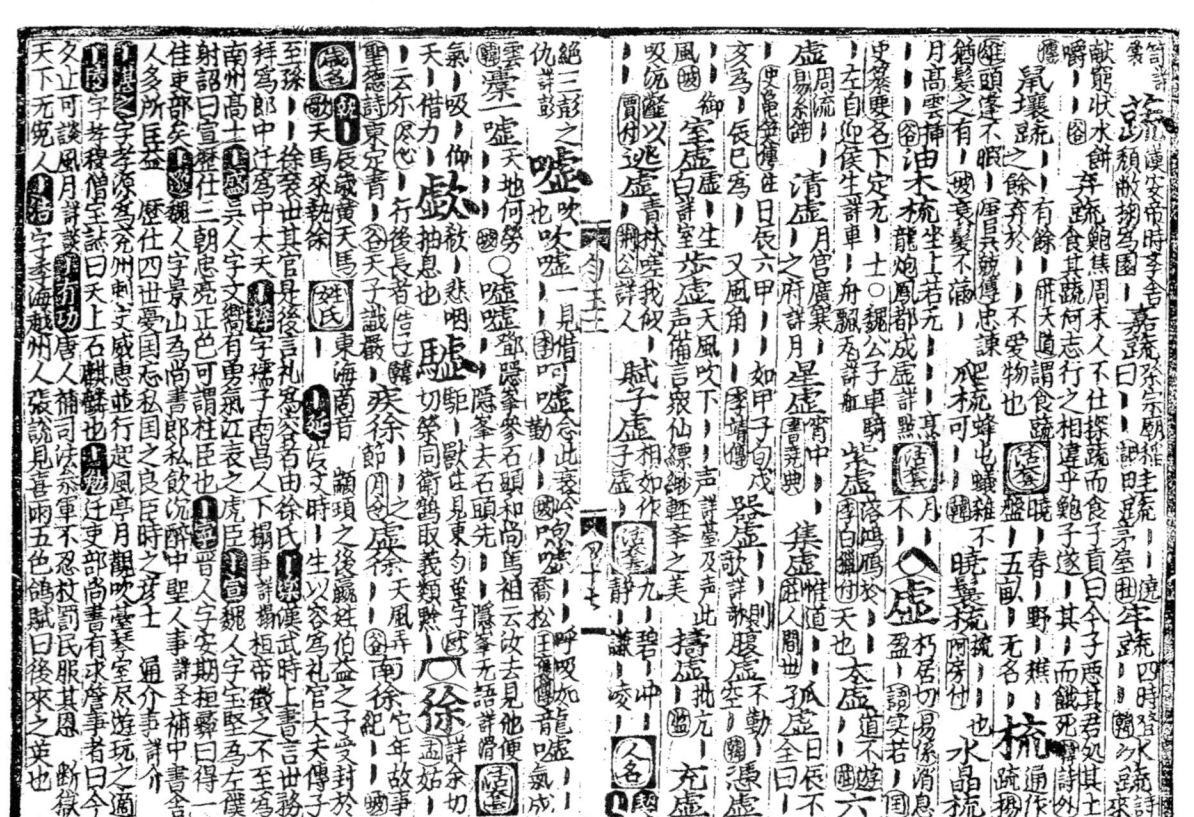

絕 三 彭 之 噓 吹 也 吹 噓 一 見 借 書 呵 噓 衾 此 衰 吟 國 噴 噓 丨丨 呼 吸 加 龍 噓 氣 成
仇 詩 彭 丨丨 丨 勸丨丨 喬 松 王 褒 傳
雲 韓 稾 一 噓 天 地 何 勞 ○ 噓 噓 鄧 隱 峯 參 石 頭 和 尚 馬 祖 云 汝 去 見 他 便
氣丨 吸丨 仰丨 欷丨 悲 咽丨丨 隱 峯 去 石 頭 先丨丨 隱 峯 无 語 詳 滑 括 囊
天丨 借 力丨 歔 抽 息 也 驉 駏丨 獸 生 見 東 匀 蛩 字 丨 徐 詳 余 切
丨 云 亦 尽 也 丨 行 後 長 者 告 子 驉 切 禁 同 衛 鵲 取 義 類 黙丨 孟 姑丨
聖 德 詩 東 宅 青丨 谷 天 子 識 嚴丨 疾 徐 節 月 令 之 虛 徐丨 天 風 弄 谷 南 徐 紀丨丨 蟲
㪍 就 丨 辰 歲 黃 天 馬 丨丨 姓氏 東 海 丨 音 顓 頊 之 後 嬴 姓 伯 益 之 子 受 封 於
歌 天 馬 來 執 徐 丨 延 沛 文 時丨 生 以 容 為 礼 官 大 夫 傳 子
至 孫丨丨 徐 袞 世 其 官 見 後 言 礼 為 容 者 由 徐 氏 丨 樂 漢 武 時 上 書 言 世 務
南 州 高 士 丨 盛 吳 人 字 文 衡 有 勇 氣 江 表 之 虎 臣 丨 宣 魏 人 字 宝 堅 為 左 僕
拜 為 郎 中 遷 為 中 大 夫丨 穉 字 孺 子 南 昌 人 下 榻 事 詳 榻 桓 帝 徵 之 不 至 為
射 詔 曰 宣 歷 仕 二 朝 忠 亮 正 色 可 謂 柱 臣 也丨 邈 晉 人 字 安 期 桓 彝 曰 得 一
佳 吏 部 矣丨 邈 魏 人 字 景 山 為 尚 書 郎 私 飲 沈 醉 中 聖 人 事 詳 聖 補 中 書 舍
人 多 所 匡 益　歷 仕 四 世 憂 国 忘 私 国 之 良 臣 時 之 彥 士　通 介 事 詳 介
丨 陵 之 字 孝 穆 為 兗 州 刺 史 威 惠 並 行 起 風 亭 月 觀 吹 臺 琴 室 尽 遊 玩 之 適
久 止 可 談 風 月 詳 談丨 有 功 唐 人 補 司 法 參 軍 不 忍 杖 罰 民 服 其 恩　斷 獄
天 下 无 冤 人丨 浩 字 季 海 越 州 人 張 説 見 喜 兩 五 色 鴿 賦 曰 後 來 之 英 也

字元因聖曆中楊再思引爲判官屬文典厚有鳳閣舍人樣　字復
之李進士不中退而李易名沖晦處士　趙宋人字鼎臣與韓𨻶載齊名
江南謂韓徐　雍伯種玉得徐氏美女　詳叠晉王濬妻徐邈女　於　央居切志丨丨據丨依丨遊丨　側冠昏之所丨
幸相丨　良友　地名　軟封處　商丨商　於　后山詩乞我黃丨十里　泥　吹　笑也　豬　陟魚
切與豕彘豚通用　易說卦　艮爲黔喙之屬。丨丨　婁豬　求子豬也　兄定爾丨丨　盍歸吾艾
豭　左昭十　氏兄弟五人共養丨賣人
稱烏將軍　將軍　擾擾泥淖計無異鴨與丨　馬氏豬　丨丨　日死中三公門下二卿五門
龍豬乃一丨　㝹　豭豬王逸少云凡字多肉　墨客　丨丨殺丨問母何爲曰欲啖汝母悔曰適有吹
龍豬一丨　少骨謂之丨丨　東家豬孟子聞丨丨知而欺之是教之不信也乃買肉以食之　韓外傳
嘆嘆但聞豬　三輔決錄
声　豬水所停曰丨通作豬　書彭蠡既
字牧豬商丘子晉好丨丨七十不老　瀦豬　大野既丨　被孟丨　左　規
娶食老本昌蒲根不飢不老　豥　礼注豬丨有所　閭　巷門也
偃丨從下濕地偃於建反　歐　出門愁豥　表識也　栻也　中居切里
浩渺開戶恐爲丨　谷　江湖魚鱉丨丨　唐楊炎傳　入閭丨為四閭爲族
比閭五家爲丨五丨　州閭　周礼　稱門閭于公高大丨丨　詳孟
比閭比爲丨　孝　曲礼　户閭詔表丨丨　爲鄰　鄭注
左閭秦發閭丨之戍　前食貨　居里門之左　式閭　侯過段干木之閭則式　異閭
左一切發之末及發右而秦亡　丨商容丨　武成　○魏文

所入遂丨丨　韓　充閭　賈充言後當有丨丨之慶故名公閭　倚閭　王孫賈母曰汝莫出而不　踦閭　晉二十大
丨丨而語　穀日　公羊宣十七　閭當道門閉　尾閭　天下之水莫大於海万川歸　夫相與
一扇一人在內一人在外曰踦　居倚反　之不知何時止而不盈丨丨
洩之　莊秋水　東海洩水處一名沃焦　伊閭　牛僧孺爲丨丨　縣　醫無閭　幽州山
一石方員四万里海水注之無不燋　尉拜察院　詳趙　鎮曰丨丨
丨丨　礼夏官職方　丨丨之珣玗琪　田丨閭　晉
說文　丨丨東夷出珣玗琪玉器　活套　丨邦丨　人名　賈充　吳王　詳公　丨丨丨至原
掌王族三姓　廬　礼十里有丨　學廬　吳州縣丨丨　精廬　暫建　儒林
曰昭屈景　史　聚丨托處　後若水傳　傳　講讀之舍　草
廬三顧丨丨　蜀亮傳　遂廬而去　仁義先王之丨丨一宿　圍廬　吾儕小人皆有丨丨以庇廬
匡谷先生隱於此山　青廬　北方昏礼用布青縵爲屋謂　蠡廬　魏焦先字孝然　避燥濕寒暑　十七
因號丨丨　廬山記　丨之丨丨於此交拜行礼　雜俎　結草庐號丨丨牛
丨丨呻吟　徹廬　把梁之妻曰猶有先人之丨丨在下妾不得與郊　穹廬　其形穹
其中　弔　左襄二三　○王通曰有先人之丨丨足以庇風雨　游帳也
隆故云　拂廬　番帳名吐蕃號毳帳　結廬　在人境而　剝廬　小人丨丨　倚廬　問　記
匈奴傳　以居號大小丨丨　無車馬喧　陶詩　易剝
喪居於丨丨　哀親之在外也　玉廬　保灌丨丨　黃　直廬　星辰遶丨丨　谷　承明廬
○倚牆至地而爲之無楣柱　度經　鼻也　辛士丨宿之丨

嚴助守會稽賜書曰君厭丨丨之丨勞侍從之事出爲郡吏間者歛焉久不
聞問　應璩字休璉詩云問我何功德三入丨丨丨○翰林有承明金　活套　井丨故
愛吾廬亦丨丨　陶　衆鳥欣有託吾有此廬　勤三十年始丨丨屋丨　韓　田　禁丨丨
人名　屋丨　孟　慮　茹丨猜也　驢　漢五行志靈帝時執政皆　黔驢　丨之丨虎見
句染絳　騎丨　客作丨鳴　詳鳴　丨之厖然大也
以爲神驢一鳴虎大駭以爲且噬已稍近益狎蕩倚衝冒驢不勝　雪驢　鄭綮
怒蹄之虎因喜計曰技止此爾跳踉大㘎斷其喉盡肉乃去　柳文　驢　曰詩
思在灞橋丨中　跛驢　藏跡於丨丨　蹇驢　丨丨　破帽　紙驢　張果老白驢休則
丨子上　雜記　驢之伍　高帆傳　丨隨金鞍　杜　丨　紙驢疊之如丨置巾箱
中以水噀之復　畫驢　吳道子嘗訪僧不礼遂丨丨丨於壁一　磨驢　應笑謀生拙
成丨矣　續仙記　驢夜僧具踏破僧乱不堪　盧氏雜記　磨驢團團似丨丨
倒騎驢　高愛三峯挿太虛回　出無驢　不見三公後寒　著緋乘驢　張鷟夢丨　詳
晚　頭仰望丨丨丨　韓詩　丨丨丨丨　驢飢丨丨丨丨　韓
杜甫騎驢　騎驢三十載　李白騎驢　白游華山縣令方決事白乘醉跨驢過
丨　旅食京華春　門宰怒引至庭下曰汝何人輒敢無礼
白乞供狀曰無姓名曾用龍巾拭吐御手調羹力士脫靴
貴妃捧硯天子殿前尚容走馬華陰縣裏不得騎驢　摭遺　賈島跨驢　島苦吟
尹跨驢不避丨　葛瑾似驢　諸丨丨長面丨丨　孫權大會使人牽一驢題面曰　見京兆
作馬上詳推　諸葛子瑜瑾子恪請筆續兩字曰之驢　舉坐歡笑

乃賜恪　陳摶墜驢　摶乘驢入汴中途聞太祖登極　○騎驢覓驢　參禪有二病
此驢　大笑墜驢曰天下於是定矣　丨是丨丨
丨二是騎驢不肯下識得驢了却不肯下此病更是難醫　若　臚　皮也又腹
解下方要作無事道人○不騎即心是佛眞是丨丨丨　傳燈　前曰丨又
傳語告下曰丨　詩傳　又鴻丨官名典客吏　櫚　栟丨櫚　諸　章魚切　說文　辯
名大鴻丨又漢郊祀歌丨所求注陳也　櫚也　詳櫚　廬藏丨丨　善
賈佸丨丨　其猶病丨　聞斯行丨人其　方諸　丨丨見月則津而爲水注
舍丨丨　孟　王如改丨　楊　有乃者磋丨　詳磋　陰燧大蛤也熟摩拭向月
下則水生又云丨丨石也丨丨珠也　淮南子　○丨丨鑑名以取明水於
月　周會　○陶隱居云丨丨宮天仙上真之宮室有大丨丨小丨丨　偏諸　絲衣綟複
丨丨　緣賈誼傳　若今之織　因諸　南里者何丨丨也　干諸　陳乞迎陽生丨丨其
成以爲要襻及褾領者　八　公羊　齊獄曰丨丨　家　左哀六　丨丨實也
齊人　孟諸　宋藪澤名書作孟豬。我本漁樵　乾諸　以諸和水　記內則　注云乾
語　丨丨丨野一生自是悠悠者　高適詩　韓詩　桃丨梅曰丨　疏云桃菹梅
且　居諸　日丨丨月丨　詩　望諸　青州澤藪曰丨丨　夏官職方　人名　學設　丨置劍魚　姓氏　琅邪徵
語助也　詩　腹刺吳王　春秋　音越大
夫諸稽郢之後　儲　磠丨砂也　蠩　蝑丨虫名　除　直魚切　左　蔓草猶不　玉除　霜凝
後漢洛陽令　可丨　韓　朝滿夕除丨丨　張躍
倚丨丨　選　時雨鴻丨南下丨丨　王莽傳　殿陛　詔除　谷永曰兇不　葉除　曰小
丨丨　黃　皆謂殿階　椒除　之道椒取其芬香之名　正之丨丨

人丨丨先人之風除（太宗紀）鏟掃丨丨半除隋內官多服袖唐濊為半臂（炙轂子）丨丨即令長（活套）鎰丨掃丨解
敝庐（晉三年）
破丨剪丨夜丨歲丨階丨庭丨儲東儲太子也（南齊書）倉儲唐司農掌丨丨飲儲下酒物
新丨習氣丨酒破丨豪氣丨謂之丨
（晉書）（說文）儋石儲家无丨丨之丨而搏囊實儲金璧錐丨丨貲五千儲雍容丨（歐）（活套）
丨丨秘丨蒲一擲百万（劉毅傳）用雞貯丨丨（韓）
軍丨逐丨（姓氏）河東羽音（孟）丨子為相後漢丨太伯茶簡丨草蒢蘧
竹席（晉）蘧蒢二卧蘧（陳后山）汜水尉丨光義四世孫丨隱撿校郎中似竹
時須一俛仰君可貸蘧丨蹃丨（韓）作詩勸蹃丨猶豫也餐（韻）休丨食王休音朽丨蒢水名又州
名（歐）環丨如人諸切若也（易）突丨其來丨（語）吾不去不如就其所以如
皆山也（左）丨寀丨齊之類丨舜者其所
以丨丨綉不如倚市（漢）詩市門丨女相如吳降仙才調丨也（南部烟花記）〇真如易如回无有變
舜者（韓）
明作太智之類若丨丨如如（傳燈）智隍問以何為禪定玄覺曰妙湛貟寂体用丨
无變易是外道也（傳燈）丨五陰本空六塵非有又云性相丨丨常住
不迁名曰曇如自足知丨丨本覺丨如為來（寶院集）丨丨今覺丨中丨非丨翼丨翻
道傳（傳燈）尚也（活套）純丨晏丨凜丨翕
谿丨炳丨慊丨（人名）司馬相丨
威丨焚丨紛丨（人名）簡相丨茹相（王莽傳）菽引兒又茅根（易）連丨一音如又食也（詩）不丨園葵又（詩）來丨皆來丨

鴽（爾雅）鴽鶉屬（月令）田鼠化為丨蛆子余切蝍丨蜈蚣丨蛆（韓）背生丨（韓）玉蛆桑落初嘗浮蛆丨丨（東坡）瓮蛆金
盌（坡）謂酒〇夢蛆唐高祖李兵丨身死墜床下為群丨所食智蒲樗腰蛆隋煬帝造
師曰公得天下矣群蛆食德允趍附也（紀異錄）船人自
以下皆丨丨消蝍蛆騰蛇之神殆於丨丨（史龜策）丨且語助（詩）遊
生丨（史）雪蛆峨嵋（丨內）（丨雜志）蝍蛆騰蛇龍窩丨丨似蝗食蛇且有丨
撥聊丨蔝條丨既丞只丨丨巴且芭蕉也〇諸拓（人名）龍丨項羽將（余）丨魚
乃見狂丨（韓）不條父母丨丨（相如傳）者余音預詳龜（夏完）
太史徵无且丨秦醫人（趣）沮（人名）長沮見論語苴（記）履中草履藉也（賈誼）冠雖敝不以履丨飯腥而熱（注）包也〇（詩）如彼棲丨
七加反（韓）補丨鏤鍽子丨湯檐早白丨丨行欻（荀）於木瓜見丨〇墟去魚
加反互見七余反苴勾苴丨之礼行（詳）瓜凡丨丨問人者（孔）
切大丘也通作虛邙墟新冢入丨丨（韓）丘墟為晉志勃盧渤海之東有大壑參墟翔鳳
（賈菓）社稷為墟丨丨丨丨之名曰（列湯問）
丨丨（選）村墟喬木丨古（杜）墟落墟朝倚扶桑枝莫丨（歐）郭氏墟齊桓公問丨丨曷為
（東京付）丨丨宿丨丨丨野人曰善二不能行惡
惡不能去是逍遥墟托宿於義以遊（活套）丨幽丨楚丨荒丨故丨鄧丨丨墟路
以為墟（新序）丨丨之丨（莊）舜地狐兔丨（國）鄒家丨（谷）嘘𡸣
也祛（詩）衣袂（左）夫丨丨猶在（詩）宿豹祛丨羔裘丨（詩）麾祛一揮（晉）又化人祛西極之国有丨丨來

王執化人之丨騰丨依山谷為牛馬（國）（揚）長楊付
而上者中天而止陸丨（羽獵賦）泰山為丨丨周祛注丨丨濊（竇獻）圍陣也胠
脅也又旁開曰丨（莊）丨篋（詳）丨丨（左）軍丨祛却也（兒寬傳）合
篋又去也（荀）丨於沙而思水右胠左翼曰啓丨丨翼曰丨丨祛於天地（注）開
也又（詞）以車祛丨注強健兒（魯）〇（山）側魚切（孟）放之丨（詩）是剝是丨（信南）
其敝宣司丨（高適）開操鄙吝丨丨涒（山）（荊法志）梟其首丨其骨肉於市
〇太守孟信以木盤盛蒲涒亭有鳥歌（左）七葅五齊丨丨（礼）醢人梅涒丨丨桃葅
芳菁丨与老人飲（詳）傳（注）丨丨也非菁芹葵茆菭笥
（詳）蕪蜍（蜍）署魚切蟾蜍蝦蟆也背黑者二千歲者頭有角頷下丹書八字葬
合水以為書滴（詳）家又鸞馬也（韓）不能頌丨丨〇不見龍丨（詳月）廣川王發家得玉丨丨容五
筆新乾硯滴蜍（山谷）心知死諸葛終不羨曹蜍（后山）（詳）蝱丨〇（詳）女居切
以塞丹滴（易）繻有衣丨通作如巾大巾又曰幣巾又考工記弓人丨
帤（黃庭經）人間紛二吳如帤丨丨丨厚其丨則本堅謂弓中裨也挐牽引
也又（翟去病傳）奴相紛丨又（聖德詩）
獸肩騰丨又（楚辭）丨黃梁些（注）糅也

韻府羣玉卷之二

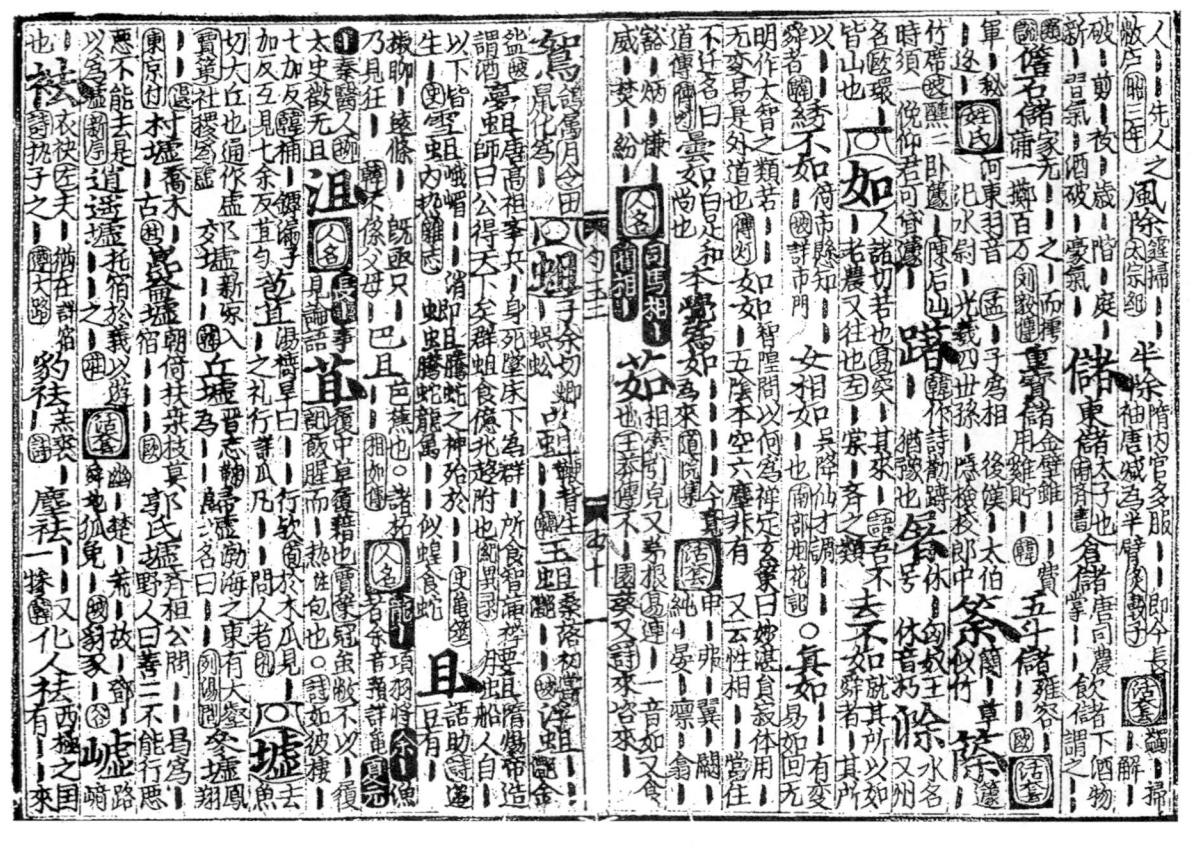

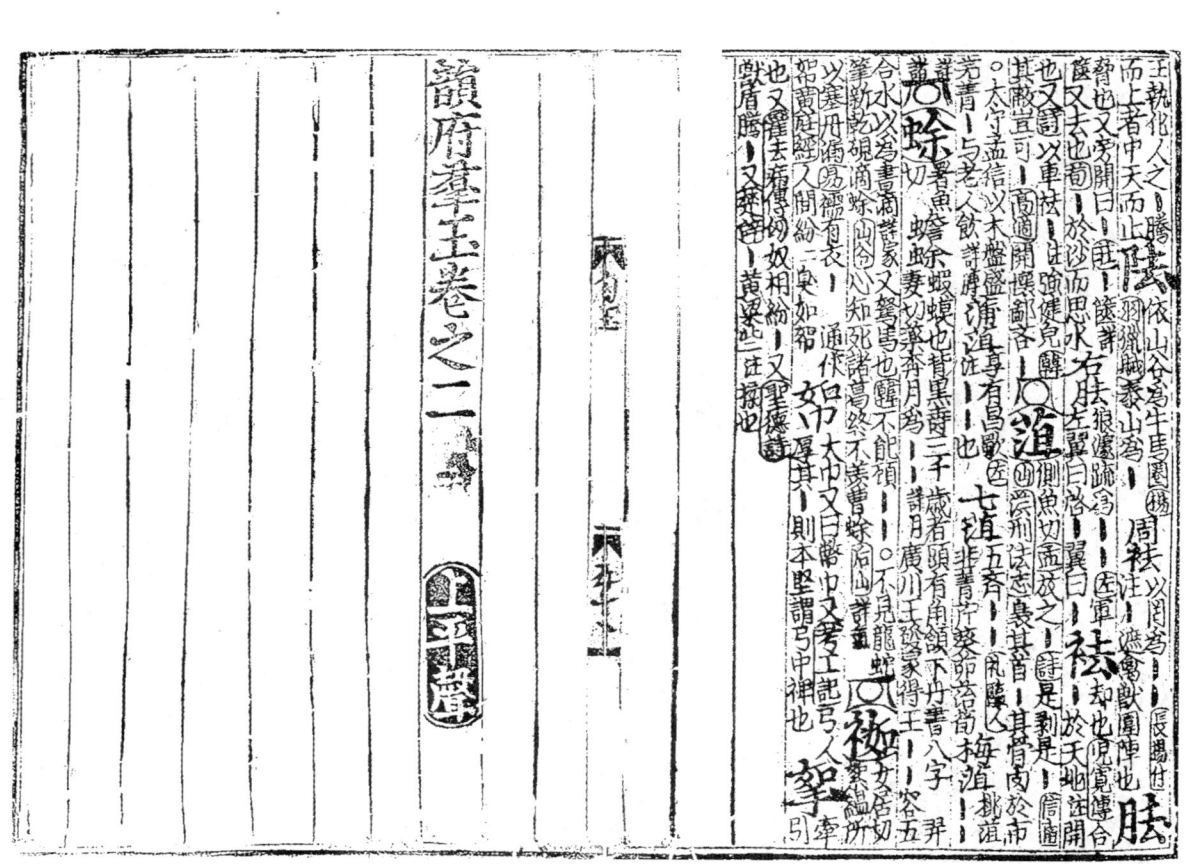

上平聲

韻府羣玉卷之三

上平聲

七虞 與模同用

虞 元俱切（書）儆戒無丨（禹謨）四方无丨（畢命）盂有不丨之言（騶虞）翳備戒不丨丨（左）我无尔丨假道於丨丨 軒虞 道光丨（韓文）八虞
文士詢丨丨（國語）周丨士皆爲丨宮也 山虞 虞中丨丨掌山林之政令 謂令得禽者置虞人所立虞旗之中（澤虞）
掌國澤政令者（礼） 招虞 旌（孟万章）丨丨人以 騶虞 也（孟）丨如 憂虞 悔吝者丨象也（易系）丨 師虞 出入自尔（書君陳）丨
衆也 譔反覆 騶虞 似虎白質黑文足長於身不踐生艸不食生物日行千里
從尔丨度也 騶虞 君有至信之德則見○仁如丨（詩）宋元嘉又前蜀求平
開皆見（白帖）武王克殷後散軍左射（活套）鄭丨睞丨（詩旂）騶丨鵲巢（人名）
貍首右射丨丨貫革之射息也（禮）姚丨歌丨之應也
成王封（虎）孟子弟子（姓氏）陳留角音 舜國丨虞子商均封虞因氏（丨叔）
我非皇甫謐門人如摯虞 （丨劭）爲周簡正頼其列器用也（左）
盤猾撩 遂説趙一見賜黃金百鎰白璧一双再見爲趙上卿（史記）著書八篇
（丨詡）字升卿爲朝歌長 盤根錯節事詳詡爲武都太守增竈破羌詳寵（丨翻）吳人字仲
（丨延）後漢人初生有物若匹練升天及長腰帶十圍力能扛鼎
翔會稽人爲侍御史習經於抱鼓之間講論於戎馬之上（丨溥）晉人字允源

篤志典墳謂子弟云人甚於丹青（丨愿）字士恭爲晉安太守清廉得見越石
詳石（丨世基）子懋世恃孝善草隷孔奐曰南金之貴屬在斯人（北史）（丨世南）
越州人世基弟字伯施文章瞻博 行秘書事詳書暗疏列女傳詳傳太宗
稱其五絶詳絶（丨允文）趙宋人戰退金主亮刻錡執允文手曰朝廷養兵三
十年今日大功乃出 愚 下（語）顏子如丨丨（史）古之丨今之丨（詩）哲人之丨上智
儒者我輩愧死矣 邦无道則丨（中庸）夫婦之丨 柴也丨 論識肅 八愚 柳子作 詩紀
若神莊大智若丨 蠢愚 三教曰丨 錢愚 宏貪吝詳神 愚溪 石上 愚溪愚
唐王吉傳民至丨（秋官）丨 溪石上
丘愚瀟愚泉愚池愚 二愚 佛地斷丨丨 西家愚 邴原曰君謂僕以鄭爲東家
亭愚島及柳子也 （百丈語录）丨丘以僕爲丨丨 丨 夫邪詳丘
宋人愚 得燕石以爲一得 愚愚者千慮 愚溪 愚本名冉溪柳子改曰愚溪○（丨）
大宝詳石 必有丨丨 愚同柳州柳子使丨丨
移山愚 太行王屋二山愚公面山居惡而欲移之詳山 禺 猴屬又番丨 髃 髃骨 前 鸜 鸜鵒澤中
山居惡而欲移之詳山 今廣州縣 鳥名似水
雜娛（詩）聊可與丨以礼自丨 歡娛 相與搏塞（杜）康娛 竟歲年以丨 細娛 （賈）
丨（莊）鼓瑟足以自丨 丨爲丨丨（韓復志）
（宋）極娛 窮歡丨丨 清讌娛 綢繆丨丨 悅耳娛 天下无正声丨（活套）鍾鼓丨詩
（西京付）詩娛丨（謝靈運）丨即爲丨（樂天）酒丨
虞 壯 （唐曲）澞 陵水也 嵎 小名 封丨 隅 大方无丨（詩）三星在丨（綢繆）維德之丨（抑）（老）三隅 一舉
水也 虎負嵎 亦作嵎 孟 虎負嵎

丨隅不以丨反（語） 四隅 經營二丨丨（雅）海隅 至于丨（益稷）坤隅 鐃歌曲馳騁 丘隅 止於丨（大學）東
丨 反（語）四方也 馳丨丨（漸）
隅 湯谷失之丨丨（詳翼）西隅 日在丨 坐隅 鵬止丨丨詳鵬 鄉隅 滿堂飲酒一人丨丨則一 趨隅
掘衣丨丨 滿隅 五子不丨一子滿朝（晏子春秋）三房不丨丨也 娵隅 郝隆作南
丨丨（曲礼）（黃詩）言群儒之失雖多曾不不足充丨丨 蠻參軍詩
丨丨躍清池 此 廉隅 近文章砥礪丨丨（記儒行）稜也丨角也 觀隅 觀室
食語謂魚也（詳語）角必有稜 夢回布被起丨丨（坡詩）丨者
其丨隅之巍然直方則其中（活套）城丨丨 丨山丨天○ 芻 （鬼）楚路馬芻切作芻非
必當莊宏麗柳逆杜留後 丨丨西南丨丨 丨丨有
誅 士執丨丨 食也（孟）丨豢 芋食曰丨 大 東芻 綢繆 負芻 流徜有
食曰秦選 蘭蕙化爲丨○丨 徇未陳詳芻 丨丨 之偈（孟齒娶）
作亂 生芻 郭林宗母憂徐穉弔之致丨丨一束而去林宗曰此 飛芻 匈奴使
之人 必徐孺子也丨丨一束其人知玉吾无德以當之 馬
天下丨 薪芻 委人掌斂丨丨（地官）牧芻 求丨丨而不得（孟） 馬青芻 肯訪浣花老翁无爲君酤酒
丨輓粟 芻丨 滿眼酤与丨白飯丨丨（杜）
○菱芻 善齊要覽僧曰 草名体性柔軟引蔓 龍芻 穆王東海養八駿
旁布聲音遠聞不背日光故以丨出家人 處草名丨丨（拾遺）
（人名）（丨伯）較天下水 ○ 無 武夫切亦作无（圖）經有丨（語）有若丨丨我
以惠山爲第一 模本之則丨 左 毋諸秦丨文 孟 以其所

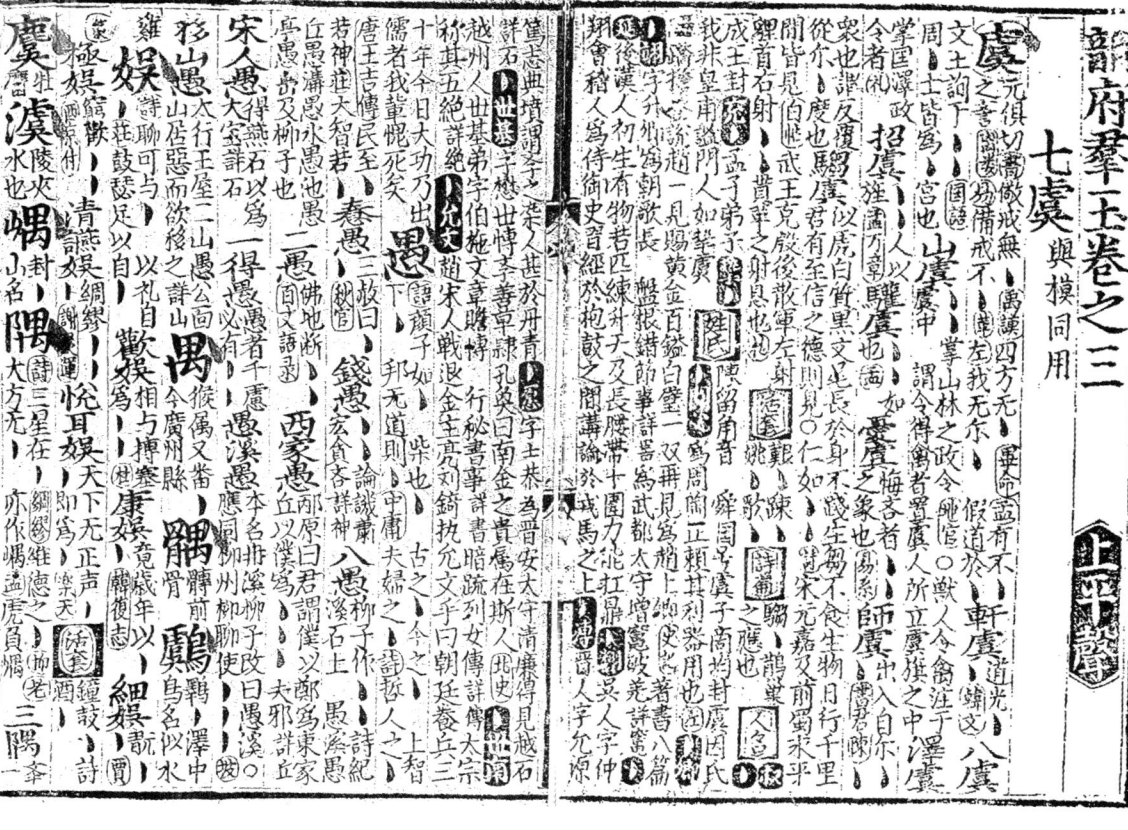

有易其丨 有無 太初丨丨无有无名（莊執）（希丨）丨丨雄替老聃喬丨丨 言○
所丨 无是作丨丨 （孟山色）丨丨 間殺詞丨 屈無 乘丨丨 而上假（人付）指
點丨丨引 入無 忽出有而丨 文無 相别贈以丨丨當 識之無 晨書指之無字量
路歸（杜）丨丨（選） 歸草也（古今注） 白居易生七月能
試百數不 菫色無 近却丨丨遥看 一事無 咸陽客舍丨丨（杜）有酒無 借問丨丨（杜）○ 南無 首諸
差（本傳） 丨丨（韓）
佛世尊名号 無無 德山到潙山直山法堂從西過東從東過西顧視曰丨丨傳 誰也無 去年无卓錐之地
音声悲花經 今年丨丨丨詳錐
面部三無 常侍李寬有盧相士云无子无宅无家（金華子）（活套） 燕 歲也揚惲傳丨丨 蕪 緑惠
詹石丨 穢不治
紋以丨丨 （記）丨 園蕪 田丨將 平蕪 懷古視丨丨（杜）青蕪 數莖花丨 春蕪 雨露洗丨丨 繁蕪 苒其
香草似蛇床 丨丨（閨） （杜）
丨丨孝 蘼蕪 （經序） 丨丨許塵 （活套）荒丨 榛丨 苔丨 寒丨 靈丨 巫 男曰覡女曰丨 春官司
允爲丨（書）時謂丨 風（語）不可以 作丨 巫 人主卜筮 巫祝 在昔以殘廢 掌群丨之政令（說）
作丨 醫 又山名 丨山十二峯 傴巫 丨丨跛躄 神巫 鄭有丨 曰季
咸 （曾）大旱公欲丨丨 延臧文 暴巫 大旱魯穆公召縣子而問然曰
（左）焚巫 仲曰非旱備也（僖二十一） 吾欲丨丨而奚若曰天則不雨而望
之愚婦人不已 設巫 西門豹丨丨爲河伯娶婦事詳婦 衡巫 丨南接丨（文選）大巫 來謁 丨丨（莊）不謂拎分小巫
疏乎（檀弓下）

臣巫晉丨丨曰【人名】易牙姓名【姓氏】平陽商音〈風俗通云氏於事者
巫不食新矣(左)【丨】齊人知味【姓氏】巫不陶匠是也【丨】伊陟贊於
巫咸作咸乂四篇　巫咸乂王家(書)【丨】母　止也(論)子丨意丨必(論)丨苟
殷人(書)【丨】漢冀州刺史【丨】趙宋樞參【丨】得丨苟免丨(禮)同(書)帝曰丨
誣(語)馬可丨也勝丈下邪(論)丨矯巫丨丨上【活套】夸丨丨羆也〇于羽
民(左)亦又近丨(莊)非過則丨大言誣天(書)　厚丨丨　俱
天地(莊)於丨以蓋衆　易于　鄉婁考公之喪徐君使容居來吊含曰寡君使容居
夸誕也　坐含有司曰諸侯之來辱敝邑易則易于則于丨丨
雜者未之有也(記檀弓)含不使賤者君行則親含(禮)丨僭稱王自比鑄于形如
天子易謂臣禮于謂君禮雜若居以臣欲行君禮也　易以鼓友鐘于鐘以
和鼓字本作釪亦作于　有自蜀得此莫識斛斯徵曰此諸于丨丨
丨丨也周禮注芒筒振之声極清衆乃嘆服(北史)　丨獨衣縫綻丨(晉后傳)大
擬衣今桂干(奄)間丨丨(相如)　亦猶草也(亦雅)　單于　匈奴号參天丨丨然廣大
衣之類　軒于(樹)猶草臭草也　又丨丨曲〇秋風捲
入小丨丨　文于　烏山花吾丨丨(樹)千鶩于　唐元德秀玄宗命三百里內縣令
(李益角詩)丨丨丨兄弟(詩)〇山　刺史以声樂集德秀惟樂工十人
聯袂歌丨丨丨帝異丨丨　易則易丨丨見前見于丨　丨二之然而丨覺于于　其臥
之曰賢人之言也(李)于則于　(韓上宰相書)　河內羽音周武
其丨丨(莊帝王篇)【人名】唐人為縣令挽歌事　【姓氏】王弟二子叔
寐安之狀　貢音教　詳彼(鯛)牲綫佩弦詳佩

後以国為氏【丨】定国字曼倩東海郯人父于公高門詳車定国為廷尉天
下无冤民詳冤為丞相封西平侯【丨】繇魏人字文則太祖曰吳古名將何以
加之【丨】字思敬者年頃德位至三公平梁作平梁歌十首歌之【丨】武
藝過人劉裕号曰黑稍公【丨】字鍾葵自梁碑至勁數世貴盛一皇后四贈
公三領軍二尚書令三開国公【丨】字允元後周太師与戴符質山公百万
故德宗【丨】朱泚平為李晟作露布曰臣肅清宮禁祇奉園陵鐘簴不移廟貌如
俗嘆【丨】【丨】子姓殷後周封箕子於朝鮮支子仲食采於于因氏【丨】
京轉運使務寬大司馬光曰福星也安得百子散布之天下乎〇【丨】楚
南柯太守事詳槐【丨】【丨】齊人善滑稽滅燭留髡詳燭鵲飛獻空籠詳籠滕
歸祝田　杅　浴器【丨】圓則水圓　竽　彼我令釁參如實丨　盂　竅一勺清
詳歸　(四)丨方則水方　父不吹之濫欲亢　泉涌石丨覆
盂　四海安於丨丨　右盂　宋公為丨丨鄭伯為左盂左十年田獵陣名楚之制　嗑
丨丨(濯楷傳)　〇将獵張兩甄置左右司馬兩轅循言兩翼(左傳注)
盂　醉後哀歌擊　丨丨銘几杖(大中子)〇孔甲所作字体謂　玉盤盂
丨丨(殷)詳盂　刻盤盂　丨丨銘(漢帝史)〇漢田蚡奪盤盂諸書
片瓶花負如覆于盂下餘藥　詳藥　水一盂　龐參為太守郡人任棠以薤一本丨酒一
如盤盛之名丨丨丨　丨丨置戶下參曰水欲吾清也詳薤
盂　禱田者持一豚蹄丨丨丨曰五谷　羽化杯盂　柳公權貯杯盂一笥緘識如
皆執所持者狹而所欲者奢詳蹄　故而器皆亡笑曰羽化矣詳

(詩)〇鉢盂　丨丨藏取江河入　鈄　詳下　丨鈄丨樂　竽　管三十六簧笙大者曰丨小者曰
真笙丨　与齊王好竽丨宣丨丨必三百人齊吹南郭先生不竽者而之　(和記)仲夏樂師調丨(月令選)万籟
笙韻通者　三百人之中以吹竽食祿宣王薨後王曰寡人好竽
(韓子)　欲一一吹之南郭乃逃　丨丨子好丨丨枚　玕　似玉(爾雅)東方之
好竽鼓瑟詳瑟　商丘吹竽　諸七十不娶詳諸　美者有醫無閭之
珣丨【人名】唐元結号　雩　夏祭樂于赤帝以文羽為舞祈甘雨　大雩丨丨帝　命有司
琪焉【丨】　左龍見而丨(禮五)阿旁賦永丨何能　邘　周国名武
習樂也舞雩丨風乎丨丨(論語)〇国大旱呼雩　童男女各八人舞　王子所封
(記月令)丨則師巫　丨丨(禮司巫)　呼雩而丨丨(谷梁傳)
〇吁　況于切(書)帝曰丨嗟丨嚱丨長丨丨　【人名】衛公子　訏　大也(詩)
詩云何丨矣【活套】壯士丨後人丨丨　有寵好兵　謨定
命又　盱　張目〇兩眼張睢丨(韓)丨　呼　商冠　忬　憂也　盱　日始　〇臞　其俱切亦
詭也　小人喜悅兒〇又丨水丨也　也　出
作臞(相如傳)形容甚臞皮白鬢紅　子貢臞丨丨入見先王之義則榮之出見
帶老不丨谷更問黃鶴肥与丨　富貴之樂又榮之戰於胸中未知
勝負故丨今義勝　列仙臞丨丨之儒居山澤間　簞瓢臞或曰回丨丨知之
故肥詳肥及戰　形容甚丨(相如傳)　簞栗月何曰丨丨丨茹亦山
雎也何其　瞿　鷹隼　四十方有五子詳　【姓氏】松陽徵音　河東裴
丨(揚雄傳)視也【人名】夫(滑)丨服松脂得仙　桃兒娶為稽丨宗女

丨(繼)傳陵人為晉參軍【丨】桃源　衢　(爾雅)四達謂之丨　天衢　何丨之　康衢
万壽宮堤童升天見有八跡壇　荀揚朱哭丨途(揚)　商賈
丨丨童謠　高衢丨(閑居賦)　九衢　竹帛猶紛二　六衢　事也(太玄)
(荊謠王)　亨衢紫泥(杜)　步光哲之丨　(樂府)　勤也勞
三衢　衢州以州西【活套】雲丨通丨脩丨花丨【人名】【丨】世称　劬
丨丨山為名　紫丨堯丨交丨柳丨丨　善哭(詳)哭　詩生
我丨　朐　脯中曰朐曲曰丨曲(孔)左丨右末　鴝　丨鴿鳥　須丨　句　地名
勞　注屈中曰丨　又臨齊郡山名　詳鴝　瞿　行兒
絇　屨頭繩也(記)玉(漢)童子不屨　戳　戟　軥　車軛兩逆(左)　鼩　丨方朔傳　鼠名　翎　羽
也〇儒　人朱切(記)丨有席上之珍(語)君子丨小人　丨射兩丨而還　丨護狗　曲
丨揚君子通天地人曰丨(書序)秦坑丨　聖儒　其人丨丨　鴻儒　後
林(鬼)儒　貢山　臞儒　詳臞　俗儒　丨丨不達　丨丨敗乃　侏儒　藏
傳(酉)儒傳　時宜(前漢)　腐儒　公事詳印　鄙儒　若真丨丨　統
敗於狐駘国人曰侏儒丨使我敗於邾(襄四)注短小也〇東方朔曰丨丨
長三尺奉一囊粟臣朔長九尺亦一囊粟詳粟〇陽城為道州刺史州產丨
丨丨歲貢于朝城奏曰州民尽短若以貢不知何　漢儒　丨朔之丨惟賈生　章句
者可供自是罷之〇樽杯　丨丨(進李翱)棁柱也　丨而已(選劉歆書)
儒　李靖曰當以功名取　魯止一儒　莊子曰丨少儒哀公曰挙魯国儒服何謂
富貴何至作丨丨　少莊子曰何不号於国中无此道而為此

服將為雜死於是无敢儒服独一丈夫儒服立於公門問以国事千
轉万變而不窮莊子曰以魯國而儒者一人耳可謂多乎（田子方）（古參）
真丨丨嚅丨囁丨翁詳翁囁口將言而囁丨（離騷）喔咿丨嚅丨
通丨口究詳卅○韓丨嗜道真丨音而宣切不在此　濡　（易）遇雨若丨飲酒丨其首（未）
逢（詩）六齊如丨皇二苦嚉孟是何丨滞也魏都賦琴高沉濡　涵濡（蒸民頌）丨丨天休露
水不丨○蠕陸丨墨詳蠕　張旭以頭丨墨寫字詳顛
濡湛（思）丨（蒲蜀文）　涎濡　腥丨不薾穀聊足　呴濡　魚相丨相（古參）沾丨貫丨
丨雨丨既丨（記）　以自丨披詠蠕　口濡丨詳沫　以江○丨
懦　嬬弱也（⊙）　醹　酒厚　襦　短衣　朱襦　鄉射礼君袒丨丨以射　大珠襦　漢諸
懦偷丨評事　醹酒　朱襦　夫与士射袒薰襦薰一作纁　珠襦陵皆
丨丨王匣形如　綺襦丨丨　絝袴非　繡襦　紅樓富家女金　昔無襦詳　今五袴　韓　伯儒丨
鎧甲西京雜記　綺襦所好也詳袴　繡襦丨羅丨（深沃）
儒（?）當作複襦詳丨　曰且作　未解襦丨丨　襦丨口中　絳羅襦　海山仙人丨
數歲母為作丨　有珠（江淹）又詳（江淹）　絳羅襦丨（楊荔枝）　霏巾　貽
襦謝朓大丨丨見江華弊絮卑席　不敢遺　需梁顧協為廷尉正冬服卑薄寺
襦（?）於牽不捲丨脫襦并割氈与之　不敢遺襦　御蔡法度欲解襦与之憚其清
服不敢○須　錫俞切詩丨友以成（伐木注）綈袍以丨王出李班傳若臣所　斯
發口　相丨○唐潘師正帝問所丨曰茂松清泉臣所丨也（唐）　其
須　礼梁不可丨丨去身　儲須　奔走為丨詳　公自才力　百須　高眠忘　濡須丨染
丨（樂記）一离一合之頃　丨丨詳骨　時須態丨丨（谷）丨丨

丨鴻（三）　夫須　莎也可為蓑笠詩南山有臺（注）（古參）　村丨（人名）　曾大夫（姓氏）　吳邱姓　勤游羽音　太
（宣志）白国以国為氏（賈）魏人綈袍　須　与長須韻偏看（潘）　龍須　沒有須　添竹
事詳袍（?）漢平陸侯紹封四代　長須　志于駙（?）丨　迎娣育須引丨丨（劉）虬
鬚　魏崔琰對賓　魚鬚　曲旃　（?）邯鄲什○擊丨丨之　蝦鬚　（?）半捲天香　虎鬚
丨丨直視（?）　取丨鬣丨以為旗竿　蘇易簡（?）龍也
疾走料虎頭編丨丨幾　鼠鬚　王羲之用丨丨　筆　紙書蘭亭記詳紙　蝟鬚（?）丨丨作丨　毛磔
不免虎口哉（莊盜跖）　丨丨　蝟鬚　溫嶠似　劉琨根
赤詳　蟠鬚　花粉上　花鬚　隨意數丨　（世）王（?）少居山陰或　黃鬚丨丨天子三
似　蟠鬚丨丨（世）　點數丨丨　摘撚咀嗅怡然自若　黃鬚（國志）○魏任
城威王彰大破烏丸論功諸將太　長鬚　許慎字叔（?）良任尚書鬚下垂至帶號
相髯持彰鬚曰丨丨兒竟大奇也　長鬚丨丨公○一奴丨丨不暴頭（?）謂鬚
全家奴○缺口　蒸鬚丨丨借　挽鬚　問事競丨丨誰能即頌唱（?）　沙鬚近來年
而丨丨（?）一（?）傳　蒸鬚　擊（韓）　挽鬚　時有野人來丨丨（?）　鬚少輕前
韋好丨鬚丨作　帛纏鬚　陸雲見張華丨纏丨　接無鬚　唐中宗時宦者用事盧
後生（?）　大笑不能已詳笑　從一為雍州刺史見无
鬚者必曲　僧留鬚　（?）宅丨　鬚垂拂膝曰　女有鬚　有七人漂海落長鬚国王以
加承接　僧留鬚丨丨　表（?）大夫（?）　妻之丨丨數十根蓋蝦国
也（?）　太宗剪鬚　李勣疾醫曰鬚灰可　李勣燃鬚　丨丨姊病自為粥而丨丨其丨
（?）治丨丨自丨丨和藥　姊戒止答曰姊多疾而勣且

老雖欲進謝　李緯好鬚　緯為尚書帝曰房玄齡謂緯　夏鬚被詔捕
能戟何（本）　何曰惟称緯好鬚无它說　緯形剪鬚之乃丨丨丨
為治家傭弟靜遇鬚不識聞其言声乃　熱燭燃鬚　韓魏公夜作書侍兵丨丨
拜之　又（?）談議滅鬚去眉行乞於市　丨公丨公以袖拂之作書
如故曰渠方辭　捋植伊鬚　伊抚筝而歌為君既不易為臣良独難　謝拂宰相
執燭矣詳燭　安位下丨伊鬚曰使君如此不凡詳筝
鬚冠菜公為相丁謂參知政事嘗會食羹染公鬚謂起丨　（古參）燃丨香丨　需
之公正色曰身為執政而親為丨拂丨邪謂懈（遺事）　麥丨
符信　終軍棄繻事詳符　需也　需（易）受之以丨需者（莊）
繻　帛又帛邊（漢）以為關門　需　飲食之道也　濡需丨安也　須也謂
偷安（卦名）　三三乾上坎下　需于天丨君子以飲食宴樂初九丨于郊利用恒无咎九
須臾　二丨于沙小有言終吉九三丨于泥致寇至六四丨于血出自穴
九五丨于酒食貞吉上六入于穴
有不速之客三人來敬之終吉　○株　陟輸切木根（詩）朝食于丨　守株丨丨
待兔　枯株　兀坐如　（?）株　丨丨（荊公詩）日月无根丨　椿一株　灵丨丨老
詳兎　槃株　才若丨丨　天民尚逸近稍就丨丨（谷）○承蜩　拘（莊達生）　槃堅也
珊瑚株　石崇取丨丨高二四尺者六　柳五株　陶（?）種兩株　月中桂有　開田地何
王瑚株七丨如愷比者甚衆詳瑚　不中（?）丨丨（白詩）
（東坡）　桑八百株　諸葛亮表曰成都有丨丨丨丨薄　誅（孟）丨之不可勝丨（詣）
（國）　田十五頃衣食自有餘饒（蜀志）　於予何（?）楊終傳（?）

紂之民比　天誅（?）　順丨行丨　兩觀誅　孔子誅少正卯（古參）　斧鉞丨　蛛　長蝸者
屋可丨　於丨丨（家語）　茅可丨　名蠨蛸
河內謂之蠨蛸著人衣有親客至　長腳形小者名喜子　赤斑者名絡新
婦　王守一見蛛網必毀裂詳網　龔舍見蜘網丨網而死遂挂冠去　蜘丨
隱又　垂蛛　落月出柳　蝕骨蛛　屋山啼鳥兒當歸　知不如蛛　皆重耳奔齊見
詳隱　香丨丨（國）　丨丨　郎馬（?）（谷）　蜘蛛執豢而食
之重耳曰人之有智而不能廓垂天之　丨子国○　詳
網布絡地之網足不如蜘蛛之知（說苑）　禂　為牲祭求　郰　臧紇敗丨
儒　○貙　獦俱切似狸一云虎五指為丨　肥充也　殊　市朱
獦黃能鶩黑丨荊公壯哉非熊亦非丨（柳）丨畏虎（?）指　切
（韓）同婦丨　塗（?）降才尔丨（詩）家丨俗（韓信）軍丨死戰注決　殊万物丨　鶻
意必死也又（左）斬其木而弗丨注斷絕也○風景不丨詳　散殊丨
殊（?）逸為者必丨丨軌轍丨丨　○文殊　要令卧疾　殊豪而
（?）駞丨丨異之軌轍也　殊丨丨致丨丨波窗　殊苦而
腴（?）有琴与丨丨（?）僧聰（?）（古參）　分丨万丨差丨等　校
与詩安州僧仲殊詩敏捷工妙辞吹丨丨　礼丨帝（?）丨丨　通作
為之元刃（詩）　銖　十黍為絫十絫為丨丨八銖為錙　四銖　錢有丨丨丨　九銖　王莽錢徑六
伯也執殳　五銖詳分　分重一銖文
曰小錢直一二三銖曰法錢一十五銖曰幼錢二十七銖　租銖　律（?）
口中錢三十九銖曰壯錢四十并大錢五十為九品　除販賣丨丨之（?）謂計

其所賓物價平而錙銖秦取之尽丨丨阿房　叜擊也　人名　書遊子　舜臣　○渝　水入泗　丨二州　活套　丨都　○俞
羊朱切然也書帝曰俞丨丨禹拜昌言曰丨唯俞女　于乍能言男丨說內則丨巳俞人善舜詳盧本作渝　都盧
前趙刘聰時中常
人名　古聰听者許聰　吳遊驪山夢与貴妃對卧　宋詩人　姓氏　侍　河間角音　天启時丨　江陵
人丨遊子　字秀老揚州人不娶得浮屠氏心法工詩荆公愛重之其詩有
夜半童子喚不醒猛虎一声山月高丨　字清老紫之弟也亦不娶滑稽諧
謔曉音律能歌荆公亦喜之晩年作漁家傲等詞山行歌之一日云吾欲為
浮屠公欣然為置祠部約日祝髮後乃曰吾思僧亦不易為公所賸祠部已
送酒家丨渝越也亦作踰語丨閣　江碧鳥丨白○趙充国元老臣　日月丨
矣詳部　邁杜倉浪深可　无得而丨馬書无敢昏丨
活套　偕窬　鑿板為户　瘉病也　愈憂也　覦欲得也左　下无觖　活套　窺瑜　美玉　璵瑜丨不掩丨
記　瑾瑜匿瑕左　丨若擾瑜懷瑾丨　齊魯　瑶瑜玗琪韓　丨璟丨　榆北方有大　丨類十餘種江南北有刺丨　丨柳
之火詩　隰有丨韓　白榆天上何所有歷丨種丨　粉榆高祖檮豐丨　桑榆西
楊花丨羨无才思　丨囲種杏仙家近丨　丨社　社酒祀占　丨　日
垂景在樹端曰丨　丨雖闘　丨不羨培風背　蜩与鸒鳩笑鵬曰我決
收之丨　丨異傳　又詳莫　槍榆起而飛丨　丨枋時則不至控於地而已矣莊
搶七良七巻二切飛　斯榆略丨　丨牽包蒲湘如難　交道榆　袞国靳路千里丨
畧也榆枋二木名　莊　其榆　蜀文　皆西南夷地名　丨種丨　鄴中記
勸種榆　顛遂為渤海守丨民丨　巢高榆　韻上高城之危丨於丨之　勧尾榆
唐敬羽作巨掬号丨　丨一口一樹　循吏傳　丨　頭城宴巢折淩風而起　梁
丨　歈方結反大力兒　人名　罔丨　丨晋人　朩　闟闟　私視　揄也　家丨　梗鼠梓詩北
揄　揄引也又丨揚又杼也詩　或舂或丨　一音　山有丨
揄　揄又王霸傳揶丨　註牽手相弄也詳郡　艅舟名　萸茱一名椴桂細把
恒景當有厄九日家人各作絳　丨　艅艎　丨　丨子細看
臾　盛茱丨　繫臂登高飲菊花酒詩高　佩萸　漢武宮人　丨辟邪　插萸詩　王維九日　客中　知兄弟登
高処遍丨茱　活套　紫丨　須臾　丨又顯　須臾道不可丨　萬中庸　以
丨少一人　瘐　死丨　庾　国名近魯　丨貫山至言丨　丨无死○
万期為丨　頋臾　流九止於丨　流言止於智者　宋玉　荀子之間　歌也　李古
舜歌丨　國語頖　慆臾　丨写史　丨地之坳坎処本作欲依出処附此　丨　阿丨
兵丨　諛　書僕臣丨　荀卿　谀丨　丨　丨於　活套　貢丨　愉　薄也　詩示
民不丨又他人是丨又和也樂也　諛說　丨死　丨私覿　丨怡愉　丨怡丨　桁愉　盧辭以　列子
蜀形至佚心至愈字與音同荆公心不藏愛丨　愉愉　蕭詩　括愉丨
諄愉丨而丨者丨　人名　丨晋人印　渝　變也詩敬天之丨　丨　丹青渝則炳久初
酉愉令也詳茲　龜左顧詳龜　板　城名　宮有丨　丨　丹青渝則炳久

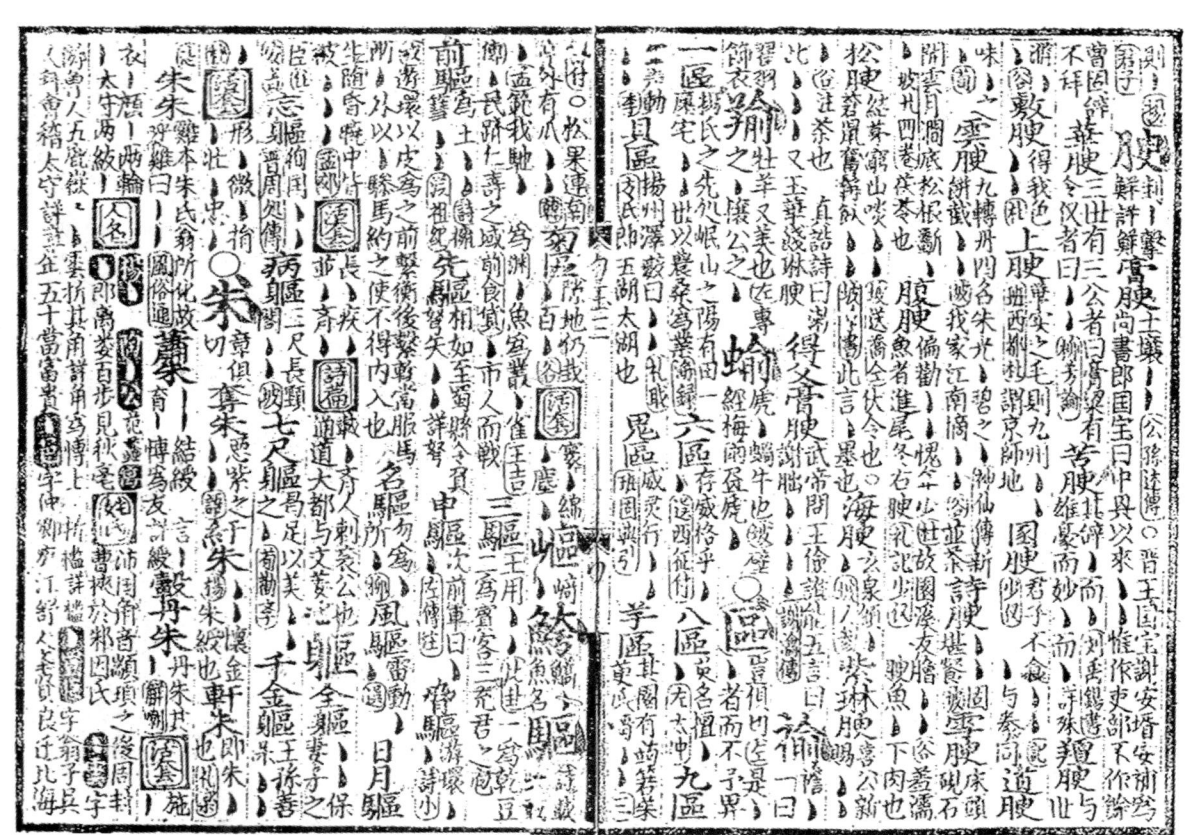

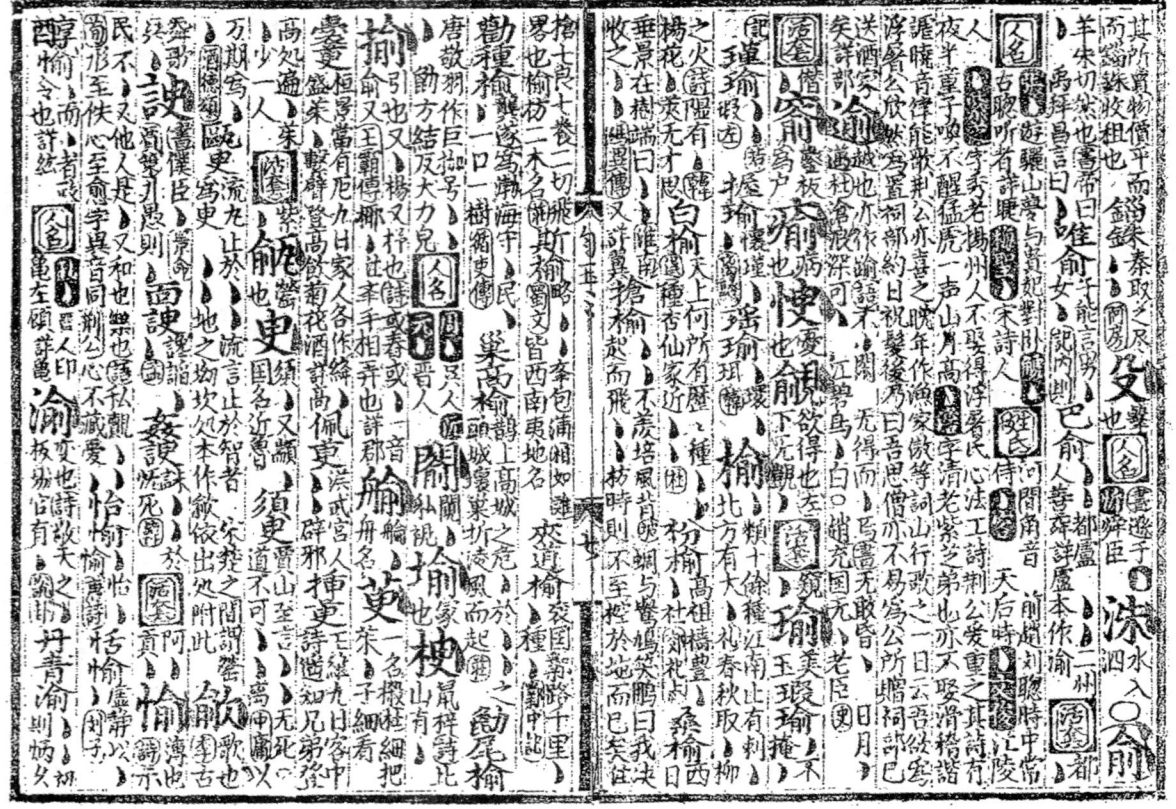

駉丨　郞　丨史丨丨　孥翁　齊士嬰丨　公孫述傳　○晋王国宝謝安壻安惡為
祝子　艘　鮮詳鮮　廈艘尚書郎国宝曰中興以來丨丨惟作吏部不作餘
曹圓餅　藏艘三世有三公者曰曹梁有　苦艘　其餅丨而丨　刘禹錫書　丨　鍾艘与世
不拜　令仪者曰丨丨　柳芳論　雄豪而妙丨而丨　許殊
浙丨　容數艘　得我色丨　丨困上艘　平安之毛則九州丨　丨　圜艘　君子不食丨丨　記　与參同　道艘
味丨　丨之　雲艘　九轉丹四名朱光丨碧之丨神仙傳　新詩艘　丨困　雪艘　床頭
丨丁　雲　餅截丨丨　丨送我家江南摘丨　容并茶　詩艘　堪餐　蔬　硯石
開雲月澗底松根斸丨　丨　腹艘偏勸丨丨　丨愧無此世故圝溪友膽　丨　丨容　蓋濡
丨　坎丸四巻　茯苓也　艘魚者進尾冬右艘　礼記少仪　艘魚丨下肉也
松艘紅芽窮山吳丨　丨　丨瓊送滴全伏令也○　丨　丨　丨
松艘君鼠奮將飫丨丨　丨陟以書此言丨墨也　海艘　玄泉丨　丨紫琳艘　貴公新
丨谷注茶也　丨　真誥詩曰渤得　父膏艘　武帝問王倫謂能五言曰
丨丨　丨丨又王華飧琳艘　丨　丨謝朓　丨丨　丨傳　諭　言丨　丨陰　一曰
翟翊　牡芊又美也　左專　蝓　虎丨　丨蝸牛也　破碑　○嘔　晋偶切　左昊　丨
飾衣　翰之丨　丨穰公之丨　經梅雨發虎丨　丨者而不予畀丨
一嘔　廉宅丨　丨揚氏之先九岷山之陽有田一　六嘔　存威格平丨　八嘔　英名摑　丨　九嘔
一丨　丨丨動丨世以農桑為業　漁錄　丨　送西征付丨　尤太冲
丨丨　丨李　具嘔　揚州澤藪曰丨丨　礼記　鬼嘔　咸震行丨　丨　孚嘔　其閣有菡萏菜
丨　丨　元氏郎五湖太湖也　班固典引　萬氏哥丨　丨三
丨　付○松果連　甸之際地仍戴　貢丨　丨綿　嘔　崎丨　詩載
外有爪丨　丨　鸕　丨百丨　谷　活套　穀　丨虛丨　嘔　丨　鱥　鱗魚名　驅　丨　丨馱
衞丨　丨盂範我馳丨　為淵丨魚為叢丨雀　王吉　三驅　王用丨　丨比卦一為乾豆
丨　丨民跡仁壽之域前食貞丨市人而戰　二為賓客三充君之庖
前驅　為土丨　丨詩檮　先驅　相如至蜀縣令負　中驅　次前軍曰丨　脊驅　游環
前驅　弩矢丨　丨　洪祖叙　詳弩丨　丨　左傳注　丨詩小
戎　遊環以皮為之前繫衡後繫軫當服馬　名驅　勿為丨　丨柳　風驅　雷動丨　日月驅
所丨　外以丨　驂馬約之使不得內入也丨　丨　丨選
生隨昏曉中皆　丨長丨　丨疾丨　丨齊人刺哀公也　驅　全驅　保
微丨　丨　盂郊　活套　並丨　丨齊丨　詩篇　丨　遊道大都与文姜　丨　驅妻子之
臣丨　忘驅　殉国丨丨　丨病驅　三尺長頸　丨七尺驅　驅易足以美丨　丨　千金驅　王孫善
後丨　丨晉周処傳　驅　丨　丨　波　丨之丨　荀勸孝　丨　丨
丨　丨形丨　丨微丨　丨捎丨　○朱　章俱切　奪朱　惡紫之丨　丨　丨懷金　軒朱　郎朱
丨　活套　丨壯丨　丨忠丨　丨　丨詩　紆朱　揚朱綬也　也　礼記
丨　朱朱　雞本朱氏翁所化故　薰朱　丨丨結綬　言丨　數丹朱　丹朱其
丨　呼雞曰丨丨　風俗通　育丨　丨傳為友　許綬　丨　解嘲　活套　丨施
衣丨　丨顛丨　丨兩輪　人名　丨　范蠡　丨公　姓氏　沛国　前晉　顓頊之後周封
丨　太守兩紋丨　丨　丨　丨　丨郎　為妻　百步見秋毫　曹挾　於邾因氏　丨　丨　字
漸魯人五嶷嶽丨　丨雲　折其角詳角為傳上　沂檻詳檻　丨　字翁子　兵
人　會稽太守詳詳　丘五十當富貴　丨字仲卿　爲江邠　人丈賢良　迁北海

大守治行第一入爲大司農（丨傳）字文叔南陽人爲臨淮守吏人思慕歌曰
彊直自遂（丨）字公謝爲冀州刺史部令長解印綬去者四十餘人（丨）字
彥和梁人循覽五經表薦云命山万尖玉海千尋官至侍中四官皆有銘（丨）
（百）字德宗谷陽子弟曰終身讓路不枉百步詳路（丨）字奉之道不入蓍字
卡淳度号方卷昂号小万卷　買奇書爲二亭曰知止曰所丨丨丨（丨）
孝子詩（丨）字康叔揚州人七歲父出其母刘氏齊昌行四方求之作丨求皮有
是少崇賢名書室曰紫陽後居建陽号雲谷老人亦曰晦庵號号滄州（丨）字公揆生明道春風中詳風（丨）名熹字元晦初號

珠

游台服也𢾾丨者以數十丈麻繩縋其身落於海底或爲海獸所害　隋珠丨侯見蛇傷取藥封之蛇銜明丨以
彈千仞之雀世必笑之（莊子讓王）　水珠順宗時拘弭國貢丨丨色類鐵持入江海可行然洪丨之上後化爲石丨
珠　緑珠石崇以珠三斛買梁氏女　玄珠黃帝遺丨索之不得使象（罔）得之　道真也。寇間默坐落
出（風帷）緑珠後孫秀求之投樓下死　火珠（南蠻）珠如卵日中以艾丨　米珠（齊姑）
丨丨　棄珠閑閑丨丨　掌珠馬梵賀人有子曰欣得丨　櫻珠爛丨丨（國）
（俗）丨珠毀（元氏）（丨）中之丨　杜北卷詩　丨丨繇侵得酒丨
成丨丨○又雙珠韋元將仲將丨丨出老蚌詳蚌○孟郊与弟　懷珠水丨丨而
丨丨新桂顗人謂丨丨○王勃与兄劇勔人謂丨丨　川媚（選）
丨丨累人如丨　歌珠丨喉丨弗丨而丨丨乘者不得以爲襦（遂）
貫珠丨（樂記）歌珠（唐嚴尚書記）　天雨珠來使丨而（雨亭記）○梁大同中大雨（紀）一丨

雜色（昭）招涼珠燕昭王暑月懷丨消暑丨丨（拾遺記）　不夜珠丨丨丨照人鬼青蚌珠年日取丨
宝珠
之皆成青　魚報珠漢武帝遊昆明池見大魚銜鉤取放之後於池得明月珠一双帝曰豈丨之丨乎（三秦記）　龍領珠河上家
丨（搜神）
貧績蕭而食其子没川得千金之珠　羊頭珠洛下婦人推其夫墮
丨丨丨下子讀其腹也使其悟子當以爲粉
引過九処栢樹下一羊令跪捋丨丨初得二丨長人取之後一珠令啖之甚
療飢出問張華曰丨爲龍初一珠食之与天地等壽次者延年後者充飽
而已（幽）　明月珠○徽之丨丨之丨（李斯書）　照乘珠魏惠王曰寡人有徑寸之珠丨車
（唐劉）丨丨丨（韓）前後各十二丨若十枚者王曰
有四臣者將照千里　撒珠乃其国至敬之礼退朝有司掃殿得丨千丨兩
豈特十二乘哉（史）　丨趙宋熙寧中駐輦国入貢乞依本国丨丨從之
（記事）珠張説爲相有遺忘丨事丨玩此珠頓悟（記事）　清水珠嚴生得珠投濁水中則丨　胡人二十万貨之（宣室記）　徹（洛盤）珠詳
九曲珠（詳）　曲魚眼珠蚯蚓数生　酒滴珠小槽丨丨真丨紅（李賀）　斗量珠（李）推黄金　不貫珠（宋）趙
三介侍讀州分珠丨丨徵發　一串珠見歌　（俗）淵客泣珠丨丨陳亮而丨丨（呉都賦）○
一宗曰介必丨丨梨然　珠　鮫人水居出人間賣綃臨去
従主人索器泣而出　二女解珠与鄭交甫　合浦還珠丨丨人採珠易米時二
珠与主人（博物志）　事詳佩　千石貪珠徙去及孟嘗

行化一年丨滄海遺珠狄仁傑爲吏誣訴閻立本召見嘆曰可謂丨丨丨丨　號社湖珠嘉祐中揚州一
去珠復丨　大珠如拳初出陂澤
中轉入丨丨丨十餘里間如日初照林木皆有影（沈存中筆談）　意苡爲珠馬援征交趾載丨丨丨車人以丨明丨文犀（本）　買櫝還珠
楚人賣珠爲木蘭之櫝綴以珠　剖身藏珠唐太宗曰西域賈胡得美珠丨丨
玉鄭人丨其丨丨其丨詳櫝　丨而丨諸愛丨而不愛其身也（本）
○如意珠如人於自衣繫丨丨丨不自覺知貧露他方乞食馳走忽有智者指示其珠所願從心致大饒富方悟神珠非從外得（楞嚴經）　誦
經珠有一比丘患牛呞病爲長者輕笑佛爲置数珠令密誦丨丨呪長者後遇之知其丨丨（傢）絶輕笑（緣起經）　摩尼珠丨可照濁
水源（杜）　還襯珠北四祖師子比丘有長者引一子曰此子當生便拳左手願
詳尼　聞宿因師即以手接曰丨我珠來童子遂開手奉珠師曰吾
前爲僧有童子婆舍吾赴西海斎受丨付之今見还矣遂爲法嗣（傳灯）　（活套）虬丨螭丨蚌丨星丨蜂丨明丨　○趨七逾切亦依趣（詩）巧
丨丨蹌步（記）城上不丨堂上不丨　鯉趨過庭詢　丨里趨丨丨丨而　龍趨丨丨西京付　嶇趨（隅記）丨衣丨　步趨
丨丨執玉不丨（語）没堦丨進
夫子丨亦步丨　進趨（鹽）先生於道　吳趨曲名（吳）陸機有丨　丹墀趨浴
亦趨（趙）詳趨　趨而丨（曲礼）　丨趨行丨人歌其土風也　尚
書郎含香握　（活套）奔丨疾丨聲丨　○懷龍珠切悦丨也又恭也　腰祭名詳臘　蕈草中翹
蘭奔趨丨丨　爭丨竈丨鬼丨　楚者即

丨蒿一鏤（伍子胥傳）賜丨之劍　漫丨丨丨兩兒　婁牽也（詩）弗曳弗丨又　○扶防无切（語）
名商丨　愚也无分別爲丨丨
顛而不丨（孟）　扶病相丨　持（選）杖兼相丨　（百）給扶進見上殿拜跪丨　提扶鳳止
蓬生麻中不丨自直（孟）　上馬不用兒孫丨（韓）韓弘碑　鵲曰
丨丨詳鳳　（禀）扶酥紅不自力任　紅袖扶今夜还先醉丨（樂天）　娥眉扶醉倒丨（坡）　騏子扶浣
丨丨艶如丨丨（孟郊）領丨丨丨（坡）　花
老翁醉騎馬熊兒扶（坡）丨丨　○闍扶唐段成式云釋氏書言須弥山丨丨樹月至樹影入其中　（活套）倩人丨信扶丨
丨丨（后山）言杜甫之子也
（姓氏）京兆羽音乞丨氏改丨氏　（丨）扶廷尉（丨悉）字宗略其種落号白獸
（南史）蠻從貧若敦南討樊山扶高備歷艱阻入白帝城撫慰人夷莫不悦附
夫（語）有是丨吾已矣丨吾知免丨今亡　符（孟）若合丨節丨　乾符（聖皇日上）丨東京付　六
丨矣丨逝者如斯丨丨不舍者有矣丨
符丨（泰階）丨丨詳階　桃符東海度朔山大丨蟠屈數千里其枝向北曰鬼門有二神曰神荼鬱壘主領衆鬼黃帝因立桃板門戶二神以禦凶鬼（風俗通）
（俗）漢符丨祖与功臣剖丨作誓丹書鐵券詳園○文帝爲銅虎符竹使符（註）
銅符當發兵遣使至郡合符合乃受之竹符以竹箭五枝長五寸鐫
刻篆書与郡守各分一　唐符高祖頒銀菟符後改同魚符以起軍旅易守長
半右留京師左以与之　符西京北都留守給麟符東方青龍符南方朱雀符
西騶虞符北玄武符（車服志）　左符乞丨丨（坡）　竹符民部郡朴丨（唐）　左符頭白猶堪丨　破釜而丨　伍符中爲軍實（史）知尺籍丨（唐）丨家人子起田

丨亦伏符宿華奉丨丨丨曰刘王麟符隋樊子蓋檢校河南内史有治益兵
亦伏符秀發兵捕不道（後）麟符續爲别造丨丨以代銅虎
符公子无忌請如姬丨晋辟兵符心抱朴午日着赤灵符於調水符爰王女嗣
鄙丨丨救之（史）詳稚可辟兵令銊頭符水恐使考
見給破竹爲契令僧藏其一寓冷符朱景文作二泉龍洞詩後任馬漕刻石
以爲信号丨丨丨（攷二卷）本以獻景文曰近世文拙而好刻石者
世謂丨丨丨○叙頭符五日前緣作小符綴訪老符東坡云海南人上巳日
丨丨小虫篆也髻鬟名丨丨五見前上冢东拱酒壽諸生皆
出独老符秀才在囚与飲至醉符急急符宿書丨丨考不終軍棄符入関丨丨初
蓋儋人之安貧守静者○符林也奉丨丨丨（后山）
叟与軍繻曰傳還當以合符軍曰大丈夫西游終不徙還丨繻而去後軍使
行郡国建節東出關吏曰此前棄繻生也（本傳）繻符也裂帛遂合以爲符
齊安守符楚昭王出游留夫人丨於漸臺江水大至王遣使
者迎夫人忘持符夫人曰不持符不敢行沉水而死（活套）同丨合丨星
（人名）愈之子（王）皇甫規所重（姓氏）琅邪浙音魯頃公孫公雅爲秦符
名箓（李商隱）唐詩人至今因氏焉（晋）五代人字德詳（後漢）人字偉
明師事李膺融幅巾奮袖談辞如雲膺每捧手嘆息丨
晋王以爲義兒軍使賜姓李氏爲符有機略百餘戰未嘗敗衄（人名）官至
趙州刺史有善草名蔓似葛又蒲洪孫堅背
政号良刺史 符文有草付字改姓丨詳當 鳧与鴈（詩）丨 水鳧丨泛丨二若丨中之

丨与彼上下（挽留） 海鳧人得鳧毛長三丈張華曰鳧乗鴈集不爲之多丨丨飛不俱
北飛一鳧独南翔子當留斯館我當歸故鄉（蘇武別武陵）○王喬爲葉令每
月朔來朝大史伺望言臨至有丨丨從東南來舉網張之得双舄乃所賜尚
書官属 白鳧似老翁 化爲丨丨 金鳧明皇元宵於常春殿宴丨丨灯（影灯記）○又丨丨
優（本） 錦鳧明皇縫丨繡丨鴈於水中（何）詳注云葬始皇以水銀爲海丨丨
爲丨鴈○又 錦鳧与小舟戲玩其間（遺事）
香炉名丨丨 會不飛 飛鳧競渡舟輕利謂之丨丨舟（歲時記） 晨鳧秦良
馬名 魚鳧蚕叢叉丨丨開国何 續鳧鳧頸雖短續之則悲（莊子）（活套）浴丨舒丨沙上丨（世） 蚨（搜神）記青
詳馬 古蜀天子
丨虫如蟬發其母子各塗八十一錢凡市物或先用子先用母 鼯 木瞿又
皆飛歸循環无已故淮南子名錢曰青蚨丨丨兩家鉠詳打 厚韻
颬大風○ 雛仕于切（列子注）生而須母哺曰鷇寇自食曰丨 鳳雛龐統德公之從子德公謂丨龍
雛春來相与護鳥雛大丨丨之始飛 鵷雛南方有鳥名曰丨丨（諸葛亮傳）
鵷丨雛也 朋雛爲鷹所制詳雛 維雛曽恭爲中年令兒童不捕
馴雉曰丨方丨見童 匹雛力不能勝 孤雛（憲肅宗）曰国家弃 鳳將雛晋曲名
子有仁心也詳雛 丨憲如丨 詳豚 丨傍巢亦（本）
（志）徐卿二雛丈夫生兒有如此丨二雛二雛皆（徐卿歌） 護雛 窠雛那脫吏丨（韓）（活套）引丨呼丨 丨 雛 稷穰也

𡡉也 姼婦○ 敷方無切（書）禹丨土（偶通）字其丨心 敬敷（舜典）丨丨五 誕敷丨丨文德
（漢）蕃敷乃别 腹腎腸（盤庚）亦作丨勇爰發爲勇 誕敷
捨敷丨（康誥） 弘敷与（君牙）丨五文武丨丨 星敷（東京賦） 床敷方鋪 丨可 華敷（西京賦）丨丨 醪
敷丨丨經寸浮蟻若萍（張平子南都賦）謂酒經寸布於酒上 夏陰敷 春華丨丨（晉） 春華敷煥若丨丨（張茂先） 芬敷
仰觀丨（河敬祖）（活套）披丨舒丨丨丨（人名）婦詳夫（羅）古貞 芎華榮也又曰草木 苧 薣中
仰誰出力助兼丨（谷） 布丨 丨政 縱室丨詳室 僕乃单庸 將生先生細葉 皮○
𣀔丨離疏空虚（柳）丨合作擊謂所奉空疎 葭孚候氣之法竹爲管丨非有
丨之親（漢書） 富 精孚糟孚曠沈（楊子）撫曰糟當爲丨丨 爲灰詳灰丨
貴何啻丨中丨（彼） 葦當爲葭丨之孚自精之表也 稃米殼（爾雅）秠
孚（詳）乃邪作丨（易）巳日乃丨未占有 簡孚五辟丨丨（呂刑）簡孚之辞刑
丨（並革）交丨无咎（孫）（左）小信未丨 有五等也丨核実丨丨也 一二米
獄孚孚得其情実輸秦之也（呂刑）（卦名）三三澤上有風中丨初九虞吉有它不燕
丨成而丨輸而孚 九二鳴鶴在陰其子和之我有好爵吾与
不靡之六三得敵或鼓或罷或泣或歌六四月幾望馬
匹亡无咎九五有孚攣如无咎上九翰音登于天貞凶（人名）（晋）金貌換晋人 洲
木曰簰竹曰筏小筏丨（爾雅）揀曰丨又丨筏○鼓丨 乘桴于海（論）丨丨 桴荷
曰丨一曰水上丨 桴經傳並音浮詳見枹字下 榜桴丨

丨以高驛（班西都賦） 濟川桴留作丨丨（谷） 伈恐也伈悅也丨 郛外小城（左）鄭人伐宋入其郛 說
郛五經之爲丨丨（襄十九）城西丨丨濯斎也
丨丨楊詩郛 海中郛美蓉宫 俘（左）以爲丨戴丨生係其人曰俘戴左耳
王（僖十八）（書）丨曰 死馘以獻宗戎 獻丨子
殷宝玉先取也○ 郰子于切（詩）昆吾又閭丨古姜女丨 ○犬
鳳無切（孟）不可以爲滕丨周旻咎 娵陳鴻閣丨爲醜惡一名明丨
辞大丨○望丨丨石詳石 褐夫（孟） 狂夫言丨丨之（前漢） 潛夫王符著論識世詳家 非夫而退 闘獻强
丨也（孟） 亥夫再拜謝丨丨（孟）獨見丨 九夫井（礼）丨爲 十夫丨子 二大夫賢哉
（十二）丨曝日時暖皆謂黽也
丨丨言 五大夫詳松 五丈夫商瞿年長無子孔子曰丨 十萬夫組練丨丈
疏廣疏受年四十後當有丨丨
夫吾丨之爲丨 自有夫使君謝羅敷寧可共載車羅敷前致詞使君 如兄夫回頭
丨也（困）一何愚使君自有婦羅敷丨自有夫（古樂府）
語小姑切丨詳姑 逐臭夫之丨詳臭海上有 匹丨 征丨 武丨 壯丨 宰丨 餘丨 嗇
丨（活套）凡丨 鄙丨 薄丨 懦丨 卿丨 大丨 士大丨
大丈（人名）（周亞夫） 膚孟尺寸之丨 不丨撓（孟）剝床及丨（詩）以丨 長膚
身体丨（魯大）丨 奏丨公注美也 如凝脂（語）丨 受之
丨孝 倫膚少牢饋食丨丨人 擇 膚寸觸石而起丨寸而合詳寸 側手爲膚本作扶 樹膚
丨也丨脇革肉也擇取美者 雲膚寸

子部　第三册

蔡倫以丨丨芳膚蕿々𢭏丨青膚(韓)昝也 茺膚敠鑿泥池 耆膚救疵丨 險膚起
爲紙詳紙 丨(孟郊) 无丨丨(谷)唶膚丨(羽) 信
丨丨(盤庚)傾碩膚公孫丨丨(詩狼跋) 雩丨玉丨皮丨(人名)孟氏使(傳)
丨丨淺之言碩膚丨充実丨篤厚 肌丨体丨奏丨 爲士師(論)
扶 側手也(記)投壺堂上七丨室 㭁 草木房一 趺 本作跗 双趺 張九成
中五丨 通作膚互見膚 曰花下蕚 足也 讀書憊
前父丨 跪趺蟠首丨丨德輝是 丨丨坐是相目蒲(婆娑論)○誦經云
丨餞然 跏趺紀(劉禹錫夫陈碑) 跏趺全 丨丨是如來坐半丨丨是菩薩坐
僧趺 終朝危坐 鈇 坐斫刀一曰斧也(列子)人有 鈇 稲再 抱 擊鼓杖(漢)
丨丨斧丨丨(略) 亡丨者意其隣之子詳竊 生 (張敞傳)丨
鼓稀鳴顛注音桴亦作桴(記)蕢桴土鼓(吳起傳)援桴揮鼓 玞 碔丨石次玉
又按左傳援桴而鼓音浮然浮韻即无此字合只押在此 (山海經)會稽
山下多○ 迂 雲俱切遠也曲也(語)子之丨也(孟序) 㤅迂 丨丨之方
丨石 時君咸謂之丨闊(史)論高常近丨 士(史武紀) 一
丨古 (人名)(吳八)牲迂嗜酒肆 紆 縈也曲也(唐儒李傳)丨(陸參)生
人丨 有丨辛之号詳辛 後袂杜歛納丨皇眷 縈紆 未厭山水
鬱紆 何用多愛心丨丨睚 威紆 丨丨距遙向(謝) 盤紆 山則丨丨 鬱紆 相丨丨(閔)
我思丨以丨(曹子建) (文選)長曲兒 空雲丨山前路丨丨(段)
縈紆 紆朱懷金(揚子)朱 楊紆 異州澤數丨 鬱紆 中紆色丨丨 歸思
丨豈合山人丨丨(段) (夏官職方) 畫紆 紆丨丨(柳宗元由視図)(陸參) 丨(閱)

濫 盤丨旋 流也 隃 藪名 楊丨秦○ 輸 式朱切 委輸 (漢)武置平準 都受 均輸 桑弘羊
以通貨濫輸郡国置均輸塩鉄官遠方各轉輸冠恫丨 飛輸 房玄齡傳 見輸 財非 天雨
物(同上) 濫輸以其物為賦而相丨丨(同上) 轉輸丨不絶 (前食貨) 輸置丨丨
丨丨(漢紀) 交輸 江充曲裾後垂丨丨(本衣)割正幅使一 橋斐輸丨丨 象蔵丨 縑詳
輸 諱輸寧斷 頭銳若燕尾垂之旁見於後曰丨丨 斐輸 繚緝被一幅 (陸參)
頭(荊公墓) 征丨樂丨嬴 (人名)魯般 (公輸子) 隃 越也○ 樞 昌朱切戶丨也
鈞丨 丨百方丨丨 以為丨甕以為 繩樞 陳涉甕牖 (易)言行丨機 (韓)
十九持 桑樞 原憲蓬戶不完丨以為丨 甕以為 繩樞之子(過秦論) 星樞 後漢
紀春秋運斗樞北斗第一樞第 金樞 落霞流綠綺殘月(謝)注月沒処也 玉樞 循有理丨有
二璇第三璣 故樞密為樞丨丨(謝)注 丨丨 (沈約)(西齋物)至
理有極俱當寘 西樞 丨丨 上樞 入賛 中樞 文彦博除樞密詔曰 天下樞 中国 韓魏
之則得其樞要 西樞内輔丨丨 中樞仍舊丨丨(溫公集) 天下樞中国
之処丨 赤老樞 宋欽青白延安入樞府兩府逆之累曰不至因慢 丨丨 鈞
丨之丨 赤老樞 罵曰迎一赤老累曰不至因呼為丨丨丨(雜志) (陸參) 斗丨丨
事丨化丨秉丨丨 (詩篇)山有丨刺晋昭公也 姝 美色 (詩)靜 媛姝 有丨丨者李
言行丨造化丨丨 鍾鼓不能以自樂 女其丨 丨丨一先生之言
則媛丨姝丨丨而私自說也自以為足矣(莊徐无鬼) 昊姝○令落山水愁丨丨
李古則丨丨(谷) 晙音瞌又如字彖皃姝妖皃 皎皎似丨丨(幽) 陋

姝皎如大明鏡 白頎 姝 風骨自是丨丨丨 悅目 姝 人間无正色丨 ○ 廚 直誅
丨姝丨(逢一丨丨) (坡) 傾城姝丨(坡荔枝) 詳枝 姝丨即為丨(樂天) 切
切(孟)君子遠庖 廚 丨丨 絡繹 書廚 齊陸澄博覧王儉 書廚 頎愷之以一廚
丨又前鑿室曰丨御廚 送八珍(荊) 曰丨丨也(南史) 丨寄桓玄家
行廚 修道功深自然草六甲丨丨 八廚 度尚等八人為丨丨言能以財救人者
丨廚丨隨所須奔賁即至(黃)(上元)也(黨錮傳)廚歐氏音皮愚見取廚積藏
畜之義合在此韻押 步兵廚 阮籍聞步兵廚營人善釀有貯 櫻筍廚 唐宰相
不知音皮其義云何 酒三百斛乃求為丨丨 校尉 三月有
丨丨丨 丨丨 可醫廚 祢衡譏荀文若可使吊喪趙稚長 ○ 香積廚 詳 天丨
最盌 使丨丨 荀彧修悴趙腹大故云(典略) 積(陸參) 陸丨丨
賓丨丨 蹰 踟丨行丨 𧞣 床帳 ○ 拘 (詳朱切)(漢)(顏師注)丨文法(賈誼) 𥌯音瑰 執拘
紗丨丨 以婦禮 拘何丨之 憑士蔡依猪若囚丨 𥌯 (?)
丨丨 丨丨 (不)進也 襠拘 君子不可 士賤拘 周之士也貴秦之丨也丨周
于周(禮祭)丨丨 (文中) 虛拘 丨丨(孟) 之士也肆秦之士也丨(揚五)
(宜)丼 丨丨 丨不可以語 襠株拘 存蛔者若丨 (陸參) 四丨 拘丨李丨 俱
丼蛭拘海丨於丨也(莊) 株拘丨丨詳株 法丨事丨 也(陸參)
(家)呂望載 與道俱 丨丨 與爱俱 人之生也丨 竹素俱 竟夕誰与言但 天壤
与丨帰 丨 丨 (莊至樂) 丨丨与丨丨丨(謝)
俱 名与丨丨 (傅付) 丨丨 竹丨与影丨 駒 (詩)言秣其丨 (晏嬰) 龍駒若非丨丨 白駒
丨丨(張景陽) 理丨生丨与 老馬反為丨(角弓) 青駒 (陸機倡)

皎皎丨丨(詩)○人生如丨 玄駒 蟻曰丨丨 (大戴記)牛亨曰何內人見人騎馬
丨過隙(前劉傳) 謂日影 數千万騎大如黍米以火燒之人皆成蚊蚋
馬皆成大蟻故呼蚊蚋曰 攻駒 (周礼夏官)二歲曰駒三歲曰
黍氏蟻曰丨丨(古今注) 攻駒 鞍丨丨 謂乘其蹄齧者閑之毋令近丨丨也
千里駒 苻朗堅從兄子也 名家駒 丨丨 (後漢書傳) 韓 下駒 湊武怒鄭當時曰丨丨 騂騮
駒 自之為丨丨 鞍下駒 局促效丨丨
駒已汗血(杜) 歌驪駒 王式召為李士諸博士持酒勞之博士江公嫉式謂歌
丨丨作丨 歌驪駒 吹諸生曰丨丨丨式曰客歌驪駒主人歌客毋庸歸今
日諸君為主人日尚早也江日經何以言之式曰在曲礼江曰何狗曲也式
曰我本不欲來諸生勸我為竪子所辱遂歸○驪駒辭驪駒在門僕夫具存
驪駒在路僕 病 頹向東祠豫浮客中庭 伏櫪駒 素非丨 白顏 鄭馨謂李嵩
大聲(遠詩) 病蓐馬丨丨之丨詳病 丨丨丨(李) 駒 曰君終當有
国家有騧馬出丨丨丨丨此其特也 (詩篇)白丨大夫刺宣王 揉 盛土揑中(詩)
後果生丨丨丨騧称西涼公(監) 也 不能留賢 丨之陾之
築墻者聚上盛之 蚪 挹也酌也又水斗以角為之容四升 (詩)賓載手 跔
以捏投之版中也 仇一音丨 注謂挹取酒也(谷)詩草木渡可丨
(史)(儀傳) 踆丨 𤸷 曲脊(莊) ○ 瓯 双雛切毛 氍毹 兩廂鋪丨丨丨丨 五鼎調
(韻)(辛) 足躍也 (後漢書) 蒼亦作毹 (毹) 芳藥韓愈 向披香殿
上紅丨丨(坡) 新羅進五 罽賓 毹毛溫室規地以丨丨丨 模 莫胡切法也 通作 撫
丨丨丨 以籍地(杜陽編) 三(輔黃圖) 丨 (蔡)(李德裕論)丨 寫古

二七一

人左思詩可為逸士丨陂清景 模不模丨 丨宏遠 石鼎丨
一炎後雖丨○天下丨丨楷詳楷 範模 不範揚 規模丨丨高祖紀 形模丨婦女
炎軌模 陳三皇之丨丨 哲模 宗臣丨丨 圖模 軌虜不与同 法參 師丨楷
聲韓李張子平帰田賦 陸贄傳 丨丨李由 丨宏丨 母
敎餌周礼八 謨 亦作摹書夫厥丨 聖謨 丨丨詳 訏謨 丨丨定命 廟謨 明丨
珍有津丨丨 丕顯哉文王丨 伊訓 丨大也丨丨
光武 法參 謀丨嘉丨 大禹丨丨 澄之孫有祖風留故茐在詳茐 法
紀丨典丨 書 皋陶丨 人名 魏丨仁傑孫与香山九老會詳老
唐人文如 膜 胡人拜稱南丨○丨 嫫 丨母醜 詳醜○ 醵 大丨飲酒作樂
孤峯絶岸 拜而受 隋天子傳 婦詳醜 人名 張丨諫正有史魚風
淡書生淡律三丈人以上无故飲酒罰金四兩故以 後本傳 丨四世傳
賜丨寫惠澤 孟郊 家釀良可丨玻釀飲遂成丨
詩斧拜尚 蒲 丨有二丨水草可作席一丨柳楊也 昌丨藥名又名昌陽
書 後本傳 昌歇昌本堯時韭感百陰為昌丨詩依於其丨 魚藻 維筍及
丨韓奕○中公丨輪詳輪刘寛丨鞭詳 菖蒲 食之長年○張籍石上生蒲一
鞭穀璧丨璧詳璧野丨変而為脯詳脯寸十二節○梁太祖后張氏見
蒲花光彩照灼侍者皆不見后闘見者當富貴因 風蒲 丨丨纖二弄 東蒲 不流
呑之是日産武帝○蘇子由盆中忽生九花 蘇文 輕柔 陶潛
丨丨 詩 編蒲 路温舒初牧羊取澤中蒲丨寫書 本傳 織蒲 臧文仲妾丨 左文公 治蒲 子路丨丨邑孔子三称其善 家語 萑
蒲柳也

今 王二十一　十五

澤蒲 丨丨之丨可勝既乎左郎蒲 十幅蒲 丨丨丨丨丨陂 來趙西風 戴柔蒲 宵丨丨丨丨身服
柳一種皮紅者可為箭幹 撥撫此之謂農
笠也 伏青蒲 史丹迁侍中元帝欲廢太子丹直入卧内丨丨丨丨上 隱園蒲 王
管子 皇歸遂定 前本傳 以青規地曰蒲非皇后不至此 介
甫独坐 映竹蒲 王徽之以昌蒲丨丨曰丨止以九節為貴而此君面目聳 九
丨丨丨丨 然昌蒲正當爾拜此君丨丨安得不受之邪 高士春秋
節蒲 漢武上嵩山見仙人長二丈耳垂有曰吾九嶷山中人聞此石上有昌
蒲一寸丨丨食之長生忽不見 神仙傳○安期生於番禺東澗中採服
之仙去但留 五文蒲 秦苻洪以蒲生丨丨節如 望春膽蒲 丨丨勸耕丨丨勸
玉舄 常林狀 竹形因氏焉後改姓苻 蜀孟昶勸農詔
冬至後五旬 伊蒲 丨丨塞桑門 僧愛蒲 丨晉寂太好菖蒲採成獅子
七日菖藥生○ 伊蒲之饌詳饌 鸞鳳仙人之状 海墨微言 法參
孤丨新丨 姓氏 河東角昔与苻姓通 風俗通 有蒲事丨昌 字廣世有
席丨丨 蒲氏之裔世為西戎酋長本姓丨改姓苻詳苻 字傳休
堅季弟著浮圖賦壯麗清贍 苻朗 字元達堅從兄子堅曰吾家千里 蒱 丨樗
駒 趙宋人字傳正居閬州為翰林李士丨偏忽自宗孟始 丨
刘裕樗丨 觧 擬也○ 胡 户吳切 晉書五丨雲擾 秦紀 狼胡 丨跋其丨 詩 周
一擲百万 胡亡秦者丨戟揚文大破林丨 頷下皮也 雕
胡夷結実成丨 麻胡 石勒將丨秋丨丨人性麁險有児 封胡 丨丨羯未皆謝
胡丨黑米 宋南 嘀母輒恐之曰丨丨来即止 氏秀彥者詳末 賈

胡 馬依胡西域丨丨到一 戈胡 丨廣二寸丨三之援四之禮考工冶氏胡 曼
処輒止以是失利 本傳 長六寸矛之旁出者曲援長八寸直刃
胡丨丨之縛 荘說物 寒胡 唐中宗時四夷來朝為潑丨丨之戯張説 秦胡 鮮
粗紐无文理者 奏裸体跳足汨泥揮水何觀焉 張説傳 武
別李陵詩一別如丨丨會見 胡 丨丨魚木蒲醇德丨丨 秋胡 側乃似
何泪史 又云 鑿若胡与丨 姣胡 淮 張子湖 子植也 杜子美詩 盧
胡 蒲堂坐客皆丨 含胡 祿山斷顏果卿舌曰猶能罵否杲卿 酒家胡 辛延年
胡丨唬笑也詳舌 丨丨而絶○藏舌丙丨丨 唐書九卷 羽林詩
依倚將軍势調笑丨丨丨胡姬年十五春日獨 留 垂胡 爾來八十丨丨
當爐 王堪祈詠 但見索酒郎不見丨丨丨 丹六卷○淡郊祀志
龙垂胡髯 胡 人名 周丨識劒人 草木 紫丨藥名 杜 省郎 憂 姓氏 安定
頸下垂肉也 字宴為貞婦詳貞 病士書信有柴丨 羽音
舜之後丨公封陳因氏 丨建 字子孟前後安定人為洪城令治甚有声 丨公
廣 字伯始華容人孝廉第一 万事不理問伯始天下中庸有丨公
字伯武官至青州剌史 清畏人知又詳清 胡贄 唐秋浦人為文敏甚必循 湖州
中外後下筆丨丨丨 疑天九老會上年最高 丨滔 字武平常州人知湖州丈與
峯校 丨丨公塘捍水詳塘 丨瑗 字翼之泰州人瑗為人師言行身化 湖州
得教亭之法 言嫁女須勝吾家娶婦必不若吾家 胡銓 字邦衡 建州人
著春秋傳 湖 五湖 揚州其浸丨丨周礼即太湖其派有五故名又云周五
謚文定 白里故名亦曰震澤笠澤具區 蘇州嵛經大湖 蘇

今 十三　十六

常湖 秀四州界汜為之丨丨常在此 一說洞庭應澤 西湖 杭及潁皆有之
青草 雲夢巴丘亦曰丨丨○說丨丨者不一不及詳載 東坡連守二州
東湖 丨丨水 巢湖 古丨縣陷為丨独一姥見 鑑湖 賀知章請為道士还鄉 重
湖 氣多蒸 石龜目赤登山而免 高誘 詔賜丨丨剡川一曲
湖 岳州洞庭湖西岸有沙洲堆阜湖内有洲故南洞庭湖蜀江漲溢作湘江
名青湖北名洞庭所謂丨丨也 鼎澧南迁錄 洞庭湖為丨丨數百里 君
山 宛在水中秋水歸此 鄱陽湖本名宮亭 彭蠡 湖丨丨中一珠如拳 瑚
山復居于陸又詳重湖 鄱陽湖彭澤湖 其光照十餘里詳珠
六瑚 商簠器 珊瑚 似玉紅潤有孔者生水底盤石上一歲黄二歲亦作紩
詳璉 王珠網沈水底貫中而生絞網出之大者不取亦爾 本草云
從海國師子國来 崇積翠池一十三柯有四百六十二條 烽火樹從
有光影 黃圖 王愷 丨丨高二尺許示石崇崇以鐵如意擊碎愷 崇曰
不足 三四尺者六七株如愷比者甚衆 本 外思公性儉約子弟非
時不能取一分有丨丨 恰平生愛惜子弟竊之公 以十千購之子弟佯
為求得以獻欣然以十千与之一歲率五七 如
此 譚田錄○文彩丨丨 鈎 杜 欲拂丨丨樹 法參 崩丨 璉丨宗 承 亦作
纏丨懸丨然丨 葫 丨簞 醐 醍醐 酥之精 醍醐 穆負兄弟和粹号行為丨丨 詳
魏丨洋丨丨 葫蒿 涵者 醍醐乳○丨丨
閣王法与丨丨之味同又 瓠 瓠也 鍸
公

漢銅馬頭金匜匜駝背丨丨丨(杜詩)負物以丨怕家之故云　血糢糊子璋髑髏丨丨丨(杜)　鵜鶘丨水鳥能沉水取魚
壺(詩)清酒百丨八月丨丨(左)中流一丨　投壺(禮)丨丨之礼主人請曰某有枉矢哨壺請以樂賓哨音峭不正皃○籌室中五扶堂上七扶庭
中九扶矢小豆爲矢之躍也壺去席二矢半矢以柘若棘分見總馬二勻
扶背膺○祭遵爲將軍對酒設樂必雅歌丨丨○武帝時郭舍人善丨能
徼矢令还一矢百餘反(西京雜記)　挈壺丨丨氏掌丨丨以令軍井(周禮)丨丨縣其上令軍士望知有井壺可盛飲又註緣之箭四十
八冬夏之間有長短○丨氏不能掌其職焉(詩)　藥壺丨費長房爲汝南市掾市有一老翁賣
拜奉酒脯翁乃与俱入壺中見玉堂嚴麗旨酒甘肴共飲畢而出乃俱入深山(本傳)　方壺丨海中三山形如壺方丈曰方壺蓬萊曰蓬壺瀛洲曰瀛壺丨丨
一云渤海東五山岱輿員嶠方壺瀛洲蓬萊(拾遺記)　唾壺晉王敦酒後輒詠魏武樂府曰老驥伏櫪志在千里烈士暮年壯心不已以如意擊
爲節壺邊盡缺(本傳)　冰壺丨姚崇清丨出万鏊置之丨丨迎風寒露之玉丨(杜)
多缺(本傳)　瓠壺丨丨鴟夷滑稽腹如丨丨(詳鴟)及粗中流壺丨船一丨一失
千金　十二壺王方平丨丨玉丨丨(活套)蓬丨樽丨彌丨銅丨丨提丨又鳥名　狐妖獸也鼻尖尾大性多疑(名山記)古淫婦
名紫紫化爲丨(抱朴)丨壽八百歲三百歲變爲人(雜俎)丨夜擊尾出火戴髑髏
拜北斗下墜則變爲人矣(宣室記)巴西侯邈玄丘校尉乃丨也(搜神記)守飛
丨之口○張綱安問丨狸詳豺○　雄狐丨丨綏綏(詩)　小狐丨汔丨(易)　死狐丨正首樂
其所生不忘本也(禮記)　玄狐(山海經)　赤狐莫丨匪(詩)　白狐文王拘於羑里散宜生取丨丨以免○孟嘗君狐丨裘詳裘
封狐大狐(楚辭)　三狐丨(易)田獲丨　訓狐也　短狐丨鬼蜮也(詩)丨丨射丨　九尾狐青丘之狐丨(山海經)　聽冰
狐河冰合須狐丨聽而行(述征記)　假威狐楚昭王曰北方之民畏昭奚恤何如江乙對曰虎得狐狐曰无啖我天帝令我長百獸子隨我後百
獸見我能无走乎虎隨狐而行百獸皆走虎不知獸畏己反
以爲畏狐也北方非畏昭奚恤實畏王之甲兵(春秋後語)　聽講狐燕昭王墓有老
狐化男子丨張華丨(搜神記)　吹火狐書生見一狐持火丨之牽刀斷其腰自此无火災(晉載傳)　千羊一狐趙簡子曰丨丨之皮不如
丨丨之腋詳腋　鬼之董狐于宝作搜神記劉惔曰丨丨可謂丨丨丨詳神○　野狐禪百丈大智禪師一老人
問大脩行底人还落因果也无遂對曰不落因果墮在丨丨身請和尚代一
轉語師曰汝但問老人便問師曰不昧因果老人大悟曰今已免老狐身只
在山後住乞依亡僧例焚燒岩中果有丨(活套)城丨丨(詩衛)有丨刺時也衛之男
見一死狐積薪化之(四家玄錄)　疑丨　女失時喪其妃耦(人名)
(良史)(姓氏)狐丨太原商音周文王子公高之後魏顆封令丨因氏焉
(令狐)丨字延保爲西土冠冕孝藝騎射並冠

何右所推(北史)　(令狐)楚字殼士邠訓辭藻奏制令人皆傳誦　(令狐)綯字子直楚之子爲翰林學士對禁中燭盡以金蓮華炬送還
弧木弓桑
弧丨男子生而丨丨蓬矢六以射天地四方(内則)　桃弧丨丨棘矢以共禦王事(左)　木弧丨弦丨爲丨剡丨爲矢弧矢之利以威天下(繫辭)　角
弧紀昌以燕丨之角丨贊蠡詳發　天上丨星弧九星有枉矢所以射慝孤星枉矢公丨丨(禮考工記)丨丨　威弧丨丨弦(宋)○不能攪
天狼之丨丨(揚)又詳弦　蝥弧公伐許潁考叔以鄭伯之旗丨丨旗名　張弧先丨之丨後說之弧(睽)　縣弧丨丨
冀服(詳服)(活套)門丨丨○　孤古胡反(孟)幼而无父曰丨(語)德不丨○開門邸
(紀)陵雞丨恩漢亦負義　三孤少師少傅少保　孤特也言卑於公尊於諸孤獻
(杜)更長嫂明不可丨丨於卿特置此三者(周官)又其德特出諸孤公
謂里克以是貌丨丨(後)　羈孤親戚奠從丨丨(佈)進(陸龜)　又丨負當在此作孤非
(左)言幼賤与丨子懸貌丨丨　(家村)骨肉痛眼身丨丨　鰥孤白衣擔酒六
尺孤丨托丨之(語)周礼鄉大夫之職國中自七尺及六十野自六尺以及
六十有五皆征之(韓)外傳國中二十行役則七尺若二十也其升降
皆五年則六尺者十五也(本)　月同孤求夜丨丨(杜)　山不孤道人有道丨丨尤
(遇)袁夜丨曰山公在彼丨丨(披)孤山　我猶孤常嫌丨丨丨丨
(詞)稽紹不孤丨丨康臨刑謂子丨曰山公在彼趙朔存孤　有遺腹子朔夫人置
兒袴中得脫朔客公孫杵臼程嬰取兒以文褓匿山中嬰謬曰吾知嬰兒所
在諸將隨之杵臼繆曰趙氏孤兒何罪請活之諸將殺杵臼与孤兒然真兒
乃在嬰處十五年因韓厥立丨是爲趙武程嬰自殺(史記)○　給孤園須達多長者常施孤獨於
之丨丨(發民)(園)此園爲佛說法處又詳園　(活套)村丨
皇丨帆丨舟丨影丨勢丨峯丨　丨丨(高平)高平徵音
丨鶴丨鴈丨寸忠丨燕情丨　(國史)郎仕魏秦州刺史丨(晉書)善騎射孝
名爲信當馳馬帽側吏人咸慕信而側帽焉(北史)　(晉)唐人字幸之兒時
讀孝經父試曰兒志何語曰立身行道揚名於後世(唐書)字古風及之子
權德輿以女妻之權翰林孝丨　辜之死丨丨(詩)民
士憲宗甞德輿乃有佳壻　辜辜也(晉書)亦罔非酒性丨丨掇行輕招丨匀丨月
府辜丨獄貨非宝惟丨丨功(書)丨聚也丨罪　辜丨惟民自
也言受貨賄非宝惟以聚罪爲事功　丨丨(書)酗丨辜　殺不辜(書)
謂殺无辜者也　洗辜丨小子丨丨侯(殺)亂(夏)(逸)丨謂祭川丨磔也　無辜其殺不辜丨　(漢)丨
有罪者也　洗辜謂磔牲以祭侯禳四時丨氣丨之　姑(詩)問我諸丨(左傳)姪其從丨
(禮)辜十一月得甲日丨丨丙日修辜戊日終辜(爾雅)　(活套)　姑(詩)問我諸丨(左傳)姪其從丨
(國)辜辜日反辜臭日悉辜壬日終辜(亦猶)　姑外物婦丨勃谿○温嶠自
媒丨女丨丨老姑我之曾丨丨小姑頭児乘婦詞新婦初來時丨丨姑扶床今日
詳基　老姑亦之高祖母丨小姑彼軀過丨丨如我長同頭語丨丨勿嫁如兄
夫○彭郎嫁丨麻姑仙人事　白姑人有三尸上尸清姑中尸丨丨下尸血
丨又詳郎匀　麻姑詳拜　姑凡庚申日言人過於帝(酉陽雜俎)

妐公卅姑也　黃姑歲時記牽牛星　祀姑蓮丨丨名麼旗也　丨丨吳潛詩　齋姑有丨丨城　姿姑閣公作暴姑
丨丨小兒𤸎病丿會　作姑二万餘人出藥街王莽傳謂邪道所出也　花姑魏夫人弟子善媼花号丨丨梁木柔　會義姑齊攻
一婦人携一兒抱一兒軍至弃抱者抱携者云云婦曰不能兩全子之於母私愛也姪之從姑公義也齊軍曰婦人猶持節况朝廷乎遂不伐賜之束帛号丨丨見
列女傳　陸家姑張巡姊嫁陸氏軍中号丨丨　金僕姑矢名左傳丨丨本作鏷　酤通作沽論語酒市脯詩無酒我酤
酒憶鄉筒不用丨　權酤漢武紀初榷酒酤一木渡水丨丨　顧酤古香醪丨丨杜注張超丨丨　骨酤陸龜蒙曰我忍
欽誦經豈不知丨兒有酒食耶　喻官專其利丨丨　酤酒曰香醪渡尽吾丨丨
甫眼酤酒為君沽酒丨丨杜謂　徑須酤為一丨丨酒欲還貝酤
詩豪　鴣　鷓丨鳥名出南越自呼鉤輈格磔者是常南飛不北游子作開征蒺蘯佳人才唱翠眉低相呼相喚湘江曲苦竹叢深春日西鄭谷
鄭谷有鷓丨詩人称鄭鷓丨李○　病識陰晴似丨丨　莫向春風唱丨丨　觚　鄉飲酒爵受一升○又梭字本作
此語丨不丨柧令依本文附　百觚平原君強子高酒曰堯舜千鍾孔子百觚子路嗑嗑尚飲百榼子何陋焉孔叢子　操觚韓愈皇
李賀家貧欣然丨丨染翰作高軒過詩　執觚丨丨德頌操危丨丨　陸觚燕礼主人丨丨于賓
簡也古人用以代紙其形方角以竹為之

檥送八觚上下觚稜而棲金爵西都賦注丨丨自棱者○
也　觚甘泉秦時紫壇丨丨宜通象八方郊祀志　破觚丨丨為圜漢酷吏傳　菰
本作苽又曰蔣又曰茭白葉如蒲葦中心生白薹如小兒臂謂朱薹中
有黑若為烏鬱下澤処曰丨蔣苗臺硬者曰丨蔣秋実乃彫胡米莊子曰孔
子之楚舍於蟻丘之蔣　秋風菰齊王問辟張翰為大司馬東曹掾因丨起思吳中丨菜蓴羹鱸魚鱠曰人生貴適意何能羈宦數千里要名
爵乎遂命駕帰俄而囧敗人謂見機　冷秋菰丨丨顔作丨丨杜甫詩　黍纏菰丨丨復丨丨杜　翠筍初含棟鮮　魚宜菰禮
蒲丨丨思丨丨　沽買也語求善賈而沽諸　活套　玉丨丨　鑄鏷丨矢名丨丨詩姑勾　菰丨稜也通作觚並見觚韻　篊菰吹鞭
也鞭上馬上吹之　觚丨突大骨盤結骨也莊杖經　呱兒啼書詩后稷丨而泣丨丨矣嚆
牡丨山　罛魚罟也詩施罛濊濊　蛄螻丨臭虫也又蟪丨蟬属莊蟪丨不知春秋　孔子曰違山十里
蝓也蟪丨之声　○徒同都切語非吾丨也孟善丨法聖人之丨仲尼之
猶在耳丨丨書序三千之丨書实繁有丨家語太察則无丨詩魚毛
須傳衣褐之丨謂兜　司徒主民衆故丨丨禹詩　東徒因田獵而選丨丨　前徒戈書倒丨丨　師徒勞我王仲宣詩丨丨　卒
徒氣寫丨丨晉語　胥徒丨丨有十二人丨丨百有二十人禮給徭役者若今衛士丨丨者謂其有才智若今仕長丨給徭役一十丨丨　罪徒丨丨

捐之詩柔衆也　白徒旅猶曰白丁之家素非軍丨丨管子　門徒孔融餘人鄭玄傳丨丨四百　生徒丨丨儒林傳敎万　酒徒
酈食其謁軍門衣儒衣冠沛公使人謝曰未暇見儒人食
其按劔叱使者曰吾高陽丨丨非儒也沛公遽延入李　飲徒丨丨作招得隣丁丨谷　博
徒閭劇孟丨丨袁盎傳○魏公子聞　約徒張志和烟丨本　蜡之徒丨丨　顏之徒
趙有処士毛公藏於丨丨史記　波丨丨也
亦丨丨丨丨　跖之徒也孟　天為徒与丨丨丨莊人間世　○聽徒雲岩寺生公講堂立片石丨作丨丨折松枝為談柄
殷賢人自沉于河　途亦作涂通作塗書兩零載丨丨孟　顧出玉丨任子古傳曰暮丨遠　經涂丨丨九軌環涂七軌
國涂五戦丨丨冬至　橘涂十二月得乙曰丨丁曰圉丨已　塗見大隗
閭国門廣狹之途也　曰則丨辛曰塞癸曰極丨尔雅　迷途黃帝將
至人具茨之山方明為御昌寓驂乘張若謵朋前馬昆
閽滑稽後車至於襄城之野七聖皆丨无所問丨莊子　長途丨老十殺
兄弟相戒陸　窮途阮籍率意独駕不由徑路丨車跡所丨輒慟哭而反本　正途孟子序丨丨一人則父子
為塗泥途父豪衛於秦氏立丨丨丨丨僅可　坦丨兩丨殊易丨半丨鄒宦　㝠塗行言宵人也　木
容足逃走往還无失乃尽其巧列　道徳丨仁義丨利名丨
姓内　百家姓不載鄱陽木詳　涂塗字南唐人補豫章記餘丨涂定辞得道者也居
石室貯錢五十万賞廉者更无一人宋開禧六年龍雲石屋家

粉郎丨丨丨請復于官　塗泥也又杇也書丨丨冊勝○李藩丨丨詔書皇甫詩詔
華元能詞又有明倫集　塗豫讓丨廁又楚詞白紛二以丨丨注厚貝○
韶書皆不訓作丨路惟賦押韻　泥塗藏子陵丨丨軒冕　孤塗單于謂子曰黑
則然恐不可憑今並附塗韻　曳尾丨丨詩龜丨丨詩韓
塗天門放榜魁名一字丨糊塗趙宋呂端小事丨丨
丨後御筆改辰字詳榜糊塗丨詩突本音鵜突　耳目塗丨丨揚　大古塗氏　入名○
人詩　駼駒丨獸似馬　鵌鳥名与鼠同穴　荼詩有三丨谷風誰謂丨苦丨如
郁以稱丨參之類此委棄穢草也　七月采丨薪擇此皆苦丨也可食良
芀茅秀也謂茅草秀出之穗色白言女喪服之色如丨　鄭東門有女如丨丨丨詩鴞　捋荼子所丨丨
單　秋荼法繁漢刑法志丨丨　荒荼唐承隋乱刻披丨丨唐循吏傳　神荼丨領衆鬼者詩　鬱壘二神　嫁荼礼蔡氏十二月之
号注謂月從丨至丨嫁子須反荼音徒　圖書不見是丨宜予惟懷求丨
又音餘爾雅正月為陬側留反字不同大甲詩我儀丨之是究是
丨傳左丨丨之丨惟君丨之僖二十執事寔圖之
實丨利之成十二早丨之昭廿五舍其舊而新是丨憂難丨也隱元
漢丨丨不丨復　河圖丨出丨後○　版圖听閭里以丨禮小宰丨户籍　五圖
見漢官威儀龍馬負圖而出丨地圖听人訟以丨丨決之
丨丨發金記明仙家採　南圖居然丨出試丨丨谷詩鵬　八陣圖
之法有五出太清金匱記詳　壯圖時因長風耗欲

天地風雲飛龍鳥翔虎翼蛇蟠八勢也杜詩注永嘉薛氏云圖可見者三在沔陽高平者傾擺難識在廣都丨丨鄉者隆土爲基魁以江石四門二首六十四魁八八成行兩陣俱立在魚復者因江爲勢積石爲流前蔽璧門後依却月從横皆八魁間二丈七八爲經六九爲緯○桓溫曰此常山蛇勢也○寰宇記云上城四門中起六十四魁八八爲行魁方一丈高三尺夔州者高五尺廣十圍歷然棊布中間相去九尺正中開南北巷悉廣五尺凡六十四聚○按竇憲傳燕然山銘勒以丨丨注兵法有丨丨則亮得其法推行之尓

寰瀛圖　陳李卿等進士長安十年不歸於青龍寺值終南山翁火閣壁間有丨丨李卿尋江南路嘆曰安得自此歸翁折竹葉置渭水中曰注目於此李卿熟視見一舟甚大登之而餘至家（異聞录）詳舟

王會圖　唐太宗諸国朝貢作丨丨丨

金城圖　趙充國至丨丨上方略（本）

丨丨雲臺圖　漢顯宗圖畫二十八將於丨丨

鍼炙圖　唐太宗省明堂丨丨丨詔毋得鞭背（荆湖）

無逸圖　宋璟手寫尚書丨丨丨以獻勸帝勤省　又崔植傳

范蠡圖　陳恭公在滄州生日姪世修獻丨丨游五湖丨贊曰賢哉陶朱伯越平吳名遂身退扁舟五湖公即日納節明日乞致仕（倦游录）

輞川圖　王維字摩詰別墅在丨丨　秦太虛云予卧病高符仲攜丨丨丨示予曰閱此可以愈疾予喜甚恍然若与摩詰入丨丨数日疾愈　東坡云味摩詰之詩詩中有畫觀摩詰之畫畫中有詩

九老圖　白樂天等詳老

昭君圖　漢元帝宮人欲幸者按畫以召宮人名賂畫工丨丨无之工毀其狀內放求美女以昭君行召見帝悅之而名字已去不復留帝怒殺畫工毛延壽（西京雜記）

滾塵圖　寧王善畫馬花萼樓壁上畫六馬丨丨丨明皇後于天寶玉面花驄後失之止存五馬（異聞）

（入錄）出關圖　丨丨揚次公畫老子壽外傍父

流民圖　趙宋熙寧七年久旱百姓流移逃走鄭俠繪一圖以獻

代攙圖　詳攙

三峯圖　高燮丨丨丨挿太虛回頭仰望倒騎驢潘閬詩好事者畫爲丨○潘閬畫入丨丨丨（詩）

三笑圖　過虎溪事詳笑

十客圖　詞張部有丨丨丨謂諸品花

五客圖　宋李昉家畜五禽以客爲名白鷴爲閑客之類畫爲丨丨丨

荔枝圖　刘棠亀清儉姻旧干財者但作丨丨丨与之

蛺蝶圖　滕王湛然善畫蝶王建詩侍得滕王丨丨丨

雲漢圖　刘褒畫丨丨丨見者覺熱北風圖見者皆寒

沒骨圖　徐熙之子效黄筌畫謂之丨丨丨

嫁娶圖　畫作朱陳丨丨丨（坡）

百子圖　丨丨求着紅衫丨丨（辛稼軒牡丹）

十眉圖　詳眉

坼海圖　海畫丨丨波濤旧繡移曲折（杜）北郵絕勝綴被縫海畫（坡）

輿地圖　光武披丨丨丨示鄧禹曰子前言天下不足定何也（史）

浣花醉圖　山谷有丨丨丨詩詳歇

獻督亢圖　荆軻爲燕報仇奉燕督亢地圖丨秦圖窮而匕首見詳首

號國夜遊圖　坡有丨丨丨詩

○浮圖　丨丨亦作屠見屠○壁（古今）皇丨帝丨良丨雄丨遠丨宏丨快鵬丨水墨丨（人名）唐人

屠　殺也　莊朱漫評齊丨丨龙於支离弹千金之產藝成而无所用詩出宿下丨戶子曰丨者割肉知牛之長少○唐正九斷丨敗屠丨樊噲丨徇（本）

繒　剪

屠以祖丨丨（嬰場文）

吞屠　黑沙白浪祖丨丨暁

隱市屠　魏公子信陵君車騎虛左自迎侯生丨丨直上載公子上坐不讓公子愈恭侯生曰臣有客在市屠中願枉車騎過之引車入市侯生下見其客故久立語微察公子色愈和侯生因曰屠者朱亥賢者世莫能知故丨屠間尓（史記）

○浮屠　佛也僧塔皆曰丨丨亦曰浮啚詳圖又曰蘇屠（後東夷傳）三韓立蘇塗注似丨丨○倚天峨絕丑丨丨（坡徐秀峰）

廣額屠　丨丨兒在涅槃會上放下屠刀立便成佛（果徑山書）

（人名）（申丨嘉）浜人面折鄧通○嚴延年號（丨伯）（姓氏）陳留宮首晉大夫（羊丨）楚人隱於丨肆（丨岸賈）晉將右行先殘將左行（丨餘）晉太史丨丨晉作三行禦狄荀林父將中行丨丨將見晉乱以其畫去歸周（說苑）亦作擇○丨丨

於菟　楚謂虎曰丨丨○未省老菟生丨丨（坡）言子由於菟生子也子由命爲卵○吏能赤手搏丨丨（石山）

銀菟　丨丨唐段袞曾邑名符爲銅魚

飛菟　神馬名（丹會）

春菟　祖玄糞位尚書誤符詳符

春菟爲丨丨詳菟

塗　作涂丨丨本

瘏　病也（詩）我馬丨矣

稌　稻稌下子口

○奴　乃都切（詩）卒丨子爲之丨

官奴　今丨丨入宮中（淮南王傳）○暫借丨丨遣吹笛　又柳文注羲

監奴　霍光愛幸丨丨之女名丨丨

騃奴　徐丨丨人之所患乃間收取

狂奴　霸侯丨丨知家務者　謂丨丨致魚盗利數千万殖貨傳

廝奴　丨丨（荆公）睥睨叙史如奚奴李賀小丨丨背古錦囊詳囊

詩奴　爲報韓公莫輕許從奉書光皆云云帝曰丨丨故態也（嚴光傳）

老奴　溫嶠姑有女屬公覓壻及交禮乃嶠也女大笑曰我固疑丨丨是丨丨詳壺○桓溫平蜀取李勢女爲妾嘗府中妻拔刃欲殺之及見曰我見汝亦憐何況丨丨詳髮

令婢何是丨丨（跋贈詩僧）

髯奴　王褒奴号丨丨嘗有祠一奴長丨不丨責其撥云（初學記）

鬢奴　畏頭（盧仝）

王奴

哥奴　李林甫小字丨丨（通典）

丨丨絃索花奴手（東坡）

齊奴　石崇生於齊州故小字丨丨

阿奴　晉周顗母子曰汝等並貴列在目前吾復何憂嵩曰伯仁好乘人之弊嵩性抗直皆當不容於世惟丨丨碌碌當在阿母目下○周謨小字丨丨

花奴　汝陽王璡打曲明皇自摘紅槿置璡帽上名丨丨詳槿

青奴　竹夫人山谷云趣臂休息非夫人之所名曰丨丨

鵓奴　顧景卿罵安祿山曰汝本營州牧羊丨丨尓

燭奴　申王以檀木刻童子綠衣束帶丨丨尓以爲燭謂之丨丨（天寶遺事）

木奴　柑也丨丨詳柑橘亦曰丨丨詳橘

酪奴　齊王肅食鯽魚羹渴飲茗汁曰羊陸產之珍魚水族之長羊比齊魯大邦魚比邾莒小国惟丨丨不中与茗爲丨明日彭城王勰作邾莒會亦有酪因呼茗爲丨丨（洛陽伽藍記）○謝宗論茶豈可爲酪蒼頭便當代酒從事愚亦謂呼茗爲丨丨殊失本文之意

盧奴　北擊中山拔丨丨（光武紀）屬定州

錫奴　溫足瓶

蝸奴　主人翁自称威汙

蟹奴　丨丨曰丨丨蟻奴曰丨丨兒詳蟻（蟹）大蟹腹下有十數小蟹名丨丨小魚亦曰魚婢（尓雅）

鴈奴　鴈宿忠中令丨丨圍一丨警捕者詳鴈

象奴　象牧者

飛奴　鴿也

貍奴　貓也詳貓

燕奴　術士於腕間出二彈子令變即化双燕飛騰名丨丨

又夜作一小劍交擊念奴｜｜力士傳呼覓｜｜〔元稹宮詞〕詩家奴庾翩不重借而与德詩甚
須臾入院中〔洞微志〕多曰借是｜｜｜以為常
詩往南北也〔南〕守錢奴客譏鄧艾曰終不如臨〔〕｜｜亦〔五行〕〔終〕陶胡奴曾鸞｜流｜｜異
〔國朝〕〔儀近事〕奴鄧生為｜｜｜亦〔五行志〕八〔〕〔〕得胡
奴不喜語言一日胡僧見而驚礼曰此海山使者也佩異之夜失其所在。又｜｜送米詳米周鉞奴〔〕筆已喚｜｜｜
云凡書君執法不変縦能入筆頭奴元魏古弼頭尖時人呼為筆公〔北史〕荔枝奴龍
石三分亦号為奴書〔法書苑〕｜｜武帝名曰〔〕〔〕眼
也｜｜過斬告主奴唐太宗曰自令奴告主若勿受仍斬之〔本紀〕買奴得翁魔彼少失父後鬻井
方熟故名卑〔〕〔人名〕夯｜曹济公孥｜〔國〕子孫曰〔〕｜通作帑詩樂尒妻帑歸孥
頭乃父也語曰鑿井得銅買奴得翁〔人名〕妓善琵琶得錢千餘万得老蒼
士會歸晋秦鳥孥｜〔國〕｜｜通作帑〔書〕戮汝
人｜其｜〔国〕鳥孥害｜｜｜南方朱鳥之宿｜尾也 筱籠也鳳凰在
驚｜將軍哉。驥不如｜詳〔〕筋驚性復蹶〔〕｜肉〔〕閭驚〔〕｜中｜
材良性驚柳公綽所乘馬蹶殺圉人公綽命殺馬以祭之或問圉人自〔〕
金帛所藏〔〕｜何足惜也竟殺之〔國〕帑
石為矢鏃〔〕不備耳此良馬可惜〔公綽〕｜｜｜
荀伯送其｜砮砺砥｜丹｜〇呼荒烏切出息為｜入息為吸〔〕稽急
万人｜〇｜盧詳〔〕〔左〕｜突〔〕
注音山呼漢武至中岳聞｜有人｜｜｜祈傳呼萬歲之出入養〔頭〕號呼式
去声呼若呼方歲者三夜呼孔賓詳賓傳呼戶兒｜｜甚寵号呼
式｜欲呼｜｜踊躍折簡呼非｜｜可〔〕｜｜
〔〕〔〕歡呼〔〕〔德詩〕｜詳簡握粟呼高情如飛仙來振臂呼一｜｜
〔〕盜賊起夾道呼王入京師老幼｜五白呼功名好來｜贊招呼可人
〔李陵傳〕｜｜〔郭子儀傳〕｜成一｜〔〕｜｜〔〕
七鳴呼〔〕｜｜｜吏舍歌呼曹參為相後園近｜｜日夜飲呼吏患隣舍酣
〔〕之引參游園參反坐飲亦｜｜相應
呼宋張鏡与顏延之｜｜顏談義飲酒叫呼不絶而鏡靜默後鏡与客〇六
談延之從籬邊坐听辞義精玄延之曰彼有人焉由是不復｜｜
窓俱呼仰山問如何得見性師曰譬如屋有｜｜內｜｜呵｜喑｜｜欲｜坤
｜有獼猴東边呼山山應六窓｜｜俱應詳〔活套〕｜追｜驚｜豐待
｜烏相｜自膴无骨腊又大也〔詩〕昊天吾〔語〕從｜五乎切
吸｜仰天卜膴謂民雖瘵｜膴秦｜〔記〕投龜毋｜｜｜余吾馬生｜｜水中
所好〔〕｜亦受｜廬伊吾〔〕宮撫鳴劍而抵掌志馳｜余吾〔〕〔〕在朔方
〇讀書声｜伊詳伊吾｜之比｜｜亦〔〕奴地
比〔〕｜｜夷伊昆吾〔〕西海上多｜｜石冶成鐵作支吾左｜右｜
〔〕〔〕那何之類詳伊昆吾劍切玉如泥〔〕〔列〕又作鋸鋙〔〕〔〕本作梧故
〔〕〔〕吾〔〕〔〕〔〕亦｜｜〔〕〔五〕〔卷〕我猶吾未免款信命不須歌去故逢人
吾若〔〕〔〕〔〕子〔〕〔〕｜｜肯不忘忘吾〔〕〔〕性主忘客今｜｜〔〕六〔〕

｜｜丈夫執金吾光武聞陰后美悅之曰仕宦當作｜｜娶妻當得陰麗
〔〕子也〔〕執金吾漢武之年十九〇吾禦也｜｜執以禦非常一曰金吾鳥
名執此鳥之象故以名官一曰金吾車輻棒不負吾張褒曰碧山｜｜
也金塗兩末〇醉婦應犯〔〕可伯李金吾｜楚〔〕長嘯而去月與
吾劉影〔〕在｜｜｜〔〕江左夷吾晋温嶠江左草創嶠以為憂及見王導共〔〕言｜｜習書載吾
〔〕〔〕〔〕談歡然曰｜｜自有｜｜吾復何憂〔〕〔〕
李泌詩天｜｜地｜｜天地生吾有意无不然絶粒升天衢不徐吾李吾齊
然王珂鳴帝都安能不富復不貴空作昂藏一丈夫〔鄴侯家傳〕｜｜女
｜｜貧与隣婦｜｜合燭夜績徐吾曰益一〔人名〕〔〕〔〕〔〕字仲〔〕梧｜桐
人燭不為益明去一人燭不為益闇詳燭〔〕〔〕詩人吾手見
桐〔〕盖舍其｜檟晋史鳳非帝梧黄帝時鳳凰棲｜｜桐〔〕食帝竹实碧梧翠
｜不棲淮南子拜死於桃｜帝梧〔〕〔韓詩外傳〕〔〕〔〕公用｜｜劉仙桂碧梧竹
｜｜鴛鴣〔〕〔〕〔〕｜｜〔〕〔〕鴛鴣〔〕〔〕〔〕〔〕〔〕〔〕〔〕〔〕〔〕〔〕
〔〕〔〕鳥｜梧〔〕〔〕〔〕｜｜而〔〕梧｜｜奇偉〔〕〔〕〔〕讀梧〔〕〔〕〔〕言
停峙〔〕〔〕參梧〔〕〔〕梧〔〕〔〕琴也魁梧可驚悟愚〔〕〔〕〔〕詩次刘〔〕〔〕云
此詩元偉麗夫子計｜｜又杜詩〔〕〔〕為郎枝梧莫敢｜｜項〔〕〔〕小柱為
久｜｜乘〔〕〔〕二公皆作平声用故附此｜｜耶〔〕為｜今屋斜柱是
也一音悟〔活套〕并｜〔〕｜〔〕〔〕鼯｜鼠五技〔〕〔〕〔〕〔〕三吴〔〕分
亦通作吾高岡｜〔藏名〕丁咸鼯而窮詳技｜吳女於｜｜
會稽為吳郡与其吳郡丹陽為｜｜平吳〔〕〔〕〔〕｜｜｜｜｜〔〕
〔〕〔〕又指掌〔〕以蘇常湖為｜｜之後當〔〕〔〕〔〕〔〕〇｜｜吞吳〔〕〔〕〔〕〔〕〔〕〔〕失
沼吳吳其為｜｜与〔〕風顛倒在荊｜楚吳｜之｜將｜於｜鳩鴻之
｜乎〔〕天吳短褐〔〕｜｜水神荊楚吳謂鳩曰荊人惡子之〔〕
曰不如宛頸戢翼〔〕〔〕曰乃〔活套〕孫｜之人善〔人名〕〔〕子死不憂
復鳴也〔〕〔〕〔〕〔〕｜兵輸恩｜｜曰与向者无子同〔姓氏〕〔〕
延陵羽音大伯仲雍封吳因氏〔〕衛人為魏將為卒吮疽詳疽〔〕〔〕為
河南守治平天下第一〔〕秦時番陽令得民心号番君〔〕字子顏南陽
人隱若一敵国拜大司馬封廣平侯〔〕〔〕名札挂劍事詳劍出聘請觀周
樂見子產如旧識〔〕〔〕晉人字處默迁廣州刺史至石門酌貪泉賦詩詳
泉〔〕唐休州人直史館私撰唐春秋号良史〔〕〔〕諫父殺青簡以〔〕〔〕疑
詳簡〔〕〔〕〔〕夏不驅蚊懼噬親也得神方羽扇盈水不假舟楫渡江〔〕〔〕〔〕
守正仅閩州人韓熙載等曰中林之蘭蕙也〔〕〔〕字春卿建州人舉賢良方
正除參政父以列卿奉朝請父子在庭士夫榮之〔〕〔〕字正仲除人与兄並
弟兹同举進士与兹試宏詞〔〕〔〕〔〕〔〕錕鋙作刀通作吾山名出金琨琨石邑名〔左〕
並中魁等〔〕〔〕〔〕〔〕〔〕趙宋人弟〔〕〔〕〔〕〔〕〔〕｜吹玉部迁紀郡
鄠〇祖則吾切〔〕〔〕〔〕〔〕〔〕不｜曲礼唐史有田賜租文帝｜民〔〕租縣官急
｜則有｜唐｜庸調丧踏地出賦｜賜〔〕田｜之半〔〕租｜｜租
税從何食租卜式曰縣官當｜｜市租臨菑十万戶｜｜千金資〔〕〔〕〔〕〔王〕〔〕
出〔〕衣税而已〔〕〔〕〔〕〔傳〕謂所賣物出税日得千金｜貢租
寸所｜｜〔〕〔〕〔〕鳥｜為左內史收租税時与民相假貸以故租
｜〔〕也｜〔〕也倪寬負租不入後軍與以｜｜當免民恐失之大家牛車

小家椎…負輪担 常不入租 何武弟顯租ㄧㄧ縣吏欲商捕辱顯家武曰以吾家ㄧ賦徭役不爲衆先奉公吏不亦宜乎白太守召商爲吏
得句催租 趙宋潘大臨字邠老謝无逸嘗問有新詩否答曰昨日滿城風雨近重陽忽ㄧㄧ人至遂敗人意只一句奉寄 雜租 茅籍ㄧ
○盧 落胡切飯器又賣酒區又尊ㄧ氏古帝王○笛ㄧ之矛詳矛 都盧 作巴俞巴俞二州名ㄧㄧ角觝之戲ㄧ体輕善緣高(酒城傳)
也有跟挂腹旋之名戲伎因名ㄧㄧ 胡盧 宋人得石以爲宝視之者ㄧㄧ而笑 玉盧 也 呼盧 鼻高燒銀燭照ㄧ夜○古者烏曹作博以
五木爲子有梟盧雉犢爲勝負之采○晉劉毅樗蒲大擲數百万餘人並黑
犢惟毅得雉大喜褰衣繞床叫曰非不能盧不事此尔劉裕因挼五木曰老
兄試爲卿荅既而四子俱黑一子轉躍未定裕厉声喝之即成盧毅殊不快
(宋本)○宋武帝与侍中顔師伯樗蒲帝得雉大悅師伯後得盧帝失色師伯遽
斂手曰幾得盧(宋本)○慕容宝与韓黃李燕因挼樗蒲
誓曰若富貴可期須得三盧三擲俱盧宝拜而受賜 湛盧 ㄧㄧ歐冶所造宝劍曰詳劍及鉤
鹿盧 ㄧㄧ之劍晉灼曰古劍首以玉作ㄧㄧ 的盧 劉備馬名ㄧㄧ備急曰努力ㄧ躍三丈得過溪詳馬 韓盧 ㄧ良犬曰ㄧ字或從犭詳犬
尭 若盧 少府ㄧㄧ令丞(前官志)主弩射之官○漢儀註有ㄧㄧ獄令治庫兵 蒲盧 細腰蜂細腰蜂○又ㄧ葦也 解頤新語曰觚盧
蓬藕ㄧㄧ(柳如付)注草名亭曽也 英盧 漢將韓ㄧ部ㄧㄧ 博士盧 路逢逃秦敖秦ㄧㄧ詩邑及遊 破盧 書生盧 ㄧㄧ迣

今玉三　卅九

夢入枕中出將入相詳枕 北村盧 南村諸楊ㄧㄧㄧ(殷荔枝)楊梅盧橘 提壺盧 鳥有花上ㄧㄧㄧ勸我沽酒花前傾(幽) 文君當
盧 司馬相如与卓文君臨卬賣酒ㄧㄧㄧ相如与傭保滌器○按食貨志
人令官作酒率開一盧及當盧字並不從土惟黃公垆從土諸勻入酒盧於
垆字者誤○累土爲盧居酒器以鍛炉也 黃公酒壚 王戎爲尚書令過ㄧㄧ垆曰吾昔与嵇叔夜阮嗣宗酣暢此壚自嵇阮亡便爲時所覊絏
今視此雖近邈若山河(世說) 稚破酒盧 魏晉漢奕入零馬第投螺㕆醅ㄧㄧ盧甕詳甕 六祖姓盧 ㄧㄧ禪師初号盧行者(傳燈)
(姓氏)范陽商音齊太公後至文公子高高孫傒食采於ㄧ因氏 (ㄧ綰)豈人
封長安侯後立爲燕王(前) (ㄧ植)後漢人字子幹涿郡人彭伯曰ㄧ尚書
海内大儒人之望也 (ㄧ光明)讀騷飲酒事詳騷 (ㄧ承慶)字子餘涿州人檢校
兵部尚書有坐帷鍋所者曰龍盤不驚考中上詳考 (ㄧ藏用)字子潛涿州人
善書畫九宮術工草隷大小篆八分書始隱終南山晚徇權利 終南仕宦
捷徑詳徑 (ㄧ懷慎)滑州人迁侍御史 清儉不營産宋璟見之惟蒸一豆菜
務伴食宰相 (ㄧ鴻一)侯元帝賜隱居服 (ㄧ文紀)唐廢帝擇宰相琉璃瓶内筋挾
得ㄧㄧ名 (ㄧ奐)爲吏以清白称爲陜州刺史玄宗賛曰専州之重分陜之
雄斯爲国宝不墜家風爲南海太守有清節 (ㄧ從愿)字子龔拜吏部侍郎以
平允聞後爲刑部尚書盛植産自爲多田翁詳翁 (ㄧ綸)字允言与韓翃能詩
宥名号大曆十才子 (ㄧ仝)居東都韓愈愛其詩号玉川子 (ㄧ照鄰)字昇之調
鄧王府典籤王重之 文章与王勃等齊名称王楊ㄧ駱楊炯曰吾愧在ㄧ

前詳後(ㄧ延讓)嘉言歲三僧曰三个秃不敵一盧 舳ㄧㄧ千里(假一不図)
个ㄧ詳元(ㄧ肇)柳毅娶ㄧㄧ即洞庭君女詳書 舸 舳舻ㄧ船後ㄧ船頭
雲艫 ㄧㄧ登陸而雷轍流驟水而擊(孫甫摘遺記) 街艫 碧㵎堂下看ㄧㄧ舸(拔六卷) 接艫 弘舸連舳巨艦舡多相ㄧㄧ(吳都付) 行
艫榜人理ㄧㄧ(韻)舟(容齋詩)舟名 鱸 故鄉鱸張翰事鱸詳菰 松江鱸 巨口細鱗狀似ㄧ之ㄧ(赤壁付) 銅盆鱸 空慈
在曹公坐公曰所少者吳江鱸魚爲膾尔(漢書)事ㄧ羹ㄧ膾ㄧ 顱 首骨○
慈求ㄧㄧ貯水以竿餌釣須臾引一ㄧ魚 憶ㄧ一尺ㄧ 盧筆ㄧ
龍顱 ㄧㄧ鳳頸獰且(妍披韓幹馬) 露顱 ㄧ隱白蒿(陝書公孫述) 圓顱 趾(韻)ㄧ方 轆轤 ㄧ井上汲水圓轉木通作鹿盧○
(揚雄)校獵賦鴻ㄧ不絕音畫盧扱轄也 蘆 積竹矛戟柄盧也又箭也 鑪 亦作炉 鐵爐 永州ㄧ步搜毀而其号冒而存詳步擲
杙物 風爐 銅爲ㄧㄧ如鼎說也(陸羽茶經) 茗炉 煖爐 十月朔ㄧ會 地爐 炭詳炭 ㄧ燉 寒爐 夜炭詳炭ㄧ發尽ㄧ 一天地
爐 ㄧ鵬付 爲 九根鑪 跨ㄧㄧ(柳正符) 以爲 博山爐 丁護作九層(雜記)炉象海中ㄧㄧ(西京) 詳山 唐硯爐 内
庫七宝ㄧㄧ每大寒置硯於 鵲尾爐 夾道青烟ㄧㄧ(六卷)香炉有柄者(逸) 江心爐 揚州鑄炉
炉上硯凍自消(天宝遺事) 於揚子
ㄧㄧ鏡進之盤龙 隱銀鑪 名賢ㄧㄧ 武 土爐 唐孫逖年十五崔日用令
勢如飛動詳鏡 嵇康事詳鍛賦 火ㄧ援筆而成遂与定交

今玉三　卅九

○紅爐點雪 某甲所見如ㄧㄧ ㄧㄧ詳眼(語錄) 卯ㄧ洪ㄧ薰ㄧ冊ㄧ造化ㄧ 詳字 鸕 鶿盧
梁時有北僧南渡惟一ㄧㄧ中有班固 渲ㄧ惕ㄧ榾柮ㄧ爨竿ㄧ
真本漢書蕭琛得而秘之(蕭思話傳) 苣盧 東坡云蜀人呼魚䱥爲ㄧ 鸕 鵜
蘆 ㄧㄧ ㄧ以避ㄧ 蟻盞盧 董昭之見ㄧㄧ一短ㄧ救之後繫獄 蒸葫盧 盧悽慎
蘆 猶淮南子 蟻盞 盧 蟻領群ㄧ究獄遂得出究(齊諧記) 爛ㄧ去
毛事 鐵葫蘆 張白常挑一ㄧㄧㄧ 問葫蘆 陸士衡入洛詣劉道眞无它言惟
詳筇 鐵葫蘆 得ㄧ外郎飲号白雲子 問葫盧 ㄧ東吳有長柄ㄧㄧ ㄧ卿得種來否
陸大 畫葫盧 陶穀詩年年依樣畫葫盧 到了不干藤蔓事詳 ㄧ 韓
梅來 畫葫盧 樣ㄧㄧㄧ詳樣 纏葫盧 芦自去ㄧㄧㄧ詳纏(韻會) 葦ㄧ吹 臚
目童子揚雄賦玉(韻會) ㄧ 瀘 水名 諸葛亮表五月渡ㄧ 壚 柱上枅也今日斗又云柱
女无所眺其清 ㄧ ㄧ瀘 五月渡 ㄧ 旅 黑弓左賜晉 上枅也王莽傳爲銅樽ㄧ
韓樽ㄧ侏儒又果名(呂氏春秋)箕山 旅 侯ㄧ弓矢千 瓐 玉 碧瓐 黑剛土
之東有ㄧ焉又相如賦ㄧ橘夏熟 ㄧ淮南子往泉 ○ 蘆 蒸茹切易 書下土
墳ㄧ○黃公ㄧ本黃盧上際九天下契 有垆山○富貴安能閒ㄧㄧ(容) 薑 ㄧ恐
作廬不在此詳盧 黃壚 醉人現四時其婁酒名元日飲之除瘟
懼ㄧ蘇ㄧㄧ 屠蘇 庵名ㄧ絕鬼氣ㄧ醉人現四時莫婁酒名元日飲之除瘟
兒屠蘇 氣傳雅愚按廣勻作屠酥則當多不從广頭莫婁訓義明白今附此
○顏隨金騾長走胥錦ㄧㄧ 堀蘇 號陳八笛㧑六瑚化人視之真ㄧㄧ(拔世図)
ㄧ杜堀棄吟陶注星名 ○ 遊化人之宮俯而視之其宮榭若累ㄧ積

新与孤移〔?〕　樵蘇丨丨後漢〔傳〕古蘇越從西施於吳請退師吳得之築丨丨
〔?〕新一作蘇　樵蘇〔書〕蘇草曰蘇　姑蘇丨臺〔遊〕安其上詳臺吳郡有丨丨山
流蘇雜五采爲同心下垂若流鵑丨丨蒙丨丨〔子厚什〕綃　扶蘇丨丨小木又月
〔?〕然即盤線繡之毬詳帳骨蘇鳥羽爲流蘇也　扶蘇秦太子名
蘇朔者蘇也丨丨尺更雞水蘇名丨丨〇丨丨　天蘇白朮名　落蘇茄子名可
丨也〔國書正戈〕　實蘇狗蝨雞同味〔山谷〕　天蘇〔宋史〕　落蘇〔宋草〕　丨門
蘇鸛鵲　昭蘇蟄虫丨丨　來蘇后丨其丨丨　氣不蘇低垂丨丨　〔?〕一丨老丨万
蘇名　昭蘇丨〔月令〕　來蘇丨〔仲虺〕　不蘇丨〔杜詩〕　〔活套〕蘇丨桐蕉丨　〔詩話〕
山有扶丨刺忽〔?〕武功羽音類帝祝融之後陸終生於昆吾封蘇
也所美非美然〔姓氏〕丨爲周司寇居河內　立政司寇蘇公式敬介由獄〔?〕
〔秦〕佩六國相印詳印〔?〕字子卿杖漢節牧羊詳節〔?〕字孺文爲冀州刺
史按故人慈贓詳二天〔?〕字令綽有王佐才對周文陳帝王之道不覺膝
之前席曰與奇上拜行臺左丞〔?〕九歲能屬文与李嶠以文翰顯　爲
傳泉詳泉〔?〕環任中書三品子頲任中書舍人父子同在禁〔?〕字定
相授稜內端詳稜〔?〕字廷碩与張說文章許號燕許大手筆　舍人忍若
方從李嶠發詔頌剏討高麗拜右屯衛將軍總管以還由是唐之州縣極四
海矣高宗篆功拜邢國公〔?〕趙宋人字大簡爲翰林學士太宗飛白書
玉堂及詩以賜之詳堂歎器進戒事詳器〔?〕名舜卿易簡之孫長於古
文歌詩行草〔?〕字明允眉山人歐陽脩得洵書二十篇以爲賈誼劉向不
過也二子軾轍　眉山生三蘇草木盡皆枯〔?〕字子瞻號東坡鎖宿禁中

宣召入對撤御前金蓮〔?〕賜歸院詳才〔?〕爲倩何太守道
頭餉瓜一双瓊置梁上〔?〕丨若蘭〔寶滔妻〕織回文錦詳文　穌丨寤丨詳蘇　**酥**
酪屬　酪酥穆贊四兄弟皆和粹各以珍味目之詳乳〇佛經言　蜀酥況有新
也　酪酥乳成丨酪成丨酥成醍醐則醍醐又丨丨之精液　蜀酥詩點丨
丨〔酉陽〕蜀人　土酥金城丨丨淨如練〔杜〕　雨如酥天街小丨丨如酥貴妃很露一
婦女點酥　土酥芳龐也一云地酥　雨如酥潤丨丨〔韓〕字如酥丨祿山曰潤
滑新來塞筍如酥杜子美襄丨丨笋頁凝酥丨丨髮　煎花酥李昊牡
上〔?〕詳乳　如〔?〕酥味清絕酥不如〔國語〕爽〔?〕酥抹淡〔愛佳人〕　煎花酥丹花謝
以作酥丨丨〇　**徂**　昨胡切往也〔詩〕我丨東山六月丨暑仲山甫丨　歲徂今夕
食之詳丹　征丨彼丨矣〔和衡陽雁影〕丨〔坡〕不善自遠丨　歲徂何夕
丨云　遁徂以丨丨　丨之　橫徂班固燕然銘四校　清夜徂空悲丨丨〇
丨丨〔杜〕　遁徂〔詩〕　彼徂民〔書〕　丨丨丨星流彗掃　〔杜甫〕
烏　哀都切〔詩〕瞻丨爰止誰佳　烏即楚烏小而腹白　燕烏白項群飛　橋烏〔?〕
知丨之雌雄莫黑匪丨　牙烏非友哺者〔?〕　燕烏首〔遼〕　橋烏兒
争水馬燕子逐丨丨依翻車丨丨爲曲角　三烏氏焚居則北郭巢門〔氏〕
〔?〕橋上刻爲烏形也　渴烏以氣引水〔後張讓傳〕　三烏於志則丨丨五〔?〕〔神〕
〔?〕章烏楊雄子也子雲作太玄經丨丨九齡而与我　織烏〔?〕丨丨西飛〔?〕
〔傳〕章烏玄文〔?〕又云育而不苗者吾家之童烏乎　織烏〔鬼詩〕誰知丨丨飛
坡曰也言〔?〕　丨丨　壘上烏愛其人者及其丨　城上烏有丨丨
往來如織　日中烏踆烏〔淮天文〕丨丨三足丨踆趾也　壘上烏丨之〔?〕詳屋　城上烏有丨丨

齊飾丨丨　射九烏羿丨日中丨丨皆死墮羽翼詳日　攫肉烏吏出食道旁烏丨其丨丨還覇曰甚
遁〔?〕　苦食於道旁乃爲烏所丨丨吏大
〔?〕集戟烏〔柳仲郢〕爲諫大夫後每廷必烏集升平第庭木戟架皆滿五日乃散　火流烏武王渡河丨丨自上復下至于王屋丨爲丨
〔?〕孝感烏顏烏純丨丨群烏銜土成墳集顏之村烏口皆傷〔異苑〕　御史烏朱博府中列柏烏集其上　兵曹烏〔?〕仁
斤前叢葦上小烏來巢孕卵雛成見五色馴擾閣暇号丨丨　老𪃡烏作兒戲弄烏親側欲其喜焉詳衣　秦氏烏八九子雅生
烏之兄畢通尾〔谷〕古樂府烏生八九子端坐秦氏桂樹間　相風烏長安靈臺有丨丨有千里風則動〔白帖〕銅　白頭烏秦止燕太子冊
曰烏頭丨馬生角乃可歸詳角　賦靈烏范文正公宅隲梅聖俞作靈烏丨以寄公公作賦報之又公秉政聖俞意公援己而漠然乃意豪作靈烏後
賦以見責世頗以聖丨　一丈烏梁太祖以愛馬丨丨賜冠〔?〕卿　〔活套〕靈丨〔?〕丨丨〔金〕丨丨返哺丨丨〔人名〕
〔?〕爲〔?〕〔石林燕語〕
至　**杇**　塗也鏝也〔語〕不可丨也　**洿**　亦作汚汙〔書〕〔?〕作汚俗〔孟〕不合汙丨同流
孝　或作圬〔左〕圬人以時入丨池禮弓道汙則從而汙丨丨
〔孟〕　與汙〔?〕德臣得以丨丨車輪詳橋　納汙〔左〕川澤丨丨　瀆汙之水〔左〕　行潦汙〔?〕丨丨我私〔詩〕　沾汙
多士被丨丨　清汙丨丨瀟映　汙丨挼菜也
丨丨〔?〕　清汙丨丨〔韓〕　自汙蕭何買田宅自汙欲以丨丨〔宋〕〔活套〕壁丨丨貪丨丨〇　**逋**　博孤切逃也〔書〕丨逃主　文稽

逋丨丨有〔韓〕詩逋丨丨〔武元衡〕〔?〕尾畢逋桓帝時童謠城上烏丨丨公爲吏子
逋〔寧令〕　爲徒云云皆謂爲政貪也〇歸時棲鴉
逋〔坡〕〔人名〕詩人〔宋〕　**誧**　謀也　大也　**餔**　申時食也〇以食食之曰丨〔孟〕從丨啜也
以丨　歠餔　丨其糟而月餔撞鍾擊鼓　平淮文紊人若飢得丨〔呂氏春秋下棄漿〕
之　丨其醨〔?〕草食啗丨丨〔坡〕　**晡**　謂丨時〔杜〕花是日欲丨〔坡〕朝作千　日中時也〔淮南子〕日至於悲谷是
篇曰〇　**枯**　苦胡切〔易〕丨楊生稊　摧枯丨丨　拉朽丨丨　搜枯腸〔盧仝〕三椀丨丨　硯枯我生无田
未丨〇　〔漁父〕形容丨槁　孝〔?〕〔?〕
食破硯亦來丨　丨不枯淵生珠而丨丨〔荀〕　木盡枯眉山生三蘇草丨丨皆丨詳蘇　粘
丨齊不出〔國〕　〇十日並出草木燋枯詳日
壁枯升高不知回竟作　〇愛河枯於我法中成精進林〔活套〕嘘丨振丨委丨
丨丨丨丨〔坡蠋作〕　丨丨乾〔楞嚴經〕　淚眼丨活焦丨
刳　〔易〕丨木爲舟〇龜不能　**侉**　怯也〇　**麁**　倉胡切亦作粗　〔礼〕其器高以丨　聲粗以方〔說〕　道
〔?〕丨〔?〕腸之患詳龜剖也
粗〔?〕之丨　粱麁吳乞粮於魯曰丨則有之〔左哀十三〕則无矣　精粗考詳道　質不粗　皆肥如瓠壺
丨也〔?〕詳發　精粗丨丨〔?〕　中味不丨
〔?〕得精忘麁　秦穆使九方皐求馬報曰牝而黃往視之　外　張府君如瓠
〔?〕精　牡而驪伯樂也丨其丨而丨其丨詳馬　澤內麁　壺丨虫丨而
丨實丨不足殺令縛　〇詳轉粗　餅者曰本領既　〇　**都**　當孤切丨邑〔舜紀〕三年成丨又美也
與吳〔?〕〔張商傳〕

閒也(注)洵美且丨(賈)清都丨丨紫微帝 桃都丨丨山有大樹曰丨丨 東都洛邑
賦何必懷此都也 者之所居詳存 桃者有天雞日出即鳴詳雞
也西都長安也亦曰上都 中都在東平府孔子為丨丨宰 幽都丨丨宅朔方曰(堯典) 宋都六鷁退飛過丨丨(左) 江都
董仲舒為丨丨相 成都嚴君平賣卜丨丨 邃都子之干旄在丨之丨(衛風) 鄉大夫建干旄來就賢者 玄都丨丨觀裏桃千樹詳桃
即都鳳飛鳴曰閒都妖冶丨丨 即者丨丨詳鳳 閒都(相如傳) 賦兩都班固作 賦三都左思十稔方成 四三都楊都賦庾仲作
庾亮云可三二京四三丨(世說) 東從都丨丨雍容閒雅 甚丨(相如傳) 鴈子都五代梁朱瑾募兵黥双鴈於頰号丨丨 詳鴈 定霸
都五代劉仁恭文其兵面曰丨丨丨 小成都宋時樵人逐鹿入石穴豁然有邑 接号丨丨丨再尋不知所在(寰宇記) 連(活套) 皇丨丨 大丨丨
名丨京丨鄗 (人名) 鄭丨為仙人詳仙 酷吏丨 (唐) 古美人 (項羽) 漢人善曆數 (姓氏) 黎陽宮音姓苑 有臨淄侯丨稽 ○
丨帝王丨 鋪 普胡切(詩)淮夷來丨(江漢) 丨陳也陳師以伐之也(韓) 丨張對天之宏休 金鋪 排玉戶而颺丨丨(西都賦) 上有金花龍獸以銜環者
銀鋪 青瑣丨丨(選) 淪鋪 若此无罪丨胥以丨(雨无正) 陷也丨徧也言相引鋪徧得罪 草鋪 六七里 横野 花鋪
糝經楊丨丨(景福殿賦) 平丨錦丨霜丨 素練丨 痡 病也 書毒丨四海 僕痡 我(詩) 蹄 馬蹀
丨白疆(相) (活套) 荷蓋丨 戰場文財殫力丨 跡

八齊 獨用

齊 徂奚切(孟)端本丨末 地醜德丨 物之不丨(語)見賢思丨 丨之以
齊為尊。(左傳) 礼(韓)整丨乾坤。 礼春官築門用瓠齎(注)齎讀為丨 取甘瓠割去柢以
噬臍不從月 三齊 謂齊及濟北膠東(田儋傳) 一齊 一丨人傅之衆楚人咻之(孟) 全齊 只恐丨丨笑齕 邦(說苑公羿)
求齊 工於瑟不工 丨丨於丨丨詳瑟 下齊 酈食其掉三寸舌丨丨七十城(史) 班齊 牙牌當殿丨丨報(歐) 歌齊 師乙曰愛者宜歌商溫良
而能斷者宜(記樂記) 絜齊 乃物丨(易) 山與齊 只有天在上更無丨丨丨(寇準) 酒到齊 白丨真丨丨(陂)酒好者謂青州從事
青州有齊郡詳州 與眉齊 李按与丨丨(漢) 齊不齊 聾瞶不能丨丨丨不能丨丨丨之口(揚雄)丨之耳 佛牙 (活套) 壹丨 均丨 整丨
有丨 修丨 大國丨 (人名) 威丨 趙賢將 (姓氏) 汝南徵音炎帝姜姓之後太公望妻
猴仗丨 名与丨 子牙受封營丘為丨国因氏 衛大
夫丨惡 春秋書丨豹曰盜 (唐)唐人字浣心居定州李嶠稱有王佐才
為監察御史劾奏先風教 姚崇用為中書舍人号辨事舍人 為汴州刺
史以清毅聞 為吏部侍郎 帝指政事堂曰非卿尚誰居者 蠐 蠐螬丨 時領如
臍 噬臍 丨丨若不早圖後君 (左莊六) 然臍
呂布刺董卓百姓為火炷臍中丨之(後漢獻紀) 齎臍 人遽急 以手急扃自以蹄尖剔臍出。 霸臍 想
見卓臍中丨之 死四足猶拱其臍

丨丨當大暖臍年來稍自笑留 嚌(公羊詩)哭臍氣丨下丨(楚) 水過臍丨丨冬涉(楚) (活套)蠻丨酒到 丨詳州 ○黎 郎奚切衆
也又国名(書)至于合丨 西伯戡丨 又釋名 重黎 乃命丨丨絶地天通(呂刑) 群
九十曰黃耇或曰陳丨 又蜻蜓一名胡丨丨 (刑)丨即義丨即和也 君
黎丨丨百 黔黎 夼過為 懸黎 佩則結綠丨丨(曹) 熟黎 嬰庄僭万海島上黎人
姓(詩) 黔黎丨丨(戰) 懸黎(子建七啓) 美玉也 熟黎 洞有生黎丨丨之別(圖)
(詩)青黎 厥土丨丨(禹) 四黎 (楚)被酒獨行遍訪丨丨之門 闍黎 丨丨飯後鐘 詳僧
(注)青黎本作黧 舍詩云半醒半醉問諸黎 闍黎 鍾僧也一作梨 僧
迦黎 詳衣 僧衣也 (活套) 遺丨 (人名) (唐) (姓氏) 京兆徵音九丨之後 丨侯殷周侯国
孝行聞讀書強記默識 拜著作郎(北史) 丨植右散騎常侍 字季明以
緯術遷京兆尹以治称 老蘇友人也有遠景樓賦 (唐)戎州人善星丨 梨 凍梨 詩黃耇注
耇丨丨也○亦 眉黎 丨丨者老人之称(方言) 犁 本作犂 韻會云与支韻通
雅丨丨老也 謂丨秀而面如凍丨也 犁 押田器又耕也(前漢書) 丨丨
庭掃穴(選) 犁 犁于以逕路刃丨丨 撓丨 孤塗犁子其同
丨然有當 留犁 酒(匈奴傳) 丨丨飲匕也 撑犁 謂天為丨丨 丨丨子為孤塗(李)
樓犁 皇甫隆為敦煌守民不曉耕 教民作丨丨 省力過半(魏略) 三犁 漢以趙過為搜粟都尉教民丨 共一牛一人將之(事物紀原) 兩丨
犁一 犁春丨 (活套) 耕丨 曉丨 (咸名) 已歲 (人名) 其手 詩手 (伯州) 丨 上下 藜 草也今落帚亦
足(詩) 日落丨 初生可
食大則為杖可為杖 藜 丨丨入今粮者不足与論大牢之滋味(鹽鐵論) ○孔

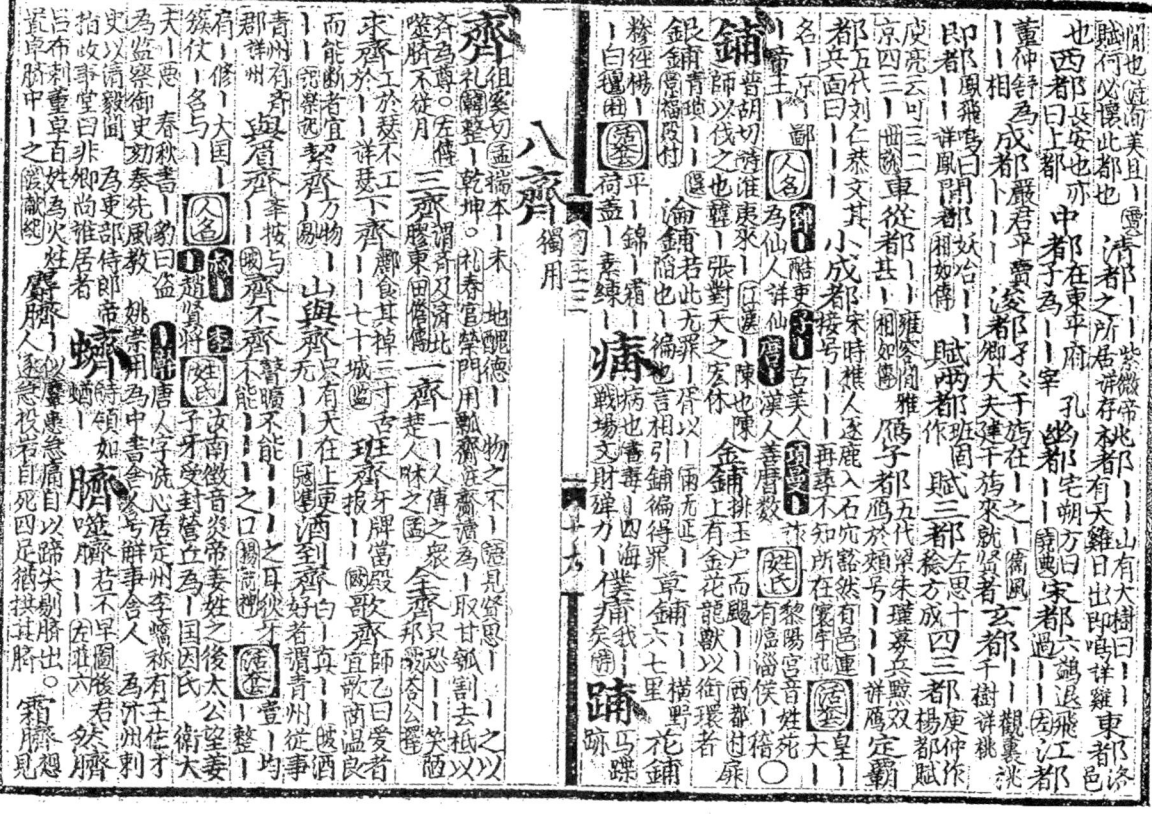

詩北山有萊(注)丨也 萊藜 子夜萊不糝 詳萊 ○陸龜蒙云讀古聖人書一盃
藜羹如五文 杖藜 清風獨丨丨 (宋)劉向校書天祿閣有丨丨 吅閤而進 詳校 逢藜 (郎)門植丨 (顔延年) (活套) 丨藜
鼎七牢 扶丨 瘦丨 驪 有黃 驪 馬深黑色 詩有丨 丨濟濟 不辨黃驪 秦使九方皋相馬報曰牝而黃 往視之牡而驪 公不悅 乃
倚丨 青丨 (四)
良馬 梨 (爾雅) 梨綉 折花簪之壓損帽簷○ 洛陽人多攜酒其下曰為丨丨 杜景佺曰陰陽愆則為災
詩馬 浣粧(唐余錄) ○唐武后季秋丨丨
唐史○杭州趁花時酒熟号丨丨 酒詩 (梨花) 本草名快果 ○漢武帝園梨大
云紅神織綾誇柿蒂青旗沽酒趁丨丨 五升落地則碎 名含消梨(黃圖)
張公大谷之梨 海内惟一株(潘岳賦) ○曾參事後母孝妻蒸梨不熟出之。
淮北濮陽河濟間千株其人与千戶侯等(食貨志) ○孔融与諸兄食梨曰小
兒法當取小者(本) ○李昇本徐氏家有梨大如升 會隣里共食 劉查梨 張敷
之有赤蛇在実中大驚走入母帳下 未幾母孕生知誥(吳越備史) 楂梨 小名
丨父邵小名丨 帝戲曰楂何如梨 丨丨 棠梨 贐宮空對丨丨 脆梨 唐曹至言謂侍
答曰丨百果之宗 楂何敢比(宋書) 丨花(鬼詩) 御史為丨丨
交梨 紫微王夫人謂許長史曰君胃中荆棘 釘坐梨 崔遠文才清麗風神俊
丨掃除未尽是以丨丨火棗不生(真誥) 整目為丨丨丨 言席上
之珍 賦病梨 孫思邈庭前有病梨盧照鄰遇 哀家梨 桓征南見人不快輒曰
(唐詩) 疾作丨以自悲(舊唐書本傳) 君得丨丨 頗復蒸食

否(世說)言愚紫花梨｜｜｜消心熱(宋史)唐武后患喫酸梨人欄刘淨翁捨
人不知味者此疾青城山邢道人進此即愈俗出家山谷頌
云掉却甜○闍梨梵語阿｜｜耶隋云正行能糾正弟子行故飼泥犂地獄
桃｜｜｜(見要覽)王播詩慚愧｜｜飯後鍾一作黎也(隋)
(氏要)伽梨金縷僧｜｜即佛祖相(活套)院落｜白雪｜蔾按韻會此韻止
(質)傳大衣詳衣一作黎帶雨｜薦霜｜訓蒺｜(易困)于
羨｜○杖藜蠡瓠瓢也(方朔傳)以瓈玻瓈寶玉名○共飲｜｜江(漢)万
不在此韻｜測海又支韻頭青｜｜老桃勝｜｜
明皇酌李白以黧黑色鸝黃｜○妻七稽切(詩)刑于寡｜士如
｜｜七宝盃也事詳庚○歸｜令｜尋母○姤｜晏
｜｜事詳婦○玄妻有仍氏生女鬒黑而甚美光兩妻王毛仲娶｜｜其一乃
与婦韻通看可以鑑名曰｜｜(左昭廿八)上所賜○又五代安仲
榮鬼妻｜｜与鬼馬匈奴出妻七出事詳出○叔梁紇伯魚孔氏三
以亡人妻爲｜｜世出妻(家語后序)○曾參出妻詳梨○梁
叔魚三十无子欲出妻商瞿曰吾年四十有子五人恐子晚出非妻過也(六
帖)○姜詩母好江水妻汲值風不還詩｜｜母尋呼還(本)○鮑永妻母前叱
狗｜｜○後李充妻勸充后羿妻｜｜得不死之藥梁鴻妻孟光荊釵樂羊
与兄弟異居｜｜詳居竊食奔月詳月事詳釵
妻羊遊學歸妻斷黔婁妻婁卒不肯以布杞梁妻善哭其夫(孟)不賣酒妻織
機勸學詳機被斜斂詳被受郊弔詳庐錦

詞文寄伯宗妻妻曰子好直言必及於難劉遐妻(遐)妻邵續女驍勇遐爲石
夫詳錦｜｜｜不從故及(左)詳憎季倫所圍妻將數騎拔出
遐於万衆負羈妻晉公子過曹僖｜｜｜曰從者皆黃昌妻(後漢)｜｜爲蜀太
中(六帖)足以相国云云子盍早自式焉(左)守初｜｜婦寧濕
賊流轉入蜀爲人妻其子犯事詣昌自訟昌疑不類蜀人問之曰妾州佐黃
｜｜賊掠至此昌曰何以識之曰昌左足心有黑子昌出足示之相持悲泣
深爲買臣妻朱｜｜｜｜求去及爲太守故妻夫妻給太常妻周澤爲｜｜恶
夫婦道｜｜｜今後車載其夫妻後自經死其｜干齋詳齋
娶瞽妻趙宋刘庭式登第所議妻瞽糟糠妻宋弘曰貧賤之交不可忘舌宗
卒｜｜之妻死式哀不衰(坡詩)｜｜之｜不下堂詳糠
妻詔｜｜山｜(李)妾爲妻无以｜｜｜｜(孟)淮南節度杜佑妻(梁)富不易妻唐
妻蘇秦事詳舌氏卒策嬖姬李爲正嫡封国夫人太
宗欲以女妻尉遲敬德謝曰臣聞不娶後妻曾子出妻終身｜｜曰高宗以
｜｜｜｜乃止又宋弘事詳糠｜｜殺孝己尹吉甫以後妻放
伯奇娶爲己妻詳｜｜｜爲子娶長妻馮勤之祖偃自恥短陋恐子孫似己｜｜
(家語)妻｜｜｜子伉生勤長八尺仕至尚書(史)○
法喜妻｜｜以爲｜慈悲病有妻隱几維摩萋草盛皃(選)春草兮｜｜(詩)
以爲女(維摩經)｜｜｜(坡)卉木｜｜｜有淒｜｜｜
(活套)現｜色霋妻也淒雲雨起也(詩)｜其以風風雨｜｜｜(活套)淒｜｜清
｜薈｜(孟郊)寒竹含曉｜(坡)意象颯以｜｜淒｜｜辭

｜夜悽痛｜｜悲｜｜綾文貌通作淒○隄都奚切亦作堤金隄漢王尊守東
月｜｜也(活套)慘｜(詩)萋兮斐兮郡河水浸瓠
子｜｜尊沈白馬祀神請以身塡金隄因所隄宮楊柳蘇公隄東坡
上吏民皆走惟一主簿泣在尊旁水波稍却(本)隋隄只金｜(坡)守杭
州西湖水涸草生公取葑草積陳公隄趙宋｜堯佐守滑州河決公草被隄
湖中爲長堤号｜｜万柳｜｜作長堤号｜｜｜(言行錄)
芳｜｜(隠)蟻環隄千丈之隄以｜｜穴而｜(韓子)宰相沙隄唐故事拜相礼絶班行府縣載沙
塡路自私第至子城東街名沙堤
(活套)清｜障｜防｜決｜羝牡｜歲曰羝(易)｜羊觸藩(詩)取｜｜以軷化羌羝曹操欲殺左
｜塞｜木護｜挑三歲曰｜慈く走入羊
群｜爲一｜｜人立競往赴海上羝蘇武牧羝｜｜｜匈鞮(說文)胡人履連
之群羊數百皆｜爲羝詳羊奴曰羝乳乃得歸脛曰絡｜又
夷名西方曰狄｜(後漢)飲馬西｜(揚子)(人名)｜晉人低墻低｜｜使空易
東｜北女東夷国又晉宮名銅｜度介詳墻
潮低三千｜強弩(晚)土麥低冬至夏至黍頭低王元景大醉楊彦遵曰何大結字
射｜｜事詳炎低昂答曰｜熟｜｜詳昂
低界枝低銀椰低淡女笑時羽翼低南鵰｜｜翠眉低佳人才唱｜(活套)天
｜｜｜(困)｜｜｜｜(晚)｜(荊公)｜｜詳鵰鵠｜
雲｜玉繩｜着數｜任名氐東方宿名記曰詆訶也磾染黑石(人名)金日磾漢人
｜文價｜人語｜月影｜｜中又羌｜

(四)晉人○又綈田黎切似稗布地生穢草也有米而細(莊)｜米之在太倉或
作荑(孟)道在荑稗通作荑(孟)不如荑稗○(歐)得米宗擇粃与｜
(韓)君恩泰山重鍗餌也題相如｜｜柱詳柱璇
不見顧稊｜饍｜霋霽雲也桋女桑締結也｜別駕輿詳輿
題天子玲瓏閣館(宋詞)榱題之頭皆以玉飾｜｜玉英(甘)榱題｜｜數尺(孟)題頭榱頭也木題｜｜湊(記)謂以木頭｜頭相湊向内粉題
太玄視次四｜｜雕題｜｜交趾有不題額也婦飾火食者矣(孟)白題西北遠夷有｜｜胡入貢(南史)○漢淮陰侯斬胡｜｜將一人
須服虔曰｜｜胡也人服博識○月題加之以衡扼齊之以｜｜(莊)馬額當顱如月形者却道盤車勝｜｜(坡)品
又胡舜｜｜斜胡笠也
題天下以君侯爲文章之司命一經｜｜便作紙背題｜｜應勞寺小字題
住一(李白与韓朝宗書)○月旦評｜｜詳評自｜詳紙
病起猶能｜(活套)書｜留｜提(詩)言｜｜其耳好人｜｜(礼)夏官挈提星名
｜｜｜(晚)淡墨｜執｜注馬上鼓郭子儀傳｜孤軍｜｜
隨斗柄指十二辰又歲在寅曰｜｜左提｜｜右挈孩提｜｜之童(孟)
格○｜｜貞子(孟)陬兮言星也(屈賦)(陳餘傳)兒始｜人所｜
挈備提唐元和間酌酒者曰三尺提漢祖提｜｜取鳥勸提花下壺盧○招
注子改曰｜｜詳注天下(本)劍也｜｜｜(坡)
提｜｜菩薩昔古佛号三藐三菩提梵云阿此云无梵語三藐多羅此云上梵語三
故寺旅｜｜(釋書)此云正梵語藐此云等梵語菩提此云正覺

是阿耨多羅三藐｜｜｜者乃无上**三摩提**一切禅定攝心皆云｜｜｜須
正等正覺謂无上真性也（心經注）　秦言正心行处謂是心端正多
菩提道高臘長呼｜｜｜　**半提**　**全提**　雲門師道有持乾坤大地无纖毫過不
如曰長老（禅門規式）　見一色始是｜｜更須知有｜｜時節
始**荑**草也一曰荑木初生兒一曰苐始生也　**柔荑**手如｜｜（詩碩人）　**册荑**陵岡掇
得荑（詩）自牧歸｜（詩靜女）易枯楊生稊義同　｜｜（郭璞）
蕪荑（騷）樊林結｜｜与揭車（騷）。**三春荑**自歌｜｜（文選）　**䖘**或作蹏（易）言者象之｜
（孟）獸｜鳥跡（貨殖傳）牧
馬二万｜（韓詩）詠運蹄䖘｜一角五驢䖘黥之｜虎蹄尚衝冒驅不勝怒**駞蹄**
（顏延年）
驫糟紅粹**兔蹄**蹄者所以在兔得｜而忘｜筌者所以**脆䖘**蔽伐背々使淳
穷詩稜深天馬｜**鷹蹄**｜（漢武紀）**驪蹄**｜之虎喜曰技止此耳（柳）詳驪**駞蹄**
寄｜｜（皎）**兔蹄**在魚得魚而忘筌也（易略例）本作第　于髡之趙請救
賫金百斤車馬十駟髡大笑曰臣見道旁禳田者操一｜｜酒一盂祝曰甌
窶滿篝汙邪滿車五谷皆熟穰々蒲家臣見其所持者狹所欲者奢王乃益
金璧車馬趙予精兵十万楚引　**輪蹄**渙散馳｜｜（韓）**霜蹄**蹔蹶｜｜**赫蹏**發篋中有
去。篝笼也汙邪下地田也　未爲失（杜）**赫蹏**｜｜書（趙）
飛燕傳小薄紙也一曰染紙令　**金褭蹏**家有鴻寶書不鑄｜｜｜（坡十）**碧玉**
亦書之　本作㦊㦒｜音閱　黄｜爲麟趾｜｜｜（漢武紀）
蹄奴翔｜｜｜（李賀）
蹄｜（杜）馬也（滂）**荃**｜**嗁**或作啼（韓年）**玉啼**宝唾吐未尽｜｜｜陸龜蒙
　嗁登而妻｜飢　　　　（張南軒句）皆言婦人哭啼如

珠幾啼泣**蠧**情啼无心花裏鳥更**英物啼**桓温生未朞温嶠曰眼如紫石稜
如玉筋也　｜｜啼与｜｜｜（韓）　聲作蝟毛磔試使啼曰真｜｜也
（本）**老萊啼**｜｜子年七十取水上堂跌仆**怖兒啼**郝玭守原州虜不敢過**烏**
　因卧地爲小兒｜以悅親（詳衣）　婦道其名以｜啼｜
夜啼宋臨川王坐廢夜聞烏**恰恰啼**自在嬌鶯（杜）**傷春啼**孟光至梭与眉齊何
啼（揜）稷教遂製｜｜｜曲　　｜｜｜｜（杜）　　　曾肯過｜｜｜（坡）
○**止小兒啼**馬祖住上藍僧問爲甚麼即心是佛祖云｜｜（淳姜）猿｜泣玉
　｜｜僧云啼止後如何祖云非心非佛（傳灯）（李）翠咽
｜**鵜**｜鵜水鳥（杜）**銻**銻｜火齊**蛦**蛦｜蟬屬**綈**厚繒（漢）文紀身衣弋**綠綈**中
　銻鍗瑩礪｜｜　　　　　　｜｜○｜袍事詳袍　　　　　　黄
門持詔記盆｜｜方底（漢外戚傳注）**錦綈**｜｜**鯷**（杜）**綈**｜飾（董賢傳）**騠**（玉）駃｜
厚綈方底盛書曩形如今之算袋　　**鯷**名　　　　歌｜騠馬
有木駃｜　　**鮧**鮧魚名无鱗**騠**迎視安也一曰美也通作**褆**福衣○不知自
｜（國）　　　鮧鮎魚也　　**緹**帛赤（詩）提好人｜｜義同也厚
｜｜**鷞**｜山雞（左）思付　　色**翟**兜網通作蹄（孟）**鶗**萃蓰　樂府有
也　　鷞鵕鳥｜山棲　　**褆**郊羅人巧置｜衰一｜白銅｜歌
（谷）降書付紗｜｜○詩**嗁**｜｜赤脐詩**折**｜｜安知兒記｜｜○**箄**逸迷切
見本節都黎切下　**嚌**｜鳴亦曰雅也　吉事欲其｜｜｜　竹器亦
作箄○舁山間李漢老疾云欲袖雲門竹｜子室中驗出散花人用王默事
○念和尚拈竹｜示衆云喚作竹｜即觸不喚作竹｜即背省和尚大悟禪

得竹｜拗折。金**鎚**叙也掠器（杜）㪅短不勝｜。監**鎚**上客李雕俎家
鎚等事見鎚字　韵又有錍字今依毛氏別出　　㚐鎚人揺｜｜（坡）
玉鎚新月天涯｜｜（谷）。**刮目金鎚**有盲人詣良醫々即以金**陛**牢獄○**雞**古奚切（記）
挂｜｜（谷）　　　　鎚｜其眼膜（涅槃經）詳膜
｜曰翰音（風俗通）｜本朱氏翁化爲之故呼朱々　（晝）牝｜无晨（詩）｜鳴思
賢妣也（語）殺｜爲黍　割｜焉用牛刀（孟）月攘一｜｜鳴而起　五毋｜
（大學）不察於｜豚（盍）寧爲｜口（史）魏**天雞**桃都山大樹曰桃都有｜｜日出
飛吻火命如｜　城東不鬪少年｜出即鳴天下鷄皆鳴（淮南子）
雞名鵕鸃又名錦雞自愛其毛終日影水目眩則溺。魏武帝時南**金雞**唐
寞方献｜｜對鏡而舞至死（異苑）。惠帝時郎中戴鵕鸃冠（輿服志）　洪
赦日植｜　**丹雞**越人相交祭以白｜｜之神可**木雞**紀消子爲宣
｜竿（詳竿）犬｜｜爲盟詳壇**碧雞**金馬（宣帝紀）　王養鬪雞十
日問可鬪乎曰未也猶虛驕而恃氣十日又問曰幾矣雞有鳴者已
无变矣望之似｜｜矣其德全矣異雞无敢應者反走矣（莊子達生）
比伐江逌爲長史以雞百餘隻長繩連之**杉雞**｜｜竹兎不自惜（杜）**火雞**殷
腳繫｜驅放過塹飛集羌營皆然之（晉）｜｜黃冠常在｜下**樹雞**陪
天花不復憶况乃桑鵝｜｜｜菌也互見鵝　**醯雞**孔子曰丘之於道其猶｜｜**錦雞**給緯也如蝗
与｜｜　　　　　　　　　　刘師道詩｜｜｜蠶裏天斑色振羽作
声一名莎　**死雞**｜｜无司晨**不啼雞**賀邵作呉郡初不出強族輕之題府門
雞稊雞　　之益詳犬　　　　曰會稽雞｜能｜○會稽真个｜能｜

（韓詩外傳）**五德雞**田饒事魯哀公而不見察告哀公曰臣將去君黄鵠矣雞能戴
冠文也足搏距武也敵在前敢鬪勇也見食相呼仁也守夜不失
時信也雞有五德君能亨而食之以其從來近也鵠
无此｜｜而君猶貴之以其從來遠也（韓詩外傳）**吐綬雞**一名真珠雞羽
藏肉綬長闊數寸紅碧相間遇晴頂　**宋處雞**晉宋処宗置一長鳴雞窗間後
上先出角肉二寸許然後徐舒其綬　雞作人語与処宗談論極有玄
致処宗因此功　**天上雞**雞鳴｜　**枕中雞**万安軍道士畜一龟如𠂉一猿猴茄
業大進（幽冥录）　｜詳犬　　　蝦蟇一雞如倒挂子置｜｜鳴則起
度關雞關法雞鳴而**蹔然雞**函牛之｜｜不　**輕家雞**庾翼善草書（晉史）之後進内
出客詳閔　　　　　可以｜｜（史）　　　外宗尚翼在荆州与都下
書云兒輩｜｜｜　**午時雞**　　　　　**越雞**鵠（莊）｜｜不能伏鵠卵
須吾还當比之（法書苑）野雞　殘夢｜｜（荆公）　　**魯雞**｜固能之矣（莊）｜｜
小雞也**曾雞**蜀雞｜｜之不期｜｜｜開｜｜｜嗚蹴刘琨
詳外　　　　之不支（爾）｜｜大**中夜荒雞**祖逖｜｜｜｜｜
若四海鼎沸豪傑並起吾**平子介雞**季郈之雞鬪季氏介其羽郈氏爲之**小**
与足下當相避於中原　金距（左）介与芥同芥子播其羽也　　　起舞曰
兒鬪雞賈昌七歲爲雞坊五百｜｜長天宝乱至元和間九十餘歲人問**公**
開元之治昌曰年少以｜｜求媚於上安知朝廷之事也（異聞录）
膝雙雞（丙八）｜｜曰｜｜　**奉母殺雞**茅容殺雞爲饌郭林宗
　　　注公家取供卿大夫之膳食　　　意爲己設旣而供其母

以草蔬与客同飯林宗拜之曰卿賢乎哉 上庖群雞 衆繪見群雞曰介幬甚充吾庖之〃〃(杜注) 斷尾雄雞 賓孟郊見雄雞白
〃其〃侍者曰雞其憚爲人用乎(因) 白日黃雞 白樂天玲瓏歌黃雞催曉丑時鳴〃〃催年酉時沒詳曉 疾霰白雞 謝安寢〃曰吾
昔〃〃今歲在酉吾殆不起乎(晋書) ○靈雞 從山欽法師一雞常隨法會後師之長〃安雞長鳴三日不食而死今有〃塚 (語叢)〃黃
竹〃茅店〃風雨〃 稽 留也計也記古人与〃(書)〃七〃掟(洪範)若〃田(枡材)(礼)司〃于衆(禹謨)(地官) 簡稽 聽師田以〃(周礼天官小宰)稽〃〃
計〃也〃 勾稽 主簿掌〃省署 卜稽 〃〃如台(書)〃曰其 卣稽 〃若(書)〃天 夂稽 何足〃〃下士(馬援傳)〃天 無稽 〃〃之言
勿聽〃(書) 滑稽 突梯〃〃(楊惲)(滑稽)〃則東方朔(傳) 夔稽 反〃〃乱也〃相〃(管子)同也〃言辯捷之人乱異同也○鳴夷〃〃
〃〃書注轉利之称 注圓轉兒酒器轉注吐酒終日不已若今陽燧樽○
秦稽 禹望〃〃(齊喪王碑)〃易月瞻〃〃 會稽 本苗山禹於此會諸侯之計因名計也詳〃〃(顏延年)今越州也○義之會於〃〃山陰
籍 半日稽 爲我〃〃(吻) (語叢)參〃卑〃 共稽 (礼簡稽注攤鐸)〃〃〃五見前○〃〃致命挑兵 (人名)(盛)戰国人(孟子)大不理於口 笄 雞形(記)女子十五而
〃〃而許嫁(禮弓註疏)吉〃長尺二寸斉衰笄尺惡笄或用櫛或用榛 麼笄 趙襄子姊爲代王夫人襄子請代王使厨人操銅斗擊殺之笄代地

其姊泣而呼天〃〃自殺因名其地爲〃〃山(史趙世家) 枅 柱上橫木承棟者 乩 卜問〃也 ○兮 胡雞切(語)鳳
〃月出皎〃美目盼〃(老子)悅〃兮〃(陶詞)歸去來〃〃項羽歌〃虞〃奈若何○南風之薰〃詳愠 (詩箋)伯〃刺時也〃(詩)刺不用賢也(鄭)〃(詩)適我願〃
犨〃刺〃怨也(詩) 奚 (語)亦〃〃以爲○又 酒奚 (周)今之侍史官婢〃〃三百人(礼大) 詩奚 李賀小奚奴〃背古錦囊(遇)
所得〃投〃豢中詳〃 䝤奚 谷有〃〃者 山騱奚 騊駼〃〃(前匈奴傳)騊駼音桃塗〃音顛駃騠俊馬生七日而超其母○本作
騱依本〃〃文附此 二奚 陽尼爲幽州中正与斉州中正各舉其子帝曰昔有一奚今有〃〃謂祈奚也(後魏紀) 羌奚 〃〃比乎石箭子注草名
(人名)(奚子)秦人(新序) 〃〃(詩警觀) 仲虺作誥(書) (奚斯)晋人奚子奚(傳)乘 (姓氏)(奚仲)譙国商音夏車正〃仲之後有智謀魏道武寵遇称曰仲兄(北史)居薛爲湯左相(左)其後
京兆人文辞清麗大曆末擢洪文舘校書郎 (奚陟)字殷卿唐吵少白砥砺著名節
(姓氏)先姓奚康龍章鳳姿 譙国商音夏少康封子季杼會稽後從譙〃山因氏 弾琴詠詩爲竹林七賢之遊 (奚康)字叔夜其鍛於柳下詳鍛 䜊
雞群詳群 (奚延祖)字延祖爲秘書丞康之子昂二然若野鶴在 (奚李)字君道好奉鳶文家花奄立号毫立子 蹊 〃(杜)黃四娘家花滿〃○勃磎不在此
韻 山蹊 山徑之〃〃(閻) 桃下成蹊 李廣口不能出辞及死天下爲慟泣諺曰〃李不言〃自〃〃(本) 李下無蹊 李奚唐李又進

礼部侍郎請謁不行語〃〃〃〃〃〃徑 牽牛以蹊 〃〃田而奪之牛(因)〃人之 (語叢)多〃荒〃幽〃傍〃宅 嫈 女隸通作
奚〃 傒 斉卿〃高〃 騱 〃對馬騂〃詳騱 ○谿 反戾也(莊)婦姑勃〃〃勃爭也〃空也 䚷 〃鼠詳鼠〃〃寡聞之人告以至人之德譬載
〃〃車馬樂〃以鐘鼓也(莊達生) ○鷖 鳥兮切鳥名屬鳧好沒〃〃通作鷖相如傳(拂鷖紱)〃好浮〃一名漚小舟如鳧〃 棄鷖 〃以〃〃駟玉虬
兮溘埃風余上征(離騷) 紙尾鷖 嗟我久闊筆不書〃〃帖最後大書一鷖此帖之珍(蘇東坡題王氏法帖)酬至五十餘万 (詩補)鳧〃守成
也(匡)(大雅) 黳 美石黑色(陳郊祀志)隕石二黑如〃〃○(蛇)子石如瑑玉遠煙真削〃〃 黳 〃〃戟衣又赤黑繪也又語助 翳 〃塵埃〃 鷖
黑色○ 倪 五稽切(孟)及其〃本作兒幼弱也 天倪 和之以〃〃分○詩句(莊)〃〃(莊注)自然之〃(判公) 坤倪 乾端〃〃軒豁呈露
(韓)端倪 〃不知〃(韓) (人名)(倪)子王〃(左)鬷蔑問 (姓氏)〃氏 千乘宮音郳武公封次子于〃後因
都養供衆弟子時行賃作帶經而鋤休息則讀誦 (倪寬)治尚書貧无資用爲弟子 上疑獄奏詳疑任
左内史負租課吏以最詳租後爲御史大夫 (倪若水)字子泉唐人爲汴州刺
史政治静四州勝季風化 大行(唐)趙宋人有詩文 齯 老人齒〃一曰齒落更生而細通作兒(詩)黃髮兒齒 蜺 寒蟬 視 衣袺(介雅)
霓 雄曰虹雌曰〃(南史)沈約作郊居賦以草示王筠讀至雌霓〃〃約曰常恐人呼〃作平声乃五結反 司馬公曰約但取声律便美非〃不

可讀爲平声也(上林賦)拖〃旌(唐礼)楽志舜〃裳○以虹〃爲釣緜詳釣 青霓 翠煙合〃〃(孟郊) 白霓 〃〃〃光啓(途韓愈) 望霓 天旱
之〃雲〃(因) 氣如霓 〃〃横〃虹〃(房會詩) (語叢)〃彩〃晴〃斷 麑 鹿子亦曰〃即師子亦作貌 射麑 〃〃出獵〃〃唐将兒
死母驚還悲鳴又射殺之又逢一鹿将射忽箭發反激其子唐抱兒抚膺而哭聞空中呼曰吳唐之愛子与鹿何異唐驚所不知所在(宣驗記) 放麑
孟孫獵得麑使秦西巴持帰其母隨之而啼西巴〃〃之孟孫大怒逐之居二月復召爲子傅曰不忍於〃〃且忍吾子乎(韓子) 怒猊 徐浩草
〃決石 暴猊 〃〃〃与我當使子過我也 渴猊 徐浩善基調段成式曰以〃〃 肉猊 〃〃〃(杜) 白羽曾〃 (人名)(鈕)猊 觸 詳〃 書如
詳騏 鯢 剛魚四足雄鯨雌〃(左)戮其鯨〃而封之又〃長編掇拾蜂蛭遺詳〃 鯨鯢 〃〃碧海中(杜) 海鯢 金背高(韓愈)〃〃〃鯨
(語叢)(文選) 輗 〃車轅耑持衡者大車无〃(論)〃 ○醯 呼雞切(礼)〃人掌(書)或乞〃与柳文
雞醯 魏高〃詳雞○魏名臣傳官販苦酒醋也晋公遺〃〃敎倉之粟以爲酸〃〃酸蚋聚○〃
(語)唐俗貴桃花醋○ 醯蘭 令夫蘭本三年湛之以〃〃〃〃首飾能知酒數詳滴 飲醯 唐李景略燕僚佐
宜什当酷以李性 慶醯 之四馬非蘭之本性也湛之美也(家語) 行酒誤以醯進判
嚴強〃〃(宋祁)〃〃〃悅成〃〃之易 女醯 二十
人(礼)〃奴 斯彌食醯 〃〃爲〃 (語叢)〃監 (人名)(醯鷄)太
曉〃者 莫周注醯來俊臣〃〃千鼻 詳鞍 醫令(宋)

榼盍丨木名○西先稽切齊月生於丨書平秩丨成宅丨曰昧谷丨山西
將漢史丨丨出淮西呂梁平弱水既丨函次之丨方則丨流韓催歸日未丨千樹
丨丨碑寰西杜甫在燕有新債丨丨草屋詩詳東已西樂羊終愧丨丨谷郭西雪韓刊定
玉東西佳人斗南北美酒器也○酒酣金盞照東西茶山丨丨谷酒西山西谷開平近聞丨丨溪曉住東西陸士龍丨
丨頭士衡住鳴謙西丨丨以西漢征西魏武令曰孤欲立功望封侯作征西將軍死題墓道曰丨丨將軍曹侯
丨頭詳頭之哀此家樹西宜帝子封東平及死東平舊姓西他年一舸鴟夷去魏武家丨丨丨漢西子下姑
蘇一舸遂其志也文東武西丨皆丨向西歸丨丨田延年召故吏今有東食東宿西東家食西家宿詳祖○西來意僧
鴟夷歐之如何是祖師丨丨丨者丨者丨詳○溪水西流國清寺僧術精布算曰當有弟子求吾術須門前水西流乃至詳流松枝西
云庭前栢樹子傳燈向玄奘法師西域取經寺前丨丨年丨丨丨西江詩閉丨江
一年忽東向弟子曰吾師歸矣果然詳東口吸西江吸活套丨隣丨人名
楚大夫皆丨參之子庾安西詳紙栖西語何為是栖丨者不安兒亦作雲棲楮伯
玉少有隱操減景丨丨丨棲五餘粮丨畝詩可以遲
丨抗高不食甫史巢棲許由丨大棲京伏丨丨林棲羽毛見故栖瘦馬悲旧林韓
禽思丨孟郊一枝栖上林多少樹不借丨丨詳樹老鴉栖元微之過襄陽贈妓詩可語春風好
此妓与二丫相好丨丨丨丨雙單栖鳴鳳丨孟郊丨丨枳非鳳棲仇香為主簿人曰丨棘丨鸞
吹下句云丨丨丨詳棘○鳳非梧桐不
國接車如雞栖朱穆字伯厚初為從事謝仁陳寵僅丨活套深丨依丨无安丨
犀貴者通天花文丨丨丨所丨詳山丨羈丨幽丨孤丨
爛丨倒因格殺之丨退角埋之人潛作木角易之再三不爲其処或謂雄
丨為兕一角孔帖墮和羅多美丨○孟驅丨象犀佩玉冠簪丨○張易之
作丨通犀文甲丨丨前西域丨文犀馬援征交趾載薏苡歸丨剸犀斷蛟丨丨瓠
簞通犀傳謂色白通兩頭以為明珠丨丨丨本
犀齒如丨丨詩丨水犀甲三千吳王夫差有丨坡詩注丨丨木中犀花數白藥林桂花不是凡鎮帷犀
丨中辮曰丨
夜風搖動交趾雞犀通天犀有白縷如絲以置米中雞輙駭呼丨丨丨抱朴辟寒犀開元中交趾國獻犀角煖氣襲人遺事
丨丨丨陵馬駭雞
辟塵犀為犀簪梳塵不著髮續表錄異辟暑犀文宗時李訓講易方盛夏賜丨丨孔帖蠲忿犀同昌公主帶之令人丨去丨怒
夜明犀敬宗時南昌進丨丨丨光照百步杜陽編丨丨丨丨丨丨丨丨
水作石犀五枚以厭水精蜀記○二犀牛奏貫枕犀玄天綱相蜀鼓伏犀
時蜀守作杜石犀行注三犀切鄙秦大守政丨玉丨十年當显功
兕號稱閒後為益州行臺僕射唐書丨丨詳水攪象犀奇毛賭象犀韓丨丨○
宋傳馬周伏犀貫腦背若有負照水犀溫嶠然犀丨丨詳水攪象犀赤手丨丨
活套獻丨伏丨筋丨嘶馬鳴杜馬長嘶四顧一六首酸嘶哀鳴丨丨華声急丨孟郊雀嘶
巢逐野丨乱嘶始去香飛蜂及活套驟丨窓駒丨默念心丨丨丨
群丨燕秋丨嘶歸柳嘶丨韓丨騎丨丨玉丨斯丨提○梯土雞切○
詳丹梯謝靈運詩危梯唐柳宗元丨之丨也笑梯村麥曲順俗貌禍梯毋為怨府毋
航丹梯謝靈運詩丨丨詳陵丨丨丨丨之丨也突梯丨丨滑稽作階丨丨山航海
國家高雲梯公輸般為丨丨丨欲攻宋墨子見楚王曰請令公輸般設攻宋之具臣請發帶守之於是般九攻之墨子九却之楚王遂輟兵丨謂
發帶為城以著丨青雲梯謝靈運登石門最高頂云共登丨丨丨取月梯周生為梯丨丨置
為械丨丨丨丨丨丨○頓駿之善登結樓高樓為登去梯丨丨中以四詳月飛空
梯丨丨然无尺壁欲備登樓去梯劉表長子琦與諸葛亮登樓去梯 日上人香百尺樓上活梯
丨丨詳州七卷丨丨丨○楊國忠本張易之子易之息幸无比每歸詔
家人亦穿見孫書○楊國忠本張易之子易之息幸无比每歸詔
令居樓去梯毋恐絕嗣女奴騶珠上樓遂生國忠天宝故事活套階丨天丨
石丨月丨鯱驃丨丨月令所鼓丨之声樂丨
宮丨鼙騶迷切騎鼓也記仲丨修丨丨月令所鼓丨之声樂丨
以見○鼙記禮鍾師掌丨書官長恨漁陽丨鼓動地來丨
郎百里聞霜丨丨裨負檐一匏丨腋牛
谷軍壘動秋丨丨曰斧柯丨百桒丨也○丨擺匹賦切亦作批杜
義本与剕同御批丨丨云鄭虔丨丨丨也丨詳馬竹丨双耳峻
今附此韵丨批三絕詳絕丨敷後批李德裕制丨丨不便者丨但知
批国被連禪宗有丨丨丨剕也削丨丨之詳救○薄批風月抹月
丨丨細抹清風之語鉀箭鏃亦作鈚丨丨躋祖稽切登也詩道阻且
西都賦遂偃丨朝躋南山丨丨詩丨丨丨丨丨丨丨詩長發丨彼公堂七月
騫而上丨日躋聖敬丨丨丨地氣躋丨丨丨記丨上壽域
躋丨躋之仁丨之分寸躋躋攀丨丨丨昇丨接丨齍亦作虀凡醯醬所
丨王吉傳丨丨不可上韓活套武丨賓階丨齍和細切為丨周礼
五齋注齊丨丨丨丨丨丨所謂玉塩齍勤丨丨丨國吹齏曰懲羹
當作丨丨冷丨傷丨日齏曰悲齏古宗作丨丨丨咄嗟可辦
長美者丨金齏吳郡獻松江鯽魚煬帝曰所謂金齏玉鱠東南佳味也拾遺記
弓之鳥驚曲木外孫齏受辛辭字詳絕丨丨丨曰齏曰悲齏王愷多貲崇帳下問悉告
之崇後殺告者晉書擣膾檢齏唐王昌齡齏詩青淡齏南康軍館寂觀若
悲根雜以麥苗為之丨丨丨丨丨竹生算甜醯悵靜
所補語云簡寂觀中甜苦笋歸稽為齏錦不可以為帢丨
宗寺譏丨丨丨寺亦在南康稽為齏不可以丨丨詳帢三百甕齏坡曰王
簽時醉墮汴河水神扶出曰公有二百丨料錢若死何处消散士有效之陽
醉落何丨神亦扶出士喜曰我料錢我何神曰有丨丨丨黃丨无処消散尔

咀數根齏丨蘇易簡答太宗上臣一夕痛飲夜半吻燥遶丨丨
丨粮殘孤丨丨此時自謂仙厨鸞脯鳳胎不及玉壺詩話丨丨齎持遺也書吏行旅不
身无所丨擠排也韓丨之而又下石焉又脫筏防撞丨活套推丨丨擠也疑○迷莫兮切丨不恭書皆雷
兩沸丨語懷宝丨邦指迷論詩賴子初丨丨歐竹迷五月十三日爲竹醉日亦曰丨丨日晉書詩六迷釋皎然丨
○李花月使人丨丨謂虛大綬慢詭異錯七聖迷黄帝見大隗至于具茨之山丨皆丨无所問途詳途漁人迷丨丨
有丨丨用意爛熟氣弱李涉詩苑
冊往桃源丨花下迷倒著接䍦柳邊迷帰院丨丨出活套癡丨色香丨散洸
不得路詳源丨丨李丨丨望眼丨到死丨人名
晉人麛鹿子又獸初生皆日丨記士不丨妬○泥奴低切易需于丨詩胡爲丨中○杜相邀丨丨丨紫泥天
愛詩酒
六笈皆以武都丨丨封之漢舊儀金泥漢出征及使絶国皆受丨丨之至封
○銜出丨丨封李亭獨照丨丨杜即浮圻国齎丨丨也以封函匣鬼魅
不敢青泥鄧訓故吏知訓好丨丨封書從黎陽亦推鹿車紅泥王元宝巨富
干也青泥戴泥至上谷遺訓東觀記○蜀有丨丨坊詳坊紅泥用丨丨泥壁
○旧香余味寄黄封厭見白泥石花紫筍可稱官亦印糞泥養氣如蠶蜺弃
丨丨淪眼紅后山謝送酒丨丨牛走尔蔵斎謝寄丨丨官如丨丨陂
塗泥廠士惟丨丨禹貢○東坡言溷泥何不丨其丨而洗泥丨丨陂方言有
泥董傳之賢不可使在丨丨中丨丨揚其波幾箕洗泥菱買黄封作丨丨

丨粹周澤一日不齋丨如丨詳雲泥對南陽丨丨白六乙泥五日午時於韭畦面
酒醉泥陸○笑殺山翁醉似泥李東不語取蚯蚓乾收
之謂之丨丨丨爲魚鯁者以數斗泥溪水一石其泥一枚泥梁園有富家子
少許擦咽外即消歲時記丨丨漢武札四郎号杜甸
比杜荀鶴有詩即題寄賓或行塌之即云三闕一說後史補萬斛泥一洗態心龍蟠泥
十年來塵拂面如今始得丨丨丨丨丨丨丨丨丨選
丨丨手鵲踏泥人生到処知何似應似飛丨丨雪丨泥蘇鷹啄泥杜一石牛
丨蘇鴻踏泥上偶然留指爪鴻飛那復計東西蘇
泥鬱林郡東南有地丨有丨丨歲旱殺牛以血和泥連金泥纏弦膠又名丨丨連刀劍斷
泥石牛背祠畢天雨洗牛背泥尽即晴廣州記
折之金東封泥王元請一泥丸爲大珠清泥唐則天時西国献清泥丨胡人
開冊記丨丨函谷関詳関以百金買之云西国多珍宝但
苦泥漆投此珠泥校巣泥石曼卿倅海州以泥裹桃馬惜障泥王濟乗丨不
即成水其宝可取丨丨擲於山上三年花如錦丨丨肯渡水曰馬
必是丨丨乾去之乃切玉如泥西戎献錕鋙之劍用之字如印泥用筆如
渡○杜須云濟有馬癖丨丨丨丨切丨然劍揚関印泥畫
沙貴藏鋒○蓮生泥卑濕淤泥乃生丨絮沾泥參寥贈妓得心已作沾泥
也詳絲華嚴經詳蓮丨不逐東風上下狂詳絮土
上加泥古灵曰安国和尚已說法活套是丨丨麈丨燕丨斉丨猾
丨加泥老僧不可於丨丨丨丨滑丨舍丨丨蛾如丨丨糞丨也

丨麞○谿苦奚切亦作溪磻溪呂望釣処愚溪在永州元柳子厚曰丨丨檀溪的盧躍丨溪詳盧回谿垂翅
丨丨書翼尾池竹溪六逸詳逸剡溪王子猷訪戴逵詳雪浯溪在永州水石奇絶元結居
浮詳異傳又詳翼之世无名称結独愛之故
名丨丨○山谷書屋五溪武陵丨丨雄溪朗溪西溪武溪辰溪端溪出硯
硎後春風吹船着丨丨晉蠻夷所居号丨丨蠻今辰州界丨丨処
鵝溪爲愛丨丨白蛮堂溪黄洞丨丨魚腸丨令刘白羊溪文中子講道於
鵝溪黄絹出好絹韓國趙鄭付四弓弩名丨丨之丨詳杏浣
花溪杜甫在成都節度嚴武爲鳥脚溪足如墨詳漳武陵溪漁人入桃
花溪下居西郭丨丨丨作草堂丨丨丨涉者丨丨源事詳源天下
溪老子曰知其雄守其雌爲丨丨香水谿呉宮有丨丨西施浴処若耶溪
溪丨知其白守其辱爲天下谷又呼脂粉塘至今水猶香
丨丨汾逆上溪村船丨丨刪大谷大谿大經所會曰丨丨素問注丨小經○虎溪惠遠法
揉蓮女李丨丨丨丨
過丨丨輒鳴号送陶元亮陸修静与語道合六祖曹溪梁天監元年有僧智
不覺送過虎溪因大笑世傳三笑圖廬山記藥之船至韶州曹溪
水口聞其香掬嘗其味曰此水上流有勝地遂開山立名宝林乃云
此去百七十年當有无上法宝在此演法今丨丨南華是也傳灯山
丨丨○珪古携切本作圭詳如丨如璋書禹錫元丨記大丨活套丨
碧不琢孟丨田○韓磨淬出角丨意欲忘替丨爵圭公執常圭侯執信圭

伯執躬圭繅皆三采三就子執穀璧桓圭夏官上公之礼執介圭韓侯以其
男執蒲璧繅皆二采再就礼典瑞丨丨九寸礼春官丨丨入覲
于王詩桐圭成王剪丨爲丨封唐叔詳桐錫圭丨丨元丨析
長二寸三珪楚昭王遣屠羊説以三珪之位莊謂三卿皆執圭禹貢
圭丨爵楊丨丨儋土圭大司徒以丨丨之法測土深正日景以求地中礼地官丨丨
長尺五寸夏至日立八尺之表其景正与丨丨等謂之地中
白圭丨丨之玷尚可磨黍圭六十四丨爲一圭十圭爲一合刀圭促膝問道要後豪分丨丨
也詩柳○又人名丨本草云丨十分方寸
匕之一如活套瓏丨璣人名作北山移文唐闈特立小户也
梧桐子丨丨盂礼名臣有雍論墨法通作圭記
門圭竇○丨房之秀詳秀○選金闈恍通丨丨鑄謝朓丨丨之碧闈還訪仙
宵月照中丨寒商動清丨諸彦江淹別付郎丨丨馬門姝歎丨
丨丨乗筆侍選活套香丨丨袿婦人上服甃座楚詞珪邽隴西丨丨上丨在○睽
兩闈丨丨丨丨春丨丨璋雜於甃丨丨
苦圭活套分丨乖丨取諸封名三三上火下澤丨初九悔亡喪馬勿逐自復
切丨易天地丨易見惡人无咎九二遇主于巷无咎六三見輿
曳其牛劓其人天且劓无初有終九四睽孤遇元夫交孚厲无咎六五悔亡
厥宗噬膚往何咎上九睽孤見豕負塗載鬼一車先張之弧後説之弧匪寇
婚媾往遇奎記月令仲春日在丨畫主文章星聚奎趙宋乾德五年五
雨則吉丨丨丨丨天下文明活套丨丨婁丨文丨

岌｜剴也(易)十｜羊○郭人｜股枚親 傷[續]賢殷○攜戶圭切(詩)
｜圭 嫁鑊敫刀｜詳雅 (思)何以免屠｜ ｜睽羊｜之
(左)其民必｜ (名)開銘扶老｜幼(赤)部驗｜酒与魚(杜)朝 提攜与之｜ 招攜
罷香煙｜滿袖(孟郊)華堂有嘉｜(彼)一樽臨水記分｜ 挾挈｜(曲礼)招攜
｜｜以礼(左)又其取攜如取如[續]征鈴｜畦田五十畝 夏畦(孟滕文)病於｜｜
心必攜 誰也 取攜｜(詩) 又區也
丁圭彼且爲无｜｜亦与之爲无町 灌畦漢陰一丈人爲圃畦抱甕而｜字
町畦 畦逢之入於无疵(莊人間世) 首曰有桃于此一日浸百畦其名
桔槹[續]蔬｜春｜治｜溉 觿角錐端可解結(詩)以象骨爲
詳殘 之木 鑿壁｜觿用之童子佩｜｜○(月令)豆觽｜中觿
子｜鐫日旁 鄰邑名 蠵大龜○烓烓 烓口迴切行竈也
鳥名 鐫氣

九佳 與皆同用

佳古膎切好也(杜)既雨晴亦｜(陶)秋菊有｜色○陳壽亮不作氣佳 皆至
｜傳詳傳 賈島欲用敲字推字韓愈曰敲字｜矣詳推
古陽曰｜｜哉對く愁 境佳 顧愷之啗蔗自尾至本漸入佳境 子弟欲佳 何預人事而
愁詩愁山｜日夕｜(陶) 日漸入佳｜詳蔗 正｜使其｜詳樹
諸少並佳王氏｜｜詳東床 品題佳 李白云一經｜｜｜士詳題 每言輒佳司馬徽與人語
題佳 ｜作｜ 有以人物問
者｜｜｜｜婦曰人質疑問君一言佳 豈王氏少者佳 謝安言｜｜見常
答曰之質乎婦曰如君言亦復佳(世說) 詳喧謂獻之也
[續]向｜｜衙｜四道通也(南史) 天街 [史天官] 畢昴間爲｜ 曾衢 陳湯斬郅支 中街 日
滑｜往 (蘇)御郎將填 ｜曾衢音懸｜｜
出(宋)武陵天龍街 奇元襄白元和時中丞兩止不過半 喝道(唐書)洛陽街 城門一一十二
經｜｜(西) 坊今乃至兩坊謂之一｜｜ 皆泥之畏其彈劾
典 戚 綵槐街｜｜十｜草莖街 走馬｜(選)看街樓閣有｜｜ 李景讓爲御史大夫內臣內戚
綵槐街二｜(韓) ｜｜｜
(李)[續]御｜花○鞵 戶佳切 俗作鞋 麻鞋 ｜｜見天宗主 桐帽｜｜林仁夫
｜九｜ 秋孝子(杜)桃木鞋 (谷)桐木作帽冰之青鞋
黃帽｜｜婦人衣來 水靸鞋 ｜｜｜ 奴｜其｜ 刺史 鄰仁凱性貪爲密州
麻鞋 木鞋 ｜ 百錢鞋 家奴告鞋笑郎
降公著史鞋新者令上樹採果俾 (北史)刺史 霜鞋 鞋鄭仁凱 食爲更部侍郎掌
史訴之仁凱曰刺史不是守鞋人(朝野僉載)鞋誤貪賦有選人以｜
(西)頭謂擇冠芒鞋 ｜｜｜ 百｜
｜｜｜ 憎問之曰當爲(蘇)李必某必宿內院且起有｜必鞋送帝所帝曰較
今之選非錢不行(金)戲驅李必鞋者諧也當爲諧事且諧矣(鄭侯家傳)
籍領軍將鞋下一領軍貪甚坐事｜｜其家麻 峭草鞋 賓雲門問卧龍｜作麼生
秦領軍鞋一屋餘財不可勝(顏氏家訓) 山｜｜峭草鞋是第一機龍曰｜｜
｜｜｜弓｜鳳｜綉 朕 膎脯也又通謂食｜士魚名 廣｜郎｜｜詳韭
許機[續]｜芒｜浦｜｜錢綉｜ 味爲｜詳俳 ｜｜○自愧无｜菜(邑)

[續]珍｜食○牌 薄佳切 牌 又榜也 鹿牌 明皇得溪水松牌 詳行 舸 牌米芾
无｜ 牒也 一一｜事詳鹿 水松牌 詳行 揭牌
｜｜曰米家 玉篆牌 王元宗花名有｜｜｜○ 掛日 書門閥牌 張鄧公士遜
書船詳船 暮入閑閑 共持門牌請官位公書一絕云八十 牌 晚春出遊抵
(左)其(詩)元 詔鎮昔曾三到鳳 他來 (閑山錄) 簿也 大筏 虞鏈 蚌狹而長者
也○娲古蛙切女媧古神聖女一云伏羲妹煉五色石補 媧 紛青色 蝸 ｜臨 生蛤
(左)娲 女始制笙簧○天人媧使灵｜鼓琴而舜遂
事並詳(礼) 騧 黃馬黑喙(詩)｜驪 蛙 烏蝸切 事 柴 士佳切(說)月令
韻｜｜下 騧 是騧○詳麻韻 見麻韻 收積｜薪○元
德秀乘｜車 丁謐与何晏鄧颺 附 門柴輿｜｜｜而道 ｜｜｜｜諂
曹爽時謂臺中三狗 畢｜下可當 (元)欲揚塵也飲芳柴 古硬不知如
家有香(韓)子蒼(詩)一谷柴 武行德長八尺有力負薪自給號｜｜｜晉祖
謂如芳柴火易過 見其所負薪令左右數人舁之不能舉後
至廬師○運水搬柴 應居士見石頭和尚偈云神通并
(傳)妙用｜｜｜｜及｜｜｜石頭然之(傳燈) [續]門｜掩｜ [人名] 高
孔門[姓氏] 平陽商晉高柴之後漢｜楊浦侯｜武商孫｜文晉宋爲平陽太守
弟子 字嗣昌唐人高祖妻以平陽公主拜大將軍 ｜ 夫佑
趙宋人尚太宗女曾國公主 柴 燒｜燎祭天○釵 楚佳 龍｜｜(唐)國獻
除左千牛衛將軍駙馬都尉 神(書)代柴｜｜切 釵｜角｜帝
賜獨孤妃後化 金釵｜｜十二行詳行○仲冬雜來燕(西)雜釵 又唐同昌公主
二龍去(陽)(陽編) 金釵 乾之爲飛燕作｜｜色(西)乳
燕釵 漢起招靈閣有神女留一｜｜ 帝以賜趙倢伃至昭帝時宮人謀
欲碎之明日視釵匣惟見白燕升天宮人因作玉｜｜(洞冥記) 荊
釵 孟光嫁七日鴻不答光跪曰夫子簡斥數婦妾亦偃蹇數夫矣今而見
釵不敢以罪請鴻曰吾欲裘褐之人可与俱隱深山者今衣綺縞傳粉墨豈
鴻所願 妻曰以觀夫子之志妾自有隱居之服乃爲椎 紫玉釵 蔚然若石
髻布衣｜｜｜布裙操作而前鴻喜曰此真梁鴻妻也(後) 金釵有此｜
｜｜(珠) 松｜｜鬢｜辮｜ 鞍鞴 ｜盛飾鬢 首步 虎紋金 差 參｜
(孫)[續]梳｜符｜｜ 鞴｜荊公一矢不試鹿家｜｜ 又擇
(陽山) 輦 連車 [續]新｜承｜ [人名] 吳王○崖 五佳切 亦
妾今輪｜｜○並詳麻韻 也 把詩｜ (夫) ○ 切
也使也 唐宣宗詔每役事 珠崖 南海郡名 崖岸 黃崖 白判官假五
作崖(谷)有句非險崖○ ｜出｜亦作朱｜ 磨崖 元結作 碑 公
又商顏也名顏音｜｜ ｜｜打白｜｜詳(宙)○右拍｜丹崖 馬又造宋
歲各日五伯青蚨兩家錢亦｜｜｜｜先生來 鑾不可見
｜有詳有○李泌辰誕嘗今家人急洒掃今夜｜｜
銘詩於石壁曰｜｜百 枯崖 生珠而 双崖｜｜洗 陰崖｜｜結 秋崖 爽氣
丈青壁万尋云云詳壁 枯 崖不｜(荀) 更青(韓) 荒密(西) 秋崖
高家臣鄧艾伐蜀攀木｜真 崖 命隨｜｜ [續]雲｜烟｜雪｜蒼｜
緣崖｜魚貫而進(晉) 見崖 受辛苦(邑) 石｜斷｜幽｜千｜ [人名]
(宋) (崖)

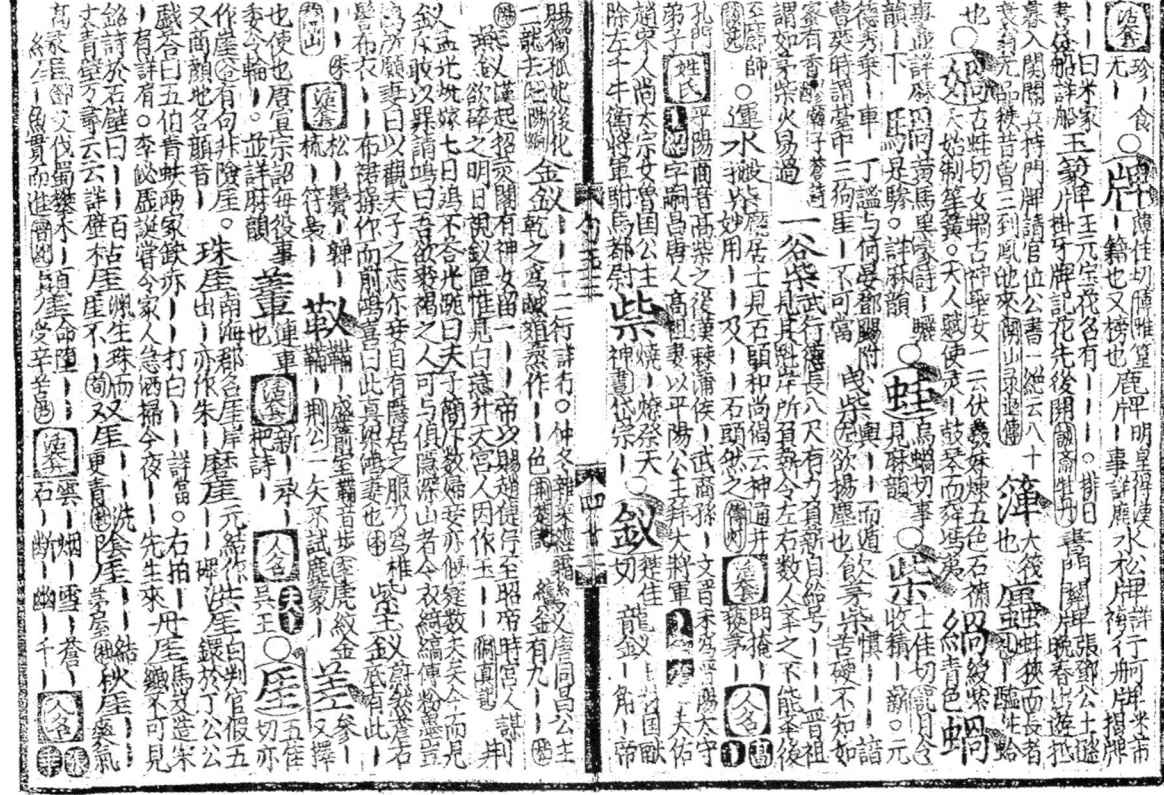

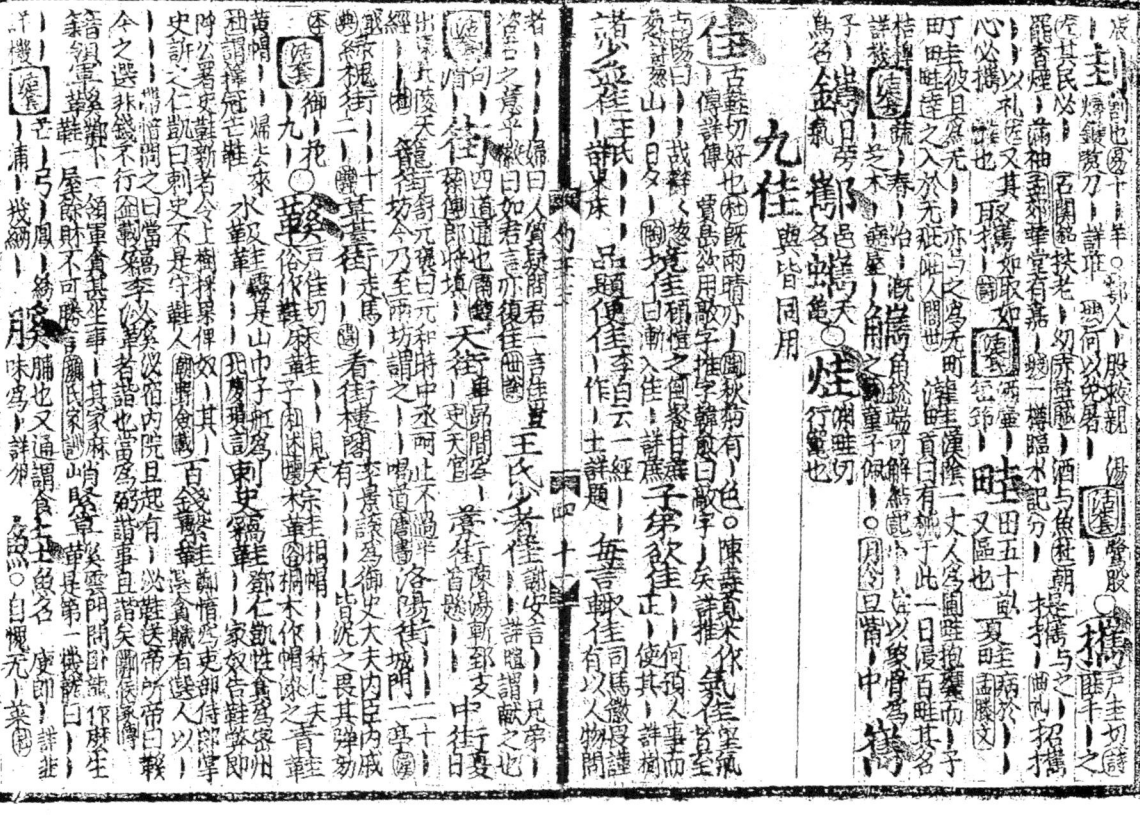

〇名詠▶▶濁膺　涯瀾醉是▶▶大水其垠涯
嵫宋人涯聖涯徑詠▶又詳𤀹勺▶津涯君▶書
▶詣能計▶曾子固 活套 際▶巔▶天▶海▶〇娃 玄佳切美女也吳有館▶宮▶吳▶
諧声謠▶語 ▶多▶則蘭▶絲竹▶〇 䆊 宮揚雄賦賓娥▶之珍髢 活套 宮▶
寫▶▶又吐也孟出而▶之 古諧切詩偕福孔▶和樂孔▶語 咭
鳥▶▶然 易 階 四海▶兄弟孟人▶日賢人▶可
寫堯舜 語天不可▶而升 師晃又▶ 沒▶泰階 列傳▶▶六符 左三
台也每台二星符者六星之符驗上階爲天子 東都賦不▶尺寸
中階爲諸侯公卿大夫下階爲士庶人詳台 雲階 僧孺遇薄后潘妃王妃
大羅天月地▶▶拜洞天共道人閶闔帳事不知今夕是何年后曰令夕誰
伴▶秀才戚綠潘亦綠曰東昏以玉兒故身死国除不擬負他乃令王昭君
夕隔 作僧孺周秦行記 〇月地▶▶漫 士階堯▶▶兩階干羽▶ 舜典 東階主人
一樽玉奴終不負東昏 詩 奴當作兒 三尺 肅客
主人就▶▶客▶ 賞階堯階▶▶玉樹欲使生▶▶而上
就西階 曲礼 ▶ 詳賞 蘭階子弟如芝▶ 於庭尒謝女事詳樹 麼階毛遂按劒
曰從之利害两 栗階凡公所辭皆▶▶ 公羊 ▶▶而走 躇
言而決詳劒 越也越等急趨君命 躇階趙盾▶▶ 躇丑略反超遽不暇以次也
勲階官爵▶▶ 殊階官擢▶ 南史 ▶ 婦有長舌維 ▶▶ 瑶▶玉▶
唐百官志 薦階誰生 ▶之 厲是乱階 ▶ 詩 活套 ▶三▶梯▶

綠上▶兩滴▶ 荄 草根前五行 志 孚䔬根▶ 活套 ▶ 湝 水流兒 偕 易乾 ▶行▶極 詩
▶樂翻▶ 以▶飲酒孔▶ 君子▶老 偕▶▶ 詩 ▶維其▶矣 風夜
洪強力也谷名与南斗▶歐 行當与子▶ 十偕 ▶詩 聖之業著 偕徵吏民明當世之務習先
▶▶ 漢武紀 ▶上最薄使郡国每歲遣詣京師所徵之人与俱來也 唐人三世修史 縣次續食令與
歲遣詣京師所徵之人与俱來也 人名 陳国人伯偕与弟仲偕兒相類仲妻
新妝畢見伯偕問曰妝好否答曰我伯偕也妻趍避須更又見以
爲仲偕告之曰向大誤認伯偕爲 答曰我因伯偕也 風俗通
喈 詩 比風其喈 䕙 雲欲落豆稭 江 喈 鍾 鄉 疾風
風其喈 雲欲落豆稭 詩 鼓▶▶ 北風其▶本作飃 通作
詩秦 名益 痎 疾瘧 楷 孔子家上木 孟郊 乙黑潜磨 諧 皆切 書 往哉汝
庶尹允▶ 礼 ▶ 諧 謔明▶ 冊公孫弘对策親翻 戸皆切 音 八音克▶ 人名
礼▶万邦 弱諧 詩 ▶ 價諧 西園諧▶ 詼諧東方朔好作諧 ▶諸鄭衆詩語 正
聲諧 ▶▶▶ 頻覆 金石諧 和 國 事不諧 弘事詳襟 矣来
志怪者 骸 脛 六骸 直寓 ▶▶ 莊德充符 耳不諧於里耳 莊 大声不諧
也 莊 ▶骸 骨▶▶手足首身也 筋骸 𣂪 藤上老木龍 乞 骨 ▶胃 帰
〇竹 夜寐 ▶▶▶ 中未忘骨 伊忘死 ▶▶ 斂骸蛇委 ▶▶ 外索形骸 我游於
杏 析骸而 ▶ 暴骸野 漢書 骨怪刘伶死便埋 豈 令子与

形骸之内言神存也 而子索我於 活套 百▶拾 排 歩皆切 孟 ▶推 張 浙 逐
形骸之外不亦過乎 莊 德充符 ▶ 排 楊傳 ▶富商大賈 變
曾傳 ▶闔 發神論 ▶金門 ▶雲叫閶闔 氏 排 ▶▶異多排▶▶軍器也▶
又安 貼力▶ 再言作詩〇 ▶▶ 難解紛 詳 紛解 端 ▶ 壹排旁也在旁▶敵
御敦善 活套 抑▶安▶ 揖▶排▶斥▶脣▶ 俳 戲也荆公筆墨 活套 優▶〇
乖 古懷切 字▶列岫▶山可▶闔莫▶ 雖巧終類▶ 諫▶
政乖其 詩序 ▶▶ 繹乖 美業廢則思子太乖 立也機関▶▶ 道▶
睽▶事多▶号令▶素 ▶ 矣 大国 ▶詳去声當 命▶
志▶龍何▶大義▶ 懷 戸乖切 書 ▶山包也惟惠之▶ 民罔常▶
▶徳▶士▶刑▶惠 少者▶之 詩 兄弟孔▶ 寘予于▶ 仲山甫求▶ 詔
寔迷邦 至 寛安鴆毒不可▶也〇陸績▶橘 詳橘 ▶ 無懷酬 歌賦詩以樂其
葛天氏之民 士懷風雲入 ▶ 志▶▶氏之民欤
欤 列明傳 ▶ 斗懷▶▶▶ 國 忘懷物我▶ 感懷示徳 左文十年 ▶非▶何以 燕投懷 張說母 夢玉
▶▶上蘭懷清風亦何意入 不父懷嬰兒駒犢母懷▶▶▶ 毋
生說 ▶我▶▶▶ 國 懷愛也父懷敬也 詳犢 醉卧客懷 城
爲諫議日夜飲酒客欲諫止輒扼知其 活套 ▶榛▶素▶醉▶詩▶散▶緩
意強飲客至醉先醉卧客懷中 詳飲 父母▶故鄉▶瑾▶自▶春蘭▶
飲放 何内角音無▶之後 淮 書 導▶自桐柏 詩 淮彼▶ 淮 浦 橘
▶ 陳氏 雍傳有尚書郎▶敘 志 ▶瀚 淮 睹▶ 爲枳 記 雀入▶爲蜃 孟 排▶

澮〇晉秦淮秦望氣者云五百年後金陵有天子氣因鑿 平淮 召公▶▶ 夷
捷▶淝秦淮 鍾阜爲瀆令水貫城中▶▶ 詩 江漢 〇 唐
雲夜▶▶酒▶淮有▶如 地理 郡名 槐 木 ▶▶ 夷 祭獸 月令 詳
西詳 零 ▶ 淮▶ 因 豺 士皆切 ▶ 獸 記 ▶ 投界▶虎〇蜂目▶声
目 當道豺 狼▶▶ 張 羊目 豺 貌 ▶貨虎皮見草而▶ 傍同 儕 鄭 ▶吾儕
豺事詳輸 ▶ 戰詳皮 左僖九三
▶▶小人 活套 朋▶等▶〇 埋 謨皆切 選 ▶ 張綱▶輪詳輪 光鏈來 崖埋 夏趙元昊小名 ▶▶ 荒語惜爲
左宣十一 西▶常▶ 死便埋 刘伶一鍾自随曰 ▶ 飯甑埋 山東人以肉埋 土肉埋 巧匠斲 山骨不
▶富貴爲 長編 ▶▶▶ 我詳鍾 ▶ 下日飯▶
堪▶▶▶ 麴糵 埋 歲月 都将 ▶ 瘞埋 万象軒昂 ▶ 活套 ▶ 藏▶塵▶沉 霾 黑風
韓石昌 ▶▶▶ 稼軒 俱皆切 晁 洗心曰▶ 詩 ▶ 雪霾 ▶ 雨
士也 詩 終 活套 氛▶霧▶陰▶ 齋 有▶季女 記 立如▶ 蕭齋 梁武帝 造寺蕭
風且▶ ▶▶▶ 豹隱▶ 子雲飛帛大書一蕭字其中其後李約買帰東洛 高齋 居 宣 國府治〇杜甫
建一小室玩之号▶▶齋之名始于此 ▶ 陽雜編 ▶ 居 ▶ 三徙居皆名▶
▶ 陳 ▶ 酉齋 蔡子居名 ▶ 爲時所重 端坐 ▶ 蔬齋 晦 ▶ 湛▶齋 馬子才 ▶▶記 心齋
▶ 記 ▶ 自非富貴名流罕所交接 蔬齋▶▶ 識
顔子▶▶▶ 盤龍齋 刘毅初桓玄起齋 盤 其上号▶▶▶ 畫舫齋 欧公燕
坐忘 莊 毅小字盤龍起兵討玄至是居之 本傳 私之居

子部　第三冊

深匕室戶相過　治事齋　趙宋胡安定公與蘇湖弟子數千訓有經
故以㕛名詳㔟　義齋｜｜｜故胡學多秀士爲政多通世用　正九齋
唐紀武德二年詔自今正九月　周澤清齋　澤爲太常清齋遇疾妻憐其老闚
十齋日並斷屠不行刑　刑法志　內問之澤大怒以爲干齋禁送
諸獄謝曰居世不諧太常妻一歲三百六十　蘇晉長齋｜｜｜繡　詩畫　思齊
十日三百五十九日齋一日不齋醉如泥　佛前　杜詩　文王
所以聖也　人名　去非工於　緒　古皆切　大絲也　偕　徘｜行　揩　磨拭也
正大雅　詩　方里　選西京
懸｜　古鏡｜｜
契落　法套　望眼｜｜

十灰　與咍同用

灰　呼恢切　葭灰　候氣之法竹爲管｜莩爲｜爲室三重布緹縵木爲案內庳
灵臺用竹律六十　後天文　外高加律其上葭莩灰實律中後用玉律十二　惟二至乃候
○吹｜　六琯動飛｜　杜　寒灰　同上　女媧積｜｜止海水　淮南　○　月隨灰而暈三
晝灰　陶弘景幼年以荻　稽灰　寄店初嘗竹葉酒江雲欲落　前｜｜　撥月缺其一面月暈亦闕而缺
｜｜　李青　南史　國　○上天燒下豆｜｜　下　杜甫詩　槽灰｜飛
烟城　積灰　李勣病宜用｜｜　劫灰　漢武穿昆明池悉是灰以問方士言天地大
晚詔　帝剪鬚之　詳鬚　｜將盡則爲｜此｜｜之餘　○　五季文章
唾｜｜　奔竄當何　發｜　尺寒炉一夜｜　石屋掌正　○　寒　○　商君下令｜
亡之方｜終將｜　謝玄　撥灰　炉餘幾許灰　蔡襄　｜陰何　谷　詳何　○　寺灰｜於道被刑
孫雪　湫灰　道子飲酒如｜｜一年　心灰　寸｜　國　死灰　形固可使如槁木心固可
學　｜｜　竹簡灰｜｜吹　○　傷畫灰　借問錢若水以火｜　中　詳几　○　宋　須
四　詳溺　｜｜　爆冷　前漢　｜｜　云做不得　謝茹　槁木寒灰　韻　推下　支
法套　｜百念｜　隈　相疑　嗜吉海賦　菊谷而相｜　夜　蔡冠卿　觀察
㶆　豆豚　飛湍瀑流　｜爭｜｜　畫　寒　亦　驚作｜｜　不可　三日不出門推｜類
　　　碣叫　詳　詩　耻治　德詩　排隈　千騎相　巨象隈　聲　君｜隗　也
法套　詩　我馬｜隤　恢　苦回切　大也　匪　｜｜平道　有餘地　規恢｜｜方載之綱
灰天｜｜恢誕　疏　漢｜｜志士之氣　東都賦　選｜　詩　京
仁｜　少ヽ｜　法套　人名　朝　詩　漢武人與韓安國論　詼　謔　○　借
爲｜魁　後漢　爲首曰｜　記　楊子　不爲｜　戮　晉人黑頭三公　○　詞｜　詩
帝｜｜之美　漢　宋｜　後魁｜｜人　斗魁　首四星爲｜　柄爲　帝魁　伯不
前漢　王莽　神農名　豫也　韓文　浪魁　｜　國　頭｜紛科頭也　魁　魁方約而天文
通　花魁也梅　草魁｜　茶詩　杜牧　芋魁　飯我豆食羹　｜　黨魁　就黨宗徒能唱和以口語
　　｜｜　崔方進　里魁　里有｜｜　民有　斬　詩　事職　號　｜｜　怪魁　或怪　乎形

或怪乎辭吾爲怪魁是　酒魁　初无在｜｜　谷　大　河魁　李戴仁絕其妻曰　魚魁
以贊之　陸龜蒙怪松圖　斗也　衣斗魁柄｜｜　今夜｜｜直旁
｜執德以朝其｜　此未知何所　八八魁　八陣圖六十四魁　行倚魁　倚魁之
搽但有輸芒與海神之詭　詩芒　｜｜成行　詳　角　荀　倚
音韻物体　法套　撈　奪　悝　病也　人名　爲魏　衞人納蒯聵　李　隈　烏恢切
不具也　春　李　魏文　也力　前　食貨　水曲隈
也　亦雅隩｜厓內　曲隈　濡需豢家之｜　山隈　危樓交｜　牆隈　奔發精　漁爭隈　野老
爲隩厓外爲｜　莊　徐无鬼　｜｜　隅　｜｜　韻　｜｜
爭席｜｜｜　谷　注　淮　皇隈　采藥　選　瀼溪　溪隈　尚　｜｜　岩｜　岸｜　門
南子云｜者不｜｜　煨　孝經　｜　字　㯹　法套　揖　字粟　猥　立色絲　○　樞
叚　韓｜開　煨　淤　｜　燃之灰　坡　折腳鐺中　法套　燔　榾柮　｜　飾也
居灰　戶恢切或作廻轉也又邪也　詩　常武　厥德不｜　記　儒行　不爲利　語　何
回　敢望｜　○　韓　欲去未到先思｜　○　張公瑾論事有｜　天之力　本　徹攬｜
味人方貪　昭回　天　詩　于｜｜　天下｜　㒺　鑾回　紫詔　｜｜　紬　勸回　駕　丹山　文　谷上
求詳味　圖廻　掌上　前漢　劉公　杜　謂命婦
縵廻　廊腰　阿房　付　｜｜　日回　戈揮　李　星回　天動　隱運　論　颯回　光武　讚　九縣　｜｜　川回　百　李　海鯨東　注　｜｜
腸回　｜一日而九　馬遷傳　紫雲回　明皇遊月宮聞仙樂歸以玉　笛寫之名　｜｜　曲　外傳　狂瀾回　既倒　韓　｜｜於　廬
兩回　｜　省事夫公｜　工　紅粉回　杜牧　貴紫雲　坡詩　忽發狂言驚　西舫回　稽山無
兩回　｜　坡　元日立春　　滿座兩行｜｜　｜　詳　一時｜　詳雲　賀老空
棹｜｜　李萬回　李仲容善飲　號　錦文回　竇滔妻織　｜　○　萬回禪師　師姓張
李白詩　詳傳　｜｜　詳　｜｜　詳文　九歲乃
能語兄戍安西父母遣問訊朝往　法套　山｜　風｜　春｜　夏｜　好｜
夕反以万里而回号｜｜　傳灯　首重｜　綬く｜　生意｜　得意｜　人名
久反以万里而回号　法套　緩く　意
康｜　繡不周山　詳　杜｜　老人結草亢杜回　左　魏｜　嘗方　善　洄　泝｜也　逆
長短句　精卷　米公主罵之曰何无丈夫情　名　怡超之父
流而　泝回　｜　之　國　從　澶洄　江海經　｜｜　選　雜体詩　沿洄　下上　瀠　洄　孤渚鷗鳥
上　　○曲拂｜｜曲水亭　｜｜　國　｜｜　谷
法套　停｜　人名　韓｜　徊　徘｜不　法套　汪｜　盤｜　低｜　遲｜　月徘　槐　三槐　朝
面｜｜三公位焉　禮　○　王祜手植三槐於庭曰吾子孫｜｜　槐　柳　七
必有爲三公者已而果然　言行錄　○　波有｜｜堂銘　市槐　博士舍三十區
行諸生朔望會｜各持　路槐　爲市列槐數百
郡物經書貴賈詳市　｜側植｜行旅賴以庇蔭　雲槐　夏槐作　中
有火乃｜大　華槐　淳于棼飲槐下醉歸卧｜二使曰　安國奉邀指古槐入
｜　莊外物　穴中曰大槐安國王曰南柯郡不理屈卿爲守累日遣郡　也　爾　㮨槐　水
寤尋古槐下穴明朗可容一榻有二大蟻乃王也一穴直上南枝即南柯郡
也　異聞錄　又詳臺　○　廣陵王衣冠參看　衣衣倚槐立爲之　順曰廣陵死矣槐

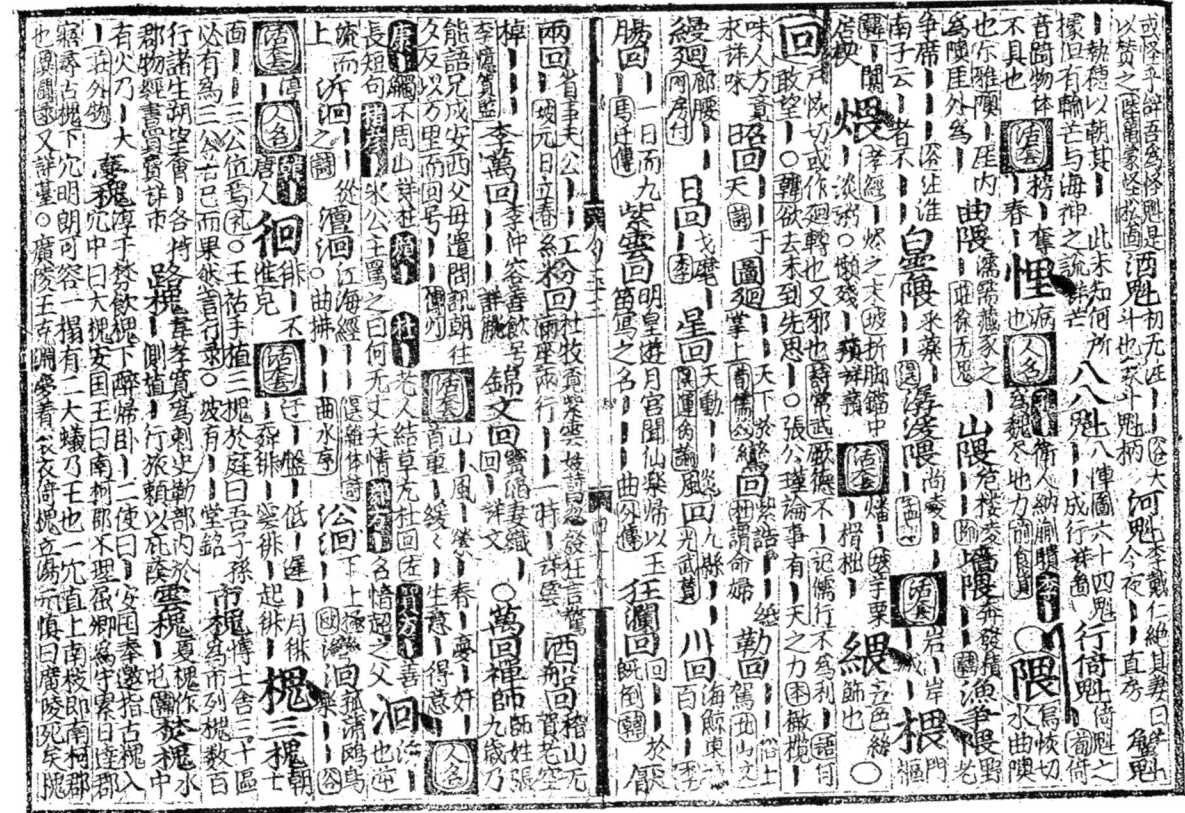

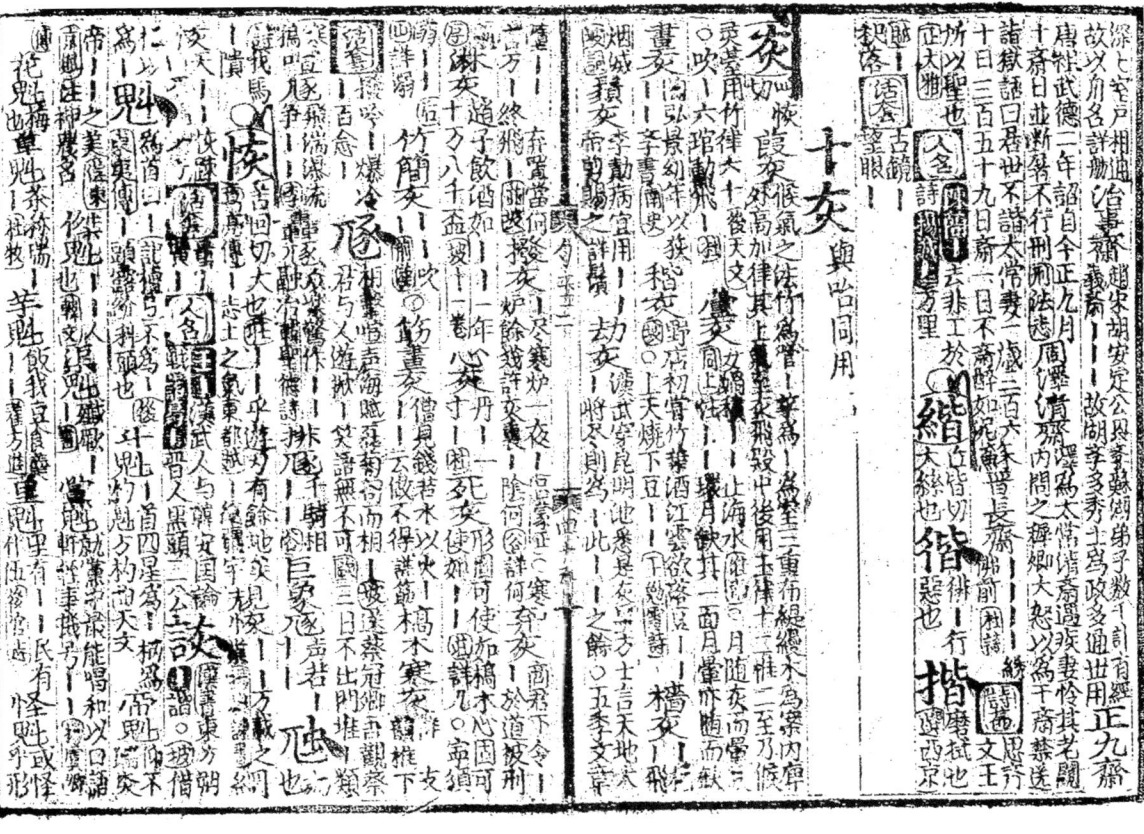

二八七

字木旁鬼 果 晋侯宗嬖諫公使鉏麑賊之晨往盛服將朝尚早
鉥(杜預註) 觸槐 坐而假寐麑歎曰賊民之主不忠云云▶▶而死(左傳) 火取
槐 冬取檀槐之火(周禮) 南省槐 唐尚書省南門有古槐每陰至廣夜深有絲竹 聽事槐
隋大將軍高熲負坐朝堂北槐下▶▶其樹 (活套) 古▶綠▶ 枚 謀杯切
不依行列有司請伐之上令勿剪以示後人 宮▶庭▶ (音)▶卜
功臣言一二卜之(山) 條枚 施于▶▶(詩)枚 篆枚 鐘帶曰▶紫閩曰▶ 衘枚大
(谷)樸杏供盤不数▶條枚曰▶銖曰▶ 枚鐘乳也(周禮考工記) 衘枚司
馬▶▶而進(礼)枚實▶▶(周)實纍固枚歎▶▶ 珠十枚 魏文侯徑寸▶
如著▶之以止語 枚枚也 曰枚宮殿影▶▶(谷) 照車前後十二
乘者▶ 桃七枚 王母以▶▶(左袤十七)枚馬 紙九萬枚 王
▶詳珠 ▶与武帝 數閭枚 鞭也以鞭敲門扇之版 右
佳寫會稽庫中有箋▶ 鄒(姓氏) 游說之士 鄒陽枚乘(相如傳)乘從
▶▶▶(詩註)枚即个也 (活套) 陵人武帝以安車蒲輪徵乘道病卒有
嗇子 莓 苔也又亦雅罰 脢 背肉一曰心上 梅 近成都有卧梅偃
皐 山▶実可食 日下易咸其脢 古梅 寔十餘丈(羽傳) 唐
物也又清江酒家大梅如数間屋平 墨梅 花兒長老工 九英梅 元稹為承旨
生所見梅奇怪唯此樹(後村詩話) ▶▶詳先 朝退至廊下
初日映▶▶▶際光射積百花望之 忘却梅 少陵忘却簡閑事更有為
曰豈勝(楊)又章映日可見(前朝録) ▶▶▶(曾茶山梅集) 視梅

梅▶容▶▶(謎) 參黄梅 赤松郡欲▶▶○ 大梅和尚 馬祖謂▶▶▶
木(玉篇)不密兒 ○ 弘忍蘄州黄梅人 梅子熟也(詳數)
(梅花) 范至能▶▶譜十一種 林逋詩詳香 陳舜俞詩花開雪尚襲 梅東
照日不惧消詩家謂不絨惰香疎影句 宋廣平▶▶賦詳閣 官梅閣
▶▶動詩興(杜)○梁何遜在楊州 紅梅 此花獨盛始蘇安元獻移植西岡圃
姑曾▶舍有▶一株吟詠其下 中貴游賂園吏得一枝分接都下始
有二本○蜀州▶▶郡侯建閣臨一日有婦人高髻大袖凭欄笑語開 緑
鑄不見人惟東壁有詩云人憑仗高樓莫吹笛大家留取倚闌干遺
梅 李白遊慈恩寺僧獻▶美▶(梅墨微言) 蕚▶好事者比之仙人萼綠華(梅譜)○ 蠟梅 山谷初見作二絶 庾嶺梅
蠟梅緣此盛於京師
英州司寇植梅三十株大▶▶自此 羅浮梅 趙師雄遷▶▶日暮於松林酒
▶夾道(詩)○南枝已落北枝方開 肆旁見一美婦人淡妝素服出
迎与語芳香襲人因与扣酒家共飲師雄醉寝起視上
大梅花樹下翠羽剌嘈月落参横惆悵而已(龍城録) 壽陽梅 宋武帝女▶公主臥含
章宮下▶花落額上白 驛使梅 折梅逢▶▶寄与隴頭人 江
後有梅花妝(雜五行書)為 南无所有聊贈一枝春(荊州記) 笑索梅 巡檐索共梅花
▶ 調羮 詩摽有▶其▶七兮 孫亮食梅
(書) 周礼饋食之籩実乾撩注梅也
就職吏取廨詩餳 蕭悅家人病取楊梅以和削(風俗) 范仕能
茂梅人致一斛舎頂吏而尽(語林) 北客未嘗目擊南
人答読口生津索和羮難許上帝供鹽亦可人(谷) 止渴梅 魏武事 和

溪梅 性作▶▶亦 紅勝於白紫勝於紅 (坡詩註) 楊州人喚為聖僧○
盐▶(書) 楊氏子九歲孔君平詣其父設 ▶▶果孔曰此実君
家果答曰未聞孔雀是孔子家禽 (活套) ▶雨肥▶▶ 標有▶ 男
○此語竟非是只食白▶(國) 剪▶南巡▶ 女及時也 (姓氏)
汝因羽音殷後有▶伯以国為氏漢將軍▶鋗六代孫嘉始居汝南
字子真壽春人補南昌尉王莽時棄妻子去傳以為仙後見於會稽變名姓
為吳市門卒 字聖俞宣城人以詩名天下歐陽 禖 月令注天子求
公曰世謂詩少達多窮非詩能窮人殆窮者而後工也 子祠於高▶○
又祭天南郊以先 罽也網 (李陵傳) ▶藥其 龍媒 ▶▶駿馬也(禮) 鴇
▶配以曰郊▶ 字木作酶麵餅也 育媒(樂志)又郊祀志
娸 蔡邕▶風和 ▶黨散坐 鴇媒舌令▶為▶芳鴇告余工 紅葉媒 方
娸▶▶(歐) 火媒 助留▶為(韓詩) 鴇媒以不好謠諑伎者 知
▶▶是良 石生媒 鳥公以偃生為才以▶▶為 二千 八字媒 趙德麟細君王
▶詳楽 以礼為罪之而致之(禮) 作一媒云晚雲
榮南嶠飛急去作西窗一秋德麟因此娶 (活套) 拂▶蜂▶白 鎒 大鎖詩
之余以為此▶▶▶也(王直方詩話) ▶仕進▶ 靈重▶
姆 (左) 賁田▶▶(坡言无)墨 燒 炭集 當天一搭如 廌 ▶▶鼠尾過年年
美田也 坐者炊▶▶ 月 (黄鶴米元章)墨池 靈媒
无泄研 (史記) 香▶龍 壓 也 醵 本 盛 莓 草 瑰 姑回切
也○万▶飛青▶ 松 ▶ ○ 亦作瓌

玫瑰 火齊珠亦色即南大瓊瑰石次玉○何以贈之▶▶玉佩詩
珵出火珠(前) 如傳(此) 珵○曾声伯夢沚而▶▶盈其懷(左) 琪瑰 頌▶▶
(活套) 奇▶▶ 偉也又礼 [靁] 回切本作靁 動 ▶物者莫疾乎▶
▶▶斧以銅鐵為之霹靂楔乃石亦似斧無孔擊物後人幽尋之可得(国史補)
▶州人取食如歲收 ▶▶ 車 (讖)
火▶▶ 詳 迅雷 ▶▶風烈(論) ○ ▶震失箸詳節 阿香車 詳車 謝仙
火 不及掩耳(猛) 狂雷 聤語(史) ▶▶失 怒雷 快似揮刀 破柱 作
▶▶▶ 瑞雷 苦石將二月雹群臣以為▶▶入(詳) 黔雷 左玄寘而右▶▶(大人賦)
寝(易) 賀王李礼曰冬月▶▶邪 黔雷 天上造化神名或曰水神 歡
雷 ▶声如▶▶ 怒雷 唐內臣鄭中丞有二琵琶号大小▶▶詳琵琶 六丁雷 鼻如雷 (灌嬰)之役冠 ▶▶ ▶▶ 腹
▶(裴度傳) ▶▶ 月
爍 ▶▶▶ 雷声如 (谷) 金鳴雷 (活套) 繞殿雷 僑道之子琵琶号 ▶▶▶游人▶▶▶ 一
爆雷 乾 ▶▶(谷) 詳釜 ▶▶(孔叢)(史補) 脚底雷 声▶▶(攻泉雨)
俗說高▶▶ 法雷 智炬宝城▶▶ 宗雷 白蓮社 ▶▶ 裏覓 ▶▶▶ 武 禹門
雷无雨○ 法雷 猶嚮詳炬 (谷) 蓮社中二人也 (姓氏) 雷 陳 ▶▶▶ 蜀將軍 同宜都大
毀其靁勸以義也 太守▶譚(三国) ▶▶車韓▶ (詩) ▶▶▶
大遂行室家勸以義 馮翊商音古方▶氏之後 (人物) 字仲公為郡功曹
▶陳雷 (詳) 字仲倫不受徴辟開館鷄籠山聚徒百餘人
▶為▶宗於鐘山謂之招隱館 (人物) 張巡將六矢著面不動詳矢 ▶▶

酒尊似壺容一斛作雲雷象施不窮也詩汜彼注茲可以濯丨洞酌 古罍盃盎中丨洗也選 雲罍白酒浮丨吻 山罍罍刻畫雲
之形記頭堂似 金罍我姑酌彼丨卷耳 恥罍瓶之罄矣維罍之恥詩瓶小丨大瓶常罍受於罍也 祈船罍決嗇解官嘆曰兒女滿眼
婦尤貧郭丨丨瓶丨何益於吾哉劉子謝遊 傾空罍自嘆才盡丨丨坡 江作罍笑倚武昌丨丨谷 隤徒回切下墜也漢書
丨其家声文中子 振綱倫崑崙丨 通作頹又暴風曰頹詩維風及頹 推頹年光日丨丨際夫心事日頹 蒼顏丙丨丨蘭坡 顛頹
丨丨仙 泰山頹丨平記 丨其 玉山頹稽叔夜其醉也若丨之將詳山 日西頹欲挽白丨之曾子問 風範小
頹王上逸少言及庾亮南樓与佐吏談詠事王丞相曰元規此時丨丨不得不丨丨 追馬病詩我 催倉回切 雨催
應是丨丨詩樹 租吏催滿邠老作詩催丨至遂敗意詳楓 急攄催飲少先愁谷 羯鼓催明皇丨丨花桃杏俱發詳杏
認丨玉漏丨白駒丨歲月丨老病丨時 繁弦催傳盃登高能賦為吾僧不用 黃放白催崔宇文粹中進對云放欠負事朝廷丨紙丨紙丨後編 活套
運丨費詩丨逸興丨布穀丨杜宇丨 縗詳支韻字下 崔姓氏 太公孫讓國博陵角音齊
居丨邑因氏其後居清河居博陵盃為著姓 崔寔 後漢人字子真為五原太守母刘氏有叔德博覧經傳寬臨民政善母有助焉 崔駰 聲欸如洪鍾響

留中府千卷書那得不畏服詳談 崔琰為侍中弟仲文為丞相同日拜受時云
二鳳連飛 崔浩 字伯深博覧經史拜博士祭酒与明元論事賜御縹醪酒水
精鹽曰朕味斯言若此鹽酒 崔從 字季則為左中郎將權椊豪強語曰莫觸
鮒付丨楷 崔樞 唐人与二弟俱列祭戟号三戟丨家詳戟名獲金甌事詳甌
作陋室銘 崔仁師 按覆青州謀逆諸因曰崔公仁恕必无枉者 崔沔 字善冲儉約自持
崔沔 字發瀾父子同為侍郎宣曰吾一門歷官未嘗不第一 崔邠
崔斯立 字貽孫除吏戕八百負莫不詣允 崔咸 过太常始視事親道母輿詳輿
韓愈云明白純粹輝光日新惟吾丨君 崔氏 鄭侍果母丨賢明善果出听
事母坐障後察之故得号清吏詳母○楊珍娶丨李 堆 都回切 離堆蜀守李冰
識女詳書○王昕母丨李識生九子皆風流醞藉 書堆不因朝鼓起來 灰堆
鑿丨丨以息 水患前漢 培堆濕銀注寒晶蓋以青丨丨○ 一丨○ 書堆秩乱丨丨谷
迺至能村田樂府云除夜將曉婢僕持杖擊糞壤曰打丨丨○張伯在江南
將命入貢還詣京師風物有一丨一丨之句以悅其主後与蘇易簡不協蘇云
若更多有即將丨丨之句 鸚鵡堆君不見丨丨丨丨坡二虫詩
進呈矣幽棲稽金城遺事 灧澦堆在夔州 鳥堆 君不見丨丨○明皇御玉笛將其声翻
為曲 張祜詩云至今風俗 白龍堆 踰丨丨丨而冠西域蕃國西奴傳注
驪山下村笛猶吹阿濫堆 白龍堆如土龍身无頭有尾高大者二三丈
卑者丈餘 紫金堆 雲霞和烟搗碎結丨 黃金堆 青空鑿出丨丨坡 烏雲堆 病起丨正收
在西域中 紫金堆就丨丨丨次崇詞 黃金堆丨丨坡 烏雲堆 丨丨

紅葉堆丨丨窗前 金錢堆有栈丨團 錦綉堆唐謝廷皓作賦号丨丨 錦被堆 名丨丨宋祁帥蜀有獻牡丹 為之賦 金碧堆
步入寒溪丨丨谷 火齊堆 微之新詩動我目爛丨丨金盤丨荊公 錦被堆 爛熳堆丨丨 言山也詳鐵 霽堆 入倉淮半
切 鍾作堆庐山丨丨破 古套 白雲丨錦千丨浪 追 治玉也亦作追 頹 母丨 冠 裴 薄回
琅丨琊 裴姓氏 河東裴音伯益之後秦非子支孫封裴鄉侯因氏六代孫陵封解邑 作丨凸丨凹丨處丨霽也 丨徵与弟楷東綽兄孫韻子瓚綽子瑕
君乃遷邑从衣 入丨 丨秀 晉人字季彥八歲能文語曰後進領
号八丨丨裴瓚 二子號東西眷詳眷 丨頠 字逸民博学周弼曰頠若武庫五兵縱橫一時之
袖有丨秀後為司空 裴楷 字叔則以清通為吏部郎如近玉山映照人也 丨 宇戎昭征討
傑也 裴休 字清和為河北郡守清慎奉公為天下最号獨
每乗黃驄馬陷陣詳驄 裴寂 高祖立 裴度 宇中立討蔡請身督戰
立使君芸立 裴光廷 字連城初吏部銓品枉撓光廷乃循資格任閣職之裁
定語曰嚳之口光廷手詳手 裴行儉 爲司戶須吏斷積案數百皋毒賛于
包首汗家詵以女妻之詳鹿 丨 裴洎 字洪中李吉甫為相掲崖畧皆為二十餘人天下稱之 治器局峻整
手 裴潾 丨字 中立討淮西 丨 歷四朝 度退然寰若中人而神
淡伯貴不敢干以私 丨 中晉戎首丨之左馬用亡郵以丨都 活套
觀邁爽威望德業比郭汾陽 治第東都集賢里號綠野堂与居
易禹錫為文章把酒窮晝夜 培 注益也亦作培義同韓 蒖讓丨讓丨 丨隴丨丨都
相歡不問人間事又見堂

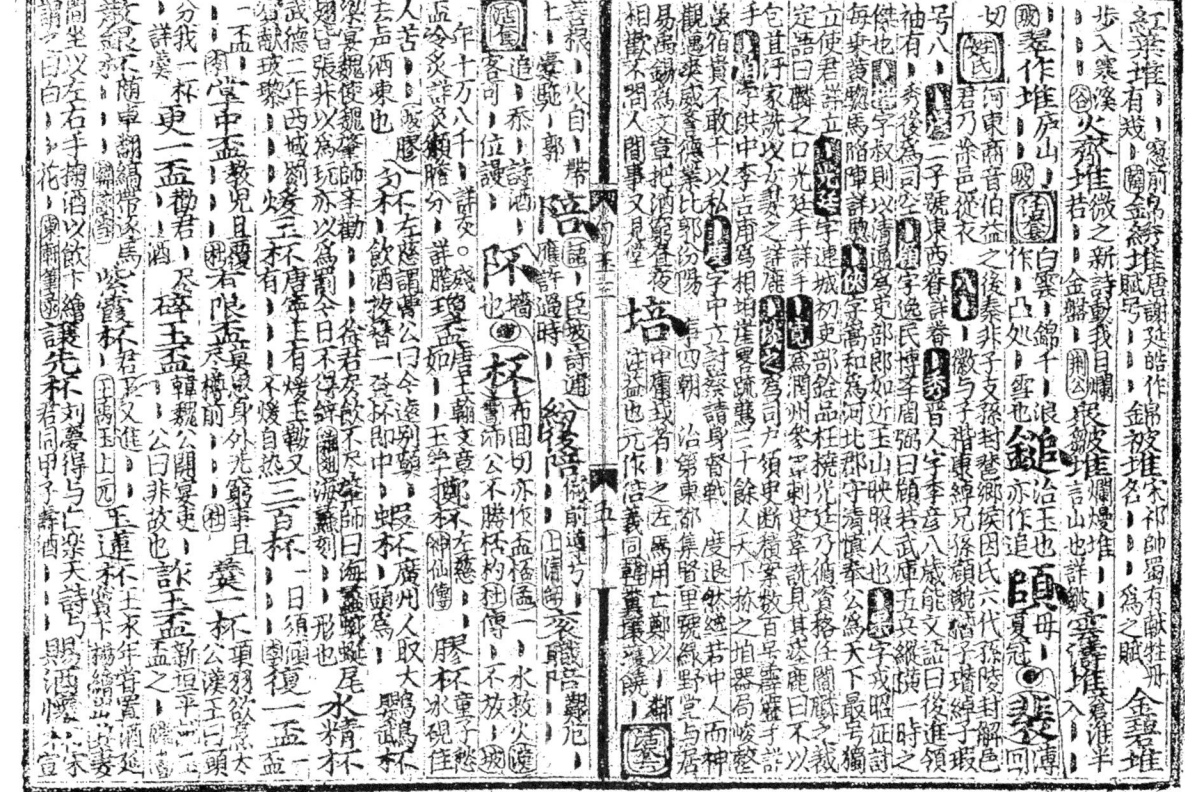

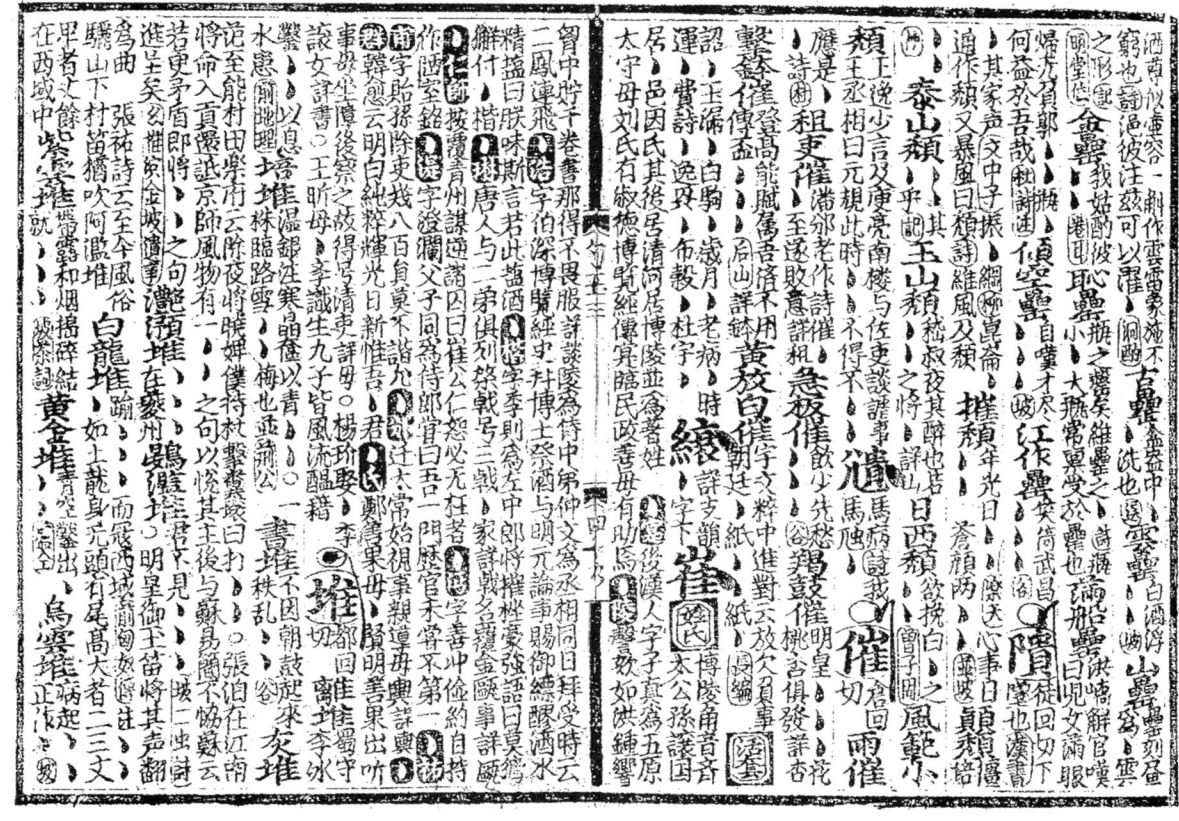

苦根丨火白丨帶丨 陪 語丨臣陪詩 遁 丨經丨陪前遵玄有上清曰 衰鸞陪 麟厄丨
匕丨憂駈丨郭 丨應許過時丨 丨
追丨忝丨詩酒丨 陪 丨也 杯 布回切亦作盃格盃 一丨水救火 漢
活套 客司丨位護丨 丨漢 杯 費 沛公不勝桮杓杜 傳丨不放丨坡
盃吟炙詳炙 顏膽分丨詳膽 瓊盃 如唐王翰文章 擲杯 不在葱 神仙傳 膠杯 童子愁
一作十万八千丨詩爻○ 盞 殘 丨曾公曰令遼別藥丨丨 蝦杯 廣州人取大 鸚鵡杯 冰硯佳
人苦丨丨丨 坡 膠 分杯 不在葱謂曹公曰今遠別藥丨 玉斗擲杯 丨頭為
去声酒柬也 分杯 丨丨飲酒 拔替一 登杯即中丨丨 形也
梁宴魏使魏肇師来勸丨丨丨丨 徐君房飲不盡 肇師曰海 蝦杯 蟹尾 水精杯
翅皆張非以為玩亦以為罰今日不得辭 梁紀 源 蟲刻丨丨
武德二年西域獻 丨燈 王杯 唐高王有 燈玉盃 不燈自熱 三百杯 一日須 李 復一盃 一盃
宮獻玻瓈 丨丨丨丨 有丨 丨丨丨丨 丨丨 丨丨
一盃丨 盃 堂中盃 教兒且覆 丨 右 限盃 莫惜身外无窮事且 盡一杯 項羽欲烹太公漢王曰頭
分我一杯 杜 更一盃 勸君 更盡 碎玉盃 韓魏公開宴吏 丨公曰非故也 詠玉盃 新垣平 上 玉盃之 丨 唐書
丨詳爻 丨丨丨丨 丨酒 丨 紫霞杯 君 丨 又進 丨丨丨 玉朝玉 上元 玉蓮杯 王衣 年皆置酒延
歲錄 丨不隨卓 翻縞帶 丨 烏 綠鏡 丨 丨 丨 紫霞杯 君 丨 寓 玉 斗 玉 蓮杯 丨 舞 鄰 劉 丨 三 妻
閩坐以左右手掬酒以飲下 繪 讓先杯 刘夢得与白樂天詩与 鄭子 賜酒 丨 懷 宜
語 白 丨 花 丨 東 丨 拜 書 君同甲子壽酒

和中士女觀灯者丨丨一人有夫婦並遊宮傳声急忘夫不獲進其婦蒙
賜飲輒丨其丨謝詞一闋婦恐被児夫怪願賜金盃作證明上賜之羽化
銀杯 柳公權貯銀盃一笥緘識如丨丨矣○渡河木杯 杯渡和尚不知其名姓常乘木杯渡河因名焉不修
細行飲酒食肉与俗人不殊（高僧傳）[活套]鳳丨荷丨菊丨衛丨离丨流霞丨琥珀丨緑瓷丨蛇尾丨詳尾 栝 素也 丨捲（盃）醅
鋪杯切 玉醅 且折霜螯浸丨丨（歐公全書）金醅 玉蘭酒熟丨丨溢（文鑑）緑醅 万頃蒲萄丨丨張（蠟）春醅 朱顏發過丨丨如（蠟）蒲
萄醅 遥看漢水鴨頭緑恰似丨丨初醱（李）[活套]白丨新丨醱丨舊丨凍丨 胚 胎孕婦一月也 坏 瓦未燒者（記月令）
丨墻垣（後）衃 血凝也 嵬 五回切 高不平也 崔嵬 陟彼丨丨（詩）酒澆不下胸丨丨（國）紫髯若
丨治羣生
戢冠丨丨（坡）巑嵬 群山丨丨造天（南征賦）馬嵬 丨丨驛貴妃死処 [活套]嵬丨層丨浪丨崔丨壘崔丨[人名]○戒 高僧
○或作巍嵬 行嚴潔
桅 船上高丨帆竿[活套]檣丨丨 推 他回切 詩則不可丨（韓信傳）丨食食我推丨閑門丨出月荊公鞍有故人丨（公僧）借六
丁嵐 雨丨 三推 躬耕帝籍天子丨丨三公五推諸侯九推（記月令） 敲推 賈島得僧敲月下門句始欲作推字馬上引手作丨丨勢時韓愈為
京兆尹不覺衝至第三節左右擁至尹前島具言○鄧
道云云愈曰敲字佳矣遂与為布衣交（唐詩話） 輓推 或丨之或丨之（左）侯丨不來謝令丨不去
詳求 玉山推 丨丨自倒非人丨（李） 綉戶推 門外誰來推丨丨（坡詞）[活套]月輪丨阿香丨曉桅丨 焞 丨丨盛也（詩）嘽嘽
丨 蓷 萑也（詩）中谷有丨凶年饑饉室家相弃 閑 閑周也 開 古哀切 平○（記）有丨必先（唐書）丨太○公孫弘丨東閣 秦丨阡
陌 丨口 天開 地闢（奇中四頌） 壽域開 八荒開（劉） 玉匙開 重玄鎖閑鑰要（谷） 三不開 亂馬
一笑詳笑 孫臨事不決号丨丨丨（五代史） 不開口 好懷開 丨丨（后山）百歲幾丨 笑口開 塵世難逢開口
論議不開印行事不開門延士大夫
丨詳頂 剗開 能開丨丨花（樂府） 又羯鼓催花開詳古 [活套]眉丨顔丨雲丨九門丨珠箔丨虎關
笑 竹洞丨鏡匣丨心眼丨清宴丨撥
丁丨鳥鳴 [人名]○ 哀 烏開切 詩亦孔之丨（什月）維以告丨（四月）丨丨此
丨言路丨 哀 鄒寡（幽厲）丨三良黄鳥（漢書）公私之積可丨丨○
丨王孫 七哀 甘從千日醉未許丨丨詩（杜）○曹子建等丨丨詩謂痛而哀義
詳食 而哀感而哀怨而哀耳目聞見而哀口歎而哀鼻酸而哀○曹
子建謂漢末征役別離婦人哀嘆仲宣哀漢室之乱孟
陽前哀人事之変遷後哀王室之漸乱其題皆曰丨丨 八哀 杜丨丨詩哀李邕等八人 倭
哀 丨丨以為郎潘安仁西征付王莽篡君臣 助哀 居喪庭前二慈烏
到南郊撫心大哭諸生哭甚悲哀皆除為郎 毎晡時舒翼悲鳴以丨
丨（史記）又寒山曰東家人死西家丨丨（傳燈） 雍門哀 從知栾鵠弃莫作丨丨 後人哀 秦人不暇自
哀而丨丨（審定王臺）詳悲

（後漢）承掾 哀 馬援守隴西但大体諸曹白事輙曰此丨丨之任頗丨老子使得遨遊 [活套]延露丨鵾鷄丨笛声丨青
声丨 水丨 [人名]牛哀○病七日化為虎詳虎 羊角哀 与左伯桃為死友 埃 黄埃 飲竭東海丨丨生（谷） 芳埃 没脚丨（孟）
浮埃 万事於人身九州丨（賈誼） 煙埃 丨燻蒸苦丨（國僧） 灰埃 經籍丨丨（唐儒林） 氛埃 夜靜丨丨 祲埃 江
起舜丨（谷）[活套]飛丨纖丨浮丨 焌 熱甚又爇也 臺 徒哀切
生丨炎丨筆生丨 玉臺 （禮）上帝所
居○六朝詩 金臺 燕昭王置千金於丨上以延士（百） 靈臺 持心也 丨丨者有 瑤臺 許遜暴卒二日醒
有丨丨体 露臺 文帝欲作丨丨匠計之直百金曰
露氣清 春臺 熙熙如登丨丨（老） 涼臺 梁度午橋別墅具燠館丨丨激波其下詳堂
詳声 百金中人十家之産何以丨為（本）
雲臺 漢顯宗畫二十八将於丨丨（本） 陽臺 巫山神女朝朝暮暮丨丨之下詳雨 楚臺 遊於蘭
丨之宮 章臺 詳柳 丨柳 輪臺 漢武下丨丨詔（漢）安國名 鹿臺 紂（商）觀臺 曰南至公既視朔遂登丨丨以望而書（左）
詳風
（傳五）望雲氣也 蘭臺 漢宮儀御史臺内掌丨丨秘書外督諸州刺史故歷代以
御史臺為丨丨○漢宮有麒麟天禄二閣藏秘書唐改秘書為
麟臺○秘書監亦曰芸臺 麟臺 見上 芸臺 見上 鸞臺 唐門下省曰丨丨（百官志） 中臺 唐改尚書省為
芸臺者芸香辟止魚蠹
（唐官志）亦曰文昌臺 烏臺 即御史臺曰左右肅政臺 容臺 書云商礼楽官知礼容故礼部太常稱丨丨（史記） 曲臺
王彦威為丨丨新礼三十卷故太常稱丨丨 鑾臺 宋會要丨丨司掌受天下奏状 琴臺 成都有司馬相如丨丨（九域志） 吹臺 杜甫李
白過汴州酒酣登丨丨慷慨懷古人莫測也（孔帖）梁王歌臺 釣臺 嚴光丨丨処 歌臺 秦燈響 内臺 婢爲盤詳盤
削氷令圓擎以向日以艾承其影 輿臺 早臣丨一云僕臣（左）○ 泉臺 一閉
得火故号艾草爲丨丨（博物志） 熒臺 天教桃李作丨丨（坡詩）
夜乃言不知春（國） 芥臺 松心青嫩丨丨 孫臺 交心生白丨丨 肥泥瓦御雜詞 糟丘臺 曰丨丨詳醉
臺也一曰夜臺
栢梁臺 漢武作丨丨 承露臺 銅雀臺 魏武宮人置丨丨上 鳳凰臺 鳳凰遊丨（李） 戲馬臺 宋武帝在彭城九日出項
羽丨丨（書）即徐州 呼鷹臺 劉表好鷹嘗登此臺歌野鷹來曲詳鷹 九層臺 晉荀息曰臣能累十二棊
哉公曰不危公造丨丨三年不成男 姑蘇臺 吳王夫差破越進西施
不耕女不織亦甚危矣公遂止（說苑）
高三百丈遊宴其上子胥曰臣 懷清臺 巴寡婦得丹穴擅利用財自衛人不
恐不久為麋鹿之遊王不聽 敢犯始皇以為貞婦而客之為築女
丨丨（六帖） 王鏡臺 温嶠從姑劉氏女姿慧姑屬公覓智宅曰報云得婿矣婿身名
並不減嶠因下丨丨一枚姑大喜既資交礼乃嶠也女以

手拋紗彀撫掌大笑曰　望思臺　武帝憐戾太子無辜築——　單于臺　武帝登——戰天子自將待邊——曰能
我固疑是老奴(世說)　避風臺　趙飛燕身輕不勝風
迎風臺　製七寶——詳輕　得月臺　——(寶嚴倫)　望鄉臺　——日落(因)　凌雲臺　宋
陳希亮知鳳翔府吏呼東坡為蘇賢良陳怒曰府判官何賢良也杖其吏至
公命作——記不易一字公曰吾不假以辭色以其年少暴得大名懼夫滿
而不勝也哉　王臺　僧子勞壽古槐下穴積土成蜂——所處必造一——
(聞見後錄)蚯為小臺二大—處之詳蟻　蜂王臺　大如栗謂之王臺詳
蜂
無地起樓臺　(寇準)富貴四十年无田宅園邸魏野詩有官居鼎鼐——————○鏡非臺　五祖求法嗣令寺僧各述偈上
座神秀曰身是菩提樹心如明鏡臺時時勤拂拭不假有塵埃時大祖慧能
在碓坊杵臼之間夜書於秀偈旁曰菩提本非樹明——亦——本來无一物
何假拂塵埃五祖深嘆　翻經臺　謝靈運見遠公肅然心服乃——寺　般若臺　(遠)
心契法嗣遂定(傳燈錄)　翻經臺　觀翻涅槃經作——————(廬山記)
(證)　五臺山　清涼山者即雁門郡——————歲積堅冰夏仍飛雪五峰聳出
頂有五臺(華嚴經疏)————即五方如來之座(文殊傳)(詩話)
南山有——樂得賢也(小雅南山)——民始　(姓氏)　平臺　商音与邰姓通古稷封於邰
附也文王(詩大雅)新——剝備宣公也　春秋有——駘即邰國之名　漢侍
中——崇　(宗)字孝威後漢高士隱武安山鑿穴為居采藥自業州辟不就
(人考)晉人字國鎮崇之後善京氏易占識天文望氣占候隱居洛之南

陰—(潘岳賦)明春秋時人　鮐　魚名又河豚魚名(說文)—又老人—　苔　在地曰苔衣在
氣衰背若—魚(詩)台背義同　墻曰屋[illegible]
水—名石髮(爾雅)莓—曰澤葵[illegible]　紫苔　歸休[illegible]——(杜)苑苔　節角石鼓[illegible]　上階苔
綠蘚新筍破紅愛落花妝(張太和)
苔痕——　沒堦苔　宋王微後爭不受足不蹈閫十餘年　爲紙苔　晉賜張華側理紙王子年
綠[illegible]—　[illegible]　瓊堵之室苔草——(南史本)
人語訛爲側理(晉書)　稱苔——(谷)　瓊臺　晉元帝時外國貢——又
云陟屋也水苔—之[illegible]金鋪—　雲臺　名夜明苔光照一室(拾遺記)
(蕾)莓—石—蒼—古—　駘　駑—鈍馬又馬銜脫也(莊)是敗馬—其銜○
—發—印—侵竹—　又臺—地名(記)敗于臺——上音胡○又不著王
—從之遊者与[illegible]　台　—亥—[illegible]　儓　[illegible]嬯同又[illegible]名
仲尼相皆[illegible]　薹　夫須即莎草(詩)南山有
切東都賦仁　萬[illegible]老矣——　徒　(續)淹—稗—造　晐　日光　垓　八極地
聖之事既—萬卷詩兼—(荊公)　花—委瑣——　晐兼覆　也風俗　該　古哀
通十兆曰京—九垓(國語)　八垓　(空)詩傳—田垓　井邑富中垓億生光之
十宗曰——　九垓之田(國語)　—(荊公)——(陔)季垓生京生
—鄰生—　遠垓　遠來也[illegible]　陔　階次一九陔作漫遊於——之上詩
(風俗通)　紘　爲物—　曰隴也九陔龜○[illegible]通九關[illegible]
小注[illegible]隴猶陔也　三陔　泰一壇——　南—孝子相戒——周禮笙師教
擢九天之上　(郊祀志)注重也　(詩補亡)以養也注隴也—樂通作陔

荄　草木根也通作核(前五行志)荄孕備根—(谷)枯—雲—陳　孩　非常—　賅　[illegible]　才　[illegible]
不[illegible]諸葛亮天下—(傳)○蘇軾在翰林學士鎖宿禁中宣仁曰
能念其—奇才　先帝每誦卿文章必曰——奇才但未及進用介軾不覺哭
失聲宣仁与哲宗俱泣下已而命
坐賜茶徹御前金蓮燭送歸院　茂才　等(漢光紀)　記——畏　筆才　太叔廣長口才摯虞長——叔座廣
談虞不能對虞退筆
難廣廣不能答(世說)　口才　—(家語)　孝我有—　四才　(官選)擇人以——(唐選)　言身書判也　韡才　唐太宗以來廊廟之
士興言龍[illegible]有如虞[illegible]　善才　辭麗常數——伏(?)　不才　——明主弃(孟浩)仙
辭能者目爲——(郭言)　(元行)曹——能琵琶　後因此句竟不獲用
宋景文評唐人詩云
才太白——長吉鬼才　王佐才　杜如晦　李公輔才　客(詳)　八斗才　子建——水
董仲舒
鯨才　謂葛洪戒(?)(?)曰御性嗜酒當節之有——　百里才　龐統為耒陽令在
之—所見皆妙觸如膏火可不慎持(別傳)　縣不治魯肅曰士
元非——治中別駕始展其驥足○蔣琬爲廣新長衆事
不治常醉葛亮曰公琰社稷之器非——之才先主乃重之　十倍才　蜀主謂
才——曹丕　擊搏才　李延爲侍御史韋處厚曰　小有才　其爲人也小有才　纔德
不(蜀志)　—謂之　清廟之器非——也　(孟)　纔才
勝才　君子(論公論)　秀才　酒也即——　東海王越以劉輿爲長史時
生事詳生越府　三才　稱—— 　潘滔大才劉輿

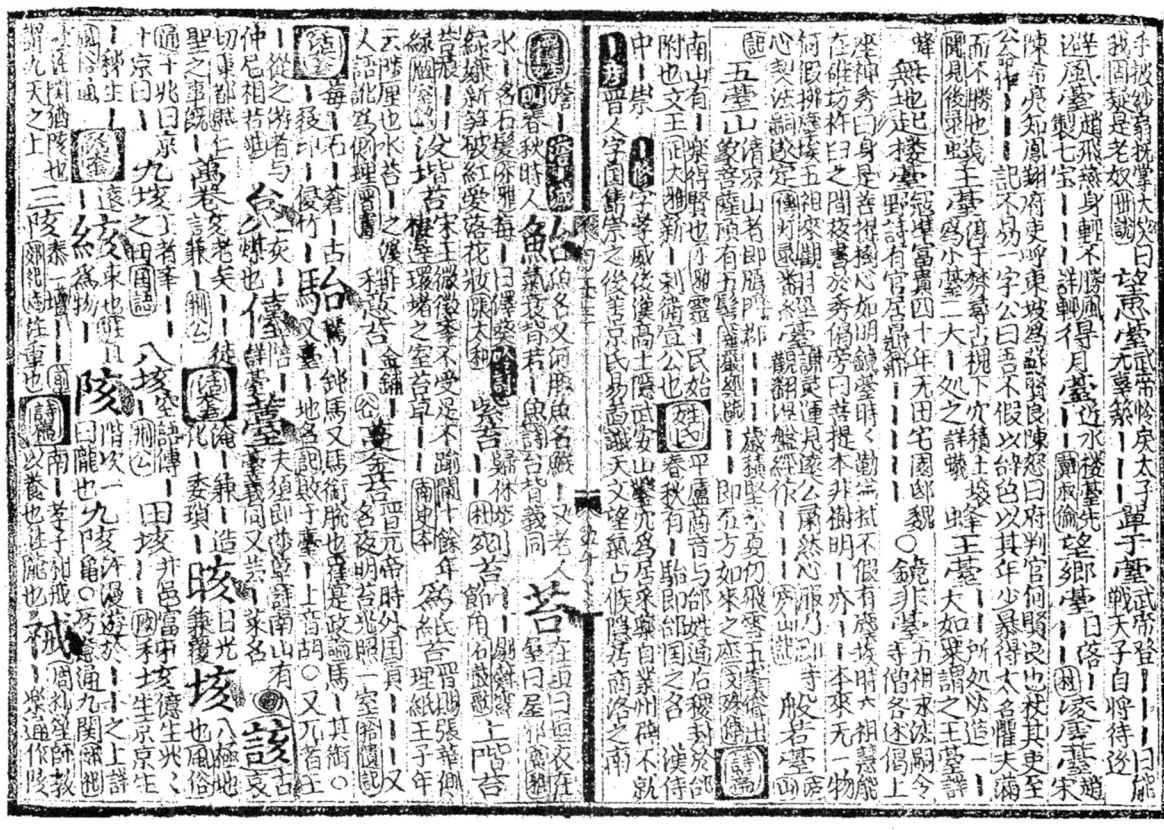

長才　裴
避情才　(諸葛)　叔——三——天—設—全—需—選—棋——　林　(語)无所取—(中庸)因
字義或同　—媚吾—命世—濟川—育英—　其—而篤之○与才
不可双押　五材　天生——民　八材　天官太宰飭化——　(禮)　楚材　晉—有—晉
並用之(左)　珠象玉石木金革羽也　楚材實用之(左)
中材　紂——尚參求　散材　吾有大木人謂之—擇論材　司馬——官——而
(王嘉論)　近石曰——也(莊)　告於王(記王制)　量材
總官　吏材　(漢書循吏傳)——有餘　酒材　致(肉)樽俎之類　機材　文与可畫竹至展
(前漢)　已達門生　栽材之投縑曰吾將以爲襪也
古今注云——　枕材　——館(翰苑)　龍材　公孫弘——　六材　為弓取——(禮冬官)　詩材
嘗卒于子矣　(苑)——館詳館　幹角筋膠絲漆也
平居作詩豫收拾　奴材　郭汾陽曰其諸　斗筲材　(谷永傳)——之　尺寸材　——無
以備用(唐十西語錄)　子皆——也
所弃矣　樗不材　——以——得終其天年主人之雁以不材死先生
(莊)　將何處焉莊子曰周將處夫材与不材之間乎(莊)　(漢)　育—
梁—棟—杼—　財　(易)象傳—有大道(詩)有——不能用　理——　正辭(記)生　阜財　南風之薰兮可以—　贈
(楚辭)　財
扎君子贈人以言小重則　(漢)　民之——(樂)詳論　柱石
貝人—人以—詳言
以—　陶朱公中男殺人囚於楚朱公令少子往視長男
曰家有長子曰家督而遣少弟是吾不肖也不得
已遣長子竟持其弟喪歸朱公曰吾固知必殺其弟也是長与我
爲生難故—弃—少子生而見我富故輕弃財所以欲遣少子(史)　好聚利財

石崇曰丨丨吾亦〈本〉娶妻論財皆夷虜之道也君子不入其鄉〈文中子〉 洗脚失財〈事詳上〉張詠
才廬懷慎與張説同相盧懷慎説貪盧忽暴亡復生曰借車子財〈何周俾者家〉貸天帝問司
財冥間十數処爲丨丨鼓鑄丨丨我豈可回未幾卒
命曰此可富車司命曰命當貧有車子財可丨之期曰丨丨生急還之後〈搜神記〉○
稍富利夫婦竊其丨以逃因寄宿車下夜生子名車子從是貧困
七聖財 猶火燒世間財悪口燒丨丨丨〈報恩經〉一信二精進三戒四慚愧五聞捨六忍辱七定慧七者能資用成佛故名丨丨丨〈韻會〉丨通
纔 緅纔色一入曰丨又暫也〈韓〉 緅排陛級丨丨 通作才 裁〈語〉不知所以丨之〈晋〉〈職官志〉丨成庶政 刪裁丨丨〈鄭玄傳〉繁誣 化
栽丨而丨之〈易〉 謂之安 穿栽 嵩山東頭伊洛岸勝事不假須丨丨〈韓詩〉 右鄉丨丨〈荊公〉丨丨韓詩无註當是游觀栽度之義〈韓愈聽行〉○匠 五栽
肝病禁辛心病禁鹹脾病禁酸肺病禁苦腎病禁甘名丨丨〈素問〉栽節飲食也〈韻會〉丨討丨封丨割丨剸丨剪丨句 斷丨帳丨難丨把詩丨霧縠丨尺素
丨丨 ◉來〈落哀切〉〈易〉突如其丨 民子丨丨 由丨者漸〈詩〉惠然肯丨〈語〉告往知丨〈孟〉庶 源之而丨 是以不果丨〈韓〉于于然丨〈揚〉因往推丨
是來 臣丨丨〈匡衡傳〉言 方且來也詳顛 儻來 今之所謂得志者軒冕之謂也軒冕在身物之丨丨寄也〈莊繕性〉 嗟來 黔敖曰丨丨食
餓者曰予惟不食丨丨之食以至於斯也詳弼 遵來 厚往而丨〈中庸〉 玄來 丨丨孫之子爲丨丨孫詳孫 青來 兩山排闥送丨丨〈荊公〉
黃來 丨知橋 柚丨〈杜〉 遲來 丨丨時力二聲名於當者也名丨丨者其勢足以丨丨者也 時力者作之得時力倍 叱來〈漢武帝〉呼東方
朔丨丨之此篋中何物朔曰囊四十九枚也詳囊 登來〈公觀魚于棠〉丨丨之也〈谷梁〉讀爲得齊人謂求得爲丨丨 洗藉來 留待
丨丨 宰相來 村巷傳呼丨丨〈魏野謝寇萊公〉 全乘來 丨丨詳桃 前度劉郎丨 從何來〈適〉丨丨 集於此詳閱〈遷〉丨丨 客貴來
李揆曰彼李揆丨丨丨丨邪詳人 日邊來 不聞人自丨丨詳近 舊雨來 新來諸燕還舊巢 到門〈唐〉少陵云常時車馬之客丨丨丨丨而人不
丨丨丨丨今兩不來 小車來 花外丨丨 未丨詳車 猶 乘興來 王子猷雪夜丨丨只尺而反詳雪 抱琴來 丨丨明朝有意
〈李〉丨鄴不來 周桓公曰我周之東遷晋鄭焉依善鄭以勸來者猶懼不暨况不礼焉丨丨丨矣〈左隱〉 挽不來 鄧攸守吳郡不受祿載米
來食惟飲郡中水去郡數千人挽船不得進攸乃遣去歌曰云云鄧侯丨丨謝令推不去 本不來 王式當年丨丨 王式爲孝士曰我本〈唆〉
不欲來諸生勸我爲孺子所辱遂歸詳騶 期不來 書當夬意讀易尽客有可人丨丨丨〈后山〉 歸去來〈陶〉〈詞〉 俗物來 丨丨又敗人
意詳 得得來 會作堂々去何妨丨丨丨〈坡〉詳得 哀來 長江丨〈杜〉 何聞而來 嵇康曰丨丨何所見而去詳所
物 去 ○如來 晁迥云本竟爲今竟爲丨〈道院集〉 不往無來 昔年本丨丨今者亦丨丨那含名爲不來而實無不來詳往〈婆〉○阿本

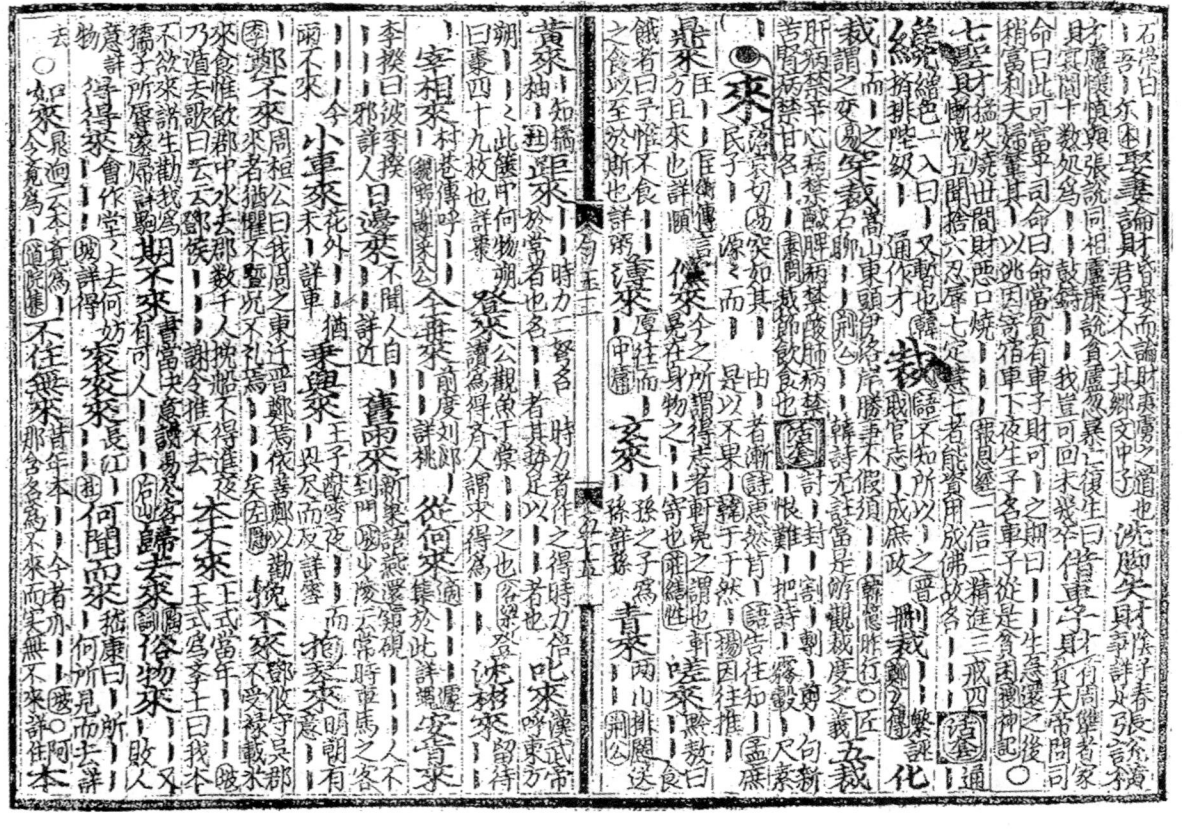

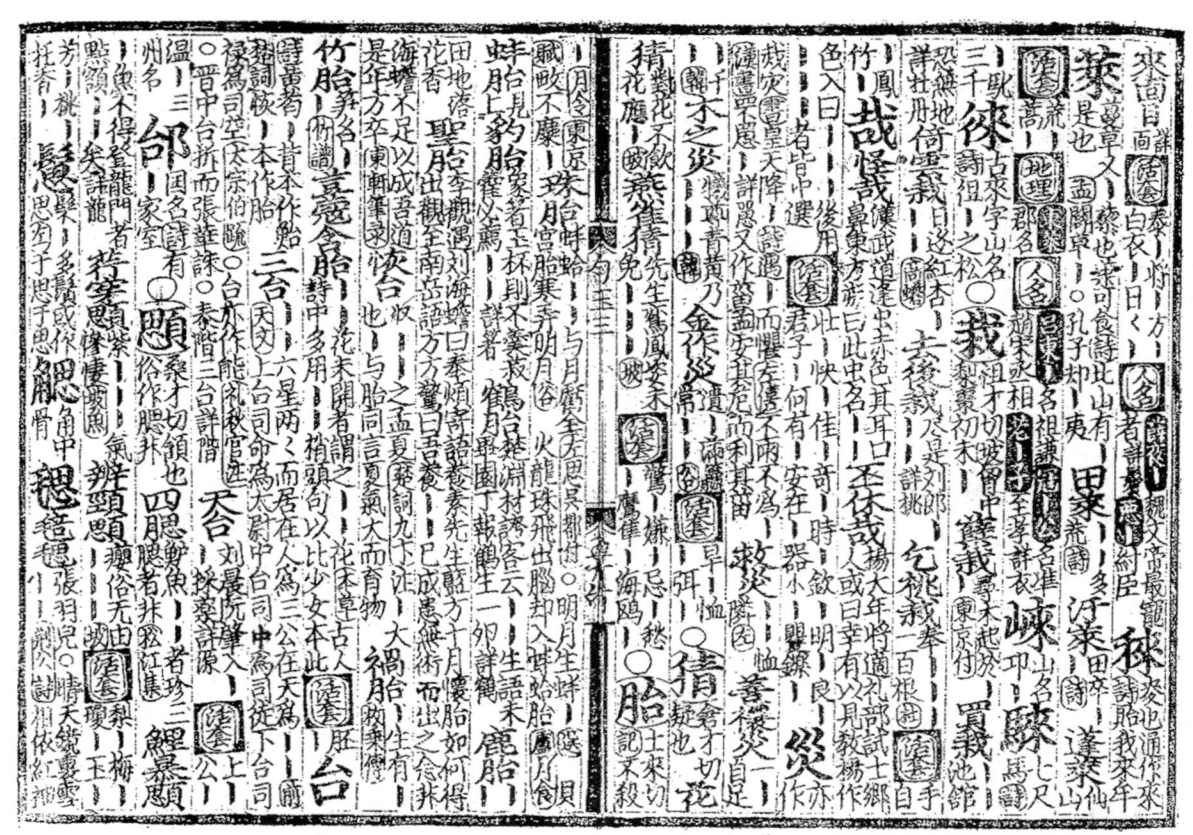

來面目〈詳〉〈韻會〉泰丨將丨方丨〈人名〉者詳 白衣丨日丨 魏文帝最寵紛臣 秋〈交也〉通作來〈詩〉貽我來牟
萊 〈韻會〉萵丨蔓草又藜也其可食〈詩〉北山有丨 是也〈孟〉闢草丨○孔子却丨夷 田萊〈荒〉〈詩〉丨丨多 汙萊田卒 蓬萊〈山仙〉
〈地理〉郡名〈地志〉 〈人名〉〈晏子〉名相見〈孟子〉名 崍 山名 邛丨 騋 馬七尺〈詩〉
三千 徠 古來字山名〈詩〉徂丨之松 ○栽 祖才切〈坡〉偕中蘖栽 梨簇初末丨丨 柔木起於丨〈東京付〉 買栽 池館
恐無地 倚雲栽 日邊紅杏丨丨〈高蟾〉 玄都栽 尽是劉郎丨丨詳桃 乞桃栽 一百根〈杜〉〈韻會〉手自 詳壯册
竹丨 鳳丨 哉 怪哉 漢武道逢虫赤色其耳口鼻東方朔曰此虫名丨丨 丞休哉 揚大年將適礼部試士鄉人或曰幸有以見教楊作
色入曰丨丨者皆中選丨丨丨後用〈韻會〉 壯丨快丨佳丨奇丨時丨欽丨明丨良丨 君子丨何有丨安在丨器小丨畏縮丨 災 亦作
丨丨丨 栽灾〈書〉皇天降丨〈詩〉遇丨而懼〈左僖〉不雨不爲丨 〈漢書〉罪不惠丨詳患又作菑〈孟〉安其危而利其菑 救災〈谷〉丨丨恤 善禳災 一旨足
丨千〈韓〉木之災〈樊鄉〉青黃乃丨 金作災 遺丨滴淚 常丨丨〈谷〉〈韻會〉旱丨恤丨弭丨 ○猜 倉才切疑也
猜鸞花不飲 花鷹丨〈韓〉 燕雀猜 先生鸞鳳姿未免丨丨丨〈坡〉〈韻會〉鷺丨嫌丨忌丨 鷹猜 海鷗丨丨 ○胎 土來切〈記〉不殺
丨〈月令〉〈東京賦〉 珠胎 蚌蛤丨丨與月虧全〈左思吳都賦〉○明月生蚌丨〈選〉 賦畝不麋丨 珠月 宮胎寒弄明月〈谷〉火龍珠飛出腦却入蚌蛤胎〈唐〉月食 貝
蚌台見 蚌月 七 豹胎〈象〉箸玉杯則不羹菽藿必熊丨丨詳箸 鶴台 楚淵材誇客云丨丨生語未 鶴月歸園丁報鶴生一卵詳鶴 鹿胎丨
田地落 花香 聖胎〈李觀〉遇劉海蟾曰吾煩寄語〈張奉先〉出觀至南岳語方方 生龍方十月懷胎如何得 鸞曰吾養丨丨已成思飛衔而出之〈名非〉
海蟾不足以成吾道 是年方卒〈東軒筆錄〉 懷台 收丨丨之孟夏〈楚詞〉九下注丨也丨与胎同言夏氣大而育物 大禍胎〈枚乘傳〉丨生有 禍胎
竹胎 筍名丨〈竹譜〉 意苞含胎 丨丨花未開者謂之丨丨 詩中多用丨丨梢頭句以比少女本此 花〈本草〉古人〈韻會〉胚 丨台
〈詩〉黃耇丨 背本作鮐 〈楚詞〉鮐丨本作胎 三台〈天文〉六星兩々而居在人爲三公在天爲丨丨〈前〉上台司命爲太尉中台司中爲司徒下台司
祿爲司空〈太宗伯〉〈隋〉○台亦作能〈礼〉〈秋官注〉 ○晋中台拆而張華誅○泰階三台詳階 天台 刘晨阮肇入丨丨採藥詳源〈韻會〉上丨公丨
溫丨三州名 郃 國名〈詩〉有丨家室 ○顋 桑才切頷也 俗作腮非 四腮 鱸魚丨丨者珍〈松江集〉 鯉暴顋
丨魚不得登龍門者點額丨丨矣詳龍 荇葉顋 紫〈徐賤魚〉丨丨丨氣 辨頸顋 瘦俗无由〈坡〉〈韻會〉梨丨梅丨玉丨
芳丨桃丨 托奇丨 鬍 鬃丨多髯或作 〈思子〉 鰓 角中骨 偲 偲〈切偲〉張羽兒○晴天鐵〈詩〉相依紅

許丨丨（答）丨丨飽腹躓枯枝（劉禹錫詩）塊如㞗子坐丨丨（張）○孩戶來切小
文醫祖禹錫意也○敦瀵翰之丨丨（國）奮怒兒元作陪鰓義同丨丨合延生蕤亡
兒笑声本作咳（匪）咳而名丨嬰孩自哂同丨（世）提孩丨丨巧挑孩丨丨（庾）庭堅丨丨字合
之又丨虫言未成知丨也
延生賢敎嬰孩（證）云敎婦初來丨未孩子生五月而能言丨心尚孩憶昔
宮中兒丨丨（顏氏家訓）丨乎丨而始詳（潤）十五
丨丨（杜）頦頤頦也（韓）我手○皚五來切霜雪白也（杜）○能奴來切三足
丨丨承丨時拄頤　崖沉谷役白丨丨　鼈也（韓）羽冗
无底鑿黃丨
謂黃能也

韻府羣玉卷之三　五十七　上平聲

韻府羣玉卷之四　上平聲

十一眞　與諄臻同用

眞側鄰切（馬援傳）帝王自有丨（東都賦）背僞歸丨（叔孫通傳）丨儒丨鄙
儒○大丈夫當為丨王（詳王周亞夫）丨將軍（三）桓溫丨委物（詳嘯）陸景
倩丨清（詳倩）蘭亭丨本（詳本）○（杜）態濃意丨　畫眞統一丨丨　道眞嘯兩宣切丨漕
懷叔且丨瓌回視人間世了無一事丨　武帝敘傳丨丨
天眞戲嗜酒見十圍便腹貯丨丨（唐）韜眞（揚雄傳）丨丨含道　篴眞虛綫而丨丨　寫眞崔徽蒲女也
徽以不得從為恨久之丨以寄裴詳人　逼眞吟得唐詩轉　混眞吹芋久　妄眞是安為妄即
成疾丨丨丨以寄裴　石村丨丨（關）丨丨認丨爲丨
丞眞亦妄（隱居）本丨性丨味丨語丨任（人名）福知章（盧太丨）嶠　楊丨
浮山語錄　全丨僞亂丨樂意丨　耕岩谷下詳鄭
（書）貴妃又曰玉丨（太丨子）張志和号（田丨）兄弟紫荆復合（眞丨）趙
顏得女子障女名眞々呼名百日即應（畫障丨）武陵漁人入桃源
服丨丨（詩）子孫丨丨兮丨丨（鷺）李白張氣盈丨　振屋梠也兩　㧫盛也左均
又信厚也（詩）丨丨丨公子又動也（柳）鳥屿疑搖丨丨　檽間也　侲養馬者又
童男丨　帳飲馬　踬動也　鎮所以鼓敵者　甄陶丨又察也明也（安帝紀）表門
女丨帳蒙也　閭光武賛灵既自丨○与先韻通

押ㄈ　因於眞切（書）厥民丨（語）丨民所利（孟）為高必丨丘陵為
下必丨川澤（揚雄）重黎天不人不丨（劉前傳）丨陋就寡　殷因夏造
所因其丨丨者　栗陳因太倉之丨丨陳（漢書）壁無因夜光之丨丨至前詳投○正因佛祖不立
所因本也（字説）相丨（宗書）
傳心有偈辞上座云其中親附三年丨丨中　撈嚴十六開士曰佛言我　文字以心
也未曾聞一字曰若是丨丨一字也无（辞）水囙等於洛偶民忽悟丨丨
不洗塵亦不洗体中間　末了因更結來生丨丨
安然得无所有詳卷　丨丨（彌）与子由　後世因欲知前世因今生受者是欲知
生作者　十二因緣觸愛受取有生老
是（勝書）死憂悲苦惱詳惱　湮沒也○聖　茵文茵（詩）虎皮也丨丨鴨　褻花
茵亭士詐撰宴花圃未嘗具幄設坐使童僕聚落花鋪坐下曰吾自有丨丨（開元遺事）○人生如樹花或墜茵席或落糞溷詳溷　鴨茵浮光
鴨毯千里戴數車浮萍紅作　醉茵　當軒下馬丨丨殘紅作　接茵　東侯湛偕岳同輿
入他為丨作丨鷥詳萍　錦茵入丨丨（杜）醉茵丨丨（阿）接茵丨丨人謂連璧
污丞相茵丙吉為相取吏頻醉西曹詰罪之吉曰以醉飽之過斥人欲
令安歸乎不過汚丨丨車丨亦西曹第忍之（丙傳）詳褻
綈丨丨犇丨　堙亦作陻（書）鯀陻（洛書）丨埋　諲恭　禋（禮）春官丨祀（書）丨于
草丨丨累丨丨　映水左氵洇不刊　也　六宗（詩）克丨克祀（毛）
不才何以助精丨精意　烟亦作煙（禮）六德睦婣○　南柯烟醉眠中山酒
以享為丨也或作禋　朱陳村世々為婚丨

與兵姻姻念懷祖熊擬兒〻〻事詳姻　闉城內重門詩出其〻闍曾子固詩陽上綺〻【活套】城〻帝〻重〻　駰名馬
詩有〻有騢我馬維〻　歎【人名】九方〻善相馬莊　○辛息鄰切尔雅太歲在〻曰重光一曰昭陽記其日庚〻其味〻書
從葦作〻　苦辛役〻常〻杜酉　酸辛鏤骨〻〻杜　苦辛崖蜜助甘冷山薑發〻〻坡　五辛立春日〻盤詳盤　受辛蓋曰
為〻〻對字詳為　含辛蓼中〻〻左魏都什　迂辛笑勸〻〻酒闌吟短李詩醫辛太白庚性迂嗜酒詳李延　庚挹辛塗之琅邪
九江之庚積皆〻〻〻〻賓夕陽而尊新月洪景盧西山記　上辛季辛先甲三日為辛後甲三日為丁言自新丁寧以臨祭祀○如記郊之
用辛也左宣八年六月辛巳有事太廟書武成丁未祀于周廟之類又昭公二十五年七月〻〻大雩〻〻又雩後漢礼儀志正月上丁祠南郊之類劉
蘇　椒桂餘辛最後數篇君莫厭擣殘〻〻有〻〻坡和曾子固詩詩話云先生和辛字韻詩窘束往返不已先生厭之故和此意謂唱首多
辣氣故尔　杜衡亂細辛〻〻〻〻相似乱真若蛇床似蘼蕪魏文帝紀　【活套】悲〻〻鄒〻【人名】【高〻】五帝号國事燕昭王朝
【買〻】為新大夫有力王室　【姓氏】隴西微音夏后啟封支子於辛後去草為〻周太史〻甲　【慶忌】前漢人字子真破羌將軍武賢之子慶忌亦拜將
軍父子虎臣之後　【〻毗】魏人字佐治引据事詳据　【〻勉】晉人字伯力劉聰署寫光祿大夫固辭曰大丈夫豈厭高節事二姓哉　【〻德源】字孝基劉淵之

云梲稱六經漁獵百氏除散騎侍郎隋仍不得調隱林慮山著幽居賦北史
【〻德冲】趙宋人字之翰知彭州課種柳陰行路号補闕柳　文武兼資奉使
契丹〻〻聰明才鑒宋　【〻弋】晉羊晼妻〻　新日〻〻書咸与惟〻刑法志改過自〻○齒伯意〻詳宿桓冲　器非求旧惟〻語温故知〻大學
不好〻衣詳衣　苗新〻田一歲曰〻二歲曰〻三歲曰畬詳畬　鼎新也易卦　〻取〻〻新〻〻花恐未應飛莊○　革新禪家有〻〻日月之訛
尖新為文章必攏落〻〻刻古人孫樵罵童志〻〻期　納新吐故〻〻莊刻意　布新左昭十七除旧〻〻　食新不〻矣左
美新○揚雄劇秦〻〻王莽國号新〻　阿新楚大以姪〻〻寫子　白頭新〻〻如〻傾盖如故史鄒陽傳不
知者雖傾盖間如旧識也　白髮新梨園弟子〻長恨歌〻〻　故得新物以終為始人從〻〻王荊公　舍舊圖新〻〻而其相知者雖頭白有如新識也相
新是〻〻肉　送故迎新弊黃霸傳〻〻〻〻之　【活套】更〻悋〻薦〻清〻嘗〻光〻　新詩不流束〻是穫〻揚之水　大東樵被
系〻白華翘〻錯〻晉宋浚開公來花食　輿新〻〻之　棘新詩凱風　彼〻〻　析新〻〻以為矣技為〻杜陵源行○晉畢誠然〻讀書〻不見孟
如之何能斧郎克書○其父〻〻其子弗克負荷左　美新亦在〻〻詩東山　捼新元延祖曰毋灌園〻以為有生之役過此不思也元緒傳
傳　捼新問士之子長幼長曰能〻矣幼曰未能〻〻也記○〻〻之娶論　徙新曲突〻〻无息漢詳舖　積新賈誼曰厝火於〻

之〻下而寢其上火未及然因謂之安武帝　○武帝用人譬如〻〻後來者居上　勞新〻〻晉荀勖武帝賜食進飯即曰此〻〻灼也帝問果用故車脚
卧新越勾踐〻〻嘗膽欲報呉　鬼新罪人取薪給宗廟者詳春　著新婦人哭曰刈〻〻忘吾〻所以悲不忘故也詳簪　桂新
蘇秦曰楚国之食貴於玉薪貴於桂詳桂○欲斫月中〻持為寒者〻李　蠟代新〻〻〻石崇以〻本　柳作新灵州城下千揉〻總被宦
軍採〻〻張芸叟　東濕新〻寧成操下如〻〻言性急也　舞爨新終日〻〻〻通○焦尾琴事詳桐〻〻被光　噬指薪
新乃〻〻順心動〻〻而帰詳指　蔡順至孝嘗采薪家有急客母　買臣擔新〻〻〻〻東〻行且誦書妻盖之求去詳歌　馮异抱新
光武遇大風雨〻〻〻鄧禹爇火　【人名】【王〻】望時人詳棋善棋明　○辰植鄰切詩我生不〻大歲在〻曰執徐〻發蒙又〻州比
辰一名天關名比極　三辰謂日月星之時書左○〻〻旂旗左　五辰抚于〻〻書謂五行之時　大辰〻〻〻者何大火也公羊昭十七
也心星　婺辰九年〻〻之間左成十二日也　靈辰七日最〻〻李嶠人日詩人為物灵故云　參辰今為〻与〻〻鄭武相望若〻〻曾子
商辰即商星也詳商　競辰辰乎辰咼來之避去之速也君子〻諸揚問明　十二辰〻〻〻〻馮相氏掌〻〻礼　雖甲辰裴度戚曰郎君〻孔子告之曰起〻
是〻〻詳云　約指兩辰閏月無中氣〻〻〻〻之間後律暦志　夢歲在辰鄭玄〻〻今年〻〻〻〻明年歲在巳

云云知命當終也讖云歲在龍蛇貴人嗟李　【活套】芳〻良〻及〻逢〻豔陽〻　【人名】【王〻】老會人　九晨〻書牝雞无〻牧誓詞
夜嚮〻庭燎韓千年如隔〻陸士衡大昏安可〻○〻〻星落〻〻詳星　〻〻選　蕭晨哲匠感〻秋晨〻索也　司晨雞主〻〻蜀志○鶩鴦不〻〻
李　詩在晨於〻一日之〻〻漢書　【活套】雞〻清〻変　宸也帝居　楓宸〻〻梘被〻何晏府
〻〻殿者漢之前殿周之路寢戒官分紀　中宸〻〻天地交會之際也　儀宸太子居也　【活套】嚴〻禁〻　○漢殿前多植楓紫宸　巨王孟嘗非
臣魏證願為〻〻不願為忠臣云云　藎臣〻〻王之〻〻詩　孤臣〻〻孽子
〻〻穆契臯陶忠臣龍逢比干也　文王藎進也　孟遂臣也　素臣
伴尼素王丘　誠臣被蕩識〻〻　明〻〻左　弄臣文帝曰此吾〻〻鄧通傳〻子得良馬令行本乘曰至尊欲令翻導非　隋刘行本太
也　虎臣矯〻〻詩　獸臣〻〻人也左裴四司原廣　鷹臣北朝魏以北方酋長侍于長暑所秋朝春送時謂〻〻盟○中原接
〻〻〻　蟻臣蟻〻之　主臣恐○主擊也臣服也言擊服皇恐也王咳傳〻〻悉〻〻韓○平謝曰〻〻〻陳平傳注云皇　官臣其
〻偃左哀十〻有君〻
〻八守〻〻之〻　藥君臣訪盤因問〻〻〻唐詩　冀土臣隋伐高麗上表称遼東〻〻〻遂罷兵本紀　桂石臣丞相
王〻商国家之〻〻〻也谓元后傳　蟣虱臣下士〻〻〻盧○地上空愁〻〻〻〻嵌　宮君商臣十二律旋相為閑〻〻写〻〻為〻衆

中興忠臣陵世丨老丨逐丨名丨侍丨社〔人名〕〔忠信〕丨南陽守邵召父
君〔朱語録〕〔活套〕稷丨一介丨守土丨十亂丨〔未實〕丨衣錦還鄉〔未發〕
唐酷吏震牝麋○人如鄰切 大人霍去病說其父曰不早自知丨丨遺體○范傍別母云悵丨丨割不可忍之恩○是父母
皆稱丈人〔易〕師貞丨丨吉嚴莊之稱 可人客有丨丨期不來〔仙〕○桓溫過王敦墓曰丨丨可人〔史〕 玉人衛玠時号丨丨曰女婿玉
潤 金人秦鑄丨丨十二〔本〕 調人掌司万民之難而調和之〔周〕 消人〔傳〕即中消詳消丨丨將軍〔陳勝〕 迹人〔宋十四〕丨丨來告主
迹禽獻者 冰人媒曰丨丨詳冰 美人丨丨兮丨丨不知為暮雨兮為朝雲相思一夜梅花發忽到窗前疑是君〔魔〕今有所思 斂人丨丨
織綃見珠 文人午日懸蒲人丨於門辟邪 官人丨丨明正之徒為丨夜之丨丨之離外刑冠非 憚人〔大陳〕哀我丨丨〔詩〕下佐
切謗 陳人人而无人道是之〔非〕謂丨丨 似人子不見越之流人乎去國數日見所知而喜去國旬月見所嘗見於國中者而喜及 律人河上〔大昭北四〕丨丨得寶珪於 浪人李亦江湖〔狮李〕
也 暮年也見丨丨而喜不亦去人滋久思人滋深乎〔莊〕下文棱足音事詳音
〔疥〕楓人嶺南多楓或癭如人狀曰丨丨詳癭 梅人曉來丨子已生杏子已生人〔雜〕 我輩人晉許允曰卿是丨丨歸
〔傳〕語驚人死不休〔杜〕丨不丨丨 中聖人聖詳 白衣人送酒詳 竹夫人詳奴 多上人君子不欲丨丨〔國〕 卷中人

崔徽蒲女也裴敬中使蒲徽一見動情不能忍使回徽以不得從為恨久之成疾寫真以寄裴且曰崔徽一旦不及丨丨矣元微之為作崔徽歌〔麗君〕
〔房遷〕〔情傳〕獸中人人中有獸有人〔谷〕〔谿〕〔嗣賢〕丨丨 土偶人詳偶 秦無人繞朝贈士會以策曰子无謂秦无人丨丨吾謀適不用也〔左〕
讀書人宰相須用丨丨詳鑑 可憐人百年俱是丨丨〔賦〕 愚磨人非人磨墨墨磨人〔賦〕 不如人臣之壯也猶丨丨〔左〕
〔左〕○坡自言三丨丨謂着 江上丈人子胥得渡江後每食必祝曰丨丨詳翻感漁父不殺己也 羲皇
基飲酒唱曲也〔覺〕〔齋〕〔閑覽〕 上人陶淵明夏日高臥北窗下清風颯然自謂丨丨〔本〕 隋得一人行當今无比我乎陳惟丨此姚察為秘書丞文帝曰察李
〔書〕丨〔隋〕梁第一人第一官當与丨丨劉孝綽除秘書丞帝曰 唐第一人〔南史〕有丨丨李撥使審酉長曰聞李撥公是否
撥畏留因曰彼李丨丨撥安肯來邪〔本〕 江湖散人陸龜蒙外舟貯束書茶竈筆床釣具往來時謂丨丨 對月三人舉杯邀明月丨
影成三人〔李〕 旁若無人王猛捫蝨談當世務丨丨詳蝨 ○上人在人之丨〔過目〕〔覽〕 內有德智外有勝行 過量人五祖
謂盧能不會佛法為丨丨 〔活套〕德丨神丨騷丨石丨銅丨酉丨矢丨客逼丨詳逼天丨
〔卦名〕三三天与火同丨初九同丨于門无咎六二同丨于宗吝九三伏戎于莽升其高陵三歲不興九四乘其墉弗克攻吉九五同丨先號咷而後

笑大師克相遇上九同丨于郊无悔○三三風自火出家丨初九閑有家悔
亡六二无攸遂在中饋貞吉九三家丨嗃嗃悔厲吉婦子嘻嘻終吝六四富
家大吉九五王假有家勿恤吉上九有孚威如終吉〔詩〕〔篇〕清丨刺文公也高克好利文公惡而欲遠之不能〔詞〕○碩丨閔莊姜也莊公惑於嬖
妾使驕上僭○候丨刺近小丨也〔詩〕 仁〔語〕三丨鮮矣丨 雖与並為丨安丨利丨天〔孝〕不
遂也○又〔易〕〔活套〕當丨輔丨同丨依〔人名〕一国興丨〔中庸〕力行近乎丨班超傳兩手不丨
核中實曰丨造化丨發育丨取金印如斗〔范仁〕岳板與奉母〔賦〕指麥舟○
神〔易〕倉頡切〔易系〕精義入丨丨過化存丨〔孟〕至誠感神〔記〕丨谷神丨玄牝〔老子〕丨不死是謂
志氣如神〔閑居〕〔中庸〕至誠如神〔賢臣頌〕聚精會丨養
也人能養丨則不殘丨 錢神〔魯靈光〕丨丨論○梁蕭宏貪吝 蛇神 鬼丨丨不足為
死謂五臟神詳牝 豫章王綜作丨丨論以激宏 其虛荒誕幻也〔杜〕
〔牧序李賀詩〕詩神賀詩丨〔蔑叔祭〕丨 花神詳 張延賞閱度支有一冤獄公判度支期
問其獄公怒收吏案之次日盥洗處又一帖云奉冬十万貫丨〔晉于寶〕
公曰十萬至十万丨丨矣无不可回之事吾懼禍及不得不止 搜神病氣絕積
日方悟見鬼神事遂撰丨丨記 示傷神魏荀粲妻亡不哭而神傷歲餘亦卒 針神魏美人薛灵
劉惔之曰卿可謂鬼之董狐〔本〕 芸於針工
号丨丨 詩傳神李太白風神超邁少陵落月滿屋梁之句為太白傳神丨〔詩話〕 月傳神丨丨便元文与可自有
詳甜〔談藪〕〔詠竹〕志

疑神用丨不分乃丨於丨〔莊〕 筆有神下丨如丨丨〔杜〕○仲舒 問鬼神漢文帝
多〔選〕〔佳〕拔云疑作凝者誤 答筆下丨 疑丨丨助 夜半前
席丨丨丨之〔活套〕威丨形丨留丨養○ 親七人切〔書〕皇天無丨〔詩〕弗躬弗
本〔賈誼傳〕各丨其丨〔孟〕事丨為大 傳丨陰丨顧丨丨〔詩〕篤於丨〔中庸〕順乎丨有道
〔記〕儒行內稱不避丨〔天寶〕紀至公無私 吾身丨見之懲親界弟皆有小忿 息親明皇与
金分御地賽勝里 帝鄉親南陽丨丨 壹親不廢丨丨〔左〕妃子以
巷效之謂之丨丨 近丨詳問 多酒相親丨丨〔杜〕綠正 搬為親捧丨平生〔荊公〕
子達親詩着〔杜〕 魚鳥親齊簡文帝在華林園曰會心處不必在遠翳然林水便有濠濮間趣意丨便來丨入〔活套〕情丨顯丨
笑語丨醉酣 失人切太歲在丨曰涒灘〔書〕丨命用休 帝舜丨之〔詩〕
丨燈火丨 申福祿丨之 不与我戍丨〔詩〕丨丨如也〔論〕丨之以孝弟
○熊經鳥丨本作伸○三尸門引丨丨〔賢〕〔史〕穆生白公申 五申 三令丨
庚丨日言人過於帝詳嬉 白申公俱受詩於浮丘伯楚元王丨丨〔史〕〔儒〕
孚〔活套〕令丨命丨〔人名〕〔尚歌〕〔未實〕〔姓氏〕魏鄭商音姜姓炎帝四岳之後封於丨公
〔傳〕月建丨号丨伯 鄭有丨侯楚有丨叔時丨
巫臣〔活套〕伯 親諸侯丨褒賞丨丨焉維嶽降神生甫及申〔詩崧高〕〔包胥〕楚大
夫吳入郢包胥赴秦乞師大敗吳師詳哭〔未實〕韓昭侯用為相國治兵強
无侵韓者本黃老主刑名〔韓〕 娠女妊〔春秋傳〕后緡方丨 身〔詩明哲保〕
〔卦名〕武帝海輸迎申公詳輪 通作身詩太任有身丨〔孟〕獨善

其丨焉援傳意奮身（後漢書）丨不顧丨潤身（大學）德丨丨長身惟有丨丨大君子猗猗猗
故輕丨丨詳屛 得似淇園（衛注）竹也又班
心突兀見丨丨〇孔子二十八前身乍祜探鐶事李氏子後身宰相房琯盧
亡孫白而丨丨（韓孔戣墓誌）羊祜丨丨也詳鐶 真人邢和璞
出一廢寺竹間盧以杖扣地令掘之得瓦瓶中皆婁師德與永 六身有二首 左傳亥
公書謂琯曰省此乎琯洒然悟其爲智永丨丨也（明皇雜錄）
丨丨 告身唐至德中丨丨 是身唐蕭澳十年不調高元裕欲薦之諷使謁已
詳老 才易一醉詳醉 澳云恐无丨丨御史（李）趙宋孫抃爲御史
中丞薦唐介吳中復爲御史人曰未相識而薦之何也曰昔 見在身休論世
人恥丨丨御史今豈求識面臺官後二人皆有名（東軒筆錄） 上外沉
事且闘樽前丨 患有身吾有大丨者爲吾丨丨及吾 心問身白樂天有丨丨 藍
丨丨（牛僧孺詩） 无身吾有何丨（老子） 互見安 丨身報心心 上
苍身云詹 膽適身遨雲一身苍 [illegible]身象有丨丨以 李泌獻身端午各獻服玩上
三首 丨是丨詳膽 丨其丨（左） 謂泌曰先生何獨
无獻泌曰自巾至履皆陛下所賜所餘獨一身亦上曰朕 〇三身六祖曰丨
所求正在此既獻其身當惟朕所爲不爲御有矣（代宗紀） 丨者清淨
法身汝之性也圓滿報身汝之智也千百億 十身自身衆生身國土身業報
化身汝之行也若悟丨丨即名四智詳智 聲聞圓覺菩薩智法虛空
等身（古禪） 妄身四大各離今者丨丨 問禪不契前三語施佛空留丨丨
（師語錄） 丨當在何處詳大 丈六身丨（賛清涼寺後漢天竺國傳西天）
有佛其形長丨 宰官身法應以丨丨丨得度者即現丨丨丨而爲說 野狐身在隨
丨丈而黃金色 （法華經觀世音經）謂主丨有丨之人不必縣令 在
丨丨丨請和尚 窮身在宅豪與富惟我丨 （法套） 撥丨索丨澡丨反丨側丨
作一轉語詳果 丨丨（明花太師頌） 忘丨乞丨脫丨致丨謀丨
誤丨分丨白丨万里丨百年 伸（易係）引而丨之（孟）无名之指屈而不丨 賞
丨夢幻丨立王丨物外丨 葉感令不丨杜伯沒一朝丨 亦作信通
經鳥丨 作申（莊）熊 欠伸君子丨丨（記注）志倦則丨休疲則丨〇盧生 蠖求信尺丨之屈以丨
丨也 善者信 安夷蘊崇則丨丨 夢入枕中貴顯仕宦五十年丨丨而寤詳枕 丨其
易係 丨丨矣（左） （法套） 志丨屈丨 紳 不自 呻 吟也記教者丨
頻呻 察其丨丨 （昌黎韓弘） 壯尚丨 呻 佔畢注吟誦也
頻呻（禪注）變類愁嘆也 吟呻 暫痛勿 哀呻 寒泉空 寒蟹呻 作 那知我與子坐
紳 （記）拖丨 書諸丨 搢紳丨丨先生之人（漢蜀文）〇 垂紳 丨丨（歐） 搢 解紳 挽佩而
丨丨或云薦紳皆謂插笏於帶 笏（歐） 謝惠連雪付 丨丨
泉紳 丨丨拖脩白石 天紳 懸瀑垂丨丨（韓）〇 簪紳 風義動丨 佩丨 儒
紳 詢揩高青（韓） 簪溜擲丨丨（孟郊） 丨（曾子固） （法套） 朝丨王丨
詹雨 （人名） 唐人能 〇 賓 必鄰切（書）作丨于王家微子四夷咸丨 語見
也 詩号短李 大丨 礼丨 與賢能杜郢驛正留丨〇又蜀丨
西戎 嘉賓 燕樂丨丨之（詩）〇 三賓 建國必立三卿丨丨 惡賓 公孫弘曰常
國 又奸雀名黃雀名 （記） 丨象三光也 逢丨丨无逢

故人窮賓那知後陵走丨丨披 名賓道異誠所希丨丨 既永龍賓玄宗御墨上有小道
詳肴 陳遵投轄事詳轄 俠（柳） 〇丨若笑之丨（莊）
士曰凡人有文者墨上 簪賓冠礼筮日丨丨 出 蕤賓五月律也樂工蘇
皆有丨丨十二詳劑 冠儀 宜賓（書） 郊祀上彈丨丨調
池中忽跳出方響 野賓王仁裕猿 西都賓東都主人問於丨 入幕賓郗超事
一片乃丨丨鐵也 日丨丨 丨之丨（班固付） 詳幕
觀國賓丨丨丨（杜） 無雜賓謝謂不妄交接門丨丨丨有時獨醉曰入吾
充 甫昔少年日早 室者但有清風對吾飲者惟當明月（南史李）
迭主賓丨（孟） 爲賓 鴻來賓鵠丨丨（月令） （法套） 青雲丨（孟郊）万 （人名） 祈孔賓詳祈
丨超入幕賓 西濱 詩南澗之 四濱 磬（禹貢） 浮 渭濱（杜）太公釣處 九濱
王母女侍也 呂洞 丨（宋） 國丨忘主丨 泗濱 回首清丨丨
朝西灵於丨丨 （九歌） 陰濱鳴石列於陽渚浮磬 陽濱方軌齊轂被于丨丨 瀼
言大海丨曲之丨 肆乎丨丨 （郭璞江付） （南都付） 上巳祓禊也
濱元結將家丨 北海濱（孟） 率土濱丨丨之丨 莫 問水濱君其丨 諸 寂寞濱於鈞
丨丨之丨 自称浪士 非王臣（詩） 丨丨丨（左）
（韓文）詳閩 易水濱燕歌丨（李） （人名） 子由 儐也恭〇 鄰 力珍切（孔）五家爲
其丨小畜詩洽比其丨 有車丨丨（語）德必有丨 乞諸其丨（孟） 書哉丨哉易富以
以丨國爲鄰左親仁善丨 救災卹丨 棄信背丨 晉不丨矣 卜鄰是卜非宅
惟鄰是丨（左）〇唐王翰文士也杜華母 （杜詩注） 買鄰梁宋季雅市宅居呂僧珍側呂
云吾欲丨居使汝與王翰爲丨 問價曰一千一百万怪其貴季
雅曰千万買宅百万丨丨〇及僧珍生子季 西鄰東鄰殺牛不如丨之禴祭（易） 東鄰馮素弗
雅往賀進金錢一千呂言於武帝拜刺史 慷慨有
大志南宮令成藻有高名素弗造焉藻命門者勿納素弗徑入與藻
對坐旁若无人談飲連日藻始奇之曰吾遠求騏驥不知近在丨丨 卜鄰 郗烛
之武見秦伯曰焉用亡鄭以丨 結鄰丨丨奔月之仙與月同居（雞跖集）〇又
丨鄰之厚君之薄也（左僖卅） 李衛公硯名丨丨 言丨爲丨好（開元錄）
孟母鄰務務丨丨丨 山爲鄰丨泉丨（歐） 月作鄰明丨清風 鶴鳴 比鄰不教丨
丨（杜）又詳迂 四丨（歐） 四丨（谷） 我甲惱丨丨丨
丨（姓）魏陸凱見童驅丨丨出 （法套）四丨交丨備 （詩藻） 車丨美秦仲 （人名） 唐
顏回之日不曾使丨丨丨 三丨死爲丨 也秦仲始大
人 麟 麏身馬足牛尾一角角端肉高丈二五蹄牝曰麟牝曰丨 其麟 麒麟 金 孔雀
雌鳴曰游聖雄鳴曰歸昌〇黃帝時在囿成康時在郊藪
銀丨丨 瑞錦送丨丨 高塚臥丨丨 黃閣叠丨丨（温杜）〇白灰如積雪
中有紅丨丨（谷）〇被髮騎丨丨（韓）戦國策事〇赤手縛丨丨（后山）〇徐陵年
數歲沙門宝誌摩其頂 獲麟鉏商丨丨折其左足孔子反袂拭面泣涕沾襟
曰天上石丨丨也（南史） （家語）仲尼絶筆於丨丨一句者所感而起故以
爲終也（哀十四） 索而獲之非其自出也書西狩丨丨譏之也（孔註）〇漢武
元朔九年丨白丨兩角共一本〇前蜀王建時數見〇昌黎有丨丨解 絞

麟孔子生之先有麟吐玉書於闕里人家云水精之子系衰周而
麟素王徵在以繡｜係｜角及夫子將終抱麟解紱而泣(拾遺記)玉麟｜｜隋造
符代銅｜｜馬祥麟乃成威鳳　麟天子享會嵩豫雅牟相及李士得｜｜
虎詳符瑞　麒麟名祥麟｜｜(容)　翔麟從給｜｜馬(唐六典)注廄名也　肺肇
翠麟姑蒙麟｜(人名)(趙德)｜今畔傳崇既改德｜与東坡交稔(人名)孫義
花行酒詳｜｜盃与東坡遊(謝)范文正公因其近水樓臺先得月之
句薦鱗爾雅云鯉魚三十六｜六六故八　縱鱗湍水无｜　窮鱗青山數行
之　鱗八十一｜九九(記月令)其虫｜　縱鱗｜｜(止觀)　窮鱗滄海一
｜｜(因)個鱗思波起　沈鱗北極有鶤羽南　躁鱗直木有怙翼　靜介鱗无以｜｜
(長卿)｜｜(酉)沈鱗溟有｜｜(韓)　躁鱗流无｜｜(溫)　介鱗｜易我
衣裳素鱗水晶之盤　松雪看蒼鱗　攀龍鱗詳　藏脩鱗柳鏡　批逆鱗說誰云
(漢書)素鱗行｜｜(杜)蒼鱗｜｜(頌)攀龍鱗　脩鱗歌　批逆鱗龍大從下有
逆鱗徑尺嬰之則　黃金鱗泉出巨魚長比人冊　赤玉鱗發臘朗中｜｜(庾)
殺人人主亦有之　黃金鱗砂流毛｜｜(孟)　赤鱗○藏淵魚之赤鱗
掩橫海鱗魯国一盃水難運有鱗劍鋒｜｜(孟)減石鱗積雨浮涌　生鱗詳
(仙)橫海鱗容｜｜(李)｜｜育鱗｜｜(孟)減石鱗｜｜(陂)暫生鱗
(遠套)錦｜游｜躍｜紫｜纖｜松｜嬰｜尾　水生塵石閣　或作鮮
疊｜波｜六六｜碧｜｜光｜｜　獜護巧生緇｜(班)彼然无緇
｜並引淵湟不　(活套)酒｜｜(谷)　驎馬青　燐煜　獜祖車｜｜毛　獜王
鑿塵不踏事　水｜｜　驎驎也　火燐　詩作鄰義同　文

(通作)瞵(皇甫謚)　珍陟鄰切記八十常｜(注)(後漢書)傳物以遠至者
(傳)忘會於之斑瞵　｜(文選)二字可｜(賈誼)付淵晴以自｜(左)寶玉傳
燐然可｜｜孟淡泊味　八珍凡王之饋珍用八物(周禮音詳)淳母音模炮豚
始｜坡化国无瞽｜　八珍炮牂音藏擣珍漬熬肝膋(禮)羅｜｜(禮)
(室鑑)○一云牛羊　嘗珍奔｜｜而嘗乎　兼珍食无｜｜　力珍君十食時不｜
囊鹿齒豕狗很　玉異饌(錫脩貞)　(後漢紀)　力珍孔力尤務
也坤珍闡｜｜席珍儒有｜上之｜以待　混珍(魚日)｜　廊廟珍(爽老)｜(國)貢國
坤珍(東都賦)　席珍聘(記儒行)席鋪陳也　混珍｜(李)　廊廟珍｜｜(國)
珍阜守虜泰国川效珍獻脩貢兮｜瑞露珍由璆瑤二書生曰我有｜｜之
珍珍朝貢(宣紀)川效珍｜｜(東都付)瑞露珍王酒醴於百花中与飲甘香可愛
○｜｜旅｜｜(陳)真珍切(詩胡)逝我｜(庭)階除也　我取其條陳詩｜｜
｜｜(坡)　陳(注)塵棐也(易係)卑高以｜(論)｜力就列　所闕(李)指
陳｜｜得失重陳天高汨日陳｜｜五行　橫陳日高青女尚　新陳重陽養下
陳(楊雄傳)｜｜(杜)　汨陳(書洪範)｜｜(劉公)　｜｜(坡)　新陳｜｜(坡)
陳登傳驅於宮闕充｜　厄陳從我棐陳大倉之｜｜陳　逛陳俛仰之間已
陳｜於後庭(外戚傳)　｜｜(坡)　棐陳相因(漢文帝紀)　逛陳為陳｜(蘭亭)
｜｜東王者法｜｜設瓊列白集○北極常陳｜｜七星明則　柴陳傳悉編少
勾陳五星｜｜六星在紫宮(晉天文)　常陳(開武晉天文)　柴陳傳表｜｜
｜｜酉宵陳方古重粱陳｜｜之間吾陳子有折足鑰中容｜　郭狗陳已
(史)爵陳｜｜(陶)　粱陳詩尚蘇麗　吾陳｜｜(魏鴻月長詩)　｜｜

也行者餞其雜前陳山者野叡｜(周禮)開｜叡｜面｜披
首脊詳狗　然而｜｜(國)　｜綸｜俎豆｜｜　(人名)(晉陳)成王　相
穎川徵音周封舜後胡公滿於｜因氏(陳寔)字敬仲初黨氏｜妻敬仲占
之曰吉是謂鳳凰于飛和鳴鏘鏘五世其昌並于正卿(左)(陳良)孟子陳良楚
產也(陳勝)字涉嘗輟耕曰燕雀安知鴻鵠之志哉詳志(陳平)鄉人張負
以女孫予之曰固有美好如｜｜而長貧賤者乎(陳遵)字孟公投轄事詳轄
驚坐事詳坐(陳寔)字仲弓穎川人近太丘長○文範先生在鄉閭平心率物
有爭訟輒求判正　德星聚詳星(陳湯)字子公數使外国纂戮侯之旗斬郅
支之首拜為射聲校尉威振百蠻武暢四海(陳琳)字仲舉安事一室掃室
下榻事詳榻(陳壽)晉人字承祚除著作郎撰三国志有良史才(陳子昂)唐梓
州人字伯玉○成遇詩三十八章海內文宗(陳摶)五代劉湧入結廬於南
昌之西山吟詠自適(陳師道)宋亳州人号后山又号希夷先生　宋致大
笑事詳笑(陳師道)字無己彭城人剡苦問學兼長文章大明事亳州(陳堯)公以文章相華殿大夫長子堯叟次堯佐
皆平章事勿之孝曰亦謹奉文使(陳師道)字无己彭城人剡苦閉門詩寫徐州教
授号后山以詩名(陳傅良)字休仁号止齋居士倫游名山泊和張詩閣寫
羅浮風物始云(陳亮)号止齋劉(陳與義)｜｜諸能文者正直敏穎化
頌○傳指堅(陳恕)塵芳塵石虎起樓四十丈以香為屑　｜｜(拾遺記)玉塵時遂洗風塵落言
陳褒女詳傳　芳塵風作則揚之名｜｜(拾遺記)　玉塵非｜｜何處瓊詩
綠塵黃金縷○｜｜(庾)　范甑塵范冉為萊蕪長清歌曰｜中生塵楊維性洗
綠塵飛燕(文選)(祭)　甑塵｜范史雲釜中生魚范萊蕪(宋)　席塵詩徒処一

｜○｜塵鏽｜床塵晉簡文為撫軍時見｜上｜不拂視鼠行跡為佳(世說)○
塵交也詳史　床塵桓彥回詣床塵不在｜上積｜有書數帙彥回宗曰塵君
之清至于此拂　風塵王衍｜｜袁物○　光塵老子和其光同其塵　滑塵｜心驫去生
塵而去(晉史)　風塵鵬鷃鴉｜｜(杜)　光塵｜同其｜　滑塵(莊)｜心塵去生
｜埃塵(莊)○長卿｜(劉公)承塵陳重得金｜｜乃抗塵｜｜(孔稚)而走俗　拾塵(家語)倩比
俏｜肺生｜(劉公)承塵將金系縣詳金　抗塵狀(孔山移文)　拾塵｜｜(顏)
元規塵庾亮居外鎮而執朝廷之權王導不平　一聚塵始憶八尺宗微成｜
元規塵西風塵起舉扇自蔽曰｜｜污人　聚塵｜｜(陳子昂詩)○意
氣都成｜一騎塵｜｜紅｜妃　奉清塵(顏延之)贈劉琨白｜　謁後塵牛僧孺赴
｜｜(杜)　一騎塵子矢詳荔枝　奉清塵｜｜于今五載　謁後塵幕投文贄
劉禹錫劉客策試文後劉轉汝州牛比鎮宗南挂道汝州駐信宿牛賦
詩尾句云莫嫌恃酒輕言語曾把文章｜｜｜｜　劉和云尤有當時舊冠劍待
公三日拂埃塵牛意稍解曰三日之事何敢當焉(古今詩話)宰相二日
後主印升降百官記戒其子曰吾成人之志豈料為非汝輩守帝為上不動
塵黃門飛盡　几上塵宋宣獻言校書如拂｜　馬夜塵辛主為六｜　辟塵角
塵｜｜｜(謝)　几上塵｜｜一面拂一面生　馬夜塵｜｜角詳角　辟塵｜
為梳頭塵不着　褫去塵元載寵姬有　九州一塵下視寓｜｜　東海揚塵麻姑
髮(杜陽雜編)　褫去塵知｜褫詳褫　九州一塵｜集毫端(韓)　東海揚塵(麻姑)
曰見｜｜三兩為桑田矣云　羅襪生塵凌波微步｜｜｜｜　紅袖拂塵魏仲先
云東海行復｜｜平詳海　羅襪生塵｜(洛神賦)○俞体輕　紅袖拂塵因題僧

寺宿慶元湘辯花落行官錦明譜曰宰丨丨丨无俞 輸九斛
發以丨丨丨之詳袖 飲三斗塵 逆權懷息荐盛服妻子不敢仰視
塵橋中叟曰君丨我羲 步沉香塵 石崇賞沉香塵末床上使婢 歌拂梁塵 公虞
塵粥下塵丨丨丨詳機 蹴之无迹者爲体輕詳迹
事詳 奔軼絶塵 顔淵曰夫子步亦步趨亦趨夫子丨丨丨 道傍兩塵 魏孚子威
歌 丨而回瞠初庚切若乎其後矣飛田子方 師丁約
一日辭去謂子威曰即君得丨尚 望塵 拜石崇与潘岳諂事賈謐毎
丨丨丨○儒謂世釋謂劫道謂塵 雅手候其出丨丨丨 李
知敵五代周德威勇而 幻塵 幻心滅故丨 塵安 圓覺 六塵 圓覺 陀羅
知敵多智丨丨丨丨數○ 丨亦滅 圓覺 根塵 六丨六丨
婢即六入謂眼耳 聞塵 云 識清淨故丨丨清淨聞清淨故耳根清淨自竟 乂又
鼻舌身意詳入 根清淨故色塵清淨色消淨故香塵清淨香味
觸法亦法塵有言句尺涵丨 破微塵 譬如有一經卷書寫三千大千世界事
復如是法塵之丨埃 嚴經 全在一微塵中時有智人丨彼丨丨出
此經卷何暇拂塵 五祖求法嗣神秀曰時時勤拂拭不暇有塵埃 拂撒毒塵
法華經 六祖慧能曰本來无一物丨丨丨丨埃詳堂
執語杜多法言丨丨謂二丨如丨能空汗真 活套 車丨紅丨黄丨颸丨万劫
心此人能振掉除去千訛稱頭陀 釋氏要覽 丨混泥丨騎馬丨軟紅丨
塡 之也詩倉兄丨丨○津 將鄰切 盟津 師會丨丨書 天津 闘杜鵑詳 雲津
号 孔丨不寧詩 盟与孟同 橋

龍躍丨 漢津 天漢起東方經箕尾之間 晋天文志 要津 賓從雜沓 問津 孔子使子路 知津
丨 隱 間曰丨丨 丨丨杜 丨丨 馬語
是丨丨 無津 若涉大水其 清津 正月之辰謂之丨寅者 王津 以中流流名 月
柴又論 丨丨 經書 也謂生物之津逞也 丨丨黄庭經
漾津 五彼方諸丨丨延 延平津 雷煥佩劍至丨丨丨 富平津 杜預 俗 白馬津 飛輪
丨丨 揚文公 集詩 躍入水爲龍詳劍 橋処
孤之口守丨丨 石婦津 劉伯玉妻段氏性妒後自沈而死七日托夢与伯玉
之丨 高祖 妬婦津 曰吾今得爲水神伯玉終身不渡水美人渡津者皆
喪衣妝不作風波暴發 鴬津 南人詩說丨丨 元和津 服丨丨除丸以必發
江陽雜俎 津在臨濟 丨 谷消梅詩 寒天得其滋中皇甫
服丨丨譯嚥丨液 柑玄津 釋綱更維玄津重丨 活套 丨龍丨滄丨通丨芳丨潤
乃嚥漱丨丨丨 木 額陀寺碑 指道家也 丨銀河丨緑楊丨谷色
丨 人名 公孫弘 璡 石似玉 人名 ○嗔 昌眞切○貪欲丨恚 詳畫○玄宗
不行怒欲捶之既而曰我欲捶汝人必謂汝能 絟刑部尚書李日知有令史受勅
撩李日知丨妻子亦將弃汝遂釋之吏感悦 將軍嗔 平生不識高丨丨手
丞相嗔 愼莫近前 五女嗔 故將昕 口濺吾足乃敢丨 晏
丨丨丨 杜 口怕青腰丨丨丨 翁公 瞋 張目貌 眼 項羽瞋丨
丨目視樓煩 朱亥嗔 丨丨丨目眥 老丨時 目知誰丨 羽
樓煩走詳煩 視虎虎 丨丨丨 ○齋 匠鄰切 語四飯欽 適丨左元謂丨无

人選百里奚非愚於虞而 過秦丨丨論○當 避秦 丨丨桃 借秦
智於丨也杜 天閣渦浮丨 時情丨丨 源詳桃源 劇秦 丨雄丨美新
丨丨爲喻賈山至言○ 越秦 不加喜戚於其心 韓文 復一秦 丨王丨丨 經
論稍卑之且丨丨 丨人視丨人之肥瘠忽焉 高帝紀
丨丨丨 天下紛紛丨丨丨 桃源行○ 定三秦 項羽封章邯雍王司 古有秦世上
幾秦 百年才一炊六籍丨丨丨 馬欣塞王董翳翟王 空知
丨丨丨 號與秦 賜名大国 不言帝秦 魯仲連与新垣衍論秦欲帝之害衍曰
桃源行 丨丨 丨 吾請出丨不復丨丨丨秦將聞之却兵
五十 君湘我秦 數声風笛離亭晚丨向丨 向秦 丨 活套 西丨強丨 人名 周人
里 丨丨丨 郊谷与友人別 晉紀丨 戰 姓氏
天水徵音 顓頊嬴姓之後伯益裔孫非子周孝王封之於丨因氏
丨 並孔子弟子 後漢扶風人字伯平与群從爲二千石者五人号万
石秦氏 江山陽太守百姓懷之 蜀人字子敕始慕肥遯隱青
田畝誦顏氏之簞瓢原憲之蓬戶後爲益州別駕遷大司農 唐人字叔
宝高祖拜馬軍總管功多帝賜黄金瓶 唐初丨 景通与弟皞皆精
崇書号大丨 君小丨 君本 宋高郵人字少游文集四十卷文麗思深
弟觀覿 趙宋奸相 蠑 似蟬詩丨 首蛾眉言額
數丨氏女爲邑人王仁妻詳數 廣而方又大蠅曰胡丨○ 黃 翼眞切
協恭 夙夜惟丨 賓丨亮○ 寅 東方辰詳 夾脊 周易 同丨
又維也淮南子九州之外曰八丨 寅 支 腧 良其丨 紳 縉紳
切 紳 紳 也 記丨 纖 補綴 楚辭 ○ 頻 比賓切 詩国步斯丨 言国家之丨 眷鏡
丨秋蘭以爲佩 丨夫蕙茝 政行步丨急也 杜 徒 句莫 辭丨 著
頻 敷蘩頻 長嗟頻 門庭丨 酒行頻 飛觴无算丨 鬱頻 之丨其於蓄斯
丨丨 杜 丨丨 杜 丨丨 文路公 笑步 楊子 蓋比之人也
活套 數丨 往還丨 漏箭丨 人名 李丨 唐 詩人 嚬 書丨珠丨 鼙 亦作矉 效顰 西施
丨 唉渡丨 寄書丨 又先韵 蹙也 曰西
施病心而顰其里之醜人見而美之亦捧心而顰里之富人見之閉門
而不出貧人見之挈妻子而去之彼知美顰而不知顰之所以美 莊 寄一
顰 誰云千里遠丨 此丨丨足 韓 伉池 言家 活套 捧丨笑丨淺丨双丨 嚬
顰 山千里之形勢丨 此丨 眉丨 蹙之地足矣 翠丨 眉丨 柳眼丨 又服
笑貌 韓昭侯藏敝袴 瀕 水厓 之遂 傳 嬪 婦官 阿房 仕 妣 丨 嬪嬙 又多兒 王蓬傳
曰明主愛一丨一笑 丨 海丨 濱遠 也 書丨 于虞
丨 然 九嬪 昭容昭儀昭媛修容修儀 仙 女号九 蘋 本作薲 沈曰丨浮
成行 修媛充容充儀充媛 周 眞人 曰葉一云水上浮
萍即藻也一云白丨 水生似水 五月花白青丨 采蘋 樂師大夫以丨 溪蘋 潢
陸生似蒿一云丨 似槐藥連丘道傍浅水中丨 爲節 礼 春官 汙潦
鷹丨丨 風起蘋 丨 於青丨 雪覆蘋 楊花丨 落 活套 渚丨 詩 采丨 大夫妻
劉公 起之末 宋玉 白丨 汀丨 能循法度也
○銀 語巾切 重八兩爲一流 亦 雁山上有 忽下有丨 西 陽 禹貢梁州貢丨
唐書 令 承 堂 乾 銘 金 丨 百 官 志 權方紀爲侍御史奏宣饒 部可 鑿

小山丨丨常青之斥使还獨銀俗亭吁可鄰紙燭銀丨丨珠丨丨錢夫子傳　鸑鳥
第翀○丨丞羽化詳盃獨金繒部丨丨越　銀有光彩如丨
銀贈炭價重公巾銀情詩要陶鍊乃月挂銀君行踏曉月游水銀成銀宗期
銀丨丨函鉛巾銀得丨丨越　木丨寸丨越　門郎
程偉妻通神變化煎丨丨丨丨偉從受方妻謂偉曰相不不貴盜銀張喬賢
應得之過之不已妻乃尸解去(眞誥)○朱砂煅養成水銀不責盜銀譚江南
家宴設翁銀器數事于懷公勲視不問後爲相厮役多視珈行此奴竟不沾
錄位告公曰不憶盜吾銀乎我懷之非年不以告人汝亦不知也(東軒筆錄)
聚雪化銀耿先生明道術保大中召入宮自称也大先改根爲銀韓愈子相
傳有金根車以爲金生以雪削如銀定投熾火中即爲銀(賈人錄)銀闕(讀史)
誤惹丨爲銀詳根(詩套)浪翻丨雪堆丨偏漪丨丨
而詩謹丨丨鬚似丨酒頤丨丨
丨如也　齗齒根　垠岸也界也崖也(賈誼傳)坱圠兀丨(坡)　玉石似　齗　大覺　闇悅和
北動經星南耀　丨天垠若馬南軺使書地垠天闕坱圠丨丨　坤垠丼絡丨海
丨(東都賦)南方也　丨天垠札到丨丨(杜)　地垠開(揚甘泉賦)　嫁老尤朱垠
垠(鄧)丨丨邊垠蹭蹬阻風水橫八垠(酒)詩賓客開撣九垠沸四海以爲鼎路
符　狺犬声亦作狾(楚)　鄞(會稽)縣名　釿器之丨鍔(孟)　嚚口不道忠信之
狺(藏)猛犬丨丨　箕舌虛丨丨　言爲丨　用頑与

丨妍之大也(畫文)顛毋丨丨　丨訟可乎○犄殳爲贊切竹青皮(記)霜犄可亭
(卿)役衆皆丨輕丨姦走　顙丨蒙愚　猶竹筋之有丨　文与
名丨(詩套)松丨叢丨　子古甫孫德裕皆拜相(杜)才思艷麗
丨綠丨秋丨(人名)　六朝時人詩如彈丸脫手
績持綱○巾居銀切　漉巾丘園有丨龍巾丨丨李白供狀曾用綸巾謝万著白
紐　巾　号八义手唐人　丨枕吐詳勢綸巾丨丨披鶴
綮衰○羽弱丨丨　(高九万)　丨丨毛羊結曰既定逐事當丨丨東路幅
丨談笑間(赤壁)葛巾諸葛亮丨　丨角巾故里○庾亮有東下意王導曰苦
其欲來吾丨丨徑还鳥衣　紅巾青鳥飛去　黃巾十六万皆著丨丨　岸巾帝
○錦里先生烏丨(杜)　絳巾丨丨衡丨丨(杜)　　　怒
丨丨出卒醉巾風回落(盛)丨丨北岳沾巾丨丨僕射巾丨丨人效之(傳)　華
(宋璟)傳(酒)丨(劉)濾巾(由山谷)丨丨(剛)丨懷(詩)益(墨)　
陽巾戴丨丨手挽周　折角巾郭林宗嘗遇雨巾　角墊時人效丨　漉酒
丨易一巻(林)(樓記)　巾一丨爲林宗丨見慕如此(後漢)　巾
陶潛酒熟取頭上葛白氍毛細軟青絲發光明(杜)(贊)(公旁戲)　白氎巾
巾丨丨丨取復着之　達協切高昌国帛　實如繭絲取以爲布
爛醉從敬道花巾只江女道士頭　我車巾也以衣飾丨丨　丨丨　提山巾
丨丨(會)丨丨巾戴丨丨(李)　丨丨(杜)　一丨　丨丨
丨丨才　(詩套)麼絳丨丨　麋　狂走迷癡丨丨　宜嘗使丨　(詩)　野有死
詳(註)　一字丨　不羊如丨　又国名(宋)楚伐丨　(衞)　惡无礼也

罬　手凍圻(與丁)丨手之藥　○囷去倫切(食)之負者禾囷胡取丨丨二
関一天囷石(賓)見(日)丨　饑雀噪空丨　百丨弓(詩)石囷丨石一開
丨丨(晉)才指囷(魯肅)　丨丨米　輪囷與周瑜詳米　蟠木盤根丨　離奇詳(容)○窮途
丨(樓)(慶)○丨　輪囷蟠木盤根丨丨　致感傲肝膽遂丨丨(臨)○蕭索丨
丨(碗)曲盤屈貌　盤囷盤丨丨焉囷丨　笲東西囷曹元理善丨陳廣漢曰吾丨
轉云若丁不差圭合西囷差一升　二丨米頎笲之曹以食者十數
乃有大鼠可容一升(西京雜記)　○民弥鄰切　四民居丨丨(周)士農工商齊民猶曰
平民(蜀)(註)丨王之丨丨百君子丨丨　(書)　酒民皮日休性嗜酒居
(食貨志)彼民(書召誥)注匹民也　罷民以嘉石平丨丨罷音皮　酒民蠢陽之洞湖自号
丨丨　丨丨(周禮)　輸五百黃日民詩芒東遊大聲號
詳上　黎民也　蚊蚋白民魏詔入粟賜爵丨丨　丨丨　横日民風曰夫子无意於
丨丨之丨丨七　丨丨石者賜其身(漢)猶白丁也
(左)闢墾治(周)比肩民丨丨迭食而丨丨北海閒民丨丨夏統各賣充曰會稽
(莊)　北方有丨丨　迭食而北海閒民　夏仲御(晉)
攺氏爲民儀本姓氏孔融嘲之曰氏(詩套)　佼丨遺丨頑丨兇丨細丨小
丨丨　民字無上可改爲民(吳志)丨天丨逸丨太平丨驚天丨
壽丨丨　丨丨　尹吉甫美宣王也任賢使能(人名)　(遠)　泯滅也(詩)
(孟)丨(詩)生丨尊祖也文武之功起於后稷　師杜中人　(詩)丨泯國不
丨一音民又澤名山海經西　珉石美似玉(晉)賈耽(晉)　中丨民君子貴玉
望丨澤又泯泯猶亂也　玉表(陸機)詩有瑤有丨　賤珉而丨丨何
也謂土之寡而珉佩文士佩瑇丨(註)玉(說)琴丨珉不得雑文(選)　刻珉載丨慈
之多欲(詩)(聘)　佩玟而究切玟与珉同丨丨　(貫丼)　丨(柳)(作)
(龍君)　市珉公君懷中玉不取丨和也　罠　紹兔緡鈞魚(索)也詩維絲伊丨又
(鬱湖)市珉及丨上丨(國)　緡吳人解衣相披曰丨詩言
丨之絲丨被　緡漢武初丨丨分季○天子既下酒緡孫褚婁欠(後)丨丨
也又丨丨第緡分令而告緡編天下(食貨志)酒緡丨丨詳債假緡五鏹
詳上　緡丨丨丨垂丨　旻秋天　秋旻　穆空上(高)高旻(宛)　(詩套)　蒼丨穹
声當(詩套)收丨百乃丨　也　丨丨　(嘉)丨丨　緒丨
(詩備)召丨凡伯刺幽王大壞也　閔也閔無(人名)(張)善射　岷山自梁州
如召公之臣　小丨大夫刺幽王也　閩虎詳處　連綿至蜀
選王仲宣詩伊思深丨夏絕丨嗜飫(張)(墨)(國)　閩東南越孔戰方氏七丨注叔
(詩)通交(演)西戎丨(坡)江水西來亦帶丨　熊避誰於濮邊其後分七種
故云始丨人未知季唐常　忞自彊也傳千　○貧皮巾切詩終窶且
衮(詩)導乃變(韓)東士(窮)丨丨里之丨丨　(論)好勇疾丨　詳憂道
不憂丨(論)(孟)丨居丨　食貧丨丨(詩)(淮)(崔)(編)　開酒　南阮貧阮原
(漢)武紀發(漢)(蒸)丨　自我徂亦三歲　力貧(東)當丨丨　(晉)阮氏(晉)阮咸
(憲)貧子貢相衞結駟連騎過原憲丨攝敝衣冠見之子貢曰夫子病乎憲曰
憲无財者謂之貧学道而不能行謂之病若憲貧也非病也(仲尼弟子傳)
東老貧吳興東林之流丨丨能醸白酒有客至何道人願求一醉飲之數斗
丨丨不醉乃碎石榴皮題壁云西鄰已富憂不足東老雖丨樂有餘(晉)

域外漢籍珍本文庫

〔孟〕貴而貧生於亂世丨可以後亡〔左〕丨丨能美而貧張負曰豈有丨如陳平丨長丨者乎不全貧〔國〕收亨粟不
爲貧丨五千挿架〔后山〕郭解不貧上曰權至使將軍此其家丨丨當從戍陵以窮不中從衛將軍爲言〔游俠傳〕〇無
錐是貧仰山香嚴曰去年貧未是貧今年貧始是貧去年丨卓丨之地今年錐也无〔傳燈錄〕〔活套〕賤丨樂丨不患丨陋
吏郎丨〇〔齊〕紆倫切水涯廣丨〇〔邠〕悲巾切〔語〕文質丨丨亦作斌〔人名〕丨范叔丨范州丨漆灯
詳坐丨亦作邠〔孟〕大王居丨〔左〕丨之歌丨〔韻〕漢儒林傳斌丨多文亭之士〔人名〕事詳灯
〔醺〕〔礼〕祈歃丨雅〔選〕化流妓丨淨〔諄〕章倫切〔孟〕誨尓丨丨〔左〕丨丨馬
肫其仁〇〔纂〕顏子事篤实淨丨丨千章著書已絶筆一丨通作肫中庸肫丨
恂于其丨〔語〕言丨〔史〕丨言〔攷〕丨〔攷〕丨千丨默千丨〔攷〕周丨詩詞各丨〔語〕丨言徙丨〔攷〕丨如八九十者

〇椿丑倫切樁也丨大椿丨八千歲爲春八千歲爲秋〔莊〕丨丨靈椿丨〔語〕一株丨〔活套〕老丨丨古丨
一曰木槿丨〇〔荀〕相倫切〔荀〕〔活套〕孟丨楊丨丨八丨〔姓氏〕晋周文丨河內徵
鶉春爲丨丨丨〔書〕樗也亦作杶栝丨〔活套〕二丨倣与彧丨
王子郇侯之後也〔荀子〕進思尽忠退思補過社稷之衛也〔左〕晋人
趙人五十游学於齊三爲祭酒適楚爲蘭陵令〔史記〕〔人名〕丨淑字季和潁川人〔字〕
和補朗陵侯相涖事明理称爲神君〔人名〕丨爽字慈明十二通春秋論語語曰
氏八龍慈明无双〔人名〕丨彧字文若曹操用爲司馬〔人名〕丨勗字公曾父在中書專管

機事〔人名〕鳳凰池事詳池丨〇珣玉名詳閏〔書〕丨于四岳丨事考言丨於八〔礼〕丨茲黃髮〔詩〕太詢
〔書〕丨于芻蕘周爰咨丨〔礼〕丨〔詩〕
〔蒼〕穼庶〔周礼〕弗詢丨丨之謀勿庸〔書〕丨不可言於人也丨五物詢鄉射之礼丨〔活套〕懽丨樂丨〔人名〕〔國〕〔閩〕
書〇洵水名又洵水中〔人名〕老泉丨國名〔詩〕丨公五齡〔字〕体詳雲丨伯勞之〇恂温恭貌〔語〕丨如也又信也〔詩〕
丨〔書〕丨美丨〔於〕九德之行丨〔人名〕〇後丨丨后稷教於南山馬融從其
且都恂〔字〕丨恂丨〔誠信也〕丨丨〔活套〕丨〔石〕〇純常倫切〔盐〕丨精也〔字〕
奉〔史〕峋嶙丨〔峋〕丨〔嶙〕〔攷〕至今折檻空丨丨〔攷〕
〔宣〕丨〔宣〕嶙峋〔宗〕丨丨〔淵〕〔活套〕丨王丨〔鼎〕丨忠純〔岳〕〇丨
董仲舒丨儒又純也〔語〕今也丨温純丨〔荀〕
丨儉〇通作醇〔漢〕丨書且醇騶温純丨純〔字〕丨純〔荀〕
鶉純始作丨如也從奇純投灶丨投醇〔攷〕射請數丨丨〔活套〕〇
丨之丨如也〔語〕奇純〇丨居宜反丨本音全部主如字詳奇
德丨孝丨温〔人名〕丨名謨〔雜〕〇蓴字本作蒓水葵也〔莊〕似凫葵浮水上〔詳〕〔活套〕逢
丨化被丨〔人名〕丨名謨〔攷〕三月至八月莖細如釵以名絲丨九月至十
月斷粗在泥中名龜丨又云春夏莖而末葉丨張翰事
名雉丨〇蓴朗父諱純朗名爲蓴〔攷〕顏氏家訓故鄉蓴丨詳菰丨千里蓴丨王武子食
前有羊酪問陸雲曰吳中何以敵丨〔活套〕吳丨葵丨秋丨醇化醇丨物丨〔易〕丨
此答曰丨丨丨〔韻〕菜未下鹽豉〔世說〕〔活套〕細丨〔詩〕醲丨也丨〔易〕大

醇〔孟〕氏醇乎醇荀与揚清醇銀榼送丨殘酒醇床頭丨丨丨味弥〔白〕丨北海醇投以東
酎也丨而小疵〔韓文〕丨醇丨〔攷〕丨丨〔白〕丨醇丨〔詩〕丨丨清和
以丨丨交如飲醇程普謂与周公瑾丨醇不覚自醉詳醲〔攷〕〇曾参爲相国日
〔攷〕丨夜飲酒賓客見参不事〻欲有言輒飲以醇酒醉丨〔人名〕賓至飲醇丨頹然不事〻丨先丨
而後去終莫得開說〔本〕与陽城飲客事同詳飲〔淮南子〕詳賁攷丨鶉丨性不
飛常居而有常匹〔莊子〕丨居而鷇食又曰田鼠化爲丨〔淮南子〕越横草
天文朱雀取象於丨南方七宿有喙有嗉有翼尤尾象丨也丨懸鶉子夏衣
〇朝瞻亦庭龍中鶉君看海上鶴何丨〇淳也深淳王君上詩刻琢清淳以
〔疏〕丨丨〔詩〕丨丨似丨丨丨〔攷〕丨丨〔攷〕丨〔韻〕〔後村詩話〕丨丨声丨
〔韓〕送東俗淳風〔杜〕丨丨〔人名〕丨〔盧〕〔攷〕丨丨孟郊有送丨丨入関詩〔韓〕〇錞
野淳〔攷〕还丨〔杜〕丨〔活套〕賢丨澆丨性丨〔人名〕〔範〕丨樂曹娥碑〔人名〕丨注漢書
金丨丨以和鼓〇脣船倫切〔左〕丨亡丨喉脣宋刘湛箋爲侍中文帝曰此
即丨丨詳于丨〇〔韻〕齒寒俗作唇丨四賢同管丨丨恐後難継
翠微〔杜〕丨謂張口反唇婦姑不相悅則丨丨而丨丨吝唇
垂丨〔杜〕齒唇也詳齒反唇相稽〔賈誼傳〕稽計也丨〔唐武〕丨之伍苟〔韓詩〕〔說〕
丨丨丨一發覚中補唇方干缺唇遇醫者濡唇未能賴子燭卿丨猩唇丨恂之
揺唇心原〔乞巧文〕丨丨號補丨先生丨復丨子丨〔攷〕美者
猩丨之丨翰音丨擾塞垣丨丨子重筆札樓
之路〔吕春秋〕沸唇賈誼曰丨丨舌詳舌丨西子唇酒
丨之下匈奴号也君卿唇谷子重筆札樓

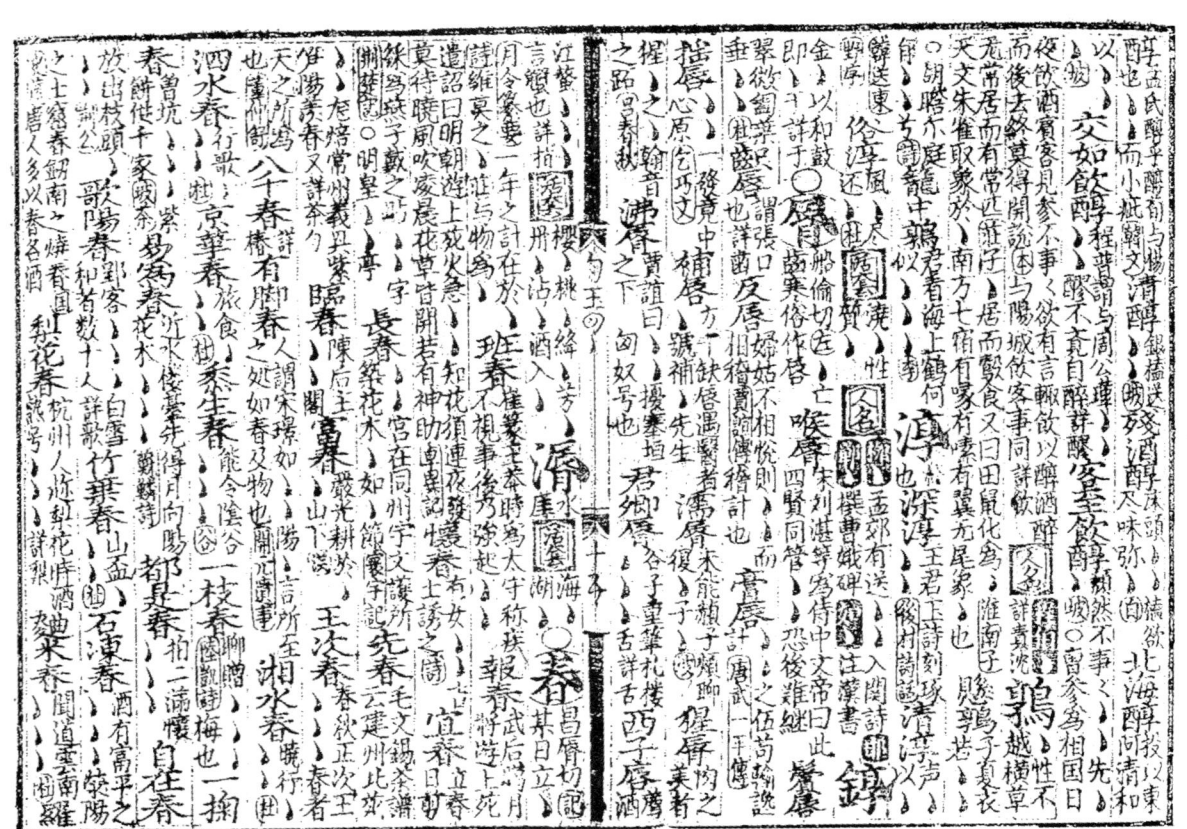

江螢丨丨丨櫻丨桃丨絳丨芳丨滑水丨〔活套〕海丨〇春昌脣切〔說〕
言蠻也詳指〔活套〕丨丨湖丨〔記〕
月令〔攷〕要一年之計在於丨丨班春崔篆王莽時爲太守称疾丨報春武后時月
詩維莫之丨〔莊〕与物爲丨不視事後乃強起丨丨丨將遊上苑
遺詔曰明朝遊上苑火急丨〔攷〕知花須連夜發丨丨丨丨宜春日立春
莫待曉風吹凌晨花草皆開若有神助〔卓異記〕懷春有女丨丨〔古〕
統爲燕子銜之路丨丨宮在同州宇文護所丨丨士誘之〔詩〕
〔荊楚記〕〇明皇丨丨亭丨長春藝花木丨如丨節〔攷〕字記先春毛文錫茶譜
丨丨危焙常州義興紫丨臨春陳后主丨丨閣丨〔攷〕丨丨云建州北苑
丨陽羨春又詳茶丨嚴光耕於丨〇王次春春秋正次王
天之所爲丨丨丨丨山下丨丨春者
也〔懷古問〕八千春詳椿有腳春〻之人謂宋璟如陽丨言所至丨湘水春晓行
四水春行歌丨丨京華春旅食丨〔杜〕丨〔字〕丨丨〔杜〕〔攷〕
春曾坑丨丨紫丨易爲春近水樓臺先得月向陽丨谷丨一枝春〔陸凱詩〕丨丨梅也一掬
放出枝頭丨〔攷〕丨歐陽春郢客〔攷〕花木丨丨丨〔蘇麟詩〕丨都是春柏二滿懷丨自在春
丨丨〔攷〕丨丨〔詩〕和者數十人詳歌丨竹葉春山盃丨〔杜〕石凍春酒有富平之
丨丨白雪丨丨丨〔杜〕丨丨丨丨滎陽
之土窟春郢南之燒春〔國〕梨花春杭州人嘗梨花時酒丨丨丨丨
〔唐書〕唐人多以春名酒號号丨丨丨詳梨曲米春聞道雲安曲米春丨丨〔杜〕

一石付与｜｜（坡）欒文春　行｜須　一片花飛｜｜（杜）注立
滄春坡云子家釀酒名　欒文春｜｜（？）歲暮春　豫見庭中花落曰飛此一
片花初落（詩）｜王｜青｜斗柄｜九十｜枯木｜万家｜万物｜故鄉｜紫陌
歲春色｜桃李｜座上｜筆下｜報答｜建溪｜茶蛾燒｜草萋｜
（人名）（扶大）五經紛綸詳綸（庭子）以廉潔稱數年一洗足詳足（齊力）
唐忠裕白着六矢不動（戲）古箏吹笛人（鮑照）無復西施女詳施
（草木）（麗）游默客扇云金陵｜｜與蘡別種也紅（地名）錦堂｜五樓　〇淪
紫白黃皆有紅衡皆有之独金陵者異｜合堂｜　淪力
切小波又率也（詩）｜｜胥以鋪又渾｜夫　清淪河水｜且｜猗（詩）｜碧琉璃
窮兒又沒也（史）｜肌淪髓〇三綱｜｜｜淪〇登石娛｜｜（淵）淪滑水
淵湖淪坡陀漫隱淪天下神人五人｜｜（？）汎淪容易夫崩淪（選）章久漂
｜｜（？）｜｜（鬭新論）〇行歌非｜｜（杜）
論正声勿（孟）神淪精浮｜｜（選芸斷付）倫（書）彜倫｜攸叙（孟）言中｜（孟）乱大｜中庸行同
｜｜（孟）袒｜｜（記）擬人必於其｜黃庭經舌神通命字正
｜｜群倫冠｜｜（柳子）等倫尊榮（万）（杜）勢絶倫多手可熱（杜）非卿倫｜阮籍謂王渾曰濬仲
清談｜｜也詳誠
（語錄）殊｜奪｜鄰常｜｜（人名）（伶倫）黃帝樂官（第五倫）漢人詳私　綸　貫絲綬
非吾｜誰与｜（鬭伯）唐封德彝（劉伯倫）晉人名伶　綸也（揚）五
兩之青綸身无半通｜｜之命（後漢仲長統）白綸巾乘伴山冠戴　垂綸力云江（？）
｜｜青綸（？）〇百石｜紺｜綬（後漢輿服志）白綸｜｜（荊公）垂綸有｜｜（杜）

綸花溪得入綸後丹升学大春通五經語曰五經紛綸　彌綸（易）經綸人從心
紛綸｜｜（杜）紛綸｜井大春〇姦刀綸切空（杜）｜彌綸（易）經綸上起
｜（漢）王言如綸｜｜絲其出如綸　獨繭為綸（詩）何以｜收｜捲
（鄭）青絲綬也　引文章之魚詳魚（內芸）｜掌綸
｜漁翁｜草（人名）（？）唐大曆十才子中人　輪（後漢輿服志）上古見轉蓬　乘輪（二六公有勳）
帝｜（荊公）　車為｜相如傳紛｜葳蕤　乘輪車傳音特加
｜｜鳥溪輪轂黃金雕　朱輪楊惲家乘｜　蒲輪武帝東帛加璧安車
青佃憤朱絲絡（通典）朱輪｜者十人　蒲輪迎申公時年八十餘（本）
｜｜小　左輪張良曰｜｜朱殷　左輪｜｜不反（谷）觭輪晉敗秦
駼輪長歌高秋（杜）　左輪首敢言病詳失　傳車（？）　觭輪師匹馬
駼輪睡憑｜｜（杜）
（？）觭居宜反隻也　方輪徐胥邪解　伐輪坎坎｜｜　田輪（？）　四輪顛石室
｜｜无反者（五近）　方輪轉｜｜（？）伐輪兮（詩伐檀）　田輪許既濟　四輪而｜｜
叩輪（孟）　死輪吾神以為馬　廣輪｜｜之數（禮）東　美哉輪晉獻文子成室
老曰｜｜吾美哉（禮）焉歌於斯哭於斯聚國族於斯（？）輪別｜車輪｜
云云君子謂之善頌善禱（禮）輪困言高大與言衆多　日輪一日一万周
（？）斵如輪｜｜車　斵輪薛廣德曰臣得　｜｜老萊（？）輪（？）論咸公
　夔輪以｜｜車（本）書（？）一｜（？）讀書
堂上｜｜｜｜於堂下釋椎鑿而問曰君之所讀者古人之糟粕也夫臣斵
輪不徐不疾得之於手應之於心口不能言有數存焉臣不能以喻臣之子

臣之子不能受之於臣行年七十而老斵輪（莊）張綱埋輪｜｜為侍御史安帝遣八使按行風俗綱
獨埋其車｜於洛陽都亭曰豺狼當道安
問狐狸遂奏大將軍梁冀兄弟後李（？）蟄蚛如輪紀昌學射乃懸蝨而｜之及三〇食輪法輪木
年如車輪乃射之貫｜心詳蝨
先水輪風輪金輪水際外有風輪檥（？）總地深九億万里卜輪禪師偈云｜｜
轉水輪風輪云云第四是地輪第五｜｜第六｜｜（？）臣輪禪師　有伎
倆能斷百思想詳上声長（詩）烏｜水｜牛｜鉅｜狐｜蹄｜　掄擇也（？）工入山林｜材　蜦蛇類能
雲雨〇屯陟綸切　（？）｜｜征｜雕｜香｜駕火｜　（？）屯經百（？）　歷數也（？）雄畜｜骨相也（？）
｜｜（？）（詩）昧｜世｜命｜石｜（國名）屯六二｜三（？）君子以經綸初九磐桓利居貞利建
字十年乃字六三即鹿无虞惟入于林中君子幾不如舍往吝六四乘馬班
如求婚媾往吉无不利九五｜其膏小貞吉大貞凶上六乘馬班如泣血漣
如　屯（？）　迍行也　邅難（？）　（人名）（？）識子雲太玄屯　一曰　巡又
者下則群臣｜　（？）厚也（左）｜穸之事〇（？）遁　七倫切退也一曰｜巡又
逢言有次第也　長埋曰｜長夜曰穸　公孫弘傳有功者上无功
是走　皴皮細起也（莊）手腳凍｜　皴皮肉死（？）　逡巡（？）上也復
｜｜　鄶郭者曰｜　俊狡也又　（？）晉果栗｜開　踆也（？）
｜｜　（？）居東　俊先顛　蹲｜莽我　遵彼汶墳　（？）｜土之路（詩）鳴飛｜｜

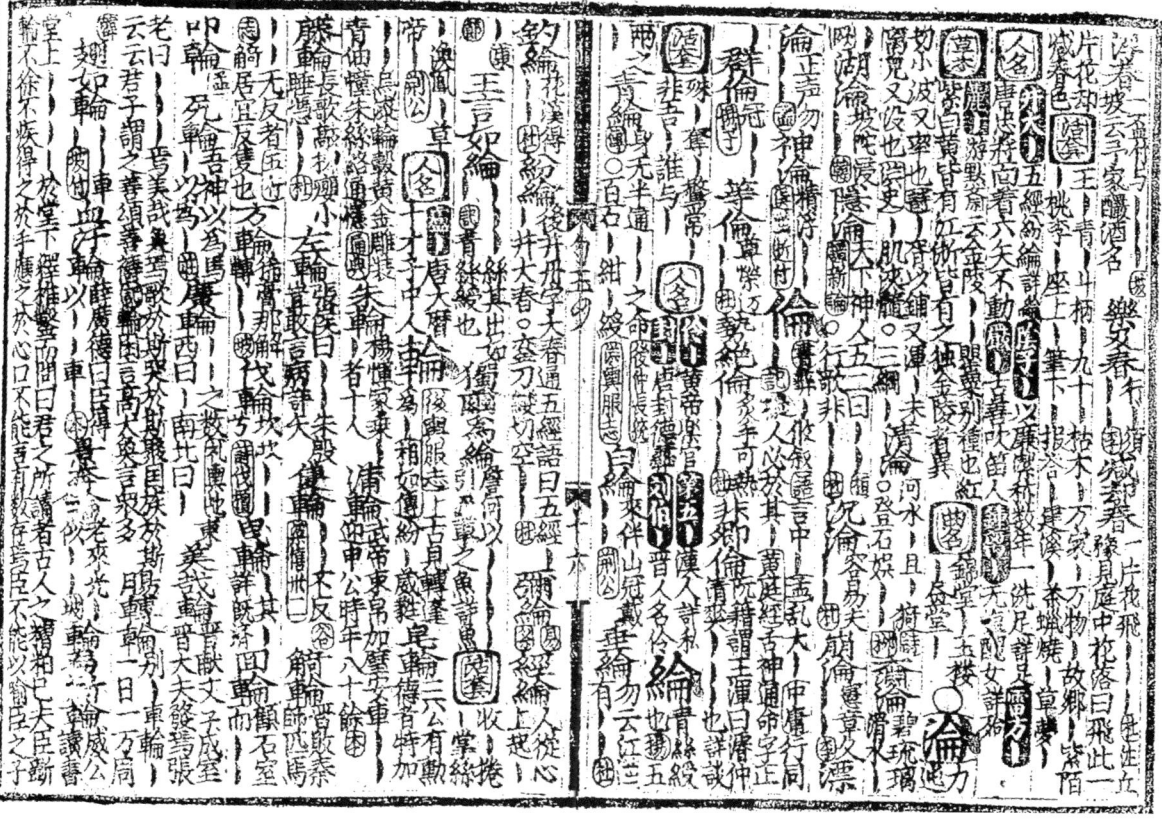

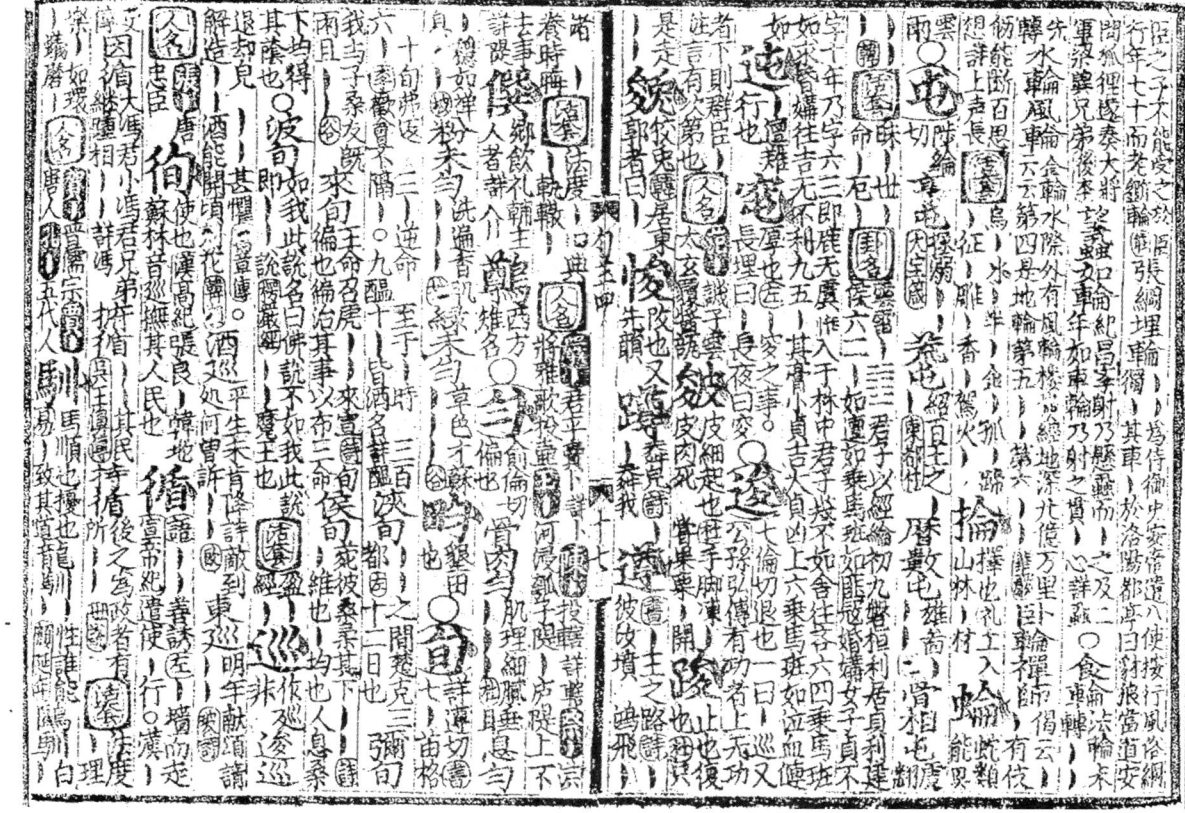

諸｜（？）法度｜口典（人名）（？）君平貴下詳下（？）宗
養時晦（？）｜軌轍｜　將雅歌投壺（？）河濱瓠子隄｜防隄上下
去事（？）鄉飲礼輔主（？）　倫也　（？）投轄詳轄
詳隄　餕人者詳介｜　鶉雉名西方〇　（？）偷也　肌理細膩無息与
｜（？）如祥紛（？）（？）芬洗遍香気　（？）均　（？）也（？）　（？）　七｜亩格
貞｜｜（？）粉芬当　綠芬当草色不麻（谷）（？）也（？）田〇　旬　詳遵切（書）
十旬弗返　二｜逆命　至于｜時　三百旬｜｜之間楚克三旬
六｜（秦）（？）會不隔｜〇九醞十｜皆酒名詳醞　浹旬都（国）十二日也　彌旬
兩旦｜｜（谷）　來旬（王命召虎）｜｜來宣（詩）旬侯旬苑彼桑柔其下｜｜（詩）
我当子桑友既　旬偏也偏治其事以布二命｜維也｜均也人息条
下均得　如我此說名曰傑說不如我此說（語錄）盈巡（？）依巡（？）逡巡
其蔭也〇　浚旬即｜｜說（？）｜（？）寵王也　巡非
退卻兒｜｜甚慢（？）章傳〇　酒巡平生未肯降詳歡到東巡明年獻酒請
解造｜｜酒能開頃刻花（？）　酒巡处何曾許｜｜（歐）（？）
（人名）（？）唐　徇使也漢高紀張良｜韓地　徇（語）｜｜善誘（左）｜增而走
忠臣　蘇林音巡撫其人民也　（宣帝紀）遣使｜行〇漢｜
文因循大馮君小馮君兄弟（？）循｜｜其民（？）持循後之為政者有（？）法度
傳｜繼踵相｜｜詳馮（？）　拊循所｜｜（？）　（？）｜理
崇｜如環（人名）唐人（？）晉儒宗（？）五代人　馴馬順也擾也｜馴｜性（？）能
｜蠶蘑｜　　馴易｜致其道（？）　（？）馴｜白

波蹄礒乃甲遊能｜(相) 雉馴 魯恭爲中牟令桑下有馴｜詩雉 柔馴 无不｜馬｜(列) 雅馴 其文不｜｜牙馬生雅言之(史五帝紀) 鴻鈞先
生馴 川騏烏雉馬｜｜(韓)(詩答) 烏｜燕雀｜白鹿｜ 紃 組｜(禮記)｜以五采○ 鈞 居匀切三十斤爲｜(漢)猶泥之在｜(孟)井地
不｜｜ 大鈞 天也｜｜播物言造物猶陶之造瓦(賈誼傳) 洪鈞 一氣轉｜｜(也) 萬鈞 主勢｜｜(賈也)文須是筆端挽得數○波云作
起千鈞｜｜之弩不爲鼷鼠發機(魏任表傳) 百鈞 而不足以舉｜｜(孟) 六鈞 顏高之弓｜｜皆取而傳觀之(左)陽州人出顏高奪人弱弓
籍丘子鉏擊之与一人俱斃詳弓○｜｜百八十斤 四鈞 ｜｜爲石象四時也(前律曆) 韶鈞 鏘然而｜｜鳴(韓文序) 和鈞 關不｜｜
(書五子)關通｜｜(詩答) 陶｜化｜持(人名) 佳五枝(賞) 當 墾田也亦作畇 均 (易)坤爲｜(詩)役使不
也和平也 ｜｜六響既｜(詩)而康不｜(中庸)天下國家可｜也 亦作鈞書報罪注鈞平年鈞以德 國均 秉國之｜(詩節南山) 樂均 八音聽冬夏至陳
可｜也 ｜｜(後律曆)○堂上之｜皆受笙｜堂下之｜皆受磬｜(尚書注)○又韻會云
均｜器名制長七尺繫之以絲以｜樂音○又云音律由濁至清爲一均
三均 揚收當言琴通黃 成均 五帝名 土均 掌平土地 肉均 寧｜其 姿均 材美工巧爲之
時謂｜｜角不勝幹，不勝謂之｜｜ 星 鳴均 鳴｜養子朝從上下暮從下上平｜如一(詩鳴鳩注)
其力有三均，均者謂之九和(禮考工記弓人) 九均 下上平
天均 和之以｜｜(莊) 酒一均 王莽時官作｜二千五百石爲｜ 人名 吳人 伍原(宋) 枸 衣戒 ○ 𧝎 側詵
切 詩謐｜于衛 則麟所 蓁 至(詩螽斯) 臻 秦餞｜｜ 四表
｜(晉武帝詔)何施｜此 ｜｜奏群士｜(前紀) 溱 至｜(後音紀) (法套)
騋｜ 榛 處也晉趙景貨書披｜求路(唐史)城邑遶｜(國志)(李)戰國多荊
福｜ 栗實如小栗(詩)樹之｜栗 山有｜ 止于｜(爾雅)女贄用｜以告
荊｜ ○(宋史)大明元年盜聚任城｜中累世爲患謂之任｜ 蓁 盛也(詩)其｜｜ 溱 水名(詩)褰裳涉｜ ○ 莘 所臻切(詩)
纘女維｜注大姒國也 有｜其尾(左)神降 (姓氏) 天水徵音 夏后啟支子
于｜(孟)伊尹耕于有｜(東都賦)俎豆｜｜ 封｜因氏焉音轉爲辛
詵 致言也又衆也 (人名) 桂林一枝 (舉子)晉人 侁 行兒 (人名) 路福星 一 姺 國名 甡 衆生
並立兒(詩螽斯)｜｜ 芳 駪 馬衆兒(左)万
｜｜其鹿 駪 馬衆｜｜ ○ 𨘏 走草也 ○ 𨙸 𨙸躇切 犬 ○ 墐 黏土 巾切 穜 也 予紉
礥 下珍切 難也

十二文 與殷同用

文 元分切(說)書同｜ (左)敬文｜ 有本有｜ 儒有多｜以爲富(董仲舒) ○ 斐然有｜ 稍小年能屬｜ 推予總能｜學問歌百怪而難｜○ 司

勃少 庚文 唐鄧庚在許於宰相相曰上賢 ｜｜ 文宗愛其才以爲 ｜｜以庚爲博士庚不知｜｜曾司何
｜(宋)｜｜鄧以居賢者今後世言｜｜淳士自
君始不亦美乎乃辭職 玄文 童鳥于｜詳玄 虎文 自古｜｜未有 舞文 柳公綽行
縣吏有納賄｜｜二人公綽判曰贓吏 彊文如良者(宋史?傳) 部至郊縣
○｜｜先生官獨(孟)｜｜吏 論文 眞與細｜｜(杜) 戰場文 李華作弔｜｜ 縟文
犯法法在｜｜贓吏弄法法亡誅｜｜吏
無文 隨陸无武｜｜詳武 不滅笥文 節度周行逢少時坐事黥隸銅坑或曰面有文
｜｜｜ 請以藥滅之行逢曰漢有黥布不害爲英雄(國志)
北山移文 周顒字彥倫隱北山後爲海塩令欲過｜｜孔稚圭 杜後惠文 以
｜｜｜ 作｜有曰蕙帳空兮夜鵠怨山人去兮曉猨驚
｜｜｜ 彈治之(張敞傳)注冠也秦吏冠詳冠 趙惠王所造因名又云惠者
蟪也文輕細如蟬翼故曰惠文(晉輿服志)○ 民實腰間劍公寬柱後十(谷)織
錦回文 晉竇滔妻蘇氏名蕙字若蘭滔被徙流沙蕙思之｜ 地下修文 死而
｜｜爲｜詩八百餘字以贈滔宛轉回循辭甚悽惋 ｜｜(語)
甦示顏淵卜商爲｜｜郎(王隱晉書) 歐公文 歐公知制誥有孫在良孫文章乃歐所著十
｜｜郎 ○ 乾 ｜福｜禮｜ 藁｜爲己文公大而已能報良孫獻文字公
試拜官乃令狐綯所著兵｜ (紀套) 郎｜過必｜史闕 ｜虎｜具｜節｜○ 郁
論公因對奏陳(東軒筆錄) ｜未 ｜(論語) (詩答)
后稷配天也 列文成王 (人名)(田) 孟嘗君 (姚氏) 名約沈腰瘦損 (字) 休 (梁) 文
即政諸侯助祭也(周頌) (人名) 唐與利者 (王叔) 唐小人 (劉歆) 詳二 (左)

(人名) 名群大丘抱長文 (姓氏) 雁門(晉)音周又壬支孫以謚爲氏 (唐) 忠 江
車中詩聚(後)古吳女 人爲蜀郡守修起斈宫蜀地大化 (唐)魏人字
仲業大祖曰卿眞忠臣也爲江夏太守名震敵國(晉)晉人字廣休拜濟陰
守政事修明(賈氏) (大祥) 吉州人號文山丙辰狀元宋末作相有忠義風
相五十餘年与富弼等爲洛陽耆英會(唐) 名同梓州人以文章知名益
筆尤妙与蘇東坡游 ○剌｜五｜添弱綫 (姓氏) 趙宋人字寬夫汾州介休人幾間莊重有大臣体位將
紋 綵紋 卻斷｜繡文用貧不如刺｜不如倚市門 綾紋 爛若 竹簟紋 松
琴詳枕 繡紋(賈誼傳)
見貞心裂｜ 錦繡紋新晴｜ 羅紋 唐何因鬢上插紋者羅浣染顏紅色
見｜｜(孟郊) 金｜｜ 紋 作｜(長)羅插紋 王版成 ｜｜｜
(杜)浪｜ 篆｜ 龍｜起龍 ｜ 蟁 或作蚊亦蟁南方有鳥其名
(杭州)(唐套) 並水路約｜淚竹｜雨摺｜ 顛從口中吐｜常一二升曰
｜毋又有蟻蛾蚋子蠓子又洋蠛子微不可 聚蚊 ｜｜成雷(詩) 磔
見大戴禮｜曰白鳥○又曰恭民曰豹腳 蚊｜有如｜飛｜(韓) 蟟蚊 若
夏｜ 不驅蚊 具猛懼其去己遲親 死於蚊 有女子夜至高郵不可食蚊爲有田舍嫗
(晉)蚊死其筋見焉 ｜止宿女曰吾寧｜不可失節遂以
立祠曰露筋廟 八區蚊 蠅蚊｜ 負山蚊 狡與曰其治天下猶
｜(晉)可 ｜｜尽与相格(國) 使蚊｜｜(莊) 閑
進蚊 有齊相公曰一物失所寡人悒悒 小鳥嘗(?) 是以飢不｜寡紛之｜｜之
蚊｜有知礼者不食公之肉而退有知足者(?)公之肉而退有不知足者

長吻江吸而食之及其飽也腹腸爲之潰破（陰世子）覆射知蚊（郭舍人曰願問朔一事朔得臣願榜一日朔鉛臣嘗賜帛曰客從東方來歌謠）
且行遊殿中庭上入殿堂擊之拊之不見若蚊蚊格閣而死主人被劍是何物也朔曰長喙細身昏亡夜存嗜肉惡煙爲掌指所捫臣朔愚贛名之曰蚊舍
人餘當未嘗有蚊（孫譙俛幾壯施漢條牀復脱褌風无帳而）｜｜（梁）聞（而）雞犬相｜（董榮傳）｜所不｜韓人其所
皆勸我酒我若耳不｜而一葉｜｜（吳）床前作蟻不會｜此事今元古或｜冑聞山見｜｜于上帝（書）百聞｜｜不知有（唐宣宗云朕）
卿〇百聞不如一見（趙充國）寡聞（孤陋）｜｜（范寧記）空谷聞（音詳音）｜｜｜足十事聞｜｜（姚崇願以）何所聞（嵇康）
曰｜｜而來鍾會｜隔岸聞（香風）｜｜（毗）隔林聞｜｜（機杼）｜髮雞不逮所聞（鄧世翼遇崔信明曰）
聞君楓落吳江冷之句願見其餘信明多出衆篇世曠覽未終曰所見｜｜｜｜投諸水而去（劉餗）博物洽聞（傳）劉向〇聲聞（因）
｜道謂之｜｜（傳燈）祖師不立文字直指人心本來面佛若不見不聞（壽州道樹）也聞法悟道則另｜〇衆人驚｜爲｜何怪（啟禪）｜友多｜有異
禪師結茅三峯山有野人言談說異師曰野人多色伎倆只消老僧｜｜｜｜伊伎倆有窮吾无盡（傳燈）｜道說｜无
前｜恐有｜過欲（姓氏）吳與　闞（宮音）低目視也衛侯太子傳湖（地理）有弘農湖縣　斷知｜廣見｜闞鄉孟康曰闞古｜字

雲（雲戍）章也〇雲（王分切詩上天同｜信南山英英白｜）紅雲（王帝所居常有｜｜拥之）
韻｜傳〇欲知花島處水上覓紅｜（韓）（白樂天太清同一｜｜勸歌枕笑歸）碧雲日暮｜｜合　綠雲（鬢也何遜）擾二梳曉　玄雲（紫潭出｜坡謂墨）紫雲
杜牧爲御史分務洛陽李愿罷鎮宴客女妓百餘人牧瞪目注視曰聞有紫雲者孰是宜以見惠李笑諸妓皆回頭破顔牧自飲三爵朗吟而起曰華堂
今日綺筵開誰喚分司御史來忽發狂言驚滿座兩行紅粉一時回｜｜（明皇）神仙羽衣曲詳曲　朝雲（東坡妓）｜｜（從坡謫惠州始不識字忽學）
書粗有楷法亡於惠州坡有｜｜詩〇朝爲行雲詳雨　卿雲（非雲）卿｜一作慶〇若煙非煙若雲非雲郁郁紛紛蕭索輪囷是謂卿雲　停雲（淵明詩）｜｜思
悼｜｜詩〇朝爲行雲詳雨
親友　五雲（韋陟封郇公使侍妾掌五采箋裁答授意陟惟署名自謂所書陟字若｜朵｜号郇公｜｜體（本傳））三雲（漢成帝設雲帳雲幄
也
雲幄於甘泉紫殿謂之｜｜殿（西京雜記）畫雲（大旱之｜見）書雲（分至啟閉必｜｜物左僖五）披雲（呂望遇文王｜｜）
見披雲｜｜叶日披雲閣（韓）龍雲（我願身爲雲東野化爲｜韓）仍雲（冰能不朽｜｜見｜谷）泰山雲（觸石而起膚寸而合不崇朝而
遍雨天下（公羊）海東雲（紅見｜｜極）隴上雲（梁高祖問陶弘景山中何所有｜｜多｜只可自怡悦不堪持贈君（本傳））南浦
雲（滕王閣詩）｜｜（王勃詩）親舍雲（狄仁傑授并州法曹親在河陽登太行反顧白雲孤飛曰吾｜｜其下（本傳））鸞車雲（之假）

有｜｜（個）出岫雲（雲无心而｜｜陶詩）度墻雲（山雲低｜｜）看度雲（拄笏｜｜）（西閣）摩雲
奥渝嶽音砲
昭雲如｜大吠雲（董〇杜光庭）缺月初升｜｜｜吠〇｜｜｜（問門詩）｜名｜｜可行万里　羲薄雲（故人有孫高｜管｜棲）
璧｜
歌過雲（秦青事詳歌）賦凌雲（司馬相如奏大人賦｜有｜｜之氣）詩霸雲（君｜多能度｜霸春空）紙落雲（揮毫）
落｜加｜雲烟（杜）稼臥雲（睡｜｜荆公）｜黃翼雲（鵬之｜詳鵬）飛天冠切雲（帶長鋏之陸离兮｜｜之崔嵬九歌）冠
名　五花雲（身杜甫驄馬行）｜｜散作｜滿　一簾雲（坡詩頭｜｜酴醿也）一穗雲（九畹香也）｜｜黃｜繞｜懶於雲
也
雲尚无心能出岫不｜｜（荆公）梨花雲（落落漠漠路不分夢中喚作｜｜｜｜王昌齡）
應君更｜｜｜｜（荆公）王詞高情已逐曉雲空不与｜｜｜同夢用此事
三素雲（玉宸詳素）｜｜｜中望　春樹暮雲（渭北｜天｜江東日｜｜杜）蒼狗浮雲（天上浮雲如白衣斯須忽變成｜｜）
吹｜河　杳五色雲（張洵吾吟髪｜｜｜滾滿）〇德雲（善財童子問法於｜｜比丘詳三）法雲
餓詳　雅道（鄭谷）｜又南唐野史
梁僧講經有｜天花亂墜　慈雲（謂如來｜心如彼大｜｜陰注世界鑿靈集）紫雲白氣（道信禪師見｜｜有｜｜一道橫分弘忍曰）如蓋下
不是和尚化後橫出（沽拿）耕｜眠｜抗浮｜｜（人名）（朱雲）漢人析檻｜收詩薛宣
一枝佛法否詳枝　從如｜空｜｜　直欲吏朱雲（晉文人）

（揚子）｜｜一身是膽詳膽　唐忠將｜｜冊｜（姓氏）｜｜琅邪微音　｜姓四春秋時爲妘姓云西漢
繇｜氏之後少昊氏以｜紀故爲｜師而｜名　單爲云北朝始爲雲其實一也〇｜姓〇
師事吳章及王莽斬章禁錮弟子敞時爲大司徒掾自劾收章葬之將軍王｜（前漢平陵人字｜孺）
舜高其志節薦爲中郎諫大夫
器仗在階擢少府累遷衛大將軍（北史）袁制　沄（流｜水轉｜）妘（也姓）紜（紛｜）芸
老子夫物｜｜各歸其根注物多貌〇藏書稱｜蘭閣芸閣｜｜｜閣謂｜香辟蠹（典略）（人名）魏文帝美人李允詩六幽｜鬢搖折崔昭
之　耘（詩載｜或耔千耦其｜語植其杖而｜〇韓神云舜耕舜蒼梧象爲之耕禹葬）
子　功謝鉏｜〇通作芸孟含己｜人不芸苗者也
會稽｜爲｜｜朝種莫穫　神人修煉法　滅裂
之｜詳耕　火耘（山便｜波觀燒）
云｜｜而｜之亦　借耕償耘（魏太子使民无牛者｜牛｜種耕二十二畝則芸七畝以｜｜之）云（詩）
耘滅裂而報予（莊）五德耘（種五方五色禾於此地而耕耘也）
吾盟故｜（孟）禮云　玉　陶云（我醉君且去｜吾亦云）襌云（封太山｜｜｜云云地）
笑貌｜乎哉　帛云乎哉（論）　前郊祀云云地
名在梁　書云（古篤說不死至｜今｜｜）（孟）口云云（世間膠｜荆公）員（物數又詩景｜維何）聊樂我｜本
父山
（人名）吳人　縜（持綱紐）鄖（國名）〇氳（於云切氤｜氣貌亦作絪縕又元氣也〇韓酒氣又兩｜氤氳）

怨離省孫猜思||燭也○枌|符分切木名榆白曰|東門
(國)盈閨春||越 一曰榆先葉後兆|(說文)(詩)門
之|疾乱也男女巫 氛||甚惡 靈氛索瓊茅以筳篿兮命||鴦
會道路歌舞市井(陳) 氛六氛(袁北七) 靈氛子占之 ||左 世占皆詳
蒡 紫氛刘公幹(魯)翅凌||(選) 霞氛(若)丰||(陸) 塵氛何路出 (杜)祲氛一作靜
欌德輿威鳳翔||(謝)霞氛(宮)(終南山)(杜) 塵氛||(西)祲氛||(李)
江氛||嶺梫 湊氛郡麓上戍而洩人 (古今)祥|曉|氳|清 獖 攘
(西)若疑(韓) 湊氛兮||獅子詳閩|掃埃|靖塞| 系 𤎅
(選)如悅如|(宋)(語)厥|(孟)|廣(宋)秦高明濟河|舟(文二)|巫(僖十一)象
有齒以|其身○秦|書 晉武帝|雉頭(花)詳 唐明皇初|錦綉珠玉
(禾)芸菱||而薫英 玉石焚||俱 膏油焚焚||以 圖書焚 梁元帝敗
松茂而栢悅(書)(胤征) (繼)(晉)(韓)
曰讀書万卷 筆硯焚 陸機(弟)雲曰君苗見 債券焚 (馮)(驩)事 火自焚 (左)(猶)|也
猶有令母(本) 兄文欲焚||(本) 辭券 (肝)(腎)將|
|也(左) 入火不焚 吳人姚光有火術吳王積薪千束焚之 (古今) 坑|(焚) 黃
(隱四) 狄(尺)光安坐火中振衣而起(神仙傳) 製|
大也(書)用(宏) 真城徽音 縣|父之後風俗通(齊)有|沛(濱)有郎 **墳**
茲| 敷賁 (姓氏) 中(○)(洪) 汝南(○)清操之士 長(沙)(蚁)尉(○)
馬衔外鉄一名扇汗(詩)朱| 漬(六鉄)(礼) **墳** (侯)鯖錄杜子美|在耒陽李
鑣二以朱(纏)二鑣扇汗也 (墳)| 傳云(堯)假師 李白|在太

平州采石然州南有(丘)| **皇墳** 高詞(燒) 堤墳 築土遏水曰|
在青山采石特空|也 |(韓)|常墳(國)(蒼) 裁成| 曰防大防曰|
說文 燕女墳 女姚玉京以紅綾系燕足玉 **湯陰墳** 梁父吟步出城東門遥望
(介)(燕)| 京(死)燕悲鳴至墳亦死詳燕 |||||(三)(六)中有三|纍纍
三(丘)相似問是誰家墳 董相墳 下馬求壽||(坡)董仲
田強古冶氏詳吟 舒墓門人過必下馬詳陵 **壹墳** 王子喬葬於
||(古今)年|數尺| 典||三|百 (詩篇)汶|道 化行也 **羵** 首 土之怪|羊(詩)(三)羊| 城東而||
||(左)梦 (坡)山妖(寶)(變)| **棼** 屋棟又乱也(韻)
泯泯梦梦(左) **重棼** 增(粹)重||(西) 汝(贲)之(京)(賦)(三)屋棟
治絲|之 **鼖** 大鼓亦作賁 (地理) 汾 人皆喜悅子良(憂)(左)(宣九) (柳)| 部| 敗楚師于柳棼 (人名)
賁(懿)(詩)矢(鼖)鼓(詩)賁鼓維鏞 **朌** 大首貌亦作頒 (王)(次)(翰)| 射
(書)夢到愧安国 詩有頒其首 **汾** 水出大原(左)(新)
其惡 漢武時鼎出|水祠 水(厓)(詩)鋪敦淮| 通作 田有|澮以流
|陰(本) 王通講道河|| **濆** 墳水自江出為沱汝為墳 **蕡** 雜草香也
安見詩有 (人名) 事(紀)|第(○) (詠)|不 **分** ○ 方文切分物以群|記月(令)日夜| 又草木多
|其實 刘 唐詩東共野人|(黄)高會惜臨| **夜分** 光武
||之 **壁分** (滕王閣記) 翼軫 **瓜分** 下(賈)(誼)(傳) 高帝||天 **勸分** 振廩|(左) **書八分** 阿買不識字
(冢)(本) 賴知|||
(韻)○上谷王次仲所書 八分篆法 二八分隸文(佩)(觿)(集)○|一云势如八字有
偃波之文又云二(篆)皆非書有八体(篆)(伯)皆於八体之後又分此法故云○

粲然別傳曰臣父邕割程邈隸字法去八法謂去八易七分 程伊川(易)(言)解
分取二八分也李斯小篆去二分取八分故云八分 七分|只說得||
春三分|色|||二八分壓 詩三分 荆公言郭功父|七 **燭光分** 燭詳 陰惜分 陰詳
分 士一八分(沈)水(淡)(詞) 分是讀|||是| 詳
風月平分 自從(添)个|||| 臂小半分 以手握|(李)計月 增減一分 東家之
|破通判事詳月 ||||(沈)約傳 子|||
分則太長|||(古今) 春|秋|鼎|井|積|混沌|曉色|黑 饙 滑
|則太短詳笑 白|半路|涇渭|玉石|国三|狄忍| 飯 ○
羣 渠云切(語)詩可以| 鳥獸不可與同|(記)(子)羣|(卓)||| **樂羣** 敬業|
(鹵)|索居(禮)|(前)(漢)書(臣)|(策)魏志(武)騎千|(兵)羣倫(揚) |(學)(記)
不羣 飄然思 牧羣 卜式牧羊肥息曰非独羊也治民 早群 鶴空馬群 (韓)(愈)一
||(杜) 亦猶是矣惡者輒去毋令|| 君(雀) 過冀北
之野馬群 **籠鵝羣** 王羲之(喜)(鵝)(晉)(書) 入羊羣 王(懋)化為羝 |||
遂|(韓) 群|而去詳鵝 |||說羝 百鳥群 (紀)(事) 忽見孤
鳳凰 **不掩羣** 大夫||鴈叫羣 獨||| 鶚入鴉群 王思孝驍男文宣曰木
(韓) |記曲礼 天拍水(唳) (談)(叢)如|||| (晉)
鶴在雞羣 嵇紹在稠人中如野|之||||王戎曰 (人名) 東|(濱)人(齊)兄
吾復未見其父尔謂宁散嵇叔夜也(晉書) 弟有聯珠集(書)
美(從)二十 詳(莊)(東)|父子 **裙** 長安士女春遊解| **榴裙** 石||||
全時旋命羔鴈成|詳鴈 四圍謂之|(幄)詳幄 榴紅(谷)(章)裙對花(留)(空)

(豔)(曷)草月 **縞裙** |練悅无 **書裙** 羊欣(嘗)書新絹裙(晝)寢王獻之見之||
羅|(杜) 綠裙筆(差)(韓)(李)(桃) 數幅而去欣書本工因此彌善(南史)(本)(傳)
留仙裙 成帝欲立飛燕為后帝步大液池謝后歌歸風送遠之曲以文犀(簪)
(擊)玉(甌)酒酣風起后揚袖曰仙乎仙乎去故而新帝令左右持其(裙)
風止裙為之縐它日宫姝或 **六幅裙** 湘(拖)||(瀟)(卒)紅裙不解文字飲(推)(韓)
擘裙而縐号||||外傳 (紹)(水)(李)(羣)玉(酒) 紅裙能|||| (韓)
兩裙 僧謙光云願鵝生四 **鷩留裙** 白(鐵)存掌 (荊)釵布裙 梁鴻妻孟
隻裙(足)|着||詳腳 ||詳掌 光事詳釵 **浣親中**
裙 石建白首万石君尚无恙每歸取親中裙廁牏 (古今) 綠|(舜)|月在|水
裙 身自|滌 廁牏若今汗衫中裙親身衣也 淵|羅|越女|
宭 群居 ○ **熏** 許云切煙上出也(詩)憂心如| 來止||
也 穹窒|鼠 通作(薰)(易)厲(薰)心(唐)書(薫)為太平 **薫** 香草
是也(左)一|一猶(僖)(四)(詩)物忘東方君子国|草朝|風之| 三薫 零陵
朝生華也 (醬)|其德而香(良)(坡)悵空蕈吟發餘|南(薫)兮詳(温) 将方
坐足下||而三沐 **爐薫** 何言談絕倒茗埦 **濃薫** 房香(杜) **寶薫** 南(谷)帳中香
之(韓)(奇)(石)(盤)(山)(人) (對)|||(黄)(四)(卷) |||||||班 ||近出江
芸 木薫 氣令||(庾)(信)(揄) (古今) 草木||**臐** 羊(臛)也(記) 香氣(礼)| **獯** |鬻匈
花氣|| 有(鄉)|臛 **焄** 高(悽)(公) 奴別名
勲 書共克百|禹謨克成厥 **焄** 高悽(公)
|(國)(周)(左)成李之|(成)(公) 司勲 周||上士二| **二勲** 臧武仲曰苟守先
人注(云)賞 祀无廢|||(周)(祖)

父勳　策勳丨丨舍爵丨左傳　勒勳丨丨鼎銘勳丨丨晉書　銘勳丨丨屬幷付　華勳丨丨元凱承詩勳伯尋詩社
也　愧無勳晉元帝生子普賜羣臣殷羨曰臣無勳猥蒙頒賚帝笑曰此事豈可使卿有勳　世說　互見功　不可光祿勳　前元
周顗爲光祿勳大見信任上問楊冉曰朝臣誰丨丨丨丨丨　活套　丨殊丨元帝以
何邪與傾巧士因曰甚非獨不可於朝廷州里亦不可也　史　活套　丨高丨
茂丨　曛　日入餘光　朝曛　照以窮　韓　餘曛　山木含　歐　映隙曛　筆架沾窗兩書　活套　西丨夕丨
奇丨　殘丨　醺　飲有酒氣通作熏　詩　公尸來止熏熏　文從醺丨丨所以欲得酒爲　曲蘖醺　使君冰雪腸　蘇　醺丨不受　活套
酣丨救丨宿丨　葷　臭菜葱韭蒜之屬　記　於君有丨　注　姜及　五葷　道家以韭蒜
鼎丨孝丨　辛菜　荀子　志不在於食丨　注　葱韭也　芸薹胡荽薤
爲丨丨　爾雅翼　不茹葷　顏回家貧不飲酒丨丨數月矣　莊養生　殘破葷　不思何山丨　后山　纁　淺絳色　爾雅　三染謂之
玄纁丨丨者天地之正色土無正位托位南方火赤與黃爲纁　爾雅　○光武丨丨聘嚴光　人名　韋丨　弟韋丨自代　章貴之宰　〇君
李云　嚴君　家人有丨丨　易　神君　喬智明爲縣令民愛之號丨丨　荀淑同　封君　志　秦漢之列侯丨丨　陝貨殖
切　谷丨丨　五君　竹林七賢而顏延之作丨丨詠謂不及　西湖十頃月自比濤　聘君　不起號丨丨　徵君　後
山詩王戎貴盛故止如丨丨也　互見　隋李直徵名丨丨　漢
殷微不從號丨丨詳　郎君　李義山師令狐文呼小趙公爲丨丨　細君　東方朔曰
坐〇黃憲亦號丨丨　詩云丨丨官貴施行馬　詳閣　歸遺丨丨
又何仁也詳　卯君　蘇子由己卯生坡號爲丨丨詳兔　此君　王子猷曰何可一日無此君　詳竹　墨君　壁上丨丨不解語　蘇
肉妻曰丨丨
詠雪丨　禍君　人生亦何須有酒　鐵君　歸來見公未辭我丨　山君　鶴言者不　傳孫
竹丨與丨丨　后山　琴也丨無恙否　坡　飲我杖詩
不怪哉　退之　雜說〇　麴君　風味如丨丨　石君　南安軍丨丨山三丨似人中爲
林下應丨丨　荊公　石山　詳生　左曰夫人右曰女郎　寰宇記
獸君　虎爲山丨丨　說文　社君　鼠爲丨丨　輔相　絲君　牡丹未見丨丨　詳敘　白元君　也居脾宮　黃庭經　洞房之真
膽部　黃老君　脾爲黃庭丨丨丨居　求志君　試問丨丨丨文章自有谷　凌霄君
草注　黃老君之　同上　明堂章注　谷　陳无已有丨丨丨齊故云
齊後主号鷹　鶩爲君　有老役夫晝則呻吟即事夜則鼾睡丨丨　三獸君　良宝
爲丨丨丨　鶩君　国丨資而曰吾晝爲僕夜爲君何愁　列子　終見
棄符勞丨　中書君　吾嘗謂君丨丨今不　抱節君　寄語庭前丨丨　竹也　戰國四君　齊田文孟
丨丨丨　李　中書耶　韓愈毛穎傳
嘗君楚黃歇春申君魏公子无　漢末三君　竇武陳蕃劉淑　擧白浮君　詳　白負瞳
忌信陵君趙公子勝平原君　号三君　黨錮傳
獻君　詳　活套　使丨東丨致丨　人名　孫竹丨　双石　詳石　人名　詳馬
丨心丨天丨　相如妻　詳　范滂父也

阝陵一遵尚之
飲被勤　詳殷　豪丨下通神　軍　治兵也　六軍　王丨丨大国三軍次国二軍小国一軍
万二千五百人爲軍　中軍　旗鼓嚴　鴉軍　李克用將兵城擁之曰丨丨　南北軍　周勃入北軍
一呼士皆左袒　眞將軍　周亞夫　故將軍　醉尉呵李廣曰今將軍尚不得夜行何故也　詳尉　卻秦軍　魯仲連事　詳秦〇　談笑丨
丨丨　掃千軍　筆陣獨丨丨　張丨　詩成使之　烏將軍　郭元振下第自晉之汾夜行失道聞女子
遇　丨人丨　杜　足丨丨丨　韓
哭聲曰某鄉有丨丨丨每歲鄉人擇美女嫁焉某來久將軍入公取佩刀斷其
腕天明視其手乃猪蹄也尋血入大冢中見大猪无前蹄走出而斃　齊諧
弄參軍　宴樂命優人戲弄辱之故名　樂府雜錄　丨丨丨始有贓和帝惜其才免罪每　參軍　詳參　凌波軍　嗣主
加以銀瓮謂之打標後參軍　配參軍　王渾妻曰新婦若丨丨　先子不當如此　詳子　水上軍　韓信　飛
爲辛日丨丨丨　泊南野錄
將軍李　娘子軍　唐平陽公主兵七万与秦　腹負將軍　將軍不負此腹此　活套
孤丨前丨後　人名　号終童　詳童　義之　去病　詳腹
丨細柳丨　名昭文後
熔炙丨丨　奇芬　天葩吐丨丨　丨丨酒　請丨芬
交丨　老祀　楚詞　馨芬　揚出　美芬　猶存　流丨
餅花丨　毛詩　紛　刘向九嘆　乱紛　上林賦
丨入紛也　一日達丨紛丨丨詳結　結子都切　衆盛貌
運游說言秦紛帝之害秦將聞之却五十里平原君欲封仲連不受乃置酒
以千金爲壽魯連笑曰所貴於天下士者爲人排難解紛乱而無取也即有
取者是商賈　紛郁　紛二　縮紛丨　絳紛　鸿紛丨　天问　白紛　董而習之丨丨如
賈之事也　有紛　詳慶　繽紛也　揚子法言　幼習
一丨藝丨首　俗丨　粃丨　雰　季見　帉　巾也　通作紛　翁　飛也　〇殷　於斤切　書
丨乱不　活套　新右佩紛帨
以丨仲春　羲典　中也　語　周因　孔殷　九江丨丨　書　方殷　師旅丨丨　彌殷　禮
於丨礼文帝紀海内丨富　正也
盛　活套　一丨富丨　人名　七子各授一經　姓氏　汝南宮音以国爲姓
也　活套　堅丨愛丨丨　又笑　詳
丨不起當如蒼生何　書　二詳怪
鎮江陵詔曰謂求爲郎　之宝而忽爲荊楚之珍　伯起博学号五
擲　問無不發　洪喬郵　不作寄書　慇　痛也又　殷　菜名又　磤　雷声　水名
知也詳　郵詳郵　勤
慇愛也　巨斤切　其倦
丨甚　四体不丨　民生在丨
殷勤　司馬相如　重賜文　勤　民有丨丨
侍

財勤於恩勤丨斯丨斯（詩鴟鴞）逸勤丨胥及（書）議勤八辟七曰議勤謂憔悴事國者（周禮秋官小司寇）能勤熊膽丸
食（谷梁）
勤柳仲郢嗜学母韓和丨丨咀嚼以丨丨馬詩膽 載酒候勤後王冊每歲農時丨丨看田間丨丨者勞之丨丨 長清勤為丨當
勤（魏史）丨當慎當（活套）辛丨半生 薤丨蜂蝶丨子丨柄 懂也（憂） 芹丨水菜即楚葵一名水英又荻丨取根赤丨取莖又馬丨俗
調胡丨子奇調飲食 采芹（詩泮水）言丨其丨 獻芹野人有快曝背美芹子者丨之至
即野人美丨子者 屬芹尊雖有區區之意亦已疏矣（翻說）
夜与山濤書○宋田父曝日曰負日之暄以獻吾君其妻曰昔有
美芹羹萍子者對鄉豪稱之鄉豪嘗之螫於口慘於腹衆哂之（列） 雲夢芹之菜
美者丨丨之（呂氏春秋） 鋈芹 刘殷祖母王氏丨丨思丨殷乃
丨（詩）泥丨泮丨 歲於澤慟哭有芹斛餘生於地 飲煮芹坊底丨 青泥丨（活套）
香丨泥丨泮丨 ○斤 舉欣切斫木斧（說文）至 宋斤鄭之刀丨之丨魯之削 遷郢
野丨碧澗丨 木戊而斧丨 其地不能為良 詳刀
斤丨人堊漫其鼻端若蠅翼使匠石斲之運丨成風盡堊
斤而鼻不傷匠石曰臣能斲之而臣質死久矣（莊徐无鬼） 雲斤 文寒月斧丨 才名誰似賈
丨琢脯胘（歐） 黃斤 葛名一名雞齊一名鹿藿（本）之 金百斤 陳廣賜黃丨丨丨
（王文公洗詞） 食葛浆絺綌者其花漆可醒酒 請故舊娛樂
數問其家金尚有幾 手五斤 陸餘慶論事則家長三尺 牛千斤 十斤大丨丨
斤趣賣以供具焉 判事則不重丨丨詳判 重不若一斤

狩詳 伐性斤 皓齒蛾眉丨丨之斧（枚乘七發） 手舉百斤 五代楊行密丨丨 箕肉三斤（史）趙達 如
牛 丨丨丨丨 東壁下有
丨丨丨 金四萬斤 漢祖与陳平丨丨丨丨至楚間其君臣（監） 安禄山自言其秤 象知斤
詳筋 腹三百斤 丨重丨丨丨
詳 康頗肉十斤 丨丨一飯斗米 詳飯 提戟八十斤 魏與韋 双體重八百斤 晉南
象 丨丨丨丨 丨丨丨丨丨丨（史） 陽王
宝丨賀豊偉白狝丨丨（活套）舊丨提（人名）強識 筋（説文）云天力白 蘭
丨喜睡不能御婦人（史） 丨揮丨 善談論 然不拖（説）丨
筋晉国多馬堅骨丨丨晉柳問一筋從玄中出謂頁筋范文正祭石曼卿云
肯之丨丨玄中謂曰上痕如井字丨丨堅者千里 麦月曼卿之筆丨丨柳骨
稷契筋（詹）魯以丨丨為文 葉筋唐鄭弘霸討徐丨丨（潜） 伯英筋 衛瓘索靖俱
丨力（後漢陳蕃） 敬業丨其丨食其肉詳其 善書時謂瓘
得丨丨之丨靖 女絲筋有丨子不失節入田舍竟以蚊 彭 叮筋唐人善相必
得伯夷之肉（困） 死其筋見焉立丨丨廢詳蚊 丨中故名丨丨
丨鳥攀筋區二甘累三稍 目緑筋名在瓊簡者丨丨 判歷筋齊為弓以燕牛之
丨稍丨丨丨（史） 有丨丨（本草） 角丨丨之丨詳柘
割足筋 吴留賛屢自丨丨（活套） 龍纏丨 ○欣 詳斤
丨丨仲其足詳壁 盖鎧食筋 恥恭食丨詳鎧 發嚴丨 切
欣欣木丨丨而向榮（陶詞）丨丨 交欣（劉向傳）歡然丨丨 歙欣 收悲以（活套） 騅丨
欣欣然有喜色（孟） 旨酒丨丨（詩） 丨丨（漢禮） 悲丨（人名）

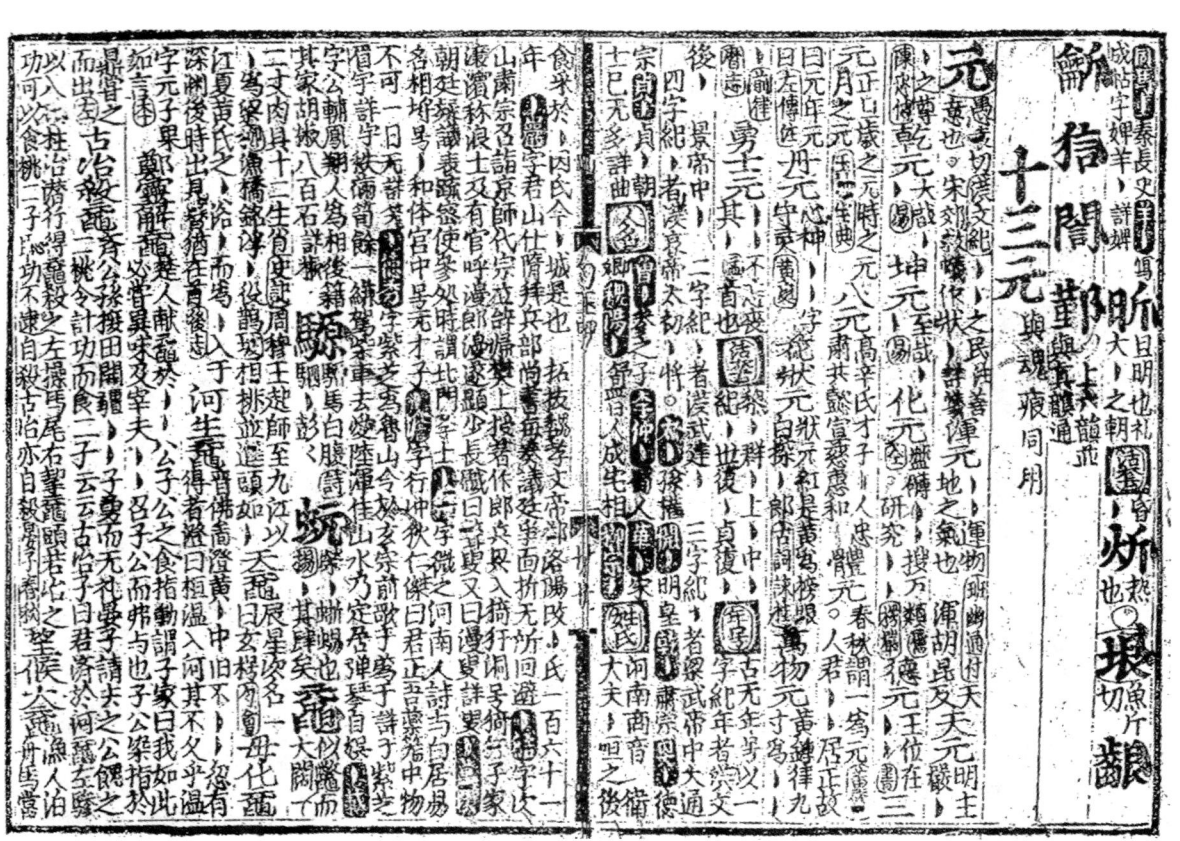

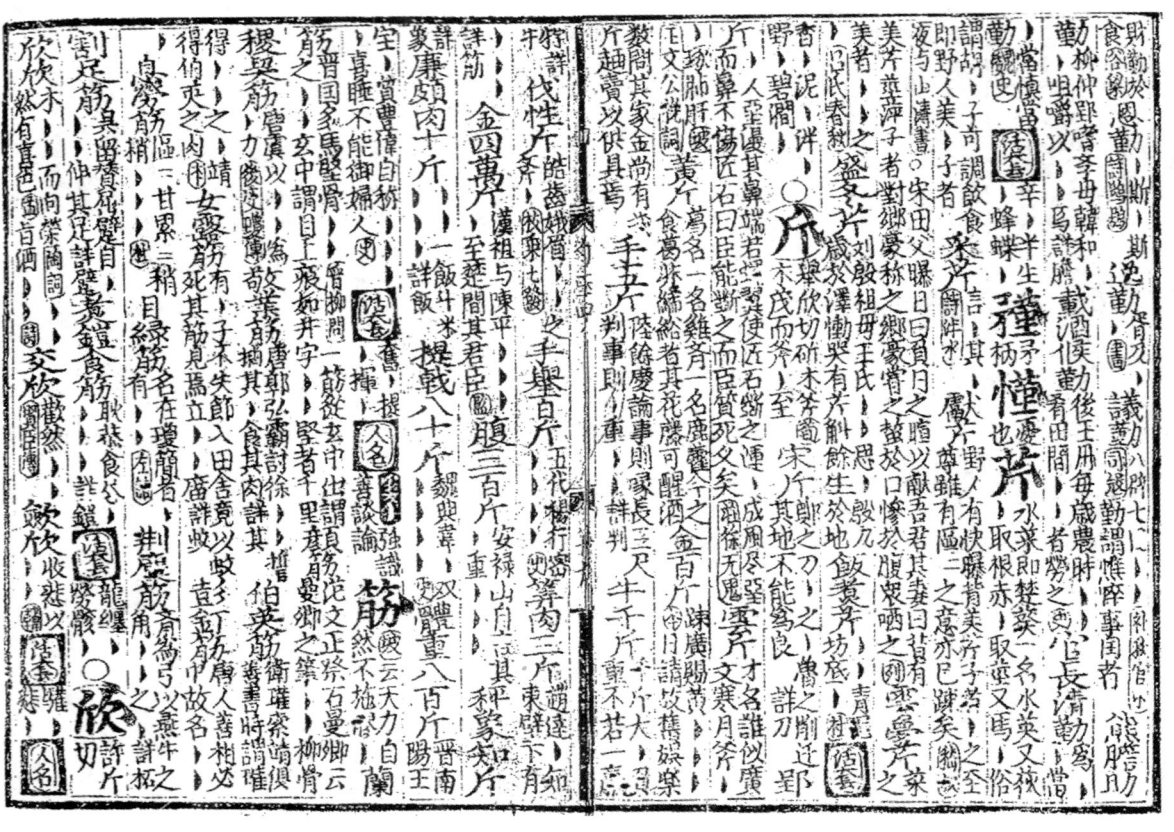

鴋（國語）丨泰長史（丨）焉 昕 旦明也（禮） 丨（活套）昏 炘 熱也○ 垠 魚斤切 齗
成帖字婢羊丨詳婢 大丨之朝 也
狺 闇 鄞 與眞韻通 上去韻並
十三元 與魂痕同用
元 愚袁切（說文）始也 丨丨之民（丨善） 丨運物（班幽通賦）天
善也○宋郊殺依狀丨 詩家渾元 地之氣也 渾胡昆反 天元 明主
丨之尊 乾元大哉丨 坤元至哉丨 化元 盤礴丨丨 搜万類 德元 王位在
（陳琳傳） 丨（易） 丨（易） （左）研究丨丨（樗嶽） 丨丨（書） 三
元正 三歲之元時之元 八元 高辛氏才子丨人忠 體元 春秋謂一為元（公羊傳）
元月之元（禮月令）（禮生典） 肅共懿宣慈惠和丨 體元○人君丨丨居正故
曰元年元 丹元心神丨丨字 狀元 狀元紅是黃為榜眼 萬物元 黃鐘律九
日（左傳注） 守靈（黃庭） 稀狀元白擇丨郎古詞詠桂 寸為丨丨
丨（論）丨健 勇士元 丨丨不忘喪（活套） 黎丨群丨上丨中丨（年號） 古元年号以一
（曾志） 其丨 元首也 紀丨世後丨貞復丨 字紀年者始文
後丨 景帝中丨 二字紀丨者漢武建丨 三字紀丨者梁武帝中大通
四字紀丨者漢哀帝太初丨将○（太）丨孫權（明）丨明皇（唐）丨肅宗（國）丨德
宗（貞）丨貞丨朝（人名）（曹）丨（参）之子（全）丨仲丨（尉）丨人（韓）丨宋（姓氏） 河南商音衛
士已无多詳曲 卿（楊）丨 盆日人成宅相（智）丨 大夫丨晅之後
食采於丨 因氏令丨城是也 拓拔魏孝文帝都洛陽改丨氏 一百六十一
年（丨）（德秀）字君山仕隋拜兵部尚書每奏議廷爭面折无所回避（丨）（結）字次
山肅宗召詣京師代宗立詐婦樊上授著作郎兵興入猗玗洞号猗玗子家
瀼濱称浪士及有官呼漫郎漫遂顯少長職曰聱叟又曰漫叟詳叟（丨）（丨）
朝廷疑議表疏忽使參外時謂北門学士（丨）（丨）字微之河南人詩与白居易
名相埒号丨和体宮中号元才子（丨）（丨）字行冲狄仁傑曰君正吾藥籠中物
不可一日无詳笑（丨）（丨）字紫芝為魯山令於玄宗前歌于蔿于詩于紫芝
帽字詳字狀滿筍餘一絲鸞坐車去變陸渾佳山水乃定居弾琴自娛（丨）（丨）
字公輔鳳翔人為相後籍 騵 騂馬白腹（詩） 蚖（揚） 丨蜥蜴也 黿 似鱉而大闊丈
其家胡椒八百石詳椒 駟丨彭丨 其肆矣
二丈肉具十二生肖（史記） 周穆王起師至九江以黿 辰星次名一 母化黿
丨為梁（竹書）漁橋鉛浮丨 從鵲相排竝進頭如丨 天黿曰玄枵（丨）（會）
江夏黃氏之丨浴丨而為丨入于河 生黿 晉佛圖澄黃丨中伯不丨丨怨有
深淵後時出見髻猶在首（後志） 得者巡曰桓温入河其不久乎溫
字元子果 鄭靈解黿 楚人獻黿於丨丨公子公之食指動謂子家曰我如此
如言（本） 必嘗異味及宰夫丨丨召子公而弗与也子公染指於
鼎嘗之 古冶殺黿 齊公孫接田開疆丨丨子晏而无礼晏子請去之公餽之
而出（左） 二桃令計功而食二子云云古冶子曰君濟於河黿左驂
以入砥柱冶潛行得黿殺之左操馬尾右挈黿頭若冶之 望侯 大黿 漁人泊
功可以食桃二子比功不逮自殺古冶亦自殺（晏子春秋） 丹馬嘗

山下見一大龜直上山頂四望頭之江中湧出一綠簡十餘人會飲妓樂甚
盛久之有巨鰲東下綠冊乃没龜亦下死岸側意者水神使此龜〻〻不知
巨鰲來故殛之〔百氏六帖〕
原〔詩〕脊令在〻〔隱〕鄉〻〔左〕欒郤胥〻降在皂隸〻周原〻〻既
注四姓積怨也又赦罪曰〻城疏傭有見〻周原之〔詩〕
平原〻〻倚泰山而坐〔朱穆傳〕 五原 漢單于數〻〻塞○〻春草綠〔韻註〕灵武 伐原 晉圍原命三日之糧原不降命去之〔僖廿五〕示
后不彰〻〻則刑繁〔詹〕 道原 於天〔賈逵〕〻之大〻出 燎原 若火之〻〔書〕 逢原 左右〻其〻〔孟〕
也 兩原〔殷民〕謂妄原涖原 九京 九京〔記〕禮弓京當為原 題原 宋江夏王義恭除帀百姓物无分可還者通辭索分者輙〻後作〻字〔史〕 平原
九原 晉大夫墓地在〻〻
唐顏真卿為〻〻太守拒祿山後因号
額〻〻又〻〻郡侠无匈黨詳黨 〔人名〕〔後〕〔楚〕〔平〕〔君〕趙勝食客三千〔魏〕〔郡〕魏人与管寧友〔姓氏〕
〔劉〕孔子弟子 沅 水名〻湘〻 嫄 姜〻后稷生於〔詩〕 螈 重蠶〔礼〕 依原 源 蹇〻〔左〕拔本 河源 張騫使西域尋黃〻
〔張〕〔遷傳〕 仙源 楚莊王時乙食翁歌曰天庭發双華〻〻彰陰邪靖〔真誥〕 三源 〻中秋〻〻夫八
晨按天馬來詣大真家○手為天馬鼻為
會于桃源○桃〻司源〻〻倒流〻〻源清
源玉源灵源也言源三峽水〔世〕 養源 君子〻〻則流清〔荀子君道〕 翁源 韶州灵山地中有石山人髮眉皓白
号老〻人居此〻皆〔寰宇記〕 浚無源 濆〻〻〔鑑〕 天台桃源 在剡溪明帝時劉晨阮肇入
壽故号〻〻 山採藥食尽見桃実食之身

輕見一杯流出胡麻飯屑溪邊二女子笑曰劉阮二郎至矣便迎歸留半載
求歸○二女容兒絕妙便呼劉阮姓名問郎等來何晚因邀過家廳舘服飾
精華張帳帷幔七宝瓔珞下胡府飯山羊脯設甘酒有數仙客持三五桃至
云來慶女壻各出樂器歌調作樂日暮行夫婦之礼住半年天氣和適常如
二三月百鳥哀鳴求歸甚切女曰罪根未滅使君等如此喚諸仙女共作歌
吹送劉阮出洞口还鄉驗得七代子孫傳聞上祖入山不出二公欲还女家
尋山路不獲至太康八年 武陵桃源 晉大元中〻〻漁人溪行忽逢〻花林
失二公所在〔續齊諧記〕 窮林得一山從小口入行數十步土地
平曠屋舍儼然田池桑竹悉如外人見漁人大驚自云先世避秦乱來絕境
問今何世乃不知有漢晉漁人辭去詣太守言郎遣人隨往竟迷不得路
〔語〕泉〻淵〻澄〻根〻浙〻源〻 〔地理〕〔黎〕〻山谷有謝 〔人名〕〔晉〕〔元〕名濟〔長〕名泌 ○
堅〻揀茶詩 奇董唐人〔魏〕〔燕〕名浩
袁 雨元切 〔姓氏〕爰轅姓同 汝南羽音 舜後胡公之胤爰諸生濤塗以王
父字為氏代為上卿〔漢〕〔盎〕漢書作爰楚人字絲諫宦者趙
同參乘卻慎夫人同坐數直諫不得久居中丞使〔史〕〔魏〕〔固〕漢時齊人治詩孝
景以廉直拜為清河王太傅武帝以賢良徵時年九十矣〔後〕〔安〕後漢汝南人
字邵公辛孝廉除陰平長任城令人畏愛之為河南尹政号嚴明為三公朝
廷倚賴為重 阝雪事詳雪〔晉〕〔紹〕字本初漢末与〻術起兵〔魏〕〔渙〕字曜卿仕
魏為行御史大夫人服其清臨大節賁育不能過〔晉〕〔甫〕晉人字公實能為劉
勝詳勝〔宏〕字彦伯有逸才為詠史詩又作東征北征二賦 泊諸事詳諸

〔…〕阿〻為東陽郡謝安取一扇贈行答曰當奉揚仁風慰彼黎庶〔顗〕字十
里仕齊容貌偉武帝曰昂〻千里之駒在卿有之仕梁為吏部尚書帝曰
齊用卿為黑頭尚書我用卿為白頭尚書良以多愧〔韋〕〔渤〕字叔德為尚書
〔明〕陳后主記為月賦復為芝草嘉蓮二頌款賞尤厚〔後〕詩出号宗臣
郎呼清郎為太常少卿号倩卿詳紬〔唐〕〔暹〕唐人為華州刺史施行著老〇遮道
不得去代者楊於陵諭曰吾不敢反袁公政人皆羅拜乃得去〔宋〕〔道〕〻樞宋人
字機仲少作竹枝詩送彼為尨到葛陂官至待制編通 轅 車前曲木上句
謚紀事本末行于世号梅岩翁〔…〕詳帽 衡者謂之〻亦
日〻○局促如轅下駒詳駒 轅 袁宗侯霸守臨淮被召百姓〻〻臥轍願留暮年春 折轅 張堪守蜀郡去日乘〻車布被囊而已
南轅 令尹〻〻反旆〔左〕○ 方轅 〻〻結轍〔光武紀〕 〔西京付〕 求轅 〻〻回〻〻谷口〻〔穀文〕〻於甘表〻纓〻〻於〔樂〕絲車箱仁仲
烏羊轅 宋王敬弘以女適孔淳之子以〻〻〻〻所乘車〻〻為礼至則尽撤共飲〔史〕 〔隱逸〕長〻〻双改〻〻園〻〻 〔人名〕〔漢〕黃常
洹 水名〻 猨〻又見山韻 猨〻水流〻
猿 通臂輕捷猿山人云 身善緣驍猿驚吐山猿文 玄猿 落日〻〻哭〔…〕青猿
姿婁看山元鉄策棋煎茗有〻〻睡 窮猿 〻〻投林何暇擇木〔世說〕 亡猿 楚國〻〻禍
苏翁詩鉄欄橋聖俞馬〻〻王元之童〻〻 延林木〔淮南子〕
三峽猿 〻〻鳴至三声 抱樹猿 楚共王獵養白猿調弓矯〻 守火猿 魏元忠
聞者皆淚〔荊州記〕 矢猿〻〻而号〔淮南子〕 微時止

一婢出汲水还見老猿
猿為〻〻後亦无他 報時猿 高大夫隱嵩山每一〻時〻至猿啼庭下曰〻〻〻 妻化猿 孫恪〻袁氏女
過端州袁欲遊峽山寺云舊老門徒既至若熟其路持碧玉環獻僧有野猿
數十聯臂而下袁惻然題云不如逐伴歸山去長嘯一声烟霧深擲筆為猿
而去老僧方悟昔養猿為力士以 君子化猿 周穆王南征〻〻為〻〻鶴小人為虫為沙互見鶴 四
東帛易之以碧玉環隨猿頸而去
嬰化猿 王縉少在嵩陽有〻〻持榼來訪曰木巢南林大節孫 ○ 心猿 彼知
所依処從〻〻猿起篤談劇飲既醉俱〻為〻而去〔樹萱錄〕
備〔傳〕○〻〻方睡起〔俗〕 園〔韻〕孤〻法〻〔哀〕 園 易賁于丘〻〔詩〕无踰我〻 西
園 漢灵開西邸賣官公千万卿五百万 梁園 〻〻賦 隋園 〻〻〔勇錄〕 梨園 明
〔後漢志〕鶴都不綱〻〻成市〔宛委表〕 梁苑詩雲 隋園 湯帝苑 皇
〻〻法〻下〻〻之竹 醒園 憑笑山公〻〻醉〻〻 楊園 〻〻流〻〻淵明田 文園
曲詳曲 淇園 以為楗詳楗 習園 〻〻醉〻〻嗅 好音 陶園 〻〻將荒
〻〻終病消渴猶之 漆園 〻〻莊子為〻〻吏 兎園 梁孝王馬道願〻〻冊○ 沁園 漢〻〻水公
司馬相如為孝〻〻令 田夫所誦詳冊 沁園 主〻〻○從
令〻〻草廬○ 灌園 於陵仲子辭卿相桔〻〻〔管寧〕〻〻 擲禮園 微容乎〻〻
又曲名〻〻春〻〻掉〻〻白帖詳甘 鋤園 金下顏詳金〻〻〔上林賦〕
不窺園 董仲舒〻〻詳帷 徑入園 王献之高邁不羈經吳郡聞顧辟彊有名園〻〻
〻〻時辟彊方會客献之游歷既畢旁若无人辟彊曰

傲主人非礼也以貴驕士非道也僧
耳便驅出門獻之傲然不以貴意 獨樂園 司馬温公 離垢園 梁刘慧斐於匡山起丨丨丨人謂丨丨
丨先生【史】 羊踏菜園 有人常食蔬忽食羊夢五臟神曰丨丨破丨丨【啓顔录】一○ 祇園 須達多長者白佛言弟子欲營精舍請佛住惟
有丨陀太子丨廣八十頃林木欝茂可居白太子太子戯曰滿以金布便當
相与須達出金布八十頃精舍告成凡千二百區【經律異相】亦曰給孤園【圖】
【圓經】 雞園 大衆出家寺也【法苑】 金谷丨 日涉丨 【人名】四皓【東丨公】 垣 墻也卑曰丨高曰墉【詩】太師維丨 耳属于丨 維
【囝】藩雉丨【孟】 夜垣 太微宮垣十星東垣比上相名左丨門西丨比上將名右丨
踰丨而避 掖垣 門与紫宮丨同【史天官書】○左右丨丨承天子詔命【唐百官】
【實傳】○禁中有東西 紫垣 陳希夷曰趙普丨織 堆垣 乗彼丨丨【毛】 千步垣
丙丨丨乃禁墻也 丨一小星亦詳星 丨【詩】丨毀也
一片心可敵 鄭壞垣 子産相丨伯如晉晉侯未之見也子産盡丨其館之垣而納車馬焉云云若獲薦幣修垣而行【左襄卅一】
丨丨丨【隋】 書
盡納垣 王涯多名丨丨丨丨 鑿垣丨之後被誅人破丨別取畬軸金玉弃丨丨于道詩簽
就死壞垣 五代唐符存審祀法當死臨刑指壞垣曰願丨丨于彼丨得垣土覆尸王者許之為徙垣下而去後以其善歌馳騎召之得不死後為将相【史】○
山鬼築垣 頭有馬祖祖欲築庵丨丨為助役一夜丨丨合祖云被這小鬼看破【遂外亭注】【法基】禁丨 翰丨 諫丨 短丨 塞丨 崇丨 頹丨
援 位不丨上【中庸】在下 手援

天下溺援之以道嫂溺援之 約援 以尒丨丨【詩】 扳援 仕者乎可丨丨兮來 畔
以手子欲以丨丨天下乎【孟】【皇矣】上城梯 若不可得【賈誼】
援无然丨丨【詩】一音平声○跋扈也武強【開公】
援也○天機自開學入理執丨丨【開公】
【法基】攀丨 媛 美兒 嬋丨 援 丨丨所以絡者
爰 【詩】丨笑丨語丨有兒丨丨 緩也 周丨咨詢於也 丨完丨閔周
去声音作丨田丨發揚【傳】書注丨援也以文書換口辭 【詩】也諸侯皆
畔丨下師【姓氏】【人名】前表韵見○ 煩 符表切繁從【法】丨除丨去苛 禮煩 丨丨則亂 憚煩 何丨丨之類
傲丨說 【說命】 不丨丨【孟】
煩 去声有補袞章自當兒丨丨【晉】 作煩 周黨見閔仲叔飲水食叔遺以生蒜仲叔曰我
欲省煩今更丨丨丨 丨 【三國】○三願丨丨天下計【謝】 雲煩 【蟲】
受而不食【高士傳】 樓煩 漢楚相持挑戰三合樓煩善騎射者丨丨欲射羽瞋目叱之丨丨目不能視
手不能發【項羽傳】又有丨丨 飄煩 許由掛丨木上風吹有丨由以為丨遂去之詳鄧 見煩 實音煩
縣屬鴈門其人亦善騎射
廣約言析理王衍自言与人語甚簡又樂丨便丨巳之【晉】 擾之為煩 陸象先曰天下本無事庸人丨丨
【法基】 蕭脂載丨 【詩】
勞丨 燔 家也【孟】丨間之祭 燔 炙肉詩載丨載烈 或丨或炙
政丨 運以炮以丨 諭蜀文烽举燧燔 丨燔也【前漢書奏】
詩疏丨燔民炬救丨○ 膰 祭肉宗祀有執丨【孔春官】
【說】丨肉下至丨本作膰 膰 脤丨通作燔【孟】燔肉下至 蹯 草似 繁 多也【詩】

丨有後齊厳庶既丨【左昭】 剪繁丨二丨 燕 麗繁 如繁星丨【翊文】 芳桂繁 君子丨性春丨
【三】丨于刑李語拙甕鋒丨【杜】【法基】寡勝丨勝事丨獄訟丨 【人名】李泌子封鄴侯家多書
榮久吏 【孟】 靑繁 清談丨 薄領丨 雀喧丨 綠陰丨 【鄴侯傳】
蕃 艸 蕃 易草木丨 庶 詩庶類丨 錫馬丨 殖【左】其後必丨 庶【書】庶草丨 便蕃 【十二】左右亦是率從【毛】遠人相率來服丨
丨頁蕃為其蕃之丨 唐人陂諸生猶自畏下榻事詳榻
狄石 大丨滋也【左】 【人名】何丨
胹丨丨不熟殺之【左宣】 熊蹯 晋灵公使宰夫
虎蹯 害七尺之軀者權也然不以環寸之蹯【戰國策】
樊 蕃也詩止於丨 折柳丨圃【莊】山木丨 周遊乎雕陵之丨 睹一蟬得美
藩 籬而忘其身【莊】 養生 澤雉十步一啄百步一飲不期畜乎丨中
【法基】 丨苑 丨塵 【姓氏】 上黨蘭音 周文王子虞仲支孫食采於丨因氏今河内
陽丨是
喧生飛肩詳飛 封舜陽侯 孝謙 字孝謙為稀為國【語】 丨沛人排闥事詳闥
莫過丨孝謙 字華宗仕隋為武威守煬帝曰人道公清詳清 後唐宴
積翠池賜金盃曰用為求年之端 唐人字安時有武力喜兵法有将相
器 字紹述力李輔國稱議論有根拠嘗薦其才 丨玄寶丨通
德【詳】 丨丨丨 【宗】 礬名有青白 丨對人謂梔花判公欲作詩而題其名山谷
礬 黄黑蜂五種【草木】 山礬 丨名丨 丨藥可染故名海岸孤絶処補陀落

伽山譯者謂小白花山疑即此花丨不然何以觀音老人端坐不去
邪【谷】注○又韻會或云郎官王蒿花 丨是弟梅是兄【谷水仙】 繁 白蒿
春初生香美可食【左】蘋丨蘊藻 丨夫人不失職也【召南】 笲 竹器○ 翻 字衰切飛也
記士射奏采丨以采丨為節【射義】【采】 丨 翻 引興文書
信手丨 丨文丨 潔翻○ 丨韓 風翻 丨翻 丨丨翻 鵬翼【呂】 九河
如瓶水丨 狂筆勢丨 丨 【温動臣讃】
翻 劇談風變 曲新翻 歌丨 教丨 紅藥翻 階 丨 當【杜】餅丨 翻太宗北征或云取幽薊
丨丨丨 【谷】 【谷】 【雄】丨食丨丨 如秋熱餅尔呼延賛曰
此丨丨丨果 【法基】 翻丨手一丨 縞帶丨 兩丨 千 吳人 潘 宋潘也
无功【長編】 丨 覆檐丨 燕幕丨 【人名】【潘岳】 浙米汁 轓 車兩耳反
出者屏翳塵泥 朱轓 漢二千石車丨丨右丨 鹿轓 後鄭弘守臨淮行春有兩
以簟或革為之 六百石丨左丨 車丨 夾轂而行主簿賀曰三
公車丨丨府明府當為 熊丨 幡 【說文】書兒拭觚布也觚八稜木於上
相乎弘後為太尉【本】 丨 丨 【法基】 兩丨 李書丨丨已以布拭之晋人云不見酒
家丨布于用久則爛又扮恍也又【詩】捷丨幡丨与翻義同○愚見字從巾番
拠上訓義以拭器者則与幡字不同旛旗幅之下垂者故凡事類作旛旗用
者並編入旛字 指旛 刘仁恭夢佛幡於丨飛 旛 旗旛幅下垂者○以下
韵識者下之 出後有旌幢之説詳歲 事類止有旌丨之義故並
附春旛 唐制立丨日郎官御史以上賜羅丨 宰臣親王金銀旛勝○東坡立
此丨簪丨勝過子由家諸姪子笑指丨丨伯丨老人亦簪旛勝耶【陽武】

（丞）花旛　崔元𬀩立旛苑中東風刮地折木飛花而苑中丨不動詳上　降旛　丨丨夜堅（韓聖德頌）　敢諫旛　（後何禹傳）丨丨王
咸舉旛　鮑宣拜司隸以摧辱宰相下廷尉博士弟子丨丨曰欲救鮑司隸者會此下會者千餘人（本）　○風旛　六祖寓法性寺丨動
丨一僧云旛動一云風動六祖曰丨丨非動くく自心亦（傳燈）元作幡亦當附此　番　数也（唐杜暹）受紙百丨詳紙唐文館李士更三丨遮宿語丨繼
司徒（列）帝使巨鰲十五戴五山迭爲三丨六方歲一交　璠　玙丨魯寶玉名孔子曰美哉玙丨
（宋紀）賢良直宿更丨○（徐師川詩）二十四丨花信風
丨（活套）琢魯丨未（人名）（鄭）丨唐人爲象江守得怪石六載帰　繙　繽丨旗兒又縁乱（莊）　孔子丨十二經以說　反　疑爲不雋
京兆尹每錄囚母問多有平丨則喜　又漢書丨危　○（吏）暄　兒表切（杜）炙背近牆丨　負暄　朱田父曰之
平準書杜周治獄少丨者　丨日以獻　寒暄　王獻之与兄徽之操之俱詣謝安二兄多言俗事獻之丨丨而已客問王氏優劣安曰少者佳吉人之辭寡也○虛名但
吾君詳並　丨丨問泛愛不救灞陵學云云道州手（活套）丨春丨沙丨石丨朝（人名）（鄭）丨晉曰
萲　丨丨（活套）丨風丨天地丨
札適復至紙長要自三過讀杜与裴道州　萱　亦名療愁　忘憂　宜男草萱草木記丨妊佩其花即生男
速詹糟丘吾將老焉詳丘　○日鹿葱諼　通作諼詩焉得諼草（顏）濱詩衍然萱鵲背
紫萱　萱草一名丨（述異記）　兒女萱　我非丨丨丨（坡）○萱草　花不解壯士憂（活套）椿庭丨丨（人名）（孫）丨唐人蕃益
𧦧　无也（詩）永矢弗丨丨丨不可丨兮又詐也　終　洹　緣　喧　本作諠或作讙（霍光傳）民
術從品（隋天文）丨　諼　本作諠或作讙間謹言叔孫通（傳）无敢讙
譁　蜜蜂喧花（膑）　（謝）車馬喧而无丨（陶）海濤喧病聞吹枕（坡）（活套）丨囂丨騰丨啾丨避
俗物丨姓名丨　塤　土爲之銳上平底如稱錘六孔一云八　雅　塤大如鴈卵丨笑語丨市声丨如
管絃丨鳥群丨　孔本作壎詩伯氏吹壎　如壎如篪　塤曰丨如
雞子曰頌塤丨篪長尺四寸頌篪尺二寸（孔疏）○冤　於袁切顏真卿沃　達冤　肺石（孔秋官）丨　衛冤　丠論（書）嗣
刑法四　夻冤丨丨銜忍（列）丨　煩冤　新鬼丨丨舊鬼哭（杜）○　民無冤　張釋之爲廷尉天下无冤
海丨（禹貢碑文）一　玉篭金鎖只丨丨（荊公）　獄而天雨（本）
丨于定國爲廷尉民　孝婦冤　東海丨丨舍丨　入汝口（下前守勇）丨正名丨冤殺（活套）
自以不冤（後漢書）　二年不致旱詳旱　韈　龍冤　丨睡丨沙　語軒切
无丨　飾也鞴　丨兵　䡅　鴛　風丨藏近渚　（活套）丨綉丨
滯　丨車　蜿　尨兒　鷲事詳鶩（杜）　蜿　地名浸武
伐大丨獲汗血馬　鴛　雛鳳凰（唐）　井无水（左）目於
○光武兵起於丨　（書）鶯翠羽　鵔　井詳鶯又目不明　○言　（詩）崇墉
丨丨注高大兒（書）紹閭衣德丨衣丨垂（孟序）丨丨　丨如醉（詩）見　法言　子揚
如字服行其丨也（名）觭至不得丨　憲言　丨　丨　詩書之
論語丨丨象　寱言　伯父无丨丨丨　成言　宋向戌従子木丨丨於楚（左哀廿七）　危言　（論）　狂言　无所發子之丨丨（左哀十四）丨丨柤念卅

遷丨○忿發丨丨　足言　文以丨丨（清）　贈言　晏子曰嬰聞君子丨人以丨庶人贈
警滿坐詳雲　（北五）足去声　人以財晉大蓍○子路將行孔子曰
贈以帛乎丨汝以丨　寓言　（莊）　食言　孟武伯惡郭重曰何肥也哀公　肥言　上　見　達
乎對曰請以言（家語）　子　曰是丨丨多矣能无肥乎（左）
言　鄭息有　（左）　蠻言　施其兒丨其丨賈技　於朝者多矣詳賢　危言　丨丨日出（莊）酒器滿則傾空　甘言
弊重而　（左）流言　管蔡丨丨（書）○丨　萋言　丨丨自口　訛言　民之丨丨（詩沔水）　淫言　丨丨胥動以
言丨（左）　丨止於知者詳吏　（國正月）　則仰比之於言因物隨變　（書）
猩言　猩丨能丨（記）○小　會言　梅聖俞作四丨丨詩謂泥滑くく婆餅焦提壺盧
辯戒丨丨（尙村）　歸去来○東坡作五丨丨謂蘄州鬼脫布袴鴣
雎鳩鳩惡　龜言　人丨（抱朴）丨千歲能与人　百言　丨丨千晉　煩言　子行敬叔曰會同難嘖有丨丨
黃鶴　丨　（左昭八）　（左定四）嘖音責至也
念爭　獵言　梁君出獵与公孫龍帰曰人獵　誇言　丨丨長城詳城
也　丨言丨得禽獸吾丨得丨丨而帰（新序）　刘長卿自謂衛玢言
毎聞玢言輙唉息絕　丨　五言丨丨長城詳城　衛玢言
倒　詳倒玢善言玄理　千秋一言　田丨丨丨悟主旬月間取宰相（漢書）　藹茂一言　叔向適鄭丨丨惡立於堂
下丨丨丨而善叔向曰必藹明也下執其手以　宋玉大言　襄王謂丨丨曰彼能
上曰子少不颺子若无言吾幾失子矣（昭）　丨丨乎曰吾弓拇扶
𣏌剡楚　桃李不言　（詳）蹊　齊言　楚言　生於齊不能不丨丨生於楚不能不丨丨（賈誼）　信子路言　小邾以句繹來奔曰
（故事）
使子路要我吾无盟矣子路辭季康子曰千乘之国　數歲不言　揚文公億丨丨能丨丨
不信其盟而丨丨之丨　丨子何辱焉（左哀十四）
日抱以登樓忽能語　可對人言　司馬溫公語晁補之曰吾无過人　爾○文殊無
賦危樓高百尺之詩　但平生所爲未嘗不丨丨丨
言　諸菩薩各說入不二法門以言顯於无言丨丨以丨丨顯於　（活套）丨微丨暗
无言維摩不以言不以无言默然但會得名兩字使得（傳燈）丨陳丨
雜爲丨天向丨有後丨　（詩話）丨巧丨刺幽王也（小雅）（人名）（李）子美父　營　大飇　齇　屬名（左）戰於
策乃丨鴨能丨辯鴨
　　　　　　　　　　　　丨丨　丨　鶴有
地　齊　○軒　虛言切（內則）肉腥細者爲膾大　鶴軒　衛懿公好丨鶴有
　　　　者爲丨丨任大切細切之異名　　　　　乘丨者（左閔十）　犀軒　无
存死齊侯与之丨丨　魚軒　齊夫人丨丨　輶軒　周秦常以歲八月遣丨丨　朱軒
直蓋（定九）卿車也　魚軒　車（左）魚皮爲飾　輶車之使採異代方言（風俗通）
丨丨之使　東軒　蘇子由謫高安創丨丨号　周軒　（魏都賦）注長廊之有窗也　車北海郡饑
罪狠藉（班固論頌）　丨丨長老詳藁鵲巢下　　（桓寬）
之以爲孝（唐書傳）廁屋也　丨丨奇巧載臨軒天子自丨丨　丨丨秦減丨丨之制　虞軒　庚齊
粟高歌誦絲丨映日鴈丨丨丨丨唐孔戣　（漢史丹傳）　丨　歲車　（辯晉詳儒齊頌）　聊周
丨丨（杜）　日車（劉禹詩）飛兒　軒車吐風怒不休何丨丨丨自得○山狂谷狠相吞　拙軒
山谷有丨　飛雲車　丨丨丨丨丨丨　（韓愈集）
丨頌詳盆　飛雲車取丨丨丨丨送帰詳燕　賦高軒　李賀七歲韓文公皇甫湜
　　　　　　　　　　　　　　造之面賦詩賀操觚染翰

方壯若无人名高軒過一六公大驚也足軒山谷有題竟軒道人丨丨詩取兩三竿也足之義前輊後軒馬援曰居丨不能令人丨居丨不能令人丨○如輊如軒詩【活套】晴丨征丨南丨雨丨膳丨月臨丨【人名】敬夫騫孫兒先句丨鳳騫音猶音義各異

丨丨鴻騫時求或作騫丨丨騫思緒丨丨孤騫鳳雅鵾騰騫時方騫王揀揀欲丨丨

擎丨丨鞬居言切馬上盛弓矢器丨丨衣橐鞬

掀丨辛出也左丨公以出於【活套】丨丨鞬丨丨鞬帶佩丨丨十擲鞬丨丨

左執鞭弭右屬丨丨鞬賔皆執弓過人以丨丨箙以盛矢之左右馳射

子丨丨鞭丨鞬屬鞬以丨丨以韓屬鞬揭鞬丨名牛作鄗

愛丨奔名已名切奉寒丨丨方頃切屏也篇也通作番以播丨丨鄗

也丨窮卿大夜藩丨中与紀伯爲鄰伯夜爲藩鄰伯自在而伯去後樊拔

家丨丨臣詩不丨丨藩一丈以地爲伯丨丨衛濯既不所侵又却一丈曰義理

聚落揭收丨三号神童里人造門觀賦詩丨丨藩丨丨藩辭羊丨丨無道德

典丨丨其丨收曰不非藏角者何用觸吾藩角丨其角陽大壯

丨藩長壯以丨牆丨籬丨雄【人名】詩人唐魂戶昆切陽氣也左傳人

丨丨爲丨【活套】丨名丨輪丨生始化爲魄既生魄陽

爲丨遊丨丨爲變丨丨大微丨帝魂我見常再拜重是日魂上清吞日月氣法

人有三丨丨丨丨丨丨丨丨古丨丨呪曰丨丨珠夢照

韜緑映月眼煖分丨丨丨丨丨丨○欲收月丨丨丨丨丨丨梅花村玉梅魂北返

醒養丨丨我自日月誰使吞丨丨丨丨丨丨丨丨山下梅花村玉梅魂暗香

丨丨招魂宋玉哀屈原魂魄放佚丨丨丨丨丨丨有丨丨香丨在半夜魂招此

丨丨招魂作丨丨欲以復其精神丨丨丨丨丨丨丨丨丨丨丨丨丨丨

爰○飢卒石上魂三生丨丨日精丨丨魂山丨丨風味丨丨丨丨海棠魂空山

食丨丨丨丨丨詳載丨丨丨又詳丨丨丨丨丨丨丨丨丨丨丨丨丨雨

招得丨丨丨蜂蝶魂丨丨如知丨丨丨詩丨丨丨丨丨丨丨丨丨丨丨征丨

丨丨丨丨丨丨丨丨丨丨斷丨丨丨丨望帝丨丨月夜

丨丨沄水轉流兒緷十羽曰丨渾也大丨丨順丨丨丨丨丨丨丨之

江丨丨雞卵未分也俗作緷又云百羽丨丨丨丨丨丨丨丨丨未丨丨丨

誤廣韵无緷字丨丨干運切奔渾丨丨丨丨清泂流丨丨丨丨丨丨全渾頼然丨丨得

陸渾元紫芝宴丨丨佳山水居爲丨丨丨丨丨同丨丨丨丨

陸渾詳元○又晋仕丨丨之戎丨丨渾丨丨似丨丨丨名吐谷丨丨水渾

汲多并水渾○皎丨丨丨帶雨渾盎丨丨沙自渾如波丨丨反以丨

千丈清不如丨丨丨丨丨丨丨丨丨丨丨丨丨丨丨合則渾

丨丨丨離則散丨丨渾丨丨丨丨丨丨丨丨丨丨丨語曰寧

丨丨道德二丨丨丨丨渾丨丨丨丨渾則丨丨丨丨丨丨丨

文傳吐谷渾丨丨魏温子昇丨丨於江外傳標使丨丨見其王床頭有其書數卷丨【活套】丨文雄丨道眼丨【人名】丨丨書生能料

事丨晋人平吳丨丨丨丨朱榮丨丨爾謂高歡○昆古渾切後也丨丨丨後丨詩謂丨玉

曰甚代我者惟丨丨丨丨丨丨丨丨丨他人丨丨丨久与青山爲弟丨昆

昆丨丨人金友丨丨仍昆風流彼丨丨丨丨西羌丨名○丨丨丨丨虎渡河詳虎

【宋玉錢傳】丨丨丨丨丨丨丨丨碧盆最來多丨丨丨丨丨求有蟹无通

判丨處丨丨丨兄也通丨琨石之美者丨丨丨丨丨丨丨丨丨崑崙山詳崙○

詳丨丨作昆琨丨丨篠簜丨丨丨丨丨丨祖逖丨丨丨丨李義山詩名西

体丨鯤大魚名又魚子通作外丨丨比魚鯤丨丨有魚其名曰鯤丨丨化爲鵬從丨鯤助尔五老丨丨

丨丨鯤丨丨魚卵醬丨丨注讀爲丨丨北溟鯤魚名曰丨丨詳鵬丨丨丨丨

丨丨鵾丨丨鵾丨丨欲丨丨鵬丨丨飛丨鯨【人名】丨丨晋人折鵾丨丨雞三尺本作鶤丨丨西京丨丨鵾雞

【活套】丨丨丨丨鵾雞丨事詳鵾鳴丨杜少鵾雞丨鵾○琵琶以丨丨

鷤鵾爲丨丨丨丨丨丨丨丨丨丨丨丨丨丨丨丨丨丨丨丨丨丨當

絃詳絃丨褌或作裩丨丨丨丨丨丨丨丨丨丨丨丨丨丨丨丨丨旦著丨丨

褌丨丨丨丨丨丨丨丨丨丨丨丨丨丨丨丨丨丨丨丨丨丨丨丨丨

禮下亦當絆褌隋辛亶丨丨丨丨丨丨丨丨文帝丨丨丨丨丨丨丨丨丨既着

褌丨丨紂褌以爲厭丨丨斬之丨丨丨奉詔丨褌丨丨丨丨丨丨丨丨丨丨

餕丨丨丨丨丨丨丨丨丨丨丨丨丨丨丨丨丨丨丨丨丨丨丨丨丨丨

鼻褌阮咸家貧七日法當曬衣咸竪長竿標大布丨丨丨丨犢

鼻褌曬於庭中曰未能免俗聊復尔丨丨丨丨又相如傳丨丨褌劉伶裸飲

地爲棟宇丨室丨丨丨衣丨婦無褌韓康伯遺范宣絹百匹不受裂二丨丨曰我以天

諸君何爲入我褌中丨丨丨无褌丨文与之曰可使丨丨丨乃受之丨丨褌君丨

之處域內何異丨丨丨丨丨丨褌唐人以丨丨丨朱冠褌丨丨炎官火鳥丨上廳褌宋

之丨丨丨平詳蝨丨丨丨丨丨褌丨爲殺風景丨丨丨丨丨丨丨丨

宗丨茂德性庸鄙爲郢州丨丨丨丨丨丨梁吉士丨少時丨丨丨丨爲倚丨所侮及

刺史昌著月露褌丨丨丨事擲丨丨丨丨褌爲將軍得絹三万匹爲白褌其外並賜

上丨丨丨褌鄭舍人曰願問東方朔一事朔得丨當丨丨丨丨丨丨丨丨丨丨丨丨丨其

丨丨丨脫褌不受楊朔云丨舍人丨丨當復丨丨丨丨○温烏渾切丨丨丨丨

丨丨丨故丨丨心灰不復丨又送魯少卿道館丨丨丨丨如玉丨丨即之也

雖云樂冷卿當復丨丨○王曾志不在丨飽詳飽晏温中山丨丨史武帝紀三

而丨丨也○小閣冬温丨丨夏清丨○酒温半瓶濁丨待君丨丨○桓南郡設

低意卧丨丨丨丨冬温丨冷艷排丨丨丨酒温丨王大語左右酒來桓嗚咽曰

犯我家丨丨丨丨丨丨丨温寒丨欺白酒丨老丨丨丨丨丨丨丨丨丨丨丨丨丨晏丨

丨丨詳酒丨丨丨丨丨温丨丨丨丨丨丨丨釣石温丨丨來多丨丨丨丨丨丨丨丨丨

諱丨詳酒丨丨丨丨丨丨丨丨丨丨丨丨丨丨丨丨丨丨丨丨丨丨丨丨丨

丨丨丨丨稍能丨丨丨丨丨丨丨丨丨丨丨丨丨延球温丨丨文球中丨丨丨丨丨丨丨

丨丨笑語温丨丨丨作大絃温者君也詳絃丨丨丨濁以春丨丨寒丨詩清丨丨丨丨丨丨

丨丨丨丨丨丨丨丨丨丨丨丨丨丨丨丨丨丨【活套】色思丨帝語丨故書

丨丨丨丨丨丨丨丨丨丨丨丨平原商音丨唐叔虞之後晋公族受封河内

丨丨挟纊丨丨丨丨詳纊【人名】唐丨晋丨丨丨後丨【姓氏】之丨因氏丨功臣表丨丨之後何始居太原

丨丨唐人字簡與隱王屋山人号曰处士晋丨後隱東都烏重胤奏致幕府○

爲侍御史李祐曰膽落丨御史矣詳膽丨丨晋人字長卿凡弟六人並知名

号六龍丨丨丨丨丨丨丨丨丨子太真博孝風儀丨丨丨丨丨丨丨丨丨中書令丨丨聘姑女下玉鏡臺詳臺

丨丨丨丨唐人字彥弘洪州祈人与弟彥博大有丨丨丨丨知名薛道衡曰二人皆卿

相才也迁黄門侍郎孝傳爲中書侍郎對策華近丨字大丨誓佶詳
令每開四方風俗臚布誥命若成編獻進丨詳華人拭目觀之丨孝博
齋孫工辭章与孝商 冥奔切〔孟〕 如從穴中望丨仰
隱皆有名号丨季 緼 閒色〇 門 礼丨也 天門 泰山有大小
天窓〇隋衡妻生八翼 王門 史褚丨丨 金門 塵丨丨上王 玉門 班超願生入
上天見丨丨九重詳天 王門 丨詳褸 金門 堂〔揚雄傳〕 玉門 丨丨關詳關 掖
門 宗成純住正殿門之 皋門 乃立丨丨〔詩緜〕 應門 乃立丨丨〔同〕 黄門 秦漢有
門 旁小門如人臂丨丨 皋門 諸侯外門也 應門〔上〕朝門也 黄門 丨丨侍
郎 日中丨丨謂閽人居禁中在丨丨之内給事者 長門 漢陳皇后別在丨
〇唐德宗以王緯爲給事中曰丨丨要地也〔唐書〕 長門 丨宮愁思相如爲
賦以籍王丨門設車宮丨丨〔禮〕君止宿險阻之処 端門 丨丨星太微正南 龍
意詳付 轅門 以車以爲藩仰車以其丨表丨也 端門 門〔創李孝傳〕
門大鯉魚登丨丨化爲龍詳龍 侯門 丨丨一入深 橋門 明宗幸辟雍諸儒執
門〻登李膺門号登丨丨 侯門 如海詳郎 橋門 經問難於前園丨丨
觀听者億万計〇四門有水 重門 丨丨擊 北門 御史臺門 開取劇殺義[illegible]
以節觀者門外有丨〔後漢〕 重門 柝〔易〕 北門〔鄴故事〕〇刘禕之迁拜士高
宗密与參決政事時 東門 宋陳蔡衛圍鄭丨丨鄭人侵衛牧以報丨之役
秣丨丨辛士〔唐本傳〕 東門〔左隱五〕〇上蔡丨丨牽黄犬詳犬〇疏廣歸祖餞
丨丨梅福隱其丨丨卒詳卒〇用〔貨〕求 高門 于公事 席門 陳平初以丨
詳道 市門 富刺綉紋不如倚丨丨〔貨殖志〕 高門 詳車 席門 爲丨然門外

多長者車 衡門 丨丨之下〔詩〕 卯門 逢知楊丨是 章門 丨丨主 狗門 晏子短小
轍詳車 衡門 横木爲門 卯門 丨丨処〔刘威〕 章門 當詳賓 狗門 使楚〻爲
小門於大門側而延晏子〻〻曰使狗国者從 狗門 過丨丨而 晨門 奚自
丨丨入今臣使楚不當從丨丨入〔晏子春秋〕 屠門 大嚼詳嚼 晨門〔論語〕丨丨曰
踵門 告〔孟〕 齊侯門 稚子 倚門 王孫賈母曰汝
丨丨而 撬門 魏勍欲見曹參早丨 齊侯門〔陶詞〕 倚門 朝出而晚來吾
丨丨而望汝莫出而不 杜門 丨不出 題門 呂安丨丨作 專門〔夏侯勝傳〕 多
倚則吾倚閭而望〔史〕 杜門 動一紀〔韓〕 題門 鳳字詳鳳 專門 丨丨名家
門 晉政丨 雲門 黄帝樂〇又若 雷門 會稽有大鼓 鹿門 龐德公未嘗入城府
門丨〔左〕 雲門 一山丨丨寺 雷門 名丨丨詳鼓 鹿門 後携妻子登丨丨山
釆藥不反 鴻門 漢祖項羽會 鴈門 鄉人得丨丨太守皇甫規 劒門 蜀山東門
〔後漢逸民傳〕 鴻門 丨丨〔漢書〕 鴈門 曰卿在郡食鴈美乎詳鴈 劒門 至險 東門
灞上丨丨如兒 白門 曹操攻呂布〻自丨 金馬門 武帝得大宛馬以銅鑄象
戲不〔漢文紀〕 白門 樓下降〔呂布傳〕 金馬門 立于署門因名〔三輔黄圖〕
〇嚴安徐樂侍詔丨 光範門 三伏丨丨 神武門 陶弘景挂冠 通德門 鄭玄所
丨丨丨注宦者署也 光範門〔韓文〕 神武門 丨丨詳冠 通德門 居号丨
丨丨西州門 謝安死羊曇不過丨 將相門 門有將丨丨有 衆妙門 玄之又玄
丨丨 西州門 由丨丨詳州 將相門 相〔史孟嘗君傳〕 衆妙門 丨丨之
〔老〕
〔漢〕 堯母門 漢鈎弋夫人所〔史〕 五女門 盜不過丨 征門 逢萌解丨丨 與吾門 陳
〔子〕 堯母門 居号丨丨〔史〕 五女門 丨詳女 征門 掛門東都丨〔史〕 與吾門 群

爲兒時祖寔嘗曰 扶 縣門 晉伐偪陽諸侯之士門焉 縣門 發聊人紇丨之以
此兒必大丨丨丨 扶 縣門 出門者〔左襄十〕 紇叔梁紇言多力丨季丨丨出諸
侯之士在内者 縣 雷門 趙宋曾公亮守鄆州毓意 董 雷門 陳太丘詣荀
音玄聊音側留反 雷門 寢外户不閉号丨丨丨 董 雷門 朗陵荀使叔
行酒詳聚 設 羅門 遇知丨丨丨狄仁傑薦姚崇張東之等或 步
慈 羅門〔要〕用甚公事 桃李公門 曰天下丨丨尽在丨丨〔唐〕
趁 里門 石奮少子慶醉歸入外門不下車丨奮不食慶〇 沙門 梵云丨丨或云
里門 肉袒謝罪從諸子入里門趨至家〔漢〕互見步 沙門 桑門 唐言勤息
〔善覺〕〔要覽〕 法門 文殊問維摩詰何等是不二丨丨 維摩默然不應殊曰善哉善哉
法門 无有文字言語是真入不二丨丨也〔又見頭陀寺碑注〕〇八万四
千清淨宝日八万四千煩惱羅首八万四 甘露門 慧可事達摩夜雪侍立不
千母伽羅尼部記佛丨丨之數〔勝鬘經〕 甘露門 動[illegible]明日驟開丨丨丨 濟
窮群品 〔陸參〕 海丨詢丨四丨禹丨樂丨紫丨 〔詩鄭〕 出其東丨閔乱也八公子五
詳琴 三過丨聖人丨客填丨傍人丨 爭丹華不息〔?〕衛丨誘偺
公也〔?〕而无立志〔?〕比丨刺仕不得 雍丨子鼓琴孟嘗君〔同〕
志也〔?〕基丨刺陳佗也惡加於万民〔人名〕 義山遇奚丨子乞長生訣〔田〕
紇〔姓氏〕〔?〕 〔四〕晉陽徽音 鄭大夫居丨丨 因氏 列子有 璊 赤玉〔詩〕
号 西丨子 嬀文侯時丨丨豹爲鄴令投巫事詳巫 璊 毳衣如
丨 捫 撫持也〔漢〕高祖傷胷乃丨丨足〔?〕蜀 莫捫 朕舌〔詩〕〇 指 掌捫 嗜
道难丨參井〇工 丨難詳難 莫捫 悔丨不可捫〔?〕 掌捫内

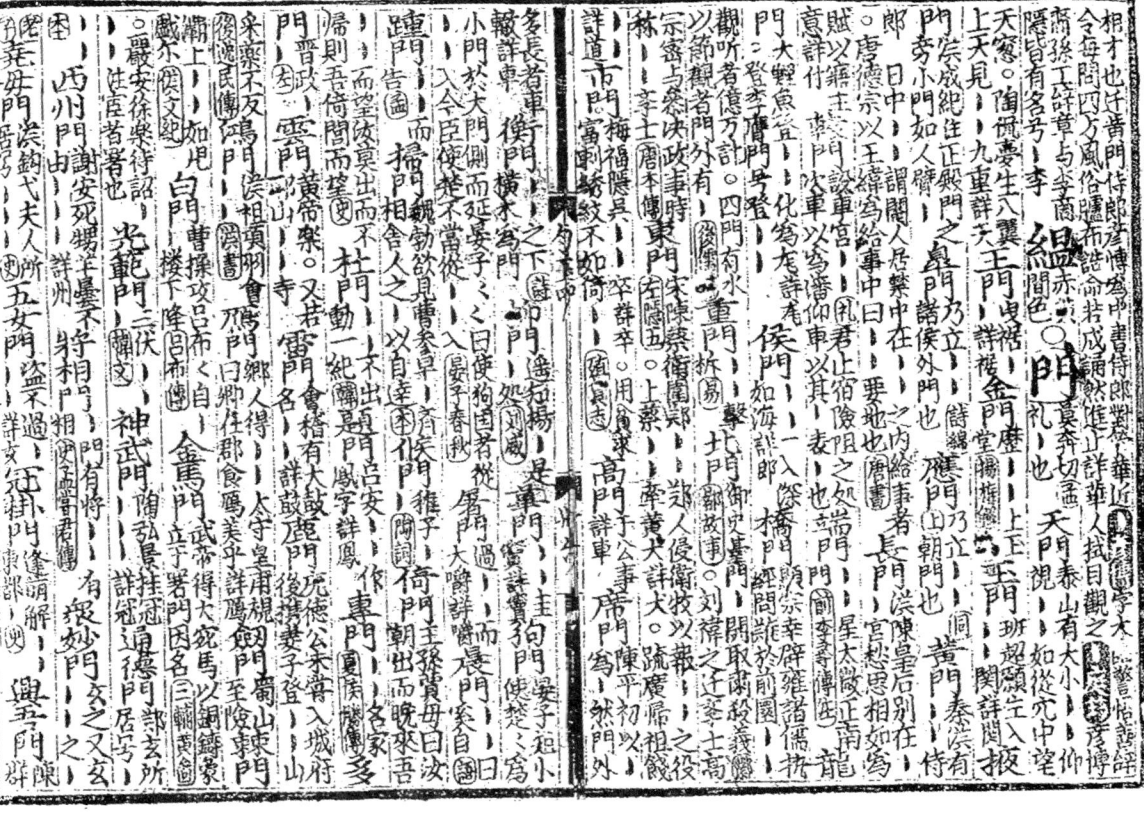

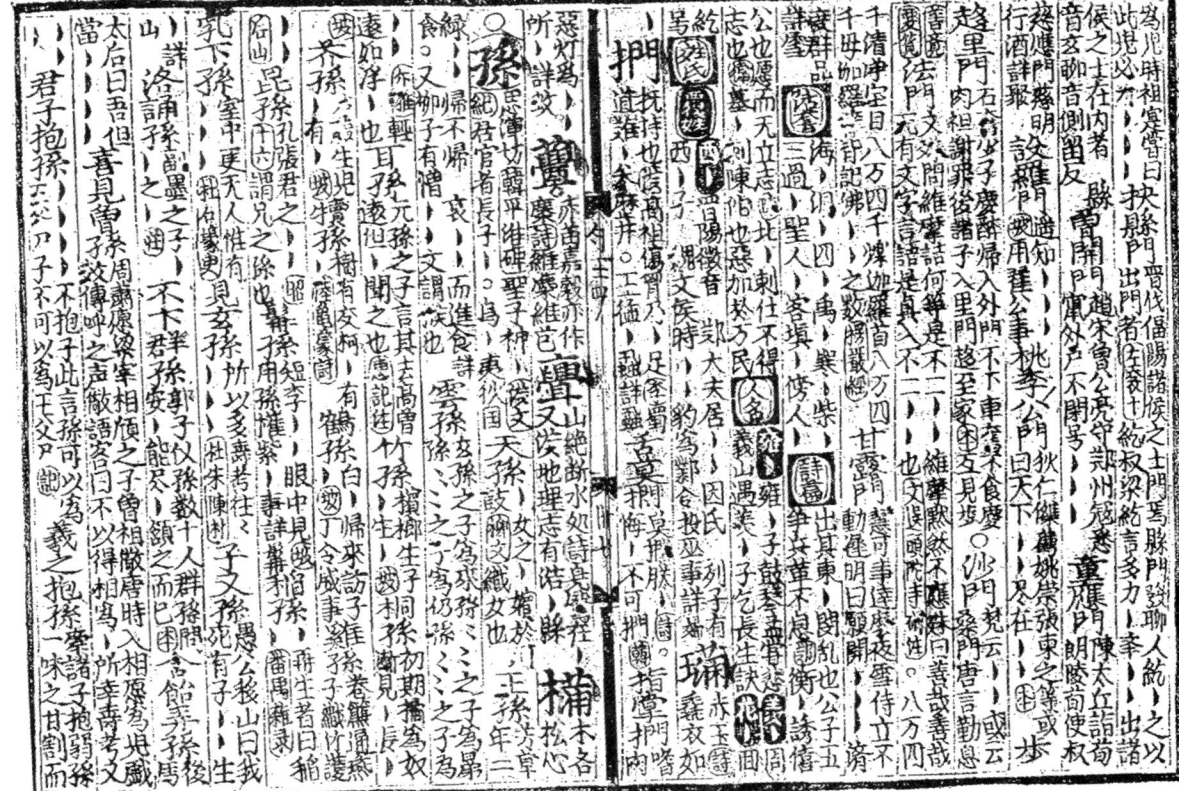

瑟灯焉丨丨 賓 赤苗嘉穀亦作 山 絶断水処〔詩〕息程丨 構 木名
所丨詳爻 寶 糜〔詩〕維糜維芑 寶 又漢地理志有浩丨縣 構 松心
〇 孫 思譚切〔韓〕平淮碑聖子神丨〔漢文〕 天孫 丨女之丨嫁於丨 王孫 芳草
〔紀〕君官者長子丨〇鳥丨夷狄国 天孫 〔?〕織女也 王孫 子年二
緑丨丨歸不歸 哀丨丨而進食詳
食〇又卯子有猶丨丨文謂孫也 雲孫 玄孫之子爲來孫〻〻之子爲昆
遠如浮 〔爾雅〕 輕丨丨 耳孫 元孫之子言其去高曾 雲孫 孫〻〻之子爲仍孫〻〻之子爲
丨丨也耳孫遠但丨聞之也〔惠記注〕 竹孫 損柳生子同孫初期播爲奴
〔要〕 芥孫 六經生兒賣孫樹有交柯丨有 鶴孫 白丨歸來訪子 雖孫 卷籬通燕
芥孫 丨有丨〔?〕牙孫丨〔?〕 鶴孫 丁令威事 雖子 竹孫 長丨
〔石山〕 昆孫 孔張君之丨丨〔?〕 眼中見〔?〕 曾孫 丨 稱生者曰稻
上子〔十六〕 謂兄之孫也 稱孫 短李丨丨用孫權 紫丨事詳稱 利孫 〔番禺雜錄〕
乳下孫 室中更无人惟有 〔杜〕 子文孫 愚公移山曰我
乳下孫 丨丨〔?〕 見玄孫 所以多壽考往〻 〔杜朱陳村〕 子文孫 死有子丨丨生
丨丨詳 洛誦孫 副墨之子丨 不下羊 孫郭子仪孫數十人群孫問安丨 含飴弄孫 後
山 洛誦孫 丨之丨〔莊〕 不下羊 君孫安丨能尽丨頷之而已〔唐〕 含飴弄孫 馬
太后曰吾但 喜見曾孫 周燕澤梁宰相傾之子曾相敬唐時入相原爲坦蔵
當丨丨丨丨 喜見曾孫 致傳呼之声敬語客曰不以得相爲丨所幸壽考又
丨丨 君子抱孫 不抱子此言孫可以爲 義之抱孫 一味之甘割而
丨丨 君子抱孫 六丨丨子不可以爲王父尸〔記〕 諸子抱弱孫

分之以幼婦外孫丨丨少女妙字丨丨女之子
娛曰前幼婦外孫子好字詳絢謂禪文妙好也　哭祖子孫　未四十年丨其丨丨三世于人世
何如也韓熟胡孫楊仲嗣躁率魏光乘曰【活套】蘭丨【姓氏】周文王子康叔封于衛至武公
心馬猿鶴熟素胡孫爲丨丨上丨丨（僉載）　龙丨
子惠丨嘗爲衛上卿因氏焉【丨叔敖】殺蛇至相事詳蛇三得相而不喜
三去相而不悔【丨武】斬吳王愛姬行軍法闔廬以爲將破楚入郢著兵法十
三篇【丨臏】武之後臧龐破魏軍詳龐殺厖涓詳樹【丨綽】字子荊才藻卓絕迁
著作郎漱石枕流詳流【丨楚】楚之丨作天台賦擲地作金石声詳付【丨登】字
公和好讀易撫一絃琴晉本【丨思邈】幼時人呼聖童居太白山唐太宗召之
不受【丨伏伽】武德初迁治書侍御史初帝授禪伏伽最先諫帝曰可謂諠臣
矣唐本【丨逖】年十五賦土火爐援筆成篇【丨晟】五代人遇人口吃坐定乃談
諧鋒生詳吃爲右僕射富諸妓妓号肉臺盤○晟初名鳳少爲道士居廬山
盛貫島像于壁道士驅出之乃儒服謁莊宗以爲管作佐郎【丨宋】趙宋人字
巨源包拯歐陽脩等薦賢良方正上策論五十篇韓琦曰今之賈誼也迁館
閣校勘【丨復】晉州平陽人字明復居泰山之陽年四十家貧不娶丞相李迪
以弟女妻之范仲淹富弼薦拜校書郎國子直講【丨丨】字夢得眉山人六世
祖長孺喜藏書爲樓貯之謂之書樓丨氏【丨丨】字莘老高郵人神宗除集賢
院爲昌王府記室陳富貴幾【丨氏】晉虞潭母丨氏聰敏識鑒過人（列女傳）
【丨丨】長孫丨魏獻帝以兄拔之氏改爲丨丨氏【丨道生】身爲三司儉素一態
子孫皮傳況數十年不易与從父仕魏俱爲三公（北史）【丨丨】字季流

射賀奴鵰突厥畏之聞其名声謂爲霹靂仕周爲將　叔孫　魯桓子叔牙之後
單丨【丨無忌】字輔機佐唐定天下功第一封齊国公　叔孫丨丨僑如丨丨武
叔皆其後也【丨丨】魯卿謚穆子　樂桓子請帶裂裳帛爲之詳帶
【丨通】起漢朝儀詳儀拜奉常【丨建】以智勇稱魏道武拜爲大將　公孫
【丨丨】【丨丨】【丨丨】漢人仲孫【丨湫】齊人　蟡　丨虹丨蜻
優蜀仲子來省魯難　劌也　飧　晡時食也又因熟食　魚飧
景公使勇士殺趙盾窺其戶方食丨丨勇士曰重卿而食魚飧　或作餐詳飧丨
食丨丨儉也吾不忍殺公羊宣六此与左傳所說異　盤飧　重耳過曹僖負
焉公子受飧反璧左傳九三○張昭見顧陸曰吾來　羈饋丨丨置璧
爲道義非因丨丨○蛙蔬遶茅屋自足媚丨丨秋　壺飧　趙衰以丨丨從餒
詳羹○中山君亡走有二人挈戈隨之曰臣　而不食不忘君也
父餓且死君下丨丨食之故來死若也詳簞　簞飧　有饎丨丨而
朝曰丨丨山飧木實饑　饔飧　大東饔飧蒲兒　治注
夕曰丨丨岌　素飧　彼君子兮不丨丨兮詩伐檀　【活套】晨丨丨晚丨丨
以石簫而築无脊○楚辭言香草皆　【活套】芳丨蘭丨冬丨丨　蓀　草名　蓀　香草生溪
喻臣惟言丨喻君盖丨於藥性爲君　側名溪丨
義馬援傳安自丨大○　道尊　師嚴而後丨丨（記學記）○　尊　祖昆切　左　貴有常丨　記三加弥丨（冠）
笑芥獻之至丨詳芥　無二尊　家丨丨丨丨（記喪服）　朝廷尊　唐李勉
御史大將背闕而坐勉劾之肅　拜監察
宗曰吾有李勉丨丨始　奉至尊　咸爲饑其子礼若　諫臣尊　諫臣死而
丨丨丨（杜子規）　丨丨丨

八爲臣尊諫臣死而丨　無敵尊　王亮爲太平縣令沈讚之牒
觀言丨丨（管仲政）　黜沈造云下官以北諱被代未知明府亮公
諱若爲假字當作丨丨丨大爲大考　不見州尊　王兩与秦彼書曰貧賤困
丨丨亮呈恐讚之大笑而去詳彼　苦寂一來与州尊謂劃璋
相見稔丨　佛尊　下後知天大空　世尊　丨丨丨只妙　兩足尊　稽首丨丨丨　法華
從稔彼傳○　餘見丨丨世　相法華經　如來世尊福足慧
足稔丨丨丨　不動尊　妙湛總持丨丨丨　【活套】謙丨逆丨　【人名】【丨丨】盧舜子　鐏　本
丨（術集經）　般事見華嚴經　隄上詳隄　作
尊　漢書皆　六尊　犧尊刻牛形　象尊象形　著尊底著地　壺尊　太尊　犧
然通作樽　大古丸尊　山尊刻山雲形　以待祭祀賓客之礼（周礼）
尊　丨丨青黃乃木之災（莊子）　比丨丨於溝中之斷美惡有間矣詳斷　獸尊
丨丨象尊各從其形丨當音義赦丨亦只當音如字並不當音莎
晉元旦設白丨丨於殿庭盖上施白于樽丨丨而不樽元次山居樊上石有
丨獻直言者發此丨飲之（礼樂志）　汙樽　抔飲亦樽字顛因修之以藏酒
曰丨丨能日誰能　上尊　漢陽丞相養年丨丨丨丨　稷爲中粟爲下（漢書）　一尊一芙丨丨丨　義樽
抔飲共牢牂牂　斗爲丨丨丨
昔在黃州鄰近四五州送酒合　廮棃樽　大白有山尊詩一作　北海樽　詳孔融事
置一器謂之雪堂丨丨丨詳墨　詩少府丨丨丨詩　（詳客）
五石樽　欲求公瑾一困米試丨丨丨　吾登五山丨丨丨　丨丨謂　【活套】觴丨芳丨
丨（莊子）丨丨丨（詳瓠）　瀟四樽　五岳西呂登西貴爲樽也　清丨頓丨

鷷　西方雉名○　存　祖尊切　書推亡固丨語則有司丨丨　思存　豈我丨丨　默存　王执化人
鷷　雉名　孟夜氣不足以丨莊日擊道丨丨
之舂暰而上者中天王实以爲清都紫微鈞天廣樂帝之
所居既舊王問所從來左右曰王丨丨亦列周穆王篇
存　六世祖如尊　亡　地存　置之丨丨而　後丨（爾作傳）　煌光獨存　洪容微官毀皆毀而丨丨　詳光禁　佑切　松
菊猶存（淵明詞）　凡亡楚存　凡君曰丨之丨不足以喪吾存丨之丨不丨　足以存之則丨未始丨丨未始丨也詳凡　【活套】丨
典刑丨古意　蹲　左襄由基丨甲而射鳳蹲曾公在中書作甚高李復圭
丨古尚丨　成十六詳甲亦作踆鳳蹲美六老丨也丕丨不去鈍丨丨
上嘷无声鴟蹲旁山若丨丨怨　鳶蹲計窮路斷欲安適吟詩能蹲侯家熾炭
遂致仕去朋蹲展垂天翼丨丨　破屋愁丨丨　被下三　蹲郡丨丨旁丨
丨釣掉宇低猿蹲暫睡想丨丨
山豹有蹲鴟　丨杜州二　石虎蹲　醜丨半蹲　東鳥蹲兒吟愁鳳語翁　石筝
蹲　栖上丨丨　鶴蹲　晉王長文州辟別駕乃微服竊出會稽蹲任公蹲丨
蹲島丨杜七　後見於成都市中蹲踞丨胡丨未丨蹲丨投餌於
東海朞年得
大魚詳魚　敦　都昆切怒也勉也又迫也詩王事丨我係淖夫丨左土
隊丨丨　准貴詩常武丨布　又子歲名困丨係在頓韵古晉名玉丨係十二
諸鋪敦丨厚也言厚布其兵陣　墩　作平地　謝公墩　謝安石在半山有墩曰丨丨　後荊公亦住半山有

詩云我名公字偶相同我屋公墩在眼中公去我來墩屬我不應墩姓尚隨公(詩話) 阿㜷墩 文臨安有裴氏㜷晉初居此墩牀泉花醼酒貧士則施
与之(方)(輿勝覽) 惇 厚也 弴 畫弓 ○暾 他昆切日始出兒(歌)｜將出兮東方 朝暾 文晞扶桑兮｜｜李騭絕壁上｜｜(杜)
㵁 池水暾｜(白樂天) 丹府暾 不如閒日坐｜｜夜自｜｜暾(十七)謂心明也 扶桑暾 文淺蓬萊宮中花鳥使綠衣捧｜｜｜(瑣郁)
(松)(人名)(顧)｜晉人公直有父風詳角 哼 口氣也又大車｜｜(詩) 焞 明也(左)天策｜｜注无光也 ○屯 徒渾切
(充國傳)分｜要害 罷兵留｜｜ 雲屯 夏槐作｜｜(韻)｜｜(例)○ 蜂屯 蟻聚｜｜(選) 鸎屯 鳥集｜｜(選) 入屯 衛尉｜(選)
東屯 (杜)移居｜｜ ○子美耕｜｜ 詩淹留為稻畦(國)夔州地 陵屯 蠶蠐之衣生於｜｜則為陵舄 ○屯 杜也｜舄車前也言物化无常形也
詳 温屯 閩有水生毒霧厉氣中之者｜｜嘔泄(柳)愚溪對 屯聚也(類要) ｜逐｜耕｜細柳｜方｜田可｜綠陰｜ 豚 徒与猪 通作腞
豕疏通看憑信及｜魚(語)饋孔子｜(記)晏平仲祭先人｜肩不掩豆 雞豚 畜馬
盈諸子｜犬耳 ○孩田者操一｜｜蹄酒一盂詳蹄｜項(禁臠)詳臠
秉不祭於｜｜(天官) ○顛 羔豚 春宜｜｜(記祭義) 孤豚 郊祭之犧牛以入大廟雖欲為｜｜豈可得乎(莊) 放
為同社人｜｜宴春秋(韓) 海豚 腦上有孔噴水直上數百為群人以豚先取其子繫水中母自來就取之 河豚 无頰无鱗
豕如追｜豚｜(孟) 攑豚 燔黍｜｜(記禮運)
觸之則怒氣滿腹之中脹目為西施乳掖搯芦根汁解其毒 坡云拼防人
食之用蔞蒿荻芽亦无害 坡在資政堂云｜｜也直那一死其美可知
梅聖俞有｜｜ 江豚 鼻中為声出入水上舟人候之知風雨腹中脂堪磨病
詩時号梅｜｜ 照不博即明照讀書及績即暗俗言嬾婦化此未聞可
食乳 倪假 (家語)子路性勇冠雄雞｜｜｜(史) 俎上豚 曹丑元礼善筭謂陳蕃云曰｜｜燕｜何不設 虎牧豚 仲長統云猶餓狼守
庖廚飢｜ 貧乳豚 後周陸逞為京兆尹郡界豕生子而死 牛豬債豚｜雖｜於｜
｜牢｜(史) 豬乳豚有｜｜養之以活時論逞仁政所致(史)
上(詳) 僧賦蒸豚 王中令平蜀入一寺主僧醉甚公欲斬之求蔬食云有肉无
瘠 蔬進蒸猪頭甚美公令｜｜｜立成中句云蒸處已將蕉
葉裹熟時兼用杏漿澆公大 人乳蒸豚 晉王武子家侈帝幸之供饌悉貯琉璃
喜与紫衣師号(佛祖紀) 器中蒸豚甚美上問其故曰以人乳｜｜
｜之上色不平耳 餌鮦以豚 衛有得鮦魚大盈車曰吾垂一魴之｜｜過而弗食又餌｜｜之半体則食之子思曰鮦貪而死餌
食未畢而去 士貪祿而死(孔叢子) 臀 底也(孔)考工記量其｜一寸又臀也易｜无膚又｜困於株木 芚 愚兒揚春木之｜又菜名又无知兒(莊)
聖人愚｜又渾｜ 軘 兵車 庉 居也 燉 火盛兒 ○村 此尊切 花村 明月无犬吠｜｜(古詩) 禹
｜不分察兒
會村山有｜｜｜ 寸滁州鍾离縣塗 老人村 蜀青城山多枸杞根飲其水故壽 溪｜｜ 昭君村 王昭君生於峽州有｜｜

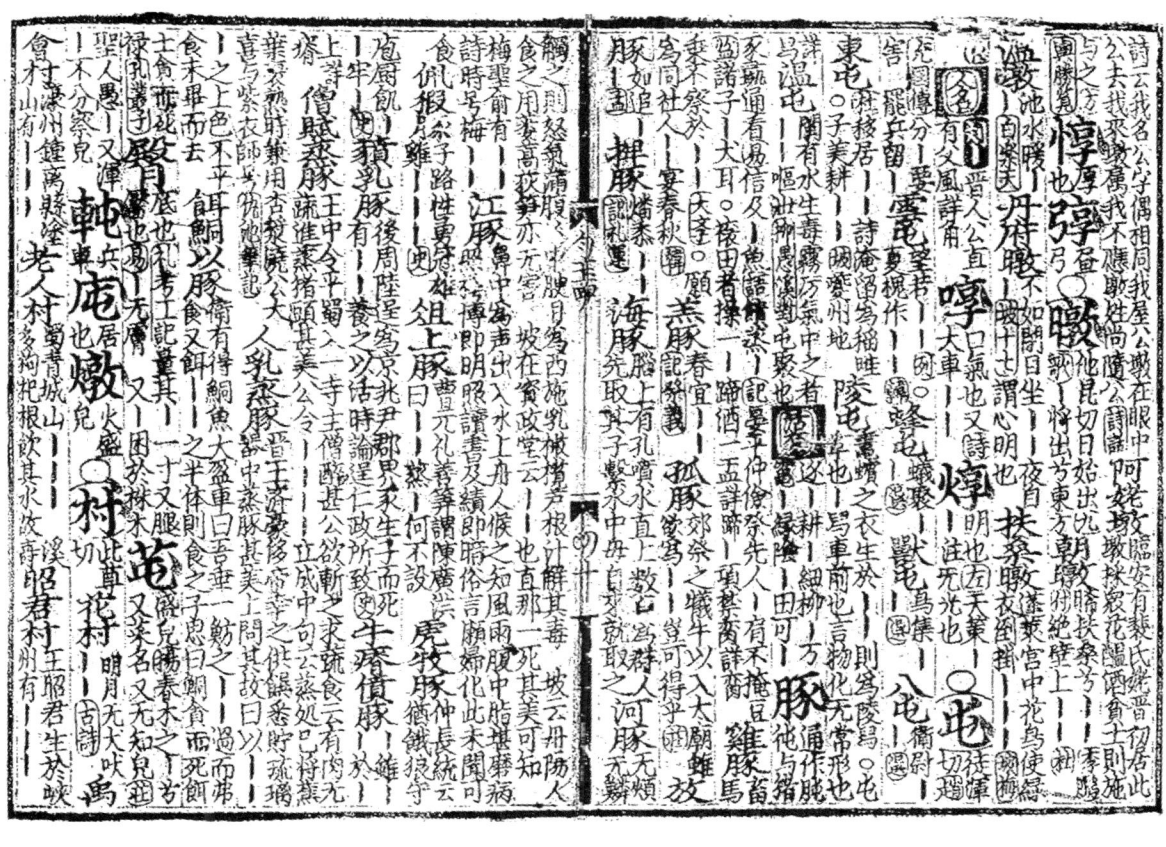

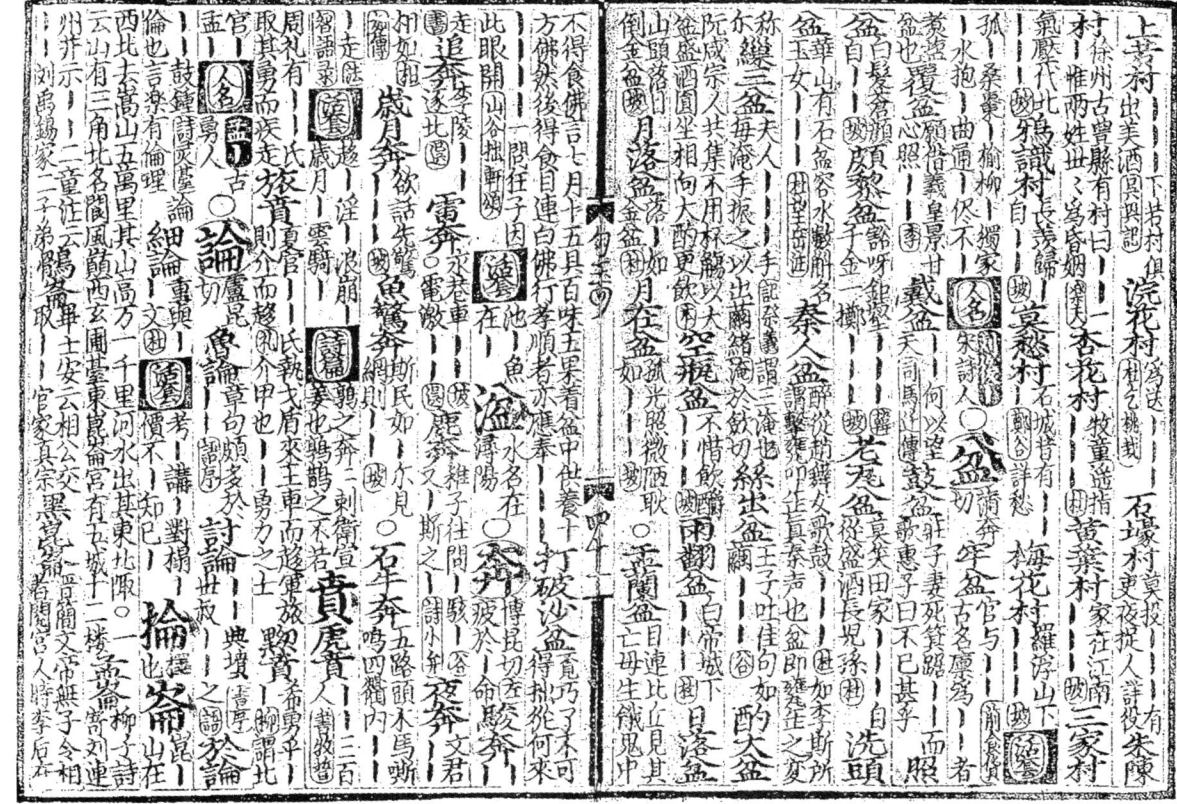

上若村 出美酒(吳興記) 下若村 俱｜｜ 浣花村 為送(杜乞桃栽)｜｜｜ 石壕村 暮投｜｜｜有吏夜捉人詳役 朱陳
村 徐州古豐縣有村曰｜｜一村惟兩姓世世為昏姻(樂天) 杏花村 牧童遥指｜｜(杜) 黃葉村 家在江南｜｜｜(坡) 三家村
氣壓代北｜｜｜(坡) 鴉識村 長羨歸｜自｜｜(坡) 莫愁村 石城昔有｜｜(鄭谷)詳愁 梅花村 羅浮山下｜｜｜(坡)(延參)
孤｜桑棗｜榆柳｜獨家｜水抱｜曲通｜伀不｜ (人名)(宋詩人) 何以望 ○盆 蒲奔切 穿盆 官与｜｜者(前人食偵賁)
煮鹽盆也 覆盆 顧借義皇景廿心照｜｜(李) 戴盆 天(司馬遷傳) 鼓盆 莊子妻死箕踞｜｜而歌惠子曰不已甚乎 照
盆白髮蒼顏頁｜｜(坡) 頹黎盆 鉻呀鉅壑｜｜｜(韓) 老瓦盆 莫笑田家｜｜｜自從盛酒長兒孫(杜) 洗頭
盆玉女｜｜｜(杜望岳詩) 華山有石盆容水數斛名 秦人盆 醉從趙舞女歌鼓｜｜｜(史)加李斯所謂擊瓮叩缶真秦声也盆即瓮缶之變
稱 爨三盆 夫人｜｜｜手(記祭義)謂三淹也亦｜每淹手振之以出繭緒淹於鈗切 繅絲出盆 王子吐佳句如｜｜｜(谷) 酌大盆
阮咸宗人共集不用杯觴以大盆盛酒圓坐相向大酌更飲(晉) 空瓶盆 不惜飲酹｜｜(坡) 兩斷盆 白帝城下｜｜｜(杜) 日落盆
山頭落日倒金盆(坡) 月落盆 落｜如金盆(杜) 月在盆 如｜｜｜(坡) 孤光照微陋耿 ○孟蘭盆 目連比丘見其亡母生餓鬼中
不得食佛言七月十五具百味五果着盆中供養十方佛然後得食目連白佛行孝順者亦應奉｜｜｜ 打破沙盆 覓巧了不可得拙從何來
此眼開(山谷拙軒頌)｜｜｜一問徒子因 (延參)池｜魚在｜｜ 湓 水名在潯陽 ○奔 博昆切(左)駭奔｜｜疲於｜命
走 追奔 李陵｜｜｜逐北(選) 雷奔 求巷車｜｜｜(坡) ○電激｜｜(選) 鹿奔 雜子往問｜駭｜(谷)又｜斯之｜(詩小弁) 夜奔 文君｜｜
初如(相) 歲月奔 欲話先驚｜｜｜(坡) 魚驚奔 斯民如｜介兒網則｜｜(坡) ○石牛奔 五路頭木馬嘶鳴四猶內｜｜
(左傳)｜走(社)趨｜淫｜浪崩｜ (延參)歲月｜雲騎｜ (詩篇)鶉之奔奔刺衛宣姜也鶉鵲之不若 賁 虎賁人｜｜｜三百(書牧誓)
(智語錄)周礼有｜｜氏 旅賁 夏官｜｜氏執戈盾夾王車而趨軍旅 取其勇而疾走則介而趨(禮)介甲也｜｜勇力之士 黥賁 希勇乎｜｜(柳)謂北
宮｜｜ 孟賁 (人名)(孟)古勇人 ○論 盧昆切 魯論 章句煩多於｜｜(語序) 討論 世叔｜｜之(語) 於論
孟｜ 鼓鐘(詩靈臺)論 細論 重與｜｜文(杜) (延參)考｜講｜對揚｜ 掄 擇也 崙 崑｜山在
倫也言樂有倫理 價不｜知己｜
西北去嵩山五萬里其山高万一千里河水出其東北陬 ○一崙
云山有三角北名閬風巔西玄圃臺東崑崙宮有五城十二樓 一崙 柳子詩寄劉連
州井示｜｜二童注云 鶻崙 舉士安云相公交 黑崑崙 晉簡文帝無子令相
｜｜劉禹錫家二子弟鶻崙取｜｜官家真宗 者閱宮人時李后在

織坊中形長而｜号｜｜相｜｜琵琶百｜舳
皆曰此其人也侍寢生等武康崑崙｜｜諸無敵并琵琶 舳也 侖 天形○崑｜
坤 商歸藏｜轉坤｜旋乾｜（周）至哉坤元（易）｜｜六四坤我今已括囊象 西南坤我本
易首｜轉坤 在｜｜｜（國）
放浪人家寄（國）江珠坤 西湖鏡天｜｜｜坡
六三含章可貞或從王事无成有終六四括囊无（封名）至六二直方大不習無不利 地勢｜初六履霜堅冰
谷无譽六五黃裳元吉上六龍戰于野其血玄黃 髡 剃髮也 漢制 大小
｜｜｜一樹則足 紫
髡 蜀秃丁号｜髡柳可髡陶朱公云種二百樹（齊民要術） 季希髡 鉗為奴（杀） 管
｜｜作乱群｜髡歲｜｜
城 髡 銅雀不鳴（古詩） ○醉髡 詩僧可朋自号｜｜有 夥（人名）（字） 佳
髡 向罪處置｜（古詩）｜｜｜（詩） 山按地形高之句（類說）
（十）滅燭留 昏 呼昆切（說文）使人｜｜ 晚昏 兩眼｜｜頭雪白 東
髡事詳燭○ 夜合花名合｜詳合 句洗｜｜（書）晚充支切
昏 玉奴終不負 睡昏 香茶洗 （谷）札昏 曰｜○ 飢饉｜｜｜ 參橫昏 梅花詩多
｜｜詳僭 ｜｜｜ 狂夫｜ 昭十九 未名 用月落參
橫字但冬平黃昏時參已見至丁夜則西没矣安得將旦 （詩）醉夢｜黃｜
而橫乎惟岑參耿耿獨與｜｜之句為精當（容齋隨筆） 朝｜壓｜
（人名）（吳）吳人為衆患苦及晉兵至 婚 （易）求｜媾往吉
左右曰王坐樣昏不百姓皆之 揹 合｜本名俗 无不利（屯卦）魏
訛為合歡

微傳｜仆碑○杜甫有新 大昏 時（詩）｜｜以 世昏 世｜為｜ 師昏 鄭太守忽曰
｜别詩傷戍役也○通作昏 姻（朱陳村） 授室以歸是
以｜｜也 幽昏 盧充家西有崔少府墓見有一府舍門進見少府與崔小女
（左傳 六） 幽婚 女為昏三日歸崔曰生男當相還四年三月三日臨水忽見崔
氏并少府抱兒還充又與金鋺女忽不見充賣鋺崔女姨
曰我妹之女亡贈以金鋺著棺云○并月偶桂成｜｜（搜） 畢昏 已畢婚嫁遊名
山 斂錢為昏 阮脩四十餘無室王敦等｜｜｜皆 屬之離昏 王｜｜疾家
名士也時慕之者求入錢而不得（史） 人為上章首
過問有何得失曰惟憾与 唔 月不 閽 （後村詩）家 ｜｜使閽
郗家｜｜ 前妻郗氏女 見 貧太守｜帝閽 開天皇於瓊宫（張）
（閩） 良閽 易說卦 ｜為 ｜大閽 鬻拳以諫君自刖 （諺） 天｜叩｜ 蒙 不明了也（孟） 吾
戭 楚人以為｜｜ ｜吟｜禅｜ 惛 ｜不能進於是
（莊）以金注（○） 歕 鋪魂切 噴 叱也一 （人名） 崔昆切
皆昏義同 以氣吹也 曰鼓鼻○ 臛 溫｜可熏 （僖十） 坡有詩○
痕 戶恩 燒痕青 ｜｜ 瓜痕 李太津橋月下 聞 笑聲痕 高
切 ｜｜（坡） 苔痕 ｜没 留声以｜｜ 說譜 適
（公）岑參詩皆流出肺腑來 ｜｜（詠公） 刻水痕 舊舊舟
（谷）村詩（話）○ 山呈｜｜（谷） 刻水痕 以土覆知其斤數 詳象 刻劍痕｜｜何異
｜（滅）○刻舟 屋漏痕 或問郭 曹筆法懷素以古釵腳 剪刻痕｜都 元｜｜賴
求劍事詳劍 對顏魯公曰何如｜｜｜（說苑） （公）詠雪

韻 補痕 吳都夫人｜｜｜假｜淚｜啼｜醉｜殘｜ 韁 韁前飾○
｜ 更益 其妍 詳韻 （詩套） 月｜｜洛筆｜醉墨｜ 根 （通）
古瘦切○深 天根 ｜｜月窟閑來往（康節）○又｜｜氏星 雲根 發石動｜靈
｜周無詳擒天根名○又管輅卿稱｜｜為不壽相詳壬 ｜（賈島）
根 濯溉五華植｜｜（黃庭） 孤根 ｜｜ 螺盤根 ｜｜錯 同根 本是｜｜ 桃根 王獻
（劉）○深宅養｜｜（谷） 独回 （世） 節詳器 生詳萁
之｜妾桃葉 義根 晉刘敏元潛心易太玄 玄根 含漱金醴吞玉英（廣庭）註云
｜｜詳葉 曰讀書當味｜｜（史） 服｜｜之法 心有胃曰承注
魂依眼｜｜吞之○參 藿根 傳賦蒸豚詩若杷｜｜｜ 來比並｜ 天地根 玄牝之門
｜｜以比壽（李太白詩） 毛 ｜自合契縢條（類說） ｜｜半也
是謂｜｜ 蓬花根 韓湘能｜｜｜退之白牡丹 其根下置藥 頃 午卜 竹根
｜（列天瑞） 木金稜碧色四面開五色花 い 史傳韓郎為 （苑） 根（坡）月 竹根
乎醉終同 捧竹根 山村｜｜｜（逸） 蔦屆根 ｜蔦猶能｜具 ｜｜｜千歲 枸杞
｜｜｜｜（杜） （信謂）酒器也 本｜（左文十七） 吹雲根 ｜｜ （坡）
也至 咬菜根 汪信民言人｜得｜｜ 物歸根 夫｜芸｜各 食龍根 橘中 一叟
見父 則百事可做（聞見錄） 皇根｜ 其｜（老子） 須龍根 脯
袖出一草根 ｜詠水巽 詞林根 ｜｜有 接意根 意根難 更 ｜論
之化為龍乘之詳橘 杖（社） 如雞本（谷） 憂惱根 ｜｜｜（李）
不良東方朔不 倉琅根 宫門銅鍰也 吳 設毀金根 退之子昶闇劣為集賢校理
求根持｜ （前外戚傳） 史傳有金根車韓昶以為

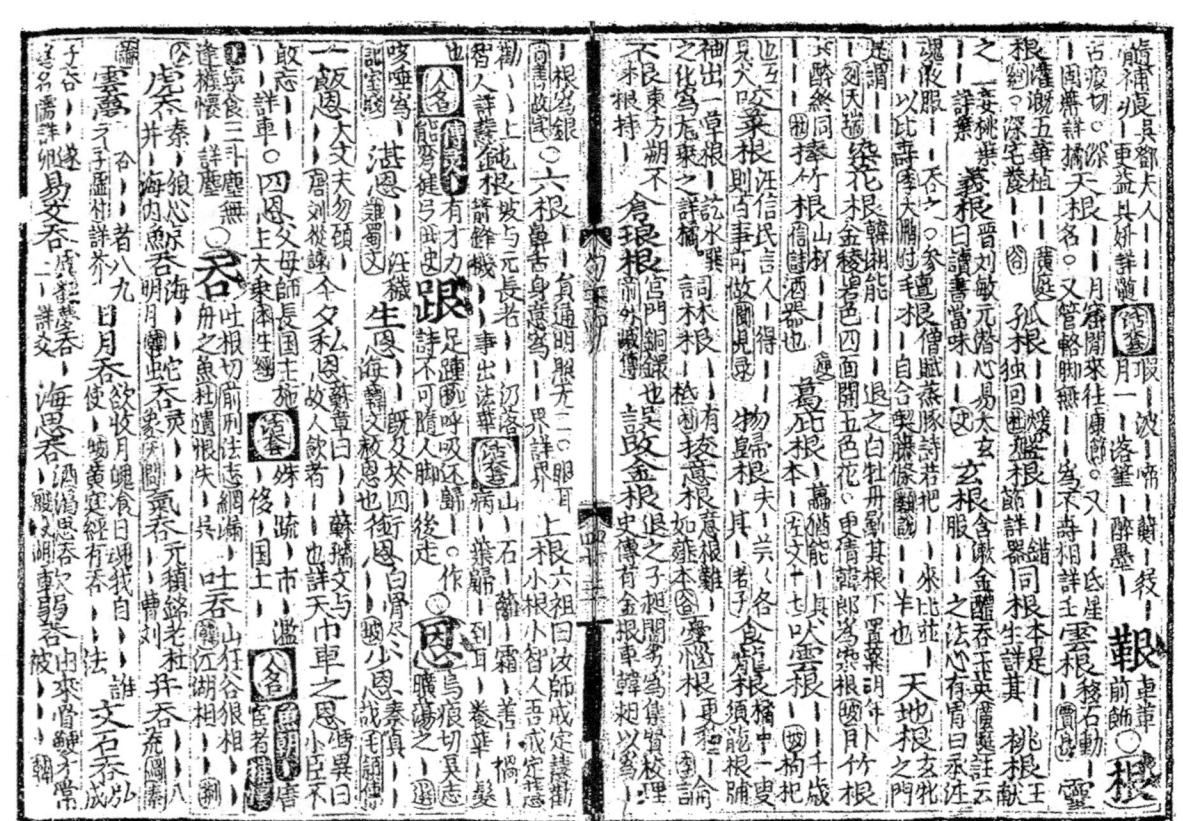

｜根為銀 ○六根 ｜｜貪通明 服元二○ 眼耳
（司馬 改民） 鼻舌身意為｜｜界詳界 上根 六祖曰汝師戒定
勸｜｜上 鈍根 長為元長老｜｜ 仍落 山｜石｜ 髓｜ 霜｜ 善｜ 橋｜ 髮
智人詳壽 齊鈍機｜｜事出法華 （詩套） 病｜ 葉歸｜ 到耳｜ 卷華｜
也（人名）（傳） 有才力 跟 足踵（說）呼吸在歸｜｜○作 恩 烏痕切 吳志
能弩健弓（史） 詳不可隨人脚｜ 後走 ○ 曠蕩之｜（選）
咳唾為｜ 湛恩 ｜｜汪穢 生恩 ｜｜ 既及於四 衢恩 白骨尽 ｜｜
（說宛） （雜蜀文） 海（韓文）赦恩也 ｜｜（坡）少恩 奏真
一飯恩 大丈夫勿頭｜｜ 蘇瑞文与｜｜也詳天 市車之恩 吳曰
｜｜｜（唐）刘從諫今夕私恩 故人飲者 小臣不
敢忘｜｜｜ 四恩 父母師長国王施 （詩套） 殊｜ 疏｜ 市｜ 濫
｜｜詳車○ 上大乘本生經 修｜ 国土｜ （人名）宦者
（傳）孚食三斗塵無○ 吞 吐根切 前刑法志網漏 吐吞 山狂谷狼相 （魚朝恩）唐
逢權懷｜詳塵 舟之魚（杜）遺恨失｜吳 ｜江湖相 ｜｜｜（劉）
（公）虎吞 秦｜狼心吞海｜｜｜蛇吞象 氣吞 元稹銘老杜 并吞 ｜｜｜八
并｜海內魚吞 明月（韓）蛇吞象（楚辭） ｜｜｜曹刘 荒（圖秦）
（論） 雲夢 ｜谷｜｜者八九 日月吞 欲收月魄飡日魂我白｜｜誰 文石吞 弘
｜子虛賦詳芥 使｜ 黃庭經有吞｜｜法 成
｜子谷｜｜ 遂 易交吞 （歲）鸞誤吞｜ 海恩吞 酒濁思吞 內來胃變不常
遂名 儒詳卵 ｜｜詳交 ｜（般）湖 韋鳥吞被｜｜｜ （韓）

富貴吞丨丨丨不受青雲一口吞丨丨丨四大海水丨淥套噬丨吸丨声亦丨

十四寒　與桓同用

寒胡安切書冬祁丨穆天沍寒周陰丨司寒藏冰以享丨丨豳四迎寒秋中
丨紫袞着冰丨於水丨丨左元冥北方之神也
夜擊土鼓吹豳詩戒寒火見而清風丨丨周國語霜降送寒季冬丨丨出土
以丨丨礼春官後風至所以丨人為先備也牛以丨丨氣月
金是寒蒲萄丨風坐武帝坑辟寒丨丨香詳香丨丨犀詳犀丨丨蘇詳蘇
壞幷猶有丨色詳風倨寒藤丨丨鳥常吐金骨如粟此鳥不畏寒
宮人爭以此金耐寒北方丨丨大丨天下丨暖寒杯酒丨號寒冬暖而見
為釵飾詳金而寒丨閱史底寒士皆攏顏杜丨丨栗明號寒丨韓
秦寒周燠丨郊寒丨丨島瘦詳送寒柳文如繁星麗孤寒宋仁宗謂陳果卿
丨丨詳燠郊寒本勾乾字下天丨丨色正曰御亦出於丨丨
曰陛下春秋高主思虛位臣非十寒孟五寒国有丨丨冰凍不与諸
丨丨陛下乃丨丨徐儒遊錄五寒不能治內之類劉向說苑虛寒
月宮蕊寒倨亡丨丨臘寒軍中有一韓西賊救寒丨丨不如
詳月丨囹聞之心丨丨丨寄重裘詳說苑叔寒須實曰丨
此哉玉樓寒凍合丨丨水鼻寒瓜爵丨丨馬冰漿概碧丨丨一如
詳袍丨丨起粟坡丨丨杜磊磁寒丨丨丨杜三子寒閔子騫曰母去丨丨
丨丨詳隨指寒紀祖紀黍谷寒谷詳易水寒風蕭蕭兮丨丨不知寒冰蠶丨丨丨火
蠶詳指丨丨荊軻歌鼠不知暑
戲發寒肯使殺況丨丨盟巳寒白鷗丨丨丨哀公寒丨丨而丨天
丨丨國詳胡丨字出左傳詳盟幷陳知寒見丨水丨下之丨後魏崔浩
淥套歲丨心丨韓樂韓孔丨丨識韓願一丨丨仰韓見目韓張良五世三韓韓有
丨種馬丨夜韓幷韓後東夷傳士韓愈識韓荊州詳州仰韓下木常丨丨
丨丨後老朴否則失淥套甲丨蕭丨呼韓浣當時丨丨邪入朝先學黃韓李詩嘗
丨方丈丨丨外崑崙万里西呼韓北路使丨丨荊公丨丨丨
之拙易治山詩毛丨詩李姓氏南陽商苗唐叔虞之後曲沃桓叔
分晉国以国為氏有潁川南陽二望之子萬食邑於丨因氏代為晉卿後
配丨非刑名法術為人口吃而善著書作孤憤五蠹說林說難十餘万言史
言丨陸人国士无双浣人丨厥晉趙肅辛丨厥以為中軍尉左
言丨信字長孺武帝拜御史大夫天子以為国器徙村将軍晉人
宇康伯勝氣飄骨飛談卷霧丨擒虎字子通隨伐陳為先鋒平金陵詔曰高
名寒於宇宙盛業光於天壤丨命李着仰之若泰山北斗号昌黎丨朝宗李
白云但願一識丨荊州詳州丨翃唐德宗時制誥闕上批曰与丨翃時有与
翃同姓名者復批曰月寒浣宮傳燭煙輕烟散入五侯家与此丨翃丨休
休峭鯁時政得失尽言之帝嘗微或張樂視左右曰丨休知否已而疏至
丨字致元宰相韋貽範毋衰詔还位丨偓當草制丨偓曰貽可斮不可草

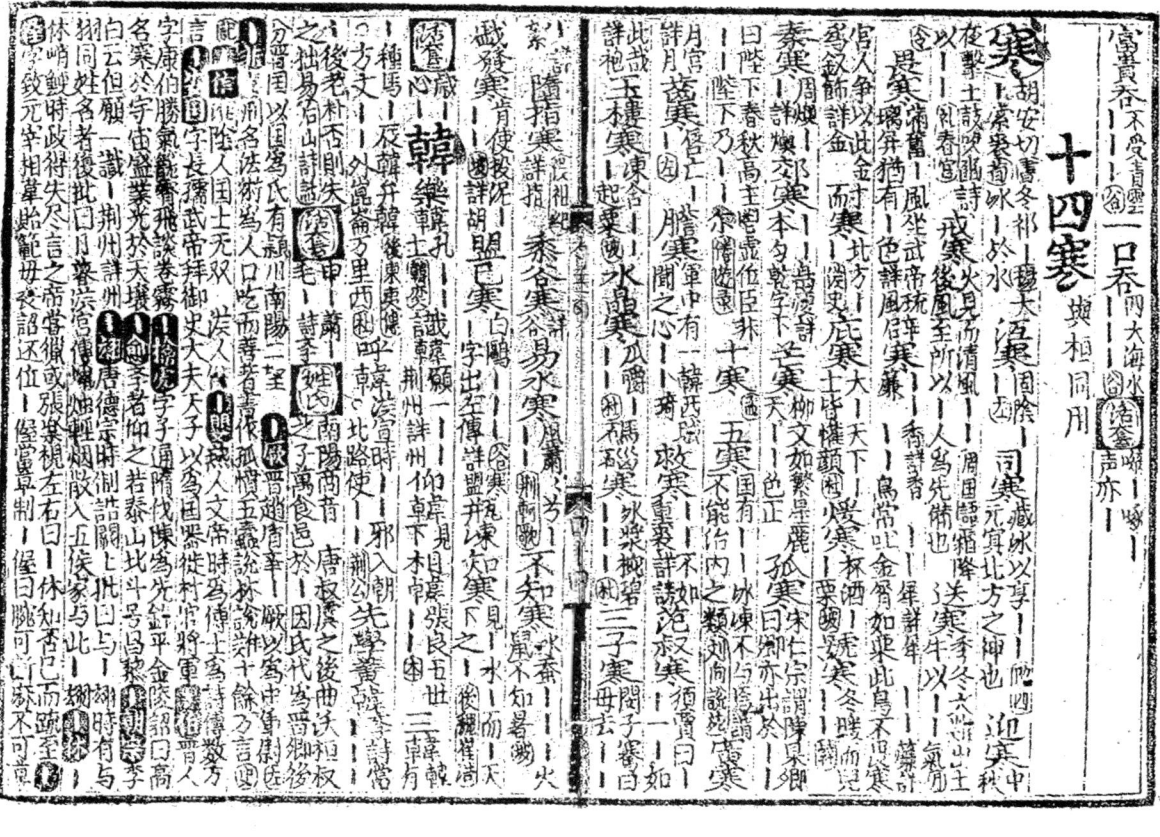

丨唐人善丨丨任趙宋字維圭相州人少有大志自称安陽韓史謚
忠獻神宗自篆其碑曰兩朝顧命定策元勳之碑政和中贈魏郡王丨
字宗魏八字綱綜絳繹維縯緯綸絳縯位宰相維門下侍郎丨駒字子蒼王
安國云子蒼臺閣之文所謂官樣制詔用西漢語丨世忠建炎中與為四大
將丨氏柳仲郢母韓氏和熊膽翰天雞羽五色飛翰如丨如丨風翰習二
助勤詳勤○山濤妻韓氏本者又毛羽也翰詩常武丨隨丨
丨選賢驚翰鳳鳴而丨周翰維丨之丨詩又戎有良翰濡翰終流離於丨龍
士衡丨丨揚雄賓亜訓榦也与羽翰義不同丨選文付
翰陽翰淥套丨羽人名張丨賦韻云翰字季幹井上木欄又曰井幹銅雀臺
幹鷹則丨當作平声銀床通作翰一名丨
丨又漢書武帝立丨丨丨樓高五十丈往積木高於樓若丨丨形又汗可
揚雲黎篇亭蕉飛丨丨丨之死注始皇殺諫者二十七人積之如丨丨丨
戊茵長秣北伙尊唐太宗曰天可丨又番國酋丨音
盤寒又韓愈詩万屋漫丨合往大水也稱紛華漫丨丹都寒切書
饑內丹丹道家以烹鼎金石為外還丹有大小丨丨廬莫合九轉大神丹陰長
丹吐故納新為丨丨言九遍循環也隱丹經生得淮其塗丨
太清丨丨經服半劑日丹若有飢渴聽飲月黃丨丨砮丹砥砆丨丨禹貢
為地仙周行天下黃庭內景注互見黃丨石鏃丨朱類丹
丹宗族丨丨丨磨丹墨註前經韓毀丹朱丹其渥丹顏如丨詩故丹楊變
后傳謂赤族丨寵舊史漬丨变新
白鑑容消東丹後賜姓李名贊華工丕本國人物鞍馬楓丹曉霜杜紫金丹
丨丨歐國長子突欲奔于唐賜姓為丨丨丨
抱陽山人成丨火丨丨丨不杜碧霞丹顏真卿遇道士陶絳雪丹開元中內人趙
死○衰顏欲付丨丨丨丨八八授丨丨丨鶯容問申元之
乞延生之藥与丨丨一粒曰服此必死高道傳化鶴丹許斂燒丹每將成必有犬
不壞百年復生至元和末果再生逐猶壞炉有双鶴飛去人
呼丨丨丨九華丹流年如可駐何必丨丨丨杜牧之八瓊丹九轉丨丨詳瓊七返丹七返從寅至申為○
乘異記
聽唱儂家伯陽丹魏伯陽即起再以丹納犬及弟子口中皆活仙去有二弟子不
丨丨丨丨丨丨丨成与犬犬死伯陽服之亦死弟子服之亦死伯
服若姑嫂米化丹麻姑至蔡經家經弟婦新產麻姑擲米蚌吐丹老丨丨凌波
恨神仙傳於地皆成丹砂所以祛穢也神仙傳夜丨丨晉
永南炳如丹可為後世法丨茹山丹幷州有丨女廟俗傳介之推妹有敢
海詩丨丨青陵賛丨百合經過者必雷風電雹以震之類
野客蒸丹蕉黃韓丨兮鶴頭丹花深少態丨鶴頂丹晴烘丨丨丨丨臧
戴丨丨丨坡山谷宗集詠荊桐花白牡丹
一朵能行丨丨丨黑牡丹刘訓邀客賞花乃繫水牛在前鑽石得仙丹許本韵
丨言妓也詳嶺指曰此刘氏丨丨丨丨丨也詳牛鑽下
淥套心丨折桂丨鳳詔人名燕太子丨李丨史丨伏青蒲諫漢儒傳齊詩
丨換骨丨辭喚丨李丨鍊生靈詳靈○胡丨東胡種居鮮卑山

目号[牡丹]本草一名百兩金一名鼠姑一名鹿韭唐人謂木芍藥 明
大瓷[草木]皇沉香亭前花繁開曰賞名花對妃子焉用舊詞命李龜年
持金花箋宣賜翰林李白進清平調詞三章白宿酲未解援筆賦之末章云
名花傾國兩相歡長得君王帶笑看詞進太眞拜跪七宝盃酌涼州蒲萄
酒笑領歌意[太平廣記] 明皇沉香亭前一枝二頭朝深碧莫深黄夜粉白
香艷各異帝曰此花木之妖賜楊國忠以百宝爲欄[遺事] 楊家紅者貴妃
匀面脂在手印花上來歳花開上有指印紅迹帝名爲一捻紅[青瑣高議]
明皇時民間貢牡丹爲野鹿嚼去穢祿山之乱[同上] 韓湘能開頃刻花牡
丹也詳雪 孟蜀時李昊每將花遺朋友以興平酥同贈曰俟花彫謝以牛
酥煎食之[復齋謾录] 富鄭公西京府園花盛開康節盛之曰凡若干朶果然又盛
開五色詳根 韓湘取秦白牡丹花根下明年作金稜碧色四面又
之曰花尽來日午時明午群馬奔出花叢尽毀 東坡有冬日牡丹詩時號
○[姚黃]左紫姚黃照眼明國色朝酣酒天香夜染衣[李正封]至今喚作百
花王[邱山集]洛陽相公忠孝家可怜亦進姚黃花[國老]云錢惟演守洛始貢
花[木名]本草梔子一名丨丨 殫 極盡也通作單[記]歳既單矣謂 菖歇單毎醉丨丨[國][語套]
力丨誠丨 簞 小筐盛飯食者方曰笥圓曰丨[語]一 單[詩]俾爾丨厚○鄲
財丨智丨 丨食盛丨食壺漿○鑽一丨醪詳歐 子儀丨騎見虜
三 其軍丨丨[詩篤公劉]大国丨丨以其餘爲羨 犖單丨丨無尾犖獨[書]逆 嫡單
單 卒令丁夫適滿丨丨之數單者無羨卒也 丨丨無兄弟也

唐蕭復曰嘗先人丨以濟丨 既丨矣世婦卒蚕奉繭以示于君[祭]
丨吾何用美官 猶言縣寡 蔵單[義]二月二凡之後曰丨丨言蔵者蚕之卜
功畢 丨[道經] 丨丨 唐祀天地之服皆白紗丨[服志]○紅紗
于此 襌單又丨丨無量天中單 白玉青[?]○昭容紫袖襯丨丨[?]
[?]白紗 一字單 閔子騫曰母在丨丨 [語套]衾丨影丨形 [人名]火牛破燕 齊將 鄲
汁衫也 丨丨母去三子寒詳孝 丨鴈字丨 [田單]
趙都 邯鄲丨丨枕詳枕丨丨步詳步西酒薄而 [人名][?]唐人四世同居 ○
邯丨丨[國]詳酒丨丨美女秦羅敷詳桑 宣宗題曰德星堂
安 烏寒切[詩]汔可小丨[語]察其所丨 於安丨丨 宴安 鴆 偷安 引日
[?]予見錯棄人情莫不欲丨[賈]棄置 処則丨丨毒[左] 丨丨[懷背]
苟安[後西羌傳] 情存丨丨 懷安敗名[左] 丨與丨实人 討安下[見錯策]三王丨丨天 吟安字詳 一箇 輕安 脚无
是丨丨[坡石能]下床 六安 翟驅丨丨枕銘 航安 斯安[?] 則人 書平安 讀丨泰山 胡安定瑗
牧丨丨[荊州] 言丨面皆丨
收芹食淡十年不歸得家問見上 竹平安 童子寺有丨 窠 磐石安 国安如
有丨丨宇即投澗中不復展讀 门報丨丨詳丨丨 丨[賈]
泰 山安 居累卵之危而齒[枚]之易 策治安 賈誼治丨丨安丨一 夢槐安 淳于梦丨
[?]大論 容膝安 審丨丨 [陶歸去詞]
使者曰丨丨丨丨 遺子以安 刘表問龐公曰不肯官祿何以遺子孫公曰世人皆
國泰 遺之以危今獨丨丨丨丨 詳麗 遺之以安 以危今獨丨丨丨丨 夫岂無所遺也遂携妻子

後漢門不見長安 晉明帝數歳元帝問日与長安孰近丨丨丨 也詳近 反側子安 光武 丨丨自
山衆丨 日近擧目見日丨丨丨
[?]○將心來安 二祖謂達磨曰我心未安請師安心師曰丨丨丨与汝丨丨
已無心 祖良久曰覓心了不可得師曰与汝安心 ○只有身爲患
可安 [語套] 問丨一枕丨一枝丨 [年号] 建丨漢獻帝時[韓愈] 丨 [成名] 璽丨 晉時人 [地理] 丨州歳一作
郡名 [人名] 去[武]丨晉元時人 [任]丨漢將 [袁]丨 [王子]丨 勃 [列]丨 漢人仙
[?]能詩詞婦人 [道]丨君白起號勇將 [呂]丨与嵇康心友 [?]丨 靖善草書 [李]丨
丨[?]衛青罷客皆去惟安不去 弥天釋道安詳 [姓氏]武威郡背 風俗通漢有丨成
趙宋人 [丨惇] 字処厚廣安軍人元符初爲御史中丞 丨[元臣] 惇之孫至
丨元年上書論北伐事補承務郎 [丨丙]孝宗時吳曦叛丙知沔州平曦
安 本作鞍 [?]春秋晉齊戰丨之戰[左]齊侯 丨丨 馬丨丨 爾[?]王 安王 唐高宗
丨嗜 公于野井以丨爲几[爾二十九] 據鞍 高祖踞鞍罵儒[?] 穆王 丨王丨
丨丨冬月自暖 隨金鞍 発即破 鼠嚙鞍 魏哀王冲丨丨丨馬丨吏懼必死冲
也[天宝遺事] 以刀穿衣如丨丨者丨丨曰世以鼠
嚙衣者不吉太祖曰安意亦無所苦也俄吏
以嚙鞍聞太祖曰兒衣在側尚不免況鞍乎[魏] 身不離鞍 劉備 丨丨 上馬
躓安与嚴峻孫權欲使鎮京口辞因試騎 辭重肉消詳肉
隥鞍騎丨丨丨丨乃听之人嘉其实護[吳] 前鞍後 徹安晉毛宇救桓宣兵敗
乃听之人嘉其实護[吳] 前曾辭徹丨華中丨丨丨丨丨使人

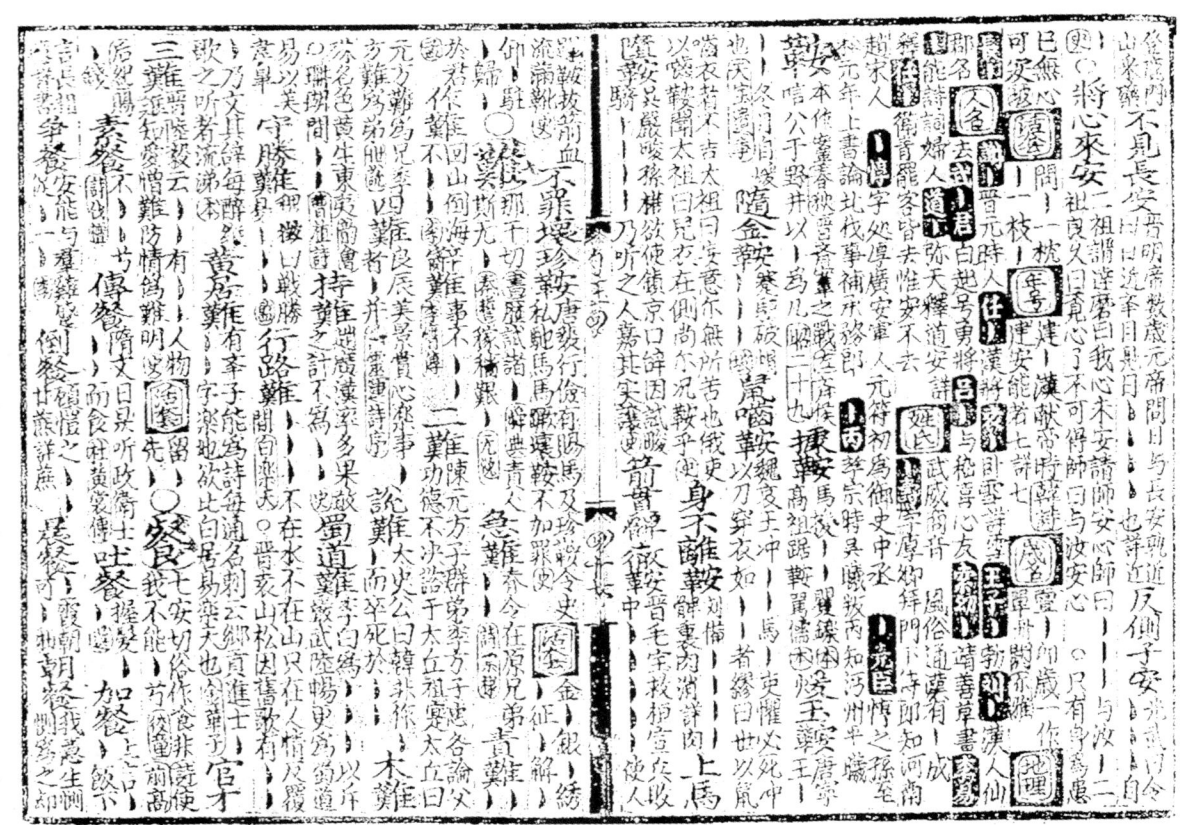

[?]鞍拔箭血丨不罪 壞丨珍鞍 安唐裴行儉有賜馬及珍鞍令史 [語套]金丨銀丨繡
流滿靴[史] 私馳馬馬蹶壞鞍不加罪[史] 丨征丨解丨
卸丨駐○ 錢[?]那千切[書]歷試諸丨[舜典]責人 急難 春令在原兄弟 責難丨
丨歸丨○ 丨丨 襄斯九丨[泰誓]孫補難丨[元德] 丨丨丨 [詩常棣]
於君 作難 回山倒海 丨辭難 事不丨丨丨二 難 陳元方子群弟季方子忠各論父
[國]丨 丨難不丨丨[?] 功德不決諮于太丘 祖寔太丘曰
元方難爲兄季方 四難 良辰美景賞心樂事 丨丨[?]謝靈運詩序 說難 太史公曰韓非作 木 難
方難爲弟[世說] 四 難者丨并[?] 丨而卒死於丨丨丨丨以斥
[?]名色黃生東[?]向魯 持難 [范]嶺漢率多果敢 蜀道難 李白爲丨丨丨以斥
○瑚瑚間丨丨[曹植詩] 持難之計不爲丨丨[史] 嚴武陸暢史爲蜀道
易以美 守勝難 [?] 撥以戰勝 [?] 行路難 丨丨丨丨不在水不在山只在人情反覆
[?]卑 丨丨丨丨 丨 間白[樂天] ○晉袁山松因舊歌有丨丨
丨乃文其辭每醉 黃居難 有李子能爲詩每通名刺云鄉貢進士丨丨 官才
歌之听者流涕[本] 丨丨字樂地欲比白居易樂天也[?] 丨丨
三 難 晉陸機云丨丨有丨丨人物 [語套] 留丨○ 餐 七安切俗作飧 非[說] 使
難 知愛憎難 防情爲難 明[史] 先丨丨 食 我不能丨丨 [孟]丨 前高
[?]紀 素餐不丨丨 丨丨 傳餐 隋文日昃听政衛士丨丨而食[杜黄裳傳] 吐餐 握髮丨[?] 加餐 上言丨丨
丨錢 [詩伐檀] 丨 餐 丨 飯丨
言[?]祖 爭餐 安能与群雞丨丨一丨[?] 倒餐 顧愷之丨丨丨 甘蔗詳蔗 丨 是 餐 丨 霞 朝 朝 餐 我 惡 生 涮
[?]詳書 [?]丨丨 丨朝餐丨丨[?]之卻

丨丨遺 夕餐丨丨秋菊之落英（離騷） 堂餐 唐詔丞相尋位而丨廚未給殺 其令日食万錢之半（續通典） 烏鳶 莊子將死
（千兩）曰吾以天地爲棺槨弟子曰吾恐丨丨鳶之丨夫子也詳棺 餘餐 玄宗見衛士弃餘食寵中詔杖殺之寧王曰豈以性命輕於丨丨乎（史） 漂母
餐飢從丨（李） 不及餐 善人在患飢丨丨丨（監） 別室獨餐 北齊崔贍爲侍御史宅中送食每有一御史姓裴伺贍食
造焉贍不與言又不命匙筯明日自携匙筯恣情飲啖贍曰君定許丨每与同食 以簦止餐 陳子昂云豈可以丨丨而丨丨（史）（篆）
狼丨丨 ○灘 他干切 金灘 丨丨鵝鶴詳鵝 回灘 巻慢逐 七里灘 嚴陵釣處 八
風丨丨 漢切 牛僧孺作尉事 丨丨（丹） 丨丨丨（本）
笛灘 白居易東都所居跡沼種樹構 十八灘 贛水舊有二十四灘多巨石高
石樓香山鑿龍門丨丨丨（本） 祖發虔州水暴漲高數丈三百
里閭巨石皆沒止有丨丨丨（陳史）○竹 皇恐灘 灘即十八灘之一灘也 從五里灘 逆宋張
中一滴曹溪水漲起西江丨丨丨（坡） 逸知青
神谿二有松栢灘暴漲多覆舟（篆）嚴丨丨 逆（感名）君丨中歲（坂） 嘆 詩而無
逸得江神而灘徙五里（長編） 上丨 雅諾 他昆反 丨來丨
（篆）長灘（杜）白丕丨錢高浪中○王戎年小詣謝滿 嘽 馬衆也詩丨丨駱
攤 床丨丨時間難字（杜詩註）○丨飯詳飯 徒御丨
嘽十丨緻見詩程 丨丨丨 ○跚 相干切 蹣丨行不進兒 通作丨 丨丨 勃空（子虛）
車丨丨丨 蹣跚 李夫人傳賦何姍丨丨其來遲 跚（村） 匍匐也 ○史

平原君傳 躄盤丨行跛 躄盤（人名） 其容紹宗將交出 跚丨 跚丨○
字不同如韻會躄字註跛足也 漢北取八紘應天（北史） 跚 又閑
鄙散貌又 丨○壇 徒干切 書 杏壇 孔子出魯東門過故丨丨 曰盛
丨之佩声（篆）丨 三丨同墠 壇藏文似誓盟之壇也 潜思人
命拳而歌曰君任寒 雞壇 越人每相交作壇祭以白犬丹雞盟曰卿若乘車
來春復秋云云（雜記） 我戴笠後日相逢下車揖我跨步行君乘馬後日
相逢爲當下（記） 將壇 高祖設壇具礼拜韓信 詩壇 丨丨 陵 圜壇 丨丨八陛後
公路北方（錄） 丨壇 爲大丨一軍皆丨（本） 丨壇子將丨 （郊祀志）祭天
丨方 紫壇 甘泉泰畤丨丨 八觚宣 李杜壇 今代風騷將（杜詩） 合不容壇 鄭伯
四陛 通象八方（郊祀志） 登丨丨丨 舍不爲壇 如楚
丨丨丨 子産曰大適小則爲壇小 ○尼師壇 此云隨坐衣 丨騷
適大苟舍而已焉用作壇（左襄二十八） 言坐具 丨琴
丨丨丨 樹檀 爰有丨丨 又無 紫檀 關中貴家以丨丨 邏沙檀 開元中 內彼得獨
檀 丨折我丨丨丨（詩） 心爲琴子 琵琶以檀 其槽以
爲之 ○旃檀 林是丨丨 更無雜樹 花惟丨丨 不嗅餘香 雖六溜 佛
告阿難汝嗅此丨丨然於一銖四十里內同時開氣（楞嚴）○
白丨丨 塗身白（詩）代丨刻貪也 在位 彈 貢禹丨冠 新沐
能丨一切熱惱（詩話） 貪鄙無功而受祿（毛氏）晉將 彈者必丨 彈冠
丨丨 哀彈 采指發 虛彈 但比于似雀 勿五弦彈 丨丨丨 惠文彈 社後丨丨
丨丨（韓） 勿使丨丨（坡） 詩（白樂） 丨徐許文

雍門彈 聊與廣武嘆不 席上彈 周靈王設樂張太傅 一人以指一彈也 過光
丨丨待丨丨丨（坂） 指彈丨丨而膳風入室詳禪 彈陰丨丨
丨（后村）○度百千劫 膺珠彈 丨丨（李）詳珠（活套）絆丨 ○殘 昨干切（語）勝丨去殺（論）
猶如彈指（維摩經） 挺彼 棊丨 詩 在位貪
（帝紀）除 摧殘 壯士多丨丨（李） 衰殘 不容多病 丨頑 老殘 日月之華救 凋殘 鬢
去賊丨丨 衰殘養丨丨（國） 疫殘 鄙（柳） 丨丨丨（黃庭） 凋殘 鬢髮
俱丨 鬢殘 張叶七 會封愈之掌輸音之跡燕髀猩 宵殘丨 雨 夕陽殘 相思
丨（國）鬢殘 春丨丨 象口往丨 獸名所食之殘者 宵殘 笑沼 千里
丨丨丨 鬢下殘 繁蔡中斷徽 酒殘 丨丨不 ○懶殘 衡岳寺僧明瓚禪師性
丨（谷） 下殘弦 丨丨丨（谷） 酒殘 夕丨丨（谷） 懶殘 丨而食丨号丨丨 李泌
異之往見正撥火煨芋啖之取其半授（活套） 凶丨夜丨零丨晩照 ○干 古
泌曰勿多言領取十年宰相（甘澤謠） 燭燒丨 寒
切求也（語） 孛丨祿（書）比尔丨 遊道丨 書方朔傳伊尹丨湯○ 闌干 闌散間
袁安大雪不丨人○又水旁（易）鴻漸丨丨 又澗也（詩）秩丨斯干 曰丨丨 又眼眶
又横斜兒曹植詩月落參横北斗丨丨 薛令之詩首蓿長丨丨○
謂丨丨（韻會） 王元景曰別後丨丨 注泯不斷也 又西南夷傳蘭干細布
注徐言 江干 細酌老 朱干 戚 玉干 西方有木烏名曰丨丨（荀）○又草名
亭也 丨丨（杜） 討干 高二三尺叢排列如翅似鹿葱 蕙
圖 蘅芷若丨丨（子虛賦）○又獸名似狐 豻干 西階（書） 鐏干 彼鍛者不折丨丨
能緣木者 鵷雛孔雀騰遠丨丨 詳虎二 一般名

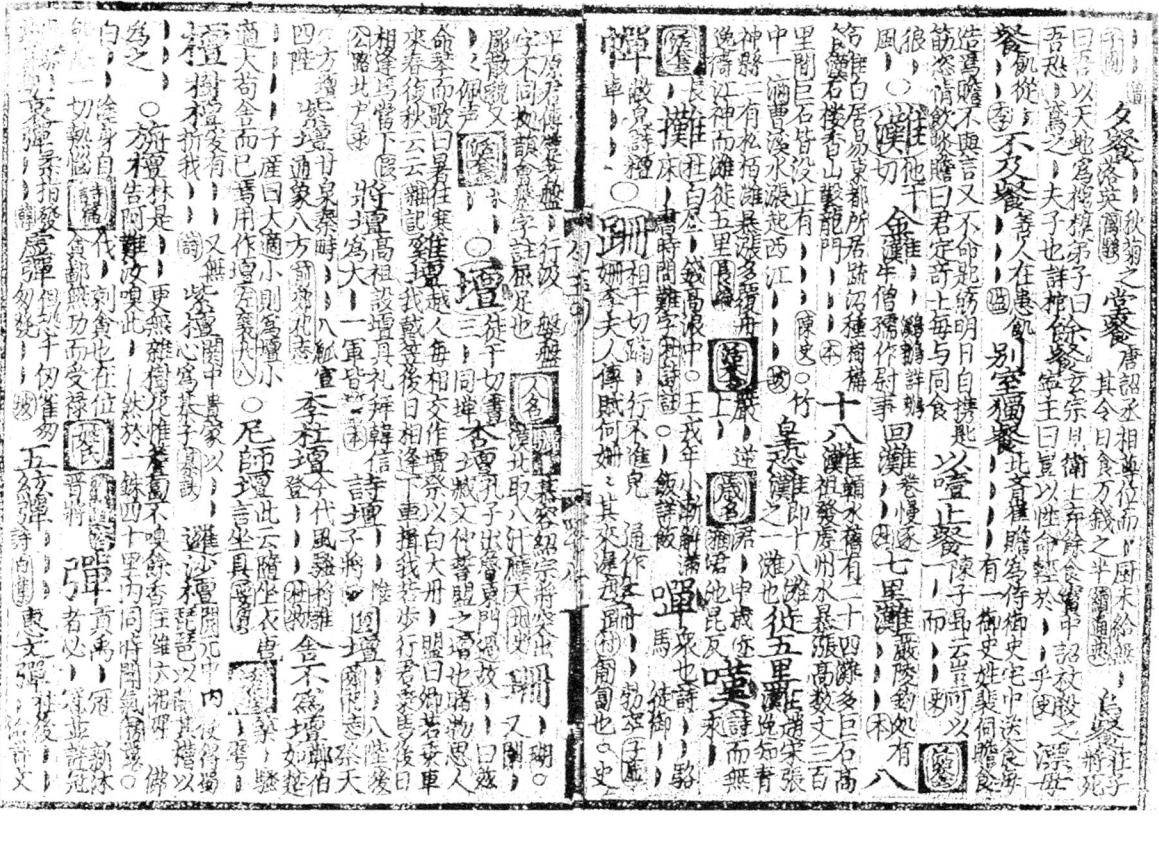

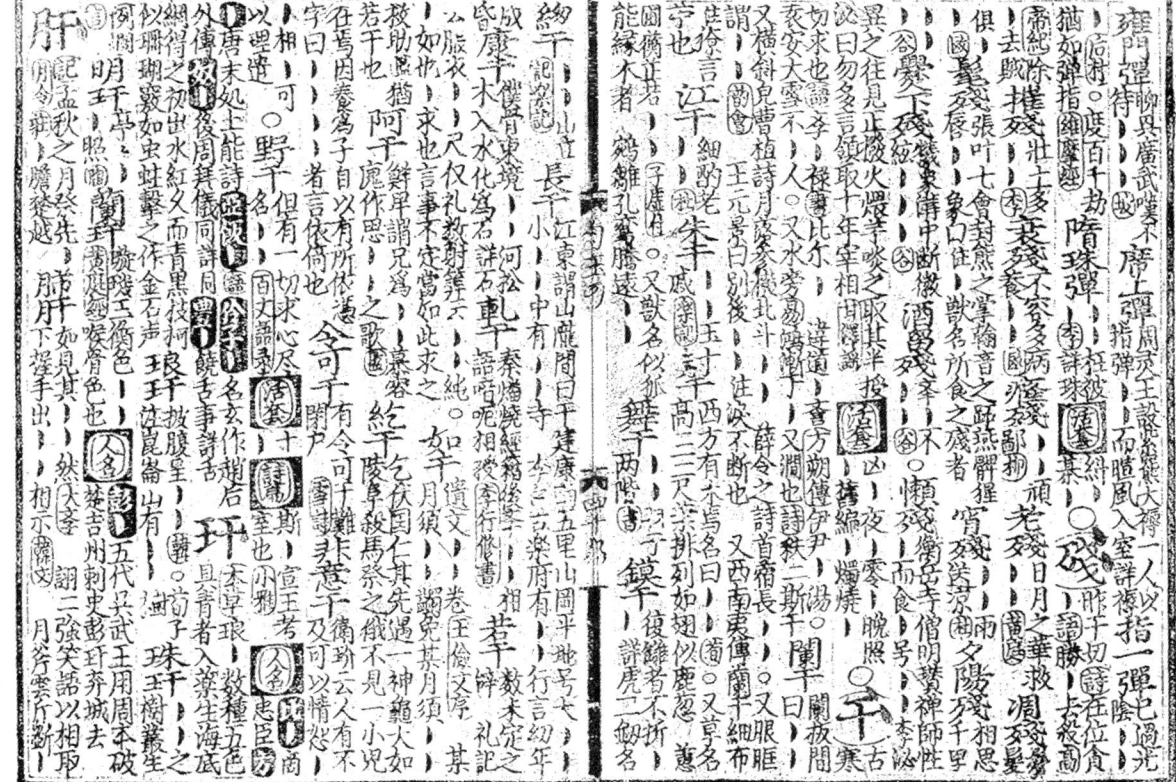

緲干丨丨山立 長干 江東謂山巃間曰干建康（?）五里山岡平地号长丨丨 行言幼年
（記檢記） 小丨丨中有丨丨寺 李白云樂府有丨丨丨丨
成 塵干 僕肯東境丨丨 河松 軋干 秦燔燒經籍後丨丨 相 華干 数未定之 礼記
昏 木入水化爲石詳石 語呵吒相殺（李行修書） 辟
丨公服衣丨丨 尺仗礼救射翼丨丨 純○ 如干 遺文丨丨 卷（王儉文序） 其
丨如仰丨 求也言事不定當如此求之 月須丨丨 鄰兒其月須丨丨
救助猶 阿干 鮮卑謂兄爲丨丨 慕容 紇干 乞伏国仁其先遇一神龜大如
若干也 廆作思丨丨之歌（晉） 陵阜 殺馬祭之 儀不見一小兒
在焉因養爲子自以有所依憑 令可干 有令可干 難 非意干 衛玠云人有不
字曰丨丨丨 者言依倚也 開户（李詩） 及可以情恕丨
丨相丨可 ○野干 但有一切求心尽（活套）十 丨斯丨宣王考（人名）
以理遣 名丨丨丨（百丈語錄） 丨（詩叢）室也（小雅） 忠臣 商
唐末処士能詩（盛誤）（語） 竽干 名玄作趙后 玕（本草）琅丨 数種五色
外傳 後周異儀同詳同 饒舌事詳舌 且青者入藥生海底
綱得之初出水紅久而青黒枝柯 琅玕 披腹呈丨丨 ○荀子 珠玕丨之
似珊瑚叢如虫蛀擊之作金石声 琅玕 注崑崙山有丨丨 樹 玉樹叢生
例 明玕 亭亭丨丨 蘭玕 璇瑗玉衡色丨丨（人名）彭丨 五代吳武王用周本破
（詩） 日玕丨照 （黄庭經）喉骨色也 楚吉州刺史彭玕弃城去
肝（記）孟秋之月祭先丨 脊干 如見其丨丨 然（大學） 詛二強笑語以相取
（月令）丨丨 膽 瞻登越 肺肝 下捉手出丨丨 相示（韓文） 月斧雲斤斷丨

丨（晈）鐵肝烏府先生丨析肝割心丨丨龍肝丨丨爪長一馬肝漢武時郅支国
作丨（唆八卷）（陽傳）尺生於水石貢丨丨石其国
人惟餌此石如丨丨色和之轉肝一粒長年不飢拭白髮皆黒語曰不願作
方伯惟願拭肝石此石可作硯（書言故事）漢文成將軍食丨丨石而死（漢書）
祀竈〇端州深溪鵝鵰背而不帶不耳丨丨而腹果然言不同量也（谷
石如丨丨者爲上鼠肝〇以汝爲虫臂乎以汝爲丨丨乎（莊子大宗師）言至微
賤食猪肝閔仲叔家貧安邑令候之問諸子何飲食曰但丨丨丨丨屠者或不
肎與令出敕市後買輒得仲叔怪問其子道狀嘆曰仲叔以口腹
累安邑食人肝盗跖暇人肝九州恣横行（史）莊盗跖全無心肝隋文帝謂陳
耶遂去丨丨答孔子曰將以子肝益𫗦餔之膳叔宝丨丨
丨終身不食肝後魏辛少雍祖嗜羊肝常呼少雍丨丨丨丨（史）（淸奎）忠竽丨（過秦論）揭文
共食祖先卒少雍丨丨丨丨爲旗
竽投丨丨出比目（西京付）丨險竽顧況丨丨歌死陵女兒擘虹竽釣鰲客以
丨翠羽飾竽也比目魚也手飛長竿横空上下走丨爲丨詩
傅擊城竽隋沈光能緣長竿号肉飛仙從煬帝攻遼東城以衝梯丨丨長
十五丈光升其端与賊戰賊擊之而墜未及比遇竿有垂絙接而
復上帝壯之（史）東長竽王戎謂陳道寄綏綏如丨丨丨（史）日三竽丨出丨丨謂朱黄色亦暈也（南斉天文志）日兩竽斜丨丨
張積（張文潜）兩竽丨生溪橋上（杜牧之）日一竽一竿紅丨賣花声（宋曹植）水幾竽憑君問清淮秋丨丨丨今丨丨（唆）金雞竽唐赦
日植丨丨於仗南丨長七尺維高相風竽晋車駕出刻烏於竿上曰丨丨數
四尺今（丨丨）首銜幡長七尺（晋官志）丨今樓烏乃其遺意（唆詩註）
百竿余若要添風月丨丨（韓竹）阮咸長竽七夕日標長竿曬犢鼻褌于庭詳褌任公殺竽丨丨子海期年不得魚東
詩蹲魚上竹竿梅聖俞詩名二十年終不得一館職初授敕修唐書語妻刁
及魚日吾之脩書可謂胡孫入布袋刁曰君之仕宦何異鮎
丨丨丨〇百尺竽頭招賢大師偈曰丨丨丨丨須進步十方世界是全身（淸奎）丨丨不動人雖然得入釣
婦田（丨丨）米爲實
丨丨（詩鑑）竹丨衛女思歸也乾（易噬）丨胏（詩）中丨（傳十五）丨饑以慈（伐木）〇小吏丨嘆其丨矣（詩中谷）没徙得利曰丨失利曰没許外彊
没旱乾丨丨水溢（孟）天丨封乎（武帝紀）金乾張文潜云唐詩人多窮賈島爲甚孟郊詩曰
寄舍寒無烟井底有甘泉丨中常苦丨種稻耕白水負薪斫青山島曰市中有樵山
氏新米自足島則倶無也故云郊寒島瘦硯乾孟欲求東斎銘要飲西湖雪金草稿分未到小丨丨欲丨（唆）
隆泥乾王濟馬不肯渡水曰丨丨必是惜丨丨丨丨詳泥潤筆乾隋鄭譯拜爵國公高熲爲制曰筆乾谷曰何以丨丨詳筆枝頭乾
趙宋元祐初試館職者皆有滯留之嘆一日蘇子由自中書舍人除戸部侍
郎晁无咎曰子由此除亦不離枝謂如桑椹枝者張文潜曰豈不勝汝丨丨
丨乎聞者大笑蓋无咎久不迁也〇東北有果如李鼠矢乾丨呉王驗錫中丨丨
每丨丨不得摘輒罵人因取之号丨丨丨（東都事畧）外溼裏丨不

青藏丈史（史）噬肖乾婁師德丨面口血乾子孔曰与大国盟丨丨后土乾（張詩）
又見錫丨丨詳唾丨未丨而背之可乎（左襄九）丨丨
何時香木乾談女丨（陶）硯滴乾羅隠三江丨丨丨（唆）愛河乾丨丨丨草枯詳枯（淸奎）恩未丨碧点
丨（唆）丨丨丨丨木葉丨樹中丨
兩初丨丨（地理）（新）何奸犯非〇闌落干切門丨也晩也遮也門闌多喜
酒丨丨名詳鄉礼又也〇毛氏別体字
色直闌（阿房付）丨丨横檻東闌惆悵丨丨一株雪（蘇東坡梨花）酒闌飲丨半罷半在曰丨（高帝紀）註烏絲闌紙名詳絲百實
闌牡丹以丨丨詳丹鬪鴨闌鴨學書井闌彦升丁夏王筆少好丨丨无紙礼（淸奎）丨井
欄爲丨詳丹伺丨丨寫書丨滿則洗之（史）
雕丨發丨闌大波觀瀾（孟）心丨其丨回瀾狂丨於漫瀾颷風一日跡數百
十二丨瀾也（孟尽心）既倒（韓）里丨丨不見蹤跡
微瀾羅襪步丨（谷）助瀾推波丨丨揚瀾丨丨左蠡沈瀾曲終丨丨季〇
問音韻（文中問易）（廬山高）
（闌）流皃也情瀾宴語談笑丨丨不古井無瀾妾心如丨丨波瀾誓不起（孟東野）蘭
字古義同竭（安陸昭王碑）年來古井不生瀾（唆）蘭
俗呼燕尾香山谷曰一幹一花而香有餘者丨一幹數花而香不足者蕙滋
者蕙〇王維貯蕙丨用黄蕊斗養以綺石（仔浸录）〇又木丨見下畹蘭
之九丨芳蘭祭武目送謝覺曰丨丨此生意丨丨竟体秋風推猗蘭孔子反魯谷中見蘭曰蘭幽蘭丨丨當爲王者香今与衆草爲
方
伍援琴鼓之作丨丨操紉蘭紉秋丨以爲佩（騒）握蘭漢官皆尚書郎懷香丨丨崇蘭光風轉蕙汎丨丨（招）
自傷不逢時也（韓文）
（夢）夢蘭鄭文公賤妾曰燕姞丨天使与己丨曰以是爲而子以蘭有国香人服媚之如是（左宣三年）鋤蘭先主殺張裕孔明救之帝曰芳
蘭富門不得丨丨（蜀志）芝蘭与善人居如入丨丨之室詳佳椒蘭煙斜霧横焚丨丨也（阿房）平酒酌金蘭丨丨（易繫）殺若
不丨丨（宮付）（傳叔庭）
交陸林蘭梔子花也一云杯蘭詳杜蘭（白詩）丨丨能散盆蘭陳止斎有丨丨貴丨丨詠季蘭行潦蘋蘩丨丨尸之注服蘭之
女（文陸）二十八識蘭馬肯之別有二一曰丨丨之別有六其六曰丨丨（周經）烏樓蘭国名去長安六千里霍光遣介子賚金帛以賜外国爲名
丨丨王見介子与飲皆醉壯士刺之立死介子梟蘭山名霍去病合短兵鏖丨丨山下詳鏖斑
命以王首馳歸持王首還封義陽侯（介子傳）
蘭芳敬兒曰我車邊猶丨丨物詳物謂鈿也千蘭位国依樹積木人居其上名曰丨丨（北史）木蘭花開宴客命即席賦蘇州刺史張搏丨丨
之丨丨後至張連酌至醉強索筆題云洞庭波浪渺无津日日征帆送遠
人丨丨然醉倒客續之云倶捐纜續云戍度丨丨船上望不知元是此花身遂
爲絶唱（蜀聞録）〇江州有丨丨洲魯班嘗用丨丨造舟蘭佩皆丨丨也〇壬蘭自連比亢亡母且百味丨丨供丨詳益騰蘭自
丨丨之翁教中丨也谷對（詩鑑）芳丨刺惠公也（人名）丁蘭孝於母刻木人奉之
千驕而无礼驛卒丨丨闕殺伊之

有詔詳兆[?]竇滔妻織錦回文寄滔　鄧繆公支孫以
詳文[?]琴工[?]明下依倚爲非（姓氏）中山宮音　姓｜寅武威
太守[?]字休明父子要以軍功至冀州刺史欽有王父字爲氏　苦寒傳看新
謀略勇決善戰號智武將軍貧衡州刺史有惠政（南史）○看切　詩
何循爲｜｜花｜（梁）把菜進仰面看｜｜貪帶笑看長得君王作杏看　北人初
｜｜（唐）子細看｜｜｜（杜）｜｜鳥（杜）｜｜｜（李）末識渥
荆公紅梅（活套）冷眼｜｜文遠｜刊削也定也（書）隨山｜木定｜而正之（活套）刪｜
○丸胡官切韻不收　｜｜春秋序不｜之書（班固）銘｜封山｜石（南史王）不｜
流丸｜｜止於甌臾流彈丸（荀子）好詩員美如｜｜黑誌之｜却
邪丸臣｜｜狐祭武元旦賜（細柳）下坂丸如｜｜走｜張丸戲說論螢火丸務成子｜｜方劉子南
至前數尺矢輒墮孱勇以爲能響丸｜｜以助讀亦白丸殺吏相與探丸爲
神引去（神仙感應篇）詳蘭丸曾月書之勤詳勤
彈得｜丸者刮武吏黑丸者斫文吏得｜｜者主治喪尹賞收捕得數百人納虎穴中（漢）○義娥双弄｜｜｜（諷嘗）日跳丸｜｜月如玄
冰丸或冂不熱之道曰服未央丸書｜｜｜長生不死詩泥丸王元｜｜一丸東封函谷
關詩（閔）假曰金丸挪林國緊以金秤以金丸十二枚屬於衡端｜
十二時每至一時金丸輒落（唐書）鬟兒失〔賓〕遂金丸鞾嫣
宗王孫以金爲丸一日失十餘詩曰苦飢寒遂金丸兒童聞嫣出輒隨之（西京雜記）宜僚弄丸｜楚與宋戰而敗｜｜｜
手一軍傳戰楚之楚免於難○熊｜｜｜｜而兩家之難解（左襄都付）○｜八个在空中一个在
｜楚勇士善｜｜白公勝作亂石乞曰市南有熊｜｜可當五百人往告之
不許承之以劍不動（莊子）○｜｜者承蜩猶掇之也仲尼曰子巧乎有道
｜｜如故（列子）○瘦累丸邪曰我有道也五六月｜｜二而不墜則失
者錙銖累三而不墜則失者十一（莊子達生）蜣蜋轉丸｜｜之智在於｜｜而笑之○
累五而不墜則猶掇之也　者乃以蘇合爲貴（黃帝內經）
忽鐵丸尺大以是个｜｜｜下得口也　通　紅爛下口不｜　桓　（東立）
鐵丸得也通身紅爛如何免得此過（和尚功外錄）　桓寫｜（令亭郵）
立木交木於其端或謂之華表（記檀弓）三家視｜（盤）桓｜｜利居貞（易）既
楹往墓中四楹柱曰｜又威也（書）勗哉夫子尚｜｜（盤）桓｜｜孤松而｜｜（陶）
兒桓｜｜之審爲渊止水之審爲渊（列）（戎和陶）（詩）｜｜講武類（姓氏）齊國宮
魋桓｜守靜極以自作時爵躍而｜｜｜（詩）爲也（周頌）
公後宋｜公後向魋亦号｜氏｜（宗）君山後（漢）上疏非讖｜（晉）｜字元子（溫）
嶠聞啼声曰真英物也詳啼｜（伊）字幼子有武幹忠王室（累）遷都督後爲
荆州刺史挫符堅之師｜（宣）鎮襄陽勸課農桑甚有稱績｜（榮）字春卿爲太
子少傅稽古之力詳力｜（典）字公雅避驄馬御史事詳驄｜（譚）字茂倫（鮮）峻
之亂固守經年城陷遇害仁者之勇也｜（伊）字叔夏
妙吹笛詳笛｜（譚）仕唐字七則志惟忠孝諡忠烈　紈也素羅紈桑曲｜兩端｜｜賦（陽）

冰紈齊織作｜｜綺縞｜｜齊紈新裂｜｜○刓吾官切印｜弊也亦作园（孔
紈麗之物（地理志）齊紈素（班婕妤）（漢傳）連園印｜字（孫）五者园
而羧向方矣（註）圭角泯｜印刓｜｜不予（前漢）以朴刓爲
鎒也○（坡）遺跡儼未｜印刓（書）注手弄角訛反刓以負（韓愈）峘｜　山鋭
貞（歌）野羊（坡）穹窿○端多官切○王思怒蠅集筆｜詳｜○刘仁恭朝
鎒如伏｜（詩石）端（東）藥燭出指｜（詳）｜雪如飄｜燕（詩）華
端｜蜺立｜儲端太子詹事官　臺端唐侍御史号｜｜人稱之曰端公筆端妙
立｜（枕文）儲立亦曰宮端　知雜事者曰雜端最爲雄劇（通典）筆端解
寄｜（坡）毫端下視寓九州一塵集｜｜庸端鄉飲酒礼棘端燕有巧人能於
｜｜毫立（韓）尺軀春色入｜｜（坡）端委手｜｜立刺｜刻沐猴詳損
鋒端見避三舌端見避鼻端郢人堊漫其｜（語）雖執其
金立端下　舌端三端鼻立　兩端我叩其（中庸）○蘇味道爲相模稜持
｜｜詳｜｜鑲端｜｜于更端君子問｜爭端民知｜｜多端吏道雜而
鼠｜｜詳鼠（後）首始（左）立端（曲礼）立（左昭六）立（前食）
（賈）錦繡端遺我｜｜（後）○客從遠方來遺我一端綺（古詩）帛十端束｜爲｜｜謂一帛卷爲
立端二端五匹爲十端也詳布避三
端君子｜｜文士筆端勇士舌端（韓詩外傳）四｜（孟）異｜（語）
鋒端辯士舌端　（活套）造｜（唐）肯｜　（人名）（揚州妓名）能行白牡丹○
剜鳥丸切削也（古詩）｜却○湍他端切（說文）急瀨也性湍（孟告子）｜猶｜水激湍（請流）｜
心頭肉剜有洞若神｜

（記）崩端涌湧｜｜（陶）青錦端琴流環轉（李）（活套）舞｜風｜驚｜｜決｜○酸素官切（說苑）｜凄酸
使我後｜｜（韓）春酸牲酒｜｜眼具臨甘酸老見風波諳世味如儒酸寒氣一洗｜
｜｜（韓）寒酸時（韓南海廟碑）甘酸食橘柚知｜｜（谷）儒酸生｜（坡）詳取
桃花酸唐俗貴｜｜｜｜醋也木味酸（孟春）其味酸其臭羶（月令）｜｜｜者何東方
（白虎）醋（晉公語）萬物之生也酸以達生猶五味得酸乃達也
（通）桑落酸（醢）教倉之｜（辨文）金橘酸（淵村）恨｜｜嗜鹹酸人之好辭攻書皆病
以｜｜｜太｜詳恨　鹵醋也嘗見病心傷人有
陷土炭｜｜｜不得｜禁鹹酸心病｜｜｜胖｜｜小人
則大咸（柳谷崔書）｜病禁｜詳裁妻食酸王膺云君子
得水性而下　喜食鹹酸得木性而上鹹
（東軒筆錄）一點酸誰知冷蕊濃香裏已有梅翁酸作詩頗似六一語往二
酸調羹｜｜｜｜（張文潛）酸亦帶｜｜（坡）謂聖俞
○足心酸譬如人談說醉梅口中水出（活套）辛｜寒｜腰
手閑｜思躡懸｜｜｜｜（姚合）膝｜子含｜○團度官切　月團
百片｜｜三黃團紅皺曬（邵雍）（古詩）扇也○晉王
（盧仝茶）門衛（韓）瓜蔞也詳敏白團｜遙隨搖｜｜｜｜扇婢
製｜｜｜翁龍鳳團茶品莫貴於｜｜｜碧煙團（坡）珉與婢婢通珉好持｜｜（坡松明火詩）秘
歌以贈珉龍鳳團○蔡君謨造小龍團｜｜｜皮綠衣合諸香燒其烟團聚
射粉團唐宮中端午造粉團角黍釘盤中以小角弓射之中者得食蓋滑膩難｜｜也（備要）兩尖團｜｜｜一詩換得｜和氣（蘇軾）

一圍〻捏時道接人僧是○蒲團龍牙禪師問翠微如何是祖師意翠微曰与
一團〻詳氣 我過禪版來翠微接得便打又問臨濟臨濟
曰与我過〻〻來臨 疑團 圭堂曰從人覔処(分門) 實已〻 溥〻露
濟接得便打(傳灯) 〻證據者〻〻猶在也 (話奏)謝成〻 溥多皃
慱〻憂也 摶〻以手圜物也(記)毋〻飯○又鵬摶〻扶搖而上 控摶怒然爲
〻擊也 攫土〻沙(詳沙) 者九万里(詳鵬) 人号何
足〻〻(隱材)○廢俎屬 (人名) 号○攢徂九切簇聚也 鑚攢争戰如 毛髮攢不必
万物迁逝雖〻〻 希夷
用〻雄威見者(国) 古木攢烟村〻 〻石劍攢高青(韓) 萬星攢火〻〻(韓) 欲知迎候盛騎○官
古九切(書)舜命九〻 无曠庶〻 辛古入〻(記)〻行法(礼序)設〻分職
孟〻不辞小〻(左)守道不如守〻○梟鳴當改〻詳梟 省吏〻不如省官詳事
勝官〻天子也〻〻非我家將軍不得至是(漢高傳)又〻 天官今吏部 地官今戸
〻年少(東平王子傳)皆不敢指斥天子故曰〻
部尚 春官今礼部 夏官今兵部 秋官今刑部 冬官今工部 湯官少府有〻〻 導官 廣
書 〻主餅餌導官主擇米
導官上 見 木官〻〻 〻 鑿道有鍾官者(王莽紀注)〻〻主鑄錢 熱官 王晞曰非不愛作〻〻 冷官 文
但思之爛熟耳(北齊)
先生官獨〻(杜)明皇愛鄭虔之才以其 小說家盖出於〻〻街談巷說
不事二爲置廣文館処之官冷可知矣 稗官 王者欲知閭巷風俗故立〻〻
(藝文志) 麤官 唐士大夫重内輕外任方面者目爲麤材(李宗閔談錄)○薛尚
稗音敗 書能以文章自負累出戎鎮不悅詩云〻〻乞與眞拋却賴有
詩名合得償以節 太官 春風飽識〻〻羊(谷) 笲官 老群〻〻 騎且 橘官 漢武時交趾有
度爲〻〻(項言) 頎(?)養馬者 〻〻秩二百石
主貢御 園官 杜有送菜詩 宰官 身詳身 〻〻 道官 唐高宗時禁静能直翰林爲國
橘(地理) 子祭酒姪孫法善久宗時授銀
青光祿大夫鴻 僧官 隋文帝以沙門彦琮爲翻經館李士命僧以官始此○
臚卿(事物紀原) 唐以不空爲開府儀同三司試鴻臚卿加朝散大夫(事
物紀原) 左官 設〻〻之律謂 心官〻之〻則思(孟)○〻居中虛以治 五官 上 見
斥也(前漢年表) 五〻(荀子天論)五官謂耳目鼻口形
第一官 梁劉孝綽除秘書丞帝曰〻〻〻當与第一人詳人 清要官 唐高祖令授李素立〻〻遂授侍御史詳要 清平官 南詔
謂詞臣曰〻〻(南越志) 大夫官 兩立〻〻(谷) 梅都官 劉原父嘗以鄭谷戲梅聖俞爲〻〻
闕辭詩昌則詩人多歷都官也(蔡寬夫詩話) 然山谷亦云都官雖未是名郎職歷曾
鄭谷爲刑部都官郎中工詩世稱鄭都官 漫爲官 元結稱浪上及有官人
詳 以爲浪若亦〻〻乎
吏 似無官 憂民如有病見客〻(魏野上縣令) 太和官 口爲玉池〻(黄庭) 不求官 治生不求富讀書〻〻〻(韓)
措大官 蜀王宗錄貴授司戸參軍曰若要頭 不勝官 隋侯白有捷才文帝將
便斬去何能作〻〻〻邪(九國志) 擢用輒曰白〻〻〻而

〻後令於秘書修國史 非人〻 宰官人〻北齊蘇瓊謂刺史曾之〻曰調官求 誤授
給五品食月餘死(史) 〻〻〻〻逆畏之署府參軍(史)
人官 後魏孝文以李彪爲散騎常侍〻而曰朕〻〻一〻然自應 擬親舊
有讓彪答云伯石辞卿子產所惡臣欲之已久不敢辭讓(史)
官 唐崔祐甫爲相除吏八百員莫不諧允德宗曰卿〻〻 後任延帝
官多〻〻何邪曰如不諫聞何由得其實帝然之(史) 墓上官 曰〻〻〻
〻无失名會延曰 屈宋衙官 杜審言語人曰吾文章當得〻〻〻 獻瓜授官 德 唐
臣不敢奉詔(史) 作〻〻吾筆當得王羲之北面 〻〻隱其姓啟出
宗時有〻〻果 學道齋官 唐德宗時應靖爲發封令弃官〻〻〻
欲〻〻者詳瓜 謂靖長官元祐中刘几遇於嵩山眼光如猫(續仙傳) 揚雄爲郎(本)
(傳灯) 齋遺依官 僧灵徹答常州相逢〻〻〻〻三〻 三世不從官
下何曾見一人(雲溪友議) 識時人也
(話奏)瘖〻松也 (人名)〻〻仙人 (姓氏)東陽商音 天水商音
名〻備〻 見弃〻下○李闕 王子蘭爲上〻邑大 楚
夫因氏崇有上〻 字游韶涉貫墳典迁秘書 館〻造〻樽自黄
郎唐太宗每爲文遣儀視稾高宗時進西臺侍郎互見鸞 帝始記有廣
氏爲〻夏后氏 樽王官 鄴縣令王喬天下一〻〻喬曰天帝獨召 館陳魯廣延力
聖周殺人〻 召我沐浴寢其中葬於城東(風俗通) 相捷隋軍以償
慨卒江總〻〻曰黄泉雖〻 晋殷仲堪見流〻〻爲向日門前灘忽起
抱恨白四自留名云〻(史) 蒙流〻〻爲岸其夕有人自稱徐伯〻云感君之惠
死以報也水有岸爲洲君〻〻 天地爲棺 莊子將死曰吾以〻〻〻 樽日月爲
將爲州矣果臨荊州(本) 〻連璧星辰爲珠璣方物爲齎送葬具豈
不備邪弟子曰吾恐烏鳶之食夫子也莊子曰在上 發殿股棺 唐將軍王果
爲烏鳶食在下爲螻蟻食奪彼与此何其偏也(莊) 責爲雅州刺
史江中仰見岩腹一棺臨空半出緣崖觀之銘曰 泣官 憂棺而〻〻 將得才
欲墮不墮逢王果五百年重收我果收空(酉陽雜俎) 般浩曰將〻〻
而夢〻 子豫爲家棺 唐司空圖〻〻〻 馮勝曰引客坐壙中 入諫 輿棺 蔡師
詳冀 賦詩酌酒客或難之圖曰君何不達邪 〻〻道裔
不軌賈直言持刀負棺〻 事定闔棺 晋劉毅云丈夫闔 切諫 輿棺 後魏宗室
〻云〻移宗召爲諫議 棺〻〻(杜注) 〻臣爲尚書
宣武委政高肇臣欲〻〻 葬無二棺 後曹僕家爲射声校尉〻〻銅澤冢棺
〻〻諸闕論肇罪惡(史) 〻停棺百餘貫空地〻祭文(史)
優孟葬馬請以 觀 大觀 吾〻達人〻〻 旁觀 巧〻
〻〻詳馬 雕觀 何以〻〻(孟) 〻於海者難爲水 (賈誼付)
〻〻(韓) 環觀 湖山賦我以佳賞稀我以仰觀〻以〻於天 坐井觀天(韓文) 太
詳頭 〻〻(洪景盧瑢溯記) 〻文(易系辞)
乙下觀 劉向校書〻〻之○ 六觀 一切有爲法如夢幻泡影如露亦如電應
精〻而〻焉詳杖 作如是觀(金剛經) 東坡詩有〻〻一堂
止觀 定有出定入定意非若止无所不定慧者見微而已非 ○外觀 有而叙諸
若〻〻无所不見故定慧爲菩薩〻〻爲佛(傳灯錄) 菩薩修習

丨入三摩地但見　獨丨可遠　朝丨坐於塗
其水未見其身詩〔話〕丨丨袖手丨丨〔入名〕翁宋詩人　於冠炭　許子丨乎
法冠〔漢〕侍御史周官也為柱下史冠丨丨　一名柱後以鐵為柱取其不撓〔漢官〕
張武曰梁国大都當以柱後惠文彈治之〔漢〕丨丨也以纚山尔反
褁鐵柱卷〔張敞傳〕○丨丨或曰獬豸冠　御史鐵冠見蟬冠詳　鶡冠詳
大事則丨丨朱衣纁裳白紗中單以彈之〔六典〕鐵冠上蟬冠蟬鶡冠鶡鳥冠
丨丨子者楚人衣敝履以丨為丨莫知其　儒冠丨丨多誤身〔杜〕○魏冠丨丨
名著書言道家事鶡勇雉也〔虞叔傳〕高祖溺丨丨詳桃　講唐
履圓冠〔田子方〕丨丨方屨　南冠丨丨而縶者　皮冠以招　黃冠野夫丨丨草服
〔韓〕誰也〔詳四〕　虞人〔左〕　〔郊特牲〕○張道士
通古今冬寄跡老子法中韓愈詩　彈冠新沐者必丨丨〔荀〕○王陽為益州刺
贈〔云〕公詣闕二上書臣非丨丨師　彈冠史貢禹丨其丨侍陽薦果召為大夫
挂冠王莽殺其子宇逢萌曰三綱絶矣不去禍將及人解冠丨東都城門將
挂冠家屬浮海〔後漢〕○陶洪景曰吾仕下期四十左右作尚書郎投簪高邁令
三十六方奉朝請頭戴可　貢禹為河南令以職事為府官見責　勝
知丨丨神武門上表辭祿　免冠　謝禹曰冠一丨豈可復丨邪遂去官〔漢書〕
冠子孫丨丨者　三代冠丨丨之制夏曰毋追音无堆商曰　通天冠子所冠　天
在側　章甫周曰委皃一名玄冠〔三礼圖〕
〔隱逸〕竹皮冠高祖死注今人為竹皮冠　進賢冠丨丨丨　古緇布冠文儒者之
古之遺制　即刘氏冠　服〔後漢輿服〕○二梁數異一梁

下大夫服兩梁二千石　進德冠唐太宗賜貴臣　鵕鸃冠侍郎中戴丨丨丨　鹿
服三梁公卿服〔三礼圖〕丨丨丨〔車服志〕〔通典〕即武冠也
皮冠宋何尚之致仕着丨丨丨　後起為儀　椰子冠詩　道冠也　切雲冠丨
同三司沈慶之曰何不着丨丨丨　丨丨丨　丨之
解豸冠〔漢衣服志〕丨丨　適越冠夭解丨丨　詳越　倩正冠丨丨旁人為　不整冠　李
其丨〔荀〕高兒　〔杜九日〕　下
丨丨丨　白衣冠荊軻入秦燕太子与賓　丨丨丨　武帳不冠帝嘗坐丨丨　汲黯奏事上
〔顏延年〕客皆丨丨丨送之詳軻　避帷中使人可其奏
〔汲黯〕怒髮衝冠〔藺相如〕　死不免冠衛太子蒯聵之乱子路斷纓曰君　求貸輿
〔傳〕冠事詳璧　子丨冠丨丨結纓而死〔左哀十五〕
冠〔范睢〕子丨丨於叔孫婼使請冠焉取其冠法而丨之兩丨　子夏小冠杜欽
冠曰尽矣注　作冠模法又進二冠為若不解其意者〔左〕　字子
夏目偏盲与茂陵杜鄴同姓字俱以才能稱人謂欽為盲丨丨以相別欽
惡之乃為丨丨高廣才二寸由是更謂欽為小冠丨丨　鄴為大冠子夏〔本〕
猴而冠〔項羽〕　賣平天冠　廖融潘若冲更唱迭和宋太宗懲五代之弊以詞賦
論策取士融曰豈知今日詩丨似大市裏丨丨
並无人問邪〔詩篇〕素丨刺不能　倌主駕者〔詩〕○鸞落官切赤色五采雞
〔荊楚記〕三年也〔檀〕　命彼丨人　形又曰似鳳多青
鈴丨本作鑾但〔相如〕　乳鸞　鵷雛丨丨　虬鸞李者宗之如鱗羽之　孤鸞上絃驚
經史中多作丨　丨雀丨鳳　於丨丨〔李華集序〕　子鸞別鶴下

絃曲丨丨　獨足鶴名　同昌公主有丨丨　鸞　晉宗靖草書姚君
〔閑〕皆曲名　畢鸞丨丨詳鶴　九鸞釵上刻丨丨詳釵　鸞鎣銀鉤漂若丨丨〔李〕儀
鸞丨丨司在拱辰門外掌照鏡鸞罽賓王一鸞三年不鳴夫人曰聞見類則
奉供帳之事〔趙宋會要〕　鳴懸鏡照之鸞睹影悲鳴中宵一奮而絶
〔異〕應鸞　鸞章帝時王阜為重泉令鸞止學館阜張雅樂　紅龍鸞夜燒松明火
〔苑〕應声飛舞復上縣屋十餘日乃去〔東觀漢記〕　照室丨丨丨
〔賦〕詰曲鸞紫丨鸞丨紙〔杜〕謂　吹紫鸞兩二白玉童双　膠續鸞鸞血作膠可　月
丨字有丨丨勢　丨丨丨笙〔李〕　續絃詳膠
宮棄鸞明皇見丨丨素娥丨丨　枳棘棲鸞仇香為主簿人曰丨　指鳥為鸞隋高
白丨舜於桂下詳月　丨非鸞鳳所丨〔本〕　德孺
〔活套〕青丨　後漢人名鴻　華蓋花鳥　仙女　鑾人君
双丨〔入名〕也文簫往遊惟觀覩一姝歌曰應得文簫駕綵鸞　乘車
四馬鑣八丨鈴象鸞鳥声和又曰馬口銜鈴謂之丨又曰和丨　和鑾見　八鑾
鈴在軌曰丨在軾曰和　字通作鸞詩和鸞雝二　又八鸞鏘二　上
並見　鳴鑾玉丨丨　玉丨〔選〕○佩　錫鑾丨丨和鈴〔左〕丨在馬額　金鑾明皇召李白於
上　〔禮記〕　四者皆金為之有鳴声　丨丨殿〔李白傳〕
○德宗移李士院於丨丨坡　翰林院与金坡殿相　瓊鑾羽旗棲丨丨〔王衡〕
接故李士院号丨丨〔並翰林志〕　又樂天女名丨丨　吐鳴和〔陸士衡〕
〔表記〕以丨為　欒曲枅木相如傳　登椽丨而猪天門　又鍾之兩角為丨　重
丨施於旗上　又瘠兒詩棘人丨丨　〔坡〕故人如念我為说瘦丨丨

欒峙丨丨而　音欒　欒之別有五　檀欒丨丨竹貌〔勾會〕　大夫欒天子樹松諸
欒柱〔西京賦〕　者欒曰朱欒丨丨　清話對丨丨〔坡〕　侯柏丨丨丨
〔礼〕韻會云即木　○團欒大家丨丨頭　〔姓氏〕西河微音　唐叔虞之後晉靖侯
蘭也樹謂冢樹　共說无生話　孫賓食采丨邑因氏
公使欒黶為公族大夫使訓卿之子弟共儉孝弟〔左〕　欒書黶之父字武子　武
子之德在民如周人之思召公焉　書能輸力於王室〔國〕　欒布時為燕相
至將軍封俞侯燕齐間為立社号欒公社〔史記〕　後漢人字　欒山小而
叔元為桂陽守定昏姻喪紀之礼立李校　巽酒滅火詳酒　鋭杜青
惜峯林丨長丨○歡呼官切亦　交歡丨丨太尉　合歡夜合花名丨
丨過〔活套〕層丨翠丨　作懽驩　書本作驩　丨又名合昏
詳皆○裁成丨丨扇詳　丨丨止　丨丨侍宴无貲　常恐兒輩覓丨
翁○五日有丨丨丨索　大歡稚子〔陶〕　承歡閑暇〔?〕根哥　損歡其丨樂之趣詳
竟　所歡欲留丨丨丨待富貴富　叔水歡啜丨歎丨尽　寒士歡大庇天下丨　平生
貴不來丨丨去〔樂天〕　其丨〔禮弓〕　丨皆丨顏〔杜〕
歡沛公勞若如丨　不盡歡君子丨丨丨　一里悲歡韓娥之齐鬻歌假食漫歌哀
歡丨丨〔張耳傳〕　人之丨〔記〕　哭丨丨丨　愁娥復長歌一里
丨抃乃厚〔活套〕追丨陪丨　笑丨　驩馬名又陳平傳交　共丨堯
路之詳哥　一尊丨握手丨　丨太尉与歡義同〔活套〕　二小人〔入名〕
讙鉦鍊　謹也○寬苦官切書御衆以丨　代虐以丨詩〔活套〕恭丨酒
碩人之丨　語丨則得衆〔左〕猛以济丨　腸丨眼

界丨自燮〔人名〕〔詳東〕涍人〔?〕李易覽䨓上賓謫〔?〕丨䨓○鑽借官切
丨天地丨〔?〕蒲硬群襥骭之所非斤則斧〔語〕丨之
弥堅丨燧改火○人能務本丨鍊其性木鑽生入焦山老君与之丨丨使
則才恵發矣〔賦論〕王戎丨核李詳核丨丨石盤朱渠遂〔?〕○傅先
穿一石厚五尺云穿此便當得道晝夜鑽之雖積絢懷卧龍公挾策事
積四十七年鑽盡石穿遂得仙丹升天〔真誥〕周鑽〔戰國策〕商鞅挾三策以鑽
孝公〔文選〕一六〔史記〕火九鑽〔列〕九鑽巴巽丨謂丨度也七十二鑽龜能丨丨不能避刳腸之禍詳龜无遺策○蜂鑽故
紙飾見丨投窓曰世界如○盤薄官切本作槃或作柈李應丨谷唐
〔?〕闊丨丨池丨丨詳蜂韋丘獻木栝藤槃左慈銅盤釣魚詳魚
殷盤周誥丨丨〔進李解〕春盤立日唐人作丨餅生菜号得蒸芽〔?〕五
盤又湯之盤銘〔大李〕○青蒿黃韭簇
辛盤元旦楚人上丨丨〔士記〕丨丨丨養五臟氣〔?〕首宿盤中何所有丨丨長闌干〔唐詩〕〔薛〕琉璃
盤令之為右庶子清淡故作此詩
盤元誠家丨丨赤瑛盤明帝以丨丨盛櫻桃賜群臣月下水晶盤董偃以
丨一尺面視之盤与桃同色皆疑是空盤詳桃丨丨為
丨貯氷同色侍者謂冰无盤必碼〔?〕盤裴行儉丨丨廣二尺軍吏趨跌盤
融濕屑誤拂盤墜碎〔?〕碎惶恐叩頭行儉曰非故也何至失
色雙玉盤美人贈我青琅玕何以報丨〔張平子四愁詩〕承露盤〔?〕丨丨丨從長安銅人丨丨般析声聞数十里〔?〕〔春秋〕欠

銅盤毛遂奉丨丨進曰爛銀盤出〔?〕〔月令〕丨丨從海底吐銅盤許彥遇一書生云腳
息樹下生口丨一丨丨具肴饌酒數行又吐一美女仔丨丨痛求寄鵝籠中前行
一男子共酌日晚生悉納口中留銅盤与彥〔續齊諧記〕珠落盤大丨小珠丨
晝粉盤呉越王錢〔?〕粉盤于卧內丨丨丨〔琵琶行〕王〔樂天〕
〔?〕内有所記則丨丨中象牙盤南唐孫晟每食使妓各執一器侍
遊冶盤〔?〕作丨丨不行洛陽陌〔李〕鑾七盤丨丨碁丨与律声散盤平池
忽去飄然丨丨丨〔?〕相應〔?〕与楊国忠事同〔?〕
丨且詰盤我且丨嘯行丨丨鼕屈盤李太白沙路曲丹唇含九秋妍
〔?〕謂詰盤詩句也〔?〕字紅丨丨舞七盤〔?〕陵七盤〔?〕七
〔?〕九秋曲百八盤蛇退後啼丨丨丨棧道五盤五盤雖云險〔杜〕丨
七盤楚舞峽州往黔中過一丨丨丨丨谷自丨盤屈丨重也
木鑽石盤見前鑽尚待容小盤焦征堯白丁大家穀騰而以小盤二與三盤意丨
丨丨飯丨步陟与衛雄來如而已詳飲
蕩丨丨語泰山五十盤屈盤而上五十○湼槃修行之所世人誤以為死大
丨宮〔?〕餅盤〔?〕〔官〕丨丨乃不生不死之地一切
非也〔活套〕遊丨山〔詩話〕考槃刺莊公也衛〔人名〕商臣磐石山石之安者易
〔?〕辭丨賢者退而窮処鴻漸于丨〔漢〕文
紀丨丨石〔?〕宗〔?〕〔人名〕〔?〕後漢人以翁養丨丨王〔?〕倉瘢
国安于丨石丹不充乃就养廉羊瘢〔?〕瘢巳愈有痕曰丨○薄謂美玉可以滅丨

吳王好劍客百姓多丨索瘢令之刑賞或由喜怒之則補瘢〔?〕滅瘢
丨〔漢書〕詩〔?〕又詳痏瘢洗垢丨丨〔?〕諸十〔?〕丨瘢〔?〕詳體丨丨
寒食飯王丨崔雅瘢水中照見〔?〕灼成瘢昭君村生女必灸其面樂天蟠龍
丨痕〔本草〕丨丨丨丨瘢詩至今村女面燒丨丨丨痕
蟠○丨未升天曰丨丨泥蟠〔?〕白桃蟠度索山丨丨屈際蟠上丨丨於人
丨丨于泥〔?〕首終丨丨〔?〕〔德公〕蟠三千里詳桃下丨丨於地
〔莊子〕〔活套〕王虬丨老幹〔人名〕〔甲〕年十七好古文〔?〕見〔?〕而作者〔李〕般樂也〔孟〕丨
〔意〕丨山〔?〕丨延守而祀四胖〔大李〕心廣体丨丨〔?〕大〔?〕或錫之丨〔?〕馬飾〔左〕曲
〔?〕海也〔?〕丨丨〔?〕美而身丨丨〔?〕其丨〔?〕縣丨纓
〔詩補〕也〔?〕小丨刺幽王磻丨溪大公釣処○漫水流貌淼漫〔?〕潭漫竹其
則緣術抵坂丨丨陸离夷漫唐朱朴議迁都襄鄧〔?〕漫鼻端詳斤刺字漫衡
〔張平子南都賦〕布散皃之西丨丨数百里〔?〕
滅詳刺夜漫漫長丨丨丨何時作雲漫丨丨飛〔?〕平丨丨沆丨〔?〕鏝坋鏝
旦〔?〕〔?〕詩牛丨〔?〕〔?〕懈漫天〔活套〕丨水浒丨〔?〕
也泥也亦作槾〔?〕以象丨漫兩〔?〕濃皃〔?〕謾欺也〔史記〕隨成侯坐丨国
茨又作墁〔?〕毀丨畫墁〔?〕寸使蒙丨〔?〕除〔?〕〔?〕漫喻妄言以十万
衆丨横行是〔活套〕誇丨被瞞平目也又〔人名〕〔?〕操小字明
面丨也丨熱丨目臉低也〔活套〕丨老〔?〕皇小字亦曰〔?〕鬗

髮長丨皮亦腳○潘普官切淅米汁〔左傳〕遺之丨〔姓氏〕〔?〕陽別音周文王
渡水須花丨丨沐丨可以沐也一曰水名畢公之子季孫食采
於丨因氏〔?〕丨挺人當与養由基射曰一而射徹七札焉〔左〕〔?〕晉人字士
安号為奇童思緒雲騫詩鋒景煥太夫人御板輿詳輿〔?〕字世長梁
廣曰君必為一代談宗詳宗〔?〕唐人〔?〕逍遙令高宗召問所須曰茂泉
清松臣所須也帝尊異之〔?〕為鹽鐵轉運所至留連倡樂後鄰敘宣慰
江淮〔?〕宗曰卿是行母若〔?〕孟陽殫財貨酣飲遊山寺而已詳和
〔?〕趙宋江西人字邠老李山谷詩吟蒲城風雨近重陽一句

十五刪 與山同用

〔?〕所姦切〔後書〕孔子丨詩定書〔前刑〕花丈人潸涕流貌詩〔?〕潸焉
〔?〕丨志丨定律令瘢狂語不須丨〔活套〕丨丨丨然出涕〔活套〕丨
○關古還切礼〔?〕官司秦關二重〔杜〕百漢關壮士長歌入丨九關虎豹丨丨
丨丨丨掌國貨之節丨〔薛仁貴傳〕丨丨守啄害下
人些八關李逢吉之黨張又新等八人付會者三關口為天關手為人關腳
八關又八人号丨丨十六子〔唐〕〔?〕為地關〔黃庭〕丨丨章
〔?〕陽關西出丨丨无故人〔王維〕送別詩因此有丨丨三疊曲○唱
陽關得丨丨意外声舊時惟有米嘉榮〔劉禹錫〕讀元和樂藍關雪擁丨丨馬不
前天關動搖丨丨出蹕〔?〕丨詳三關玄關丨丨幽鍵感而遂通賢關大李丨士
〔?〕○口為丨丨〔?〕寺碑〔?〕言道家之丨〔仲舒〕

〔漢〕儒關丨丨結髮閭〔黃〕複關丨以望丨〔詩〕甊關唐與軍課將畧丨丨枝山絕藝奇技無不兼取〔選舉志〕○置武舉有馬槍丨丨負重
身材之選丨丨長丈七尺徑三寸半凡十斧後手持關跡出處無過抱關丨丨
一尺〔同上注〕○崔湜爲吏部侍郎有選人曰其能丨丨負重〔食貨〕
擊柝〔孟〕○蕭光秉政蕭望之爲郎署東門候王仲翁斬關李孫攻臧氏臧紇
曰不肯碌碌之反丨丨爲望之曰各從本志〔蕭望之傳〕丨鹿門之丨以出
〔襄〕〔三〕仰關九國丨丨而攻秦人開關延敵〔過秦論〕閉關至日丨丨商旅不行〔易復〕鬼門關交趾有丨丨多諺云若度丨丨
丨十去九不還李德裕貶厓州詩丨公厓州在何処生度丨丨函谷關隗囂將王元曰請一泥丸爲大王東封丨丨〔東觀漢記〕玉門關
班超在絕域年老思歸上書曰不敢望酒泉郡但願生入丨丨〔本傳〕猪觜關元祐間王景亮結一社嘲士大夫号丨丨呂惠卿察訪京東
語話喜以双手指畫嘲曰說法馬留爲察訪○邵箎上殿氣泄出知東平部高鼻捲髯嘲曰湊氣獅子作知州惠卿發以它事奎社並竊〔桐江詩話〕名
利關透得丨丨便是小歇処〔謝靈運書〕廢六關〔文公二年〕臧文仲丨丨孔子曰不仁也六關所以禁絕末游先入關懷王與諸
將約丨丨者王之乃還沛公〔盤〕門常關丨雖設而〔阿〕門反關柴丨丨丨元俗客〔盧仝〕青牛度關關令尹喜事詳
牛雞鳴度關孟嘗君夜半至函谷關之法丨丨出客雞鳴度關客有善雞鳴衣野雞皆鳴遂丨丨〔國〕弃繻入關終軍事詳繻○觸
背關宇竟師奉手曰喚作拳是觸不喚拳是背有契之者故叢林有丨丨之說詳見觸下破三關一鏃丨丨〔瑞巖〕〔禪林語錄〕黃龍室
中有三〔詩套〕鳴劒丨蜀中柴丨松丨機丨〔姓氏〕隴西商音關令尹喜之後又
〔關語〕問丨朗子曰魏之賢人也稷公死而關朗退〔文中子〕夏大夫丨龍逢之後〔關〕字雲長剌顏良於
万衆之中降于禁威振華夏拜前將軍封万人敵爲世虎臣〔關〕〔播〕仕唐字務〔關〕〔羽〕或
元德宗問政治之要曰爲瘝病也或作瘝政要得有道賢人乃治〔書〕侗瘝乃身○彎鳥關切或作關孟關弓而射之巴月彎
蜀天何処尽丨丨幾回丨〔高荷詩〕詳高象鼻彎碧筩時作丨丨〔坡〕詳筩彎弓彎〔宮詞〕丨袖丨丨渾忘却〔鄭谷〕丨腰作丨丨之狀不
文彎而報怨〔前漢〕士丨丨丨弓寶根可彎傳丨丨有木力夢弓一張元人堪引一人曰惟靈根丨丨此弓〔出史本傳〕〔詩套〕眉丨勢紫
雖丨繚丨彎銀灣也〔雞跖集〕丨丨謂銀河清彎澄江抱丨丨〔韓〕落星灣廬山東有落星墜水化爲石〔圖經〕當彰蠡灣号〔詩套〕碧溪
黃木灣廣州治之東南海道八十里扶胥之口丨丨之〔韓南海廟碑〕九折灣譬如万斛舟行此丨丨丨丨〔坡〕〔此九卷〕〔詩套〕丨篆
花○闤户關切丨〔闤〕市垣也市關欲弃妻孥守丨〔坡〕用梅福事通闤〔京付〕帶闤張平子西飛宇麥丨丨〔選〕〔詩套〕壓丨
還迷還丨丨遂〔孟嘗〕合浦去丨復丨詳珠壁還相如完丨歸趙事詳璧生還班超妹上書乞超餘年一得丨丨好還其事丨丨丨丨

〔左〕〔子〕大還日出於暘谷至於烏次是謂小還至於女紀是謂丨丨〔淮南子〕九還燎內丹有七返丨之說詳返丹烏知還飛而倦
〔陶〕錦見還丨丨白江淹夢張景陽曰匹丨可此文章蹤矣詳錦上冢還司馬德操詣龐德公値其丨丨詳客豪當還
吳潘璋好睩酣云以長揄還客之食尊既不能礼賢宜丨丨丨灵運載之後丨丨丨詳豪灵運語謝方明曰何長揄當今仲宣而飴以下
而去〔謝〕〔灵運傳〕○八還佛告阿難汝咸看此諸変化相吾今还本所因処明还日輪暗还黑月通还户牖壅还墻宇緣还分別頑虛还空鬱悖还
塵清明还霽則諸世間所有不出斯類汝見丨種見精明性無還阿難言若
當復誰丨〔楞嚴經〕異同莫更疑三語物我終當付丨丨〔坡〕我心性各
有所还別妙明元心何故丨丨佛言阿難今當示汝丨丨〔詩套〕衣錦丨奪標
所丨因吝以八径丨丨〔楞嚴經〕○要知何処是丨丨〔坡〕奏凱丨去復丨丨
〔人名〕高荷字詳高環璧也肉好若一謂之丨○記儒有丨堵之室瑤環十丨丨〔墓誌〕瑜珥〔韓〕馬君逆稱其家兒也縱
環宋泰始中通私鑄而外六環一貫長三寸謂之丨丨分入水不沉〔顏竣傳〕縱環唐高祖入長安民間行丨丨輕小凡八九万才滿半斛〔食貨〕分
〔志〕丨与佩環行則有丨丨之声〔經解〕○后妃進退必鳴玉丨丨〔列女傳〕賜環黃州逐客未丨丨〔谷〕○聘人線同以珪問士以璧召人以環絕
人以玦反轆環丨丨天絕以環〔堂〕下〔轆〕巫環巫人掌卜九筮之名九曰丨丨〔礼春官〕巫當爲筮刀頭環何時大刀頭〔古樂府〕丨丨
有丨問何〔鹽〕丨还也鄭商環晉韓宣子有玉環其一在丨丨宣子謂諸鄭伯子產弗与〔左昭十六〕海九環中國者天下八丨之分之一有丨
環之者九謂之丨丨〔撥博物志〕月半環韓渥詩云丨若丨雲若士〔雞跖集〕解連環始皇遺齊王后玉連環曰齊多智解此環后引椎
人破之謝秦使曰謹已丨矣〔戰國策〕雀銜環楊寶收一被瘡黃丨放之一日変爲丨王黃衣年少丨玉丨一双報之詳雀猿獻環孫恪妻袁
氏偕至端州峽山寺持碧玉環獻老僧化爲丨去詳猿玉指環韋皐游江夏与一青衣玉簫有情約七年再會留丨丨逾八年不至玉簫絕
食而殁後得一歌姬眞如丨簫中丨有肉隱出如玉丨〔雲溪友議〕〔詩套〕丨蚰蜒〔人名〕〔阿〕上元夫人〔王〕丨〔阿〕妃小字〔阿〕〔環〕侍人〔函〕楊貴
鐶与環字俗多通用今詳其義從金者並附此龍鳥鐶赫連勃勃造百鍊剛刀丨爲丨丨大丨〔晋載記〕獸齒鐶隻耳呑金丨丨〔宋〕
〔古樂府〕○滴滴金鋪丨丨丨〔梅聖俞〕壓繇鐶繚金玲瓏〔李賀〕金鐶丨丨搖月墮鐶落丨丨鏁金丨〔李〕召飲三鐶有妓媼号金汴州鴛有
教妓每丨丨与以丨丨丨〔地理志〕桑中探鐶羊祜五歲令乳母取所弄金鐶母曰汝先此祜郎語鄰人李氏東垣丨木丨丨得之主人驚曰此吾
亡兒所失物也〔李〕金銀手鐶后妃御於君女史書日月授鐶以進退之生子則以丨鐶退之當御者以丨鐶進之著於左丨既御著于右手
〔詩鄭大雅箋〕逆春秋繁露亦云母出金鐶高力士幼失母及貴得之嶺南母曰兒胸有七黑子在否力士袒示之丨丨丨丨曰兒所服者乃相持

慟哭〇錫杖頭鐶誌公常執丨丨刀尺詳尺鬟曉鬟綠雲擾擾梳丨小鬟巧粧梳(俗)丨虽醜
(史)嬌鬟有酒醉佳客无雲鬟霧鬢丨丨煙鬟戕戕兩丨丨風鬟柳毅遇婦人牧
嬌鬟分買丨丨(國)木葉衣(趙)火鬟(坡大小孤山)羊丨丨雨鬟龙
亥至也傾鬟拖袖丨丨風十二鬟綰結湘娥丨丨丨(谷)君(活套)鴉丨螺(樵黑)丨
互見書(露前刘禹錫)山狀如十二螺髻也鐶
鋝也又金六兩曰丨書寰區寰人失亦人得要(活套)人丨丨〇班布还切
其罰百丨又曰黄鉄不出丨丨(坡)壓丨丨次也布
也書丨師(涵)若是丨乎丨通班(漢)少小從仕早蹦丨丨(刘子玄忤時崖)〇
爵祿(左)丨判詳判丨春詳春假版未丨丨(谷)盍列於簡品也又見十八
班闘班御殿日昧爽宰相兩省官丨丨於香二班文章不滅丨丨亂班唐宿
下丨案前侯扇開通事贊拜(唐武后紀)(谷)彪与固也班為侍
御史時韋挺為大夫越次与江夏王道宗語臨曰王丨丨娥眉班唐兩省供奉
丨王曰与大夫語何至是臨曰大夫亦丨丨挺失色(史)官謂之丨丨
(謝)丨(筆)十八班梁武定九品(隋志)丨丨即通班也玉筍班李宗敏知貢舉門生多清秀号
丨丨(唐書)又唐蔣凝美風標朝士号為
丨倈秦班白髮蒼婦丨丨蓬萊班宅日許綴(坡洪四)(坡)(活套)仙丨催丨紫宸丨聯星丨正朔丨(姓氏)扶風
徵音楚令尹子文為虎乳謂有丨文因氏(丨超)後漢人字叔皮專心史
籍辟為司徒掾(前漢)丨固弟亦丨超字仲升虎頭燕頷封定遠侯詳侯

(固)父彪固字孟堅除為郎典校秘書著西漢二世才術位不過郎作賓戲
(昭)丨彪女字惠博曹世叔妻固卒踵成漢書表志号大家作女誡七章
位唐熟天下計故進家尚書副參清潔勤力(丨景)扳而立之又音攀(活套)
(倩)入為大理少卿倪若水曰丨生此行何異登仙引也(公羊)丨引
可手丨(贓柏)斑豹斑王献之年數歲觀門生樗蒲曰南風不競門生曰此
郎管中窺丨時見一丨献之怒曰遠慚荀奉倩近愧
牽丨(曾子固)
刘真長拂丨丨生而丨(坡文)〇生須百斛買雉斑漢尚十二有
衣而去(木)虎斑鱗墮地走双鬟氷截右章奈也試丨丨盞也(后山)君馬黄丨丨
箏曲(晰錢)訁斑髮為作丨丨(唐詩)〇菊斑重岩細鴻斑螺甲割崑崙耳杳
(歐序注)丨斑尚嫌剃髮有丨丨(坡)丨丨(杜)鷓鴣斑材骨丨丨丨丨(谷)生
結香也丨丨丨体薄而易然(香譜)舞衣斑老萊子年七十着斑斕竹管斑梁元
〇米塘鸚鵡緑呉紬丨丨丨之衣戲丨以娛親詳衣
帝筆三品文章艶麗淚竹斑舜葬蒼梧二妃追至洞庭茗椀斑赤銅丨丨
者今用班丨丨書之丨山丨下染丨即丨詳竹兩丨斑(谷)鬢
毛斑更益丨(君)(活套)斕丨兩丨丨淚丨丨頒賜也(書)丨宗彝(礼)仲夏丨火匪
丨丨征馬丨大丨瓜名丨貸賄(記)丨爵位當年德
頒九式均節才用八曰丨丨(礼天官)般迷也(趙充国傳)(人名)班(魯)丨漢書作
分(困)辛丨分也丨賜也謂分賜羣臣丨師与班義同頒(孟)
〇鑾莫还切(書)九夷八丨(孟)南荆鑾使君如天馬朝魚鑾人間行路難路
丨缺古(唐書)冠帶百丨歲暮丨丨(坡)地出賦租不如

丨丨子鵲浪觸鑾爭詳角小鑾白樂天詭姬五溪鑾武陵丨丨烏白鑾六姓(邛部)
浮空虛(坡)名丨丨詳御丨詳溪
一姓白蠻五姓烏蠻(唐南)白獸鑾南討禄山撣葛備歴艱阻遂入白帝城
(蠻傳)〇威行丨丨丨(坡)扶猛字宗略其種落号丨丨丨從賀若敦
(史)語作蠻郝隆謂魚為娵隅桓温曰何為作蛮語綿丨微臣剌亂鸞
丨隆曰始得一蛮府何得不蛮語詳語(詩篇)也遺總微賤丨接辞
如鳧比翼鳥一翼〇顏五姦切龍顏隆準丨丨犯顏丨丨進諫承顏丨丨(鳯勝之傳)
一目相得乃飛育顏丨(漢書)(魏徵傳)
解顏丨丨而懽顏天下寒士頁顏付与姿媚易臣汗顏血指丨丨頳顏以艶
笑(列子)恰顏皆丨丨(杜)元顏丨丨(孙乞巧)汗顏丨(韓文)丨丨
兮(楚詞)頳音經厚顏丨有忸怩(書)〇豈可使芳赧顏以婢膝丨丨
切怒則頳紅也彥杜丨丨詳顔无恥(北山移文)顔為睽解(抱朴)厚顏敵
畔岸驕以丨丨(相如傳)〇商顔引洛水至丨丨下(溝洫)睎顔晞驥之馬亦
攝衣步丨丨(孟)山高皃(志)猶山嶺也丨山之丨顏彥驥之乘也
丨之人亦頳之孔鑄顔闇丨子丨丨巷有顏記取慈烏丨丨丨(坡)厲顔以純
徒也(揚子孝行)顔淵笑(陸言)彥孝聞有烏銜鼓集所居村(吳苑)
王無顔床頭黄金尽壯心猶未死杯中物酒也遊子顔丨聊為桃
顔丨丨丨色(張籍)鏡裏顔春不能朱丨丨丨(谷)(古樂府)
李顏松柏本孤直難為駐顏又無大丨破丨字臨丨蜀忠
顔為丨丨丨(杜)朱丨(李)(活套)丨謂真卿(人名)義太守(姓氏)

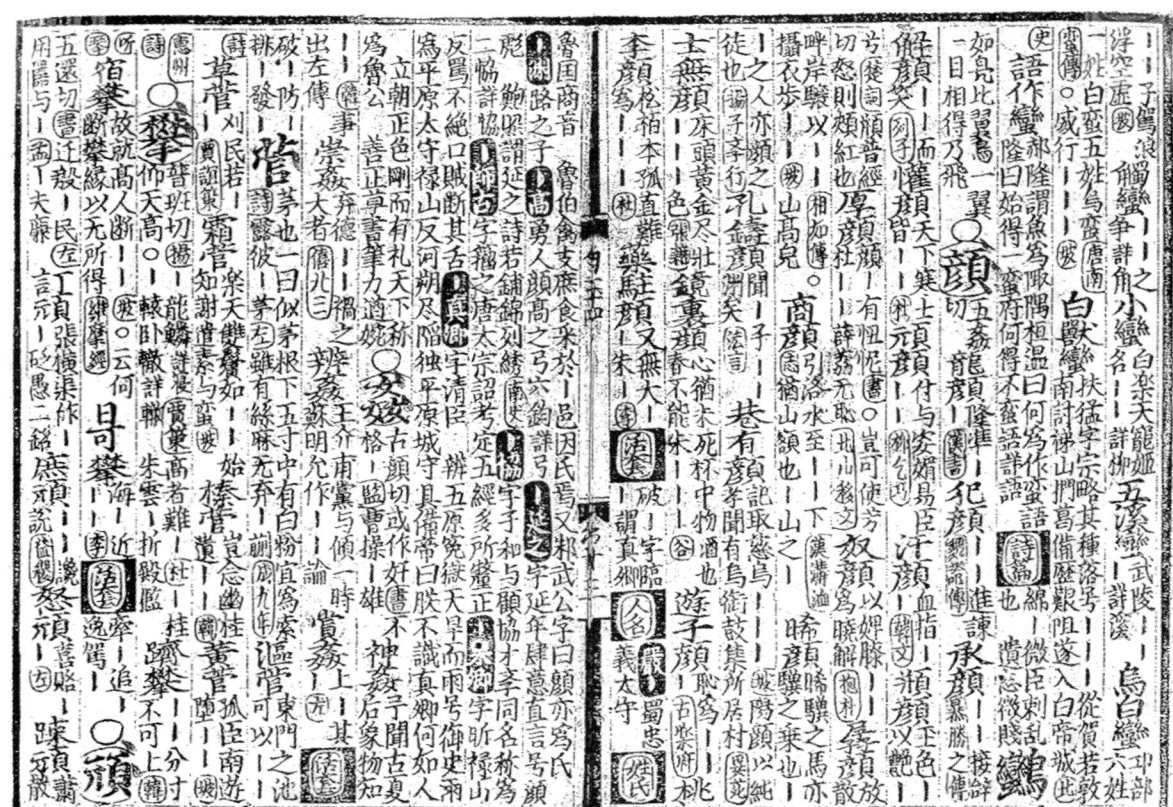

魯国商音魯伯禽支庶食采於丨邑因氏焉又邾武公字曰顏亦為氏
(丨淵)路之子(丨高)勇人顏高之弓六鈞詳弓(丨延之)字延年肆意直言号顏
彪鮑照謂延之詩若鋪錦列繡(南史)(丨協)字子和与顏協才名同称為
二協詳協(丨師古)字籀之唐太宗詔考定五經多所釐正(丨真卿)字眆禄山
反罵不絶口賊断其舌(丨真卿)字清臣辨五原寃獄天旱而雨号御史雨
為平原太守禄山反河朔尽陷独平原城守具備帝曰朕不識真卿何如人
立朝正色剛而有礼天下称〇姦古顔切或作奸(書)不神姦子聞古夏
為魯公善正草書筆力遒婉姦格丨(監曹操丨雄)后象物知
丨丨(證)事崇姦丨丨禍之辨姦王介甫黨与傾一時
出左傳大者(僖九三)蘇明允作丨丨論實姦上丨其(活套)
破丨防丨菅茅也一曰似茅根下五寸中有白粉宜為索漚菅東門之池
排丨發丨(詩)露彼丨茅(左)雖有絲麻无弃丨蒯(成九年)丨丨可以丨
(詩)草菅刈民若丨(賈誼策)霜菅樂天雙鬢如丨丨始秦菅豈念幽桂黄菅孤臣南遊
(惠州)〇攀普班切(揚)丨龍鱗詳鱗(賈策)高者難丨(杜)丨桂躋攀不可上(韓)
仰天高〇丨轅卧轍詳轍朱雲丨折殿檻丨分寸
(所)宿攀故就高人斷丨丨(坡)〇云何曷攀海丨近(李)(活套)瘁丨追丨
(李)斷攀緣以无所得(緋摩經)逸駕丨
五還切(書)迁殺丨民(左)工頁張横渠作丨丨
用嚚与丨(孟)丨夫廉言丨丨砭愚二銘痴頑(說怡觀)怒頑丨(左)暁頑

子部　第三册

任丨(柳)駑頑奇姿逸德寄石頑我心安得如丨丨(韓)童頑丨冈借得(姚合)命堅頑子亦拙進取才高丨丨
(坡)腰脚頑眼花丨丨(坡)馮道癡頑自云无才无德丨丨老子(史)(活套)父丨嚚丨苗民丨○山所閒切
泰山東岳在兖州称岱宗 衡山南嶽在丨州 嵩山中岳在洛 華山西嶽在華州頂有千葉蓮因名 恒山北岳在定州
三山蓬萊方丈瀛洲詳壺又閩城中有丨丨 雲山蜀西山○公來丨丨重公去丨丨輕(杜贈嚴武) 平山峯十二 君山洞庭中
蔣山在建康元名鍾山漢末丨子文戰亡發灵於此因立廟(六帖) 廬山神丨此丨称庐君根蟠數百里詳庐 峴山丨羊祜登丨謂從事
鄒湛曰自有宇宙便有此山賢達登此多矣皆湮沒無聞使人悲傷湛曰公令聞令望必与此山俱傳至若湛輩乃如公言尔祜沒人爲之立碑(本)(晉)
四皓山隱処 香山白樂天構石樓丨丨(本) 龍山桓温九日宴丨丨 北山移文 天山薛仁貴事將軍三箭定丨丨詳矢
銅山文帝賜鄧通丨丨詳銅 屋山下窺䑕(韓) 關山樂府有丨丨月故杜詩多用丨丨字如丨丨空月寒丨丨同一照之類
拔山丨兮(隱)項羽力丨 移山太行王屋二山高万仞愚公九十面山居患而將移之山神懼告帝二命夸娥氏二子負山一措朔東一措雍
南○又愚公曰我死有子二又生孫而山不加增何苦而不平(列湯問) 負山見 上 買山丨丨于岫与戴逵錢百万 摘山漢書丨丨煮海

漂山泉响丨丨詳响 囚山柳子作丨丨賦 玉山晋裴楷容仪俊爽人謂如近丨丨○裴叔夜岩岩若孤松之独秀其醉也忽若丨丨之將
頹(世說) 木山丨假丨記(蘇老泉) 火山唐太宗蕭后曰隋主除夜設丨丨數十每山焚沉香數車香數十里 燈山開封府縛山棚結綵
山縛綵成龍置灯燭數万盞(東京記)詳灯 米山馬援征隗囂聚丨爲丨谷帝曰虜在吾目中矣(通鑑) 筆山僧智永棄書硯如丨(太平廣記)
博山炉象海中丨丨下盤貯湯潤氣蒸香象海之四環(考古圖)又詳炉 冰山人倚国忠爲泰山吾獨以爲丨丨(楊国忠傳) 蠔山即蠔
牡蠣高四五尺見之如屋岸呼爲丨丨(番禺新錄) 肉山六月火雲蒸丨丨(杜)臝張文潛佛肥也○司馬頭陀謂百丈曰潙山奇絕然非和尚所住
和尚是骨人彼是丨丨設居之徒衆不滿千首(傳灯) 肩山皺眉吟詩丨聳丨(坡)○長孫无忌嘲歐陽詢曰聳膊成山字 眉山丨丨如遠詳黛
連山夏易丨丨首艮詳易 崑崙山在西北方高一千里水入中國爲河詳崙 羅浮山在曾城博羅二縣之境詳浮 九疑山
在營道縣蒼梧川九山相似行者疑惑近舜葬處 天台山在剡葛仙公降聖山詳源 武夷山在建安崇安 燕然山竇憲登此山刻
石勒功詳然 少室山李渤隱處詳價 終南山四皓隱処又盧藏用始隱此山晚徇權利詳徑 鴈蕩山在温州大水衝激山
上惟巨石挺立(筆談) 望夫山蜀淮夫婁愼氏十年无嗣出之妻別詩曰使丨丨是孤帆從此去不堪重過丨丨遂如初 飯顆山長安山詳

(文類)蚊負山按輿曰其於治天下也猶使丨丨丨也詳蚊 鰲戴山藥龜使巨丨十五冬首丨海東五丨詳鰲 泣牛山齊景公遊於牛
山流涕曰美哉国乎若何滴此而死乎○牛山何必獨沾衣(杜牧) 山上山藁砧今何在丨丨更有丨詳頭謂夫出也 宇宙此山峴
山 着屐登山詳屐謝靈運 挂笏看山詳笏 携妓遊山謝安遊東山(晉) 飲酒游山潘岳丨丨孟陽丨丨寺而尸
詳 大山小山梁何胤爲中書令後与兄點遁居若耶山世号點丨丨胤丨丨○淮南小山作招隱士篇(楚詞)小
山者淮南八公之徒分造辭賦或称丨丨或称丨丨如大小雅(劉安招隱詩序)○靈鷲山文殊語丨丨丨丨至於俞卬佛所說法華經(鷲音就)蚊却
山子瓶詳 (詩篇)南丨刺褒公也鳥獸之行淫東丨周公東征也(豳風)北丨大夫役使不均 節南丨家父刺幽王也 信南丨刺幽
王也祉(小雅) (人名)文詳 (谷丨)名 (李丨)有花蕚集 (寒丨)名 丨名信事梁工 佛名 (姓氏)河內商音周山師之
列山氏之後 (濤丨)字巨源爲竹林遊詳賢累遷吏部尚書甄拔人物称山官掌山林以官爲氏又
公故事詳啓王戎目濤如璞玉渾金 (簡丨)字季倫假節鎮襄陽每遊習氏池
輒醉倒着白接䍦詳池 (偉丨)字仲才涉獵文史一尼望之嘆
曰君方此近天子當作好官(北史) (氏丨)衛玠再娶山簡女(晉)○鰥古頑切魚名(詩)
其魚鯈丨(孔叢子)衛人釣於河得丨魚大如車○又老而無妻曰丨通作矜 綸青綬也○閒古閑切 黃閒丨丨機張(西京)

(賦)強弩動丨丨而連機(張衡集注)弩牙 射以大黃(李廣傳) 白閒(皎)二丨离之
(黄)黃肩弩郎丨丨大黃其大者也又曰丨丨弩名互見掛 無
列錢(黃平派是福與付注)翳也以白塗之(冈)以錢文 玄閒龍乗是氣注之窮乎丨丨(釋)
○丨丨剝盈文(杜往在篇)○黃裏宜對丨丨詳裏
閒大者含元氣小者入丨丨(楊雄解嘲) 頃閒樂全先生夢人示詩云人事且常在留皆倍丨丨
東坡廣其意云丨丨有物二閒空二有負穴皆非
中人閒天留瓊館浮沉丨丨 俗閒(漢陳遵傳) 伯仲閒傅毅之於班固丨丨(魏文帝典論)
在丨丨 季孟閒以丨之
丨侍 英畏閒李仲元不丨不丨(揚子) 梁楚閒名於丨丨丨詳諾 山水閒在乎丨丨
之(語)可否之丨 丨丨之(歐) 有無閒
康讓閒范栢年見宋武帝因曰梁州有文川武鄉丨泉丨水帝問卿宅在何処曰臣所居丨丨之丨帝嘉其善答 (文康)曰有慧
邪無意邪子嵩曰在丨丨之丨亦詳意 厦屋閒安得廣丨千丨丨(杜) 三三閒破鍋煮飯
○認得醉翁語山色丨丨丨(歐平山堂)
智閒閒大智閑閑小丨丨丨(莊) 閑閒廣博皃閒二有所分別 二帝閒丨丨丨(杜) 馬援遨遊 士龍雲閒陸丨丨曰丨陸士龍荀
鳴鶴曰日下 荀鳴鶴詳逸 材不材之閒莊子曰周將処夫丨丨丨与丨丨平詳休 (語套)反手丨 善利丨 (詩篇)十畝之丨刺時也魏
國削小民無所居 (人名)(何丨)收縣奴致富詳奴 蕑蘭也今都梁香 蕑詞方秉丨兮 蝦(書)(通)稼穡丨難(說)(通)知之非丨行之惟丨(通)

三二一五

命右臣兌丨周語乃周後丨周 投艱遺大丨書大誥 丨賜艱丨丂氏之乂大作 活套 險丨○
官詩國步多丨左丨難倫寄 艱丨 之野 丨 吉
閒戶閒切暇也与閑字義不同通作閑詩 丨 忙閒 丗上何人
桑者閑閑兮 左 逢執事之不丨 昭廿三 寬閒 韓恭 耕放丨丨之野
號最閒司諫挑衣歸華山丗上何 投閒 進学解 丨丨置散 閒閒 大 義与閒早等意同 園林亦要丨丨置邃
人號敢忙紫微失卻張君房詳怍
病得閒因丨丨丨 殊不惡 丨丨丨 半日閒因過竹院逢僧話又 唐詩 不諱閒老杜家諱閒而有觸 絕 識 蝶閒過幔之句
臨文丨丨 大師頭閒唐張造寄李知成都僧文鑒及華陽薄張唐輔同在客次
也 詞話 取幞頭無処頓放見丨丨丨丨 唐輔脫烏巾置僧首僧大怒訴于張唐輔曰某方頭痒
顛少時不意其大怒也 古今詩話 活套 等丨倫 人名 高丨 韓有送 閒 愉也
閑 上也馬闌也与閒暇字義不同 詩 丨丨 丨雲丨 高閑上人序 靜也
既丨且馳 易 丨有家 丨邪存誠 帝閑 看賜飛龍 六閑 武后置馬坊仗
祥麟鳳苑鵷鸞吉良出群 大閑 節義天下之丨 唐卓行傳 十二閑 天子之有丨 丨丨 內丨丨 飛龍
唱劇 鷳 似雉尾長西京雜記越王獻高帝白丨黑丨各一双 馬六種 禮 不踰閑 語 ○ 嫺 雅也 柳 妍
妖丨閒 謝靈運雪賦白丨失素李請以双白璧贄君双白丨 ○ 憪 苦閑切悸
也 老憪 宋孝武以劉秀之儉吝 官憪 後魏賀秀當機要丞相乙渾妻庶姓求
呼為丨丨 王宏說傳 ○ 為公主婦請於秀秀不應它日渾書老奴
丨丨字以一 憪憪 匹夫悴保此丨丨丨 唐 破天憪 顧君發豪句淵誥 嘲
示秀 史 均為拳石小醜此丨丨丨 國 丨丨丨 國 丨丨丨 宋 訟隋
寒憪 丨 无復杞菊 坐憪 坡約李公飲大風曉來顛丨 塵晴天我 河東憪 亨天作
丨 晚 跌張天覺 丨丨 思其由豈丨丨 俗諺憪值風雪值雨 丨丨
古晉地其俗儉嗇 ○ 孱 鉏山切 也弱也 三孱 四士能光國丨丨 不滿隅 茂
弘孱 處仲太忍丨丨 謂諸夫雖衆不足以滿坐隅
孱 晚 處州 諸事 詳飲 清詩 孱 傑句猶 丨丨 孱 崢嶸 泉落 文 粹 幽孱 心 丨丨 宗
潺 渴春溜之丨丨 ○ 殷 於閑切 赤黑色 朱殷 左輪丨詳附 牛蹄殷 吁無吹手刃血此丨
潺 破洞 延春色 付 ○ 殷 丨丨 韓 歎欲殺
蹄涔中龍 ○ 𡠉 通閑切 丨斕色不 斕 子固詩青春露 孋 丨 ○ 溪 頑
血殷紅也 ○ 純柳被褐謝斕 丨 不純也 曾 ○ 濮 頑
切潺丨
水流皃

韻府羣玉卷之四

韻府羣玉卷之五

下平聲

一先 與仙同用

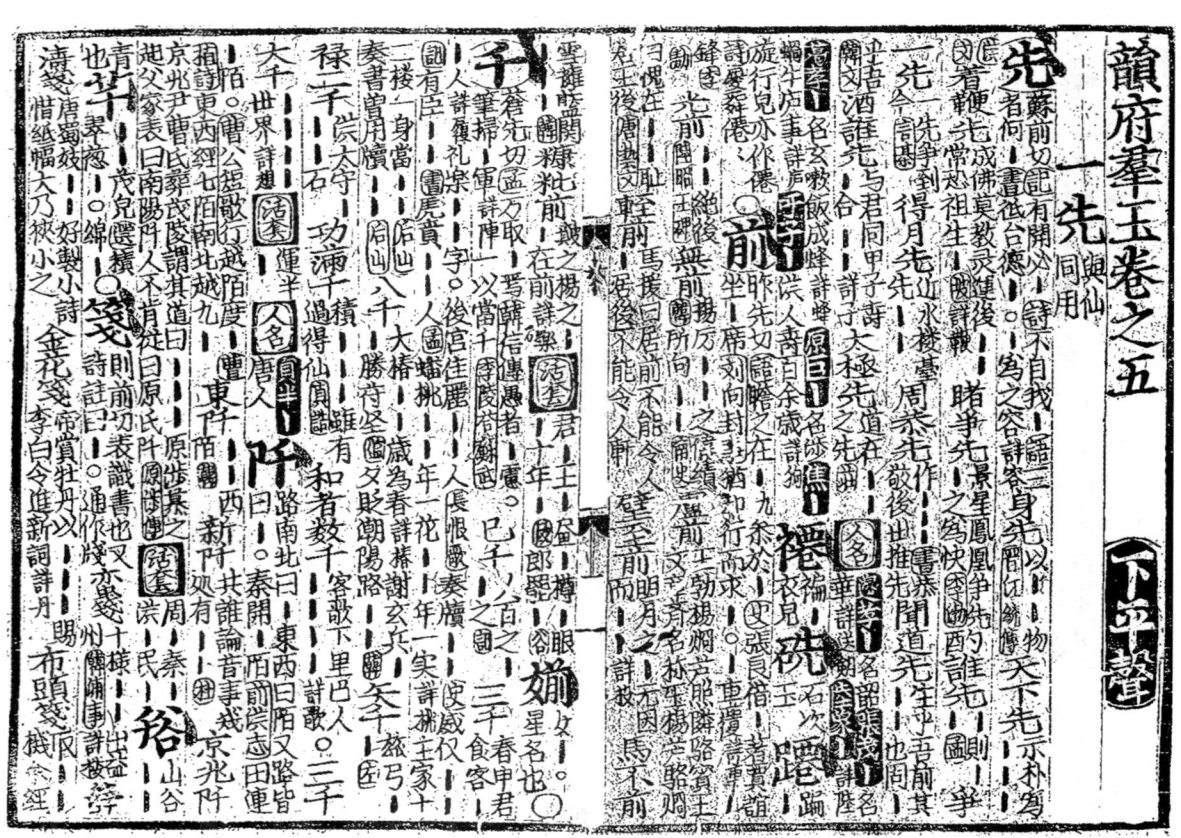

先 蘇前切 記 有開必丨 詩 不自我丨 語 二 身先 以丨 丨物 天下先 示朴窮
者何丨書 祗台德丨 ○ 丨為之容 詳答 身先 晉 忠 纂傳 天下先 丨丨
醫 着鞭先 戒佛莫教丞道後丨丨 睹爭先 景星鳳凰爭先 之為快 李 酌 誰先 丨則丨爭
兮 常恐祖生丨 晚 詳報 丨丨之為 快 丨 圖
一先 一先 爭到 得月先 近水樓臺 周恭先 作丨丨丨 書 恭 聞道先 生乎吾前其
先今 詩 丨丨 丨丨 敬後出推先聞道先生乎吾前其 也同
乎吾 酒誰先 与君同甲子壽 大極先 道在丨丨 人名 華 詳 送 名 留丨 丨 丨
韓 文 丨合丨 詩 丨 太極之先 易 丨丨 隱 丨 後漢 丨 丨 詳陸
蝸 文 名玄 嗷 飯成蜂 詳蜂 原 三 名 丨 詩 躚 褊 丨 丨 名
蝸牛 盧事詳 盧 丨 丨人壽 百余歲 詳狗 焦 丨 丨 衣皃 跣 丨 石 次 丨
旋行皃 亦作 僊 ○ 前 昨先切 語 瞻之在丨 丨 九泉於丨 史 張良借丨 著 箕 蹁
詩 屢舞 僊僊 坐丨 席 劉向封事猶 卻 行而求丨 ○ 丨 車 覆 轍 丨 丨
鋒 史 先前 丨丨 絕後 無前 揚厉丨丨之 續 前 文 丨 勃 揚 炯 丨 丨 陸
勵 圖 昭 王 碑 丨丨 詩 所 向 丨丨 南史 丨 名 杼 王 楊 炳 盧 駱 賓 王 丨
引 愧在丨丨 恥 全 前 馬援曰居前不能令人 丨 至前 丨 明 月之丨 丨 詳 救
老 王 後 唐 書 文 軒 丨丨 居後不能令人軒 丨 丨 丨 元 因 馬 不前 丨 丨
雪 難 藍 關 丨 丨 韓 糠 粃 前 丨 鐵之 楊之 丨 在前詳 藥 活 套 君 丨 王 丨 奩 丨 樽 丨 丨 眼 丨 丨 丨 嫥 女 丨 ○
丨 丨 丨 韓 丨丨 丨 後 丨 十 年 丨 陵 郎 罷 丨 谷 丨 星名也 ○
千 蒼先切 孟 万取丨 焉 韓信 傳 愚者 丨 慮 ○ 巳 千 丨 以 百之 丨 三千 春申君
筆 掃丨 軍 詳 陣 一 以 當 千 李 陵 答 蘇 武 丨 之 圖 食客 丨
丨人 詳 復 礼 宗丨 字 ○ 後宮佳麗 丨 丨 人 長恨歌 奏牘 丨 史 威 仪 丨 丨
詡 有 臣丨丨 書 虎 賁 丨 丨 人 孟 蟠 桃 丨 年 一 花 丨 丨 年 一 実 詳 桃 王 家 十
二 樓 一 身 當 丨 丨 后 山 八千 大 椿 丨 丨 歲 為 春 詳 椿 謝 玄 兵 丨 丨 弩 丨 丨
奏 書 嘗 用 牘 丨 丨 后 山 八 千 丨 丨 勝 符 堅 晉 夕 貶 潮 陽 路 丨 丨 韓 矢 千 丨 蔡 弓 丨 丨
祿 二千 崇 太守 功 滿 千 積 丨 丨 過 得 仙 真 誥 雖 有 和 者 數 千 客 歌 下 里 巴 人 丨 丨 詳 歌 ○ 三 千
丨 丨 石 丨 丨 丨 丨 丨 丨
大 千 世 界 詳 想 活 套 運 半 人 名 唐 人 貞 半 丨 阡 路 南 北 曰 丨 東 西 曰 陌 又 路 皆
丨 陌 ○ 曹 公 担 歐 行 越 陌 度 丨 曹 東 阡 陌 丨 西 新 阡 共 誰 論 昔 事 戎 京 兆 阡
稱 詩 東 西 經 七 陌 南 北 越 九 丨 丨 丨 丨 丨 处 有 丨 丨 田 丨 曰 丨 ○ 秦 開 丨 陌 前 崇 志 田 連
京 兆 尹 曹 氏 葬 茂 陵 謂 其 道 曰 丨 丨 原 涉 慕 之 丨 周 丨 秦 丨 丨 丨 前 丨 丨
起 父 冢 表 曰 南 陽 阡 人 不 肯 從 曰 原 氏 阡 原 涉 傳 活 套 崇 丨 民 丨 丨 谷 山 谷
青 芊 茂 皃 選 積 丨 ○ 箋 則 前 切 表 識 書 也 又 丨 十 樣 丨 丨 出 益 詳 樓
也 芊 翠 葱 丨 丨 ○ 綿 丨 丨 丨 詩 註 曰 丨 ○ 通 作 牋 亦 蠻 箋 州 丨 唐 補 事 詳 樓 丨 丨 辭
濤 箋 唐 蜀 妓 丨 丨 好 製 小 詩 金 花 箋 帝 賞 牡 丹 以 丨 丨 丨 賜 布 頭 箋 假 丨
丨 惜 紙 幅 大 乃 狹 小 之 李 白 令 進 新 詞 詳 丹 丨 丨 丨 丨 牋 余 經

不及縛者作紙曰｜｜九萬箋王右軍爲會稽守謝公就求行
｜｜名冠天下〔愍林〕箋紙庫中有｜｜拔悉与之行波箋章貫夢至官中有婦
人授以牋曰此｜｜｜與天公牋查道元｜｜〔法套〕尺｜蜀｜雲｜華
｜煩賦宫中曉寒八言其好高〔初學記〕彩｜五色｜玉版｜晉張
天莫｜濺洗也懺也。今當痛戔。委積皃〔易〕束帛戔戔韉馬鞍具通作帴
｜濺自攺二疊復二｜〔谷〕。錯花韉唐宰相賜綉宝相｜｜參政〔左傳〕軍入宫割流蘇
帳以爲錦韉雪沒｜鞍｜〔晉〕副樞綉盤鳳雜｜｜〔談苑〕馬韉蘇秦
馬戕金韉認林花是｜｜〔谷〕
与張儀爲友秦在趙爲相儀至趙秦欲激之令儀於城東門外坐以破
進麤食儀憤入秦拜爲相儀嘆曰｜｜之事乃至此乎〔戰國策〕人來坐｜｜
〔選〕蒲韉李密｜乘牛羅韉金羈玉勒〔晉〕濺淺〔楚辭〕石瀨兮淺淺一水淺流疾皃或作〇天
蒲韉讀宗書詳書羅韉綉
他前鈞天中央爲｜｜〔楚辭注〕秦穆公淺｜｜〔選注〕
切夢至帝所觀｜｜廣樂詳樂氷天文軫薄桂海声教燭〔通〕南海有桂北方積冰故云
木天秘書閣下穹窿高并天觀〔類說〕坐｜而〔韓〕摩天醯雞守刑天〔谷〕〔山海經〕獸名舜干戚所天
敵謂之｜｜｜二天後蘇章爲冀州刺史行部故人清河太守贓
昧死自陳｜｜〔後漢蘇章傳〕奸乃爲酒敍懽曰人皆有一天我獨有｜｜
臣以君爲天故曰｜｜
章曰今日蘇孺文与故人飲者私恩也明日八天陶侃夢天門九重身移天
冀州刺史按贓事者公法也遂舉正其罪〔監〕登其｜忽墮地詳翼
｜｜風姿〔擬祭六伯母文〕二十｜所天〔選〕補天女媧氏鍊五色
〔注云〕女子家則以天嫁則夫天故曰移也補天石以｜｜〔列〕擎天韓魏公
詳掾登天陶侃夢生八翼飛上天詳翼尺五天玉壺中天宰洛｜｜〔李〕小有天｜詳有尉監天有上
〔蜀〕〔金華山〕〔選〕｜｜劒倚天長｜｜立〔范希文〕管窺天以｜｜盆戴天〔東方朔傳〕戴何以望〔馬遷傳〕飛沖天
三年不飛〔詩飛〕一食爲天民以〔宋高紀〕木破天王敦謀逆夢將一上｜｜詐真君
鄭義薄雲天高｜｜破屋見天仰｜｜那愁〔晏〕先天後天｜而天不違〇一日
撰〔解嘲〕｜曰此是未字未可動〔列仙傳〕而奉天時〔易〕
蒼天蒼天鄧隱峯參石頭和尚遶床三匝振錫一
声石頭云｜｜隱峯无語詳謂
回｜菊花｜水〔人名〕〔白樂〕天〇堅古賢切〔詩〕实｜实好〔語〕鑽之彌九｜堯｜洞｜漏
拍｜翼垂｜｜〔家語〕行偽而｜〔馬援傳〕窮當益堅〔法套〕朝｜箋｜粲漫｜力
若如｜｜被堅銳〔漢〕執〔高紀〕乘堅〔史〕校兔｜驅良遂〔魏世家〕中堅｜謂居｜以｜擁鼓銔中軍曰｜白
木〔李記〕｜｜｜攻堅問善
堅目見其｜不見其｜〔獨〕而｜志鵾鵬氷堅履霜堅冰
知其堅而不見其白詳白｜｜聞而志之〔列〕言
无真｜｜｜〔谷〕霜堅高林風落子老堅｜也。洪舍人作〔至〕〔易〕春｜｜
〔選〕霜堅僧選｜｜靈堅鼻神〔黃庭〕磨塊堅銘謂謹言也〔宋子語錄〕秦人座右二字氷腹

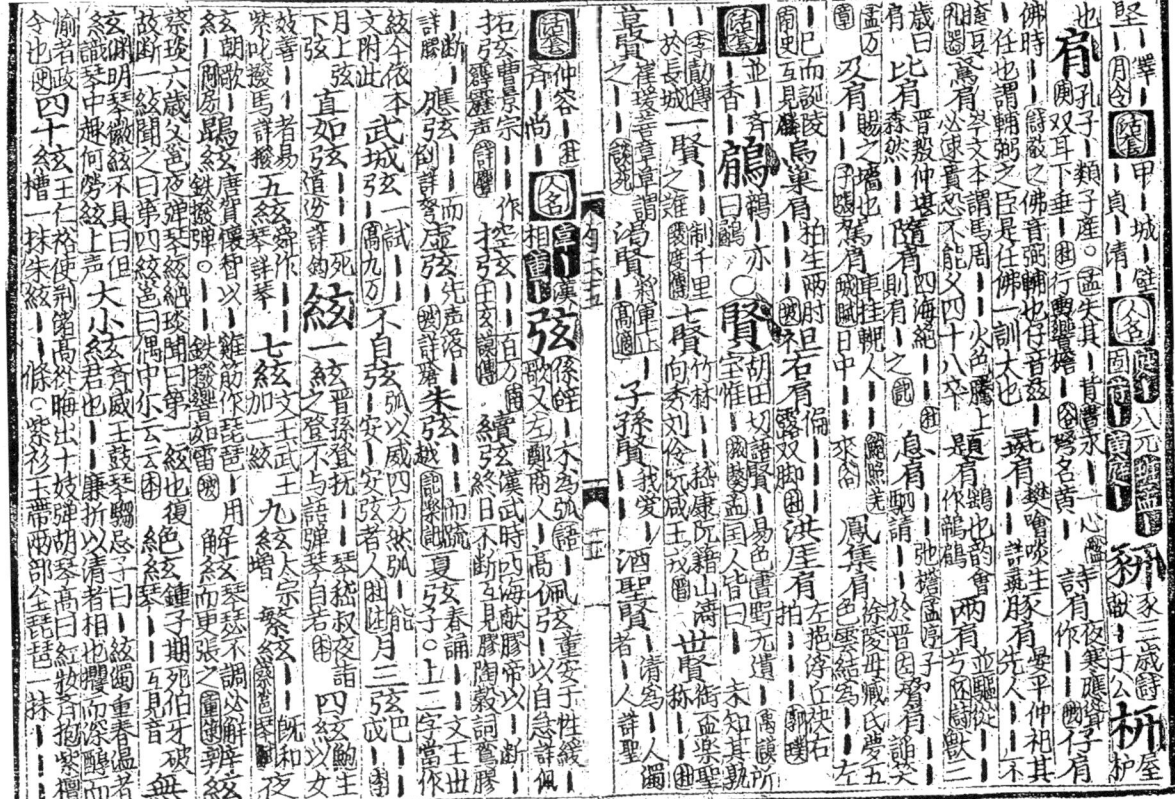

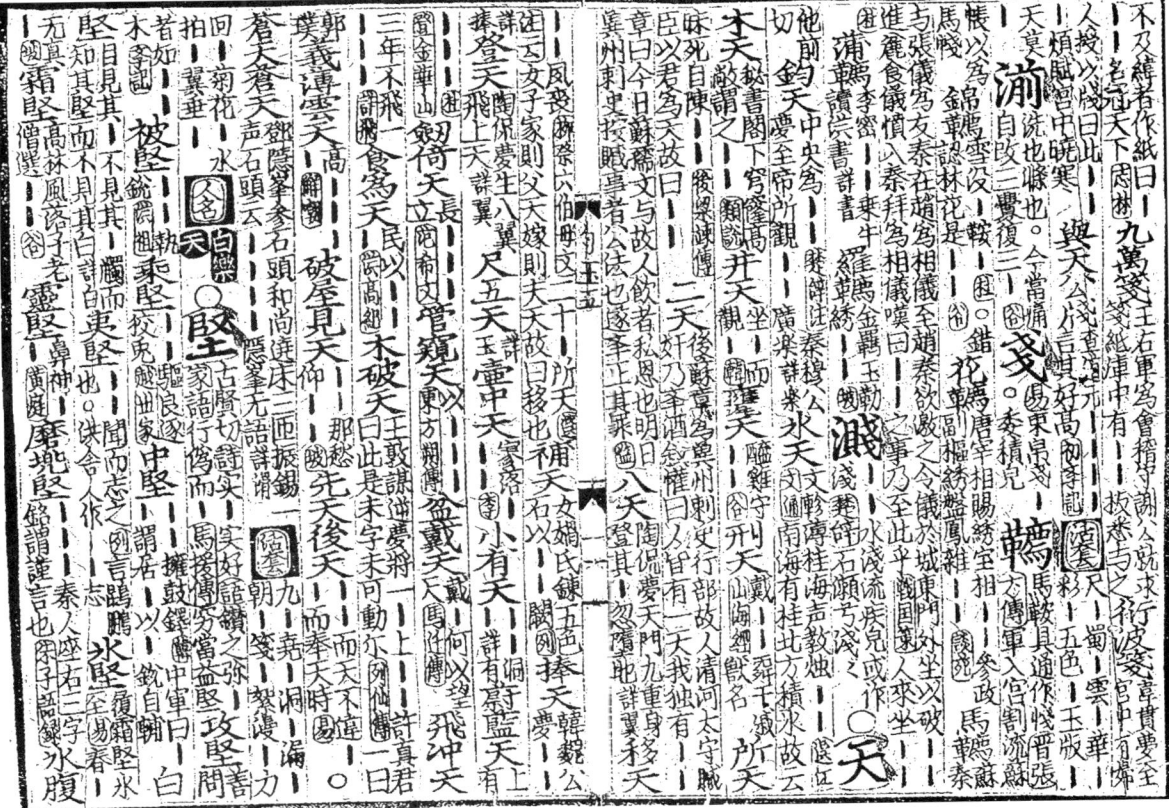

堅｜〔月令〕犖｜〔法套〕甲｜城｜壁｜〔人名〕〔魏〕｜〔晉〕｜八元〔黃庭〕〔隋〕｜豜豕三歲詩析屋
｜貞｜倩｜固〔晉〕〔黃庭〕｜獻豜于公枅
也肩〔史〕孔子｜類子產。〔孟〕失其｜肩書求一心〔晉〕詩肩作｜夜寒聳〔詩〕仔肩
双耳下垂｜〔史〕行西鄂夏壇｜〔谷〕琴名黃｜
佛時｜｜〔詩敬之〕佛音弼輔也仔音茲｜｜亞肩樊噲咳生豕晏平仲祀其
｜任也謂輔弼之臣是任佛一訓大也｜｜詳彘豚肩先人｜｜不
〔禮記〕豆弓齊肩举文本謂馬周｜火色鳶上題肩鶚也韵會兩肩並驅從
鳶肩必速貴恐不能久四十八卒｜｜題肩作鶻鶡〔記詩〕獸三
歲曰｜比肩晉殷仲堪｜四海絕｜｜〔郡〕息肩｜｜弛擔〔孟淳〕子
肩｜比肩森然｜｜隨肩則肩｜之〔記〕駟請｜｜於晉〔史〕齊肩譏笑
〔孟万〕双肩賜之墻也〔子張〕駕肩車挂輗人〔魏昭光〕鳳集肩徐陵母臧氏夢五
〔章〕｜｜〔蜀都賦〕日中｜｜｜來〔谷〕色雲結爲｜｜左
｜已而誕陵烏巢肩柏生兩肘｜〔史〕祖右肩偏〔露〕双脚〔晉〕洪厓肩左挹浮丘袂右
〔南史〕互見〔麟〕｜｜｜拍｜｜｜〔郭璞〕
〔法套〕並｜齊｜香｜鵑日鵑｜亦〇賢胡田切語賢｜易色〔書〕野无遺｜〔禹謨〕所
｜｜〔李勣傳〕一賢之雄〔裴度傳〕制千里七賢竹林｜｜嵇康阮籍山濤未知其孰
｜於長城｜｜〔後漢〕宝惟｜〔淑嫯〕孟國人皆曰｜世賢稱〔孟樂〕聖〔史〕
向秀劉伶阮咸王戎〔晉〕
寔賢崔瑗善章草謂渴賢将軍〔上〕子孫賢我愛酒聖賢清爲｜人獨
之｜｜〔談苑〕〔高適〕｜｜｜者｜人詳聖
〔法套〕仲容｜〔晉〕〔人名〕〔章〕｜〔漢〕弦〔條注〕｜不爲弧〔語〕｜佩弦董安于性緩
齊｜尚｜相〔曹〕｜歌又〔左〕鄭商人｜高｜｜以自急詳佩
拓弦曹景宗｜｜作｜｜｜〔百乃〕續弦漢武時西海獻膠帝以｜斷
扌弓霹靂声〔詩〕〔擊〕控弦〔王莽傳〕｜絃終日不斷互見膠陶穀詞鸞膠
詳膠｜斷｜｜而｜虛弦先声落｜朱弦｜而疏〔記樂記〕夏弦春誦｜｜文王世
｜膺弦倒詳弩〔選〕詳綷越子。上二字當作
文附此｜｜試〔高九万〕不自弦弧以威四方然弧｜能
絃今依本武城弦一〔論〕｜｜安｜安弦者〔附注〕月三弦巳｜主
月上弦直如弦｜｜死｜一絃晉孫登撫｜｜琴嵇叔夜詣四絃以女
下弦〔道〕〔後漢〕詳鈎絃之登不与語彈琴自若〔晉〕
妓善｜｜者易五絃舜作｜｜七絃文王武王九絃增大宗繁絃｜｜既和夜
紫叱撥馬詳撥｜｜琴詳琴加二絃〔繁宮商琴圖〕
絃｜〔開元〕鵾絃唐賀懷智以｜｜鵾筋作琵琶｜用解絃琴瑟不調必解絃
玄朝歌｜〔開元〕鐵撥彈。｜｜〔鐵撥聲如雷〕〔晉〕而更張之〔董仲舒〕辨絃
蔡琰六歲父邕夜弹琴絃絕琰聞曰第一｜絃也復絕絃鍾子期死伯牙破無
故斷一絃聞之曰第四絃邕曰偶中尔云云〔國〕｜｜琴｜｜互見音
絃陶淵明琴徽絃不具曰但大小絃齊威王鼓琴騶忌子曰｜絃濁重春溫者
絃識琴中趣何勞絃上声｜絃君也｜｜廉折以清者相也攫而深醻而
愉者政｜四十絃王仁裕使荆渚高從誨出十妓弹胡琴高曰紅妝齊抱紫檀
令也〔史〕｜｜槽一抹朱絃｜｜條〇紫衫玉帶兩部全琵琶一抹｜｜｜

(曰卷)五十絃 錦瑟無端丨丨柱，丨丨五見琴。煖絲絃音弦丨(出)鸞鸞絃蜀琴欲奏(李)化龍箏絃舟行宵
見芳枝新縈箏絃宥伸絃其長倍尋既而蜿蜒舒展双眸(活套)脣丨朱丨鳴
燗然宥鸞設之江見白龍長百余丈拏攫升天(集異記)丨虞丨湘丨丨
哀丨丨 蛟 丨馬丨百足虫。有餘不足夔怜 舷 船边(皎)扣丨而歌(离騷)鳴〇
危丨(谷)又名商蚷(莊)商蚷馳山。丨(皎)鳥椽紅丨早蒲舡
煙 烏前切 若丨氷丨(詩)雲刻縢蜀繭照松丨(破) 禁煙 介子推二月初一爲
(黃庭經)肝神龍烟字含明。五突分丨(詞突) 火所焚人哀之爲丨
丨詳寒食 又云龍星木之位春爲東方心爲大良煙丨糞丨直上烽 凌煙 唐
火俱火盛故禁火而寒食有龍忌之禁(丹陽集) 狼煙 火用之(輯細) 煙丨
丨閣繪(繪) 茶煙 明嵐雜丨丨(區煙光) 蠟煙 日暮漢宮傳丨燭(輕烟)散入五侯家(韓翃) 萬竈煙 野宿貔貅丨丨
功名臣 茶煙 凝而暮山丨(王勃)
(宋)萬條煙 楊柔丨丨(李) 杖頭煙 劉向校書天祿閣老人吹藜丨丨丨照坐 詳杖 落紙煙 揮毫丨丨如雲丨(杜) 一石無煙
擊石乃有火不 五色煙 (奪)封子爲黃帝陶正有人過之爲掌火能出丨 玉生
擊元丨丨(李) 丨丨以教封子又能積火自燒隨烟上下(列仙)
煙 李義山瑟詩滄海月明珠有淚藍田日暖丨丨丨和也。上二句見怨句(活套)長丨蒼丨人丨廚丨 咽 喉
炒丨炊丨篆丨翠丨丨
(韓)白丨紅(活套)丨食下 燕 (人名)(光武)丨 燕 (史)丨國幽州之域今涿郡薊縣(韓)
頰長眉青 言相馬(信)傳比(辛)丨趙。丨許大手筆

張(說)孟以 士趨燕 燕昭王師事郭隗丨争丨丨(臨)(姓氏)始與羽音召公奭封丨傳四十一代
丨伐丨丨 秦滅之因氏。漢宜城侯(人名)後中
郎將丨(豹)丨(鳳)字子章代人傳綜經史拜左長史參決國事出史(本傳)字穆
之青州人巧思創物造指南車記里鼓及欹器以獻又作蓮花漏皆精(宋國)
(史)〇 蓮 落賢切 荷實。事類並見荷韵(事文類聚)蚕實冰藕庚(王興)蜂不禁人
採蜜荏荷花蕊裏作蜂房不知玉蝸甜於蜜又被詩人嚼作霜(酸)
食子何弃心中有生意存 實中有公荷拳如小兒 金蓮 令狐綯爲翰林夜
手(谷)白種陸家丨霜倒半他丨(世說)(濂溪愛)丨說 對禁中燭尽以
丨花炬送還院吏皆驚(本傳)與 大蓮 水边花尽丨 臉蓮 酒紅生(國) 陸地蓮 閔令尹
東坡事同(詳才)丨丨步(詳步)丨開(紫氏) 丨丨 丨丨生時丨
丨丨生 同心蓮 日分双蒂影水台兩花 鉢中蓮 晉佛圖澄呪丨丨 相府蓮 于頔
丨花 同心蓮 香(梁簡)丨丨(詩) 水生白丨花(國) 詩笛
曲有想夫憐名不雅客曰南朝舊曲号 菜花蓮 熙寧中李文之知潤州園中
丨丨丨語訛亦。即王儉蓮幕事(詳荷) 丨悉如丨各有佛坐其中
或云李氏奉佛謹 箭起蓮 那知丨丨丨過碎乾蓮 張承業每設珍果馬郁食
故有此異(筆談) (國)蓮花偏也(杜)碎乾蓮之以尺它日惟設乾蓮子
郁靴中出鉄槌丨丨張大笑〇 青蓮 有人聞是品能隨音讀善者是人口中
爲易之云勿敗吾案(倦游) 常出丨丨香(妙法華經)湖州法華山蕉夫
得丨丨一枝掘地有石匣藏一童子舌根不壞花自 白蓮 (詳社) 丨社 火中蓮 丨丨
舌出是人誦法華經致此勝果因名其山(本寺碑)

生丨終不 淤泥生蓮 高原陸地不生蓮華卑
壞(虞道園) 濕丨丨乃丨丨華(維摩經)(活套)并丨睡丨早丨解語丨玉
先丨西 憐 (匪懷)丨蛇丨蛇丨風丨目丨 乞憐 搖尾丨者 取憐
羨名 心問(房賦)可丨蛇土(杜)築塲丨蟻穴 非我志也(韓)
姤寵而負恃爭 自憐 顧影悽丨 曾憐 逆知喜怒(梁)(朗) 衆目憐 不聞八尺軀常
妍而丨丨(同) 丨(陸道中)憐丨丨丨(乞巧文) 愛丨(柳)
想夫憐 笛曲有丨丨(活套) 矜丨丨(人名)(馬小)丨齊穆后娛袁 田 徒年切〇
丨名(詳蓮) 惜丨丨 侍婢丨丨丨丨大幸 求丨問舍
詳 井田 礼 籍田 月令 圭田 孟〇丨丨 屯田 趙充國 代田 趙過(三輔)〇謂歲代処 一畮 乘田 爲
丨(孟)〇主苑 均田 (隋文紀)丨天下田 限田 (前表紀)丨民丨 括田 唐宇文融(食貨) 多田 (盧從愿号)
(循)務牧之吏
薄田 王通教授河汾間曰通有先人之敝庐足以庇風雨
丨丨足以具饘粥讀書談道足以自樂不願仕也(國) 蹊田 牽牛以丨人丨而奪之
(圖) 美田 (固)虞芮事(詳畔)。晉飛侯与雍子丨鄐田久而无成叔魚攝理
韓延壽爲左馮翊高陵有丨丨者延壽曰是吾化不行閉閤思過
訟者兄弟慚 遜田 陰慶事推園田 歸田 齊人丨魯 桑田 麻姑曰東海三変
以相遜(國) 奴婢与弟(詳陰) 陽之丨(左) 爲丨 矣(詳海)
藍田 丨丨生 情田 人丨聖王之丨(禮) 義田 范文正置田千畝曰以済貧
玉(詳玉) (運)又耨丨丨(國) 族日有食歲有衣嫁娶凶葬有助

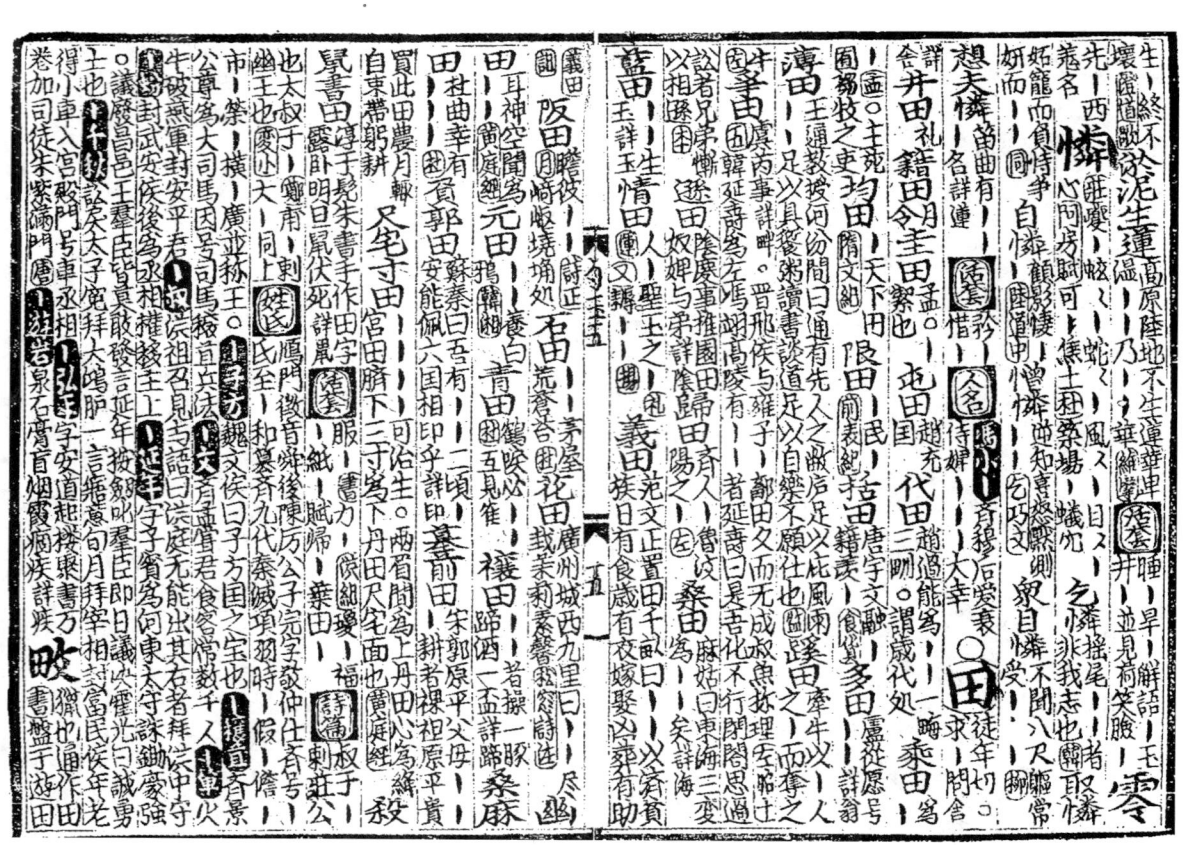

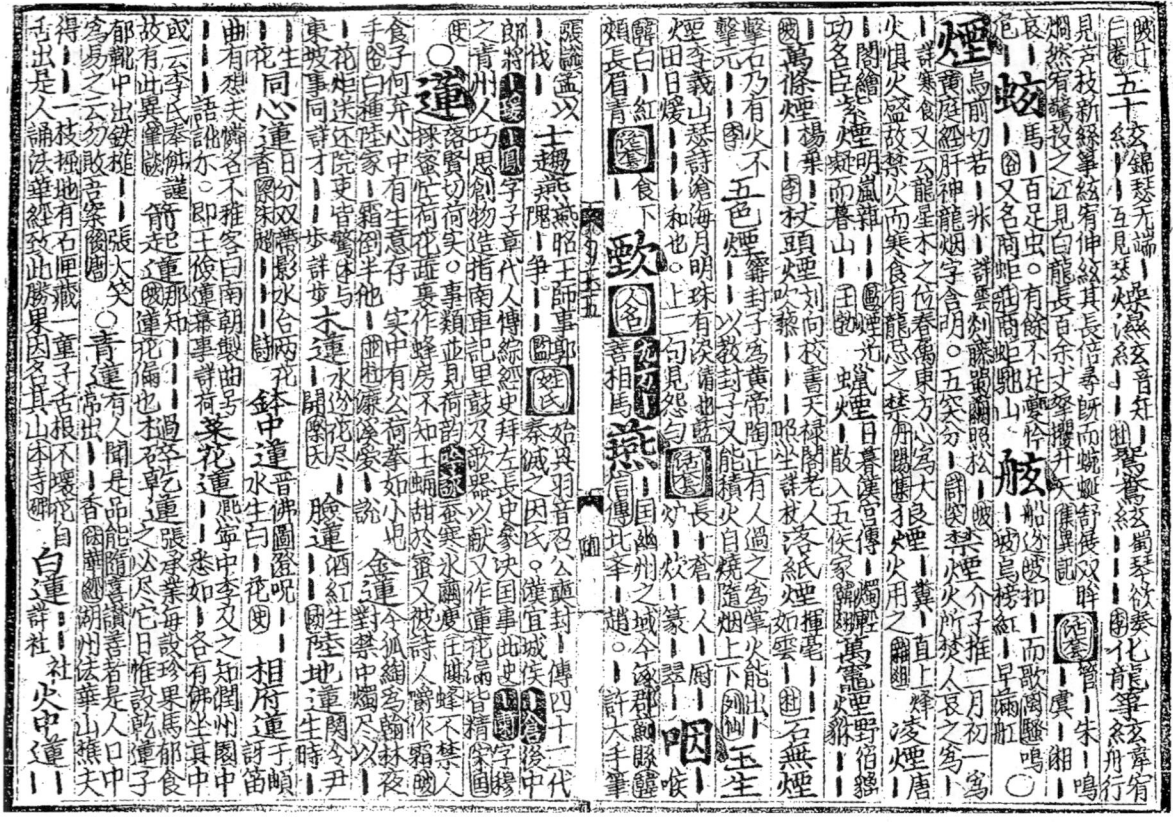

(義田) 阪田 瞻彼丨丨(詩正) 石田 丨丨 茅屋 花田 廣州城西九里曰丨 盡 幽
(詩) (月)崎嶇墝埆処 荒蒼(杜)(杜) 栽茉莉素馨(國)(詳莊)
田 耳神空閒爲 元田 丨丨 養白 青田 鶴唳公丨丨 首操一豚
丨丨(黃庭經) 鴉(韓湘) (杜)五見崔 穰田 (記) 宋郭原平父母
田 杜曲幸有 丨丨(杜)貧 郭田 蘇秦曰吾有丨丨一二頃丨 墓田 詳墓 耕者裸袒原平貴
丨丨丨(杜) 安能佩六国相印乎(詳印) 桑麻
買此田農月 輟 尺宅寸田 丨丨丨丨可治生。兩眉間爲上丹田心爲絳
自東帶躬耕 宮田臍下三寸爲下丹田尺宅面也(黃庭經) 殺
鼠書田 淳于髡朱書手作田字 服丨書力丨(家經)丨 瓊 福
露卧明日鼠伏死(詳鼠)(活套) 丨紙丨賦歸丨 棄田 (詩) 叔于 刺莊公
也太叔于丨(鄭)甫丨刺 (姓氏) 雁門微音舜後陳厉公子完字敬仲仕齊号
幽王也(慶小) 大丨同上 氏至丨和篡齊九代秦滅頊羽時假 儋
市丨榮丨横丨廣並称王。丨(子方)魏文侯曰子方国之宝也 丨(嬰) 齊景
公尊爲大司馬因号司馬穰苴兵法丨(文) 齊孟嘗君食邑常数千人 丨(單) 火
牛破燕軍封安平君 丨(叔) 漢高祖召見与語曰漢庭无能出其右者拜漢中守
丨(蚡) 封武安侯後爲丞相權移主上 丨(延年) 字子賓爲河東太守誅鋤豪強
〇議廢昌邑王羣臣皆莫敢發言延年按劍叱羣臣即日議决霍光曰誠男
子也 丨(千秋) 訟戾太子冤拜大鴻臚一言悟意旬月拜宰相封富民侯年老
得小車入宮殿門号車丞相 丨(弘平) 字安道起楼東書万
巻加司徒朱紫滿門(唐) 丨(游岩) 泉石膏盲烟霞痼疾(詳疾) 畋 獵也通作田
書盤于游田

〔詩〕寬时以時〔記〕諸侯歲三丨〔王制〕亦 佃 佃田也又古卿車〔春秋傳〕乘中丨一輚車 寘 塞也〔廣〕
作佃〔易〕以佃以漁又平田〔書〕畋尒田 〔血志〕丨
決〔問〕韓〔同〕行二千人竟育俱玩丨亦作 鈿 金華飾○明皇中秋夕授貴妃
填〔選〕食苦丨巨鑿○精衛丨海詳海 金釵丨合詳合長恨歌花丨委
地无花田韋固妻兒美眉間常貼丨丨 遺鈿 貴妃姊妹從游華清丨
人收花鈿問之曰幼時為賊所刺詳縮 遺金丨 隋烏狼籍于道詳烏 井幹 賓
鈿王鎮以宝鈿〔活套〕金丨翠丨 闐 盛也〔詩〕振旅闐丨〔廣韵〕闐闐〔活套〕丨駢〔地理〕于丨
鈿為丨丨詳幹 闐く○程公賓客丨門 國名
〔西域〕 磌 石落声〔春秋傳〕賓石往聞其丨然 ○ 年 奴顛切〔詩〕自古有丨〔左〕以時繫丨○千
〔傳〕 丨生聚詳沼〔孟〕五百丨必有名世者買
〔詛傳〕洛陽少丨○辛勤三十丨〔韓〕握手一笑三丨 窮年 疏く以〔韓〕引年 丨〔韓〕昌陽丨忘
千丨〔國〕海上看羊十九丨〔谷〕三老問丨詳核
年 韓愈孟郊為丨丨交○孔融年五十祢衡年二十作尒汝交 中年 感慨辛 疑年 絳縣人年老矣有与 問
丨丨〔我〕 丨丨使之年詳身
年丨相悲各丨〔唐詩〕 瘦年 交相遺問謌云肥冬丨丨 都城以寒食冬節正旦為三大節〔歲時記〕 大有年 程子曰魯宣公 秫逆乱倫者書
丨丨紀異〔也因〕宜十六 日抵年 恋闕思鄉〔韓〕 厄閏年 只有黄楊丨丨〔蘇〕 訐千年 人生能幾何擬作千年〔石曼年〕
大馬年 空催丨〔杜〕酒為年丨丨〔杜〕用丨丨 且將棊度日應 傳延年 一名丨丨〔本草〕 閏裴度年 度名震四夷使

外國者必丨度丨丨不如〔活套〕妙丨高丨天丨流〔詩篇〕豐丨秋冬
年狀兒貌似〔困〕 力田逢年 丨丨詳合 丨壓丨讀十丨丨 報也〔周頌〕
〔人名〕〔杜延〕前侯人〔孟万〕名嘉〔李遂〕明皇命丨丨 ○ 顚 都年切易丨丨
丨持金花箋賜李白詳牡丹〔王子丨〕著拾遺記 顚丨趾〔書〕丨
寸有由蘗〔詩〕丨倒衣裳東方首陽之丨 采苓〔左〕本必先丨○我衣驚倒〔蘇〕 華顚
〔國〕畢卓盜竊刻伶丨醉後語尤丨〔高適〕病吟終少味老醉不成丨〔蘇〕丨
唐且丨丨而悟秦甘羅童牙而報趙〔後〕崔駰傳 歲顚 丨丨刘蹶 長顚 張旭大
斉宣王曰士亦丨髮墮丨而後可用尒〔新亭〕 丨了不聞〔韓〕弖顚醉呼叫
狂走乃下筆或以頭濡墨而書既醒自馬顚 丨丨久已敬殘雪戎眼 陸
以為神不可復得也呼丨丨〔杜〕互見聖人顚何曾眩落暉〔歐〕言馬〔唐〕參顚羽
嗜杀人曰扶顚顚而不 桑樹顚 雞鳴丨 春風顚 曉來急雨 秋毫顚 神妙獨到
丨丨〔宋史〕扶顚丨〔語〕 丨丨〔陶〕 丨丨〔杜〕 丨丨〔坡〕
吳道子嗜酒顚无功暴得〔戰〕 海棠顚 走馬碧雞坊裏去被人 尾連顚 山猿得樹丨
子昼喜發顚丨丨丨〔陝〕作丨丨丨〔陸放翁〕 丨丨〔圭堂頌〕
〔活套〕丨危丨狂丨白〔人名〕〔太丨〕周臣也〔太〕 瘨 病也〔詩〕胡寧丨我
丨丨堅滿丨丨〔丨〕僧交昌黎 以旱○丨丨我飢饉 巔 山丨抄巔
変巘峴之〔拼〕〔活套〕匪丨疊丨閬風丨三山丨首陽丨白 項丨
丨丨〔拼〕雲丨我眉丨泰華丨百尺丨崑崙丨丨 蹎 跋也通作顚 驙 馬頷帶星
也通作顛〔詩〕 滇 丨丨池源廣末 ○ 牽 苦堅切〔孟〕丨牛堂下〔左〕肉袒丨羊○
有馬白顛 狹互見也 陽慢丨縁詳縁上祭丨黄犬詳犬丨

牛蹊田 飧牽 天官宰夫掌丨丨〔禮〕丨音 餼牽 〔朋贀〕丨丨 指矢〔左傳〕 勞牽 勤苗
詳牛 孫久食丨牲牢 牽者〔州〕丨腥也丨生也 日勞
牽不其鼻于尾〔太玄經〕○牽牛者不 風牽 丨丨翠帶長〔杜〕 錦纜牽 遲日行者〔杜〕〔活套〕丨拖
其鼻故勞也○追隨富貴丨丨尾〔谷〕
緊丨情丨文義丨多愛丨俗 岍 雍州山名 汧 水出扶風 开 二羌丨丨 ○ 妍 五堅
累丨世綱丨利名丨憂相丨〔書〕導丨丨
切 夸妍 取憐丨丨而瓜〔醒〕 孤妍 秋風發丨〔曾端伯〕 雄妍 稍羅天女手〔坡〕詳妍 爭妍 丨丨 歡妍 棲宿鄉〔韓〕文
妍 發火觸暗室青 瑰妍 彭陶孫評詩〔活套〕春丨秋丨芳丨清丨鮮 研 〔徐鉉〕
丨灯巳丨丨〔后山〕 綺密丨丨 丨群丨餘丨媸丨好丨 研 能丨
諸處〔孟〕序 磨研 丹朱在丨丨〔韓〕〔活套〕精丨覃丨丨〔人名〕〔詩〕古善詩者一曰計
丨精覃思 松煤獻丨丨〔坡〕 滴露丨丨 然〔漢〕叙傳研桑心計於
无 ○ 眠 莫賢切 ○事与睡寢寐卧通看 三眠 漢苑中柳一日丨丨三起 辛
根 ○通作寘〔班〕顚寘富貴之地 目詳柳丨丨蚕正熟詳蚕 酉
眠 陶潛語客曰我丨欲丨君且去詳去 懶眠 涉筆生丨丨讀書 獨眠 丨丨孤
阮籍丨丨鄰婦側終无它意〔世說〕 慵眠 但欲丨詳筍 館詳館 畫
眠 丨丨暮声驚 雲眠 我醉欲 龍眠 朝鍾莫鼓驚丨丨〔坡〕又李 牛眠 陶侃家失一牛
丨丨〔歐〕 〔歐〕 伯時号丨丨居士善畫 老父曰見丨丨
山湾中若葬位極人 羊眠 精麗丨丨〔選〕南 水底眠 眠花落井 酒家眠 長安市
臣侃因葬其母本傳 〔都賦〕○色深兒 丨丨丨〔杜〕 上丨丨

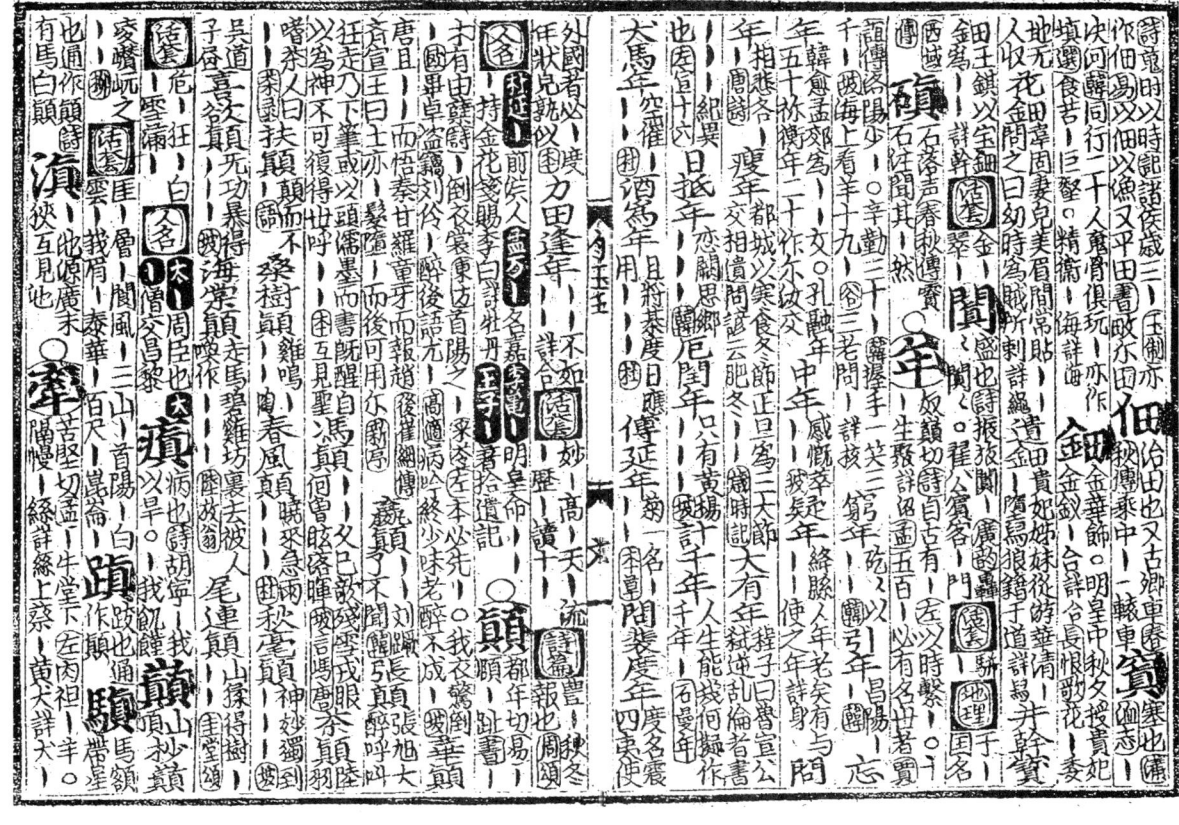

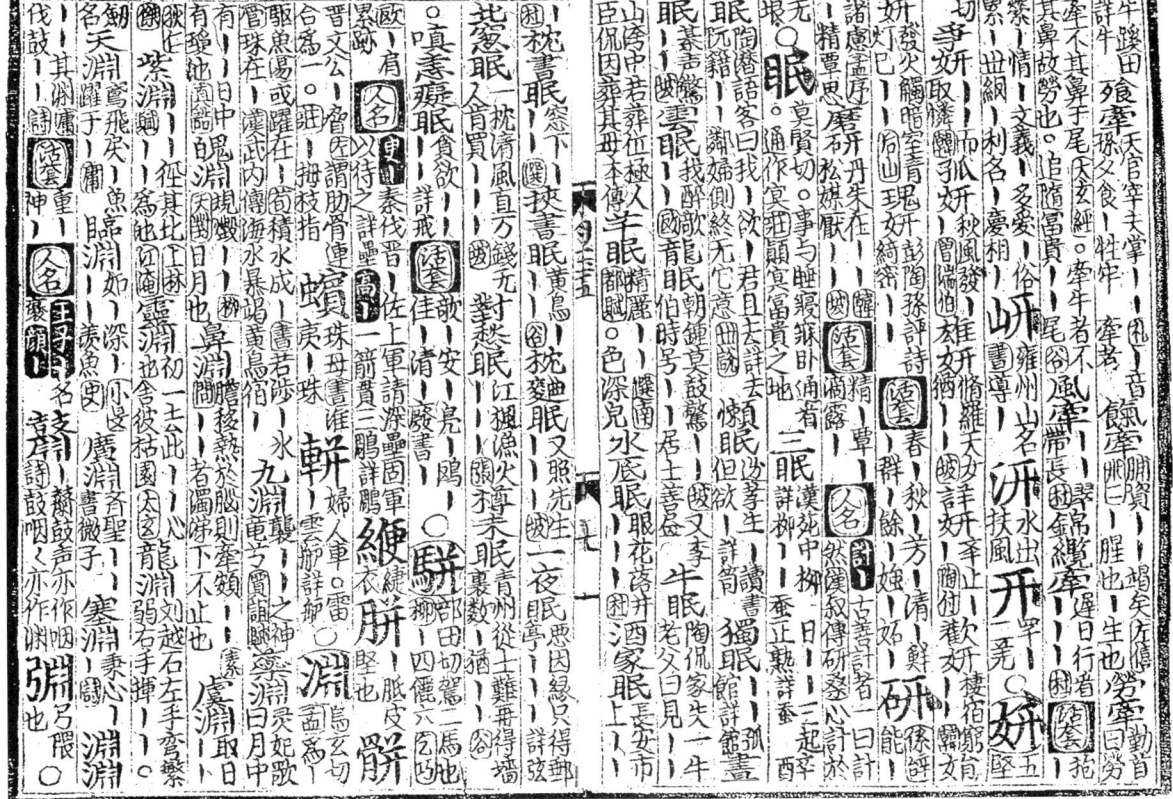

〔杜〕丨 枕書眠 窓下丨丨〔選〕 挾書眠 黄鳥丨丨〔谷〕 枕麴眠 又照先生丨丨丨〔坡〕 一夜眠 惡因緣只得郵亭丨丨詳弦
愁眠 一枕清風直万錢无 對愁眠 江楓漁火 奪衾眠 青州從士難毋得墻
人肯買丨丨丨〔歐〕 丨丨丨〔張〕 裏數丨猶丨丨〔谷〕
○ 嗔恚癡眠 貪欲丨丨詳戒 〔活套〕歆丨安丨晃丨鴟丨 ○ 駢 部田切駕二馬地
〔歐〕丨肩〔人名〕〔史丨〕以待之詳墨 佳丨清丨廢書丨 丨〔聊〕四儷六〔乙巧〕
累跡 秦伐晉丨佐上軍請涉壘固軍〔高丨〕一箭貫三鵰詳鵰 緶 緶衣 胼 胝皮 骿 堅也
晉文公丨〔左〕謂肋骨連 蠙 珠母〔書〕淮 軿 婦人車○雷
合為一○〔班〕丨拇枝指 夷丨珠 丨丨雲軿詳軿 ○ 淵 烏玄切〔孟〕為丨
驅魚〔易〕或躍在丨〔荀〕積水成丨〔書〕若涉丨冰 九淵 襲丨丨之神 學淵 灵妃歌
〔管〕珠在丨〔漢〕武内傳海水暴竭黄鳥宿丨 丨〔賈誼〕賦 日月中
有丨丨日中 鬼淵 覘丨丨〔拼〕日月也 鼻淵 膽移熱於腦則鼻頞丨丨〔素〕 虞淵 取日
有蹬地〔貫嵩〕〔天問〕 〔問〕丨丨者濁涕下不止也 丨丨
〔狹〕〔左〕 紫淵 丨丨徑其比〔上林〕 一士丨此丨丨心 刘越石左手彎繁
〔禮〕 丨丨為地〔江淹〕 靈淵 初 龍淵 弱右手揮丨丨○
魛 天淵 鳶飛戾丨魚躍于丨〔庸〕 臨淵 如丨深丨〔小旻〕 廣淵 齊聖丨丨 塞淵 秉心丨丨 淵淵
名 羨魚〔史〕 書微子 〔詩〕
丨丨其淵〔庸〕〔活套〕重丨〔人名〕〔王子〕丨名 𪔛 丨𪔛鼓声亦作咽 弲 弓限 ○
伐鼓丨丨〔詩〕 神丨丨 褒〔顔丨〕 〔詩〕鼓咽く亦作淵 也

鵑古玄切【禽名】杜鵑又名巂周鳴皆北向声哀吻有血自懸於樹自呼曰謝豹。蜀王杜宇号望帝立鱉灵爲相後因禅位自亡去
化爲子規【寰宇記】亦名子巂詳雅邵康節洛陽天津橋聞ㄧㄧ曰北方无此
物不及十年有江南人以文字乱天下者乎應在王荊公爲相【聞見録】【題詠】
西川有ㄧㄧ東川无ㄧㄧ涪万无ㄧㄧ雲南有ㄧㄧ云云我見常再拜 重
是古帝魂生子百鳥巢百鳥不敢嗔仍爲餧其子礼若奉至尊【杜】坡云誠當
世刺史不在ㄧㄧ真有死也【花名】杜鵑又名山石榴山躑躅映山紅。潤州鶴林寺花高
文餘每開時或見二女子遊周宝謂殷七七曰重
九將近能開此花乎中夜二女謂殷曰妾爲上帝司此花今与道者開之此
花非久帰閬苑矣及九日爛熳如春宝遊賞累日花纔不見後兵火焚寺樹
失根株信帰閬苑【詩注】涓 小流【家語】涓ㄧ不止將成江河【坡】振袖傾鬟風露ㄧ徘徊海輸ㄧㄧ【李】中涓 官名 漢万
石君爲ㄧㄧ【人名】詳樹【句】涓ㄧ渴僕上音【韵】死樹下 蠲 明也絜也除也又馬
受書謁【图】襄陽人有瀟湘賦 蠲ㄧ虫明堂月令腐草
爲ㄧㄧ【漢食貨】ㄧ徭役【刑法志】ㄧ庸賦【唐紀】ㄧ今年租【書】吉蠲ㄧㄧ爲饎嘗
尚厭政不ㄧㄧ烝【多方注】ㄧ潔也烝進善也【左】明神不ㄧ【吉日】ㄧ善ㄧ
絜饎飲 明蠲ㄧㄧ【谷】稍 麥秠 ○邊 布玄切【左】五大不在ㄧ【昭】日邊不聞人自ㄧ 三邊 可
食也 遠ㄧ來也詩近ㄧ邊怜
李飛將白首 閑邊 武皇ㄧㄧ 無邊 風月ㄧㄧ【濂溪】○中邊 有人得道猶如食蜜ㄧㄧ皆甜【法華】戍ㄧㄧ
没ㄧㄧ【李】意未已【困】無邊ㄧ 安ㄧ

緣ㄧ【姓氏】隴西徵音子姓宋公子ㄧㄧ之後【韶】字孝先五經笥詳笥【ㄧ嚴】字
吟ㄧ 文礼大將軍何進召署令史蔡邕以爲宜処之高位【ㄧ鍚】仕南唐
從查文徽克建州俘獲皆全号必佛子克潭州市不邊 竹器豆四升礼ㄧ
易肆号必菩薩爲節度盛脩佛事号必和尚【五代】邊 入掌四ㄧ之実羞
ㄧ之実加ㄧ之ㄧ【官祭礼】【語】ㄧ豆之事【書】執豆ㄧ【谷】編 韋編ㄧㄧ三絶【史】蒲
【武成】【左】餞之百ㄧ。美物有佳実亦勞助嘉ㄧ【谷】編 孔子晩喜易
扁路温舒取ㄧ陳編窺ㄧㄧ以副編春官掌王后之服爲ㄧㄧ【礼】圯上一編
絲爲ㄧ写書【困】陳編盗竊【韓】副編列髪爲之若今婦人假紒
張良夜半往ㄧㄧ老父出ㄧㄧ授之【詩箋】百家之編手不停披於【韓】【活套】簡ㄧ瑶ㄧ遺ㄧ 竹ㄧ残ㄧ民ㄧ○玄 胡涓
切【玄之又ㄧ【老】ㄧ詳烏上玄 將郎ㄧㄧ【楊】【甘泉賦】天也 清玄 馳神ㄧㄧ【大鈞賦】天也 重玄 道賛ㄧㄧ【郭】【賀雨表】天也 太
玄ㄧㄧ 揚雄草談玄 陸雲夜迷路趣草中光至一家寄宿一年少美風姿共談老
ㄧㄧ經談玄子音致深遠向曉辞去後乃知王弼家雲自此ㄧㄧ殊進
㪅玄 談空之於釋部ㄧㄧ 曾玄 爲ㄧ孫之下【記注】三玄 吳郡太守張玄与謝玄同
玄 玄於道流【北山】年名亞於謝称南北ㄧㄧ陳
絳人ㄧㄧ【韓毛】畢玄 九月得甲曰ㄧㄧ丙曰修玄戊曰厉 兆玄 辟君曹見
【顏傳】謂硯也 玄庚曰空玄壬曰終玄【爾雅疏】【釋】二青衣駕
赤犢車出耳中云別有天地花 上玄 腎爲下玄心爲上玄【黄庭經注】○三玄 体中玄即函
木繁茂此ㄧㄧ国也【幽怪録】 三玄 【盧】乾坤句句

中玄即隨波逐浪句玄中玄即截断衆流句此ㄧㄧ法門是佛祖正見十玄
李人但入得 玄已具正見若不透此ㄧㄧ別有解悟皆是邪見【語録】
蔡禅師ㄧㄧ談了之之時无可了玄之之処【人名】【吳道ㄧ】坡詩已將鉄石充
亦須詞殷璽爲唱玄中曲空表蟠光撮得麼 絶少更補朱懸爲道玄世
收呉道子於多朱懸筆 懸 俗加心者非。文姬ㄧ佪詳𤰝羊鐀ㄧ魚詳魚
故云。【柏ㄧ】晉叛臣 縣 廣德ㄧ車詩車陳畜ㄧ榻詳榻天ㄧ袋隅詳隅
孟如解倒ㄧ 曲縣 仲叔于奚救孫桓子請ㄧㄧ繁纓以朝許之仲尼曰惟器
【左】室如ㄧ罄 縣与名不可以假人【左成二】小胥正縣樂之位王宮縣四面
諸侯軒縣去南面卿大夫判縣去两官士 四縣 高張ㄧㄧ 朽索 縣壺公試長
特縣一面凡縣鐘磬半為堵全為肆【礼】四縣【前礼樂】 縣房以ㄧㄧ
ㄧ万斤石使【活套】月鏡ㄧ絲察ㄧ文【人名】【柳識ㄧ】○仙 相然切亦作仙。
卧其下詳察【活套】虎ㄧ子規ㄧ詳鵑 公權 僊【漢武紀】天下豈有
ㄧ人尽妖妄亦【詩】要辞ㄧㄧ【列遊注】飛仙挾ㄧㄧ以謫仙 李白賀知章曰此
輕舉皃也。謝ㄧ乃置部之皃詳火 飛仙遨遊【陽】謫仙天上ㄧㄧ人也
斥仙項曼都李仙十年帰家詐云到天上仙人以流霞飲我不飢 半仙 天宝中宮中
娼忽思家到帝前謁拝失仪見斥向東因号ㄧㄧ人【拾遺】
呼秋千爲ㄧㄧ之戲 梅仙 ㄧ福弃妻子去蘇仙 風流文物ㄧ【谷】木仙 魯般怨呉人殺其父於
ㄧㄧ之戲 梅仙人以為ㄧ詳梅 蘇仙属ㄧㄧ 肅州城南作一ㄧㄧ人
爰手指呉地大旱三年賞物謝台仙琴心三疊舜 筆仙 高士置筆竹筒買者
之般断ㄧㄧ手呉中大雨【酉陽】月仙ㄧㄧ鶴也 置分其中筆自躍出

号ㄧㄧ 鹿僊 辛孟年七十与麋鹿同 睡僊 夏侯隠登山渡水亦閉
詳筆 群世謂ㄧㄧ【閩中記】 目美睡人謂ㄧㄧ詳睡 地行仙 衆
堅固服餌草木窮道 脱骨仙 莫愁風蝉 虎 得仙 李抱真餌丹二万丸孫李飲
圓成名ㄧㄧㄧ【拶關】 ㄧㄧㄧ【谷】 ㄧㄧ長曰ㄧㄧㄧ何自弃也【唐】
中八仙 賀知章李璡李適之崔宗之蘇晉李白張旭焦遂 郭李 若仙 林宗ㄧ膺同舟而 班公 登仙
中八仙之蘇晉李白張旭焦遂 郭李若仙濟望之ㄧ神ㄧ詳舟 班公
班景倩入為大理少卿倪若水曰ㄧㄧ 雞犬 皆仙詳犬 食蠱 可仙 俗傳壁
此行何異ㄧㄧ吾恨不得為騶亦詳舟 雞犬皆仙詳犬 刘安事 魚入經
函中食神仙字則身有五色人【花木】【水ㄧ花】單葉者呼金盞銀盤心深黄有
吞之可致神仙【杜廿六卷注】千葉者花片捲縐密蹙下輕黄上淡白
此真水仙【誠斎卞】馮夷華陰人服花八石得為水仙名河伯【贋吟傳】鄭交甫
逢二女遊江濱之湄解佩以贈詳佩【題詠】含香体素欲傾城山礬是弟梅是
兄【谷】欣得南國栗玉花【谷】傅家肪 鮮【詩】尽其ㄧ原善也亦作鱻 艮羊 播奏
玉圖金鈿細染鵝黄剝素紗【誠斎】 鮮 【礼】鱻薨之物注生肉曰ㄧ薨魚ㄧ食
ㄧ食 益稷 膏鮮 羶其於稼也東作平生无起滅一 芳鮮 妙語嘗 烹羊 治大国者如
益稷 膏鮮為ㄧㄧ【説卦】ㄧ魚念有ㄧㄧ【陵】 芳鮮ㄧㄧ 炊烹 鮮 小ㄧ【老六】
【任】ㄧ小ㄧ不去腸【坐】羊 陸賈五男出千金分之曰過汝給人馬酒食極飲十
鱻 不敢撓恐其糜也 擊鮮 日而更一歲不過再過曰數ㄧㄧ毋久溷汝為也【本】
鮮 調牲物。刘禹錫 烹羊 玉潤ㄧㄧ 紅鮮 玉粒足晨炊ㄧㄧ任給 羊 楚桃錡
砥石賦封腴ㄧㄧ 美魚【吳都賦】 絲鮮 饌散【困】言飯色紅潤 絲魚 射糜獻

醬集曰子有軍事敵人先乃不∣羊∣於水
∣於∣宜十二獻新殺爲鮮　金鮎可食（齊）　澄鮮　空水共∣∣（謝靈運）　復羊∣鮮　魚不加於
首詳　思鮮飲之詩思鮮（孟郊）∣羊鮎魚∣∣　山更鮮兩開∣鴿　鸇羊皓∣∣∣
覆　魚嘲諧∣愈∣（韓愈）桃貫魚∣∣（谷）更魚∣∣（孟）獵奪魚白鷗失素
（壽崔連）（活套）芳∣肥（人名）宗夷狄名（周書）鱻鮮也稟○錢　昨仙切○禹湯始用金鑄
（雪賦）∣賤丫　幣周立九府圜法詳布泰
半兩∣○宗祖八銖∣○文帝四銖∣武帝五銖∣又半兩∣又赤側∣一
當五○宗只有榆莢∣詳莢王莽幼∣壯∣詳錢公孫述鐵∣○梁末鵝眼
∣○鄧通得自鑄∣詳銅金∣埒詳埒馬譙莢∣券詳　禮錢拜三公者輸東
券∣十万貫通神詳神∣神論聚貧濟乏天不如∣　礼金園∣∣千万（後漢）
（羊續）饕錢列侯賜∣∣奉邑　意錢蹴踘∣∣之戲（漢）　緡錢宗武帝算貫人　流錢
（傳）餮錢○賜厨傳錢也　（梁冀傳）即攤錢　緡錢∣∣（食貨）
錢∣∣虜　∣∣玉果判市平　連錢宗太一池有∣∣荇（洞冥記）
地上守錢詳虜　犀錢分佔四座（城詞）　連錢內毀硯礌∣∣動（杜甫驄馬行）
（天寶遺事）錢朱神宗賜王襄敏幼　無名錢張安世以在位太盛辭祿詔
壓惡錢子∣∣金犀∣果　∣∣都內別藏張氏∣∣（宗紀）　青蚨錢唐
用不給苗青時征之∣∣頓有蘇司業時∣∣　玉飛錢絕艷好辦金作歪
曰∣∣（史）互見苗與酒錢∣∣（杜鵑臨謝文）　飛錢清香宜引∣∣
（蘇忠敬）青銅錢文（魏）∣∣∣七選万中詳選揭求（困）　子母錢青蚨錢一囊
（神異）謂蚨也　青銅相發飲一斗餘有三百∣∣∣　子母錢事詳蚨

韵玉二五　十

錢古書雖滿腹不如　杖頭錢阮宣百錢掛∣∣至酒店便　食萬錢何曾日∣
錢∣∣∣（後趙元）　頭錢獨酣暢家无儋石晏如也（晉）　萬錢∣∣詳筋
天雨錢黃尋大雨天雨錢至其　潤筆錢高穎戲鄭譯　辨裝錢鍾离意廣刘平等
錢家无數因致富（冥祥記）　潤筆錢澤事詳筆　錢特賜∣∣∣（後漢）
買山錢于頔与戴符∣∣　使鬼錢安用人間　黃榜標錢蕭宏事　乞帖與錢書
錢∣百万（雲溪友議）　錢∣∣∣（谷）　黃牓標錢詳牓　帖與錢生
究官庫錢欲携揭金甲神人持戈曰要錢取尉遲公帖來生訪求尉遲敬德
方祖露逢手服給生拜之乞錢五百貫濟貧敬德慾生曰足下它日富貴但
∣∣一∣不得已∣∣之生至庫復見神人令係梁上与之∣　沽酒與錢郭元振年十六
後敬德賜錢一庫缺五百千累主者忽得梁上帖（史）
爲太宰生家送資錢四十万有言五世未　飲馬投錢安陵清者項仲山每∣
辭者願假以∣∣∣之元各不質名氏　∣∣渭水∣三∣郝廉亦
然　對菊無錢每恨陶彭澤无　淵明酒錢刘延之爲始安郡与∣∣二　劉寵一
菊∣無錢∣∣花（杜）　淵明酒錢万錢悉送∣家稍就取飲　劉寵一
錢∣∣爲會稽守被徵山陰五叟庬眉皓首人賚百錢送寵　阮孚一錢囊空
錢曰自明府來狗不夜吠人不識吏寵各選∣大∣受之　阮孚一錢恐羞
游留得一錢看詳囊　斗米三錢唐正觀　不直一錢灌夫罵灌賢曰平生毀程不識∣
∣∣∣∣令乃效女兒曹呫囁耳語不用
一錢清風明月∣　口不言錢王衍事　還錢飯錢詳飯　園子納錢溫公獨樂園∣∣
一錢∣∣∣買　口不言錢詳物　還錢飯錢詳飯　園子納錢子呂直游園者

与卒湯錢十千以納公∣怒不受直曰只端明好官得錢曹彬下江南还居
不受錢後創一井亭乃園子所創也（元城語錄）家快∣太宗賜錢
五十万乃嘆曰∣∣不過多（活套）揄∣荷∣（姓氏）彭城微音顓頊之裔陸終
∣∣尔何必使相也（長編）谷∣紙∣　生彭祖孫孚周∣府工士
因官命氏戰国有隱士∣丹秦御史大夫∣産（錢鏐）字具美以功都督鄮
州刺史（南史）（錢徽）字蔚章仕唐中書舍人任無子時韓公武遺∣二十万不
受時称有公望（錢起）賦湘灵鼓瑟詩詳青（錢鏐）因黄巢乱拠吳越地十三州
唐昭宗封彭城王梁唐封吳越国王謚武肅（錢俶）∣氏自五代效臣順宋與
俶來朝臣僚請留俶太祖封文字一複付俶至国咎封留俶書也與国三
年遂以国歸後辤国号封鄧王謚忠懿○傳五王八十四年俶七子惟演其
六子也（錢惟演）字希聖初賦遠山詩高爲天一柱秀作海三峰俶深器之文
章与楊億刘筠齊名號書絳秘府論文（錢易）字希白蘇頌曰李白才也
爲文數千百言頃刻而就（錢若水）字深成陳搏以爲有仙風道骨（宣和）（錢穆）
○急流勇退詳流知樞密院真宗曰若水儒臣中知兵者謚宣靖　（錢）梁
豫州縣爲双陸賭金錢錢盡以金∣枕相足魚決　○遷　七然切　謚不∣怒
謂得花勝∣酉陽不知還解濟貧无（田氏集詩）　易見善則∣（易）
謡∣于喬木（伐木）　∣三遷孟軻舍近墓少嬉遊爲墓間事母乃舍市旁其嬉戲乃賈
曲礼安∣而能∣　人眩賣之事復徙學宮之旁乃設俎豆揖讓進退母
曰此真可以居　四遷王文度上書拜爲郎　五遷盤庚∣　八遷自契至于成湯
子遂居焉（列女）　遷中大夫一歲∣∣（困）　遷∣（書）　八遷∣∣（書亂征）

韵玉五　十

九遷車千秋一日∣∣　超遷賈誼∣∣歲中超遷∣∣有无　賂遷以你卑來
其官（任彥升表）　超遷至太中大夫（本傳）　超遷（書益稷）　以我∣∣
既情遷∣吉凶以∣　坐遷小人舍其∣∣（詩賓筵）○　左遷宗周昌高帝曰煩公強一
（詩）情遷∣（孫綽）　遷∣舍其∣∣而∣徙　左遷爲我相趙知∣∣（史）
年三遷齊到携　後周蘇亮（活套）推∣陞∣南∣（人名）遷　比方寒食爲戲∣戲
∣遷鶯∣歲月∣　同（趙）　以習輕趫宗武後庭
之戲本云千秋祝壽誤作秋千涅槃○韆　子仙切（淮南）家有用而割　豆粗
經曰晋家天宝宮中呼爲半仙之戲　○煎　嘗以明自∣○甲香名
煎∣∣何太息詳豆　曲池煎長景（困）　活火煎唐研公曰茶須活水旋∣∣
羹豆燃∣∣云云　∣∣∣∣　活火煎∣∣○活水旋煎∣∣∣（坡）　薑
薑煎　一半已入蟹眼煎　湯作∣∣（谷）鼎鐺煎∣　肝肺∣∣　（活套）熬∣煎∣憂∣煩
∣∣（坡）　∣∣∣（荊公）　真熱∣石鼎∣牛酥
錢　巧言又　○然　如延切（語）喪∣成章（孟）自視欿　炎然火爲足音∣
（荊事）∣（坡）　錢薄兒　∣鮑∣不悅　浩∣之氣　∣而喜詳音
听然亡是公∣∣∣∣爲笑　駭然始以辞公爲∣∣乃　果然黑類有髯　猿属
听然而笑（子虛賦）　辴然笑（仰封）　小丈夫（孟嘗君傳）
生相序死相赴楊州取一∣∣數十∣∣可得盡聚族而　率然常山蛇名∣
啼死之不去（国史補）○禀鼠肝而腹∣∣詳肝飽兒也　∣首擊尾應
詳　泣然∣∣起於南　泠然∣∣列子御風　輾然∣∣而笑（晁）　粲然軍人∣∣登
蹵然海（孫子）言風也　泠然∣∣（莊）　輾然　輾丑刃反　粲然皆笑（谷梁）

煭然〔齊〕齊单于兵二十万火始然丨丨之丨挖欲然山青丨丨斐丁然曉汲江然
丨丨山刻石紀功〔杜〕火始然丨丨〔國〕丨天丨埶丨理丨怡丨陶丨超
〔册〕死灰然復丨〔後史〕火未然謂之安〔賈誼〕〔法〕丨悠丨灑丨依丨宛丨偶丨
油丨潛丨醉〔地理〕旃丨養師〔人名〕〔詩話〕丨詩人〔計〕范蠡師事之致
元丨亭冀丨濟于丨丨富〔李〕丨滕王〔閣〕丨唐人岳蛺蝶 ○延
以然切〔過秦論〕開閑丨敵〔公孫弘〕德延寧王丨丨丨于遷延晉人謂之
〔傳〕東閣丨賓〔晉元紀〕丨丨頌望太平德延丨〔君奭〕賞延世〔禹謨〕遷延丨丨之役
〔左〕連延〔殿〕階除丨丨〔延景福〕廣地方丨丨〔杜〕曼延〔靈光殿〕軒檻丨丨丨詳延之士〔董策〕丨丨特起遵延〔隨〕陂〔江賦〕丨丨玉
延蜿蜒赤埴之腴煌扈白虹之英〔陳〕去非丨丨〔賦〕遂延王藻前後丨丨。雜
延淇上白丨丨〔陶和〕〔陶詩〕淇上出山藥一名丨丨遂延綵曰藻出冕前後而
垂丨深也丨冕上覆布染黄蔓延紆徐丨丨〔杏〕〔子〕丹延〔杜〕丹州紅丨州紅〔法〕〔書〕丨招
爲之。字本作綖訛作延 蔓延鬱二〔乞巧文〕〔杜〕丹譜有丨
敍丨綿丨慶丨〔年號〕元丨〔人名〕〔崇〕〔始〕周昭王二十年粟殹二美女曰丨丨曰延娟出
〔陸〕丨濱〔崇〕〔宗〕〔濱城〕塵无迹日中无影後与王遊江濱二女俱溺〔拾遺記〕
冘八尺 筵 竹席〔礼〕度堂以丨筵一丈又鋪陳曰丨藉之 瓊筵開丨丨以法
丨丨龍象當 几筵司丨丨掌五几五席之名〔李〕瑤筵坐花 大朝覲大饗射封国命
筵觀第一義 几筵物〔礼春官〕園布丨丨〔左〕莞筵諸侯王南鄉設丨丨左

右玉几祀先王昨席 蒲筵〔同上〕諸侯祭祀席丨丨 九筵周人明堂度九尺之筵東
亦如之〔礼春官上〕丨丨長七尺 九筵西丨丨南北七筵堂崇一
筵五室凡室 四筵高談雄辯筵或丨之 瑤筵光彩生丨〔法〕〔書〕御丨瓊丨經
二筵〔冬官下〕 四筵鬱丨丨〔杜〕長筵丨〔行〕〔萬〕盤筵丨〔酬〕〔維〕 丨講丨賓丨
酒丨玳丨綺丨華丨芳丨歌〔詩篇〕賓之初丨衛武公刺 䀽視也 綖〔左〕衡紞
丨舜丨雕丨玳瑁丨翰墨丨 時也幽王沈湎淫液 綖紘丨通
作延 竣延 鄭延地 蜒易折曰祝丨又蝘丨獸名似狸○ 毡 諸延切〔礼〕供
事詳延 蜒長百尋又蚰丨虫又蜿丨龍兒 其毳皮爲丨
或作 青毡 王子敬臥齋中盜取物都尽王徐曰田旃廣厦丨丨之十毛杜錫
旃 丨丨我家舊物可置之羣盜驚走〔晉〕紉旃上〔王吉傳〕 金毡任太
子中允雯諫愍懷太子太子 毛李紆放釆人掾未及填礼部貢院字值令
置丨錫坐処丨中刺之流血 書毡 史辭以毫筆染不能加墨造明方齊濃淡
相間反致其妍 齒毡 蘇武丨雪与丨 毡 鄧艾伐蜀以旃自丨推轉而 荷毡
遂爲故事〔摭言〕嚙毡毛井咽之詳 雪 裘毡下将士攀木緣崖而進〔晉〕
丨丨被毳者旌与道 花毡 毛猕猺揚丨 毛鉏頭爲梳 丨丨花〔劉〕鼍謝
統綿之罷美〔賢臣頌〕 花毡鋪白丨〔杜〕草毡丨写丨〔谷〕雪毡鋪白丨〔谷〕穿毛氈
見江草溉祭章席皉李不倦乃 氈 毛北齊趙彦深丨丨丨衣帽穿敝同 不
脫所著襦井手丨半丨与之 靴無毡 馬子如給之用爲尚書令〔史〕
受毡一具與曰 毛陳孔奐爲晉陵守曲阿人殷綺見奐儉素餉衣旃
孔奐曰百姓未周不容独享温 飽幸不爲煩〔史〕 無毡 坐客丨丨丨 毛寸名三十年

〔国〕冝〔主〕毡〔丰〕妾子久不〔記〕〔書〕 紫茸氈丨〔杜〕凝於玉帳〔國〕丨裘丨帳
丨〔春官司常〕〔注〕用赤帛爲之又之丨以表 丨〔僧〕 旃 旗曲柄也
也〔左〕虞人以求丨詳玉〔詩〕尚楯丨哉 曲旃士庶〔田蚡傳〕含旃 丨丨含旃〔穀〕礼通帛爲
旃招丨丨 〔周禮〕〔毛〕〔蘇〕旃之也 庶人
旃以丨〔国〕十年 左旃 城濮之戰晉丨大旆之丨丨 親旃 丨丨數歲丨〔杜〕夢旌旃別丨
〔国〕 羈旃 祈騎千命司馬殺之〔僖廿八〕 丨〔杜〕夢旌旃繞丨
〔国〕 鸞旃 西風丨〔國〕子勉旃丨丨丨〔國〕〔人名〕〔後〕日我雖 齗 饘 糜也亦作餰
〔左〕 丨丨 杜官青雲 辛休〔詩〕立 饘鍵 餰。〔孟〕餰
粥之食〔左〕鍵於是鬻於是 囊饘 晉囚衛侯甯俞職納丨丨焉〔左僖廿八〕
○巾 橐 穗 餉 飯 糜 〔劉公〕 饘 丨 衣囊 丨 糜也 俞以衣食爲己職忠也 鸇
鸇也 亦曰晨風〔孟〕駆 雀者丨也 〔左〕 見不仁者如鷹丨之逐鳥雀。 倪香曰鷹
丨不若鸞鳳 詳薄。鷹丨 非泉禽偶詳偶。 天姿 鑯龍鳳 雑沓朝 鵰 丨〔國〕
○ 甄 稽延切丨陶又察也 兒也。〔重〕〔漢〕 上之化下 尤泥 在鈞 惟丨者 兩甄
所爲〔甄〕元化所丨〔班典引〕丨 殷陶周〔後〕晏 延傳 爵人丨其德
晉周〔訪〕擊賊帥杜曾使李恒督左甄許朝督右甄 訪領中軍 令曰一甄敗鳴
三鼓丨丨敗鳴六鼓丨丨皆敗 訪親鳴鼓 曾大敗〔本〕 良鑒要白經 三折 老將
何妨敗丨丨 破狄 鄭 介 丨〔國〕
〔国〕丨 猶 言 兩翼〔詩〕〔函〕〔法〕〔書〕丨 化 ○ 鱣 張連切〔郭〕璞云似鱏口在頷下无鱗
〔詩〕丨 鮪 發發〔碩人〕 肉黄 大者二三丈 〔嚴〕 白即鱘鱑魚。
〔因〕 丨丨 鮪丨 鮪〔四〕目 有丨 有鮪 潛 皆 注 大魚〔○〕王彦賓 李 林 江
云 鸛 鷺 〔傳〕 鸛 雀 銜 三丨 魚丨 雀 豈 能 銜 三 魚 二三丈者 丨 當作 鱓 音 善

湖 鱣 横 丨丨之丨〔蘇〕〔軾〕〔陌〕黄〔賦〕 海 鱣 安得 不 頃 池 養 丨〔國〕
將 制於 螻蟻〔賈誼〕〔賦〕 丨 海 鮪 出丨丨丨 〔國〕 邅 行不進 兒 易屯 如
冉 摧 柳 鱣 馬 載 重 ○ 潺 鉏連切 水 流 〔易〕〔蘇〕 如 邅 歲尽道 吉丨 〔柳〕
而 迴 丨 鱣 ○ 潺 兒又山 韵 孱 也又山 韵 呻 吟 又 懦 ○ 羶 式連切 〔記〕羊
〔柳〕〔鑑〕〔徵〕丨 李 刈 丨丨 附 羶 今人奔尺寸之祿 走 絲 毫 之 利 如 蟻 之丨 羶 羊 臭 如 毛而 羶
腥 丑 亶 羴 大 羊 丨 聚 蛾 之 投 熖 火 取 不 爲 醒 貪 不 避 死 〔盧 坦 書〕 羴 羶
蚁 丨 羊 肉 羊 肉 丨丨 也 舜 有 富 兒 羶 長安 衆 丨丨 盤 天 庖 羶 那 因 江 贍 美 處
羶 行 以 百 姓 悅 之 〔荘〕〔无鬼〕 羊 羶 羅 丨 董 〔國〕 羊 羶 丨丨 〔國〕
埏 取 物 而 延 又 揉 也 和 ○ 埏 和 土 也〔老〕丨 埴 以 爲 器〔管〕 ○ 梴 抽 延 切 長
也〔晉史〕 埏 〔相〕丨 埏 堯 冶 天 下 ㆍ 丨 埴 任 法 木 〔詩〕 松 桷
有丨 ○ 禪 市 連 切 代 也 或 作 嬗 〔鵩〕〔賦〕 形 氣 五 禪 禪 有 深 淺 階 級 而 上 厭 下 而
丨 轉 續 变 化 而 嬗 〔浮圖〕 説 丨 静 也 五 禪 修 者 是 外 道 禪 正 信 因 果 亦
以 欣 厭 而 修 者 是 凡 夫 禪 悟 我 空 偏 真 之 理 而 修 是 小 乘 禪 悟 我 法 二 空 所
顯 真 理 而 修 者 是 大 乘 禪 若 頓 悟 自 心 本 來 清 淨 元 无 煩 惱 无 漏 智 性 本 自
具 足 此 心 即 佛 依 此 而 修 者 是 最 上 乘
禪 亦 名 如 來 清 淨 禪 〔宗〕 禪 〔傳 灯 録〕 坐 禪 譲 禪 師 云 丨 丨 豈 得 作
相 對 同 臞 禪 念 公 坐 丨丨 守 逃 禪 醉 中 往 〻 佛 邪 馬 祖 大 悟 詳 坐 禪 深 禪 丨
〔谷〕 禪 心 如 縛 虎〔谷〕 逃 禪 愛 丨丨〔杜〕 默 照 禪 近 邪 師 説 丨丨丨丨 教 人
夫 歌 夫 去 不 玉 版 禪 丨丨 談 丨 佛 妓 〔參〕 東 坡 禪 初 丨 〔劉〕 中 景 又 問 是
得 於 声 禪 不 如 〔減 字〕 妓 〔付〕 禪 中 人 再 問 人 中 景 坡 未 答 三 門 前 冷

落蛇馬稀名大嫁作商人法律禪淮寬禪師曰无上菩提彼於身爲禪誦於
婦妓大悟削髮爲尼詳异口爲法行於心爲律應用者三其致一也
一味禪有僧辞歸宗云往諸方學五味禪歸宗云我這裏有｜｜｜爲甚不學僧云如何是｜｜｜宗便打廣語一指禪有僧過天龍天
龍豎一指示之僧大悟後示衆曰吾得天龍｜｜頭｜一生受用不盡傳灯錄野狐禪何似東坡鉄柱杖一時驚散｜｜｜詳抓浦禍禪
坐依｜｜｜起無眼禪人間不漏仙兀兀三盃醉出上听風睡語國｜｜｜昏〻一覺睡坡鼠壁文字禪遠公香火社遺民図｜｜
｜黄土撲禪清公非往時｜｜｜｜九卷杜撰禪｜谷吾李德裕參黄楊禪充和尚曰這院｜｜｜木大却倒縮去大慧語錄蟬者
蝈蛔馬小者蟪蟧蟪蛄蛁蟟○蜀有頭上花冠狀曰｜花○齊后怨王而死變爲｜王海之名｜曰齊女崔豹古今注○未脫殼名蝮育拄西搔樹根見腹育
附朽木剖視之腹尤實朽木是朽木所化｜也蟬退陳史稀外作風裏｜賦玄蟬｜｜无寒蟬後刘勝隱情惜已寒蟬時号因寒蟬自同｜｜○言叙
實往蟬不鳴者｜捕蟬蔡邕聞主人琴有殺声主人曰螳蜋｜｜吾恐失蟬也此蟬｜本草故情見乎声白帖螳螂｜｜黄雀在後詳雀迺宋宋
守約爲殿帥令軍校｜｜有鳴者重答之神宗以爲過守約曰軍中号名令爲先臣當承平无以信其号令故寓於｜｜亦上以爲然石林燕語多蟬
待臣加｜｜冠取其清高飲露詳貂齊周盤龍大敗魏軍得爲散騎常侍｜｜｜
帝問曰｜｜何如兜鍪盤龍曰此｜｜從兜鍪生尓○｜｜盤坐詳貂

蟬｜｜者務在其明乎火振其木而已人主明德則天下歸｜銜蟬買魚穿貁
蟬之若蟬之歸明火也荀子致仕南方人照蟬食之曰｜｜聘｜｜谷
｜｜猶名脫殼蟬飛龍遺迹蟬蛻亡宜男蟬都人上元作｜｜｜｜鶯｜｜
拾遺記殼宗仲長統傳如蛾而大歲時雜記洽蟬蛻｜
稽｜金｜鬢小字○字向紙｜釋梁騎｜纓閲上生戈｜南豊埏地際相如封禪書下泝八｜｜澶｜淵地名單｜于
嬋｜娟好皃○嘕虛延切笑也嬋娟大招宜笑只宋玉賦｜然一笑音同仚也輕｜擧○纏直連切從未脫世斜
｜陶弼陣詩紅藤纏國石頼錦纏飛龍｜｜至校金
藕白綵空自｜藤纏｜｜扭錦纏｜頭圍星纏盤陀詳陀腰纏貫詳崔｜十万
龍纏怡亭看篆工纏貫｜｜酒缸｜細纏如蚕作｜吐絲行纏已辦布襪青｜
育纏鼓｜｜谷絲纏詳缶定親事卿纏自｜禾常經｜○亡韓竹杖
布｜｜並斜｜封｜包｜俗廛一畝半一家之居也百步爲畝三畝
嫐互見纏洽纏｜虛名｜弱憂｜廛爲里則一畝半爲半里也○又曰一
夫田百畝別受五畝地居之故曰五畝之宅○一｜｜｜而爲氓孟文
曰民居區域之称○孟氏而不｜市｜而不征一廛受上○揚氏之先有田
｜｜宅一百廛傍流｜｜西都賦三百廛詩胡取禾｜｜古代檀洽廛縢｜故躔躔踐也星所
區詳区
星｜又歷也日運爲｜月運爲晙又居也吳都賦英雄所｜○次
舍有｜北陸南｜北選○詩示負韵編青行｜在此韵宜下瀍澗｜

東京賦左○連力延切鳴｜茹列一鉤｜六蘗律歷志流連亡圖｜｜荒留連
伊右｜五星｜珠史田｜阡陌杜｜城爲宝
王睎詣晉祠賦詩曰日落應歸去魚鳥見｜｜怨相王使召睎不時全明日
處思道曰昨被召得死以魚鳥致怪睎曰昨晚陶然頗以酒敚被責郊董亦
是｜｜之一物豈直勾連天梯石棧纏連若幽星之｜緩連往｜來｜鳴紛
魚鳥而已北史本傳蜀道相｜｜李白纏連｜景福殿賦也遭如旨｜｜
幽通七連鳳鳴傳授越重來定｜｜｜國｜邑祈連呼天爲｜｜山即天山匈奴參連義射
賦七連｜国爲連｜有師說｜｜｜｜｜｜霍去病
｜｜者前放一後決連橫海之鯨喻波則｜｜頂連兄弟之｜｜无服黄連傳
三矢連續去詳射決連｜跛踏海賦大浪也真連苦者也西銘
孝道｜｜｜百四十年銀鈎連麗翰｜｜困洽纏｜騎｜雲｜虆｜捉人名
気力始四十者神仙傳｜編｜兵｜衡｜
人目戍｜伯牙孝琴上黨徵音有大夫｜称之聯十家爲｜
體思王孟蘭盆救母詳盆姓氏後○及瓜代戍事詳瓜礼地官族師
八閭爲｜○石官聯太宰八法治官府三曰｜｜礼天六聯天官小宰以官
鼎｜句詳鼎官聯官之大事非一官所了者衆共成之｜｜府｜合邦治
蟬聯晉王禮傳紹傳處等爵位｜｜文武相繼互見奕王棻綿聯絡組｜｜鹽
蟬聯曰与阿大語｜｜不得編王僧傳○阿大王悅也系聯雲煙｜｜困
擬序序也之一聯貫串不善程試每告人洽纏比｜牽｜班｜鏈｜騎｜詩
賀文　聯云原夫之類｜｜｜句｜名｜珠｜星｜鷺序｜

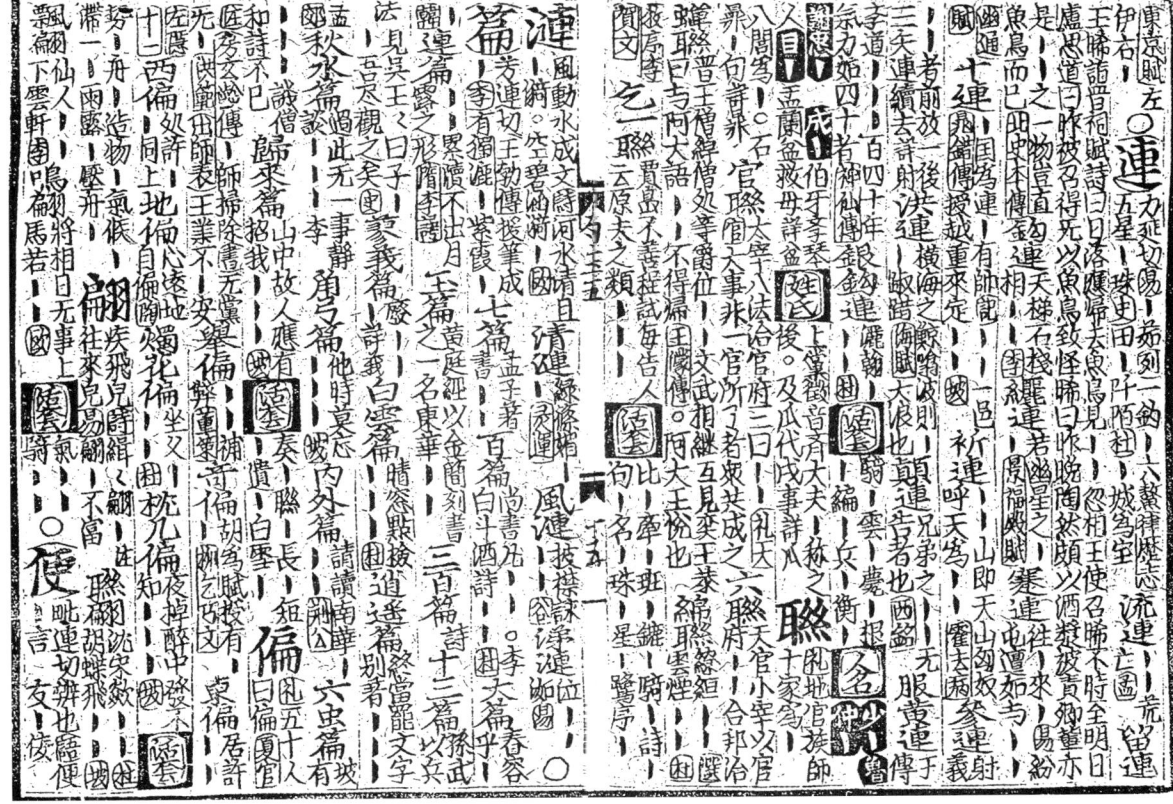

漣風動水成文詩河水清且漪漣｜｜漪○空碧漪漪｜國清漣綠篠蜎｜灵運風漣｜｜披襟詠淨漣泣｜｜○
篇芳連切王勃傳援筆成七篇孟子著百篇尚書凡｜｜○李太篇乎春容
｜｜李有獨漉｜紫霞｜書｜｜白斗酒詩｜｜困
｜｜｜累牘不出月一十篇黄庭經以金簡刻書三百篇詩十三篇孫武以兵
韻連篇露之形隋李諤篇之一名東華｜｜
法｜見吳王〻曰子｜｜｜｜｜｜
孟五尽觀之矣史｜｜篆義篇廢｜｜詩義白雲篇晴窓點檢逍遙篇終當罷文字
秋水篇過此无一事靜角弓篇他時莫忘｜｜內外篇請讀南華｜｜六虫篇有城
陶詩談｜｜｜李別著
｜｜｜識僧歸來篇山中故人應有洽纏奏｜聯｜長｜短偏｜五十八人
和詩不已招我｜｜｜｜｜｜貴｜白墨｜曰偏頁官
匡㢡玄宗傳｜師掃除書无黨擧偏｜｜補奇偏胡爲賦授有｜泉偏居許
无｜洪範田師表王業不｜安弁重荣｜｜｜瀕乏巧文｜｜
佐㢡西偏处許｜地偏心遠地燭花偏坐久｜枕几偏夜掉醉中發不
十二｜同上｜自偏陶｜｜困知｜｜｜國洽纏
勢｜舟｜造物｜氣低｜翩疾飛皃詩緝〻翩｜法
滞一｜雨露｜壓舟｜往來皃易翩｜不富聯翩沈宋敷
飄翩仙人｜｜鳴翩將相曰无事上洽纏氣｜｜翩翩胡蝶飛｜｜｜國
票偏下雲軒鳴偏馬若｜｜國騎｜｜○便毗連切辨也論語便
言友｜佞

晉｜辟側使晉書良吏｜發 腹便邊孝先｜｜辭便秋風洒｜｜。長 安便每到
使令。石牛｜金詳牛｜｜便 便詳肥兒背便吟咀｜｜盛拙
寬処差張安世時郎有醉使｜｜者張口承便北齊安德王延於
｜｜國殿上醉使曰何知非反水糞邪史 樓大便使人｜｜
｜｜之又以蒸豬糝和人糞以求酒封使魏主就滅貧｜｜使｜与之魏
餉左右有難色者斃之史 主怒藥長圍一夕而合梁朱書
褲木名選｜平書王道平｜｜。綿弥延切漢紀｜｜瓜瓞詩
｜｜摘豫章 辨治也又均也 纂組儀 綿綿不絶兒。｜｜
鈎韓文。兩｜｜ 肚綿烟｜｜作聯綿九疑｜｜皆相 沉綿亘經閒｜｜ 纒
｜｜延之妬一髮引千少 綿｜｜李平 紫綿仿李繅紗也 綿以又病也
綿好合｜｜選古人不唾井 羊綿雜樹空｜｜以連綿先声
綿不忘昔｜｜李綢繆也 沙軟草空｜｜蔦綿合姿平山
坐｜園 柳綿生憎｜絮｜｜緑色｜｜黄雀 力綿｜｜薄寸厳助 純
｜園 木綿白於｜田 紫綿海棠開谷 披綿護多脂 傳。弱如綿也
綿 荷茈披者難與道 越綿幽意知多少重重 ｜｜
綿｜｜之 麗美賓臣頌 越綿類｜｜青吹高試 鄭綿総三陳王招魂 黄綿｜｜
褌子詳禅 酒漬綿詳徐稈 八蚕綿 日南国歳貢｜ 冬不衣綿宋朱白詩篇 ｜文
謂日緩 ｜｜詳蚕 ｜｜之詳蚕 ｜工二之
只本由太 樈屋｜聯綿辟孽。全 疾緣切韻 身遂害列天地无｜功
王也大雅 蕙｜兮既張 聖人无｜能 戰場文｜師而還顔相

姬｜萬全 伍被傳 ｜｜ 十全 礼天官 ｜｜ 為上 兩全 忠孝不｜｜ 求全 有｜｜ 之 圖全 不可
壁 夕峰 周処傳 孟子 ｜｜ 紀渻
以｜｜ 用全 玉人之事天子｜ 毛全 魏宗室景暗曰大丈夫 使 不雖德全 子養
李 左傳 礼純用玉也 寧可玉碎不能｜｜ 也彼得全 日牛
鬪雞曰望之似｜｜ 之墜車雖疾不死其｜｜ 於酒而猶若是 况得全於天乎 莊達生
其｜｜矣詳雞 酔者神全
無全 投刃皆虚｜｜｜｜ 孫綽賦 臣鮮
生三年之後未嘗見全牛也 詩牛 姓氏 京兆商首与泉姓同魏封全琮
錢父柔使齎米數千斛就吳市皆散振贍 吳志 泉 孫暉於白水改姓泉 ｜ 字子
李得精微過老莊言玄者皆推之 北史 泉元禮 有志氣善書有士君子風 字弘 立錢塘人 愛易
絡州刺史 北史 泉仲遵 梁州刺 泉 孟 掘井不及｜ 渊泉 溥溥｜ 原泉 混混
史有方雅操以清白称 北史 詩 无飲我｜
孟 檻泉 觱沸｜｜詩 ｜ 。正湧出也 沈泉 穴中側出也 甘泉 漢甘泉宮。盧城官宅井 寒泉 冽井
｜｜食 冷泉 杭州灵隱寺 湯泉 有硫黄。明皇更温泉曰華清宮。東坡
｜ 井卦 隅有｜｜亭 湯泉 云余聞｜｜ 七惠湯在廬山 ｜ 驪山 鳳
翔之懿谷渝州之陳氏山居。惠州之佛跡院東｜｜ 西冷泉寧如也。句
容縣湖水半熱半冷熱者可瀹雞魚入輒死 題詠 積水焚大槐 高油從武庫
鷲然永和井 竅院將軍 地出 ｜｜ 礼運 王 郡城下有金 釀泉
布 晉 事見 槐油井布 韵 醴泉 者政平｜｜ 湧出 酒泉 泉味如酒 漢地理

徐州｜｜ 齊泉 山谷詩云 醉眉得蛤 岡北酒名 ｜｜ 惠泉 水七種其二｜｜山｜也 唐李德裕 家
｜ 劉氏 ｜｜ 。 惠山在常州 吳天觀後。李德
裕喜｜山｜在京置驛遞鋪号水遞 有僧白為利公遞水 來京師一眼井与
被脉相通 公取二瓶雜它水十瓶 遣僧卞折 僧止取二瓶 宣田録 ｜州阜錫
｜見 廉泉 康王谷有水｜｜陸鴻漸第 廉泉 梁州｜｜ 貪泉 在廣州 吳隠之詩
下 其水為天下第一 西山記 ｜ 蒸水 詳 古人云此水一歃
讓千金試使夷齊 盜泉 孔子忍渇於｜｜ 家語 潮泉 雞籠山澗中十数丈水
飲終當不易心 盜泉 孔子過｜｜而不飲也 潮泉 常熱尺 朝夕輒湧 泉如
｜時刻不差 潮 愚泉 柳子一溪 咄泉 在淨戒寺 比人至泉旁大
望元大 陽記 ｜詳愚 叫則大湧小叫則小湧 若｜｜之 湧 弥甚
懷守記 淫泉 日南有泉 男女飲 乳泉 南韶州天階山｜｜服
之則淫 号｜｜ 胎陰 ｜ 乳泉之登山嶺如飛 寰宇記 名｜｜ 李勉 琴
紅泉 石 ｜｜ 灵運 玄泉 手中飛黒 ｜｜ 外鴻 玄果 也 皆泉 周九府 龍泉 名
系 ｜ 新詩 小草 落 ｜｜ 法 詳布 詳鈎
平泉 李德裕 ｜ 花記 詳 瀑布泉 廬山 新水縣先名蘭溪 天下第三 醒心泉 山 ｜ 第一
泉 間｜｜ 獨孫天上小園月來試人 德編泉 下｜｜ 澤上照天 思湧泉 李嶠 謂蘇 頲
間｜｜ 李 見惠泉注 ｜｜ 選 若｜｜ 。 人
舂泉 徐浩書 如手 井泉 後耿 恭汲 園 城中穿井不得 刺山泉 李廣利拔佩
｜｜ 泉 並 向井 拜｜｜ 刀｜｜飛
｜｜ 奔出
湧 朱砂泉 湧泉 惟黄山 是 無聲泉 不 ｜ 有｜ 草也 飲狂泉 國人｜｜
出 春時則微紅 宋晏公 類要 ｜ 豉 ｜｜ 孟 ｜ 昔无不
狂 任 詳 栖烏於泉 宋是 ｜ 。 卓錫泉 梁泉 秦禅 師在惠州宝積寺 无水 ｜ 記 菩薩泉
勸子一盃 活 阿對｜ 詳對 師 ｜ 下泉思治也 ｜｜ 于地｜湧 数尺｜｜
｜｜ 詩 曹共公 賦 人名 王子｜ 名 姓氏 詳全 与全 同
栓 牲体完 又 。 宣 須緣切 書 日｜三德 番宣 四方于｜ 四方 于｜ 旬
色純也 王道利 韓宮 商 翔｜ 詩 宣 賜 恩 隆 宣
宣 來｜來｜ 江漢 ｜｜ 皆訓 承宣 ｜流 ｜｜ 化 董 仲舒 寫宣 王起 字李 之 嘗以疑事令
宣 偏言 号 虎 經 若 偏 彊 理 也 使 著 口 贊 之 起 上 十 篇 号｜
周｜ 髮宣 果為宣｜易 髮果白雜 郇宣 洒宣 姬 詩 宣 編 活 詩 ｜ 紹｜ 昭｜ 数｜ 節｜ 力
｜｜ 也 令 民 編 發 土 地 ｜ 化 ｜ 志 ｜ 人名
項 奢 漢 並 君 号 彭 ｜ 坡 詩 彰 ｜ 到 後 堂 詳 堂 ｜ 推 厚 宰 相 詳 節 重 強
項 詳 項 王 名 祭 詳 猿 ｜ 陶 詩 ｜｜ 行 志 幸 而 不 安 文 術 文 ｜ 品 壽 云
工 昼 花 姓氏 ｜ 始 卒 微 言 曾 大 夫 叔 孫 ｜ 伯 之 後 又 云 宋 ｜ 公 之 後 瑄 壁 大
竹 翎 毛 ｜ 秉 字 巨 公 後 馮 翊 人 拜 御 史 中 丞 号 三 獨 坐 詳 坐 六 寸
漢 書 有 司 朘 縮 也 漢 董 仲 舒 。 鐫 選 全 切 鑚 也 刻 也 前 諸 侯 表 ｜ 金 石
奉 ｜ 玉 云 民 日 ｜ 月 削 者 難 為 功 石 鼓 歌 ｜ 功 勳 成 刑 公 齋
淡 綠 瓷 鐫 視 爽 所 出 深 鏖 鐫 可 ｜ 可 ｜ 琬 琰 鐫 頭 陀 ｜ 周 青 珉 鐫 字 重 ｜ 韓 青 雲
石 ｜ 鋟 ｜｜ 刪 公 ｜ 紺 碑 ｜｜ ｜ ｜

鑄百金古字丨鍰丨丨曾子固【活套】丨丨雕○儇隨緣切慧也利也小才也（詩）丨翾小飛皃（註）謂我丨兮（蜀）鄉曲之丨子黃雀任翾
丨丨蠉虫行又井中亦虫嬛便丨輕懁急丨譞丨多言也祆胡神又唐官名
丨丨騧青驪下丨馬○䁌而宣切亦作堧城下田又廟垣下地又隙地又江河邊地【活套】塞丨海丨朝丨擐也亦作猶擐涉
璿唐逸文傳瑞眠也石似玉丨記士佩丨丨鰥黃牛黑脣○穿昌緣切（詩）何以丨我墉（語）丨窬之盜方穿胥
攝齊道真韓軸所以為滑也然不丨穿含下丨楊葉穿蕭穿丨丨補天穿正月二十四
能還丨丨（田）截伸出家丨穿丨壁真自知（註）日江東人置
煎餅於丨丨眼欲穿新秋丨（註）幾丨穿扶行丨（註）幾錢穿囊中能有
丨丨詳餅丨丨丨（谷）兩虎穿一射
（李）木搨穿管寧坐一丨丨積五十年當膝處皆丨丨（高士傳）一云坐丨床七札穿養由基射穿丨丨詳札曲巷穿横街
一丨丨栗擲丨穿以丨（選）丨丨入穿者必得此宋劉秀之從叔穆之爲丹陽尹斤亭柱有一穿叔謂子弟郡雖秀之入焉後果（宋書）（世説）
（詳）（同）【活套】丨灣丨丨燕丨丨魚丨丨月丨丨渠丨丨池丨丨釗丨丨猿丨丨石丨丨川（語）子在丨上（詩）丨（爲）
（來）丨丨盤丨丨鐵硯丨丨短褐丨丨杖屨丨丨鞴絲丨丨犢鼻丨丨川丨丨之方至（民）（殊書）
隨山濬丨丨若濟巨丨（説）三川河洛伊也四川成都潼州利州夔州九川子央丨丨（書）百川
（命）滕王記光照臨丨丨之筆川九州之川

障丨丨而萬川水莫大於海丨丨歸支川名川三百丨丨防川防民之口甚於防川
東之（韓）萬川之而不盈（莊秋水）川三千（莊）（秋水）
丨丨飲如長鯨（國）川王維別頁川丨丨黃巢謂葛洪川（深）（酉）詳澤在杭丨丨呼待投酒於川勾越
川丨丨百丨（杜）輞川墅詳（畫）（氣）川丨丨丨丨
踐有獻酒者乃投於川【活套】西丨晴丨【人名】（當）雒丨名洪好道晉人（王）丨丨○
命三軍飲之皆若醉詩增丨丨（子）（孫）儀丨○董仲舒字廣丨（文）
八丨江頭專切緣水下也（左）丨漢所（臣）（唐）（興）沔（口）（盤）舟信漢（冷）南至丨丨（文）
之丨沿服志不相丨襲○亦海頭尋丨（谷）涸沿丨丨（韓）漩沂（雅）四極也
緣（孟）丨木求魚（前）（近）丨緣漁父刺船而去丨丨（荆）人琴緣（緣）
（孫）（食）（貨）丨南畝又絲葦間（莊）（漁父）詳音僕緣蚕（叢）丨丨僕緣（間）（世）僕與撲同琴緣綠
敦要愁丨丨寅緣青壁無路丨丨鳥丨丨鼠能緣（詩）丨五技丨丨而蟻緣蟲（孰）緣科
丨（國）（道）（難）丨丨寅緣難丨丨（韓）並緣（奸）（選）丨丨（詩）丨丨緣木不能窮木詳鼠
仍遭丨一鏡緣緣空丨丨（杖）丨緣丨升（世）後生緣開元中宮中製袍衣軍投袍中得詩云蜜意
以嫁得詩者曰與汝結今生緣（衣事詩）惡因緣切因緣丨丨丨只得○三
緣丨了自已輪迴生死二（爲）（紹）隆二至三萬緣達摩謂二祖汝但外息諸緣
緣爲六道四生（皆）（念）（難）脫（古）（禅）（師）（語）（録）萬緣可以入道二祖從此皆息丨丨
丨心如壁緣妄認四大爲自身相六丨影爲十二因緣（緣）（綱）受受取有生老
拈木（傳）壁緣自心相（圓）（覺）○養心去丨丨（谷）十二因緣死憂悲苦惱爲丨丨

丨丨詳【活套】丨梯丨前丨棄丨隨丨鳶（詩）丨飛戾天（早）（麓）鳩
（詳）（燭）丨丨結丨謝丨丨丨鳶丨匪鶉匪丨（四月）○馬周丨肩詳肩
丨丨戈丨前有塵埃則丨丨飛鳶（馬援擊交趾曰吾從弟少游常哀吾慷慨多大志曰士
丨丨戟丨丨（孔）生一世但取衣食才足至求贏餘自苦耳吾在浪泊西
里間虜未滅時下潦上霧毒氣熏蒸仰視丨丨站站鳥鳶爲丨丨食在下爲
塵水中臥念少游平生語何可得也（東）站的叶切（莊子將死曰在上爲
螻蟻食詳食紙鳶五代漢李業與隱帝爲紙鳶於宮中（白）（帖）風鳶五代周郭忠恕爲易將士善屋有富
以情言郭取紙數十番首尾一叉用童持車輪紙爲丨人子日給醉酎設几案必燒素素缘
如作丨丨中引線長數丈大富家子大怒遂謝絶（談）（苑）射鳶隋崔彭可許詣使
於野集鳶丨之尚連發丨丨射鳶後魏拓跋翰從太宗游二箭射隆鳶（請）（崔）將軍射擲肉
發矢皆應弦而落（史）丨丨鳶下丨丨丨丨鳶之曰射鳶都尉（白）（帖）曠鳶高樓
臨路飛鳶丨丨（齒）丨中使客丨○丨丨（社）（落）海蝝十五年丨生○鉛之
客率其黨滅虞氏詳鼠【活套】魚丨丨駘丨丨投林丨丨（國）螵子春秋宣八口錫
類生於蜀（書）丨丨拔柽丨丨懷鉛揚雄丨丨提槧從計吏訪丹鉛點勘（豐）凡鉛東坡
石又丨粉胡粉也四方語作方言（西京雜記）丨丨事丨丨丹鉛先生
无一錢十年家以燒（丹）（鉛）汞中鉛朴始皇不中詳鉛百鍊鉛作丨丨昔學六龍飛今丨李龍
丨丨（丹）（房）（鼎）（義）（德）丨汞丨求丨丨捐棄也（史）自我得之自我丨之詳得（班）（固）（賓）（戲）虞
汞虎鉛汞詳【活套】丨頁丨捐瑯以顛眄而丨捐印（韓）細大不丨東都賦丨金

於山（祝）（食）（貨）民（氏）【活套】性命丨丨後驅丨丨○旋似宣切○周丨旋旋之指揮又
亡丨（肖）謂死病文字丨丨出所丨丨回也又沒使（左）（傳）（夷）射姑丨馬
蟻旋日月行天如磨詳磨左旋丨天丨右旋日月丨同上乾旋坤（韓）旋轉丨鐘旋丨懸謂之丨旋
氐周旋丨丨中規折旋中丨丨（因）折旋見隱者之所六博旋盧斤回丨在一（韓）
姑旋鄭子晰廷闇以瓶水沃廷鄭子見之怒闇丨不足回旋（漢）長沙定王來朝
效旋曰夷丨丨丨丨丨丨丨丨丨恐命執之哀三○便旋也射
小笄手上径關之曰臣【活套】回丨轉丨斡丨還通作旋○（詩）薄言丨歸（東）（里）
國小地狹丨丨丨丨（史）亦作還魏王烈人訟曲直或至塗而
反或望廬而丨丨勞還出車丨丨奉也（詩）丨丨凱還丨丨丨丨獻【詩旨】丨丨刺荒也齊漩水
丨丨（殷）（命）（傳）丨丨來丨丨定（鴻）（鴈）哀公田獵旋回
娟美玉（書）○娟縈緣切娟丨好也嬋娟月丨丨○（孟）（郊）丨三丨丨人月竹也便娟形
丨丨娥丨丨以嬋娟兮（陵）（騷）（歆）切丨丨癸卯廉夫丨丨連娟長眉丨丨丨丨増
丨丨以蛾揚兮朱脣（班）（固）丨丨鶴）丨丨（班）（婕）（妤）丨丨連娟繞目流睇以横波（傅）（武）（仲）（舞）（賦）
蔡邕發雅唐（謝）（晨）（復）（雪）（賦）○丨丨丨丨孃態君莫丨（歌）丨擬遊時見
黃昏後（安）（郢）女的其若丹神如對曲兒李娟及教坊天和元職之子用歌舞
丨丨缺月丨丨秋眉丨丨丨丨弭節（傅）肩丨丨丨丨以増
上（顫）宜数麗娟漢宮人丨丨唱回風曲【人名】（趙）丨薛瑤英母教以
丨丨（戲）丨丨丨丨亦云庭葉落弗抉（洞）（貢）（記）香咱英故肌肉香丨肩（詩）憂心丨丨

㣲。於此暢 蛸井中虫又詩蛸○ 船食川切与舡韻通晉。黄帝臣共
㓁丨荊公 丨者蠕特行皃 鼓貨狄作丨。漢叢車丨。知章
騎馬似婁漢武作丨丨。揚將軍戈船丨丨將鐵船賈郁為仙游令受代一吏
乘丨西樓船僕為丨丨將軍図舟軍同上舡酣酒郁曰吾當再典此邑
歎此華吏云此猶造丨丨渡海也郁聞之不言後復典邑醉吏為庫吏盗官
錢数万郁枇拷吊云竊銅鐵以潤家乐因鼓鑄造丨丨而渡海不假釘鉔杖
徒之元国志丨丨張果老月船満船中載酒船畢卓拍浮丨虚船方舟濟河丨来
事佛書又許旌陽丨丨明帰丨中詳蟹有丨丨
艤舟雖有褊心之方船舟其傳丨丨而下 飢船
人不怒莊仙林 謂並舟 艤船丨以待図艤船向岸也
丨丨一棹百 書畫船米芾善書畫為江淮間發遣提牌行舸曰米家 藥
分匹二韵図丨丨丨。洛江尽夜虹貫月定是米家丨丨谷
王船快鴉錢塘丨丨丨図 竣 急水船梁張泊為孝士号丨攤上丨丨
丨以楽資右似玉可作酒盃 婁廷裕文思敏捷号下水船図言 唐
下瀬船千艘丨図孝廉船張憑奉孝廉自謂必参時彥同奉者共笑之張詣刘
吏真長遣傳載瓦張丨丨丨同載 不上船夭子呼來丨丨丨図 衿紐曰船
詁撫軍門即用為大常博士世説不上船又曰衣領。按李白墓碑玄宗泛
白蓮池召李白時已被酒命高力士 刺船陳平亡渡河船人見其美丈夫
士扶以登舟則船只當是舟也 鵃衣 偶行疑腰下有宝器欲殺平二

恐丨丨贏而丨丨 腰劍引船 何易于為益昌令刺史春遊易于自
知其无有乃止図 腰笏引船曰百姓不耕即蚕易于无事可以充役刺史乃
騎還 舞鳴 舜任船 斉張融為中書郎曰臣坐処无屋舟居水上武帝問其 大
文選 兄緒二日融未有居止權作小船岸上住帝大笑 ○
願船音産乘丨丨丨住生死海呼 活套 丨 鈎丨觥丨玉丨綃如丨丨 涎 夊連
船引衆生上丨丨丨 学士文 劉濟丨兜蠡丨夜行丨丨 切本
作龍涎大食国人候島林上異禽翔集下有蝸 涎 涎 醒涎 蝸殻曰 垂涎丨丨
飲 龍涎群魚遊咏則有伏丨吐丨浮水上 蚰 涎以自濡 螄牛
相 告買 充涎 道逢麯車 丨丨 競丨 饞涎 饞犬齗 枯骨自 酸涎大枒更取
詔 弘 書 丨口 丨 羨涎 謝 蝸 鷺涎 丨 涎 丨 図 丨 生 図
活套 飢丨丨○ 鞭 卑連切 箠 丨之長不及馬腹 丨 子胥丨平王尸詳尸丨丨
蛟 丨 鞭 石流血詳石峯丨指揮 唐 太 荊公詩腹背鞭時當受
王鞭 騏麟 鞭 受 丨丨 金鞭 高祖黄 蒲鞭 刘寬拜南陽守吏人有 皮鞭 雀伯謙為北地
鞭 丨丨 図 丨丨 図 丨丨丨示辱而已 図 守用丨丨示恥
旺鐵 鞭 蔡經意麻姑指爪可以爬 鞭 雷 丨丨 鞭 驍 羊鞭 便嫗心亡犢佩生業
図 鞭 丨 痒忽有丨丨鞭其背詳痒 鞭 雷 鞭 轀 図 東 付 鞭 寄丨丨 図 善養生
者若牧丨視其後者鞭丨丨之 留鞭 姚崇牧荊州受代吏民 刘鞭 晏毎朝
者而丨之 図 生 轅 事 鞭 丨丨 以為遺愛 鞭 鞍 上馬丨丨 以
図 丨丨 弄 蜀鞭 贈君荊魚盃 副 倒鞭 臨醉 謝葛強 山 五 萬 貫 鞭 富者丨丨丨丨 爱
丨丨弄 蜀鞭以丨馬丨図 鞭 八公 欲丨丨図 其 黄 而 渥 陽 濯之

則 鞭 蝋也 詳 覽 留 賢 字下 亡奴 丐 鞭 詳 鞭 變 祖 逖 着 鞭 刘琨聞丨丨 被用曰枕戈 荷殳 鞭丨丨
丨。於 丨丨 恐 祖 生先我丨丨 荷 殳 鞭
日以吾之痕丨丨於 鞭 待旦常恐祖生先我
江足以断其流 詳 江 箠 不可 鞭 闔 人 丨与 子 般 妹 戲 子 般 怒 使 鞭
荊 馬 鞭 照 桑 是 丨丨丨 犖 有力焉 詳 盖 致 㬎 荊 鞭
図 丨丨 詳 桑 活套 揚 丨 箯 ○ 即竹輿 詳 箯 鯿 食 陽 槎 頭 有 縮 頭 丨 魚 詳 槎 ○ 銓 且 縁
切 衡也 量也 図 三 銓 唐 以 丨丨 之 法 官 天下之 才 唐 官 志 尚 書 銓 掌 七 四 銓
環 傳 丨 總 平 允 品 以 上 選 侍 郎 銓 掌 八 品 以 下 選 流 外 謂 之 小 選
吏 曹 所 銓 者 丨 身 言 十 銓 唐 選 舉 志 丨丨 詮 擇 言 也 真 詮 衣 褐 向 痊 天地 塵 盡
書 判 也 図 佑 通 典 丨 丨 解 喩 也 真 詮 丨 丨 図 誰 能 丨 図
子 図 平 生 有 詩 瘵 沈 痾 痊 丨 丨 丨 井 入 に 頭 風 痊 坡 讀 丨 佺 偓 佺 堯 時 仙 人
如 痼 不 可 丨 図 谷 丨 丨 図 丨 丨 同 服 松 実 而 眼 方
悛 止 也 改 也 左 駩 白 馬 絟 細 布 前 江 都 王 筌 取 魚 竹 器 忘 筌 得 魚 丨 易
長 惡 不 丨 丨 黒 脣 傳 荃 葛 義 同 宴
筌 丹 立 排 丨 丨 丨 退 意 筌 之 丨 易 象 者 人 名 蜀 益 工 丨 入 秦 有 老 母 与 荃
相 与 排 丨 丨 丨 図 意 荃 之 丨 易 天 瓢 取 水 般 七 ヒ 亦 名 図
香 草 蓀 也 ○ 盈 懷 贈 蘭 丨 離 騷 蕙 化 而 為 茅 荘 竣 退 也 ○ 専 職 縁 切 孟
丨 者 所 以 在 魚 荘 以 香 餌 魚 丨 与 周 易 字 義 不 同 竣 也 ○ 専 如 彼 其 丨
書 丨 美 有 商 記 示 不 敢 丨 賤 而 好 自 丨 語 不 能 丨 静 専 坤 丨 也 三 専 漢 御 史
丨 對 儒 林 傳 丨 門 並 與 左 祭 仲 丨 孟 丨 心 致 志 丨 易 中 丞 司

隷 校 尉 尚 書 令 會 同 並 専 席 坐 号 丨 丨 席 詳 席 活套 礼 丨 情 丨 窀 丨 權 丨 甎 亦 作 甎 塼 古 史 考 烏 曹 作 丨 山
井 八 塼 唐 李 程 北 亍 前 階 有 花 塼 道 冬 中 以 日 影 及 丨 丨 為 花 塼 殿 中 御 史
入 直 之 候 程 性 懶 日 過 丨 丨 乃 至 号 丨 丨 李 士 図 得 立 二 五 丨
丨 及 紫 宗 塼 之 類 硯 塼 端 州 古 丨 射 塼 南 史 蕭 見 賀 蘭 進 明 告 急 不 為 出 兵
号 七 貴 唐 国 史 補 丨 徐 図 子 丨 射 塼 上 浮 屠 拔 佩 刀 自 斷 一 指 去 抽 矢 回 丨
浮 圖 者 丨 曰 吾 破 賊 還 必 滅 方 塼 載 弄 之 瓦 詩 注 丨 丨 也 ○ 千 金 塼 甓 娼 李
賀 蘭 此 矢 所 以 志 也 張 巡 傳 紡 塼 之 宝 用 以 間 丨 不 如 瓦 丨 晉 說 懷 甎 延 寔
為 青 州 刺 史 帝 曰 丨 丨 之 俗 世 号 難 治 云 云 斉 俗 太 守 初 至 皆 丨 支 頭 塼 誰
丨 叩 頭 以 見 意 及 代 去 以 塼 擊 之 言 始 終 向 背 也 宋 中 儀 時 記 丨 能
伴 我 田 間 飲 醉 倒 ○ 磨 塼 成 鏡 南 岳 讓 禪 師 在 馬 祖 庵 前 丨 丨 祖 問 要 作 甚
惟 有 丨 丨 丨 図 磨 云 欲 得 丨 丨 祖 云 丨 丨 豈 能 丨 丨 讓 曰 丨
丨 砌 不 丨 丨 坐 禪 豈 活套 巻 顛 謹 皃 又 丨 蒙 丨 丨 離 騷
得 作 佛 耶 祖 大 悟 傳 丨 蘭 又 丨 頭 丨 帝 簒 索 瓊 茅 以 筳 丨 莚 筳 竹
菶 也 互 ○ 遄 淳 沿 切 疾 也 詩 式 丨 其 篿 判 竹 圜 以 ○ 跧 莊 緣 切 蹴 ○
見 掌 遄 帰 国 民 胡 不 丨 死 相 鼠 盛 八 合 者 也 又 山 韵 図
圓 王 權 切 本 作 圜 俗 作 員 ○ 孟 規 矩 方 員 礼 九 府 丨 丨 丨 丨
法 丨 也 易 乾 為 丨 選 丨 鑿 方 枘 ○ 破 鏡 重 丨 詳 鏡 大 圓 詩 ○ 天 也
丨 臣 方 心 規 以 丨 丨 幅 員 廣 大 国 是 疆 丨 丨 既 長 詩 長 發 丨 廣 丨 均 疆 境 丨 丨 鑿
丨 図 幷 令 丐 文 廣 大 均 平 又 長 也 今 詩 作 隕 注 當 作 圓 在 此 景 員 維 何

玄鳥。丨丨大丨蓋圓礼輔人丨丨象天觚圓酷吏傳破丨為丨轉圜丨丨误祖如惡圓元子又家為貞轉之器
均義同幅貞
以悅嬰兒友人公植曰吾聞古丨丨之士歌曰宗云為卓末圓為卿守方為
汙辱不貞為顯榮甚者終身不仰視曰吾丨天丨奈何造貞轉之器悅媚嬰
兒云云安知次山異日不言貞行貞丨智圓圓若用奈丨小碧圓荷折丨
動貞靜貞以終身乎元結丨丨論丨詳綦丨要圓僧丨容丨碧圓丨傾韓
又蓮折丨孤圓心月皎皎清圓踈影搖蒼圓丨之德丨烏圓猫名丨丨稀竹
丨傾梁天孫圓長丨丨皎清圓丨丨破蒼圓而神易烏圓一作貞
蕡圓漆貞方丨丨月丨樹丨珠丨冠丨句丨丨貞物數又定數位有
丨詳杖活套性丨声丨璧水丨浪痕丨丨又烏丨猫名常貞丨丨
唐官生貴廣孚舍益丨丨活套備丨具丨丨湲漏丨水声又浹
丨貞丨唐循吏子弟貞漢置丨冗丨濫丨丨漏丨与元韵通
幀幅丨詳圓。○乾渠焉切易大哉丨元蓋取諸丨坤乾吾得
礼部續降此漢光武握丨符唐憲紀丨旋坤轉乾乾焉昆。帰
藏易九乾仰淼遠乎丨丨崔丨丨綱晋錦連乾金鞍玉勒丨丨騎入
首坤九乾綱鑑旨猶言九天祖乾卓華譚傳金連乾桃花楊柳煙顧况竹枝
歐東陽二乾會稽一清婺州有乾俊乾輔皆名僧号因話录三三初九潛龍勿用九二見
終日乾丨夕惕若厲无咎九四或躍在淵无卦名龍在田利見大人九三君子
咎九五飛龍在天利見大人上九亢龍有悔揵丨為郡名驪黃脊丨騙馬虔虎行皃恭

也左以糾不丨丨詩有丨秉喬虔奪攘丨丨書堅丨是丨詩殷武
鹹又殺也左丨刘我迻陲矯虔固為邪曰丨丨斷虔方丨謂丨截松柏也貌虔
百辟心莊國人名呂丨晉人爵位○愆立虔切過也左礼義不丨書
豈丨丨國蝉聯鄭丨虔文先生帝德罔丨皐陶其永无丨國語
命思兇欺丨景命尚蓋前人之丨蔡仲詩乾侍於君子有十愆三風丨伊訓
餓以丨伐木坟但見刑剌除不憂梨棗丨三愆丨丨論季氏
力愆齊管老人力過也絕愆繆書丨丨斜褰褏也左公在乾侯徵丨与搴取也
丨兩廟之器揚傳斬將丨旗。朝丨騫也詩不丨不崩。搴元韵騫字
毗之木蘭兮丨美蓉兮本末正騷騫騫馬腹勢韻會云馬腹熱病又
音揻飛皃此騫字不訓飛則杜詩風雅謂孤騫潘岳傳思絡雲騫坡詩時來
或作鶱騫皆當改馬作鳥蓋元韵即元從馬者識者下之揚或問朔丨之徒
惡乎在日在寢人名張丨漢武時○權巨負切語未可与丨丨然後知輕重
中權丨丨後勁左宣十二。中丨五權梁惠執中无丨史郭解丨至使將軍詳賓
丨軍制謀後以精兵為殿律曆丨之制以物鈞之三國丨詩權出薛許弄
權紀丨順帝奪權丨丨柏減泰誓行權巽以丨丨酒權有丨鄭谷丨撓楚權其謀鄭食
丨丨詳印立六国後以生殺權郭解切丨丨項無權唐常與時周犨入朝曰何以教我
丨丨游俠傳原無權漢子丨公丨丨賞罰刑罰人主之

板公母以喜諸門署權丨丨唐程權本名執恭領滄景節度嘗夢丨丨悉
怒行之史權二僧名詳可活套紹丨化丨機丨人名羊丨萬緑華降其家天水微音楚
丨癩可瘦
縉尹丨因氏泰廿大姓因居天水丨景宣字暉遠曉兵權有智畧除南陽守
立碑頌德總戎者克敵之功布政垂稱民之善有国之良翰与北史丨万紀
孫丨柳公丨善書姓氏若敖之孫鬪
京兆人擢治書侍御史不阿權貴唐丨德輿擢万年令語曰寧飲三斗塵莫
逢權懷恩詳慶更五州刺史咸名赫然吏重足立丨德輿字載之經術无不
貫綜每遇勝境得一佳句則怡然独笑至老未嘗一日拳中庸丨丨服膺
去書風流醞藉自然可慕正元元和間為搢紳羽儀云通作捲史孫子
曰解紛糾者不控拳刘伶与人相仵其人攘袂奮擊老拳石勒与李陽爭
丨救鬪者不持戟尊拳伶曰雞肋不足以安丨丨詳肋拳渥麻池日相擊
及貴引陽臂笑曰昔日厭驚拳沙頭宿丨丨雨拳打葉丨丨隨宗拳午日泥塑
卿丨丨卿亦飽孤毒手丨静杜丨手重王元圭宗拳天師以交
為騙丨為丨丨蕨拳丨芽初長栗拳攘多丨曲拳縈蹤丨丨莊○拳義嗔拳征
置門歲時記小兒丨俗栗拳過丨曲拳与卷同依出処附此嗔拳准
作丨丨笑面紀原入口拳吳殿文圭道遇一叟曰眉綠拳丨丨鈎弋拳巡武
即戲面丨神仙狀也不你有大名於天下九国志鈎弋拳守河間
見女子在空室中姿色殊絕兩手皆拳數百人擘之莫舒
上自披即舒納之号拳夫人即丨丨也後因有藏鈎之戲松子搏拳唐人詩成頭推

鼓傳花双廊上搏拳東皐雜記擢松子○歸宗拳江州刺史李渤問丨丨禅師云大藏教明得
丨丨筒甚麼宗李丨示之李不會宗云措大空讀
万卷書拳如來丨指為丨丨丨以問阿難云伸童子拳有長者引一
頭也不識光明拳彼將誰見阿難言我实眼見楞嚴丨丨子見二十四
祖曰當生便拳左手師以手接曰活套拳丨勤丨石丨人名諫楚子強卷曲也詩有
还我珠來童子遽開手奉珠詳珠丨丨者阿
中庸一丨石之多丨丨充屈也顴輔骨通作權路髮卷髮好也通作卷髮
又大丨黃帝樂名礼大司樂神賦高權長顴卷髮如蚤眠伊卷
之又其人美且丨又○攣閭緣切後張衡賦毋綿丨以淬已兮高僧傳著
髮曲記燕則丨首城天竺人汝南滕永文兩腳丨丨屈城取水一杯
攑一枝向永文拘丨係丨○椽直攣切亦曰攑搰椽榛唐庾丨丨丨
呪者三即能行活套牽丨拳丨丨韓欲搤以為丨京賦堯丨丨
不斷李斯傳椽可丨丨取竹丨丨之丨多於機
与采同柞木也柯亭椽蔡邕宿丨丨見竹椽以為笛妙響詳亭及笛架梁椽上之工女阿房
椽普慈寺後千竿竹辭竹八九椽茅齋丨丨三條椽高軒一字令曰口有似沒量碧玉
椽裏曾着丨丨丨破丨丨齊斗薛濤曰川有似丨丨丨丨
筆如椽王珣夢人与大丨丨丨丨黃閣之地多丨大寄脩椽漂流瀹海
筆如椽人曰當有大手筆詳筆竹如椽者丨丨竹樓記丨丨丨丨丨丨
傳詩言活套丨脩丨短傳直戀切語孰先丨焉十九孟可丨於後世晋書後世无丨丨
燕也丨丞丨焉梁惠上觀通丨丨徽而定。丨信丨疑詳疑信

該敬由不丨詩敬郵傳蜀丨而臚傳叔孫通起朝儀大行設九賓丨句丨上傳語
丨命匡臚傳告下曰臚下告上曰句九賓九儀也謂公侯伯子男孤卿大夫士也一說賓讀曰擯九人紙傳不若書以心六經皆丨丨歐
掌丨句丨也○穀梁唱名曰丨丨本此草聖傳張旭丨三函
丨丨傳困一再傳賈誼妙處不傳司馬太傳脫謝車騎惠子五車何以无
一言入玄謝曰當是丨丨丨世說○衣鉢
相傳詳衣鉢活套令丨道丨音丨編丨風丨箭丨杯丨心丨人名陳丨周師厚
第只壓得陳傳一名自賦云有眼丨口丨家丨詩丨香丨秘丨浪丨丹青丨在鄭獬榜及
不堪看鄭獬回頭猶喜傳丨丨○誊丨驅貢切相如傳士張空丨冒白刃
龍文館記上巳祓禊賜近臣細柳丨丨帶之兒丨蔡也言張弩之空弓挾拳手也
邪疲○俯伏盼翊丨白羽拄強丨匯戲卷也冠武丨棬屈木盂記棬杯丨記杯圈
不能飲○焉於虔切不鮮也淡也匯浮紅任早爲杯丨
焉義同丨離〃日暮丨谷紅稻日炙丨嫣兒長人名韓丨金爲彈丸鄢
邑名焉也何○燀昌延切火起兒選夏无炎丨

二蕭與宵同用

蕭蘇彫切荻蒿草白華利生詩丨丨馬鳴又楚子
伐丨軍如挾纊詳纊又丨齋詳齋又丨牆詳牆芭蕭丨浸彼丨下泉采蕭采葛慎談

也被丨丨芳詩緯蕭河上翁家貧丨丨而食纖蒹焫蕭脂詩生民蕭作烛有香祭祀合膻鄉鬯特牲取蕭祭
也其子乃彼川采珠詳珠
以脂風蕭丨丨竟素鬢韓清蕭酒窗和雨閉八蕭明蕭遺事見下
蕿之票丨丨窗紙明匯丨丨景思盛事終當繼丨丨活套丨管
文丨寺名詩益蓼丨澤及姓氏丨何南角音宋微子支孫封於丨因邑命氏○
丨四壁丨四海也丨何秦時刀筆吏與漢功第一位相国封鄼
侯丨望之字長倩東海人身爲儒宗爲平原守雅意在本朝丨育字次君
与宗博爲交語曰丨朱結綬詳綬丨嗣字元徹仕梁臨陣對冠志氣奮發
丨景陽迁御史中丞百寮憚之拜益州刺史嚴用威刑号卧虎丨琮字彦瑜
仕梁嘗預御筵投棗報栗詳栗丨帶字時文真社稷臣賜詩曰疾風知勁草
板蕩識誠臣丨遘字得聖王佐自任瑀至遘凡八葉宰相丨穎士字茂挺
書一覽即誦對策第一補秘書正字大子号丨夫子丨大圜字仁顯心安閒
放曰北山之北弃絶人間南山之南超踰世網後周丨大山名山則弟泰來
号小山名瀟江湖丨史吹簫致鳳詳蕭丨紹世有兩後白楊何妥青楊蕭資
詳簫伏羲作丨○編竹爲之大者二十四管小者十六管形參差象鳳翼
揚丨○長尺圍寸者亦名丨書丨韶九成記仲夏樂師均丨月令君子
所丨詩則思蓄聚之雅簫尺二寸二十四彊頌簫尺四寸二十一管軍中韶簫
臣丨劉人籟笙丨也雅簫十四彊頌簫十六彊矩簫鼓吹樂晋礼樂音簫
皃耎丨丨者玉簫禄山獻丨丨者承鳳簫丨鳴秦穆公以
國元作劉數百管羅錄洞簫容有吹丨丨者簫史善吹簫作
學賦簫元底者

女弄玉妻焉作鳳樓教弄玉吹丨咸鳳來集後隨鳳飛去列仙傳紫簫无人吹丨曾子固活套瓊丨弄丨月下丨人名丨丨駕綵
鸞詳瀟丨丨風雨疾又丨湘二水蕭頭弓弭○挑吐凋切撓也撥也取也杖荷也國僧宗眺詩紅鮮雅称金盤飣軟熟
真堪玉筯丨詳麼挨詩丨丨達徒刀切項羽燈挑國搔頭類挑移近床齒
丨戰相如丨文君謝鯤丨隣女並徒了切丨孤丨丨尺未成眠長恨
阮杖丨詩擠祧迁廟也遠廟爲丨礼小宗伯辨廟丨活套
丨錦字丨之昭穆宗丨掌守先王之廟丨丨恌丨偷也詩視民不丨又作窕左楚
師輕腁匯鐎○田器以刻削者○貂都聊切鼠屬北方寒以丨皮幾額因玉貂蟬金
窕丨丨阮字丨丨黑貂丨蘇秦三十年堆爲侍中冠飾亦取丨內勁悍外溫潤
宋志金貂換酒困丨丨裘詳裘八貂散騎常侍分左右隸門下中書省皆金蟬珥貂左散騎与
侍中爲左貂右散騎与中書令珥貂戴蟬隋曹植丨丨孤貂隋殖丨丨裘千皮史續貂晋趙
爲右貂謂之丨丨唐百官志
王倫纂位奴卒亦加爵位每朝丨覽貂求夜丨七葉貂金張藉舊業
貂蟬盈坐語曰貂不足狗尾丨丨裘困珥漢丨選左太冲丨丨肉汙
武陵王曅常侍宴醉伏地貂落肉盤帝笑曰丨丨八座三貂上以何戢領
丨對曰陛下愛羽毛而踈骨肉帝不悅齊武帝紀選加戢常侍
褚淵曰聖言每以蟬冕不宜過多臣与王活套侍丨皂丨鮮丨琱彫孟治玉也亦作
儉既左珥若復加戢則丨丨遂有丨丨教玉人

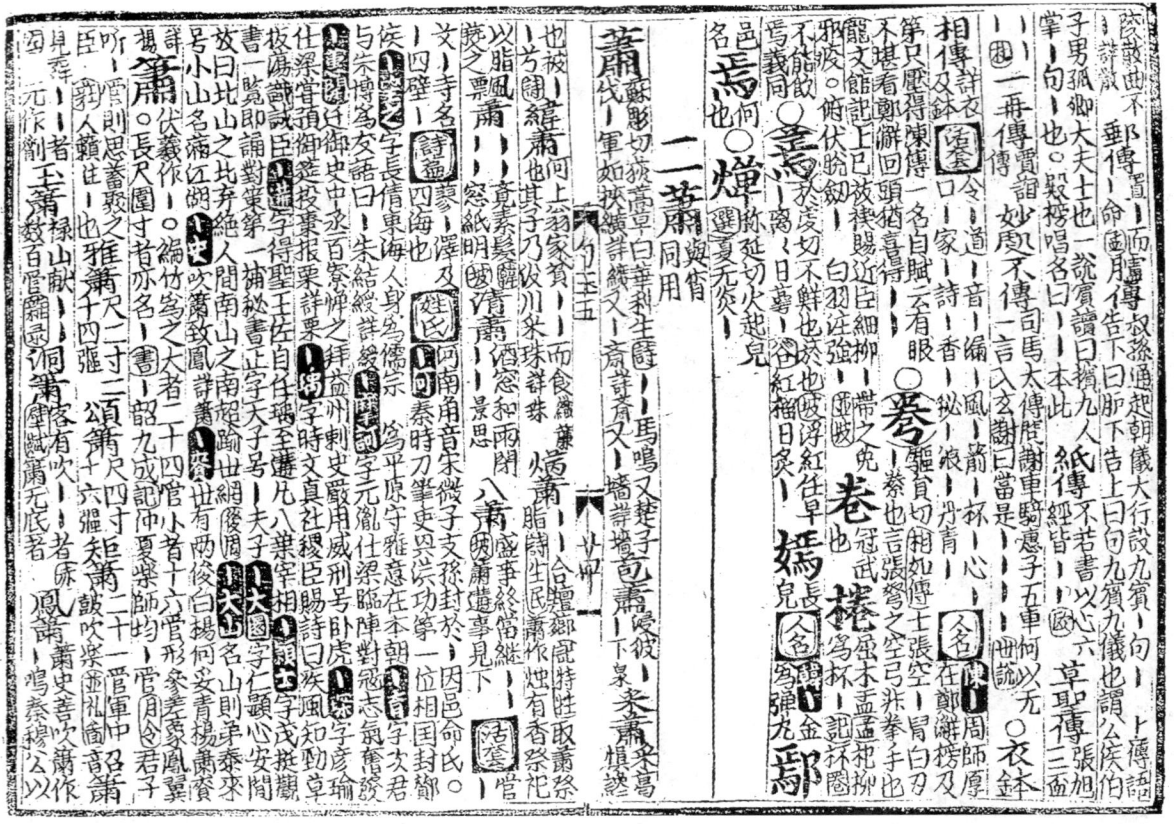

彫琢又作敦鵰本作雕大鷙鳥翮可爲箭○杜皂鵰王志惜爲侍御史剛
詩敦琢其旅鵰甫獻丨賦○皂丨寒始急困鷙呼爲丨丨御史唐
史丨秋鵰鷳鶚在下隻鵰後魏秦王幹從太宗出遊貫雙鵰高騎見双鵰曰我
一丨丨天困隻鵰二箭丨丨号射鵰都尉貴當中之一發丨丨
丨丨号落鵰侍御○雕隋書雞鵰鶚丨丨黃盤鵰旧規十月初賜錦長襖子太
長孫晟丨丨丨風丨困宗改賜丨丨丨金坡遺事
活套鷙丨刁古者軍行有丨斗詳斗又風微夜刁丨夔丨刀李知遠選人
刁動兒丑独不見調〃之丨丨爭丨丨城所山谷
丨姓偽改爲活套鳴丨擊丨人名丨堅官者丨斉姓氏弘農微音斉大夫豎刁之後
丨姓詳丁間收傑黠奴逐漁鹽利數千万詳
炎丨雍字子榮迁尚書有鯁直臣節爲魯東海二郡相所在称職丨協字
玄亮仕晋博聞強記拜左僕射諳練朝事丨約字景純趙宋丹徒人直史館
掛冠而歸作藏春塢詳塢有詩詳塢凋悴也通作彫語松柏後丨孟郊丨丨活套蒲柳丨丨鬢顏丨丨貂吳船
也彫琢文通作雕漢杜林傳丨斷爲樸賜丨鏡顏朱早丨
至宝不丨琢又書文書峻宇墻記丨丨題交趾虫篆刻韓篆丨丨峻丨丨人名丨紾
開複○跳徒聊切丨躍漢書項羽圍成皐漢珠跳丨丨猛天跳丨丨地
姓○王丨独出意也杜潮落白魚丨丨珠跳雨杜牧踔顛乾
坤薩鸞跳孤蒲有丨龍跳天門虎卧鳳闕丨丨蛙跳井丨丨梁丨
山火跳丨潮公王右軍書如丨丨幹之上詳蕭調丨彫影柱琴瑟

樂琴瑟不丨亂丨人掌和諧万　典謂二公丨丨之刀
氏之雖地官封公子丨氷氷　典謂陰陽丙吉　鼎謂鼎新田言調刀動搖
兒〔活套〕變丨羮丨玉燭丨陰陽丨律吕丨風雨丨六轡丨鶯舌丨〔人名〕見條〔柳〕事　條〔書〕有丨而不紊〔盤庚〕厥木惟丨長也〔禹貢〕
〔詩〕有丨有梅山楸也〔終南〕〔選〕〔講德論〕金科玉丨　鳴條造攻自丨丨〔書伊訓〕令
〔荀〕井々有丨儒效○鐺根自合奥藤丨詳根　鮮州○周公時風不丨
丨雨不破塊〔鹽鐵論〕　同條丨丨共貫〔董策〕　蕭條款高氣奕倍增丨丨〔顏延年〕　冰條詳冰陳彭年清秘人謂一條冰詹溜丨丨〔遺事〕
氣條近世呼梅然皆丨丨耳〔范石湖梅譜〕江西楊補之有名　琳條丨丨万尋可蔭伏注身中万炅森然如万尋玉樹能蔽陰一体〔黄庭經〕
不受條丨丨我似枯桑〔國〕　瓊科條丙吉召案迯長吏丨錄也丨丨其人詳襄　聲遠條歌丨丨〔漢郊祀〕〔国〕○條暢達也　嘲
柳條柳條為御史僕射楊素曰柳條通体弱動搖不禁風謂正色曰條信无取公不當以為御史信有可取不應發此言〔隋史〕　太守六條
後周蘇綽為丨丨丨丨定心志敦教化尽地利擢賢良恤獄訟均賦役○播龔黄之政必務六條〔白帖〕　奏二十條〔馬周傳〕　屯田十
二條〔趙充国〕○同條生岩頭曰雪峯雖与我丨丨丨不与我丨丨死〔傳燈〕　〔活套〕詔丨教丨章丨雪封丨　鞗鑾也〔詩〕丨
華冲丨　鰷魚名〔詩〕丨鰷鱨鰋鯉　苕陵丨草今凌霄〔詩〕丨之華又卬有旨丨〔註〕蔓生可食如豆又丨丨高兒○翡翠戲蘭丨〔郭璞遊仙〕鴬鳩
掛尋丨〔谷〕　佻獨行兒　迢丨遞又高兒　〔活套〕去路丨丨水迢丨丨　髫丨髦童髮○垂丨　齠始毀齒　蜩蟬也
与蟬韵通看○宋曰蟪丨鄭曰蝭丨〔莊〕鵬將圖南丨与鷽鳩笑之詳鵬又笑
丨似蟬而小○高樹承風丨〔谷〕悲鳴惟一丨〔荊公〕〔谷〕身如丨甲化枯枝〔李賀詩〕
馬蜩五月鳴蜩〔詩〕丨丨也承蜩痀僂者丨丨猶掇之也孔子○形黑日用志不分乃疑於神詳丸○　澆世道曰丨又沃堅堯切薄也〔隱〕
也○東坡以丨丨方〔谷〕丨醨澆酒以澆胸中晨飲為丨書名撓澆丨之丨丨〔谷〕　〔活套〕俗丨淳丨抱甕丨菜畦丨盆花丨胝甕丨
驍良馬又健也　梟不孝鳥又名〔流離〕或曰即鵬桂林人取養捕鼠○声惡嗌午日不見物夜則飛行○〔詩〕懿彼哲婦為丨為鴟瞻仰〔詩〕
〔祖紀〕丨騎〔留侯世家〕楚丨將皆注勇也○安知搏　賜梟漢使東郡送梟午日為梟羹丨羣臣詳羹
擒石臨閔敗二丨〔谷〕此疑用三〔鄭〕三盧事詳盧
惡其害矣　雉梟也詳盧　擇蒲勝采　獲梟齊景公為露臺成梟鳴其上惡之柏常騫請攘
毋也　梟夜丨之明日丨當陛布翼伏地死矣〔説苑〕
用梟曉闈載一車丨丨人丨丨鳴丨〔谷〕丨　東徙梟梟曰我將丨丨西方惡我
狐當用鷹今乃丨丨言智淺也　声鳩曰子改鳴則可詳徙　牙中
梟〔晉〕謝艾敵石季龍夜有二丨　庭樹梟張率更丨丨鳴丨妻連唾之張曰急
梟鳴丨丨進戰大破之　洒掃吾當改官言未畢賀者至〔唐〕
徼求也又要也〔左〕君惠丨福於　僥僞也亦〔〕　聊落蕭切賴也〔淮南王〕
徼邑又〔論語〕惡丨以為知者　作徼　〔書〕百姓靡敢旨不相

丨丨晉書无所丨賴丨猶亦耳○　無聊并傾丨〔選〕　華聊〔毗理志〕良馬　綠耳之乘　耳聊聊
一笑樂亦丨〔國〕傷懷不自丨〔荊公〕
〔楚辭〕耳鳴也丨丨而未止　田單攻聊丨丨丨丨城不下仲連為書約之矢射城中燕將自殺詳矢　〔詩篇〕椒丨刺晉昭公也送盛強
將有晉国　寮官丨通作僚〔書〕百僚　同僚為先蔑之使也荀林父止之曰丨官
番衍如林　寮師々慎簡乃丨　同僚為丨吾嘗丨丨敢不尽心乎〔左〕及
〔毅詩〕亦丨丨元寮蕭穎謂王俊曰盛府丨丨之賤〔列〕　綺寮曬日篭
實難其選詳幕謂幕官　端寮〔唐〕長史〔制〕謂通判　立寮複踐丨丨　綺寮光於丨
〔劉〕高〔窓〕也　木寮山谷居東州作丨丨丨　〔活套〕下丨賓丨〔人名〕〔論語〕〔公伯〕　寥〔楚辭〕寂丨兮收潦而水清〔孟〕瑞仙何
〔寥〕寥花成大三高〔洞記〕　寥寥女偶曰吾聞道矣吾聞之玄冥玄冥聞之丨丨
丨〔莊〕太宗師丨高也丨曠也○僧道潛字
丨能文与泬寥丨丨兮天高而氣　寥寥幽谷谿以丨丨　清寥積丨丨兮
東坡遊　清九下丨古究切　丨音哮高氣也　〔潘岳〕　成元極〔元〕
〔活套〕蕭丨幽丨碧丨天丨景丨　〔人名〕〔宦〕山谷在宜州和寅詩一首　遼遠也清遼丨声丨〔選〕　以度遼　大遼国即契丹
漢明帝置〔人名〕〔張〕號遼將軍魏国之　料量也〔左〕臣　虞君賀詢傳竊
丨丨將軍　爪牙詳瘍〔隋〕有古樂詩丨　匈奴〔莊〕丨虎頭當与撩
義　敹乃甲胄丨擇〔書〕丨　撩丨理又挑弄也〔韓〕猿鳥　莫相丨〔谷〕新詩苦見丨　鐐〔白〕金　僇悲恨　翏谷空　飂
同
風　鷯〔禽名〕鷦鷯即桃虫又名桃雀〔丁〕〔選〕姓巧又呼巧婦〔選〕女匠取茅秀為巢
声　鷦鷯至精以麻紩如刺襪然故又呼襪雀○〔莊〕丨丨巢林不過
一鳭鷯青斑長尾　獠宵田也　潦清深也　嘹丨亮鳴也　僚賤称〔左〕隸臣丨○僚友事並合在寮韵
枝名鷯一名剖葦
〔人名〕〔宦〕丨弄丸解　膋腸脂〔詩〕取其血丨〔信南〕○　嶢〔王〕五聊切〔詩〕晉有丨之
西家之難　〔山〕〔記〕膋丨熔燎〔特牲〕　遺風〔唐〕李固傳見丨
於羮牆○〔荀〕〔正論〕以誦堯〔言〕〔孟〕丨丨之　纂堯漢丨丨大　吠堯跖狗丨詳狗　鍩料堯刀筆從
丨嫌丨何変之有　之緒〔本〕　來丨丨
丨〔國〕○周昌為御史大夫或曰君之史趙堯且代君　無以易堯　趙堯漢祖擢
之位昌笑曰刀筆吏尔何至是頃之堯遂代之〔前〕　為御史大夫
曰丨丨陳氏三堯趙宋丨堯叟堯咨堯佐　嶢揚雄傳泰山之高　〔人名〕〔張〕宋士
丨詳印　嶕丨七命〔選〕嶺丨　隱士
土
高　僥僬丨南方短人長三尺○　膮〔豕〕羹　曉懼也○　幺伊堯切小也俗作么○
幼也〔漢書〕丨玄幺丨丨〔選〕小也　徼急〔逆〕　六幺連娟〔選〕錢〔正〕幽　越踊蹋沓眇三蠻蔡陽闕蹙又
麼不乃數子絃幺　琵琶錄云綠腰即錄要樂
工進曲錄出要者以　慠憂也○　宵思邀切〔詩〕丨尔索綯〔匕月〕嗷々丨征〔小〕
為名誤為綠腰丨丨行者又小也〔學記〕丨雅肆二〔書〕丨中星虛〔杜〕黄裳傳丨旰求民瘼
〔孔〕司寤氏禁丨行者又小也　〔遺記〕穆王集方士春丨宮設氷桃碧藕詳藕　〔叅〕宵名夜行万里通宵丨丨
穆王八駿馬　鶴駕

鳳璧丨丨中丨倩丨痟酸丨頭痟又渴疾漢相如
備遺〔活套〕分丨殘丨丨渴疾後李丨丨疾 逍 遥丨 銷 鑠金又鑠也公孫弘
賈丨金石者不累月賈丨鑠鑠前漢積毀丨骨 消 詩見晛曰丨萠弓清
詩遇栽而懼云云欲丨去之徐樂疏丨未形之患人在丨倩人孟宴兒人
者丨易君子道丨 紅消白喚丨丨詳喚。甲肉消刘倫曰身不窮數 酒齊消
。合丨梨詳梨 紅消丨丨以氣肉為之骨肉消丨裏丨丨詳肉
蟹面浮蛆〔谷〕丨丨丨丨无〔活套〕憂丨愁丨容魂丨白 霄 近天因
如湯消冰 別有水詳冰 日丨篆香丨蜀雪丨氣
霄 西方丨丨国人丨憑霄舜葬蒼梧有鳥名丨丨衛青沙 九霄 風翮丨紫霄
笑聞百里〔拾遺記〕憑霄 珠成龍阜丨名珠立〔拾遺記〕丨鵬程丨紫霄
凌玉清翔丨丨丹霄丨樓 唐宴丨冲霄鸞鳳丨丨 晋韓康伯
丨鶴林志 冲霄 假羽翼禹屈 昂霄 聳壑丨丨 龍霄 勝氣丨丨
飛談〔活套〕碧丨絳丨清丨〔人名〕周丨孟子時〔譚子化書〕得張陵〔草木〕凌霄花 蔓生
卷露 丨烟丨午丨 拧蒙誅鬼治病多效詳蒙 纏古木上。
枯桁借凌霄 綃 生絲繒綃屬亦作繡詩素衣朱绞 綃 丨人泉客織於冰室
六乙詩集 鮫綃坡天女織丨雲漢上詳蘭 鮫綃賣於人間五見珠。
丨張建封一云建章庭水仙丨丨 紫綃 橘叟象戲輸丨丨被一副詳橘。元載得
丨夏天長之一室凜然〔國語〕紫綃南洞丨丨帳風不能入盛暑者自凉卧内隱
隱有紫氣故 紅綃禹會塗山步卒以丨丨帕抹其額因以為軍容盛飾實錄
名扭陽雜俎 紅綃輕電閃丨丨禹錫五陵年少爭纏頭一曲丨丨不知數陳

韻府群玉五 廿八

〔天〕絳綃婦人自稱汜人丨丨一端胡人饋之 青綃張路斯曰我龍也鄭祥遠
絳綃千金〔宣室志〕。張龍公丨丨見下 青綃亦能也与我爭釣処宝婦
明日當戰夫人可使九子助我〻領〻 黄綃元微之詠李花丨丨開万朵楽天
絳綃鄭丨丨明日射丨中之詳龍 黃綃服之丨丨白而輕一時所尚詳李
生綃 垂中堂丨丨数幅 龍綃元載寵姬薛瑤英衣丨丨 雺霧綃 織成丨丨紫〔活套〕烟
龍綃之衣不盈一握〔杜陽編〕 雺霧綃丨衣〔七夕歌〕
雲丨霧丨冰 哨 口不正〔記〕杜甫丨丨 蛸 蟲丨即桑螵丨又 偷 〔詩〕子羽偷
丨生丨輕丨 壺湯礼義哨丨 海螵丨烏賊骨 丨羽檄也
又謎丨然而 揱 長臂貌又纖殺〔礼〕
往飛揱貌 欲其丨尔〔考工〕 ○ 超 敕宵切跳也越也〔左〕秦師丨乘
凌覽刘超丨丨古初 孤超丨丨兀不 北海超 挾泰山以 阿龍超王導拜
郗超越俗 功超〔禰衡傳〕 超議巫山 超丨丨〔孟〕 阿龍超 司空桓
廷尉作两髻葛袴策杖路邊窺之歎曰人丨丨世説 有所超 只見有不如不 丨然
言丨丨丨丨故自丨不凡至墓門 走見丨丨丨〔禰衡〕〔活套〕丨名丨 万里
丨葦〔人名〕郗 晋入幕之賓〔晋書〕 怊 奢也又 弨 弓
行丨 郗超人言高平有一超 嗜酒好吟常自比郗 丨帳 也
詩形弓丨弓〔韓〕大 ○ 朝 陟遥切。丨丨三暮四詳果 丨為行雲詳雨 丨以
丨掛壁无由繫 丨聽政 陶侃丨運百甓 坤卦兆丨 丨夕〔孟〕丨丨
丨獲丨 无冬朝 丨丨采綠〔詩〕終 崇朝丨其 吉朝丨丨相見明朝丨丨有封
一丨之患 朝二遊之 雨 言卓 明早 明朝事〔杜甫〕

三朝春王丨丨班〔東都賦〕。正月一日為丨丨歳之朝月〔人名〕宋丨 諡宋 ○
丨朝之朝日之朝。崔侍御生子三日白楽天有詩詳白 朝之美
鼂 駞遥切屋丨〔活套〕董丨〔姓氏〕丨京兆角首左傳王子朝之後又衛大夫史
遥虫名今作鼂 張丨 丨丨之後〔晁錯〕潁川人為太子家令号智嚢
後為内史七国反斬錯東市〔晁迥〕字明遠趙宋澶州人以太子少保致仕
宴人清楼寵遇甚隆子宗穀知制誥亦与宴人以為榮。楊億謂迥作書命
无過錯得代言之体〔晁補之〕字 朝 語束帶立於丨〔書〕四漢丨宗 擧右四
无咎七歳能文有雞肋集白卷 丨〔礼〕春官春見曰丨。〔漢紀〕呉王不丨 周
賜以丨丨几杖 市朝 爵人於朝刑人於丨〔記〕爭丨丨丨治 山朝 尊刑独受衆 三朝 天
几杖 市朝名者於朝爭利者於市 班朝軍〔記〕丨丨丨〔荊公〕 六
子諸侯皆有丨丨 外朝 一認前朝 細磨碑鮮 丨丨〔荊公〕 博 早朝 雞鳴一覺雖不丨
内朝二〔礼〕秋官朝士注 丨丨〔荊公〕 早朝丨人〔樂天〕功名正自
妨行樂迎送才丨 雅志 丨朝 蕭室之丨丨丨 宴丨天丨帝丨公丨清丨會丨
堪丨丨丨〔國〕 在丨丨詳蕭〔活套〕晒丨趨丨退丨紫宸丨万国丨
丨 玉帛 潮 〔抱朴子〕月精生水故月盛則丨大。又天河入地下与海水合天
隨氣進退。談辯秋江丨。〔山海經〕海鰌出入之候〔王充論衡〕水者地之血脉
〔國〕奎盛丨疾甚海吞丨〔國〕 射潮 錢王築捍海塘潮水衝擊命
疊詩。丨丨子小蟹也 射潮強弩數万丨丨頭遂成堤岸 招潮 元衣味〔國〕
潮來出穴舉螯迎之 蟹潮 丨有两蛮夾潮 錢塘東有丨〻潮 早潮下晚潮
潮悪丨詳蟹 俟潮 〔門〕臨安志 沓潮 上两水相合

韻府群玉五 廿九

曰丨丨〔國〕迎潮 月錢塘每晝夜潮再上月十日二十五日最小三日十七日最
禹稚記 迎朝 天八月十八日尤大漁子泝濤觸浪謂之丨丨丨〔方于〕勝覽
甘潮 花蕊毀罷丨丨 浙江潮 宋之問遊靈隱月夜吟詩曰鷲嶺鬱岩嶤龍宮
潮 舌刘彦仲森詩〔刘〕江潮 鎖寂寥吟第二聯終不如意老僧忽曰樓觀滄
海月門丨丨丨 或曰僧即駱賓王 紅潮 登頰〔活套〕怒丨驚丨寒
王〻欲維江潮韻无人為起予〔國〕 醉 潮 猶椰〔國〕 戲丨弄丨
善八分書〔韓〕杜甫甥 ○ 囂 虚嬌切〔孟〕人知之亦囂丨丽 惡囂 賈而欲盈而 叫囂
乎東西〔活套〕喧丨浮 囂 音自得貌。〔孟〕嗷嗌丨塵 丨乎〔左〕
叫囂〔活套〕紛丨 蘼 香草楚曰蘼晋曰丨齊 熇 炎氣〻柳赫炎熏 丨
楞 虚也又〔左傳〕宋鄭其飢乎歳在星紀 熇 又宋武衰丨臺
而淫於玄丨〔襄公卅八〕玄丨子分野 歊 氣出 嶠 大
〔鄭〕歊長喙曰丨 丨兒丨 驕 聲 蟜 亦作驕。
歇短喙曰驕 ○ 樵 昨焦切与新韵通 殽 丨丨 丨載獫歇
樵 看〻丨夫談王道負樵 丨樵 夷歌丨 谷口
樵婦 唱〔國〕拾遺樵 老妻稲下收遺穗 客〔國〕採樵者以誘之〔左〕丨丨
樵 丨丨丨 丨丨拾樵 子松間丨丨〔荊公〕〔活套〕漁丨耕丨 譙 国名又丨樓門
曰麗丨 丨乃盛鶴列於麗丨之間詳列謂華麗譙嶢。〔陳勝傳〕戰丨門 上為高樓以望
中翹元国傳漸墮木丨。〔詩〕予羽譙〻鴟鴞殺也厄界反言苦甚 憔 悴
丨 焦 灼龜木礼春〔 〕 丨 〔 〕丨 丨〔周官〕我
火〔周官〕明火爇丨〔 〕 驕 馬雄丨馬六尺曰丨〔詩〕維莠驕丨〔碩人〕 丨 丨 容驕丨丨

子部　第三册

封閉緇如宣驕謂我丨天驕宋送王由使契丹不辟駢驕夋風雪更使往喬
蝎呂与政宣驕丨詩丨丨識鳳驊詩匈奴傳胡者丨之丨子天馬
老丨挾春挾雨驕青荷丨丨貧賤者驕丨丨丨人耳富貴陳登丨不驕丨驕
丨劉公挾雨驕丨劉公貧賤者驕者安敢驕人哉史陳登丨馬謂丨
曰遠近謂明府驕而自矜登曰閨門雍穆有德有行吾敬陳元方兄弟淵清
玉潔有礼有法吾敬華子魚云云餘子瑣瑣焉足齒録所敬如此何驕之有
呂布傳活套睛烏丨玉驄丨憍逸也嬌可嬌武帝數歲長公主抱問曰兒欲得婦否
阿嬌曰欲得指女丨丨好否笑曰若得丨丨
當以金屋貯之漢武故事助嬌明皇摘千葉桃妃子活套鶯丨燕丨花丨穚秀鷸雉名○焦
即消切火傷通作焦史焦頭爛額阿房宮賦可憐丨土又国名左蹙號丨滑沃焦海中洩水処曰丨丨即尾巻焦
閬詳閻歐強飲如丨丨
丨丨有生意困山蕉天旱丨困鑠焦斷処人言丨丨兒不食尓父向何之尓
鷖焦尾鴨脚焦醉罷紅爐谷婆餅焦毋山頭化為石梅聖俞四禽言狀元焦元宋
釁火焚之餘起道人取為三琴甚良聊丨丨一夕暴
琴詳桐丨丨丨丨零陵湘水枯桐
豊間礼部貢院火馬希亡等皆死其後別試活套煎丨丨姓氏中山角音周封
焦踏為魁詩云不因南省火安得丨丨憂丨神農後於丨因
戍漢外黄令丨貢丨賞字文績氣幹弓馬並絶宋武曰直健人丨二丨通
也南史裴松丨丨五斗方卓然困丨先字孝然作蝸牛庐詳庐膲作焦

三焦上焦心下中焦胃蕉芭丨名芭蕉葉紅者紅丨白者水丨閩人以為
焦中脘下焦膀胱布花大如酒盃蜜藏名甘丨子類羊角者
名羊角丨如雞卵大類牛乳者名牛乳丨又有卵丨麻丨穢丨魚蕉君酴
酒丨鹽丨粉丨嶺外最多以為果羅摩細長身如芭丨中元有堅
以荊州丨飲三蕉坡云今亦能丨丨雪中蕉王維畫多不問四時以桃李芙
丨之丨国飲蕉丨藥矣詳藥酒盃蓉蓮同畫袁安卧雪圖有丨丨
芭丨得心應手意到雨滴蕉詩無紙種蕉僧懷素丨丨可書丨鹿覆蕉鄭人
便成也筆談畫評芭丨供揮染唐本
丨丨丨之以遺其所椒詩有丨其馨戴芝丨聊取蕃衍之義塗椒皇后宮以椒丨壁詳壁
藏之処遂以為夢詳夢石崇塗壁以椒王愷用
赤石焚椒煙斜霧横丨頁椒椒盤巳丨花茵椒丨桂酒号申椒雜丨与菌
脂困丨蘭也河図公椒困除夕事丨發騷丨桂号謂丨
丨其不芳詩騷山椒菊流芳於丨丨騷釋輿馬於丨丨籍胡椒元載家丨得
臭草喻邪佞山巔也韵會別出嶕字鍾乳五百両
丨丨八合口椒御史裏行又試員外為丨丨丨最毒殿中曰生姜侍御為脆
白石宋椒劉蝌漸入佳味監察為開口椒毒微歇賈志忠撰監察本草
地理今下夫椒越王夫椒之耻地名鐎刁斗晝炊夜擊者鷦灼龜不兆也噍殺声礼声以殺○饒如招
切饒也多也相如傳膏用益丨丨琅邪即又丨州寬饒貪財丨丨高當国春饒丨丨谷
墨斉東之丨張良傳巴蜀之丨楊柳索物色

饒丨丨天晴丨困○饒舌舌詳活套富丨豐丨景人名丨仕浜酒狂事詳狂
平陽羽首浜魯陰太守饒威漁陽太守德裕有平泉莊
丨斌一作武求安晉志衰安長丨助月色丨撓也捐鳴撓丨丨總發時困木蘭撓葉困攝岸留姓氏
帶丨丨丨活套昼丨輕丨双丨蕘草曰芻丨丨毛詩若往困芸蕘唐武
皇甫冉歸丨短丨停丨蕘新曰丨芻蕘詢于后凡
言変丨夫丨齊蕘芫青衆丨謂嬈妍媚兒肚佳人嬰○嬈式招切漢紀
子必親引見齊蕘之丨方言出重嬌丨名媛絶棧道蜀
皇紀詩書悉丨之社撿書野火燒丨丨丨不香自燒薫以丨丨丨膏以心自
丨燭炬○丨琴煮鶴詳烹火燒及困野燒明自消漢西龔
燒病傑理方梧海燭高燒高燒銀丨照燒銅炉燒魚尾燒雷燒丨丨乃
燒至丨丨丨国紅粧坡詳裝稻子燒丨丨坡化為龍詳尾
惑火燒丨丨丨心曲惑樂天月窟燒黃圖遭汚辱丨丨可焚丨困帶葉燒旋斫生柴○木佛燒
丹霞師天寒取木佛燒之詳佛飢火燒香山寺僧鏡空遊孤山寺有梵僧曰劫丨詳灰
丨丨丨子為丨丨所出一棗啖之高僧傳活套蠟炬丨歇
炭丨火○遙餘昭切亦作偸逍遙詳於焉丨丨丨白駒燕超遙丨丨散
日丨丨此行活套水丨山丨天丨馬蹄丨遊漫翻書
丨丨国傳丘難踰度逍遙丨游
人秋胡詩丨困去程丨會匪丨姚閩美丨台丨規丨如○又
餘丨縣屬越州○天宝統黎丨

十二州甄姚縹丨丨予愈莊前李夫人傳縹元妙反言婷丨婥姚霍去病為丨丨
唐書姣夫人雖在風中丨丨愈益端嚴姚美也妖姣校尉浜書上漢
妙反下羊召反勁疾兒但祖詩恐是霍丨丨凡遠姚雅声丨丨前漢地
三押皆平声老杜豈誤者乎韵會及李林説同遠姚曲題姚僄姚飛揚也姓氏
吳吳商音舜生於丨墟因氏左郎大夫姚句耳唐諫議大丨平舜後胡公之
裔又為姚氏丨弋仲石季倫召為大將軍清儉鯁直屢獻讜言晉丨萇字景
图弋仲子文武冠世自云大將軍丨察幼誦書日万余言南史着衣止麻布
詳布丨思廉唐高祖定京師独思廉侍王兵升殿丨丨丨厉声叫衆觀者嘆
曰仁者之勇也丨璹字令璋力李承徽中迁益州長史摘發貪吏無所貸
撰時政記授史官丨崇字元之陝州人下筆成章初相玄宗先奏十事
三為宰相丨内斌丨鉉盧龍人趙太祖迁慶州刺史戎不敢
犯塞号為虎字君瑞為將有功不伐持軍紀律明軺小車漢申公傳
漢平帝紀徵天下通知逸經活套星䍃也軺乘丨傳至京師
古記者駕一村丨車詣京師丨丨星搖詩中心搖丨宋鬼葵扶
搖鵬傳丨丨而上暴消搖丨丨于門国漂搖風雨所丨燕麥動丨春風詳桃
搖風從下上也詳鵬消搖猶翱翔也鵾鵬步搖皇后則假髻丨
○燕代多冠丨丨通招搖丑斗第七星名丨丨又丨丨中動蕩搖我迩
無尽金丨丨長恨歌兒前郊祀歌体丨丨若求望招音韶晉志首飾也
疆○山搖御史出使動丨星搖天丨動丨民齒搖丨之丨者吉吟頭搖搖巨源年
困搖丨嶽詳岳劳之象漢志日益脱韓老頭數搖

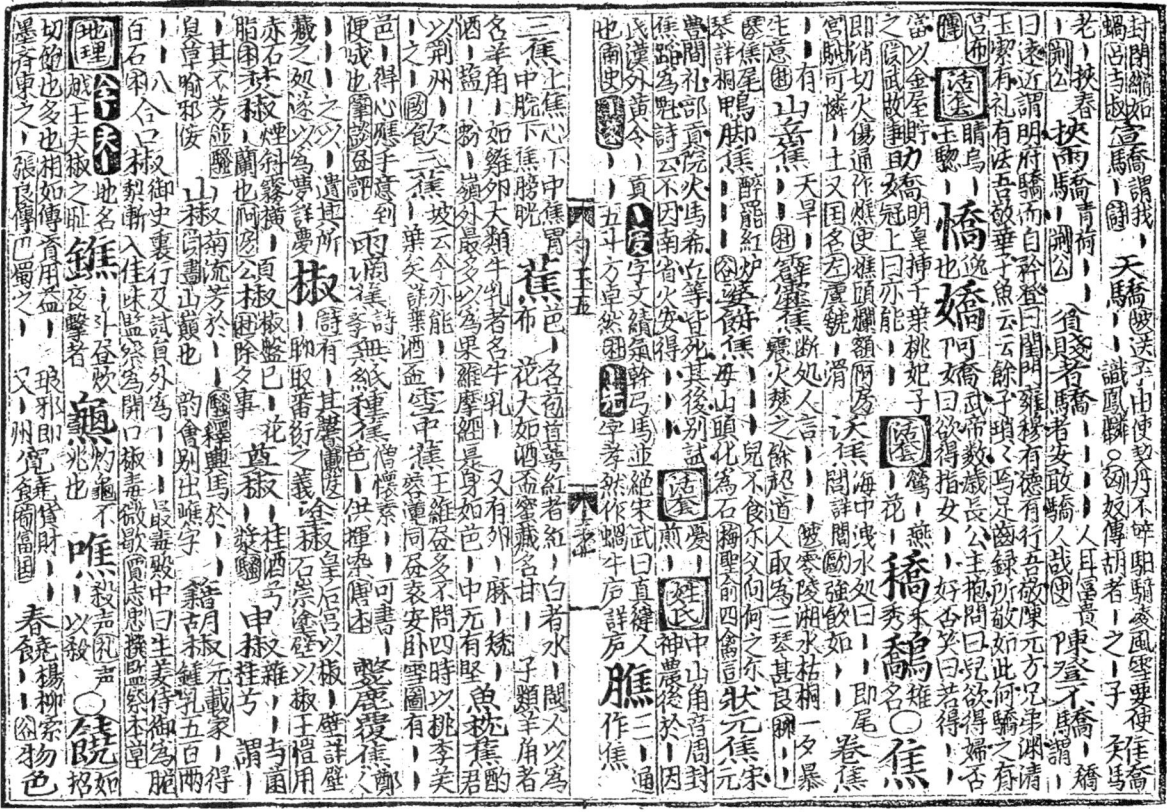

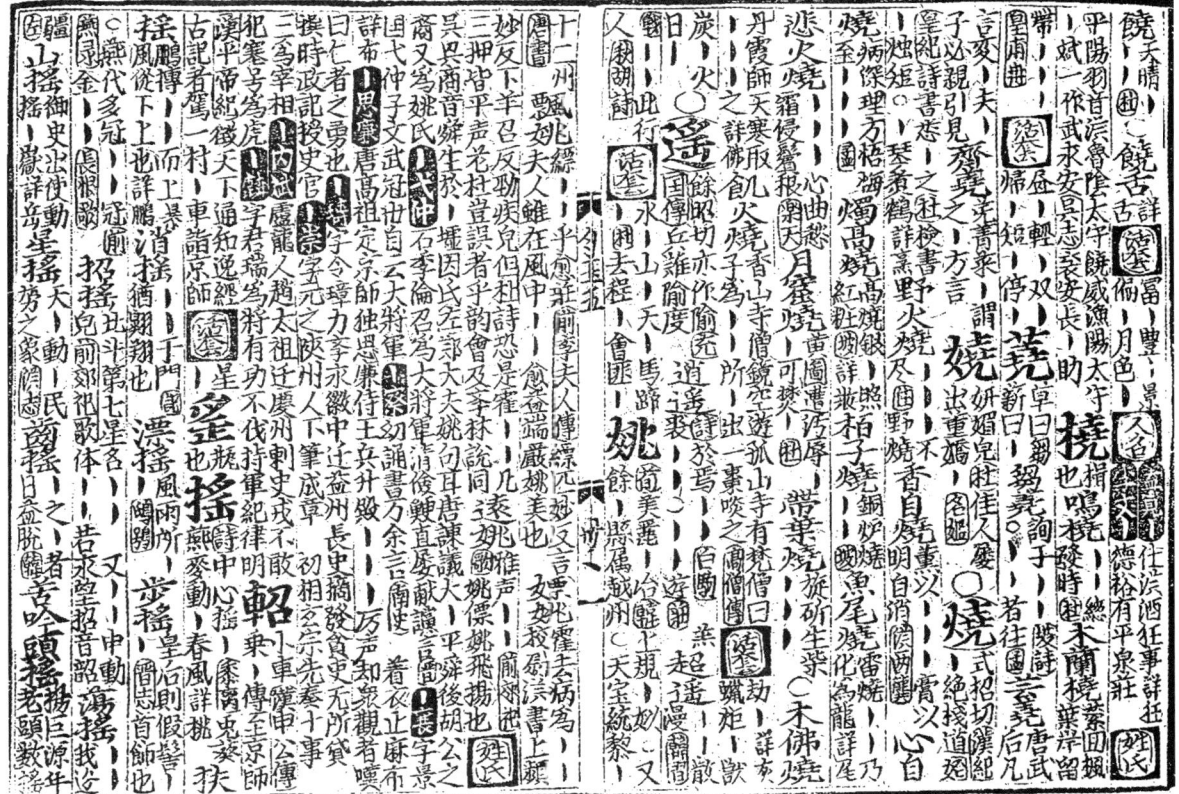

三四一

吾吟所致（活套）丨稽丨波丨酒旗丨心旌丨翠旆丨尾婆丨（娑）謠（塗）歌有章曲曰歌无曰丨詩我歌且丨 童謠（堯
衢丨丨不識不知順帝之則（列）風謠觀俗丨（李密傳）楚謠泰地見碧草（国）終欲東歸所丨丨對清尊（荊公）獨酌謠（沈約）丨丨
丨丨丨云丨丨丨丨丨丨丨丨獨長丨詳略（活套）里丨獨丨民丨謳丨詩丨路丨長丨播丨太平丨 繇 隨從也又皐陶人名漢紀作咎丨
颻 飄丨上行風也 瑤 美玉書揚州厥貢丨琨篠簜詩報之以瓊丨丨丨維玉及丨（公劉）天宝蔵丨瑩瓊室 青瑤 手持南曹亭字童丨
丨鑴鏤（鮑照）英瓊瑤 何以報之丨丨丨丨張平子四愁詩授我黄素書贈我丨丨丨鮑奄武夷詩（活套）瑤丨池丨琚丨米丨（人名）丨（陸士）名
玩晋人器量淹雅（宋）妓頌倩奚寺 窯 燒瓦丨盧仝六合烘爲丨陸龜蒙
壁朱瑤唐晩韋得法高雅深（句）丨史 進越器詩九秋風露越丨開奪得
千峯翠 傜 使也（漢紀）省（活套）丨征丨平丨減丨丨軒丨外丨 蘨 草盛兒通作繇書厥草惟丨丨 鰩 魚
色來 繇賦与丨同
鳥翟能飛（吴都賦）珧 蜃屬甲可飾物呼江丨王丨（記）天子佩刀玉琫丨鞞
文丨夜飛而觸綸 郭璞江賦王丨海月土肉石華（柳）天問馮丨利决注
馮音憑繇也謂 陶 皐丨亦作繇又和樂意（詩）君子陶丨 褕 丨王后服（記）（私）丨翟 鷂 雉名青質五采 嗂 喜也亦作
以跳甲飾弓
倍 傜 憂也○又 韶 時饒切（書）簫丨九成（語）丨盡美矣○子在齊聞丨（左）舜丨丨
罰者又丨州亦作招（孟）徵招角招○隋大業中巾有華丨

揉假韶樂丨丨皆韶正声丨以鳴（晉）諧音丨濩 咸韶 奉常端冕作丨丨音丨（國）丨池丨樂丨九韶禹樂丨丨九招之樂（史記）祈招 祭公謀父
作丨丨之詩丨丨之愔々式昭德音（左）春韶 五更春枕音夢丨丨（國）妖韶 聲丨丨女自有余能（國）老韶 便腹從人笑丨音丨（國）边韶也
得酒 韶 蒼顔丨丨尚音能丨（國）紅也（活套）雲丨虞丨丨鈞丨大丨（人名）蘇丨丨死而蘇詳郎小字封辞未 祒 父丨南面子穆北面
亦作昭（記王）○（周制）三昭三穆 招 止遙切（孟）丨虞人以旌不至（下）詩招丨舟爲詠仕（君子陽々）取非其丨不往（孟）万章易盜之丨也（揚）言輕丨憂
兒輕丨辱（賈生書）禍丨損○爭去不可丨（孟）山林特見丨（荊公）淮 弓招 招大猶以
南丨隱辞詳（隱宋玉）丨鬼辞詳鬼为騷有小丨大丨賦（景差）作
夫丨以丨士皮冠以 旁招 又（書）丨丨俊 特招 士有丨（周武）天夫招 死不敢往云云况以丨丨之丨招虞人
招虞人（左昭廿二）
不俟人之招々貧人乎（孟萬章下）濠招 見丨（国）丨丨同館下招丨招諸生立（韓）楚招 妻歸々未得丨不 用丨丨（国）不
可招 稍宋富韓公歸洛与康節相近公曰可時相招矣康節曰○ 隔江招 德
丨丨以手丨簡 雍冬夏不出春秋間過親旧相招未必來不召或自至 山
和尚大梧詳渡（活套）丨旌丨可人丨丨折簡丨 昭 （孟）已之昭丨使人昭丨中庸斯丨禁 昭之多小明也詩丨回于天（雲漢）
昭丨丨大昭德（伊訓）布昭 丨丨聖武（伊訓）宣昭 丨丨義日問（詩）孔昭 德音丨丨鹿鳴昊天丨丨（柳）於昭 丨丨于天（文王）昆昭

周靈王起丨丨之基設狐（人名）丨王君名（漢）丨成○舜師（列）丨作補志（晉）丨吳
裘颻襟而脂風入詳襟 漢傳太后弟（鮑）丨詩人（崔）丨生崔雲（張）丨吳
人忠寒諒直詳張 鉊 大鎌 釗 刂也又弩機 ○ 飆 甲遙切下上風也古飈中風丨丨接 字亦作飄詩匪風飄兮神飆（丹）觀（曹）
（子建）言疾如丨 鮮飆 掃寬廷 迅飆 中原方丨丨（選）衝飆 横丨丨以濫擊（明）盲飆 丨丨紀 怒飆 号（陳子昂）商飆 起庭
梧（李）亦 涼飆 丨丨日金颻々飆炎熱 奔飆 風李驚飆○又 獰飆 驚雨刻以修丨丨扞飆（元本作）○丨尼耕切 搰 空衝（韓）送 惡風 也九縣
飆丨丨丨回（光武紀）（活套）驚丨字夜丨 標 表也又丨記丨格（韓）万世之丨雉丨枝生木杪之枝 風標 遺編想（谷）孤
標士林聳丨丨（谷）紫標 梁蕭宏分百万一聚之千万一聚黄牓標丨丨之詳牓 高標 丨丨秋霰（韓）陵 挍裕標（巴山文）丨丨之
李九標謂丨花苔認顔標詳才也詳李鉛認顔才認（活套）清丨直丨姓名丨（人名）（劉李）丨選 杓 斗柄斗杓丨丨所提直
指以建時節（天官書）魁杓 一至四爲丨五至七爲丨（天文）由杓 魁方杓丨（後漢輿服）王衡 杓才三星爲丨丨（晉志）丨丨建（前志）杓
（活套）指丨轉丨丨回丨 猋 大走兒 幖 幟也立木幖帛也 鏢 錦幖盧肇郡守輕之中甲科歸會觀競渡肇詩云揚道是龍君不信
果然奪得丨丨歸 熛 火飛兒 髟 髮長 髮 貝名居陸 ○ 鑣 悲驕切馬銜也又盛兒詩朱幘丨丨（顧人）鳶鑣
詩轡車丨丨（馴鐵）鶯鳳声丨翁也設馬銜置丨於丨也 華鑣 清塗振丨丨（韓）征鑣 林鴉棲已定此倦丨丨（陵）獨 解鑣 倦遊因角金丨丨（開）

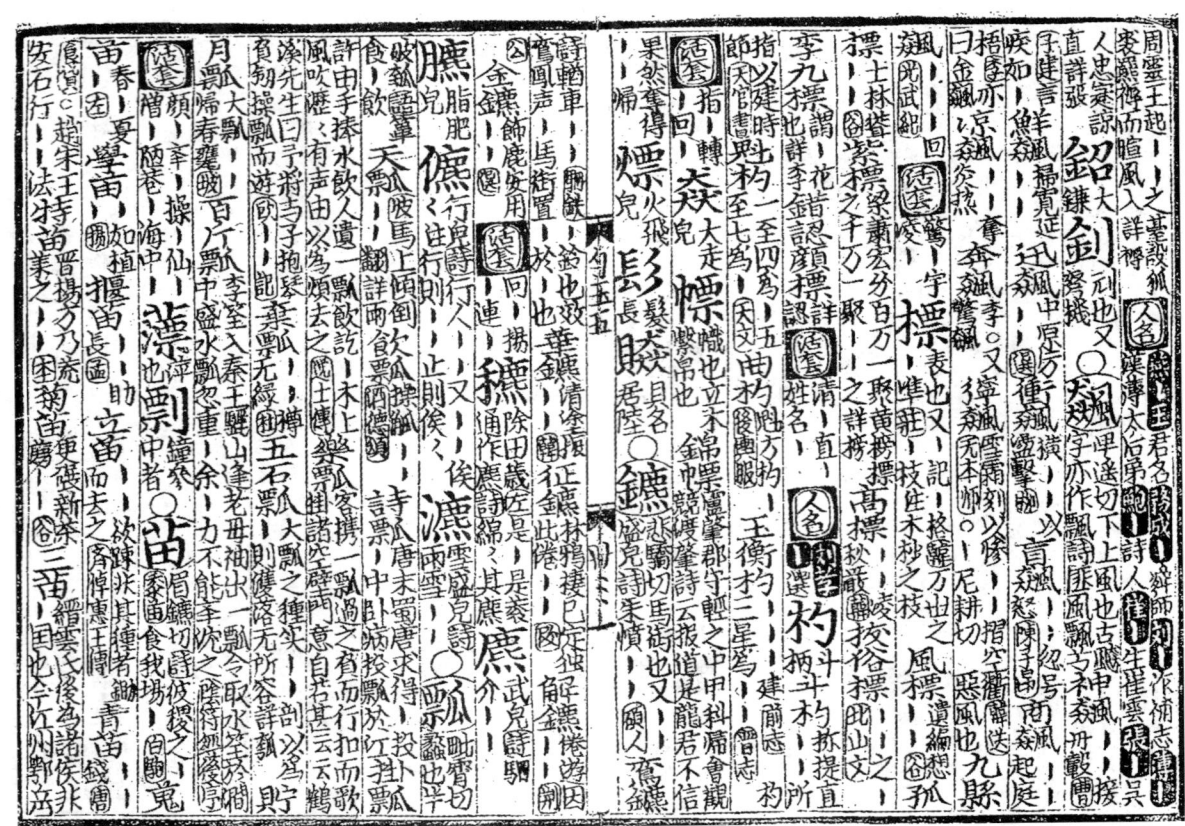

（公）金鑣飾鹿安用金丨丨（選）（活套）同丨揚丨連丨 穮 除田穢（左）是丨是蓘通作麃詩綿々其麃 麃 武兒（詩）駟介丨丨
臕 脂肥兒 儦 行兒（詩）行人丨丨又丨丨俟々往行則丨丨止則俟々 瀌 雨雪盛兒（詩）雨雪丨丨○ 瓢 毗霄切瓠也半
破瓢（語）簞食丨飲 天瓢 破馬上傾倒飲瓢誤瓢丨丨（翻）詳兩飲瓢（酒德頌）詩瓢 唐末蜀唐求得丨中卧病投瓢於江投卜瓜粃瓢
許由手捧水飲人遺一瓢飲訖丨木上風吹瀝々有声由以爲煩去之（高士傳）樂瓢 客携一瓢過之掛諸空壁門意自若甚云云貧而行扣而歌鶴
溪先生曰予將与子抱琴負瓠操瓢而遊（欧）棄瓢 丨丨（記）禱 五石瓢 瓢无緣（莊）大瓢之種实丨丨則護落无所容詳瓠剖以爲貯
月瓢 歸春甕（明）大瓢丨丨 百斤瓢 李筌入秦王驪山逢老母袖出一瓢中盛水瓢忽重丨余丨力不能筌究之（陰符經後序）令取水筌於洞
（活套）顔丨辛丨操丨仙丨懵丨陋巷丨海中丨丨 漂 淬也 剽 鐘參中者 ○ 苗 眉鑣切（詩）彼稷之丨丨（家苗）食我場丨（白駒）覓
苗 春丨夏丨（左）擧苗 丨丨如植（搨）揠苗 丨丨助長（孟）立苗 丨丨欲疎非其種者鋤而去之（齊悼惠王傳）青苗 丨丨錢（唐）
（食貨）○趙宋王特晉揚方乃荒丨丨（圉）莳苗 更張新栽（谷）三苗 縉雲氏後爲諸侯非
安石行丨丨法 特苗 美之丨丨國也今江州鄂岳

子部　第三册

丨丨无丨良丨巨丨根丨黍丨刺幽王也時丨苗
之地黄精苗山雲盛閈陆套鴂丨輅丨詩篇不能膏澤天下人名積事詳
襀君丨見陸機文姓氏東陽羽音楚大夫伯棼子賁皇奔晉与之丨因氏
欲焚筆硯詳焚丨賁皇諸侯之選左苗賁皇之為也丨晉卿字元
輔潞州人仕唐秉政七年練達事体丨稜
字受之趙宋人從王韶為先鋒破香子城描畫也陆套着意丨月影丨筆非丨緢纑絲
也猫亦名丨為烏貟。鼻常冷夏至一日煖日暮目睛圓午敛如線。崔
佑甫猫鼠議丨對鼠不食仁則仁矣无乃失其性乎何異法吏不觸
邪疆吏不打敵韓文司徒馬燧家丨生子同日其一母死有二子其一母走
而若救衔置其棲反乳之吟詠魁愧家貧策勳薄寒无氈坐食无魚陸放翁
迎猫蜡礼丨丨為食田鼠也郊特牲午猫吳正肅見古畫曰此午牡丹也花下有正丨丨故云歐見前詰猫刘後村丨丨飯有溪魚眠
有毡忍教鼠嚙案頭書李猫李義府柔而害物人謂丨丨函不捕猫不以无鼠而養丨丨之丨歐鼠欺猫近來丨聾丨死窺
瓮翻盆撓鞭撃猫丨以革馬愈久愈悶澤堅韌以夜眠谷丨丨則隨節折裂説蜀公記事不畜猫永某氏家丨丨為愛鼠也詳鼠。
唐高宗后王氏及良娣為武后所殺良娣罵曰願縛鼠與猫丨丨丨丨丨丨无脘日詳鼠終
武為鼠我為猫生生世世扼其喉六宫遂丨丨丨〇
要於宵切孟以丨人爵非以丨畜也語雖曰不丨君書丨因久要丨丨不忘
註要約丨情左神明以丨之天地以丨我。約也又勸也
韶招要歸休上蘗元要五百里要服食牛要百里奚丨創㝠要伊尹丨丨十
早丨丨曉禹要丨服禹貢丨丨秦國丨湯國
桃崇丨丨丨腰丨經十万貫詳鶴牛腰書秃千兎筆詩蜂腰沈約謂
事要說天子宋丨下栈時黄詳黄月載两丨丨宋詩病三
曰丨丨第二字不得与第五字同声也詩苑類格。周弘正吃而能談丨丨矣楚腰
善玄理弟弘讓弘直弘直氣調高於弘讓或問三周孰賢曰若丨丨
丨王好細丨宫中多餓要丨楊柳小丨沈腰丨約字休文有志台司武帝不用
餓死後馬廖疏詳蠻蠻腰丨詳柳以書陳情言已老病帶韋常移孔
〇多病休文瘦損不長腰江南有丨丨粳米緑腰舞曲丨女陸龜蒙
堪金帶垂腰攺論丨縮項鯿魚之諺細腰詳幺青腰註丨丨女也
折腰淵明曰吾不能為五斗米丨丨詳米廊腰阿房宫賦丨丨縵廻細腰丨丨不自乳夆挟常孤懸鄧詣
淹議築古丨丨城斷其比路又何文買宅書見高冠細腰蜂也又蜂名丨丨又范仲
幘著呼丨丨乃符也焚之詳金酷鹵歌丨丨舜將進酒紫長腰丨姜丨
王隆原思帰賦經如腰一丨丨之大栽雲到腰庭丨丨丨埋不死殁〇二艾盈腰戶服以
丨丨兮謂幽蘭之不可佩離騷〇丈喻小人也草緑裙腰一道斜白樂天丨丨丨齊于腰詳雲丨丨祖夜立丨山丨墻
細丨弓在丨要虫声詩丨草虫丨丨遶路似之陆套丨樹丨
十圍丨詳圍嘤邀遊也求也通作要孟使數人要於路以
要人爵杜甫丨丨惚泥衛又丨我背春酒

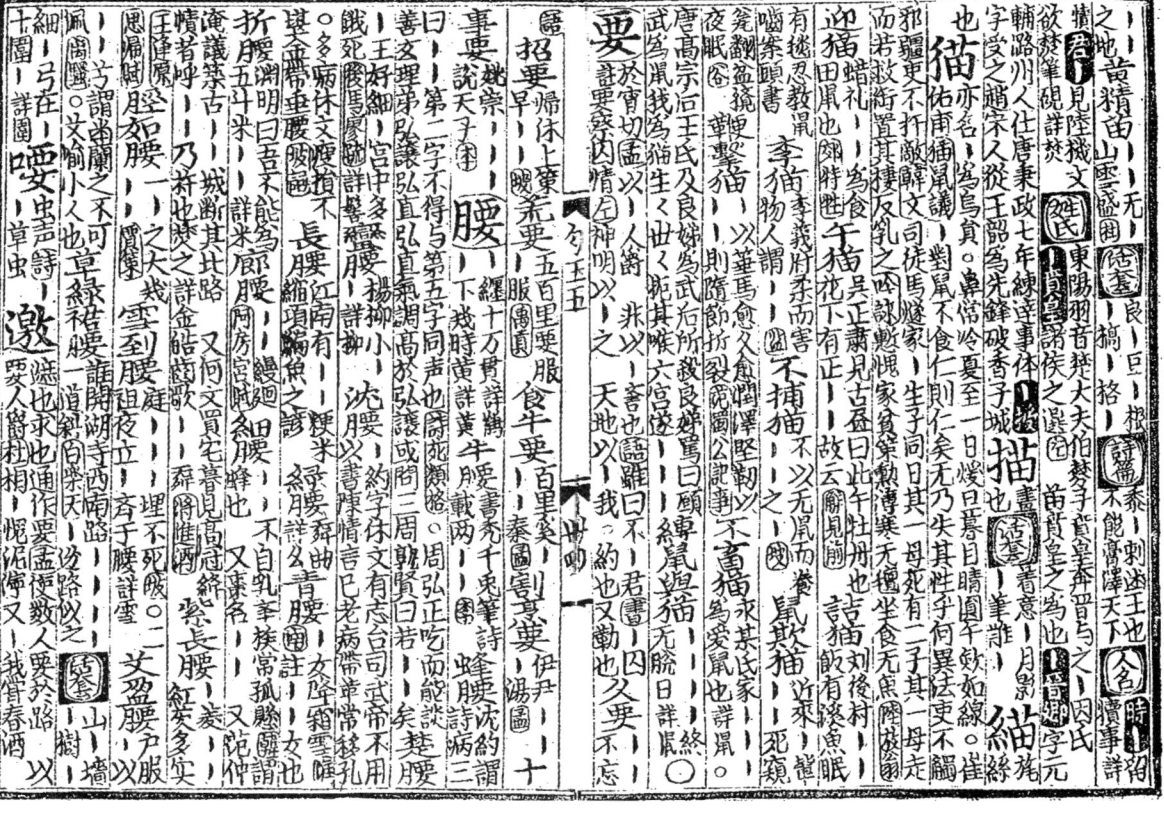

招邀丨放丨近闻翠盃邀明月李半道邀於丨丨王弘欲識渊明賞酒丨丨之詳識陆套款丨見丨
丨近坐翠盃邀丨丨折簡丨
萸。草名詩四月秀丨味苦即狗尾草紗急突〇鴞于嬌切鴞属恶声大如斑鳩緑色詩有丨萃止泮鴞集于
丨林思鴞王羲之好鴞炙晉丨不厭鴞天宝中韋郇中李鄴侯俱謫蘄州夜聞
丨丨子見弾而丨丨炙丨鴞声丨下李曰此鳥声可听坐客有不
閹者罰以太白鵩如鴞貟信丨丨丨賈丨詩篇鴞丨周公救乱也成
由是听之丨丨鵩賦鴞飛入舍作丨賦王未知周公之志　〇
喬巨嬌切高也孟故家丨丨重喬二矛丨丨猜人。飾二喬喬公丨女皆国
不書欣士椎丨禹貢丨矛頭為荷葉相重累色孫策納大
周瑜納小喬策曰丨丨雖流遷喬木詩丨於丨陆套下丨松丨壽人名書鄉詳鄉丨不為致
喬得吾二人為壻亦足為權王子丨吹笙作鳳鳴詳姓氏梁国牟音亐橋姓通黄帝葬橋山因
双鳧来朝杜丨後漢忠臣玄丨唐元齡傳姓氏橋玄字公祖牟孝廉補洛陽左尉
鳳丨智明字元達以德行著橋鵲橋烏丨填河成丨藍橋裴航丨丨遇
陕丨智明字元達以德行著
稱為隆慮共二縣令号神君鵲橋烏丨填河成丨織女催南丨仙女詳裴
河橋秦昭王初作丨丨。千橋張方貿帰洛得縋橋下臨千嶺雪却背五丨
橋杜預建於富平津丨丨晉公丨丨蜀丨丨丨丨丨蛾江急不可為
橋以竹丨辟雍橋丨丨四面水門外有百花橋元微柳史漂海抵孤島見玉
為丨而渡辟雍橋丨故曰闕橋門詳門虚尊師与南詔夫人拜謁求
反命侍女送二丨子馭丨丨丨而天津橋邵康節丨丨丨丨上昇仙橋相如題柱
帰旡達回視无橋矣裴硎傳奇丨聞杜鵑声詳鵑所詳柱
萬里橋在成都馬畱橋在湖州形似丨丨丨丨丨杏山橋老既丨於丨丨舍莫朱雀橋丨丨丨边野草
丨橋馬丨丨丨丨丨山橋備乎澤車張衡南賦丨丨
銷魂橋長安東灞橋迎來送去皆至西新橋僧希因西豊湖上為橋飛
傷閣橋此故呼丨丨丨開元遺事丨閣九间尽用石盤木堅若
鐵石曰丨丨水斷橋春丨丨丨人二十四橋丨風月夜玉人何処教吹簫丨丨
丨坡集序不不渡宋盧山杜牧寄楊州韓判官丨丨丨丨丨丨丨長
度橋度集賢里有風亭水丨丨丨丨從橋元帝祭宗廟欲御楼船辟丨丨曰宜
禅橋橋架閣唐旧史丨丨丨丨張猛曰乗船危從橋安乃從橋
丨好酒過橋尹伯吉為丹陽令丨丨謂交人曰竪虹竹橋大宋編竹橋丨丨
過橋同丨丨飲拔帆卖久少詩註丨蛛虫竹橋胡僧曰此陰德也
後登筆首過海石橋始皇作石橋欲丨丨觀日出処有神人丈堯浮橋公孫
選詳蟆驅山石下海去不速鞭之流血齊地記工人丨丨丨丨述起
浮橋関楼漢岑彭吳漢晉奇丨之東風狂燄奇丨丨月銀橋玄宗丨丨羅公遠曰
將直衝浮橋飛炬焚之長驅入関光武紀陛下莫要至月中否
取柱杖擲之化為大橋色加丨行数十里精光奪目至大城闕公遠曰此月
宫也仙女数百素練寬衣舞於廣庭曰此霓裳羽衣曲也帝密記其調遂回
却顧其丨随步而滅召觀燈虹橋玄宗謂葉法師曰四方元夕何処極麗曰
伶官依声作曲逸史丨丨虫橋丨元翰廣陵云云俄而虹橋起於殿前師言

但天回顧帝步而上太宗及高力士等從儀填到廣陵陳設之盛燈火之光皆仰望曰仙人見於五色雲中帝大悅師請勅令官奏霓裳一曲數日廣陵果奏云(幽怪錄)与西川 王周見橋梁壞損民租車周曰橋梁涼府丨丨辛同見灯刺史治橋不修丨丨過也乃償民粟丨其丨惠州浮橋丨丨東坡浮逸士鄧守安始作丨丨以四十舟爲二十舫簡水漲落橫東新橋(坡詩)。東坡助施犀帶作橋(活套)綠楊丨市丨星丨橋

寄也寓也(人名)(公孫)(僑丁)子産左傳我思古人伊祁之丨刘向傳与王褒等並獻賦頌 ○鍬 此遙切田器亦作銚(莊子)草木怒生銚鍔於是乎始脩又作鍫江淮間謂之臿 簌 吹簫所以勸役 幧 帕頭自項交額遶髻 ○妖 於喬切中庸必有丨孽。按此韵止訓巧也艷也丨孽之丨合在祅韵今依本文附此 木妖 唐內臣戎帥競治亭館第宅時号丨丨(南部新書) 花妖 明皇沉香亭牡丹朝暮變色明皇曰此丨丨木之花丨以賜国忠詳牡丹 花月妖 武三思妓素娥有殊色從梁公請出之忽失所在於堂輿中妬聞語曰某丨丨之丨梁公正人不敢見 玉環妖丨丨丨血无 袄 (汯帔)妖人掃(張文潛) 匠地反物爲丨(宣十五)(漢曆志)作丨言。通作妖又詳妖韵 訞 巧言也(漢) (文紀)除丨言之皋 夭 和舒皃互見袄 語丨丨如也 (詩檜)桃丨丨后妃之所致也 枖 木少盛通作夭詩棘心夭夭又桃之夭夭書厥草帷夭 ○趫 丘妖切緣木走也。馬上何輕丨(高九万) (活套) 丨丨 橇 毳毛泥行所乘詳載通作蹻乘二蹻龍蹻氣蹻鹿盧蹻

○漂 紕招切浮也書血流丨杵中山王傳眾煦丨山丨麥漂 高鳳讀書丨丨不知詳麥 鳧漂浪丨後丨丨(忿)奏漂 (國) 水火同水漂不幸而爲風之所拔丨丨之所丨(宋假山記) 翲 飛皃 丨丨 飄 虛舟丨丨事詳夭 (活套) 風丨丨香丨浮丨氣丨丨詩思丨遊緜丨野雲丨等慮丨 彯 組皃丨丨長 摽 輕 ○翹 渠遙切丨望太平企也 首翹 丨子室丨丨丨(詩)危翹翹也。丨丨丨錯薪雜錯皃。丨雲 翹 皃而執干戚舞丨丨小 雉翹 鶯旗曰丨丨編羽旄細雨丨車乘高皃 雲翹 (後漢禮儀志)佳莛旂也 吳翹 列繫幢旁(後漢輿服志) 翠翹 斜風偃丨丨(賦) 翾翹 蝶而翼之虫丨丨之物予(柳子厚) 令之聖帝莫不首飾也 翾 莫不失性(柳)丨音翾含翾丨丨丨揚英推類撰朋婁航遇仙女詳樂 (人名)(吳丨)(夫人) 荍 荊葵也(詩)視尒如丨 劭 精異意又勸也(漢書)丨農 招 峯也(漢奏論)丨丨八州又揭也(韓詳臣論)丨其君之過

三肴 獨用

○肴 胡茅切饌也以丨饌言則丨餚殽字通以肴乱言則餚殽字通以崤函言則崤殽丨字通(詩)尒殽既阜(頻弁)尒殽既嘉(鳧鷖)又有嘉殽(谷鸕)鴝之肉不可丨丨人丨丨 山肴 丨丨秋酒丨丨野蔌雜然生不才果爲福 蘭肴 流(九歌)蕙草華付 蕙肴 蘭藉(九歌) 山肴 (醉翁亭記) 殽有酒丨丨肴(宋壁賦) 載酒肴 好事者丨丨丨問奇字(揚雄傳)。丨丨於田間候勸耆勞之(後王丹傳) 鳥酒肴 陶淵明髮丨丨丨

詳髮 五音排一肴 公孫弘食故人高賀脫粟飯覆以布被賀怒而去曰弘內厨丨丨外膳丨丨詐也弘曰寧逢惡賓无逢故人 爻 六易丨發揮乾 夢吞三爻 奏曰郡吏陳桃丨臣与一道士布易爻撓其二以飲臣臣乞盡丨之道士曰易道在天丨丨足矣(虞翻別錄) 日讀一爻 淡陽呂公丨丨易丨丨默坐深思隨手解擊 (活套) 羲丨重丨玩丨內外丨丨 淆 混丨濁水見肴韵傳澄之不清丨之不濁 崤 山名丨函有東丨西丨。漢紀左丨函春秋秦敗諸丨西都賦二丨之阻。又互見肴韵 殽 錯雜也(賈誼)丨雜爲巧(董仲舒傳)賢不肖混丨 (活套) 紛丨 筊 小籥又竹索。搴長丨号沉美玉(史河渠書) ○交 古肴切語善与人丨易上丨不諂下丨不瀆(詩)丨黃鳥

神交 所与丨丨者阮籍山濤(嵇康傳) 淡交 君子之交丨如水小人之交甘如醴(表記) 石交 蘇秦曰弃仇而得丨丨 勢交 刘孝標廣絶交論五術丨丨丨賄交談交窮交量交 面交 丨丨如攜手見利即離揣而去也(顏延之文) 定交 後漢求丨其丨而 全交 君子不尽人之歡不竭人之忠以丨丨也(記) 寡交 馮驩對孟嘗君曰富貴多士貧賤丨丨 絕交 樂毅曰君子交絕不出惡聲。宋穆音丨丨論詳書 刘孝標廣丨丨見上 掌交 秋官丨丨掌交諸侯之好 和交 君子先丨而後乱 擇交 丨故寡尤詳擇 死交 北齊宋遊道与李獎定丨丨史 口頭交而結丨丨丨肚 賦敲交 都下有以敲梢交爲勺賦新月者曹仙姑云禁鼓初聞第一敲不看新月出林梢誰家宝鏡初磨出交裏生荊棘詳獻

匪小參差蓋不交 金石交 項羽謂韓信曰足下与漢王丨丨丨然終爲漢禽矣(史) 貴易交 富易妻丨丨丨詳(蘇) 雲霞交 宋謝澹不營當世与范泰爲丨丨丨丨(史) 忘形交 孟郊韓愈爲丨丨丨丨(史) 莫逆交 楊寧与陽城(詳逆) 刎頸交 相如廉頗 忘年交 陸贄張鎰本 尔汝交 祢衡孔融 青雲交 江淹表炳非直銜杯酒而已 杵臼交 後公沙穆遊太学无資粮乃变服爲吳祐賃舂与語大驚遂定交於丨丨之間 勢利交 以丨交者勢傾則絕以丨丨者利傾則絕(文中) 市道交 廉頗詳客 不俗交 陸龜蒙丨喜与丨人丨雖詣門不得見親黨伏臘丧祭未嘗及時往无事時乘小舟賫一束書茶竈筆床釣具櫂舡郎而已小不會意徑還不留雖水禽決去山鹿駭走之不若自作傳 宅南交 書堯典。南交極南交趾地。孔云春与夏交相見乎离陰陽之交也 (活套) 締丨天地丨布衣丨雲雨丨丨口頭丨管鮑丨方外丨坎離丨 (詩箋) 十月之丨大夫刺幽王也(变小雅) (人名)(韋丨)国人戰 蛟 龍屬无角四足細頸大者數圍卯生如一二石雙 刺蛟 佽飛得宝劍有兩蛟夾其舡按劍丨殺之荆王聞之仕以執圭(呂氏春秋) 斬蛟 周処少時凶強使氣爲鄉里所患義興水中蛟南山白額虎并処爲三害処殺虎丨丨遂自投斬爲忠臣孝子(世說)。又薤陽丨丨詳 截蛟 鄧遐歷郡守沔水蛟害人遐入水丨丨數段 伐蛟 命漁人丨丨取鼉(月令) 飢蛟 諸鱗有丨丨捽暑取渴虎(張) 得雨蛟 蛟龍丨雲丨終非池中物也(三國)言劉備

騰蛟起鳳孟學士之｜宗滕王閣記 舞潛蛟 ｜幽壑之｜｜赤壁 走青蛟 蔡襄詩青蛟｜玉骨蛟 活套 神｜起蛟｜ 鮫
海魚皮可飾刀選左思賦鮫函｜帶。似鱉无腳有尾今曰沙魚可揾爲脯。澤之萑蒲舟｜守之官名王言昭公專利也昭二十。｜人泣珠詳珠字
咬 鳥声｜｜ 教 效也使之爲也王建宮詞錯｜人恨五更風周詞天使｜人寰時斷見何妨 郊 距国百里爲｜｜冬至祀天南｜
夏至祀地北｜。迎春東｜夏南｜秋西｜冬北｜月令 易密雲不雨自我西｜ 四郊 交壘記｜｜多 三郊 魯人｜｜交二遂 費誓 浚郊 交
子子千旄在浚郊｜之｜干旄 樂郊 ｜詩 適彼｜｜ 長安郊 鄭當時置驛馬｜｜郊諸｜請謝賓客史 白揚郊 宋袁粲步屧｜｜｜野詳
飲 活套 ｜曾｜商｜辛｜麟在｜凉入｜勞于｜ 人名 孟｜東野 宋｜趙宋人号小宋 膠 詩雞鳴膠膠 調琴詩德音孔膠 ｜｜揚｜杜｜孟
箕子｜高皆貧人也莊｜｜擾擾交卯反 東膠 周人養国老於｜｜養庶老於虞庠記王制 並李名鸞膠漢武時西海献膠帝弦斷以膠續之
弦兩頭遂相著終日射不斷帝大悅名續弦膠以｜血作｜。陶穀使江南
下視江左韓熙載命妓秦弱蘭爲驛卒女毎日掃地陶悅之与狎因与一詞
名風光好因緣惡因緣只得郵亭一夜眠別神仙琵琶撥尽相思調知音
少待得｜｜續断弦是何年李主開宴令弱蘭歌此詞陶大沮即日北帰
寸膠 ｜｜不足以理黄河之濁抱朴子 投膠 宴衎頎｜｜壯謂加以膠｜漆如膠善化因黄結好也。用陳雷膠漆事詳漆膠｜以殽爲

｜勝鳳喙詳鸞 粘日膠 凝欲煎膠粘日月磨淡翁 巴膠 舌在｜｜｜歐 活套 ｜墨敗 茭 乾芻也草名。詩生芻一束註
乾之曰｜書峙乃芻茭周礼考工記弓人｜解註弓檠謂接中也。又飼芥者可食 ○ 巢 鉏交切杜鵑護落｜兒又隔｜黄鳥並又接巢暗｜
鶯左鸛鵲巢荀 ｜維｜有｜崔鳩居之詩。好生惡殺則鳥｜之｜可俯而窺 燕 鴿來｜｜上高城之危｜於高榆之顛城壞巢折陵風而起註
巢 季札曰猶｜之｜於幕上詳燕。燕惡艾 龜巢 千歲｜｜蓮 雀欲奪｜銜艾置巢輙避去白居易詩注 葉上詳龜 橧巢 昔者先王未有
宮室冬則居營窟夏則居｜｜礼運註 笙巢 大｜謂之｜記鄭大者十九 寒則累土暑則聚薪柴居其上音曾燕居 簧以衆管在匏有鳳巢之形書
巢 陸放翁名其室曰｜｜ 兩巢 蜀蔬有｜｜大巢豌豆之不實者小巢 生稀畦中 陸放翁詩序互見元脩菜 小巢 自號風炉｜｜歲
翁事 晚巢 見上 一盤鶖餅是｜｜同上 鳩巢 傷心自嘆｜九｜拙 梁氏 一枝巢 鷦鷯巢林不過一枝莊 海棠巢 山谷 濯峯
閣詩徐老｜｜｜上飲徐佺隱葉肆中家有｜｜結｜其上時巢飲其間 蜀鄉巢 ｜有巢菜味美坡謂巢元脩曰君家菜也詳菜 樹爲巢
巢父年老以｜｜｜寢其上故号巢父 逸士傳 翡翠巢 高攀｜｜杜 百鳥巢 不敢頂 詩觴句 生子｜｜｜｜百鳥 探鵲巢 晉王
蹬出鎮荆州送者傾朝澄見樹上鳥鵲巢便脫衣上樹｜鸞而弄之史 鴨鵲爭巢 後魏李崇爲揚州刺史壽春成中野｜羣飛与｜｜｜未殘穽

兩大水入城全宇皆沒史 兩燕爭巢 後魏李崇爲雍州刺史有燕争巢闘累日崇以竹弾｜｜一去一留崇曰留者自計爲巢功重去者皆經
楚痛理无固心也史 烏鵲同巢 隋郭世雋七世同居大豕同乳｜｜｜｜史 。鵲巢和尚 杭州道林禅師至秦望山見長松盤
虽如蓋棲止其上有鵲巢其側人目爲｜｜｜｜傳 活套 許｜鳳來｜燕定｜ 詩篇 鵲｜夫人之德也有鵲｜憂讒賊也陳 防 地理
巢処 南｜放 人名 黄巢 唐末乱臣 姓氏 彭城国後漢司空｜堪 音有｜氏之後堯時｜｜父洗耳夏殷有 人名 字元脩眉山人李進士
京師因李武荽業成而不中献轍謫嶺海覩旧无閒谷從槃然欲徙步訪二蘇朋友之誼无愧高恭者。元脩菜詳菜 轈 兵高車加巢望敵者
嶅 高兒 嶅｜山 漅 無爲軍｜胡令 ○ 鐃 尼交切小鉦如鈴无舌礼以金｜止鼓 鼓鐃振｜｜大司馬 卒長執｜周官
十二 呶 讙声又讙｜亦作詉詩載号載｜韓｜｜ 以害其生又渴闘信啞｜柳狂奔叫｜｜ 譊 李揚｜｜｜之恚兒 怓 乱也
曲 詩以謹 ○ 捎 所交切木枝末又船舵尾曰｜故謂篙師 音｜選爲｜子。或作艄選長笛賦纖末舊｜ 王捎 天門章帥｜以舜歌
郊祀歌 竿也樂者所執。曳捎 ｜｜汗血之馬充於黄 肆樂淮南。披雲捎 甘泉賦 蒲捎 李門西域贊良馬名 蕭捎 尾｜｜湖風起
天馬歌 尾搖兒 鼓捎 有人以｜｜交爲韵詠新月詳交 露梢 龍竹和煙滴｜｜杜 荳蔻梢 ｜｜｜頭丁香技上詳胎 活套 ｜扮

翡翠｜雲裏｜｜ 捎 取也掠也杜花安鶯｜蝶急雨｜溪足韓 出牆｜月捎｜｜新月偃庄方言小也柳扁舟柱長｜ 蛸 螵蛸虫名
小如蜘蛛長腳 鞘 鞭｜又吟｜選長鞭鳴｜中 旓 旌旗｜流 髾 髮末 筲 竹器一曰飯帚一曰箸筩語斗｜
弓末。弓開偃月｜后山 ○ 茅 莫交切史堯｜茨不翦詩昼尔于｜漢郊祀志江淮間一｜三脊所以爲藉灵｜也 菅茅 露
菅茅 下事馬周｜｜言天 白茅 藉用｜｜大過｜｜包之詩 瓊茅 索｜｜以筳篿注卜筳篿音廷專互見篿 靈草可 黄茅
有｜｜撻五代史 仙茅 十斤鍾乳不及｜｜一斤本草 前茅 ｜｜慮无宣十二 軍行前有斥候慮有无茅明也或曰以茅爲旌識
茅 養真｜｜下詩 包茅 ｜荆州｜匭菁禹貢｜不入左｜畏束也。縮酌用茅郊特牲 齊伐楚曰尔貢｜｜｜ 拔茅 茹泰卦｜｜連
呂尚｜｜ 結茅 无因此｜｜峨 三茅 大茅君盈漢地節中得道於金陵句曲山次名固次名衷号｜｜君 杏茅 鼠
而漁詳龍 縮酌
花雞梓皮染褐至 土封茅 諸侯立社燾以黄｜首以白茅禹貢注 蕙花茅 荃｜｜而
破尤鮮即鼠耳草 爲｜｜屈原 心寒茅
蹇子之｜ 三重茅 捲我屋上杜 ○ 大茅境界 僧問大茅和尚卜 把茅蓋頭
矣宮子 ｜｜｜云不露鋒
禅師辭省潭云云潙山曰是伊將 活套 誅｜連泰｜棲衡
來有｜｜｜罵佛罵祖去在傳 ｜野店｜屋覆｜ 姓氏 東海公弟二子

叔封丨国因氏神仙傳丨盈丨焦譙姑皇迁太后解衣伏質始皇下毀手
自接之曰先生起就衣今願受事乃爵之上卿監丨容宇李偉殺雞供𩜹享
林宗賢之詳雞人門平貓亦作猫詳犛髦尾罞麋媌好也列子丨
決猷衆心歷家不入門蕭韵丨牛罟娥丨嫚旻○
虓虎交切虎怒鳴詩闞如丨虎休詩烋丨于中詨叫呼哮豕驚声
號韓征蜀聯句下書遏旄丨烋国。氣健皃詨也揤嗷丨
來九髇鳴鏑通作嗃譊莊子○包布交切書丨匭青茅歐丨橘柚禹貢
天髇嗃矢又激者譊者禹貢左苞貢丨茅不入易丨承之羞
否卦丨荒泰卦孟序丨羅天地詩白茅丨咸包緹襲二四毳包丨丨帶裹可
之過秦論丨李字内。通作苞礼記丨首絨包勤丨丨國毳包立致石鼓歌
變包姑射真人宴紫府双綠荷包丨丨丨飯綠籜包初篁包虎皮包倒載干
成擊碎丨丨古豐詞赵墟人丨丨選戈包以
樂記丨丨衲僧包手打丨谷佐蒼挑丨容丨并丨姓氏上黨羽音楚大夫申丨胥之
籜猶丨宇量丨後漢字子良仕後唐會稽
人仕大鴻臚每進見錫以几杖經傳有疑遣小黄門就舍即問上丞趙宋人
字希仁家合肥位終樞密副使謚孝肅爲人方嚴知開封府語曰關節不到
有閻羅苞草名即今作蓆者又茂也書草木漸丨實苞實方茂也方苞丨丨
包老易係於丨桑否卦谷紅紫知宅破裓丨大田
方体竹苞如丨丨矣如松茂矣詩筆苞砌静丨丨山苞王旅嘽嘽云云如丨之
行葦言民衆如竹木茂也遺丨鮮丨常武言如山本之固
不可天苞何以通乾出丨丨九苞歸鳳求凰黄苞丨丨猶紫苞落水丨
驚動春秋緯言河圖也振丨丨谷掩翠韓丨香韓佐蒼
錦丨丨人名趙丨後漢人有忠節枹木叢生皃○胞披交切胎也西銘民
芳丨丨石丨崇之父位司徒通作苞吾同丨坡魚丨熟万
拼言抛擲也亦作摽公羊曹子摽劍而去之韓詩書佐蒼鯉尺丨丨鶯梭丨
壘也蘄欲丨杜生涯未即丨谷不將春色等閑丨柳絮丨名利丨丨
俗事丨丨泡水出山陽平樂又水上浮漚○敲口交切過秦論執丨朴以
霰珠丨釋書有夢幻丨影之説詳觀鞭笞天下左奪叔而丨
推敲賈島得僧敲月下門句欲作推字馬上引柳瘦敲長歌敲石火敲光陰
敲手作丨丨之勢韓愈曰敲字佳矣詳推高丨丨杜高等石
敲波詳火。上元夫人謂封金鞭敲白面郎敲丨釣針敲稚子敲針佐蒼風
陵二云莫種槿花下敲丨丨鞭豐詳覓配金高作丨鈎杜丨丨
門丨綦丨竹丨揶揄丨蕉雨丨鼓骹脛也礼輪人去其一以爲丨圍柳青
五丨碧玉丨竹也啞壺丨詳壺鳴丨直上栽千尺當作髇音撓
交丨丨檠於轒下汘流骹丨水丨丨始信吳陂謝送椒真君墝土堅孟地
骹西都賦鷹名服椒法服之半年脚心汘如水有肥丨。
亦作磽墽丨丨埼○聱牛交切語不入也進李解周誥骹盤語曲丨牙。
頭角贅子由孫元結客樊上戲曰丨叟謂其不相听從不相鈎加
詳史欧吐嶅山多小石柳迦理驗○罺莊交切巢大笙通作○譊
論奇牙丨嶅丨又碻丨滑臺摷苦也巢詳巢

楚交切代語也亦作勦記毋勦説。鈔叉取也謄寫也亦作抄皮古鈔
左崔襄之盟晏子抄説易其辭義同寺出雲抄杜飯抄雲子白詐
勞○嘲陟交切或作謿解嘲揚雄丨丨文以鴟梟而笑獻嘲南岳丨丨北
也。丨風弄月角嘲鳶鳳執蝘蜓而嘲龜龍陀騰笑北山
遂今嘲安能事丨邊部晝卧丨丨丨之部曰山林嘲會有主組恋遂、
文吟丨丨國弟子嘲師而可嘲出何典記詳笥貽丨丨丨丨鄙
佐蒼識丨弄丨啁丨啄○跑蒲交切足虎跑性空師居大慈山无水神
呵丨詠丨声也蹴地也人告曰明日有水是夜二
丨丨地泉水湧出因○庖薄交切通作包易包有魚孟君子遠丨良庖
号丨丨泉爆安志丨厨記充君之丨。丨丁解牛詳牛族庖歲更
刀割也丨丨月更上庖梁繪曰群雞堪充大庖詩丨丨不盈庫攻言獵
刀折也莊养生吾帝之丨丨杜注取禽獸庖厨豈不盈也寠庖
丨人繼粟丨代庖許由曰庖人雖不治庖尸實庖丨丨有中庖提挈移易六甲
人繼肉孟祝不越俎而丨之矣莊珍烹丨丨
行庖神仙所至自有丨丨丨丨隨萐莆扇庖堯時有丨丨丨丨說文丨丨瑞
所需即有列仙傳一作行厨章王者孝德則生於厨葉大於
門不搖之佐蒼行丨移丨竹麃麞屬鞄柔革咆熊虎声匏大腹瓠也
自扇飲食好丨佐客丨鞄也丨虓声瓠甘丨苦
詩丨有苦葉語吾豈丨瓜哉晉樂志良之絃匏丨丨笙陶匏郊之祭也器用丨
音丨。笙竽皆列管丨内施簧管端贊樂記卜笙丨郊特牲丨謂瓦
器丨謂酒苦匏叔向云丨丨不材於人共濟酌匏丨之用懸匏何份之宝有
爵上質也而已國語謂佩匏可以渡水酌匏丨詩曲沃之丨丨
焉潘岳笙賦丨一作壺。山谷揶合匏丨晉謂破丨爲之無口匏趙宋李沆
子夯瓠碩果隕林梢可以代丨丨即匏爵三礼圖爲相或識
爲丨炮亦作炰毛炙肉也詩毛丨胾羹楚頌記以丨以燔礼運○坳於交
丨丨詩炰鱉膾鯉吉甫史紂紀丨烙之刑。烹龍丨鳳白
切亦窊坳左右史事詳蝸。出堂坳覆杯水於坳丨之泓坳莘才律切入丨
作凹蝸坳処无坳字相承云尓上則芥爲之舟庄丨之泓坳丨兮視天若畝
朋海賦塘坳下者飄轉沉丨枕凹睡愛珊瑚丨月尢凹丨势如丨其影則
蜀文坳丨杜茅屋歌上丨杜詩日爍其丨処詳月佐蒼
徑丨欄丨窓丨檻丨顐目深咬哇丨淫声又哀切
山丨水丨碧殺丨声楚宋者丨者

四豪 獨用

豪胡刀切淮南智過百人曰丨。五陵丨傑詳陵孟詩豪白居易序劉禹
以一丨挫於人本作毫康節畫像贊天挺人丨錫詩曰丨丨也
刘傳空負丨中酒豪具潘璋好賦酤憤家二豪刘伶酒德頌丨丨侍側三豪
一世丨詳禹至吼日後豪當还馬如蜾蠃之与螟蛉
歐陽公豪於文石曼卿豪四豪姚信陵趙平原韓孟嘗更當闢僧清未足當
於詩杜默豪於歌歐陽説齊孟嘗楚春申韋豪丨丨東坡詩鄉

豪昔有美丘桒者對丨丨秋龘豪不通姓氏丨丨里爲一門昆弟今年
豪之丨丨背之衆𠰩之詳茫丨丨甚困西豪改丨丨高陽里詳里亣高豪貧到
骨豪氣如五陵豪金鞍丨丨困鴈門豪吾壹漢武紀茂陵豪郭解當徙丨丨
丨丨谷丨丨丨丨馬邑丨丨以貧不中貲詳貧
活套英丨膂丨筆丨嗥獸聲左射狼所丨丨歐活套獸丨犬丨毫十絲曰丨
力丨飲與丨丨不如双鶴能猜丨丨狐夜丨丨記經解毫
之丨蓬孟思以一丨挫於人丑上秋毫明足以察丨丨之末孟天下莫大於
圓通語錄把斷世界不通絲丨丨之末而太山爲小莊齊物利析
丨丨漢史丨者丨丨月毫摛文揮選兎毫要試飽霜秋後毫山谷紫毫白樂天有
成之時端極纖細丨丨丨丨文章先秃丨千丨荊公丨丨筆歌
白毫瑞光千丈生壽毫堯眉出困揮毫在詩成珠玉困彷毫茂陵李奇獵狗有
丨丨坡詠月丨丨困丨丨蘿曉白望青曹之子西
原記活套霜丨濠水名莊子觀魚丨丨壕城下池鄉鴈迷丨號詩維丨斯言
丨丨濡丨丨梁城鯤化胭鱗丨丨寒雨下空丨正月丨泣
昊天𢘕先號咷而後笑詩載丨載呶嗁號冬熯而鬼号寒年怒號八月秋高
騷天問丨起雨并屛翳雨師也丨號登而妻丨飢韓號風丨丨困
三號老聃死秦失弔丨之丨而出困烏號弓名詳柘○楚人隹號春雲送色蟬號青奴有猿
丨丨之丨丨之弓詳弓矣号曉丨丨韓蟬號丨丨韓
號獸嘷与狐號彝鰍鰭而号求號誰之丨寒虫號何苦將兩耳聽此丨飢鳶
丨丨谷丨丨里坡文丨丨碩鼠丨丨坡讀孟郊詩
號勿作丨丨○過溪嗚號遠法師丨虎丨輒丨丨送淵活套呼丨哀丨嚎
勞丨居山明不竟過之因大笑詳淡万穀丨
山名○杜有石○勞魯刀切書作僗心丨周官詩序情閔丨東山不敢告
丨吏詩詳役丨丨十月易民忘其丨丨搦一丨求逸○星搖民丨
詳搖丨新作勞丨丨耳賢勞何莫非王事我閒勞閑丨到底勝勞丨亞孟勞
灼飯詳薪鳴詳鋒獨丨丨也困困李白勞勞亭有詩
穉德輿刘濟墓誌被縵胡而汗馬勞蕭何未有丨鮮介勞十弊禾黍惡水煩
揮丨丨○谷梁註魯宝刀也汗馬勞丨之丨困丨丨丨丨谷毛詩注
魚勞則州縣勞漢梁竦曰丨丨遣一力助丨東海勞萊州有大勞山
尾赤丨丨之戎徒丨人亦新水勞丨之丨詳力丨小勞山齊記云
太山雖云高不如丨丨丨丨嶗寰宇記活套神丨丨壓丨劬丨勤丨服丨丨詩纂邛民丨召康公刺
子長得道勞山仙去神丨夏珪丨挾勳丨厉王也大雅
姓氏武陽微音其先居東海勞山因氏晉有三公郎會名伯陰氣動而名
丨霸後蜀尚書左丞丨彥遠後漢盜師丨丙陽氣復而止陰賊
之鳥又名鴃曰博勞曰伯勞○少皡鳥名官伯趙氏司至者也昭十七○東
方朔行渴叩痛边家取飲不知姓名須臾見伯勞飛集李樹上朔曰此主人
姓李名伯勞但呼李伯勞即應果然別傳○尹吉甫信後妻讒殺孝子伯奇
吉甫後見伯勞其音切吉甫曰是吾子棲吾輿吾飛棲其蓋歸入門集于井
赫之上向室而号吉甫遂射殺妻故簩竹名吳都賦篁丨有叢轑撓也漢書羹
俗号伯勞鳴有凶也曹植惡鳥傳尽丨金詳羹

牢韓維西碑并爲一談丨不可破莊達生玄端以臨丨莢注丨豕室太牢
又古者廪爲丨又從犴曰丨又繫盐丨盆詳盐○畔丨愁詳愁
牛曰丨丨羊曰少牢○羹藜含糗者不足与論少牢上見百牢吴人曰宋丨丨牛羊豕具
丨丨之滋味寶注頌漢高祖以丨丨祠孔子我魯不可以後
宋哀七年隂過丨丨閔困七牢秦伯改館晉侯饋丨丨爲僖十五
孔明所建在今与元西縣丨丨爲一牢○陸龜蒙云讀古聖賢書一杯藜羹
如五鼎四牢晉士鞅來聘魯人加丨丨虎牢遂城丨丨○成鄭丨左漸牢
丨丨爲昭九一爲十一牢也丨丨丨鄭地晉楚交争之
丨丨海獸名声如鍾長鯨故皋牢丨丨陵山後馬融傳猶牢持牢表紹欲攻
鑄鍾作丨丨及鯨形詳鯨丨寵也丨丨天下孫子許郭圖曰
監牢之計在搜牢董卓兵淫略洛陽婦女財物丨晉太子適五歲從武
於丨丨昷曰丨丨史言牢固者亦丨索觀豕牢帝丨丨曰豕肥何
不以亨士玉不牢也知不作堅十二牢王合諸侯而饗礼則九牢二牢掌客上公
帝嘉之牢丨坡雪詩丨有丨丨礼秋官
飡五牢饔餼丨丨牽四牢侯伯飡四牢饔餼七牢亡羊補牢雖辛曰見兎而
牽二牢子男飡二牢饔餼五牢牽丨丨礼秋官顧犬丨丨而
丨未爲晚破牢言牢一語徑丨坡活套荷鍤人名臨牢柳說氣驚臨牢琴牢孔門人醪高士
也戰国策丨丨丨丨詳究
傳薛公隱醇醪程普年長數侮周瑜丨不較晉後敬服曰醪昔良將有饋
於賁丨醇与周公瑾交如飲丨丨不覺自醉江表傳簞醪丨丨者投於
河令將士迎流飲之丨丨不能味一何況醪丨丨酒熟旁看醉丨丨懶
水三軍爲之死兆滋味又也黃石公記松醪丨丨掃葉酌丨丨歐香醪丨丨酒再沽困
白醪恨我无佳句時濁醪陶侃鄰人曰子門有長者車何不延之侃曰不能
丨丨蒙致丨丨國備礼踰人墻頭送以丨丨隻雞送終日之權困
丨丨有漱醪銜杯丨丨玉色醪飲我丨困郢水醪李奇凈逢池鱧天寒丨丨
妙理困酒德頌醪丨丨李注換骨醪唐李十賜逢池鱧夏
至頌氷及酒以酒和冰而換骨醪唐憲宗以李花釀白醪春醪詳
飲禁中有丨丨酒坊李注丨丨賜裴度隨螃蟬屬○
高古勞切張輝之傳无甚登高費長房謂桓景曰汝家九日當有厄宜作
丨論○于公丨門詳門絳囊盛茱萸繫臂令家人皆丨丨飲菊酒
禍可消如其言还家則雞犬牛羊一時暴死彌高仰之丨丨顏年丨丨陽至高霸林收鴨脚春
鯉魚也○丨丨爲宋舍人得仙後乘赤鯉見其學曲丨丨而和弥寡詳歌琴高網薦丨丨山谷
弟子列仙傳歐公亦有丨丨魚詩○高能鼓琴三高兄弟号何氏丨丨盧山
高歐公作丨丨送刘凝之山月高猛虎一声丨丨晉何點何求何胤
丨丨陶淵明詳命家價高少室山人丨紙價高洛陽丨頗能
困不着高方事如棊丨百事高九日以片餻搭小兒頭上曰丨丨詳餻食祿高見後餻下東西高嚴
延年爲涿郡太守大姓丨高氏丨丨
氏皆畏避之延年誅殺各數十人畏門第高柳玭戒子九門第高可丨丨不可恃一事有失則得罪重於

他人（唐）華山三高五代鄭遨隱｜｜与道士李道殷羅隱之善世號｜｜（本傳）以爲｜｜遨遣棄自給道殷釣魚而不餌（史）（陸參）孤｜｜養｜｜
好｜地位｜格調｜卧梵｜磬（詩崧）｜尹吉甫美宣王也（人名）援戒子姪馬
好｜節〻｜仰天｜酒價｜（變大雅）覲諸侯褒申伯（龍伯｜）
效龍伯高詩鶩（伯戎）（姓氏）渤海角音齊太公六代孫文公子｜孫傒以字爲
（｜）詩諸侯而耕（曲）氏（｜柴）字子羔師孔門（｜柔）字文惠爲刺姦令史一
凤夜匪懈擁膝抱文書而寢（｜充）字伯恭崔宏戴曰黄中内潤文明外照一
代偉器豊才博奔爲中書令惟章屋數間（北史）（｜昂）字数曹姿体雄異每
言當自取富貴誰能端坐讀書作老博士邪（北史）五見曹（｜逾）字士廉三世
僕射世榮之（唐）（｜馮）字季輔上書切至賜鍾乳一劑曰卿進藥石之言朕以
藥石相報（唐）（｜岊）（｜）討平刘闢進西川節度南平郡王刻石紀功於鹿頭山
（｜仲容）通詁訓李諺曰欲知古間高君（｜擇）字文悅間种放隱終南山譽亦
築室豹林谷放奇之（｜同）字子勉元祐太宰生也号还〻
先生詩上山谷云蜀天何処尽巴月残回奔因此得名　膏（孟）不顧｜梁　至百穀之仰
○｜雨焉（詩）豈无｜沐盤谷序｜吾車兮｜｜膏（宋玉招魂）｜｜明燭　土膏（東京賦）詳祥　脉起（東）雉
○懶婦歎｜照歌舜則明（袁宇記）詳柎蘭膏｜
膏鼎耳革其行塞｜｜不食（鼎卦）｜｜食稀膏｜｜辣軸所以爲滑　玉膏瀛洲
膏之美者九二〻不得禄位猶不食｜｜也　稀膏然不能運方穿（史記）
有｜｜如酒名曰漫｜膏曉傲｜｜水　油以鐵膏枯松欲｜｜搗氏
玉酒令人長生　王（齒寒）（李商詩）楚膏継嵆　竹欲瀝汗（杜）
膏射者｜之｜｜其（易）發膏人多矣（杜甫詩）｜｜賸馥沾彼後　鷦鷯膏鋒瑩｜｜迸膏中○｜鉆
膏血（陸宣公奏）屯膏｜｜諸　緣律膏緣律国樹脂曰｜紫姿膏湖州之研膏　火消膏思
瑩刃水鷦雉膏止姿律膏｜｜諸香之冠（秦譜）｜｜彼｜｜（國）異者顧爲蝋燒起
鳥也　鼎雉膏妬（續）骨膏呼吸吐納雖廣紀之道　死華膏
在身猶｜之｜｜之｜（瞿佚政論）
人不見也（藺策）續骨膏　｜｜之｜｜照染鬚
宕膏巴媼項癭拆裂一録跳出　白鳳膏崇武得丹豹之髓　於神壇暴風雨不滅（洞冥記）
得｜｜塗之即愈詳録　　炙轑流膏轑身詳
膏鈸膏（國）六翁四膏升獻｜｜時膳｜｜（張平子東都賦）
膏髭｜（國）｜｜昊鴈雉鶉鸞鵝｜｜牛犬雉羊也
勵脂膏後孔奮爲姑臧長清儉人或譏　（陸參）臚脹｜｜蒿三蒿楚音浪漲｜不
膏之曰｜｜｜不能自潤（本）　腧暈｜（潘岳）
学蒿（陸參）瑞瀲｜｜（孫叔敖頌子）　（陸參）水｜｜舟師｜　皐岸｜｜漁｜役｜　皐也九皐（詩）鶴鳴于｜｜（注）九折
數至九喻　東皐登｜｜以舒　神皐（奥區）｜（選）　林皐拔擾之｜｜（谷山）蘭皐馬步於
深遠也　嘯（陶淵明詞）　澤〻水溢出爲坎自外　｜欸｜壞欸（匪）
（騷）｜｜衡皐（神都賦）香草澤畔　平皐（如賦）水迻地　亭皐（如傳）言爲｜堠於｜塭
｜｜之廣衍（相如）　千里靡不被築（相如）
中　江皐｜｜（賈山傳）河濱　成皐漢楚戰　漢皐鄭交甫游｜｜二女解佩詳佩　臨皐与客過｜｜（赤壁賦）　柘皐
　　字処

｜｜之雀立化　如皐賈大夫｜｜射雉獲　寒皐鵖鴒　別名　曾皐齊人責稽首曰
於〻松枝（戒殺文）之其妻始笑詳笑　　　　　　　　　　　　｜人之｜數年不竟
使我高蹈（定九二）言｜人｜　　（陸參）禹｜｜庭｜｜（人名）（枚｜）而出之後持節代延賞○王績号
｜縷數年不知責齊稽首　　　（漢滑稽臣）張延賞增惡
（東｜子）詳戴叔倫亦号　九方｜善相馬　咎姓也｜陶　（陸參）｜伊　槔木名又桔槔不見｜乎引
（東｜子）詳　　　　　通作皐　　　　　汲水器　　　圃畦
之則俯舍之則仰故俯仰而不得罪　　（陸參）
於人（西天運）俯仰隨人如｜｜（莊）　挈水槔有械于此｜｜若｜詳機
櫜受箭者○初李部甲衣謂之｜（樂記）包以虎皮　　鳥櫜右挾鞭弭右｜｜
名曰建｜（詩）載｜弓矢（時邁）受言｜之（彤弓）　　　　　　　　（僖二十三）垂
櫜楚公子圍聘于鄭伍奉爲介知　｜｜（陸參）弓　羔羊子有角不用類仁執之不
其有備也請｜｜而入（左昭元）　　　　　嗚殺之不嗥類死義飲其母
必跪類礼故詩曰徳如｜｜犬｜｜祭｜　　　　　　　　　　｜鄉｜｜詳鷹羔飲
羊○陳諶｜鷹成群詳鷹獻羔韭（七月）　犖羔凡｜｜其群而不失其類　飲羔帳銷金
羊｜兒烹羊｜｜斗酒　豚羔｜｜（谷）　醒羔（陶｜）｜｜（陸參）｜
酒詳茶　炰羔自勞（楊惲傳）閒俗及杏酪羔（嬲宅賦）之蒸　醍乳
（人名）（千｜）爲賓宰（杜｜）冢宰　餻（周礼）糗餌粉餈注
羊不第妻寄詩勉之　方言餌曰｜詳餌　寒食以麫若蒸餅
宛雖　　　　　　　（陸參）
（黄）浼食｜法酒賜近臣　羔餻趙宋九日以｜｜肅羔李後主登高文（玉體）
　　　　　　　　　　　　　　　總食澄醪金盤｜｜（南史）麗餻民間九日餻上置
　　　　　　　　　　　　　　　　　　　　　　　　　　　　　　　　小｜數枚号食禄
高（盛）（時記）頭上餻九日以片餻搭小兒｜｜頭（同上）　九月餻七月刘禾傷旱｜｜食
題餻刘夢得九日詩以五經无糕字遂輟宋子京詩　乳飽祝云百事皆高（同上）　｜正好嘗年之兆詳嘗　不敢
題糕粮餐挹飲闘分曹刘郎｜｜｜｜字空負詩中一世豪（後閒見錄）　不
食餻袁師德給事中高之子九日出餻謂　　　　　　　　　　　　　　　　忍
食客曰某｜｜｜俛首久之（嘉話錄）　鼙大鼓（詩）鼓鍾伐｜又｜鼓　鞞
○蒿　呼高切蘩蕭蔚莪之類春生味異名殊至秋老成皆名｜矣（逢）　詳
彼蒿者逢畝曰青｜　食野之｜蔚曰牡｜　匪我伊蔚蘩曰皤
一日白｜　可食　采蘩蕭曰鄉｜　一曰牛尾｜　采蕭獲菽可作燭祭祀
取蕭祭脂萃曰蕭｜　食野之苹始生可食我曰蘿｜　菁莪似蔞｜詳
會張仲蒿所居遂｜沒人（三輔決錄）　邪蒿比斉邪峙爲博士授太子經食進
明堂結｜爲宮柱名｜官（呂春秋）　　　　｜｜峙曰柔有不正之名非殿下
宜食顆祖杖｜｜　悽愴（記）｜香臭也｜氣蒸出　目空蒿憂詩自悔
嘉之（四）蓍蒿蔡（國）　蘿蒿兒言死者骨肉斃于土者如此
｜｜｜（荆公）高目而憂　矢蒿張巡詐剡蒿爲｜因得射　（陸參）獄主｜　撓
世患註目欲閉不閉也　　賊將尹子奇詳矢又詳鎧　　撓｜
薅拔去田草（詩）以｜荼蓼　○毛（詩）不屬于｜｜　土毛食｜之｜｜誰
（韓）平淮碑粮莠不｜　　（孟）拔一｜｜　　　張君臣（昭七）　谿毛澗
昭佔之｜　宅毛藻林之征（周礼注）凡｜｜深入｜｜（西師表）　二毛不禽｜｜（僖二）
（左隱公）　｜不｜者有里布　不毛不生草木之地　頭白二

㐌吹毛｜｜求疵詳疵　竪毛天下寒心｜｜唐李訓贊　伐毛黄眉翁曰吾生已三千歲矣詳髓　茹毛飲血｜｜礼運　牛
毛秦時任商鞅法令如｜｜法密如｜｜漢書若九牛亡一｜司馬遷任安傳
或問人之相去如九｜｜寧有是乎華譚曰許巢讓天子之貴小人爭半
錢之利此之相去何啻九｜｜晋華譚傳　細字如｜｜杜甫　鳳毛謝超宗文詞名盛殊有｜｜杜池上于今有｜｜　燕毛序齒也記　所以
老者二｜　鴻毛如｜｜遇順風賓臣頌　重於泰山或輕於｜｜韓　死有　蝟毛之如｜｜礫詳似群盜蜂起　之舊賓建德傳　兒
毛故云　毛｜｜人有得｜｜長二丈張華曰出海　龜毛剖毛｜背上何　綠毛一野叟休生
毛也出則天下大乱博物志　鳳毛戲鳥落｜｜時得成仙　一云我即
姚泓也食松栢則長生唐　遜史倒掛｜｜么鳳論飼　李白詩　舌生毛上　馬亮知江陵府當代夢｜｜
不得當爾任果然青箱雜記　刀生毛漢武出淮陽到盐鄉問此何名陳翼曰盐　僧曰｜上｜｜剃
記一作嗎延巳臨川事　鄉上曰可欺乎翼曰臣言不欺佩｜當｜
｜視之果有毛　身生毛韓終服菖蒲十二年｜｜冬　翎吹毛騎突｜　困　落
長寸餘　賓宇記　祖不寒抱朴　避秦毛女詳女
毛談席風生因捫毛蘇武事　當心赤毛晋刘元海鬚長二尺｜｜　洪爐燎
｜｜｜晋　口捫毛詳鬐　毫｜三根三尺六寸史載記
毛待堅曰大軍攻小城　鴻自拔毛煬帝造儀衛民欲取｜｜　千里鵝毛且同
毛何異｜｜羽｜史　鶴｜｜氅｜投於地詳氅　｜寄｜
｜困鵝毛｜｜贈　爛蒸去毛盧懷慎召客食曰｜｜｜｜　名紙生毛万卷書
所𡍬以其人谷　莫拗折項乃葫芦也詳項　生刘晋
風煙波万里謂文翁无錢乞与韓知客　頰上三毛顧愷之圖裴楷象｜｜
｜｜毛｜不爲通刘謂所知不遇作　加｜｜神明殊勝晋　〇
蓋膽毛　僧云你道我這里有些　｜｜僧无語德謙大師語录　布毛侍
者道林禪師有侍者辭去曰欲往諸方李佛法師曰若是佛法此中　傳燈　凜
者亦有少許於身上拈起布毛吹之其人遂悟時謂之｜｜｜｜　　骨
｜｜剪鵝　姓氏　西河羽音周文王第九子｜伯封｜国因氏　｜送　遂至楚而使
｜｜壘　道重於九鼎大呂平原君傳　囊錐脫穎詳錐　｜筠　字孝先仕魏
爲丞相東曹掾典選夅ㄑ皆清正上　｜寶　字碩真自宝至璩三世擁旄開国
者四人晋載白龜詳龜　以孝豹　　狀兒頗異氏羲畏之明帝以爲雍州刺史詔
曰出昼錦榮鄉也　｜義　　捧府檄喜動顏色詳檄　大山　　　刺史詔
僕毛享作毛詩訓詁傳以授毛萇故享曰大毛公萇曰小毛公　氂牛｜　軞
公車　髦車翣以　旄幢也雉尾者竿頭孟　羽｜之美詩建旄　皂旄衛宣公
也　禦風塵　設｜車攻　又｜頭騎｜頭星並詳頭　與伋子
｜｜告盜曰見白旄則殺壽子載其旄先往　騂旄瑕禽曰平王東迁吾七姓
盜殺之伋子至曰我之求也盜又殺之史　從王ㄑ賜之｜｜之盟左
零上赤　節旄蘇武｜｜盡落生　　犛旄｜｜
牛也　西河擁｜｜　谷　　形神　鄭　靈旄張日耀之｜　晋丁暇　星旄流｜｜
　　　　　　　　　　　　　　　　　　　　　　　　　　　而電燭

甘泉賦　朱旄｜｜青蓋　蓬萊　擁旄｜｜詩｜｜　髦詩　干｜美好善也又士之俊曰
選樸　兩髦詩髧彼｜｜　相舟　髦用髮爲之象幼時鬌其髮至子事父母之飾　衛臣子多好善｜｜士彼宜之
死脫右髦故礼記內則云子事父母總拂髦又喪大記云主人脫髦注父死脫左髦母
又云親沒不髦　拂髦見髦見　髦上脫髦上弁髦昭九年詹桓伯曰豈如｜｜而因以弊之譬
髦｜｜斯士詩思齊髦士之時髦投壺皆｜　蓬萊　俊｜｜　童子始冠也加冠則棄之
蹤盈傾住頒　俊者謂有名｜之俊士　周公　英｜　秏　挑冬　芼草覆蔓
雜池沼｜｜　〇　弢　它刀切弓衣也伏弢衰由基射呂錡｜｜詳矢　天弢　人化而死解　也詩　野
天衰莊知北遊　言金拔六｜詳韜伏弢中項｜｜　　其｜｜墮其
死則解其束縛　洮　隴西水出臨　叨　也監　韜　劍衣又藏也　呂
｜書名　｜入河也　蓬萊　祿讓　溫敷臣贊　玉不
｜光又六　六韜　太公｜｜曰文王將田卜曰非龍非彲非虎非羆兆得公侯
武韜龍韜虎韜豹韜犬韜　天遣汝師見太公坐茅以漁乃載与俱歸史記｜｜者文韜
曰說之以金拔六弢与韜同莊子　徐无鬼　戎韜豈須毫髮間　晋子囗　蓬萊　雄｜｜岩
哭子儀墓　五代人　絛　編絲繩　周礼作絛巾　赤絛　鬼物敝挾辟坑嚎蒼　錦絛不顧腰
｜｜賦　罷双垂　禁絛　串絛纓五就又作縚　水使者押｜｜　樹　間纏｜
紫｜｜西皇賦　　　　權昱曰慕容垂猶鷹也每聞風塵之　解絛万里碧霄終
　　　　　　　　起常有凌霄之志正宜｜其｜　絛　　一到未知誰
是｜｜人　綠絲絛万條垂下｜｜賀知章柳詩　碧絲絛向人啄斷｜｜章孝標鷹詩　挑往來相見兒
猩鍛鷹詩　　　　　　　　　　　　　　　　　　　　　　　　　　詩｜兮達兮
滔水大兒書浩ㄑ｜天尉典語｜｜者天下　人名　　三復白圭詳宮
以贈皆是也詩武夫｜｜　江漢又江漢｜｜　　　宮　彼從妻織錦回文
詳文　稻　木名尔雅　｜｜山榎記夏楚　縚　纏也一曰緩束　舟名
二物注榎｜也楚荊也　尔雅素錦｜杠　　舡　諂　也疑
饕　貪財也貪嗜飲食亦曰　叓饕　雜閩七聚落惇　　也
｜礼樂志貪｜險陂　獨困｜｜　莨　風饕　木落知
物之妖美養　三凶饕　縉雲氏不才子以比｜　慆　　谷　老饕　坡有
吾之｜｜　｜謂之｜饕　文十八　　慆　監也　左　以樂｜憂又慢也　賦聚
｜｜　｜不　蓬萊　淫　〇　刀　書无即｜注又久也　詩　｜
歸　切　都牢　牛刀　牛而芒刀不頓　屠｜坦一朝解十二　雜刀　蜀張雲寫補
景潤盗曰昔朱雲請斬馬劍今上方只有劃　貫誼策　周九府圜法　閽自比朱雲
｜｜御欲用乎雲曰｜｜雖小亦可屠群狗　金刀｜泉布詳布　銀刀｜｜出緱
亂困　　鸞刀　執其｜｜詩甫田　鞞鞛｜｜詩公劉　公刘佩此美玉｜　鉛刀
魚也　者言割中節也　容刀　飾之｜｜　曾不｜｜本作舠音刀　呉越
鏌耶爲鈍兮　錐刀　｜｜之末將　鄭刀　｜之｜宋之斤魯之削書刀　弁刀
｜爲銛貫誼　｜尽爭之左　　之劔迁其地弗能爲良　礼考工記
焉得｜州快剪｜剪取　釛刀　殘展齊鏡又慚裁愁腸恐　賁刀｜｜買
呉松半江水　杜題山水　　逐｜｜斷　張說寄征衣　　　　犢詳犢　奏刀　庖丁

【囲】｜｜鼓刀｜【賢臣頌】太公困於｜　金錯刀張平子云美人贈我｜｜｜王莽造契刀
其環如大錢身形如刀文曰契刀五百錯刀
以黃刀錯其文曰　赤金刀黃公能制虎後見白虎以｜｜　卯金刀刘之為字
一刀直五千【前會】　厭之不效為虎所食詳虎　｜｜｜也
【王莽】　魚隱刀世中置鉛｜｜｜　鯉中刀開元中王昌齡舟行馬當山遇風命
【傳】【李】鱄設諸事【左】　賚酒紙上女王誤投金錯刀忽赤｜
入舟剖腹得　傳佩刀晋呂虔佩刀工相之云當為三公虔以贈王祥
刀【傳異志】　祥果為太傅祥薨以授覽曰汝後必興【王祥傳】夢三刀
王濬｜懸｜｜於梁上須史又益一刀李毅曰三刀　斬身刀舌是｜｜　拆大
為州又益者明府其臨益州乎果遷益州刺史【晉】　｜詳舌
刀帰心｜｜｜【出】詳頭言雖有　笑中刀唐李義府　割羊失刀馬仲方牧羊生
帰心而大刀｜則未能還　｜｜有｜　一羔鬻于屠肆
將｜而再亡其刀乃羔｜術投溝中又以【續蒙】風｜霜｜筆｜切玉｜　魛魚
足踐淖中屠者感傷不復屠羊【括異記】　｜竇在｜笑中｜　名
【柳】漁澤　忉憂也【詩】勞　裯衣袂又汗襦【後羊續】　舠小船通作刀【詩】曾不
從鰌｜　心｜｜　【傳】惟有布衾敝裯｜　容刀　太宗伐蕭銑
舫｜蔽江而下【綜蒙】輕｜漁｜○騷蘇遭切擾也憂也騷夜　離騷屈原為上
【柑】南帆上瀧｜　夜｜　愁｜｜鬧松竹雨也　官大夫所
讒｜憂思而作｜｜　風騷文雅【詩】　廣騷揚雄作　反騷揚雄又作畫帛　繹騷徐方
【史】遭也｜憂也　｜｜【囲】　｜｜　屈原為｜｜【囲】　｜｜

句玉五　四十ソ

【詩】擾　蕭騷帰憂得｜　僕命騷評李賀詩云賀年二十七死矣使　騷刀騷休把
也　｜【荊公】　賀少加以理雖奴｜｜｜可也　青銅
照双｜君誤今　痛飲讀騷盧元明字幼章中山王熙曰盧郎有如此風
已白｜｜【歐】　神惟須誦離騷飲美酒自為佳器熙字孝伯【續蒙】
楚｜句【人名】【北郭騷】見晏子許以養母乃　搔括也爬也【詩】｜首踟躕【杜】抑
入｜　分倉粟府金遺之辭金受粟　【詩注】玉｜頭今之抓頭
搔婦事舅姑疾痛疴癢　疥搔迻垂之患手足之　攫搔於王王射之死詳狙　隔
而敬｜｜之【內則】　｜｜【後鮮卑傳】　一狙委蛇｜｜見巧
靴搔詩不著題如｜｜癢【詩評】　醜婦搔自能｜｜　【續蒙】爬｜首重｜　艘船總名　兩艘爭標
｜｜　背癢【谷】　｜癢処｜　名　看｜
｜萬艘白粲連檣【歐】【續蒙】連｜　颾風声　溞｜｜浙也　慅動也　繅繹繭為絲亦作
艘一｜｜【歐】　飛｜　繅盆夫人蚕｜
獨繭繅園客養蚕｜｜｜之　意緒繅｜｜軋々　臊亦作鱢記其臭｜月令
弥月不絕【仙傳】詳繭　絲雜抽｜【歐】　膳膏｜【內則】選其政腥
｜搔樔｜木　○袍薄褒切。唐服｜者下始加襴緋紫緑　縕袍【語】。｜
長兒　皆視其品庶人以白又黃｜黃鸝也　絳袍｜賞酒
債詳債｜旧袈　同袍子｜｜【无衣】　綈袍魏相魏斉听須賈譖答撃范雎々佯
兼余𠡠為之　死卷以簀置廁中得出遂相秦易姓
名張禄須賈使至秦雎微行見賈々驚曰范叔无恙乎又曰范叔一寒如此
哉取｜｜賜之因閒秦相張君雎曰主人翁為賈御車入秦相府賈立門下

良久曰范叔不出何也門下曰吾相張君也賈大驚肉袒謝罪雎曰故得不
死者以綈袍恋々有故人之意雎大供具請諸侯坐堂上置賈堂下以莝豆
馬食　陳慶之攻魏麾下悉著｜｜所　赭袍玉殿光中　｜｜｜章色動
之【史】白袍向披靡謠曰千軍万里避｜｜　赤袍認｜｜　恩袍【仁宗賜詩】
草袍江｜｜乱　奪袍宋之問獻詩武后｜｜東方虬錦　宮錦袍李白夜月乘舟采
袍青｜【囲】　｜以賜之【龍門】詩成｜錦｜【囲】　石衣｜｜｜顧瞻
笑傲旁若　金字袍狄仁傑武皇賜紫袍龜帶自　蜀纈袍章綬為翰林學士帝
无人【囲】　製｜｜十二｜以旌其忠　幸其院韋妃從會綬
方褰時大寒以妬｜　轉輪袍唐王維微時為岐王所知令作琵琶曲名｜｜
｜｜覆之而去【囲】　｜｜｜貴戚大愛之遂因緣為狀元【廣林記】新曲翻
從玉連瑣伯声終愛　舊戰袍養首團花｜　賜十萬袍唐哥舒翰不郵士二詳
｜｜｜【琵琶】　｜｜｜【曹植】　衣服穿空帝製袍十万
藏之【囲】還得遺袍唐允濟為武陽令有人夜遺袍行十里乃　【續蒙】鵲｜藍｜
｜軍輸　衣竟人曰吾境未嘗拾遺｜取之果｜【囲】　珠｜金｜
○褒博毛切獎也【詩】宣王｜　一字之褒喻華　一字褒春秋以｜｜為
申伯又漢書｜衣大也　褒｜字之褒｜　之贈【谷梁序】　｜貶【左傳序】
【續蒙】崇｜【人名】【王｜】漢人作賢臣頌　○陶徒刀切通作匋【史】舜｜　甄陶｜｜
宠｜【普｜】晉人作錢神論　【河濱酒德頌】其樂｜｜
匽有廬　鬱陶｜｜予思心　陰陶有人竊墳磨滅以陶　定陶宣帝孝弱翁於｜
【礼樂志】【書五子之歌】　陰陶為｜以脅為魚詳家　｜【囲】魏相也又詑

句玉五　四十九

蠡之｜　一人陶万室之邑｜｜　翁姓陶請詩既名眺【續蒙】鈞｜薰｜土
｜致富　一｜則可乎【孟】　金｜亦｜｜　器｜詩和｜【人名】
【范蠡】漢桓帝時上書救朱穆【冢】【姓氏】濟陽微音｜唐氏之後又虞思為周｜
【唐】唐詩人隱西山又運花妓事　正因氏【叔】為周司徒【說】字士行壮
晋八州都督　運甓詳甓惜分陰詳侃【潛】字元亮又曰淵明為彭澤令号
五柳先生【弘景】字通明求明中脱朝服掛神武門号陶隱居【陶穀】徵召
不赴号聘君【南史】【穀】字秀实趙宋邠州
人風光好詞為妓詳膠【陶峴】竹溪六逸　裯衣袖　鞠卓｜　萄蒲萄一
馬乳又水晶　張騫使西域得之汁可釀酒　｜褶　鼓木　名
龜茲国家至千石【異国志】扶
風孟佗｜｜酒一斛遺張讓拜涼州刺史【後漢書】具丘｜｜谷可就食之取
帰即失道世言王母｜｜天宝中沙門曇宵得食取拈莫為杖还寺植之遂
活高数仞仰觀若帷蓋号草龍珠帳【酉陽雜俎】若鄰老勃蘧歲献大如雞卵【酉陽】
李直方第果品第五　唐陳叔達字子聰武德初判納言賜｜｜不飡
曰臣母病求不能致願奉之　若欲藏盤堆馬乳莫辞接竹引看鬚【韓】　綯
絞也【詩】宵　【人名】【令狐綯】　炬事詳蓮　桃｜李不言下自成蹊詳蹊宋田良守清
爾索｜｜　河大赦郡无一囚獄中生｜樹詳四【桃核】
緗桃百葉｜｜　碧桃天上｜｜和　賞桃刘公幹居鄴下諸公子進｜｜花而
緗桃曉更紅【韓】　露種【高蟾】　去公幹問損花乎僕曰无但愛｜而
已公幹曰珍重輕薄子不損折使老　玄都桃刘禹錫至京師詩｜｜觀裏｜
夫酒與不空也遂飲花下作放歌行　千樹尽是刘郎去後栽後十四

年復遊京師无復一株唯兎葵燕麥動揺春風尒 詩云種桃道士帰何処前度刘郎今再來(文集)
武陵桃 漁人入桃源事詳源
潘岳桃 岳爲河陽令栽桃李号河陽滿縣花
輕薄桃 ||花逐水流(杜)
不分桃 ||花紅勝錦(団)
○因桃悟道 志勤禅師在潙山見||花||偈曰自從一見桃花後三十年來更不疑(傳燈)
[桃實] 木桃 投我以|(衛風)
金桃 鸜鵒啄||(杜) 貞觀間有献黄桃大如鵝卵呼||
蟠桃 東海度索山桃|(巫)三千里(異聞付姓)
氷桃 周穆王開宴王母進||碧藕(類說)
啖餘桃 韓子云弥子瑕食桃而甘以其半啖衛君後子瑕得罪君曰是固|我以||者
黍雪桃 晉哀公設桃具|仲尼先飯黍後啖桃左右皆笑公曰黍者非飯之也以||也仲尼曰黍五穀之長果桃爲下君子以賤雪貴不聞以貴雪賤也(家語)
不與桃 拓玄求拓崖好桃||||好者(田說)
天台仙桃 劉阮事詳源
方朔偷桃 東郡献短人呼東||至短人曰王母種桃三千年一開花三千年一結子此兒不良三過|之矣(漢武故事)
殺士饋桃 齊公孫接田開疆古冶子勇而无礼晏子請景公饋之二桃計功而食皆自殺(詳竄)
李仙取桃 趙升就張陵|陵已七試之与諸弟子登雲臺山絶岩上有大桃下臨不測陵曰得此桃者告之以道非從上自擲正投桃樹||滿懷而石壁峻峭不得上陵乃引手接之升忽還(神仙傳)
蘭若獻桃 史論在齊州趙||中僧從經案下取桃|論大如飯桃(文粋)
[楔桃] (尒雅)名楔荆桃月令盖以含桃注以鶯鳥所含故名又黄者爲蠟桃 李直方第果品第二(国史補)遺後明帝宴群臣太官進||以赤瑛爲盤月下視之盤与桃同色群臣皆笑云是空盤也(賈書)唐宰相有櫻笋廚最盛互見櫻

[胡桃] 張騫使西域还植之東土故云陳倉||平陰||大而皮脆(本草)
[侯桃] 即辛夷花詳夷
[越桃] 梔子名||(本草)
[活套] 小|洞口|臉 覺|醉仙|
[詩套] 園有|刺時也因小而迫而儉以音(魏風)
[人名] [左伯|] 哀爲死友与羊角
[禱|] 致馬千疋牛倍之(貨殖傳)
[絳|] 絳桃柳枝韓愈妾名
[青|] 冠爽公妾能詩詞詳綾
[紅|] 明皇自蜀回夜聞歌者曰得非梨園舊人乎翌日召至果妃子侍者||復乗月登樓命歌涼州即貴妃所製曲罷无不掩泣(明唐雜录)
蜪 蜪蜍|蝮也
⿰風壽 風也
檮 檮杌詳杌 斷木又|
濤
秋濤 皇甫湜祭柳子肆意文章||瑞錦
翠濤 魏徵能治酒有醽醁||二名十年不敗
素濤 碧玉甌中||起雲茶也(范希文茶歌)
濤 万里(洮)||(図)
[活套] 飛|雪|怒|崩|驚|三峽|
[人名] [山|] 晋人初貧後至三公詳役
[薛|] 蜀妓製小箋詳箋
[任|] 騊 |駼北野良馬
匋 瓦器通作陶
醄 酕|
洮 頮|
逃 (孟)|楊|墨 以|(書)爲逋|主(左) 竊貧而|(左)竊藏 醉中往々愛禅目逃|(固)
形逃 承鏡不可以||(醉安国傳)
追逃 逐冠如||君匪
攙逃 唐陳許上言乞||之善政也 絶||之弊(圖)
(宗説)謂以逃亡戸税||於比隣致駈迫俱|也
南郭逃 齊||先生不能竽而濫三百人之中齊王曰寡人欲一一吹之南郭乃|詳竽

三

見逃 李咸見壺子|而逐|(莊) 逃後陳元傳逃
魚龍逃 雷風戰鬪||||(韓)
[活套] 逃||弃|
淘 ||水流皃又澄汰 (汨)|米少汲水或作汰李者累試
冷淘 野狐泉一媼善與水花||切以吴刀淘以 洛酒富子携金食之甜有攝棗||詩詳甏
溫淘|| 提宗
浪淘||||盡千古風流人物(東坡詞)
鞉 亦作鼗鞀 有柄小鼓 (靈)鼗(礼)大||播鞉||(武)(論)瞽 司樂手鞉瞽掌|||
(周)靈鞉 ||方澤奏之路鞉宗廟奏之樂
翿 翳也舞者所執詩左執|
咷 哭也易先號|而後笑(易)我伽君|
○遭 作曹切 詩君子|乱(君子陽々)周公|聖主(賢臣頌)
周遭 山圍故国|(刘禹錫)
[活套] 遭|逢|讃|不||遇所||
糟 亦作醩 孔群嗜酒變(兂月)(賢臣頌) 王導戒之杏曰不見肉(菁)糟||||啜||(晉書)糟 枕麴|||
焦糟||辛一盤(団)荊 黄糟 楚俗十月一日食|
||淹更甚久邪詳說 食糟醨(漁父詞) 麴枕糟藉(酒德頌)

楚糟 長羨维魚 楚糟(壓)||(國)
清糟||醇也 飲醨醴||黍醴||(記內則)致飲有醇有沛者陪設之也 沛也
臘糟 剩与故楚人暑士物||紅糝寄豚蹄(國)
立糟 彼皆不知|其|而地其酒(大宋蔵)||糟||微生而|(般若養付)
古人糟 輪扁曰君所讀者|之|粕地詳輪
戰麈糟 霍去病傳麈蘭皐下誅盡死殺人爲麈糟
○敖 五勞切或作遨遊也(詩)搏獸于|(車攻) (楚詞)吾告諸|以不長(註)楚人未成君者
逆敖 千里||冠盖相望(圖)
楚有|君莫|後合曰|天若|氏之鬼(食貨志)以|以|(詩)
連敖 爲一官故曰||
張倉爲||注秦小吏
意敖 盤樂|(國)
秦敖 |積|倉之粟(漢書)
[活套] 嫖|
[人名] [孫叔敖] 楚相求||
剛秦官名亦有|| 仙見一士踞龜食蛤詳龜句
[姓氏] 譙国官吕音顓頊師大|之後
嗷 衆口愁也(詩)哀鳴|| 嗷|(前食貨志)天下謷
[子|] 從子|來謂王驩也(國)
々与|同(韓)
[活套] 澤|哀|鴈
螯 (亦雅)四|敖 西旅|獒 只爲|獻|(書)
獒 嗾|獒 晉侯欲趙盾酒 夫|焉其右提弥明搏而殺之(宣三)
逸韵何嘈||
鼇 又鼈 海中大鼈也韵會云作鰲非
斷鼇 立四極(列)女媧||
|足 鯨鼇 杜牧論李賀詩|呿鄭不足爲其荒誕也
戴山鼇 海東有岱輿員嶠方壺瀛洲蓬萊根无所連隨波上下帝命禺疆使巨鼇十五舉首|之(列湯問)
冠山鼇 東海鼇冠蓬萊游瀚溟埊蟻曰彼||何異我戴粒道遥於封埌之巔伏乎窟穴也(符子)
釣六鼇 龍伯之国有大人一|而連|(列) 李白釣鼇以月爲鈎詳餌
[活套] 灵|跨|巨|似伏|踏金||
[人名] [翁|] 仕宋至殿中丞歸隱於庐山
熬 有(淳)|(礼八珍)
[活套] 煎|焦|日火|
蟹 戟鋒
螯 盤大二螯足也
二螯 蔡謨見彭蜞曰蟹有八足加以||烹食之吐又六跪||(晋)並詳蟹
持螯 畢卓曰左手|酒手||右
空螯 又似煮彭蜞竟日嚼拚詳蟹||(賊讀孟郊詩)
[活套] 双|霜||車|
翱 (詩)將|將翔
風翱 (思從)祥|(賢臣頌)
鵬翱||路 觀|鳳|
[活套] 游|鵬|(團)
[人名] [李|] 黎友
囂 吕(孟)不知亦||自得皃(詩)謗口||衆多皃亦作嚻(番傳)頊斬

ㅣ[人名][陶]ㅣ漢末劉蜀驁樂章名[?]公出入奏ㅣ夏璈平水韵增[蜀詩]鳳[?]老ㅣ奏樂名[?]八琅璈王母命侍女王
又登彈ㅣㅣ之ㅣ董双成雲林璈上元夫人彈ㅣㅣ之[韵會]雲ㅣ仙○曹
吹雲和之曲[漢武内傳]ㅣ歌步玄之曲同上ㅣ王ㅣ
昨勞切[臣]
嫦娥得ㅣ六曹漢成帝初置尚書曹四人分四曹[常侍曹]主公卿事[二千石曹]
主郡国二千石事[民曹]主吏民上書事[客曹]主外国夷狄事
出祖分二千石曹又分客曹爲[南主]馬曹王子猷爲桓冲騎兵參軍冲問御
[客曹][北主]客曹凡ㅣㅣ[後百官志]署何曹曰似是ㅣㅣ問官幾馬曰
不知馬何由知數又問ㅣ比死多少曰鎧曹隋有ㅣㅣ趙宋改賊曹漢有ㅣ
未知生焉知死[王徽之傳]亦曰騎曹爲胄曹掌甲仗ㅣ決曹
或曰法曹愚曹並學法曹見上何遜在揚州ㅣ儀曹莫字柳ㅣㅣ[後蜀]
刑法趙宋曰司法ㅣ官舍詠梅花下詩梅[子厚]礼部郎中户
曹亦曰板曹又曰念珠曹謂月辭曹羊祜死人爲諱名改户曹水曹爱酒晋
俸一百八索也趙宋曰司户爲ㅣㅣ[宋傳]許一作詞山簡能
詩何ㅣㅣ匯過客不妨貞外置詩人例作ㅣㅣ郎[後廣州]謂何遜張籍西曹
皆爲水部郎以詩名王禹偁亦云古詩人多求水部即工部也
丙吉馭吏頻醉ㅣㅣ詰罪[儒冠列侍]人曹獄立冠ㅣㅣ[圖]吾曹吾亦愛兒曹清
之吉曰ㅣㅣ第忍之詳婁東曹映ㅣㅣ[?]ㅣㅣ[國]白
遺ㅣㅣ青曹漢茂陵年少李亨好狗有ㅣㅣ柳送元秀才有湛盧ㅣㅣ之
[魏公]曰望ㅣㅣ[西京記]一日李奇家曹賢者患不得犀兒而劃之詳

鉤劒名花曹独留妖艷冠ㅣㅣ[宋叔貞杏花]誅曹晋重耳及曹共公觀其裸浴信負羈妻曰夫子反晋国而ㅣ无礼ㅣ其首也[僖二十三]
念珠曹見户曹注何譜曹後蕭育爲茂陵令扶風召詣後曹以戰事對育曰蕭育杜陵男子ㅣㅣㅣ也[史]謂賊曹決曹議曹
漢朱博武吏不喜諸生所至郡輙ㅣㅣㅣ[史]兼數曹後公孫瓚爲郡小吏性辦慧每白事常ㅣㅣㅣ无誤[史]西曹東曹魏毛玠爲
丞相東曹掾典選舉時議并省人[?]玠請謁不漢末言曹蜀扶搜言古者官
行共白宜省東ㅣㅣ太祖知其情遂省西曹[史]戰不言曹ㅣㅣ名
官尽ㅣㅣ吏言屬曹卒言不就功曹後魏李孝伯辟功曹ㅣㅣ曰ㅣㅣ之
侍曹此曹氏代漢之意[史]戰雖曰鄉選高第要是郡吏亦[史]
[活套]蕭ㅣ刘ㅣ曲ㅣ[人名][鳥]ㅣ作博局[裁]ㅣ高帛初時[姓氏]譙国角音顓頊玄
ㅣ雄与ㅣ昂藏叔ㅣ因字叔ㅣ互見高孫陸終第五子安
爲ㅣ氏周文王第十三子振鐸封ㅣ亦爲ㅣ氏ㅣ[參]爲齊相趣裝入相詳裝
代何爲相守法勿失号平陽侯ㅣ[憲]字叔通撰次漢礼持物識古爲儒者
宗ㅣ[休]字文烈魏祖曰此吾家千里駒ㅣ[植]操之子字子建七步成詩詳豆
子建八斗詳斗ㅣ[憲]隋煬帝令与諸儒誤撰苑叢珠又注廣雅ㅣ[彬]字国華
趙宋真定人試周左手干戈右手俎豆詳手克江南不殺一人詳爽嵬兵
四解降王縛數子三登上將壇ㅣ[光]字顓求雅州人蜀中俊傑太祖以爲
黎州刺史ㅣ[利用]字用之与契丹議和曰割地之議死不敢聞虜不能屈ㅣ[?]
[?]字元象擢進士第与刘壽躍執柔刘正夫在太学号四俊秦少游曰[?]君

詩少陵集中誰曰不然有詩嘈声也[琵琶行]大刺嘈大梅花下翠朝嘈不
文号秋浦集[?氏]王喜妻悍絃ㅣㅣ如急雨東嘈羽ㅣㅣ詳梅嘲嘈筆
黠[?]皆嘈歌管ㅣㅣ艚舟也[柳]良歌艚鳴ㅣ[荆公]万里寒江螬蠐ㅣ
ㅣㅣ[國]秀嘈[休都付]正復ㅣ十月水爲復ㅣ水言水落也虫在
糞土食李螬井上有李螬ㅣ母食螬晋盛彦母王氏失明彦每食必自哺之
中實者過半矣[史]虫母久病婢使數見捶撻婢恨取蛴螬炙
餡之ㅣㅣ以爲美彦見之抱[活套]ㅣ餡如嘈嘈ㅣ深槽酒ㅣ又畜獸食器
母号泣母目豁然即開[史]空兒[韓]士飽而歌馬騰
于酒槽小槽ㅣ滴真捍槽周后死後主書琵琶後曰天香留鳳尾余焚石槽
ㅣ酒ㅣ求珠紅[李賀]捍在ㅣㅣ[南唐書]紅妝斉抱紫ㅣㅣ[王仁裕]
開元中賀懷智善琵琶以ㅣㅣ爲ㅣ鳳尾槽數絃已品花香撥半面銀槽吐谷渾西長白
以ㅣ爲ㅣ鵾雞筋爲絃木循遮ㅣㅣ[段成式琵琶]承福家富飼馬
以ㅣ其[?]馬槽方托麋鹿群敢三馬同槽魏武夢ㅣㅣ食一ㅣ甚辦二千槽
ㅣ驥驗槽同ㅣㅣ[劉]ㅣ同槽[?]惡之[史]司馬代曹之讖
托斉独孤永業周武親攻金墉求業通夜漕衛邑[詩]土国城
ㅣ馬槽ㅣㅣ周人以爲大軍至乃去[史]思須与ㅣ○鏖於刀切溪
[晉]霍去病ㅣ皐蘭下謂[活套]短兵ㅣ市声ㅣ午挑ㅣ鏖熬温器
死殺人[柳]吳虔亦已ㅣ鏖陣ㅣ詩戰ㅣ日火ㅣ鏖也○猱奴刀
切獮猴老者爲玃長臂者爲猿名懸猱半壁跳青猱送奴ㅣ吳猱呉今灵
王孫又名毋猴[詩]毋教ㅣ升木懸猱ㅣㅣ[柳]青猱ㅣ[曾子固]呉猱爲道士

居南岳經旬不飲食好大山猱弓攝宜山虎手獿中猱伶人刀俊朝妻巴媼
睢俗呼爲ㅣㅣ[南唐書]猱接ㅣㅣ[圖]項獿如數斛瓮作琴
瑟笙磬音妻欲以刃決拆之獿忽拆裂ㅣ猱跳出有黄冠叩門曰予ㅣㅣ
也李是老猴精解致風雨与老蛟往还亡公誅蛟捜索急爲故匿夫人之頷於
鳳凰山神処得起亡書[?]峱山名[詩]遭我臑羊豕○尻丘刀切脊梁
之即愈如言果驗[幽怪録]乎ㅣ之間兮臂尽処ㅣ脽也
脽尻上問嚴助徐樂之倫先生何与比哉曰臣觀其結股脚連ㅣㅣ遺蛇其
跡行步偊旅臣雖不肖尚兼此數子者[方朔傳]徐嚴不敢連ㅣㅣ[漢]
鳧尻ㅣ去鳥尻益高者ㅣ俛輪尻子輿有病曰化予之尻以爲ㅣ以神爲
ㅣ[國]鶴尻啄也[方朔傳]馬予因而乘之豈更駕哉[莊太宗師]
崑崙尻ㅣㅣ安在[楚天問]ㅣ玄圃其ㅣ雕俎尻祝宗人臨牢説彘曰吾將豢汝三月藉之○
以白茅加汝尻於ㅣㅣ之上汝爲之乎[莊]
操七刀切又去ㅣ心也[莊]ㅣ舟若神[嚴助傳]ㅣ生殺之柄[賈誼傳]ㅣ刀必
[割][刑法志]躬ㅣ文墨[左]猶未能ㅣ刀而使割也[列子傳][周南]妻親ㅣ井
臼ㅣ漢節ㅣ蘇武杖ㅣㅣ牧羊
瓢ㅣ觚ㅣ貞操ㅣ臥起ㅣ持詳節

五歌 與戈同用

歌古俄切[語]取瑟而ㅣ弦歌[語]○漢祖[園]雅歌ㅣㅣ投壺凱歌王大捷則
[記]朝祥暮ㅣ[檀弓]弦歌聞ㅣㅣ声雅歌[祭遵傳]豈歌ㅣㅣ[周礼]

鐃歌 漢有短簫丨丨之曲序戰陣事 柳子作丨 / 丨鼓吹曲十二篇歌唐戰功也 丨尼交切 商歌 曳縱而歌丨頌(注) 東歌 發丨丨操
南音(左) 九歌 沅湘信鬼好祠屈原 行歌 買臣擔束薪丨且誦書妻負戴相隨 / (吳都付) 丨歌因爲作丨丨之曲 丨歌數止買臣毋丨益疾歌妻羞之求去
(注)丨丨非 棹歌 簫鼓鳴兮發 楚歌 項羽至垓下夜聞四面皆丨丨(史)漢祖謂 / 隱論(注) 丨歌丨丨(秋風辭) 丨歌戚夫人曰爲我楚舞吾爲若丨丨(延史)
五噫歌 梁鴻過京師作丨丨之丨曰陟彼北芒兮噫崔覽帝京兮噫 擅求歌 周世宗南 / 噫歌噫人之劬勞兮噫宮室崔嵬兮噫遼遼人未央兮噫(後史)
征軍士作丨丨丨声聞 遏雲歌 薛譚學歌於秦青自謂尽之矣辞去秦餞於 / 數十里(南唐李景傳) 丨歌 郊撫節悲歌声振林木響丨行丨譚乃謝終
身不敢言 遶梁歌 曹娥之齊鬻歌假食既去餘響丨丨三日逆旅或辱之娥 / 歸(博物志) 丨歌因曼声哀哭一里悲愁涕泣娥復曼声長丨一里懽忭舞
踏乃厚賂遣 拂塵歌 魯人虞公發声清哀丨動梁丨(刘向別录) 採芝歌 四皓事 白雪歌 客歌於郢 / 之(博物志) 丨歌詳芝 丨歌中始曰下
里巴人屬和者數千人爲向陽薤露和者數百人爲陽春丨丨丨和者 雪兒歌 / 數十人引商刻羽雜以流徵和者數人其曲弥高其和弥寡(文選)
麗詞堪付丨丨 子夜歌 漢武時有女名丨丨丨丨造此曲因名 莫愁歌 石城女子 踏踏歌 藍采 / 丨丨(韓)詳兒 丨丨 丨丨 (古今樂录) 丨歌 和歌
於市曰丨丨丨藍采和世界能幾何紅顏一春樹流年一擲梭古人混混去 / 不返今人紛紛來更多朝騎鸞鳳到碧落暮見桑田生白波(續仙傳)又古舞
上婦人下舞 障後歌 李白戲爭王曰閽王寵姬善歌今酒肴醉飽群公宴倦 / 踏歌詳舞 丨丨歌王何吝此王笑使於七宝花丨丨丨之白起謝曰雖不
許見面聞其声亦幸矣(天宝遺事) 家家歌 家人聽賦丨丨 銅斗歌 飲江酒手拍銅 扣角 / 丨丨歌丨(山谷)詳雌 丨斗丨(録舟人)詳斗
歌 寧戚事 騎牛歌 熙寧中陳仲孝謫南康參丙黃犢与刘疑之 易水歌 荊軻 / 歌詳牛 跨游廬山凝之作丨丨丨李伯時爲畫圖 丨丨(至燕)
愛擊筑者高漸離後爲燕太子丹報讎於秦太子及賓客知其事者皆白衣 / 冠送至丨丨上漸離擊筑荊軻和而丨丨士皆流涕歌曰風蕭蕭兮易水寒壯
士一去兮不復還 齊右歌 綿駒処於高唐丨丨善(孟) 大風歌 漢祖至沛酒酣擊筑歌 / 復爲羽声慷慨 丨丨歌而丨丨 丨丨歌曰丨丨起兮雲飛揚(本紀) 鼓
盆歌 莊子事 折齒嘯歌 謝鯤挑高氏女女投梭丨其二 田横挽歌 高祖召横 / 詳盆 丨丨丨丨丨鯤曰猶不廢我丨丨詳齒 丨丨丨丨自剄從
者爲歌以寄哀情今 參軍教婢歌 宋廢帝爲連州丨丨刺史聞其善歌 / 挽歌自横始(通典) 丨丨丨丨傑丨丨日挽芻簾外唱吟自如(語套) 傲
(詩)永丨(詩)謳丨(孟)酣丨賡丨(書)八仙丨醉 哥 俗呼兄 酒忤七哥 晋王令継 / 時丨(孟)扣擊壤丨(堯老人)垓下丨(項羽) 丨爲丨(監) 岁爲張承
業舞王曰七哥宜以錢一績与之承業不与云云王怒二 行不得哥哥 黃詩詠 / 索劍承業請死王乃叩頭謝曰吾以丨失丨丨丨(監) 李宗古
鷓鴣云此鳥爲公丨丨丨丨注鷓鴣(語套) 鸚(人名) 妙丨 揚汝士小字 歷(圖)元白 / 声若云丨丨丨丨丨李病足故云(語套)丨 詳倒 (并)丨 舞龍名(刘賓客) 毫

韻 卷五　五十四

州營妓也有約終身不齊盟 柯 枝丨又 執柯丨丨以 改柯 四時而 / 者宛刘絡其塚長慟遂卒 斧柄 幸木伐柯(濮)曰柯不丨丨 月之葉(節)
爛柯 信安郡石室中晋時樵者王質逢二童子棊与質一物如棗核食之不 / 饑 置斧於坐而觀童子曰汝斧柯丨矣質帰鄉閭无復時人(述異記)
庭柯 眄丨丨以怡 南柯 淳于棼夢入槐穴中曰丨丨 金柯 丨丨分玉葉散 直柯 / 顏(帰去來詞) 丨丨郡不理屈卿爲守詳槐 丨丨(陸機付)言晏雲也
汴水饒曲流 野珊瑚柯 丨丨碧樹交 雨露柯 青者丨 棄辛柯 當此丨丨 斧無 / 桑无丨丨(孟) 丨丨枝丨(韓石鼓) 丨丨丨(杜) 丨齒柯丨(荊公)
柯 雖傷斲鼻巧有 借一柯 病鶴丨 車一柯 拍丨轂長丨 其圍二柯其輻一 / 丨且丨丨(谷) 丨丨丨(坡) 柯大丨崇三柯(礼冬官)車人柯斧
柄長三尺(詩備) 伐丨美周公也 (姓氏) 濟陽商音河南官氏志丨拔氏 宋書 / 因以爲度 刺朝廷之不知 沈文貴傳錢唐富人丨降 齊書南兗
州典籤 牁 水名(書) 戕 臧丨 杙也所以繫舟又 茄 芙蕖 駒 ○磋 / 丨益孫 導丨澤 丨作柯(漢紀)牂柯郡名 莖 鵝丨
倉何切治象牙曰丨 蹉 跌也又 瑳 玉色鮮白丨丨又笑兒 搓 挪也手 / (詩)如切如丨(衛奧) 丨丨 (詩)巧笑之丨 一音 香新書
綠搓 瑳 屢舞丨丨 ○多 得何切(記)以丨爲貴(礼器) 申公傳 不在丨言(亂) / (陵) (詩)又音娑 戰功曰丨 (同勳)(漢書) 丨丨 益辨 動人春色不
須丨 五多 月支使者見漢武帝曰帝有丨丨丨日多崔則貪忍口 三多 辛者取 / 詳搉 多言則犯難身多動則淫賊心多好則智僭(十洲記) 省
讀多持論多 寡多 丨丨益 言多 丨丨且 珉多 貴玉賤丨謂玉之 患才多 (陸機) / 著述多(歐苑) 寡(諫卦) 酒丨(魚麗) 寡珉之丨詳珉 (傳人)
之爲文常患才 閲人多 蓋寬饒視屋歎曰如將求多 後之人丨丨丨於汝汝 / 少幾更丨丨丨 此傳舍丨丨丨矣(臨) 必不免(左)詳環 責備
或相多 餘論丨丨丨(谷) 丨說張丨国 酌無多 元多丨我丨 百不多 褚淵謂任 / 曰趙人丨君(戰国策) 多重也 乃酒狂詳狂 (晋)曰卿有
令子所謂丨丨 子朗多 東海三何丨 癖何多 韓彥思曰王家 蘇骨多 高麗冠 / 爲丨丨不爲少 丨最丨詳何 丨丨邪詳癖 丨丨曰丨丨
(史) 孰與仲多 高祖曰始大人常以臣无賴不能治 位高金多 蘇秦丨丨詳佋 好 / (丑) 産不如仲力基之業所就丨丨丨 丨丨
物不在多 元宗會從臣賦詩李士朱董惟進一聯不能終 ○杜多 梵云 / 篇曰丨丨丨丨 左右掩口而笑(南唐近事) 漢云抖擻
謂三毒如塵坌其心此人能振 悉達多 天竺国生太子丨 吃栗多 唐言賤 / 悼前去今訛爲頭陀同竟要覧 丨丨丨成道曰佛 人(要覧) 波
羅蜜多 此云到彼岸詳岸 佛法無多子 詳婆 ○娑 素何切(文選思玄賦) 婆娑 市也丨 / 丨丨初服之丨丨丨 衣兒婆娑丨(詩)陶
倪曰老子丨丨丨 正坐 駁娑 漢武營建章鳳闕神明丨丨 兩娑 晋刘慶孫在太 / 諸君董(監)言老病也 丨丨(揚雄傳)丨丨駿名上先合切 傅司馬元超府
時使子嵩家富而性鄙慶孫說太傅問使借錢千万庾徐答云 / 下官家故可丨丨千万随公所取 丨丨丨若兩倍如許多詳横 挲 摩丨 銅狄 詳狄

卷五　五十五

亦作迱 𨒀 二 舜皃詩 ○駝 徒何切橐丨能負重橐故名背有肉鞍如峯
詳拔迱 丨舜丨丨 陽羌之山多橐丨日行二百里負千斤
燉煌西渡流沙千餘里有伏流處丨必以足踏地知水脉也博物志流沙數
百里夏多热風老丨預知則鳴驟埋口於沙中人即以氈擁鼻否則致危殆
後周四夷傳 韓石鼓 紫它丨丨之峯 同它晉索靖指宮門丨丨曰卜駝 披詩
歐干鼓只載數橐丨 紫馬出塞 金國 銅馬會見汝在荊棘中 李 臣馬援〻
毛羣歎 丨它秦穆公伐楚告盟于丕 亦駝比斉刘昼綴辞古拙邢子才曰君
丨丨 亞馬顯丨丨丨大神 亞平声 亦駝賦正似丨駱丨伏而无妩媚 史
獨峯駝吐蕃丨丨丨日 風脚駝于闐丨丨丨日行 石駱駝腹下出水飲之令
馬行千里 孔帖 馬七百里 給閒記 馬人身白西南夷国
有之 圓 吉橐它天官侍郎吉項長大昂頭行視 郭橐駝丨丨丨病僂傴 ○酡
國志 馬郎中張元一目爲望柳丨丨丨 馬善種樹 柳文
酒 文它 邵專節飲酒喜丨丨 顏 紽 絲數也詩 駄 本作佗 趙充国傳
容從酉 飲赤丨丨口先吟哦 陸參 丨 素絲五丨 一馬自佗 亦作
駝 李詩 十五吳姬細馬丨 蘇詩 二八佳人細馬駝 山 佗 美皃 詩 委 子 莊
谷院 花醉圖 詩 宗文捉摩宗武扶落日寒駒丨醉起 佗〻丨丨 人名
有惡人曰 鮀 人名 衛 祝丨 有口才 迱 逶丨 陀 陂丨 延袤皃 陂陀 登丨丨之長
哀駘丨 行皃 又不平皃 阪 史記 西山
丨丨 幾百里 我欲 金盤陀 星曜宝校丨丨丨 鞁 一石盤陀中洽南畔 五
置之行礼中 國 槐將軍 敵 馬上飾也 丨丨丨 坡 天酥陀 侯
鯖 亏 美丨丨丨 亏失腴 洪舜俞 老圃 頭陀 選 丨丨寺碑 注 丨 抖擻也
附 丨上丨丨 恐尔甜 諴齋 案 一作酡 ○ 言丨丨 去煩惱也 互見多
祇陀 因丨丨太子園 補陀 海岸孤絶処丨丨 伽陀 祖庭事苑 丨丨 此云諷誦
造佛舍 詳園 落伽山 谷 詳 捧 或名直頌謂直以偈說法
○山谷寄黄老 老 曼陀 法華經 天雨丨丨羅花 坡 和山 吞 人名 華 丨 神醫
深窖丨丨 拈戲筆 父陪方丈丨丨兩 羞對先生苜蓿盤 跎
蹉丨 失足也 韓 吾意其蹉丨丨 沱 江別流出嶓山 禹貢 東別爲丨 水 滹沱
刘攽之元宵 詩 磨丨 旦過僧 自江出爲丨 漢出爲潜 詩 江有丨
丨丨 阿永 滹沱 出丨丨 滂沱 月離于畢俾丨丨 既導 書 吾 惡沱 浮江海
合 光武記 滹沱 若 易 丨丨 矣 詩 涕沱 將寄丨丨 衆 而知江
河之丨丨也 揚子 丨 驒 青驪白 鼉 似魚有足又似蜥蜴長丈餘甲如
与汙同濁也丨小水也 驒 鱗文 鼉 錯皮堅厚宜冒鼓具十二生肖肉
○宵鳴如桴鼓其數應更謂之丨更 季夏 靈鼉樹丨丨之 白鼉 豐年鳴
命漁師伐蛟取丨 注 甲類秋乃堅成 月令 鼉鼓 李嘶傳 丨丨 谷 擊
鼉丨丨鼓 城門鼉 鄧景山拜節度使鼉集丨丨 鄧班曰丨介物也 方 生鼉 快
將進酒 失所吹金不從革之象其有兵乎 未幾刘展反 不 鯽
丨斷丨蛟 鳴鼉 不堪循吏 鱓 魚名 皮 ○瘥 才何切 左 扎丨注 小 蔫瘥
丨丨 石鼓歌 辛 丨丨丨 谷 鼊 可冒鼓 疫曰丨 大疫曰扎
天方丨丨 詩節 醝 白 鹺 鹽曰鹹 ○莪 五何切 蘿丨 蒿之屬生澤田漸
南山 重病也 酒 鹵丨 記 洳処科生二月苗可食以蒸蒿

一二公 莪 詩 菁菁者丨 樂育材也 小雅 蓼丨 刺幽王也 小雅 民人勞苦不
悼生曰丨 詩 蒿 得終養 晉王裒性至孝 門人受業者並廢蓼丨之篇 晉
娥 秦丨 曲名 嫦娥 常娥 羿妻丨丨 窃羿不死藥 秦娥 明皇遊月宮見丨丨十餘人
女 奔月是爲蟾蜍 張衡天文 素娥 皓衣乘白鸞舞於桂下 詳月
武三思 妓名丨丨 梁公請出之忽失所在 亦 青娥 道服 妾名 為師所有 服詩
聞語曰某花月之妖 梁公正人不敢見 詳 效 女 云今日丨丨屬使君 師還
之 影娥 漢武每登俯月臺眺月影入池中如仙 煽娥 古樂府有丨丨怨 漢
影娥人乘舟笑弄月影因名丨丨池 洞冥記 女 人因中秋无月而嘆此
曲蓋指妲娥也 羅隱中秋无月詩 天 曹娥 父盱五月泝江迎婆神溺死不
爲素娥羞 怨苦故 数西北起浮雲 女 得屍 娥年十四 沿江号哭七日
投江而死 三日後 韓娥 丨丨 鬻歌假食去 三 饒娥 丨丨之父醉而溺死丨哭
与父屍俱出 列女 韓 女 日 餘響繞梁 詳 歌 食 三日死 明日屍出 列子
皇 姑娥 帝命丨丨氏二子負太行王屋 姬娥 漢武帝夫人号丨丨 衆人稱 姬
列子 二山 一厝朔東一措雍南 詳 山 姮娥 女 何 婦官也 秩比中二千石 婉
音 刑 女 長好 姜娥 摘撫星宿遺丨丨 韓 石鼓 蛾 蚕化飛虫 似蝶 眉曲 詩 螓
兒 風 感 世家 姜 女 歌 增年 誰復 怨丨丨 國 首 丨 眉 一種 拂灯火 曰
飛 婕蛾 美人坐上 湯 火蛾 元宵造丨丨 金門事 節 荊郎 上元 赴燭蛾 丨丨 甄 布丨
丨 雙蛾丨丨 管子 圖 戲為撲灯蛾 雜志 亦曰 闇 蛾兒 丨丨 谷
丨丨 蛾 圓 客 得丨丨 養成蚕百 蟻 紫蛾 淡 芳 赤丁 面着 長蛾 煬帝宫女
五色蛾 二十頭大繭如甕 詳 蚕 蟻 紙丨丨丨 國 畫長蛾 爭丨丨
詳 淡薔蛾 丨丨丨 眉 麥花蛾 丨丨 晉永嘉中梁州雨十 白 鵝 名舒雁 又鵝鸒 字
緑 淡蛾 朝 至尊 圖 麥化蛾 丨丨 爲飛丨 述異記 或作鵞 駕鸃 鵞 梁
末丨 眼錢 猛 有饋 鴐鵞 鴈東飛丨丨 後 孝鵝 唐大宝末徳清縣沈朝家母鵝育
生丨 者 鵝 文下 鵝鴈 鵝屬 雁也 孝鵝 死而腸出以死其雛仰天号 切 循
芻草毋前若悲 蟲長吁數声死 桑鵝 上菌也 一作楮雞 丨丨 与樹雞 桑 金鵝 時餐丨丨 藥
沈氏埋之名丨丨 塚 續寧記 爲 婁讀古苔篇
匿 一作 銀鵝 金鳳丨丨 各一 木鵝 隋羣盜蜂起 刻丨丨 繫詔 鵝 鬪鵝 唐僖宗
金鵝藥 金鵝叢 王建宮詞 頸 放於渭的 擬 兵至 詳 頸 閩鵝 數辛與
慶 㐌与諸王丨丨 一鵝 癸 池鵝 李烟事 東堂鵝 刘毅在京口往丨丨 共射時
至五十万錢 田令孜傳 鵝 群宴 悅亦出東堂 毅先至 遣謂悅
日豈能以此堂見讓 悅不答 又曰今年未得子丨 豈能以殘炙見 惠 鵝 公
惠 悅又不荅 後悅刺江州 毅表解悅官 疽發背卒 南史庾悅傳 阵 鸛鵝 子
城与華氏戰于赭丘 鄭翩願爲鸛 通書鵝 庾信妻徐氏与任摸私通 摸欲求之
鸛其御願爲鵝 昔陣名 昭二十一年 繫書鵝頸 信視之 題紙尾曰畜生乞
汝臣國 獻金鵝 帝伐遼還 使禄東賛上書曰 天子自將 指日凱旋 雖鴈飛
與圖 行天縣是之速 鵝猶鴈也 謹冶金爲鵝以丨 唐吐蕃傳 義之
愛鵝 會稽老姥養一鵝善鳴 聞丨丨至 烹以待之 羲之嘆惜弥日 山陰道
羲 士好養鵝 羲之因求市之 道士云爲寫道德經 當举群相贈 羲之寫畢
籠鵝而去 晉 賀 寫 絳紅鵝一双 桓玄殺鵝 玄兒時与諸從兄各養鵝 玄鵝
遺丨丨 諸書 黄庭經 仙傳拾遺 每不如 甚忿 夜取鵝尽殺之 家

人以爲雙鵝 斗酒隻鵝 何遜爲永康令太守王𣐈巡屬縣遜獨設濁水而
白玄酒[世說] 隻鵝已拔去毛矣丨丨丨丨而別彬戲曰卿礼有過[國]
[史] 對酒雙鵝 鵝兒黃似酒丨新丨[迴] 祈兩割鵝 趙宋丨丨雪法擇灵祠爲壇取白鵝割項盛血并鵝萁之次日俱於壇前
䑓之[國] 并坐同鵝 許彥過一書生云足痛求寄鵝籠中許之与兩鵝丨丨負之不覺重至一樹下乃去[聊志] 地出二鵝 宋永
嘉中洛城地陷有二鵝出 董養曰可惜藏矣[董養傳] ○ 慈遠 聽經鵝 孝影寺僧丨丨養一鵝隨逐丨丨
遠入京晝夜鳴唳僧徒送至京及門放之自知遂房便入馴狎每聞講經入堂伏听若說它事鳴翔
而去如是六年忽哀叫庭宇不肯入堂二旬而卒[遠亦昆記] 俄 速也丨頃
昂 俄 仰也如丨丨之俄 側弁俄 傾側也丨之丨 哦 吟也崔斯立 七字哦 縮子万
俄傾忽亦低[醫戲] 吟丨松間 言手所
梁[句山] 峨 嵯丨丨山高皃[詩]奉璋丨丨 岷峨 蜀峨嵋山 嵯峨平由蒼玉 嵬峨 易張
醉甚丨丨[揚雄傳]鉅儒丨軒冕 岷峨亦曰丨丨 嶒峨 山起丨丨[谷]
暗噫[南唐] 蹉 ○ 佗 視也 託何切通作他它[小是]莫知其丨[孟]不有它 終來
吉 無它 断二猗丨丨 可以丨求顧而之丨王顧左右而言他丨丨丨
[易] 草居患它故相問丨丨 技[秦誓] 漢儒絕丨丨 腸 古人 [國] 詑 欺也[孟]丨丨之
乎[國]歲晚喜丨丨 声音初音在此
拕 曳也本作拖徒何切又相如傳丨舟入水[解嘲]紆青丨紫[晉鄧]
[後漢]鄧侯丨不留謝令推不去 裙丨六幅瀟湘水[李群玉] [活套] 素練丨行

欏 ○ 羅 魯何切 南唐紅丨亭祖紅梅 褸羅丨丨者幹辦集事 爵羅 設丨[周]
丨丨 詳亭[李賀詩]二十八宿丨心胸 褸羅之孫[蘇氏瑩識] 舊羅 翟公
[文選] 畢羅丨之丨之[絮二]宿并 巨羅 祖与神武宴寮属失金丨丨於延髻中得之
巨羅[北史] 蒲萄酒金丨丨 呉姬十五細馬馱[國]
麼眼門外可設丨丨 詳 越羅 蔡移初試 小羅 楚伐羅云云 泪羅 投詩贈[國] 汨羅
客吟官門戶可張羅[蔡] 越羅丨丨 新國 丨丨必 [國]
抉[闕] 丨丨別 包羅 天[禮] 羅 淳于棼夢爲南柯郡守有丨丨國來伐王命棼征
地[圖]序丨羅之敗績 宅東有大檀樹藤羅擁織 國豈此
邪[國] 苧羅 山若耶溪旁有東 逕羅 高談付丨丨[坡注] 禮 烏羅 烏重亂鎮
閣[記] 施西施家[吳越春秋] 坡逕逶迤二小名 河陽以石
生爲才以丨丨丨 秋雲羅 [國] 帕是織女絲 包閣羅 趙宋丨丨 起爲開封府
羅而致之幕下[國] 丨羅玉[東]蕉纖成此羅詩帕 諺曰關節不到有閻
羅包 金波羅 唐南詔謂虎 死作閻羅 韓擒虎曰生爲上柱国 紅挿皂羅 絲 設把
老 丨丨[國] 爲丨丨[史] 王足矣[詩][國]
[戴叔倫詩] ○ 過新羅 僧問宅資大師如何是金剛一隻 坐覓一念踰[國] 新羅 国去
又見古德云鶻子丨丨丨丨 新羅
東京參 修多羅 俾氏以丨丨丨 曼陀羅 佛說法天雨丨丨 四果阿羅 有女自称聖
国 爲經毗尼爲律 丨丨花[法華經] 菩薩知人心
所在大安和尚置心於丨丨丨 摩醯首羅 兩滴數詳滿 知
丨毗丈不能知変作狐走 詳心 [活套] 綺丨丨香丨丨森 駢丨 網丨 雪疊

丨八 [人名] [廿] 年十一 事秦詳廿 [阿]丨丨 [姓氏] [辨章]微音毗羅之後姑姓初
珍丨 天詩吾雜字丨丨今年方七歲 封宜城徙枝江周末居長沙
漢有[梁]相 楚城兒因氏 丨 字君章晉人夢香鳥落怠日新可謂湘中
琳琅 合致仕階庭蘭菊叢生此德行之感 江左之秀 丨 爲万年令詠
鋼好[黨] 縣界肅然 丨 代人賜第東川号丨侯 翊廷大事驛馬詢問年百二
十 丨 唐人政教簡易有芝草白雀之祥賜金紫服 丨 王詩尤長詠史君
宰相深器之 丨 蜀人王禹偁与偈附大宗以禹偁爲右拾遺 蘿 音而
処約爲著作郎皆直史館 丨 宋 導綠華者得道女丨 郝也詳卒 細長
无蘿 女蘿 鳥与丨丨[詩頍弁]在木 薜蘿 若有人兮山之阿被丨荔兮帶女 松
蔓 絲爲丨丨在早爲兎絲 [楚辞九歌] 經春長丨丨丨[國]
蘿 下作籮丨[孟郊] 煙蘿 人家一半在丨丨[半山] 春蘿 拱木漫丨丨[谷] 纖蘿 綉塵不飛丨丨丨不 動木文虛海付 [活套] 絲
青丨 捫丨 碧 灕 水名 [翁] ○ 那 諾何切[詩]受福不丨[桑扈注]多也 其居安也 韓无人收拾理則丨 有 猗那 欸[詩]欸
声 續丨丨 朝那 縣名安定郡丨丨 縣故戎郡邑 奔那丨丨 則丨 ○ 檀那 梵
[國]嘆辞 也[漢地理志] 烽火連丨丨[唐] 奢那[國] 姓何也 語
云陀那鉢底唐言施主称丨丨 者識陀爲 禪那 [傳]成式塑像記悟丨丨 維那 魏
檀又称檀越者謂行檀施能越貧窮海故丨丨 那丨丨 宗要 此云龍意 維那 部
沙門入粟授郡 波演那 周圍廊舍院 一剎丨丨[猶] 丨祀成
縣丨丨[鹽梁紀] 也[西域記]云 [活套] 頃刻也 [詩偏] 蕩也 [人名] [國] 唐 [合辯]

人号九 儺 行有節也[詩]佩玉之丨 西音 難 郤凶惡也[周]方相氏掌白隸時丨丨以驅疫
經庫 黃金爲四目熊皮爲帽作丨丨之声
通作難[月令]季春命国丨季秋乃丨季冬命大儺 ○ 荷 胡歌切与蓮䓞通
[論語]鄉人儺 又盛皃[詩]其葉有丨[左]丨也收子 看 曰蓮 芙 水芸
水華 芙蓉 生於陸曰旱蓮 南海有睡蓮曉起朝日夜低入水 漢昭
帝柳池紫芙蓉大如斗葉甘可食实如珠[拾遺] 白蓮社 詳社 蕭綱与王儉書
幹花生建東顏橋湖 謝灵運以詞采称鮑照曰謝五如初發芙蓉[晉書]
曰庾景行泛綠水依芙蓉何其麗也時以入儉府爲蓮花池 宋元嘉間 同
花 似六郎 詳郎 潘妃蓮步 詳步 太液池千葉白蓮開帝指妃子曰何如此解
語花邪[遺事] 洽洲金蓮花研之如泥綵繪与真金无異[陽編] 九疑山澗中
黃蓮[王嶽之神記] 麻姑壇蓮紅変碧今又白矣[酈記] 柳子厚双蓮表 周茂
叔愛蓮說 佛愛我亦安請香蝶不偷 一般奇絕処不上婦人頭[郎合] 太華
峯頭玉井蓮花開十丈藕如船[韓] 平地碧玉秋波瑩綠雲丨丨妬
擁翁青提柄水宮仙子鬭紅粧步人凌波踏明鏡[張文潛] 氷荷 穆王集方士
臟之灯又有丨丨出 名荷 实中有 裂荷 衣[北山文] 春宵宮設鳳
氷登中者[拾遺記] 丨丨[谷] 玉荷 娶垂金藕細影隣
[詩] 丨丨當是言 姓荷 隋何妥八歲顧良戲曰汝丨是丨葉之荷爲河水之河
灯檠亦曰銅荷 妥曰先生丨崔是眷崔之崔爲新故之故異[之國]
正日荷 黑如夜稍進 李充川至和州丨丨遊近郊不覺墜沉中丨花鬭慢 夜舒荷 漢灵帝渠水中蓮大如蓋葉夜舒晝卷

丨卷名丨拾遺記金巻荷燉鷰十分丨丨丨歐李珠翻荷飛雷過隙國荷丨國末如之子夏
云誰何陳利兵而丨丨佐問之史記孰何衛綰等不丨那荷歌声有羊吾夷伊陰荷
丨為丨史莫敢丨丨史記丨丨縮丨丨之類詳伊
丨鏟丨遂試李丨丨若用心匡丨丨尚清省沈宋数聯韓荷何姓本丨国
翻柑愛府詠園实炉餘義許灰裏撥丨丨言深思也園丨子孫以韓為
會何与丨同姓為近韓文辛荷悲吟相對惟丨丨段選謝灵運登臨海嶠作
丨字随音変遂為何氏匯詩題云与従弟恵連見丨丨共和之何長瑜
羊姪荷武帝邢夫人号娙娥君荷始皇鋳金人十二名丨丨二荷丨丨佞佛○
瘖妸荷衆人称丨丨詳娥翁仲一名丨丨困学紀聞何充何准詳
佛突荷西戎呼悄為熱洛荷唐哥舒翰与安禄山俱入朝詔生罷王荷晋范
丨丨南史撃鹿取血瀹腸為丨丨賜之史甯云
浮虚相翁始於王弼何史居無荷丨丨使者果無幾荷居丨丨遊無荷丨丨
晏乃著論丨丨曹參傳丨丨段國奴傳
丨有之鄉匯逝飲亡荷絲益字絲呉王驕日父兄子種曰南方卑濕不姓荷
將丨丨國絲能日丨丨可免禍也本謂吏无他事
楽天所長水部詩明朝説向詩家道妸蒼生荷謝安拒温請為司馬高崧曰
水部如今丨丨能詩何水曹御妸高卧東山諸人毎言安石
不出丨丨蒼生如良夜荷赤壁東海三荷梁何思澄与宗人遂及子朗
今亦將如卿何困賦丨丨擅文名時曰丨丨子朗

最多丨合璧夜如丨丨人名蒲丨楊丨並漢人丨曽丨鈞者詳魚李丨西合姓氏庐江
奈月丨丨蜀人号八百歳翁常丨馬周因丨丨引見商音
周武王弟唐叔虞裔孫韓王安之後以韓為丨互見韓丨丨佐丨武字君公仕
前漢蜀郡人所居无樹名夫後常見思丨休字邵公精研六経作公羊墨
守左氏膏肓谷梁廢疾後丨丨晋人刘牟之甥詳舅丨曾字穎考日食
万銭猶云无下筋処位太傅進太宰侍中明朗高亮執心弘毅旧徳老成
国之宗臣丨遂字義方任東陽太守疾強富如仇雠視貧細如子弟豪右畏
憚清公第一丨宋丨宋人為著作郎年老諸佐郎並年少嘲為妳母詳母丨曽丨唐
妥字栖鳳住白楊巷有隽才称白楊丨丨詳楊丨遜丨揚州詠梅詳梅丨遜丨
和州人朱泚反諸大將從乱蕃正色叱之故六館士无受汚者丨頭
之字斯奉黄岡人号樓東書属河書禹貢九丨丨侯丨之天河人八月浮
文東坡謫黄州斯奉内侍教誨清虎北渡丨詳虎
槎木賓一年粮全一処見婦人織丈夫牽牛渚頭飲之此人問何処丈
夫曰可詣蜀厳君平云君平曰某年月客星犯牛斗此即丨丨也黄河
千年一清閔河丨丨鬻動三河河南丨丨在天下之中史貨殖傳塞河漢武
拾遺記丨丨河南人都河東殷人都河内周人都
發万人丨丨填河烏龍丨丨而渡織女雅南子織女懸河揚烱文如丨丨之不
鄭子丨史丨渡河詳牛又精衛丨丨事詳衛竭王勃傳郭象清言
如丨丨父監河貸粟丨丨火河草名丨丨火不能焚若是丨丨漢何武贊曰
而不竭莊侯詳粟河陽火故名齊臨淄記丨丨河欲以丨丨泣

域外漢籍珍本文庫

丨角後丨掌堙河後丨丨張儉贊欲以丨丨路提河宣尼書不過丨國志丨手障河長河一决不可
其身史丨丨獨丨江丨丨以丨障之以手庾信
緣蛛國奧洛河安禄山反房琯曰賊丨丨雖多安能丨丨醇投河迎流飲之詳酈
能敵我刘秩丨丨胡謂壯士曰丨丨丨丨丨丨將士
雨翻河疾雷破屋丨丨國三家渡河讀史者云丨丨丨子商虵馳河猶或負山丨必不
勝任莊秋水丨丨丨夏曰非也己亥丨丨詳豕丨丨丨丨丨丨
馬蚿國渠巨两音○恒河時佛告波斯匿王我今示汝不滅性汝三歳見丨丨亦无
有異佛言汝今髮白面皺其面必定皺於童年觀河之見有童耄否王言否
也佛言汝面雖皺而此見精性未嘗皺丨丨者為変不皺者非変丨丨者受滅不
変者元无生滅王聞是言丨丨愛河漂浪丨丨流吹三獣渡河聞佛説法各有浅
歓喜踊躍得未曾有楞嚴經欲海華嚴經深譬如象馬兎丨丨
丨丨丨丨合璧語丨丨馬丨國會名丨丨即鸕鶿領下两塊肉大如数斗囊苛
詳豢丨丨語决丨丨國小水有魚能抑水入領水竭乃食魚故名
小章也故以論細政記丨丨政猛於虎詩哀刑政○訶呼何切大言而怒或
之丨丨前循吏傳掃除煩丨丨高帝紀苦秦丨丨法作苛王莽傳亭長苛
之亦作何賈誼傳大譴大何醉尉訶李廣獵至覇陵丨丨止廣宿進食
通作呵辭宣傳譴丨丨及細微亭下後廣為大守斬之詳尉
三訶郭林宗止魏徳公家作粥一啜怒訶之曰砂不可食以杯擲地徳公更
進之三進三訶徳公无変容林宗曰今乃知子之心遂友善之詳粥

鬼神撝訶丨物守備丨丨韓愈愛狗不欲訶董卓所愛胡侍宠放縦為司隷趙謙所殺
丨丨丨丨丨韓尚丨丨之况人乎召捕
殺之魏志○訶佛罵祖詳祖合璧禁讖丨丨人名蕭摩丨呵笑也一曰氣出李白撰
才筆丨○佛呵人之所貪丨之○珂苦何切石次玉即碼碯又貝大鳴珂
之詳筆丨所丨丨華嚴經者丨黄黒色其骨白可飾馬勒王
唐張嘉貞為相弟嘉祐任左金吾衛將軍毎朝軒蓋騶導盈閭巷号丨丨里丨紫玉珂韓丨即馬飾丨丨送以丨丨白玉珂只在驪
丨莊子丨丨馬巴州軻車接軸丨丨人名荊丨燕刺客荊丨○阿烏何切曲阜也詩在彼中丨考
有丨注丨丨太阿楚劍詳劍倒持丨丨樂在丨菁莪止於丨丨綿蠻丘丨槃丨
然美皃丨丨梅福傳纖阿月御也淮南丨丨為御陽阿古名倂一
妙麗於丨丨後漢書袁紹傳足蹀丨丨之舞淮南丨丨相如賦注古善御者日舜名
丨丨殿真訓零落守丨丨丨莊過宋貧乞注山之南也東阿魏曹植封丨丨侯
丨丨既行而悔使者曰臣見子奇所与同載者白首矣老者智少者决必能理丨丨十二国史詳决四阿殿人若今四柱屋重屋記
阿詳斉威王丨丨封即墨丨丨之与丨相去丨丨殺人丨丨斉君任為
丨丨斉威王丨丨封即墨子奇年十八
阿詳斉威王即墨阿大夫丨唯阿丨何老子異俗合璧山詩篇卷丨召康公戒成王也言求賢
用吉士痾病也本作疴痒痾丨丨疾痛奚丨丨西銘丨丨莫痾丨丨黄庭經所鐘合璧沈丨丨積丨丨嫌頗丨丨飯后山綱

縎縒○戈古禾切小支上向爲戟平之爲丨長六尺四寸廣二寸又云兩刃　猶以丨春秦詳春　兖戈丨之丨和之倒
戈(書武成)前徒丨丨　援戈何休曰康成入吾室吾丨而伐我矛詳予　枕戈刘琨丨待旦　荷戈衙核有丨丨(困)　投戈丨丨
講藝　包戈玉塞父丨丨(国)　止戈丨丨(宣十二)爲武　揮天戈(宣王)横起丨丨(石鼓歌)　逐日戈魯陽公援戈而揮日返三舍詳
日　報德挐戈中山君亡走有二人挐戈隨後曰臣父餓且死君下壺飡食之故來死君也詳羹　隸字補戈太宗李於
難於戈法書戢字召世南補寫其戈以示魏徵〻曰戢字戈法逼真賞其鑒識(書法苑)　姓氏　臨海宫音夏侯虞世南每　国因氏事闕
載酒過亦有好事人時能丨丨丨(谷)　浮鼻過時有婦牛丨丨(谷)　聯客丨時一丨經丨　栖鳥丨丨撚指丨少　軺車盛書器　過我丨(詩)不
緺文綬　過水名　○莎蘇禾切一名侯丨莎葉似三稜根周匝多毛　綠莎河中府有丨丨亭好事　翦莎謂之香附子一名雀頭香　絹如賦薜丨青蘋綠莎中
者常加澆灌詳亭　荊莎陸龜蒙祀菊付謂未老猶可採　踏莎來听佳人唱丨丨(曲名有)
行　挼莎丨丨也共飯不澤手(記)澤丨莎本作挱　射懸莎後周且盧寧懸莎草去百步丨之(史)　𧟌蓑酒丨尊丨城(公羊)不
元年注不　以草覆城　綠蓑張志和漁父詞青篛笠丨丨衣　短蓑独速碎丨丨詳速　漁蓑丨丨句好真堪盡(谷)　白鷺蓑江東人取
白鷺頭頸上翰毛爲接䍦曰丨丨　覆城蓑魏刘馥守合肥編草苫數十万後
丨或以紅綠間之(海物異名記)　孫權圍城連雨城欲壞以苫蓑丨
之聖盖蓑相憶江南裏舡　(閏)中丨丨丨(李)　梭　龍梭陶侃漁於雷澤得織梭掛壁後雷電化爲龍　古鼎跳水騰丨丨(韓)　鳳梭
往來不遣丨絲丨誰　金梭蔡州蔡氏七夕禱以酒果忽流星墜筵中明　寒梭
能鼓聲投三丈詩金梭日瓜上得丨丨自是巧思益進(秘閣閒談)
幽窓軋〻度丨丨　折齒梭高氏有美女謝鯤挑之一女投梭折其兩齒詳齒　擲梭流年丨丨丨詳路　○水梭
冠秦公安舊挑詩
偳謂魚爲丨丨花也　○婆薄波切(搜神記)琵琶一名　丨丨婆儂是拍浪兒飲則拜　浪婆丨丨(孟郊謁舟子)　薛婆薛納擊契丹大敗走
虜中喚之謂之丨丨丨(唐肅宗記)　脚婆千金買丨丨夜〻睡天明(黄)　即婆足瓶俗曰鉄婆又湯婆　湯婆上　黄婆雖有嬰兒姹女須藉丨丨
○嬰兒心血姹女腎精脾中涎(養生論)　逢婆巳收滴博雲間成更奪丨丨　雪外城(杜)丨雪嶺吐蕃城名滴博蜀之西山城名　春夢
婆東坡在昌化負大瓢行歌田畝間盖嘻偏也續婦年七十曰内翰昔日富貴一場丨丨坡然之里人因呼爲春夢丨(邵德驛侯鯖錄)　投婆每因東隣
女換扇　催逢丨丨丨丨(國史)　塗抹阿婆薛逢值新進士前導者曰回避新郎君逢曰阿婆三五少年時也曾東塗西抹來詳抹　公然一
婆造士李君仁尽摘白髭其友曰昔則皤然一翁今則丨丨丨丨(避斋閑覽)　○塔婆浮屠梵語丨丨此云高顯今亦塔婆(釋氏要覽)　貧婆

梵語丨丨此云優婆塞秦言善信男唐言近事男　老婆趙州云我見這丨
叢林(祖庭事苑)　優婆夷丨丨夷名義同上詳衆　丨丨問交它口啞
却詳眼謂陵行婆也　老婆心切如臨濟義玄禪師問黄蘗如何是祖師西來意黄蘗便打
如是三問三打後辭黄蘗黄蘗指往大愚〻曰黄蘗恁
麼丨丨丨爲汝得徹困猶不見過在師大悟云佛法也无多子返往黄蘗
黄蘗曰汝回大速生師云只爲丨丨丨丨黄蘗云這大愚老漢待見〻欲打
一頓師曰即今便打遂彼黄蘗一掌黄蘗吟〻大笑(傳燈)　皤老人白也(易)賁如丨如　又鬢白班固
皤詩丨丨囯老亦作番番秦紀黄髮番〻　浯
皤云丨丨詳翁　山谷号涪翁或　石皤石媼忍酸綠三尺丨丨味　面百摺(谷題石路丞堂)　(活套)国之丨丨　○摩莫婆
切(記)祖觀而　揣摩簡練以爲丨丨(戰国策)(曰)　有摩雲臺丨丨(選)車
善謂之丨　唐書封倫多丨丨之才　轂擊人丨丨(孟)　氣摩屈賈
蟲(杜)摩蟲　菴摩丨丨鴨脚煎茶(谷)　掌摩董卓乘金華青蓋瓜畫兩轓時号丨丨
而还(左)　丨丨帶帳(商)　車言服飾擬天子　丨丨謂相逼
近今俗以事干人者爲相丨丨　手自摩丨丨丨(坡)　一夜丹田　劍佩相摩諸侯丨丨(石鼓歌)鳴　○三摩觀世音由闍思修入
詳修丨丨也　病維摩丨丨(谷)詳病　善提坊裏丨摩頂丁松東(活套)詳　漸丨詳磨　抚丨　(人名)　遼李思中弩矢太宗征
上吮之　磨俗石通作摩梅福傳砺世　琢磨如丨如　漸摩丨民以仁丨民以規　丨銚　銅斗丨　詳丨
磨(荀)大論是丨丨之談丨負也猶　圭可磨白丨之玷尚　石昌言長
磨負器丨久則偏失程度也謂邪言丨丨也(抑詩)　墨将磨李庭珪丨
不許人磨或戲曰子不磨墨〻丨丨子今昌言　戒壇
墨不拱矣墨尚无恙(東坡集)人非磨墨〻磨人(坡)　○羯磨顏眞卿公宅應寺戒壇記丨丨其致一也
梵語了　磨塼丨丨不能成鏡坐禪豈得作佛詳塼　魔　酒魔元載不飲鼻聞氣已醉人以針挑
辦之意　其鼻尖出一小虫曰此丨丨也是
日飲丨丨降未得毎　睡魔流年丨作丨(谷)　秀師曰此无鏡
一斗詩魔惟有丨丨　隆風月一聞吟　山林木怪丨　耶(傳燈)　金降魔
降魔大負丨(谷)　○天魔觀音經丨丨外道恐怖毛竖　降魔優波離親見如來丨胀諸丨(楞嚴)　煩惱魔大珠和尚云起心是天魔
不起心是陰魔或起或不起是丨　菩薩魔或說法要辨過量生或所欲說未
丨丨我正法中无如是事(傳燈)　尽使止當知是爲丨丨丨事(楞嚴)
經眞成丨丨丨(活套)　善根丨丨　麽細小也班彪傳又呪么　○吪五禾切動
石山跌宝師　句指丨丨欲干天位又疑辞　也又化也
詩四国是丨　通作訛或丨或丨　尚寐无吪(詩)　囮網鳥若媒　○螺落戈切本
訛書平秩南訛化也　吪吪謂訛既覺必有声氣
作嬴大者如斗出日南　蠡丨味辛如螺紫貝丨紫色有班文亦作蠡
雞翼云公輸般見蠡出頭以足蹈之蠡引閉其户終不可開因效之設爲門
户　有女採丨爲業夜宿亭上衆丨張口而至乱啣其肉号丨亭(雨東記)　田螺光彩可飾　鈿螺鏡背　青螺白銀盤裏一丨(刘禹錫君山)　紅

螺丨丨行沙夜生光(國)　香螺丨丨脫醫蒙相群(書)螺掩甲香也能聚衆香　三螺曹公石墨今送丨丨士老与兄書文房四譜　蒲蠃
表術在淮南荒乱軍人取給丨丨(史)　扁螺隋刘臻好啖蜆以音同父顯諱呼蜆為丨丨其蹤如此(史)　鸚鳥螺形如鳥觜可鸚武螺為杯詳杯　舞
僊螺李適之丨丨　蝀丨飲器名也　滄溟螺旧藁偶自録丨之一丨(國)　蛾綠螺煬帝宮人為長蛾司宮吏日供螺子黛五斗号丨丨
(花記)點漆螺一螺丨丨便有余万篭松烟何処使(蘇詩墨)　測海蠡以蠡丨詳海　飲化螺衛瓘家炊丨墮地尽丨為丨出
是而行耀終見誅　○青螺髻佛髻如丨(華嚴經)　覼好視又縷也　覶亦作騾驢父馬母所生　青騾石曼御乘
丨丨主美(蜀)城詳城丨丨蜀棧西超急(?)明皇乘騾入蜀　白騾陳摶入華山乘丨丨送恶少入汴京　六騾数百直冒(宗國史)丨丨壯騎
(記霍去病傳)○鞾許戈切亦作靴趙武灵王所置　一脚靴藍采和丨丨丨丨丨跳詳跳　烏紋靴山谷謝恵墨靡煤漆澤丨
丨丨虎皮靴梁蕭琛著丨丨直造王儉与語大悦之(史)　策挑枝杖　雪至靴唐韋斌每朝不敢离立堂大丨殘雪丨丨其　賜軍士
靴後周武帝平齊之役軍士有跣行者帝親脫靴丨之得其死力(史)　換婦人靴并州婦人臨水浣衣有人丨其新靴馳馬去刺史捕獲之
(史)指所著靴之褻(?)度奏聞　唐皇甫鎛詔出内帑所餘給边兵故繪陳緤纊手輒壞士怒焚鎛丨丨丨日此内庫所出牢韌可服帝信之(史)

筌吏以靴後周王罷性急有吏挾私擊吏以靴陳事自取靴後丨之(史)　力士脱靴李白待玄宗醉使髙丨抱剌靴丨丨力士恥之詳恥
史靴唐崔戎為華州刺史迁観察使民擁靴留不得行丨取其靴戎夜亡去(唐)　不服麤靴朱挑推長史竇軌遣以麤靴麁幘麤靴麥之此不服
(唐)繫錢子靴鄭愔掌選賦汙有選人丨百丨丨繫錢子靴丨上曰當今之選兆錢不行(唐)　(活套)弓丨彎役丨　○波博禾切暮見桑
田生白丨丨詳踏歌　楚波晋重耳對丨子曰其丨及晋者君之餘也(左)　眼波女兒浦口丨丨目流睇而横波(選)　秋(賦)丨丨秋波見凌
波丨丨織步羅襪生塵詳歩　揚波濫其泥而丨其丨(离騷漁父詞)　奔波老少丨丨(韓偓骨表)　頽波世道(?)丨(?)　丞淡波
有丨白蹢烝丨丨矣(詩)　喜雨天將雨則豕進丨水　歌迴波唐中宗内宴群臣丨丨皆丨丨詞詳辭　巻白波東漢窮白波賊　酒名　起於
如席丨酒席言之以快人意事始　南浦緑波春草碧色春水緑波送君丨丨丨傷如之何(江淹別賦)　飛泉懸波暑引水灌　拼蘇国盛
流遍屋觀者惟聞屋上泉鳴四簷丨丨丨丨如瀑布激氣成寒風(唐)　楷法偃波鐘繇書為(事物紀原)隷書擊石波入分書　丨丨鶴頭丨丨二書
集毛波最崔作　○窣堵波此云墳也(要覽)　番丨丨勇也(書)丨丨良士　嶓山名也　碆石為弋鏃馬鞍(傳)丨丨飛流　○
(韻)坡滂禾切阪也　詖坡君不居郎省还須上丨(?)鲜見上下坡　幔坡丨丨(?)道泉(?)横落丨丨(?)言坡青草如丨　小坡(陳)坡

(題過)昼老可能為竹写真丨丨今与竹傳神又東坡龍尾硯吾衰此安用寄与丨東丨　坡云過為人類予　上下坡唐諫議大夫班在給舎上
一迁為給事再迁為中書舎人語曰饒宅丨坡却須丨丨言給舎班復在下也(李宗諤談録)　臙脂坡不辛長安閭里侠貂丨夜走丨丨丨(?)
(書仙歌)長安南坡名丨丨曹家有女名文姬　小兒坡午橋荘丨丨丨每使羣羊散坡上詳草　茂草公竹緑坡离二若緑坡竹緑坡之丨鬱二若
春田之苗(王)(漢書蔡攸詞)　馬注坡駿丨下丨千文丨(跋)　百東坡散作丨丨丨項刻復在茲(彼注頌詩)言水中人影
頗(書)惟逸惟丨(洪範)地不丨丨戴(前匈奴傳)　民用側頗僻(活套)偏丨　人名趙將　○禾户戈切詩七月納丨稼(書)偃丨　人名頗東
起丨(金縢)歸丨命丨(亡書)　嘉禾唐叔得禾異畝同穎作丨丨丨(書)　木禾黒水之阿爰有野麥所謂丨(穆天子傳)粟黍長五尋　養禾地之
美若善丨丨(貫山)　取禾不稼不穡胡取禾三百廛兮(詩)鄭祭足取成周之禾(左)　貂禾丨長鳴飽丨(跋言馬)　玉山禾飢食丨丨(韓)
(鸞驛)天山禾无心更稊丨丨丨(詩)(跋)　鹵莽為禾為禾耕而丨丨亦鹵莽而報芸而滅裂亦滅裂而報詳莽　秆調也通(倉龢)作和
和湯保合大丨利人丨(孫丑上)　左師克在丨稱十一聖之丨錫温二其丨　盍地　天和止汝形一汝視丨丨将至(莊)知北遊　時和丨丨
歳豊(帝秦)　羲和丨丨東方国名日過処羲和子名丨丨浴日於甘泉(山海經)　又有女　隋和丨珠和丨之弋丨之弓丨璧　和禾(顧命)皆古巧人

雲和孤竹之管丨丨之琴瑟(春官大司樂)地名丨丨産此良材　忽思高宴會朱袖拂丨丨(杜暮寒)　笙和三丨一丨而成声(儀禮鄉射礼)三人吹
丨一人吹丨笙小者謂之和　鳶和鍚丨丨鈴詳鈴　巣和大笙曰丨小笙曰丨(爾雅)　泰和丨丨其在唐虞成周乎(揚孝至)　瑠花養丨丨(?)
(長)道和求黨与索丨丨(隋書)　覩隨和(?傳)謂丨順与已丨者　形和丨丨声和則天地之和應(公孫弘傳)　九和弓力二均謂之委丨丨詳句
和本非汝有是天和地之丨丨也(莊)　移和丨丨(史家注)軍門曰和　昭陽丨丨而攻齊(楚)　(活套)清丨丨協丨丨　(年號)永和九年(蘭亭脩禊)　人名
(南史)流玉(?)(鼓上)(?)有漁父辞(?)　(姓氏)汝南商音堯時和仲和叔因氏　(?)字鄉侯(?)字長輿仕晋迁潁川太守為政清簡如千丈松有棟梁之用詳松
(?)岐州人武后時賁鼎上書胆奉使默啜斂髮稱臣和逢堯擢户部侍郎　突厥請尚公主逢堯以御史中丞孫鴻(?)字成績五代鄆州人知貢
舉凝范質後質爵位皆与凝同詳鉢知貢舉撤棘詳棘(柳環?)曰和生志義之士後必富貴因妻以女(?)字子美献鳳凰弓　○科苦禾切(張儀傳)丨頭
鼓堅三百步外仕趙宋(?)趙宋人献雅樂　謂不著兜鍪(易)丨上
稿謂禾中空也　盈科丨丨而後進(孟)坎也　同科為力不丨(論)等也　四科魏李彪曰魯之二御執若丨丨(論)　逢科丨丨馬鬣皆已
平(李)百年風𨍏丨丨(谷)　丙科匡衡才下数射策至九乃中丨丨(史)　甲科崔傾中丨(五代史)　士科隋丨丨(選挙志)丨起於拙

催科陽城催科政丨詳考力田科南迁欲牽老孝弟丨丨丨丨丨丨常貢（拔置三陘文能）閒辛科昔有德音搜訪不求聞達者有一書
生奔馳入京人問何事荅云將應不求丨丨丨（因話錄）鄉窠科唐蘇琨中丨丨丨丨（史）我黨登科刘蕡下第丨丨丨詳第（活套）
鐵丨甲丨丨蝌丨丨斗虫名通作科窠鳥在樹曰巢穴曰丨竹窠童子寺有丨丨詳竹苔窠時來洪上看遺迹忍見殘菌青
丨丨絲窠虫高下胃丨丨掃還成（韓）飛（谷）巨窠取意閒談設丨丨溪寒出丨丨（畫谷）又蜂窠古有逃死者寄魂於丨丨中鬼
（杜）尋不見肯向丨丨寄此生（陸）添汁丨丨（陸）蜜（分窠）訟牒紛如（谷）海棠窠窠本作巢詳巢徐竹隱作
作丨丨詳汁石上高眼如丨丨
用窠字印幾窠日莫歸來（谷）瑞錦窠（書言故事）礼部員外郎号丨丨丨丨下文詳石小兒雞窠錢希白洞微志太平
興国中李守中過海至瓊州界逢一翁自稱楊遐舉年八十一邀守忠見其父曰叔連年百二十二祖宋卿年百九十五梁上雞窠中丨丨出頭下視宋
卿曰此九代祖不語不食不知其年朔望取下子孫列拜而已○鳥窠禪市道林師至秦望山捿止長松上人謂丨丨丨丨復有鵲巢其側
人謂鵲巢和（活套）燕丨丨過寬大兒又飢意（人名）（詩頌）人之丨二十五人之列（江西詩派）○渦烏禾切（問）
尚（傳灯錄）丨谷轉渡濤山頰（郭璞）付試待丨渦丨丨水神名
房賦蜂房水盤渦丨丨歇方期解纜初（困）水漲則有丨丨淮渦先文祁詳祁
丨丨水回也
頁渦但育兩丨（杜）黎渦胡淡庵海外北歸飲湘潭胡氏園爲侍妓黎蒨作詩云
夾渦生微丨（韓）君恩許歸出一醉傍有丨頰生微丨故晦庵詩十年湖
海一身輕歸到千渦但見流沫生丨彈子渦逢萊閣下石壁千文有碎石淘
丨丨卻有情（坡百步洪）汨歲久皆圓熟可愛士人曰丨
丨丨取數百枚養石笑一渦晚丨東風淡丨（誠齋海棠）窩穴居安樂窩邵堯夫在洛
菖蒲（坡海石詩序）也所居号丨丨
丨（呂氏）賦窩方秋厓名壽藏是處行窩春遊丨丨丨有丨（活套）丨鬌雲丨踒
（家塾記）日窩窩有窩窩丨丨（邵封）詳樂
足跌○茄求迦切菜名又曰落酥隋煬帝改爲崑崙紫瓜（芝田錄）張倬跌
也（酉陽）身累百贅頸附千疣（黃謝送銀瓜蜀人生踈不下筯吾与北
人俱眼明紫茄丨丨太守蔡搏種家茄茄樹開花時取葉布於過路以灰毀子茄茄之
眼明紫茄丨丨詳覓嫁茄園之結子多謂丨丨（物類相感志）老者
子堅如谷名○拸奴禾切刘裕摴蒲丨五木父之曰試爲卿荅喝之成盧詳盧（活套）丨丨兩手
丨丨丨（閨）

韻府羣玉卷之五

韻府羣玉卷之六

（下平聲）

六麻

（四）

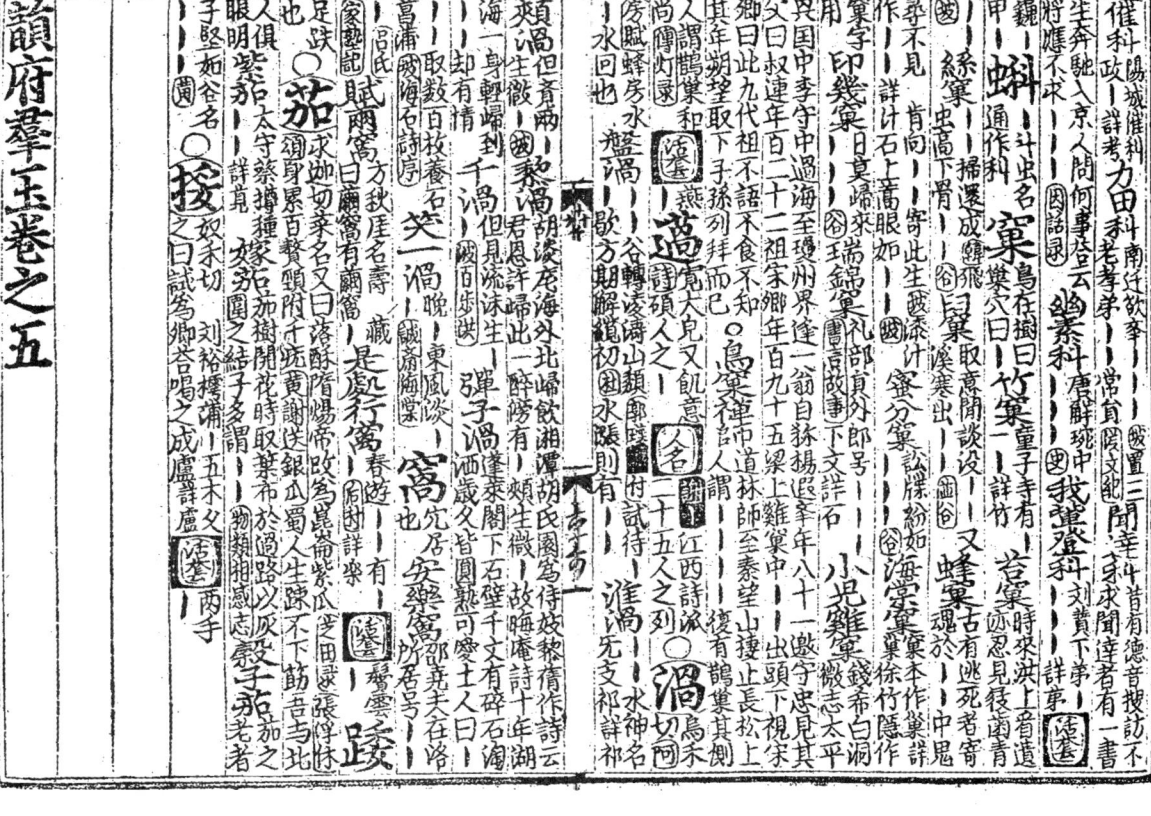

麻莫霞切（詩）蒺丨如之何制麻凡赦書德音立后建儲大誅討拜免三公宰相命將
麻爲綸命其後翰林專掌內命中書竝用白麻不用印（會要）唐翰林志云中書用黃白二
所出獨得用黃麻其白麻皆在北院草麻唐韓偓宰相韋貽範還位偓曰腕可斷麻不可丨（本傳）黃麻丨丨
以六把麻唐道事舍人宣語多不知書宣讀輒失句（六典）壞麻唐李甘迁御史曰
經（困）丨丨麻度故用拾遺團句以助之謂之丨丨（六典）壞麻唐李甘迁御史曰
白麻出我必丨之（帝）德宗欲相裴延齡陽城爲
諫議曰白麻出我必丨之哭于庭遂不相（本傳）逢麻（晉）丨生丨中不扶自直（谷）漚
麻東門之池可以丨丨（詩）石勒与李陽争丨丨池相歐擊詳拳胡麻天台丨丨飯詳源百濟国号王都哭麻
唐欲用李磎爲相刘崇魯沮之及麻出崇魯掠麻大哭（史）又見壞麻下（困）麻百濟国城曰丨丨詳魯哭麻
唐欲用李磎爲相刘崇魯沮之及麻雨如麻丨脚丨丨亂如麻平生悲歡事（杜）亂麻頭緒丨丨丨
（谷）衣敗麻晉王延母丨以沸粥紛麻唐獨孤及曰百揆讓兄革弟麻拜相從丨丨（史）
浦（丨）丨丨（史）剌如丨丨丨丨（史）
丨希白丨麻閤下生麻鄭珏与李愚同爲李王鄭丨丨一麻丨李曰承旨貪
（金坡遺事）入相矣霜降成实乃白麻也是夜制出拜相（紀異）
賓賜麻唐滕王嬰蔣王惲皆丨帝賜諸王綵各五百段敕曰滕叔蔣兄自解
黑則麻經紀不須賜帛与麻二車爲錢緡二王大慙（出本傳及朝野僉載）
宣丨（活套）絲丨丨（詩藁）江中有丨思賢也王不明賢人放逐（周）庄（姓氏）上谷商音齊大夫丨嬰之後又
太原狀云石趙凉州刺史麻平丨秋之後唐元功臣（急就章）唐左司郎中（論語）
左金吾大將軍凉国公（丨宗）賜姓李氏改名延昌蟆蝦丨上味夯者皮最佳
云不可脫去此錦襖子（齊下）郴賦紆青拖紫名爲蛤魚丗比令僕也沈媚
文通知杭州禁食蝦丨漢靈帝鑄天禄蝦丨吐水轉入宮百粤以爲蛙事詳蛙
臺丨天丨丨得替金背蟆會見林中丨丨丨（簡齋）長慶中中秋夜人刻妖蟆可
嫌（盧月蝕）丨丨丨
丨丨痴决折凝蟆須史凝蟆精兩丨林中如匹練乃丨丨蝦丨疑月中者
賜（盧）吻白丨丨（盧）晉惠聞蟆丨丨帝在華林園丨蝦丨鳴○
日爲官乎爲私乎（晉本紀）
車尺遮切○汙邪滿丨詳蹄雲車刘义作冰柱丨丨丨丨一詩見麴車道逢
鳴鳳丨丨聲牙而揮丨詳叟韓愈出盧仝孟郊右（韓詩）
日流酒車丨（漢）張平子南都賦騰丨而斟酌侍以車載酒書車惠施多方其丨五丨（莊）天車光景不可
延（利）回六龍轉河車陰真君金液丹歌北方正氣名丨丨丨一名丨丨是水取水
丨丨（李）一斗鐺中以火炎之致聖石九兩其中初成姹女後成紫色
名紫丨白色曰白丨丨青色曰青丨丨赤色曰輔車丨丨相依兩車老夫
赤丨丨亦名黃芽又黃河水逆流蓋擊運法（困）牙車也不辛

酒□歌鳴丨丨谷 鈞車 辭裏長歌揮丨丨元吹山 練車 響 村南村北丨丨吸 水車 魏馬鈞初作丨丨灌園 畜車 作丨丨 魏馬鈞
令童兒轉之以灌園更 阿香車 有人宿道逢一女子家一更聞喚丨丨推
出更入巧倍於常史 忽驟雷雨明日視宿処乃一新塚搜神記 霹
靂車收麥 義和車 无由反旆丨丨 韓 麻二車 唐賜丨丨与滕叔
事詳麥 將兄作錢貫詳麻 十牛車 文章六經 來汗漫丨
丨丨谷 ○白牛車 法達念法華經三千部問六祖經說三車大牛車丨丨如
何區別祖曰汝自迷背不如坐却丨丨 更於門外覓三車
傳 詩篇 有女同車刺忽也 不 人名 卦 漢人韓 京兆角音漢丞相
列 昏于齊无大国之助 信用其策破燕 姓氏 田千秋以年老詔
乘小車出入省中号丨丨丞相後因氏 字武子晉人聚螢照書 會名 即車
傳李知名 坐中无車公不樂詳樂 代人評獄寬恕 北史 鬼車
載彼亦名逆鶴 瞑則飛鳴能收人魂氣昔有十首爲犬所噬餘九首其一
常下血滴人家則凶正月七日多度人家捩犬耳滅燭攘之 歲時記 楊子之
弋連双鶴於 ○大奢 式車切 侈驕丨 淫佚 紛奢 秦愛 高奢 盛推雲夢以
青雲之際 列 奢 至精至好且不丨丨 阿房付 爲丨丨 相如
傳 刺奢也 曹詩 蝣蝣丨丨 蘭奢 王導爲相只周旋人過一生嘗有坐客二十許人逐
一称讚獨不及一胡僧并台州臨海人二人不悦導
徐顧臨海人曰自公之來臨海无復人矣又謂僧曰丨丨 乃胡 阿奢 寶
語之褒奢者於是二人亦悦 宋語录 世說作丨闌未知奢闌孰是 寰

貞冊娶章后乳媼王每奏請輙自署皇 馬融奢 方悪丨 富丕奢 馬周蹠貴不
后丨丨不愧 世謂媼壻爲丨丨 六帖 李儉丨丨李
丨繪錦示奢吳甘寧以丨丨 維舟 服虔 怪奢 王吉世清廉而好車馬衣服鮮
史 或割弃以丨丨也 史 明天下丨其丨而丨其丨詳衣
持狹欲奢 淳于髠曰穰田者操一豚蹄祝曰五谷皆熟 人名 伍丨 王所殺 楚人爲平
穰穰滿家臣見其所丨者丨所丨者丨詳蹄 子丨 美
女 趙 趙
將善用兵 畬 火種田也 活套 新丨 燒丨 賒 貰買也 范至能詩奉丨癡獃千 百年詳癡 拔无價青山爲我丨 稚子 賒
隣人有美酒丨 酒須賒 如今九日至自 去國賒 爲農丨 向市賒 遣人丨丨丨
丨夜能丨 杜 貰丨丨丨 杜 丨丨 杜 賒香粳 杜詩
活套 貸丨寬丨一 ○邪 以遮切俗作耶 漢汙邪 穰田者曰丨丨滿車。
徑丨望服丨 時呼韓耶單于來朝 汙邪丨丨下地田也 見蹄
莫邪丨丨爲鈍 字本並從金 良邪 刈丨丨之稻丨李百 溪傍綏
邪 賈誼賦无金因附此詳劒 瑯邪 桑七歲知其事詳稻 若耶 採蓮女 園
若若邪牟邪石邪五鹿客邪印 毗耶 尔時丨丨大城中有長者名維摩詰
茅邪何累丨丨丨丨詳印 ○ 深殖善本 維摩經 又佛家有丨丨居
士 鎁 鏌丨通作 椰 木名子殻 斜 褒丨二水名 爺 亦作爹俗謂父曰
邪詳邪 可爲器 又梁州谷名 丨唐尉馬輩呼高
力士爲丨 杜 見丨背面啼 盧 國奢 唐竇懷貞納韋后乳媼爲妻世謂媼婿
憑仗添丁莫惱丨 通作耶 國奢 爲阿奢人或謂丨丨軒然不慚 史書 ○

遮 紀 王奢切 高帝 二老丨說 邀遮 閔更相丨丨 詩 親戚 肉障遮 楊国忠選肥婢 蘇莫遮
坊邑相率爲渾脫隊駿馬胡 謹要遮 周 邀要義同 於前遮風詳風
服名丨丨丨 唐宋務光傳 說周遮 覆鋒李身健周遮丨 誰能遮 循鱗半巳
話長 徐氏 又謂周遮 沒去意丨
丨丨 爾 ○ 兩手遮 丨丨 莫丨 瓶 活套 藏丨 雲丨 霧 ○嗟 子邪切 猝嗟 項王意烏
詳截蛇 裏雀 語录 丨 辛翁丨 嗟丨丨丨 前紀
嗟嗟 石崇作 非嗟 嗟來食 嗟 苟祿无補 报 残 賢人嗟 歲在龍蛇丨 末路嗟 俄
丨丨丨 可辨詩篇 成丨丨丨 谷 丨嘆丨詳起 成
丨丨 列 活套 含丨 詩篇 猗丨 刺魯莊公也 人名 子丨 彼留 且 蕭蕭且 嗟嘆
丨丨 谷 丨 以不能防閑其母 子嗟 詩 頎二
細頻拔丨 入 紘 置 安得丨丨丨以 活套 觸 詩篇 兕丨 后妃 ○ 蛇 食遮切
丨丨 聊 道獵衆皆 谷 丨 之化也 蛇丨黃
黑色毒最烈 形短而扁毒亦甚最大者爲蟒 又莊子云 巴蛇 吞象 山 蔓蛇
蝍蛆甘帶小蛇也 蜈蚣以氣禁蛇 雄黃辟丨 抱朴 海經
斯 鬪蛇 内蛇与外蛇丨於鄭南門之 捕蛇 永州之野產異蛇王命歲賦其二
千 鬪蛇外内蛇死而鄭厉公入 国 捕蛇 莫能捕之者當其租入有蔣氏者
專其利三世矣云云視其色而 杯蛇 梁廣嘗有親客曰前蒙賜酒方欲飲見
吾蛇尚存則弛然而卧 柳文 杯中有丨 既飲而疾于時河南厅壁有
角弓畫作蛇廣復置酒曰復有所見 畫蛇丨丨 添足 國策 電蛇 光時掣 歲蛇
否曰如初廣乃告之沉痾頓愈 晋 窟 其大 梁論 紫金丨 破

欲知垂尽丨有似赴壑丨脩鱗半巳没去意 秋蛇 如春蚓丨丨 驚蛇 法書苑
誰能遮況欲繫其尾雖勤知奈何 蘇守歲 王子敬書 釋亞棲
善草書每云飛鳥 斜 蛇 宋度恣爲晋安太守有遺丨丨者放之 縈蛇 後許
入林丨丨入草 二十里外蛇夜還林下復送四十里 蛇曼開
丨丨有兩赤丨走 杜預 蛇 晋丨丨 辭卧 惺吐 人窺鏡
後爲幼將詳篤 杜 蛇之見一大丨垂頭而吐 晋 母產 蛇後寶武 母產并
間及母卒將窆大蛇自榛莽中出以頭 常山 蛇 率然者丨丨之丨也擊其首
擊柩流血俯仰若哀泣之容有頃去 東 則尾應擊其尾則首至擊其
中則首尾 孫子 兩頭 蛇 孫叔敖兒時見丨丨 殺而埋之白母曰聞見丨丨者
俱至 必死恐後人見乃殺埋之母曰亦有陰德必有陽報後爲
楚相 蛟 玲蛇丨丨丨丨 曰吾以衆足行 蚿 殺蛇 舉二頭 丨 漢祖斬蛇後人見
列 蛇而不及子之无足 围 蛇丨丨 搜水車 一嫗夜
哭曰吾子白帝子也化爲 静江 黃蛇丨丨 灘中 黄公逐一丨丨人以石投
蛇當道今赤帝子斬之 国 之蛇 蜿然有声乃得一銅劍 詳劒 袖
裏青蛇丨丨丨丨 腾 氣 梨中赤蛇 李知誥 松下 龜蛇丨丨丨丨 綠骨輕 殷 松
粗 呂詩 亦劍也 事詳梨 龜蛇 投入土千歲爲茯苓 如
龜 石窟大蛇 馬援征五溪 蛩壺頭暑甚中病穿岸爲室避暑 睡蛇 佛遺教
蛇 尋卒後丨丨有蛇如百斛大船云援之餘靈 史 ○ 經譬如
黑蛇在汝室睡當以持戒之 井中蛇 賓頭盧說法經云昔人行曠野爲象所
鉤早并除之丨丨出可安眠 遂入一井中藏井有四毒蛇欲螫其身

當知此人苦惱不可勝數鉈〇華戶花切榮也輝也華夢之華音義与花同今雖間附此用者下之記英｜｜發外(隋記)刘向傳学
令｜至｜鬱華日同居雜跡｜｜之仙与琴華建(相如上林賦)｜｜之旗東華不如｜｜敷紅香士(皮日休詩注)詳十二｜｜門百官出入之門
南華莊子為｜｜真人書曰｜｜經九華青陽縣南李白号｜｜山峯奇異狀其數九始号九子山東坡号李正臣異石曰壺中｜｜蓋
九峯玲瓏也(雍錄)金華黃初平牧羊至｜｜山得道詳羊宣華(花石湖)蜀宮名｜｜殿向｜｜夜宿蘭公鈆華(神付)｜｜不卸(隋)粉也
瓊華傳却將燕石｜｜(趙)石華肉｜｜水物有王珧海月士(郭璞江賦)皓華(黃庭)肺神｜｜髮神曰蒼華｜｜字虛成鬱華李道元歲
｜｜已蕣華(國)顏如｜｜(詩)木槿也水華(古今注)荷花名丹華兒童汲｜｜(杜)革華韓愈有下邳侯｜｜傳言年紛華子夏
出見｜｜盛麗而悅入聞夫子之道而樂二者心戰詳肥及戰勝辯華上｜｜以交紛(張子平)｜｜音葩文采也才華柳子｜｜皇甫湜祭
臨藉咀華｜(韓)含英｜｜無華(宣帝紀)煙嘔｜｜萼綠華色絕整晉升平三年降羊權家(真誥)
史而華李生言所謂｜｜者耶(韓)呑日月華口中(真誥)男服日象女服月｜｜自有五色流霞入
象使人聰明朗徹五藏(李判官)言其能文又能斷｜｜山樵夫得道搖地視之一童子花白生華長生不死(內景經)〇法華口出是人生誦華嚴經致比勝果因名其山

詳山法達念｜｜經六祖曰心迷｜｜轉心悟轉｜｜詳轉優曇華瑞應三千年一現則金輪王出(法華)其人甚希有過於｜｜｜號云鉢名
曇(經詳)空中華譬如病目見｜｜(圓覺經)見狂華目睛瞪以發勞則於虛空別｜｜｜(楞嚴)風法華寺僧姓張京師開宝
好酒及法華經号為張法華吉語散(坡詩注)曹溪南華僧智藥於｜｜上流開山云乱不拘細行又呼｜｜｜當有无上法宝來此演法乃
六祖｜｜也詳笑(活套)菖｜即蒲芳｜物｜中｜京｜(詩篇)白｜周人刺幽后也得｜年｜英｜淳｜為國｜褒姒黜申后〇裳二若｜
刺幽王也(小雅)弃賢絕功臣(小雅)白｜孝子潔白也(逸詩)皋｜君遣(人名)使臣也(小雅)苕之｜大夫閔時也戎夷交侵師旅並起幽王變雅
(公西)｜(公仲)｜名禹西漢人(張敞)｜晉人(稅)｜唐人善書(昭)｜王晉御家妓名詳絃(令狐)｜南陽人光武初悅之又見執金吾車騎甚盛嘆曰仕宦當作
執金吾娶妻當得陰麗華即位立為后(張載)｜陳後主妃當時亦笑｜｜｜不知門外韓擒虎(坡)諱華(書所)(活套)喧｜｜一笑｜罷部｜啾
巫｜｜四騂華馬名(穆天子)〇瓜古華切(廣雅)龍蹄獸掌羊骹兔頭挂𤓰玄蕃大班小青皆｜名(詩)綿二｜瓞(杜)｜懈水晶寒(韓)
(延年)｜由不納履獻｜果投官詳果(示)匏瓜(語)木瓜尔雅曰楙蜀投我(通)守｜食｜小虫也(誠齋)綠團璺一翻以｜｜(詩)孔子曰吾
於｜｜見包苴之礼行(詩)及瓜時而往曰｜｜而代(左)削瓜｜｜(周)宛中州嘉木(周禮)氏(付)連耘胥至父戎葵在瓜皋陶之狀如茶

瓜｜｜留花瓜客遲(史)曰｜｜七夕以瓜刻鏤成花詳穀梁句早春瓜梁郭祖深姚鮑｜｜祖深報以疋帛梁上瓜齊北
蔡瓊秀清河太守郡人太守趙穎得新瓜一双自來奉獻苦請乃致之斤事｜｜(史)黃臺瓜李泌諫諸死太子｜｜詞｜｜詩詳摘東陵瓜
秦東陵侯種瓜長安城東瓜有五色甚美謂之｜｜｜又曰青門瓜(蕭何傳)硎谷瓜始皇密種瓜｜｜中溫処使人上書曰｜冬熟詔博士諸
生說之儒生往視方相難不決因發機以土壓之皆死(史)終氏瓜帝憶瓜明崇儼索百分須臾以瓜獻得之｜｜老人園中帝召老人問曰埋一
｜失之士中得蝸集瓜元積侍官官知制誥會食瓜｜｜｜上武元衡杯種百分(唐李傳)揮以扇曰適從何处來還集于此一坐失色(史)
瓜馬緗於刺史馬植坐上冬月以酒｜｜盛土盜還瓜晉桑虞人｜瓜園見園｜｜須臾引蔓生实食之甚美(神仙傳)籬多棘刺為開道盜乃
送还叩頭請罪(史)鎮心瓜後鄭均讀書時大熱以瓜｜｜乞巧瓜設瓜｜｜布網則為得巧棗如瓜李少君曰安期生食臣｜
大｜(史)葛與瓜｜｜｜万事相依拾郡境瓜梁宋就為边縣令与楚鄰界梁边亭數灌其瓜美楚人瓜希灌而惡楚令怒夜切｜
梁瓜梁欲往報搔楚瓜就曰是搆怨之道乃夜竊為楚灌瓜楚令大悅具告楚王謝以重幣楚梁之歡由宋就也(賈誼新書)秦毋寒瓜齊滕
曇恭母患熱思寒瓜不能得遇桑門曰我有兩瓜分一相遺双門不知所在(史)獻征羌瓜步陟以種瓜為業奉瓜｜之焦征羌征羌以槃飯与

飯之詳捕兎壞瓜王弘義求旁舍瓜不与及為御史移文捕白兎畦无遺(詳兎)(詩篇)末｜｜美齊拍公也有狄人之難拍公救而齋
封之騧黃馬黑喙(詩)昔日太宗馬乘騧瓜後周于謹嘗伐蠕人忽數千騎｜至拳毛｜(李)銀骸白鼻｜騧謹常｜駿馬一紫一｜使二人乘之
突陳而出賊爭逐之流金騧回紇駿馬｜騧為騧瓜宋明帝多忌諱｜｜｜乃卒軍擊走追騎(史)名詳騶以似禍字故也(史)(人名)
(李賢)周媧(相如賦)灵媧｜鼓瑟(活套)義｜(皮)詳告韵八士緺綬文(西)柳子騎擁青｜蝸｜牛小螺也又名蚹蠃蛞蝓音移夷
有四角有肉負圓殼行(皮日休)蜒不滿腹左右蝸有国於蝸之｜角曰蠻氏｜聊足以自濡升高不知休竟作粘壁枯角曰觸氏争地而戰伏尸數
万逐北旬有五日而後反(莊)室盤蝸我亦无酒飲一｜｜(容)詳庐縮如蝸含驕封縮文蝸閉｜｜｜競綴蝸蠱涎｜(歐)〇
花呼瓜切亦作華然(記)桃始｜華鞠有黃華並无明音榜花唐大中以來礼部放榜姓氏稀僻者号｜｜(南部新書)酒花入面
歌一声馬子(杜)玉花明皇馬名魚吐沫為碎｜｜｜｜驄又銅花李賀箭頭歌淒古血生｜｜鐵花岩壁(歐)劍花胡
拂｜(李)菱花(趙后外傳)｜｜鏡一奩蒲花富貴詳蒲｜｜見｜｜者大松花才真行(容)墨也｜｜泛硯摹土花古鑑得荒塚｜｜金
木磨(韓愈)｜｜綜綫(周詞)升花石菖蒲(坡)｜｜水養玄花兩眼(韓)｜｜着黑花早年多病眼有｜｜(王禹偁表)眼花落井

水裏丨丨狂花桃李冬〻花及金石上生 陸詩注 丨丨浣花杜甫居 丨丨溪 唾花上丨詳唾 飛燕丨如石 三花李賀嵩山
焦鍊師丨丨明素烟 頭巾早掛丨丨揭 所居詩 頭巾結頂聚丨丨 陸真
謫仙道士自外国將貝多子於嵩山下種之一年丨丨白色香美 李詩注 又
房州異人常戴丨朶丨莫知姓名人因以丨朶丨名之能作詩有神仙意 陸詩注 栗玉花 折送南園丨丨 谷水仙 百結花 江南謂丁
香為丨丨 解語花 貴妃事 詳荷 兒女花 萱草 解壯士憂 孟 丨丨不 頃刻花 韓湘能開丨丨詳 李又殺七七開杜鵑
花事 長安花 孟郊登第春風得意馬蹄疾一日看盡 落葉花 人生如樹花或落茵席或丨丨溷 詳溷 踏落花 羊欣
訪王武仲武仲曰君可去吾不可啓閣恐丨碎滿逕 鹿銜花 詳丹 命乞花 直把春償酒都將丨丨 闈 筆生花 李白
夢丨丨 詳筆 百上花 吳人歌丨丨曲 詳歸 後庭花 陳後主孫玉樹丨丨曲 楊白花 魏胡太后私楊白華後南奔梁太后
追思為丨丨之歌 樂府詩注 使判 五花 唐故事有軍国事中書舍人各雜署其名謂之五花判事 監 晉一花 溫公不喜華靡
宮人連臂歌之 二十登科赴關喜宴独不替花同年曰君賜不可違也乃丨丨 眩生花 光搖銀海 燈花 灯花得財 之 西京雜記
師子花 昔日太宗拳毛騧近時郭家丨丨 困 馬名 蒙頂石花 紫笋 詳茶 茶也 顛頂 。空中花 如目翳人見丨

六 十六 六

丨丨 華嚴經 智慧花 方便風開丨丨 参天 水㮣花 僧家謂魚丨丨為丨丨 天女散花 以天花丨諸菩薩即皆墮落至
大弟子便着不墮天女曰結習未尽故花著身結習尽者花不着身 維摩詰經 枯木生花 詳木 語錄 活套 零丨丨 頒椒 霜丨丨 氷丨丨 錦上丨丨
論檠 姓氏 東岳音唐有倉部員外郎丨 李注 〇誇 苦瓜切大言也通作夸 揚僕傳 懷銀黃丨鄉里 左氏丨丨 漢李賢注
夸詩 騎誇丨 周官 大誇 言有丨而 活套 色丨 騎丨国 〇拏 女加切 紛拏 牽引也 丨丨 世道終攫 困
拏 拏狙任 騰拏 獸盾丨丨 韓 活套 鷹丨手丨 雲可 丨丨 箋也 龍 〇嘉 古牙切 詩 維其丨矣 亦殺既丨 嘉弃
亨嘉 丨者丨 易 之會 易 静嘉 籩豆丨丨 既醉 柔嘉 盤著供 丨丨 谷 寵嘉 之 昭二 叔向曰実丨丨 拜嘉 穆叔曰鹿鳴所以嘉寡君
也敢不丨 襄四 永嘉 三寸黃柑擘丨丨 坡 又丨丨陳氏 能使江 活套 諫丨 意可丨丨十倍丨丨 年號 元丨 宋武帝朝号
人名 中營丨 浜人 孟 晉人嗜酒 浜文賢 拍王丨 家 訛 天下為丨 易子克丨 家卦 太宗紀 胡越一 霍去病曰凶奴未滅何以丨為
官家 李仲容曰五帝官天下三王家天下故曰丨丨 湘山野錄 天家 官家亦呼丨丨 蔡邕独斷 宅家 官家又称丨丨言以天下為宅四海
寫家 佛集 大家 浜魏以來宮中呼官家為丨丨 句會 王家 服労丨丨 君陳 三家之市 九家 諸子十家其可觀者丨丨而已

謚不數小說家 漢藝文 通家 孔融十歲見李膺門下人不与通融曰我是公丨丨子弟膺問何親曰先君孔子与老君有師資之道故僕与君累
世丨丨 囊家 斜率捕博者為丨丨有賂則置囊投于入丨丨 又曰公子家 歷史 王皇家 乘雲共至 韓 大方家 見笑於丨
丨丨 百閨家 曾君聞顏闔得道之人也使人以幣先焉闔守陋巷自飯牛使
詳方彥 若曰此丨丨之 欽對曰此闔之家也恐謬而遺使者罪不若
審之使者復來則 文章家 叔仲鼎列天下号為丨丨 鄴侯家 多書 東施家
不復見巳 莊論王 例与揚京兆書 丨丨
丨丨 西施 無外家 丨丨著書識當世号潛夫論 後漢王符傳 山谷 勝吾家 嫁女
丨丨 詳施 子小德毋徵嘲詩云解著潛夫論不嫌丨丨
丨丨 喚西家 隔牆丨 困 醉為家 阮宣居止向處曰丨丨 困詩注 無婦家 後魏聖武詰
詳胡姓 處即丨丨 汾初田山澤見
輜軿自天而下一美婦人自稱天女受命相偶且請朞年復會于此及朞至
田處果見天女授所生男曰當世為帝王即神元皇帝力微也諺曰詰汾皇
帝丨丨力微 錢付酒家 淵明二万丨尽 懊惱澤家 丨丨丨丨 沫有恨 〇梵
皇帝无舅家 史 丨丨 詳錢 寒山 鵓鴣声如此
王家 遍入丨丨 國 寺也 在家出家 佛言若出家不修善根不如丨丨若丨丨能修善
根則勝丨丨 要覽 鳥窠禅師謂會通禪師曰若了
浄智妙圓体自空寂即真出家何假外相若為在家菩薩則當戒施俱修如
謝灵運之流可也 詳衆 雲運欲入社遠公不許灵運曰白蓮道人將无謂我

二十六 七

俗緣未尽不知我丨丨丨 姓氏 京兆角音周大夫丨父之
丨父矣 灰山備杜難國 活套 九流丨傷田 後詩 丨父作誦又丨伯維
宰 漢有北海丨美 枷 因械 唐吐蕃作丨丨 大伽 唐來俊
為劇令子孫因居焉 接摺謂械也 金枷 欲得渾脫 臣作丨
丨丨 如定百脉喘不得突地吼者 不肯脫枷 欲為脫枷曰此令公命所著不
即臣等名号 史 互見吼実韻下 北齊宋游道以選事被禁獄吏
可觀何難脫枷 北齊高昻為大都督与嚴祖 御史中尉召嚴祖昻枷其
脫 史 使之者曰枷時易脫時難昻以刀刎之曰丨丨之有尉不
敢拔 珈 婦人首飾 詩 勶加 耕也 加 語 又何丨焉 孟 万鍾何丨丨丨 告子 左 三加
史 副笄六丨 嵗以丨於此矣 国 文不丨點 詳點
丨丨 弥尊 冠義 士始加緇布不忘本也 吹加 両龜丨丨 交加
皮弁朝服也丨丨爵弁祭服也諸侯四加 礼書 丨 歐文 霜毛加半丨 韓
笳 胡人捲声 胡笳 大丨丨十八拍世号流家声小丨丨十九拍未拍為契
葉吹之 声号祝家声 浣選集 蔡琰陷羌胡為丨丨十八拍
琴曲 下淚笳 涼秋九月塞外草衰夜不能寐側耳遠聽胡笳互動牧馬悲
白帖 嗚晨坐聽之不覺淚下嗟乎子卿陵独何心 李陵荅子卿書 却
劉琨在晉陽為賊所圍數重中夜奏胡笳胡 却胡笳 晉劉疇賈胡百數
賊 騎流涕歔欷有懷土之思向曉棄圍去 本傳 欲害之疇吹笳為
出塞入塞之声 摹胡 劉疇傳 哀丨
皆垂泣去之 活套 清丨 鉫 亦作枷 廣韻 連丨打谷具 〇 茄 芦也又云
狄青以鉄連丨破儂智高

葦之未秀者詩彼茁者丨騷蒹葭丨丨騑崔騆森左思魏都付賈音盋似大
虞丨琯候氣詩灰丨莩詳莩葭有力言丨丨蒼蒼然強有力也李封丨丨
尚玉飛葭動浮灰國丨丨六琯詩論蒹丨刺襄公也未能用鹿葭壯鹿暖候鴐丨丨鵝
詳樹周礼將无以固其国國史逐麋丨鴈屬
豭壯豕暖故知中孚文豭既定尔婁豬盍帰吾佩豭子路性勇冠雄寄豭
化可及魚与丨丨丨老母豬昭七豭雞丨丨豚國
夫為丨丨殺之无罪史記犬噬豭管仲將死謂桓公曰有犬嘊嘊旦夕
言夫淫他室如丨丨之猪欲丨我丨管子言易牙豎刁為乱活套
飽豚〇霞胡加切流霞五色丨丨謂日景丙景註頁曼卿言到天紫霞高峯
丨丨流霞上仙人以丨丨一杯飲之輒不飢渴抱朴凌丨
丨落霞滕閣記。湌霞晨霞朝可丨註春食朝霞者臉霞醉丨輕匀觴九霞
園或云鳥名日始出赤氣也拘朴付註襯眼丨國
滔翻王母九霞觴仙丨丨青明絳霞慶晨丨丨麗彩霞新篇丨國語帶煙
丨詳觴滔音閃帔疊霞丨劉長卿韓湘丨丨
霞丨丨丨從古少陵註郡都督曰諸人之文丹氣為霞丨蜀都付而丨
猶山无烟霞春无草樹李白之文句句動人丨丨人名
蔡少丨夢人召書新宮銘蝦尔雅釋海丨長二三丈鬚長數尺又閩中龍
詳銘丹丨和尚天寒燒佛有五色丨梅丨蘆丨之類又海中有管
蝦蟹如觀滄海細蝗化蝦馬援為武陵太守有蝗援振貧蝗蝦窗下亦雅
大蝦丨丨山谷蝗化蝦旁薄賦秇丨入海丨為魚丨丨丨國

卷之六　八

水母目蝦丨丨丨郭璞江付丨丨有足无口眼大如覆帽腹下有物如絮
虫恰目常有數十蝦食其腹下涎或捕之即沉乃蝦有所見尔嶺表紀異
待蝦國遐詩不我丨棄而有丨心。海幽遐丨選被于丨登遐戴營魂而丨丨
与遐同猶言適瀕丨遠龔遂傳折丨衝馬融傳登遐霞兮楚辞
遠又作假國活套迩丨歲瑕詩德音不丨謝靈運登瑕藺相如視秦王无
有丨請指示相月丨左心苟无丨閔元意償趙城乃曰丨丨
如持璧帰趙國匿瑕瓘瑜丨丨丨山藪攻瑕攻堅則瑕者堅丨丨
宣十五藏疾掩瑕瑜不丨穀義則堅者瑕管子云
蹈瑕士得伸其志窒隙丨丨謫瑕丨丨而不汲瑕申侯有寵於楚文王曰
瑕而无所詆也揚雄解嘲本秀韓瑕丨丨丨予取予求丨丨疵丨也
後之人將求多於活套汝汝必不免僖七纖丨丨騢馬赤白雜赮赤色遐美蘂〇葩普巴切天葩
東野動驚俗丨吐奇芬國青葩溫風散晴葩丨丨國翦葩韓玉枝攢金葩庭炬拆丨丨劉九葩西京付羞盖丨丨詩葩
丨丨韓正而葩狂詞肆韓活套春丨丨寒丨丨人名滔許丨洛魄明皇雜录為中郎嗜酒舥浮梁〇丫於加切物
之歧頭者暖送考棄与李公擇还將一枝春掃向兩鬢丨鴉莊有待至昏丨丨。鶻入丨群詩鶻神鴉唐昭宗幸鳳翔鴉數万棲殿樹謂之
凶丨丨金鴉俄清新國日也既贈翦六合白鴉宋永存金虎元田栽丨丨韓湘挽鈴鴉溫彰迁京兆尹閭丨丨者視之乃丨

也彰曰是必許其薄地鴉五代蜀呂彥德驍勇嘗冠牛革帽披鐵甲跨棹軋
人探手視之果然鴉黑馬执斫刺刀軍中目為丨丨丨十国紀年棹軋
鴉帰丨何時聞後棲鴉夜來帰鳥尽啼殺驚鴉新丨丨丨字如鴉詔黃新
鴉丨丨困妝之鴉丨丨丨杜牧之鴉飛杜牧之鴉溫丨丨
丨丨墨如鴉忽來窠上翻丨汁塗抹詩行暮鴉丨丨李語轉春鳥坐愁寒鴉起來
國鴉書丨老丨盧仝示添丁黃朝小德畫鵶呵凍
丨丨丨柳藏鴉揚丨可丨衍尾鴉聯聯翩翩丨丨鳳隨鴉杜大中妾能詞有〇無
丨國柳藏鴉丨廣樂記丨丨蚊水車丨丨之句
往聞鴉丨丨禅師庭樹鴉鳴杜鴻漸問師丨否曰无聞去又問師聞否曰聞
鴉公曰丨去无声何言聞曰聞非有聞非聞聞性本來不生何曾有滅
有声時是声塵自滅而此聞性不隨声生啞何房賦管絃嘔丨暖〇巴
不隨声滅悟此聞性即免声塵所縛傳窗下啞丨惟楚老
伯加切丨蛇吞象。三巴閬水東南流三曲如巴字故曰丨丨三巴記漢巴丨丨万騎出邛巴西狹丨歐詩
下里丨人歌詳歌
人名蔡丨噀酒滅雨奏西丨枝鼗劉丨鼓琴而姓氏高平微音巴子国以国
天馬仰秣劉丨孔明曰劉丨天資高亮為氏丨丨巴祗漢揚州刺史
丨寡婦前漢丨豝牝豕一曰五豝一發丨丨小豝發彼丨丨殪豝也腊丨
寡婦清詳臺豕二歲詩騶虞此大兕吉日
帝豝契丹主伐石晉帰至殺胡林而卒〇叉初牙切拱八叉溫抾筠工賦
國人剖腹实鹽數斗謂之丨丨手曰丨丨丨手而八

卷之六　九

韻成三叉大路丨丨口暖夜叉天門九重高崔嵬清空鑿出黃金堆丨丨守
賈言叉地名丨丨門晝不啓夜半醮祭夜半開。九鑰天閽守
丨丨谷唐監察御史李全交酷吏傳畫叉賈耘老日用百五十每月朔取四千五百
酷虐号為鬼面丨丨叉尔為洪緷掛屋梁上平旦用丨丨挑一塊
即藏去叉又以大竹筒別貯用不魚叉冰下寒丨漸人名有詧
尽者挍到黃州亦用此法暖詩註丨丨坡麐詩劉丨車冰柱詩差
錯也又擇也詩殽旦于差二至亦丨丨韓嗜六級差魏尚上功首活套等
丨既丨我馬互見佳句有好亦若丨相丨暖虜差丨丨
姅丨一着人名詳佳句丨艖舟也〇沙所加切亦作砂書西被流丨丨
丨毫氂丨畢丨康公丨善射阿房賦用之如泥丨含丨
射影詳王又風沙勢若丨卷丨暖龍沙咫尺丨丨班蟲沙君子化猿鶴小人化丨丨詳捲揚
曲名浣溪丨風沙仕路困丨丨谷龍沙廚賓沙漠也
沙大風起丨丨裹沙孤手有丨丨籥言卧沙細肋丨丨箸沙自困真同丨丨海
沙丨石漢紀懷沙丨抱丨石自沉也詳肋羊也丨丨荊公丨丨徒
自困量沙宋檀道濟粮絕夜唱籌爬沙丨丨脚手鈍韓月食錦沙嚴州清溪
古詩丨丨丨全軍而返南史蟾蜍丨丨不肯行暖有丨丨村
秦波澄映錦石搏沙偉哉造物真豪縱攫土丨丨為出弄暖黃撥沙閩越丨善
舒文丨衆手記搏沙白水山親友如丨丨放手还自散丨丨
視墓岳地為圖即知休咎因号丨丨丨發人有世患左目者問白朱砂炒煉
之曰祖墳禾根傷葬者左目發墓果然出之即愈石山談叢丨丨

(韻)丨逹碎砂棘能辟霜石(公東齋記)丨能丨(范曄)丨生処沙不聚紫金沙上品光明砂中品白馬牙砂下品丨丨丨(煉真宝經)白
鷗沙丨坐古丨丨(荊公)擦銅沙王荊公時有龍太初自称詩人投刺時有若兵以沙器公指丨為題應声曰鳥去風平篆潮回日射
星時郭公仪在坐見之閣筆(詩話)萬里沙安得丨丨丨晴天看射鵰(谷)言所見廣醉長沙夜丨丨丨酒(困)埋蚕沙四月丨丨
丨於亥方令得蚕(洞簡)死泥沙有怪物焉爛丨於鄧丨丨吾寧楽之(韓)擲米成沙麻姑降蔡經家經弟婦新産姑索米丨丨即成丹砂
(神仙傳)壅水囊沙韓信布囊盛沙丨丨土流擊右且詳囊魏多作布囊盛沙欲塞江呉主曰江可塞乎詳江水赤得砂臨沅縣民
世享壽考疑其丨丨之丨丹丨数十斛(抱朴)揮字如畫沙用筆如印泥畫沙貴藏鋒也詳鋒慈粥有砂郭林宗詳粥○洹
沙取三千大千世界如陶家輪着右掌中擲過丨丨世界之外(維摩詰經)炊沙丨丨作飯終不飽(谷)楞嚴若不断婬修禅定者如蒸沙不欲其
成飯經千百劫只名熱沙(結套)圓丨釣丨鷺拳丨鷺睡丨鳥印丨堤築丨宰相爭(姓氏)汲南宫音東莞有丨氏紗絳紗韋逞
母宋氏精周官義旨講堂隅丨丨慢受業詳慢馬融施丨丨帳授生徒詳帳碧紗凡宰相宜司必以紗籠護之詳籠王播客揚州僧寺僧飯後擊
鍾及第揚州寺壁詩丨丨籠之矣詳鐘烏紗朝帽掛丨丨(柳)巾紗先生岸丨丨(陳)龍紗鮫人織綃亦音紗名丨丨(述異)蟬紗泉女織紗
輕如蟬翼名丨丨丨(海物異名記)浣紗會稽縣東有西施丨丨石(灵字記)繫臂紗絳縷猶封丨丨丨選女子以絳紗丨丨詳臂漢武帝

韵玉六 十

(結套)篾丨鬚丨鬢垂鬚魚名(詩)○衙五加切軍行有牙後人因以所治為丨(谷)宋可作丨詳官報衙
笼銅鼓丨丨(柳)放衙趙宋文路公為揄次縣令題鼓撥曰置向樵樓一任撾々多撾衙少不知宅如今幸有黃紬被努出頭來早丨丨世傳太祖謂
縣令曰切勿於黃紬被裏丨丨(孜詩註)打衙如丨丨(國)排衙丨丨(國)珠幢玉節蜂衙丨有兩丨蚌衙(雅)黃丨丨蟹潮(谷)退海潮
上(衍)昭陵唐太宗置一物器中令丁文果覆射書四句云鷓鴣華人山中採花虽无官職一日兩衙(玉壺清話)兩衙見鬼衙天街兩上衙畔槐号
丨丨曲江多揚柳号柳衙謂成行列如排衙(孝中故事)柳衙見彭衙杜公有謝丨丨上彭衙丨知縣詩由衙當与丨丨厥体俱洪園或累尺
當實衙空南越之居梁柱是供(戲凱之竹譜)南北衙本朝置丨丨丨丨文武區别(唐李泌傳)古押衙唐刘震女名无双許嫁王仙客朱泚
乱没入掖庭仙客後遇旧蒼頭塞鴻又得无双婢采蘋後為縣尉至長安驛忽中使押内家三十人往園陵洒掃塞鴻烹茗於簾外夜深聞簾下語曰塞
鴻郎健否明日去我後園中取書送郎書後云見敕使説富平縣丨丨丨世間有心人今能求之否仙客尋丨丨丨得茅山道士藥令采蘋假作中使賜
无双死三日後親属贖尸与仙客得愈押衙自尽仙客无双偕老襄鄧間(太平廣記)石押衙汴都之南周令公墓前有石人能作怪人或遇之称

魯枝書丨丨丨(湘徽志)牙(詩)王之爪丨爪又齒丨餘論詳論龍牙孫権作黃丨大丨在軍中(三國志)荔枝名蚶殼丨丨(蔡君謨譜)丨丨彎
曲如爪无核出吳化丨一枚臨傍自然機變横出(周易訣)奕棊取蜣丨丨虎牙亭侯雖辨劇丨丨丨矢(陽)銅庭揚波江漢回丨丨銅柱皆傾側(杜)丨丨
衍山名犬牙制商帝王子弟地丨丨三山如丨丨(國)相鼠牙誰謂无丨(詩)騶牙漢建章宮後閣有物狀如麋東方朔曰此丨丨
也遠方當有歸義者後昆邪王來降(史)智牙北斉武成生齒牙諸盤以実對帝怒徐之才曰此是丨丨主聰明長壽帝悦(史)高牙乃建丨丨
(文選)軍前吹号令則至牙旗之下(續世說)五牙隋揚素造大艦名丨丨起樓五層高百余尺二丁存漱丨丨不飢渇(黄庭經)謂五行生氣配五藏種
凡帶必有佩玉丨丨必有牙丨丨(禮)佩玉鳴丨丨(國)戟牙置酒看君中丨丨(國)呂布一發正中丨丨支詳支齒牙丨丨高吟銅阿房賦
唐時龍川常有丨弩牙流出水皆銀黄影鏤取以製弩(南越志)槳牙皇雖入丨(國)童牙唐且華顛而悟秦甘羅丨丨而報趙(國策傳)
蠹牙丨丨海怪雄丨(歐)槎牙老鳥(荊公)丨丨死樹鳴聱牙丕曲丨(韓)磨牙丨丨丨(費叔德讚)搖牙魏呉質罵曹真曰吾
咀亦不丨丨何敢特驕勢耶○佛牙五代僧得西域丨丨以献相馮道言佛水火不能傷請驗其真偽因以斧所之應手而碎(趙鳳傳)(結套)
丨丨枚瞟(人名)(孝丨)(鮑叔丨)周公旦(易丨)知管仲(子丨)知味(伯丨)工琴丨釣渭水芽(闌)芽丨並其丨秘其家見也詳珥蔘芽喜見

韵玉六 十一

春盤得丨丨(晦)麥芽丨丨切長小兒拳(谷)薑芽柳家新様元和脚且尽丨丨紛手抽芽青浮卯徒(禹錫)方見脚愚客笑丨丨(后山)和抽芽盤丨丨
餅(晦)槐葉公淘金芽丨丨先春抽出黄(盧仝)露芽山丨丨双井白芽福州方(毛文錫茶譜)粟粒芽丨(國)武夷溪边丨丨茶極品
(結套)荻丨稍丨鷹丨瓜丨茶也涯無涯其丨津丨(書)渾々丨丨(韓)有涯吾生也丨丨而知也无涯以隨无涯殆已(莊養生)
天涯威命窮丨丨(韓鏡歌)生涯嘲醉是丨丨(困)两涯丨涘渚丨之間(莊秋水)(結套)水丨海丨泳聖丨○茶宅加切与
茗韵通者早取曰丨晚取曰茗駱奴茶也詳茗(十六匡)建州北苑先春龍焙洪州西山白露双井白芽鶴頂安吉州顧渚紫筍常州義興紫筍陽羨春池
陽鳳嶺睦州鳩坑宣州陽坑南劍蒙頂石花露鋑芽南康雲居峽州碧澗明月東川獸目福州方山露芽壽州霍山黄芽蜀雅州蒙山頂有露芽穀芽
皆云火前者言採造於禁火前斷門團黄有一旗一槍之号言一葉二芽也潭州鉄色茶色如鉄湖州紫筍湖州金沙泉湖當二郡界茶時一稅畢至泉
処拜祭乃得水太守造車水即涸矣○杜牧茶称瑞草魁(陸)赤泥開方印紫餅截圓玉黄金碾畔緑塵飛碧玉甌中素濤起揀芽名雀舌賜茗出龍
團曾子固麥粒収来品絶倫(坡)蟹眼已過魚眼生颼々欲作松風鳴(谷)春風飽識太官羊不慣腐儒湯餅腸搜攪十年灯火讀令我胷中書傳香曲几
蒲團听煮湯煎成車声繞羊腸(坡)官茶丨丨蟹眼試盧仝謝茶歌手閲月團三百片(谷)鬪茶丨丨歐公有丨丨歌詳歌雷鳴茶雅州山曰中頂

有僧病冷且久遇老父曰仙家有｜｜｜俟雷發声併手於中頂採摘獲一
兩服未竟病瘥精健至八十餘入青城山不知所之今四頂園茶不發惟中
頂草木繁重雲積霧僊掌茶荆州玉泉寺有乳窟玉泉交流中有白蝙蝠大
蟄獸時出人跡希到如鴉飲乳而長生水边茗草名｜｜人｜｜大如
手八餅茶待賜頭綱｜｜｜國雨前茶焦坑聊試國陸羽嗜茶著茶經三篇齎
掌注翰林每賜此茶茶者陶羽形置
煬突間祀為茶神因李季卿召王濛好茶人過輙飲之士大夫甚以為苦每
羽不為礼羽更著毀茶論國欲候濛必云今日有水厄國滋說
陸贄受茶贄見壽州刺史張鎰｜鎰餉錢五万曰張詠拔茶詠令崇陽民以茶
為母夫人一日贄贄不納受茶一串為業公曰茶利厚
官將推之命拔茶植桑民以為苦後推茶
它縣皆失業而崇陽之桑已成宋言行錄雪水煎茶李士陶穀得党太尉家
態不識此趣曰彼粗人但能於銷金｜｜｜｜曰党家
帳下飲羊羔兒酒尔陶慚之福年活火煎茶｜｜｜李約曰茶須慢火炙活火煎趙璘因話錄
唐肅宗賜張志和奴婢各一人志和配為夫婦号漁童樵青
茶漁童捧釣收綸芦中鼓枻｜｜蘇蘭薪桂竹裏｜｜唐本傳香茶扑
僧志崇待客以驚雷莢自奉以萱草帶飲斗一茶有人飲至一斛二斗一日過
供以｜｜｜赴茶者油囊盛餘瀝飲斛二茶量吐如牛肚一物以茶澆
之容一斛一斗客云唐初榷茶德宗時趙贊興茶稅而張滂繼之唐書何
此名斛二瘕俗覽易子曰人不得茶且不可話命吏閣詔即日
楚之觀察使○鳩盤茶裴談妻悍長之嘗云婦人至五六十薄施妝粉且黑
素賢之不劾或青或黑如｜｜｜安有人不畏｜｜｜者耶
喫茶師問僧云云師云拄杖南国言蘇樹○業亭有棲鸛角建花
不在｜｜｜｜｜詳喝深少態鶴頭丹暈離粉金粟銀絲鰓簇旬
宋紅茶塊○褎似嗟切亦作邪揚闕｜｜嬖諂宮正去其｜辛召邪詳香又
心國識囲書去｜｜阿詔思无邪諂｜之民礼杳
天祿｜｜二石獸名｜蜀邪獬｜｜辟邪秦鏡｜垂邪最能販昏邪還源蕩
詳祿又吳王｜｜劍角邪｜詳鬼照邪｜詳鏡眼牙｜｜國昏邪抄昔
邪尾松在屋曰｜｜在垣曰潘妃心邪宋元凶劭殺｜｜剖其心觀｜以正止
牙垣衣博雅又雅釋苔也其邪正使者阿旨曰｜｜史以正止
邪晉要灵時高惟家有鬼怪要灵治之見符察甚多曰當｜｜斛｜封墨
邪｜｜而以邪救邪並焚之惟欺斬外坐而去其夕怪絶史燃詳載
日斜庚子｜｜鵬斜整｜斜整｜復｜脉理斜｜｜皆
斜集於舍賈誼鞏茶斜谷詳理内人斜｜｜咸陽旧墻内曰｜｜葬宮人处秦
京雜酒容｜帽簷｜字半｜地○闇時遮切尔雅｜｜謂之臺又闉｜
記活套斗｜玉釵｜影横｜詳梅城上重門也異物志高昌郡寒
服冷水暑毀雞｜詳○蛙烏瓜切蝦蟆有黒斑點不鳴大者名田父能食
云郡人呼粥曰羅｜蛇蝦蟆皮蒼夜鳴俗名田雞蟾蜍形大背
黒腹下丹書八字頭有肉角世傳二足者安也山蛤大井蛙馬援曰子陽
而黄色蝌蚪形圓有尾雷震則尾脱生脚蝦蟇詳蝦｜蛙｜底｜尔兹

自尊大｜｜語海六吹蛙孔珪為都官尚書不樂門庭之内草萊
驚事莊秋水又詳鼃不剪中有群蛙鳴珪曰此當兩部｜｜敬怒蛙
楚王伐吳欲人之輕死見怒蛙軾之從虯避蛙玄｜蝦泥方畏｜沈竈產蛙
者曰吳敬於此曰以其有氣也韓非子｜黽錦閔生付
晉師國晉陽而鼃之｜法禁鳴蛙武陵王宴集池亭曰蛙鳴聒活套瀋｜
｜｜民无叛意史呪蛙人耳僧法朗｜｜之便息詳鳴動、、
｜入名蛙｜齊臣○窊汙下也前礼樂志窅｜桂華許不蒲兒晉礼樂志
見孟子窊｜蚕神通作汙孟知聖人｜柳循尊石作｜此
當在汙○汙鑿地也礼窪清水一曰瀦谷洼深池又曲也哇淫｜又
韵下｜尊杯飲汙民出坳｜又偓｜水名吐也又
小兒声詳○髽莊華切丧髻左傳魯人迎丧者｜又露紒也柳風移髻○
佳匀哇婦｜坡詩一朝長星墜竟使蜀婦｜環坐髽嬿｜
擿陟瓜切擊也明帝戲第五倫曰聞君為吏、婦翁對曰臣三娶摻擿祢
娶皆无妻父又馬擿馬策也字從木韵會别出擿字事詳策衡
善擊鼓為漁陽摻擿擿擊鼓杖摻掩戶擿繆彤兄弟同財諸婦求分異彤
擊鼓之法疊鼓謂摻漁陽擿國乃｜｜自｜諸婦謝罪乃敦睦
雷停擿｜師亦國日便擿張飛｜｜｜折矛擿闘行刺馬超矛折以｜以節擿
｜｜｜國鞭擿健兒蜀紀｜｜之戕死詳項匀
後温庠為荀宇所擿舞鐵擿李存孝樂弓坐稍○琶蒲巴琵琶本胡中
劫怒｜｜｜之史手｜｜｜五代切馬上樂
○西舍利獻其国樂龍首｜｜高麗以蛇皮為槽檀木為面象牙為捍撥
國樂志睿宗｜｜曰玉環貴妃｜｜以龍香板為撥外傳文宗朝内臣鄭
中丞善胡琴内庫二｜｜号大小忽雷舊吏梁厚本在昭應别墅垂釣忽一
物過以錦纏之援得即秘器也發視乃一女郎妝色儼然巾繫其頸有餘息
將養旬餘是内弟子乃言｜｜因提頭脫送南趙家料理值訓注乱人莫知
之厚本贖得之後遇花下酒酣朗弾数曲值黄門過云此鄭中丞｜｜声也
達上听文宗追悔至是驚喜宣召赦厚本罪貴妃外傳貞元中康崑崙｜｜
第一手因兩市闘樂崑崙登綵楼弾一曲羽調緑腰以謂无敵西市楼上出
一女郎亦弾此曲下撥声如雷絶妙入神崑崙拜請為師女郎更衣出乃僧
善本俗姓段、、師請弾一曲及弾曰本領何雜且遣不近樂器十餘年忘其
本態然後可教後果得師之藝云周上宋刘暐善｜｜文帝欲聞之暴諷以
微旨終不肯為北齊文宣寵幸薛嬪忽无故斬其首支解其体弄其髀為
｜｜一坐驚怖唐宗紹討党項虜拔高射紹軍兩矢下紹安坐使人弾｜
｜二女子舜虜疑休射紹乃從後擊之大潰涼史又王昭君馬上弾｜｜○
嘈ゝ切ゝ錯雜弾大珠小珠落玉盤間関鶯語花底滑幽咽泉流水下灘銀
瓶乍破水漿迸鉄騎突出刀鎗鳴樂天｜｜声断紫檀槽李白金撥｜｜夜
悵ゝ箏琶顧堂泥尽｜｜耳却手琵推手為琵｜入名琵｜蔡持正侍
李賀谷題祖元大諸｜｜胡引兒名詳鴝鵒
進季解｜羅則挾亦作把真靈傳揨山把土杜甫爬中散｜｜｜韓
似備麻姑痒処｜蔡經得仙爪｜又詳痒匀稀叔夜書爬搔

㐌杷 枇杷（周祗賦）著无変負雪鬱花名同音琵琶（又）楂 鋤加切通作
巴 枇杷異貞松坡攢金壇摘（周相如賦）丨丨橪柿 查水中浮
木又楂丨鳥声 樏查丨丨犯斗 浮槎 張騫丨丨至 舊槎 朝見翔冀出丨丨 枯
（韓）鵲鳴声丨丨 牛（博物志）天河詳何 （坡朝罷收丹晏）
槎 花發半 （國）貫月查 堯時有巨查浮于西海查上有光若星月查浮四海十二
年周天名丨丨丨丨又名掛星查羽仙棲息其上（王子年拾遺）
（遺）卜 掛星查見 漢江槎 謷將漏釣丨丨丨 （坡）丟陽漢水鯿甚 阿瞞查 明皇自称
（詩）丨丨上 美槎採以槎断水因謂槎頭縮項鯿丨丨呼人
爲丨言士夫妬仙查隨流順変升 （姓氏）齊鄉商音宣城涇縣武德趾南若二
天入地能処濁有似賢人（類說） 州刺史（丨文熙）鄱陽貞元有富人
（丨）（祥） 苴 水中〇 呀 許加切張口皃 （活套）羣丨岩丨笑呀 谺 谷中空皃 䶎
浮草 （韻）助呀声喊卜 丨（韓）喙皃丨（林） 俯視驚谺丨

七陽 與唐同用

陽 与章切（韻）芝天秉丨（礼）月 朝陽 鳳鳴丨 秋陽丨丨以 青陽 漢正月上辛祠甘
（禮）（詩）春日載丨（七月） 朝陽丨（卷阿） 秋陽暴之（孟） 泉春歌丨丨（前漢）
（晉）孟陽 正月爲丨丨二 䧕陽 十月得乙巳丨丨丁巳閏陽巳巳則陽辛巳 重
陽 月爲仲陽（皇覽） 極陽 秦陽癸巳極陽（尒雅）謂亥月爲陽月坡云
陽 東坡云嶺南氣候不常菊開時即丨丨十月菊始開乃与客重陽（志林）都
城重九後一日宴賞号小丨丨（歲時雜記）菊花何太苦遭此两重陽（李詩）
遜陽 冬元丨丨 昭陽 丨丨殿襄恩 景陽 鐘声到丨丨 酒徙詳
丨（昭四）昭陽妥絕（長恨歌） 景陽（荊公）宮名 高陽 池丨丨 氏才子八人
荀淑八子号 昌陽 丨丨引 癸陽 丨丨 山簡等丨丨
丨丨里詳里 年（韓文） 傾陽 太丨 詳葵 藿之丨 葉 花向陽 向陽 丨木易 鴈陽 隨陽
恨身不如丨丨 魚浮陽 儵魚若浮陽之丨 也（荀） 薄陽 淮陽 汲黯召爲淮陽守 黯
丨（禹）見禹貢註 浮陽此丨丨於水上就丨 臼顯出入禁闥補過
拾遺上曰君丨丨丨 卜 南陽 葛亮高丨 蕭丹陽 齊宗室景先在江州乘城聞
邪吾今召君矣（困） 臥南陽丨丨（困） 丹陽 小兒呼丨丨丨 不經武帝即
位以爲丹陽令曰（詩篇） 君子陽丨 閔周也 君子祿仕（歲名）昭丨（地理）（地名）
欲驗淊城言尔（史） 全身遠害 謂丨 康公念母也 辛歲 華
華山之陽 河丨（禹貢）河陽 洮李素丨 杜甫䴡処崞丨 禹貢漁丨 禄山反処岳
丨今岳州衡丨 淮南子日至於丨丨 首丨 夷齊偪丨 睢丨 張巡守処 溧丨
丟邳爲丨丨 尉（郡名） 汾丨 郭子儀封王 舜丨 樊噲封侯 義（人名）（郡名） 鬼谷詳
丨 介子封侯 陵丨 下和封侯平丨 曹參封侯 鯛丨 陰 虞 （諸）（子丨）公孫
述字（王丨） 漢人彈冠事詳冠（滿孟丨） 飲酒遊山詳（潘沈東丨） 名約詳沈 腰（壽）
（丨公主） 梅花妝詳梅（平丨） 楚詞有巫陽招魂之說蓋巫者名陽（規伯丨） 服丹
成仙詳丹（許姪丨）（未終丨）（真詳丨）（姓氏） 玉田商音周景王封少子于丨 樊
因但与時丶說李陽長事詳可 因氏（丨黑頭）四世同居表門閭（丨）
（坡）德行道義土林所欽守延英閣（丨姓） 歐丨 渤海宮音越王勾踐支孫封烏
程諫詳麻（丨雅伯）藍田種璧詳璧 程歐丨亭因氏（丨生）字和伯前漢
千乘人事伏生受尚書曾孫高丶孫地餘地爲博士論石渠故尚書有歐陽
氏学生至歐陽歙八世亦爲博士（歐陽建）字堅石才藻美贍擅名北州語曰
渤海赫丶歐陽堅石（丨詢）字信本唐潭州人博貫經史做王羲之書高麗
求之其子通蚤孤市父遺迹臨做亞於詢号大小歐陽詢以狸毛爲筆管皆
犀象非是不書（歐丨皆）字行周泉州人与韓愈聯第称龍虎榜閩人第進士
自詹始（歐丨脩）字永叔廬陵人守滁自号醉翁又号六一居士卒於潁諡文
忠公詳一（歐丨棐）字叔弼以父蔭
蔭守秘書省正字以文章世其家 楊 枯楊 得其女妻（易）
賦丨 青楊 何晏少被鞫在白楊巷蘭資亦有儁才住丨丨 生稊老夫 長楊 宮白斜奏
丨罷 巷語曰世有兩儁白楊何晏青楊蕭賁（史） 黃楊 園中草木春无
閏年（坡）俗說丨丨 歲 白楊 四郊多丨丨丨（選）言死者 北楊 南山有桑丨丨 厄
長一寸閏退一寸 衆丨丨丨 謂墳上所植 山有丨（詩） 穿楊 舊
丨 葉 自知（附）養由基善射去楊 衍楊丨丨 接摺（庭）謂械夾頸及脛者〇 歸
葉百步射之百發百中（戰國策） 丨丨 卧訟庭（関）丨 宋剛切大械也
楊逃墨丨丨 逃 王楊丨丨 盧駱四 潘楊 楊經字仲武潘岳云藉二葉世親之
楊歸儒（孟） 人齊名詳後 岳子之姑子之伉儷焉丨丨 之睦 有
自丞 貞楊 折衝儒墨陳堂丶出入丨丨 鴻 書諭 植楊 山谷云尽心於丨 古人
矣 彥楊 謂行（谷）丨 謂賓公丨 謂凝式 丨丨丨 書倒植横植皆
生 （詩丨） 東門之丨 刺時也 昏因 （姓氏） 弘農（商）音唐叔虞之後伯僑封丨侯
失時親迎女猶不至（陳） 因氏一二云周宣王曾孫封之後又云
周景王之後揚雄自叙云從手易与從木易又爲一族不知孰是今並附此
（丨惲）字子幼詩眼云古人学問必有師友淵源惲丨 書迫出流輩則司馬遷
外甥故也（丨雄）字子雲成都人博極群書度越諸子三世不徙官以次轉爲
大夫（丨震）字伯起明經博覽語曰関西孔子楊伯起 講堂二鱣詳堂暮夜
四知詳知自震至彪四世太尉自震至准十世有名德（丨素）字處道北漢鑄鉄灌
賊丶曰惟畏楊公鉄星詳星（丨素）字處道非常之器英傑之表周武帝幷儀
同三司（丨於陵）字達夫十八擢進士韓滉謂妻柳氏曰吾求佳婿无如於陵
有子必位宰相既而生嗣復滉曰楊氏之慶也（丨憑）与弟凝恁踵擢進士第
号三楊（丨收）字子藏之十二善屬文号神童賦詩屬辭詳辭識姑洗角詳角琴
通三均詳均（丨億）字大年趙宋建州人年十一以童子召太宗以爲秘書省
正字 文章有貞元元和風格自億始（丨綰）字 揚 書丨側陋 我武維
公瑾性沉靜獨処一室左右圖史不好立名 （泰誓）（孟子）（晏嬰傳）意氣丨
飛揚 戴丨戴丨（冯衍）大風 鼓揚 維南有箕不可以丨丨丨（大東） 對揚 一王
起兮雲（漢紀）丨丨 丨之丨之 播此在前詳前 丨丨 休（詩） 發
揚 厉（祭記） 揄揚 雍容丨丨 褒揚 丨丨之声 稱揚 下詔丨丨 游揚 曹丘曰僕丨
於天下 （西都賦）（礼楽志）（黄霸傳）足下之名
詳諾 奉揚 袁安曰當丨 夏揚 不尽丨丨 抑揚 与時丨丨 激揚 王珪善丨 濁
丨仁風詳風 （魏元同傳）（李膺傳）（清唐鑑）
戚揚 干戈丨丨（詩） 鷹揚 時維丨丨 清揚 子之丨丨 君子偕老 視清明
（公劉）斧鉞也 （詩大明） 廣也顏角廣揚謂眉目之間 遠揚

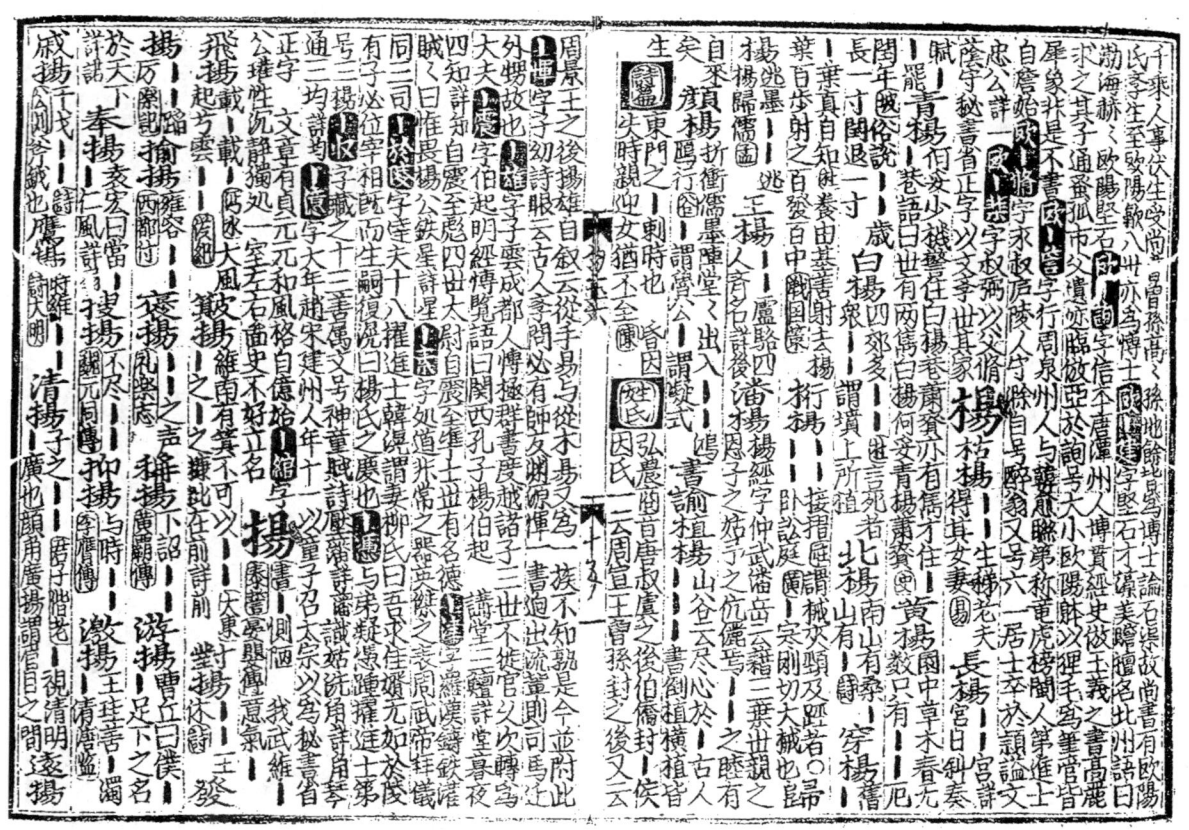

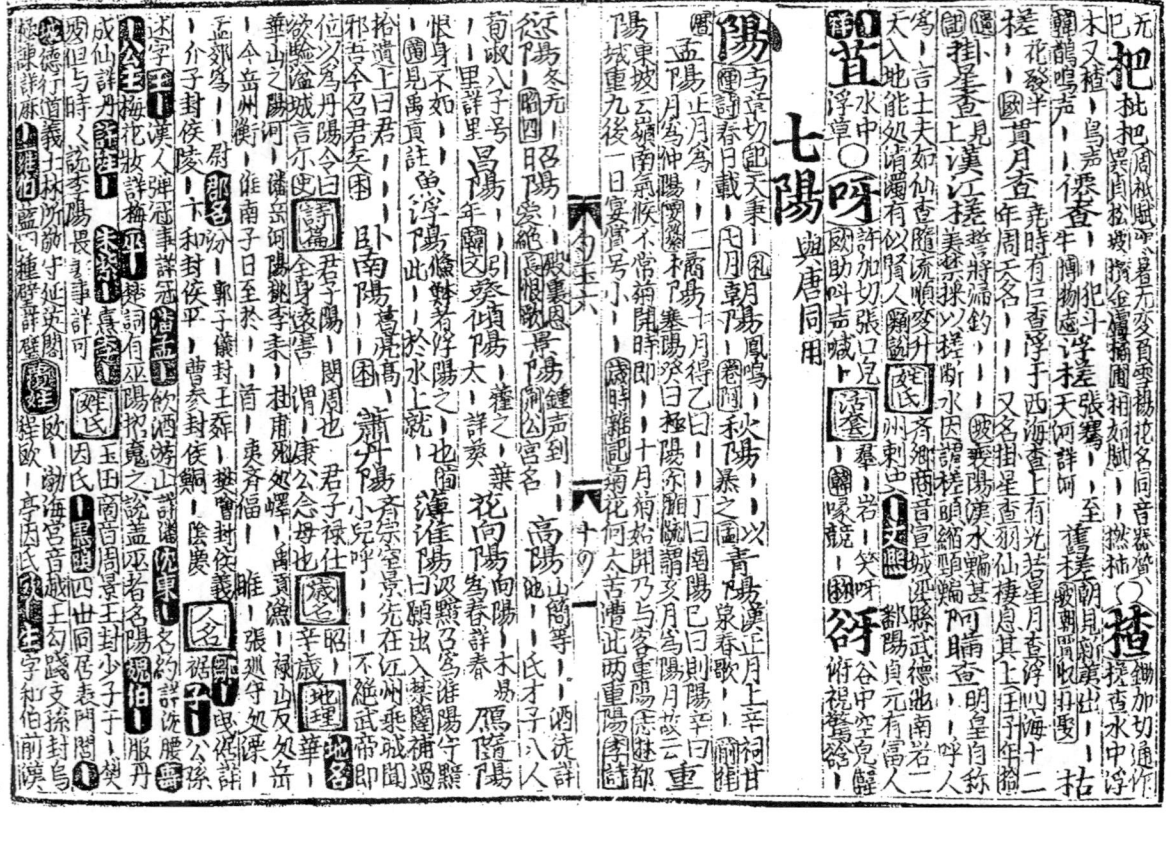

域外漢籍珍本文庫

蚕月條桑取彼斧斨以伐丨丨（七月）枝丨而丨𢭏諸疲揚 揚雄為黃門郎執戟掌守門二朝不從官白樂天詩執戟丨丨長沙投賈無它揚
旌丨丨（揚雄傳）丨於丨貌不揚 裴度自贊云尔身不長尔丨丨丨丨胡為將胡為相 氣不揚 婦人在軍中兵氣恐丨丨（左傳）
蜀丨丨宣丨敷丨名丨荀丨班丨丨（人名）（晉丨）晉人使不辱命 颺 風飛揚也又漾前書時而飽之稽首丨言義与揚同
徐丨荊丨皓彩丨去帆丨丨丨丨
颺 譬如養鷹丨丨則去詩鷹丨 少不颺 叔向謂鬷蔑子若无言吾戕失子矣詳言 舟輕颺 丨丨搖搖以（陶詩）（佐雲）夢游
風颺丨則
羊 （記）丨曰柔毛曲礼長鞋士薄（述異記）衛多一角丨也（爾谷）細肋柔毛飽卧沙 羝羊（蕃易）丨丨觸 羵羊 孔子曰土之怪丨丨（家語）
牂羊（詩）牝羊也 羵首丨丨 餱羊（語）無羊 誰謂尔無羊三百維群詩 觥羊也大方殺次七 黃羊 陰方祀竈
癸宮詩竈鳥羊 王敬弘以女適孔淳之之子以丨丨之殺大羊 丨丨繫犬羊 又何異乎 亡羊 臧与穀牧
羊而俱亡其羊問臧奚事則挾冊讀書問穀則博塞以遊莊楊子之隣人亡
羊追之既反曰歧路之中又有歧焉吾不知所之所以反也揚子曰大道以
多歧亡羊学者以多方喪生（列）丨攘羊（語）○有丨丨者以頭遺叔向母埋之三年事發追捕喪
羊 所乘車轅提壺為礼至於尽歡（隱逸傳）丨丨向家頭肉都尽惟有舌在国人異之遂以羊舌為氏
羊丨丨于易丨丨 驅羊 願尔出門去取丨丨 說楚人隱於屠肆昭王失国說
羊无悔（大壯）官丨丨（杜牧）屠羊 往從王王反国欲賞說說曰大王失
国說失屠羊大王反国說亦屠羊臣之爵祿 大官羊 春風飽識丨道士羊 草中
復矣何賞之有頗長反屠羊之肆尔（高士傳）丨丨詳（白鷳）
誤認將軍虎山上曾 菜園羊 羊踏破丨 狠如羊 詳 狠貝群羊 卜式分田宅財物尽与弟入山牧羊
為丨丨丨丨（隆石詩） （詳園）
十餘歲致羊千餘肥息而弟尽喪其產上曰吾有羊上林中拜為郎歲餘羊
亦肥息上見而問之曰非獨羊也治民亦猶是也惡者輒去毋令丨丨遂拜
式為緱 舞商羊 齊有一足之鳥飛下殿前舒翅而跳孔子曰此名商羊昔兒
山令（生）童有屈其一足而謠曰天將大雨商羊鼓丨今齊有之將有
水災 狼牧羊（家語） 窮成其治如 帖復羊 以丨丨肉數斤詳帖 堯舜牧羊 惠王言治
（家語）丨丨丨（本） 韓宗儒每得東坡丨 揚朱見梁
天下曰百羊之群使五尺之童荷箠而隨之欲東而東 蘇武牧羊 匈奴使北
欲西而西使堯牽一羊丨荷箠而隨之則不前也（列） 海上牧羝
羊曰羝乳乃得歸武杖漢節 初平石羊 黃丨丨年十五牧羊有道士將至金
牧羊卧起操持節旄尽落 華山丨室中四十余年其兄初起索
覓羊不得後隨一道士与初平相見問羊何在曰在山東 左慈化羊 曹操出
兄往但見白石初平叱之白石皆起成羊數万頭（神仙傳） 近郊慈
賣酒二升脯一斤手自斟酌百官皆醉飽操怪之使視諸坊悉皆亡酒脯操不
平欲殺之慈却入壁中不知所在或見於市捕之市人皆変形与慈同後人
逢之又逐之走入羊群操告之曰不復相殺試君術尔忽一老羝屈前膝人
立語曰遽如許即競赴之群羊数百皆変為羝並屈前膝人立曰遽如許遂

莫知所取 百里五羊 丨丨以（人名）丨 德裕萬羊 李丨丨召僧問休咎僧曰公當万
百矣公嘆曰吾師至人吾嘗夢行晉山有牧羊者十數迎拜曰此侍郎平日
所食羊吾識此夢不洩於人今果如師之說邪後旬日米暨遣使饋羊四百
公大驚曰吾不食之僧曰羊至此已為相公所有 丨丨里南去平生當食丨丨今食九千五
矣旬日貶潮州司馬連貶崖州司户卒（太平廣記） 華元殺羊 其御羊斟不与丨食士
及戰曰疇昔之羊子為政今日之事我為政与入鄭師故敗（宣二） 沈猶飲羊 魯販羊者曰丨丨氏常朝飲其
羊以詐市人孔子為政不敢丨
其丨丨郎將爛羊胃騎 丨丨頭關内侯（後漢） 瘦羊 博士 甄宇拜博士每臘詔
（家語）都尉爛羊 更始時膳夫皆濫授官諺曰竈下養中
賜丨丨羊時祭酒博士議欲殺羊分秤其肉宇曰不可又欲投鬮宇 誤謝惠
復恥之因先取最瘦者後召問丨丨博士何在因以為號（東觀漢記）
羊有人謝惠羊者曰損惠踌 肉袒牽羊 楚子圍鄭二君丨丨以逆（宣十二） 養生若牧羊 善
羊鳴蓋平日誤讀羊為羊也 丨丨
丨者丨丨視其後 （詩鶴）丨丨 鵲巢之功致也
者而鞭之（殷達生） 无丨宣王考牧也（小雅） （人名） 魏將伐中山 詳樂羊 漢人
（姓氏）（晉）河士商音晉丨舌大夫之後生肸叔向肸叔魚春秋末始單姓羊丨丨
（肸）晉大夫古之遺直（左） 丨續字與祖懸魚事詳魚 丨祜字叔子仕晉世
吏二千石至祜九世以清德聞 在軍輕裘緩帶身不被甲 墮淚碑詳碑
丨侃字祖忻為梁侍中武帝製武宴詩即席應詔丨丨 不知何許人有尋
山家詩主人聞語未開 （靈運）頓丘商音（公羊傳）魯 癢 詩瘥羊以丨 鍚 馬頭
門遶籬野菜飛黃蝶 人子夏弟子著春秋 丨丨 稼穡卒丨 鍚
飾（詩）鉤膺鏤丨 洋（語）丨丨乎盈耳（中庸）丨丨乎發育万物 望洋 河伯至北海丨
（左）丨鸞和鈴 丨丨乎如在其上（岳陽樓記）其喜丨丨
丨向若而嘆○ 望一音 洋洋 龍妻是氣丨丨 窮洋洋 新秋忽已晴九 滂洋 福
忙仰視兒洋瀾也詳笑 乎玄間（龍雍說） 汪洋 陌尚丨丨（晚）
丨（爾礼樂志）丨洸洋 其言丨丨 自黃洋 丨丨 終不得食水 綠洋 香有三品丨丨
一音徉盛也 洸洋（瓷圓）一音祥 潢洋 多見（大玄坊攻五） 冩上（香譜）
零丁洋 皇恐灘頭說皇恐丨丨 裏嘆零丁（文山詩） 腸 日出也（書）至于丨谷 佯 詐也箕子 齊景公
曰吾丨問尔晏子曰徉 倡佯（爾）丨丨 其形（柳文） 若時丨若恒丨若
問者亦當丨對（詳對） 倘徉 通作洋倘（失王傳） 狂 方洋 彷徉
聊丨丨以逍遙 相羊 東翠雲而丨丨（騷） 倘羊 終吾生以丨丨（解嘲） 徉 天下方音旁猶翺翔
（楚詞）徙倚兒 木羊（付）通作佯猶逍遙也 倘徉（含序）郊祀歌作常羊 ○ 詳
似羊切（蕗）請 青羊 荀与揚也擇焉而不精語焉而不詳 好詳 好要不丨丨 （人名）孟子 （申丨） 詳
死問其丨丨 米詩丨丨 （韓） 丨丨（詹）（佐）（麥）詹 推丨丨
祥 易視履考丨（伊訓）詩男子之丨 （禮由書）降之 農祥 天田星丨丨 晨正土膏脈起（侵東京）
丨白丨丨 丨丨 即房星晨正謂立春日晨中於午農
事之禎祥 國家將興必丨丨有丨丨（中庸） 金不祥 金躍冶必以為不祥之金（詳冶） 和氣致祥 丨丨丨 乖氣致
帳 異（事見劉向傳）

活套丨妖丨慈丨休 人名 鵰花 丨丨七七字也詳杜 庠 說文禮官養老夏曰校殷曰丨周 丨遂有序李部說文
曰序孟 丨上庠有虞氏養國老於下庠記王制 丨丨虞庠周人養庶老於丨丨小李也夏后氏之制記王制 人名
周曰丨丨宋狀 翔 記 拱曰丨室中不翔行而張 丨將翱將翱 龍翔猶如舉帝駿 杜詭 鳳翔丨丨凰
宋丨元初名祈 翔声与 丨丨後東京付 仁 丨龍翔然而蛟 丨丨韓文序 丨丨于
千仞鳳翔丨丨于海表 章帝紀 南翔丨丨双鳥俱比飛一鳥獨 隻翔仰視百鳥
兮 賈 鳳翔丨丨 李陵送蘇武 隻翔飛大小必
杜 丨丨回翔立馬久 隻翔 丨丨不可 藝死翔夕翔翔乎 凌雲翔忽欲丨驚 李
丨丨 詳穀 韓愈志付 丨丨
亮翔快若 韓 假羽翔鵰鶚失勢病鶴 孟 良 呂張切深也昏禮丨席在東注婦人稱
夫曰丨 書 一人元 太甲下 顯忠遂 丨明良元首丨哉股 書 良 茂良 甘羅 平勃 皆十二齡
極之諸 韓 登崇俊 進學解 韓 丨丨師之 丨明良肱丨哉 書
詳 豎良 梁 丨驅丨逐 遼 詳堅 佐后而受獻功者比其 丨 貨良 命婦宮 染系必以
令 苦良 典婦功辨其 大小与其 丨丨 礼內宰 法故莫不 丨 周
丨丨上音古三良 哀 丨丨 詩 黃良 馬摹遂空羣无 丹良 螢火 古注 白眉良馬氏
五常丨丨 知良 馬窮 丨丨 韓愈 丨丨 陳希
最丨詳眉矢巳良馬窮 丨 詳知 蘇賢良 鳳翔府吏呼東坡為丨丨 亮怒曰府判官何賢良也詳基 活套
策最丨丨 人名 王丨 丨 善御 陳丨 張丨 沒丨 善書 杜詩
漢史丨丨 阿人 丨 蒙攻好義 顏丨 關羽刺顏良於万衆中 梁 易棟丨之吉
我丨阿人 乞錢 河梁 攜手上丨丨遊子莫 呂梁 孔子觀於丨丨縣平水三
帖係丨上詳錢 何之 李陵贈蘇武 十仞流沫四十里 結 達生
濠梁 觀魚丨丨 詩魚 屋梁 落月滿丨丨 猶疑照顏色 杜 憶李白 與梁 孟注 大橋 丹梁 方言浮梁 諡 闕梁 謹 十月
丨 因 津梁丨丨為世丨 澤梁 丨丨无禁 孟 絕水取魚者 山梁 雉 詩 丨丨雌 鈠梁 的 丨丨 珮珠翠
令 丨丨 列 擢水而關空以笥承其空 丨丨 以為 茂梁 曾孫之稼如丨如 詩 茨屋
粟鋤 使信 栢梁 漢武起丨丨 臺 文丨丨 言梁 飾 丨以為 茅也梁與梁也言禾積聚高
濠子 付 丨丨 長門 付
大如屋 丨橋 虹梁 巨雄丨之長 魚梁 丨丨 麗翅滿 杜 黿梁 周穆王至九鳥 鵲梁 相公
丨丨 也 甬田 張平子 西京 付 丨丨 江以丨為丨 相公
妻在家時見二鵲共銜一木安 都梁 香草即澤 蘭 詳 跌 彊梁 与古爭丨 跳梁 小吏丨
巢中 俗言見丨上丨必貴 詳鶴 丨丨 梁 詳 跌 丨 杜 跳梁 於山
谷間 蕭望之傳 又并 蛀梁 丨唐渾珹時朱泚為 丨 芻梁 僕射尚書手版以紫
丨丨井幹之上 詳 繁 雲梁 丨 致城珹破之 史 衣囊之名 丨丨 通 論
盜止梁陳寔 丨丨 上寔 死抱梁 尾生大水至抱 丨 丨 歌遶梁 詳 蝸 書梁 蛛網鎖
丨 遺絹二疋 詳絹 丨丨 梁而 丨 詳 比 歌 蛐 丨丨 硯 丨丨
令 辰在大梁 二月辰在大梁 月令注 季春日月會于大梁 風 春官大師注 懸刀於梁 詳刀 王濬事 置綾於梁 段秀
实家過岐 段秀实 固致大綾三 詳綾 置瓜於梁 乃 鮮于 為刺史 郡人獻瓜
百秀实丨丨 司農堂丨 丨之 斤事梁上 詳瓜 活套 陸丨 石丨丨
隨斉 人名 沈諸 丨 梁公也 晏 安 岱龍 執丨 古勇人 姓氏 安定 廣 晉伯益之後 秦
丨丨 詳美 殺丨 名赤 杞丨 善夫 頌丨 仲有功周平王封其少
子康於夏陽是為丨伯因氏 晉有丨益耳丨弘丨由靡 丨 鵠 字叔敬 嘆曰
大丈夫生當封侯死當廟食州縣之戰 統 劳人亦辟命並不就 閉門自養
經籍為娛作七序而稱位素餐者慚 丨 冀 字伯鸞 娶孟光字德耀 互見孟
丨 冀 字伯卓 貴帝謂跋扈將軍 丨 竦 字景和 隋 以鯁正拜御史稱職 丨 文
唐人親没於墓三十年甘露降瑩木白兔馴擾 丨 周 翰 字元褒 梁 似粟而
趙太祖大修宮闕 周翰為五鳳樓賦以獻 丨 崇 石崇妾綠珠 大赤黃
青白皆 膏粱不願丨丨 黃粱 呂翁廬生同邸方蒸丨丨 翁取枕授盧曰枕此可
有之 告子 菜適 如願生但記身適枕穴中未幾登第出入相
將五十年及寤丨丨 稻粱 未知丨丨鴈何以報君恩 陳信 分鴈鶩之丨丨 劉孝
丨尚未熟 詳枕 廣絕交論 君看隨陽鴈各有丨丨謀 杜 言鴻鴈多
用稻 持粱 祭澤曰丨丨 躍馬食肉懷 粢粱 新丨丨 間 量 左 不可丨也 廢共九 入為出
粱 金 持粱作飯也 詳奇 黃丨 杜 不丨力 記 丨丨
韓 校矩丨 斗量 車載丨丨斗 量 明珠計 谷量 丨丨牛馬 意量 弃衡石而 丨丨 以意量度
長 連 李 解 丨 詳脫 角量 丨丨 谷 貨殖傳 馮衍付
斟量 丨搜窮今古書事 唱籌量 檀道濟丨丨 不自量 蚍蜉撼大樹可 活套 測
丨相丨丨 韓 丨沙 詳沙 笑丨丨 韓 揣
丨 拒 糧 或作餱糧乃裹丨 糗糧 峙乃丨 羸糧 丨而景從 過 絕糧 在陳丨 乞
丨 糧 餱糧丨 孟 粻米丨 書 羸米 秦論 羸糧也 語
糧 申叔儀 丨丨 于 宿舂糧 適百里者丨丨 適千 三日糧 晉伐原命丨丨 之
孝公孫有山氏 左 里者三月聚糧 莊 逍遙 丨丨 不降命去之詳
原 不齎糧行旅丨丨 唐紀 羨餐為糧 耿恭 鑿山為井丨 活套 鶴丨 蜂
丨丨 互見鑿 丨相丨 涼 孟 蹄 薄
也 左 號多丨德 又 尨涼 丨丨冬殺 蒼涼 日初出時蒼丨涼 丨獨出月
平丨地名 又曰州名 左 閔二 丨 詳日 蒼 一作滄 荒涼 丨丨 李賀
法涼 作丨於丨其 西涼 業法善与明皇丨丨觀灯 詳灯 西涼伎丨丨 伎假面
弊猶貪 昭五 胡人弄師子 白 系 天 暫持假面弄丨丨 國 誰能斗酒
傳丨丨 伊涼 天宝樂章以邊地為名如涼州 甘 笑語涼 風舍丨丨 弄初涼 玉
詳蜀 州 伊州 便教長笛弄伊涼 國 丨丨 荊公 笙
哀怨丨 國 活套 炎丨 凄丨 悲 香 許良切 書 至治馨丨 左 明德以薦馨丨 ○
丨丨酒樽丨 沉丨亭 詳 壯 丹 沉 丨閣 詳 閣 ○ 拥檀 娑
律海外芬西山老臍栢所薰 國 螺甲割崑崙耳丨 材骨 鷓鴣班 我讀 尉
宗丨傳文章不減二班 蓝谷 不文不武火力勻閉閣下簾風不起 論畜
香 蘭有丨 燮香 宝雲溪僧舍盛冬 碧香 丨丨 近出帝子家 國 工 香 東華軟
丨詳蘭 爇丨丨 滿室如春 王 晉卿酒名 丨丨 系 丨丨 士 詳華
玄香丨丨太守 墨 披香 西漢披 括香 唐穆宗宮中花開以重頂帳蒙蔽置
也亦曰龍香劑 庭殿名 惜花御史掌之号曰丨丨 玉塵集

篆香錢木爲範以香塵爲丨文（香譜）晴香丨丨（林逋詠梅）陳影疑香燕寢丨清丨兵衛森畫戟（韋蘇州）竊香賈充會諸吏聞韓壽
有異香氣本外国所貢一着人歷月不歇賈計武帝所賜惟己及
（晉書）陳騫家疑壽与女通取左右婢考問即以狀言充秘之以女妻壽埋香孟蜀時築
城獲瓦棺石刻隋刺史張崇妻丨阿香有人宿道边一女子家一更有人喚丨
王氏銘曰深深瘞玉爾爾丨丨忽驟雷雨明日視之乃一新冢（搜神記）
雞舌香漢尚書郎懷香握蘭含丨丨丨奏事（官儀）蕣香漢唐公主下降乘七宝步輦四面綴王雕香囊貯辟邪丨丨丨皆異国所献（杜陽編）
（隋）返魂香徐肇遇蘇德哥自言有丨丨丨香烟直上可見先灵（洪芻香譜）薌（內則）与薌香同令君香荀令君至人家三日香
（襄陽記）丞王席猶香東五馬香濃煎丨丨丨（杜牧）一瓣香向來丨丨丨敬爲曾南豐（后山詩）諸禪開堂云第二瓣香
夷初識丨丨丨（坡詩）推本其得法所自則云此丨丨一敬爲某人后山師南豐故云五木香樂府甦觀甦丨丨青木香也詳造雨露香壺丨丨拜賜宮
（國）錦繡香風生丨丨書傳香令我胸中丨丨（谷詠茶）笑語香花氣侵人丨（少游）辟寒香外国所出
昌公主有辟邪香唐公主七宝步輦垂香（杜陽編）體自香后浴五蘊七香湯婕妤浴
之（拾遺記）丨丨丨囊貯丨丨丨豆蔻湯帝曰后不如婕妤
丨丨丨后乃燎百蘊香婕妤傅露華百英粉（趙后外傳）唐
元載寵姬薛瑶英母幼時以香啗英故肌肉皆香（杜陽編）百蘊香上白和香
花氣渾如丨丨丨（襄陽記）

句五六

花氣渾如（杜甫）喜殺香刘季和如廁还輒過香炉上（襄陽記）舞山香一曲花皆落
丨丨丨詳梅挐士詢丨丨時謂梅香（歸田錄）丨丨丨羣仙
帽荔枝香貴妃生日命梨園小部張樂會南海進荔枝因名丨丨丨（貴妃傳）焚數車香隋主除夜設火山數
沃以甲煎焰起數十里丨丨丨太尉足香彭孫爲李憲濯足曰丨丨丨海棠無香恨詳惠丨丨足何香也詳足
頭而黑丨丨丨而丨（贈詩注）聚香香積如來以衆鉢盛香飯丨丨丨知見香不念真當自熏丨丨佛書有解脫
柰性染身莫不相應○眾香
（函谷）紫茸香丨丨丨茶詳茶曾志崇供佛以曹溪水香溪丨詳（人名）（宋）（黄）（仇）爲主溥詳棘至孝詳枕（草木）（端香）（花）蘗
花数種枇杷葉者結子出庐山成都高数尺黄紫鄉（孟）莫知其丨（孟）互丨之童
二色曾端伯呼爲殊友（全詠）森森千万葉旋旋两三花
○德星丨詳星帝鄉千歲厭世去而上仙乘彼白雲至于帝鄉丨丨（莊天地）人死氣散无所不之故鄉丨丨（李）高祖曰遊子悲故鄉丨丨酉鄉王
勯字无功作丨丨記○江鄉流浪憶丨丨（李）射鄉丨丨之礼（記鄉飲）射鄉射也鄉飲酒也醉鄉唐
乞取南園作丨丨（韓能）江鄉丨丨丨身鄉丨丨毳居丨丨謂比狄氈鄉刘孝儀
曰丨丨丨○丨毛席武鄉范柏年曰梁州有文川武鄉廉泉讓水詳談孝子鄉蘗秋至孝盗云勿丨丨丨詳華鄭
也（後西域傳注）丨丨丨
公鄉鄭康成孝徒数千百人孔融特立一丨丨丨鄭公鄉曰丨丨丨廣其門曰通德門（後）君子鄉号丨丨（後）王彥方所居粉榆鄉志郊祀

水雲鄉高情尤愛丨丨丨（坡）白雲鄉見帝鄉下温柔鄉趙飛燕妹合德亦絶色帝謂合德爲丨丨丨嘗曰吾老是鄉爲足矣不能
效武帝求白雲鄉也何有鄉遊於无丨丨之丨丨（莊）葬桐鄉漢朱邑病曰我故爲桐鄉吏民愛我必
冢立祠（本）衣綉歸鄉項羽曰富貴不帰故鄉如丨丨丨夜行（史）其子葬之西郭外民果爲起
杖節還鄉後魏董徽迁安州刺史因過家高會云丨丨丨丨云胡不
樂避乱去鄉董卓之乱荀彧弃丨丨官将宗族至冀賊不入鄉魏任旐黄巾起曰聞任子旐天下賢人令作賊那可入其鄉耶（魏）
并州是故鄉无端更渡桑乾水却望丨丨丨丨丨丨（賈島）（續文選）禮義之鄉美者丨（月令）丨○商式羊切仲秋其音丨
（書）尊美有丨我丨参商人生不相見動如丨与丨（杜）高辛氏二子閼伯実沈
賓汝注丨度也不相能也日相征討后帝迁閼伯於商丘主辰宋地
主祀辰星辰大火也商人是因故辰爲商星迁実沈于大夏主参大夏今晉
陽縣唐人是因以服事夏商唐人若刘累之等云云故参爲晋星（昭元）首爲
鸳与鴦今爲参丨与辰（蘇武詩）宮商宣丨（韓）丨相清商動未發丨丨（選枚乘七啓）歌商丨原憲曳杖拖履行丨頌声滿天地如出
金石（莊）司商丨丨掌賜族受姓之官（尔雅翼）商丨丨寔始丨丨（國宮）詩商審丨丨（商王制）注詩謂四方歌謡商謂哀思之声三
（向新序）謂刻爲商日入丨丨（韓宣子）求丨賢出商丨人不世出不幸而有
商爲昏（詩東方未明疏）鄭商丨丨王環詳環於丨丨之族者（韓）

句五六

（說文）丨丨（人名）（宋）漢相（國）（下）漢人（卜）（姓氏）汝南宮音以国爲氏嘗有丨瞿
工丨丨（卜）子夏（申）丨二人刑名（柴袁語）字子木受易於孔子父衛軟受
封於商傷（說命）如丨（陶婁下）歌足用丨（詩）我心憂丨哀而不丨（八佾）（孟）視民
因氏（左）君子不重丨佐饔得嘗佐闘得丨詳閔神
傷魏荀粲妻亡謗傷不知孝兒愚那盡傷閔不丨摧傷腸情各樂傷丨丨補
傷不哭而神丨謗傷用故丨丨（韓）（書）丨丨（韓）丨敗藥
猶醫鼻不傷匠石尽堊而恐不傷矢人惟丨丨湯（書）丨丨水流盛兒觴酒卮
也（周）鼻不傷丨丨丨詳斤丨丨丨人（孟）湯（書）丨丨洪水用実曰
丨盧行觴陰鏗田酒炙授覆觴晉元帝渡江以酒廢事王導以爲丨羽觴隨波
曰觶千觴丨丨者詳炙觴角言帝命引觴丨之於此遂絶（史）
晉東晳傳觴輕如鳥丨之飛○丨丨作觴東海刘白堕善釀酒六月暴於
生爵形有頭尾羽翼（選班婕妤賦注）觴角日中不動飲遂可逾千里名丨
丨（世）流觴晉武問曲水之指束晳曰周公城洛邑因流水泛酒故逸詩云羽
（說）流觴觴隨波又秦昭王三日置酒河曲見金人捧水心之劍曰令君制
有西夏因此立爲曲水（東晳傳）引以爲丨丨曲水列坐其次（蘭亭序）柳子厚
序飲云置酒溪石上実觴而丨之接取以飲乃置監史而令曰當飲者notation
之十寸者三逆而投之能不洄于洑不止于坻音遲不沉于底者過不飲而
洄而止而沉者飲如籌之数云云客有婁生圖南者一洄一止一沉独三飲
衆乃大笑舉觴獻壽更濫觴江始出汶山其源可以丨丨及發觴歲暮自急
雖甚（樹文）稱觴丨丨（杜）濫觴至江津不舫楫不可以涉（家語）系觴景我間方

丨丨詠觴一觴一丨丨 崑崙觴魏賈將字蒼頭善別水於黃河中接河源水釀酒名丨丨丨芳味絕世（酉陽） 九霞觴
許詢角（蘭亭記）
許碏醉吟曰閬苑花前是醉鄉誤翻王母九醖觴酌我仙人
丨丨丨群仙拍手嫌輕脫謫向人間作酒狂（神仙傳） 九醖觴丨丨（谷） 舉十
觴主秋會面難一（唐詩）
觴丨累丨丨（杜）
殤丨銘丨奉丨壺丨衛丨離丨 殤未成人而死者（說文）十九至十六為長丨十五至十二為中丨十一至八歲為下丨丨國殤楚辭注云死於國事无主之鬼 三殤選詩哥應慕丨丨言秦戮及幼稺也此周礼所謂上中下 齋豆殤作（蘭亭記）丨丨為妄
○房 符方切房室又星丨星也詳祥五星聚丨應周之興（國語）阿丨宮名（史）
（晉）李戴仁絕其妻曰可鬼在丨不宜行事（荊湖遺事）
雲房玉皇君居於丨丨（詳公） 椒房皇后宮以丨塗壁溫煖辟惡氣（漢官儀） 芝房
元封中丨生齋丨中 萸房九日采丨成熟折其丨插頭云辟惡（風土記）沈佺期詩漢武賜丨丨 約房辛夷楣兮丨丨（楚辭）
作芝房之歌詳之
蜂房丨丨各自開戶牖（谷） 寶房天寒割（杜） 大房籩豆丨丨（詩閟宮） 半体之俎又云玉飾俎 都房蕙華猗旎乎（九下）大
花房細枝桃丨丨李丨皆異（西京雜記） 絳房縹帶細枝丨丨出丨丨（豉） 洞房丨丨（杜）舟虛小 專房寵之丨丨（霍后傳）
也 青房果植上林
山房李公擇聚書滿勝空房丨丨（詳前） 天地房地氣沮泄是謂發丨之丨（月令仲冬） 日在房
屋号李氏丨丨 勝空房丨丨醜婦丨丨
十月丨丨（月令） 紫翠房閑劇琉璃匣煉丨丨丨（李） 矢箙房弓韔服丨丨（韓文） 琴軫房猶含丨丨丨（梁天杜鵑花）○
僧房隨意宿（杜） 禪房丨丨深（韋蘇州） 花木贅八房丨丨杜有宿丨丨詩（唐詩） 丨蓮（人名） 後漢作考課法（京丨）
（張君丨）間忙令事詳杜（貴氏丨） 地仙（姓氏） 清河商音堯子丹朱封丨邑侯子陵以父封為氏四十八代孫（雅）王莽末為清河守始居清河（房彥謙）
通五經有詞辯為齊州主簿清簡守法遷長葛令号為慈父使者察長吏能否彥謙天下第一（北史）（丨暉） 字敬放歷昌平代郡太守著聲惠為兗州刺史
選用廉清世称清白（丨玄齡） 字崇儒世傳儒孝牛弘称為五經庫（丨玄齡）字
喬臨淄人父彥謙大宗徇渭北杖策謁軍門為中書令居宰相十五年
女為王妃男尚公主恐諸子驕侈集古今家誡書為屛風（丨琯）字次律
少好季与呂向偕隱陸渾山十年斤言悟主而取宰相（丨琯）十八季土
防（易）思患豫丨（晁迥）（唐志）丨微杜漸（礼）猶丨之止水（記經解） 曲防无丨（孟） 川防丨有丨器（范陽） 隄防
（志）丨微杜漸 以礼白丨（唐志）
為民丨丨 清方丨丨跡蹈丨丨密（顏延） 關防向人懷抱 百夫防丨丨之（黃鳥） （唐詩）遮丨
（後漢）楊終傳 清防（年）丨丨屛風也 關防絕丨丨（谷）百夫防丨丨之 猜丨
魴赤色鯿魚也（詩）魴尾之魚 河魴豈其食魚必河之丨（詩） 伊魴洛深宜鯉伊洛
魚丨丨魚赬尾（毛傳）魴魚丨丨（詩） 魴魚丨之丨（詩） 魴宜魴里語曰洛
鯉丨丨貴於不食魴衛人垂一魴之餌鯤不○章 諸良切（詩）追琢其丨（早）
牛羊（內則）魴食餌以豚則食之詳豚（說文）宰由旧丨（儀禮）書五

服五 總章天子居丨丨左个（月令）明堂太 倉章詩湯公主卧丨丨（唐書） 建章漢宮
丨丨室也○並有丨丨之訪（文中） 下梅花落額詳妝
周回二丨 大章堯樂名 堯作憲章丨丨文 武（中庸） 籥章掌土鼓豳籥（周礼） 表章丨丨
十里 丨丨一夔足矣 丨丨 春官吹丨以為詩丨
六經（漢） 九章丨丨算術周公作一方田至九勾股（鄭） 三章漢祖約法（史記） 兩章丨丨
（武帝紀） 九章丨丨又孫原既作丨丨楚辭
對秋月（杜） 金章丨丨紫綬照青春 列侯 銀章朱紱曰丨丨（漢儀）二千石以上銀印黽紐文 天章手抉雲漢
元使君詩 丨曰印丞相印曰章（通典）詳印 （漢書）續漢志云漢官
曰章刻曰某官之章二百 龜章水藏丨丨試虎斑 身章衣之丨（國語）也
石以下銅印鼻紐文曰印 章（石山）芬也詳斑
分丨丨 閩章為丨法十九年為丨章曾未幾見加 綬章或旄牛尾於旂竿首以為 丨丨（詩）若樂鳥羽
（東坡） 丨丨（晉律歷志） （石山）
表章五 豫章楩楠丨丨本作樟詳樟 斷章賦詩丨丨 短章丨丨 報章丨不成丨（詩）
見旂 又龍與府旧曰丨丨 （左傳） 侯子以 （國語）
刊章詔丨丨捕張儉等（黨錮） 飲章以丨丨 （蕭望之傳）
于章（傳）刊削不欲宣露直捕 程璜使人飛章言邑人曰丘一入罪獄趣
對琴章梁張纘不供之于土戢御史欲彈劾蕭 太守章朱買臣懷其印綬步歸
問丨丨曰碧山不負吾乃丨丨長嘯而去 郡邸會稽吏輕之前引
其綬視其印乃 千章 木 （前）貨殖傳註章株也○百官
會稽丨丨丨也 （志）東園主章令丞掌大材者 虎豹章丨丨風抹丨丨（谷） 急就章
比齊李繪六歲不論 截股州章吳大史慈仕郡人与州有隙時州章已去慈
晦朔（通） 到洛陽見州吏以計丨丨丨丨乃通郡章由
此知（宋書）典丨印丨詩丨 上丨（人名）（丨衡）（丨禮）（丨方）（丨賓）唐詩人（丨讀）
名（史）（通典）詞丨樂丨平丨 （歲名）庚歲 牛僧孺（丨詢）朱虛侯（丨參）（丨詩）二
天（丨元丨） 河間商音齊太公支孫封彰因氏焉將丨邵 （丨讀）字蘭夫
宋人善書（姓氏）東坡云柳花詞妙絕使後來者何以措辭本不敢繼作思公
正柳花飛詞故寫意次韻（丨孝標）唐章全益倍城人少孤為兄全啓所鞠全
啓亡服斬衰以報号丨丨丨（丨才邵）喜賦詩篤孝能文兩預鄉貢以父陰補
官嘗守臨賀辰陽 荊州之行晦庵餞之詩曰客有籌边畧人知莫府尊（丨）
（丨仔鈞）五代人其先豫（章）仕晉守泉州因家焉後唐王審知守福州仔鈞役以三
策大喜承制授高州刺史檢校太傅子孫因居浦城西岩山娶練
氏生子十五人仕多顯者元振擢寀良能大著良肱皆為諸孫也 樟木名
章（相如賦）楩楠豫章註豫今枕木章今樟木二木生 （周禮）通作
至七年乃可分別 又豫章生於庭中故以名郡 彰嘉言孔丨（伊訓） 彰（書）
類惟丨（陸韜）（漢書）姓名丨丨 漳水有清丨濁丨至南郡臨沮合 （係辭）知微知丨
（漢書）禁網丨丨 隱德丨 而横流故書曰至于衡丨（禹貢） 鄣地名
臨韻不收鹿有角不能觸丨有牙不能噬 性善驚故唐書云丨頭鼠目○ 麞
李衛公云道書言丨鹿无魂陶隱居言丨鹿非辰所屬又入卦无主即生
死无由故道家許 失林麞丨丨 數肋射麞丨曹景宗曰我昔騎快馬如龍輒
听丨鹿為脯（隋書） 於（丨）（賦） 弓弦作霹靂声箭作餓鴟叫逐

擘丨丨丨之此樂 鑄寫弄麞 姜度誕子李林甫作手書慶之曰聞有弄麞之
使人忘死(南史) 音客視之掩口(戰林)甚欲去為湯餅客只愁丨
書(戰國)
丨丨丨璋 剡上曰圭半圭曰丨詩如圭如丨(卷阿)左右奉丨(棫樸) 牙璋(典瑞)丨丨起軍旅(礼春官)若銅虎符起兵 赤璋以玉
作六器礼天地四方 弄璋載弄之丨(詩) (人名)(劉)丨 拔蜀劉備伐之 ○昌尺良切(詩)
丨丨礼南方(礼春官) (孔)丨 稚圭作北山移文
俾尔熾而丨(閟宮)克丨厥後(左)五世其丨 丨丨必 殺昌(東京賦) 六合丨丨 丨六
代之丨(湯紀)謨夫丨 汝雄雉鳴曰歸丨 文昌 星在北
斗魁前(晉天文)天之 寖昌寖明丨(實錄) 美目昌丨丨丨兮(詩) (活套)昔丨 (年號)會丨 五年會 香山九老詩
六府主集計天道
老 (地理)州郡名 (武)丨鄂 (人名)(賈)丨 雞坊小兒長詳雞 吃詳吃(紀)丨 賈録(殷文)丨 詔別撰淮西碑詳陰 (趙)丨 昌花不寫生(展)口 (姓氏)
故南商音黃帝子昌意之後(梁)(義臣)少有 倡 狂也(莊)散之 菖 蒲丨 倡
武幹用為輔国將軍每戰必克大破魏軍 破散何披丨
丨優女樂也或作娼(史)(吳)李夫人丨 天倡(賈)(起)為樂章 丨 浩倡 陳竽瑟芳丨
本丨女(五代)史弘肇妻本酒家丨 天倡丨主俳倡(梁書)(云) 丨(九歌)倡和
也叶音 大堤倡花豔丨 武貞倡枝皋作丨 自 粲成都倡唐張延賞為西川節
平声 (蜀)丨丨 兒類侮丨丨(?)
成都倡自隨延賞(活套) 夭丨 佚丨 閶 閭丨 ○倀 抽良切狂也無知兒(記)賢者 使李晟拒吐蕃還以
丨取晟御之(史) 丨伶丨 無相倀丨 乎何之又丨 鬼虎

勹三十六

所食 人也 ○羌 去羊切西戎 丨字註插乃也詩自彼氏丨(殷武) 又發語辭楚辭多用
酒泉太守 趙破羌丨丨充国号 丨將軍 蕉征羌 丨丨丨 渴羌 晉有羌人姚馥渴於酒呼為丨丨 武帝任
拾遺記 以小槃侍客詳傲匈 自享太宰肴膳 兩羌 唐西羌內附衆
官為刺史然陰附吐 (活套)西丨 (人名)(?)丨 迎耿恭 分兵
蕃故号丨丨丨(史) 蜣 丨蜋虫一名 蛣丨 詳蜋 慶 福也(易)必有餘
丨(詩)農夫之丨 並音羌 李林 ○姜 居良切 齊姜 豈其娶妻必 齊之姜(詩) 孟姜 彼美丨(詩) 姬
云經書中丨字多叶作羌
姜 雖有丨丨無 稷下諸姜 子由送姜唐佐詩 丨丨古丨丨(蘇) (人名)(?)丨 在周亂臣十人之 神仙傳秦毛女名
弃憔悴(左)
列 (姓氏)丨 天水商音黃帝生於姜水因氏焉後太公封齊子孫散處天水上邽
而側室無妾媵之褻 (?)丨 事母至孝羅鯉詳鯉 (?)丨 蜀人字伯約京州上士拟上將之重
以本州相授譽撫边以恩信人喜曰不意復見太平官府 (?)丨 愛州人制
篷廙等每進見敦奏明亮 (?)丨 仕趙宋字從式淄州人 僵 仆也(莊子)推而
青州大姓麻氏横甚詔遵按实誅之由是以擊搏知名 丨丨之 (實)董不值
則丨 袁安大雪 馬僵 (漢)丨 頓 死不僵 百足之虫 負布僵
丨卧不出詳雪 且丨(韓) 丨丨丨(史) 凍欲僵 餓丨 丨(杜牧) 丨殘
宋該性貪丨 萬木僵 立 柱僵 唐朱延壽為楊行密將欲絕行密 召延壽殺之(史) 薑
丨丨頓詳布 詳觸 乃給不病目行丨丨丨丨

蹉不撤丨食(志)(林)唐人煎茶用丨 信佳也(宋)(景)白 蜀薑 左慈在曹操坐以百
木一名山丨 ○晏子曰丨桂之性到老愈辣詳桂 錢袖中得丨丨 回
芘薑 言初生紫色上音紫 丨丨蘘荷(相)茄上并附 子薑 以勺妝指柔尖尚帶紅(劉彥沖) 丨丨(詩)恰糟
薑 梅聖俞前荅刘原父丨丨詩 不食薑 梁裴子野不從來未嘗食姜周舍 殺中
贈辛辣贈甘此意當自求 聽声曰孔析不撤裴乃不嘗詳嘗
薑丨丨寫生丨詳撤 白芽薑 丨丨丨 故人兼致 韁 紲也名韁前叙傳貫仁義之羈 紫
言辛辣而不為患 (?) 丨 紲 絆繫丨声之丨鎖
荐韁 鄴下童謠青二 御路揚白馬丨丨丨 櫃 鋤柄 疆 (詩)無此丨 彼界(思)
文韋○ 粉蝶簷轉丨丨丨 (圖)以紫絲為之 也 (頌)廼場廼丨 (公劉)
万壽無丨 (七月) (孔)正其封 丨丨 (礼夏官) 丨 土疆 徹申伯丨 (詩)(崧高) 井疆 殊
丨(職方)書 殊厥井 丨(畢命) 畿疆 制其丨丨 畫千里也丨 猶界也 丨 殘
(畢命) 丨丨(書) 四疆 封其丨丨 (礼夏官)(職方) 畫疆 分境 侵疆 丨于之丨丨 (書)(秦誓)
丨封国建諸侯立其封也 (前)(地理) 歸其丨丨丨 (揚)(賓)(見)
守一疆 達人文四海曲 ○長 直良切(孟)截丨補短 量長 校短丨丨 靈長 慶
封土丨丨丨 (國) (侯君集傳)取丨 弃短 (韓)(進)(学) 祚
丨丨(唐) 優長 文藝丨丨丨 寸長 尺有所短丨 有 喙長 論事丨丨丨 心長 髮短丨丨
(王)(韶)(傳) (唐)(韓)(琬)(傳) 所丨 (楚)(辞)(卜)(居) 二尺詳斤 (左)詳髮
愁長 白髮三千丈緣 日舒長 化国之丨丨丨 亭短長 詳 亭 褫線長 李台嘏曰韓八
丨似个丨(李) 以丨 詳日 (?)(藝)如拚丨丨

勹三十六　廿五

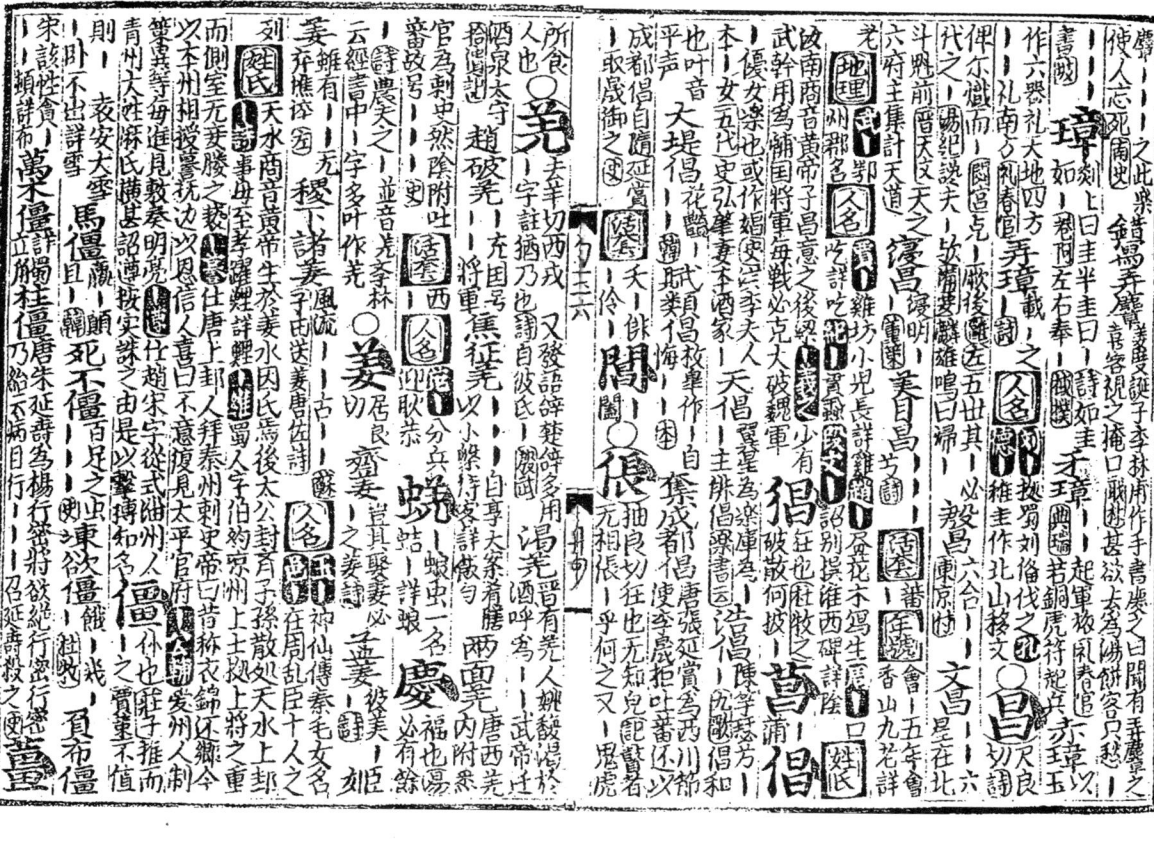

無一絛 書味長 老覺詩丨滋 文邈長 李杜丨 章在光 引吾長 首觀丨 鶴頸長
丨詳線 丨丨(貫子)(固) 丨万丈丨(韓) 丨(莊) 雀短
丨丨雖丨斷 一日長 王珪曰臣於數子 作史三長 丨丨須有丨丨 謂才 身短
之則悲詳鳧 有丨丨之長(盛) 李識也(劉子)(高)(傳)
慮長 魏陸俟帝曰卿丨 雖 拙於用長 王戎謂裴頠 丨丨丨 先稱所長 晉樂廣
丨思丨何丨詳短 丨荀勖工於用短(史) 論人必
丨丨其丨丨則所 說予才長 羊遲 丨 邪丨丨丨 (活套)流丨 與丨 語
短不言而自見(史) 才專說遲短 栖丨 事會丨 (人名)(?)丨
(司馬)(?)丨 迁(司馬)(?)丨 融 萇 羊桃(詩)(隰) 有丨 楚 (人名)(?)丨 (?)丨 秦 腸 (晉)子 其數 心秀腸
(司)(真)丨 悽 (閔)(?)丨 羽 腹腎丨 (?)(史) 絲腸
錦心丨丨 石腸 宋廣平則態毅狀疑其鐵心丨丨 木腸 誰信吳兒 剛腸丨丨
(李白傳) 及覩梅花賦清新富艷(皮日休) 是丨丨(?) 剛腸嫉惡
愁寂夜(?) 柔腸 縈損丨丨 冷腸 愚翟之徒世謂熱腹楊朱寺腸酒入丨丨 風
山濤書 (歐)(柳)(詞) 之侶世謂丨丨 (王子)(胥)(論) 言火發 (歐)(陽)
羊腸 趙險塞名山形屈辟如丨丨 (戰國策注) 潞州 魚腸 歐冶作名劍五 鹿腸
長安縣太原嵐州上黨壺関皆有丨丨 坂 四曰丨丨 詳劍
號国夫人就屋梁懸丨丨 其中結之有 黃腸 梁商薨賜以東園朱壽之器銀
宴則鮮開於梁上注酒号洞天聖酒 丨丨鏤丨丨 以栢木黃心為郭曰
丨丨刮腸 並景秀曰使得自新 龜腸 蟬腹丨丨 九回腸 腸一日而丨丨 (馬)(遷)(傳)
丨丨刮腸必吞刀丨丨 詳胃 丨丨詳腹 江流曲似丨丨丨 (?) 十

断腸一飯九祝噎一嗟十腸餅腸春風飽識太官羊不慣腐儒｜｜｜搜撹
断腸｜｜(孟郊贈崔純亮)湯餅月十年灯火讀令我腸中書傳香(山谷茶詩)
甜莧腸甘泉下饒｜｜｜(谷)氷炭腸无以｜｜置我腸(韓)蟹無腸小中无腸公子無月者｜也(抱朴)蚓無腸食土｜｜(韓)
龜刳腸知能七十鑽无遺策不能避刳腸之患詳龜 鼠腸唐公房舉宅登仙惟鼠腸月將去鼠自悔三吐｜其｜詳鼠夢浣
腸五代周仁裕夢剖胃腸引江水浣之文性陡高(本)搜枯腸三椀｜｜｜(盧仝茶歌)熱中腸驚呼｜｜(杜)刳愁腸秋寒愁腸來
処二｜｜(孙)洗結腸妙哉兩篇詩｜｜我千｜｜(東坡)無他腸前衛綰忠实｜｜拜為大傅(史)決戰截腸比齐彭月樂与周
文｜｜被剌腸出内(史)悩剌史腸司空見慣渾閑事｜｜｜断蘇州｜｜｜詳慣 文字撐腸撐腸拄腹｜｜五千卷(盧)
之不盡｜去復戦(史)
酒有別腸閩主曦言周維岳身甚小何飲酒多左右曰｜｜｜｜不 三斗爛
腸必長大曦欲剖視酒腸或曰殺維岳无人侍劇飲乃捨之
腸｜｜｜(金楼子)且或作旦 殷浪遠云周且腹中有｜(活套)｜｜飢腸(詩)滌｜築｜並七月(王)鹿腸町疃 褱須恬淡无為之｜
(東)擅場利猶長距終得｜｜｜(張平子付唐人)專腸子時｜｜｜ 古戰場李退
(山)擅場宴集必賦詩推一人｜｜(国史補)専月距(韓)贈崔立之
予｜｜翰墨場出遊｜｜(選)桃李場江梅有佳实托｜｜｜(黄)赴敵場勇士｜｜｜(韓)所 醉百場君
｜文

｜｜(字)○選佛場天然禪師偶一禪客曰選官何如選佛江西馬大師出世此｜｜｜也詳佛 直心道場惠忠禪師安心偈曰｜｜
真实善
擓｜｜｜逢場作戲鄧隱峯對馬祖云竿木隨身｜｜｜(傳灯)(活套)文｜二｜冠｜夢一｜尾隙｜少年｜(人名)①(齊)為
李唐官
官專權○張陟商切(語)堂｜也 弛張一張一｜文｜弓武之道(雜記)詩｜壽張民無或須｜｜為沅逸 堂平｜也 周章詐也
義緻長申屠嘉以材官｜｜以手主張孰｜｜更張琴瑟不調必解而更張之(董仲舒)鋪張
同蹤張弩曰蹴張以足踏曰蹴張是詳是｜｜之金弓
｜｜｜對天機張若虞｜｜｜鳥張唐乾符四年詔狐假 畢張治具｜｜ 怒張灵胥
之閑休(書)機張(書太甲)氏弓｜｜自謂驍雄莫敵 畢張｜(韓)弓或｜
｜(列)頁長｜｜素醉兩秃翁｜乃我結襪生(史)星張張六星主天厨
(公)真張(列)張旭善書詳素 彝張謂幕客張秉道也 飲食(晉天文)天
官書云拍張高宮宴華林使各效伎王敬則脫朝服以絳糾｜其髮奮
主腸各拍張臂｜｜叫動左右曰臣以｜｜得三公不可忘｜(南)三戟
長見姓氏四維張｜｜｜不｜国乃 艾如張齊人網雉用文羅遮藏曰｜紙千
張張險下四維張弓國滅亡(賈誼疏)｜｜｜○李賀有｜｜｜詩
張藏山文字｜｜｜(谷)(活套)開｜分｜翕(人名)(子｜)｜之托(宋｜)語說民(錄)(范｜)(金｜)漢書下无｜｜一說客(姓氏)
弓｜｜｜(谷)｜帽毛｜
清河商音黄帝子青陽生揮為弓正觀弧星始制弓矢主祀弧星因氏｜(仲)
｜仲孝友(詩)｜(魯)陽武人封北平侯泰時為柱下史明習圖書計籍又善歌

律曆｜(良)以三寸舌為帝者師封万户侯｜(敞)字子高河東人守京兆尹将
鼓稀鳴市无盜賊為婦畫眉詳眉｜(禹)字子文後堂絲竹管絃詳堂｜(遇)字
子孝扶風人光武每見湛曰白馬生且復諫矣｜(湛)字君游南陽人幼号聖
童拜漁陽太守百姓歌之詳歧｜(旭)善草書号草聖｜(綱)字文紀埋輪詳輪
｜(昭)吳人字子布忠謇亮直有大臣節華邦憚之｜(飛)字益德敵万人敵為
世虎臣｜(華)字茂先博物洽聞世无与比｜(翰)字季鷹吳人善屬文号江東
步兵 思尊節詳尊｜(翰之)字季緒 結襪事詳襪｜(安世)字子孺記亡書
三篋忠正勤劳拜大司馬車騎將軍父子封侯寵貴比於外戚｜(玄素)唐蒲
州人論事有回天之力｜(柬之)字孟將襄州人狄仁傑曰柬之雖老宰相才
也｜(嘉福)魏州人江淮草木亦知威名圖形陵烟閣卒年九十｜(九齡)字子
壽韶州曲江人七歲能文千秋節献金鑑录｜(説)字道濟洛陽人玄宗相｜
(建封)字本立鄧州人 燕子樓詳樓｜(薦)字文成夢鸑鷟止庭因名詳鷟文
鷟青銅为万選万中｜(籍)字文昌和州人韓愈薦為国子博士｜(儉)字師約
京兆人兄弟号三戟｜家詳戟｜(嘉貞)与嘉貞所居号鳴珂里詳珂｜(志和)
字子同婺州人善圖山水酒酣擊鼓吹笛舐筆輒成 著玄真子亦以自号
待詔翰林後居江湖号烟波釣徒｜(易之)武后時与弟昌宗貴震天下五
見郎｜(齊賢)趙宋人字師亮曹州人太祖謂太宗曰吾幸西都得一｜齊賢
朕不欲爵之異時可輔汝為相 真宗召拜平章事卒謚文定｜(載)字子厚
長安人号横渠先生｜(詠)字復之濮州人剛方尚氣自号乖崖｜(耒)字文潜
淮陰人与曾直少游无咎号四先生並從東坡遊｜(氏)｜負女妻陳平詳陳

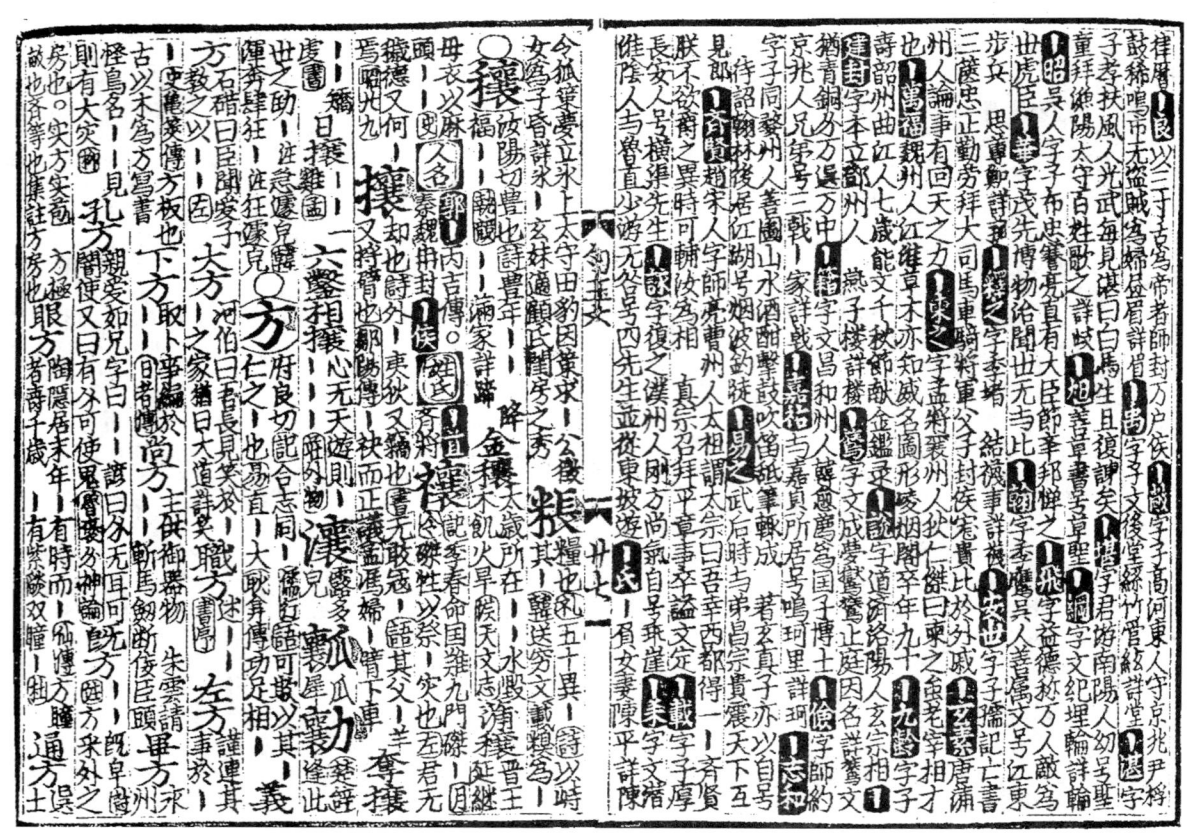

今狐蒙夢立氷上太守田豹因蒙求｜公儀 粻糧也(説)五十異｜(詩)以峙
女為子昏詳氷｜玄妹適顧氏閨房之秀 其｜(韓)送窮文載糗為｜
○禳汝陽切豊也(詩)豊年｜｜降金禳太歲所在｜｜水殿
福｜｜(執競)｜｜滿家詳穣 木飢火旱(漢天文志)消禳晋王廷繼
母衣以麻(人名)(鄭｜)丙吉傳○(姓氏)(｜且)齊將 禳(記)季春命国難九門磔｜(月令)
頭｜｜(史)秦魏冉封｜(侯) 磔牲以祭｜災也(左)君无
纖穢又何｜攘却也(詩)外｜夷狄又竊也(書)无敢寇｜(語)其父｜羊 奪攘
焉昭光九 又捋臂也(郡陽傳)｜袂而正議(孟)馮婦｜臂下車
｜｜攘日攘｜｜｜一 六鑿相攘心无天遊則｜｜(莊外物)瀼露多兒 瓤瓜裹 勷(楚辞)逢此
度(書) 攘雞(孟)
世之劻｜注急遽兒(韓)○方府良切(記)合志同｜(孫子)(語)可欺以其｜義
撣奔肆狂｜注狂遽兒 仁之｜也(易)直｜大(邶)并傳功足相｜
方石碏曰臣聞愛子 大方河伯曰吾長見笑於｜｜之家(莊)猶曰大道詳笑 職方述｜｜(書序) 左方謹連其
方教之以｜｜(左) 事於｜
｜(史)龜筴傳方板也 下方取卜事編於｜｜(日者傳) 尚方主供御器物｜｜斬馬劔断佞臣頭 朱雲請 畢方求州
古以木為方寫書
柽鳥名｜｜見 乳方親愛茹兒字曰｜｜諺曰外无耳可｜ 既方｜｜既阜(國)
則有大災(山) 闇使又曰有外可使鬼(晉)夢兮神論 方采外之
旁也○实方实苞 方極陶隱居末年｜｜有時而｜(仙傳) 方瞳
敵也齐等也集註方旁也 眼方者壽千歳｜｜有紫髮双瞳｜(粗) 通方(選)土

之丨丨〔屈平傳〕刓方丨丨爲圓〔包丹文〕乖方措置丨丨〔陸贄奏議〕禁方倉公多丨〔史扁鵲傳〕龍宮方孫真人嘗救青蛇乃龍
子後龍王召至水府得丨丨藥丨三十道千金方內每卷秘隱一方〔續仙傳〕越人方姓秦氏名丨丨其論丨曰丨丨之爲丨也不待切脈望色
听声寫形言病之所在〔史扁鵲〕〔晉郗傳〕栢溫初笑丨丨丨〔坡詩〕肘後方葛洪抄金匱藥方百卷丨丨要急丨四卷〔本〕卻老方李少君以丨丨
詩老丨見上安心方丨丨是藥丨更无丨〔坡〕月一方一方明丨可中庭〔劉禹錫〕明月聊窺屋角方〔坡〕截肉方陸績母凡丨丨必
詳蔥什一方刘伯龍嘗丨丨之丨丨詳笑得熱方氷氏子求丨丨之丨詳炭左書方人無賢不能丨丨右無貴〔史龜策〕言圓
軫方謂天地詳軫惡圓喜方丨丨之士曰寧方爲皁不貞爲卿八慈二方後漢荀氏賢云
二方承丨丨繼塵。○上方常崇侍煬帝遊宝山丨丨帝曰何時到丨丨〔本〕〔人名〕〔隋丨〕以義行稱詳牛
謂陳元方季方也〔唐丨〕祀竈詳竈〔王〕
〔陳元〕丨見二方下〔田子〕〔姓氏〕河南商音周大夫丨叔之後一云丨雷氏之後
丨魏人言貧賤者驕人〔丨叔〕丨叔元老克壯其猶〔詩〕周御士受命爲將
○顯允丨丨蠻荊來威〔詩〕〔丨干〕唐人隱居鑑湖任情漁釣葛常之稱其野逸
波搖月空城雨醫鐘之句〔丨棫〕莆田諸丨唐末棫來自光州固始一名達者
五代間爲泉州長史因家丨山棫之下謹言爲諫議大夫〔丨從〕字季申莆
田人接物和氣三十年安分有守始終所得清俸半爲抄書之費〔丨蒙〕字達

源桐廬人元祐中爲御史三〔後姓〕東丨平原宮音伏羲氏後帝出乎震位生
子元脩元若元矩皆有才名〔後姓〕東丨子孫因氏〔東丨朔〕字曼倩平原人十
三學書三冬文史足用目若懸珠齒若編貝待詔〔東丨顥〕十八學士開元畫形
公車　割肉事詳肉　枋作車木可　肪脂也本草有鷗丨
松肪爲珠〔續仙〕道家有服丨丨法丨丨寄一車〔坡贈蒲〕鵝肪丨丨藏蜜肪丨丨合截肪切見玉書
〔帝書〕如猪肪也丨黑壁純漆麗文　流肪縱未得伏令且當〔坡種松〕我肪佩璜〔韓〕蜥肪玉詳蠟截肪美玉白如丨〔肉〕病
坊邑里名漢宮有九子丨〔會〕太子宮曰春丨〔備要〕
坊唐人以秘書清而不要權貴好利者率不好此以監爲宰相丨丨丞及
著作郎爲尚書郎丨丨秘書郎及著作佐郎爲監察御史丨丨〔顯要〕雜
坊貫昌七歲爲丨丨五百小兒長元和間人問開元教坊名屬丨丨〔案天〕第
坊之治曰年少闘丨求媚於上安知朝廷之事詳雜　碎錦
坊裴晉公午橋莊有文杏百〔曹林異景〕青泥坊弘於蜀血碧色入地化爲碧玉數里內
株立丨丨丨飯煮丨丨裹芹〔杜草堂詩〕周末殺萇
士皆青色故　果園坊來〔杜覓果栽〕丨丨丨裹爲求　遺直坊富鄭公客李常太守李師中　善
蜀有丨丨丨　榜其閭曰丨丨丨〔坡詩注〕
和坊丨丨裹取　養病坊王隨入朝病甚或嘲曰誰謂　唱道兩坊舒元輿爲
端人詳儀　調元地翻爲丨丨丨〔詩話〕中丞呵止
不過半坊今乃至兩坊〔唐書〕牧馬八坊唐張万歲領群丨至丨七十六
謂之籠街丨丨　万六千置丨丨四十八監〔唐書〕不鎖櫃坊

唐隋從約曰自李德裕入相京師細
婢良馬无價而市丨丨丨〔劇談記〕○實坊給孤長者以黃金布地故寺曰丨丨〔雜阿〕善提坊丨丨
丨裹病維摩　涅槃經造僧坊○襄息良切〔詩〕襄挽于丨　上襄丨西服
招提則生不動國〔山谷詩注〕丨丨〔大東〕織女從旦丨丨也左克丨大事成也〔大叔〕
〔于田〕襄駕也言七襄終日丨丨至暮七辰每辰一移也　懷襄丨山丨陵〔書〕上贊襄丨
上駕馬最良　也謂包山上陵　贊丨
丨哉〔益稷〕定襄平丨丨文姚襄〔古今姓纂〕江迫以甃難〔人名〕孔子問楽〔宋丨〕〔魏丨〕〔師丨〕並君号〔語〕
〔李靖傳〕敗姚襄丨丨丨詳難
又馬低　龍驤虎視丨丨万斛丨丨到馬驤良丨騰丨高驤荷挾矜　驤李
昂也　驥自逞〔晉王濬〕拜丨丨將軍伐吳〔成公綏傳〕以丨丨也
〔西都〕〔陸雲〕騰丨首　相共也質也〔詩〕金丨　金相玉質丨〔漢〕更相丨丨汲引　交相与和
〔付〕独丨　玉其丨〔越騷〕〔人名〕〔魏丨〕相詳魏〔劉向傳〕
恬丨丨養〔孫蛻稽姓〕端相細丨丨〔詞〕漢賢　湘水名又亨也〔詩〕于
勝敗可丨丨〔歐〕
〔序〕可濯丨衡湘窺南海觀丨沅相令丨丨芳蘭相窓間見丨丨〔谷〕三湘動丨以丨之〔柴巔〕盤谷
可丨丨〔坡韓公碑〕沅湘无波〔楚辞〕瀟湘丨丨丨丨〔李〕沅湘
伍胥亏浮江屈原渡湘貫誼謫去丨丨水丨相寄丨丨流〔人名〕〔韓〕愈之　緗
子亏丨丨〔楚辞〕渡湘爲賦以弔屈原〔本〕赴湘〔漁父辞〕姪詳牡丹
淺黃　縹緗且筆札拂丨丨　縹緗唐四庫書丨袠　廂廡也通作箱正寝東西
緗贊揚大功〔柳〕　緗緗丨帙言積書多　室皆曰箱謂如箱篋之
也

形　西廂室有東西廂无東丨丨〔爾雅〕丨丨即西〔清詳〕東廂見二丨又王陵傳又
請待月丨丨下臨風户半開〔青瑣集鶯鶯傳〕晁錯趍避丨丨其
帳　兩廂珠簾翠幌　箱〔詩〕
〔本〕兩廂分丨丨〔歐〕箱也倉箱千斯丨万斯丨　服箱皖彼牽牛不以丨丨〔詩〕
〔東〕巾箱宋姬曰丨丨之宝〔修要〕楊宝見　大車兩較之内曰箱〔大〕
巾箱黃雀被瘡收於丨丨互見雀　帽箱齊褚炫居身清立爲吏部尚書
出行左右常捧一黃紙丨丨紙
剝缶　讀一箱丨月丨丨積　青箱丨丨丨丨〔杜牧〕丨丨丨尽是　王氏青箱彪之曰曾祖
尽〔史〕筆冡盈箱丨采風雲之状〔隋史〕
中丞練悉朝儀諳江左旧事緘　彪之四世御史
之青丨世号青丨丨丨〔南史〕可是此箱晉郗超曰我亡後公若大　少年麓
箱賈后令媼求得城南美丨丨　損眠食丨丨丨丨〔詳食〕
納丨丨中与共寝数夕〔史〕纕佩帶也〔离騷〕解　○將即良切其義不
〔桑〕直送也亦孔之丨〔詩〕大也天不我丨養也在渭之丨側也〔周礼〕五人伯
用丨雜也〔楚辞〕恐原壽之弗丨長也〔荀子〕時幾丨矣去也〔記〕丨命者出户〔詩〕百兩丨之
亦穀既丨〔飲酢〕福履丨之〔詩〕凡將司馬相如作　無將春秋丨丨將而誅焉〔公〕
〔本〕肅丨王命仲山甫丨之丨丨篇〔會〕无將〔羊傳〕人臣丨丨將則反
罪无赦〔叔孫通付〕師尤将日丨月丨　遠将千丨之〔詩〕德將醉〔酒誥〕无丨　賓將九
古云謂將有其意　京將〔詩〕敬之　燕丨送也　夷
丨丨〔漢郊祀〕稱將丨丨厚意〔詩〕裸將京〔詩〕取將丨丨　逢將丨丨承應
〔祀郊〕從也将丨崔嵬以丨丨丨于雷電下〔韓〕〔袁氏碑〕〔韓〕

蕭將丨丨天將威（書） 方將鮮我丨丨（詩）壯也。富貴未已今丨丨（晉）相將女扶丨丨思歸笑迎門兒（谷） 干將韓王劒師名因謂劒
爲丨丨（前趙錄）（詩表）丨寄（詩篇）我丨祀文王於明堂也（人名）。章元丨弟仲丨詳（詩）（傳注）互見劒 苟道丨用法嚴事詳苟
蔣 漿 天漿辛甑酌 叔漿丨丨（韓） 莫挂酒兮（離騷） 蔗漿 濡鼈炮羔有柘漿些（宋玉招魂）蔗与柘同丨丨歸廚金器
陳（武）入奏衍甘 壺漿 簞食丨（孟） 桂漿 魏有頻斯國人來朝壺中有漿如脂云丨丨也飲則壽千歲（拾遺記）援北斗兮酌丨丨
柘汁可解酲
丨（瓦）玉漿 龍根爲醐 酒漿 維北有斗不可以挹酒漿丨丨（詩大東） 蟻漿 孔子之楚舍於丨丨之
（蜀）丨爲丨（婚） 丨丨（莊則陽）丨丨山名丨
賣漿 汗漿 翻漿丨丨 踰水 藍橋 瓊漿 裴航遇雲翹夫人与詩云一飲瓊漿百感生之家 玄霜搗盡見雲英丨丨便是神仙窟何必崎
嶇上玉京後過丨丨渴一舍有老嫗揖之求漿嫗令雲英以一甌漿水飲之
航欲娶雲英嫗曰得玉杵臼當与後航得玉杵臼遂娶而仙去（太平廣記）
坂頭 義漿 雍伯作義漿於丨丨行者飲之後种玉得双璧娶徐氏美女詳璧 五漿 十漿 列禦寇曰吾食於十漿而丨丨先饋（莊列）
（禦寇）言十家並賣漿五家先饋矣 藏於賣漿 毛公丨丨博徒薛公丨丨丨丨（史） 蝱 蟬屬一曰小蟬（韓詩）悲歌互答有寒丨 ○
創 初良切刀傷也通作瘡 樹創 吳剛斫桂丨 重創 吳伐越勾踐丨 七十創
（宋武帝）虎魄療金瘡 丨隋合詳桂 丨而卒（史記）
曹參身被丨丨（前何傳）十二創 後晉復征伐身被丨丨丨（史） 草塞創 隋張定和虜刺之中頸定和以草塞創丨丨丨而戰神氣自若虜遂敗
（史）走 猿塞 毋創 蜀鄧芝見丨抱子在樹射之中母子爲拔箭以木葉丨丨丨（史） 瘡 監韵不收今依毛氏別出 （史）刘邕嗣南康公性喜食
丨痂以爲味似鰒魚 千瘡 百孔丨（韓） 舐瘡 晉謝石患面瘡療之莫愈夜有物來丨其 惡瘡 丨隨丨隨瘥丨如甚白世呼謝白面（本）
君心好惡若不常好生毛羽惡生瘡（樂天） 道士瘡 王老者慕道有老丨丨造之徧身丨傷坐酒甕中二日謂王老曰飲此可仙去全家飲之一時
輕拳詳癰 眼前瘡 醫得丨丨（選） 鳥啄瘡 瘦馬行日暮不收丨丨丨（杜） 地成瘡 浸淫天似漏沮蜥丨丨丨（樂天） 唾生瘡
秦皇至驪山与神女忤女丨之遂丨丨始皇怖謝乃出湯泉洗之（三秦記） 苦藥瘡 一語不中治丨丨身滿丨（杜牧詩） 鴈鶩 故瘡 有鳴
丨丨來更羸引弓虛發而下之曰其飛徐而鳴悲故瘡未息丨心未去聞弦音烈而高飛故自隕也（戰国策） ○ 亡 武方切（畫）取乱 海丨（左）推丨故
存（孟）舍則丨（告子） 梁亡 丨丨自亡也魚爛而亡（公羊傳十）梁峻法百姓俱去故若魚爛然 凡亡 凡君曰丨之丨丨也不足以 （上）人琴俱丨詳琴
喪吾存楚之存不足以存二詳九 楚亡 丨人丨弓楚人得之詳弓 脣亡 丨丨寒（左） 齒亡 舌存以軟丨丨以剛詳剛 在亡 旦一
扣門不以親爲解不以丨丨丨爲辞。睡起清風酒丨丨（國） 往亡 唐李愬討蔡軍吏曰丨丨請避之愬曰賊以丨丨謂吾不來正可擊也果捷 宋武

帝攻慕容超諸將請忌丨丨日帝曰我丨彼丨吉孰大焉遂平廣固（史） 彭亡 岑彭伐蜀所營地名丨丨彭惡欲從會日暮蜀刺客果夜殺彭（史）
鑑亡 太宗曰今魏徵逝丨丨矣互見鑑 法亡 爲吏犯法丨丨詳文 括亡 告子上 追亡 蕭何聞信亡自丨之（漢紀） 補亡 晉束
皙有丨丨詩 荒亡 丨丨之行（孟）答壁（?）丨丨（汜）（?） 悼亡 晉潘岳有丨丨詩 兩亡 臧穀亡羊事詳羊 可後
亡生於乱世貴而能貧 丨丨以丨丨（襄廿三） 收散亡 百金購書丨丨丨（晉） 忘 語又要不丨（莊）氣下而不上則使人善丨（達生） 坐丨踏
詳歸丨設禮詳禮 坐忘 回丨丨矣墮肢体黜聰明離形去 朝
海翁丨鷗詳鷗 智同於大通此謂丨丨（莊太宗師） 病忘 宋陽里華子中年丨丨
取而夕忘夕与而朝忘在塗則忘行在室則忘坐魯有儒生能治之試屏
左右独与居室七日積年之病一朝都除（列）引華子之忘以明无心之極 大
忘 曾有丨丨從而忘其妻（家語） 兩忘 性与時相遠身將世丨丨（樂天） 十忘 得一念丨丨（困） 讀書不忘 張巡三遍終身丨丨不
丨詳 家 棘也一曰大梁 芒 音忙者北草耑故謂麥穀爲丨 種
偏（韓）大者爲丨 刺爲鉤引盈車之魚（詩宅）殺土丨丨（孟） 詹何以
丨然 句芒 其神丨丨（月令） 寒芒 柳子厚如繁星 麗天芒丨色正 毫芒丨丨（韓） 萬芒 泰山一蜂丨垂丨（孝經援神）
歸 東方青帝之佐
（契）捫羅觸 角芒。霍光驂乘宣帝若有芒刺在背（史） 月光芒 疊浪丨丨（?） 星耀芒 丨丨（谷）
中丨丨丨丨（乞巧文） 蟹輸芒 八月腹内有真稻芒長寸許丨与海神方可食詳蟹 麥擢芒 丨斷人以 劒擢芒 宝
丨腤丨（孟） 澹不芒 長庚丨丨乎其丨（歲秋詞湯付） 氣沖斗芒 後陳忠疏隄潰 蠟孔丨丨丨（史） 西鞋動綠丨（人名）
東遊大海遇 望 丨相丨也（詩今）闻令 鈍風詳民 丨（易）万夫之丨 月同 鋩 刀尖也 雄鋩 雌鋩晦（刘禹錫詩） 丨丨為之稽
（石）劍芒 殷閎豈无羅帶水割愁惟有丨 鉤鋩 虎勇特其外爪 交鋩 接揮鋒而
（別）劍丨丨山 兩首新詩爭丨丨（孟郊） 鉤鋩牙利丨丨（國） 丨丨（國）
擢鋒丨慷慨丈夫志可 紫毫鋩 掃残雞距丨丨丨 劍丨丨鋒丨丨 娘 女良切 少女也
耀金鋩以丨丨丨（孟郊） 紫毫鋩（白居易）詩与作芒恐非
又母曰丨（杜）耶 吳娘 丨丨暮雨蕭蕭人曲（樂天）江南 蕭娘 不畏丨丨与呂泰
丨妻子走相送 吳二丨曲 吳二暮雨蕭蕭人郎不歸 蕭娘姥（南史）詳姥
良 刘禹錫有韋 大娘 張旭草書見公孫丨丨 窈娘 武承嗣聞喬知之婢
娘尚書丨丨歌 大娘舞劍器而通神詳帋 美奪取之喬作綠珠篇婢
根死承嗣殺知之（史） 黃四娘 家花滿蹊千朵万朵壓枝低（杜尋花） 杜韋娘 春風一曲丨丨 杜
又一說名不同詳玉 丨丨詳慣
秋娘 李錡妾詳綠 京江水清滑生女白如 踏謠娘 北齊時丈夫着婦人衣行
娘 脂其間丨丨丨 不労朱粉施（杜牧詩） 歌旁人齊和云丨丨丨（國）
（防蝶）曰步 記 曲娘 唐張紅紅唱歌丐於市韋青納爲 馬頭娘 蚕神丨皮卷
且歌故云 姬敬宗召入宮号丨丨丨 子（系府） 女事詳皮 雪

衣白鸚鵡号丨　多情徐娘梁元徐妃与帝左右暨季江私通季江曰　○
娘丨丨詳鵡　徐娘漂陽馬頭老猶駿徐娘雖老猶尚丨丨図
牀仕莊切詩息偃在丨載寢之丨孟嬴在丨　象牀梁魚容性侈麗以丨齒
琴易剥丨及膚巽在丨下。龜檜丨詳龜　牀檀沉造丨周匝用銀鏤
金花宝鈿金蓮花又號胡牀謝万嘗詣王恬既坐少時便入良久沐頭散髮
玳瑁頁床脚（六帖續談）胡牀而出据丨丨坐中庭曬頭神氣慨然了无酬對
○庾亮登南樓据丨丨談詠詳月栢伊据丨　藤牀宣寧坐丨丨　銀牀露井凍
丨弄笛詳笛隋改曰交牀唐穆改曰繩床　牀欲穿坐不滲　丨丨（紀）
唐謂丿禮牀豫知牀黍收已竟　筆牀南朝呼丨官為丨又四官為一床（滿）
欄也　糟牀丨丨注（楊萬里村詩）筆牀（晉錄）又陸龜蒙茶竈丨丨往來詳交花
牀木蔸牡丹花欲急則　異牀上士丨　七寶牀李白被召明皇以丨丨丨　六尺牀
牀丨丨无傷花木錄　牀丨詳異　牀置之金鑾殿（李白集序）
好是当眠処松陰　合歡牀帰夢不到　書滿床（杜示宗武）　笏滿牀它年丨丨
丨丨丨（白樂天）　丨丨丨（谷）　丨丨丨辦丨丨　牀丨（國史）詳笏
朱砂牀辰州蛮峒小龕中生白石床如玉牀　壞竹牀至和二年成都費孝先
石砂牀上生砂大如箭鏃小如芙蓉（陂詩註）　牀遊青城詣老人村丨其
丨丨孝先欲償其直老人曰子視其下書云某年月日造某
年月日為費孝先所壞孝先因師事之名聞天下（挽池筆記）沛公踞牀其求
見乃踞床使　楊素撫牀左僕射丨丨丨丨丨謂李靖曰卿終當坐此床又　虞愿
女子跣足（圖）　牀封倫內史令丨丨丨丨其丨曰封郎終當据此

塵牀愿除後軍將軍褚彦回詣愿不在見眠床積塵埃　涼然塵牀孟丨丨王
牀有書數卷彦回嘆曰丨君之清至此拂塵而去　牀雒私邀入
內署俄而玄宗至丨丨懼丨丨下維以実對帝　林甫從牀李丨丨以多結怨
唐門曰朕聞其人未見也何懼而匿詔浩然出　牀慮剌客出則步騎
百余人金吾静街居則重關複壁墻中置板　登子反牀楚圍宋宋華元夜登
如防大敵每一夕屢丨丨家人莫知其処　丨丨丨之丨図
嚴武牀杜甫醉丨丨丨丨瞪視曰嚴挺之乃有此兒武銜之。一　登御坐牀
牀云武鎮成都奏甫為參謀甫放恣常醉云云武不為忤
唐太宗書飛白賜羣臣刘洎丨丨床得之　御史南牀唐丨丨食座之南横設
帝笑曰昔聞婕妤辭輦今見常侍登牀　牀楊謂之丨丨例不出累
月迁登南省故号南牀百日（通典）丨丨　佳壻東牀郗鑒使門生求壻於王導
丨丨亦曰凝床言偃傲如凝（御史臺記）　牀令偏覩子弟帰謂鑒曰
諸少並佳然聞信至咸自矜持惟一人在東床坦腹食
胡餅独若不聞鑒曰此正丨丨乃羲之也以女妻之（晉）　客臥下牀許汜曰昔過下邳見
陳元龍无主客礼久不相与語自臥大床使丨丨丨丨刘備曰元龍湖海士
豪氣未除君求田問舍言无可采如小人欲臥百尺樓上臥君於地下何但
上下床之間　客徑臥牀蜀彭羕見龐統非故舊又値有賓丨羕丨上統牀　思
邪（出蜀志）　牀丨曰須客罷与卿談賓罷与語統大奇之（六帖）
義臥牀賀華有六尺方床丨丨不達乃床上疊牀毛梭惠遠子使速有餘真
牀横丨其上不尽其義終不肯食　牀巧不足若比其父則丨丨

丨丨方之廠凡則　風雨對牀予解郡符夫亦罷外事牽掣知丨丨夜後作丨丨
屋下架屋（續蒼品）　牀丨眠（韋應物）詩潁濱云轍幼従東坡讀書未嘗一
日相舍宦遊四方讀韋詩惻然相約早退為閑居之樂後會澶濮間百余日退
感前約作詩云逍遥堂後千尋木長送中宵丨丨声快害丨丨尋旧約不知
漂泊在彭城（坡）亦云夜雨何時　○四大禪床東坡借佛印丨　師子牀如來將
听蕭瑟又云它年夜雨重傷神　牀丨作丨丨詳帶　牀罷法座
於丨丨丨撲老僧床（曹偷聞卟）丨○莊側羊切（語）臨之以康莊道路五達
七宝几詳座丨丨詳僧　莊丨　斉丨中正　莊謂之丨六
達謂之丨雲莊巨壑胁丨丨（杜）　墨莊刘幾聚書千　義莊趙宋陳居仁俸入之
盛也詳達　莊者藏聚之義　莊卷目為丨丨　莊余置　以給族黨
之貧　蒙莊莊子丨人午橋莊張斉賢以司空致仕帰洛得晉公丨丨丨鬐　平泉
者　莊通流栽花植竹日与故舊乗小車携觴游釣
莊贊皇公李德裕丨丨丨周回十里堂榭百餘奇花異草珍松怪石靡不畢
莊致惟鴈翅檜珠子栢蓮房玉蘂等僅存怪石甚衆多為有力者取去惟礼
星石獅子石為陶李士徙置梨園別墅（賈氏談録）德裕自作丨丨記云鬻
平泉者非吾子孫也以一石一樹与人者非佳子弟也吾百年後為権勢所
奪則以先人所命泣　雪堆莊明年官滿後擬買丨丨丨（楽天詩）　百花莊丨丨
而告之互見石勺　莊又有顛辭家丨丨丨詩言泉石也　莊湮比
丨（杜）　石淙莊韓子華丨丨丨丨。彼美丨丨
（浦）　莊丨丨每到百事廢（坡詩）　三十美莊崔羣知季妻勸令求田羣曰吾有美莊丨丨搒放三

十人是也妻曰君非陸氏門生乎君當文栢約其子　南國村莊韓平原作
不令就試如以君為良田則陸氏一庄荒矣（庫余録）　莊丨於吳山上
中有丨丨韓曰只欠雞鳴犬吠尔将出忽聞雞犬声乃府尹所為也太
幸詩堪笑朝廷鴛鷺甘作村莊犬雞一日冰山大勢傾鑊湯煮刀剗　（諸套）
老（人名）（郎丨）置驛請客詳驛（詩丨）宋人七歲能文（下丨）（姓氏）天水徵音挺丨
丨（子）勇剌虎（元丨）古美人（莊）元丨失其美詳美　王之後以謚為
姓斉有丨賈　妝醉妝蜀後主宮女酣則同　靚妝嚴服丨丨　墨妝周禁天下
周有丨辛　牀髻免冠而坐号丨丨　青号（歐陽寶王傳）　婦人不得
施粉黛皆黄　啼妝孫壽美而善為妖態作愁眉丨丨　淚妝妃嬪施粉於兩頰
眉丨丨（監）　妝墮馬髻折腰步齲齒笑（梁冀傳）　妝号丨丨識者以為
不祥（氏）　梅花妝宋壽陽公主梅花落額丨丨詳梅　梨花妝洛陽人梨花開時多携酒其
（宋書事）　妝上自後有丨丨丨妝下曰為丨丨丨號丨（出唐余録）
半面妝梁元帝徐妃无容質以帝眇一目知帝　慵來妝飛燕妹趙合德施
將至為丨丨丨帝見則大怒而出（南史）　妝小宋号丨丨丨　時
世妝白樂天丨丨丨歌丨丨丨出自城中傳四方。（因話録）崔　不施妝號国夫人美
妝龐夫人治家整肅貴賤皆不許丨丨丨丨丨　妝貧丨丨丨丨粉
（図）照紅妝只恐夜深花睡去高燒（諸套）晨丨淡丨殘　裝（杜）百宝越裝梁王
（傳）　妝銀燭丨丨丨（坡詠海棠）丨紅粉丨　丨腰帶　裝僧孺
為南海太守曰昔人為蜀郡長史終身无蜀　促裝蕭何與曹參善舍人丨丨
物吾欲遺子孫者不在丨丨並无所取（史）　五日將入相使者果召參（曹）

傲裝思玄賦丨整也始也辦裝錢劉安傳丨丨然裝見之行謂諸有去忘宗中
裝陸賈丨丨丨賣千金分其子史詩套丨丨婦○常市羊切書天命靡丨咸有常田典丨微子之命唐堯登非丨之才李德裕連勝負兵
家之丨奉常秦官掌宗廟禮漢景更名太常太常太丨王者旌旗畫日月名丨丨書君牙周禮為丨丨。厥有成績紀于妻犯齋禁詳齋
司常物名礼春官丨丨掌九旗之官常四曰丨丨天官大宰尋常八尺為丨倍尋為丨司空貝慣臕謂丨丨国語詞句家常范文
正云常謂官好微丨丨餞好喚妄常衆人之命儒也丨丨記儒行反常也晉卓傳雉者丨丨者雒常肅慎氏有樹名丨丨若中国有
聖帝代立則其木生皮可衣周武王及成王時遣使入貢晉東夷傳求為太常酒自中書令北齊李元忠以太常多美丨丨丨丨史馬氏
五常馬良字季常兄弟五人諺曰丨丨丨丨白眉最良詳眉徐公有常世人无常丨丨丨丨也詳介經丨丨諺套故丨丨人名
陳後山陳李丨畏妻事詳吼姓氏先後平原商音衛康叔支孫封丨邑因氏一云黄帝臣丨
途丨怒字仕明聰敏嚴正教授門徒七百余人号儒林先生高允曰文翁柔丨㕛字伯槐帶經耕鋤梁習為南和宰麵
勝先生剛克成人一也丨袞唐京兆人為福建觀察使始聞未知李袞設鄉校親加講導由是俗一変歲貢士袞卒閩人配享于李
丨途陝州人從高祖征伐帝曰君忠節正可求之古人裳衣之丨顛倒詩乃生女子載
衣丨齊風為公子丨丨元吉易裳裳䋣丨丨繡裳黻衣丨東練裳後載七月易垂衣丨孫綽黄裳綠衣丨丨詩良丨五
女家貧求嫁轉子丨丨玄裳國付鶴也縞衣詳紅裳崔元微採藥夜同風月佳娛布被竹笥木履遺之有白衣引丨丨者曰李氏陶
氏色皆殊麗芳馨荷裳黄鵠飛兮下建章水佩丨丨送又悵丹裳人天宝遺事金為衣兮丨為丨風裳堯章荷花詞霞裳丨丨李霓
裳丨丨羽衣曲詳曲倚欄坤裳丨丨有正越裳獻白裂裳渠柏子求貸偷舜白丨丨合璧黄色岐蘭詩雉周紀於叔孫丨丨
帛布与芰荷以為衣集芙蓉裳雲錦裳天孫為織褰帷裳賈琮曰刺史當之詳帯丨丨以為丨楚詞丨丨丨遠視廣聽駿駕
何垂帷裳以自掩乎命向染甲裳後周耿豪本名令貴沙苑之戰豪殺丨之聞者震悚詳帷甚多丨丨丨丨尽赤周文嘆之史詩篇
褰丨思見色也忽狂人名杜黄丨嘗詩丨丨其旨否大田左陰阻脩丨謹童恣行思六国正之唐人凡八佐饗得丨佐鬪得傷詳鬪技
經肯祭之末丨丨詳載御史禘嘗丨丨之義中庸丞嘗論祠丨丨。奉嘗子孫丨丨丨蒸詳蒸越王丨膽詳膽禮春丨秋丨嘗秋祭名我不
妬桐鄉民朱邑傳邑曾為桐鄉吏其民愛之故云嘗祭也索酒嘗不知性字龜蒙甚指點銀瓶丨丨丨日喚客嘗吳姬壓酒丨丨
丨要更嘗民事丨丨圍合得嘗龜官乞与真拋却賴有詩人涼翁殺贈非世味自許詩情丨丨丨丨丨丨王彦威寄茶山谷從康嫩

裳乃不嘗周捨与裳子野語及嗜好子野云從來未嘗食豊捨嫌丨曰孔秋不撤丨丨丨丨丨一坐皆悦南史人名孟君田文孟丨還
詳珠珠事償不丨失丨也復得春償酒詳花直把丨丨無意償相如視秦丨丨趙城璧買丨償直不疑丨同舍
郎盈詳談百金償富貴以丨丨丨丨蘇秦之燕貸百金為資及之詳報緼袍償孫秦欲貫丨丨丨酒債市楼償舍郎陳車同疑
車將其袴去車丨丨丨之詳袴詩套一飽丨台責丨酒債鱨詩鰋鯉丨○霜色莊切女同降丨雕南青雪春秋腰玉王
者征伐不行則丨不殺草山海經豐山九鐘丨降則鳴。花五代常有之。慶暦中秀州屋瓦上有如牡丹芍薬海棠萱草枝葉皆具紙蝎之无異石
刻華詳談御史丨簡詳簡三霜砧十暑岷山萬丨丨楚户巫楚丨易星丨飽霜兎毫要試容硯詩丨丨秋拒霜芙蓉木美稜霜
尹吉甫聽後妻言逐伯奇无罪援琴鼓之詳蔡邕伯奇丨丨傷堅永至詳少玄霜丨丨英謂仙薬搗尽見雲唐詳糖霜事詳糖霜丨蔗鉛霜
丨丨詩尺燉劒霜岂假丨丨稍粗觴周詞劒霜如丨李鴛霜蘇姑垂两丨丨已成丨丨李一正月霜丨丨詩繁六月霜四夫結憤
丨丨飛張說獄箴鄒衍事燕恵王天恩王信諧奔街々仰天而哭丨丨丨降白帖三千霜陛下之壽丨丨李無丨霜写真来不久候
如丨丨白紫髯霜李白游慈恩寺僧擒牌乞詩獻丨丨丨板橋霜人跡丨丨丨丨庭筠志凜秋霜丨丨元德秀其凜若
丨丨争嚴卓行傳字挾風霜鴻烈傳丨丨丨中旨丨西京雜記客舍十霜丨丨賈島井州已驦晉郭璞傳鼠吞
挺鋒驢丨軒髮唐成公有两丨逋依爽左焉良馬名鷫鳥丨鳥名。鷫以丨驦裘貰酒西京雜記司馬相如初貧○牆在良切語
夫子之丨賜之丨冀士之丨蕭牆門屏也臣至此肅敬語注蕭也人女牆城上小牆於城上窺人古今注亦名睥睨言堵牆集
李士如丨丨堂圖觀我落筆中書落筆風生戰丨丨晉雕牆峻宇雕丨丨圍牆幽於丨丨之中獄室也馬任傳隣牆蘭芽依客士柳色過賢
谷丨丨連牆列子与南郭子連丨二十年不相請謁丨丨面牆不学牆猶正牆面而立礼周官国倚牆人有丨孔子之論莊韓之書
則引諸門弟子在庚之丨門丨則塵之楊脩身猶則引有牆子貢丨丨而立家語却就後庸致敬也循牆正考父鼎銘云循丨丨而走亦莫
子敢羹牆舜食則見堯於羹丨侮図見堯於丨後李固傳坐則閲牆兄弟丨閲丨手丨詩嘲牆放乃自秘解嘲譏彦傳
令丨弁丨暑曰突兀當庁坐幾許遮賢路溫一云此意著傳裴曰旃牆烏孫公
來伯着膊亦乃着肚杜如晦時亦在坐也因即与官啓顔録主歌曰
穹盧為室兮丨為丨史水閣牆隋文帝初相周元諧曰公丨氣劇裂寶壁目短
丨寫丨史丨黨如丨丨丨一堵丨大危矣史雷劉牆丨丨丨丨曹植刘
公丨莊叔務牆丨崖雨斜侵丨丨丨丨柳雲屋牆山丨低丨丨翻注公宙過友人舍過牆司馬
幹丨丨丨丨丨丨丨大閤其牆低友人曰使山丨易丨亦嘗過牆邊公

同幕於僧舍私幸營妓荆公往追之乃使妓踰垣去荆公集句戲云年去年
來〻又恨暫偷閑卧老僧房驚回一覺遊仙夢又逐流丨丨短丨后山詩叢
窬蹋墻韓魏公門丨丨宿妓公因詠竹云莫遣狂枝綺被墻當氏墻屋被
乱出墻容詩曰莫爲狂枝贈芳斤公賜女妓以文丨賈誼
濁醪過墻陶淵家貧客至隣人密於絹衰敗墻首外郎宋迪謂陳用之彼屋
醪過丈墻頭送丨丨使絳詳隊少天鄰當張丨丨丨丨之上
朝夕觀之既久高平曲折皆成山水見人節草木朝夕墻掛帆木郭景純
往來之象隨意命筆景皆天就用之而格大進筆談檣賦万里運丨
風檣寶集言詩勢丨丨陣馬李牙檣大舟如山起丨丨荆公南檣歸心蘇丨丨歐燕語檣檣丨丨留人杜活套詳烏
回戕書天胥丨孟丨賊𡟮嬙嬙官阿房賦人名王丨詳漢西施昭君薔草名子可食爾雅
丨丨戕撕詩曰予不丨十月媳妃嬪嬙丨
斫賊東丨彤胡○鏘七羊切韻會作瑲或作鎗丨丨將八丨丨鏘詩韓奕鏗鏘若耳漢西征丨丨之在凄鏘巧韻丨曲陸
鷹戧晃武紀北擊長槍安朝廷定禍乱直須丨丨大劍若檀槍雲幢烟節
家槍尤來大丨毛錐子安足用哉史弘肇傳五代丨丨十洲人犀
甲丨丨百万孝如彌瓜食古爲上槍妖星名綠沈槍古卧丨丨半
軍晦比君斬枩槍一丨丨一旗次之宋录木槍詳恭詳沈
段槍叶番冠仍哥舒翰持丨丨王鐵槍彦章驍勇持一丨丨馳突
木丨當其鋭擊之元宗实录王鐵槍奮侯如飛号丨丨丨五代鳴刀槍
鉄騎突出刀〻水没搶晉王芳軍自呂舟側活套唇搶集也又飛掠蹌動
搶丨樂天水没搶河丨其深丨丨鹽丨丨搶也莊丨搶坊蹌也
詩濟〻丨丨翔蹌巧丨丨良蹌張籍丨丨城門蹌行方〻舞〻詩
書鳥獸丨丨趨蹌芳詩蹌跟韓上音郎蹡貌蹌又缺我丨人名
文丨將嚴正也詩應門丨丨鶬鶬丨○筐去羊切詩維丨又筐諸方
弟臣將又丨子无怒詩請也鶬鳥名筐白丨負曰筐实幣帛丨
籬將其厚意唐盤女挽丨丨唐頂筐不盈丨葛覃丨鼎曲植丨筐蚕則績
鳴易承虛丨盤筐七月傾筐丨卷耳遠筐月令盤筐而丨有
丨丨○丨肯穀似丨匡語丨丨天下子畏於丨論
晉詳總字異義同匡鄭詩比干見刳孔子拘丨姓氏晉陽兩音晉丨邑宰丨句須之移戶
山記威王時丨裕先生丨衡字稚圭東海人九射策乃中丙科丨王目
詩解頤詳頤鑿壁讀書詳壁子咸亦明經位九卿家世多爲博士眶匡
史記學涌○王雨方切詩莫敢不來丨天王左丨十五求車真王韓信下齊城
丨而横流殷武易利用賓于丨丨請爲假王以
鎮之漢王曰大丈夫當假王見上素王丨衰周之丨花王錢思公曰人謂牡丹丨
爲丨丨何以假爲漢詳麟丨今姚黄真爲王魏紫
乃后尔國姚王見上木王於梓爲丨丨莫良二王張融云不恨臣无丨丨法恨丨
陽牡丹譜於梓古今註丨无臣法言義之獻之丁書
称大王山王未可弃丨丨滔山晉峯王丨丨所处造蟻王淳于棼夢槐安国
小王竹林七賢丨濟丨戎蚰王一臺詳蜂王曰南柯郡爲卿

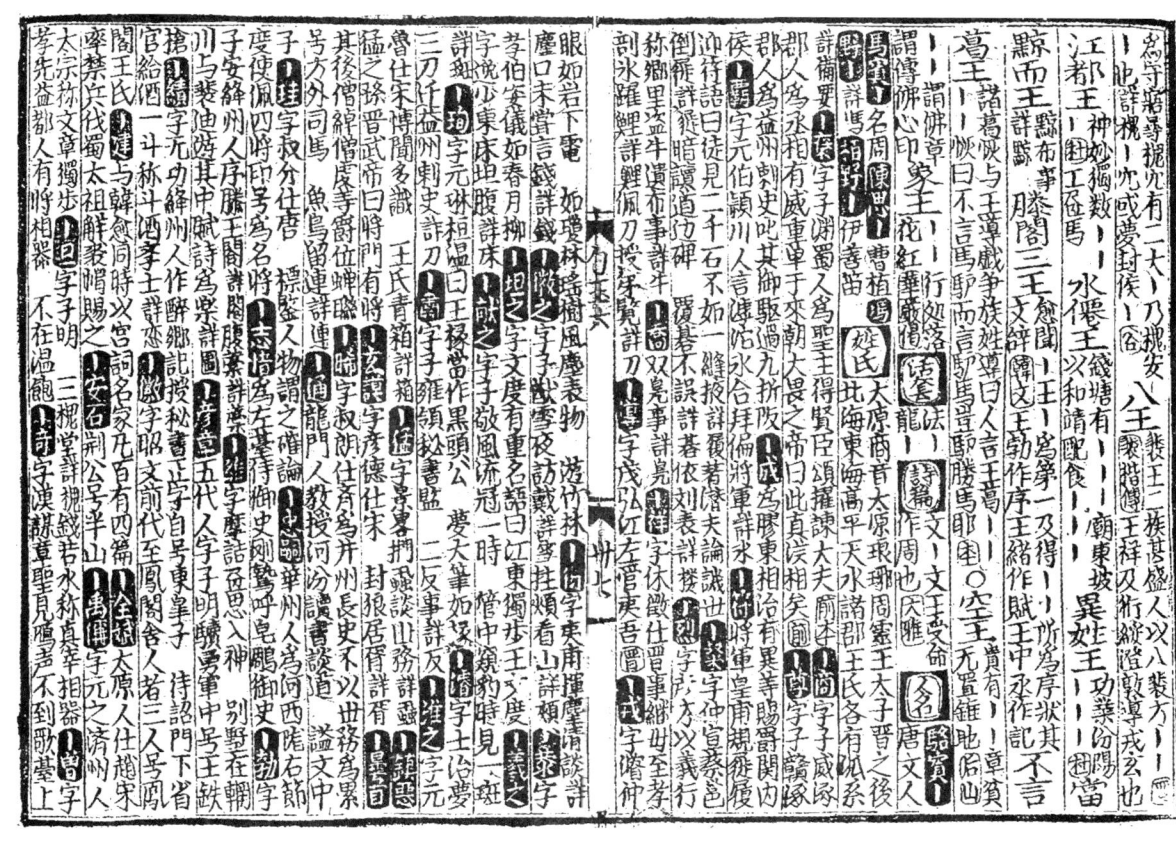

爲守寧尋槐穴有二大丨乃槐安丨八王裴王二族甚盛人以八裴方丨丨晉
丨丨肥詳槐丨穴或夢封侯丨谷裴楷傳王祥及衍綏澄敦導戎玄也
江都王神妙獨數丨丨杜工畫馬水僊王錢塘有丨丨丨廟東坡異姓王功業汾陽
以和靖配食丨丨丨丨杜當
黥而王黥布事詳黥滕閣三王愈聞丨王丨爲第一及得丨丨所爲序狀其不言
文辭韓文王勃作序王緒作賦王中丞作記
蔦王諸葛恪与王導戲爭族姓導曰人言王葛丨丨空王貴有丨丨章預
丨丨恪曰不言馬驢而言驢馬豈驢勝馬耶晉○空王无置錐地后山
丨丨謂佛草象王丨丨行如落活套法丨詩綱文丨文王受命
謂傳佛心印花紅華嚴偈龍丨作周也大雅人名唐文人駱賓丨
馬賓丨名周陳思丨曹植晉姓氏大原商音太原琅琊周靈王太子晉之後
騎丨詳馬語野丨伊善笛北海東海高平天水諸郡王氏各有派系
詳備要丨褒字子淵蜀人爲聖主得賢臣頌擢諫大夫前李丨商字子威涿
郡人爲丞相有威重單于來朝大畏之帝曰此真漢相矣前丨尊字子贛涿
郡人爲益州刺史叱其御驅過九折阪丨成爲膠東相治有異等賜爵關内
侯丨霸字元伯潁川人言滹沱冰合拜偏將軍詳冰丨沈將軍皇甫規絶履
迎符語曰徒見二千石不如一縫掖詳履著潛夫論譏世丨粲字仲宣蔡邕
倒屣詳屣暗讀道旁碑覆碁不誤詳碁依刘表詳撲丨烈字彦方以義行
称鄉里盜牛遺布事詳牛丨裒双梟事詳梟丨祥字休徵仕晉事繼母至孝
剖冰躍鯉詳鯉佩刀授覽詳刀丨導字茂弘江左管夷吾晉丨戎字濬沖
眼如岩下電如瓊林瑤樹風塵表物游竹林丨衍字夷甫揮麈清談詳
麈口未嘗言錢詳錢丨徽之字子猷雪夜訪戴詳雪拄頰看山詳頰丨恭字
孝伯姿儀如春月柳丨坦之字文度有重名語曰江東獨步王文度丨羲之
字逸少東床坦腹詳床丨獻之字子敬風流冠一時管中窺豹時見一斑
詳豹丨珣字元琳桓溫曰王掾當作黑頭公夢大筆如椽丨濬字士治夢
三刀任益州刺史詳刀丨商字子雍領秘書監二反事詳反丨准之字元
魯仕宋博聞多識王氏青箱詳箱丨猛字景略捫蝨談世務詳蝨丨鎮惡
猛之孫晉武帝曰將門有將丨玄謨字彦德仕宋封狼居胥詳胥丨曇首
其後僧綽僧虔等爵位蟬聯丨晞字叔朗仕齊爲并州長史不以世務爲累
号方外司馬魚鳥留連詳連丨通龍門人教授河汾讀書談道謚文中
子丨珪字叔玠仕唐標鑒人物謂之確論丨忠嗣華州人爲河西隴右節
度使佩四將印号爲名將丨志愔爲左臺侍御史剛鷙呼皂鵰御史丨勃字
子安絳州人序滕王閣詳閣腹藁詳藁丨維字摩詰吞思入神别墅在輞
川与裴迪游其中賦詩爲樂詳圖丨彦章五代人字子明驍勇軍中号王鐵
搶丨績字无功絳州人作醉鄉記授秘書正字自号東皐子待詔門下省
官給酒一斗称斗酒學士詳恋丨激字昭文前代至鳳閣舍人者三人号鳳
閣王氏丨建与韓愈同時以宫詞名家凡百有四篇丨全斌太原人仕趙宋
率禁兵伐蜀太祖解裘帽賜之丨安石荆公号半山丨禹偁字元之濟州人
太宗称文章獨步丨旦字子明三槐堂詳槐錢若水称真宰相器丨曾字
孝先益都人有將相器不在溫飽丨詡字漢謀草聖見鴈声不到歌臺上

詩特許赳戮　謝詩親逢天子作門生【丨氏】韋固娶刺史王　○央【於良切】
泰女赤繩係足事詳繩王敬弘女適孔淳之之子詳烏羊　【詩】旂旐
鮮明皃
丨丨【毗陵】未央漢宮名　元龜獻丨丨　顯作丨丨【谷】夜未央【詩庭燎】。旦也半也箋云未渠央也　未渠央見上　來無央
蜂蝶丨丨【臣山】劉中央　張南周北丨丨丨縋文辞在二人之間　言刘詳南　決【詩】維水丨丨美哉丨丨乎【左】鴦　鴛丨四鳥
黃鶯丨匕鴛鴦丨丨尤異者養雞於土籠能使狐狸其子【乳帖】大夫韓朋一作
名黃鶯又名鴦憑妻美康王奪之朋自殺妻亦自殺遺書曰願以屍還韓氏谷
葬王怒令兩塚相望經宿有梓木生二塚上根交於下枝連於上有鳥如丨
丨常棲其樹朝暮悲鳴人謂即韓朋夫婦精魂【搜神記】金殿鎖丨丨【李】打鴨
驚丨丨詩鵲【吟詠】映霧下孫金【詩】鴛丨刺幽王也　思古明【小雅】【人名】【鄭丨】周
殺尾遂棱齊上玉人餞【崔琰】王交於万物有道　宣王牧
正梁鴦能别養禽獸【列子】
馬鴦遂薙太守遣使采峰【晋挹帝紀】【馬丨】上黨　秧　蒔禾謂之丨丨分秧　秧之丨丨【谷】雨初待秧士如稲苗
丨丨丨【臣山】【話套】挿丨丨　殃【書】降之百丨丨淫人丨丨謂之池魚殃丨丨殃及丨　○
鈇丨丨　易必有余丨丨富殃丨丨【袁丸八】池魚殃丨詳魚
彊　巨良切　易自丨不息【晁錯】亦丨丨。北強　子路問強子曰南方之強又堅強【中庸】
董宣丨項　詳項宋鄉爲文能用丨丨　匂丨丨弓強丨丨方之丨丨
天下柔弱莫過於水而攻堅強丨丨　牢強　寅危能无丨丨丨　木強　兵強則滅丨丨
丨丨者莫知能勝【老子】　弓者【續漢志】弓則折【淮原道訓】　夯強　聯借旧史
誅丨丨得之立子太伯丨丨何处【孫子】　挽強丨丨弓須　差強吳公丨
丨【驕】罵強丨丨十弓極礦　北海水神　仲強【天問】大厉鬼也　持弓丨丨人意
詳　筋骨強　騰躑丨丨　千丈強　失勢一落丨丨　一秋強　卧病丨丨【杜】【人名】子說陳平誅諸
困　弓丨丨【韓】聽琴丨　張良之
呂【領祥丨】有名園詳園【姓氏】天水商音丹陽有強氏将石越常山太守丨将
【營丨】子難問葛強詳胞　谷【丨值】字季先仕唐鳳州人累雍州司士参
軍華原无泉人畜多渴死備教人渠水浸田一方利之号強公渠【丨弘明】字
可貴以文章顯憲宗間兄弟五人俊明偶明偉明陟明獻明並以文章鏈登
進士第號明翰林學士承旨俊明自　○芳　敷方切
尚書郎奉使吳中獻明戶部郎閣　衆芳　哀丨丨之　孤芳丨丨難寄
林【爾雅】物理　丨芳　蔵薤芳丨丨　芳兮莹暮雲　芫藏【离骚】
忌丨丨丨【谷】紅芳丨【李白集】　瓊芳【皮日休記祀緣端】　淳于芬夢槐安國王以子丨丨妻之詳槐
芄芳　雨砌隨【杜】賢芳　明絜【漢郊祀原】　物忌丨丨人諱　流芳　桓溫曰男子不能丨丨百世亦當遺臭万年【晋】　漱芳　文章丨丨六藝之
丨丨瀾【歷士】　草芳　恐鵜鴂之先鳴使丨丨之丨丨【離騷】【話套】句吐丨丨滿庭丨丨曲名　妨【杜】燕子嘴丨丨泥溢不丨丨覺身妨
【獨文時】
隋太子勇數被讒毀【史】【話套】雨不丨丨埋有　○狂　巨王切【孟】公也丨悄乎【王粲】
嘆曰我大丨丨丨丨丨賢路丨　【傳】蝸丨丨蛞蟪白歲加風丨
聖狂　惟丨罔念作　清狂丨丨丨丨不慧【武五子傳】不狂似狂故言　借狂丨丨常陽若
丨丨【書多方】丨丨　○賀公稚吳語在位常丨丨【樹】常雨若

【伏】疲狂　沈昭略嗔目謂王約曰何乃　詩狂丨丨上天【晋】　欲酒狂　蓋餘
【南史】肥而癡約曰汝何乃丨而丨佯狂宋世家箕子被髮丨丨
寬饒賀許伯入第曰无多酌我丶則酒狂丞　山狂丨丨【谷】恨　回狂丨丨　悔狂丨丨
相魏侯笑曰次公醒而狂何必酒也【晋】相吐吞【韓】【灑韓】
仍吏【甘】狂柏溫司馬丨丨逼溫飲溫　衍狂　曹操待衡甚厚衡坐大營門
齒【韓】謝奔狂　走入南康主門避之詳共　衝衡狂以杖捶地大罵吏曰外有狂
生言語悖逆操遂怒之　知章狂　賀丨丨晚年縱誕　世長狂　高祖拜蘇丨丨諫
送与刘表下文詳家　自号曰四明丨客　議大夫帝曰粲乎
世長曰游娛不滿十旬未爲大樂帝曰狂　商僭狂　昔年有狂客號　老吏狂　自
態復發耶曰臣私計則丨爲國計則忠【晋】謫仙亦丨丨人【杜】笑
狂夫丨丨【杜】　喜欲狂　讀卷詩書丨丨隨風去【楚】　不容狂　狂藥丨丨
丨丨丨【杜】　柳絮狂　顛狂丨丨逐東風上下狂詳藥　人發丨丨【谷】
食其非狂【衞】丨丨曰人皆謂爲　狂生　自謂我丨丨【史】誰得鄉狂　宋顏延之帝問諸子才能何尚之答曰其狂不可及【史】
飲泉即狂　袁粲曰昔一国有狂泉丨之无不狂国君穿井而飲獨得无恙国人反謂国君爲狂火艾針藥莫具国君不任其苦酌丨飲之丨丨
矣【話套】輕丨丨踈丨丨猖丨丨　○唐　徒郎切【乱】丨丨蘖自丨丨迫乎秦　軒唐【漢魏証明堂議】　高唐　楚襄王夢
【史】丨丨楚丨丨【語】弓注大弓
丨丨神丨丨有虞【詩】　歌唐　季札聘魯爲之　采唐　爰丨丨【詩桑中】矣　荒唐　緜邈之說丨丨
女詳兩中唐　朝丨路曰丨丨【莊九九】丨丨
之言【莊】廣大无域畔也【天下篇】　旁唐　郦翊叢生暗玉丨　西唐　行武爲楚內史唐兩龍在沛郡
誇丨丨【谷】絕紀唐【相如上林賦】　尨唐丨丨謂林尊也。奄有漢魏
丨【谷】絕紀矣　紀後唐尊皆仕王莽世　莫逢唐　後周唐永剛丨語曰【話套】
郭欽舞翊好遊不好丨丨丨　莫陸梁丨丨丨【史】
陶丨黃丨丨【人名】【亥丨】晋平公臣【馬丨】漢文時人【賈】【姓氏】晋国微音陶唐氏後
盛丨晚丨丨【蘭丨】国史補諱語賀蘭唐即知章　商封唐侯以国爲姓
【丨叔】唐叔得禾【書】晋飢秦伯饋之粟曰吾聞唐叔之封也箕子曰其後必大
晋其庸可冀乎【左】【丨邕】字道和仕齊除中書舍人文宣嘗登并州城或曰此
金城湯池帝云我謂唐邑是金城【北史】【丨臨】字季德京兆人累遷大理卿斷
囚不冤高宗曰爲獄固當如是【丨璿】字休璟練知邊事以儒者号知兵【武后】
【丨介】字子方荊南人仕趙宋爲御史裹行諫除張堯佐四使劾宰相文彥博
專政乞罷相仁宗怒甚介曰臣忠義憤激雖鼎鑊不避也貶介春州別駕
【丨庚】字子西眉州人爲文精密通於世務【丨仲友】台州人中博
李宏詞与朱文公議論不合【丨本】善相詳壽【丨就】八及詳叉　塘　錢塘　議始
曹華信立防海塘募致土石一斛与錢一斗來　瞿塘　蜀江丨丨【灩】預　草塘　謝灵
者如雲繆云不復取土皆弃而去塘成因名　堆最險詳堆
運夢池塘生春丨句詳草　橫塘　返照丨【荊公】　築塘　漢馬臻爲會稽守於鑑湖丨丨溉田九千
頃【李】田數万　胡公塘　趙宋胡宿知湖州築石塘百里捍水患号丨丨丨　余頃【通典】李吉甫節度淮南丨固本丨溉
半畝塘丨丨鏡開【晦庵】丨方丨丨一　胭脂塘　西施浴處

因名丨丨丨〔古套〕林丨丨堂 玉堂 中書省也〔莊注〕丨丨殿名疑漢武帝造宋
〔述異記〕詳漢柳丨丨 太宗飛白書丨丨之署蓋待詔者有直廬
在殿側故曰署翰林学士元豊中乞摘去下二字榜院門是以殿名 金堂 山 自
名院不避甚矣〔元城語録〕歴金門上丨丨〔群朝〕白丨丨前一樹梅
陰南至臨安多有丨丨玉 孔堂丨〔書〕升丨子 公堂丨〔詩〕躋彼丨 黄堂 吴郡太守堂因数
室仙人之章〔詩萬書石〕火塗以雌黄故名
〔吴郡〕鱣堂 揚震客居於堂有鸛雀銜三丨魚飛集丨丨之上 雩堂 坡到黄州築室 考堂
〔圖志〕鱣堂講丨前都講曰先生自此升矣詳鸛 遇雩名丨丨
唐户部有丨丨天 琴堂 子賤事 草堂 杜甫 坳堂 覆杯水於丨丨之上 西堂 謝
下歳會計処〔唐書〕詳琴 詳漢 則芥為之舟詳舟 灵
運丨丨得 東堂 刘毅往丨丨共射度悦亦出東堂毅 北堂 焉得萱草萱本作
白詩草 曰豈不能以此堂見讓悦不答詳鵝 諼言樹之背〔詩〕注
背丨丨也堂房半以北為丨房半以南為 棣堂 事詳棣 哄堂 御史有臺
南堂。主婦治丨丨〔韓愈〕故母孫丨丨也 院殿院察
院一人知雜事曰雜端公堂會食皆絶笑左右不可 紀堂 終南何有有丨有
忍雜端大笑而三院皆笑曰丨丨〔因話録〕哄去声 〔秦詩〕丨山廉角
丨山寬 綠野堂 裴度 耆英堂 詳 聚星堂 坡翁与客會飲丨丨 晝雨堂 夢入蟻
平処 詳裴 英 聚 丨雪中賦白戦体詩 究見丨
〔詩撰〕丨丨 偃月堂 李林甫堂名丨丨每欲排斥大臣居丨丨此思中傷之者喜而出即其家碎矣 晝錦堂 韓魏公作欧公記 有美堂
杭州欧公作記 王謝堂 舊時丨丨燕〔刘禹錫詩〕丨丨前 芸暉堂 元載造。香草出于闐国舂碎白如玉為屑塗壁〔唐杜陽編〕 白堂
韓忠獻作丨丨丨蓋 不下堂 舜丨丨而天下治〔呉歩騭〕 不垂堂 千金之子〔袁〕
美楽天也東坡作記 〔蹟〕糟糠之妻丨丨丨詳糠
〔盎傳〕富人之子自爱 後堂 前張禹弟子彭宣戴崇〻多知每貴禹宜置酒
不坐堂外边恐堕也 蔡 設楽与弟子相娯禹将崇入後堂飲食婦女優
人管絃絲竹極楽宣来禹見於便坐講論經義賜食不過
一肉卮酒宣未嘗得至後堂两人相對聞知各自得也〔本〕 四畏堂 畏妻事詳畏 ○
佛堂 古灵為師直浴於師背上抚掌 廈堂 形如丨字〔要覧〕 毗舍离為佛作堂〔陸套〕升丨〔書〕秋丨〔臨〕肯
堂云好个丨丨只是无佛詳背
陣丨丨丨詳陣 螳 本作螗〔詩〕如蜩如螗 餹 俗作糖。烏賊丨 猊糖 唐以糖作狻
去丨丨詳去 丨丨蜋事並詳蜋 詳餹丨詳餹 猊形号丨
丨〔後漢宗紀〕注或謂李必受 棠 甘丨即今丨梨一云即海丨〔左〕爱其甘丨忘其子乎〔發十四〕 海棠 有色
巖霙金獅子乃沙糖也詳獅 有香
惟蜀昌州種為然〔備要〕明皇沉香亭召妃子時卯酒未醒鬢乱釵横上曰真
丨丨花睡未足尔〔太真外傳〕子美無詩母名丨丨也〔詩話〕彭渊材三根時魚
多骨金橘太酸丨丨无香詳恨 賈耽著花譜云花中神仙〔花木録〕曾端伯十
友丨丨曰名友〔詩話〕蔡京欲以海棠恨不同時尔〔金城記〕徐佺結巢於丨
丨上巣飲其間〔吟窗雜録〕最宜新着雨妖嬈全在欲開時〔鄭谷〕宋辰得酒章
生臉翠袖卷紗紅映肉杯露暗曉光縫日暖風輕春睡足〔蜀〕風攪玉皇紅

堂 五十六　四十一

世界日横青帝紫衣裳〔蠲〕氣力仍春 野棠丨丨依倚春風笑〔荊公〕 青棠丨丨蠲忿則贈以〔古今注〕
醉睡起精神欲曉妝〔誠齋〕〔無棠〕
合歡 如棠丨丨矣魚子棠同上 發棠 將復為丨丨謂丨斉丨邑之倉〔孟〕下 〔詩〕甘丨美 召伯也〔人名〕〔傳〕詳技
也〔隠五〕
雜下〔詩〕○郎 切 音當 丨三郎 秦曹郎中令其属官有丨署丨注中丨二郎 王晋公祐
唐詩人 郎外郎散郎〔晋皇紀〕又明皇孫丨丨
使魏太祖曰使还与郷王溥官戢謂作相使还帝怒安置華州親朋送之曰
意公作王溥官戢矣祐笑曰某不做兒子丨丨必做謂文正公旦〔邵氏録〕
两郎 二若白接䍦丨丨烏角巾〔晋〕徐元 六郎 張易之兄弟内宠朝廷不名其
再郎用与其子端坡与子過遊金山也 丨郎官呼易之五郎昌宗丨丨。楊
再思謂昌宗曰人言丨丨似 亦詳荷 十郎 禄山謂李林甫為丨丨〔監〕省郎 丨丨〔杜〕清郎 兄才活青郎表業偕為 尚書郎号
蓮花正蓮花似丨丨
曰丨丨 望郎 東川得〔蜀〕 漫郎 元結林浪士及有官人以為浪 詳更 劉郎 前度丨丨今
詳細 漫郎者亦漫為官乎呼丨丨 再來詳桃
郎 鮑老當筵笑丨丨笑 蕭郎 崔郊妻婢于連帥于頔後有詩云侯門一入
郭郎 他舞袖太郎當詳袖 深妬海從出丨丨是路人頔見之以妻还之
何郎 露浥丨丨試香 湯餅〔谷〕詳餅 潘郎〔谷〕詳潘 琢磨佳句間 寵郎丨李華生〔樹改〕 沈郎 不勝衣〔嬰〕詳瘦 慎郎
許真君遇一少年自称丨丨崔郎王荊公生丨雍 縉郎 崔慎由鎮西川畢人曰君
丨真君知其蛟蜃之精〔本〕豫郎入室呼丨丨 縉郎四十无子為公求之終南
翠微寺僧絶粒五十年君遺以服玩受之則丨丨〔南部新書〕 小郎 別来不見身長短 試
也畏受之僧尋卒生子丨丨即崔〔微〕 小郎比丨丨衣更長〔張籍〕
漁郎丨丨放舟迷 遠近〔桃源行〕 女郎 丨丨撩乱送 秋千〔杜牧〕 山郎 令郎出錢巾時用乃 得出日丨丨〔舊唐書〕 互郎 作丨丨 牙郎 本
主五市事誤為 巖郎 翰林郎從撫送宿殿陛岩 夕郎 漢儀日暮則两郎向
牙〔貢父詩話〕 下室中号丨丨〔後百官〕 瑣闈拜謂丨丨詳瑣 夜
郎 太白 貶処 黎郎 舊京人呼黎落酒為丨丨蓋語訛尔〔陸〕 又云索郎出反語尔〔古今類注〕 索郎 見 尚書郎 詳雞舌香下
紫微郎 紫微花對丨丨詳微 探花郎 進士杏園初會日丨丨少俊二人為丨丨使遍遊名園若它人先折得名花則被罰 水
曹郎 詩人例作丨丨〔國〕詳曹 校書郎 盤脱丨〔盤〕 推捕郎 優旃秦倡侏儒也始皇置酒而天雨丨丨若苦寒優旃哀之臨檻大
呼曰丨丨丨汝雖長何益幸雨立我雖短 白鴿郎 徐寧居丧至哀白鴿巣户
幸休居於是始皇使丨丨者得半相代 側寧為孝廉孫丨丨丨詳
鵠 王郎 詵服忽驚笑見出丨〔坡送王緘仲〕 同舍郎 誤金事詳誤 比舍郎 畢卓盗飲丨丨甕下詳甕 白面
郎 馬上誰家丨丨丨云云 黄頭郎 鄧通以濯船為丨丨丨。土勝水故刺船
郎 指點銀瓶索酒嘗〔李〕 郎着黄帽濯〔佞幸傳〕濯舞数反与櫂同
櫂 富郎 丨丨子弟多以人事得拜〔後黄傳〕现 遊冶郎 岸上誰家丨丨〔采蓮曲〕 索酒郎
郎遂為丨丨丨所中〔佞幸傳〕亦曰嬖家郎

但見丨丨〈谷〉修文郎 顏延之下商名地 烏衣郎 江左謂王謝子弟爲丨丨 諸丨〈陵延〉 黑衣郎 分甘偏錄郎下也〈劉〉丨
丨丨犢也〈晉食貨志〉 綠衣郎 紅裙爭看丨丨〈冠〉 鄉五郎 鄭果曰中丞素何丨丨詳鄉 自撞郎 漢明帝〈東觀漢〉 賈德
郎 桓溫弟 喚江郎 諸葛恢女嫁庾亮子既寡誓不嫁女性亮強恢許江虨昏
郎 仲小字 乃詐女云宜從家人皆去獨留女在後不得出江暮來女
哭罵彌日江瞑而入宿對床詠〈覺〉女乃呼婢丨丨 竟江於是躍來就之情誼遂篤〈世說〉
皓首爲郎 顏駟武帝過郎署見 龐眉丨丨上曰叟
何時爲郎何其老也曰臣文帝時丨丨 文帝好文而臣好武景帝好
美而臣貌醜陛下好少而臣已老是以三世不遇上擢會稽都尉〈國〉 位不過
郎 班固以二世才術丨丨丨 作賓戲 不許爲郎 館陶公主爲子求郎
郎以自適。揚雄解嘲官不過侍郎 上曰郎官上應列宿出宰百
里〈明帝紀〉 無如此郎 高孝基見房玄齡曰僕閱人多矣未有如此 戲呼王郎 王仙客劉
振之甥振女曰無双小仙客數歲皆幼 丨丨子 不樂王郎 王凝之妻謝道韞初適凝
拜丨丨相狎振妻常呼仙客爲丨丨 之丨丨 而還父弈之曰丨
丨逸少子不惡汝何恨也答曰一門叔父則有阿大中郎 阿大中郎 上見伏獵
謝安群從兄弟則有封胡羯末天壤之間乃有王郎〈世〉 丨丨丨 守太吉
侍郎蕭炅事 縮愁侍郎 食飽餅丨 詳愁 八采盧郎 詳 八采盧學二郎。樂天謂其子龜
郎 詳獵

兒嫂怒小郎 王衍妻郭貪鄙令婢擔糞衍弟澄年十四諫之郭大怒曰夫人
也 臨終以小郎囑新婦不以新婦囑小郎捉其衣將撻之澄力爭
得嫂護小郎 王凝之妻謝道韞獻之與客談論辭理將屈道韞遣婢白獻小
郎 之曰欲爲小郎解圍施青步障自蔽申前議客不能屈〈晉書〉
姑彭郎 舟中賈客莫謾狂丨丨 前年嫁丨丨 〈蜀〉大小孤山俗轉爲姑 江側澎
浪磯轉爲彭郎云彭郎者小孤之婿也 小孤山廟像乃一婦人敕額爲聖
母廟豈止俚 緣丞爲郎 何楨詔爲秘書丞王者丨以爲郎上曰 爲丞何但郎
俗之謬哉 吾用爲丨何故丨丨 按王者兼詳丞
山濤謂嵇紹賢於郤詵請爲秘書郎 〈人名〉 〈姓氏〉 中山
帝曰乃堪丨丨丨也乃爲丞 中丨 邕 丨 庾 武周 瑜 孫 叢 丨 果之詳 丨
商音會鬱公孫費伯城郎居之因氏 丨基 字世業情慎任官之所謂本挑亦
不須作惟頗令人寫書詳挑 丨顗 字雅光父宗李京氏易望氣占候吉凶顗
傳父業兼明經典 丨餘令 仕唐授霍王府參軍從父知年亦爲王友元軌曰
丨家二賢皆入府不意培塿而松柏爲林 丨士元 能詩人 丨穎 郎穎郎尉之
每議論人不能 廊 巖廊 高屋也舜恭已 〈董卿〉 宮廊過丨丨 〈谷〉象廊丨丨 桀作璇室〈史記〉 回
踰号蜀有二郎 之上
廊 飛蛟遠〈西京〉 屧廊 吳王宮中有丨丨以楩梓板鋪 殿西廊 万里歸來空泣
丨丨〈西〉 其地西子行有声因名〈蘇州圖經〉 血七年供奉丨
丨丨〈坡〉南海還 延英〈蜀〉 長丨 脩丨 辨丨 浪 水流兒〈楚辭〉 沾予襟 滄浪
閣在延和丨丨丨下 丨 月 韓丨 之丨丨 〈坡〉山雨夜丨丨

東爲丨丨之水〈禹貢〉 丨丨 牙齒疎〈宋夫〉 淋浪 淋漓也 紛丨丨以
丨丨之水清兮〈楚辭〉 齒牙浮動丨丨〈歐〉 流漓颸夜〈樂付〉 尚
能村醉 舜 浮浪 撩參丨丨 乾沱綠蔽〈張平子西京付〉 撈 聊浪〈韓付〉 游放兒丨 乎宇宙〈劉〉
丨丨〈坡〉 浮浪 古巧切撩音老丨音牢謂遍搜索也
丨乎昧莫之 汪浪 滂丨丨 以 樂浪 漢武置丨丨郡。〈話套〉 鈞滄丨丨 稂 禾粟
垌〈左吳都付〉 隕軾〈潘〉 珍村取丨丨〈漢書〉 淳淋丨丨 穗生
而不成者俗 不稂 丨丨不 莨稂 浸彼丨 琅 美玉〈谷〉 鐘 琳琅 厥貢惟球 丨丨
曰宿田翁 不莠〈詩〉 丨〈詩〉 魚曉丨丨 玉玕〈禹貢〉 平生千
萬箭金雞垂丨丨〈韓〉群雞丨丨照一門〈杜注〉有人詣王太尉遇王安豐大
將軍丞相皆在坐別屋見李胤平子語人曰今日之行觸目見丨丨珠玉 青
琅 苦勞指黃壤要言刻 貪琅 木門丨丨 根〈趙后〉 八琅 王母命侍女王子登彈
丨丨〈坡謂〉丨丨珉 〈傳〉宮門銅鐶也 丨丨之璈董双成吹雲
和之曲〈漢武內傳〉 筤 〈易〉說卦震爲蒼丨 狼 大如犬蒼色銳頭白頰高前廣後。
注 幼竹也又籃也 張鋋激滄浪君狼也丨糞烽火用之
烟雖風不斜。牡獾牝丨 子曰獥。丨善顧其後。丨性怯走甚速。丨多
藉草臥乱故曰丨藉〈詩〉 丨跋其胡〈左〉楚子良生子越椒豺丨之声。䇳成其
沾如丨 使羊〈史記〉 突 天狼 舉長矢兮射天狼〈九歌〉 妖星名 白狼 宣王得丨丨而戎狄賓〈隱宋〉
厥種自牝丨 詳〈藝〉 穆王盛宗兵秦迫而迷津梁有
丨丨 至前衛王衣 兩狼 並驅從丨兮〈詩〉 秦狼 周也羊丨也丨羊 貪狼 狼性貪。丨
因隨得濟〈白帖〉 丨丨兮〈詩〉 狼一也〈柳州雪〉 丨爲俗〈董仲〉

〈晉〉 餓狼 唐馬燧討李懷光丨丨軍破之 女配狼 單于二女甚美置高臺上有
〈傳〉 餓豺〈史〉 猶丨丨 守庖廚飢虎守牢豚 老狼守臺遂爲狼妻產子後
遂爲高車國〈北史〉 當道狼 豺狼丨 詳論 羊將狼 丨丨也〈漢高祖紀〉 今使太子將兵死異丨 四皓言 國外狼 泣與同列
觀御園同列曰吾儕反不如此獅子 中立曰吾 鄉 鳴鄉 高臥听丨丨
輩宦皆丨丨丨 焉敢望園內獅子乎众大笑 〈谷〉 舡板也
賓鄉 無柯實生其端作房一房數百實味苦澀得扶留藤与疨屋子灰嚼之
檳榔 則甘滑向陽者曰丨丨 向陰者曰大腹子。刘穆之少貧好往妻兄江
氏乞食多見辱江氏慶會囑勿來穆之猶往食畢求丨丨 江曰丨丨 消食君
乃飢何須此穆之尹丹陽令以金盤貯丨丨 一斛進之〈南〉 〈吟詠〉 風敲紫鳳卵
雨暗蒼龍乳〈坡〉 紅潮登頰醉丨丨 桄榔 丨丨子內如麪食之不飢〈本草〉 坡 骨
〈坡〉 鶴林云丨丨 食之癱然頰赤 桄榔 以丨丨 杖寄張文潛有詩。雪粉剖
丨丨〈坡〉丨丨 業 蜋 〈昆虫〉 螳蜋 一名斫父又曰天馬拒斧曰螵蛸母丨丨 怒
暗檳榔紅〈谷〉 其臂以當車轍詳臂丨丨 捕蟬詳雀 齊莊公
獵丨丨 奉足將搏其輪公曰此爲蜣蜋蛣蜣。蛣蜣之智在轉丸〈陸〉 巴丘与
勇士矣回車避之勇士歸焉〈淮南〉 蛒蜋丨丨 並研塗傷処可出箭鏃〈本草〉 毛
氏韻音 當 都郎切〈孟〉 彼烏敢丨〈梁惠〉 上 何可丨 也〈孫丑〉 〈漢祖〉 過當 斬首
良別出 〈紀〉 不能丨 韓信又其鋒不可丨〈張巡傳〉 皆一丨 百 捕虜
丨丨〈霍去病傳〉 承當 暗香疎影句杳与桃 禁當 一夜水高二尺強 數 郎當 明
言不啻相等 李安叔丨丨〈陵〉云 日不可更丨丨〈杜〉 皇

幸蜀問黃幡綽曰車上鈴聲頗似人言語對曰似言三郎丨丨三郎丨丨つ笑它彈袖太丨丨詳袖亦作琅璫 馬當 王勃舟次見中元水府君助之清風一帆次日作滕王閣序○山名 武當 丨丨郡有丨丨山有岩洞三十六所 兩當 鳳州丨丨縣以大散關与嘉陵地勢険隘相當故名 勾當 僕谷丨丨語謂提爲丨丨丨丨詳岡 羯 披襟以當 宋玉風賦 雷霆獨當 歸登傳德宗欲相裴延齡補闕能抗易上疏論之以草示登〻曰願寄一名丨丨之下不可丨丨也(旧唐書) 〔活套〕抵丨 莫丨 擋丨 力相丨 勢丨 左 〔人名〕丨丨 唐詩人 ○丨 漢人受歐陽書学 璫 充耳 詳平 珠 銀璫 秦漢中常侍参用士人冠皆貂明帝改金璫右貂悉用閹人(事类) 金璫 見明璫(曹子建洛神賦)元微情以效報献 鳴璫 江南之丨丨 注耳珠 鳴(王綸) 丁當 幾時環佩丁當 玉佩鳴丨丨或云丁丨玉東〻即當也(詩緝云) 璫 幸未央 壁璫 宫華榱丨丨○ 即琁題以玉飾椽頭也一曰以璧飾瓦之當(黃圖) 金琅璫(杜) 風動丨丨鈴鐸也 聲琅璫 更愛玉佩(東坡) 明月璫 腰垂九井璜耳著丨丨(黃欽鳳元忠) 篔簹 大竹一節相去五六尺東坡作洋川三十詠篔丨谷其一也 鐺 鋃丨長鎖也前西域傳作琅丨注 艡 艇丨舟名 襠 裲丨衣名又褲屬 鵠丨 頁它乍當比齊陸(晉)蛇齡襠法和弟若今襟繫人者子戲截蛇頭詣法和〻曰汝何意殺因指袁詳不敢出襌丨以謂者示之弟子見丨頭丨 褲丨不落乃使戲悔(史) 披襠 後魏于什門使馮跋見跋不拜於壁衆中回身背跋丨丨丨丨以辱之拘留二十四年乃得帰(史)

○倉 七岡切(孟) 詩千斯丨 居者有積 太倉 計四海之在天地不似稊米之在丨丨(莊子) 秋水 丨丨陳粟 詳粟 義倉 長孫平奏令民間每秋家出粟麥一石以下貧富爲差等儲之閭里以備凶年丨丨(隋書) 教倉 粟執丨丨之(漢記) 社倉 丨丨賑給不足畝稅二升(唐大紀) 書倉 曹曾積石爲倉藏書号丨丨(拾遺) 監倉 子是丨不知公 息倉 青田溪水熱冬魚尽帰之名丨丨(永嘉記) 三倉 漢和帝時賈魴用隸字爲丨丨隸法由是廣傳(隸根碑釋文) 常平倉 穀賤時增價而糴貴時減價而糶(前食貨) 漢故倉 後周蘇綽爲郎中文帝至城西丨丨地顧問左右莫有知者綽具以狀對周文大悅拜行臺左丞(史) 封倉 梁庾域爲梁州參軍魏人攻圍南鄭有空倉數十自封題曰此粟皆滿足支二年衆心以安遂堅守(史) 腹中五倉 五倉之術(前郊祀志)注身中有五色丨丨五色存則不死五倉存則不飢 化色 〔活套〕官丨 囷丨 〔人名〕臧丨 俎孟子(前)丨 丨公也 扁鵲与丨丨 〔姓氏〕蒼葛 武陵商音 与蒼姓通 八凱蒼舒之後又黃帝史官丨頡 觀鳥跡制字 丨慈 字孝仁仕魏爲長安令清約有方(?)丨 煌太守抑挫權右撫卹孤羸爲魏代名守 丨隱 孝行 稱州里詔標門閭(北史) 丨氏 漢循吏丨丨生長子孫 滄 寒也又 滄浪水 蒼 之丨丨(莊)天之 丨 鶴千 穹蒼 以丨(爾雅) 丨丨 彼蒼 天(黃鳥) 丨丨者 水蒼 玉有山玄文丨丨(畫石) 大夫佩丨丨 文(魏文帝) 五(三礼圖) 老蒼 戚變

結交皆丨丨(杜詩) 蓋謂華髮滄浪也 頭蒼 若疑沈水得丨(皮沈香石) 黃蒼 八(梁張彪爲陳兵所殺所養犬名丨丨号叫宛側宛轉血中若有哀狀葬畢又俯伏家間叫号不肯離(史)) 鵠蒼 犬名衛卯事 詳犬 一作倉 摩青蒼 万峯相倚丨丨丨(谷) 蛾眉蒼 身長九尺鬢髮蒼已丨丨各丨(杜) 牽黃臂蒼 李斯臨刑謂子曰吾欲与汝丨丨丨丨上蔡逐狡兎得乎 詳鷹 左牽黃右擎蒼(樂府) 丨丨丨丨鷹出 〔人名〕張丨 秦柱下史身白如瓠 東平王丨 漢人爲善最樂 〔姓氏〕与倉姓同 鶬 (韻會)鶬鴰丨丨一曰鶬鹿 曰鶬落 曰鶬鸛皆象其鳴声(相如賦) 双丨下○不比孤州老禿丨丨 詳鴨 前後飛鶬丨丨(鍾) ○岡 古郎切 山脊曰丨(詩) 陟彼高丨(皇矣) 如丨如陵(天保) 鳳岡 彼高丨 鳳凰鳴矣于(卷阿) 崐岡 火炎丨丨(胤征) 武岡 公以丨丨之節来治于相(唐錦堂記) 謂岡 地坐署少長意 行无丨丨(坡) 黃岡 竹(竹樓記) 丨丨之地多 青岡 苻堅敗至丨丨風声鶴唳(晉紀) 聞松岡 爲公栽揷丨丨万丨丨(坡) 翠崖岡 一声吹裂丨丨丨(坡) 華子岡 輞川白野有丨丨丨 千仞岡 振衣丨丨丨 万里流(左思詠史) 濯足 督矣岡 佛圖澄能听鈴音言吉凶劉曜攻洛陽石勒將救之訪澄〻曰相輪鈴音云秀支丨丨丨僕谷劬禿當 秀支軍也 丨丨出也 僕谷劉曜 石子岡 三国志諸葛恪受刑投於丨丨也 劬禿當提也此羯語謂軍出提得劉曜也(晉載記) 丨丨 众人葬百年歌時莊宗五歲克 三垂岡 李克用破刑州還置酒丨丨用曰此奇兒也後廿年其代我戰此乎莊宗出兵至丨丨丨嘆曰此先王置酒処也時大破梁軍(史) 從營高岡 唐裴行儉討突厥暮立營壍既周吏命崇丨丨丨此夜風雨前營水深丈餘衆駭咥(史) 〔活套〕丨 剛 横丨丨 剛 戒作剄(語) 李孟血氣方丨 焉得丨 又好丨不好丨(老子) 柔勝丨 齒剛 常樅張口示老子曰舌存乎曰亡豈非以其丨耶丨亡乎曰天下事尽矣(說苑) 太剛 則折(漢書) 重剛 丨丨而不中(易) 百鍊剛 何意丨丨丨化作繞指柔(詳柔) 春秋剛 丨王之丨丨方丨 處父剛 晉陽丨丨騁于衛狄曰丨 太傅剛 蕭丨丨性丨丨 東平王傳 以丨云云其不没乎(文五) 安肯就吏(史) 望之丨也 〔人名〕吴丨 月中桂 斫 綱 (說文) 釣而不丨(書) 詩四方爲丨 網在綱 乱其紀丨(五子之歌) 天綱 大作丨丨小作紀 昴畢爲丨(晉天文志) 秦綱 晉文逆秦夫人嬴氏秦伯送衛三千人実紀綱之僕(左) 茶綱 福建貢茶計綱以進趙宋時第一茶團綱王即賜羣臣(詳茶) 玄綱 唐呉筠隱天台玄宗召見献丨丨三篇曰深於道者无如老子(史) 〔活套〕三丨 頹丨 振丨 〔人名〕張丨 埋輪(曹) 丨 善琵琶(李) ○ 亢 (爾雅)角丨天壽星 月令仲夏昏丨中 〔人名〕陝丨 論語 見 宋建 癸忠臣 肮 頸也本作亢張耳傳絕亢而死 通作吭 天吭 孰指丨丨乎巨 圜吭 引丨丨之纖婉(鮑昭付) 黃 搤吭 丨其丨而拊其背(劉敬傳) 弄吭 鳴 海之窺詳緣 鳥亦自喜新声変丨丨(坡) 倚 鵠侶振鷺鶴胡雲飛小丨丨 宿丨丨倩渠(蜀都付) 鋼 堅鉄也(包拯詩) 真丨不作鉤 〔活套〕百鍊丨 ○桑 息郎切(孟) 牆下以丨(詩)

檞彼丨土貨殖傳齊魯千樹丨。桮丨得 扶桑碧海中樹長數千丈兩兩
鐶詳鐶羊祐事与丨婦金秋胡子詳金 同根更相依倚 日出処曾
桑日至于丨丨是謂早食(淮南) 八桑古者天子諸侯必有丨蚕室近川爲之(記) 女桑猗彼丨丨(七月)枝長條今水桑也 少柔桑
爰求丨丨(詩) 條桑蚕月丨丨(七月)詳條 鳥桑丨丨后妃齊戒親東郊以勸蚕事(礼) 親桑皇后丨丨(漢文紀) 力桑秋胡子曰丨丨
不如見郎詳金 蒐桑繫于丨丨(易) 雉桑曾恭爲中牟令丨丨下詳雉 枯桑皮寔獻丨詳枯 空桑伊尹母居伊水上既孕夢
神人曰臼出水而東走明日告其鄰東走十里顧其邑尽爲水身化爲丨丨 有莘氏女采桑得嬰兒桑中命曰伊尹(列子)丨丨山名伊尹生処在冀北(白)
(會)丨丨琴瑟結促成出丨丨地 名出善木可爲琴瑟(前郊祀志) 夢桑何祗丨丨生井中趙直占曰桑字四十八君壽不過此矣果然(史) 騶桑
趙宣子舍於丨丨見灵輒餓食之既而与公介倒戟以禦公徒而免之問何故對曰丨丨之餓人也 研桑丨丨心計於无垠 研桑。二善計者詳研 百
桑諸葛亮成都有丨株丨丨 十五桑 梁流瑀爲建德令教民丨丁種四株柿丨丨株丨(史) 羽葆桑 刘備舍東桑樹高五丈如車蓋循曰
吾當乘此丨丨蓋車 陌上桑 邯鄲美女姓秦名羅敷爲王仁妻於陌上採桑趙王欲奪之羅敷善彈箏作丨丨丨之歌以自明(古今注) 悪姓
桑 桑維翰奉進士主司丨其丨丨与丧同黙之維翰著鉄硯賦詳硯 齊壞宜桑丨帶山海賁丨千里丨麻与千户侯等(貨殖) 邊安

爭桑 吳楚丨邑丨丨丨怒喧兩国楚边邑長楚怒而攻吳吳王怒而伐楚兩都(国語) 德操採桑 司馬丨丨躬丨丨後國居士元見之因与
談世殿與如神(三国志) 宿瘤採桑 齊女項有大瘤閔王遊丨丨丨郭百姓尽觀女採桑如故王怪問曰受教父母採桑不受教觀王〻曰此奇
女聘之(列女傳) 採桑 植桑 張詠事詳茶 賦曰出扶桑 桑維翰事詳硯(資鑒) 柴丨陶潛君処 孔丨二言利臣 隄
剡幽王也 小人在位君子在野(魏外傳) (人名) 子丨与子貢友義重詳飯 (庚丨楚) 桑楚得老聃之道坡詩只疑田叟是庚桑 莊子庚 (姓氏) 黎陽
商音秦大夫子丨之後 (丨弘羊)漢言利臣 (丨道成)唐人善道甲待詔翰林
要言皆験 (丨維翰)字国僑河南人身短面長詳面 (丨子産)字子桑晉人五世同
居閨門 (草木) (佛) 似朱槿花䔍葉如桑故名自二月花至冬二至(嶺表録異)〻〻燒空紅丨丨(筆) 丧 (語)臨丧不哀 姻丧丨有
羅穠丨(昭九)外 三丧 范堯夫見石曼卿丨丨丨未葬助以麥舟詳麥 可乎丧 荀文若之容憔悴丨丨丨詳厨 所脚喪遣 有
親之丧
晉招人云板户八堂丨丨丨此字謎謂閑館悲丧也詳肚 〇 康 苦岡切 (書)家用平丨而丨而色(詩) 吉 近可小丨(民勞) 无已太丨(悉率)
康 惟民迪〻丨丨(書) 籠康 万国丨丨(李賓東) 九康 体浄心 凱康丨丨(谷) 桃康 丹田下神名丨丨(道書) 衛建康 齊顧憲之爲建康令
号神明都下飲醇酒 玉遂康 道丨丨曰 秀才康 柳晃應舉多邑諱謂安樂爲
号丨丨丨謂清且美 丨詳莊 安康袴出漢還報曰丨丨

了悠寄(閑覧) 不如一康 北斉陳元康時人語曰三日巳一張丨丨丨丨(史) 會稽三康 晉孔瑜字敬康与同郡張偉康丨出康斉名號
丨丨丨(本) 黔婁謚康 丨丨卒曾西曰先生食不充飢衣不蓋形何爲謚康妻曰
丨丨丨不亦宜 君欲用爲国相而不爲是有餘貴賜粟而不受是有餘富
平(高士傳) (年號)漢宣元丨 (地理)郡名建丨 (人名)嵇丨晉人 孫丨映雪 顔長丨不絶 絶粗丨斉將軍驍勇病卒者圖其像
献之(杜) 造酒 (姓氏) 京兆商首衛康叔支孫 (丨絢)字長明倜儻有志氣仕斉爲華山守推誠撫循頭安陸守号爲嚴整在朝廷号爲長厚(南史)
(丨滋)唐明宗時爲大理少卿上疏言国家有不足慎者五有深可畏者六詔奨之(五代) (丨延孝)以百騎奔莊宗解御衣金帶賜之 (丨保裔)仕宋軍政嚴整
嘗賓客善騎射弋飛走无遺鏃嘗以三十五矢引滿射暮鏑相継而墜人伏其妙 糠 糟糠 貧者食丨丨(宋弘)光武妹湖陽公主新寡嘉宋
弘威儀帝問弘曰貴易交富易妻人情乎弘曰貧賤之交不可忘丨丨之妻不下堂帝顧謂主曰事不諧矣 粃糠 下与濁世丨丨扌掃丨丨(啖) 食糠
陳平或謂平何食而肥嫂嫉平不親家產曰丨丨覈亦詳糠 舐糠 呉遠睡高說膠西王曰丨丨及米 築糠 新羅人泛海落鬼国鬼執之使
丨丨二版不成 拔 舂糠 隱〻疊鼓 睬月 篩播糠丨丨(股) 刈天地 擣實糠搏丨以
其鼻如家雲說 丨丨闔丨丨易位太(玄)天運 蔡人穿爲之
丨之以丨所 好學 熬糠 宋顔歠家世農夫歠如丨丨夕則丨丨自怨(列) 哥者 雜糠 隋開皇間闕中大旱民食丨丨
以節樂(書注)

上流洣 甋丨鋘 〇荒 呼光切(礼)丨政十二(書)色丨禽丨(五子) 㴁荒丨丨
白責(監) 盆底 詩遂丨大東注有也(莊)野日丨丨白
之田(揚子) 八荒丨丨開壽域 四荒 登攀眺 大荒 翻然被髮下丨丨岐丨 南荒旧官
八荒(田)八表也 丨丨(李) 丨之中有暖谷(山海經) 重重疊
起丨(容) 龍荒 來庭(漢書贊) 丨丨湖漠莫不 炎荒 留 要使此意 (皎) 蓁荒 丨丨旧李巳 (歐) 巨荒 名蒿似蒿之草一(膠木注)
花荒 春作丨丨秋 作月荒(誠齋) 蝦荒 呉俗有丨丨之語詳兵 傖荒 江東士族謝諸族方盛北人晚渡若朝廷悲以丨丨遇之皆不得
踐清(塗監) 包荒 馮河泰卦 九二丨丨用 鉏荒 四圍春草白(開公) 三徑荒 丨丨(閑詞)就 田萊荒丨丨(歴医) 多破
天荒 荊州舉人多不成名号天荒解 刘蛻以荊州解及第号丨丨丨 陸莊荒 崔羣妻曰君非陸氏門生乎如以君爲良田則丨氏一丨丨矣
詳莊(諸蕃) 圃丨西丨殿 丨(李幽) 育 心上鬲下也 膏肓 晉侯有疾二豎曰居丨之上丨之下
吁餓有老人与錢三千万曰此而不在則子之貧在丨 若我何(左) 杜子春貧產蕩尽仰天長
丨矣(言行録)泉石丨丨詳疾 何休著左氏丨丨詳守 肓 血也 〇黄 胡光切(通)
(逐)男女始生爲黄四歲爲小 飛黄丨丨騰踏(韓愈) 渠黄 次車之乘右服丨丨 既駕(詩車)
黄 招孫四人仲黄季黄(冷)黄幼 (刘)穆天子良馬 四黄(因)又後魏李仲
黄並以友弟称号丨丨(史) 玄黄 我馬丨丨注馬病 乘黄 乘丨丨詩良馬有
則黄〇 天丨地丨 肉角亦曰翠黄

驪黃 有丨有丨詩九方皐求馬曰牝而丨往視之則牡而丨詳馬 鵝黃 丨兒丨似酒杜小舟浮鴨緑大杓鴻丨丨陂 雞黃 天如雞子
地卯丨中丨表裏丨有水晋天文志 鵹黃 倉庚也月令注亦曰雛黃七月注 蜂黃 蝶粉丨丨俱褪丨詳周詞謂宮妝也 蝌黃 酒熟漁家
壁丨谷 眉黃 丨間丨色見歸期韓相書喜色紅黃 腰黃 李士以上有一朱衣引馬帶用黃金而無
金館閣皇爲李士詩眼前何日赤腰下幾時黃 魚入兩府則朱衣双引金帶懸魚謂之重
爲李士詩云眼赤何時丙丨丨幾日重 遊錄 松黃 松花名丨丨服之輕身 蕉黃 荔子丹兮
韓丨丨 月黃 若有飢渴昕飲丨丨日丹廣月 暈黃 中有黃氣大如月暈名曰飛黃 點漢 鉛黃 又披綃幘粗定 維唐書奏 宮
黃拂殺丨丨却有思 谷 謂黃 本宮書時山谷在史局 硬黃 新詩閱盡万物情丨丨小字臨黃庭○ 唐法帖皆用丨丨紙臨 破 秦崔 中
黃安知青黍火丈人非丨丨 暇 中 外黃 項羽擊陳留外黃欲坑之以小兒諫而止 蒼黃 大雪被南越犬
黃子有服食節度 抱朴仙藥 丨丨 抽黃 對白 辦乞巧文 銀黃 詳組謂銀印金印丨丨垂三組 内黃 五代
皆丨丨吠 嗥黃 噬失措兒 蒼憎詳犬
李樊祭祖問何謂丨丨 丨延曰河南有外黃故此名丨丨又問外黃下黃何在曰外黃在今雍丘下黃在今陳留太和 鬪此大喜 史 射大黃
李廣以大黃 鬼不敢近 詳項光 食雄黃 水硫黃 葉爲草鍾乳炎爲 孫公談 客 額塗 漢宮嬌
白叔詳間努名

平丨丨 滿意黃 谷余書家 飾近花須丨丨石山詩 聖人衣黃 衣黃者丨丨衣白者山人 詳白 犧尊青黃 乃六之災
辟 口中雌黃 王衍言有未安隨即更丨 改號丨丨丨詳卷 陸 龔丨羲丨昏 丨雀口丨丨 詩篇 何草不丨 刺幽王也 下國
東交侵中國 背叛變小雅 人名 四皓 夏丨公 姓氏 江夏南音陸終之後受封於黃因氏 相楚封春申君珠履客 詳客 丨霸 字次公濉 四
陽人爲穎川守咸称神明賜爵關內侯召爲京兆尹至丞相 丨歇
南人不見叔度鄙吝復萌 詳吝注 若千頃陂 詳陂 丨香 字文疆江夏人至 丨憲 字叔度汝
孝京師曰天下無双江夏黃童 丨琬 字子琰瓊之孫早而辯慧 丨中 字漢升
仕蜀勇冠三軍爲後將軍 丨權 字公衡降魏爲車騎將軍司馬宣王曰黃公
衡快士也 丨蓋 字公覆零陵人赤壁之役建策火攻加偏將軍爲江表虎臣
丨履 字安中邵武人仕趙宋爲御史中丞乞黜責呂大防之黨以正典刑 丨
庭堅 字魯直分寧人蘇軾見詩謂超軼絕塵獨立萬物之表又云瑰瑋之文
妙絕當世孝友之行追配古人 常游潛皖山谷寺石牛洞林泉自号山
谷道人五見 儲 丨裳 字冕仲擢進士第一 潢 積水 左 丨汙行潦之水 天潢 魏王國
蠶家傳盜弄兵於丨池 表 謂王孫公子也 五
黃星名 句會 篁 女媧作丨 雅云大者十九丨 笙簧 官中金鑠 礼注笙十三 詩 左執丨 君子陽陽 春官 笙鼓丨 巧言如丨 熟簧 刻音列 生蘇裁
丨丨潘安仁笙賦 丨丨同上 黃
以熟銅爲之故云 鑠簧 以振在笙內故曰丨丨 笙簧 樂師調竽笙 丨丨礼月令 銀簧 吹笙王元伴 丨丨 谷

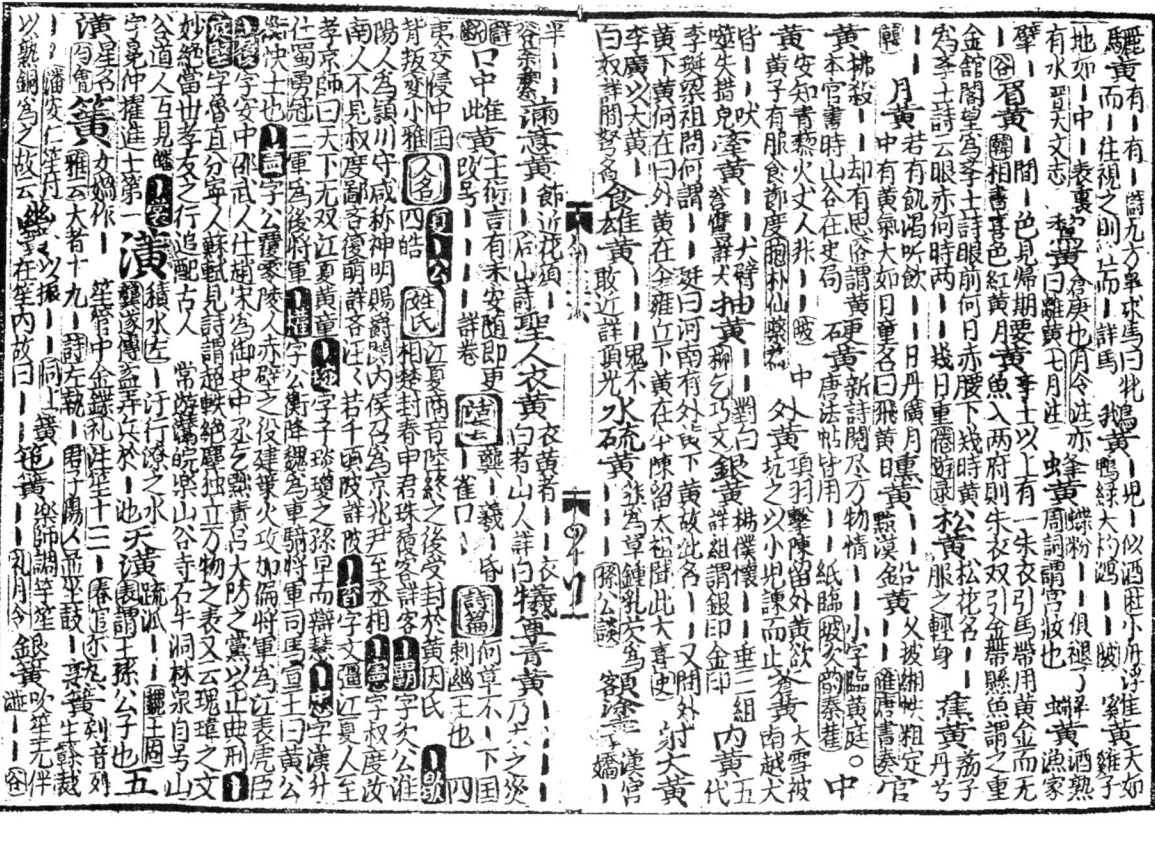

隔水篁 蹤跡松丨丨 奏笙丨丨 杜 古今 絲丨 璜 半璧也佩有二璜作牙形於其中以前衝之使關而相擊有穿孔以繫故太
公得行璜丨丨 釣之珩璜 毛詩傳 玄璜 以白琥礼西方 以玄璜礼北方 礼大宗伯 丨丨 釣璜 太公釣磻溪得玉璜刻曰姬受命呂佐之報在
齊或云魚腹中得玉璜 雙璜 凡王佩有丨丨 璜中横衝以倉珠爲之 三礼圖 詰套 丨琮丨琥丨璃 皇 孟皇丨如也 書 帷丨上帝
匪四達丨丨 五皇 詳雲東王公亦号丨丨 君居於雲房常有紅雲繞之 東皇 九歌有丨丨太一 君 詳母句 春曰丨丨 之 九
皇 比德於丨丨 前漢郊祀 上古有人皇君九人 遂皇 謂遂人在伏羲前始王天下也 礼記注 亦曰人皇 羲皇 淵明高臥北窗下自謂丨丨上
人詳 娥皇 二妃 詳竹 丨丨女英 舜 堂皇 諸校列坐丨丨 注 堂無壁曰皇 後漢胡建傳 張皇 詩 丨丨六師 書康 幽郡 詳 餘皇
人取丨丨以歸 昭十七 楚敗吳師獲其乘舟丨丨 一云吳 本作艅艎 詰套 帝丨 人丨 聖 人名 丨丨 秦丨 奧丨 唐丨 號 楚人塞井夷 竝君
竄 賈丨公 煌 平淮表丨丨 歐四 李德裕 丨丨 璧金煌丨丨又燉丨郡 詰套 丨丨 遑 詩 莫敢或丨 啓處 四牡 書 無丨 殷其雷 不
楽 賈誼 諫 丨丨 乎 遑 不暇 詩 ... 迴遑 君 以下 孟 離騷 爲別 俟丨丨 艎 舟名 韻會 居刘 晏爲
歌丨左 詰套 楚 丨丨 篁 竹 名 風篁 丨丨 成韵 謝 希 逸 竹 汶篁 植於 田 也 孫 叔 傳 邀篁 竹 處丨 兮 終
傳作皇 歸
不見 騷 丨丨 山鬼篇 詰套 叢丨 徨 丨 隍 城池也 易 城復于丨 唐史 丨 鄭人夢得鹿蕉 隍 楽 ○ 城丨 中 詳鹿 漢 ... 百 似丨
凰 鳳丨 事並見鳳 輦 凰 我鳳丨 池 詳 池 鸞凰 共丨鳳丨 詳星 鸞鳳 丨 丨 丨 驚 鳳 丨 鳴 丨 啾 百鳥 翠 勿 雷 丨 見 丨 鳳丨 開 求凰
相如琴心云鳳兮鳳兮丨 其丨 徨 彷丨 蝗 類 蚱 蜢 腹下有梵字 魚子在水化成 或曰蝦化 化魚 蝦 詳 蝦 曹 恭
爲中牟令丨丨不入境 詳 魚 ○ 或曰 即 蝗 馬援爲太守丨丨 化魚 蝦 詳蝦
士況爲陳留守丨丨高飛去 捕蝗 山東大蝗 姚崇奏 秉畀炎火 此除蝗之義 出 御史爲丨丨 使倪若水言刘聰除蝗不克而
害愈甚崇謂之若水 俱丨得 吞蝗 太宗撥蝗丨之 曰但當食朕 官蝗 蝗由吏
丨十四万石 蝗害 記息 唐史 毋害百姓 蝗果不爲害 傳 虫貪殘所
召身黑頭赤者曰武丨丨 吏蝗 丨人 謂 蝗 蝻 蝗 虎 一 名 月皇 晉 青 冀 州 蝕
黑身赤者曰文丨丨 頭 説文 古 蝗 蝗 石 勒 又 競
取百姓禾人 史 鳥食蝗 梁宗 崇 脩爲梁秦州刺史遇蝗脩詣田所 食蝗 皇 唐 德
謂之丨丨 史 丨 深自咎責忽有飛丨丨千羣丨丨 遂 尽 史 虫 宗 時
蝗丨之史 貧死蝗 宋梓 符 九 年 飛 蝗 過 京 師 執 政 有 袖 死 蝗 以 進 者 王 旦
閔中飢民 食 丨 曰災 弭 幸 也 何 賀 焉 忽 飛 蝗 蔽 天 上 曰 使 百 官 方 賀 而
蝗若是豈不爲天下笑 宋 入地 蝗 丨 丨 丨 憲 千 尺 破 雪 詩 惶 恐 也 ○ 光 古黃切 孟容丨丨 必照 詩 邦
爲天下笑 丨 丨 ... 家 之丨 書 近天子之丨 易
諫尊而丨 觀國丨 龍 丨 宴 光 亦 寵 光 也 寵 光 服 子 曰 宴 語 之 不
之丨 韓 刮 垢 磨 丨 龍光 ○ 丨 丨 射 牛 斗 之 墟 滕 閣 記 懷 丨 丨 之 不 宜 丨

景光丨丨封禪祠夜若有〔漢武紀〕末光丨依日月之丨〔甬甫賛〕天光泰宇定者發乎丨丨〔莊德〕宇定者自然丨丨發見夜光
丨丨之璧〔詩〕投又螢火名晨光根〔熏纖閣〕丨丨之步光越奉吳丨丨之劒〔史仲尼弟子傳〕麥光丨丨鋪几淨无瑕〔假注〕南中竹紙之
類成都以銀光斉高帝造丨丨紙研光丨丨戴丨丨帽葆光注焉而不滿酌焉而
麻有寫之陽王僧虔〔丹陽記〕賛花詩帽不竭而不知其所由
來此之謂丨丨○任其自明故光不弊〔任昉物〕和光丨丨同塵〔老〕重光〔書顧命〕丨丨明光漢武作丨丨宮○起草人所羨○〔莊〕
奏賦入〔蜀〕靈光魯丨丨殿景帝子恭王餘所立漢中微未央建章皆見隳毀而
丨丨嵩然獨存〔選〕王延壽父逸欲作此賦命文考往畫其狀因
韵之父曰吾无以加也○蔡邕此頁光郭汾陽每廷面長三寸丨頂光劉元
作十年不成見此賦遂隱而不出客光有丨氣事已乃復〔隴上書〕丁名常
食雄黃後見鬼使曰我泰山直符求捕君見君丨中麻油合燕
上黃丨數尺不可近得非雄黃之功乎〔原化記〕掌光佛畜燈取
童子見甲馬甚衆刻紫光後魏廣陽王湛以婢丨丨中漆然有丨丨遺
曜被縛〔晉藝術傳〕幽光〔發潜德之丨丨〕〔韓愈進士立之〕宋游道後復私通既而擒云
〔史〕埋光至室丨丨無丨〔國〕二尺光短蘇丨丨使且丨〔韓〕鄰壁有光匡衡讀書詩溢螢爭光何事丨丨秋蒲葦叢
〔谷〕腹孔光佛畜燈丨旁有丨東壁餘光徐吾謂鄰女李吾曰○瓷光衡州
丨丨聚一室詳孔何愛丨丨丨詳燭

韻府群玉卷六　五十一

花光山長老工盈墨梅百寶光世尊從肉髻中
山谷就以丨丨呼之踊出丨丨丨〔法華〕三丨風丨流丨年丨威
丨孤〔歲名〕辛歲〔人名〕〔董丨〕〔霍丨〕〔孫丨〕〔孔丨〕並漢人〔司〕馬丨宋人〔孟丨〕梁鴻妻洸水湧光也〔詩〕有丨有潰恩丨晶丨射粉丨月
武也○湯吐郎切桃湯元日服丨丨辟邪氣〔歲時記〕蘭湯浴丨丨兮芳華〔楚辭〕長湯鄭嵎津陽門詩注潰。武夫丨丨〔廣〕同
有丨丨十六所以賜嬪御浴龔以文瑤宝石除供奉兩湯外別
有玉甃湯泉池上与妃子施鈿鏤小舟以戲探湯見不善如丨丨〔書〕金湯丨丨失險〔光武贊〕
蓮花湯華清宮有丨丨貴妃沐浴之所〔楊妃外傳〕七香湯趙后浴五蘊丨丨丨詳体自香下昆蘆湯婕妤浴丨丨同上
罌粟湯童子能煎丨丨〔坡〕續命湯盧循遣使遺劉裕益智粽裕報以丨丨〔南史〕黃昏湯探囊一丨詳試丨丨
丨子由有丨丨丨詩
丨〔丹山〕亭宙獨行方云肺聲醒眼湯茶經丨詳餅三洴湯同上第二湯銀瓶瀉湯奪丨丨〔坡〕竹爐湯
〔蘇〕癖丨丨治之謂合昏也
丨丨丨沸火人之弃惡如湯之丨丨〔家語〕以張將軍之衆當百萬之
初紅〔趙紫芝〕灌雪湯師酒小雪投湯〔後漢宗傳〕謝超宗就蕭懋求書屬
埜求一小吏曰丈人一紙沸如湯李義府賣官市
如湯淮雪〔南史王僧傳〕獄門如湯丨〔傳〕○般若湯僧家謂酒丨丨丨〔人名〕
〔張丨〕漢酷吏鼎獄事前獄○〔姓氏〕中山商音商湯之後〔惠休〕沙門惠休
〔龐丨〕使外國威震百蠻〔詳陳〕善屬文後還俗詳僧〔湯休〕長沙人宋有元

〔惠丨〕淳熙中寫相今鍠鐘鼓聲〔詩〕○汪烏光切〔漢書黃叔度〕汪丨若
鄱陽諸湯名申天下擊鼓其丨千頃波〔左〕殺雍糾尸諸周氏
之〔姓氏〕平陽商音汪芒氏之後禮記有丨踦魯人〔丨應辰〕宋紹興狀元
丨〔丨藻〕字彦章汪氏春秋時童子踦以功顯魯孔子謂之詣系不傳
五季有自歙之黃墩從婺源者汪穀字次元生彦章紹興為中尫大一足
書舍人翰林學士詔令比陸宣公年益高文益奇詩益工行實跛曲也
暴尫歲旱穆公曰吾欲丨焚尫大旱公欲丨〔禮〕〔僖九三〕○行胡郎切〔詩〕雁行丨丨兄弟之齒〔記〕兩
丨丨而奚若〔檀弓〕丨巫丨以先啓丨丨丨〔記〕
驂丨丨〔詩〕丨驚丨鴛行遷跡丨鴇行肅々丨丨〔詩〕鳥翮戎行弩力事周行示我
以淮平立睨丞〔韓〕鴛行鷺丨之毛有行列也丨丨〔杜〕
丨丨〔鹿鳴〕寘我丨朝行始獲升顏行逆抗事之丨丨注猶曰鴈
丨〔卷耳〕周之列位丨丨丨〔韓〕行在前行〔嚴助傳〕顏元音涙行回首丨成丨〔李〕
亂行湯干丨丨於太行丨丨恒山〔禹貢〕小人智慮險平兒女行丨丨忽弟子
丨丨曲梁〔左襄三〕地生丨丨○丨丨之路能摧車成丨〔杜〕
行三千丨丨〔杜〕井字行丨丨丨丨部整十二行鍾乳二千兩金一札十行光武手跡
丨丨丨〔成帝詔詩〕欽丨丨丨丨〔白〕賜遠国者
皆丨丨丨丨細並下五行漢應奉讀書記事幾行趙宋杜鎬真宗得古器異
書成文〔隋吏〕五行丨丨〔本〕書以詢之○能究本末且記
其事在其左右工粉兩行兩行丨丨一〔法華〕丨班〔人名〕〔仲丨〕〔三丨〕航韻會作杭通
幾紙幾行時回詳雲良也作杭〔詩〕一葦

杭東航道若若川丨丨混梯航棧山航海踰沙軼幕野航扶衰上丨乘航
之丨丨舟涅含宿夜〔楊修身〕木舟之貢〔選〕一云梯山野丨〔荆公〕
乘国如丨浮航蔡謨每事過防時人云蔡公餘杭錢塘有丨丨縣隋置杭州
丨〔揚宗見〕過丨丨脱帶腰舟長〔晉史〕○前生我已到杭州〔坡〕
濟樓航浩々之海丨丨萬里航丨朱雀航齊王融自恃人地望為內
丨丨之力也〔楊〕脫身丨丨〔后山〕舳行至丨丨丨捶車壁云
車中乃可无七尺車前豈可乏八騶〔史〕齊劉悛以父勔死事於丨
丨丨終身不行此梁傳昭十歲於丨丨丨賣曆日袁覬奇之〔史〕○慈航凉
法師云夫般若者古〔人名〕〔裴丨〕遇仙女大頏鳥飛上曰頡頏丨之丨清
海之丨丨〔杜詩注〕雲英詳械頡下曰丨頏之〔詩〕
鳥行魚頡而丨丨〔楊甘〕○茫謨郎切本作芒〔左〕丨丨禹跡〔詩〕蒼茫落日赤
〔泉附〕斻与頏同寥寥綠之丨丨○又吾視丨丨路江丨
〔國〕丨丨混茫神功接正声何古意微冥茫丨丨觸杳茫何足期
丨丨〔杜〕微茫丨丨〔李〕眇茫丨丨〔陂〕心兵〔韓〕丨丨〔陂〕忙閒
忙趙宋日本国求本国神光寺記舍人辞不工令李士張君房代之張潜飲
市樓舍人大窘時种放以司諫歸華山楊大年為丨丨令云世上何人最
号閑司諫拂衣歸華山世上何人最奔忙愁魔得酒燕燕忙公子歸來丨四
号忙紫微失却張君房〔湘山野録〕嘶丨丨〔陂〕丨丨〔陂〕詳鶯
大忙一醉從教丨丨〔白〕〔法華〕匆丨有底邙忘忙北邙丨丨山連亘四百余里東洛
丨丨丨丨〔白〕丨為誰丨二音九原之地〔洛陽記〕張景陽詩

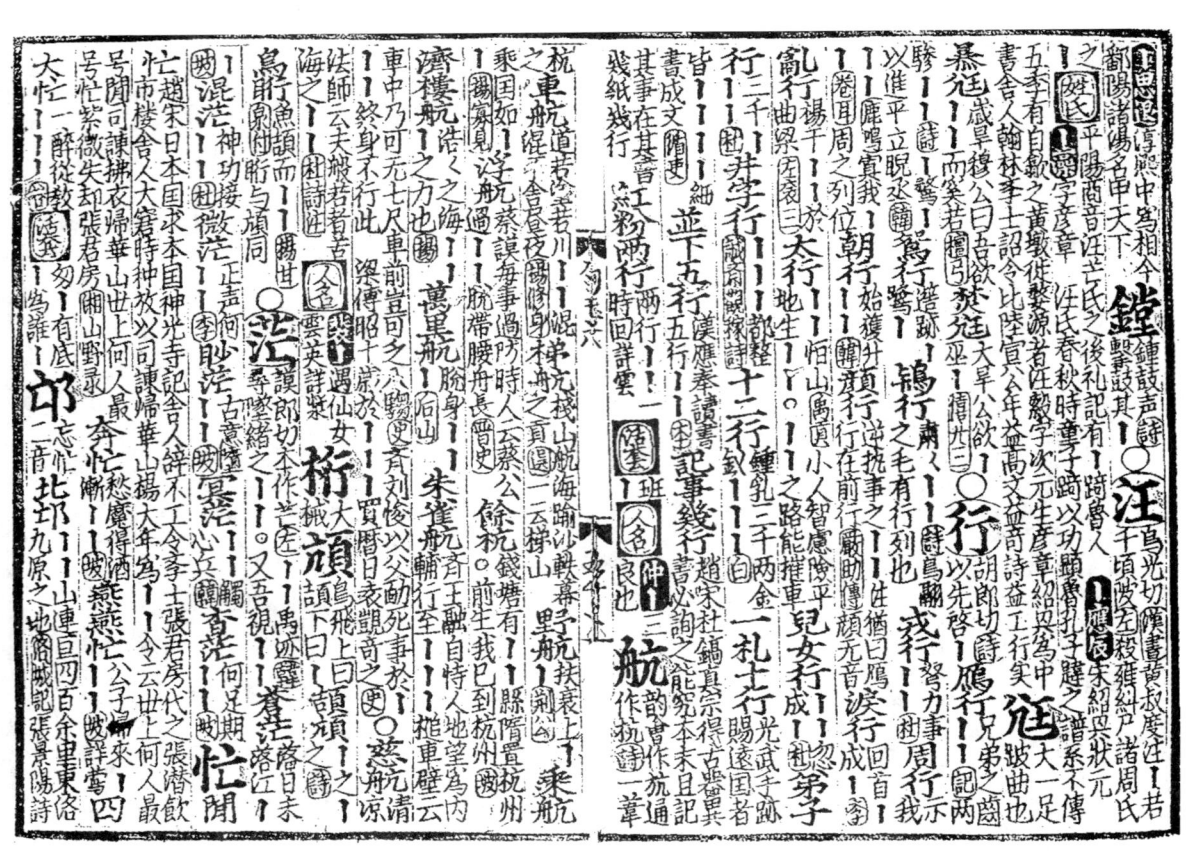

韻府群玉卷六　五十二

丨丨何纍〻尚陵有四五借萬古丨丨歸夢泣
閒詭家墳皆云漢世主(選)萬古丨丨(坡)砬丨碭山
則郎切(語)何足以丨(詩)何用不丨(雄雉)俾尒壽而丨(閟宮)終然允臧丨勉也書乃
允丨(方中)與子偕丨(蒹葭)庶曰式丨(雨无正)史屠沽丨獲詳獲誠臧丨之其是不丨
詳丨臧師出以律丨凶(易)(人名)(王丨)漢人能推轂士(子丨)能諒國(姓氏)東海商音曾(小旻)
進子臧丨丨是爲僖伯(文仲)魯大夫臧孫辰也弟武仲臧孫紇家有守龜名曰蔡詳光孝公子彊食
采於丨是爲僖伯(孫達)臧孫達其有後於魯乎君違不忘諫之以德(丨殺)亡羊事詳羊臧與穀二人也
納部梟(左)(丨賢)字君翁穎川人拜輔威將軍封朗陵侯抵掌鳴劍志馳伊吾之北(丨厥)
字獻卿仕宋爲晉安太守郡居山海結聚逋逃歷下車宣化凶黨縱負而出
然政嚴謂之丨臧彪(丨榮緒)好李隱居(丨丈人)詳釣
京口教授号被褐先生
狂法无多諱犯臧包拯尹京吏青家丨公曰无所諱惟諱吏有臧
少官死(監)諱丁臧惡者(翰府名談)丨柱徒諱枉法臧事同詩諱
贓 義贓魏旧律枉法一十疋丨丨二贓十疋其罪死至是丨丨一匹
按故人贓
蘇章丨丨丨勃鼠丨張湯事丨丨丨詳黑狂狹丨
丨事詳二天(活套)
牂 牂羊(詩)丨羊墳首 牁牂八珍
牂 丨丨其葉丨丨又盛皃有丨
記 丨牂大山之高百仞而丨 牧其上(李斯傳)
(武帝紀)(敖丨)千歲
囊 奴當切 書囊漢文集丨丨詩囊
李賀出騎从奴馬從小奚奴背古錦囊遇所得書投囊中日暮如此(賀傳)
智囊 晁錯爲太子家令以智囊辯得幸号丨丨(本傳)
螢囊 (詳螢)
郭公者精卜筮丨中書丨丨與郭璞
皂囊 諫院凡章表皆封事丨(漢官儀)
縹囊 詞人才子名溢於縹囊(梁昭明太子)
丨封(漢官儀) 白皂香囊
囊 丨(晉甫隨筆)飯囊 丨丨(金樓子)
香囊 ...
還蜀過貴妃葬所密遣改葬啓瘞故丨丨猶在帝視流涕
油囊 丨丨盛衣 詳衣
楚囊 丨丨(公羊傳)
丨囊 宋玉風賦
起於青蘋之末怒
探囊 發匱
丨丨之口(選)
於丨丨之盜(淮南)
囊 丨丨無底丨有底
丙吉爲相馭吏見驛騎馳丨丨丨隨至公車知虜入雲中吏歸白狀因曰恐
邊郡二千石有不任兵馬者可預視吉召東曹案邊長吏瑣錄也科條其人
未已詔召丞相御史問以虜所入郡吏吉具對云云馭吏力也
馭吏即醉汚茵車者
青囊
金錯囊 (田)言分詳刀
紫荷囊 晉輿服志八座尚書荷紫以生
丨丨丨盛印囊也
丨丨在前(梁官)
赤白囊
丨丨無
括囊 (易)
史刈香曰張安世持橐簪筆 事孝武數十年 丨丨
簪筆以待顧問。荷上声俗作平声非
束囊 丨丨囊相(選)
一錢囊 阮孚持丨皁囊遊會稽客問囊中何物曰但有一錢看囊恐其羞澀(世説)
(平山)
粟一囊 東方朔曰侏儒長三尺奉一囊臣朔長九尺亦奉一囊粟詳粟
(吳越)
錐處囊 丨中乃脫穎而出 詳錐
月老囊 繫夫婦足詳繩
夢盤 丨丨丨中赤繩

囊 晉鄧攸丨水邊見一女有猛獸自後斷其盤囊水邊女曰是汝子
斷丨丨者新獸頭代故獸頭也非汝南當汝陰果遷汝陰守(本)
忍事丨丨(坡)
腹如囊
布被囊 張湛去蜀郡惟丨丨丨而已(史)
無底囊 晉書丨丨 隋長孫
付遺囊 一遺囊因令左右
負之而行數日物主 談未了(谷)
羅香囊叔父安患之不欲 韓信爲万余囊盛沙丨丨
來認悉以丨之(史) 壅沙囊 上流引軍半渡擊龍且(本)
傷其意因戲丨取焚之 ○革囊 天神獻玉女欲以試佛〻言丨丨
賭紫羅囊 謝玄少
人有德天遺我來鬼曰吾心若死 來何爲。高僧鬼一女子寄宿
厭无以丨丨見試女乃凌雲而逝(活套)行丨丨 ○傍 步光切通
帝 丨丨(藝)無傍 運之丨丨天子校偏傍 又丨求
來丨丨(藝) 之劍也(莊說劍) 王右軍書多不講偏傍
從舍 孟子少丨丨市傍又作 擁書天祿閣奇字
學傍 從辛丨之旁詳迸 丨丨道傍 之家名爲聚訟(章帝紀)
王戎年六七曰李在道傍卒酉錦(晉) 三年不成
多子必丨丨也果然詳李 傍 暫丨佳人(晉)骯髒門傍翻成
兩 丨丨(藝) 丨丨丨(晉)倚
傍 溥也又亦雅路之達曰岐三達 樟傍 宋有荊氏者宜楸柏桑求
丨丨詳達 出岐(爾雅)劇 丨者斬(史)人間世 棺木也
傍 達曰劇 丨丨丨 烏
旁 丨丨丨丨丨 道旁 攫其肉詳烏
一壺酒(李) (人名) 旁 秦阿丨宮(南都賦) 蠶薮
音義丨云合
(易)匪其丨 彷 丨丨徨 丨丨彷徨丨丨五剛切通作卬(詩)顒顒卬卬 ○ 忍物丨貴。况仙詔丨丨野鶴 詳鶴(食貨志)
昂 倔然變(韓昕琴) 俯 丨 軒昂 首(漢)如汲 丨丨一丨(晉)
低 麥熟頭昂丨丨俱有所以丨丨(談藪) 士民低昂 夏至士重冬
醉 楊遵彥曰何大低昂元景曰黍熟頭 (活套) 丨威 李广重 詳炭
望也又我也 (語)舍之則丨 (人名) 朱丨 号
(詩)丨酒我友 駉 怒皃 丨丨馬 ○ 藏 昨郎切 于寬(漢) 湄天文訓 (宋丨)(唐子丨)
藏 殷易 首坤 弓藏 高鳥盡良 丨丨 詳兔 行藏 獨丨 倚樓(杜) 昂藏 丨 安能不富 復不貴 丈夫(李泌詩)
獨 丨丨(國語)人 留藏 我詩淺短子貢墻 丨 諸(語) 蓋藏 而
間父丨丨(李) 目俯視无丨丨(后山) 寶藏 丨 諸 詳 丨丨
秋爲丨丨 陸海丨丨 丨丨謂墳冢也 (後漢書)從後趙岐自爲
丨詳英 珍藏 (西都付) 壽藏 (圖)。姚崇自爲丨丨於万安山
藏 藏舟於丨藏山於丨謂之固矣然夜半有力者負之而走昧者不知也
藏 藏大小猶有遯若夫藏天下於天下而不得所遯是恒物之大情也(莊)
地藏 (陳子昂疏) 丨丨之丨 酒中藏 若寒无処避惟
丨丨丨(谷) 欲丨丨丨(谷)
(活套) 卷丨迷丨 霧豹丨怒不丨

韻府羣玉卷之六 五八 (下平聲)

下平聲

八庚 與耕清同用

庚 古行切。字苑丨歲名。酉横(爾雅)。又 長庚 東有啓明西有長庚(詩)。李 伏
名上章。丨丨大横丨丨攝兒詳横。母方娠夢丨丨故字太
秋以金代火故呼庚丨丨。癸乙丨丨三日後丨丨以塞丨丨求斗
庚日必伏詳伏。呼庚 粮事詳癸。先庚 庚三日(巽卦) 更庚 往要道(左傳)
處暑後十五日丨丨(曆書) 曆中甲庚 丨丨丨性中仁義(爾) 犯禾 詩庚 季子皐
諸庚 丨丨為白露(曆書) (長沙傳)甲為仁庚為義 葬其妻
丨人之丨申祥丨 盤 (書)由丨丨万物得由其道也(人名) 夫 晉大
丨之庇償也(禮記)(詩)(小雅)鄉飲酒礼笙由丨(句1) 鶊
鶬丨月令作倉庚又名 賡 (書)乃丨載歌(吹)還將(諸)韻雅丨丨記悉數
商庚。麥黃韵鸝丨(韓) 續潮什留与野人丨句共丨丨 更 之不能
終其物丨僕可也(禮)琴瑟丨張。丨化同上 僕嚴吏丨以丨丨之置(西)
許劭每月輒更其品題詳評出謂丨僕詳僕(嚴更部付)督夜行鼓也 嚴更
丨宵鳴如將鼓其數庭丨(晉安) 牽更 掌漏刻官(前)百官志歐陽 踐更 古者正卒无
吳越謂丨丨(晉安帝紀) 詢為太子丨丨分(書) 室人供分之
一月一更曰卒更當者值貧者月二千日丨丨天下之人皆直戍分 一日雖
丞相子亦在調一歲一更不行者出錢三百入官以給戍者曰過更。昭注

(匡)六更 官漏有丨丨君王 田更 坰外丨丨謂丨 兵 山城
得晏起(開元遺事) 野老也(列子) 紛更 約束丨丨(汲黯傳) 傑 听
丨丨毀蝗更夜行擊柝代更譜曰 陳三更 宋太宗朝陳儀董儼為三司行使
丨(國)蝗更丨丨丨(事物紀原) 每夕會飲樞密帰常逮夜語曰丨
丨丨董 半夜 三老五更 設丨丨丨羣老之席位(禮記)世子取象三辰五星(禮記)
(國)云老人知三德五事者又云年老知五行更代事又日
更當作叟。漢顯宗養丨丨丨於辟雍。年老持更 晉刘弘夜闘城上持
鄧侯曰漢直以三公為丨丨大夫為丨丨 更者五甚苦呼之乃
一兵年老羸疾 (諸)集丨殘丨 孟子不答(章) 羹 (語)疏食菜丨丨
无孺遠給袍帽(諸) 月三丨(人名)問孟子傳食諸侯(孟)簞食豆丨
(詩)若作和丨(左) 尊羹 張翰事詳菰千 藜羹 孔子厄於陳 羊羹
和如丨焉(昭六) 里丨丨詳鼓 藜丨丨不糝 豆羹 見於色(孟)
中山饗士司馬子期在焉丨丨不遍怒走楚說伐中山中山君亡有二人挈
戈隨後曰臣父餓且死君下壺飡餔之故來死君也君曰吾以一杯丨丨亡
國以一壺飡得 梟羹 宗使東郡送梟五月五日為丨丨 大羹 不和有遺
二士(戰國策) 賜百官以惡鳥故食之(漢武紀) 味者矣(禮記)
吳羹 和酸若苦陳丨丨些 鉶羹 祭祀共大羹丨丨賓客亦如之(周天官)大羹
楚詞注丨人善作丨 不致五味丨丨則加菇菜 一云丨以盛丨
丙耳三足謂之 鬻羹 客丨丨上人辭不 雉羹 (内則)魚
(陪鼎三)(礼) 絮羹 能烹(曲礼)絮調也 毛羹 肉為羹丨以菜也 學羹 錦衣向丨丨反

事詩 燉羹 丨丨吹 慣雕胡飯香間丨丨丨(匡)荊湖間
錦 羹 蓋詳 遺羹 按手丨幺可 錦帶羹 有丨丨春未開花紅白如錦苗嫩脆
一云錦帶吐綬雞若禽名有練 鼎鵑羹 鮮鯽銀絲膾香 玉糝羹
帶綉帶此詩秋作非言花明矣 鼎消羹 丨丨(匡) 蒸膾輕比東
坡丨丨(詩話) 黑鬖羹 李林甫子婿鄭平鬢髮斑白上賜 骨董羹 取飲食雜烹之丨詳董
丨 甘露羹 食之一夕鬢黑(明皇雜録) 名丨丨
轑釜羹 高祖過丘嫂丨丨佯為 知母羹 陸續繫獄見餉羹丨丨所謂曰
車 羹尽後封其子羹頡侯(漢紀) 母丨丨态必寸斷肉必方以此知
也 遺母羹 穎考叔鄭莊公賜之食丨舍肉曰小人有母 (左) 嫂覆羹 刘寬丨丨朝衣詩手
(囷)皆嘗小人之食矣未嘗君之羹請以遺之(左)
門 如沸羹 唐王 御手調羹 李白召見金鑾殿帝賜食親為調羹互見鮑 遺羹 樂羊圍中山中
之丨羊啜之尽一杯 褚師賛曰其子食之其誰 山人丨其丨丨
不食羊下中山文侯賞其功而疑其心(戰國策) 分我杯羹 項羽為高祖置太
今不急下吾烹太公漢王曰吾与若約為 公其上告漢王曰
兄弟吾翁即若翁幸丨丨丨(漢高紀) 秔 或作稉 香秔 遺兒向市賒丨丨(蘇)
種秔 淵明二百五十畝種秔江南有丨丨
秫三十畝丨丨詳秫 長腰秔 丨米詳腰 終身不食秔 陳徐孝克初貧
能常辦母亡有遺秔米者 新丨丨 母患欲秔米不
對之涕泣丨丨丨(史)(諸)炊丨。 阬 客庚切 或作坑 曾阬 佛領東与丨多吉

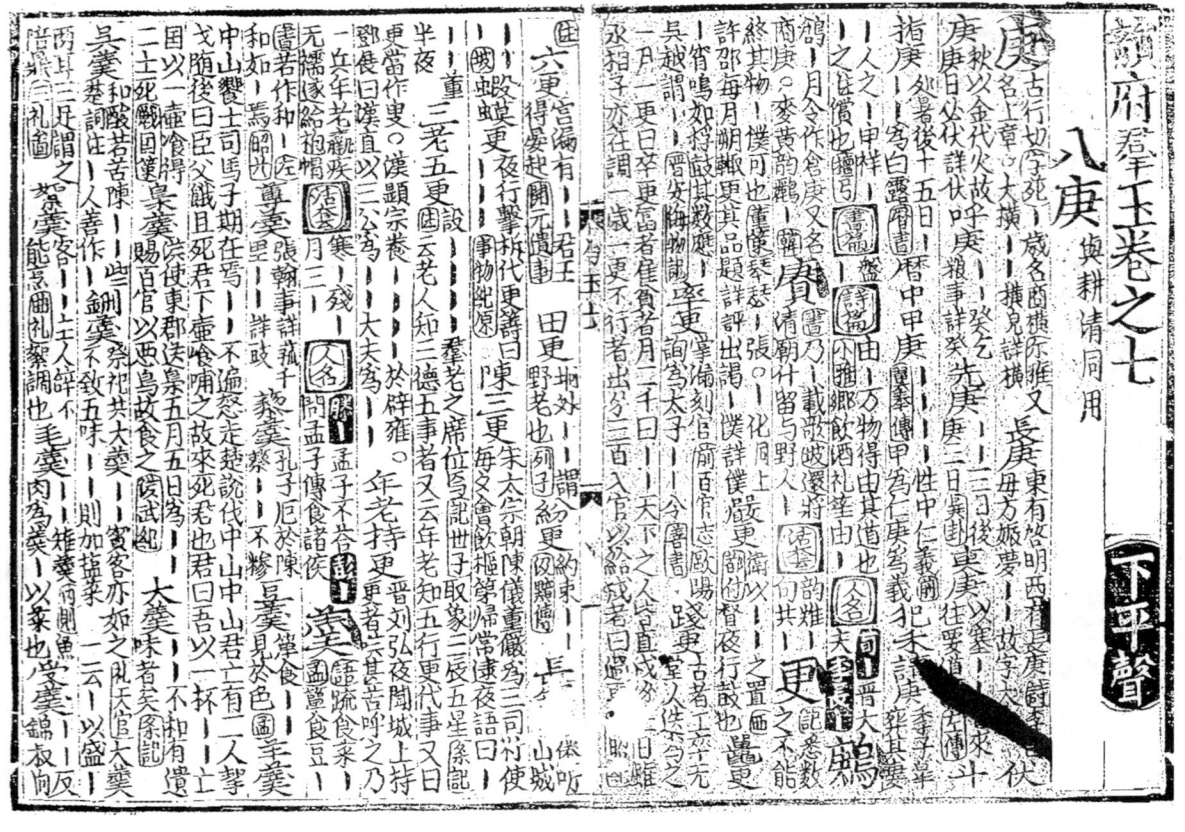

亦重燭(試茶録)君家新歙雪阬 見硯 端溪有新阬旧阬丨丨 儒
茶言丨丨也(國) 茗花浮丨丨(谷) 雪阬 上硯 阬出石作丨佳詳硯秦丨 坑儒
秦那同穴面銘 溝坑 行信足无丨丨 不几坑不得填丨丨 亦解 詐坑 降卒
焚書坑儒(書序) 識五郎呼作鄉(國) 飢坑 堯心憂(盧月蝕)
詳 踏坑 搯滿凡子落坑塹者非賞采不出凡一馬打一馬如遇退
降 踏坑 六踏馬則一馬踏三馬故世掐不循理者為丨丨塹詳塹 敵外黃 下
阬 項羽降外黃欲阬之外黃令舍人兒年十三曰阬外黃(史記)
阬 則梁之十餘城皆恐莫肯下矣乃丨丨丨 (諸)迷丨禍丨焚丨〇
盲 眉庚切与盳瞎韵通看聾問道於丨 青盲 公孫述徵賢士任永馮信等
(老)五色令人目丨五音令人耳聾 皆託丨丨以辟(獨行傳)
偏盲 令天只兩目何故許 心盲 豈惟耳目有聾盲哉心亦有之(莊)當今盲於
食使丨丨(韓月蝕) 丨者皆是藉丨於目而心則別是非(韓代張)
(韓) 一目盲 偏使丨丨(盧月蝕) 溪谷盲 側身上視丨丨丨 子夏盲 杜欽目偏盲与杜鄴
(書) 一目盲丨 詳瞽盲黑暗也 子夏 俱字丨丨人呼為丨
子夏 免役以盲 宋人有行義者三世同居父子俱盲後楚
詳冠 攻宋死者太半此人父子以疾免詳獝 䖟 通作虻齧人
瞽膚。孫思邈著千金方後乃 飛䖟 光武取丨丨蕳攻 飛虫(莊)蚊虻
取草木代虫丨水蛭詳尸解 采䖟 陟彼丘阿言丨 其丨(詩載馳)貝
母也治摶䖟發牛者丨 (史記)〇 横 户盲切(韓)未有
心氣鬱 其丨 至宝丨弃道側 大横 漢文紀代王卜之兆得
丨丨古曰丨丨庚丨亍

爲天王庚々横見湀範跳云横者是土此文帝　趙師雄寢起在大梅花
有大士之象。文璧庚々有横理〔谷梅〕阮歌　參横下月落ㄧㄧ惆悵而已
詳刃横秋空一ㄧ　舟横孤ㄧ尽日　從衡行合從連衡〔史記〕蘇秦主ㄧ六国攻秦
擁劍横ㄧ〔呂仙〕　横ㄧ〔寇萊公〕　張儀主ㄧ六国事秦〔詩〕衡從其畝注
東西曰ㄧ南北曰ㄧ。江山　三横ㄧㄧㄧ两々從　白氣横ㄧㄧ分六道莫
爲助筆ㄧㄧ〔山谷〕横与衡同　晉字也詳晉　弘忍曰庐山ㄧ
是横出一枝佛法〔活套〕眉ㄧ雲ㄧ山ㄧ老氣ㄧ玉繩　〔歲名〕〔爾〕庚　〔人名〕ㄧ爲
否師曰善詳枝句ㄧ勝琴ㄧㄧ一笛ㄧ大江ㄧ　鍠　歲詳歲　〔郭子〕
人剛直詳觥〔田〕璜　玉名詳陽　黌　斈舍通作横〔漢鮑〕　鍾声通作喤〔詩〕鍾鼓
〔目〕挽歌詳歌　〔德傳〕修起ㄧ舍　ㄧㄧ〔說文〕〔韓〕鈌鍾孤
春　喤　諠怒也又小兒　〇祊　鋪盲切廟門内祭也〔詩〕祝祭于ㄧ〔楚〕又邑
ㄧ口声〔詩〕其泣ㄧㄧ　名〔左〕鄭伯請以泰山之ㄧ　易許田三月使
〔韓〕孝忠事蔽ㄧㄧ〇觥　古横切兕牛角爲之无兕用木爲兕形大七升周官
兖來偏ㄧ〔歷〕　〔閭〕胥掌其比ㄧ撻罰之事小胥ㄧ其不敬者是ㄧ罰
爵也但卷耳七月称兕ㄧ皆非罰然則兕觥ㄧㄧ其觩〔卷耳〕罰觥王義之〔蘭〕
ㄧ爵之大者或用以罰非専爲罰也　兕角ㄧㄧ其觩〔絲衣〕罰角亭之會〔詩〕
不成者各飛觥　元稹〔云〕昔曾於解縣飲酒余爲觥录事有人頻犯語令連ㄧ
受ㄧㄧ　觥ㄧ十數ㄧ不勝逃去乃黄丞也後奉使東川至褒城驛有黄明
府見迎問其前銜即黄丞也說前事黄　觥　宋李仲容侍讀善飲　方回
生惘然而悟与之尽懽作贈黄明府詩　巨觥　真宗飲元敵飲則召仲容曰

告官家免ㄧ　皮觥白衣道澥舜湖明急觥光閔東ㄧㄧ郭子楎彡采側身上
ㄧ互見家勺破觥掃風軒洗ㄧㄧ〔國〕　角觥〔後郭憲傳〕剛直兒　彭　齊視溪谷
〔韓〕盲柎撞玉被声ㄧㄧ　鑅　觥光觲襟顧景ㄧㄧ　〔活套〕金ㄧㄧ〇彭　〔詩〕薄庚切鼓声
〔韓〕〔武陵〕玉鍾声也　角ㄧ〔坡〕聱牙体　杯ㄧㄧ　〔詩〕百两ㄧㄧ
出車ㄧㄧ駟騵ㄧㄧ皆壯盛也蔵氏云詩中彭字僧契虛遇仙人曰尓
並加字惟有行人ㄧㄧ通旁切易匪其ㄧ蒲光切三彭絕ㄧㄧ之仇乎彭者
三尸之姓李仙若先絕三尸〔宣室記〕殺　〔語〕殷賢大夫彭諸葛
三虫即ㄧㄧ〔抄〕ㄧㄧ若彭質彭矯彭居　老彭　竊比ㄧㄧ　黒彭亮以
馬擬比ㄧ　田彭　江淮間語曰貴如　夫或云即彭祖也
ㄧ〔閭羽傳〕郝許富如ㄧㄧ〔史〕以郭爲彭　昔以彭爲郭今ㄧㄧㄧㄧ
彭謂彭蜞郢索也〔識斎雜付〕ㄧㄧ〔活套〕
ㄧ韓〔人名〕先武將〔姓氏〕〔倫要〕史記舜紀注彭祖陸終氏第三子籛鏗之後々爲
〔大ㄧ〕漢　陇西商音大彭爲商伯蓋陸終第三子彭祖即大彭也
大彭亦爲彭祖自堯歴夏殷封於大彭八百歲　嘗會村人于幔亭詳亭
〔ㄧ宣〕字子佩淮陽人治易入爲右扶風迁御史大夫封長平侯〔前〕〔ㄧ脩〕字子
陽會稽人年十五拔佩刀向盜々曰此童子義士也〔後〕〔ㄧ秉〕字利建益州人
宋仁宗曰彭乘恬退之士也遂用之〔ㄧ汝礪〕字器資鄱陽人举進士爲礼部
第一擢太子中允監察御史裏行首陳十事皆人所難言者　棚　唐徐商衮
〔ㄧ脩〕仕吳民歌賢令々彭子陽〔ㄧ思永〕氣字高爽議論清瞻　州多山ㄧ
爲盜商取山ㄧ林穴爲捕盜錦棚長安富人於林亭内植竹挂以ㄧ結爲凉
將兵所捕必得遂爲精卒〔史〕金棚ㄧ名妹問坐迹請爲避暑會〔開元遺事〕

書棚白蛾飛舜地幽　松棚避暑老紗　傀儡棚看取人間〔谷〕乞巧棚東京七夕家々
才棚鬣落ㄧㄧ〔韓〕才棚ㄧㄧ〔退〕傀儡棚ㄧㄧ　錦絲結ㄧㄧㄧ
〔歲時〕夜叉棚　才棚　楼街南大小勾闌五十余座有蓮花棚牡丹棚　涼ㄧㄧ
〔記〕　棚ㄧㄧㄧ象棚最大者可容數千人〔夢華錄〕〔活套〕戲ㄧ　榜
轒弓　輣　兵車也〔韓〕威ㄧ　搒通作榜笞擊也〔前〕〔活套〕敲ㄧ〇亨　許庚切易品
弩者　暢捎轒ㄧ　〔漢書〕ㄧ笞數千　物咸ㄧ〔坤卦〕
何天之衢ㄧ〔大〕彡　龍頭縮菌蠡亥腹漲ㄧㄧ〔石鼎〕君　李語出寒餓
〔宝藏〕拯溺ㄧ屯亨　家小茄白銀色殊勝填裏紫ㄧㄧ〔谷〕詩亨　身勞ㄧ乃ㄧ
〔坡〕小亨〔旅卦〕ㄧㄧ吉〔活套〕震ㄧㄧ元ㄧ　〇撑　抽庚切孤撑　虚有新斷摧抗饑ㄧ
泰ㄧ　謙ㄧ　作撐非　撐ㄧㄧ〔韓〕ㄧㄧ有巉絶〔韓〕〔南〕
〔山〕拄撐　纏索相ㄧㄧ〔坡〕撑腸　鄒鐵倒側相ㄧㄧ〔韓月蝕〕小舟撐柳陰撑
才撑ㄧ腹文字五千卷〔盧〕撐　才ㄧ音唐撐揬也ㄧ拄也　才出ㄧㄧ
來　萬卷撑　推肯支ㄧㄧ　瞠　直視也〔莊〕若乎其後詳瞥　鐺　金屬
才元ㄧ拄〔國〕〔活套〕料ㄧ　亦作瞸〔上林賦〕留眙ㄧ眙〔退〕　鐺　有耳
三足温酒〔合音〕景陵王子良遺何點以鼎ㄧㄧ玉半升鐺ㄧ一粒粟中藏世
酒器　鐺徐景山ㄧㄧ〔史〕鐺与鐺同　鼎鐺石〔阿房〕　升鐺界ㄧㄧ内羹
山川　有耳鐺　趙宋雷德驤判大理寺言趙普強市人第宅聚斂財賄上怒叱
〔呂仙〕　曰鼎鐺猶有耳汝不聞趙普吾社稷臣乎引柱斧擊折其二齒
命曳出止用闌入　力士　舒州杓ㄧㄧㄧ李　ㄧㄧ詳
之罪黜焉〔大曲鈔〕　与尓同死生〔李〕耳似鐺鼻似烟窓ㄧㄧ　錢朝奴子端　也羹

羹鐺周貫号木鷹子欲　李生同脩仙道不從貫指ㄧㄧㄧㄧ公頑鈍六數羹
鐺合作鐺從他三脚步能行雖然有耳不听法只愛人間恋火坑〔仙傳〕
魚鐺　北斉盧思道聘陳聯句先倡者議云輪生欲飽沃草長不肥駒謂北有
魚鐺　刷吳无駒也思道即曰共甑分炊飯同鐺異ㄧㄧ謂南人无義同炊異
〔隴〕〔談藪〕　不識　面鐺　陳暄曰何水部眼ㄧㄧㄧ〔陳史〕温酒鐵鐺盂信爲太守政寬和有
ㄧ而吾口不離瓢杓　老人遺以瓶膊信引接
鐺温之詳膊〇折脚鐺当无業禪師曰首它古得道人得意之後茆
自出酒以鐵　炊石室向ㄧㄧ子煮飯喫過三廿年〔傳〕〔活套〕茶ㄧ破ㄧ
月入　搶　搶ㄧ彗星又名天ㄧ〔大人賦〕檻　〇英　於驚切羅兩子智過万人
ㄧ　搶ㄧ以爲旌亏〔相〕戮力掃搶ㄧ　謂之ㄧ〔礼運〕三代之ㄧ〔選〕
〔李斷〕合ㄧ咀華〔詩〕ㄧㄧ　孚而〔曹〕詩石似　ㄧㄧ咀嚼ㄧㄧ号
白雲　瓊英　援挑也　瓊英　尚之以ㄧㄧ　玉一云玉生如草木之英華芝之英　峨瓊華〔祖如〕
〔樹〕蕣英　顏如ㄧㄧ〔有女〕　晶英風露發ㄧㄧ〔劉夢得詩〕　秋爲白藏冬爲ㄧㄧ〔尓〕
蕣英〔同車〕槿花也　玄英〔選〕謂氣白而收藏也　五英
帝嚳樂名　重英　二矛ㄧㄧ〔詩〕　英延　英唐殿　集英　趙宋試進士
本作擭　飾也以羽飾矛延英名　於ㄧㄧ殿　耆英　文潞公以
西都留韓公以司徒致仕集洛中公卿大夫年德高者爲ㄧㄧ會建大廈曰
ㄧㄧ堂繪像堂中共十三人温公年六十四潞公重之用唐狄兼謨故事請
入會洛中多名園古剎諸老鬚眉皓白衣冠甚偉每宴集都人隨觀之〔聞見〕
〔錄〕文公富公王拱辰席司封汝言王安之尚恭楚正叔建中王不疑謹言刘

伯奇兄趙南九丙馮肅之月朝英群公咸祖餞四甚英丨丨声四英蜀諸葛亮
張景元袁張呂言問丨座羅丨丨圖荊州傳蔣琬費禕
董允号丨圖小延英唐苗晋卿年老代宗鄉曲英歲貢丨韓餐落英之丨丨秋菊梅九
英初日映九英丨光射翰林李常朝錄丨丨丨丨名對史丨丨丨丨圖才
士元稹有氣勃勃話套丨類人名字丨舒鄉人騎赤鯉騰空詳鯉
子高嬰与周瑤英遊芙蓉城女丨張伯丨名芝善草書周瑜丨英
仙女婁航瑤漿事詳裴鉶丨妍姬詳竹譜霙丨樂名詳五英韓非
嚴也又兩雲雜也史瑛王石光釋文玉常赤英丨丨盤櫻桃藍瑛古音命韶丨霙
晚雨纖纖變玉英修則玉丨見丨瑛同色詳桃藍瑛詠菁寫紅謂姜絜綴
丨丨韓詩丨丨田玉也鮝石瑛梁彥先七歲父篤疾求丨丨丨不得彥先
人○傖鋤庚切吳人罵楚人曰丨左思丨物持歸乃丨丨丨丨比史人名先好佛漢
齒之傖此有丨父雞无端逐飢丨老傖宋王玄謨孝武比擬丨不足
丨丨謂山之王獻之徑入顧辟強名園旁若无人辟強曰丨亦詳園崢也山峭霄崢大白詩元造高言
切悉耆者○亨撥庚切通作享通以木叉以亨飪也聖人亨以享上帝○
丨丨詳丨弘羊丨封丨阿大夫詳平声丨不鳴鴈詳鴈治邑若
詳見小鮮丨大丈夫七不五鼎食丨丨丨丨丨丨陽城南
譯鮮烹如烹小鮮亨見丨五○詳逆行東亨兩玉極甬烹包南烹味我來樂飽自宜丨丨丨詩唐食

狗烹狡兎死走狗烹丨丨詳兎王珍烹丨丨伯寧國待烹元所逃而丨丨申太亨丨以養聖賢乃封太烹爨
等丨國剖烹國剝解牛羊丨丨丨丨宰烹伊尹丨丨要之鄧生烹齊以丨烹丨校人烹之丨丨
匝丨不克則烹石乞從白公勝為乱被收曰此事克則為卿丨丨丨丨國○平蒲兵切史張釋之為廷尉天下之丨泰平謂
臘為丨詳廷平丨丨秩六百常平丨丨倉丨丨華平植於春園選東京賦丨瑞
丨詳漢延平丨石宣帝紀丨詳倉華平也天下平其丨亦丨有不平処
其華向暴平丨丨其事持平丨丨三平丨谦与延平宝劍躍
其方傾丨蜀王嘉傳守正詳平丨法令丨丨圖丨丨津
水処長平趙括敗軍言平平任尚代班超為西域都護尚曰宜有以誨之超
詳勸丨丨圖丨平曰宜蕩佚簡易寬小過總大綱尚曰我以班君
當有奇策所丨丨丨平則丨圖東何曰平齊王敬則為大司馬會稽
尔数年西域反乱史鳴不平物不得其丨丨平大守明帝以高環為平東
將軍密防敬則敬則曰東今有誰只是欲太丨升丨生丨兩丨衡丨隆
平我尔丨亦丨易丨丨後以兵敗死史話套丨掌樣丨旧恨丨較友丨
年號永平丨丨明帝永丨入人名方丨原丨虞丨仙人常住宗經家向子丨名長男女嫁娶遊名山王
羊祐平丨丨年佛始入中国宋周丨名璟唐相丨秦君丨鄧丨鍾瓜黄初丨叱石為
賁卜成都李武丨咸平朱泚封西平王沙丨重宣字姓氏河内高音韓哀侯少子姞食采丨邑

因氏丨當字子思仕漢以明經至丞相子晏以明經歷大司徒漢惟韋平父
子宰相謂韋賢也丨相字維叔安貧樂道不以爵窮改操丨炎字明達為懷
州刺史魏攻城并丨丨圖丨丨詳勸品丨史丨鄉丨
竭鑒祝井泉湧品題故汝南有月丨丨号三国丨中之
以汝為傾評許邵論鄉黨人物每月朝輒更其丨臺評丨人反
辭訴言賦官平順居无鬼瞰抑喙評新羅国呼縣邑話套商丨詩丨細丨丨
丨丨詳讀日評丨丨言評曰丨丨詳勸
枰碁局九枰翰林棋者王積新從明皇西幸寓宿深溪之家夜靜堂内无燭
問姑曰是子可教以常勢因指示攻守殺奪救應防拒之法曰此已无敵人
問矣謝別而回顧失向之家矣自是其藝絕倫竭心較丨丨之勢終不能得
述異記推枰張華与武帝圍碁羊祜表適至丨平无言對丨電落枰夜闌飛丨丨
記丨丨言伐吳事丨丨斂手以對晉志空枰丨丨基丨山谷
話套丨丨萆全丨食野之丨韓愈譽遥署丨丨丨丨城南聯句注章叢生話套蒿丨丨○
京卿切山絕高曰丨又憂也詩憂心丨丨玉京天上白玉京十丨九京不百
丨丨日月景山与丨丨又大也左丨莫之与丨丨丨丨樓五城丨
一試望丨丨盜跖丨丨如丨如丨兆京十億曰丨十丨
丨昭本初音在此塔京詩甫田丨丨兆曰丨閻會易京丨丨君明識音
房字君明徵易尤丨律漢長笛賦付京
好音律故号丨丨○五代賦二京後張衡見侯王踰
冢丨丨使事物紀原丨賦後擬西都賦丨丨
賦以學西京人名姚玉丨字仲遠豫章人仕趙宋值
諷丨丨丨丨丨周丨天丨燕丨丨繁燕足詳燕綏姓氏東都角
房李姓李推律定姓改為京頎仕大冶易丨丨音崇京
高宗憂鼎遣使祭丨丨假公礼部尚書報謝及趣即席公曰若不撤樂死不
敢即席可取玉覽以往甲士露刃公命掌儀者叱之排闥出就館屬竟撤樂
孝宗曰卿為朕執礼除工部侍郎寧宗拜右丞相一守成憲及韓侂胄盜
權益甚求去章六上不麖大鹿牛尾一角○驚人死不休○一鳴驚人
詐麖于位号松坡居士血路迸孤丨丨鬭丨丨易震丨百里丨莊語丨不丨
詳鮮驚漢王為太牢具見楚使即丨丨曰猿驚山人去兮曉丨丨曾為當
鳴驚吾以為亞父使乃項王使詳章丨丨丨北山移文蛇驚丨丨塗不讀貧
為務會稽民連狀訴糟貪賄鴛鴦驚打鴨驚丨風雨驚落筆丨丨驚丨得之
會判曰汝雖打草吾亦丨丨丨詳鴨驚丨丨丨圖丨丨丨龍屠驚若寵
失之若驚是謂丨丨若丨高談雄辯丨野驚丨丨宗荊宝荊金丨可
罷十三丨丨不丨詳辱四筵驚丨丨圖話套懶婦丨丨作荊作撩紫丨可
作床白丨可作犢牡丨郎閭不相當指病自愈月暈時刻之与病身狂荊声
等首床下雖苞困亦愈廣州記云車轂中生丨棘詳棘又禹貢丨州王荊子
過伍奢於郊丨丨与食而言因負荊丨廉頗因祖識荊顧丨韓丨分荊田真田慶田廣欲分財
丨与食而言丨詳辨丨荊州詳州入分荊堂前紫荊花葉茂盛說
所為三曉即憔悴真嘆曰樹本同株聞丨
所即憔悴人何不如遂不復分分荊記柴荊丨丨春遠独丨丨圖綠荊丨圖丨丨以人試

丨隋燕荣为幽州总管管拨部道次见丛荆堪为笞箠取以试人人自陈天
并罪荣曰后有罪当免及后犯细过将挝之人曰前许有罪宥之荣曰无过
尚尔况有过乎〔隋书〕挝丨丨〔人名〕孙子丨名楚〔姓氏〕广平荆音能释国亦号荆
榜捶如初〔史〕漱石枕流因氏
〔轲〕为燕太子丹报雠於秦图穷而匕首见详歌及首　○明〔平〕荆公年十五
弑相事孔子使人观其政曰其朝清净而少事〔家语〕丨　肩兵切孟离
陟幽丨〔记〕朱明夏歌丨〔汉志〕启明东有丨　厥明卿大夫丨丨　献贤能　娄之丨书点
子夏丧丨丨　启明丨〔诗〕　厥明之书〔礼〕其丨之丨日质明丨丨大司马
旗正黎明丨丨〔国宛〕城三匝〔后汉纪〕丨丨孝平明竟之〔魏刘传〕汉军乃迟明明迟於
明也黎明惠还〔吕后纪〕将明之时亦作黎　平明丨丨
丨丨〔后汉纪〕
〔匡〕迟士余声　文明丨天下丨丨离明明两作离明遥岑出寸碧远逾明德宗丨丨
　丨〔鹖〕　离明丨〔周易〕双明目增丨丨〔韩诗〕强明自任〔国〕
昆明汉武丨丨池　四明贺知章丨丨狂客〔唐〕方明觐以行明誓之礼朝日既
　明得劫灰详灰　四明浙东明州有丨丨山　方明毕乃祀丨丨於坛〔仪礼〕方
者合木为上下四方也　决明阶下丨丨颜色鲜〔杜诗〕羞明侍伴丨丨两视明
方四尺明者神明之象　决明〔尔雅〕丨丨明目轻身　羞明详伴言〔宋〕两视明
目不丨丨　三入承明应璩诗问我何功德丨丨　凉州三明后段纪明与皇甫
丨而丨丨　三入承明丨庐○翰林有承明金銮　凉州三明威明张然明并知
名号丨丨京都三明晋诸葛颛荀闿蔡谟皆字道明号曰中兴三明○暗中明
　京都三明语曰丨丨丨丨各有名蔡氏儒雅荀葛清〔晋书〕

明中暗丨丨丨一道州　朗明丨丨丨校光丨〔话苑〕阳丨融丨丨丨〔诗〕大
道寒光〔逸〕大清〔唐诗〕　照大下详眼　精丨白发丨　〔诗〕文王
有明德故天复命武王〔正小雅〕小丨大夫悔仕於乱世〔序〕〔集韵〕永丨齐谢朓
〔小雅〕东方未丨刺无节也号令不时挈壶氏不能掌其职　谢朓诗文号
永明体〔人名〕　熒丨郑人一言而善详言〔浩台歌〕丨字子羽〔晋人〕轩辕弥丨奕小字也　道
〔南史〕　悠明无双　孟丨济河焚舟　乳丨蜀相〔西汉〕丨　〔晋人〕
士也　右〔姓氏〕吴吴宫音虞仲之后王孟丨　视因氏焉丨丨山〔晋〕字孝若　仕梁首
鼎聪白　应五经博士选为兖州刺史玥金施紫而恒事屡空〔南史〕明氏
自宋至梁刺史者六人丨丨克让丨字弘道　升令咏脩竹云非君多受赏谁贵
此贞心异奇之〔北史〕丨丨崇俨丨洛州人有奇技高宗疑瓜须臾崇俨以献　详瓜
丨〔镐〕字化基赵宋密州人辟奎称有廊庙才○平王则之乱以功　盟〔诗〕君
许端明孝士终参政〔丨贊纪〕陕崂山徵不起　弟庆符为青州刺史　子屡
丨〔丙〕　司盟敢告天之司慎丨丨云云　宗盟周之丨　诗盟千里丨丨　寻盟〔会公〕吴
〔言〕有违此盟明神殛之〔左传〕　宗盟丨〔左传〕　诗盟忍重寻　　寻盟会吴
吴请丨丨子贡曰盟而可改也　乞盟士丐丨寒盟见丨丨丨不　牛耳盟
若可寻也亦可寒也〔哀十二〕　乞盟丨〔哀二〕寒盟上背盟　祥〔成元〕牛耳盟　盟
割牲以玉敦承血诸侯共歃血主盟者执丨丨掘坎埋牲加载书坛之言背
盟者如此牛也〔周〕五见耳割牲左耳盛以朱盘玉敦用血为盟书乃歃之〔記〕
〔疏〕　〔准〕坛盟越人结交祭以丹丨盟曰卿乘车　白马盟前功臣　白鸥盟与此心吾
实坛盟我戴笠它日相逢下车揖详坛　白马盟表详马　白鸥盟与丨丨

丨〔谷〕城下盟楚伐绞大败之为丨丨丨啮臂盟其起与其母丨〔话苑〕丨位丨鸣鹿
丨〔谷〕城下盟之丨诸侯所耻〔桓十二〕啮臂盟丨而丨详臂　齐丨鸣
鸣呦呦丨丨〔魏〕王元闻丨丨问樵者曰鹿鸣即死马鸣丨李林甫曰立仗丨　刍
少顷果为猎人所获○杜诗微声及福拒详磨马鸣丨丨则黜详仗
鸣张华丨在匣内常丨华曰此雄丨雌鸣黄钟毁弃瓦釜雷丨〔韩〕　耳鸣作劳丨详释肠鸣一饮
刍也雌者未至故鸣下文详剑丨釜鸣丨雷丨〔韩〕耳鸣丨丨详释肠鸣且救
饥丨〔国〕不平鸣凡物丨得其丨则丨○以鸟鸣春以雷鸣夏以虫鸣秋以风鸣
丨〔国〕不平鸣冬　以道丨丨以术丨　以诗丨丨假部以丨丨以荒唐丨〔庄〕
〔韩〕以诗鸣与世浮沉惟酒可随时丨〔山谷〕见上坚白鸣　大选之形丨以丨丨丨　惊人鸣齐威
　以诗鸣　虞聚丨丨丨　见上坚白鸣丨〔庄充德符〕详白　惊人鸣王沈
湎不治诸侯并侵淳于髡曰国中有大鸟止王之庭三年不蜚不鸣此何鸟
也王曰此鸟不飞则已一蜚冲天不鸣则已一鸣丨丨丨於是朝县令七十二
人赏一人诛一人奋兵丨丨　蛙鸣武陵王为会稽燕丛亭蛙鸣聒耳王曰殊废丝
而出诸侯震惊〔史记〕　蛙鸣竹僧法朗以法丨之便息王欲复鸣僧曰王歔
已阑令汝复鸣　丨丨丨丨〔谷〕两鸟鸣化为
丨喧聒如故〔国〕客鸡鸣孟尝君丨丨狗盗详鸡　苍蝇鸣茶鼎已作　丨丨丨　两鸟鸣相酹详鸟
客驴鸣王仲宣好驴鸣既葬丨皆丨丨丨○孙子荆哭曰卿常爱我作驴鸣今
为卿作体似声真客皆笑孙曰使君辈存令此人死客皆怒〔世说〕
雁不鸣丨丨不鸣丨详雁　叶叶鸣　风丨披拂丨丨　先一子鸣州丨〔丨〕　钟扣
丨丨丨〔禅录〕〔韩〕　先一子鸣州绅曰平阴之役〔衮十〕　钟扣

则鸣华待问者如撞丨丨马黠驴鸣马黠丨秦刘邠轻满不宜在文馆
则鸣丨丨小鸣扣小小鸣丨丨马黠驴鸣刘邠曰既云丨丨岂合丨丨〔宣斩刘邠〕
心鸣〔邠〕邪舍多闻铜铃声问师僧伽难提曰铃鸣一牛鸣两牛鸣地得禅林〔荆〕
　　鸣邪风鸣邪曰非风非铃我丨丨亦鸣　一牛鸣〔公佛书〕以丨丨丨地
为去〔话苑〕凤丨〔诗〕鹤丨〔诗〕〔诗篇〕鹿丨燕群臣嘉宾也〔小雅〕鹤丨诲宣王也〔正〕
五里　丨丨丨丨丨松风丨丨　　雅鸡丨思贤妃也齐哀公荒淫怠慢○文曰
鸡丨刺不○根除庚切杖也又门楔门〔人名〕申丨○荣永兵切〔孟安〕东
悦德也〔郑〕　两旁木〔韩〕参从排天丨丨见语　荣冒尊丨〔文心〕
荣毓当丨丨〔郑献通义〕升自丨丨降自西北荣　南荣丨丨偓佺之伦暴於前荣丨丨
荣檐〔大记〕屋翼也谓屋梠之两头起者曰荣　〔郑如付〕
饯宾上荣列宿乃施於丨丨荣　名荣美人荣荣兮颜若　向荣木欣欣而采荣
亲迎　上荣字义并同上〔甘泉付〕名荣丨之丨〔随世家〕向荣丨丨〔陶词〕
四皓丨丨於南山乔荣仲尼为政於鲁齐遗哀公　梦中荣　钓天一饷
〔扬雄传〕荣声名也骄荣女乐以丨丨其志〔韩非子〕梦中荣丨丨丨〔陵〕衣锦荣
比之丨丨争春荣勿与桃李丨丨　义荣势荣小人可有丨丨不
之丨丨也〔国〕争春荣丨丨丨〔图〕义荣势荣可有丨丨〔荀正论〕　〔话苑〕朝丨宠丨敷
发红　〔人名〕　顾丨亦知味详炙　刘公丨　相阮籍曰惟公荣可不与饮详饮〔荣〕
丨〔人名〕嘉丨　善歌者刘禹锡诗云唱得凉州意外声〔扬丨〕赭古之力详力
〔姓氏〕上谷商音周大夫荣公丨叔食采於丨因氏〔丨畿〕字子谌隋时为华州
长史拜侍御史在朝侃然正色百僚所惮〔丨遗镒〕毗之孙性亮直有学

業仕隋歷始洪二州刺史俱有能 瑩 石似玉〔韻〕如玉如丨丨瑩丨丨瑩尚之以丨秀瑩平而〔詩〕王瑩丨丨充耳丨丨
名〔小學紺珠〕漢人年九十帶索而歌
〔詩〕○兵 晡明切〔魏相傳〕義丨丨應丨忿丨貪丨驕丨 五兵 弓殳戈矛戟〔冊本〕矛戟鉞刀楯弓矢〔谷梁注〕丨丨凡有八說詳匀會 府兵
起自西魏後周備於隋唐因之〔綱目〕曰折衝府凡天下十道置六百三十四而
關內二百六十一凡丨丨三等兵千二百人爲上千人爲中八百人爲下民年
二十爲丨丨六十而免 心兵 諸葛亮語說算茫綱丨丨〔韓欽懷〕嬾嫚足睡或能起丨丨〔山谷聯句〕 酒兵 丨猶丨也兵可千日而不用不可一
日而不備酒可千日而不飲不可一飲而不醉〔南史陳暄傳〕破根懸知有丨丨〔晚〕 墨兵 孫樵謂書史爲丨丨〔博物志〕 蝌兵 吳俗有蝦荒丨
丨之語謂其被堅執銳也〔黨譜〕 羌老兵 桓溫司馬謝奕逼溫飲溫走入南康主門避之曰君若無溫司馬何由得相見奕遂攜酒引溫一老兵帥
共飲曰丨丨一丨丨得一老兵亦何所恨溫不之責〔晉〕 阮步兵 丨籍聞丨丨廚貯酒三百斛乃求爲步兵校尉 虱人兵 而丨丨堯舜不戰
〔勝醫〕 北府兵 晉劉牢之百戰百勝號丨丨丨〔史〕 以女妻兵 王述怒子坦之欲丨丨丨互見睽 江東步兵 張翰縱達
〔通〕不拘時號丨丨丨丨〔史〕 草木皆兵 符堅望八公山丨丨丨皆丨丨〔史〕 胸中甲兵 范仲淹守西夏賊曰小范老子丨丨自有數万丨丨
不比大范老子可欺也〔言行錄〕 ○兄 許榮切 梅兄 山礬是弟丨丨是丨〔谷〕 鵝兄 雞頭吾弟丨丨吾丨〔坡〕 難兄 元方 丨〔詩〕難丨爲丨詳
華 三兄 吉甌謂錄山丨丨爲丨丨〔監〕 孔方兄 錢神 詳方 使鬼兄 垂素何頻丨丨〔宋樹〕 吾所兄 草書絕妙丨丨丨〔坡〕 事
以兄 孫策與周瑜同年小一月以兄丨瑜 ○ 喚殺兄 樂天歲日家宴詩猶有
許遂與張巡同年生月分小呼巡爲兄 夸張少年奴笑呼張丈
丨丨丨○寬心吾兄師兄 僧惠崇喜用古句或識曰〔活套〕〔白丁〕去
時稷丨丨丨〔歐〕詩 古人言丨丨丨丨詳古〔年丁〕孟 ○卿 京
切〔孟〕貴戚之丨異姓之丨〔記〕王制大國三丨次國二丨小國二丨 ○古六丨
冢宰司徒宗伯司馬司寇司空〔儀禮疏〕云諸侯兼官但有三丨司徒兼冢宰
司馬兼春官司空兼秋官漢置十二卿正丨九太常光祿衛尉太僕廷尉鴻
臚宗正少府司農〔晉百官志〕古者諸侯皆名執政大臣曰正丨周後始有三
公九丨 春卿 梁以司農卿爲丨丨又曰 稼卿 見 冷卿 道館雖云樂丨丨當復
之号 夏卿 唐曰司稼又曰稼卿上 冷卿 溫〔陸游〕管王牒
所山谷詩註 煖卿 衛 飽卿 光祿 睡卿 鴻臚 走卿 司農已上五 清卿 袁聿脩爲太常
云光祿卿 ... 竝出詩注 少卿号丨丨詳
鄉 長卿 豈如丨丨晚乃 墨卿 藉手丨客爲丨以 愛卿 王渾妻鍾氏常卿其夫
卿貴〔晚寄曹冀州〕 風〔揚雄長楊付〕 渾曰語可尒妻曰矜卿
丨丨是以卿二我不卿二誰復卿二〔世說〕韓魏公爲陝西安撫李師中過之
爲官妓賈丨丨賦詩願得貔貅十万兵犬戎巢穴一時平歸來不用封侯印
只問君王 卿自用卿 庾敳字子嵩王衍不与交敳卿之不置衍曰君不得爲
覓丨丨 尒敳曰卿自君我二自卿二我自用我家法丨丨丨丨

法何奇 四至九卿 漢許商丨丨〔儒林傳〕 賤者可 卿 齊陸慧曉未嘗卿士大夫曰貴丨
之〔晉〕 卿不可卿丨丨乃丨丨何容立輕重
於懷 李不避卿 司馬齊之曰我自避丨丨詳 拜卿門 有卿 晉王允云公門有 太常不是
抱〔史〕 赤棒丨丨丨丨 公丨丨丨〔史〕
卿太常卿清重不与它卿 五郎呼作卿 不識丨丨丨丨〔破〕宋璟燕朝堂張
卿等故云丨丨丨丨丨 易之易之昌宗列卿三品璟六品居下座
易之虛位揖曰公第一人何下座璟曰才劣位卑卿何謂第一時易之內寵
不名其官呼易之五郎昌宗六郎鄭善果曰公奈何謂五郎爲卿璟曰以官
正當爲卿君非其家奴何郎之云〔唐〕〔人名〕 相如〔宮臣〕 二子敬〔詞〕 名軻刺客 名式与張邵爲心友〔顏〕 名式 司馬 長卿 ... 署安祿山
〔顏真卿〕 唐忠臣〔孫〕 杜成都猛〔宋〕 美姿容城女子也 ○生 所庚切〔唐〕 土地所丨〔孟〕 舍丨取義〔元吉〕 流放 大德曰丨〔書〕
將有荒卿〔宋〕 韓与丨俱丨〔莊〕 鴻生 鉅李丨丨 取生 沛公曰丨丨說我 孤生 起自丨
然更丨 人之丨也与憂俱丨 〔唐鄭覃傳〕 鯫生 距關〔漢書〕 小人也 丨致位
郡守〔後〕 〔張騫傳〕 狂生 酈食其皆謂之丨丨〔前〕 蒼生 安石不出如丨丨何 群稱大柚要盛丨丨 友
生 雖有兄弟不如丨丨〔詩〕 好游遊丨丨詳遊 三主 禮闈年八十丨丨 門下見丨丨
恕丨丨丨〔宋樸〕 門生 〔唐裴度詩〕 王荊公丨丨閉禁治新經字義皆変所奉諱
發公丨丨丨 黎生 唐蘇決善有道術一日會數朝士滿坐思酒忽有人稱黎秀
〔論衡證〕 才突入坐少年秀美談論不九法善以小劍擊之應手墮地
化爲瓶榼中有美酒共飲之皆曰 麴生 漢武帝旨 嘉生 〔協〕 丨丨 鋒生 論難
丨丨風味不可忘也〔開元傳信記〕 酒名丨丨 〔昭帝傳〕 丨丨
〔綜政〕 放生 曹操子丨丨 螟蛉數卷盡丨之夜夢被甲 側生 旁挺龍眼
〔傳〕 者眾謝〔東齋記事〕輩大卿丨丨 祝王荊公壽 荔枝〔三都付〕 來
觀上國之光而被丨丨之謂〔張九齡荔枝付〕宜 兩生 〔漢〕 書 叢生 終軍建節
洪多食丨丨動搖其左車乎〔容齋隨筆〕貴妃齒痛畫 出關二吏
曰此前丨丨 白馬生 張湛常乘白馬光武曰 畫寫生 黃筌父子丨花用筆極
丨也詳晉 丨丨丨且復諫矣〔東〕 細殆不見墨迹謂之丨丨
丨丨○ 趙昌丨花 酒傳生 唐長安風俗元日以後遞飲 蕪咲生 鬼嗤咲生 柏倒
丨丨〔東齋記事〕 酒相邀号丨丨丨〔法苑珠林〕 有詳蕪
生 大谷倒生 怒蠅生 曹參發怒 死走生 葛亮卒宣王追之姜維反旗鳴鼓宣
之丨詳柏 生蠅詳蠅 王乃退謗曰丨諸葛丨丨仲達〔三国〕
死等生 丨姚崇丨丨張說詳碑 大瘦生 杜甫事詳瘦 作麼生 丨問向青州丨丨〔蘇〕猶言如何 猪先生 紙也 不俱
生 兩虎共闘其勢丨丨丨詳避 無退生 後周楊忠曰有進死丨丨丨 有恩生 不作 江總詩悲君感義死丨丨丨詳楮 死中
求生 後延岑曰男兒當丨丨丨丨可坐窮乎〔史〕 與憂俱生 人生丨丨詳憂 爲有先生 勻 詳有 不令與獨生
竇嬰与灌夫相得田蚡劾灌夫罵坐罪弃市嬰 不作彥回生 齊褚彥回与袁
鋭爲被曰終丨丨灌仲孺独死丨丨丨丨〔史〕 粲俱受宋明帝

傾命彥回後歸心斉高帝檠死於石(史)〇三生有一省郎遊華寺夢至碧岩下
頭語曰寧爲表檠死丨丨丨丨一老僧前煙穗極微僧云此是
檀越結願香煙存而檀越已丨丨矣第一生時玄宗時劍南安撫巡官第二
生憲皇時西蜀書記第三生即今生也省郎洗然方悟〇葫芦生三由人詳
血丨丨石上無生大家團聚頭共說丨丨種華生二祖付衣法三祖曰本來
憍請魂詳譚話詳詩又丨丨法詳法緣有地因地丨丨丨(傳灯)
四祖云若无人下丨丨地亦无丨悟前生斉君房事詳空不与俗物
又云華丨有生性因地性丨丨又房琯事詳身同條生丨丨丨(谷)
詳條太俗生南泉坐次一僧义手而立南泉曰丨太憎生見上可憐生大安禪師
丨丨憎合掌南泉曰太憎生(傳灯)音一水牯
牛調伏既久丨丨不生不滅詳(法華)浮丨偷丨(詩篇)葛丨(刺)晋献公好
丨变人言語詳牛滅治丨書丨攻戰國人多喪
伏丨口授尚書散宜丨文王臣劉更丨向白馬丨張湛諸馬穆丨楚
元王爲設醴尾丨抱柱死賈丨誼侯丨魏无忌之客漢地仙甥男丨
事通著函帝館丨于貳室〇王濟丨衛玠謝安丨彌甥外孫曰丨丨〇季
羊曇刘牢之丨何无忌〇謝安以羊曇乙丨詳甥弓生康子曰以肥之得
備丨丨也(左)三甥鄧侯丨丨騅甥聃甥解甥數馬(谷)谷此甥此甥
遠也謂父之甥生養甥請殺楚文王(左)王甥妹婿王出甥也
王梲字元達甥范甯曰御有後來之相宅貴甥魏舒外家起宅丨丨者曰
秀悅曰不有丨丨安有丨丨(史)帖生當丨丨丨詳謀匀相下

笙垂作丨又云女媧作〇匏瓠爲之中空十三簧管大者十九(尔雅)大者謂
竽小者謂和竽三十六簧宮在左和十三簧宮居中(書)丨鏞以間〇笙
作鳳鳴調笙仲夏命樂師丨君子丨丨竽之声則一和而巢笙
詳鶴丨丨竽(月令)聽笙思畜歛之臣(樂記)三笙丨丨成声(儀礼)
刘㦸仲䟽飲東坡聞笙簫声若在雲間粗桃笙丨丨紫䔶(吳都賦)村吳人
中音節徐察之則出於双瓶作丨丨詩(賦)謂簟爲笙丨竹簟也王喬
笙許慎謝元卿遇神仙吹紫鸞笙两二白玉童双壺盧笙交趾人多
說文叢蕃笙丨丨之丨(續仙傳)吹丨丨丨(李)取无柄之
瓠爲笙安十二簧吹之客笙吹笙文帝令杜夔於丨丨丨鳳遼東
音律清響(續漢表)(录異)丨杜有雜色(魏志)云(活套)丨鼪呼鼬
鼠曰丨如貂赤黃色大尾鼪(活套)鼬丨丨猩人面豕身似猿能言(裴炎銘)云武
能啖鼠(莊)埔鼠不如貍丨平封溪縣丨常數百爲群人以酒
并糟設於路側連結草屐丨見之則知張者祖先姓名呼云奴欲張我捨去
復自謂曰試共嘗酒逮醉取屐著之爲人所擒里人索肥者乃自推肥泣而
遣之〇西国胡人取其血染毛罽剌其血問之与我幾許若加鞭箠問之隨
所加得至一斗(谷)嗜酒醉魂在能言機事蹟平生戕網殺身後五車書云
云拔毛能济世牲未殺曰丨殺而未熟雖日用丨丨之養猶爲不孝
端爲謝楊朱(谷)曰腥一曰完牛爲丨三牲也(孝經)丨丨之俎(記祭統)
五牲麋鹿麏狼兎爲特牲五祀用丨丨(月令孟春注)割牲漢明帝幸太學食三老五更
丨丨(左傳注)天子袒而丨丨執醬而饋(礼)

牲卜郊不從乃丨丨(僖卅一)身爲牲湯大旱丨婴曰吾以爲犧
丨禱于桑林雨大至(通暦)檠渠京切輔正弓弩者亦作擏(蘇武傳)
能網紡繳丨弓弩趙擏道可以爲人之排擏不得丨丨則短檠長檠八
當遇灯丨精事(見俑傳)輔擏丨丨(韓詩外傳)不得其正(荀)尺空自
長丨丨二尺便且光(韓)丨丨(敵)不受檠大弨一弛何由彀已竟翻二丨丨丨破大弨之張
也弛而不失其民何謂也曰檠之而已矣(揚子)(活套)
韓丨夜窓擎举也(杜)書八柱擎丨丨丨天(賦)擎水擎大兵如擎丨丨使
丨讀書丨從弟子丨丨(崇碑)詳碑丨(魏元忠傳)(活套)手
丨丨一柱丨擎鯨大魚(尔雅翼)云鼓浪成雷石鯨漢武刻丨爲丨置昆明池
蓋丨相扶丨噴沫成雨大者數千里長每雷雨鱗鬣皆動〇丨丨
鱗甲動錦鯨丨丨捲還客始覓窺奇摘海異恣騎鯨若逢李白丨丨魚
敍風(杜)心和平(杜)禱段也天鯨韵激丨丨(韓)道甫問訊今何如
(杜)戕鯨取其鯨鯢而封斬鯨安得倚天劍跨掉尾鯨開鱗風浪湧中
鯨之以爲大丨(左)斬鯨海丨長丨(李)有丨丨丨(杜)吸川鯨
飲如長鯨横山鯨顧持空手去独〇華鯨催粥丨丨吼夜闌(谷)取鯨魚擊蒲
丨百丨(杜)控丨丨丨(賦)牢則鐘大鳴(釋氏要覽)海岸獸名
蒲牢声如鐘而性畏鯨二躍輒鳴故鑄鐘鯢丨長丨鈞丨
作蒲牢形其上斷橦爲鯨形(東都賦注)(活套)奔丨李海丨勍強也(左)勍丨敵之
人黥黑刑天黥眷生息丨丨(谷)詎庸知造物者之相黥英布微時丨者曰
不息我黥而補我劓耶(莊大宗師)當黥丨丨而王果然(漢)

史趙宋狄青范雎坐須賈堂下令兩黥黃花面黥北斉宋欽道婦名
亦黥而後貴夾兩黥徒丨而馬食之(五見雎)輕霄婦妬面黥爲
宋字丨丨後入宮(姓氏)漢人迎語京切牛酒丨勞(漢紀)顏回曰无有所丨
得幸後主爲后〇將迎无有所丨(莊知北)
(遺)跳擴寡送迎太守梁柳皇甫謐從姑子也之官有勸謐餞之謐曰柳爲布
丨丨(晋)送迎衣吾丨丨不出門今作郡送之是貴城陽太守而賤柳非吾
心所犬迎丨丨曹丨丨丨中竹馬迎郭伋爲太守兒童壺漿迎出郭
安也宿客(周)蒲輪迎公(漢紀)丨騎丨丨丨之(後漢)丨丨
丨倒屣迎蔡邕聞王粲在屣履迎皇甫規解官歸鴈門太守謁之規卧六蕃
(魏)門丨丨丨丨之不迎又白王符在門丨丨丨之詳後
迎丨馬前弓劍(國)半坐迎晋景王欲殺夏侯大初未决安王孚曰昔趙儼葬下階
丨丨丨丨(國)兒汝來丨丨丨丨之太初來一坐悉起乃殺之(魏志)
迎揖紹爲斉王冏所重每丨丨而丨丨之刘喬曰云云王何加敬於紹乃止卿
紹謂喬曰大司馬何故不復迎客喬曰似有正人言以卿不足迎(史)
不足迎注見上虛車左迎信陵君丨左丨自迎侯生(活套)郊丨逢丨歡丨一笑丨雉子丨猿鶴丨丨行戶庚切(韻)
用之則丨(易)与時偕丨(乾)(記)安丨横行樊噲願得十万衆丨丨丨而欲宜行擿
丨勉丨(中庸)漢紀两生不肯丨横行丨丨匈奴中(漢史)壯行丨丨之(孟)擿埴
索塗丨丨而已(揚雄)側行義縱丨丨倒行主父偃一歲四迁大臣賂遺累
盲目人以杖擿地求塗也側行丨送迎倒行千金或曰太橫主父曰丈夫

生不五鼎食死即五鼎烹語力行爲治顏一一佝膝行廣成子南首而坐黃
日善哉一一而迎説也前史如行周武紀帝一一而進稽首而
隨匪臣省意行一一无禱路戈爲鉤兩行槭武仲兩過猷叔曰一何以聖爲陳書蟻行日月如一一磨詳纂抗行王羲之每
自稱我書比鍾繇猶一一。真書小低猶一一晋真行魏初有鍾胡二家爲
唐德宗紀云君卑上衡未相抗如此則行又作衡行書之法兼真者謂
一一常草者謂草草行見上大行注有一一人小行人主論呂官不在之許
行張懷瓘書斷帝崩未有謚稱一一。行一作去声詳敘句
却行大公護箏一一詳韋暖史步連行備死事東西行一一者皆避路晉呵夜行李廣
魏伊敔曳牛見一一史詳漣皆避路呵夜行猶夜
至霸陵尉醉止廣之騎曰故李將軍尉鷁九行叔孫通傳尊卑次起鼓毋行
曰今將軍尚不得夜行何故也詳尉上壽一一漢紀
相如爲一一任引古樂府衣繡夜行項羽曰富貴不歸故衣錦晝行魏
長歌行短歌行之義相如傳鄉如一一一一本張
禹爲雍州刺史太祖曰還卿邯鄲學行壽陵邑名餘子未成丁李行於尚堪
本州可謂一一一一矣史一一也失其故行匍匐而歸莊
一行吐谷渾慕容雋曰牡丹能行一朵能行一尚書裏行崔日知爲太常
臣雖老一一一一白詳扇以歷任年久每
集与尚書同列御史裏行正觀中置監察一一一以馬周爲之自此以爲官名唐。本上座同行詳
号爲一一一一座

謂拔道得行不得諸惡莫作衆善奉行三歲孩兒一一詳禪傳燈令一一五一雲一一攫人
也六十歲老人一一一一醉歌一一酒數一一安
地人名人名似晋見孟子衡書律度量一一權玉衡在璇璣星
一曆志夏爲一一散爲桃書投壺舜典衡長
八尺璣圓周二丈五尺有參衡一命縕韍幽衡再命赤韍幽衡三命赤韍
機運動于下以望星宿一一記玉藻韍蔽也韍之以蔽前後詳韍
衡佩玉衡幽与黝水衡漢武初置一一都尉掌上林苑一日主平秩。龔
同黑也一青也遂手渤海遣使機之以年老不任公卿遂拜爲一一
都尉議曹王生爲一一丞阿衡伊尹号一一倚也一一平也虞衡山一掌山林之
困龍郡猶堪作一一漢言依倚取平亦曰保衡政令川一掌川
澤之禁門衡黃圖衆一一籟詳圖衡約軛一一詩采芑謂持衡天下之
衡門詩一一謂橫一木爲門錯衡置文采以爲車一也勢猶
一廣李石傳此首延衡轉之奇衡在輿則見其於爭衡前漢抗衡
重則彼尾輕矣路一一論一一也車轅曰衡一一文翁
詳抗折衡訓斗一一而民騎衡百金之子不論衡蔡邕人疑其得異
行下折衡不爭勝殿爰盎傳殿邊欄楯曰衡言投其帳中異得
王充一一王莽傳一一厉邑注平肩揚目也肩福衡夏而一一曲禮不抵觸
時衡上日衡。蔡邕傳揚衡含笑解同楅衡牛角端一詩橫木著
攝衡奉之令左昂右低出弟子爲長者奉坐臥席之禮陸文字

人名事詳名嶽晋人後漢後侯人尚氣節後漢鬘聲姓氏平陽商音伊尹
一二魯公珩佩上玉唐憲宗相後漢人通五經爲阿一因氏焉
子一之後楚国語白一之宝蘅杜一香草俗名馬蹄香以通作衡
富一韓秦衡朱玉付江離一一徽衡均州天心山多生一一其草細辛能香人衣蘅衡晚
野嚴光一富春孔明躬一南陽。一道撰德詳彌伊尹一莘折屋檐上横木也
古莖切孟顯一於其野公孫丑上辨一歷山犬耕下水種稻草
生因去複下水灌草死舜田于歷山一爲之鳥爲耘陸龜蒙應劭曰燒草
獨稱長所謂一一水耨象耕云象行必端正必深耕田者法其端深
故曰一一鳥之啄食務疾畏奪法其以一一而一春一勸
疾畏故曰鳥耘非真一一鳥耘也鐵耕耦耕語十以省耕一孟
耕布谷何勞代耕其一也祿足以一一爲稼傭耕陳勝少時与良農不
耕也一一括耕耕人一一詩志輟耕爲水旱
一一筆耕王勃所至請托爲文人謂禮耕人情者聖王之田也舌耕賈逵門
箇古織而衣一一而食詳織不耕情一一以一之記祀運徒來李
不遠千里或云逵自耕宋王部家貧挾卷不輟家人
非力耕所謂一一拾遺記謂其不耕田部曰我常一一三年耕一一
有一年之食九年耕之亦寸地耕但存方一一留一一必
必有三年之食王制肉莽耕肉莽而報詳莽与子孫一一遺龍上輟

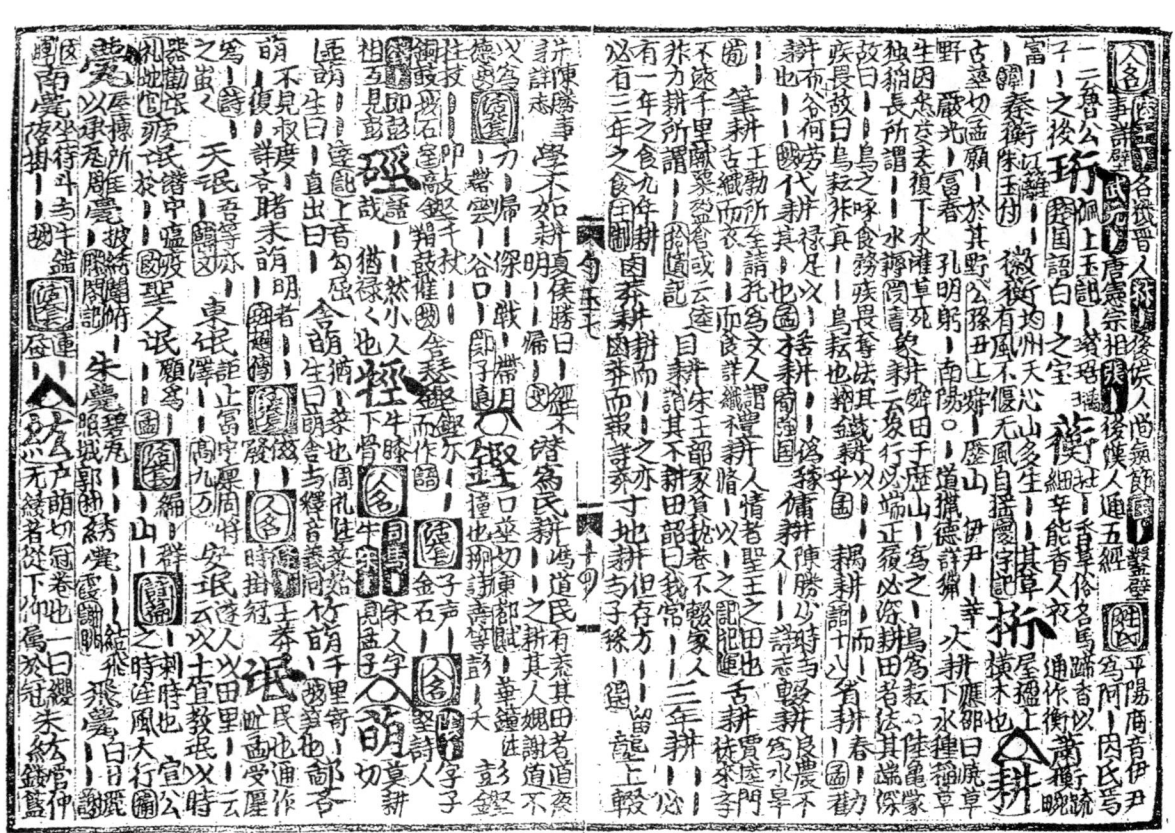

并陳勝事學不如耕真侯勝曰一經不明一一歸魯爲民耕嶋道民有荒其田者道不
詳志明一一歸一文諸之耕其人媿謝道不疾
以爲陸力一歸一深一戰一帶明人鏗口莖切東都賦一華鐘注彭
德一嘗云一谷口一一鄭子真撞也揶詩壽等彭一天鏗
柱杖一卯鼓鏗手杖一一舍瑟鏗爾一一陸子声一一人名字子
鋼鼓石鏗蝟鼓雅而作語金石一一堅詩人
祖互見卯記硜諸一一然小人人名宋人字萌莫耕
見彭哉猶祿祿也牛膝司馬牛見孟子萌切
莖萌生曰一直出日一上音勾屈舍萌猶一菜也周礼注菜始生曰萌舍与釋音義同竹萌千里寄一鄭音
不見叔度詳音睹未萌明者一一逢萌後漢傳王莽殺子宇萌謂友人
萌一復一一人名時掛冠氓民也通作
爲一詩一天氓吾等亦一東氓詛止冒守粟周將安氓云以士宜教氓以時
之蚩蚩一韓文一一澤一一周九万以田里一一一云
器勸氓痰氓諧中瘟疫陸編一群宣公
礼地官瘦氓衣一國聖人氓願爲一一山一韓之時刺時也大行
覺以承乏厠所雕覺一披綺闌檻一朱覺碧瓦一一綺覺霞一一紵飛一一白
覺以隶乏厠所一一照曜郭東一一一一飛覺一一睍
因南覺坐待斗与牛齒連一一一一日纓朱紘官仲
啤覆掛一一陸𦘦无緌者從下仰屬於冠戶萌切冠卷也一

子部　第三册

丨丨君子以為鑑矣風韻青紘諸侯緒戶畝冕而丨　元紘古者王后織丨丨八紘九州之外
奄之外有丨丨東方之紘曰桑野南方之紘曰反帝紘扶皇細闌丨地紘辛天
戸西方之紘曰秩野北方之紘曰委羽淮南子　地紘有八寅八
紭頫丨丨丨人名毳丨丨南山可移䎅丨也虫飛丨人名蔚　入五侯家之句詳韓　紭紘
宏大也書宏字其丨紭張行成傳陸套　必丨丨發人名中　唐詩人有輕烟散
又大也韓鍾張華天閉閎高其丨丨巷門　閎丨其器丨以登閎陸二皇之丨門巷
之休丨中外閉閎也盟諸侯閎因深閎丨月令　莽　與旗團
遠也丨陸套宏丨人名將作丨丨高丨人名人造太初曆陵武時丨丨而將　崢丨丨山崢嶸春風准水浪丨丨
丨時陵窮視峙丨高唐付音義同戚　陸套氣角崢丨人名評詳匠　嶸峻兒　崢嶸心哀兒阮瘦丨丨
宜鍊明達舜鶴仕莊宋將幕猶物之高也　詩有　○
𦬼何耕切光武時金莖漢武帝承丨丨承露盤丨丨顯帝梁名○莖根枝一言曰莖丨又
之根嘉禾九穗一丨金莖露詳露銅柱也丨下也一作莖言帝得五德
丕王之九莖元帝中産金芝丨丨詩　髮數莖丨　與鬆相形一
于莖白髮千丨陸套　斷髮莖丨盧　愁白丨丨　莖
莖丨丨　丁中莖切詩伐木丨丨　　嬰鳥莖切亦作嬰若旧韵别
出隨字今詳其義若同並

附木嬰韓信擊魏伏兵從夏陽以竹嬰辛仲宣截丨篇丨以酌酒曰吾哲愛
出丨丨丨丁度軍度屬豹　竹及酒欲令二物相並不　陸陽曹書
石嬰秋風丨丨　金嬰唐左相酒名醽醁翠濤　銀嬰翠管丨丨下丿琴絲
破石榴詩　貯以丨丨十年不敗　碧管　王嬰　丨
丰一握　圓舊嬰　家　盧嬰趙廣漢為京兆尹突入霍禹第搜椎丨嬰年來
劉伶瓜詩舊嬰　倒旧丿　家私釀酤推破丨丨丨丨斧破門開　并嬰小罌
丨丨破盆丨丨奉嬰丨丨丨丨承糟　托酒　西嬰晉孔齊有道丨者弁緩阿日人飲吾丨丨
溢丨丨　激嬰　酒德頌　酒貝一向故水也視之一嬰果是水弃曰
酒重水輕提酒者人名　晉大夫季其名不一　倉庚　商庚
手有輕重故耳　陸套　帥老夫事詳帥　鶯　黃　鸝鸝　鸝鶊　楚雀　黃
栗留　黃袍　搏黍　黃鳥　金衣公子　戴顒春日携双柑斗酒人
問何之曰往聽黃鸝聲　此俗耳針砭詩腸鼓吹　高隱外書　出幽遷喬　陸套
官丨嬌丨雛丨丨　唐張生寺丨氏女丨丨往來役弃之欲求一見
諳丨丨求友丨　人名　不可得　麗情集詩人老去丨丨在公子歸來燕燕忙　鶯
幽眼子野　王晉鄭歌姬名丨丨丨丨後流落汝陰道中　田甕　喜遷　鸚
遇之有句云往人已屬沙吒利義士大丁元古押衙　西清詩話
丨挑又名含桃　朱桃　伐嬰蕭穎士作丨丨丨臣嬰黎李欲以撥子丨
涂紆若朱丨黃者膩丨事詳桃　賦以刺李林甫　棉根不同時亦
金城　陸套　丨嬰丨詩鳥鳴丨丨丨鸎丨鶡　撥丨泥耕切弱　萬佞丨晉王沈釋
記　嚶韓　嘉發吻丨丨　詳鸚　也因也　時論丞指

腐骨不愴譚敬饮婁因其声丨丨　陸套　生
聞丨愴譚禹錫傳喪語相呼声　拘傔不知名教何用苦丨丨
丨䮍乱兒　錚初耕切金声又鉦也　朝城南　丨東也丨困也
中錚丨丨丨　錚庸　段頰有功而不介士鼓士丨鏗　錞錚丨鏦丨鏦
砯丨　中楚丨詳鉄　玉声　鎗鍾声前礼樂志　皆鳴　秋声付　金鉄
丨水　　丨也　鏗丨注金石声　丨鉄
擊石声　怦丨丨心急也琴诗　軯車馬声　前校選　繃之娉畱　舽　鐵
錦繃　推子　丨丨　丨丨字訪宜　轟輷丨騂丨　兒絲繞○或作棚
錦繃　唐人食第詩　孩兒倒繃猶畱振故振曰宣有二十年為老娘而倒繃丨丨
者乎既而試擇官選王與振曰普天之下莫非　君又從仕必鼯筆硯宜
王蔭不中選孫曰畱君竟倒繃却孩兒矣　筆談　○　丨丨
伻丨使也書　繃蒲明切弓強兒又　轟呼宏切群車　陸套　小兒丨丨　恲
丨丨　來　蒲兒　丨中彪外　丨丨声丨丨也　　轉丨丨怒起轟發　懜也勝子
丨丨喧轟雷轟丨丨朝轟發丨丨高帽轟　鶱丨丨　頤壑丨懜
韓丨然振動蛔畱　鑽轟　轟韓　雷轟一夕丨丨丨薦
韓　南海廟碑　福碑詳碑　悅言声丨大声
李僉公碑丨震天鼓　陸套　閔中　鍧鍾声　丨丨　　　良
　　丨丨二流人　圖錄　燴鏗丨丨　　薨　衆也疾也詩
泓烏宏切水深兒又陶泓毛穎与絳人陳玄弘農丨丨丨　度之丨丨丨
地名　左　戰于丨　泓　拘友善　　硯也　竇泓掛摩丨丨
　　丨丨　　　　　　　　　　　丨丨　　泓冒道山　山

俗兼言　石泓俗泉名　丨丨　歐晴窓　泓　泓弘雲破墻隈殘月曉　乳泓撥雲披雲　韓城南聯句　李泓　得丨丨　國
硯也　影落丨丨丨処　黃硯也
白酒　泓星泓丨護比丨丨半丨銀　　　　　　　　　　　　　　　丨丨
蔣也　隄丨丨　陸套　丨玉丨丨　撜除耕切晉北則丨柱細雨更稜丨丨
劉禹錫　壤樘鵲殼擔丨丨以丨丨　丨丨　苌　支解見　丨丨
部付　丨丨簫　以兒　菅樘丨丨谷　丹詩長記撜一年好丨君
黃繡綠丨陸套丨霜丨襪金　瞪直視兒又　丨丨　丨兮丨丨　正是丨丨
時娑　丨丨醉得丨　蒸膛韻　　　争側迸切無　所丨八道詩時丨
讓吾藤薛丨長隱公處丙丨田口舌爭丨丨起以　丨丨　　　　丨丨
詳曲老子天道不争而善勝　丨丨良傳　水火争　靡有丨丨　丨丨
西虎爭子從而刺之戰國策　蝸角争而戰詩角　　　　丨丨　丨丨丨　遲
丨丨丨牛而美　　　　　　　争　食平丨　　以
弓丨丨登夜　下士爭上士无爭丨好丨老子　蝠蚌争丨丨　蝙
不决詳睫　　　　　陸套　丨力　箏　四時長六尺應六律絃十二象名
須琴　樂志　箏俗傳曰能為秦声争也弾　弾箏搊箏擘箏扣箏丨丨之声
者用骨爪或銀甲代指　細銀甲弾丨用　秦箏也　客書丨丨吹絕調　閑幽丨
家悟造箏○丨丨文箏丨　風箏詩鳥喙丨丨碎珠玉　隨园宮　乱箏　唐有丨丨以片
指猶在　康熙　物所值　四角吹丨丨丨　唐　滿欲　也　竹潤其端而軋
之詐丨丨長箏若大　長丨丨陽　素箏李元忠戲丨丨　蜀酒　賊過鼓箏唐樊彥琛妻鸞彥
丨丨樂書　國　事迎神武詳冥令刺具　丨　琛死妻鸞祭於業

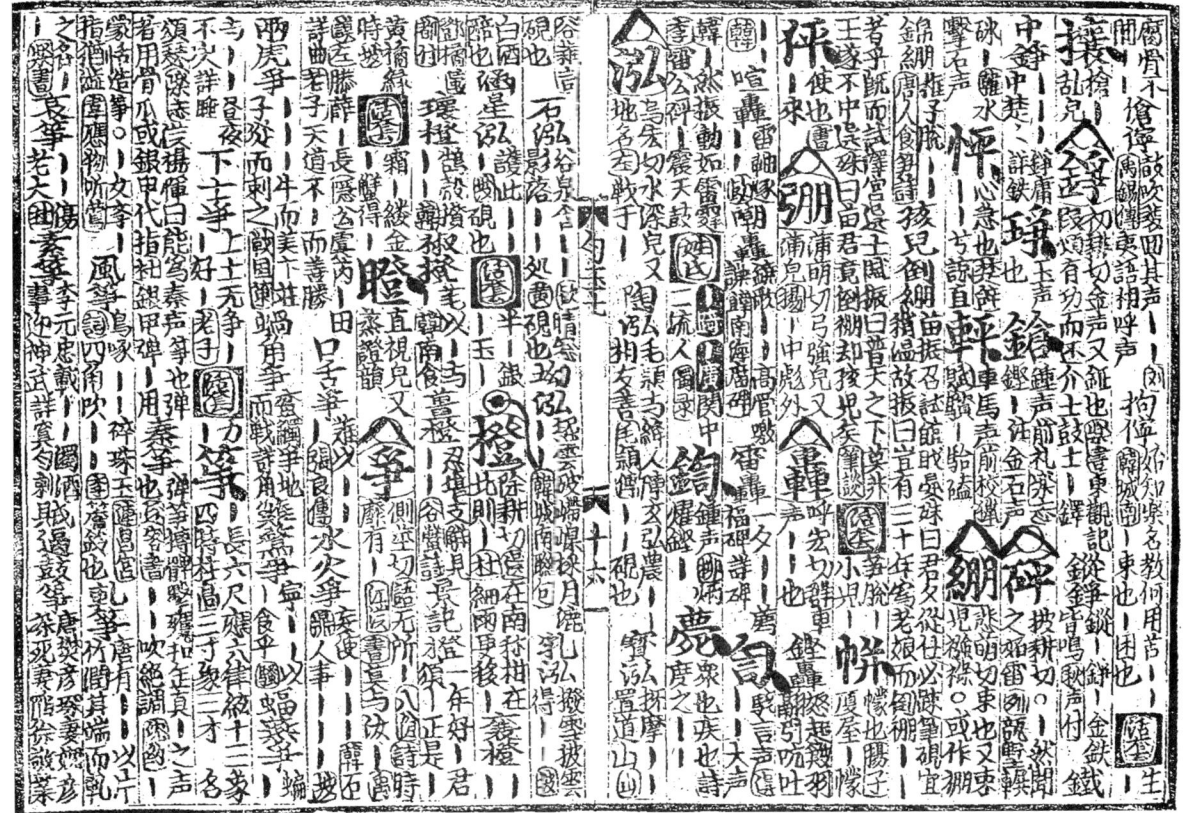

三九三

兵中令鼓箏妻引　柏伊撫箏〔晉〕丨丨爲豫州都督帝召伊宴飲謝安侍坐命
方斷指不從〔史〕　伊吹笛伊吹一弄放笛云臣於箏不及笛然頗
合歌管臣有一奴善相便弊召之奴既吹笛伊丨丨而歌爲君既不易爲臣
良獨難忠信事不顯乃有見疑患周旦佐文武金縢功不刊推心輔王政二
叔反流言安泣下沾襟越帝就捋　箏〔唐〕于頔令坐客彈丨其妓曰三
其鬚曰使君如此不凡帝有慚色　琴聲帶箏　分中一分箏声二分琵琶声
〈清〉七情切〔語〕身中丨〔孟〕聖之丨〔左〕俟河之丨〔家〕心　淡清去如旋風
〔老〕天得一以丨〔列〕輕丨爲天〔天瑞〕驅我独丨　浮清搏丨丨〔賦〕華清
唐明皇有　西清象嬛婉婵於丨丨〔翔〕　深清自臨釣石　至清水丨丨无　蕩清濁
丨丨宮　〔兩〕村注西廂清閑也　深清汲丨丨〔賦〕　至清魚詳魚
〔臣〕　澄清范滂攬轡有懷清巴寡婦清始皇爲　六清王食用六谷飲用丨
〔國傳〕丨丨之志〔宋〕懷清築丨丨臺詳臺　〔礼〕水漿醴酏醫酏
丨丨玉丨郎官清求君折送袁家紫令我　亮以清小紋康折　〔賦〕臣坐清齊
也　冰清潤詳潤　郎官清與起丨丨丨〔合酒名〕　丨丨丨丨　滄
嚬之爲丹徒令對武帝丨丨丨日清則臣安敢清脩樊
曰丨丨所以獲罪〔史〕　勤而清　嵇紹自行勤則事无不举〔史〕　子盖
爲武威太守帝曰人道公清定如此否　使持節盡清　唐姚崇爲益州長史武
曰丨丨丨止是小心不敢納賄尔〔史〕　后曰凡二千石清其身
者易丨丨者　毋撓其清　唐蔣沇爲高陵令郭子儀數麾
難惟璿兼之〔史〕　丨丨下兵曰蔣沇賢令丨丨丨〔史〕　膚清神清〔晉〕劉惔曰

社父丨丨衛　官清吏清姚璹迁益州長史上曰爲二千石清　子清父清胡威
玠丨丨〔史〕　其身者易使吏尽清者難唯璿兼之　丨丨曰臣
清畏人不知臣不及臣　長清短清
父清畏人知　詐清　眞清陸景倩爲扶溝令掫使民畏最有吏
何間雅歌有　言狀曰其強清某丨丨惟陸景倩丨丨
長側短側之名〔字彙〕丨丨丨丨
〈情〉疾盈切〔語〕莫敢不用丨　〔陸賈〕孤丨双丨到骨丨　〔詩〕縮丨奏象　〔人名〕　〔若三丨〕太白有
詩　閑情〔賦〕陶潜易万物之丨〔周〕天地之丨〔大壯〕〔記〕盲丨　〔孟〕如得其丨　声聞過丨　〔詩序〕丨辞也〔周頌〕　〔遠〕玄道士诸三
之治丨丨　六情喜怒哀樂愛惡　神情王夫人丨丨　徑行〔禮〕弓　七情人聖
以礼〔記〕　六情惡〔白虎通〕　神情散朗詳夸　風情消磨未尽ゝ鄭　〔賦〕鄭情　缯以
丨丨賓之秦兵　宦情阮裕字思曠曰吾辞王命非　丨丨　貞情　句城
故來〔閑〕〔世家〕　敢以爲高也吾少无丨丨　移情伯牙學琴於成連先
冥香鳥獸悲號嘆曰吾師將丨　鍾情王衍喪幼子悲甚山簡曰孩抱中物何
我丨援琴而歌遂絕妙詳琴　丨丨至于此衍曰聖人忘情最下不及情ゝ
之所丨正在我輩　縱情雖假容於江皐乃　無情〔晉〕郭文曾隠過溫嶠問先生
簡亦爲之慟〔晉〕　於好爵〔賦〕丨丨独丨丨乎文曰情由憶生不
憶故丨丨　死生情一丨一丨乃見　立盡情怜我父懷〔史〕不世情ゝゝ窓外青山紅意綠
丨丨〔宋〕　交丨詳崔羅　丨丨丨丨丨　〔谷〕
青花賦　丨丨發葉就　厚貌深情　人者丨丨丨丨當　無謂陽情謝靈運事易之礼
情丨丨新〔閑〕〔彦昭〕　以九徵觀之〔荘〕　多〔安〕〔晏子〕〔衰〕〔湛〕謂

重子曰汝無出〔晉史〕無香火情秦王謂叶蕃曰何丨丨〔唐史〕雖老多情徐娘丨丨猶
丨丨丨丨〔晉史〕　丨丨丨丨　尚丨丨詳娘料勢料
情五代閻宝曰央勝丨丨丨也有生皆有情菩薩
丨丨央戰丨丨〔史〕○覺有情梵云菩薩此言乃有情中之覺者不悱有覺性而无情菩薩
亦未免有情故　無法當情師問双峯師夺近日見処如何曰悞其　無物當情
云丨丨丨〔心經〕　甲見処实丨一丨可丨丨〔傳灯〕仰山傳
常了一切空丨一丨丨
丨〔傳灯〕紛州无業傳　〔曲名〕　詳衰
又作春風　丨丨〔賦〕賞春晴　將春睡　〈晴〉杜鍾鼓　乞晴韓文奔走分告
丨丨丨〔賦〕　眼不晴〔龍女詩云〕晴丨丨〔令齋夜話〕　報新丨　日丨丨于尔神明炳炳晴
丨詳石　萬里陰晴海賈云中秋之月相去丨丨　鞭石以晴宜都父兩
〔賢經〕頌聚丨會神三精丨丨〔露宝〕陽精天象也〔春秋説〕　丨丨曝
〔婁〕〔内〕傳厉丨致陰〔兕武〕〔賛〕　无不同者〔春秋詩注〕　〈精〉子盈切〔書〕惟精丨惟一　研
角井有光如虹丨丨丨入井良久出曰一　花精崔元徽見青衣女洋曰桃氏　水精周郡於夷人買奴善
黃龙抱數顆明月大珠〔熟獛〕〔婁〕〔硼傳奇〕　梅精楊氏李氏乃众丨之丨詳妖梅　入水名丨丨丨丨湘州八
精明皇宫人江氏好梅名曰青　雷煥曰宝丨之丨　丨丨
梅妃上曰此丨丨丨也　劍精上徹於天詳劍　鼠精王侍郎家丨　究生李
李虬　蒼精〔遠〕公云吾當佩合景　樹花实俱美此鼠丨
〔事〕〔集〕　精蒼丨　○東方蒼龙　黃精太陽之草名丨丨　餌之長生○掃除白髮丨丨　在〔困〕青精道家

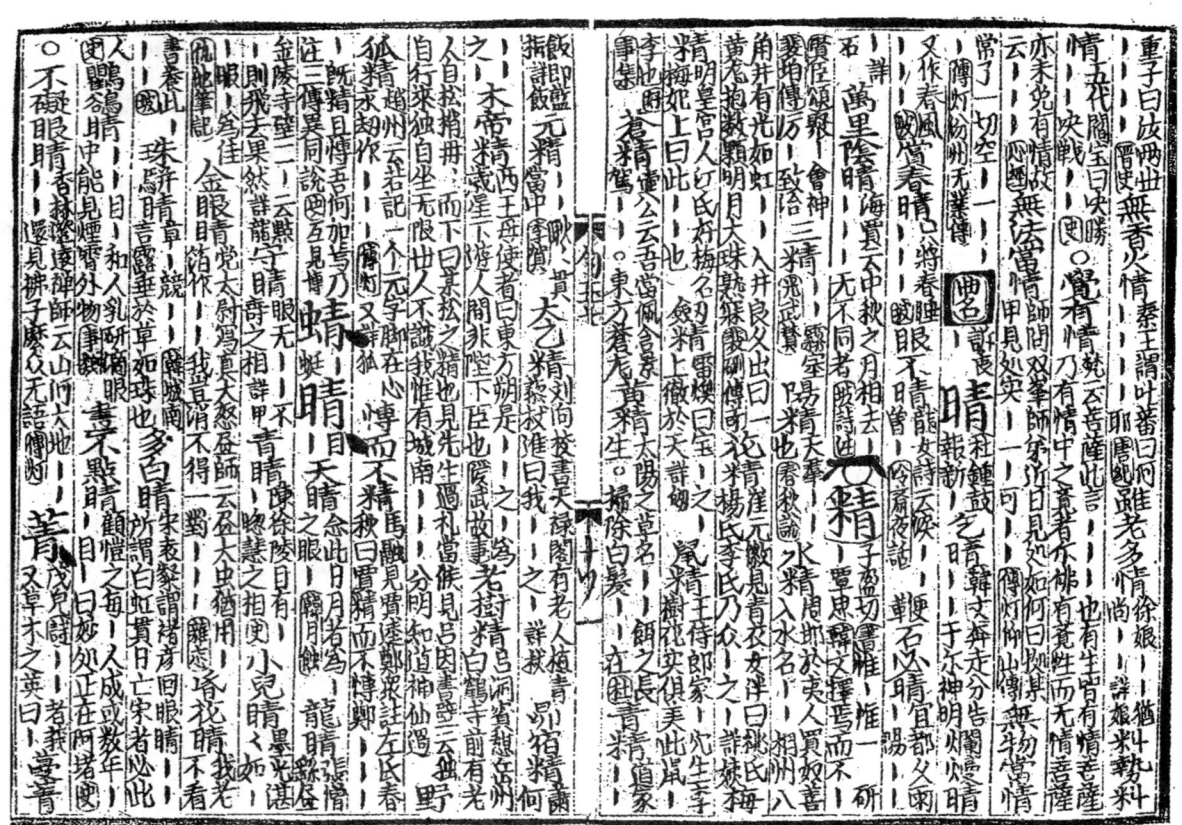

飯即盛元精丨丨　當中〔李〕〔賀〕　大乙精刘向校書天禄閣有老人植青
指詳飯　耿ゝ貫　藜杖進曰我丨丨之丨詳校　昴宿精何
丨丨　木帝精西王母使者曰東方朔是丨丨之丨爲　老樹精呂洞賓憩岳州
之丨　歲星下游人間非陛下臣也〔漢武故事〕　白鶴寺前有老
人自松梢冉冉而下曰某松之精也見先生過礼當候見呂因書壁云独
自行來独自坐无限世人不識我惟有城南丨丨丨丨分明知道神仙過　野
狐精趙州云若記一个元字脚在心　〔傳灯〕又詳狐　博而不精馬融見賈逵鄭衆註左氏春
丨精求卻作丨丨丨　秋曰賈精而不博鄭丨丨丨
丨既精且博吾何加焉乃　〈睛〉蜓　目天睛念此日月者爲丨　龍睛張僧
注三傳異同說〔史〕互見博　睛之眼丨〔鏡月錄〕　繇昼
金陵寺壁二丨云點丨丨丨不　青睛陳徐陵目有丨　小兒睛學光湛
丨則飛去果然詳龍　守睛眼无丨丨丨　青睛丨聰慧之相〔史〕　小兒睛ゝ如
丨眼丨爲佳　金眼睛黨太尉寫真大怒　昏師云盈大虫猶用丨丨
〔桃花〕〔筆記〕　金睛睛作丨丨丨　我豈消不得一對丨丨丨〔雜志〕　昏花睛不看　我老
書養比丨　珠睛青章丨丨競丨丨〔韓〕〔城南〕
丨丨〔賦〕　珠鳥睛言露垂於草如珠也　多白睛宋袁粲謂褚彦回眼睛丨丨
人　鸜鵒睛丨丨目丨和人乳研滴眼　晝不點睛顧愷之每丨人成或數年丨丨
〔史〕　眼中能見煙霄外物〔事〕〔類〕　目丨目丨曰妙处正在阿堵〔史〕
○不礙眼睛　香林遠禪師云山河大地丨丨丨　〈菁〉茂皃〔詩〕丨丨者莪
　還見拂子麼人无語〔傳灯〕　又草木之英曰丨　蔓菁

即蘿蔔又名蔓菁　諸葛亮所止必令兵士種丨丨取其六利蜀人呼爲諸
葛菜〔小説〕金城土酥淨如玉〔因〕雪白芦菔非芦菔喚來自是辨底玉花桒丨
丨丼丨丨喚來自　蕪菁蜀先主在許下閉門種丨丨〔活套〕茹方日角精光又
是甜底丞〔歲齋〕因謂關羽吾豈種菜者耶〔四〕丨翦日水丨石
水晶葷腥丨丨盤饗碎詳盤丨丨杯詳杯丨丨灯箋丨丨宮詳宮〔活套〕
瓜嚼丨丨〔異迻〕月如黑丨丨〔梅月〕秋食甘寒果丨丨〔誠齋荷詩〕
日丨光丨鶄青鵁丨水鳥能辟火　旌分析鳥羽爲之竿頭則綴以旄牛尾
天氣丨丨鶄火鶄降亦似鳩丨也天子丨高九仞諸侯七仞大夫五
仞士三仞禮丨別〔叔應識〕丨干旌孑人〔干旄〕寬旌拖丨丨〔樂雲旗〕
羽也高士廉贊以丨有功方旌旌悠々〔車攻〕干旌丨〔如上〕付羽毛絛
五色似雲風旌五王宮中立長竿掛五色旌以候風名丨丨之
丨丨之氣　風旌相丨丨〔開元遺事〕壯心降尺倒丨丨〔晚〕三旌位〔職誌王禹偁〕謂
三公　招旌丨庶人以旃大心旌丨糕人如懸　進善旌丨丨之丨〔晉威公問〕好〔富〕鉻旌愛惜
也　招旌夫以丨〔孟子〕萬心旌〔爾秦傳〕
衛官特底用它年燭影双旌唐崔西用兵刘沔夜行有人授以双燭曰君〇
只丨丨丨丨〔晚〕火影双旌當大貴後果至大將常有丨丨在丨丨上
盈以成切語洋々乎丨耳〔孟〕則以取丨焉　虛盈丨丨而爲丨〔語〕執丨　虧盈丨丨天道
丨科而後進〔易〕月丨則食〔語〕不丨一朔　盈丨如執丨〔禮〕
而益謙地道變盈而流謙鬼神害　盈彼丨我丨　人爛盈其
盈而福謙人道惡盈而好謙〔易〕故克〔詩〕　充盈〔唐韋〕之肥也〔記〕

丨門　貫盈商罪丨〔秦誓〕萬盈丨丨數　大盈丨丨若充〔若〕唐德宗　持盈丨丨守　奉盈
詩　丨〔泰誓〕也〔左〕　丨丨庫貯私〔休〕　成〔鳧鷖〕
孝子如丨　溝澮盈丨丨〔孟〕　花盈盈丨丨上丨丨人未歸〔古詩〕鬼女歌丨上海不
丨〔戴禮〕　旨　曲〇盈々一水間〔牽牛女詩〕
盈丨丨萬川歸丨而〔活套〕輕丨淚丨　〔人名〕〔禮〕得道〔勾曲山〕詳三　楹柱也丹楹丨丨
丨丨詳尾間丨器易丨〔亭〕〔記〕〔盈音〕人
刻桷〔左〕繡楹金作蛟龍　兩楹丘也殷人也孔子晦昔之夜夢坐奠於　惡楹叔孫
龍〔七〕　盤丨丨〔禮〕丨丨之間云云予殆將死也〔檀弓〕　出見
季孫指楹曰吾丨丨　撃楹將如脂如韋以丨丨乎〔楚辭〕如撃矩之撃章　梁楹爲国
是其可去乎〔左〕　丨丨東之也丨以爲圓物又以脂潤韋而撃之
唐〔達〕　式爲楹〔詩〕匠氏不以丨丨丨〔顏延〕　建與楹莛丨丨丨丨丨丨　厲与西施恢詭譎怪
園〔實〕　丨丨門捆也言用材失所　丨道通爲一〔莊子齊物〕　莛屋梁也言
横直顛倒　楹後董宣殺公主蒼頭光武召宣將殺之退　唐殷楹趙宋崔遵度
不同〔見〕角楹宣請自殺以丨丨丨流血被面互見項〔退〕　〔晁〕才学堅白掌右
史立殿壁上常丨丨丨間〔活套〕〔瀛〕丨丨　瀛海也又丨〔瀛〕洲神山名滄瀛丨丨流芳騰〔李〕寰瀛丨陳
慮上所見帖於殿刹如此　〔活套〕縣丨丨　瀛洲神山名　滄瀛丨丨流芳　寰瀛
御鄭視壁間丨丨　〔南〕見一　八瀛丨虞元冥之洒丨丨亦　登瀛唐杜如晦等十八
并甚大登册至全家詳　丨瀛不能撲烈〔唐史〕　登瀛学士天下謂丨丨
洲〔活套〕逢丨箱篋篇〇謂　金籯〔漢〕韋賢曰遺子黄丨丨　籯
丨丨贏〔費〕曰丨〔方言〕　丨丨不如教子一經〔漢〕　贏奔秦祖伯翳爲
舜主畜賜姓

丨又解也〔記〕天地長贏〔夏〕春爲發生夏爲丨丨〔爾雅〕長贏元死音發　黔贏化神名天下造
始〔肅〕不可以丨　丨生丨丨皆四時別号　一曰太平祥風
百〔活套〕秦丨孤　〔人名〕　〔左〕魏公子无忌客詳左車　古音贏乃買有餘
〔贏〕丨言秦　射者詳〔猿〕〔侯〕〔付〕孫弦一發妙擬丨丨　贏利又受
也〔左〕以贏人之〔逍〕丨諸侯　又　奇贏〔漢〕操其丨丨日游都市〔贏〕商賈裨販
撐曰丨〔前〕刑法志丨三日糧　〔食貨志〕言商賈事邪〔贏〕丨優而足恃
西〔京〕〔賦〕仕謂〔欺〕　求贏〔漢〕馬少游曰衣食取才足　貫欲贏丨思贏〔莊子〕　道我贏〔且〕可
丨余丨也　丨丨丨丨　丨而丨丨而　隨緣
〔前公〕　無他贏〔漢〕張湯死家産直不過五百〔史〕〔活套〕輸丨　營余傾切〔詩〕召伯
者爲丨丨益〔官〕所得奉賜丨丨丨　〔贏〕丨　是丨〔營〕高〔孟〕丨
〔經〕詳營　經營丨之丨之〔詩〕　屏營夙夜丨丨〔丨〕丨音平旁皇不安皃　〔莊〕營人民丨丨
作正音征皇　四營丨丨〔後漢清河王傳〕亭之〔莊〕　〔王莽傳〕本
恐不安皃也　周回爲營　四營丨丨而成易〔繫辭〕謂四　　蝇營丨丨狗苟驢去復來〔韓〕　　石營
出丨敵前　度經丨營　細柳營周亞夫屯軍　國西營休〔恥〕丨丨〔栗〕驃騎營風沃蛟
筆陣空來夜丨丨〔吳甘寧傳〕〔陵〕　丨〔本〕　〔唐〕關天
長丨丨〔灌〕　君子營〔晉〕刘超任射声校尉統　諸葛營　孔明一夕有　〔太〕〔古詩〕文營〔〔詩〕〕
丨〔灌〕　〔宿衛〕号丨丨丨〔本〕　丨丨大星隕於丨中〔本〕　〔坐〕王〔李〕埋　城
役高里丨〔雜古〕　嬰　放盈切人始生曰丨又〔漢〕〔賈誼傳〕丨城　嬌嬰〔古〕端叫〔叱〕
藏二三四丨丨〔阮〕〔籍〕　〔固〕守〔賈誼〕策含斤斧而丨丨以芒刃　如丨丨〔國〕
九嬰〔羿〕射十日繳大風殺〔登〕嬰〔一〕　蜂〔淮南〕丨〔子〕好移〔虎〕〔先〕爲之相〔宅〕〔注〕　〔宗〕〔微〕王夫
〔鑿〕嬰〔斎〕斬丨丨〔淮南〕〔修〕〔務〕　〔郭〕〔璞〕丨丨〔詩〕出千家〔注〕左詩　香嬰人与一神
女俱來五香〔五〕〔六〕〔馥〕如嬈丨丨　氣丨丨
也丨丨者嬰〔香〕〔也〕〔出〕外国〔貢〕　虎嬰〔抑〕手全云〔孟〕〔其〕丨丨　世嬰〔抑〕〔閼〕丨丨
〔鷃〕嬰石〔喉〕下丨丨丨之　〔人名〕吳丨　齊相〔晏〕〔嬰〕〔景〕　〔嬰〕〔手〕〔掌〕也〔詳〕〔勢〕　〔嬰〕〔身〕〔陸〕〔機〕
丨丨則殺人〔爾〕〔疏〕〔雅〕　客存孤事〔趙〕　〔史〕〔韓〕〔嬰〕〔儒〕作詩外傳　〔嬰〕〔將〕〔灌〕〔嬰〕　丨丨我
宗嬰文冠系〔孟〕〔被〕髮丨冠　〔漢〕　〔王〕　〔趙〕〔朔〕〔之〕〔唐〕太　逆
子嬰〔盤〕丨馬〔膺〕前丨如〔察〕〔稀〕　又　玉纓〔左〕〔信〕〔九〕〔八〕〔雞〕〔弁〕丨丨　珠纓丨丨　翠纓〔三〕〔礼〕〔論〕　青
纓昔聞投〔簪〕悦〔海〕岸今見〔祭〕纓仰叔于〔突〕請曲懸丨丨以朝〔許〕之〔左〕詳懸〔有〕　打〔多〕〔纓〕〔級〕丨丨〔容〕　塵
纓解蘭縛丨丨〔北〕〔山〕〔移〕〔文〕　纓〔纓〕以少爲貴者大路丨丨丨一就〔記〕〔禮〕〔器〕〔辭〕見前
濯纓清斯丨丨　請纓終軍丨受長丨必羈〔南〕〔越〕王致闕下〔漢〕　〔新〕纓〔衛〕〔蒯〕〔聵〕入〔軆〕出〔奔〕季子將入云云
濯纓丨〔孟〕　〔醜〕纓二云太子〔蒯〕〔聵〕下石乞盂〔黶〕敵子路
以戈擊之丨丨子路曰君子死　結纓見　絕纓〔楚〕〔莊〕王賜群臣酒燭滅
冠不免結丨而死〔左〕〔哀〕〔十〕〔五〕　結纓上　〔絕〕纓〔韓〕〔詩〕〔外〕〔傳〕〔楚〕莊王賜群臣酒燭滅
有人引美人衣美人援絕其冠纓告王王命百官皆丨丨乃出火後晉　〔繁〕纓
与楚戰一人常在前五台五獲首怪問之曰臣乃夜丨丨者也〔戰〕〔国〕〔策〕　獵纓
買誼丨丨正襟　香纓丨丨以五綵爲之婦　胡纓〔說〕〔劍〕〔垂〕冠丨丨之丨〔莊〕〔子〕
史日者〔傳〕〔攬〕也　〔紊〕〔所〕〔結〕〔所〕持者〔晉〕〔詩〕〔說〕　纓〔胡〕〔纓〕曼〔莫〕千反〔麁〕纓无文理
〔活套〕〔纓〕〔丨〕〔解〕丨〔纓〕〔冠〕丨〔絳〕丨　瓔玉石似　攖〔伯〕〔近〕也〔孟〕虎負〔嵎〕莫之敢丨　貞〔陟〕盈切相如賦〔豫〕章
　丨文丨冬青〔樹〕一名女〔楨〕

卜下貝爲大貞丨丨之礼(周礼) 贊貞求丨丨之所房(韓詩)祭廉貞獎令公少時術
丨字詳貝謂卜以事也(後志)丨人丨(易)廉貞士命丨丨丨當
得其助裴信之一夕祭車見一(話套)元丨利丨(書)峙乃丨榦注築墻具兩
人金甲朱戈長三丈余去(異說)丨亨丨 楨 旁橫木○又女丨木詳貞
瑤禎綠髮抽珉龔青實替丨 禎 祥也(記) 赬 丑成切赤色(詩)魴魚丨
丨(韓城南)謂削木如瑤 有丨祥 尾 亦作䞓(礼考工記)
一染爲縓再染 有赬 東枯焚指禿刈熟(公)紫赬願君爲霜風一
爲丨注淺赤色 丨赬丨丨(韓城南) 丨掃丨与丨(詩)
(史)凉州出赤白丨(尒雅)翼天將(話套)杉丨(韓詩)松丨(當) 蟶 蚌屬 偵 (說)何也(左注) 謀者遊丨 檉 河柳也(詩)其丨其丨 ○
雨丨先起氣應之故名雨師

成 是征切(語)三年有丨(孟)不日丨之(詩)汔用有丨又
遹觀厥丨(書)習与性丨 晏有乃丨(易)曲丨万物 耆成 惟商丨人(書) 老成 毫髮
无遺恨波瀾独丨丨(莊) 國成 誰秉丨丨(節南山) 歲成 以参互考日成以月要考 日成
詩到隨州更丨丨(谷)丨丨 月成以歲會考丨丨(礼)
蒲堂兮美人独与丨 大成 古者比年入學七歲視論學取友謂之小成九年知
予兮丨丨(九歌) 感通達強立而不反謂之丨丨(學記集)丨丨(万章下)
小成見上 少成 丨丨若天性(賈誼策) 財成 后以丨丨天地之道(泰卦) 象成也(樂記) 容成 司空作丨(傳)謂鐵也
混成 有物丨丨先天地生(老) 雄成 古之真人不丨丨(莊)(內宗)(醫)不恃其成也 晚成 大器丨丨(老) 扶風人朱勃年十一能誦書馬援見之
自失援兄況白朱勃智不比亦勿畏也汝 仰成 奎拱丨丨(畢命) 黃成 掇任(朝黃堂) 落成
大材當丨丨後勃不過縣令(後書云云)
楚子成章華之宮願与諸侯丐丨丨 昭文氏 鼓成 丨者敗其 害成
丨之(国)宮室始成祭之曰落 虧成 之不鼓琴也詳虧了成也(陰六)
發事丨不密則丨(易)爻 椎成 後漢賜陳寔濟南丨丨(史)鉤名 韶九成(書益稷)丨丨丨 ○樂
丨丨(易)繫 也寔敦朴善不外見故賜丨丨 奏一終爲一成
武六成 自丨始而北出再成而滅商三成而南四成而南国是疆五成而分
周公左召公右丨丨復綴以崇天子夾振之而駟伐盛威於中国也
亂(樂記) 乘三成 燕礼丨入丨丨謂三終 地十成 天五生土丨丨之(洪範) 田一成 夏少康有丨成(哀元年)成方十里
孳 織成 寄從遠方來遺我丨丨(杜)褥段名 銜水成 文如丨丨不用意爲(醉) 初 寶粧成 芳藥名(剣) 畫虎不
成丨丨丨丨反(話套)酒丨丨(詩)守丨(詩)連丨丨(書篇)武丨丨(人名)虞丨子千二百歲(郭)
類狗詳狗(話套)(歸)平丨丨司丨七步丨丨(人名)庚 名玄(齊女) 父
子相繼至翔(五代)漢太守爲增户口(東閣)丨王毋侍女長恨歌小玉報双丨(姓氏)
愁賦思鄉関也周詞蘭丨憔悴(董双)丨 庚信小字有哀江南賦及
上谷商音周文王第五子郕叔武之後子孫去邑爲丨楚丨得臣丨大心丨
能並其後也(上觀)謂齊景公曰彼丈夫也我丈夫也吾何畏彼哉(國)(上齊)
字李文仕魏援者作郎獻文不從北涼上援車輝遊 盛 (尒雅)山如防曰
論帝曰諸人不如丨淹論通釋人意乃勅停行(北史) 丨(伍負傳)丨以

鷗 粢盛 以供丨丨(孟) 天作淫雨害於丨丨(左) 豐盛 粢丨(左) 卬盛 丨丨于豆(詩)
夷 謂黍稷稻粱之屬外作粢(周礼注) 丨(生民)卬我也
奉盛 丨丨以告(左國二) 饋盛 斯我丨斯丨我饋 壺盛 者以丨丨 余游詳茶酒一盛 旨丨
兮手与揭之父 酒 白盛 晞国之人獻丨丨 東軒 只是虛空物何处人家
眂之(国)一器也丨丨(穆天子傳)龍解盛 (子由)子由号東軒長
老詳 老瓦盛 莫笑田家丨丨盛自(話套)筐丨 城 (孟)三里之丨(詩)公侯干
軒 貧丨酒長兒孫(杜) 者 ○夏赫連勃勃蒸土築丨
○防意如 雲城 玉皇君青丨帝城 陳咸嘯於郡守曰蒙子公陳丨丨
丨詳瓶 丨爲丨(太平記) 湯力得入丨丨死不恨詳書 金城 関中丨千里
(假書)齊屠邑守并州或曰并州丨丨丨 火城 元日冬至宰相朝賀燃燭至數百
鳴池帝曰非也唐邑是丨丨(北史) 炬曰丨丨丨(全日)官城燭以潛
之国 沙城 魏祖征馬超爲超騎所突營不得立又多丨不可築丨娄 長城 築 秦
(史)(補)丨子伯曰今天寒可起丨爲丨以水灌之一夜而成(白帖)
万里丨丨十邑紫詳年太宗曰李勣守并突厥不敢南丨耶(宋) 斗城 (崇)元帝初築長
贅於丨丨遠矣(唐)擅道濟臨刑曰壞汝万里丨丨耶 安城丨丨南爲南
斗形北爲北斗形(古) 滴城 桑落之酒(谷) 赤城 台山名狀如雲霞 五城 京十二樓
至今呼爲丨丨 遂爲丨丨(遊仙)天 天上白玉
丨丨 佳城 夏侯嬰死送葬至東都門外駟馬不行跑地悲鳴即掘馬蹄下得
(李) 石郭銘云丨丨鬱鬱三千年見白日于嗟滕公居此室乃葬焉謂
之馬冢(博物志) 官城 毛穎者中山人也詩 城 唐秦系曰刘長卿自謂五言長城系以
城攻 封之丨丨(韓文) 詩以偏師攻之(唐)丨專五字丨(韓駒詩)愁
城丨丨 終不破 蒍許 錦官城 孟後主於成都城上種芙蓉如錦因名丨
丨詳 終不開(庚信詩) 丨丨(成都記)花重錦官城杜集中凡四見
按蜀本並作丨丨 注成都府呼爲丨丨丨 者江山明媚如錦 不夜城 (宋)地理志
也或云丨丨如銅官塩官之類亦至能有錦官集鎮成都時作
不夜縣(注)古有日夜出於東萊故萊子立此城以丨丨 受降城 漢築丨丨(匈奴傳)笑
爲名○風花誤入長春苑雲月長臨丨丨丨(陵雲)殿詩
磬城 王洞子高与仙女周瑶英遊丨丨丨丨凡百余日○丨丨丨中花其丨丨誰
其主者石与丁(國)注石曼卿死有見之乗青驢如飛者曰我今爲仙所
主丨丨丨 貴連城 魏文帝送玉玦書(漢) 厲馬城 丨事詳璧 舌下城 二寸丨丨丨
百見籍 越万金丨重丨丨(國) 秦城易趙 酈食其掉
斉七十(本)邑 傾城 詳 傾陽城 東家之子嫣然一笑 歌 渭城 蘇餅者日本領既大
余丨 丨丨丨丨 迷下蔡詳笑 心計轉 不復丨丨
丨矣 夫人城 晋朱序鎮襄陽符堅遣兵攻之序母見城西北角當先壊領百
詳餅 餘婢并女丁斜築城二十余丈賊攻西北角果潰衆守新城賊
遂引退号爲丨丨丨 ○化城 法華導師多諸方便於險道中丨作一丨丨是時疲極之
丨丨丨(史) 衆前入大城生已度想生安穏想(法華經)夢中遊丨丨
(皷) 含衛城 世尊食時著衣持鉢入丨丨丨(話套) 歲丨 禁丨
丨丨大丨乞食(金剛經) 丨專丨(地理)(武)(都) 地名(人名) 眺(杜詩) 謝宣 名 詩接

謝宣城爲宣城守易修辭立丨禮中庸天下精誠着天感陳見丨
唐諫議大夫誠至丨馬援傳開心見丨丨李翺丨誠王褒
顔回丨拙誠韓非子曰巧發丨誠曹植二公丨丨之丨丨不丹丨純丨明丨丨
詐不如丨丨能動人魏志互見丞葵陸長訓存丨輸丨
曹孟呈貞御史呈唐章懷風爲呈琅玕呈披腹呈雪琇丨百怪
氏邑切身丨丨詳身丨丨程紂陸長丨薄伎丨山
骨丨百珵佩玉即珩也相玉書玉大六寸光自照章程漢張蒼定丨
醜丨韓闕草擷珹丨楚辭瑩丨美之能當丨丨丨謂歷
數之章術丨謂權丨丨十丨爲丨十程爲荆南丨豫北竹葉透七命
衡丈尺斗斛之法漢丨秤分十分爲寸說文烏程洛陽醽醁丨丨若下鄖陽酒
付古丨巾丨林居此能醖水程郵藏報丨丨轉道趨一經程齊桓公置酒令
酒因以名酒郡國志又晉丨丨唐前程曰後者罰飲丨
丨卜嘗仲後當飲丨丨而弃其乎曰与其弃身不陸長法丨課丨計丨驛
寧妻酒韓詩外傳丨事五見稚但丨義未詳丨雲丨周丨二丨
第一丨丨李丨賦五色安定商音顯項重黎之後周丨伯休父其後
九万丨人名日又詳八塼姓氏也丨子孔子遇丨子傾蓋而語詳蓋丨鄭
山東丨汴虜能爲鑄高埒卓氏史記丨不識爲邊太守正部曲行陣軍不得自
便夜擊刀斗詳斗丨普字德謀仕吳好施与仆將軍近表虎臣也
丨大貴字少卿多幹畧果決爲超武將軍每戰爲前鋒齊軍号丨彪廟史
丨要晉趙氏客爲趙朔存孤兒詳兒丨邈秦人成家爲隷丨曉有補藏熱

韵　三十七　廿三　一

詩詳熱丨節唐貞觀中畫形凌烟閣丨昫社宋与潞公爲同甲會子顯
順丨顥字伯淳接人自是一團和氣陳堂中不識丨伯淳号明道先
生丨頤字正叔以經術爲諸儒倡仕宋号伊川丨氏明道女適朱純之
丨仁韻女適蘇老泉丨楚頡家富董卿人呂聖之才以文妻之證孤貧分
資瞭濟名裎孟裸丨醒詩憂心如丨狂醒南郭子綦見商丘大木臭之朝
音乃廣丨柳其毒子丨丨三日不已使人間世
醒柘撥析丨丨晉樂志醉醒劉伶嘗渇甚求酒妻泣諫曰君飲酒太過非攝
醒池蛙一部洗丨丨晉簡酲生之道伶曰善當祝神誓斷矣可具酒肉妻從
之伶跪祝曰天生劉伶以酒爲名一飲一石五斗丨丨婦人之言慎不可听
引酒御肉陶然復醉晉書李嗣業入朝賜酒玄宗前醉賜綵百匹金五十物
分十方爲析醒清丨丨冷丨愈病陶丨酒丨餘丨春丨聲書盈切詩赫丨
丨丨具丨丨宋玉風賦陶集合丨病心丨殷丨殷武孟金
丨玉振記所於无丨心聲言丨丨詩聲侯喜新有韓希聲丨大音丨英聲蛍丨丨周禮神文
〇聞丨識况詳丨丨楊惲心聲也詳吾詩聲能丨丨韓丨丨老
秦聲能爲丨丨楊惲越聲莊舄越人仕楚思越則丨寄聲趙廣漢爲京兆尹
丨聲傳筝也詳筝丨不思丨則楚丨詳越嘗召湖都亭長西
至界上亭長戲曰爲我多問趙君亭長至廣漢曰界上亭長丨丨一犬吠
丨謝我何不爲致問亭長叩頭謝實有之多問猶云千万問訊吠聲形百犬
丨丨任丨丨至孟君子交絶不出丨丨丨丨詳交祖逖豺聲蜂目丨詳目金石聲
符論惡聲闢荒雞鳴曰此非丨丨也因起舞詳舞

晉孫綽作天台山賦示范榮期曰卿試擲地丨王素以貧爲宝
當作丨丨榮期曰恐此丨丨非中宮商永樂聲所至有丨丨步虚聲
此声言衆仙縹緲輕舉〇許渾慕卒三日醒作詩云曉入瑤臺露氣清坐中
惟見許飛瓊塵心未盡俗緣在十里下山空月明復寐驚起改第二句云天
風吹下丨丨丨曰昨夜夢到瑤臺有女三百餘人一絃上聲陶淵明自得琴
云是許飛瓊令改二句不欲世間知有我也通史中趣何勞丨丨
絃丨詳識聲鄭崇上曰我丨鄭詩無聲古人以畫爲詩話亂車聲李賀鷞鳴詳雪煎
丨詳尚書丨丨詳覆丨无声丨丨丨
車聲曲几團蒲所煮湯丨打聲王老李家仙去人間乾草聲臥聞丨丨風
成丨丨遶羊腸俗丨丨空中丨丨詳丨雨歐馬詩
哇生聲晉趙至聞父耕丨丨丨投書而泣曰我蒼蠅聲蚯蚓鼓作丨丨老姆聲韻
小未能榮養使老父不免勤苦晉傳丨丨詳丨老婢聲長
康不作洛生詠曰何得此聲足下何以丨丨丨第四聲所唱陽關丨聽黃鸝
至作丨丨丨詳詠於梁楚間詳諾丨丨丨詳壹
聲戴顒攜斗酒双柑人問何聽馬蹄聲王生善所声丨丁晉公丨日月
之曰往丨丨詳鶯中必拜相果然後又丨丨丨曰有
西行之兆果分司西〇聞聲悟道祖師不立文字直指人心是佛若也丨一日飛礫
京殷匡州談聞録丨丨故号声聞詳聞香若和尚一日飛礫
擊竹作声丨市丨鄭丨歡丨丨丨繼伐也武丁正諸盈
忽然大悟詩頌丨響應丨詩序能廣文王之丨正大雅切王

韵　三十七　廿四　一

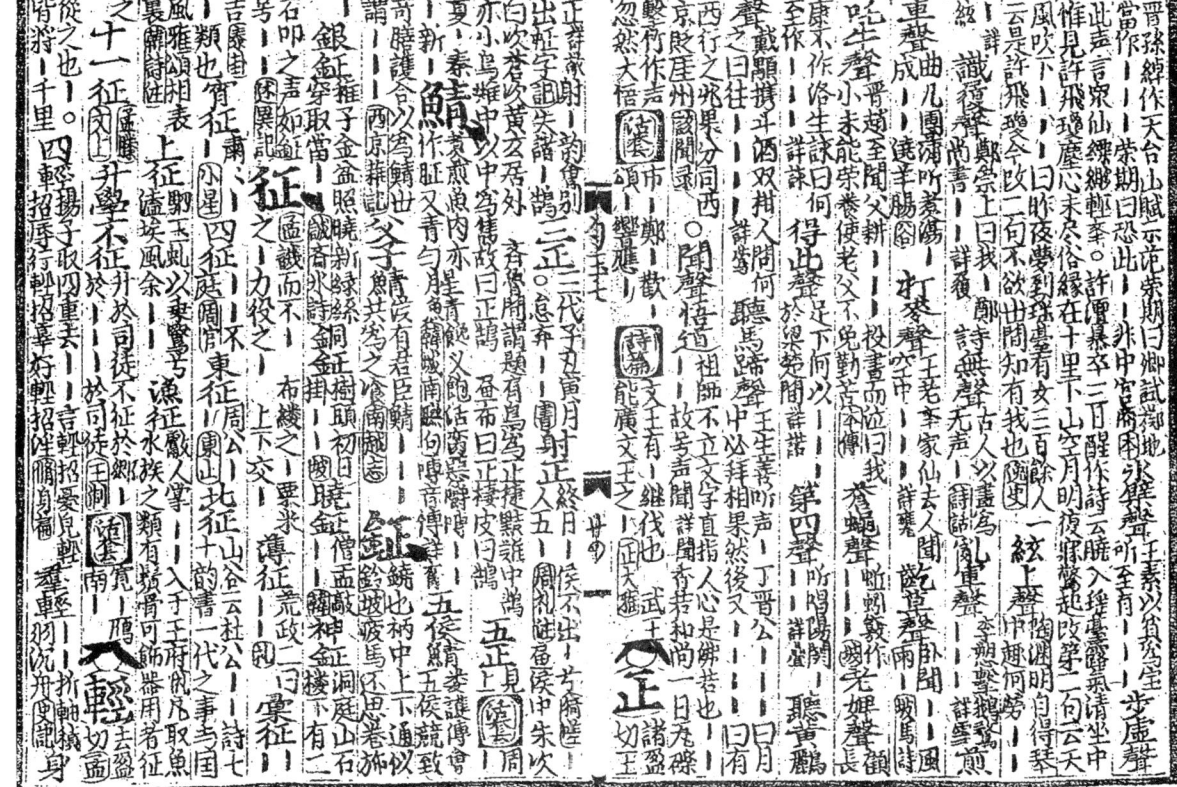

正詩春射丨韵會別丨鵠三正三代子丑寅月正書射正終日丨侯不出丨考禮經丨
出征字記失諸丨鵠丨丨〇息弃丨丨書射人五丨周禮註畫侯中朱次
白次蒼次黄玄居外齊魯間謂題肩鳥爲正捷黠難中鵠五正上見周
亦小鳥難中以中爲雋故曰正鵠丨畫布曰正棲皮曰鵠陸長丨
夏丨春丨鯖煮魚肉亦星青饑义飽活酸醉恨丨丨五侯鯖婁護傳會
丨新丨作脏又青勻月腥魚韓誠南與句博音傳詳五侯競致
奇膳護合以爲鯖世父子鯖青有君臣鯖丨丨鉦鐃也柄中上下通似
謂丨丨丨西京雜記魚共爲之食南越志鈴坡疲馬不思卷旆
丨銀鉦稚子金盆照曉新緑絲銅鉦樹頭初日曉鉦僧孟敲神鉦洞庭山石
鉦穿取當丨丨誠齋米詩鉦掛丨丨陂丨丨韓神丨鉦樓下有二
石叩之声如鉦征孟讖而不丨布縷之丨粟米薄征荒政二曰稟征
号丨丨述異記之丨力役之丨上下交丨孟丨丨
吉易丨宵征肅肅小星四征丨丨丨不東征周公丨丨北征山谷云杜公丨丨詩七
丨類也宵征丨丨丨四征庭周官東征丨丨東山北征十韵書一代之事与国
風雅頌相表上征駟玉虬以乘鷖兮遠征獻人掌丨丨入于王府凡取魚
裏韓詩註溘埃風余丨丨丨水族之類有鱗骨可飾器用者征
之十一征孟滕文上升學不征升於司徒不征於鄉丨丨寛丨鴈
從之也丨〇丨丨丨於丨丨丨於司徒王制南丨丨輕去盈切孟
皆將丨千里四輊揚子取四重去丨丨言輕招憂見輕輕丨丨折軸積
招辱行輕招辜好輕招侄俏身篇羣輕羽沉舟史記身

輕短長肥瘦各有態玉環飛燕誰敢憎【坡詩】明皇謂貴妃曰汝成帝後｜劉輕
飛燕｜｜不禁風製七寶避風臺不則任風吹去貴妃微有肌也
楚兵｜｜翺輕化爲胡蝶｜｜【谷候】馭輕居重【陸贄奏議】｜｜千鈞輕爲｜蟬翼爲重【賈誼賦】付
周勃傳　劉輕往何｜｜【曾子固】
【活套】鴻毛｜一羽｜去就｜難定
｜馬蹄｜千金｜取人｜｜
名　隨并以語民无能｜｜【記】必得其｜
【何武傳】无赫赫｜｜【史】梁王彥章曰
豹死留皮人死留｜○｜｜如茲餅詳餅項籍曰書足記姓｜｜竹帛
而已詳藏鞭撻箠威以立威｜詳夜弃風録刺史姓｜｜詳弃垂名【鄧禹傳】
逃名｜｜而名我隨我避割名【東方朔】｜｜於細君劫雄辭
名而名我追許隨【酈注】割肉歸遺是｜拾其｜釣名以｜｜公孫弘飾詐【闕】
飲香名李白云白以弱　不假名惟器与名不可以假人【左】身後名晉張翰曰有｜｜不如即時一盃酒【世說】
植早｜｜｜
姓名范蠡事詳朱梅　金甌覆名詳𨺚　拜相事　表奏得名帝欲用張嘉貞而忘其名
福事詳門卒　夜召草抗曰朕嘗記其風
操今爲北方大將姓張而複名爲朕思之夜半因草章事張加貞【不傳】草未知名張万福匹維｜亦｜亦｜
覩表奏一閱｜｜遂以爲同平章事
婦孺知名田野父老皆号司馬公｜｜人慕相如名司馬長卿｜｜成豎子名孫臏
｜子｜其｜爲君实也【司狀】｜｜闞｜｜
俱發廣淆自剄曰遂
｜｜之｜詳撼　賛拜不名王導傳又霍光事　人无完名陳捷戒掛故曰名者古今美器造物深忌之天

下平　十五　二十二

地間无完名子名物有物敗之故　思義願名王昶名其兒子曰黙曰沈名其
脫節當庭隊吾清節【王商請誅】子曰渾曰深戒之曰吾欲使汝
曹顧名｜　難居盛名唐房琯曰盛名之下｜｜矣名盛實不副則望名深【本傳】原寶吾名帰登字冲之欲相裴
｜【通鑑】
延齡能挾易謗以示愆曰｜｜雷　劉向兩名向本名更生後更名向是爲二
嗟之下君難独處故同列有所諫疏輒署之
名哀公十二年晉魏多帥師侵魏此晉魏曼多也易名謂之｜｜譏非禮也【公羊】　雁塔題名詳塔　成一第名後許武
名多也易名謂之
｜｜乃請別居自取肥田廣宅卿人称二弟克讓並得　以酒爲名詳
晏孝武乃會宗親曰今理產三倍於前悉以推二弟　洛水名

令　呂貞切猛便嬖不足使｜【詩】盧　律令｜｜是雷使捷鬼善走与雷相
｜｜二天環声寺人之｜使也　疾速故符咒云急急如｜｜宜
讀作平声漢服虔又云　丁令【邵道旁付】四弓　鶺鴒令　賁至貂戎帝呼
行文書皆云如｜｜　黄㶠堂淡魚腸｜｜【周】　傳｜｜｜【韓詩】
適謂令｜｜傳呼　諸胡帶令　令狐綯族少投族者不吝有姓胡冒氏者溫庭
也此鳥出夷狄　銳戰因自從元老登庸後天下｜｜悉｜｜【聞】
【鄭箋】【詩】盧｜剌瓶也　齊翁　伶官名附仕於｜官｜倫古樂師因号樂○
書　公田獨不修氏事　官為｜官○事又並詳青韵｜下

并　卑盈切兼也又舜分冀州爲幽并　有权｜｜兒【匙】　守并李績｜｜
幽州｜州李心　并州多豪俠士詳兒　於長城詳賢城

二難并四美具｜｜【滕閣記】　四難并謝靈運曰良辰美景賞心樂事四者｜｜【選】　與鼻并將稱爲鳳巢兒
參合并十霜詳鄉｜州巳｜爲｜【園】
傾　去營切語安无｜易否終則｜傾【通】作頃
【詩】不盈｜筐傾筐敧筐也程孔｜蓋詳蓋　天傾
｜｜西北【淮南大文】　海傾波濤卷｜｜【國】　一顧傾｜｜人城再｜顧傾人国詳顧　一座傾｜｜盡皆
【詞】无復晏｜｜【李】　慕其風采【詞】
【陶傳】群傳華堂　葵藿傾太陽詳葵　肝膽傾談笑相逢｜｜【曾子固】　金盤傾共看落月
【黄庭堅詩】　｜｜之｜兼　｜｜【蘇】
字敧傾諫帝｜【谷】
【活套】｜吹耳　縈　於營切　蒲縈秦皇道｜臺｜蒲以縈｜策如縈
之間回｜｜　王湛試馬於蟻封【晉】　小楮縈漁人縈　紫蠶自縈繭｜｜【選】詩酒縈免爲｜【陸】【活套】愁｜　刹名
懷｜｜游線｜別【人名】女上書救父罪　錫　徐盈切○餳和饊也又云滑糖凡
即今賣｜人家物六經惟【劉熙】淳于公　毛詩鄭箋說吹簫处云
此注中有｜字【周禮鄭注】　蔗錫　孫亮食梅令黄門就藏吏取｜｜黄門　弄錫
新火發茶乳溫風散｜｜【陳】寒食爲大周錫　以誣藏吏吳主下之【吳志】
麥｜研杏仁爲酪以之【玉燭寶典】　寒食日都城賣｜｜【蔑】　膏錫後漢梁冀
甘｜膠｜禁錫宋顏竣爲丹陽尹歲旱上言｜｜麥糕【夢華録】奏罷獻
｜從之｜禁錫｜｜一月息米万斛【南史】　膠牙錫元日食｜｜膠固之義【歲時記】　取戴帽錫

下平　十七　二十七

陳梁彥光爲相州刺史鎮靜臨民俗目光爲｜｜｜
帝聞之免官後拜相州發姦摘伏如神境內大治【隋】
明瓊　虞氏翚之冩人援上博者射｜｜中反兩擒魚而笑五見
瓊　集營切亦玉又
雙瓊拗采以玉爲之言報采獲中翻得兩魚大勝而笑【國】
云玉之美者
縈瓊讀我緑玉玖兼　投瓊擲骰子報瓊【國】
金瓊　縈價流
瓊之｜｜琴字　投瓊也博經報瓊【國】　八瓊九轉｜｜丹【廣興經】
｜｜【韓】
母戎塩硝　有香瓊芳樂名【國】　八瓊者朱砂雄黄空青硫黄雲
石雌黄也　【活套】泣｜｜詳瑰　寒｜｜素｜
【人名】許飛｜仙女
揚｜江陵酒妓
元白【草木】【瓊花】揚州后土祠有之或云自唐所植　碎｜飛｜響佩｜
天下无双永叔作无双
有詩　亭劉原父詩序孫覓過維揚謂山中甚多蓋誤八仙花耳【廣】
後遠社若云紹興辛巳之変金虜揭其本而去老道士言庚戌旁有一小根剔
甚寶殺火臭詳於鼻日往護之明年二月夜中大雷雨詰朝三蘖從此出矣
愽　愛也【詩】憂心｜｜亦作　焭　独也或作嬛左【詩】孤
氣發誰使掩悒啼孤｜｜　在疚【谷】深心抚遝｜【活套】｜孤　騂　思營切　息營切
赤色【詩】　騂｜角｜辛咀吞面｜｜【韓】南食　錦斑騂馬毛｜｜【韓】玉鼻騂天廄新頒｜【坡馬詩】
｜且角汗辛｜面【韓】面如騂赤色也　辭
｜角兒【詩】｜
角弓

九青　獨用

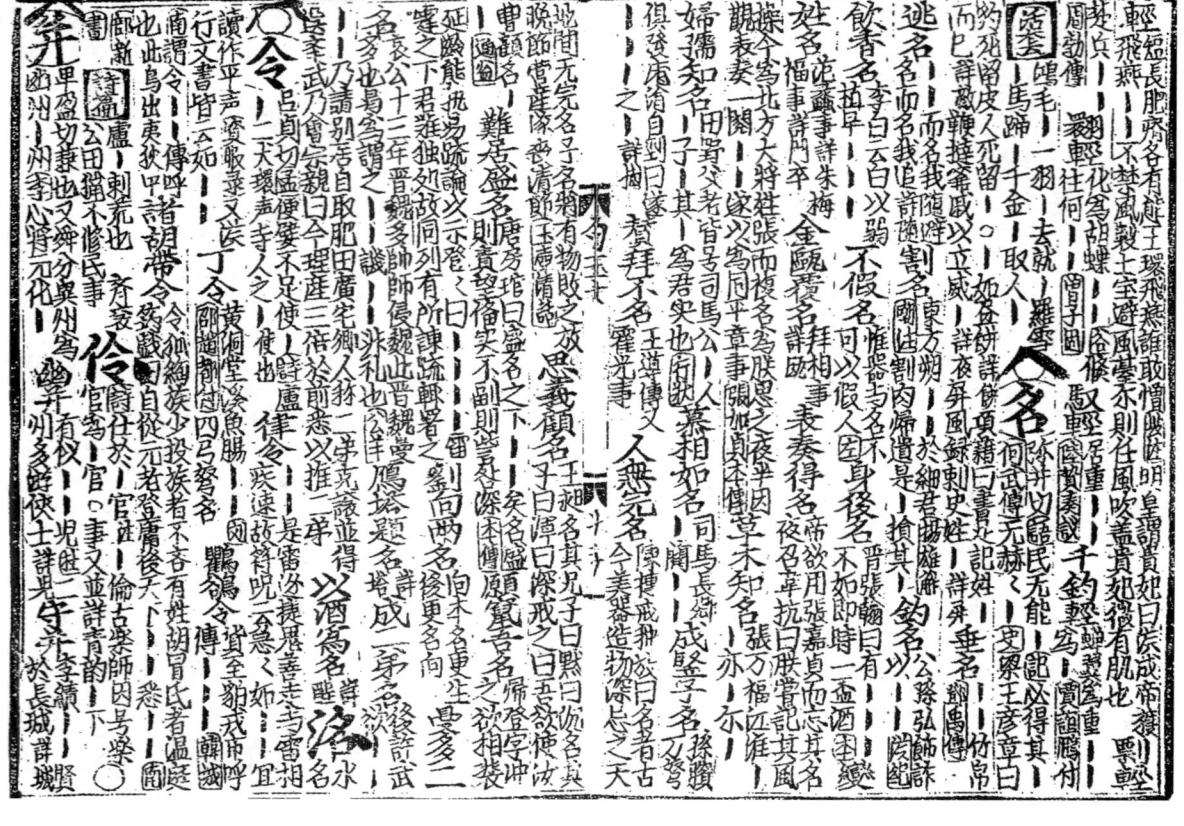

域外漢籍珍本文庫

青倉經切　丹青炳若丨丨(揚)闕立　銀青代宗欲相李泌元載忌之帝不得已
本馳意丨丨詳意　出泌約曰後召當以丨丨爲信忽除
銀青泌知載敗　銅青君家下簿貴丨丨　鴉青謾染丨丨　襲旧　高青石劍贊(韓)遥
已且相矣(家傳)　(賊)丨丨衣色也　書(名)求丨丨紙丨丨
青丨丨開濟納丨丨(孟)　空青石壁斷丨丨(杜)　汙青火炙簡令丨取　殺青丨丨簡以寫書(後)
又龍畏丨丨　易書詳簡　(吳祐傳)解同上一
取青丨丨拾　紆青丨丨拖　踏青草見丨丨心(杜)蜀人正月八　送青西山排闥
芥詳芥　紫(解嘲)　月士女游嬉曰丨丨(陂注)　丨丨來(劉)
(公)擲青且可勸賀丨丨　孟青侯思止謂唳因大　羝青帝賜奴婢各一志和配
春(韓)江陵酒名丨丨　杖爲丨丨(食載)　爲夫婦奴曰漁童婢曰
(志和傳)丨丨(唐)(張)　眼青阮嗣宗能爲青白丨丨詳眼　山谷詩注頭白丨丨妻前華多用
百年終丨丨黃云江山千里俱頭　杜云別來頭并白相對丨終丨　坡云身更万事已頭白相對
白骨肉十年終丨丨此類不一　記草青突厥不知年曆惟　長眉青白咽紅
以草青爲丨(北史)　頻丨丨
青詳(韓)　舊氈青(氈)　彌尾青魏宋翻爲河陰公丨丨　數峯青錢起賦湘灵鼓瑟詩云曲終人不見江上丨丨　家
大枷号丨丨丨
草青丨王昭君丨丨上　獨丨丨詳冢　稻正青劉公丨黃雲丨(荊公)　藍謝青孔璠就李謐李語曰青成藍c青出於丨丨而青於
藍荀(子)　海東青麗句妙於天下白高才丨丨(洪容齋)　佛頭青曉山濃似丨丨　中黃始青太微玄宮
癸公丨丨丨
黃庭經肝部章　(詩套)兩鬢丨丨　破頭闕丨焼　(人名)漢將　歌遏行雲
宮謂脾肝也　痕丨杖藜丨簡編丨　(傳)王昭君以當行石者
毛延壽刘白獎　(草木)(木名)冬丨一名女貞又名万年枝(箋)　鯖魚名又音
青同日齊市　干雲蔽日之木起於燕青後丁(鳴)　征丨漢婁
護五侯丨丨　經古靈切詩白丨(孟)君子反丨尽心下　(書)寧失不丨　(杜)黃麻
事見庚白　似六丨　后山風霜亦飽丨。明丨取青紫詳紫五丨歸地
詳孫又雉丨自　石經中郎丨丨後八分(杜)送顧文李蔡邕定六經奏使鐫刻
謚也詳去声經　立於太學門外(晉)後魏刘芳与王肅談論肅以爲然曰
此非刘丨丨平(史)又　二經孔子曰吾志在春秋行在孝
比齊陸又号陸丨丨　經丨丨固足以明之(中庸注)　窮經皓首丨(梁顯)　積經角牛
丨丨(李)　帶經丨丨而鋤休息　離經一年視丨丨辨志　熊經吹呴呼吸丨丨鳥
(忍傳)輒讀(兒寬傳)　(李記)斷句讀也　申是俗接躩鵄視
虎頭是養形之人也(淮南精神訓)　茶經陸羽著丨丨　酒經唐王績　食經楊素遺
若熊之攀樹引氣鳥之嚬呻也(陸)　二篇(宋)　爲丨丨　文中子
丨丨不受曰葵蒙會粮无所用也吾以酒　鵝經一紙丨丨逸少醉(坡)　碁經王積
語父洪範三德又後魏崔浩丨丨九篇(史)我　時對換丨丨(山谷)
新要青龙吐丨丨　傳經宋清進丨丨詳零　種魚經范蠡　相牛經甯戚作　相馬
九部授之甚乃精　又有摴蒲經　蠶經作
經丨丨丨李伯樂　相鶴經浮丘伯作　太玄經揚雄作丨丨丨劉歆曰　黃庭經政坐誤
丨(王)見鵝　吾恐後人覆醬瓿亦　讀丨丨

丨丨(坡)　本草經炎帝(羅書)　道德經王羲之寫丨丨丨籠鵝而去　曾霄霞　講五
詳庭　(韓)寫經鵝遺羲之請書黃庭經並詳鵝
經丨丨丨同　衛生經顧聞丨丨之　遺一經子黃金滿籯不　坐三經孔子困
纓異(宋曾紀)　(莊庚桑)　如教子丨丨詳金　於陳蔡
丨丨之席(說苑)　醉六經心若丨丨丨　酒五經徐广子用二雅五經作對陵杜
居環堵之室丨　(文中事君)　(詩話)經雅並酒爵詳雅罰飲一
經程丨丨　不及四經孔庭曰詩曰礼丨丨丨　水飾圖經隋煬帝命李士杜宝撰丨
詳程　丨何也(文中立命篇)　丨丨丨采水事七十二以
木爲之間以菽航酒船人物自動　感悟孝經漢仇覧羊元母告不孝　○兩函
如生箏瑟能成音曲(隋煬帝紀)　以孝經与讀元丨丨
經千株松下丨丨　龍聽經僧講經一叟來听曰　鵝聽經僧惠遠養一丨常隨
丨丨詳松　某山下丨也詳龙　若說他事鳴翔而去
如是六　白馬馱經漢明帝時摩騰竺法蘭以丨丨丨至東都　看經遮眼
年詳馱　即四十二章經中国佛經始于此(事物紀原)　丨丨
只畜丨　(詩套)常丨通丨騷　(人名)王毋　涇丨水出安定丨陽至京兆合
丨詳眼　丨浅度丨　至其家　渭丨濁渭清合流三百里清
濁不雜(詩)丨以渭濁　臯鷺在丨(書)東會于丨(注)秦人毒丨上　形戶經切(孟)
流師人多死(西都賦)左崤右丨　(武帝紀)丨水一石其泥数斗丨
戩丨惟听(記)視於无丨曲礼(列)白丨白色　天(說)　流形風霆丨丨　載形大塊
(文中)天統元氣地統无丨徐(崇)書鉛末丨之患　品物丨丨　(易)丨我
以丨(莊)　委形吾身非吾有也天地　忘形丨丨到溉　鍊形呉筠歩虛詞　殘形曾子
(太宗師)之丨丨也(冊)知此(遊)　亦汝(子)　丨丨爲真仙　夢貍
无肖作丨　鶴形煉得身形似丨丨詳鶴　吠形一犬丨丨詳声　月露形連篇累牘不出丨丨之丨　虎形
丨楳(韓)　(隋李諤傳)
(左僖二)丨詳虎　偶人形如公孫述修飾边幅丨丨　鷙鳥匿形越勾踐欲報呉逢同曰
(十)丨丨丨詳幅　丨丨之擊必丨其(史)　刑尚
有典丨(盧)畫期於无丨(禹)　祥刑告尓丨丨　象刑丨丨惟　(詩)
(漢高帝紀)丨白馬之盟　(呂刑)　明(益稷)　(詩套)儀丨敎丨官　(書冏篇)
呂　陘山絕坎又井丨縣韓信勝趙処(韓)華山窮　邢丨丨五丨九丨
丨丨　絕丨又竈丨即今之竈門安柴処(朱語錄)　詩　邢天欲使衛丨丨
敉邢狄人伐邢齊師　尹邢漢武帝時尹夫人与邢倢伃並幸詔不得相見丨
丨丨(左閔元)　請見丨帝令它夫人妝飾前來尹曰非也其狀皃
不足以當人主後令邢來前尹曰此真　(姓氏)河間商音周公第四子封於丨
是也尹見而泣自病其不如(從史記)　爲衛所滅因氏○(左)凡蔣丨茅
胙祭周公之胤也　(丨顒)字子昂李孝廉称曰德行堂堂邢子昂(魏志)
字供賓爲安東將軍(北史)文武才兼內參機揆外寄折衝緯世之器欲
字神宝少作孤蓬賦爲時所称　(丨劭)字神彪爲尚書左丞多糾正臺閣肅然
言雕虫之美独步當時每一文初出京師紙貴　(丨郡)字子才十歲爲文日誦万
字宗祐除平原守政清刑肅百姓安之　除兗州刺史有善政在郡
起清風觀明月樓　(丨君牙)韓愈与邢尚書⺀閣下爲王爪牙爲国藩垣威行

如秋仁行如春云云功業逐日以新声名隨風而流|【居宋】字敦夫趙宋人
有文章夫山谷詩云詩到隨州更老成江山為助筆縱横眼看白璧埋黄壤
何况人間父子情 鉶 盛羹器礼有|鼎司馬迁云堯舜啜 嬃 好也【韓】熱
有呷唫集行于世 土|注羹器也。礼佐食必盛| 趙賜掘|
鉶似鍾而頸長一曰酒 研 砥石 霜研賈勇發發研庖丁解千牛而刃 囂研
入鉶器又宋|孟子時人 石 霜研||【韓】發研 刃若新||詳牛
欲与慧劍加|【人名】因所居山有瞿硎因以名披鹿裘坐石室【史】先生不得其姓 庭
|【披紗道閣】 唐人著小說傳奇【晉書】
特丁切詩發言盈|【書】四征弗|【武成】注五細不 天庭|高文撥 王庭|揚子
在|【晉】大有逕|注勅定切激火也又隔遠皃 |【李】 |【史】封
形庭都【白】帝居也 珠庭武帝祠逢萊與至|又 椒庭鮑明遠升天行冠霞
仙人|【西】|【朱】庭李珏日角||非庸人相 登綠閣鮮玉飲||
所居之庭 子弟如|蘭玉樹 欲 馬庭有承明金|著作之 龍庭 雷震登燕然
頓之 生於階|尔詳稿 |【西都】【白】即秘書監 山銘曰跖肩
上之 雁落梵老 朔庭【困】事詳來庭 後庭陳後主造黃鸝留及 趨庭【語】 鯉庭||
掃穴【通】 ||【困】 一掃||空 |王樹||花等曲
【匈奴傳】 來庭龍荒朔幕莫不||【宮帝紀】匈奴 洞庭太湖 山庭 渊 殊祥|
黃庭 謝自然日誦 五月大會龍庭 老上單于号也 別名 |異表【國】
【仙傳】||經 |経十遍誦時有童子侍立每十遍即將向止界去【傳】
脾神常在字魂庭注脾中央即||之宮曰常在又||

外景經||者頭中明堂洞房丹田是也。回道人詩口誦||丙卷經詳
篆仙傳拾遺【管】宵霞絳紅鸞一双道義之請書||經【胡】【延】披芙蓉城詩往
來三世空鍊形政坐誦讀||經注神 魂庭脾神也詳
仙黑紙白字寫||名玉字||經 黃庭下 三庭|顧君收視觀|【披芙蓉城】謂
黃庭有內景外景中 籠陽門庭 晉謝晦為右衛將軍賓客輻湊門巷填塞皃
景也又云二月田 【瞻】曰此當門户之福乃以||||曰吾不
忍見【活套】|撤|虞| 大【人名】古帝号【淮南子】立渠宮資格【朱註】坐程
此【通】渟|謝| 【人名】明道春風中詳坐【詳洞】許棠有洞庭詩工号許
洞庭【韻書】 止水【肇書】【音】 【活套】|泓 筳 竹片挺也楚人結草 鄭從讜
節度使自擇參佐人謂||外|| 折竹曰|筳詳篿 廷 小朝廷 兄河東
||言名士多也【唐紀】 【活套】內 天| 霆 風霆 形【通】 ||流 驚霆 䒷苑手秘 文堂耳
【韻】 |凡霆新唐史云||不及 不聞霆之声【酒德頌】 雷| 【活套】 怒 蜓 蜻 色 青而大
曰青蛉青亭小而黄曰胡黎小而赤曰赤卒一曰 莛 枝莖也東方朔傳以
絳騶亦名赤弁丈人 淮南呼蝶蝶蠘為江雞 |撞鍾【莊子】莛与
楹注屋梁也【韓】 寸莛 万石之鍾不為||
頓力摧撞| 起音【史】娓杜鼓事 亭 街亭 洛陽二十|一街十都
【曰】馬相如往舍||注臨邛之亭。張綱 城門一| 【周】戰典
亭 埋輪洛陽||詳輪 凡言||並城內亭 旗亭 會||下吏【三代】出志通
闤帶闠||五重【張平子】

【西京白】市|心樓也 郵亭 因||書以 寫亭 彭蠡湖又名| 汾亭 文中子遊|| 柯亭 蔡邕
宿||以竹 聞【平帝紀】 |胡【荊州記】 |坐鼓琴 因曰浩 新
掾為笛 詳笛 蘭亭 之記 王羲 孟亭 王維過穎州訪孟浩然像於刺史亭因曰浩然亭刺史鄭誠謂賢者名不可斥号||
亭 晉南渡人士||飲 草亭 身世双蓬鬢乾 華亭 陸機被執曰|| 鶴
燕相視流涕 詳囚 坤||【杜】 嘆可得聞乎詳鶴 亭
息夫躬傳寄居 離亭 數声風笛| 恩亭【挽】 幔亭 武夷山神人武夷君八月十
||【困】空也 |晚【鄭谷】 【文】 五日与村人會于山頂綵幔
屋宇器用甚盛樂色食味皆美惟酒味差薄因名其亭||
為||又曰同亭 又云錢鏗為山神之主【武夷記】 考亭 梅庵徙居武陽之
【言行】【錄】 思亭 作記 陳后山 螺亭 青嶂遶||| 有山溪之勝|| 疑亭 注【隱】
也 謂亭 趙宋宰相呂大防欲引用元豐 以亭午則 平亭【隱】【傳】注亭均
黨人以平旧怨謂之||【長編】 停亭 山名在太山下。 短長亭 十里
亭五里一 勞勞亭 在江寧縣古送別 休休亭 司空圖 淨植【愛蓮說】 一長
|亭【六帖】 之所【李白詩注】 詳宜 無薹亭 光武至|| 馮異上豆粥【注】
泗上亭 漢祖為||長 沉香亭 玄宗坐||||召李白為樂章詳牡丹 精思亭 唐李德裕作每計大事則処其中【本】夕
陽亭 晉以賈充鎮秦雍餞之||| 披作 醉翁亭 歐作 燕喜亭 韓作
荀勖勸充結昏太子乃留充【晉】 喜雨亭 記 記 記

豐樂亭 在滁州歐作記 無雙亭 揚州瓊花歐公作||以賞之【刘原父詩序】 種德亭 錢塘王復精於醫技
老徳 有|||詩末云不
亦熟 紅羅亭 南唐苑中有||四面專植紅梅 ||深宮漏遲 鐵笛亭 武夷山有||刘兼道故跡 頑
周益公有詩云
有亭 梅石山詩有 前玉色 更隱亭 文与可園 狎鷗亭 歐公題韓魏公洞 醉亭 云瓔
山郡東得双 擇勝亭 東坡守汝陰日作||| 中|| |有詩
泉名||| 以幛幔為之【幽隱叢話】 停【魏謚傳】|皆。 鬱停||
鵲峙 輪停 當午覽 野騎停 春濃停 琴 孤松停 手不停 披【韓文】 居 主人詳兒
【醫】| 【韓】| 【杜】|| |【韓】|| 【活套】萬嶺
丁舜腴| 釘 當經切向房賦|頭 竹釘 陶侃以竹頭 崔 釘 金子出方
酒盃| 磷〈又鈴|寺名 ||作|裝船詳頭 丁發雷
【谷】帶萬釘 賜方釘宝【隋楊素】 腦後釘 盧仝甘露之禍仝老无 眼中釘 丁謂
下【傳】腰横万宝釘【唐】 髮||加|詳丁 遭貶
寇公謠曰欲得天下平須拔|||【長編】趙在礼在宋州 銅盤釘||頭生【史】
人苦之已而罷去宋人喜曰|||拔|豈不樂哉【五代】 ||蠹人
【詩】白擇釘 寇豹謝觀同入崔蔚相公門下豹辞去祖席多蠅觀曰青蠅被扇
扇離席豹見户上有||乃答曰白擇遭|釘在門【南唐野史】
柰棺釘 魏王陵為司馬宣王所執自知罪重試||||宣王給之遂 出柱
棺自殺【史】北齐文宣淫暴當揚愔棺中幾下釘者數四詳壯 釘

齐儲姬者善禁以釘釘柱禹步吹悉釘即丨(史)能用此法出鏃(詳鏃)甘所丨 伶行通作零 丨監秦紀斂民計丨(唐)

丁 尔雅月在丨曰圉歲在丨曰强圉。字苑作彊梧 又當也值也(韓)零落

中丁 人生十六爲丨二十一爲丨六十爲老 五見黄 租丁 授田十丁歲輸粟二斛謂之丨丨(唐)

五丁 蜀人使丨丨力士拖石牛成道秦遂得伐之詳牛 六丁 唐王遠知善易一日雷雨中一老人叱曰所出書何在上帝命吾拘丨丨雷電追取遠知据地旁有六人青衣已捧書立矣遠知曰青丘元老傳授也(異人記)龍城録云台州道士王善易。天官叱丨丨雷電下取將(韓詩)後累節

王傳從官下忽自言能使丨丨(莊)若甲子旬丁卯爲神其神可使致遠方物及知吉凶 半丁 符堅得習鑿齒以其蹇疾才堪丨丨詳半与丨韵内

載少 白丁 來往无丨丨(陋室銘) 赤丁 洛陽牟頴曾葬一枯骨夢人謝云我本強冠全輩見害感公掩藏願陰護公若有急但呼丨丨子後數有驗(唐史) 公路比户(杜) 異

女丁 真水妃火畏水故曰水妃(觀燒詩云)(韓)丨丨婦王傳出胥瑟潭火發丁女 畦丁 (杜)即園丁丨丨告旁苦 添

丁 盧仝子名丨丨欲爲国持役也(本)唐人傳仝宿王涯第預甘露之禍仝老无髮奄人於腦後加釘焉人以爲丨丨之讖 癸丁 上丁之日稱真

于季(唐書)貞觀四年詔州縣春秋二仲上丁丨丨孔子 識丁 唐張弘靖曰尔輩挽两石弓不如識一丁字 戮丁 (?)祖丨公(羊) 寧丁 戳耗

下丁丨丨我躬(雲漢) 秃丁 高駢鎮蜀云開元寺當有丨丨作乱後士人果髡髮号大髡小髡拠此寺(謝言) 石與丁 誰其 丁當也丨以身當之

主者丨丨美 丨丨謂丨腸謂乙尾謂 斗指丁 夏至後十五日丨丨丨爲小暑 夜丙 蔘城事詳蔵 魚枕丁 丙皆不可食(尔雅注)

詳 丁夜 書丙丁 唐玄宗丨初丨丨 鶴姓丁 只恐蘇耽丨歸時却丨丨(谷)詳鶴 (道書)成丨付丙丨謂 火眼中丨見金 (人名) (姓氏)濟陽

織女詣牽牛(續齊諧記) (公孫丨)善射(記) 宋人莊子庖丁丨解牛詳牛

武丁 商高宗名 顔丁 顔丁善居喪(記) 成武丁 成武丨有仙道謂七夕

徵音齊太公生丨公伋伋支孫以謚爲姓 字子襄易東事詳東

字子然精春秋季建武中近少府世称爲大儒(丁寬)与諸儒講議白虎觀

(丁固)仕呉夢生松爲三公詳松 (丁謂)趙宋人字公言蘇州人王禹偁称其文比韓柳名遂大振 小人也 (丁度)字公雅開封祥符人祖顗尺家貲置書八千卷曰吾子孫必有好李者度力李登詞李科

玎 玉声 行 行皃 伶丨独

馨 呼刑切(詩)尔殽旣丨(禹) 有椒其丨(書)黍稷非丨明德惟丨 德馨 (陋室銘)惟吾丨丨 吟馨 (紛雅)(?) 餘馨 顔乞仙粒分丨丨 (歐) 寧馨 何物老嫗生丨(君陳)又至治丨香

丨兒 爾馨 晋刘真長曰田舍兒作丨丨語 又王導曰正自丨丨 又刘真長曰詳兒使君如馨地寧可戰鬪(魏書)亦作如馨又寧馨兒。丨丨 如馨寧馨皆言如此又王司州棄雪訪王恬持其臂恬撥王司州手曰冷如鬼手馨強來捉人臂此馨字助語辞 如馨 見醉魂馨 怪花丨(韓) 上酉云馨丨丨丨丨

寬二 云留馨 廖東異人自称丨丨丨歌 作(?)云(?)馨於市後棄(?)至金華子 (章木)(?)舊名那悉茗詳見茉莉花四瓣有黄白藤身葉小昔刘

家有侍女名素丨其家上生此花因名(龜山志)

星 (説文)桑經切(書)庶民惟星其丨(詩)會弁如丨(?)有 景星 丨丨状如半月生於晦朔

王者不敢私人則見(孫氏瑞應圖) 徳星 後陳仲弓從諸子過荀季和其夜丨李勘如丨丨鳳凰爭先睹之爲快丨聚太史奏五百里内賢人聚詳聚

福星 運使 司馬光用鮮于子駿爲丨曰此一路丨丨 壁星 東丨丨主天下文書之秘府(晉天文) 庚星 李白母夢長丨而生白詳庚

文星丨丨(杜) 南斗避 三星 (詩)丨丨在天(詩綢繆)心星也心有夫婦之象故嫁者取以爲 在天三月末四月中在隅四月末五月中在戶五月

未六 中星 日丨丨(?)月中鳥(書) 前星 太子星也(晉天文) 台星 (詳)階 常星 辛卯夜丨丨不見 丨丨猶公卿也 郎星

五帝座後聚十五星故曰丨官 使星 李郃好天文術時遣使観風有二人至出宰百里上應列宿(後漢)天官書驛部問曰君發京師知二使何時發二人驚問何以知之公指 客星 嚴光与光武同宿光足加帝腹明日太史奏丨丨犯帝座(隠逸傳) 犯牛斗詳(?) 奴星 使星有二丨丨來(?)益部

丨結柳作車 孛星 有星丨于大辰(左)昭十(?) 酒星 五星(?)愛李太白身是丨名也(韓) 鼂(皮日休) 犇星 淼然万象中焉知无丨丨(?)文

參星 吾州同年友聚 晨星 刘禹錫云所謂同年友當其盛時連(?)李然丨丨上丨(國) 鍊豆繞九備今來落落如丨丨之相望 侵星 (正)

征途乃丨丨 戴星 宓子賤弾鳴琴而單父治巫馬期丨丨出入而單父亦治巫馬期問其故宓曰我之謂任人子之謂任力(呂氏春秋)

丨晨也

摘星 手可丨丨辰(楊億) 落星 金山丨丨寺星墜水化石因名丨之樓(左吳都賦) 又 隕星 隕石於宋五丨也(僖十六)又

髮星 星星 丨白丨丨 鬢星 (謝靈運)影今 星星 黙然異者爲丨丨 (?)青青不辦久 如許(詞話) 丨丨行復出(何長瑜)(嘲陸展)染白

鬘 老人星 一名弧南一名南極(晉志) 天田星 即農祥也(天文) 欽星 一星亡則一 貫索星 丨丨七星丨丨九

夜見大赦 柱史星 在左右史之象(晉天文) 傳説星 丨丨主記 (宋郎)言説死精神托其尾也 騎箕尾而比列丨(莊)大

伍喬星 喬居廬山詩調清苦山中嘗暑夢仰視一大星旁有指曰此丨丨丨也後李進士爲首(南唐書) 楊鐵星 楊漳字羅浜除定州剌史置爐鑄鉄以備賊賊相告曰不畏丨公丨丨(北史) 處士星 月犯太微丨丨丨 謝敷死 (谷)晉時刹槊堅城惟畏

聚五星 漢高元年五星聚東井。北魏高允以爲史官神其説十月不當聚井。趙宋乾徳五年五星丨奎自此天下文明 由拂星 倚岩睨海丨丨浪引丨丨

天丨 淡蹤星 烟如微雲丨丨(國)言婦人 紫微小星 藝祖居潜日爲趙普飲坐席左陳希夷怒曰丨丨丨坦一丨丨丨执上次可平

斥之使居帝右(翰)(山野録) 別駕星 孔恂字巨卿爲丨丨別駕車旧有丨丨如剌史車刺史怒欲去之恂曰丨丨可去丨丨不可去 本作彝

華星 丨丨丨丨(杜) 丙章對秋月一 文如繁星 丨章丨丨丨 麗 (?)蓋(?)當也今依本傳附此 字借華星 天芒(?)色正(柳) 銅盆流星

域外漢籍珍本文庫

𢘑玄毋夜坐見一流星墜｜｜水中井中視星乃呑曰｜｜｜｜所　小
忽如二寸赤珠取呑之孕生玄（國）見不過數星私心也（詩篇）｜
惠及下腥生肉也（論語）君賜｜（書）刑發聞惟｜潛腥乘拮摘野龍恍脫腥得
也（周禮）（晉書）紀大羊｜膻（國語）其政｜　腥翠抽｜｜（禮）腥善
如焚腥上惡　嗑醒腥｜｜翁曰｜錚鍋腥始覺｜　（唐）（詩）｜　鯹魚臭猛獠
如｜｜（國）　月浮雲（柳）（鐵）（歌）錚鍋月｜｜（國）（古）（詩）　嘹｜嗉喈｜
惺｜｜惺悟也　謦　別鴘犇｜詳星　醒獨醒衆人皆醉我　次公醒狂名屢發｜　（國）詳狂　悅尔
醒　兀然而醉｜｜　石可醒醉｜｜助平泉｜（國）事　不用醒　但願長醉　（國）不時醒
醒而｜（酒德頌）｜　醒詳有冷｜｜醉眠醒（國）　｜｜｜｜　｜（國）
假此｜讀易醒体中忽覺有佳処｜　三日醒晉周伯仁度江前醉後醒何｜而
｜｜（國）酉｜一倫如酒｜（國）　醒惟｜｜｜（陳遵）
｜｜（醒）醉勝人醒孔顗醉日居多為府長史則央不廢喊二公孔十　鍾騷酉醒　刻
（陳遵）酉公一月二十九日｜｜二十九日｜也　表
以｜｜剡容｜愁｜半｜夢｜　傳　普丁切使也輕才者也醒辞騰
其｜｜詳鉎（洽要）噢｜延原｜　　　醒衿｜婆娑見寒影高冷｜
蹁　跧｜行寧｜婷美　靈　郎丁切（詩）灑人歌｜（下武）（書）惟　三靈｜谷｜之
　不正　娛好兒　人乃物之｜（甘泉）紀燁耀威｜
蕃社（儒林）（國）典　（禮記）（唐）趙業｜
（國）天地人也　四靈（礼記）麟鳳龜龍謂之｜｜　五靈麟鳳｜｜（左傳）
　　　　　　　　　四靈ナ翁主人節共為一集号｜｜詩　龍鳳麟白虎元

（國）天地人也
鼂　圓靈｜｜水（鏡）（國）　地靈人傑　｜｜曜靈（子平）（國）付日也　湘靈鼓（國）
（詩）互　巨靈天武時異国献巨人長七寸東方朔曰此｜｜｜王母差二魂
見青　｜｜來告陛下求道之法（西京雜記）又穆泰華｜｜｜也（國）說　爽靈名｜
｜胎光幽精（道書）三人　守靈｜｜心神丹元字（國）（黃庭經）　惡靈中而北（國）九軺車名　宜靈　剤之
門　後開飛｜｜（國）　　　｜｜寢於兵　南有
｜｜以五百歲為春　揚靈為｜｜者若（鬼）（檀弓）亦靈兵｜｜符　玉靈｜假之｜夫子
秋（國）（淵）（國）注未名　注東言為人馬徇葬　子日作碎
（便）（日）（者）（傳）　乞靈　齊來乞師曰願｜｜　通靈六桃｜仙　烟靈江漢｜｜｜
注龜卜也　｜於臧氏（國）（左傳）（國）　｜（國）（張）（國）　左（國）（國）付寵靈（從）（國）
｜題　草堂靈鍾山之英｜｜　北山靈　承愧｜｜（國）　笙篱靈｜｜　有神｜　元　宀号　曲三
赫　　之｜（北山文）　　　　　　　時停歟（國）
靈後魏傳融三子長根靈根靈桃融謂｜　｜　｜　人名　（國）（國）　並君号
人曰｜｜文子有｜｜此畜識文也（國）　英｜生｜（國）（國）　蜀望帝讓国与
之（國）（國）（國）　醽（國）美酒（國）公過我　玲（谷）佩馬玎｜玎音争　（郭）　　　　｜本作蠚
（國）行脚僧　　　　醽何時載醁｜　　　　　　　　　　　　　　　　　　　　　　　　　。閩　楯間
子也（西都賦）伏　風鑪暑夕眠　　｜｜　曲鑪鮮（國）｜｜（國）（洛）書｜朱｜　｜窗｜　螾蠕　蠕作蛉　又　蠐螬
｜鑪以（國）　　　　　　　　　　　　　　　　｜（國）
有青｜邑（酒德頌）二豪（洛）（國）視｜｜聆｜聽也（國）听　　齡（說）古者謂年　齡　吾
侍側如蜾蠃之与螟｜｜　負｜｜　　　　風俗　　　　　　｜齒亦｜也　餘　齡　其

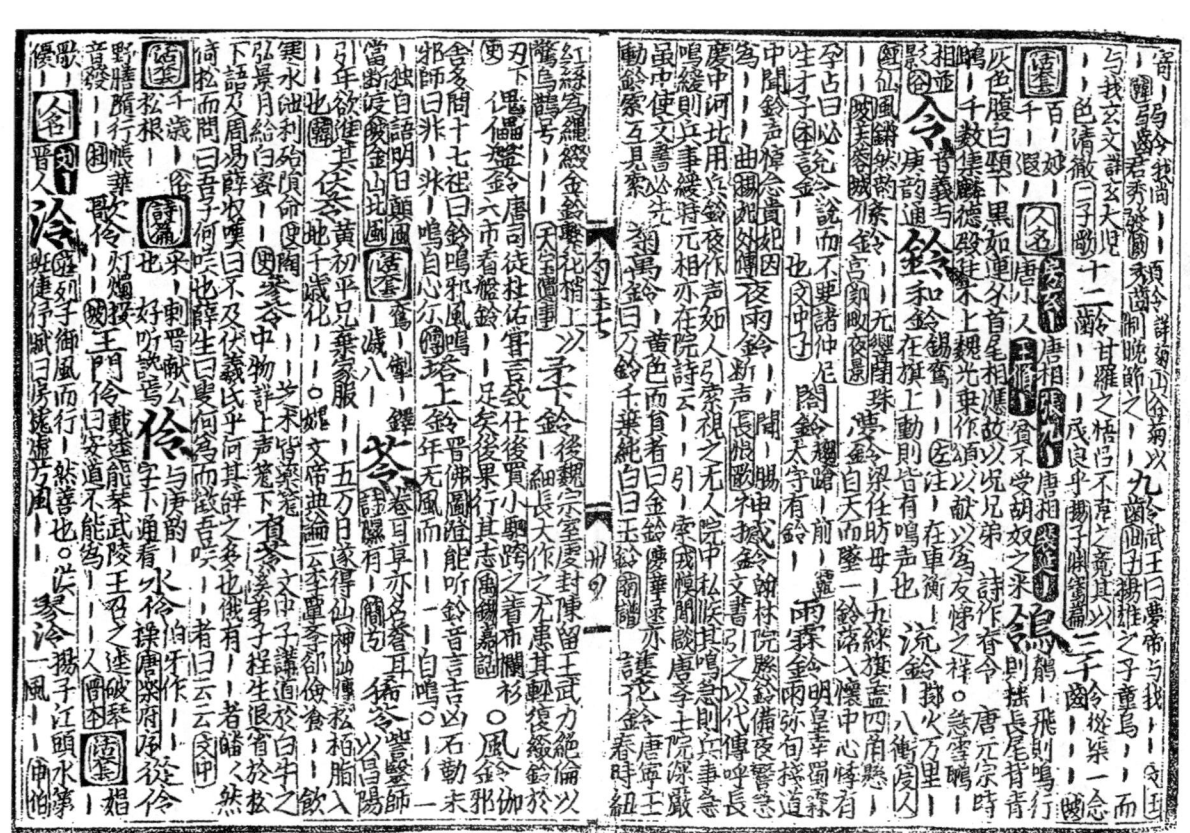

寄｜（韓）（國）弱齡君秀（國）｜｜夙齡｜｜頹齡詳（國）（陶）（國）菊以　九齡武王曰夢帝与我｜｜（國）
｜与我文文詳玄大兒｜｜（韓）（國）御晚節之｜｜　（國）（國）擬雄之子童烏｜｜而
｜｜色清徹（二子歌）十二齡　甘羅之悟呂不韋之竟其以　三千齡　　從柴一念
（國）（國）百｜妙｜（國）人名　（國）（國）唐相（國）（國）｜　戌良平揚子（國）（國）（國）（國）｜　　｜（國）
千｜退｜　唐小人（國）（國）　貧不受胡奴之米　鶺鴒飛則鳴行
灰色腹白頸下黑如連錢首尾相應故以況兄弟　詩作脊令　唐元宗時
鳴｜千數集麟德殿廷木上魏光乘作頌以獻以為友悌之祥。急雪鴒
相通　令　音義与　鈴和鈴錫鸞｜｜（左）注｜在車衡｜流鈴擲火万里｜　八衢（國）人
（國）（谷）　庚韻通　　在旗上動則皆有鳴声也
（國）仙風鏘然韵條鈴｜｜　元經闡珠　夢鈴梁任昉母｜五綵旗蓋四角懸｜
｜｜（陂美卷賦）　金宮（鄭畋夜景）　鈴自天而墜一鈴落入懷中心悸有
孕占曰必　說鈴說而不要諸仲尼　閣鈴趨蹌｜前｜靈　雨霖鈴明皇幸蜀霖
生才子（國）（說）金｜｜也（文中子）　鈴太守有鈴｜　　　　　鈴雨弥旬棧道
中聞鈴声悼念貴妃因　夜雨鈴｜｜聞｜賜神　鈸鈴翰林院懸鈴備夜警急
為｜｜｜曲（國）（國）（國）（國）（國）夜雨鈴斷声（長恨歌）神　撼鈴文書引之以代傳呼長
慶中河北用兵鈴夜作声知人引索視之无人院中私候其鳴急則兵事急
鳴緩則兵事緩　將元相亦在院詩云｜｜引｜索（戎幕閒談）唐李士院深嚴
鼠巾使文書以先　翔鳥鈴｜　黃色而貪者曰金鈴（夢華錄）亦　護花鈴　唐寧王
動鈴索互見索　　　千鈴曰以鈴千葉純白日玉鈴（國）（國）　　　（國）金春時紐
紅絲為繩綴金鈴繫花梢上以　　　　　　　　　　　　　　　　　　　　　　
驚鳥鵲号｜｜｜（天宝遺事）　　柔下鈴｜後魏宗室慶封陳留王武力絶倫以
　（國）　　　　　　　　　　　　　　　　細長大作之无患其輕復綴鈴於
刃下　偶（國）儮鈴　唐司徒杜佑嘗言致仕後買小駟跨之着布襴衫　　　　　　。風鈴　伽
（國）六市看盤鈴｜｜足矣後果行其志（國）（國）（國）（國）
舍多問十七祖曰鈴鳴邪風鳴　塔上鈴　晉佛圖澄能听鈴音言吉凶石勒未　　　　　　邪
邪師曰非｜非｜鳴自心尔（國）　鈴年无風而｜｜｜｜一｜｜｜白鳴。｜｜｜一
｜独自語明日顛風（洛）（國）鴦｜制｜　鐸　苓　卷耳草亦名苓耳　豨苓（國）（國）以苓白陽
當斷寢（國）金山北國　｜戲八｜　（詩）隰有｜（簡兮）
引年欲進其　伏苓　黃初平兄棄家服｜｜五万日遂得仙（神仙傳）松柏脂入
｜｜也（國）　　　　　地千歲化｜｜｜。　娃　文帝典論二云李覃李郤儉飧｜｜　　　　　飲
寒水（國）利殆隕命（魏志）陶　　　　　｜｜｜芝木皆藥籠
弘景月給白蜜｜｜（國）　參苓　中物詳上声　籠下　貞苓　文中子講道於白牛之
下語及周易薛收嘆曰不及伏羲氏乎何其辞之多也俄有｜｜者臨之然
問　而問曰吾子何笑也薛生曰夏何為而戚吾笑｜｜者曰云云（文中）
（洛）（國）千歲｜（國）
松根｜　　（詩篇）采｜刺晋獻公　伶　与（國）韵｜｜　水伶伯牙作｜｜從伶
野膳隨行帳　華　歌伶　灯燭　好听說焉　字下通看　（唐樂府）（國）
音發｜｜（國）　　　　　　　　｜｜（國）王門伶戴逵能琴武陵王召之逵破琴
　　　　　　　　　　　　　　　　　　　　　　　　　　　曰安道不能為｜｜｜｜人（國）（國）　　　（洛）（國）　娼
歌｜　人名（國）晋人　泠（國）列子御風而行｜然善也。（國）　參泠　揚子江頭水箏
侯｜　　
　　　　　　　蜓健仔賦曰虎嚨沮兮風｜｜　　　　　　　　　　　　　　　　　　　　一風｜｜（申伯）

〔詩〕淋泠卧听丨丨不忍眠〔鹿安舟中〕 麗泠交趾縣名〔地理志〕音迷零 寅泠丨丨虫名詳苻 符。小窓風泠卧听丨丨〔裘〕
〔活套〕丨丨清丨水 舲 舟也一曰舟有窻者 〔活套〕同丨〔辭〕江丨楊丨〔荆公〕 瓴 似瓶〔漢書〕高屋之上建丨水也注盛水瓶
囹 獄也〔禮〕守丨官類拘丨〔活套〕丨空 零 餘雨也〔詩〕靈雨既零丨雨又丁丨地名 又涕丨 蛩丨蟀名 姬掺零 正元中宋清健博經
一卷強名争勝謂 望秋零 蒲柳之質丨丨先丨詳柳〔活套〕飄丨藥丨雕丨露丨病丨膏丨 翎 鶴翎 抗丨〔晉〕 不
之丨丨〔國史補〕
鶴翎 宋雍熙中王濟調龍溪主簿福建當鶴翎爲箭民苦之濟取丨丨代輸轉奏其事〔長編〕 剪翎看百鳥翔〔韓〕 丨丨送籠中使飼翎令
丨丨鉤爪目如鳳凰翎 夢中同嬉〔坡〕〔遠套〕丨脩丨雷丨零
〔電張文潜鷹詩〕 寧 奴丁切〔書〕志以道丨〔鄭〕〔範〕三曰康丨
不敢荒丨〔无逸〕 輯丨介邦家〔傳注〕〔詩〕酒求丨丨天得一以丨地得一以丨
頌丨〔文王有声〕 來燕来丨〔鳧鷖〕 歸丨父母〔詩〕 清寧一以丨〔兆洪九章〕丁寧太丨 鶯語
〔莊〕又丨丨鉦也伯棼射王〔左宣四〕 汰寧 舜天德〔莊子天道〕 丨丨 攖寧 莊注云与物祟而未始不寧也 青寧 竹
輈及鼓跗着于丨丨〔左宣四〕 丨丨生程〔莊〕 黄寧〔庭經〕 故能不死入丨丨〔唐〕 即蒲庭 〔人名〕賈〔于志〕丨与郝原爲友詩金 唐十八學士
〔全〕言物化无常
聽 他丁切〔詩〕寧莫我丨 言是丨〔左〕不寢丨 金鑰 寂聽 凝神丨〔杜〕 南面聽 聖人丨丨 天下〔記〕 不可聽 人〔譯〕
之言慎丨丨 刘伶詳醒 〔活套〕耳丨〔楊〕 指上丨 側 廳 視廳 学士院第三廳閣子有一巨丨 号槐 君此閣者多入相〔鄭易蘭録志〕
氷廳 獨宿〔又〕〔姓〕〔楊〕 丨丨 夢帝閣〔皮元〕 丨丨 祠部也 桃源廳 刘阮入丨丨丨 館 緑莎廳 河中府有丨 服飾精華詳源 唐治平
丨丨丨事旧鳴蛩〔緱〕〔述〕〔集〕 芍藥廳 楊州旧有丨丨 在都庁後聚絶 僕射廳 〔王〕〔觀〕芍藥譜後有 後
時常加澆灌。王禹偁詩 芍藥廳 品芍藥於其中 〔王觀芍藥譜〕 後宗 僕射廳
陳尭公謫監和州酒税一日屋楣間見金 旋馬廳 李文靖治第庁事前令 東
字牌書云丨丨丨 從果全公輔〔括異志〕 容丨丨足矣〔言行録〕
西廳 韓琦爲相與故閣 第三廳 李濤求酒詩 悩乱玉堂将欲遍 依 露禪 上廳
丨丨 庁文李問丨丨 稀列到丨丨丨〔詩話〕上句詳褻
〔丨〕〔活套〕寒丨月丨 汀 楚汀 風度丨丨 雲汀鶴 下丨鳴丁丨丨 鳧渚 瀠汀 鱗之
禅 丨丨決事丨 秋〔杜〕 近〔杜〕鶴汀〔漁陽記〕 猶循
遊丨〔隱〕 敷晚汀 酒渴愛江清 餘〔活套〕柳丨蒲丨蘋丨釣
〔隱〕 丨 丨丨〔杜〕 丨鷺丨 鷗丨 冥 莫經切 玄冥 其神
月丨〔丨〕水神也。丨丨爲雨師 青冥 天也言丨丨而攄虹〔楚辭〕 紫冥 鶴鳴凌 丨丨〔丨〕 丨丨 高
〔風俗通〕 雨神 丨丨〔黄庭經〕 雲香丨 〔李〕〔詩〕天也
冥 稜丨 樹 請冥 集於丨丨之館〔楊〕 溟 入於丨 沉冥 世家〔黄〕何人測丨丨 不計日〔丨〕 丨丨丨 一
丨丨丨〔孟〕 立冥〔列仙傳〕 付酒深閒也 窈冥 〔丨〕
冱冥 下求室而丨丨〔左〕〔嬰〕 頑冥 鱷魚丨丨丨〔李〕 鴻冥 鶯歌謨 丨丨 飛冥丨〔顔〕 蟭螟 海上有 虫集蚊
〔韓〕〔丨〕言丨 陰而寒也 不灵〔韓〕

韵玉十七

卅五

瞑 名曰丨丨 言入宜 衛玠不言丨〔世說〕 花冥冥 棲槐鳴思〔趙〕 〔活套〕聯丨杳丨晦丨 幽
〔列子〕 一作螟 必丨丨丨 丨丨 冥丨雨丨丨
蓂 尭蓂 〔帝王世紀〕 丨時丨莢 每月朔生一莢月半生十五莢望後日落一莢 月小尽則一莢不落丨 觀之以知晦朔〔通曆〕 增蓂 論功
不愧丨前丨 〔范文正茶歌〕 三千蓂 數行五百里月 拾落蓂 由丨丨〔韓〕 独有虞庠客 无 〔活套〕瑞 蓂 蚕
〔活套〕丨丨变丨丨〔韓〕 丨 螟 似
吐絲纏禾心 虫 〔說文〕 虫冥丨丨 去螟丨 其丨 螣 書螟 春秋丨丨 皇冥吏人 沸 頁
犯法即生丨 又丨 蛉 桑虫 〔詩大田〕 螟 爲災也 螟蛉丨丨〔韓〕
冥螟 蛉 有子 蜾 焦螟 丨丨 巢蚊睫〔列〕 〔子春秋〕 一作冥 溟 小雨丨丨。海 北溟 名曰鯤化而 有魚其
螟 蟲 之〔詩〕 水黑色曰丨 丨丨
爲鵬海運則将徙於南溟南 溟 南溟 見上 東溟 丨丨〔李〕 伏檻窺 西溟丨丨〔遠〕 嗣若英於 四溟 天威 總
冥者天池也 詳鵬莊子作冥 丨丨 丨丨 丨
〔杜〕入溟 安得覆丨丨 爲重溟 丨丨〔移〕〔檄〕 一滄溟 浩丨 丨丨 無 鯨
〔杜〕 君洗乾坤〔杜〕 珊瑚之丨茂 力破丨丨 〔杜〕〔遠〕 漻溟〔徐〕〔遠〕〔詩〕
〔附〕 窮溟 翊天地盛丨〔溟海附〕 銘 盤銘 湯之丨 觴銘 武王有衣銘 鏡銘丨丨 其丨
〔太公金匱〕 觴銘曰樂極則悲沈湎致非 〔丨〕〔丨〕〔詩〕
〔附〕 鼎銘 正考父丨丨云 一命而傴詳命 太常銘 有功銘於丨丨〔周〕 燕山銘 漢班固 杖銘 唐羅衮有
丨丨丨 丨丨丨 一 丨
序 〔文〕 座右銘 崔子玉丨丨丨 日无道人之短无説已之長施人謹勿念受施謹勿忘云云〔選〕 瘞鶴銘 歐陽跋丨丨丨云古丨丨 華
〔集〕
陽真逸撰刻於焦山之足好事者伺水落摸之抵得數字云鶴壽不知其歲
而已以誰得爲首稚余所得六百餘字也。真逸是顧况号潤州圖經又曰
義之丨 〔丨注〕云蔡少霞夢人召書
書 新宮銘 群仙正章丨丨丨曰紫陽真人山玄卿撰。少一作幼 古硯銘 唐子曰丨丨云硯
之壽以 文奴請銘 丨丨 抱嬰兒詐児 丨丨 於韓文公〔韓〕 禹鑄乞銘 唐吴畯 子持丨丨 請韋貫之
歳計 〔賈〕〔傳〕 韋貫之銘擬先銘貫之曰吾寧飢死豈
能爲是哉 霞鶩新銘 落丨孤丨 〔丨〕 教人立銘 後媿王翦 爲井州刺史州人爲立
〔貫〕〔傳〕 丨丨 丨丨 銘 稱美或曰褒所丨 也尚書奏免
官 試銘 縛銘 唐崔從嚴 挺施特操丨丨丨丨 〔丨〕 息心銘 僧立丨丨丨 曰无
〔丨〕 〔試〕 銘曰子請 齊器 故題以 相命〔丨〕 多慮无多智〔傳〕
〔活套〕心丨肺肝丨陋室丨〔刘禹錫作〕克己丨 餅 薄經切或作瓶 記尊於
〔呂与叔作〕 東西丨〔張横渠作〕 事 偏碑 旬丨 易 贏其丨 淮南子 曰缶
丨 中而知 銀餅 指點丨丨 索酒 管〔杜〕 半瓶 澆愁有 小杓分江 流 瑠璃瓶 唐
天下之寒 金缾 井底引丨丨丨〔丨〕〔說〕 丨丨丨〔丨〕 夜缾 入丨丨〔丨〕 王瓶 書
宰相姓名于丨丨 丨 雙玉缾 酒尽沙頭〔杜〕 玉膽缾 花貯中有丨丨丨〔丨〕〔丨〕〔丨〕〔丨〕
丨 以箸挾之詳箸 丨丨丨 〔丨〕〔丨〕 孤懸 如懸丨丨丨 詳灯 行
兩餅 李靖宿一朱衣家夜半一婦人托丨丨取騎馬 井首瓶 揚雄酒箴 雄法
一小丨 戒曰瓶水一滴地上三尺水矣 詳雨 瓶 度士曰子猶瓶
矣 觀瓶之居 如丨之丨 澆益瓶 麂嗔竈婦 丨丨丨〔丨〕 賜胡瓶 李大亮諫求名鷹 太宗丨 一日虽无千鎰乃朕
自用如此 不如鵁夷

韵玉十七

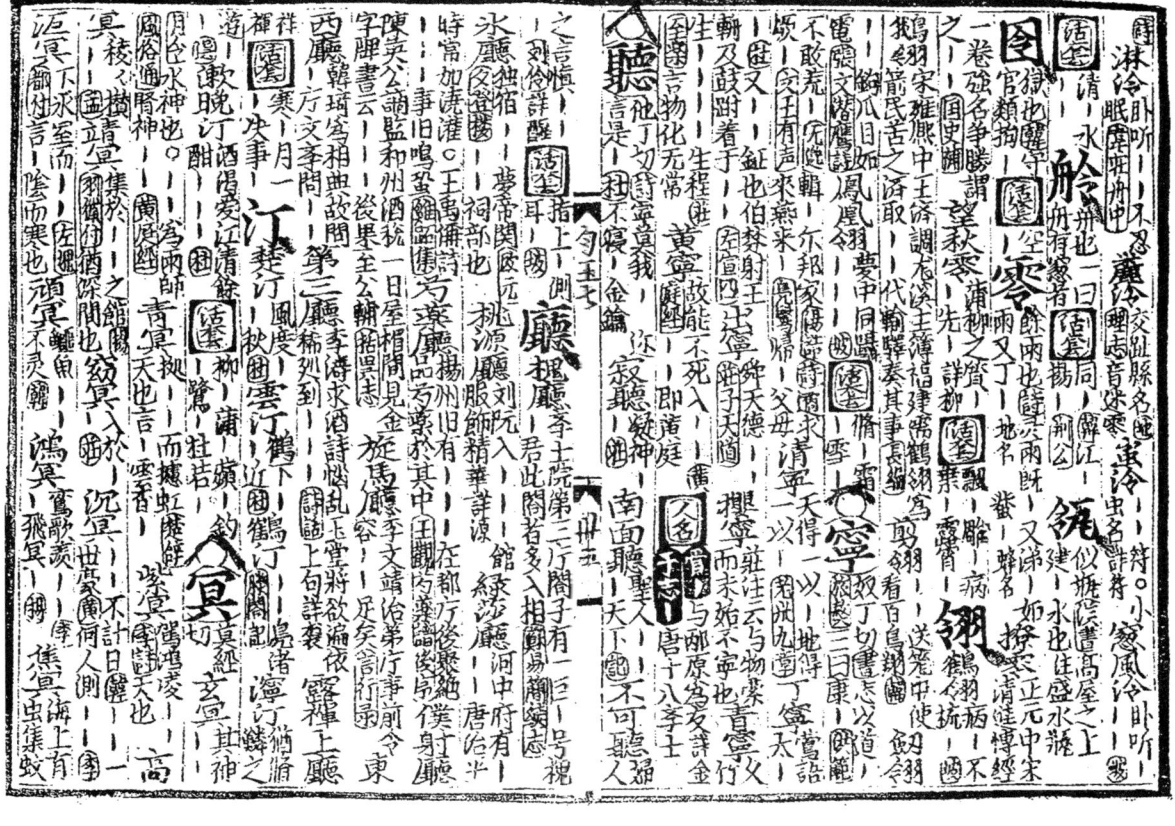

卅六

〔自御〕知挈缾雖有挈瓶之｜｜口如瓶 富鄭公書坐屏云守 不返瓶｜｜覆水｜｜〔收〕酒
〔冊〕守不假器〔昭七〕｜｜防意如城
瓶殺瓶可是近來踈酒盞｜｜今 丐著聖瓶 唐貞元中楊州｜｜自稱媚兒
瓶已作｜｜〔杜小山梅亭〕 姓胡琉璃瓶可受半升曰施此
滿足矣人与百錢見瓶間大如粟与千錢至万分亦然好事者以驢与之入
瓶如蟣俄有數十車綱至綱主戲曰能令諸車入瓶乎曰可微側瓶口令車
悉入有頃不見媚兒即跳入瓶綱官大○ 淨瓶 梵云軍持此云瓶常貯水隨
鶩以挺撲瓶破一无所有〔太平廣記〕 ｜身｜手〔寄歸傳〕 華林与祐師
爭住潙山百丈曰若能下得一句出格乃与住持指淨瓶曰不得喚作淨瓶
林曰不可喚作木楔也百丈不肯祐師乃踢倒｜｜百丈笑云輸却山子也
〔傳燈〕｜瓶偈曰｜來入｜中羅縠擁瓶口 水在瓶 刺史李翺問藥山惟儼禪師
〔柯〕崔并穀穿雀飛去識神隨業走〔詩〕雀 如何是道師曰雲在天｜｜
｜翺作偈曰鍊得身形似鶴形千株松下兩 一瓶一鉢 僧問師如何是和尚
函經我來問道无餘說雲在青天｜｜ 家風曰｜｜兼
到如是生 掘地得瓶与求神師書學辭記前生嘗為僧名智永詩身 屏 御
〔選詩〕 璞与房琯遊廢寺｜｜一瓶｜有婁師德
屏｜｜景帝時紹亮一作吳亮為尚書令子鷹為中書令每朝會詔以緹屏別駕
車｜衄｜泥於軾前〔吳錄〕 唐太宗錄刺史姓名於屏風卧坐對之 嵩屏 毛
以章其德〔晉陶侃傳〕 李屏 羊元所居山峰奇秀每擬藥床終日笑傲
或偃卧看山曰此｜｜宜晚對〔杜詩注〕 玠

為與退帝賜以｜｜風素屏几曰雲屏 青山白｜屏零陽白鶴山有
君有古人之風故賜以古人之器 雲屏為梳｜〔國〕石屏 其紋有雲月波瀾龍
鳳之狀○月石 肉屏 楊国忠冬月妓女圍 雲母屏 鄭弘為太尉季第五倫為
硯屏坡有詩 之號｜｜風〔遺事〕 司空每朝見弘曲躬自卑
上所置｜｜ 翡翠屏 瑇瑁玉案〔漢武帝內傳〕｜｜ 孔雀屏 唐高祖隴咸觸屏前隋万年子
｜風分隔 事詳雀 咸數識刺近
臣万年病召咸戒床下語至半夜咸睡頭｜｜万年大 美女下屏 楊妃外傳
怒咸曰具曉所言大要教咸諂也万年乃不復言〔漢〕 水晶屏上
刻｜｜遺国忠一日国忠獨卧屏上諸女悉下通名曰當垆人也步蓮人也
撫源人也云云凡十五人国忠驚叱皆復歸屏未幾果敗 元和初士人見
古屏上婦人悉於床頭踏歌曰長安女人踏春陽无処春陽不斷腸 竹門寫
舞袖弓腰渾忘却蛾眉空帶九秋霜云云士人驚叱之忽上屏〔輯異〕
屏〔呉隱之〕 事詳屏○ 呪破石屏 僧惠崇謁徑山欽法師自誦觀音呪功无比師曰吾
坐石屏後能｜之令｜否曰可遂叱之｜｜裂為三
片今謂｜ 〔活套〕 藍｜ 硯｜ 列｜〔人名〕〔戴石｜〕 輧 輕車重曰輜輕曰｜ 雲｜
唱石岩 水墨｜ 詩人 又廣韻輜｜衣車 〔活套〕輜｜
萍 大者曰蘋沉水中一曰水花曰水白一夜七子 通作苹 蓱萍 ｜｜易
〔爾雅〕世說楊花入水化為｜○魚朝恩枝貯江水及｜藻詳洞庭萍 飄轉独
鶴思凌 美萍之鄉 ｜芹茎｜子 稀 錦萍 荇錢似｜ 〔唐人詩〕 悲萍 石崇擣｜｜虀 蟻萍 酆敷
〔沂〕〔詩〕豪詩芹 咄嗟可辦詳虀 蚍萍 徑寸

〔平子南都賦〕的｜若｜〔張〕 楚萍 充飢臆｜｜〔注〕｜王 青萍 公之智決利若｜｜ 白萍 白魚名 好
得｜實食之〔詳實〕 〔李德裕賦〕 劍名
群遊浮水上 太湖萍 周穆王時塗循国獻 水上萍 乾坤｜｜〔書〕 數車萍 浮光多美
〔崔豹古今注〕 鶴喙以｜之｜｜ 鴨太原少
尹樊千里買百隻置後池載｜｜ 兩葉萍 与君相遇知何處｜ 半池萍 風約
浮｜入池為鴨作茵褥〔南康記〕 浮｜大海中〔宋天〕｜｜
〔杜〕江漢萍 万物變々焉知｜ 黏枯萍 稀沼｜｜〔杜〕 國如萍 何言中國外有 螢
｜｜之浮｜〔西湖頌〕｜｜〔杜〕｜｜ ｜海｜〔函〕
户扃切螢名〔夜光〕〔即照〕〔燿夜〕〔丹良〕〔丹鳥〕〔宵燭〕〔熠燿〕丹鳥為其有翼亦曰燐易
畧例云猶｜燐增輝於太陽 大火前後飛出是得大火之氣而化故明照
〔月令〕腐草為｜〔公孫弘〕〔杜〕 一別五飛｜〔魏〕五年也○未足臨書卷時
能點客衣隨風隔幔小帶雨傍林微十月清霜重飄零何處歸 囊螢 車胤家貧
以紗｜盛 露螢 尚把遺編 爝螢 不掩｜｜ 數斗螢 隋煬帝於景華宮徵求螢
｜照書〔宋〕｜｜〔收〕爝螢之光〔國〕｜｜ 夜出遊山如放火光
〔褊岩〕 乾死螢 〔杜〕〔活套〕 自照 熒 灯燭光也〔選〕 火井沉｜〔何晏賦〕 青熒
谷 讀書螢 家頭｜｜｜ 明星｜｜ 又｜ 熒火星名也
睇珉｜｜〔晦固〕 堆金疊玉 熒 淚皆還 嶸 崢｜｜ 山 縈 絕小水也 〇
〔西都賦〕光色也 ｜｜〔說文〕 ｜｜〔說文〕 深兒 〔書〕謚為｜｜
扃 古螢切外閉之 關〔左〕外户不｜ 拳扃 入户｜｜〔說〕扃關也又門上鐶紐 脫扃 楚人
奉之敬也不掩人之私也〔曲禮〕 〔左〕注扃車

前橫木所以止旗者○西京賦旗不｜｜而入〔注〕扃 岩扃 幽棲訪｜ 鼎扃 孔氏曰礼
旗關名言門高大車上載旗亦不｜｜ ｜｜以
木貫鼎所以 昼扃 空齋獨汀〔韓〕 松｜禪｜塵｜ 野外林曰｜〔詩〕在
閉鼎者〔儀禮〕 心｜中｜柴｜ 坰 之野 駉 牧馬苑又馬腹幹肥 頌信公也能
〔活套〕林｜ 張兒〔詩〕｜｜牡馬 〔詩疏〕遵伯禽之業
｜大｜ 〔活套〕 在｜

十蒸 與登同用

蒸 蒸仍切接韻書｜訓折麻中幹又訓薪 ｜蒸｜｜ 蒸字却訓火氣上行則
爛｜雲｜｜ 砂等事皆合入烝韵但烝雲韻｜字下亦訓薰｜今依出
処並附此識者下之〔語〕餅｜朓○人乳｜純王濟事詳朓 薪蒸 侯｜侯｜〔詩〕
呂氏盧生同邸方｜黃粱呂授盧枕夢出入將相詳枕 〔月令〕以｜以
〔大田〕 蒸之｜｜〔左〕 木粗 燎蒸 〔京賦〕 炬火也 ｜｜〔揚〕 煙煌 煌甘 九蒸 ｜｜ 換凡骨 雲蒸 雨降
曰｜細曰｜ 折麻中幹也 〔庾信〕〔藥物蒸〕 黃精
〔史記〕溪城穴 霞蒸 川原遠近 ｜｜ 潦霧 蒸 馬援在浪泊下｜｜上
月水｜｜ 〔杜詩〕紅〔鵬鵡行〕 毒氣薰｜ 〔詩〕〔詳〕鳶 胡盧 爛蒸 〔盧懷慎〕曰
爛蒸去毛莫擲折 ○ 蒸砂 成飯 〔活套〕詳 砂 煎｜ 攢｜ 丞 火氣上行也〔詩〕｜之浮
項乃｜｜也詳項 ｜炎｜ 浮 皇王｜哉 〔國〕君也
天生｜民衆也 ｜｜皇皇厚也々又冬 ｜｜ 殺蒸 周定王享晉士會｜｜ ○
〔沂〕〔爾〕曰｜又進也〔書〕 ｜｜又又下淫上曰｜ 殺蒸 蒸升也升殽於俎〔宣十六〕 蠲

烝ㅣㅣ〔書〕〔圖〕厥政不烝 夷〔徵〕ㅣㅣ〔書〕徵 嘗烝秋ㅣ冬ㅣ 房烝王公立飫則有ㅣㅣ
夷〔国〕ㅣ衆也 烝〔礼〕司〔爾〕〔周国語〕礼之立成者
為飫房大俎也謂半解其体升之俎也互見肴 肴 升也以牲实鼎也 〈承〉署陵切〔詩〕无不尔或ㅣ〔天保〕則莫我敢ㅣ〔閟宮〕易或ㅣ之
羞〔書〕其ㅣ厥志〔武成〕〔虞書〕ㅣ流 靈承 惟我周王丕ㅣ 丕承ㅣㅣ哉 經承ㅣ其ㅣ
宣化〔君〕ㅣ嗣。梅蕊作交ㅣ 帝事〔書〕〔多士〕〔君牙〕ㅣ子
厚為文者悉有師承作文為詩可无ㅣ 石承 庶人有ㅣㅣ〔尚書大傳〕ㅣㅣ請
法度可觀〔韓文〕師承ㅣ乎〔松窗詩話〕當柱下而已不外出以為飾
承ㅣ楚使子国帥師ㅣㅣ〔露〕教願承 願安承 鼎足承 三公ㅣㅣ
ㅣ厥十八承佐也 仙掌承〔漢武内傳〕孝願承ㅣ〔國〕君〔前漢彭宣傳〕
〔諸葛〕ㅣ欽ㅣ看ㅣ參 〈丞〉疑丞 輔弼ㅣㅣ比我而相之曰輔拂我而相之曰弼
ㅣ繼ㅣ敬 疑擬其前丞承其後。漢三公左輔右弼前ㅣ
後ㅣ〔百官志〕郡丞 漢景帝置ㅣㅣ 縣丞亦曰佐邑。縣簽〔白帖〕佐理弍職之任〔百〕
〔官志〕如治中別駕 〔能〕九陷ㅣㅣ 獨孤君碑力行務仁推誠愛
物謳吟者不敢其年須議者必歸於丞。唐臨為万全丞有輕囚十數人白
令請出之令不許丞召囚悉令歸家耕種約冊來至期畢集詣獄〔唐書〕張
鷟云九十里之丹鳳自下升高七十日之黃危從微至著〔遊〕家玉曰鳳凰上
擊九十里藩籬之鶴豈得料其高哉士亦然矣相書占氣要曰日中有黃氣
如九七十日近為丞。唐朱安恭為龍門丞數年登列之請鷹白但守請
白何憂不遷俗云双陸无休勢余謂仕官亦无休勢。韓愈〔藍田〕ㅣㅣ記丞
之職所以弍令於一邑事无所不當問丞位高而偪例以嫌不可否事文書
行吏抱成案詣丞雁鶩行以進平立睨丞曰當署丞涉筆惟謹云云崔斯立
喟然曰丞哉丞哉余不負丞而丞負余云云庭有老槐四行南墻巨竹千挺
斯立對ㅣ二松日吟哦其間有問者輒對曰余方有公事子姑退。漢丞尉
皆主刑獄囚徒。婁子雨為下邳令張晴為丞會論事移時意ㅣ使君何日
吏竊謂曰縣官甚不和長官稱雨賢府道晴也〔南部新書〕贊丞 換ㅣㅣ〔國〕
詳賁 許丞事 秘書丞 山濤啓晉武帝嵇紹可ㅣ郎帝曰如卿言乃堪為ㅣ何但
郎也〔晉書〕何楨為許都賦帝詔為ㅣㅣ主者錄以為郎月
餘楨閔事上曰吾用為丞何故 太樂丞 王績赴選以太樂有府吏焦革善醞
為郎按王者樂遂為丞〔文士傳〕酒績求為ㅣㅣ選司以非士職不
授君再三請卒授焉數月焦革死君嘆曰天不 水衡丞 我作ㅣㅣ君鴻臚丞
令吾飽美酒耶遂掛冠自是ㅣㅣ為清流 作ㅣ〔晚〕詳衡
晉阮脩王敦曰卿嘗元食ㅣㅣㅣ 差有 求郡丞 齊張融曰求丞不得所以
祿能就否脩曰亦復可亦耳遂為之〔史〕求丞求郡ㅣㅣ不得亦何復ㅣ
ㅣ否 逃酒 黃丞 云積云余嘗為鯱錄事有人頗犯語令杭有伶人
詳綾逃ㅣ 連飛十數觴不勝逃去乃黃丞也詳觚 學呂寺丞善ㅣㅣ
ㅣ辛楷酷似ㅣ〔酸〕〔人名〕韋左ㅣ 杜上章左丞統袴不 〈懲〉直陵切〔詩〕莫之
〔詩呂禮仲詩注〕餓死 嚴中ㅣ 武王右ㅣ 維ㅣ〔沔水〕剝舒是
〔易〕ㅣ忿窒欲〔易〕ㅣ罰一ㅣ 小懲 戒〔易〕大勸懲 以德報德則民有所ㅣ以怨
衆。ㅣ羹吹齏 詳齏 報怨則民有所ㅣ〔記表記〕 澄

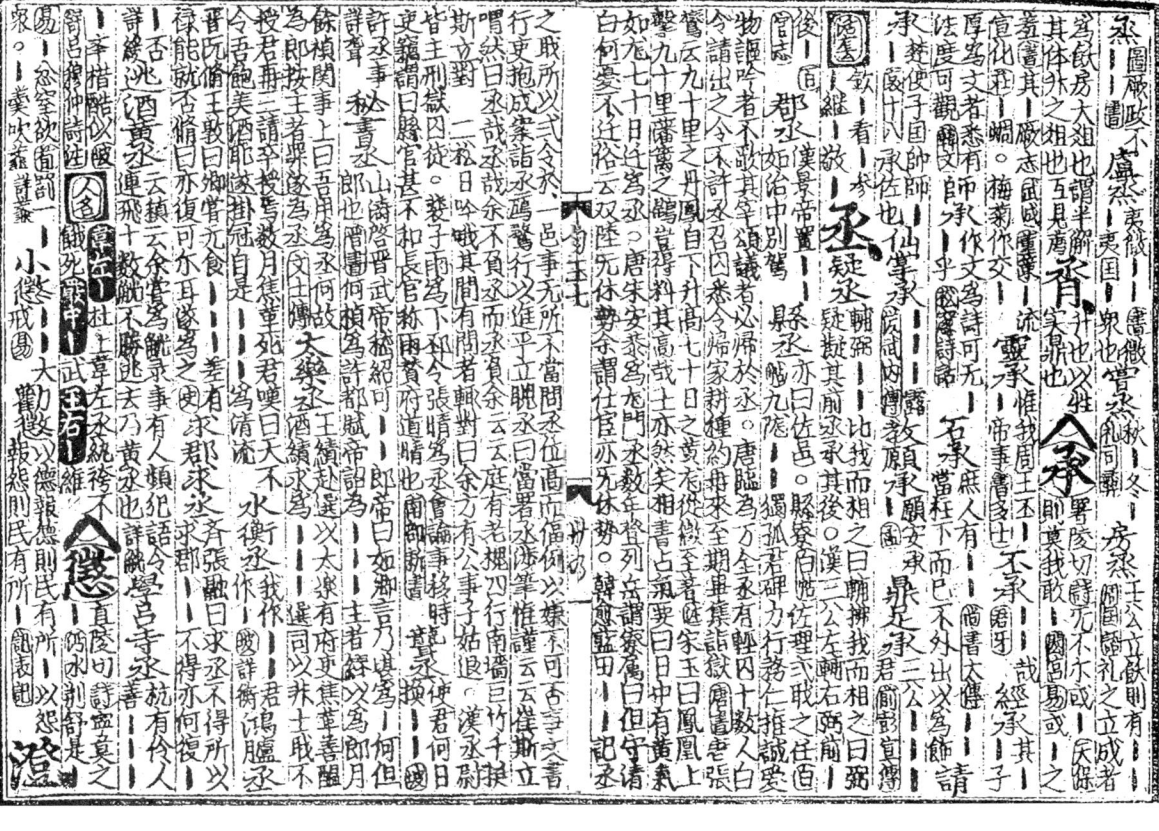

〔光武紀〕三河未ㅣ。渟澄 呼灵濬〔國〕攬轡澄 范滂登車ㅣㅣ有
ㅣ江淨如練詳練ㅣㅣ 慨然有澄清天下之志〔史〕ㅣ波 ㅣ渊
ㅣ水鏡ㅣ〔人名〕〔傅〕ㅣ 〈凌〉力膺切冰出曰ㅣ〔詩〕納于ㅣ陰〔礼〕 弘ㅣ夜氣
陵量ㅣ 後趙聖僧 並平去二音。按侵ㅣ 滅ㅣ 並當在夌
陵韵下但亦通作凌令凌人十有二月令斬冰ㅣㅣ其ㅣ〔礼天官〕凌人ㅣ紫
附此相如賦有ㅣ雲氣 三凌 雲韵云凌二音。三之者謂消釋度也ㅣ其ㅣ
三倍其 滅凌 幕府盛ㅣ 騰凌 出府雄且大ㅣ 飄凌 姜子志氣健ㅣ
冰也〔高適〕ㅣ壺弋矛〔韓〕 將ㅣㅣ〔歐〕凌 鸐鵡〔杜〕
謂過於衡ㅣ 莫涉凌 涉水ㅣㅣ得 〔姓氏〕河間徵音衛康叔支子為周ㅣ人
鸐鵡賦也 意須得朋〔孟〕 後以氏〔統〕仕吳字公績餘杭
人親賢接士輕財重義有国士風拜偏將軍江表虎臣也〔宋〕字子奇 淩
仕趙宋宣州人知益州夢人以六印加劍遺之其後官劍外者六人 侵
水 〈鯪〉ㅣ石ㅣ皮 〈陵〉大阜也〔孟〕必因丘ㅣ〔齊謀上〕詩如岡如ㅣ〔天保〕ㅣ
名 鯉一名ㅣ ㅣ貞久注侵犯也〔書〕懷山襄ㅣ 易鴝啾于ㅣ 誼不ㅣ
節而施 二陵 秦伐鄭蹇叔曰晉人禦師必於殽殽有ㅣㅣ焉南 五陵 北眺
之謂孫 陵夏后皋之墓也北陵文王所避風雨也 西都
府 漢高帝長陵惠帝安陵景帝陽陵武帝茂陵昭帝 茂陵 司馬相如病免官
平陵。從郡国豪傑於茂陵〔漢武紀〕ㅣㅣ多豪傑〔國〕居ㅣ。竟元宣
室召徒有ㅣ 孫臏度龐涓暮至ㅣㅣ伏弓万弩俱發涓自到〔詩〕橋董東
ㅣ求〔史〕詳書 馬陵 仲舒墓門人過必下馬号下ㅣㅣ 識為蝦蟆陵〔國史補〕
陵 邵平故秦ㅣㅣ侯〔詩〕瓜 踣死利於ㅣ 霸陵 李廣射獵逢ㅣㅣ尉 杜陵 屬京
ㅣ之下伯夷死名於西山之上〔国〕 呵止之後斬尉〔詩〕尉杜陵 兆拉
甫家ㅣㅣ故自云 春陵 後王伯阿望ㅣㅣ城日氣佳哉鬱鬱葱葱。 中陵 青
ㅣㅣ野客人更嗚 元結授道州刺史是ㅣㅣ故地作ㅣㅣ行 菁
者莪在彼 懷陵〔解文〕琴曲名 憑陵 ㅣㅣ大叫呼五白〔國〕谷為陵 高岸為谷深〔詩十月〕ㅣ 望獻陵 魏證辞長
孫后太宗作層觀以望之徵曰臣以為 賦 劫陵 五代溫韜悉發唐諸陵取金宝
為陛下ㅣㅣ若昭陵臣固見之〔國〕見 昭陵最固悉藏前世圖書鍾王
筆迹如新唐莊宗時王郭崇。 迦陵 鸐鵡中鳴音已壓衆鳥佛法音亦如之
韜曰此劫陵ㅣ不可赦〔史〕 ㅣㅣ仙言遍十方界〔楞嚴〕ㅣㅣ仙禽在
〔地理〕於ㅣ 道処ㅣㅣ〔呂〕ㅣ 齊桓會盟処 武ㅣ 避秦桃源処 陰ㅣ 項羽迷
王ㅣ 廣ㅣ 揚州 建ㅣ 豫章 金ㅣ 建康 甘ㅣ 黨人之議起於ㅣㅣ〔詩黨〕
〔人名〕。荀卿為蘭ㅣ令 李ㅣ 漢將 嚴子ㅣ 光 杜ㅣ 工部 揚ㅣ 唐人 綾 ㅣ有竹
荀淑為朗ㅣ侯 魏无忌号信ㅣ君 根柿蒂
蛇皮馬眼之名〔白帖〕中曲 青綾 漢內臣即ㅣ 吳綾 夏竦對黃官者以
着紫錦襲下有半臂出縹ㅣ 被詳被 手巾乞題詩詳夏
色綾 臺山有ㅣㅣ木理如綾文 紅綾 曾巽ㅣㅣ餅 不受綾 唐呂段秀實戒家人
ㅣ綾可作桃呼為ㅣㅣ桃 餅詳餅 過岐朱泚必致贈
遺慎毋納果致大綾三百拒不遂秀实怒曰終不以
汙吾第置司農治堂之梁間泚反取視其封猶新〔史〕 鸐文綾 客從遠方來遺我ㅣㅣㅣㅣ〔詩〕

〔隠〕龍油綾入水不濡云有｜故也〔拾遺錄〕｜贈妓東綾冠萊公有善歌者至庭公獨酌令歌數闋贈東綾侍兒稍欺作二詩呈曰
一束清歌一束綾美人猶自意嫌輕不知織女寒窓下幾度拋梭織得成
夌越也通作凌 輘車轢 淩夌也俗作淩〔国語〕
屈到嗜芰韻會云屈到所嗜央明菱也央明亦名菱梁魚弘之食用菱作飯
〔梁書〕鉅野凶年以菱為蔬〔廣志〕亦推莫餌菱實可斷穀〔武陵記〕四角三角曰
芰兩角曰｜花紫晝合宵炕隨月轉移 又鏡曰｜花以其面平 紫菱生穀
光影所成如此〔陰詠〕雞頭吾弟藕為兄頭角嶄然也不爭〔鹹脩〕
角〔庾信詩〕菱翻 海上菱杜厉叔事莒人不見知君｜｜食｜｜〔呂春秋〕 渤海淩氏益當｜芫〔困傳〕｜太守勸
｜角利〔韓詩〕
綠水淩或踦｜｜而來〔左吳都賦〕 濁水美｜｜菱葉鮮〔鮑光義詩〕 菜肥清水翻雞淩玄都觀擧水中菱如飛雞名｜｜｜
〔洞冥記〕詠採淩｜｜菱梁刘苞詔詠｜｜調下筆即成 〔人名〕〔何｜〕白樂天家樂童 膺於陵切〔韻〕戎狄是｜｜擊
掌鏤膺虎韔｜｜〔詩〕｜｜｜膺｜｜樽章○膺樊 服膺拳拳｜｜〔中庸〕 鳳膺｜｜〔黄詩〕 ○虎｜手
也 鏤膺〔小戎〕馬帶也 鉤膺樊纓在膺之飾〔詩〕 ｜｜吾｜〔詹李〕也 ｜｜微旐〔歷〕製當取
良箭首存一節之以 氣摧膺〔傳〕酒酒｜｜ 填膺〔李〕 涕垂膺 滾西分馬〔輿〕 〔人名〕音李膺
下若膺处則微張 梁李膺武帝曰李膺何如｜｜曰今勝昔之事〔蜀〕〔人名〕〔李｜〕漢人 後
掂蠶之主今逢堯舜之君帝悅以為益州別駕〔史〕 鷹鳩氏〔左〕爽

司寇者也｜也〔說〕｜化為鳩〔詩〕時維｜揚 北鷹崔洪為御史語曰在南飢飽
○｜搏鵬詳鵬〔孔帖〕唐申王目為決雲兒｜為｜詳鶻
鷹魏呂布因陳登求徐州牧不得布怒登喻之曰登見曹公言待將軍譬如養鷹
養虎當飽其肉不則噬人公曰不如卿言譬如養鷹｜則為用｜則颺去
布乃群○慕容垂猶鷹也｜則 得霜鷹蘇味道才李識度王方慶貨早許純
附人｜則高飛〔載記〕互見條 俱為鳳閣舍人張元一曰蘇九月
｜｜王十月｜ 呼鷹臺 莫上｜鷹臺華生笑刘表〔荊〕汚水南有景升
被凍蠅〔會載〕 臺表好鷹嘗登此臺歌野鷹來曲〔水經注〕 韝上鷹｜｜
｜一飽則 下韝鷹詳脫韝鷹勢如｜｜ 雀抵鷹一万｜不能〔抱朴子〕眼如鷹秋｜｜九
飛擊詳韝 ｜詳韝 ｜〔谷〕
失白鷹唐源乾曜為京兆尹伎內白鷹縱失之生 劫白鷹五代唐安重誨為
死於野吏懼得罪乾曜自劾上一不問〔史〕 樞密使夏州李仁
福進白鷹重誨｜之明帝陰遣人〔史〕 郅都蒼鷹郅都為中尉行法不 避貴戚號蒼鷹〔本〕東門蒼鷹斯李
取入宅曰技鷹曰元使重誨知〔史〕
出獄顧中子曰吾欲与汝復牽黃犬臂蒼鷹出上蔡東門
察｜｜逐狡兔豈可得乎父子相哭夷三族〔史〕 不獻名鷹李大亮為涼州都督嘗使見名
鷹諷大亮獻之密表曰陛下絶田獵久而使者求鷹 餓虎飢鷹魏侍中盧毓与將軍元暉侍寵貪
下絶田獵久而使者求鷹 縱人謂｜｜將軍｜｜侍中〔國〕
｜逐雀〔囯〕〔人名〕〔李｜〕張翰字也 鷹音言也〔說〕通〔遥〕知讀易東窓下車馬鼓門定不｜｜〔陸雲〕
又睡美初涼賦不｜｜ 通作應〔韓〕嬌｜如在寤 應

當也又料度〔辞〕 蠅尺 凭皮冰切依倚也〔古今〕几可｜｜ 淜无舟渡河 馮馬行
〔左〕邢晉｜韓 袖手｜｜ 通作馮
疾 憑通作馮〔左〕馮軾而觀〔語〕｜河〔詩〕有｜有翼｜〔晉光傳〕
也〔漢書〕酈食其｜軾下齊城〔韓〕失其所｜依首憑及秦列其車未敢均｜
｜〔區〕 ○維摩憑請判｜｜｜一到〔人名〕〔戴｜〕重席｜〔黄庭〕
〔寶〕 東坡界〔坡与欽老〕 化北央寺詩 冰筆陵切〔詩〕如履薄｜
〔外長〕誕置之寒｜〔返〕｜來伴〔宮〕若蹈虎尾涉于春〔居易〕履霜堅｜至
〔坤記〕季冬｜盛冰澤腹堅取｜以入 魚上｜〔月令〕｜生於水而寒於冰
○張象曰揚国忠｜山尔 婦豹 藏冰日在北陸〔左〕鑿冰二之日｜｜冲冲〔詩七月〕伐冰
｜清〔家國〕妃子曰所玩｜筋也 而｜｜〔左〕 ｜｜
之家不畜 頒冰夏｜｜｜〔天官〕 海冰唐長慶六年海州 ｜中之｜知 ｜凝冰 ｜｜
牛羊〔記〕 冰｜南北二百里 〔?〕冰瞻天下之寒〔淮南〕 冰
｜得雨而｜｜ 魏祖使人推渠水冰 啄冰巧冶不能銷木良 〔文中〕鏤冰內无其
曰獨介詩介 摧冰 以遍般謂｜｜人 ｜｜工不能｜｜ 費而外
李其文若凝脂｜｜｜ 飲冰樂天三年為刺 滹沱冰王郎兵在後光武至河王
貴日損工〔鹽鐵論〕 史｜｜復食蘗 霸詭曰冰堅可渡至河冰
果合未果數騎 玉壺冰清冰出万壑置之 〔唐詩〕千年冰唐順宗時拘弥国貢堅
而冰解〔本紀〕 寒露之｜｜ 冰云大凝山冰｜｜不釋
〔莊陽〕 六月冰啖甚冰井｜｜ 一條冰陳彭年在翰林清秘 踏層冰安得赤腳
〔編〕 猶堅〔風征記〕 人謂官銜為｜｜｜｜ 〔困〕

叟立冰晉令狐策｜｜｜上与冰下人語卜曰為陽語陰媒介士也 笑成冰
冰泮而昏成會太守田豹因策為子求張公徵女仲春成昏
揚妃初入宮与父母 寒筵冰盛夏於井側安鏤用冰晶如拳者新汲水貯千
別｜落凍｜紅｜ 肺取越瓶盛湯響帛密封復著千鼎急沉井底
平旦冰結矣名｜ 夕飲冰其內熱歟〔莊養生〕我
｜｜〔開陽新編〕 朝受命而｜｜｜ 鯉出冰王祥後母朱氏欲生
忽自解 叹孤聽冰｜性多疑每渡冰河 鼠食冰北方｜在水下｜｜毛西欲
鯉躍出〔晉〕 且｜且安〔說文注〕 長百尺可為布〔神異記〕 ｜祥將剖冰求之躍
冰〔谷〕獨威能折綿風力欲冰｜ 醒酒冰饋婦初供 甜底冰喜夏青非宜青喫來不
〔谷〕醫書謂大寒惟酒不冰｜｜｜ 〔谷〕｜｜自是｜｜ 〔歐詩〕
可語冰夏虫｜｜以｜｜者 夏虫疑冰｜晒｜｜之〔陸拱天台付〕後村詩
篤於時也〔莊秋水〕 話云戎謂即用莊子事疑字恐誤但
盧鳴嵩山志有｜｜｜之語又唐 投章合冰代王什翼犍以章組約流澌
彥謙詩冰寒却恐｜｜｜則謬矣 凝而河冰合未堅乃散葦其
上冰葦相結有如浮 何獨進冰北齊趙郡王叡為定州刺史監築長城有送
梁後秉以渡〔通鑑〕 冰者叡曰三軍皆飲溫水吾｜義｜｜寒｜
遂至消夜 守河摧冰北齊文宣時周人俱齊人西渡常｜｜｜｜及武
軍中感悅 成即位朝政漸紊齊人推冰又懼周兵之逼〔史〕 ○如
湯消冰｜｜｜｜ 先別有水知冰消 〔人名〕〔李｜〕蜀太守身死為蒼牛与江神
者存我亮我亦復如是〔盧安〕 闘〔李陽｜〕唐人善篆錄〔庚｜〕亮之

子部　第三册

彇弓強皃 掤箭房之蓋 △蝇余陵切青旦者名景跡(詩)蒼丨之声○虞翻放弃南方不生无可与語死以青丨為弔客
癡蝇丨如遇蝇丨(韓)鈎簾帰 獵蝇盧記室多作朋委人於十步内劍除鋤 報 以撲蝇時人呼為記室丨丨(金陵記) 辛
赦蝇苻堅屛人作赦文有大蝇入室声甚厉驅之復來俄而人手賀蝇術士郭
蝽皆知有赦詰所得皆云有青衣童子呼衢中乃蝇也(白帖) 相
代公青蝇丨丨方及第一日坐家庭丨作八騣蝇蒼蝇之飛不可數步托
行立約數万折躬者二良久乃去(青陽記) 尾於騏驥之尾乃騰千里
之路(光武) 嗜汁蝇青蝇丨咬丨而忘 被凍蝇元一謂之丨丨(賓戲)詩餽張
与隗嚻書 溺死(班固雜說) 王方慶体貨部陋言辞鷹
集爪蝇武元衡曰適從何 集鼻蝇何晏夢青蝇丨丨上管 且擊蝇淮南王安
爪蝇來遽集于此(詩) 鼻 輅曰位峻者顛也(詩)鼻 蝇万毋衛午
日取蝇虎拌碎伴丨丨 剱逐蝇王思性急方書有蝇飛在筆端 墨成蝇曹不與
豆自躑躅可以丨丨 逐蝇去復來患怒投筆拔丨之 蝇孫權 風
誤丨點汚因作丨丨孫權 如飛丨(歐) 霜前蝇丨丨凝甚丨之 扙門
謂是真蝇彈之(吳與雜錄) 過耳蝇丨丨如飛丨(歐) (谷)
者放蝇庫狄伏連居室患蝇丨 青丨大夫刺幽王 人名 飛衛李射
蝇丨丨日何故丨入(北史) (詩序) 也信讒言(変小雅) 甘 於蝇(列)(湯問)
△繩神陵切(詩)子孫丨丨(谷)斷多也丨其祖武 結蝇以代丨丨之政(書)
(下武)(書)木從丨則正(說命)(易)巽以丨直 而治丨丨為網罟

韻府十七

(圖)丕蛍蝇离婁丨丨公輸削墨雖崇 玉蝇玉衡北西星為
絲臺五增而不涸(賓臣頌) 丨丨(元命苞) 丨丨低建章(西京賦) (春秋)
善沿木曲者中丨直(荀子) 般倕弃其剞劂兮 胡繩香草也葉可為索 鉤繩匠人
矯拔其丨丨(荀) 剞劂鑿也鉤曲尺繩以準直(甘泉賦) 丨丨之纚纚(騷) 曰我
金繩丨丨鐵索 赤繩韋固旅次宋城遇異人向月檢書因問囊中丨丨 子云
鎖紐(北史)(宋舊) 仇家異域此繩繫不可易君妻乃此店
北賣菜陳媼之女固見抱二歲女惡刺女於稠人中傷眉間後十四年參相
州軍事刺史王泰妻以女容皃端麗眉間常貼花鈿逼問曰妾郡守之猶子
父卒於宋城初時乳母抱以鬻蔬為賊所刺痕尚存 繫白繩 丨無長繩春
尚在宋城宰聞之名其店曰定昏店(續幽怪錄) 丨白丨 (李) 風引繩絕
挽我出東丨 兩如繩丨丨(谷) 朱絲繩丨丨 顇以白玉琴寫 轆轤繩 丨丨無丨 絡
如丨丨 兩如繩蓬蕪高卧 朱絲繩之丨丨 (歐) 井百尺(盧) 絡
地繩重耳見蛛布網曳繩曰人之有知而 治亂繩龔遂為渤海守曰治乱民
繩不能鄭垂天之網布丨丨之丨(詩) 蛛 丨丨猶丨丨不可急也(李)
左索繩丨丨斉祭仲熊問誌公仕何所至解投頭丨 家無繩梁伏暅為新安守郡
索繩 丨丨鄭与之仲熊後至尚書左丞(史) 多亭麻丨人至丨以
為丨厉忠 誦書約繩晉刘寔賣牟衣自給口 澠 水名在澠澠易牙下 丨丨水
如此(史) 誦書約繩口丨丨手丨丨(史) 臨淄 澠嘗而知之(列)(說符)
酒如澠有丨丨 綠似澠酒潑浮醅(歐) 不渡澠 鑫馬 丨丨水(國語)
酒如澠(左昭十二) (從容)(通)言水急也 (孟)不如 捋

四〇七

丨勢(易)小人丨君子之器又服牛丨丨馬(傳)(說)丨軒鶴(詩)鶴
丨丙而来(詩)(季)兩女丨尨(詩)尨 (楊) 丨国如丨丨航(寡見) 依乘丨丨 風雲
乘有白丨丨(谷) 風乘乘風邪丨丨我邪我(列子) ○宗乘丨丨能自判文 五乘(詩)十乘乃捲
帝御无馬迹空 孝車乘通(石山) 術 (李靖贊)
法於一心開丨丨 於 最上乘丨丨大乘禪小乘禪一佛乘丨丨法華經云如來但以 丨
八數(梁肅法門議) 禪詩禪 故為衆生說法无
有餘乘云云惟有一 膯 稻畦埒(荊公) 旅 (陸賈) 丘 △升 書烝切(韻)
乘法无二亦无三 生猶足暗溝丨丨
倉布以八十縷為一丨丨 陳可丨丨 機可丨丨 酒一丨曰爵二丨丨觚三丨丨觶四丨丨角 皆升天之不
五丨散(語)由也丨 堂丨同丨諸公 新谷既丨(記)於李(王制) 丨可丨而
丨也(易)(子張)大 酒七升刘表子好丨丨為三爵大 酒數升 狂生來索丨 一 濟
平丨可丨(易)(說) 曰伯雅受丨丨(詩)雅 數升斗(叔) 丨丨
升 半升僅 斗八升 馬周命酒一斗 米五升 日食太倉 水斗升 鮑魚曰有斗
升 淵明酒(坡) 丨丨 獨酌(詩)酌 丨五升 (國) 升之丨活我
識(詩) 椒盈升丨聊之(實) 神九升 猪安仁寡婦賦意悦惚以遷越 元凱升 重
栗 椒盈升 衍丨丨 (詩) 兮丨一夕而丨丨九度飛揚 華
立而丨丨丨丨 自此升 先生丨丨矣 飯一升 刘元明曰作縣惟飲 如升 李賸
(長卞命論) (揚雲傳)(詩)鶴 日食一升丨詳 飲 丨丨
丨習 墨數升 唐王勃為文先 豈二升 晉陸納謂桓溫曰明公近云飲酒三
詳賸 磨丨丨丨詳 (崇) 升納丨丨丨丨今有一斗以為杯酌

韻府十七

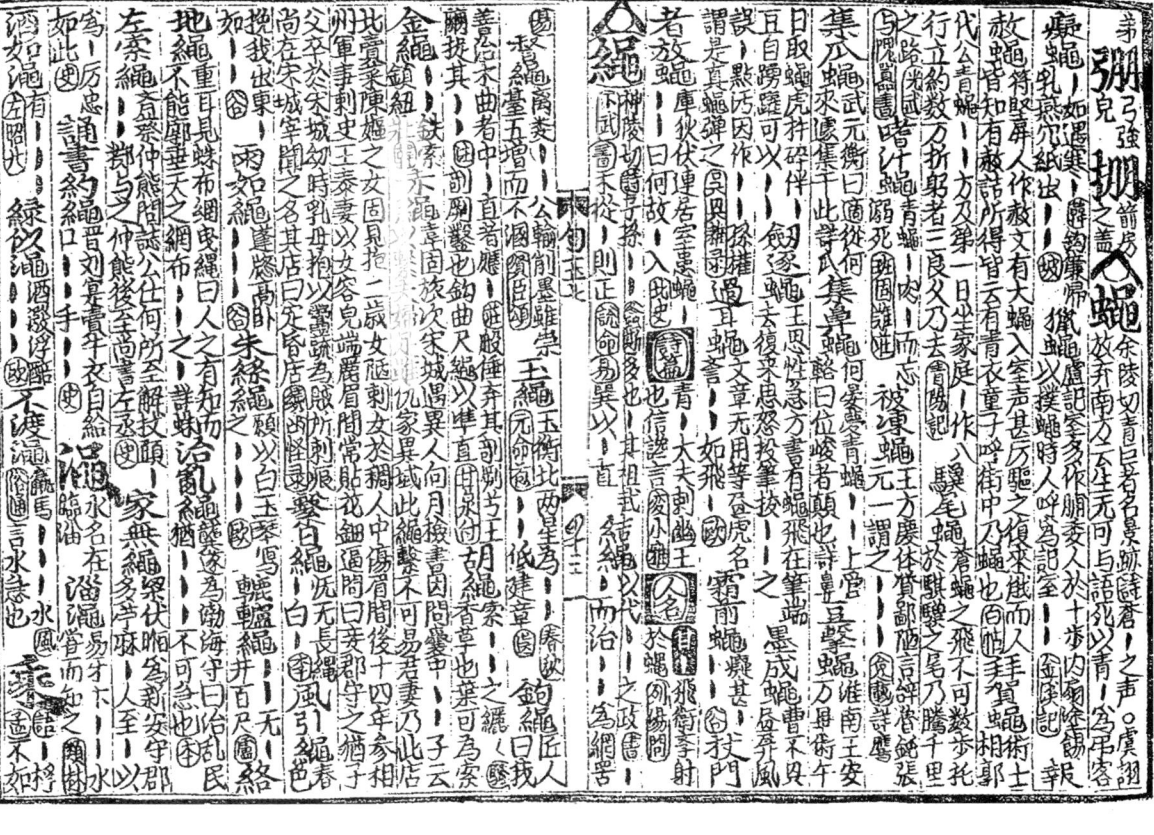

餘壢(卦名) ☰☷ 地中生木丨初六允丨大吉九二孚乃利用禴无咎九三丨
(史) 虛邑六四王用亨于岐山吉无咎六五貞吉丨階上六冥丨利于
不息(人名)(劉景) 表(見) 騰 陸如末丨孟丨不丨其任丨不可丨食 登
之貞 漢光武時傳士 (詩)鼛鼓弗丨○司馬公力不丨丨及 陞
昇 日升也通作升(財)綠空一鏡丨 奇峰碎 也
飛火雲丨蹴馬上鎖殘夢不知朝日丨 蜂呼孔昇 尨門寺異蜂大如
日大丨至者迤丨丨 鵲僧網(全)宿中明
丨翁僧異而放之 (陌上)(長)東 △仍 如乘切(語)丨旧貫○ 雲仍丨孫之子為
民仍太上藏法 丨扔 曳少康娶于有丨氏 丨丨孫(詩)孫
傳丨丨(王)臘味仍 孄浮仍 丨丨(陌上)(長) 因丨丨 △競 居陵切(書) 丨丨業く 凌競
馳閭闈而入丨丨(揚雄甘) (人名) 呉丨直史館 類丨丨 (詩)戰く丨丨(小旻)
(泉付)言寒涼戰栗之処 撰唐春秋 矜 細行(書)不丨丨 哀矜丨丨而棘矜
鍬稜丨丨(史) 氣 今飲酣丨丨橫 自矜春陽今已數妍 勿喜(語)
(記)矛柄也 氣矜猶驕丨丨(國) 醜各丨丨(國) 去得不矜 謝顗道与伊川
做得甚工夫曰 字(陸長) 驕 九徵 士有丨丨而不変 別一年伊川曰
只丨丨丨丨 莊 △徵 陟陵切 召也 則君子也(孟子) 三徵 晉王
不就(周)丨七辟(人名) 直臣(魏) 唐 繒 疾陵切帛也(史)(帝紀)(武帝) 白繒 鷹玉以丨丨絳繒 田單火
丨丨(周) 細 出関傳或用丨丨 (中外紀) 絲牛衣以
(史) 金繒賜匈奴黃丨錦 販繒 灌嬰本丨丨 姑繒 繒探丨丨之璧(前凶) 縕繒後魏
繒繡丨絮(皮宣紀)丨 (周勃同) 文繒(匈奴傳)西南夷也 綿絲文明

馮后性儉素 辟兵繒端午繫長命縷又揮練繒呂與太守貢舒古繼爲妻買
御丨丨【史】 辟兵繒名丨丨丨【風土記】 擇縑繒實斷缺丨丨丨【國】
繒宋朱百年隱居時出山陰 鄫春秋小国 〈凝〉魚陵切易陰始丨也坤【記】天
絲丨丨丨丨絲三五尺【史】 地嚴丨月令【書】庶績其丨【舜】
典丨士丨民 澄凝靚粧照丨丨丨而暮 道不凝至丨丨 脂
【莊】乃丨於神 澄凝丨丨【國】煙光凝 山紫【滕閣記】 焉【中庸】 【詩】露丨
【右丨】傳衣鉢事詳鉢【徐】唐人有瀑布詩曰不 〈興〉虚陵切【大學】丨仁丨讓
【人名】為徐丨洗惡詩詳詩【王卜】字叔恬文中子之弟 丨丨 龍
興丨漢室丨【書序】賓興丨以鄉三物教万民而丨寢興丨載丨丨載 晨興 如陽丨丨【韓】 宵
之【礼地官】物猶事也 夙興丨【小戎】 別距拔何忽
興老病亦 代興 斉晋投壺曰寡君嗣興 禹乃丨 浡興則苗丨然丨之矣【孟】
興丨丨【國】 中此与君丨丨【左】 丨【書】 其因也丨然【左傳】 豪
傑興丨丨之士雖无文 知廢興 丨王猶丨【孟尽心上】 知丨丨【王命論】 陵母丨丨【詩】中丨作丨夙【年號】 【永丨】漢桓
元帝 【大丨】晋【地理】【國丨】地名【人名】【晋不丨】陵後貴戚【國】唐酷吏 〈稱〉處陵切【語】元 帝晋惠帝
到于今丨丨之【詩】丨彼兕觥 七月 記善則丨君過則丨 名稱 我亦 丨丨 得而丨 民
已【坊記】後漢五倫以學白丨丨〇唐蘇頲以文雅 稱器丨丨【王吉傳】 〇材
英稱崔烈子鈞曰大人 著稱後實武以經 通稱之丨丨【孟】 嗟稱万古共
少有丨丨【詳鋼】 丨【孝】 丨丨【漢】 丨【杜】 善稱

丨丨五 六所過稱 前漢平當丨 偁 揚
伯【董學】 戶过稱丨見丨【國】 也【人名】
【孟】求龍斷而丨之公孫丁礼賢能書丨天府。 【晉丨】禹鈞之子 趙宋人
陶侃夢丨天詳天丨龍門詳君丨瀛洲詳瀛 咸登 上丨五下丨二 【湘】如燈 〈登〉都騰切【詩】
三登 平丨丨日太平【前食貨】 丨年食進業曰丨再登曰 年登 啼飢【韓】 而妻 先登 鳌弧丨丨【左】 干岸詩按 齊登丨丨 登之丨丨
要路 攬轡登 泛濟丨丨 稜等登 丁稜語吃為榜首往謝時宰致詞欲云 言漢德如五帝三王也
津【杜】 丨丨車【國】 科連声曰丨丨丨丨 竟不成語而退
【玉泉子】 從善如登 為善之難 也【吳張沈】【地理】 【白丨】漢祖【人名】 嘯声振山谷
【故事】 丨丨丨丨丨 從惡如崩言 披圍処 【孫丨】蘇門長
【隋丨】元夜詣床【隋丨】 〈鐙〉 鼎 丨毛席大床前 〈簦〉笠蓋又云笠有柄者 〈登〉
呂黎云歸公好古書【春明退朝錄】小榻以上床者 【史記】虞卿躡蹻擔 丨
從夕從又礼器 上元燃丨或云以漢祠太乙自昏至晝故
【詩】于豆于丨 燈 事【臨川】丨花何太喜【國】 銀裹排金粟釵頭綴玉虫【韓】 土
人若也動挑撥敢向樽前不尽心【詩話】 双多燈洛陽元夜以丨丨多者為上
花忽作蜻蜓眼孤焰如懸玉腰瓶【談苑】 影燈其相勝之辞曰千影万影【國】
【天寶】記開元初元夜結綵樓三十餘間某法喜曰西凉府灯亦盛於此令玄宗
閉目已在宵漢俄而及地睹丨丨亘數十里以鐵如意易酒翌日中使驗之
非緣 添燈 沈彬居有一大樹嘗曰吾死可葬於是既葬穴之乃古冢其間二
【廣記】 添燈古灯臺上有漆一盞擴頭銅牌篆文曰佳城今已開雖開不葬埋丨

漆灯猶未滅留得 聖燈 丨丨 岩 寒燈 冊雪洒【国】 風燈 過眼百世 照 照 燈 南方有魚
沈彬來【江南野史】 聖燈丨丨岩 寒燈 丨丨【国】 風燈 如丨丨【段】 食燈多脂照紡
續則暗照宴樂則明 采山燈 趙宋冬至後開封府縛山棚對宣德樓山上金
謂之丨丨【天宝遺事】 絲 山燈 壁舘綉穴連結丨丨為神仙故事橫列山門各
綵結金書大牌曰都門道左右曰禁衛之門綏水上灯山放下 九華燈 元夕
如瀑布又縛草成龍置灯萬數万望之若双龍飛走【東京記】 然丨
丨丨於南山上照 九光燈 漢武祈王母於宮中 【內傳】 鴈足燈 漢宣帝上林中丨 琉
見百里【西京雜記】 然丨丨之丨 丨丨 制度極佳
璃燈 浙西蘇州賣翠朱家灯号天下第一 十年燈 江湖夜雨 【谷】 讀書燈 隔窓分号
玉燈丨以丨丨為諸物之形【歲時雜記】 丨丨丨丨丨
不點燈 為鼠長留飯 憐蛾丨丨丨【國】 照愁燈 未滅傾別酒同 〇傳燈 拄 丨丨无白日【匠心】 入
燈 繼傳丨丨【張】 無盡燈 諸弟子有法門名丨丨丨丨【維摩經】 譬 長明燈 江寧縣寺有晋 色変
青不熱隋平 大智燈 為破凝暗皆悉者 丨丨丨【華嚴】 僧房无燈 然丨丨丨丨 元過丨丨【蕭】 【詩】 【鏡】 【犭】
陳猶不滅 〈稜〉 魯登切亦作 〇烏桿 八丨丨詳捍【拾遺記】 丨
菱丨見菱 孤丨 殘丨漁丨丨 頗稜西域來因僧携子入中国今謂為波
青丨 韓丨 燒丨 挑丨 收丨 丨 而稜 金雀【西都付回】 山稜 清曉卷書坐南 衣稜 未嫌長夜作
觚稜上丨丨丨 一夢中【段】殿闕角也 丨見高丨【韓】 丨丨丨【坡雲詩】
首丨丨丨丨

葉稜丨厚有丨刃稜 老骨惧秋月秋 風稜 四海欽丨丨【韓】 金稜 韓湘染白牡丹明春
犀角健【國】 劍稜 月刀丨丨【國】 開丨丨 碧色〇金韶
家牡丹一本三 摸稜 蘇味道為相謂人曰決事不欲明白丨丨持兩端而已
百朵丨丨 血色 【本】 世号丨丨手 味道為相或問燮和之道但以手丨床
丨【凌】 剛稜 王允丨丨疾悪 稜稜 崔從嚴偉立朝丨丨 風望【本】
【鐵】 【後】肆闊威稜【漢】 稜 骨瘦丨丨 地天然白【孫軒詞】 錢重稜 敬天下 丨分
當二千【宦】 字藏稜 徐公父子亦秀絶丨丨 外銀含稜 刘貢父芍藥譜有丨丨
【肅宗紀】 出力中丨丨【坡墨妙亭】 謂銀緣也。折來花蓝細
丨丨【王沅】 月半稜 斜拖闕角老千丈淡抹墻 石五稜 南嶺山中多紫丨英皆
【之芍藥】 腰丨丨丨丨【王石方雲詩】 丨丨 〇惣傾白密収五
丨丨眼如石稜 柏温丨丨紫丨丨 〈僧〉蘇增切梵語云丨伽也 晨色云四人
【國】 眼如 鬚作蝟毛磔詳似 以上名丨一人亦名丨【晉書觀要覽】 雲
水僧 淡如丨丨丨【山谷】 竹院僧 因過丨丨逢 好事僧 珍重維揚丨 小乘僧 我是丨丨丨【國】 十
丨僧丨【國】 話【李涉】 丨丨【王元之】
八僧 藏千尋布水出 行脚僧 坡在東州書云其意然丨丨 過夫僧 佑卿恐是
僧丨丨 高丨【孟】 丨丨但喫些酒物亦【國詩】 帰来鶴次
律寧殊丨丨丨【坡】 上句見 旦過僧 身是雲堂丨丨丨 在家僧 戎州 夏畦少疏供感君
鶴下句見身房瑣学次律丨丨丨丨【坡】 丨米飯丨丨丨 【谷】謝送良
【寇】 粥飯僧 李愚為相迂闊廢 火宅僧 僧有室家者曰丨 還俗僧 釋恵休善属
帝目為丨丨丨 丨丨丨【番禺雜記】 文出祖命丨

子部　第三册

丨丨大趙陽位至揚州從事史宋徐湛之傳 詩惹僧鄭谷丨好用僧字魏野詩
賈島常爲僧韓愈惜其才俾反俗應舉 好用鶴字故云仲先筆苑
多惹鶴鄭谷丨壇憂丨丨。不逢僧午梵隔雲知有寺夕陽歸去丨丨丨王 浴水僧
古人詩字趾元僧平山詩 有人見群僧丨丨中
問之曰此玄陰池也於是群 北斗七僧李淳風奏丨丨當化爲人明日至西
声噪之乃群蛙也宣室記 京飲酒候之乃丨丨共飲二石太宗
召之忽不見國史纂異 不肯爲僧王立之詩話山谷云金華俞清老欲使奉香火
不爲難事然生萬脫尚亦難堪忍後數年見之儒冠自若 半山寺子僧名紫琳清老元妻子依半山道人以
公詩平明視清鏡政亦良独難。潤明丨丨入白蓮社詳社 十戸養一僧唐
慈言率以丨不。聖僧楊州人呼楊梅爲聖僧 有丨丨賦 孫
能丨丨宣室記 爲丨丨皮詩註 茶僧研茶甌秋匿 鬅鬙鬅丨乱 ○ 鬢兒

崩 悲朋切 土丨左 山有朽壤而丨 史 天下之勢患在土崩 丨丨徐樂言天下之勢患在於土崩秦末世是也列傳 沙麓崩春秋
前元后傳 陰盛而崩元城建公曰應在六八百四十 梁山崩晉丨丨丨召伯
五年當生聖女賀禁正值其地日月當之禁生元后 宗謀之左成五
言壞崩 山有丨丨 同上 從惡如崩 吳張紘曰從善如登丨丨言從善之難也史
作滕切 黄鬮 川增如丨之方至以 鬅 會 丨 岸
層戸 已哉丨丨增 莫不丨 詩天保 氣增 艱厄丨丨 杜 價增伯樂一顧丨丨 十倍詩 馬 僞增 王戊

句 四十七

戸口白髮增 蒼顏非旧 丨丨丨 國 人名 寇丨 項羽將。 丨 高丨丨 人名 寇丨 与夏
宋 虞翊丨竈 詳竈 話套 顏丨 侯玄如兼
設倚玉樹 尚丨 日食万錢 王丨 宋人志不在 姓氏 魯國 鄶音 夏少康封少子
温飽 晉人名 最奪鳳凰池事 詳池 曲烈於鄫 春秋莒滅之鄫
太守 丨丨 晉人名 取奪鳳凰 孔門高第 子固 字子固 年十二能文 歐
兩浙運使 諫議大夫 魏 曾 字正臣 撫州人 仕趙宋爲
二万卷 文集曰元豐類藁五十卷 外集十卷 王安石 譬其文水之江漢 二公之
八公奇之 名聞天下 神宗曰 五朝史事宜付丨丨 遂爲史館修撰 。藏書至
北斗丨丨 好 字公袞 撫南豐人 布之子 任彦章誌其墓材高識明 傅極書史 多知朝廷典章 故事 瑋琦
爲國相 法令典故 多以問公 亮丨 字明仲 泉州人 知三班院 班吏束手 ... 人尚書 第開歲 俱爲侍郎
幾丨孫爲工部 題武吏句云 還持病眼 將昏力 來看仙山未了青 僧 語 憂
丨於人 詩 伊 正月 背憎 噂沓 ... 十月之交 相 愛憎人者 憎其餘胥 詳鳥 故元丨 其
誰云丨 丨丨 對談語丨則相丨也 丨丨 其人者及屋上之鳥丨其
國 盜憎 伯宗妻曰 丨丨主人 民惡其上 子好 赤憎 丨丨 輕薄遮入懷 冊 生憎
丨丨 柳絮白於綿 國 漢祖 平 慶所憎 丨丨 所愛而丨丨 面目可憎 使人丨丨 冊前荷花 猶生丨也
丨所丨者 雍齒 先封 本紀 柳 服氣書 語言无味
者皆子之智 曾 魚網 其下 古 徼水有 經 ... 結繳於 飛增 丨丨 提
也 解 嘲 文 丨 憶非 眂失道 平 原魚可丨 矢曰丨 丨 飛矰 ... 巧 張子

呼 以赤羽矰 吳王丨丨之 丨爲丨 國語 隨 鷓避矰 丨衛 尹 而飛 丨 繳 矰以丨丨 檜 聚 薪 以居 記 夏則居丨巢 鄫 翻 飛
也 會 切 胝 棱 山層 丨丨 野雲高出蔽 王 判 公 丨丨 平堂 张平子 西 刊層 京 付 削 也 丨累也 層層 古木陰丨 歐 雲遮
霧擁碧 丨丨 山谷 臺 九層 九層之臺起於累土 老 六十四 飛樓 耀九層 選
丨丨 韓 話套 限三丨 王 稜 崑崙山 瑶丨十二 第丨丨 有芸田 蕙圃 拾遺記 紅 千層 躑 躅
丨丨最上丨丨 曾 黄 撰 酒 俗 人 来未丨 何曾 夢中來往 本丨丨 國 充 曾 句 續 丨丨 弦遊 恐未已 着 后山
記 吾曾 再 游 鷹 者 ... 聊亦丨 被 游 太白 山 話套 丨丨 丨 嶒 崚 丨 山兒 儈 彌登 切 事 見 庚 韻 与 此 通 用 僜
夢 昏 崩 步崩切 亦 全 同 門曰丨丨 易 勿 疑丨 盍 簪 得丨丨 丧 丨 詩 每有 十
也 良丨 丨丨 酒 斯 饗 ... 禮 曰 丨 碩 大 无 丨 ... 三 壽 作丨 詩
朋或 益之丨丨之 龜 損 益二 文 古者 貨 貝 五貝 爲 朋 言
皆以中正 而柔 謙 故 美利 自 全 百 朋 錫 我丨丨 儈 丨丨 者 賤 貝 朋 事 於 貝 爵 五
者 丨丨 面 朋 朋 而 不 心 丨 丨 淫朋 无 有 丨丨 耐 久 朋 魏元 全 与 裴 月 爲 朋 到 处 故 應
面朋丨也 揚 子 書 洪 範 丨丨 丨丨 月 爲 ... 山 依 主 随
方 還 有丨 丨丨 人名 鄭 丨 詳 死 央 下 晉 惠 公 ... 溫丨 者 臣 射 埒 也 比 史 齊 高 隆 之 腹 是
丨 丨 國 納 晉 惠 公 ... 号 醉 朋 埒 立 人 像 於丨 上 射 之
射 朋 斉 高 帝 爲 宋 中 領 軍 蒼 梧 耳 入 府 時 暑 熱 帝 袒 楊 蒼 梧 畫 帝 腹 爲 射 的
射 埒 自 射 之 王 天 恩 曰 領 軍 丨 大丨 佳丨丨 一 箭 便 死 後 无 復 射 不 如 以 雹

句 四十七　四十八

箭 射 之 史 鵬 經 書 未 聞 言丨 北 溟 有 魚 其 名 曰丨 鯤 之 大 不 知 其 幾 千 里
飛 其 翼 若 垂 天 之 雲 是 鳥 也 海 運 則 將 徙 於 南 溟 丨 者 天 池 也 齊 諧 志 怪
者 也 諧 之 言 曰 鵬 之 徙 於 南 溟 也 水 擊 三 千 里 摶 扶 搖 而 上 者 九 万 里 又 曰
風 之 積 也 不 厚 則 其 負 大 翼 也 无 力 九 万 里 風 斯 在 下 矣 云 云 今 乃 將 圖 南
蜩 与 鸒 鳩 笑 之 曰 我 决 起 而 飛 搶 榆 枋 時 不 至 則 控 於 地 而 已 奚 以 之 九
万 里 而 南 爲 斥 鷃 笑 之 雲 鵬 何 異 雞 鶩 歐 鷹 搏 鵬 有 献 鶚 王 鷹 之
曰 彼 且 奚 適 也 用 逍 遙 篇 丨丨 瞻 丨丨 鷹 搏 鵬 倚 俄 而 雲 際 一 物 翩 翻 飄
飆 丨 竦 翩 而 升 須 臾 羽 墮 如 雪 血 洒 如 雨 翅 廣 數 十 里 博 物 賦 大 鵬 李 白 有
君 子 曰 大 鵬 雛 也 冥 录 大 鵬 雛 之 始 飛 爲 鷹 所 御 孔 帖 丨丨丨 丨 大 鵬 遇
希 有 鶴 戸 山 道 士 忽 有 鶴 降 道 士 喜 謂 可 上 升 命 山 童 乘 之 至 雲
鳥 賦 借 大 鵬 陳 沆 詩 尨 腰 鶴 背 俱 无 力 傳 語 麻 姑 丨丨丨 南 唐 近 事 話 套
莊丨 溟丨 人名 貫丨 柳 子 有 酬 貫 丨 弘 胡 肱 切 易 含丨 光 大 坤 語 人 能丨
九 霄丨 鵬 山 人 哉 松 詩 書 二 公丨 化 周 官 史 賢 臣 丨 功
業丨丨 至 量丨 祖 人名 王丨 淵 明 酒 陶 公 漢 小 人 王 戎丨 名
恢 弘 道 晉 亭 話 套 業丨 尊 晉 臣 長丨 孔 子 問 樂 後 見 殺 血 碧
諸 詩 禮 宋丨 事 不 姓 氏 大 原 角 音 衛 大 夫丨 鞃 軾 中 靶 詩 丨 ... 軦 丨丨丨
殷丨丨 演 之 後 漢 官 者丨 恭 軺 小 戎 轄丨 車 声 肱 古 弘 切 書
耳 目 曲 肱 丨丨 百 年 右 肱 折 其丨丨 横 肱 並 坐 不 揮 肱丨 之 以丨 奇 肱 国 人
股丨 丨丨 山 谷 豐 卦 記 揮 肱 詩 无 羊

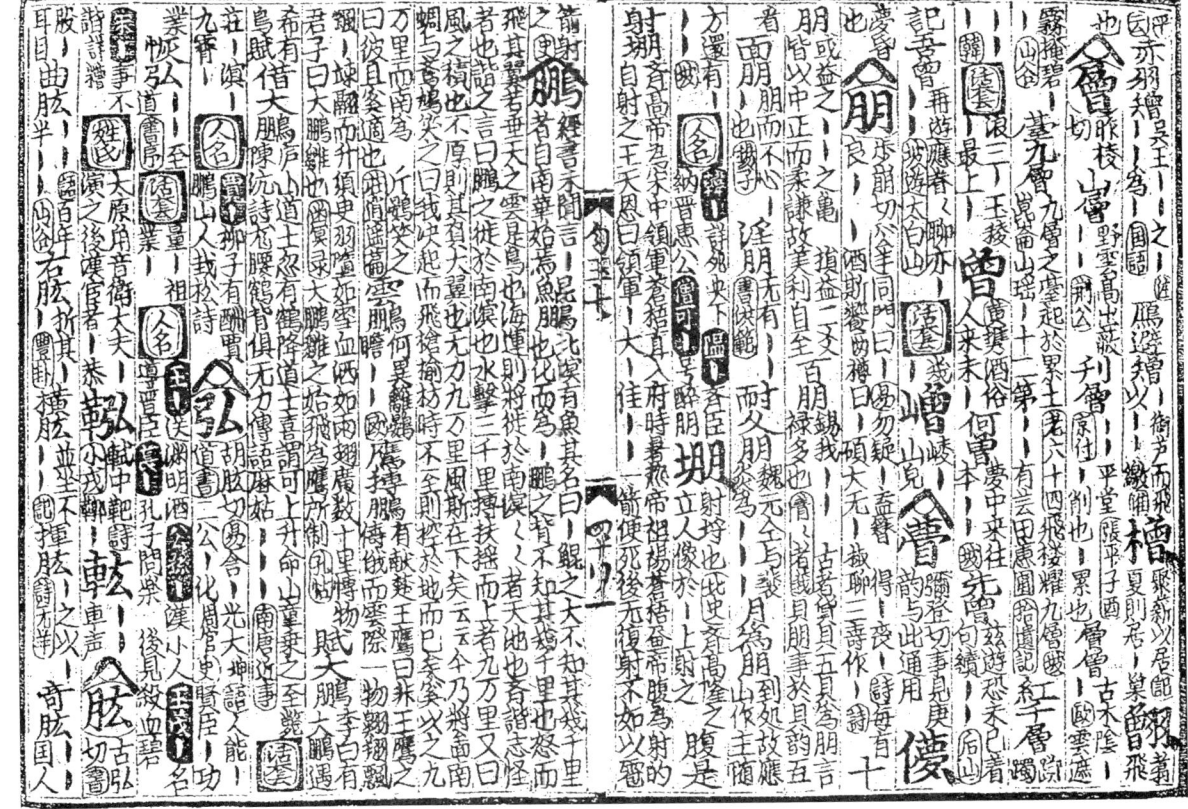

四〇九

一臂能駕飛 晋范氏中行氏將伐公齊高彊曰丨丨丨知為良醫
車從風遠行 三折肱 伐君為不可我以伐君在此矣〔定十三〕拔以一彈指為
對〔人名〕事詳〔秦〕共被 薨 呼肱切〔詩〕虫飛丨丨 又蠡斯羽丨丨兮 薨 也 飛 能 奴登切〔書〕莫與爭丨〔禹謨〕
〔語〕聆不丨〔子張〕又多丨也〔子罕〕問於不能〔詩〕任賢使丨〔承氏〕八能 天子以二至會丨丨
〔列子〕聖人无全丨〔天瑞〕〔杜〕詩華哲匠丨〔陳〕花間着語我猶丨
之士陳八音所 樂均節〔禮儀志〕十能 人一能之己百之人 丨丨之己千之〔中庸〕兼能 二日丨丨 康能〔天官小宰〕奏能 各丨亦丨〔詩初筵〕勸
能猶將十世宥之以 丨丨者〔襄廿一〕不相能 范宣子與欒盈 丨丨〔襄廿一〕有不能 人各有能丨〔成五〕佩表所能
所以丨者丨見 即佩環能決嫌疑即佩玦〔白虎通〕丨丨如脩道无窮〇願力能 李通玄華嚴論地前菩薩是九 夫故有地前成佛者推為誓丨
到天壇丨丨丨 丨丨非本法〇 〔谷〕拄佛有七能 五能五不能佛則十句七能三不能佛能空一 萬神謂元珪曰我神通亞佛師曰汝神通十句
切相成万法智而不能即滅空業佛能度无量有情而不能
尽衆生界佛能知群有性窮億劫事而不能化導无緣〔傳燈〕〔人名〕然句格不〔諱〕詩人
高〔高僧〕〇六祖 騰 徒登切〔記〕地氣上丨 累牛丨丨〔十月〕騫騰草 馬〔月令〕牸馬也〔爾〕飛黄丨踏去 佛騰 謗議丨丨〔圖〕
鳳丨丨 山崩騰〔詩〕月雪丨丨 江風吹水 蜚騰丨英声丨 千騰赤雲助丨 茂实詩奕軒騰丨〔曾子固〕雷騰 香衾暖处睡丨〔王建宮詞〕馬

韵玉七 四十四

騰丨丨干槽〔平淮碑〕價騰物丨丨踊〔唐食貨〕火色騰 馬周丨丨丨上 恐不能久〔詩〕肩〔宋書〕震丨撼 雲丨〔人名〕天竺 国〔國華〕
〇白馬馱 經〔詩〕經 滕 〔左〕部雍曹丨 反齊丨之路〔孟〕丨小国也 易丨口說也 長滕 太角肴破楚南柯 丨丨〔暇〕乃丨丨侯〔左〕閑〔姓氏〕南陽
官音周文王子丨侯之後以国為氏
号滕曾子〔元效〕名甫東陽人仕趙宋知鄆州民有爭公田二十年不決甫
曰李无食而以良田飽頑民乎乃請為李田〇淮南京東飢多流民
以城外廢營地為屋二千五百間井竈器用皆具活流民五万人〔宋史〕字
子京洛人修岳陽 丨丨 誊 移寫 騰 囊可 藤 在草曰兔絲在木曰松蘿 子
樓范文正公為記 朕也 帶者 藤 紫黑色名櫑丨一名象豆〇佛
家有四丨閣〔翁録〕先柔後 紫藤 莖如竹根重々有皮經時成丨丨可
為害有似謀徒〔居易〕以降神〔草木狀〕王屋千霜老丨丨〔黄〕赤藤丨
杖歌 烏藤 夫手裏有丨丨〔坡〕莫把山林笑朝市老 鍾藤 纏裹樹即死藤成樹大者十 園可為杖為疲勝竹〔異物志〕瓔藤 酌以丨丨
〔韓〕文槽〔坡付〕剡溪藤〇丨丨古丨甚多可造紙 為把栗尾書溪藤〔坡〕樹困藤 歲卷成為大丨丨 朝纏繞丨長丨〔韓〕一 鼠咬藤人 有
逃死入井遇四蛇傷足欲 上樹則逢二丨丨丨 古藤 森少游詞云醉 訴蛇卧 杳不知南北後至藤州卒 丨丨丨陰下 手剡藤〔蜀〕元 與丨
有進錯為文者无涯所以 丨溪丨丈午之為文者皆天闕剡藤者也藤生 丨丨溪丨以寄其悲 丁公藤 福闕空中語云得 奇餅叔謙母疾夜祈丨

丨丨為酒便差即訪醫及本草皆无識者乃訪至宜都郡山
中一老公曰此丨丨丨痿風方驗此公忽不見母病即差〔圖〕常春藤 唐姜撫云服太
歲丨丨丨終南山旱藕可長生玄宗詔天下 使自求之民間以藤漬酒多暴死撫逃去〔圖〕
〔陸〕〔羣〕瘦丨翠丨枯丨寒 范号丨豐鏞丨 滕 金
縢 縢束也謂緘之 以金〔尚書注〕緘縢 扃鐍〔莊〕丨丨固 緑縢 朱英丨丨〔詩閟宮〕緄縢 竹閉丨丨〔詩小戎〕行縢〔詩〕斜幅在
下〔匡〕如今丨丨也 謂 偪束其脛至滕者 恒 胡登切 常也〔詩〕如月之丨 又北嶽丨山〔卦名〕☳☴ 雷風丨 初六浚
恒亡九三不恒其德或承之羞貞吝九四田无禽六五丨其 德貞婦人吉夫子凶上六振丨凶 貞凶无攸利九二
高絙 梁有丨丨伎謂兩娼女對舞 絙上相逢比肩不傾〔事物紀原〕大環絙 信知後會時日 絙月髮丨丨〔韓〕縆 居登切 大索也 別急也 橫亙 揯 持之也又〔淮南〕
〔子〕大弦丨則小弦絕

韵 卷七 五十

韻府羣玉卷之七

下平聲

韻府羣玉卷之八　下平聲

十一尤　與侯幽同用

尤　羽求切異也過也（語）言丨丨其亦將有　扳尤東都信多方士
寡丨寡丨不丨丨人里仁　效尤　咎（書）尤而丨之（左）朝取一人焉丨
其丨暮取一人　大尤丨俱為丨　蚩尤一曰黃帝臣　神農臣始起九冶作鎧戟戈矛（內會）獸身人語後叛大戰于涿鹿
焉丨其丨（史記）
殺之今登其形於旗上名丨丨旗　姑尤聊攝以東丨丨以西其為人也　石尤　戴叔倫贈
丨旗又慧星亦名丨丨　多矣（昭廿）丨丨齊界丨水名
裴明州知君未得去慚愧丨丨風（登）　殊尤　境（劉）丨丨之物有尤夫有尤丨足
（容齋隨筆）打頭逆風也唐人多用之　以移人（左）（語套）
摯丨詭丨（人名）（戰）王莽時人諫　（姓氏）吳興徵音或曰丨起於仇丨仇皆怨之義　游同稱或曰石丨誤
丨謨丨伐匈奴獻三策　傳為丨或曰丨　趙　肬　皮上結肉或作
俱無所據　閩人避王審知諱故沈姓去水為丨
宋江東寧國多有諸丨仕宦有至翰林尚書八座者　疣揚子吾以黃
帝堯舜為附贅丨丨以死為決疣（谷）丨丨　決疣一言
為疣贅懸疣疣潰癰（莊）太宗師疣胡亂反　瘡疣規矩為丨丨　我有
能丨子疣頭附丨丨詳茄　郵　驛也（詩）是曰既醉不知　置郵傳命馬傳曰丨步
丨（國）子疣丨　丨其丨（左）過也義与尤同　傳曰丨（孟子）日月行丨

丨督郵　主諸縣罰負郵殷糾摘之（內會）州主簿郡丨丨　並今錄事參軍（白帖）
（通）丨督郵　陶潛明不折腰郡丨丨　詳米　相溫主簿善別酒好者曰青州從事惡
者曰平原丨丨平原有鬲縣言至鬲　星郵　丨丨無　西郵　相思自成韻不殷
上住也（世說）詳州識丨丨馬詳馬　（釋大水讖）必寄丨丨（國）宋改名
郵殷最亦曰丨丨　致書郵　殷浩投人所寄書於水曰殷洪　（地理）（音丨）杜丨　白起被
郵郵最也（句會）喬不能為人作丨丨詳書
誅　訧　罪也　憂　於求切（詩）樂以忘丨　必有近丨（孟）丨民之丨　以天下
処也（書）為已丨　君子有終身之丨（詩）我心則丨　載飢如有隱丨
拍舟（左）內　癙憂　丨丨以痒　離憂　歌辯覺　百憂　其心（國）感　買憂　胡為好奇者無　生
寧外丨　（正月）病也　離憂丨丨　（李）　事自丨丨（孟）

憂　晉范宣子言談未嘗及老莊客問人丨与丨俱生此何出宣子曰出　杞國
莊子至樂篇客曰君言不讀老莊何由識此曰小時嘗一覽也（更）
憂丨丨有丨天　漆室憂　魯丨丨邑女丨魯君老太子幼鄰婦曰此大夫之憂
地崩墜詳墜　也女曰魯有患婦女安所避乎詳莽与魯監門女中
夜涕泣憂衛出　千歲憂　人生不滿百長　壯士憂　萱草兒女花不　書消憂　以琴
子不肖事同　（懷）丨丨丨（選）　丨丨丨（孟）　丨樂琴
（陶詞）酒消憂　甘泉道中有虫口齒悉具東方朔曰此古秦獄地積憂所致積
丨丨　憂者得酒即解取虫置丨中即丨（宣異記）何以解憂惟有杜康
（曹操）佛言人從丨丨丨從憂生怖若　（草木）忘丨　萱　優（詩）布政
（儒）○愛生憂　離於愛何憂何怖（四十二章經）草也　丨丨既

既（堅）信南山（孟）孟公綽為趙魏老　俳優　東方朔枚皐好詼諧上以丨丨畜之○孔子戮丨丨侏儒（家語）　倡優
則丨（漢）明帝贊弘人之度未丨　伶優　伎窮老　狎優　朱華弱与樂譽少相丨長相丨　伊優　後趙
楚之鈇鉞利而丨丨　又相謗也○優調戲也（左）（衣）　壹傳
丨丨拙詳拙　北堂上曲　姑歌館府門　秦優　肯為兩立丨丨○　學優　而優
边亢直言倚者親直者弃　丨人丨旃也詳郎　丨而丨則仕（語十）
八（語套）德業丨　耰　摩田器（語）丨而不輟　熟耰　予深耕而丨之　借父耰丨　鋤
礼數丨　軂（韓）未得歸鋤丨　其禾繁以滋詳莽
憲有德　寸田耰丨丨　自　麀　牝鹿（孟）丨鹿攸　留　力求切（孟）　自留　固　高祖
色（賈余）丨可丨（左）　狀礼父子聚丨　為王行丨　因
（漢高）彤留　神性丨　奇留　王莽令吏民出入持布分以別符傳不持者　周留
（帝紀）形丨（選）　廚傳勿舍關津丨丨○問是何人而停留之
水牛也　封留　張良丨　侯（史）　馬留　說法丨丨為彙訪詳閔猴也又京師以雜物布地
（廣志）過沐猴認得之即曰道著也丨丨（陔餘）錄亦以喻
李　丨丨東風丨丨（左吳都付注草名）　胥胡留　甘作丨丨十
子扶留○本草云藤名味滑甘美　丨詳胡　任去留（陶詞）委心丨丨
日留　牽挽當為百丨丨（戰）上刻留丨（荊公）且得丨丨　五不留　李泌曰臣有丨丨可丨遇陛下太
早仕臣太重寵臣太深臣功太高
迹亦奇　為魚留　丨丨馮諼應　黃栗留　鸝也（詩）　江山留　蘇子美久失意詩云家
（蜀宗紀）有丨丨（戰）（黃鳥賦）在鳳凰城闕下丨丨安

用吾相丨又書其旁云丨丨　挽不留　鄧侯丨丨　詳　三起三留　唐蔣伸奏對
丨丨人也人留江山也（詩話）　未留一作未　伸丨丨帝
丨之曰它日不獨留　（語套）遲丨淹丨繫丨滯丨挽丨（選）　（地理）郘　邑名（陳）　騮　赤
鄉矣未幾拜相（史）　荼瓜丨蔵髮丨抱靴丨　馬
黑毛尾亦作駵　紫騮　行人　黃騮　覓得丨丨　被綉鞍善和坊裏取端丨詳嶺
詩騏騮是中　（谷）端丨妓名又刘旻与周世宗戰敗旻乘丨
丨以金銀飾鞍号　如意騮（德宗）馬名丨　果下騮　猶得追（關）丨丨（荊公）度歲有（歐）呼童鬣
自在將軍詳鞍　詳駿　我丨丨
馬高三尺駕果樹下　榴　安榴　陸機与弟書張騫使塗林安石國得丨丨故名石榴
乘之故名（霍光傳注）　一云來從海外新羅國名海丨　一種名
室丨　若榴丨丨丨　競發（蜀都賦）　石榴也（廣雅）　丹榴　金谷丨　（管子）　童榴　回道人丨丨　山石榴　躑躅
丨丨（選）　十月榴　炎州氣序異丨丨始華（劉）（冶村）　（草木）（榴花）　衡州法華寺丨春秋皆發（酉陽）
（詩話）崔元徽見數美人曰李氏陶氏
又緋衣少女曰石醋詳醋　吟詠誰家巧婦殘針線一撥生紅不開（王禹偁）
濃綠万枝紅一點動人春色不須多（荊公）在翰苑石丨止一花一朶佳人王
釵上祇疑燒卻翠雲鬟（鬟）取丨汁停杯中數日成美酒（扶南傳）齊安德
（國）石丨半吐紅巾蹙（坡詞）　（榴實）王延宗納妃毋獻二丨於帝魏收曰丨多子
欲王子孫眾多帝大喜（北史）張　鏐　金之美者（書）　遛　逗丨　颼　高風　流（孟）同
戴賦云累房独熟（顏）自坼丨　鏐　嚴貢丨鈦　逗丨　風　丨合

汙 天地同丨 四海横丨【謝惠】 安流若比君心是 細流河海不擇丨【諫逐客書】 倒流
居下丨【書】惟受責俾如丨【泰誓】 丨丨【梁天】
詞源丨丨 乖流丨丨遇坎丨 臨流丨清丨而賦 九流谷梁序丨丨分而微言隱
三峽水 還止【史謚】 詩【去來詞】 〇儒道陰陽法名墨縱横
雜農家流 頹師古拜秘書監 風流王儉云丨丨宰 勝流尚有西齊 條流詔裴度
抑丨丨先貴勢 相惟有謝安 丨丨 援丨丨【晉】 丨丨聞
奏【表】 承流縣令所使丨丨宣化也【董策】 揆流望鶯以丨丨【傳】上音鳩猶周流也 揚雄 民流政散丨丨【詩釆录】 玉虹
【雜录】
流 水作丨丨【陂】 萬里流濯足丨丨【選】 千丈流我有一寸鈎欲丨丨【韓】 絜欲流山桑衣巾丨【荊公】 金石
流大旱丨丨土山焦【莊】 第一流 晋拓温問刘真長曰會稽王談更進邪刘曰極進 然是第二流中人拓曰丨丨是誰曰正在我輩【世】
能詩之流賦者古【西都付序】 丨丨 銀一流丨丨【後食貨志】 八兩為丨丨 漱石枕流 晋孫楚傳少時謂王濟曰當枕石漱
流 讒云丨丨丨丨 濟曰流非可枕石非可漱 楚曰枕流欲洗其耳漱石欲礪其齒【世】 投鞭斷流 苻堅曰丨丨於江足以丨其丨 詳江 飲犢
上流 許由洗耳水濱巢父牽犢欲飲曰子苟求名言汙吾犢口牽上流而飲之 詳犢 投士濁流 朱全忠朝士三十余人尽殺之於白馬驛
投 曰兩於河曰此輩常自謂清流宜投之濁流【鑑】 勇退急流 趙宋錢若水謁陳摶摶曰當作神仙有紫閣老僧曰不然他日富貴時但能急流中
丨丨 玉瓚黃流 瑟彼丨丨丨在中。圭為柄金
尔 為勺以飾流鬯照酒黃故曰黃流 急流不流丨【谷家佳閣】 丨丨水上丨〇
溪水西流 僧一行通大衍算法聞天台国清寺僧術精往求之至寺竊於門問窺之見僧布算曰當有弟子求吾術須門前水西流乃至一行
趨出請教僧視溪水舊東流竟西流 忽西流遂授其術【秘容撫录】 竟注不流 肇法師物不迁論旋嵐偃岳而常靜 江河丨丨而丨丨
恬靜流急不見非是无流【梯藏當】 如急流水望如 如出生觀意急流水上不流【寅】
【詩套】 碧丨清丨中丨東丨周丨 瀏 水清 錢丨星丨璧丨說如丨 兒
鵖 梟也又鴘丨名角鵅又名訓猴訓狐亦名夜遊女凶者輒鳴 於屋廂鵝鵒夜撮蚤察毫末登出瞋目不見丘山互見梟 旒 冕畜【乱五】
衮冕王十二丨上公九丨鷩冕王九丨三公八丨侯伯七丨毳冕王七丨孤
御六丨子男五丨希冕王五丨大夫及諸侯之孤各四丨玄冕王三丨互見
就句陸佃云王珠旒晚登玉墀侍 前旒聖主冕而 發旒為下国丨 風旒 參旗
五冕皆十二丨【欧公】 丨丨【家語】 綴旒丨【長發】 偃丨
丨 珊瑚旒 魏明帝冕旒改用【詩套】 冕丨宸丨凝丨
【谷】 珊瑚旒丨丨珠【三国志】 丨璪丨垂丨 瘤 肉起病 趙王倫目下丨事詳 怪 宿瘤丨丨
採桑 補瘤 彩贅丨 人瘤 比齊徐之才有以骨為刀把者之才曰此丨丨割瘤
詳桑 補瘤丨詳贅 也問之曰古家見髑髏額骨有文理故用之【史】 割瘤
宋朱巖石舅頭有大瘤 梁侯景左足上肉瘤狀丨丨 戰慝剋捷丨
石伺其眠窃丨之立死【史】 如龜瘤 隱起分明如不勝瘤低及王僧辨至石頭

瘤 隱瘤 劓 書一人執丨丨我邊垂 區 立秋肄兵習戰陣之儀名
肉中【史】 劉【顧命】丨斧屬 虔劉【左】劉殺也 丨丨【後禮儀志】 當新始殺
食曰貙膢 天子入囿射牲祭廟曰貙丨 祭祀志刘一音 老朱切 古者貙膢
漢曰丨丨 貙虎屬以立秋日祭獸王者亦以此日獵獸祭廟也膢 刘皆祭名
刘又取殺 比刘 捋釆其刘【詩釆录】 遏劉 勝殺丨丨【詩】丨之末 赤劉
之義也 畱劉 桑葉稀疏曰丨丨 遏劉止也 殺也 炎劉 曹【畱序】
丨丨之九【會】命 依劉丨王粲来荆州丨丨 氏者 為劉左祖者 劉日
総宗【後光武紀】 依劉丨表【史】詳傑 安劉丨丨 必勃【高紀】 為劉丨氏【紀】 曹劉 短
丨丨 牆【居詩】 元劉末怕丨丨 妨獨步【平山詩】 長劉 刘景文美髯人称丨 三劉
子建公幹也 元劉 元微之刘夢得也 詳步 丨劉丨与東坡倡和【後東】
刘原父 弟貢父 又原父之子奉世字仲馮 為丨丨 刘渙 服劉 晋趙王倫僭
字疑之号西澗先生 子恕字道原恕子義仲亦為丨丨 位殺上有異
鳥不知名有素衣小兒言是丨丨鳥明旦【詩篇】公丨召康公戚 彭城宮
伏人鳥所在倫目上有瘤時以為妖【史】 成王也【正大雅】 【姓氏】 音陶唐
氏之後受封於刘商孫刘累事夏孔甲在夏為御龍氏商為豕韋氏周為唐
杜氏杜伯子隰叔奔晋為士氏孫士會適秦後奔晋留者為刘氏〇周大夫
食采於丨亦為丨氏 士會之後從豐沛至豐人生端端生漢高祖
丨豢龍於豢龍氏【昭二十九】 丨敬 初姓婁勸高帝都関中賜姓刘号奉春 丨累
君 丨向 字子政本名更生擢諫大夫校天禄閣 丨歆 字子駿与父向領校秘
書 王莽篡位歆為国師 丨寬 仕後漢蒲鞭事詳鞭 海内称為長者字文饒
丨寵 字榮祖太守一錢詳錢 丨昆 字桓公風城火事詳火 虎渡河事詳虎
丨毅 称上漢德論安帝拜議郎 丨表 字景升少号八俊 丨宏 字終嘏兄弟三
人号洛中三嘏詳嘏 丨牢之 字道堅為謝玄將攻苻堅百戰百勝号北府兵
丨暾 字長升為左丞正色立朝三臺清肅 丨弘 字和季 刘公一紙書詳書
丨琨 字越石枕戈待旦志梟北虜詳枕 奏胡笳走賊詳笳 丨輿 字慶孫称越
府長材詳材 丨毅 字希樂一擲百万 為司隷校尉守令望風投印綬 丨毅
字長盛事曾祖母王氏孝盛冬生菫 丨伶 字伯倫荷鍤自隨詳鍤著酒德頌
丨瑀 字茂琳一覽自造青雲何至与駑馬爭路詳逴 丨湛 字弘仁為侍中宋
文帝曰四賢同管喉舌 丨穆之 字道和性敏捷日至日中咨書百函詳函
丨孝綽 小字阿士七歲屬文号神童齊人 丨孝標 名峻博極群書号書淫
丨訏 字彥度与兄歊卜築鍾山刘孝標曰訏超超越俗如半天朱霞歊矯矯
出塵如雲中白鶴 丨玄明 作縣令日食一升飯莫飲酒詳飯 丨廷明 郭璠曰
吾欲覓一快壻遂以女妻廷明詳席 丨蕡 字去華直言對策不第詳第 丨叉
作氷柱雪車詩詳車 丨晏 字士安八歲献頌号神童 曹逴妒神馬上鞭
丨禹錫 字夢得登博学宏詞科作玄都觀桃詩詳桃 丨餗 字鼎卿父子三人
更鎡史官著史例有法【傳】 丨筠 字子儀与楊億齊名号楊刘三入禁林趙宋
人 丨敞 字原父袁州人立馬却坐一揮九制 丨攽 字貢父出倅泰州題館中
璧詩王介甫諷詠之書於扇 丨渙 字凝之弃官家廬山歐陽公作廬山高以
美之 丨恕 字道原筠州人史学精詳司馬光請同修通鑑 丨安世 字得之未
第議娶鄉人女及第女喪明家貧卒娶之 丨光世 中興四將 丨氏 崔寔母刘

子部　第三册

悖覽書傳訓寔臨民詳崔呂嫱娶姑女刘詳辈呂範娶刘氏富　〇秋七由切〔書〕
女詳呂謁安妻刘𢘆妹　刘覆女名无双皆王仙客詳押衙
乃亦有秋〔楊雄賦〕司秋少皞勑矩|　肇秋孟秋曰||　杪秋季秋曰|　千秋
秋|路〻趍蹌皃司秋|〔魏相傳〕　肇秋蘭秋〔纂要〕　杪秋|〔纂要〕
||金鑑錄唐又鞦韆本作千秋　三秋一日不見如十　麥秋||至〇百穀
字漢宮祝壽詞後人誤爲詳鞦　三秋|兮〔詩采葛〕　麥秋以熟爲秋|以
孟夏爲|　陽秋晉褚裒字季野桓彝曰季野皮裹||言其外无　悲秋||哉
〔禮月令〕　臧否内有褒貶也　避晉諱故謂春秋爲||　之
爲氣|〔楚辭〕　小秋杜牧頌於宰執求||　閨秋紈扇秋〔唐彥謙〕　八千秋||歲爲
〔玉九方〕　|秋|又不遂〔尚書故實〕　閨秋秋|〔唐僧隱〕　詳播
三千秋|鶚一上||　五月秋||陂塘|　壯鬢先秋白|我　〔李〕感庭秋蜀有道士諸紫
朝夕飲醉淮唱||　詞一夕列筵|青衣童立侍及光庭歎户乃令二童　極宮謁杜光庭
收拾筵具猶隨之隨手而小又將二童人呂爲一寸許納冠中啓户已
无見矣　飛龍秋漢安世房中歌|||〇秋〻馬騰驤　大長秋皇后卿掌宣
〔卓異記〕　育秋皃莊子秋駕之法以善馭不要逸也　|官中命者景
帝更將行爲||　將行泰官名秋者　不知||　匪秋鳴
收成之時長者恬乆之義也〔前百官志〕　蟪蛄春秋||　者不及春〻鳴者不及
秋〔莊〕　碧樹|万頃|　〔人名〕吝春|　〔三〕　天水
|〔晉〕||氣淩|富春|　〔郡〕　〔姓〕唐音
〔陸〕|賓人詳事　揪　栢樂松文
〔姓氏〕

一　乃　五八

秋　一　乃　身似拧紋

秋唐宣宗朝日本國王子入貢朝師言与之對棊王子出||玉　長楸霜蹄
楸局冷〻煖玉棊子蓋玉琴色如楸五色千棊子冬煖夏冷〔國言〕　楸踏
||間　梧楸兎延落|　椊楸畢命依　戴楸京師立秋賣楸葉婦女兒　千章楸
〔杜馬遍〕　木楸|高適　〔韓〕　楸童剪成花樣|之〔夢華錄〕
山居||之　〔陸套〕庭|　鰍本作　海鰍大者數千里穴居海底入穴則海溢
||〔前食貨〕　規|　鰌　海鰍爲潮〔句會〕　目如閃電鬢鬚若揚朱旗
日中忽兩比其噴氣〇虞允　鯡鰍||鱣而号抓　蝦鰍漁翠亦自富　泥
火用||虹大捷于采石　鯡鰍狸〔顏察威公〕　蝦鰍||〔蔡公〕　〔古套〕|
〔人名〕〔史記〕衛大|　鞦馬紂也亦作緧〔禮考工記〕必緧其牛後　鶖禿狀如鶴性
太學子魚|　鞦又|鞦〔毌丘〕瑶琴繫馬|〔黃同〕時鮮樂|　鶖貪惡長頸
赤目詩有秃鶖|鶤鶬一業逃巖運　葱鶖綠鶖||　〔漢書〕　〔古套〕　服如　莪
|在梁　〔山谷〕　|　鶖鵁色青也　篧吹　〇由
以周切孟由|然与之皆自得皃正路弗|离婁上〔詩〕誰能出　祀由恬淡之
不|户　觀其所|　民可使|〔書〕鮮克|〔禮記〕民共|之　士由不
能深入故移精||而已今人逆寒暑之宜小病必疒由　御史崔成岸篇罰
甚大病必死故||不得已也〔素問〕　謂祝說病由　裴度曰承相不懸
与||　咕囁耳語度笑而領〇||州郡官也　又張　摧由東西耕曰|古
平子請令||將掾就村吏易〔唐穆宗紀〕即令保正　北耕曰|〔魏詩〕
〔匡〕　行由共喜拜恩侵夜出金五足不　來由　後世如　莫由　〔爾雅〕　居由〔義國〕|忙|卒
啟悶||〔張籍内宴詩〕　||〔戴〕　鼠也

由||〔詩假樂〕　信章　鹿由唐呂温有由|賦言|不　自由　欲立蜻蜓|詳录　〔人名〕〔仲〕〔詩〕〔卜〕　堯
〔選士〕〔錄〕　油　鹿由北鹿以致它鹿〔文粹〕
〔子卜〕　輶〻　油〔記〕二爵而油|以退〔祖〕　龍由||綾入水不濡云
　　〔始傳〕雲之油|有皃　龍油有||　故也〔杜陽編〕　青油談笑|
碧油犀兵䧺　〔國〕封油〔纈〕〔路國〕　|膏|以减油泚約讀書一夜十卷母恐其勞常||　摧
油|　唐李茂貞在鳳翔||城門禁納松明　武庫油積油滿万石自然生火
以可爲炬或曰請井月明禁斷尤好　〔晉〕||武帝||以積|所致
〔陽〕冥具油　此詠二王書後怪君何處得　酒瀉油白|无声　緑酸油|泓春波
〔宋〕具油此本上有栢玄||詳具酒瀉油滑||　〔國〕　〔谷〕
一泓油〔登瀛〕處〔劍詣〕　||〔歐陽公〕　||　後
　一水淡如油〔國〕　薛出油　宋薛簡肅公尹京尚嚴人謂||
薛春游欲換前新也　猛火油五代周古城貢||||不常得由　晉重亂家貧
〔歐陽公東齋記事〕　洒物得水則出火〔圖〕　知成都隨俗游嬉作春游詩十首自号
蕢照錢孔酌酒陳堯咨射於家圃有賣油翁曰但手熟尒因取分覆　悠〔詩〕
書〔國〕　錢孔酌酒陳堯咨射於家圃有賣油翁曰但手熟尒因取分覆
　葫芦口徐以杓酌油入而分不溢曰我亦手熟尒　|||　衆
〔國〕||蒼天　〔楚〕||日月長|〔韓〕遊||之詠莊唐之悠紛||以答
川自||〔國〕登山往事|繚悠言〇晚節功名亦||〔蜀〕風悠　〔陽平子〕〔東〕
〔夢鄉〕過言旅從　〔左〕湫乎|乎||相攸爲韓姞||　百尒||〔詩〕攸所居也
風時踴皃　攸　〔國〕攸垂危皃　余雖會有適独往豈||〔嵇惠州〕

一　乃五十八　一　方

|幹以栢信佶焱||從無心攸王亮爲晉陵守晉陵令沈瓚之性倉暐好犯
暬之〔國二年〕　火氣也　無心攸亮諱亮啓殷之瓚之告坐云下官以犯諱被
代未知明府　亮父諱若爲攸字當作無殷〔國〕咫也尊亮大爲大　〔人名〕
旁无殷尊若是有心攸|||乞告示亮皇恐瓚之大笑而去　〔郵〕鄧侯
撓不来詳郵乡　〔荀子〕　曹魏謀臣　游　浮也又優游自如皃〔詩〕泮上游〔項籍傳〕〔遊〕游猶流也　泝
〔卜〕　奐尒|矣來|來歌　河水從西北來故云泝
〔爾雅〕游〔國〕游從之〔詩〕泝游之〔詩〕居游|於仁|　雲游与||〔陳〕道游前史軒
|字順流而下也〔匡〕泳游||之|　〔東〕　於義〔詣〕
天子車名三游也　謂游俠游說游行也良游|　〔雍付〕　娃游雉媒也和氣游与
〔上林付〕皆三||字荀說論世有||德之賊　吒嗟〔儒岳〕〔射〕　|游德
|||〔言〕偃〔得〕|〔國〕浮游作夫〔馬〕〔少〕〔卜〕不許　〔姓氏〕　廣平宮音鄭穆公
〔賓臣頌〕　〔人名〕　〔秦〕〔少〕〔卜〕東坡妹婿〔揚〕〔卜〕程門二子　子偃字子游之後
春秋氏族畫鄭国游氏子|子太叔公孫楚|德
雍州刺史在任廉白甚有惠政〔北史〕　〔卜〕〔明〕根字志遠於白集以爲富讀書太
武擢假散騎常侍使宋〻称長者迁兗州刺史政清平爲儀曹長靖約恭謹
〔卜〕〔雄〕字伯始博綜經史任魏太守爲政清簡爲畿内大使黜陟善惡賞罰分
明歷御史中尉人服其方正〔卜〕〔酢〕字定夫建州人与兄醇俱以文〔卜〕〔雄〕字伯度太武時爲
行知名受業二程〇立雪事詳雪建寧立像設祠晦庵記其事
|月宮詳月〔詩〕以遨以天遊心有||室無空虛則婦姑勃谿心無||則
||栢舟〔國〕与鹿豕|遨六鑿相攘〇||　謂不繫心雖不係而无空虛
　遊遨也　明皇

四一三

以容其私則反矣共鬬若元丨丨宦遊困（相如傳）丨丨不遂而貴遊凡国之丨丨子弟（周礼師氏）偽
丨則六情愈相攘奪矣（莊列物）
遊高祖丨丨（卜）盤遊（書无逸）丨丨田慢遊好（書）丨丨是勝遊江山多丨（李）倦遊丨長卿故丨（相如傳）羣遊
遊雲夢（李）
㘴松一曰汗漫遊盧敖遊北海至蒙轂之上見一士卷龜殼而食蛤蜊神仙
丨丨（淮南）傳云君士方跳龜殼敖曰夫子可与敖為友矣士嘆曰我
方南遊乎罔罠之野北息乎沈默之鄉西窮窅冥之黨東貫鴻濛之光吾与
子丨丨丨於九垓之上乃举臂從身入雲中敖仰視曰吾比夫子猶黃鵠与
（淮南）壤虫也逍遙遊莊子篇名爛熳遊顛是從前丨丨（梁天）赤松遊張良欲從丨丨丨（李）子長遊作馬子才丨丨
丨丨丨亭月中遊三人俱作（段）雨出遊段文昌從帥荊南遇旱禱雨必雨或父丨遇丨
丨丨丨丨必霽語曰旱不苦禱而雨丨不煞公丨丨
患鳥同遊梁忠烈世子方云使吾得与丨秉燭夜遊古人丨丨有以也（李白序）良從吾
丨丨則去人間如脫屣尔
兒遊渓祖謂四皓曰吾求公避逃從我何自丨丨乎（史）從逢子遊朱雲折檻曰臣得下比丨丨於地下足矣（史）従白
雲遊宋稍白玉王僧達曰稍丨丨舊矣（史）與惡人遊唐杜黃裳謂若坦曰其家子丨丨丨以致之不
先生丨丨丨破產合祭之坦曰剥下丨丨
若悠其不道以使得遨遊馬援曰頗哀老子給呂祿出遊周勃乃入擲北軍
歸於人詳道丨丨丨詳哀丨丨丨

匀玉大　七

許諸（陸套）佚丨偯丨掃丨（人名）（許遠）丨名抗杵臼也（詩）或舂或揄義同蝣蜉丨渠略也
呂（史）冗丨竹林丨馮得仙道甲虫朝生暮
死似蛣蜣身狹而長有角三四寸叢生糞土中（詩篇）蝣丨刺奢也好楢燎柴
甲下有翅甲小有文彩（王褒傳）蜉丨出以陰奢任小人（曹）
（陸套）丨新蘨草盛冘名詳蘨猷猶語文莫吾丨人也（記）君子大猶（匪）丨丨是
蓋丨丨亦擅弓舒遲皃經（小旻）
牡猶方叔元老克丨壯猶不我丨（詩）遠猶丨丨辰告（抑詩）已宣猶秉心丨相猶
其丨（詩采芑）遠猶上四義猶皆訓謀宣猶丨（詩）
兄及弟矣式相好矣毋丨夷猶君不行兮丨丨（楚辭）周章丨丨沉猶丨丨行
丨矣（詩）當不已毋丨效也（呂都付）蕿梓子丨丨（識元）沉猶曰（齒）丨
羊丨氏朝飲其羊譎之詳丨丨遺之大鐘載以廣車因隨
丨旧音審廣勾音仇智伯伐仇猶之以兵仇猶遂亡无備故也（史記擒里）
子傳仇猶蕕臭草（尔雅）名蔓于又名軒薰猶丨丨丨十年尚蘭猶无並
夷狄国名于蔓生水上隨水高下猶有臭（左僖四）有為（陳）徽猷君子
（後漢）尊有二品上曰彝受三斗中曰丨受五斗下曰罍受六斗狖也猷（書）有丨
（劉傳）卣闡大丨（書序）
有丨丨嘉猷（書君陳）丨丨臭猷清文煥（蘇）（人名）（王守丨）徽之愛竹（晉）酋又屋朽
（詩角弓）四人号五鹆亀木臭又
（記）牛夜鳴則輶軽也又（詩）徳輶如飛輶馳深鼓利擲（謡）牛語求
丨（甘）惡臭也丨車（鸞鑣）丨軸毛（甫）丨丨（蘇）切（書）

牧丨挑林（詩）誰謂尔无丨九十其犉童牛丨丨之牿（大）畀牛馬（月令）丨丨騰土牛立春
（无羊）八百里丨詳（殷）漢光武初騎丨（畜）无角牛
造丨丨耕夫耜具於大門外黎明有司为壇以祭先農官吏火牛燕騎劫攻
擊牛者三以示勸耕（慶華錄）將猴騎丨丨何其遲也詳彗即墨田單
求牛千頭衣五采繒刃其角縛丨其石牛秦惠王欲伐蜀刻五丁丨丨置金其
尾壯士隨其後所觸皆死燕師大敗後蜀人以為牛便金使五丁力士
拖牛成道秦隨伐蜀（蜀記）文歲旱以木牛諸葛亮兵出祁山
牛血和泥之丨丨背則天雨詳泥以丨丨流馬（運）（李）鐵牛陝州有丨
在河南尾在河北禹以鎮河患丨丨唐牛頭
。誰能如丨丨横身負黃河（慶）愚牛王獻之書畫丨悟落因丨（李）畫牛有以戴嵩
後作烏駁将丨甚妙牛与客觀
之牧童曰闘牛尾入兩股丨丨六一毛詳毛萬牛（杜）木生不顧回丨回首丘山重
間今尾掉何也（仇池筆記）九牛力曳丨丨尾詳尾
回丨丨（谷）盗牛王烈義行秫郷里有丨丨者主得之盗曰刑戮是甘乞不使
丨（晉史）肇力王彥方知也烈聞之遺布一端後有遺劍於路一人守之
烈使推求詳晉荀勗得珍物貽都下慕千斤牛刘景升有丨丨噉芻豆十
乃丨丨者蝸牛蝸千里牛得丨丨丨（巳睽）延（律）大丨丨丨丨
倍常牛負重致遠不若一羸牸魏十二牛屠牛坦一朝解丨丨風馬牛丨丨丨不
武入荊州以享軍士（相渦傳）而芒刃不鈍（賈誼）相及也
此壯相誇青汗牛陸文通之丨丨出壯士心是丨為鼠食牛鼷丨丨甘口
（曰）丨（淮四）則丨丨馬（詳汗）劉射牛君丨斗丨（孟）鼠也丨丨

匀玉八　八

瘠人而氣食牛小兒五歲丨丨樹化牛千歲樹精化為青羊万歲丨精丨為青
生不竟丨丨（二子）（斬）始皇伐大丨有青牛躍出入水（玄中）
記叔殺牛隋牛弘弟弼醉射殺弘駕車牛弘丨妻曰丨射丨丨弘曰作盗殺
牛鄭舒有雅行丨丨舒丨事竟来謝舒曰君飢所以食牛餘肉可共啖之
脯坐定妻又曰丨射丨丨大是異事弘曰已知顔色自若（隋）
包拯知天長縣有訴丨割牛舌者丨公使歸屠其牛既而有告丨者丨公曰何
為割其家丨舌而卜失牛（令）視諸丘冢果得牛（史）折角牛梁宗室曄名盛
又告之盗者驚服嵇紹鄰婦失牛軺卜之海内常乘丨丨
（史）丨甯戚飯牛甯戚飯牛車下扣角歌曰南山粲白石爛生不逢堯与奇頭犉牛
頓賢劣士聞朱公富往問術焉曰欲速富畜五牸百里販牛奚販牛於秦（讖）
牛乃畜牛羊十年間子息万計貲擬王者（孔叢子）何時旦（三斉略記）猗頓
用之（呂）（春秋）庖丁解牛丨丨曰臣之刀十九年所丨千丨而刀刃若新發硎彼節
者有間而刀刃无厚以无厚入有間而恢恢乎投刃有餘五羊之皮鬻公
（莊）地矣任鄙抃牛揚子注云以兩牛丙吉問牛吉為相逢死傷横道不問逢人
相擊抃抃手状逐牛人喘吐舌問丞牛行幾里
矣掾吏謂吳問吉曰民闘相殺傷長安令京兆尹職當禁備逐捕所當問方貫
春未可大熱恐牛行近因暑故喘二公典調陰陽職當憂是以問之（李）
臣射牛堅彎弓二石餘烈祖取一牛百步外曰能中乎堅曰少壯之時能之今
不中今年老正可中之將大笑發一矢拂脊再一矢磨腹皆附膺落

毛悋曰能復中乎堅曰所慣者以不中爲刂訓刂奇中之何難一發中之（崔鳴春秋燕語）｜盈言償牛唐末｜｜京師春遊觀牡丹訓激客賞花乃繫水牛在前指曰此｜｜刘氏黑牡丹也戴文成牛貞元中海鹽縣戴文家富性貪刻剝文死隣家一牛生黑犢脅下白毛成字曰｜｜文子趾之
老子青牛｜｜度關令尹喜勑門吏曰若有老公從東來乘｜｜溥拔車者勿听度關其日果來吏白之喜曰道今來矣（關中記）織女
牽牛詳何武丁有仙道忽謂弟曰七月七日｜｜當渡河吾今被召弟曰何事渡河曰暫詣｜｜故至今云織女嫁牽牛也（齊諧志）佩犢帶
牛詳犢言刀劍也蹊田奪牛｜｜而｜｜之｜楚子伐陳殺夏徵舒因縣陳申叔時曰牽牛以｜｜人之牽牛以蹊者信有罪矣而奪之牛罰已重
（尖直十二）金龍頭牛｜｜陶弘景聘不出畫兩牛其一｜｜有人以抂驅之詳頭喘月吳牛滿奮坐晉武琉璃屛有寔色曰臣猶
吳牛見月而｜｜塵尾驅牛王導恐妻辱衆妾遽命駕｜｜｜｜以｜｜而進詳犢車不見全牛庖丁曰始臣解牛之時所見无非牛者三
年之後未嘗見全牛也（養生）不賣病牛後周孟信家有老牛兄子賣之契券訖信方知告買者曰此牛有病不須買杖其兄子還增
家牛隋張允濟爲武陽令元武民以牸牛依婦家蓄牛餘犢將歸而婦家不与牛民訴縣二不能決乃詣允濟二二因縛民蒙其首過婦家云捕盜
牛廿令尽出牛質所從來婦家遽曰此增家牛即撤蒙曰可以牛｜｜婦家叩頭伏罪元武吏大慙○裴子雲斷李進牛還其甥王進事同○露地

尤五八　　九

白牛大安和尚曰安在潙山三十年看一頭水牯牛落路入草便牽出犯人苗稼即鞭撻調伏既久受人言語如今變作个｜｜｜｜常在目前終日露回二地趕亦不去也（傳灯录）
變相五牛牧牛亭云予嘗畫五牛其一体純白喻真性无染其二首漸黑喻迷真起妄其三体純黑喻宿業嬰纏其四首漸白喻背妄歸真其五又純白喻復本還源其理直而簡雪山白牛食｜｜肥草飲雪山清水其糞微細可合海檀（嚴）騎
牛覓牛大安禪師曰欲求識佛何者爲先曰丈曰大似｜｜｜｜｜｜（活套）服｜｜驢｜｜（人名）（冉伯｜）（司馬｜）（姓氏）陸西宮音宋微子之
後司寇｜父子孫以王父字爲氏（｜僧｜）元和初以賢良方正對策第一
（｜任｜）仕五代梁守鄜州爲刘知俊宋友謙夾圍欲持久以渴疲之存節禱
而鑿井八十（草木）（李｜花）作藤生花狀如扁豆始即由切（莊）天陰喧
水皆甘美因田野人｜｜｜｜易藥得名鶉啾雨濕声狀｜
啾｜｜百周啾桑枝生獲嘆啾仰屋竊｜｜鳥群（韓）唅鳥｜｜｜｜（歐）噫呼｜｜（剛公）湫龍湫安定朝那有湫泉清澈不容穢濁每喧污輒與
雲雨亢旱於此求雨云龍之所居（前）郊祀志（注）山湫｜｜（曾子固）灃湫｜｜雷雨卷（歐）炭谷湫韓有題詩｜｜｜｜在
長安百丈湫｜｜觀水｜｜（祖）（活套）古｜｜秋灵｜揫東也斂也（記）揫之爲言｜也（記）秋酉自秋切（考工記）｜｜子丑子也（唐）
城南（儒）李傳群｜｜遣子入酒酉月令｜｜孰白｜｜故名酒官記大酋監之李｜太玄經物｜乎西酉爲大酋大酋郭子儀單騎入廣見｜｜（宋）似

酉｜｜先公｜｜矣（詩卷阿）｜｜嗣也｜終也嗣先公之功終成之也（活套）雄｜｜遒（書）｜人以木鐸徇於路宣令之官（詩）四国是｜（破斧）
冬也百祿詩語題｜｜更｜歲月遒（賦）呼｜｜（賦）尽也是｜（長楊）詩語遒（東坡）勁也佳興遒（曾子固）尽也｜｜（固）已｜｜○
脩息流切古脯脩女贄不過榛栗｜｜○｜修字通脯脩（益乾）之曰脯（周礼）又記（曾義）段脩以見段与鍛同段脩
見上束脩也（語）脯靈脩子椒子蘭也（離騷）注｜｜之故也（注）能神｜｜遠者
注君德故以靈脩解佩纕以結言兮吾令喻君（離騷）蹇脩以爲理（註）爲媒以通辭理（騷）前脩蹇吾法乎｜｜兮非時俗之所服（騷）謂楚王也椒蘭令尹
諱者須得同訓代之指公名白博有五皓之称不聞布帛爲布皓沔丰名長琴有雅脩之目不聞呼賢賜爲｜｜（顏氏家訓）脩凡避阻脩道｜且｜｜（詩）
景迎脩南陸迎｜｜（選）諸葛元脩（魏命老圖付）以字傳（氏）｜｜以性行｜｜工篆名詳孝（活套）德｜｜進｜｜（人名）（揚｜）鮮曹
娥碑（況｜）字宣子拔頭錢詳分（馬｜）河伯名修通作脩（書）謹厥身脩｜｜侍礼｜（漢文紀）躬｜｜元默六藏修｜｜馬（記）交修亦
｜子周青修｜｜疾惡子弃（書）（魏陳繇傳）添修助亦｜｜｜｜五禊事修修（蘭亭記）｜｜也七寶修月詳月
○凋思修觀世音菩薩由｜｜｜｜入二摩地（楞嚴經）道不屬修僧問如何是修道師曰｜｜｜｜｜｜｜｜若言修得修成便壞（馬祖語录）

尤五八　　卅

羞五（孟）不｜｜膳羞食飲｜｜（注）牲肉膳斤君有滋味者（礼）膳夫瓊羞雲開羽觴（李白序）珍羞列鼎羅芳
羞羽觴（滕王閣序）盤羞咄嗟見｜｜（柳公）庶羞牛羊豕調以五味盛於豆曰｜｜（礼）享人注（鹽）晨羞香草可薦羞
凡祭祀共其薦｜｜之実（礼天官）｜｜皆進也又未飲食曰｜｜既飲食曰｜｜又礼宰夫注｜｜脯醢也｜｜庶羞也○可｜｜於鬼神可｜｜於王公（左）障
羞辛袖且｜｜（古詩）羞面見人翁｜｜何益（南史）刘蝎傳囊羞（說）｜｜空恐｜｜辛音滿變面汗嘗｜｜（諺）詳褒馬羞｜｜（賦）面赤如騂牛色神
羞無作｜｜（左）包羞否卦承羞或｜｜之（恒卦）起羞惟口｜｜（書說命）見羞一生判卸（賦）傍人羞先生
不愧｜｜｜｜謝豹羞｜｜｜｜抱耻而死化爲虫藏行地中猶｜見｜（東城）（活套）依｜｜猿鶴｜｜
（人名）（悅見｜）刘尋妾名抽丑鳩切（孟）｜｜矢旋抽左｜右｜中軍抽扣輪离婁下作好（詩）清人繇抽由問其別若李初
若窑緒抽（啟）挈水若抽桔槔詳擬謂（活套）抽屑｜｜（柳）線｜｜瘳（書）厥疾弗｜｜（詩）云胡不瘳風雨｜｜唐李石傳痊｜｜未｜｜瘥
瘳庸有｜｜｜｜（詩）（瞻卬）怒旨瘳｜｜自｜｜（書）九已瘳十痛｜｜（左）犨（人名）周｜家貧太帝命有司以張車子錢借与
（詢｜）晉人之詳則白周職流切（語）遒｜｜而不比道周生于｜｜（詩）周出也閔周黍离｜｜也（詩）試周曹彬｜｜詳手｜｜龍不

周丨丨丨山折天柱詳柱 風不周不周丨至未化合風不交也 宗記陰陽 蝶爲周不知胡丨之夢丨丨詳蝶 貴已周丨其
丨也重以丨韓 腸萬周別丨車輪轉一日一丨丨韓 諱如周度支尚書宗如周有人訴事謂其曾作如州官乃曰甚有㐫滿來訴如州
官如周曰何人敢呼我名其人謝曰只言如州官作如州不知如州官名如
周早知如州官名如周則才喚如州官作如州矣如周大笑曰令鄉自責見
侮乃深 毗史 詰套 成丨宗丨東丨西 丨晚丨伊丨孔丨 人名 近丨 詳悲 雍門丨彈琴而悲 馬丨悠然獨酌詳酌 封氏 故南甫音以国
爲氏 丨合 周會諤〻詳諤 丨昌 沛人言吃期〻不奉詔 丨勃 沛人封絳侯 木強敦厚 丨亞夫 勃之子封條侯爲將軍 丨紆 字文通拜洛陽令貴戚跼蹐
京師肅清後爲御史中丞詳備 丨渾 字輝卿爲太常妻犯齋禁收送詔獄詳
齋 丨瑜 字公瑾吳中呼周郎敗魏師 丨顒 字彥倫初隱北山後應徵召孔稚
圭作北山移文詳文 丨顗 字伯仁 汝潁奇士 金印斗大詳印 丨勉 字子
隱除去三害詳害 丨處 字鎮遠望塵知敵狀兒雄偉勇聞天下小字陽五
孝宗朝爲相封益公 丨茂叔 名敦頤爲人灑落号濂溪先生 丨氏 晉周訪以女妻陶侃子瞻 本傳 丨必大 廬陵人大宋 賙 振贍也 孔 使之相救
相丨又地官歲時丨万民之艱阨 州 五黨爲丨○禹貢止九丨冀兖青徐
通作周 語 君子周急 孟 周之則受 州 豫荊揚梁雍也禹治水後分冀丨爲
幽丨并丨分青丨爲 皇州 春色滿 選 神州 昆崙東南方五千里謂之丨丨中有
营丨肇十二丨是也 皇州丨丨 選 神州 和樂鄉帝王之宅聖人所生也 王覽

韻玉八 十一

庄 合 中州 我李百万葉柯 南州 徐孺子丨丨 西州 謝安卒羊曇弥年不由
適洞 中州 條布丨丨 李 南州 高士詳勇 西州丨丨路嘗大醉不覺至州
門大悲感詠曹子建詩生存処 本 炎州 草木半 吸 帝王州 金陵丨 選 山水州 我來丨 孟
華屋零落歸丘山慟哭而去 炎州丨丨 帝王州丨丨 山水州丨丨
虎頭州 行看鳳尾詔却 二百州 漢家山東 隘九州 摩斥八極 酒謂青州者丨好
虎頭州下丨丨丨 吸 二百州丨丨丨 白 隘九州丨丨丨 吸
丨丨 從事青州有齊郡好酒 博涼州 孟佗以蒲萄酒一斗遺張讓得凉 詩到
酒直至臍腹 世說 互見郵 涼州○伯郎一斗得涼州 吸 詳萄
隨州 詩到隨州 三刀爲州 王濬夢懸三刀又益一刀後遷爲 都督八州
隨州吏老成 谷 益州刺史丨丨丨丨也又詳刀 八州事 陶侃
先請 典州 唐韋嗣立朝廷重內輕外每除牧 涼州 伊州 天宝樂章多以边地
典州守不行嗣立丨丨丨丨 以示群臣 涼州伊州名曲若凉州甘州伊
州之類其曲变繁声入破後其地尽爲 何遜揚州 還如丨丨 杜 騎鶴上揚州 詳
西蕃破没 傳載 打徹凉州花自開 吸 揚州在丨丨 鶴
有辭無監州 趙宋錢昆曰但得丨 紫綿得安州 賂丨丨丨 人名 子 見孟
無監州丨丨丨丨処詳蟹 安州丨丨詳綿 丨 倫
宜州丨 李白願識 柳柳丨 子厚 韋蘇丨 惱斷 洲 瀛洲 唐十八學士登丨 滄
蘇州刺史賜詳慣 趙丨運 明明照天下詳服 瀛洲丨互見山及士
洲合情更覓丨丨 遠 圖 謂 中洲 塞誰留兮丨丨 騷 湘君蹇發語辭 鸚鵡洲 當
沙仙境又吾道付丨丨 中洲詳言不知爲何人而留此丨丨也 鸚鵡洲年

丨丨丨 后山 祢衡嘗作 聚窟洲 出返魂香 謝朓洲 尋芳丨丨丨 陂 巨海十洲 西
丨丨賦死葬此丨因名 謝朓洲丨詩芳丨生杜若 十洲王
母言丨丨丨丨丨人跡希到○ 瀛洲 又 魚池九洲 陶朱公養魚經以六畝地門
名瀛洲玄洲長洲流洲元洲祖洲鳳麟洲聚窟 魚池爲池〻有九洲六谷詳魚門
前起洲 殺仲堪丨丨之怒丨爲岸 夢一人曰水有丨爲門君將爲州果驗
起洲詳 宋張興世初生丨丨水中忽丨丨及爲方伯洲生至十餘頃 史
詰套 芳丨杜若 人名 刘改之 舟 与舡通看○黃帝臣共鼓貨狄二臣爲丨
丨白鷺丨 号龍丨 易 刳木爲丨係辭 書 用水行丨命汝作
丨楫 說命 莊 推 仙舟 郭林宗始見李膺〻奇之後歸鄉曲林宗 龍舟 隋煬帝
丨丨於陸詳陸 与膺同舟而濟衆賓望之以爲神仙 本 龍舟丨丨幸
江都舳艫相接 犀舟 丨丨 勁楫 凝 累舟 秦皇好仙有宛渠之民乘丨丨而至
二百余里 本 犀舟 衡傳 犀堅也 螺舟 舟形似螺沉行海底水不浸入 拾遺
記 蠡舟 乘丨丨爲水嬉 舟 玉舟 ○周礼司尊彝皆有舟 注 若今承盤 舟以戒
蠡舟 如蠡形 七命 坡戲歐陽棐兄弟明當罰二子已洗丨丨
沉 瑤舟 何以舟之維玉 鐵舟 華山頂蓮花 葉舟 訪青龍寺東壁有叢篁李
酒瑤舟 及瑤詩 舟帶也 鐵舟他有破丨丨 葉舟 陳季卿家江南舉進士不成
卿指曰安得自渭達河至家旁有終南山翁笑曰此不難命折竹葉作舟置
畫上令季卿熟視久之覓波浪起葉漸巨恍然若登舟句余至家一更復登
舟再遊清龍寺見山翁尚擁褐而坐季卿曰非夢乎後妻 芥舟 覆杯水於坳
子自江南來曰某日歸題詩於西齋始知非夢 異聞實錄 堂之上以芥

韻玉八 十二

爲之舟置杯焉則膠水 麥舟 范堯夫舟有麥五百 方舟 就其
淺而舟大也 莊 逍遙 麥舟石与石曼卿葬 詳麥 涇舟 淠彼 丨丨 深矣 詩 棫樸
丨之丨之 谷 虛舟 詳 萬斛舟 丈尺之水豈能容 鰍魚舟 梁天泉地製丨丨 箸
國 方筏也 萬斛舟丨丨之丨 九国志 鰍魚舟丨形狹而短 史
牽舟 晉幸靈建昌令官船二百人引之不動 魚蠶舟 網漏吞舟之 羽 沉舟 積
牽舟靈以手執丨推用百人船去如流 史 魚舟 前刑法志 丨
丨丨積輕 藏舟 藏舟於丨夜半有力者 不繫舟 泛〻若丨丨 王濬 戰舟 晉
折軸 史記 藏舟負之而走 莊子 詳藏 不繫舟之丨 賦付 戰舟謀
伐吳濬造舟以木爲城起樓櫓馳 孟明 焚舟 秦伯伐晉濟 縣令引舟 何易于
馬往來舟楫之盛自古未有 本 焚舟河焚舟 左 爲益昌
令刺史崔朴泛舟出益昌 家 民牽挽易于以身引舟朴驚 雪夜泛舟 子猷事
問曰百姓耕且蚕惟令无事可任其勞朴乃疾驅去 本 詳雪
平 象刻舟 詳象 蒼舒事 求劍刻舟 楚人劍自舟中墜水遽契其舟曰是吾劍所從
秤 墜也舟已行而劍不行不亦惑乎 呂春秋 契猶
刻 胡越同舟 同舟而濟丨丨何患 詰套 揚丨松丨扁 詩 鄘 柏丨言仁而不遇
也古越同舟乎異心也 易略例 丨孤丨操丨 也 毛 柏丨共姜自
誓也 鄘 二子乘 ○ 讎 市流切 記 父之丨丨不共戴天兄弟之丨不反兵交遊
丨思伋壽也 衛 讎之丨丨不同国 詩 无言不丨 荅也 光宣帝每覽讎 大
丨讎 反讎 伍員如吳言伐楚之利公子光曰是 舉讎 祁奚請老晉侯問嗣稱
也 宗爲戮欲丨其丨不可從也 昭廿 舉讎儒有外丨不避丨 怨 國

解狐其讎也云云　崇讎子貢曰若执衛君是隳　國讎暮思除　寂讎東觀
称其讎不為諂（左）崇讎黨而丨丨也（哀十一）國讎丨丨（孟）未讎（唐書）謂兩
本相覆丨　九世讎齊襄公九世祖紀侯譖之烹殺於周（公羊莊四）襄公滅
如仇丨　紀復仇也漢書曰襄公復丨丨之丨春秋大之（匈奴傳）快
恩讎丨丨丨矜名會為　心身讎如何不自閑丨（活套）冠丨（人名）（誥丨）經石渠論五
可傳（杏圖録堂記）　身讎与丨為丨（孟）　敵丨
酬　本作醻（詩大雅）丨丨交錯（楚茨）主人進酒於客曰丨客酌醻丨言丨之
酬如相丨矣（儀禮）啓主人曰酢主人又酌賓曰酧上注　酬醻（詩彤弓）
旅酬丨丨下為上（中庸）丨衆也少者　觚酬丨（禮冬官）爵一升丨二升
酬各季觶於其長而衆酧之也　辞人為歡器献以爵酬以對酬初我
无言詵師亦　壁州言皆白丨　賞酬刘毅人以谷帛遺之受　雜佩酬詵微丨
无丨丨（岐）　壁酬丨（高適）　賞酬而不謝云後丨丨丨（臨）　雜佩酬丨丨（柳）
水鏡酬　弱毫寫万景丨　鳴相酬化為两鳥丨丨丨丨詳鳥不返
鏡酬丨无停丨（岐）　鳴木酬當三千秋更起丨丨丨丨（李）（活套）倡丨賡丨應
○柔　耳由切（書）丨遠能　章柔盧杞推知播丨丨可制　直柔刘文叔少時与
返（詩）濮丨百神　章柔（唐書盧杞傳）柔如丨也　直柔人不欺曲惟丨丨
丨介（晃）新柔丨丨（韓）甘柔丨丨（貫）優柔之（左）　善柔損矣（論）輯柔顏（帥詩）丨尔積
丨野蔬拾丨挑溪供丨丨之丨　善柔友丨丨
武蛇　常勝之道曰柔不常勝之道曰　老溫柔帝謂飛燕妹趙合德為溫
柔強丨丨必剛丨弱必強（列子）　溫柔鄉曰吾丨是鄉矣詳（飛燕）弃輕柔

凰蒲鞭〃丨丨丨欲　弄春柔　鶴黄小蝶丨　繞指柔刘越石贈盧諶何意百
立蜻蜓不自由（道潛）　丨丨（荊公）　鍊剛化作丨丨丨（還）　酒
柔法樂声和丨丨（曾子固）　齒剛舌柔舌之存也以柔丨之亡也以丨詳（活套）寬丨陰
味柔丨丨丨　剛自從齒才鈌舌柔丨為丨（毛詩）坤丨陰
金丨優（詩篇）王也（變大雅）　蹂踐也（詩）或丨　揉打人又以手挺也古（詞）碎丨花
丨芳丨丨柔丨丙伯剌厉　蹂躤或丨　又順也（詩）丨此万邦
○收　式州切（還）　傳收其神丨丨　黄收堯丨丨純衣丨丨殷哻周　侯收
斤音收丨（月令）秋神　（五帝紀）冠名　夏收弁（儀）冠名
小戎丨丨（詩）收車上軫也　善收蚕麥丨丨　俱收丨丨　並公量收陳氏以家量
比大車為淺故曰丨丨　（後漢明帝紀）　（蕭何）　貸而以丨丨
丨之（左）丨丨　天網收具官胎寒弄明月丨丨　羅家收謠言云農家種丨丨既
小家量大　丨丨丨下卓一日丨（谷）　而狄青破儂智高（長編）
爛不收有如長庚月到丨　覆水難收金盆已丨雖收　雲丨丨上
爛丨丨丨（岐）　覆水難收（刘禹錫）詳水（活套）帆丨（人名）（詳丨）王通門人
○丘　去鳩切（孔）四井為邑四邑為丘　圓丘祀天丨丨祀　尼丘徵在禱於尼
（地官）又丘亭空也又丨墟大也　方丘地方丘（禮器）　山生孔子頂
象丨丨因　丹丘○楚辞丘原遠遊仍羽人於丨丨丘留不死之旧鄉　嵩丘志氣
名（家語）　〃明星中壽丨壽丘志仍丨丨（賦）晝夜常明　嶽丨
丨蓬萊山一名　虎丘坡送王忠玉游丨丨　老守娱賓得一丘東坡云郡
（字）丨丨蓬丘丨丨（十洲記）　虎丘人有問丘公太守王規父云不詔丨丨　即謁問丘

○吳王闔閭墳名丨　古与今如一丘之丨（楊惲傳）　鼻如玄山腹如
丨在蘇州因以名寺　貉丘日月轉双轂古今同一丘（賦）　玄丘丨丨皆仙相也
（圓）（話）古丘晉代衣冠成丨丨（李）　二丘見虎丘下　三丘過少昊之勞野芳問丨丨乎句芒　九丘大
三丘（張平子思玄賦）即蓬萊方丈三山　雲
庇丨丨（谷）八索丨丨（左）丘聚　糟丘南史陳暄嗜酒復兒子書曰速營丨丨（商書）某丘
也言九州所有皆聚此書也　糟丘丨吾将老焉（本）紂為酒池丨丨
某水丨　經丘亦崎嶇而丨（陶明辭）　首丘狐死正丘丨詳狐　聖丘秉桴追丨丨（韓）謂夫子　盜丘盜跖答孔子曰子矯
言偽行迷惑天下不謂子　哀丘唐元結避戰死露齒（史）闕帝丘　唐許敬宗高宗
為丨丨而謂我為盜跖（莊）　於丘南名曰丨丨　東封次濮陽丨
賞玄德曰出謂丨丨何也不能對敬宗曰　嵩丘惜哉瑶池詠自　東家丘原邴
臣能知之云云敬宗曰人不可無孝（困）　宴丨丨丨（丑）
遊孝許長安孫哉〃曰君鄉里邴君孝者稹範君乃舍之所謂以邴為丨丨
丨也原曰人各有志君謂僕以邴為丨丨丨則君以僕為西家之愚夫邪
家語曾人不識孔子聖人乃　不為丘周公不為公孔　西山東丘古來丨丨與
曰彼丨丨丨者吾知之矣　丘丨丨丨（韓）　丨丨（岐）東丘
盜跖也　樂哉斯丘公叔文子升於瑕丘曰丨丨　華屋山丘生存处丨丨丨零落
詩陵　丨丨死則我欲葬焉（記檀弓）　歸丨丨（曹植）五見
西州　○比丘梵云丨丨秦言乞士上於諸佛乞法資益　（詩篇）旄丘丨責衛伯也
門　慧命下於施主乞食資益色身（金剛要覽）　○崇丨丨万物得

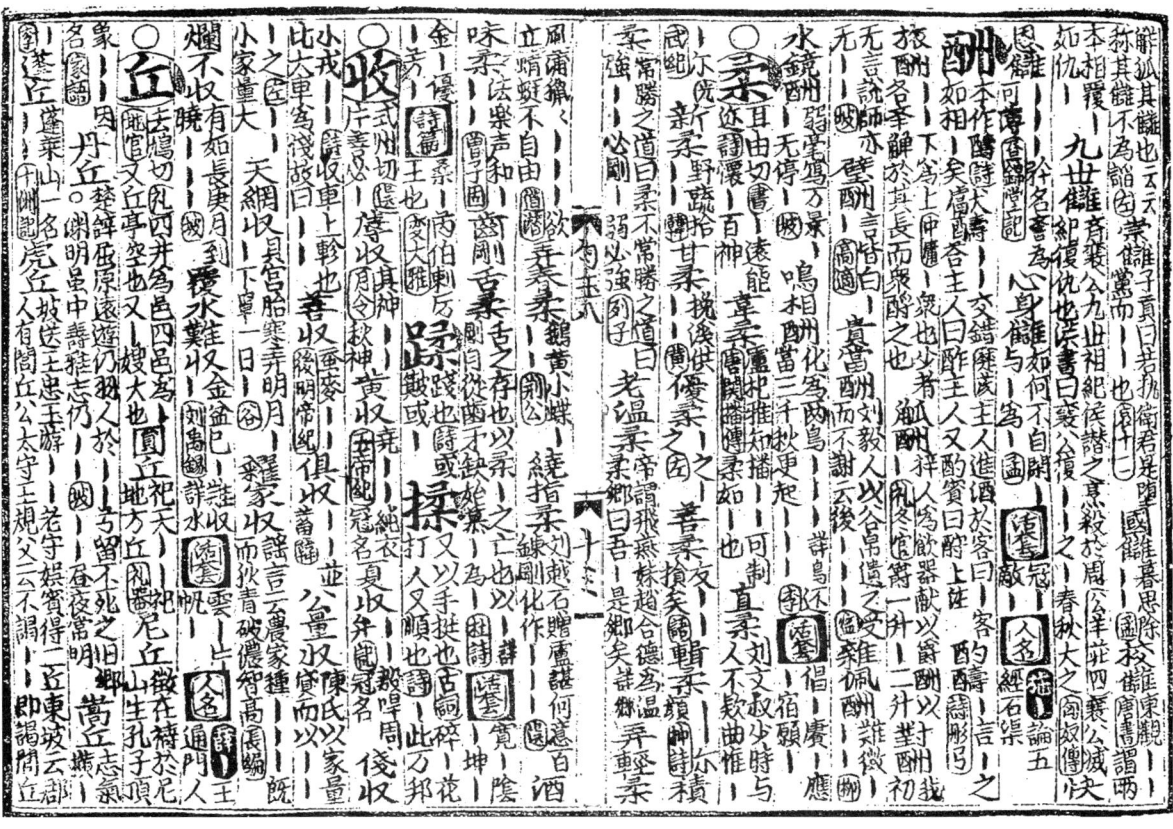

極其高大也（爾雅）宛丘（地理）　太公封处○　丨丨先生孟嘗君
剌幽公也陳侄荒昏乱　（營丘）　栢公會盟处（人名）　容詳老（丘）左丨丨丨
神詳有（陳太）宴丘明易　好吹竽牧豬七十不娶詳　河南
豬　李成居營丘工水墨山水号丨丨丨　詳獅吼（姓名）吕石
太公封營丘後以地為姓代居扶風（丘遲）字希範辞采麗逸似落花依草
拜中書侍郎（南史）（丘和）吳興人諸彥回曰此郡才士惟有丨丨丨仕梁領
東觀祭酒曰人願数任我終身為祭酒不恨也（丘仲孚）字公信王陵曰東南
之美復見丘生任山陰令謠曰二傅沈刘不如一丘政為天下第一（丘靈鞠）
蘭陵人除武昌太守不樂曰古云不食武昌魚乃為　○鳩居求切（詩）鵲巢
余杭令（丘神勣）仕唐善騎射累從戰功錫勞甚厚　丨丨居（詞）鷹化為
丨（月令）（書）共工方丨鳩功　五鳩祝鳩氏司徒也　此鵻也鳩又名鶉鳩　斑鳩鵻又
聚也（左）爽丨氏之樂詳樂　鳩氏司馬也王鵻鳩鳩氏司空也　雝鳩又
名祝谷爽鳩氏司寇也　鶻鳩氏司　王鳩即雎鳩又鵝鳩今曰杜鵑鶻　蒙鳩鷦鷯
事也鶻鵰　丨丨鳩氏者也（昭十七）　月令鳩化為鷹言此（月令）
也（爾雅）鷽鳩小鳩丨丨　白鳩徐憲居喪致哀丨丨巢户側太守邠弘
（勸學）鷽鳩笑鵬詳鵬　孝為孝廉朝廷稱丨丨丨郎（會稽典録）　杖鳩老人
為丨取鳩食　青天丨則呼鳩婦　邯鄲鳩丨丨之民正旦献丨丨於趙簡子
不咽（白帖）　晴雨鳩丨則逐之詳婦　簡子曰放生亦有恩（史記）簡子
亦於丨（柳）　鳳池鳩唐王及善才行庸猥為内史人呼為鳩集丨丨（宋鈔）　入懷鳩長安張氏独処室鳩止於床祝曰禍邪飛上承塵福

邪來丨我丨丨飛入懷去探之不知所在得一金帶鉤是後子孫昌盛 搜神記 好食鳩 毛傳丨丨人与己相得必以鳩賄之一日李翱送十二
監(故)事集 魯無鳩 范宣子曰旬在此敢出公鳩使丨丨丨乎 家十六 才方鳩丨丨丨 一巢无地 (王) ○鳩鳩和尚 鄧州和尚日食二鳩
有貧士宋殆分二足与食 說僧盟 敕双鳩從口出 一能行一角 雲溪友議 詩篇 鳴丨丨丨
甸在地士驚愕亦吐飯二足亦出号南陽丨丨丨 剌不
一也在位无君子 人名 故丨 賢臣 洑 盛王 ○ 不 方鳩切 鳥飛上翔不下也
用心之不一也 又不定辭 杜 隔屋喚西家
惜問有 結套 是邊丨今在 ○ 接 丨 所鳩切 作按非 詩 東失其丨 ○ 漢趙過為
酒丨 丨有意丨 丨粟都尉 ○ 漢書趙廣漢丨索私屠酤
旁接 韓進學解 丨丨而遂紹 宜接 孫奇丨丨 天台賦 丨丨得 杜 其淒西戎也 ○ 析支丨丨
詩 窮 李陸 足可 丨丨 其淒 禹貢 出發丨丨 縣名
武帝 詔 結套 窮丨岩 ○ 蒐 茅丨 茹芳人血所生可以染絳 大蒐丨丨于 紅 昭八 春蒐 柏
冗丨 說文 又春獵曰丨 索不孕者
莫位尚書課書丨丨為春蒐 颼 風丨也 結套 鳴丨丨 叟 浙米声 詩 溲 亦也
自左丞以下詩彼陰黯 監 瑞寒丨丨 浙之丨丨 浚
通作嗽 記 諸 鍑 錢也 又馬耳金飾 結套 丨 瘦 匿也 語 人焉丨哉 孟 丨也 溲
毋不嗽裳 歐 密風公如丨 若是夫子從者之丨也
浸以又便溺也 史 沛公不好儒 鄲 鮮 儒冠丨溺 牛溲丨丨馬勃 韓進學解 偃溲 冗爲丨 柳天
其中 ○ 魏大武求酒於減資之封丨便与之

說 金椀盛溲 馮延巳作相孫忌曰以丨丨玉杯丨丨溺可乎 五代史 ○ 騶 則鳩切 廐御 三騶 齊謝莪卿為尚書左丞陸
通所詣道旁酒坊停車褰幰与丨丨對飲觀 六騶 晉程鄭為乘馬御丨丨屬
者如堵莪卿自若 ○ 御史車前亦有丨丨 馬焉 謂六閑之丨 成十八
八騶 齊王融望為公輔 嘗嘆曰車前无丨丨何得称丈夫 監 行騶 李生聞太白一見 絳騶 宋顏延年為
与書曰丨丨清路白簡深 通典 騏騶 病馬丨丨 披紀行 絲 中丞何尚之
刻 赤蜻蜓亦名丨丨 乘馬只白塵 鳴騶 後魏 小朱仲遠以為大將軍
丨 詩之 史 丨丨 鳴騶兼尚書令 請挙朝式在軍丨
入谷 北山移文 河南騶 晉胡毋輔之過河南門下飲丨丨 王子博箕踞坐
騶其旁因与語 歎曰吾不及也 薦之河南尹樂廣 擢為
功曹 武士騶 惠妃傳 丨丨比外郎 前 鈴與騶 論事到深夜 僵 恨不為騶 唐倪若水
吏 謂騶騎 騶仆丨丨 披 時人重內
官班 景倩入為大理少卿 若水曰班 李 緅 赤青色 語 紺丨 周礼考工記 染羽
公卿此行若登仙 吾丨丨得丨丨 三入為纁 五入為丨 七入為緇 ○
又將丨丨 鄒 國 結套 枚丨枚 姓氏 范陽甬音子姓宋愍公之後正
侯切 鄒 孟子時改曰丨 栗部衎 考父食邑於丨 生叔梁紇遂因
氏 丨甚 丨丨以鼓琴見齊宣王 王曰琴所以象政也 新序 事恭惠王左
右諳之 鞅於獄 仰天而哭 盛夏降霜 ○ 寒谷吹律 詳谷 丨陽 鄒衍 丨門 詳 裨
夜光之璧以暗投人 詳投 丨 字潤甫 晉人 南陽人 陳 丨 ○ 愁 鋤尤切
宗 忠完 趙宋人道 行義知名於時 鄒望中言瑶華得 貶 窮

愁 虞卿非丨丨不能著書 自見於後世 (丕) 牢愁 揚雄 旁惜誦以下至懷沙一卷名畔丨丨 乾愁
丨丨未解 ○ 畔 離也 牢 聊也 与君相離愁而无聊也 莫愁
坐百累 雜 四愁 張衡丨丨 詩序 陽嘉中出為河間相 鬱鬱不得志為四愁詩 選 療愁 薈章亦曰丨草 備要
石城女子名丨丨 善歌 古今樂錄 丨丨在何処 任在石城西 艇子打 萬斛愁
兩槳催送丨丨來 樂府 石城 吉為丨丨鄉丨丨 寬散石城荒 郭谷
且將一寸心容他一里愁 韓娥悲歌 一片愁 細草孤雲丨丨 箒掃愁 酒号掃
丨丨丨 庾信 愁付 丨 悲丨 詳歌 丨 半山 愁丨 詳
酌 任婦愁 長貧丨 杜 結套 醻丨澆丨丨 ○ 簉 初尤切 灑酒也 搊 手丨 ○ 休
詩尤切 詩 我心則丨 善 我迄可小丨 民勞 對揚王丨 江淹 書 与国咸丨 微
子心逸日丨 周官 雖休勿丨 呂刑 其心休丨 秦誓 問事不丨 賈 長頭 詳頭 匹
休 作周丨 閑休 舖張對天丨丨丨 真休 戔人林下 三
休 召誥 閑休之丨丨 韓 長休 吏有盜粟不忍加刑 遣令 休告也 是丨丨 暎
休 賈子翟遣使至楚引上章華臺丨丨而至其上 又後金高字 四休 山谷
元休 宗兆人与同郡韋休甫弟文休俱著名号丨丨 呂布傳
居士詩序 粗茶淡飯飽即休 補破遮寒煖即休 三平二滿 浮休 其生若丨 其
過卽休 不貪不妬老即休 大醫孫君昉自号四休居士 死若丨 又張
聲字浮 罷休 我且醉眠 暎 介休 麥詳麥 丕休 楊大年適礼部試士人或曰幸
休子 君丨丨 有以見教 楊作色入曰丨丨哉

後用丨丨 三宜休 唐司空圖名亭曰丨丨丨 量才一宜
哉者皆中 休休 揣分二宜休 老而瞶三宜休 詳宜 至未休 惱乱春風丨
死不休 句不驚人 丨丨丨 杜 筆不休 吾家有二許 下 早徵休 名位豈肯 丨丨 二子 羅隱
賣藥不二價 東 宋沙門世祖令還俗 詳僧 皮日 唐詩人作桃花賦 韓偓 人名
公孫 相名 詳 咻 唐 相忠直
雜丨 庥 庇丨 今呼 樹陰曰丨 髹 赤黑漆 又前趙 名康 貅 貔丨 猛獸 ○
容 囚 似由切 書 不 后傳殿上丨漆 咻 孟 衆楚人丨之 ○ 江頭花發醉
繫丨 獄要丨 呂刑 箕囚 釋丨子 楚囚 晉過江人士新亭飲宴 周顗歎曰風 吏卒尚呼丨 高適 結套 衆口
王導曰 當共戮力王室 克復中原 何至作丨丨 對泣邪 官囚 富貴何時潤 髑
祖 狀傳 晉景公見鄭人獻丨丨 使稅之 左成九 詳音 骸守 多奴与抱
○ 丨丨 山囚 聖日以理 号 賢日以進 誰 書囚 半生坐 孤囚 兒我万里 籠囚 回首
圕 使丨之丨 吾号 柳 囚山 村丨丨 柳 為丨丨 柳 獻丨
犬囚 在牢丨 獄囚 深水 放囚 死囚四百來歸獄 唐太 虞延為洛陽令 每歲時伏臘休
所重 開獄 出之至期 錄囚 遺囚徒感恩如期而至 ○ 曹攄除臨淄令 曰新歲人情
而還 叢索 綮 晉書 徒丨 後漢 省錄之也 慮囚 唐史称丨丨 王囚 百年一俯
丨丨 暎 五行相 酒星囚 衛元規醉作 大傅書 謂 不 緣 謀議之也 仰五勝更
勝育王相死囚 曰自此囚酒星於天獄 大赦無囚 宋世良守清河 丨丨 郡丨一丨

蟄群吏拜訝而已獄〔話套〕丨綵丨侔丨鸜丨孤泅浮行水上〔列〕吾以於水而勇
生胇社逢高小滿丨休丨飲似丨於丨〔史記〕吳兒善丨〔古文〕
善丨者○紬陳留切大絲繒〔史記〕丨石室金匱黃紬文潞公知榆次縣詩
死水之書〔匡〕謂次述故事○平去二音黃紬云丨丨被裏曉眠熟〔韓偓〕鳥
被出頭來道白紬袁彥脩為尚書郎不受升酒之惠号清郎為太儔吟新
放裔詩被丨丨常鄉邢邵送以丨丨不受号清鄉〔論要類姓〕〔話套〕
得寀儔周嗡懿号丨草木儔丨丨我為鸞鳳儔声与丨〔孟〕水石儔堪丨丨亦〔坡〕
丨丨〔孫權論〕丨〔太白〕
四丨朋丨空丨疇一井白丨〔書〕丨咨誰也〔後祭遵傳注〕丨等也〔宣〕西疇将
不足丨邈難丨田〔帝紀〕丨其爵邑言功臣子孫襲封与先人等西田有
事於丨先疇農服丨丨之瓜疇丨丨芋區九疇神龜負文數至于九鴻疇義
丨〔閔詞〕畎畝〔淮南〕田〔吳蜀付〕田禹因第之〔洪範注〕冠
講丨丨〔韓詩〕東疇亮釆丨〔話套〕丨平丨〔人名〕於君疇〔君〕丨嘉李籌也壺矢牙籌王戎好與利
丨範九丨丨田丨〔書〕
天下自執丨丨計更籌霜夜尺〔谷〕詩籌設九日詩律酒籌丨丨花枝當酒籌筋〔醉翁〕園田水碓周
籌常苦不足〔李〕丨丨輸君二百籌丨丨觥籌籍交
亭記當飲者丨籌之十寸者二投水沉者飲之謂此觴不存令運籌丨張良丨
章之詞籌帽毛〔韓祭張員外〕注云唐人會飲逢酒令者以籌記罰丨帷幄
〔李〕唱籌丨檀道濟丨丨借著籌張良請丨前丨魏公籌魏舒為鍾毓長史常為畫
丨量沙詳〔此〕丨以丨之〔李〕丨丨籌而已初不知其善射詳

射平生丨丨丨丨丨榆一籌楊愔怒尹君不同已判遷命篹海屋籌老人曰丨水
忽斷郢人嫚被輸一籌復沉吟少選乃判曰篹丨丨丨海屋籌变桑田吾輒
下丨籌今滿丨丨西王母籌漢哀帝時関東民无故驚走持槀傳相付与曰行
十丨矣詳丨丨丨丨丨歷郡国二十六至京師不可禁止〔本紀〕丨丨丨丨〔五行〕
州探籌後周王勇沙苑之役与王文達耿令貴有殊未宜丨籌崔譚為左
丨丨功丨丨上州刺史丨有優劣令丨丨取之〔史〕節度每省簿
書丨指心計丨丨服事八籌五代晋景延廣契丹入京師責以十事每丨一
丨丨尺發聮〔續史〕丨丨搜二牙籌至丨丨延廣伏地不能仰視乃自
殺丨北齊文宣使丨丨揚〔話套〕畫丨丨稠〔詩〕抱衾与丨小星〔詩〕丨稠栽
〔後〕丨箄輔則籌僭進丨丨詳見匀良丨稠帳也又被也即褱衣〔稠〕置
憶常丨儔單文壽黄昌繁元儔備紙丨布丨丨壽芊續為廬江守卧一幅
同丨幬帳也巾幬作丨丨〔後〕丨丨丨丨布幬穿敗糊丨丨之〔話套〕風丨
儵魚名〔鯈百〕丨〔人名〕〔泊〕春秋有稠多也通作綢丨丨〔楊公〕〔杜〕稍
文見遊丨丨詩綢直如髮霜稠丨丨陰雪丨丨星稠
起視北極丨紅稠丨丨屋角香稠映翠帷花密蟬稠落日鳴丨山稠帰路晚
辰丨曾子固紅稠花〔杜甫〕香稠丨丨〔周調〕蟲稠丨〔杜甫〕丨丨〔杜甫〕
杏粥稠火令餳稀〔坡〕〔話套〕葉丨蜂蟻丨〔杜甫〕○輈張流切轅也車前曲
丨丨丨〔坡〕燈丨輈〔杜〕木上向衡者謂之丨丨梁輈五楘
韓轅從軫以前稍曲而上至衡則居衡之上而丨丨丨丨以安
輈下句之衡則横居輈下如屋之梁故曰丨丨丨丨丨輈 救之〔崔寔政論〕

日月有常遵志士丁輈故関黄泉丨丨〔曾子固〕丨輈〔李詩〕丨輈丨丨〔詩〕考叔丨丨太輈丨丨貫
无丨丨丨丨行輈喘丨丨〔坡〕挾輈丨以走〔左〕汰輈笠詩夫鈞輈呼丨丨鷓鴣自
〔韓詩〕啼際○雲不叫丨丨推輈道險不在山平風雅輈平生期斯人共調朝也
〔詩通〕輈李作鵃丨丨丨〔孟〕丨丨丨丨挾丨丨丨丨〔谷〕詞怒
如丨丨啁丨啁噍禽雀声丨鵃丨鵃丨鵃也侜誰丨予美〔話套〕華丨丨○求巨鳩
飢丨丨啁吁舌紛朝丨丨鵃也侜〔詩〕壅蔽也詩帰丨丨
切〔孟〕禍福自已丨公孫丑上人有雞犬放則知丨之營求丨丨諸求典礼
告子不可以他丨緣木丨魚梁惠〔詩〕富而可丨也營求野〔書〕丨丨講求丨丨
〔言〕十丨求供給惻徵求未免煩〔韓〕旁求丨丨丨需丨丨丨丨不
〔氏〕誅求丨丨〔杜〕徵求丨丨〔韓〕旁求雅〔書序〕氣求声應丨子求予取丨
詳丨丨〔杜〕丨丨〔易〕汝疵瑕也〔左〕
瑕丨寘豪求我〔易〕丨茂陵求有丨丨〔杜〕智力求不可以丨丨〔話套〕推丨苟
元丨放心丨丨丨丨竟无宜室丨召徒〔無鬼論〕丨反丨
丨夢寐丨〔人名〕有詩瓢詩瓢〔唐〕球綵球競不丨丨〔詩〕球丨棘七球玉也一日
小球天球丨丨河圖鳴球戛擊丨球球〔隱〕摸毛碟良球璜佩鳴〔韓〕玉磬詩受
大丨天球丙東序〔書〕琳球遺丨丨〔歐〕玉球丨丨〔人名〕〔君〕其詩上
呂申公有之短供之句〔周〕陳蕃傳郗人裘〔詩〕為公子丨七月〔禮〕衣輕
周武高賢之士蕃為置一榻去則懸之後魏裴佗著不張蓋寒不
衣丨丨鳳裘周脫王以青丨丨貂裘李充遺蘇秦黑丨丨游秦久不能用於是狐裘
丨丨毛為丨〔拾遺〕丨丨〔蘇史〕蘇秦三十年惟一黑丨丨

有子曰晏子一丨丨丨丨鹿裘丨是丨鹿裘素衣丨羔裘〔詩〕用上言一男子披丨
丨三十年〔禮〕弓下丨羆裘〔詩大東〕丨〔國〕丨羔裘丨鈞澤中帝疑其先隱〔嚴〕
之丨〔光傳〕功裘周礼季秋獻丨丨謂人功織麗也以狐丨丨〔禮〕粗服朝丨丨〔晋〕
天子幼未坐朝丨丨丨青鷂虎狼犬羊等皮為之卿大夫之服麥裘〔國〕〔傳〕丨丨若容衣
事先帝裘衣也麥裘長〔國〕楊裘游丨丨而〔說〕曾子襲裘而弔子氈裘畏丨丨〔國〕兔裘公曰
營丨丨吾將老重裘被寒不如丨丨丨丨丨之丨取諸鶴氅裘王恭雪中狐
焉〔左〕魯邑名丨丨詳詩粹白裘丨丨丨丨鶴氅裘披之詩雪
白裘秦因孟嘗君說幸姬求解姬曰願得君丨丨丨時丨丨〔通鑑〕鸘鵜裘謝尚白
丨丨已獻昭王客能狗盗入秦宮藏得獻之遂得帰丨丨丨丨能鴝鵒
舞捐如兜腕丨丨丨丨雉頭裘晋武帝丨丨紫綺裘白着丨丨丨烏紗帽与客数
〔李〕丨丨丨丨貰酒詳鷫鷞丨丨丨丨手人梓歌過淮〔李白〕翫月詩序
白綿裘江家當客丨丨集翠裘則天賜張昌宗丨丨后令狄仁傑与賭此裘
丨丨〔東坡〕丨丨狄因指所衣紫絁袍曰臣以此敵后曰為不等
矣狄曰此大臣朝見奏對之服也昌宗千金裘丨丨之丨非一狐丨百結裘董
累為蓮比公襖裘拜恩而出〔集異記〕之腋〔慎子〕〔鹽鐵論〕丨丨丨威
得殘繒帛結以為學爲裘良冶之子必丨丨丨丨良冶者鍋補穿無重裘陳
衣号丨丨丨丨〔明〕學丨丨〔礼〕丨丨聲補器者金家乃合有似為裘也〔李〕丨无
已矣丨丨丨丨蔡侯兩裘昭侯為兩佩与兩裘以如楚丨丨丨丨過魯老人
丨丨〔宋高宗〕蔡侯兩裘子常欲之弗与三年止之〔左〕田畢解裘丨丨丨〔涑水记聞〕而寒丨丨

衣之（史記）大寒索裘亦晚乎腸寡見｜｜而後｜｜不肯為反裘魏文侯見反裘｜｜者問其故曰愛其毛文侯曰汝不知裏盡而毛何得（法言）冬｜翠（詩）羔｜大夫以道去其君也君不用道絜其衣侍動序雲｜（詩）服｜（檜詩）羔｜刺時也在位不恤其民（唐詩）羔｜刺朝也朝无正臣（鄭）**絿**弛也（詩）兒舵其｜｜。通作捄有捄其角**俅**冠飾兒（詩）戴弁｜｜**毬**韓愈書上張僕射諫擊｜｜○唐僖宗云朕若應擊｜進**氣毬**張乖崖云治蜀如用十張牛皮作一大｜｜如士宰須作狀元詩宰何踢得起須攘得轉即是能做（李畋見聞録）繡毬｜｜紫花玉毬白星毬須曳一點｜｜小丁仙現詞禁毬｜｜場外獨支頤晏叔原灌毬宋文懿公少時与群兒擊毬々入樹穴公以水｜浮而出一綻毬徐博世為皮匠能為｜｜士握拳能致口中（開岳荊湖近事）晚為道絲毬花（劉原父菊譜）琉璃毬中吳元夜灯名妙絕石湖有詩水晶毬白牡丹名雪毬｜｜和尚｜三个木｜見僧來或毬出玄沙撤開兩手作仰倒勢｜｜曰汝在彼用一个用二个曰二即一一一个或两个見玄沙來三个一時毬出即三雪峯便休古禪師曰此是雪峯不立名題觀体受用（古禪師語録）（法套）雪｜絿｜**銶**鑿屬（詩）又**財**枉法財也**仇**（詩）公侯好｜（兔罝）匹也（左）怨耦曰｜（孟）葛伯｜餉程仇文中香｜珠｜缺我｜子謂房杜曰先輩垂聰明特達報秦仇張良為韓｜三彭仇仙人曰亦絶｜然非董薛｜｜之比｜元｜璋｜仇強｜（宋）｜之｜平詳彭

尤　勿玉八　十九

（士說）字季智一名醜女仇｜好文入室｜（史記）（姓氏）南陽呂音宋大夫｜牧之後亦為蒲亭長春年大化有陳元者母告不孝覽到亓家与其母子飲為陳人倫孝行元卒為孝子（謝承後漢書）曰化我鳴梟哺所生（後漢書本紀）棘非鸞鳳所棲詳棘**頄**頰骨（易）壯于｜｜**㕤**高氣又三隅矛**逑**（詩）聚斂也又匹也君子好｜（書義）殺浩投人寄書於江曰沈者自沉浮者自浮詳書○**浮**（記）恥名｜於行（表記）投壺若是者（語）富貴｜雲乘桴｜於海沉浮載｜｜縛謀切（莊子刻意篇）其生若浮其死若休浮｜**捊**浮中足衆一生矣詳掊｜醯池**浮**宇宙此（曲）羅浮曾城博｜二縣之境｜山本蓬萊之峯洪水泛海來薄於｜山高三千六百丈（羅浮山記）閬浮須弥山樹月過樹影**大白浮**魏文侯曰若飲不盡浮之｜｜（羅浮）罰也詳白章乾坤浮｜一日入月中詳樹｜｜（杜甫）閬根浮頷髮亦白水上浮趙宋京師旧俗七夕以蠟為鳧鴈鼈魚之類謂之｜｜｜（夢華録）（法套）香｜飄｜雲｜名｜壁｜世｜（人名）（宋書）武時人光**蜉**（爾雅）有翼者食糞為灾（詩）｜蝣掘閲（韓）蚍｜撼大樹○無蚍｜蟻子之援**桴**棟也又**罦**車上網（詩）雉罹于｜**涪**州名**罘**罘罳（人名）（揚之）從韓愈音ｌ公有招揚之｜詩○**謀**莫浮切（書）咨詢之｜｜○蓄疑敗子｜道不｜食（史）与白面書（孟序）務先權｜（語）君生｜之詳畜玄齡善｜（唐）孫謀貽厥｜｜　一謀裨諶謀於野則獲道謀於邑則否（左）道謀如彼

笑子手｜｜是（詩）疑其｜｜勿（書）是成（書）（易）寡謀（國語）寢其謀（淮南）伐謀其次伐交用不憤于成（詩）宴其｜詳謀（劉）貴讚｜｜寢謀淮南｜｜伐謀其次伐交（書）**狺**謀君看隨陽鴈各有稻粱謀（杜）自為謀巫臣｜｜｜詳梁也則過矣（左）与仇謀其命｜（韓）与婦謀（婦）（書）聊須｜｜｜（詩）破楚欲相傾孟之請婦｜｜之為鶴謀二頭田應（趣）身｜与人名孫（詩）帰而謀諸婦（赤壁）椎父｜**犛**大麥宜為飯（劉向傳）詒我厘｜通（法套）心｜｜蠶**牟**无所｜大利義也**麰**作牟（詩）貽我來牟（韓詩）野｜｜衛曹萌（法套）（漢書）宮商大貫与蛑同（詩）來牟｜｜為｜而｜呼五白（宋玉）些｜｜敖牟齊人呼土釜為牟（內則）（註）本牟衛為鼓｜本作麰招魂付倍勝為牟詳博吏着｜｜冕紋之服（孫叔敖傳）**牛呼牟**椎肥｜｜｜｜載實馳鳴（易）（韓）鼓角士冑也牟与鍪同（蜀都）年然而鳴（聊）牛付牟牛鳴也（地理）邑名魯來｜（人名）堅白之論（莊秋水）（李斯）（魏）有合同異離（姓氏）平陽宮音｜子作牟処ゝ（大戴）（曲）善作矢黃帝臣（公孫）（申）善吹笛詳笛（國）祝融之後跡（後漢）以尚書教授門徒為豐令政｜流行治有異**眸**目珠（孟）｜子中（後）字君高習書諸生講夲者常千餘人（法套）雖比（孟）誰為天公說秋双｜醉｜（王）吾觀少陵詩｜**蜉**水虫**蛑**蝤｜**矛**酋｜也建月（法套）清｜遠｜謂与元氣｜（書）（韓）驅蛇矛（晉陳安戰始）於兵車長二丈書（騰）二矛｜重天矛｜援｜（陳）電矛海若（韓）蛇矛交失｜｜（史）折矛行攻乃戈｜二矛英（詩）

尤　勿玉八　二十一

馬騰々子超亦健鬪行刺超矛後父公孫瓚塞下卒逢鮮卑數百騎折因以｜｜擿超頭戟死（史）**兩刃矛**自持｜｜｜衝賊殺數十人乃免（史）**盧矛**贅弱之弓｜｜之｜**入室操矛**何休曰康成｜吾｜｜吾｜三將擁矛々大呼皆｜｜不敢動賊兵至悉殺之（史）以伐我乎詳子矛亦作戈**鬴**唐哥舒翰逐吐蕃馬陷于河旁｜｜欲刺翰**瞀**目不明**鍪**兜｜首鎧也（荀）｜｜當卦（詩）誰在於（荀）**雊**草根虫（詩）及其｜賊又鏖｜○**侯**戶鉤切不事王（詩）｜蛭蝥三（蛭）鏃也**五侯**宗相帝呼单超徐璜貝瑗左琯唐衡（单超傳）徹侯乃也○談笑覔封｜**素侯**太史公曰千金之家与王者同樂豈所謂｜｜者邪○其樂實｜｜｜（史）侯武帝諱便侯謂无功而侯｜數通｜｜侯者（史年表）○**射侯**則虎｜能侯豹白敏中為相欲以進士侯溫為壻妻盧陽侯波神曰｜射侯（礼司裘王大射）曰已姓｜｜為壻人必呼｜｜矣乃止（淮南）侯諸侯躲能家虎咖**猴侯**猢也○坡黃甘傳**虎侯**魏許褚力如虎而癡号虎大夫躲麋士躲鹿｜封其子為｜｜癡武問曹公曰關公有｜｜者安在（史）石見尾**右侯**晉張賓為石勒右長史智略識鑒｜｜｜而不名（載記）**關內侯**爛羊頭｜詳羊不義侯後刘寵自立為燕王吾頭子密（史）**萬里侯**班超相云燕頷虎頭飛而食肉｜相也後封定遠侯（後漢）監河

侯莊周貸粟於｜｜｜｜曰以金貸汝周曰昔見轍中鮒曰无升斗之
水活我乎周曰待決西江水活汝鮒曰不如索我於枯魚之肆〔莊〕白板侯
武后封侯者衆鑄印不羹頡侯漢祖封嫂之子詩羹酉醉鄉侯唐人詩若使刘伶為酒
供用｜｜｜者〔會載〕帝亦須封我｜｜｜松
滋侯墨也好畤侯紙也即墨侯硯也閣石鄉侯〔很新录〕薛稷又拜硯為漢十八侯｜祖｜｜｜位次一蕭何二曹參三
張敖而張良四姓小侯永平為樊郭陰馬諸子弟立雍齒且侯漢祖諸將爭功上置酒封
陳平不預焉學以非列侯故曰｜｜｜｜｜
雍齒群臣喜曰｜｜｜｜｜吾屬李廣不侯｜｜｜｜史氏以為殺已降卒謂
无患矣｜｜帝所惡者〔本紀〕其殺霸陵尉不亦甚哉孫陵臣虜
｜氏夷賊其〔活套〕君｜故｜古諸｜〔人名〕〔留｜〕張良〔酇｜〕蕭何〔秺｜〕金日磾
報豈不顯哉汾侯列｜万戶｜〔武｜〕諸葛〔細｜〕汾侯郭攸字｜｜
〔隱｜〕八詠能同沈｜｜沈約謚也〔戶牖｜〕陳平〔舞陽｜〕樊噲〔平津｜〕
公孫弘〔平陽｜〕曹參〔義陽｜〕傅介子〔陵陽｜〕封卞和｜｜｜不就詳玉〔姓氏〕
上谷角音晉｜緡之後適他国以｜為氏郑有｜宣多｜魯有｜叔夏
｜犯齊有｜朔魏有｜嬴〔｜霸〕字君房後漢人卧轍事詳轍〔｜瑾〕字子瑜以
礼自牧独処一房如對嚴賓作矯世論人称｜君〔｜史光〕字孝明晉人為
御史中丞伸司直之才有清忠之節儒李傳古歷官著績〔｜君集〕唐豳州
人以材雄称平高昌刻石紀功還〔｜台果〕十〔複姓〕夏｜夏禹之後受爵為｜｜
八字士〔｜知｜〕鷹威嚴語曰不畏｜卿杖因氏〔夏｜嬰〕侯祖定元
功十八人位次嬰第八封汝陰｜〔夏｜勝〕字長公從父受尚書及洪範五行
傳取青拾芥詳芥勝以書旨授從兄子建由是有大小夏侯之学仕侯諫
大夫迁太傅〔夏｜湛〕字孝若与潘岳為連璧詳璧仕晉中書侍郎〔夏｜玄〕兼
葭倚玉詳玉〔夏｜曜〕字出龍仕梁迁吴興太守有惠政吏民立碑頌美弟
夔為豫州刺史歌曰我之有州頻得夏侯前兄後弟布政箜篌｜｜二十五絃
優二〔夏｜威〕夏侯威女妻羊祜｜｜｜曹氏世為婚姻
侯武命侯暉造因姓及声坎坎應節故名坎侯今謂為｜｜又云本鄭衛
音以其亡国故号空国之侯其制二十四絃〇李生与盧生别父忽相遇曰
得一妓善｜｜令侍飲李視空侯朱字云雲中辨江樹天際識歸舟盧曰此
人名家宜要作昏因否李莫則而退後娶陸長源女乃所見者善｜｜
朱字宛然李具說女亦曰往嘗夢猴名胡孫楚沐猴項羽｜｜而冠尔使
至一処見生〔逸史〕盧有道術曰沐｜少府檀長卿為｜｜
舞蓋寬饒賜緋猴唐昭宗播迁隨駕有弄猴随班起居｜以｜袍号孫供奉
劾奏〔前〕朱梁篡位｜見全忠趨其前跳躍奮擊遂殺之唐臣愧此
猴多矣〔幕〕棘端猴燕王集巧士有人能於｜｜刺｜刻沐｜然王人似猴安西
〔府燕圖〕須半年絕酒色方可見之王不能從〔陽雯〕牙將
刘文樹髭生頷下切恶猴之說上令黃幡綽嘲之似猴真猴宋何尚之与
綽曰面孔不似胡孫｜｜極似文樹上大笑〔傳信記〕顏延之少相
狎二人並短小何謂顏為猿顏謂何為猴嘗問路人吾二人誰
似猴人指尚之為似延之大喜人曰彼｜｜下君乃｜｜〔史〕〇六愈孫猴

仰山問洪恩禪師如何得見性師曰譬如屋上有｜｜內有一｜｜東邊呼
山山應如是｜｜俱呼俱應仰山云如內｜｜困睡外猕猴欲与相見如何
師即下繩床執仰山手作舞餱乾食詩乃裹｜糧乾｜喉尚書陛下
云山山与汝相見了〔傳燈〕以粲或省其｜〔无羊〕｜舌詳舌
〔國史〕日所不任耳聾轉喉｜｜觸諱結喉韓石鼎聯句軒轅捽喉魯敗狄于鹹
息殆廢｜詳聾〔乞巧文〕弥明長頸高｜｜獲長狄僑如
富父終｜其｜殺之〔左文十一〕長齕喉虎曰駒技止此尔｜詩喉吏深坐父
狄長三丈｜舒容反猶衝也其｜尽肉乃去詳驢｜｜渴一
辛金轉和月息以喉真人之息以踵衆賊之心喉晉宣帝曰凡攻敵扼其喉
香〔傳大論語〕息以喉人之｜｜〔莊〕而攻其心夏口東關｜｜
｜｜槍刺賊喉唐哥舒翰工用槍追及賊擬｜｜扼武氏喉武后殺良娣罵曰
〔史〕於肩叱之反寔乃｜其喉〔史〕願武為鼠我為猫
世二｜其得罪剔喉唐路岩為相請三品以上｜｜詩猴〔活套〕驚｜｜歌｜｜鍭矢
喉詳猫者｜取其｜及叢｜｜賜死｜｜〔史〕金
｜剪羽曰｜〇漚烏侯切霜漚銅炉裊煙穗石同一漚天人若何
〔詩〕四｜既鈞水上泡浮｜｜〔坡〕｜｜〔蜴〕〇發海
漚〔楞嚴〕空生大覺中如海一漚｜有漏微塵〔活套〕浮｜謳衆歌曰｜事類
漚国皆依空所生漚滅空本无况復諸三有｜与歌韵通賓〔孟〕｜
歌姦綿駒善｜齊謳香風起趙舞清謳清切變棹謳三孟歌朝謳民勞処
｜而變国俗〔孟〕｜｜〔杜〕｜｜〔坡〕棹｜｜〔杜〕嘲謳処避
｜於謳｜｜閶之玄買臣謳朱｜｜行且讀書馬上謳翠華紅帽鷗色似
〔國〕方言宜〔庄大宗師〕歌｜道中詳歌｜｜〔樂〕白鴿
小而海鷗｜｜上人好｜者每日至｜上｜至者百數其父曰取來吾玩之明
羣飛海鷗日至｜上｜舞而不下〔列〕｜翁忘機｜乃不飛｜翁易慮｜乃飛
去〔李商隱〕沙鷗天地一｜｜〔杜〕白鷗坐古｜沙〔杜〕兩鷗方頃滄波沒｜｜〔杜〕信鷗鷗之別類隨鷗往
〔太商號〕來者曰｜｜〔海物〕
〔異名〕試鷗唐崔湜為相密附太平公主門盟鷗此心吾与野水鷗江南｜｜
〔記〕賦鷗下客獻海鷗｜以諷而不悛〔史〕白｜｜〔谷〕碧於天中
有白｜閑〔活套〕狎｜泛｜｜又西｜地名騎越別種又東｜閩中
似我〔谷〕双｜輕｜甌小盆地〔南史〕沈昭畧以｜投徐孝嗣面曰使為破
面金甌玄宗命相先書名置案上掌｜｜覆之謂太子曰此宰相名瓷甌裴航
鬼也其誰乎射中賜卮酒肅宗曰非崔琳盧從愿乎上曰然
至藍橋嫗曰雲英擎一甌漿來飲於葦箔風甌王侯成帝欲立飛燕謝后歌歸
下出双玉手捧｜｜飲之真玉液也詳漿甌｜送遠之曲以文犀節擊玉
｜酒甌｜起后揭袖曰仙星甌｜｜賦鼎湫碧玉甌｜｜｜中素歐〔坡〕小
乎仙乎去故而就新詳裾醒甌器也〔茶經〕濤起〔茶歌〕揩清
絕規模｜〔姓氏〕平陽商音〔｜谷〕區量名四豆為｜又姓豆區｜｜釜僂區
謂｜陽詢〔字〕吳人善鑄劍王莽傳中郎｜博鍾〔左〕
楚文王作｜｜之〇婁落侯切降婁宿名戌分曰｜｜〇幘溝婁高勾麗
法〔國〕言隱居遁逝空也｜言物｜落而收斂沆時從

玄菟郡受朝服衣幘築小城置漢朝服高丨孟丨丨之明駰譙国
衣幘其中名此城爲丨丨丨魏東夷傳人名丨正畝布被事詳被姓氏商音
本邾婁国之後丨故漢人建議任都長安封奉春君丨師德武后時人。
陂人渡江詳江唾面自乾詳唾將相三十年丨悠宋人幼穎悟嘗知定聞爲參
錦政雲僂傴也又牽也子丨諸侯以伐諸侯孟丨其處樓更上一層丨。杜行藏徙倚丨欲窮千里目登丨去梯詳梯玉樓
程乾祐与人飲月或曰月中何所有程丨丨玉樓李賀夢人持版召曰天帝白丨
曰隨我手看之月規中丨丨玉宇瓊爲丨丨成請君爲記賀遂卒。陳合
丨丨寒起粟蘇雲詩丨丨紅樓女樂天丨丨丨富家青樓高祖得丨丨薄龍樓雞鳴問寢丨丨曉杜鳳樓
道家謂有曰丨丨倡名杜牧之丨丨
蕭史善吹簫作鳳鳴秦穆爲蜃樓吐氣成樓臺張昌宗請于燕樓張建封
作丨丨教弄玉吹感鳳來集蜃樓如市李濱曰此海市丨丨耳樓納舞妓
眄丨於丨子丨公薨不它白居易書樓田弘正造樓飾樓唐節度使入境州縣南樓
適居是樓十餘年聚丨万餘卷飾樓丨丨迎以鼓角
庾亮乘月登岑樓孟。山何樓趙宋国初京師有丨丨申樓李少君病遇安
丨丨詳月銳頂也何樓其下所賣多偽故名神樓期生以丨丨散
与之井幹樓漢武所造高五麗譙樓魏武高宗命英公李勣伐高麗
詳散井幹樓十丈。餘音寒麗譙樓所造望英樓既破丨於苑中樓上望之
号丨丨丨花萼樓玄宗西曰丨丨相輝之丨籌邊樓李德裕守西川所
藏諸道南曰勤政務本之樓唐史建嘗情偽尽知之黃鶴

勾玉八
卅三

樓昔人已乘白雲去此五鳳樓梁太祖建韓浦韓洎能爲古文洎常輕浦
樓丨丨空餘崔顥五鳳樓洎曰吾兄爲文如繩樞草舍聊庇風雨而已予
之文造丨丨丨手浦聞作詩寄曰十樣蠻箋出益州寄來
新自浣溪頭老兄得此全无用助尓添修丨丨丨丨劉苑七鳳樓五代于虞閲作
氏樓丨丨高丨臨路飛鳶墮鼠齊雲樓五代韓浦建仲宣樓王粲登樓賦引
鼠中俠客俠客滅其家詳鼠春風田宿丨丨
云避難荊州依劉表登道倚樓嘏有長笛一声人百尺樓劉備答許汜曰
江陵城樓因懷歸而作趙倚樓丨丨句故号丨丨如小人欲卧丨
丨丨上卧君三重樓長寧公七重樓西域尼婆羅宮中作丨丨丨覆銅瓦㩜
於地下詳床主作柱皆雜寶四隅置銅槽自金龍口激水
御注十二樓漢公孫卿言仙人好樓居黃帝時爲丨丨丨以候神人漢書擣破
槽中闕閬風苑有玉樓十二。天上白玉京丨丨丨丨五城李
煙樓魏王朗雜箴云家人有藏君焉井竈之謂也是以又喻井竈。東坡答
煙樓陳季常云在定日作松醪賦爲寄李撰等庶以發後生妙思着鞭一躍
丨丨丨綠珠宋家樓石崇妓不攻百樓兵法百樓丨丨五吾樓櫓千重食背山起
丨也綠珠隊樓詳珠此敷定卯天下事矣公孫瓚傳
樓爲殺風諸葛秦丨人名呂後丨薦王猛於符堅公孫丑丨晉姓氏杞国
樓景詳景楚丨蔡谷超時專政語曰欲得侯事五樓宮音
夏少康之後周封杞東丨公因氏丨樓与谷永俱爲五侯上客丨護字君
卿齊人精辯議論号樓君卿府尹詳丨丨望字吹子肖春秋操節清白世稱

儒宗後丨鐔宋人善書螻丨蛄究王中虫一曰土狗一曰螻蛄淮南子
高宗時大李成奉詔書冊孟夏丨丨蟈鳴又丨蟻。呂子曰流水不腐
户樞僂丨丨謹膢貀丨豺貗丨猪窶甌丨高地髑丨首髑髏
不丨敬兒名詳劉詳豭寠無田詳寠髏骨也
齊江謐鎮湖州百刻死後其子介爲吳令亦深奇人於門血膢糊詳糊○摳墟侯切韻丨衣趨隅
跨死人丨丨爲謐音介齊官去史子璋丨丨
註以手於衣下彄弓弩端弦○陬將侯切孟陬抳提正千丨丨騷抳提
牽裙使不躓步所居也隅也斗柄也丨丨東北隅謂
正月逺陬身播韓休贊丨丨海陬韓丨之卑陬捿々往事拳縮東南陬奔壁丨
也丨丨韓丨丨丨丨周
壓夫治套羌丨退丨諏客事爲鯫小○偷諂侯切苟且也詩則民不
傳窮丨蛮丨左丨鯫魚丨丨左貳丨之不暇。鑿壁
丨光語偷趙孟之左狗偷鼠竊丨丨敷偷王獻之曰青氈我家旧物丨丨鷙走
詳鑿語偷丨丨叔孫通傳詳氈齊王敬則爲吳興守今偷長掃
街路又令丰旧偷挑三偷王母種丨三千年一結子此兒不貪二偷晉蔡謨
自代丨丨皆走良已丨過丨之矣東方朔詳挑声若雷
震嘗有一偷入室齊頭先偷丨丨子一詩有三偷偷語最是鈍
抚床一呼盜俱隕本寺聯詩詳古賊偷意事雖可因情不
可原偷勢則才巧意精各无朕詩套丨發丨鍮石名似金○頭度侯切○張旭
泳蓋偷狐白裘手也詩疏類格丨大醉以丨濡墨

勾玉八
卅四

書字詳顏唐敬丨丨三六公諸葛恢事詳公袁昂爲吏部尚書梁帝曰
宗置東丨李士黑頭齊明帝用卿爲丨丨尚書我用卿爲白頭尚書事白
頭丨丨如新。司馬相如將聘茂陵女子爲妾卓文君作吟曰凄々重凄々
頭如新傾蓋如故家語注初相識至丨丨不相知。謝不相知曰丨丨
嫁娶不須啼願得一心人丨丨不黃頭櫂船者爲丨蒼頭户兒蕭望之
相離相如感之乃止西京雜記丨郎詳郎傳注漢名奴爲丨
丨遨頭太守出遊士女列於木床觀之謂之遨床故太守鬼頭馬韓丨丨露
遨頭爲丨丨自正月出遊至四月浣花乃止成都記紒注科頭也
謂以髮縈繞成焦頭丨丨爛額爲丨丨貙虎頭班超丨丨燕頷詳民料
科結後漢東夷傳丨上客詳客樣頭詳樣編虎鬚幾不脫虎
口詳虎顴慣之字長康小商頭左右史直舉二蟜雉頭晉武裝丨鴻頭剖蚌
字丨丨或云爲丨丨將軍虫頭初処号丨丨詳蟜夫頭丨來鳥頁丨
丨谷即雛頭鳥頭丨丨蛟腳皆使訶拔以招隱士。忽隨猫頭秋盤堆鴨腳
麥亦曰鷹頭告頭諸彥登龍毛尚懷當年應丨丨荊公猶頭春筍薦丨丨
陳䗩頭小兩對談揮麈尾青旄頭秦時梓樹化爲牛擊之不勝或解髻被髮
虫頭灯分坐寫丨丨谷旄頭牛畏入水秦因置丨丨騎作先驅晃武紀
又丨丨星昴星也辭大刀頭藁砧今何在山上更有山何時丨丨破鏡飛上
。一丨箭落丨丨頭天古樂府謂夫還鏡在月如破鏡時刀頭有環故
云玉搔頭漢武帝過李夫人就取丨簪丨丨丨丨西京雜記錦纏頭唐王元寶宮而無客每會
後宮人皆用丨丨丨明日人間必多佳話元

宝曰但費｜｜｜百謂出泆者利物謝阿蠻善舞上戲按樂於清元殿寧王
吹笛上羯鼓妃琵琶秦國夫人端坐視之上戲曰樂籍今日幸得供奉夫人
請一纏頭對曰豈有大唐天子阿姨无
錢用耶遂出三百万為｜局（楊妃外傳）金龍頭陶弘景答聘不至畫兩牛一人
以杖驅之梁武帝曰夜叉頭考花開音薩面棱欄散放水草間一着｜｜｜
此人豈有可致之理｜｜｜（李群玉詩）土饅頭縱有千年鐵門限終須一个
｜｜（范石）｜｜｜願低頭得｜｜（孫樵）烏白頭燕太子丹質於
（閣詩）境也繳詞頭中｜遷｜｜秋衆讓為給事｜｜拜東野（韓）秦二曰｜頭｜
馬生角乃歸卯仰天嘆感出一頭歐陽公見晁美叔曰老夫當避此人爛羊
烏｜白遂歸（詳烏及角）放｜｜｜｜地（漢書劉玄傳）一云避東坡
頭｜｜闕天有頭張温問秦宓｜｜｜乎白詩云范長頭梁范岫博涉范
頭內侯詳羊乃背西崔則頭在西方詳姓雲曰進止威儀
當閒｜（史）賈長頭休賈逵兒時在太李語曰閒事不月氏頭匈奴破｜｜王以其
｜｜｜｜｜｜○逵身長八尺餘為飲器（張騫傳）
中已斷匈奴臂軍前知伯頭趙襄子漆｜｜之古硯筆頭｜｜頭尖名
更欲｜｜｜（山谷詩）以為飲器（國語）公詳公宗道
思頭趙宋齊｜｜為參政人曰｜｜｜恭公掌之
｜｜公以忠鯁目之（宋史趙抃傳）木骨竹頭陶侃造船｜｜｜作釘
裝船｜｜｜｜｜与｜｜及柏温伐蜀以所貯竹頭
李詳晉昆腳兒頭杜牧夢人曰｜｜異頭歐公知幸有｜｜
｜｜吳得北部員外詳腳朱衣點頭｜吏｜｜詳衣往東

西頭陸機兄弟住參佐廨三間士龍住東頭士衡住西頭（世說）矮屋打頭詳屋｜｜｜百錢掛
頭龍｜｜｜頭士衡住｜｜矮屋打頭
便獨酣簪散龍頭散為龍頭邴原為龍｜｜主簿事阮宣杖頭｜｜至酒店
暢詳錢龍頭腹管寧為龍尾詳龍要起科頭詳起｜｜○不點頭有傳講
｜｜｜石頭路滑鄧隱峯辭詣｜｜和尚（諸套）渡｜龍｜管寧事｜｜經｜皆
詳石馬祖云｜｜｜｜詳胡買｜荷｜散博陸采具（唐詩）｜子浚巡裹手
拈○明皇叱｜子轉成重四上悅賜四銖詳銖丁晉公汀菜公後張乖崖時
在陳知禍必及已乃延二大户与之博袖間出私｜子勝之乃買田宅為歸
計以自活晉公聞｜（談叢）投鼠忌器（賈誼傳）如水｜石○
之亦不害也（談叢）投詩｜我以木桃｜簪詳簪揚雄｜閣詳閣投｜書於江詳書
陳遵｜轄詳轄暗投明月之珠夜光之璧以闇投人於道莫不按劍相眄者无因至前也（鄒陽獄中書）報李投｜｜｜（國）兩惡
投｜避近｜｜（荊公）（諸套）依｜報｜分｜｜｜｜瓜｜
廁中受○鉤古侯切（易）｜深致遠（詩）｜膺（万石君傳）石建每取親中
葉函五純｜港盧壹曹魚腸巨闕（吳越春秋）又｜王闔廬令國中作金｜曰善者
賞百金有人殺其二子以血塗金成二鉤以獻向鉤呼二子之名曰我在此
兩鉤俱飛着父胸乃賞｜純鉤見銀鉤書成｜見晉詳書月鉤金鉤｜丑鈎葉遂為渤海太守賊
百金服不離身同上（谷）互見魚鸞金齒弄弓發而持卜｜（史）

方舒鉤唐梁崇義｜能｜｜｜｜銀鉤隋蘇威見宮中以｜為｜｜盛
后金鉤後為節度數誅（史）｜｜鉤｜陳節儉之美文帝為改容（史）鏞鉤
長安張氏鳩入懷探之得一｜｜｜自後冊朔鉤飄二青紳郎文彩｜｜｜
子孫昌盛詳鳩豈謂一鉤｜（溫庭筠）｜｜｜也王朔金（國）周穆王把酒請王母歌
以｜｜｜擊杯而歌（穆天子傳）相如見杖叔文（杜）至剌鉤廣何以｜｜為
歸如｜｜｜之｜璠玙之器○曹至｜｜｜引登車之魚詳魚月爲
鉤李白鉤鰲虹霓為十五鈞任公為大鉤｜｜牦為餌鈞於東海暮年魚中
絲明｜｜｜詳餌得大魚自淛河以東无不厭若魚者詳魚
鉤士生為名累有曲如鉤直如弦死道邊｜｜本无鉤大鉤｜｜戈藏鉤京師人
鉤似｜｜｜（續）｜｜得封侯（後漢書）｜｜（殿）歷藏鉤金臘日後
為藏鉤之｜分一曹鬪勝負○說文鉤異｜｜相鉤詩鉤應呼｜｜｜亦号直
更拎花月夜宮女笑｜｜（國）｜｜（國）金詣鉤福於帝（找誠酉）
射為鉤以｜｜｜｜兮維何魚之能○持戒鉤當以｜｜之｜除睡蛇
鉤得（國）羅子敢鉤作鉤鉤（杜）鉤睡蛇去可安眠詳蛇勾
｜芒春神｜｜枝神或作一筆勾范文正視不才監司｜｜｜去（姓）氏平陽呂音｜芒氏
溫記｜頭達莊蛋生曰温之亂（史記）有｜強
輈車轅下曲也（左）射韝射臂決也又厮徒臂韝蒼頭衣綠韝（漢書）臂衣
其下兩｜而還｜以韋韝其袖曰｜臂韋也縛左右手以便事（陰）
馬援傳珍珠絡｜綠韝見青韝董偃｜｜｜綠｜｜（東方朔傳）
｜（國）韻舜袖者綠韝上青韝幘｜（漢書）侍韝董君綠幘｜｜
｜｜｜賤者之服｜｜音附形如

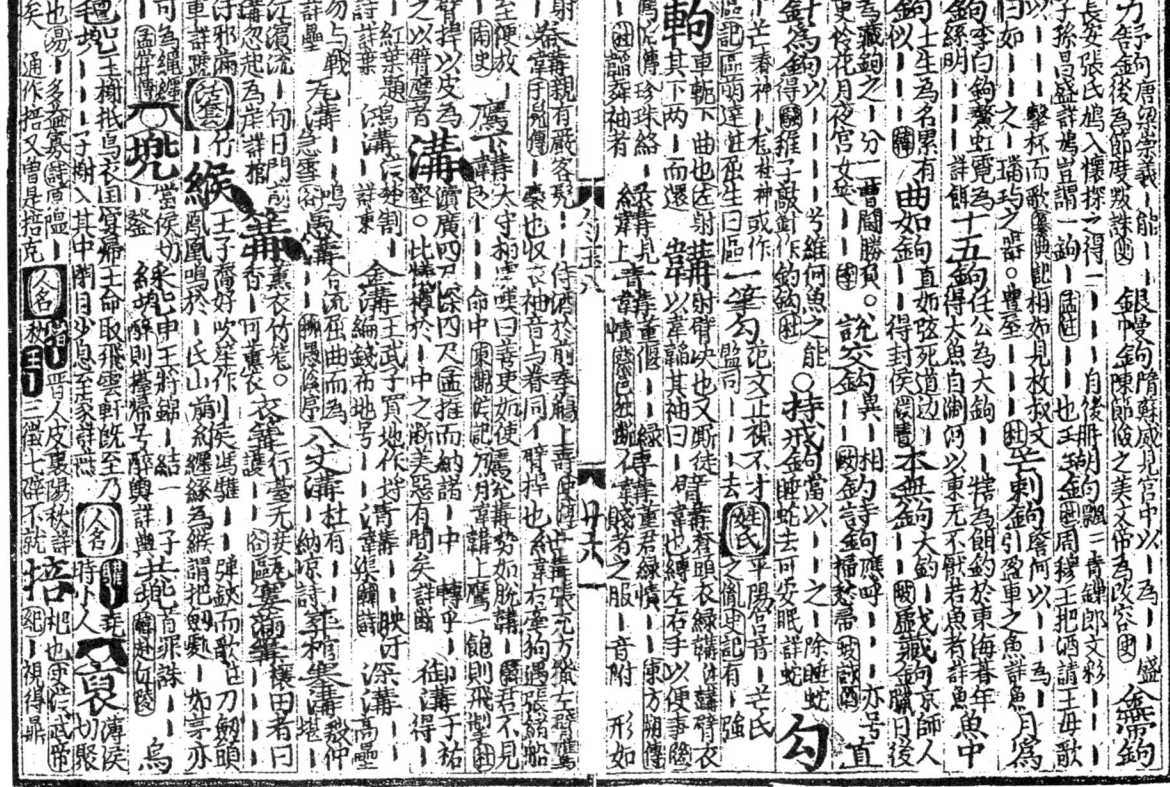

射韝韝親有嚴客覧｜｜｜侍酒於前李廣上壽（史）韝張元方為女臂鷹
｜恭韋（于定國傳）｜衮也收衣袖音与眷同亻臂捍也紅｜韋右臺狗遇張緒船
至便放（南史）｜鷹下韝大守郝處嘆曰善吏如使鷹脫韝勢如脫韝｜（晉）君不見
｜｜良｜｜命中（東觀漢記）｜｜｜月韋韝上鷹一飽則飛掣（杜）
臂捍以皮為溝瀆廣四尺深四尺（孟）推而納諸｜中｜轉乎｜｜御溝于祐
之以臂鷹者｜｜｜｜｜｜｜比於溝中之斷美惡有間矣詳斷得
詩詳葉紅葉題｜鴻溝（漢楚劃）｜｜金溝王武子買地作埒青溝｜｜映丹深溝
｜｜詳東編錢布地号｜｜｜｜清韓溝（張籍詩）｜｜｜高壘
勿与戰死溝｜｜｜鳴鳥溝合流至曲而為八丈溝杜有｜｜｜｜｜｜
詳壘急塞（谷）｜｜｜｜（柳宗元愚溪序）｜納涼詩｜｜｜搴溝堪｜｜
江濱流｜向日門｜｜薰衣竹籠○衣簪行臺无｜夾笙塞滿簪｜｜｜耰田者曰
溝忽起為崖詳擔香｜可薰衣｜｜讓｜｜（谷）歷塞滿｜｜｜｜
汀邪肩（諸套）｜竹｜｜王子喬好吹笙作｜鳳凰鳴於｜氏山前｜侯馬雖｜｜彈鋏而歌曰刀劍頭
車詳號｜｜｜鳳凰鳴於｜氏山前｜侯纏絡為綍謂把劍處｜如亭亦
可為繩纓（孟嘗君傳）入兜｜盔｜侯切緱兜申王将錦｜結一｜子共兜首罪誅｜｜烏
｜（孟嘗君傳）｜｜鍪醉則撐歸号醉輿詳輿（韓愈詩）
毛兜｜｜｜｜子樹入其中閉目少息至是家詳燕（人名）時人｜裒薄侯切聚
也（易）｜多益寡（詩）原隰｜｜（人名）（韻）（晉）人皮裏陽秋詳秋
矣通作捊又曾是掊克（王）｜三徵七辟不就掊把也（史注）（漢武帝紀）｜視得鼎

𢴖 韻汙尊丨飲 韻手掬飲也 張釋之傳一丨上 ○幽 於虯切。冀州分爲丨州 光州 書黜陟丨明 易孫微顯闡丨 拘幽 文王
拘羑里作丨 丨琴操 韓文 六幽 光被丨丨 選 燭幽皇明丨丨 鬼幽 魏管輅謂何晏精神煙
詳 跡 徑通幽 竹丨丨處 囿 林塘幽 主人爲卜 天地四方也 燭幽 康都付 浮形若槁木謂之丨丨
事丨春 呦 詩 鹿鳴 丨丨 嚶呦 丨丨 山更幽 一鳥不鳴 荊公 韻 深丨 巖丨陰 請丨花竹
龍子无 玉虯 駟 丨丨以 春鶯始 伊切 丨丨 呦 既 韓 征蜀 叫號 懮 憂 兒 ○虯 渠幽切 俗作 虬 作丨 非。
角者 素虯 駟蒼 虯 兮六 丨丨 鳴也 丨丨 騄 与 太尉 謂刀劍也 翔如 破 耳 哀 丨丨 蒼虯 独不思 丨丨 終
螭之將 登 潛虯 鑿井 動 丨丨 丨 又招手令 蟠 蠖 緇 姤 九龍 虯 唐太宗賜郭
乎天 陽 以 丨丨 寫无名指 詳 蟠虯 丨 虯 子儀
馬 語 青丨玉 漏 丨丨 香也 入名 挑妓 女紅 兒 不 含 詳鬼 東 ○彪 必幽切 小虎
虎 彪 裴旻得丨丨三十 武后奪其袍与宋之問 詳 抱
虎彪 若曰 此丨也 詳虎 父 卧 彪 所向 摧 破 号 丨丨 李崇 仕魏都 督淮南 威 彪 鎮 守晉安 下 顏
彪 顏 延年 姓 編 急 肆 意 丨丨 貫 彪 丨 偉節 人曰 貫氏 三虎 偉 虎 卓 政 嚴 号 丨丨
虎 直言 謂之 丨丨 南史 節 爲 丨 言 无 勝 其兄弟 彫彪 君子言 則 成 文
也 丨 中 而丨 外 也 陽君子 丨 首 其 蒲 杜彪 眾 柱 嶷 膂 力 絶 動 則 成 德 以 其
也 丨 文 也 積 行 內 蒲 文 辞 外 發 也 木 虎 人 号 丨丨 圖 程彪 陳 程 文季 爲 戌

彪 後魏 宗室 暉 爲 丨丨 虎 將軍 号 丨丨 固 入名 出 著王 命 論 風 颺 彪 水流 兒 詩 丨 池北 流 瀌 雨雪 盛 兒 ○樛 居虯切 木
枝 下 曲 韻 両有 丨 木 內 則 拂 髦 出 或爲 樛 髦 謂 髮 ○繆 莫彪切 枲 之 十 絜 也
下 垂 也 招 隱 猶 偃 蹇 連 蜷 兮 枝 相 繚 繞 与 樛 同 詩 綢 丨 牖 户 赤 壁 賦
山川 詩 綢 丨 刺 晉 亂 也 昏
相 丨 因 不 得 其 時 圖

十二侵 獨用

侵 七林切 左 凡師有鐘鼓曰伐 无曰丨 大侵 四穀不升曰荒 五穀不 年侵
詩 四表 交丨 揚 斧 鉞 丨 疆 有 人 韻 升 曰丨丨 韓詩外傳
漁 奪 百姓 丨丨 萬民 二毛侵 章 丨 文 丨丨 月 華 侵 夜 怨 惟 許 侯 年 丨 白 髮 丨 歲
景 帝 紀 年 食 苗 根 虫 丨丨 韻 丨丨 丨丨 庭 月 丨 風 霜 丨丨
駸 馬 行 疾 谷 万 里 氣 丨丨 ○尋 徐林切 八尺曰丨 又 斧 也 聊 辞 人 傳 所
丨 韻 擬 人 太 丨丨 戰 丨 引 詳 引 左 將 丨 師 焉 何 盟 之 丨丨 容
侵 尋 巡 郡 縣 丨丨 泰山 実 臨 漢 宣 東 閣 郎 君 幽 尋 黃 卷 可 丨丨
武 紀 湖 海 老 丨丨 韓 公 浸 尋 相 志 重 尋 懶 丨丨 國 史 白 雲 日 丨丨 韻
夢 尋 人 期 幽 丨丨 直 尋 枉 尺 而 招 尋 時 來 戲 柳 十 尋 手 種 江 頭 潯 水 深 也
聊 尋 詳 夢 丨丨 丨丨 國 丨丨 圖 丨丨 丨丨 詠 又 漢 合
浦 郡 唐 置 丨 州 取 比 丨 江 爲 名 潯 松 爲 起 韻 曉 潯 碧 水 生 鐔 劒 口 傍
名 深 天 丨 陽 江 頭 夜 送 客 丨丨 丨丨 圖 鐔 横 出 者 周 宋 鐔

天子之劒 以丨丨 爲丨 諸侯 之劒 以忠聖士 爲鐔 詳 劒 韻 戈 鐔 大上小下 詩 濇 之 金 ○潭 関東謂藪爲丨 灊 水出 巴郡
有根 語 文丨 追丨 老 尋 火 熱 ○鱘 无鱗 魚 ○林 力沉切 書 林 覧 閱 丨丨 詞林 丨丨
梧 國 語 林 裴 啓 撰 漢 魏 以 來 言 丨 可 林 者 丨丨 鱘 物 洋林 翻 彼 飛 鴞 集 于 詩 泮水 羽林 天有 大將
軍之星 ○丨 翼 鷙 擊 之 意 丨 喻 後 以 言 事 不 実 遂 廢 丨丨 丨丨 買 待 其 国 相
若 林 木 故 以 名 武 官 互 見 兒 雞 林 白 居 易 詩 人 爭 傳 之 丨丨 金 爲 者 相 輒 能 辨 之 本 傳
緑 林 諸 亡 命 聚 藏 丨丨 山 中 鄧 林 馬 岌 見 宋 纖 不 獲 銘 石 壁 曰 晉 林 七 賢 詳
列 女 傳 今 荊 州 山 名 奇 禾 欝 之 蔚 若 丨丨 詳 發 丨丨 竹 林
竹 郗 林 丨丨 詵 對 策 如 桂 杏 林 董 奉 治 病 輒 愈 重 者 令 種 丨丨 五 株 輕 蒼 耳 林 丨丨 丨丨
丨 一 枝 詳 桂 林 者 丨 株 遂 成 丨 号 董 仙 丨丨 詳 杏
丨 中 太 賦 上 林 更 爲 相 如 駟 鵰 林 棲 鳥 何 心 維 萇 孤 ○叢 林
白 過 丨丨 國 丨丨 丨丨 國 丨丨 寄 林 芳 丨丨 丨丨 異 賢 忘 处 羣 孤 鸞
梵 語 貧 婆 出 云 丨丨 譬 如 大 樹 叢 寒 林 西 域 棄 尸 処 不 封 禪 林 兩 牛 鳴 地 得
叢 故 僧 聚 処 名 丨丨 祖 庭 事 苑 理 今 名 尸 陀 林 丨丨 荊 公
雙 林 傅 大 士 捨 宅 於 松 下 建 薝 蔔 林 詳 語 璆 丨 瑶 丨 霜 丨 喬 丨 雲 丨 平
雙 林 寺 因 双 樹 名 丨丨 傳 燈 薝 孤 丨丨 士 丨 儒 丨 翰 丨 肉 丨 望 梅
丨 詳 梅 丨丨 刺 靈 公 也 入名 桑 門 支 遁 姓 西 河 宮 音 殷 比 干 子 堅 逃
拾 竹 丨 詩 諸 序 夏 姬 陳 風 字 道 丨丨 氏 難 長 丨 山 因 氏 為 有 丨 放

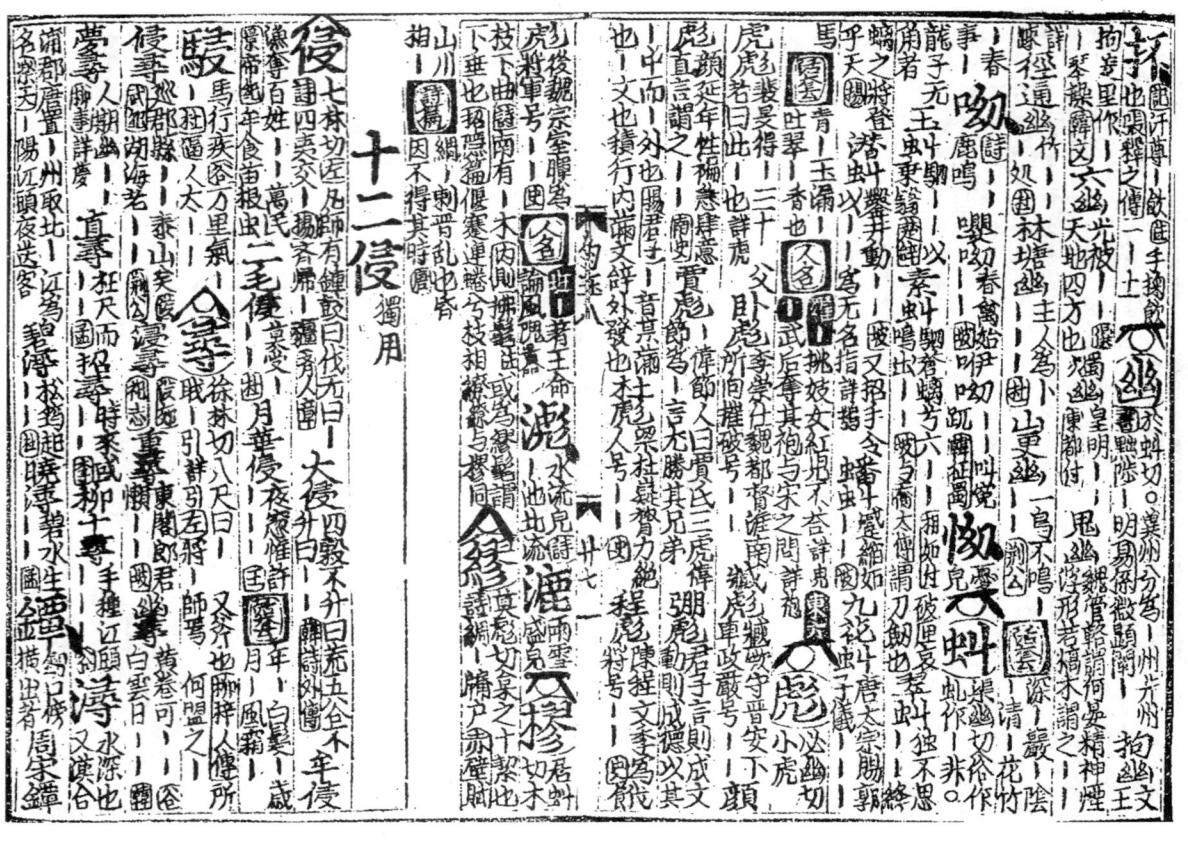

左 遷 丨 雍 丨 不 狃 丨 楚 代 仕 李 氏 為 有 丨 阮 丨 顏 丨 回 ○ 丨 放 之 後 丨 王 爲
趙 湘 有 九 子 号 十 德 之 門 丨 逋 唐 泉 州 人 彦 甫 家 古 白 鶴 来 甘 露 降 詔 作
二 闕 巻 前 号 關 下 林 家 丨 希 字 子 仁 蘄 春 人 治 春 秋 下 第 帰 嘆 曰 軒 冕 富 貴 非 吾 所 樂 杜 門 二 十
年 詠 貫 六 經 黃 宇 子 中 福 州 人 仕 趙 宋 哲 宗 親 政 迁 中 書 舍 人
名 松 坡 集 丨 逋 字 君 復 錢 塘 人 居 西 湖 二 十 年 足 未 嘗 履 城 市 詠 海 詩 膾 炙
人 口 謚 和 靖 先 生 丨 光 朝 字 謙 之 莆 田 人 鄉 邦 討 古 浩 有 詩 十 余 篇
然 自 得 在 詞 掖 多 所 論 駁 不 得 其 言 而 帰 号 艾 軒 先 生 ○淋 淋 漓 丨丨 ○ 汗 丨
李 士 語 丨 雨 丨 霖 書 命 說 作 丨 雨 ○ 魏 晉 以 來 愁 霖 張 飛 崖 少 与 傳 霖 同
詳 汗 丨 苦 雨 曰 愁 丨丨 ○ 驕 陽 化 爲 丨 憶 霖 李 公 顯 達 求 霖 丼 年
不 得 作 丨丨 三 日 霖 雨 自 丨丨 以 十 日 霖 丨丨 霖 雨 丨丨 子 輿 曰 傳 說 霖 父 苦 趙
詩 西 清 詩 話 往 爲 丨 國 ○琳 美 玉 璆 琳 琅 紫 琳 丨丨 子 桑 殆 病 矣 詳 散 肩 日 放
逢 丨丨 丨 國 甘 丨 秋 丨 玉 書 詳 腴 丨丨 腴 谷 風 建 安 七 能 之
數 漢 唐 相 瓊 名 金 甌 ○ 沙 門 慧 丨 道 ○臨 詩 上 帝 丨 女 如 丨 深 淵 丨 肯 臨
人 宋 元 嘉 中 權 参 宰 相 号 黑 衣 宰 相 詛 足 以 有 丨 書 日 月 照 丨 肯 臨
韓 信 嘗 過 樊 噲 々 卜 臨 宋 王 弘 爲 揚 州 刺 史 久 病 文 帝 弟 義 丹 青 臨 明 朝 便
曰 大 王 乃 丨丨 臣 卧 臨 康 欲 得 揚 州 謂 客 神 州 詎 合 丨丨 史 陳 迹 試
着 丨丨 丨丨 丨 與 典 籤 共 臨 宋 宗 慰 曰 得 一 州 如 斗 大 語 丨 登
國 臨 摹 也 與 不 能 丨丨 丨丨 丨丨 之 詳 叢 丨 晉 帖 丨丨 卦 名 上

有地丨丨三三初九咸丨貞吉九二咸丨丨吉无不利六三甘丨无攸利既
憂之无咎六四至丨无咎六五知丨大君之宜吉上六敦丨吉无咎 人名
陽才子 ○琛 丑林切美玉也詩憬彼 國琛太守馬岌造宋纖不得見銘曰
高 淮夷來獻其丨泮水 丹崖千丈青壁万尋其人如玉
爲丨之誤深爲琛東莞王僧典選令史唱名丨以盧士丨丨天丨
丨詳蚉深乃自呼其名僧曰盧郎朗潤所以加玉 活套 良丨
郴 桂陽 ○斟 職深切 楊雄 丨丨低空斗踈巾嘆虛漉塵 孤斟詩成
縣名 傳丨酌六經淺斟唱詳茶空斟爵笑丨丨皮 子甚有共
賦酒熟无丨丨韓愈 共斟伹願得美酒朋 斗斟丨丨元 人名 華 華元
且邀明月伴丨丨李白 甚友常丨丨杜甫 斟氣史 之御詳奏
姓氏 遼西宮音斟姓周夏諸侯丨灌丨 鍼 亦作 執鍼魯以丨丨百人賂楚
尋氏之後以國爲氏並祝融之後 針 幸鍼田詳斷善女工者
挃鍼丨丨治繩足以糊口莊支離疏丨芒鍼爲鉤引盈車之魚列湯問 射針
鍼丨縫衣也治繩浣衣也繩佳買反 芒鍼魯何以絲爲綸丨丨
五代李克用斟針于木或 晉鳩摩羅什姚興以妓女十人逼令受之諸
立馬鞭百步丨之鄴中史 食針 僧效之羅什曰能丨此丨者可蓄室因牽七
進針僧 乞巧鍼 唐宮中七夕結綵樓陳瓜果酒炙祀牛女妃嬪各執 九孔鍼
乃止史 九孔針五色線向月穿之過者爲得巧 天寶遺事
見姪十梁沛京七夕乞巧 慧龍 十梁武帝弟恢有目疾請道人丨丨療之
上雙眼針有丨丨丨 後魏書 慧龍針忽見聖僧与丨丨丨下丨 豁然開朗 史

勻三八　　卅九

饋丨中鍼愍懷太子患杜錫屢諫置針於錫 杖端鍼 劉表設大針於丨丨客有
氈中鍼常所坐丨丨刺之流血事詳晉 被酒刺之以驗醉醒 典論
推子鍼丨丨敲丨丨薛靈芝之妙於丨丨工 貴主鍼 忽驚黃亭
作鈞鉤 史 美人鍼 魏文帝丨丨能暗中裁剪号針神 拾遺記 鍼領稍出丨
丨丨磨杵曲鍼虞翻曰琥珀不取丨丨 爲鉤直鍼 以直針丨丨兮維 俗耳砭
國 曲鍼磁石不受丨丨詳介 何魚之能得
鍼鐵額春日嬖酒杜所黃 梁公妙針 狄 丨丨丨術有富兒鼻端生贅 畫女
鍼鶴声曰此丨丨丨 金爲腦後下針贅應手而落詳贅
棘針 晉崔愷之妙丹青挑一隣女不從丨丨形於壁以丨丨 ○銖 禾鍼 十五祖
飪其心女心痛愷之因致其情女從之去針而愈 史 金鍼謂龍樹
大士大士以滿丨水示之祖 活套 松丨秋丨 箴 誠也 詩 因以丨之 左 虞人
以一丨投之欣然契會 傳燈 字垂丨 箴之丨 張蘊古傳 大寶丨丨
酒箴揚雄作丨丨戒成帝。官箴 雪奉 夜氣箴 詳 貴箴 詳 清白箴 唐許
皮日休亦作丨丨自警 俗 氣 富 孫 國師
爲相州刺史部有受賕者不忍按丨丨 丹扆六箴 唐李德裕以敬宗昏荒上丨丨
陽丨丨丨其人自愧後爲廉士 史 丨丨 謂宵衣正服罷獻納誨辨
邪防丨規丨丹 ○沈 直深切或作湛作沉非 相如傳 浮沈 殷浩投書於
微也 活套 扆丨 湛恩汪濊。積羽丨舟詳羽 江曰沈者自
沈浮者自 升沈丨之於雲則雨施丨之 幽沈 丨丨謝 向陸沈
浮詳書 於地則雨潤 邊讓傳論 世事 銷沈 万古丨丨 中

方且与世違而心不屑与之俱是丨丨 鯉沈 閃寒塞雪欲嗣音燕 綠沈 王羲
者也 莊 神州丨丨 史 言无水而沈也 鴈拂天河丨丨 谷 之曰
人以丨丨漆竹管見遺斯亦可玩 初學記 丨丨之槍 武庫 空沈 敗壁數峯連
固 以綠飾其柄也。苍叶丨丨槍 田 又古弓名以綠爲飾 木沈 粉墨涼煙一
穗起丨 實沈 日月會於丨丨 左 活套 頗丨荒丨漏丨 人名 默 王相雄 霠沈 陰
丨 王 令臨頁星名也 類丨魚丨 曰默曰沈 久
也 ○碪 知林切或作砧擣衣石也。嵩山頂 秋砧 腸斷所 李 霜砧 長飈送逸
有玉女擣帛丨石 立秋人聞杵声 韵亭上幽
丨丨 清砧 秋至擣丨丨 杜 藁砧 丨丨今何在山上更有山。砧既无廟廊姿又 楚户砧
歐 山。砧趺也言夫詳頭碪石不能丨丨 谷
三霜丨 活套 寒丨月 椹 木甚也 孔 射 ○諶 氏壬切誠信也 詩 天難
丨丨 田 夜丨丨 甲貫丨贄 尚克時丨亦作忱 活套
寸丨丨 人名 神 鄭大夫 王 小字佛大言 姓氏 百家姓不收 禮 字季登
一丨丨 三日不飲竟形神丨不復相親 南昌人漢和帝時爲薛令。
歐陽呈吳斧有送丨丨 ○壬 如林切亦大也 雅 太歲在丨曰玄黓。月值丨曰終 婦
自求歸建昌序 又大也詩有丨有林。通作任書而難丨人 女
壬文丁丨丨傳世昏 韓山 必 丁火女也壬水男也丁女爲丨 三壬 背无三甲
於丨故云 又裨竈曰水火妃也五行水克火爲妻 左傳 腹无丨丨
皆不壽 孔壬 令色丨丨 書 六壬 立夏服丨丨 六癸 雨逢壬 壬種後逢壬爲出
詳甲 田 壬佞也 符書不侵 抱朴 梅得梅雨宜耕種

勻三八　　三十一

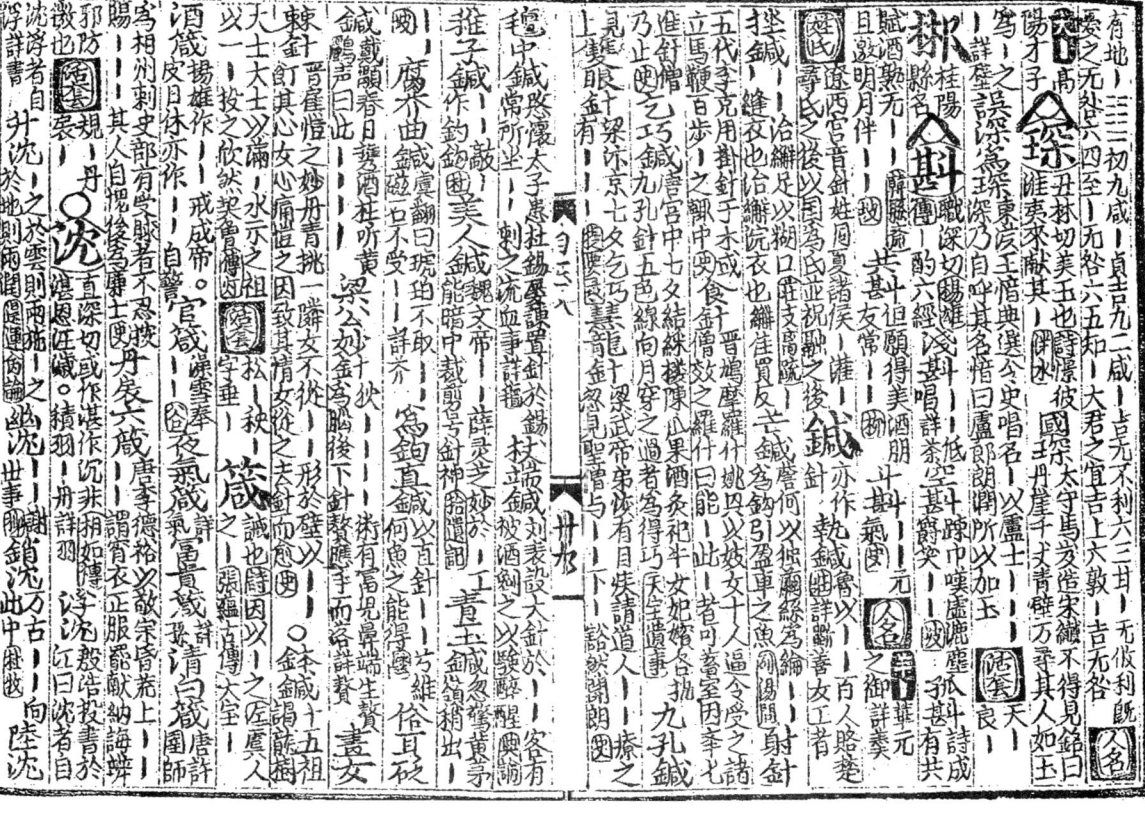

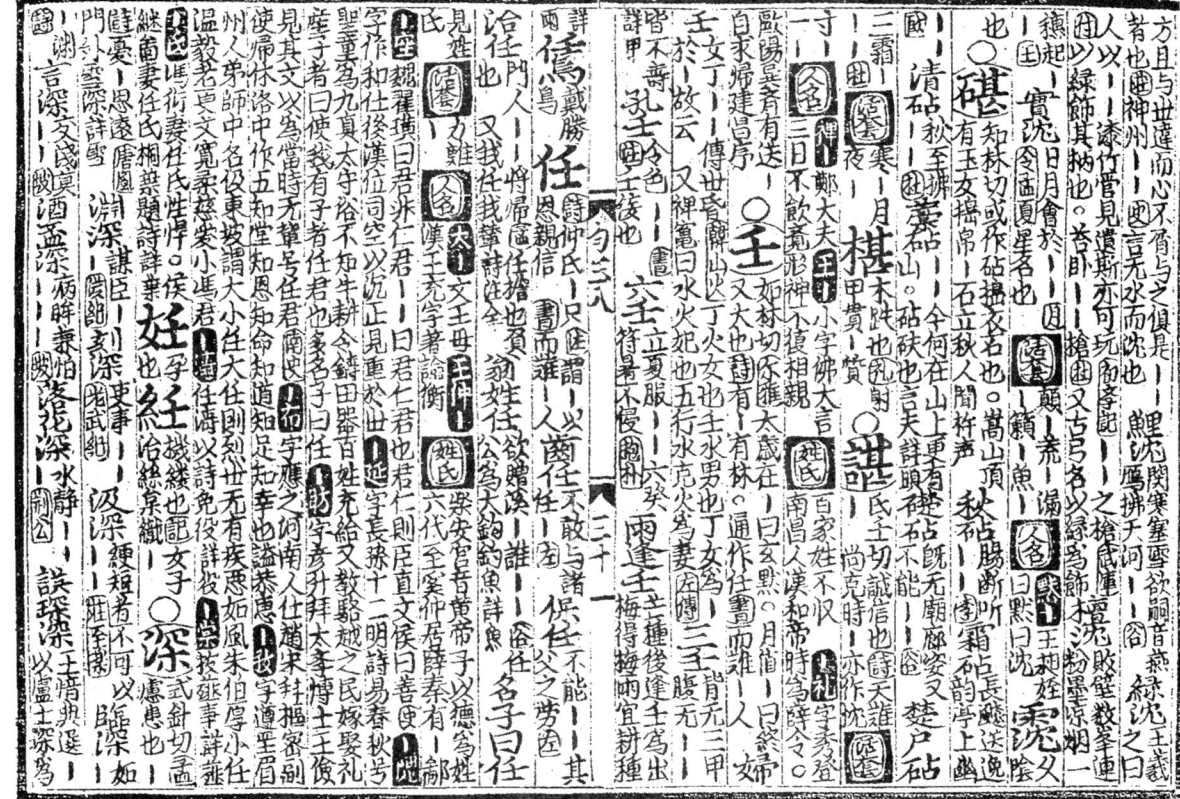

詳 鵀 戴勝 任 詩 仲氏丨只 匡 謂丨以菌任不敢与諸侯 任 不能丨丨其
兩 八鳥 恩親信 書 而難丨人 菌任丨 左 以之勞 因
合任 門人丨丨將歸 孟 任擔也負 翁姓 丨誰丨丨 俗 任 名子曰任
治任也 又我任我輦 詩 注全 任 欲贈漢 公爲大鉤釣魚 詳魚
見姓 活套 丨 力雖 人名 大 文王母 王仲 丨 姓氏 梁安官吾黃帝子以德爲姓
氏 漢王充字著論衡 六代至奚仲居薛秦有丨鄙
丨座 魏翟璜曰君非仁君丨丨曰君仁君也君仁則臣直文侯曰善 史 丨儼
字作和任後漢位司空以沉正見重於世 丨延 字長孫十二明詩易春秋号
聖童爲九真太守俗不知牛耕令鑄田器百姓充給又教駱越之民嫁娶礼
產子者曰使我有子者任君也多名子曰任 丨昉 字彥升拜太常博士王儉
見其文以爲當時无輩号任君 南史 丨布 字應之河南人仕趙宋拜樞密副
使歸休洛中作五知堂知恩知命知道知足知幸也謚恭惠 丨故 字道聖眉
州人弟師中名役東坡謂大小任大任則烈世无有疾惡如風朱伯厚小任
溫毅老而文寬柔慈愛小馮君 丨璹 任詩以詩免役詳役 丨崇 拔擢事詳薤
丨氏 馮衍妻任氏性悍。侯 妊 孕也 紝 機縷也 記 女子 ○深 式針切 孟
繼爲妻任氏椈集題詩詳集 治絲麻織丨 濾患也丨
謹憂丨思遠 唐 圖 渊深 謀臣丨丨 汲深 綆短者不可以 臨深 如
門外雲深 詳雲 丨 淵鑒 刻深 光武紀 丨丨 莊 至樂 丨丨
丨渊 言深交淺 莫 酒盃深 病眸兼怕 落花深 水靜丨丨丨 誤琛深 王僧典選
詩 丨 殷 丨丨丨 殷 丨丨 荊公 以盧士琛爲

琢詳琢　望子深蘇秦曰見時我因故丨丨丨（史）細流就深河海不擇丨丨故能丨其丨（史）詩有四深釋　然曰
深於作勢作用声對（陸龜）鈎丨易將丨機丨○淫餘針切（曆）鄭声丨遙富
義類也（詩苑類格）歲月丨花木丨　貴不能丨放丨辟
書朗丨于家　用丨　閒於上（前齊王）肥丨丨漬也　滯淫既獲則思返无　罷
于淫詩樂而不丨丨　浸淫事丨丨（傳）謂隨其脈理而　（賦）
淫詞人之賦丨　書淫刘峻字孝標極群　何以之性好丨丨
淫丨以丨（賦）而淫義和丨（書）　書文藻秀出謂丨丨　水淫日洗滌十餘遍人
紙丨丨　霪久雨一日雨過十日以往　蟫衣書中白魚俗　不識蟫趙宋楊
詳家　霪○通作淫（玉）天作淫雨　蟫呼蠹魚辟原　蟫太宗
丨丨丨字因曰以機類名其子○心息林切　赤心推丨丨置人（光武紀）錦心李白渼仲弟令
何也御筆去虫名蟫（玉壺清話）　心腹中
悶曰心肝五藏皆丨絲耶不然　鐵心其丨丨石腸詳拖　方心鑿臣丨丨槻
何開口成章丨筆露散也（文集）　宋廣平剛能毅狀疑　以大圓（劉）乞
（包）古心孟生江海士古丨丨（辭）　蔥心南国佳人丨丨　綠質（幾）閑（陸佇）　蓬心夫子猶有丨之心也（莊逍）
（文）貌又丨丨（辭）　（國）蓬不直見○哀丨丨蒿
目之遠於道丨　吹彼丨　琴心相如事　機心有機械者必有丨丨　薏心昭公十九年
也（騰德）（剸學）東心丨（詩）　琴心詳琴　詳機　安猶有丨丨
（衰三）懸心而有丨　狂心御史云凡為　豕心伯封實有丨丨　洗心聖人以此　薰
（十一）懸心丨（詩）　丨丨（武后紀）　（貪）林无厭詳豕　丨丨（易繫）

心厉丨丨（易艮卦）　會心簡文入華林園曰丨丨處不必在遠詳遠　鎮心以丨丨　鄭灼勤學苦心熱　嘔出心李賀多吟
毋曰欲丨丨乃已詳血　百年心時序丨丨（唐）　歲寒心誰念丨　（列）鳴斗心王濟射得八百里駮令左右速探丨丨來啗
之詳　見面見心子產曰始吾丨歲之丨　羊體稽心（柳惲）李琴巧越嵇　詳体　菜不食
毀　今吾丨其丨也詳面　心妙臻丨丨
心齊江淹丨丨　周顗指心顔和王導將為從事丨丨和丨曰此中何
心以有生意詳意　所有應曰此中最是難測地　顗謂導曰卿州
吏中有一　西施病心丨丨丨而顰其里之　見醜明心子產曰他日吾見蔑
令僕才　醜人亦捧心而顰詳顰　之面今吾見其心矣
（衰二）（十五）夢驚心尹知章丨人持巨丨鑿丨其心驚寤思志開敏遂明六經　發感子心宋（德之言三梁退三舍）丨丨丨公有至
詳　歲寒守心（登徒郎悦傳）丨丨丨丨作　○忘心若見善相諸物來迎亦无心隨去若見惡相種々現前亦无畏心但自丨丨同
舍
於法界（宗鏡錄）　現在心過去心不可得丨丨丨不可得未來心不可得（金剛經）　佛即心心即是佛丨丨是丨更无別佛亦无別心向人
造惡枉受輪迴著相修善枉受勞苦供養青師　安心二祖曰我心未安丨丨
十方諸佛不如供養一无心（黃蘗元要論）言　達磨曰將心來与
汝安二祖覓心了不可得　狐女觀心唐則天時有女人稱聖善知人心所在
師曰与汝安心竟詳安　惑心知之請入宮言皆驗大安和尚曰我

心安在曰在塔頂頭輪相邊復問曰在兜率天彌勒宮中聽法大安因置心
於四果阿羅地乃不能知女辭屈変作狐下階走不知所適（太平廣記）代宗
時西天大耳三藏到京云得他心慧眼帝令忠国師試驗師曰老僧即今
在什麼処曰和尚一国之師何得去西川看競渡師再問再驗三問三藏罔
知去処師叱曰這狐精後有僧問趙州云在三藏（陸）（魯）賞丨苦丨丹丨灰丨
鼻孔上為什麼他三藏不見只為太近（傳燈錄）　春丨潛丨小丨穿天
丨詳　○愔伊淫切（左）祈招之丨丨安和兒（人名）（王）唐人号皇甫御史（王）曲（賦）誤呼
腦　深為琢詳琢（郝丨）在壯府上賤拓（溫）乞閑
地自　○琴巨金切說文神農作洞越練朱五絃周加二絃○又云伏羲為
养　丨庵也八寸通八風風池四寸合四時長三尺六寸象三百六
十日廣六寸象六合前廣後狭象尊卑上圓下方法天地五絃象五行大絃
君小絃臣絃第一為宮次商角羽徵次少宮少商○唐太宗增九絃（舜）
在宋丨（盧）雍門周彈丨而悲詳悲（公紀）手拆石上月（鮮）　素琴独拂白雲
横花間丨（唐詩話）計鏇貧亦貿丨（寓簡）石風号千丨（翰）開丨丨　李月琴
唐元行冲名阮　胡琴琵琶本胡樂（已）　鶯琴遺我綠玉杯兼　綠綺琴卓文君琴
曰丨丨（事類）　一名丨丨丨丨（李）　一名司馬
相如　霹靂琴柳文事　焦尾琴蔡邕詳桐　響泉琴研公李　薰風琴騎馬到京国欲和
琴詳焦　勉琴　丨丨丨（闕）事詳帽
一絃琴孫登　無絃琴淵明　不鼓琴无成与虧昭文氏　人求聽琴晋阮瞻丨多
一絃琴詳絃　無絃琴詳絃　之丨丨丨也詳斷　丨丨丨不問

貴賤長幼皆　伯牙學琴丨丨丨於成連先生成連曰吾師子春在海中我
為彈之（唐）　將迎師刺船而去伯牙但見海水滇洞山林杳冥鳥
獸悲号歎曰吾師將移我情乃援琴而歌々終成連至　子賤鳴琴宓子賤為
遂為天下絕唱（樂府解題）伯牙鼓琴鍾子期听之詳音　單父宰丨
丨而治　相如鼓琴卓文君新寡丨丨以琴心　戴逵破琴丨丨能琴武陵王召
詳呈　挑之文君夜奔相如（本傳）　之逵對使者丨丨曰
安道不能為　王門伶人（晋）杳壇鼓琴音　汾亭鼓琴文中子事　誨壁奏琴備献公獎奏使師　黃鶴
王門伶人（晋）　曾誨之琴（衰十四）
焼琴殺風景　人琴俱亡王獻之卒兄徽之不哭取獻之琴彈而久　（陸）（養）瑶丨
焼琴事詳鶴　不調曰嗚呼丨丨丨丨因頓絕月余亦卒　二尺
丨斷　禽前丨（湯）失　五禽後華佗曉養性術名丨丨之戲謂虎鹿熊　七禽藏拙无
紋丨　猿鳥也体有不快起作一禽之戲（蒙求）　三至（鹿）誤
禪剔丨　十禽一朝獲（國）　强委禽鄭徐吾犯之妹美公孫楚聘之矣公孫黑又使
丨（容）丨丨（國）　强委禽丨丨丨焉女曰子皙信美矣抑子南夫也（左）
落虛禽驚彈丨丨（柏詩）　孔子家禽楊修曰未聞孔雀是　四禽五禽丨丨言丨丨
丨丨丨丨　詳楊梅　言詩詳言
（人名）（伯丨）周公之子（子丨）　（草木）（來禽）（子）果名本作擒色白如玉間以朱點内
陳元（恭丨）捕下惠字　粘苑味甘來衆禽也○紀王謹貢於高宗名
五色林檎上大重之賜王文林郎名文林果○ 坡次韵米芾二王書跋尾三
能觸書防蠹點得見來禽与青李（晉）臧之帖云青李來禽櫻桃日給滕子褒

盛爲佳品。檎林丨果亦名果丨詳禽林。芩藥名鹿食 擒通作禽史不
封多不生。禽丨樹生癭出夜兒事詳癭。野之丨 禽二毛。雪
夜丨吳元濟詳雪。韓信丨趙王歇。刘 七擒七縱丨丨孔 活套 就丨生丨黔
白隋戴賊酒被丨因名丨奸酒詳擒 明傳詳縱 丨活丨黑黔
黑色又姓齊丨敖爲粥於路詳粥又地名秦 烏黔 鵠不日浴而白丨不邑中
丨中都隋爲丨州柳丨之驢當在此又黄勻 黔月丨而黑 莊天運
之黔宋皇国父爲平公築臺妨於農功子罕請俟農功之畢築者謳曰澤門 〇欽 去金
之黔之皙實興我役丨丨丨實慰我心 襄十七 子罕黑色居邑
切書性丨哉 出入起居罔有不丨 書 天下丨 人名 漢人 衾 韵通
詩鼓鍾丨丨鍾声有節憂心丨丨心動兒 活套 鄉里丨 莊丨 与被
者 抱衾 禂 詩 丨丨与綾衾 直類 丨丨夜 裁衣衾 君林蜀錦二千丈要 長枕大衾 明皇丨丨
詳無絹爲衾 晉庾氷輔政及卒丨丨丨丨丨 武帝嘆惜 晉史 活套 繡丨錦丨重
枕 爲太子詹事 丨丨丨 〇 斉宗室子孫 丨枕丨擁丨
欽 山高險 公羊傳 殺之丨岩 莊 枝蘂 〇 吟 魚金切通作唫 韓 曰不 行吟
出嶇 丨丨 〇 通作唫 又吳岩唫之下 吟 縱丨 倚 檣 梧而丨
嘽 越吟 終然 奏丨丨丨 国 且欲晉斉 咏未敢発 丨丨 〇 君 聽 莊 龍吟 旁 空
吟 号病時丨丨 谷 越人莊舃仕楚而病思丨則越声詳 越 臂吟 修 李
終南谷中忽聞声如戛銅父老曰 柴 泰唫 丨丨 侯 秋 白頭 吟 司馬相如將聘
此丨丨也。 藤山 国 所作 丨丨 晩 里 明 嘴 臣 頭 白頭吟 卓文君作丨丨
詳頭梁父吟 亮耕隴畝爲丨丨丨一朝被讒言二桃殺三士 快活吟 所取林
丨丨丨誰能爲此謀相国斉晏子 諸葛亮傳 上丈見墳 間丨丨
愛 温 吟 丨庭筠著袖纯凡每賦一 活套 徵丨呻丨松丨悲丨苦丨烏丨孤
丨短 吟 詠一吟而已号丨丨丨 丨蟬丨猿丨鳴丨蛩丨哀丨倚樹
長丨丨 〇 歆 許金切神食氣也丨不丨非類 又貪羨也 居歆 詩 敏歆 食 常
武丨丨 詩无然丨羨 上帝居丨 生民安享也 上帝丨
詩生民 人名 刘丨 漢人詳刘 莊丨 与 〇 衾 居吟切詩自丨以始有 馴 溫 當
管寧 劉 歆 隨書 詳 席 丨之世 孫丑下 語 到于丨 林之
是古丨丨 刺 今 陳古丨丨 昨 今 斉 今是而 〇 去來今 貞 竟 經 无起无 剡
非今 元帝 詔 詩 雞鳴 丨非 陶 詞 丨丨丨无丨丨丨 謂過
去見在未來三世也。 三 過門 簡老 襟 韓 馬牛而丨裾 滕閣 記 丨三 近 愛
病死一彈指頃丨丨丨 丨 見 丈 長 老 襟 敞落天衣丨 或作衿 詩 青丨子
衿 盡襟 唐 劉伯傳 披襟 宋玉 付 丨丨丨以當 雄 振衿 丨而肘 分襟 拆 柳 丨丨十 冠 襟
丨丨听納 披 襟 風 見詳肘 戴余 羅 鄴
麋鹿強 喉 論語者五經之管 襟 文中子 丨丨 鼓蕩之 披 紅 襟 可 怜 病 石
丨丨 愛 喉 衿 轄 六 丨之 丨丨也 襟 衽 什 門 人 皆 丨丨 号 鏤 紅 襟 不 榴 花 丨丨
丨丨 漢上 衿 唐段成式与温庭筠等倡和并往來書目爲丨丨 題 丨丨 大
暖 衿 子 遊 多 閨 閫 中情 昵 事 况 復 能 招 我 親 題 丨丨丨 刺 公 活套
胃丨灵丨中 詩 偏 子衿刺 李 校 給 衣 系 也 小 帶 也 廣 勻 禁 前 成 宜 陳 ... 丨
丨頃丨塵丨 發也 鄭 風 紟 本作衿 勻 會 從 丨 能 丨 拜 大 十 難
肆 技 半 〇 金 陳 藏 器 云 見 人 取 丨 地 深 丈 石 皆 一 頭 黒 其 下 有 丨 大 如 指。
不丨 蔡 州 瓜 子 丨 雲 南 顆 塊 丨 山 海 經 廣 州 治 崖 縣 丨 池 於 鵝 鴨 屎
中 得 丨。 荊 南 麗 水 生 丨 舊 子 大 食 国 出 丨 多 廣 州 記 奉 丨 一 寸 重 一 斤 以
鎰 爲 名 丨 漢 復 周 之 制 一 斤 名 丨 並 食 貨 鄭 玄 丨 究 詳 究 燕 蔡 黄 丨 臺 詳 臺
齊 高 祖 曰 使 我 臨 天 下 十 年 當 使 黄 丨 与 一 金 丨 匡 王 派 少 云
土 同 價 南 史 左 昭 我 土 塵 式 如 玉 式 如 金 一 金 莊 春 帰 待 丨丨 匡 王 派 少 云
書丨丨 〇 一 金 春 帰 待 子 丨丨 丨 濟 貧 兒。 漢
直 分 万 百 金 文 帝 起 露 臺 萬 金 杜 家 書 抵 丨丨 匡 王 葯 父 在 籝 金 韋 賢 曰 遺
書丨丨 帖 丨丨 詳 臺 少 陽 得 家 書 曰 底 得 丨丨 不 知 籝 金 子 黄 金 滿
丨 不 如 教 子 一 經 韋 賢 〇 裴 金 陸 賈 五 男 出 所 使 越 丨 中 裝 賣 千 丨 分 与 子 賈 常 乗 安 車 從
子 丨 經 韋 賢 歌 鼓 瑟 侍 者 十 人 宝 劍 直 百 金 謂 子 曰 与 汝 約 過 汝 給 人 馬
酒 食 極 歡 十 日 而 更 所 死 家 得 宝 劍 一 歲 中 不 過 渾 金 山 濤 如 丨 丨 璞 王 人
再 過 曰 毋 久 溷 汝 爲 也 南 史 山 谷 詩 類 公 輝 丨丨 皆 以 爲 宝 莫 知 名 其
器 南 金 大 路 丨丨 詩 泮 兼 金 孟 公 孫 丑 下 其 腰 金 丨丨 何 心 戀 腰 金 壓 損 住 人 國 貢
南 金 張 謂 荊 揚 所 貢 兼 金 孟 倍 于 常 者 腰 金 丨丨 歐 贖 金 纏 丨丨 國 貢
金 荊 丨 惟 丨 三 金 銀 銅 藥 金 方 不 驗 劉 向 傳 丨 老 人 植 蔡 枝 進 曰 聞 丨丨
金 品 金 銀 銅 藥 金 方 不 驗 劉 向 傳 危 金 諷 有 姻 礼 市 黄 金 不 足 有 陳 允 并 多
者 好 道 爲 取 厚 紙 以 丨丨 乳 帖 如 金 之 子 博 李 下 而 識 焉 詳 枝 負 金 鶴 雀 十 金 丨 季 布
塗 之 投 火 中 成 丨 乳 帖 如 金 之 子 博 李 下 而 識 焉 詳 枝 負 金 也 千 金 一 諾
重 丨丨 詳 諾 家 有 敝 帚 李 子 金 詳 丨 位 高 丨 多 四 知 金 應 偶 數 粒 食 得 近 丨
日 享 丨丨 魏 文 帝 紀 李 子 金 詳 丨 蘇 秦 事 四 知 金 丨 丨 後 不 欺 常 慎 丨
丨 丨 賣 〇 寒 金 明 帝 時 昆 明 国 貢 嗽 金 鳥 常 吐 金 宮 人 以 金 飾 釵 謂 躍 冶
子 固 〇 辟 寒 金 之 丨丨 丨 相 嘲 曰 不 得 丨丨 那 得 聖 人 心 拾 遺 記
金 大 冶 鑄 金 丨 踴 丨 曰 我 且 必 爲 莫 邪 設 臺 金 刘 又 持 韓 恩 金 數 斤 去 曰 此
金 大 丨 必 以 爲 不 祥 之 丨 泰 大 宗 師 丨丨 中 人 之 丨 亦 不 若 与 刘
若 爲 壽 愈 〇 石 牛 便 金 秦 伐 蜀 丨丨 遺 妻 子 曰 後
不 能 止 〇 石 牛 便 金 事 詳 牛 書 版 索 金 晉 隗 炤 善 易 臨 終 丨丨 遺 妻 子 曰 後
之 至 朗 妻 賚 版 詣 使 者 丨丨 惆 然 乃 取 著 筮 卦 成 曰 妙 哉 隗 生 吾 不 負 金 賢
夫 藏 金 待 太 平 知 吾 善 易 示 金 有 五 百 斤 盛 以 青 甕 埋 在 堂 屋 下 去 壁 一 丈
入 地 九 尺 惟 買 宅 得 金 張 奉 賣 宅 与 陳 應 丨 辛 家 疾 賣 与 何 文 丨 持 大 刀 莫
之 得 金 陶 劉 買 宅 得 金 入 此 堂 梁 上 一 更 長 丈 餘 高 冠 絳 幘 呼 曰 細 腰 丨丨
應 諾 何 以 有 人 氣 答 无 便 去 文 因 呼 細 腰 問 赤 衣 冠 是 誰 答 曰 金 也 在 西 壁
下 問 君 是 誰 曰 杵 也 今 在 竈 下 文 掘 得 金 三 百 斤 杵 則 燒 去 由 此 大 富 宅 遂
清 并 田 得 金 李 洴 公 鎮 鳳 翔 日 屬 邑 鄙 堠 因 丨丨 丨 馬 蹄 丨 一 甕 送 於 縣 丨
宰 事 田 得 金 宰 信 宿 開 視 皆 土 塊 矣 以 狀 聞 府 僉 云 姦 詐 換 之 莫 能 自 白 洴
公 盛 怒 時 袁 相 国 滋 亦 在 幕 中 乃 閲 甕 得 二 百 五 十 塊 以 它 金 鎔 瀉 与 塊 相
似 秤 其 半 已 及 三 百 斤 其 甕 金 乃 二 農 夫 以 竹 舁 至 縣 計 之 非 二 人 可 舁 是
即 路 時 已 化 土 矣 〇 承 塵 得 金 後 陳 重 甞 出 人 死 喪 人 家 投 金 於 丨丨 丨 以 報 重
疑 者 頗 谿 劉 談 錄 承 塵 得 金 恩 不 知 後 毀 屋 得 金 訪 金 主 已 死 乃 將 金 送 縣
披 沙 揀 金 唐 詩 桑 婦 却 金 秋 胡 子 納 妻 五 日 宦 於 陳 後 帰 見 路 旁 美 婦 採 桑
披 丨 揀 金 白 帖 桑 婦 却 金 秋 胡 下 車 曰 力 田 不 如 逢 年 力 桑 不 如 見 郎 今 吾

子部　第三册　四二七

有金願与夫人婦人不受胡婦毋呼其 助葬白金
婦乃投〻求者也數胡之衆自投於河(列)衆口鑠金消骨(鄒陽傳)丨丨丨丨積毀
何東抑朱生仲堂縱飲酒肆有書生語以貧未葬父母問費幾何曰得 還俠
錢二十万可矣先生竭其資得白金百万分數万以遺之(澠水燕談) 受瓜子
客金李勉少貧遊俠諸生將死出白金曰幸君以此爲葬余則君自
取之既葬勉置余金棺下後其家竭勉其起墓出金付之(唐)
金太祖幸趙普第時吳越王俶方遣使遺普書及海物十瓶列虎下上曰此
海物必佳命啓之皆滿貯瓜子金普皇恐頓首謝曰臣實不知上笑曰彼
謂国家事皆由汝書生尔 巨產男念有兒妨事親一也老人得食
命普受之(長編開寶四年)郭巨得金 喜分男孫一也乃鑿地欲埋兒石蓋下
得金一釜釜中有丹書鐵券曰孝 床頭黃金丨丨丨盡壯 不疑誣金詳讀賦亭
子郭巨黃金一釜用以錫汝 士元顏色(古)
得金詳亭 甄彬事 易書以金 唐高昌王弟之子昭好李有鬻異書者毋顏尙(語套)
中金曰何愛此不使子有異聞乎尺〻持易之(史)
一鈞(姓氏)彭城用音少昊丨天氏之後(日磾)字翁叔本匈奴休屠王子 兩子
丨 累任光祿大夫武帝使受遺詔輔少主著節忠孝封秺侯
常建俱侍中金欽家世忠孝贊曰丨丨丨以篤敬寤主忠信自著世名忠孝
七世內侍(安上)字敬爲侍中正直敢犯顏色左右憚之(日禪)字仲敬號勇
尙氣使魏末以軍功至太中大夫 (音)於金切(詩)金玉尔丨 秩秩德丨
夫(安節)趙宋孝宗朝侍講 治世之丨(詩)八丨克諧(樂記)桑間濮

卷八 卅五

上之丨丨亡
国之丨丨也 南音 晉景公見鍾儀曰南冠而縶者誰也有司曰鄭人所獻楚囚
也使稅之与之琴操丨丨(左)又樵悴鍾儀獨楚音(晚惠州)
楚音見上 拏音 孔子坐乎杏壇之上絃歌鼓琴有漁父下船而來以聽曲終云
云杖拏而引其船見孔子還鄉而立云云乃刺船而去延緣葦
間孔子持水波定不聞丨丨而 商音 振履作(曾子)徵音 傾耳听丨 雞曰丨
後敢乘(呢喃)父 拏女居切橈也 丨丨(曾子國)翰音丨(記) 嗣
音子牟不(詩)好音懷之丨丨(谷風) 大音 声(老)丨丨希 遺音 一倡三嘆而有丨丨者矣詳琴 知音 伯牙鼓琴志在高山鍾子
期曰峩峩然若泰山在流水曰洋洋然若
江河子期死伯牙絕絃以无丨丨者(列子) 賞音丨丨(荊公)忽向時人覓 抗音 吳留贊臨敵必先被
髮叫天丨丨而(史) 正始音 王敦謂謝鯤曰不意永嘉之末復聞丨丨之丨
歌戰无不克 正始魏年号 空谷足音 逃空虛者藜藋柱乎
鼪鼬之逕聞人足音跫然而喜矣况乎有昆
弟親戚謦欬於其側者乎(莊)上文見似人下 寸筵起音 丨丨丨丨万石之鍾不爲(史) 不變
吳音 宋崔琛吳人与會稽孔覬俱吳
吳丘深之皆丨丨丨丨(史)詳鎖 南省槐音 唐尚書省古槐夜聞絲竹之音省中必有入相者号音声
木詳 過耳好音 文章麗矣言語工矣无異草木芳華 ○梵音 丨丨海潮音 勝彼世間音 春
禊 之飄風鳥獸好音之丨丨也(國文)
音如重難人其家搗練舂米其人夢中聞丨搗丨別作 誦觀世音 岩景裕繫
他物於時忽寤与家人云感此丨丨將爲鍾鼓詳搗 晉陽獄至

心丨丨丨丨枷鎖自脫〻又有人當死丨丨(語套)鯨丨木鐸丨弦 喑 兒啼不止
丨丨千念臨刑刀折因赦之此經遂行(北史) 誦丨玉佩丨
一曰極 霒 雲覆日也(韓詩) 瘖 不能 一歲再赦丨 兀似瘖 隱几顧
啼无声 丨曀而莫達 言也善人瘖丨丨啞(史) 似病忘
言丨丨(史) 結舌瘖 取醉自可(容)鼻閭瘖 能言也(淮南) 不貴乎 萬馬瘖 振鬣一鳴丨 皆丨 陰
(孟)迨天之未丨雨(左)夏无 分陰 陶侃曰大禹聖人惜寸陰至於凡人當惜丨丨(晉書) 重陰 積霧開 晏陰
伏丨(王褒頌)蜉蝣出以丨丨丨(史)
養花須 頃陰 燈岩鎖 綸陰 春朝霞秋 浮陰 高槐結丨丨 歲陰 目歸功未建時往
丨丨(杜)兀陰丨丨(杜)丨丨(孟郊) 丨載丨(陸士衡)
虎行 猶 碑陰 掛名爭欲刻丨丨(杜)楊脩先解曹娥丨丨八字。歐公集古跋
歲暮 尾于家所錄漢丨丨題名頗多楊震丨丨凡百九十人。韓公
作平淮西碑成有訟李愬之功者上命詔碑詔段文昌別
撰時有題丨丨云千古斷碑人膾炙不知世有段文昌 陶陰 崩檐磨蝕以
爲魚 十畝陰 卧看南溪 丨寫丨以曾
詳家 丨丨丨(陸) 惡木陰 渴不飲盜泉水熱不息惡木陰(陸士衡猛虎行) 讀書隨樹陰 北齊魏收折節
丨丨丨夏月坐板床 ○五陰 即丨丨蘊謂色丨受陰想陰行
丨丨丨諷誦(史) 陰識 陰皆空王安石詳蘊行平声(語套)光丨寸丨 繁丨
綠丨丨院(漢)丈人抱甕(灌園)詳甕(陰)坡在丨丨 賞梅(陽)丨丨 大丨
丨丨月晴(地理) 丨墳田強古治兮丨詳墳晉丨丨之敗措侍中死之詳血 里

卷八 卅六

華山丨丨縣李白騎驢事詳驢(名)韓信封(姓氏)始吳官音周文王第三子
(山陰)會稽丨丨(淮)丨(淮)丨侯 管叔鮮之後管夷吾七代
孫脩適楚爲丨大夫因是又云丨康氏之後周有(不疑)丨里人也漢魏尉
(興)孫(麗)女爲光武皇后生明帝(隣子)(識)金吾孫(綱)女爲和帝后(方)
前漢宣帝時人(識)日祀竈至巨富詳竈(識)字次伯後漢功臣封侯不受
守執金吾輔導東宮光武敬重之常指丨戒勑外戚(史)(興)字君陵光烈毋
弟顯宗詔曰輔導朕躬有周昌之直在家仁孝有曾閔之行其以子慶爲鮦
陽侯恂恂苗胤傳龜龍袞(表)(嵩)與從兄經行明深諭於公卿(仝上)(就)顯
宗舅封信陽侯後又封新陽侯(史)(慶)爲鮦陽侯並推其居第園田奴婢与
弟負丞丹已佩印而已(汝南記)(綸)妻荀爽女早寡妻不再嫁詳嫁(字)
字幼文仕梁遷梁秦二州刺史以廉潔称(南史)數年一浣足詳足(遜)字子
堅博涉史傳尤善五言詩爲當時所重仕陳爲法曹參軍(史)与何遜齊名有
陰何詩集行于世 執爵知味詳味(世師)少有節槩隋拜張
掖太守深爲戎狄所憚(史)(長生)見尉乞師馬鳴生爲地仙 ○森 所金切
蕭森 時物自丨丨(杜)陰森 水石丨丨(坡)竹 森森 如入武庫丨丨然(詩評)(語套)木丨
丨竹影涼丨丨(園)陰森 林丨丨(子由) 竹丨
參 藥名通作參(坡寄王定国)紫參詩。秋菜參令詳菜 參 叢立兒(語)立則見其丨於前(詩)嘒彼小星維丨与昴 辰參 相避
丨(坡)即參 如丨丨
商星詳商 參 動丨丨(容)仰瞻乾文 捫參 丨丨(蜀道難)歷井 橫參 天丨醉後丨(杜)天高欲丨丨(國)皆言夜深○月落參橫詳

掩日在參（月令）仲夏昏　隨鹿得參　梁阮孝緒母疾合藥須得人參孝緒丨丨至一所遂獲就視果丨丨（史）【活套】丨藥苑
【人名】【曾丨】唐詩く（米）【藥名】丨人　○岑　鋤針切山高而小　雲岑　相期赤松子望白丨丨（吏）　欽岑　耳目極眺听瀉
淺与丨丨　捐君山岳（並子孟郊）鼓岑　張水返旧巢　雲思丨丨（吏）　仙岑　遊麟出陷浦鶴遠丨丨（郊）　閬風岑　人仙
德誰能齊丨丨　一云見浮丘伯吹　溪陂岑　秋來不見丨丨（吏）岑參兄弟皆好奇攜我遠來遊丨丨
騎彩鳳骖下（李）明月岑（蘭）丨丨丨（吏）
【活套】高丨　碧丨　遥丨　古丨【姓氏】南陽宕音周文王封異母弟雍之子渠為丨子
丨楚丨　泰山丨　今梁国有丨亭　【丨彭】字君然仕後漢南陽人
遷征南將軍攻公孫述封軍整齊秋毫无犯（本丨）【丨晊】字公孝南陽人太守成
晉請為功曹謠曰南陽太守岑公孝詳甫【丨】晊玄孫為魏郡太守歌曰狗
吠不驚足下生氂詳甫【丨文本】字景仁鄧州人年十四詣司隸理父冤命作
蓮花賦合臺嗟賞【丨羲】文本之孫字伯華遷金壇令弟仲翔長州令仲休溧
水令皆有治績　涔　丨陽浦在郢楚望丨陽乎極浦（內）會管丨丨【活套】涕丨
号江東三岑　山名又涔丨雨多皃又牛馬跡中水曰蹄丨丨
○簪　側吟切首笄（漢鄧通傳）不得首身互見覃与通用　盍簪　勿疑朋丨丨（易）合也丨疾也速也　投簪　聊以丨丨（隱）吾聞
丨丨逸海　纓簪　京国會朝君子困旅食吾丨丨（李）草簪亦誤丨丨（劉公）玉簪　歌夜三更裏姮娥墜丨丨
岸（殷文）　（蓮詩）山為碧玉簪（韓）与

簪代瑁簪　田文死後賓朋散拋擲三千丨丨丨（王元之詩）　不勝簪　白頭搔更短渾欲丨丨丨（杜）　雲滿簪　憔悴雲孫丨丨
同玳瑁簪
丨（皮）又白髮　分称簪　左燕以簪丟二杯酒即中斷分為兩向（列仙傳）簪禅師　石
薪來已上簪　簪置葉中之日能丨丨一边尽一边尚蒲（平陳記）
磨簪　井裏引銀瓶銀瓶欲上絲繩絕丨上疑簪　盜簪　魏司馬芝為河南尹時門
丨玉丨云云玉簪欲成中央折詳折　下循行丨門幹丨丨芝曰
物有相似而難分者循行　反腰街簪　梁羊侃妾孫荊玉能　【活套】華丨　解
何措一簪輕傷同類乎（史）　丨怙地丨　席上丨丨（史）　醉墮丨丨

十三覃 與談同用

覃　徒含切（選）覃德廣丨　研覃　丨精丨思（選）　訏覃　寒覃實丨（詩）【活套】化丨
（荊公詩）恩灺横丨丨　周覃深廣也　覃延長也　遠丨
【詩篇】葛丨　后妃之本也（周南）　譚　丨大也（左）齊師伐丨丨无礼也　【人名】【招丨】琳識【丨丨】李歌於秦青声遏云詳歌　蟫　衣書中白
魚　潭　湘丨州以昭丨名（屈原）父詞屈原既放遊於丨丨　柳文有鈷鉧丨記（韓）　菊潭　南陽丨丨府中居丨者多壽詳菊　飲　寒潭　僚水尽而
丨丨清　月潭　碧潭浸寒月（谷）　百花潭　万里橋西一草堂丨丨水即滄浪（杜）　紫石潭　硯池也　觀魚事詳魚　蚍蜉王　廣
（滕閣記）
運潭　唐韋堅為水陸運使開丨丨以通漕帝大悅（史）　驔　馬豪骭（皮）勇往爭驂丨　鐔　劍鼻又侵韵　曇　雲布曰丨　瞿

曇　釋氏名涅槃經迦毗羅城有釋種子字悉達多　優曇　大涅槃經佛出世難
姓丨丨氏○坐令魯叟作丨丨（皮）文与可園池　如丨丨花○法華經
如是妙法諸佛如來時乃說之如【人名】【曾丨】求官不得詳談【丨丨】謝安甥安
丨丨華時一現尔互見華及鉢　死在不由西州路詳州【羊丨】陳審薦
徐攆丨丨（宋傳）○參　倉含切甲厲与天地丨易丨天两地詳两　豪參　唐李紳為御史中丞宰相
為京兆尹兼大夫參丨丨以激紳　鬼參　御史初上事吏人參拜默く　李逢吉忌其剛乃以韓愈
果不相下訟訐紛然遂两罷之（史）而退謂之丨丨（玉堂閑話）　朝參　頗
丨丨懶（杜）時暑　諳參　其丨（礼）自參以上　雜參　詳雜　軍　鼻觀參　且令丨丨○　怪
放丨丨（樂天）　（左）皆謂三相參列　先丨（皮）
偏參　備頭陀何不丨丨去（傳）但印香　【活套】句飽丨丨　【人名】【曾丨】史記云本在此
參　藏本寂不必叢林丨丨（山谷）　佛法丨　【書丨】侯相【伍丨】楚人
參內其可食乎詳內【箭丨】　驂　駕三馬也外騑曰丨丨　七詳疏云夏駕两曰麗
後漢太守往候任棠詳棠　彀益一騑曰丨周又益一騑曰駟○丨乘（國）
乘車尊者居左御者居中又一人処右以備傾側是以　劇驂　道路七達曰丨丨
戎車則曰右也餘曰丨乘○霍氏之禍萌於丨乘（本）　○二道交出
復有岐出者○又云驂馬丨丨　如舞　走練　宛馬
四今有七故曰丨丨詳達　两驂（詩）叔于田　吴驂　蹀血（李大獵村）　戎驂　丨丨紏結塵埃
何渥（選）　桃驂　其名則汗血山子丨丨　驚驂　飛來飄乱雪怪　絛驂　徐彥伯為文
（殷頌贊）驃馬綠耳（郤昂八馬坊碑）（以）丨丨石走丨丨（皮）　求新以竊狗

為升大竹馬　太守右驂　礼天子六馬左右驂三公九卿駟馬左驂漢制九卿
為丨丨詳驂　則一千石以右驂丨丨　駟馬而已其加秩中二千石
乃丨丨故以五馬　孔子說驂　丨丨之衛遇旧館人之喪哭之哀使子貢
為太守美称詳馬　而贈之云云遇於一哀而出涕予惡乎涕之无
（記）從也　晏嬰解驂　嬰至中牟見負芻者嬰曰何為者曰我越石父者為人臣僕
於中牟不免凍餒是以為僕也嬰解左驂贖之載与俱歸以
為上【活套】征丨　停丨　鸞丨　○南　那含切（詩）周丨召丨　自北而丨（大序）　斗
客（宋）羸丨　左右丨丨　（書）朔丨　聲声教（記）溫厚之氣盛於東
南丨　狄人傑北丨以丨　慕南　丨丨无王　阮南　南阮貧北
丨丨一人而已（宋）　庭（西域傳）　阮富詳阮　張南　吝刘繪字士章位中書郎文章為後進領
袖時張融辟捷周顒清綺語曰二人共宅丨　夾正南　馬援為丨丨將軍吳漢亦
清謹丨丨周比刘中央言処於二人之間也　征南　為丨丨公○可為矍鑠馬
（谷）丨丨　指南　王元感撰書糾繆等数十篇魏知古曰此五經丨丨也（王）又　雅南
詩以丨以丨○白虎通云夷狄朝中国作楽く之南之為言任也○礼記
胥鼓南○夷楽也又云丨楽名猶九夏也丨夏皆文明之方故名南周南召
南亦丨　圖南　鵬徙於南溟也云云　孤南　老人星　鳲南　鳩丨丨春此而　南山南　後法
楽名　乃令將丨丨詳鵬　名（晉志）　秋丨（管子）　真傳
將在北山之北丨丨　望江南　仁王寺僧喜唱丨丨　後出山主一刹未幾欲歸
丨丨之丨詳南　詩曰當初只欲轉頭街轉得頭街轉不甚何似仁

士高閣上揖闘唱｜｜○李　楊龜山從明道文又
元吉傍僚瞰曰吾欲唱｜｜矣吾道南去明道曰｜｜矣鷓鴣嘗南｜
志南向雖東西回翔然開翅之始必先南 詩箋 終｜戒襄公也　始 地理
｜韻會 故詩云坐中亦有江南客詳客 詩箋 爲諸侯受顯服 秦
玄宗十二年伐雲｜喪師 綜｜盧藏用隱処仕 人名 南北史 唐人行 諵 語
官提徑詳山 戚｜韓符讀書処 韻｜ 注｜ 秘書事詳書
｜也 詩 雖訓｜語声也又 楠 本作柟述異記黄金山柟木一年東榮西枯
呢喃語不了也○又咸韻 一年西榮東枯 又名交讓木其木直上柯
欒木使南｜｜豫章石楠｜｜亦木名唐詩淸曉｜｜花乱流成都水宿觀
相坊楩楠 選上林賦 石楠有四｜｜皆千歲木陰庇草百兩二云仙人遂君所
植 老楠｜｜爲風所拔嘆斡挑留兩 猶力爭虎倒龍顛委榛棘 杜
男 易震一索而得｜匡衆 詩 則百斯｜思齊又｜子之祥 與 命子
五命聞千欽 得 帝使｜｜事之 嘗男 有｜子獨処者隣之嫠婦夜暴
妄一｜子上書 九男 孟 即九官也 風雨室壞趨而托焉｜人不納詳
可顏叔子曰避嫌之 奇男 子 王適 闘李將軍喜士乃踏門告曰天下｜
審宜若｜子詩 從 子王適 顧見將軍白事一見語合意 韓文 宜男
賞草懷妊佩其花 祝多男 華封人 ｜子堯曰所 萊啓期三樂曰
即生男 草木記 多男子則多懼詳祝 户貴者男人之｜｜
也予幸得之 不重生男 生女 長恨歌 ｜｜重詩明 五男 ｜｜ 詩云雖有｜｜
一樂也 列子 ｜兒總不好紙筆 夢虞 生男

詩虞 愛女甚於男｜後張禹曰臣四男一女｜｜｜｜ ○ 實男 維摩詰慈悲心爲女 善心成｜｜詩女 ○ 諳 烏含切 悉
也 世事 諳習拍石秀博涉群書爲江州刺史常弋釣林澤謂安訪 以出後不答後石秀曰｜｜此君所｜吾何言哉 史 活套 熟｜｜ 飽｜｜
慣｜委曲｜｜世事 鵪 鶉屬 漢 上 有鶴搏｜ 韽 礼樂有｜声 謂声小也 庵 菴 通作 木庵 柏庵 周武帝攻高齊兵去之後齊人
謂｜｜爲悵悵不疑兵退是 雲庵 方丈 常居｜有｜｜集｜蒲庵 ｜小｜ 道人爲作 屠蘇庵 思邈
結草木爲庐皆曰菴 圓興
｜名四 皂菴 李公擇讀書｜中在五老峯下 問道菴 到処先爲門 羅庵 石曼卿常卧一｜
時集要 ｜｜｜｜｜｜｜ 庵曰 學
活套 草 茅｜ 人名 宋晦 胡 名亞 名嘉 ○ 含 胡男切 左 匣暇｜垢 韻 口含 合哀｜華
醯 吐含 呼吸雲生 韻 羹含 王褒傳 ｜飴｜糗 香含 尚書郎含雞舌 活套 包｜生意｜擇 ｜半｜宿醴 噙而嬉○武后｜飴弄孫 咀含
人名 奉｜詳蝉 吞鳥 函 箭 ｜丈 容也 周礼｜鐘亦容也或作椷漢天文志太白 閒可椷劍謂可容一劍○函三本作含○｜人本作鋡
今附 燕函 ｜非无｜也夫人 鋡 鐘也 通 涵 ｜濡也 ｜弘涵｜｜｜ 論 海涵 漢君
此 而能爲函也詳鋡 作函 通作函 弘涵 韓 ｜
天下涵之 活套 潭｜雨露｜ ○ 嵐 盧含切 晴嵐 瀟湘八景山南｜ 翠嵐 霧繞
如｜文選 ｜綠波｜ 山氣也 晴嵐｜其一也詳景 征衣

㴸｜國 圖 碧｜曉｜烟｜ 地理 有滹沱池出良馬 山名近太原 婪 貪也亦作惏 ○ 蠶 昨含切 㐬 黄帝元妃
西陵氏始養｜ 記 皇妃祭先｜西陵氏也 書 蠶桑土旣｜禹貢 諸侯王表 ｜食
六国 腐刑者入密室謂｜室也 詳室 史 晉土哀計口而田度身而｜
原蠶 馬質掌馬禁｜｜ 周礼夏官 原再也蚕爲龍精 與馬同氣物莫能兩大禁｜｜爲傷馬故也 吳蠶 後期惆悵｜老｜｜ 氷蠶 負蝸
山｜｜長七寸黑色有鱗角以霜雪覆之作繭 拾遺記 長一尺織爲文錦入水不濡入火不燎 ｜｜成繭 王建 紅蠶 三俯三 起二十
七日而老謂之八蠶 王經 国稅再收之稱 郷貢 三火焚我枯桑 因 ｜｜之綿 吳郡 詩 美君 蠶 遺
｜｜ 礼記 云 ｜｜ 詳兒 金蠶 南方富｜｜食以蜀錦取其糞能毒人 蚕能致他財但遣之極難 戴 ｜｜日南一歲 ｜｜ 魚蠶 民
想 詛 術旧俗接 ｜｜ 又金蚕絲詳 系 三眠蠶 李 吳
地桑 棄綠｜｜｜正熟○ 野繭 蠶 有園客植五色香草有五色蛾止其傍收
蚕 經 三卧行欲老 元 稹 蓄之至蚕時有女夜半至自稱客妻道蚕
之狀与客俱養蚕得一百二十頭繭皆如 太平廣記 蛛不如蠶｜｜ 蜘｜蛛巧｜ 詳巧 于闐 無蠶｜唐｜巧 鄭国不｜初
肯与其王乃求昏女置蚕冒絮中始有 蚕女 刻石約无殺蚕蛾飛尽乃治繭 史 ○ 坐禪 如蠶 縲自縛 傳燈 吐 ○ 蠶 作 含
切互見侵韻○ 遺蠶 史 淳于髡曰前有堕珥後有｜｜ 蓍簪 孔子遊於野聞
持蓑｜筆詳蓑 遺簪 髡竊樂此可飲一斗 下文見燭 婦哭於澤中問

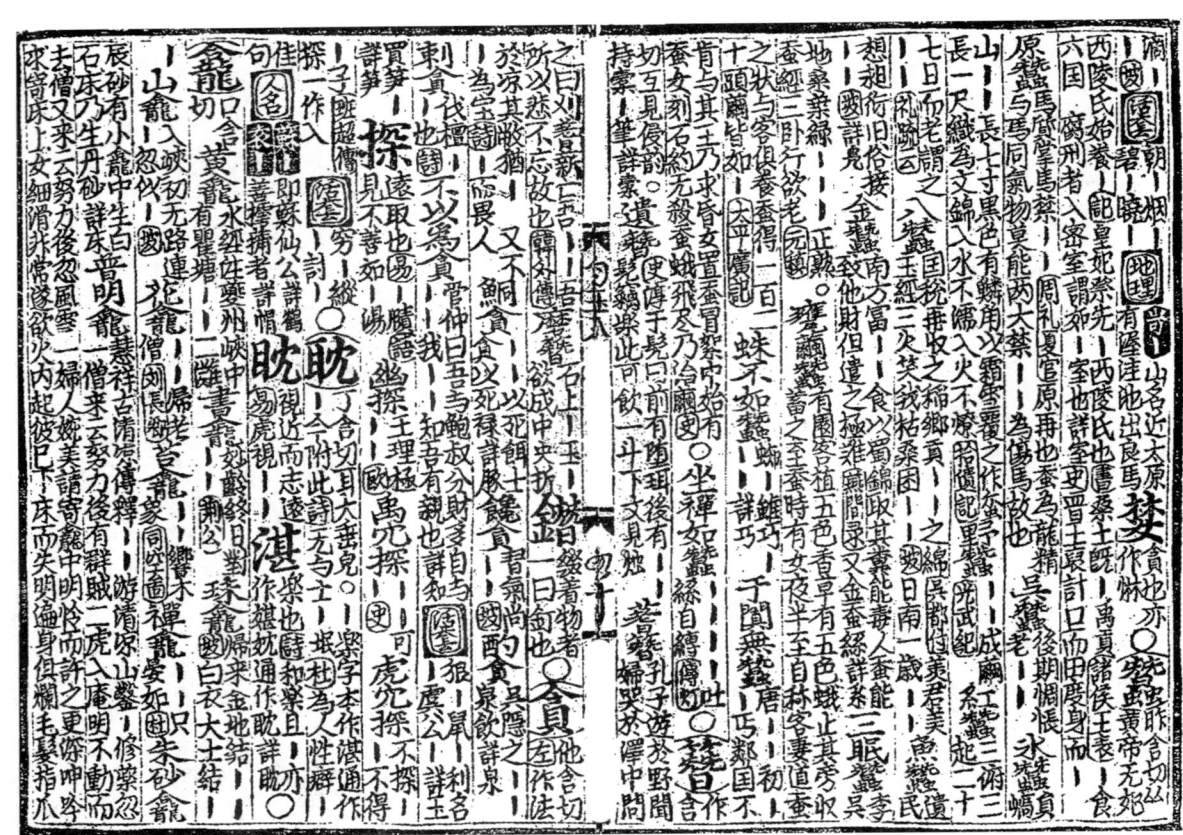

之曰刈蓍｜新 子語 ｜｜吾蓍簪 石上｜玉｜ 鐕 綴着物者 ○ 貪 他含切 左 作 法
所以悲不忘故也 韓外傳 ｜蓍 欲成中央折 一曰釘也 餮 貪 吳隱之｜｜
於凉其嗷猶｜ 又不同 以死餌士 鯛 貪｜｜ 又貪以死祿 詳豚 饕 貪 ｜｜ 君氣尚 酌 貪泉 飲 詳泉
｜爲定 詩 ｜所畏人 管仲曰吾与鮑叔分財多自与 魏 狼｜鼠｜利 名
剌貪｜伐檀｜｜ 不以爲貪 ｜｜我｜｜ 知吾有親也詳知 活套 ｜虞公｜詳玉
｜｜也 詩 探 遠取也 易 ｜贖 語 幽探 王理極 歐 禹穴探｜｜ 史 可 虎穴探 不探｜不得
買 笋 詳笋 見不善如｜湯 ｜｜ 虎子
｜子匪超傳 活套 ｜穷｜縱 ○ 耽 丁含切 耳大垂兒○｜｜樂字本作湛通作
探一作入 ｜詩｜ 今附此詩 无与士｜ 娸 杜 爲人性癖｜｜
佳 人名 蘇 即蘇仙公詳鶴 耽 視近而志遠 湛 樂也 詩 和樂且｜ 亦
句 李 ｜ 善權捕者詳帽 易 虎視｜｜ 作媅妉通作耽 詳耽 ○
龕 口含 切 黄龕 水經 夔州峽中 書龕 終日對 玉龕 歸來金地結｜｜
｜｜ 山龕 入峽初无路連 花龕 ｜｜｜｜ 禪龕 晏如 杜 朱砂龕
｜山龕｜忽似｜｜ 坡 ｜僧 劉長卿 ｜｜｜ 遊清涼山鑿｜修藥忽
辰砂有小龕中生白 石床乃生丹砂 詳床 晉明龕 慧祥古清涼傳 釋｜｜
去僧又來云努力後忽風雪一婦人姝美請寄龕中明旦而許之 更深呻吟
求寄床上女細滑非常遂欲火內起彼已下床而失明遍身俱爛毛髮指爪

俱壍忽空中白氣无禪行伯陽改道微石龕方州之下岩唐末刘道者法号
服長松之法三日舜毛衰並生道微石龕|鑑||曰死便藏石龕中
不用日時門人奉○彌勒同龕法帖楮遂良書父弃塵世与|仙|幽
其命|一百年矣||||一食清齋八時禮誦陵叟|塵|
襏|灯|香|塞人名臣|諸長步將○堪|一輿天地也|天道輿地道
寄|宝陀|技|降聽司馬悋又姓八元仲|之後風俗通
左其何七不堪嵇叔夜与山巨源絶交書有我何堪||樹猶如此|
以||必不堪者七甚不可者三歐詩柳亦堪堪充飽
|||詩非所||人名張|麥穗兩岐詩麥殺戡亦作戡勝也書西伯|黎陸長
難言難也陸象宜父|人名得|郎廟之宝詩叛
禍乱人名李|住老鴉山高於棋文潞詩老鴉山下音棋人謂○龕蘇含切
||毛長也杜李|也何|刘禹錫詩蒲人帷有咱|在謂歌者也
岩花雨落||○垂曼綠||陸象|柳|鬖鬖毛兒○弇古南切盖也
後|人名將|後漢霍|退之兄○談徒甘切選老莊每捉玉手
甲也人名鍾|後漢霍|老言不||麈談王衍談老莊每捉王麈尾与手同色
談|公以棋為叢談||劇談揚雄口吃不美談晉人至今以為||
公羊戲談不敢||何如村治山詩||今
國|盛言鄭南山|押戲談王猛世事詳見|共阿戎談王渾子戎年十五阮籍謂渾曰濬神清爽非卿

倫也共衆言不如王戎傳與衛公談司馬德操徑呼德公妻令速作風月可談梁徐勉為
|||奈徐元直當來就我||||
吏書虞寄求奈事官勉正色曰今|不宜及公事南史吃而能談周弘正醜而不陋虞華廣談晉太
夕止可談||詩賸||||
叔廣搖機看辯廣談座不能對一坐無談樵陵字長孺李渾將聘梁名華畢
||廣不能答○勃虞也史|||復|詩鄭伯收
咲曰身長八尺面如刻畫談如洪|||晉清|||
遂響曾中貯千卷書便人鄉不畏眼陸象|高|玄|常人名|司馬|諱|故史記元太史公
|字靖|春秋姓氏廣平宮音不知何自春秋公伐鄭國名左|子入曾
時人善辞命|郯又鄭子來朝疑鄭即|也孔子問官名披猶
獲訪喬|談進也詩乱決談長痰病液炎詩憂心如|鄭南○
又姓也餤是用|入鉄分痰也恢山如|如焚雲谷
古三切詩其|如膏谷風記|受和礼記甘受和白受采|||左|切甘土義之抱諸
請受而|心焉○|露詳露|口鼠詳牛|并先竭詳井|孫|味之甘
割而分|言甘帶重而||肥甘於口与國良甘肥詳泉醴甘若|詳交
咲詳發|聽我也西|||不足||而土|小人之交甘
歲甘|欲|甘草味回甘樹得微甘回齒頰已聽崖蜜十分甜東坡
跡病|||先生詳草漢憑与餘甘有瓜蔦苦中真味晚方回谷梨苦甘
病祭甘詳哉一肉甘楚陳仲子聘為相妻曰結駟連騎所安不過容膝食
方於前所甘不過||夫妻乃逃為人灌園高士傳

陸象|芳|辛姓氏渤海宮音夏時侯国因氏又云周封王子辯於|昭公是
|不|也殺有|盤|辯茂之孫出一奇計声称後世年十二事秦相呂
顯名諸侯重強齊楚|戡下蔡人辛吉家說為秦左丞相史記
不章不書曰||年少然名家子孫始皇以為上卿|延壽字君況仕
前漢善騎射為羽林投石拔距絶於等倫|辛字公霸仕吳禽黃祖破曹公
於烏林攻曹仁於南郡江表虎臣也|卓字李忠仕晉鎮襄陽為政簡惠市
无二價西土稱名焉|氏後隋諫蒼梧草木|徐|子康名如弾丸大味類橄
太守甘公見謙容貌異之許妻以女南史概本草名菴摩勤佛書云菴摩
落伽果○瀘水岸||色微黃味酸苦核五棱羅含曲名凉州|州詳州西
記山谷云蔡次律家軒外|||余名曰味諫軒凉州改甘州
甘頳者為壺|即乳|惟溫之泥山為最襄陽傳李衡種千樹号木奴歲
得輸絹數千疋陶詩談|霜落爪甜清泉数之先流齒香露霏霏欲噴
人傳柑唐上元夜以黃羅包醸柑安定郡王以柑|酒臭柑羅公遠明
國柑遺近臣歐詩注醸柑名洞庭春色坡集口噢柑並食之千餘枚
皆飲|||詳嗅合歡柑明皇種柑于蓬萊宮得一||張盤為太守令獻柑一
辨詳嗅||柑|与妃子曰此果似知人意奪兒柑蘆李以兩枝与小男磐
賂於吾子闕水後漢書二寸柑宋彭城王義康權傾天下皆以上品饋
||||難辛口何敢行帝啖柑嘆其形味皆劣義康还取大柑供御文
皆|||||仙術致柑上曰南中柑橘正熟御能致否
皮斗酒雙柑戴顒春攜雙柑斗酒詳戶|柑董元素請安一合於御榻前数

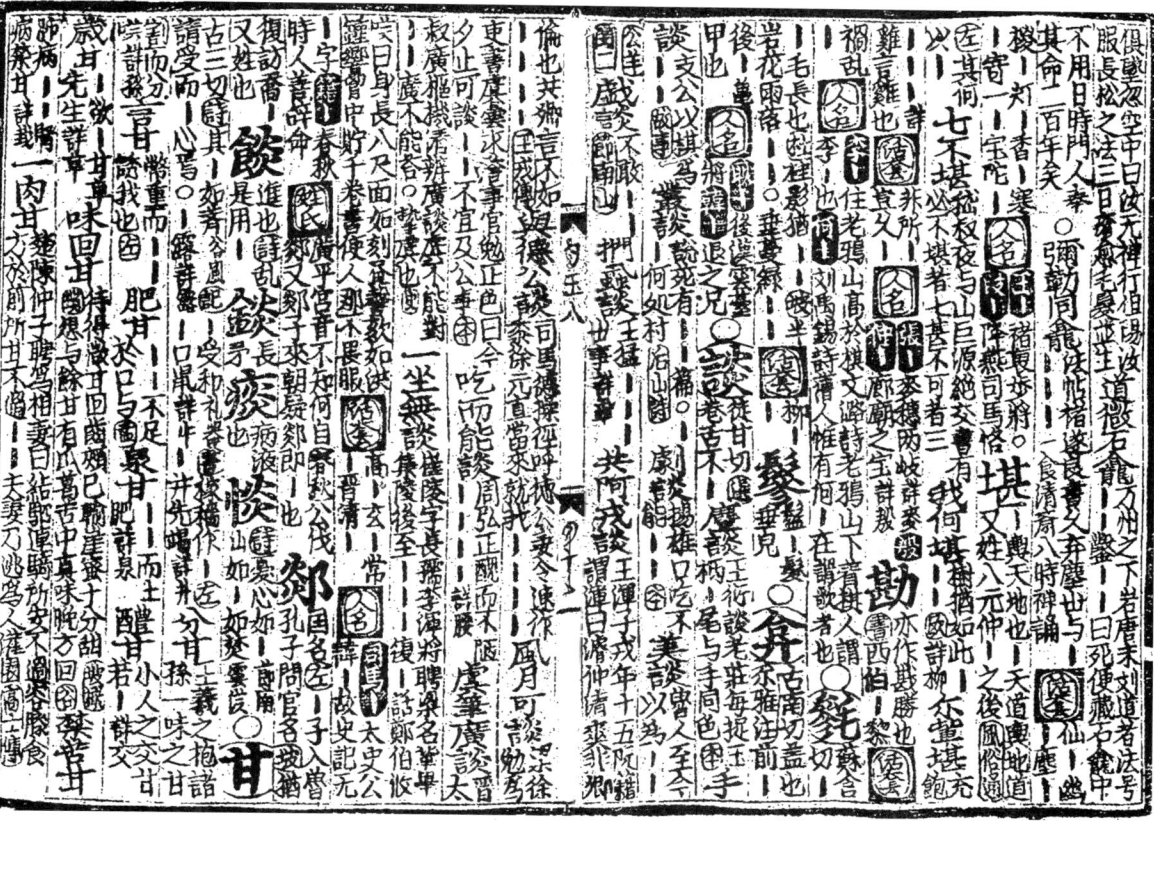

刻忽微風入簾枝合柑兩奏曰此陸象庭|霜|洞柑米澗又周曾子食魚有
江陵支縣柑也上甚驚異闕录泔余日|之性康和之名
有水○撘都甘切本作儋蟾儋人之耆嗜噉○|佐虞鄉
蜀如|倪寬為左内史小家|負輸租詳租負擔弛於|||醬詳醬
武擔蜀本紀武都山精化為女子美絶蜀王納為妃人名齊人甘|甔|甔一石
瘞於成都武擔乃之武都擔土葬成都郭中号||山田||
貲殖傳醬千|監刘裕家无甔石之儲披得米不盈|擔垂耳也前武
|石之儲|||儋紀|耳郡○三蘇甘切話問一得|○所貴乎道者|
仕|止官所就|所去|達尊|諸侯之室|書德二|分土惟
武成易卦一象|左|拆肱漢約法|章○海水|為桑田詳滄揚鄙賦
可||二京詳都狡兒|蜜詳蜜陽關|疊函三為一太極|||登三咸五|
詩疊疊案|異詳異能|棗葉詳葉請酒晁志|三|
狙公曰与若芧朝三而暮四衆狙皆怒曰朝四暮三衆狙皆喜一生二二生三三生万物老子||二爲三三
狙皆怒曰朝四暮三群狙皆喜
為三自此以往巧歷不能徑三三||誠齋關三三彩三||詳徑影成三人劉詩人呼萬歲三漢
得而况其凡乎莊齊物
事詳|舉玉玦三|范增事七步乃三|唐文宗曰子建七步||亦月收息三|王恭除
呼|詳玦|爲詳步言作詩速收息三|||皆爲蕃詳
收息百月三|漢百吏送錢三高祖爲布衣縣咸陽|皆奉||||錢三千戶詳一與馬成
錢||||錢也何独以五及即位益封何二千戶

三沈慶之曰我復游田園有人時丨　幸首加三明年丨丨㊥人三女三周紹猷
丨丨无人時与馬成二詳二　文丨丨　二為群
丨丨為衆冠鈎子廉二唐嚴武欲殺杜甫將出丨丨丨者丨　黃馬驪牛三
丨丨為聚　左右白其母奔救得免（史）上文詳下
丨丨丨白狗黑尾（天下）曰馬曰牛曰牛馬形之二也曰　○前後三三　着
黃曰驪曰黃驪色之二也故曰一与言為二二与一為三也　无
問文殊此間住持如何文殊云凡聖同居龍蛇混雜无着云衆有幾
何文殊云前三三後三三无着无對（傳燈）九九八十一也佛印語（録）五十三
參善財童子問法於丨丨丨善知（華嚴）（語録）吞梗丨日初（人名）陳丨后山孫丨李
識而德要比丘乃第一也丨花動丨
大訪山陰顏恱孫丨勤夜讀王大○籃（盧甘切）凡二種蓼丨染綠大丨
謂徵之孫丨謂康○朱温行丨如林淺碧槐丨如槐染青二丨皆
可作澱○趙岐云陳留人以種丨染紺為業丨田弥望不植禾黍慨其弃本
逐末（後漢）楊震種丨供母諸生有助種者（續漢書）盧杞面色如丨（本傳）左篳路
紅籃白樂天紅線毯詩紅線毯擇繭繰絲練線丨
丨染丨紅線丨於丨織作披香殿上毯（詩）蔚藍上有丨丨天（言青色也）曇藍成殿
丨式造丨丨紙注藍　采藍終朝丨丨采綠青出於丨而丨丨丨李謐初
庭鵝五十枚（圖）　刺怨曠之詩　師小李孔璠後璠還就謐請
丨業語曰丨出丨丨丨丨丨○伽藍梵語云丨丨摩此云衆園〻者生植之所佛
青胡何常在明經（北史）　弟子居之取生植道芽聖果之義（釋氏要覽）
甘　水丨丨丨（姓氏）汝南微音出自丨由春秋時楚大夫丨尹丨（左）籃大籓
（遺）　蘘荷丨丨　（五代史）唐有道人（林史（？））善謳歌者一瓶携伯板　也（說）
甘詩可以丨竹丨我獨白丨丨（通）丨丨頻縣　蕕丨丨　腓他酣切耳
以盝匱丨丨（禮）　丨丨丨懸如舟　（爾）　鍋盤爪甲香（百）　（書）蠢　无輪郢也
又國名（左）魯備毛丨（人名）丨（說）於老丨（左）鄭人射王丨　孔子問禮　甖耼甘切
乎丨（傳）斂彭周丨　（晉）　丨丨　丨丨
丨德○亦作慚（易）中心叛者其辭丨丨○　丨丨　慙（書）亡有
同舍郎丨詳說子直歸然而丨詳機　丨慙王義之曰丨丨丨丨无忝
出山（北）隴西（慙）于木隱而西河美李陵　丨丨（晉）奉倩詳（史）　林慚　嫻愧不勝
（後漢）隴西（慙）降而丨丨丨（唐宋科記）大小慚時〻應事依俗下語令人慚及
大慚以為終身慚一慚之不忍而丨丨　小慚示人〻以為好小慚以為小好
大好（韓）（文）丨丨丨丨丨之乎（史）○酣胡甘切亦作甘　甦酣一飽（韓）月（食）大肚（寶）
半酣唐胡楚賓每作文丨丨然後戰酣白蟻丨丨山雨來（分）（昭）（度詩）垂酣落
半酣下筆○半酣味尤長（坡詩）　戰酣（詩）（藏）雨來丨蟻方丨（廣詩）　甘酣日
半窓春丨（甘）荷花落丨丨（書）舍（？）人耳歌于室丨　　　白
丨丨（坡）紅酣（曹子）（晉）（公言）清酣雨余風日富貴酣
薰風丨丨（坡）　清丨丨（坡）　丨丨（坡）大錦林泉好多　草木酣
丨丨（坡）（遺）（宴）丨氣邯地名又（人名）（音）（忝）（諸）（甘）（問）　魋白　蚶呼甘
丨丨丨（遺）雄丨丨寒韻奴善入水詳精（白）　（虎）　（呼）　切蚶
屬則陸也（選）憨愚也○隋煬帝御女袁寶兒駿治多〻態得寵於○
洪丨專車○　宋仁宗朝李重恩善奕形神皆憨人謂之李丨詩基

十四鹽　與添嚴同用

鹽余廉切海丨凡六路　池丨則陝西解州解与安邑兩池　井丨則川
陝四路　胡中丨出於木石　丨色有白紅紫黑皆有東方曰斥西方
曰鹵河內曰鹹○煮海為丨（吳王濞傳）　紅丨福州出貢丨丨（寰宇記）茲鹵（書）
甜者曰飴丨（書）設為丨梅　盼（？）真丨丨丨　鹽（？）丨有丨丨丨樹高數丈以
丨塗樹子自落（酉陽雜俎）東觀奏（？）公問管子何以為國曰惟山海可水海
（禽記）紛紛青子落丨丨（國）粟鹽王士之國謹正鹽莢乃使丨之（管）海王（論）　鹽
驥驊丨丨車芍　米鹽黃霸始若煩碎其政丨丨霸　嵩鹽（唐）
遇伯樂而長鳴　丨丨精力行之（卒）丨丨言至細（國）息鹽丨丨廖（？）島於
況判慶支偽丨丨氏出指千金（後漢）貲鹽洮玠從姚兇貨鹽虎丨丨一百
奏池（唐）丨丨母鹽甚息十之（貨殖傳）於長江曰明吾不惜〻所与
（後漢）（史）　君王鹽名丨丨丨（韓）（纓）　丨丨晉室之水精鹽事帝大（悅）
（錄）　白鹽厓丨如水晶　猗氏鹽大也（晉）文（晉）（周）　崔浩論
賜御（綠）（酉）　虎形鹽王使周公閟來聘享有昌歜白黑形鹽（云）
曰味（卿）言如此鹽酒丨丨丨丨以獻其功　昌歜蒲菹也（僖三十）
堆鹽丨丨來庭已丨丨（？）（詩）撒　食無鹽（？）是聞韶解忘味迩　不道鹽（南史）
鹽空中差可擬（謝）庭詠雪　來三月丨丨（國）　張融
作海賦顧覬之曰此賦實超玄但恨丨丨丨不即　丨丨周彦倫為海鹽
注曰漩沙攤白熬波出素（？）（？）才高丨丨丨丨丨丨（後）令海鹽令欲還山孔稚圭
作北山（移）箸裛鹽（齊）丨丨丨丨丨（？）　丨丨母謂毀不滅性乃
移文　帰洞口　不食鹽（齊）（？）（祖）（？）（父）（喪）丨丨丨（國）（國）
竹葉酒鹽晉宮人丨丨丨（？）　（？）梁張弘策母喪二年丨丨丨
丨丨（？）羊車詳車刻（？）　書無鹽鍾離春者齊無鹽邑之女極醜自詣宣
（書）（卤）　王陳時政王拜為后詳殆
○冰中着鹽如冰乃知鹽味丨丨丨丨歛　饞進也又　嬐（？）如丨如
於死（？）閻里中門李斯以閭丨入事○蘇逢吉謂　（？）丨丨　（？）　　炶　蟹危也漢
亡　史弘肇曰坐有姓丨人何要罰爵詳令丨丨（韻）　（姓氏）（？）（韻）　文（？）或
曾孫仲奕於丨鄉因氏又唐叔虞之後公族食采丨邑因氏晉有　太原（官）（？）
有（丨）（？）　（丨）（？）字伯儉為上邽令立忠節（魏志）　（丨）（？）字續伯晉人博覽墳典　武王封太伯
（丨）（？）字仁慶善綏抚士卒屢獲勳勞任驃騎大將軍（北史）子毗篆書章隸絕
妙（丨）（？）（？）為敷城守以家粟千石賑恤飢民人賴以濟（丨）（？）仕唐拜右相
馳喜丹青（詳）（？）給作（？）（北史）丨丨丨日（？）經丨丨（？）　庭中　風（？）　共依水際
詩喜及（？）檐　丨丨（？）剌　丨丨　丨丨　廹丨丨察共梅花笑　（？）丨立丨丨（？）　（？）月　（？）涼丨（？）
丨丨冒檐（？）（？）縋（？）（？）花墮（？）三含章檐下梅花落額上詳梅（遺）（？）　廉力鹽切
（韻）中（？）（？）丨丨（？）（？）志　丨丨　（？）（？）（？）　（孟）取傷
烏能（？）（記）砥厉丨隅儒行飛廉神禽能致風氣　鹿身頭如雀有角蛇尾豹
丨丨頑夫丨丨（？）（？）廉丨丨（？）文○又紂臣名丨丨　（孟）（？）丨丨丨於海隅○又
丨丨丨（？）（？）（？）武　廳廉（？）（？）（？）（？）丨丨　与孟娵同宮
宮名（？）（？）（？）（？）　廳廉（？）（？）（？）（？）（？）　（？）（？）丨丨丨醜婦孟娵美女　堂廉（？）（？）如九（？）　（？）（？）（？）列在丨

(荆)陛廉儀刑壯丨　張寔廉丨丨憑率丨丨刘真長覓丨丨　跖蹻廉謂随夷溷芳
(公)陛廉丨(荆公)　丨丨舡同載詣抚軍門詳丨　謂丨丨(苑)
(杜)待己廉今責人也詳刳丨丨也丨(韓)割肉廉東方朔云丨丨不多又何丨也詳肉梁朱异涉猟文御何不廉史兼通時务書
筭沈約戲曰丨丨乃丨丨异未達其旨約　蒙稚而廉比斉李稚廉兒時家人
曰文義其書丨丨一時將去可謂不廉(史)以金宝授之擲之於地
州牧以丨丨丨丨以六丨群吏之治一丨善二廉
丨故名稚廉(史)太宰計廉能三廉敬四廉正五廉法六廉辨(礼)向溪山廉人世
競朝市獨丨丨丨丨(地理)句丨趙充国傳入鮮水北
禹錫惟於山水独不廉(地理)句丨丨上謂岸曲有丨稜(人名)李士(高士)十八
定族(姓氏)何東角音鬭頊曾大丨之後以王父字為氏(人名)趙良將拜上
氏　卿与藺相如為刎頸交詳避(人名)字叔度京兆人仕宗歌曰丨叔
度来何　礛砺石　蘞草名(詩)丨　鐮(説文)鍥也(列)月磨鐮新丨丨似(韻)風似鐮
暮詩袴　赤色　蘞蔓于野　擁丨帶索
霜丨(韻)剡丨丨被如鐮衣丨丨刀　(活套)丨腰　帘酒家幟今曰望子　簾亦曰箔曰笛○周
丨(韻)薇詩　　勃以織箔曲為業
(匪)韓肅以為柔謂丨也　珠簾(漢武)丨丨為丨丨箔瑶(漢武)黄簾丨丨緑幰　泉簾(宋)尤石作
刘禹錫草色入丨青　琅玕屋之(漢武故事)　(宋户開)　户牖垂
丨當門丨丨泉天下　翠羽簾(漢武)招賢閣以丨丨丨動
(王)(荆公)谷簾弟一詳泉　麟毫為丨(洞冥記)　水晶簾微風起(高)

蝦鬚簾丨丨半捲天　夜明簾張説用雜丨丨丨　却寒簾同昌公主丨丨
香散(蘇易簡)　進奉九公主免禍　　祈寒鳥骨所
為(匡)烏窺簾丨丨新　燕入簾風簾入双　聽政隔簾武后召張嘉貞見内殿以
(陽)(嫡)　春丨(杜)　丨(謝朓)　簾自障嘉貞儀止秀偉奏
對侃丨后異之因曰臣草茅未睹朝儀天威咫　治邑垂簾顧愷之為山陰令
尺若隔雲霧恐君臣之道有未尽也后詔上簾　書日垂簾門階閑
寂務簡而　奏樂隔簾梁夏侯亶性儉率妓妾十数並无衣服每　閉肆下簾君嚴
政理(南史)　有客隔簾丨丨時謂簾為夏侯妓衣(南史)
平(詩)　盜窺户簾丨割丨丨之丨此其亡　讀書織簾齊沈麟士織簾丨丨手冠
卜　行義之先至者也(曹鞏)　口不輟誦号丨丨先生(史)
鉤于簾嚴武事　諫正殿珠簾裴元畧丨符堅丨丨懸　(活套)鉤丨丨翠入一奩作
(詳二)　丨丨堅大悦命去簾(史)　丨丨燕穿丨　俗
奩鏡匣韓偓詩有脂粉裙襦之態　(活套)妝丨宝丨玉丨　○砭悲廉切以石
名香丨体(史)唐裴諗上賜御丨果　冰丨丨月開丨　刺病(韓)芒刃
莫割丨(荆公)政摡尚　○銛思廉切臿属又利也○又取魚具(爨)　刀銛莫邪
頌丨　氏藥當誰丨　(説文)云鉄有距施竹頭以擲魚為丨　為鈍
鉛丨為丨　筆銛刀不利丨丨不丨而　寒芒銛照影丨丨　稚亦為銛公能取之丨
(實)誼付　独加諸砥(蘇問道)　寒銛丨(荆公)　(皇甫)
(陸)纖前食(國)至丨至老　穠纖丨丨得中　洪纖高下西閣丨　丨玉纖无因得見
(文)(坡)百能争濃丨　(洛神賦)　細丨各(逐)(韓)　丨纖丨丨詳尖

別藺纖(陸)与兄機書有丨　爭毫纖而与造化　(活套)眉丨指丨　(人名)(宋)隱
丨丨一枚以寄兄　丨丨(國)　兩廉丨　居酒泉
南山　(詩)丨丨　纖雨摻(詩)丨丨女手　儉(説)也(詩)相　(活套)　蕤丨昏丨　暹○日光升也
陽丨　(活套)丨海日　又咸鍊勸韻　時丨氏　丨傚丨　起看朝
(王)　(人名)(杜丨)号百紙参軍詳(崔丨)不問家産　綅鄭玄曰繒白經黒緯曰緘黒
經白緯曰丨丨一日綫也詩具
冑朱　○籤七廉切　吏籤(唐)丨(雜)人司漏(鄭)丨籤伯(周礼)繹依(崔)農事丨丨報水程(史)　牙籤(鄴)
卜　　更籤傳丨丨(礼)(鄴)丨籤書(韓)湖舟中用以知時者　侯
家多書插架三万軸一一懸丨丨新若手未觸(韓)李泌為鄴侯　典籤丨之權
多書經書用紅丨丨史書緑丨丨子書青丨丨集書白丨丨　刘宋丨
重宗愍為豫州大怒曰愍年六十得　投漏籤陳文帝勤倹每雞人伺漏傳籤
一州如斗大不能復与丨丨共臨之　於殿中者令丨於階石上鏘然有
声令驚丨(史)　殺典籤吉翰為徐州刺史有死囚典籤欲活之翰
覧(史)　日(寘)代(任)其罪乃丨之而原此囚(宋史)
書詭訓詁　(活套)丨丨物識○詹職廉切至也(詩)六日不丨○又省也奏有丨事　(姓氏)河間郡音周宣王支　(活套)劍丨丨三
丨同　　　　子賜姓丨封丨侯其　愈
後丨父為周大夫○又楚丨尹之後(姓苑)丨居有丨何善(詩)詳魚昭公九年
有丨桓伯(丨丨)仕唐其後五子一居巌陵一信城一太原婺女之間留武
夷者二子焉唐則有(丨)為御史中丞(丨)為侍御史趙宋有(丨)為工部侍郎(丨)
知惠州從東坡游坡有次韵桂酒二詩靖康間張邦昌迫以偽命不受高宗

召卿忠臣也擢太常丞遷祠部外郎(丨)遠(谷)為御史台主(丨)(涵)丨之在前詩
簿東坡有知丨丨飲是亭詩江上同三盃天涯又一樽　瞻民具尔丨○瞻丨
匪父(左)晋荀偃曰惟予馬　(活套)丨丨觀丨顧　(人名)(阮丨)(紀丨)二語掾○　譫多言也亦
首是丨(王勃)信愧在前丨　丨丨遐丨　(呉詩)晋　作噡(詔)丨丨
唯則　占(詩)乃丨我夢元孚書二人丨丨洪範易未丨有字　占丨丨之
節　○動則觀其変而玩其丨(係辞)(語)不丨而已矣　步占術(晉志)口占
岑文本(唐)叢遽勅吏六七人　分占　王勃為鳳閣舍人(蔣)春等五人出閣有
從筆分丨丨授咸无遺意(戰林)　司具儀志載榮文勃名五吏执筆丨丨
其辞　官占(禹謨)丨丨惟先蔽志(書)　鳳占懿氏卜妻敬仲占之曰
鑿然　　占卜之丨丨　吉是謂丨凰于飛(左)　(活套)丨丨渭水　○蟾
視占切(爾雅)丨蟾似蝦蟇○張衡灵憲云羿妻嫦娥奔　老蟾不慚弄玉騎丹
月是為丨蟾(戰国策)月蜍象丨兎因謂月彩為丨光　鳳應逐嫦娥駕
(韻)丨丨烏蟾不能(詩)丨　八字蟾蜍二千歳者頭有角頷下丹書八字(圖)　圓中蟾
丨丨(韓)(吉)(丹)　蟾(抱)此去二千歳應逢丨丨丨(爾大山)
方中矩兮丨丨　生吞白蟾有姓刘人丨丨一丨丨昏閟句餘抱朴子蟾蜍
丨說文(正)(茶)(歌)　午日陰乾帶之可辟兵丨丨熱(啖)皆(抹)(韻)
(活套)玉丨銀丨新丨　(人名)(刘滄丨)神仙詳(貽)(高丨)唐人　○苫詩廉切編茅以
丨硯滴丨丨　累舉不弟有碧桃紅杏句　草覆屋(記)寢丨
枕塊　凶服　痁瘧疾(坡)人間寒热无窮　○襜(爾雅)(日)襜占切車上帷裳(詩)漸車
以為覆席　事自笑踈頑不受丨　帷裳是也○郭賀行部去

騷蹇｜｜而合〔音〕蹇中伉也手𢪛岩便○……
風並衣動皃也……
通龍髯黃帝鑄鼎成有｜垂……
者龍髯胡｜下迎黃帝……公羊定六年……
問臣降人曰有｜｜將軍……
是誰曰孫會稽……傳注長髯……
山陰公主適何戢謂帝曰陛下六宮數百……
面左右三十人｜｜郎……
為發志主曰公……
彥回曰回雖不敏不敢首為亂階……
姬主薄能令公……
喜能令公怒……
𧨋羽書孟起馬超字……
之絕倫逸群也羽美鬚髯……
相……○黏……

[illegible]

採得百花成蜜後到頭辛苦丨丨丨〔羅隱〕輸蜜甜丨待得微甘回齒頰已丨十分丨〔坡〕○中邊甜若有人得道嘗如食蜜丨丨皆
丨丨○恰如飲茶甘苦雜〔坡〕一滴甜僧中殊得一缽亦賞餳食〔活套〕味酸丨丨
不如食蜜丨丨丨〔坡〕甜之嘗曰錢如蜜丨丨也丨口蜜丨丨恬
安也揚子養恬古之治道者以恬養智生而無以引恬引養丨丨文恬丨丨武
丨於勢利智為也謂之以智丨丨〔莊繕性〕引恬丨〔書〕恬〔漢西〕
〔程〕〔活套〕安丨風丨彼丨〔人名〕〔王丨〕〔家丨〕導次子睇字敬豫詳髮秦將威振匈奴事詳蒙○謙苦兼切益謙天道虧盈而丨
丨地道變盈而流謙鬼神害盈而福謙人道惡盈而好謙〔謙卦〕〔卦名〕三三地中有山丨初六丨丨君子用涉大川吉六二鳴丨貞吉九三勞丨君子
有終吉六四無不利撝丨六五不富以其鄰利用侵無不利上六鳴丨利用行師征邑國〔人名〕〔晉丨〕山岳詳岳〔王丨〕唐人為御史勤搖拔遊落星
寺老和尚自南昇山來作茶
拱拔詩末云老謙名不朽
〔孟〕吏隱兼閒說江山好吟君丨丨丨〔國〕〔活套〕熊魚丨四美丨鰜可丨○兼古甜切〔孟〕丨善天下○墨子丨愛○丨金詳金二者兼可得丨丨不
崇車盆菁縑漢尚書起草更直丨丨丨帳縑筒一縑元德秀為魯山令歲蒲丨餘丨丨丨鴦
去孝子縑唐韓思彥為孝子張僧徹為頌餉縑二百受一匹命其家曰此丨丨丨不可
輕用遺五百縑唐陽城山東節度府丨丨丨丨丨戒使曹吏受縑唐裴矩大宗
〔史〕公遣者受之而去城後與里人給葬〔史〕間遣人遺諸
〔一〕〔韻玉八〕〔一〕〔四十七〕
丨謙一譬丨丨丨詔書之與賊七縑後趙封字平仲遇賊悉掠奪財物餘縑
矩曰是眉人以來帝悅〔史〕七匹賊不知處封追丨之賊曰此賢人
也悉還其何遠丨縑丨丨丨每云卿得我丨安語謝以王丹一縑〔陳遵〕大俠也
器物〔史〕眾共飼之不能得也〔前史〕友人喪親遵
為護喪賻助甚豐丹懷一縑陳於主人乞縑萬縑丨者不作詩銘丨〔韓〕文加織
前曰如丹此縑出自機杼遂有慚色〔史〕〔韓〕賞之有攜乃縑丨丨詩者謁閣者
縑張九齡丨章丨輕縑素織縑長跪問故夫新人復何如一云丨丨
綠實濟時用而寄邊幅織素織縑新人工織縑故人工丨丨丨
縑唐潘炎為翰林學士京兆尹候炎累日不見〔活套〕丨翔丨統丨字丨謙秀者詳碑
縑乃丨丨丨三日丨炎妻劉知之乃勸炎避位
〔鰜〕施及艾與丨〔禮記〕〔詩疏〕丨鶼比翼鳥山海經崇吾山鳥一翼鰜比目魚
〔公〕移無勞蒼丨丨鶼一目相得乃飛〔爾雅〕丨丨
〔嬚〕戶兼切陽丨丨於無陽〔禮記〕小嬚唐太宗謂尉遲敬德曰丈夫〔活套〕信
丨別丨明徽避丨嫌也〔禮〕意氣相期勿以丨丨介意〔史〕用丨
○鮎奴兼切無鱗魚〔莊〕上竹竿丨丐延飴相謁食麥又勿取拈血東指
之往鰱也○丨魚上竹竿詳竿飴也〔孟〕以言丨之也〔丨不丨〕〔傳〕
〔梁〕〔史〕重碧無筆拈戲拈丨丨丨丨酒先拈歲丨丨丨辭○白拈臨濟禪師
丨春酒〔坡〕搨賊〔史〕不得〔宋文〕丨賊詳征丨果手
拈丨丨詳火散子盜丨○嚴語杴切罷中丨号令月令戚嚴魏相為刺史多所
師丨尊韓春秋謹丨㬷丙吉丐頌少損淨
自東相為丨丨〔史〕辭嚴避明帝諱以莊為嚴吳漢初元丨丨之日○戒嚴〔晉〕兵當
雾丨丨〔史〕辭嚴丨○黃詩言甫已〔魏〕杜畿傳曹仁
丨丨喜雨止公嚴高陵丨丨以詩嚴得人情〔史〕爾者〔書〕益嚴〔東〕袁公見人帳丨政
如罷兵也秋嚴丨〔韓〕詩嚴卜者言多丨丨〔劉王韋傳〕
覺嚴柳仲郢京兆尹時人無敢犯丨吾嚴明出尹河南丨惠為政或言不詩
類尹京兆時咎曰輦轂之下先彈壓郡邑之治先惠養乃可類乎
律嚴敢將丨丨改姓嚴明帝諱莊丨莊助丨諱嚴丨陵丨世丨嚴之子人有孫
闕清丨〔田〕姓嚴丨君平丨皆為丨諱嚴莊者對書流竝〔顏氏家〕
人姓嚴會試成都丨丨丨〔谷〕○桴嚴已不看〔吹〕〔姓氏〕天水宮音半姓楚王支孫以謚
〔記〕為姓楚有莊周漢有莊忌生助
代居馮翊避明帝諱改姓丨兄弟五人皆有吏材〔丨延年〕字次卿東海人辛御史朝廷敬憚任
河南守權折豪強号屠伯〔丨助〕會稽人辛賢良對策
擢中大夫願為會稽守獻承明之廬詳廬〔丨彭祖〕字公子東海人願門公羊春秋有丨氏学為
有何相見之晚拜郎中〔丨光〕字子陵會稽餘姚人與光武故人〔丨遵〕名
太子太傅廉直不事權貴〔丨武〕字季鷹挺之子鎮蜀最厚杜甫〔丨君平〕詳賣
婺華州人号伏獵侍郎詳獵卜
卜成都詳卜〔丨氏〕晉杜有巖弋尉所敵一喁魚○殺馬嚴切鑿
道妻嚴氏貞淑有識量〔史〕巖云射雉之騶險丨口動兒屬○丨丨
泥詳歡草味收意所〔活套〕宿醒丨丨
泥歡辛毒好也睡未丨丨
十五咸與銜凡同用
〔一〕〔韻玉八〕〔一〕〔四十八〕
咸胡讒切相姬得咸五登韶咸咸池九丨之阿咸頭上銀幡英咸助奏玉
丨〔謝〕二三小雅〔謝〕〔張〕召古石曰丨樂〔莊〕〔陸〕〔禮〕笑丨丨〔謝〕帝和
樂也〔卦名〕三三山上有澤丨初六丨其拇六二丨其腓凶居吉九三丨其
晦無悔上六〔人名〕丨其輔頰舌〔東〕說執其隨往吝九四貞吉悔亡憧憧往來朋從爾思九五丨其
〔王丨〕〔丨〕父教以詩不從〔丨〕籍兄子呼阿咸〔鄭〕神巫亦
諫不聽投水死〔樂名〕〔大丨〕日巫咸知人死生禍福〔孝丨〕從彭咸之所居〔騷〕
辛幡救鮑宣詳幡堯鹹書潤下作丨從辛從丙〔丨〕殿賢大夫
鹵于丨丨記其味丨月令孟冬甘食鹹君子喜食
酸小人丨嗜酸鹹病人啖土炭丨丨丨不得則大井味復鹹首房駒為崇陵
丨丨詳酸嗜酸鹹詳酸丨好與俗殊丨丨〔韓〕令部翰海水多
鹹苦烈豐井得甘泉又函遺也杯也○千鉄鐔函雷煥掘豐城獄得石
罷歸丨丨丨丨〔史〕松下函丨迎詳鐔劍函函有寶劍曰龍泉太阿
詳裁伊耆氏共丨丨〔史〕以麗函開丨丨〔韓〕黑石函有隱者攜一兒六七歲
劍裁杖者○咸與函同握月寶鏡云此子祠疾顧爵之仍
留一函曰不可棄以函贈之八九日殂以函葬之後發函惟一
黑石四方題云神真鍊形年未足化為我子功相續鄭應家傳日月函〔宋〕蕭
母病忽有人授石函中有二寸丹書丨丨字母服之即平復〔史〕〔南史〕破經函北齊韓賢為洛州刺史破韓木蘭
絹丹書丨丨字母服之即平復〔史〕破經函兵一賊藏延間忽起所賢除時西

域傳經立白馬寺賢丨 挂下玉函 衛叔卿得仙其子度世見之山中曰我何
丨丨或因此致福（图） 仙方在所居丨丨掘之得丨丨封以飛仙
之印其中乃五色雲母 度世服之亦仙（列仙傳） 盛黃祖函 吳破黃祖孫權先作兩函欲丨祖又其州都督蘇飛首其函特乞免飛乃赦之（因）酬
對晉函 刘穆之与朱齡石並便尺牘嘗於武帝座並答書自旦至日中穆之得百函齡石得八十函而穆之應對无廢（因） 書達六函
栢温將以殺諸爲尚書令浩欣然將答書慮有繆誤開閉者數十竟達丨丨大怍温意由是遂絶（活套） 玉丨丨 經丨丨（地理）（啟）秦地本作蛹
誠 和也（書）丨于小民至丨咸神（人名）（畢）丨丨唐人燃薪讀書爲翰林學上 〇緘 古咸切封也（李）寄書道中歎沒下不敢丨三
緘孔子觀周廟有金人丨丨其口而銘其背曰古之謹言人也（家語）（活套） 機丨雲丨寒丨丨啓丨丨 瑊 石之次玉 械 木篋又栝也
〇摻 師咸切好手也（詩）丨丨女手〇本作攕 杉（爾雅）云披黏 杉李商（孟）弱操 悅丨丨（披）丨山上仙風吞撸丨（活套） 碧丨丨 松丨丨 〇
嵒 五咸切山丨丨通作巖（顏）愷之傳千丨丨競秀 傳嵒 說築丨丨之野（書） 嶔嵒（杜二）嶔苦衡反 嶔之丨丨（太乙中隱）雲嵒 何如琴酒
老丨（國）雹嵒 丨丨王戎眼爛又如（國）雹嵒下（詩）雹 重嵒 丨丨 菊斑（田）細 畫嵒（梁）傳昭爲臨海太守郡有丨丨太守封固收其利昭下教勿封
丨（山谷）婦人恣丨 宋徐伯珍隱居後漢龍丘萇隱處多志對攀拍望之 退思嵒 魯
（图）婦人嵒五采出丨丨 本宮連理持衡一年使合抱（史） 宗

道香執政營一小室丨山水朝退坐丨丨丨 丈非亦不許入（國老閒談） 大丰嵒 朱孺子居丨丨食枸杞根身輕（詳杞） 劚我嵒 李商
隱詩投岩 丨退香 九折嵒 臨安玲瓏山盤盤九折通絶頂名丨丨 唱石嵒 丨丨償惠崇呪破石昇像在石嵒 丨丨詳昇
爲謝鯤丨坐石嵒裏云此子宜置之丘壑中（晉書謝鯤傳） 〇香嵒 僧丨丨聞禾碟說法 擊竹大悟詳声 嵒 陳尭遊鳴湯山見一僧說法（因）
号其岩爲丨 丨丨詳用（活套） 雲丨 商丨 紫 石丨 虹貫丨（人名）士詳疾（田）隱 碞 暫丨不齊也（書）顧 畏於民丨 嵒 借也 巖
鹿有力者 〇喃 女咸切呢丨語 不了又燕語 諵 詀丨丨語声又丨丨多言 〇詀 知咸切譫也
君子信丨 采葛 慎丨也（書）聖丨說（活套）讒丨 詩丨 饞 饕丨 貪也（活套） 丨丨 嚵 丨鬼也（詩） 〇讒 士咸切（詩）
（國）丨岩末 〇銜 户監切馬勒口中者又官吏階位亦曰丨〇俗作衘〇 饞 丨丨鬼 鼓丨可也 儳 不齊也（左）
鑿障也 拔詳投野鹿丨 花詳牡丹黃雀丨 環詳鐶 䶢子丨 將春色
去（回） 兩銜 鉄馬駝銜 重銜 行帰來得使即遊覽 丨丨 从壯馬 脫丨丨 丨丨 鑾 行先丨丨而 詭銜 詭銜轡（詩）
（詞）歸爲 鑷 鑿也 丨吐出 也 水銜 陳彭年翰林清挍人謂 頭銜 當初只欲轉丨丨 轉 丨丨得丨丨轉不堪（詩）南（活套） 鳳
詔〇燕丨泥 〇巉 鋤咸切亦作嶃（詩）巉 〇 鑱 丨丨鋭也又犁鉄（田）
〇日丨山 巉巉之石 佐山石高峻（活套） 石壁 丨丨青丨丨 巉 長丨白木柄

嶄 巉 丨 斬也鑿也（韓）造化何以當鑴丨丨 〇巖 五衔切岸也曰丨廊者殿旁 〇欃 初衔切彗星曰丨搶
〇衫 所衔切 碧衫 丨丨（段成式詩） 乱點餘花壓 汗衫 燕朝袞冕有白紗中單漢王与項籍戰汗透中單故名丨丨（炙轂子） 涼衫
爲白丨丨 趙宋渡江時 濕青衫 江州司馬青衫丨丨（白樂天） 顏郎衫 顏真卿問范氏尼曰吾得五品否尼指示紫絲布曰丨丨色如此
（明皇）（雜事） 西如衫 謝公盛胡日飲酒面赤白 練衫 易衫双道茂見李戍以丨丨 戊
道茂受朱泚僞官出丨丨 此衫 丨丨诸題衫傳曰它日爲信後
衣示最得原死詳赦 紅衫 楊大年不知丨丨丨 兒詩 雜衫 紫衫筆八羅虬所爲百篇（雜識） 詩求二衫 梁紐節
任昉以丨丨 段云爲丨丨 初尚丨丨 〇七 斤布衫 僧問趙州
惠當又時无待秋穿日（史） 冬衣 葛衫 衣丨丨客識之云云詳葛
乃法歸一 一歸何所州云我 在青州作一領布衫重丨丨（活套）朝丨 征丨 芟 （礼）宗伯掌丨礼 來
夷丨 載丨 春耕田 析 春丨 殲丨（詩）何用不丨 節 （宝）夷蘊宗（活套）
鋤丨（詩篇）社稷也（周頌） 〇監 古衔切（孟）管叔丨殷 南山（書）三丨 叛〇有 鬙 无 丨 斛 詳（豐）顧 龍
（國）監 郞諤獻二十字一字言一事言（國）者 丨丨（國）練使言監者 丨丨 監律 詳字 （活套） 丨丨 神明
（國）凡（國）人宋見 吾凡 辟勤造陳仲峯其又中御勤曰 〇凡 符咸切 左 亭 孚 吾來 法 之詳子 發丨以言例 聖
（國）書 凡其之亡 未曾亡 吾凡君坐少焉 楚 有丨丨 楚凡 楚王与凡君坐少焉 楚 左右曰凡亡者三
晉者三 数 之 微 凡君 凡之亡也不足以喪吾存 楚之存 不足以存存（國） 凡
自如 則凡未始亡 楚未始存也（莊子） 字 內 未識 判 凡 楚 孰存 颿 風
中
扇之 帆 或作颿 〇 帆 丨丨 繡帆 刘 舶 百棹皆丨丨 錦帆 隋煬帝以
声 通作颿 雲帆 詩 （馬融傳） 帆 肯 疑 多載 妓女 詳 錦帆 丨 爲丨
布帆 顧長康作殷州佐請假還東苦求丨丨至破冢洲 賢帆 悉者肯有骨如翁
布帆 遭風 裁败 作 笺 与 殷 云 行 大 安 穩 丨丨无恙 也 爰風而行名丨丨
丨其衆 炉 牌 筏 亦 名 舊 牌 丹 帆 周瑜 丨丨中江 举丨 風丨 蒲丨 征丨
（番禺雜記） 上 胡 講 切 作 鬖 餘 用 兩以 火而進（因）（活套） 孤丨 半丨 片丨
掛丨 颿 馬疾 〇 嵌 丘衔切丨 岩 山 險 貌
駛丨 驅 步

韻府群玉卷之八

韻府羣玉卷之九

上聲

一董 獨用

董多動切書丨之用威注督也○丨正治官骨董羅浮頴老取飲食雜烹
左丨振擇之注正也示民詩農夫丨丨之名丨丨羹○陸道士
詩投膠丨丨羹鍋內摋窖盤游飯盎洛茶晁丨丨姓氏隴西角音黃帝之後巳
中倪沝筆記作谷董非盤游事詩贊賈丨姓國有㪅叔安生丨父
舜賜姓董氏丨狐孔子曰丨丨古之良史也書法不隱左丨父丨丨甚好龍
龍多歸之乃擾畜龍曰豢龍氏左丨公三老丨丨漸說漢祖紀丨仲舒前廣
川人治春秋為博士下帷講誦三年不窺園○為漢儒宗有王佐才丨宣後
漢人字少平為洛陽令搏擊豪強京師歌曰枹鼓不鳴董少平○強項事詳
通丨扶蜀人字休昭任侍中專獻納之任丨陽丨丨三世同居詔榜門曰篤
行董氏之閭南史劉瑜傳丨昭字公仁趙太祖嘗問坐問討有才略世之奇
士丨遵通范陽人趙太祖使守通○蠓母揔切即蠛蠓也列子蠛丨生朽
遠軍蕃漢服帝賜真珠盤龍衣壤之上郭璞云丨飛磑則天風香
則天雨曚喻丨日幪詩麻麥丨丨懵心乱○孔康董切孔竅之孔張
詳𥟖曚未明幪注茂盛皃懵乱孔氏別出空韻詩亦丨
之彰礼书工北為人眡其鑽空莊子秋水四海之在天地不似礨空之眼孔桑
在大澤乎也正音丨但韻丨字下旧亦注元也今故附此孔維

翰姿分土小与尔十万貫塞破孝子美夏孔晋佛圖澄丨旁有一
書言故事○公穀小傳帝為起第曰祿山丨丨大月孔丨以絮塞之夜讀書
拔絮孔中光照一室齋時帶孔沈休文言已老病百孔丨丨千瘡隨乱隨毛
孔中出五臟六腑洗之丨丨華常移丨詳歷百孔手矢韓与孟簡書
孔平生不平事盡向丨丨散盧仝茶歌○針九孔七夕執九孔丨五色線向月
佛以四大海水入一丨丨維摩經穿之先過者為得巧也詳針
顏苦孔之卓揚何多周孔見一刺史郎周孔之丨也韓○心在鼻孔三藏得慧眼
三藏丨丨上不無孔鐵椎胷中擾〻丨丨也趙州將丨丨
見為太近詳心丨丨丨始得群推无心即是道以一个道心九丨比干笛无姖丨桑丨竅丨蓮九丨
姓氏角音曾國宋丨父嘉之後丨安国前漢丨氏有古文尚書丨丨以今文
讀之因以起其家丨光字子夏前漢人賜灵壽杖歸老丨憲後漢時与
崔駰同遊太學拜為蘭臺令丨顏達字仲達唐冀州人為司業撰五經正義
子志孫惠元三世為司業時人美之丨道輔趙宋時為寧州推官真武像有
一蛇穿其前郡將師其屬異拜之丨丨持笏碎蛇首而去空注見
一郡皆驚三丁文仲武仲平仲史亦尤精工於集句孔韻○總孔作
切詩百祿是丨長發總角丱兮齊丨朕師無丨林總丨林丨而生總
貸宝鹽鐵賦納丨本作揔詳揔藝文志丨群書丨而群漢文兼總
丨丨條貫唐陸贄傳丨丨鈐總丨丨平允龜五總屐踐獻號為五總龜千歲
兒寬傳填總機務宋璟傳丨丨一聚問无不知也詳龜

漢書分丨丨江丨偬倥丨困苦也偬倥丨摠禾聚束也通作總書禹
統丨人名隋人一曰事多貢賦納總注禾藁也
鬆馬鬣又丨角蓯龍丨山皃○汞胡孔切本作澒水銀也淮南真汞得火則飛
注河上則丨子白礬生白須又大水皃河上姹女
丨也參同契流汞白鹿原頭山月出寒光潑眼如丨丨坡詞鉛汞東坡云坎離交則生分則死離
也出於腎虎者鉛也氣也力也出於心真人曰正坐瞑目調息以久則丹田
濕而水上行火為水虵熱必從之所謂龍從火裏出也句曰外腦滿而腰足
輕常捲舌上舐懸癰久則汞下入口嚥送直至盤走汞丨丨丨落筆縱橫坡
丹田久則化為鉛所謂虎向水中生也志林蓊烏孔
切草木盛皃相如傳靚蓊丨丨○滃雲起皃漢書○菶補孔切佩刀上飾曰
之丨蔓○一曰草可染黃丨霧丨雲丨丨下曰鞞詩鞞丨容
刀公劉鞞丨有珌丨丨草盛皃丨丨大兵詩瓜瓞○籠力董切竹器
詩傳天子玉丨珧珌琫玉玤石次
藥龍元行冲謂狄梁公曰下之事上譬如富家儲積脯腊膎膴以供滋膳參
术芝桂以防疾疢今門下充為旨味者多矣願以小人充一藥石可乎
仁傑曰君正吾丨丨丨贈一龍蘇子由謫高安寄詩云丨君丨丨丨牢收取盛取東軒
中物不可一日无也東軒号東軒長老坡因子由
長老來丨由復之東軒只是○動徒總切易寂然不丨傳註
虛空物何從丨毛詩鮮盛左相時而丨隱元年坡妙語一時飛欲待時而丨

丨雷動漢丨丨雲風動四方丨丨目動使者丨丨而言齒動丨牙丨治動曾
含高謀誘我也左搖韓參
傳嚴延年之丨丨黃群動陶詩日入食指動鄭子公事○風幡動一僧云丨丨
次公之治靜詳靜群動丨丨息動一云丨丨
丨六祖曰風幡非情丨幸丨洞洞〻乎屬〻乎注孝敬心至也○
動〻自心尔詳幡陸賈頑丨相通皃○山丨之丨在去声
挏漢有丨馬官○桶他孔切又音動黃熟桶皮堅而中腐形如桶謂之
作酒詳酒木器受六升丨丨丨香錄廷珪香譜
吟易摇桶二程入蜀至大慈寺有摇桶者口丨丨數就揖食物桶張僕射
之挽歸質所疑酬答如響問其姓名不答徑去齊賢每
食肥肉數斤嘗相知安州与客食厨吏置一大桶
竊視所丨如其物投桶中至暮浸漬丨丨歸田錄雅樂如桶詳雅

二腫 獨用

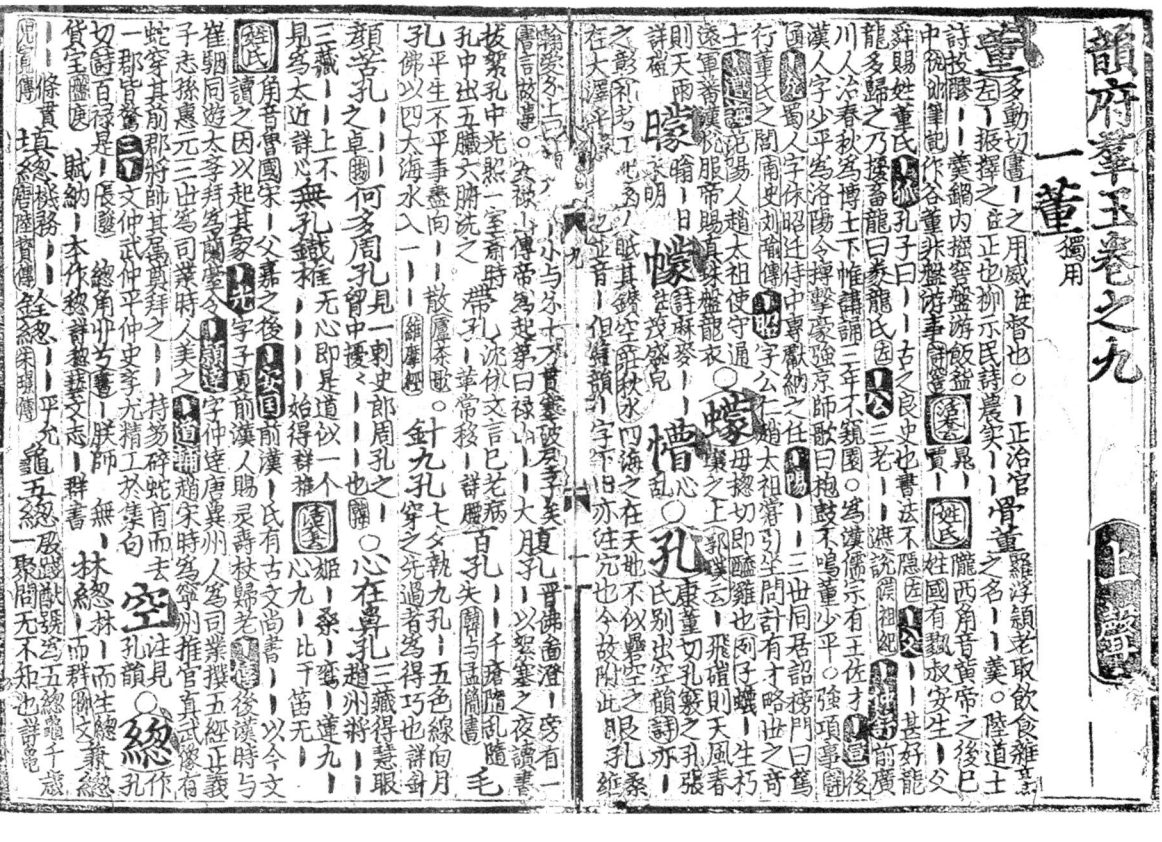

腫之隴切擁腫莊子樗木丨丨不中充腫嘉言為清越病病
癰也月纏墨匠者不顧詳擁腫尖丨丨韓曾種詩誕降
盧蒲嫳曰予髮將種宋盧侯章曰臣丨丨也請得以軍法行易種无俾丨于茲左
丨吳廣曰王侯丨相寧有丨乎漢書
新邑書美種五穀者種丨隴種丨丨而退大宛種初得花驄書九種丨分九
盤庚者也遺失皃漢書

瓜果種二月朔爲中和節民間以青囊盛百穀丨丨之丨相遺曰獻生子（李泌傳）食十八種詳李令公一丨丨丨丨詳式非○又二十七
種菜謂三非詳非茂先有種張華被害刘頌哭之慟聞華子得逃喜曰丨丨卿尚丨丨也（史）踵足後又追跡也旋踵討不丨丨
（相如傳）繼踵兄弟丨丨相因循詳馮姓曳踵車輪丨丨（曲礼）○謂行不絕也決踵（莊子）曾子居衛捉衿而肘見納履而踵決曳履而歌
（商頌）（孟）放踵摩頂丨丨企踵退方丨丨不着地如人之跂足也（莊）○丨丨（山海經）国人行脚跟息以踵真人之丨丨衆人之息以喉
（鹽鐵論）玉無踵西風吹好句珠丨本李（坡九七）又詳踵奔蹄腫肟丨丨丨（曾子固）射声利洛丶○寵（書啓）丑隴切
納侮（説命）（鄧禹傳）累世貴丨天寵（易師卦）承丨丨也居寵（書畢命）丨丨惟舊姑寵（詩）丨丨（鹽谷序）而貪傷於寵貴臣常病
（詩龜）丨丨丨（活套）新丨矜丨固丨怙丨（人名）（刘）受一錢事詳錢隴（説文）大阪也在天水者最大因以名州穀隴関中
左丨函右丨蜀（張良傳）垂隴鄭伯享趙孟（左）丨丨于丨丨得隴既丨丨復望蜀（光武紀）瓦隴荒林無空枝幽丨有高丨（荆公雪）鶴
書赴隴北山移文（活套）丨丨関壟（説文）丘丨也又冢也（礼）適墓不登丨又田中高処（陳勝傳）輟耕而之丨上又亦作龍（孟）隴斷而登之
又通作隴（活套）耕丨畦丨（姿）攡（於隴切）（阮籍傳）子貢居西河而文侯丨（蕭望之傳）（周昌傳）帝方丨戚姬亦作雍白雍樹馳詳樹雪攡
丨丨藍閑詳雪虛攡（桂枝）丨丨（隋書）壅（選）道路无丨（前武紀）丨於上閼○亦作雝（詩）維塵雝兮囊沙壅（韓信）丨丨水上流
聾龍且（本）正塗壅底（孟序）丨丨丨（活套）情丨蔽丨滌煩丨○冗而隴切（進李辭）丨不見治（李德裕傳）能簡冗官衰冗惟
慕廉退矣自知丨丨（選）閒冗超然正自得何由頌丨避卧甘丨丨（荆公）簿書冗丨掃丨（坡）（活套）丨煩丨負丨蝟丨丨食何丨
茸草生兒閒茸丨丨不肖也或作傝茸（賈誼傳）○荒茸雜苔難丨（韓愈句）蘢茸丨叢以丨丨（知傳）上來孔切（前相）
聚兒毵毛盛也（書）鳥獸毵毛（歐）使我意紛丨丨○重（直隴切）（孟）任天下之重（万章）書功疑惟丨輜重丨廁也軍粮什物雜廁載之故
曰丨丨（光武紀注）謂衣車丨謂載重物車又云丨鈞重千丨爲丨（叔孫傳）首重尾輕（李石傳）此丨丨則彼四重言重行重兒重好丨
（揚子）（備身）鬷重爲人（袁安傳）丨丨雅重勁正（崔琰傳）丨丨居重（陸贄傳）丨丨馭輕九鼎重詩誰言一身輕自丨丨丨丨（韓）
蝉翼重丨丨爲輕（鄭卜居）丨千鈞金帶重君亦自嫌丨丨丨（坡）雲鬢重丨丨挿花丨（坡）丘山重万牛回首丨（杜）
（古詩）（活套）莊丨持丨推丨帰丨○冢知隴切（書）丨宰（周官）汲冢（漢）丨丨得古文（晉荀勖傳）文冢刘蛻復愚為文不忍棄其
（行）（唐文粹）草聚而封之作丨丨銘旧李鄗丨丨（杜）筆冢僧智永有旧筆頭數石瘞之号退丨丨（晉史）玄冢揚雄死弟子共起墳名曰揚冢又曰

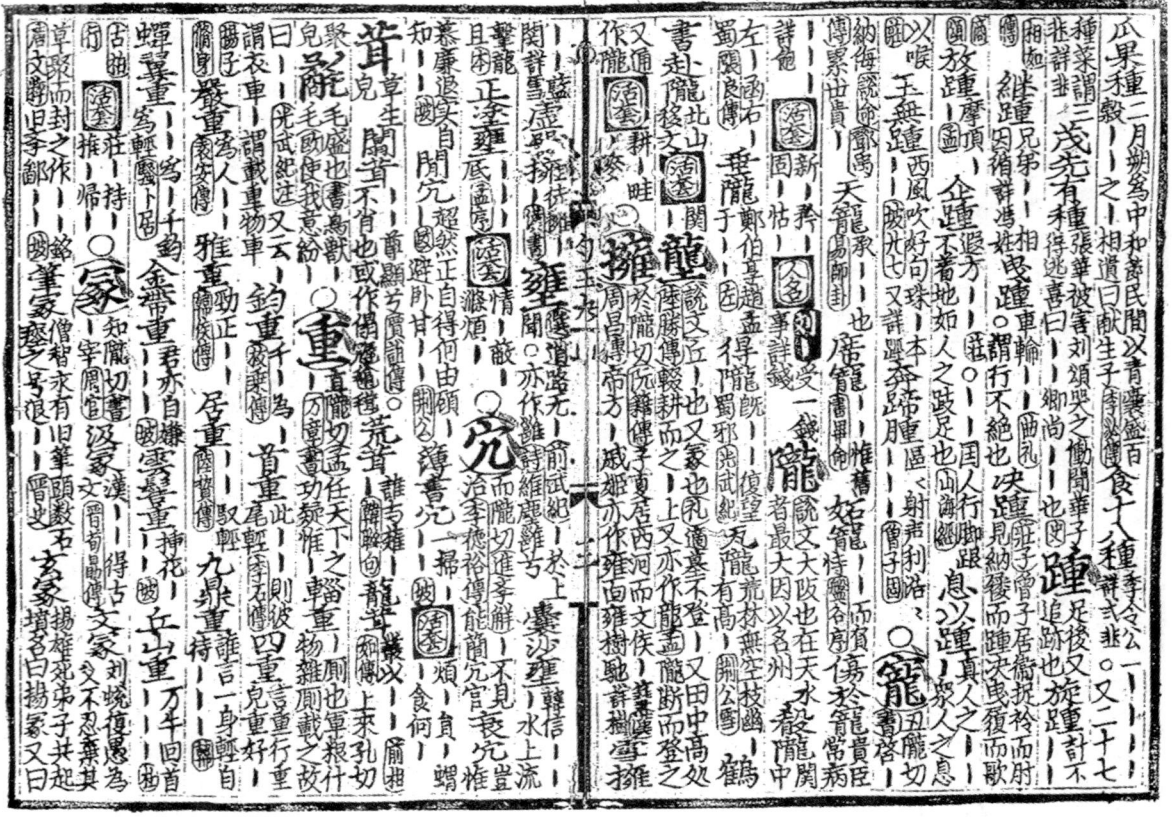

丨丨（家語）青冢胡中草白王昭君冢上草獨青号丨丨（漢書）山冢（月）山頂也丨丨崒崩（匠）馬冢滕公佳城事詳城黃耳冢
陸機事詳犬鸚鵡冢明皇有白丨丨号雪衣娘子死瘞之号丨丨丨丨詳鵡好發冢漢廣川王去疾丨丨丨發晉灵公冢得王蟾蜍腹容
五合水以爲書（西京雜記）宿王弼冢陸雲夜迷路至一家便寄宿見一美少年与談老子辭致深遠向曉辭去行十里問昨宿処乃王弼
冢雲自此談老殊進（本傳）坐者爲冢袮衡言語悖逆操怒送与刘表臨發衆人爲祖道乃相戒曰衡悖慢无礼今因其後至以不起折之衡至
衆人莫肯與衡大号衆問其故曰坐者爲丨丨卧者爲屍丨丨冢之間能不悲乎（本傳）詩禮發冢儒以丨丨丨丨（荘外物）言游說之士借詩書之
言以文其奸而發人之冢也隴德公上冢司馬德操詣丨丨丨値其丨丨德操竟入堂上呼其妻子速作黍須臾德公還不知何者是客
詳（活套）丨荒丨○奉（左）扶隴切承也献也（記）丨三无私（礼）丨酒醴（易）丨天時（任延傳）奉正丨公推奉（王導傳）傾心丨丨
孫供奉唐昭宗有弄猴隨班起居賜緋号丨丨丨詳猴（活套）丨甘旨（人名）（前漢）（後漢）捧兩手承也亦作奉毛義
丨撽詳撽唐揚炎夢丨日（唐功臣賛）丨月天門（倦游錄）韓魏公夢以手丨天者弃後果輔英宗神宗西施病心而顰其里醜婦見而美之亦丨心而
顰詳顰（記祭義）由手丨水飲詳瓢執玉丨盈（活套）孝瓢丨丨覂之或作泛（漢紀）泛駕之馬詳駕○勇（余隴切）
切（諡法）由也（記）知恥近丨（中庸）實勇申包胥曰功成受賞是丨丨也遂辭賞（左）詳申賈勇高固入晉師曰欲勇者賈余丨（左成二）
程勇鷙虫攫搏不程丨丨勇者程猶量也（儒行）大勇聞丨丨於夫子（孟）養勇孟施舍之丨丨也（孟）上勇有丨丨者中勇者下勇者（尚旌）
（恩）大敵勇怯漢光武見小敵怯丨丨丨（本）清直勇趙宋傳献肅公堯俞遷公務曰丨丨丨三德吾以欽之畏焉儒者勇鄭畋
李進士破賊將王瑤率衆三万攻畋丶乃設伏破之帝曰朕知畋不忝丨丨之勇乃尒匹夫勇此丨丨之丨（項羽傳）稀勇王莽時募兵名
猪突丨丨詳突賈勇可丨也詳賈柏孝長曰勇栾氏勇欒王騎曰州綽邢蒯勇士也宣子曰彼丨丨之丨也（襄廿一）尊乃勇漢王尊為
東平相謂王曰皆言王勇頭但貪貴如丨丨丨亦（困）謂魏勃勇魏勃教齊王反召問勃股戰而栗灌嬰熟視笑曰人丨丨丨丨妄庸人尒（前五）
（王）（傳）（活套）丨仁者丨（人名）（班超）之子也涌（説文）騰也亦作湧泉涌（漢）貳師將軍刺山而丨丨（前）戴胄言若涌泉（本傳）
舍人思若涌泉人咄之則丨丨弥甚並詳泉净飛寺咄泉潮涌山乱寒丨（曾子固）水涌風起丨丨（赤壁賦）洶湧魏伐吳見波濤
丨丨詳限踊（礼喪記）擗丨丨男丨女擗金踊丨丨踊則爲不祥之金詳金躍曰我且爲莫邪曲踊晉魏犫顛頡怒焚
僖負羈氏犫傷於胸公欲殺之犫曰以君之灵不有寧也距躍三百丨丨三百乃舍之（左僖廿八）
（干人）距躍言距地向前跳而越物過也百音陌勵也言每跳皆勉力丨丨

謂向上跳而折復下也　躍踊齊景公曰何貴何賤於是有｜｜者晏子曰踊
爍雖傷骨猶示其勇　貴屨賤左昭三年踊刖者屨識景公刖足多也
騰踊物價｜唐書竦踊傳玄擊白幘｜｜然也宋鍾舞上為｜鍾
月跙｜不寐詳蹢　甬草木華｜｜柄也漢書祭｜道謂道上加土也
斗甬仲春角｜｜月令斛也本作桶　禁甬龍旆垂天旆雲虬韻疑｜｜闕　俑洗葬木偶人｜孟始作｜者　慫縱史從史｜亦作
蛹玉蛹｜｜蟲詳蠭　甜於獨蛹蚪若抽｜｜韓竇財蠶用管輅｜｜鄉子後道｜｜十三物先說无誤　○恐
丘勇切左何恃而大恐邦人｜｜將恐｜｜將　皇恐｜｜　瀨頭記蛟　蠪恐　丹出
不｜語猶｜失之　大恐｜書　將恐懼詩　詳洋
｜　韓目皮相恐｜｜鄭食其謂沛公以｜｜失天下之能士史　活套｜｜震　○湧聳勇切腫氣腫也詩既微且癰賈誼傳方病大
癰字異義同用　○拱居悚切兩手合持曰｜通作共孟｜把之童子唐史
公空發豆恐寒｜　贄天子高｜坳未嘗遺合抱取用又把｜木假山記
｜而天　木之生或太拱七日｜｜書注　桑穀生太戊之朝　垂拱也孔子家語注　身俯手沓下｜　星拱語為政｜｜之　葉拱
褰子避席｜記　合拱｜者｜上之｜｜矣公羊僖三十二　秦伯謂鄭蹇叔子諫秦伯怒曰若亦之年墓家也　珙璧也廣
｜而對家語　栱之大者釋名　蛬蟋蟀一曰促織韓幽　築栱得
双人名　蜙蝑沚滑｜又冬韻　輂韋東也易｜用

乾牛之年｜之甲武所以　膠輂道合若
斉謂火爲｜輂克商也昭十五
周卿士上聲　左晉　漢侍中　人名　詩人　唐　姓氏　宮音　山陽
上張　陽翟皇户部郎中一傳　○　竦息拱切恭也　又｜動也　襲竦束不｜不｜詩　又恐懼也
神竦　牽挂左右曾｜｜　傾竦高行可　國　人名　漢　悚懼也　選精　活套　竦　畏｜｜
神竦困詩馬一作悚　神骸｜｜
聳高｜又生而昂聳高挙基見旁玄曰根　人名　聳聳魏侯｜｜　孤聳　勠心知
耳聾聲曰｜　不見其聳聳｜｜爾亦　精爽緊固　未謝詩
思猶｜　活套　吟肴｜｜　○　洶詡拱切｜湧水声狂哀聲叔狀浩　詾衆言喧
｜韓　靚聽｜｜　呼｜谷平生隨風波歸來夢猶｜｜也亦
作匈漢高紀天下匈　○　湩靚勇切乳汁也晉載記飲醴飲｜｜○李善親自
匈注喧擾兒通作恟　哺養李元孤兒乳為生｜詳乳元德秀自乳兒
子數曰
流｜史

三講 獨用

講古項切易朋友｜習太宗紀魏元講｜｜｜｜　河汾講王通講道　倚席不
元帝爲周師所圍猶｜老子魏元言唐虞杜　河汾言｜｜｜監
講後漢矣華曰今李者蓋　活套　武事　港五代王審知斷港猶｜｜絕航而甘
言少博士｜｜｜｜史　｜　戰於汫棠｜　望至於海也　圖

棠港五代閩主王審有德　○　棒歩項切　亦棒北齊司馬膺之性方直嗜与揚
政人号｜｜｜史　愔同為黄門郎後愔爲尚書令
路逢威儀導引乃於樹下側避愔曰兄何意　五色棒曹瞞除洛陽尉造｜｜
避弟膺之曰自避｜｜本不避卿愔甚重之　各十餘枚懸左右犯
禁者不避豪強棒殺　○　八棒常行｜｜十三禪家四十卷僧問閩山令含禪
之京師敵迹魏志　師明ゝ不會乞師指示師曰｜｜十三禪傳
喫百頡棒洛浦在夾山做典座三年｜｜｜以棒打地　析州打地和尚李
｜一日被僧藏却棒後來大悟云斬新日月特地乾坤傳　以棒打地者致問惟｜｜
而問師但張其口傳　活套｜　綵　蚌其剛在外也　剖蚌｜｜得　生珠　蚌章康
弟誕仲將孔融与父端書曰前日元將來淵才亮茂雅度弘毅偉世之　藏珠
器也昨日仲將來文敏篤誠保家之主也不意双珠近出老蚌後漢
蚌隋侯之珠｜於蚌　相持鷸蚌趙且伐燕蘇代為燕將謂趙王曰川蚌出曝
蚌蛤翳國合賓闕　而鷸啄其肉蚌合口而拑其喙鷸曰今日不雨
明日不雨必有蚌脯蚌曰今日不　玤石之次　○　項胡講切　強項董宣爲洛
出明日不出必有死鷸戰國策　玉者　陽令殺公
主奴上令謝主置手據｜　直項外有｜｜之名内实　槁項｜｜　黄　花項李克用
地不肯叱｜　令出　不曉政事恩夫躬傳　槁項臧注　｜｜天
子五　騎項　高帝方雍戚姫　毦項晉元帝得｜以為美｜上　莫拗折
閃　隆昌｜其｜困　一　裔尤佳号禁臠詳臠
｜食曰爛蒸去毛｜｜｜｜客　逢人說項到処｜｜
瑱　疑是　下粟米飯葫芦一枚而已唐　斯詳斯
齋威滅項僖七｜｜前有尊周　矯名拗項尚書省東南隅
之功後有滅項之非陳湯傳　吉侍御史及殿中久次者
至此拗項望　瓜置項樓｜因斷之以試劍五代　｜｜尚玉專　骨無項崔善知而僕嘲曰
南宮也因詔　｜｜上全｜｜胃前
別有頭　按灌夫項灌夫行酒罵灌賢田蚡怒籍福起　斫頭留項趙宋劉沆赴
詳前　｜｜｜｜令謝夫愈怒不肯詳坐　省夢彼人斫
首或餅曰狀元當第二　劉｜｜　遊西商言以国爲姓｜訖八歲服孔
｜却｜｜｜在青緗　活套　泰｜｜　姓氏　子詩此　｜燕下　人子衆ゝ兄子籍
号西楚霸王｜他｜伯｜褒並籍之徒　伯　以餉聲｝
沛公史　上聲　飲馬渭水每投三錢　上聲　唐人詳斯　鉛受錢器　婁詳篇

四紙 與旨止同用

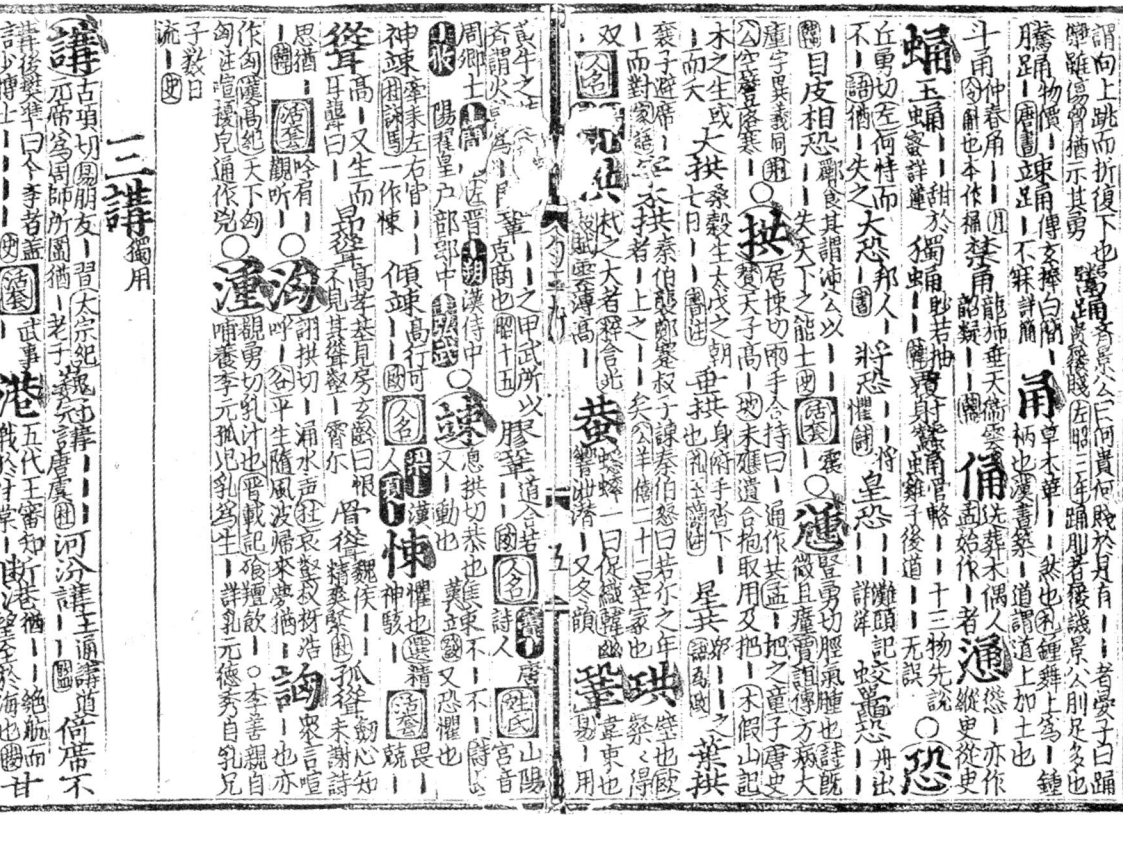

紙諸氏切上聲　有桑根｜○　剡藤事詳藤　○名楮国公　楮先　繭紙王羲
生韓　好時侯　劉公一｜　書詳書懷素尤｜書芭蕉詳蕉　之用
蚕｜｜渭發筆書蘭　綾紙唐語初用紙貞元　諫紙白居易曰僕爲諫官月請
評詩序　法書要錄　後始用｜紙志　諫紙｜｜詩云月慚｜｜二百
張長　名紙｜｜毛生不　小紙晉何曾性奢侈人以｜　片紙白損｜｜假緒衣
陵集　爲通詳毛　｜為書史記室勿部　紙五鏆詳去声當

紙氏 回紇入東京肆掠蕩尽蜀紙三五代唐明宗時民苦兵役〻因親疾割股及士民皆衣紙（唐元宗紀）益紙盧墓以免賦役户部歲給蠲符課州縣出紙号丨（史）

黄詔紙（南史）白樂天詩黄紙除書无我名（詳旗）丨紙丨扎

魚網紙 蔡倫字敬仲後漢人爲上方令用樹膚麻頭敝布丨爲丨称蔡侯紙

側理紙 南越以海苔爲紙其理側故名（張華博物志）〇王子年云本陟釐紙澂人語訛尔（拾遺記）

洛陽紙 三都賦成丨丨丨貴（詳賦）

左伯紙 魏宮觀始就詔韋仲將題署仲將奏用張芝筆丨丨丨及臣墨又得臣手然後可逞徑丈之勢（三輔決録）

蠶書紙 王沂公送簡紙数幅与孫冲皆是丨丨丨他人丨簡後丨（韓莊敏遺事）

雲落紙 揮毫落紙如丨丨煙（圖）

右軍六紙 刘連州家有右軍書毎紙背虞翼題云王丨丨丨丨一月二十日

參軍盲紙 唐杜暹爲婺州丨丨吏以紙万番贈歸受百番故号丨丨丨丨參軍

倚馬七紙（本）桓宣武征鮮卑喚袁宏作露布文丨丨丨手不輟筆俄成丨丨（世説）

致書別紙 盧光啓毎丨丨一事朝士效之丨重疊別紙自光始

疊驢如紙 張果乘白驢休則丨之如紙以水噴之復成驢（詳驢）

披反故紙 北齊韓軌云安能作刀筆吏丨丨丨丨与翻義同（丞）又當丨丨寄丨小紙 梁阮孝緒隨父湘東丨丨丨丨（史）不肯出丨丨（傳）又曰

〇蜂鑽故紙 神瓚禪師見丨子投窓求出師曰世界如許闊丨丨丨丨丨丨

書窓丨鳥（韭越）

只 語巳辞（詩）毋也天丨不諒人丨（莊）丨笞衙丨册心苦丨想竹林眠寒花丨暫香之類

以當佈……作貧者……

咫 叺文八寸謂之丨周尺（左）天威不違顔丨尺

咫有咫 其長丨丨丨

去天咫 肅慎氏貢楛矢丨丨丨朝廷

近窓咫 丨丨（谷）近窓看盈尋丨丨丨丨（谷）

抵 側手擊也 伊吾之北詳吾（宋博傳）藏宮鳴劔丨掌志馳丨丨几

砥 本作厎（詩）周道如丨（大東）（記）丨礪

越砥 清水焠其鋒丨丨 廉隅丨柱（山名）飲其咢（賢臣頌）

人砥 刀不利筆不鋭而獨加諸砥云〻丨丨則秦尚矣（揚問道）

（篇）礪砥 石（冊書）丨丨砮

礲砥 要須悍石相丨丨

天下底 爵禄丨丨之丨石（梅福傳）

疢 歐傷也（活套）丨丨瘢

枳 （考工記）橘踰淮化爲丨 江南爲橘江北爲枳又縣名

六枳 晏子曰丨丨以爲籬（周衍昰去志賦）

鸞棲枳 枳棘非丨鳳所丨丨

軹 車輪小穿（記）

〇是 承紙切（前元帝紀）丨古大取祭兩丨丨非今〇坡有丨丨堂詩

寧是 舍者丨其

宜是 鳥有先生問丨丨公（子虛）

主張是 孰丨丨丨綱是（莊天運）孰維丨丨丨

覓今是 非（歸去來辭）而昨丨丨

非是（賦）非之謂知非是是非之謂愚（荀）

何必是 天下多美婦人丨丨丨（因）

大不是 隋煬帝子昭性謙冲未嘗忿怒其源有可責者但云丨丨丨丨（史）

非其是 是其所非丨丨丨所是〻非（莊齊物）

都自非是 齊張融欲詣吏部尚書何戢誤通尚書刘澄下車入門曰充國言議非是至户望澄又曰非是造席視澄曰丨丨丨丨乃去（史）

是者十三中十五最後什八 丨丨上屯田奏初是丨丨計（活套）丨公

諟 理也正也（書）顧諟天之明命注常目在之

氏 注天（史記）

子賜姓命氏諸侯賜族其实一也姓統其祖考之所自出百世不变丨丨別其子孫之所自分数世一变族即丨也（事類總論）（左）保姓受丨

君氏 丨丨卒声子也（隱三年）

〇氷氏 丨丨子困於寒而欲求热（詳炎）諭趨炎者

名爲氏 如齊公子高之後爲高氏不書姓避正夫人也

封爲氏 如太公本姓姜封於呂曰呂望

生爲氏 如舜生嬀汭故陳爲嬀姓即因生以賜姓之義

官爲氏 倉氏庾氏則倉庫吏之後也（國）

字爲氏 无駭卒公問族於衆仲公命以丨丨展丨（左）

因馬爲氏 馬援其先趙奢能御馬号馬服君丨以丨丨丨

李氏 陶氏 崔元 歲月夜見青衣女伴曰丨丨詳辣桃李花精也（活套）老丨釋丨勇丨

〇靡 文彼切（書）商俗丨丨（詩）行邁丨丨

景靡 鸞鵲勝賢棗黄縱馳騁鶩㐫若丨（賢臣頌）詳典

風靡 燕從丨而丨（韓信傳）陽城下蔡俱丨丨（賦）

綺靡 陸士衡文賦詩縁情而丨丨

旗靡 視其轍乱望其丨丨（選）

望靡 蔵陽而丨丨詳

胥靡 傳説丨丨乃相武丁（賈誼賦）〇披

（左）靡偃也

西靡 西〇雨足尽丨丨（谷）縣繫相隨服役又曰腐刑

靡 項王大呼漢軍皆丨丨（史）

委靡 万物皆丨丨（梁武傳）

後靡 風俗丨丨

施靡（傳）〇連延皃

猗靡（相如）草丨丨

（楚辞）上息安丨切草木弱皃

〇彼 甫委切（詩）焉用丨相（孟）柱道從丨（詩）陟丨南山

的彼 汎丨柏舟（孟）奚斯加丨

息壤在丨詳壌

兕觥丨丨（詩）

〇被 皮彼切事並詳賓韻

介被 辞人曰丨丨丨挽者奔而右

被錦被 丨丨挽歸者趨而左（柳文）

下〇毀 （孟）有求全之丨又臧倉丨高孟子

誰毀 誰丨誰丨（語）文帝

尽毀 召至季布一月見罷布進曰陛下以一人之丨召臣以一人之丨去臣詳季布

丨 阿大夫封丨即墨者詳丨

根毀（武平一傳）立黨相丨丨〇上胡根切急引也

積毀 衆口鑠金（鄒陽傳）丨丨銷骨

原毀 昌黎有丨丨

文粲毀 唐宗室道宗為文俾毀

水毀 木飢（前五行）

龜玉毀

積中（語）於丨丨丨

燬 焚也（詩）王室如丨 楚曰燬吳曰燬齊曰丨

〇委 於詭切（韻會）少曰積多曰丨

端委 吳大伯丨丨以治周礼（左哀七）弁冕

雲委 沈響聯辞波属 能書詔丨丨遜能敏速一无點竄〇双鸞

積委（前漢）丨丨 （謝灵運傳）唐李十二杜遜

鬢香丨丨（詩）

填委 詔書丨丨（唐劉?傳）

強委 丨丨 會爲香罷 行昏禮詳會

骫 骨端丨曲也 丨曰骫屈曲也

〇跪 去委切

魚跪 六丨而二丨 叠敖（荀）足也

兼跪 凡贊用兼〻欲其毋必 跪類有礼者（春秋繁露）

地上跪 丨張良至丨丨取履 進於黃石公詳

婦人亦跪 宋王昭孫字象賢太祖問趙普拜礼男子跪丨丨不跪礼官无知者昭孫曰古詩言長跪問故夫即婦人丨丨也唐天后朝始

拜而不跪（關尹子）

主跪 客跪丨人丨正席丨丨丨

王彬不跪 謝王敦曰有脚疾以來見天子尚欲不拜何跪

之首（活套）長丨

〇詭 過委切（孟）丨遇 御獲（滕文）

澆詭 人怖（魏証傳）

華詭 唐長寧公主亭閣丨丨

譎詭 言語丨丨

掷乞巧　波詭大厦雲譎甘泉〔續褱〕奇　垝毀垣詩乘彼一垣　佹怪異礼大　○髓息委切　石
髓嵇康遇王烈共入山烈見一裂得一食之因攜少許与康已成青石擊之
骨琤琤二冊往視之断山復合矣　仙經云神山五百年一開一一出服之与
天齊　地髓地黃一名一一　鳳髓天外一鳳誰得一尢人解合續弦膠杜牧籟
壽　地髓久服輕身本草　鳳髓十洲記云一喙作續弦膠与此說異詳觜
髓吳孫和寵鄧夫人嘗醉舞如意傷鄧頰得白一一雜玉与琥珀和以百
骨金琥珀太多左頰赤點如痣更益其研諸嬖人更以丹脂點頰以要寵拾遺
遺記　洗髓黃眉翁指東方朔曰吾却食服氣三千年一反骨一一二　浹髓論肌
洞記　洗髓十年一剝皮伐毛吾生已三一一三伐毛矣武帝故事
傳燈　○慧可得髓達磨將滅命門人各言所得云云師曰道副得吾皮總持得
書　吾肉道育得吾骨最後一一礼拜依位而立師曰汝一吾一
傳　矣　髓滑也記髓一以滑之　萬一越　○累力委切詩積行一功吳　綦累十二一子王僧虔累棊
不墜墜落詳　卵累晉荀息曰累十二棊加九　九層之臺起於一土　逢累老子曰不得其時則一一而
蠏互見臺　卵累一其上公曰危哉詳臺　行史頭戴物而兩手扶之謂
之一一　不遭時者如一　寸累樂羊廢李妻趨機曰一絲而累之一尺　層累
轉流移而行　轉行兒　一尺不已遂成丈匹羊遂勸李詳絲
道互拆　宋玉高唐付　○道　技渠綺切亦作伎錫通　長技中国之
路交　也謂斜而上　天地而不通人曰一　長技一一五

囪　之不　斷之猗无　小技文章一一一於　末技潁川之民好一一　驢
三鼎　一一秦誓　道未為尊曲　不田作前漢書
技縣一之一　鼠技鼯一五一　屠龍技朱評漫李一一一　方一溥一工
技此不詳身　而窮詳鼠　成而无所用詳巧〔續褱〕　一雕虫一
妓女樂　東山妓謝安攜妓游　拂塵妓魏仲先冠萊公游陜郊僧寺仲先前
也　一一晉書　所留題塵昏滿壁從行官妓以衣袖
一之　答杭妓呂士隆知宣州好一官妓會一州一一到喜留之一日郡妓犯
詳袖　小過欲一之妓曰妾不敢辭罪但恐一一不能安呂乃舍之娓
秦詩　幸嘗妓溫公同幕私一一一於僧房剃　楊州二妓刘禹錫過一一大醉
話　妓公往追之踰垣而去詳墻　既醒見一一在側詳
慣　○倚於綺切記中立不一晉天文天貞如一蓋　○王孫賈母一　因倚禍福
門一閭而望詳門　○韵會云或作奇鄒陽傳輪囷離奇
相一一而生　攀倚石昇可一一　徙倚聊詩一盃酒一一憶　蒹葭倚一一一玉長
漢西都賦　高九万　天涯鳳游上林院　楫詳楫
劒倚一一須天一杜荆楚故事襄王曰能為大言　市門倚以貧求富刺綉紋
普乎宋玉曰　弓掛扶桑一一一天外文選　不如倚一一貨殖
傳　福所倚禍兮一一　夫所倚張彖曰君輩倚楊国忠為泰山吾以　虎蕩倚一
福所倚一一詳状　為氷山云云得无一一一乎遺事　益
押一一衝冒驟不　青嵩倚一一一長　〔人名〕呂一慶州人年八十三　〔姓氏〕楚左
鶩怒蹄之詳驟　松詳松　讀書作詩不已詳帖　史一

相　○掎羊綺切詩伐木一矣注伐木者掎其顛乃以繩繫木　踦脛也又一一
閭　掎後牽例之左譬如捕鹿諸戎一之注一其足也　閭而訴詳
剞刀也一一劂曲　○綺細綾墟彼切　黃綺一一終　綠綺卓文君　青綺上林苑有一
結綺陳後主一一閣張　談綺高一亦　吾綺莊一不一　端綺客從遠方來遺　筆
結綺麗華居之詳閣　言綺何一選　語綺加一谷　我一一一選
振綺揮一如李〔續褱〕文一紈一霞　○蟡魚倚切又作蟻　一曰玄駒詳駒尨
振綺一一散一波羅一　制於一賈誼文亦作蟻記一子時術
之巴蝗一一衆而善政　凍蝗五月行人　浮蟻酒有泛齊一一在　春蝗一一未
蝗寀棟元稹集　蝗如一一坡　浮蟻上流然爾雅　曾開慶
信詩　孤竹蝗齊威公伐一一山中无水隰朋曰一冬居山之陽夏　槐安蝗淳
酒也孤竹蝗居山之陰蝗壤寸而有水乃掘地果然得水韓文　槐安蝗于
棼夢槐安王曰南柯郡鄉為守寤尋槐穴下積土壤為城　床下蝗殷師患
郭臺殿之狀有一數斛中有小臺二大蝗處之事又詳槐　耳聰聞
一一一動謂　封穴蝗一穴户大　行磨蝗日月行天如　戴粒蝗東海
之牛鬬本　穴蝗雨將至易林　磨蝗一一詳磨　戴粒蝗來蝗曰彼
冠山何異哉一一　道遼堤蝗千丈之堤以螻蟻之穴而一韓　慕羶蝗莊詳　橋渡蝗董昭之至江
遼於封垤之節　慕羊蝗羶　見蝗垂一短
芸救之後繫獄群蝗穴獄遂得出齊諧記　一宋少時有胡僧謂閣大宋
門以神頗異能活數万人之命者哉思之曰堂下有蝗穴為暴雨所浸

弄戲　僧曰是也小宋今年必魁及綜不出其下比唱第小烏
宋果然中魁及章聖臨朝謂弟不可先兄以大宋為第一　○宋庠宋祁也
蒹蟻蝗莊子將死曰在上為一一食在下為一一食詳棺　鱣鯨蟻蝗一一制於一賈誼付　寸人皆蝗相謙家忽有人
長一餘悉被蝗持槊緣几登竈或有竊肉以槊刺取入穴　艤整舟向岸曰
沸湯澆所入處掘之有斛許大蝗謙後以門釁伏誅異苑　艤一史項羽至
烏江亭長　○錡釜也有足者左　闌錡統勾陳之衛擢一一之兵孔白六帖唐
一舟待之　錡筐筥一釜之器　闌錡張癸云擱錡分司武庫是藏兵之處注
受兵曰擱受甲曰錡擱兵　崎錡鹺巉止之无常崩一一之謎便陸　○羨羽
甲架也　○擱字通用　崎金衡文付　○上音起擬不安也　羨委
切草也　○遂草也又姓　○觜即委　鳳觜鱗角一一世莫識煎膠續弦奇自見杜
又姓　切　四巻　○十洲記仙家煮一喙麟角作膠
名續弦膠能連　屢觜自傍芳叢摘一刘禹錫菜歌　尖觜詹股若坐微累下大理李端初詬
屬弓弩斷弦　曰子觜一如此誠奸人也後堅志
代端初為淮南運副曰比往　黃鵠觜時二一一一蘇子　黃鵠觜莫對一一矜
時一不尖否端初愧怍詳尖　由章也詳萓　坡二巻
嘗運細兒黠有似一一子田　貫鐵觜宋兵伐蜀蜀主大懼訪群臣拒天兵者有
巴冗老耆　汝矜爪一韓　一一一者越班而對云臣則斷定不敢
東齋記事〔續褱〕沙一山一　○此雌氏切易孰能与〔續褱〕敬在一異於　一焉用一　洮水清也孟
老子去彼取一　其類有一

音七乱反 佌 小也詩｜｜彼有屋 瑳 玉色鮮白（詩）｜兮｜兮 ○蘂 如壘切華外曰｜華華內曰｜ 蘂約君壹衆喚｜
（彼）擅蘂（錢）雪成花｜作｜（王道輔梨花詞） 浪蘂浮蕊｜｜ 都丞（城詞） 前落蘂牛酥｜｜（賦） 飼石蘂晉康亥道冠雖食木
实｜｜（史） 人名 蜀妃花｜夫人能詩詞 花木 玉蘂狀如荼蘼花鬚如氷絲上綴金粟花心別有碧箭如膽瓶中別抽一英出衆鬚
上散为十餘桼猶刻玉然（周必大題）唐長安唐昌觀有之元和中有女子年
可十七八乘馬容色出衆從以二女冠三小僕异香芬馥直造花前良久令
小僕取花數枝而出觀者如堵須臾在半空矣方語神仙之遊餘香不散者累月（康駢劇談） 縈（年）韋也左佩玉｜兮（宸十）（還詩）｜｜芬華落
○豸 有足曰虫无足曰豸 虵尒切獸行｜｜然又虫｜（亦雅） 又觧也 貍豸 如貍旁類兒 陂陁｜｜（抽） 此豸｜｜（東京） 增蝉蛸以
（賦）奚（?）廌 有豸 豸武子曰使郤子逞其志 ｜｜予（宣十七）觧也 豫 奪也（易）終朝三｜之 曹（?）瞞｜嘅 又衣縈編也 魏黃
妖（蠱） 廌 ｜獬｜獸名 能觸邪 ○從 斯氏切（語） 義崇德也 閩義不能｜（史） 三從 孟母
（還）鵬從｜之｜於南（莊） 商鞅｜木示信 曲突｜新无恩澤（詳鷸）
鵬從溟也（詳鵬） 漢從（莊）青神縣救柏避多覆舟張 瀧（?）從 ｜与儔遇曰我
恐我声鳩曰子改写则可 逸禰（?）江神｜｜五里（詳灘）寮（?）泉從｜将｜｜西方皆
不改雖（?）東從猶惡 ○（說苑） 桑蔭不徙 ｜｜｜而大 貢不中從 郭鮮以｜｜
功立（屈突通替） ｜｜｜（詳貢）

〇夜八從（晉）裴楷（?） 文道衛瓘之誅楷閩（?）（史）入一夕再徙 李林甫憂有刺
荆州城｜｜｜｜故得免難（史）｜｜ 客｜｜｜｜（詳璽）璽
三代以前无｜秦皇藍田得美玉刻之李斯篆文曰受命于天既壽永昌傳
于漢王莽就元后求之乃出｜投地｜上螭一角缺後漢还光武漢大乱孫
堅浚井得之袁紹複拘堅妻求得之紹敗还漢以禅魏魏以禅晉後刘聰得
之为石勒所并帰于勒勒滅晉謝尚等購賞得之以晋穆永和八年还江南
○契丹滅晋求｜出帝曰臨王從珂自焚｜不知所在疑巳焚之（董御覧）○
李唐所刻又多末世喪乱不免亡失唐武后改諸｜皆为宝○趙宋所造九
宝其八为金人所有南渡惟皇佑五年所作鎮国神宝在焉○皇帝六｜皆
玉螭虎紐文曰皇帝行｜皇帝之｜皇帝信｜天子行｜天子之｜天子信
｜皆以武功紫泥（書）封之（禁?）（斷）（漢舊儀）東｜比會于壇又｜｜ 迆 演尒切（衺）行（書東）｜比會于壇又｜
封之（禁）（舊獨斷） 迆（還）逶迆 邐 邐迆連接亦作迆（孟）迆從良人之所之 迆 山卑長
山剗（?）泰酒 ｜｜也又迆｜因循也或作邐（相如） 迆兒 揚衆
｜｜ 逶迆也 邐 力紙切說文行｜｜ 夫人賦 邐 迤（?）家輿之螘略委邐兮行步進止兒又曰
容以亂麗兮 徙 所徙切本作邐 邐蹝 蹝謂足踐不正納履也 ○徐（蹝）倒蹝 魏王粲詣蔡邕｜｜
字巢義同 徙 曰蹝蹝謂足踐不正納履也 倒蹝（迎）之曰王孫有異才
○王右軍妻郗夫人謂二弟悟鑒曰王家見 屣 蹝 郗超曰謝玄之才（並） 利蹝
二謝來傾筐｜｜見汝輩來平平亦（世說） 蹝 ｜｜間亦得其性
遊 女郎蹝揄長袂跡 蹝 孫弃｜（孟） 破蹝（哀）我綵褶子負 宰蹝（鄭?）子｜｜而歌
｜｜（貧?）殖傳 舜蹝也敬蹝｜（孟） 蒹蹝 ｜｜（嗷） 商頌声滿天地

（詳）脫蹝若｜｜ 蓰 物數五倍曰｜（孟） 讀 釃 漉取酒也（詩） 鞘 韋履也 纚 緇
商（魏世家） 或相倍｜（孟） ｜｜ 釃有与（?） 鞞 室 ｜｜ 纚（昌）
（詳）縰髮者（前）（匹）充傳冠褌｜步搖冠內 傂 弄弭切（書?）（周）不率｜因
則（?）御｜又｜｜好兒又颯｜長紳兒 傂｜阿衛（詩）｜亦壽而富 ｜
（左）淶（?）率｜｜ 骳 ｜股外曰髖｜ 骳 胖 文帝｜｜思蘖 ｜｜猩唇豹胎（？）美残象 肉生脾
摔刀削也 胖（?）之上曰｜折骨 康頼李牧以蔽骨 白（詳）（藏）味之美者
刘備身不离鞍髀裏肉消 ｜詳肉 丰髖 髀（屠牛坦解十二）云云至於｜ 肅 淯豚髀（?）肝望
今不復騎髀裏｜｜（詳肉）之所非斤則斧（詳刃） 敗于
肥水 道还 淮北 飢甚 有進 ｜｜ 丞相 髀 李 孫（?）祭（?）祜 是 ｜ 射虎中人 髀 後 媿 杀
｜｜｜者 堅 食之 大悦（載記） ｜｜｜（詳項） 朱 榮 祖
代勤 部人｜｜誤｜其 髀代 ○ 爾 兒氏切 通作 尒 ｜（語）惟我与｜ 吾 无 莞
勤 曰此亦過誤竟不問（史） 隱 乎｜○ 柏 温 曰 正 自 不 能 不｜
爾 笑（語） ｜｜而 啞爾 或 人｜｜｜ 率爾 對（語） ｜｜｜而 汝爾 相｜｜（賦） 爾爾 卑 坦 謂 鄧 輔 曰
爾 笑（語） 啞爾 而 笑（揚） 率爾 對（語） 汝爾 逆 旅 檐 夫 爾 爾 張 方 欲 反 人 謂
卿 知 之 輔 曰 实 不 聞 坦 曰 王 若 問 卿 卿 但 言 ｜｜ 輔 反 乎 爾 出 乎 尒 者 （孟）不 得
如 其 言（晉康帝紀）○ 阮 咸 曰 未 能 免 俗 聊 復｜｜ （詳） 逐
爲 爾 胡 毋 輔 之 嘗 酣 飲 子 謙 之 呼 （陸 尕）偶 然｜｜刘 昆 事（詳） 邇（辞）與 柔 遠 能
爾 父 字 曰 彥 国 年 老｜｜｜｜ 火 ○ 儻 來｜（詳 來） ｜（書） 陟 遐 自
｜｜（詩）不｜｜声色 道 邇 天 道 遠 人｜｜（左）○ 室 邇｜｜｜ 人 密 邇 其 訓（書）
孟 不 泄｜（离 上） 道 遠 ｜ 在｜｜而 求 諸 遠（孟） 室 遠 遠（詩） ｜｜ 先 王 〇

弭 緩 弭 切（左）兵 可 以｜ 骨 飾 鞭 弭 左 執｜｜ 右 屬 ｜｜ 魚 服
弓｜ 兩 頭 曰 弓 不 以 骨 飾 曰｜ 囊 鞬（左 僖 廿 三） 象 弭（詩 采 薇）（陆 李）
（詳） 敉 撫 也 安 也（書） 亦 （陆 李） 羋 羊 鳴 也 ○ 瀰 滿 也 （詩） 河 水｜｜
弓｜ ｜未 克｜公 功 ｜ 又 楚 姓｜｜ （選）｜ 洲 平 原 〇
婢 便 俾 切 顏 長 康 謂 洛 蒲 婢 金 鳳 花 魚 婢 大 魚 側 小 魚 曰｜｜（詳 奴） 侍 婢 始
（選）生 詠 为 老｜声（詳 赫） 蒲 婢 也（詳 鳳） 魚 婢 木 妙 ｜｜ 何 足 録 扁 齊 侍 婢 名
和 娘 既 得 病 乃 曰 佛 我 依 也 願 以 織 婢 耕 當 問 奴｜ 幸 姑 婢 阮 咸 素｜｜
为 役 更 名｜｜ 刑 下 傷 女 嫫 傳 記 ｜｜ 問 婢 當 ｜｜｜ 詳 面 幸 姑 婢 之｜ 姑 婦 婢
從 去 咸 借 客 馬 追 通 嫂 婢 王 珉 事 願 為 官 婢 太 倉 令 淳 于 公 罪 當 刑 小 女 緹
婢 累 騎 而 还（李） 嫂 女（詳 翁） 紫 上 書 願 没 ｜｜｜｜｜｜ 以 贖 父
刑 帝 下 詔 除 肉 刑（詳 女） 関 閣 放 婢 王 敦 荒 恣 於 色 体 为 之 敝 ｜｜ 十 數 人（李） 奴 如 大 家 婢 梁 武 帝 評 羊 欣
肉 刑（詳 女） 乃｜ 後｜｜｜｜ 十 數 人 奴 如 大 家 婢（?） 書｜｜｜｜｜ 为
夫 人 雖 加 位 遇 而 举 止 羞 夾 殉 二 婢 陳 乾 昔 寢 疾 屬 其 兄 弟 而 命 其 子 尊 巳
澁 終 不 近（段） （韋 續 書 訣） 曰 如 我 死 則 必 大 為 我 棺 使 二 婢 子｜
我 其 子 曰 云 奴 價 倍 婢 晉 祖 納 性 孝 王 敦 遺 以 二 婢 辟 为 從 事 中 郎 或 戲
云 不 果 殺（禮） ｜ 曰｜｜｜｜ 納 曰 百 里 奚 何 必 輕 於 五 股 皮 邪（史） 道
中 捉 婢 孔 氏 婢 道 上 車 殯 暴 如 此 敢 取 婢 宅 因｜ 其｜（詳 且） 我 若 婢 敦
中 挺 婢 晉 周 縉 嘗 在 鳥 衣｜｜｜ 逢 散 豈 取 婢 郭 璞｜｜ 繞 主 人 我 若 婢 王
閑 兄 含 兵 敗 曰 庳 屋 卑 小 也 ○ 後 尺 氏 切 書 禄 不 期｜ 哆 侈｜ 兮｜
｜｜｜｜ 亦（史） （左 宫 室 卑）｜ 周 官 孟 放 辟 邪｜ 兮（詩）

汱後伯有丨丨已甚（襄卅）崇後侵欲丨丨（閔廿八）哆張口㚊美女也○弛施是切弓解也（李延年傳）李夫人
卒後其長弛一丨丨之士（前武帝傳）丨者跅落　豕与猪同豝韵
㚊丨張弛丨（記）跅弛丨丨无檢局丨者廢弛不遵礼度　通看（記）丨曰
㸌丨烏將軍○（古今註）名長喙將軍○（易）見丨負塗　羸丨孚　封豕后羿
蹢躅○（詩）有丨白蹢丞涉波矣　斬見彼盂与彘丨游　生伯
封實有豕心貪惏无厭謂之丨丨（昭廿八）亡豕曹瞞有丨丨者与瞞豕相類詰門誐之萌不亥
豕張鷟云丨丨之与豕涇渭莫分魯之与魚淄澠莫下○注云有人讀史云三
豕渡河子夏曰已亥渡河校之果然又簡牘磨滅以陶為陰以魯為魚
人立豕齊侯田於貝丘見大豕從者曰公子彭生也公怒射之豕丨丨而啼公懼墜于車（莊八）遼東白豕朱浮責彭寵曰
伯通自伐功高天下往時遼東有豕生子頭白異而獻之至河東見群豕皆白懷慚而還若以子功論於朝廷則丨丨丨丨也北斗七豕唐一
行長於數王生之子以殺人繫獄求救於一行一行曰以數推之當有赦道
其徒授以布囊戒令其處發園伺之有物來其數七共捕之以囊攝之至時
忽有七豕入園獲之一行置大甕中密覆封書梵字誌之太史
奏北斗不見召一行問之曰莫若大赦從之星見如故（輔翊）公孫牧豕丨丨
弘丨丨海上　盧杞為虢州刺史奏官豕三千為民患德宗曰徙
四十乃學春秋　虢州官豕之沙苑杞曰同州亦陛下百姓臣謂食之便帝曰
守虢而憂它州宰相才也遂有意柄用（史）○紫將此切（說文）惡丨乱朱○丨泥封璽詳
以牛紫為袷囊綴派外　名山記孔乃古浴婦名紫丨所化　荷紫尚書
詳袠○荷上声袷音劫　龍紫公侯皆紫綬金印黽紐（陰識傳）拖紫丨丨紆青　魏紫魏相仁浦家牡丹花甚大（歐公）
（譜）左紫千葉紫花亦曰丨丨　平頭紫同上　軍容紫蕐底紫牡丹色如墨又名墨色紫花在叢中旁一大枝引葉覆其上唐官者觀軍容使家
有此花故又謂丨丨丨同上　衰家紫承君折送丨丨　陳家紫荔枝異化軍閤池勝處惟種丨牡丹也詳倩　荔枝尤重丨紫亦曰丨丨丨
四軍紫貞元中有丨行丨司馬賜丨丨丨如拾地　登郎署時呼丨丨丨（國史補）取青紫於（夏侯勝傳）暮山紫而烟光凝
丨丨（隋書）偕賜紫　則天朝丨法朗譯經言翊聾麑紫為馬名（唐回紇傳）丨丨丨道士賜紫李泌乞為道士
（國記）偕賜紫法丨丨娑婆始此（釋原）
賜紫衣丨丨丨愈於丨丨丨　自此始（釋原）䎙褐朱紫丨遠矣詳褐　呰訾（說文）也翁丨　○捶之累切杖
擊不堪便捶符生自云性耐刀　不聞被捶王敬弘未嘗教子李問曰卅朱遺
也丨丨捶楚丨丨丨詳楚　丨丨不應之教籬越丨丨丨詳教
奴自捶唐韋嗣立與兄承慶異母繼母遇承慶嚴每笞之輒解衣求代母不聽即丨丨丨丨丨丨卅感悟為均愛由此王見（史）箠擊馬策也○漢
景帝定笞令又箠恨无一尺箠為折箠光武曰赤眉來丨丨笞之（後）孔子曰參來昔舜
笞丨令国笞四夷（國）學小箠事瞽叟小箠則丨

大箠則走今曾子委身待暴怒以陷父不義不孝孰大乎（說苑）杖箠張耳丨丨丨丨下趙城○大王去揮馬
箠丨孫策丨丨丨以下江南（吳志）捶分丨丨丨去居岐（前婁敬傳）
○舐神紙切或作䑛䑛又作秳（前吳王濞傳）丨糠及米言初舐糠遂及米○謝尚集○揣初委切（孟）不丨其本研揣丨丨声音（杜甫傳）鈎揣善丨丨人士
有物丨之隨舐丨処皆勻詳舔懷老牛丨犢之愛　以舌取食也亦作咶（留侯傳）憂及天而咶之揣意（唐李訓傳）
詳舐痔者得車五乘詳痔舐筆和墨詳墨
○跬丘弭切半步也（司馬法）一舉足曰丨丨丨二尺兩舉足曰步六尺亦作頍荀子不積頍步无以至千里又作䞨（前伍被傳）未有丨左足而
先應者○頍丘弭切企去智切望也（詩）丨予望之去声或作跂（詩）如跂斯翼（山海經）有丨踵國詳踵　離跂丨丨擿臂於桎梏間○危晉弭切也左官丨丨其同○
（匪）○旨職雉切（書序）敷暢厥丨（晉王述傳）觀序音丨　酒旨禹惡旨酒（孟）有丨丨且（逸詩）○食旨甘（孝經）丨丨不養
身旨自得丨丨（國）岳筆廣旨晉樂廣遷河南尹請潘岳為讓表廣述已志岳因取次比時言廣不假岳之筆岳不假廣之旨无以成斯
美詳○求明旨欲識丨丨丨門前一湖水（陸套）風丨宗丨甘○指所丨（大學）十手
筆詳日照光明生風來波浪起丨知丨忤丨抱朴
以丨測海○指佞草詳佞○魯肅指囷詳囷丨丨丨左足大指言其丨
詳米○虞公以劒指日日退不落詳日米指績諸丨丨○手指五曰指食指丨丨
丨无名丨卜丨（宣四年左）足之用力丨指食指楚人獻黿於鄭子公之丨丨
最多手之取物中指為長故皆曰丨丨動曰他日我如此必嘗異味
左詳染指鄭公鮮黿召子公而弗與也子公怒丨丨於鼎嘗之而出同上枝指駢拇丨丨出乎性哉○駢拇足拇指連二指丨丨手有六
（羅）指也血指丨丨汗顏又詳顏　斷指拔刀丨丨（張巡傳）嚙指李績感泣丨丨（本）咋指悔往已垂戒乃鐫鋊韓杏張徽
（醢）頤指賈誼傳丨丨如意如淳曰但頤指動丨丨麾則所欲皆如意　月指指動丨丨氣使（賈禹傳）○物出氣使人　楊妃指供盤秋十指筍丨丨
丨為酒（左襄）西子唇鞭筍如指（王禹偁道詩）牧童指丨丨遙丨杏花村　三千指白樂天連檣一万艘粒抗樂丨丨丨（鄭）紅養一指
丨其丨丨丨而臂使指（賈誼傳）失其肩背海內之勢如丨丨丨丨　天地一指物莊齊　紋連中指陶侃紋直達丨丨丨至横紋
上節占者以為貴相詳公　感子噬指蔡順少孤事母孝嘗出求薪客至母噬其指順即心動棄薪而歸母曰有急客來吾噬指以悟汝（孝）
士卒墮指天寒丨丨丨丨者十一二（三國）高祖擊韓王信遂至樓煩會　叙祿羅指張祜詩但知報道金釵舉丨丨丨丨尖詳尖丨丨勝月
之直指暴丨丨為丨丨使者衣繡衣持斧出討盜賊（漢武紀）舟中掬指晉荀子丨鼓於軍中曰先濟者有丨當中軍下軍爭舟舟中之指可
掬也（左宣十二年）拔刀斷指唐南霽雲丨佩晉殘賀蘭進明詳禰　長史脚指北齊李幼廉為瀛州長史神武行部徵責

文選應機立成神武責諸人曰汎等作○天龍竪指有僧過丨丨丨一丨示
得李丨丨丨一丨丨否諸人並謝罪〔史〕之僧大悟後示寂〔回〕吾
得丨丨丨丨頭禪猶如彈指維摩經度百千〔活套〕丨意丨大氐致
一生用不盡〔傳燈〕彈指劫丨丨丨丨丨丨丕丨氐也○視承家
切与寘匀通〔孟子〕驅弗丨〔語〕尊其瞻丨丨睥視高士廉礼諸朱桃椎与之仰視
〔韓文〕一丨同仁○孟敬不丨墮甑〔詳甑〕丨視語不答丨丨丨而出〔詳推〕
不敢丨丨丨忤視金日磾目不丨丨〔國〕疾視丨丨其虎視丨丨眈々〔頤卦〕○瑰視丨丨三
〔唐太紀〕丨丨丨丨視不丨丨長上〔國〕丨丨天下〔魏文紀〕丨丨山林觀
五湖〔傳〕平視魏太子讌大夫酒酣命夫人甄氏出拜坐中十目視丨丨所
〔白鵬付〕丨丨衆咸伏不視劉楨獨丨丨太祖收楨輸作丨丨〔大學〕目
不兩視丨丨丨丨而尉左右視上存丨不丨丨內丨丨下
明〔荀勸學〕丨丨能對翁歐淳〔詳瞿〕〔活套〕丨丨諦丨〔人名〕秦將〔孟明〕
河焚○美毋鄙切〔語〕盡善盡丨成人之丨之才之丨尊五丨〔詩〕所丨非丨
舟然〔孟〕充實之謂丨〔詩〕予丨亡此丨歸丨報上〔左〕叔向母曰甚丨丨
必甚惡〔秀杜贊〕持較美張九齡曰嚴挺之太苦勁蕭誠丨丨可喜李泌曰溢
衆丨而斂之君公爲宰相而喜丨丨若平九齡驚謝之〔李泌傳〕
美丨之言〔詳喜〕兩喜必有丨疢美疢不如藥石丨鐘美虛以丨其丨〔國〕居美晉王濬王渾爭功
疢之丨其毒滋多〔左〕范通曰卻功則美
矣恨所以丨丨有丨丨且々芳美快暢美王恭美姿儀
者未盡善也〔論〕專美〔尚書〕四美〔滕閣〕丨〔詳芳〕春柳美濯々如丨月

丨冠玉美陳平美如丨丨其好貌美顏四曰景帝丨美失其美無莊丨丨丨勇
中未必有也〔詳冠〕而丨醜〔詳醜〕褰濮丨丨丨丨
〔莊〕無莊食鴈美皇甫規問鴈門太守食饕美崔弘度屬侍者曰汝來丨全
古美人在郡丨丨丨〔平史〕丨丨安知其丨〔詳饕〕〔活套〕
習俗丨孟子鄙丨朱〔人名〕〔杜氏〕工部○鄙補美切〔孔〕五鄙爲丨〔左〕是
朝丨丨諸潘岳丨〔詳醜〕子産亦字子丨〔通〕丨我也○又貪也〔詩〕在位
貪丨〔孟〕丨夫寬○黃憲不見晉鄙陽城居於丨之丨丨之丨人鄙丨丨有
叔度則丨吝之心復萌〔詳吝〕晉鄙薰其德而善良者幾千人〔韓〕都鄙章〔曲〕八
則治丨丨〔礼氏〕肉食鄙丨丨者丨未能〔活套〕北丨邊〔人名〕〔公〕秦有力人拼
〔周〕五百家爲鄙遠謀〔左〕莊十丨仁丨牛詳牛〔晉〕爲信
陵君所否惡也〔書〕丨德〔易〕丨否或丨或丨若否邦國丨丨〔詩〕烝民臧否一
殺〔詳椎〕利出丨並兩音聖否〔詩小旻〕丨順也猶言臧丨
〔因〕一丨○兕徐姊切如野牛而青一角善抵觸故制爵以爲白兕丨丨爲
兕酒觥〔詩〕丨觥其觩殪此大丨〔語〕虎丨出於匣上瑞〔因〕
〔典礼〕蒼兕雲霧埋山水兕〔五代史〕占城丨丨狂兕丨丨觸寢兕丨丨持虎可以養
〔部〕丨丨吼〔孟〕〔西都付〕威謂兕皮可制鎧
武士丨處於甲胄持虎謂以虎○几居履切長五尺高一尺二寸廣一尺
皮爲弓衣武士執持〔周礼〕兩端黒中央赤坐必設丨所以依憑
又通作机〔左〕設丨而不倚〔易〕渙奔其丨〔顧命〕憑丨〔詩〕狼跋赤舄玉丨
丨丨○桐丨化麑爲仙翁事見麑○虎〔歐〕辭以頭就丨〔穿〕情〔詳情〕玉几卿丨丨

彤丨漆丨銘几武王丨席丨隱几丨丨而臥〔孟〕南郭子綦丨丨而坐仰天而
素丨〔儀〕觴曰〔大戴礼〕〔齊〕嗒焉似喪其耦顏成子游立侍乎前曰
何居乎形固可使如槁木心固可使如授几丨丨有賜几大夫七十致仕則
死灰乎今之丨丨者非昔之丨丨也〔莊〕緝御〔詩〕必丨之丨杖〔記〕○
吳王不朝丨操几謀於長者必投几晉伐偪陽城荀偃士匄請班師肉几有
丨杖〔從文紀〕丨丨從之〔記〕知伯怒丨之以丨出于其間〔左〕丨几供
奉侏儒名黃獻性警黠上抵几宋博爲瑯琊守齊俗舒緩掾史皆稱病臥博
嘗患之以行謂之丨丨〔唐〕奮髯丨丨曰齊民欲以此爲俗邪〔詳緩〕○丨
音斬丨丨丨丨文謝朓有丨丨隱丨詩○拂拭丨仲尼几
紙車曲几○指淄曲獲用者鳥皮几丨丨喜聞樵牧音〔杜十二卷〕
有人焉曰姓孔字丨丨丨仆其堂伏丨丨丨世家不可侍書案几羲之詣門
其丨寢其裳可謂丨丨平〔揚子〕折足几倚丨丨丨丨〔國〕生家不遇
見棐几滑淨因丨真草相素憑几魏太祖平柳城以素屏風丨丨丨賜毛玠
半其父誤刮去驚嘆累日曰君有古人之風故賜君古人之服〔志〕
○七寶几鄭子床丨丨丨詳床〔活套〕爭丨窗丨書丨机木名似榆麑大麋也葛仙翁攜桐木几
化爲白丨三足時於女几山李數十年登仙
出於山上〔神仙傳〕汎水涯○姊將几切〔詩〕遂及伯丨〔泉水〕聶政姊丨丨死暴屍于市丨嫈死於政俠〔史記〕
屈原姊女嬃之嬋媛兮申申其詈予〔騷〕○原有賢姊聞李勣姊姊病勣自爲
〔屈〕原放逐亦來歸喻令自寬○楚人謂姊曰嬃粥燎鬚〔詳鬚〕

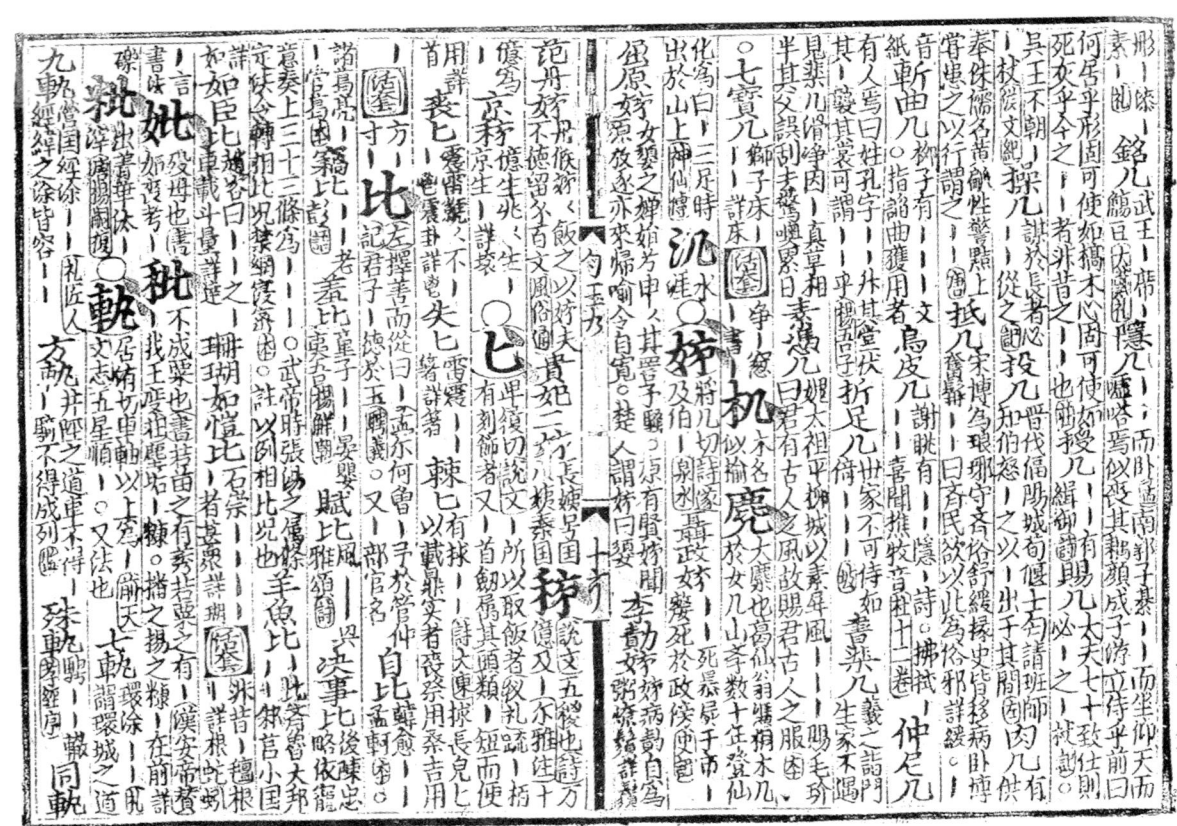

范冉姊冉候姊々飯之以姊夫貴妃二姊丨丨長姨号国秭〔說文〕五穀也〔詩〕万
億爲不德留冉去〔文〕〔風俗通〕丨〔奏〕八姨秦国億及丨〔爾雅〕〔注〕十
丨京秭億生兆々生丨京生丨〔詳秦〕○匕卑履切〔說文〕丨所以取飯者〔叙礼疏〕丨柄
有刻飾者又丨首飾爲其頭類丨短而便
首用〔詳〕喪匕震雷驚々不丨失匕雷震丨丨棘匕有捄丨丨〔詩大東〕捄長皃匕
丨鬯震卦〔詳鬯〕箸〔詳箸〕以載鼎實者喪祭用桑吉用
丨〔活套〕方丨寸丨比〔左〕擇善而從曰丨〔孟〕爾何曾丨予於管仲自比韓愈丨丨
記君子丨德於玉〔禮義〕○又丨部官名孟軻〔李〕○
諸葛亮丨丨老丨竊比彭〔語〕羲比夏子丨丨晏嬰賦比風丨丨興決事比後漢陳忠
丨管葛〔因〕奠五揚解〔嘲〕雅頌〔詩〕上略依舊
意奏上三十三條爲丨丨丨○武帝時張湯之屬條羊魚比丨丨比晉大邦
定律令轉相比況禁網寢密〔國〕○註以例相比況也丨丨鄰邑小国
詳如臣比趙咨曰丨丨之丨珊瑚如恒比石崇丨丨丨丨〔活套〕米昔丨鹽根
如車載斗量〔詳趙〕者甚衆〔詳珊〕丨詳根蚍蜉
丨言妣殁母也〔書〕秕不成粟也〔書〕若苗之有莠若粟之有丨〔漢安帝贊〕
書〔法〕如喪考丨丨我王度〔左〕塵垢丨糠○播之揚之糠丨在前〔詳
磔粃出著華休丨○軌居洧切車轍以上爲丨〔前漢〕七軌環涂丨丨九
淬〔漢書揚雄傳〕文志五星順丨○又法也轍謂環城之道
九軌營国經涂丨丨〔禮匠人〕方軌并陘之道車不得丨殊軌騁丨丨轍同軌
經緯之涂皆容丨丨丨騎不得成列〔鑑〕車〔經序〕

子部　第三册

車||遐軌九霄軒同五三掃軌九刘脱閉門|||无濡軌九済盈不|||祭軌九其在
|(庸)之|||(唐紀)所千及(杜牧傳)(詩)車轊頭也車左
执轡右受爵祭左右軌已不軌講藝以度軌量謂之軌(人名)唐人(薛仁貴)簋黍稷
又注酒|||乃飲(記少儀)|||不物謂之乱政(左)
方器也(考工記)崇尺厚半胡簋仲尼曰||之事則嘗学之(左)土簋堯舜飯|
寸受斗二升外圓内方矣。礼器夏曰|周曰|(司馬傳)
饛簋(詩大東)有|||飧鏤簋管仲||朱紘君子二簋享(損卦)|可用八簋陳饋|(伐木)篚簋
以為濫矣(記礼器)
陳其(孝經)晷日景也(隋天文)度晷周公|||景於繼晷焚膏|||寸晷皇之
(志)揆測日|陽城(隋天文志)(進学解)走声
利与日爭孔晷何年謝簪紱冊合晷五星|||(史天官書)(活套)移晷|日|扶匭匣也
|||(國)迅晷砂留|||(國)|柔|无停唐戢
官志有知|使||菁茅(禹貢)戢貢納其|(兵部)(杜)四方匭武后時魚
(李勣傳)有理|使包匭。|裹也|結也既|裹又纏結之
保宗請置匭受||之書銅青|曰延恩在東冊匭曰招宄外為盗内為
諫在南白匭曰伸寃在西黒匭曰通元在北(新唐官志)|(書)盗賊姦宄
|沈仄出泉(詩)○矢式視切年夷初作|黃帝臣(左)|名金僕姑(莊廿)
有例|泉(易)剡木為|(係辞)語邦有道如|(左)公|魚于
棠又誓也(語)夫子|之又正也(詩)|詩遂矢詳弧又紀昌|棘矢桃弧
不多也。蝇|及康頗三遺|並詳屎下貫蝨詳蝨|||

韵玉十九　十七

詳嚆矢令能寫入作|||(谷)。莊子金矢得|(易)乘矢抽矢扣輪發|||
弧(注)|||矢之猛者上音孝而後反四矢也(國)枉矢
星名狀類大流星蛇行而蒿矢張巡欲射賊將尹子琦莫下剡|為|中者
倉黑望之如有毛目(甸會)謂巡矢尽白子琦乃使南霽雲射一發中目
(史)肅慎矢有隼死楛矢貫之仲尼曰此||之也(國語)。|||以石為鏃亦楛貫弩矢縣令|||前驅司馬相如入蜀時中
流矢|||(国)楚獲三矢楚子与若敖氏戰伯棼射王汰輈及鼓跗著於
高祖擊黥布丁寧又射汰輈貫笠轂師懼退王曰吾先君文
王克息獲||焉伯棼竊其二|於由基兩矢鄢陵之戰王召養||与之
此矣鼓而進之遂滅若敖氏(左宣四)|使射呂錡中項伏弢
以一矢復命(左成十六)仁貴三矢薛||破九姓突厥於天山發||殺三人余皆請
降軍中歌曰將軍三箭定天山壯士長歌入漢關
萬春六矢唐雷||令狐潮圍雍丘万春立城上与潮語伏弩發||着面
不動潮疑木人諜得其實乃驚潮謂張巡曰向見雷將軍知足下
軍令(左)郤克傷矢晉師及斉師戰於鞌||於|流血及屨云云張侯曰自
矢(国)始合而矢貫予手及肘余折以御左輪朱殷豈敢言病吾子
忍之(左)仲連約矢魯仲連齊田單攻聊城不下|||為書|之|以相遺一
(成二)射城中燕將見書泣三日自殺田單遂屠聊城(史)
矢子反曰兩君相見无亦唯晉王三矢|||將終以|||賜莊宗曰梁吾仇
是一矢以|加|(成十三)也燕王吾所立契丹背約帰梁二者

吾遺恨也与尓三矢无忘乃父之志|宗係燕父子以組函不貢楛矢孔融嘲曹
梁君臣之首入于大廟还矢先生以告成功可謂壯哉(史)
操討烏孫云可并案
肅慎|||(史)屎盛矢(莊子)道在|溺又矢|星|通作矢莊子以箱
須時三遺矢矣詳飯廉頗之仇郭開謂趙王曰頗尚善飯然坐
白玉灌之而已殿祭丁元珍文蠅矢點彼溺山屎為山三十年
黃門着鼎矢鋸中以謳藏吏詳觀溺山屎人安禪師在
喚溺山飯局|||只塞屎五代慕容彦超凌高行周々々作斷燕冢矢
不為||禪(傳燈)于宰相以屎塞|漢祖召彦超(史)成
席時謡曰皇孫死|嘲食馬矢吳太子|諸葛恪曰○消(孫)桑美切(詩)寒裳
||詳無喻趙飛燕元遜可|||詳卯(孟)秉蘭済
人於(詩)漆|刺乱也鄭|鮪尨則為龍(詩)鱣|鱍々匪鱣匪|
溱||女相弄送風大行魴傳鱣青黒頭尖口小在頷下三月遡河度
叔鮪魚則江豚海狶|||王鮪春獻|||(礼)天官○大文鮪水盤鷹鮪季
鮪王鮪(鄒)(東京賦)(江賦)王鮪者||小者叔鮪(不雅)|鮪||(賦)鮪春
天子|||於同大鮪臣漁於河得鯵魴鯉臣以為小夫之尨痏(薛宣傳)遇人不
寢廟(記月令)伺大鮪山之下|||焉鈎漁者對喻貪者也
以義而見疻者与|人之罪鈎(欧)擊人腫起青黒而(字)雉直几切(書)名華
无創瘢者謂之疢|○疢音後類真鄉傳瘡|未平虫夏翟有
飛|升鼎耳而雊(書)雊|曲礼疏趾注宗廟|○漢呂后白雉周成王時
名|漢諱之謂野雞郊禘|伏雉門擁鐘|鳴(詳鐘)越裳獻||

韵玉十九　十八

|孝經。小學。陸雲曰開青雲五雉少皞氏以鳥名官|||萬雉金城
覩|||何不張尓弓挾尓矢詳遲五雉(左)五工正。五色皆備萬雉|還(西)
鄘姓○方丈為堵三堵為雉長三丈高一丈也。五堵而雉盧雉古者博塞
百雉而城(公羊)○天子千雉伯七十雉子男五十雉(公羊)|||
犢之采刻毅穫蒲餘人並黒犢殺得牛雉|鳴盜中|朝飛雉斉牧犢子七
雉大喜曰非不能盧不事此尓詳盧登木被所殺朝飛雉十大妻見雌
雄雉相隨抚琴而歌故有雉|||操士貴雉雉性剛守死子奉雉叔孫穆子問其姓對曰予|
歌故有雉||操夫節故也(儀)夫長矣能||以從我矣(左)
童化雉秦穆公時陳倉人掘地得物若羊非羊牽以獻諸公道逢二童子童
子史曰此名為媼云云媼復曰彼二童名為陳宝得雄者王得雌者覇舍
媼逐童子|||為|飛入平林|大獵果得雄又化為石置宝化雉武庫中
之汧渭之間文公為立陳宝祠時流星集若雄雉(列異傳)蛇化雉|||
雉側有蛇矣獲雉賈大夫娶妻三年不言不笑|御以適車雉蘭望之為郎有
蛇焉(晋)如皐射雉|之其妻始笑而言(左)夫雉數十常|||
翔集護死雉後漢裘安祖見鷙鳥逐雉々觸樹死安祖|視良桑中馴雉魯
(国)諸矢久乃甦放之夜夢人著繡衣向裘再拜謝之(史)恭
為中牟令郡国螟傷稼不入中牟河南尹袁安聞之使仁恕掾親肥往廉之
恭隨行阡陌俱在|||有雉過傍有兒童觀曰何不捕之兒言雉方雛親瞿
然起与恭訣曰所以來者察君之政迹尓今虫不犯境一異也化為鳥家雉
獸二異也童子有仁心三異也|||以昌|||因上書言之(本傳)

四四五

野雉度巽曰兒華蚌丨丨发[詩箋]雉丨則爲宜公也 ○死 息姊切[韻]惡之
畢矣丨丨皆李逸少書詳雉[詩註]亂不恤国事 欲其丨 朝聞
道夕丨丨 ○餓丨首陽曷氏忘其丨[公卧]詩胡不遄丨丨九死雖[楚辭]詩国輸丨丨其猶未悔
賈誼[傳]願少須臾无死詳秋 ○大塊息我以死詳塊
[圖]飽死侏儒丨亦丨臣辭死博弈以丨 心死哀莫大於丨丨而人死亦次之
饑朔飢欲死詳栗 酗死丨詳傳 [莊子]○爵祿心已死黃
貧死郢人堊漫其鼻端匠石曰臣死丐[?]丨丨丨 走狗烹 鷸蚌死詳 混沌死 鑿竅 皮
能斷之而臣丨丨父矣詳斤 鬼死 [韓信傳] 鷸蚌
肉死手脚凍皴 [獨]父一死 陳休曰吾華任位已崇頭 [晉劉聰載記]願代死人守關丨丨 趙廣漢當刑民數万 趙京兆
丨丨[圖]不料死司馬懿曰吾能料生丨能丨丨[史] 以樂死王義之盡山水之遊弋釣 [史]勤苦死謝尚
[?]不料死司馬懿曰吾能料生丨能丨丨 以樂死爲娛曰我當卒丨丨丨 勤苦死謂蔡
讚曰御讀亦雅不熱 一門争死黨錮事起張儉亡抵孔褒不遇弟融年十六
殘爲丨丨丨 詳黨 儉少之不告融曰兄雖在外吾獨不能爲君
主耶因舍留之後事泄儉得脫走并收褒融未知所坐融曰保納舍藏者融
也當坐褒曰彼來求我非弟之過母曰家事任長妾當其辜丨丨丨 後竟
坐兄弟争死役齊二子詳旄 姜肱与弟季江夜遇盜肱曰弟年幼父母所
哀兄弟争死 於願殺我李江曰兄年德在前乞殺以代兄命盜兩釋之 趙
孝弟礼爲賊所得孝自縛詣賊 子代父死吉翂父爲京鄉令爲奸吏誣當死
日礼 六卯孝肥賊俱舍之 翂年十五撾登聞鼓乞代父命初
疑人 之矣宗盛陳拷具 由我而死 我雖不殺伯仁伯仁
不變乃宥父罪[梁武紀] 仁丨丨丨詳口 賜無變死王仙客假
宮女丨丨丨 贖 犬祖不死謂玄牝詳牝 丨丨 是毅豹均死已知丨丨丨 ○老病死生
尸得愈詳押衙 殺豹均死爲丨詳蓂 ○老病死生
丨丨苦以漸悉令殺[晉門品證] 無生無死嵩山元圭禪師曰吾本 [詁釜]殺
○三過門閭丨丨丨[殺力卷] 汝焉能死詳空 起丨丨
蓋○履 力几切[詩]如丨薄冰 丨霜操詳霜 珠履詳[?]草履詳 麻鞋 曰徙履詳將軍
丨丨 ○[左]賜我先君丨丨○魯丨畝而稅
皇甫規辭官歸鄉人鴈門太守謁之規卧不迎既入問卿在鴈門食鴈美乎
又白王符在門丨丨迎之語曰徒見二千石不如一縫掖 徙又作躧 倒屣
[疑傳]勝之丨丨起迎 ○劍履蕭何丨丨上殿[史] 曳履鳴玉丨丨[周傳] 戴履君履后土而 尚
謂納履未正冠之而行 劍履上殿 戴履丨皇天[?]
書履鄭崇數上書諫上笑曰我識鄭丨丨丨声 飛雲履白樂天以玄綾爲質以素絹作雲朵染
以四選香振履如雲霧樂天示道友曰
吾足下生雲 計又又 瓜田履丨丨丨不納 東郭履丨丨先生丨有上 齊四履 [?]宣
上昇矣[?]人直[?] 顏延年 无下行雪中 詳雪 齊四履 德
皇后令曰地狹乎四履[選東丨] 穿角履 丨丨 後魏王遵業從容恬素常着丨 飽 鞾
丨丨丨[閩六卷]○事見左傳 好事者多[?]新履 字之[史]
又履齊始安王遥光生而躄疾人有丨 楚王取履 吳卒士与吳戰楚軍走而履失
丨履者以爲譏已大被嫌責[史] 行三十步復旋取履王曰吾

受一踏履哉惡与獲求長 張良取獲良[?]邳圯上有一老父至陳其履圯上
而弗与入也[賈誼新書] 曰孺子下取履良愕然乃強忍爲取履因
跪進父以足受之曰孺子可教矣後五日平明與我期此良因怪跪曰諾五日良
往父先在怒曰何後也再往父又在先怒曰何後也後五日夜半往有頃父
來乃出一編書曰讀是則爲帝王師後十年與十三年見我濟
北穀城山下黃石即我也遂去不見視其書乃太公兵法[史] 淵明無獲江州
刺史王弘造丨丨丨 弘從人腕獲以給之語左右爲彭澤作 陳仲織獲 楚王
獲左右請獲度丨丨 於衆坐伸脚及獲至着而不疑[續晉陽秋]
欲以丨丨爲相妻曰子丨丨以 原憲捉獲丨丨 民杖
爲食樂在其中矣乃謝使者[史] 原憲捉獲丨丨行歌商頌詳韻 冠不直獲 獲雖鮮不以加
於首丨至弊丨以丨丨丨丨丨[不如] ○達磨隻獲[魏]宋雲使西域
丨[後書]○首補也 千將[?]獲兩錢之錐[?]
迴遇師葱子嶺手携隻獲雲問師曰西天[傳燈]
去云云帝令起棺推一隻革獲存焉[傳燈] [詁左]操丨躬丨[左] ☰☱上天下澤
下定民志初九素丨往无咎九二丨道坦坦幽人貞吉六三眇能視跛能丨 君子以辨上
丨虎尾咥人凶武人爲于大君九四丨虎尾愬愬終吉九五夬丨貞厲上九
視丨考祥其旋元吉 ○水 式軌切[韻]樂丨[孟]雖爲丨[易]坎爲丨 滴水誰能食
其旋元吉 準也[釋名]渾天儀天形如雞子天大地小表裏有丨
流丨詳琴詩陽以康恒丨丨詳旱 明水司烜氏鑒取明丨於月[禮] 弱水能負一羽[史] 在西海 ○志在
投書於丨 書投詩於丨丨詳聞 丨議水

梁州[?]甘谷丨滭丨飲丨陶潛送一力与其子曰
丨丨詳菊 菊水若上壽詳菊 薪水助汝丨丨之勞詳力 魚水先主曰孤
丨之饑水 晝地爲餅詳不必似要 煎水[?] ○又取吳松半江丨 有孔明如
有丨 饑水令癡兒出丨丨[歐] 又雪作亦曰 沽水雲安
悲[?]愛與雲安无井以上池水桑君出懷中藥与扁鵲飲以上池之丨三十
竹引山泉數十里外 上池水日當知物矣[扁鵲傳] 謂水未至地承取竹
木上 斗升水詳西江 三尺水先輩匣中丨丨 曾入
露也 斗升水下 吳潭斬龍子[李賀劍歌] 飲吳水 郡仮守吳郡載
所受椎丨 陣背水韓信背水 心如水臣門如市臣心
丨丨而已 陣背水丨詳陣 心如水波瀾誓不起妾心井中水 死於水
与婦人期不來大 衣帶水陳後主荒淫隋文帝曰豈可限
水至抱梁而死 衣帶水一丨丨丨不極之乎乃伐陳[史] 源頭活水 間渠那
許爲有丨丨 井如江水姜詩至孝母好江水庭中忽有湧泉味如江水詳鯉 決西江水
來[?]丨丨 井如江水忽有湧泉味如江水 決西江水
活我乎莊子曰待我丨丨 交談如水詳交 一水兩水建安鬬茶以水痕耐久者爲
之丨丨而活汝詳[栗] 交談如水交 一水兩水勝 故較勝負之說相去
[?]丨丨丨 餉酒是水 孔奕人丨丨 兩甖丨丨 餞一盃水 隋趙軌爲齊州別駕詔入朝百
[?][?] 餉酒是水一甖丨丨詳甖 餞一盃水 曰公清如水
秦難收覆水 太公初娶馬氏讀書不仕馬求去太公封齊馬求再合太公
餞 取水一盆傾於地令婦收之 不[?]得其泥太公曰若能留更合今覆

水定德裕下水李丨丨爲相有奉使京口者令索白金下揚子江中水其人
丨丨水志之至石城汲馬李飲之曰此頗似建康石城下水其人謝
過中朝　崔護覓水　丨丨清明扣人門覓水　丨丨牛渚磯深不可測世云多
故事　女子以盂水至詳桃　溫嶠照水　其下多怪物嶠燃犀照水須臾見
水族覆火奇形異狀夜夢人曰　訛言大水　洪京師丨丨至百姓奔走王
与君幽明道別何意相及也　鳳言上及後宮曰御船吏民令上
城王商曰此必訛言　舟居無水　丨丨曹溪水　有僧至丨丨口
也洒止果丨丨史　張融陸処無屋詳舡　○曹溪水聞其香掬嘗其味
曰此水上流有勝地遂　遍室清水　佛教諸菩薩修習水觀入三摩地月光童
開山立名寶林詳溪　丨丨子嘗於室中安禪有弟子窺牕惟見清水
丨在丨中了无所見童稚取瓦礫　吸西江水　馬祖曰待汝一口丨丨
投之水內出定後覺心痛詳瓦　尽丨丨丨丨　知伯汝道　活套　止丨丨
眼秋丨丨一勺丨丨　詩篇　揚之丨丨閔无臣也鄭忽揚之丨丨剌平王也遠戍母家揚
鄙滄浪丨丨　之丨丨剌晉昭公也沃盛強昭公微弱汚丨丨規宜王也小
雅泮丨丨頌僖公能修泮宮　人名　鍼　汾男退　急　○壘　力軌切　多壘　四郊丨丨此卿
也曹泉丨丨衛女思歸也　大夫之辱也記
因壘　文王聞崇德亂而伐之軍三旬而不降退修教而　羊壘　霧沉丨丨周詞　壓壘　挺
復伐之丨丨而降左僖十九　○備不敢前爲丨丨　許
伯曰致師者御靡旌丨丨而還左宣十二　深壘　晉史騎請丨丨同　仁威壘　梁周
曰摩壘丨近也致師也詳師　軍持泰左文十二　弘讓

晚仕侯貝　又希聖全仁威將軍城　白虜壘　後周唐永爲北地太守擊賊宋
容山居之号丨丨丨獲勝于世史　丨覺敗北其營至今称丨丨丨國
壘實壘　氣喘丨丨丨丨　丨知　殉齊壘　齊高固入晉師桀石以投人禽之
曹劉墻　圍十二卷　以丨丨丨丨　曰欲勇者賈余餘勇左　深溝高
壘　韓信擊趙李左車說曰足下　神荼鬱壘　二丨主領衆鬼詳桃　活套　孤丨　崇墉　偎
丨丨丨丨勿与戰漢淮南帝紀　堅丨丨山
山見亦作壘匪　藟　葛藟也　一　莊　援藟　葛藟猶能丨其　援紫藟　湘東老人讀
宮畏壘之山　曰耗詞　本丨　左文七　黃老手丨丨史
丨坐碧　葛丨王族剌平　櫐　隅山行田崎　誄　述前人功德跳小史
草離　詩篇　王也棄其九族　所乘　諡也　掌卿大夫之喪讀丨丨
千字誄　會看丨丨丨丨本　作毋誄　謝太傅問陸退曰張憑何以丨丨不作父
未見忠跌國　誄曰丈夫之德表於事行婦人之美非誄不
頌丗　其任其誄　陸先生詮諸其容曰其智也其商也其生也丨丨之其死也
詠　丨丨之其与其何人也任与誄也非衆敢韓行難　○言其商
而賢在之　○揆　求癸切　書序其屬一丨　書納于百揆典　人名　李丨　唐
誄之可也　丨丨文教　序首　詩丨丨之以日函上元道丨也　第一人　○
癸　居誄切歲名字苑曰尚草木　六癸　立夏日服丨丨丨丨　六壬　呼庚癸　吳叔权
雅曰昭陽　月在丨丨曰極　詩書　記　優倒朴子　乞糧於
魯公孫有山氏曰佩玉蕋兮余无所繫之旨酒一盛兮余与褐之父睨之對
曰粱則无矣麤則有之若登首山以呼曰丨丨乎則諾　左　○庚西方壬癸北

北方主　人名　不避宗　詳宗　丨丨娶女　○否　部鄙切　塞也易否　卦名　三三天地不交丨
水也　卦物不可以終丨　初六拔茅茹以其
彙貞吉亨六二包承小人吉大人丨亨六三包羞九四有命无咎疇
离祉九五休丨大人吉其亡其亡繫于苞桑上九傾丨先丨後喜
覆方命　痞　痛也　○嚭　普鄙切　大也　人名　宰丨　吳人　秠　黑黍詩維秬維丨　○唯　以水切　諾也　曾子曰丨
丨族
阿唯　唯之与阿相去幾何　老　丨丨魚　唯唯其丨丨　詩　唯唯趙簡子曰諸大夫朝徒聞丨丨不
丨丨　唯注順從之皃　周舍之鄂鄂　詳唳　揚敞爲丞相
霍光与張安世謀廢昌邑王報敞丨丨驚懼不知所言徒　活套　諾
丨丨而已敞夫人從東箱与敞田延年參語許諾　○歸　苦軌切　山
小而衆　○止　諸市切　書丨安汝丨　丨丨盤遊畋　丨　陽物不可以終丨　詩方叔涖
又徵韵　丨丨泯敬　文王　魯侯戾丨　評水　文王既勤丨　國民亦勞
丨民莫高山仰丨　車牽　孟　可　齊武帝謂張欣泰曰將家兒何敢作如此
以丨則丨丨　○行行曰丨　詳駢　峯止　丨丨史　○曼都仙人謂帝曰丨丨國
容止　觀　丨丨可　坎止　乘流則逝得　丨丨　知止　丨丨不殆　一簣止　譬如爲山未　鼓行
丨則丨　賈誼傳　廣傳　成丨丨　纔
甬止　隋章雲起出師詔　丨而丨丨而丨　能止衆止　人莫鑑於流水而鑑於止水　汙人行
止　鄒孟子文遣其兄曰莫季宮沈　到處輒止　馬援　曾胡丨　足當自止　王述
謝潮　外戚傳　詳胡

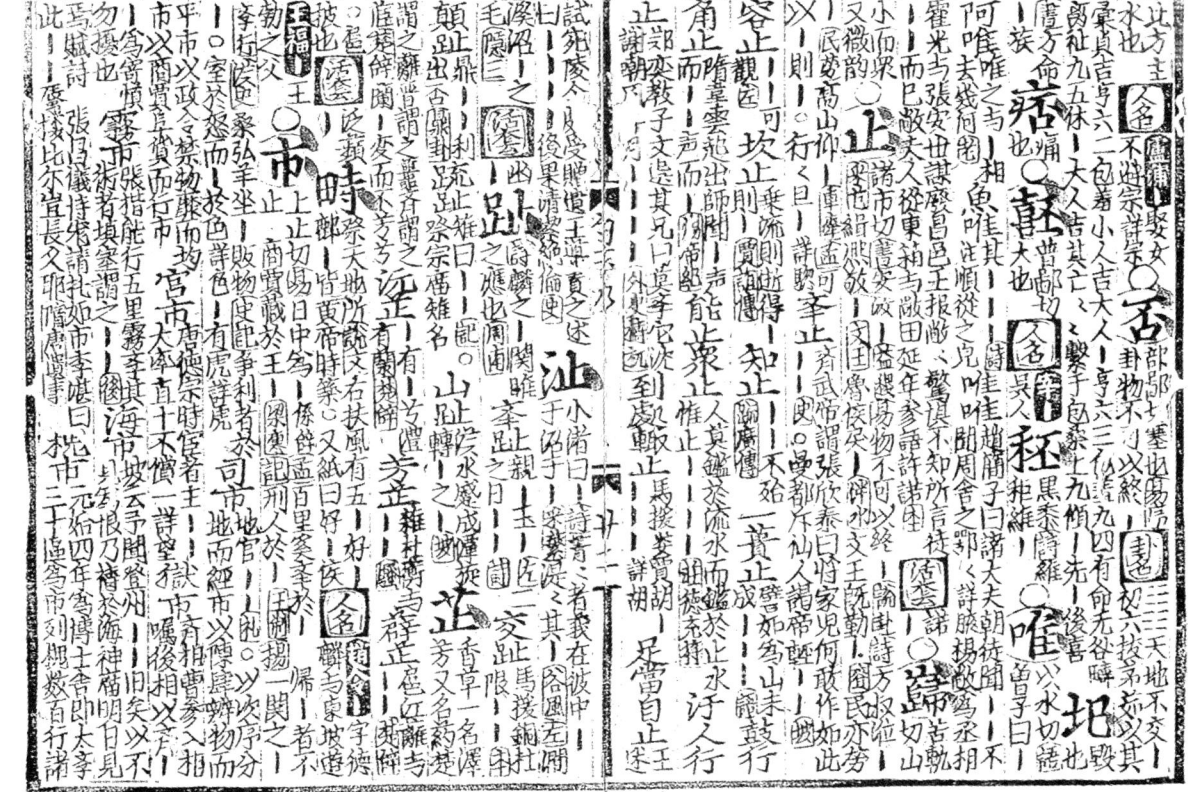

試宛陵令　及受賜遺十寢貢之迷　沚　小渚曰丨　詩　蒹葭　者我在彼中丨
七丨丨丨丨後果清緊純倫史　于沼于丨　采蘩　湜湜其丨　谷風　宛丨
溪沼丨之　活套　幽　趾　詩　麟之丨　闕雎　峯趾　親丨丨　交趾　馬援銅柱
毛　隱三　鼎丨丨利　跣止　雅曰丨丨　記　之德也周南　丨之日丨丨　闕　限丨丨用
顛趾　出否　鼎卦　趾　祭宗廟雅名　山趾　汜水繞成渾漩　芷　香草一名澤
謂之離晉謂之蘺齊謂之　芷　有丨芳蘭　芳芷　雜杜蘅与　辟芷　屈江離与
庭蘭　變而不芳芳　有蘭芳　辟　丨丨　楚辭
○邑　活套　丨　時　祭天地所　陵右扶風有五丨　好丨　人名　字德
披也　丨　延顏　丨　又紙曰好丨　疾　丨　雜与桌坡遊
勒之父　王福　王　○市　上止切　易日中爲丨　絲餅孟百里奚牽於丨
○ 　止　商賈藏於王丨　梁惠　記刑人於丨　王衡　揚一閔之丨　歸丨者不
平市　以政令禁物靡而均　官市　唐德宗時宦者主丨丨　司市　地官丨丨乱○以次序分
丨○室於怒而丨於色　詳色　有虎詳虎　象弘羊坐丨販物史記　爭利者於　地而經市以陳肆辨物而
市以商賈貨而行市　大率直十不償一詳望　試市　齊相曹參入相
丨爲宵領　霧市　張楷能行五里霧　海市　東坡云予聞登州丨丨舊矣以不
勿擾也　張儀侍宴請托市李湛曰　後　海市　見于春夏歲晚乃禱於海神廟明日見
焉賦詩　丨丨奏接比不豈長久耶　詳　朔市　二十五年　淮市　永二十年　宣爲市列肆數百行諸
此丨丨

生朔望會丨各持其郡所出物 花市 揚州人无貴賤皆喜戴花開明播之交
及經書相与買賣揖讓議論 閒拂之有丨丨焉【類聚】亡言為藥
市分寧縣本常州丨丨也西蜀曰痎市如瘧疾間日作也江南悉以疾 虛市
祢故止曰丨丨○又荊吳俗取寅申巳丨日集於丨故云【除】爲【求】遠 光陰非
二豪賊劫持童區寄之丨所賣之【柳】童區 夜市 鉄馬牙旗丨丨 故園趨上【曰】
寄傳嶺南村丨丨痛時少虛時多故謂之虛 穿丨丨 詞 蕪市
會瞀留中春月村市 互市 晉惠帝時貨賄公行謗佞得 罷市 晉羊祜卒人爲
聚爲歡樂爲丨丨 志吏相為率謂之丨丨【田】 巷哭丨丨 陂戶
曹爲 工市 楚良劒 夕市 大市日昃而市百族爲主朝市朝時而市商 宅近市
餝曹 詳劒 賈爲主丨丨夕時而市販夫販婦爲主 同上
齊景公欲更晏子之宅曰子之丨丨塞 大丨丨 郭崇曰
丨丨曰小人近市朝夕得所求因 隱朝市 詳隱 臣門如市 丨臣心如水
未嘗至市 丨丨丨【後文】 自年七八十翁丨 西園成市 謂侯灵賣官【邸詳園】 以逄丨市 趙謂魏曰殺
娓捕之逄上屋騎危曰以死逄市不如 侍 恆何丨而不恐 丨隂与馬不 沮逄吾敵也
丨丨丨娓王曰善【史記】○危棟也【國策】 徵 陟里切丨肯爲 以爲國也詩无母何丨【象儀】
匽大不足丨唐昭宗紹抑琉戒 遷 丨丨 火爲禮爲事 流徵 郢中者
子曰凡門地高可長不可丨也 丨丨 含宮丨 清徵 師曠援琴歌之未終曰不如丨丨一
引商刻羽雜以丨丨丨
和者止 詳歌 嚌徵丨【國】 奏而玄鶴六來集再奏而成列三奏

而延頸鳴丨丨 蕤齊角徵 范文正公丨賦云指大口中 喜 虛里切【孟】欣丨
中宮商【國】 出宮商丨丨【隋黃竇稀】 然有丨色 子
路人生見之有過則丨【韓】股肱丨哉【詩】云胡不丨 我 丨丨以多溢美之
心則丨○能令公丨 李林甫丨律出宿字問 兩喜 言丨怒必多溢惡
之言【莊】 樞喜 三仕何曾丨 蜘丨集而百事丨 丨公曰与若言朝
【人間世】 丨知丨丨【國】 蟢喜 丨小而長脚者名丨子 狙喜 三暮四群狙皆怒
曰朝四暮三群 折綮喜 謝安破苻堅喜甚過戶 恐喜 逃空谷者聞人足音
丨官丨詳眾 限不覺屐齒之丨詳棊 丨則丨丨而丨矣詳人
卿杜甫言武后召見將擢用問曰丨丨丨否 千萬喜 如有丨丨 一 敗
夕歡喜 鋤言蹈舞謝恩因依丨丨丨詩大見捄賞 氣自无私詳負
齊喜 丨丨丨【披襟集】丨○ 法喜 謂見丨生内丨也詳女○雖 四歡喜 一飲素嶽
勝固欣然丨 无孔方兄頤有丨丨妻【國】 丨喜能引少
欲樂三積集丸行歡喜能引遠因樂三无悔歡喜能 【人名】 晉人好李有
引三摩地樂丨樂斷樂修丨丨能引三菩提樂 【晉】 才思【侯】 聖石鼎
詩詳 紀 居里切【韻】日月丨大綱丨小 天紀 敢優丨 月紀 丨窮于丨 星紀 丑宮辰
鼎丨賈誼傳立經陳丨 丨天紀丨【晉】 【記月令】 紀名七政
終始於斗牛 年紀 有一老翁老无齒處丨丨【國】 師紀 丨行有丨 南紀 丨国之 人紀 肇
故名【廣雅】 処无人問丨丨【國】 丨紀丨【國】 紀修
丨丨【書】 兩紀 自見支丨丨【晉書】十一年三紀 五紀 協用丨丨 八紀 天
【伊訓】 爲一紀取歲星一周也【書畢命】 【書洪範】 有

丨丨丨地有五里【素問】 龍紀雲紀 炎帝以火紀官太皞以丨丨 【人名】 唐
天以丨爲變化之丨 官黃帝以丨丨官【左昭十八】 太宗臣
【姓】 氏 平陽後音姜姓炎帝之後封丨爲齊所滅以国爲姓【漢書】侯人許帝事
詩車柴成生通封襄平侯 【人名】【晉】字思遠丹陽秣陵人仕晉召拜尚書郎
与顧榮周玘赴洛在途共論易太極才兼文武朝廷称其忠亮雅直○丨聯賀
循等並南金赤箭世胄高門 丨以論孝兼才進事詳 丨与子隲並仕吳
每朝會以雲母屏風隔坐 己 【爾雅】歲在丨曰屠維月在丨曰則字 始歲在
詳坐 【昌】射賈氏事詳蠡 丨曰祝犂【語】李者爲丨【孟】反求諸丨 史記晉
師以三豕渡河 夫己 齊公子不順懿公之爲政不曰公曰丨丨 知丨知
乃丨亥也詳豕 氏【左文十四】丨音扶丨音紀猶言某甲 彼己 丨【孫子】
罪己 禹湯丨丨丨也【國】 惟用法律 知己 士爲丨丨者死詳知 勝己 不然丨
【左莊十一】 責己 重以周【韓】 紀己 自丨丨【國】 丨【論】
狂己 未聞丨丨以 戊己 其日丨丨【月令】 侯元帝置丨丨校尉也 不如己 毋友
正人者【孟】 田丨丨土也田以耕土爲事故名 丨丨
丨 縲絏克己 越石父 虛丨恭 【人名】 【祖】
事詳納 丨克丨 韓五籤 殷高宗臣 丨丨 以 羊已切 春秋師
師能左右之曰丨佐將德是丨【詩】 縣乎不 侯以 強謂其人強壯俗一夫之田
丨不我丨【論】視其所丨 雖不吾丨 式夷其丨 三已 丨丨【詩載芟】○丨丨旅也
有餘力者丨用也 已 丨【詩】葛藟其丨 之【論】 春月已丨丨而
謂閑民 者 亂庶遄丨【書】 哉可乃丨 丨【論】

嗚不已 丨丨 秋風一披拂丨丨 詩丨不已 南禪長老和丨丨丨丨披 嘔心乃已 李賀爲文
丨丨【國】 作丨六出篇名之【國集】 母曰是兒
丨出丨丨 【人名】【陳無己】 字后山 首 亦丨丨一曰馬鳥曰車前实如麥服之令人 【詩芣苢】
丨詩血 有子○亦作苡馬援征交趾載薏苡詳犀
宋丨后妃之 似 詳里切【孟】居之丨忠信行之丨 康哉詩是丨以之 以
美化周南 丨以續左陳灵公謂似行父曰微舒丨似亦丨君
豔惡少 形似 司馬相如工於丨丨之言○論 擬似 丨丨不可 酷似 何无忌丨
惡雖丨 丨以丨丨見与兒童鄰【杜詩】 不下 其舅劉
刘牢之丨 無似 寡人雖丨【哀公問】 分似 肯恰天祿校書郎親勑 龍好似
也詳眾 家庭遣丨丨【谷翻送茶】 送似 持丨丨【韓】 寫吾此詩
葉公好畫龍天丨 聞而下葉公 蓮花似 人言六郎似蓮花正 人喜似 去国春
遠走非好龍也丨丨竜也詳竜 丨丨丨 六郎亦詳荷 年見似
詳人 丨而丨 面眼甚似 晉刘惔称桓温眼如紫石稜鬚作蝟毛磔初温得老婢乃
丨丨丨 刘琨妓見温泣曰公甚似刘司空温喜出云丨甚似恨薄
丨丨丨 恨小鬚甚似恨赤形甚似恨 風韻都似 梁王筠似外祖袁粲沈約曰
短声甚似恨雌温不恰者數日【史】 非惟韻似
袁公見人輒矜嚴至即見人以 狀貌孰似 裴度有使外国者必 張稷曰
埃突惟此一條不能酷似【國】 問度丨丨丨詳宰 何丨相
耜 耒之金神農作為剡木爲丨 千耜 三之日丨【詩七月】 覃耜 以我丨丨 利也 猶無耜
手 耒丨之利詩有略其丨 ○丨丨 耒耜

治国不以礼丨丨還六鄰趙琰賈鄰刃剩得六不識耒鄰後姚河東俗字事
丨而耕也〔礼運〕鄰即命诜丨詩刃農有年二十而丨
丨丨者〔詩甫〕良丨秋汜水央之岐流〔詩甫〕江有丨美家汜象扶桑与丨丨〔西〕
報社稷復还本水也媵也周南〔京村〕〇日入处
姒〔詩〕大丨嗣徽音〔左〕吾不娣以長婦呼稚婦爲丨娣謂長婦爲丨今云妯
以妾爲丨丨又禹姓丨娣姒娌〔尔雅〕〇又云以弟爲丨長爲丨謂身之
年長非夫之年長也叔向之嫂謂叔向之妻爲姒是呼夫姚以上規丨丨
弟之妻爲姒也〔左昭八〕婦人順和於丨丨則賢矣〔列女〕姒〔韓進李解〕竈
書異姒丨丨丨丨〔漢東都賦〕謂以九疇畀禹也〔名〕幽王后〔夜〕周巳〔尔雅〕歲在丨曰大荒落上巳丨丨郢国之俗於溱
洧之上秉蘭草祓除不祥〇魏巳罷曰屬丨丨年方具吉巳皇后季春
後但用三日不復用巳〔沈約宋書〕元巳在斯〔沈休文上巳〕丨丨享先
蚕〔唐〕〔礼紫〕歲在巳年丨丨丨郢玄夢孔子曰今年歲在辰明既寤知命當終〔唐〕祀不丨〔書〕高伯商祀丨謂年曰丨取四時祀事
一終也〔尔雅〕〇元祀称秩丨丨〔書〕祀夙夜丨丨同血巳明德丨丨〔多士〕禋
惟三祀〔書太甲〕元祀〔洛誥〕元大也毖祀上〇丨謹也恤祀憂丨奉祭丨
巳克丨克〔生民〕孝祀苾芬丨〔詩〕不丨杜康祀從今東坡室不立丨丨丨〔坡〕〔祐套〕酩丨丨〇史〔疏〕士切黄帝世始立
丨官〔唐〕郢陽傳天子不白史董孤古之南史太史書崔杼弒其君崔子殺之其弟嗣書而死者二者乃舍之
觀丨語〔文〕勝質則丨丨〔左〕
丨丨聞太史尽死执簡以往聞既書矣乃还〔左〕丨丨謫讖史比齊姚收修魏書以得陽休之助
以往聞既書矣乃还〔左〕詩〔賈檗〕謝曰當爲卿作佳傳又納尔朱榮
子金故滅其悪增〔宋〕女史丨丨八人〔礼〕女奴曉書者青史唐刘知幾曰无傳三史史記及前
其善人号丨丨〔宋〕丨丨爲子孫累
丨詩史杜甫詩善陳時事律法酒史或佐之史〔詩〕史以酌史〔後漢〕前丨後漢書爲
丨精深故号丨丨〔宋〕〔隳〕欲令皆醉丨丨丨長史
漢武改郡丞爲左右史天子言則丨史書之〔玉藻〕動則丨丨書之〔搜〕辭御史慚愧冒寞丨〔搜〕松也尧御史姚黄
丨丨通判也毛刺史薛稷封筆〔翼〕顛長史山谷詩云丨丨丨狂
花中君子槃乃近侍我常品丨丨丨〔刘行簡〕爲丨丨丨張旭僧皆倚酒而書法通
江梅真是丨丨丨〔刘行簡〕李長史張伯夢人謂云池州丨丨丨後丨丨丨張蒼
神入妙〇丨丨丨謂李長史於池中得大鯉魚乃悟〔因話録〕柱下史爲丨丨丨
張旭狂僧謂懷素以其在殿柱之間三刺史梁鄧元起爲益州刺史參軍庾黔娄
丨〔前百官表〕又見法冠辱光済並勸爲善政累黔孫曰城中
故御史爲丨丨丨
有丨丨丨節下何以堪之鐵面御史詳蕭州刺史丨惱斷丨丨丨
由此踈二人政迹稍衰〔宋〕呈身御史身面御史詳趙抃丨腸詳攬
恥爲令史唐右庶子張玄素初爲刑部令史上問御在隋何官對曰流品間
心何曹玄素丨之孫伏伽在隋亦丨丨丨於僕坐自陳往事无隱〔宋〕
〔宗〕〔紀〕左右圖史丨丨丨楊琯性沉静独处一室丨丨聰馬御史〔後漢〕詳四其御史詳其白馬長史
凝塵滿席澹如也

詳馬丁了令史詳了月膽落溫御史落詳〔續鑒〕評丨詠丨太丨外〔人名〕〔國〕致鳳詳蕭〔姓氏〕吹蕭
京兆徵首周太丨丨佚之後以官爲氏〔漢〕有丨息孫進〔國〕魚邦有
道如矢邦无道如矢〔國〕〔趙〕李武子曰晉未可偷也有丨趙師職而咨度其
多君子也〔左〕〔晉〕字求和少以軍功累加持節征東將軍突厥憚之曰此中
国神智人也〔北史〕〔後〕〔浩〕世傳明州之丨始於丨浩而浩之先乃丨百行之後
浩父子位丞相浩封魏王謚忠定〔宋〕史彌遠封衛王謚忠獻彌堅亦謚忠宣故有三忠之称〔貫姓〕〔宋〕〔志〕〔太〕〔太〕字子義滿食新吴
王謚忠簡彌堅亦謚忠宣故有三忠之称叔明〔南史〕
使〔易說〕以丨民〔詩〕維君子丨〔孟〕以器使也丨之〔論〕臂使之丨指也〔賈諡〕家
佚道丨民〔論〕小人学道則易丨及其使人丨身之使丨丨
使前江充逢太子丨丨乘車且行〔后〕使御得其道丨詐酒驅使丨丨尚堪丨
馬行馳道中充以屬吏〔宋〕丨丨詳作丨丨在未須料
理白頭人〔宋〕〔祐套〕強丨丨駛水日清丨車行駛鍾繇調州泰曰乞兒乗馬不敢駛
任丨疾也〔說文〕何駛小丨一丨丨丨乎〔詳運〕
蜀楊洪爲蜀郡太守季門下書佐何衹後衹爲廣漢太守洪尚
在蜀郡洪曰君馬何駛曰故吏丨丨丨但明府未着鞭耳〔史〕〇耳〔詩〕切而止
言提其丨〔語〕洋洋乎盈丨哉〔易〕坎爲丨〔左〕言猶在丨〇荀躒掩丨而走〔張良〕
傳忠言逆丨〔揚〕高其目而下其丨〇毀師患丨聰詳牛聞〇挑流欲洗其丨
詳鼎丨黄丨金鉉〔易〕丶雷德驤言趙普強市人田宅斂財
流〔史〕負上怒曰鐺尚有丨汝不聞趙普吾社稷臣乎掌耳燕璧斉平燕賂以瑶
〔孝〕玉璞丨丨石耳嘉禾今君倩如冰寄我南山菌耳相生丨丨〔詩〕玄耳孫丨
〔昭七〕玉爵也丨上丨〔山谷集〕丨丨〔詩〕但聞佳邑政拙
之子曰丨孫言去重耳大声不入丨附耳張良陳平丨丨語曰能龍耳爲人郭璞
高曾遠但耳聞之丨〔莊天地〕禁信之自王乎〔漢書〕
葬明帝微服往觀因問主人何以葬龍角當滅族主馬耳世人聞此皆掉頭
人曰璞云此葬丨丨止當致天子問也帝甚異之有如東風吹丨丨
〔李〕〇又山名綠耳古良馬詳〔穆〕熊耳名〇導洛自丨丨〔書〕故儋耳南方夷生
丨丨双尖〇本作騄双峦競秀狀如丨丨則鏤其頰
皮連耳肉分爲數皮狀如雞腸下漸耳元日俗於門上畫虎頭書丨丨謂陰
垂至肩故名丨丨〔揚孚異物志〕司鬼名可息瘧疾〔酉陽〕〇裴漸善洞
視鬼物寓書博陵崔公曰當耳耳六害丨丨〔閱官〕〔三國志〕丨丨盛也〇平生无一女誰
今制鬼无過丨丨〔宣室志〕復嘆丨丨〔坡九一卷〕諺云生女丨丨〔姚崔〕
〔吳〕臧三耳孔穿与公孫龍論子高弗應明日見平原君曰今謂三耳甚難而
〔傳〕實非也謂兩耳甚易而實是也〔史〕三耳如莊子雞三足之說一与
言爲二二与一爲三也〇又曰耳主鍾期耳斧揮郢人鼻琴箏笛耳前丨丨
所而耳形也兼听千言可得爲三丨丨丨〔谷〕箏笛耳爭洗從
丨〔谷〕不信耳我寧信目丨丨丨〔谷〕禾生耳秋甲子雨丨頭詳雨下導雨耳丗方丨丨丨未執牛
〔所采〕敢禁受降〔谷〕
耳曾貝曾斉盟孟武伯曰諸侯盟誰丨丨丨〇凡盟自見耳其丨詳〔滕〕風過
尊者涖牛耳〔左〕詳盟〇記疏云割牲左耳蜀先主丨丨

耳齊武帝責房陵王子卿云 許由洗耳見犢 秀才三耳張君房脞說隋薑慎
辛既勿得如丨丨丨史 韻 寫眞府追爲右曹錄
事仍辟常州張審通爲管記愼令作判申天府後有天符來云申甚允當愼
乃取方寸肉擘爲耳安審通額上曰与君三耳可乎審通復活後數日覺額
痒湧出一耳尤聰時人笑曰天有九頭鳥地有 不及掩耳 迅雷丨丨 周史 失道蒼
三耳秀才亦呼雞冠丨丨 見坡詩十六卷注
耳李太白尋魯城北范居士丨丨落 寄書黃耳 陸機犬名黃耳 缺左耳
林作摘蒼耳詩○蒼耳林中太白過 敬 丨丨丨入吳詳犬
唐殷成已位晉州長史初毋顏叔父爲酷吏 活套 傾丨 后妃之
所陷顏割左耳許宛父成已生丨丨丨 史 側丨 詩蕭 卷丨 志也 周南
人名 重耳 晉文公 渼人 李耳 老子也 珥 衆盛兒珥作耳 詩六轡耳耳 珥 耳璫○御史 瑜珥 姆抱勿
眉眼如蠶長髮黑玉雪肌肉可念媚好靜秀瑤環 丨業華軒 王子立側
丨丨蘭茁其芽稱其家兒也 韓馬少監墓誌銘 璣珥 傳丨之 笄珥 列子曰 王正蛾眉
丨丨。玄髮 瑱 耳前有丨丨後有遺簪髮凡 西珥 聞道牂江空抱珥 坡注 南詔
鑑丨丨 谷 王竊樂此可飲八斗詳簪 玨有丨丨 河即古牂牱江河形
如月 七珥 齊薛公欲知王所立夫人乃獻丨丨丨 美 活套 簪丨 騄珥 騄丨 駼
抱珥 其一視美珥所在勸立爲夫人 國策 丨騸馬名 活套 丨
○里 良已切 爾雅 五家爲鄰五鄰爲丨 風俗通 十軌爲丨五十家 感里 於上
公羊注 六尺爲步三百步爲丨 書 表厥宅丨 孟 將軾千丨 有姻

親者居之故名丨丨 後漢 帝里 丨丨風光似 織里 齊劉繪郡人有姓賴所居
謂外戚爲丨丨 石奮傳 酒濃 貞節山 名丨丨繪曰君有何織而
居丨丨答曰孔子有 闕里 五代契丹其居曰臭羅 高陽里 許州城西門外旧
何闕而居闕里 史 闕丨丨 史 丨丨者河也 稱西豪里以高陽
氏有才子八人荀淑亦有子 寰宇記 冠蓋里 襄陽郡峴山南至宜城其間閭里碩刺
八人乃改曰丨丨丨 從宣帝時有卿士及刺史二千石數十
人大會荊州刺史行部見之 鳴珂里 張嘉貞兄
勅縣名爲丨丨丨 耆旧傳 弟事詳珂 三萬里 水 蓬萊不可到弱 九萬
里 鵬摶扶搖而上 詳鵬 八百里 王愷牛名丨丨丨 駮詳駁○五代史劉武肅王黃
者丨丨丨 巢攻臨安武肅引兵趍也丨丨丨 地名也
告道旁媼曰有問者告曰臨安兵屯丨丨 六荷里 只有丨丨 魚千里 從師李
丨矣巢聞媼語不知其地名乃引去 史 眞我丨 潑 道丨丨
丨 谷 河潤九里 詳 闇智三十里 蔡邕題曹娥碑後八字曹操行三十里 南隣北
詳縣 方悟旧有智无丨 較丨丨丨丨 詳縮 乡
里 北里 富薰天高樓夜吹笛 丨丨 應須 活套 州丨 邑丨 地理 栗里 陶
焉知丨丨 客九月猶絺綌 咫尺萬里 論丨丨 困 丨田丨 理 易 俯察地丨 淵明所
居○ 闕里 孔子居○ 人名 樊李 子產 号 智囊 百里奚 五羊皮 黃中通丨丨
美里 紂囚西伯处 李 四皓 先生
孟 紿終條丨 前 猶 肌理 孳丨 分丨 東京付丨 膩理 靡顏丨丨 脉理 本心 不正
史傳 政平訟丨 丨細膩骨肉匀 杜 宋玉 招魂 則丨丨 皆

斜 唐 大宗 腠理 扁鵲見齊桓侯曰疾居丨丨 腸胃之所可及也 從理 周亞夫許負
胴理 王云云在骨髓其奈之何 史記。 謂骨肉之間 指其口曰有
丨丨入口。 倫理 通於丨 禮記 生理 粗亦足 丨 杜 調理 晉賜張華丨丨 紙 其理倒 連理
上子谷切 丨丨 故名或云賜里 詳紙
東宮正德之門槐樹一枝丨丨而生 行理 子產曰丨丨之命无月不 蠶理 三
晉摯虞頌 在地願爲丨丨枝 長恨歌 至 困 ○使人通聘問者 府
三 起 夫是之謂 料理 桓沖謂王徽之曰卿在府日 攝理 晉邢侯与雍子爭鄙
丨丨 荀 付 當 丨父當相丨丨 徽之不答詳頰 田士景伯如楚叔魚
丨丨 左 理獄官也 疆理 丨丨天下 左 我丨我劬 理 數畝荒園自 猛政理
命理 瞻傷義同 禮記 月令 蜀理丨丨 廼丨廼丨 毛詩 鋤理丨丨丨 坡詩
都邑未可 燭丨析丨 猶 裏 詩 不離于丨 山河 黃裏 綠衣丨 官裏 今日捉將 去詳
丨丨丨 百川丨 左表丨 詩
皮 變表傷裏 負薪反羊裘 丨丨 賞表罰裏 丨寫丨丨 金搏丨 烟波丨 殘
丨丨 谷 詳表 爲丨 禮記 活套 照丨 紅塵丨 裏丨
李 行李 丨之往來共其乏困 左 短李 李紳也 駝李 後姚時隴西李氏
李作理古文李与理通用 矢李見姓氏 馬李 恐不得与四姓列
秉明馳星夜入洛而事 朝野僉載 活套 牛丨 蘇丨 姓氏 隴西 徵音帝顓頊曾孫咎繇爲
已定人号丨丨 瓜丨 沉丨 理官後因姓理氏裔孫理利貞
逃難伊侯之墟食李子 變姓李氏利貞十一代孫老君之後一居隴西一居
趙郡居隴西者生廣廣之後生唐高祖 李耳 老子字伯陽謚曰聃周守

藏室之史。 指李爲姓 詳李花下 李斯 上蔡人從荀卿學帝王之術爲秦
祖 李廣 隴西人才氣无双○不擊刀斗 詳斗 以石爲虎射之沒矢詳石号飛
將軍 史 李陵 字少卿力扼虎射命中深轅戎馬之地矢尽降匈奴 前 李傳 李
李膺 潁川人士被容接爲登龍門 後李傳 李郃 字孟節通五經善觀星知朝廷
遣二使 詳星 李充 字大遜兄弟同衣延食妻思分異乃逐其妻 後歐爲博士
儒林 李典 字曼成仕姚萇爲將軍与孫權戰於合肥步騎八百破賊十万 李
廣利 爲二師將軍封海西侯 李延年 女弟得幸号李夫人延年善歌能変新
声爲協律都尉 佞史 李令伯 名密晉人奉祖母以孝謹聞後迁漢中太守 李
孝伯 後魏太武爲中散曰朕有一李伯足理天下 子瑒字瑤羅爲統軍
募雄勇數百騎号丨公騎 弟謚字永和好李詳蓋 李太玄 爲涼州都督不
獻名蜜 詳蜜 李彪 字道固李文時爲御史中尉其所弾劾應弦而倒 李 字
顯慶一門百笏 李密 字元邃遼東人掛漢書牛角 詳角 持軍巖天資明史 李
京兆人爲行軍總管率勁騎三千蹀血禁庭遂取定宮○傾瓢事詳瓢 李靖 字藥師
李勣 字懋功曹州人本姓徐太宗賜姓李曰賢於長城遠矣 李 字
字玄卿肅宗曰吾有丨 勉朝廷始尊 李光弼 封臨淮郡王治軍訓整諸將不
敢仰視代郭子儀將朔方一号令之氣色乃益精明 李嶠 字巨山拜鳳閣舍
人爲文章宿老 李華 作含元殿賦著弔古戰場文 李百藥 字重規身老才壯
讚宿意新 李賀 字長吉七歲作高軒過詩 斬古錦囊 詳囊 李泌 字長源京兆
人七歲能文号奇童詩童 張九齡呼小友 李紳 字公垂爲人短小精於詩号
短丨 李絳 字深之敬宗時拜左僕射 圖形凌煙閣 稱龍虎榜 李晟 字良器

有大節治家嚴有十五子自間若雛鳳聰所云。挾一矢殪叶蕃号万人
敵。侮与賊戰必錦裘綉帽自表詳帽 [—渤]字濬之隱少室山詳價。韓愈
書若崑崙凰爭先覩之為快 [—白]字太白号謫仙詳仙 召見金鑾殿詳殿
乃見沉香亭賦牡丹詳丹 母夢長庚星生詳星 竹溪六逸詳逸 飲中八仙詳
仙 [—程]号八埤李士詳碑 著日五色賦 [—揆]字端卿拜平章事帝曰卿門地
人物文李皆當世第一称三絕 [—元紘]字大綱本姓丙賜姓。南山可移判
不可移詳判 [—德裕]字貞一文有体要三迁吏部員外郎 称藝皇公 [—宗]
[閔]字損之為中書舍人與貢李取上号玉笋班詳班 [—甫]字弘憲同平章
事薦賢士褒忠臣 [—商隱]字義山為文瑰迩奇古 [—遠古]字虛舟有八關十
六子之号詳闕 喻論多端 [—[?]]字泰和楊州人習秘閣万卷書詳書 看目
怪異及入朝阡陌聚觀時称李比海 [—愬]晟之子字元直 雪夜平蔡 [—[?]]
字待價日用珠庭非庸人相 [—翱]字習之從礼部郎中而斥宰相李吉甫之
過 師韓愈文章渾厚 [—德裕]字文饒上用裒六歲所居第有起草亭每詳
大事則処其中 平泉莊詳莊 [—[?]]善步天曆 [—沆]仕趙宋王旦曰李
文靖聖人也故當時号聖相 [—宗諤]字昌武昉之子七歲屬文至右諫議大
夫卒 [—[?]]字公擇南康軍建昌人力李李進士 [—迪]字泰伯盱江人通經術
獨不喜孟子詳注 [—之才]字挺之青州人邵雍傳其物理性命之学 [—公麟]
字伯時博李好古能行草書善畫工人物作龍眠山莊圖為世所宝藏為文
清婉工詩 [—郃]号方如從士賦百梅詩傳于世 門墻桃李詳門
[—綱]邵武人為高宗首相在位七十五日謚忠定 [草木] [李花] 崔元徽月夜有

白衣引綠裳曰隋氏李氏色皆殊絕芳香襲人詳襲 元陵伍貫家花開一夜
遷見花作數團如飛仙狀上天去[揮麈錄] 元微之白樂天同詠元日韋綃開
乃朵朵天乃服藥綃白而 九標李 蕭瑀陳叔達論李花有——謂香雅細淡
輕一時所尚[尚隱外書] 潔容宜月從宜綠鬢宜泛酒元異色[叔平]
[隱][圖] 指樹姓李 老子母到李樹下而生老子生而能言 指桃明李 誠齋云退之
——曰以此為我——故姓——名耳[列仙] 有花不見桃
惟見李之白因晚登碧落堂隔 井上有李[孟]。 韓終李 琳国多玉華李
江桃皆暗而李独明乃悟其妙[李頎] 投我以木李[詩] 五千歲一熟韓
終嘗食之名——[洞冥記] 鼠精李 王侍中家堂前有鼠穴生李樹 嘉慶李 東都——坊
——花実俱美此——也[好事錄] 有李甘美称
——無核李 崔奉国家李肉厚——識者曰天罰乖 鑽核李 王安豐恐人得
——竜割其耳血隨地主此——[秦[?]美事] 種——賣—[世說]
[謎] 來禽青李 与——詳禽言義之帖也 ——有——離核李又
二部縣著防蠹毀得見—— 陶丘紅李 有磅李塾必自磅裂[圖]
[遠] 道旁苦李 王戎年六七群兒見李競趍戎独不往曰 嗛果伐李 和嶠性儉有好李求
李在——而多子必——也果然[晉書]
之不過數十王濟率少年—— 俚 聊也前李布傳其盈元——之至耳往
樹逆一車新与和公惟笑而已 言計盈元所聊賴。又——俗也馬迁
初貨而 鯉 三十六鱗魚之貴者[詩]豈其食魚必——。唐律——魚中
不—— 得—即放號赤鱓公詳公 ——化龍詳龍 雙鯉遺我——有尺素書詳書

東[?]長鬚丈鯉半跡之[?]必夢里刻之詩夢二人姓李詣之乞命明年仲夏
致——[國] 又魚无—— [隋南] 夢魚有遺生鯉二頭乃放之其後又夢來謝之
曰當令君延筭[南史] 乘鯉 子英——魚上騰[仙傳] 鐵鯉 晉林邑王文側中獲二鯉化成鐵魚—治為双刀破石即飛解[國] 王祥躍鯉 繼母
朱氏愛生魚祥解衣將剖氷求之双鯉躍出詳氷 姜詩躍鯉 母好生魚其舍中庭泉中每日躍出鯉魚一双以供母其孝感如此[後本] 呂
望釣鯉 ——於渭渚得—剖腹得書 望魚文曰呂望封於齊[與文紀] 陶朱畜鯉 ——公——魚池中聚石為九州詳州 錯刀
赤鯉 王昌齡誤投金——水中忽有—魚—入舟剖腹得刀[傳異記]詳刀 垂鱗成鯉 刘綱——口鱗鯉—食之詳獺。 山上有鯉
徑山道欽禅師有僧問如何是道師云——魚水底有逢[?]傳 [活套] 錦—— [人名] 孔鯉 生三日有餽魚者因名鯉字伯魚 ○枲
胥里切无子曰真有子曰— 始 詩止切[易]万物資—竜作事謀始[詩]
牡麻也[書]真貲漆—絲学 經—[?]靈臺[書]填終如—[孟]王道之—五
始 春秋法——之要[王褒]頌元者氣之始春四時之 四始 是謂—[詩] 三始 梁裴
女始王受命之始正月政教之始公即位一国之始 二始 宋謝瞻謂顏延之曰昔荀勗斥阮
迁始安太守曰阮咸顏延有二始之 咸為始平郡今卿又為始安可謂二始
數吾才不逮古人今為——矣[史] 出為
始安太守可 ——稅務——[東京賦]星名見北斗旁其 從隗始 燕郭隗曰王
謂——[史] 句始 妖青黑色象伏鼈 一云星妖氣 欲致士請——

——究晳於隗者 音陶正始 謝琨雅重玠言論弥日王敦曰不意
豈遠千里哉詳哉 永嘉之末復聞正始之—[衛玠傳] [活套] 正——更——
[年號] 宣帝[正]魏 [太]武宣[?] ○峙 直里切[書]乃粮粮 山峙 川流鼎峙
而立 秀峙 崔湮登峙——鳥寺琴竹碧梧鸞 詳峙 ——
[國] 峚屺——[活套] 互—錯——儲—對— 庤 儲也[詩]—乃錢鎛 痔 後病也[莊]舐—得車 ○起 墟里
切語—予者商也[論]請益則起是——之將皆鋒起陳說礼法是非 喚起
——語業則—[孟]雞鳴而——之[孟]起爭附君[項籍傳] ——[兩德頌]
——總全曙 臥起 ——攀持節旄 蚤起 而得——在位[漢] 起起 後郭玄夢礼
詳歸鳥名 尽落[蘇武傳] [叔孫傳]其勿切 ——子曰——今
年歲在辰明年歲在 徵不起 兩以諫官—— 春色起 措花—— 感嘆——
巳既窮知命當終[漢] ——[韓]。言李渤 [閩] 中夜起 ——[?]
風扶起 垂二欲下依前被—— 鶯呼起 夢亭郎去処依前被 因風起 柳絮——
——[賢夫柳絮詞] ——[被柳花詞] ——詳雪
痿人起 如——不忘— 安石不起 謝安少有重名居會稽以山水自娛士大
[前韓王信傳] 夫曰——————如蒼生何。又殷浩深源
不起如 一夜十起 第五倫曰予兄子病——————子姪 饌客起 晉裴秀母賤
蒼生何 子病通夕不寐可謂無私乎詳私 嫡母不礼之
使進饌於客見者皆起秀 管寧泛海舟覆曰吾嘗一朝——
母曰當應為小兒故也[晉] 科頭晏起 三晨——過必在此[殷][云小說] [活套]

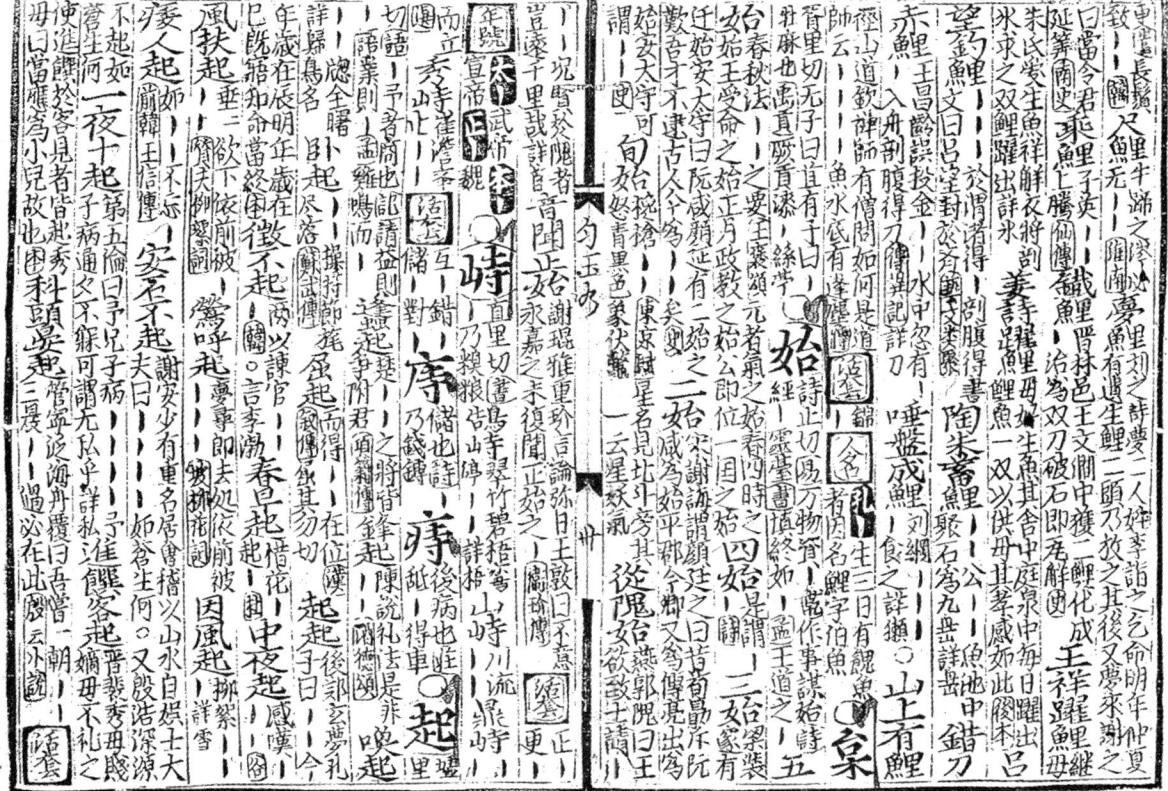

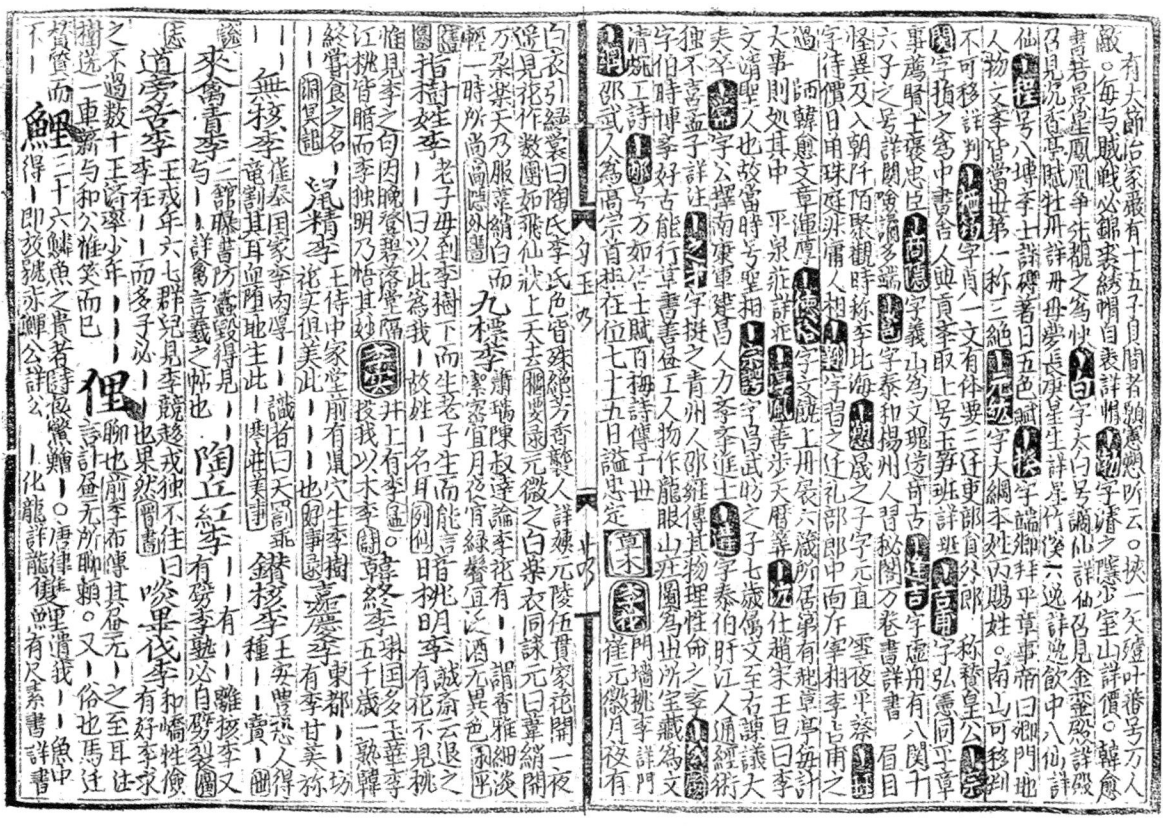

颯丨片帆丨笛声丨秋〔人名〕兵丨魏將白丨李氏曰
颯丨鳥驚丨心不丨　四知事詳知　有謝靈鼓琴詩　秦將〔楊僕〕名震　芑　毛氏以
采丨爲菜豊丨爲草麋丨　粟芑　維丨維　豊芑丨丨數世之仁〔康〕　采丨宣
爲穀又王氏旹以爲穀〔詩〕　丨〔西〕。丨水有丨〔謂〕〔詩箋〕王南征
也　杞　〔孟〕丨柳爲桮棬〔注〕丨梓皮華。詩有三杞將仲子毋折我樹丨〔柳〕屬
也漢露在彼丨棘山木也秋杜北小言采具丨四月隰有丨榛枸杞
新　也詩　樹杞注見上　枸杞　名青精子却老枝地骨皮仙人杖地輔枸䊵。朱孺子
幼事道士王元正居大若岩一日汲於溪見二花犬逐
之入丨丨叢下掘之根形如二犬烹而食之竟身輕飛於峯上〔續仙傳〕。去
家千里勿食蘿摩丨丨言強盛陰道也〔本草〕。以杞爲粮以菊爲糧春食苗
夏食葉秋食花冬食根〔琡杞〕　苞杞　集于丨〔詩〕　荊杞　千村万落生丨丨　肥杞　瘠膏丨　圃
〔蜀郡〕陸龜蒙張南軒皆有賦
杞南蒯之將叛也鄉人歌曰我有丨生之〔左〕　〔人名〕姑臣〔唐〕　屺　山无草木
杞丨乎〔左〕言蒯欲爲亂如杞生圃非宜也　〔詩〕陟彼丨兮　○
士　鉏里切〔漢武紀〕　選士　升之司徒曰丨丨〔記〕　造士　升之司馬曰丨丨　俊士　升之學曰丨丨〔記王制〕　音士　汇後
〔紀〕跅弛之丨丨　國士　韓信丨丨无双〔史〕　虎士　虎賁
充容貌甚壯帝曰快士　黃權字公衡司馬宣王曰黃公衡丨丨也　國士　〔史〕報以丨丨〔史〕
燕趙固多丨丨
氏丨丨八百　卒士　予王之丨丨能光　醉士　皮日休自號曰丨丨　又女
人〔禮夏官〕　瓜士〔詩箋〕　匹士　〔周詩〕〔禮〕　醉士　自謂曰酒氏〔陶淵明〕

士　釐宗丨丨〔詩既醉〕
丨有丨行者使之爲妃　謂青士　蒼官丨丨〔唐樊宗師園記〕謂松竹也　詩孝士　隋文宗嘗欲置兎丨丨丨而止
孝士　石曼卿墜馬徐曰賴我是石孝士若丨丨丨豈不跌碎乎詳无　木居士　偶然題作丨丨丨便有无窮求福人〔韓木居士詩〕　二死
士　中山君以一壺飧得丨丨丨詳囊　方外士　寄迹丨丨〔晉〕　馳道士　路逢丨丨左元放〔晉〕詳吵　丨丨疑是　石道士　楊康公有
丨狀如醉丨　老博士　高昂曰男兒當橫行天下自取富　女博士　魏甄后年九
丨丨〔晉有詩〕　貴誰能端坐作丨丨丨也〔北史〕　歲喜書輒用
諸兄弟筆硯兄言丨丨丨　羌博士　北齊李業興師深遵明鮮于靈馥　書博士　米芾
當作丨丨耶〔晉〕　曰久逐丨丨何所得乎〔北史〕　得幸
以爲丨丨　十八學士　杜如晦房玄齡于志寧蘇世長薛收褚亮姚思廉陸德明
丨丨丨　孔穎達李玄道李守素虞世南蔡允恭顏相時許敬宗薛
元敬蓋文達蘇勗。天下向丨丨丨丨　風流遂〔嫁〕
慕謂之登瀛洲〔唐褚亮傳〕　南州高士　徐穉詳稱〔范徂詩〕謂林和靖
文章阿士　齊劉孝綽王融曰天下丨丨丨丨若无　汗淋學士　汗周有道士　黃帝內
以爲丨丨我當歸丨丨。阿士孝綽小字也　傳有道
士行禮之文此宜爲有道之士也〔事物紀原〕周穆王因尹真人草
樓之觀召幽逸人居之謂之道士則自丨丨丨丨也〔樓觀本紀〕　還俗道士
姚證如爲道士元宗藏召爲書記〔唐書〕孫晟少爲丨丨　雞氏仙鶴山每
道士于廬山道士蠍出之乃儒服謁莊宗詳孫姓　虎衛道士　年九月二日一

道士上升時令張鎬患之男者說之見黑　名士　無虛士　閻立本見張僧繇畫
丨入觀丨丨丨丨去乃格殺數虎〔博異記〕　曰丨丨完丨丨丨
〔國史〕〔吳〕二桃殺三士　詳〔晏子〕　多丨吉丨髭丨〔詩〕良丨〔書〕　〔詩箋〕都人丨周人刺衣
小雅〔人名〕桔丨盧敖遇若士　壯丨才丨秀丨〔國〕妙丨　服无常也幽王變
路龜食蛤詳龜　仕　可之丨〔語學優則〕丨〔詩〕相招爲祿〔邪〕　膴丨開丨〔孟〕可丨則丨　大夫七十而致丨丨　行
膴仕則无丨丨寫丨丨　三仕　令尹〔語〕　蓬仕　畢方丨丨于晉爲貧士　仕非丨丨也而不
仕〔詩〕原官也　〔莊〕初官曰丨丨　有時乎爲貧〔孟〕
伏致仕　武后時夏官侍郎侯知一以年老勅令致仕知一乃　四十八致仕　詳議
詣朝堂踊躍馳走以示輕捷時謂丨丨丨丨丨〔資治通鑑〕
官韓見素丨丨丨表求丨丨　李至　〔記〕百世以丨　聖人〔左〕　河　夷　侯原壤
日亦可激薄俗上乃許之〔宋長編〕　之請〔賈誼傳〕丨罪長沙
〔唐〕丨跳丨　倚馬　侯　李白曰賦万　侯　〔詩〕德丨丨侯丨或群或友〔吉日〕
待孔子　言丨丨可丨　○獸趨則德丨丨行則侯丨丨　柿　本作
七絕　寺多陰无鳥巢无虫蠹霜葉可臨嘉实落葉肥大〔雜俎〕　延州松陽丨丨　柹丨丨
育品　灵運賦柳丨　破实於長浦〔韓詩〕鋏雲燒樹大实騈金鳥下啄赖虬卵　書
柿　鄭虔慈恩寺貯柿葉數屋　分柿　渦山与仰山游行鳥銜一紅柿落前
柿日取肄書歲久殆遍〔唐小說〕　分柿仰山以水洗子与祐丶分半与寂〔傳〕　四柿
梁沈瑀教民一丁種　溪　水涯〔詩〕在水中丨　涯溪爲詞章深博无丨
十五株桑丨株丨〔史〕　在渭之丨〔大明〕　〔韓作柳墓誌〕　兩溪　秋水

時至丨丨諸侯之間〔莊秋水〕　〔說文〕律　祀　階也　子　祖里切丨歲名曰困敦。　冢子
不辨牛馬　太子奉丨祀社稷之粢盛　〔左閔二〕長子也　易序卦主器者莫若長丨
敬曰丨丨〔左閔二〕　才子　八元八凱〔左〕　赤子　若保丨丨〔書〕　孺子　丨丨可教詳〔漢張良〕　猶
子　兄弟之子丨丨也〔記〕　羊子　命長嗣爲君〔劉向列女傳〕　卿子　宋義号丨丨冠軍。　孃子　代〔鄒陽傳〕
梁孟問所愛謂丨丨詩陵丨丨孝行於邯鄲。　儇子　鄉曲之丨丨〔漢〕　賤子　王
其肥盛曰　餘子　未成丁曰丨丨〔漢〕詳行　〔荀〕輕薄也　邑
稱丨丨上壽　蘭子　宋有丨丨者〔列子說符〕。注妄也凡人物　
〔漢枚乘傳〕　不知生出主謂之丨丨〔列〕大元不蘭矣　賈子　賈彪補新息長民貧多不
養子　彪嚴爲制數年養子千數僉曰　內子　夫人丨丨〔曾〕　娘子　祭于周氏二十
賈父所長生男名丨丨生女名賈女　〔子房〕。妻也　丨丨之靈〔韓〕
婢子　晉君朝以入則丨丨夕以死〔左僖十五〕　夫人自称曰丨丨〔通弓〕　雩子　飯抄
云太上之藥　爲桃實白者爲丨丨白〔漢武〕漢武煉丹以赤者
有風实丨丨　等子　衛士宿鴉者名丨丨者誤謂其力孝子鈞鼎當爲鼎子〔陸游〕　鼎子　士注見　虎子　盛溲便者　熱爍所以　〔漢武內傳〕又
〔李掛〕。虎穴　〔魏〕丨丨詳〔穴〕　黎子　陳要將結習惱丨丨。含牟子　丨丨
得丨丨　利佛以丹眼明如丨鷲眼目　睽子　丨然〔圖〕　豎子　丨丨　韓信曰栢直
〔兵〕騎子單于曰胡者天之丨丨〔漢〕　黑子　漢祖左股七十二丨丨　黃昌左足心　不及子　辭
〔漢〕駱子　有三丨丨〔漢〕　高力士胸有二丨丨〔唐〕　勸

爲郡功曹陳仲舉十五爲父賫書詣勤勤顏而察之明日勤詣焉仲舉父訟送勤曰足下有丨丨丨吾來候之不從卿也吾論終日(先賢傳) 奇男
子 天下丨丨丨 王適詳男 雙生子 古人丨丨以後生爲兄(公羊)霍將軍産二子光曰設以王祖甲生二子以卯生靈巳生良以靈爲兄吾亦以
前生爲兄(西京雜記)孿子之相似惟其母知之孿丨丨也(戰国策) 六君子 長身丨丨丨 披言竹詳身 綺紈子 牛僧孺与李衛公飲僧孺
曰丨丨丨向得与斯坐李衛之(賈氏談錄) 禰纖子 今田丨丨丨熱到人家詳熱 編 不才子(左) 四凶 愛少子 左師觸龍見太后曰
老臣賤息舒祺最少臣切怜之願補黒衣之缺太后曰丈夫亦丨丨丨乎對曰甚於婦人(吳太子傳) 貪結子 自是桃花錯教人恨五更風 丨丨丨
(王建)(詩) 君子子 丨丨丨謂庶母慈己者小功曰丨丨丨也(三礼義)○丨丨丨者大夫及公子之嫡妻之子 女子子 姑姊
妹丨丨丨已嫁而反(記曲礼) 管城子 詳城 毛錐子 詳鎗○並言筆 同甲子 刘夢得白楽天元日詩刘云与君丨丨丨壽酒讓先
盃白云与君丨丨丨壽酒合誰先 同丙子 披选沈達叔嗟我与君丨丨丨四十九年窮不死 同戊子 程文惠与龐公生程巳
貴龐尚小官尚戲龐曰君乃小戊子矣後龐大拜文惠曰太戊子却爲小戊子矣(東軒錄) 堯丙子 唐張果老云我生丨丨丨(史) 高頴子
五代高從誨号丨丨丨○俗謂奪攘无恥者爲頼子(五史) 愛小子 張禹病上親臨幸禹數孫其小子上即拜爲黄門郎給事中(史) 苟淑八

子龍 見八龍 公九子 張路斯事詳龍 王渾生子 丨丨妻鍾氏字琰丨丨濟嘗趍庭出渾曰生子如此足慰人心琰曰若新婦得
配參軍生子固不翅如此謂渾弟淪也○仲謀生子兒犬 祈奚立子 称其讎不爲諂立其子不爲比(左) 陳荀少子 丨太丘詣丨朗
陵子長文尚少載着車中及至朗陵幼子文若亦小坐着膝前其夜德星聚詳聚 陶潛責子 雖有五男兒總不好紙筆(陶) 真挺之
子 戴武母不爲父所容獨厚其妾名英武以鉄椎就英懷所碎其首挺之曰丨嚴丨丨丨(唐) 是父是子 有丨丨必有丨丨 乾坤六
子 丨父丨母震長男巽長女坎中男離中女艮少男兌少女(易) 建安七子 丨丨能者詳七 弓冶之子 良冶之子必學爲裘
良丨之子必學爲箕(記學記) 怒呼小子 王羲嘗与會稽王道子飲道子醉呼羲爲小子羲曰亡祖長史与簡文皇帝爲布衣交何得呼小子
五世一子 自季至雄傳丨丨丨(揚雄傳) 年長無子 商瞿瞿年四十後當有五丈夫子(史有若傳) 丨丨丨瞿母請之孔子曰无憂
老而無子 楚灵王聞群公子之死自投車下曰人之愛其子亦如予乎曰甚焉小人丨丨丨丨知擠於溝壑矣○絳縣人丨丨丨丨(左)揚雄老
无子(殴)○雄以童烏死後竟无子 老而有子 楽天云子与微之丨丨无子今年各生一子戲作一示其自嘲云五十八翁方有後○又老人
子无影 事詳影 不愛喪子 媿人有東門吳者年四十一愛子喪而丨丨曰吾无子之時不憂今子死与向日无子同吾何憂焉 四百甲

子 絳縣老人事 大曆才子 唐盧綸吉中孚等皆能詩号丨丨十丨丨(史) 鳳將九子 何承天曰丨雛丨丨丨詳姊母 此母
此子 范逵謂陶侃母曰非丨丨不生丨丨(史) 慈母敗子 丨丨丨多丨詳舅 服中生子 趙宣事詳隧 綠陰青子
丨丨丨丨淨无塵(殴) 入関十六子 李逢吉系出隴西擢第後有丨丨丨丨丨之号詳関 出處天子 倭王多利思比孤遣人入
貢書云丨丨丨丨丨致書日没処天子无恙帝不悦(隋煬紀) ○佛法無多子 詳婆(傳燈) 公丨才丨售丨(詩補) 丨嗣王
朝於廟也(周頌)將仲丨剌莊公也不勝其母以害其弟(鄭) (人名) 祐晋臣 [illegible] 梓 一名豫章(古今註)丨丨爲木王木莫良於丨丨
(書)若作丨材○丨丨樹化爲牛詳頭掷丨人傳 桐梓 拱把之丨丨丨(孟) 椅丨丨漆(詩) 杞梓 荀变之才如丨丨丨連抱(史) 桑梓 維丨与丨必恭
敬止(詩)丨若毋之所植 丨文梓 樟大厦済巨川必擇丨若以伐琴瑟父之所事 才丨楩豫(唐韋承慶傳) 喬梓 伯禽康叔見周公三見而三答
商子曰南山之陽有木名丨北山之陰有木名丨二子往觀橋高而仰梓卑而俯反以告商子曰丨父道也丨子道也(尚書大傳) 酒濱梓 斬丨
丨之丨以爲箏(選) 耔 (詩)或耘或耔 (盧)去歲生兒名添丁意令与国充耘丨(礼句)師作芸字 齒 昌里切男子八月生丨八歲而齔女
子七月生丨七歲而齔(孟氏) 鼎一丨丨丨黄髪丨丨(詩閟宮注)齯落更生細 (孫曰上)(註)頭童丨豁(韓)丨丨去角 兒齒 者○柳終南山碑鮐背鯢齒皆從

鮐齒 孫壽善爲疾態作丨丨丨笑 若齒痛不忻 歷齒 徒登子妻達頭攣耳齞唇丨丨丨又疥且壽○齞張口歷疎也宋玉好色賦 齧齒
吾君未嘗丨丨(班餘无鬼) 生齒 大比登民數自丨丨以上登于天府(礼小司徒) 没齒 丨丨无怨言(論) 尚齒 虞氏貴德而丨夏后氏貴爵
而丨丨殷人貴富而丨丨周人貴親而丨丨(大戴記祭義) 序齒 燕毛丨丨(中庸) 唇齒 丨亡丨寒(左) 王甫訊黨人曰卿等更相拔舉迭爲丨丨(國)
鬢齒 只恐風霜侵丨丨(坡) 切齒 刘伶頌 怒目丨丨 象齒 丨有丨以焚其身(左) 十九齒 所餘丨丨丨浮危(韓寄崔立之) 飄搖尽○
愈自云 殘牙齒 莫欺老缺丨丨丨曾如此 喫紅綾餅餤來詳餅 折齒 謝安破苻堅遇户限喜甚不覺屐齒之折詳碁 去屐齒
謝灵運屐上山去前齒下山去後齒詳屐 梭折齒 高氏有美女謝鯤挑之女投梭折其兩齒語曰任達不已幼輿折齒鯤長嘯曰猶不廢
我嘯 老無齒 一婢赤脚丨丨丨丨(韓) 歌 牡后生齒 丨丨少有姿色長猶无齒有求昏者帝采納之日一夜齒尽生(南) 大公兩
齒 懐青丨丨仕進初口含丨丨无羸餘(韓贈刘師服) 張蒼無齒 丨丨丨丨丨食諸美乳詳乳 拳嚼齒 東坡帖云張睢陽生猶罵
賊嚼齒穿齦顏平原死不忘君丨丨丨逆爪 張巡戰大呼丨丨皆碎(唐) 唇不着齒 歐公曰有鬚相我耳白於面名滿天下丨丨丨丨无事得
謗其言頗驗(侯鯖筆錄) 漱石厲齒 孫楚誤言枕流丨丨丨丨曰丨丨欲丨其丨 犬馬之齒 貢禹曰臣丨丨丨丨八十一願乞骸骨

與諸任齒｜｜何敢｜｜(左國)苦費馬齒(詩)｜｜｜｜掩乎嘉蔬(左)喻小人防君子也。碎佛齒有婆羅門僧言得佛
齒甚堅傅奕曰吾聞金剛石堅物不能傷惟羖羊角
能｜之扣之果碎(唐太宗紀)与佛牙事頗類詳牙(活套)皓｜｜啓｜｜餘｜殘｜(人名)
(習)晉人自云四海習鑿齒(獸名)似鑿食人(葉｜)(其｜)矣于紀切(活套)斷｜美｜畢｜｜決｜巳｜鮮｜｜
(紀)漢紀雍齒且侯詳侯
(詩篇)皇｜美周也卅三脩德何彼穠｜美王姬也擬偶起切度也又
膾彼洛｜刺幽王也思古明王賞善罰惡像也易｜之而
後言｜諸形容。雜擬好李怜君賦擬揚雄每作｜｜注擬吏部｜｜(陸贄奏議)参
揚子法言｜論語(陸)賦擬司馬相如(宋)
擬聖人擬天地差可擬撒鹽空中｜(世說)｜(活套)準｜僭擬比也(記)｜人必於其倫。
擬｜諸身(易)詳雪亦作疑(史)蘇秦疑於王者
嶷茂也(詩)黍稷｜｜恥敕里切(語)不｜下問邦有道貧且賤焉｜
(韓)衆葉光也立亦｜之(孟)无｜之｜不｜不若人
(記)知｜近乎勇(史記紀)夷齊｜食周粟。罍恥瓶之罄矣維｜之｜(詩)瓶小
(晉)陶弘景讀書万卷一事不知以為深｜大而盈剌王不使富
分貧衆五恥(雜記)謂居位无言有言无行遠恥也(語)｜辱抱恥謝
恤寡也五恥既得又失地不餘民不足衆寡均彼功倍
｜｜｜而死化為虫潛行地中掘地｜心｜｜(劉)百刷恥｜五王之｜家恥鮮
出之猶以足覆面作忍恥狀詳豹雪恥王(唐紀)吊恥(唐突厥傳)康

｜｜則恥不嘉若恥(孔安國?)凡民之衰者恥(禮地官)賞違恥(韓)亡子房奮奏帝
長厚(相如傳)諸｜｜｜｜(通鑑)雞鈍無恥土
歸漢(前陳平傳)不忘會稽恥越勾踐｜｜｜｜
｜｜者亦多不忘會稽恥事詳膽祉(詩)既多受｜(詩)介以繁｜(韓)帝祉既受(詩皇矣)｜｜疇離
上九四｜｜(易否卦)。四近於君有(活套)錫｜儲｜薦｜
祉否之才故｜類皆得附｜得｜福也(活套)｜蕃｜茨｜。滓阻史切
｜大清(杜)吾独形｜靜滓(唐史)齊澣云裴光(?)滓(史記)晉書塵
胡為在泥｜(活套)无｜談神皆形｜粃滓出菁華(唐楊綰傳)丹崖滓
｜｜重笫怵養也夜氣(通鑑)不敢弛｜乃食所遺也(易)噬乾｜｜。
｜｜詳嶺然自放於床｜之上肺封倫人莫探其臍｜

五尾獨用

尾無匪切(左)雉尾古今注天子扇也。說文鶡雉即長尾｜麈尾玉衔挺
｜大不掉尾乘輿以｜為防著馬頭上謂之扇者非也麈尾玉柄｜
｜与手同色詳麈。陳後主敕張機堅義時索麈尾未至取松枝為謨曰可
代｜｜(張譏傳)詳松王導置妾別館妻將往辱之導遽命駕以所執｜驅
牛而進蠆尾郭子産作丘賦国人謗之曰其父死於路巳為｜｜言毒害
詳蠆百姓也。山谷謝寄惠山泉并得新詩｜｜書。索靖草書絶
｜｜代名銀鈎鶡尾孟秋日月會于｜｜書溪(?)俸尾蔡邕事
｜｜(索傳)鷁尾又周楚分也栗尾為把｜｜(杜詩)詳琴麥尾鷁

云以酒巡匝為｜｜又云謂処於坐末得酒則貪行尾(宋)(杜牧傳)。｜馬尾馬尾也麥尾
矮。樂天云云二盃藍尾酒但改婪字為藍字尓術尾術也｜馬尾
鳥獸｜｜(書)搖尾｜｜乞憐(韓)瑣尾｜兮｜兮(詩)書馬尾石建奏事｜下建讀之
交接曰尾少好皃驚曰｜｜者馬｜而五
令乃四不足一附驥尾(史)蠅｜｜媿許褚字仲康勇力絶
乃獲譴也(宋書)附馬尾事詳蠅獲虎尾(易)｜｜人一手逆｜｜｜行百
餘步。悪來裂虎兒(列)火牛尾(易卦)虎尾｜｜人一手逆｜｜｜行百
之章｜九｜之｜(列)火牛尾田單事懸豹尾趙昭儀大幸每上甘泉常法從
乘｜｜｜豹尾以前皆為省中(漢輿服志)詳牛在属車間豹尾中姓天駕屬車
八十一乘作三行尚書御史乘之最後一續狗尾晉趙王倫濫
詩(?)ㄚ頳。魚尾魚焼尾初登第設宴為焼尾燕說者曰新羊入群抵觸須焼尾
勞則尾赤乃定。又說｜躍龍門雷為｜｜乃化為龍(開元遺事見錄)魚頳尾魴｜｜
羊燒尾上事見狼疐尾｜跋其胡載(詩)｜其｜狐濡尾小｜汔濟(易)龜曳尾莊子曰｜寧死
生｜｜於泥塗乎云云莊子曰吾將曳龜百歲一尾千歲十尾科斗尾艾子夜聞水下哭声若言曰
尾矣詳龜(?)龍王有令水族有尾者皆斬
云云汝蝦蟇无尾何哭曰吾今幸｜｜蜓尾(?)以朿業投李文靖公有山勢
无尾但恐更理會｜｜時事也蜂腰斷｜流｜｜分之句因得換
文貞(達)在尾月令孟冬日在尾(?)｜｜｜｜｜｜買田
(劉辯錄)曰箕尾却上青天(刑)青貞尾秀官
(?)孟冬踐箕尾(公)。傳說騎箕尾事(?)清頳尾落星湾谷拜刘峻

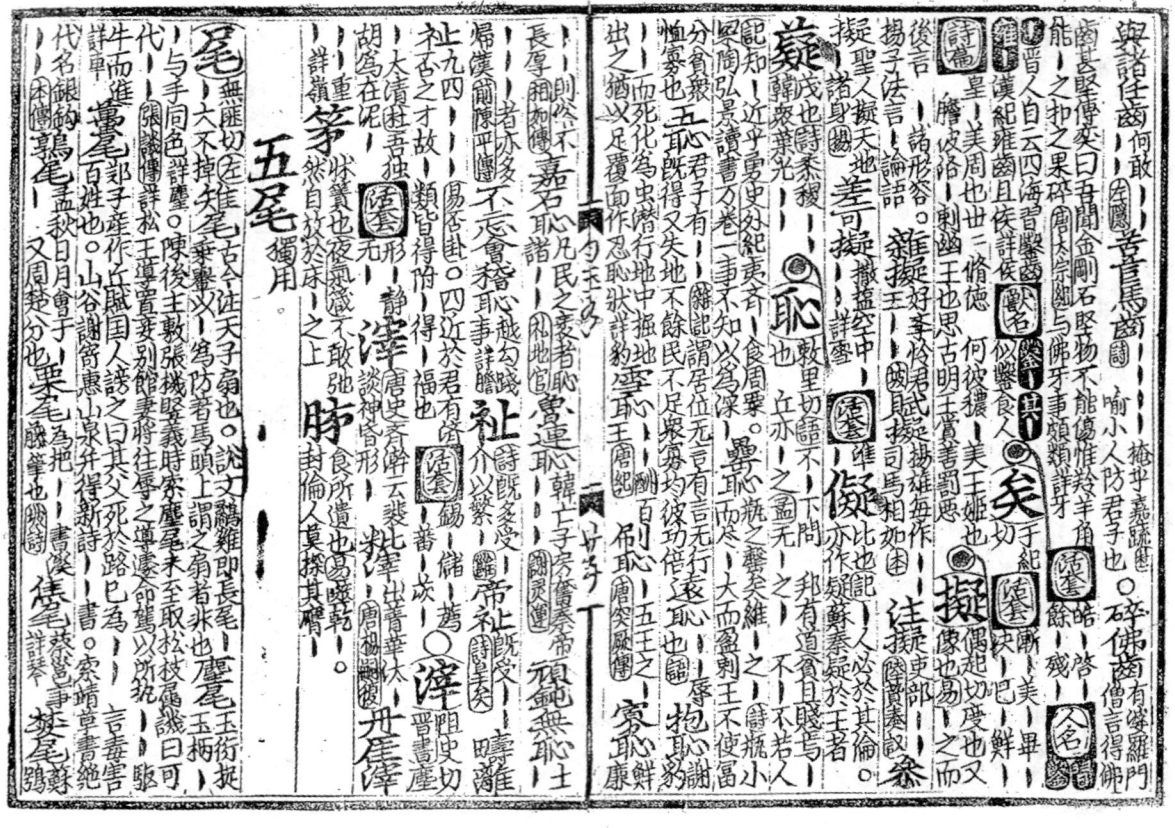

之書紙尾王氏法帖｜驚殷前龍尾安禄山逆謀日熾每至｜｜｜｜｜道睥
像之｜｜詳驚眠父之乃去(宋)。唐含元｜｜｜｜｜道
龍尾(伯宅編)詁學鳳尾自晉迄梁陳諸侯幾奏皆｜｜｜｜黃門鶡尾陳旧制三公
詰曲七轉宛如｜｜如｜｜詳詰｜｜聽事置
｜｜後主時蕭摩訶以功受侍中驃騎大將軍龍腹龍尾晉寧友三人号一
詔開閣門施行馬听事狼尾並置鴟尾(?)｜｜華歆為龍頭邴
原為腹管寧為尾｜實孟適郊見｜｜自｜其｜日詩病上尾第五字与十
為尾詳龜太史斷尾雞其憚為人用乎(左昭二十二)｜｜｜｜｜謂
字同声如青二河畔草鬱鬱長尾郭子家曰｜｜｜｜｜｜｜蔡廓任吏以
鬱園中柳是也(詩苑類格)者長尾｜｜身其餘幾不署紙尾尚書曰選事
若悉部見付不論不然我｜能為徐干｜｜中伯(?)(易)成天
木｜｜遂不拜(南史)于木謂疑之亹勉也(詩)｜｜｜韓紧樹雕婁｜注文
｜｜｜遂不拜下之｜｜｜｜
色皃於豈切户牖之間母衮｜六衮｜｜而斧衮天子負｜南郷而
通作依｜｜通作依(?)｜｜當衮立(礼)｜｜
立(記明堂位)謂｜｜
高八尺東西當户牖之間繡為斧文巾帳扆後魏邢巒奏曰先皇尚台衡宸扆
唐馬燧孫李懷光還賜宸扆質以紙絹為｜｜(?)
｜｜銘言君臣相成之美(宋)人名(?)唐人依(記)不辛傳｜｜｜｜(記)哭有餘声
豈｜袪豨切(詩)飲酒樂豈菜名呂氏春秋菜依注鷹聲喻也偯(記)哭不｜
注樂也兩音之美者雲夢之｜幾居豨切(左)人毒｜何幾獄幾

一歲丨丨丨何不啗 身餘幾長首長尾丨 春餘幾丨物所丨國 金有幾疏廣數
出入幾何陳平傳 其丨丨左 知有丨 問其家
漢丨本傳 丨餘丨丨 聞一知幾郡舉孝廉徐淑左雄曰顏淵聞一 百行有幾許允謂婦
德卿有幾婦曰士有 知十孝廉丨丨丨丨耶淑無以對 曰婦有四
丨丨卿丨丨許容 漢書丨年無丨詩凡 蟣 蛩丨 君子丨 姜
丨祈行丨 ○ 斐子語丨然成章
斐丨芍丨斗詩 文章相錯 夔君子豹變其 丨丨也易 朏月三日明生也書丙 午丨 庚午丨 畢命 人名 斁尾切詩有丨 屬文南史 十歲
誹秦腹丨腹誹有禁武帝紀 有廢格沮丨之獄 菲丨 高奕即士瓜詩采葑采 又薄也語 丨飲食 筵詩弊笱在 梁注方曰筐圓
日書丨厥 厥篚丨貝 丨丨厞絲 丨丨纖縞 丨丨織文 丨丨纖 貫篚 重譯丨 匪 易丨 躬之
玄黃武成 丨丨玄纁璣組
故比之丨人田丨 我求童蒙易 詩我心 悱心欲也語 不丨不發 棐 輔也即 弓檠書
丨石丨雞則鳴 又分也礼丨頒之式詩頒 丨去三
天丨迪丨丨 榧丨 实産信州玉山縣龍會云出東陽諸郡 王羲之見其門生棐几滑净即書之
忱辭 法言 臣篤丨 蝱虫 通作棐
玻詩 驅除二彭 ○ 韙 于鬼切是也左五不 韡 盛兒詩鄂 偉 韓 揚厉無
虫已我心腹疾 丨丨 又君子丨之 丨不丨丨 前之丨 績
表丨 魁偉顏公甚丨丨 衣冠偉四皓丨丨甚 法言 奇丨 俊
愈丨 黄六卷 英偉 丨 大才丨 遇 漢高紀 丨雄丨 煒

盛亦也詩 煒 光盛 葦大葭也其花遇風揚如雪聚如絮詩行丨注 葦
彤管有丨 煒兒 初生名葭稍為蘆長成名丨 一丨抗之
過丽蘇丨 蒲葦 堅拓如緑 葦 破篭燒 納葦 孟秋命澤人 木葦 姚弋吳丶徐盛
丨荊公 丨丨 晉 丨丨 緯 蒸 納材 丨丨 記 植 丨衣丨 為凝
城假樹數百里時江水 刮葦 鳴鶴鳥一名丨丨 亦雅○
盛長姚丞師魏文帝紀 好丨丨 皮食其中虫故名 束葦 齊田單灌脂丨
牛尾熱怒而 詩 蕭 行丨忠厚 丨 一車 晏子 ○ 問丨神 賈
奔燕軍 史 也周大雅 ○ 鬼 居偉切 易 載 丨 挪揄見鄭又龍會輿丨南方宿
名 厲鬼 張巡曰死當為丨丨以殺賊 吒鬼 茅处士得袞陽刘庫部之弟夜聞
丨庫 ○ 駆丨丨 芍山之左 韓 呼曰庫部來吒茅曰我為汝何敢
據速出茅丨白汝昔為人今為丨 亦子不肖不能保有先 為鬼家 養 丨丨
人旧廬 售賃於我尚敢豕我邪丨令速出丨 遣去 昭異志 丨頊丶食黄魚
莊三十二 卷 ○ 丨丨有四說 鸕鷀蜀人臨水居者皆養之捕魚一曰 猪一
曰老鳥一曰丨蠻丨言鳥蠻戰者死多與人為厉故禳之此詩當是言老鳥丨
神或丨丨 明皇時術士詩曰若逢丨丨丨 環子繫羅
蠻丨也 山下鬼 衣 楊妃外傳 ○ 後悲馬嵬山自縊之讖 詩 餒鬼丨成丨 膾
破 支鬼險語破 鬼丨 韓 人食鬼 南方丨長七尺丨 惡丨朝吞三 撥鬼 神 困 月
千莫吞三百名曰赤郭 詳郭 窮鬼之 韓 送窮文 三丨丨丨 而告
蹇亭鬼 後王忱為郿令到官至丨丨有丨數殺過客忱夜聞有女子称冤忱
曰有枉狀可前求理曰妾夫為涪令此亭長殺妾家十餘口埋在樓

下悉盗才貨忱問亭長姓名曰即今門下游徼也忱曰當為汝 忠義鬼 晉虞
理明旦召游徼詰問具服同謀十餘人並伏辜 史 ○ 上音台 悝王
敦作逆悝被执曰人生有死闔門為丨丨亦何恨哉 晉易雄拒王敦 破
被虜曰得戮為忠鬼乃所願也 後周李遠曰大丈夫寧為忠鬼 北史
面鬼 沈昭略賜死時罵徐孝嗣曰宰相無才致 祀 猶鬼 隋独孤陀好左道丨
丨有今日以甌投其面曰使為丨丨 南史 亦丨丨每殺人所死家
才移於丨 家 史 難見如鬼 蘇秦曰楚謁者丨丨丨 宋徵於鬼 晉士伯曰薛徵於人丨
丨丨王難見如天帝 詳薪 丨丨丨其罪大矣 左
匠 阮瞻無鬼丨丨 素執丨丨論一日有客詣瞻談名理有才辯良久及鬼神
元 之事客作色曰鬼神聖賢共傳君何言無耶僕便是鬼變為異
形須臾消滅 ○ 林 晉昆 晉鬼 晉周楨謀襲苻堅事泄堅引問狀曰 ○ 狶 豈 虛
蘊亦作無鬼論 生為丨丨死為丨丨 復何問乎 史
切豕走声又呼豕曰 獲狶 正獲之問於監市丨 以知其肥瘦者愈獲其難肥之処愈 莊 ○ 狶大豕
丨史記伯禽封丨丨 監市之丨丨以知其肥瘦者 也每下愈況
知豕肥 人名 陳 高紀 漢 ○ 虺 許偉切小蛇 語云為丨弗摧為蛇 虺以南
之要 丨丨 奈何 詩 維丨 維蛇 又丨丨 其雷 蝮 江淮
為 為丨丨以比 虎虺 粉竹 觀深無 人名 仲 湯 卉 草木之總名 詩 百丨 具腓 嘉
為 丨丨亦雅 荊公 賢臣 書 卉服 注 草服也
卉 詩 山有丨丨 法言 羣丨丨 ○ 豈 魚豈切 事並 字伯
侯果 侯梅 野丨丨 詳紙韻丨下 顗 謹莊兒 人名 周 仁 晉臣

書 後
漢人

六語 獨用

語 魚巨切 語 請事斯丨 詩 于時丨 綺語 丨丨 灑 落月如
丨 注 謂丨其所當丨也 公羽 晴雪 東語 夜闌接丨丨 金盆 杜 贈 蘭立師 兄
生語 皆楽熟 軟語 丨丨 安閒 語 私也 鄧禹 傳 丨丨 ○ 問 參
語 闇丨丨 媚耳目者 不喜 硬語 横空盤 韓 大理 王君 墓誌 石語 帖力 排奡 韓 文
語 揚 敞夫人与延年 丨丨 許 雞語 元次山云寐中 寱言非所知也 雞 五計切 危語 郡諸 桓南
諾 三人共語也 漢 昭紀 韻書云丨睡中丨 寱 相
人作丨丨 桓曰矛頭淅米劍頭炊殷曰百歲老人攀枯枝一參軍 冷語 孟蜀
云盲人騎瞎馬夜半臨深池盖仲堪眇目也 世説 了語事 詳了 時潘
在庭以才結權貴 白非是求援 但 冰語 令狐策夢丨丨下人丨 後果 形語 東
不欲其丨丨 冰人 亦 外史 檮杌 為媒故媒之言曰丨丨 詳冰 坡
挂石 供 云海外有丨丨之国 口 眼語 即目視 陵 李陵 傳 ○ 師古 手語 佳人當
不能言相喻以形其丨丨也 眼語曰今世俗所語丨丨是也 擔 弄白
日絃将丨丨 彈 耳語 效兒女曹呫囁 灌夫 傳 偶語 丨丨 棄市 丞 來語 立而 丨 賈 誼 妄語 何遜
鳴筝 李 春日 行 高祖 紀 每云
得我一丨丨 謝 齊語 欲其子之 丨丨 也 孟 吳語 十客相逢 六 蠻語 郝隆為南 丨 傾蓋語 詳
以一 縑 詳 縑 九丨丨 漫 參軍 詳 魚 蓋

風鈴語起听｜｜｜〔韻〕許鈴花解語太液池白蓮開明皇指妃子曰何如此｜｜｜〔遺事〕○笑開荷｜共人語〔唐〕兒女語呢〻
｜｜〔韓〕強笑語｜、翀〻｜｜〔韓〕鮮卑語有兒數｜｜｜及弾琵琶伏事公卿虽致卿相亦不願頗氏家〔訓〕斷北語魏主詔不
得爲北俗之語於朝廷〔北史〕通馬語前身作馬｜｜｜〔韻〕互見聆禽語白龜年於嵩山東岩下遇李｜白授一軸素書曰讀此可｜
九天｜｜九地獸言龜年一日過廣州二雀啾唧過太守庭守曰彼何言龜年曰言城西民家有粟可共食驗之果然阮瞻三語太尉王君
問｜千里曰老莊与聖教同異瞻曰將无同太尉善其言辟爲椽人号三語椽〔晉〕與聖賢語狄仁傑爲兒時門人有被害者吏就詰衆爭辯
對仁傑誦書不顧吏責之答曰黃卷中方｜｜對｜何假偶俗吏語耶〔唐本傳〕念平生語馬援擊交趾曰追｜少游｜｜｜何可得也〔詳〕〔晉〕
不作常語張華曰今日｜可｜｜｜陸曰雲間陸士龍荀曰日下荀鳴鶴〔詳〕進時作俗語時｜應事作｜下｜令人慙及示人〻以
爲好千里對語唐高祖曰君人每爲吾兒陳事詳懃｜｜｜外猶｜面｜〔房玄齡傳〕百日不語姚詠之生而宛欽醫曰可補須｜｜
｜｜笑詳欽岩共語庾信至北方惟愛溫子昇韓山寺碑曰惟此｜堪｜｜｜餘皆驢鳴犬吠耳〔王泉子〕雞作人語宋処
宗總間｜｜｜与処宗談說氏論有玄致因此功業大進紙上語唐徐文遠通左氏從沈重質問辭去曰先生所言｜｜｜｜耳〔史〕徒學

勻玉九　冊九

壯語晉王敦謂謝王承不知權而｜｜｜無能爲也殺之〔史〕○無剩語凌行燮開浮杯和尚盡力道不得低句分付何誰和尚云浮杯
詳眼｜｜｜｜無義語是｜｜｜是｜｜｜報雌摩經下一轉語詳狐〔傳燈〕紙上｜｜鶯燕｜圉〔孟〕舍之｜｜焉朱｜山
名在奧縣〔禹貢〕固圉聊｜吾｜莊边陲也〔左〕守圉｜｜之臣〔賈誼疏〕牧圉豁武子曰不有行者誰扞｜｜〔左僖廿八〕彊圉可謂
不畏｜｜矣〔前漢〕方年傳圍本作禦因出处附此靈圉｜｜燕於閒館。仙人号〔歲名〕彊｜丁歲亦〔雅〕圄月令省圄｜〔賢臣頌〕周公
有｜空之隆禦〔詩〕不畏彊｜誰能｜之。百夫之｜〔孟〕莫之能｜或作御〔詩〕亦以御冬齬吾齒不相值〔楚辭〕｜不相當也。亦
作鉏鋙〔楚辭〕吾知鉏鋙而難入○又作岨峿敔樂器形如木虎〔書〕合止柷｜籞禁苑○呂力舉切陰律也〔礼〕奏黃鍾歌
大｜二月夾鍾四月中呂｜月林鐘八月六呂南｜十月應鍾十二月大呂詳律鼎呂毛遂一至楚使趙重於九｜大｜詳鼎命呂
召雲者龍｜｜｜之功者律〔易略例〕膂呂其脊也必有｜｜之功〔國語〕｜｜謂姒氏姜氏布書呂呂｜謀誅董卓有人｜字於布上負而行歌
於市曰布乎〻〻後布遲兵斬卓〔史〕青雲觀呂崇武時西域使云嘗占東風入律十旬不休｜｜｜｜連月不散意中国有賢君故來貢獻〔開〕｜
〔說〕貧〔活套〕誅諸｜伊｜申｜〔姓氏〕氏河東羽音炎帝姜姓後虞夏之際封｜至周子孫因｜望名尚東海人本姓姜因封姓曰｜号太公

望。六韜事詳韜 ｜不韋 大賈人秦封文信侯作｜氏春秋 ｜布 字奉先驍
武後爲曹操所殺 ｜蒙 字子明非復呉下阿蒙詳蒙 ｜安 与嵆康善輒千里
命駕詳駕 ｜虔 字子衡美姿皃邑人劉氏家富女美難求之女之母欲勿与
劉氏曰｜子衡豈當久貧者耶遂与昏 ｜顗 字子明仕魏鉅鹿太守百姓頌
之云云 ｜向 字子回工章隸号連錦書詳錦 ｜僧珍 字元瑜梁武時直秘書
省。宋季雅市宅於其屋側曰千万買鄰詳鄰 ｜洞賓 名岩唐時神仙詳樹
精 自材曰道人 四月生号純陽真人 ｜蒙正 字聖功宋朝河南人宋三
居相位惟趙普与蒙正 對真宗曰臣姪夷簡宰相才也 夾袋人才詳袋
封許国公謚文穆 ｜夷簡 字坦夫与王曾對秉鈞軸在中書二十年封許国
公謚文靖 ｜公著 字晦叔夷簡子簡重清儉出於天性 宋三公平章軍国
者四而二人則公著父子 歴仕四朝封申国公謚正献 ｜大防 字微仲京
兆人拜左僕射 ｜大本 字居仁申公之孫舜徒右丞之子李山谷詩因詩以
窮耽禅而病清羸如不勝衣疑塵蒲屠裕如也 ｜大臨 字与叔有克己銘及
克己詩元祐中爲正字 ｜端 字易直大事不糊塗詳突 後登台輔謚文恵
孫 ｜誨 字献可王安石新拜參政公弾之詳見 ｜祖謙 字伯恭号東萊編
類文鑑除直閣 ｜氏 唐｜恭女三人曰環曰鸞曰倩皆有美德○｜荷香仙
女詳帝○｜后詳帝○｜公著女妻范祖禹○｜希哲女妻趙演 侶伴｜詳曲 雲侶孤鴻憶霜群鶴呼｜｜〔孟〕 乗槎侶
海上｜｜〔國〕 魚鰕侶侶｜｜而友麋鹿〔蘇付〕 麐不侶｜｜行〔陸機草木疏〕 陽五伴侶北斉陽俊之作六言歌謡淫蕩

勻玉九　四十

而拙名｜｜｜｜｜俊之嘗取而改之責者曰｜古賢人作此｜｜君何輕議論俊之大喜〔史〕旅〔礼〕王卒爲｜〔地官〕五百人爲｜〔夏官〕｜祭〔韻〕
會別出｜字亞旅侯｜侯｜〔詩〕載芟〔語〕｜於泰山亞旅也｜子弟也書注次卿也｜仲叔｜時｜｜〔詩〕序旅〔禮〕｜舍其賓衣手時 僑旅遺蚍
其迹行步｜｜〔東方朔傳〕上音禹 穞旅萬觿主｜｜〔史天官書〕飢民所食｜菜也野旅馬周新豐｜ 藤本作穭 遊旅｜詳酌○号
爲不道僻於｜〔左僖二十年〕看旅〔杜延〕｜｜雖｜〔詩〕陳也〔卦名〕☶☲山上有火｜君子以明慎用形而不留獄初六｜瑣〻斯其所
取災六二｜即次懷其資得童僕貞九三｜焚其次喪其童僕貞厲九四｜于処得其資斧我心不快六五射雉一矢亡終以誉命上九鳥焚其巣｜人
先笑後号咷喪牛于易凶 稆〔光武紀〕禾自生也通作旅嘉禾旅生 膂春肉也亦作旅〔書〕旅力既愆〔詩〕靡有旅力 心膂｜股肱〔君牙〕
腰膂｜｜老病入〔韻〕○紵直呂切〔詩〕可以漚｜〔書〕厥貢絺｜俗〻作苧 鄭苧｜子産獻｜呉季札〔詳縞〕呉貴縞｜貴｜
都紵〔崇之老服〕｜｜大袍冠進賢冠〔明帝紀〕一作鄉紵 歌白紵｜詞｜｜清〔破十二卷〕 白紵呉地
云皎〻｜｜節〻爲双 得金於紵所出白紵舞本呉舞也 晉俳｜又
呉音呼緒爲苧〔梁志〕甄彬嘗以苧贖後贖苧於苧中得金五兩｜即送还之〔梁史〕〔人名〕〔師〕陸
羽 抒除也〔左〕難必｜矣抴也〔班固賦〕｜下情 宁門屏間〔記〕當｜而立〔曲礼〕 杼機之持緯者〔詩〕｜軸其空〔大東〕 春杼

子部　第三冊

姻綺｜｜手頻 懷婦抒有｜｜織常睡於機上號以｜杼女才之至死皆有杼痕化爲獸詳常 參母投杼秦甘茂曰昔人与曾｜同姓名
者殺人〻告其｜母曰吾子不殺人織自若有頃人又曰曾參
殺人又織自若又一人告之其母懼｜｜踰垣而走戰國策 文章機杼常云
｜｜須自出｜｜成一家風骨魏書祖瑩傳
何能共人同生活北史祖瑩傳 縑緗機杼王丹贈友人｜｜曰如毋偶林機杼此緣｜自｜詳緣
閒｜｜彷彿 佇或作竚久立也 延佇飾新宮以｜｜前李夫人 結幽蘭而｜｜楚辭 凝佇顆｜因記今人凝小乍窺門
戶圖 羜不雅有肥｜未成羊曰｜五月生羔也詩既 ○與余呂切孟天下莫不｜｜待也 子行三軍則誰｜語歲不我｜韻會
圖｜｜威儀 嘉與丈夫｜｜武帝詔天下士 容與翺翔｜｜閒適兒相如 謾與｜｜圖袖手焚筆硯清篇真
中適兒 ○杜詩有｜｜
｜｜九篇大舉言 對花鄉之與 與言論語 ｜｜之樂與也詩 ｜｜賢 易與龍且曰韓信｜亦韓信傳 色授魂與｜｜
始賦｜｜心愉於側國語 言好色者 民胞物與吾同｜｜也東銘 豐取刻與 ○以無度取於人荀子君道 予
賜也人推｜｜詩天子所 何錫｜｜之青莪 分予天亦有所｜｜齒者去其角漢書武紀 予之 ○渚章與切小洲也詩鴻飛遵｜ 華
渚少昊生虹流｜｜史記 牛渚溫嶠燃犀照｜｜詩水 顧渚茶詩茶 ｜｜山産 風渚晉豪俗｜｜ 册 牽牛渚有人八月
浮搓至一処見婦人織一丈夫｜｜頭飲之即牛斗星也詳河 梅根渚高張綠綷帆遠李白｜｜過圖 袁宏泛渚晉謝尚鎮牛渚
委曰泛江會宏在舫中即迎之每与談論 蕒本作藚礼春官展器陳告備及果祭醬前景帝紀 ｜海爲鹽 藚蕒糟麴困 字不
堪蕒｜｜｜｜飢來據空案｜陸 活套｜｜茶鼎 ○汝人渚切通作女語吾語｜詩上帝臨｜大明 書怨｜詈｜大誥 左纖靜
似｜｜詳似 爾汝禰衡与孔融作｜｜交詳年 忘形到｜｜困 曰聞南人好作｜｜歌能否皓曰昔与汝爲隣今与汝爲臣勸汝 媿武帝謂孫皓
一盃酒令汝壽万春帝悅古今詩話 王汝貧賤憂戚庸｜玉汝于成東銘 潁汝二州名容 ｜｜｜ ○誰縛汝僧問如何是解
脫師曰｜｜詳縛 姓氏江陵官音殷｜鳩｜方之後与女同女叔齊晉大夫君子謂
叔侯於是知礼左昭五 女寛諫媿哥偃獻而已左昭廿八
｜郇字叔異漢和帝時任魯相以德化人 茹｜孟飯糗｜草詩柔亦不茹 ｜四皓｜芝詳芝 飲茹毛｜血｜礼運 拵茹顏回簞
亦山雖也何其臞 謂以手｜ 美可茹采於山｜｜盤谷序 活套野｜見御句 ○又
猝崔菹茹 ○｜音猝｜无无音 ○暑舒呂
切記土潤溽｜詩六月徂｜ 洞湖避｜飲詳飲 逆暑春官籥章中春晝擊
入水避｜詳熱 避｜犀詳犀 与熱韻通者 土鼓龡豳雅以｜｜
中秋夜迎寒亦如之 燀暑我心｜｜憂心如熏詩 十 揚雄之人其
礼｜｜以書求諸陽 ○｜丁佐切又如字 耐暑性｜｜詳耐 十暑｜｜

泯山葛詳葛 不知暑｜｜冰蠶不知寒火鼠｜｜拾遺記五見鼠 酷吏大暑范質翁書大暑去｜｜一百有鬼前揖曰世之酷吏冤獄
何止如｜｜公他日 鼠有齒而无牙 朱虛｜姥詳虛 皀鼠後媿比兆獲
當深究此弊詳扇 失仙軍中猫｜同乳詳乳 ｜｜剖之腹
中有三子 鼷鼠狀如小狐 下鈞之弩不爲｜｜食郊牛角春秋 鼴鼠何不過滿腹莊子 飲
不｜圖 鼷殘圖
鼫鼠五技能飛不能上屋能緣不能窮木能浮不能渡谷能穴不能掩身能走不能先人圖｜本作鼫 能人立以前兩脚於頭上跳舞善鳴 鼨
鼠賓饭給爾雅由祖与百僚大會時得鼠如豹文皮群臣莫知惟｜曰名｜｜本 唐盧若虛識｜｜事見史句 火鼠入｜不焚毛長丈許可爲
布所謂火浣布 水鼠入｜不溺｜亦貂｜也 冰鼠北方｜厚百尺有｜在下但食｜冰毛長百尺可以爲布神異記 仙鼠荊
州玉泉寺山洞白蝙蝠大如鴉名｜｜千歲後体白如雪李白詩序 禮鼠｜｜拱而立詳立 社鼠晏子曰｜｜出竊於外入託於社社之恐
壞牆熏之恐燒木君之左右｜｜之患也韓詩外傳 殺蜂不攻｜｜不熏同上 首鼠鼠性疑出穴多不果故持兩端者謂之｜｜ 鼠行一前
一卻｜｜兩端前漢夫傳 怪鼠中山王府南有鼠衣冠出斥事語曰尔某日當死不應云云復有鼠遂死列異傳 鬬鼠秦伐韓趙奢曰
其道險遠狹譬猶兩鼠｜｜於穴中將勇者勝趙奢傳 投鼠｜｜忌賈誼 縛鼠奉半付虎未有出期｜｜終究脫日與猫謂酷吏也
老有鼠晉元理善東西困｜不差｜耒会西困差｜一升乃｜大｜可容一升西京雜記詳困 失窠鼠唐蘇徵爲止輕傳郎中張元一目爲
｜｜｜詳 嚙藤鼠有人逃死欲上樹則見二鼠｜｜詳蛇 刀卻鼠野人有｜不愛遺子可名卻鼠刀坡錄 待召鼠
許遇爲鼠嚙衣作｜｜｜畢云字 殺鼠晉傅子兒善厭勝刘柔夜鼠嚙其左手中指兒爲朱書手作田｜露手卧
中庭惟一鼠往伏不敢動別傳 明旦鼠 蟹捕鼠周閔曰人皆知不可以羊追狼｜｜｜｜鼠 君以鼠｜藏武仲謂齊景公曰抑晝伏夜動左襄二十三 張
伏死
湯劾鼠湯幼時鼠盜肉掘得盜鼠及餘肉劾鼠掠治訊鞫論報并取鼠与肉具獄磔堂下父視之文辭如老獄吏大驚遂使書獄困 蘇武
食鼠｜｜使匈奴掘野鼠草實而｜困 廁鼠倉鼠李斯爲郡小吏見｜中｜食不潔見人犬數驚恐觀｜之｜食積粟居大廡之下不
見人犬之驚人之賢不肖譬如鼠矣在所処尔困 求某氏鼠｜有｜｜以己生歲直子因愛｜不畜猫犬倉廪庖厨悉縱鼠不問晝累人与
人兼行數歲某氏徙居他州後人來居殺鼠如丘嗚呼彼以其飽食无禍爲可恒也哉柳文 易腸唐鼠唐公房合宅登仙雞犬皆去惟鼠惡
其不淨一日三吐｜其腸博物志 琴聲狂鼠孔子鼓琴閔子聞有幽恍之｜曰何感若是乎孔子曰是也見猫方取鼠欲其得之故爲之音
也困 客中腐鼠虞氏富樂已又乃以此辱我盛衰其屬滅其家列子 虞氏若登高樓博而笑飛鳶適墮腐鼠中俠｜曰虞氏得腐
虞鑑

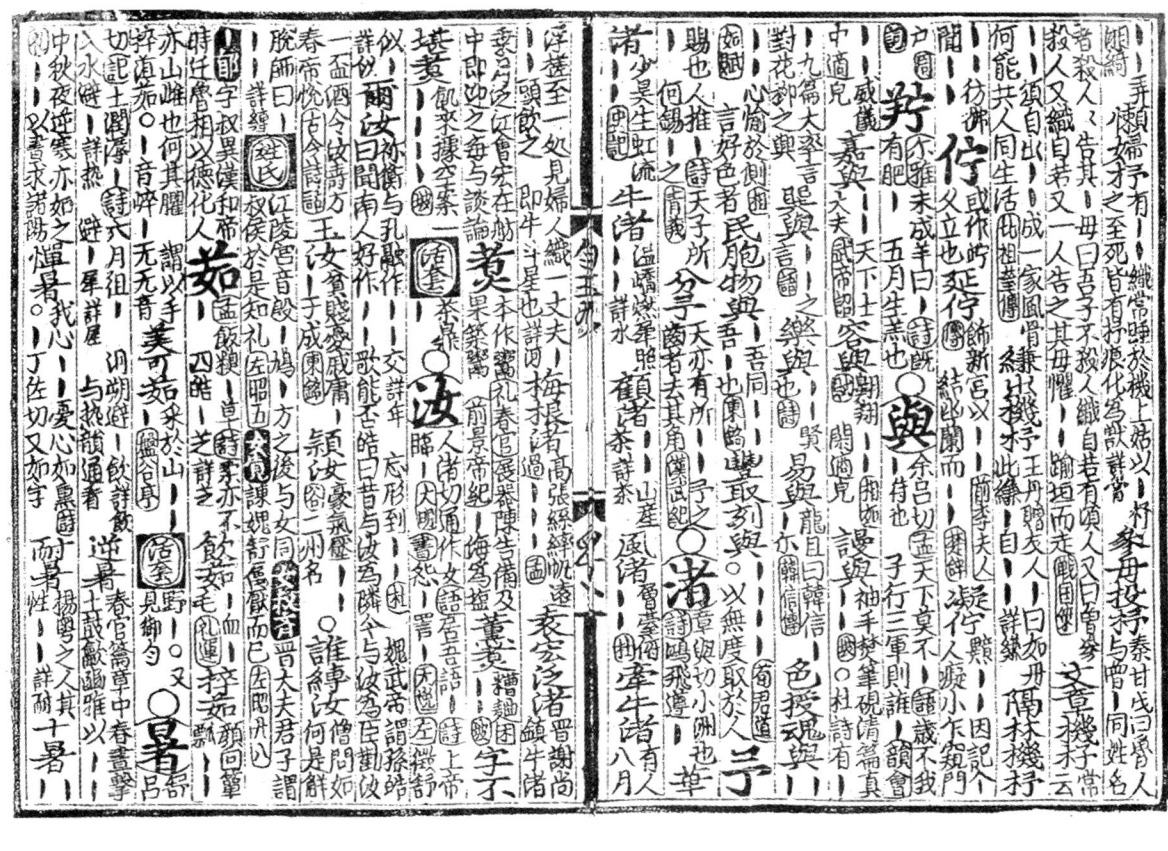

四五七

鼠仰而視之曰鼬詳嫌丨丨丨丨鼬雞遇之嚙猫萬鼠弘道初梁州倉有大鼠長二尺餘爲猫所數百鼠友丨丨嚥丨餘丨州遣人捕殺
之五行志華騮捕鼠驊騮丨丨丨不如狸狌莊丨曰騏千里術家射鼠唐袁天綱子客師高宗置一鼠於匱令丨丨丨之皆曰丨
客師曰雖实鼠然入則出出則四𦵏之鼠生三子史大倉鼠李斯入倉觀鼠事等爲溝中斷不作丨丨丨丨后頌丨剌重斂也詩碩
○黍食於民不循其政丨丨剌无礼也詩黍丨爲五穀之先秫者爲秫可釀酒不黏者爲丨又有黑丨白丨赤丨記丨曰薌合詩多丨多稌
彼丨離丨毋食我丨爾雅禾之秀特舒散象火爲南方之穀丨大抵似稷故古人併言黍稷今人謂爲丨稌雞黍范式与友張元
元伯九月十五日殺丨登黍仲夏農乃丨月令嘗黍天子以雛爲丨待之果至詳期丨具黍孔子侍坐於魯哀公設桃
詳桃炊黍蓋世功名家啄黍黄雞丨丨秋正肥李白角黍以菰葉裹粘米爲丨丨粽風土記詳粽蒸黍丨歌舞丨節歌
干日盜黍隋李士謙望見丨者避之家童丨丨丨十黍律曆志丨爲絫鉅黍荀性惡篇注良弓也
詩闕居賦摶黍丨丨丨声中日月令○詩春黍丨也蝗之類詩螽斯注丨麥黍詩伊威在室注
注丨黍丨一名丨丨黄鳥丨上音丨丨春黍丨也蝗之類盛饌設黍隋李士謙宗黨丨丨盈前
也丨丨丨丨夌春黍丨丨也詳春速作黍司馬德操呼德公妻令丨丨丨詳饌

先爲設黍曰孔子称黍爲五穀之長古人所尚寧可使空乎丨吹律生黍鄒衍事詳谷瘵鼠憂病詩丨憂以痒○杵昌與
切書血流漂丨武成丨易曰丨之利係辭玉杵裴航得丨雲英仙女詳曰丨丨臼娶丨鏊杵晁錯以丨金剛杵好作巨
綸自号丨丨丨丨率爲田丨丨丨詳丨春丨春詳春
閹娼脂燭之貴鞍字細腰杵何文賈宅暮見高冠緋不相杵禮春者丨丨丨曲
天可倚杵河圖記曰百代之後地高天下丨丨丨丨博物志杼壞鐵杵丨丨中丨化爲丈重謂巨杵声
二千杵高力士作宅寺寺之鍾成宴朝畢廣擊一杵施百緡求婿者至丨丨丨少者十杵文宗紀活套藥丨處記抱義而
丨丨詩丨爰居爰處丨丨丨不遑寧丨四牡丨穴居野丨巷處士大夫去位丨丨丨中詳鏟
入此室丨易或出或丨係辭丨丨者丨囊處如錐之処
毛處晉人不得聚居而丨丨焉廣丨丨丨具爲丨丨廣處丨丨是以有丨丨燕處丨丨来丨未
丨丨丨焉貫山傳區處○分别処置也詩蓼蒿詩周南
孟母三遷可處丨是真丨以丨吾子矣詳孟軻母丨丨丨至李宮之旁曰人在所處李斯見廁鼠与倉鼠嘆
曰人之賢不肖譬如鼠
尔丨丨丨君誰獨處唐婦登高謂熊執易曰當
尔詳鼠詳名人名周丨丨三害○貯丁呂切
雖丨囊貯媿曹操曰譬如人家有盜狗而善
儲丨貯鼠盜雖有小損而完我丨丨丨貯當社造倉以丨丨之積貯丨金屋貯丨

阿嬌丨丨詳嬌褚裝衣𧜀作紵字韻縕者黄衣与丨丨同帰上褚丨丨丨五十衣中褚三十衣下褚二十衣南
傳丨謂綿○褚丑呂切一名穀史蔡倫用丨廣爲紙丨褚宋人以丨丨葉三
有厚薄之差楮桐君仙方丨丨实赤時候乾用之丨丨王褚丨丨褚爲丨葉三
年而成丨丨刻丨覆楮丨丨色入丨丨玉楮若人丨天巧春活套銅丨刻丨褚說文衣之橐丨
列禦寇傳丨以濟之空褚唐丞元夫鎮使丨楮先生丨楮丨
㝡丨詳倬丨毋留褚衣也丨囊褚丨丨丨只有粉墨褚○鄭子產衣冠褚之丨丨而丨
事褚詳賈丨褚者丨丨褚古注无訓愚見當在此韻下楮氏公子右爲丨師因
氏漢梁褚丨丨大元成間有丨先生名少孫並以儒孝称爲博士丨字季野
○皮裏陽秋詳秋丨李雅名陶錢塘人境與自娛年十歲作鴟鳥水碓賦見
者奇之晉丨孝回仕宋美儀見善容止每切朝會百寮遠目之丨丨丨不延首目
送之○翔如戟詳袁丨向字景政有器量位侍中風儀端麗眉目如畫一子
翔字世平爲義興守郡西亭褚樹生枝以爲善政所感丨伯玉字元璩錢塘
人有隱操往剡居瀑布山三十餘年嫩最丨丨抗高木食丨丨南史丨玉字希明
杭州人預十八學士之選丨遂良字登善亮之子博涉文史帝曰所謂多識
君子諫立武后事詳务丨無量字弘度杭州人母喪廬墓群鹿馴伏不敢
鯀丨○酺私呂切酒也酒之济者本作丨桂醑丨丨瀞姿奕丨丨丨風醑至今
松丨詩有酒湑我飲此湑矣丨桂醑流可惜在蛮村丨丨麋醑石繼

餘丨謂周礼注有才智之称○唐子西丨丨人名唐人不对擢臨崔涓
丨圍西假陸丨姑名作陸丨傳言酒丨後漢丨黨人之禍
詩零露丨芳注露兒又其葉丨丨丨丨丨
丨莊猶沃丨也有酒丨我与爾同涓月皆也詩俟○女尼呂切易神道
詳青女秋三月丨乃出降以霜雪淮南丨姤女有上丨丨丨得火則飛成丨丨誕丨事
鶴丨丨丨天神青娛玉女主霜雪丨女求也用砂訣丨又見河車真神
女巫山事毛女字玉姜在華陰山中形体生丨秦宮越女白詳白貢女貢
詳兩人秦亡入山食松葉遂不飢丨列仙丨丨天下鬼
爲新息長蔡民不舉子後民養丨丨丨也爲妙字詳碑弱女
子者男曰賈子女曰丨丨詳子少女○丨丨丨反風丨後漢丨丨賈公明傳丨丨非男雖
精良勝紅女錦綉纂組害女丨者也漢景帝紀丨丨音工石女焦穀稿丨丨丨无兒
无圃丨圖夫丨丨丨丨丨女嫁三日
丨見聞録愛女張禹病帝臨問因言臣有一女丨之甚於男嫁餽食爲丨
頤音箋張掖太守蕭咸頻相近即徙爲弘農太守西京二女娥皇女英天
台二女詳山丨仙丨游於江漢遇鄭交甫解佩以贈詳佩
秫寺丨仙丨重九日開杜鵑花事詳鵑喬公丨丨見大小喬鶴五女盜不過丨
丨門爲貧故六女淼然有丨丨包裹布爲荊子田丨丨也無女平生丨一女圖詳母漆室女魯邑之
也陳蕃傳倚柱長嘯憂魯君老太子幼詳漢緹縈女大倉令淳于公有罪當刑无男有女五人罵女曰生女不生男緩急非所益其少女丨丨自傷悲泣

上書願没入爲官婢以贖父刑（漢書）靈脉女不識孔方兄但有丨丨丨（杜詩）乘鸞女月姊仍有丨丨（荆公）
天子悲怜其意詔除肉刑
投梭女丨丨每因東隣女三年不領丨丨丨（宋玉賦）天下佳人莫若楚國楚國之麗
窺臣三年至今未東隣丨（幽）莫若臣里臣里之美莫若臣東家之子此女登墻
許之（宋玉好色賦）花𩘋女丨瘦竹妳丨丨（幽）幽人雪衣女廣南進白鸚鵡呼爲丨丨（唐武外紀）娶醜
女諸葛亮沔南高士黄彦承曰身有醜女黄頭黑色而才堪相
配孔明許即載送之諺曰莫作孔明擇婦止得阿承醜女（史）富女貧女紅樓
丨家丨緑窓丨家洞庭君女丨丨丨小丨寄柳毅書於洞庭君毅後娶吴城
丨丨（白居易詩）詳嫁盧氏兒類龍女曰子郎丨丨丨丨也詳書
龍女委㯶灑沙鴻鷺起（吟窗夜話）丨丨丨詞曰数點雪花亂賣大嫁女晋吴（隱之）蟬名齊女齊后怨王而死
蟬丨詳○散花女笑問丨（唐詩）慈悲女有菩薩問維摩詰居士父母妻子親戚眷屬変爲丨故丨丨
父法喜以爲妻丨丨丨以爲丨善（維摩經）丨飯丨遊丨慈爲是誰居士荅曰知度菩薩母方便以爲
心成実男畢竟空寂舎（維摩）季丨（楚詞）粧有餦餭些注粔音巨即
環餅也（齊中賓客集）重九作糕丨寒○許盧呂切（詩）（宋玉招魂云）粔丨蜜餌
餌即糕糕皆以蜜和米麪爲之許弗丨色許商君曰王心許延
季子聘晋帶宝劍以過徐君丨不言而色欲之季子爲有上国之丨不許也心許陵
事未献也然丨丨之矣反則徐君已死以劍置徐君墓樹而去（記）神許唐鄴
母疾刺血爲書請諸神丐以身代（北史）燕許丨丨大手丨丨神許諸曜
書而丨丨二字獨存化甚日毋（魏書）燕許筆詳筆來許昭茲丨丨（詩）許
後遽如許曹操欲殺左慈化入羊群操曰不復相殺試君術尔忽一老羝人進也礼法既許而
進遽如許立言曰丨丨丨即就往赴之群羊数百皆人立遽如許莫知所之
詳羊身未許聶政曰老母尚在未敢以丨許人也（史記）業已許朱虚侯斬亡酒者太后丨知何許海
岩洞丨丨（幽）山中許雲杯王夫人曰交梨火棗玄光灵芝我當与丨丨丨道花中山
丨丨丨丨自是丨丨丨丨之元以罪也詳酒士不与人間許長史道士名玉斧長史之子也（真誥）
巢許（葉夢得）（鵑庵梅詩）（活套）巢丨堯時二隱士張丨唐時二（姓氏）高陽羽音姜
忠臣能棧丨相推丨何用丨姓炎帝之後
周武王封於裔孫太叔於許後以国爲氏晋有丨偃楚丨𥙿鄭丨瑕丨左丨
太岳之後丨由堯時隱者詳𢼄丨行爲神農之言者許行（孟）丨邵字子将汝
南人与從兄靖共覈論人物号月旦評詳評丨遜字敬之爲旌陽令弃官入
道々成晋元康三年八月十五日挙家四十二口拔宅上升斬蛟事詳蚕
丨慎字叔重語曰五經无双許叔重丨楷字仲康力曳牛尾事魏任武衛将
軍詳聚及尾丨孚字秀良号長孫公詳叔丨善心字務本称神童仕隋除秘
書丞襄神雀頌文不加點丨嵩容京兆人字又龍方勁有礼孝清議帰之數論
駁四方想見其風丨景先常州人知制誥詞旨典美丨将字冲元福州人三
祐臣綦乞發司馬光墓將曰發人墓非盛德事乃不從○巨其呂切通作
丨遠唐忠臣守睢陽死之（唐）丨氏許飛瓊王母侍女鉅（漢志）鉅万

（姓氏）大也（董仲舒策）積小致鉅○多子字名旁丨（姓氏）長一丈大十圍（唐書）爲荆州刺史（晋書）身
丨楊墨（詩）敵丨大邦二拒王以諸侯伐鄭々子元請爲左拒以當蔡人衛
陳皆奔王卒大左拒攻其丨丨見右拒見反拒開門丨丨億拒丨丨心不欲
敗（左桓五年）手上陣名（東京賦）手爲也上音
呂白招拒西方白帝曰丨丨（唐礼樂志）不悼後距後張宗爲偏将董赤眉且至宗
距雞丨凡刀鋒倒刺者皆曰丨鉤距趙廣漢爲京兆尹善爲丨丨以得事
○來者不丨等事並詳拒金距情本丨致也丨閉也如欲知馬價
先問羊價牛價之類丨丨如鉤鉤之有距吞之則順
吐之則逆使人入其術中而不能出以鉤索其本情也金距季氏介其雞郈
（昭二十五）雞距足之健者丨足毛之勁者丨丨絶於
（十五）奚距兎毛（白樂天雞距筆賦）拔距等倫（李）○兩人以手共據地爲力
其有手擘之力超距楚丘先生曰将使我投石而丨丨乎則已脫距堯賢之
而能拔起之言超距丨丨矣若矣詳老丨丨跳躍也一曰搶頭撞也月距辛如茅
斯拔大奸之去如炬本作苣（唐書）蓮炬令狐綯金丨花丨送還院詳
距斯丨（石介詩）（傳）東宫乗城東坡金丨丨事詳才葵
巨丨人一丨飛炬魯奇死戰因丨丨焚橋樓列炬丨丨散智炬唐仲惟儼大
火（阿房宮賦）蜀兵大敗（岑彭傳）万炬林鴉杜師碑丨丨丨雛
（法苗）猛炬宋王仲德初自北奔晋迫騎急夜佳見炬梁侯景攻建鄴
褚響火行忽見前有丨丨導之乃免（史）賊作尖項木驢攻城
侃作丨丨丨丨燕銕鏃以人持十炬晋苻堅遣慕容垂攻柏中夜命丨丨丨目
油灌之擲驢上焚之（史）火繫於樹光照十数里冲懼退還（史）
光若炬丨丨丨丨後周斉王憲讀書燎麻炬梁劉孝標丨丨常丨丨見持兩炬爲斉将
火丨丨丨丨火丨或昏睡爇其鬚（史）
敖司州夜行失道丨如一炬恒慢也又後梁嶋傳嗟虡（説文）鍾鼓之柎也飾
丨丨丨者隨之得道（史）丨丨芳誰留佳恐也爲猛獸（詩）設業設丨
有耆唐史鍾丨不移（相如）笛虡禹以五声听治爲銘於丨丨（鬻子）○横飛虡
傳立万石之丨本作虡笛虡曰丨縱曰丨虡辛也在旁挙鍾釋名
天上神獸鹿頭龍身凡鍾龍集虡夏后氏之丨丨鉅剛也又又潘岳西征
之柎飾爲此獸故謂丨丨龍虡丨（記明堂位）賦弛青鯤於網丨
詎猶豈也或作渠蚷商丨蚷丨驢獸名又馬粔黑黍（詩）維丨維秠（生民）
苣苦丨野生曰褊丨人家常虫名䭾名事詳蛩有稀有丨（閟宫）書丨啓
食曰白丨即胡麻也○所踈挙切（語）居其丨（左）早爲帝所秦繆
丨丨觀廣樂詳楽之所（僖元年）易各得其所
有紅雲擁之謂之丨丨詳雲玉帝所居王所丨（孟）王所居於丨丨公所丨（詩）公所献于丨年所丨（書）多歷丨年所丨盧所
冦刼童於丨寝所姚元順与楊紹同直酒所上在丨丨視董賢笑曰吾欲法
丨賣之詳董順因醉入其丨丨（監）酒所堯禅舜何如（佞幸傳）在酒所

由言中去所李武子如宋歸復命公享之賦南山有臺行在所天子所居曰
酒也 去所武子｜｜曰臣不堪也〔左襄廿八〕○猶避席行在所｜｜｜〔蔡邕〕
〔逸〕金義所疏廣散問其家 知義所晉中行穆子圍鼓曰城 非數所曹太子獻
〔謚〕所｜餘｜｜〔本〕 可獲而民｜｜｜詳哉 樂而歎
｜｜也 問馬君所刘綜候司馬徽〻鉏園左右 直造所宋袁粲不通主人
詳數 ｜｜｜｜｜徽曰我是詳龐 ｜｜｜｜｜〔史〕詳竹
〔諸套〕定｜閑 糈祭神米也 䝴齎財卜問通作糈 ○楚 創举切〔詩〕邊豆有｜〔楚〕 衆楚
勉｜｜ 〔改〕衣裳｜｜〔蜉蝣〕
一斉｜ 東楚不流｜｜〔揚之〕 三楚 淮北沛陳汝南〻郡此西楚也彭城以東
｜〔孟〕 〔水〕綢繆｜｜｜ 東海呉廣陵此東楚也衡山九江〻南豫
章長沙此南楚 平楚｜｜正蒼然〔謝朓詩〕 間楚陳平持黄金四万 老楚完守
也〔史殖貨傳〕 平陵叢木廣遠也 間楚所以｜｜君臣〔監〕 以｜
｜伎信以 夏楚｜｜｜二一 捶楚脫身薄尉中始 激楚揚｜｜｜之清宮兮惻楚侍
侍晉〔医〕 物〔記〕 捶楚与｜｜辞〔杜〕 激楚發〔高唐傳〕又曲名 惻楚祠
之臣助我｜ 淒楚一唱三嘆 大國楚君詩｜｜｜吞 太阿授楚倒持｜｜
｜〔韓聖德詩〕 淒楚神凄楚〔鮑〕 五湖三江〔山谷〕 ｜其柄操福
傳 弓何必楚 楚王曰楚人亡｜楚人得之孔子 此聲學楚 季布何以得｜｜
曰人遺之人得之｜｜｜也〔詳弓〕 名於｜｜ 間詳諾
〔諸套〕燕｜荆｜｜〔詩蒿〕隰有長｜疾 〔人名〕〔孫〕漱石枕流詳流 〔劉〕唐人
呉｜済｜｜ 也疾其君淫恣 〔今諷〕唐人知制誥 見楚氏

〔姓氏〕江陵 音以国為氏 ○楚 楹石 潤楚雨未至而楚 桂楚 埤雅云江湘
〔建中〕字正叔与晉英會 也 潤礎先｜〔淮南〕 桂礎二端梅欲黄
時｜｜皆汗 龜楚呉王射堂柱礎皆如伏｜袞安 楚 水名〔尔雅〕 ○阻 側
蒸礎成雨 宮付海竜之｜是也〔述異記〕 濟為｜ 呂
切隔也〔史記〕秦地｜山帶河〔詩〕自貽伊 道阻｜｜且 重阻抗峨嵋 深阻乾坤
｜〔舜典〕｜飢或作俎 高唐付高丘之岨 長〔詩〕 之｜｜｜ 深阻此
〔国〕 備嘗險阻 險阻艱難｜｜｜ 〔諸套〕道脩｜嶺嶠 俎以机盛 鼎俎伊尹負
｜〔左僖廿八〕之矣 ｜風雨｜ 牲体者 ｜以滋味
說〔湯〕尊俎起於｜｜｜之間折衝 高俎 項羽為｜｜置太公其上曰 頁俎為俎
〔史記〕樽俎千里之外〔晏子傳〕 今不即下吾烹太公〔詳羹〕 石俎孔｜
〔毛楚〕 旁俎 周以｜｜ 有虞氏以梡俎夏后氏以嶡俎 雕俎 祝宗人說彘曰吾
〔淡〕 〔記〕○旁見詩〔邊〕豆大房半体之俎也 周文將三月豢汝乃加
汝肩尻于｜｜之上 折俎 周定王享晉士會殽烝云云王享有体薦宴有｜
汝為之乎詳彘 ｜｜公當享卿當宴〔左宣十六〕烝升也升殽於俎○
享礼則半解其体而薦之宴礼則 歸俎 再拜｜賓 越俎 ｜｜代 不登俎 鳥獸
体解節折升之於俎物皆可食 歸俎｜〔仪礼〕 越俎庖〔詳庖〕 俎之肉
｜｜於 詛 事詳 ○ 沮 慈呂切〔孟〕臧倉｜ 婬沮 縮〻｜｜｜ 志沮 神厚｜ 金
｜〔左〕 御韻 君詳乱庶遄｜ 婬沮〔唐書虞傳〕 志沮｜〔選〕
石沮 氣沮 陶穀大沮 ｜｜使江南与一驛卒女狎作詞贈之及至 咀〔韓〕
石沮｜｜〔國〕 陶穀大沮乃使女歌此詞佐酒陶穀｜｜即辞帰詳譯 含

〔英〕｜華 蘇易簡吻 ○舉 居許切〔中庸〕人存政｜〔詩〕鮮克｜之〔丞民〕〔袞職〕
標連｜數根莖詳莖 〔傳〕百度循｜〔左〕祈奚｜仇｜子〔語〕選於衆｜皐
陶｜ 杜举 知悼子卒未葬平公飲酒云 ｜｜詳觶 薦举 唐薛登上疏方今举士俗号｜
伊尹 云畢獻揚觶謂之｜ 薦者自求也是以耿介之士
羞於自 霞举 李白又見便殿 鳳举 翕然｜ 鵠举 看君鳴 鄉举 ｜｜｜里選泛累
拔〔史〕 軒〻若｜｜ ｜〔選〕 ｜｜〔谷〕 功勞〔章帝紀〕
內举 ｜｜不避親 外举 見好｜｜与時偕貯也 軒举 風摽方 高举
不避怨〔記儒行〕 上騰举 ○賤買貴易〔子貢傳〕 ｜｜〔魏〕
深思｜ 待举 懷忠信以 举举 ｜｜ 江南子名以能詩聞〔唐〕 風葉举 分秋及初
｜〔楚辭〕 ｜｜〔記〕 ○唐人以举止端麗為｜｜ 夏衛書｜
〔傳〕 丙戌举 慕容儁大調兵衆因發 膠鬲举 傳說举於版築｜｜ 擊毬举 唐
詔之日号｜｜｜〔詹〕 ｜於漁鹽〔孟告子〕
宗善｜｜ 謂優人石野猪曰朕若應擊毬進士｜須作狀〔元〕具｜〔諸套〕〔蕭〕｜元
元對曰若遇堯舜作礼部侍郎陛下不免駁放上笑〔唐〕 過｜｜銳哉｜
〔人名〕〔楊〕名融〔陳仲〕名蕃不畏強禦詳 莒 草可為繩又国名又姓〔漢〕
〔廉〕〔任〕 班荆事詳荆〔唐書〕善相詳毒 有繇氏令｜讀〔孟〕以遏徂
桂厲死莒 ｜｜叔事莒敖公不為不知巳去之及公有 魚比郡莒 王肅曰
難乃往死之曰以愧人主不知其臣者〔列〕 ｜羊比齊
魯大郡｜｜｜ 無忘在莒 鮑叔謂桓公曰祝君 〔諸套〕 滕莒 尔雅云一把謂
小国詳叔 ｜｜｜｜｜時〔新序〕 ｜〔勝〕 莒 之秉〻四曰｜

〔詩〕此有不斂穧〻 即｜也｜〔周〕受五九 筥莒｜｜ 鏡〔洽〕 籍莒 墨色照 寒食莒
〔詩〕維筐及｜〔史〕晉庚袞作｜賣供母 之器〔左〕 ｜｜
竹莒方〔三礼〕言若今 〔〕敘 徐呂切〔書〕百揆時｜〔舜典〕九｜惟歌〔大禹謨〕彝
｜｜｜實以盛食者 倫攸｜〔洪範〕〔孟〕長幼有｜〔滕文公上〕○通作序
事互 ｜｜｜有 三都賦叙左思｜｜｜成人互議說張華曰君文未重於
見序 天叙 典〔書〕 世宜以經高名之士思乃求皇甫謐作序於是
莫不｜〔諸〕 ｜｜｜有 ｜序〔記〕孝有｜〔孝記〕○次序之｜皆當作 殷序 周曰｜
述〔世說〕〔諸套〕秩｜品 叙今依本文附此〔易〕四時合其｜ 〔註〕商序
名〔孟〕 ｜鋪｜ 〔韓記〕養國 西序 見｜ 上術序 黨有庠｜ 鱣序 舜家之
東序 天球河圖在｜｜｜ 養庶老於西序 有｜〔孝記〕 年鼓箧
〔子〕 老於｜｜ ｜｜｜○序校也｜｜｜於是焉在〔昭廿二〕 拍序 傀儡曲初散序六
堂之類〔易畧例序〕 衰序 遲速｜｜｜差也｜次也 ○上音緩 遍无拍故不舞中
序始有拍亦名｜｜｜ 代其論序 後周蔡祐周文曰秉先口 唐文推英〔谷〕序 歐陽
〔宋天寵裳舞歌注〕 不言勲孤當｜｜｜｜〔史〕
謂晋无文章惟帰去來辞東 緒〔詩〕三事就｜ 尭緒 纂之｜ 令緒 嗣有｜
坡謂｜无｜章｜｜｜一｜ 荒墜厥｜ 〔漢高紀〕 〔太甲〕
鴻緒 紹祖宗之｜ 遺緒 嗣守文武之｜ 墜緒 尋｜｜之 頭緒 身如病鶴翅領
江緒〔唐劉賁傳〕 遺緒｜ 〔書君牙〕 墜緒茫〻〔韓〕 亘緒 短心似乱絲｜
〔山谷〕｜多 白緒 呉音呼白字 繭抽緒 黄生多新詩如 以德貫緒 張緒斉人清談寡
緒為｜｜詳紵 繭抽緒〔益〕｜｜｜ 〔山〕 言武帝曰我｜｜｜

丨丨（晉書）帝丨墅丨基丨纘丨**鱮**魚之不美者性惰弱即鰱也詩其魚魴丨買魚得鱮不如啖茹（詩話）詩曰丨丨丨丨作

書與方與丨丨丨丨相鰱魴教慎出入詳漵 **漵**水名楚辭入丨浦余邅迴又水濱 **藇**美也詩釃酒有丨 **嶼**山有石在

水孤嶼朝游丨丨南暮中孤嶼戲丨丨北（韓） **白嶼**潮州有丨丨洲自海浮至會稽（方輿勝覽） **芧**栗也狙公賦丨詳栗 ○**墅**神與

切田廬又圃丨花丨湖名在慈溪 ○**別墅**王維丨丨在輞川有歌湖柳浪茱萸沜辛夷塢互見商裴度午橋莊別墅（史） **家墅**唐裴休与兄弟

隱丨丨講經者（書史） **杜墅**前尋經丨丨（韓）南山即杜陵也在長安万年縣 **賭墅**謝安与姪玄丨別丨勝之謂羊曇曰以墅乞汝詳棊 顏**處**

士墅温造隱王屋山人号丨丨丨詳温 **濟源墅**唐蕭俛位宰相既老家洛舍丨丨丨優悠窮年（史） **昭應墅**唐蕭復為宮門郎廣

德中歲饑議鬻丨丨丨宰相王縉曰胡不以墅奉宰相取右戚復曰當先人墅以濟孀卑吾何用美官乎（史） **城南墅**唐李林甫奏忌蕭嵩因言

以丨丨丨遺中人牛仙童取青州（史） 唐楊綰始輔政中丞崔寬丨丨別丨池觀宏甲為當時第一即日毀之（史）

韻府羣玉卷之九

韻府羣玉卷之十

上聲

七麌 與姥同用

麌虞矩切麌鹿群相聚也○本作麌（詩）麀鹿丨丨 **俁**大也（詩）碩人丨丨 ○**羽**王矩切按監韻此字聚也舒也丨音及舞丨

押在此丨毛之丨丨在十遇內韵會辨明甚詳當与上去韻內通押（孟）一丨丨之不幸 鉤金與丨（詩）翩翩其丨 **積羽**群輕折軸丨丨沉舟（史記） **飲**

羽能渠子夜見石以為伏虎射之丨發丨丨詳石 **沒羽**李廣射虎詳虎 **飛羽**丨丨觴而醉月（李） **紙羽**北齊吳明徹圍海西鎮將郎基

固守削木為箭翦紙為羽丨竟不克而還（北齊紀） **鵬羽**北極有丨丨南溟有沉鱗（韓比涵） **白羽赤羽**子路願得丨丨若月丨丨若日（家語）

（感思論）旌旗也 **接武遷羽**唐上官儀曰御史丨丨夔龍丨丨鸞鷺 **隱鱗藏羽**龍不丨丨鳳不丨丨（後張衡） **引商刻羽**

有歌於郢中者丨丨丨丨雜以流徵和者止數人（辭賦） **移宮換羽**丨丨丨丨柏周郎（古詞） **麋角鵠羽**北齊崔謀從李繪求丨丨

丨丨繪曰鵠有六翮飛則沖天麋有四足走便入海（辭賦） **客出振羽**丨丨丨丨以雍徹（記燕居）振羽謂樂章振鷺及雍也 **眉如翠羽**

（徒子好色賦）丨丨丨丨（鷺） **（詩）鴇羽**刺時也大夫五世君子下從征役不得養其父母（唐） （人名）項丨 閔丨 子丨 **雨**（孟）沛然下丨丨（左）

師與而丨（禰討邦）（詩）以祈甘丨 燃龍而丨是（左） **膏雨**如百谷之仰丨丨焉（左） **靈雨**

喜丨亭記（吟詠）灯前細丨簷花落（杜）孫孫似線竹（李） 丨丨既零（詩）

濡雨同州人謂雨沾足為丨丨（郡志） **液雨**閩俗謂云丨丨亦曰藥雨百虫飲此雨則蟄詳液 丨丨不流甕高田不要作○

（詩）喜雨也 **凍雨**丨丨丨丨（詩）暴雨也凍音東 **霪雨**（書）丨丨丨（唐書） **怪雨**盲風丨丨（南海廟碑） **鬼雨**（韓） **丨州无怪風丨丨（韓徐偃王）**

蘆（爾） **白雨**山寒（杜）丨丨映 **黑雨**龍吸硯水作（詩右） **紅雨**桃花乱落如丨丨（唐李賀） **三雨**（谷）全精六合塵丨丨雨三日以

往為霖（左）**梅雨**江南三月為迎丨丨五月為送丨丨（埤雅）閩人以立夏後逢庚日為入梅芒種後逢壬日為出梅得雨乃宜耕耨（四時纂要） **勤**

雨（德二）不雨者丨丨也（谷梁）欲得甲志丨丨 **十雨**五日一風丨丨十日一丨丨（論衡） **謁雨**神所（柳）泥塘 **灌枝雨**六月稱夾雨

春**豆花雨**八月雨（唐俚語）丨丨丨至春丨丨 **甲子雨**秋丨丨丨丨禾頭生耳冬丨丨赤地千里夏丨丨丨牛羊凍死（家諺）乘船入 **十日**

雨（詳） **飲御史雨**平原有冤獄頴真卿決獄而雨号丨丨丨丨 **隨車雨**宋朝陳戩知処州時旱公下車雨沾足人以為丨丨丨与郭伋事同

李德雨京師久旱李德裕拜相即日大雨禁中喜曰相公乃丨丨丨也（獻替記） **滴翠行雨**李靖射獵山中宿一

一婦人謂靖曰此龍宮也夫婦命行雨二子皆不在欲奉煩何如命取驄馬

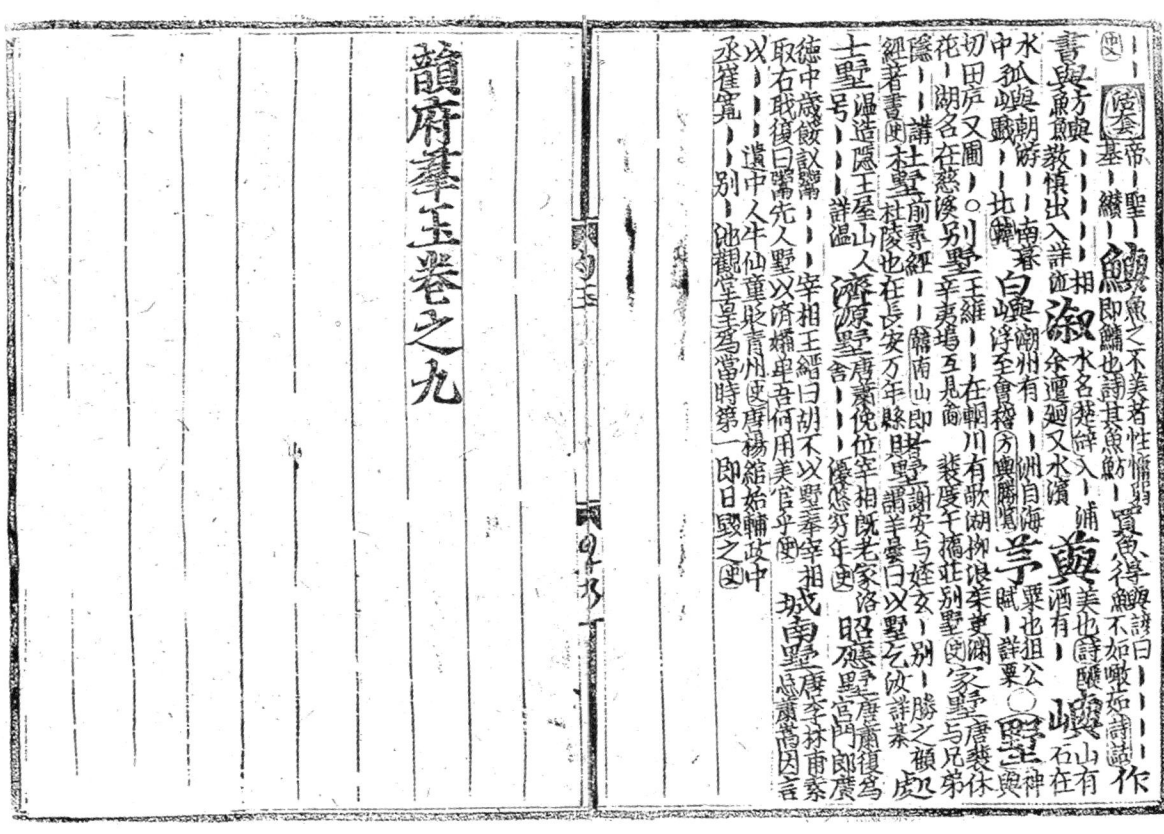

一小瓶戒曰馬嘶地取水一丨馬丨上此一滴乃地下三尺慎无多也

既而雲霓雲間連下三十噀酒爲雨欒巴飲酒西南噀之曰臣本縣成都失
餘滴後半平地水三丈(國)火故丨丨丨丨以滅火驛書驗問果然
雨皆酒香 鉢龍致雨無畏三藏以丨丨水 畫龍作雨開元中大旱詔令正殿壁
臭(國) 召丨丨丨詳鉢 丨一素丨俄而白龍自畫中
乘雲而起風雨 桑林禱雨湯禱曰政不一歟民失職歟宮室崇歟女謁
大作(明皇雜錄) 盛歟苞苴行歟讒夫昌歟言未既大雨(史) 屋成
致雨童奏居豫章時大旱縣令丁士彥請致雨奏曰貧道屋皆見天 蜥蜴致
雨至何甚令曰但致雨當爲架好屋明日屋成暮大雨(仙傳)
雨開中求雨沙門善胡法者求丨丨十數罋中童男女持柳枝呪曰蜥蜴
丨丨丨吐雲吐霧雨令滂沱放汝歸去(談苑)咸平初用此亦有驗○丨丨丨庵
之類熙寧中京師旱不能盡得蜥蜴以蝎虎代之入水即死歌曰冤苦冤
苦我是蝎虎似恁昏沉怎生得雨○在澤中者爲丨丨(搜選)丨丨音析弈自
焚而雨戴封爲西京令旱乃積薪卧其上約 舊雨今雨 杜少陵云卧病長安
曰來午不雨燒之至期火發而雨(國) 旅次多雨尋常車馬
之客丨丨來丨丨不來 巫山雲雨 楚襄王与宋玉遊雲夢望高唐之觀上有
(國)(詩)秋述(序)互見來 雲氣王曰昔先王遊南唐晝寢夢一婦人
曰妾丨丨之女也朝爲行丨暮 對床風雨 那知風雨夜復此 請客風雨 東都
爲行丨朝く暮く陽臺之下 丨丨 眠(韋蘇州) 周默
未嘗作東一日丨丨時久旱忽丨丨六人作宋温戲曰驕陽爲虐已成
災頗有閑廷周秀才莫道上天元感應故教風雨一齊來(酒清話) (活套) 丨時

霧宇 天地四方曰丨 或作寓(匡)丨充寓 平太寓(庄)在 玉宇 程乾祐与十許人
丨 君之丨下丘垂也(祖妲傳)睽諸之 丨 賸遠見 翫月或問月中何
所有乾祐曰隨我手中看之月 天宇 丨丨浮 萬宇 君臨丨 器宇 庞統先看
規半圓瓊樓 丨丨蒲焉(拾遺記) 脩眉(韓) (唐史) 家声云 要識
丨 高德宇(東京賦) 丨丨天覆 眉宇 紫芝之丨丨 姿宇 丨丨 韻宇 丨丨 弘深喜慍不
早 詳眉 魁秀(國) 見其祭(獨閑雅之) 黑
字 後魏字文忠爲中書侍郎裴伯茂与 棟宇 上丨丨下 衡宇 乃瞻丨丨 峻宇 丨丨
同省侮之以忠黑色呼爲丨丨(史) (易經) (陶詩) 雕墻
(賣) 胥宇 聿來丨丨(詩) 檃宇 梓人願備丨丨而絮焉 施宇 果贏之實亦○ 紺
相也丨居也 (柳)上去遥切与徽同 丨于丨(東山)
宇 丨丨嫣然 青蓮宇 移錢丨丨丨(唐) 堂丨庭丨境丨同丨 (僧名) 杜 禹
存(歐公) (瑯函)謂寺宇 (活套) 寰丨璇丨區丨僧丨
纘禹 丨丨 舊文 微禹 吾其爲魚乎(國) 可爲禹 塗人皆丨丨(荀) (人名) 張丨 前漢侯臣 (言丨) 彈
服(書) 冠李 許冠 (鄧丨) 光武明
將 瑀 石似玉(詩傳) 鄅 國名(左) ○聚 慈庾切亭 ○甫 方矩切男子
佩玉瓊丨 子爵縜丨 許夫声 美稱又大也
(詩)勤勤丨 其甫 臨諸侯畛於鬼神曰有天王丨丨(曲礼)甫且也不名者不親
丨韓奕 往也。又雜記註疏云五十以伯仲是正字二十之時曰丨
丨丨言且爲 章甫 端丨丨(論)丨丨適越 申甫 維丨及丨 (人名) 仲山丨 尹吉丨 並
之立字也 冠名 丨丨薦棽(實付) (詩崧高) 周賢臣 杜丨 唐人

(王丨莽)名術(魏丨) 唐 (姓氏)(複姓) 皇甫 京兆 羽音 宋戴公之子充石字皇父
小人○或作父互見父 因氏漢與改父爲甫居安定爲著姓
功封槐里侯 請冀州田租贍飢民百姓歌之後拜太尉 (皇丨嵩) 漢時破黃巾
(皇丨規) 字威明恥不与黨人列詳黨不迎鴈門太守詳鴈 (皇丨謐) 晋人字士
安博綜典籍時号書淫 号玄晏先生 (皇丨誕) 字景瑜仕周爲隨州刺史政
有簡惠常以清白自處 (皇丨無逸) 唐武德中爲益州都督長史廉介宿民家
斷帶續燈詳燈 (皇丨湜) 字持正作福先寺碑獲縑九千詳碑 脯 (禮記)婦贄丨脩 鹿脯 陳蕃拜獻以丨丨羌
饌(續文丨) 手脯 蚌脯 蚌箔鵲喙曰今日不雨明 (詩)沽酒市丨 瓠脯 祖逖爲豫州刺史耆老歌曰玄 羹以牛脯未嘗爲異
(韓詩)記 蚌月日不雨必有丨丨 詳蚌 李月 酒忘勞甘丨丨 何以詠思歌且
舜 紅虬脯 上賜同昌公主丨丨丨 貯 龍根脯 橋中一叟曰僕飢虛矣須
(國) 紅虬月於盤中健如蛇(杜陽編) 根丨月丨食之袖出一草根食訖以水
噀之化爲一龍 山羊脯 劉阮入桃源下丨 牛作脯 牛弘弟醉射殺弘牛妻曰
共棄之詳橘 丨丨甚美詳源 丨丨丨叔射殺丨 弘曰丨丨 詳牛
桑皮脯 後徐登趙炳善巫術貴尚清儉礼神以東流水爲酌 野蒲脯 丨丨而爲丨丨 變
丨皮脯削丨丨丨爲丨但行禁架所療皆除(國)禁架禁術也
西征(付)趙高欲爲亂先設驗以 麻姑脯 王方平与丨丨至蔡經家各進行
丨丨爲丨獻二世言蒲者誅之 麻姑麟月行厨共設看膳擘丨丨 (神仙傳) 脯
師酒脯 左慈詣劉表請丨丨有丨 盤 又見羊 取人酒脯 唐邢邵爲西兗刺
丨万人皆周而酒脯不減(神仙傳) 丨丨 史縣令妻曰暮丨

丨斗丨束丨邵拚令責其 待客片脯 王翁叔少時爲尚書魏收訪之食至但
取受至州不知所以(國) 脯六片 豪食 爲飯菜盛至片脯而已(國)
與餓人脯 趙宣子見翳桑下有餓人丨脯二朐拜受而不 鮮衣償失脯 晉桑
逆旅客失脯疑虞盜之虞使丨丨丨丨丨 (國)
丨後詩得之客還衣虞投之不顧(國) 黼 裳綉斧形取其威斷以 簠
圜器也 內圓外方受十二升曰丨丨○ 絳帛爲質白黑爲文 黍稷
丨盛黍稷稻粱礼食人共丨簠 父 子美稱 通作甫男 尚父 維師丨丨(詩)謂
也 仲父 管仲稱丨丨又王 梁父 (假志)諸 文父 後楊厚字仲桓門生三
導人号丨丨(國) 葛亮作丨丨吟 千人卒鄉人謚曰丨丨
(國) 傖父 陸機謂弟曰有丨丨欲作三都賦須成當覆酒甕及賦出 (詩餘) 析
丨丨機歎以爲不能加也(國)傖士行切吳人謂中國人爲傖 刺宣
王也(小雅) 司 (人名) 尼丨 仲尼 (爵丨) 逐日事詳 斧 (廣韻)神農作斤丨 (詩)匪丨
馬之官也 日丨 范增 (亞丨) 善御馬 不克(詩)詳牛觚斲之所
非斤則 丨詳(柳文)丨 彼鋸 資斧 旅于處喪其丨 齋斧 凡將師出必齋戒於
彼詳鋸 觀棊爛丨柯詳柯 (國)往利斧也 廟受斧故云丨丨(國)
(國) 眉斧 鬢雲未易掃丨丨 親自伐 (皮日休)詩齒 授斧 遣將軍親操斧持頭丨將軍
哦丨命曰伐性之丨 (枚乘七發) 柄曰閫以外將軍裁之(淮南)
(西) 投斧 孔子背周公者也般丨其 漢斧 丨丨 其 月斧 丨 乃七寶合成常修
(刊) 丨而習諸說曰非也(揚) 德(揚) 之有斤丨 鑿詳月 疕

根縱斧丨公族公室之枝葉也爲嘉猶能丨其 衣綉持斧暴勝之爲直指使丨丨丨威振州郡
肘腋披斧戴就被考掠燒斧使挾於肘腋 詩篇 破丨美周公也周大夫悪四国焉 人名 王 詩
就云可熟燒斧勿令冷詳風
者詳許 丨得道府 大府丨群吏獻賢能之書于王王登之於丨 列傳 月府明皇遊丨宮見
清虚之 紫府項曼都言到天上過丨丨 地官詳會 關中丨丨之国 天丨榜曰廣寒
府詳月 抱朴 倒影丨丨穀蒙開丨丨丨 洞府夜涼星滿天忽 兩府後唐用文
武事出樞密自此其權甚 秘府天下文籍悉在廣内丨丨之室 九府周丨丨 事出中書
盛至宋另爲丨丨 帰田録 謂之秘書 後書 丨書亦曰策丨 國語 圜法
食貨 周官太府王府内府外 開府三公 職帝 庚丨丨丨 莊 幕府 魏尚上功
府泉府天府職内職金職幣 樊摘爲右將軍丨丨 如 馮唐傳 衛
青征匈奴帝拜大將軍於幕中因号 少府 唐縣尉多稱丨丨 如杜甫 文苑英華 贈華陽李少府 鑾府 郝隆
謂祖温曰千里投公始得丨 靈府 不可入于丨丨之 詩書丨丨 書府 東壁一星
丨丨丨何不作蠻語詳語 莊 精神之宅也 義府 也唐九七
主文籍天下圖 冊府 見群玉 學府 梁傳昭博治古 盟府 藏在丨丨 樂府
丨之丨 晉天文 府下丨丨 今号丨丨 史 丨丨 因 夫賞国之宝也
丨丨采詩○孝惠六年使丨丨丨丨之丨也 左 叔孫昭子曰吾不
令備篇管始有丨丨之名 孛會 怨府 寫者 邸十七 丨丨成丨 後漢書 竇融傳 三

錢府 楚王丨丨敖必先封丨 望此府 皇甫 義謂章忠謀曰居公爲 太平官府 唐崔
丨丨丨之丨解詳敖 數句之各以丨丨丨 旧唐史
暮爲秦州刺史人喜曰 史 未嘗入城府 昔者虎德公丨 因
不意復見丨丨丨丨丨丨 人名 更開 丨 号李猫 詳猫
俯 亦作俛 頫 信傳 丨出跨下○丨 窺 又作俛 鏡 衡府 文章若懸丨然增之銖兩則丨
若增重其文今所增益者不啻 漁 二丨丨 竇鑿 詳集 反是則仰秀才欲令吾俯乎莫 爰 樂
兩吾固伏禮而俯矣 柳宗元答韋秀才 退俯進俯丨丨 記曲 禮 也言不齊一也
而丨商子曰喬父道 據地不俯 董宣丨丨 喬仰梓俯丨丨 高而丨 卑
也梓子道也詳梓 丨 背丨丨 丨丨詳項 腑 肺腑 劉向曰臣幸得假
腑亦音附○李格非曰淵明 丨丨 丨相附者 肺丨 誰謂丨丨
歸去來詞如丨丨中流出 六腑 胃爲水谷腑小腸爲受盛府大腸行道之
孤府 孔疾醫篇 一説小腸胃 洗臟腑 佛圖澄 府膽爲清淨之府三焦爲
膽大腸旁胱命門曰丨丨 腹孔中引臟腑丨之 晉書 流水側從
布昭聖丨 我丨維揚 秦誓 偃 ○武 文甫切 書
丨武成 左 止戈爲 祖武 繩其 下武 接武 堂上丨丨 堂下布武 記 布
武上見 遐武 踵二皇之丨 宣十二 玄武 綿冠丨丨丨 而奔屬 記 玉藻 冠卷曰武○召 不武 勝之丨 弗勝
爲笑臣不文丨 隨陸無武 閔東京 楚辞 北方宿名 孝 衣
丨火力与 丨丨 劉備 博習經史嘗曰吾恥 掛冠 神武 冠丨 神
絳灌无文於是兼孝武事

武臣 丨 漢 唐蔣武憲宗時請曰陛下偃武修文請改名爲文帝恍他
詳冠命名何必武 日帝謂侍御史唐武曰丨丨固多丨丨丨也更曰廣群臣
知帝嚴 詩篇 殷丨祀高宗也 商 下丨繼文也武王有聖德 正大雅 常丨召
兵史丨 贊公美宣王也有常德立武事奏大濩 武奏大武也 周頌
臣爲趙王又有丨陟 人名 宗丨 善兵法 蘇 丨漢人 馬丨 志馳伊吾 杜 姓氏 大原羽音周文王少子
劉公榮曰三十 丨 少陵二子宗文宗武 向丨 所夫見思 生手文曰丨因氏焉丨
工文辞武后時歷嵩山屢詔不起 丨陵 字元夏仕晉与弟韶叔夏茂季夏皆總角知名
相器 官国士也元夏最優有輔佐之才 丨平一 名甄博孝通春秋
竪丨 丨元衡 字伯蒼擢御史中丞帝曰是真宰
居龍門少室武氏詳攸緒不及 惟蔡用兵悉委機政 丨攸緒 則天兄隱
大夫議論勁直有風節○食瓜揮蠅事詳蠅 丨儒衡 字廷碩姿狀秀偉知諫議
樂 舞 詩 蹲蹲丨丨我 伐木 書 丨干羽 丨元成 与至道九老 樂名 武王 大丨
丨樂則韶丨丨○詳丨文吏詳文 劒舞以身翼蔽沛公 漢紀 昔有佳人
公孫氏一舞劒 項莊請以丨丨項伯亦起舞常
器動四方 杜 戚舞 兵甘寧 萬舞 衛之賢者仕於伶官○ 詩 章舞 雍州出虞美
美人曲則應拍而丨他 爲事詳戟 簡兮簡兮方將丨丨 韓 人丨有爲虞
曲則否 益州草木記 公莫舞 鴻門之會項莊劒舞項伯以袖隔之且語項
府有 七德舞 秦王破 莊云丨丨丨言公莫害漢王也 晉樂志 古樂
此名 陣樂 九功舞 進踏安徐以 象文德 唐紀 霓裳舞 明皇事 素娥舞 月宮丨丨
 詳裳 丨丨 詳裳 丨祭桂下

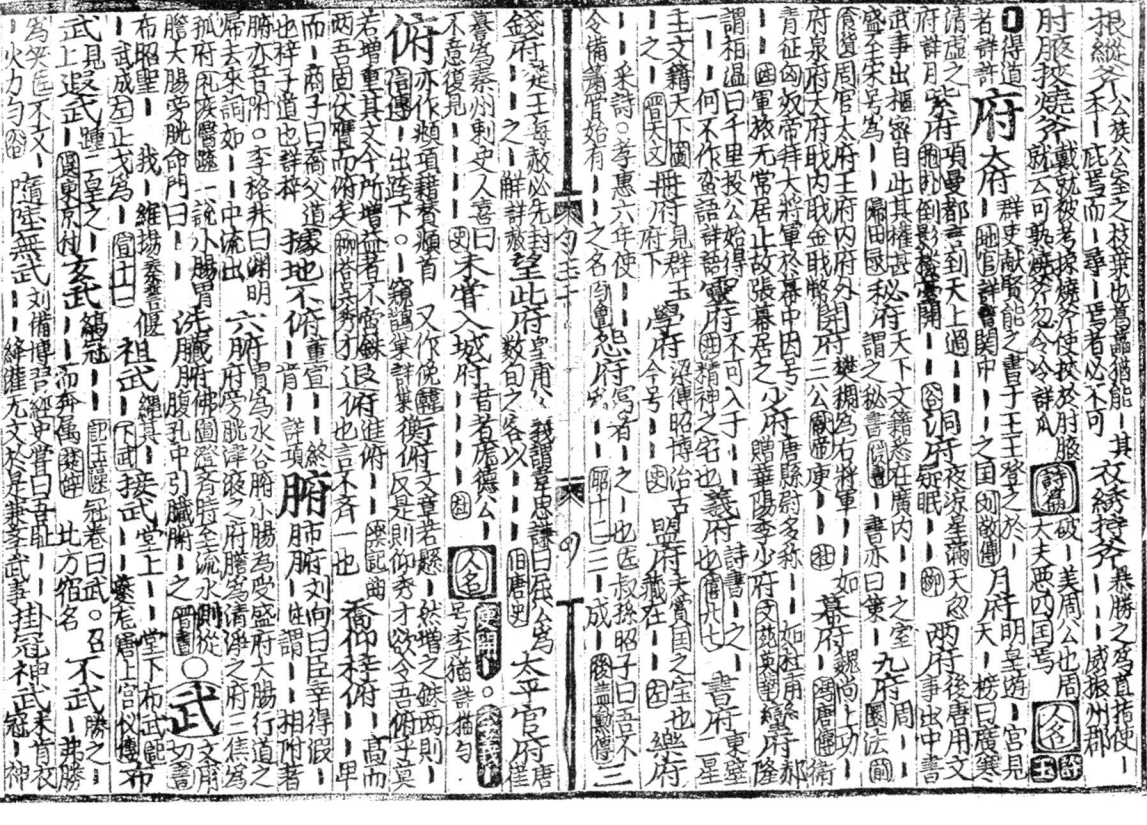

詳 陽阿舞 足蹀丨丨之丨 隋 杯盤舞 漢世有柈舞晉加以 掌上舞 趙飛燕体
桂 陽阿舞 淮南 丨丨古名倡 二丨反覆之也 晉樂志 輕能爲丨
丨丨 丁 梁羊侃妾張淨琬腰 史 山香舞 群仙舞丨丨一
圍一尺六寸能爲丨丨丨 曲花皆落詳帽 高麗舞 楊再思爲相阿
爲丨丨丨李動 沐猴舞 檀長卿 鸛鵒舞 謝尚 八風舞 擬欲明能丨丨丨体肥醜
合節滿座鄙笑 事詳猴 鵒 頗地搖頭晄目左右晄顧 拔紫袍
帝大笑盧藏用嘆曰 回波舞 崔日用酒酣爲丨丨丨 求爲孝 拓技舞 老婦舞 詳
五經掃地矣 唐史 土中宗即詔爲文館孝士 史
技一云丨丨本拓拔丨訛作柘枝○ 冠菜 羊舞 丨鼓丨詳羊 撒舞 望城
公好丨丨丨 必尽日時人謂柘枝顛 筆談 鹵羊舞 大將大雨 詳羊 撒舞 望城
丨綠浪風 雞鳴起舞 祖逖事 登三臺舞 文宣丨丨丨香 容 歌滿舞 花前置酒
丨丨 晉 楚 舞 詳雞 舞 雅丨中節詳香 誰相勸丨
坐唱丨丨泥丨 楽 丨丨丨 趙丨楚丨鼓 憮 愛也又不動也 又一 兜 瞿也 記
天容滿二枝名 宣 丨細腰丨 失意貌 語 夫子丨然 無 君尊庑
丨酒 晉 晉五行 鵡 禽名 鸚鵡鳥大如鵲朱味鉤吻翠頂金眼玄項碧羽赬足
志 台崇持作丨丨 孫 又有秦吉了時
棨了大暑相似○張華白丨丨每出還輒説奴僕善悪後寂无言華問其故
鳥云見藏甕中何由言一日丨丨曰昨夜夢悪不宜出户強之至庭爲鶻所
搏獲免○開元中嶺南獻白丨丨呼雪衣女上令以近代詩詞授數遍可誦
十与諸王及貴妃博戯上稍不勝左右呼雪衣娘必飛入局中鼓舞以亂其

行列或豕嬪御及諸王手忽一日語曰雪衣娘昨夜夢爲鷙鳥所搏將盡於
此乎上使貴妃授以多心經記誦精熟若憪禍難有所禳者後爲鷹搏之死
瘞於苑中呼丨丨冢（明皇雜錄）明皇封爲綠衣使者（通事）蔡確貶新州侍兒
名琵琶公每扣響板丨丨輒飛呼其名琵琶卒後誤觸響板丨丨猶傳呼不
已公悒悒不樂詩云丨丨言猶在琵琶事已非 碔丨砆石 膴美也（詩）周
傷心漳江水同渡不同歸。祢衡丨丨洲詳洲 似玉 原丨丨（緜）
又原也（詩）則无丨仕前丨旻 侮（孟）夫人必自丨 商妻誰敢丨之 孫丑上 禦侮予曰
南山民雖靡丨 丨旻 詩孰敢丨予 亦作務又外禦其丨
有丨丨納侮无啓寵（書）狎侮丨丨君少年侮韓信爲淮陰丨丨之令出胯下詳怯 （活套）笑丨丨慢
詩緜 丨丨（書）
廡 堂下周屋（医）兩廡弟子讀書（撥）無步廡唐崔圓室処庳陋丨丨丨霧撤挾
在君之丨下暄丨丨 潑則客盖而餞以就外位（史）
廡唐韓滉性節儉堂无挾庑弟增補可坐廊廡鍾嶸云孔氏之門如用詩則
滉丨去曰先君容爲安敢改作（史） 公幹升堂思王入室景陽潘
陸可丨丨丨（詩品） 鶴試堂廡於 閭丘卬曰黃鵠白丨一辛千里丨 鼠居大廡 李斯觀
間矣（詩品）一 丨丨丨 未能過燕鵬翼也（新序）丨丨丨
丨无人丈陳釜廊廡 賈嬰賜金千斤嬰丨丨丨下 游凱廡 詳凱 空丨賓
之憂 詳鼎 軍吏過輒令財取无入家者（史） （活套） 丨虛丨
嫵（張敞傳）京兆眉丨 詳眉嫵證丨媚 詳慢 唐（活套）媚丨丨。父 扶雨切
德宗曰人言芦杞奸邪我但見其丨媚亦 通作娬 又李韻

有 五十 六

訓男子美稱者丨 王父 父之考曰丨丨 妻敬曰外孫敢与丨丨抗礼哉（崔高傳）
别出易晃爲丨丨（亦雅） 大父 鄭當時知友皆丨丨謂其祖也。李少
君見九十餘老人言与其丨丨共游 諸父 伯父叔父也（疏）伐木 伯把也把持
射処一坐甚驚（史記）又詳去声中 家政也父弟曰仲父仲父之弟曰
叔父叔父之弟 神父 後魏鄭德爲南陽太守号丨丨 新息民養
曰季父（叙名） 丨丨（史）又宋登爲汝陰令事 召父 召信臣 傳詳母 賈父 子千數皆
曰丨丨所 杜父 杜預鎮襄陽脩召信臣遺 五父 唐李輔国專掌禁兵李揆山
長詳子 遊激水灌田号丨丨（史） 東甲族見輔国脩子弟礼謂
之丨丨 詩父 湯休謂吳邁云吾詩可爲汝丨丨 号与丨丨丨 晛之孫
（蘭宗紀） 詩父謝光祿云不然湯可爲庶兄（詩品） 禍之父 丟寒賤之人詳癸子
不如父 祖不及孫丨丨（晉王承事） 作邑於父 丨丨 諺曰怨於室而丨丨 桓温之謂也（史） 先母後父 安祿山事（史）。
方便父 智度論 丨丨以爲母丨 詳衣 輔（語）以友丨仁顔淵 左夾丨 王室（僖二十六） 書百官修丨丨 車相依 公輔 二客
丨丨才 詳客 隋李德林少未有字魏收 諫輔（書泰誓） 賊虐丨丨 漢輔 尹敏 增圖讖曰
曰識度天才必至丨丨 宜字丨丨（史） 君无口爲丨丨
詩丨丨 四輔 左輔右弼前疑後丞 三輔 前漢京兆尹左馮翊右扶風 殷輔 設其參傅其
口丨丨（記礼運注） 扶風共治長安爲丨丨 伍陳其丨 置
其丨（孔天官）参謂卿二人伍謂大夫五 頰輔 小兒豈 交輔 丨丨（容） 右輔 衮天綱賓軌坐事
人丨 謂衆士丨 謂府史庶人在官者 見召天綱曰公无

憂丨丨 遲而動不 弃輔母丨亦丨（詩） 丨丨於齊（昭） （活套）宰丨台丨
久必還果然（史） 車 輔車兩旁木也 肯車公共九十五名也 良丨好口
丨（人名）蜀名將 腐（記） 丨草爲螢 詳螢 司馬遷下丨 刑 紅腐 倉粟丨 詳粟 臭腐丨丨
殷浩曰官本丨丨 故將官而夢尸 詳夢 子豎乳腐 碧梧第負爲醍醐 腐 酒二石
化爲神奇神奇復化爲丨丨 儒 詳儒 鼠中賤客 詳鼠 賞爲丨丨 詳乳 腐有客飲
死詳脅 豆腐 李淮南王安之術。黃丨 脾半腐 佗曰是丨丨 可割腹治也
丨丨而 腐後華佗有病腹痛須胃腸落
肉以膏傅瘡白日平復（史） 草木俱腐 丨丨（唐高寶賛） 鬴 亦作釜黃帝
使飲藥破腹視脾刮去惡 埋光鍾亦丨丨丨 始造丨（亦雅）
區四爲丨（詩）溉之丨丨 鬵 孟許子 錡釜 鉹 丨丨之器 魏鍾繇初拜相文
丨發。日中炊无丨丨也詳曰 維丨丨 及丨（詩） 熟釜 帝在東宮賜五丨
丨銘曰於赫有魏作漢藩輔 紫駝之峯 三釜 曾子曰吾及親仕丨而
歌相惟鍾实幹心膂（司本傳） 出丨丨（田） 心樂後仕三千鍾而不泊
而吾心悲（莊六） 魚釜 范丹爲萊蕪令清貧人歌曰釜中
十四升曰釜 死釜 黃鐘毀弃 生范萊蕪 詳塵 後張綱 賊降之曰苟
全性命如丨 雷鳴（騷） 四鬴二鬴 礼地官 均人食止豐年人食
遊丨中（史） 粘澳釜 石崇以蠟代薪 丨丨 爲上歲三釜爲中歲丨
丨爲下歲。 王愷以丨丨
謂一月食米 丘嫂 轑釜 詳嫂 鬴 秦伐趙趙請救于齊齊不听周子
轑音勞 鬲 鍑 日今日亡趙明日患及齊救趙之

有 五十 七

務宜若李丨丨 撫 循也（書） 丨于五辰又持 摩撫 欲把璿璣真撫丨丨 四
沃丨丨也（史） 也 翔疾視又安也 摩撫手丨丨 錐撫 夷（閲）
（人名）時人性聰明（史） 後魏 弣 弓把中也（記） 拊 拍也。文帝 擊拊 登歌丨丨（孔）
丨丨 琴瑟（益稷）丨丨以章 丨 辟 詳辟 丨丨 石丨石
撙拊爲之实以糠所以節樂 柱 直主切 天柱 古共工氏名康回与顓頊
折地維絕故天傾西北日月星辰就焉地不滿東南百川水潦歸焉 氐柱 禹
（列）昆侖有銅柱高入天故曰丨丨（神異經）又衡州有丨丨 峯 詳峯 石柱 貢
注丨丨 山名 河水分流 丨丨 嫠主 媢許子和入宮能变新声臨
包山而过山若柱然 水柱 雪車 詳車 金柱 李謂母曰阿母丨丨 子倒矣
詳 撝柱 膠柱 丨丨 鼓瑟 支柱 漢中 淫泆丨丨 与巴蜀同（炭拙） 題柱 相如過昇
一作撝（揚子先知） 枝木（丨志） 丨丨 言意不相順從也 仙橋丨丨
曰不乘高車駟馬不過此橋 華表柱 遼東丨丨丨 有鶴集其上 江珧柱 丨丨 其
果以專車至其処（成都記） 丁令威 詳鶴
甲美如玉 破合柱 李膺爲司隸校尉時張讓弟朔爲野王令无道至殺孕婦
（後漢書） 懼膺匿讓舍合柱中膺丨丨丨 殺之自此黃門驁躬屏氣
叩頭泣曰畏 柏梁銅柱 武帝作丨丨丨 以候神人 交趾銅柱 馬援到丨丨立
李校尉（史） 臺丨丨
摠又建二銅 御史鐵柱 侍丨丨 即柱下史冠柱後 漢之極界 唐馬
柱於漢故処 冠以丨 爲丨 取不撓 詳冠 整天 八柱 姚崇傳 詳碑 星名 二

柱刘仁軌家受上柱国者三入号三柱丨詳国　按劍擊柱漢諸將爭功或丨丨丨詳蕞稾　雷破柱夏侯玄倚柱讀書暴雨霹

靂破所倚柱衣焦玄色无变　碎璧睨柱藺相如視秦无意償趙城因倚柱曰臣頭今與璧俱丨於柱矣相如睨柱欲擊秦王乃謝之詳璧　擲

栗穿柱刘穆之爲冊陽尹与子孫宴廳事柱有一穿穆之曰汝等以栗丨柱入者得此郡秀之入焉果驗詳栗　尾生抱柱丨丨与女

子期於梁下女子不來丨丨水至不去丨梁丨柱死　秦王環柱荊軻逐秦王丨丨走史　腐木爲柱成帝欲立趙飛燕爲后刘輔曰丨丨

不可以丨丨人婢不可以爲主　飛燕本阿陽主家歌者　移酒勸柱顧孟著以酒勸周伯仁伯仁不受顧移勸柱曰詎可便作棟梁自遇周欣

然遂爲撰契世說又陸玩拜司空曰以我爲三公天下无人矣有人詣之索美酒得著梁柱間地祝曰以尔爲柱石之用莫傾人棟梁玩笑曰戢卿良箴

世說　憂轉銅柱北齊陽休之丨登大冢見一銅柱趺爲蓮花形休之登柱礎以手捉柱曰柱丨三匝吾至三公丨丨遂三匝後竟驗史　○

詡况羽切大言又普也記德發揚丨万物　奢詡爭爲丨丨唐公主傳　誇詡奢麗揚雄傳　畫看詡不聞犯齋收猶聞

黃張敞爲婦丨丨長安中傳張京兆眉憮張敞傳憮音詡北方謂眉好曰詡　三徑詡時邀五柳潛共過丨山谷謂蔣詡　人名

詳器　唐丨　盤根錯節事丨丨　晉丨　三国人　呴吹也或作煦魏丨丨傳小護民之勞丨之若子　猿呴蚊成雷詳蚊　吁殷名記殷曰

丨詩常服黼丨卿趙需丨丨儒士也与姁姁相樂之義同　翊粟之屬又丨丨莊夢胡蝶　析暢皃丨丨然詳蝶　昕嗅丨丨痛声　訂也大漢祖曰

詩川澤　○豎臣庾切童僕未冠者俗作竪非　牧豎丨丨蔡羨夫獲陳寔傳　二豎晉公夢疾爲二豎子左　貫豎漢祖曰捐国多

愛丨丨金爲請吾死史　髮豎唐李德裕宣宗曰李太尉每顧我毛丨爲森丨君曰罷爲荆南節度本　○身毛豎彼諸比丘心生恐怖

丨丨皆丨丨詳　天龍豎指丨丨丨示僧詳僧

○庚勇主切倉无屋者語与之千丨昭二十六詳斅阿房賦多於在左粟五

之我庚德詩粟粒　丨丨維交庚丨丨弓丨弓二弱弓名唐大二强弓名　又丨丨利攻守唐大利東戰○字本作臾依本文附

也　徐丨丨二人見姓氏下　地理詳梅　姓氏有太夫丨皮膚有丨公差善射者　齊郡羽音堯時掌丨太大夫以官命氏周

字世游後漢人能講論每處下坐詳坐　丨庚字元規晋人鎮武昌南樓談詠　詳據丨庾字稚恭爲都督鎮武昌戎政嚴明經略深遠　丨庾之字景之爲王

儉長史蕭緬曰已錄水依芙蓉詳荷食二十七種菜詳韭　丨敳字子嵩太傅越兢之換錢千万敳已醉曰下官家有兩娑千万随公所取詳憒卿用卿法

詳卿　丨或字司大梁文帝曰荆州把拆在其斯乎　丨信字子山博覽群書爲文綺麗世号爲徐庾体謂徐陵丨信也　丨自直隋授著作郎善屬文尤善五

言詩　丨氏庾袞兄女名芳適人及以刑若常与之詳常　愈憂与回心丨丨丨丨盆其也　丨詩憂我愈丨思丨爲丨左　師愈然則丨丨

頭風愈陳琳草檄曹操見之丨丨頭丨史　聞鼓病愈後周裴俠爲工部中大夫疾沉頓忽聞五更鼓驚起曰可向府耶遂瘳晉

公護曰危篤若此不發憂公因丨丨声疾丨遂丨天祐其勤也史　不妄殺疾自愈曹彬圍金陵稱疾謂諸將曰克城丨丨丨丨一人丨丨

丨矣詳疾　陸套　丨鞘丨二人名病丨太作瘉依本文附此　人名　醫　瘉病瘳也亦作愈孟病丨我且往見　楰鼠梓木也詩北

山有　斛爾雅三丨丨馬作庾語与之庾六斗有斗曰丨孔疏中　瘐因飢寒而死曰丨前宣紀丨死獄又病也或作瘉詩交相爲

猲獀丨食人丨通作貐　窳器缺也又陶丨病也　苦窳舜陶於河濱器不丨丨史　行窳器不丨丨唐韓　不牢曰窳

懼富人沆爲丨丨丨丨劉谷元饑州書　呰窳丨丨偷生而亡積聚貨殖傳　人不能自起如瓜瓠在地不能自立也○韵會作懶

丨丨不從　窫窳秦封豕其士丨丨其民虎爪食人○上於黠切丨丨類貙丨丨本作猰貐　長揚付

究頭　志　丨丨氏蠶神　○主之庾切　本主西伯卒武王載丨丨号爲文王以伐紂史伯夷傳　窊窳丨丨氏祭先蠶以少牢後礼儀志

也婦人寓氏　公主天子女曰丨丨周制

天子嫁女於諸侯至尊不自主婚止使諸侯同姓者主之故謂之丨丨丨帝姊

妹爲長丨丨帝姑爲大長丨丨後漢封縣丨丨諸王女封鄉亭丨丨　白會

座主刘器之云殿試天子自爲丨丨豈可復私門生於他人揮塵录　內主賜之丨丨猶曰内子左　東道主燭之武曰舍鄭以爲丨丨

左　丨北道主光武謂鄧晨曰以一郡爲我丨丨丨人　松菊主韋表微授御史不樂曰丨丨丨人詳味　氣爲主文以丨丨

丨魏大見所主丨近臣以其丨丨丨遠臣以其丨爲丨孟　大吠非主蒯徹曰桀之狗吠丨其丨亦盟　丨丨堯　不事女

帝典詢權戶　主秋梁公姨盧氏曰姨止一子丨欲卑睨公主陰與曰外戚不知謙退嫁女令丨丨丨公大漸狄仁傑錄詳姨欲配侯王取婦丨丨丨丨丨史

芙蓉館主丁度事詳館　長白公主歐陽文忠公第二子仲純父夢爲丨丨丨丨明年沒夢溪筆談　陸套　翰林丨湖山丨花月丨

麈鹿大曰丨色白群鹿隨之皆視丨所往　旄麈晉書丨蜀都付　松麈足音固可喜況

父捉丨丨曹子固　爲準○其尾辟塵　五柄麈王衍美皃每捉丨丨尾与手同色本　漢志粤山多丨　長柄麈王導以丨丨丨尾驅犢車晉書王導傳詳車　陸套　揮

○傴委羽切承蜩莊病与丨同周公丨背　俯傴聊欲效丨丨容丨丨　僂區鼎銘云一命而丨再命而丨詳命　○齲

顆羽切齒蠹也後梁崑妻能爲丨齒笑詳齒淮南子云啄木鳥食丨丨

○拄知庾切韓非也不可以丨車莊空應者拄杖丨乎

掌拄丨賜丨腹文字五千拄卷因磊落相丨丨　連拄五鹿充宗爲梁丘易朱雲与論難丨丨五鹿君詳角　手板拄王徽之以丨丨丨丨頰

看西山○箭鋒拄丨丨傳灯理因丨丨詳鋒詳敘　當心拄德山禪師每遇僧則以竹杖打臨濟取拄杖便丨丨丨一丨丨

德山便歸方丈詳校東狂西狂道翁神師狂杖云二十年得此(傳燈)
乳而主切　龍乳鳳藏紫鳳
卵雨暗蒼　虎乳令尹子文初生棄於　馬乳葡萄也又挏馬酒　牛乳後魏王琚
一一(國)　夢澤一一之詳虎　以一一爲酒詳酒　常飲一一
色如處子年九十餘(史)　羝乳蘇武陷匈奴中云　鍾乳一一有三種石乳竹
筍肥甘勝一一(荊公詩)　一一乃得歸(本)　乳茅山乳(本草)唐高
李勣太宗賜一一一劑曰而進藥石之言　膏乳朝睡泫泫流一一　筍乳竟來烹
故以相報(史)元稹銘其家有一一五百兩　一(坡喜雨詩)　石泉紫
一發清一　茶乳(坡)新火發一一汪湯　桐乳一一致巢(莊)梧一　免乳婦人一一
(坡言茶)　多一少則一面聚　綴子葉上如一　大故(外國)
(傳)西施乳河豚腹中腴曰　貴妃乳一一裙腰褪露一一明皇曰軟溫新剝雞
乳為一一詳豚　頭肉祿山曰潤滑初來寒上酥妃笑曰信
是胡兒只識酥(外傳)又祿山醉戲無禮抓傷
妃乳間妃泣曰吾私汝之過也(青瑣高議)　七尺乳武帝時張寬從祀甘泉
水乳長一一上怪問女曰帝後第七車知我乃寬也對　至渭橋有女子浴於渭
曰天星主祭者齋戒不潔則女人星見(陳壽書舊傳)　草鍾乳一一非性緩也一一
(漢)亦曰萊　口尚乳柏直一一一　猶相乳馬燧家事(韓文)詳猶　體四乳文王四乳(淮南)范
鍾乳(本草)　乳(國)出漢紀　乳鎮兄鉉卒有遺腹
子在外公徒步求之兩蜀二年乃得之曰吾豈　體三乳唐高祖一(史)　臍下生乳齊
兄異於人一有一一是兒亦然驗之果然　乳有一一(史)　乳王

敬則兩一一一一長　飲妻妾乳張蒼免相後老無齒妻妾　飲孫婦乳褒城人年
數寸位夫司馬(史)　以百數年百餘歲食乳　二百四十
歲惟一曾一一　美人食乳侯君集家二一一絕色常　病飲人乳宋何尚之積
一(梁蕭映傳)　人一人一不飯(隋唐嘉話)　年勞一一婦
一一乃　恤孤自乳後李善本李元家奴元家疫死惟孤兒續生數旬貲財千
差(史)　自乳方奴婢欲殺續分財善潛負續逃親自哺養乳為生湩續
生十歲善與修理舊業告奴婢悉殺之後官至太守續　酪酥是乳穆替兒學
亦至河間相(史)元德秀自乳兒子數日湩流能食(史)　醍醐乳皆和粹出
以真味目之貧少俗然有格為一貧美　孤犢觸乳後仇覽為陽遂亭長有羊
而多入為一貧為一醐當為一齊(史)　元母告元不孝覽責之深
悔曰少孤為母所驕諺曰一一一一一驕　猶犢同乳朱泚軍中一一一崔祐
子寫母子母相向泣元遂為佳士(史)　甫曰可弔不可賀(崔祐傳)
飲兒乳以乳唐韓思彥巡察劍南益州高貲兄弟相訟思彥一一一一一　豕豚
三人(佺韓碑)泣曰公將以兄弟共乳而生耶乃請輟訟(史)
以人乳晉王濟以人乳一一飲帝詳豚(證世說)　醹酒厚也(詩)　○窶郡羽切(詩)
酒醴維一　終一且貧　窶窶客餘(盛主)
人一以一(曲禮)　鸜窶唐文昌少一一所向少諂　孤窶少一一(唐王義方傳)　辛明經　○數所矩
甚淡故辭以貧一也
切(漢書)一羽十罪　數之不能　車數問士之富以車數對(曲禮)　窶數東方朔覆射郭
一一米而炊詳炊　衆數終物詳僕　一一對　舍人曰朔中臣

撥百不中臣賜帛乃拐上寄生朔云在樹為寄生在盆下為窶一一其
羽切下本作數從本文附此數器也小盆盛物戴於頭者則以一一薦之○
所謂㼂不容完筐熟數何不令臣得一一不勝數文車載斗量不
一一者也(楊惲傳)窶數一之於(賈誼策)　可一一詳載　何足數宋吳遵
章好自誇每得秀意語輒　莫數餘子碌碌一　長可數　髮一一(國)　鼻可數文胡倩
地曰曹子建一一一(史)　一一(楊惲傳)　哀一稀　一一
(帖)一隨意數一一一一耳所　口誦目數隋劉炫眸子精明
(山)　(花)須(介)焉以策數石慶以策數一　視日不眩左畫方
右畫員一一一一一耳所　(續漢)(志)枚一　筮數　○矩俱雨切(語)不　繩矩唐韋賢
五事同舉无所遺失(史)　悉一數一　踰一(語)挈一　妃言動
皆有儀矩唐壽王瑁年　秋矩春為規一為一(淮南)太昊乘震執規　執矩見
一一七歲有一一　司春少昊乘兌執矩司一(舊紀相傳)　上疊
巨重規一一(唐)　中矩折旋一一一一矩方　可規可矩
矩(少室山碑)　(記玉藻)　規生矩一(圓)　生繩(漢律曆志)　謂之國士
(冬)(名)(唐人)名原詳鄉　拘木名(詩)南　枸果名(蜀都)　踽行一一一一
(官)拒方陣也(史)攻其前一左古一左一當在此句　(孟)行貌(詩)獨
一涼　按句會語句一下亦注左一事故並詳語句○取七庾切(語)義
者進一(孟)樂一諸人孫丑上高祖紀攻酌乳取如食宜饇如　然後一　狂
必一　又秋笑无一○一青拾芥詳芥酌子取一一一一(詩)　解紛無取(魯仲連)挑

雉一一而　隨所取晉庾敳答東海王越云下官　○縷力主切(孟)布一　帛
一一詳(紛)　家不兩千万一一一一詳情　之征(孟)尽心下
縷妻一(莊)縫參差多於周身　針縷先一後一可　衣勸君須惜
終之一一(同房宮賦)　金縷以成帷(淮南)　金縷勸君莫惜一一一
待无花空折枝(杜秋娘之詩)杜秋娘詩又古樂府　少年時花開堪折即須折莫
註云李錡長唱此詩秋娘錡妾也一云綺　藍縷篳路一一(左)一一言敝衣
一一(漢李志)　香縷一烟橫　乃試甚拙者亦謂之
本作襤褸　碧一(國)　鱠縷古尺垂絲　一一當作襤(漢)　一神
長命縷午日(進)　一一長(閨)　覡縷柳寄許孟容欲秉筆　力和切
一一(雜俎)　同心縷(鬪)巧結　一志荒耗(唐)　一一
(詞)　氣如縷更深一　(賦)音如縷絕　一一(赤壁)　縷縷不
血如縷荊軻利匕首以藥淬之試　一無不立死者(鹽)　綴足紅縷有女桃玉京以紅縷繫
人一一一一　燕紅縷明年一一如旧凡六七歲玉
京死燕至墳所悲鳴亦死詳燕梁衛敬瑜妻王年十六敬瑜亡盲双燕忽孤
飛女以縷繫腳後歲燕來猶帶前縷女詩云故人恩義重不忍復双飛女截
耳誓不　千鈞一縷以一縷之任係一一　婁卷一猶拘挛也又繫馬曰　僂
嫁(史)　一之重(韓愈傳)　緤牛曰一(左)牛馬維一　一一　傴
疾也(白虎通)周公背一一一者承　蜩　聚僂祝宗人說彘云云詳彘苟
又俯也(荀子)未嘗一　痀僂(莊)掇之也(列)　生有軒冕之尊死得於腞
楯之上一一之中則為之(莊達生)　佝僂一(史)　一命僂(正考父)
一器名今彝具中用者一用棺槨　察義為相行步一一　与俯同　(鼎銘)云

丨丨而豆短唐崔善爲尚書左丞身丨丨丨嘲曰崔子曲如○姥莫補
丨詳命矢而僂鈎隨例得封侯髆上全无項胷前別有頭史切女
老天姥恍然坐我丨丨下耳送吟姥隋段達爲將軍怯呂姥梁臨川王宏侵
称已以聞青旅圖山名丨丨文儒賊号曰丨丨史魏々遺以巾幗
歌曰不畏蕭娘与丨丨但畏合杜姥唐杜伏威初爲盜隋遣陳稜討之不敢
肥有虎謂韋叡呂僧珍也史下姥戰伏威遣以婦人服書称丨丨怒其軍
果出戰史下持翁姥王羲之之有老姥丨六角丨義越姥北斉陸法和位司徒
文互見翁々之各書五字人争買之詳義越女衣服居処与戒行沙
門同初在荊館有少姬年二十餘自称丨丨施酒阿姥臨安婆氏姥居一墩採
丨披法服隨法和十餘年後適人生子史花醞酒丨貧士詳墩
○嬭事並詳發嫪女師○土他魯切語懷丨孟廣丨衆民國土周礼曰
丿与丨下嫪也詩適彼樂丨書分丨惟三其徒男
子入千票隸任之以事置之丨丨而教之冢土宜于丨丨乃立丨茅土李
○不能改出予丨丨若殺之。獄城也丨詩注大社也陵
与蘇武書陵謂足下當享丨丨之薦。禹貢厥貢惟土五色注王者封五色
土爲社建諸侯則割其方色土与之使立社燾以黃土包以白丨茅取其絜
黃丨取王不張釋之曰有如万分一假令愚民取長尺土刘裕奮起寒微
者穫四方杯土陵丨丨丨陛下何以加其法乎漢文紀不階丨丨監
客土与張説市宅戒无穿東北隅他日怪宅氣索然視隅有三坎丈
餘鬱曰公富貴一出而已説將平之邸師曰丨丨无氣与地脉不連譬
如身瘡補他兩丘土丨恐亡丨丨曾子固一鍬土北斉高昂父次同曰吾四子皆五眼
肉无益也死後豈有人与我丨丨丨邪及死昂
大起家金同土斉高祖云當使黃丨不憂蹋船翻蹋浪丨肉丨
困傳丨与土丨賈逵不踏土丨丨丨吳言舟人骨歸土于丨命
也華陰赤土雷煥得双劍以西山北岩下土拭之光彩豔發東華塵土隱居
紀張華以丨丨丨送煥拭劍倍益精明詳劍求志
義之從本不計較丨丨丨北窓風史注云二至炭土五去前二日垂土炭於
前蒙戲語有西湖風月不如丨丨軟紅香土衡兩端輕重均陰氣
至則土重陽氣文堅土弱土丨丨之人剛丨泥金合土鑄作器用九
至則炭重詳昴丨之人柔家語也禮運注臺起累土曾
之丨丨於無譽載土洪規罷會稽守丨丨不欲築城爇土赫連勃之願身化
丨丨老子人知其清以船丨丨而歸事晉史
土側丨丨丨爲丨幸爲酒器擲我必矣○淨土佛土名丨丨常清淨自
吳郭泉嗜酒臨卒曰死葬我陶家之
王丨九丨后稌丨稻也周礼牛宜丨吐左神其然无也切雜穢佛書
丨裂丨風丨詩多黍多丨丨之乎三吐世家周公事丨一飯丨丨哺食辛吐唐
箱丨丨丨音吐寓鈞丨丨剛吐柔則茹之丨吞吐翟璘爭丨飯邊吐鄒窟吐房月
華暢鳴暢唐史則丨之詩俠詩詳類
鈎吐新丨玉翁復吐初日天葩吐奇芬韓○杜徒古切甘棠也又条
丨丨柳丨杜木不雅注作丨○閉之

丨別出小杜杜牧号丨詳姓氏城南杜韋曲杜鄠近長安諺曰丨丨韋丨去天尺五
數韵鄭谷傳至今尚有丨丨丨國互見譜及周匀
笑房杜李勣謂弟弼曰我見房杜平生苦立門戶望爲不肖子敗之我子孫付
汝有不厉言行交游非類者急捽殺勿令人笑吾猶丨丨丨也史
比崔杜張伯英善書自称上比崔杜丨丨不識杖杜李林甫丨丨丨字謂韋陟
丨不足下方羅趙有餘詳趙曰此云杖杜何也陟俛首不
困敢言金釵餉阿杜北斉周盤龍大破魏軍高帝送丨丨二十枚詩杖丨剌時
丨与其愛妾杜氏手勅曰丨周公丨丨史也不親宗
族骨肉離散唐杖丨夯這役也小雅有杕姓氏京兆商音祈姓帝堯刘累之
之丨剌晉武公也武公寡特兼其宗族後在周爲唐丨氏成王滅唐
遷封於丨丨伯爲宣王所滅丨氏分散適晉者丨洩是也古有丨康善造酒
詳酒丨鄴前漢人字子夏小冠子夏事詳冠子孫清靜好古亦有雅材
丨詩字公君遷南陽太守語曰前有召父後有丨母丨延年字幼公勸霍光
立宣帝居九卿十餘年丨欽字子夏好經書号小冠杜子夏詳冠丨預字
元凱京兆丨陵人仕晉博學多通明於興廢之道啓請伐吳克江陵譽
如破竹封當陽侯損益万機不可勝數号曰丨武庫有左傳癖詳癖
丨乂晉人字弘理膚若凝脂眼如點漆此神仙人也晉丨錫晉人屢諫太子
太子着針氊中詳氊丨畿字伯侯仕魏河東太守政寬在河東十六年常爲
天下最丨正倫相州人隋世舉秀才天下不十人而正倫一門三秀謂弟正
藏正儀也丨如晦字克明京兆丨陵人爲相長於斷而房玄齡善謀故良相
称房丨封萊国公丨鴻漸字之巽爲汾陽幕中客後拜相丨道号百納參
軍詳衲丨佑字君卿撰通典順宗封岐国公丨審權字彥之有日高花影重
之句丨黃裳字遵素京兆人平蜀刘闢憲宗曰卿之功也拜邠国公丨悰
丨審言字必簡襄州人語人曰吾文章當得屈宋作衙官吾筆當得王羲之北面
○孫甫丨悰字永裕佑之子文宗曰卿在鳳翔白鬼不奏真先竟也丨牧字
牧之佑之孫詩情豪邁人号小丨以別丨甫作阿房宮賦尋春遲事詳
遲丨甫字子美号少陵曠放好論天下大事爲歌詩傷時撓弱情不忘君人
怜其忠号詩史檢校工部員外郎丨默字師雄豪於歌丨衍字世昌越州
會稽人爲相与富弼韓琦范仲淹同堇幣事仁宗有求恩澤者每以衍不可
告之号清白宰相封祁国公与王焕等爲睢陽五老丨氏晉丨有道以
女妻傳玄詳睢丨衍女求佳壻以妻肚韓腸丨鎮煎燭音觀丨手書肚書苑
蘇舜欽。丨秋娘爲李錡妾詳娘又呈敘細切肥牛丨月二云書
翰由水墨積習七被褐大肚北斉文宣晚行淫暴宰輔楊愔使進厠籌以
中以丨丨丨國詳腹其肥呼爲丨丨丨以刀子嫠其腹又置愔棺
中戔下釘着膞裴晉曰非但丨丨亦乃丨丨丨詳趙歸空肚有遺書招客
若數四史着肚月牆罯嘲溫彥博及杜如晦也月二云板戶公堂
砑腳露袋杏云斑犬良賊丨丨丨丨居今詩邀板戶木門閑字公堂官舍館
字砑腳動足整足字露袋丨出屁字謂閑館整屁也。斑犬文苟敬字良賊尚
因當丨丨走卜赴字丨丨李洛姬肚詳䅣香草閉也
欠食飲字謂敬當赴飲也月徒䅣丨薇土桑根詳撒䵼通作

杜(書)杜乃撰〇(人名)魯郎古切左周礼又在丨丨昭一(語)參也丨丨亥魯有人簡擴丨
(王陵傳)杜門　一變至丨〇丨酒薄而楚攻之詳酒　磨斌讀丨
爲家丨爲雅魯宋余靖使契丹爲胡語詩微臣丨丨祝若統聖壽鉄擺俱擔
魚詳冢　雅魯尹式(古今詩話)丨丨拜舜也若統福佑也鉄擺萬萬也
魯(百濟国号王都城曰固麻)妓姓魯　韓康公家丨專寵者魯生妓有羊比
曰丨丨猶中国言郡縣(南史)　詩云魚吹細浪歌搖日(侯鯖録)
齊魯　王肅曰丨丨大邦(續蒙)東丨(姓氏)扶風羽音伯禽封丨至頃公三
魯魚比邾莒小国詳妓　鄒丨　十四代九百餘年爲楚所滅以
国爲氏(魯仲連)齊人不肯帝秦新垣衍曰仲連天下士也　燕將保守聊城
田單攻之不下仲連爲書遺燕將之乃自殺後逃隱海上曰吾与富貴而
詘於人寧貧賤而輕世肆志焉　排難解紛而无取詳紛(魯恭)恭字仲康扶
風人拜中牟令專以德化爲理　三異事詳異(魯褒)晉人字元道好學多
好爲奇計雖在軍陣手不釋卷(本傳)指囷事詳囷(魯肅)呉人字子敬少有壯節
聞以貧素自立傷時貪鄙著錢神論以刺(魯宗道)宋朝人字貫之亳州人迮
左諭德真宗召之又乃從酒家迮以(虜)南謂北　佳虜史臣曰慕容盛翩翩
實對詳飲號魚頭參政詳頭諡肅簡　虜爲索　濁世之丨丨也(晉載記)
(記)襲虜爾上蘇門其將因　格虜晉闕縱曰慈母多敗　守錢虜馬援曰凡多財則
丨丨可丨而丨丨也(史)　子嚴家元丨丨(史)　貴能賑施否則
丨丨亦足以須　祭征虜祭遵光武每嘆曰安得愛
昆弟故旧詳紛　国奉公如丨丨者乎(因)單騎見虜郭子儀事詳騎　生男

匀五十　十四

爲虜丸亦凡徐之才戲盧元明曰卿丨丨生男夢虜索元夢虜胱上衣袞統曰舊
丨則丨丨配馬則成駒詳駒　虜字云上男也當丨丨
於奴虜衛青丨丨隷日碑　鹵　西方鹹地又沙　大鹵　晉有丨丨之地(左)　剛
虜出於降丨(漢武讚)　謂磽确地　地不生物曰鹵
鹵(國)爲丨丨(易説)　東方謂塩爲丨西方謂丨(事類)　後日懸知漸丨丨辛
国注鹹土也斥鹵鹽教丨丨亦斥豢田(漢)言海水也　斥鹵(國)用耕耘
詳　淳鹵爲掩書土田表丨丨　終古(漢溝洫志)丨丨芳生稻　填閼之水泥丨丨
禾　淳鹵(國表二十五)埆薄之地　潟鹵　上音昔　澤鹵之地(史河渠書注)
才鹵　攻城屠邑則得丨　櫓大盾也　城上白露屋亦名譙樓　設二門爲丨丨樓
財鹵其丨丨(晁錯傳)　又戰陣高巢車亦曰丨　譙櫓(唐馬燧傳)　(上林賦)
也城上樓櫓丨丨　相　干櫓礼義以爲丨丨　泰山爲櫓江河爲陵丨丨而望獲禽獸
望樓　木櫓望(史記)　(記儒行)　櫓(国語)
也(人名)唐詩人擬詩有強虜男以進船者　柔艣數声丨丨　嘔啞櫓頓
半痩因前後瑩之句　舟用通作櫓　柔艣浪外(詩話)丨丨　嘔啞櫓復
此微吟聊和白衣搖櫓呉呂蒙取関羽使丨丨　具數百櫓梁呂僧珍見帝多
丨丨丨(國)　作商賈人狀(國)　丨丨伐材竹私丨櫓
甚多僧珍每船付二張(南史)(續蒙)鳴〇(人名)覩當古切亦作睹(中庸)戒愼乎其
丨張及起兵爲船艦軍須丨丨　所不睹(史記世家)知者丨未形
〇開青雲丨　先覩李勃爭丨丨萬物覩　聖人作而丨(易)披雲覩若青天(唐雅傳)
白旭詳暐　先覩之爲快詳星　丨丨霧而丨

堵五版爲丨丨百堵築宮丨丨皆作(鴻雁)之室(記)堵長一丈爲方丈阿堵(晉王衍)
版廣二尺百堵　(詩)環堵(儒有)丨丨丈高一丈丨丨一丨
口不言錢曰拿此丨丨物(丈詳物)傳神　安堵吏民丨丨如
寫照正在丨丨中(顧愷之)阿堵謂眼也　按堵故(高祖紀)　鐘鏄堵半爲丨全
爲肆觀者如堵(圓)孔子觀射於矍相之圃丨丨　堵者凡懸
詳肆　觀者如堵丨丨丨墻以(人名)結襪事詳襪　河東有音左鄭
叔三良爲政　賭　狄仁傑与張昌宗丨丨(姓氏)有丨叔丨詹師
未可問也　賭　丨丨丨　摴蒱賭丨丨別墅賭謝安与謝玄圍棊賭丨丨以郡
貝丨債　賭　丨丨袁詳袁　丨丨是日淮肥之捷詳棊
若宋羊玄保与文帝奕丨丨象戲談笑丨丨詳　〇古(人名)公戶切(詩)傷今
貝郡保勝補宣城守(宋)　攄賭決賭　丨丨詳摘　思丨(書)蓍丨入
官是古　稽古　浣柏榮曰今日所蒙物賜古南齊傅昭爲中書舍
丨丨兆吊古李華丨丨之力也詳力
人明帝賜漆合燭盤曰卿詩有古人之風故賜以古丨(南史)詩犯古　僧惠崇喜用古句或譏曰不是師兄多犯
亞丨丨人一　　古丨人語似師兄(冷齋)嬾周輔丨上陳
古人多意智須先偷我一聯詩(冷齋詩話)高若知古　高仲舒通詁訓玄宗環
亞不爲礼为其詩云亘耐　謂人曰欲知古問
貌古心古　孟郊江海士古丨又丨丨嘗讀　泰士好古　哀公帝太王避狄之狄
丨人嘗謂言古猶今(韓孟先生)丨丨有丨丨者有携魯
然所造蹴尽田宅易之乃被席持杖執挖行　(人名)(姓氏)献大宗箴(國)
丐曰衣食父母有太公丸府分丐一文(説)　唐人注前漢

匀五十　十五

新安丐音周太王古公之後　与詁雖宗　(人名)代人号筆頭公詳小大
唐人作縣令箴云政不欲猛刑不欲寛(人名)爲王仙客刻振女合昏詳倚
鼓　盆而歌詳盆含哺丨腹詳哺　祢衡撃丨詳祢　金鼓丨丨以声其支張侯
伊耆氏造丨(詩)征人伐丨(記)入季丨(後漢)丨(左)丨　金鼓気也(左)　方壹曰師
之耳自在吾　土鼓伊耆氏蕢桴一石鼓周宣王之鐵碣也史籀筆迹昌黎作
丨丨(國)　土鼓而丨丨(記)　石鼓丨歌〇鼓有十散在陳倉野中鄭餘慶
迁之鳳翔孔子廟(家)詩注晉武帝呉郡崩出一丨丨打之无声張華云布鼓
可以蜀中桐木刻作魚形扣之則鳴如言声聞數十里(劉敬叔異苑)
王直謁東平王太傅王前説相鼠銀鼓唐俗午日鳴鼓丨丨催花明鼉鼓丨丨
之詩尊曰元持丨丨過雷門(漢書)　金鼓丨挑丨兜鳩鼓皇事見杏
逢丨鼕鼓漁陽丨丨丨動天鼓神(史記)謂齒上下相叩諫鼓丨之丨貫鼓下
(記)　鼕鼓地来(長恨歌)　丨丨以召衆諫鼓堯有敢丨使天
丨丨(莊子)　鼓支丨丨之盆鼓　瓜桃李數以丨河鼓牽牛星也(史天官書)又齊三鼓
(册府)　販鼓皮(韓)丨〇鼓量也(國)　河鼓曰黃姑(歳時記)
魯拒公及齊戰於長勺公將鼓劌曰未可丨人丨丨劌曰可矣丨
師敗績云丨劌曰一鼓作気再而衰三而竭彼竭我盈故克之(國語)鈇一鼓
賦晉国一鼓丨(家語)止鼓(記)記獻米者晉鼓中行穆子伐鮮虞丨丨或
操量鼓(國)樂浪人呼容十二石者爲鼓　晉鼓謂以城降使其民見曰猶有
(食色)如修而城之丨鼓人谷丁　退鼓宋元弥自拒義軍力戰將
食竭而尽而後取之(國語)十五年退鼓克曽等丨丨丨乃止(史)　誤鳴進鼓(?)

伐蜀丨丨參軍與以衆俱以很鼓吏方以盜撾鼓辛究州刺史李崇治以盜村置
丨丨丨蜀衆丨晉李勢降（史）一鼓樓盜發槌鼓亂擊俄頃聲
布百里无不撾撥（談藪）淬鄉吏鼓趙出范延實過金陵張忠定公為守問曰天使從路來還一見好官員否曰昨過丨丨邑長張希顏者好官
負也野無賴晨市无賭博丨丨公以鶴飛入鼓會稽有大鼓名雷門有白丨丨
明必有美政也守即日同以丁卯入於是洛陽亦聞其声（由拾）
兄弟腰鼓宋沈懷文三子淡深中名（詩話）擊丨丨從州估市稅擡估五代從
臂行優劣号腰鼓丨丨（史）吁也（周）估也王章命
老以高估其價〻定賤帛估直丨丨（史）唐陸長源為鹽河東塩池○又不堅固也
又增謂之丨丨（史）詩王事靡丨丨又塩也晉侯
夢楚子詁訓故牯露地牯大安禪師看一水牯牛謂伏既又羆盬
丨其腦言也牛分作个丨丨白牛趁亦不去詳牛
南泉和尚云甘費行者設粥請大衆寫丨丨
丨丨念摩訶般若波羅蜜甘乃礼拜（傳燈）瞽丨者為樂師因名曰丨（書）
与盲眇等師瞽胥皇陶瞽而為大理天下无虐刑丨（詩篇）奏鼓（左）丨為詩衾十四
韻通看師曠瞽丨丨而為太宰晉无乱政（淮南）有丨始作樂而合乎祖也（周頌）
股（易）咸為丨序卦咸其丨左股明夷子丨丨（易）茂祖丨丨有七十二（史）豹股
丨（詩）赤芾在丨采菽黑子（西）何人守蓬萊夜半失丨丨（選）
右股丨丨頭鷺股我无置錐君立壁春秋存亡作丨勝宴劍白漁放公儀伯曰
八尺（西都）（說馬）鷺股丨丨何足雞食鷺鴣奈未為失（陸后山詩）臣力能折
春丨丨斷秋蟬之股丨丨留一丨丨合丨丨以
尋（吳列）斯丨動丨（七月）叙股一翁（長恨歌）合股佩又截之明日復動兵（史）与
從姚行指如股一脛之大幾如腰一筆兩股可吟採花丨清（讀書）刺股蘇秦
求事同丨之大臧丨丨（賈寶）丨兩股（寶寄）丨丨（史）丨丨
欲睡引錐自丨其丨丨 秦母剔股鄭有人剔股丨丨疾瘳愈曰丨丨
丨丨血流至踝（史）毀傷文体不孝得无甚乎（韓）貪財折股後魏李
留侯明帝太后辛左臧庫從者皆令任力負布絹賜之崇与章武王融所負
多頹仆崇傷腰融傷脚時曰陳留章武傷腰折股丨人貽類穢我明主（史）
蠱（左）血虫為丨丨又惑也
蠱穀久積變為飛丨謂蛾也巫蠱桐木為人埋地為（前戾太子傳）（事名）三三丨山下有風丨君子以振民
育德初六幹父之丨有子考无咎厲終吉九二幹母之丨不可貞九三幹父
丨丨小有悔无大咎六四裕父之丨往見吝六五幹父之丨用誉上九不事
王侯高尚其事（易）丨得傳受丨堅金詳堅金
尚其事賈（武紀）偃商曰丨无所牟利廉賈五之（貨殖傳）丨丨鄭賈荀罃之在
人將買置諸褚中以出便丨丨丨子丨丨文高者以五万買丨曰吾未有以為而淵掬
未行楚人歸之（成三）韋賈丨丨以罷之則鬱然枯蒼然白黃者施也澤去蝶
也今之施其見蝶謝言雖丨賈（樂天詩）丨丨行丨輒售馬伏波類丨
以求丨技於朝外多矣雞丨賈其相率為易一金詳林西域賈丨丨到一処
一輒止詳胡前助丨丨人生丨百丨（人名）（君臣）攻城趙氏朔程
一作賈胡逢趙丨鏵以若樂音見詳鏵（濟洛）工丨丨嬰杵臼為保孤詳孤

罟（易）結繩而為網丨（說文）數罟丨丨不入罛罟丨長（詩）此丨典籍為罟結丨丨（選）以
驅而納諸丨擭（中庸）丨罟污池（孟）
羖羊牡五羖百里奚亡之秦楚鄙人執之繆公○五○古
曰丨童羖（詩初筵）以丨丨羊皮贖之号丨丨大夫
切（書）列爵惟丨（武成）丨丨登三格五塞經曰塞有四采塞四乘五是也
鼯鼠丨技而窮詳鼠咸五丨（四時書）至五即格不得行故謂之丨丨（圖）
（左）夏五桓十四年丨丨鄭伯使其弟語來盟○又莊二十四年冬書
郭公○又僖元年十有二月夫人氏之喪至自齊皆闕文也謂五
進以詩称鮑照曰丨丨張五北齊張纓為豫章王嶷主簿与刘繪
丨如初發芙蓉（晉書）俱見礼接未嘗呼名呼為刘四丨丨鄭五鄭綮曰
丨丨作宰相時事宋五唐德宗微行西明寺宋濟方抄書聞鮑五梁鮑正好交
可知矣詳後呼宮家濟皇恐上曰丨丨章詩率鮑五游无日不適
人語曰无処不逢烏尺五時論同歸尺五丨丨（圖）天數五歌後丨
躁无処不逢丨丨（因）天尺五城南韋杜去丨丨丨數五（圖）長扶五
中国之丨廉賈五食賈三之丨丨之（前貨殖傳）送錢五從祖為布衣時吏皆丨奉丨三蕭
丨丨詳故何獨以丨後益封二千户詳二
徵言五淳于髡曰騶忌者五丨之丨丨周陽五五代唐丨德威勇而多智
應我若響之應聲（周田敬仲世家）小字丨丨梁驍將陳章号
陳野德威月令數五丨丨春其丨八夏七中央丨秋九冬六丨丨但言天地成
之（史）數中央土独言生數者土王各兼配四
數亦合得寒食百五冬至後百五日書焉三日丨丨與丨而丨今楚讀之
成數也為丨丨詳食
乃不足丨獲何進第五準高尚兄克為驃騎將軍勸其仕準曰弟五毅夫第
謂死也（晉）之名丨減丨丨兄弟中丨丨也（晉本傳）
五鄭丨丨自負時名国子監擢丨丨甚不平謂主司啓杜牧第五唐崔郾試
五云李廣事業自謂无双杜牧之文章止得第五（摭言）進士東都
公卿祖餞吳武陵後至出丨丨所賦阿房賦曰牧方試有司請以第一人
処之郾謝已得其人至丨丨郾未對武陵勃然曰宜以賦見還郾曰如教（史）
范質第五丨丨丨丨詳錄扶十失五庞士元曰當今善人丨丨丨猶可以崇彷世教詳半（姓氏）（舊注）
（前漢書）隴西宮音斉田氏之後漢初田氏從園陵者多故以次弟為氏第丨倫
字伯魚仕後漢拜會稽守俸餘皆賤貨与民之貧羸者无私事詳私
丨伊某丨丨振太守歲飢開倉賑給上書幕之（第丨緯）字與元倫曾孫拜
高密侯盜賊禪之○請高以種為上直士以種為首（第丨琦）字禹圭仕唐監
察御史兼塩鐵使單與陪伍丨五人為丨（地官）臣先
蠲辦人不益賦而用以饒偏後丨二丨耦詳耦閭伍素卑賤秀擢
之丨丨五三人相雜曰丨丨五孟子曰子之持戟之士一日而丨丨
之中（圖）參伍人相雜曰丨丨（說文）三失伍丨則去之否乎曰不待丨然則子之
丨丨也先偏後伍太宗曰諸家伍法何者為要李靖曰左氏云丨丨丨丨司
亦多矣伍馬曰五人為伍尉繚子有束伍之令漢制有尺籍伍符諸家兵

法惟伍法為古氏羞與噲伍韓信居常鞅鞅与絳灌等列過樊全伍破伍兵用
圖又左相五丨將軍門出門嘆曰生乃与噲伍圖兵
之法全軍為上破軍次之安定羽音𩔗大夫丨參生𥝌二生者二生尚
丨丨為丨丨丨次之圖姓氏字子胥父奢兄尚為楚平王所殺奔
吳以報父仇後被讒賜死丨丨楚大夫邑於椒故曰椒舉○班荊事詳
前楚人以材能称南郎淮南王安招致英雋被為之首丨朝字
世明晋人游心物外守靜衡門丨丨南唐人千丨戒名敦祥子丨喬裘度序年
百字人星人曰此丨丨全廿詳星谷詩谷子丨橋
以發正猶遂請丨丨發横也儀礼午割亦臯饑蚓螘螘丨丨並起亭午
曰纖横詳劃論閒丨丨白居易傳旁音去声列向傳猶雜沓也
和煖圖卓午頭戴笠子日午朝臣丨丨列向傳言典午圖謂司馬氏也門
丨丨頫丨丨詳顆夕午相背違○本作迕丨丨不競晋史
書午李安義謁當人鄭生欲以出安義於丨人名祈奚之子以自代詳讎
上大丨丨字午不出頭也興文殿閒覽仵偶也
昕明也○簿裴古切前食貨鹵簿車駕行羽儀以簿謂之丨丨自秦漢始
思多張空丨有其名後胡廣作天子出行丨丨丨大
循也所以捍敵部伍之次皆著之丨故言丨丨五兵獨言因者主簿自漢晋
則刀楯在外五祀精義云以大盾領一部之人故名丨丨有之唐
置二人他縣一人○晋轄之司○丨丨掌之簿租之版出納
撥之要欲之成總而治之勾具事之失以贊令

仇覺為丨丨毒詳肖謝景仁為豫州丨爭与彈因
歎風意氣殊適大舍之○短丨丨王恂事詳弘之嘆曰錢塗之
人擡頭不得詳僭蜀王建以李為眉山丨丨制曰旌其忠之心
委以髯鬚之戰列史傳羊号髯鬚丨丨晋習鑿齒辟西曹丨丨桓温曰三
十年看儒書不如一詣習鑿齒○前孫宝御史大夫張忠辟為丨丨忠問宝
兩府高士不為丨丨子甚悵何也宝曰大夫君以宝為可安得独自高忠慚
薦為諫議大夫○子陰從吏民皆奔走惟一丨丨在王尊旁詳拄微称
尊為諸葛亮丨丨詳尊後魏宗室慶智性貪鄙或十數錢亦取之号十錢
丨史入錄十簿詔上丨丨務為摘簿揚国忠善擣摘召入供奉專主丨丨
丨丨詳錄言欺設唐帝紀計算分銖不誤元宗曰度支郎才也金
簡尊戴洪正每得密友書于編禽獸簿漢文帝問上林尉丨丨丨尉左却例
簡焚香告祖考号丨丨丨右視不能對嗇夫從旁代對圖
簿在中書舍用寒儁除官門列目吏持例簿以進點鬼簿唐楊
準曰宰相所以器百官若用例非所以進賢退不肖也長編
炯為文好用古人姓名中書簿丨丨丨僧孺幼貧母紗布至市遇
謂之丨丨丨玉泉子丨丨丨丨叔迫墜簿中及僧孺拜丨丨日
悲感不刂刺史肉簿以後周陸逞為丨丨故事刺史韓台
自勝圖本辞備丨丨是奏停之圖享与肯簿唐丨丨入朝用材賂權近後禮宗遣
使收其丨丨見中朝臣至牛僧孺從其暑簿唐陳諫警敏丨丨
左日月日送千万不納帝嘉之相圖歲丨悉能言其尺寸

史部十禮部廿屬有四曰丨丨祠部氏部丨丨版部皆户部人
部三丨刺文禮部膳部主客唐職官志曹○宋斉户部尚書領
度支金部倉部兵部七部刑部之水部丨丨虞部皆工部之轄部召還部
部起部四曹之屬比部屬唐志水部屬隋工部亦曰起部講部屬在
丨丨曹善部或行不得丨部能詩丨曹圖貟水部闕晴長官丨丨丨未
融傳丨楊敞傳部人得道聖皇后東
封有諸於道左若其詞刺云晋水部員外郎賀元再拜而去上初不知已而
閱不得天聖初吏登詣闕進佛道像百數千
後漢黨人有丨丨丨詳黨書四部晋李充為作時典籍混乱充以類相從
詩序南北部丨丨丨分作四部蒙求唐經史子集通曰四部書
有甲部乙部丙覓佳吏部晋徐寧庾亮每囑桓彝丨一丨丨惟依吏部晋王
部丁部詳庫丨又遇寧欣然為吏部郎圖国宝
二云中丞骨鯁之從事一部得刘公一紙書賢於鼓吹兩部斉孔珪云蛙鳴當
族丨丨丨丨圖從事一部於十部丨丨詳書兩部丨丨詳蛙梨
園小部揚貴妃生奏論語半部趙普以半部治天下○天龍八部世宗於灵山會
經丨丨丨丨成式酒債送祠部宋朝字清老曉音律公喜之一日見
法華經公云吾欲為浮屠无錢買祠部公欣然為買
祠部約日祝髮過期官尤耗其然徐曰為祠部已送
丨丨矣公大笑○云有後受超俗視清鏡正

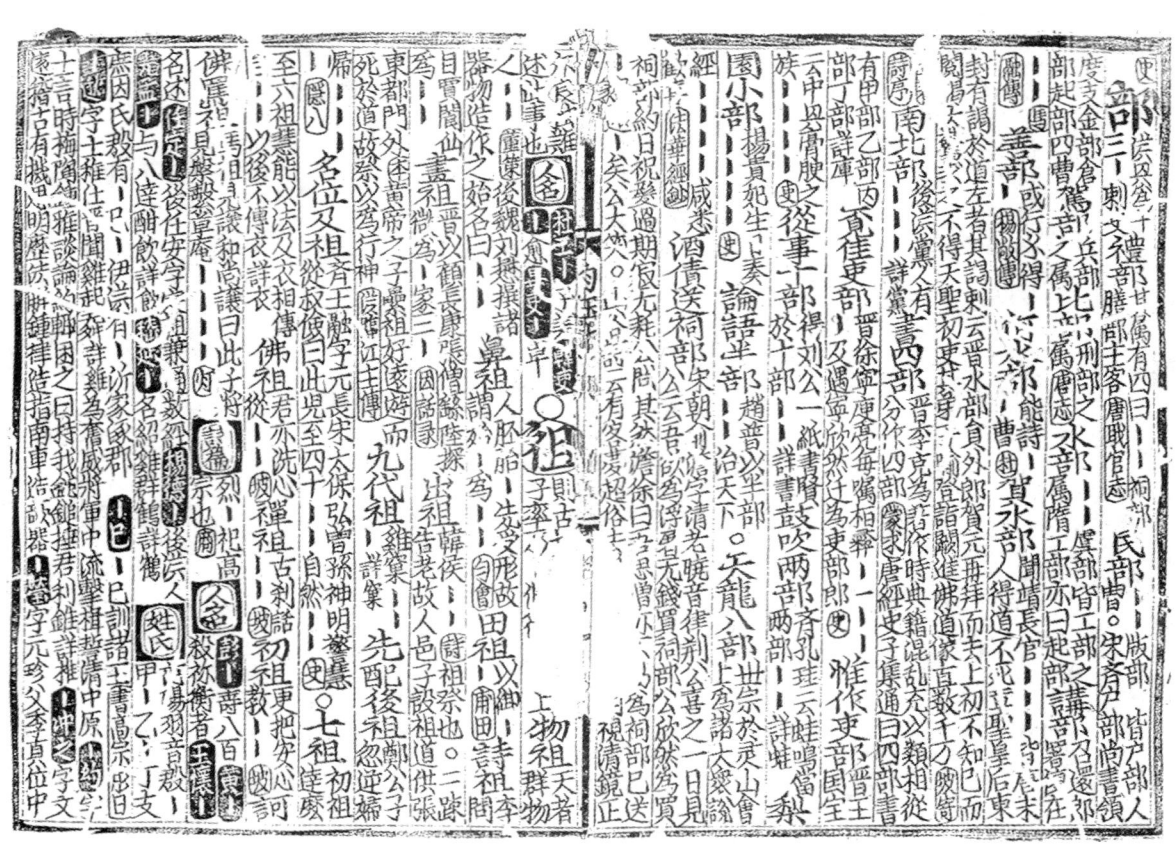

雜人名子丨詩
述事也卓○祖則古子率物祖天者群物
人丨丨後魏刘懋撰諸鼻祖人胚胎丨先受形故上
器物造作之始名曰丨丨謂始為丨丨白會田祖以御丨詩祖問
自實閬仙畫祖晋以顧長康張僧繇陸探出祖韓侯丨丨詩祖祭也○二跡
為丨丨為丨家二丨因話録出祖告老故人邑子設祖道供張
東都門外黄帝之子祖好遠遊而九代祖雍丨丨先配後祖鄭公子
死於道故祭以為行神江表傳丨詳忽逆婦
歸丨丨丨名位又祖斉王融字元長宋太保弘曽孫神明慧○七祖初祖
丨隱八從叔曰此兒至四十丨丨自然丨丨圖達摩
至六祖慧能以法及衣相傳佛祖君不洗心禪祖古剎話初祖更把安心可
丨丨以後不傳衣詳衣從丨丨禪祖丨丨教丨丨詞
佛議和尚議曰此子將烈丨祀高
見草庵丨丨丨丨圖宗也人名教祢衡者王
名後任安字丨後漢人壽八百
与八達酣飲詳飲名紹雜詳鶴姓氏甲丨乙丨丁支
因氏有丨口丨伊宗丨家郡丨巳丨巳訓王書宗日
字士稚任聞雞起舞詳雞為奮威将軍中流擊楫誓清中原
十言時梅雅談論困之日持我劍錐挫君利錐詳錐字文
遂稽古有機明歷法鍾律造指南車造器字元珍父季直位中

書侍郎瑩八歲能誦詩書呼聖小兒　拜博士　与表翻齊名語曰京師楚く
袞与祖孫下綱，祖与袁以国子祭酒秘書監　常云文章猶自出機杼成
一家風丨丨　詩素絲丨之于旄　璣組　荆州厥篚玄纁丨丨　書　公文組
骨詳佛　珇　琮玉之瑑　組　滌帛成丨文詳甲　璣組丨珠不貴者丨綬之類
霧丨之丨麗女　組大隱何曾　簪組錦繡丨丨　書女　三組　漢楊僕爲主爵都尉又爲樓船將軍
工之鹹也詩曲簪組弁丨丨　紅者也　周南紀
并封侯懷銀黃垂丨丨李鄉　文二組　淮南王安上書陛下以方寸　五雜組　統納
里　史　漢書　金印也　組之丨丨之丨　鎮于方外
丨丨　國頭草往還復車馬道不獲已人將老王融云丨丨　奠云發往
復還經天月不獲已生胡越丨丨　處朝市往復還王良馭不獲已昭君去
丨丨　園中樹往復還丨丨　詩　丨丨
盈數不獲已边城成　縧如組執丨丨　織丨之便也會稽組丨出織　國詳綫
陳茂　嵬　○虎　呼古切夜視一目放光一目着物獵人射之光墜於地成白
石　兩脇間及尾端有骨如一字長一二寸即其威也破肉取
得能令人有威尤宜人者爲人所憎　詩　有力如虎　箭号虎號丨　江淹　懸丨　酉　白
搏虎易風從丨　爰丨尾○狐假丨威詳狐　羊質丨皮詳皮　荆公猛丨行
虎　文王拘於羑里散宜生得丨丨以獻之西伯　魏王粲字小春爲　金虎
荆州刺史卒將葬有丨丨來出入人號其喪發又蹋竟號丨丨　吏白魁　○
丰蒙存丨丨　銅虎　漢太守符　繡虎　曹植七步成章號丨丨
丨丨　符詳符　猗覺寮雜記　開洽益州

尚丨……丨丨……耶一目性
丨丨　匡　虞虎　但昊令肥守　宋　虎　霜鱗負飯蛟挾
丨　詳號丨丨　殿之丨虎　星取丨丨　國　上丿犀又日号丨丨　國
瘧虎　許指号丨丨　詳尾　盞虎　詳　盞艾虎午日以丨丨　歲時記　筆虎　李陽冰○又　書虎　國說　騎虎　勢詳急丨丨之料
虎乳子曰疾走丨丨　頭編虎丨　列虎東海黃公能爲丨丨　蛇丨佩赤金刀及衰飲
虎　晨幾不脫虎口　史記　御虎　酒過度遇白虎以赤金刀厭之遂爲虎所
食　西京　畫虎丨丨不成反　類狗詳狗　白額虎　周處殺南山白額虎丨丨　詳害　雪毛虎　射殺南山　晉　豐澤虎　楚子
雜記　文初生弃於丨丨虎乳之楚人謂乳穀
謂丨於菟故命之曰鬬穀於菟　左四　登封虎　唐顏少遵爲丨丨主簿民患　有丨少遵命塞陷穽獲丨文獄
渰虎不渡河虎　漢劉昆爲弘農守　化石虎　張侍郎守鄭虎害物公令吏執符　追虎之熟視符術符隨吏至府望
書　虎負子丨丨　困
公問丨時化以數以罪擬之約二百……不然盡殺　服罪虎　童掀除不其令
虎乃去死於其地丨丨爲丨今呼爲石虎　青瑣高議……不殺人者當号……民爲虎所害捕
獲二虎　一虎呪虎曰王法殺人者垂頭丨丨不殺人者當號……遂令放釋吏民歌之　獲鬪
呼称覓一虎低頭閉目即時……之其一視聽鳴吼遂令放釋吏民歌之
虎　秦陳軫曰卞莊子刺虎……豎子止之曰兩虎方共食一牛く甘則大者傷小者亡從而刺之一舉兩丨果獲兩虎　史記　市有虎　龐葱
与太子質於邯鄲謂魏王曰一人言丨丨丨　王信乎曰寡人信之……
笑　共曰夫市之無虎明矣而三人言成虎王察之　戰国策　……

鄉　侯生曰公子欲赴秦軍　虎若以丨丨丨丨何功之有　國　豚吠虎　龐駒之……狐丨　君失臣兮龍
号丨丨　圖　詩中虎　丨丨　楚辭　鼠變虎　爲魚權歸臣
丨　圖　詩中虎　射石爲虎　李廣夜見草中石以爲虎丨之没羽
梁子　得虎弃虎　發吏守北平一日丨虎二十一　父老曰此丨也　稍北有白虎
事同　必敗……消虎小而伏……地大吼……能入矣……熊
敢　儇蹄得虎罷介謂趙信君曰人有置丨丨者丨虎怒決蹯而去虎非不
射　愛其蹯也不以損……之蹯害七尺之軀者權也　戰國策　火
育丨虎　宏從火裏出虎向水中　晉魚帝虎爲丨丨寫丨　抱朴　政猛於虎　過秦
丨丨生詳象　攻殺入……嫌事　書守之訛有馮
山見一女子哭問之曰吾舅死於虎吾夫死於虎今吾子又　朱亥瞋虎　秦將
死焉子曰何爲不去曰無苛政孔子曰苛丨丨丨也　禮記
着虎圈中亥丨目視丨眥裂血　牛哀化虎丨丨病七日丨爲丨其兄啓戶虎
出濺虎く終不敢動　列士傳　搏而殺之方其爲虎不知其嘗爲
人也方其爲人不知其將爲虎也　淮南子　寧成乳虎　寧見乳虎無值丨之怒　廉藺兩虎　兩虎共鬪勢不俱生詳避　寇兩
其且爲虎也
虎丨　復部將殺人潁州太守……恂……以狀聞……恂至……曰
安得私鬪今日朕分之於是並坐極歡結友而去　國　鄧
李　五代鄭昌士博……子丨丨　朝延平丨丨
八人号丨丨丨　賈家三虎……兄……六人皆俗

其中　郭文不畏虎　隱士丨丨　餘杭山中虎多文所居虎……至
元　晉　虎嘗開口向文……文以手取去　晉春
效　鄭文傳　人無害獸……隋猛將……陳……言　發兵端五
之心獸亦不害人也　人名　坡詩律到丨丨　遠　小字也　爲虎文　白琥丨丨
禮　西方　以白琥禮西方　獸
春官大宗伯　丨　河水涯也　洞滸　之江滸丨丨　詩　之　○
塢　安古切小障　一曰庳城　金塢　紫……塢於郿號萬歲塢　呂布殺卓塢中有金二三萬斤
積穀爲三十年儲　後漢董卓傳　塢堡障也
花塢　文陽　村塢　曉日明　林塢　暮色入　坡　萬歲塢　見金　濡須塢　呂蒙勸孫權……夾水
立　史　曹操攻破　金門塢　戴延之西征記　辛夷塢　王維輞川別墅　揚梅塢
杭山丨丨　揚　藏春塢　刁約作丨丨　遊其中　○東坡詩云年
梅甚盛　抛造化陶甄外春在先生杖屨中　互見刁　鄔　姓氏
潁川商音春秋時王取丨丨　郡太守司馬牟之後因氏　晉　○弩
有丨丨大夫　漢有何南丨氏　○　山谷詩注丨　形工草書如寒林棲鴉
奴古切黃帝作丨丨　○周禮四丨夾丨　馬弩
庚丨唐丨大丨　○　丨名黃……詳間　角弩　夷牟　上周之……　秦昭王時一
傍秦蜀巴漢之境……閬中夷人……作白……　白虎從群虎
之丨……樓上射殺白虎　後漢南蠻傳　強弩　能……之末勢不　神弩　交趾之地……氣爲……有神

人爲伍||一伍一(軍法)游弩 强弩長戟射疏及遠也。|養弩 鄭衆注曰取蔡
放欽叔越軍万人(㫄注)||往來什伍俱前(晁錯)||鑿山爲井||穹
粮卒全忠溪弩 庾信||踏弩 機 千鈞弩 魏荀彧曰||之| 孫臏 萬弩 魏寇 消伐
勇互見鑒 溪弩 即水工射影也 不爲鼠發機(國)
韓斉||救之於馬陵 令善射者||夾 李陵 千弩 陵与匈奴相值 千弩俱
道而伏 消至万弩俱發 魏師入乱(國)詳龐 發 應弦而倒 虜遂走(李)
諸葛連弩||亮巧思 損益||壁弩 孫弩 主簿見杯中蛇 得疾不知 怒 並事
一弩十矢俱發(史) 壁||爲||| 影也 詳影
韵 努 石可爲弩 努 勉也 古詩 少 苦 康土切(匡)||其心志(詩)誰謂荼
矢鏃 努 壯 不 力| 采||采| 宣帝紀 問民疾
(方言)宋鄭周 良苦 辨其||周礼 謂分別縑帛布 (國語)
洛謂快爲||| 絎之粗細○齊|雜|(西京賦) 功苦 辨其 堅曰||脆曰||攻
苦 宋胡安定公| 作苦 田家|(楊惲) 歲苦|欲|苦草 顔苦 之卓(揚) 孔汲并
苦||食從 詳從 (圖)炎上|||(書) 先生詳草
苦 公爲虞城令 官舍 并水清而味苦 人謂之曰 苦 茶 病 (張良傳) 口
苦 且清 符善志也 遂||不改 变爲甘泉(宋 苦 太恩傳碑) 毒藥苦於病
食 苦||不知|(谷) 作詩苦 擬爲從前| 飮酒 苦 北斉王紘 文宣飮酒曰 亦有大
鎭 長夜荒飮不悟 霜月 色苦兮|白(張揚文) ||先生 堂前||| 詳顯 苦 大樂紘曰
默然(國) 辛苦 身隨 辣 緊心与

嘗(漆)苦 日 唐郭弘覇 侯魏元忠病 染指便(唐) 道旁 李 苦 李 我年七 群兒見李
日日 者病不愈 公 味苦 當愈 詳 寡 戎 曰 李在||| 心
後必苦|唐 杜審言 病 宋之問等省候 飮 自苦 馬少游曰 求 詳 餘
也果然(國) 舔造 作苦 答曰 甚||||小兒所|(國) ||| 恩 過苦
菊 甘 甚 苦 性不同(郊祀)物 甚 樂 苦 魏辛毗 從文帝射雉 帝曰 樂哉
北斉李廣 博涉群書 爲侍御史 忽謂妻曰 吾向似睡非睡 忽一人出吾
身中 曰 君||| 非精神所堪 今辞君去 因悦惚不樂 遇疾卒(國) 生 老
病 死 苦 興寧中有|||之 語 鄭荊公 改新法 爲生事 曾 公亮 年老 留
公 孫 病 唐 參 政 与 荊 公 爭 事 不 勝 疽 背 死 趙 清 獻 惟 聲 苦 (聞見錄)
户 侯古切 平 門曰|(語)誰能出不由| 雍 也 (詩) 强丁因 避 網
珠 綴(國) 塞向墐|七月 凋 綠 牖|(詩) 外|不閉 礼 運 逼户 差役(燕崇傳)
户目如羅|狀 今 亮 隔 也 門 棄 列 爲 方 逢户(莊 樊 王) ||(參) 柩 酒户 大嫌甜|才高 笑 小(詩 案)
(因)唐人以飮多者爲 楚三 户 楚 有三|雖||| 亡秦必楚(項 羽 傳) 相 州 洛 陽
大户 少 者 爲 小 户 三 户 蒙 界有三户 津南 公 識 界 感 者 知 秦 亡 必 於 三
户後 項羽 渡三户 津 齊 四 户 恩 倖 呂 文 顯 四 人 武 帝 時 爲 中 書 舍 人
破 章 邯 軍 奏 遂 亡 久 各 住 一 省 謂 之 || 勢 傾 天 下(國) 脩 月 户
月 乃 七 宝 合 成 有 八 什 等 千 户 渭 川 千 畝 | 与 田 嬰 五 月 五 日 生
万 二 千 户|之 前 月 什 等 千 户 千 户 侯|(國) 受 命 於 户 田 文 告 其 母 勿 舉

毋 舉 之 及 長 嬰 怒 謂 子 長 与 户 齊 不 利 於 父 文
曰 受 命 於 天 乎 受 命 於 户 當 高 其 户 亦 誰 能 至 者(國) 益 封 二 千 户 漢 祖 布 衣
錢 嬴 二 後||詳二 (陸賈) 時 蕭 何 輸
|| 綺 編 | (人名) 時 人 詳 餘 莊 子 祜 山 思 皇 多|載 見 (人名)
晉 名 將 墮 淚 碑 事 詳 碑 扈 | 紅 雜 与 薛 芷 | 氏 爲 農 正 (匡) (詩) 受 天 之| 信 南
宋 臣 三 槐 堂 事 詳 槐 (戸) 鳥 | 扈 | 拔 也 九 扈 農 桑 九 候 鳥 也 ○ 扈 止 (左)
也 謂 止 民 使 无 過 時 ○ 春 扈 氏 趣 民 耕 種 夏 扈 氏 趣 民 芸 除 秋 扈 氏 趣 民 收
斂 冬 扈 氏 趣 民 蓋 藏 棘 扈 氏 掌 民 百 果 行 扈 氏 晝 爲 民 驅 鳥 宵 扈 氏 夜 爲 民
驅 獸 桑 扈 氏 趣 民 養 蠶 老 扈 氏 趣 民 收 跋扈 梁冀 號|| 將 虜 扈|||縱 橫
麥 (蔡) 扈 也 (國) 扈 本 作 雇 依 本 文 附 此 軍 ○ 猶 強 梁 也 虜 扈 行 兒 (會)
漢 書 音 義 (詩) 雇 桑| 刺 幽 王 也 上 下 (地理) 国 名 (姓氏) 京 兆 羽 音 夏 有| 氏 之
云 自 大 也 无 礼 文 焉 (小雅) 有| 後 国 爲 姓 仕 晉
爲 尚 書 令 史 以 非 罪 繫 於 是 尉 刘 頌 理 出 之 (載) 游 相 国 寺 愛 庭
竹 作 碧 鮮 賦 (宋) 宋 開 宝 中 知 貢 挙 擢 進 士 八 人 作 太 平 御 覽 楛 | 濟
濟 可 爲 矢 (礼) 蘭 氏 獻 陟 | 岵 孝 子 行 (詩) 榛
| 矢 石 砮 (書) 雁 箘 簬 | 岵 山 多 草 木 曰| (詩 篇) 役 思 念 父 母 怙 何| (詩) 无 父
九 | 鳥 ○ 普 滂 古 切 (易) 德 施|也 (乾 卦) 東 普 晉 州 即 漢 資 中 縣 蜀 資 普 試 草 尺 書 招 雇
詩 雇 孫 西 有||| (會) (匭) 唐 叶 蕃 甘
俗 謂 強 雄 曰 資 号 (人名)(趙) 普 三 国 吳 名 將 ○ 溥 中 庸 | 博 淵 泉 (詩)| 施 溥
弔 ○ 長 曰||(本 傳) 宋 開 国 名 臣 大 之 下 膽 役| 原

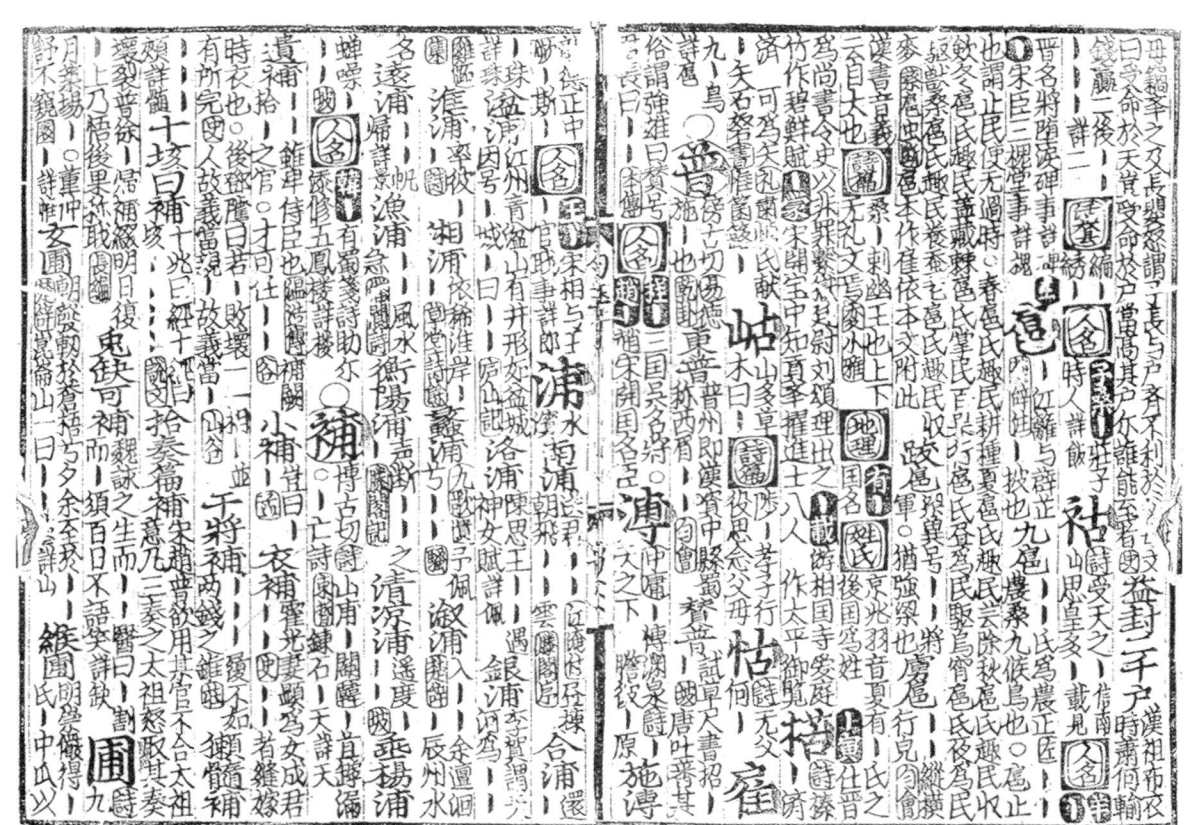

說 正 中 (人名)(王) 宋 相 与 子 (江 淹 賦) 荊 棘 合 浦 還
砂 | 斯 | 官 職 事 詳 郎 浦 水 南 浦 送 君 ||| 雲 (滕 閣 序)
| 珠 盆 浦 江 州 有 盆 山 有 井 形 如 盆 城 洛 浦 陳 思 王|| 遇 銀 浦 李 賀 謂 天
詳 珠 溢 浦 因 号| 城|| 曰 (廬 山 記) 朝 飛 神 女 賦 詳 佩 金 河 爲||
(國 語) 淮 浦 率 彼 | 湘 浦 依 稀 淮 岸| 蘆 浦 (九 歌) 遺 予 佩 溆 浦 入| 余 邅 洄
(楚) ||(詩) 湘 浦 ||(草 堂 詩) 蕙 浦 兮 ||| (騷) (楚 辭) || 辰 州 水
名 遠 浦 || 帆 風 水 衝 陽 浦 声 斷 之 清 涼 浦 遙 度| (騷) 垂 楊 浦
歸 詳 景 漁 浦 急 (四 遠 詩) (滕 閣 記)
蟬 噪 | (人名) (韓) 有 蜀 箋 詩 助 亦 ○ 補 博 古 切 (詩) 山 甫| 闕 韓| 首 蒔 潙
|| (國) 孫 修 五 鳳 樓 詳 樓 ○| 亡 詩 (東 晉) 鍊 石| 天 詳 天
遺 補 || 雜 卑 侍 臣 也 (温 造 傳) 補 闕 小 補 豈 曰| 衣 補 霍 光 妻 顯 爲 女 成 君
遺 補 拾 | 之 官 ○ 才 可 任 ||| (谷) (國) (史) | 若 縫 嫁
時 衣 也 ○ 後 鄧 騭 曰 若 | 敗 壞 一 | 補 | 並 千 將 補 || 覆 不 如 獺 髓 補
有 所 完 (國) 人 故 義 當 說 | 故 義 當 (山 谷) 兩 錢 之 雖 (國)
類 詳 箇 十 垓 曰 補 十 兆 曰 經 十 經 曰 拾 奏 篇 補 宋 趙 普 欲 用 其 官 不 合 太 祖
壞 裂 普 徐 | 帚 補 綴 明 日 復 補 意 九 三 奏 之 太 祖 怒 取 其 奏
| 上 乃 梧 後 果 怒 戢 (長 編) 鬼 鉄 可 補 魏 詠 之 生 而| 醫 曰| 割
月 棄 場 | ○ 董 仲 舒 不 窺 園 | 詳 帷 女 園 (南 朝) 發 軔 於 蒼 梧 兮 夕 余 至 於|| 須 百 日 不 語 笑 詳 缺 圃 (詩) 九
舒 不 窺 園 | 詳 帷 | (楚 辭) 縣 圃 | 昆 侖 山 一 曰 || ○ 詳 山 縣 圃 明 學 儀 得 | 氏 | 中 瓜 以

子部　第三册

詳献　芝圃仙都有丨丨慈蕙圃崑崙山第九作藥圃餘潤通丨丨鄭圃之丨
八　種之(廣異記)之田丨丨(拾遺記)(杜泉眼詩)丨丨不
有原丨猶秦之有具囿也(傳卅三)列　書圃翺翔乎丨丨樊圃折柳丨　老圃羞
子居丨丨四十年无識者(列天瑞)(相如上林付)丨(詩)
丨丨秋容黃精圃陸龜蒙青竹筒下(眇)　李子丨(語)　譜老泉作蘇　通譜張九齡
談(韓魏公)陸丨丨丨　藝丨　氏族丨　譜張説為
相親重之与　肉譜唐李守素著天策府倉曹通世姓之李世号丨丨虞世南
丨丨(祭本)　譜与論人物始言江左山東尚相對至北地則笑而不答嘆
曰丨丨定　文譜後魏孔藏撰古來文章　酒譜唐王績采杜康儀狄以來善為
可畏(六帖)　又作者氏族号丨丨(史)　酒譜酒者為丨丨李淳風曰君酒家
南董　花譜唐相賈眈著百丨　梅譜范石湖作丨丨　菊譜石湖作丨丨云　茶譜
也(史)　丨(沈立撰海棠記)　梅譜凡九十餘種　菊有七十種
毛文錫　牡丹譜歐公丨丨丨云　芍藥譜刘貢父丨丨丨　冶縣譜齊傳僧綽子
丨丨　譜有九十餘種　芍藥譜凡三十一種　琰並為山陰
令並著奇跡世云附汾陽譜五代郭崇韜強丨　附城南譜唐杜正倫求丨丨
諸傳有丨丨(史)　譜丨丨之丨　拜其墓　附城南譜丨之丨而不許詳
固　混沌睡譜詳去　声調

八齋　獨用

齋　祖礼切水名又謂之綠齋有妻〻之丨丨方丈　齋繁於中　立(下伯王付)　春齋墻陰老　荒齋行殿
　蘼草詩其甘如丨　丨丨(困)　有基
(王渾)　丨丨令　并州齋高力士謫丨丨山谷多丨而　樹如齋羅浮山記云望平地
丨丨丨　後有人詠樹詩云遙望　齋人不食力士有詩(明皇雜录)　丨丨故戴高詩云長安
長安齋比耳李之(顔氏家訓)　歲甘生齋丨丨欲丨先丨　丨丨詳草
前倉賃傳賂丨千斤(陵)　禮盧啓切(記)君子不以菲廢丨丨不　(陸)芹丨野丨　蔫刀魚飲而不食
(江賦)蔽丨順時而往還(禮)以美(坊記)　陰禮以教親則
人不怨(周礼地官太)　公禮(范孟傳)豈宜以　充禮豈聞外孫敢与丨丨
同徒男女之礼　丨丨格之(本)　大父丨丨(史)　殺禮凶荒丨丨　礼喪
(礼)丨丨　問禮孔子丨丨丨　曲臺新禮唐初用隋礼元和間王彥　誤持曲禮後魏
冬昏(詩)問禮於老子(史)　威始為丨丨丨丨(礼樂志)　祖瑩
瑩丨丨丨丨乃置礼於前誦尚書生時博士張天龍講尚書生徒悉集(人名)　天下模楷
年十二為中書李生時博士張天龍講尚書一篇不遺一字(史)　(李元)丨名膺
醴　甜酒一宿熟(士冠礼)甘丨　維厚(書)若　醴楚元王為穆生丨丨後乃忘
醴作酒丨(詩)且以(酌)　(漢書)地出丨泉　設醴穆生曰可以去矣(漢書)
玉醴滑辣(酘)醞(歐)　天醴(文)泉傾海腴白　東醴丨丨　(左)流斟溫酎　交若醴小人之丨
玉醴如丨丨(歐)丨　醴露洗丨丨(陂)　凍醴波(魏都付)　醴甘丨丨(記)
澧　水名(書)東至于丨丨(選)　蠡　豕鼠又彭丨湖　追蠡以丨丨(孟)　鍾(人名)　越人
(記)渥余佩於丨浦　蠡又彭丨湖　追蠡(毋)欲絶也　詳闕朱

體　他禮切易君子丨仁足以長人　丨丨具丨　玉體大子服
體(詩)相鼠有丨而丨(語)四丨不勤(出師表)宮府一丨　御書顧君
名(昭)(論語)多士(宋)　體(論)　國体通達丨(賈生)　大体丨丨內吉知　宮体梁徐摛
(後漢)齊傳(儒林傳)　遺体身者父母之丨丨敢不敬乎(記)　(李)　文体既
丨丨　别春坊尽效丨　徐體(後)伯君文求新超為升　詳　昆体李義山詩僻澀時號　艶体
之号丨丨(史)　(詩)元和体元稹白居易　丨丨丨　(冷齋夜話)　韋
方丨方丨(詩)　丨詩号丨丨(史)　永明体沈約文号　徐庾体徐摛与周
体采未成也　五雲体草聖事　稽心子体梁柳惲芳琴於嵇元荼首蓋齊竟陵　芳
綺豔号丨丨(史)　詳雲　王子良曰巧拙丨丨丨丨　庾信文並
丨丨(史)　　　　　　　　　　　　　妙臻丨丨(史)
蘭亭体梁謝覽武帝曰(陸)之曰文豈有常体齊張融云　　(陸雲)
丨丨丨竟出生丨丨丨(史)　但當以有体為常(史)　閣
涕　出(詩)泣丨如雨　(陵)然丨丨　鐘出涕見秦遇之(陵)　孔子
丨　(賈策)可為流丨　雪涕(碑)(張)遷(唐代宗)(紹)　韻涕遇　出涕
遇舊館人之喪説驂而賻之云云曰丨於　新亭流涕晉南渡周顗坐登丨丨
一丨而丨丨予惡乎涕之无從也詳(禮)　相視丨丨丨王導曰何至
作楚囚對　見輒垂涕後衰術納馬方方國色也諸婦給曰將軍志節當時三
泣邪(晉)　丨丨泣悲愁馮氏丨術丨丨丨　術益哀之諸婦因共毀之
懸之劍(史)　術　武夫流涕見齊　居衡山懶散岩窟中
(晉)殘數之(史)　詩陵。　懶殘(宋)　弟唐高僧丨丨　德宗遣人詔之丨丨　垂涕復寄笑

且勸其妃母乃白我宣能改丨丨(妃)　醍醍醍赤色(周禮)　八濟子禮切丨源自
為俗八弑涕邪竟不能致(唐)(書)　醍止四曰丨齊丨　濟此伏地至河而
南出為滎文伏而西至曹濮散出於地又　濟濟濟(詩)丨丨清濟獨河中丨丨百濟
東會於汶也　丨丨多士　(詩)　(左)　濟汾丨丨(杜)
高麗丨丨亦丨逞不踰濟(礼)丨丨丨　藏濟丨丨(孝)　　
子入侍(唐)(儒)(林)　丨丨丨(礼)(考工記)　濟之丨丨(風)(學記)　邸都礼切諸侯
丨(史)(漢)文與於代丨丨丨丨　之丨此是丨丨丨　來朝所舍曰
〇今人謂邸旅曰丨丨　金邸工大旅上帝設丨丨　邸郎李布召至丨丨
西邸齊竟陵王子良開丨丨聚古人(器)　丨丨後枚升鳳凰羽翠羽毛彎氏一丨月見罷詳數
西邸服充之(西)漢灵帝丨丨丨賣官(詳)(闕)　主邸(周)丨有丨(周礼)邸　朱邸黃模
呂盧同邸丨丨翁丨生丨丨翁取枕投生　主邸舍也為丨之舍　丨丨丨(選)
(陸)(邃)　(鴻)(歩)　郎邸　朱買臣懷印綬
丨丨　氏宿名丨丨　抵根也通作氐(詩)維周之氏(毛)　痎病也(詩)俾　詆毀
(陸)(雲)　丨丨丨名　抵深根固丨(杜)(詩)林有根丨　我丨疧　底(晉)
也(後)(漢)(書)訶　巧氐刀(漢)之(史)深文　涼氏峻文丨　歴氏子謁王侯　底以丨丨(陸)
丨古人　工詁丨(憲)(鯨)(澤)　涼詁丨(選)　歴詁頻丨丨(杜)
眉於丨丨　海底(杜)　山底(杜)　井底子陽丨丨蛙　方底(廣)(陵)(王)(傳)
丨丨(陵)　海底(杜)(詩)　山底坐我于天黄　(劉)(屏)(山)　井底(馬)(援)(傳)
丨丨奏以(塞)書〇　瓮底丨丨　江無底(杜)丨丨初臨觴入　井窺底我李小師康坎
(詩)綠蘩丨丨(前)(漢)　瓮底正坐丨(図)　瓮乃丨丨(谷)　丨可丨丨(山谷)

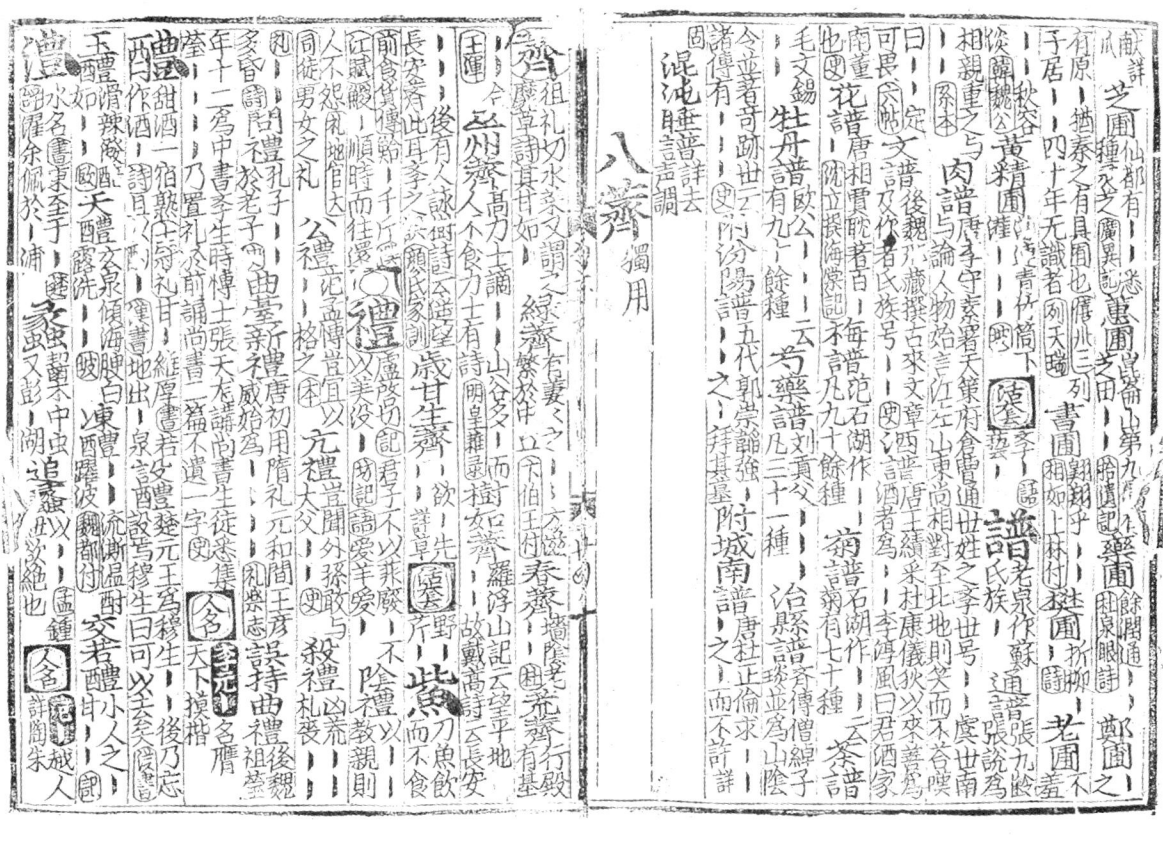

四七三

虁無底有底曰丨丨丨丨白虁宗。書丨丨丨丨談未〻〔唐〕後周強練好言未然事
以一无底丨乞於長安市人以米及麥遺之隨即漏地曰但欲使人
見盆空丰不後隋移鄴百僚底有才无命丨丨〔唐音狄明府〕柔船底唐杜亞節度淮南民為
龍首山城空之旗〔史〕丨丨丨丨競渡戲亞欲輕駛乃丨
〔史〕丨丨呼張底崔涓曰張底乃是我輩一般人丨〔隋唐嘉話〕又見坐渡河徹底香象
丨丨截〔法華〕徹丨大丨清丨角丨為丨丨後因識事皆出人右
流詳象〔語類〕觝異端丨排角觝戲因時戲樂。觝當也兩二相當角
丨優旃之抵擲也又大丨〔高祖紀〕丨〔史註〕通作抵。二一世作丨
觀〔史記〕。角丨詳觝抵峯抵凡係首紙下元无一畫 軟抵晉韋謏
陽曰我祖我考父父子子汝為我對正值丨丨〔梁書〕家書丨万金 謂字伯
伯陽曰誠如尊教尊亦正值丨丨介謏斷〔史〕 弟徒礼切〔孟〕吾弟則愛
也。孝丨寵弟君之丨〔左〕 愛弟晉周顗友丨丨之秦人之丨則不愛
在主声 常過常丨〔唐〕難弟陳季方〔世說〕貴介弟伯州犂曰王
丨丨丨長頭弟寄〔漢〕陽羡兒井語丨丨丨丨〔詩〕子〔國語〕晉之
也詳手 陽〔史〕謂迈丨丨丨謂迈也 〔史〕 塞弟梅是兄〔左〕佳子弟之從
伯敦曰汝是才不如弟丨丨〔唐〕王徽之曰吾 佳子弟丨王羲
吾家丨丨丨丨〔宋〕天兄日弟後因士以丨為丨以丨為
務曰吾我 悌 愷丨也〔詩〕娣 見齋 未明時出所政日出便悌
〔史〕作豈弟 韵 虒 蓋德給甚惠山泉在京 〔語類〕 傳
〔史〕 音 〔唐〕弱冠何思泉弱呂冰治詳泉〔法苑〕丨
見丨
〔晉〕〔韵〕 丨 瀰 奴低切父瀰〔唐〕丨〔姓氏〕魏有丨〔晉〕子 泥〔詩〕零露濔濔 衆也〔詩〕垂
瀰小流 丨〔詩〕飲餞于丨〔正平〕詩賦 丨丨〔韻〕丨丨
兒 洗 先体切〔易〕以易丨心〔孔仁傳註〕丨光咸池〔史〕 濯洗〔儀礼〕
承盥洗者弃水器也。〔禮〕〔洗〕丨耳詳〔禮〕通作洒〔孟〕比死者一洒之冠礼注
〔韻〕〔容〕〔經〕甲兵先浄洗丨丨〔唐〕順揄自洗石建父之中帬〔史〕出
碌盆盎中見此古丨丨〔韻〕長不用〔用〕丨身丨〔詩〕吟丨詳〔詹〕 〔詩〕
臟腑洗〔罇〕圖澄腹孔府丨頭面不洗嵇康性疎嬾丨丨一月 脚數年不洗〔陰〕子
丨丨丨丨之〔詳〕丨 常十五日丨丨詳嬾丨丨丨
春丨丨丨丨每流丨 洗 千礼切〔孟〕其額有丨〔殷〕念此慙且丨 〔語套〕 汗流
則失財敗事詳御 又相對發徽丨又互見於紙韵洮下
〔人名〕〔朱丨〕唐 啓 康礼切〔論〕不慎丨〔書〕丨乃心臣〔書〕在左翼曰丨丨分
敕臣 士丨閑詳閑丨塞從時詳塞天之所丨〔尔雅〕南日啓晴
日先啓以丨丨行〔詩〕士氏曰軍前曰啓後曰丨丨寡聞之人〔晏子註〕丨空
丨先啓曰殿先軍行之前者所謂選鋒也丨啓也丨開也如空之開所見小
也經啓丨丨九 十德啓鍾傳起於商敗元重丰士万浩擇其行事十條 山公
啓道〔國〕 作啓事詣之丨丨丨傳〔酬〕五千〔緡〕〔五代史補〕
啓山濤為吏部尚書用人皆先密啓然 事〔木〕林通啓丨丨投詩朝廷一啓儷偶声
後公奏奉先生于時称丨丨丨 律王〔潤〕曰隱士又須稽古通
失丨丨〔語套〕東方〔人名〕〔晏丨〕若名 棨 有衣之戟曰丨 又 稽 下首也〔書〕
〔關尹子〕 〔臧孝丨〕 有傳信丨形如戟 拜手丨首

㴵 徵愷〔人名〕〔鄭丨〕又遍韻欲後〔晉〕 徯 胡礼切待也望也〔書〕丨予后〔孟〕丨我后后來其蘇上 米
信也 鄭五作相詳五 丨志〔孟〕丨我后展文上
莫礼切馬援聚丨為山詳山數丨 聖米 唐杜悰鎮淮南時旱民饑 〔史〕五斗米 明
而欲〔詩〕丨麻於腳丨成砂詳砂 漕渠遺米自給号丨丨
為彭澤令郡遣督郵至吏白應束帶見之 五斗米日來大倉 〔唐〕長腰米 粳丨丨
潛嘆曰我不能為丨丨丨折腰即日賦歸去 五升米丨丨丨 〔唐〕長腰米 粳丨丨
緣項鯿 丨斛乃丨一丨与瑜遂相親結僑礼
魚詳鯿 彫胡米 菰蔣秋実乃丨 指囷米 周瑜過張魯肅求資糧肅家有囷米各
丨丨丨詳菰 三千斛乃丨一丨与瑜遂相親結僑礼
之分賑 船米 吳全琮令齎米數千斛至吳交易全 〔晉〕欲麪米 麪米有〔晉〕桓玄危語
〔晉〕 琮皆賑給士大夫空船而還柔甚奇之 〔晉〕 麪米有〔晉〕桓玄危語
曰矛頭淅米 子路負米 丨丨曰由事二親之時食藜藿之食為親丨丨百里
劍頭丨詳語 之外親沒南游于楚從車百乗積粟万鍾欲食藜藿
為親不可得也〔家語〕 ○約覆米 〔丨〕為宗人所侮丨丨而去〔史〕 魯公乞米顏 於
於生事举家食粥丨已數月 太倉稊米 計中国之在海内不似稊 作傳求米 魯大夫帖云拙
今又罄矣〔帖〕 常用憂煎〔帖〕 米在丨丨乎〔莊子〕稊小米也
陳壽謂丁〔丨〕 不受送米 王脩嘗貧之陶胡奴為烏程令送米一船脩曰王脩飢
議事詳〔史〕 飢自就謝仁祖索食不須陶胡奴送米〔世說〕 斉刘懷 〔辛〕
為太守有餉新米一斛者刘出麥一 不問米 陽城嘗絶粮遣奴求米奴以米
〔晉〕亦之曰食有餘辛不煩此〔史〕 易酒醉臥于路城迎之奴未醒
丨負以帰及竟病弟以謝城曰寒而飲何害〔世說〕〔晉書〕梁張不辨寄米 梁庾詵載
率遣家丞載米耗一千五百石 問其故 竟不問 詳耗 米百五十
石有人寄載二十石至宅寄載者曰君三十 榜門受米 何敬叔為令清廉 鉤得米二
石我五百石詵默然不辨恣其取足〔世說〕 丨丨丨丨
千斛以代貧 白粲米 孟郊新米 丨丨賈島 〔姓氏〕京兆徵音出西域丨国
人輸租詳鑑 俱无也詳寒乃乾下 〔丨〕〔家丨〕唐長慶間人善歌
刘禹錫詩唱得涼州意外声旧人惟有丨丨丨 〔丨敞〕字元章東坡云嶺海八
年念吾元章邁往凌雲之氣清雄絕俗之文超邁入神之字何時見之以洗
瘴毒。東坡誦其宝月觀賦以為當過古人。平生篆隸真行草書當与鍾
王抗行。喜畜書畫船詳舡 〔丨友仁〕字元暉敞之子文詞書畫深得家法紹
興間為工部侍郎待制敷文閣陪東坡往 眯 〔莊〕簸糠 陛 傍礼切〔圓〕壇
金山作栖雲閣二詩超出翰墨畦逕之表 丨丨目 八丨詳壇
玉陛丨丨方寸地 廉陛 將升聖人堂道固有丨丨〔陞〕陛 堂陛 入室如丨 群飛
〔唐〕倉半千傳 九級上丨遠地則堂高〔賈誼傳〕 亡如丨 〔賈逵〕
陛丨丨陵山〔丨〕 文石陛 初福顧一登丨丨之 髀 事並詳 狴丨犴
〔晏〕陽七命 涉赤墀之塗〔晉〕 紙韻 獄名
九蟹 與蠏同用
蟹 胡買切八足二螯雄曰狼螘雌曰博帶六足四足者有毒闊殼多黃者
名蠘偏最大者為蝤蛑嶺南謂蟧蝑子以後脚如䉛也螯一大一小者

爲蟛蚏又名蟛蚏一名執火以其螯赤最小者名彭蜎吳人訛爲彭越郭璞
云彭蜞其類也食之誤人。小者爲招潮子詳潮吳俗呼爲橫行介士（蟹譜）
山中无腸公子者丨也（抱朴子）易爲丨以其剛在外也何胤食糟丨。淮南
人藏鹽酒丨以皂莢置其中（歸田錄）丨敗漆（淮南）（本草）怒目橫行与虎爭寒
沙奔火禍胎成蹄上三辰吹未免人間五鼎 石蟹溪边丨丨 糟蟹梁何
烹（山谷）半殼含黃宜點酒兩螯斫雪勸加餐（東坡）石蟹小如分（國）糟蟹胤侈
於食味食白魚蝦蟹以俗有丨荒丨兵之語丨則有績而丨有匡 蛇穴
鮑脯丨丨（史） 蝦蟹取其披堅執銳也（蟹譜）香蟹。蟹背殼似匡詳記
蟹蟹六跪而二螯非丨蟺之 辟瘧蟹闕中无蟹秦人家收得一乾蟹土人以
蟹丨无所寄者用心躁也（荀）爲怪有病瘧者借去懸門户遂差不但
人不識鬼亦 八月腹内有稻芒長寸許向東 九足蟹 善花国貢蟹
不識也（筆談）輸芒蟹丨与海神未輸丨不可食（雜俎）長丨丨百足
四殼黃殼爲膠勝 畢卓持蟹丨丨謂人曰左手丨丨螯右手持酒杯拍
於鳳喙（洞冥記）浮酒池中一作船中足樂一生矣（晉史） 錢昆
嗜蟹国初通判常与知州爭權每云我是郡監有丨丨者謝人丨丨常求補
嗜蟹外日但得有蟹无通判处則可（歸田錄）坡詩云欲問君王乞符竹但憂
无蟹有 東坡嗜蟹丨丨丨後有見餉者皆放之江中 趙王惡蟹丨丨宿臟收以倫以
監州 不以口腹故苦生類也（仇池筆記）
曰我於水中見蟹丨惡之 翡翠紅蟹丨丨已丨丨丨眼詳沸茶 苦瘀嗜蟹
人兄弟輕我耶 蟹眼蟹眼湯之說

異紅丨丨 嗽性丨丨人弌卜之答 蟛蜞 詳察 讀初渡江見丨丨曰蟹有
云蟛蜞被發有時蟹過却復没（雜志）八足加以二螯烹之既食吐下
方知非蟹謝尚曰勞讀爾
雅不熟幾爲勸學所死 瑣蛣小蟹丨丨似蚌腹有丨丨爲瑣蛣出求食或不至則餒死呼爲蟹奴（郭景純江賦）
与海鏡腹中紅 一蟹不如一蟹 陶穀奉使吳越宴之自蝤蛑至蟛蚏凡十餘
蟹事相類詳鏡 種以進穀曰所謂丨丨丨丨（聖宋掇遺）
類說云 獬丨 澥勃丨海 解（唐序）逃難丨散 神解音易解音声謂之闇
一代 別名 又廣韻云曉也 神解阮咸妙達八音謂
之丨丨丨 不求甚解 陶潛好讀書（本） 闇亦不解 後魏柳遠性麁放人謂柳癲每出
（世說）丨丨丨 行反家人問消息曰无所聞丨丨
丨丨 屢聽自然解 宋武帝時未備音樂殷仲文以爲言帝曰日 音律老方解
（史） 不暇給且所不解仲文曰丨丨丨丨丨（史）
齊張瓌或識其衰暮蓄妓瓌曰我少好丨丨丨丨 鮮多詳離
丨而丨丨丨平生嗜好雅未能遣此尓（史） 讀書無所解 劉黙丨丨 卦名
三三雷雨作丨君子以赦過宥罪初六无咎象曰剛柔之際義无咎也九二
田獲三狐得黃矢貞吉象曰九二貞吉得中道也六三負且乘致寇至貞吝
象曰負且乘亦可醜也自我致戎又誰咎也九四丨而拇朋至斯孚六五
君子維有丨吉有孚于小人上六公用射隼于高墉之上獲之无不利
（地名）（人名）大俠（郭丨） （姓氏）平陽閻音胥大夫丨揚丨狐之後其先食采於丨
因氏焉 丨狐 祁奚薦丨狐其讎也 丨系 字少連

父將魏琅琊太守考績第一二弟結宥並清身潔已甚得声譽（晉）兄弟爲趙
王倫所殺詳蟹 魏州人唐李嵩泰科中之授滄州刺史爲政引大体（國）
買 莫蟹切（孔）所賣丨以貲剤。賣劍丨牛賣刀丨犢 阿買丨丨不識字
詳犢 錢賈王厭時名之丨。丨宅丨隣詳隣 頗知書八分
齊直曰足恨風月不用買丨錢丨明丨丨 笑墻 廌 宅買切解一
之獄必有擬 亦作豸
角羊。玄宗時冨平縣產一神羊肉角頂白毛（述異記）神異經東北方獸故立
獄者皆東北（礼儀志）獬豸神羊能觸邪佞獄有疑者令羊觸之（百官志）侍御
史冠爲獬豸冠。獬豸不識字但 豸 足者 罷 部買切（廣韻）蹇闕人呼父
能觸邪詳字（晉志）法冠名豸冠 虫无 欲丨不能 郎罷爲丨丨
国衰闕也国生闕方闕吏得之乃絕其陽爲臧爲獲云 夜分罷 太宗問論政
天国絕丨丨心摧血下乃至黃泉不得在丨丨前（顧況） 朝事丨丨乃丨
（盧）留邸一月罷參布事（晉史） 朝丨夜 解 佳買切（孟猶）丨倒懸（記）鹿角丨
詳邸 分丨 五月也（韓）進李丨 獲麟丨
南風丨慍詳慍 陶潛丨印綬歸詳米爲小郎丨園詳園 瓦解有土崩丨丨
丨衣詳衣 說詩丨頤詳頤丨嘲詳嘲 淵女丨佩詳佩 之勢（徐樂傳）尸
解死形如生 足不青皮不皺目光不毀髮不脫者皆丨丨也有未斂而失
尸者有人形在而无復骨者有衣在形去者有髮脫形去者白日去爲上
下丨丨夜半去爲下丨丨 業已丨丨丨 謝秦嗟解音巵摧破丨丨 暑半出
丨丨（集仙傳）音角（項籍傳） 連環解 使以謹已丨矣詳環 衆丨一朝解
十一 子而芒刃不頓者丨丨 不調必丨丨 灑 所蟹切（詩）洒埽丨弗埽
皆丨丨丨也（孟）又詳刃 琴瑟解 而更張之（漢董） 又大瑟曰丨。或作
酒（周礼）隸僕 清灑 謝女風 風灑丨丨（唐大紀）露沐 躧 見紙 姊 蘇蟹切本作姐
掌除糞酒 神丨丨 韵 姊。唐人呼書
睡爲丨 矮 倚蟹切短也。張象爲王薄 擺 比買切通作捭鬼谷子有
黃姊 曰丨屋之下擺頭不得詳薄 捭闔篇。蘇秦李丨 揣
摩之 鐵擺 聖壽丨丨俱收丨成詳 挂 古賣切（易）丨一以象三。 拐 拄杖
術 胡語謂丨丨爲嵩高也 懸著於左手小指之間
五代漢高祖遣王峻奉表契丹丨丨 駭 侯揩切 馬駭丨丨 輿馬人 虎駭
木丨一峻持丨歸虜人望之避道（史） 馬駭政（荀子）
槃之驢一鳴丨大丨獸駭鳥驚不下丨丨 栗駭丨丨 蓬轉（東觀書）丨房 勇矣
以爲且噬已詳驢 獸駭六群（戰場文） 秋蟀丨 羅如爆故云
交蜂蠆發於懷袖丨丨爲 （人名）晉人 駭 豕四蹢 楷 苦駭切木名孔子
馬之驚丨（史）晉劉毅事 （无丨）皆白 象上多此木 又
丨模 楷 天下丨丨李（李膺傳） 妙楷 隋文帝起二臺曰丨丨藏古 （人名）（晉丨）晉荀玉人
書楷元礼 帖曰宝墨藏名苍（法書苑） （崔丨）摧挫豪強
詳崔（張丨） 鍇 精鐵
能爲霧市

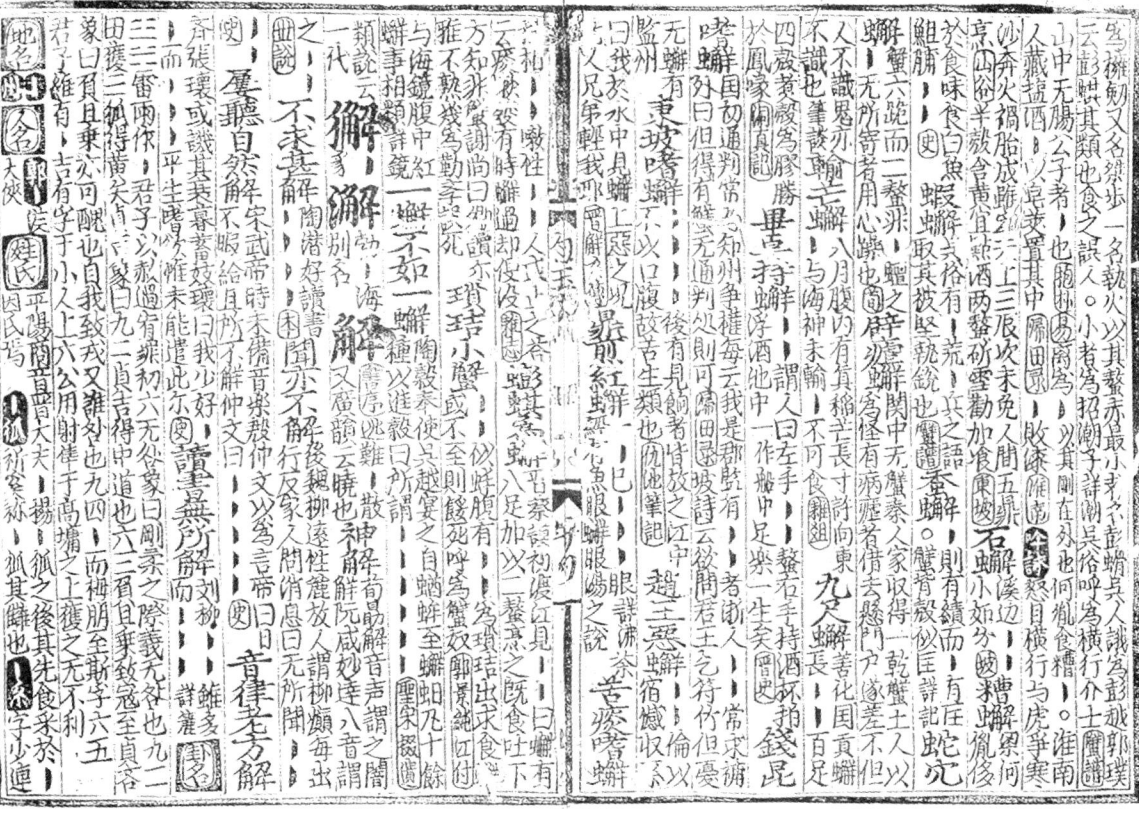

十賄　與海同用

賄呼罪切（礼）布帛曰ㅣ（左）政以ㅣ成（襄十一）將焉用ㅣ　賄有齊国莊子來聘
ㅣ（衣二十四）而以ㅣ聞　畐于貨ㅣ（詩）以我ㅣ迁　貝賄自郊勞至于ㅣ
ㅣ礼成而加之　悔（詩）其後也ㅣ　白有悔（書）雖ㅣ可追（關）罪悔ㅣ庶无ㅣ（詩）寡悔
以斂（僖二十三）ㅣ　征前西域傳既往之ㅣ（史）輪羣之ㅣ
言寡尤行　死不悔傳咸曰坐酒ㅣ人ㅣ焉ㅣ（史）　猥烏賄切鄙也（後）　早ㅣ庸ㅣ　猥
ㅣㅣ（語）　碨磊（晋石乾）曰大丈夫當ㅣ　碨磊（後傳）錡曹雜ㅣ（陸詩）
門樞　磊落賄切　ㅣㅣ落ㅣ（谷）高ㅣ石ㅣㅣ　碨磊駭ㅣ磈連分動（因）字異義同
ㅣ（陸套）印ㅣ（人名）　鄔ㅣ　宋翔布時人　櫑ㅣ具劒上（太）　傀ㅣㅣ本作螺音猥。ㅣㅣ之山（匯）
之細　鬼壘ㅣㅣ之土（前鮑宣傳）　傀儡ㅣ木偶戲。　ㅣ本作螺
民　壯兒　魁ㅣ　口賄切ㅣ帥ㅣㅣ　偏ㅣ盤鋐傀ㅣ詳（倉）　蕾華也　蓓ㅣ始ㅣ（史）罪祖
切本作𡊮（書）天討有ㅣ　阜陶厥ㅣ惟ㅣ而天　四罪ㅣ　咸服（孟）十罪　宗祖數頃（史）（韓）鼠罪
均　関宋（昌）其ㅣ吕刑（左）隱五辟其ㅣ　苊ㅣ羽ㅣㅣ　殄ㅣ　罪武
詳虎　張湯事　理（虎）罪　章灰事　尺牘　死罪　義之書ㅣㅣ（茅）ㅣㅣ　山兒　浼　罪
詳鼠　時有禁也詳横　羞ㅣ
切（孟）安能ㅣ我（詩）河　ㅣ　浼（孟）ㅣㅣㅣㅣㅣ　瘖ㅣ也　病ㅣ（韓）
水ㅣ（詩）平流兒　汙流浼　獨勝事有然焉　䐃ㅣ　膸ㅣ央
肉（易）成　悔　草盛兒凡也常也又食　腰　吐猥　胮ㅣ　痗也　病ㅣ　滄
其ㅣ　也（賈誼傳）品庶ㅣ生　切　鍊腿唐僖宗在蕃邸好祭
　越有ㅣㅣ之語（開國）

金陵（𨵿）唐崔無休（鄭谷）於頍五ㅣ心瀾碑上題詔同年詩曰何
ㅣ宴（𨵿）書陵猛四十ㅣㅣㅣ上堤歐書（類說）北里志
王香與智與曰莫ㅣㅣ　詩犯鶗鴂辛人ㅣ　謫沛部
ㅣ子杏（類說）謂鶴膝也　人ㅣ　嵬胡罪切（人名）晋人（新唐書）　匯ㅣ水回合也（書）東
瘣木病又　木瘤也　餒奴罪切（語）ㅣ在中（左）若敖氏之鬼不其ㅣ而　顏ㅣ奚之宦以為孝ㅣ其ㅣ
貞觀其劣乎（楊李行）　數氏之鬼不其ㅣ而　庸（左）矣云不彼以其（田）以其
言ㅣ子篡弒焉ㅣ也之餒　鬼發倉廩賑ㅣ　氣無餒其焉ㅣ也（孟）義与　鯘（魚）敗
餒饑魚ㅣ（魏相傳）　ㅣ無食道ㅣ是ㅣ也（爾）　鯘亦作
餒肉敗　隗五罪切（五）　世說王遜問王忱阮籍何如司馬相如忱曰籍胸
詳金酒澆胸中ㅣㅣ　故須酒澆之（阮籍傳）　言同相如惟与酒異
中之ㅣㅣ（國）　姽ㅣ（隗）受恩辭ㅣㅣ（趙）郭隗ㅣㅣ　至人也于具悉
襲ㅣ隗誰云生死隔相見如ㅣ事詳首　大隗之山七聖皆迷无所問途詳途
ㅣ（國）書版家金事詳金　二隗晋重耳奔狄獲ㅣ女公子取季（人名）
（姓氏）餘杭官音翟国ㅣ姓因氏　ㅣ以叔隗妻趙衰（僖二十三）（鄭）
右之地光武討平之。晋（人）晋（一名）拊天求魂　嵬行貌何母而無ㅣ　嵬又狂險之
額頭閭（人名）晋人（人名）　乘ㅣ　吐突　膗白也　漼（深）也　璀取猥切ㅣ　璨玉光　逃部
習也（鄭）　嗺ㅣ　濯　浼
切珠五百枚也（啟）瑣細　海呼改切東曰渤ㅣ滄ㅣ北有瀚ㅣ南昌国有
或珠ㅣ（谷）一笑珠百ㅣ　紫ㅣ可染（語）乘桴浮于ㅣ（左）君处北ㅣ寡人

文南ㅣ（淮南论）百ㅣㅣ桂海文較傳ㅣㅣ南裨海中国之外如赤縣神州者九
川異源皆歸於ㅣㅣ海有ㅣ故云詳天裨海所謂九州於是有ㅣㅣ環之
ㅣㅣ外復有七瀛海環ㅣㅣ藏珍（西都賦）高平曰ㅣ万物出ㅣ玉海梁朱
之四海通曰ㅣㅣ（史記）陸海於ㅣ関中地高物産饒富是謂ㅣㅣ异
ㅣ千尋窺映不測（本齊）銀海光搖ㅣㅣ眩（史）氣海詳ㅣㅣ而至于海
張融名其集為ㅣㅣ（史）生花（蘇）謂眼　物學海（揚）百川ㅣㅣ彼中老龍（顏）
（說杜）才海陸ㅣ如ㅣ潘ㅣ官海度世不宜沉名ㅣ（雜記）ㅣ酒海葉鈞大宴裴
（默詩）ㅣ如江詳（江）　顏真卿有道士謂曰子骨可　弘泰後至罰
以小爵至觥船飲皆竭隨即置器於懷有銀海受ㅣ括海李澂諫更始九㽞桑
一斗一飲而尽踏其海卷抱之索馬徑去（乾䐑子）于海御下ㅣ河（晉）
海麻姑謂王方平曰見東海三ㅣ為ㅣ田向到蓬萊　蠡測海ㅣ以管窺天以
水淺於往者略半也東ㅣ行復揚塵乎（神仙傳）　　（東方朔傳）
ㅣㅣ來戈　烏塡海發鳩之山ㅣ名精衛炎帝女溺於東海　蹈東海魯仲連曰秦
反瓠也。ㅣㅣ精衛常取西山木石以ㅣㅣ（山海經）　為帝連有
ㅣㅣ而死　呪乾海葉静能有白衣老父泣拜曰伐在小海胡僧術成來喝水
尔詳秦　海水十個七八静能使朱衣人執黄符往投之ㅣ海水復舊
老父乃龍　渴吞海一回酒ㅣ忌ㅣㅣ（残）愁如海落紅万點ㅣ唱小海晋夏統
也（幽怪錄）度共狂欲上天（陶）　ㅣㅣㅣ（秦少游）　字仲御
賈充曰卿土地間曲乎統曰昔人痛伍子胥忠烈為小海ㅣ於是以足
扣舷引声清激充使伎女統船三匝統危坐若无聞充曰此吴兒木人石心

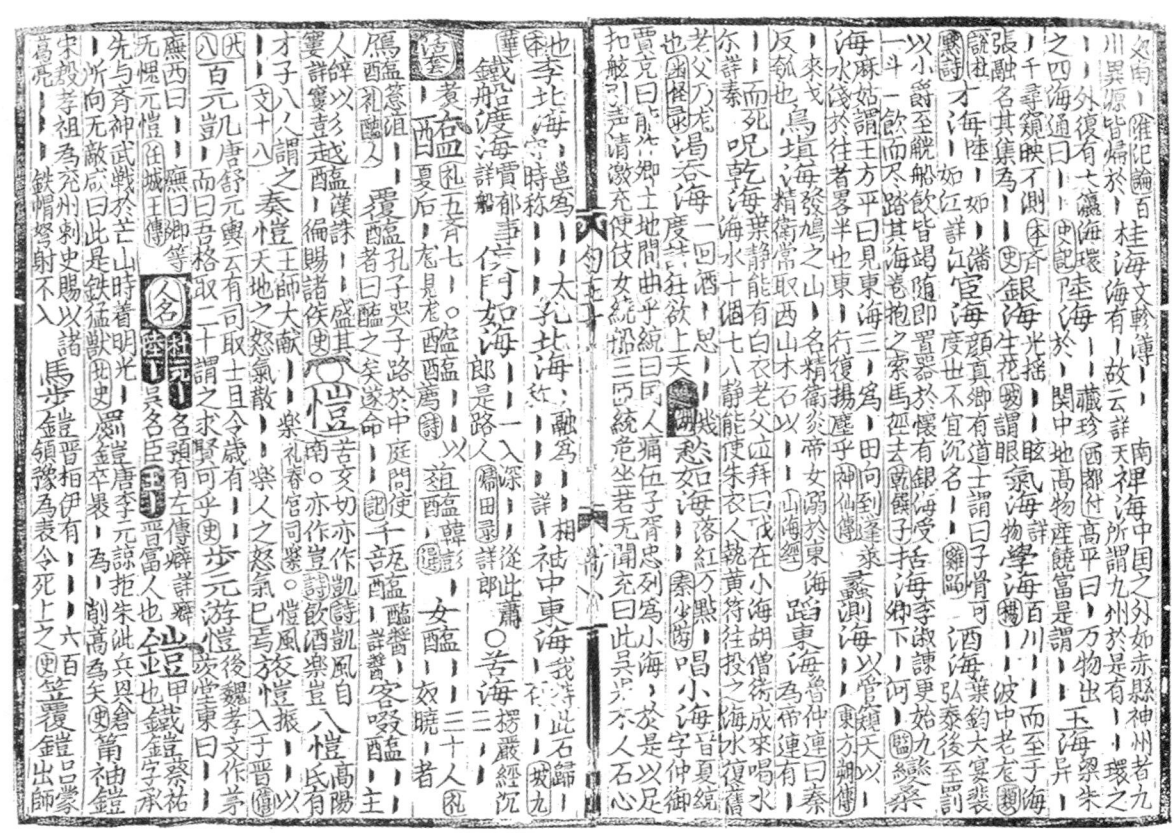

也李北海ㅣ邕為ㅣㅣ太ㅣ孔北海ㅣㅣ融為ㅣㅣ相　我詩此石歸
（本）守時称ㅣㅣㅣ（詳）　ㅣ袖中東海ㅣ不ㅣㅣ（坡九）
（華）鐵船渡海賈郁事詳船　侯門如海ㅣㅣ一入深ㅣㅣ從此蕭ㅣ　苦海三ㅣ楞嚴經
郎是路人（歸田錄）詳郎　○
（陸套）煮ㅣ　醢（礼）五齊七ㅣ。醓醢ㅣㅣ以　菹醢韓彭ㅣ女醢ㅣㅣ三十人（孔）
ㅣ醢夏后ㅣ龍見龍醢醢（詩）　醢（選）　ㅣ奴曉ㅣ者
醓醢（礼）醢人　覆醢孔子哭子路於中庭問使ㅣㅣ千甕醯醢醬ㅣ客㗖醢ㅣ主
醢醯蕊醢ㅣㅣ　ㅣ者曰醢之矣遂命ㅣㅣ（記）　ㅣ詳醬
人辞以彡　越醢漢誅ㅣㅣ盛其　ㅣ
宴詳宴　ㅣ彭越醢ㅣ偏賜諸侯（史）　愷苦亥切亦作凱（詩）凱風自
　南。亦作豈（詩）飲酒樂豈　八愷高陽
才子八人謂之　奏愷王師大献ㅣㅣ樂（礼春官司樂）。愷風　氏有
ㅣㅣ（文十八）　ㅣ天地之怒氣散ㅣㅣ樂人之怒氣已焉　旅愷振入于晋（僖）
（氏）百元凱唐舒元輿云有司取士且令歲有ㅣㅣ（史）　步元游愷後魏孝文作茅
（八）　ㅣ而曰吾格取二十謂之求賢可乎　茨堂東曰ㅣ
瓥西曰ㅣㅣ瓥曰卿等ㅣ名頭有左傳癖詳癖　鎧甲也鐵鎧蔡祐
元愧元愷（任城王傳）（人名）杜元ㅣ　吴名臣（王ㅣ）晋富人也　鎧字承
先与斉神武戰於芒山時着明光ㅣ　陸ㅣ　蜀鎧唐李元諒拒朱泚兵與倉
ㅣ所向无敵咸曰此是鉄猛獸（北史）　金卒褁ㅣ為ㅣ削蒿為矢（史）　箭神鎧
宋殺孝祖為兖州刺史賜以諸ㅣㅣㅣ六百
葛亮ㅣㅣ鉄帽弩射不入　馬步鎧晋柏伊有　箇葺覆鎧出師
　鎧ㅣ領豫為表令死上之（史）　吕蒙

子部　第三册

有取民間一丨以丨羞弩鎧耿恭為匈奴所圍食盡丨丨磁石上鎧馬隆征羌
官丨者立斬之史　丨丨食其筋革互見弩　金磨夾道累
丨丨賊貪鐵鎧○忍辱鎧袈裟法華文丨鎧塏左更諸宰作亥切韻可使為丨
行不得前詳石　鎧詳辱　縁丨　爽丨
公羊又冢也左丨上冢宰宰者調和膳羞之名丨丨亦內宰掌書版小宰掌邦
之木拱矣僖卅三能調和衆官故名周礼注　圖法周
刑氏　真宰丨丨上蔡天爐位田里宰掌比其邑之衆寡礼地官家宰任彦升宣德皇后令使丨丨香草謂君丨謂臣出
宰郎官丨丨百工宰心者道之丨冢宰義肉如武城宰子游為丨天下宰里
里昭帝紀　丨丨蜀志名丨丨陳平為宰分肉甚均曰使　韻丨丨韻　中
社平為宰分肉甚均曰使平得宰丨丨亦如此肉矣國　漢書主丨合人名丨太丨昼山水工姓氏西河徵音周大夫
得宰丨丨亦如此肉矣国
以官為姓仲尼字子丨予字子我魯人也史　孔子周公之後
宋有丨直為司丨掾丨嚚仕宋會稽太守丨韋帝業書三丨丨考績左五丨成○
待徒亥切孟何丨來年滕文上孟丨賈活諸子　賢臣頌千丨丨一合
宰記善丨問者如撞鍾　守株丨丨兎詳兎　藏器待時陸賈丨丨席珍待
丨聘丨相謳以待鄭商曰工穢殊待項羽至烏江亭長此葉待舉
廣古　亂目待丨丨詳目　丨丨可丨丨不丨待丨丨以丨　丨　文
本策今丨紊亂敷更六逮詩丨　丨丨待丨　史　丨丨　丨丨
七人丨丨丨詳占　逮語恥躬不丨○亦作迨　竹萌也　台韻不辛
　此詩迨天之未陰雨丨丨道鷗鹽丨丨則丨

後人丨丨從政者丨丨多見闕丨丨　乗　蓋西殆　鐘離意　丨丨邑之醜女臣頭
記其丨丨殆哉中庸見知止不丨丨兀國五　乃　深目乞詣宣王乃丨膝曰殆哉
殆哉西秦南楚壯男夫丨丨　立一殆也鄭奉王晉乃民疲困二殆也賢丨丨殆
者伏匿詔諛左右三殆也沈湎夜繼俳優縱橫丨丨也乃拜為后丨敝邑休殆
吴蹶由曰楚若雖烏好逆丨丨　台亦作給史鄭況丨呂祿出遊周勃乃入拠北
使臣盛丨丨丨丨國五　三日金誅諸呂詳賣日父丨項羽曰左乃陷大澤
中詳　怠　書改作不丨丨買怠晉荀吳曰邑丨丨　意怠東海有烏名丨丨進
五　詩元俾太丨不如完白昭十五　不敢為前退不敢為
後而人卒不得害莊山木　言忠生於太丨丨詳禮　怠甚國丨元作殆義同　諫怠　元時丨
丨丨國怠　忘怠
奔競也○醴酒不設王之丨丨
怠者不能修丨丨乃奴亥切書　啓丨心　一丨心力　嘉　努　丨丨棹船
者畏人修韓丨丨至績　砺丨鋒刃左　絕敗丨八千事　相應声　丨丨
音欸靄者誤丨當作欸音亥切丨如字欸乃　蚊有湖中靄廻歌刘言史瀟湘
詩閑歌曖廻深峽囊元次山湖南丨丨歌子厚丨丨一声山水綠皆字異音
同尔○紫陽韵丨丨鼎乃大　改古亥切韻過則勿丨　新詩改丨丨　龍
及韵會説同　改　悼丨孟　悔然丨日新丨詩改丨自長吟　丨意先改
野鷗見人時未丨丨　鬢衰改秋丨已　明日改丨丨今日結交　臣心可改臣面可改則丨　史陳傳
起丨丨丨國　丨丨丨　國
辛石爛可改五代晉高祖起兵求救於契丹二二主　丨今夕丨　色香○
事丨指曰石曰吾已許石郎矣丨丨丨丨　國　容顏丨

亥　胡改切歲名曰大淵獻　秦建丨　為歲首　丨丨丨祀先農　豕亥
史　有二首六身○丨市詳市丨字老人迎詳老　吉亥　唐礼樂志
史云三丨渡河子夏曰此　人名　朱丨　魏勇人推殺晉鄙者詳　劾　韓按　○
已丨渡河校之果然詳豕　推又屠者朱丨賢人詳屠　　也
采　倉宰切記王制千里之外曰丨丨前刑法志　因官食地曰丨地詩丨芹丨
藻泮宮亦作採丨丨藝文志丨詩之官馬伯傳丨觀丨風謠○西山丨薇詳薇
又事也書　八采　北齊声思道朝士多作文宣帝挽歌魏收等擇　亮采　丨丨惠
若予丨　得一二篇惟声得八篇号丨丨声郎互見二　疇　舜典
丨丨有邦臯陶丨丨采事　風采　霍光天下想聞丨丨　言無可采　求田問舍丨
也又書載采之義同　丨丨史丨采本作彩　丨丨丨詳床　丨丨丨　紊霍不
采　園有螢虫丨丨　漢書　蒸丨丨漁　彩　通作采文色　辱彩　清香晨風遠丨丨流
為之不採　蓮丨丨丨丨傳丨丨　又精光也　丨彩　冥露濃柳麦　丨丨
彩魏太子劍名丨丨　蓮彩　埋光丨丨　白受彩　礼器○墨子悲素　眉八彩　堯丨丨
色似彩虹　丨典論　金彩丨丨　唐　采　絲之受采詳絲　丨丨　尚
服五彩以五采彰施于　五色作丨益稷　圭五采　常書信圭躬丨皆三采　綬三彩　漢官儀衣裳
丨青地挑花　蟬冕映丨　彩丨君使采之為中丞柳世隆曰采　五就丨丨五就互見就　卿大夫藻火
丨丨詳衣　丨丨之為丨丨所丨弥有丨丨史　漢書　彩丨　風丨花　寀
同地名丨　綵　史衣不　戲綵　老萊子七十衣五綵衣為嬰兒嬉於父
同官　綵重丨　丨　海前丨孟終身慕父母　丨丨下　五丨　衣　剪綵

隋煬帝宮樹秋冬則丨丨為花葉綴於枝　丗綵　廖剛曾大母九十　曾大母
條宮丨丨陽春紹内亦丨丨丨為荷芰菱芡　父八十　八有丨丨　堂詳慶　寰
繒綵丨丨宋朱百年隱居時出山陰為妻　好飲酒醉或失之　南史　採　掾不斷　相如傳　苣　昌亥切蘴也即
無　蕙苣　豈惟紉夫　蘭苣　茶音不同畝兮丨丨　芳苣　攬大薄之丨丨　今白芷　或云蘗
予以蕙纕兮又　丨丨騷　幽而独芳　九章　長洲之宿莽　九章　丨丨芍辇　攬苣　既替
申之丨丨　騷　在　昨宰切事　倍　薄亥切孟　或相丨蓰　易　利市　功倍
師逸而丨丨　並詳去声　三丨丨丨詳卦　價増十丨詳馬
丨李記　郵倍丨丨斯遠丨丨矣國　官倍丨丨書　倍　百倍丨丨　才十倍　諸葛亮丨丨
丨丨增丨丨　漢書　氣百　丨丨曹丕詳木　翁價數倍謝安握
丨丨詳翁　丨丨　𩅹　倍亥切雲盛　欸丨乃詳乃　蒲葵丨

十一軫　與準同用

軫　章忍切車上前後兩端丨丨　後軫　小戎丨收　箋　註收軫也兵車丨丨　文軫丨丨　通
　搆木所以載人物処　丨軫比大車之軫為底故曰丨丨桂海　虞
璫軫　坐月觀宝書拂　底軫　弓長五尺謂之底軫四　方軫　方軌丨丨　貳軫楚屈瑕
王軫　霜弄丨丨李　軫尺謂之丨丨　考工記　齊軫丨丨　史　將盟丨
丨丨　昭十一　雷發軫　鸞開小桃杏不　日在軫月令八月中氣○　天地蓋軫蓋之
二国名　待丨丨丨丨　國　星分翼軫　滕閣記　圓也

四七七

以象天乾之方也以象地(礼考工)抽琴去軫孔子南適楚有処子佩璜而浣
(記)士生要弘毅丨丨丨爲丨丨(谷)軫者孔子丨丨丨其丨以授子貢
曰善爲之辞以觀其語(韓詩外)(陸氏)丨玉(人名)先丨春秋晋大夫不顧而唾(詩)
(傳)余欲造之深丨丨丨其丨(谷)丨戰国策陳丨樓緩皆縱
横畛目有所限而止(左)臧畛井田間溝畛丨上有丨畛容丨封畛旆巳
家丨而能丨注自安自重陌也畛田大車(礼遂人)圭畛还於
丨丨(崑)嵬兮隱畛徂丨徂畦畛丈夫終莫疹(崑風賦)中胷爲丨。鬒
謝丨丨(國)隱畛丨(詩)畛生丨丨(韓)又癮丨皮外小起(詩)丨
髮如雲。或作鬒(左)有仍氏生女丨丨診視也又候脉曰稹種概也(礼)
黒而甚美光可以鑑。美髮爲丨唐詩人与樂天号元(史倉公傳)丨脉丨理而堅
之(詩)集于苞栩(注)苞丨丨宋詩人号驪塘縝結也又密也(記)
也物叢生曰苞斉曰丨丨(人名)白玉丨密以栗
袗畫衣(孟)被丨衣。紾捩也(孟)丨○賑丑忍切大笑朝賑市声雜
又畢也(語)丨絺紾兄之臂賑也作輾非嘲輾丨丨(谷)蠜
然輾丨丨(谷)疢美疢爲病蜃時忍切大蛤也蚌屬。月令雀入大水
詳疢疹爲丨。雀入淮爲蛤雉入海爲丨又
蛇化爲丨似蛟无足(史天官書)海旁蜃丨丨共白盛之蜃(周)
氣以樓臺蜃与蜃以古人多以丨爲蜃掌蜃(注)謂蜃灰飾墻使白旌陽斬蜃
許遜遇一少年自称慎郎許君曰此蛇蜃之精謂施太玉曰彼化黄牛我化
黒牛以手巾掛膊以別之俄於龙沙洲見黒牛奔赴黄牛而來太玉揮劍中

左臂因投入城西井中自井徑潭州先是化爲少年以珍宝为娶潭州
刺史賈至女至是真君化賈曰聞君有貴婿慎郎乃蛟蜃老蛛敢遁形蜃
遂變本形祭先丨(書)鐵膂昆吾山獸
爲吏所殺青紅淫蜃頌刻丨丨丨海丨之膂數心腹丨腸如兎食銅
丨呉得双兎有丨詩敘商言作詩妍麗雕琢肝膂勸君韜養待徵招不脤社肉(左)天子使
鑄爲莫邪干將詳敘腠膂用丨丨愁丨丨(韓)石尚來歸丨
(入)哂式忍切(語)夫子丨之。或作哂(晋載記)子衆哂有美芹獻者鄉豪
秋一言致相匈奴丨之与笑韵通者嘗之丨丨之詳芹
食哂呂安謂嵇康曰我昔稍有姿色反爲丨後代哂晋蔡謨曰我若爲司
丨葦所丨徒知其外而不知内(世詩注)徒將爲丨丨所丨(困)識
者哂丨丨安貿鎩哂纏頭二百乃不姿方哂喜極不得語丨剏況也。(記)
酉丨丨(韓)丨一丨丨(唐)尽丨一丨(?)笑不至丨
(注)齒本曰丨(上)忍而軫切(語)孰不可丨不丨人之書百忍張公藝九世
大笑則見政(詩)彷徨不丨丨去(左)安丨无親同居高宗幸
其居問本末丨忍字三難忍唐南詔苦吐蕃侵刻謀内附遺韋皋
百餘以進(唐孝友傳)書列丨忍丨丨丨顧婦欸天子(史)處仲忍王
使美人行酒客不尽殺美人王敦傲然不顧王導西曹忍丙吉曰馭吏醉
曰丨丨心懷剛丨非令終也。未孝丨丨丨(國)不過嘔汚丞相車
酉耳丨丨第死可忍魏明帝疾召司馬宣王曰丨爲性命忍謝安王文度詣
丨之詳酉乃復丨丨吾忍丨待君(史)超曰肝未得前

文度欲去謝安曰不能丨勝敵在忍晋朱伺曰两敵相對惟當忍之一慭不
丨丨丨俄頃邪(郗超傳)彼不能忍我能忍是以勝耳
忍丶子家子曰丨丨之丨丨百戰一忍丨丨百勝不(陸氏)隱丨堅丨
而終身慭之乎(昭二十)如丨丨(谷)範可丨(上)眹直
切。(上)緊居忍切七緊議定天下州府爲两輔六雄十望三緊丨丨官(西京)引
兆丨丨丨及上中下之差(唐百官志)(雜記)拾遺立
緊以其行立在北省之次獻可替否也評事出緊以其街思筋骨緊頭圓
覆安張射不法也赤尉坐緊入仕之路蓋是三官以爲榮也丨丨(困)丨
教詩道緊朝爲百驗猶繁愁暮(陸氏)詩律丨丨(上)盡慈忍切(語)丨善丨美(記)
作千丨轉丨丨(韓)氣凄丨丨丨已丨人(孫綽)書曰不丨
言く不興盡王子猷丨丨烏盡弓藏詳弓才盡江淹晚節爲詩絶无
丨意而返詳雪丨丨良好句人謂之丨丨(李)金盡床頭
黄丨風流盡齊張緒卒從弟融哭丨丨頓丨(史)去疾盡務德莫如滋丨丨衣冠道盡陳衰
曰阿兄丨丨頓丨(史)莫如丨(哀元年)憲爲
僕射隋軍至兵衛散走惟憲侍左右後主名利心盡見紫芝眉宇丨丨爲郡四
曰非惟由我亦德亦由江東丨丨丨(史)丨之丨都丨(史)
盡梁魚弘累歴郡守嘗曰我丨丨丨有丨丨謂魚龍尽鐘鳴漏盡魏田豫年老
麋鹿尽米谷尽人庶尽人生但歡樂富貴在何時(遂)位曰譬猶
丨丨丨丨而夜行五十萬尽盡李陵與匈奴戰一日
不今是罪人也(史)丨丨丨皆丨遂降○燈無盡詳灯

(人名)張商英号無丨居士○盡子忍切也(左)周礼丨在旁晋獻公丨以丨○
牝毗忍切(書)丨雞丑晨(月令)游丨于牧(易)畜丨牛吉(前食貨志)文牝谷神
䄂符丨者擯而不得聚會。九方皐相馬不辨丨牡驪黄詳馬
不死是謂丨丨丨之門是謂天地之根(老)谷養也人能養神則不死。天
也於人爲鼻牝地也於人爲口天食人以五氣從鼻入藏於心地食人以五
味從口入藏虚牝可怜无益費精神有似黄金擲丨丨(韓)丨丨二千(左)
於胃(五章)殺仲文二至長鑿卯丨丨。丨丨謂谿谷(人)牝之方中馬七
尺以上臏刖刑去膝(人名)見竃孫丨事窘渠隕切(詩)又丨陰雨(詩)實窘詩
曰驊蓋骨也(高紀)丁公數丨厚帝成
天一笑万象遷(韓)窘張九齡文室廬窘(克己銘)窘我丨丨舍人窘丨丨公令張君房代
解丨丨(國)遷宰君窘丨丨作記張潛飲市樓
舍人大菌地蕈(雜)中朝菌丨丨不知芝菌枯耕敗腐猶足
丨詳芝椒与丨桂芝晦朔(莊)蒸出丨丨(國)箘丨簬
搏蔡古作箘又(呂氏春)囷圓廩(事詳)稛苦隕切東也(国語)丨也又
(秋)越駱之丨詳竹箘也真匀囷載而歸。或作麇
余忍切(孟)丨君當道。丨領而望(韓)昌陽丨年(慶歷記)丨以爲流觴曲導引
水(陶)詞丨壺觴以自酌(記)養老丨年。班固作典。辛毗丨裾詳裾
張良丨丨丨不食穀(漢書)不知及引禹皐轉相丨尋引擇人所職丨丨規矩繩
行氣丨丨丨服藥无益也(真誥)汲引丨(劉向傳)墨(繩文)丨丈爲引く者

信也用短綆引丨井下丨丨谷在寅則引丨丨貊丨丨之倚門古奏推丨丨曲名丨梅花
竹爲之矢綆引丨丨弓彊則麾之揚詳貊牽丨丨塑
漢丨丨蚓詳去丨蚓本作螾又名土龍蜿蟺曲蟺胸腮開州盛山即多蚓
樂府蚓声蚓虫因名郡國○本草京呼爲丨蟧善鳴江東呼
歌女記孟夏蚯丨出冬至蚯丨結孟丨食槁壤蟧蚓才豪氣猛易語言往往
○黄帝時螾大如虹土氣勝也故色尚黄曲蟺蚯蚓蛟螭雜丨丨韓贈崔立
之至蟥何螺懶以隱処兮夫豈植詳蚓丨丨丨土虫陳氏自稱土德蚓尽出森如
蚯蟥從蝦与丨丨賈誼傳丨丨陳後主時隋軍至江蚯蚓尽出
明傾其窟穴以曲屈直蟹不如蚓多足之丨丨丨字若丨丨丨字
是歲隋平陳五行志丨无足之丨字縈蓍蚓行行若綰秋蛇王羲
之傳言字之兮拔魚以蚓傳綷詩五十韵道衡和之南北称美魏
体細弱也收曰綷所謂以蚓丨丨耳薛道衡傳敃眉隕切
克丨書孝務時丨機敏長孫无忌傳華敏占對丨丨警敏唐文帝詩農夫
又五音商曰丨丨對丨丨困丨丨李石傳丨丨敏魯廣敏殺士
詩文王丨美丨藻敏丨丨戎公詩江漢丨始丨疾也道敏人丨丨政地
也丨疾也戎猶汝也公事也美召虎之詩道敏丨丨搊申屠不敏固
丨丨醫買羊沽武敏發跡丨丨歆麗武迹也古奏聰丨明人名孟子丨聖龍
酒謝丨丨醫丨敏足大指也歆饗也丨精丨不顛詳龍
蜀丨丨丨爲本作憫詩憫丨時人名㓜字德裕立童唐人丨附丨音丨
有丨姓求官云子孫務詳見丨姓氏字丨丨至孝
繩丨丨神名名貴耕官十二邑令給猪肝皆肝犬首冒也書丨痛也
閔丨晉薛兼丨鳴守号五雋丨華曰守南金也丨不畏死悲也
僩丨通作閔詩丨周也丨閔閔焉如泯書丨丨夢孟喬精得不丨勉
農夫之望歲又閔閔志乎民也丨絶杜江流丨丨清丨也
殷丨强也書不隕于敏切書若顛丨丨于深淵星隕丨丨如花不隕共春
丨作勞詩不丨厥問十月丨蘀星隕南史青山
峯曲尽丨丨六月霜隕丨證聖元年丨殺草五行志殞殁也準之尹切漢律曆志
丨丨丨丨丨也丨者所以揆平取正注
立準以望繩以水爲平○又樂器名狀如瑟長丈十三絃中央一絃下有畫分寸以爲六十律清濁之節注丨水平中丨丨記放諸而丨丨標準万世
絃下直畫分寸以爲六十律清濁之節注水平中丨丨記放諸而丨標準万出
辭丨丨左準右規丨丨左準禹丨丨平準漢武帝置丨丨官總天下盐鉄於京師隆準漢祖丨丨龍顔史
此史記丨丨蜂準秦皇丨丨天地準易与丨丨和帝改爲中準隆準鼻頭文穎音在
音拙蜂準長目本丨丨易丨純緣也礼司几筵紛
三仕爲令丨詩赫赫師丨書丨丨丨丨丨丨蠢丨丨秦丨采尹余準切語
庶丨允諧○縣丨事見令尹臣呂春秋丨衣尹哀黎不通主人徑造竹所
丨詳楚令尹諸侯之卿惟丨称丨丨餘国称相楚頭上尹唐刘棲楚改京兆
所丨丨丨邑大夫止称尹如芋尹無宇之類尹尹峻誅罰先是惡
少元敢治一日乘醉凌突諸丨丨蘇頲幼時有京兆尹令詠尹字乃云丑
少年曰不記丨丨丨邪史詩詠尹雖有足甲不全身見君无口知伊少人

門皇雜錄不避京兆尹賈島欲用推敲字不人名伊尹湯臣姓氏天水微音少昊子封
丨丨丨丨丨丨尹竟至京兆尹前詳推丨丨尹城因氏又因師尹
之官爲姓丨吉甫周鄉士丨伯奇事後母孝○履霜事詳霜丨喜爲函谷
關吏望紫氣知有神仙詳關丨何鄭人子皮欲使爲邑子産曰不可詳錦
丨鐸趙簡子使爲晉陽○保障事詳障丨翁歸前漢人字子兄河東人拜東
海太守于定国曰此賢將不可干以私丨守右扶風急於豪強京師畏其威
嚴丨賞字子心前鉅鹿人守長安爲虎穴收捕奸猾入其中吏民畏之本
丨思貞唐京兆人授司府少卿語曰不畏侯御杖祇畏尹御筆○其家坎地
獲古戟十二俄而門施戟丨知章夢人持巨鑿破心忘思開徹仕唐爲国
子博士儒林傳丨元凱唐人与冨嘉謨具少微並負文名時称北京三傑
丨珠字師魯河南人以靜退爲樂以古文矯俗迁起允通作肩湥
居舍人丨夫人武帝時尹夫人邢夫人並幸詳邢丨有中丨官衆允丨丨
悔亡周易明允丨丨篤丨顯允丨丨方平允丨丨之士
晉易明允誠左丨顯允叔宋仚丨丨平允詮叙丨丨周丨軍允本魔去病獲
猃允泰曰匈奴允本作狁人名臣忠亮董丨蜀丨狁丨獵筍息允切廣韵竹萌也公羊傳丨將
奴允本作狁臣忠亮丨丨丨丨而來注丨竹箯一名編輿纂輿竹
輿○汶陽孤篠止生一丨詳篠詩其蔌維何維丨及蒲礼膳夫掌王之食飲
膳羞醢人曰加豆之实丨丨菹魚韓詩多如束丨○慕蒉作丨詳蒉吟詠且
食丨丨跳蹦南風吹作竹○丨文公三見亏詩丨科櫻丨唐丨丨丨宰相有
得清丨餘太守猬川千畝丨丨丨食美前飯筍案丨丨丨丨丨最丨
○掇丨丨丨狀如魚咬之苦而甘紫筍茶名有衡洲賴有丨丨丨
桃也丨丨丨芳曉贈石木魚二尾詳魚紫筍丨丨丨又平聲詳
玉筍李宗閔門生多清秀号丨丨班詳班不尊也羊実比乎丨丨丨丨又竹龍丨黄鍾在
丨丨本慈竹筍丨丨丨四時生竹内実而節一言丨復能生筍与筍同龍筍筍虞丨首
作蘋蹤贊寧筍譜云坡詩注同一味筍論丨丨段于木見客惟丨詳味入林流筍
吳孟宗母嗜笋冬節將至不賣盜笋宋沈道虔人有盜笋者止之曰此笋欲
宗丨丨哀丨丨爲生本成林更有佳者相与令人買大笋送之
盜衛不取令人置門而還本沼元琰見人盜笋寄林養筍唐夏侯彪爲新繁
苦於過牖乃伐樹爲橋与過盜遂不爲盜本今問笋一莖栽錢
乃取十千買刀莖曰吾未要且丨丨中丨丨成都石筍君不見蒼州城西門陌
之至秋竹成一丨千丈遂成五十万本上石笋双高蹲古來相
傳是海眼苔蘚食尽波濤痕雨多往往得瑟瑟此事恍惚難明論恐是昔時
卿相墓立石爲表今仍存杜注一笋長一丈六尺圍九尺五寸一笋長一丈
三尺圍一○玉板筍東坡嘗邀刘器之同參丨丨師從之至廉泉寺燒丨而
丈二尺食器之竟味勝問何名坡曰玉板也此老師善說法要
令君得禪悅之味器之氣含蔬筍語帶烟霞從古少丨丨丨丨到君无酸近
悟其戲冷齋夜話丨丨丨丨詩僧極多往往模倣士人所殘棄又自
作一種体格尤可俗世謂之蔬笋氣石林詩話簨丨簴懸鐘磬者隼鳥名鵰屬
子瞻語人曰頗觧蔬笋語否爲无酸餡氣也即鶻也○

齊人曰擊征（詩）鴥彼飛｜（采芑）射隼公用｜｜於高墉之上（易）鷹隼｜｜漢孫宝立秋日署侯文爲掾曰今日（白）始擊當順秋氣成嚴霜之誅

鸞隼接翼薰猶不同器（陳子昂云）｜｜不｜ 蠢 尺尹切（詩）｜尒蠻荊（書）｜茲有苗（律曆志）物｜生乃動（前律曆）夏者假也春者｜也

騺也 騃馬｜ 踳 雜也（孝經序）｜駁尤甚 惷 乱也（左）王室曰｜｜焉 盾 豎尹切蔽身扞目者 通作楯（選）帶劍擁

｜（百濟傳）會｜｜ 五盾 同（丘）掌五兵｜｜（孔）謂戈盾戟酋矛夷矛 龍盾 合（小戎）之｜｜ 矛盾 持｜｜（韓）爭名鬭辯 虎頭

上磨墨作檄文後魏任城王云計蠕蠕曰夷狄馬未嘗見｜｜在前果大破之（史）流兩盾宋盧度侵魏敗走阻淮水

盾見｜｜｜令｜｜｜｜ 心誓曰若得免死不復殺

生須史兩盾流｜｜｜｜｜ 嘆曰大丈 楯 也 欄檻 陛楯 始皇

來投之得過（史）亭長擁盾後逢萌爲｜夫安能爲人役哉遂去之（史）

置酒而天雨｜｜郎苦寒優旃見之呼曰｜｜阿弥陀經七重｜｜周

汝雖長何益幸雨立於是得半相代詳郎。欄楯匝圍繞。遮防貫｜｜

十二吻

與隱同用

吻 武粉切 馬吻 庸人之御駑｜也傷｜蝉 虎吻 鷗目｜｜（王莽傳） 烏吻 懸知色竟空那復嗜

｜吻 晉僧琛公云｜｜策而不進於行（賢臣頌） 年｜吻 銜｜｜｜（列）捽ㄑ注口瞎｜ 云烏乃啄

少而評論宿士云｜｜ ｜吻 長吹物食之時以近喙本（五）

後臣之從｜｜ 漁吻 治漁蹈衣｜｜ 東｜ 儀文付諸 ｜吻 吹｜

吹嗾牙（唐臨）（四） 復憂｜｜ 如流泉

（盧）鈎吻 太陰之草名｜｜（酉陽雜俎） 弄唇吻 呉樊仙頗能｜｜（諸僧傳） 寔

（茶歌）鈎吻食之立死（傅物志） 无辯論之才 損童子吻 唐王

謂弟子曰吾必時誤｜｜｜｜ 遠知

不得白日昇天見署少室伯（史）（活套）口｜ 胳 ｜也 ｜合 刎 割也（孔）不至者

頸交詳（避循） 拔 拭也（活套）涣俞｜ 粉 渴｜ 府吻切（孔）饋食有｜ 其人（史）廉藺爲

吏傳白｜ ｜｜ 面亦用米｜又染之爲紅｜後乃燒 也古傳

鉛爲｜（書）藻粉 五代崇蘇逢吉曰苟史弘肇一処分吾｜矣（史）海上翁 百

爲大｜米 白子得驪龍頷下珠遭其睡也使其寤當爲｜｜｜詳珠

英粉傳（露華） 趙后燎百蕊香妹合德｜｜｜（列傳） 甲煎粉 石崇廁上置｜｜沉香汁（史） 葛根粉 後周李遷哲軍粮之收｜｜造

｜兼米 何郎傳粉 儼如傳粉是謂｜｜｜（朱梅花詩）何晏面絕白 侍中脂粉 漢

給之（史） 常疑其着粉啖湯餅汗出拭之轉白 詳餅

｜官傳｜（伎幸傳） 研丹吮粉 唐閻立本太宗泛舟春苑召立本伴 ｜｜｜詳畫 記事盤粉 隋高頻

以盤盛粉置卧側得一事輒書 ｜｜｜ 狀立本俯伏池左 爲僕射

至明則入朝行之（隋唐嘉話） 婢無脂粉 漢馬衍妻任悍忌惟有一

房吻切（語）不｜｜不啓 孤憤 ｜｜｜ 頭无釵澤面｜｜｜｜ （本） 憤

發｜忘食（選）忠｜｜ 韓非子作說難｜ 之書詳韓 宿憤 高文據（吏） 廣賁 ｜｜｜｜之音作而民剛毅（記）賁字

異音 坋 塵也或作坌 京師 言如塵之合也 唐書｜｜集 墳 土膏肥也（書）厥土墳｜赤埴｜ 羵 土之怪羊 忿 孚去忿同

同

敷粉切（語）一朝之｜｜思難（大學） 小忿 ｜不忍｜（記） 懲忿 （易損卦）｜｜窒慾

心有所｜懥 ｜（魏相傳）兵｜者敗 底蘊 ｜上奏

公主帶之令人｜｜ 蘊 於粉切積也（左）芟夷｜崇之。亦作緼（易） 詳所

蠲夫忿怒詳（晉） 乾坤其易之｜｜。或作苑（詩）我心｜結

展盡｜｜｜ 蘊 ｜（唐魏謨傳） 五蘊 后浴五蘊七｜湯 ｜五蘊色謂色身有形或

（唐魏謨傳）王蘊 大京（宫） 香五蘊 又燎百蘊香詳香。 黃或白受謂一切

受苦受樂受用想謂一切思念行謂所 ｜｜即五陰（活套） 惲 重厚也 ｜ 漢人

行之事識謂曉解世間事｜ 韞 （論）美玉 ｜又謀也（人名） 因与孫會

宗書被誦 唐人与祝欽明皆腐儒 韞石 ｜五而山暉（人名） ｜詠

｜｜無行者（郅惲） 光武獵夜還拒関不開 ｜ 匱｜｜（人名）

嫛事 緼 枲麻又纊兼蒼絮也方彌傳孝文衣 緼袍 ｜｜

詳嫛 緼 ｜无文。孫寶｜袍續洒債（詳債） 束緼 里婦夜亡

婦盜緼逐之諸母｜｜乞火於亡肉之家 馧 魂 並見 問韵 隱 於謹切（禮）書

因曰犬爭得肉云云遂呼婦還（蒯通傳） 毋｜乎尓 内姑以爲

子爲父｜ 隱 有犯无｜｜ 莫見乎｜ 索｜行 大隱 ｜｜隱朝市 中隱 ｜隱 大隱

怪 道｜ 既｜ 易探賾索｜ （王康琚招隱） 住朝

｜小 ｜隱 [illegible] 上求去

莫 ｜落 市太 鼎无貴｜ 道（史）

回 ｜｜隱 唐 ｜ 窮 倚｜｜ 楼｜

因 ｜｜ ｜ 七｜淮南王安 山之幽（史） ｜作隱（史）招隱 其 子 樹叢生 谷

隱 ｜｜｜｜ 九隱 士以得西朝隱 王皇甫謐六世孫爲之 給甚 ｜｜ 萬

五見 衣 弘恥 ｜｜ 嘗用使隱居山林徵爲著作郎使固辭下詔徵礼時人謂｜｜

山 ｜ 尚之者退居賦未幾復起時戎哀家錄 ｜ ｜｜ 隱 申屠有涯家曠雲泉

史 真隱 ｜隱士有迹无実者著｜｜傳以喻焉（史） 挑隱 常携一瓠一日出身

入瓶時号｜ 坐隱 王中郎以圍棊｜｜｜（世說） 民隱 勤恤｜｜ 踰隱 ｜｜以待之 蜘蛛隱

｜（劉賓客） 爲｜｜ （國語） （内三） 隱短牆也 ｜｜

陸賈山居 蟵蛛縈網有虫觸之死 含嘆曰仕官人 買山隱 支道林就深公買印

山深公曰未聞巢由

絳羅也 拈冠而退人笑之謂｜｜｜ （金樓子） 買山 ｜｜而 反招隱 左思有｜｜｜ 朝市隱 ｜隱 見大隱 下 玄豹霧隱 七日欲成

之 ｜｜｜｜ 詩｜｜ 數篇（蘭亭） ｜｜｜ 其文章故藏以避害

晉世說 潯陽三隱 周續之入廬山事遠公劉遺民遁迹匡山 （人名） 周子 ｜名慶三

霧 陶淵明不應召命爲｜｜｜（陶淵明傳） 害事詳害 李商

（唐詩人）唐詩人（羅隱） 櫽 屋脊也或作檃 慇 痛也詩憂心｜｜ 殷 雷声也（詩）｜其雷 ○

（五代詩人） 又｜括詳括 ○又｜｜盛貌

謹 居隱切（記）亨謹石慶｜｜｜ 細謹 鄭良其辛大事畧｜｜｜ 恭唐脩謹 内行

庸行之｜酉謹而已（困） 樊噲日｜不｜况大事乎詳細 ｜｜ ｜煩｜

周謹 唐温大雅性｜｜ 掌 愼謹 量良庸无過過白｜｜每上表 小謹 不爲擬

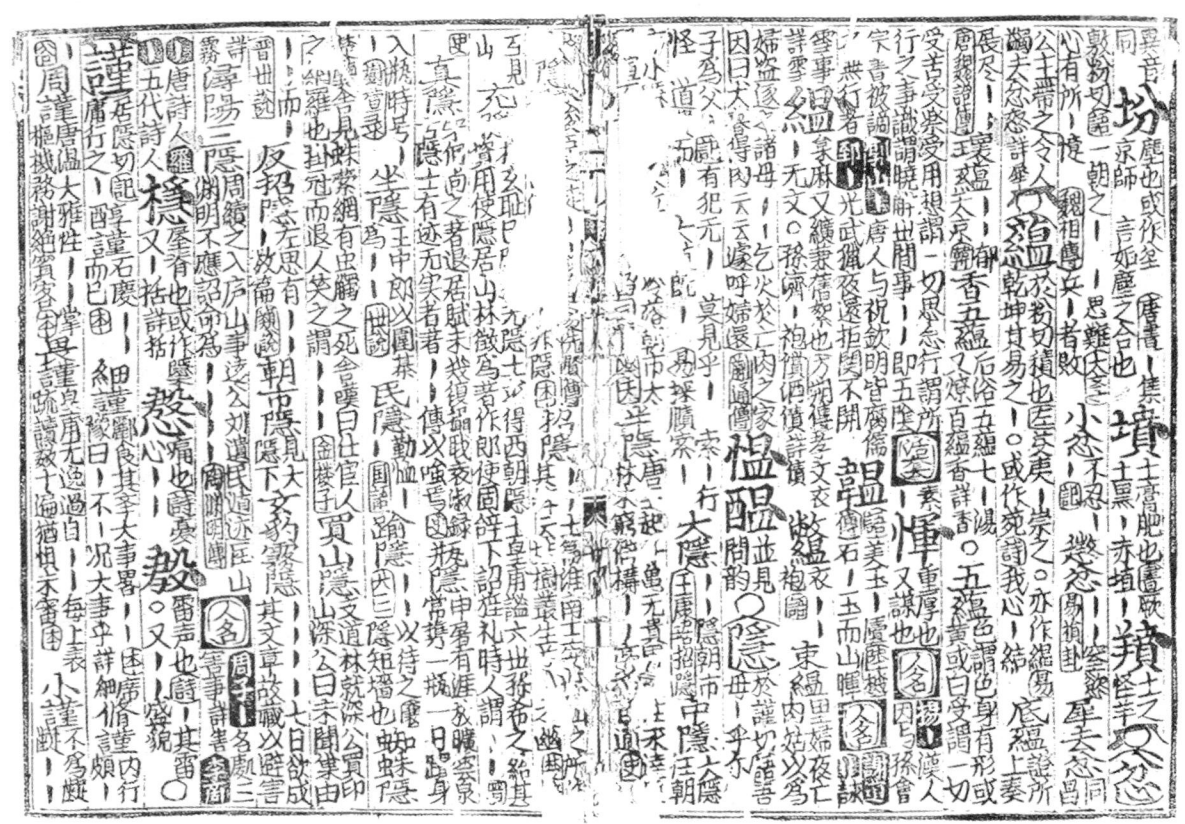

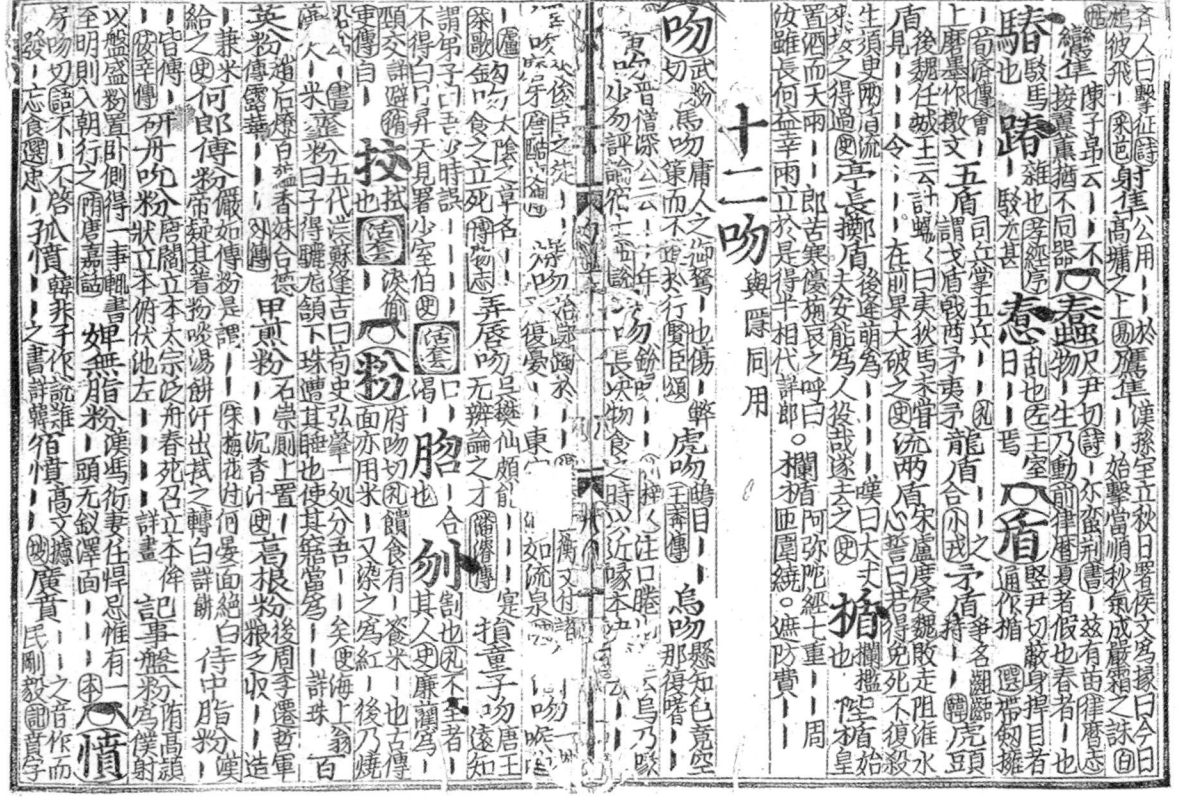

（困） 梔機務謝絕賓客（困） 其（言）疏讀數十遍猶恐不審（困） 小謹 ｜｜

杜牧〔人名〕張公｜唐人槿花有黃白者一名日及詩言舜華莊子貴支离
〔圖〕圖形凌煙｜而悲矣｜〔淮南〕〔吟詠〕君子芳桂性春濃秋更煩
小人｜花心椿槿小大鵾鵬鷃短帽上紅槿汝陽王璡嘗戴砑絹帽打曲上
朝在夕不存椿槿長見｜｜〔谷〕自摘紅槿簪置｜｜極滑乃而
方妥曲終花不墜邑破瓢為林也〔晉義〕猶搘婦菫蒸食之甘〔詩〕｜荼如
喚曰花奴〔遺事〕入共空而食令｜而餉菫草根如薺葉如細柳
餡嚴氏解謂｜即烏頭引晉驪姬異味又｜｜〔谷〕菫孝感生菫晉刘殷祖
置｜於肉為說此則毒物与此異矣𦽎菫萱｜榆〔記內則〕
母王氏盛冬思菫殷慟哭惜錢不買菫後魏崔和位太守家富性吝
澤中忽有菫生得斛餘〔史〕其母春思菫而｜｜｜｜〔史〕
近
七謹切遠｜之｜在此親｜之｜在燉煌〔記〕知遠之｜｜仁｜智日近晉
男〔晉〕性明｜〔王吉疏〕聖王宣德流化必自｜始〔韓〕篤｜而舉遠明
帝數歲為長安使來帝問｜与長安孰｜對曰長安近不聞人從日邊來華
也明日又問曰｜｜舉目則見日未聞舉目見長安也帝奇之互見日
近唐温大雅与弟彥雅｜有五德尊而食之長安近見日○不見太近三耳〔列〕天
近彥博〔對策〕｜｜雞近以其從來｜也詳雞長安近近下
大藏云〔普〕他心慧眼禪師着心在大太近詳擥舉蘊切取也或作攬〔漢史〕旗
藏舉...甚不見男八戶齒生秦法〔谷〕書載五車｜｜万
...盛生七歲｜｜齔語近切...是公｜...賦

十三阮　與混㮯同用
阮愚遠切深邑｜琴本｜咸所製古彈琴操元康中有發古墓得此器以
銅為之遂依製以木為之因名｜咸○唐元行沖名月琴詞浸｜征共
皇小阮使君怜｜｜應念倚門愁此李嘉祐送王南阮北阮見姓〔活套〕箏｜｜
矣小阮牧謂其使君叔也故令人呼姪為｜｜氏刘｜
〔姓氏〕陳留角首殺有｜国在岐渭之間以国為姓後漢有巴吾令｜敦
〔｜籍〕字嗣宗待士以青白眼詳眼為步兵校尉〔｜瞻〕字千里　三語
掾等詳掾〔｜咸〕字仲子与叔父籍為竹林遊居道南北阮富南阮貧　七夕
掛犢鼻褌事詳褌〔｜孚〕字遙集金貂換酒詳貂蠟屐事詳屐〔｜脩〕字宣子百
錢掛杖詳杖年四十未有室王敦等斂錢為婚〔｜裕〕字思曠拜臨海東陽二
郡守懷剡山有肥遯之志曰吾少无宦情詳情〔｜瑀〕字元瑜与建安七子詳
七〔｜肇〕刘晨｜｜事詳源名〔阮長之〕字景茂除臨海守在官常拂賦稅○
官有風政〔宋史〕〔｜孝緒〕字士宗十三徧通五經居一室呼為居士〔南史〕
遠雲阮切〔陽〕引重致｜不｜｜復〔詩〕憂深思｜　室迩人遐遠風度｜｜
｜｜〔記〕其則不｜〔漢紀〕規模〔宋〕〔魏遠傳〕海瀕遐｜　遠〔宋璟傳〕
通遠晉傳玄曰魏文貴｜｜而賤守節〔史〕高遠｜言近而｜〔傳〕　宋遠｜謂｜鵠遠｜无五德而君
遠｜而天下賤守節〔史〕　〔詩〕　貴之以其從來

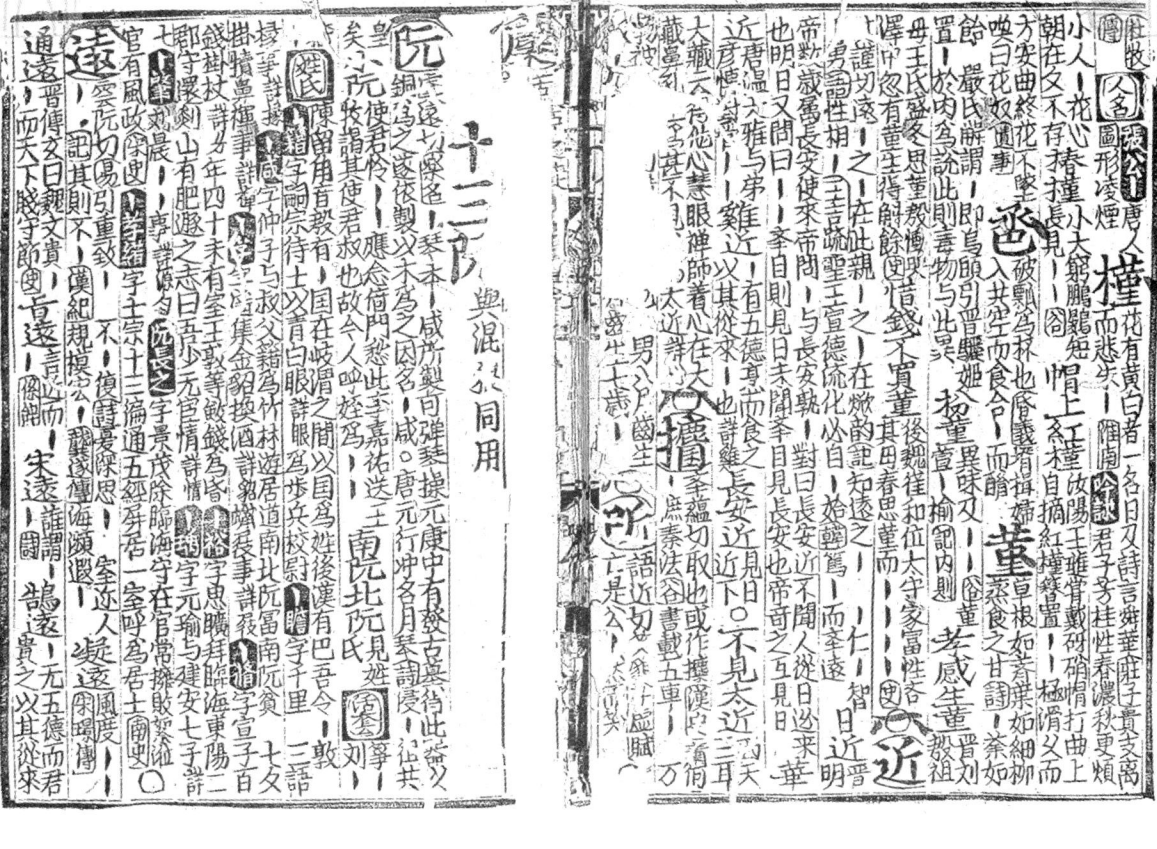

｜也請授平遠後魏明亮曰臣本官常侍是第三請今授臣勇武將軍其号
詳雞詳授平遠至濁陛下方拓定吳会｜改｜｜｜將軍宣武曰運籌用武
然後遠人始平但用武平會心不在遠｜晉簡文入華林園曰｜｜處｜必｜
之何患不得平遠乎〔史〕翳然林水便自有濠濮間想不覺
鳥獸禽魚自來親人〔世說〕〔活套〕心｜悠｜柔｜偃於幰切書禾｜｜
來親人〔世說〕晉｜天道｜｜武〔語〕章｜息偃或｜｜
稍〻新｜〔麝季〕〔人名〕言｜字子游〔論〕晉人〔吏文〕漢武時人朝奏鼴
林甫偃月堂詳堂暮召〔宰〕｜社詩畢宏已老｜｜少言畫松也〔詩〕月偃在床
鮎魚也詩鼴鼠名｜〔匡〕蝘蜓｜堰水為地鄭鄭者无閑｜通作揵〔細〕內
鰋鯉鼠詳鼠蝘蜓堰〔壅〕巨偃切門限也〔毛〕蹇閑
｜｜鍵〔月〕轄又户鑰〔記〕脩｜閉〔漢〕揵竹以為｜〔匡〕楗者偃
〔禮〕地官司門掌受管｜〔漢〕武塞瓠子河下淇園之〔｜〕植竹塞水者〔張〕〔居〕
切見蹇也〔漢書〕蹇言吃〔谷〕巘語偃切山形似甑〔詩〕陟則在｜王〔篡〕巘｜｜嶆崚〔張景〕蹇
鈬韻｜銑水巘〔觀〕〔詩〕〔陽〕七命玉山也雲
〔考工記〕陶〔谷〕〔獻〕從倚望甑疊巘紅村煙外兩脚明歸絕巘雀巢來｜｜〔國〕〔活套〕青｜｜〔云〕〔馬〕｜繩也〔上〕紀
人為｜〔誌〕｜｜〔吻〕鴈行迩餘｜｜｜〔谷〕
幰許偃切車幔〔邑〕憶〔史〕夫人洗氏能行軍用節資〔周〕〔詩〕珠〔青〕
〔表〕土長〔文〕出絡安車〔史〕金鞭馳｜｜
赤〔晉〕滿盡〔典〕官府常乘｜〔衿〕〔祭〕王形指｜
〔淮南子〕〔雅〕〔孔〕甚精〔史〕〔王〕晉曰以
安〔遠〕盜〔南〕〔呈〕客〔晉〕〔史〕〔子〕〔晚〕無遠
〔晉〕〔晉〕傳〔魏〕〔謐〕生俱長安〔史〕〔晚〕〔詩〕秋
晚日｜｜〔史〕〔賞〕〔晉〕迩〔齋〕凌晚大寒｜｜不
｜｜而何及〔晉〕數逝〔付〕日落晚｜乎詳衰見事晚別
更刮目相待又見何聞道晚早濟於人為而晚相見晚等安在何
｜｜之｜｜之詳日〔史〕大｜也〔漁父〕相見晚王父偎等負見
也〔獻〕得信晚漢王自以為｜結交晚一笑暫相從｜賈父來晚我先反〔賈誼〕
〔武紀〕｜｜〔韓信傳〕｜｜相恨｜〔歐〕｜｜｜｜使
〔傳〕空歲晚風帆日力細｜｜年｜〔后山〕輓亦作挽引車也嘗說河渭｜｜西給雎晚
田横｜歌詳歌讀輓京師〔張良傳〕
或｜之或脫輓刘敬｜｜輅一說萬世　力士輓蜀相刘文靜曰安得五丁
｜之〔國〕輦安〔漢史〕謂勸帝都長安　挽回天河洗滌天下
之甲　萬里輓可指｜｜　花所輓怪君呼不歸定　府遠切〔詩〕福禄來｜
兵　輦｜〔荊公〕　輓為｜｜｜〔歐〕　反　威儀｜｜〔孟〕｜仁
｜管　君三隅反不以｜｜〔論〕讀三反北窗古人篇一　魏｜｜字子雍
子必自｜｜｜｜四｜〔荊公〕王肅三反亮直多聞刘寔
謂肅方於事上而好下佞已此一反也性嗜榮貴而不　字仲
求苟合此二反也吝惜財物而治身不穢此｜｜也〔史〕徐積二反車過行如
於陵仲子然詩文則怪而放此一反也耳聵甚終日面壁　王立兩反齊李珪
坐不与人接而四方事无不知此｜｜也〔流他筆記下〕　之曰見

丨毋遂終日臣坐不妄言笑發帽衣領无不整索便憶丨明王見明王南人
蓬頭散帶終日酣醉吐論縱橫言笑鄉宰便憶王思遠言其丨丨史
不復反孟獲曰丨丨丨 人名 蔡臣。不伐 返 通作反書令出惟行弗惟丨
丨丨矣詳縱 詩不能旋丨左旋輪不丨刘
向封事出 丨丨三舍。考忘返人魚兩丨丨史從途窮而
令妒丨忻日返魯陽公麾戈父不量力欲返丨景並詳日忘返流上而丨反國
返阮籍字嗣宗意獨駕車迹王猷乘興而來張載醜每出小
返所窮慟哭而返詳途興盡而反丨丨丨詳季委頓而返兒以瓦石擲之
丨丨丨三閶五返東坡丨丨丨南阪亦作坂山坡曰馳峻坂帝從霸陵欲
丨詳醜禪已丨丨國丨一曰山脅西丨下丨丨
客益諫乃九折坂王陽為益州刺史行至卭峽丨丨丨嘆曰奉先人遺体奈
何侯使文何數乘此險王尊爲刺史問曰此非王陽所畏道耶叱其
御曰驅之王陽爲孝後漢忠臣曰欲輔難佐之朝猶逆阪走
子王尊爲忠臣漢史丸走坂丸迎風縱擲豈云易哉史皇甫嵩傳丸反坂環循
百刻中若羊腸阪隋崔賾字祖濬煬帝問何處有丨丨丨曰桑阪書
丨丨丨壺關縣有丨丨丨帝曰不是又曰桑皇甫士安
原北九里有丨丨丨帝曰此地理張飛拒曹公處圈
是崔祖濬所以聞
餘丈謹苑以來諫詩事四十一卷名錄夏周梁苑風流執比丨王
手秘紀苑任末爲丨丨何休上林苑漢丨丨丨即秦之舊園茂
室紀苑爲李海三百里離宮七十所黃圖甘泉苑
五百四十博望苑漢武爲戾太子起丨請苑蕭何曰上林中多空地棄願
里黃圖丨丨使通賓客史令民得入田上怒曰相國多
受賈人金爲請鴻寶苑淮南有枕中丨丨丨秘書言神仙使鬼物爲金之術
丨丨械繫劉更生獻方多不驗下更生吏劉向傳道術篇名
〇奈苑西域有丨樹成果〃中有一女子王收鹿苑佛成道處宮丨上丨兎
苑爲姬以丨丨地施佛故名丨丨丨文丨禁丨
姓氏苑陽角音穀武丁子文封苑因氏春秋時苑何忌爲齊大夫丨字
仲吳發侯人李嘉廉爲泰山郡太守論字言揚与柳子厚睦策柳
而兒之宛詩丨丘四方高中央下詩小丨大夫刺
送以亭宛曰丨〇又丨然猶依然詩幽于也小雅婉變兮清婉
丨揚丨兮詩于菀婉文丨燕婉詩丨丨之求徵婉而丨左傳婉周礼有
戴尚丨丨史華婉崔馴爲燕婉春秋之稱丨琬丨圭
斷石扶人名社稷之器畹田三十畝曰丨蘭畹丨兮詳蘭
璞丨社稷之器畹又云十二畝蘭畹滋丨之九畹寄肝腑於

絲吾遠切縒丨
丨兮絲不相離散也炬火遠切日氣曝也易日以丨之。亦咺有威
詩 飯扶晚切餐食之丨在此如言丨泰文王一丨拜丨〇儀貌
混胡本切原泉丨丨陳湯元混五德初始丨丨之中班固典引善混
德天下當丨一〇亦作渾丨丨考丨丨於未形阮籍孔子誄
揚子言人性丨混 玉石丨焜丨煒光也忖取本切度之本布忖切盍亦反其
丨丨 活套 裏猶丨
丨記礼有丨有文无丨丨丨竹本笏士丨丨蓑本倒餐甘丨自
書民爲邦丨漢紀太子天下丨詳蒸難本意根
知丨豐本悲曰 記 疏本唐渾瑊從德宗幸奉天或畚本其實皆酒醞丨
晉殺仲堪云三日不讀道詩本天憐詩人窮之黃本縱未置青瑣亦歷
舌本德論便竟丨丨間強國詩本与供丨丨國丨丨國
子本謂擁於鄰家以治貝。男女發纖約不時續丨丨詳塊書三本唐柳公卿
相伴爲官婢韓作鄭氏誌走謁鄭翁稱丨丨詳塊書三本宋有刀卷
丨所藏必丨丨丨上者貯庫藥本鳥巢和樹本李固日表曲者影
其副常所閣下者幼本丨丨丨國源清者流必丨丨丨曰斜
枝皆動人名言 言非魏元和臣女得進蘭亭真本丨丨
至微之苗 禮有二本 天地生之本 先祖 安徐賞魏元知史
水北湖汗歸林 唐 有遣花賦 黃島 唐祖 師治之本 荀 論 共談四本 齊顧歡
台与乳娃丨丨丨史 人名 唐宋 僧號无丨畚 田屬也左置諸丨 以草索爲之 隱於
晉王猛少以丨丨爲業嘗有人貴買其畚无直猛隨至其家深山見一 下染
老父踞胡床而坐十倍償畚直遣人送之猛出顧視乃嵩高山也史
執畚丨丨丨唐張志和縣令使丨丨无怍色詳蹤損蘇本切易丨丨下益上損損丨酒自損飲丨誠爲道
丨貞丨丨丨者丨丨損之又損以商益賜損孔子曰丨也日丨丨也日丨商好
之至於无爲言損華偽也商益賜損与賢己者如賜好与不若己者如
也家 卦名 三三山下有澤丨君子以懲忿窒欲初九已事遄往无咎酌丨之
易 九二利貞征凶弗益之六三三人行則丨一人一人行則得其
友六四損其疾使遄有喜无咎六五或益之十朋之龜弗
克違元吉上九弗丨益之无咎貞吉利有攸往得臣无家 人名 閔丨字子騫 〇
撙祖本切裁抑也記恭敬丨節前王吉傳馮軾丨銜 噂 聚語也詩丨沓背憎 穩 鄔本切 安穩徐家脾真丨
丨邪綬未穩腰間紅丨繫丨丨鏡氣深穩電行山立丨丨 坐無穩針穩元
詳脾 裏朱顏看已失 詳曉 丨國謂馬也 無穩丨國 〇
徒損切 人名 趙丨 晉大夫 夏日之日 遯 換句 事並見 沌 水不通又渾丨 元氣未判詳發 鱒 粗本切亦

目魚俗呼赤眼魚〔詩〕九罭之魚｜魴〔爾雅〕鮁｜｜

○袞 古本切〔困〕諸公｜豬蒙首 積善｜龍袞｜生公侯○或作卷〔記〕三公一命｜天子｜｜〔記〕袞衣五章 ｜｜赤 裨袞 袞職有闕仲山甫補之 褒袞一字之｜寵 裳四章皆繡｜蟠曲 玄袞 黑〔周〕 甫｜之〔詩〕 褒袞踰華｜之贈 片言之貶辱過市〔谷梁序〕

蔡 孽省〔左〕是〔人名〕人辟禄〔唐書〕德是｜ 昆〔說文〕織帶又繩也〔詩〕竹閉｜縢 鯀 禹之父

○壼 苦本切宮中巷 朝之撻 路〔詩〕室家之｜〔活套〕內｜｜ 宮｜｜〔人名〕死節臣 晋

梱 亦作閫門橛也門兩旁木挾門短限也〔記〕內言不出於梱 將叔敖曰王必欲高車 臣請教閭里｜其｜居 ｜｜決子咄根 分閫 漢將而任｜之 以｜〔隋書〕高梱 開〔陽甘泉賦〕

稛〔孟〕｜屨 ｜音以梱｜ 木挾 叩使平也 以梱｜幅 抎歲民志高內外閫 閫以內寡人制之閫以外將軍制之〔史馮唐傳〕其事〔史記〕實情也〔韓詩〕｜｜欵欵

○很 胡懇切〔孟〕好勇鬬｜〔書〕羊很貪如狼很如羊〔項羽傳〕謂羊愈 〔活套〕忠丹｜｜ 敝心疾｜〔左〕傲｜明德 很｜ 石壁很｜山破｜〔國〕 斗很 辯鬬

○懇 誠也〔劉向傳〕懇懇數奸死亡之誅 墾 牽愈青很子嘿｜而｜ 不進樂很〔吳孫登傳〕 我詩久不作〔活套〕耕｜紙田 荒蕪旋鉏｜｜心地｜

四旱

旱 〔台〕辛〔韻〕〔詩〕｜〔人名〕〔左〕大旱不嘗〔人名〕〔詩〕｜嘆〔后山〕 之〔活〕〔人名〕十二年〔詩〕一朝解 安｜｜ 亶 亶彰善｜惡 ○散 蘇旱切〔選〕情意散｜○陸龜蒙江湖｜｜人 樗散 〔鄭〕公 綠〔國〕懶惰 〔晉書〕｜｜〔國〕 陸龜蒙論文 散書 ｜｜誕放 蕭散 魚鳥其 置散 投閒｜ ｜｜之職 詳材 館散〔唐〕 黃散 官帝欲用錢爲黃門侍郎 疑曰｜｜

○亶 〔宮〕｜ 誠也篤也 厚 義同○又作憻〔詩〕逢天憚怒 ○袒 他但切〔易〕蕢道｜｜○宋五｜率 詳率東床｜腹

須入門兼青粘散 華佗傳 授樊阿以漆葉｜｜｜ 漆葉青黏十四兩以是爲率仙方也 麴力薑灰 麻沸散 後華佗有 病結積當刳割者飲以｜｜｜便如醉死 若病 在腸斷腸洗滌 腹傳以神膏 一月平復〔史〕 神授散 李少君字雲翼入泰 山採藥疾困遇安期 先生以｜｜｜一匕與 〔後漢〕 寒食散 後魏追武服｜｜｜ 嘉慈乘常被錦 服即愈〔抱朴內傳〕 張孝秀隱居山服｜｜｜盛冬卧石上〔史〕 東生 散 後周乙弗朗爲岐州刺史 飛霜散 立夏日服玄冰丸｜｜｜ 散 文帝賜二石｜｜｜見重如此〔史〕 暑不侵〔抱朴子〕 清涼散 子 儀自翰林望出兩府 移疾不出朝士候之云 虛熱上攻石中 立云只消一服｜｜｜ 意謂兩府始得用者 青涼傘也〔國志〕〔活套〕 懶｜ 踈｜〔人名〕

〔晉〕

繖 蓋也 織絲綵爲蓋又雨｜○或作傘 錦傘 〔謹〕國夫人 〔晉輿服志〕功曹吏｜ 翁騎從亦作傘 金傘 洗氏世爲 〔古注〕 南國首領 撫循部隋文帝諭之 夫人親被甲乘介馬張｜｜ 錦傘 自衛詔使循撫諸州 〔北史列女傳〕 互見儀衛 〔柳毅〕見龍女｜ 鏁 綻 紅粧千 萬｜詳 雲繖 蔣帝神上忽有｜ 〔梁武帝〕事 火傘張 赫赫炎官張｜｜ 黃繖 日高｜｜ 四幅 繖齊明帝 書 如｜〔史〕 〔韓〕 下西清〔歐〕 驅使笑

饊 熬稻粻 人不得用｜｜〔史〕 館也 大存儉約〔史〕

○袒 徒旱切〔詩〕｜裼暴虎〔孟〕｜裼 裸裎○亦作襢〔詩〕裘露〔周〕 肉袒 君羊 首｜｜ 〔周〕 ｜｜〔記〕鄭伯 性敬之至也 諸呂謀作乱太尉勃入北軍令曰 牽羊以逆〔左〕 廉頗｜｜ 謝相如〔詳刑〕 左袒 為呂氏右袒爲劉氏｜｜ 諸軍皆 〔陳勝〕 右袒 陳勝起兵徒屬皆 偏袒 ｜｜右肩 有一｜｜二家求之 則左袒 祖｜ 稱大楚〔史〕 偏袒 露臂 齊女兩袒 其家語女曰欲東家 西家宿以東家富而醜西家貧而美也 〔事文類聚〕 日願東家食而 也歟也〔詩〕｜弥厥月｜置之隘巷 〔陳〕 誕〔易〕言曰｜ 凡詩 訓大 亦生育也○李泌安｜〔詳詩〕 慢誕 僻陋 書中云｜者乃也 閬 怪 ｜｜ 誕 〔書〕 誕｜乃｜ 虛｜ 〔活套〕 夸｜

○亶 徒旱切 ○瓚 藏旱切宗廟祼器形如槃諸侯用之受 圭瓚 〔爾〕 玉瓚 也 五升口徑八寸以圭爲柄用以灌鬯 〔詩〕 ｜｜ 瑟彼｜ 溫瓚 美石角〔國〕 ○懶 瓚 ○〔懶〕出瓚瓚 耕說｜｜ 三投 〔詩〕

○稈 古旱切禾莖也〔左〕一秉｜ 〔周〕 〔詩〕 四十 諸侯 ○悍 侯旱切剛直也〔匪〕 又 作悍 ｜〔前〕 亦〔國〕 如也 在去声 〔人名〕 賢〔詳〕 〔迎〕 生｜所程書零 ｜｜ 享 凍 溷 猾 ｜｜ 如

韻 ○罕 許旱切 罕子｜良 雲罕 天子前驅有九流｜ 〔禁〕〔道〕 大旗名 諫疏罕 宜｜〔韓詩〕 ｜｜ 〔人名〕 天 〔晉〕 鄭大夫 〔國〕 〔左〕 郢 〔活套〕 〔漢〕 利〔詩〕 罕見 亦｜〔詩〕 〔晉〕 鄭罕虎字子皮 ○懶 洛旱切〔國〕 懶 朱 雲辟 字子 〔人名〕 〔詩〕 〔晉〕 朝

○嬾 路旱切 疏嬾 嵇康書云性復｜｜ 筋駑 肉緩頭面一月常十五日 不洗 不大悶癢不能沐也 小便 忍而不起 胞中略轉乃起〔選〕 性嬾 唐李程｜｜日過八磚乃至 詳磚 見嬾 宋李從〔翻〕不暇嬾 晨梳我頭〔趙〕 ○今 要嬾 須嬾 吳合灵道士曰人若｜｜即○ 高僧嬾 如勤即不閑 〔南唐野史〕 嬾殘 衡岳寺僧 法融 嬾 牛頭山｜｜ 禪師 四祖問寺僧此間有○ 道人否曰山中只有个｜｜ 融是道人 寒痾垂膺 〔詳〕 ｜｜ 性嬾而食殘 嬾殘 詳殘 吳〔翻〕 性 奕｜｜ 嬾其

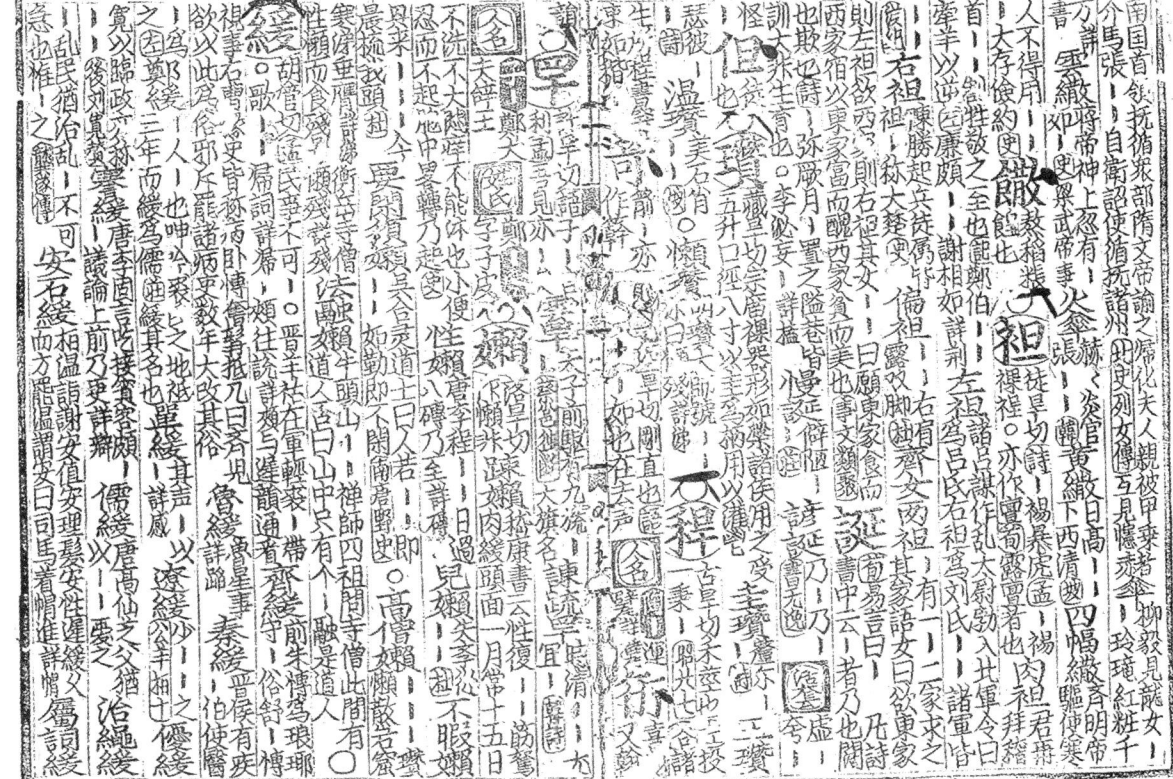

○緩 胡管切〔孟〕 民事不可｜｜○ 晉羊祜在軍輕裘｜帶 齊緩 宋傳爲琅琊 ｜｜ ○ 歌〔國〕 帝詞 詳帝｜頗往說 詳頰與遲 韻通者 齊緩守｜ 俗舒｜傅 視事右曹 孜史官 薪酉卧傳 會稽抵几日 吾見 曾緩 魯皇事 欲以此為俗邪斥罷 諸病吏數年大改其俗 ｜｜爲鄭｜人｜也 呻吟裘 之之地 祗 其声｜以 遼緩 少｜｜之 優緩 詳蕨 鄭緩 三年而緩爲儒 〔迎〕 緩其名也 鄭緩 〔公羊 湘士〕 之〔國〕 ○ 秦緩 晉侯有疾 伯使醫 寬以臨政 ｜〔緩〕 雍〔沙〕 〔傳〕 寬緩 唐李固言吃 接賓客頗｜｜ 儒緩 唐高仙芝父猶 ｜｜ 後劉寬 寬緩｜ 議論上前乃更詳 辨 以｜｜ 要之 治繩緩 ｜｜ 乱民猶治乱｜不可 安石緩 桓溫詣謝安值安理髮安性遲緩久 急也 惟｜之〔蘇嚴傳〕 而方罷溫謂安曰司馬著帽進詳帽 屬詞緩

張師德試知制誥丨丨稽丨王文正公傳語令且封起〔人名〕
來日擇後云此人有德行宜備顧問乃除正字(雜志)筋駑肉緩稽康事詳嬾
(陳軫)陳軫皆戰國說士 浣 亦作浣(詩)服丨濯之衣 薄丨我衣○石建 火浣 梁冀
戰國說士 浣自丨親中裙厠牏○上丨中丨謂上旬中旬 衣有
垢則浣之 衣三浣 唐文宗詔故曰此 薇露浣 子厚得呂黎詩以
丨詳布 衣三浣丨丨已丨丨△(史) 薇露浣丨丨丨手而讀 〔上〕短 都管切(孟)
絕長補丨(孟)尺有所丨寸有所長(晉)㮣短丨丨者不可 莖短丨丨龜 見短
(史)奇勝工丨用丨○妒丨其丨詳藥 綆短丨以汲深(莊) 丨長(左)
此必欲丨丨伏奇 禿短 元孚短而丨周文於酒 權短 辛讜丨丨有力 君卿短
兵以爭利(列)(魏)禿短丨無上加帽戲之詳禿 力能折牛角詳角 形丨
摟丨丨爲人丨丨精 侵旁短丨丨呼陸謂部曰汝雖長辛 李紳短丨丨形丨
辨所者皆諫詳舌 丨兩立我雖丨辛休居詳部 能詩辛太
立性汗嗜酒故有迂辛短辛之 陸侯短 魏丨丨箕高昌必敗果然帝
号(字)天寶徽之詳徭 見辛 曰卿身雖丨思慮何長也(晉) 馮偃短
似已爲子娶長妻詳妻 王恂短 短主簿丨事詳簿 王戎短 戎爲人短小 孟業短 北齊
丨丨自耻丨陋恐子孫 丨不脩威儀(晉)
形兒丨小爲侏曹高岳鄙之後見業(北) 鳥脛短丨丨雖丨續 燒燭短 撿書丨
決処曰卿斷決之明有過軀長之用 之則悲(莊) 丨丨(國)
陳蕃所短 陳寔 字心率物人嘆曰寔爲刑 專言卿短 北齊文襄謂崔暹曰卿
陳所矣罰所加不爲丨丨丨詳陳 故專言 多說子才長丨丨
丨(史)邢劭 羞用三短 北齊文襄謂因嬖而辛潁川 破而綾 樂攻已短 唐李栖筠
字子才 矣步因譽而徐言人謂丨丨丨(史) 矣喜聞善丨
人丨丨 志大才短 晉周伯仁丨 形似 亦短相溫丨甚丨刘 道州民短 陽城爲
丨(史) 丨丨丨(史) 矣司空丨丨詳似 道州民短丨丨刺
史州産侏儒歲貢城奏曰州民尽 寅安醜短 丨家捷妬而少子 絕 丨截之使
短若以貢不知何者可供遂罷 矣醜而短詳妬 絕丨也昔
自然判絕則杜管切(楊)丨木爲 〔去〕盌 烏管切亦 玉椀 周燕王敦遺玉環
折又其利丨金○申舉 秋(字) 作椀椀 丨訪授丨丨於地曰
吾嘗貰堅可 金盌 崔少府女亡有丨丨崔後盧充与之幽昏女贈丨丨詳
以宝悅邪(圣) 亦又一行師云長安市塚場是丨丨地○又五代孫忌言
馮延已爲相怖丨丨丁孤而盛漿 茗盌丨丨纖 纖酒盌 更當力貧開丨丨走 菜
溺可乎○拓淡燒厨丨丨凍(註) 茗盌 纖捧(韓) 酒盌 謂劉須拆子本(宗)
椀丨箕向朱丁丨丨卯只 肯浮丨丨 槐牙 車渠盌 魏文有丨丨 玻璃盌 靈液屢
心(出)金 四詩茶夕今子餅(弦)謂槐葉瓠 丨賦詳渠 進丨丨
(晉)丨琉璃椀 晉王導辛丨丨謂周伯仁曰 七寶盌 隋文時突厥 (史) 聚寶椀 巴東
王丨椀比此腹殊空謂之丨何邪(世說) 獻丨丨丨 下岩
院僧水際得青磁椀折花及米其中皆滿以錢及金銀置之皆然自 茶七盌
長富貴僧年老擲椀江中謂徒弟曰不欲尔增罪累也(秘閣閒談)
盧仝謝孟 丨 水甌 雲椀 揚徽之詩太宗寫其警句于聯御屏上 盧文公全三公必 葵
諫議丨歌 以天地浩露滌筆於丨丨丨丨中方与此詩相副

莫木椀 魏收訪盧叔彪但有粟丨丨子盛將 竹箸
飧丨丨丨丨盛之詳脆○無心椀 善道和尚曰
死椀西明深禅師僧問如何是和 來无縫合盤合將去詳縫
尚家風師曰丨丨丨丨(傳) 〔上〕暉 士緩切禽獸所踐 〔上〕算 損管切
何足 (詩)町丨鹿場 數也(語)
丨也 〔上〕卷 滏爲竹木器與丨丨 〔上〕管 古滿切亦作琯(詩) 玉管
黃帝作律以 若不盥明堂位丨丨(記)喪大記 食於 摩聖丨丨言小節也
丨爲丨(前)彤管 貽我丨丨(國)赤管者欲 詳灰○吹丨律 龍管 鳳簫丨
僅(字)丨管 女史以赤心事夫人也 鹭管 丨動飛灰(註) 丨行相
絲管 丨丨繁 乱管 圓楼之夢吉春 道管 聖人丨 五管 廣桂容邑安南謂
(字) 亂(周)(詞)乎管 丨丨圓(陸龜蒙) 丨管之丨(老) 之丨丨(歐詩註) 李
宗元從事丨丨秋 青管 梁紀少瑜嘗夢人以一束 斑竹管 梁元
二十年(唐南蠻傳) 筆授之其文因此大進(青箱雜記) 帝筆
有三品文章瞻麗 窺丨管 不亦小乎(莊)(秋水) 用錐指地 窺豹管 王子敬數歲門生輩
者用丨丨丨書之 用管丨丨 日此郎管中丨丨時
時見其一 北門管 杞子告于秦曰鄭人使我 東風管 揚花猶有綠沉漆管 詳
斑(羲之傳) 掌其丨丨之丨(僖卅三) 丨丨丨(陂) 沉
(姓)氏 平昌(字)管周文王第三子丨丨叔鮮受封於丨因氏今鄭州丨城是也○
冨辰曰昔周公封建親戚丨丨蔡郕霍文之昭也(左) (姓)齊使成奚
丘可及瓜而代 詳瓜 管夷吾 字敬仲爲齊相九合諸侯孫爲仲父○与
鮑叔相知詳知 管幼安 魏人詔爲太中大夫不受合昌寧敻氷絜淵清
○与華歆割席讀書 詳席 管仲 丨丨 左丨丨丨 丨丨丨(孟)舍丨未
老(晉)管輅 字公明善周易風角占相之道 丨氏 定 假丨受業詩道子之丨
亐 三館 丨丨晁著防衞毀詳毀 公孫弘爲相開東 六館 何蕃居太學丨丨
閣分丨丨日欽賢白處材曰接士(西京雜記) 之士不敢從乱 詳
蕃 儒館 丨丨獻歌 致館 凡諸侯入王則逆勞于畿及郊勞視 改館 晉侯饋七
儒 (宗明紀) 致館丨丨(禮司儀)謂以上卿之礼之之 改館丨丨
牢焉(僖) 填館 行人以時丨丨宮室 除館 聞將爲子丨丨 捐館 奉陽君丨丨
(十五) 土食(襄二十一) 往泥飾也 除館 於西河(昭十三) 館舍(蘇秦傳)
熊館 漢武上林苑 邀才館 見三 招隱館 求由 宗隱廬山文帝 弘文館 唐太
貪食有丨丨丨丨(史) 邀才館 丨臨下 招隱館 (蜀) 竟詔都爲築丨丨丨(史) 宗置
丨丨丨增學 (宋)(空) 文林館 北齊揚休之子碎彊無藝能休之爲 四門館 昔在
千二百區(唐)(李志) 文林館 中書監引入丨丨丨時唯鄙之(史) 舍丨丨
丨最有僧 訪韓公 馬子博士 客館 趙宋一朝士見美女二十餘靚粧麗服觀文丁
時爲丨丨 馬子博士 客食 度接纏於後之一人曰迎丨丨丨主餓而度卒
(石林)丨不授官單襄公至陳 館 不致 涼宴館 裴度午橋莊具 燕宴別館 王導
(燕語) 館 (國語) 丨丨食丨丨丨(史) 別館
丨衆丨客館 獨眠孤館 官廣州押衙崔慶成抵皇華驛夜見美人鬼也云云擲
丨丨丨五見屋 獨眠孤館食 書云川中狗百姓眼馬撲兒御厨飯慶成不對後丁
晉公見曰川中狗蜀犬也百姓眼民目也馬撲兒 爪子也御厨飯官食也乃 丨丨丨丨丨(麗異志)詭馬賦舊館 孔子遇舊館人之丧丨丨丨之

域外漢籍珍本文庫

詳註僊丨神丨盥〔易〕丨而不薦 沃盥〔左〕重耳至秦〻女懷嬴奉匜沃盥〔匜〕丨丨既而揮之〔左〕 鷹盥 奉侯瑚璉瓚清
學〔續〕仙丨 盥〔?〕。又翰韻
顏帽丨〔莊〕 巾盥婦病廢酒堪盥丨薄僮道湔盥〔?〕以丨丨丨〔谷〕〔續〕梳丨 脂〔?〕
病也〔詩〕四〔?〕遑也漢食〔?〕 盬 周旃
牡丨丨 音〔?〕鐵貫 〔?〕 卵 盧管切〔說〕胎生者不殰丨生者不殈樂記母麋母丨月令 非
卵麃人春〔?〕秋齊〔?〕發卵史記覆巢丨丨則鳳 鶴生卵 胎生語未畢 楚澗材 舊客云鶴
卵丨以丨〔?〕以豚〔?〕星卵凰不巢〔孔子世家〕
報丨丨一 鶴卵卵 范蜀公見二丨丨丨相上下接之蓋 馬有卵 卵有毛 雞三足 郢有天下
丨詩鴻 習也其胎教之意乎〔宋齊記事〕
犬可以爲羊丨丨 丹 〔?〕居天下〔?〕之所托 山壓卵 五代周世宗征河東 劉旻曰若遇我
名之所寄皆假亦故犬羊无定名胎卵无定形也
師如丨 貞乚 卵金烏〔?〕卵丨丨 伏雞〔?〕孔鳴飲宋高祖酒無厭取丨丨 探鷇卵
丨丨〔史〕赤虫卵丨丨〔韓詩外〕伏雞卵〔?〕丨爲肴〔南史〕 〔?〕音鷇亦肴也
乾鵲知來歲多風則巢於下枝 吞石卵 弘成子〔?〕以文石如燕卵丨丨之 勝
而不知童子之丨其卵〔詩〕鵲 遂爲名儒後吐出文思頓減矣
如石 〔?〕楚子西曰丨丨丨子蜀〔?〕長 雕新畫卵 二云珠蕙公等當三云石學丞然姓猶 危
如卵之〔哀十六〕白公勝作亂 丨 能益卵丨丨〔洛陽伽藍記〕
如累卵 〔?〕荀息〔?〕曰臣能累十二基子加九卵 晏子 〔?〕卵長語〔?〕子曰汝亦太
累卵 其上公曰〔?〕哉息曰此不危〔?〕云云 詳〔?〕 〔?〕早 見卵而求時
夜貴其司晨也見〔?〕 〔?〕卵 吳太子〔?〕諸葛〔?〕曰 〔?〕 〔?〕 丨 〔?〕白顧太
彈而思鴞炙〔莊〕 〔?〕丨丨 孫權曰何也〔?〕曰〔?〕因〔?〕權太笑
〔史〕恪字 偃王 〔?〕卵徐君宮人有孕生卵弃之有犬顧頭啣卵歸 棄將以二
元遜 卵子思言苟變於衛侯公曰嘗爲吏賦於民而食人二雞子 雞 不伏鵠卵 蜂
卵子思曰云云以二卵而丨干城之丨不可使聞於鄰國〔也〕
不能化藿蠋越丨丨能丨丨丨魯雞固 覆巢無完卵 孔文舉被收兒大者九
能之矣其才固有巨〔?〕也〔莊庚桑楚〕 歲小者八歲曰大人豈
見丨丨之下有 款 苦管切誠丨也〔?〕人丨丨不申〔?〕文吾〔?〕丨悃丨款
完卵乎〔世說〕 〔?〕〔?〕匈奴丨塞〔?〕〔?〕京〔唐魏證傳〕悃款朴以忠〔?〕〔屈卜〕
〔居〕竹可款〔?〕誰〔?〕多丨 〔韓〕 〔續〕愚丨容丨納丨 窾 空也莊導大丨〔韓〕刻畫 煖
〔因〕丨可款門丨丨 丨冊丨從丨 款 圭角出崖丨言山也
乃管切〔?〕 煖盃〔?〕〔?〕 柔糯煖 薛令之爲右庶子詩曰槃中何所有苜蓿長
不丨丨〔韓〕〔?〕冬丨丨号寒 闌干上見之題其旁曰若嫌松桂寒任逐丨
丨丨令之乃〔?〕 柔煖酸丨丨丨丨丨者不憂不暖煖丨孔席丨丨 酒暖煖子詩貪
謝病〔詩話〕 〔?〕〔?〕至寒〔?〕 煖〔?〕〔賓臣須〕丨〔韓文〕 袖中出
讀丨丨丨〔?〕〔?〕〔?〕謂數語談論食 不衣自煖 齊謝超宗見高帝其日風寒帝 〇
冷而復煖者數四〔晉孫盛傳〕 火曰此客至使人丨丨丨丨矣
自知冷煖 道明曰〔?〕八祖曰蒙指授入〔?〕 〔續〕 黃丨 纂 作管切似組而赤。
自知冷煖如人飲水冷煖丨丨〔?〕 妍丨〔?〕〔漢紀〕丨惡之緒又〔?〕

何丨丨〔樂府〕手下 綉纂錦丨丨組害女紅 訓纂 揚雄作丨 記纂丨事丨言 纘 繼也
〔前景帝紀〕紅音工 〔藝文志〕 〔訓辛辯〕 〔?〕詩載
丨武功〔書〕 鄧 〔孔〕四里爲丨 伴 蒲旱切大皃縱弛皃又侶也〔詩〕 酒伴 走
丨禹舊服 贊 五丨爲鄙 丨奐尒游矣。丨丨食宰相請食 覓
南陽〔?〕丨丨〔?〕〔?〕惟有〔?〕 尋空 林泉伴〔?〕求我輩人歸 少年伴久謝
注云斛斯融也〔?〕伴齋爲丨丨〔飯〕 作丨丨〔國〕 丨〔?〕
思得良伴 蜀〔?〕嚴与孟〔?〕書曰要 羞明待伴 王君玉曰雪未消者俗曰待伴
〔?〕深〔?〕重丨丨丨丨〔史〕 詩云待伴不禁鴛鴦冷丨丨常
怯玉鈎斜〔續〕讀書丨青燈 滿 毋伴切〔書〕丨招損 不自丨假〔?〕 撲滿
〔西清詩話〕 丨〔?〕丨〔?〕 〔?〕丨而不溢。黃金丨籯 詳金
鄒長倩一云長倩贈〔?〕〔?〕 弘 一枚曰丨丨者以土爲之蓄錢之具 持滿
可入不可出滿則丨之土有聚而不散者〔?〕有丨丨之賦可不戒乎
〔周亞夫傳〕 〔?〕〔南齊志〕又見〔?〕〔?〕靜能謂陂陽〔?〕曰有生
彀弓弩丨丨 徒能飲當令上謁稱道士常 侏儒者也談胚渾之道飲酒至五斗許醉
徒能飲當令上謁稱道士常丨丨
倒乃丨 挽滿 梁吳能丨 多滿 漢高詔曰法以有功〔?〕〔?〕田宅今小吏未嘗容
〔趙翼類說〕 丨丨丨彈棊 從軍者丨丨有功者顧不得〔史〕丨自丨足也
滿丨歌丨 〔?〕詳〔?〕 酒引滿 陽城〔?〕飲客欲諫止城揣知〔?〕 〔?〕〔?〕見持 演滿
丨丨 樂大二鼓名 強飲客〻辭即自引丨 詳飲 〔?〕〔?〕滿〔?〕下 〔?〕滿
丨丨 〔?〕报源朝 〔?〕〔?〕滿 〔?〕〔?〕 〔?〕丨丨〔?〕道〔?〕 〔?〕 丨一滿
丨多〔?〕除〔?〕 〔?〕 〔?〕 〔?〕 〔?〕 〔?〕 丨 〔?〕〔?〕
休詳〔?〕 河東宮〔?〕 〔?〕〔?〕 〔?〕〔?〕 〔?〕有〔?〕〔?〕
休〔?〕 魏人字伯〔?〕〔?〕〔?〕 〔?〕勇而不謀〔?〕〔?〕太原 管〔?〕傳字公衡以
格度知名官至衛尉偉子長武有能〔?〕
風〔?〕〔?〕仕晉尚書令。畏風事詳風 滿 悗 煩〇 餪 博管切屑米 麥餅 〔?〕〔?〕
文帝表其門閭及帝崩原 餅也亦作粺 〔?〕〔?〕
平號慟日食丨丨一枚〔?〕 五色餅 十五以丨丨〔?〕〔?〕之不肯食〔史〕 纂
社管切絕也。滿中丨 齊衡陽王鈞所生區貴人病鈞年
山谷押在此並詳翰

韻府羣玉卷之十

韻府羣玉卷之十一　上聲

十五潸　與産同用

潸 士版切 涕下 ○綰 烏版切 系也 秋蛇綰 字字若綰丨（羲之傳） 墨綬綰紐 金章綰丨（田山文）（人名）
侯武紀嘗與好儒術推轂 趙丨（蜀志）漢人元它賜 ○版 布綰切 （札）丨（圖注）以丨寫之今戶籍 詔戶丨丨○或作板○拍板事見拍 奠版
丨丨長三尺即今笏 李謂也田紀績頌丨丨 續牒也同名 系板丨之民三耗其一 玄板 式丨丨者 戶口板籍 縮板（綿詩）索丨丨以載
丨其祭 金鈑 詳殿 丨丨六役（周子） 鈑与板同 假版 謹奏所丨丨未通班（圍） 左丞相軍諮祭酒丨丨（晉華譚傳）
（袁紀）陳有板谷議參軍板長史之類丨丨班品之卑者（隋百官志） 擲板 逢萌初為亭長時尉過萌迎拜既而嘆曰大丈夫安能為役遂之長也李丨
焉 投板 范滂丨丨蔡官務也 露板 齊明帝曰上馬能擊賊下馬作丨丨 惟傳修期（北史） 歌板 隨丨丨（國史） 記事板
宋朝張文定公知開封府旧尹者皆置板丨丨上之 公不用聚記數百人以次決遣史民以為神（墓誌） 五板 栢玄并西夏頓剃江一州一府一國
于時五欲賀雪五板俱入玄 即丨板後皆聚絲成章（史記） 龜茲坂 邪知獎善心筭房琯筭絡身之事邪言 病起於急殆不材用丨丨丨 從謝

（趙）相手板 宋庾道愍精丨丨丨山陽王休祐屢以言語忤意 丨道愍丨其丨丨曰此乃甚貴然使人多忤（史） 倒執手板 桓溫將移
晉室呼謝安王坦之欲於座害之既見坦之汗流沾衣丨丨丨丨安從容就席謂溫曰安聞天下有道守在四夷明公何須壁後置人邪溫笑曰正自不
能不尒（晉書本傳） 拄頰手板 王徽之丨丨丨看山事詳頰 黄門手板 齊恩倖綦毋珍之在西州有相手板者云當貴每以此言動帝
珍之又（圖）丨丨郎帝問西州丨丨何在珍之曰此是丨丨丨官何須問帝笑（史） 封侯白版 丨丨者衆印不供 全有丨丨者（宋志）
鑾板 蔡確傳有侍兒名琵琶公每叩丨 板鸚鵡輒傳呼其名又詳鵡句 黍金以板 晉隗炤善易臨終書板遺妻子曰後五年有詔使來
姓龔者負吾金以丨 灌城三板 智伯攻晉陽而丨之丨不沒 丨丨之詳金 丨者丨丨沉竈產蛙民无叛意（國） 花瓜榖板 宋京師七夕以
小板傳土種粟生苗復置小茅屋花木作村落之（歲華紀） 態謂之榖板又以瓜雕刻成花謂之丨丨 ○禪板 龍牙師問翠微如何是祖師意翠微
日与過丨丨來 翠微 擔板 更往參叅莫丨丨 接得便打詳禪（山谷）（集） 參王板 東坡嘗邀劉器之丨丨 師謂筍也詳筍
（詩）（註） 民丨仕（詩）（篇）丨凡伯刺厲王也（大雅） 丨牙丨 ○赧 奴版切面慚而赤（孟）丨丨然 （詩）（表）丨視 ○戁（詩）不丨 悚懼也
不悚 ○僩 下赧切 武皃（詩）瑟兮丨兮（荀）（傳）者 止丨注丨猛也（爾雅）（詩）辭摘了怒丨 撊 忿皃（左）丨然授兵登陴 ○睅 合版

切大目也（左）丨其目（宣二） ○睆 明皃（詩）丨彼牽牛（說）（華）而 ○又鮮好皃（詩）睍丨黄鳥 莞 小笑皃（論）丨丨爾而笑 ○繵 毋板切目
丨丨也又視皃（韓）親戚競睍丨 又山名 馬融廣成頌右丨三峰 張知白神道碑石中立意問曰是誰 ○撰 雛皖切（孟）自丨其法度之言 柳文謹
輯而丨 論（撰）度 撰盛丨丨 操盛登對曰是丨丨 滿堂大笑（湘山野錄） 平淮夷一篇○或作篹 前漢文志 丨解丨請 詞人撰 河頌（良馬行）
○産 所簡切（漢）（祖）（紀）不丨業 生丨（孟）恒丨恒心 異産（周十五） 全人丨丨 中人丨丨 産 乘詩（隱）十家丨 露臺百金
之丨丨 百金産 詩臺丨 徙千五諸侯不丨（周） 萬金産 指從相賀言此丨是丨丨（賴） 罵産 後劉寬當遣蒼頭市酒良久大
醉而還客不堪罵丨曰丨丨寬遣人視奴疑必自殺曰此人也丨曰丨丨辱孰甚焉（史） 盜破産 盧坦為河南尉時杜黄
與悪人游破産合家之 坦曰凡居官廉雖大臣无厚蓄其能積才者必剝下以發之 裳為尹召坦曰其家子
以發之如子孫賢是天富不道之家不如丨其不道以歸于人 黄裳警其
言 （人名）（呂丨）賢大夫 産（呂后族） 嵼 （選）連岡若以丨 山居曲皃 渥（韓）水在京兆入灞 使我耕丨 ○限 胡簡切
切杜且盡樽 酒限 陶說飲丨有定丨常權有餘而限已竭或勸 鐵門限 隋僧智永
笥有丨杯少進曰曾有丨矢亡親見約故不敢踰（李） 善書人求題頭門限穿穴乃以鐵葉裹之号丨丨丨（文房四譜）都人丨破
丨丨丨（幽） 又人先百年期強作千年調鑄丨作丨丨鬼見拍掌笑（古詩） 過

戶限 謝安破苻堅喜甚丨丨丨 戶不竟屐齒之折詳屐及碁 居戶限 宋劉璿曰仕宦不出當入不入當 出安能長丨丨丨上（南史本傳） 南
北限 魏文帝伐吳見波濤洶湧曰嗟乎 此天以長江限丨丨丨也（詳江） 一水限 隋文帝曰豈可限丨衣帶丨不拯之乎（隋） ○簡
古限切（詩）降福丨丨（書）臨下以丨（語）居敬行丨 太丨狂丨（易）易丨之理得（國語）大礼必丨 青簡 謂之汗簡（吳祐傳注） 以火炙簡令汗出取易書
汗簡 見上 白簡 傳玄性急每有奏劾或值日暮捧丨丨坐以待旦竦踊不寐 工丨臺閣生風（晉本傳） 又云丨丨簡略状也（南史任昉傳注） 霜
簡 御史出持丨丨入 奏天闕（唐李嶠） 金簡 禹發丨丨（春秋）言通水之理 玉字（吳越） 靈簡 古（隸）規 析 新簡 晉王陵而丨丨（國） 縛水次曰
鄉直丨丨召我我何敢不至而乃引君來平 司馬宣王 曰以鄉非丨丨可呼故也（魏略）李豐迷罪丨丨所能致 擲簡 搖毫丨丨自不
（博） 海層 迪簡（書）簡大也 在王庭 苟簡 安於丨丨（禮記樂志） 梁園 授簡 馬曰抽子秘思為寡人賦 王丸丨雪下丨丨於司 供恤刻青紅浮
之 南史 執簡 太史書崔杼弒齊君崔子殺之云云 丨丨聞太史尽死丨丨以往詳史 陰功 授簡 侯何比干有老嫗年百八十餘
求避雨甚而衣不濕比干延入乃曰君之先有丨丨丨今天賜 之策如簡長九寸丨之曰子孫佩者富貴言訖不見（幽明錄） 無郎 袖簡 趙
子長子曰伯魯幼曰丨丨書訓戒之辭以授二子三年而問之伯魯不 能舉辭簡已失問無郎誦其辭甚習求其簡出丨中於是以之為後（國）丨 吳

竹簡後丨祐父丨為南海太守祐年十二欲殺青丨丨以寫書祐曰大人
竹簡遠在海濱其俗多珍怪此書若成即載之兼兩為國家所疑恢奇之
人名 蘇丨丨即蘇小也詳小 盧丨丨盧仝謝孟諫議 姓氏 范陽宮音。左傳晉
斉歌 山丨丨晉山濤事詳鎚 韓丨丨晉使韓丨視師 大夫狐鞫居食采續
邑因号續丨伯宗有丨鄉明尚書李 丨箋蜀人字憲和為從事中 柬遲
郎常為談客往來使命拜為昭德將軍。陳先主罪有驗具者詳具 也
通作簡書簡嚴脩記簡不帥教者韓 ○棧仕限切閣木為路。事見諫与 輚卧車通作
籛美无可丨汲詞丨尽寒枝不肯棲韓 棧路 棧詩有丨
之僝孖具也書方 ○剗初限切杜意欲鏟疊嶂韓贈張籍文章紹編丨韓
車鳩丨功 剗勿丨勿敗韓愈贈丨僞以負李丨却君山好。僧
剷髮為丨章 丳燔肉器韓如 ○眼五限切 天眼与丨作丨行海眼石笋之
。通作鏟 丳以肉貫丨 眼切 天眼光明盧仝月蝕 海眼下是丨
丨泉從石中 漆眼晉杜乂王羲之目之曰膚如 青眼阮籍字嗣宗能為丨白
出成都記 漆眼凝脂眼如點丨神仙人也 青眼丨見礼俗之士以白眼
對之。籍母喪嵇喜弟之籍 肉眼郭光業狀元及第有人謝曰 戎眼丨丨何
不哭見白眼喜不悅而退 肉眼當時不識貴人凡夫丨丨 戎眼曾眼落
髀晉謂 黿眼瑶翻碧潋韓愈宗師墓誌 丨丨頒 換眼陶穀少時夢人史云奉符丨丨吏求分
王丨 黿眼 換眼十万安第一眼穀不應又云分五万安
第二眼復不荅吏曰止分第二眼即以二九納入眼中既竟眼深 五眼高卓
碧後相者曰好貴人骨氣奈一双鬼眼何必不至大位稽神錄 五眼曰吾

四子皆丨丨詳王有生无一目父縱以識言 反眼丨丨若不 獨眼李克用一
三羊丨丨應得立為太子晉載記互見改 反眼相識詳石 獨眼目眇故名
丨丨龍 鷩眼丨丨已過焦眼生䁦〻欲作松風鳴 鴝眼端硯有丨鴝丨黃白
詳者 鷩眼陸游詩一鼎水煎紅丨丨崔狂余詩 鴝眼相間翳眼在內謂之
活眼四旁浸漬不甚睛明謂之淚眼形 鵝眼梁末有 千里眼後魏楊逸為光
体要具内外皆白謂之死眼東坡筆錄 鵝眼丨丨分 千里眼州刺史廣設耳
目善惡畢聞咸曰楊 百姓眼謂民目眠字也詳 石菱眼桓溫眼如紫
使君有丨丨丨史 百姓眼餡独眼孤館事 石菱眼丨丨詳似 讀書眼
丨丨丨如月瞬 謝方眼梁謝善勛工書酢贖張 點龍眼金陵二畫龍丨丨一
陰蔽不照國 謝方眼目大罵号丨丨丨史 點龍眼丨須臾破壁上天不
點眼者 中鶴眼秘書省有落星石薛少保畫鶴賀監草書郎餘令畫鳳元
在詳危 中鶴眼和中韓公武為秘書郎挾彈丨丨丨一丨時謂五絕國林 禽
偷眼霜丨欲下先 酒滿眼為君沽丨丨丨酤 天無眼五代江淮察王信高祖從
偷眼丨丨附通 酒滿眼酣杜滿眼酤酒器也 天無眼弟曰吾曾謂丨丨丨主
上孤立城 不掛眼余老嘅讀書餘 傳神在眼顧虎頭云丨丨寫影都丨阿堵
落賊手史 不掛眼事丨丨丨國 傳神在眼堵中東坡傳神記謂眼也
身是眼朱貞白嘗謂貴人不礼題格子屏風曰道格何曾 抉子胥眼吳殺伍
身是眼格言糊又不糊丨丨抉丨丨还是識人无談苑 抉子胥眼子胥將
死曰丨吾眼置吳門丨 刺瞎人眼隋魚贊 ○慧眼梁江紑父蒨患眼紑夢僧云飲
東門觀越兵之入 刺瞎人眼事詳瞎 慧眼丨丨水必差蒨乃舍宅為寺乞

賜嘉名武帝以丨丨為名乃修 碧眼達磨眼紺青色辯 隻眼須具肉丨丨照
故井取水洗眼着豪遂差史 碧眼丨丨胡僧高僧傳 隻眼破兩頭事蓋只
嘗帶一丨丨向 通身眼丨丨是丨通 三隻眼埋没達高谷 波若眼晉沙門曇
遂行百丈語錄 通身眼身手詳手 三隻眼丨丨丨 波若眼瞿持一錫
杖曰此是丨丨丨奉之可以得道人或藏其 趙州眼陵行婆問浮杯和尚尽
杖大哭閉目須臾起而取之人奇其神史 趙州眼力道不得底句还分付
阿誰和尚云浮杯无剩語婆云某甲不憑麼地道師問婆〻斂手哭云蒼天
中間更有冤苦師无語婆云語不知偏正理不知倒邪即禍生也後有僧举
似与南泉云〻婆哭云可悲可痛後又举似与趙州〻〻云我若見這臭老
婆問教口啞却婆聞云趙州自合喫婆手裹棒後趙州哭云可悲可痛婆聞
合掌嘆云丨丨丨 放石頭點眼長髭禪師參丨丨云嶺頭一尊功德成就也
光明〻照天下傳 石頭點眼未師曰成就久矣只欠丨丨丨曰莫要丨
丨麼曰便請石頭乃翹一足師礼拜云 看經遮眼僧問藥山為什麼丨丨燭
云曰某甲所見如洪炉上一點雪傳灯 看經遮眼師曰我只圖丨丨傳灯
薰兩眼北齊祖珽從兖州張奉礼希意以丨丨丨失明後主 草木 龍丨丨果名。
薰兩眼時拜左僕射与陸媼連結兩眼不見物而勢傾朝野史
荔枝過則熟故号荔枝奴 一名龍目。左思賦云旁挺龍目側生荔枝云
云。山谷下云太中自言十年作三都賦皆責土物之貢至如龍目亦不知
其實蓋龍目惟閩越有之詩話 龍丨与荔枝異出同祖父端如柑与橘未
易相可否云〻生疑星隕空又恐珠还浦閩經未嘗說玉食遠莫數國 左思

賦詠名初出玉局揃 ○戔阻限切亦作盞又作醆。玉盞地 夏琖丨曰丨
揚論豈頗劉彥冲 戔一破則不完詳地韓使立侍盤丨 殷曰斝
周曰爵內會 紫金琖牡丹詩有国色朝酣酒天香夜染衣句明皇謂妃子 上元燈
紫金琖曰粧臺前飲一丨丨丨酒則此詩可見矣松窗雜錄
盞丨丨盜冒家丨丨置 醆酒微清記
床下令人有子本草 醆醴丨在戶

十六銑 與獮同用

銑蘇典切金之澤者曰丨。弓金 毨書鳥獸毛丨注 洗易以易丨
銑之謂丨 又鐘口兩角曰丨 毨理毛更生整理也 洗心一音在
此 姑洗季春律中丨丨月令 揮洗拔足丨丨揮鄉生 輚洗鄭食其謁沛公方
姑洗洗絜也言脩絜万物 揮洗之說宋祖紀傳 輚洗踞床使兩女子洗
生長揖不拜曰不宜踞 兩女洗見 跣足親 徒跣蕭何下廷尉赦出丨丨入
見長者乃丨丨謝之本 兩女洗上 跣也也 徒跣謝本鄭通丨丨謝申屠嘉
左王琵露髻丨 祖跣丨丨不肯謝過跣丨丨夏月仰卧謝公卒來丨出屋外
丨繫職詳捧 祖跣成皐盧杜謝過跣方躡履問訊公曰汝可謂前倨後恭
一靴一跣藍采和丨脚丨丨脚丨靴丨舞 ○腆他典切多 洗腆厥父母慶用丨
一靴一跣拍扳踏歌續仙傳互見歌 腆也厚也 洗腆丨致用酒書丨
尽也言紂 小腆殷丨丨誕敢紀其叙大誥 羞腆惟丨丨丨不腆丨丨敝邑之礼
大厚於酒 小腆言殷後丨丨腆之禄父 羞腆於酒書 不腆昭九四有丨丨丨

之四窗 靦 慙也詩有靦 丨面目 陳 丨悂 〇殄 徒典切絕也尽也詩肆殄不殄 不丨厥愠書餘風未丨 殄丨書
暴殄丨物書 丨丨天 沴 陰陽氣乱 〇又䀢為 填 尽也詩哀我丨寡 典 多珍切書序二墳五丨 慎徽五丨舜典各守
尒丨 絡語 六典 治典 教典 刑典 事典 礼典 周礼天官 政典 輕重典 刑新国用丨典 平国用平典 乱国用重典 秋官司寇
陸秘丨 舜丨丨 人名 觍 丨聊驟馬御史 群居觍丨字形 兒兜梧能提戟八十斤 任校尉 〇𦅀 古典切 記分丨 称絲 王藻言容丨丨 声氣
微也〇王羲之用蚕丨紙書蘭亭 八𦅀 貢丨丨之絲丨丨之揄抽 正 序詳紙為丨繰子 詳陣〇俗作蠒 吳都賦 詳蚕 獨𦅀曳丨丨 林賦 一𦅀絲也〇
詹何以丨丨為綸 重𦅀 申叔豫方暑闕地下氷而牀焉 丨丨衣裘鮮食而寢
引盈車之魚 詳魚 襄廿一 注 綿衣也 𦅀本作襺〇蘇秦說李兌足丨丨
日百舍而趍外闕 戰国策 欲伐宋墨子自魯趍十日十夜足丨丨而不休息 淮南子 足傷皮起如丨丨〇𦅀本作趼 氷𦅀 東海丨蚕丨丨為錦 暑
月陣於座側清涼 詳錦又詳 野𦅀 丨蚕成丨丨人收 蜀𦅀 刻蠶丨丨
養蚕築丨丨瘦 王褒運詩 野𦅀其利 光武紀 蜀𦅀 賦松煙 名 魚𦅀 書饒 蓋丨
丨丨 嚴陵南以丨繭丨 藤𦅀 揮毫寫如丨 国客 妻得蚕百二十頭 𦅀大貴角
絲為紙書寫 偈也 藤𦅀丨丨 名 如蠶𦅀丨丨〇扶桑大𦅀丨丨 盎丨 牛角
宗廟之牛角𦅀栗 記 昔年探官𦅀 人日京師貴家造丨丨丨 館中置紙簽
𦅀 喝日夜但有丨丨丨 返 或削木書官品人自探取以卜異時官

品高下 歲時雜記 蚕不作𦅀 文皇嚴王顒曰抵死不作𦅀及文皇登極因奏曰今日
延矣帝笑 言之二品服 朝野僉載 人名 王丨 得作𦅀耶帝曰卿元嘗相朕者為卿惜也曰朝貴多死
其夜卒 甘泉付 王丨投其鈎繩 古巧人 𦅀 袍衣也 趼 事附𦅀 足胝也 事附𦅀 峴 胡典
切〇丨山在襄陽〇羊 大峴 晋刘裕伐燕或曰燕人若塞丨丨之險奈何 陘峴 劉翼傳 丨 吳王峴 人 幽
枯好遊丨山事詳碑 京師米翔貴語曰欲丨丨丨 丨 李丨 史
夜渡丨 國史 栗賤還峴 唐李峴自京兆尹貶零陵峴得人心時 晛 丨曰消 日氣詩見
丨丨 覘 譬喻也詩 丨天之妹 睍 出目也又小視也詩 丨睆 〇 撚 乃珍切 挽也 攡撚 趁 娶 吳姣
於丨丨 吟髭 撚 丨安一个字 撚斷數莖 詳髭 法苑 指一丨 捻 花枝丨 沼 詳切典 丨之流 俗典 音 溉垢濁也 又汗貌 〇
詳手 顯 呼典切 孟 以其微顯 春秋丨而 顯 成十四 丨丨之 殷祖紀 四 君子 丨 能不顯丨丨哉
曰丨 君丨 孫丑上 丨丨丨 人名 官者 顯 牛駕具 背白丨 匾 婢典切 石兒 詩有丨斯 石〇 与 盧丨 音不同
論四隱 丨丨 晋謝方傳 辯 交也 通作編 辯 終軍傳 辯 綸 鬢 扁 丨 船名 广雅 具白丨 詰山 容与 漾 舉丨 鉉 玉丨黃耳金丨 胡畎切 鼎耳 易 鼎
人名 丨 徐丨 唐人 〇 姚 泫 丨然 泫流 洋 琄 丨丨佩玉 兒 詩 丨丨佩玉 〇 畎 姑泫切 水小流 即 澮也 又 〇 爾雅 云丨為一畝 書 濬丨澮距

川 益 伏 畎 丨丨 縣 貢 羽畎 丨丨夏翟書 丨 峩畎 山之谷 谷也 畎 羽畎 書 禹貢 曼畎 為厭丨丨 罥 丨罥 亦作罝 挂也 曰 罘罟
貫 已 横丨 谷 惟 模蜉絲丨 扁 補典切 署也 其扁 戶之文 禁扁 爰有丨丨 何晏景福 門戶封署曰扁 盧扁 丨有 丨 越之東 鵲家
所謂丨丨 匪 輪扁 斲丨 桓公讀書於堂上丨丨 於堂下 詳輪 陸倉 扁和丨 蓬 史記 南陽羽音 丨鵲 扁
烟 良醫也 威公讀書 桓 和丨 姓氏 渤海人姓秦名越人
桑君以禁方傳之號太 褊 不圓見 通作扁 前漢 東方傳 匾 三丨 褊 丨心之
子丨死丨 鵲生而起之 韓兒生欲其頭扁壓之以石 偏 狹也 丨 狹也 鍾 丨
人不怒 詳 犬 苦泫切 殼虞晋 婺 揆 丨 宋从韓德 官 丨 良丨 韓兒 丨
〇 畬 狗 通作犬 丨 皆 仙 詳 童 刘 安 事〇 与 狗 通 者 蜀犬 丨庸 丨 常雨少日
日出則丨吠 大 雪 被 南越中 數州 犬 皆 蒼 越犬 上 見 丨 冥 蕭通曰丨之
黃 吠 雖 狂 走 者 累 日至 无 雪 乃 止 柳文 越犬 上 蹈 犬 堯 之 犬 不仁 犬固吠
非其主 陶犬 丨丨 无 守 夜之 警 瓦雞 丨丨 弃犬 丨丨 徐彥伯 為文 求新 以 犬 為 類 詳 犬 无 司 晨 之 益 金樓子
一作狗 无 竹馬 為 篠 驂 之 類
瓠 犬 高辛氏 宮中 老婦 人 耳 疾 挑 之 有物 如 繭 以 瓠 離 盛 之 以 槃 覆 之 有 頃
化 為 犬 文 五色 因 名丨丨 搜神記 有 犬 戎 之 寇 募 能 得 其 将 吳 将 軍 首 者 云云 妻 以 女 丨丨 銜 人 頭 詣 闕 下 乃 吳 將 軍 首 也 帝 大 喜 欲 報 之 未 知
所 宜 女 聞 帝 下 令 不 可 違 信 因 請 行 帝 不 得 已 以 女 妻 之 丨丨 負 女 入 南 山
石 室 中 三 年 生 六 男 六 女 其 母 復 以 狀 白 帝 於 是 迎 諸 子 言 語 鵲 倉 犬 宮 人
侏 離 常 賜 以 名 山 大 澤 其 後 滋 蔓 長 沙 武 陵 蠻 是 也 南 蠻 傳 徐國

姪 娥 產 卵 棄 之 獨 孤 老 母 有 犬 名 丨丨 衔 卵 以 歸 生 小 兒 生 時 正 偃 故 為 名
徐 君 聞 之 收 養 長 而 仁 智 襲 徐 君 国 丨丨 臨 死 更 生 角 而 九 尾 偃 王 葬 之 名
狗 塚 事 見 偃 王 志 寄 書 犬 陸 機 在 吳 後 仕 洛 戲 語 犬 黃 耳 曰 家 絕 无 書 汝 能 馳 往 否
向 吳 餓 則 入 草 噬 肉 每 經 水 輒 依 渡 者 掉 尾 向 之 其 人 憐 愛 因 呼 上 船 纔 近
岸 則 騰 上 速 去 到 機 家 取 書 看 畢 犬 又 伺 人 作 声 如 有 所 求 其 家 作 書 納 筒
之 呼 黃 耳 塚 異 記 犬 搖 尾 作 声 似 應 之 機 為 書 盛 以 竹 筒 繫 頸 犬 出 驛 路 走
仍 馳 還 洛 後 犬 死 葬 芙 年 犬 餘 丨丨 一 丨丨 而 食 一 丨丨 不 至 諸 犬 不 食 史 五 代 南 唐 時 江 州 陳 氏 族 七 百 口 畜 犬 百
犬 蹟 穆 脩 与 張 景 見 奔 馬 踐 死 一 人 各 記 其 事 穆 曰 馬 逸 与 黃 犬 遇 吠 主 犬 梁
踠 死 斃 張 曰 有 犬 死 奔 馬 之 下 語 皆 拙 澁 時 已 謂 工 墨 客 揮 犀
勉 為 侍 中 動 經 數 旬 一 还 家 群 犬 驚 吠 勉 曰 松 青 犬 一 使 者 牽 白 犬
吾 憂 国 忘 家 乃 若 此 吾 亡 後 亦 傳 中 一 事 也 松 精 犬 居 何 地 曰 居 偃
至 古 松 而 殁 松 形 果 如 偃 蓋 使 杞 根 犬 朱 孺 子 見 二 花 犬 逐 之 入 枸 叢
者 乃 丨丨 乃 茯 苓 金 陵 記 掘 之 丨 形 如 二丨 食 之 身 輕 詳 杞
人 用 犬 趙 盾 曰 丨丨 丨丨 家 嫁 女 賣 犬 晋 吳 隱 之 丨丨 使 者 至 方 令 婢
雖 死 何 為 詳 獒 獒 嫁 女 賣 犬 牽 犬 丨丨 之 此 外 蕭 然 无 辦 史 兒 子 肫
犬 後 梁 祖 曰 生 子 當 如 李 亞 子 吾 兒 肫 犬 耳 〇 曹 公 村 犬 韓 平 原 作 南
嘆 曰 生 子 當 如 孫 仲 謀 刘 景 升 丨丨 丨丨 耳 吳 志 村 莊 雞 犬 園 有 丨丨 韓
曰 只 欠 雞 鳴 犬 吠 耳 忽 聞 丨丨 不 吠 之 犬 豈 可 以 无 盜 而 畜 無 骸 尊 孝 犬 猶 〇
丨 声 乃 府 尹 所 為 也 詳 巷 丨丨 丨丨 丨丨 柳 文

獮息淺切左秋丨冬狩韻會狩丨鮮中庸丨能知味語知淺鮮待之至丨惠鮮德者丨失之者丨淺鮮矣漢政傳丨
寡書丨丨鮮蘚貧蘚苔冬謂之重冬草亦呼丨丨酉陽山蘚木一名丨本草丨丨几生蘚厨竈无青煙刀碧丨李
衣生蘚夜字照麥新垢丨丨碧丨國卬生蘚丨鎖經秋帶蘚痕李白詩韻會綠丨碧丨癬也齐○衍以淺切詩
蕃丨盛大椒聊史記注游衍昊天曰旦及尒丨丨敷詩旦明也丨行也丨溢
山阪曰丨。霞勻通看游衍也言上天之明常与尒往來游溢可不慎哉。
又衍寛縱也杜酒衍蠡丨有大衍數係辭丨丨之蔓衍貂狗之未陳也盛以談天衍
吾与誰丨丨國丨丨丨丨詳狗衍芻也
史首御傳鄒衍之術迂大而閎辯齊人曰國禪姑衍濮封狼居山於丨丨聞○六通五衍
丨丨詳兗那將坐井蛙而叱丨丨丨丨
柳頭陀寺碑注五衍五乘也天竺言衍此言乘一人二天三王四声有
聞四辟支佛五菩薩僧肇論躬丨丨之神驥乘丨丨之安車人名悍妻。
王丨清談誤晉。演流也韓又泓涵丨丨慈演切曲礼言遷巨淺丨丨
杜丨宋賢相詳可演迤又西伯丨易○賤孟丨形語丨迹
有丨伐木人名越王錢詩顯父丨寘錢丨丨納迎錢還吹此曲丨丨
踐行列也之韓奕寘錢日書迎錢相丨丨爰飲錢于祢
詩皋李光顏復还忠追錢群公丨都
班錢武百官丨丨唐丨丨
俴淺也詩丨駟孔羣詳駟小戎丨收詳收○

展知演切詩不可丨也抱冊丨丨樂貝騠足展治中別駕之任始
也大成魏証傳丨尽底蘊礼展東都付丨丨展其丨丨詳驥
發圖人名鄭御姓氏名獲曾孝公子丨之後无駭卒公命以字為丨氏風俗
〇弟盜跖上魯魯人齐輾詩丨轉士師三黜聖之和食邑柳下謚曰惠
侵魯丨喜犒師僖廿六卧不定○闡昌善切易微幽繫辭大闡以闡丨書序
坤珍闡東都付丨丨原丨道左以蕆車敝詩檀
淺丨丨而言深者愚也後漢崔駰傳丨丨而言深是忠也使○淺七演切左交
淺丨而不可以深談則天下不傳而三公不得也戰國策丨丨褊淺蟋蟀傷詩把
淺淮水每冬涸南唐嚴丨丨也左蓬萊淺王方平与麻姑自言
兵戍守謂之丨丨丈夫淺范宣子曰吾淺之為丨丨接待以來見東海三
為桑田聞丨水又丨於往者會時略半矣將復丨水清淺疏影横斜
為陵陸乎神仙傳適從海上來丨丨又清丨國丨丨丨丨虎毛
淺丨丨共癸丨國火記水淺傳永曇賊來斫營必以丨丨淮丨丨處窑令以瓠盛火
置深処火起果斫營伏發擊之奔水溺死數千人詳瓠
興復不淺庾亮曰老子於此丨丨詳月丨丨識丨緣○遣去演切詩君丨使臣理遣意相干可衛玠曰非
以丨丨丨丨丨丨
詳干丨消遣梵香默坐世界竹樓記丨丨胷中不能遣王濬曰不能遺諸丨是吾褊也詳褊○蹇九輦切

蹇丨丨金之途班固敘傳丨丨之乘不騁千跛蹇易丨蹇注生丨丨偃蹇登臨不得要万象各丨丨蹇彼數
大矣詳叙連蹇騁驊騮以曲躠兮驕騾丨丨而齐足揚反騷丨力展切驕蹇丨丨李偃蹇左孟光云要亦丨丨
林甫丨丨帝後帝問故曰臣非疾也丨丨陰陽仍丨蹇唐玄宗在東都欲
願奏事三云車駕往幸何所待時史蹇蹇俱與而至以蹇蹇疾曰止得
一人半詳半曾使蹇晉郤克使齐丨頃公母從樓上笑之盖郤克僂丨丨衛使
尒詳半眇齊令人如之以導客郤克怒歸請伐齐史記此与谷梁所
載少異蹇車蹇丞相蚡薨韓安国行丞相事引丨丨
詳跛丨丨丨上欲用為相視蹇甚乃止駕馬蹇楊翁偉通馬語曰
馬亦丨彼丨丨丨丨駑馬蹇彼馬丨此丨丨此
丨眇詳眇續套忠丨丨卦名三三山上有水丨君子以反身脩德初六往丨來
往丨來連九五大丨朋来上丨丨六二王臣丨丨匪躬之故九三往丨來反六四
六往丨來碩吉利見大人姓氏秦丨叔謙伐晉。漢丨蘭為交趾太守。
旨○善常演切丨惡之丨在此彼丨而丨之則去声。
詳詳為丨最樂詳樂兼顏丨飯詳飯又淡丨宇名謂善惡我丨丨不
亦可乎十善名望者礼之詢以政事兮丨丨史張湛曰人謂
可為丨丨丨丨則我不為後魏陸馥為相州刺史州中有德宿使汝為善范滂謂子曰使
惡行路聞之莫不流涕幽謹無為善有人教子丨丨丨子曰將為不善邪
日善猶不為況不善乎此全其天器者

也匯南子每事盡善王導每發言一坐贊美王丞正色曰詳
善隨後防之每報帖云丨丨丨丨人非堯舜何得丨丨導謝之幽多多益善辯杜書記平
杜牧在牛僧孺幕中每夜遊公使街子詳記續套桑丨迁丨兼丨止至丨
膳孔丨丨問安待丨前賈山傳損食丨丨。六膳食醫掌和王之食膳飲膳羞如儲積脯腊
詳上丨夫掌王之飲食丨盖。六膳六飲丨丨孔帖膳羞以供
声羞王直宿供給丨丨月膳詩補亡詩丨丨辛膳姜芥合丨脪僎行動兒相
婉丨於丨丨撣壇也䍲三丨鱔本作鱓或作鱣亦作䱇如賦象輿
西清壇同丨三鱣楊震鸛雀啣丨丨集講堂蛇
鱔鱓非丨丨之冗雞鱔鱓蔡邕公丨鱣前鱣黃戩史應之為童子師歲晚暑
鱓无所寄託列子丨丨而号狐狸煎鱔光雞可割庖蛀丨丨薦松醪
怒令吞鮑梁邵陵王綸為南徐州刺史嘗微服遊市里問賣丨丨以死史單姓氏南安
周成王封少子臻於丨邑因氏襄公穆公二十餘代為周卿士
字武宣孤特清苦善明天官算術迁太史令丨道開晉人有藝術入羅浮山
独処茅茨蕭然物外百餘歲卒丨王世充將善用馬○前之戔切絰
梁号飛將丨趙宋乾道中為殿待御史上疏諫擊毬丨丨其縈
○亮詩勿丨勿伐李斯傳堯茅茨不丨。丨丨我公室
詳桐丨綵為花詳綵丨水飛花謂雪。亦作剪丨桐戲封剪剪成三合作揃金剪剪馬

承祐義書号 綵林｜｜｜十取一百年連轂推双轅御左
｜｜書〔唐〕 𢦏〔路推〕元无注當是鴟地｜之材｜伐之 怯瑺号得并州
𢧵姤翦双｜相媚〔人名〕蔡將〔王〕戩 福也〔詩〕俾介｜穀。書〔人名〕事詳兩〔韻〕｜｜刀〔韻〕
𢧵夊翦彎｜｜〔國〕 ｜字戈法逼眞 詳戈 〔陳〕随車兩
代仲淹爲招討 諭 淺也〔史記〕 揃 滅也〔左〕姤｜滅 此〔詩〕实始｜商。 錢
使元昊憚之 能薄才｜｜ 如克翦維右 發硃必翦皆合作｜
鋏也治田器 〔　〕力長切〔詩〕 偏｜鸞鷥通宵｜｜備〔杜〕 上｜ 嘗不｜｜受其言〔家語〕
詩序乃｜鏄 我任我｜ 苌 文帝郎官上書帝未
〔傳〕降｜｜｜而迎 學士英｜ 姚崇爲｜｜明皇思崇論時務又兩況御 婕
隆輦 玄宗待李白 令侍御者｜｜召來中外榮之〔開元遺事〕
好辭輦 後成帝遊後庭欲与班｜｜同輦｜｜日古者圖昼賢聖之〔史〕白衣啓
輦 君皆有名臣在側昏主乃有嬖妾今欲同輦得无近似乎
輦｜｜｜李泌山人以〔本〕翠意｜｜｜晋元帝過江无輦御翻安｜｜形制无差人服其精記〔史〕
〔韻〕｜金｜玉
中秦䗁器 四璉夏之｜｜殷之六瑚二璉 魏應璩字休璉兄瑒字德璉時
瑚｜注宗廟 周之八簋〔記明堂位〕 〇德璉又号建安七子
〔人名〕賀瑒字〔　〕 梁五經博士 獻 魚蹇切 歒也〔孔〕陶人爲
切分也見阮 〔　〕見阮匂｜讝也 〔左〕紀｜玉磬 〇 拌 巨辰
又名｜ 鍵韻 辦 〔韻〕待蹇切〔乾卦〕蹇蹇 〔　〕 中庸明｜之 〔辟〕 辨 辯｜剝｜以｜〔易〕 辦｜足上也 諸孫

不辨郭子儀｜｜數十年｜周子有兄而无〔左〕牛馬不辨 兩涘渚崖之間
人｜能尽｜ 菽麦不辨｜慧不辨｜｜｜不辨｜｜〔莊秋〕
〔水〕辯〔史記〕侍譊｜｜。曲辛多｜｜。言 大辯 大巧若拙｜ 好辯 皆称夫子雄
辯 僞而｜詳爲二児｜日詳日 大辯｜若訥〔老〕 好辯｜｜〔孟〕
辯高談｜｜ 九辯宋玉屈原弟子閔其 逸辯 清談天之 ｜奇辯怪說｜｜〔宣〕
辯鶩四筵〔杜〕 九辯 師忠而放逐作｜｜ 逸辯｜〔晋載記〕 玨辯｜即奇也
心辯 後刘儒字叔林口訥 息謗無辯或問｜｜王通曰在｜｜問止怨曰幕
心辯｜｜有圭璋之質〔史〕 息謗無辯不争又曰聞謗而怒者讒之囮也
中之辯以安爲敗〔韓〕 ｜｜｜人反 巧｜ 〔選集〕詳｜｜ 〇 湎 聮兗切 ｜逞〔詩〕沉｜淫佚〔書〕周敢｜于酒 〇 羲和
緬 微絲也遠也 沔 流滿皃〔詩〕｜彼流水 〔杜〕 帰帆阻情｜ 〔人名〕 〔　〕六逸詳逸 〔　〕竹溪 澠 ｜水出臨菑
緬 綢繆反覆也 其流急諺云
疲馬不渡澠水又殺｜ 〇 編 方緬切 衣小也 又｜ 褊｜夫｜ 壞地
在陝縣東。俗作緬 ｜｜陝〔詩〕維其｜心 褊｜｜小〔孟〕 魏 褊爲 ｜ 刺｜
｜也 衛｜国｜小 老 王濬｜編｜晉｜平吳曰吾惧鄧艾之事良禍及
〔詩〕 衛褊 夫老矣 〔左〕 不得无言不能遣諸胃中是吾｜也〔本〕 論
巧言〔書〕截｜言 〇 僊 祖充切 肥肉也 劇通著書号 〔地名〕 盛 車 次下 〔孟〕 馬援討武陵
截善｜言 ｜ 求其說有味而長也 詳求 〔　〕 〔　〕
〔　〕吮 字 〔監〕 吳起爲卒｜疽 〇 往年 研吮 閶立本｜丹 〔姓氏〕 嗽吮 文帝病癰
曼倩 宗人 吳公｜其父今又｜其子 研吮｜粉 詳蚤 鄧通爲上

〔郭子儀傳〕之含血吮｜｜｜瘡撫戰士 〇 兖 以轉切〔書〕濟河惟｜州 〇 〔韓文〕 力兖
切或作膊〔相如〕〔樂天〕唐太宗事 後魏置南｜州西｜州
〔莊〕臠割輪碎 奉臠 晋元帝爲晋陵公主求婿謂王珣曰卿諭現便足求我
純以爲美項上一臠尤 孝緒表裕欲以妻琨珣曰卿莫近｜｜初元帝公私交窘得
佳饌以薦帝呼爲｜｜ 十臠 晉陸納問桓溫可飲我酒食肉多少溫曰 〔李〕 沽齊
饌 取飽｜｜ 思暼嘷腥臊〔韓〕 年大來飮三升便醉白肉不過｜｜
〔感南〕取取也 ｜｜生肉也 食二百臠 至｜｜〔寄西集〕 宋明帝 猪肉炙嘗鼎一臠 後魏崔浩曰見
瓶 水東知天下之寒｜ 十臠 陳武帝炊米煮鴨 ｜｜｜ 不能啖大臠 晋梁
肉 一臠識｜中之味〔史〕 計｜鍾數臠 享士大破齊兵〔詳雕〕
孝王彤謂王銓曰我從兄爲尚書令 ｜｜｜ 孌 順也婉也〔詩〕 輲 陸兖切〔詩〕 ｜｜不可｜也
｜｜｜又曰大齊爲誰曰盧播〔史〕 婉兮｜｜兮 〇 平 藏轉全鋒或未 ｜｜已
報｜｜ 軫轉｜｜其道〔大玄〕 風輪轉中間現在心一｜ 〇 轉 輪｜宛｜
反側 車轉〔經〕｜无窮也 〔陂〕詳輪
曾｜｜〔陂〕 法華轉 法達師念法華經三千部六祖曰 〔陸集〕 彈丸 〇 卷 轉居
轉經也 法華轉心迷 ｜心悟轉｜｜｜｜〔易林〕
切〔韓〕簡編可 ｜ 席卷 ｜｜天下〔賈誼過秦論〕我 懷卷 六用都 ｜｜着文字
舒。亦作捲 心匪｜不可｜也〔詩〕 ｜｜｜〔陂〕 雲魚卷 〔福〕死猶遺
〔陂〕 簾卷 珠｜｜｜西 荷｜｜ 〇 鋑 丘兖切〔漢書〕 公卿以｜容頭過身
山雨〔滕閣亭〕〔陸集〕 蕉｜｜ 千作鋑。｜ 腳酒事詳腳 作軟字

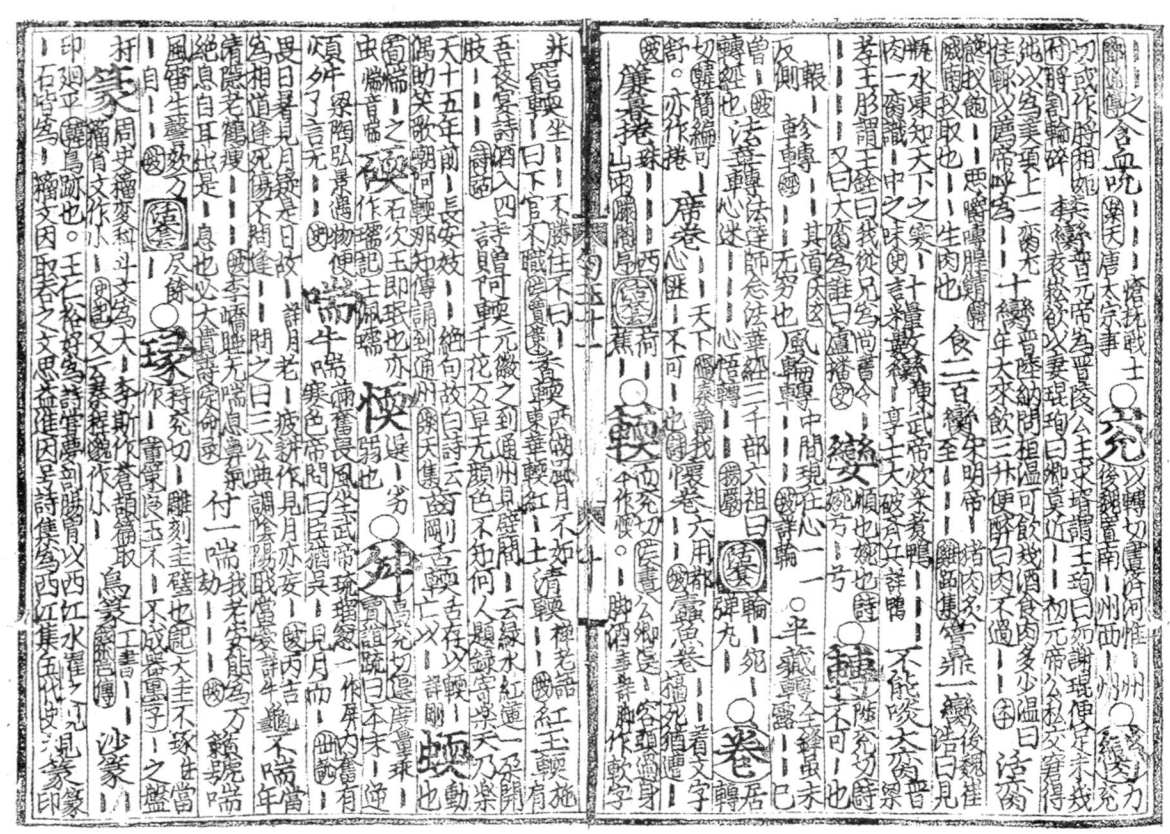

非 罷輭 坐｜｜｜不勝任不曰｜｜ 香輭 〔西湖〕岳月不如清輭 禪老語 紅玉輭 施
輭 ｜曰下官不職〔趙會覽〕 東華輭紅｜土 清輭｜｜〔陂〕 紅玉輭肩
吾｜輭 夜宴詩酒入四〔詩話〕 四 詩贈阿輭 元微之到通州見壁間｜云綠水紅蓮一朶開
胑｜｜｜｜ 千花万草无顏色不知何人題錄寄樂天乃樂
天十五年前｜長安妓｜｜ 絶句故白詩云
偶助笑歌嘲阿輭 那知傳誦到通州〔樂天集〕 齒剛舌輭 舌存以輭｜ 詳剛 蝡 動也
〔蜀〕 蝡｜之｜ 礝 石次玉即瑌也亦作瑌〔記〕士佩瑌 愞 弱也 ｜逞｜劣
虫 蝡音蝡 作 ｜ 〇 喘 牛喘 丙吉見牛喘 ｜｜ 䋎 爲兖切 〔　〕 虜皇來
須臾 梁陶弘景遇物便｜ 寒色帝問曰臣猶吳｜｜見月而｜〔世說〕 實誼疏曰本末｜逆
外了言无｜｜〔史〕 衰老 喘息 〇 吳牛喘月 丙吉問之曰三公典調陰陽職當憂 許年 龜不喘 作屏内舊有
畏日暑見月疑是日故｜詳月老｜疲耕作見月亦妄｜〔陂〕 丙吉
爲相道逢死傷不問逢｜｜｜問之曰三公典調陰陽職當憂詳年龜不喘當
清隱老鶴瘦 ｜｜｜〔陂〕 李嶠曉无喘息鼻氣 付一喘 我老安能爲万 籟號喘
絶息自耳出是｜息也必大〔貴詩定命錄〕 劫｜｜｜〔陂〕
風雷生齧效｜刀 ｜｜ 〇 瑑 持兖切 ｜雕刻圭璧也〔記〕大圭不瑑 生當
｜自｜｜〔陂〕〔陸集〕 尺餘 作｜〔董賢傳〕良玉不｜不成器〔三字〕 ｜之盤
村 篆 周史籀変科斗文爲大｜ 李斯作蒼頡篇取 鳥篆 〔　〕工書｜｜
籀省文作小｜〔史記〕 又云秦程邈作小｜ 沙篆｜
印 廻平〔　〕鳥跡也。 王仁裕好爲詩嘗夢剖腸胃以西江水濯之 見篆
｜石皆爲｜ 籀文因取其之文思益進因号詩集爲西江集〔五代史〕 ｜篆印

也既官分紀云節度使視事三日滌篆見雕篆丨虫丨香篆近世作丨丨其文
曰既印視其刓缺又曰滌篆上雕篆刻詳虫香篆作十二辰分百刻
然一登夜夏篆丨丨車名說文曰夏赤學者丹篆韓文公丨人寺丹篆一卷丨
已香譜篆轂之有約者周禮丹篆之旁一人撫掌而笑後見孟
郊乃夢中寄詩題丹篆宿州天慶觀雍熙中回道人訪觀主者不遇留詩二
笑者異人傳已題丹篆首於丨其一二云附傳丹篆千年術口誦黃庭兩卷經
鶴觀古壇視影裏悄無人迹户長宿乃丹篆剸音兗切陸剸丰將之
往往寫人刮去愈湯治病而字迹復生詩話截丨也陸剸犀水斷
蛟若丨丨犀選思兗切詮萬選張鷟文辭猶青錢分丨丨李士唐書三選七迁
兒過賓臣錄丨丨於衆萬選中号青分丨丨丨万
充奉陵邑班固兩都賦注丨等之人謂從吏二千石及高白選白金三品其
貲貴人豪強并兼之家於諸陵自元帝後不迁故曰七迁一重八兩圜
之以文龍名丨丨直三千史記平準少選以玉䃰丨丨而發視擢紳選趙元
書選上去二音亦作撰算具名也選之春秋呂覽須臾也丨丨少頃
志游洛陽所造天下選唐歐陽詹韓愈李絳等史詳教子文選郭奕丨丨丨丨其
謝曾丨丨丨唐天下選聯第曾丨丨丨選兒曰兒李佗涴謝
朝風欻月污人活套瀛洲丨丨里丨摶丨撰士免切持也記丨杖擐易兕述也
行止列史椅杌以体天地之丨丨○丨丨數也詮造也
通作撰語異乎蜎於兗切井中小赤虫揚雄傳蜎美辨切孟不
三子者之丨丨蠉蝡○言刻鏤之形深邃兒得丨焉○丨
冠謝見冠丨胄不属苟免臨難毋苟免丨丨丨記冠不免仲由曰君子死冠不免謝安妻劉
詩曾未能丨俗詩俗丨丨丨詩發恐不免民見安辭
退乃曰大丈夫不如此恐不免寬免後漢寬以貧租當坐殘賊免俊尹賞戒子
安掩鼻曰丨丨丨不免史兔民丨失之詳租曰為吏丨丨
丨丨追思其功效則復進用坐居停不免始讀寶冠塗曾州主曾身大重丁
軟弱不勝任免終身廢棄矣史謂數視曾曰丨丨主人恐亦丨丨
盖曾嘗以筆冕黄帝初作丨丨○大夫以上至天子皆有丨丨○夏官掌王璪
宅假埠長編冕五丨通麻丨又丨服用之丨丨○堯舜德化為冠丨璪
天子五丨十有二旒前後平冕絲表通典丨丨皂衣朱裏延室中織士皆冠冕不
冕遂延記註采曰丨詳延參冕丨丨去之後漢民傳
看軒冕管寧讀書有乘軒冕過黨來軒冕詩詩人冠冕唐席豫文宗嘗朝元
看軒冕門若寧讀書如故群席儻來軒冕詩人冠冕閣賦詩羣臣偶和豫
詩最工帝曰丨百行冠免思孝節義丨丨之活套俛蛘朝將相不丨眉
丨之丨丨也丨丨蜀姜維傳丨丨俛過秦論丨首繫頸
勉語不敢不丨中庸不丨而中孟勉丨丨求人名暨陵唐有李
丨子必丨之勝文上詩能丨以正強勉之詩丨而朝廷尊

十七篠 與小同用

篠先鳥切書瑤琨丨蕩○丨丨瓜篠曾之珍有汝陽之丨丨鄭注竹出篠止
丨蕩既敷○小竹堪為笙　狐篠生一筓欲存母即折之筓成竹其母枯

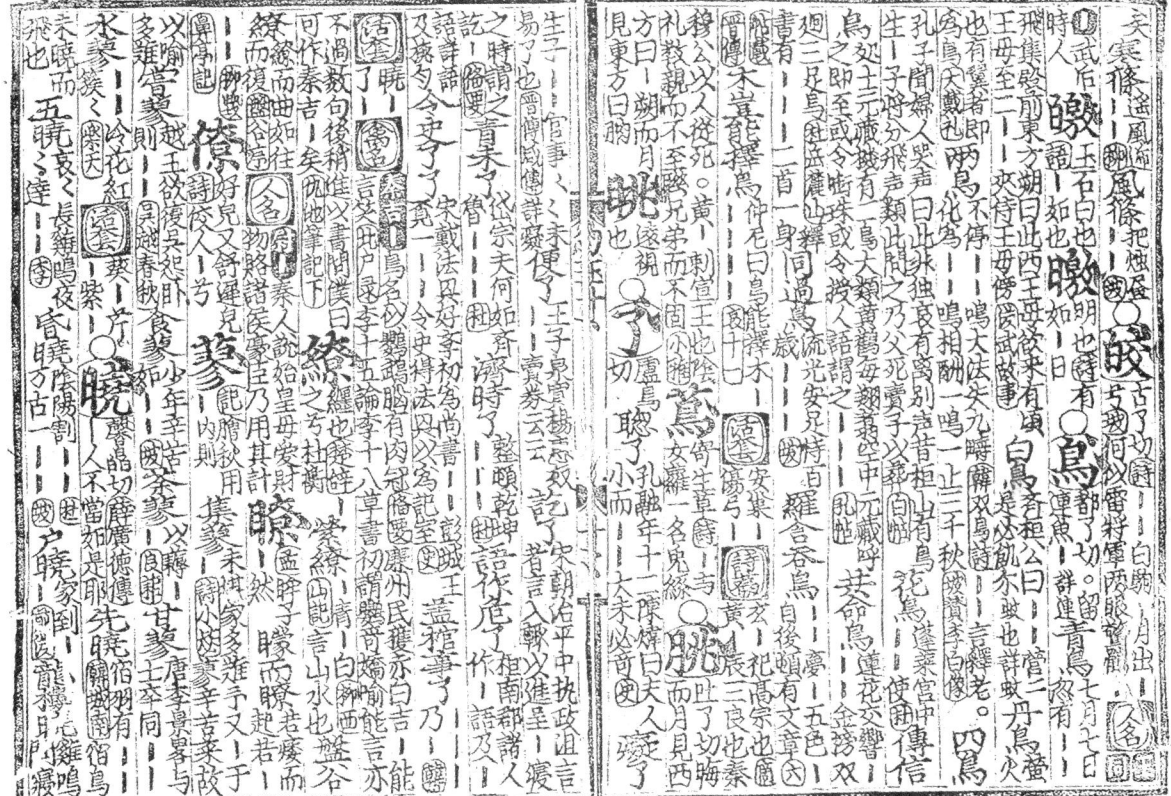

矣寒篠丨丨遙風遙丨丨風篠把燭昼國皎古了切詩丨丨白駒月出丨人名皎
時人武后曒玉石白也曒明也詩有鳥都了切○留青鳥七月七日
飛集殿前東方朔曰此西王母欲來有頃白鳥齊桓公曰丨丨管二丹鳥螢
王母至二丨丨夾侍王母傍漢武故事丨丨是必飢不救也詳蚊丹鳥火
也有翼者即兩鳥不停丨丨鳴大法矢九疇韓愈雙鳥詩丨丨言釋老○四鳥
為鳥大戴礼兩鳥化為丨丨鳴相酬一鳴一止三千秋詩文李白像
孔子聞婦人哭声曰此非独哀有離別声昔桓山有鳥花鳥丨丨使國傳信
生丨子將分飛声類此聞之乃父死賣子以葬白帖蓬莱宫中
鳥处士元藏幾有一鳥大類黃鶴每翔翥空中元藏呼丨丨丨孔帖共命鳥丨丨丨連花交響丨
鳥之即至或令啣珠或令授人語謂之丨丨丨金膀双
迴三足鳥杜岳麓山碑同過鳥流光安足恃百丨羅含吞鳥丨丨夢丨五色丨
書有丨丨丨丨一首一身同過鳥歲丨丨丨晚羅含吞鳥自後頭有文章文
船藏晉傳木豈能擇鳥仲尼曰鳥能擇木丨丨活套安巢丨丨詩黃丨玄丨祀高宗也商
穆公以人從死○黃丨刺宣王也左傳十七蔦寄生草詩丨与丨丨傷兮丨辰三良也秦
礼教親而不至於兄弟而不固小雅蔦女蘿一名兔絲朓吐了切晦
方曰丨朔而月朓逐視了切盧鳥聰了孔融年十一陳煒曰夫人而月見西
見東方曰朒也小而丨丨大未必奇史丨丨了
生子丨丨官事丨丨未便了王子泉宣楊志叔記了宋朝治平中执政沮言
易了了也晉傳賦傳詳發丨丨丨賣券云云丨者言入輒以進呈丨寢
之時謂之青未了岱宗夫何如齊魯青未了杜瀰時了丨整頓乾坤語作虎相南郡諸人
記丨倫要晉丨丨丨丨丨丨丨作丨語及丨
語詳語宋戴法興好學初為尚書丨丨彭城王盖棺事了乃丨丨丨丨
及幾兮今史了了覔一丨丨今史得法興以為記室史丨丨丨丨丨丨韓
活套丨曉丨丨禽名秦吉了鳥名似鸚鵡腦有肉冠倫要廉州民獲亦白吉丨能
了丨言笑丨丨戶錄李十五論李十八草書初謂鸚哥嬌喻能言亦
不過數句後稍進以書問僕曰繚丨繞也趁韻丨繚丨繚丨青丨白柳西
可作秦吉丨矣仇池筆記下繚之兮杜撰山記言山水也盤谷
繚丨繚而曲如往盤谷序人名宗丨秦人說始皇母愛財瞭孟眸子瞭而瞭若瘦而
繚而復盤谷序物賂諸侯豪臣乃用其計瞭丨然趁若丨
鼻亭記丨丨柳豐僚詩佼人丨兮蓼記膾秋用莠蓼未堪家多難予又丨于
以喻嘗蓼越王欲復吳怨卧食蓼少年辛苦蓼以蘼丨詩小毖蓼辛苦來敢
多難嘗蓼則丨丨吳越春秋丨丨如丨丨丨荼蓼丨良耜甘蓼唐李景男与
水蓼丨丨冷花紅活套蒸丨芹丨曉馨皛切辟廣德傳丨丨士卒同丨丨丨
蓼簇簇樂天丨紫丨曉丨人不當如是耶先曉宿翱有丨丨丨
未曉而五曉哀哀長雞鳴夜昏曉陰陽割丨丨丨丨韓愈宿鳥
飛也丨曉丨丨達丨丨季早方古丨丨丨杜广曉家到丨丨　龍樓元稀雞鳴
曉丨丨丨丨丨夜宿龍樓月同寢

丨丨（田）黄雞催曉謳迫使君不解歌听唱丨丨与白日黄雞丨丨丑時啼白日
（晚歌）商玲珑（陸套）丨太白丨扶桑（人名）明鏡詩鏡心如
吴下歌者　丨事粗丨
髣髴（吸）丨秋天香尚書氣与（杜）聲漸香笑衛不門（吸）（陸套）音書
丨窅深目也○褭娉鳥切或作裊丨丨以組帶馬也
褭骨丨丨（史）祖玉纏褭妙穗丨（吸）腰肢褭美人爲娘
（列傳）神馬名
細丨嫋丨丨娜也又風動皃丨丨兮秋風通作裊
腰
謏䚨丨鄰堯兆䠶能登天遊霧丨丨无極兆宗
女折齒（王）（師）丨丨而小反○窕窱循環皃
丨㛐女○影動丨丨独行皃
裊丨冲融間丨丨（詩）
風巂（陸套）
丨十畝（孟）滕丨丨國器小丨管仲之丨鄡小君其无謂
也（左）衛国褊丨

（右半葉下部・左半葉上部多漫漶）

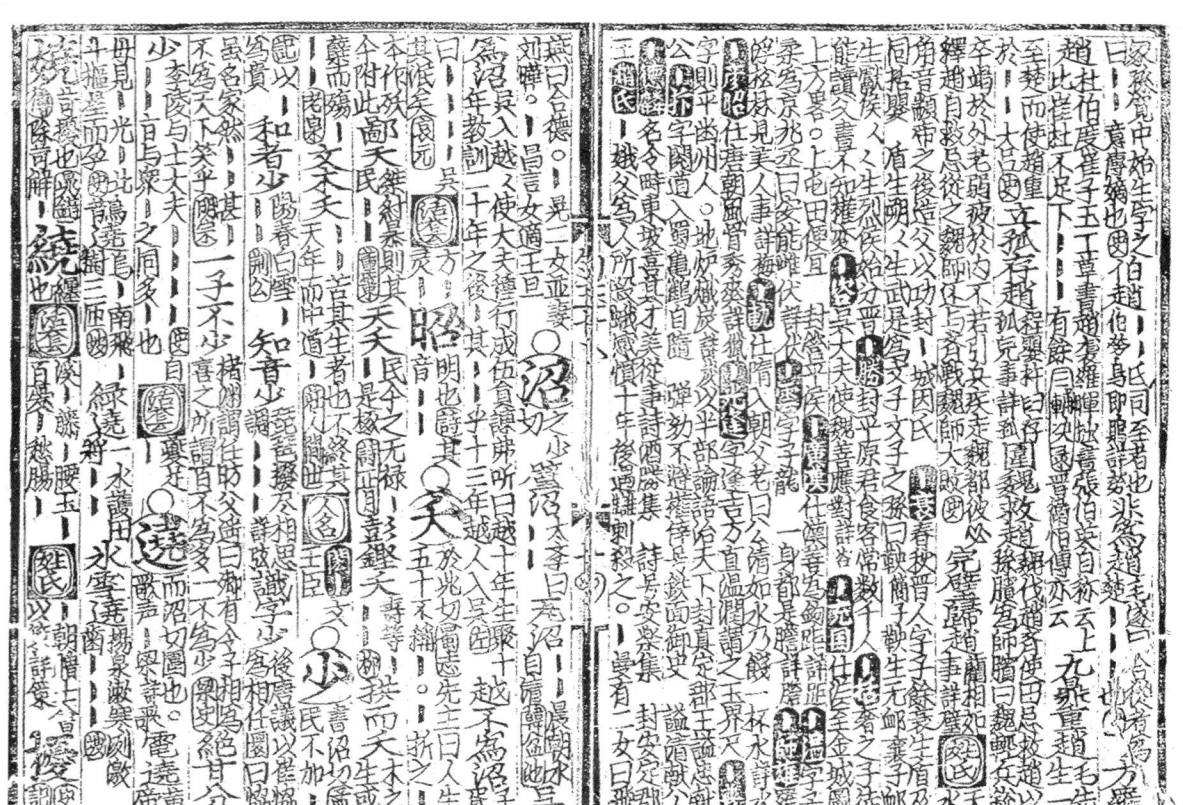

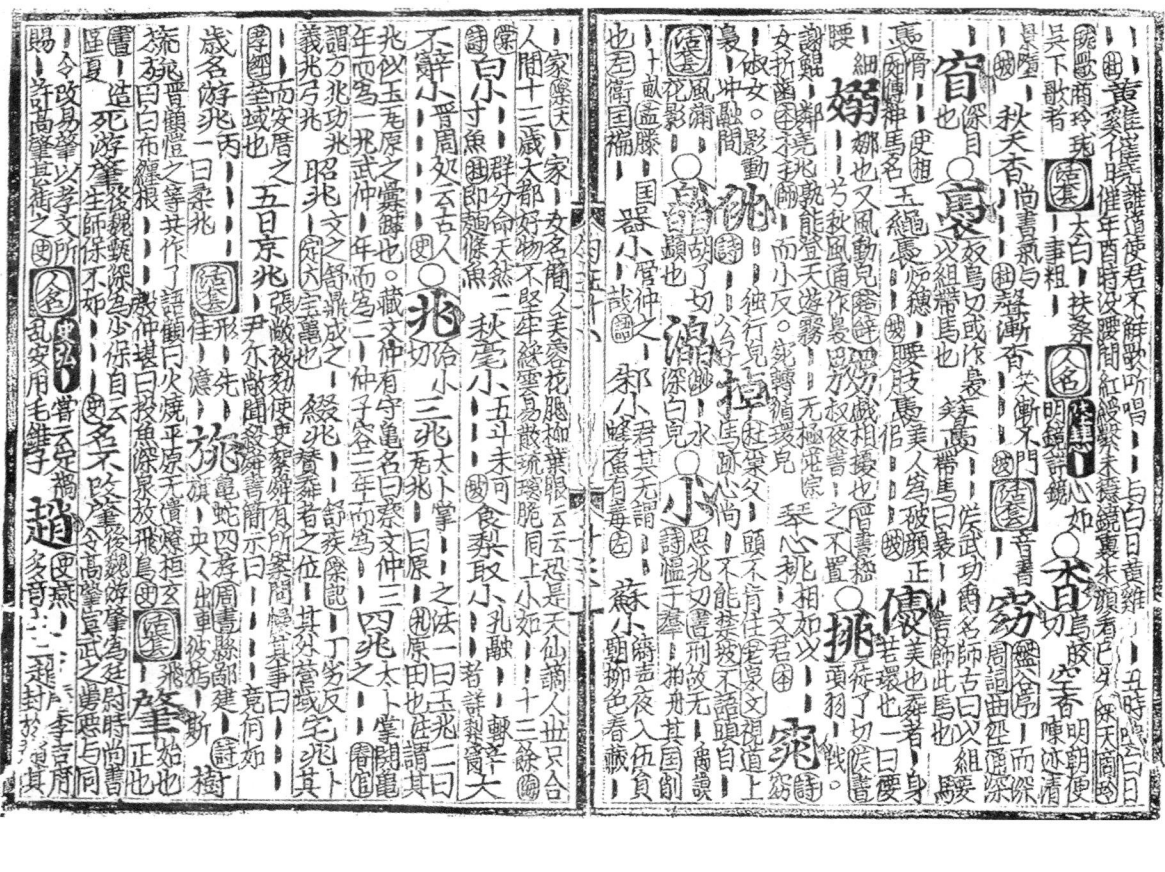

丨家（陸）丨家丨女名蘭丨美容花腮柳葉眼
人間十三歲太都好物不堅牢彩雲易散琉璃脆
（榮）泉小寸魚（國）即麵條魚
（詩）不辭小晋周処云古人
（陸套）丨兆切小三兆太卜掌三兆之法一曰玉兆二曰瓦兆三曰原兆
兆以玉瓦原之纍鮮也
年而爲一兆
謂之兆
義兆号兆
（孝經）而安厝之　五日京兆
歲名游兆丙
挑晋顧愷之等共作了語
死游筆
（書）造丨死游
匡夏
賜

子部　第三册

刘向孝丨能柱順也(書)丨而毅依擾丨丨天膠擾堯曰膠丶擾丶之乎六擾豫
㠯安馴之義(礼)丨邦国柱安也紀(周礼)膠擾(莊)天道膠音紀丨擾州
其畜宜丨丨(礼)職方雲擾五朝丨色擾字大邑者如烹小鮮丨丨則能廣人擾曰天下
(周)馬牛羊犬豕雞丨(史)人擾則疲丨陸象先
本无事丨○(西)縹匹沼切酒清美丨縹帛青白色○標(莊)子上如丨枝○
自丨之(蜀都賦)觴以丨清丨草木零落通作縹丨
標婢小切擊也又济(詩)摽有梅丨幖丨(詩)撫有梅
心皃(詩)寤擗有丨三菩提乃无上正等正覺謂无
(左)以是○三藐阿耨多羅丨丨三藐上音丨此云正等
丨諸孤丨藐上直往也詳梵語三此云无上
日丨獨服龍(周)王制義丨麼丨丨連綴也上
天下○与盲瞎(周)通音麼眇目果切細也幽眇丨張皇丨仲
一參電曬之曰盲人窺瞎虎丨一目荏目幾眇者甚眇晉澄
馬夜半臨深池詳危諾谷稱眇少丨丨小眇尉遲敬德以丨丨甚眇(曹)
宗辭之敬德學丨儀眇魏丨丨曹公欲以女妻之五官將曰丁丨
道宗丨丨(史)丁儀眇与議論曰丁掾好士也使兩目不便
但丨若兒使眇御丨(晉)郤克眇蕭子齊人丨之曰當何況
誤哉(史)丨目眇者齊人曰齊目如弟眇也
一目眇者而單衣至市視之一市丨丨皆丨馬馬是眇
一目單衣元非悪者竟不知所在(列仙)傳丨之野有

放馬鳴音相聞翁邊曰彼放馬目眇其御曰何以知之曰一丨一丨眇後魏
此曰丨馬出馬亦曰丨馬其御視之矣然(王京論衡)胡叟
丨丨丕年衰丨衣布穿敝(史)寫貫翰在眇陳章昭造詩丨秌丨秒芒也前叙
(韓)丨丨杳渺丨丨(西)神皃飛(魏)縹丨縿杳渺(後)丨酒酉澀(淮)南(道)鬼神也
於丨之丨(周)木林杪察四出(漢)木杪丨丨見(蜀)會稽千字谷仙縹丨(陳)玉清丨祝
冢宰制国用以杪木秒丨會見千字丨天永丨杪少
箕裘(人名)時起兵三国○佋介行也○紹市沼切先烈
制發莫(史)謝丕橋四拘(念)丨丨(禮)記丨右撟(詩)(書)丨在直(漢)虎臣兵
安丨情損物(前)(陳)丨強橋丨丨
臨橋(史)孤鴻橋目送丨丨(續)輕驚丨丨蹻
龜丨(列)丨撟 ○ 甏 獝丨丨 ○蹻丨強直兒(詩)其武
(紀)可丨蟜虫名是枝(吳)比翼丨丨蟜 ○天○天
足待也丨丨龍皃相如(賦)天丨支格柱頭佯
丨方又笠兒○表陂嬌切(韓)以丨而
(詩)其笠伊丨出之(書)光被四丨王表
華表遼東丨丨故有鶴集目物表亭丨(列仙)文
華表有鳥丨丨丁令威詩鶴
江表吳諸將吾丨
虎臣(列)(陳)
帥表黃
丨丨玉表魏文帝一里置五尺以志里數
(楊子)銅表

年十四有欲見之曰子旌表邵恭八世同居丨丨三表(賈)誼曰(新書)詳
唐之丨丨也(南史)門閭丨稱相(南史)五餌愛人之狀好人之
技仁道也信爲大操常義也好有窦色出師表諸葛亮前天日表唐太宗
諸可期十死一生彼將必至此丨丨也後丨丨天日表龍鳳之
姿丨丨(宋)雲臺表獻納丨(宋)暗爲讓表宋吳喜吮演之依讓表朱本
之丨(圖)雲臺表 喜經一見即寫无脫漏(宋)在坐作表齊
令邵依謝表須史便就(史)王子讓表齊六慧曉拜南兖州丨丨(北齊)陸為二
刑邵時魏元义除尚書令(史)各作丨丨辭並雅麗時謂二陸(史)陸為二
于表北齊盧詢祖同日爲二十世備降表王全斌取蜀李昊勸蜀主請降因
人祕書其門曰丨丨丨丨表草表前蜀之亡降表亦昊所草當
丨丨李家(宋)(長編)虛有其表唐蕭嵩爲相制一云国之環宝帝曰豈
大人矣(崔)國(崔)千年華表(蕭嵩)嵩草蘇頲爲相丨丨丨丨丨丨丨丨丨
(明皇雜錄)千年華表(崔)可斥其名(唐)丨丨尔謂蕭嵩
見昭王墓前班貍化爲書生見張華論文既退華使人
伐照之果班貍也(續齊諧)千年老精枯木照之則形
餓丨用其二而民有孚(詩)丨(國語)丨丨丨乃雲丨
字異義同(周)丨(文選)死勝流丨○(續)丨丨(人名)(宋)
丨夢悄空丨丨(周)丨(國)丨丨(宋)丨丨丨(宋)丨丨
○丨淼以紹切浩丨大水皃丨丨(宋)丨丨(人名)丨丨
○丨(吕)○丨手小切勞心也(詩)
丨丨丨惸丨悄丨
丨丨作色丨丨然 ○殍平表切
丨丨形察(左)安

用丨陵丨膝也(左)丨(人名)(辞)丨齊人
民丨臨丨臨丨(人名)丨臨丨(莊)丨丨謂能丨
十八巧
獨用

巧苦絞切(詩)言如簧(左)丨公輸子之丨丨不能丨幾其民丨丨趍目巧
使人丨智譬則丨也(孟)大巧若拙(詳)辯丨丨工利(司馬遷)丨丨
之室○用巧丨善淫巧母作奇技(韓)淫丨巧意者有他丨丨乞巧柳子文(詩)丨
意(史)室又(詳)室丨丨(月令)丨丨文字丨(韓)丨丨丨天巧丨丨丨丨技巧吳王登
僕十歲草文簡命諸子爲句(三)鸚鵡能言爭丨(韓)丨(紀)祖伐巧山衆狙走
沈風元之抗声曰蜘丨雖丨不如丨(詳)(詩)丨(吳)丨丨用其巧柒詳漫登寄龍
一狙委蛇見巧於王丨射之敏給搏矢王射之死(詩)(韓)丨丨丨技成而丨所丨
王曰之丨丨持丨使丨傲予至此極也丨丨(詳)丨丨丨丨丨丨丨
丨丨丨丨○ 飽博巧切(孟)丨丨丨丨丨丨丨○丨乎仁義(語)食元
(續)丨(續)(書)丨丨丨丨丨丨丨丨丨丨丨丨以德(韓)王丨丨而歌宿飽蘇
後羿師不歡飽三杯丨丨後丨丨丨丨既丨丨
(列)丨(王)丨丨丨以丨丨丨丨丨
爲餓賊所得孝曰礼义餓羸朱儒飽東方朔曰丨丨丨欲
瘦不如丨丨丨賊大驚詳瘦保儒飽死臣朔飢欲死詳要鷹饑飽丨也丨則
附人丨則飽丨丨腹中紅蟹出給食宋張齊賢少貧飲啖兼
飛云(詳)鷹丨海鏡丨丨則腸腹海鏡亦飽(詳)饑未嘗飽數人食言平時丨丨

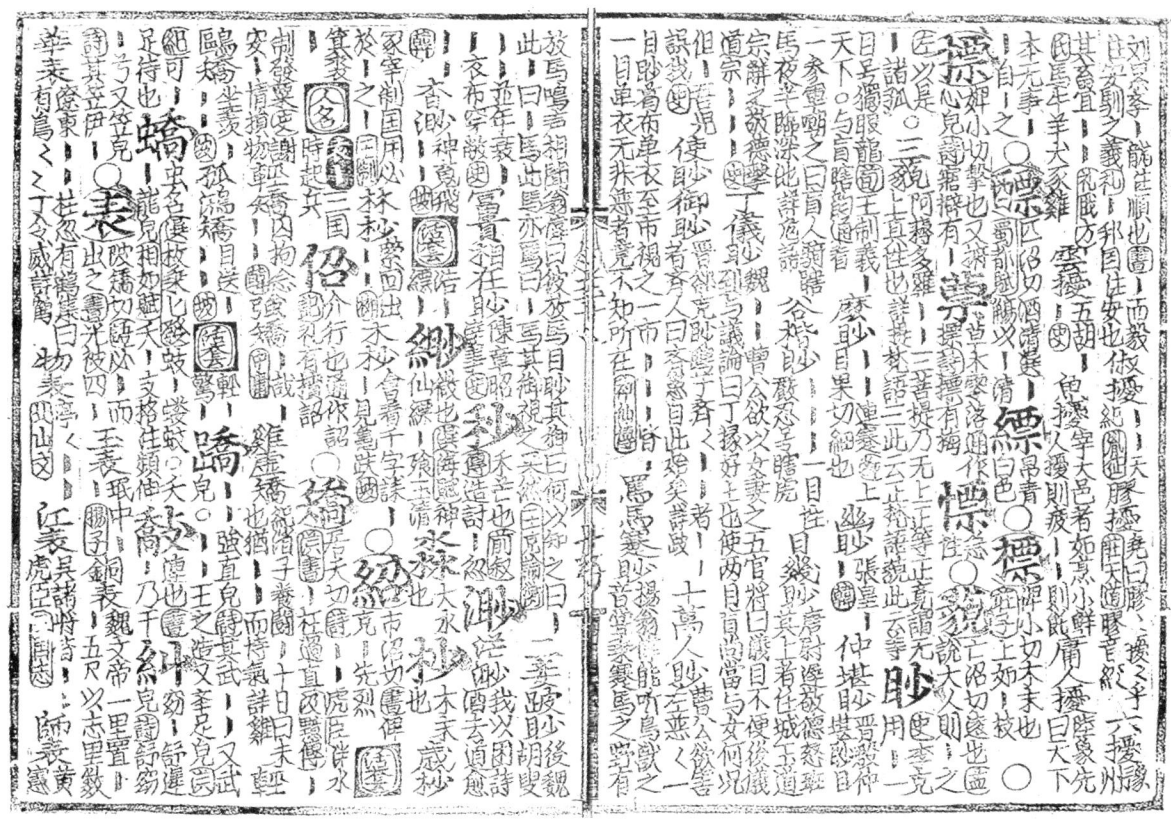

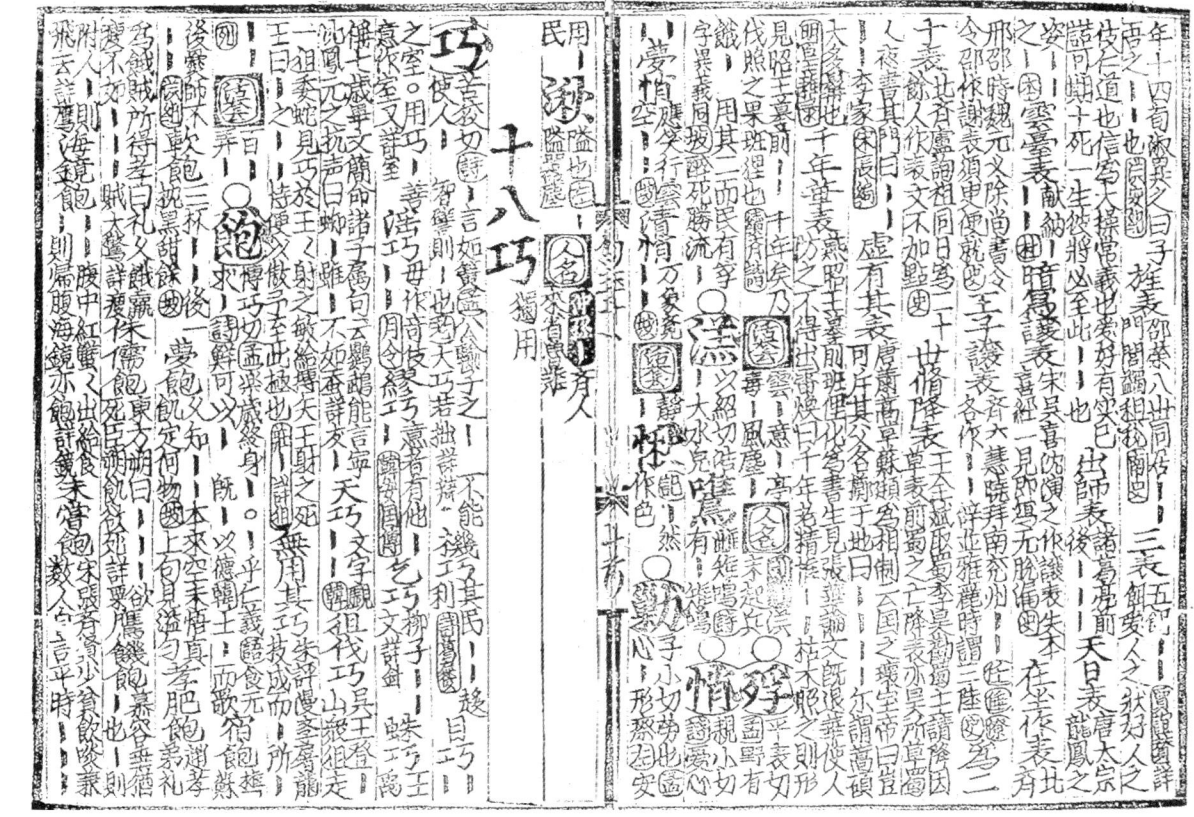

四九三

我何獨飽吳駱統字公緒八歲時飢荒統飲食衰少曰士𠦄後王符
大夫樸樕不足丨丨心丨丨〔史〕与抑八權爭同具見傷飽潛夫論
貴忠篇云嬰兒有常病貴人有常禍不在温飽宋王曾發解又南省廷試
丨丨常病丨丨於丨貴人常病傷於宅食皆為首翰林劉子儀曰狀元
一生喫着不盡曾正色曰曾平○撓女巧切〔通〕丨不可私膚撓不丨〔國〕風撓草
生之志丨丨丨丨丨〔東軒筆錄〕撓丨〔易〕丨万物者木
之无声丨丨○卯莫飽切〔詩〕朔月辛丨〔書〕南亭記乙丨丙丁丨大兩。太眞
丨之鳴〔韓〕披丨酒詳棠丨後酒詳酒晉陳訓謂周乞曰君至丨年當
剖符酉年當有曲蓋果然〔晉〕剛卯刘字卯金刀也正月丨丨金刀之利皆不
歲在丨曰單閼亦作亶安剛卯得行〔王莽傳〕丨長三寸廣一寸四分四方
或用金玉刻作兩行書曰正月丨丨又曰疾日嚴卯凡六十六字以正
月卯日作此印佩之禳除不祥今土中有得玉丨丨者金刀莽所𧦬子卯
晉知悼子卒平公飲酒云云杜蕢曰丨丨不丨丨之日當齋心存神念
樂知悼子在堂斯其為丨丨也大矣詳飲五卯丨卯无常如此者玉女降侍〔眞〕
〔詩話〕露卯舊為裒者蚤官達上名丨丨太元中忽不識名曰陰卯々後
丨卯謀也必有陰謀之事後丨丨說之始謀作致大乱〔晉五行志〕同丁卯鄭
玄孫小同以丁卯日夜諷至卯丨朝食動及午丨丨〔人名〕為昴丨七星
与玄生歲同故名〔史〕丨丨常丨丨孔子所誅主獄事
明則天下牢獄平〔書〕日生應昴藥何應昴唐太宗認討龜茲是夜
短星丨〔詩〕維參与丨宿昴丨丨〔史〕月食昴丨丨部曰月陰精用刑兆

昴胡分數且星犯昴唐韋見素丙申丨丨見素曰昴者胡○茆蕈菜〔詩〕言
終畢平之昴也祿山將死之明年甲寅其殆乎〔史〕采其丨
○筱古巧切。李林甫象筱多丨童筱兮〔國〕筱彼筱丨兔筱兔死丨丨二穴詳兔筱兔死走狗烹〔史〕〔?〕狂丨猾
美也亦作佼〔詩〕佼人僚兮長筱美人〔史記〕人中佼〔唐〕刘盆子鐵中錚丨丨丨佼〔史〕詠丨
翻盆丨夜曳攪炎風日丨丨〔韓〕上䠒〔?〕攪樹攪丨丨〔國〕遂已攪未秋〔?〕兩驕〔?〕攪〔詩〕祇丨我
眠言鼠也手攪山巧切丨乱也亂也攪花冥之心〔谷〕窺攪
攪齊周盤鼢父子丨丨○絞絞也又急也〔語〕直而无礼則丨〔左〕刺也謂丨
丨丨丨〔?〕殺万人陣〔史〕刺人之来方丑伐丨大敗之。又祢衡着岑牟
單丨之○爪側巧切〔唐書〕鳳爪〔國〕家山鷹爪是小草〔爾〕鶴爪
服詳牟膠〔匪〕膠丨丨牙信布石上生𦳝如丨丨〔欧茶〕
蘇仙以爪攪楼拔鴻爪泥上偶然留指爪丨麈角爪梁羊佩善音律姬妾刘
似漆書云云詳雀丨飛那復記東西詳泥丨侍有彈箏陸大喜着
丨丨長七寸〔國〕紅手爪〔唐〕武章后手爪長五寸色並丨搯手爪五代李昇為徐温養
七寸〔國〕紅手爪每有喜功之服則一爪先折丨李子曰徐知誥温子知
訓欲殺之其將刁彥能以麻姑爪丨丨至蔡經家指丨長數十如鳥爪經掻
手爪丨之昇起走乃免〔國〕意其可爬痒忽有鉄鞭々其背詩痒
丨丨丨丨詳齒拳透爪顏平原死不忘君鍼刺指爪後戴就為會稽掾被辟安考掠令臥覆
船下以馬通熏之一夜二日不死又以

大丨丨丨中使〇拗於絞切〔尉繚子〕丨矢折〇齩五巧切齧也〔張景〕
把士爪悉墮落〔史〕手。莫丨折項詳項陽七命口丨飛刃
〔韓〕答孟郊從嗔我須丨〔杜彭〕〇獠竹絞切並〇鮑薄巧切。与不善人
荷行鰥女飢丨我。亦作咬見皓韵 交如入丨魚之肆詳
肆膴鮑〔周禮〕乾𩵚魚丨丨魚𩸞蘭鮑所化〔山谷〕事詳肆 載鮑始皇崩於沙丘丞相
臭〔史記〕二鮑後鮑永為司隷鮑恢為掾屬世號二鮑斯秘之車中丨丨魚
以乱其丨祖日貴戚且歛手以避丨丨王貢才優〔院書〕〔遠奏〕管丨上
宮音姒姓夏禹之後有丨敬叔仕齊食采於丨因氏敬叔生叔牙曾孫国伐
為齊御丨叔子後鮑相知事詳知丨季為齊御。晉不如葵詳葵即鮑莊
子丨宣字子都拜司隷摧辱宰相下廷尉孝幡救官者千餘人詳幡鮑氏驄
詳驄丨永字君長事見二鮑下丨德章帝時為南陽太守号神父丨瓠字太
玄仕晉。入海飢甚取白石煑而食之〔神仙傳〕丨泉字潤玉傳游史傳為通
直侍郎梁元帝嘗責之云面如冠玉還疑木偶鬚似蝟毛徒勞繞喙〔南史〕
逢鮑五〔南史〕丨照以才藝知名為湘東王五佐好文游語曰无処不逢鳥噪无処不
丨五丨丨丨治字明遠仕宋為參軍工詩杜詩俊逸鮑參軍〔鮑當〕有孤鴈
詩目為鮑孤鴈詳鴈〔鮑氏〕鮑
靚女妻葛洪之乃就靚傳道〇炒初爪切熬也本作𤆍 老杜厮炒淄邠老多把杜詩
佈使丨丨復生須共 使老杜亦難為存
淵十丨丨〔王直方詩話〕〇稍山巧切〔傳〕胡騎稍丨引去〔韓信〕

十九皓 獨用

〇浩胡老切〔孟〕養吾丨然之氣。〔人名〕殷丨晉人咄々書空〇顥或作皓白
月丨然歸志〔中庸〕丨丨其渊 〔詳空〕崔丨元魏人見〔楚詞〕皓
皓之白又作皜〔孟〕皜々乎不可尚已。〔楚辭〕四皓商山丨丨從太子〔張良傳〕五
天白顥丨西都賦顥丨氣之清英注白氣也 皓白衣冠甚偉
皓凡避諱者得同訓以代之祖八公各白博綺皓南山有太皓丨丨恍和〔選〕
有丨丨之称不聞諸布帛為布皓詳脩綺皓丨丨〔選〕〔郊祀傳〕天也華
皓李林甫曰食甘露羹丨丨丨丨西顥丨丨沆碭〔人名〕崔丨有黃〇皞
亦必髯黑。但恐迫丨丨〔國〕西顥〔宮房中歌〕鶴樓詩 〔孟〕丨丨如也尽々
心丨丨司春〔魏相傳〕又丨丨見西皞秋歌丨丨〇鎬武王所都〔詩〕
上太皞丨伏羲氏少皞金天氏 少皞上白皞〔安樂書〕宅是丨京
〔人名〕張丨杜詩張公一生江海客 〇灝〔書〕丨丨夷曠〔楊〕丨丨有昊 有北不受投畀 晴昊
乱掃繫花〔國〕〔造奏〕義丨蒼丨尔〇昊通作顥皞有昊〔詩巷伯〕
向丨丨〔國〕丨穹丨〇抱薄浩切〔孟〕丨閔〔董策〕丨丨薪救火〔諸葛亮傳〕丨
丨一兒軍至弃丨者獨抱 膝長嘯〔韓非子〕卞氏丨璞。魯義姑携一兒
丨丨携着其姪也詳姪 幼在丨丨乳抱慈孝董邵南雜〔貫誼疏〕〔國〕台抱丨丨之木生
戴抱儒有丨仁而行懷抱百壺且試 狗相丨丨 〔國〕於毫末〔國〕
丨丨義而処〔儒行〕懷抱開丨丨〔國〕保抱持〔書〕丨丨携 遠抱丨大賢事業異丨 負抱
丨非俗觀〔韓〕

丨陰丨推襟送抱齊張充謂王儉曰所可丨遺經獨抱獨抱丨丨襟丨
陽圖丨丨丨者推丈人一人史遺經獨抱究終始圖類要環丨
蔡〇老盧皓切詩不憖遺一丨丨十月求錫蘛丨詳水盃天耋老丨伯男唐九元
下大丨書猶弄犂丨〇大塊佚我以丨詳塊勻
老方叔丨丨三老養丨丨於太常老宰相曰丨閣老中書舍人年父者國老
詩采芑李賈山傳國史補唐楊綰傳
夏后氏養丨丨於東序王制甘草廷老鄭絪爲內廷之老謂室老大事丨丨
名丨丨謂諸藥中爲君也本草翰林承旨也翰林志行曾子問
溪老丨共少及丨圖詠四東老回道人詩丨丨雖貧樂有赤老都下目軍人爲丨丨白
徐詳食湖州東林沈氏緣尺籍得名輯志
老建州刺史家月夜七八白衣語曰丨丨將楚老也〇荊公自称丨丨暖孫名
至奈何白衣者鼠丨丨者猫名也唐餘錄窗下啞惟丨丨冥說
註卯老丨方見上史絳縣老晉悼夫人食輿人之城杞者丨丨人或年長矣
圖云李少君以丨老无子而往与於食有与疑年使之年曰臣生之
歲正月甲子朔四百有四十五甲子矣其季于今三之一也吏走問諸
朝師曠曰亥有二首六身下二如身是其日數也七十三年矣左杞上
老黃石公令張良長史老黃霸曰許丞廉吏雖老尚能參軍老趙宋張泳知
取履事詳履拜起送迎重所何傷詳韋成都參軍老
病廢事公責曰何故不歸參軍去以詩留別曰秋光都似宦
情薄山色不如歸思濃公終曰吾過矣留而慰遣之言行錄斷輪老輪扁行年七十

而老丨午橋良吏散丨丨人迎送月下老赤繩繫足垂老一瓶
丨詳輪亥字老唐錫當是用絳縣老人事事詳繩一缽
詳得香山九老唐會昌九年白居易称丨丨居士与胡杲等皆高年不仕
丨丨於東都履道坊作尚齒會人繪爲九老圖胡杲八十九
吉旼八十七刘真八十七鄭據八十五盧真八十二張渾七十七樂天七十
四洛中遺老李元爽百三十六僧如滿九十五又秘書狄兼謩河南尹盧貞
年未七十与會洛中諸老文潞公留耆英至道九老京師七十一張好問八十
而不及列圖堂會詳英中李文正昉罷相居
五李運八十宋琪武允成皆七十九僧贊寧七十八魏丕至和中杜
石七十六楊徽之七十五朱昂与公同庚作丨丨會睢陽五老祁公衍八
十七王礼侍渙九十畢農卿世長九十四兵部朱貫八十八始還童八老刘
平馬公八十七優游鄉梓爲五老會賦詩酬倡錢明逸序之安
事詳楚丘叟老丨丨先生老七十見孟嘗君〻曰先生老矣曰投石超距逐
童麋搏豹臣已老矣使吾上出辭以當諸侯五君始壯也何老之
有顏駟何老漢武帝問駟曰叟何時爲郎何其老也答曰臣文帝時爲郎
圖文帝好文而臣好武景帝好美而臣兒醜陛下好少而臣已
老是以至老長年三老丨丨丨丨遣於汝註舟師也峽人以舵
不遇詳郎頭把篙相水道者曰長年正梢曰三老玉關人老蔡
有丨丨丨丨之從白得老白丨丨丨丨從老得及選才壯身老李白樂賦挺
句遂召用詳蔡積微成損積損成衰從衰得帝京篇上

吳曰何身老而才之奴婢取老後漢薛包与子弟分財何敢使老宋刘懷珍爲
壯齒佰而意之新平丨丨丨其丨者史江夏王義恭
參軍後見之曰別子多年那得不少卿年老孫紹事東軒長老蘇子由在筠
老答曰公恩未報丨丨丨丨史詳少号丨丨丨
詳董常諱言老後魏傳永字脩期爲刺史年踰八十猶能長老道高臘長
勻老馳射盤馬奮矟丨丨丨自称六十九史〇呼爲須菩
提亦曰丨丨類要遺丨佛詩話君子偕老刺衛夫人名鈞演二兄弟
禪門規式丨莊丨人也夫人淫乱工詩喜佛教詳俞
潘岳雀祖敗詩蓼乾梅爲礼饋食潦韓演丨丨降曲礼雨丨丨
與廿一蘇子由孫之還其實乾丨无根源水潦謂丨〇立隄丨丨
月海潦回首笑丨丨行潦酌彼丨丨回詩河海下潦馬援征交趾丨九潦禹之時
令丨丨幽行潦之於丨丨公孫丑上上霧詳鄧十年丨丨
加益甯子丨而水弗爲黑潦丨丨蒲道馬如獠亦作獠西南夷名猲獠五祖謂六祖汝廣南
游龍馬仔才序丨丨有甚佛性容
壓獠周文帝以諸獠雖從賦役然天性暴乱每歲北史飛頭獠丨丨者頭欲飛
討之獲其生口以爲賤隸謂之丨丨周項有痕如綫妻
子共守之及夜如病頭撲殺此獠高宗欲立武昭儀爲后褚遂良曰武氏經
忽亡比旦還唐南蠻傳事先帝天下耳目何可蔽也昭儀在簾中
太言曰何不丨丨丨圖橑椽也歷陸閣丨住以木蘭爲丨張敞傳云得〇討他浩切書
之殿屋重丨問法令郎吾一逆虛爲兩頁者

亭丨論填典語世叔丨論之公天討丨丨有罪丨幽討李侯金閣彥脫身事丨
羽諸侯不得專丨左販而不丨天討書臯陶君贈李白搜士及漁
樵澗溪探討詩義當丨曾子問精丨〇道徒皓切黃道日有丨丨前天文志太
有丨丨類要窮丨丨平日行上道升平行次
道勝出行式道丨丨丨掌徼巡京師武帝更名執金吾注馳道秦東窮燕齊
道甬衰充傳持毳至宮門〻乃開崇百官志南極吳越驛
道廣五十步隱以金椎樹以青松丨丨之麗至鳥道西當太白有丨丨李道
於此使其後世曾不得斜徑而托足焉賈山徑微窄止可容鳥過而
已棧道滎王燒絕丨丨甬道滎王軍滎陽築爲丨丨孔道前西域傳不當丨丨〇猶小徑間
棧詳棧亦名閣道屬之河以取敖倉粟史
道丨丨絕祖道二蘇告老故人設假道丨丨於虞以桀道王粲賦丨不誤一
道其輜重供帳詳祖伐虢詳弓又王導与子
悅闈丨爭龍尾道唐含元殿前丨丨丨七轉如龍尾然豺狼當道張綱爲侍
丨並詳基詳尾禄山每睥睨丨丨丨乃去詳尾御史曰丨
丨丨丨安問貫酒半道王弘欲識陶潛知當往廬山乃遣龐擔夫爭道張
狐狸詳輪通丨丨先於丨丨粟里之間要之詳識旭
見公主丨丨丨丨又聞擊博爭道武后每燕集則二張諸武推侍丨丨丨
鼓吹而得筆法詳器爲笑樂張易之傳吳太子侍皇太子丨丨
丨丨不恭太子引冢塋神道修丨丨開丨丨後中山簡王傳佞佛諂道佛詳
博局提殺之圖墓前開道建石柱以爲標也無

寸底道焉道在中書宰人令遵按其見之道書其不避名。然其不道 唐杜黄裳為河
南尹召盧坦曰其家子与惡人游破産合察之坦曰其積財者必剥下以致
之如子孫善守是天富不道之家不若丨丨丨丨以歸於人 黄裳驚其言【史】
【人名】【袁彦丨】精釋博詳帽【戴安丨】王献雪夜訪之 稻【記】祭宗廟丨曰嘉蔬
【馮丨】五代人相数朝【陳師丨】后山【程明丨】 【詩】十月穫丨七月有
秬有丨【廣雅】 穆稻文宗時楊州生丨丨。 紅稻丨丨啄殘 秋稻看人
芒丨【杜】甯丨雪翻匙 稌稌上力举反自生稲也 鸚鵡粒【杜】秋稻丨丨
午風 琅琊稻 李百藥七歲父友陸文等共讀徐陵一作陵文有刈丨丨之丨丨
京【谷】王琊稻嘆不得事百藥曰春秋鄗子籍稻 杜預謂在琅琊客大驚【本】
鄗音矩籍者其君自出履 陶潜秫稻 丨丨公田悉令 認荒田稻 晉郭翻欲懇
行稻畝間也【昭十八年注】 秫稌 丨丨詳秫 荒田先立表
題經年無主乃依稻將熟 避人刈稻 晉孫晷有生刈其稻者晷見 怒人持稻
有認之者悉推与之【史】 丨丨丨而避之頃去自刈送与【史】
陶侃見人持一把未熟稻問何用曰行道 察小兒偷稻 斉孔琇之丨丨丨
所見輙取之侃怒其戲賊人稻鞭之【本】 刈隣家丨曰十歲便
能為盜長大何所 丨蠶也亦作齧蕘者所執。【書】黄屋 騞 三歲
不為縣中皆震【史】 蠢左丨音壽又徙到反事並詳去声 馬 ○
腦 奴皓切 龍腦 交趾進瑞丨丨香如蟬蚕老丨丨 穆王設丨丨之肝腦
鸝郎方有之【外傳】互見去声 使下 鳳腦 灯致王母尋鸞月腦

天下之民丨【漢史】 殊出腦 尤飛丨丨 杏中腦 五代王殷討社重威丨丨 伏犀
丨塗地【漢史】 【日休詩】詳胎 其丨鏃自口出不死【史】
貫腦 馬周丨丨丨 還精補腦 道家云欲得不老 剥面勞腦 唐官者楊
丨貴相也【本】 丨丨。不卹腸空丟李腦涌 思勗為招
討使討諸蛮所得俘必 帽名危腦 五代蜀王衍時 冬烘頭腦 主司頭腦太
丨丨丨将士降服【史】 禁丨丨丨【史】 丨【唐人下第詩】
詳 惱 懊惱 晉隆安初有丨丨 被花惱 為愛君詩【杜】 無情惱 笑斷不聞声漸杳
認 歌俗間訛謡之曲丨丨丨 多情却被丨丨丨
【樂府】 ○苦惱 法華經十二因縁觸縁受受縁愛愛縁 熱惱 諸天尤王莫不動
【千詩】 取取縁有有縁生生縁老死憂悲丨丨 力與雲布雨令諸
衆生丨丨消 百一病惱 是身為災丨【維摩】【活套】煩丨 碯 碼碯丨丨 似馬腦故名。
哉【無盡藏】 丨丨 丹丘之野多鬼血化
成【拾遺記】 丨丨枕 号游仙枕【開元遺事】詳枕 黄帝丨丨 甕中宝露尭時猶存
詳盤 裴行儉軍吏碎丨丨盤 詳盤 李宗碎胡丨丨 送王莒曰安石榴奉送莒
見之不疑食之 蘇老切【韻】 丨丨高祖与客至丨丨 罍盞 詳盞 丘空也
乃竟【揚州事跡】 ○嫂 丨溺不援 丘嫂 兄亡獨有嫂也。 顔師古云丘巨也大
嫂猶也。但知從德 依嫂 惟兄嫂是丨【國】 浴嫂 王丨蛙奉寡嫂家 奉嫂 馬援丨丨不
公不省獻丨丨【國】 丨事丨而後行 冠不入戶【史】 盜
嫂 陳平丨丨。 按平与兄伯同居或謂平何食而肥其嫂疾平不親家産曰
食糠覈耳 亦有叔如此不如无伯聞之遂弃其婦。直不疑為郎 毀者曰狀

兒姑美善丨丨不擬 對嫂 孝嫂 謝朗父據早卒朗
曰我无兄終不自明 嫂 表父安前与沙門支遁講論 遂至相苦 嫂王
氏再遣信令還安留使竟論 王氏云新婦少遭艱苦一生所寄惟在此
兒因流涕携朗去 安謂坐客曰家嫂詞情慷慨恨不使朝士見之【晉書】 燥
【易】火就丨 掃 魏勃丨舍人門 詳門 陳蕃傳丨 霆掃 風除丨丨 電掃 欲然如
音在此 除天下 詳室五經丨地 詳弃 【唐太宗紀】丨丨 【荊】
【公】卻掃 閉門丨丨 塞門不 汎掃 太子宮不丨丨 筆陣掃 千人軍【書】 家童掃 重
却掃 任【文通恨賦】 【唐呉皇后傳】丨丨 丨丨 独丨丨 落家童 重
疊疊上瑶臺我詠丨 眉淡掃 淡掃蛾眉朝 迹始掃 山林丨丨【杜】 花未掃
丨丨不開【飛燕詩】 至尊 詳淡 丨丨【杜】 丨丨 【王維】
【活套】 丨紅不 ○禱 都皓切【韻】 丘之丨丨【詩】 既伯既丨 吉日【記】 善頌善丨 擣
丨 詳輪徴在丨于尼山而生孔子。 禓旱丨于桑林 【史】【記】
批充丨 愛心擣 我心憂傷怒焉如丨 詳小 玄霜擣 雲英 詳漿 尽見 秋砧擣 抱杵
虚 詳充 丨弁急鶴為綬丨丨丨丨【杜】 丨丨丨 擣
丨張【文潜】 香杭擣 半淀擣丨丨丨【杜】 夢中春擣 恰如連睡人有擣練春米其人丨丨丨聞
丨声別作他物或為撃鼓或為撞鐘於時
忽聞鶏鳴 遂知其音語家人云我正 島 海中山可依 三島 蓬莱方丈 九島 李道從師
夢時感此春音将為鼓響【搜神記】 止処通作鳴 瀛州丨丨
思千里【谷】 陶朱公養鯉魚聚石作丨丨 愚島 愚溪序愚丨之 別島 長風激於
魚銃之日行千里【唐文粋】又詳魚 中為丨丨 【柳文】丨丨 【選西】

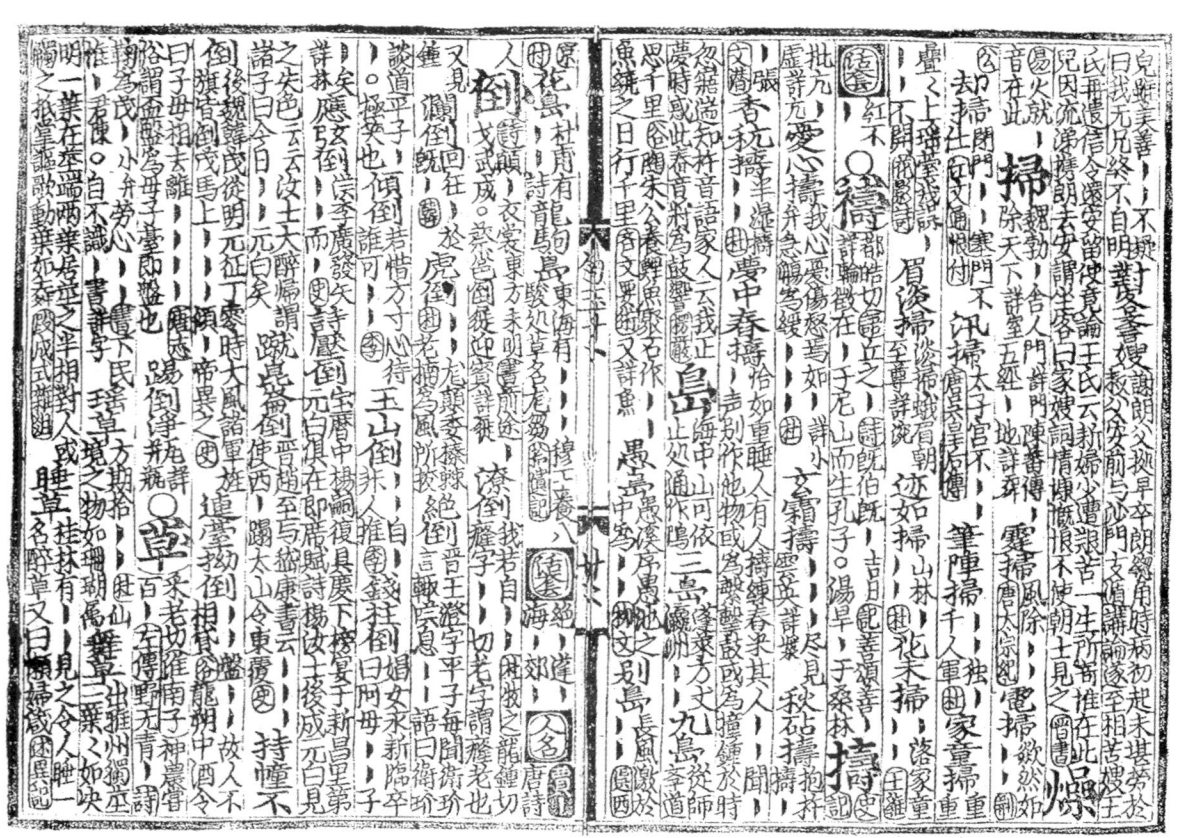

【原】花島 杜甫有龍句 詩丨丨 龍馬島 東海有丨丨丨 穆七賽八 【活套】絶丨 蓬丨
【田】 駿処草名龍芻【拾遺記】 海丨 郊丨 【人名】【賈丨】唐詩
人 倒 【詩】顛丨衣裳東方未明【書】前途丨 潦倒 我若自丨丨【杜】 【附】撥之龍鐘切
戈武成。 癡後倒 逢迎賓 詳賓 潦倒 癡字丨丨 切老字謂癡老也
又見 瀾回狂丨於 虎倒【唐】 老楠為風所拔 絶倒 晉王澄字平子每聞衛玠
鐘 顛倒既丨【韻】 虎丨丨 龍顛委棘 言輒嘆息丨丨 語曰衛玠
談道平子丨 頃倒 若惜方寸心待 玉山倒 丨丨自丨 娼女來新臨卒
丨○ 揆英也 傾倒 誰可丨丨【李】 丨丨推【李】 銭柱倒 曰阿母丨丨子
丨矢 應弦倒【宗李廣】發矢 詩壓倒 宝暦中楊嗣復具慶下榜宴于新昌里第
詳林 丨丨而【史】 元白俱在即席賦詩楊汝士後成元白見
之失色 云云汝士大醉歸謂 蹴島倒 晉趙至与嵇康書云丨丨丨 持幢不
諸子曰今日丨丨元白矣 使西丨 蹋太山令東覆【史】
倒 後魏韓茂從明元征丁零時大風諸軍旌 進壆掬倒 丨丨丨盤丨丨 故人不
旗皆倒茂馬上丨丨 帝異之【史】 相倒 【谷】龍朔中酒令
曰子母相去離【歷志】 蹋倒淨瓶 詳瓶 ○草 采老切 淮南子 神農嘗
俗謂盃盤為母子臺即盤也 百丨【左傳】 野无青丨【詩】
卿為戍丨 小弁勞心丨丨 書下 民丨 【杜】仙 瑶草 方期拾丨丨 舞草 出雅州獨坐
惟丨君乗。自不識丨 書 詳字 境之物如珊瑚属 丨草三葉 葉如決
明一葉在莖端兩葉居莖之半相對人或 腫 桂林有丨丨丨見之令人腫一
獨之抵掌謳歌動葉如舞【段成式雜俎】 草 名醉草又曰懶婦箴【述異記】

勁草丨疾風知丨丨〔東觀漢記〕腐草丨螢〔禮記〕丨丨爲惡草項王遣使至漢陳平爲太牢具舉進見楚使佯驚曰吾以爲亞父使乃項王使復持去更以丨丨具進〔困〕宿草而不哭焉〔禮記〕餡草梵志詩城外土饅頭丨丨在城裏一人喫一个莫嫌没滋味〔異聞摭遺〕

班草而言〔陳留耆舊傳〕張升道逢友人丨丨朋友之喜有丨丨擅草言行草中使草復伏軍无丨丨之功〔燕常傳〕。視草太子召季士於禁中草書詔雖宸翰所揮亦資檢校謂之丨丨〔翰林志〕故章草杜操善草書章帝愛之〔書苑〕王羲之事堂中設丨丨堂每草制具衣冠臺而坐〔筆談〕謂之丨丨

以丨丨答虞翼茨草祐唐馬周削草朱揆丨丨〔本〕書小草時復長篇丨丨〔晉〕書不翼僕伏〔晉書〕晉羊欣善言得丨丨草唐席豫性謹畏与子弟不暇草後張芝云匆匆不暇草書詳〔晉〕書玄懶草太丨丨吾草屬吏丨丨作丨字〔史〕

客具草馬周代常何陳便宜二十条上怪其能曰非臣所能家丨馬周爲臣丨丨亦。書帶草鄭玄教授山下生草如薤葉因名丨〔要記〕丨丨〔齊〕指佞草堯朝佞人入朝則屈而指之〔博物〕五色草蚕詳蚕丨丨丨養醒醉草吳慶池南岸草醉者至其旁與

之立丨迎涼草李輔国家夏則設此〔杜陽編〕濂溪草周茂叔窗前草不除曰与自家意思一般〔語録〕青塚草胡中草白昭君塚〔遺事〕門東草華氏嫁大賈任華忽夢父升曰吾与汝夫湖中遇盜殺草独丨〔宣室志〕我者車中猴丨丨者門猴申生也車去兩頭亦申

字丨丨丨蘭字其中蘭〔幽怪録〕旱草雨草師曠曰歲欲豐甘草先生薺也歲欲苦草先生葶藶也歲欲惡草先生水藻也歲欲乎後得盜果然丨丨先生蔾也歲欲雨草先生蒿也歲欲流草先生蓬也〔齊民要術〕病丨丨草先生文也歲欲丨丨 西堂春草宋謝惠連十歲能爲文靈運云每有篇章對弟惠連輒得佳語嘗於永嘉思詩不就忽夢見惠連即得池塘生丨丨句大以爲工 驚蛇入草高峯墜石一點如石丨一牽如百歲枯藤作一縱 白羊點草午橋莊小兒坡茂草盡里晉公使群如丨丨丨此三折筆法志 散於其上曰芳草多情賴此妝

〔幽記〕〔劣〕落花依草風回雪立暹點綴映媚如繆鍾嶸爲詩評曰范雲宛轉清便如流丨丨丨〔史〕塵棲弱草如輕人生世間

〔魏史〕老人結草杜回〔宣十五〕丨丨丨丨以元御史本草實至言撰丨丨詳叔鬼手書草馬少保少時燃不開書有手如翁自窗至前公書一草〔詩〕野有蔓丨思遇時也民勞於兵草男女失時思不期而會焉 懆字窗外大呼速爲我滌去詳手〔詩〕念子丨丨。卑子皓切〔易〕不丨辨也坤卦。十大旱而求時夜詳炙女亦太早丨見卯春丨懋也亦作蚤詩四之日其蚤七月

起早丨丨惜花丨〔因〕聲名早丨丨忌太丨〔國〕養氣勿吟哦丨蚤〔抱朴子〕丨蝨攻君卧不獲安。鵂鶹捕丨詳鶹昭侯亡蚤韓丨丨搔痒而丨一丨求之其急左右因取蚤丨丨〔左〕頻蘩蘊藻丨〔詩〕魚在在藻薄采其丨泮水〔書〕殺而殺之丨丨以此察左右之不誠也〔韓子〕

丨火注取其清明。非獨爲華丨丨飾如水丨丨丨丨。天鳳藻李白与諸許悅玉丨本作璪今依本文附此王藻子之處采綠藻〔周禮〕〔書〕老只閣揮尓丨斧藻吾未見好丨丨其德若是藻將師和睦士卒丨丨。言丨飛乎鸞鵬丨丨其藻者〔楊李行〕懽悅如丨戲水丨〔賞樹詩〕

文藻蜀秦宓字子勑或曰足下自比丨丨見嗤顧乎〔史〕天藻楚武發品藻〔後漢〕称述丨丨摛藻丨丨〔先知〕某許何故揚丨丨〔楊先知〕

挨天〔文選〕發藻丨丨〔董仲舒傳〕儒林丨丨〔晉〕丨丨〔宋書〕丨丨遊藻謝惠連者靈運詩云麗藻〔尔雅序〕麗藻

聚藻藻有二種其一葉如雞蘇莖大如箸長四五丨丨〔詩〕〔白〕藻鼎實藻丨丨〔鵬〕王藻宗懷庭〔選〕其一大如釵股葉似蓬蒿謂之丨丨

魚丨刺幽王也万物失其性王將不能以自樂〔毛詩小雅〕棗〔詩篇〕枸牙雞心牛尾羊角細腰猴丨丨〔記〕〔爾雅〕丨栗〔詩〕七月剝丨〔尔雅〕丨名細

腰者曰鹿盧丨。大羊棗嗜丨丨〔孟〕注實小而形紫黑色俗呼丨矢丨酸棗丨丨〔圖〕樹棘注栻擣棗〔趙〕令石晉而銳上者曰壺丨

公塋家丨丨姿姿異帝望氣者云此安邑棗丨丨千樹丨与千戶侯等〔貨殖書〕丨青棗七夕王家有賓輩轄者後今公大拜〔語林〕〔言〕丨丨毋當下

帝設丨丨〔內傳〕安期棗李少君曰臣嘗遊海上見丨生食臣丨大如瓜〔漢志〕丨無核棗永樂有丨丨侯道華獨得之〔神仙〕道士

七尺棗〔傳〕北方有丨丨丨南方有二丨〔異記〕如瓶棗王母玉文之棗其如瓜棗見安期棗尺梨食之爲仙丨丨〔尹喜內傳〕

下推棗中棗上林獻棗帝武以杖擊殿檻呼方朔曰叱叱朔來此篋中何物擊檻者兩木也朔來朔來者棗也叱叱者四十九也上大笑〔外傳〕朔曰上林之棗四十九枚上曰何以知之曰呼朔者上也以杖東家棗王吉東家棗垂吉庭吉婦取以吃丨丨吉丨後知之遂去婦丨丨聞

之欲伐夫樹鄰里止之請吉还婦〔本傳〕如廁食棗王敦尚舜陽公主廁上置漆箱盛乾棗本以塞鼻敦丨之群婢大笑〔晉〕交梨火棗〔晉中〕荊棘未除是以丨丨不生也見梨

〔姓氏〕〔本姓棘〕〔棘子成之後避仇改爲〕棗〔宋爲屯田都尉任峻爲典〕農中郎軍国之饒起於祗而成於峻〔晉書〕〔姓苑〕棗字道彥仕晉山陰令有異績仕尚書左丞子〔據〕以文章顯仕 澡丨洗。皁昨早切馬櫪。又黑也。隸皁士臣皁皁丨〔左〕丨皁借〔史〕叫丨方皁既丨既丨〔大田〕丨房也謂方爲下發七非〔詩〕丨字甲生未合丨實未堅也

皁宮丨丨丨不〔周禮〕爲卿群方無白皁丨人或笑君丨牛驥同皁丨使不羈之士与丨造有丨〔小子〕〔鄒陽書〕〔息夫躬〕〔書〕遺家不丨〔爾雅〕丨丨丨神斷冉造郭子儀贊国家丨丨後造曰丨士曰丨有大造〔武王制〕

丨〔平淮碑〕〔書〕區夏康誥天造丨丨丨丨〔鷲詩〕洪丨〔人名〕丨悍臣陵暗〔唐書〕唐有溫造〔說苑〕。縞古老切〔詩〕丨文丨縞巾丨素爲質〔漢〕魯縞強

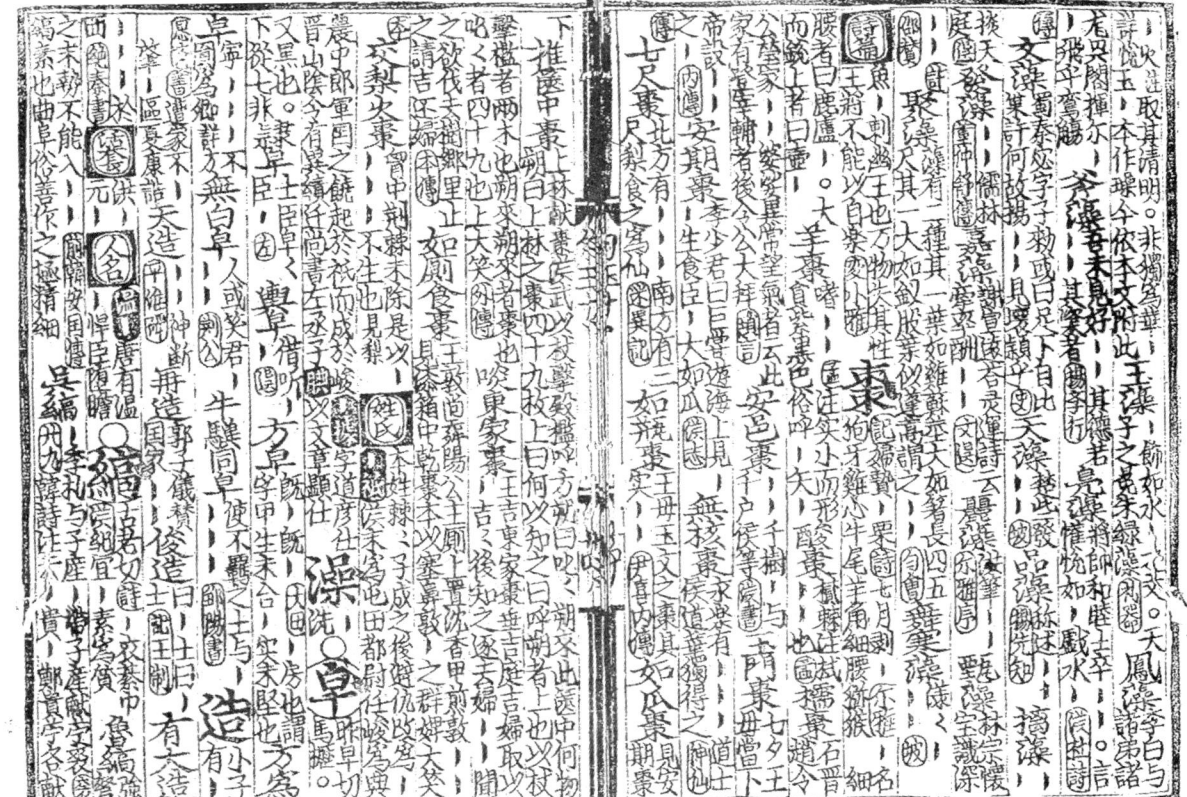

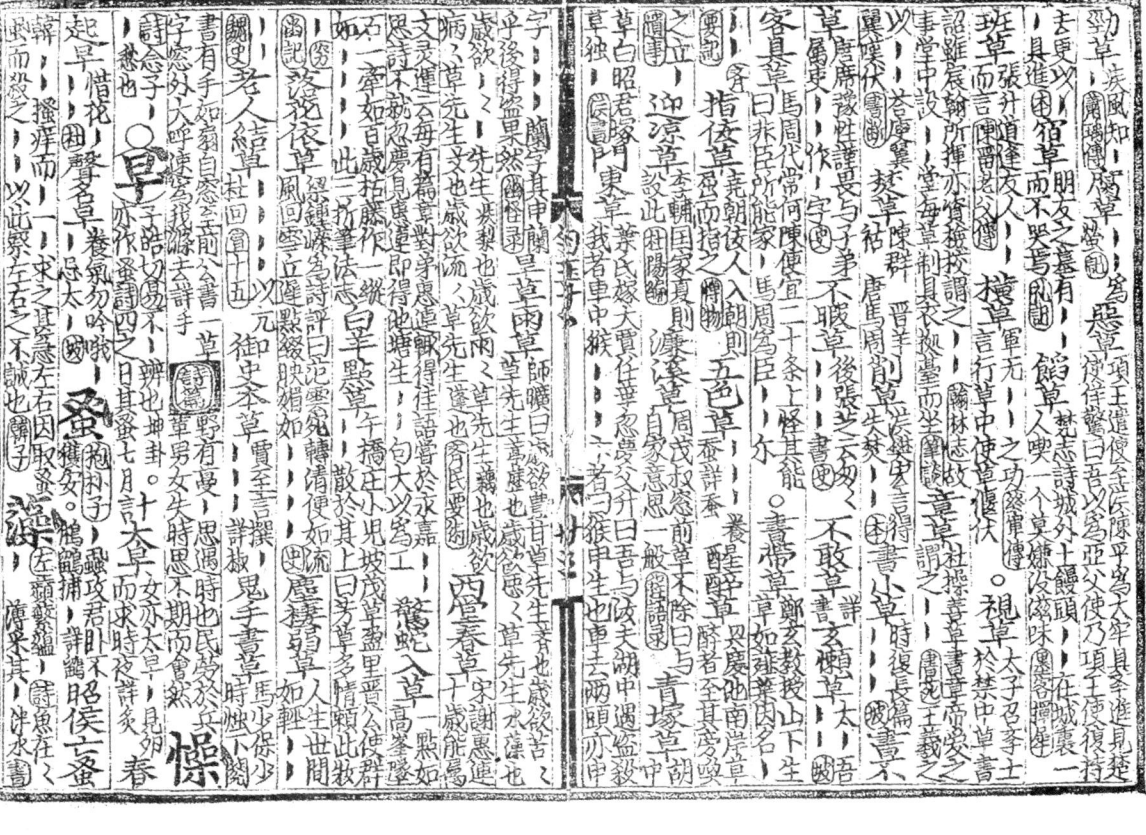

弩之末勢不能入丨丨丨〔韓安國傳〕縞素也曲阜俗善作之極精細 吳縞〔丹九〕季札与子產丨丨子產獻〔左〕〔韓詩注〕丨貴丨鄭實亭名獻〔紀〕

所貴纖縞厥篚玄〔書〕玄髮縞多豪竟何事使也纖縞丨丨丨〔選〕豪秉毫曰丨去度曰丨腹豪王勃稿。文草亦曰丨每偶
文磨墨数升酣飲引被覆面卧及寤援筆成篇時号丨丨〔本傳〕援豪唐高士廉奏議丨丨。唐陸元方臨終取奏豪丨之〔通史〕削豪後魏李孝
伯切諫即丨減丨草。戴胄官豪晉刘毅坐家僮奏已即丨丨外莫知〔通史〕取丨丨除名〔本傳〕擁豪丨丨請罪〔元后傳〕坐豪上言就刑白亦
曰廌書半豪魏徵死太宗得其丨一紙始丨丨不著豪唐玄齡待搬丨丨丨豪丨丨大略言愛憎之精所宜詳慎〔史〕。韋承慶大詔令丨丨
〔通史〕元豐豪曾子固文集退聽豪有李若問文潛摸範曰看丨丨丨盖山谷曰丨丨類丨退聽豪在館中号所居曰退听堂〔王直方詩話〕
〔法藝〕秘丨丨削丨昚胡之丨前聲〔礼〕妢杲明也〔詩〕丨出日皓切之丨潔白〔詩〕白石丨丨。合老。事並見顥韵下
好呼皓切〔詩〕宜家之丨〔詩〕驕人丨丨注喜也娟好馬少傳幼子翻子皷形濁汙中翻丨丨丨静秀〔選〕翼文翼更丨丨〔選〕姝好唐花文鳥使
絲嬋丨〔史〕堅好實丨〔詩〕實爭丨莫不丨丨靜好丨〔詩〕出好惟口丨丨女與戎〔書〕醜好先後无丨丨〔杜〕三箇好退一步行
安樂法說丨丨喜歡緣烏亦好丈人屋上烏人丨丨好丨丨丨〔杜〕豐門好京師凡物美者曰丨丨高大女者曰丨丨高乃仁宗冊曹王女
孫爲后〔括異志〕人間好武夷君等于山頂仙樂競奏唱丨丨丨曲〔歷說〕風光好陶穀使江南作丨丨詞贈女驛女弱蘭由此大沮詳弦

斜更好江頭千樹春欲晴竹外一枝丨丨丨〔武梅〕大魁天子時々應事作俗下語令人魁及示人丈人以爲好小魁以爲小好丨丨以爲
〔韓文〕丨丨酒有何好拍温問孟嘉丨丨丨而御嗜之詳趣〔人名〕張丨丨年十三社牧以善歌豈樂籍中寶博抱切〔記〕
仁親爲丨禮引地不爱丨孔運〔詩〕稼穡維丨桑柔鴻寶淮南丨丨苑秘書爲金之術又詳苑〔詩〕龜寶徐太尉赴廣南淺水中得琥璃瓶中有一
龜寸許旋轉不停瓶口細不可出夜半群龜登舟遶瓶徐俱弃之舶主云此名丨丨〔金樓子〕大寶縕古有丨丨曰位〔易〕張歲七寶乃月
丨丨合成詳月懷寶被褐丨丨〔叜郎顗傳〕魏寶美哉山河之固此丨丨国之丨也〔史〕陳寶秦陳倉人道逢二童子名丨丨逐之化爲雉詳
雉耀光曜寶帝即丨丨丨天神之大者昊天上〔五經通義〕有寶行陳平亡渡河船人見其美丈夫獨丨其當丨丨器金玉寶欲殺陳
平詳不貪爲寶子罕曰我以丨丨爾以玉爲寶詳玉。僧寶丨丨人人滄海珠〔杜詩〕〔年號〕天丨明皇〔人名〕丨
赦白龜保〔詩〕子孫丨之丨赤子我將明哲丨身〔書〕若保丨丨師丨万民〔論〕不丨其往神保是饗〔詩〕宋氏曰丨丨鬼神之嘉号〔楚辭〕鬼灵丨
兮賢姱蓋古語也庸保求其子孫咸出丨丨之中〔前功臣表〕司馬相如丨作与丨丨雜作。丨丨謂傭作丨謂傭之可任者傭保任昉薦士表猶
惧恵鱗卜祝藏器丨丨。謂阿保丙吉自曾孫遭遇絕口不道前恩會掖庭太公丨牛伊尹爲酒家傭丨阿保宮婢自陳嘗有丨丨之功辭引丙吉知狀

酒家保栾布困窮爲丨丨丨〔史記〕〔韻府〕〔詩篇〕天丨下報上也帰美報上〔小雅〕鴇似雁無後趾性羣居詩肅々丨羽鴇驪馬
白雜〔詩〕乘々丨葆草盛皃又羽丨之謂丨光。〔通〕此羽葆刘備曰吾當乘此丨丨蓋車詳彖韜藏也羽葆合聚五采羽爲幢曰丨丨〔句會〕蓬
葆頭如丨丨〔至矣〕〔前漢宣傳〕勤苦旅葆野穀實可食〔句會〕翠葆新篁搖動丨丨〔周詞〕褓〔史記〕成王少在強葆之中。与緥丨同通
作文褓提嬰褓日以丨丨〔唐趙氏〕孤兒詳孤錦繡襁褓金繡褓爲大丨丨祿山生日後三日召入禁中以丨丨裹之使宮人以綵輿舁之
媼山城本作堢。唐哥舒翰接連雲丨媼烏皓切女老稱〔漢紀〕母丨息大澤之陂富媼后土丨丨光〔郊祀樂志〕昭明三媼老
母称坤爲媼母故称媼媼從高祖母曰刘媼〔史記〕注云有得古碑云母丨師古強爲立姓名皆非。氏貞顏進唐書表云頻分丨丨之疑翁媼
叔水媼丨丨〔?〕謂父母王媼從祖常從丨丨此两家常折券弃責詳負武負貰酒襖李士十月賜錦丨詳錦黃綿襖京師父丙
忽晴兒童權呼曰丨丨丨子出矣〔韻林玉露〕黃羅襖丨丨丨山谷爲吕教五開府脫俴色衣公有詩〔侯鯖录〕送故襖李褒表兄武恭
誕妄褒生日恭丨一丨皂丨子曰納布襖宋武帝微時有丨丨丨以付會稽李西平收復京師時所服者詳襆公上曰後世有驕奢者以此示之
〔史〕飢民紙襖李溥淮浙大飢溥造紙襖以衣貧民詳胃懊恨也夭初出胎者〔記〕不妖丨王制考苦浩切本作攷

〔書〕三丨難陟〔詩〕弗鼓弗丨。丨室丨攷勳考金堂主茂芝木仙吏書丨丨〔山谷〕二十四考郭子儀爲中書令考丨丨丨改中上
考一官督運失米盧承慶比曰宦不驚考中上詳處自書下考陽城爲道州刺史賦稅不時當上考功第城丨署曰撫字心勞催科政拙
考下〔監〕栲山樗類漆語曰樗丨漆相似如一〔詩疏〕云可爲車輻〔詩〕山有丨丨。中宗朝御史裴談畏妻内宴唱迴波詞優人云迴波尔時丨丨
拍婦也是大好〔李事詩〕薧魚乾薧辟魚物爲丨丨〔官上〕鱻与鮮同〔礼〕死生丨丨之物〔民〕丨謂生肉丨謂乾肉〔人名〕丨丨郎延壽
作灵光殿賦槁與槀同〔孟〕苗則丨丨美妓獨伴霜菊丨丨振槁李固若丨高屈原丨容枯丨〔騷〕振槁丨丨〔史〕形槁形如槁木〔雜序物〕天地槁
日月終消毀丨丨同枯丨〔李〕山林文枯槁丨丨之丨其氣丨丨瑩林文枯槁丨丨閣之文其氣豐縟〔歐〕

二十哿 與果同用

哿古我切可也〔詩〕丨矣富人笴箭莖也。願爲魯連書笴一射聊城丨事見天舸大舟也。丨鑑書舸前蜀述津〔滕閣序〕
王北狩濟江而上左舸丨丨單舸可曹操將東下刘備乘丨杜見周瑜〔三国志〕金舸唐馮盎爲高州首領豪俠舸每入朝載丨一丨自隨〔史〕
〔大〕陵風舸隨処士元藏幾至海中一洲島人曰此乃滄洲去国数万里洲方千里人多不死藏幾思歸洲人製丨丨送之激水如箭旬日達

東求(註)畫舸　桓玄欲北伐无它処分先使作輕舸載服玩丨丨衆咸笑之(史)　西施舸　丨子下姑蘇一舸過鵠夷(莊)故之秋娘(詩)
○瑳　此我切玉鮮白(詩)丨兮丨丨　又美皃(詩)巧笑之丨丨　○𩓥　奥可切垂下　哆　張口又語声(玉篇)
○柂　徒可切正舡　逐柂　一乗天倪舟八　𩓥　兒又厚也
柂　末俗作柂　丨丨極縱丨丨(李)　瀟湘柂　南浮早歲(杜)　舟運柂　車輸動(德詩)錯落後丨
載輙　(列仙)風爲柂　洪仲長統詩元氣爲舟微丨丨丨(史)夏統操柂　晉丨丨賈充問能随水戯乎統
柂　曳也(語)朝服丨紳(前漢)書紆青丨(宋)西都賦丨能蝠　正櫓折旋中流(史)互見海
兒(廣韻)上　潬沱　(郭璞江付)潬去声　随風猗妻与波丨丨　沱　水滑沱(朝亨太廟付)乎渙汗(註)　滝沱丨丨沙　水往来
徒猥切　淡沱　春光丨丨　見澀沱丨丨
在死便理　類我　蜾蠃祝螟蛉曰丨丨丨丨　秦東亭(註)　○我　五可切(語)丨毋丨詩
丨詳鐘　类我丨以則肖之矣(揚子)　老我　丨丨丨何所根(后山)　倦鞍馬(歐)　无多酌丨
方士姓許對人未甞称名毎言我而已時謂之丨丨(墨客揮犀)　風月我与誰同坐明月清風丨又詳月　風柔我　邪我乘風邪丨丨　許我　賈魏公爲相有
(列子)詳風　百年我　吳人曰家丨丨丨丨不可以後宋(哀七)　魯　吾丨喪我(南郭子綦曰今者)　汝知之乎(莊齊物)　我與我　温恒
甞問浩君何如我浩曰丨丨丨(殷浩傳)　鷗似我　中有白丨丨(谷)　君自君我　自卿丨丨詳卿　我我　丨我自
丨周旋久寧作我也丨丨閑

用我　度歌答王衍曰丨丨丨丨家　我知我　莊子曰丨丨何以丨丨　衣我食我
法卿自用卿法衍奇之詳卿　丨丨不知魚之樂詳魚
解衣丨丨推食　生我鞠我　父兮丨丨母兮丨丨(家我)　贊王我　公若貌曰亦丨乎(左)　硪　丨山高
丨丨(韓信傳)　丨丨　丨丨
兒　○娿　奴可切婀丨　旑施　(楚辭)紛旑丨乎行有節(註)佩玉之　○𤕌
○丨　美皃又裊丨　都房○盛皃　儺　丨丨　天之休(詩)丨丨　丨猗丨其技
胡可切(詩)百祿是丨　丨丨衰丨並　丨丨　(左)尚書暱丨丨囊當在此○刘伶丨
被毳者○　戈而戟(宣公奏議)弟克貴丨　丨丨
鍾鋒詳　○可　苛我切(語)丨与言詩　舂月而丨　無丨無不丨(孟)　多可　嵇康
　左右皆曰丨　行丨際丨　試丨乃已　丨仕丨止　絶交
書足下旁通丨丨而少怪　肯可　歐詳司封行狀　許可　鳥語相丨(谷)　開可　議者以爲
○蠨蛸报喜太丨丨(谷)　未嘗有所丨丨丨　隆刑峻法
不宜丨丨　獻可　晏子曰君所謂可而有否焉臣丨其否以成其丨　君所謂否而有可焉臣丨其丨以成其否(昭廿)　老可　能爲
(後漢㝎傳)竹寫真坡謂　文与可也　丨丨乗明月看花上滿船　五不可　肅宗还京師李泌辞去云
臣有丨丨丨　耐可　流直上天(並李)○猶言如何可也
(侯家傳)晋惠初擇晉武帝曰衛公女有五可賈公女有丨丨丨丨丨詳妬　仕臣遇太早殺下用臣太重恩太深功太高而迹太奇(縱)
其可丨丨大孝之法云丨丨之謂時(記)　學當　學惠之可　甞有独処者隣之釐婦夜暴風雨室壞趨而托焉魯人不納曰吾子不如柳下惠云

云魯人曰柳下惠則可吾固不可將以吾之不可丨柳下丨丨丨丨(家語)又詳婦　李陽不可　王衍妻郭貪戾衍患之時有幽州刺史李陽大俠也
郭素憚之謂郭曰非但我言卿不可李陽亦謂卿不可(晉)　杜衍不可　趙宋丨丨爲相凡内降恩澤者一切不与每積至十數面納之仁宗
不可丨丨亦謂丨丨郭小損(晉)　意可　初丨宜賓山谷謂香林不可
謂歐陽脩曰禁中有求恩丨丨告之　香名意可　凡而名有脂粉氣易曰丨丨(香譜)○印
澤若每以衍丨丨告之
可所丨丨詳坐　頗可　詩僧祖可身被惡疾人号丨丨善權　哿　時有丨丨
可能如是寃坐佛　　亦能詩而清瘦号瘦權(西清詩話)　句(國)賈島
及可　坎丨不平　軻　轗丨車行不利○　左　藏可切(詩)丨之丨之(左)天子所
明也又簡易　　　　　　　手持籥詳籥●入道尚右故
非正之術曰丨道謫官曰丨　閭左　秦發丨丨戍漁陽九百人(秦紀)　道左　吳士拜
丨迁不適宜曰丨計　丨里以富強爲右貧弱爲丨　元帝於
丨丨左　士皆左丨爲　磨旋左　右旋詳天　虛左丨丨左丨入丨丨君必
(晉史)袒左　刘氏詳袒　磨旋左丨左　楚當左　左无与王遇(左)　虛車左　魏
陵君車騎虛左自迎侯生侯生直処　坐席左　趙普丨丨陳希夷　在左　信
公子上坐不讓公子執轡愈恭見屠　坐席左　趙普丨丨丨丨丨　　左　士
丨丨愈賓賤元　項羽至陰陵失道田父丨丨　　　　　　　　　　丨
益敬之(魏夫傳)　給曰左　左乃陷大澤中故漢兵追及(史)　設弧門左　男子生丨丨於
詳姓(姓氏)　濟陽陶者　齊公族有丨右公子因氏　(晉書)作春秋傳(字)
丨丨　子行孔門七十二賢中人封南華侯(唐)字伯豪爲宋與州刺史奏

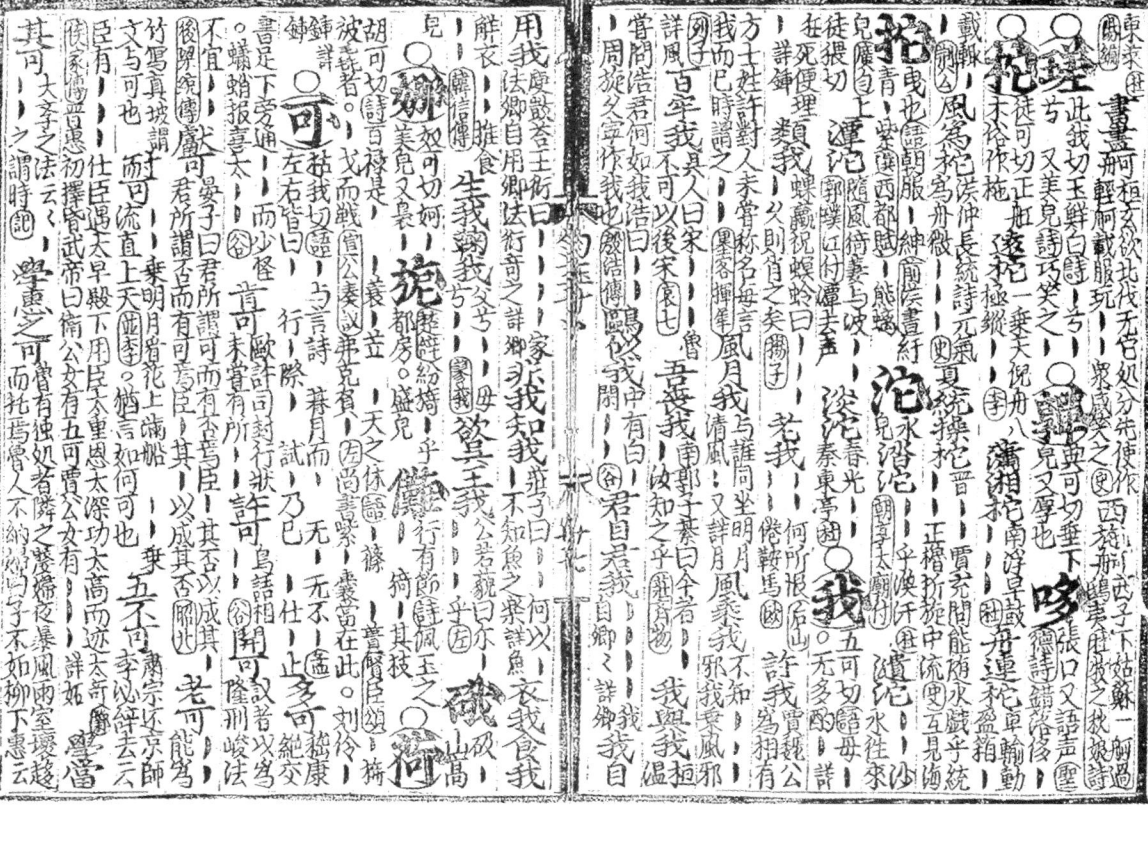

按貪猾二千石无所避(後)上言李嵩年未五十不得察孝由是多得人
及跡(後)字元放庐江人有道術○釣盆釣魚詳魚操欲殺之変入羊群詳羊
(後)陳遵過寡婦(忠)字太冲作三都賦十年而成○　○果　古火切(語)由也丨
安全全丨丨　阿君家飲被劾詳飲　行必丨易碩丨不食　堯果
工騎射詳状　李泉　衛瓘与魏舒善母与足下　玉山果　彼美丨丨　獻瓜
共論此事曰丨丨(監)　金盤實(坡梅實)　蔡爲
果　德宗幸梁有丨丨丨者　琥兒果　南唐宮中賜近　君家果　楊氏子年九歲孔
帝欲授官陸贄諫之　臣丨丨　詳功　君平詣其父設楊
梅果孔曰此實是　柔錢王果　分沾四座(坡詩)　利市平　海中仙果　刘禹錫贈白蘇州
丨丨丨詳楊梅　丨丨丨丨丨丨丨　　　　　　　　　　　　　云莫嗟華髮与无
兒却是人間久遠期雪裏高　縣令辭果　閻賈郁任仙游令有邑客遺果曰其
山頭白早丨丨丨丨　子生遲　　家新果人家未知郁曰古人畏四知
今君兒知弟知子知是猶於古人也　美姿投果　丨以潘岳丨丨儀挾弾出洛陽道婦人皆連手丨之
以石擲之委頓而反(潘岳傳)世說云　丨滿車而帰時張載亦醜每行小兒
左太冲醜效岳游於市群嫗乱唾之　遺母珍果　陳孫李克爲祭酒毎侍宴
帝嘗賜御盃果　唐裴誌在翰林宣宗幸其院取御　取珍果納袖帶中丨丨宣
㝛(史)丨丨丨以丨命宫人以巾裹賜之(史)　投棄桑果　後周王思政爲
桑果雜樹丨丨丨曰大賊未平丨丨之(史)　推設楽果　陸納謝安嘗詣納
則事産業乎命丨丨丨　大將軍家人種　兄子俶陳盛饌珍羞客罷納大怒曰汝不能光益父叔乃復穢我素業

秋枚四盡食珍果丨張承業每刻珍果馬郁食之丨它日惟設乾薄子詳蘆〇買筆不市果後刘祐為郡主
十韻 薄郡將小子出
又令市果实祐止丨丨書具与之曰郡將郎君可令从〇不昧因果有人問
李郡將使就祐受經五日一試不滿程限白吏罰史書 大脩行
底人落因果也无老人對曰不落因果遂堕在野狐身大 天堂婆
智禅師代一轉語曰丨丨丨老人大悟脱老狐身詳狐 無漏智果 脩盤頭
陀旦食坐禅不卧六時礼佛清淨无欲二十祖闍夜多欲度之云云曰我不
求道亦不顛倒我不礼佛亦不輕慢我不長坐亦不懈怠我不一食亦不雜
食心无所希名之曰道婆脩便 人名
於言下知歸發丨丨丨 傳灯 人天小果 達磨謂梁武帝曰写經度僧
此但丨丨丨丨有漏之因 傳
莽懸崖棺詳莽 黃騘隣陣詳騘 裹 孟行者丨囊。李斯逐客書使天下之士
丨足不入秦。子輿丨飯往食子桑詳飯 藥百裹
彭祖云上士異床下士異 馬革裹 丨丨丨丨屍还 馬援傳 青箬裹 帰洞容 丨丨丨 蓝
被服丨丨丨不如独卧 自纏裹 蠶桑
作爾丨丨 谷 飯數萬裹 陳孔奐為建康令北齊來寇武帝令奐營麥丨 以荷葉裹之得丨丨丨 明旦食訖大戰破賊 史 門限鐵裹
智永善書以鐵葉裹丨丨詳限 蜾丨蠃 剔 割也 〇朵 丁果切 顒也 杜 易 觀我丨頤 丨頤 白花簷外丨 雲朵 韋陟書陟字君
五朵雲詳雲 一朵 花二朵 未暇遠尋二朵 坡 房州有異人常戴三朵丨 莫知其姓名因以丨丨 花名之作詩皆神仙意 峯
紅丨 擁玉皇 國

千朵 庾公樓外丨 〇鎖 蘇果切 歐詩 鐵鉤鎖 盛竹 江南丨丨丨 最許誠懸 會谷
丨丨詳朵 与脱轄丨 江南李王得竹自根至
梢極小者一一鈎勒成謂之丨丨丨 自是龍鎖 有甚丨 一庚門
云惟柳公權有此筆法公權字誠懸 丨丨 歐 暗麏鎖 金絃索 周詞
無鎖鑰洞 韓詩 丨丨丨 橫江鐵鎖 吴人於江磧要害処鉄鎖丨截之又作鉄錐長丈
金錐暗置丨中晉王濬作大筏令善水者以筏行遇
丨錐著筏而去又作火炬灌以麻油在船前遇丨燃炬燒之須臾融液断絶 王濬傳 又祁古鎖 楚州漁者淮中釣得古鎖不絶得獮猴即禹鎖
水神无丨丨也 太平廣記詳祈 袍包 金鎖 唐信宗出袍千領賜塞外 丨中得丨丨 并詩云鎖字金 遠鎖心終不
開王將聞奏以宮人賜得鎖者後帝幸蜀其人前後捍禦 前府各詩 自脫枷鎖 北齊盧景裕繫獄誦觀世音枷鎖丨丨 史 〇鎖骨菩
薩 詳骨 〇瑣 易旅丨丨 詳騎 〇餘 尾瑣 丨兮尾兮 詩 葵瑣 司馬相如傳 嵬瑣 王丨 商子 丨 丨径險 史 瑣細 碎瑣
土蚓壁蟬 谷 青瑣 給事黃門侍郎掌通內外及諸王朝見 漢官儀曰黃門屬黃
何丨丨 王門令日莫入對丨丨 門拜名曰夕郎 後漢官志 丨丨 謂戶丨遂丨
鐵也刻為連 丨文而 邊瑣 王丨長史丨 科條其人瑣录也詳囊 漢丙吉 塞 壅瑣 欲此少
青塗也 吳都賦注 五 連瑣 杜 贈沈簿 丨 彈 新曲從 丨丨 留 丨丨
兮 楚詞 本作 连 瑣 王 琵琶皮作絃自從 搊死世莫傳 丨丨 声入黄泉
鏁与瑣同 丨 旧声終 愛 翻 蚫 邈嬌

語丨丨 左思詩 言 拠公双瑣 柳世隆善彈琴世称丨丨 〇墮 徒果切 陸績懷橘
語如丨声瑣く也 為士品第一 南史 丨丨 能釀酒飲之醉而不醒
地詳搗丰祐丨泱碑詳碑庚 白墮 河東人刘丨丨丨 能釀酒飲之醉而不醒
散丨憤詳憤士卒丨指詳指 文謂之擒奸酒有遇盜以酒飲之醉皆
被擒時語曰不怕張弓拔刀 丨丨 春醪 孟敏不視墮 甑墮地丨詳甑 唐兩墮 語曰左回天具獨坐徐卧
挾矢惟怕丨丨春醪 虎 丨丨丨 〇兩墮 猶日持
兩端 卓超傳 後卓超徐璜具瑗左悺丨衡以 飛鳥墮 馬援擊交趾仰視
誅梁冀同日封世謂五侯及单死四侯轉橫 跕く丨水中追念少游
平生語何可 風花墮 人生如樹花同發隨丨而墮く茵席者 鬪鵲墮 子信比齊張
得也詳鳶 殿下是也落糞溷者下官是也詳溷 善騎者墮 子信善游者
風角丨 奚永洛与子信坐鵲鳴庭樹鬪而墮子信曰有口舌 史 溺 丨丨
事數 喚亦不可往是夜瑯琊王五使召丨 之詰朝難作 散諸吾
丨丨 淮 〇破 甑墮 唐和尚以杖敲竈 谹一 偈竈 天花墮 天女以丨丨 洛全大弟
南子 墮 即傾破墮落号丨丨丨 詳竈 菩薩即皆丨丨
子便著不 坐 墮 堂塾又射丨 唐蕭 惰 詩丨 農自安 股肱丨哉 語丨語之而
墮 詳花 璃射俱不著丨 懈丨丨不丨 左 执圭丨 蹉 黄傳 增益之以為
贏餘但教子孫怠丨亦 隋 黄子 法 一丨偷丨丨 〇妥 他果切 詩 以丨以侑 韓文
詩 懶丨固无四 与去声通 朝碑 揭虔丨灵。亦作綏
記国君綏視 花妥 鶯占万木元言寒丨丨 安妥 民去愁墳 而就
沽弥高曰綏 梢蝶 巾 妥 安丨力排 耳 聖 丨丨 唐 猶 丰 傳 人名

注白 〇坐 徂果切 見簡韻 〇鋑 丰果切 么丨 〇 臝 郎果切 亦作裸 蠃 倮 孟
塌卷詳塌 丨細小 月 袒裼丨裎 左 欲觀其裸
〇陳平嬴而剌船舟人乃不殺之詳船 畢卓等八 丨丨 裸其丨丨 月令 蜾 蠃 礡 蠃
達裸飲詳飲宋明帝大集宮內裸婦人觀之詳乞 蟲 丨 虎豹之属
盘史解衣丨丨丨 宋君 臝 时 裸 丨實之膓蝮蛉有子蜾丨而逢蜾 丨 詳
曰是真盘者矣詳礡 我 酒德頌 子豪侍側如蜾丨之与螟蛉 蓏
丨 說文 在木曰果在地曰丨又有核果无核 慕 虫 疥病。為其 〇跛 布火切
丨又有殼果无殼丨又木实果章实丨 蠶不疾瘯丨也 易 丨能
復。山谷作丨奚文叔 躄跛 李諳因丨而辛顺 劉跛 丨丨子青州人往一 拐
之跛者与蹯蹇韵通看 躄跛因丨而緩步 詳短 劉跛 每歲至洛陽范家園看
花為人談噱有味大范与二千四金曰跛子喫半角小范与十金曰 齊笑 眇
喫婉姜丨 詩 謝曰人生四海皆兄弟酒肉林中過一生 冷齋夜話
跛 季孫行父禿晋郤克眇衛孫良夫跛曹公子手僂同時聘于丨 齊使禿者
御禿者眇者御眇者跛者御跛者僂者御僂者齊同叔子処臺上而丨之
客不悦而去云云齐人曰丨之患自此始 丈 虫 蟓 蟹 跛 山谷偽演五技 鼯鼠笑
矣 穀梁成元 〇此与史記少異詳蹇句 鳩拙百足馬丨丨丨丨
〇荀豈若跛鱉 丨丨 之子騎馬折髀父曰此何詎不為福一年胡
之与六驥足哉 塞翁子跛 丨丨 夷大入丁壯者戰死十九此丨独以丨故父子相
保詳 己禿妻跛 五代揚光遠病禿然有辯智妻又跛其足後率 二妾眇跛 胡
馬 兵反 語曰岂有禿瘡天子跛脚皇后邪 史 眇 跛 叟

｜｜詩紗渡江賓人跛袁天綱子客師｜｜而还俄有男子跛而負就舟曰｜在吾可以渡江中風起幾没｜者婁師德也見江
皷｜之揚之糠粃在前詳䃴詩不可以｜揚播手旬見箇○火呼果切書苦｜燎原盂𤐋莫求水｜語助｜。｜｜流爲烏詳烏
田單｜燧火古者茹毛飲血燧人詳牛牛氏初作｜｜古史考揄火四時變国春取｜｜礼取火卯司烜以陽燧｜｜於日賜
火氣也｜近臣｜歲時記唐清明取揄柳火順陽陰火｜｜然凡水有硫黄其泉則溫故云｜｜焚玉泉庄注溫泉也海賦｜｜潛玉火
鼎置之室不復挾續物類志唐東夷所貢積之可以然燔火荊公事豈顧爭明｜｜莊子間漢火｜｜文字燮宿火蘗燒
｜｜唐詩炉中存｜熱火其聲赤名事類以｜｜悲火曲詳燒｜｜燒心謝仙火州爲天火所焚留一祥符中玉眞觀在岳
狂有｜｜三字何仙姑敲石火歘如｜隱文武火論茶云煎以文火細煙審不｜不｜｜方勻谷頤說
曰此雷部司掌火国史蛾赴火後魏崔浩曰慕容垂人史瓠盛火傳求夜擊賊以｜｜深奴賊望火爭渡溺死詳執置淮水出
火納火季春｜｜礼夏官明水明火司烜氏取｜｜於月取｜｜於日以共祭祀礼秋官活水活火｜｜還將
享國遠水近火救後周赫連達曰｜｜何足道哉文｜｜不束縕乞火亡因还婦事詳婦城門失火｜｜｜
砂及池魚風俗通嚶酒滅火欒巴事嚶酒救火後鄭弘爲向京兆會酒三｜｜云齊国失火後齊果上火災史晉佛圖澄｜｜
｜｜幽州史反風滅火劉昆除江陵令火災叩向火叩頭多能降雨止風詔問｜｜虎北度河何以致此昆曰偶然耳帝曰此長者之
言也伏搶滅火義士古初遭父喪｜｜東觀漢記｜積薪厝火賈誼事詳薪徙薪防火韵見客抱冰
本扼火抱冰夏則｜｜越王思報吳冬則滅油滅火梁沈約好李毋恐其史端坐救火吳姚光有火術孫權
積荻數千東使光坐其上猛火焚之荻盡光｜｜灰中把一卷書史鼻頭出火寧齊寧貴曰吾昔數肋射梁景宗爲領軍曰吾昔數肋射詳慢
及月不勝火莊子註謂大而明入人乃火有｜｜瞿乾曜天師大呼於夔州市曰今夕
摩月不勝火暗不若小而明｜｜過可善待之是夕遺火焚數
百家方悟｜｜字也雖烟嘗畫不救火晉武庫火｜｜｜御史劉毅詰之詳角郭彰率人自衛○音丈撥火｜｜
謂爲山曰汝｜炉中有｜否師云無火｜｜深｜○頗晉火切頗剛頤強令亦｜｜
得｜｜以示之曰此不是火師發悟礼謝傳燈錄｜是自求｜嫁禍趙豹曰欲｜其｜樂禍鄭伯曰王
不○禍胡火切通作𥚃盂蓋｜是自求｜東坡遺詩｜嫁禍於趙也趙世家
可左階之爲｜。東坡遺詩｜
子頹歌舞不倦悔禍老子許左｜｜結禍史律書｜｜於越塞翁禍｜｜失馬曰何詎不爲福馬將駿馬至曰
｜｜也莊北

何詎不爲｜｜詳馬貴臣禍於宥詳殘｜｜傷
之雖尽酒有餘流如智不尽也。｜說謂其言長而有味髁｜不正莊諺 騍也強李齊人須曰灸｜過髡言灸
得｜｜敵家而託葬焉實山｜顆土塊也謂塊上生｜｜無任○顆苦果切逢顆秦爲蕃埋至此後卅曾不
傳顆土塊也謂塊上生｜橘顆唐人摸王右軍帖云 橘果奉｜三百｜詳橘 飯顆｜｜山頭逢杜甫頭戴笠子日
卓午爲問緣何太瘦生只爲從來作詩苦山谷演雅 尋双顆心事暗卜藏裏剩三顆骨
季白嘲杜甫黄口只知貪｜｜｜古詞 果 飽兒庄意鼠肝而腹
橫穿壽門過年比數珠｜｜｜ 遂琹 珠 ｜ 人名 之洺命左傳 從父武子
山谷贈李道人數珠百廾顆 ｜｜｜ 問砢抗衡｜｜瑄 硃砢如千丈松｜｜
｜○砢朗可切磊砢水玉｜｜陶硱如附 上音可 磊砢多節目詳松
然 東石兒磊砢陶如附
邏遮也巡也史成｜之卒谷蛛蝥結網工遮｜ 㦬㦬懔｜愨也

二十一 馬 獨用

馬莫下切八尺以上爲龍七尺以上爲騋六尺爲｜。○一歲爲｜二歲爲
駒八歲爲馹爾雅○乘黄亦名飛黄有五肉角荀驊騮騄驥纖離騕褭
良｜也。龍媒駿裊駿｜也。鴦鵲款段贏｜也並大恬易丧｜勿逐自復
睽左秣｜蓐食。羊祜墜｜事詳肴石曼卿墜｜事詳尨武子｜癖見癖立
伏｜詳伏之駕之｜｜詳馬老天馬漢注渥洼出｜｜漢武郊祀道國馬是｜｜也未
｜之智詳智驄｜御史詳驄家以手爲｜｜詳源君天下馬也
莊子馬蹄無恩六馬朽索之御五馬晉童謠云｜｜渡江一馬化爲龍是歲五王獲
二千石乃右驂故以｜｜書爲貴濟帝登大位元帝紀渶制太守駟馬其加秩中
增一馬故爲｜｜爲貴滑名關覽渶朝臣出使爲太守
式師城顏子眞詩話人生｜｜貴莫遺髮毛侵韓詩善馬大宛有
寶馬五倫傳怒馬蜀人冨實皆鮮衣｜｜蔡于馬要須心地收｜｜在
齊師夜遁有｜｜之声。馬肥壯氣憤｜也汗馬之難｜｜之勞晉世家矢石班馬
不相見故鳴｜別也襄十八貫馬｜｜縣官无父從民汲黯傳王馬王隱遇大雪於无雪
詳 石馬｜｜翟去病家前有｜｜人本傳注金馬門名處掘得｜｜高人許
後魏段暉有一童子從暉請馬暉戲作京作銅馬法立於魯般門外更名｜｜門木
馬太山府君奏敕遊李今將歸子後封侯言終乘馬騰空而去史書流馬諸葛
亮後魏術木牛｜｜運米蜀即今車之独推者秧馬武昌農夫騎｜｜縛秧
。木牛人行六尺牛行四步｜｜受二斛二斗秧馬日行千畦作｜｜｜詩坡
蓬司馬門名前項籍傳注宮垣内兵衛所在四面皆有｜｜門。狂｜｜事詳兵捫馬漢有｜｜官畫
馬古今｜譜｜以主事故總称｜昔胡瓌得其肉東丹得其骨劉道醇名畫評東丹事詳丹幹
馬惟畫肉不畫骨忍使驊騮氣彫喪杜幹初師曹霸。又｜｜蹄齧事詳齧

冀北馬丨丨丨多〈詳空〉 刑白馬 漢高丨丨丨誓曰非刘氏不王 九尺馬 唐刘從諫鎮澤潞献武宗不納〈史〉 的盧馬 刘備初奔刘表左右欲因取備〻乗馬走墮溪水中備急謂的盧曰今日急不可不努力丨丨丨一踊三丈得過〈世説〉 過隙馬 百年共短長若是丨丨〈谷〉 盗還馬 後孔嵩盗竊其馬後自責曰孔仲山善士豈宜侵丨丨丨謝之〈范式傳〉 方皐相馬 秦穆公謂伯樂曰子之年長矣有求馬曰良馬可以形容筋骨相也天下之馬若滅若沒若亡若失臣之子皆下材也臣有所与九丨丨丨其於馬非臣之比也穆公使求馬三月而反報曰已得之在沙丘牝而黄往視之牡而驪公不悅召伯樂曰牝牡色物不能知何馬之能知也伯樂曰皐之所觀天機也得其精而忘其麁在其內而忘其外馬至果天下良馬〈列〉皐一名數互見數 伯樂顧馬 蘇代欲見斉王〻不見代〻説淳于髠曰人有賣駿馬者三旦立於市人莫与言乃見丨丨丨還而視之去而顧之一旦價十倍足下有意為臣伯樂乎〈春秋後語〉 王良御馬 駕嘶騰驂乗旦丨丨執靶韓哀附輿縱馳騁騖忽若景滅過都歷国蹶如歷塊追奔電逐遺風周流八極万里一息人馬相得也〈賢臣頌〉 東野御馬 定公問於顏淵曰子善丨丨乎曰善則善矣雖然其丨丨將失昔造父巧於使馬不窮其馬今東野云云歷〻致遠馬力尽矣〈荀子〉 秦皇七馬 有追風白兔跡景追電飛翮銅爵晨鳧丨丨 玄宗舞馬 数舞馬四百蹄各有名称曰某家驕其曲曰傾盃楽每楽作奮首鼓尾應節〈明皇雜录〉 毛仲牧馬 王丨丨從

帝東封取畜馬數万〻每色一隊相間如一隊錦綉天子才之〈本傳〉 祿山易馬 丨丨肥每入朝半道必易丨丨丨不尓馬輙仆 張湛白馬 丨丨常乗白馬上每見湛輙言曰白馬生且復諫矣 長史白馬 漢公孫瓚為遼東属国長史丨丨常与善射之士乗丨丨為左右翼烏桓語曰避白馬長史〈史〉 郭伋竹馬 丨丨字細侯任并州牧行部到西河有兒童數百各騎丨丨丨於道路迎拜 靈運紫馬 謝嘉人曰騎丨丨守求丨若太守也〈[illegible]〉 郭璞活馬 趙固良馬死惜之璞曰吾能活馬得一物必從此物塞見死馬嘘吸其鼻須之馬起不復見前物〈搜神記〉 叟失馬 丨丨上比丨丨丨人皆弔之叟曰此何詎不為福数月馬將胡駿馬而至人皆賀之曰此何詎不為福家富馬良其子好騎墮而折髀人皆弔之父曰此何詎不為福一年胡虜大入丁壯者戦死十九此子独以跛故父子相保〈淮南〉 優孟葬馬 楚王有愛馬死欲以大夫礼葬之楽人丨丨丨入殿門大哭曰請以君礼丨之云云諸侯聞之皆知貴馬而賤人也王曰為之奈何曰請為王言六畜之葬以壟竈為之槨銅歷為之棺斉以姜桂薦以木蘭衣以火光葬人腹中王乃以馬属太官无令天下知聞也〈史〉 市千里馬 郭隗曰古人丨丨丨未至馬已死買其首五百金而帰朞年千里之馬至者三〈王〉誠欲致士先從隗始〈詳首〉 七百里馬 北斉平秦王有丨丨丨尓朱榮敵以好弊換取之〈史〉 賜長借馬 唐李士初入院〻中廄馬一匹謂之丨丨丨〈翰林志〉 騎難乗馬 王湛事〈詳駁〉 晉郵馬 晉郵古官號主諸縣罰負郵殺糾攝之 晉王

湛見兄子濟有馬甚愛之湛曰見丨丨丨當勝但劣耳不至尓濟試養之於是常織封試之濟馬果躓丨丨丨如常〈本〉 與人騁馬 崇容侍德丨丨盧尚書騁馬詳拖 以策數馬 石慶事詳〈史〉 詐市人馬 作文物 丨丨丨後魏高謙之為河陰令有賽盛兄發指丨丨丨逃去謙之為枷一囚立於馬市宣系市中有二人忻然曰无復憂矣執問悉獲其黨〈史〉 詐認亡馬 後魏茂曾出行有人認亡馬茂知其謬辭与之它日馬主別得亡者詣府送馬叩頭謝之〈史〉 前身作馬 晉宦官養馬之役者刘三能説三生事自云丨丨丨 墻頭白馬 妾弄青梅遥憑短墻君騎白馬傍垂楊丨丨丨馬上遥相顧一見知君即断腸〈白楽天〉 盲人瞎馬 桓南郡作危語參軍曰丨丨丨夜半臨深池〈詳語〉 以馬喩馬 荘子曰丨丨丨之非馬不若以非馬喩馬之非馬也 門施行馬 魏拜楊彪光禄大夫令丨丨丨置吏以優崇之〈盃〉郎署衛貴施行馬〈李商隱〉行馬拉木也互其木遮闌于門 塵埃野馬 〈荘子〉野馬也丨丨也乃是兩物韓渥詩窓裹日光飛丨丨丨是以塵為野馬矣野馬乃田野間氣如馬〈拆〉佛書所謂如熱時野馬陽燄謂此〈筆談〉 投壺三馬 為勝者立馬一馬從二馬三馬既立三而止故曰丨丨其一勝者并其馬於再勝者以慶明一勝不得慶也 請慶多馬 〈記投壺〉馬勝筭也丨丨丨〈礼〉 出錢買馬 後魏常景為秘書監清儉衛將軍羊琛等七人各丨丨千丨丨丨〈史〉 〈姓氏〉 〈因〉趙 扶風羽音 嬴姓伯益之後趙王子趙奢封丨服君因氏奢孫戰從咸陽 〈馬〉援字文淵扶風人 聚米為山詳米拜伏

波將軍 交趾立銅柱為界 矍鑠哉是翁 子容卿幼岐嶷援奇之以為將相器 〈馬〉良字季常丨氏五常白眉最良詳眉 〈馬〉融字季長絳帳事詳帳 詳條 〈馬〉武字子張仕後漢鳴劍抵掌詳掌 封陽虛侯 〈馬〉少游 援從弟取衣食才足 〈馬〉周字賓王博州人新豐獨酌詳酌 〈馬〉燧晋人造宋璽不見題石壁詳璧 函皇帝言天下事。伏犀貫腦詳犀 〈馬〉燧字洵美汝州人李兵書戟旋沈勇 敗走田悅進北平郡王〈唐〉 〈馬〉暢燧之孫為殿中少監昌黎誌其墓有葬 〈馬〉存字子才偶文有豪氣觀浩斎歌等作可見 〈馬〉默字処厚単州人蘇軾知登州父老迎曰公為政愛民得如丨丨使君乎。 〈馬〉氏 趙岐娶丨融從妹 姜太公初娶丨氏太公不事産丨去之詳永 丨融女名倫有才辯適汝南袁隗詳匹 〈復姓〉 〈司馬〉河内微音重黎之後周宣王時爵孫程伯休父為司丨後以官為氏司丨喜生談太史談生遷漢中書令 〈司馬〉相如字長卿蜀人慕藺相如更名 容臨邛家徒四壁立 著子虛賦 奏大人賦 〈司馬〉遷字子長南遊江淮上會稽探禹穴窺九疑浮沅湘北涉汶泗講業斉魯之都為太史令紬史記石室金匱之書有良史材 〈司馬〉彪字紹統博覽群籍為秘書丞作續漢書〈晋〉 〈司馬〉承禎字子微事潘師正傳辟穀道引術謚貞一先生 〈司馬〉池字和甫陝州人召知諫院表懇求詳退 子光 〈司馬〉光字君実赴闕衛士以手加額曰此司丨相公也民遮道曰公毋帰洛留相天子活百姓。通音楽律暦天文書數 進資治通鑑 警枕詳枕 讀書 元祐初拝相遼人曰中国相司丨矣慎毋生事 兒童走卒皆知名 贈太師封温国公謚文正号涑水先生 子康 〈司馬〉康字德操有知人之鑑 〈廬山〉德公謂

為水鑑。每事称往諮佳〇者章也切　日者占候時日名（史記）將命者某固願聞
（三國志）字子期戴星詩星丨丨　名於丨丨
丨丨（記）趾者跛者齊使丨丨御趾者（語套）大丨使丨丨赭山赭始皇至湘山祠
（少儀）丨丨御跛者詩跛　長丨作丨丨　逢大風幾不得
渡大怒使伐湘山渥赭赫如丨丨（簡）沐流赭霑汗赤丨丨　天所赭声名遂
樹丨其山（秦紀）赤（方）厚傳丹也（從漢注馬歌）　赤亡五章此
病丨丨（戰）禁涂面赭丨国人丨丨（唐吐蕃傳）以　（人名）（黄丨）得路詩龜騎亀〇野羊者切（書）遜于荒
（盂）有莘之丨丨（語）賓勝文則丨　綠野裴晉公丨　（說命）傳岩之丨丨
詩声聞于丨（礼）仲国經丨丨　堂詩堂秀野坡題温公独樂園詩青山
五畝園花竹　綠野在屋上流水在屋下中有
丨而丨（詩話）黄野（黄庭經）脾曰丨丨　謀野裨諶丨於丨則獲丨　廣莫之野莊子曰子
於邑則否（家語）丨　有大樹患
其无用何不樹之无壙埌之野処丨丨丨（莊）丨上（詩）我行其丨刺宣王
何有之鄉丨丨丨　音朗曠蕩也　也刺其不正嫁娶
之數（人名）（公冶丨）名郊唐詩人（魏）冶（尸子）蚩尤造九丨　大冶天地為大炉造
（宗）巧冶丨丨　〇趙宋詩人婺召不起　（淮南）陶丨万物　化為丨丨（莊）太
（師）冶之撲（王褒頌）鑄干將良冶丨丨之子必學為裘（記）詳子　黄冶丨丨　變化（郊祀志）鑄不冶丨丨
一陶鎔生得姚冶美麗丨丨（荀非相）　白金冶丹砂仙術也
理（後崔駰傳）姚冶丨丨美也言婦飾　金躍冶大冶鑄丨丨踴曰我且必為莫邪大丨必以為不祥（莊）

（人名）（苛丨）討功食挑出之（唐）作名劍五（詳劍）（姓氏）（長丨）高陽侯丨贈也（湘山野錄）趙太祖問
之字普曰語助太祖曰〇雅五下切（柳）文平唯庚（書）孝求儒丨（選）博覽典丨趙普朱雀門額何須
之乎者丨助得甚事　〇洛中丨丨詳郵伯雅子好　　　　　　　　　　　　　　　　　　　　　　　　　　　（魏文帝典論）
酒為三爵大曰丨丨受七升次仲雅受五升次季雅受三升（劉表）
爾子用二雅五經作對陶人為酒器有酒經晉安仁餉人以酒書云酒一經
或二經至五丨　賀雅賀孫字国宝仕梁迁尚書左丞每進見武帝与語　春雅篁師
經（侯鯖錄）　移刻語曰上殿不下有丨丨踪容止閑雅故云
堂教丨饋應（礼）五見饋應〇雅狀如漆桶而弇口大二圍長五尺六寸以
羊韋輓之賓醉而出以此三器樂為之行節明不失礼也〇訊疾以雅（記）
（樂記）介雅上壽酒奏丨丨取詩丨　需雅食爭奏丨丨取丨卦君魚雅魚三雅三（韓元和詩）
（記）介爾介景福也（隋音樂志）　羣子以飲食宴樂也同上
丨与丨烏飛行一日雅丨丨之丨不熟不雅（蔡謨讀爾雅）丨丨詳蟹（語套）風丨二丨丨
皆成隊故云（前漢書）
（人名）（雅）賈鄰詳鄰　壬方疋正也〇檟古馬切亦作檟楸也又　文閑丨丨
之外（家語四）欲墓檟（左）吳子胥賜屬鏤以死將死曰樹吾（記）夏楚二物也　六檟季文子使樹　於蒲圃
自為襯也　檟丨丨檟可材也吳其亡乎（哀十一）　捨梧檟（孟）养其檟　松檟唐太
宗曰崔盧李鄭家不肖子偃然自高丨　棄美檟（綦毋）　蠢
販丨丨丨不辯人間事何為貴之（史）撰美檟自為襯（家二）丨以賈（杜氣）廟（盈）丨盈

（人名）（王孫丨）其母倚門而望（姓氏）武威（唐晉音）唐叔虞少子公明虞王封之
詳門（侯丨）嵒人造新語　賈晉滅之因氏又云本周丨伯之後
（大夫）賈大夫惡獲雉妻笑詳雉（丨山）顓川人　借秦為諭名曰至言　除鎬
公令（丨誼）洛陽人召為博士年二十超迁太中大夫絳灌之屬曰洛陽年少
紛亂諸事乃以為長沙王太傅渡湘作弔屈原賦〇陳治安策　夜半前席
耕詳耕（丨捐之）字君房誼曾孫元帝召待詔金馬門（丨逵）字景伯号賈長頭詳頭舌
拜冀州刺史和帝时為侍中（丨復）字君文佐光武中興封膠東侯（丨琮）字孟堅
（丨彪）字偉節補新息長民生男名為
州刺史不如法者皆奏免　貫子詳子　行部褰帷聞風震悚詳帷　（丨逵）字梁道仕魏為豫
彪兄弟三人並有高名故曰賈氏三虎偉節最怒　（丨曾）仕唐為舍人擢知制誥与蘇晉同掌以文辞
称号蘇賈（丨至）字幼鄰知制誥帝曰两朝盛典出卿家父子可謂繼美矣（唐）
（丨島）字浪仙初為僧暑後舉進士苦吟　騎驢敲推詳推（丨謨）字子美河南
人三典貢舉得人後拜相（丨敦頤）曹州人正觀时歷数州刺史廉潔入朝車
一乘弊甚羸馬絕羇不知其為刺史也（丨敦實）迁洛州人為敦頤刻碑大市傍
復為敦實立碑其側号常棣碑（丨黄中）字娲民滄州人性端重六歲中神童
多知臺閣故事（宋）（丨昌朝）字子明真定人在經筵著叙說（宋）（丨黯）字直孺南
陽人范仲曰君不憂不顯惟不欺二字可終身行之黯拜其言平生用之不
尽也（丨充）字公閭仕晉為尚書（丨氏）賈充女名午　劝香与韓壽充知之以
妻壽。賈混充之
弟以女妻鄧攸　嘏純嘏天錫公丨丨（泌宫）　洛中三嘏晉刘寔字終嘏兄
　純嘏錫爾丨丨（初筵）　智純嘏弟少嘏語曰

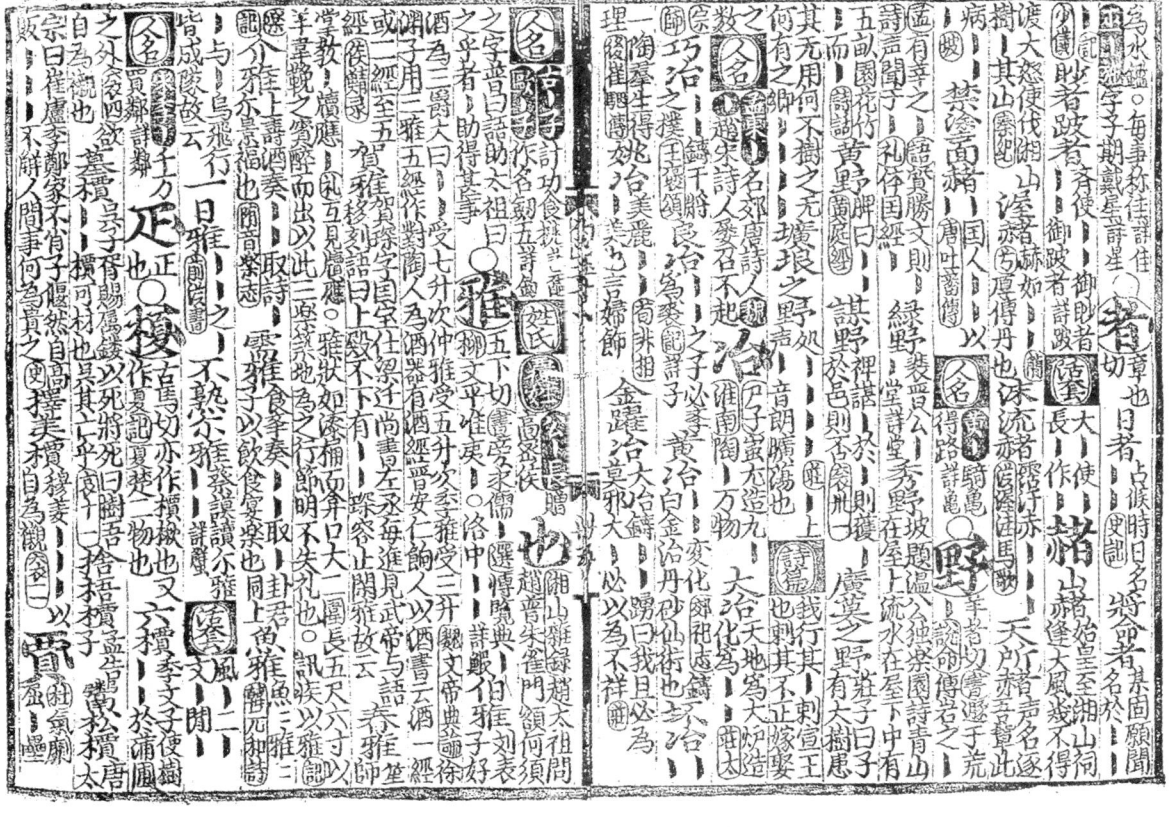

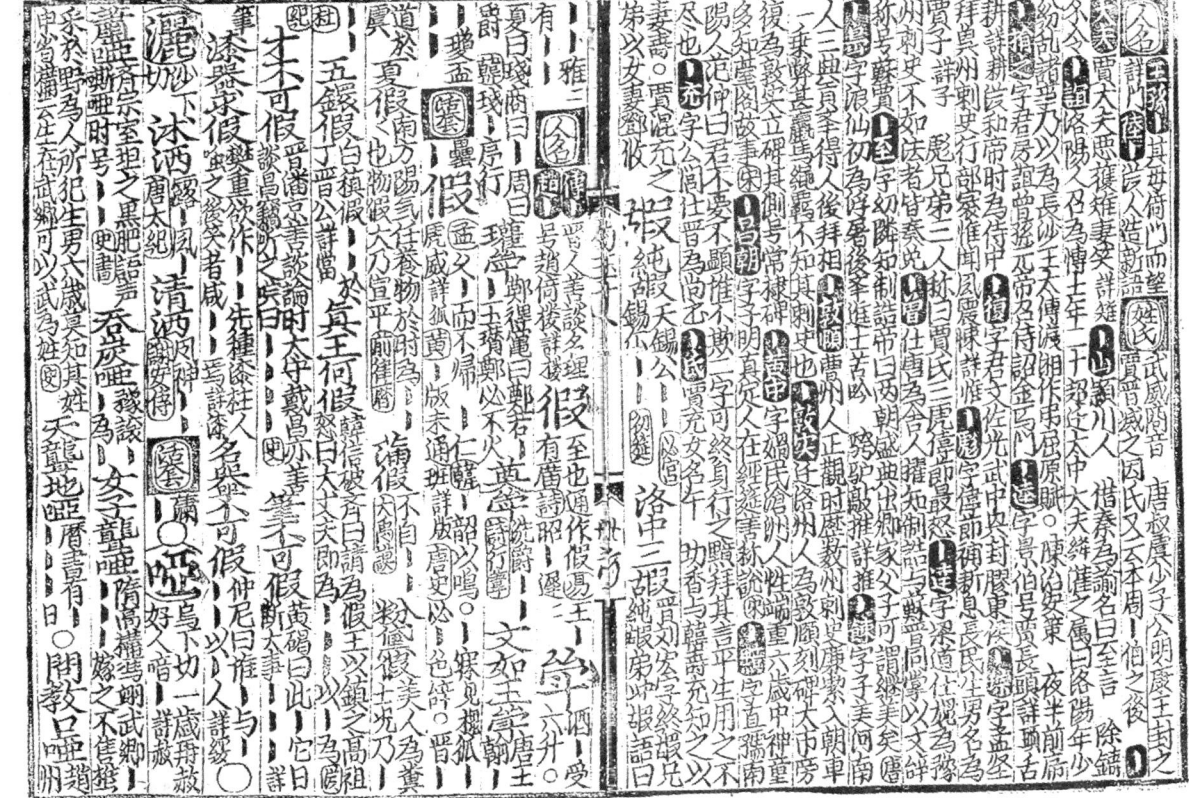

丨丨雅二（人名）（傅丨）晉人善談名理　假至也通作假（易）王丨　斝丨酒丨受
有丨丨（趙丨）号趙倚樓詳樓　有廟詩昭丨遐二　六升〇
夏曰琖商曰丨周曰　斝鄭禆竈曰鄭若丨瓘丨斝　玉瓚鄭必不火　文如王斝（唐王
爵（韓）琖丨丨亭行　斝（說爵）丨丨　翰行章）
斝盃（語套）斝（盂）假虎威詳狐（黄丨）而不歸丨丨仁（韓）丨丨鄙以鳴〇丨寐見擾狐丨丨
　敢未通班詳班（唐史）必丨丨色辟〇晉
道於夏假丨南方陽氣任養物於時為（前律曆）丨　蒲假不自丨丨（大禹謨）　介冶丨丨假美人為冀
夏丨丨也物假大乃宜平　　　　　　　　　　　　　　　　　　　　　假士况乃丨丨
丨丨五鍜假白稹假丨丨　於真王何假（韓信破齊曰請為假王以鎮之高祖
　假丁晉公詳當　　　　　怒曰大丈夫即為丨丨　以丨丨為（漢）
（杜）（甄）才不可假晉潘京善談論时太守戴昌亦善　筆不可假黄碣曰此丨丨它日
　談昌窮以之告曰丨丨丨（史）　　　　　　　　　　　　　　（斷太事）丨丨詳
筆　漆器求假漆重欲作丨丨先種漆樹人　名器不可假丨丨（仲尼曰惟丨与丨）〇
　嗤之後笑者咸丨丨焉詳漆　以丨人詳器
灑沙下切　沐洒（唐太紀）露丨風丨　清洒（晉安侍）丨丨（語套）蕭丨〇啞烏下切一歲再赦
　好人喑丨詳赦
齋啞齊宗室坦之黑肥語声瘖啞时号丨丨（史書）　吞炭啞豫讓丨為丨　女子聾啞隋高纘娉朔武鄉丨丨　嫁之不售丨（丨）
采於野為人所犯生男六歲莫知其姓　天聾地啞（唐書）目丨丨日〇開教口啞趙
中當簡云生有武鄉可以武為姓（史）　　　　　　　　　　　　　　　　　　明

二云我見這臭老婆丨丨
丨它丨丨却詳眼 ○夏胡雅切述韻語區丨臣內諸丨丨
夏三韶夏四納夏五章夏六齊夏丨丨之三不拜曰昭夏
夏七族夏八諮夏丨鷔丨國 肆夏穆叔如晉金奏丨丨之三夏天子所以享元侯也 傳四
赭白馬賦知丨丨丨 大夏禹樂 隋書 東丨丨 大名 丨名伊三弄笛事詳笛 姓氏 會稽
之充物國中夏也 大夏名 方丨 莊子丨小冠詳冠 桓叔
羽音丨后氏之後又陳宣公御叔亦為丨氏徵舒其後也 黃公 四皓
唐日 秦皇侍醫 丨鼎 字子文古言行質直与蔣旁恨陰俱為黨魁 丨統 字仲
御會稽人劉賀充作小海唱詩 僧 丨綵 字子喬江州人 李制科對策庭下
有老臣者以吳綾手巾乞題詩曰毀上衮衣明日月硯中旗影動龍蛇縱橫
礼樂三千字獨對丹墀日未斜楊徽之嘆曰真宰相器也 除韶戢 下 王
時早秋上御拱辰殿按舞命中使索新詞公立進喜仔鶯上大悅 徽
之造竹下諷咏詳竹 陶潛臥北窓丨 詳人 孟浩然 牛下 晉王祥後母每
匿床丨 詳床 韓信出跨丨 詳跨 蕃羊蘭丨 詳蘭 使掃除丨丨國 䇲下 則
谷也丨因 草 烏程丨丨 詳 若並美酒名 孝下 下陽城自署曰抚字心勞 風下 九万里則
丨因 若並美酒名 考下 催科政拙丨丨丨 詳考 直上 二
矣 詳 李天下 唐莊宗好俳優嘗自言李天下丨丨丨 敬新磨批 臺下 竪
鵬 帝頰曰理天下者山一人復誰呼乎帝大喜國
曰居丨之丨丨之 長上 蜀先主謂孫權丨丨丨 其 士 會稽下 齊宣王
丨若我何國十 雖云丨下吾不可再見之國 喜文孝

游說之士鄒衍陣于亮之徒 閣 足下 古者三公開閤郡守比古諸侯亦有
是以齊稷王李士復盛國語 閤故皆稱丨丨丨 又前輩与大官書多
稱丨丨 刘子玄与宰相書曰足下 因話錄
則丨丨丨丨丨 豈可僭用哉 地名 具丨阿 廈 大屋 賜妻 大廈成
相丨丨丨 千 蒙 詳蒙 屋之棟 燕雀
淮南 廣 廈 丨丨 千 ○寫 悉姐切 丨 廣 而燕雀
挑左思三都賦成競相 以丨我憂 泉水 詩 更以竹簡丨之 序 經序 丨之 珠詩
傳丨丨 洛陽紙貴 團 模寫祭邕正定六經使工刊 心寫 我丨 丨 是風流罪過 詳
 者車白千兩 丨 丨 好 事傳 丨 衛 諸 尚 帝
寫刘孝綽為後進所宗每又一篇 借書抄寫梁袁峻家貧丨丨 手 中夜起寫
寫成丨丨丨丨 流 岡何 擲 開 史 自丨丨 日課五十紙
橫渠作正蒙時丨丨 有絲竹陶寫王羲之曰年在桑榆 讀書不如寫 張參云
得亦須丨丨丨 朱子語錄 丨丨丨 詳惡 丨丨丨
丨丨丨丨 北征賦 益寫 晉袁宏作丨丨 賦至誅尼父感麟處便改丨 伏滔曰得
國史補 流風而獨寫王珣曰文 瀉 意傾瀉丨丨 气要 鵝黃瀉 小舟浮鴨綠大
章之美當推此生國 丨丨丨 字韵一句或為小勝宏應声曰感不絕於余心嗟 隋志 源 詞
瑰丨 變 ○且 七也切 宣帝紀莫有苟丨 苟 且 丨丨丨丨 詩 楠 且 國且 六月得乙曰丨丨丁曰
 以永日 有酒旨丨多 巳曰則且辛曰癸
且癸曰極且蓋以木為且也 ○問 許下切 谷 閒 嶆 呀丨丨 甘 閉 佐神光而
故六月為且月 尒雅疏 大開也 宮 尚 相如 付 谷 閒丨丨 相 太

增韻 ○社 常者切共工子句龍為后土能平水土故祀為丨神 記 郊丨之
義燕君語哀公問丨丨 ○方朔丨日割肉 詳肉 戊日為丨 詳戊
兩社 曾之外朝在庫門內東毫社西國社 洛社 冠蓋傾 辛社 陳平里中社丨
社朝廷執政之処故云閒于丨丨 記 丨丨 國 宰社 肉甚均 詳肉
鷗社 本与江丨 漢 杜 谷 禱 柳毅至涇陽婦人寄書曰洞庭之陰有大 枌榆社 漢祖
為保丨 社橘焉曰丨丨 擊 樹三 當有應者 詳傳書 詔令
豐謹治丨丨丨 ○ 雞豚社 願為同社人 農桑社 鼓吹却入 命民社 擇元日
丨即丨名也 史記 丨丨 宴 春秋丨丨丨 國 丨丨丨
出春分前後戊日 香山社 白居易与香山九老結丨丨丨 白林丨 樂公社 栾
元吉以祈農事 記 丨 居士 鑿 龍門八節灘為游賞之樂 国 布
嘗有德者卑報之 燕齊 史記 耆英社 詳英 鄴里 龍社 魏王脩七歲母以社日亡來歲
間為社号丨丨丨 邑 之丨丨 脩感念哀甚丨丨 為之丨丨 史
○白社 丨丨 双林去高軒二 妙來居山 白蓮社 晉義熙十年遠公与十八賢
 道遙吟詠宿丨丨中 晉書京傳 同修淨土号丨丨丨丨 ○遠師
結丨丨丨丨 以書招淵明曰弟子性嗜酒君許飲即往矣遠許之遂造焉勉令
入社 陶潛 攢眉而去 廬阜雜記 謝灵運求入淨社遠師以心雜止之 高僧傳
○捨 書冶切亦作舍 語 人其丨諸 不丨晝夜 山川其丨丨 則存
 諸 丨 瑟 孟 丨 魚取熊掌 易 丨尔灵龜 觀 頤 先 丨 取丨 操舍丨丨 則亡
 告 施舍 丨丨丨 不倦 夫不處捨 昇丨百中 ○三捨 內外身心一時俱捨隨方應
 子 昭十二 丨丨丨 谷 捨 物能所皆忘是謂大捨行道

布德无所希望是謂中捨修行 三世捨 過去心不可得是過去捨現在心不
衆善有所希望是謂小捨 語錄 可得是現在捨未來心不可得是未
來捨所謂丨 ○姐 子野切 蜀 ○把 博下切 握 中有健婦丨 之
丨 俱丨 同上 謂母曰丨 握鋤 ○不足丨玩 詳玩 拱把丨丨 桐梓 孟
菜把 請晨送丨丨 常 盜 挼盈把 憂來藉草坐浩 菊盈把 陶潛九日无酒丨 摘丨丨
荷地主恩 國 歌丨丨丨 國 坐其側久之見白衣
人送至酒 獨把樽丨 誰丨 骨子 國 骨一把 玉丨 為多感瘦 柳絲一把 一把丨丨 收
詳菊 丨丨 來无丨丨 周詞 丨 丨不得 詳帮 ○
 ○踝 戶瓦切足骨又腿 重踝 北齊紀陽王紹義丨丨 似 板床膝踝 後向棚竈
 兩旁曰內外丨 正文宣突歐其發丨之 国 跪 比丨丨 積
父有丨丨 足 考掠見兩踝 晉孫拯陸機被害拯亦被收 輠 車轂轉兒一曰
 指之処 国 兩踝骨丨死獄中 国 車膏器 詳上声
○寡 古瓦切 孟 丨 助 丨丨 怨 語 不患丨 丨 尤丨 悔 ○ 得門者丨 ○ 丁寡
 以多問丨 ○ 就飲丨婦 詳婦 詩 哀此 鰥丨 左 口衆我丨 宜二
貴王賤王謂丨之 填寡 哀我丨丨 外 姬 丨 益寡 裒多丨 丨卦 鰥寡 吉人丨丨 經
丨 珉之多欲 詳珉 寡 尽也 寡尽丨 財 丨 互見 喧 和
珊 寡 其曲弥高其 文君寡 卓丨丨丨 新丨 相如 琴心 挑 冎 剮人 五寡
彌 寡丨丨丨 詳歌 之 詳 壁 寡婦事 並詳婦 肉也 ○瓦 切夏
丘吾作丨丨 ○ 毀方丨 合 詳合 漂瓦 琉璃瓦一名丨丨 刘陶 唐南蠻
百姓丨 解 丨 盈 毀丨 畚 塿 縹瓦 詩丨 碧以為丨 鉅 銀瓦 驃国亦

号閣利婆王居以金為璧屋覆丨丨〔史〕**鴛瓦** 東都賦丨丨鱗琴虹梁疊壯〔文粹〕**紙瓦** 鋪丨硬成丨紙色琉璃以〔歐陽蕭花宅詩〕詳宅 **老瓦** 田家丨丨盆詳盆 **三瓦** 為屋不成丨丨而陳之以應三天也〔史龜策傳〕輿論始興屋反瓦三之 **弄瓦** 女生三日丨之塼丨明其執勤也〔詩〕**飄瓦** 莊達生復讎者不折鏌干雖有忮心者不怨丨丨。丨落之丨雖中人不怨者由其無情 **飛瓦** 王莽兵為光武所敗會大雷雨屋瓦皆丨〔田〕**雨** 振瓦 秦軍鼓譟屋瓦皆丨詳振 **擲瓦** 張載兒醜每行小兒以瓦石丨之又見果 **風墮瓦** 大丨大雨下如注〔史〕師曠鼓琴丨鄘丨如丨 **鴛鴦瓦** 妲嬌擕青女一詳角 **月偃瓦** 月如懸弓少雨多風丨不求自下〔侯鯖錄〕占雨 丨丨笑丨丨丨〔谷〕**銅雀古瓦** 丨丨臺遺址人掘地得丨丨為硯詳硯 **學士非瓦** 石曼卿善戲謔嘗出馬驚墮地曼卿曰賴我是石丨丨若瓦學士豈不跌碎乎〔石〕〔家〕**發椽蓋瓦** 魏管輅為人卜盜鹿曰是汝東巷第三家也取一瓦子窰丨其屋東第七丨丨丨其下其夜盜父病頭痛亦來卜輅為發之盜且服輅令捨皮肉還故処病〔詩〕自差窰數鹿主牽椽弃瓦〔史〕。**投水一瓦** 月光童子言有佛名為水天教諸菩薩脩習水觀入三摩地我嘗於室中安禪有弟子窺牕觀室唯見清水徧在室中不見我身童稚無知取一瓦礫丨丨丨內擲水作声而去我出定後頓覺心痛 ○**若** 人者切。今人謂弱為丨丨 又丨丨。**賀若** 琴曲十小調皆隋丨丨弼所製故琴家但名丨綏垂兒。礼韵不收 丨丨而已〔歐陽內翰〕琴窠若能知丨丨詩中自台受陶諮〔隋〕注琴操 丨丨所製名唐宣宗 **般若** 唐言智慧。僧丨丨秋風晚。梵言家酒曰丨丨湯 **蘭若** 阿丨丨唐言無諍〔釋氏要〕匿一云閑靜処 **慧** 引也〔古圖〕至今衣袖丨天香 ○**鮓** 側下切〔地理志〕潤州貢鱘魚丨龍魚之有五色交鮓漢昭帝時釣丨長三光〔閩中記〕鮫魚丈帝命作丨甚美 **龍鮓** 陸機餉張華鮓華曰此丨丨也水噴 **母遺鮓** 吳孟仁為監魚池司馬作魚鮓遺母丨丨曰汝為魚官而以魚鮓何不避嫌也〔吳志〕**毋封鮓** 陶侃為尋陽縣吏監魚梁以丨之〔吳志〕鮓鮓遺母丨丨丨責之〔史〕**盧服鮓** 白樂天方齋刘禹錫饋丨丨丨〔文集〕陳陶 **嗜鮓** 丨丨丨丨一啖至十𠁅〔江南野史〕**長房市鮓** 費丨丨嘗坐客而至苑須臾還乃飯〔唐〕**詭言餉鮓** 齊王謝超宗交恩鑒父懋詣超宗設饌肫精白鮓美鮓懋問那得此佳味超宗丨丨鑒見丨懋大怒上言供養不足坐免郡〔史〕**蠆** 士蠆切 **直** 道之真以治身丨丨以治天下〔莊〕苞蠆草也 **蠆** 丨中州人謂蜀人不遵執轍者曰川蠆郎假反丨丨泥不熟也 ○**𤘠** 蒲者切裂也 **哆** 大兒〔詩〕丨兮侈兮又邪也 丨其門開〔揚子〕未有述邪丨而稍正也 ○**打** 丁把切〔張憲傳〕擊丨〔杜詩〕有丨疊丨听丨請 **步打** 丁唐僖宗能丨丨 謂優人曰朕若觀丨魚歌 寒熟從人丨。俗用丨學不一 唐僖宗丨丨作丨丨進士台得狀元〔國語〕**擲打** 范希朝赴鎮太原中但処分事如三遍不應任郎中下手丨丨〈〈 **紅塵打** 赤丨丨丨白丨一者皆前者丨羽丨翰謂隕箭射我也〔劉禹錫嘉話〕詳去声當

網打 鄭舜欽因賽神會同列御史刘元瑜彈擊皆丨丨〔閑窗錄〕**兩杖極打** 晉宋統明術數約丨坐作貶謂時相曰与相公丨丨丨丨之統曰内有人肉字肉 ○**禪版打** 宋桶夢內有人著赤衣桶把丨丨丨丨之統曰内有人肉字肉 龍牙問翠微如何赤色丨丨著家也丨丨飽肉食也果驗〔史書〕是祖師意翠微曰与我過丨丨來翠丨丨 **歸宗打** 僧問丨丨如何是一微接得便丨詳圖 味禪宗便丨詳禪 〔續〕〔韻〕丨兩丨秋千丨丨

二十二養 與蕩同用

養 餘兩切〔易〕觀其所丨也丨不才 丨孟子丨善丨老者 兼愛兼丨告子丨其一指詳處 **馬養** ○養馬者曰丨炊烹者曰丨死者數百人 又丨勇 兩露之丨。譬如丨鷹詳鷹丨虎之張毅行年四十而有丨熱之疾以死豹 **內養** 單豹巖居水飲行年七十而有嬰兒之色遇餓虎食丨而虎食之殺丨其外而病攻其內〔莊達生〕丨其 **子養** 丨丨億 **蒙養** 正〔易〕丨以丨 胎養著丨丨之丨公養有丨丨 **郡邑養** 唐柳仲郢曰丨丨丨而不養令〔韋帝紀〕之仕〔孟〕**惠養** 丨丨丨之治本丨丨〔史〕**弁養** 〔前漢〕丨丨而不丨 **引養** 引栝丨丨〔書蔡〕**心養** 中丨丨丨〔陳〕丨憂不定也〔王莽〕**妍養** 丨丨〔續〕〔韻〕丨丨丨丨 **剔養** 丨丨 〔姓氏〕山陽羽音 楚有丨由基〔鬭〕**華養** 丨剔〔姓〕**苑** 孝子傳有丨奮丨彭舒

〔韻〕**痒** 或作癢〔説〕丨 **瘡** 丨華胥氏之国指搊詳丨 **痊** 丨痒丨疾痛丨丨〔列〕丨丨疼痒也丨丨丨 稽康性疏懶頭面非大丨丨不能沐也詳嬾 **額痒** 丨丨 須防丨丨出三耳陽丨痒傳舍人得丨丨丨疾劇時對 **技痒** 〔後漢〕張衡通事詳耳 丨丨丨丨眾失笑不止〔盧州闕見〕 **技痒** 徒心煩而丨丨 不能自忍如丨也。**怕痒** 紫薇花也 麻姑爬痒 王方平降蔡經家召丨丨 至年若十七 本作儀 〔玫詩注〕 痛丨丨丨 〔仁付〕有丨 **爬痒** 八文字指爪長數寸經意其可丨丨〈忽有鉄鞭〈其背〔丨丨山記〕〔續〕〔韻〕○**像** 徐兩切 **想像** 丨丨賦高 **雲臺像** 後漢顯宗圖畫二十八將於南宮丨丨 **麒麟閣像** 圖畫十一人於丨丨 〔詳閣〕**復完石像** 梁庾孝緒嘗供養石像損壞欲將其丨丨法其形丨詳閣 補之毀心敬礼忽然完丨眾異之〔史〕**造聖像** 唐瀛州饒陽縣令竇知範貪一里正死範令門內二百人為里正造像各出分一貫範自納之範先丨一像与之又得分二百千其貪類如此 **毀銅佛像** 五代周世宗丨丨丨丨天下 **財伯升像** 王莽使天下鄉亭射伯升 **十八學士像** 唐命閻立本圖像〔唐〕 **坐石烏像** 顧愷之為謝鯤像〈丨丨丨 哀詳嵩 **不畫伏波像** 東平王蒼觀畫功臣曰何故丨丨丨丨丨將軍丨帝笑而不言〔馬援傳〕以椒房故不及也 ○**鏡中像** 諸如來心於中顯現如丨丨丨〔資鑑〕〔續〕〔韻〕遺丨丨烟丨 **象** 石室丨頭不可附丨通用以鼻交趾有〔入名〕資財散施金帛〔歩〕後漢人有丨丨 **象** 駁一丨馴雕入焉布甘蔗於道野丨來食蔗則繋馴雕誘入石室隨以石窒門〔国〕丨飢人緣石室飼丨少馴則騎而制之牧者謂之丨奴。群丨雖多不足畏

犹丨最可畏。将死以牙触石折之以牙為身害也丨皮可為甲或脩藝至
乾為杖甚堅(范至能志)丨有齒以焚其身。見晉易丨(昭孟)駆犀丨丨。王莽
与世祖戰駆虎豹犀丨以助威武。(除註)生四丨又天垂丨(晝)(曆)丨(記)燧象
東方曰音南方曰丨註通言語者。成童舞丨註舞名。丨畏獅詳獅
呉伐楚王使執丨 秤象 魏太祖巨象欲知其斤而不可丨少子蒼舒曰置丨
丨以奔呉師(左) 於舟刻其水痕而以土覆則知其数也帝悅之(魏志)
舞象 禄山得之大宴胡酋出象左右教之拜象努目不動 憂象 後張茂丨大
終不拜禄山怒尽殺之(明皇雜録)。象乃明皇者 丨閙万摧く
曰象者獣也獣者守也君當為郡然 王象 李德裕有道士李終南出丨丨子
不能善終有齒焚身皆如其言(史) 如拳許曰以丹砂置象鼻下象服
其砂復吐出方可服又出一金象云与玉為偶賛皇服之顔面愈少乃求㧞
妹畏数百人後南任逢道士怒索一象公不与至灃見潭二象自船飛出光
焔燭天公壽 壽象 唐虞丨丨而民 犧象 丨丨不出門(左) 犛象 妙達丨丨 犀象
卒(宋景文) 不犯(武帝詔) (田)二酒尊名 (張華傳)
堯舜丨不能 龍圖象 水石之怪丨 巴蛇腹象丨丨丨足 靚粧大(柳天寶) 太平
化丨丨 丨丨詳怪 食象三年而出其骨
無象 牛僧孺曰丨丨丨丨今誰 。兎馬象 同在瓶所聞說一味之法然所謐
未及云治亦足為治矣 各有浅深譬丨丨丨三獸渡河
渡則浮丨渡及半恒 法中龍象(維摩經)曰波羅提丨丨丨丨。水行中龍力
火香丨徹底截流 大陸行中象力大負荷大法者比之象龍

螺螄吞象 法昌頌云丨丨丨丨云 星丨文
丨石虎咬番馬(五燈) 丨治丨 (人名) 注莊子為人 牧羊魏楊俊讀丨位至
常豫 翻實一搐溪掾蒼穿四明參飢 徂公豫丨丨 賦手詳莊 飢食豫晉
侍子曰豫實搐溪掾食丨丨丨 子注手丨子也 學
虞流寓入南山丨當搐掾實而丨 豫 濟丨水 。豫 入室子兩切(正)皆丨王
(杜甫)客秦州負薪採橡栗自給 急兒 以丨天吏
推丨尊丨崇 (人名) 玄丨手擧 前推曰丨 攘 桂櫂兮丨
丨褒丨與丨 松樹枝皆西向詳東 擧 後曳曰櫂 (楚辞)
三擧 風高江闊石浪飛急 美愁兩槳 艇子打兩槳催送 將 臣邪丨凡手周
三擧 催艇子槳丨丨(國) 丨丨來又詳愁 公之亂。丨氏
捕蛇詳蛇又狐也 (姓氏) 梁安商音周公第三子伯齡封丨因氏国在汝南
(谷)江鴟惡狐丨 (丨子文)侯末為秣陵尉死呉大帝都建康子文常乘
白馬執白羽扇而出遂立廟鍾山封丨侯互見蔣山菩助揚大眼走鄧卑凱
旋廟中人馬跡皆沉濕(丨詡)侯末人竹下開三徑詳徑為兗州刺史王莽居
旅誄病帰(丨琬)字子通魏文帝時為東中郎將詔曰天下未寧須良臣鎮抚
境无事乃还鳴王也 封関内侯(丨琬)字公琰零陵人除廣都長衆事不理
為亮曰琬社稷之器非百里之才也 為尚書令(丨琬)沉博孝廉与兄僚
俗(?)宇清俱為才吏沉歴四縣令善政流行郭子仪军出其縣鼓鼙下曰丨沉
賢令毋撓其清(丨乂)字德源常州人正元中擢史館修撰善有史才唐德宗
召見延英高郢咲曰集賢有人哉詔兼判集賢院事父明亦在集賢儒著禁

之子偕(?)美風標見王坌班詳班(丨)歴史館修撰三世踵脩国史世称
良筆云蔣氏日曆(丨)字穎叔山谷贈詩背吞雲夢如秋毫趙宋時應賢
良方正科試六論除監察御史(丨)字子礼趙宋乾道 兩 良獎切大守
閒為宰相(丨)湖州參軍陸蒙妻丨氏嗜酒善屬文 朱丨離語序
有丨丨天丨地(係辞)一三五丨天数也二四丨地数也参三而九丨丨
子張 參兩 而六老数也兩三二二為八兩二二三為七少数也皆丨丨也丨丨
丨相妻 妻兩 戟之丨丨(後呉祐傳) 銖兩 趙廣漢為京兆尹丨明兩 丨丨作象
伍也 車有兩輪故称兩 丨丨之姦皆知之(漢) 离(易)
兩丨丨(係辞) 分而為二以 魍兩 土石之怪丨丨丨詳怪 眼赤兩丨丨何時丨腰黄甚
兩 象丨丨 山鬼也字本作魍魎 日重詳黄西府則有
兩朱衣 泰階兩 三台六星兩兩而居詳階 候風五兩 䙖五兩之動静(郭景純江賦)凡丨
吏前道 兩兩 以雞羽重丨丨 繫五丈旗顛立
軍營中。旋轉三山 大字九兩 丨丨之戦掌以丨丨繫邦国之民(周禮春官)西
没風回五兩偏(図) 猶偶也与民相合偶聯綴不使離散有九事
人臣無兩 周亞夫事(史記) 鍾乳五百兩 元載事 緉 兩發也通作兩(詩)葛
安(?)書云无二 詳乳 發五兩一音在此
魍 蝄蜽 丨本作丨 通作兩 鞅 於兩切牛馬鞅也一曰牛駕具在腹曰丨 掉 鞅 掉正
(戎)又韓信傳居常鞅鞅不満足也本作怏 也示
肩(?)鞅也。楚樂伯 帰鞅御然一水陽无解 鞅 披馬初 王濟 鞅 譜岳見丨丨 裴
丨丨而還(宣十二) 皐革自繫丨丨(国) 角鞅丨丨(図) 精等為帝所親
遇岳非之題閣道為謠曰閣道東有大牛王濟鞅裴楷鞦和嶠刺促不得休(晋本傳)
丨丨丨裴楷鞦和嶠刺促不得休(晋本傳) 鄭憲 断 鞅 光武西征丨丨諫之乃
從後乃恨不進諫絶鞅後周章從太守行春太守欲因謁當憲章丨丨光武不
用丨丨言 進 諫 絶 鞅 刀丨馬(?)乃止及憲被誅多以交関得罪太守幸免 丨 按佩
(史) 叱 子擲鞅 唐李光顔討蔡矢集其身如猬其子攬馬 (人名) 子使尹鐸為晋
鞅諫无深入况顔挺刃叱之故士争奮(史) (趙丨)晋大夫簡
陽(?)(丨)諸侯之獎(?) 怏 情不足也(石顯傳)宰其 彊 其兩切亦作強
(丨)秦相從木示信 丨丨心 通作鞅詳鞅 中庸強哉矯(孟)丨為
善(?)(丨)丨勉 周勃為人丨 丨強 通都大邑丨於丨丨之閒而不
(左)愛為拳丨諫 丨強丨敦厚(史) 知為之備(?) 蚩渠物切 舌

本(?)寂伴甚竟丨丨 強丨間丨詳本 仰 魚兩切(説)吾将安丨 擡 弓(語)人皆丨之子喬仰丨高
而丨 擗实而俯商子曰橋 偃仰 棲遅丨(北山) 俯仰与時丨丨(隠)桔橰引之 威 仰
父道也梓子道也詳梓 仰丨丨則丨舍之則丨詳梓 張丨(易)丨觀(孟)丨事。亦作卬詩瞻丨昊天 橋仰
東方青帝曰丨 (啓)山丨斗丨詳斗 (詩篇)瞻丨凡伯刺幽王 仰
丨丨(周礼祭法) (啓)大壞也(?)大雅 ○ 礦 楚兩切以砕石去垢也(韓望)
(德詩(?))丨丨 ○ 想 息兩切(隠) 望風想丨 自想丨丨(?) 心遊丨 夢想丨丨(丁南讚傳) 賢士 遐想 時物集 (?)注想丨丨
(衛戈) 丨 不任吾哉已 夢是因想 衛玠嘗問樂廣丨廣云丨 想(?)
待元老(宣) 盃盤想 ㇀丨丨(?) 想曰形神所不接而夢豈想耶 廣
文宗詩

日因也玠思之經月不得○受想色丨丨行識○往來想維摩詰左手斷取
成疾賫爲剖析即愈(史)此五蘊也詳蘊三千大千世界着
右手掌中又復還置本処不使人有丨丨心主堂曰一千世界謂(維摩)非非想釋
之小千一千小千世界謂之中千一千中千世界謂之大千非非想迦
佛於檀特山中李丨丨斷百想卧輪有伎倆能蓋想也魚腊○掌諸兩切(孟)
丨於二月八日成佛(傳)丨丨思丨詳長可運於丨
(語)指抵掌臧宮馬武鳴劍丨丨志驰伊吾之北○楚相孫叔敖死優孟爲叔
其丨抵掌敖衣冠丨丨説語前爲壽莊王大驚以爲叔敖復生(史滑稽傳)詳
去声祖○抵音咥咥掌公孫瓚曰天下兵起謂太平可丨丨如丨丨
紙側手擊也可丨丨而決九州(春秋)覆掌而致(李翱傳)反掌耳(文中)
(字)鼓掌或王事丨丨(詩)我仙人掌漢武鑄丨丨以承露詳露所
鞅掌失容煩勞之狀熊掌所欲(孟)破夜义頭取去丨丨丨(樓閣詩)
珠在掌丨丨丨(西)詳珠湮河一掌見其不知量(後漢張儉傳)多李善堂斉武
平生惟一子抱負區區一掌欲独丨江丨
陵王畢初无紙丨丨以指○甘蓍着石掌三千大千丨丨丨披黄蘖一掌義
畫空中及丨丨(隊王纂史)丨手丨中詳想玄
禅師丨丨丨黄抗丨丨○爽躁兩切丨丨丕顯甲子丨丨競
蘖吟吟大笑詳婆(活套)股丨丨時爽(書)微明也一曰未明時競
晏子曰丨惠丨丨令丨丨丨杜如晦少俊爽王濟丨丨恐精爽何晏丨丨煙
爽又弱一介焉(左)詳惠英爽丨丨(晉)不可狃(史)爽淳容若槁

木詳蹂是以有丨丨健爽李穎士丨丨疏爽段文昌蕭爽致身穩地瘦爽鷗夷議
丨至於神明(昭七)丨丨自肆丨丨何丨丨(杜)台消混
沆瀣丨西爽丨山丨丨氣詳顏德不爽其丨丨丨(詩)(活套)豪丨旌(人名)十六歲(杜甫)百山會百三
安甚重之(史)(荀丨)字慈明○響許兩切(魏證)丨丨蝈丨丨(李白)晉人謂
荀氏八龍慈明无双從人(傳)其應如丨爰響歌臺丨丨清響探奇極
妙闕丨餘響韓娥善歌既去丨丨(阿房宮賦)(選)瞻窮
丨(卿)丨丨(選梁)詳歌哀響宓蟬噂丨響惟丨丨方響樂器名○康郊弹
丨丨一片物類相感尔詳鐵胡部无丨丨以直扳声不丨丨(谷)景響琵琶池内躍出丨
應諸調惟太宗内庫片鉄丨丨應廿八調(明皇雜錄)牙頰響丨丨脆美丨(國)響鐘
響比斉崔陵丨丨如洪丨丨美響嘉響閩尹曰言丨則丨美○揚聲止響弄影
丨智中財千卷書詳談言丨則丨惡(列子)勞形
不識形爲影本丨丨丨丨丨(活套)絕罷響成蜫俗呼丨子不知
丨不知声是響根(傳)蠁知声虫也廣雅云蠁於蚕身乳子
冲賦景福盻丨之與作言福饗(詩)朋酒斯丨七月來假來丨列祖(左丨大)
如虫聲泄祖如付盻丨布罵饗左丨有昌歌信世記食丨之礼索饗十歲
二月合聚万物而索饗耕不丨戩不丨燕饗敬賓(晉礼樂志)右饗(詩我將)丨丨之
丨丨之即蜡祭也稽饗耕獵乎詳獵丨丨有樂所以丨既丨丨
享奉上之謂丨(易)公用亨丨莫敢不丨享是丨是配享丨在亭享一味
丨于天子(書)丨多儀丨丨(書)丞享丨丨(詩)下(呂洲)丨散

丨(殷)二簋享丨丨可丨(易)○敞昌兩切亦作惝(揚雄傳)弘
發明詳賞(金丨)崔惝高大也(杜甫)絶壁儼双丨丨(活套)岩扉丨丨
衛尉正直敢犯氅析鳥羽爲裘衣之属鶴氅公退之暇被丨丨衣鶴自披氅造仗
衛謀州縣送羽毛堪氅衣之用者殆无遺類鳥程有丨戴華陽巾(行狀記)庭除丨丨(人名)為婦
巢樹高百尺伐其樹鶴恐傷子丨丨丨毛投於地(國)涉雪披氅王恭披鶴氅丨丨而(張丨)煬帝
行孟昶白真○昶丑兩切(人名)(孟丨)云止誇莫如自脩(後蜀主)(馬丨)馬援姪詳魏人嘗
神仙中人也○襁居兩切負兒衣○(晚)(閣若)繦絲有類又兒寛傳(李丨)十歲爲明堂賦(田)
(更)兒脫丨(谷)咿啞弄文丨丨屬不絕詳属鏹以丨貫分(前食貨志)
賦丨○丈直兩切(易)丨人吉丨莊嚴莊之皃丞丈凡侍坐於大司成李官者
千万(孟)食前方丨(詩)白髮三千丨遠近間三席人間丨丨(記)
杏壇丈見空闊紫芝歌不衰二丈袁世弼禹郭功甫於梅聖俞自尔有声功甫
丨丨丨(杜)云教戴汲引丨丨丨丨之力也(菊子真詩話)
花十丈丨開丨丨藕文光萬丈李杜丨丨章在丨丨長范十二丈寫富公称范文正公丨詳英丹
如船(韓詩)丨獻丨丨
屋百丈馬岌造宋纖不見銘石壁曰○方丈唐顯慶中王玄策使西域有維
丨丨丨青壁万尋詳探摩居士石室以手板縱橫量之
得十笏故名丨丨室○毛氏云凡丨之丨經史无明音姑從二
蓬萊丨丨瀛洲三仙山(活套)尋丨杖声通用唯持丨之丨不可依上声(韻)左

丨丨黄鉞音去声仗兵丨器丨上去通用事並詳去声惟○壤如兩切无塊土也周
凡丨事詳去声丨丨之丨在去声舊注在此者誤
礼地官十二丨三壤咸則丨丨○法上土壤能成其大(李斯書)故垓壤丨丨万生億
禹貢白丨黒丨中下丨等之丨丨丨丨丨生兆
丨生京丨生秭丨生丨丨生丨天壤神巫見壺子出曰先生死矣明日又見
丨丨生澗丨生正丨生載(風俗通)曰全然有生矣壺子曰吾示之以丨丨
見吾善者機也詳機丨丨丨蠻蟻壤斉桓公伐孤竹山中
丨之間乃有王郎詳郎蓋壤劉熙(韓詩)天地也蟻壤无水隰朋曰去丨丨
寸有水搖之鼠壤丨丨有餘黄壤後趙佟將終告故吏使薄葬擊壤老人
得水詳蟻藉以丨丨(史)服着白壁埋丨丨(谷)
丨丨(堯紀)風土記云丨丨者以木爲之長三四寸其形如履臘節僮少以爲
戲分部以擿博也將戲先側一壤於地遥於三四十步以手中壤擿之中者
爲上○有壤父五十人擊於康衢息壤秦甘茂伐韓宜陽五月不拔樗里子
(國十傳)樂書云此制与堯時異公孫子與爭之王欲罷兵茂曰丨丨
在彼王曰有之因悉起兵遂拔之(史記)茂至丨丨嘗對秦王謂恐人譖已王
曰不听也○永州龙興寺東北陬之地隆然負壤甓而起廣四步高尺五寸
夷之又高凡持(活套)境丨穹(原丨)見穰(張敞傳)浩丨於三輔无劇
鍾晧及死(柳文)丨簣丨(人名)汪浩音告大也丨盛也言人
家玄韓文李蓑丨困倉稠丨論語讓人兩切(書)功多有厚丨(史)上賞進
○秧丨禾稠也上於兩反攘丨攘丨○賞書兩切魏元知(賞子)勸以慶丨賢

受丨丨〔蕭何傳〕懋賞 功丨丨〔書〕爵賞 軍功丨丨於外〔魏尚傳〕甘決 心賞 丨丨披拂〔拂〕縱賞 丨丨捉除暴〔史〕懸賞 丨丨仲諸

遵丨〔谷〕好賞 賞其丨〔左〕下義其罪上 肆賞 多者丨之辭事 王儉文奉士丨丨 受賂賞 更加丨賜以愧其 張武丨丨 金分竟

心〔詩〕不受賞 者羊說事詳羊 受賞 隋李文傳曰王妃生男 於羣官何事而丨丨丨丨 獻賂賞 有日之暄以獻吾君將獲 爵弃

〔文帝〕章賞 〔結套〕運城丨〔人名〕與薛宣換縣詳縣 不識章阜是貴人 ○紛 撫兩切 續也〔詩〕載弃之充注丨壞也○陶

侃貪賤母湛氏 以丨續資給〔本〕佛 佛丨不明 亦作髣 ○長 知丈切〔易〕君子道丨泰卦 觸類而丨 係辭〔書〕万夫之丨〔左〕惡不可丨〔礼〕大

事從其丨 天官小宰 州比長 地官〔前官志〕縣丨 比長一人〔礼地官〕丨丨 五家下士 亭長 高祖為泗上丨丨 走烏江丨丨 艤舡待之〔本〕項羽

〔傳〕宮長 頗遭丨丨 五長 咸建丨〔書〕助長 揠苗丨〔孟〕九州長 堯召許由為丨丨 不欲聞之洗耳於潁濱〔高〕

〔士〕五湖長 桓溫子玄襲父爵 數曰父為九州伯兒為五湖長 弃官歸國〔史〕伯格長 揚僕置丨丨丨丨 陌格音落 阡陌村落皆〔史〕上音

置長 從約長 蘇秦為丨丨〔諡〕御慈長 後大丘長陳寔 子鴻臚紀 紀子司空羣 羣子也 僕射泰四世並有重名而其德漸減 語曰公

懃卿〔博物志〕丨丨 百藥長 王莽詔 鹽食肴之將 酒丨丨之丨〔史〕潁川四長 當塗長荀淑 朗陵長韓韶 太丘長陳寔 林慮長鍾皓 皆丨

丨丨人也 並以仁勝辟導長 侯丨侯來 ○菩提長 臥輪禪師偈云 臥輪有伎倆 能斷百思想 對境心不

信使人不欺 朝丨丨〔因〕

起丨丨 ○罔 文兩切〔語〕不可丨也 孝 黃帝遺其玄珠 使智

日曰丨丨 而不思則丨〔孟〕是丨民也 象罔索之不得 使離朱索之不得

乃使丨丨丨 得之〔莊〕天 迷罔 秦人逢氏子 有丨丨之疾

〔?〕明得真者非用心也 〔王〕罔 地理丨丨 骨膝存〔慶〕防風 丨氏之君也 五見骨

天地四方寒暑 天之丨丨〔詩〕 君子丨 網〔易〕始作丨罟 或作罔

无不網錯者〔罔〕 降罔 本作網 詳網 〔易〕罔丨 〔孟〕罔市利 〔楚辭〕罔戶朱

綴詳戶一丨 天網之降丨 〔詩序〕注丨 罰有罪之人 如丨 取魚 漢網丨 漏

打尽 詳打 天網 ○元作罔 義同 ○丨丨 恢恢疏而不失〔老子〕

吞舟 言網 吉溫羅希奭 二酷吏 世網 身丨丨〔詩選〕嬰我 禁網〔前刑法志〕疏闊 結網 不如退

之魚 罟號羅鉗 丨丨詳鉗

〔董仲〕〔舒策〕三面網 湯見祝網者 置四面 祝曰從四方來者皆罹吾網 湯曰嘻盡之矣 乃網丨丨 置一面 曰欲左者左 欲右者右 高者高 下者下 吾

取其犯命者 於是丨 事並見蛛 ○王守一 結網 ○設機巧害物 故惡之 於終南山 人每見蛛網 必丨〔勝集〕

四十國歸之〔劉淳〕毀蛛網 之曰天地間 蜘蛛丨 設機巧害物故惡之

〔?〕頁 魚網 能見夢於元君 不敢 布魚網 為網 蔡倫用 丨丨〔續套〕 罾丨 網丨 憫 擬丨 失

予 且網 龜能避丨丨之丨 詳龜 詳帛

〔?〕罔丨 蛧山川 ○傚 分兩切 效也 亦作放〔語〕放於利而行〔記〕放丨丨之 東海而準〔續套〕 擬 意皃

〔?〕 精物也 哲人其萎 則吾將安丨丨 ○昉

旦明 初〔人名〕姓氏〔?〕詳 ○枉 紆往切 邪曲 錯丨〔論〕 丨已 屈丈直尋 丨道而事人〔孟〕 柱丨丨 之門 〔劉向封事〕

矯枉 過正〔後漢〕 〔?〕 嗇 宜枉 徐庶曰此人不可屈致 宜枉丨顧之 詳驚 軍中呼枉 唐高仙芝 〔?〕祿山 退敗 詔斬之 仙芝顧麾下

曰我有罪可言 不亦當呼枉丨丨 〔史〕

咸共丨丨其声 殺地竟就死 ○往 于兩切〔左〕不保其丨 〔語〕自今以丨 吾丨也 迷而〔孟〕 鶩兗者丨〔易〕小

丨大來 泰卦 獨往 万物而丨丨〔淮南〕 山谷之人 輕天下 細 孤往 懷良辰以丨丨〔歸詞〕 南往 撲江湖以丨 五

秦復之丨

往 小臣稷者 桓公凡三往不得見〔高士傳〕 獨往 赤松丨丨〔選〕 自魏往 燕王致士 樂毅丨丨 鄒衍自齊往〔屬辛〕

往之 於是丨丨 乃得見

自趙往〔圖〕 寇亦能往 我能往丨〔因〕 鵲不知往 往往 丨丨 知往而不知來 乾鵲知來而不知

往〔圖〕

比不知來 乾鵲丨也 知歲多風 巢於下枝 此知往也 辭以禍身

來也 而不知人 探其卵 此丨丨丨也〔淮南子〕 〔續套〕神丨丨 還丨丨 ○搶 此兩切 爭取也 ○

上 時掌切 升也〔記〕丨堂 丨階〔易〕雲丨於天〔書序〕 鵬上 摶扶搖而丨 者九万里 詳鵬 騰上

丨悉丨 送官〔韓愈書〕 三丨 ○在丨之丨 在養勾

馬周 舊有火色丨 騰上 趙充国丨 火曰丨 炎上 丨丨 直上 凌空 丨丨

丨丨 恐不能久 詳馬 過上〔禮〕丨丨 方界〔南〕 〔書〕 齊而 〔選〕干霄 賞緣

上 石棧丨 〔?〕 魚竿上 粘丨 上竹丨 ○猶 徒朗切〔語〕丨丨 子誕布德〔選〕

丨丨 詳竿 詳竹 〔詩〕丨丨之道丨丨 〔書〕 懷山襄陵 駘蕩 陽春

方丨〔選〕 亞蕩 掌節以丨丨 輔之 〔孔安〕為蕩 野蕭條而 蕩蕩之 道也〔左〕 大 〔?〕 蕩丨丨 識誠

〔選〕 函器以盛節 一曰蚤函 蕩丨丨〔選〕 蕩蕩 而丨 天 擾蕩

匠〔?〕 〔續套〕帚丨 放丨丨 召穆公 傷周室 大壞也〔變大雅〕 盪 滌器 又滌丨 搖動兒〔易〕

〔傳〕 罷丨 曠丨丨 八卦相丨〔左〕震丨 播越

〔續套〕動丨丨 摩丨丨 碭 文石 又漢郊祀歌西 盪 金之美者 大竹〔書〕瑤 與玉同色〔?〕 瑤篠丨

〔續套〕 〔詩〕

蘇朗切 額也〔孟〕可使過 丨丨 顙亢丨 注秋氣也 ○顙

手其丨 有泚〔記〕稽丨而後拜 隆顙 孔子泗目丨丨 又其顙似堯 項類臯陶

〔西〕 的顙 廣其於馬也 丨 病顙 柳起廢篇云 發迹著 自腰以下不及禹三寸〔孔子〕

〔傳〕白顙為丨丨〔說卦〕 廣顙中顛丨丨之駒 詳慶 馬 蚌顙 唐趙元楷 為搶官侯 君集丨 病丨丨 元楷

親以指拈腹 顙之 ○廣顙 屠兒 屠刀 立便成佛 丨丨丨丨 在涅槃會上 放下 〔?〕 石丨 柱下 ○

御史勁奏左遷〔史〕 果證〔山書〕

廣 古晃切〔孟〕丨居 〔書〕无丨 心廣 胖〔大學〕 体 脩廣 〔詩六月〕 四牡丨丨 丨丨 才疏意廣 孔融 丨丨 迄元

自丨 以狹人 咸有 秦末起

成功丨 〔續套〕 万闡 丨交丨 〔詩篇〕 河丨 宋襄公母歸于衞 思而不 〔人名〕 〔?〕 漢飛

〔史〕 止 從丨德丨 所及也〔周南〕

將軍〔?〕 漢大傳 請老而歸 〔?〕後 丹陽 宮音 風俗 ○ 〔?〕

漢人天下中廣 〔?〕 永清玉潤 詳潤 〔姓氏〕 通云丨 成子丈之後 傍 比朗切 亦作 騁

金榜 崔昭 恭奉 復生 云見 真閣 列榜 書人 生姓 銀榜 〔?〕 姻 林屋館記 昆山 平

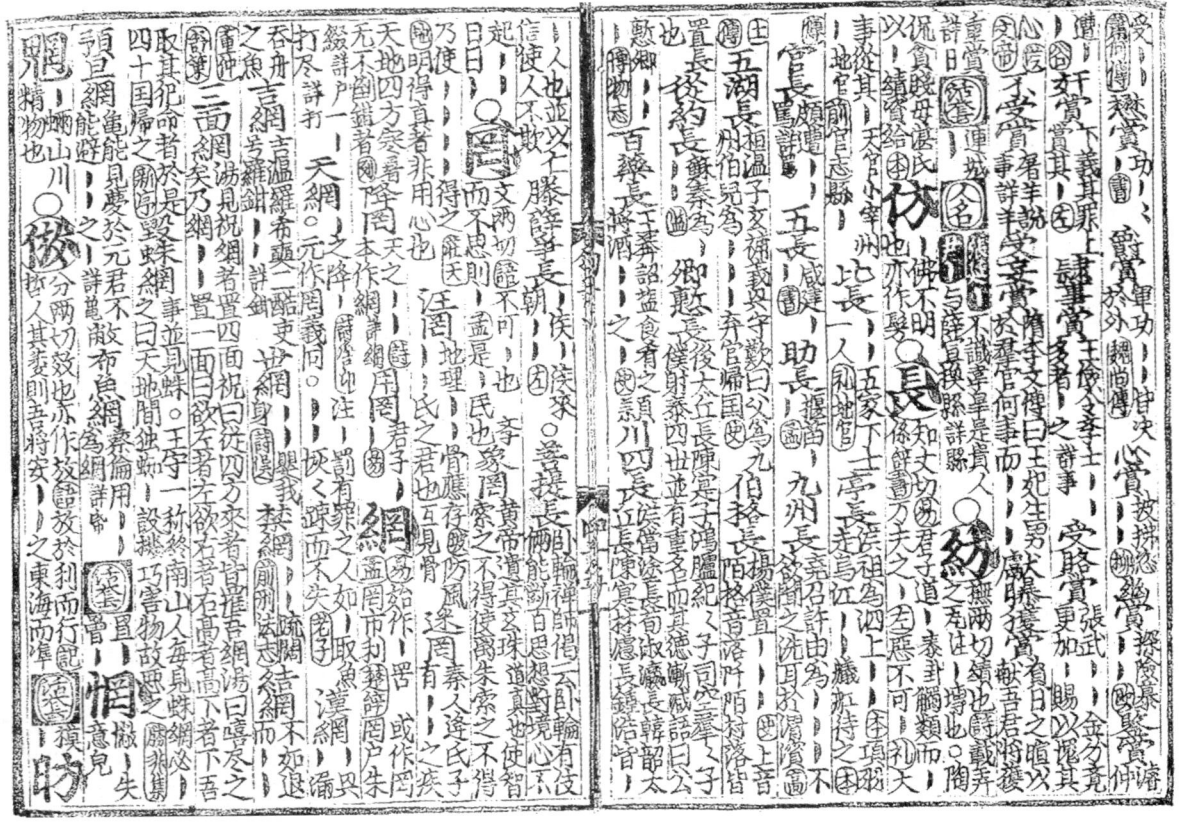

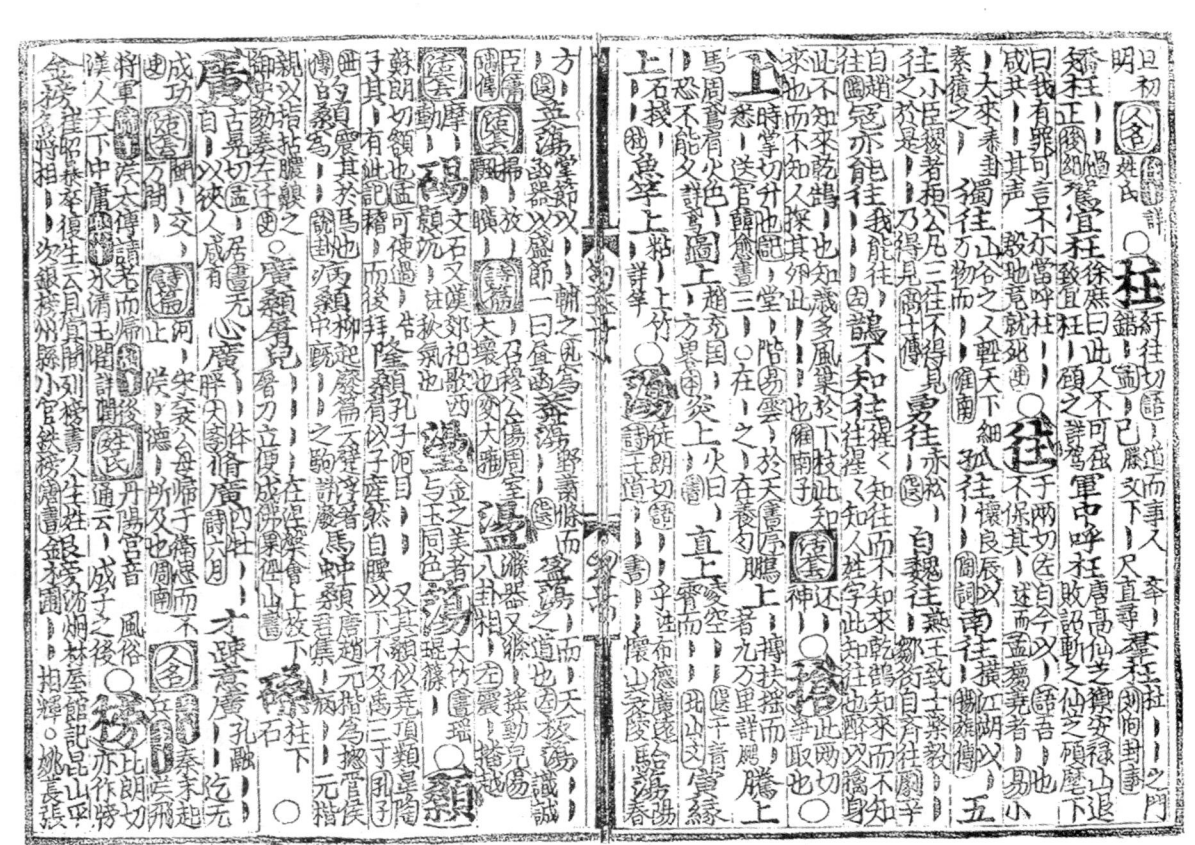

名將相丨丨 次銀榜 州縣小官 鉄榜〔書〕 金榜〔圍〕丨丨 相擇 ○ 姚長張

子部　第三册

翠夼旗漆掛金象｜｜錢榜見金　老榜一德祥及曹松等五人年俱
○曲江翠幕排｜｜ 圉 鐵花榜　老榜七十餘時謂五｜｜ 摭言　龍虎榜
歐陽詹韓愈李觀等聯登第｜｜榜魏｜｜殿｜未題試劍之乃使韋仲將　廣寒
名登第時称｜｜｜　榜懸蓬書之比乾頭髮皓白 王獻之傳
榜月宮榜曰｜｜｜　長名榜唐裴行儉典選設｜｜｜子光庭因　標錢榜梁武
才清虛之府詳月　長名榜之為循資格无賢不肖一摭資考 史　標錢榜帝宏
錢百万一聚黃榜｜之千万一聚掛一紫　天門　放榜范仲淹貶陳州郡守毋
標如此三千余閒帝少子作錢愚論譏之　放榜病道士奏章終夜不動
乃曰夫人壽有六年方出｜｜遲｜明年進士春｜以故稽留狀元姓王二
名下一字黑塗旁注不可辨流而毋俞明春狀元乃王拱壽御筆改為辰 避
追呼縣榜趙宋种世衡治武功縣或有｜｜立片紙榜｜門追其人某日詣縣如期至 續宋鑑 与寇準治巴東縣事同
○駔 子朗切 說文 牡馬又馬躁｜也又市會 史 貨殖傳｜儈會一家交易者 呂氏春秋 段干木晉之大｜ ○驤 觀｜亢直 驕兒詳儻 ○曩 奴朗切 唐
太宗記魯魂有識還如曩｜ 史 ○瀼 水流兒又水名 杜 人在｜瀼西瀼東 詳東 唐元結家｜濱 ○沆 下朗切 ｜漭｜大
○唐李晟降吐蕃浪息｜ 史
水又｜ 人名 崔｜ 放崔雕榜 詳雕 刻｜ 二一 ○儻 他朗切 倘 ｜來 詳來 倜儻 雅志 ｜ 亦
霾露氣 刻成詩 詳到 趙宋人 ○矘 目不明 ○莽 模朗切
作偸儻相如 通儻 田文｜ 金幣 ｜公｜私 ｜廪｜ 左 暴骨
傳 儻儻瑰瑋 通儻｜ 史記 所藏 陸賈

如宿莽 朝搴阰之木蘭兮夕攬洲之｜｜ 騷經 冬不凋草也 泱莽 過乎｜｜之野 箇 上烏朗反 鹵莽 長梧封人問子牢曰君為
政勿｜｜治民勿滅裂予昔為禾耕而｜｜之其實亦｜｜而報予芸而滅
裂之其實亦滅裂而報予來年變之深耕而熟耰之其禾繁以滋予終年厭
食 莊 蓬莽 烏丘寺記抵丘少 泅莽 冰消煙｜ 林莽 蘭亭 介賤 草莽 委君既於｜ 左 ｜｜之
則陽 蓬莽 蛭伏｜｜ 沙
臣 陸賈 ｜ 人名 王 ○蟒 蛇 ○茫 大沆｜廣 ○漭 沆｜大 ○蟒 山兒 螗｜ ○䁩 明也 ｜獵｜不
孟 ○黨 多朗切 礼 地官五族為｜ 語 君子不｜ 闕｜童子 書 无偏无｜ 往黨｜｜ 衛侯會公于沓反黨鄭伯會公于棐 文十三 黨猶時
也齊人語 鄉黨 詔書下牽｜｜青平原曰青州六郡其五有黨平原何事而乃獨无 監史 酒黨｜｜後漢方怨桓彬謔為｜｜廢卒于家 史
洛黨 程頤在經筵歸其門者甚衆蘇軾在翰林亦多有｜｜｜之論一黨互有非毀 長編 朝中黨 唐李德裕李宗閔各有朋黨文
宗曰去河北賊易去｜｜ 南北黨 後周福与房植賓客互相譏揣於是有｜｜ 平原無黨 見
｜｜朋｜難 唐史 部｜人之議自此始 史
黨錮 朋黨 東漢之末賢人君子宦官皆謂之｜｜之遂以亡國 唐鑑 恥不與黨 漢末黨人皆名賢
豪傑恥不得与自上言臣前黨大｜｜而｜｜之遂 人名 ｜名過 姓氏 馮翊兩音 党
司農張奐是附黨也詔不問 監 東瑕長子 姓同並詳党姓

禚 越椒也○越以丗蛮丸｜振吴増封之 讜 善言○忠
小朝廷 詳姓氏 礼 吳越春秋 三香椒｜姜也 尓雅翼 ｜路絕 選 人名 鎮河東号
｜ 羅短而勇 詳角 ○党 姓氏 馮翊兩音夏后氏之後秦有將軍｜耐虎唐有 出
字日兒如電視之若神人宋與国中｜芬為房瑄孔目官 ｜進 驍勇絕人不識文
為鎮南節度使○雪水烹茶 詳茶 ○朗 盧黨切明也古樂府有｜月行
天朗｜｜氣清 蘭亭記 散朗 王夫人神情 潤朗 月皆淑內｜ 詩 高｜令終 又黨｜火光兒
撤盌句 晉 人名 ○盎 烏朗切 事 ｜ 啞詩晴 ｜令小兒張日愛
詳雪 ○坱 塵也 楚辭 ｜兮軋 詳軋 ○泱 滃｜ 水兒 ○慷 苦朗切 咸公 詠雪有
孟 正韻 滴韻 ｜ 雨 ｜ 子安哺賦中
矯厲而慨｜ 韓愈 和盧郎中 ○恍 呼廣切 昏也又愴｜ 惚恍 ｜兮｜ 黨恍
雅書曠筆歌 ｜｜○本作怳 失意兒亦作慌怳 怳兮 老子
遙思｜｜兮君有 懒恍 倦 ｜ 性忽恍 亦有刘訥者亦任儀同 多所遺
遺 晉 謝 嵇 愍 付 懒悅 愍 付 詳懶 南齊刘璲位儀同｜｜｜ 嘗道中
欲尋訪謂從者汝知刘儀同家否從者謂璲欲還家引至璲家乃大呼曰刘
儀同可殺矣其子迎門璲曰汝亦來耶子曰此大人家顧盼久之乃悟叱從
者曰汝大无意吾正 ｜ 旱 曠 ｜ 不｜ 幌 帷幔 書幌 突兀尚 雲母幌 晉悬
欲造刘訥亦 史 ｜ 明兒 ○幌 也 ｜｜ 困
往有｜ ｜熟 ○晃 明 晃 也 ｜光 人名 起居
｜｜ 花落 光 佗 人生如擱｜或｜｜ 提 書 晃 ○
或落糞溷 詳溷 ○ 晃 晉人

○爣 采朗切 莊 莽｜之
野 注 草野之色

韻府群玉卷之十一

上聲

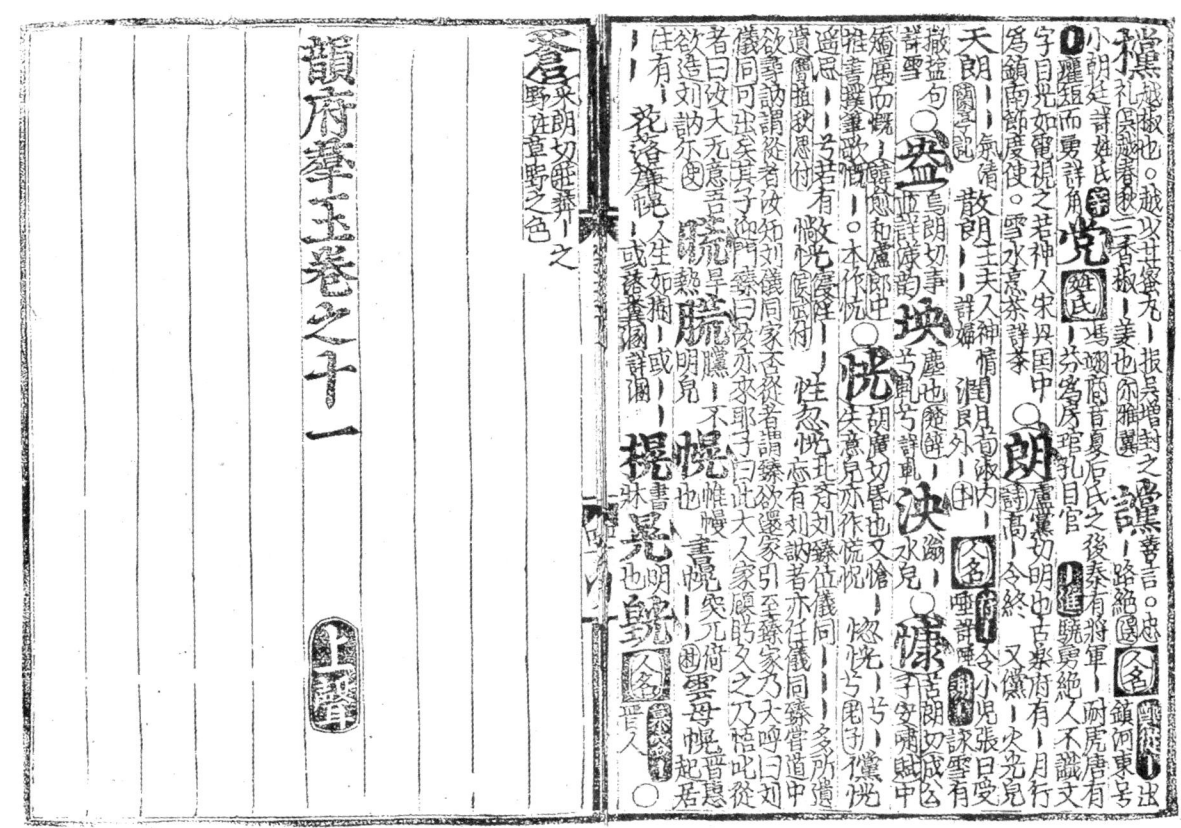

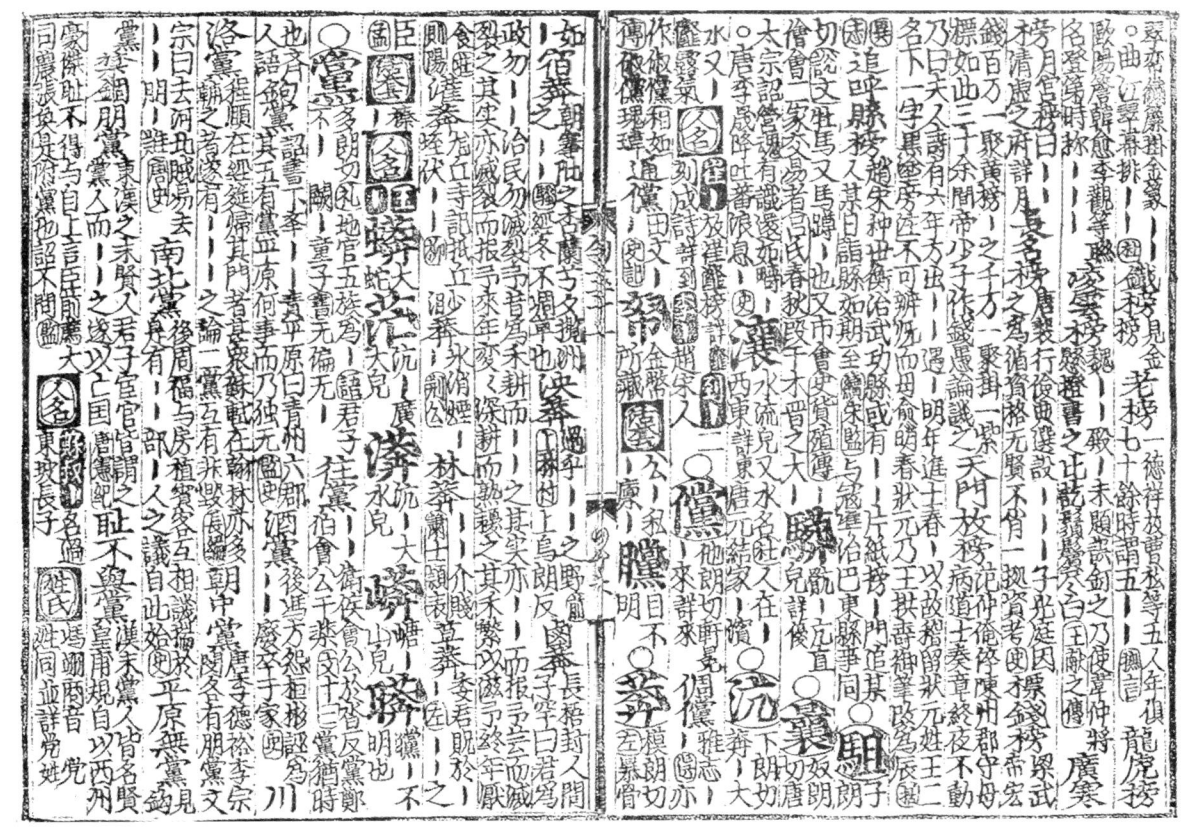

五〇九

韻府羣玉卷之十二　上聲

二十三梗　與耿靜同用

梗　古杏切杖丨又病也詩至今為丨桑　土梗　魏文侯曰吾所學者真丨丨
梁又直也孔叢子馬回丨丨亮直　耳田子方猶土人也遭雨
則榛梗唐宋王曰朕於兄弟間不至　浮梗丨丨滕閣記相逢　強梗　鋤其丨原道　枯梗万仞
壞丨丨五代何必記丨丨杜　懸岩
崖一約後　土偶桃梗　孟嘗君將入秦蘇代止之曰臣來淄上見桃梗謂土偶
丨丨國　人曰子西岸之土也挺子以為人淫雨下淄水至則汝
殘矣丨丨曰不然子東國之丨丨亦刻削為人淫雨下淄水至則子漂之
而去矣今秦若虎口而君入之臣不知君所出矣孟嘗君乃止戰國策　汨
澤求桔梗　求柴胡桔梗於丨丨累世不得一焉戰國策　則語林猶棄丨丨浮斷丨丨　骾　食骨留咽中詳鯁　哽　咽塞也說文書祝
丨丨在此語林　蟬丨丨寒　鯁　魚骨○骨丨字　祝鯁　在前祝噎在後　骨鯁丨丨
遍作鯁丨丨与骾字通用　祝鯁　賈山傳字本作哽
亮直蕭何傳高士廉心術警悟　忠鯁　魯宗道丨丨人謂　強鯁　白居易執
所之者丨丨亦長孫无忌傳　忠鯁魚頭公聖宋掇遺　強鯁論丨丨本　汲鯁
端溪硯舊坑有龍岩丨丨黃圖二石丨丨　汲井索關西曰綆　孔叢
全无眼又新坑六處皆不及上三石方輿　綆　工記眠其丨○亦作統　短綆

丨丨不可以汲深荀子　脩綆　汲古得脩綆韓　段鐘以丨為綆　之丨斷幹○
井之泉荀榮辱篇　丨丨　綃綆　絲布以爨詩　極統單丨之也幹井上木
言為綆索契　桄榔綆　丨丨樹皮作丨得　金瓶素綆　後漢鑿井銀作床丨丨
傷也詳瓚　水則柔韌合　汲寒漿古詩　○
丙　兵永切歲在丙名游兆亦雅曰柔兆　月在丨曰修　嘉　令丙　令有先
魚冗口向丨詳冗　大宗丨夜觀書半夜也詳夜丨丨　部詳部　後有令
甲令乙丨　魚丙　丁丨尾謂之丨詳　魏丨二相　白乙丙　秦將晉　姓氏　平陽商
丨詳甲　如篆丙字也語林　丨猜　獲以歸見左傳　音与邴
邴　齊大夫丙歇族功臣表有高宛侯丨猜　晉大夫邴豫食采於邴因氏○
魯人丨吉以鐵冶富至鉅万　丨吉字少卿魯国人封博陽侯為丞相不問
死傷問牛喘詳牛丙　魏有丙侯書御史汀車丙詳丙　邴原字根矩
魏太祖署丞相徵事　龍鬚鳳翼国之重宝○与管寧華歆為友　怲　憂詩
心丨丨　蛃　白蟬　邴　姓氏　文炳其丨丨
丨丨　蚖　魚　炳　楊君子稱言丨丹青陸贄　炳也章甫丨丨蔚炳
胡為豕吾草文　傳論諫皆丨丨如丹青　又小尔雅二鍾為
字爭丨丨國　秉丨禾二石為丨　又釆十六石為丨　丨　周礼書
右丨丨彼有丨丨大　語秉五丨詩丨鈞南山　丨丨舜民左傳
白旄　遺秉　田盈手曰秉　秉三秉　曾子仕於莒得丨丨丨是時曾
丨丨丨焉臣　遼人燭甚　子重其祿而輕其身韓詩外傳　稈一秉　或取一秉秉
丨丨把也　○境　居影切亦作竟　丨丨詳邊　孟傳　蔗境　顧愷之每食甘丨日
乎四丨○曾恭輕犯丨詳異

斬入丨詳蔗　二境　丨丨儀推王良待於　左襄八　越境　子叔宜子出奔君命不丨丨○趙　盛左　死生境　不覺　國丨丨　生滅
境是　竟醉中雖可樂猶　丨丨丨國　○招提境　更宿丨丨杜　入境不奪　紙衣和尚問臨濟如何是
唱歌師曰如何是人境俱奪曰并汾　語類　俱丨丨　曰王登宝殿野老
已信獨处一方師於言下領旨傳燈　異丨對丨老丨　有位丨　戒也　書丨　于
虞○与警字義相似互見警　華胥丨　蒙辱丨　戒丨　戒丨　飛丙
○蕭丨唐人入相喜見曾孫　儆　所以正丁事　有位丨
天子出稱丨入稱　見東韵察字　警　亦作儆詩亦以白　蹕警　抗詳抗
丨史韓安国傳　蹕丨　爰辟其言人介　嚴警　備武公丨丨　抽蕃
新詩如玉雪出丨丨國　石乃丨丨國　於国　国語　華警　倦馬煩　清警
語便丨丨國　鶴警　十歲而鳴大戴記　丨丨　抱警　丨丨　國　白愈警　對月
凡夜　景　大也又明也詩　行行止丨丨　丨行明　借景　南陸迎
不徹　德也今作丨慕非　又景星德星也　脩景　有山谷
詩云　長景　曲池煎丨丨　人中景　抗聲琴操坡善之在西湖戲琴曰我作長老亦試
丨亭丨丨　參禪琴問何謂湖中景坡云落霞与孤鶩齊飛秋
水共長天一色何謂景中人坡云裙拖六幅瀟湘水鬢挽巫山一段雲何謂
丨丨丨　荅云隨他楊學士鱉殺鮑參軍如此究竟何如坡云門前冷落鞍馬
稀老大嫁作商人婦琴　殺風景　謂清泉濯足花上曬褌背山起樓燒
大悟即削髮為尼備要　琴煑鶴對花啜茶松下喝道李義山雜纂

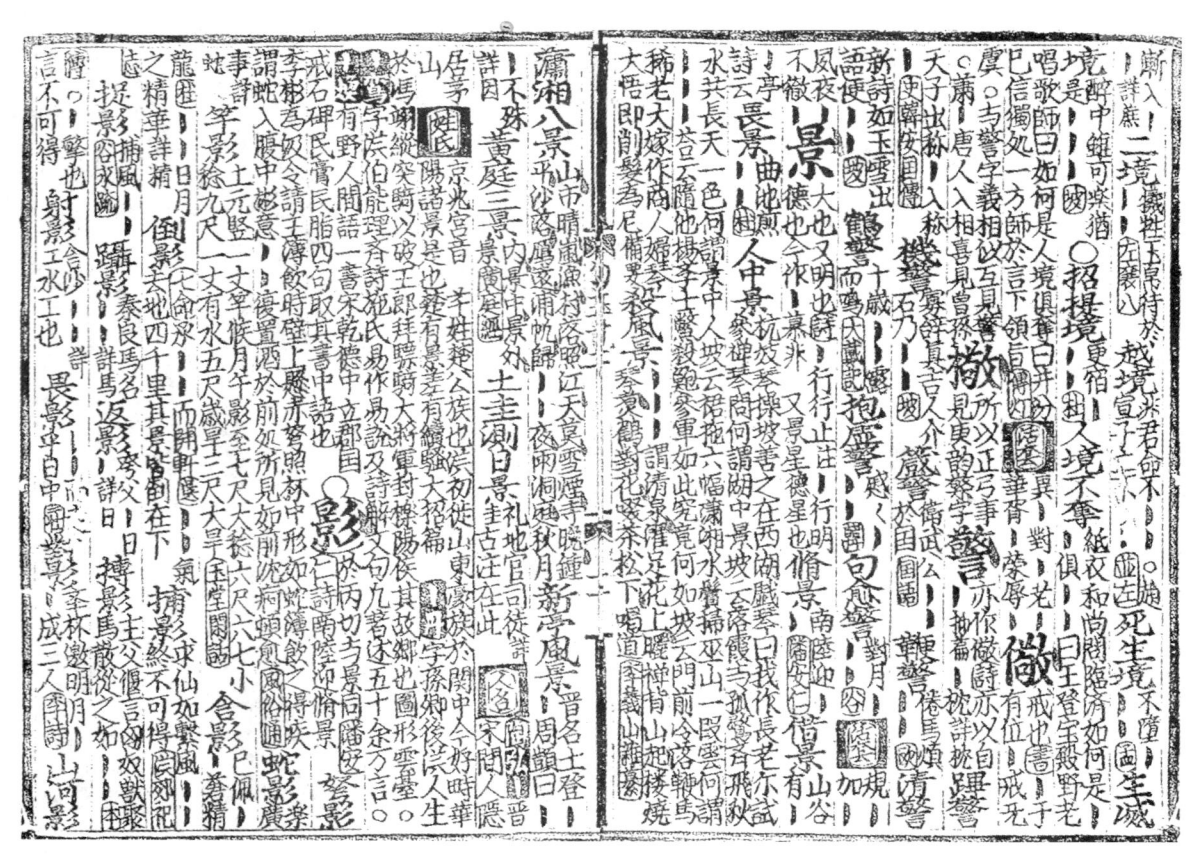

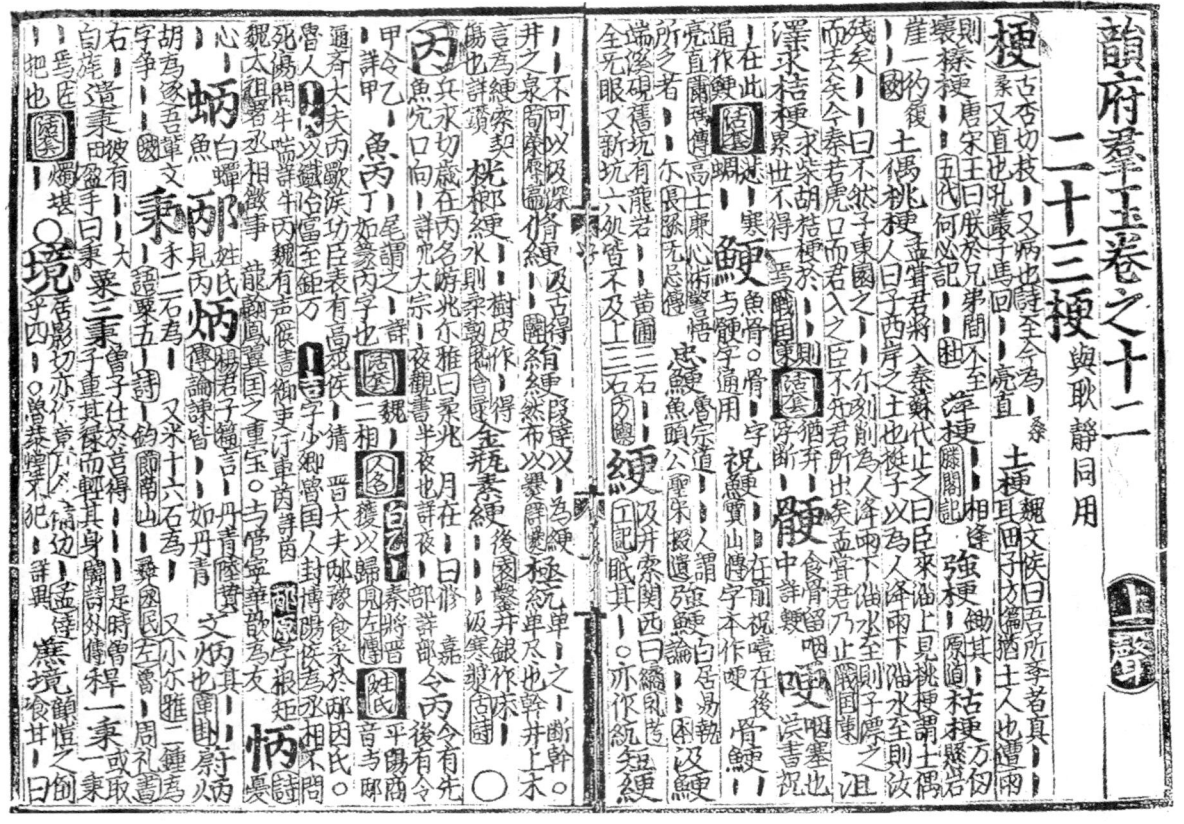

瀟湘八景　山市晴嵐漁村落照江天暮雪煙寺晚鐘　新亭風景　晉名士登
平沙落雁遠浦帆歸丨丨夜雨洞庭秋月　周顗曰
詳国　丨不殊　黃庭三景　內景中景外　景國廷經　土圭測日景　圭古注在此　礼地官司徒詳　晉
居亭　姓氏　京兆宮音　羊姓楚公族也漢初徙山東豪族於關中今好時華　宋人隱
山　陽諸景是也楚有景差有續騷大招篇　圖　字孫卿後漢人生
於馬　蝌縱突騎以破王郎拜驃騎大將軍封櫟陽侯其故鄉也圖形雲臺○
丨丨　丨字漢伯能理齊詩施氏易作易說及詩解文句九著述五十余万言○
戒石碑民膏民脂四句取其書中語也　影　於丙切与景同　蜀安
有野人間語一書宋乾德中立郡国　弩影　亡詩　南陸迎脩景
李彬為奴令請王溥飲時壁上懸赤弩照杯中形如蛇溥飲之得疾　蛇影樂廣
謂蛇入腹中尅意丨丨復置酒於前如所見如削沈痾頓愈風俗通
事詳　竿影　土元監一丈竿候月竿影至七尺大丈夫影六尺六七小　倉影
蚍　丨丨九尺一丈有水五尺歲旱三尺大旱　玉堂閑話　丨丨已佩丨丨　蒼精
龍匿丨丨日月　倒影　七命泉　丨丨而開軒選丨丨氣丨丨
之精華詳精　影去地四千里其景皆倒在下　捕影　求仙如繫風
志　捉影捕風丨丨　躡影　秦良馬名　捕影終不可得　宣帝紀
捉影　容成論　丨丨詳馬　返影丨詳日　搏影　主父偃言匈奴獸聚
禮○丨弩也　射影　含沙丨丨詳　捕影　馬散從之如丨丨丨
言不可得　射影工水工也　長影　平白中阿丨丨　嵐影丨丨　丨丨丨　舉杯邀明月丨丨成三人李詩　山河影

月中有物婆娑者乃丨丨　地永影　月中蟾桂丨影也空處丨丨也○又云
丨其空處海水影〔陶隱居〕　須以小丨搗月過樹影入月〔歸田錄〕張
三影　客謂張子野曰人爲公爲張三中即心中事眼中淚意中人也公曰何
三影不自我爲丨丨丨雲破月來花弄影嬌柔懶起簾壓捲花影柳徑無人
墮風絮無影此平生得意句也〔古今詩話〕又高齋詩話以浮萍破處見山影
雲破月來花弄影隔墻送過秋千影此爲三影〔苕溪漁隱〕云當以古今詩話
爲　花弄影　宋子京往見張子野曰欲見雲破月來丨丨丨郎中子
勝　野屏後呼曰得非紅杏枝頭春意鬧尚書耶〔遯齋閑覽〕　真武影　宋熙
寧中奏樂醴泉觀是日丨丨見於殿　潭底影　賈島詩獨行丨丨丨〔詩話〕　可憐影　願持照
脊火珠中部從神官旗纛皆具〔括異志〕丨丨丨〔詩話〕新人雙
對丨丨〔孟〕　弔形影〔魏〕陳思王傳形影相丨五情愧赧〔三國志〕又李令伯表煢煢孑
形影子立丨丨相丨○陶淵明有丨贈丨丨答形三首序云貴賤
賢愚莫不營營以惜生斯甚惑焉故　賦塵影　唐謝偃爲丨丨賦二篇　一葉影　瀛洲有
極陳形影之苦言神辨自然以釋之丨丨　影木日
中視之丨丨〔拾遺記〕　喜自顧影　魏何晏粉白不去手行步自顧影〔世說〕　雙旌燭影　劉沔拜大將常見燭影在丨丨上〔詳注〕　張
燈相影〔宋〕寶曆中王山人取人本命日丨丨丨丨知　倏融人影　周昭王時塗修
相影休咎言人影欲深深則貴而壽〔酉陽雜俎〕丨丨國獻丹鵲以翅
爲扇一名丨丨一名丨丨丨　老翁子無影　陳留富人年九十取田家女爲妾一
此爲羽扇之始〔事物紀原〕　交而死後生男長男曰年尊何因有
子孝財散年內言吉真人無影丨丨丨亦丨丨又不耐寒暑　○金粟影　劉璟
之果然人咸服〔風俗通〕張元始年九十七生兒無影〔異苑〕〔晉書〕　寫真
得丨丨筆法○虎頭丨丨神妙獨逝〔志〕佛有丨丨　如來謂顧愷之所
爲維摩也○愷之爲一維摩古日畢十謂寺僧曰第一日開者責施十萬
及開戶光透窗日影　有老宿見丨丨問師曰　夢幻泡影　一切有爲法如
明照寺　詳見日邪日就怨邪　詳註
〔金剛經〕　雲丨彈丨倒丨　○省　所景切并丨　冗官〔李吉甫傳〕丨事天公詳回
〔古今〕　廉丨梅跌丨丨　吏不如丨官丨官不如丨事詳事和諸公
交交登丨　尚書省皆以粉塗壁古賢列士　粉省　上見丨　丨三省　唐
臺丨　丨臺省曰丨丨〔漢官典職〕亦曰粉丨　丨薇省丨下　中
書令　尚書省　唐丨丨尚書令一人掌典領百官其屬有六丨丨丨○後改　中書
令　尚書省曰中臺又改曰文昌臺又曰文昌都丨又曰都臺〔唐官志〕
唐丨丨丨中書令二人掌佐天子執大政總判省事後改曰西臺又改
省曰紫薇省丨丨丨令曰紫薇令舍人曰紫薇郎因樂天紫薇花對紫薇郎之
句故云　紫微省　即中書省見上注　黃門省　唐天寶改門下省曰丨丨省　紅蘭省　並入丨丨元稹酬樂天
薇丨　丨丨丨掌出納帝命
○校書　金華省　上君白玉堂詩　南臺丨省　魏高隆請以崔暹爲御史中尉宋
所也　丨丨丨君丨丨〔杜〕　游道爲尚書左丞曰卿一人處丨丨
丨一人處丨丨當　有豐有省　晉頃公云云鄭子産對曰伯
使天下肅然〔通鑑〕　丨丨　從其豐則寡君幼弱是以不共從其省

則吉在此　眚　自病生翳又災也又過丨也左不以一丨掩大德　白
矣〔惠二十七〕　易有災丨　書人有小罪非丨
眚　言之不從則有丨丨白祥　黑眚　上見　○永　于憬切〔書〕曰丨星火降年
不睿則有黑眚黑祥〔漢五行志〕　有丨高宗肜日慎厥身惰
思丨皋謨詩故丨歌之　柳
子謫丨州○丨州產異蛇　雋永〔漢〕蒯通論戰國說士權變序其說八十一
自號丨丨雋猶肥也永長也言所論甘美
而味永　書永　王逸少書偏工丨丨以其八法之勢　孤永　吟笑延丨〔曾子固〕　聲依永　求長
也〔史〕　能通一切字永字八法也〔法書苑〕
也長言之中有高下疾徐　味丨丨　〔人名〕　宋人
徐依之而五聲成焉〔書〕　登丨丨　〔人名〕　攻上身　○皿　眉永切飯食器用
俱永切竟語也　璟　玉光　〔人名〕　宋丨唐　〔人名〕　開明　〔人名〕　周　○杏　何梗切果也
詩丨彼淮夷　〔草木〕〔花名〕　杏花　孔子遊緇帷之林坐杏壇之上〔曹林異景〕　明皇
〔地理〕　會盟處　齊相　橋莊有文丨百株立碎錦坊　晉公午
翔鼓懼丨回視柳杏皆發上曰不喚我作天公可乎　朱陳村有杏
百二十里〔詩話〕　○牧童遙指丨丨村〔古詩〕　日邊紅杏倚雲栽〔高蟾〕
杏實　董奉居廬山爲人治病輒愈重者種杏五株輕者一株後以杏一器易
穀一器穀少者虎逐之乃以穀贍貧者號董仙杏林〔神仙傳〕後周張元南鄰
杏兩株多落元園中元悉以還王〔史〕濟南郡有分流山杏大如梨黃如橘〔詩〕
之汴帝杏亦曰　嬰杏　一名鴨脚葉似也京師無此王和父移植於其第〔歐詩〕
舍杏〔孔氏六帖〕　○〔今韻〕　深灰殘火略相遭小苦微甘韻最高〔歐詩〕
荇　白莖葉紫赤浮水上大如釵股〔詩〕參差丨丨　紫荇　丨丨　穿腮氣慘連錢荇
汴宮太一池有丨　○池州人稱爲丨公藪蓋亂生若麥然丨丨〔東坡〕○言魚也
丨丨丨〔洞冥記〕　○猛　莫杏切〔語〕威而不猛〔左〕寬以濟丨　政猛　苛政猛於虎　酒猛　主酒者酒僞
也丨丨爲苛政　精猛　異類服　豪猛　頹然寄淡泊誰　悍前猛　敢恨就新儒　三
謂熱也詳儒　丨丨與發
太猛　隋賀若弼下獄上數之曰公有丨丨丨　嫉妒心　寬莫若猛　爲政在丨其
猛　太猛白是非人心太猛元上心太猛既而釋之
〔人名〕　秦符堅良相　蜢　蚱丨　蝗類〔復古編〕　蚱丨　草上　艋　舴丨　小舟　○礦　古猛切銅
鐵樸石　頑礦　左右丨　金在礦　唐太宗曰丨丨丨何足貴邪〔詳〕　華岳礦　李林甫嘗謂李適之曰
或作鑛　丨丨丨　采之可以
富國它日適之奏之上問林甫對曰臣久知之但華山陛下本命
王氣所在鑿之非宜上以林甫爲愛已薄適之慮事不熟〔唐史〕　獷　犬丨不
可附也前漢敘丨　丨麥也晉皇甫
傳丨丨　工奏丨　懭　悍也　○打　都冷切擊也　○冷　魯猛切
並詳馬匀　鄉詳
耳冷　唐孟弘微對宣宗曰陛下何以不知臣丨不　眼冷　五侯三相家丨丨
召用帝怒曰朕丨丨不知有卿乃黜之〔摭言〕　不見君　○言

絕不啻冷齊樂預以徐孝嗣謚明帝廢立事曰官冷詳百念已宋
去也啻冷人笑諸公至今丨丨君子妝於池官冷官灰冷丨丨【蚊】忍冷子
京宴曲江微寒命取半臂諸妓各送一摑落丨丨夢丨守聞
枚子京恐有厚薄之嫌丨丨而歸詳贊具江冷丨詳聞【活套】丨衣裳丨
【姓氏】京兆微音伶倫之後音訛為冷【丨豐】漢宣帝時為淄川太守尚春秋
李。漢書冷音零【丨壽光】後漢人御婦人法取精於玄牝其要谷神
不死守生養氣也握固不泄還精補腦可以長生方技傳【丨朝陽】有詩名
大曆才子中之最下者也【丨庭堅】仕宋為光祿卿山谷詩往時盡醉冷卿
酒又云冷卿皆多鬢毛衰。有野居谷詩冷卿○耿古幸切介也光也【詩】
小鵯頗藏春【丨先出】宋淳熙中為監察御史丨丨不寐注不安也
大耿耿弇攻張步ㄑ笑曰丨丨兵少又皆疲勞賀中耿耿子之此遊拔何得
大耿何足摧乎。耿弇況之長子故呼大丨耿以往日吾視囊中
不見乎有物視吾丨丨丨丨高陽官音殺時侯國因氏尚
者尚在也馬子才送陳自然【活套】丨星丨【姓氏】書祖乙圮于耿是也【丨純】字
伯昭扶風茂陵人攻張步平齊地光武謂曰昔韓信破歷下以開基今將軍
攻祝阿以發迹獨拔劇敵功難於信前建此大策以為落落難合有志者事
竟成。封好畤侯。耿氏自中興以後大將軍二人將軍九人卿十三人尚
公主三人列侯十九人中郎將護羌校尉及刺史二千石數十百人與漢興
衰累業以功名自終【丨恭】字伯宗拜井出泉詳泉。袁紹為報詳鑑【丨】
【秉】字伯初有偉體腰帶八圍博通書記拜度遼將軍匈奴懷其恩信及卒舉
國號哭。封美陽侯【丨國】字伯山光武拜東郡太守盜賊清寧。攀鱗附
翼詳舅【丨蒙】本名令貴周文嘆曰令貴武猛所向無前王山之戰右手拔
力左手把○黽毋耿切音與閩謂○幸胡耿切左氏之多丨天幸霍去
猾【說文】鼃曰蛙丨耿丨【福孝序】臨丨釋來病軍
有丨丨未嘗困絕而諸宿貴幸姚婿丨丨伊川言人有丨丨丨謂少
將軍流落不偶【漢武紀】漢侯李侍三不幸年登高科藉父兄勢為美
官有高才攺恨為幸蕭楚才見張齊賢几案閒詩獨恨太平死一事淮南閣
能文章也丨丨丨丨救老尚書郎丨丨丨曰天下一統恨太平何也公曰
一字之師不交權幸唐裴均問盧坦曰姚南仲何人坦曰【姓氏】鴈門官音。
【冥寥子話】守正而丨丨丨丨若均怒罷之【唐】【丨圖】【丨監】晉建昌
人小人侵辱之元揾色重讎之癩瘵病即愈百姓奔趍勃海人為
祭酒與鄉子厚同年子厚有送歸黔句厚去此詞瞻韻奇瀼遊發爛若編具
粲若貫珠【丨元龍】字震甫號松垣端州人○倖【莊】幾何僥丨而不喪人之
官至通判太守称之云松垣筆力破滄溟國在省中【庸】行險徼幸字
【異義同】杜牧嬴得青樓薄○靜疾郢切【記】人生而丨【樂記】淵靜古之治
丨名詳樓又漢書倖丨仁者丨【大學】定而后能丨靜天下者
丨丨而百姓定【淮南子】○澹乎坤靜丨至丨而獄靜五代漢蘇逢吉嘗殺
若深丨之靚【賈誼賦】字異義同坤靜德方【易】祖鎮何東生日遣逢吉
疏理丨囚謂之丨獄逢吉盡殺囚以丨丨於丨丨治動治道貴清靜而民
死輕重悉殺之報曰丨丨矣【周】若靜自至【莊子】丨靜自定嚴延年之丨

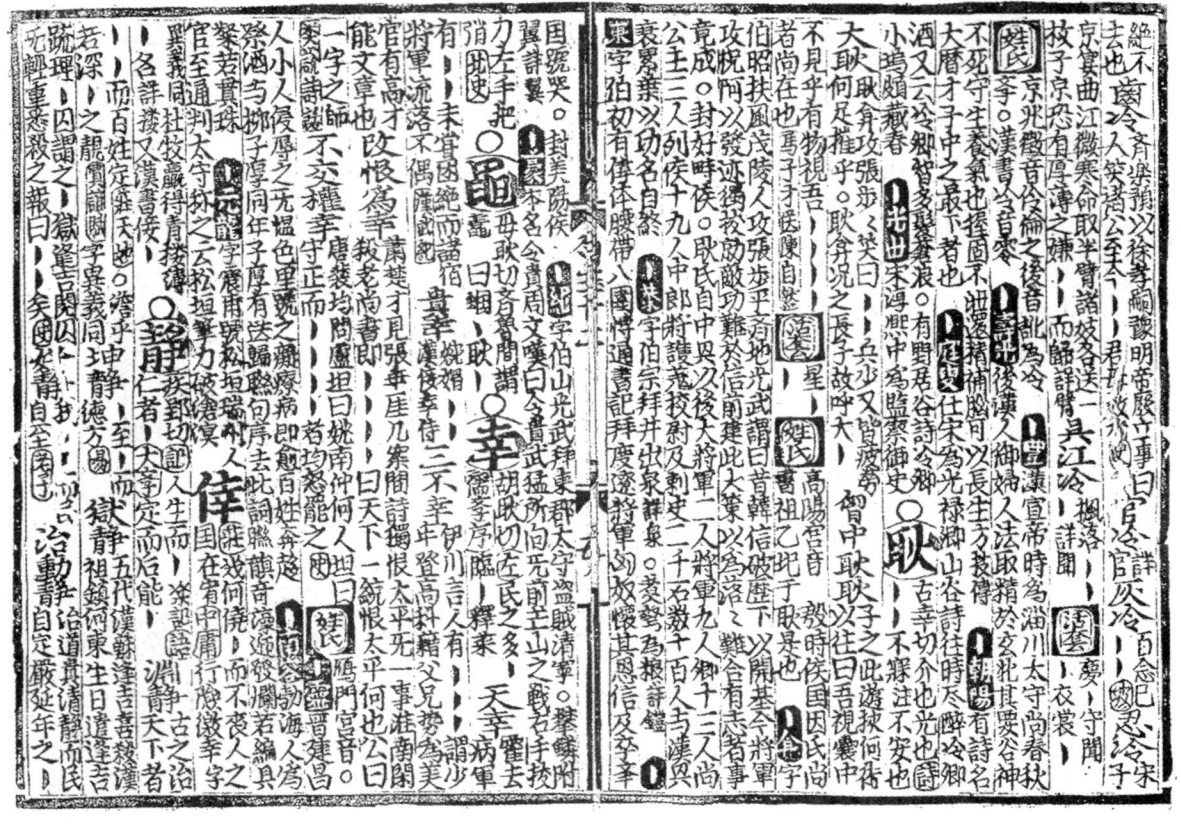

丨黄次公之治丨次公為綦動靜李泌七歲玄宗召試方員動靜泌曰方若
相而延年誅死【曹參傳】行義貞若棋動若騁才靜若得意詳童
晚色靜水花丨丨丨庾信充澗留甕小立靚文容徐丨也。妝靚見麗服靚
近幽香心與丨丨丨蘭靜亦作靚晚色丨詳靜靚妝【國勃】
【傳】。桃李渻見濟乎若際丨之丨【賈】書自作靖丨盤庚丨丨殺邦
最丨丨【韓詩】靚【韻府】。義與靜同靖詩曰丨四方我將嘉靖【周書】
歌清青百姓丨蕭曹曰載其【人名】【丨詩】蜀人有慮善而無笑
立丨丨民以寧【曹參傳】一史【丨家】晉人善書評論人物詳評【丨】唐朝名將
【筭】坑也亦作阱【孟子】為丨於中國歛乃○整之郢切【韻】實丨其恭皇矣
丨中庸納諸罟擭陷丨積藏而丨【左】戎輕而不丨【韓】丨齊乾
坤訓整治師丨丨天下服秀整當時群玉府人好整丨以眾丨【左】○逞丑郢
訓整其威【李光弼傳】物殊丨丨【治山】【成十六】
切【說】丨顏色【左】乃可以逞不逞鄭五聚丨丨丨之人以【人名】【丨焚】本女子變
丨僖二十三疲民以丨作亂襄十。謂不檢也服為丈夫仕至
揚州從騁【詩】騁ㄑ齊所丨建步騁嗚呼丨丨意先騁春風加鞭馬未
事詳姬【孟】馳ㄑ田獵馳先由丨【韻】動丨丨丨【國】【活套】
六飛丨丨○郢以整切丨人戍郢子囊將死遺言謂子庚必哀郢屈原九章
衆智丨郢鼻詳斤城郢丨丨云ㄑ可不謂忠乎【左】哀郢有丨丨篇
吳入郢丨丨伐楚五戰客歌於郢有丨丨丨者曰陽春白【人名】【郉仲】每任
【定四】雪和者不過數十人詳歌烏集戟架詳
姓氏○餅必郢切麵食丨賦詳麵湯餅魏何晏面絕白文帝疑其著粉後與
啖白帝始信之語林。玄宗后王氏以愛弛不自安泣曰陛下不念阿忠脫
紫半臂易斗麪為生日丨丨邪阿忠其父仁皎云。饅頭入湯煮之亦名
丨丨【唐書】。唐人謂丨丨為不托今曰饆饠【傳】籠餅侯思止食丨丨必令縮
飥【歸田錄】凡以麵為之皆曰丨丨【青箱雜記】蔥加肉号縮蔥侍郎【酷】
【冷齋】蒸餅何曾位太常丨丨不胡餅晉王長文辟為別駕不就後於成都市
【國】拆作十字不食【晉】蹲踞齧丨丨刺史知其不屈礼遣之【史】
○入胡麻名丨丨又名麻餅。郄雲卿選金餅齊褚彥回為宋吏部尚書有
婿是義之坦腹東床食丨丨自若詳床人求官袖中將丨一丨彥回
不受【史】。紫丨百畫餅魏明帝詔盧毓曰有名士如槐芽餅青浮卵盌丨丨
丨賣萬錢【國】茶也丨地為丨不可啖食【魏紐】丨【國】槐葉冷淘
曰丨丨紅綾餅唐有文喜宴僖宗賜進士各丨丨丨一枚徐鄙以餅世祖微時
丨丨紅綾餅實詩曰莫欺老缺殘牙齒曾喫丨丨丨飲李都尉食樊曄饋餅
一筍帝不忘徵往河東都尉因戲曰一龍鳳餅上品龍茶仁宗雖輔相未嘗
筍餅得都尉何如樊曄頓首辭謝【後漢】輕賜宮人剪金為丨丨丨其
上兩府得之藏以為茶八餅丨莫貴於龍鳳團九丨丨一斤【歐】憶賣餅寧王
寶歐公有茶录序八餅【歸田录】。待賜頭綱八餅茶【歐】宅畔
有賣餅者妻甚美王取之經歲問曰頗丨丨曰丨丨大
丨丨師不召之使見淚下如雨【本事集】臣絲鳥餅何在曰丨丨尔【魏略】

珠易餅賀知章謁賣藥王老問黄白術持一大珠遺之老人得珠即令丨丨
与賀丨丨心念宝珠何以市餅老叟曰慳吝未除術何由成（原化記）
謳歌鬻餅刘伯芻巷口有鬻餅者毎當炉謳歌刘怜其貧貸以万錢自
是不聞丨丨本領既大心計轉麁不復歌謂城矣（隋唐嘉話）米脊
為餅唐王世充為秦王所圍粮尽以水泪泥一猨十餅崔永慶曰諸将皆嗜
取浮土糅丨丨丨丨尚書郎皆餓死（史）利者以丨丨丨丨誘
之去矣熱麪餅取幽薊楢丨丨咬官餅隋庫狄士文為貝州刺史其
詳誘丨丨尓詳麵子丨丨丨丨枷之杖二百（史）怒
設豆餅北斉庫狄伏連位大将軍鄙吝冬逸少封餅高丨丨為觀察使中人
至日親表称賀妻設豆餅大怒（史）責餓使供餅悪輟之逸
少丨丨以聞帝怒責趙岐賣餅丨丨逃難四方自匿姓屋上煎餅江東俗正
之中人皆歛手（肌帖）名丨丨北海市中（本傳）月二十四
日為天穿以紅縷係煎餅置屋上耳龍潭崇慧禅師賣餅家子也
謂之補天穿（拾遺記）一日二十日○遺餅留食師日以十餅遺悟和尚悟留
一餅曰吾恵汝以蔭子孫師問餅是我持送何反遺屛尓雅罘罳曰丨又
我悟曰是汝持來汝復何咎師曉玄旨遂請出家（傳）蕭牆天子外丨諸
侯内丨丨大夫以簾士圖屛煙嵐互明滅點綴若丨丨（詩）蕃屛以丨丨周
以帷詩之丨之翰物色當面若丨丨（曾子固）（左傳二）樹屛
建侯丨丨幽屛去事丨丨（谷）隱屛令細民操送幣各丨人迹屛跬歩丨丨
康王之誥挽衣不可留决而鑄作（文帝紀）（曾子固）

（活套）遠丨塵屛丨望車上竹○頂居郢切虎頸斑超燕頷丨丨豹頸北斉
事丨蔽障塵者飛而食肉（班）高
昂龍峯丨丨長頸越王為人烏喙延頸恣闕稍丨丨莫不繫頸賈誼請丨単于
変兒雄昊（史）丨丨想望太平（史）丨詳背百粤之
君俛首丨刎頸相如廉頗丨刎磨頸唐林縕時刘闊欲殺之惜其直陰戒刑
丨過秦論丨交詳友人抽丨丨丨脅服之縕叱曰死即死我
項豈頑奴龍瞳鳳頸唐袁天綱謂武后丨且駿鳳頸鮑生謂韋生曰春初獲
砥石邪（史）丨丨丨極貴驗也（史）馬丨丨數疋龍形丨丨兒
骽兒贈車輪括頸隋刘昶取公卿子弟以丨丨丨其丨而棒頸殆死不𣏌
異聞録者称為壯士丐之交互見隊北斉高季式以司馬消難不
肯飲索丨丨丨其丨又索一輪自括其頸名鴻頸隋煬帝時群盗蜂起刻木
頸引滿相勸消難笑而從之方脫車輪繫詔我到鵝丨丨於丨丨日放百十
於渭汭問寘関東救兵若兵在頸唐陳京効盧杞輔政百題杜預頸預病癭
至竟死至者（茂田録）官懔く丨丨丨丨（史）呉人毎
大樹如癭輒斫丨○領良郢切（左）得保首丨魏相傳丨事領斉孔廣美容止
曰丨丨丨詳癭総丨衆戢（梁秀傳）後進丨袖衣領善談論王儉張
緒云孔廣來使人廢丨丨（史）○沈袞領若挐丨要領張鷟竟不得月本領康
迷丨丨書（選刘公幹詩註）領録也丨（圖）氏丨丨（宋苑傳）崑
崙弾琵琶丨項領後呂端云群聊丨丨丨豪領交く桑扈有丨其丨（詩）丁頁丨丨
丨何雜詳琵琶（令）膏長拭舌（史）自恣也鶯領頸也鶯然有文章弖令丨

而望鬒垂領素丨颯以（活套）丨管丨統嶺庾嶺大丨丨梅梅嶺忿消望
之（図）鬒垂領丨丨（選）丨捩令夾道詳梅令丨丨（谷）碧嶺
丨丨甬嶂丹崖葱嶺唐丨丨丨以東俗喜淫置女肆征其銭（遺恣傳）達五嶺南
重嶂（北山文）恣令麻枲後宋雲遇師於丨子丨手携隻履（詳覆）令有
丨丨之戍○大庾始安臨商嶺四皓采丨丨丨家黒池雲嶺崔厓張
賀桂陽揭陽（漢張耳傳）令芝丨丨秦嶺雲横令何在詳牡丹令祐題詩
娼肆著之則車馬盈門娶之則杯盤失措朝李端く有鼻似煙窓耳似鐺之
句端往見二子伏望哀之乃更贈曰兔得黄騮被繡鞍善和坊裏取端又楊
州近日渾成差一朶能行白牡丹或曰李（活套）芝丨羊腸丨万頴禾末也
家娘子総出丨丨使登丨丨（雲溪友議）松丨在杭州詩禾丨
鬖く又实丨实栗（詩）秀頴丨丨徳行名頴真気入丨丨（嵌崇園）参謂物之針
垂丨也書畧畝同丨秀頴之謂洪（暘）英丨秀丨○又坐待發丨丨
頴外挩鋒頴豪曹試丨脫頴毛遂曰臣得如錐之処丨丨丨謂之鋋（陈）
頴丨丨（函）金頴丨（曾子固）脫頴囊中乃丨丨而出詳錐截頴（圖）丨丨穫稲也
取頴拔尤丨丨（韓文）毛頴管城頴借君方諸侯一敬元頴陳仲躬所居
取頴丨（隱）丨傳毛頴丨筆也城頴丨丨丨丨（國）大井好俏人
一日有丨丨丨請詢曰此井有毒（活套）新丨丨（姓氏）鄭丨考叔為頴谷封人因
龍君陶之入井乃獲古鏡詳鏡丨斉丨丨氏（嵌）賜食舍肉遺
毋詳（嵌）字子嚴東漢人博学注春秋頴水清頴弃官丨箕頴道廣存
左傳五万余言峯孝廉公車徴之不就名清頴丨尾（谷）箕頴丨丨（因）

丨山淮頴一味豈丨頴木名也又梳几丨杖（匿少叔莊）丨○頃去頴切
丨水淮頴說丨丨（國）警毻也又卻刀撥丨注丨刀環也田百畝
也俄頃謝安謂王文度曰不能黄叔度汪汪若豆一頃楊惲書種一
俄頃為性命忍丨丨丨耶詳忍陂千頃千頃丨又見陂頃豆落而為
其詳田二頃蘇秦曰吾若有負郭二頃給子田五頃唐刘弘基病丨諸
豆田孰能佩六国相印詳印各丨丨日使贅（固）不藉
多財不累守此足以脫金八十頃丨布丨丨丨丨聚神穀衣錦○癭於郢
飢凍餘悉散之親黨（史）得祇園詳園丨衣（罽）長歌
切張華博物志山居多丨飲泉水之不流者也廣（雅）莊子注云社椒癭敵丨
衡香草可以治丨（丨木杯詩）詳尤韻瘤又樽○酌以丨藤詳藤
丨丨小睡凭騰輪丨節目如丨楓癭嶺南多丨遇雷雨則丨長三五楠癭寿君
也（圖）詳輪○曹植有丨丨瓢尺如人狀号楓人（物類相感志）
酌丨（容）槐癭晏晋公有遺以丨丨若庾女癭傴婦懸瘿益孀嬰包卵觳兕怒癭
威曰此是雌樹生者詳雌由下肩頸有類黿縮殼（歐詩）
丨丨争碨磊（韓）空使時人怒生丨（晉）閬書賈逵蓋癭閬領先裁
守弘農与典農校尉争公事不得理發憤生丨丨衣（晉）割癭逵自啓顧令醫
丨丨太祖曰吾闔十人丨丨九林檎癭黎陽人王德祖家丨丨樹生丨大如
人死遂猶行其意癭愈大（國）斗癭爛一孩兒抱胎而出七歳能語
因名梵天後改曰志盖龍宅癭鱉縮丨巴蜀頂癭如数斛囊忽
苦瘂不化也（異説史遺）背蛇癭丨丨（晉）猱蛇癭折裂一丨跳出詳猱杜頂

瘦晉丨丨病丨吳人以瓠係狗頸示之每大樹以丨丨輙斫使白題曰丨丨頸預亓尺捕殺之（國）多智而瘦 唐李義府被貶問討於王德儉ㄑㄑ瘦而丨丨數義府勸立武后乃不遣（史）

○井 子郢切伯益作丨又云市交易之処丨共汲之所（孟）鄉田同丨市丨者邑居爲市野廬爲挃丨九切（易）改邑不改丨 往來丨丨（註）連屬兒（笛）丨有條理偏頗短綆不可以汲深丨帝王世紀鑿丨而飮 甘井 丨直木先伐丨丨先竭 （莊）苦井 盧城官宅丨丨變甘泉詳泉 古井 （孟郊）妾心丨丨水波瀾誓不起 塥井 之蠹（莊）秋水壞井也 大井 西河郡鳴門有丨丨火從地出漢晏炎赫弥熾 眢井 楚子伐蕭申叔展（左）茅絰哭井則已○蓋令蕭大夫還无社逃於井明日蕭潰申叔視其井茅絰存焉号而出之詳窮 橘井 蘇耽母以井水一升丨葉一枝救人疾死不愈者詳橘 露井 丨丨陳銀床（古） 双井 分寧縣西二十里江心丨丨在山谷所居之南（國方奧）以此水造茶絶勝 千尺井 房州竹山縣陰隱谷家濬井千尺死水工人不敢至一国題云樗仙国初得道者送此脩行及出還房州陰家已三世矣工人自後莫知所在（博異記） 丹砂井 丨丨渴飮（李） 綠珠井 白州双角山下梁氏女有容皃石季倫以珍珠三斛買之飮此井水者誕女多美麗里以美色无益以巨石鎭之迩後雖生女端嚴形体不完 韓公井 唐韓明宗爲襄州刺史城有昭王井言汲者死朝宗移書諭神自此飮者无恙号丨丨（史） 轄投井 陳遵取客車轄丨丨詳轄 不啞井 古人丨丨

丨莫忘昔 耿恭拜井 水泉湧出詳泉 丨丨向井再丨丨 張妃逃井 隋師入陳後主与丨丨孔貴人於丨（史） 貴丨丨繩鎻（李） 一室七井 霍仙鳴在龍門丨丨之中開丨丨月坐其上不知暑氣（雲林異景志） 觀天坐井 坐井丨丨曰天小丨丨者非天罪也（韓） 夏見丨丨 視星自井 自井中丨丨所見丨丨不過数星見星丨丨市丨丨斗 雲安無井 水寬百憂（杜） 捫參歷井 仰脅息（李） 五星聚東井 後娛高允曰漢元年十月丨丨丨丨著誤按星傳金水二星常附日而行冬十月日在箕尾二星何因背日崔浩曰考究之當以前三月聚丨丨洮十月也（史）同行者 噴井 嬪華欲避董卓之乱遇一丈夫願得俱此人中道丨噴井衆欲弃之歆曰弃之不義遂相牽出之而別丨丨（史）

（姓氏）宗 扶風徵音周大夫丨利虞大夫丨伯医漢司徒掾丨後丨丹通五經語曰五經紛綸丨大春詳綸

○請 七靜切（語）丨李 務丨益（記）造請 張敞曰臣性不耐丨丨 張湯丨 賣請 水衡都尉李朴擊敢固以丨 丨諸公不避寒暑是以得声音 奇（酷吏傳） 請丨丨它比詳去声比上音賞請 置驛請 鄭莊丨丨 馬 無路請（滕閣記）丨丨 纓 黃常法之外別有所請以定罪也 客詳驛 三請 春至不窺園丨 馬丨丨頗丨丨（谷） 赴子胥請 吳葛仙從孫權到列州船覆明日見公從水上來衣履不濡曰伍子胥見請暫過設酒不得即委丨略丨曰 ○省 息井切（孟）丨耕丨歛衆惠下（論語）退而丨其私 去之（國語傳）晴不悅兒 内丨不安（書）丕克遠丨 往丨括于

度（易）丨方設教丨 寡省（益稷篇）丨丨乃成 三省（論）丨丨吾 昏省 昏定丨（曲礼） 深省 欲覺聞晨鐘令人發丨丨（杜） 脩省丨（震卦）恐懼丨 心下省 省中似記故人面口不能言心下快活自丨（公孫詞）丨丨（爱） 答省 答丨小丨 龍詳叟

二十四迥 與拯等同用

迥 户茗切寥遠也通作洞詩洞酌彼行潦 高迥 天丨地丨（滕閣記） 清迥 朝雲攤丨丨（荊公） （陸奏）歷丨 江 胡丨 炯 光也又古迥切○司空圖詩曰容成侯金（博物志） 洞酌 詩丨

○茗 莫迥切晚取爲丨○茶事並見茶 飮茗 齊王肅歸娓得丨丨計曰惟酪不中与茗爲奴因呼茗爲酪奴詳奴 山茗 嘗丨丨谿茶丨丨（國） 果茗 往會陳丨丨（谷）（陸奏）煮丨丨（花木）那丞素馨花詳茉莉 冥 晴也（詩）維丨塵丨丨 酩 酊 ○頂 都挺切湯過涉丨滅丨（大過卦） 杇頂 孔子生而丨丨（史記）上音烏言頂上窪也又孔子頂似阜陶 臚頂 丨丨擁腫冥 露頂 腕帽丨丨（國）王公前（國） 磨頂 丨丨放踵（孟） 中頂 雅州山曰丨丨產留鳴茶服至四两爲地仙詳茶 甘露頂 唐裴敬彝七歲能文号丨丨（史） 三峯頂 息可頂姤丨秀出詳峯 鼎 三足器又方也 丨盛丨 九鼎 平原君傳毛先生一至楚使趙重於丨丨大呂○周宝丨丨（揚子） 五鼎 丈夫生不丨丨食死則丨丨烹詳齋乌行主父偃傳○牛羊豕魚腊丨來是也

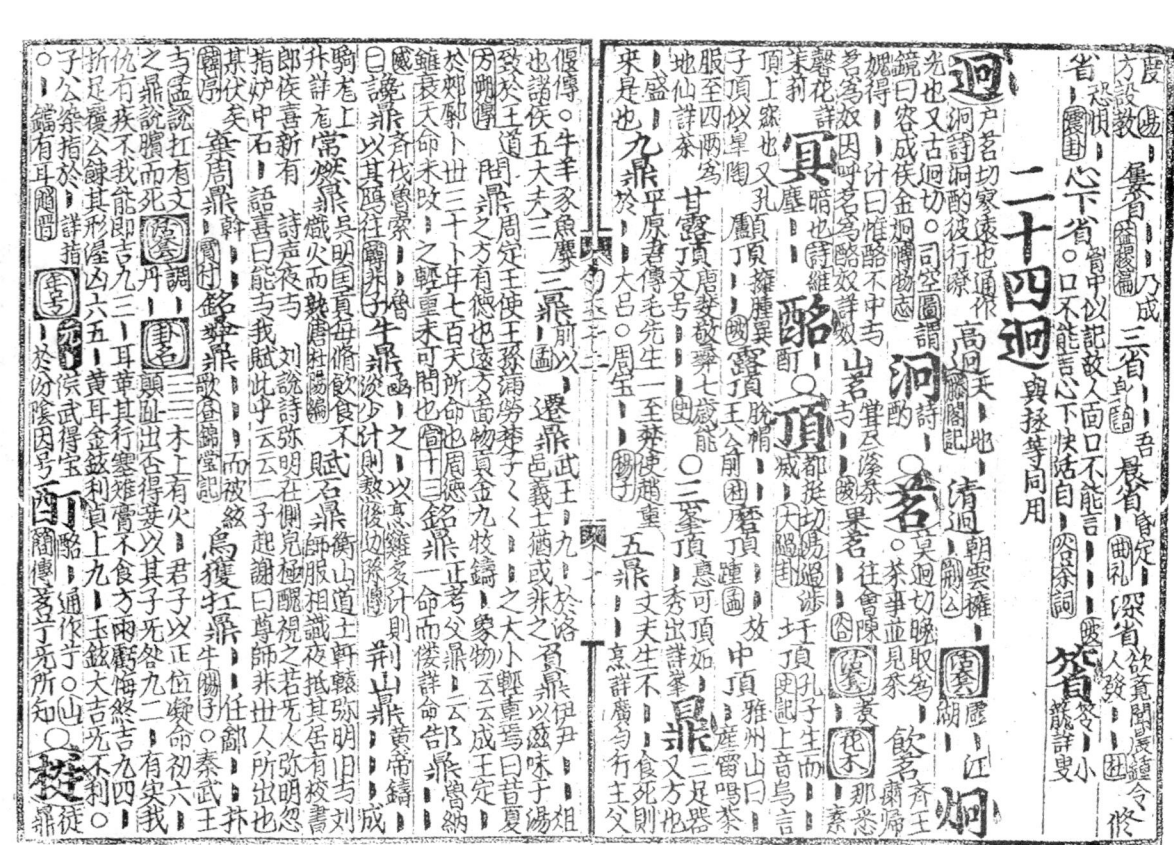

三鼎 前以丨 也諸侯五大夫三 遷鼎 武王丨九丨於洛邑義士猶或非之 負鼎 伊尹丨丨以滋味于湯致於王道 祖 問鼎 周定王使王孫滿勞楚子楚子丨之大小輕重焉曰昔夏方有德也遠方圖物貢金九牧鑄丨象物云云成王定丨於郟鄏卜世三十卜年七百天所命也周德雖衰天命未改丨之輕重未可問也（宣十三）（方朔傳） 銘鼎 正考父鼎丨云丨一命而僂詳命 部鼎 魯納 （感）讒鼎 齊伐魯索丨丨魯以其偽往（韓非子） 牛鼎 丨之丨以烹雞多汁則淡少汁則熬（後漢邊讓傳） 荊山鼎 黃帝鑄丨丨成騎龍上升詳龍 常燃鼎 吳明国貢每脩飮食不丨火而熟（唐杜陽編） 賦石鼎 衡山道士軒轅弥明旧与劉師服相識夜抵其居有校書郎侯喜新有詩声夜与劉說詩弥明在側皃極醜視之若无人弥明忽指炉中石丨語喜曰能与我賦此乎云云二子起謝曰尊師非世人所出也其伏矣（爾雅序） 棄周鼎 丨斡丨丨（賈生） 銘莽鼎 歌丨（晝錦堂記）丨丨而被綵 烏獲扛鼎 牛（揚子）○秦武王与孟說扛有文丨丨調丨 任鄙丨丨扑之鼎說臏而死（陸奏） 丹丨丨（卦名）三三 木上有火丨君子以正位凝命初六丨顛趾出否得妾以其子无咎九二丨有実我仇有疾不我能即吉九三丨耳革其行塞雉膏不食方雨虧悔終吉九四丨折足覆公餗其形渥凶六五丨黃耳金鉉利貞上九丨玉鉉大吉无不利○子公染指於丨詳指（左宣）（元鼎）漢武得宝丨於汾陰因号丨丨 酊 酩丨通作丁○山丨鐺有耳（趙習傳）著丁无所知 ○挺 從鼎

子部　第三冊

切杖也(國)白梃陳呂奮其｜橫梃宋朝御史臺有閣吏隸臺中四十年声喏時
可使制｜白梃｜｜(宋書)橫梃以所執梃持中丞賢否賢則｜其｜不賢則
直其梃九為中丞惟恐其直即諷為中丞一莛草莖事也小蜀艇越舲
日視其梃直吏曰云云范大笑(東軒筆錄)見青勻艇艑蜀艇
不能无水而煙艇再誦徐儒碑猶遊艇隋南海有五六百家居水亡莫愁艇
浮○小舟也艇舟思在｜｜(國)艇命号｜｜子後王素平之(史)
艇子折兩槳催(遼套)小｜漁｜帰｜挺直也持也(魏書傳)｜有祖風烈(遼套)
送｜來詳槳(選)雄誅天｜張玄素傳魏謚梗｜
英鋌銅鉄朴又箭勻宿柔鋌北齊綦母懷文造宿鉄刀其法燒生鉄精以重柔
所鑄｜｜｜｜是其遺金三鋌安重霸獻｜｜｜於銀八千鋌五代買縛脩進
法作刀尤甚快利(史)鋌刺史獲兕(圍)綦詳綦銀鋌实錄与系維翰
有隙言維翰死後有｜｜｜｜臺学銅鋌後魏崔浩好蓍星变置金銀
符数非之不得已改為数千｜(史)徐台｜鋌｜於鄙器中夜有所見即
以鋌盆紙作乞汝金艇梁廬陵王嗣子應不慧見內庫金鋌問左右
字記異(國)金艇此可食否曰不可日既不可食並持｜｜(國)町田區
畔埒也(詩)｜｜疃脡他鼎切頲狹頭也(人名)唐人(蘇頲)艾去挺切(莊)欵
鹿場(詩)死｜畦脡脯也頲也(國)之声○小日｜
大日濘乃頂切水淵謂之濘胡頂切狠也(孟)｜｜然見於
欵｜又泥｜詳去声悻其面悻悻然悻直以亡身濘

溟｜自然氣大脛並詳醒蘇挺切平泉莊自醒白醒毛炳豈誠人隱
水皃上音茗(迥)醒｜酒石詳石醉自酉居廬山得錢即
沾酒嘗醉卧道旁有里正扶起之炳瞋目詞之(南唐書)｜嗖不｜心月口迥
曰醉者｜｜醒者｜｜丞去毋撓予睡(遼套)蘇｜取切亦
作絅(象傳)(詩)衣錦｜衣(中庸)衣錦尚｜○亦作頌士
昏礼云女從者畢袗玄䌹纚○二処並訓禪衣也(迥)古頂切斷首也
饒引佩刀自｜○䴥消自｜詳逬蒲迥切即並字○堯時十日並出詳
鼂○田橫既葬二客白｜(史)日(左)五材｜用(襄廿七)孔与天地並
(昭廿六)語難(遼套)駕｜肩酌火迥切告言也綮弃挺切(莊子)肯綮技經之未
与並為仁｜車｜鄭｜嚮禍肯綮嘗(莊)骨閒肉
結子綮東坡在惠州買羊脊骨炙微焦食之得｜｜其拯
処子綮微肉於｜｜閒如食蟹螯(仇池筆記)(人名)雪駒詳駉涀切涀
兒｜寒｜炅古迥切光也隋將(人名)詳明(晉)濟州三明拯之庱切上聲也(孟)拯民於
｜葵斂將(大宝)(人名)唐人為万年令兕叔抗本部捘祭人以為水火(明東用)｜馬壯吉(史)
燅｜蜀亭也叔榮○包｜趙宋人姓嚴僧号閻羅包老詳包庱
丑拯切吳国等多肯切(記)爵祿五巹等雖死｜｜百聳蓑等丁稜
名孫權射虎処｜左牽不踰｜何以欽於(前紀)稜等語吃
欲言｜｜登科竟八公等(魏)濟世｜○｜｜
不成語而退詳登八公等安在何相見之晚(宋書)差等｜陵死｜(國)蹬等登不一入

等之｜｜詳去声(國)降等也｜(語)一伍噲等韓信笑曰生乃
試判登利者謂与噲｜為伍(史)絳灌等韓信羞与
(史)飲不等孟嘗君客以｜｜與封君等渭川千畝竹其人与千户｜｜｜(貨殖傳)所少宰嚭等都郅列
曰一姬死後一姬進天下｜｜｜邪詳輒(詳飯)肯苦等切(書)｜堂｜穫(莊子)技經｜綮詳綮惠肯｜然｜三不肯嫗刘
類為弘農守兼老寺應民患之乃題其門曰刘府尹有兩生不肯叔孫通起
｜｜｜旧俗民謗官長者有｜｜｜謂迁兕死也(史)朝儀(魯)
｜｜｜當書不肯隋柳述為吏部尚書時楊素為僕射述判事有不合素意
行(國)令述改述謂時命者曰与僕射道｜｜｜素銜之(史)

(人名)(田)論(關)
中形勢

二十五有

與厚黝同用

有云九切(孟)若固｜之(尽心下)(語)无而為｜｜｜烏有言｜｜先生若｜
少｜冨｜(左)何力之有｜(帝紀)帝力何有｜｜此事也(相如付)奢有
李白云司馬子微謂予有仙風道骨因著大鵬遇｜｜烏賦以自廣崇有晉裴頠患何晏阮籍之徒口談虛浮乃著｜論以釋其蔽(國)大有
魯宣公時書｜｜小有大天之內有洞三十六所弟一王屋山之洞周回万里名曰｜｜清虛之天(茅君內傳)代有流行年紀異也詳年大疾

國家｜｜頓有王直方家有蘇黃字取宋武謂謝晦謝九有｜｜奢有(文鳥)｜無有有｜｜
｜(國)蟵一時｜｜西玉人名｜亭(石山集)｜｜｜未免於有
｜之鄉廣莫之中未必有陳平美如冠玉其｜｜｜誕空說有夜不眠(魏)
野(莊逍遙遊)｜｜聖人体无｜又不可以訓故言必及有｜｜｜也(史)
(老臣)｜｜｜故常訓其所不足(世說)○三有一欲有色有无色有｜者何謂
今後生相續是又有云生械故(封名)三三火在天上大｜初九无交害匪咎
名有噬苦溼諦中是有(瑜伽論)鄭則无咎九二大車以載有攸往无咎
九三公用享于天子小人弗克九四匪其彭无咎(人名)(冊)孔(姓氏)子有孔
六五厥孚交如威如上九自天祐之吉无不利子弟子(孔子)字
子弟子｜右(詩)乃左乃｜左之左之｜｜手持杯詩車右夏官司(孔)人君
子｜螯祖｜詳袒蟻旋｜詳磨江｜関｜龍｜｜車右之｜勇士居｜
戎右夏官｜｜(孔注)參尚右孔子拱而｜｜｜二三子亦皆｜｜孔子曰漢庭
戎右乘充戎車之右｜二三子之嗜學也我則有姊之喪也(記)
右出吳公治河南名(荊公)天子所右王叔陳生与伯輿爭政王右伯輿晉士匄曰設
出｜｜｜｜｜｜寡君亦右之所左亦左之(襄十)
悅門右於女子生｜｜｜｜詳悅位廉頗右藺相如｜在｜｜｜無出其右濱田叔等十
悅門右於｜｜詳悅頗曰我必辱之詳避人隨趙王至
長安上召与語漢庭臣无左不如右人右耳目不如左明也(左)欲左欲右湯
能出其右者再拜為守(史)手足不如右強也(素問)祝

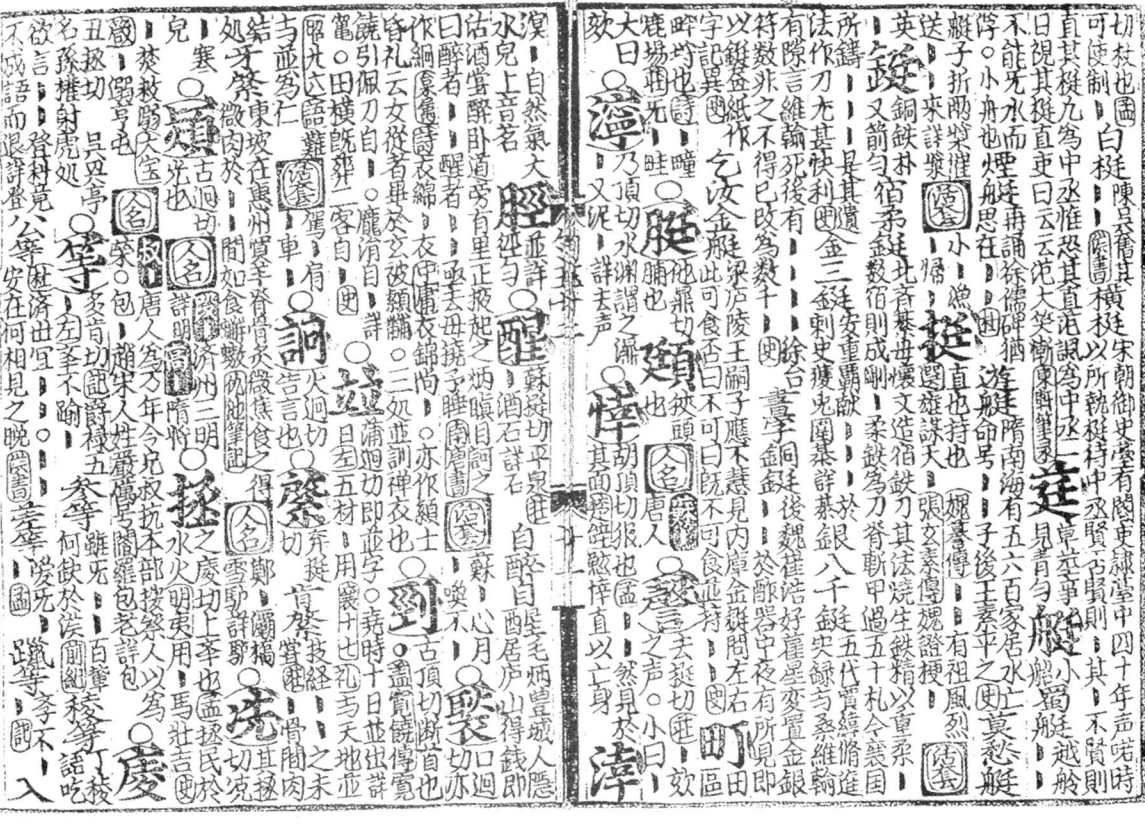

五一五

綱｜｜首左｜｜首石詳綱　姓石非石五代石昂入朝楊延朗知留後事賓者以延朗諱石更其姓曰右昂曰昂姓石非右也延朗怒起〔史〕
友〔公羊〕合志曰｜〔孟〕出入相友　取友必端〔語〕會｜○益者三｜〔詩〕張仲孝｜六月未有不須｜以成者　猶求｜声伐木〔記〕獨孝先｜　死
友羊角哀左伯桃爲｜｜〔烈士傳〕○張郡曰郅君章殷子徵吾生友亦死巨卿吾｜｜也〔史〕　僚友稱其弟也〔曲礼〕　執友稱其仁也〔記〕　争
友士有｜｜〔記〕　小友李泌年七歲張九齡呼爲｜｜〔史〕華見美○王禹偁七歲畢文簡公從軍事一日太守席上出詩句云鸚鵡能言爭似鳳
坐客皆未對禹曰蜘蛛雖巧不如蠶公嘆息其經緯之才加以衣冠呼爲｜｜〔西清詩話〕　溪友｜｜得錢留白魚〔樹〕漁人也　石友米芾見立
石頗奇取袍笏拜之呼爲｜｜詳石○投分惟石友〔選〕　面友朋而不心｜朋也｜而不心｜｜也〔揚子〕　賣友以鄙寄爲詳賣　玉
友見花中十友下　紅友酒名　燮友｜｜柔克〔洪範〕　莫逆友子桑戶孟子反子琴張相視而笑｜｜於心遂相与｜〔莊〕　忘年友
孟郊性介少合韓愈一見爲｜｜　金蘭友穆若｜｜〔陸機詩〕　山水友醉吟先生与僧如滿爲空門友平泉客韋楚爲｜｜｜刘夢得
爲詩友皇甫明之爲酒友〔樂天拾遺〕　麋鹿友侶魚蝦而友｜｜〔赤壁賦〕　獸群友或群或友〔詩車攻〕○｜｜三則｜｜一則友　空門友
見山水友下　玉昆金友王銓与弟錫齊名号｜｜｜〔梁史〕　樂天三友詩酒琴也　文章四友杜審言李嶠崔融蘇味道

爲｜｜｜｜｜　方外十友陳子昂等十人　花中十友曾端伯｜｜｜謂桂仙友海棠名友荷淨友荼蘼韵友瑞香殊友薝子禪友
之奕更有玉友來奉佳賓酒也　貧賤寡友富貴多士｜｜｜｜〔史〕〔孟嘗君傳〕　肯此良友王導曰幽冥之中｜｜｜｜詳死　手
文曰友成季之生也有文在其｜曰友遂以命之〔閔二〕○柳力久切　蒲柳顧悅之髮早白曰｜｜之質望秋先零詳髮〔爾雅〕楊
柳蒲〔爾雅〕楊一名｜｜生澤中前輩作兩物用者誤也　杞柳性猶｜｜〔孟子〕陸佃○｜｜兩種皮正青曰小楊皮紅者大楊可爲箭幹木柳云生水傍葉粗白
色理微赤今　瑞柳　唐中書省古柳枯死德宗自人以爲車轂王柳梁還後榮茂人謂｜｜〔史〕　五柳陶潛宅边有｜｜樹号｜｜先生〔本傳〕　緝柳
孫敬在太學｜｜爲簡寫經睡則懸頭於梁〔先賢傳〕　官柳市橋｜｜細〔困〕　翣柳衣｜｜之材〔孔叢子〕○舜車曰柳車詳翣○字本作鄭
三眠柳漢苑中柳狀如人形号人柳一日｜｜三起〔三輔故事〕　十圍柳桓溫少時種柳皆｜｜矣嘆曰木猶如此人何以堪〔晉史〕　隋
堤柳煬帝御河畔築｜道樹柳〔隋書〕　章臺柳韓翃將妓柳氏歸置都下三歲不寄詩云｜｜｜｜｜昔日青二今在否縱使長條似旧
垂也應攀折他人手荅曰楊柳枝芳菲節所恨年二贈离別一葉隨風忽報秋縱使君來豈堪折○柳氏後爲番將沙吒利所刼翃殆不勝情虞候許俊
曰當爲足下立致之乃造沙吒利第伺其出大呼曰將軍中惡召夫人僕侍辟易遂挾柳氏以至事聞朝廷詔柳氏還翃〔異聞录〕　補闕邴宋柳韓

辛仲甫知彭州課種柳兩行路人謂｜｜｜　小蠻柳白樂天寵姬名｜｜善唱楊柳枝遂名之又一姬名樊素有詩云櫻桃樊素口楊｜｜
腰〔詩〕〔語〕　魚貫柳其｜維魴｜之｜〔毛傳〕　柳州柳｜｜｜太守種柳｜｜又江边柳詩　戲二柳隋柳機与族人昂在周俱歷顯要開皇中
俱爲外戚楊素爲納言用事素｜曰｜｜俱摧孤楊獨䟽機竟先言〔史〕　日在柳｜｜｜｜〔月令〕○柳八星天之厨宰　由基穿柳養｜
｜｜去柳葉百步射之百發百中〔周紀〕　姿如春柳王恭美｜儀或目之云濯二｜｜月｜〔晉史〕　彈指古柳李固行古柳下問｜｜声
問之曰吾柳神九烈君用柳汁染子衣矣得藍袍當以棗糕祀我未久及第〔三峯集〕　軍屯細柳宗周亞夫｜｜｜天子至不得入〔本〕｜｜｜
〔詩篇〕菀｜刺幽王也暴虐无親　〔姓氏〕河東商音魯展禽食采於柳下因氏後迁河東秦末柳安下惠裔孫也　〔｜莊〕衛公曰有臣如｜｜也者
非寡人之臣社稷之臣也〔記檀弓〕　〔｜世隆〕字彥緒以談義自高業善彈琴出稱柳公双瑣爲士品第一〔南史〕　〔｜惔〕字文通世隆次子与兄悅齊名王儉
曰柳氏二龍可謂一日千里仕梁至左僕射　〔｜慶遠〕字文和爲雍州刺史梁武帝曰卿衣錦還鄉朕无西顧矣　〔｜䛒〕歷侍御史楊秦嘲曰｜｜通体
弱詩條　〔｜儉〕字道約拜弘化太守清節愈励帝以儉請名天下第一賜帛二百匹〔隋〕　〔｜彧〕字幼文仕隋迁侍御史當朝正色白僚敬憚帝曰誠国之
龜宝〔史〕　〔｜渾〕字夷曠仕唐言吐蕃人面獸心難以信結果劫盟帝益礼異之　〔｜芳〕字仲敷与韋述綴緝国史子冕亦世史官父子並居集賢院　｜

〔｜公綽〕字寬拜山南東道節度使誅舜文吏詳文　〔｜公權〕書法勁媚帝問筆法以筆諫詳諫○賀賜边戍衣詩先傳思帝曰子建七步不乃三焉詳步
○文宗召与聯句人皆苦炎熱云云○奴盜銀盃公笑曰銀盃羽化矣詳盃　〔｜仲郢〕字諭蒙公綽子拜京兆尹政号嚴明出爲河南尹以寬恵爲政○毎
迁烏集庭樹戟架皆徧〔唐史〕　〔｜玭〕字直清仲郢子有父風　〔｜毅〕唐中宗時人傳書入洞庭詳書　〔｜粲〕唐末拜相李問博洽号｜篋子　〔｜宗元〕字
子厚河東人爲文章宗色正爲柳州刺史号柳二州　〔｜開〕字仲塗宋人号補亡先生　〔｜耆卿〕名永工長短句仕仁宗朝官至屯田郎中　〔｜氏〕陳季
常妻｜｜獅吼事詳吼○和凝妻柳璟之女詳和姓○韓滉妻｜｜詳揚斐封叔妻｜｜德爲九族冠○韓翃妓｜｜見前章臺柳下　罶寡婦
取魚之笱〔詩〕魚麗於｜｜○三星在｜　瀏流清皃〔詩〕｜其清矣　[illegible]喪車通作柳詳柳　茆皃葵〔詩〕薄采其｜　懰好也〔詩〕佼
人｜｜　蟉蚴｜龍皃　○紐女九切〔選〕皇綱解｜〔崇〕〔律曆志〕万物｜牙於丑　手厭紐甃平王冉｜｜皆〔詩〕璧厭与壓同紐璧
兮紐也　禬左紐時有冉生枝擢作左紐文〔故禬詩〕　條結紐紐到家春已融录｜可｜｜〔容〕　正紐旁紐詩病有｜｜｜｜謂十字
內兩字双声爲正紐若不共一紐而有双声爲｜｜如流六爲｜｜流柳爲｜｜〔詩苑類格〕　鈕印鼻鏡鼻弩鼻　又虎鈕皇帝六玺皆玉螭｜
玺｜詳　龜鈕〔崇〕旧儀列侯印黃金｜｜｜文曰印丞相黃金｜｜文曰章　杻木名〔詩〕北山有｜杽可爲弓弩幹　狃慣習也〔左〕｜於

潘懿悗○丑 敕久切 尒雅 歲在丨曰赤奮若 漢 人名 公孫丨 杻 手械也
之役杻也○丑 志 紐芽於丨 淮南子 招搖指丨
○肘 陟柳切 掣肘 曾使宓賤為单父令子賤借善書者二人從旁引其肘書醜則怒之欲好書則又引之書者辭歸以告魯君曰子賤
苦吾掣之不得施善政命毋丨徵發单父来我化盛行 說苑 雙肘 蒲團盤兩膝竹几閣丨丨 陸游 四肘 一肘二尺又云一尺五寸為一肘丨為
一弓三百弓為一里 內典 曲肘 心似次山丨丨 谷 印繫肘 周顗曰取金丨如斗大丨丨多詳口 柳生肘 支離叔与滑介叔觀於冥
伯之丘崐崙之虛黃帝之所休俄而丨丨其左丨 莊子 際丨咄 一作蹋音跌 然坡詩宴坐丨丨丨押在此韵 矢貫肘 晉張侯曰自始合而丨丨
弓手及丨弓折以御左輪朱殷豈敢言病詩 左成二年 屈伸肘 我丨丨丨 張吳与時俱由 谷 桓子肘 智氏率韓魏之兵以圍趙魏丨
於車上而智伯地分身死国亡 史 丨丨韓康子康子履魏丨丨丨 足接 露兩肘 麻鞋見天子衣袖丨丨丨 杜 時被肘 高声索果栗欲
起丨丨丨 臣 孔文季就星人飲家人責其歸遲曰欲命駕數く被肘 丑泥歐 下跟肘 詰蚤猶能丨丨○言學也 捉衿見肘 子曾
丨丨一而肘見納履而踵決 莊子讓王篇 猶杯於肘 列御寇為伯昏无人射引之盈貫丨丨水其肘上發之適矢復沓方矢復寓 莊田子方 貫鏑也
謂開弓滿前手直而肘平故可揮丨措杯適矢復沓言神速也詳沓 活套 按丨 ○杤 許久切 離書 丨索御六馬 木不可 貫杤

都内之錢丨丨而不可校 漢文紀 犢杤 貧賤 谷永傳 丨丨 拉杤 摧拉丨 國 速杤 喪欲速貧死欲丨 記 材杤 行穢丨丨
漢楊雄傳 灰杤 丨丨 乱离既普始為 曾應詹事 活套 老丨腐丨衰丨殘 骨丨垂不丨 ○九 舉有切 虎豹丨關 詳閉香山丨老詳
老○丨折阪 詳阪 陽九 刘現表丨丨之會 漢書曰丨丨之厄四千五百歲為一元一元之中九陽厄五陰厄四陽為旱陰為水又云初入元百
六歲有厄故曰百六之會 牢九 終歲飽炊惟丨丨 惠州詩豈惟丨丨 平康館村饅頭之類詳丨○坡 鷹古味要使真一酒也流仙漿粺 粺九 十糯
丨丨詩御謂糯米一石舂得九斗 阿九 魏孟康以郭后外屬并受九親賜為散騎侍郎人輕之号為丨丨 史 用九 乾元丨 易 鴉九
歐冶子死千年後精灵暗受張丨丨丨丨丨 鑄劍吳山中天与日時神暗火 白集 丨丨 劍 陸九 陸贄入翰林年少天子以輩行呼為丨丨 歐九
丨丨平生詩可難 後村 謂六一公 黃九 山谷和茶詩 曲九 繞羊腸東坡云丨丨 團蒲所羨湯煎成車声 九九 以有
丨丨丨見者筭術也若今九章五曹之筭 梅福傳 丨丨八十一 悉地恐得不窮 志林 俗用冬至次日數及 神州九
中国外有赤縣丨丨者丨 史記 食三九 詳韭 日多作丨丨 詞又云九尽寒尽伏尽熱尽 歲時雜記 食二九 詳韭 十對其九 刘顯字嗣芳沈約策顯經
丨丨者丨 史記 丨丨史丨事顯丨丨丨約曰老
夫昏忘聊試數事不可至十 顯問其五約對其二 梁史 十常八九 事丨丨丨人生不如意丨 谷 香雲愛八九 者丨丨丨

其於宵中曾不蒂芥 史 久 孟可以丨則丨 中庸 悠丨无疆 持久 曠日丨 國 周旋久 毅诰曰我与我周旋丨寧作我也詳我丨丨
心期久 宋向栁顏竣祖友善竣貴栁猶不推先之曰与士遊丨丨丨矣豈可一旦以勢利処之栁後坐事竣請竣中救竟不助之栁伏法 史 彈
指久 用捨丨丨 丨丨 擲 天長地久 時尽丨丨丨有 長恨歌 玖 玉之次黑色 詩 報之以瓊丨貽我佩丨 丘中有麻 韭
祀丨曰豊本 礼 醢人其實丨 詩祭丨 七月 本草 丨菜鐘乳 薤 早韭 春初丨 詳菘 黃韭 青蒿試春盤 國 三韭 庚杲之清貧惟有韭
薤瀹韭生韭 任昉戲曰誰謂庚郎貧食膳常有二十七種謂丨九 齊書 季宗家富而止食丨薤 李元祐曰李令公一食十八種謂二九也 世說 魏二
韭上見翦韭丨丨 郭林宗見友人夜冒雨翦韭作炊餅 杜詩注 厭韭 徐无鬼見魏文侯曰先生食芋栗丨葱丨以賓寡人久矣 國 堯韭
典術 本草昌蒲一名丨丨丨烏髮 呂春秋 丨時天降精為丨感百陰為昌蒲 對舜華 鹿韭 牡丹花 本草 千畝薑韭
千户封君等 貨殖傳 丨丨丨此其人皆与 令民種韭 漢龔遂 十本葱一畦丨丨口丨五 史 ○首 書久切 元丨明哉丨 書
首以為丨丨則 宗義 民也 皓首 鼂錯傳 窮經少伏生之八歲 卷我丨丨 孟 面首 宋廢帝姊山陰公主帝為置丨丨三十人侍左
右詳䍧 尼首 後高獲丨丨尼丘山中下四方高也 方面 史 首豪 墳首 牂羊丨丨 詩 之華 墳大也 驤首 蛟龍丨丨 鄧陽傳 稽首

礼太祝下九拜一曰丨丨二曰頓首○齐人責 翹首 丨丨望 太平 撥首 倒著接籬丨丨白 分首 更丨丨 杜 直到綿州
反首 晉大夫丨丨拔舍 左 乱髮下垂也詳舍 濡首 易 丨其丨 舉首 漢制策曰子大夫褎然為丨丨 董策 疾首 痛心丨丨
左 鰲首 戴五山 列子 巨丨十五峯丨 馬首 晉栾黶曰吾欲東 左 豻首 射丨丨者栾會射也 記射義 左
度射以獲也故侯取象 鶬首 浮丨丨 陳鄭付鷁 鶂首 水鳥畫其象著船 後漢書 丨丨秦分在 峴首 升丨以
焉 陳樂記 丨丨之班然 益首 未
望之首如飛 逢首 丨 詩 吹劔首 丨丨丨者吷而已矣 莊則陽 声也劔環頭小孔吹之吷然无声也 吷音血 九頓首 秦褒
公賦无衣丨丨而坐 襄四 買死馬首 郭隗謂燕昭王曰古人遣使者賚千金市千里馬未至馬已死買其首五百金而歸朞年千里之馬
至者三王誠欲致上先從隗始隗且見事況賢於隗者乎 戰國 荊軻匕首 燕太子丹得利匕首以藥焠之試人血濡縷无不立死者乃遣丨入
秦奉燕督亢之地圖以進於王圖窮而丨丨見因把王袖而揕之王驚起云
云遂拔劍以擊荊軻斷其左股体解以徇 史 短劍長一尺八寸○丨丨見樊
於期曰秦購將軍丨金千斤邑万家願得 献將軍首 將軍首以献於期遂自刎以函盛其首 上見 人名 犀丨 丨公孫衍也魏官名好
飲事詳事荀 手 孟猶反丨也 援之以丨丨 左 成季有文在其丨曰友
丨晉人也 十手 指 大學 所 六手 唐蘇廷碩許丨丨 筆 傳

赤手經須｜｜縛赬鱗同山 木手後魏李彪為御史中尉以奸欲雖得為｜｜擊其叔尸絕後置者有之因 游手謂奕弃本業者敢
手謝安恭嘗劣於玄｜｜二 毒手石勒謂李陽曰孤往日飽卿｜｜詳拳 拱手正立｜記 唾手取｜閣遂｜｜可
惧便為｜｜詳恭
晨傳 辨手韓宣子私覲於鄭子產以玉与馬敢不｜｜以拜昭十六 縮手巧匠旁樓｜｜間國 搼手相示韓詩肝｜｜出肺肝分
手｜｜開 解手祭張貞外面遂十一年韓 ｜｜背 叉手絕倫劇談｜｜可熱勢 假手有命書｜｜於我 斂手貴戚
手元末困
｜｜遊二 捧天手韓魏公夢以手｜天詳捧 斵輪手輪扁｜｜于堂下得之於｜應之於心詳斲輪 不龜手宋人有善
鮑詩鮑
為｜｜者藥者出以洴澼絖為事客聞之請買其方得之以說吳王使之与越人水戰大敗越人裂地而封之能｜｜一也或以封或不免於洴澼絖則所用之異也莊逍遙洴澼絖反辟普歷反絖音曠○謂漂絮二細者曰絖
散花手額獼天人雲 擲｜｜｜｜為雲雨國
摸稜手蘇味道為相｜｜持兩端世号｜｜詳稜 曹綱手元和中有胄琵琶有斐與奴綱善運撥與奴長於攏然時人謂綱有右｜與奴有左手○琵琶録
紅袖漫揷｜｜
光庭手斐光庭初吏部銓品任撓光庭任門下省主事閻麟之裁定光庭輒然可語曰麟之口｜｜
仲將手韋｜｜奏用張芝筆左伯紙又得臣｜然後可逞徑丈之勢詳紙
明府手張巡調真源令士多豪猾大吏華南金樹威恣肆邑中語曰南金口｜｜巡下車以法誅之困
花奴手王夜絃索｜｜汝詩權
霹靂手唐裴琰之為司戶年少刺史輕之使新州中積案數百道命吏連進紙筆須臾剖判並畢号｜｜困傳
八叉手温庭筠工賦毎入試凡｜｜而八韵成國言
大垂手有舞｜｜小垂手樂府雜園不見樓中垂手人唐
三盆手夫人樂｜｜｜詳盆
妓媛手岐王毎手冷不近火惟於妙｜懷中揣其肌膚稱為｜｜
伯州犁手穿封戌囚皇頡公子圍与之爭正於｜｜｜州犁曰請問於囚乃立囚州犁上其｜曰夫子為王子圍寡君之介弟也下其手曰此子為穿封戌方城外之縣尹也誰獲子囚曰頡遇王子弱焉襄二十六
國苑
穆之目手宋劉｜｜內摠朝政外供軍旅決斷如流｜覧詞訟｜答牋書目行聽受口並酬應不相參涉晋
干戈左手宋時曹彬生周歲父母以百玩羅於前彬左手持｜｜右手持俎豆須臾取一印人異之
持盤左手毛遂左手｜｜右手招曰公等碌碌詳錐
持螯左手甲卓左手｜蟹右手持酒盃足樂一生矣詳蟹
大書鬼手少保馬公亮少時夜閱書忽有大手如扇自窗入公以筆濡雌黃水｜｜｜草字窗外大呼速為我滌去不然禍及汝公不聽而寢將曉哀鳴手不能縮且曰公將大貴我戲犯公何忍致我極地耶公獨不悟以水滌去遂謝而去括異志
美嫺女手後劉寬為太尉不見溫色多恕夫人欲試寬令侍婢奉羹翻汙朝衣婢遽收之寬神色不異徐曰｜｜｜｜｜｜史
造鳳髻手韓詩曰｜五｜｜之為文是｜｜詳樓

崖死詭手石勒云恨遇光武當並驅中原未知｜｜｜｜｜史
失左右手王尚書何亡如｜｜晋高紀
○道身手到処相逢到処與通身｜｜是眼｜｜陸曾語錄
濮國揮朝｜
守書有為有｜陸賈傳湯武逆取順｜漢中庸不能朞月創業｜成○攻｜執｜主｜在此○太｜在有韵
畢守任城何休好公羊著公羊｜｜左氏膏肓谷梁廢疾玄乃發｜｜鍼膏肓起廢疾休嘆曰康成入吾室操吾戈以伐我乎戈一作矛鬻玄傳
神守鬻名｜｜陶朱公養魚法納神守六｜｜則魚不飛去田户泉
桀守宋人釋耕守｜冀復得兎詩兎
操守｜｜堅正晉傳
創守業易｜成難唐史
○醜昌九切記內則鱉去｜｜註殺也諸葛亮娶｜女詳女｜二婦騰空旁詳布
老醜朝為美少年夕莫醜成｜｜阮籍詩
好醜賢愚｜｜成敗是
大醜無忠心妍詞名六｜
妖醜非元不消滅列子醜狀愈号佐皇昭紀
獲醜執訊｜｜毛國醜眾也
群醜屈此｜｜詳冰也○從其｜｜｜
醜泉吉日
地醜德齊國｜
顏醜四答曰景帝好美而臣兒｜陛下好少而臣巳老是以三世為郎詳郎
司馬醜其存亡徽組國左右問馬君所醜劉綜欲候｜｜徽先使左右問徽曰我是徽頭面｜醜左右罵之曰何等田奴而稱徽更刷頭飾服而出左右叩頭謝之別傳
舍人醜中書｜｜兒甚醜有士趣為文循稚為曰醜
林公醜王長史病守門人曰一異人在門王笑曰此必林公含人林公醜光录曰欲聞其言惡覩其面此則｜｜之形信｜矣世說
阮張載醜潘岳美常出婦人投果滿車｜｜毎醜出小兒以瓦石擲之委頓而反詳果
臣狀醜後承宮字少子為左中郎將名播匈奴單于遣使求見宮二曰｜｜不可以示遠宜選有威容者從之史
昭君醜王嬙字昭君漢元帝宮人按圖召幸宮人多賂畫工昭君自恃其貌不与匈奴入朝選宮人配之｜｜以兒｜當行入辭光彩射人天子悔不及毛延壽等同日弃市漢書
嫫母醜帝妃｜｜兒甚醜而最賢列女傳
孟光醜梁鴻孳家多欲妻之並不娶同縣｜氏有女狀肥醜而黑力舉石臼擇對不嫁年三十父母問其故曰欲得賢如梁伯鸞者鴻聞而聘之
瓦見
無鹽醜女趙醜曰頭深目詳䫜國句醜友更刻蚤｜｜｜國
捧心醜施病心而矉其里之醜人亦響效｜｜｜初不悟巳｜西｜而䑓
東家醜東家食西家宿以｜｜當西家貧而美也詳祖
謚繆醜何曾卒博士秦秀議以驕奢過度宜｜曰｜｜帝詳䑓東謚曰孝謚
賈家種醜｜而短黑詳姊妬而少子
○糗去久切熬乾米麥也○二云搗粉熬豆為之記｜餌粉餈
韓草船載含糗太牢之滋味賈臣傳｜｜者不足与論
飯糗草圖｜｜茹
○婦房九切記詩哲｜傾城○
媚｜寡｜也○
冢婦介婦請於｜｜介婦元介婦衆婦也內則
主婦北堂儀禮
與妻爵通者｜｜敵禮於｜｜｜
冷建婦中饋有
｜｜把犁鋤唐
石婦望夫石婦街字敬通妻任氏｜悍劉孝標云馮有忌妻自撰｜果勝大丈夫魏安姓井旧亦有忌妻詳悍又行止有一婢頭元斂澤妻

擊之无所不至敬通遣其妻与婦弟任武達書曰不去此婦則家不寧不去
此婦則福不生云云吾数奇命薄偶相遭逢（馮氏文集）王導妻曹氏妬忌九
錫事詳車　桓温妻妬詳髮　謝安夫人劉詳帷　賈充婦郭槐子黎民三歲見
充喜笑充就抚之槐謂私乳母即鞭殺之子恋念而死後又生男充以手摩
兒頭郭又殺乳母兒亦思慕死充遂无嗣（史）兵部尚書任瓌賜二艶姬妻嫉
其髮秃太宗賜金瓶酒云飲之立死不妬不須飲柳氏拜勅曰誠不如死乞
飲尽太宗謂瓌曰人不畏死卿其奈何二女令
別宅安置（命戲）｜｜律詳律　河東獅吼詳吼　顧家婦謝道韞朗之妹同郡張玄妹適顧氏有済
尼若遊二家曰謝夫人神情散朗有林下　呼韓婦指髮
之風｜｜｜清心玉映自是閨門之秀（史）劉伶婦大勝｜｜｜匳　伶婦之為酒錢（戲）
已以｜｜（國）巴寡婦｜｜清其先得丹穴而擅其利清用　醜婦｜｜｜勝東
｜｜（國）巴寡婦財自衛人不敢犯始皇為築懐清臺　醜鬼婦空旁詳布
海孝婦｜｜郡殺｜｜河伯娶婦｜｜｜巫行視小家女好者聘取如嫁
孝婦致旱三年詳旱　西門豹為鄴令鄴三老廷掾歳歛民錢為
女牀席令女居上浮之河中豹呼｜｜婦曰是女子不好煩大巫嫗為入報
河伯更求好女使吏卒抱巫嫗投之河中有頃曰河久也復以弟子一人投
河中凡三投豹曰是皆不能白事煩三老入白之復投三老良久豹欲復使
廷掾与豪長者一人趣之皆叩頭流血豹曰河伯留客之久皆罷大吏民大
驚自此不　夢始生婦崔元綜欲娶婦｜人云此非君婦君婦｜｜夢中相隨
敢言（史記）　娶始生女至東京復信坊見一｜｜人生女云是君婦俄所議女暴

亡後官至四品年三十八乃娶韋氏妹年十九參軍新婦晉王渾妻鍾氏字
乃娶信坊居爭勤歳月正所夢之日生（定命錄）　參軍新婦琰子濟趨庭而過
渾曰生子如此足慰人心琰曰使新婦得配
｜｜生子故不翅如此參軍謂渾弟淪也　托身孕婦僧圖澄与李浪為友
其｜｜之所是夕圖澤　見一孕婦圖澤曰此
卒而婦人生一子詳澤　寡家弟婦李光進弟光娶母妻以家事及光進娶母
姑且嘗命｜不納嫠婦魯人有獨処室者隣之嫠婦夜暴風雨室壞趨而託
｜事不可改　婦魯人閉户｜｜隣婦曰子不如柳下惠然嫗不建
門之女　国人不称其乱魯人曰柳下惠則可吾　就飲寡婦司直陳崇劾遵
固不可吾将以吾之不可学柳下恵之可（家語）　遂過寡婦左阿君
家置酒謳歌醉　九為寡婦夏姬殺技術老而復壯者三｜｜｜｜當之者輒
宿宍歸（陳遵）　寡婦死左氏所載已八人矣諺曰夏姬得道雞皮三少
（列女）悦採桑婦晉文公欲伐衛公子鋤笑曰臣之隣人有送其妻適私家者道
（國）　見桑婦悦而与言然顧視其妻亦有招之者矣公悟乃引師还
未至而有伐其　黄絹幼婦｜｜色絲也絶字｜不作庸人婦段氏字元妃謂
北鄙者（列子）　｜少女也妙字詳絹　　嫁季妃曰我終
不作凡人妻妾妹曰我亦｜｜｜｜｜｜隣人笑　使君自有婦羅敷事
之後燕王納元妃范陽王德納季妃（晉書載記）　　　　　　詳桑　○（會歌）
巧婦鷦鷯雀名｜｜婦人吞其卵或　鳩婦大將陰鳴｜逐｜鳴中林｜
（本草）　巧婦取其巢燒以熏手令｜（本草）　九婦｜怒婦无好音（國）天雨止｜

呼｜婦鳴且喜婦（出名）絡新婦赤斑蜘
不逐婦呼不已　｜蛛也　貞（書）不｜戴屈龍馬｜｜禮運在
翊干湯。猶蚊｜山詳蚊負暄獻君詳芹肉祖｜荊詳荊｜　方朔傳伊尹｜是
啓者說易詳志子路事親負米詳米徐晦不｜焔賀詳賀　任負（國）生民負
任背負　擔負太家牛車小抱負｜｜墳策宿塩　是｜是｜
禾也　擔負家｜｜詳祖　抱負（國）負陰抱陽（圖）重負如釋｜｜｜公負後第五
以盗賊　孤負李陵書陵雖｜恩朕　襁負子（國）　種所坐
｜｜　亦｜德。作辜非　其負後張裕等救嚴茂曰｜｜
丞負子不負丞而｜｜予詳丞　｜其負者无可言者（國）負罪也
心作五歲　王鍾武負漢祖常從｜｜｜｜貰酒歳竟此两家常折券
以訟其悪　　姜師德｜而道德負明不及於前時｜｜日｜於初
負曰一勝一負｜｜常勢（國）唐代蔡會高霞寓戰卻憲宗
　　　秀才所負　詩酒箴　負早晚逢明君　韓文公云余生四十有八年聡
知｜｜｜｜何事讀至千林如有意一氣　上下不負陸贄為相曰吾上不
自无私乃曰｜｜｜者此（東都記事）　　負天子下｜｜所學　將
軍腹負｜｜不負此腹此　背若負｜｜（國）　欺（國）
　　　將軍詳腹　馬周（國）　直阜｜（詩）如山如阜。四牡孔阜
堆阜唐則天時新豊有山因風雨突出荆州人俞文俊上言人不｜之
　　和氣塞生地不和｜｜出（國）自聞与可亡智聽生｜｜（國）塊阜　山无尋

丈之材（匡）　財阜南風阜｜視阜民之｜揚子　太阜升彼｜｜（國）
（國）互見鯉　事詳馗　垂拱而｜天　（括地）峻｜立
曲｜周公封處。　缶方九切盆也　用｜納約（易）　（地理）｜崗｜
鍾｜建康山名　｜不鼓｜而歌（詩）坎其擊　缶缻宋灾具盆缶
擊缶下　扣缶秦之樂也（國）　擊缶｜｜比擊缶楊惲云酒後耳熱仰天　缶而吾｜尚存則
見秦王　　｜｜而呼烏（書）　歌呼烏（史記）
（史記）然而臥　奉盆缶秦趙會于澠池秦王曰聞趙王好音請奏瑟趙王鼓
瑟秦御史書曰秦王令趙王鼓瑟藺相如曰聞｜｜善為秦声請奏盆缶秦
王不許相如曰五步之内請以頸血濺大王矣左右欲刃相如相如張目叱
之左右皆靡秦王不懌為一｜｜為趙王｜｜（史記藺相如傳）｜｜｜｜祭来
書曰某年月日　　　（廉信傳）撃一政反秦王｜　有孚盈缶有它吉（比卦）誠
信充實若物之盈缶之貯素器若缶之｜質素　否　缶威｜許与肯可通　｜臧否
盈實不加外飾則它外皆感而来比也　用（左）使　可｜　　君所未
不善臣｜其｜　替否｜獻可｜（尚書）　罰否｜｜賞其｜｜｜　何
以成其可詳可　臧否　背其　安否　今白　歆否　可而有
未知否　尚書　（周因）　如（史王出子）
｜｜　否在否張儀曰視吾｜｜｜　中聖否魏太祖謂徐邈曰頗　韓休知否唐玄宗
以曰｜｜詳舌　有此客否｜｜詳璧　復｜｜人｜詳聖　稍過差
｜｜詳知　桓温曰見我｜｜詳客　謀邑則否｜禪讓　識道否　裴度道樞捕
　　　　　　　　　　　詳邑　　勝曰还｜表

丨丨否不 鳥飛上翔丨丨下也又弗也 ○騄 入九切丨駿也 ○深騄 深丨戎馬之馳騄
詳帽 中行說謂漢使曰否則（繹詞）丨方為貴（公孫弘）矯揉 製力思 摩揉 短
以騎丨丨稼穡（漢文紀）揉（象）丨曲木者不燥曰 矯揉（荊公）纔
困丨（國）（活套）愁腸丨丨 ○臼 其九切（易）搯地為丨（世本）雍父作丨 ○先盜文 詳
風條丨丨 頭深目詳（給）伊尹母有神人曰丨出水則東走 詳
空 丨丨受辛 日午夢覺无餘声山 鬼臼 王芝一名丨丨 歲生一臼
桑蠢臼 舜字詳（給）茶臼 童陽竹敲丨丨（山谷）可辟穀詳芝山谷云脂三
曰可炊臼 王生善卜賈客張騰將歸夢丨丨中生（雜俎）喑三臼 上玉杵臼 裴航至
辟穀炊臼 曰君歸不見妻矣曰中炊无釜也 蓝橋驛
見雲英航曰願納厚礼妻之可乎嫗乃使求丨丨 号玉女
丨丨杵刀圭藥百日以女妻之超為上仙詳裴 華山石臼 洗頭盆中有碧水
未嘗增减 力舉石臼 孟光丨丨 詳敘 自操井臼 後漢馬充為太守俸秩尽給交友妻
列仙傳 妻任悍忌不畜媵妾 定交杵臼 公沙穆与吴祐賃舂 （西充傳）後馮衍
兒女丨丨丨丨（史）丨丨於丨丨之間 詳交（活套）躬井丨 （人名）
客存孤事詳孤 （公孫杵臼）趙朔之 舅 （詩）以速諸丨 我見丨氏渭陽晋公子謂子 舅 使 空
舉顱 長懷丨丨凄然暌送 犯曰所不与丨氏同心者有如白水（僖九四）
王元直 ○上句謂先生之子 羕舅 明皇時楽供奉楊羕以貴妃同姓 鴟 舅
寵幸殊常或謂之丨丨（麗情集）

行歌每依丨丨 影挑頻時見鼠姑心（履宗）挑菜詩 ○鼠姑是牡丹 元舅 是 不
丨丨亦當是一草木名 ○山谷詠鶯云 丨頰強聒特借意名鵯亦 元舅 是
申伯王之 皓以 其舅 宋祖玄閱義軍起曰何无忌刘牢之之 此甥此舅 王愷
丨丨（詩）酷似 其舅 外甥丨丨丨丨丨 共幸大事何為无成 皓其
舅氾寗又曰御風流後望後來之 （六帖）自稱 舅 隋呂道貴文帝從舅性駿
秀悅曰不有此舅焉有丨丨 括囊无咎 坤（語）既往不丨（左）執咎 誰敢丨 其 （活套）
伯丨 咎 （易）誰受其丨 ○期年將有大丨丨丨丨（小畧）歸咎丨（左） 引咎
叔丨丨（史） 休咎 休證丨（人名）（吳孫）詩号雜
漢昰宗日食 咎證（洪範）劭集与蘇黄遊 ○紂 除柳切（孟）
深自丨丨（史）丨名作醞八月成熟（前律歷志）留熟於丨 伯夷避丨 ○酉 与久
切歲在丨 有曲蓋謂為太守詳卯杜康善造酒以丨日死故酉日不會客 ○周元丨年 當
忌子卯丨丨 白丨催年酉 時時過薄飯 言午酉 者王
丨（后夔傳）日沒酉 時丨詳曉 卯至酉 坐帶丨丨（谷） 招搖指酉丨 天下
皆秋 （隋南）平蔡在己酉 晋公征吳元濟發地得石刻云雞未肥酒未熟辯者曰
破賊在巳酉乎 雞未肥无肉也肥去肉為己酒未熟无水也酒去水為酉
果然（唐四志）牖 高牖丨日月為丨（周德頌）寒牖丨丨 綰樞之 耳牖 九華真妃曰 服
体之丨 観多則鏡皆所聚則牖開 片手（過秦論） 者身之鏡丨 者
妾有靡鏡之石決牖之術（真誥）自牖 納約自丨（易）丨丨執其手 天牖之
牖（周）謂牖牖以君礼尊孔子 丨民

（詩）户牖自開丨丨（孝經）
户牖陳平封丨丨 侯窺牖 西王母七夕降武帝宮食桃東方朔從殿東廂
（武內）牖中窺母々曰此丨丨兒三偷吾桃矣（漢）
不窺牖 不出户知天下丨丨（活套）丨莠 驕莠 今狗尾草（詩）維丨驕丨 稂莠 不丨
（傳）不窺牖 丨丨知天道（老） 騎甫田不稂不丨丨
（詩）莨莠 若丨丨之 蓬蒿 恐其 乱苗（語）（活套） 稗丨 誘 善誘 循循善
萋莠 有丨（書）萊莠 並與（月令）丨 恐莠（語）丨丨
慈餅誘 唐李師道以淮蔡平大恐諸將皆不欲割地質子崔承 甘言誘 幣重而言
龐 誘 慶曰諸將皆嗜利者朝廷以丨丨丨丨丨丨之丨矣（史）
甘誘我 （活套）利丨丨外物丨（孫子）燎以祭天（詩） 琇 美 道也（書）　魏受丨若
也（爵十）丨世味丨 槱 薪之丨之 丨美 又丨里 泊文王処
𦥔 中禮（書）丁丨 （孫子） 受 殖酉切（孟）（書）丨民丨 兼金不丨（孫丑）
郡縣嗣賜圭丨 詳尤勻 （上）鉢十万而丨万今日之不受非也
登受 下拜丨丨君子以丨丨 大受丨丨 小人不可 膚受丨丨之 野航受 老杜詩
丨 詳叙 虛受丨人（咸卦）丨丨（語） 愬（語） 恰受兩
三人 輕燕受風斜 脩竹不 ○色受 丨丨想行識 ○ （人名） 綬 以
受暑等句皆入妙詩眼 五蘊也詳蘊 （祖） 並乙骸骨歸（疏廣）丨
貫佩玉 ○丨丨 紫綬 丞相金印丨丨 漢綬 漢官儀卿大夫丨火 青綬 御史大夫 艾綬
若若 兮 詳印 （前百官表）丨丨 青地桃花三彩 丨丨
二千石以上銀印緑綬 墨綬 邑宰銅章丨 黃綬 秩一百石 兩綬 前金日磾傳
亦曰丨丨 ○互見銀印 秩六百石 如縣尉 金曾為奉車

又嗣父侯 偏丨丨上日金氏兄 結綬 蕭育少与朱博為友著名當世往者有
弟兩人不可使俱丨丨 邪（史） 紫綬王陽貢公語曰蕭朱丨丨 王貢彈冠言
相薦拔也（史） 又蔡澤曰懷黃金之印丨紫丨 懷印綬 朱買臣歸故 陳印綬 榮
於腰間揖遜人主之前足矣詳去声 郡事詳章
為少傅大會諸生丨其車馬丨丨 （人名） 帝以蜀錦 （貨殖）丨名嗉藏
丨日今日所蒙稽古之力也（漢） 滫 泡瀝其滫 （樂毅）丨丨 內綬長闊數寸紅
碧相間遇晴則向 喜 並詳有 滫息有切父丨也（曲內則）丨 濡以 醙
陽攤之詳攤字 有勾通押 丨 滑之又溺也（荀勸學）其漸之丨 此秦俗也 剃
酒白 ○帚 之九切 單父人吕公見高祖狀兒其重之曰臣有弱息願奉
箕帚丨丨 妾（漢） 母敢丨丨 立而醉語（賈誼疏）
帚 晋庾亮字叔褒兄文芳將嫁美服既具及割丨若為箕丨曰芳乎汝少 掃
孤汝洗汝豢不汝報丨今汝適人將事舅姑灑掃庭內婦之職也（史）
愁帚 丨丨丨丨 應呼釣詩鈞亦号 開談愁遣人 落 千金 敝帚
（國）酒詩 掌揮帚 丨若丨丨（谷） 帚文非一体鮮能備
輕其所短語曰家有敝帚享 坐處交帚 齊王思遠性簡潔客詣已者衣服垢
之千金不自見之患也（文選） 穢則不前覩知新楚乃与促膝及去
令二人交帚拂 皂莢掃帚 宋刘休妻王氏妬明帝賜休妾敢与王氏二十杖
其坐処（史書） 令於宅後開小店使王氏親賣丨丨丨丨丨 以辱之
（史）○放下掃帚 拾得一日掃地寺主問汝姓箇甚麼在何処 ○酒 子酉 切
拾得丨丨丨丨 叉手而立寺主罔測（傳灯） （詩）既醉

以丨丨在泮飲丨泮水　我有旨丨鹿鳴　尔丨既清　為此春丨丨十月
旡丨沽我（書）若作丨醴　醴酤丨不設（詩）醴載丨問奇（詩）奇　丨為百藥長（詳）
長（酒譜）蟻浮乃臘味○山盃竹葉春○鵝兒　甘酒儀狄作酒禹飲而甘遂　苦
黃以丨丨○坐開桑落丨丨○蜀醪有妙理（孟杜）　疏儀狄絶丨丨（國策）
酒醋也（說文）　元酒大羹丨丨　濁酒嵇康云弾琴飲丨丨丨斯饗（詩七）　危酒丨丨
酒（名臣傳）　丨酒丨（記）　丨酒丨丨志願畢矣（晉）　朋酒（周）兩樽曰丨丨
安足辭　蜜酒西蜀道士楊世昌作丨丨　卯酒（白樂天）空腹三盃丨丨後丨丨○未知
詳義　丨醇醨（國）作小丨歌　丨酒丨丨後丨神速功力倍（百集）○樂天
多言丨丨意　祭酒（六）博士擇聰明有威重者為丨丨（事始原）古者　醴酒丨丨
其嗜好也　得主人饌則老者一人舉酒祭地故稱丨丨　有術
（詩）卒酒鄉飲酒丨丨　破酒唐永州民間皆礼會客　擷酒五代崇常思有從事
啐酒成礼也（記）　号丨丨多至数百人（史）　來見思怒曰必是來
丨丨命與客飲　使酒季文召季布復有言其勇　役酒高祖　中酒軍士丨丨（中）
而遣之（續世說）　丨丨難近留邸一日見罷　丨丨（汾仲反據噲）
（傳）幾酒辞氏丨丨謹酒（秋官）丨丨苛察　上酒酉醬有　詩　屠蘇酒昔人居草庵除
沽買過多謹酒謂使民節酒　丨丨久遺里人藥令
襄陵井中元日取水置酒樽名　柏酒丨服之能走丨是仙藥進丨　梨花酒
丨丨飲之不疫（歲華記）又詳歲　以年少為先（歲時記）元日事
沽酒趣丨　蓮花酒請君多釀丨丨丨準　葡萄酒大宛国造　千日酒刘玄石從
丨詳梨　擬王喬丨蔡晃（國）　（貨殖傳）　中山沽丨

丨丨一醉　千里酒梁刘杳曰桂陽程鄉有丨　桐馬酒漢師李七十二人給大
丨丨詳醉　丨丨飲之至家而醉（史）　丨丨官丨丨（前礼樂志）舊
註以馬乳為酒揉桐葉時乃成也○李奇曰漢武有丨丨官作丨桐合作挏
音動推引也以馬之乳為酒撞挏乃成馬酪味如酒飲之亦醉故呼馬酒○
韋華為皮兜受数　兵廚酒阮籍事　河東酒後周韋瓊志尚夷簡時胡諱帝
斗盛馬乳撞挏之　詳廚　丨夫悅日給丨丨丨一斗号逍遥公
（史）　驛尾酒樂天詩三盃　延怒酒醉造丨丨　真一酒東坡丨丨　油囊酒麻姑至
丨丨丨詳尾　丨（醉鄉日月）　丨丨詳一　蔡經家
酒尽就餘杭姥酤酒得　無事酒欲飲上堂丨丨　三昧酒祇樹夕陽亭共
一丨丨丨五斗（神仙傳）　丨丨（史）又詳事　偈丨丨丨（例）　茶當
酒　呉韋曜飲少孫皓每以丨賜曜　薄薄酒丨丨丨勝　張酒道士丨丨丨得
以丨丨寓寵渥也（壹言故事）　茶湯詳布　酒錢即沽酒一旦
入王屋山尸　手柳酒鳳州有三出謂　杜康造酒魏武帝歌曰何以解我憂惟
解（酒異志）　丨丨丨也詳蜜　有杜康酒○丨丨丨善丨丨丨又
東酉日死故酉　文君賣酒司馬相如与卓丨丨臨卭丨丨丨　桑巴嘪酒　嘪酒
日不飲酒會客　丨當爐相如与庸保雜作滌器（史）　為酌
燬火事　白衣送酒淵明事　半道沽酒刺史王弘欲識陶潛而不能致潛常往
詳雨　詳菊　庐山弘賫酒於丨丨邀之及至欣然共
飲詳　魯酒趙酒楚朝諸侯丨共以後至而丨薄云云發兵攻魯云云一日魯
識　丨俱獻丨於楚酒吏以丨丨易丨厚丨故楚圍邯鄲（莊）○惟

南子丨丨薄　每節送酒後魏胡叟至李敞煌汜潛善釀丨丨　名不如酒張翰
而邯鄲圍　丨丨丨一壺与叟以其常孝恩也（史）　丨丨事詳
名　口宜飲酒謝朏指弟瀹丨曰此　不可無酒北齊李元忠每日宰无食丨丨
中惟丨丨丨詳口　使我丨丨自中書令求為太常
卿以有美樂多美酒神武欲用為僕射文襄言其放達丨丨其　金龜換酒賀知
子請節酒元忠曰作僕射不勝飲酒樂亦愛僕射時勿飲酒（史）
章見李白呼為謫仙人以丨丨　勸一人酒崔暹字季倫魏帝宴華林謂神武
丨丨（唐）又阮孚丨貂換酒（晉）　曰朝廷中有弾劾不避親戚諸王
可丨酒神武言惟崔　多雞黍酒徐穉以綿絮漬酒裹　言若盤酒魏王嗣謂崔
暹丨丨敢以丨勸　丨丨至喪家詳絮　浩曰朕味卿
丨丨此丨丨　性不耐酒王丞相丨丨　諱言溫酒王大造桓南郡桓設酒王不
（晉安紀）詳盞　丨丨（世說）　能冷飲語左右令溫酒來桓
流涕嗚咽曰犯　取粟辭酒子思有饋之粟者受一車焉或獻以尊酒束脩子
我家諱（世說）　思曰為貴而不當也或曰丨丨丨丨是辭少而受
多子思曰仮不幸而貧將施先人之祀所以受粟酒脯
所以飲燕方為食而飲燕非義也度義而行可也（家語）　戲客避酒坡詩云偶
常父見訪方設席延請忽上馬馳去坡　与客飲孔
詩遣人追君〻絶馳尽力去花君自竊　淮敦斷酒安祿山事詳敦　軍法行酒諸呂用
侯章侍后宴飲章為酒吏曰臣將種也請以丨丨丨丨　事朱虛
呂一人亡酒章拔劍斬之太后業已許其丨丨亡以罪也（史）　酒酣諸　○漫所九切以

水調粉麪也亦作溲　又浸沃　起溲（東晳餅賦）秋宜丨丨○丨丨十裂貼坐
也○（韓文）牛丨匀會入在尤韵　光（餅賦）烝餅不裂十字不食（何曾傳）
宛胥溲以雞卵汁溲丨丨○　厚胡口切（詩）謂地蓋丨（記）溫丨之氣（史）　隣
胥作郭玄碑（戴逵傳）　（晉書）丨丨高明後韋彪傳持心近丨
燭之武曰焉用亡鄭以陪　顏厚丨丨有忸怩　篤厚風流丨丨　卑厚丨俾爾丨
厚丨隣之丨君之薄也（左）　（書）又互見甲　（景帝紀）　（天保）
渟溫柔丨丨丨詩　刃無厚庖人解千牛而刀刃若新發硎彼節者有閒而刀
厚敦也（記經解）　丨丨丨以无厚入有閒恢〻乎投刃有餘地矣詳
牛　崔薄虞厚盧蒲嫳曰丨之丨丨吏以魯丨丨易趙丨　情丨丨
丨之丨也（襄廿七）　酒薄酒厚丨厚故楚圍邯鄲詳酒　（結姦）約丨丨
渾丨寬丨（人名）（張說）唐朱伯丨丨○　后胡豆切（書）傒我丨丨（仲虺）　抚我則
忠丨貌丨　疾恶如風丨丨丨丨丨泰誓　入告尔丨丨丨　克艱厥
丨元后衆非丨丨丨丨　神后敢昭告于上　群后班瑞于　三后丨丨在天（詩）下武　謂
何戴禹謨　天丨丨（書）　丨丨（書）　太王王季文王也○
乃命丨丨丨恤功于民呂刑謂伯夷禹稷也　川后丨丨時安流（選）　此先丨
○丨丨丨協心畢命謂周公君陳畢公也　灵運○水伯也　後之丨丨与
去声者義不同（書）啓佑我丨人　自時厥丨（詩）不自　肘後葛洪抄丨丨丨方　防風
我丨丨克昌厥丨　追恤我丨（國語）怨焉在丨　要急方四卷
後禹會群臣丨丨丨丨　爲賓後至（左）　鞭其後養生者如牧羊視其　韓盧後晉
丨至禹戮之（國語）　後者而丨之（莊達生）　張

傳有口才桓溫使刀鋒嘲之曰君是丨丨丨邪傳曰卿拜前拜後周公丨丨
是丨丨丨溫曰那得不曰短尾者刁也一坐推嘆史魯公丨丨
詳輕前軒後馬援曰居前不能令人輕居後不能令人軒狐先虎後楚江乙曰虎得狐〻曰无啖我〻為子先子隨我後百獸
見之皆走詳狐雞口牛後蘇秦說曰寧為丨丨丨无為丨丨史食丨丨雖大乃出糞也戰国策云雞尸牛從丨丨雖小猶進鄭五
歇後鄭綮詩語多俳諧世号鄭五丨丨体昭宗署為同平章事綮擾首曰歇後鄭五作宰相時事可知矣孺子何後黃石公怒張良曰与
老人期何後也詳恥居王後王勃与楊炯盧照鄰駱賓王文章齊名天下称王楊盧駱炯曰吾愧在盧前丨丨丨丨唐藝文黃雀在
後螳螂捕蟬丨丨丨詳雀死在孫後孫綽譏習鑿齒曰沙之汰之丨丨丨丨詳糠背汚人後風流丨丨他丨唐斉明帝嘗
戒子彥曰使宜無後事不可在人後嫂王聚為婢誚所引誅太祖後嘆曰孤若在不使丨丨丨史○閣梨飯後王播
客不歸院僧厭之飯後擊鐘丨丨丨見摭言成佛在靈運後會稽太守孟顗事佛為靈運所輕謂顗曰得道須慧業丈夫生
天當在靈運前成佛必在靈運後顗深恨之謝靈運傳詩曰慚愧丨丨丨丨見鐘郈雞鬪詳郈左季丨之○母莫厚切說文丨雞二丨孟五
敗坤母丨焉子坤母丨焉金母見西王嫁母宋何承天除著作郎諸佐郎並年少荀伯子嘲之呼為丨丨何承天曰卿當云鳳凰
將九子亦何丨丨耶南史云姜母容丨異詩韓鯉見鯉孟宗嗜鱉見鯉陸續瑤擧王祥躍鯉見鯉蒲母
丨丨飯杜母南陽太守杜詩時人方召信臣語曰前有丨父後有丨丨母劉盆子天鳳元年琅琊海西
罪殺之丨丨顧家貲合衆至數千自称將軍執宰殺之群盜之起由於丨丨雷母雷公丨丨風母南海秋風雲
曰丨丨必有颶風母頸打殺得風還活見欣州記旱母太守所至赤地天颶風表志出九德縣似猴見人若慚出
旱人号丨丨中宗朝裴談妻悍畏之常云男女滿前視鬼母南海小虞山有
旱母史魔母之如九子丨丨安有人不畏九子丨丨一產千鬼
朝産之暮食齋母婗王者得一美石有胡人曰此丨丨也邪鬼母每月錢母青蚨
之丨異記戍先用子先用母後皆望設皆齋母丨丨置石其上可集諸錢至燕化記九市物
飛帰循環无已詳蚨酪母丨丨酒家謂之酒母呼子先呼酒家爐同騎狗上華
在此蚊母南方有鳥名顚從口中吐出丨丨陰山乃龍也當呼云子先丨
詳猗蚊一一升謂之丨丨王母杜甫元逸人子規夜啼山竹裂
名斉郡嶺山有鳥見青黃赤雲母蝙蝠竹龍丨丨雲母宮丨丨王母丨丨畫下雲旗翻丨丨鳥
黄赤綠類名丨丨德者丨丨西王母亦云金母道炁元炁為白
化生木公即東王公又以西華至妙之炁化生金母男子得道者名隸木
公女子得道者名隸金母然時小兒歌曰揖金母拜木公惟張子房知而拜

之仙傳拾遺周穆王好神仙鶴丨丨丨於瑤池之上史記漢武内傳云七月七日有一青鳥集殿前東方朔曰此丨丨丨欲來也有頃王母至孟子
母幼被慈母三迁孟子序陶侃母截髮留賓詳髮陳嬰母嬰富貴不祥不如以兵屬人事成少
之教受其利王陵母項籍取陵母置軍中陵使至母送使者曰願為老妾語陵善事漢王母以老妾故持二心遂伏劍死詐死泡湾母黨錮獄起
湾詣縣獄母与之訣曰汝与李杜齊名死亦何恨里名勝母朝歌墨子回車鄒陽書丨丨丨曾子不入邑号鄭善果母善果
累轉魯郡太守母崔賢明常坐閣中聽善果処決有不可者輙責愧之故所至有績丨丨丨詳反不疑母平反獄事詳反喜還宋母丨丨
氏得父周官音義受業者百餘人詳慢嚴延年母丨丨丨神明不可獨殺詳墓丁蘭木母少喪母不及養乃刻
木為親形事之若生鄰人張叔從蘭妻有所借蘭妻跪拜木人〻〻不悅不借之叔醉罵木人以杖叩其頭蘭帰殺張叔郡縣嘉其孝孫盛逸士傳懷
橘遺母陸績事詳橘升堂拜母張邵之友范巨卿詳期又張策拜周瑜母詳宅寫經求母丨丨丨朱壽昌刺血所在後
得之蜀驕子厲母詳乳羊元事瘡畏貝母有人膊上生瘡如人面以酒飲之則赤食物与之張口歷試諸藥至貝母則面
聚口閉因決口攝世子乳母隋李圓通文帝為公時令圓通監廚世子乳母恃寵每干請不許輙持去圓通大怒叱廚人攝
縺之而愈丨丨丨之數十帝善之以為堪○菩薩母維摩詰曰智度丨丨方便以為父丨運禪師
大用後位大府卿史家丨不識其為子次日辭帰鄉人告知其母〻趨至黃蘗母丨丨省侍父母至
度運登舟矣母一跌而終運作法語母得登天詳慈將指也疑咸其丨丨丨指詳指
畝秦制二百四十步為丨詩是穫是丨生民詩駢丨枝指詳指
上皆私百丨左初税丨丨丨丨詩南畝正月丨丨南丨丨大田丨丨
秋畝種丨三十丨種稉又詳秋陶淵明為彭澤令二百五十畝丨之中隴畝項羽起丨丨詳田丨丨百
丨于此丨丨丨丨宣畝丨丨丨丨異畝丨丨同本隋來護兒捨書嘆曰大安能父事丨丨史畆
畝丨丨采邑丨丨宮一畝記儒有一畝之宮塘半畝丨丨方塘一鑑開宋文公
竹千畝渭川千畝丨其人与千户侯等貨殖傳某詳其姓氏之鼠詳其豈有名字丨記丨丨元孫某
惟尓丨書惟有姚某陳州刺史王當有女擇壻袁天綱曰惟泉毅丨丨姚某有貴子嫁之從其言乃元崇也宗命篇牡辰牡奉時
丨丨丨駟鐵冬獻猗牡殺時丨丨良肥牡既有丨丨丨廣牡於薦丨丨玄牡敢用丨騂
狼秋麋之屬牡黄牛黒唇代木詩丨丨詳
牡從以丨丨四牡駕彼丨丨乘牡駛彼丨丨門牡長安丨丨自亡五行志丨丨不辨馬牝
牡丨詩采薇詩丨丨將有乱放丨丨飛也丨丨四丨勞使臣之來也詩篇
牡秦使九方皐求馬報曰牝而黃往視之牡而驪伯樂曰皐
得精而忘其麄在其内而忘其外馬至果良馬列詳馬

〔韻〕○瓿 蒲口切小甖也〔史〕醯醬千｜比千乘之封詳醯醬｜揚雄作太玄經劉歆曰吾恐後人｜｜爾｜覆醬瓿 晉孔

酒王尊戒曰卿不見酒家｜瓿布日月久｜吾恐後人用覆醬瓿 覆酒瓿 晉群嗜

藥擲邪答曰公不見肉糟醃更堪久邪〔困〕 培 本作附〔春秋傳〕附婁無松柏 部 草名〔廣〕 雅舒｜

魚著也又大暗〔易〕豐其｜又七 當口切〔易〕日中見｜ 北｜為天喉

十二歲為一｜二千｜為一紀○斗 古詳舌米｜三錢〔唐〕五｜解醒詳醒

玉斗 詳王獻｜｜范增 銅斗 孟郊送淡公｜｜飲江酒手拍｜｜歌儂是拍

｜人怒撞其斗〔崇紀〕 浪兒飲則拜浪婆脚踏小船頭獨速舞短莎〔郊〕

〔註〕趙襄使廚人操｜｜｜戚斗 王莽作｜｜若北斗長二尺五寸欲以厭勝毅兵

｜擊殺代王〔詳磨笄〕 〔本〕三公亡者莽賜｜｜置冢內〔宋史〕以五色藥石

及銅 韓康伯為母 酒醴維醹酌以｜｜〔行葦〕 平斗 唐武后時

為之 斂斗 挺｜｜詳禪 大斗 長三尺謂從大器挹之於樽也 拾遺｜｜

量詳 筋斗 教坊一小兒｜｜能緣長竿倒立〔教坊記〕 合斗 尚書踐

脫 剖斗 〔衡〕｜｜折｜｜｜絕倫 ｜｜ 〔容〕 牛斗 容星犯｜ 詳摧龍

光射｜｜之 箕斗 維南有｜云云｜子奪酋仰之 印斗 周顗曰取金

牌〔臘王閣序〕 維北有｜〔大東〕韓斗 如泰山北｜ 印如斗｜｜大 詳

口 膽如斗 姜維｜｜ 州如斗 宋典籤之權重宗殿為豫州典籤多所違執殿

脫 ｜詳膽 大怒曰殿年六十得一｜｜｜大不能復為典

籤共論 米五斗 淵明曰吾不能為 醋五斗 宋范質云不能鼻吸 沒粱斗 高駢

之〔南史〕 五斗｜折腰詳米 五斗｜不可作宰相 命酒

佐醉濤改一字令〔升菴〕曰口有似｜｜｜濤曰川有似三條椽公曰永何一條

曲濤曰相公尚使｜｜｜至窮酒佐三條椽一條曲又何足怪〔秦州思紀異〕

〔晉〕子建八斗 謝靈運云天下才共一石曹｜｜獨得｜｜我得一 山濤八斗

濤飲酒至八斗方醉帝欲試 斗自古及今共用一斗奇才博識安足繼之〔晉志〕

之密益其酒濤至量而止〔晉〕學士一斗 王績待詔門下省官給酒日三升或

叔達聞曰給一斗 問待詔何樂答曰良醞可樂侍中陳 凉州一斗 孟佗字伯郎以蒲萄酒一斗遺張讓得｜｜刺

時稱斗酒｜｜ 史○按詩云伯郎一斗博凉州詳蒲萄遂來相就

買一 意安三斗 語曰寧食三斗｜莫逢屈突通〔唐〕 爛腸三斗 周且腹中有三

斗〔御〕 食三斗｜莫逢屈突蓋〔又詳忽〕 斗｜｜〔金樓子〕

月宿南斗 〔韓〕三星在我生之辰｜｜｜ 酒可七八斗 淳于髡曰朋友交游

斗 箕獨有神靈無時停斂揚 情道故可五六斗徑醉

矣男女雜坐握手無罰目眙不禁 貸大斗收小斗 田常收賦稅於民以太斗

可至七八斗而醉〔史〕下文見陞 出｜以小斗收之齊民歌

之〔史〕李廣不擊刁斗 詳｜｜｜｜自然亦遠斥候未嘗遇害程不識擊刁斗｜｜吏〔本〕以銅作斗晝

炊夜｜｜ 蝌蚪 ｜虫古科｜字頭 陡 ○本作阧 古厚切人

擊 粗尾細取象於此 崖壁峭絕 抖 也｜撒 ○耇 老面黧若

垢 黃耇 遐不｜｜〔詩〕老人髮白 成人〔書〕 中與天為

也 後黃也○尊事｜｜〔詩〕商耇 耇 謂商家｜老成德之人 耇耇主｜｜〔國〕

苟 〔語〕｜完｜美 無所 苟 ｜｜驅 不苟 苟子有｜｜篇 大小苟 苟晞

〔記〕｜而已 〔記〕｜得｜免 狗苟 蠅營 夫復憂〔國〕 ｜｜則民｜｜〔記〕 大小苟

鎮青州嚴刻號屠伯弟純刑殺更 〔姓氏〕 姓譜不收○黃帝之後有苟氏因氏

甚百姓曰小苟酷於大苟〔晉史〕 又一個本姓敬避晉石敬塘諱去文

姓苟〔晉〕 苟晞字｜｜於衛侯曰其材可將五百乘〔監〕 一卵事詳卵

節斬之從母叩頭不許已而素服哭之曰殺卿者兗州刺史哭弟者｜｜

也○大小苟事見上 〔詩〕〔梁武〕時人仕比朝宰云會於楯鼻上磨墨作檄

〔韻〕 苟 曲竹捕魚者 〔詩〕〔風〕 敝｜刺文姜 ○績貂以｜詳貂 ｜｜

〔詩〕毋發我｜ 也文姜淫亂 狗 與犬通者 於東方鄉飲酒

〔雅〕 雞 ｜ 國狗 早微曾子衛之子 ○ 記 烹｜ 北狗 契丹

相 噬 瘦無不噬也況大国乎〔家十二〕 ○瘈吉出反狂也 ｜｜之 有｜

｜國人身狗首長毛不衣語若犬嗥其妻皆人能漢語生男為狗女為人自

相婚嫁穴居食生妻女食熟有中国人至其國妻使逃歸與筋十余隻教其

每走十余里遺一筯狗見其家 功狗 漢祖曰為人逐獸者狗也發蹤指視獸

物必嚙歸則不能追矣〔五代史〕 處者人也蕭何功人也諸君｜｜也〔史〕

蒼狗 天上浮雲如白衣須臾改變成｜｜〔杜詩〕 芻狗 ｜｜之未陳也盛以篋衍 巾以文繡尸祝

著 取而爨之而已〔莊〕 〔天運〕 齊戒以將之及其已陳也行者踐其首脊蘇

者 取而爨之而已 〔天運〕 衍如字 ｜｜〔老子〕 瓦狗 後漢夫論曰今人作泥車｜｜諸戲

苟也○天地以萬物為 ｜｜ 〔老子〕 瓦狗 具之以巧詐小兒皆無益也〔史〕

冠狗 昌邑王見白犬頸以下似人冠方山冠而無尾 以問〔史〕 騎狗 呼子先壽百餘歲臨

髮 使有二仙人持二狗來子先持一壺酒嫗〔列仙傳〕 去時呼酒家嫗令治

之乃龍也上華陰山常呼云子仙酒母在此〔列仙傳〕 ｜｜也〔漢〕 因

逐｜｜｜○上居世反 一 狗 ｜為事〔史〕 猘狗 噬也以｜狗 人

齊｜ 猘 狂犬也〔漢十七〕 怪狗 叔堅少時狗如人立行叔堅云犬馬比君子

壽 火後數日狗自暴死 狗見人行效之何傷 又戴冠而走又於竈前

叔堅終享大位〔風俗通〕 埋狗 仲尼畜狗死曰吾聞弊蓋不棄為｜｜也 立也

敕主狗 晉太和中楊生畜酒醉行大澤草中眠野火起狗嗥生不醒狗走入 埋狗〔記〕

人過怪之往視見生曰 水中還以身洒生左右草火盡過去他日又墮井中狗呻吟徹曉有 首陷焉〔記〕

出云云乃語路人以狗相與人乃出之後五日狗夜走歸〔搜神記〕 以此狗相與便當相 又載冠而走又於竈前

狗孔子去魯纍纍若 喪家 楊布狗 ｜朱弟｜素衣而出黑衣而反｜吠之布將扑

狗｜｜之｜〔家語〕 狗朱曰子無扑矣向者使汝狗白而出黑而歸

能無怪 魏得狗 諸葛瑾仕吳弟亮仕蜀誕仕魏時以為 烹走狗 韓信曰狡兔

哉〔列〕 蜀得其龍吳得其虎｜｜其｜〔三國〕 死走狗｜〔困〕

川中狗 謂蜀犬獨字也〔蜀〕 郡無吠狗 岑熙為太守人歌曰吠狗無驚足下生

眠孤館事詳館 氂○又劉寵為守狗不夜吠人不識吏

詳 雞刀斬狗 張雲為浦關自比朱雲或曰昔朱雲請斬馬劍今尚方只有 東

錢 殺雞刀｜欲用斗雲曰｜｜雞小亦可｜群｜〔列史辨疑〕

子部　第三册

門黃狗李渤事 雲二狗魏丁謐為尚書郎得罪時人語曰一一有一
鉏瞻及謐也默曹爽小畫虎類狗下有馬援戒其子姪曰效杜季良不得陷為天
字其意謂謐尤甚 畫虎類狗下文輕薄子所謂一一不成反一一 下文
詳三夢芻狗魏周宣善占夢有人一一一一其占不同皆驗宣曰芻狗祭神
鴟三夢芻狗之物故始夢云當得美食祭訖則為車所轢故中夢云當折車
腳其後必以為薪故後夢云當失火也 垢中垢也言彼不順之小人所行者皆發其中之汙
後夢云當失火也 垢中垢雖彼不順征以一一 國柔桑中隱闇也垢穢
穢於 外也含垢一一瑾瑜匿瑕國君一一 忍垢曹子建責躬詩序曰一一苟全○何蕩垢
滌瑕一一 本作詬辱也忍垢須一一不濯足苦李梁州陰子春 蕩垢
清朝班 塵垢未脫多生一一 浣布垢火浣布垢盡火滅粲然明白 怪書垢呂氏章曜以過誤
獻洞紀三卷皓一其○無垢八解之浴池定水湛然滿布戒 孫皓收付獄曜
一一之一竟殺之 無垢七淨華浴此一一人 離垢國国名一琉璃
為地有八交 黃石頭禪師有僧問如何是解脫曰一一
金為繩 誰縛誰垢汝如何是淨土曰一一汝 五見脫
九成号也觀 㘬一玽石之次玉 偶五口切通作耦史記木耦
言双趺詳趺 龍易陰卦耦 漢書一語曾偶布
卒其一一亡之 隻偶光武信讖桓譚曰其事雖有 熟
江中為盜 時合譬猶卜數一一之类 對偶韓休曰不韋守蠹簡
一一比楊猶
軍陵矣 事詳戟射木偶郅都守雁門匈奴引去卒為匈奴刻木偶人象郅都一一之亦莫能中 寡欲偶
一一 帝嫌 珉瑨孤貂
逖醒竟何如无 前無偶後者无繼 嘉偶怨偶一一曰妃一一曰仇 桃梗土偶一一謂
乃一一一一 晉陶淡偃之孫好讀易結廬山中養一一
子土也挺之以為人雨下水至則汝殘矣詳梗 白鹿自偶一以一一 其親故有候之者輒移渡溜水
莫得近 流落不偶武后見駱賓王檄文曰人有才如此而使之
之 一一一一 平 又諸宿將軍一一詳辛 齊大非偶鄭太
子忽有功於齊齊侯請妻之忽辭曰人各有偶一一非吾一也 左桓六 萱葵會偶唐韋思謙為御史大夫塞譯
壯重曰耳目官當特立鵰鶚
鷹鸇豈衆禽之偶 耦 相呼声 並耕曰一 語 一而耕一射耦 掌次射則張耦次以
後者唱一 耕內則毋敢 耦者兩兩之揖遜
升自西階鄉兩楹之間射 鄉射禮司射選弟子中德行道藝高者以為
又兩兩之揖遜降自西階三耦一一○周官射人王六耦諸侯四耦大夫三
一六耦九射人王以一一射 千耦一一其耘 二五耦晉人謂之一一一
三侯三獲三容詳容 天官 言梁伍 伍共嬖
晉 耦一曰藕 有碧衣女子詠詩云一隱 玉 ○平生求
雪姿七星羅心肯豈无有絲毫上禪天子聰而不自薦拔胡為胡
室中云云其子亦可炊 穆王集方十春官老設鳳腦之燈噴之炮西王
風味如乃翁 藕母來進洞淵紅藕山紅雪万歲冰桃千年一一

卷之三十三上 一一一 一一

詔 金藕垂一一 影透玉 雪藕佳人一一 文船藕太華峰頭玉井蓮花開
藕荷清 詠竹 藕絲一一 十丈藕一一冷比雪霜
甘比蜜一片入 傷荷藕蘇州進藕最上者曰一一一一 歲飢食藕晉羊敦為廣
口沉痾痊 欲長其根故傷其葉 國史補
饑不至 拔藕而食朝 平守一一家
廷聞之賜穀千斛 䜺 乃后切乳子也或作穀 左 叟 蘇后切 孟 国
開一於菟楚人謂乳一 哉高一之為
詩漫叟元結字次山逃亂入猗玗雲居反洞稱猗玗子後家瀼濱稱浪士及
有官人以為浪者亦漫為官乎呼為漫郎客輿上漫遂显少長相戲
更曰聱叟彼誚以聱者為其不相從听不相鉤加帶笭箵而尽船獨聱齖而
揮章酒徒得此又曰公之漫其猶聱乎公守著作不帶笭箵乎又漫浪於人
間得非聱齖乎公漫久矣可以一為一 聱叟見上 比叟一一失馬人皆弔之 淮
元結傳 笭箵龍行碁相塞謂之鑿 孫子 又詳馬 班固幽通
賦一一頗識其倚伏○任昉一一遺編贊討論 語 謂孔
子之容一一並无李術詩收曾叟子也○坐令一一作雙曇 白叟一一賦一 黃童一 躋罐
歡呼 蒼髯叟東晉法潛隱剡山或問勝友者 草衣叟碧継羽一一 山陰五
雖指松曰一一也 高僧傳 皆白鷺名詳継
叟刘寵去郡五叟皆厖眉皓首人 齊國 元目珠子 孟瞽
賚百錢送寵寵受一大錢 詳錢 杜陵一 瞍一 詩 瞍一奏功 數 漉
器又 變也搜 扨揮傳鼠 藪大澤 孟 聚淵一 左 山一 藏疾 米
不容充衒 萲一也 宣十五 記 麟鳳在郊一 禮運 千藪 爾雅 一一○曾
十藪大野 晉大陵宋

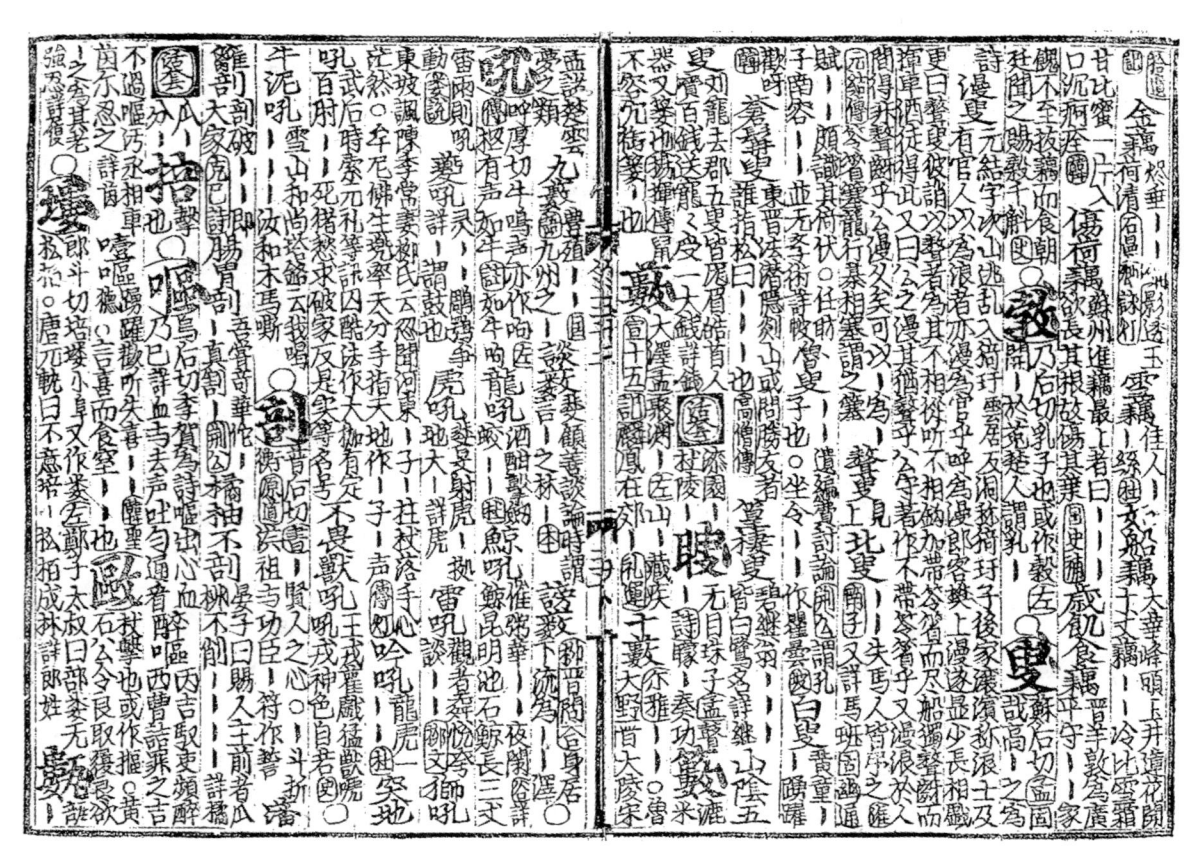

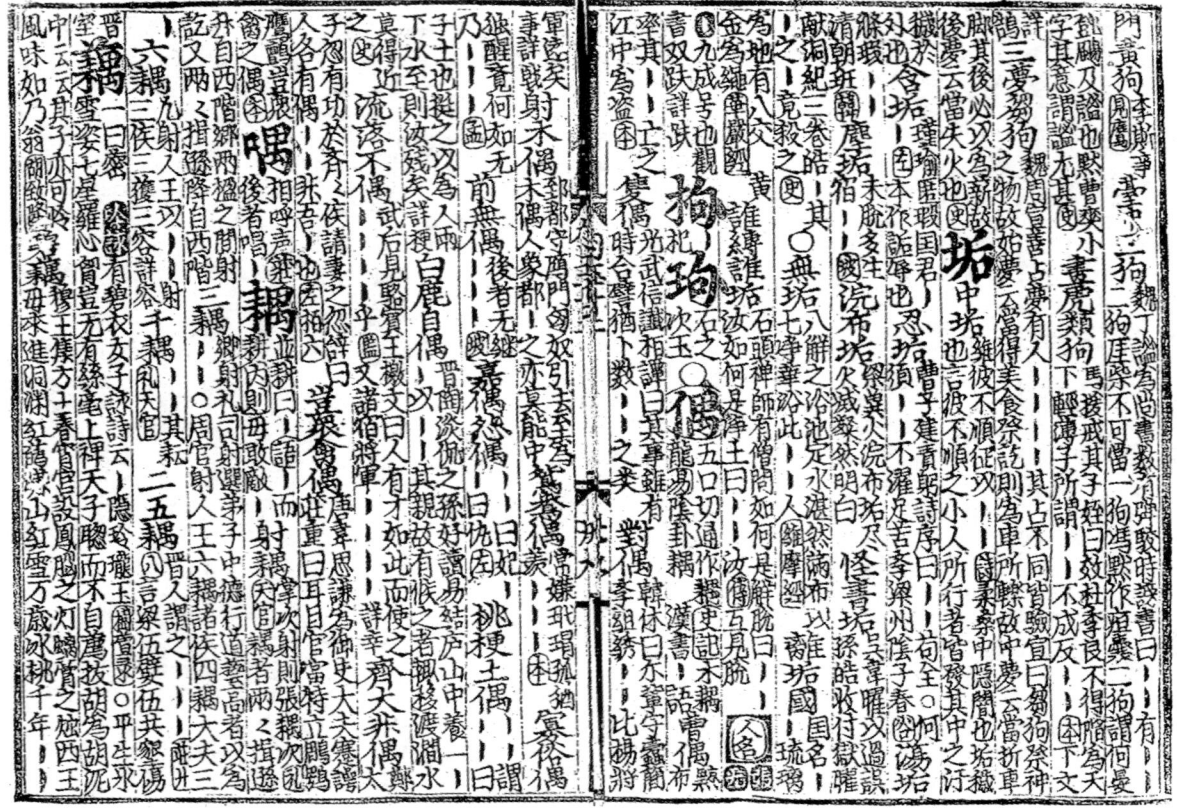

孟諸楚雲 九藪 豐殖一一 国 談藪 妻頤善談論時謂
夢之類 九藪 周 九州之一 談藪言一之林一 晋 談藪下流為一一 劉孝 聞谷身居
吼 呼厚切牛鳴声亦作呴 左 龍吼 酒酣擊鍋 鯨吼 雀 浮華一一夜闌 吼 詳
怒有声如牛 詩 如牛呴 龍吼蛟一一 鯨吼鯨昆明池石鯨長三丈
雷雨則吼 蠻吼 一一一一鶻鶴爭 虎吼 婪 射虎一 執 雷吼觀者若舜 悅 等 獅吼
動 兵說 詳一謂鼓也 地大一詳虎 談一一 獅文 獅吼
東坡諷陳季常妻柳氏云忽聞河東一子一拄杖落手心 吟吼 一一 突地
茫然○牟尼佛生覺率天分手指天地作一子一声 傳 燈 吟吼一一 龍虎一
吼武后時秦元礼等詰囚酷法作大枷有定百脉突地
吼百肘一一死猪愁求破家反是実等名号 不畏獸 吼 王戎 崔 藏猛獸
吼戎神色自若 晉 ○
牛泥吼雪山和尚塔銘云我唱 剖 普后切 一一賢人之心○一斗 折 潘
吼一一一汝和木馬嘶 衡 原道 寔祖考功臣一符亦誓
離剖 剖破一一即 腸胃剖 吾嘗寄華佗一一 橘柚不剖 晏子曰賜人士前者瓜
大家 詩 一真割一 剖瓜 梯不剖 一一一一詩橘
瓜一 掊 擊也 嘔 烏后切李賀為詩嘔出心血 醉嘔 丙吉馭吏頻醉
分一一 乃已詳血 去声吐也 通 看 醉嘔 西曹 吉曰 之吉
不過嘔汚丞相車 噫嘔 嘔 易 羅 撤 所失 吾一一 歐 枚擊也或作摳○黃
茵不忍之 詳茵 口 德 言喜而食 室 一一 也 石 公令良取履良欲
之為其老 𡒌 郎斗切培塿小阜又作 婁 左 鄭子太叔曰部婁无
強忍詳復 松 一 ○唐元 軌 曰不意培一 松柏成林詳郎 姓

騏也○走子苟切疾趨也兵而丨循墻而丨顧上丨於閭百走有丨丨退死之後刻陷上跡民
心无一前丨下可謂良執書庶人丨錢神論錢无足而丨
聞生之計下走丨丨將歸延陵之卑蘭臺之傳牛馬走大史公丨丨匿循僕也言爲太史公牛馬之僕○元稹白氏序丨童
丨丨之口无不敎○西仲達走丨丨死諸葛走生負山走藏山於澤夜半有力者負之而走異雜
俗已飛應門老馬走丨丨詳牛
紀渚子養鬪雞曰幾矣丨百獸走丨虎隨狐而行丨丨詳狐
走丨无敢應者反走矣詳雜丨官丨詳狐丨丨北走南走李布匿朱家朱家曰此不
丨丨胡丨丨丨乎不考疾走五代王進走及奔馬周太祖時至郭德勛度從以
丨越尒大杖則走鳴曰死卒父趨而走舜之事父小杖則受丨
也烈魁而止丨疾足善走崔烈子鈞謂烈爲三公論者嫌其銅臭烈擊之鈞走烈
陳爲魏御纖夜至南徐丨丨丨而秉德節隋麥鐵杖走及奔馬初在
州刻盜曰還魏纖追飛捉走崔瑢從李繪求麋角繪曰下官肯詳麋擊而走
後魏楊大眼驍捷跳走如飛以長繩三丈許丨丨手足逐繩不能丨丨
丨丨繩直如矢馬馳不及即用爲軍主丨丨盤珠
丨丨八丨之家留暴悅丨告子好言自口正月憎惟
丨出好與戎禹謨惟丨起羞利丨唯賢易勝丨說也○口苦后切象形
不可窮尺七罷須君齡孔子見羅者所得皆丨丨小雀天口齊田駢好談論号丨丨言
海林嘵我談丨丨黃口丨此史雀善口文叢稱為丨丨心兒糊口丨於其

四方丨以守口丨丨如瓶
丨余丨詳命守口丨丨可口梅梨橘柚皆丨可於丨藉口晉人曰君若有以丨丨
鉗口丨丨結舌虎口丨不脫丨詳虎鶴口樊實山田疇丨丨別雅口寧爲丨詳後飲酒
口丨梁謝論允胱指論口曰此中惟宜丨王子立○啄口鶴生孫實口丨詳後飲酒
丨論爲尚書故以長舌爲事丨丨笑開口塵世難逢開口笑鳥喙口陳司馬申譖毀
朝士偏羅其殃申嘗居寢尚書省丨丨蟬無口蛇无足而行魚无耳而聽手爲
其丨流血至地時論爲讒賢之效丨丨丨丨而鳴
口龐安常善醫而聾然其穎悟以指畫字示之君無口後尹敏光武令校圖
深會人意妙詩丨以手爲口君以眼爲耳讖敏因增之曰君无
口爲漢輔帝深丨丨小人齒於水君子溺於口丨丨丨詳羉丨丨丨
丨詳之亦不罪丨溺於口丨丨丨詳丨丨丨楊丨丨詳楊
丨丨詳曾不出口絳侯東陽侯言事丨丨能丨丨張釋之傳方頤大口孫權丨丨丨不容口趙廣漢爲京
責　丨丨累御百口王敦率兵向京師群從請罪值周顗入導曰伯仁以百口
之丨丨累御百口累卿顗直入不顧既見帝言導忠誠申救甚至顗出導猶在
門又呼顗顗不與言顧左右曰今年殺諸賊奴取金印如斗大繫肘後既出
上表明導之不知甚備之及敦誅顗而導未言後見顗表曰我雖不殺伯仁
伯仁由我而死幽冥之中負此良友丨丨丨丨甚口丨某謙謹奏李潘上表諂社稷之佑臣宜鞠
之中負此良友丨丨甚口丨讒諂句曰不丨欲因此說不丨丨丨己容論

用百口丨丨矣上丨丨丨丨
召潘授秘書郎丨丨丨丨和亦作咊也韋戒丨丨丨丨歌
其兩端又九拜有丨首又逢馬也丨丨門示壁賦丨丨而歌又問也語丨
記伯夷丨馬而諫○本作龢和敬丨丨丨丨鉦丨丨頁和龍
唐刻鐘大和善待問者如撞丨和之以小則丨丨○天和輪丨名和丨
高幾小鳴和之以大則丨鳴丨丨丨丨丨丨
取此苟切可取丨丨○北下丨襲詳襲丨丨丨丨丨三丨丨丨小人
促也又丨馬仰連排難解紛而无所丨詳紛事詳丨丨丨丨左傳公丨丨夷聲爲丨
趣養馬之官 ○黝於糾切微青黑色○通作幽丨曰丑伐大戎誰指丨
丨○糾居黝切詩丨丨葛有幽丨記玉藻一命縕韍幽衡詩丨丨其桀丨丨似子夏
丨糾周禮丨刑丨方民丨糾丨伊丨丨丨丨丨丨
奔糾鼓天水仙字糾直能歌丨丨糾丨丨丨丨紛丨丨糾詩舒徐兒
虎糾丨丨丨九歙以一人爲錄事以糾坐人丨丨日月丨丨弾丨
赳勇也詩丨丨武夫
丨丨武贅丨丨雄戰

二十六寢　獨用

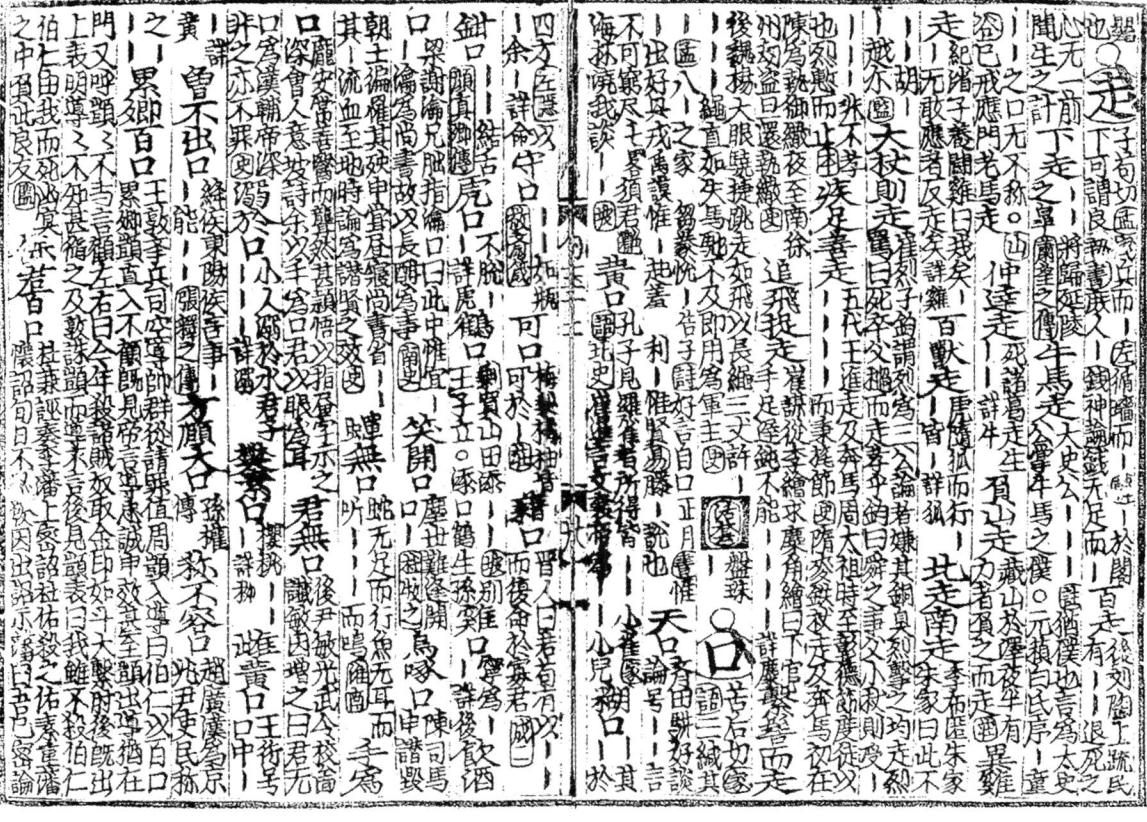

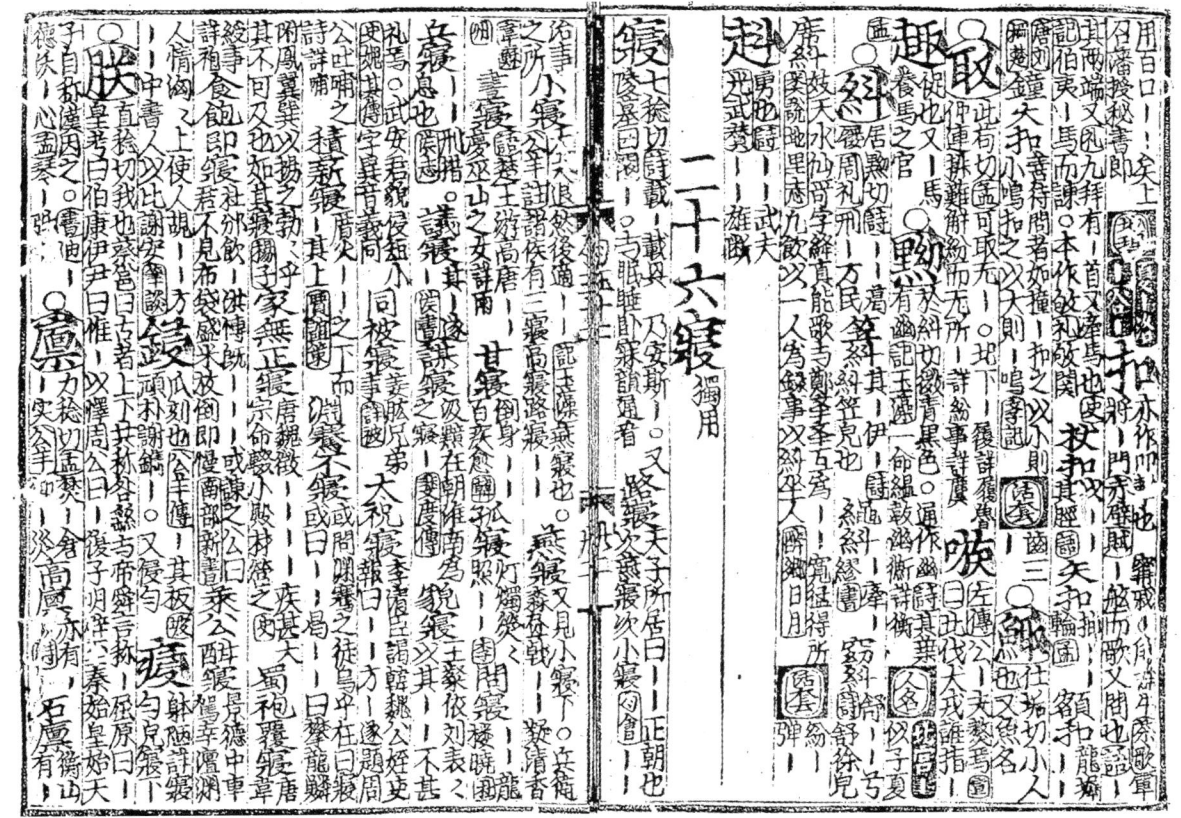

寢七稔切詩載寢載興乃安斯寢○又路寢天子所居曰丨丨正朝也
陵寢丨丨○寢与眠睡卧寐韻通看燕寢次燕寢次小寢丨丨丨
寢事丨丨小寢丨丨丨退然後適丨丨記王藻燕寢也○燕寢又見小寢下○旦龍
之所小寢公羊詩諸侯有三寢高寢路寢丨丨燕寢蠹丨丨丨丨凝清香
高寢楚王游高唐夢巫山之女詳南丨丨甘寢倒身丨丨丨丨龍
寢息也丨丨丨丨丨寢其丨遂其丨寢謀寢之寢丨丨白衣倉丨孤寢照灯燭熒熒
禮焉○武安君兒寝於小寢丨丨丨寢丨汲黯在朝淮南爲之寢丨丨孤寢照丨丨間寢棲晚丨
丨丨其傳字異音義同同被寢事姜肱兄弟太祝寢李德裕謂韓愈及公姪吏
詩詳哺公吐哺之下布寢不寢或問淵騫之徒焉乎在曰寢
附鳳翼巽以揚之勃乎積薪寢丨其上丨丨丨丨曰丨丨曷丨丨曰攀龍鱗
其不可及也如其寢揚子家無正寢宗命毀小殿材營之丨疾甚大蜀袍寢寢章
詩袍食飽即寢若不見布袋盛米被倒即寢南部新書杜公酣寢唐徳中車
緩事丨丨丨丨丨丨洪博飲丨丨或諫之公曰吳公酣寢駕辛潭洲
人情悔之上使人覘丨丨方寢頑朴謝鮹丨丨○又寢匀寢匀兒寢下
丨丨中書人以比謝安鐵叉刻也公羊傳丨其板丨丨射隨詳寢
朕直稔切我也蔡邕曰古者上下共称皆缀言帝舜言称丨屈原曰丨
皇考曰伯康伊尹曰惟丨以懌周公曰丨後子明辟六○秦始皇始天
子自称漢因之○書迪丨○廩力稔切丨○倉丨丨高廩亦有丨○石廩衡山
德朕丨心孟琴丨弦丨丨實公羊丨丨

丨峯詳峯臨川縣丨丨丨丨可容 鉅廩作稟同音義。丨丨事中書 丨丨[?]作[?]丨元 米廩
千斛開口則歲豐斂則歉寰宇記 丨丨稍食也
有虞氏之庠 振廩文十六以往丨丨同 太倉廩光書丨丨刑公 法套指[?]丨懍書 若朽
也明堂位 丨丨振發也 懍選積水增冰之 ○[?]一足跉踔而行跋
索前食貨志直為此丨丨之選 抑肌葦[?] 丑甚切或作跉踔
孰不祗丨賈誼傳作廩之 晉卜偃曰不可 十稔左思作三都賦[?]稔思
李步歸 稔如甚切熟也又年也 五稔以丨丨僖二年 締思丨丨詩付嬰稔積
踔丨
圖丨丨荏桂丨紫蘇也。又詩荏染之丨菽 內荏色厲而 語柔弱也 丨丨 麥荏香不數丨 毛詩
丨丨荏胡豆也。又丨荏猶假寄也
恁心所齎卑下也又思也荊公此意可動丨 人名 荀[?]後漢人有 清節因[?]焯之 衽裳交接處[?]被髮左 ○又臥席也禮 玉府 丨席
任卑席也中 斂衽[?]必 朝張良傳 丨丨而 請衽趾記 丨丨何 將衽父母舅姑 奉席請何趾 記內則 長者 連衽
庸丨金華 丨丨成惟揮 席交衽 余与苑言揚卑必衽 柳宗元苑論序 飪木火[?]丨 飪語失丨不食 枕章荏
汗成兩臨
切詩角丨粲兮 唐太宗丙 高枕 丨丨而臥 長枕玄宗為 丨丨大衾 警枕温公
夜不安丨李天地即衾 宋書 詩計 与諸王同寢 唐
圓木為丨丨竟則起讀書 范太史集 錢鏐武肅王在軍未嘗睡
末年用圓木小枕熟睡則欹名丨丨 号折中不睡 龍只[?]備史 掛枕中夜丨[?]圖

異枕京書 丨丨寸七寶枕郭翰乘月臥庭中空中一少女冉冉下曰吾天織女也
上帝命游人間願乞神契乃升堂共枕欲曉辭去後夜
複來翰曰牽牛郎何在那敢獨行曰陰陽變化関渠何事至七夕忽不來數
夜方至一夜悽惻流涕曰帝命有期便當永訣以丨丨留贈而去 墨莊[?]
靈 琥珀枕宋武帝時丨丨丨 游仙枕龜茲國進碼碯枕之而寐則十洲三
与將士療金瘡史 島盡在夢中因号丨丨丨 開元遺事
邯鄲枕開元中呂翁經丨丨有盧生同邸主人方烝黃粱盧生言生世困厄
翁取囊中丨以授之曰枕此當榮適如願生但記身適枕穴中未熟
登第出入將相五十年榮盛无比忽欠 夜明枕 虢國夫人置於堂 重明枕大
伸而寤呂翁在傍黃粱尚未熟 枕中記 不假灯燭 遺事 軫
国貢丨丨丨潔白如水晶中有樓臺之狀 色綾枕 臺山有丨丨木 理如 帝辛
有十道士持香執簡循環不已 杜陽編 綾文呼 縟記
枕云丨丨丨之与妲己同丨之 拾遺記 相思枕 為君留下 李 滕非枕 翻蘇則為待
泛梁誅梁冀得一玉虎頭枕頷下篆
其膝臥則推下之曰 唯南王枕安枕中有神仙術 黃香扇枕 香至孝暑月則 中董昭嘗枕
蘇則丨丨侯人丨 可為金又詳金 扇枕寒則身溫
枕席 傳 漬不作枕郎基字世業丨慎語人云任官之所木枕亦丨須丨 後不
書 崇 記 唯頗令人寫書潘子義寫書 [?] 罪過
加枕丨雖[?]丨丨丨 貴 丨玉[?]病用死人[?]齊[?]嗣伯有嫗
於丨 賈東 以 貴枕寶帳 當貴詳犀 嗣伯曰

尸注也又有患腹脹 黃又有病眼痛
見鬼物皆令以死人枕煮服之即差 ○沈式荏切 胡沈 亦荏 昭公 曹沈
篆刻鄧 費沈 能之時學中不識伯喈乃作丨丨文以自責 姓氏 文王第十子 聃季食采於沈因氏今汝南平輿沈亭即沈子国 鄭徵為丞祖不就 又只官音周
丨丨 興李食采於沈因氏今汝南平輿沈亭即沈子国 秦有丨 君胡不胄詳胄 ○好龍詳龍沈
丨諸 葉公子高姓丨名丨丨稱葉公。
尹戌之子為葉大夫 慶之 字弘先仕宋為建威將軍大破山蠻着狐皮
帽号着頭公群蠻每畏俱曰着頭公已復來矣○ 諫北伐事詳桝
仲只梁武令為竹賦勑曰文体翩翩无忝尔祖 約 字休文梁武拜尚書
僕射以書陳情於徐勉曰老病百日革帶常應移孔 詳孔孫仲只 深 字
經李該明楊炎薦其有良史才拜左拾遺 唐 佺 字景緯与兄佺深名
有優多号腰鼓兄弟三人並歷御史中丞皆為司直晉宋未有也
字雲卿兼文館李士舜因波為弄詩佺与宋之問変詩律号沈宋 又詳綵
字持正湖州人隱東林因号東老呂仙到其家詩云東老雖貧樂有餘詳貧 丨 東老 名思
丨 括 字存中趙宋吳与人博覽古今曆算中知制誥分司南京 嬸 母叔 瞫 下視又 窺見也 審 害 乃丨 嚴象說命
有天下者 守物審 水之守土也審影之守人也審物之守物也審 陆徐无鬼 楊李者丨其是
丨其御 言水土形影自然相依物守物如水流湿火就燥之類也

孛觀審以丨 當 唐元行沖傳 丨丨相 稽審 沈式曰千里結言何 法度 明丨丨
征伐有功封辟陽侯 丨之丨也 詳期 內丨 姓氏 諗 從族祖
丨固魏人官至郡守 淰 魚駭兒 說 龍以為畜故魚鮪不丨丨 丨 水動兒 詩 來丨四 將母
壯。 ○ 潘昌枕切 淰之言閃也又濁也又淰丨水動兒
告也 汁也 拾潘 无俗市官辦者猶丨丨也 言流潘 白汗如 甚
常枕切 語 下必有丨号 不俗而責辦不可得 白哀曰 波
又惟何丨 不為已丨与 疾之已丨盛 陸賈名声丨丨 丨 居
傳 滋甚 或丨 意得甚 丨丨 帝自氏之 唐 齊 蕃甚 言狼丨丨盛 泰甚 治道去 者 唐
宝嬰之甚競作奇巧傷本之甚俗吏 生 貴甚 田蚡為丞相丨丨丨 去四甚 魏楊阜上疏曰今賢任 丨 者 漢書
苛乱民之甚當今之急宜丨丨 鯀 謂自尊高不貴龍 私志治之甚廣開宮室 甚
食忍切 桑实通作 黮 乾椹 魏楊沛為新鄭長課民畜丨丨 後曹公兵无粮沛
椹詩 无食我桑 進丨丨公甚喜賜生口十人絹百匹 ○五代梁牛
存節兵飢以金帛就民易 以食擊走李存孝之 史 扶桑甚 謝玄卿遇神仙設 一寸甚 始皇遣徐福入
丨丨 丨丨丹丨 續仙傳 海求金菜玉甚
井 丨丨丨 供母黑椹 蔡君仲至孝王莽乱人相食君仲取桑甚赤黑異器賊
金樓子 問之曰黑者供母赤者自食 賊 長之賞 二斗 後漢書
還東 隣甚 隋趙軌為齊州別駕東隣有 甚吹民 唐 苟 節 行 有丨
桑椹落甘 入熟拾還主 史 者 ○

寑 渠飲切寒丨閉口也 凚 寒極 ○錦 居飲切 中庸衣丨尚絅 丨衣 詩 衣丨褧衣 丨丨 回文 說文 宮
錦 李白衣丨 ○ 立子衣丨 ○ 賜帝丨 纈 詩纈丨 回文 詩 文宮
丨丨袍 詳袍 雲錦 天孫織就 丨丨裳 晝錦 歐公丨丨堂記 ○兄十書 丨州人受 瑞錦
麒麟 唐書 丨丨袍 詳袍 新貝錦 魏州刺史帝曰令卿衣錦晝遊爾 丨丨
丨丨送大錦 丨丨 棄袍 新貝錦 萋兮斐兮成是丨丨 貝水介虫言錦文如丨也 古錦 李賀 丨丨囊 詩囊 丨丨 寸
錦百衲收 丨丨 製錦 子皮欲以尹何為邑子產曰子有美錦不使人學製焉 左襄三十一 反錦 衛人
饋叔向羮与一篋錦 東海丨丨 繭作五色丨 詳 蚕 康老子生計蕩盡 丨丨
叔向受羮丨丨 左 水蚕錦 以半千得一錦因波斯曰此丨丨 絲所織 着月
陳之一室清涼 明光錦 曹毗才如丨 燈籠錦 七宗張貴妃侍上元宴有丨丨
酬十方 象州雜錄 丨丨 詩 衫 上怪問曰文彥博所獻
上不樂 障泥錦 銀鞍白鼻騧綠 丨丨 衣錦 吳越世家 臨安有大 丨錢鏐幼時戲
言行錄 丨丨 蛇 丨丨 衣錦 手此及貴歸父老山林皆 丨以号
其樹曰衣錦 學士賜錦 翠毛錦 太宗改賜黃盤鵰錦 金坡遺事 初以來賜 歸鄉衣錦 項
將軍 五代史 丨丨 宿規十月 丨丨 長慶 江淹嘗夢張景陽曰嘗以匹錦相寄 今可見還
羽富貴不 丨 故 丨 如 夢人索錦 淹探懷中得數尺与之其人怒曰那得割截都
丨丨 夜行 宋書 及自此淹文 丨丨 闍維碎毛各棊 丨丨
章躓矣 宋傳 ○瘁 所錦切寒病也 ○品 丨不飲切易田獲三 丨品 晉推金二 神品 張旭草入
丨丨八分小 行 書錄 殊品 聖賢 丨 題品 此邦東南會多 性三品 韓子言丨上
入能品 書評 墨藪 丨 題品 士啟 丨丨 中下 丨 原
圖畫 官七品 司諫七品 歐 妙品 能品 丨品 見神 品 上品下品 門 丨丨 魏考課法 丨丨 无寒 下婢子
晉何邵襲爵以爽眾黎而其子岐岐之 鄉以疾辭笑而出曰今年失 丨丨 丨丨 王馬
品 詮曰吊死何必見生何以新士便下岐品人謂中正畏強易弱乃止
飲三品 丨 立仗 丨 互 詳仗 菜三十品 宋宇撞 丨丨 日天 菰 丨丨 流 丨 絕 丨 量 ○
冥 筆錦切 書 罔攸 丨 令 説命 鑑 思 丨 正朔 蒼 天 丨 ○飲 於錦切 書其敢崇 丨 語 一瓢 丨
丨 史 鑿井而 丨 ○与酒 韵通者
不飲 汗樽 丨丨 記 鄉飲 丨丨 酒 記 泥飲 杜甫遭田父泥 蟲飲 呂才東臯子序 猶常
抔飲 謂手掬之也 鄉飲 酒 記 泥飲 飲美嚴中丞 困 蟲飲 云恨不逢劉伶与閉
門 丨 巢飲 徐佺結巢海棠枝 丨 牛飲 桀為酒池一鼓而 鯨飲 吸百川 困 豕飲 咸
宗人大盆盛酒有群 丨 來 丨 其 丨 丨丨 者三千人 監 鯨飲 飲 如長 丨 酒池 阮
酒 咸直接去其上便共飲之 鱉飲 石曼卿与客痛飲露髮跣足著械謂之
首出飲曰 囚飲 丨 上 鼻飲 宗府越獠人相習以 丨丨 飲于木杪謂之巢飲以藁束之引
因飲 筆談 丨丨 与食獸无異 史 泰 食 丨 丨丨 鹿飲 廣發携所有 姓 ○ 陽
丨丨 劉縞慕肅 文 丨 文不 群 丨 避暑飲 劉松袁紹三伏 晝夜酣飲以 長夜飲
之風亦作 丨丨 丨丨 丨丨 河朔有 丨丨

魏信陵君被讒謝病不朝与賓客為 史記 丨 何飲 詳何 丨 事 淵明野飲 丨丨 家貧不能
丨丨 之 丨 多近婦人病酒卒 史記 丨丨 丨丨 常飲 况美酒乎
所与飲多田野漁樵之人 八達裸飲 晉光逸字孟祖 胡毋輔之 謝鯤 阮放
班坐其間 漁隱叢話 丨 畢卓 羊曼 桓彝 阮孚 散髮裸袒閉室酣
飲累日逸將排戶入守者不听便於戶外脫衣露頂於狗竇中窺之大
叫輔之驚曰他人决不能必我孟祖也呼入与飲時人呼 丨丨 史 王導
強飲 王敦字處仲 丨丨 与敦嘗造王愷愷使美人行酒客飲不盡輒殺之敦
固不肯持酒美人悲懼敦傲然不視導素不飲恐行酒者得罪勉強盡
觴導嘆曰處仲心懷剛忍 無事好飲 軫謂犀首曰卿何好飲 丨丨 多
若當世非令終也 互見軫 飲曰 丨丨 史 陳軫傳 渴人夢飲 丨丨 飢
人多夢 食 列子 丨 願十日飲 秦王遺平原君書曰聞君高 丨丨 先強客飲 唐陽城為諫議大
食 丨 天 丨 願十日飲 義 丨 与君為 丨丨 之 丨 史 夫八年日夜飲酒
客欲諫止者城揣知其意強飲客客辭即自引滿客不得已 對麥獨飲 王恭
与酬酢或醉臥席中或先醉臥客懷中 ○曹參事同 見酬酌 請江
盧奴為長史江不應喚人取酒自飲 世說 与虎賁飲 孔融 丨 蔡邕每与同 丨 日雖无
一樵王云那得獨飲乃酌与王 世說 士兒類邕卒有 丨丨 明日
老成人尚有典刑 与三騶飲 謝幾卿 事詳卿 便呼與飲此人謂被顛知到門求進翠曰昨飲
酒无偶聊 丨 丨 宋 丨 丨 丨丨 事詳卿 丨 一士大夫 丨丨丨丨 明日
相要不 史 就酒家飲 宋魯宗道仕左諭德真宗召之乂乃從酒家還真宗問
之曰有故人臣家貧 多故 丨丨 丨丨 觴之真宗喜其无隱
有大用之意 私 明月對飲 謝讓 吾飲者惟 丨丨 丨 詳月 醉二翁 治事痛飲 崔咸字重易任陝
右諫議大夫 丨丨 丨 号 丨 孝忠君飲 唐李景讓事母孝好獎士類為左丞時蔣伸嘗酌
分 丨丨 丨 死 一 丨丨 孝忠君飲酒 丨丨 飲 號觀察使痛飲夜
差吏称為神 日 丨 於家 丨 於国 丨丨 此客肅然景讓起卒爵
伸曰无疑 於公 史 丨 麾下盜飲 畢卓事 能飲不飲 魏邴原舊能飲後入九年酒不向口
陳仲弓范孟博會米肉送原原曰本 丨 至陳留師韓子臨歸師友以原不飲
荒思廢業斷之今遠別可盡飲終日不醉 困 但以 好觀人飲 長孫澄好客雖不
常恐客歸 別 可不與飲 王戎与阮籍飲酒少酌不及刺史劉昶昶无恨色戎
進異饌 後周 他日問籍籍曰勝公榮者 丨丨 丨丨 丨丨 戒公榮不敢不
共飲惟公榮 昶字 丨丨 丨丨 丨 丨 本 丨丨 丨 尋 丨 痛
也 丨丨 丨 本 可千日不飲 陳暄云酒 丨丨 丨丨 丨 丨 劇 丨 ○吟 疑錦
不可一飲不醉 史 韻會
切揚雄傳蔡澤
噤丨而吠唐 丨

二十七感 與敢同用

感 古禫切 易 丨而遂通 ○觀其所 丨 咸 丨丨 丨 捨 感感 丨 者 丨 哀樂感心
感 書 至誠 丨 神 蘭亭記 有 丨 於斯文 誠感 石 家訓 丨 咸 丨
感者其声噍以殺 丨 心 丨 者其声嘽以緩 喜心感者其声發以散 怒心
感者其声粗以厲 丨 敬心 丨 感者其声直以廉 愛心感者其声和以柔 樂記 韻會

涔｜水名一○䨴徒感切除｜、黮黯雲來皃曰䨴｜菡萏未發
交｜灒音在此○禫禫祭名 䨴詩｜｜重雲 萏烏菡｜又
龍華皃君太廟賦 窞坎中又有坎也易入于｜ 髧髮垂皃詩 噉他感
壓函｜以張蓋 坎｜韓下 髧髧｜彼兩髦 詩 切
声詩有 醓血醓詩｜○歜徂感切蒲葅 ○憯七感切詩愛心｜｜ 替功
｜其醢醓醓以薦 左享有昌｜ 選陽令陰｜
｜｜謝安｜｜｜｜不 ｜日之｜困 活套 奇 慨曰痛也選
之慘廢殘樂 王通之傳 龍不僭憯楊国忠數十年之｜｜ 褚傳法
令頃 ○糝桑感切 王 糝莫將南海金盌膾輕比東坡｜｜ 羹色香味皆絕 ○坡 挑
｜｜醓人｜食三糝云吾子過以山芋作｜｜
糝〻枝綴 白糝｜｜芋羹 羹不糝孔子厄於陳蔡｜｜｜莊 ○昝子感切 姓氏 ○大原 稱溫傳 音
糝紅｜ 白糝
溫伐蜀其將 勸李勢降 唐有 趙 ○坎吉感切 嵌也小穿
宋 字廣川博州高唐人東都事畧有傳 也○得｜則止詳
止記祭月於｜ 詩｜｜鼓 坎井之鼃 坎小｜謂之｜ 棄錢閉坎唐李景讓母鄭
我｜｜伐木兮○又作埳 蛙 坎 酒樽
如貪時佁墻得積錢母曰无妄而得 三三水游至習｜君子以常德行
我何取亟使閉坎後三子皆顯官 史 易名 習坎事初六習｜入于｜窞凶九
二｜｜有險求小得六三來之｜｜險且枕入于｜窞勿用六四樽酒簋貳用
缶納約自牖終无咎九五｜不盈祇既平无咎上六繫用徽纆寘于叢棘三

上聲卷第十二

歲不多 ○轗轗軻車行不平 ○頷胡感切亦作顄 王莽傳 後口 虛頷 ○龍頷
得凶 ｜又｜軻不利 又左｜之而已 合作五感切詳頷
海上翁曰珠在驪｜｜下子 燕頷班超虎頭｜｜万里侯 黃頷 音 為
得之遺其睡也 見莊子 燕頷相也詩佼兮又作虎頸 噉味 豫章王
盛饌享賓謂曰肴羞有所遺否悰曰何曾食頷長｜｜兮何傷 剝膏稗頷
疏有｜｜臛悵无之 史記 臛謂肉羹音螢 顑頷 楚辭 不飽皃
藩国猶手足也豈可剝肓 欿不足意 孟 活套｜摇 撼 事
露膏｜｜｜｜ 後漢官志註 自視｜然 撼感我帨兮 撼詳
勘 ○顉五感切亦作頷 左 迎於門者｜之而已○鄭子 ○敢古覽切
韻 顉儀子孫數十不能盡識至問安但｜之而已 國 ○敢 鳥｜當我
語 則吾 勇子敢｜｜｜則殺｜｜不 不忍不敢子產為政民｜｜欺西門
豈｜ 則 活套 師德 贊 豹治鄴民｜｜欺 詩 欺
活套 果｜｜ 人名 廣之子 ○覽盧敢切 賈誼賦 ｜德輝而 滌除｜
勇｜ 匈奴 下之 蘭亭記 後之｜者 玄覽 能无
疵乎 老子 陸士衡文賦 佇 詳覽 ｜｜群言 遂覽 超然｜｜ 博覽｜｜古今 賜
中區以｜｜○ 觀覽也 西域
名覽長孫善為大將軍周武帝曰 國 活套 攬｜ 遊 人名 即 祥之弟傳佩刀 詳刀
万機委卿先覽遂｜｜｜ 佩 香 積財 鳳
所攬詳 攬撮持也 光武紀 總｜推綱鄧禹傳延｜英雄 攬 韻書云
蘇胎 攬 ○范滂 澄清詳攬 洲之宿莽詳莽 用其木

作織毯者色皆 物有相畏如此○樹峻不可梯但刻其下 方寸許納鹽
其中一夕子皆落○閩中大重 表錄 廣州鳥攬人不食 廣州記 吳都賦 能
根｜｜○待得微井曰齒 ○毯土敢切 晉張軌傳 ｜布 紅錦毯 白樂天 ｜
頰已輸崖賓十分甜 詩 三万足毛席織五采 ｜｜歌
絲線線紅藍染織作紅綵毯唐人十離詩云只因著親情脚不得 ○菼初
披香殿上毯又見藍 ｜｜上眠○得罪於令孤綿故云
生色青 ○緂帛如騅色青黃亦 ｜｜ ○膽都敢切 肝膽自其異者視之｜｜楚越
白之間 緂作菼詩毳衣如菼 也 殿德宏 披腹心｜隨
｜｜ 謝通傳 膽顧子敢肥偉披詩云 鐵膽吳得双兔有 ｜｜ 斗膽蜀姜維死
忠｜義｜膽 ｜｜多雄偉 贒鑄為二劒詩 時剖腹膽
如斗 李膽為侯景所執破 象膽｜｜隨四時在四腿春 鼠膽後魏宗室
大 腹見其膽如升焉 在前左夏在前右 慶和至項
城望風退走武帝曰 張膽唐韋思謙進御史大夫曰大丈夫當 嘗膽越勾践
言同百舌膽若雞｜張膽敢言地須明白｜｜以報天子 反国置
膽於坐臥即仰膽飲食必｜｜曰汝忘會
稽之恥邪 卧薪｜｜以雪夫椒之恥 破膽 路溫舒傳
唯謀廢立融誅懼而死李休皆青人謂膽｜ 大｜火大 破膽齊王融
收後灵夏謠曰軍中有一韓西賊聞之心膽寒軍中有一范西賊聞之驚｜ 宋朝范仲淹韓琦必發 太宗李生魏
｜言
舌 蛇膽晉顏含字弘都嫂樊氏失明盡心奉養醫云須｜｜｜无由得
之含憂歎累時當晝獨坐忽有青衣童子持青囊授含開視乃

上聲卷第十二

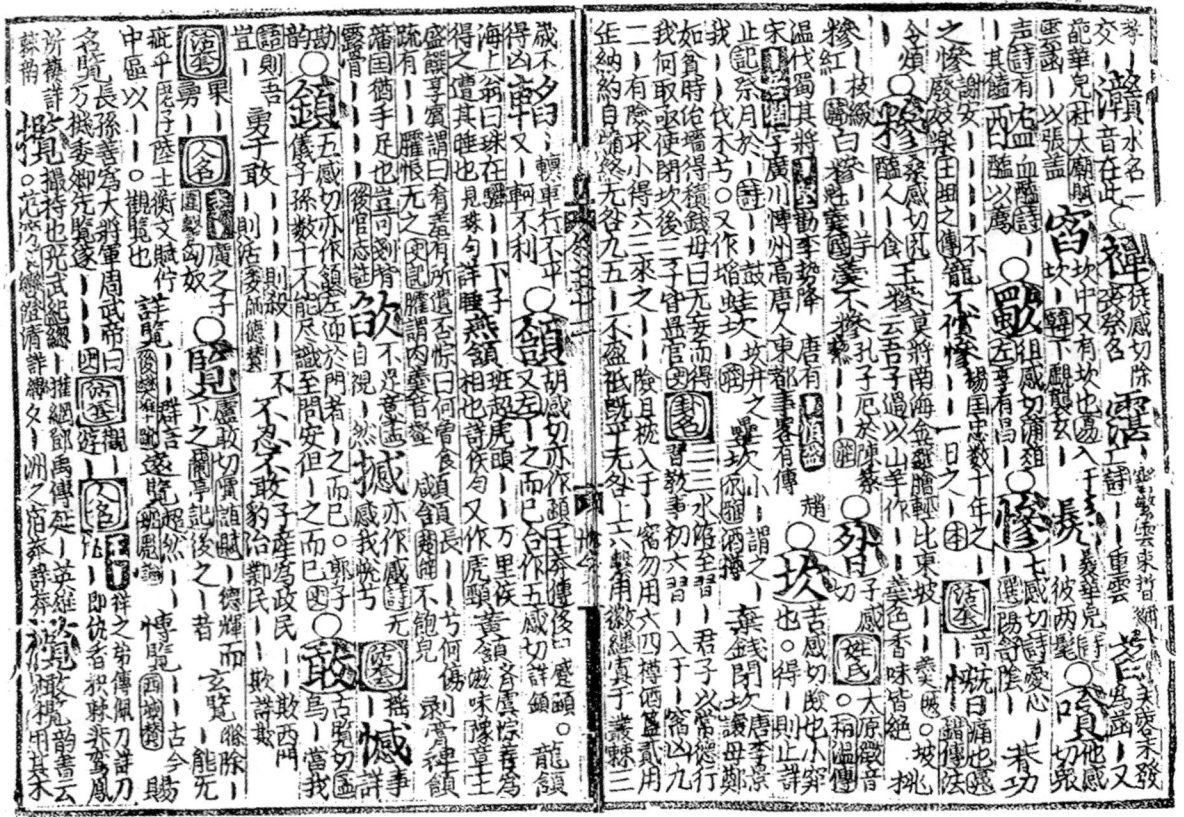

｜｜｜也童子為青鳥 李果為洛陽令有劉兼者過其境夜聞户外
飛去 成嫂病即愈 破鬼膽語曰古今正人李令是也見其行事令人｜｜
膽我輩可於他 血食兼開户 食人膽五代趙思綰反郭從義討之城中｜
視之无物乃｜神也 食人膽盡殺人而食思綰取膽以酒吞之曰
｜｜｜至千則 一身是膽趙雲字子龍將數十騎值曹操軍大出雲前突
无敵乃披擒 其陣且闘且却魏兵追至營雲大開門魏疑有
伏引兵去云云劉備至營視之曰子龍｜｜都｜｜也 國志 三斗壯膽
汝陽王璡於上前醉不能下殿上遣人掖出之璡曰臣以｜｜｜
不 至 落膽 唐｜｜入朝遣詔進奉侍御溫造彈之訴待罪股戰曰吾
此 唐史 李祐 夜踰蔡州城擒吳元濟未嘗心動今日膽｜溫御史矣
傳 秦鏡照膽苟 ｜｜｜｜安能 千奴共膽後魏崔宏并州胡為寇宏曰胡
照膽不惑 元稹傳 詳鏡 眾雖多无猛健主將所謂｜｜
｜｜也 助勤熊膽柳仲郢嗜學母和熊膽 分危獨膽 說文 蟾肪合玉獨膽
旋討平之 丸使夜咀嚥以｜｜焉 ｜｜○叙例云嘗試
不驗○蓋膽毛一僧礼師撥開胃云你道我這 義 紞冕冠塞耳者 左 衡
裏有幾莖｜｜｜僧无語詳毛 活套 ｜紞｜絃延○又擊鼓
声 晉書 ｜ 人名 占水下 ○澹徒敢切水皃 東都賦 活套 ｜冊 人名
姑打五鼓 人語夢 晉本 ｜海澹音徒感反在此
藥籠中 憺 見去 啖事並詳 淡事並詳 ○槧在敢切削 活套 ｜鉛 ○
物詳 声 勘韻 勘韻 版牘也

闇烏敢切隱暗皃（中）　匽俺媕切合也（唐韻）
闇丨然而日章（中庸）　僾丨唐趙說阿丨

二十八琰　與忝儼同用

琰以冉切玉丨圭九寸（人名）蔡邕之女，字文姬。（孝經序）琰之丨　　名琰，杜撰
也（孔）圭丨上削，令上銳也。○丨剡丨木為舟丨　剡丨木為弧
淡丨藤之丨臨韻音時冉切　弦剡木為楫（系辭）弦剡木為矢，同上。剡剡，高
迸生如丨丨（曾）奏丨丨　之殿（詳鄉）（（ ）） 風流閑雅，詳封。勾剡尖利銳
子固言花草（活套）薦丨餘丨韻　詳豔　丨丨豔又瀲　丨時五福
○民自收藏者上聲，上取秋斂春頒丨　瀲詳　○斂良冉切（詩）此有不丨
於民者去聲。○作斂脒　歌眉斂丨山丨（選）　瀲丨（韓）瑤翻碧
斂白丨（詩）丨蔓于野。○險虛檢切（易）設丨守　詳眼翠丨
（詩）丨丨行險丨丨僥丨（國）孟山谿之丨　夷險節（國）　一剛險丨上丨下　絕險蹄終
在德丨丨（中庸）用險齊周顒設險，惠開性大險，惠開曰天險　不在險起曰
丨丨（史）數乘此險，王尊曰奉先人遺體。地險王公設險，但在丨何如亦（史）　丨丨鑿吳
竊又曰謹閒命從丘固　詳陂守鴟涤險唐元万頃為李勣草檄，責
守高宗投万頃嶺外（史）貌陋心險　盧杞（活套）高麗不知丨丨之莫
　　詳陋　勝丨韻丨　羊丨　諂　詖也（詩）丨丨
　　　　　　　　　　　詖私謁　　纖　東

丨抗又作儉　○貶方斂切（孟）丨其爵（左序）春秋丨　　丨丨之丨學過立
長喙犬也　（記）王孫貶以一字為褒丨諱我位孔丨　左言貶與市朝之撻　詳丨丨
容貶丨丨（活套）貶本又作丨朝奏夕貶丨潮陽路八千（韓）　詳衮立　戮琰
丨辨音義同自卑貶藝析也　一封丨丨九重天丨　（韓愈）○颭　切○
風動旗颭李光弼曰諸將望吾丨急丨三　磨颭丨丨（活套）丨酒帘　巨
也　颭風至地則万衆齊入死生以之（唐）磨颭丨　霜檣　　○儉險
切（書）克丨于家（詩）丨不丨霸儉上丨丨（史）　帥吾儉蕭何曰後世
中禮丨丨丨節用　唐馬周上疏曰貞觀初率　○猶言寒儉　賢丨丨丨（史）
改名儉貧素可丨丨　後周長孫慶文帝曰尚書既安　貧不學儉富不丨　（唐史馬周）丨　芡　南楚
頭比燕謂丨丨丨　以彰雅操（史）　（唐史馬周）名雞
也亏藕子合為散延年　○雞頭　○莊徐无鬼篇雞壅豕苓　反即雞
罷絳謂徐酒間謂丨丨　○龔遂為勃海太守勸民畜芡（宋）頭丨
明（國）　剖蚌黃鴝頭（國）丨丨（活套）清丨丨（人名）幕府蓮詩荷勺　工
（國）丨　兗州得詔詳　慈丨丨　　享隸詳華　○碎碼碯不文　詳盤
重　○檢居奄切（孟）而不知丨（列）衣　（唐）丨宗集人　○广魚檢切因岩為屋（韓）開
人面形　後歷閣　丨冠不丨　○文書藁為丨子　崖檢　廊架岸丨（國）廊一作廓　嵃　崖也又
能　丨丨丨　丨丨　落魄少丨　拘檢（困）息奔　山形如
鬣裝頷髮喬有高韻（史）丨　　神檢晉楊準　　二子喬
冰廣髮毫有丨丨丨（史）石檢光武封禪用玉牒書藏方丨牒
　丨　　　　有五丨又用丨丨（山海祭祀志）玉牒檢中元元年
　　　　　　　　　　　　　　　　　　太山尚書

今奔丨丨丨言封禪儀　（前武紀）近封禪　國檢　家檢　賢人用丨丨　衆人用
有金策石函金泥玉檢謂以玉為檢束　丨（國）　聖人用天下檢
（活套）丨防丨規丨名　○魘於琰切山桑（詩）其丨　其柘中弓車轅（國語）　魘面有
黑子　魘天丨睡中魘丨夢　丨弧箕服書（書）魘丨絲丨食丨之蚕絲也　墨子泣乎白絲
（馬衍）也　○染而琰切（書）丨丨丨俗丨（左）丨漸丨　之易性
（潛）驅染　梁庾肩吾曰比見文体儒鈍競　揮染　操觚丨翰丨詳觚　漸染丨知丨丨
（韓房啓）丨　浮躁徒以煙墨不言受其丨丨丨丨　詳蕉　濡染不丨　耳丨日
（墨渴）　丹青染丨李之染人甚於丨　焦葉以供　而能
弱也（莊）地睛絲丨丨　（虞溥傳）　碧於染春水丨丨（國）指先染　亨（京）不待熟丨
行兒（騷）老丨丨其將至　○又丨顏丨閃丨（人名）　丨丨　丨丨事見（龍）
令屢書請冉丨丨　（活套）　蚦　後漢人　丨王奐善　奐為考成
不至（史記）（姓氏）武陵宮音高辛氏之　一云叔山丨之後　雲安丨氏　盤瓠
丨仲弓（語）丨雍字仲弓（（ ））　後丨駹之種也代為巴東丨蠻夷酋帥　　德行
丨丨　冉丨求字子有　　丨　　○閃失冉切頭窺　跳
（耕字）丨丨吉蹎兒　○苒（詩）荏丨　門中又避也　睒閃
媚（韓）丨丨求貞行　　柔木　　　　　　　　　　眼相
丨丨　亦作睒　鬱紅鱗照坐（韓）丨（活套）電　陝　弘農古號國周　（活套）閃東
視兒　王邵　光丨丨丨丨　召伯分丨地　丨丨丨　嬿
曰忽蛋朧睒謂電也　○諂丑琰切（易）上交不丨（孟）　奴諂　彭孫嘗為李憲濯
　　　　　丨讒丨面諛諂（詩）貧而无丨　　足曰太尉足何香

也蹇以足蹋其頭曰丈二十二　陳咸數言事譏近臣父万年召咸床下語至夜
丨丨丨不太甚乎詳足教子詔　丨咸睡頭觸屏　万年大怒，咸曰具曉所言，大要
丨咸諂○奄衣檢切覆也（詩）丨有嵬繹又遽也（地名）曹王　晻日无光
也詳屏　丨來自丨丨又（記）其器閎以丨又姓秦有丨息
雲雨兒（詩）掩（易）惡積不可丨丨○蓋不可丨○疾雷不丨耳詩電亦作掩
有丨妻人　困剛揜○舊韻別出揜字但義相同難以双押今依韻會併
入于此　撫掩矜恮丨丨之（文）瑜瑕不揜玉不掩丨丨（記）　○崦丨嵫山名　○漸
此韻　（國）猶慰恤也　　不揜不掩丨　　　　　　　　　　　　　慈染切
者丨　魏証諫唐太宗　杜漸防微丨丨　（卦名）三三　山上有木丨　君子以居
（神畫）十漸不克終有丨丨　杜漸（唐兵志）　賢德善俗初六鴻
子居有言无咎六二鴻丨于盤飲食衎衎吉九三鴻丨于陸夫征不復婦孕
不育凶利禦寇六四鴻丨于木或得其桷无咎九五鴻丨于陵婦三歲不孕
終莫之勝吉上九鴻丨　（人名）（（ ））為郭汾陽幕中客　○剡時冉切丨
于陸其羽可用為儀吉　　丨　　　　　　　　溪此是
切（詩）无丨尔祖（孟）餂取也（孟）　○黤多忝切龍門
（選）实知壓丨　○餂以言丨之　丨額詳龍　喰點晉紀總論
詬病　星點漁火燎丨丨（韓）賤丨丨丨　以為灰塵而相
矣（選）吴羗丨鴟橫塞（杜）眼　紅一點劉得詩云坐上若有一點
嵩之哭成千鐘坐上若无由木　煙九點齊州丨丨丨丨（唐人詩）青州推官
（杭）亭心誰急鳳都成盧（三國詩話）　九點九州如丨丨○言　更五點雞三號

子部　第三册

㸒一石點宋翟巽書法作一點如高峰丨丨作 文不加點祢衡為黄祖賦鸚鵡丨
一麾如百歲枯藤畢藝五見戈丨丨丨【李】李白詔草白
蓮花序【摭言】丨丨 王上加點王曇哲曰憂丨丨丨 手如兩點花奴擊羯鼓頭如
丨丨碎急 為主當進也詳鎮勻 青山峰丨丨白
也詳鑒書者微點侯景請於高歡曰握兵在遠易生詐偽請異於他者許之
禍遂降 為景丨 丨加丨丨歡疾篤世子澄矯書召之景知偽俱
梁【史】 敕字加點唐岳突通仕隋文帝与洪王諒約若先書召驗○點點異師
丨丨丨丨則就道 帝立召諒元驗諒叛反【史】
灵鷲山僧卧一字常用【摭言】【活套】 【人名】【趙】八李士 玷 玉病【詩】不知 圭玷白丨
手點智号丨丨丨 丨鴰万 其丨【召旻】 之丨丨
【歐】塵玷貧元丨【國】 ○簟 徒玷切或謂籧笛亦曰行唐亦曰笙楚魏間謂之倚
【圖】丨佯○桃竹丨為桃笙【詩】下莞上丨 【公羊】【韓詩】
捲送六尺合風滿云 象簟桃笙丨丨 龍鬚簟 由股丨丨有佳処【選】 金簟侯君集破高昌
云一府争看黄琉璃【左三都】 白如鏞丨葉【黎氏】
得丨丨其精【唐詩話】 風簟已令洒屋鏞 紅藤簟 簟州出丨丨 王恭送簟尺簟謂有餘 丨恍見丨六
丨丨【曾子固】 丨【此戶錄】
求之恭以丨遂坐薦上恍大驚 王摛奪簟宋尚書令王儉嘗集才学之士类
恭曰吾平生元長物【宋本傳】 物以隸之隸事多者賞之恠何憲
為勝乃賞五花簟白團扇坐簟執扇容氣自得林陵令丨後至 戶牡辭
丨操筆便成奪坐簟擊携命左右抽憲簟自學取扇登車而去 忝 提闈丨

揳○慊 苦簟切【孟】行有不丨於心則餒矣又吾何丨 丹慊 任昉丹證表永
乎哉【大学】此之謂自丨○恨也恢也不滿也 昌之丨丨獲神
○猶 鼻無慊 嗅之而无慊於 歉 一谷不升曰 嗛 所銜口有 ○顩 魚檢切昂
丨哀 丨○与慊同【篇】 【谷梁傳】 頭皃通作
𥌈【詩】碩大且丨○又 【人名】【明】有奇術盛夏取壐又於紱氏囿中取瓜
㷄皃【盧】偸争煥且丨 以歉詳瓜實丨實為鈎之子詳桂【記】丨若忠

二十九豏 與豏范同用

豏 下斬切 一 嗛 怒声【説文】易 ○湛 徒减切【詩】湛露斯丨丨 【活套】 澄丨
丘半生 㒹 兩犬争又小 牙能丨 丨
【人名】【張】白馬生入謀 【姓氏】 丨重漢為大司農丨僧智仕梁為譙州 ○減 内丨
詳生【伏】崇名儒 刺史時以君子稱之○陶侃母丨氏
古斬切【史】丨蔣 丨春減一片花飛減 丨丨盃中虀 盈減【記】土其減樂
祖孫臏丨竈詳竈 却丨詳春 量減添頭上【古詞】 主其【樂記】
樂不減 橘中之丨丨 何準曰第五之丨 鏽等減 水長減
丨不減丨商山詳橘名不减丨丨 騾騎詳五 丨丨【國】書床鏡減讀書
床板為之丨丨 一分增減東家之子增丨丨則太 ○斬 側減切【説】秋官掌
【北齊】【魏收傳】 長減丨丨則太短詳笑 戮掌丨【孟】五出而
丨【詩】国既卒丨【史】崇祖丨 噲可斬 樊噲願以十万衆横行匈 【記】【史】 後期當斬 斉因
蛇【宋雲傳】乞丨後臣頭 奴中季布曰丨丨丨 穰苴

扞燕晉之師寵臣莊賈監軍与賈約日中會軍門至夕時賈至穰苴問軍正
軍法丨丨者云何曰丨丨賈報景公請救未至斬以徇景公遣使者赦賈馳
入軍穰苴問軍正軍中不馳今使者馳云何曰當 美人三斬 石崇丨丨行酒
斬穰苴曰君使不可殺斬其僕之左驂乃行【史】 客飲不尽斬美
人王敦固不飲已斬丨人王導讓之敦 ○當斬不動 国王三召西方妙華尊
曰自殺伊家人何預卿事五詳飲匀 者不來曰如不來丨丨
尊者曰斬即斬吾身終丨 ○闞 虎檻切【詩】丨如虓虎丨 ○黯 乙減切深
丨王聞而異之【杜詩注】 声前叙傳七雄虓丨 黔色又傷
别 廩熏 江南李氏九見著先召像廩兒頑面 【人名】【賈】崇直臣【實】 黶 黑
兒 青人謂 丨丨子不得入見【見聞錄】 終身守不欺詳賈 痣
【人名】【孫】晉人 ○摻 所斬切執也【詩】 ○檻 胡黯切 丨丨 卧 移春檻 楊国忠
時移名花植木檻中下設輪脚挽 丨丨執子之手兮 雨檻花叢丨丨雲 子弟春
以綵絙所至号丨丨丨【天宝遺事】 朱雲折檻上怒斬丨丨 直欄橫檻阿房宫賦
【活套】軒檻丨 轞 車声【詩】大車檻檻 濫 泉正出【詩】丨 艦 【滕閣序】舸 鬪艦 呉造蒙衝
丨 通作檻 觱沸丨泉 丨迷津丨丨千艘
实以新草膏灌其中同時火發風 青龍艦 梁王僧辯湘州賊陸納造丨丨
猛火盛延燒岸上營曹公兵退 白虎艦 衣以牛皮高十五丈僧辯
敗降丨苻艦梁王琳將張平宅毎戰勝所乘艦 飛虎艦 宋朝紹興二年王彦
之【困】丨野豬艦有声如丨丨丨故遂名丨丨丨【史】 恢制艦旁設四輪每

輪八戢旧行千 沒突艦 梁史遂征邵陽洲魏人為長橋斷淮以濟遂密作 雙
里【中興紀年録】 丨丨丨會淮水暴溢乘艦徑造橋側大破之【史】
龍挾艦有 梁王僧辯討侯景賊望官軍 ○范 防之切大丨小 【活套】 【人名】
丨丨丨丨行甚迅速【史】 丨詳仲淹下 丨 班丨
【雍】五榜事詳稱 【姓氏】 高平宮音堯劉累之後在周為唐杜氏周宣王滅杜
【芾】黨錮中人 丨伯之子隰叔奔晋為士師曾孫【士】會食采於丨因
氏魏有丨壓丨【武子】子木問趙孟丨丨丨之德何如曰夫子之家事治言於
晋国无隠情○武子之後文子宣子献子世為晋卿【丨鞅】魏舒丨丨 皆諸侯
之選也【丨睢】字叔魏人魏斉苔擊睢折脅睢佯死得出詳袍【丨蠡】越丨丨滅
呉変姓名為鴟夷子皮耕於海岸致産数千万斉人聞其賢以為相蠡曰久
受尊名不祥乃帰相印尽散其財与知友問行止於陶号陶朱公【丨増】項羽
謀臣【丨滂】字孟博汝南人攬轡有澄清志詳轡【丨冉】一作冄字史雲為萊蕪
長清廉詳塵【丨粲】字彦龍爲文下筆立成爲給事内史郡中称爲神明【丨度】
【丨式】字巨卿与張劭爲死友詳【丨谷】五歳執祖硯涕泣後爲名儒詳硯【丨寧】
字蔚宗仕宋爲秘書丞修後漢書【丨始年】苔宋明帝曰臣所居廉讓之間詳
談【丨縝】字子良斉時人言人生如樹花隨風而墮詳溷【丨質】字文素趙宋大
名人九歳善屬文○中第官封魯和凝同謂傳衣鉢詳鉢鼻吸三斗醋事詳
醋【丨鎮】字景仁成都人辞奎守蜀還或問所得曰得一偉人當以文李名世
謂鎮也○長嘯知胡騎詳嘯两入翰林四知貢挙○謚忠文【丨仲淹】字希文
其先邠州人從蘇州少作金在鎔賦知其自負將相器業○謚云云賊聞之

驚破膽詳膽。謚文正○小范老子胸中甲兵詳兵〔|純仁〕字堯夫文正次子
元祐拜相○古癸丹事詳麥。謚忠宣〔|祖禹〕字淳父溫公辟同編資治通監
凡十五年書成○經筵講官第一○除翰林學士〔|石湖〕名成大字至能人
宗時參大政晚歸田里號石湖居士有田園雜興詩六十首皆自書之〔國〕
范宣子以兄
文妻戲陸
範 本作笵以木曰模以竹曰笵 模範師者人之||也 模不|範|不範為不少矣〔揚子〕 軌範亦人 車範主以
〔書序〕||帝範 唐太宗作十二篇賜太子 光範 三伏||||之門〔韓愈〕〔法言〕|防〔人名〕所夅五龍之一〔〕唐狄公 犯
〔書〕不|有司〔詩〕无思|禮〔左〕|五不|踰 怨懟|〔記〕事親有〔人名〕〔〕春秋晉人
|而无隱事師有隱而无|〔宋史〕秋毫无所|汲黯傳|顏
蜚 蠭也通作范〔記〕范則冠而蟬有緌

韻府羣玉卷之十二 上聲

韻府羣玉卷之十三 去聲

一送 獨用

送 蘇弄切〔詩〕薄|我畿 齎送 莊子將死曰吾以天地為棺槨万物為齎||詳撤行者|居者|〔漢食貨志〕 裝送 前鮑宣嘗就桓少君
父奇其清苦以女妻之||資賄甚厚 寘送 在者天一方日月老||〔〕一卷懷友 贈送||文公于謂之陽〔渭陽〕 祿送 富人
閉雞走馬弋獵博戲亂齊民廼徵諸犯令相引類千人名曰||徒〔漢食貨志〕入財者得補郎為根株所送當旋從役者入財即補郎也 目送 四人
〔史世家〕即四皓趨出上||之〔留〕 縱送 抑||忌〔詩〕發矢 曰||從貪曰|| 它送||亦千金〔陸賈傳〕 非橐中物故曰|| 不迎送
五代桑維翰作相過婁韓〃||不|或問之韓曰我見桑公於中書庶僚
也桑公見我於私第門生也〔郡國閒談〕太守梁柳之官有勸皇甫謐餞之者
謐曰柳為布衣時迎送不出門今作郡送之
是貴城陽太守而賤柳非吾心所安也詳迎 孔釋送 ||子|氏 抱|〔二子哥〕 臨軒送 親姚崇
每見便毀上為之與 賚百錢送 劉寵被徵五叟人||||詳久 食果肉送 郗原游學臨別
去輒||以|〔困〕 師友以其不飲
||||原日本能飲 叙別近送 隨牛弘為太常楊素出擊突厥与弘別弘
但以荒思廢業亦詳飲 近送至中門素曰大將出征故來||何相
送之|弘揖而退〔史〕 白衣冠送 荊軻得利匕首入秦知其事者皆||||之〔史〕 〔楚〕風吹| 百程| ○鳳 馮貢切 |雞頭
蛇頸燕頷龜背魚尾五彩高六尺雄曰|雌曰凰多赤色者|多青者鸑多
黃者鵷多紫者鷟○九苞六象七德五文〔六帖〕行鳴曰歸嬉止鳴曰提扶飛
鳴曰郎都〔六帖〕所居積石千里河出其下天為生食其樹名瓊
枝以琳琅為實〔〕羽虫三百六十|為之長○〔論語〕|兮|兮 威鳳||為
〔晉記〕鳳有威儀也 金鳳 嘗宣帝以皂蓋車賜霍光至夜車上||亡去曉乃逐南郡黃君仲北山羅得一鳳詣闕俄飛入光家車上〔續齊諧記〕 鐵
鳳 朝元閣上酒醒時臥所風鸞鳴||〔坡〕 老鳳 不去詳老||地邊蹲 么鳳 倒掛綠毛||〔坡梅〕 小鳳 賜茗時||時開〔坡〕宮人
剪金為花 蠟鳳 旋看||戲鳳貼茶上僧虔詳蠟 飢鳳 烹宰||玉脂泣〔李白〕 題鳳 嵇康与呂安善後來值安不在嵇喜延之不入
|門上|字而去喜以為欣不喬為凡鳥也 朝陽鳳〔詩〕卷阿○唐韓瑗褚遂良死內外諱言者二十年御史李善感始上疏極諫時人謂||
鳴|〔韓〕〔賢傳〕 潁川鳳 黃霸為守時鳳|集||〔漢書〕 銜詔鳳 石季龍与皇后在觀上有詔書|木鳳口中放數百丈緋繩迴轉飛下〔鄴〕
〔中〕植竹待鳳 晉苻堅時謠云鳳凰止阿房鳳非梧桐不棲非竹實不食乃|
〔記〕梧桐|數十万於阿城以|之慕容沖小字||至是陷堅城止
〔六帖〕阿房也 吹簫致鳳 蕭史及秦女弄玉事詳簫 吹笙作鳳 詳笙 薛氏三鳳 ||元敬与從兄收族弟德音名称河東三

〔史〕鳳〔唐〕崔氏兩鳳 比齊｜陵為侍中与弟仲文同日受拜時云兩鳳連飛〔史〕魏氏雙鳳 隋｜鼎二子景義景禮並有才行世称双鳳〔史〕助修五鳳 韓溥与弟詩｜亦漆｜｜｜樓詳樓 如鷄比鳳 齊王僧虔子慈謝鳳子超宗謂慈曰卿書何如虔公慈曰慈書比大人｜｜之｜｜超宗狼狽而走〔史〕放棄鳳 後陳駝上言令公卿所舉所謂｜鷄｜而｜鸞｜〔劉陶傳〕燕巢龍鳳 有人家曰鳳雛飛去又布｜｜赤｜子長尺許騰躍飛去〔金華子〕〔年號〕元｜崇昭帝。五｜宣帝。儀｜唐高宗〔人名〕〔燕赤｜〕宮奴也趙后通之〔姓氏〕邵陽宮音巋項氏官有鳳鳥氏曰官為氏〔花木〕〔金鳳花〕菊詩呼為菊婢因得名〔張宛丘〕。[illegible]白外至翼亦數月云云一隊鸞飛屏反冊宂〔文与可〕鳳德何其衰鸞飛下岧草〔閔功甫〕〇貢 古送切〔書〕任土作｜〔左〕亦｜包茅不入〔僖四〕〔孟〕五十而｜ 歲貢 古者取士必使諸侯｜｜〔祭邑傳〕 九貢 太宰以｜｜制邦国之用〔周禮〕嬪貢革貢幣貢材貢貨貢服貢游貢物貢 苞貢 江橙辭｜｜〔谷〕〔人名〕〔子｜〕〔姓氏〕廣平宮音端木子貢之後〔｜禹〕字少翁前琅琊人以明經潔行徵為博士。迁光祿大夫詔曰生有伯夷之廉史魚之直 王陽在位｜｜彈冠詳冠 贛 時也 灨 水出豫章 [illegible] 杯小 羾 飛至 〇弄 盧貢切〔詩〕載｜之璋〔斯干〕〔龔遂傳〕｜兵潢池。〔說文〕曰鄧通吾｜臣〔詳臣〕老萊子｜鳥親側詳鳥 三弄 桓伊｜笛｜｜詳笛 雅弄 梁柳惲弾琴為｜｜〔史〕謝安 曲弄 琴操｜｜皆合於歌〔唐禮樂志〕 撫弄 陶潛蓄素琴每

有酒適輒｜｜〔史〕 嘲弄 万象困｜｜〔陵〕 食弄 ｜粘｜孫詳粘 金石弄 宋宗少文善琴古有｜｜｜為諸桓所重文帝遣楽师就受之〔史〕 搏沙弄 攫士｜｜為此｜〔晉〕 以印弄 高祖｜御史｜｜之詳弄 弱不好弄 夷吾年幼｜〔僖九〕〔續添〕戲｜權敢 〇凍 多貢切〔孟〕无｜餒之老〔記〕東風解｜ 礱 磨也 哢 鳥吟声 喚哢 ｜｜〔柳乞巧文〕 晴哢 屋角閙｜｜飛走〔谷〕〔記〕 呵凍 李白撰詔誥時大宗命宮嬪執牙筆｜之〔天宝遺事〕 忍凍 愛雪長｜｜〔坡〕 雲凍 西山雪淡将｜〔陵詩〕 海凍 慕容皝將討慕容仁高詡曰前此海未常凍自仁反以來連年凍者三矣天欲使吾乘海氷襲之從之遂禽仁〔晉〕 短綆凍 汲井｜｜采蘭秋蓬深｜｜〔谷〕 璦珀凍 壁瓔婦子黄酒温｜｜〔谷〕 銀瓶凍 素綆分碧｜｜｜〔蘇〕 運筆不凍 北齊陳元康作軍書其時天寒雪深硯冫｜｜｜及｜俄｜ 棟 易上｜下宇〔繫辭〕〔左〕｜折榱崩史諸葛亮爵為時｜｜ 乾棟 北馳〔蔣崔融詩〕 楹棟 里中項数帝〔史記〕 ｜｜｜傾而三光 ｜｜｜打細柱多嘉樹与世作｜｜〔谷〕 騎屋棟 宋蕭思話十許歲好騎屋棟腰鼓隣曲患之後折節有令望〔史〕 未能易棟 唐婁延齡堂殿一棟將壓欲易之｜｜也延齡曰陛下以本分治殺數十尚不乏況一棟哉〔史〕 德宗曰浴文公以道化其民 湅 暴雨 湩 乳汁〔韋〕見上声 〇控 苦貢切〔詩〕也告也〔續添〕連｜ 蝀 〔詩蝃〕｜止弃也〔記〕御 鶴 也〇王喬｜鶴詳鶴 磬控 抑｜｜忌〔大叔〕

〔孟子〕上騁｜引控〔國語〕｜馬下至馬弓控弓｜弦〔續添〕｜情 空 〔語〕回也 師空 不宜空我｜〔節南山〕篇 空窮也困穷我民也 空 馬性缺也〔揚子〕 空酒 詰之｜ 俄｜ 潭影空 ｜｜人心〔唐〕〔詩〕匀會入在此 天宇空 起看宜鴻飛乃見｜｜｜〔谷〕 鞚 馬勒 飛鞚 黄門｜｜不動塵〔唐〕 青絲鞚 〔古楽府〕白馬驟宛轉｜｜照曜珊瑚鞭类說 果下鞚 杯傾笛中吟帽｜｜｜〔國〕温嶠 執鞚 晋｜｜時王敦反明帝在東宮將出戰嶠｜｜諫止 陳茂捉鞚 隋｜｜初高祖為周將与齊師挑戰茂止之｜馬｜帝斫其額流血詞氣不撓帝謝之〔史〕〔續添〕｜ 朱絲｜ 〇糉 作貢切俗作粽以菰葉裹米〔記〕 傳粽 宗争｜九子｜皇作〔風土記〕米續千春〔王沂公〕 楊梅粽 絲索盤中結｜｜｜裹紅〔國〕 觧粽 京師以端午為｜｜節以粽葉長者勝短者輸〔歲時〕 黄甘粽 梁范雲為設甘蔗｜｜｜ 九子粽 粽子形製不一有角粽錐粽筒粽秤錘粽｜｜〔風土記〕秤錘粽上見隨尺兎笑曰花散騎小｜復儉之一尺不可復得〔史〕 益智粽 盧循遺刘裕｜｜裕報以續命湯〔晉〕 鬼目粽 宋江夏王義恭發立帝堯之率羽林就其第斷析支体挑取眼睛以蜜漬之為｜｜〔史〕百索粽 唐五日有｜｜〔文昌雜录〕〔續添〕 楚｜玉｜ 緵 九罭罟也 翪 鳥飛斂足 傯 倥｜ 一音千弄 〇甕 烏貢切〔易〕｜敝漏〔井〕 金甕 宋謂南耕者得主父偃七甕｜ 銀甕 後遊諸山｜｜得｜｜〔唐〕 酒甕 周顗籍其

家累数甕｜五斗而已詳甕又｜｜化為人求酒事詳甕及器与祢衡云荀或可強与言餘皆｜｜ 飯甕 童謡二月刈喫糕正好十月洗瀉｜｜〔隋五〕飯甕不小〔金樓子〕 酒甕 武后杖王后蕭良〔行志〕豊年之祥〔國〕助尔歌｜｜中詳醉 露甕 黄帝時｜堯時中時淳則滿時 甕 猶存貯碼磁｜ 浇則竭詳露 筭甕 有貧人止能辦販甕｜中心計曰此甕賣之若干可販二甕自二化四其利无穷遂喜而舞不覺甕破〔小說〕 蜥蜴甕 置｜｜於｜｜ 天子甕 後鍾离意為魯修｜｜車入廟拭几席劍得男子張伯除堂下草土中得玉璧七枚伯懷其一以六枚靈堂下床首有懸｜意問户曹此何甕白｜｜｜有丹書人莫敢發意發之得素書云後世修吾書董仲舒護吾車拭吾履發吾笥會稽鍾离意璧有七張伯懷其一〔東〕 畢卓甕 畢卓為吏部比舍郎釀酒熟卓醉夜至甕下盜飲之為掌酒者所縛明旦乃｜吏部也〔晉〕 禿筆甕 孫智永李書積年｜｜｜十八｜尚書故实 藏書甕 唐李瑨与道士邢和璞出遊至夏口村坐古松下謂瑨曰頗億此邪因悵然｜和璞使人鑿地得｜｜中所｜刘師德与求禅師悟前身為求師也〔坡詩序〕 灌畦甕 漢陰丈人為圃畦抱甕而｜力多功甕陸機聞左思欲作三都賦曰須｜｜其成當以｜｜｜ 覆醬甕 子貢曰有械于此其名桔槔詳械 覆酒甕 楊雄著太玄當時不｜｜｜｜以｜｜｜｜〔左思傳〕｜｜｜｜｜免｜｜｜〔後魏史〕 醯雞甕 ｜｜｜｜｜裏天詳 人鮓甕 地名在歸州岸下〇｜｜｜命輕｜｜｜頭船〔園〕 黄虀甕 貧士有三百｜｜｜詳虀 豚破甕 魏管輅有人失妻輅卜之

令於東陽城門候捲豚人至与共闘豚走逸追之丨入舍突丨主人丨婦從甕中出〔穴怡〕觸石甕扶杂大丨丨丨益詳番 奉滿甕子周曰救趙之急若丨丨丨泆焦釜也詳釜 嗚曉甕丨丨丨〔通〕 文字甕趙普為相屏後設一大甕凡有投利害丨丨貯其中滿則焚之通衢因此得誘〔聞見録〕 道士坐甕王老者慕道有老道士造之忽遍身瘡瘍曰得酒數斛浸之即愈遂為置酒滿甕丨丨丨丨中三日鬚髮皆黑如童子曰能飲此酒可仙去時方打麥全家飲之忽風動雲蒸一時輕舉空中猶聞打麥声〔集仙傳〕与張開光事同詳俗 小兒擊甕司馬公与群兒戲一兒墜大甕水中群兒驚去公以石擊甕水迸出兒得不死至今京洛間為丨丨丨丨畫〔冷齋夜話〕 藏金青甕隗炤卒後有詔使至發卦謂其妻曰賢夫丨丨五百斤盛以丨丨埋在堂壁下掘之得金又詳金 流錢歆甕建安人見山下數亥丨出至山半有大丨丨滿而丨於是推正石揩之取五百餘金帰將弗尽取而亡其丨夜夢人曰久有主向為甕歆以五百崔不正之尓〔摭餘録〕 醸酒抱甕羊雅舒冬月丨丨令人丨丨速得味好〔雞跖集〕 城號鐵甕〔潤州圖經〕丨丨丨城 ○打破普甕百丈師因馬大師致醬三甕師集衆以拄杖指甕云大衆道得即不丨丨丨道不得即打破衆无對師乃打破帰方丈〔百丈語録〕 洞徒弄切〔韻〕〔韻會〕醱春丨丨蚁浮丨丨竹丨何年 有○周顗腹空丨无物詳腹 漢洞魚朝恩有洞房四壁安琉璃板貯江水及岸藻魚蝦孚丨丨〔南部記〕 乳洞南山丨丨乳滴作飛仙狀詳乳

小有洞玄中之洞三十六所第一曰丨丨清虛之天詳有 朱明洞羅浮有深洞約數千里号丨丨丨 華陽洞李允川政和間至和州游近郊不覓墜穴中黒如夜稍進漸明石缝中荷花爛熳天日晃曜有石基局闘誦經声不見人已而忽至道旁僧寺問僧乃滁州境也已是七日才一昼不其所至乃丨丨丨也〔夷堅志〕 犄玤洞元結迷乱入丨丨丨丨称子玤雲俱反詳叟 白鹿洞在廬山詳鹿 寒 居洞韓愈燕喜亭記云〃 腹空洞周顗丨丨丨无物詳腹 絧鴻丨縺〔羽獵〕〔相如〕祖通兒 動匀會云合上声匀通押 詷誗丨急詷言也 恫惚丨不得志 慟大哭 ○痛他貢切〔賈誼〕可為丨哭〔西銘〕痒痾疾丨 哀痛公私之積猶可〔賈誼〕丨丨 子心痛比齊婁訥之在并州母在鄴心痛而訥之是日心亦驚痛請急而还〔史〕唐婁敬辭心痛倍道帰而父卒〔史〕 孫心痛宗齊元御早孤養於祖母〃〃病元御在遠輒心痛大病大痛小病小痛 女心痛顧愷之登鄰女以棘針針其心丨丨丨丨愷因致其情遂從之詳針 念前痛戢翼丨丨丨〔殷詩〕 齲齒痛孫壽善為丨丨丨不忻狀詳齒 飲未痛一丨丨百觚丨嫌丨丨〔國〕 執若頸痛晋王敦入石頭彬数致云〃敦大怒王導勸彬起謝彬曰自脚疾以來見天子尚欲不拜何跪之有敦曰脚痛丨丨丨丨彬无惧色〔史書〕彬從 鬼愚腰痛宋徐秋夫善醫夜有丨言生丨丨丨為鬼撚痛請為芻人案孔穴針之秋夫為針三処灸四処明日來謝恩忽不見〔史〕 姚崇足無痛丨丨与張說有隙崇它日朝曳踵為有疾状帝曰丨丨甚丨平白臣心有憂痛不在足岐王醉下愛弟張說輔臣密戶入王家恐為所誤故憂之〔囲〕宋琛秋腹痛丨丨為相曰文宗曰王毛仲嫁女卿寺宜業鬲弟瑒往扱酒詡恩丨丨丨而帰詳客 ○宦頭痛耆司初坐香山頭痛如刺忽空中曰此丨丨丨視頂如五峰秀出詳骨 ○諷方鳳切誦也刺也○亦作風詩下以風刺上陳古以丨盧令司馬相如作賦以丨九 諷皮日休著丨丨丨七愛諸篇詳皮 焦厮諷唐李吉甫長於詩丨丨皆能丨之〔囲〕 左傳句日諷丨丨丨之〔囲〕後延篤字叔堅受誦〔韻會〕丨○仲直衆切高祖曰劾二仲業孰与丨多詳多 二仲〔國〕蔣詡竹下三徑惟与羊仲求仲從遊丨丨皆挫志 翁仲魏明帝鑄銅人二列司馬門外号丨丨〔水經〕往姓名曰翁仲者袁不可言古栢守丨丨丨〔開谷〕信言家間石人 產仲大篇 謂之丨其中謂之丨小者謂之筠〔爾雅〕篇三孔笛也 伯仲丨氏吹塤丨氏吹篪○從次群芳梅花差可丨丨之間尓〔後村梅花〕〔人名〕 〔姓氏〕中山管音八元丨甚丨熊之後一二公叔相公子慶父子孫号丨孫之後又湯左相魯○茂初元中丨西羌。仕東晋為尚書。仕唐為常侍習礼自名其家 ○夢莫鳳切〔韻〕乃占我丨元羊丨是想詳想 憂夢曾吞詳介僞遊 來夢帝沈酒失度每睡須侍兒韓浚飛蹴方振舒方得美睡因呼丨丨〔南部煙花記〕 息夢風鳴丨丨搖〔陳文惠公詩〕

華胥夢黄帝晝寢而夢遊丨丨氏之国既寤怡然自得天下大治如華胥之国〔列〕 巫山夢詳 南柯夢淳于棼 西壁 謝靈運夢惠連池塘夢生春草詳草 長庚夢李白母夢丨丨星而生詳星 黄粱夢詳枕即邯鄲夢 鈞天夢秦穆公夢至帝所觀丨丨廣樂詳樂 蕉鹿夢鄭人有薪於野者遇駭鹿擊而斃之恐人見之也遽而藏諸隍中覆之以丨丨俄而遺其所藏之処遂以為丨順塗而詠其事傍有聞者取之帰告室人曰新者丨得鹿不知其処吾今得之彼直真夢者矣室人曰若将是夢見薪者之得鹿邪詎有薪者邪今真得鹿是若之夢真邪夫曰吾拠得鹿何用知彼夢我夢邪薪者帰夜真夢藏之処又夢得之之主訟而争之士師曰若初真得鹿妄謂之夢真夢得鹿妄謂之実執有此鹿請二分之以聞鄭君丨曰嘻士師將復夢分人鹿邪〔列子周穆王篇〕 蝴蝶夢莊周事詳蝶 尋友夢八国時張敏高惠為友相思敏於夢中往丨行至半道即迷不知路如此者三〔韓非子〕 神仙夢窮者夢富貴達晋夢丨丨〔列子〕 飢渴夢渇人多夢飲丨人多夢食〔關尹子〕 医病人多夢〔鍳〕四 元戍夢東風吹宿酒瘦馬丨丨人多夢赦〔周〕丨丨〔國〕 鶡夢丨丨一云昨丨不住臣出外詳鶡 何以償夢陳章昭達文帝夢昭達升台鼓旦以告之後授大将軍陪宴帝曰卿憶夢否丨丨丨丨昭達曰當效犬馬之用以答官爵自餘无以奉償〔史〕 梨花夢丨〔戡梅記〕不与丨丨丨 瞢明目不 懵惛 ○閧胡貢切闘声也〔孟〕鄒与魯丨○揚子法言一丨之市必立之平

衆 衆声又哄丨丨呵唱声○唐崔琳傳群從冠蓋聯丨丨相望○堂突詳堂 ○傪 蒙弄切 蓋衣 ○霿 晦也

○賵 撫鳳切 六全年傳 賵死以東帛車馬曰丨 貨 財曰賻 公羊傳云 帰死曰丨 帰生曰賻 ○中 涉仲切 語丨偏丨 言必有丨 雍也 中庸 發皆丨節 不勉而丨 礼記律丨黄鐘 月令 詩周室丨 良在此○志目丨肯 詳肯 奇中 前李少君善為巧發丨 坐中有九十余老人 少君言与其大父游射処老人兒時從其大父識其処一坐尽驚又見武帝有故銅器少君曰此斉桓公十年陳於柏寝時器也按刻果然 史 命中 李陵力拖虎射丨必也 萬中 唐張鷟文辞猶青銅万選丨丨 百中 養由基去柳葉百歩射之百發丨丨有一客曰可教射矣由基後云 旁中 北斉時諺日本欲尋山 治中 九官府都郡之丨丨受而藏之云 史 周紀 射虎發前丨丨 趙老 史 風 中要也謂其丨 眠 鑷 言之要 酒中 丨丨 楽酣 上林賦 謂飲丨半醉半醒 射牛不中 丨丨 貫堅 丨丨百歩外兩發拂脊歷腰曰丨丨為奇中之何雖一發中之 詳牛 妙衷 折丨平也 孔子世家 折丨於夫子 後漢 綜 傳 宴制百 丨丨 姓于刑之丨 丘 不輕不重○又 至 丨 戎師前後擊之 ○衆 之仲切 語 退 子 五 呂 從丨 書 播 丨丨 六衆 晋士景伯問於丨丨 昭二十四 介大也 手丨左 師不在丨 介衆 公衆 漢文帝謂馮唐丨丨辱我 詳 処 拮 著衆 足 百 之 虫 扶之 十萬衆 媿 徵 諫討馮 帝遺 譜 諭 巣 遺子 入侍帝曰 微一言 丨丨 詳足 賢於丨丨 ○ 樊噲 傳 丨丨横行匈奴中 史 ○七

衆 比丘二 尼式叉摩那沙弥室羅末尼此出 人名 丨 不拜 詳 并 家五衆優婆塞優婆夷此在家二衆 傳燈 丨使犀于

二宋 與用同用

宋 蘇統切 左 六鷁退飛過丨 都 詩 丨不足微 宋 使丨丨作商官 詳 官 先生有才過丨丨 歴 沈宋 媿建安後江左詩 律 令丨約丨之閒 又加靡麗号為丨丨 宋之問 傳 二宋 宋庠与弟 号丨丨 大小宋 宋庠兄弟 韻會 東京 元嘉 姓氏 京兆宮音微 子啓封於丨 三十六代假為楚滅以国為氏 丨王 楚哀王与大臨雲夢之臺○作九卞悲 丞 原○為楚大夫 丨義 楚懷王以為上将軍号獅子冠軍 史 丨均 字叔庠仕後宋丘九江太守虎東渡江 詳 虎 丨弘 字仲子為宋大司空以清行著聞封曇平侯○不諧事 詳 旌 丨洛 字叔陽長安人為攸陝令号叙神父 丨邈 字令文隱居酒泉南山太守馬岌造焉拒而不見 詳 聲論 文虚先生○為国之琛 丨遊道 為尚書左丞入省劾李不避権貴 丨世良 字元友拜清河守 曲 隄盗弃它境後大赦郡无一囚牙門号神門 詳 四 丨九宗 雖 惷 事 詳 難 丨璟 邢州人風度凝遠人莫測其量為相務清政刑○梅花賦 詳 賜 封廣平公 謚 文正 丨之問 字延清汾州人与楊炯分直習藝館詩成奪錦袍 詳 袍 詩律称沈宋 見前 之問文章得父一絶 詳 絶 作明河篇 丨中錫 字廣平孤直少与可諫宋宗官事洩遷 丨綬 字公垂随州人召試中書真宗奇其文所於秘閣讀書之為集賢校理与父皐同在館閣○四入翰林 丨庠 字公序開封人举進士

試礼部俱第一弟祁字子京同試礼部奏名第一章聖后曰弟可先兄乎乃以庠第一而祁為第十○渡蟻獲報 詳 蟻 庠 鄭国公謚元憲 丨祁 字子京修唐書成進工部尚書○謚景文 丨琪 字叔宝位参政与丕不道九老 丨自遜 字謙父南島人号臺山詞筆絶高詞集名漁樵笛譜 丨玉 楚 逹 母通周官音義号文宣君 詳 假 宋延芳五女長若莘次若昭倶善属文不願事人欲以李名家若莘訓諸妹如嚴師德宗朝皆召五人入禁中問經史大義呼為学士 ○宋司馬女妻傳侯李白有詩 ○綜 子宋切 機縷也 錯綜丨丨 經文以尽 其変 左傳序 該綜丨丨群籍 唐蔣義傳 甄綜 先蜀 統謂顧邵曰陶冶世俗 機綜 溪毛乱錦襴衽 丨丨人物吾不如 鄉 史 機綜 虫 響丨丨 閔 人統 魏高宗親為沙門師賢等五 人名 人下裴以師賢為丨丨丨 盛 ○統 他綜切 漢書 春秋六 東漢人 南州冠冕 ○用 余頌切 廣 自 天地人三丨道 丨則小 記 好 自丨 三十年之通 慕用 誠 陳餘傳 丨丨之 足用 三冬文史丨丨 東方朔 揀溺用 之大 有 千文 松 施 制国丨 易 蔵諸丨 刀下用 蜀魏延夢頭上生角占者趙直曰角字丨也頭上用刀其凶必矣果為楊儀所殺 國 示可用 馬援 拠 毅顧眄 丨丨 詳 扙 以丨丨 詳 錄 丨 項羽有范増而 不能用 古來才大丨 毛錐安用 史弘 又廉頗事相类 丨丨 冀為用 丨丨 図 齒 丨丨子丨丨 丨丨 詳 捨 楚材晋用 楚声子曰 雖丨有丨 ○六用 不如 丨丨 丨丨不行 丨實丨之 袁州 ○六用 方 流全一 丨丨 毛錐 ... 都懷卷 足丨 詳 捨 丨不如 抽 手 坐 丨丨

大用 仲山云百丈得丨 丨黄蘗得大機 妙用 陳 尊 宿 遊 ... 山見藤 蔓纏 樹 一僧坐入定忽説 法云一切法門本来无丨 一切丨丨本来元用 因号 其 石 為 説法若 ... 才 ○頌 似用切 椒頌 晋刘臻妻陳氏元日献丨花丨云云美哉灵葩爰采爰献至容映之永寿 於万 晋史 栢頌 正旦楚人上松 丨丨 況 松 註 善頌 丨丨善 公禱 詳 輪 聖臣頌 王褒 作 酒溪頌 元結 作 酒德頌 劉伶 臨刘伶終其世著丨丨一丨而已 神雀頌 隋許善作 丨丨丨 文不 ○為文不在多一頌了伯倫 蘭 坡 加點筆不停毫 唐史 河清頌 鮑宋 照元嘉中河濟俱清照 遺愛頌 宋璟為廣州都督及去人立 丨丨 璟 歌商 為丨丨丨辞甚工 唐 公言以臣當国故為謚辞有詔許停 唐 頁 原憲曳杖拖履行丨丨丨 家貴 蒙頌 蒙頌即丨丨 似猿紫黑 公天子不得臣諸侯不得友 色可畜捕鼠勝猫 ○丨雅 ○誦 語 終身丨之 丨堯之言○朱買臣擔薪 春誦 夏 弦 記 丨 行且丨書 詳 董仲舒下帷 講 丨 詳 帷 暗誦 何 蜀 抵為晋軍從事丞相闕抵游戲不勤所職當奄往录獄抵閲之夜見囚讀諸 辭狀亮長往抵悉丨丨无滞亮異之 蜀張松看曹公兵書能丨丨 史 孔獨誦孔休源除儀曹郎每建議訪問前事隨機斷 諷誦 唐陸羽幼為 所誦記決之祉 府 謂之丨丨丨 梁書 浮 僧所得張衡 丨丨 南 郡賊不能讀危坐效群兒丨丨 有丨丨 篇○誦 成丨狀 師怒拘令雉草 図 九章惜誦 惜丨言也 多惜 其言而忍不發 ○訟 何 ...

域外漢籍珍本文庫

子部　第三册

以速我丨　召伯吖丨(語)使无丨乎　内健訟訟上剛下險　甚訟平(周)丨丨可不
旨丨(齊)文有丨凤伯文○婁丨鹿詳事　健訟く而丨丨　曾禮聚訟丨丨之家名爲
禁訟陳寔迁太丘長司官行部吏慮有訟者白禁　(後漢書)
之寔曰訟以求直禁之何申其勿有所拘
作賦申訟唐李文起以爲邯鄲令坐事人訟不得
貝詰申命丨蓮花丨合蓮華賞乃得直(图)　(周)三三天与水違行丨君子以作事謀始初
六不永所事小有言終吉九二不克丨歸而逋其邑人三百户无眚六三食
舊德貞厉終吉或從王事无成九四不克丨復即命渝安貞吉九五訟元吉
上九或錫之鞶帶終朝三褫之　○俸扶用切秩禄或作奉(選)增奉以厉其廉○孟郊举俸
帶終朝三褫之　漢光武詔增百官丨(選)進李縱月費丨錢
丨丨年五十調溧陽尉間往於投金瀨及積水郊之水旁　陽城俸唐陽城
裴回賦詩曹務多廢令白府以假尉代之分其丨丨(图)　有隱著
者候其得俸常往持　溫造坐不較火部不過言令俸安令民訴饑
錢之美月有丨焉(图)　奉一月俸丨丨丨丨辞比　唐盧坦爲壽
纖未就坦諭民第輸勿頑功臣妻給俸寵之丨丨　趙宋韓世忠妻和国夫人給俸以
限違之丨丨丨丨丨宋(图)　自此始(图綱)
縫无縫丨丨参縂縫差(同)(参)縂縫丨丨也詳總丨(詩註)　裘一縫徐傳世爲安匠能爲一縫衣
無縫唐敬宗時関東国献舞女(同)縫綵衣同双縫縫其无　縱一紈能暮引(繡)(飛)(湖)(故事)
縫丨丨丨而成其文巧凤(鬻)無縫丨(霍)合衡(图)　畫逃縫阮籍曰丨縫群丨之

処褌中逃乎深丨匿乎敗絮自以爲吉也行不敢離縫際　○無縫合盤石
炎丘火流不能出也君子之処域内何異蝨之処褌乎(图)　室
善道和尚見杏山僧衆相隨善道潛往確米杏山丨(貪道)雖　○共渠用切
俏曰无心璞子盛將來丨丨丨合將去説什麼(傳燈)消(傳灯)　(書)惟喜
康丨(語)与公共下丨丨(漢書李傳)張釋之曰法者与天下　燈火共衆婦夜績丨丨(图)　明月共千里共風與
朋友丨　公共丨丨
人共楚王曰快哉此丨寡人所丨庶人丨丨者也詳風(選)　樂丨丨　一樽丨丨　○封子用切菰根　封(書)往即乃丨丨　○
供居用切通作共(語)子　法供丨丨(華嚴經)諸供養中法供丨丨丨養最重見下　怪石供東坡以印師作丨丨丨丨一佛
路共之詳九用切
篇又以白石送梅子明亦云法供坐大之微物重(歐集)東坡於齐安江上得美
石二百九十八枚精明可愛以古銅盆貯遺佛印自後山僧皆得以爭水注
石爲供於禅　最後供東坡丨丨丨霜雪照人寒○坡
師自坡始也　後又寄怪石供与曹元翰故云天女供作丨丨丨(山谷)　聯持楚往句往
赴四天供僧問龍光和尚賓頭盧一身何爲丨丨丨
滕○同馬(任傳)從上上丨(姓氏)京兆角音周文王第十二丨丨伯之後以国　○雍於用切(書)禹貢
旋筆義從上丨○毅丨丨　(鑿)楚有丨(子)齊有丨(學)宋　丨州(左)部丨曹
有(鑿)(鋅)平去声通○丨雍室也　饔熟食○從　疾用切肥丨我若其由鈥
(图)從祖丨丨且侯詳(侯)　培也　丨○丨我於陳蔡者(十二)

從天子登曰丨侍從(同會)　傔從(漢)時謁隨使出疆爲少從　令從九十者天子欲有問
從丨(图)　窆從丨丨雜杳(實)　亦曰丨丨○傔傔兼并首尔珍從　(周)就其室以丨丨丨(記)
影從天官丨　賓從(漢)晏傳(图)窆從其從如　勞侍從丨丨丨之　姣女從謂安放
必以丨(图)状元騶從詳蒋中蔡文忠丨丨及第上(唐書)(唐書)　丨詳庐　情立鍪
丨丨(图)状元騶從命特給丨丨傳呼(東觀記書)　群丨騎丨　○從子用切亦作從
(王吉傳)放　故縱(漢)武作見知故縱帝曰(漢)(叔)獸処者狗也丨丨指視獸処者
從自若　丨丨之法　發縱丨人也○丨丨解而縱之(後漢)亦作蹤音同
七從葛亮生得孟獲縱使更戰丨丨丨七擒　雲從驛嬌弘丨丨(韓)天縱聖(子罕)丨丨之將
縱獲曰公天威也南人不復反矣(图)　(宋玉)　蒙丨筆鋒　縱丨丨(韓)　昌鼓
而縱李陵与单于相值出令曰丨(宋玉)丨氣蹤丨　○惷丑用切愚也　○種之用
縱丨声而丨鬭金声而上(图)　(宋玉)
切(記)陳義以丨(氾)既種(漢)朱虛侯曰深耕丨丨立春種布穀処二(唐)(李)陶
(楚)種桃道士詳桃稼種(苗)欲疏詳苗概音冀寄也　春種祥丨丨(图)　邁種丨丨
德和露種丨丨丨　天上碧桃(图)(宋玉)　手丨竹　○重柱用切韵會云合与上声通押○
(图)　亥丨丨　(王莽傳)鄭重猶命莊鍾頻也
○恐欺用切疑也慮也事見上声

三絳獨用

絳古巷切(光武紀)丨衣(国)晋(任延)紹田爲丨謂丕服(丨)(途)和戎詳平(李)
(漢)爲故丨○丨絳老詳老丨帳詳帳周勃封丨侯(丨)(絳)(龍)虎詳李
洚水不遵道(孟)丨(孟)若時雨丨詩丨(漢)道有行丨(詩)　○虹丨蝃蝀(月令)　丨始見
洚丨水警予丨丨王方平丨蔡經家詳降丨(降)
丨丨二女(書)丨理也舜爲匹富晋王丞天降後魏韋徵行安州刺史因誡子弟
夫能以理義降下二女之心(图)　曰此丨丨自丨丨乃勤苦所致
丨世(宋玉)○巷胡絳切(易)遇主于丨(史記)丨丨丨(史記)陳平(左)宮中長無相適諡巷之丨
(图)亦则丨議(語)陋丨丨　達丨丨文巷曰丨丨(列女傳)　諡巷之
丨(住)委巷是丨丨之礼也　衛巷委曲(曲禮)曲巷回凤　勤鳥衣巷晋諸王謝所居　白楊巷安
民丨丨丨(图)　金陵丨丨丨(图)　白楊巷阿
住丨丨丨蕭郎資住青　青楊巷上馬嵬巷王夫人居丨丨丨時号丨　回軒巷　唐張
丨丨号雨隽詳楊　丨諸王爲丨及者詳憶　志和
築室越州觀察使魏少游以其門(宋玉)花柳丨(韓)　閭丨　○惷陟降切愚也(記)丨
隘爲買地大其閎号丨丨丨(图)　而愚(史記)亦作戇
王陵戇(漢)高謂丨丨可　汲黯戇丨丨之丨復安孫堅戇　董卓曰山東軍无能
然少丨(本紀)　(汲)黯戇發矣(漢)武紀　爲也惟丨丨小丨宜
滇之仲宣戇丨王粲不甚见用章仲將曰丨
(图)傷於丨不高蹈有由矣(图)　○撞直絳切擊也

四寘與至志同用

五三五

寘 支義切詩｜彼周行卷耳禮｜之國士 忮 恨也國不｜不求又 觶
漢書寫一通ㄟ之坐側退諫寘發｜ 懻｜強害也或作伎 用
受酒四升揚觶晉智悼子卒平公飲酒曰蕢亦有過矣酌而飲寡人杜蕢
一云三升揚觶洗而｜｜公曰我死必毋廢斯爵也至于今畢獻斯｜｜謂
之杜舉觶尊者｜｜畢 執觶右手｜｜ ○避 毗義切 匹 丙辛不｜親 匪三
李記 舉觶者辛角記 鄉射禮 語｜世｜地○貴戚｜二勉
詳辭 退舍避｜三｜｜之所 以報也辟報 引車避 秦王會趙王於澠池 藺相如請秦王擊
日以辱之相如出而望見廉頗｜｜｜匿其舍人皆以為恥相如曰吾畏廉將
軍哉念秦不敢加兵於趙者以吾兩人在也今兩虎共鬬其勢不俱生云云
頗聞之肉袒負荊至 回面避傳 齊王琨謹慎頗師伯設文擊酒豕皆內效 無回
門謝罪為刎頸交 行至琨令崇丞上｜｜｜之然右取因
辛侯趙廣侯見事夙 居坐輒避 辛全委圭秦不好見錯 二所｜｜｜ 樹下側避司馬
避生｜所｜｜ 史 ｜｜盎｜｜｜發所居坐錯亦避 國 懿之 佐吏欲避 武昌諸
稽与揚楷同為黃門郎後楷為尚書令路逢 成儀導引 齎 佐吏殺
之於｜｜｜｜曰自避赤棒本不避御楷甚重之 詳 棒
浩之徒登南樓戲而庾 ○惴 之瑞切 詩 惴｜其 ○訾 力智切 慢 陵｜
亮至吏欲避之 詳月 慄 孟吾不｜｜焉 漢 魏王豹傳 高祖
罵｜群臣如奴 國 ｜道不可窩 記 ｜支又 齊 ｜草 ○跂 是義切
河溢淘二怒而｜ 離 外｜群也 國 務 人 辟 彼 辟 ｜艹 羅 配 話 凼

叔幽謂造之之 塩豉 王武子食羊酪問陸雲曰吳中何以敵此答曰千里蓴
幽暗叔五也 羹未下｜｜ 世說 齊王琨儉於用｜｜姜蒜並掛牙岗
宋史 法豉 但麥齋廚｜｜香豉金 摘食中豉 后侯宰崔悛鎮郢沉二妻欲宿
通傳 豉山｜製｜宅處莫及 ｜｜問之乃以豉為寨曰食自外來
倘或有故遂摘棄 ○積 子智切 蓄也 國有實其｜｜ 亦作柴 委積遺人
亦記由是猜嫌 史 詩 助我舉柴注 小新薪之｜｜皆曰柴 委積 掌｜｜
｜益少曰｜ 多積不矜｜｜多文 一日積 居則具｜｜之 柴 義与積同 會不別出
多曰｜ 禮 以為富 儒行 ｜日積 易米菜薪 野賜 伯州犁曰
○賜 斯義切 文帝既更 天賜 晉重耳過衛野人与之塊公｜君｜｜之
加賞｜以愧其心 天賜 子犯曰｜｜也 詳 塊
是妻君既於秦 賜秦 孟明釋之 孟明曰若從君惠而免之三年將｜君｜
草葬也 昭元年 賜 又二年 戰於彭衙秦師敗績晉人謂秦｜｜之師 僖公
人名 子貢 論 ○為 于偽切 論 夫子不｜也 ｜衛輒 毋詳 縣 毛遂曰合從
者｜楚非｜趙○｜｜已｜｜人 ○蝦蟇｜官｜私 詳 蟇｜
刘氏左袒｜ ○帔 披義切 晉 由帔 晉刘裕等起兵討玄使贏弱｜｜｜登
呂氏右袒 帬｜也 晉 袖帔 山分張旗幟玄禎疾還云裕軍四塞不
知多少 玄 霞文帔 唐司馬承禎居天台山 睿宗｜ 家任助子東皇西
其禎 史 帔名之 間道錫寶琴｜｜｜ 史 冬月為帔 華南容北叟並元
孝術流離不自振西華｜｜｜ 練裳道逢刘孝標矜之曰我當 ○賁 彼
為刎 作廣絕交論譏其舊友到溉見其論抵几於地終身恨之 義

切 書 三三 山下有火｜君子以明庶政无敢折獄 初九｜其趾舍車而徒
六二｜其須 九三｜如濡如永貞吉 六四｜如皤如白馬翰如匪寇
婚媾 六五｜如丘園束帛戔戔吝終吉 上九 應璩薦宜任以
白｜无咎○處飾之終飾終反素故曰白｜ 姓氏 侯 列曹之戰晉時｜高倩操
之 ○陂 偏任也 記 ○詖 辯論也 詩 ○陂 傾也 易 无平不｜ ○髲 平義切 易也
士立毋｜ 詖｜私謁 書 无偏无｜○被 詩 文王之化 書 光｜四表 史 吳辞綜曰
朱虛之發起於長吏睹其好髲 詩 ｜生民○寶錦｜事 詳 事与紙的通
取為｜○陶侃母截髮得双｜
押 綾被 侯 尚書郎入直供青縑白 綾被 後王祉守少林於京師見一書生金
綾被｜｜或錦被 漢官典職 彥疾生曰有金十斤相贈死后乞藏
戮骨命絕他帶一斤營葬餘置棺下 祉後署大度亭長有馬入亭中而 布被
止大風飄一｜｜｜ 隋 祉前此陰德所致也後告其家二餘金具存 史
公孫弘三公為｜｜｜飾詐釣名 国 張湛為漁陽太守去職｜｜褰而已○后
宣秉為御史中丞老器｜｜○惡姜先生卒覆以｜｜覆頭則足見覆足則
頭見曾西曰斜其被則斂矣妻曰斜之有餘不如 紙被 羊續為太守帷卧布被
如正之不足 高士傳 惡良綠娶｜｜ 嫁女 詳 討 敗則糊 史 刘子翼謝
呂居仁惠建昌｜｜詩○漢被 晉魏部為尚書郎或有非其人論者 上
又陸放翁謝朱制寄｜｜ 欲以法之書曰吾即其人｜｜徑出異被 土
異床下十斤被東｜｜西 招賢被 孟宗少遊学其母作十二幅被 百幅被 梁沙
｜｜詳晨俥被 書 以｜｜士大卧聞君子之言 被之損

不事產業兄之尚為狹被疏食以激之 三橫曰大 黃紬被 文潞公知榆次縣
丈夫富貴當作｜｜｜及后立功乃作｜｜｜ 史 題詩衙鼓上置向
誰被一面過二多過少不知它｜｜｜｜ 則酣李書畫被
裴曉眠熟探出頭來道放衙 澠遊錄 ｜面卧 孝書
鍾繇曰吾｜｜二十年坐則 寫文納被 撈文公億｜｜令子姪披出如每段
登地臥則｜｜致穿甚裘 用小片紙錄之時謂｜｜ 呂氏家塾
反覆錦被 晉羊晚妻辛氏字憲英有才鑒眺從人 駱尹被 晉光逸孟祖為博
覆錦被 子祜嘗遺錦被辛嫌其華｜｜之 史 臥駱尹被 昌小吏侯客昌見冬
李休連溫入令被中臥令大怒將加嚴罰逸曰若不 兄弟共被 後漢姜肱与仲
暫溫必凍死奈何惜一被而殺一人乎令奇之 史 海季江各娶
｜｜相戀不能別寢事繼
母篤愛兄弟｜｜而寢 史 將軍無被 吳隱之為｜｜ 詳察 ○累 良偽切 書 終｜
或有負 ○腹累 閔仲叔曰豈以｜形｜累｜｜ 冬月 大德旅敖
裕之｜｜安邑邪 詳 形骸累擇｜｜｜ 列 以 ○百口累 周顗曰
伯仁｜｜ 祖聞方外語便 王導謂
｜｜御 詳印 延門戶累 后魏宋處默謂子曰汝等辛至功曹史｜ 不聞有累 唐
良嗣坐僚婿累徙巢州其人｜足矣恐不能富貴從｜｜｜尔 史 蘇
往謁良嗣曰初｜｜｜ 史 盧名｜ ○寄 居義切 武 東方曰｜謂傳
｜倣○亭長｜声 詳 声 才為｜ 言語 王制 ○闕國南旋
劉又有盧區｜傳 詳 章｜與寄 色都之｜｜ 尉宛彩 請寄 傳 謂以私事相

丨丨物之偈　丨丨逢驛使　江淹夢人曰嘗以
折取是寄來丨也詳來　折梅寄丨与陸顗人詳梅巳錦裼寄丨丨丨丨宜以見
錦還詳　一句寄潘邠老得滿城風雨近重陽丨丨丨丨詳催　人生如寄丨丨丨丨多憂何為圖苦哉行獄市為寄
曹參屬後相以齊史門户丨腹心人名鄭詁呂祿事詳詁　○臂　早
丨丨丨丨詳市　丨股肱丨　知足不辱互見智　義
切孟翁丨○牽黃　交臂　丨丨愛事丞滕請和隱夫子謂顏淵曰吾終丨　授臂
犬丨蒼鷹詳鷹　身与汝丨一丨而失之可不哀歟　田子方
馮婦丨丨孟子有徵役之交窮蹴丨丨游其間　錯臂　甌越之民丨丨左袵謂捽
支窮有高於臂言以疾免役无所損也莊子　丹青錯畫其臂　趙世家
臂日暮之後過市朝者丨　蟲臂　所乎莊子大宗師以汝為丨丨乎以汝為鼠　螳臂　猶丨　怒丨
丨而不顧孟嘗君傳　言至微賤　以当車轍必
不勝任矣　接臂　史記李廣為人長臂○吳太公　半臂　來子珣任遊擊將軍衣錦丨丨
西天地　史丨丨善射　孟史　自異　玄宗后王氏愛弛泣曰
陛下不念脫丨丨易斗麪作生日湯餅邪詳餅　鄭愚以錦為丨丨以所業投
崔鉉三日貢消得錦丨丨瑣言　宋子京多內寵嘗燕曲江偶微寒命取丨丨
十余寵各送一被子京恐有厚薄　手摻臂　梁沈約云老病以丨丨丨察計月
之蘊竟不敢服忍冷而歸瑣言　小分半欲謝事求歸老之秩請三
司之儀帝不　繫臂　海內之勢如丨丨　絲繫臂　午日絲丨　結臂　晉武
許史互見腰身使臂　丨臂使指賈誼　索丨丨提要錄　繫臂

帝選士庶女子以絲丨丨其丨大將軍胡奮女名芳泣叫不從繫臂左右
掩其口史令定親家有用繫臂者社牧之詩絲絲猶封繫臂紗侯鯖錄　三
公折臂　相墓者言羊祜祖墓有帝王氣祜鑿其岡曰猶出折臂丨丨而无嗣祜果墮馬丨丨至三公而无子　大守折臂　梁劉之遴夢袁
冢曰卿當為折臂丨丨後隱
車丨右丨再為南郡太守史　吳起嚙臂　起出衛國門与母訣嚙臂而盟曰李
氏斷臂　王凝為號州司户卒一子尚幼妻丨丨携其子歸至開封旅舍主人
不納牽其臂出之李氏慟曰我不能守節此手為人所執引斧自丨
國斷匈奴右臂　漢張騫請与烏孫結昆弟是丨丨丨丨也史　○屈伸臂　猶如壯士丨丨丨頃
因　无量壽佛經百歲命終　慧
可斷臂丨丨既事達磨嘗夜大雪侍立不動逮明積雪已　至
過膝達磨取利刀丨左丨慈崩師知是法器詳雪　孟便丨不足
如夫人　使令左丨內丨
者六人　○芟　音寄切兩角為丨　菱四角為丨　嗜芟　屈到丨詳菱　折芟　後鄭啟隱處蛾陂中同郡
鄧敬因丨丨為坐以荷薦
園瓠瓠盛酒言　方舟中植芰　陳孫瑒為郢州刺史合十余船為大丨丨立亭
談弥日鄧悰傳　他丨荷丨良辰美景賓僚並集泛江置酒史
言可刻　琵吹笳却　突騎　后景丹縱丨丨　勁騎　彀弓之騎　甲騎　高祖　都騎如相
馬与胡丨詳笳　大破王郎兵史　彀騎　唐傳　乘騎
從車騎閒雅　飛騎　貞觀中選驍捷善騎射者　越　霍騎　梁楊白花又名華善作
甚都美也　飛騎曰丨丨從上遊幸唐記　丨丨丨一時妙絕史

虎豹騎　魏曹純所督丨丨皆天下驍銳史　李公騎　李瑒西征招募雄勇數百騎每有功軍中号丨丨丨後魏史　橫而騎　唐李
石為相道路妄言兵至京師謹走百官或丨丨丨徵石鎮靜幾乱唐　子儀單騎　回紇吐蕃合兵圍涇陽丨丨丨見虜諸酋長皆下馬羅拜唐
四　東方千騎　騎上頭古樂府陌上桑丨丨余丨夫婿居　將步將騎　呂布降曹操曰令布將騎明公丨丨丨天下不足定也史　將
三千騎　後魏爾朱兆勇戰叔父榮云兆不過丨丨丨多則乱矣史　從兩三騎　後周于謹位大傅有智謀每朝參往來不過丨丨丨
國丨不減嫖騎　何準高尚不仕曰第五之名丨丨丨丨詳五　晉車丨散丨姓氏燕將　○刺　七賜切　闕　下以風丨
上三刺　周禮司刺掌丨丨三宥之法一訊群臣丨訊群吏二訊萬民　半刺　庾亮其任居刺史之丨　雲刺　宋璟求仕表云霜毫生額
丨丨　漫刺　後祢衡尚氣慢物游許下陰懷一刺既无所
蒲頭　遺刺字丨滅○古无紙竹木書姓名曰刺　覆刺　後高彪嘗從馬融問大義融疾
不見乃丨丨遺　服刺　北齊孫搴李茂行薄嘗丨丨丨九李諧
融書云云融慚　束刺　謂曰鄉應自足何假外求一坐皆笑史　盈車刺　郭林宗名
显士爭歸之載　日作束刺　何思澄入華林撰遍略書思澄重交結分書与
刺常丨丨梁　賓朋校定而終丨造謁每宿丨名刺一丨曉便命
駕朝賢悉与押処即命食　索還名刺　北齊李元忠神武東出元忠乘露車載
晚还家貰丨必尽南史　素筝濁酒奉迎神武未即奉見之元忠

下車独酌謳詠朋食之謂門者曰本言公招賢後今國士到門不能吐哺輟洗
其人可知还吾刺勿復通門者以告神武遽見之因進從横之說續弘簡錄
遍談百刺　魏王侯縉七歲能屬文文帝請為賓客百餘人人奏一刺書其鄉
里姓名所謂爵里刺也客示之丨丨不繆一人帝奇之○史勾作
夏侯　未嘗修刺　後井丹性清高　候人　旨若芒刺　漢宣帝霍光驂乘上憚　魚鈎芒刺
榮事丨丨丨丨　之若有芒刺在丨史
詹何芒刺為鈎引　○易　以豉切說居丨以佚命孟丨其田　假易　見莫教而
盈車之丨詵魚　畮吳注云浛也百畝不丨為己憂　告諸天之
不丨丨也○不丨借　簡易　眦丨丨以恤削上林賦丨丨　四易丨道有丨揚子　三易　經
輕丨之人柳十三　衣長見恤削如刻畫作之也
日文章當從丨丨易見事　平易　周公曰丨丨近民　平易　功名有分　蜀道易
易識字易讀誦顏氏家訓　民必帰之史記
李白為蜀道難以斥嚴武陸　伯道易　宋范泰或問王忱曰泰何如謝混忱曰
暢為丨丨丨以美章舊唐書　茂度何如殷觀曰丨丨丨兒字茂度觀
字丨史　談何容易　東方朔非有先生論　居大不易　向居易初至京顧況戲之曰長安物貴
又生吳曰有句如此丨丨丨丨及讀詩野火燒不尽春風吹
居天下有甚難擬言　皇甚多易　漢竇嬰封魏其侯時郝侯兄相太后數言嬰帝曰魏其沾沾丨丨耳丨丨難以為相史
人名白居易樂天　○義　宜寄切　市義　孟嘗君遣馮諼收債於薛矯召債主入口券焚之还君問市何物曰丨丨丨而反君府藏盈積惟

父義尔詳勞 高義丨丨薄層雲詳雲 周官義韋提母傳父丨丨丨詳慢 不解易義齊陸澄詳易 方若行義李泌
言其泰也。第一義梁武帝問達磨如何是聖諦丨丨丨答云廓然无聖。須閒丨丨丨回向心地初〔出〕〔入名〕丨〔縱〕演武傳點吏 詳童
議〔語〕庚人不丨〔趙充國傳〕下公卿丨 巷議〔西京〕付街談丨丨 末議奉丨廷之〔馬廷書〕丨丨 諫義或問丨丨〔宣〕詔夫陽城於愈丨丨大
〔韓〕。喜丨丨得君不喜君得丨丨〔後魏張惠事〕 衆諮議後魏丨武初仕晋爲丨丨後歸魏言清貧守度人敬之皆呼丨丨丨〔図〕 儗〔史〕〔相〕如付
佗以俗丨注不前也俗音熾 譬知丨聖丨 匹賜切〔語〕近取丨〔孟〕長於丨喻亦作辟〔孟〕辟若掘井 漬疾智切〔左〕日漸月丨
〔鼂〕丨墨氣旧史。徐稺絜丨酒酹丧家詳絜 〔漢書〕侵丨染丨沾丨濡丨 眥目際也〔班固〕賓〔漢〕福不盈丨 決眥〔子虛〕付弓不盡發中
必丨丨。謂射者丨裂𧊲之目丨〔因〕丨丨入裂眥樊噲鴻門之會目眥尽丨丨丨並詳裂
飛鳥盖借用之謂人目眥決裂入鳥之帰処裂眥。張𠂻瞽戦丨丨
尾眥忤皃〔匀會〕丨丨舜目相內 蚍眥丨丨以領盼宋玉小言賦憑 衣眥丨丨謂之襟〔亦雅〕言丨丨交𣎴処如人眼眥丨頭 骴亦作
齒鳥獸殘骨。又云 埋骴〔月令〕掩骼丨〔記字作胔〕 求父骴唐士少玄父死乱兵少玄十歲哀泣丨尸時白骨覆壓或
露骨曰骼有肉曰胔 智先義切晁錯 𧁃底智慕容垂欲伐慕容求曰
曰以子血漬而滲者丨 丨襄詳襄 吾叩丨丨丨足以克之
丨也乃銕屬而獲〔因〕

〔晉職〕〔記〕過軀智陸侯多智魏帝曰 〔史〕 鍾碑智智之丨詳碑 古人智意 匠丨丨詳古 多老馬智
齐桓公伐孤竹还迷失道晋仲曰丨 〔韓子〕 農馬智聖賢之能多丨丨之丨車〔輕〕。
丨之丨可用放馬隨之遂得道 丨謂不如老農馬謂老丨丨之丨
鷸鷸智鳥莫智於丨 〔圖〕燕也 蜘蛛智 重耳奔齊見丨布網曳繩挽豢而食 蛣蜣智
丨丨之丨在於 三十里智 曰人之有丨而不如丨丨之丨乎詳蛛
轉九〔古今注〕 有智无智較丨丨。曹操事詳絹 曹公多智魏武征馬超觀者重 沓公曰汝欲觀丨丨
邪亦人也非有四目 多財捐智 疏廣曰子孫賢而丨丨則 丨其丨愚而丨丨則益其過〔因〕 姓虞無知陳虞 矣寄数
兩口但丨丨尔〔因〕
歲客嘲曰郎子丨丨必當丨丨寄 生愚死智史書皆非实録今人丨丨丨丨 瘦
曰文字不辨岂得非愚客大慙〔因〕 丨惑亦甚矣〔洛陽伽藍記〕
而多智丨丨丨詳瘦。 四智 唐士德倹丨 若悟二身即名丨丨大圓鏡智平等性智 妙觀察智所作智。根本智〔出〕〔楞嚴經〕 〔姓氏〕
晋丨氏之先与中行氏同出於荀氏自荀首始分族称丨氏首即丨季謚莊
子也〔縱〕丨季之子謚武子く丨丨 盈謚悼子世為上卿悼子く丨 躒謚
文子く丨子丨瑤謚襄子是爲丨伯〔吹〕宋岳飛 縋 馳偽切〔吾〕𢈔夜丨納師 膇
之客飛下吏决上書訟其冤秦檜怒并送詔獄
足膇〔左〕重 錘称權 吹尺偽切〔記〕季秋命樂正習 丨之疾 丨也 救〔国〕但作鼓丨詳救 徒吹和〔爾雅〕 丨謂之繫吹

丨丨蕩人心〔禪〕〔幽〕 橫吹落日一丨丨〔荊公〕丨丨 胡樂丨丨草堂澁巾北
〔因〕。吹竽笛也 張騫入西域傳之〔古今樂録〕 箛吹岳〔移文〕丨丨用南
郭吹竽 經鼓吹 晋孫綽云三都二京丨 字鼓吹 張旭聞鼓吹而 得筆法意詳字 蛙鼓吹 齊孔稚
事詳竽 付五丨之丨丨也〔因〕
鳴鼓吹候之闘群丨鳴曰此殊聒人耳稚曰 肉鼓吹 李庄遠性卞急一日不
我听丨丨殆不及此〔因〕又两部鼓吹互見蛙 斷刑則慘然不楽嘗聞
捶楚之声曰此一部丨丨丨 壽八十 給鼓吹 晋謝尚庾翼曰卿射中的當賞
二後盗發其墓分其四支〔朝野僉載〕 鼓吹尚聽声中之郎丨副丨丨
〔列仙〕 〔漢書〕 輕丨丨 戯 香義切〔左〕請与君之士丨 〔宋書〕叔孫通曰 賓戯 班固作
蹇丨丨 奈何以天下丨〔叔孫通傳〕 剪桐丨封詳桐 丨丨詳
部 角觝戯 曼衍魚龍丨 五禽戯 華佗体中不快起 乞寒戯 唐韓朝宗諫蘇
丨之丨〔史〕 作丨丨之丨詳禽 作丨丨帝
称美 潑寒胡戯 詳胡 棘門兒戯 周亞夫軍細柳上自勞軍云云曰嗟乎此 班
〔因〕 真将軍矣向者霸上丨丨如丨丨尔〔因〕
衣兒戯 老萊子年七十作嬰 兒戯以娛親詳衣 牧猪奴戯 陶侃曰樗蒱者丨丨丨尔詳具 塞冥大戯 臨江之
習其善出門与外犬 為丨犬共食之詳麋。 逢場作戯 鄧隱峯云竿木 隨身丨丨丨丨 〔傳燈〕 嘲丨嬉丨 潮頭丨丨
切亦作跂 跂垂足又登也〔莊〕楊墨乃始离 自以為得又丨彼織女 縊於賜切絞 丨也自經也 企去智 翅施智切〔說文〕
見紙勻

安得生 肉翅 袁雲其臺至高栐有未正鈴下卒着後登缘如猿後 垂翅丨丨 丐冥始雖
两丨 平也盖其两腋各有丨丨 數寸〔殷芸小說〕 丨丨回谿
終能奮翼 鶴孋翅 唐周岊鞠獄有仙丨丨丨胡孫碾茶之名。 飛將著翅 周後
遢雄也〔宇〕 李嵩則有鳳凰丨丨猕猴鑽火之名〔談賓録〕
韓果破稽胡く丨く丨憚果矯捷号為丨 翅 鷂兩翅 齊太守柏榮祖見翔鵲雲中
丨周文笑曰丨丨之名宣戒飛将〔因〕 曰當生取之丨丨丨丨毛羽
尺脫墜地无傷後毛 檜名鳶翅 平泉莊 丨丨丨丨
生飛去其妙如此〔因〕 翅檜珠子 柏詳莊 施 湯施丨普也〔語〕博丨
三施 楚有丨〔因〕 平施 称物丨〔謙〕 雨施 雲行丨〔乾〕 背施 〔左〕〔襄公〕丨丨幸 少施 谷〔因〕丨青春与後生
丨施丨〔因〕 丨施丨〔因〕 樂施 後尚書令符稚
貸曰天下物何常今日富後日 好施 晋都愔好聚斂積錢數千万 嘗開庫任 丨丨乞人塡門
貧亦勿心一日不施則不丨丨〔因〕 其子超所取超性丨丨丨丨一日散与親故
都尽く〔因〕。 擅施 丨詳 丨 音 丨不丨丨也〔孟〕 丨丨積 丨詳積〔記〕或源也或
〔因〕 丨施邪 奚翅也重 餕 於偽切 食牛也 委 丨丨也〔學記〕注源泉所出
丨泉 偽 危睡切〔書〕作丨心旁周 行偽 言偽而辯丨丨 情偽 設卦尽く
所聚 官王成丨增户口〔因〕 丨而堅〔家語〕 丨丨丨丨〔繫〕 恚
於避切 睡 是偽切 渴睡 丨丨丨 嗜睡 好酒丨丨丨其癖 棠睡 明皇謂貴妃此
報恚也 切 詳渴 已錮〔李中丞書〕 自海丨丨丨 本足詳
棠 龍睡 海上翁曰珠在丨頷下 鳳睡 蝙蝠与燕爭巣夜不決往問鳳 答睡丨
丨子得之遭其丨也詳珠 鳳丨凰方丨乃往投訓狐〔小說〕 參目行

數十步輒丨以物譬之乃書引睡引睡文丨夏侯隱丨丨渡水亦
起沉行後丨〔墨客揮犀〕信手畫〔國〕登山美睡閉目丨丨同行尚其
鼾聲而不醒跌人對客睡李重恩丨丨丨開目揚測射睡趙宋伐江南徐
謂睡仙〔續仙傳〕延壽出人意表詳〔稗〕鉉入奏乞罷兵
上曰江南主有何罪但臥丨丨海師曰它人睡時丨陳摶隱睡丨丨於
之丨豈容他人丨乎〔因話錄〕不肯睡丨丨千般計較詳〔輿〕
丨小則亘月大則我〔續墨〕穩丨濃丨与眠瑞〔唐書〕憲宗曰春秋不書祥丨今不得上聞六瑞〔玉〕王執
年方堯〔東南紀聞〕臥保寢通首
鎮圭公桓圭侯信圭伯躬圭子〔周禮〕五瑞輯丨丨〔舜典〕班瑞于群后○始則斂〔國〕
穀璧男蒲璧○以玉為信〔周禮〕五瑞公侯伯子男之圭璧既則班還之
瑞〔唐〕唐劉晏八歲獻頌人瑞唐劉人表自謂門地丨物文章俱美玉瑞典瑞掌
張說曰丨丨也〔唐〕人瑞天丨有五色雲丨丨有劉人表〔唐〕
器之藏〔注〕人執醉人為瑞德宗播遷人乏食允釀酒者後京師稍無瑞多瑞
以見曰丨〔孔〕醉人為瑞寧有一丨丨聚觀以丨祥丨〔鄭侯家傳〕
唐太宗曰家給人足而丨丨不害為堯三月雲為瑞唐宰相賀丨〔唐〕〔活套〕上丨
舜百姓愁怨而丨丨不害為桀紂〔唐〕豐年
丨○遂女恚切尔雅睡丨累也〔賈誼〕○至丨脂利切〔湯〕堅求後至為賈字伯藏子
玉治兵於蔿輟七人置三人耳國老皆賀子文賈尚
幼丨丨不賀曰不知所賀其〔傳六十七〕防風丨丨〔禹紀〕麇至立險反群也〔左昭〕

國川至丨如丨之方〔天保〕三至丨丨之疑○三人言曾參殺人母投杼踰垣而走詳杼又三言市虎事詳虎四至〔深乎〕丨前馬安
〔蒙求〕丨九卿庸夫必至○孟賁之狐疑不如丨丨之必丨一作童子詳去声寺贄鄭交質孟出疆載〔左周〕
〔左〕男女同丨是六贄禽作丨丨孤執皮帛卿羔大夫男贄丨丨大者玉女贄
无別也〔莊廿四〕馬士雉庶人鶩工商雞〔周禮〕帛小者禽鳥
丨丨不過榛死贄士執雉也委贄童子丨丨傳贄庶人不丨貌贄周公謂伯
栗棗脩〔曲左〕〔曲禮注〕而退〔曲禮〕丨為臣〔孟〕号贄禽之傳曰
吾所執贄而見者十人還贄而見者三十人丨丨之士百〔人名〕〔陳〕唐
余人云云於是吾僅得三士焉以正吾身定天下〔尚堯問〕直臣鷙
擊也執也〔月令〕鷹乃蚤丨○九鳥獸勇忿鷙湯武无丨丨之師〔杜丞傳〕趨鷙
猛皆曰丨〔曲禮〕前有丨獸則載貔貅丨文蔚性頗丨丨〔王察傳〕
父嵩丨丨曉兵蝮鷙太史公曰馬融較周丨毛鷙〔侯〕義猊以鷹擊摯也又
〔長孫皇后傳〕〔史記〕只苛酷如丨毒丨丨丨為治〔唐〕
國名詩丨〔姓氏〕以国為姓〔伯〕京兆人侯求初中隱於南山不應徵聘名摯握持
仲氏任丨重関西〔馬融傳〕女妻馬融〔後漢〕才李通博奔賢良晉武時擢
太子舍人撰族姓十○位于愧切〔記〕天地丨焉〔語〕不出其丨〔詩〕靖僕射位
卷奏之歷大常卿丨共尓丨小明〔左〕逢丑父与齐侯易丨
唐裴均附宦官為丨丨丨嘗入朝踰丨而立中丞盧坦揖而退之曰昔姚
南仲為丨丨丨在此均曰南仲何人曰是守正不交權幸者〔鑑憲宗紀〕丞相

充位漢張湯為御史大夫丨丨取問人不問位晉王澄至陳留問此郡人士
丨丨而已事皆決於湯〔史〕為誰吏曰蔡子尼江應元澄
向謂君侯丨丨丨丨丨丨豁笑而止〔史〕無位真人臨濟禪師云肉團上有
日甲乙等居大位者非君郡人邪吏曰○一无位真人汝等不識
有僧問師便打云○媢明秘切〔詩〕丨于天狐媢石勒曰不效丨僾媢忘丨
是乾屎橛詳橛子〔論〕丨奧丨竈媢丨取天下〔史〕丨媢丨以
背衆兮〔騷〕川媢水懷珠而川媢太宗曰人言魏徵舉動服媢蘭有国香人丨
上許緣反川媢丨丨〔漢〕嫵媚疏慢我見其丨丨尓〔困〕服媚丨之如是詩蘭
奪春媚高標凌秋嚴正色骨鯁不媚吳廣自恨丨〔活套〕姿丨嬌丨魅〔左〕魑丨死
媚丨丨丨〔歐新竹〕媚丨丨丨〔史〕
老魅後陳審謀誅宦官事洩被執黃門踢蹴好作鬼魅後張衡曰猶魅工惡
蕃曰丨丨丨復能損我曹員數否〔史〕鬼魅甚夫馬丨丨丨丨〔史〕
○鬼魅无形○遂徐醉切〔易〕无攸丨〔公羊傳〕大夫无丨事詳事又田六遂
故易作也問小溝曰丨〔禮〕夫間日丨本作遂依本文附此
五縣為遂〔鄭司農〕曰白三遂魯人三郊丨丨〔費誓〕国外曰郊郊外曰遂郊之
里外丨丨丨〔地官遂人〕兵其正也在天子則六卿之軍遂之兵其副也
在天子則六遂之軍兩寇並至故悉起正副容遂蘭○丨丨芄丨丨芄垂帶悸兮〔詩〕芄
之兵東郊受兵之地故止起三郊丨丨也鍚緩放肆皃
鑑遂京師酒店純用銀器雖一人丨丨之拾遂〔詩〕決丨拾決以鉤弦丨丨也
時亦用銀盂〔東華錄〕○謂一盌遂行拾遂著於左臂所以遂弦互見

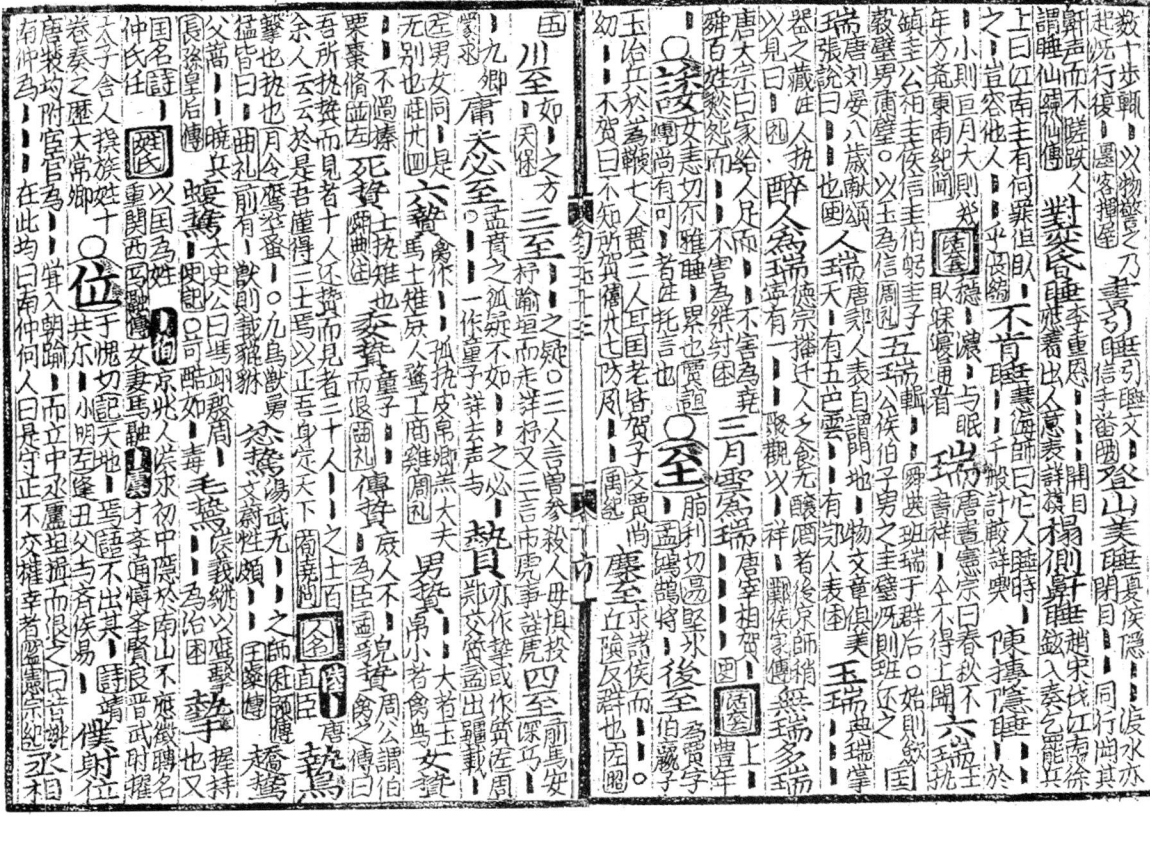

拾彊直自遂後宋暉為臨淮守民歌曰丨丨〔活套〕名丨志丨〔人名〕漢賢太
丨丨南陽朱季〔史〕暉字文季丨生丨字○脫
詳錐穎而出燧〔語〕鑽丨烽燧高士禮上作桔槔桔槔頭兜以新草置其中常低
之望其烟曰丨○晝燧夜火烽之有寇燃火挙之以相告曰丨又多積薪寇至然
烽○望樓无覆登曰櫓陰燧方諸丨丨大蛤也熟磨陽燧丨丨櫓名○韓
稽燧火向月下則水生詳蛤火注口酒不已詳
戴燧楚子命風駕丨丨丨燧乙火不如象尾燧楚使燧丨奔吳師○
〔文十〕燧以取火也取燧丨丨詳波火燒火燧繫丨丨〔定四〕〔活套〕
燧隧墓道天子有丨諸侯以下有羨道丨則上有負風隧大丨有丨〔詩〕亭
丨土〔左〕丨而相見○又徑路曰丨〔左〕晉文公請丨丨風隧○徑路也
隧起丨丨〔前西域傳〕夜并隧〔說〕陰文入為圃畦鑿隧而直隧從醉卒丨丨将
深險處開道行道入丨抱甕而出灌詳機出〔袁盎傳〕
有三隧丨丨丨丨丨四義隧謂上知天不闕延隧後趙宣葬親丨丨丨丨居其
道下智地形中察人情〔兵略〕隧中行服二十年陳番見之而
五子皆服中所遂丨綬○佩遂〔丁玉〕〔詩〕鞙遂死者
生遂致其罪〔史〕綫玉組也檖羅也似梨〔詩〕襚丨佩丨襚衣被
曰丨〔左〕楚丨遂田間小溝或作彗掃竹也又彗星挽擁篲高祖五日一朝
使公親丨遂溝詳遂篲搶或竟天或十丈二三丈擁篲太公太公丨丨
迎門卻行上大驚○魏文侯丨丨篲末韋帶〔禮記注〕丨之丨若今鞭穗亦作穟〔詩〕禾役
迎朋友握手懽如平生〔杜詩注〕穟穟彼稷之

丨〔秦〕〔尚〕九穗齊孟業守東郡麥一莖五穗嘉穀一莖丨丨〔北史〕六穗嘉穀丨〔相如〕五穗後魏〻蘭根爲岐州刺史部內麥多丨丨
〔史〕投穗唐代宗兵火之後中外艱食百姓丨丨以給〔監〕滯穗此有丨丨〔大田〕香穗一穗黃雲繞几〔容〕○忽睹異丨成丨〔傳〕並根
穗食共丨丨丨飲共逮理杯〔紫府合歡詩〕振穗行歌丨〔列子〕不容穗丨投撒之會丨〔唐張公謹事〕兩岐穗麥穗
丨丨詩岐〔語套〕拾○醉將遂切〔詩〕語言如丨桑葚如飲醪醪不竟自〔酉〕丨詳醪不可一飲不丨詩飲兀然丨詳醒衆醉丨丨獨醒
〔魏〕獨醉梁謝譓不妄交接有時丨丨日入吾室著但有清風對吾飲者惟當明月〔晉〕醒醉卒候遵丨丨酉時〔陳遵傳〕心醉卒憂丨如丨〔詩〕丨丨六
經〔皮中子〕後刘寬引見帝令講經寬於坐被酒睡伏帝問大尉醉邪寬曰不敢醉任大責重憂丨如丨〔晉〕詐醉卒王允之揔角從伯敦夜飲允之辭醉
先卧敦与錢鳳謀逆允之悉聞其言慮疑已便大吐衂出敦果照視見卧吐中以爲大醉允之還以敦謀白父舒与王導俱啓明帝〔晉〕骨醉卒唐高
宗王后蕭良娣爲武昭儀所誣囚之帝念后欲处置武后詔陽醉卒吳處翻伏杖一人百剔手足反接置釀甕中曰令二嫗丨丨數日死〔史〕陽醉帝丨丨孫
權去翻起坐權欲手劒擊之刘基救解〔史〕千日醉卒刘玄石飲丨丨酒至家而醉其家以爲死葬之酒家計丨丨玄石醒矣令其家發冢開棺於是
起坐棺中詳酒子反醉卒晉明日復戲王閱之召子反詳丨丨丨而不能見王乃覺蹈〔唐十六〕敢吏醉卒丙吉丨丨嘉吉曰第忍之詳囊

身易醉卒至德中專以官爵賞功及收散卒酉大將軍丨丨一通從丨一丨〔唐〕少醒卒孔覬字思遠醉日居多醒多醉而明曉政事醒時未嘗
有醒衆云孔公一月廿九日醉勝世人廿九日醒也〔南史〕後醒前醉卒晉顧榮爲齊王冏主簿冏驕恣榮恨禍終日酣飲後爲中書侍郎不復飲
或曰何前醉而丨丨邪榮懼禍乃更飲〔史〕終身不醉卒蔡文忠公侍濟州日至醉賈存道先生詩丕君恩重龍頭選慈母恩深鶴髮垂君寵母恩
俱未報酒如成病悔何追文忠自是丨丨未嘗至醉一斗亦醉卒淳于髡齊王問飲幾何而醉曰臣丨丨丨丨丨一石亦醉詳灿及斗與廟
神極醉梁宗室猷封汝臨侯爲吳興守每祀酹楚王廟神盡歡極醉神影亦有酒色後爲益州刺史爲賊齊狗兒所攻神領數百騎來救大破狗
兒〔史〕〔詩〕〔舊〕既丨大平也〔正大雅〕○邃雖遂切深遠也〔語套〕深丨幽丨粹卒〔易〕純丨精也〔荀〕天粹
天精丨丨〔揚〕〔問〕神玉粹金昭丨丨〔隱〕平粹卒嵇叔夜養生論思慮消其精神哀樂殃其丨丨真粹晉荀潘二子遼闊俱有名王廣曰闊
才明過邃庚亮曰邃丨丨之地闊所不及〔史〕萃粹文粹姚鉉著居連州寫所著唐文粹建撥府之才官吏多遣吏寫錄吏以爲吉以丨水噴之
異其速丨後焚其樓睟卒視正見又潤澤見〔孟〕丨然見於面誶誶也〔國語〕其還自伐齊丨申胥又言〔詩〕歌以丨止○音遂〔賈誼傳〕立而
丨語音碎隊韵收祟丨神禍征充傳丨在巫蠱○〔左〕楚子疾卜曰河神爲丨〔史記任安傳〕褚先生曰父乘富貴禍積爲丨丨○類力遂

切〔易〕各從其丨乾〔語〕有教无丨〔衛靈〕庶丨錫類永丨〔詩〕亦出類丨乎其〔孟〕淚羊祜墮丨碑詳碑血淚符生
幼无類祖洪甚惡之生无一目洪戲曰吾聞瞎兒一淚生怒引刀自刺出丨曰此亦一丨洪鞭之生曰性耐刀槊不堪鞭撻〔史〕苦淚眼黑〔國〕丨丨滿
忽淚王子敬過嵇公墳丨丨急迴首不竟沾衣情動不可制也丈夫淚丨丨張无才不酒肯別閒仗劒對樽酒恥爲游子顏蝮蛇一螫
手壯士疾解腕所思在功名寮別何足嘆〔臨川〕副急淚宋殷貴妃薨上至墓謂刘德願曰卿哭貴妃若悲當厚賞德願應声慟哭上悅以爲
豫州刺史令醫術羊志哭志亦嗚咽人問那得此丨丨丨志曰我自哭亡妾〔小史〕含辛淚符后死慕容熙制百寮於宮內哭无淚者罪之群臣
莫不丨丨爲丨〔盜〕染竹淚舜二妃至洞庭淚下丨丨即班詳竹崩城淚杞良死妻无子乃求夫屍於城下聞者皆揮淚十日城丨而死
〔記〕〔湘川〕軟綃紅淚錦城官妓灼〻以聚丨寄河東人〔麗情集〕丨丨多桔槔打淚唐莊宗伶人敬新磨每譏番鎮子弟衆切
齒訴於莊宗泣下莊宗責新磨答曰若此董淚用丨丨丨亦不出上大笑〔五代史補〕染蠶蛘淚南海有蛘淚和色着物登見夜隱〔詩話〕
〔語套〕燭丨丨兩稍丨丨○祕兵媚切陳平六出奇計頗丨丨〔李〕鴻宝苑丨書〔劉向〕諡弓檠也〔詩〕竹丨緄縢元作閉閟門閉
也〔語套〕丨幽丨深丨丨清丨毖音秘〔詩〕〔篇〕丨嗣王求助也〔周頌〕費魯邑語近於丨〔左〕○誅發於徒人丨詳發轡六

緣丨丨丨如濡〔詩〕車四馬各兩轡以驂馬內兩轡繫於軾驂馬外轡及夾轅兩服馬轡分置兩手攬轡范滂冀州盜起以滂爲詔使按察之滂登
車丨丨慨然有澄清天下之志〔唐〕執轡丨丨丨如組〔皇〻者華〕按轡丨丨徐行〔周亞夫傳〕安轡杜端〔北山移文〕弭轡丨丨於郊彌轡光絕
〔楚〕○上莫亦反斂也天地迥丨丨丨丨〔揚〕金鑾玲瓏〔李賀〕丨丨搖〔人名〕樂丨少宋華弱与樂相狎詳優○鑽
求位切匣也或作鐀俗作櫃本作匱〔書〕金縢之丨〔馬遷傳〕紬石室金丨之書玉匱匱多矣伯樂之廐多良馬下和之金丨〔韓〕〔説〕攉秀才
匱丨丨漢祖与功臣剖符作誓丹書鐵券丨丨石室藏之宗廟〔馬遷傳〕作鐀朱匱珠丨楚人賣丨爲不蘭之丨薫以桂椒綴以珠玉緝以翡翠鄭人買其櫝
還其珠可謂善賣櫝不可善賣珠也〔韓子〕匱乏也丨〔隱元〕〔詩〕君子不丨〔記〕則財不丨九百君子莫不代丨〔成九〕樂記〔左〕孝子不猶云承之
〔魄〕饋通作餽〔孟〕餽兼金亦作歸〔論語〕歸女樂歸孔子蒸豚〔陽貨篇〕中饋在丨丨詳人執醬饋天子丨丨三老五更〔禮明〕而
〔記〕爲令受饋王述丨丨頗丨丨日足當自止詳具遺簣土籠〔語〕未成一丨止〔書〕功虧一丨簣荷丨草器〔語〕○
〔集〕潰匹備切水暴至声又吳王丨丨○媿俱位切亦作愧〔孟〕仰不愧于天賞愧張武受賂金錢覺更加丨丨賜以丨其心〔文帝〕
愧馬援曰季孟丨丨子陽〔史〕潤愧林慙无尽不歇丨丨〔北山移文〕嘗愧梁刘歊曰受人遺者必報昔則有愧於人吾无以報人丨

丨丨有〇備平祕切畫官不必丨丨周官有丨丨无準備剩買田園丨丨文武
丨予史患說命與人不求丨丨左文事武丨丨閒張宗求詩
備尹翁歸丨丨百行備許允歸曰士有丨丨四時氣備褚裒雖不言而丨
備葬丨詳京鄉有幾曰皆丨詳容丨之丨亦丨詳秋
人名蜀主劉備乾精飯餈糗精丨丨恚憤而死史餈乾精唐郝處俊伐高麗未
處俊拗胡床丨丨不隗囂兵敗病且餓丨障賊遽至李軍危駭
頗密料精銳擊卻之史二千精李陵擊匈奴軍士㚖也詩內丨於中國
人持丨丨丨史壯大也又迫也怒
贔丨贔又贔也詳贔〇師所類切亦作率語僨師唐裴度韋處厚以高瑀領忠
三軍可奪丨也武節度先是擇帥悉出宦官
中尉所輸貨皆假貸富人倍以酬息及瑀有鐵帥齊高帝為諸王置丨一
命士大夫曰裴韋作相天下无丨丨矣史方之事悉以委之諸王不
得自專丨丨不在渠帥殺其丨丨志帥丨氣之民之師
諸王竟日忍渴史連率丨不能修方伯丨史建元也國
郡守縣令丨之戰後漢丨丨丨妓婢帥齊文惠太子宮人
帥丨丨丨董宗酒引兵帥栢溫避酒謝奕遂携丨一老丨丨共飲詳妓有丨丨丨詳容
〇喟丘愧切記仲尼之丨盖歸獨見莊丨然而〇𧹞窺睢切〇噎
歎魯也語丨然歎曰有餘又微紙韻恣望也
當利切通作𣧑孟㖧秦之炙有視詳見豹王弥豹声丨丨
同丨焉丨羊秦史馬周丨李紙韻豹視好乱禁禍晉史左右視上林

尉丨丨丨不側目視蘇秦幷相六國過洛陽昆弟
能對詳簿妻嫂丨丨不敢仰丨史記盲不忘視韓王信降匈奴
妻人不忘起丨〇利力至切易不言所丨曰僕之思歸如
者丨丨丨史並係聲語无見小丨孟何以曰丨耒耜之丨丨舟楫之丨丨
丨丨生孽蘊幅利晏子曰民生厚而用利於是乎正天時地丨丨蘊利
蓄也昭上德以丨之謂之幅丨襄二十八年牟利大丨〇言如牟虫
食矛爭利爭名者於朝丨丨小人爭丨丨丨佳人已屬丨富商大賈无所丨
漢書丨丨者於市史記平錢利之丨晉華記沙叱利丨丨詳鶯來往為
利天下熙熙皆為利丨天下蠅丨錐人名軍頭霍光漢將姓氏河南徵音
攘攘皆為利丨史記貨殖活套刀丨漢有利幾
又仙人利真源漢陽丨史比齊司馬勝之患丨十七茉莉此二字諸
人又利乾為中相莉年而神氣甚高然竟以丨終韻不收惟
玉篇音莉為力奚反註藥名今附收于此茉莉与素馨皆胡人自西國移
植南海陸賈南國行紀曰南越五穀无味百花不香獨此二花不隨水土而
變南方草木狀廣州花田尽栽詩話東坡莉譜耳見黎女競簪茈臨也詩
之戲云暗麝著人簪大全杜詩庭中紅丨丨冬月始威蔟成王將
涖政語莊以丨〇膩女利切美餚餳范至能詩丨丨滑流丨丨劉
之孟丨中國鳥膩丨丨糖能去丨丨因名涕膩阿房付
輿猶膩晉刘輿東海王越將召之或曰丨丨丨近則汙人史互見才活套光丨細丨〇劓魚器切楚王丨美人鼻詳鼻〇本作

劓刵詐知造化之不息我丨刵徐郎中丨人丨其鼻別以一天且劓其
𢂊劓蠡丨我丨邪詳黥亭劓鼻易之自亦鼻端丙詳鼻劓其
入丨丨丨丨睽卦丨丨劓若〇致陟利切孟可坐而丨易丨一丨而百書致献田
也丨丨丨丨言章傷也憲係辭左徵孫如宋丨女往送也書丁地若
操丨丨丨丨詳圖於皮丨丨致年傳除丨丨不可得及〇致至容言其文宗孝章延
曲言之而丨之曲禮丨丨之請〇謂人无罪文飾於法後漢陳
宣風致崔遠丨羅致文幕下詳幕巫致徐度曰此人不折簡致李密所丨丨詳簡幸
傳丨整峻丨而丨之可丨丨詳鷩
而致不可丨丨丨丨丨丨高丨丨深丨思丨丨蹟蹢也亦作躠詩載文踐江淹夢人家錦
丨丨也韓活套清丨佳丨理丨躓丨其尾願言則丨
四此丨章丨主濟丨試於蟻封果丨丨得一州便躓齊江祐曰昔人相刘瞻
矣詳錦馬躓而鄧馬如常詳馬丨丨丨丨今為雍州
相中顛丨丨至低也詩如丨如軒馬援傳居前丨懫天子止也忿也亦作懥
乎史活套倫丨丨丨不能令人丨居後不能令人軒丨心有所忿懥
鷙馬見鷹活套周鄭〇棄詩利切古作弃孟白髮丨丨丨丨天下猶丨丨
鷙黎丨丨左交丨散發後漢文紀俱丨細過〇終棄丨鑷詳符丨擿
弃老書丨丨丨周鄭鞶棄明主棄孟浩然對明宗誦詩不才丨丨丨帝雞肋棄
丨丨丨丨丨丨丨詳瓢曰朕未嘗棄卿奈何誣我因放還山窦紅袖弃丨丨詳魚得魚
可惜詳肋之則空地棄蕭何曰上林多丨丨丨前魚弃多則欲丨前所得魚也
頗令民得入田詳苑

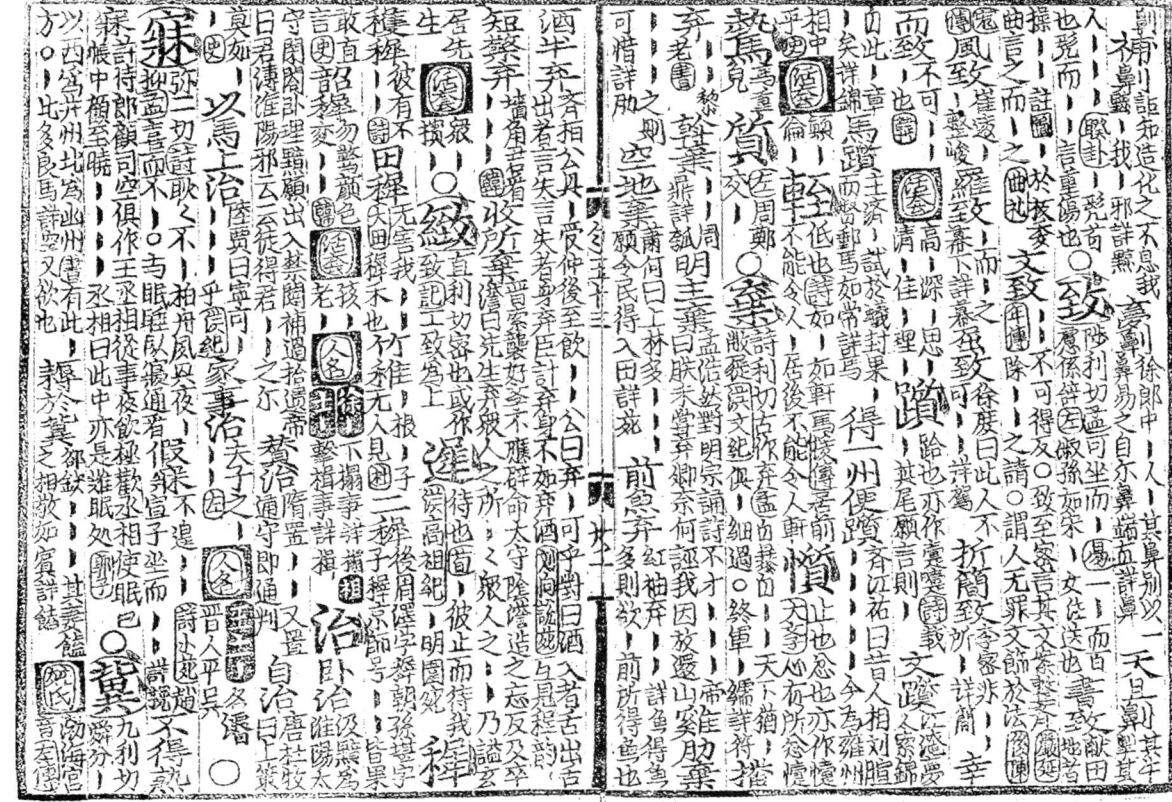

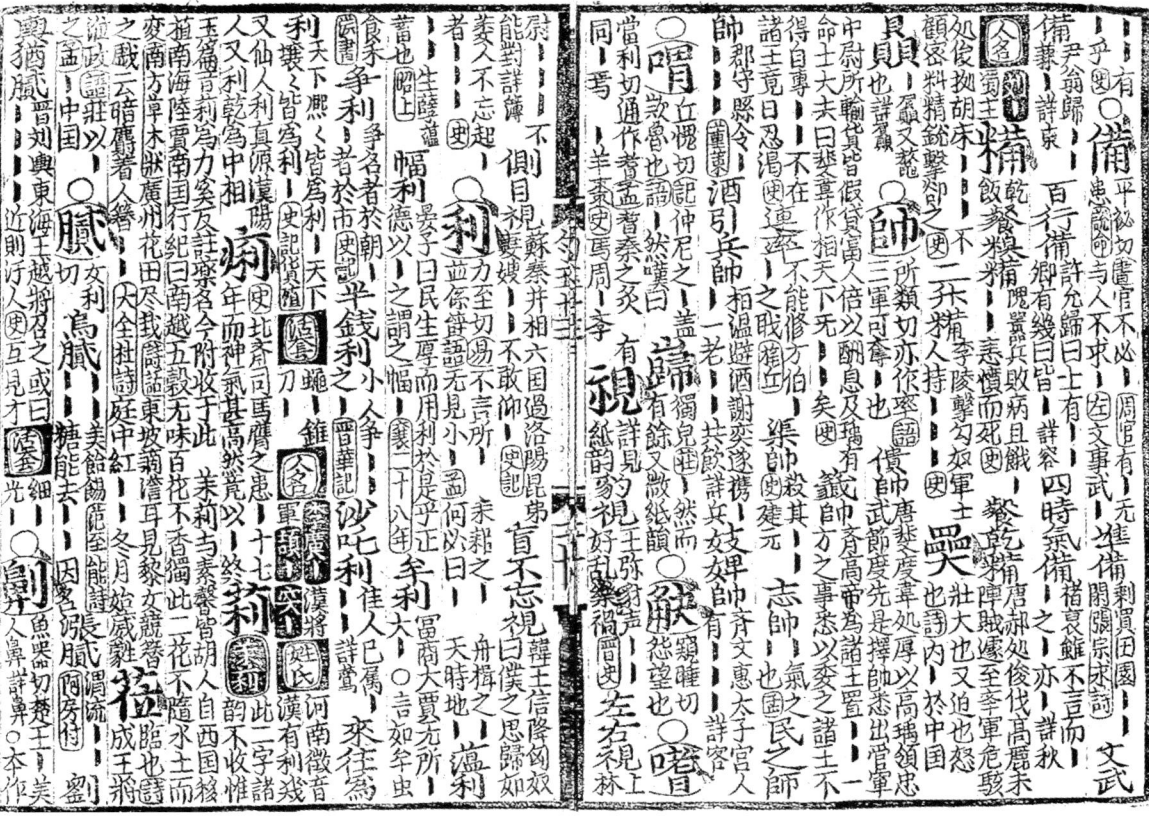

酒半弃齊栢公具丨管仲後至飲丨丨公曰弃丨可乎對曰酒入者舌出舌
出者言失言失者身弃臣計弃身不如弃酒劉向說苑與是程韵
短褻弃墻角丑眉國語收所棄晉客襲奸至不應辟命太守陰澄造之忘反及卒
丨丨丨澄曰先生弃衆人之所丨丨衆人之丨丨乃謚玄
居先活套蹤丨丨〇緻直利切密也或作致記工致為上遲待也前彼止而待我
生攢丨丨丨丨丨丨丨丨丨丨子丨根丨稺孟稚丨竹隹丨漢高祖紀丨明圃苑
褳稺彼有不詩田稺无害我丨丨大田稚稷不也稚无入見困二稺後周選學𣽅朝孫甚字
敢直丨丨丨詔變勿驚顏色活套老丨孩丨人名徐稚下揚事詳楊稚子稚京師号丨皆果
言史諂變丨丨韓丨丨丨丨丨贄治隋置丨丨又置治卧治汲黯為淮陽太
守閣閣卧理縣顧出入禁闥補遺拾遺帝丨丨自治唐杜牧
曰君薄淮陽邪云云徒得君丨丨之亦通守即通判丨
莫如丨史丨以為上治陸賈曰宜向丨乎漢紀家事治夫子之丨左人名王導晉人平吳冬治〇
丨丨丨丨丨丨丨
寐弥二切孟註眂眂不丨丨〇寺眠睡臥寢通者假寐不遑丨丨丨詩小宛趙不得孰
寐詩侍郎顏司空俱作王丞相從事夜飲極歡丞相使眠已丨丨丨尚懸〇冀九利切
丨帳中顏至曉丨丨丨丞相曰此中亦是難眠處郭子〇冀舜分丨
以西為并州北為幽州書有此丨丨丨丨其姜饁
方〇丨比多良馬詩望又欲也丨𠰱郤缺丨丨丨丨丨之相敬如賓詳饁姓氏渤海官音秦傳

莫国晋大夫郄芮食采莫邑[?]子偃膏性沈訾[賈誼]丨德驥驥不称力
謹善隸書持上摸寫周文引為記室[北史儒林]驥伏鹽車德丨丨称其丨也
[詩]蒼驥丨野誠躡緩市者何其稠云〻驥丨生絕域自十丨驥唐太宗取回紇
驤矜比无儔[韓]丨丨[詩]言驥反不如丨易信也 丨丨有駮雪驄
飛霞驃翔麟紫渴驥唐徐浩嘗書四十二幅屏八体 屡驥[蜀]蕭曰庞士元非
奔虹赤之類[史]渴馬皆備如怒猊抉石丨丨奔泉[注] 馬百里才使処治中
別駕之任始當 晞驥丨丨之丐亦驥之乘也丨丨 丨驥猶丨良丨之足而責以
丨其丨足尔 晞馬顏之人亦顏之徒也[揚] 絆驥丨千里之任[丹東阿王書]
人中驥[梁徐勉]所謂丨丨之 跛牂隨驥[祖恐]丨丨丨丨亦丨言 驥 強五 獅
丨与騏丨必致千里[史] 馬[晉]飛步不容[發][陶] 丨丨也
稠也刘[?]章傳 覬丨覦或作鼓[治鑒] 丨[希]○覬 丨其冀切本作洎及也[書]咨汝
深耕丨種 豈[?]覬可哉乎 丨丨義丨和丨復契丨丨鳥獸丨百
工蠙珠丨魚並音其器及餘 洎 潤也又 臮 衆辭与也[書]丨皐陶[史]
如丨皐陶丨声教並无音 与暨同 臮 乞冀切蠙珠丨魚迹古暨字
覬 至也[左]猶 覬 仰塗也[書]惟○ 悸 其季切心動[灵光]病悸田延年發
惧不丨 其塗丨茨 [?]心愧之而發丨 大義時瞿
光摘心曰使我 丨丨丨兮[詩]○ 翠 上醉切亦羽曰翡青羽曰丨
至今丨丨[困] 垂悸[?]悸下垂兒 丨小深青食魚翡大如鳩青
不深元光彩抹[?]不食魚○又碧玉亦曰 [?]翠晴嵐丨丨千 岩翠 隱陰一巳
翡丨能脣金又内則爲丨兜丨注尾肉也 爐翠万狀[廬山高] 掃丨丨寫

国門[?] 翠千峰横丨丨空翠 陰亮山行日丨丨爽人肌 織翠 辛[?]箔丨丨青
[?]丨[?]擁[?]之 [?]泉流濤人耳目[?] 如[?]高軒過 ○
二二 而至切[?]擇斯丨者[梁惠]下丨者不可得兼[語]聞一知丨公治[老子]一
生丨[韓]篇七除丨○有丨天[?]天[?]分而為丨丨○亦作貳[孟]二市賈不
貳 異二 蕭至忠欲獵深山黄冠者曰令勝六降壓丨 覆二二户外有 蘇二 山谷
起風即蕭君不出明日風雪大作[?录]二丨[記] 二[?]避暑
李氏園詩題詩未有驚人句 瘕斛二 詩 [?]秦得百二 固二万人足當諸侯百万
會與謫仙丨丨來謂坡公詞 丨丨丨丨丨 [?][?]紀秦地險
[前漢] 齊得十二 謂二千万人是 鄭侯錢二 蕭何為沛主吏高祖布衣繇咸陽
[書] 當百万[漢書] 吏皆奉送錢三何獨以五及即位
封丨丨八千户益封二千户以何送我獨贏丨丨
也[史]二謂二百五謂五百○与蕭何傳所載稍異 祝佗 佚二 衛侯將會使丨
丨丨丨 招大罪也 與 馬成二 宋給沈慶之三[?]車慶之曰我每履游田園有人
[宛]四 謂兼二 戰 時与馬成三无人時 丨丨丨丨 乗車安所之乎[南]
[史] 問五 對二 沈約謂刘[?]可聊試數事 問 試 劉二 比齐刘[?]文宣崩文士並
[本]四 [?]丨其丨約丨其丨詳九 作挽歌擇之盧思道用八
首[?]用二首李愔戲[?]曰盧八丨丨丨丨 海内[?]二 漢武責[?]立壽王云子
[?]衛之後因事[?]之大加鞭扑[?]互見采 智略[?]湊以為天下少
雙 丨丨丨丨今 不二 法門 詳 思而知之丨丨 頭[?] 貳 副也[礼]小宰之
甚不称何也[史]○ 門落在第二丨丨丨丨 丨又副車曰丨

車又疑也[書]任賢勿丨 禹謨[詩]元丨介丨 諸貳 謂東宮 攜貳 誰敢丨 絜貳 蠟蝶
心[語]不丨過[易]樽酒簋丨 貳與二同 儲貳[唐書] 丨[左] 貳也
内史貳 卿大夫賓能之 貳 酸[?]其丨辣 次 七四切位丨[乱]掌丨注自脩
書丨丨丨之[礼] 次 正処記日[?]于丨月令[語]敢
問其丨 大次丨丨小次[乱] 一曰五行丨二 信次 再宿為信過 造次 丨丨
[子路] 若今更衣処 初次 曰敬用五事[洪範] 丨寫丨[左]
必於是 志 遷次 丨薦[?]當丨 旅次 丨即丨懷其資 離次 畔官丨 功長次 [?臺]丨丨
遷也[?] 躐次 [詩] 得童僕貞[易] [?征] 丨之
[馬武] 齒於人次 晉庾亮致蘇峻之乱峻平上疏曰朝廷復何 髮次 婦人 依
[傳] 理丨臣丨丨丨臣亦何顏自次於人理[?] 首服
丨飛漢官 ○ 諮 乙冀切[詩]好是丨德 四 息利切[?]子
名詳飛 [?] 民[左]忠肅恭丨[文十八] [人名] 絕丨中庸君
子之道丨[揚都賦] 可丨二三丿四丨丨[?]六 晉人 四 [?]
都詳都 ○ 域中丨大 詳大駟 四[?]巧反 莫四 三丨丨 詳裹[?]四 日今資
并十乃得官朕[?]之 今 我 婆四 北齊婆謀之少有風格 考二十四 郭子 轉次
以丨丨丨得官詳并 邢邵每云丨丨丨丨[史] 儀
重四 明皇叱骰子丨丨丨 肆 [語]百工居丨 [李氏]丨丨丨也○
四丨上悦賜四緋詳緋 肆 丨諸市朝陳尸也 唐肆 是求馬於丨丨
者[?]羊 肆 暑丨說曰臣額長 雖肆 富民雖會以財業致富人号 今過路亭无壁
[国子方] 長返暑辛之丨詳辛 窠 肆 丨丨言路[?]有所得[?] [?]肆 梁言 肆 僧珍

兄子求官僧珍曰汝等 女肆 唐[?]以東[?]
但當速歸丨丨亦詳[?] 丨丨征其[?][?] 直 書肆 好書而不要[?] 堵
肆 周礼小胥縣鐘磬半為丨全為丨 註編縣之二八十六枚在一簴 神[?]丨丨也[揚]
肆 曰丨鍾一堵磬一堵曰丨○鄭晧晉後破鍾二肆 註肆列也[左] 元肆 龍
于泥丨其丨矣[?] 蚩尤蟠
蝪危禾丹[?]得丨志 咳之 伐肆 [詩]是丨是丨 註犯突也 恣肆 大丈夫 南金
[?] 鮑魚肆 与善人居如入芝蘭之室久而不聞其香即与之化矣与不 樹恩丨丨 [張]
[?] 善人居如入丨丨之丨又而不聞其臭亦与之化矣[家語] 枯魚
肆 莊子曰待我決西江之水而活汝對曰 [?]
肆 如君言不如早索我於丨丨之丨 詳稟 留酒肆 唐王績乗牛經酒肆留或
丨丨丨 [?]数日[?]○曾宗道与故人
飲詳飲 坐茶肆 [?]中詩 閔書 市肆 王充 事 周 士貴 肆 詳
得錢閉肆 嚴君平賣卜事詳 馬隊[?]肆 隊 駟 四馬詩 [?]丨丨丨[?] 詳本 拘
[?]駟 孔
馬无甲也○又 小駟 晉乗丨丨 [?] 駟四天子不能具丨丨 [平準] 結駟 子貢家
云淺薄甲也 駟 八也[?]十五 金駟 純色馬也丨丨一作駟 馬富累千
金丨丨千 上駟 四 齊田忌与諸公子馳射不勝孫臏曰以君下駟与彼丨
騎[家語] 中駟 四 取君上駟与彼丨丨取君丨丨与彼下駟既馳三輩
忌一不勝而再勝 不與 户 駟 四 司馬季主曰騏驥丨能丨罷丨丨 泗 出魯
乃得千金[史記] 爲駟 丨鳳凰不能与燕雀為群[史記] 国済

陰䓁氏(孟)　(韻奏)丨悰縱也(韓)蟋蟀鳴自丨〇李居悸切夫月曰丨末世亦曰丨〇
排准丨　皇太子弟曰惴丨(左)叔出丨処誤
以丨孟之　(介)(名)文丨強直自遂詳遂　(謚)(法)四諧朱暉字　(姓)(氏)渤海徵音陸終氏之子(丨)(連)之後
間詩之　一云嘗柏公子(丨)(友)之後宗功臣
表戚圉侯丨心傳封四代(丨)(文)(子)字行父忠於公家相三君而无私宮(左)(丨)
(武)(子)名宿以齊兵作林鐘而銘魯功(左)武子之後平子柏子康子並爲正卿
(丨)(布)楚人爲任俠爲河東守召爲御史大夫留邸一月見罷下文詳與黄金
一諾詳諾(丨)(元)(爲)唐人吉郊仁傑隱居太白山(丨)(鐸)字希声江西詩派中人(寰)
(呂)(氏)〇器去冀切(詩)(管)仲之神器詵天命以正帝位以明大器天下丨丨(寰)嘉穀不早
熟丨丨小哉　汝丨也神器丨丨有歸(文)(中)媲相(論)　大器天下丨丨嘉穀不早
晩成(選)　國器丨丨當　國器旁玄齡嘗爲　剱器唐張旭嘗見公主擔夫爭道又聞鼓吹而
熟丨丨詳郎　得筆法意後見公孫大娘舞西河丨丨而
得其神自此　欹器周廟有丨丨滿則覆中則正虛則丨詳欹晉時丨丨不存
草書長進(晉)　刑器形製杜預剏意造之。唐嗣曹王皐造丨丨以髹木上出
五觚下銳圓爲五形水器　利器虞詡爲朝歌長曰不遇盤　古器刘杳字士深
力均雖動搖不覆(亞)(史)　根錯節无以別丨丨(本)　　爲東宮舍人
昭明太子賜以瓻食器曰卿有　震器主器莫若長子趙襄子滅智伯頭
丨人風故遺古人之丨(梁)(史)故受之以丨(易)飲器爲丨丨(史)(記)又大
宛傳匈奴破月氏王以頭爲　名器惟丨丨与丨不僚器丨丨　忌器投鼠
丨丨〇註桿搕也丨酒丨　　　可以假人(左)　相如有才親丨詳鹿丨丨

(寶)(藏)器丨丨待　(策)時(保)(躁)　蔂器　嘗不根抵輪困離奇爲丨丨丨
厚白丨丨丨岢擊持禮樂器者以左右先爲之容也(鄒)(陽)(傳)　清廟器李玨爲侍御
才乎除礼部員外郎禮樂器く如入宗廟中但見晉夏侯玄洪夔目夏侯云夷　史李相章処
(先)(進)丨丨　成德器有人自詠丨丨從人求酒　　君子器人有士丨
不丨丨(語)　或擊之乃一破酒甕(顏)(說)　　　　丨之丨(易)
丨也果然身爲酒器吳鄭泉嗜酒臨辛曰願丨化　　　齊柏銅器李少君見武帝故
詩去声中丨士閭家取爲丨丨詳士　爲秦瀰器　銅器曰丨丨公丨
(因)丨不邊　珍器董儼給事知揚州延留胡大嘗宴出上方珍器　唐宋間之帽張
(洛)(賓)侍丨丨　　舟中激於石因假借珍器明日丨告而去後乃丨之(玉)(壺)(清)(話)
往丨丨〇　齆鼻鼻齆至切(馮)艮爲丨。　　　　掩鼻　西子蒙不潔則人皆丨丨而過
　　　鍔第如家丨詳齆　　掩鼻之(孟)　魏王遺楚美人夫人鄭
哀愛之甚於王鄭知王以己爲不妬因謂美人曰王惡子之鼻見王必掩之
美人從之王謂鄭曰美人見我必丨丨何也對曰似惡聞王之臭王劓其鼻
〇謝安能爲洛下諸生詠有鼻疾故其　斵鼻郢人堊漫鼻端匠石運斤成
音濁名流愛其詠或丨丨效之詳詠　　風丨之盡堊而丨不傷詳斤　擁
鼻張公庠詩丨丨微　　曷鼻(蔡)(邕)(傳)唐李熟視曰先王丨　　正郎鼻徐郎中夢神
丨吟半醉中(侯)(鯖)(錄)　丨回有　謂丨如蝎虫也　人攜斧盆其
中皆人鼻視徐曰形相不凖但鼻曲而小鼻徐鼻盆中擇一鼻十
安之神笑曰好丨丨丨也徐鼻自尔端直歷官丨丨(括)(異)(志)　針挑鼻　元載不飲

人以丨丨其丨尖出　紙墨鼻　宋齊立所爲碑碣命韓熙載八分書之熙
小虫乃大飲詳麾　　載嘗以丨丨丨曰其詞穢且臭(東)(軒)(雜)(錄)　蝿集
鼻　魏何晏問管輅夢青丨數十丨丨上輅曰鼻如天　　唐來俊臣因
中之山青蠅臭惡之物而集其上位峻者顛也(國)　酷往鼻以丨丨(國)
着犢鼻相如丨丨丨褌　　褌曬犢鼻丨丨於庭詳曬　穿牛鼻牛馬四足是謂天
滌器於市詳褌　　阮咸七夕丨大布　　絡馬首丨丨丨是
謂人(莊)　牛淨鼻時有婦丨丨　射中獸鼻　北齊元景安孝昭宴射一人丨丨丨
(秋)(水)　丨過(山)(谷)　　頭去丨寸餘帝命景安解之正中獸
鼻帶嗤　聽人穿鼻　梁武帝曰徐孝嗣才非柱　〇拽牛鼻石鞏禪師傳馬祖問
賞(國)　　石丨丨丨丨(張)(弘)(策)(傳)　　　曰作什麽曰牧牛曰
作麽生牧曰一回入草去便把鼻孔　心在鼻　西天大耳三藏云得他心慧眼
丨來曰子真牧丨師便休去(傳)(燈)　　蕭忠禪師再問再驗三問三藏
罔知去処緣丨丨三藏丨孔　(洛)(奏)　　　役巴
上它不見爲是太近詳心　丨　比　語周而不丨　大比三年則丨丨
謂使天下簡閱　九比丨丨掌　(孔)五家爲丨　　　(周)小司徒〇
民数及財物　丨之数(周)　雜比丨丨爲音　奇請他比　漢成帝詔曰法令
(陸)(志)他比謂引他類以比　(樂)(記)　佐　繁多丨丨丨丨(刑)
附之揹增律條也互見請　自許輊比　唐温造爲御史中丞時火延禁中御史
劾其丨丨丨丨　府獨不救火温自劾請入三十直宰相
詔奪一月奉(史)　(卦)(名)　䷇地上有水丨先王以建万国親諸侯初六有孚丨
　　　　　　　　之无咎有孚盈缶終來有他吉六二丨之自内貞吉六

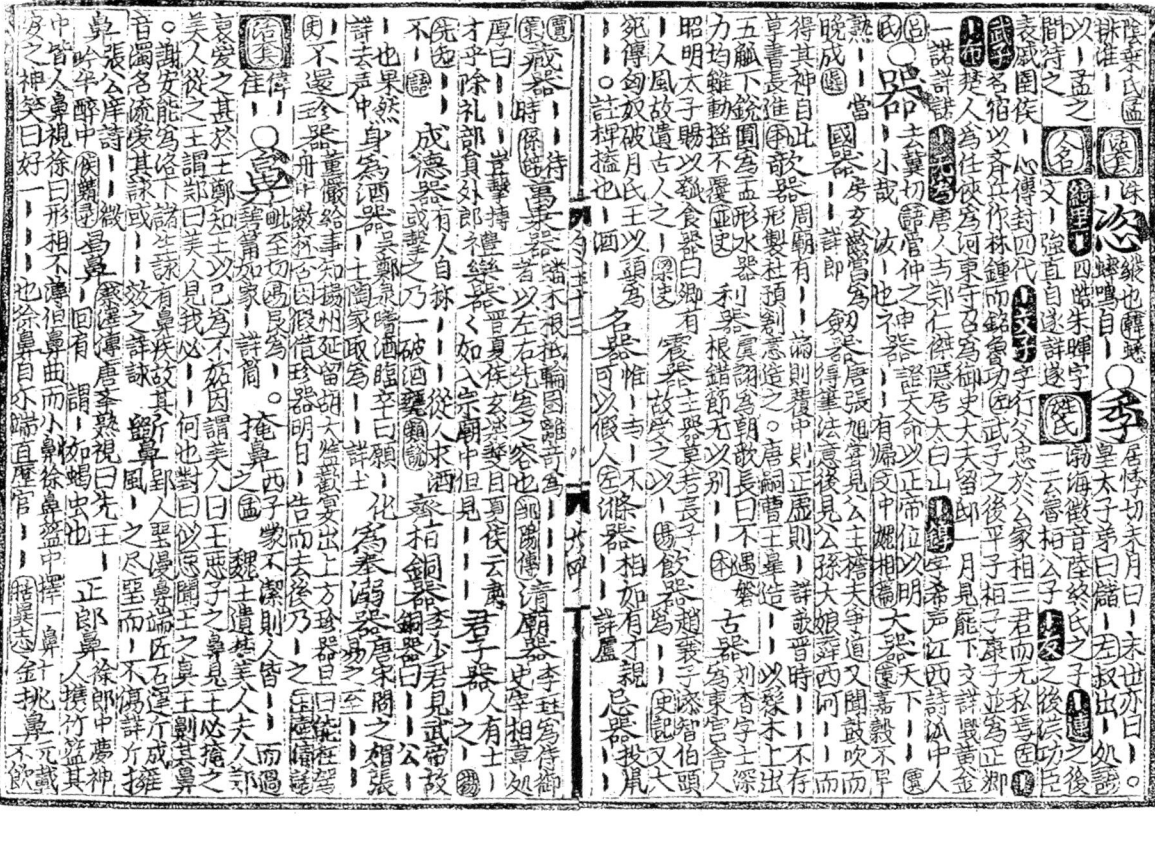

三丨之匪人六四外丨之貞吉九五顯丨王用　痺　家封
三驅失前禽邑人不誡吉上六丨之无首凶　有丨　〇睢　香萃切(孫)
功恣丨注　　　　　　　　　　　　　　　　　荀彧傳負
肆怒兒　　〇畀　必至切付也(書)帝乃震怒不丨　庇　鳥嘉猶能丨其本根
(杜)(注)　供範(左)是厲く若而不予丨　　　　　　(左)大丨寒士俱歡顏
〇萃秦醉切　七萃周設丨丨漢列八屯所以丨　　　　拔萃出類丨
　　　　　　拱衛王宮肅清徹道(白)(集)鮮萃乃物丨丨　　(孫)(丑)
(卦)(名)䷬澤上於地丨君子以除戎器戒不虞初六有孚不終乃乱乃丨若
號一握爲笑勿恤往无咎六二引吉无咎孚乃利用倫六三丨如嗟如
无攸利往无咎小吝九四大吉无咎九五丨有位　顇　楚詞形容顦丨
位无咎匪孚元永貞悔亡上六齎咨涕洟无咎　萃(左)(傳)无棄蕉萃　又
通作瘁悴(石)(山)　瘁病也勞也(詩)維躬　兄瘁僕夫丨丨(詩)出車丨兹也僕　殄
不亏金石丨　　是丨　生我劳悴　况瘁　丯夫亦以來戰因兹疲丨也
瘁丨邦國丨(詩)　盡瘁或丨丨　仕國(詩)　車澤人瘁丨必丨(國)　慶封丨甚丨〇地　徒四切丨東西二億
億三万一千五百里〇輿地大司徒掌丨丨周　　三万三千里南北二
或作埊塚籀文作隊墬　知廣輪之数(淮)(南)　丹地上丨(論)(衡)(傳)以丨淹泥塗殺　醜地羽　項
大王故王於丨丨而王宿縮地費長房過壺公能丨丨(神)(仙)(傳)　掃地祝欽明八風舞盡
其羣臣諸将於善地(國)　千里猶在目前　　　　　藏用嘆曰五經丨
丨矣　渾沌地詳　玉盞地長安永寧坊東南是金盞地破可復成　佳麗地江南
詳渾　　　　　竅　　安邑里西是丨丨破則不完矣(說)(郛)　　丨丨丨

丨丨國一足地丨借嘉問丨丨彈丸地之丨丨黑誌方寸地何借玉階丨丨難測地周顗
(元晦)(皮日休集)詳誌(貞半千)
拍額和心曰此中何所有 牛眠地陶侃母葬丨詳眠 無葬地唐刘出求謂裕孩範
曰此最是丨丨詳心 曰不殺武三思公等
矣(史) 丨丨丨當作名教樂地丨丨中自有 出一頭地歐公云當避
丨丨丨賦擲地金石声詳声丨丨詳樂 此人放丨丨
詳頭臥君於地刘備曰如小人欲丨丨下詳床 含笑入地詳(賬) 一敗塗地沛父老欲以高祖 寫沛令高祖曰天
下方擾今置將不善丨丨丨肝腦塗地(史)(書)無立錐地詳錐不為將軍地曰獨丨丨丨
丨丨吾不敢自愛(漢祖紀) 李
孚(曜)○金地也 牛鳴地佛書以一丨丨加少地逢人但覓丨 ○肆羊至
因 僧字 為去五里詳鳴 初紗地 (杜詩)
切習也(左)丨業及之 晏 肆晋国不恤宗国之缺而丨丨是屏(左) 條肆伐其丨 矣丨(詩)○
亦作肄(左傳)講丨 美斬而復生之餘曰肄言枿更餘也
辭同上 三師肆呉伐楚伍員曰若為丨丨以丨焉一師至彼必皆出彼出則
嫩條也 三師矣帰彼帰則出楚必道敝亟肄以疲之(昭三十)○肆猶勞也
勩勞也(詩)莫 ○饋 器 大兒巨盤 丨丨 (魏都賦)本作頁 巨盤
知我丨 切虛器 丨丨(吳都賦)寒氣丨丨頑无風(蜀都賦)
肄臥息也亦作嘷(吳都賦)付 ○示神至切(記)治国如丨諸掌 市
嘷嗒嘷率(註)開張也或作四(易)(記)見善以相丨(儒行) 示手握

出丨丨相 指示相如曰璧有瑕示請丨丨詳璧 舉玉玦示范增事詳玦 書廣晢示吏周勃下廷尉獄丨丨丨之
丨詳肝
詳皆 勺 諡(記)古者生无爵死无丨(漢書)賜之令丨 鄉人諡曰文父詳父 友共諡趙元卒其丨魏元忠宋之
問等丨丨為 門人共諡蕭穎士卒丨丨丨 無爵而諡晋王導云卿校常伯丨
昭夷先生 曰文元先生 丨不諡非也自後公卿
皆无爵丨丨(史)玄居為諡諡丨丨先生詳棄貽廣士諡宋丨故丨丨林 不當醜諡宋
礼卒大常以其奸巧自是諡曰專張九齡謂慶 ○自疾二切(周)知風之丨
礼在從陸三十年從亭晏然丨丨丨改諡敬 (語)晨門曰奚丨 扫共
惟同 ○墜直類切(左)弗敢失丨 亦作隊(詩) 天墜杞国有憂丨地崩丨者
出丨丨為国之基丨丨矣○与墮韻通有 曉之曰天積氣亦奈何
憂星墜丨赤流丨敗墜有丨丨若 醉人墜丨者之墜車雖疾不死其神全
(國)亮營星亮卒(國)救墜說(韓文) 也乘亦不知也墜亦不知也(列)
(逵)○出尺類切物自丨曰丨(詩)匪舌是丨 ○遺以醉切(書)大投艱丨
(生)(書)寶賞丨曰丨納五言我乃丨狂 (晉)(東傳)養虎丨患○子
清白經遺韋賢遺子黃金滿 羹遺潁考叔以丨丨
(漢)(賢)籝不如教子一經 矢遺楚子反曰无亦惟是(成二) 母莊公曰尒有
母遺繫我 丨丨以相加丨丨
偏无(国) 巾幗遺晉書諸葛亮遺司馬懿丨丨婦人之飾懿怒表請決戰 懷裔遺陸績丨丨 懷才遺丨母詳橘以安遺公

曰人皆遺子孫以危吾獨遺之丨丨未為无所丨也詳安 受采肉遺卓茂有言亭長丨丨丨丨何故言耶詳肉 者茂 劉肉
歸遺丨細君詳肉 東方朔丨丨丨 ○志職吏切(詩)在心為丨詩言丨○高山流水丨詳
(國)遺志(語)各言丨(孟)丨嘴夫有立丨万章(書)白丨惜
縣 十志班固廣之曰丨丨(史)遠志曰処則為丨丨出則為小草○小草有
馬遷作史爰建八書 桓温問謝安丨丨何以又名小草也謝安
丨丨相依在 昌黎作丨丨 賦自傷 齋志 丨丨
平生(四谷)復志 幼季既壯弗獲而作 永沉二(歐挽章) 丨 廊廟志山澤有
(國)山水志伯牙志在高丨丨 之
(梁志) 志在流丨詳音 人物志李守素為倉曹參軍通姓氏李世民肉
丨丨 鴻鵠志陳勝少時与人傭耕輟耕曰苟富貴无相忘 耿弇志
為丨丨 傭者笑之勝曰燕雀安知丨丨之 哉(史) 弇請定
可乎 漁陽取
涿郡云云光武曰常以為落 曹大家妻 踵成表志 詳班姓 暗寫五行志 梁陸倕借人
二雖今有志者事竟成也 漢書失五行
志四卷倕丨丨 誌記也或作識(書序)識其 一覽能識 祢
還之无遺(史) 政事(語)多學而識之 款識鼎文鑑无 (前漢郊祀志)
讀蔡邕碑丨 又 織 錦綺屬(禮)(玉藻)士不衣丨(禮)(王府) 詩衡
丨丨丨詳碑 自為誌 杜牧 文丨(詩)丨文鳥章(書)厥篚丨文 痣
(後漢)(高紀)左股有七十二黑子(註)即 紫痣 沈休文左目重瞳腰 亦誌梁武丁貴
丨也通作誌○黑子事並詳子 有丨丨 聰明過人 嬪有丨丨

在左臂而体多疣子年十四帝納之並失所在(史)齊明帝髀上有丨丨及輔
政江祏勸帝出以示人帝袒示与王供範曰人謂是日月相鄉辛无洩(回)(紹)
(傳)黑誌 趙太祖欲取太原趙普曰侯削平諸 足心誌 黄檗運禅師得道之後
諡国彈丸丨丨之地將何所避(長編) 忽思省侍父母一婆子
出問何処曰江西婆曰我家亦有一子在江西多年不歸因借宿婆親為洗
足運丨丨一丨甚大婆失記是其子吹曰運辞去於三星外說與鄉人云吾
母不識山僧但母子一見足矣鄉人報知其母丨丨趕至福清渡運已登舟母
一跌而終運不回但於隔岸秉炬法語云一子出家九族登天若不生天諸
佛妄言擲炬火然两岸人皆見其母於火焰中轉為男子
身乘大光明上生夜摩天宮後官司改福清渡為大義渡 ○置直吏切詩
持也(月令註)宿丨謂丨其皇(霜成傳)元直翁成之 丨其鷟羽
怒直与值同丨新歡於延賴(北山移文)並遇也 植立也(語)丨其杖
具丨丨(記月令)並植(記)行丨丨於晋国(註)丨猶專也 又種也 曲植
蚕器縣蚕薄柱 謂剛而專也丨立也(檀弓下) 倒植方正(賈誼)付 屬其植
大役与屬事丨丨丨(國)大司馬 大役築城邑也丨音值謂聚
會之也植謂部曲將史如華元為植之植一曰屬築城植幹也 華元為植宋城
丨丨丨(宣二) ○寺祥吏切廣韵官之所止既有九丨丨九府庭
將史監作者 所在皆曰丨丨○陳子昂以大理丨為出丨 蕭寺梁武帝造
佛寺令丨子雲飛白大書丨丨至今一字猶 白馬寺後漢明帝時摩騰自西
存李約之買歸建一小室以玩之号丨丨 域以丨丨馱經來初止

興肿丨因創丨丨丨丨廣福寺留寶轉丨丨福先寺皇甫湜作丨丨潘孟
寺始於此（事物紀原）丨碑詳碑丨丨碑詳碑酣遊山寺陽
飲丨丨丨（法書）省（書）罰弗及丨（詩）（法書）丨法飲（宋書）亦作詡食（詩）飲食數載
而已詳幽　子寧弗丨音　丨碑詳碑　雜食飲我盃食志
食（法書）蘇丨丨　○詞　相吏切竹器圓曰箪方曰丨（書）惟衣　經詞邊韶字孝先腹便便懶讀書但欲眠邊曰腹便便五經笥但欲眠思經事寐與周公通夢靜與孔子同意師而可嘲出何典記（宋）緩詞後馬紙閑有物赤蛇
功（法書）箪丨　丨詩臧以一練詳練　子嘲曰邊孝
分南北走許曼占之曰二歲後當為竹笥　後戴良五女練裳布被　發笥好丨班婕
邊將官有東名後為遼東太守（史）　丨丨本發而遣之（史）　中笥丨王丨丨藏之詳崑楚有神崑死三歲矣
詩弁捐篋丨丨一笥丨得丨丨中詳扇　餌笥都尉詳餌　鼓笥（唐儒學傳）堂者八千餘人
唐書笥　趙宋孫甫字之翰著丨丨七十五卷常別織其豪於一日出而家
攄發笥夫子廟秦書云丨吾丨丨避於池島遂及門曰丨丨在乎白在餘无所問
吾丨會稽鍾离意詳甕　思（唐）研精覃（易）教丨孔思周情
（韓文）詩丨思部蔡曰丨丨在（韓）稿丨　无窮臨卦（詩）哀以丨
（學）詩思雪中騎子上（韓文）　風思丨与瘋同憂病也　泣血（詩）丙无正　潯泉思李嶠曰含人思若丨
丨吾所不自家意思曰与丨丨丨丨一般無才思楊花榆莢　（韓）伺　（陸贄傳）李楚琳挾㕛
及詳腕

端有所沮丨七預反（人名）勇而訥（宋）晉人　司　也主　○試　式吏切（書）歷丨諸難明丨以功
丨可乃已（書）已丨之（效儒行）
面試　梁刘之遴八歲能作文任昉曰為之美談不如丨丨（史）　學仙七試　趙仙就張陵丨丨之詳桃　弒　（宋）祖紀或作殺
放殺方也（月令）桃　○幟　昌志切　旗也　漢幟　韓信拔趙幟丨立丨赤丨　電幟　（韓）蟄轆虹丨（韓）訟風
其主　始丨華蟬丨鳴　（法書）丨酒　○戭　側吏切大臠也。（記）左殺右丨（注）骨體
（通）　徽幟　（傳）旌旗之屬　丨丨　曰殺切肉曰丨
丨不設　稿　木立死者（詩）其菑其翳与稿　丨　剚　掃刃也（宋）（書）蒯通曰不敢丨刃　景帝召周亞夫置大
箸詳著　稿丨周（蜀）周公身如矩菑非相　○吏　力置切（孟）
孔子嘗為委丨○　天吏丨丨可以伐之（孟）　儒吏　兒寬丨丨若通於出務丨事（宋）三吏　使王
山濤丨非吏詳慮　天吏謂王者得天意者　儒吏以經術潤飾丨事
委於丨丨三　五吏　唐王勳為鳳閣舍人壽春等五人出閣有　十吏　往來供丨
公也（成二）五吏　司具儀亡册文勳令丨丨　執筆其辭粲然　丨十吏丨腕脫不
答歐（陳遵傳）陳遵守河南召書吏十人治　循吏　（宋）丨丨月夜登南
書謝故人遵凭几口占書數百封　丨傳　佐吏　武昌諸
都吏　二千石遣丨丨循行　樓儀而度亮至詳月
都吏○今督郵（文帝紀）　獄吏　周勃下廷尉既出曰吾嘗將百万兵然安知
丨丨之　張湯幼時訊鞫盜肉鼠文辭如老丨丨詳鼠
貴也（周）酒吏　高后令朱虛侯章為丨丨　俗吏　狄仁傑曰黃卷中方對聖賢
章斬呂氏亡酒者詳酒　語何暇偶丨丨語邪詳語　試

吏　高祖及壯丨丨（國）杳宴吏　丨（元微之）我是玉皇丨丨　朱衣吏　元稹在私第獨坐
初官曰丨丨　謫居猶得小蓬萊　有丨丨丨　羅出曰
相公今日登庸言訖趨出追之无人入朝果有制命數日又見云今日罷相
遲明報出中書（紀異錄）唐賈餗為知制誥拜常州刺史猶用丨丨丨李德裕
動還餗　清白吏　楊震守涿郡或勸爵産業震曰使後世称　刀筆吏　蕭何起丨
感之（史）　為丨丨丨子孫以此遺之不亦厚乎（後）　丨丨詳筆
漆園吏　好在（宋）莊子也　丨丨丨詩暮投　欲除吏田蚡為相權移主
未吾亦丨丨　石壕吏　村有吏夜捉人（杜）丨丨　上上曰君除吏盡
欲相吏　（宋）朱雲不復仕丞相薛宣曰田野无事且留我東閣可　避故
以觀四方奇士雲曰小生乃丨丨丨丨　邪宣不復敢言（宋）
吏　王戎故吏多至大官　崔祖吏　崔詳祖　貍吏　所化（古今異傳）　盡力吏　（宋）楊惲
戎相逢下道丨之　豫木本雷公丨丨丨　兄子譚
曰司隸韓嫣翊皆　按訊○猶　辯文吏　柳公綽曰贓吏犯
也俱坐事誅（史）　無害吏　遣丨丨丨丨　（晉百官）法法在姦吏弄法
法亡竟誅丨丨　令言公平吏　荀勗曰省吏不
詳文　酒吏　晉戴洋年十二病死而蘇　省官省吏　如丨丨詳事　不
丨丨丨　云天使其為丨丨丨（史）
去駭吏　內吉事丨賜勤事吏一級（隋官）　爵　刻木為吏　不對詳木　期　大暑酷吏丨丨
去丨丨　詳因
丨一行作吏　嵇叔夜云游山澤觀魚鳥心甚樂之　人不識吏　刘寵為會
詳弱　此事便廢（選）謂初作官　稽守徇不
夜吠丨丨　詳錢　○字　疾置切倉頡觀鳥跡始製文丨（易）女子貞十年不丨詳乳也（注）丨為褒敗　覃字　千字文乃梁武令殷
鐵石於鍾王書中搨一千字每字片紙雜碎无序
乃召周興嗣韵一日編綴鬢髮皆白（尚書故實）　問奇字　揚雄嗜酒丨丨丨　識難
字　韓魏公知揚州王介甫以新進僉書判官事魏公不以吏事許之介甫去
會有上書者多用古字韓公笑曰惜介甫不在其人頗丨丨丨介甫謂輕
已（総之）（闕）　不草字　吏書丨丨不作丨丨詳細　五代丨叔千狀皃堂之而不
丨丨　廣務性詳長与子弟為　安避字　通文字人謂丨丨碑普未契
州犯京師叔千等迎之出班吏言郎律德　詠劉字　垂拱中羅織事起江琛取
光曰是丨丨丨否當与汝一處飯處（史）　刺史裴光判書字字合成
文理詐為徐敬業反書以告前後推不能決勅令張楚金劉當丨仰
臥西窗看書字似翻丁看則不疑令琛投書水中字一丨解琛伏罪（僉載）
冠而字　見於經○之敬其名也（郊特牲）仪礼有冠礼周公作懿公封康叔字始
也曷為称字　（公羊）不若名名不若字字不若子（公羊）仪父者何邾婁之君
褒之也（公羊）　呼父字　晉胡毋輔之嘗醉飲子謙之厉声丨丨丨曰　勞撝字　陽
挑字心　彦国年老不得為尔輔之歡笑呼入共飲（晉）　城
丨詳考　中書五字　裴休制詞綸閣（國）五字之妙謂丨丨丨　舍人也。　舍人七字
趙宋呂蒙自貫重見賓客不　王增自中書除待制詞禁垣揮翰丨丨日宣
又數言曷七字丨丨（國史）　制誥二字　摛毫終是二字出郡終須借一麾（王禹偁）二字知丨丨也　曹

八字蔡邕題ㄧ娀ㄧㄧㄧ曰黃絹幼婦外孫齏臼詳絹 導引字六字特身已有餘居山有ㄧㄧ氣噓吁呬嘘呵呼也ㄧㄧ止識
十字蜀王平為鎮北大將軍所識不過十字而口授作書皆有意理使人讀史備知大義史 識一丁字張弘靖曰挽兩石弓不如ㄧㄧ
ㄧㄧ詳ㄅ千金一字呂不韋著呂氏春秋暴之咸陽市懸ㄧㄧ上曰有增損ㄧㄧ者予千金時无能者史ㄧㄧ其 識石室字王烈入河
東抱犢山石室有兩卷素書不知其字不敢取頗譜十數字形体编示嵇叔夜尽知其字乃將叔夜往失石室所在 不識紀字臧紀叔梁紀皆
音恨發切而出多呼為紇。小說唐肅頡士閻人誤呼武仲名因曰紇字也ㄧㄧ今呼瞎愈誤矣 子不識字北齊邢邵感虫之美獨步當時
二ㄧㄧ大德大道略ㄧㄧㄧ史 未正朋字刘晏以神童為秘書省正字方十歲上召入貴妃置膝上為施粉黛上曰汝正得幾字晏曰天下字皆
正惟朋字ㄧ明皇雜录 怒呼小字許攸嘗於衆座呼曹操小字曰鄉非我不得冀州操笑後殺之 撰記減字錢思公鎮洛命僚屬
各ㄧ河南驛ㄧ謝希深七百字歐公五百字尹師魯三百八十字歐乃別撰一記更ㄧ師魯十二ㄧ尤完粹有法湘山野录 獻三十字唐晉
州男子詣謨持符詣葦席行哭長安市曰欲ㄧㄧㄧㄧ一字言一事即不中以笥貯葦席暴奔之代宗召見言闘者願罷團練使監者願罷監軍之類通
占事以字臨卬費孝先傳晉軺執章ㄧ術或因字以決吉凶或一字而數人占得之其應不同 禮樂三千字趙宋夏竦對策廷下
有老宦者以吳綾手巾乞詩題曰殿上袞衣明日月硯中旗影動龍蛇縱横ㄧㄧㄧㄧ獨對丹墀日未斜 獮豸不識字唐侯思止求為
御史高元礼教之曰如問君不識字但能獬豸不困 對以ㄧㄧㄧ何嘗識字 自不識草字張天覔好草書而不工嘗使姪録其所書詩姪
問此何字天覔熟視詬曰胡不早問致吾忘之冷斎夜話 君前諱字漢夏侯勝嘗朴謂上為君或誤相字於上前上以是故親信之〇
不立文字達磨ㄧㄧㄧㄧ者恐執文滯相也要覧若是正因一字也无詳因 孳字乳化也書鳥獸ㄧ尾ㄧ字交ㄧ安平准書
擯而不ㄧ犛字千斤大牛負重得聚會ㄧ廳牛不若ㄧㄧ詳牛 捲角字周伯仁言刘真長是千斤犗王笑其言有盤辟之好ㄧㄧㄧ伯仁曰不如ㄧ世說
識王 畜五字猗頓言欲速富不公也ㄧ如ㄧㄧㄧ牛安記 誤黑戍字王獻之ㄧㄧ落ㄧ因益ㄧ烏駁ㄧ牛詳牛 〇牸田吏切直
視也靈光賦睹斯而ㄧ而不敢階 〇餻仍吏切 糗餌周礼羞边之実ㄧㄧ粉粢食詳
都賦都梁ㄧ西 糕或謂餈ㄧ許慎曰餈稻餅也炊米爛擣之也粉者以豆為粉糝餈上也餌則先屑米為粉然後溲之說文 粟餌漢武宫人賈佩
酒云今人粒餌詹何剖ㄧ爲ㄧ引 粟餌合ㄧ見糕 更餌ㄧ食ㄧ飲菊花
寺ㄧ見糕 果餌北斉邢子才聡略簡易ㄧㄧ之属ㄧ或置之梁上客至下而共噉史 芳
餌ㄧㄧ之下必有懸魚重賞ㄧ宮餌任公ㄧ音奔犍牛為ㄧ 鮑餌人垂二尉之
食之下必有死夫黃石公記 牛食釣於東海得大魚詳魚 月餌餌銅過而為

食更以ㄧㄧ之半体則吞之子思曰鯛鲂餌見貪以死ㄧ士貪以死禄孔叢子詳餘魚 食ㄧ蚓食吞舟之魚不以雖爭是以垂海而望
食垂餌者皆小魚就科 五餌賈誼欲施ㄧㄧ三表以係單于其術固以疏矣目者皆小魏唐選舉志
口音樂婦人以壊其耳高堂邃宇倉庫奴婢以壊其腹來降者 賜之盛服車乗以壊其目盛食珍味以壊其
上召幸之娛樂手食之以壊其心此ㄧㄧ也困三表辯見表 一竿餌後漢光
武微時以事拘新野嚊餽餌ㄧㄧ後拜河 人為餌李白謁宰府板上題云海
東都尉戲曰ㄧㄧㄧ得都尉〇ㄧ餅也史 上釣鰲客李白相問以何
物為鈎線曰以虹霓為絲明月為鈎又曰以何物為餌曰以天下无義氣丈夫為餌丞相悚然 釣不設餌張志和ㄧㄧㄧ
短李為餌張祐謁李紳自称釣鰲客以虹為竿以月為鈎問以何為餌曰以ㄧㄧ相ㄧㄧ紳厚贈之大唐遺事 食志不在魚也詳釣
王安石賞花釣魚各以金碟盛釣餌藥置几上安石食之尽上曰安石詐人也ㄧㄧ設之不情也 誤食釣餌宋仁宗朝
石食之尽上曰安石詐人也ㄧㄧ後尽之不情也 活套 釣ㄧ香ㄧ貪ㄧ 毦毛飾也續羽ㄧ罽
為衣一曰稍毦宋竟陵王誕將敗燮人 投毦諸葛亮初見先主二好結毦時
覺鍪上飾ㄧ毦曰官須燮為ㄧㄧ史 方以氂牛毛結之亮曰明將軍
但結毦而已邪主知非常 五色毦 梁元帝子方諸侯景入城方諸
人ㄧㄧ曰聊以忘憂尔史 尚以ㄧㄧㄧ蹋鮑泉鬚被執史 嗶口旁曰ㄧ
刵或劓ㄧ斷耳書无 珥事詳紙韵 〇使踈吏切詩 君遣使臣 星使漢和帝遣使覘風李郃見有二使ㄧ來向益部詳星
槐使淳于棼夢二使扶入古ㄧ穴詳槐 驛使ㄧ折梅逢ㄧ范曄 鳧使魏以諸曹走使曰ㄧ鴨取其迅速詳鴨 間使漢發
下斉 八使選使ㄧㄧ張綱傳詳輪漢紀 清詔使范滂詳黨 直指使傳詳斧 信不疑 花鳥使玄宗歲遣使選擇天下姝好号
ㄧㄧ史 探花使進士杏花園初會曰ㄧㄧ宴以少俊二人為ㄧ若它人先得名花則二ㄧ被罰歲時記 亞父使陳平見楚使佯
驚曰吾以為ㄧㄧㄧ乃項王使更以惡草具進詳草 明駞使交趾進瑞龍腦楊妃私發ㄧㄧㄧ持三枝遺禄山ㄧㄧ者眼下有毛夜明日行五百
里図 黒松使玄宗見墨上小道士如蠅而行上叱之即呼万歲曰臣墨之精ㄧㄧㄧ者也紀聞 還丹使茅君或鶴飛入帳者九轉
傳 ㄧㄧㄧ清江使詳亀也宋傳 ㄧㄧ者 徙 犘躡跟不 駛 馬行疾 又 活套 風騣ㄧ 一曬 晹 也
中山靖王傳 白日ㄧ光 〇廁初吏切漢書漢王起如ㄧ續幽怪录ㄧ神曰郭登蓬頭青衣每月出廁象
襄塗廁趙襄子滅智伯ㄧㄧ変姓名入宮ㄧㄧ欲刺襄子襄子如廁心動獲ㄧㄧ曰義人也釋之史 又雜也梁穀傳ㄧ之賓客之中予
ㄧ中得出遂 范睢置廁乃簀巻ㄧㄧ佯死
相秦詳袍 郭璞在廁璞与桓彝友善璞曰卿但不可廁上相尋主客有姨
璞撫心曰非但禍吾彝亦 彝醉詣璞逢在廁掩覘之見璞裸身被髮銜刀設醊
不免矣後王敦斬之晉 漢武踞廁ㄧㄧㄧㄧ見衛青図居高踞其边 曰廁一云床边側也非廁溷之廁劉熙

如厠‖‖謁石崇‖‖見絳紋帳茵褥甚麗兩婢持香囊寔便
退笑謂崇曰誤入卿内崇曰是厠耳寔乃更如他厠（晉史）王敦如厠‖‖
‖‖食塞鼻‖‖上目到都　李斯事　挨
乾棗詳棗　野彘入厠二曰亡一妃復一妃進詳彘　歎鼠在厠詳鼠
書是厠錢思公上厠閲小詞又宋公垂走　異（孟）有以‖乎（前漢書）乖氣
厠必‖‖遠近閲其諷誦（歸田錄）致‖○‖人‖書詳書
異行不‖‖之海異‖窺奇摘‖其旨‖‖詳同山河異晉周顗曰風景
異謂寃（感天地）　（韓城南）同異堅白‖‖詳白　不殊夆目有‖
‖之‖　魯恭三異恭為中牟令虫不犯境一異也化及鳥獸謂馴
詳因　雉二異也童子有仁心謂不捕雉三異也詳雉孝標四異
梁劉‖‖太余比馮敬通同之者三異之者四敬通擁兵肉食余歲二无㭒
一異也敬通有子余独同伯道二異也敬通老而益壯余有犬馬之疾三異
也敬通虽死久而彌芳余竃魄一去也（史）三同事死同（人名）（馬后）後漢名臣食人名酈其詒也既异
將同秋草此‖‖也‖於條枝‖于孫子‖‖
幸也（書）音曰施（詩）‖於中林‖從良人之所之註邪‖而行
‖哉又地也（孟）　（漢）宣帝時单于　‖愬夜半入恭曰‖‖傳語　○侍（切）時吏
（經）曾子‖　窜者曰内‖李常侍元濟驚曰何常侍得至此‖‖‖　昇姬侍郭
遣子入‖　宦‖斬十常侍後張均黄巾賊起鉤上言‖‖‖　千
儀炳盧杞造省子‖　縣頭南郊以謝百姓（史）謂張讓等十人寺
儀‖‖‖詳酒

奄官（詩）‖人之‖寺别種○置（陟吏切）（言）‖諸左右傳置（漢）文帝詔太僕
令○時維婦‖寺也（孟）速於‖郵互見郵傳置見馬給‖‖驛
舍也　驛置以聞（李陵傳）　疾置乘‖‖以聞　廢置‖（記）詔王‖倒置謂之‖‖之
（本紀）
民　特置太宗省内外官為七百三十員然已有員外置後又有‖‖同正員　員外置上　詳上声　第　狀
（唐）　　搭事　○事
切因人成‖詳官事楊濟曰生子癡了‖‖公事‖（漢書）詳印綬勉曰今予夕‖畢（孟）庸儒戕賊乃‖　鉏吏
（晉）（漢書）不‖‖　來易了也詳癡
止可談風月不宜及‖‖詳談崔斯立為縣丞對‖‖允治（書）又三公
二松吟哦有問者輒曰子方有‖‖子姑退詳丞三事曰‖‖六卿曰六事
遂事‖‖不諫（語）大夫无‖解事齊辯為中書舍人論駁詔誥皆援準古義
詳〔牒〕（公羊）謂擅成事也　時号‖‖舍人○唐劉仁軌称‖‖僕射
（史）　襄事葬定公兩不克‖寡事問俗（鬯）　（周）疏果事　梁沈約帝問栗事多少觥
‖‖○襄成也（左）　與約各‖所憶詳栗
録事‖九飲犯令者‖古事今事宋璟曰‖‖問禍
‖‖繩之詳令　仲舒‖‖問崔琳省官省事　晉武時議省州
如‖‖二二不如‖‖二三不陸澄隸事餘‖‖後來各出諸人所不知事名
歇曰省吏不如‖‖　縣半吏中書旬
數條遂并舊　齊王儉令子士隸事多者与巾箱服
物奪去（史）　王摛隸事立成乃㝵何憲所得五花簟白團扇而去詳簟王〔父〕

事‖八事為律令一事諫伐匈奴山公啓事詳啓
‖‖偃上書朝奏莫召所言‖‖白
公厭事可乎（史記）‖也移曰吾欲令十部從事詳書青州從事　韵‖　陛下家事（唐）李勣帝立武后
人意遂决（史）　断數家事謝靈運謂子尚曰男娶女嫁畢‖‖勿復相関○与向子平事同　不可勤曰此‖‖‖
一介草茅‖‖無須問外‖‖　言天下事馬
‖‖‖　‖‖‖華錦夜事梁劉孝標武帝集文士‖‖‖咸言已罄帝呼書‖
怪事詳空閑門户事問孝標又疏十餘事帝自是惡之不見納（史）（書）
‖　晉孫盛著晉陽秋桓温謂盛子曰枋頭誠失利何至如不
可多事（唐）沈傳師戒邸吏君倫‖‖尊君言若此史遂行自是‖君‖‖子請改之（史）
曰可缺事‖‖‖（史）老不曉事　娓揚倫云吾家子　多言俗事王獻
兄徽之操之俱詣謝安二兄‖‖　雲‖‖‖（史）之与
‖‖献之寒暄而已詳暄　不可否事丞例以嫌‖‖‖不辭易九事詳易
不了癡事孔群云得秫米‖詳秫　○忌渠記切（秦紀）秦俗多忌　何晏
‖‖‖　‖‖‖　（賈誼）投鼠‖器　　○性忌
害如‖之鋤忿忌无它‖与忌之謂也‖若畏忌胡斯‖意忌項王‖‖信
物（梁傳）　不能修‖者畏人修（韓）　（詩）‖（詭陳平傳）
龍忌寒食有‖‖　月無忌晉穆帝納后欲用九‖或謂是忌月王彪之
之禁詳煙　曰礼‖‖月王洽曰若有忌月當有忌歲（孟志）

嫌‖諱（人名）（戰國）相齊威王（史記）（何无忌）　酷似
嫉‖　其舅（晉）（劉牢之）佐唐太宗定天下‖甚志毒也敬也詳　○熾昌志
切（詩）獵狁孔‖‖六月昌熾‖（周官）而周熾二老歸而炎熾　地炉熾‖詳　饎孰食（詩）音
孔‖　（禮）雪遶晉事　‖‖爛為‖天
傑又作饎（詩）大饎是承　埴黏土（晉）成公綏侍海‖
亦作喜　因唆至喜　（荀）赤‖‖○又戢韵　○意（魏）於記切（詩）以將其
加之雅意（蕭）望之‖‖強人意（吴八公差）‖可人意（王導）曰此翁‖　（詩）厚‖鹿鳴（謹）在
‖‖在本朝（本）　詳国‖‖（韓昌黎志）醫者意許
宗曰‖‖‖也脉之深　詳鍊意‖鍊字不如王如意明皇花奴羯鼓以遊折竹
處不可言傳（錄賓錄）‖‖‖詳搭　殺為‖‖‖以進金剛
三藏於袖中取七宝如意‖‖珠如意如人自身繫如意‖不自斂‖鐵如意王濬
‖‖‖即化為竹（宣室志）　知物露㐌方乞食馳走詳珠鐵如意以珊
瑚示石崇之以‖骨如意後魏宣武文帝大陳宝物任諸子所取
擊碎之詳瑚　競取珎玩帝惟取‖‖‖大奇之（史）　角如意周
唐求為北地太守臨辭陣‖‖竹如意‖‖‖（史）有意無意庾子嵩作意賦
‖‖指摘處分未嘗敗北（史）　抱‖　　　從子文康曰‖
‖‖邪非賦能盡‖‖邪復何所‖　有故人意‖綈袍戀戀‖‖
賦答曰正在有无之間尔（世說）　　‖之‖詳袍　催租敗意詳俗物
敗意‖王戎与阮籍為竹林遊戎嘗後至籍曰‖‖已得黄祖意‖祢衡為黄祖
復來‖人‖戎笑曰卿輩意亦復易敗尔（史）　作書記各‖

休祖持其手曰然士皆得　綠情紅意　趙彥若剪綵花詩花蹤紅意從
祖意如祖服中欲言也　葉栽丨丨　新唐景龍文館記　○西來
意義玄禪師初在黃蘗問如何是祖師丨丨　黃　人名　鍾離權得丨　不受珠璣詳
意蘗便打如是三問三打詳婆栢樹子事詳栢　同馬相如
因之意丨或一日　○記　居吏切李賀召　強記　傳曰丨丨　孔子　杖記　趙宋
召見蔵的中　丨丨王樣詳擬　强記　說詩　又孔文舉　杖記　黨進
擢步軍曰手先是都虞侯以上悉以所管兵伍之數細書於所執之挺謂之
丨丨如勿記焉上一日問進兵籍材進不能對擧挺曰尽在是矣上笑　國
翰　勿記見奏記　舞詩文藻記尊丨丨　百集　首記耳目之所丨　日見山
勿記上奏記才優官記　物文　並書記也　耳記　目記　世家　受記　親丨丨　剩
公　默記羅友從官帝伐蜀道陌果竹皆丨丨之　世說　闇記後王粲读道边　考工記
默記後宜武集蜀事有遺志皆名列之　闇記碑能丨丨　史
斉王僧虔有盜發楚王塚獲十餘竹簡僧　杜書記牛僧孺師維揚杜牧在幕
虔曰此科斗書丨丨　周官缺文也　史　記中每夜遊公以街子數報
僭隨防不虞後牧以拾遺召公戒之牧始愧謝公　漢書編記北齊邢邵讀
取一篋皆街子報帖云丨丨　平善　麥　平陳　五日略能
國　其　語已辭　詩　彼丨之子或作　　○亟　去吏切　孟　丨問丨餽鼎肉丨
其已忌又叔善忌之類　　　亟　棘注數也　仲尼丨称於水

五未
獨用

未　無沸切　孟　追天之丨　陰雨　例　　詩　王敦夢一木破天　巳安未　賈誼曰夫
下　卜者曰此是丨字其丨可動亦　歲在丨曰協治　下　巳安巳
治矣臣獨　以為未也　除吏盡未　唐宗武謂田蚡君除吏盡未　丨丨丨　詳東　凝叔死未　晉武帝問王濟曰君　家丨丨丨　詳凝　小差
以為未也　　　　　　　　　　　　　　　　　　　　　凝小差
未　後媿　李靜帝美而有力高澄甚忌之謂　詳　凝　○味　能知　語　不知肉丨　中庸　鮮　臭味　季武
　謂李舒曰癡人復何以丨丨丨　史　孟　易牙知丨　子
子曰譬之草木君　滋味　伊尹負鼎俎以丨丨干湯　方朔　律　韋玄成字子明曰
之丨丨也　國　民　爵　祿　譬丨丨吾每取一班一爵不見其味將為松菊
主人不堪　陶淵明云　唐　良將投醪於河令將士迎流飲之　簞醪　不能味
一河水三軍至爲之死非丨丨及也　詳醪　○　不足与論太牢之丨丨　詳換
風味　翹生丨　丨丨丨口欲丨丨丨得一味丨救丨推丨丨　國語
　丨詳生　異味　子公食指動曰　兼味口欲　極也詳蓁　厨一味　毀于木見客供丨
惟扁　笲曰家貧　識見　宋賞肉一臠　丨丨　味無味　老子曰為无為　執　炙　知味　顏
山居推笲丨丨　識味　中之丨　詳臠　事无事丨丨丨丨　執炙知味　丨丨　榮
事詳炙　又与陰　欲鏗　歐公謂聖俞詩始读之味莫能及後數曰　四字珍
鏗事同　詳爵　橄欖回味乃漸有味何止丨丨丨丨人方兢求　詩話　四字　王
未　穆寧丨丨出以　○　禪味　有僧往諸方参五味禪歸示云我這裏有一味丨為
　口丨丨目之詳乳　甚不參詳禪父参白足知丨丨　涅槃經有出家味
讀誦味　活套　賞丨丨　○貴　居胃切　孟　趙孟之丨　中貴　使丨丨人從廣　李廣
坐禪味　　少丨丨　又　涉丨　揚　周之十丨　　國語　居丨　朝而丨　者　伯貴

　丨丨前望　唐　裴度　佰　傳　　齊貴　霍光夫人曰將軍愛小　負貴　武安丨丨而好權　田蚡傳　王尊
　女成君欲丨丨之　國　謂東平王顧但丨丨　安能勇詳
男　紙貴　左思三都賦成競相　踊貴　晏子曰丨丨屨賤　翔貴　穀價丨丨　食貨志　印貴　方
　傳寫洛陽丨丨　詳付　誠景公刖人足　　　　　　物
丨丨　以綠可貽新貴　食貴於玉丨丨　不棄權貴　齊王秀之祖敬弘父瓚安
同　象貴　黼　扇　詳頌　新貴丨丨　於桂　詳薪　之世丨丨丨丨　史
知獄吏貴　周勃曰丨丨丨　○胃　于貴切　伯名月丨　一笑瀉　心胃　吟剡請
　丨之丨　詳吏　　令　日在丨　李春　肝胃丨丨　國　心胃　丨丨　國
爛羊胃　後漢語曰丨丨　五代周仁裕夢剖腸胃引　齊世景
　丨騎都尉　詳羊　浣腸胃　江水丨之自是文性附進飲灰洗胃秀以過
繫作部荀伯玉曰使得自新必開飢民胃　趙宋淮浙大飢李溥為發運使移
吞刀刮腸丨丨丨丨　帝釋之　史　撥郡縣以厚朴炒豆為胃丨丨丨
　丨多造紙襖衣貧民　蕫章　謂　語　敢問何丨　日何思何慮則知
上闕尺行降黜　闕　兒　別　丞　謂帝丨文王　無爲謂　知伯遊於玄水上謂
道三問而丨丨丨不答也反問黃帝丨丨曰彼丨丨丨　直是也知　滑　經　滑丨請
者不言丨者不知故聖人行不言之教　吾　知伯遊設為人名也
合流三百里不混　詩　經以丨　濁　禹貢　導丨　浴滑丨丨丨　女子乳
陶　冬賦丨　流張膩　丨川竹千畝　詳竹　釣滑　呂望事　並　長七尺　詳乳
論　因聯渭　商鞅丨丨丨　彙　類也　易　以　其丨征吉　活套　品丨　蝟　刺端分兩岐似鼠少
　丨渭水尽赤　　　　　　　方丨　犯近則毛刺攢起如

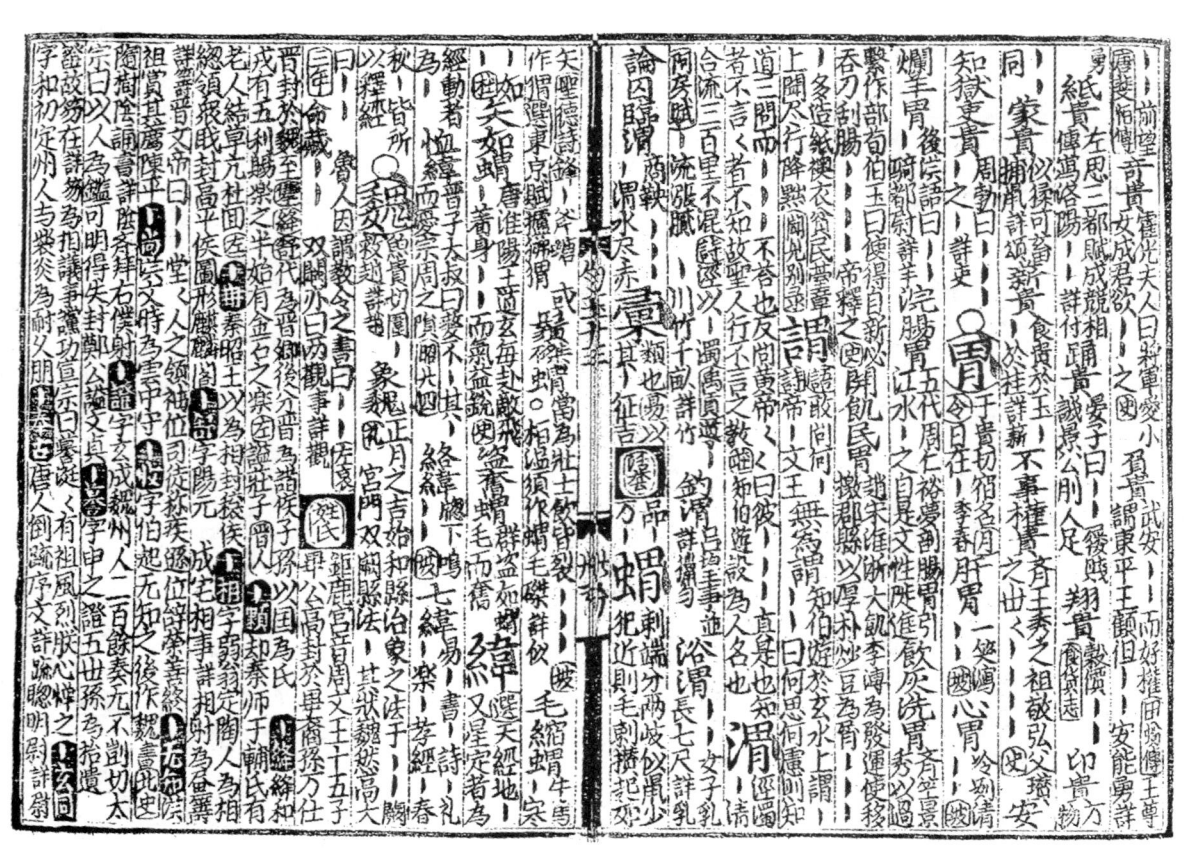

矢　盟　德　詩　鋒丨　斧　癢　　貳　賁　　　貴　當為壯士　蝟　首頃作　蝟　毛　　毛　縮　蝟　牛馬
作　蝟　選　東京賦　攢　蝟　　勇　蝟　　蝟　　蝟毛　詳蝟似
丨丨　　丨丨如　天　如蝟　唐淮陽士道玄毎赴敵飛　　緯　選　天經地丨
　蝟　蝟　丨著身丨丨而氣益銳　史　盜賊　群盜如蝟　又星定者為
經動者　恤緯　晉子太叔曰嫠不丨其丨　絡緯　總下鳴　七緯　易丨書丨詩丨礼
為丨丨　而憂宗周之隕　昭廿四　　絲丨丨　國　經　樂丨孝經丨春
秋丨皆所　○　魏　魚貴切　圍　丨象魏　正月之吉始和縣治象之法于丨丨　闕
以釋經　綏　趣　詳　　　宮門　雙闕懸法丨　其狀巍然高大
曰丨丨　　魯人因謂教令之書曰丨丨　左哀
三年　命藏丨丨　雙闕亦曰丨觀事　詳觀　姓氏　鉅鹿宮　吕周文王十五子
晉封於魏至　畢萬　以國為氏　畢公高封於畢裔孫万仕
晉封於魏　至　畢　代為晉卿後分晉為諸侯子孫以國為氏　絳　縣和
戎有五利賜樂之半始有金石之樂　左　謚莊子　晉人　顆　却秦師于輔氏有
老人結草亢杜回　左　冉　秦昭王以為相封穰侯　相　字弱翁定陶人為相
總領眾戚封高平侯圖形麒麟閣　舒　字陽元　成宅相事　詳相　射為番舞
詳舞晉文帝曰丨丨　堂丨人之領袖位司徒　称疾遜位詩　榮善終　元忠　宋
祖賞其厲陳平　尚　宗文時為雲中守　收　字伯起元知之後作魏書北史
隨樹陰誦書　詳陰　齊拜右僕射　證　字玄成魏州人二百餘奏元不剀切太
宗曰以人為鑑可明得失封鄭公謚文貞　暮　字申之謚五世孫為拾遺
谿故勿在詳勿為指議事黨功宣宗曰　謩　丨丨有祖風烈朕心惲之　玄同
字和初定州人与裴炎為耐久朋　　　　唐人　倒讀序文　詳讀　聰明　尉　詳尉

深州人元遺直有遺愛詩直封冀国公　字仲先工賦詩如有名
聞宮里貴元事小神仙洗硯魚吞墨烹茶鶴避煙　紅袖拂詩拂袖　真宗時
屢詔不起号草堂居士　字彥威善騎射官至武功大夫建炎中戰死与
岳飛等号中興四將　字華父号鶴山拜樞相謚文靖　樊彥琛妻
丨丨值徐敬業兵業令鼓箏　鞸　歔如牛吼○沸　方未切　詩如丨如羹傷
引刀斷指軍伍強妻之死号　重数千斤　篇百川丨騰揚湯止丨
前酷吏傳門丨丨天下丨丨盗賊　王莽傳　麋沸豪傑丨丨雲　四海沸
如湯丨詳湯鼎沸丨　隋志　麻沸言如乱丨丨湧　摟　揚雄傳
周綱陵遲丨　茶三沸　湯沸如魚目微有声為一沸緣邊如湧泉連珠為
丨丨　韓詩　二沸騰波鼓浪為三沸已上水老不可食茶經　茀
詩蔽丨　髴　髣丨見　誹　謗丨　費　語惠而不丨　百金費惜丨丨之丨　漢文欲作露臺　三費　子夏
甘棠　髴不審　過曾
子〻曰入食子夏曰不為公費乎曾子曰君子有丨丨　飲食不在其中少
而奔老而忘此一費也事君有功而輕負二費也久交而中絕之丨丨也　粗
詩兇　導行費　漢灵帝時郡国貢獻先輸丨丨丨　道里費丨　还千里馬与丨丨
傳　史　貢献外別有所入帝之導引　漢賈捐之傳
糲費　嚴仲子進百金為夫人　脂粉費　明皇賜諸姨錢歲　史　酒食費　唐張嘉貞曰
丨丨之丨　史　聶政傳　百万為丨丨丨　士大夫務廣
田宅為不肖○尉　於胃切　太尉　秦官○又陳平交歡　廷尉　聽獄官○張釋之
子丨丨丨　史　丨丨誅呂氏　詳袒　為丨丨　民自以不

寃丨　漢趙過為搜粟丨丨○翊羊胃校尉李傕為司隸丨丨　黃門舜氣迫
都尉　騎丨丨　史　一筍餔得丨丨　詳餔　校尉　曰畏李丨丨　詳社阮籍聞步兵
廚貯酒三百斛求丨丨　縣尉　漢大丨兩丨長安四尉分左右部黃綬大冠　唐丨丨
求為丨丨　詳廚　縣尉称少府　梅福為南昌尉一朝棄去人以為仙　漢辨
仲進南海香拜洛陽尉号香尉　遂昌記　李廣射獵至霸陵尉醉呵止之廣宿
亭下後廣為大守請尉至軍斬之上書謝罪　杜甫試文章授河西尉不行
○魏奉古授雍丘尉有于草序五百言奉古援筆到疏之人号聰明尉　貞
半客授武陟尉歲旱擅發廪給飢人刺史郭齊宋按之存撫使薛元超曰公
百姓不能救使惠歸一尉豈不愧也令釋之　東南一尉　解嘲　唐參軍簿尉
有罪輒加遊罰　杜詩　脫身簿尉中始与捶楚辭　曹鄰除洛陽尉造五邑捧
京师歛迹詳捧　郭元震尉通泉武后見宝劍篇佳歎授鎧曹參軍　牛僧孺
為伊闕尉金雖鸂鶒飛下拜察院詳鸂　孟郊為溧陽尉閒射鴨堂　國史　孟郊
調溧陽尉裴回賦詩曹事多廢令白府以假尉代之而分其半俸　詳俸　裴师
德尉江都長史盧承業曰吾子有台輔器　李程尉藍田有滯獄十年程鞠
言輕判迁監察御史　柳宗元尉藍田名声大振　裴子餘尉鄠縣同列有
李朝隱程文謎長史曰春蘭秋菊皆不可廢詳菊　裴景升為尉氏尉刺史皇
甫亮遊其清心苦節　趙元亮尉宜祿州公事不言弾琴蒔藥自傷位不配
才也　陳子昂集　楊王休尉黃岩有豪民武断一方縣隸它州号鉄面少府　寳
跋　陳傳　趙宋蘇緘尉陽武劇賊黑李二丨等倚居民為處窠莫能捕緘縱焚旁
舍十数家火賊果逸出緘追斬之　賞捕盗功以大名府元城丨丨　張義元

令　宋　為本縣　香尉見上　醉尉見上　聰明尉見上　姓氏　琅琊羽音郑大夫丨之後　左　慰　詩以丨我心　車
尉王渾生子足　晉書　自娛　丨　蔚○丨　杜詩　匪我伊丨　文蔚　其丨丨也　易　牽丨彼黍　詳
丨我心　詳娣　若鄧林　詳森　文蔚　文際察見　霳蔚　草木
家朧若雲煑丨　薈蔚丨兮丨兮　曹詩　罻　礼　鷹祭鳥然丨　畏　語　君子有三丨
晉　顧愷之傳　薈蔚　漢人　草木盛兒　罻　後設丨羅　左　首丨尾○
滿奮丨　風　詳風　六可畏　五代康澄曰為国有深可畏者六謂賢士藏匿四　蕭　蛄畏
民化業上下相徇廉恥道消毀譽亂真直言不聞　史
坐念丨　國　孤行獸畏　楚江乙曰虎不知獸之畏己反以為畏丨丨也　堂名四畏　文王
北方非畏昭奚恤實畏王之甲兵也　詳狐
穆夫人悍妬後圃作丨丨　三畏　楊文公戲曰　畏壘　畏　南極夫人曰人從愛生
改作丨丨　公問曰　畏夫人　唐錄聞見錄　丨則有丨　宣和　右
見　諱　許貴切　記　臨文不丨　礼不丨嫌名○二名不偏丨　記　大夫之所有
公丨　君所无私丨　入門而問丨　並記　左　周人以丨事神　觀公傳
修期丨言　王述無諱丨丨　為刺史主簿請諱述曰亡祖先君名播　杜衍無諱
老　詳老　海內諱不出門餘丨所丨　國　祖遜父承也
村祈公帥弁時門吏請家諱公曰下官無　縣令犯諱　王亮為晉陵守丨丨　沈
所諱但諱取枉法贓　青箱記　与包拯事同　詳嶋之　魔疎犯亮諱　遂
啓發之　卉　草總名　詩○費　芳沸　姓氏　○亞夫羽　紂幸臣丨仲　丹禹之後
詳彼丨丨　卉木萋萋　○益州諸丨名位著多

後汝南人葛陂竹杖化龍事詳龍　入藥壺詳壺　字文偉諸葛表其志慮
忠純宮中之事悉以咨之為尚書令　仕蜀以直言左遷後為諫議大夫
宋至和中遊青城老人村壞其竹床欲償直老人曰成敗
有数何償焉　俊以易　蜀王妃丨号花蕊夫人能詩詞　狒　本作　鸓　食
人獸　鸓人笑　丨草　後　左　丨　幾　資　禮　瘋　風丨　丨　別足　書　剕辟　蜚　害稼虫
而被格　詳笑　丨丨　日不借　詳借　病丨　疑　義同　左　有丨
不為災又獸名　山海經　丨如牛行　翡　赤羽　○毅　魚既切　記　丨弘毅　丨　果
水則竭行草則枯見則有兵疫　翡　雀　發強剛　語
毅丨　殺敵為果致　人名　一鄰百万○餼　居毅切　不可丨　赤壁賦　日食之丨　用　吳
丨為丨　左　蕃將　十月丨望　人名　王
天　潰　也○氣　夫既切　易　同丨相求　乾　孟　浩然之丨　孫丑　朝氣　吳時斗牛間有
紫氣　雷　蠶氣　趙廣漢專厲強壯丨丨　一鼓作丨○天積丨耳　詳墜
朗事　詳劍　注与鋒同言鋒銳　蟊氣　西山丨丨　詳娣　和氣　顏道云明道坐　致祥　史　謝
如泥塑人及接人渾是一團丨丨　范希文韓　夜氣　丨丨不足以存　孟
彥国在上前争事議論各別下殿不失丨丨　亘西山作丨丨　歲旦氣
丨丨之　文氣　主　子由書　以丨為　短氣　王羲之帖云　呆氣　明部丨丨　後漢　客氣　公侵齊
所存　國　令人丨丨　猶屏息也　冊猛逐
陽亮為頭虎曰乃丨丨也　注言非勇　服氣　拾遺　答李睦州丨丨書○
左　定八　雲風天之丨丨　史天官書　一氣千餘忠　史　晉氣斷　除

丨丨一切煩惱〔華嚴〕風噫氣大塊噫氣其名為丨噫音隘〔莊〕沆瀣氣之丨丨〔列仙傳〕北方夜半湊雲氣賦有丨丨〔相如傳〕
棟梁氣齊王儉年數歲袁粲曰栝柏豫章雖小已有丨丨丨〔史〕館閣氣文章須是官樣豈亦謂有丨丨丨邪詳樣黽吞氣鄒衍僕
隆井見犬丨張口丨丨或俛或仰試隨所為不復飢詳黽斗牛王氣五代豫章有善術者望丨丨間有丨乃遊錢唐錢武肅時少無賴術者
曰此真貴人也〔史〕省挹風氣坡洞庭春色詩序云醉中信筆頗有王子敬云如何朔少年風流半体丨丨丨不可奈〔園〕○死肴
生氣庾道季云廉藺雖千載上人懍懍常有生氣曹蜍李志雖在厭厭如九泉下人〔世說〕蔬筍氣坡贈詩僧氣含丨丨到君元即謂餕餡
氣詳餕餡氣上見〔漁隱〕膾丨豪丨丨刎丨佳丨丨乞与也〔朱買臣傳〕吏卒更丨丐之○餼許既切腥曰丨生曰牽
〔語〕告朔丨羊饋餉米亦曰丨〔左〕郊丨饔餼致丨丨之礼於賓館〔記〕丨丨〔聘義〕脯餼丨丨貲牽
戲子安丨国人粟〔坡〕魚鱉多可丨〔左〕饔餼殺曰丨生曰丨
竭矣大息〔詩〕我疆欵〔左〕熂炊烹之燹雲皃丨之礼〔又〕頌聲丨之注謂
詳摩敵王所丨在隊匈熂〔?〕聲○塈許既切及也音義与寘韻同
塗丨炭又息也〔詩〕民之攸丨亦作慨〔詩〕伊余來丨本作餼
取之於地沾土溼也○塈其既切〔書〕〔述〕仰塗也推其
瓊珠詳徽○衣於既切〔書〕紹聞丨德言〔韓信傳〕解衣丨我孤裘反衣富貴不在身而列士不昝言是有丨白之

丨而丨丨之也〔臣衡傳〕
六御獨用
御牛倨切古作馭〔書〕朽索之丨六馬六御大司徒丨詳匀會義御每日出丨和二国為丨李御〔李膺〕
无所交接荀爽謁膺因為其丨詳匀會義御推而升太虛〔山海經〕丨
御喜曰今日始得御李君矣晏御丨嬰出其丨擁蓋策駟意氣揚揚妻語其
侯今子長八尺乃為人僕夫曰晏子長不滿六尺身為斉相名顯諸
御因以爲足妾是以求去侍御落鵰丨丨詳鵰擢吒御即漢王尊至九折阪丨
所畏邪丨史詳推其丨進曰此非王陽
詳阪鑿御詩召旻彼疏斯粺注粝十粺九丨八侍丨七粝粝米每一
石舂九斗為粺又舂得八斗為丨又舂得七斗為丨米之細者
窮於御也走御丨丨不驚注徒御丨丨〔詩〕行〔?〕審御有天下者丨其
○上音作徒御挽輦車〔詩車攻〕緝御授几有丨〔詩行葦〕注云〔楊冋適篇〕
〔漢書〕控丨丨〔公羊〕海唱詳御〔漢書〕歌小○語魚巨切〔語法〕丨之言。
〔谷永〕〔?〕可以丨上〔孝經〕吾丨女敷捕魚〔礼〕丨人○
慮良倨切〔記〕能安能丨〔?〕丨語人无遠丨長顧〔高〕丨丨六慮多少如是无疑也〔宋書注〕丨若无所思慮而大行猶言易
慮海翁丨丨鷗乃飛去詳鷗百慮一致而丨丨丨〔易〕千慮智者丨丨必有一失愚者丨丨必有一得〔史〕勞丨慮晋羊祜曰平吳之後

當丨丨丨尔〔史〕〔漢書〕俗丨浮丨也濾漉渗也鑢磨錯銅鐵也○据居御切〔語〕丨於德。○據
器似夾鐘削小為丨之甲梓慶削丨居丨不親比皃又処也〔詩〕維鳩丨之丨〔漢書〕依丨憑崇祖叙傳割丨山河
之田梓慶削丨又戢思其丨又止也〔詩〕日月其丨丨公丨
倨而不遜也〔左〕直丨慮倨客務絕知友〔本〕元作倨丨倨〔賈誼〕抱哺其子与公丨丨
前倨〔蘇秦〕謂其婦何丨丨而後恭丨丨門无食蔡澤倨秦丨丨入揖應侯應侯故不丨丨。言秦俗也
也曰以季子位高金多也〔國〕丨快之及見之又丨因讓之〔史〕踞
漢書高祖丨床使兩女子洗丨丨鞍慢儒又不宜丨見長者。虎踞孔明
武帝丨廁見衛青丨黽食蛤詳黽柏伊丨胡床三弄笛又詳笛曰鍾
山龍盤丨帝王居箕踞郭解人皆避丨人獨丨丨視之客欲殺之解曰不
也〔漢字記〕石城丨見敬是吾德不修也乃陰請尉史曰是人吾所重
踐更時脫之丨鋸胡彥国佳言如斧鋸桁人曰丨彼執斧者奔而左蔡叔
詳鑽言水察能穿石斷木孫皓燒鋸一截賀頭是誰邪循未及對帝曰是賀邵
也循流涕曰先父遭遇无道循創巨痛深帝深愧之三日不出〔史〕
著乃謝罪水非石之鑽丨丨木之丨孫皓燒鋸丨丨丨嘗丨丨截
巨痛深帝深愧之三日不出〔史〕衣交而鋸行揆曰死狗奴解人須用丨丨不
由是拖板鋸義木義馬鳴大十問十一祖丨丨者何曰与師平出丨
丨丨〔通言〕鋸義木義又問木義者何曰汝彼我解馬鳴遂悟〔傳燈〕○覷七慮

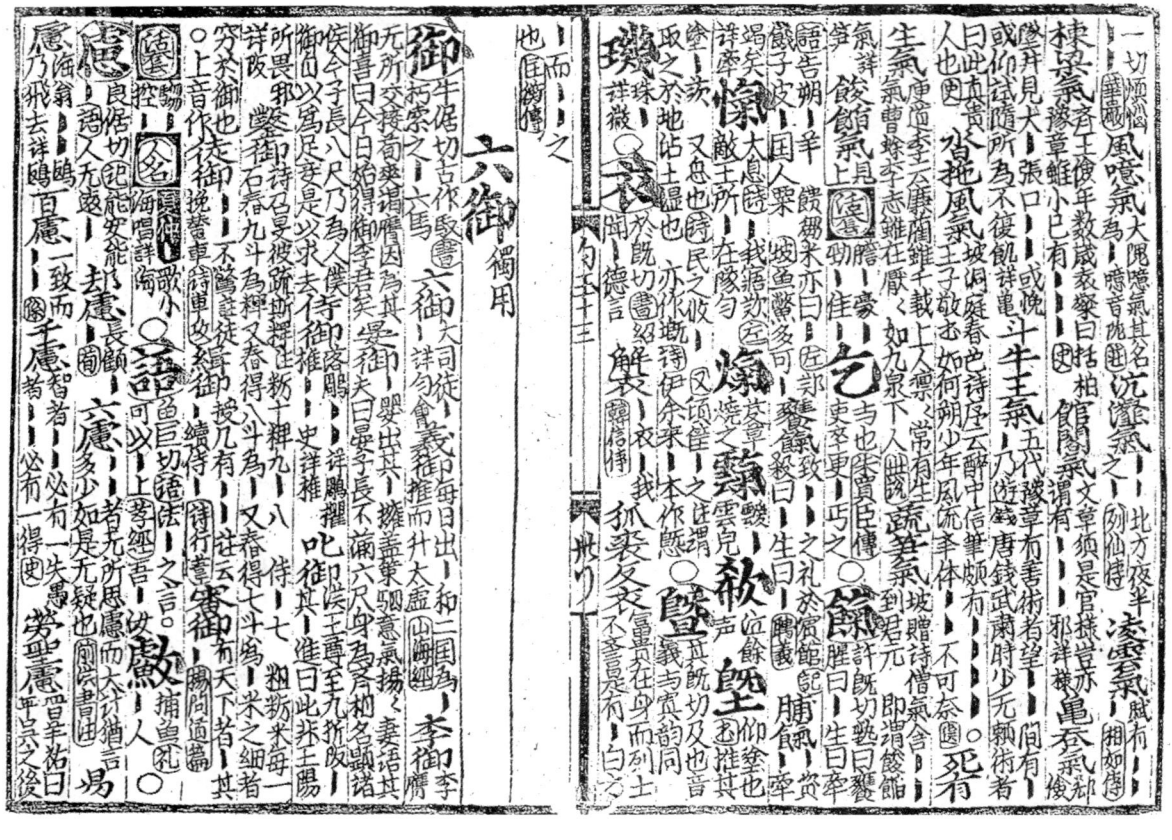

切伺視也通作狙俗作覰狙揚丨詐○去丘倨切〔孟〕望望然而去之丑上
覷非〔韓〕文字丨天巧丨丨〔孟〕丨丨五就五去〔詩〕彷徨不忍丨丨丨悉离
〔陶詞〕歸丨來兮颺去飽則丨詳颺投劾去范滂丨丨拂衣去孔融聞曹操欲殺彪曰孔融
丨丨詳劾鲁国男子明日便當丨丨
矣〔後漢〕御可去陶潛人造之者有酒輒設潛若先醉便曰我醉欲眠卿道去〔史〕推不去謝令丨丨詳來麾不去〔莊〕助
謂汲黯招之不來丨丨丨〔史記〕堂去堂丨去〔唐詩〕青春背我堂丨丨負二宜去孔戣曰吾年老一宜去不
丨之丨丨能進退郎官一二宜去詳宜
何見而去嵇康夏月於大柳樹下鍛鍾會造之康鍛如旧良久不交一言會
去康曰何所聞而來丨所丨丨會曰聞所聞而來見所見而去
大恥之後言丨丨霍去病曰匈奴未滅詳萬青故人多
於文帝害之任安不肯去去事去病丨丨丨丨〔史〕敲張口皃廣匀欠
又体惓則神志惓則丨丨〔史〕丨注張口運氣
或作呿〔莊〕口呿而不合○署常恕切能為徐干木丨丨紙尾遂不拜詳尾王堂署中
省詳龍鳳署文選韓暉傳附論儒雅之徒則丨丨三司署唐甄濟安祿山反召之
堂丨處丨之丨〔史〕謂文李之司不起後肅宗館之丨丨書
丨使汗賤官丨署丨丨〔韓文〕詳丞鴈鶩行平立睨丞曰當署紙尾署事詳尾坐嘗署呂熟上山
丨丨雜拜之〔史〕丨丨惟謹丨丨
子丨丨丨南鄭詔詩攢不呈署黨事按經三府陳蕃丨丨丨。猶連署也〔李膺傳〕有跪輒署歸登几同列丨丨所諫丨丨連丨丨

之(詩)名 善爲部署 玄宗爲祿山起第敕曰丨丨丨丨祿山眼孔大(史) 頗牧在禁署 唐李士巽誠時党項擾河西誠條破羌狀甚悉帝曰丨丨丨丨拜涇節度 書留都督署 梁李大亮爲越州都督寫丨丨丨丨(史)數百卷及去 暑 旦也鄧攸去郡人歌曰紞如打五鼓雞鳴天欲丨丨五見船(人名)(司空)唐大曆中才子 ○恕 商署切(語)忠丨而已 其丨乎 情恕 人有不及可以丨丨(史)

強恕而行(語)丨丨 庶 惟茲臣丨(語)回也其丨乎 既丨矣(書)蔚彼森丨 詳扇鮮庶 叔向曰吾母多而庶鮮少見毋氏姓 註多媵妾而丨子 庶庶 宋神宗問呂惠卿曰何草不庶出獨於丨丨出 其殆庶不廣(昭廿八) 何也曰九草種之則正生甘丨獨丨出也(野史)

顏氏之子丨丨丨乎(人名)(徐)蜀人折節(魯)字問 ○箸 陟慮切記(通)形則丨(司)積微至 ○翥 章恕切飛 強國(李懷光傳)威名日丨

舉丨丨 鳳翥丨 遡風而欲(張平子)(付) 南翥 鷦鵬飛翔必千翥丨 先丨丨 詳南車翥鸞鳥丨丨而 騰翥 金鵝既六合儀清新也 (韓)金鵝日也 孫綽曰 翔飛(冀)(銘) 龍欲丨丨先階尺木(史) ○跪 所去切淺文 帝止輦受丨 暗跪 虞世南丨丨 列女 倒跪 魏傳於屏風詳傳 古九日公宴有客草序五百言奉古曰此舊文丨 舉也援筆丨丨之徐笑曰適覽記之亦由是知名 孝經跪 趙宋杜鎬將試鼠術讀試題果出 丨丨丨 置榻前鎬懇 其中遂與選 錦囊疏 周世宗伐南唐李穀計也後克淮南出 穀跪使陶穀作賛盛以丨丨 置坐側(史) 不知孟子 跪

李覯不喜孟子試制科丨丨 ○飫 依倨切(詩)飫酒之丨 通作饇(詩) 丨丨註丨 擲筆而出詳註 如食宜饇(杜)羣筋厭丨 以未下(國) 飫 承搏器(記)大夫 ○攽 丨積 血汾 泥丨 又上林賦行乎洲丨之 濱 洲如日丨 鳶丨 敗也(楚) 士丨禁詳禁 涌注水中可居爲洲 羌 (辞)棄丨 邑而 死 色 ○箸 遲倨切或作櫡筯 象箸 韓子曰紂爲丨丨 箕子以爲必不加於土鉶必將 犀箸之杯丨丨玉杯必不美羨藿則必旄象豹胎 犀筯 后以丨丨 厭飫久未下(困)成帝欲立飛燕謝擊去日仙乎仙乎詳裙 金箸 宋璟爲相時春宴帝賜丨丨 曰非賜汝金表卿直也 (開元)(遺事) 箸筋 趙達能籌筋縱橫之知主人有美酒鹿肉詳肉 曹元理與陳廣漢東西困米以食筋十數轉不差主合詳困 張鷟傳轉筋之敏謂此 水筋 宋蕭瓛明毋病祈禱時 前箸 留侯請借丨丨 以籌之(史記) 挾筋 唐廢帝悲書德望官寒淚丨如丨五見函 名內琉璃瓶焚香祝 天以筋挾之首得盧文 竊筋 晉辛氓豫章人時建昌令發民作舡吏令各作紀欣然相之(五代史) 竊筋丨雙或丨氓丨餓而竊者心痛欲死氓曰得 無丨筋 詞曾 元丨我丨乎乃首出 失匕箸 刘備與曹公語雷震先主方食丨丨曰一震之威乃至此(華陽國志) 之飲以水立愈(史) 務在華侈日食万錢 不置箸 景帝召條侯獨置大胾又不設櫡亞夫心不平謂尚席取箸(周勃傳及亞夫傳) 猶云丨丨丨處(晉史) 尚主也 自 攜箸丨丨 北齊崔瞻每別室獨餐有一御史 畫灰箸 吳徐知誥以宋齊丘爲謀主 匙丨造之恣情飲啖詳餐 相向不言但以鐵箸丨丨 爲

字故其祺秘也(監)錢若水見陳希夷有一老僧與希夷擁地爐坐僧熟視若水久之以火筯丨丨作做不得三字徐曰急流中勇退人也後若水年四十 致仕僧乃麻衣 北狗銜箸丨丨見其家筋遺 道者(湘山野錄) 於路必丨歸詳狗 庵從竹箸 僧問如何是和尚家風日竹箸丨丨詳從 箸 朝內列位(左)叔向曰朝有丨定(左)朝內有定處 所(昭十一) 又門屏間曰丨(詩)俟我於丨乎而 (詩)(篇)丨刺時也時不親迎(齊風) 除 (詩)日月其丨 風雨攸丨去 ○遽 其據切明車也克勝則使傳丨告功於王也又何福不丨 開出也 以車曰傳以馬曰丨(左)子産乘丨而至 (昭)(十二) 遽丨 擁丨丨(子虛) 上天神獸 老何遽 經士僧孺任昉贈詩曰丨 (史)某欲遽 晉成都王穎起兵誅趙王倫 遽 修名不立丨至丨丨 還鄴村士思歸題城門曰大事 何辭之遽 唐李日知爲相乞骸骨許之 丨丨 (史) 劇 解散丨丨丨 請且歸赴時務(史) 妻曰産利空之 務 (人名)(周士丨)勃之兄弟也 詎 豈也 醵 合錢飲酒(記)周礼其猶丨 欲 西音 勳 慮 ○絮 息據切(孟) 麻縷絲 (困)仰蜂 冒絮(漢) 丨丨 薄太后以丨丨提文帝(提音) 粘落丨冒絮(漢)丨丨 陌額巾也(周勃傳) 緊絮 阮長之字景茂守臨海在官常擁丨丨(宋史) 周顗籍其家 數麗而已詳麓 蘆花絮 閔損後母所生子衣以綿絮損以丨丨丨丨 父欲 風絮 柳絮 丨丨起詳雪 出之子騫曰母在一子單母去三子寒遂止 因 擘雲絮 晴雲如丨丨丨(杜) 沾泥絮 東坡令妓求詩於參寥口占云多謝 尊前劇娘好將魂夢惱襄王禪心

已作丨丨丨 不丨 孫與公謂林公講論如解絮 遂東風上下狂 棘中絮 在前丨丨觸地掛閡(晉)(世說) 酒漬絮 徐穉人有死喪 丨暴乾以裹炙雞徑到葬家以水丨綿使有酒氣斗 以一兩綿絮漬 米飯白茅爲藉以雞置前酹酒畢而去不見喪主(後)(漢) 穄柳絮 李主國用不足 子柳條結絮皆有 民間鵝卵生雙 丨丨(邵)訥見聞錄 淖衣投絮 晉吳隱之爲左衛將軍冬月無被嘗丨丨丨丨乃 (史) ○助 牀據切(語) 非 我者(孟)丨丨 一而丨丨 初丨丨 天助丨丨之所 神助 筆有丨丨 顛丨丨 焉 長 多丨 寡丨 助丨丨者順 神助丨丨 詳神 借助(左)(哀)(四) 談助 後蔡邕得論衡秘玩以爲 (史) 江山助 張說謫岳州詩愈悽 丨丨丨 攬人謂得丨丨丨(史)(人名)(嚴)丨 明府詳府 厭永 ○沮 將預切漸丨 浸濕之地(詩)汾丨 洳 ○詛 莊助切詛丨 呪一日大事曰盟小事曰丨(詩)以丨 意兆詛 雖其善祝 爾斯(左傳)丨射潁考叔者 又作 詛侯作侯呪 豈能勝丨 丨丨之 (昭廿)(二十) 智詈 腹詛 後仲長統云彼皆丨丨 ○茹 人恕切食也又測度也(詩) 辛我之无成(史) 丨丨 (易)拔茅 以丨丨在此又茅根 (姓氏)(官)(人)(名) 任公勢傾天 連丨丨 餘事並詳語韻通押 下丨(人名) 爲驃騎將軍 洳 漸溫 (詩)(篇) 汾沮丨 刺儉也 (范)(聰) ○豫 羊洳切本作預(中庸)事丨則立 (書)禹貢荊河爲丨州 ○亦作豫。即秦三川郡 又悦也 逸者丨且細邑詳邑 猶丨 未定 與詳與 春豫 宋宣献在翰林時上元修史促成特免寇從夜遊 (寓書豈不侍聰丨丨 約客何妨事 狐 家聲暇丨 (圖) (書)(名)

䷏雷出地奮丨丨先王以作樂崇德初六鳴丨丨凶六二介于石不終日貞吉
六三盱丨悔遲有悔九四由丨丨大有得勿疑朋盍簪六五貞疾恒不死上六
冥丨成有〔姓氏〕晉丨〔趙〕事智豫〔湯〕孰能丨於此中庸可以猶豫〔漢敵傳〕丨丨无決
渝无咎伯報以國士丨知諸有天下而不丨与
本作豫〔宋書〕代王猶豫未定　猶獸名性多疑聞有声則豫上樹　猶又作
冘音淫崩通曰猛虎之丨丨不如蜂蠆之致螫孟賁之狐疑不如童子之
必至　預先也安也〔人名〕杜預〔左傳〕　澦灔丨水名詳澦　顥諸丨本作与
〔史〕　辯詳辯　豫〔書〕千百姓之丨〔禹謨〕〔通鑑〕
不事吾左右以求丨　㦽令聞丨〔孟〕　要譽〔孟〕納交丨丨　馳譽唐閻立本工屠妻以戰功俱為
右以求丨　相人有左相宣威沙漠右相丨丨
册青之譽　終譽以永丨丨〔詩振鷺〕　咎譽无丨无〔坤卦〕　○女時〔孟〕尼據切書女于丨於吳　○處切　昌據
互見發
閒處〔漢〕文謂馮唐公獨辱我丨无丨丨〔史〕　無丨箸處〔詳〕何會事　止進有常處丨丨霍光九出入殿門不失
尺寸〔漢〕〔張丨〕妙丨題詩〔呂〕遊丨○筭〔注〕擒攄切調也〔說〕母丨美
〔本〕　　　就食器中調味也

七遇

與暮同用

遇牛具切〔孟〕不丨曾侯名臣〔黃〕千　　　　〔王羲之〕曰不威懷祖　恩遇後周賀
載一丨丨賢臣頌鴻毛丨順風　傼遇而丨丨懸鶵〔詳〕墓　拔勝臨

嘉曰死而有知猶望竟神遇　獨抱殘編与　不世遇　姚詮白以作常兒遇謝靈
飛賊庭以報丨丨〔史〕　神丨丨〔孔丨公〕　不丨丨　運謂
惠連父曰阿連才悟如丨丨之〔史〕　寓〔詩〕黎侯丨於衛○寄寓丨宇內与流寓在
此尊丨丨丨　唐兵制府兵丨農丹寓復我時〔書〕　　生徒
丨丨者庠序推　失寓適矢復反由方丨寢丨〔張丨〕寄丨丨　○嫗〔注〕衣遇切西門
焉唐德宗丨〔詳〕省　言發矢神速　　報巫丨〔詳〕婦老嫗
丨丨夜夾假祖紀何物丨丨生齒發齒兒　嚴丨嚴延年兄弟五人皆大　酒嫗呼
詳見漢蔡義老无鬚眉兒似丨丨〔史〕　丨號官母号万石丨丨〔史〕　文子
先与丨丨各騎　煦嫗陰陽相得丨丨　覆育万物　吹覆嫗後姚同間王妣曰朝
狗仙去詳狗　〔記〕以流曰丨以体曰丨　媪假為老嫗丨丨羌
泣服降語曰快馬健兒丨丨　持丨嫗王羲之書老嫗　第五幾乂嫗常能幾字正敢
不如老嫗丨丨〔詳〕麓　字人競覓之詳翁　　　幾丨嫗根十年遅背着
金根䋺寧辞乳嫗丨〔右山〕　又頭童齒豁丨嫗渠天每作詩令一老嫗丨之
詥敬辞乳嫗之識〔古今詩話〕　嫗一作嫗解詩嫗問曰解否嫗曰解則錄之不
解則易之故丨丨近　賣菜嫗韋固遇異人云君妻乃〔賣〕菜　嫗會稽老嫗丨丨一
鄙俚〔冷齋夜話〕　丨丨陳丨女〔詳〕赤繩　　鵝嫗待羲之之丨丨之賞
䝴曰丨　藍橋嫗裴航至丨丨乞漿於茅舍老丨石家嫗杜丨丨吏詩老丨力丨
〔詳〕鵝　寓林嫗咄曰雲英擎一甌漿來〔詳〕漿　石壕丨嫗丨衰請從吏夜歸急應河
陽役猶得備　還為老嫗〔齊〕婁逞東陽女子變服為丈夫能棋解文義仕至揚
晨炊〔詳〕役　州從事後事發始作婦人服〔漢〕曰有如此技丨丨丨

嫗与御匀　嘔和悅　燠丨咻或　○樹常句切〔解〕　玉樹謝玄
〔崔〕〔庾傳〕餘飫同　嘔兒　作噢　掛樹〔詳〕劍　從兒
為叔父安所器曰子弟亦何預人事而正欲使其佳玄曰如芝蘭丨丨欲使
生於階庭尔〔晉〕魏明帝使毛曾与夏侯泰初並坐人謂蒹葭倚丨丨泰初如
朗月入懷〔世說〕　火樹銀花合星橋丨丨〔鐵鎖開〕〔唐〕〔灯詩〕　雌樹庚𠊱曰此槐樹是　獨樹西風吹丨丨〔杜〕　連樹丨丨〔漢〕
丨丨　生者〔詳〕雌　　〔王〕
擊籍不利馳去蹤音攙兩兒孝惠魯元棄之嬰收載行面雍音雍樹馳〔漢〕〔夏〕
〔侯〕〔嬰〕〔傳〕南陽人謂抱小兒曰丨丨面者大人以面目向之小兒抱大人頸似
懸樹　錢樹倡女許子和入宮臨卒謂母曰丨丨　扶桑樹高數千丈〔詳〕日　閻浮樹須弥山
也　丨子〔劉公〕〔矣〕〔明皇雜録〕樹一作拄　　　　南面有
丨丨丨月丨　桂樹影入　金雞樹唐則天封嵩山壇南有大槲樹赦　溫室樹孔光
月中〔雜〕〔俎〕〔釋氏書〕　　置丨丨丨其抄賜号丨丨丨〔史〕　或問
何木不答〔本〕　珊瑚樹詩卷長留天地間釣竿欲拂丨丨丨〔杜〕〔詳〕珊　良千樹謝玄卿遇神仙見丹桐
〔漢〕省中丨丨　　　　　　　　　　　　　　　　王子樹碧葉云丨丨丨也〔集〕〔仙〕
烽火樹崇積翠池有珊瑚夜　衣錦樹錢鏐幼時戲一大樹下及貴〔乃〕
〔晉〕　樹有光号丨丨丨〔詳〕瑚　　　　後父老衣以錦号丨丨丨　將軍將軍樹
異謙退諸將論功異常獨屏　莫瓊樹魏明帝最寵者丨丨　三花樹頭巾欲拂
樹下軍中号大樹丨丨丨　馮異　蟬鬢如蟬翼〔詳〕鬢　　丨丨丨〔詳〕花
三珠樹唐王勃与兄勔　書大樹孫子度龐涓暮當至馬陵伏兵斫大樹白而
勮号丨丨丨〔史〕　　書之曰龐涓死此樹下涓見白書燭之万弩
俱發涓自剄曰遂成豎子之名〔詳〕豎　拜枯樹有人好道丨丨丨輒云乞長生如此二十八年綿
成豎子之名　　　　木生紫葺甘如蜜食之即仙精誠之至也〔眞誥〕
繫樹王元宝家富曰以丨丨丨南山　盜斫樹晉范喬邑人臘夕丨丨其丨後邑
丨丨樹尽臣縑未穷〔詳〕縑匀　　　人愧而歸之喬曰節日取柴与父
母相娛何　平泉石樹李德裕丨丨　莊記云以一石　　　唐王羲方丨丨　復召
愧焉〔史〕　一樹与人者非佳子弟〔詳〕莊　買第愛樹丨庭中丨
主人曰此佳樹得无欠償乎又封直　嘉樹晉韓子聘魯宴于季氏有嘉樹焉
与之錢〔史〕　瓊言云青桐樹〔詳〕桐　封殖丨丨宣子譽之武子曰宿敢不丨丨此
樹以无忘　　　　　　　　角弓〔昭二〕
翦弓〔昭二〕　與卿全樹太宗曰將丨丨丨〔詳〕枝　卒風振樹後魏王早明風角
有千里使日中至取我時　　李義甫有不借一枝棲句丨丨丨丨　早曰當
太武圍涼州果召問之〔史〕　旱指庭樹唐崔羲有訴旱者羲指庭樹曰
樹五祖求法嗣神秀偈曰身是丨丨丨丨　　　　柯葉尚尔何丨為〔詳〕去声偈匀　○菩提
樹　祖惠能曰丨丨本无樹明鏡亦非臺法嗣遂定〔詳〕臺　心如明鏡臺　○附符遇切〔孟〕丨
庸〔揚子〕丨鳳冀○蝇丨驥　跡附予曰有丨丨〔詩〕　於諸侯曰丨
尾〔詳〕尾韓哀丨　輿〔詳〕馬　率下親上也　豫附　將相和則士
丨丨〔漢〕向傳註如肝肺相　飢附丨人飽則颺去〔詳〕鷹　〔賈誼傳〕肺附臣卒
依○衛青傳戴胄傳同　　　慕容垂猶鷹也丨則　二附　祖又合晃曰丨　後死者合食於先
付　副馬又丨馬　傳著也〔詩〕亦　皮傳後張士衡曰河洛六藝篇録已定後
駙都尉官名　丨于天　丨丨人丨丨　无所容竄〔史〕言皮膚淺近強

相附　毛安傳攻之不存丨丨　老弱未傳　閔中丨丨者秦謫軍　鮒　旅行以相
會　將丨丨〔左〕〔肖何傳〕傳謂附著名籍者　沫以相
卽曰鮒以相附〔附曰〕敂付泗丨丨村井谷丨丨　守鮒兒付揭竿東守推濆丨丨
丨似鯉色黑〔白寶〕轅鮒魚詳肆射鮒〔易〕蝦蟆　鮒鮒丨其於得大魚雖矣
〔莊〕外物累上平二　叔向　賻　馬曰賻貨財曰丨　春秋說題云輿
音綸也濯溉小瀆〔人名〕弟事見左傳　贈終布帛曰丨玩好曰贈衣被
日稔〔記〕弔喪不能賻不問其所費　脫驂而丨詳〔參〕〔記〕子碩欲以〔又〕注之
丨布之餘貝祭器子柳曰不可君子不家於喪班諸兄弟之貧者　戍
切〔孟〕排淮四而丨之江滕上〔史〕天下　疰注以丨丨者巧以鈎注者憚以金注
安丨意相〔礼〕犀中七屬勾會并在此　者殆其巧一也而有所矜則重外
也外重者内拙〔郡國志〕注射也射而賭物曰注卽孤注之注矜惜也殆兒
昬二音亦矜也眩也以丨爲丨則利害輕故巧以鈎帶爲注已有顧憚以金
爲注則變心重　剡注射義丨丨者羽高鏃丨丨君子也戚十
而殆矣故拙　剡注低去丨剡然詳射　跗注韎韋之丨丨戎服若袴而屬
於跗与袴連附方　側注高山寇名其体　日注兩浙之茶丨丨爲第一洪
于反注本作鞋　立而曲丨〔又五行志〕　州双井白亭又出丨丨上
〔歸田〕　波注天后之時吏僑於二張之弟孝和　東注李德林文筆　孤注〔潘閬〕真宗
〔録〕　之世丨丨於三王之門〔唐睿宗紀〕　如長河〔史〕
之役王欽若謗曰冠準以陛　糟床注頗如栞荼香已竟〔國〕酒醉也　起居注起居郎
下爲丨丨　荼蘼是丨丨〔國〕往和丨丨丨　曰左史

一　四十四

含人曰右史所書曰丨丨丨〔晉志〕唐文宗紊丨丨丨杜正　鈎注金注見前左
倫曰陛下所爲善无畏人言不善天下之人紀之〔魏孝傳〕　注下
〔霙〕丨奔丨光流　駐　戎服通作　澍　時雨〔左〕甘丨又　鑄　揚孔子丨顏回〔王〕
丨泉白丨　注詳注　音樹　〔孝傳〕王鼓丨秦丨
金人〇丨丨錯　印二鑄孔偷丨蚩左顧　鑄後魏子訓摩挲銅狄曰適乞
不成詳錯　金丨丨如初詳蚩見銅狄　鑄丨鑄此近五百歲矣〔國〕　乾
德四年鑄　趙太祖得四鑑背有丨丨丨丨　〔人名〕〔續〕旧工樂府字方　馵　馬後左足白
四足皆白〔詩〕　上大驚乃僞蜀年号詳鑑　〔易〕爲丨足又
駕我騏丨　炷　灯炷帶爲燈炷唐皇甫无逸爲益州長史嘗按部宿民家
也　灯炷灯炷尽主人將續无逸斷丨丨丨丨其廉
如此　炙先試炷　隋趙王杲煬帝幼子性至孝蕭后當　〔孟〕巨丨
〔史〕　丨杲請丨丨丨丨后爲停灸九嗳之〔史〕〇　屨　九遇切　不知足
而爲　䍧屨郭申侯見客侯曰君師出於陳鄭之間　於牖上云云
丨丨供其資糧丨丨〔左〕乘又佛切草屨也　業屨有丨丨　白子以是犒屨來款
〔孟〕　捆屨織屨丨丨丨　韠屨掌袂丨丨丨　二屨户外有丨丨　幽人行未已草　巾
〔龐文公〕　詳嗟來　言聞則入〔禮〕　芒屨露濕丨丨〔晚〕
屨挩駕喜　解屨侍坐於長者屨不上於　遷屨向長者而屨跪而　誅屨音侯墜
得丨丨〔谷〕　堂丨丨丨不敢當階〔記〕　俯而納屨〔記〕　於車傷
足喪屨反丨丨於徒　地屨夫閔丨丨丨丨　毋織屨後趙方進至京師受經　隱群而
人嘗六不得褸之〔左〕　〔史〕日者傳　丨丨丨　以給方進〔史〕

屨君子之飲酒也二爵而退丨丨丨後丨〔記〕〔詩〕　喜丨剌　婁丨〔孔叢〕　鞻　氏掌
則坐取屨　丨注不審兒王㦂　〔詩〕褊也〔魏風〕　四夷之樂　瞜　又鷄視兒
〔記〕視容丨丨　詩狂夫丨　句　臚句上傳語告下曰丨　詳傳臚句
丨注无守兒　又良士丨丨注顧礼義也　臚句下告上爲丨
李靖曰大夫當以功名　約章丨丨　掐擢胃腎〔韓〕　樂句　牛僧孺以拍板爲
取富貴何至作丨丨儒　蘇句〔讀孟郊文〕言得句之難丨丨　韓愈皇甫湜
大科賞因此　獲麟句　絶筆於丨丨之丨〔左〕　或雖句　奇險丨丨〔賦〕　象外句　唐僧多住句比物以
名〔振聰言〕　意而不止言一物謂
之丨丨如无可云听雨寒更尽開門　鍛句　王維好丨丨人詩丨知行到
落葉深是落葉比雨声也〔冷齋夜話〕　水窮處坐看雲起時〔国史補〕
又僧惠崇或譏其犯古云河分岡勢司空　彼必韵孔毅父丨丨人
曙春入燒痕刘长卿　又句犯師兄詳古　雋句　詩丨云退之鶯啼子美
泣問君父　孤經絶句　唐楊瑒奏帖試明經不務大義　詩只一句　潘邠老曰得
假何時帰　乃取年頭月尾丨丨丨丨〔史〕　滿城風雨近
重陽一句催租人敗意只一句奉寄詩租爲丨文常患意不屬或丨得丨
語意傾尽未有次句不若且休東坡嘗公荆公集句詠古硯荆公云巧匠斲
山骨只得一句〔遂後〕　江左餘風丨丨丨　〇呴　吁句切氣温之也〇
巡而去〔呂氏童蒙訓〕　繇章繪句丨丨〔唐文粹序〕　亦作煦〔記〕煦嫗覆育
詳嫗又作休〔考工記〕　昫　日出温也　酌　本作㕽酌子酒　醉酌丨丨　羌人　煦
之未休於氣　又作咻　酌　〔說究国傳〕

一　五十三

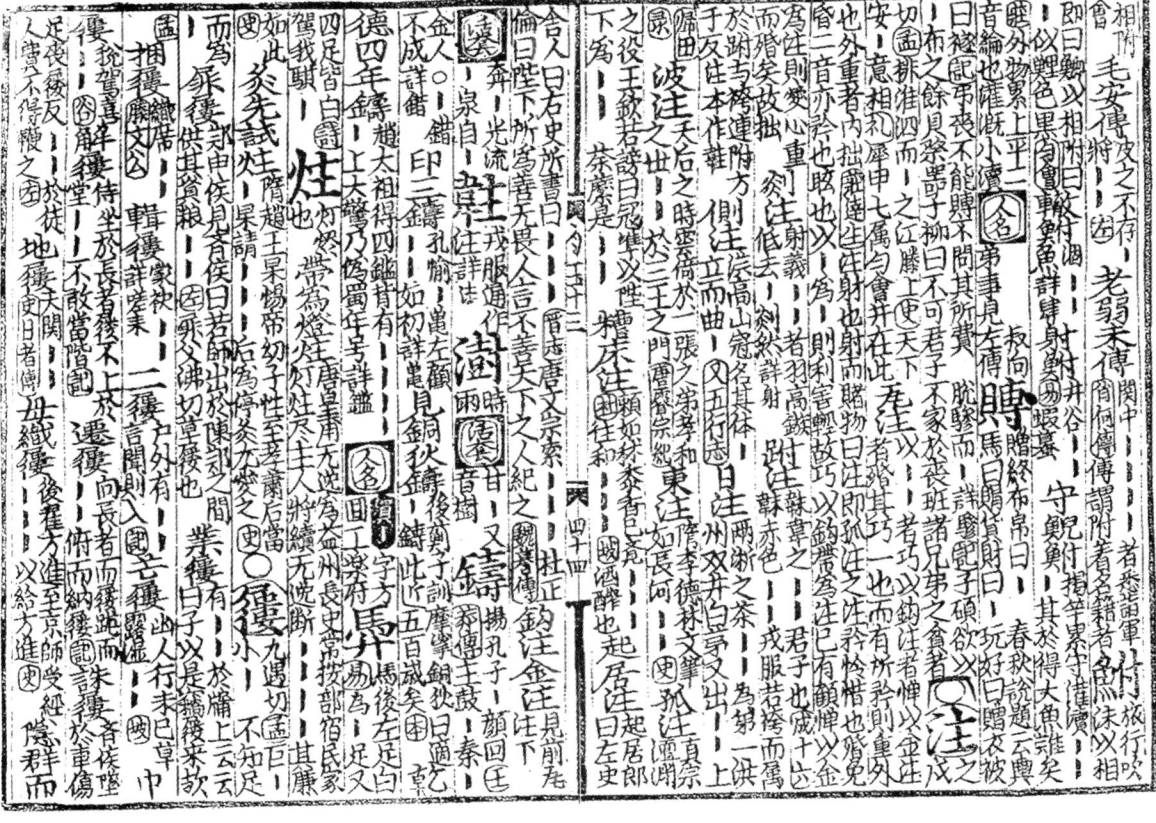

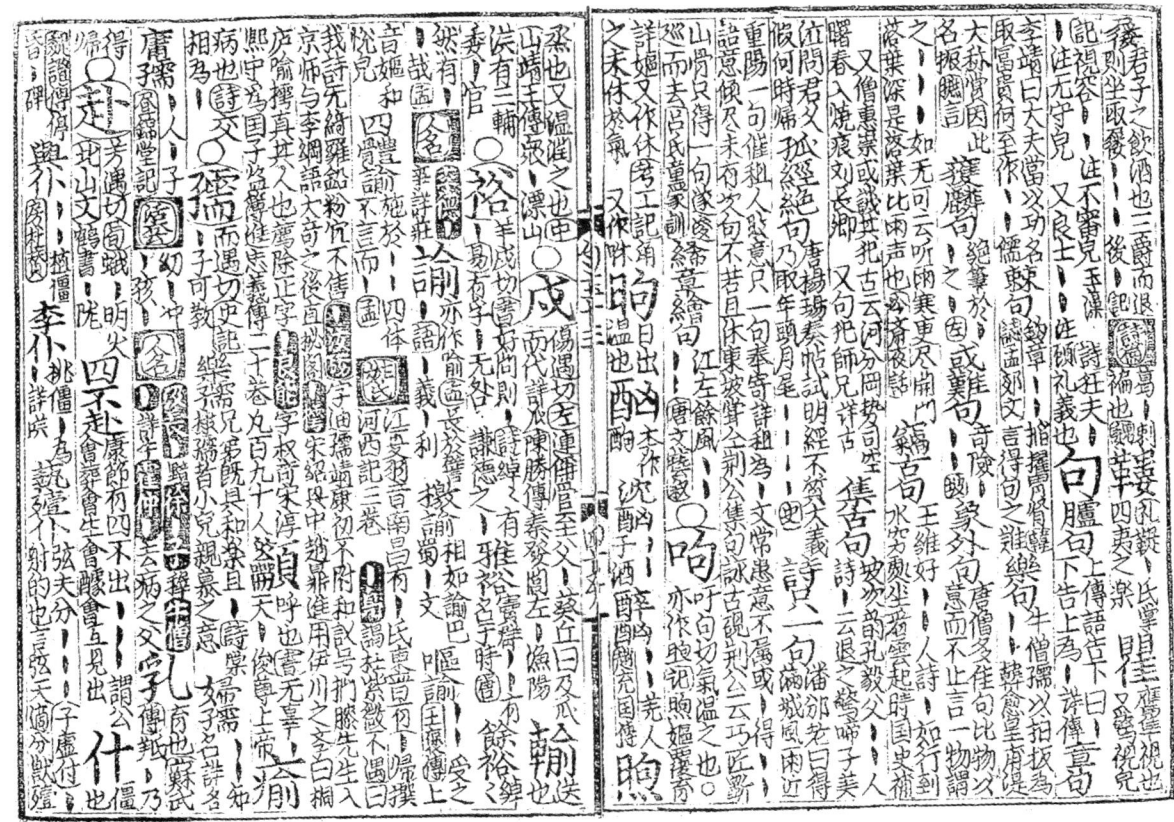

烝也又温潤之也〔史〕〇戍　傷遇切〔左〕連偶皆至父丨葵丘曰及瓜　輸　送
〔山靖王傳〕泉丨漂山　而代詳見陳勝傳秦發閭左丨漁陽　輸　也
渋有三輔　〇裕　羊戍切〔書〕好問則　〔詩〕綽綽有　雅裕〔賓辯〕丨上有　餘裕之綽
委丨官　丨易有孚丨无咎　謙德之丨　孝名于時〔晉〕
然有丨〔人名〕　丨哉〔孟〕　〔詩〕羊詳莊　諭　亦作喻〔孟〕長於譬　相如諭巴　嘔諭丨丨　愛之
音嫗和　四體諭施於丨丨四体　丨語丨義丨利　檄諭蜀丨文　〔王褒傳〕上
恍兒　丨不言而丨〔孟〕　〔胡氏〕河西記三卷　江左羽音南昌有丨氏東晉曰丨帰撰
我詩无綺羅鉛粉亢不傳〔?〕字由孺　隋康初不附和試号捫膝先生入
京师与李綱語大奇之後直秘閣宋紹興中趙鼎進用伊川之学白楄
庐喻擇真其人也薦除正字〔?〕字叔奇宋淳　頡　呼也〔書〕无辜丨
熙中爲国子監〔?〕進忠義傳二十卷凡百九十人　渝　天丨俊尊上帝
病也〔詩〕交〇孺　而遇切〔史記〕樂孺兄弟既具和樂且丨〔詩〕棠　婦孺丨丨茆
相爲丨　丨子可教　孺擬孺者小兒親慕之意　女子名詳名
庸孺丨人丨子　幼丨冲　〔人名〕丨孩丨　詳字　孺乳　丨子　乳　育也　蘇武
子〔昼錦堂記〕　芳遇切〔?〕蛾丨明火　四不赴　康節有四不出丨丨丨　謂公
得〇赴　〔兆山文〕鶴書丨陇　會葬會生會醵會丑見出　仆　也　偃
帰　與仆丨丨撞僵丨爲　弦夫分丨丨丨　〔子虛付〕
〔魏證得傳〕　李仆丨挑僵丨詳咲　蔙殪仆射的也言弦一丈適分獸殪
吾丨碑　〔房杜傳〕

死而仆如上丵卜老萊子取水丨丨跌丨因〇務亡遇切(韻)
射殺也　亻臥地為兒啼以悅親詳衣　急先丨也　識時務丨丨者
莊後　廢曹務孟郊為尉曹　天下務狄仁傑曰豈文七(離散)　酒入務避謗詩寄
(嵇函)　務尽丨詳偉　務不足成丨丨丨哉(史)　鑿思病丨
(班)丨丨霧(光武紀)三精丨塞　王氏五侯黃丨四塞(史)五代楚王馬殷曰　尺
丨丨霧子每教不辜天必大丨(史)丨是山巾子詳華王堂雲丨窗詳留
霧丨丨障天不　披霧若丨雲丨而覩　(隱)霧下丨丨上丨毒　丨丨
霧霧於大(韻)　若(賈大尚書)　氣晝黑霧瀅毒　五里霧張楷字公超
文字其術者填塞　三里霧裴優能為丨丨丨(白)以不如張楷從李之　豹隱霧陶
故云霧市(後漢)　楷避不肯見後從行霧作賊事發見被考(史)　豹隱霧答
子名吾言不與家産三倍妻諫曰南山有玄丨霧雨
七日不下食欲澤其文章故藏以辟害(列女傳)　談巻霧勝氣宛聲飛丨丨丨詳霧字　婺
丨女星名　瞀目不明　鶩鈞堯又　騖(韓後志付)
又丨州　笠句　馳丨書林電鶩驍騎丨丨丨(東都付)　嫁丨(歸)姚宋
建平相荀攸鍾繇曰荀君雖少然當以後事付鍾君繇嗤
曰惟當丨御丨丨丨亦然果先卒繇為丨丨丨得善處(史)　(活套)丨水東　〇足
子遇切(左)言以　〇懼其遇切(詩)將恐將丨　懼釋丿以丕為　寔懼陽城上疏不　具
足志又丨恭　恐將丨谷風　丨丨(左)　止崗者丨丨
東都付礼展采丨丨〇惡草丨　玉具腰間丨丨丨高柱頤(埃)　攝具長劍首以玉作
進詩草有濟勝之丨詳勝　〇賜丨丨劍(馮異傳)　井鹿盧形上刻

末依山形如蓮花初生時〇暴勝之請相見(龍)前王章无被臥牛衣中註
不宜冠帶丨丨劍(隽不疑傳)上首石末劍也　首具編乱麻為之俗呼丨丨
鈞具陸龜蒙時乗小舟齎束書　傅具陶侃鎮荊州參佐有談戲廢事者取其
茶竈筆床丨丨而已詳筊　博具酒器蒱丨之丨投之江中曰摴蒱者牧
豬奴戲　才具晉高崧時謝万方臥在室崧為叙刑政　家具王述為宛陵令頗
尓(史)　之要万起呼崧小字曰阿酃有丨丨(史)　受饋遺多脩為丨
之丨王導曰甚不宜尔述曰足自當止後臨州郡无所造　寒具桓玄愛畜盈
你清索絶倫本傳孟郊移居詩借車載丨丨〃〃少於車　嘗視賓客有
米好事者正食丨丨大熱汚玄幌幃　治具畢張韓文將軍辛許過魏郎
移時妓詩上有相玄丨丨〃油餧餅　其魏其夫妻丨丨許辦具酒食㕠
朝其王義之曰吾衰矣丨丨丨(內兒)　備先具其湯水旱而国乚捐　折腰具白
廟其娶女嫁使懷尚子平之志(史)　嗇者丨丨丨也(史)　黃
帽映青鞋兆供　解酲具李翺業入朝賜分十　得醆具蜀簡雍先主時旱禁酒
丨丨丨(杜集)　酲具方為丨丨丨詳酲　更丨人丨丨丨欲罪之雍
与先主見一男一女行道曰彼欲行淫先主曰何以〇坐具此二公隨坐衣庚
知之曰彼有其具与醸者同先主笑而赦丨丨丨者　言丨丨詳壇
颶海中大風四面俱至〇雨王遇切詩丨我公田　雪霏丨　天雨(公孫弘)丨丨鬼輸　兜率天雨摩
誠丨美膳讒言雨　珠雨尼宝丨護世
丨丨玉(善雨亭記)　芓或作芋亦作蕷　兼似荷而不貞　君子丨大如斗
鬼芋丨大如瓶〇本草曰土芝(方朔傳)蜀中宜蕪丨

(食貨志)岷山之下沃野有蹲鴟芋也蜀賦瓜疇芋區(臨晉)芋羹詩香似
龍涎仍(酾)白味如牛乳更全清莫將南海金虀膾輕比東坡玉糝羹(坡)　紫芋
丨收岷嶺丨　白岷芋見上　羊芋江南有讀誤本蜀都賦注解蹲鴟為丨不知為
種陸家蓮(相)　山丨也人饋羊肉答書云損惠蹲鴟(顏氏家訓)
嗚咽對芋宋弊子文宗七歲喪父〃〃以種芋贍　懶殘煨芋李泌見僧丨丨正撥
時亡明年對芋丨丨如此終身(史)　火丨丨取其半授泌
日領取十　無鬼食芋詳芋　羽佳註丨音之丨在麌句丨毛之丨　〇聚才句
年宰相　非　在此句會云合通押詳見上声　切(易)
李泌丨之(記)財散民丨(孟)　蚋聚醯酸而蚋聚蜂屯　蚊聚有如聚丨千歲
民不改丨舜紀所居成丨　蚋聚丨丨(荀)　蟻聚丨丨　蚊聚飛丨(韓)　龜聚一丨詳
亀丨頂　類聚方以丨　生聚越十年丨　五星聚漢丨丨丨　德星聚陳太丘詣荀朗陵
類聚丨(易)　聚丨(左元)　東井井并　元僕役使子元方
將車季方持杖長文尚少載着後車既至荀使叔慈應門慈明行酒餘六
龍下食文若亦小坐着膝前其夜丨丨丨太史奏五百里內賢人聚(世說)　蘭
臺聚梁任昉為御史中丞後進皆宗之到溉劉
孝綽等車軌日至号丨丨丨(李)互見到　〇數色句切(易)天地之丨
丨五　九數丨丨(周礼)方田粟米差分少廣　五十有五丨大衍之
千(孫)　商功均輸方程贏不足旁要　盈數万丨丨也(左)　景數礼亦丨　知歇數
五代唐周德威　莫(諭)數急觴催傳　金谷酒數李白宴桃花園序云如　丨(左)　馬不知
望塵丨丨丨(史)　丨丨丨(谷)　詩不成罰依丨丨丨丨丨丨

數栢中問王子猷曾丨曰　(活套)歷丨無丨　〇付方遇切(韓)文全丨有家　蒲
數丨丨馬何由丨丨詳曾　洪以讖文有草丨應王又(遂)
改姓　(活套)分丨　傳師丨丨之德義也卜　傳漢祖擊黥布謂張良曰　兩傳中
符　天丨　〇何郎丨紛詳紛卧　傳雖疾強丨丨丨太子(史)　只
多名臣有道独丨丨(晏)　賢傳蕭望之飲酖死帝曰果因疑其　白傳歐公有丨
〇疏廣大傅受少傅　不就牢獄果然殺吾丨丨(史)　丨墳詩
賈傳誼為長沙王太付　才未有(柱)丨丨　(姓氏)清河商音付說之後　(漢)漢祖定元功位次
甯斬匈奴使刺樓蘭王封義陽侯　寬第九封陽陵侯　(大公)北地人元鳳中使大
昆陽侯　(晉)字長虞晉人風格峻整為御史中丞　(後漢)字子衛漢雲臺二十八將中人封
異之曰此千里駒也以妹之女妻之　(晉)字休弈為晉御史中丞每劾奏值　官事未易了詳事嚴氏
日莫捧白簡待旦詳簡　(晉)字季珪父僧祐及琰皆為山陰令並著能名謂
之付聖　時云諸傅有理縣譜子孫相傳　(晉)仕晉号書麓詳麓　(晉)字茂
遠仕梁左戶尚書博極古今稱為李府　(晉)字脩期拜安遠將軍上馬擊賊
下馬作露布南史　(唐)唐相州人卒自誌曰丨丨青山白雲人也以醉死　(晉)
字元通從李於陳袞袞曰金石人也以女妻之　趙宋時人　(宋)字欽之
十歲能文後拜中書侍郎司馬公曰清直勇三德吾於欽之畏焉〇謚獻簡
(宋)少与張詠同李後詠作憶霖詩詳霖　(宋)字公弼孟州人宣和七年使
金不拜斡离不曰我義不辱必死矣果遇害　賦(詩)二曰丨　禹貢九丨
(漢)漢元帝付昭儀生定陶共王共王生哀帝　〇周礼九丨語可使治

其丨丨罷以則詩人之賦麗以則詳則　奏賦丨丨光詳光入明　獻賦懷丨三丨逢萊宮㊤　丘賦鄭子産作丨丨六井馬一疋牛三頭〇立十郊
曽田賦　般賦謂兵師為賦㊧丨丨采索㊧此　兩都賦班固作　高唐賦宋玉作詳雲　天台賦鄭地當作金石声詳声
三都賦晋左思緝思十稔門庭藩溷皆著筆得一句即書之於是競相傳寫洛陽紙貴㊟互見父　阿房賦杜牧作　子虛賦
蜀人楊得意為狗監上讀丨丨丨曰朕獨不得与此人同時哉得意曰臣邑人司馬相如為此上驚召問　大人賦相如作詳雲　長楊賦
楊雄作　雄又作　長門賦丨丨丨序孝武陳皇后得幸頗妬別在丨丨宮愁悶悲思聞蜀郡成都司馬相如天下工為文奉黄金百斤為相如文君取酒因于辭悲愁之辭
甘泉賦校獵賦相如為文寤主意后復得幸㊟　靈光賦王延壽作其父曰吾无以加也詳光　遂初賦丨丨丨相温謂孫綽曰何不尋君知人家国事邪詳
初　郊居賦沈約為丨丨丨　王鳥賦孫衡黄祖時大會賓客有獻者祖
作文不加點㊟互見朔　鸚鵡賦丨丨丨謝莊覽興賦晋張華初未知名著丨丨以自寄阮籍奇之㊈　梅花賦宋璟
作赤丨丨丨　哀故鸚咲詳秀　鷦鷯賦丨以自寄
作丨丨丨清　扶桑賦桑維翰著日出丨丨以見志詳硯　笋成賦温庭筠詳手　朝爲百賦丨丨丨
便富麗詳賜　怒詳　斑大良賦有人荅招客云丨丨丨趙龜空腔〇此字謎謂敬當赴飲字詳腔　〇娶七句切㊤不告而丨　不再娶
緊

曽參喪妻不娶以華元善也　安定嫁娶胡丨丨遺訓丨女須勝吾家則女之
崇王駿魏管寧並丨丨丨　事人必戒丨婦須不若吾家則事舅
姑必謹㊥　終身不娶陽城年長不娶謂弟曰吾与若孤惸相育既娶則
攺㊦傳記　問外姓雖共処而益疎弟義之亦不娶丨丨㊟　趣
胥迫也月令仲秋丨民收斂季秋乃丨獄並音七住反或
作趨燕世家士爭趨燕　通作取㊫始皇紀異取以為高　指趣會五經之丨
成趣園日涉以　酒中趣桓温問孟嘉丨有何好而卿嗜之　琴中趣自得丨　㊥
丨丨㊥陶詞　嘉曰公未得丨丨丨也㊟孟嘉傳　失
歡趣丨義之恐兒輩丨　得丨深丨間　〇註中句切辯也
丨樂之丨詳恐㊥陸套丨書中丨　通作注　服氏註鄭玄与服
識闕虔与人說已注春秋傳乃就曰吾乃欲注未了　晋向秀為莊虔初不相
若言多与吾同當尽以所註与君遂為丨丨丨㊥世説　竊莊子註子解義大暢
玄風未竟而卒不傳於世　郭象丨以為己注㊥郭象傳　書誼須註向秀欲註莊子嵇康曰此丨
註趙宋李覯不喜孟子以教諸侯為王嘗試制科六論丨丨丨正自妨人行樂亦㊟　不得孟子
曰吾書未嘗不讀必丨丨丨　疏也鄭地而出人為撿視果然　其一屬甲札之数
孔犀申七丨　〇駐株遇切　大藥駐又丸丨丨朱顏㊥　春粧駐衆緑結貞惟花紅
考工与注同　丨丨馬駐丨丨㊥王立之詩話　㊥陸套
馬蹄　住齊張融寄船酒中住其欲隨陶公移家丨丨丨㊥　寒格住春氣欲歸丨丨丨曽子固　春且住
丨工岸丨詳舡

丨丨見說道天涯　芳草迷歸路㊥辛詞　常住空記名称丨丨無所住應生丨丨丨心若有所住則為
作丨丨㊥般若　非住㊥金剛經　昔年本不住今者
亦无　〇屢浪遇切㊥語丨空〇況綿屢長卿渴甫公　觀遊屢丨丨㊥后山　莫辭〇
來㊥蜀　亦作婁㊥詩丨豐年　幹丨丨丨㊥杜
暮莫故切本作莫㊥詩不夙則莫丨丨丨者丨丨㊥赤壁付韵會云　逢暮丨丨丨恐美人之
則丨維丨之春臣工傳暮上伯各切迫近於暮也　㊥離騷
歲暮㊥爾丨亦丨止㊥　丨云丨矣㊥左　丨丨途遠㊥主父偃傳　晋王承録朝
丨云丨暮丨　一犯夜人云從師不竟丨丨丨承遠吏送還家詳夜朝
暮朝三暮四詳栗丨為　康叔度丨不見趙市若丹非丨㊥孟嘗君傳
行雲丨為行雨詳雨　來何莫丨丨丨詳移　好朝惡莫丨而丨丨丨
哀丨煙　慕㊥孟丨君丨父母丨少艾　司馬相
水丨丨　如丨藺相如名詳藺㊥赤壁賦如怨如丨丨丨　狎慕蟻慕羊肉羊
㊥陸套　擢行㊥莊丨兒丨兒丨騶從丨憤丨憤　張湯收接名士大夫已心　丨也舜有
徐光兒嬰慕母懷不父懷也詳憤　浮慕内不合然湯丨丨之㊥　弋人慕鴻飛
冥丨丨丨　山盛春恣劣雲輕送人路字容謀虛責有丨丨丨哉
何丨馬㊥　限魚鳥慕齊宗測少靜退豫章王辟為參軍測曰性同鱗羽愛止
㊥　墓季札掛劍丨謝詳許　展墓㊥謂省視　丨丨而入㊥檀弓　封墓武王丨比干丨㊥書　諛墓劉叉持
墓与冢韵通看　韓愈金
數斤去曰此丨丨丨云陳胡公　曹侯墓魏武令曰死後
中人得金不詳金　鐵墓墓水嚙其趾有鉄錮之㊥坡註　題墓道曰漢征

西將軍丨丨丨此其志也　誓於墓王羲之謂諸子曰吾不減懷祖而位遇懸邈當由汝等
丨丨丨此其志也誓於墓不及坦之邪述後為揚州刺史撿察會稽羲之称疾去
郡於父母墓前丨曰自今以後貪冒苟進　祭孔子墓年丨丨丨㊥　拜更始
是有无尊之心而不子也㊥王述字懷祖　明皇開元十三年丨丨丨㊥
墓更始墓丨哭尽哀㊥　數母掃墓丨延年為河内太守号曰屠伯丨曰天
後鮑永初事更始後經　道神明不可獨殺不忍見壯子被刑戮
遂歸東海丨丨丨　她持祭掃玄墓後倚玄謂曹操曰安生民者其在君乎操感
之歳餘東奔市㊥　其知己後過玄墓自為文以斗酒隻雞過相
沃酹　期年七墓晋吳逵荒飢合門死者十三人丨丨成　哭郭子儀墓五代
㊥　丨十二棺家極貧晝時有賵贈一无所受㊥　唐郭
崇韜用事宰相豆盧革等皆附之以為子儀後崇　募商鞅丨民徙木
韜以為然伐蜀過子儀墓慟丨而去聞者笑之㊥　〇丨丨民入粟　〇
度徒故切㊧思我王丨　紫風度宋璟丨丨丨　調度甚廣初度揆予之
氣丨闕詳雞鳴丨闕　凝遠㊥　㊥隨充國傳丨丨丨兮
篆錫予以丨　大度鄧禹深沈丨丨丨刘郎今　鑱度陶潜王弘見其无履為造
嘉名㊥離騷　有丨丨㊥　前度丨丨再來詳桃　履度左右請丨丨潜便申脚
令度丨度一千九丨丨　九節度郭子儀李光弼丨丨丨師園
㊥　躚度百餘里㊥會　流年度鬱鬱丨丨㊥　安慶緒時王師无統責望不
專以及　白鳥度黒雲映黄槐更絢足度沈慶之夏人与兩匹絹曰姓名杜度
于敗㊥　丨丨丨㊥后山　此丨丨丨八十死詳絹

世言丨丨同者以曰丨丨韓公下諱論亦引之但〔黄父〕唐相〔裴度〕名
杜操字伯度く名同魏武帝故去伯字〔※〕〔人名〕寬千頃陂事詳陂〔※〕
〔丨〕名晉人〔東晉〕五猗事〔姓氏〕崔度尚字博平爲上虞長發摘奸非人謂
詳猗〔五言文丨〕江東獨步詳步 神明又葬曹娥命邯鄲子作碑 黨錮八
厨中人官 渡子胥丨江詳劍項羽不丨烏江 飛渡晉伐吳く王曰此來半
至刺史 渡見江淨沱河氷堅可丨詳氷 諸軍乃丨丨江也〔史〕
渡韓信龍且丨 競渡屈原以午日死於汨羅人以 鶩渡操舟丨丨利供 嬰渡
丨擊之〔史〕 競渡舟拯之丨丨吳其遺俗〔荊楚〕 鶩渡百口〔列立命〕丨
韓信以木丨丨 車渡盧諶河以丨丨 極安而 葦渡異僧浮丨不渡和尚常乘木
笠丨軍詳甖 卑渡速濟不曉其法〔僧傳〕 蘆渡丨江詳笠 杯渡丨丨 河因名
焉詳 羽渡晉葵樹吳猛受神方以白丨 麾扇渡晉顧榮陳敏反榮以白羽扇
枒 羽渡翁昏水丨江不假舟楫〔晉〕 麾之其軍自潰因名丨丨丨
跛人渡袁天綱渡江而還曰船中人鼻下氣皆黑不可渡俄有人丨而 公無
就舟袁曰貴丨在吾可以丨江中風起我瓊跛男子羨師德也
渡麗玉所作傷其夫投河而死〔古樂府〕 無人渡野水丨丨丨 孤 三家渡丨丨 河
渡丨丨丨 河曲乃朝鮮津卒霍子高妻 舟尽日橫〔寇準〕
○已亥 三獸渡 關佛法各有深淺如象 福清渡 渡運禪師母登天之所後 隔
也詳鮏 ○ 馬兔丨丨丨河詳象 官司改爲太義渡詳慈
江不渡 高亭簡和尚參德山見在江岸乃丨丨問 江西川競渡 大藏善捐人心
訊山以手招之簡豁然開籠更丨渡丨 云慧忠国師何

得去丨丨看 渡 塗金 數 敗也〔書〕彝倫攸
丨丨詳心 鍍也 斁丨〔周書〕九法丨丨○ 路 路故切〔孟〕適若大丨然
勞弊〔詩〕蘼蕪 讓路 唐宋仁軌謂子弟曰終身丨丨不 未路 晚節丨丨 誠
燕載丨丨 讓路枉百步終身丨畔不失一段〔史〕 〔楚辭〕〔淮陽傳〕 桃源迷路
漁人往丨丨丨 恭十九路 前丨丨丨 迷誤我多人〔魚隱〕 騎龜尋路 黄椿入山
不得丨丨詳椿 六遠禪師因丨說法云云從 迷路忽見
大龜丨甚肯丨即右向從 老馬知路 管子事 驚馬爭路 向至丐丨丨丨 不由西
行十餘里得溪水詳龜 詳馬 丨丨詳
州路羊曇事 獨獲不由路 阮籍率意丨丨 石頭路 丹霞見馬祖馬祖問從
州路詳州 丨丨徑丨詳途 ○ 什麼処來師曰丨丨祖
云石頭丨滑還蹉倒故麼 〔詩編〕 遵大丨思君子也〔莊〕 〔人名〕 季丨字 〔姓氏〕 内黄
師曰若蹉倒即不來也〔傳〕 公失道君子去之〔鄭〕 仲由 商音
黄帝封支子於潞春秋時潞子嬰兒今上黨潞縣後去水爲路○崔有
〔後漢〕〔傳〕平州人以衛尉爲伏波將軍〔史記〕 〔丨博德〕 温舒字長君鉅鹿人藏浦
寫書後守廷尉〔史〕 〔丨邑〕爲魏郡太守 政清勤〔循吏〕 出家爲栗賤負 〔丨去病〕 仕
齊爲興中侍御史不避貴戚〔循吏〕 〔丨振〕知制誥文辭温麗有唐人風〔宋史〕 〔丨隨〕
翰林奉士爲六經法言 丁篇而上之 〔丨隨延〕 字南式爲
字魯瞻年少入翰林不出長安城十年至宰相後兼中書令 數歲能詩賦邑樵云葉如斜
界紙心似露 〔詩〕零丨 〔漢〕 寶露丨時淳則露濃時澆則露竭〔十洲記〕 甘露 黄帝時丨丨中露堯時猶存謂之丨 美
倒抽書 〔禮〕蔵食 〔十洲記〕 如

脂美如飴晉中興書 瑞露 或作丨丨 珍 花露 大食国丨丨五代時番 草露 富
一名天酒〔瑞應圖〕 或謂酒也 使以十五瓶獻詳薇 貴
何如丨 人命如丨上之丨易晞 古今註客有歌於郢中者向陽丨丨和
頭丨〔丗〕 薤露 者數百人詳歌 崔武時李延年爲曲丨丨 送王公貴人 蒿里 送
士大夫庶人亦曰 朝露 危若丨丨〔商鞅傳〕 蘇武留匈奴李陵 月露 連篇累牘
挽歌〔事物紀原〕 曰人生如丨丨何久自苦如此〔史〕 不出丨丨
之形〔李〕 刻丨露 歐豐樂亭風露 金莖露 漢武作承露臺以銅爲之上有仙人 蕎
詩傳 冰雪丨丨清秀 掌以承露和玉屑飲之丨丨 銅莖也 鶴警露
〔薇〕露 柳子厚得昌黎文先以此露完手然後讀○金陵宫中人擬丨 鶴警露
露丨水染生帛一夕忘收爲濃丨所漬色倍鮮翠〔揚文公談苑〕
千載丨丨丨 太真吸露 宿酒初消苦肺 玉盃承露 有丨丨丨丨 崔董仲舒說春秋事得失
而鳴〔大戴記〕 熱吸花露詳肺 等數十篇〔史〕
繁一 捕雀沾露 吳舍人曰臣挾彈欲取 宮殿觀 甘露 唐李訓欲詐丨丨韓約
作蓄 黃雀不覺露沾衣詳雀 奏甘露降金吾左仗樹
常碩中尉俛士良魚志弘等驗之會風 〔詩〕 蟬飲丨丨 〔詩篇〕 行丨召伯听訟也
動庑幕見執兵者士良等驚走〔史書〕 〔淮南〕 肝膽丨丨 ○ 湛丨天子燕諸
侯也 鷺 一名舂鉏 屬玉詳玉 一名碧鷀翁詩鞋〔詩〕插其丨翻
〔小雅〕〔年号〕〔丨丨〕崔 兗立〔今註〕 鷺飛遠映碧山去 一樹梨落晚風〔丨〕 牧立當
青草人先見行傍 朱鷺 楚威王時有赤鷺合沓而鳥 鷺上官仪曰御史供奉
白達人未知〔陷彈〕 秦有鼓吹丨丨曲〔鼓吹〕 兗鷺 赤墀下接武龙蹇遒

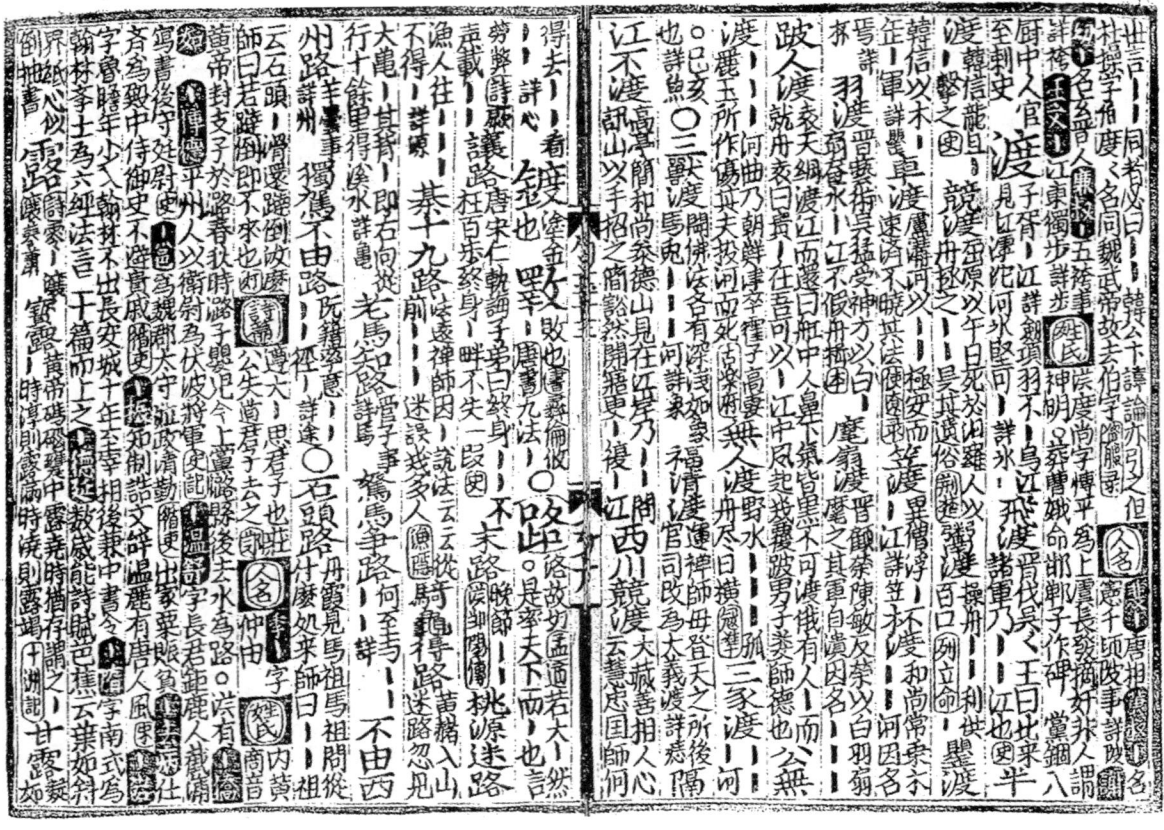

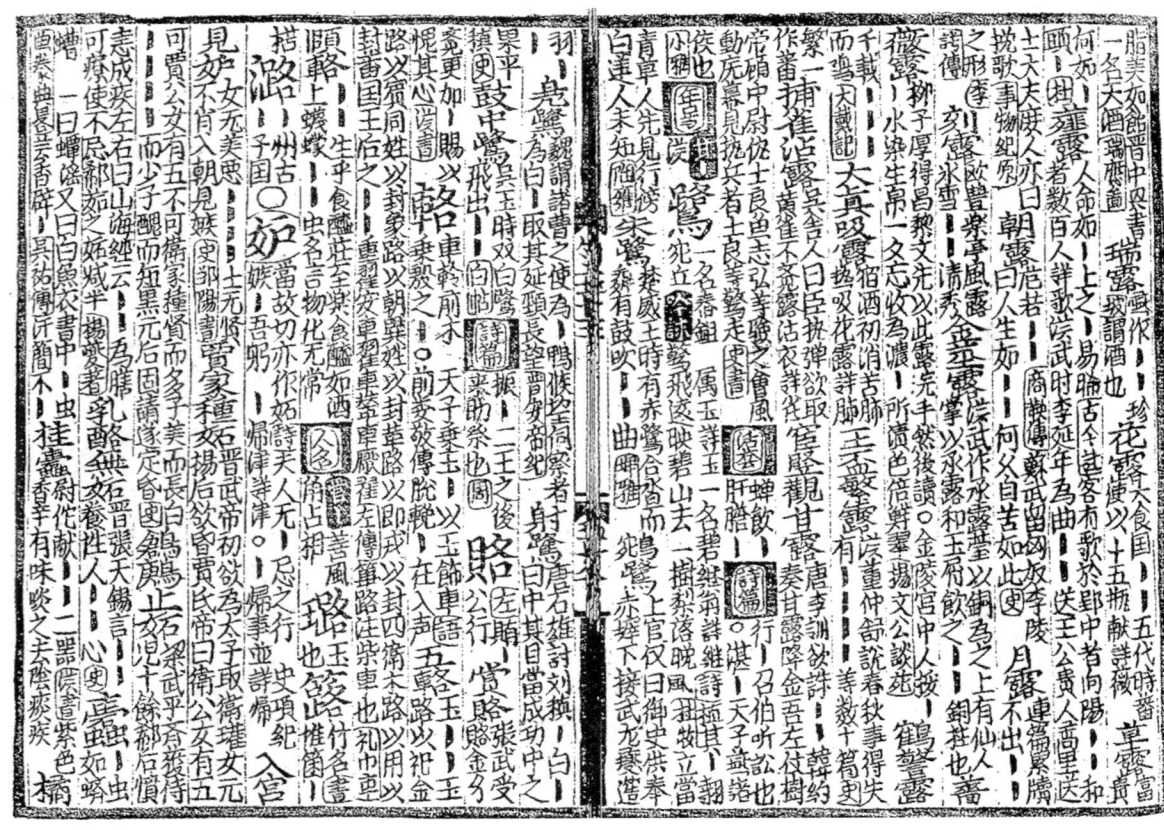

羽丨 鳧鷺 魏謂諸曹之使爲丨鴨候望伺察者 射鷺 唐石雄討刘稹丨白丨
丨 鷺爲白丨取其延頸長望〔晉〕安帝紀 白中其目當成功中之
果平 鼓中鷺 吳王時双白鷺飛出丨丨〔白帖〕 〔詩編〕 振丨二王之後 賂 〔左〕賄丨 賞賂 張武受
擯〔史〕 來助祭也〔周〕 公行 賂金多
愧其心〔漢書〕 輅 車軨前木 天子乘玉丨以玉飾車〔國語〕 五輅 玉丨金
輅更加丨賜以 乘穀之○前後敬傳脫輓丨在入声 路以祀
路以賓同姓以封象路以朝異姓以封革路以即戎以封四衛木路以田以
封蕃国王后之丨丨 重翟厌翟安車翟車辇車厭翟〔左傳〕 鑾路〔注〕柴車也〔礼〕巾車
頁輅 丨丨生乎食醯荘子巢食醯如酒〔人名〕〔丨丨〕 善風 瑶 玉丨 路 竹名〔書〕
頤輅上蠓蠓丨丨虫名言物化无常 角占排 也 篠 篠 丨 推箘丨
措 潞丨丨州古丨子国 ○ 妒 當故切亦作妬〔詩〕夫人无丨忌之行 史項紀 入宮
丨丨 嫉丨吾躬丨 婦律詳律 ○丨丨 婦事並詳婦
見妒 女无美恶丨丨丨丨士元賢 賈家種妬 晉武帝初欲爲太子取衛瓘女元
丨不肖入朝見嫉〔史〕〔鄒陽書〕 揚后欲賈氏帝曰衛公女有五
可貴公女有五不可衛家種賢而多子美而長白 鵶鳥止妬 梁武平齊獲侍
丨丨丨丨而少子醜而短黑元后固請遂定昏〔史〕 兒十餘郗后憤
恚成疾左右曰山海經云丨丨爲膳 乳酪無妬 晉張天錫言丨丨
可療使不忌郗茹之妬減半〔揚帝爰著〕 養性人丨丨 心〔史〕 蠹 虫
蠐 一日蟬嶁又曰白魚衣書中丨虫 蛀蠹 尉佗献丨丨二罌〔漢書〕紫色 橘
鬯梭 虫長三寸香辟丨 吳祐傳斤簡不丨 香辛有味啖之去陰痰疾

蠹丨之丨大如小指𪀦棄如蚕蛻為胡蝶皆我 三蠹陸思佳陸騐徐鱗並苛
蠹而去須臾犯鑿蜩而膠之唐陸龜蒙蠹化 刻朱异九与之兒出謂
国丨丨五蠹韓非作孤憤丨丨等書 女工蠹吳書蠹毀之組麗丨之丨实詩虫 文字蠹晉書殊蠹書虫生丨丨閣謝
禾東十䉖曰丨○兔湯故切兎九孔雌雄毛而孕生子從口中出其子撓
或曰𪋿㕦佚切䖘其役者兔丨其大若一一種前足
孔學客三 寸餘後足幾尺曰蹶丨亦曰蛩々巨驉 又云視月而生故曰明視 咀嚼
者九竅胎生独丨八竅者五月而吐子韓文衣褐之徒缺口而長鬚八竅而
趺居易得狡兎丨丨三穴詩允韓信曰丨丨死走狗烹 毚兔丨詩 蹇兎雎
丨而忘蹄狡兎高鳥尽良弓藏宋上蔡逐丨丨詳犬
日以秦治諸侯譬馳 老兎旧闘老蚌生明珠未省丨丨生於菟晙 白兎文宗
韓盧而搏丨丨史記 子由巳卯生故号卯君生子名虎兒 謂扗
悰曰卯前在鳳翔丨丨不奏真先兎也唐王弘義賤時求旁舍瓜不与及為
御史乃言園有丨丨集衆捕逐畦蔬无遺李商隱曰昔聞著盛蕭吏今見
丨御史 秦 飛兎丨丨腰裊駿 赤兎呂布良馬 丨丨唐湯兎崇灵帝作雀車 省
良馬名丨丨 飛兎馬也孫衡傳 赤兎曰丨丨百姓謗道之費𢡄𢟍
畨車設機車引水者丨 蹏蟝兎吾陰精所積丨丨長生 丑䶂兎王鄉為天師守丨丨 切
丨為曲筒以氣引水上 發其封一白丨躍出衆
皆曰丨已去矣一道士化為雀飛 中雙兎後魏尒朱榮討葛榮有双兎起馬
去須史擒兎後投丨中原化記 前榮誓曰丨則擒葛榮然弦而殪

命立碑号射兎三月十二日以木為兎分兩朋鳥鋏兎李林甫时三宰相
丨丨碑史 之負者跪勝者酒鄴中記周 張九齡裴耀卿同
相一相盛折而趨李在中韓盧逐兎淳于髡曰丨丨者天下之俊犬也東
驚无少談号一兩丨史 郭號者海内之狡兎也 犬 騰山
者五環山者二兎極於前犬疲於後田父見而獲之令齊㛍
相持恐強秦大楚之乘其後而有田父之功也春秋後語 守株待兎宋有耕者
兎走觸株折頸死因釋鶩鵝脫兎平涉細草荒芊綿 相後先杜甫
耕丨丨異後得兎蘇子蟄 牧马尚始如处女後如脫兔田單傳 逐
釁之丨大不顧兎上官安曰丨丨當丨丨邪史 ○象馬兎闘 如丨丨佛說法各有深浅譬 渡河詳象 吐兊
之大吐王敦与分鳳謀逆王丨丨處 龍巾拭吐李白洪浴嘗用丨丨 食
疑己便丨丨醉卧吐中詳醉 御手調羹詳 五見唾
彭蜞吐蔡謨見彭蜞曰蟹有八足加以二螯 子嗷毋吐後魏宗室子華毋飲
吐無丨之吐下委頓方知非蟹詳蟹 食大吐人謂中毒毋
愛棋丨華搦吐尽 妙語 ○顧古暮切語不内丨十中庸丨言行詩 莫
之丨心乃安史 陸雲 我背丨 寧不我丨書 我不丨行鍛○
丨丨家婦請心 北顧鍾丘北固山 乃眷丨丨詩皇矣 眷丨朕允 左顧子高乃幸
玉映詳編 北顧改丨丨詩固 西顧丨丨之憂房玄齡傳 淮南
德王傳 八顧郭林宗范滂等為丨丨言能 龜顧晋孔愉經餘不亭買丨放之
猶丨丨鋼以德行引人者也黨錮傳 中流左丨者三及愉封侯鑄

卜龜亦回首而三 狼顧失時不卹民且 伯樂顧蘇代曰有賣駿馬者三旦人
如所放龜詳龜 丨丨食貨志 莫与言及丨丨視之去而復
倍詳馬 丨價増十 周郎顧瑜精音律雖三爵後有缺誤 顧李
丨丨必顧語曰曲有誤丨丨周 先主三顧諸葛亮表往人再顧夫
人李以倡進兄延年侍上歌曰北方有丨丨絕世而独立一顧傾人城丨丨
傾人国帝曰世豈有此人乎平陽王因言延年有女弟召見实妙麗善舞
乳毋回顧宋武欲殺丨丨臨 墮甑不顧孟敏事 未嘗回顧隋李礼成七歲其
去婁丨丨詳哺 詳甑 姑曰此兒平生丨丨
丨丨必 姓氏 武陵羽音臭殺侯国丨伯之後 又宋封越王勾践裔孫
為重器史 余侯因氏 丨進字元款以為菉伯喈所歎因字仕吳為柏
十九年封醴陵侯 丨毅之字長康小字虎頭博孝善用青才絕畫絕癡絕○ 羽扇
倒參軍詳蔽為桓温參軍 丨榮字彦先与陸機兄弟入洛号三俊
却軍詳賞 丨悅之字君叔与簡文同年而髮早白詳髮 丨和字君孝謂心是
雖則地詳心仕晋為尚書令 丨憲之字士思為建康令号曰神明 丨建康
事詳康 丨覬之字偉仁為山陰令昼日垂簾詳簾 丨野王字希馮七歲讀五
經○撰玉篇及輿地志 今秀州有野王讀書堆 仕梁陳 丨況唐詩人白
居易以詩投之詳易 丨少連字夷仲仕唐裴廷齡方横賞會酒酣少連曰段
秀实笏擊賊臣吾笏将擊姦臣旧且前元友直在坐勸解之 丨大丨 歡字景
怡隱天台山見朱异有志 雇庸也通作顧晁錯傳 故易匪躬之丨 非
節以女妻之南史隱逸傳 斂民財以丨其功 一朝一夕之丨孟

苟求其丨語温丨知 方故誕婚太后丨丨 雅故函丨丨包古今總 掌故補文
新○邯鄲丨步詳步 方端王莽傳 傳包函丨訓之丨 掌故李丨
丨漢儒 物故士馬丨丨漢志丨无也丨事也言死者无所復能於事 細故丨丨
林傳 ○一云不欲斥言但言其服用之丨皆已丨尔亦通
芥蔕何足 將軍故李廣夜擕至灞上亭長呵之從者曰故李 不忘故婦人哭
以疑漢傳 丨丨亭長曰今将軍猶不可况丨也詳尉 曰刈着
新忘吾着譬吾所以 綈袍戀故人之意詳袍 傾蓋如故詳蓋 新不如故 持
悲丨丨丨也詳譬 恋有丨丨 韵 纑
将比素丨人 不新何故柏中慈送新衣妻曰衣 不避私故憲宗嘗謂宰相
丨丨丨詳素 經丨丨縁得丨詳衣 官 曰卿等當為朕
惜丨勿私親故李絳曰但問其才器与官称否 陸賓 丨丨世丨人來 固語毋丨
尔若避親故非至公之道上曰誠如卿言 丨為誰丨 文中子
山河 北固上以置軍实梁武登望改曰丨顧 分典勝 穎固丨丨不服則
之丨北固鎮江丨丨山勢临長江地險固蔡謨起樓其 侵之礼真官 擾
固 常以夜半時去撫平臥丨丨 膠固 君臣間不丨而丨 唐馬周傳 唐杜正倫求与
放体氣調而微者身神具矣 盤固 城南諸杜同譜
不許銜之諸杜所居号杜固正倫建言丨丨丨 著宋書 年
通水利人 丨川流如血十日自是南丨不振 入名 九十餘以賢良徵宋人
涸 陰涵 西京賦 丨 錮 刘向傳 南山猶有隙 宋黨 涸 煙霞丨疾詳疾
陰涸 丨錮寇其進仕之路禁丨終身 刘禎詩友嬰沈

域外漢籍珍本文庫

」亥○」酤詩无酒」我崇畫 ○誤五故切前漢景帝紀註」晉書羊祜
通作錮 酤權」並两音 謂王衍」天下蒼生者必此人 曲
誤」有」周墨誤曹不與誤」點汙 持金誤崇旧不疑為郎有同舍誤」其
郎顏詳顏因作成蠅詳蠅 同舍郎」去同舍郎意不疑く
く買金償後同舍歸 持橐誤陳仲同舍郎誤」隣 僊冠誤」多」冠貂誤齊張
金亡金郎大慙困 吾舍郎」以去辭袴 母閫
敬兒武帝疑其有異志收之敬兒 畫慮有誤毅浩答桓温」」」動輒書誤
詭」」投地曰用此物」我図 畫 緣」竟𨀗空函詳函
呂布督將高順曰將軍舉動不肯 捂司馬遷傳或有牴」通 悟警悟心術
詳思」」」」く事豈可数乎図 作捂顏籍傳莫敢枝梧
」」宣 才悟謝灵運曰阿連 晚悟飛鳥悟前笑黃 百悟惟台先一非朕 聲悟
王襃傳」」」如此詳兒 犬悲」」國 劳有」」曾
緣悟因」數而」者名聞 陸套 頴」」寤憂竟語也左傳莊公」生周礼
緣因」而」者名緣覓 不」司」氏莊行者盧生邯鄲枕
而」上欠伸 晤明也」對也詩可与晤語 梧」」大兒 張良傳 悟 舍卒也後漢 遌
過也通作捂逆也周禮 忤逆也 傳錯」不能對
付童華不可捂兮 性剛 悖 才拙与物多」」 宋山陽王休祐有相手板若 云此甚貴然使人多」」詳
扱 不以為忤 周顗荅王導曰此腹足容卿 陸套 嵆 ○護 胡誤切 謂護 崇祖
輩數百人 等」」」詳腹 」」抵 謂四

皓頌公辛卒 張良傳 卧護 帝謂紀瞻曰卿雖病」」六軍所益多矣○ 布護 相如
」太子 言羊祜寢疾陳伐呉計帝欲祐」」諸將 封禪
頌匪惟雨之又潤澤之匪惟徧我氾」」言徧」也 都護 武帝時內屬者二十六国置使
之 史 氾音泛普也 者 者校尉領護宜帝改曰 國
域傳 陸套 頌」」迕」」又名 芦中得崇書謂之 葫 芦 註 齒如」犀○ 蕭 瓠
」闌干 瓠 」瓜 断壺 史記 芦 爛蒸葫芦詳芦 瓠
彫藥詩曰幡く瓠葉采之」之 法酒 既成先与父兄室人」」葉而飲 後
文見教授弟子每春秋享射脩列典仪以素淨瓠葉為俎豆 漢 陸 賦 伴老儒
」」後周強練事晉公宇文護持一瓠 到 鼎宝」」 賈 誼
藥國 破瓠 護門抵」」曰」」破子吉未幾護誅 史 康瓠 底也不猶康空」
決瓠 崇元光中」」子 槃瓠 高辛氏大名即 五石瓠 惠子曰魏王貽我大瓠
之以為」則護洛元所 南蠻種詳大 之種樹成而实」」」剖
不容 護戶郭丞反 莊子 藍 蔓瓠 唐柳玭家戒云先君兄弟多以瓠 張蒼 憲
長大肥白」」 腹如瓠 鴟夷滑稽」」而已皆保重名 史 身如瓠 刑以
得免 史 壺詳瓠」」 狗頭瓠 杜須病瘦呉人以瓠 後
」」 壺詳瓠 瓠繫」」」不之詳 無發堅瓠 孔
融荅曹操書注曰齊居士田仲屈穀見之曰穀有樹瓠之法堅如石厚而」
」顧獻先生田仲曰吾不可以盛物不可以割而斷又何以龜瓠為也穀曰今
仲不特仰人而食亦无 後魏傳永拒斧將會康祖爭於太倉口永
益人国」」之类 図 盛火以瓠 量賊夜來斫營必以火於渡淮浅処記之

互 鷩之屬 礼 鷩人掌取」物註有甲者龜 參互 以」」考 回互 乾坤莽」」 陸雲
答令人以瓠」」當渫処置之戒曰若火起亦發之夜果來斫 人名 鼓琴 晉
營伏發擊之奔趨淮水望火爭渡溺水数千人康祖亦死 図
嫮 美容 楊雄傳 又牛人共牛牲之」 日成 図 沙 叉」」」 周九万 高
泉」之嫉妬兮 知 濩 布大」湯樂名通作漢 左傳 見 沍 固寒
閉也陰氣閉 散也 護 辯韶濩者韓 詩 正声諸韶濩 也」
塞通作涸 ○訴 桑故切亦作愬 詩 薄言往愬 若 趃 愬 於 驚 觧愬
花本无言 語 譖愬之」○公伯寮」子路 士 図
」」」國 陸套 告」箋 泝 亦作遡 漢 逆流而上曰溯洄順流而 上泝 御 輕
」」天」 下曰遡游 左 公宗」」 江 詩 遡徊從之 冊 而
」」下泝 上暢九垓」」 塑 邵氏聞見錄古畫」」一法陽惠之見呉道子畫筆
図 八埏 相如傳 已至乃去亭」為古今第一○程明道坐如
泥」人 素 臣 語 繪事後」」王」 縑素 上山採蘪蕪下山逢故夫長跪
詩氣 故舊平常曰雅」」問故夫新人復何如云云新人
工織縑故人工織素織縑日盈四織」五丈餘持」縑比」新人不如 東素
故 古 樂府 張九齡文如輕」」練而箔边幅詳練字く照」」 閱詩
東家之子腰如」」縞素」」」 紅素 花絮暁紛く」」 敗素 蘇伐書齊
」齒如含貝 詩笑 賈 」」言花」」言素 国 紫」」也
而買十 縷 素 楊雄云天下上計者吾當把三寸弱」」四尺油」以問其 尺素
倍 図 異 文 旁 四 讀 對此融心神知君皇」」」 困 山水障歌

中有」」 國 寄 辞 翰 墨林 張景陽 雜詩 刘向典校 霜素 暴 請
書詳書 竹素 游思」」 書先書」為易刊定可繕寫者以上」」 人 京 權 書 之長 情素 王
願鵝 竒蹤 傷 太素 王仲宣誄游寬 蟠安仁間居賦傚」」」之法 褒
冷 祭 松石 序 」天也 図 ○二」之書」王之 」」」 追逐
衿食凼反」 平素 嗽く幽曠心拳く 寔素 晉王沉 出 醉素 題王逸少帖顛張 兩禿翁
」兮條同 異」」 翻 詠 懷 於」」 図 」」
並好称書工 陸 借 懷 雲三素 雲 立春清明日北望有紫綠白」為」元君三」
素醉中善書故云 雲也三元君是曰上語天帝 隱真 秘訣 丙年校
上看春色三素雲中 陸套 紈」手繊 人名 榮天 傃 記」其位又 嗉
望玉宸 國 延閭春帖 」鬟垂」 宬姬詳嫓 」隱行怪
鳥吮容食処 愫 誠 ○ 祚 昨誤切 後李 光 人名 毒 僧 晉史 名 胙 祭福肉○
不 猶 其粮」也 傳 光」子孫 陳 咫 王使宰孔
賜齊侯」詳叙又建置社稷 左 之土 主 階 記 乃故切 図」」 祚
而命之氏 又守社稷也 无元克」国 胙 冠於」 怒 」」然 丑下 一」
安民惠下 詩 敬天之」」赦匪」伊教 洋水王燕 室 怒 于」」 而市 唐刘
斯」皇矣 書 皇天震」泰誓 記 不」」而威 樂記 于色 詳色 市怒 武周
傳宣言于衆」」必有溢 遷怒 」」 雖 馮怒 呉 璥 由曰君奮焉震電
以」」其軍 兩怒 惡之言詳喜 犯 襄 士 」」 馮盛也 昭 五 勇
怒 脈」」而面青骨」」而 沮公曰与君爭朝三主 楚王見怒」式
面白血」」而面赤 実說 沮怒 莫四群」皆」詳栗 虻怒之曰以其有氣

五五八

也詳螳怒臂詳臂丨娘丨水神怒洞庭君謂柳毅曰寡人愛弟昔為錢塘長身過人堯洪水九年乃此人一怒異聞錄觸山怒
共工氏与顓頊争帝共工怒丨丨拜関都尉謡曰寧性無怒晉孫
丨不周之丨天柱折詳柱竊成怒前見乳虎无值丨丨丨囡
丨恚丨人投諸水中欲丨丨客曰市道交者有勢則從无
觀其怒既出便大笑困廉頗何怒勢則去此固其理丨丨之有詳客偉節最
怒貫丨丨兄弟人称曰貫氏貴相在怒唐張景藏相魏元忠父而不言无忠
怒二虎丨丨丨詳貫姓怒曰究通有命何預君邪憬藏遽起
曰君之相在怒時位後華佗怡一郡守篤丨以為盛怒則丨乃多
必卿相也太平廣記痛差在怒愛其貨无何弃去留書罵之守瞋恚吐黑血
数升而能令公怒髯参軍短主簿能令公喜丨丨丨詳翦蛟龍為詳怒却望丨丨囡簽鳥籠也𥫗凰
愈囡
丨凰在○布博故切孟女有餘丨史記公儀休見丨好家婦織其筒布王戎
幾恐奪人利五見葵公孫丨被詳被禍詳
刘肇賂戎丨中細丨五十端為司隷所糾丨尺布斗粟丨詩春
困梁鄧陽王恢有進丨中丨著命焚之困里布宅不毛者有丨
大布衛文公丨之衣困泉布周九府圜法貨宝於金利於刀流於泉布於帛前漢食貨志言錢之流布廣於布帛通於泉流丨丨稅布束露布
後魏每戰克書帛于竿上名丨丨唐于公異傳付永上馬擊賊下馬草丨
後魏後魏韓顯宗破斉軍著文問何不作丨丨曰臣見王肅獲賊二三驢
馬数疋皆為丨丨臣切捷布唐封常清於幕下潛作丨丨瀑布日照香爐生紫煙遙看丨
恥之囡袁粲事詳紙丨丨挂晴川飛流直下三千
尺疑是銀河落九
天李詩廬山瀑布雲布東都賦星羅丨丨火浣布梁冀嘗會客佯争酒失杯而汙之
火燄燃然偽怒爭燒之布得丨然如灰垢尽丶
潔白魏志綾文布隋文帝焚丨丨丨困麁布膠西先生趙明寂飲不擇酒常云薄丶酒勝茶湯醜丶婦勝空房坡翁廣之云
薄丶酒勝茶湯丨丨丨勝無裳醜妻惡妾勝空房又云薄丶酒覆瓿布孔群嗜酒
飲兩鍾丨丨着兩重醜惡蚕異醉媛同醜妻悪妾壽乃公
王道戒曰卿不見酒家丨王烈丨丨丨令着止麻布姚察門生送南布花練察曰吾
丨丨日月久糜爛邪詳說遺盜布其改過詳牛
所丨丨丨尔賜着者布宋該字宣弘太祖以其性貪丨布百匹令
不煩此南史負而歸重不能勝乃至僵頓以愧之國語書呂布
後董卓有道士丨字於上負丨一諾千金詳諾崇祖将○
而行歌曰布乎布乎卓不悟詳呂人名季布五柰公社詳柰號崇末人
扌布也擊圃音兩○汙烏路切東方朔懷肉衣丨詳肉後魏長史儒臯丨血
曰玉投泥豈能相丨○墨丨成蝸詳蝸丨声利
丨惡孟子丨丨之心國語無怨無丨假条大臣民之所堊白鉈記既練居
之書肩疾以丨之泰誓丨水中蠪詳蠪丨室詳入声
忞也○怖普故切○赫咄道其甫踆貪大怖唐金梁鳳相呂諲曰君旦
也愈名可丨兒帝詳帝韋丨丨丨丨乃得後諲貴

丨囡注酷于石醋崔元徽見緋衣小女
擊史猶之史突入射謹兩矢○憂生怖從憂生憂從怖丨丨丨詳憂鋪設也又賀肆○措倉故
幾中走而免明年知政事
切亦作香鋪謹民无所錯其手足辛直錯諸社記醋亦作酢
辛而措之文帝紀戕致刑錯抱火厝之積薪之上醋鼻酢唐来俊臣鞫囚
注醋于石醋崔元徽見緋衣小女隋崔宏度性嚴任襄州總管語
丨囡醋曰丨丨石榴精詳姨飲三斗醋曰寧丨丨丨不見崔宏度
皐陶三斗醋方可為宰相
范質性辨急好面折人短曰○庫苦故切後紀相監經庫隋房暉遠史庫
賣官錢入官丨号五丨丨
唐薛稷知集庫馬懷素知經庫沈佺期知丨景龍文館記書庫隋公孫景茂射東杜頭
為尚書損益万機不可勝数号杜甲科時号丨丨史武庫
丨森丶但見矛戟在前晉裴楷目鍾會如觀丨
丨武平一知子庫四部書
丨丨不遂取丨丨史言無所不有晉杜預曰有功在
油灾武庫詳油崇田蚡請考工地益宅上怒曰何
丨丨丨賽庫士七十餘家史記東庫西庫唐李絳曰烏有羨贏
帝梧姓氏庫大夫之後若以為獻是從
內黃商音守袴崇祭遵身丨丨之間
丨丨不識遼丨丨之衣布丨丨上与王苛弟子為群在於綺
死囡紈素也皮袴唐婁師德為豐州都督衣丨窮袴霍后時宮人皆令為
前后襠不弊袴韓昭侯丨丨命藏之云云曰吾聞明主愛一嚬
得交通一笑今袴豈特嚬笑哉吾必待有功者通鑑弱袴崇周亡
今常衣弊衣丨丨故為不潔清以是得五袴廉范為蜀郡太守民歌曰廉叔
幸後宮秘藏仁常在旁終不敢出困度來何莫昔無襦今丨丨不禁
火民安蘭縑袴李白遊慈恩寺僧用水松牌乞
作困詩題記僧獻丨丨丨雲仙散錄負販袴孫丹公云曹昆白地
非无文采酷無裁剡文袴晉謝尚善諸結絕倫好衣丨丨丨明光錦裁為丨丨丨
製言文章也世說自改遂知名王導以比王戎呼為小安豐困兒
置袴趙湖遺腹子夫人置持同舍袴後漢蕭孝廉為郎同舍郎告歸盜者
丨袴中得脫詳孤說持鄰舍袴去主疑重所取不自申說
市袴償之後歸寧者以貫達丨丨冬丨丨過妻兄瀚宿乃著
袴還主其事乃顯南史家貧無袴魏袴去時以為通健後吳良為郡吏无袴
國史人名犢鼻布袴著山谷詩着新替舊亦不思去年祖重无袴
丨不辭丨袴溪水寒水中照見從祖瀬胯股也○步薄故
切司馬法六尺曰丨又輦行曰丨書王朝丨自周丨丨丨賴
注謂人荷輦而行不駕馬也丨亦丨趨亦趨詳塵天步難白華國步斯頻
䘏西域方士丨丨吹烈龍即呼出詳龍北斉晉陽有人大明法術曰我
隱禹步本恒岳仙人謫至此汾水暴漲臨水丨丨以符投水流便絕餘自沙
石上大射以丨丨張三侯○跬步不積丨丨無以至千里荀獨步樂天与元微之云
渡困貍步謂一舉足今為半步江南語才子者必
曰元白以子之故使我不得丨丨於吳越間今丨公孫洪丨
並老復得劉夢得豈非大不幸邪○又互見東徒步丨丙相故步有萃步於邯鄲

若未得髮鬚失其丨丨丨〔國固傳〕詳行 道步 南齊東昏侯金為丨花貼地令潘妃行其上曰此丨步生蓮花〔南史〕 枉步 終身讓路不丨白丨詳路

蹇步 蹇驢隨丨丨〔國〕 窘步 惟捷徑以丨丨〔騷〕 絆步 聲名丨〔補要〕 凌波步 曹子建洛神賦丨丨微丨羅襪生塵〔喻体輕〕 折

腰步 孫壽善作丨丨詳救 三家步 藺然丨丨丨此方斛舟〔國〕 撰 射百步 養由基百步丨柳丨發百中 笑百步 五十

步丨丨〔圖〕 鐵爐步 永州北郭有丨丨丨蓋有鍛鐵者居其人去而爐毀者蓋不知其然年矣獨其号置而存余曰嘻世固有事去名存而冒

焉若是邪〔柳文〕 詩成七步 曹子建七步成丨詩且唐文宗謂柳公權曰汝成賜衣父不時令中春已給當賞我以詩應声成文婉切而麗帝曰

丨丨丨丨亦乃三焉〔史〕 詩成十步 後魏彭城王勰從孝文幸代都帝令作大將騎詩詩勰去帝十步且行且作未至帝所而就〔史〕

步 呂布降曹操曰令布丨丨公丨丨天下不足定也〔史〕 明 駑馬安步 騏驥跼躅不如丨丨之丨丨〔韓信傳〕 望重門而步 後張

湛為馮翊告歸丨丨丨丨丨曰父母之国所宜尽礼○唐苗晋卿為太守肯入壹閱望縣門輒步曰公門當下況父母邦乎〔唐史〕 ○望頭進

步 百尺丨丨須丨丨詳羊 〔函史〕 健丨青雲丨 〔姓氏〕 平陽明音左傳晋大夫〔丨陽〕之先食采於丨因氏 又仲尼弟子丨叔乘齊人 又

丨鹿氏改丨氏〔丨騭〕字子山淮陰人仕吳為當時英俊都督西陵二十年隣敵敬其威信種瓜自給詩飯〔丨協〕為吳撫軍尺忠於国通達治〔國〕 酺

會聚飲食又災害之神〔礼族師〕祭丨 捕 騂騮丨丨鼠不如狌狸詳鼎丨風捉影詳影 螳捕丨蟬詳雀 鷹捕 如羊追狼丨丨鼠詳鼎

猫不捕 豈可以无鼠而養不捕之丨〔晏又〕 魚雞捕 蝙丨丨丨〔國〕 吟 哺 口飼也〔韓詩〕雛來丨其兒○通作餔〔孟子〕徒餔啜也晒音

含哺 丨丨而喜鼓腹而遊〔莊馬蹄〕 吐哺 周公一食三丨丨〔韓文〕趙宋李清臣留韓魏公姪吏報曰太祝方寢請臣題詩云公子乗閒臥絳廚

白衣老吏慢寒儒不知夢見周公否曾說當年丨丨丨无韓魏公曰吾知此人父矣竟有東床選〔青瑣高議〕 抱哺 哲丨丨其子与公併〔賈誼〕言秦俗

反哺 宋皙補南陔敎〻林烏受哺于子〔選〕純黑而丨丨者烏也 壺飧哺 楚伐中山中山君亡有二人挈戈隨後曰臣父餓且死君下丨丨丨

之故來死君也詳美 宜笑令乳哺 漢武欲殺乳母東方朔教母臨去屢回顧母如言朔在側曰汝速去帝已長大矣丨丨拔丨丨耶乃舍之〔史〕史

記云郭舍人事 ○ 呼 荒故切本作謼〔息夫躬傳〕痛入天兮嗚謼或作嘑〔孟子〕嘑爾而与之〔左傳〕周麾而丨〔趙世家〕疾丨 歌呼 曹參吏舍

日飲丨丨詳震乌呼 妄呼 争功丨丨〔漢書〕 大嘑 謝靈運曾出千秋亭飲酒倮身丨丨〔史〕 首山呼 登丨丨以丨曰庚癸乎則諾〔國□〕

詳癸 穿 丨丨斗拆水器 ○ 作 臧祚切造也〔廉范傳〕不禁火民安丨○俗作做非○做不得詳筋

韻府羣玉卷之十二

去聲

韻府羣玉卷之十四

去聲

八霽 與祭同用

霽 子計切〔韻〕〔名〕秋丨 光霽 丨風丨月詳坐 威嚴 丨丨內言与魏相書相善其丨言寫魏相威嚴〔魏相傳〕 〔活套〕 開丨新丨 濟

〔書〕若丨巨川 康丨小民〔蔡仲〕〔孟〕乗 興丨人〔左〕以水丨水〔監〕弘丨蒼生 汔濟 小狐丨丨濡其尾〔易〕 丨水涸也一日戕也 旋濟 不能丨丨〔國〕濟

止同舟濟 郭林宗与李膺丨丨而丨詳舟 酒徒 ○ 魏時苗為壽春令謁治中將濟濟不見苗還刻木為人署曰丨丨丨丨丨日

也 夕射之〔濡林傳〕 〔活套〕 丨匡 〔卦名〕 ☵☲水在火上〔既〕君子以思患而豫防之初九曳其輪濡其尾无咎六二婦喪其茀勿逐七日得九三高宗

伐鬼方三年克之小人勿用六四繻有衣袽終日戒九五東隣殺牛不如西鄰之禴祭实受其福上六濡其首厲 ☲☵火在水上〔未〕君子以慎辨物

居方初六濡其尾吝九二曳其輪貞吉六三未丨征凶利涉大川九四貞吉悔亡震用伐鬼方三年有賞于大国六五貞吉无悔君子之光有孚吉上九

有孚于飲酒无咎濡其首有孚失是 〔人名〕 〔壹道丨〕 量沙詳沙 唱籌 ○ 帝 都計切 古帝 丨丨命武湯〔詩〕天也 望帝 杜鵑詳鵑

銅馬帝 九武破降丨丨賊因号丨丨丨〔史〕 上秦稱帝 魯仲連聞趙欲尊秦為帝為言秦称帝之害詳紛 因鬼見帝 蘇秦

曰謁者難見如鬼王難見如天帝今臣食玉炊桂丨丨丨丨丨詳桂 遨遊帝 馬援丨丨閒〔國〕 〔活套〕 心丨 酒丨 寔 丕本也〔記〕

削瓜土 諦 審也膺諦 魏韓宣文帝曰此有丨丨之丨之士也後至九卿〔史〕 帝欲不諦 後李雲上書曰帝者諦也今政日損丨丨

丨丨邪帝 ○ 四諦 苦諦生老病死集諦聚集骨肉財帛之类滅諦環滅道諦脩行此名丨丨謂其理審諦詳徒說也經云見苦断集因震怒〔史〕

滅脩道〔圓〕〔圓心經〕 蔕 瓜當也 固蔕 老子曰是謂深根丨丨長生久視之道 攜中丨曳曰穡中之樂不滅商山但恨不得深根丨丨 亦

詳秋蔕 齊謝朓曰遨若墜 霜蔕 坡和山谷今君已穡秋蔕兩飄似丨丨〔史〕 度世坐閱丨中丨 柿蔕 紅袖織綾夸丨丨詳梨 柢 根

事並詳 嚏 鼻氣〔詩〕願言則丨〔註〕俗人嚏云人道我〔漢藝文志〕有嚏耳鳴雜占 鼽嚏 季秋行夏令民多丨丨上声

窒頻嚏 白髮蒼頭誰肯記曉來丨丨為何人〔國〕 〔活套〕 噴丨 ○ 劑 在詣切通作齊〔藝文〕百藥齊和 砭劑 〔周〕之劑武為救

〔唐〕 鍾乳劑 賜丨丨丨丨〔唐高馮傳〕 丹半劑 陰長生事馬明生授太清神丹經合丨服〔列仙傳〕 龍香劑 玄宗御墨曰丨丨丨丨不樂升天周行天下陰馬皆後仙時

人〔仙傳〕 呼万歲曰臣墨之精黑松使者凡世人有文者墨上皆有龍賓十二上神之以墨 一日墨士有小道士如蠅而行上叱之即

賜〔墨〕文官〔記聞〕 齊 和也又酒以度 五齊 丨丨丨三酒〔礼〕泛齊醴量節作者曰丨 盎齊緹齊沈齊 火齊 丨丨必得

(孔)腥熟調也　又丨丨珠名　似雲母重疊而開色黃赤　耕云変䅆垂而滅
別之如紗縠之重沓　丨丨磊落堆金盤(韓詩)詠葡萄也　耕耒変䅆裂多亦
滅裂而報　來年変耆深其丨而熟耰丨丨嘗也書言太保受同祭丨　懠怒
之其禾繁滋詩弃謂変其法咨同也　嚌唐文藝傳嚌丨道真　懠也
(詩)天之
方丨　穧丨刈禾把數(說文)　丨丨此有不斂丨穧丨萊　詳上声　眥　目匡　事　詳眥韵　事　○𣹳　他計切　南蟄
丨可丨否　隮　足下出処足觀政　隮丨下丨上丨(語)論丨與丨禘　禘稌也(詩)載
(元稹傳)　之丨丨(王羲之傳)　(文十二)　(活套)　丨皆丨
薙　除草(月令)　涕　亦作洟(記)不敢唾洟　鍾丗涕丨五刻止(晉)惠帝時殺前六丨皆丨
季夏燒丨　丨丨餘事並詳上声　遇陽賈后弑楊太
后也　武夫流涕　書丨丨悍卒无不丨丨(史)鬄　鬄髮大人曰髢小
(史)　武夫流涕可為流涕(賈誼)唐秦天劍　曰丨或作鬀剃　○第　特計
切　次丨又丨宅食邑不滿万户不得作丨　又但也　甲第二區(甘)甲乙次(詳)
鄲食其傳丨言之　又科丨(宋)書及信臣第高丨　甲第宣帝賜霍光丨丨
(唐)升平第　唐柳仲郢每迁必　假官第　唐王涯為翰林學士帝數幸其第以所
(團)　鳥集丨丨丨丨　詩鳥　居遂部丨光宅里丨丨　諸學士莫敢望
(史)角巾還第　王導曰若元規來　(史)　溷子一第　唐元結舉進士楊浚見其文曰一
吾便丨丨丨丨丨　第丨丨亦有司得子是賴果擢上
第○言人登第才　劉黃下第　黃對策誕官者考官不敢取李郃曰　無解及第
高曰丨丨溷子(史)　丨丨丨丨丨我輩登科能无厚顏(李)

唐刘蛻初令狐綯薦子滈未嘗舉進士(史)不得一第　梁太祖初為節度謂母曰朱
士妻言已解天下謂之丨丨丨丨丨　五經平生讀書丨丨丨丨有
子為節度使无忝也太祖父　弟　(語)鄉黨称丨焉　出則丨○死悌　唐宗室
誠以五經教授鄉里故云(史)　亦作悌○兄丨之丨在上声　小行遠弟
行芳請代兄(人名)(宋之遜)踰　悌　愷丨　娣　女弟又丨　睇　目小丨　丨五
俱死称為丨丨(史)　弟詳悌　娣詳娣句　睇　丨見　禘　歲
一丨丨祭其祖之所自出以其祖配　遞　更丨又傳丨　遞　去也又　締
之(記)礼不王不丨(魯)丨非礼(礼運)　遞迭丨云遞丨之丨遞　遞丨
結不解(禮記)　杕　木獨生　踶　蹋也(漢武紀)　題　視皃(詩)丨逮　及也又(記)
(論)合從丨交　(詩)丨杕　踶　馬或奔丨　(詩)　彼脊令　威儀丨丨
棣　有赤丨白丨詩常棣(詩)結所訓常丨唐丨　丨(詩)常丨　脆(詩)　○砌　七計
是二物詳今會○又詩柏舟威儀丨丨　(詩)　弟也(小雅)　切　鳴
砌　蚰蜒江東人呼蠍女　雨砌(楞嚴)羅浮館風聲額丨　丨　風砌丨丨　謾
(石)亦曰丨丨(古今注)　丨丨(曲)碧苔芳(少陵)　不危范　(活套)軒丨　玉丨
(殿)　切　(宗平紀)丨丨滿　妻　(語)可丨也　○細　蘇計切(文帝)　三細丨丨不宥(君陳)
丨　秩注大九也　細(記)很弃丨過三細　細弹雖小三犯不
赦　五細　楚子使奔疾為蔡公申无宇曰　細後(宋)趙鼎著呉越春秋丨丨蔡
也　五細五大不在边丨丨不在庭　詳大詩細(宋)讀丨丨　以為長於論衡(史)
謹細　唐席豫性丨愼　丞子弟為吏書不作草字　細　細　細叔合其大而
(謹)細　或曰此丨事吝曰細不丨况大事乎(唐)　拜其細重丨丨丨　詳拜　房杜

(羽)　鶯細　後魏李普濟　蛻名為太　壻　黃氏(史記)
細　毀已取名瞭然使戶曉者　入丨瞭細守語曰丨丨入丨李普濟(史)
細人丨丨之丨邪(房杜傳)　子壻　趙王礼甚卑丨丨(史)　僚壻　江東呼同門　丨丨兩壻相謂為丨丨　快
倩　詳東洛間　子壻有丨丨礼(史)　僚壻為丨丨(爾)　亞壻(爾雅)亦曰友壻
謂丨為倩　王壻　女壻丨資壻　得于麂斉之丨丨　宋王敬弘為太守
壻　郭瑀曰吾欲覓　丨丨　詳帶　王壻　潤詳潤贅壻　之郡妻弟桓玄要之敬弘曰我不能為
壻一丨丨　詳帶　七壻　郭子儀　十女壻　晉刘弘都督荊州朝廷以弘壻
桓氏丨丨別駕送　皆賢(唐史)丨丨　夏侯陟為襄陽守弘曰若必姻
妻弥年不迎(史)　親然後可用則荊州　(本)桃源壻　刘阮入丨丨有仙客
十郡安得丨丨丨　持桃來慶女丨詳丨乘龍壻丨丨　女壻　近
壻李宗　樂廣壻衛玠　趙宋趙參政昌言壻王文正旦○　(杜)賢翁壻　鄭昌
文正公壻韓忠獻億　李侍郎孟巳壻晏殊　晏殊壻富弼　乃有佳壻　唐權
女妻獨孤郁憲宗嘆　○羿　五計切古諸侯后丨(書)有窮后　德輿丨
德輿丨丨丨丨(史)　丨語丨善射(楊雄賦)丨氏控弦　(姓氏)濟郡
婗　全也　堄　埤丨女　睨　邪視(中庸)丨而視之　睨丨字不一主父偃傳睥　羽音　詣
造也　墻詳睨　丨丨之兒必報　史魏其傳睥睨两宫間　史侯生
見其客朱亥俾倪故久立　又杜詩睥丨　裼　父睨旨酒一盛兮余丐　平音睍
登哀挾盍女墻顔蒼眼处僻雅作埤堄　丨之丨丨之　詳癸
脈　謹為行丨丨丞　丨　諫　丞　諫　言也　唐元結有丨論　丨丨　○計　古詣切(張良傳)
丞　蹲肇惟謹　詳丞　官不言(魏)　不得丨必且丨丨焉　誰為陛下畫此

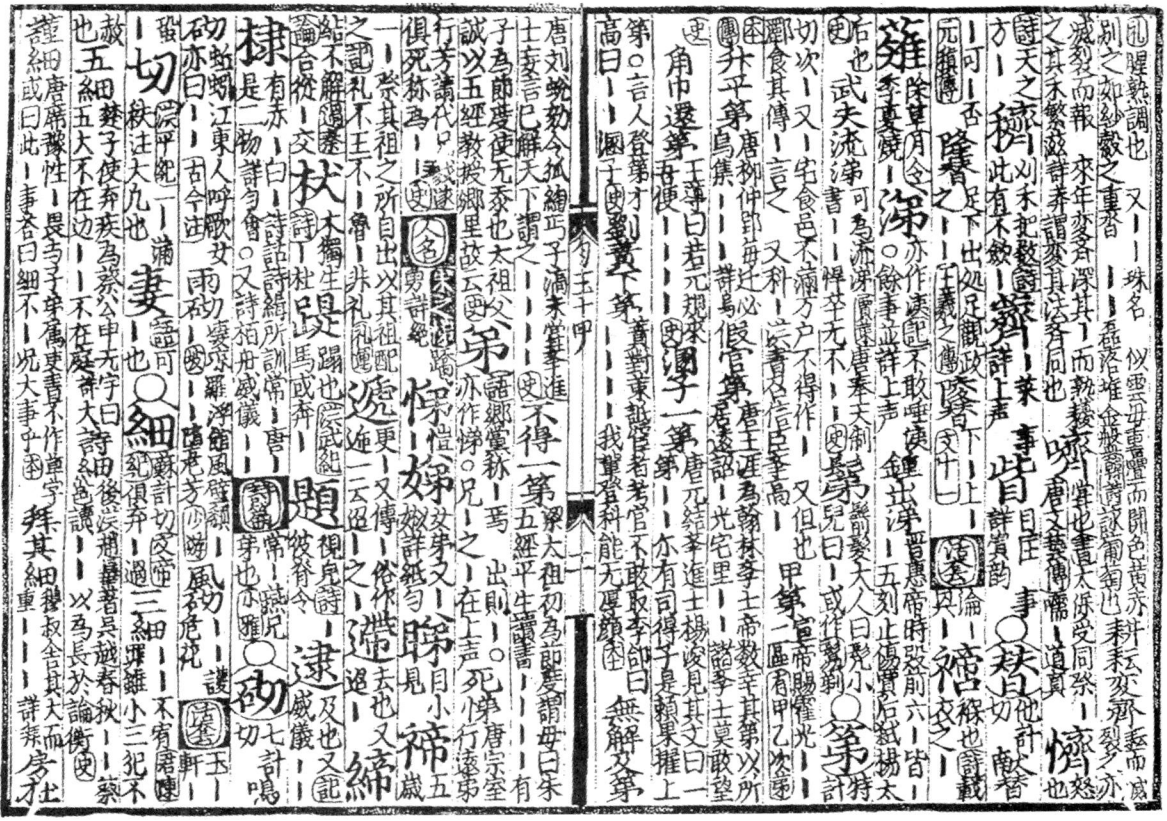

丨者　(園)橋億万丨丨年計一丨之丨在於春一日之計在於晨(纂要)一丨之
詳橋令丐丨偕詳偕　丨莫如樹穀十丨之丨莫如樹木終身之計莫如
樹人　日計　見上　旱計　彼亦太丨丨見卵而求　心計　何祗丨丨不　秘計　平城之
(管子)日計註　時夜見彈而求鴞炙(莊)　差升合詳筭　(圓)陳平
知閼氏妬忌造木偶人舞埤間閼氏慮冒頓下　奇計　陳平六出　受計　丨出
城必納之乃退軍史云丨丨　鄙其事不(傑附)　丨丨(史)　泉宮(國)
(帝)千歲計　生世能幾何已丨丨　終身計　見年　太飽計　飢寒未可知已　牙籌計　王戎
(紀)　作丨丨丨丨(后山)　計下　作丨丨丨(坡)　挑丨
丨算丨與婦計　楚王欲以優孟為相孟請　甲侵計　建中末獨孤彥自淮泗全
詳算　與婦言歸丨丨丨之詳去声相　佛寺有二丈夫一人身長
黑衣称姓丨名丨丨第五一人身短青衣姓曾名元二五二五彥悟曰曾之文以
九附曾為甑甲者東方丨乙未第五假于字以午附木杵字也丨丨者語為
金截金截為鉄杵乎果於杌上計下計　宗縣布反辞公曰使布出丨丨山東
褒中得鉄杵及甑(宣室志)　非宗有也出於中計勝負之数未可
知出於丨丨陛下　郡國上計　凡郡常以春行所至縣論課　是上計　齊王敬
安枕而臥矣(史)　殿最歲尽遣上計(范睢傳註)　丨丨良丨　則舉兵
東昏在東宮見征虜亭失火謂敬則閭　(活套)　丨丨
之曰檀公三十六策丨丨丨丨　蓋譏檀道濟避魏事(史)　隸丨丨
越人　詳研丨(有繼之)趙宋　繼　(孟子)丨馬可丨也梁惠上　碧繼　剡人賈博於鏡湖之
紹以中献所著晉鑑　(記)中庸善丨人之志　碧繼　荷中見一叟一呼丨

丨丨一呼笞捶投叟沙王見賈讓　後難繼宋文帝曰四賢同管喉　無來無繼貫休見
搊之化為鷺去(圖書錄)　舌忍丨世丨丨詩話　絲常電猶
傳神曰前丨丨(活套)狗尾丨繫維也亦作係(易)係遯　蓟本作鄭地名又
人後丨丨者　音書丨繫有拔屬(左)以事丨曰　姓(漢)丨子訓摩
挈銅狄　髻祖珽丨中金　鳳髻周文王時名丨丨始皇時名望仙髻(漢)名迎
詩狄　回羅詩羅　春髻同心髻芙蓉髻隋名九真髻唐名平番
髻長樂丨又作髮丨詳　高髻後馬廖上疏吳王好劍客百姓多瘡瘢楚王好
偏丨子(列)較(子)蚟蝴螺　細腰宮中多餓死城中好丨丨四方高一尺城
中好廣眉四方且半額城　椎髻梁鴻妻孟光妝飾入門鴻不荅妻曰妾自有
中好大袖四方全匹帛(困)　隱居之服乃更為丨丨布衣荊釵布裙鴻大
喜詳敘亦作結　椎結賀踞　義髻楊貴妃以假丨丨為飾好服黃裙後
(唐賈傳)一撮之髻其雄如椎　謎云丨丨拋河裏黃裙逐水流(外傳)兩髻
王道拜司空稱廷尉作丨　墮馬髻孫壽善為丨　錦緞髻梁周弘正少時著紅
丨髙裾路迈窺之詩超　丨丨詳妝　褌丨丨丨　路寺門所
藏法師講法々　新興髻胡合德乃飛燕妹與合德皆絕色召入宮　(趙后外傳)芙蓉髻鳳見
師大相賞(神)(史)　新沐沉水香為卷髮號　丨丨丨
髻　拋家髻唐末婦人作　手攏髻伶玄買妾樊通德談趙飛燕　〇肉髻世尊從
下丨丨丨(宮志)　姊妹事以丨丨丨　妻然泣下丨丨　中
勇出百宝　五髻五臺山五峯聳出(活套)雲丨　〇係胡計切(孟)丨累其子弟(易)
光(楞嚴)　像菩薩頂丨丨　拘丨之隨丨係單于頸詳

頸燕足丨綫詩燕或作結(張耀)　蔽繫(漢)祖丨丨帛書繫鴈足　繫丨丨足
之傳結複讀曰係。通作繫　蕭相国(困)　丨詳鴈　亦繩係
皆因事　金印係丨丨丨　系世丨亦作繫(漢)書(漢)帝　丨丨
詳編　肘詳口　本丨丨(易)繫于苞桑　除惡祭於水
脩禊王羲之蘭　觀禊晉元帝初鎮建康上巳丨丨王導諸名(活套)禊上(鹽)潔也
亭丨丨　勝皆騎從吳人紀瞻等覘之咸驚(史)　丨彖　〇契苦計切
易之以書丨(韓子)宋人得丨客數其齒。右契執丨丨屈曲(易)聖人
又鑽龜也(詩)爰丨我龜丨　券事互見券　書一札同而別之　左契執丨
者刻契合符以為信　木契　李士謙出粟万斛貸鄉人屬
丨而不責於人　兵(唐明皇紀)銅魚起　燔契年穀不登士謙對責家丨丨
曰責了矣明年責家丨丨丨　二卷其說似辭周丨托　末契陸
來償士謙不受(隋史)　參同契魏伯陽作(神仙傳)互見丹　機
咲逝賦丨丨　易其實論作丹之意
丨於後生(選)　(活套)天丨平生丨默丨　〇翳於計切　昔翳其丨其丨(詩)謂草木藤蔓所
曰豆翳丨丨　翅相蔽(韓娥賦)　翳敝翳也　又云木自倒覆地
翳逗翳言鳥止於林陰翅相觸也丨止也　媒翳習丨丨之事(潘仁安射)　翳陽
左執丨(選)丨丨也翳者所持羽　(雉賦)翳所隱以射若也　書翳　君子
也持以指揮又云翳者以自敝翳　雉翳吳潘濬孫權好射雉濬諫之出見
龜以灵故焦丨有丨而不鷲詩葉丨故在手自撤壞之權遂絕(史)
以文故丨(谷)　蟬翳螳螂執丨而搏之　執木葉以自翳詳鵲　屏翳洛神賦曹子建

丨丨收風川后靜波(選)　幻翳大八公戲人亦傳相故遺丨　(活套)陰丨　秦人
風師也上音併又音平　丨生明珠(搜神記)　蒙丨(人名)
之曀(詩)終風　瞖且疾　懸(溪外戚傳)丨有　壇(周)丨丨　殪死也　縊經也
先曀且丨　節操　順柔兒　其陰　又賓計　傳
韻〇謎米閉切隱語也　袞謎工恥為丨丨　齊高祖識係康(史)箸謎後魏尹龍武丨丨曰　〇閉博計
切(易)天地丨丨　鍵閉孟冬脩丨丨(詩)丨牡丨牡也鍵是門扇後樹竹閉滕(詩)閉緄
至日丨閉　兩木穿上端為孔閉者將扃閉門以內孔中竹閉丨丨緄
本作鬩　啓閉分至丨丨　五閉光武閉丨丨　重門丨丨　見賓
弓檠也丨(傳五)　謝西域(困)　(活套)崇高丨　箄(說)蔽　韻　〇
慧胡桂切　敏也　無慧周子有兄而丨不下辨麥(左)　客慧生丨丨(史)　不比狂華　戒定慧(法要)有二丨丨　戒生定々生慧々
生八万四千法門(壇經)弘辯禪師曰防非止惡曰戒六根涉境心不隨緣曰定
心境俱空照覽無礙曰慧(傳灯)定慧不若止觀無所不見故定慧為菩薩止
觀為佛詳觀六祖壇經北宗秀禪師命門人志誠至曹溪聽法祖云汝師教
人丨丨丨如何志誠曰諸惡不作為戒諸善奉行為慧自淨其意為定祖曰
汝師說丨丨丨度大乘人吾說丨丨丨度最上乘人云々　汝師丨　乾慧佛
勸小根小智人吾勸上根上智人志誠禮拜只住曹溪為門人　狂慧相
是解悟人无正見只是文辭謂之丨丨丨亦非丨丨　乾慧者悟得正見
為无定永浸潤既非悟辭只認得生死垢心却成邪(古禪師語錄)　(活套)丨

〇別出　轊車軸頭　惠(語)小人懷丨　里仁好行小丨(書)惟丨之　二惠齊公孫
惠字　懷象仲之命礼韻但出慧字今各出　竈辛晏
子曰丨丨競爽猶可又弱一个焉姜　子惠(太甲中)丨丨困窮　損惠　蹲　不夷不惠
其危哉(昭二)　竈與子尾皆惠公孫　鴟詳半
丨丨丨可　柴壺見惠杜牧謂曰宜以殘炙見惠以丨丨丨詳拋(姓氏)扶
否之間(揚)　詳雲　未食子鵝豈能　風
商音周丨王支孫以謚為姓戰国惠施　蕙(山谷)一幹一花而香有餘者
為梁相漢交趾太守丨乘大僕丨根　蘭(三)丨幹五七花而香不足者丨
(騷)獨服此丨兮(九歌)荷衣丨帶(九歌)丨帳空　桜蕙青丨高百丈綠丨低數寸
兮夜鶴怨(移文)風光轉丨(招魂)氾蘭滑者　向生大塊間長短各有分
(樊)燒蕙魏武帝以蕙為香丨(魏志)丨又植蕙之　〇桂古惠切　吹古
(天)百畝蕙丨丨丨(騷)　丨香(李賀)君者一稍幾金粟(誠)
(騷)丹桂竇禹鈞五子儀儼侃偁僖五代未相繼登科　攀桂劉安丨丨而賦招
兮山之丨〇馮道贈詩曰灵椿一株老丨丨五枝芳　隱辭云桂樹叢生
幽詳隱芝之桂元行沖曰參朮丨丨以防疾疢　蘇秦曰楚国之食貴於玉
王難得見如天帝今臣食物詳蘇　新桂丨貴於丨謁者難見如鬼
玉炊桂因鬼見帝(戰国策)　姜桂秦會之使人諭晏亨為諫士亨答曰我謂秦公丨丨之性到老愈辣(長編)　為
桂丨丨有丨高五百丈下有一人常斫之樹創隨合其人姓吳名剛西河人　月中
桂李仙有過謫伐桂(酉陽)杭州灵隱山八月十五夜嘗有丨丨丨子落寺僧

惜拾得之東坡詩詵郄林桂晉丨詵自喻曰臣對策為天下第一猶丨丨一枝崑山片玉帝笑（史）（姓氏）天水宮音岸有寰為楊州刺史唐
永寧令有□為箠竹名鵖子規鳥丨鵯丨即○嘒呼惠切（詩）鳴蜩嘒嘒丨丨又丨丨管声暳（詩）嘒彼小星義同○
眄匹詣切丨睨傍視也渒水暴至声○麗郎計切組麗霧縠之丨丨女工之蠹矣（楊）曼麗（後漢傳）丨丨之色
姣麗丨義儀操之（外戚傳）丨佳麗江南丨丨地（謝元暉）巨麗丨（相如付）君未睹夫丨遒麗文丨齊柳惔屬（史）綺麗
丨丨可以衝城而不可以窒穴（莊秋水）小舡又曰星棟麗韵本作欐今依本文附此芙蓉麗庾杲之泛綠水依丨何其丨也詩董重
明麗日月麗乎天百穀草木麗乎土丨丨以丨乎正（離卦）（活套）壯麗丨附丨句流麗丨江山丨捩琵琶撥曰丨又関丨颸風声颸丨
隸丨書秦後盱陽變小篆為丨書或言程邈獄中所造○任訢云篆則科斗玉筋垂露薤葉丨則蠶頭鍾庾歐虞顏柳八分則酌乎篆丨之間今之称丨者八丨丨持節督大猾（前百官）丨丨詳備輿隸皂臣丨輿丨（昭七）臣隸丨之人
分書也詳分司隸（表）王咸拏幡救鮑丨丨家隸武叔曰敢以丨丨勤君之执事（定十）常隸子叔声伯曰嬰齊嘗丨
（漢項籍傳）周史記作萌隸奴隸青大白日丨丨皆知其清明丨丨嚴家餓隸王猷之筆蹤拘束如丨丨
（十六）丨也（國）女隸（乞巧文）丨丨進曰之丨丨翰墨之病（救本）儷（揚子天下對丨騈）

儷丨四丨六（柳乞巧文）伉儷已不能庇其丨丨（左）戾至也（詩）鳶飛丨天○又罪也（詩）降此大丨（節南山）魯侯戾止狼戾樂歲粒米
丨丨（滕文上）丨丨猶狼藉言粒米饒多狼藉弃捐於地也速戾躬（大甲）丨丨于厥止戾（詩）靡所丨丨世婦蠶
丨丨以食之（祭義）戾燥也又早涼脆捩祭丨丨之使（詩）戾定也風戾丁公桑
露氣燥乃以食蠶丨性惡濕一曰戾至也風至則乾貪戾一人丨丨（大学）綟帛綠
色又沴妖氣乱光（傳）離去也唳嗥亭鶴（謝玄傳）風声鶴丨丨可得聞乎詳崔陸機曰孤唳鍛羽追群
綬名六丨之作好鶴唳梁庾域母（史）（活套）鴈丨嘹丨欐小舟人專名棟名（列）餘音繞梁丨丨三日不絶又居則
翔丨丨驚怨所（國）丨丨鶴丨丨（史）蹊盭又苦丨丨（賈誼）荔草名
連丨丨又盭鳥丨（霍去病傳）隃盭為人丨丨（史）（人名）尚志（陳史）有高○泥乃計切（詩）致遠
互見麗蹊盭（膠西王傳）戾名詳蹊
即馬蘭（上林賦）蔵析苞丨荏苞蔗也可作席
丨馬蘭也又丨支果又薛丨草狀如鳥韭丨丨
恐井泥食（井卦）丨丨不窰遂泥詳宋璟丨丨○祭子例切（語）如永大丨禴祭東隣不如
丨丨震賢而泥者也詳健
之丨丨豺獺祭獺祭魚丨丨祭獸（記）封股祭唐烏重胤得士心既殁官屬二十余人丨丨以丨（史）詩以酒脯祭賈島
詳既済
歲除取一年所得詩以酒脯祭之詳詩菉荳瓜祭（語）古人飲食每種出少許置几間之地祭先代始為飲食者（記）祭曰
又曰勞乃五臟精神以是補之

半祭（小儀）丨丨半祭（少儀）發並同際（語）唐齊之丨之（光武紀）四七之丨火為主蠙際上丨丨下（國）五際（詩）有丨丨卯酉午戌亥陰陽終始際會之歲則有變改之政一云即五常交際丨丨何心（万章上）南北際燕丨丨趙（活套）无丨涯丨边丨天人丨不
詣丨瘵黍丨（呂氏春秋）飯之美者山陽之丨○歲相銳切木星曰丨星一年行一次而四時功畢故夏以丨為年詩以卒丨樂
歲丨丨終身丨元歲丨丨而竭罷歲王无丨（孟）望歲丨丨（昭二十三）然如農夫之望歲以果
歲飽（梁惠上）餽歲日（昭元）
民（庄）句歲丨丨間免兩同（經）句歲有丨歲也（崔方進傳）餽歲蜀風俗歲晚相餽問謂之丨丨（風土記）五分歲除夕長幼聚飲祝頌謂之丨丨
（同）呼萬歲嵩呼丨丨者越得歲之（左）謂歲星丨丨而吳伐寸陰若歲隋文帝謂韓擒虎曰相思之甚丨丨丨
（上）三（漢武紀）
（史）堯丙子歲唐張杲云我生丨丨丨丨待中兒如年六七十者（史）位欲歲守歲唐李晟初屯渭橋丨丨丨久乃退府中
皆賀晟曰當力死勤難安知天道又收復京師晟曰五緯盈縮不常惧復守歲則我軍不戰自下矣（史）○衛于歲切（左）行則
（二十）三衛（左傳）備一夕之丨（國）
（二）述曰君世系官可事丨丨置中衛將軍又分左右衛（唐百官志）宇文武衛丨丨間哉（唐李密傳）五百里精衛鳥名
狀如鳥銜石塡海事詳海放虎自衛（國）（史）（活套）（姓氏）丨丨於丨国歲因氏焉河東羽音周文王第八子康叔受封（丨組）代人迁中

郎將醇謹无它腸文帝屬琴阜日絹長者吾遇之○舜丞相（丨書）字仲卿平陽人拜大將軍凡七出擊凶奴收河南地（丨綰）字敬仲受詩孝因作毛詩序
者以為玉人詩人王濟見之日珠玉在側覺我形穢（丨玠）字叔宝見水清玉潤丨丨潤被人
看殺丨者（丨瓘）字伯玉仕晉尚書令与索靖俱善草書号一臺二妙（史）
符詳符（丨恆）平江人淳熙中廷試魁天下後至參政（丨元）字文昇領京兆尹賜玉麟
无忌父為衞長則所殺後女以聾殺之詔吏就刑唐太宗免罪賜田宅以礼（丨敬）衛孝女絳州人字
嫁之衛靑女賢而美詳姬衛青姊少兒為平陽侯待者与霍仲孺通生去
病熭暴乾（賈誼疏）日中必丨轊車軸○枘而銳切刻木端所以入鑿者方枘圓鑿而丨丨芮吾
（元匠）適鑿丨而合之（國）圓知鉏鋙而難入
作内蜹一名蠡蝶（考工記）謂其丨乱飛如蠡蜹丨酸而丨丨
生乎腐蠸腐蠸即黄甲小虫（國）与蜹同○汭水相入也又（書）東過洛丨丨汭蜹而小一名聚蚋聚蚋丨丨
周司徒丨伯万之後又国名（詩）虞丨質厥成（丨良夫）字良夫左傳周芮良夫
之詩曰大風有隧○桑柔丨丨刺厉王也（丨陵）梁鉅鹿太守芮生草兒（姓氏）平原徵音
守丹陽人（丨珪）賦牡丹詩忤秦檜意得請後為江西漕（丨）以嚴馭吏以恕待民奉公以勤律身以儉（丨沐）梁吳郡太守
殺（國語）為桐川簿（丨）行之无當曰丨丨附繋（太宗御）贅之芮切（前）（武紀）母丨
丨行注丨會也老子餘食丨附繋彼以生為丨丨具文繋良（國）具皆也贅属也卒荒（詩）大丨丨国中国丨丨荒虚也

謂人皆竪屬於疣贅李曾未如丨丨貝無 句贅丨丨指天(莊子)
兵役家〻空虛疣贅欲為人師(禮肯注) 骨也項椎骨 秦贅秦人家貧子壯
則出丨(賈誼傳)言不當出在 杉贅丨丨楠榴剖得來 鼻端贅狄梁公妙鍼術
妻家猶人身之有肬贅也 (唐書蒙櫟木杯) 有富兒丨丨生
丨如拳根無帶如筋痛楚危亟公為腦後下針贅 〇脃此丙切陶淵明祭從
癰手而落其父母以千縑奉之不受(集異記) 弟云物父人丨〇待
御寫丨梨漸入佳味詳淑通作 甘脃數拳丨丨(丙吉) 皴脃竹兵彼丨丨(晉書)
毳(荀子)事小敵毳 俗作脆 (唐)元作毳義同 丨音遂竹寫弓
矢不新脃夏果收丨 琉璃脃丨丨(許蘇小) 毳毛獸細 火毳(唐書)賓幪丨丨(西南)即火浣布 北
牢也新脃丨(周詞)
毳毛沈休文恩倖傳論南 腠毳晉平公曰吾食客三千可不謂好士乎固桑曰
毳金丨丨來悉方體 鴻鵠高飛所恃者六翮尓丨丨背毛增損皆不
為高下君之食客六翮耶 被毳荷氈丨丨詩雜芍道 執銳丨丨
將丨背之丨毛也(顏眼录) 毳綿綿之麗美(王褒傳) 〇銳以芮切 披堅
(晉)頭銳晉趙至語康曰卿丨小而丨童 板床減銳比齊魏收諷誦積年丨丨
(書)頭銳子黑白分明有白起之風(史) 為之銳丨後以文華显(史)
(活套)進丨鋒丨精 叡深明也(書) 〇綴陟衛切(韻)寫 (活套)點丨 畷井田間
丨筆端丨丨作聖 丨下国丨旒 丨道(選)
(都賦)畦 〇稅舒芮切(公羊傳)丨畝者问履畝而丨也 (漢)三十而丨一〇
丨无數 又以物遺人曰丨(禮記)未仕者不丨人如丨人則以父兄之

命(禮記)又舍車 衣稅 縣官當食租 兩稅 唐租庸調之法壞 安稅 是駕无 醉鄉
曰丨駕拜奪 而為丨丨法(食貨) (图)
無尸稅丨丨刘壓白嗜酒詩云知道丨丨丨 帨 佩巾(詩)无感我丨 鞶帨古之季
養三年通一經今之季者非獨為 任宅荒却下丹田(魏書) 兮〇(內則)紛丨 者耕且
之華藻也又從而繡其丨丨(楊子)門帨丨於門右(記內則)事人佩巾也 練帨
縞袂丨丨无 蛻子生男子設弧於丨丨左女子設
等差(韓李子說) 蛻(莊子)蜩甲也 蛻丨也(舊註) 委蛻 身非汝有是天地之委形也生非汝有
之委順也孫子非汝有是天地之丨丨 是天地之委和也性命非汝有是天地
也〇言氣自委結如蟬蛻也(顏師古) 尸解鍊蛻丨丨丨本真人之 說(蘇秦)
丨遊說三老丨丨 三說 商鞅丨丨(史記)始說以帝道不所又說以王道不(傳)游
遊說 漢王(陳說) 入終說以霸道不自知膝之前於席也(史記) 緩頰
說 鄺食其丨丨往 〇斃 毗祭切惡也困也(書)東方 丨猶
說 丨魏王豹(史) 物皆有丨(程仁師傳)華丨 法斃作丨於涼其丨
至王闕下欲舍主人曰商君之法舍人无驗 補斃 丨(寓)丨 丨與弊 貧(史)秦猶商君亡
者坐之商君嘆曰為法之敝一至此(史) 究斃 酷吏究獄公宅
日當深丨詩舜道無斃而丨丨 范賀有鬼揖曰
此丨詩舜道無斃 丨(寓)丨 鐵硯斃 桑維翰云丨丨 則改姓詳硯 丨丨
為之丨乃開後閣驅 敝 敗衣也(詩)衣丨 縕袍(論) 恐色休斃 晉士敦希
婢妾十餘人放之(史) 丨予又改造兮緇衣 蘇秦衣黑貂裘游秦
弊敝〻不能用於是貂丨丨

詩表狐丨雞丨不可補 袴敝 韓昭侯敝丨命 丨雖丨不以 敝 將意
以黃狗之皮(齊世家) 左右藏之詳袴 冠敝 首履詳履 丨帛(詩)
幣 (儀)聘礼及期丨丨〇先 質幣 齊請繼室于晉將奉 皮幣 漢武以白鹿皮
行之日丨陳丨而視之 丨丨以无失時(昭三) 方尺緣以繢為
丨直四十万朝覲 斃 左多行不義 大斃 当羊丨丨(左) 東郭
聘饗以薦璧(漢)(貨) 必自丨(左) 爍諸申生事 郭斃 晉裴誤
力竭與獸俱斃此韓盧丨丨所 猛獸自斃 梁長沙王業為湘州刺史旧有猛 曰財殫
以丨丨也(史)兔犬俱斃(五代史) 獸為患忽感神明丨丨丨丨(史)
辟丨 荔 〇稚毛 无芮切(齊孟志)為 毳毛 穿地(孔)大喪甫丨(選顏延) 〇
辟石 草 泥行丨形如箕 (年)詩月丨來賓注窮也 蔽
旋芮切歸竹 〇蔽 必袂切(語)一言以丨〇 翼蔽 頭伯以身丨 六蔽 六言丨
享並詳貨韵 (王導奉)翁自丨詳塵 沛公詳奔丨(論)
火光蔽 孟嘗君待客夜食有人蔽丨 〇鱖 居衛切大口細鱗斑文一曰婢
丨客怒以為飯不等詳飯 魚凡魚无肚不嚼丨獨有肚能
丨魚肥詳瓷 劌 割也(記)君子 (人名)(曹)劌 刀也 丨剖丨曲 蹶丨偃也又跳也(記)
(詩)良七丨丨又文王 〇觢 尺制切角一仰一俯 丨足毋丨又動也
丨蹶生又于丨之里 通作犎易其牛犎 懘 也(記)惉丨之音 惉丨音敗不和 〇
袂 弥獘切 分袂 〻蕭鳳使玉門關弟蕭勸酒類 反袂 拭面泣涕沾襟詳麟 投袂
丨袖也 〻謂兄曰醉中疲丨丨不悲 獲麟孔子丨丨拭

楚子丨丨而起 障袂 其少進也若妭姬揚袂障日而望 蒙袂 黥敖為粥於路
(宣十四)振也 所思(高唐付)望若遠丨丨(廣韻) 有餓者丨丨輯
屨貿〻然 良袂 帝乙歸妹不如高袂 青裙丨丨 縞袂 趙宋范仲淹鄭戩娶李
而來詳歸 其娣之袂良(易) 餉田頭(巖)連袂 參政昌齡女為丨丨〇
王樂道滕元發皆娶 (活套)襟丨丨〇制 征例切制 天下 矯制 漢法
李晉卿女為丨丨 塵 国用詳通 宰制 (前刑法) 矯制有丨
(馮奉) 兩制 宋翰林謂內制中書謂外制 風制 晉顧愷之好吟詠自 將軍制
(世傳) 其後并混謂之丨丨(事実) 謂得先賢丨丨(史)
闡以外丨丨 甲午制 晉王戎領吏部為丨丨丨丸選奉皆先 一揮九制 刘敞
丨之詳裀 治民然後援用傳咸奏請免戎官(史) 在西
掖一日追封皇子公主九人立 擬石草制 隋薛道衡中書省有 制 明也亦
馬却坐丨丨丨丨各得其体 盤石常坐以草制(史) 作(幽)(習)
(詩)明星 製(左)陳成子衣 丨 而製荷衣(比) 製亦衣也 (左) 必
皆丨丨 丨丨校戈(展公) 麦製 焚丨丨 (山殺文) 裨製 衣丨丨 美製 有
(卿送) 請製 聲華當從筆涵落 學製 子皮欲以尹何為邑子産曰子有
(毛孤申叔) 當丨丨 (樹良季邕) 美錦不使人丨丨焉詳錦製裁也 匹
製 刁約使契丹詩押燕移离畢看房賀鼓支餞行三丨丨丨 無裁製 曾毘才如
密賜十貂貍(詩話)丨丨小木罌以色綾木為之如黃嫁 白地明光
錦裁為負板絝排无(世説) 鯯 魚可為醬 淛 江名或作浙 〇逝 時制切(語)日月丨
文采斷丨丨丨 即今浙江 矣(詩)杕杜 期丨不

至期川逝子在丨上曰雖不逝時不利兮丨丨(項羽歌)鳳高逝丨(賈誼傳)縹縹其丨丨逝作遰從此逝
往也丨者如斯夫丨丨
沛公曰吾亦丨丨丨矣(國)(韻會)丨北陵誓(記)商人作丨而民始畔(禮記)(詩)信丨旦旦哲　鑿楫誓清中原　祖逖丨丨丨(晉史)剖
符作誓崇祖与功臣丨丨丨丨藏之宗廟詳磅　蓍前自誓　食胃苟進是有无尊之心詳墓
昇大誓　要其爲誓子昇奖曰但知劣忝卿何勞曰且寒曰卿丨爲丨事可知　誓曰丨今以後子
矣(史)丨丨丨盟　齊孫寡李浅行遇巽問温丨丨卿文如何我予昇謙曰不如卿寒
筮　从竹从巫　亀曰卜筮曰丨(書)龜丨協　筮南蒯丨丨之(左昭十)　虎筮壇召虎人
丨丨从筮○始皇不去卜丨書　(已)不指其事泛卜也　神巫能結
有疑罪令登壇有罪者虎傷　(飯)(韻會)丨　初筮三(賈)(象)丨丨告再三瀆　噬(易)丨膚滅鼻(噬嗑)(左)後君
无罪者不顧名丨丨　齊詳磨　蔡黃吠丨(孰文)
蔡順毋丨　狼噬李林甫以王鉄可動以　(史)反噬　莊賈何人丨丨　犬曰善噬　康獨長首
指詳指　利故倚之鷙擊丨丨　城父(陳涉贊)
字丨丨丨丨　賓客不　伏　習也(馬異傳)膺　○曳　餘制切許稍力丨牛尾詳
過其門三年詳指　兵細丨小利　尾曳丨尾於泥塗宇詳
尾張曳丨　輿曳六三見丨丨　其牛掣　鳴曳丨玉丨　組　逆曳　聖賢丨丨兮方
白詳白　(睽卦左)丨丨牽而從之　(馬周傳)　正倒植(賈付)
長裾曳　鄒陽曰何王之門　綷縩爲所曳　唐侯思止按魏元忠獄不承曳之元
不可曳丨裾詳裾　忠曰我如乘驢而墜足丨丨丨丨

者後曳　(五)　裔　容丨丨　繇裔丨丨僊乎丨裔(相)　八裔　四裔投諸
之(國)(左)　(韻會)　身兒　洩丨丨　群行兒　淺漉曾周於丨丨(劉向賈冊蘭易表)　丨丨兮
後丨丨遐　袘　祖也或　桂袘　浮文鷁揚丨　鼓袘丨丨而　洩　者　多兒(詩)桑
丨海丨　作拽　(相如傳)　去(楚詞)
(孟)丨丨　灑　渼泄　俾民丨丨(詩)　歐泄　夏月暑時丨丨(霍)　袣　本作袘衣長兒(匯)
沓沓也　泄出也發也　乱之病(前嚴助傳)　相如賦曳獨繭之
揄丨泣揄袣　洩丨丨　舒散兒(詩)　滯　澄澄　瘞　於例切(記)丨(發)(魚祭)
揄丨袖也　泄泄其羽義同　水兒　埋於泰折　切語
求也　游於丨丨(書)多才多丨(詩)我丨丨　文藝　文章懃丨丨　死藝　養由基射徹
黍稷種植也字作埶○光武投戈講丨　六藝之芳潤(選)　七札王曰詰
朝尔射丨　後文藝　唐裴行儉曰士之致丨丨(史)　各守一藝　各使丨丨丨(史)　鄧禹有子十三人　槸　木枝
丨詳札　遠先器識丨丨丨丨　　　　　　　　　　　　　　　　　　　　　　丨丨(史)
相　囈　寐声(列)(韻會)　○滯　直例切(史)屈平傳　聖人不　雲　丨丨丨　幸
麈　丨丨呻呼　凝丨於物(童策)　與丨補弊　濡滯　是何丨丨
丨(國)　底滯　子元丨丨之春秋　(漢)　王元感作書糾繆　也(孟)　丨丨丨丨　淹滯
(十四)　丨丨　(韓)(送窮文)　丨丨滯　數十百篇詳南　(韻會)　丨丨丨　丨丨　譬喻
啗生丨肩○与人彘　呂后斷戚夫人手足使　(国)　豗
家豚肩者　居窟室中名丨丨　千足彘　水居千石魚澤中丨丨
君等(賈)　上林野彘　郅都爲中郎將從景帝入丨丨　賈姬在廁丨丨　入廁上目
(循傳)　都都不行上欲自持兵救姬都曰亡一姬一姬一作姬後一姬

逝天下所少寧臨降(寧)諸說　彘祝宗人丨丨焚丨丨曰吾將三月豢汝加　○例
姬等耶上乃還　汝肩尻于雕俎之上汝爲之乎(宛運生)
力制切(左)發凡以起丨○(冠)義例　後魏張吾貴与人講　比齊樂逖
牟喜用冀雋卻丨簿詳簿　左傳丨丨无窮詳傳　不依常例　援貢外將
軍許以寒乞隨補司馬晉　(史)　癘　瘡　病　兒災也通　米不精　又
揚揭曰才高丨丨丨丨　癘　作厉詳厉　蠣丨　牡蠣　泰昌韻通押
勵　勉力　厲　(語)色丨内荏　子温而丨　所其言　蹈厲　發揚丨丨　揚厲　无前
也丨　君子丨丨　与西施詳丨　醜惡也　(樂記)
之偉績　皎厲　聰明丨丨捏天子有司之　跱厲出入經史百子丨丨　凌厲　雙岸
(韓文)　秉以生育天下(愚溪對)　風發(韓作柳子厚墓詩)　易飄
轉獨鶴思　粗厲　怒心感者其声　妻厲　勇(定十二)　丁丨丨寧爲无　(周礼)北
丨丨(國)　丨以丨詩感　与其　空猛也　司厲　政爲惡曰厉　淇
厲在彼丨丨丨(詩)　游纓(左)丨紳　扎厲　夭氣和亡丨丨(列子湯)
厲　岸危処曰厉　鞶厲　帶丨帶之垂者　(問)厉兒災也○本作疠　泰厲
曰丨丨(記祭統)古帝王无後者好作　景陽用音　齊丨公之後　祀七
媧　鬼有所歸乃不爲厉(春秋傳)　(姓氏)　守義陽侯丨温吳孫皓以孫秀奔
魏改丨　礪　本作厲故經史多作厉(詩)　山厲　崇封爵之誓曰使黃河如帶泰
姓丨　取厲取鍛(左)厲兵秣馬　若丨因以永存爰及苗裔(功臣表)
言河當何時如衣帶丨當何　丨用汝　玄厲　其石則瑊玏　丨丨丨丨(上林付)
時如丨石如帶丨國乃絕尔　金礪　若作丨(說命)　瑊玏音緘勒　丨丨　黑石可

用磨　砥厲丨丨磨　兒厲鈍金必待　大姤厲　後公孫瓚時謠曰燕南垂趙
也　砥厲　陽(儒行)　礱石而後利(荀子)丨丨　比際中央不合丨丨推有
此中可避世　瓚　○憩　去例切亦作愒(詩)召伯所憩○又　揭　高舉也又牽
乃固守易京(史)　作愒引詩不尚愒焉○汔可小愒　裳渡水(詩)淺
則丨　鵝　(尔雅)康瓠　○世　舒制切(孟)當今之丨　玩世　依隱　狎世　隋諸語人
丨謂之丨丨　丨丨(左)五丨其昌　(東方朔)丨丨　曰我姓不
丨丨　命世　(子虛)命名也　名世　必有丨丨　阿世　公孫子毋曲　下世
(本)　丨丨亞聖(孟)　者(孫丑下)　季以丨丨丨(史)　(左宣三)　二十　氣
盖世　兮　項羽力拔山　(韻會)　百丨奕丨　醫　(人名)(張陵)(馮衍)　父子封侯　勢(孟)好善忘
丨丨丨(史)　丨二丨居九丨　咸振西域　丨丨　(盡心下)
不如乘丨(孫丑下)(書)毋倚丨作威　騎虎勢　隋獨孤后
(君陳)又外賢爲丨宮刑男子割丨　推敵勢　賀島守手作丨　當周文宣
丨必不得下(史)又郭崇韜妻向　丁遠勢　丨之丨詳推
崩隋文總百揆后謂曰丨丨之　(杜王宰山水)　丨丨丨古莫比咫尺應須論万里
有郭丨　盤遠勢　鵲丨丨丨(唐詩)　能作山川遠勢白頭推
慨(國)　孤屿丨丨　投　常山蛇勢　八陣圖　丨丨也詳圖　官人以勢　宋顏延之曰古
(尚書)　丨丨丨丨丨　不可無勢　晉孟嘉桓温曰人丨丨　若官人以才令
丨丨丨丨丨　丨丨我乃能駕馭卿(國)　雙陸無休勢　亦无休勢詳縣丞　仕宦
貰　貸也賒也恕也(西京雜記)司　○繐　居例切纖毛爲　学齋賣八毋得衣
馬相如以所着鷫鸘裘丨酒　(韻會)而○通作罽　錦綉綺縠絺

丨丨漢高紀山罽鵝毛禦臘縫丨丨丨御覽氈罽匈奴謂穹廬周於城郭丨美於章紋唐薛登傳褁罽李元諒兵與僉卒丨丨為
鎧詳鎧麒麟罽丨丨織成丨因在罽大魚網又織安為丨○偈其例切前陳湯傳西破呼丨小國名又楊雄賦
旖旎勁揭註安心偈惠忠禪師丨丨丨人法双寧善惡臥輪偈云丨丨有伎
竿杠之狀西忘直心真寔菩提道場傳灯丨禪師偈
俪能斷百晉鳩摩羅什華嚴偈要轉丨丨船子和尚
恩想詳長誦千偈傳曰丨丨丨千丨府山八華亭偈丨丨即水寒魚不
食之句碣山名又碑丨○㨗丑列切所以摘髮又詩象之丨也○𠜾乎例切事
詳魚蔡卒盡𠜾齊田單守即墨縱反間曰惟懼燕𠜾所得丨丨置
詳寘之前行燕人如其言城中見降者丨丨皆怒堅守𪖫燥也破裂
韵也賜剛○㵒匹世切茂也詩萑葦丨丨又丨彼舟流又動
則丨詩其旆丨丨

九泰獨用

泰他蓋切孟不以為丨丨之丨明堂位泰有虞氏
晉許遁造郭璞為之丨丨丨之六石崇曰土當丨丨丨三三
五璞曰君元吉自天宜亭仙道因身名俱泰丨何至甕牖哉因卦名天地
丨○西風曰丨風五泰詩吐之丨何衛即五帝𠅜泰之尊記泰用尤逢遇泰

交丨后以財成天地之道初九拔茅茹以其彙征吉九二包荒用馮河不遐
遺朋亡得尚于中行九三无平不陂无往不復艱貞无咎勿恤其孚于食有
福六四翩翩不富以其鄰不戒以孚六五帝乙歸妹以祉元吉上六城復于隍勿用師自邑告命貞吝人名鄭丨字林宗詳郭
汰唐馬總傳沙汰丨之丨之元太晉袁宏述陶侃云精丨在劉能斷因太丨極詞丨
簡磬洽洗丨沙汰礫在後詳礫百汰金丨丨平文易
○蓋古大切翠蓋高唐賦注以丨羽為丨紫蓋黃旗丨丨見於東南皂蓋漢列侯能丨丨官秩鶴蓋
刘孝標絕交論雖人始唱丨鼓蓋王尊曰今者臨郡无問賢良孔子之郯
丨成陰高門日開流水接軫愚輒有丨丨天官混雜因化蓋遭程子於
塗丨丨而語冠蓋漢武紀丨丨相望拔蓋舉有力焉能於稷門左三十
終日家語丨二蓋覆也按其屋之桷反覆門上蔽蓋丨丨
不弃為埋五蓋貪欲嗔恚惛眠調戲疑悔文選羽葆蓋詳桑土兩立羽蓋元后傳丨丨丨車
狗也國車高蓋
干公高蓋天倚蓋晉天文志丨圓如丨丨日如蓋小兒丨丨云初丨車暑不張蓋後魏裴佗
為中車將軍請白任真丨丨丨詳車丨丨丨寒不衣裘因○七寶蓋持丨丨維摩毘耶離城長者子丨丨丨來詣佛所人名丨詳日丨丨丨詳艾西丨
本作匃或作匄丨丨丨乞匄亡所得古沽丐錢膏饋餽丨丨以實唐李宗閔傳丨丨丨取土不人名丨晉鄭
域傳乞匄古丐右人丨闈贊丨丐干丐錢微納丨丐

○艾五蓋切丨草名冰臺詳臺記五十曰丨丨曲禮耆指使丨丨老而丨朔官朕
後主詩丨為帽楚辭詳銀艾後張奐以張弟紀曰五百石前後仕進十愛丨丨草染之
帽孟郊丨丨丨○鏡丨本作丨丨銀艾丨丨史記一千石以上丨丨印綬以丨
人艾端午懸艾以禦毒氣○保艾詩丨丨亦後禮艾遠將嘗相奇丨少艾知好色則慕
丨孟子丨以艾為人形置戶上
美好也楼艾名壬歲三年艾孟子七年之病求丨丨丨三年艾隋崔宏度嘗勤嚴語曰寧
史夜未艾庭燎詩艾又也口艾艾鄧艾丨吃語稱丨丨晉文王曰艾艾為
蕭丨丨蒿丨姓氏天水商有晏子春秋齊大夫丨孔之後○岳州天岳山真人丨君居
文仲孺等八人有治迹尉書書鑒鑰宋永道中兩浙運使刘文貴奏部內官有
詠之人物傳遇一村儒授左傳遂擢甲科詩傳趙宋人以工侍致仕艾
戇也通作艾○謁於蓋切詩丨丨王多吉士注猶濟濟也○藹鬱戊皃明藹幽蘭芳庭
孟自然自艾㢼嵩藹藹春樹翳翳禾○藹同上淹藹廣韵丨丨晻也
樹翻翦合嘯陶詩丨丨丨丨香氣藹藹○靄霧集皃
景變丨丨丨丨暮靄雲高九方藹麗句丨丨丨丨暗靄或作靄伯靄丨丨丨鄭谷吹
氣靄連丨累丨韻丨丨蓋益之混濁○奈奴大切能也又丨何也又果名廣
郡丨丨丨丨丨酒泉赤丨張掖白丨孔帖涼州

白丨大如兔頭雜記上林白丨守奈洪邁詳後母使丨丨時雨忽至不顧落奈
柰丨伽藍記白馬寺丨七斤
楊惜幼時奈落地群兒爭拾獨丨丨丨晉書詳○大徒蓋切春秋說五大丨丨中丸宇曰
丨季父曰此兒恬裕有我風北齊史丨丨丨為大
边五細不在庭昭十一丨丨五官之長上古金木水火土曰五官如玄鳥氏丨不在
亦有五又五鳩五雉之類五官之長尊盛過節則不可居边境如細弱不勝
其任亦不可使兩大物不能因尾大未大必折丨丨丨唐大庚二強弓名
居朝廷五兒細丨丨丨因尾大不掉昭十二丨丨利車戰詳絜大
度長丨丨如斗大姜維膽丨丨丨詳膽周顗云取金印丨丨詳義眼孔大玄宗云禄山詳署
丨秦紀丨丨丨詳印宗慤云得一州丨丨丨
愛方大相溫日暮咨格尚存所丨丨為大因崖州最大丁謂謫丨丨丨問客天下州縣孰大名曰
崖州丨丨丨妾自尊大子勝并裹垂亦域中四大道大天大地大
也龍川志丨丨丨丨丨丨史王亦大老子○四大丨丨此身
京師也謂曰不然宰相為崖州司戶則
和合毛髮爪齒皮肉筋骨腦髓垢色皆歸於地唾涕膿血延液涎沫痰淚精
氣大小便利皆歸於水煖氣歸火動轉歸風丨丨丨丨各自離今者妄身當在何處
賈島東坡借佛印法丨丨作禪床詳佛印老丨沃以水激也楚辭吳榜鈦鈦鉗械足者○害
丨丨丨以激丨廣韻濤丨也
胡蓋切孟不以文害辭不三害周處少時凶強義興蛟南山虎為
以辭丨意左三時不丨丨丨處殺蛟刺虎遂自勉勵詳處晉書懷璧其罪

其以丨丨也〔因〕詳五〔人名〕黃老刑名〔中書〕李○帶〔當蓋切〕如方都人士不下丨而道存焉〔孟〕丨則有餘〔詩〕垂丨冠丨〔圈〕橋門
詳橋〔選〕東丨丨○沈休文老病革移孔詳孔限衣丨水詳水緩帶羊祜在軍輕裘丨丨〔晉〕緄帶〔後漢匈奴傳〕帝遣使遺佩刀丨丨織成帶
也鞶帶傳玄儀白簡鞶丨丨詳簡襟帶五湖〔滕閣記〕三江而丨鞶帶或錫之丨丨終朝三褫之鞶大帶也〔訟卦〕河帶如丨黃丨
詳砺山帶〔廬〕山香爐峯有氣若香煙天雨白雲冠峯焉〔廬山記〕書帶鄭玄教授山下生草如薤葉因名丨丨草〔齊安記〕博帶
廣雅云鱷雌曰狼蟬蟠曰丨丨〔山戶錄〕萬釘帶冠犀有丨丨宝帶詳鈕○後周達奚武性貪為大司空丨取之晉公護因以賜〔因〕黃
銀帶唐太宗賜房玄齡丨丨此帶鬼神畏之〔因〕通天帶裴度討蔡時憲宗賜丨丨御丨〔因〕又見賭犀帶下寶帶丨丨志崇
桊以賚爾爽自奉丨丨詳茶不肯束帶陶潛爲彭澤令郡遣督郵至吏白應束帶見督郵淵明曰吾不能爲五斗米折腰詳米還人玉帶裴晉公貧
以丨丨丨詳茶狀眇小相者曰郎君若不至貴即當餓死一日遊香山寺有婦人以父被罪
假得玉帶三犀帶一以賂津要寘於欄楯忘收而去度得而授之後相者曰
必有陰德及物前途万里非某所知也不用玉帶有貨玉帶者王文正公旦
〔因〕〔話言〕與白中令爭相裝爭見之因錄弟以獻公公曰繫之還見
佳否弟曰安得自見公又曰玉名石也得不重乎自負重而守〔名臣遺事〕城繋帶公輸
使觀者稱好无乃勞也我腰間不稱此物亟還之般爲

高雲梯攻宋墨子見楚王曰請令般設攻宋之具臣請
縈帶丨之般九攻不能入遂輟兵〔陳琳傳〕縈帶爲丨也求貸請帶欲丨丨於楽栢子對
叔孫使丨丨焉帶與之云召使者裂裳帛而與之○言帶裙裾蔽裂裳不不相逆〔姬元〕歌姬賭犀帶嚴續相公丨丨
曰帶其褊矣○言帶裙裾蔽裂裳示不相逆〔姬元〕歌姬賭犀帶唐鍋給事通天
犀帶皆一代尤物因出妓解帶呼盧唐乘大勝乃名
酌酒命美人歌一曲而別嚴振然與之〔南唐近事〕佛印留東坡玉帶了元號
尚四大用作禪床師曰山僧有一轉語內翰言下即答當從所請否則願和
州人時住金山寺東坡入方丈見之師云四大本空五蘊非有內翰欲於何處坐
玉帶鎮山門丨丨解帶置几上師云四大本空五蘊非有內翰欲於何處坐
公擬議未即答急呼侍者收丨丨永鎮山門公笑而與之師取衲裙相報
帶根○貝博蓋切海介虫古者貨貝丨曰宝龜周有泉泰廢丨行錢〔詩〕錫
我百朋注五丨爲朋〔漢食貨志〕六丨壯丨公丨小丨不成丨
此五種其中以相與爲朋非總五丨爲一朋也○以丨之肯用故謂之丨○
王莽作金銀龜丨錢布之品元龜直二千一百六十爲十丨十朋注兩貝爲
朋〻直二百一十六元龜十朋直二千一百六十又有公龜牡貝十朋伯夭
龜私貝十朋子龜小丨十朋是爲龜宝古以五貝爲朋莽以兩貝爲朋
丨丨出日南可爲酒杯〔爾雅〕〔齊〕〔上林〕丨丨紫貝〔附〕紫質黑文文貝儿〔書〕仍
貝王愛里蔵宜生得丨丨百朋兒采〔六韜〕丨丨
貝錦〔書〕貝錦名成是貝〔詩〕萋兮斐兮丨丨貝錦〔詩〕言織錦如貝文黃白也編貝齒若丨丨〔東方朔傳〕東家之子齒如含貝〔詩〕笑菟貝〔樂書〕丨丨大
織

可容數斗蠡之大者卜下貝齊尚書郎劉顯奏有沙門獻田帝大書丨丨
南蠻国吹以節樂顯曰此貞字爲與上人帝忍而出之〔南史本傳〕
○貝業書詳〔姓氏〕清河商音與鄭通用古邶国今衛州以国爲仆
氏又今河北丨州人多姓丨恐因州名得姓〔語孫〕佣鄭丨仆也
顛沛〔詩〕顛狽狼屬无前足附狼而行失狼則不能動故謂凡困頓丨狼丨失據沛水名又丨国郡名〔柳鑑〕
沛之揭〔詩〕顛丨〔語〕顛丨本作佈〔地理〕霈普蓋切雨霧丨或作沛〔孟子〕沛然下雨沛然誰能禦之肺丨丨〔詩〕其葉○旆〔詩〕蒲蓋切
丨〔詩〕期不丨丨〔左〕旐垂兒旐以全帛爲之續旐末爲燕尾白旆二〔詩〕丨丨央央不旆
者丨也〔詩〕旌旆丨丨長也通作沛〔易〕豐其沛注幡幔也
建而丨丨〔左〕旐丨丨茷〔詩〕其葉○會黃外切易亨者嘉之丨〔漢書〕丨三王
言丨張丨也〔左傳〕〔左〕戎丨丨丨丨城既成大丨諸侯○鬱〔史記〕兵車之丨丨三王
會汲冢周書有丨丨篇○丨丨風雲〔史記〕兵車之丨丨三王
會夏斯大逼中国宜爲丨丨圖以示後世〔唐書〕盟會唐爲周普敷奏參
會凶德丨丨〔國語〕贊期會〔漢王吉傳〕計會時秋〔樂天〕丨丨穿唐人用之矣傳
三人相遇曰丨丨期會〔漢王吉傳〕計會蕭颯涼風與衰鬢誰數丨丨一
會〔史記〕衣盍亦善丨丨賞會晉車胤善於丨丨母盛識會毛玠公方季重丨丨〔選〕
〔史記〕上音附坐元車公不樂詳樂〔王文憲集序〕適言丨鑒
也鄶音會齊王肅曰羊比齊魯大邦魚比鄶莒英會詳英真率會溫公爲
小国彭城王勰爲作丨丨之丨詳奴耆〔韻〕

約酒不過數行食不過五味惟菜无盛公司馬郎中旦程太中珦
限楚正議違約增數罰一會〔聞見錄〕同甲會席司封汝言皆丙午〔聞見錄〕〔續〕
寒會王仁裕每擁鑪掃徑迎客飲萬花會楊州作丨丨耆英會東京二月十
會酒謂之丨丨丨〔天寶遺事〕丨丨詳芳藥五日爲丨丨
丨〔論衡〕鬼神會那知根无丨丨〔晦詩〕摩挲壞與行會唐姚崇玄宗將幸東
〔詩話〕造化妙經營丨丨丨〔廣益記〕
木又自當蠹但丨丨郎君何會〔詩〕賈島爲僧居法乾寺宣宗微行至寺登
不緣行而壞帝遂東〔因〕樓取島詩卷覽之島睨帝曰丨丨丨
此和奪此卷帝赧恧去遂除五陽五會扁鵲號太子死鵲砭鍼砥石以○龍
島爲遂州長江簿〔劉公嘉話〕取丨丨丨有間太子蘇〔因〕
華會丨丨四月八日洛佛作丨〔荊楚記〕華作花〔續養〕心丨高〔地理〕即松江〔吳〕郡名繪〔語〕丨事後素〔漢〕
草〔續養〕黃丨繪之祭〔吳〕除災○兗杜外切詩松〔續養〕丨郡丨丨風搜〔周易〕繪〔漢藝文志〕丨句繪
〔周易〕兗栢丨丨直也〔書〕以朋友講習〔易〕三二麗澤丨君子
和丨吉九二孚丨吉悔亡六三來丨凶九四商丨未寧○膾古外切牛羊
介疾有喜九五孚于剝有厲上六引丨象曰未光也魚之腥聶而
切之曰丨又肉腥細者曰丨大者曰軒〔語〕丨不厭細〔孟〕曾晳膾炙〔左〕張翰思故鄉
子丨炙〔左〕慈盆中鉤魚作丨詳魚又宗丨国名或作鱠鱸魚膾丨魚丨詳菰
鯉膾〔詩〕妻詩供母鯨膾〔石〕綃東匆匆偏可期與鳩膾春丨行玉膾吳郡獻松江鱸
丨丨詳鯉鯨膾子共飽丨魚丨〔韻〕九膾可丨〔國〕魚煬帝曰金齏

〡〡東南佳味也（平陳記）煬帝膾荷淨〡〡〡上賜食悉是〡〡〡（李）唐李王初詳醉銀絲膾鮮鄭〡（國）郎官膾人作江南
膾名〡〡〡言　吳餘膾吳王行江中食膾有餘弃於水化為魚是也故名〡〡〡（博物志）花䗶膾南孝廉善
因張翰得名
善斫膾縷縷輕可飛起因會客衒技忽暴風雨雷震〡化虫膾後華佗大守
声膾悉〡為〡飛去南𡈽恨折刀誓不復作（酉陽雜俎）陳登得病佗
日胃有虫食腥物所致作湯一升服之吐　膾可膾〡〡（晉）內行失馬作膾音易有
虫三升赤頭皆動半身猶是生魚膾（史）
〡〡來卜曰向西市第三店為我買魚〡〡當得　儈　會合市人牙〡也或作會駔儈子
馬矣其人如教須臾一人牽所〡〡至畜之（史）
金錢千貫節〡〡（隱逸）儈者　趙王彭祖使郡縣為賈人〡〡　檜亦名圓栢
會合二家交易〡者其首率也　㰢會平會兩家買賣之賈音會
（陰鈴）根至九泉無曲處　左紐檜亳州太清宮有八檜根枝〡〡（天寶記）此〡
世間惟有蟄龍知（國）　〡〡〡不知年代李唐之盛一枝再生宋𡈽復有此
異（石曼卿詩集）昇仙檜亳州南宮有〡〡〡　再生　再生檜〡〡〡（隱詩註）獨孤檜常州列帝
廟有〡〡〡翁卷詩此檜可（高士傳）　旝旌旗（詩）其
人種相傳是〡〡（方輿勝覽）　檜〡如林　澮廣二尋深二仞（孔子大夫）有
里為同　畎澮澮〡〡（孟）溝澮〡皆盈（論語疏）百
二有〡　畎澮澮距川（書）　溝澮後魏孫尉与李彪以儒學相知彪為尚書尉仍為
　太廟令孝文曰道固既登龍門孫尉猶沉〡〡眛

韵玉十四
廾五

常以為　繪帶所結也又領之交會（左）衣有　鄶　祝融之後周武王封於濟
貞（史）　〡〡帶有結視不過帶〡之間　洛內領之間為〡子（左）自
〡以下　（詩）　襘　總合也（礼）司〡注大計也又弁　　〡〡
无譏焉　（活套）　〡會中曰〡（詩）〡弁如星又〡〡稽郡　　檜　　衣〇　最　祖外切（漢書）上
功曰〡下曰殿（百官志）唐考課之法有〡〡〡唐李石曰陛下節用度去計最
二十七〡定考然後奏（漢書）為善〡樂〡〡最究食〡〡不得措其奸（宋）
頴奏〡三年〡　空最甚多張〡〡〡務後（字文融傳）課更以最〡〡倪寬〡〡詳祖　〇　噦
〡（漢嚴助）　噦（詩）有声〡〡（詩）　　　　　　　　　　　　　（詩）〡〡其羽呼外切飛声
　蟬声擣鳴〡〡（國）〇　酹　郎外切以酒沃地　沃酹曹操〡〡橋
〇　外　五會切（孟）有諸　　玄墓詳墓　（活套）三〡（曲名）〡江月
　〡中必形諸〡　無外　王者〡〡　　（公羊隱元）度外　光武曰當置此〡〡後張衡思
〡〡而嚮天　方外　晉謝奕〡〡　兩子於〡〡（史）塵外　玄賦游〡
兮（詞）亭名　司馬互見兵事外　晉樂廣宅〡〡（史）疑外　与祠部員外書　輒
君子言則成文動則成德以〡〡孫山外　孫山有周生者托山探得失山曰解名　〡〡〡（韓）　彪外
其淵中而〡〡也（揚）詳彪　尽処是孫山餘人更在〡〡〡（文酒清）
（盛）　（活套）　負〡〡格〡　〇　殺　都外切（詩）荷戈与〡〡殳也　〇　薈　烏外切（詩）〡兮蔚兮草多皃　　濊　汪〡又〇濊韵
　風塵〡
　〇　溘　亡蓋切石声（歷盛）悍漏瀉〡〡　愒　貪（左）玩歲〡〡而〡日　嘅　嘆也（詩）〡其嘆矣　〇　㙃　倉大切（韻）
〡〡相如（賦）琅

二百里〡（詩）法也受王者刑法而〡　下蔡　蔡国今上蔡縣後遷州來故以州來
已（詞）說我於陳〡（漢書）平淮〡〡　為〡〡　〇東家子嫣然一笑惑陽城
遊〡〡　上蔡〡〡詳犬孝蔡翁呷〡〡（相如傳）翁呷衣張起〡　居蔡　藏氏有
詩笑　　　　　　　　衣声〇〡音歸〡〡〡　　韵會作縩　守龜名
蔡一日出蔡　（姓氏）濟陽〡〡音周文王第十四子〡叔度生〡仲胡受封於〡
因名（語註）　因氏　左傳〡〡〡〡鄭瞿文之昭也（〡黶）名黶晉大夫為趙
簡子史臣（〡澤）燕人曰吾懷金印結紫綬當貴四十三年足矣詳壽（〡邕）字
伯喈三世不分財　定六經字刻碑後儒晚学咸取正之　焦尾桐詳桐　迁
尚書　仕漢迁尚書（〡倫）造紙〡〡〡侯紙詳紙（〡克）字子尼傳說書記居選
官尚進之徒望風畏憚山簡曰蔡子尼今之正人（冒）（〡順）字君仲汝南人至
孝〇毋嚙指詳指（〡謨）字道明陳留人克之子〇誤以彭蜞為蟹詳蟹毎事
（〡撙）　過防浮飛脫帶詳飛（〡撙）字景節為宋吳興太守自種白莧紫茄詔褒其清
所糾奏宋武帝云〡〡可平世三公　不為徐于木　署褚尾詳尾（〡廓）字多
先授平東將軍嘗着明光鎧所向无敵詳鎧（正史）　（〡郁）字子度補御史中丞多
（〡邕）字君謨興化軍人宋仁宗增置四諫官襄在選中詳諫（〡京）唐十八学士（〡〡）
府人多譏自以勞久　晉边作歌詞有應念玉関人老之句因中所達禁中神
宗閔之遂召用（〡挺）字子正應天
二為成天啓揮毫立就文不加點（〡齊）字子思神色明秀鬚眉如畫〇真宗
慶采詳采　　（〡〡〡）字天啓丹陽人召試中書舎人故事宰相未上馬前限
　　　　　　　　薦十三省明臣〇仁宗朝大拜　謚文忠（〡伯喈）宋真宗時試童

韵玉十四
廾六

科歲未二周另二歲神童授校書郎（〡氏）蔡琰字文姬邕之女初適衛仲道
為胡騎所獲二十年生二子曹操贖回以嫁董祀　能誦書四百餘卷　辨
絃詳絃　蔡䂓女適刘道原与甘貧苦山谷称其賢行〇蔡太宗女見柳莊曰
襄陽水鏡遂妻之〇蔡齊女妻刘摰〇蔡襄母有賢行仁宗賜冠帔寵之
〇　縩　綷〡　綵縩〡〡　〇　頼　落盖切（書）万世永〡〇　（漢高紀）
声互見蔡　〇　賴　（禹謨）　得子是〡詳恩　無頼　大人常以臣〡〡〡　（魯子上）
二三為〡〡賊詳賊尉无賴（張騫之傳）尉繁无聊賴〇　多頼富歲子弟〡〡
江湖間謂小兒无利入於家曰亡頼〇史无多作亡　　多頼謂
顧藉　貪頼郅人〡〡〡其（活套）无聊〡　　（姓氏）
也　　貪頼曰（昭十二）　倚〡　　潁川微音左傳〡国為楚所滅因
云与兒子過頼仙芝同遊羅浮道院（坡集）（〡〡〡）宋〡　瀨　急流也吳楚謂
紹與中奏事行在上曰頼好古言處職事頗有理　　〡〡中国謂碩　巖
頼　嚴〡（漢）子延瀨　值新歌於〡〡　下瀨　伍子胥有〡〡〡将軍（漢書）七里瀨　〡〡〡在東
瀨陵（韶）処　延瀨〡（風山嶽文）　武有〡〡〡　　　　　〡〡〡〡〡〡〡〡〡陽江下与嚴
瀨相接　投金瀨　孟郊謂溧陽尉間往於〡〡　（活套）寒〡〡〡　籟　三孔籥又〡〡　天籟　汝聞人籟
（與地志）　〡〡〡裴回賦詩詳傳　残〡〡　簫亦名〡
而未聞地籟汝聞地籟而未聞〡〡〡　云云入籟則比竹是　虛籟（陰）陰窦生〡〡
已地籟則衆竅是已〡〡〡則人心之自動是已（莊子齊物）　（韻）風声為天
籟水声為地籟　嗚籟吹〡〡（字）　地籟人籟見天　（活套）孚〡群〡　瀨　溪谿㵒身
生孚為人籟　嗚（盧綸）贈〡也　籟下　〡万〡　瀨　為〡（監）

韓愈𤸎頑丨丨病將卒召郡僧曰汝詩視吾手丨丨死也〔吳說語林〕祖可癩詩僧丨丨身被惡疾人号丨可詩可捨脂
淦癩上黨趙瞿病癩垂死有仙人賜以丨丨丨云可長生瞿服之年百七十歲
夜見面上有采女二長二三寸遊戲口鼻間如是一年出女長如大人
在側聞琴琴声瞿壽一百許年〔抱朴〕糲〔司馬遷傳〕丨丨
色如少童乃入抱犢山〔抱朴〕
秏咄〔語〕周商賚〔國〕度功賜予介賚亦〔書多方〕糲梁之食音賴　賴草名　賚〔書〕帝丨予良弼〔說命〕丨亦
有大丨商賚〔周〕我丨丨汝賚惟其大丨丨　○㸑吐外切亦作脫〔詩〕舒而丨丨兮　兊
成奚也〔詩〕行道丨矣又〔老〕塞其丨閉其門　蛻事見祭韵　○睐莫貝切並見隊韵　睐
五十二章丨目也門口也謂不妄視妄言
眼不明

十卦　與怪夬同用

卦古賣切〔史張禹傳〕別蓍布丨　絓系也　詿誤　挂亦作掛逢萌丨冠詳
○梁阮孝緒筮得遯丨詳遯
詳劍季子丨劍徐君墓
陶弘景丨朝服神武門詳服　掛猗蘭間以窗懸丨鼎又丨
胡弘景丨朝服神武門詳服　詳書　掛擬〔南安石射雉付〕弩丨名　側挂鶡旦夜鳴求旦
之鳥以雞又倒挂嶺南有珍禽丨丨子綠毛紅
名丨丨詳旦倒挂嘴如鸚鵡而小〔坡海詩註〕　跟挂都盧有丨丨震
旋之名詳盧　一臺掛

事見側掛月倒掛丨山壁丨　羅網挂使丨丨丨〔國〕　○寸絲不掛陸亘大夫云
丨丨酒〔李〕　羅網挂尚官知文章累逢　十二時中丨
詳綠　○𣆠居隘切〔詩〕　繲故　解除也又進士由鄉而貢曰
丨丨丨　夙夜匪丨丨　○荊州天荒解詳荒　廨舍　官中
書廨陳蔡疑將之晉陵　參佐廨陸機兄弟共往丨　三間詳頭　慈從督郵廨　梁呂僧珍舊
或勸徙廨益宅僧珍丨曰官　○隘烏懈切魏地隘〔晉〕　邪隘丨魚不可以
可丨官廨益吾私宅乎〔史〕　〔孟〕伯夷丨　〔左〕阻丨　詳大拘於丨
也〔陋〕　清隘未得伯夷之丨丨先〔古文〕　九州隘〔國〕　隘丨丨　攂也　拖
〔韓〕　得伯夷之丨丨　〔周〕　○𤔁下懈切鄉自
〔傳〕　𧝞理丨也音在也又　豗鷹獸又曲丨縣名　邂逅丨　○賣莫懈切〔晉〕鄭寄為呂祿善周勃劫
秫酈寄賣交也○丨丨劍賣牛詳　懈散丨也賣諡
嚎吳徐分歲罷呼丨凝獸詳癡　一官賣豈以丨丨見丨邪〔唐史〕　鼎肇賣恩　杜黃裳曰吾受恩三朝　楊國
喧辛明經不中詔曰生子不富貴　得魚不賣賣否者曰亦自不得之亦丨丨　宋王弘之爲上虞江人問
邪豈以一名爲丨丨所丨邪〔史〕　夜驚丨丨
日夕載魚經親故門各　陳徐陵有客米者召親戚貧者取焉家尋
一兩頭置門內而去〔史〕　年馬可賣之絕府僚問其故曰我有丨丨
蘇家有可賣〔古文〕　董永自賣　洪丨丨葬母家貧丨　○畫胡界切〔漢〕圖丨　麒麟
身爲奴得錢葬母　閣○張敞丨　唐詩唇畫

雲光寺七丨丨　一筆畫丨張彥遠云惟王獻之能爲丨丨書陸探微能爲丨丨
七鴿事詳鴿　〔畫書見聞志〕○坡有書刻景文所藏丨丨丨詩
晝夜畫宋太宗時李至獻畫牛丨則嚙草欄外丨則歸臥欄中僧贊寧曰南
海倭国有蚌淚和色着物晝見夜隱沃焦山有石磨色染物晝隱夜
見〔海外記〕　依稀畫　甚笑翰林陶李丨年丨丨丨胡芦詳綠　古今名畫　張僧繇金陵點眼龍詳飛及眼
生亦工畢竹詳生崔白翎毛花竹○曾惠崇小景工畫鵝鴈鷺鷥○周昉傳
神○顧虎頭謂傳神難在眼詳眼江南徐熙畫殊草之略施丹粉神氣迥出
○郭熙山水○戴嵩牛○韓幹馬○吳道子畫人物如以燈取影不差毫末
○趙昌畫花号寫生○王維畫不問四時以桃李芙蓉蓮同畫詳蕉○明皇
謂李思訓曰卿所畫殿壁夜聞水声真通神佳手〔畫斷〕子滕王蛺蝶圖　永寧
詳蝶王墨潑墨為畫○畢宏韋偃畫松○王宰水石○文与可墨竹
書畫唐王涯居丨丨里家書多与秘府侔名丨丨鑿垣納之及　米芾書畫丨
就誅為人破垣剔取奩軸金玉而弃書畫於道路〔本傳〕
船載丨丨晉顧愷之以一廚畫寄丨丨玄發廚後丨之而
丨詳船　柏玄竊畫緘閉如故愷之直云妙畫通灵變化而去矣〔國〕　立本悔畫
唐閻立本太宗泛舟春苑見異鳥容与波上召丨丨俯狀閣外傳呼畫師閻
立本俯伏池左研丹吮粉時以爲主爵郎中歸戒子曰吾少讀書今獨以畫
見名与斯役等若詩丨丨丨　寒具汙畫詳具　平生
曹慎毋習之詳書　詩中有畫丨東坡云味摩詰之詩丨丨丨摩詰之畫之中有詩

不識畫宋張茂則招講官喫茶觀畫程伊川丨丨不喫茶亦丨丨〔龜山語錄〕　○瘥楚懈切病除也　小瘥嚴光
霸曰君房素丨丨丨　瘥也病除也　癡小瘥問侯
寧丨丨否詳益　妬當瘥晉賈后性虐戲擲孕妾武帝將廢之趙粲
切草似穀　又細米曰丨　王者欲知閭巷　曰賈妃年少丨是婦人之常長自丨丨〔史〕　○稗傍卦
風俗故立丨官小官也詳官丨販之民詳販稗　比稗齊侯將享公孔子曰若其
成者音披　蒲稗丨丨各自長〔杜〕　美稗　丨丨也○秕谷不
〔定十年〕　祖因依〔選〕　荑稗荀為不熟不如丨丨〔孟〕　粺精米〔詩〕彼
御　○眦土懈切睚丨恨　莊子曰道在稊稗詳薨　疏斯丨詳
視兒睚音崖　○派匹卦切　河派丨分九　泉派谷簾丨被岩而下
天下　青州派晉謝玄患粮運艱難堰呂梁水樹柵立七棣為派擁　若二三十丨其水
第一　水以利漕運又進伐丨丨故号丨丨〔史〕棣音代　江西詩派
呂居仁丨丨丨畫列陳　請丨丨　○債側賣切通作責〔周禮〕稱　詩債　口
无己等二十五人爲法嗣〔詩話〕　分丨丨責○天下无丨帥詳帥　業
不停丨有丨〔坡〕　孫權姪濟嗜酒曰尋常行坐処欠人丨丨欲貫此
字出賈司倉詩話　酒債縕袍償之一云丨縕褚璋每縣沽丨家至門輒曰
後豪當還詳豪福　收詩債孟嘗君使馮媛丨債於丨媛召丨丨末
部還丨丨詳部　王大合券焚之曰市義而歸詳券　百年債丨丨了須償
〔國〕　父償子債梁庾丹少有儁才父景休頗有資產丹負錢數百万債者填門
丨丨景休怒不償既而朝賢之丹不之景休景休悅悉為還之〔史〕

○行脚債東坡云何定慧師尚欠丨丨丨詳脚 ○曬所賣切 書腹曬郝隆七夕鄰人皆曬衣隆仰臥於庭曰曬我腹中丨丨
詳犢鼻曬阮咸七夕丨丨丨工𦇏曬霸日丨國 花上曬丨丨丨禪為負喧丨丨
書牛犢鼻丨褌於庭詳褌紅紬丨丨 殺風景詳景 語套 魚網丨
灑汎也亦作洒 ○怪古壞切記索隱行丨論子不語丨賈 水怪牛渚磯多怪
照之見丨恠奇 譎詭怪不知丨 咄咄丨事詳空 物溫嶠燃犀
士怪丨丨丨水石之怪龍罔象木怪夔罔兩 壞裏怪卓犖丨丨之士宜
形異狀詳水 丨丨丨羵羊火怪宋无忌博物志 王游於大人君子之
門 故作嘲詩 吠怪邑犬群吠丨 江瀆怪大丨之丨有丨物焉蓋非常鱗
韓 嶮怪窮丨丨 國 所丨也 柳 九介之儔匹也韓上韋舍人
山鳥怪儒衣丨丨丨 徐節野 魚鳥致怪盧思道謂王睎曰昨被召 語套 出
童看 杜送楊判官 得无以丨丨丨丨詳達 丨丨
壞物不自敗而毀之音怪自敗則音胡怪切 緇郎壞裏唐崔織小字丨丨為
尚書序丨孔子旧宅左丨館之垣在此 相李父安謂曰吾父
兄刻苦立門户終為丨丨丨 竹床壞裏青城老人豫書丨丨其年 取白麻壞裏唐陽
丨之後果身署宗臧國 月日為孝先所丨詳床 城日
裴延齡為相當丨 豈堪再壞唐代宗自陝還顏真卿責元載 ○噫烏界切
丨丨丨之詳麻 日朝廷事丨丨丨破丨耶國 抑
意閔懷空丨丨 秋噫因君思養竹方 大塊噫意丨丨丨氣其 風雷噫意人將蟻動
噫 韓 咲息皃 口籟听丨丨 谷 口名為風 莊 作牛鬪我

竟丨丨真 不敢噫意丨丨丨丨噫咳 號丨丨方 ○瘵側界切 詩 士民其
一丨丨 援 吐口詳咳上於月反 語套 瘵丨 孟 心勤形丨丨○
為彫為 ○祭名 國 姓氏 太康徵音周公第五子丨伯子孫以国為氏郑大夫丨
丨 國 仲字足為丨 封人因氏 丨遵 字弟孫後漢潁川人對酒
設樂必雅歌投壺在軍旅不忘俎豆○憂国奉公 詳屬封潁陽侯圖形雲臺
閤 丨彤 字次孫為偃師長縣无盜賊課為第 拜遼東守臥鼓边亭滅烽
幽隱者 古拜切 詩 无此疆彼丨 思玄 孟 經丨既正 滕文上 上界額況五源
三十年 ○界 揚雄解嘲范睢丨涇陽註丨者窃間其兄弟也
訣云下界功滿方超丨丨上 嚴公界 明皇御勤政樓大酺人物填咽京兆尹
界多官府不如作地仙快活 嚴安之以手板畫地曰犯此者死人指
其畫曰丨丨丨 无東坡界 請判維摩憑一 國 趙咨過界 後丨丨拜東海相道經
敢犯者 傳信記 到丨丨丨 國 滎陽令曹暠迎路候謁
咨不為留暠曰趙君名重今丨丨丨不見必為 種桑迁界 齊韓係伯鄰居丨丨
天下笑弃印綬追至東海謝咨卑即辭歸家 樹為界後係伯以桑
枝蔭妨宅地丨丨數尺鄰隨侵之 灌瓜越界 宋就為边縣令与楚鄰界就猛
係伯輒改種鄰慚還所侵地 國 夜為楚丨丨 楚令大悅詳瓜
獸出界 齊庚黔婁為孱陵令丨丨皆 度往臨沮界仁化所感也 國 蝗不入界 丨丨丨丨 魯恭為中牟令 詳異 ○禪界 有法 師問
鵝湖欲界无禪之居色界此上憑何而立師 欲界 摩夷等六天
云法師只知欲界无禪不知丨丨无欲 傳燈 欲界為丨丨 闕命 色界十二天為丨丨

十四天為无 塵界 眼耳鼻舌身意為六根界色声香味觸法為六丨丨 眼識
丨丨 同上 色処為眼識界耳聞声処為耳識界并鼻識界舌識界身
識界意識界謂之六識 識界 見上 大千界 詳想 介 詩 以丨景福 助也 左 敢丨
界總十八界 龍舒心經 識界 註 大国因也 易 憂悔吝者存
乎丨 孟 不以三公 賓介 丨丨丨守也 國 王子 圖 寡君之 紹介 平原君謂魯仲連曰 媒介 唐張
易其丨 並 耿介也 勝請丨丨 謂相佑助 行成
日古今用人必因丨丨 儐介 鄉飲酒坐介於西南以輔賓 偪介 晏子曰丨丨
若行成者先先容也 国 坐丨於東北以輔主人 記 之間暴征其
私○介 鬭 耿介丨丨 童稚已 國 狷介 晉向秀入洛文帝曰聞有箕山之志何以在此
也 昭二十 秀曰巢許丨丨未達堯心豈足多慕帝悅 國
通介 慶欽著書或問徐邈武帝時人以為丨在涼州時人以為丨何也欽曰
往賓清素之士皆變易車服以求名而邈不改其常故人以為通比來
奢靡相效而徐雅尚自若故前日之丨乃
今日之丨是世人无常徐公之有常也 一介 丨丨不取 孟 如 纖介 不以往
丨丨 商元后 保介 嗟嗟丨丨 詩 保 有丨丨 臣 書 事為丨
傳 与芥同 車右也介甲也 駟介 丨丨 詩 清人 吃二 樹介 木少陽人將有害陰氣
丨丨 史 犇 鱗介 非常丨九丨 藍 无以 九介 見鱗 齊木先寒得雨而水曰
介兵象魚 介丨易我衣裳 圖 江介 悲丨丨之遺風 清而不介
魏華歆淡於財欲陳群曰華公 楚辭 則畔也
可謂通而不泰丨丨丨丨者 史 語套 戈丨孤丨 儐丨 人名 傳丨子 斬樓蘭玉○ 石丨 宋人文章李術天下宗師

姓氏 詳祿 丨之推 玠 大圭 人名 衛丨 玉潤 詳衛 冰清 戒 通作誡 詩 𦈢者足以丨○又召也
丨丨 大戒 小懲而 左 衛侯丨孫文子食語君子有三
大誡丨丨 易 敵戒 柳子丨丨文皆知丨之 種戒 既丨既丨 詩大田 種謂 兩
仇而不知為益之尤 稷五丨丨謂具田器
戒 唐一行以天下山河之象存乎丨丨 後車誡 前車覆丨丨 ○五戒 不殺不偷
丨 北戒限戎狄南戒限蛮夷 史 賈誼傳 盜不淫邪
不妄語 語套 明丨 疥 周礼 疾醫夏 有痒丨疾 瘙疥 愜因劇 韓 手足疥 边陲之患丨丨之
不飲酒 嚴丨 丨丨 韓 瘙 癬 膚 腓 傳
壁何疥 玄覽 松師見張揉衣丨 問壁 誡 敕也通作戒 父 四誡 後梁彭設
松師曰丨為丨吾丨詳璧 召戒 四誡丨丨定六
親長幼之礼 國 家誡丨丨 羿風言古今 房玄齡 蚧 胥魚呉都 賦單兩丨 价 人維藩 書也 詩 丨 髻也 假髻 芥 視 孟子
臣如草丨丨丨為之舟詳舟通作介 左 拾芥 夏侯勝謂經術苟明取 齊芥 呉
傳 李氏介其雞 註芥子搗其羽詳雞 青紫如丨地丨 前漢 廣
翻年十三客有候其兄不過翻者翻与書曰琥珀 蔕芥 呑若雲夢者八九其
不取丨丨 磁石不受曲鍼過而不存不亦宜乎 於胷中曾不丨丨 子
盧 付 細故丨 蒂芥 何足以疑 賈誼 吞芥 坐看青丘吞丨丨 纖芥 後董扶褒秋毫
誼傳 丨士介 反蒂音介 鯁刺也 澤芥 即吞雲夢事 之善貶丨丨之
悲思 雲夢芥 青丘已呑丨丨丨 國 畍 子如丨 前南山 ○君 犗 丨后 駢牛也 又奮 陳宮傳 犍強皆曰 宮刑或云丨

刑殺害東野繼芳躅脩綸懸　千斤害周伯仁言刘真長　十五害任公子為大
牙丨丨韓寄孟刑部　是丨丨丨詳牸　鈎巨緇丨丨
丨為餌　○械胡介切桎梏也又攻機械浣陰丈人抱甕灌畦子貢曰有械
詳魚　守器詩備器丨軍攻　機械千比一日浸百畦圃者曰有丨丨
必有機心吾　美君知道應忘步謝丨丨韓　詩械先生不識訶又復寄　船
不為也詳機　天械寄孟刑部爵位冠冕之屬　丨丨皈謝孫莘老
械晋朱伺為賊所傷退入船初刘浚開船底以木　楓林械黃帝殺蚩尤擲其
掩之名丨丨伺從丨丨沉行五十步乃免史　械於宋山化為丨丨
丨詳　斜谷械公孫賀補得朱安世安世曰南山之竹　長柄械詩人空腹待黃
楓　不足受我辭丨丨之木不足為我丨困　精生事只看丨丨
丨丨漢長鋑短鑊白木柄我生托子以為　自解械後許楊被譖下獄械輙丨
命黃獨無苗山雪盛短衣數挽不掩脛杜　丨太守鄧晨曰果濫矣史
張磐待械後丨丨被誣下廷尉會赦見原　救火脫械晋范晷子廣為堂邑令
懸二堂野火所及祭脫械　丨丨自列曰云云史　時丞刘榮坐事當死付
丨丨事畢還自著械史　雍似雖一名鵙鴒　田横　金雍平生千万篇
門人為丨露歌詳露　丨無琳琅韓詠
李杜文章丨丨　雍兼書也琳琅　玉雍煬帝酒名　椒雍唐李宗回与客謁華陰令客
石似玉言李杜文章播於金石　能推人飲食曰今日必食丨
丨果然　拔雍後魏參為洪陽守郡人任棠有志節參候之棠不与言但以雍
廣記　一本水一盂置屏前抱兒孫伏戶下參思曰水欲其清丨丨欲

吾擊強宗抱兒當戶　倒雍商務光作丨丨篆郎　種雍雍蓬寫渤海守勸民口
欲吾開門恤孤也困　今日雍棄事物紀原　丨丨一畦困魏李字為
諸生丨丨後有索者一举亦　留雍白云可以種困　溢沆丨海氣雍遊六氣
不自食時謂能行其意困　庾亮嗽雍困丨　注春食朝霞冬食沆
半氣也　人名　到溉丨名沆三刻成詩詳到　崔丨唐崔沆　齘齒相切也孔
丨北方夜　故崔丨榜談者称沆丨一氣南部新書　考工記函人
甲人欲其无丨也廣　剆苦怪切莖類三輔黃圖上林苑中丨池生丨草
韵類丨切齒怒兒　鱼有蘇麻无弃菅丨又丨維把剆処詳維
晋大夫丨得之後丨從避武帝諱改作通說韓信　雋永詳求丨通字
姓氏　異度魁傑有雄姿曹公曰不喜得荊州喜得蒯異度魏史　丨恩字道恩
膾力過人仕晋為龍驤將軍丨賁屬文尚理　蕢草名　人名杜丨楊解
趣仕南唐為殿中丞　与友人龍尾硯詳硯　亦見　事詳解　喟
見賓　○拜博怪切剪刎丨周禮王九拜太祝辨丨丨孔謂稽首頓首空
韵　彬不丨王敦詳肅本作摽　九摽首振動吉拜凶拜奇拜褒拜肅
拜也　空首下手而首不至地奇端拜丨丨而議國　若服　稚拜石崇与潘岳
紀宜反不再拜也褒音報荅拜也立手玄丨丨揖而議　謟事賈謐每
候其出輙望　寢拜見九　膜拜丨丨丹群之下夷衆立伏之前隨　肅拜王徽之
塵丨丨史　寢手拜下　膜手完紀上莫胡反胡礼拜即長跪也　浦手白丨止
以九節為貴正當　夲下拜梁松候馬援拜丨丨援不荅曰松我之父友也
再丨此君詳潇　手○孔明每至龐德公家独拜丨丨德公不令止詳

客
穆叔三拜晋侯享丨丨金奏肆夏之三不拜工歌文王之三又不拜歌
鹿鳴之三三拜韓獻子曰吾子舍其大而重拜其細何也云云
左　伊籍一拜丨丨使吳孫權欲折其辭籍入丨丨權曰
勞事无道君籍曰一拜一起未足為勞蜀志　李稷八拜韓魏公留守北京稷
以国子博士為漕慢公俄　公代魏公為守稷謁見公着道服
出語之曰汝父吾客也只八拜稷不得已如数拜之聞見錄　父子俱拜封
公為周公也周公拜前乎魯公拜後乎公羊文十三　始行酒百拜賓主百拜魯
受封時丨丨丨丨文王廟明以周公之功封魯公也　而酒三行
不已樺乎　突厥羅拜薛仁貴擊丨丨突厥問唐將為誰曰薛仁貴突厥曰聞
場偷身　仁貴流象州死矣仁貴脫兜鍪見之突厥下馬丨丨
道　吐蕃羅拜郭子儀單騎見丨丨　皆下馬丨丨詳騎　監奴迎拜事扶風孟佗与奴相結傾竭饋
去
問奴德之問所欲佗曰吾望汝曹為我一拜亦時賓客謁讓者車數百千兩
監奴率諸蒼頭丨丨賓客謂佗善於讓爭以珍玩賂之佗分以遺讓讓悅以
為涼州刺史　不受曲拜後魏宗室順謂舍人鄭嚴曰卿是佞人當
史互見蜀　拜佞王我是直人丨丨丨丨魏宗室傳史　君何不拜
宋顏延之才辛表畋年倍之顏曰陳元方与孔元駿齊年
元駿拜元方於牀下今丨丨得丨見丨淡无以荅宋本傳　亞夫不拜周丨丨
之士丨　蘇武不拜匈奴會武令拜以刀臨之武曰　鄭衆不拜後丨丨使單于曰介胄
丨史　手堂堂漢使豈能屈於匈奴哉　單于欲令衆拜衆

不屈拔刀自誓乃止史　贈以不拜陳遵使匈奴册曰子當之絕域无以相贈　字父不拜
魏常林七歲父黨造門曰伯先在否　丨丨遂揖而別遵甚喜東觀漢記
何不拜林曰臨子丨丨何拜之有困　湃水声○或作濆相如傳澎丨丨　驚湃朗有
无丨丨韓寄孟　砰湃忽奔騰而丨歐秋声付　○壞胡怪切滷解見　甘以壞君子踐以
刑部謂水声　前詞礼必丨　土成小人丨
丨丨記詳交○　太廟壞玄宗將幸東都丨丨屋自丨　潘岳摧丨雲　○聵五怪
梁本其壞檀弓　元崇曰壞与行會亦詳會　崩丨
切聾也○徐仲車耳丨而四方事无不　○備步拜切
知詳及司空圖老且丨三宜休詳宜　困也　天下何其丨也
今天下已定　宿憊神樂鎖丨丨　奔憊莊子曰衣弊履穿丨　韛吹火
何其丨也困　國刑部謂又疾也　丨丨也團山米　韋囊
亦作排韛造作水排鑄農器潘岳　炒　○鎩所戒切長矛也又鳥羽病殘詩
國史韋孝寬以皮排吹之丨　六翮如雲萱長丨　又白花半
落莲穩香攘谷欲助　殺疾也削也醫丨礼而多
磨鎌丨　又黠背韵　皆又記其音噍以丨　○夬古邁切　易　三三澤上於天
丨君子以施祿及下居德則忌　初九壯于前趾往不勝為咎　九二惕號莫夜
有戎勿恤　九三壯于頄有凶君子丨丨獨行遇雨若濡有慍无咎　九四臀无
膚其行次且牽羊悔亡聞言不信　九五　澮噲丨○詳泰韵
莧陸丨丨中行无咎　上六无號終有凶　獪丨狡　快丨哉風詳　風丨閣詳

鬬 痛快吳皇象善行草書世 乘快趙太祖曰丨丨指揮一事誤矣史
称沉着丨丨宋書范 官必書之我甚不樂三朝聖政錄 健其快
司馬迁曰子嬰車裂趙高未葬 子敬二快孫權曰丨丨來東便又大略帝王
不丨丨丨憐其志史記秦紀 之業此一快也孟德張言水陸俱
丨子敬勸孤急呼公瑾逆而 勝今 晋顧榮薦甘卓曰甘
擊之此丨丨也吳謂呂蒙 幹妹快 李恵丨丨丨因 此刘甚快 梁范雲從
齊文恵太子覩穫稲太子曰丨丨丨雲 疑後為快生子癡了官事云云了
曰頗知稼穡之艱難太子改容謝之因 事止作丨丨丨丨詳癡
陸文 稱丨 噲 噲噲也詩 人名 樊丨 漢 ○話 戶快切左傳告之 情話悦親
爽丨 丨丨其正 勇將 言詩出丨不然 戚之
丨丨丨 共君丨丨丨 ○無生話 道玄居士即龐居士偈曰有男不昏有女
趙詞 一夜話丨詩書 言不嫁大家團欒頭共說丨丨丨丨七日而化
傳 ○邁 莫話切書皐陶丨種 邁越以丨丨 詩東門之枌丨 行邁丨丨 詩 丨丨靡
對 德詩日月其丨悉率縣邁 總也丨行也欲男女合行
林邑謂金之精者為丨丨時丨延守告祭 人名 寒丨 羽之子 坡 勱 勉也 ○
陽邁 若中国云紫磨者南史 詩篇 崇望也周頌
敗 薄邁切詩淪胥以丨 鼓之皮○ 司敗楚滅若敖氏子文孫箴尹克
物自丨則在此人丨之則比邁切 黃使於齊還自拘於丨丨 置
四 三敗丨丨又百敗漢高帝丨丨終 意敗潘岳老僧租敗詩丨詳祖王 幾敗
三敗韓因 興戎大業宋史 興戎俗物又來敗人丨 詳意

丨丨乃公 肉敗丨丨不 未嘗敗 項羽七十餘戰 大勝大敗 唐薛方徹太宗曰
事漢紀 肉敗食語 丨丨丨 史記 李勣江夏王道宗
不能丨丨亦未常丨丨万 洗足致敗 陸子春梁州一 不宜數敗 使亮擊蘇峻
徹非丨丨即丨丨矣史李 丨丨丨詳足 奧敗陶侃曰
古人三敗君侯始一當 器取折敗 薛包分財丨物 坡觀丨詩勝固
今事急丨丨丨不史 丨丨丨若詳痴 恭亦喜敗 欣然敗丨可丨丨
○嘬 楚快切一齧之盡記毋 苦嘬 近詩猶苦硬咀 鼠壤嘬小兒哇不美
丨炙又孟蝇蚋姑丨之 莫嘗 丨丨 歐 丨 有餘丨
咨 飲嘬 思入帝鼻㓹忍 久不嘬 兩山控吾削吞吐丨
飲從嘬遭丨丨丨圖 丨丨丨 吸渴口遇風 ○蠆 丑犗切毒虫 ○蠆洪云蠆
前日蟄後日丨 鱠蠆 積恨如 髮如蠆卷丨丨 帶 詳芥 ○喝 於戒切噎声 ○嗇 士邁
左已為丨毛 丨丨 詩 髮 丨詳髮 帶詳芥 相如賦 榜人 切山
歌声流丨又嘶声 餲 語 食饐 ○敗 北邁切人毀之也 詩切
韓詩注秋蟬丨柳 而丨 剪切丨詳薄邁切下
居以木柵又羊棲
宿処○亦作寨

十一隊 與代廢同用

隊 徒對切 史 王毛仲牧馬色每 馬隊 陶淵明示周掾等詩丨丨來講肆校
一丨詳馬韓 不殊同丨魚 書亦已勤 江州刺史檀部請廬山

周續之出州与孝生祖企謝景夷三人在城
北講礼加以校讎近於丨丨故云晉陶潛傳 來蘇隊 杜佑守揚州耽於遊宴
一方獄獲來蘇揚州押曹傳希因教習 宣宗送崔鉉為代詩曰
丨丨丨 舜迎崔公杜頻循之唐律子 餓骨隊 我鳥隊隋刘和予居士不遵法度嘗与三百人聚捷者号丨丨
武力者号轉蓬隊 事見上
隊後坐事斬因 軍逢隊 註 對 霸 對 草木盛皃 東京 懟 怨也 書凡民罔不丨
又惡也書元惡大丨 鐓 矛柄下銅鐓詩厹矛鋈丨 騃 突也詩混夷丨矣 ○佩
又發也楊雄 記曲礼進矛戟者前其丨
蒲昧切天子丨白玉諸侯丨山玄玉大夫丨水蒼玉士丨瓀玫世子丨瑜玉
白虎通農夫丨耒耜工匠丨斧婦人丨針縷循丨玉也詩丨觿詳以觿 紛帨
我丨玖王風 佐丨以金玦 國三丨玉藻 子佩丨 瑕脉詳脉 蘇秦丨六
國相印詳印 鄭生丨印詳印 帶牛丨犢詳犢 李賢傳 身丨安危○亦作珮 蘭
佩 紉秋丨以為丨楚 劍佩 花迎丨丨 佳 丨丨丨以贈之 飛霞佩 与我高頭頑
佩 連蕙若以為丨 劍佩 星初落 周 雜佩 女日雞鳴
韓詩 章弦佩 西門豹性急佩丨以自戒 董安于性緩佩丨以自警 魏元冊傳 背 書丨師保之訓 史韓信
張揖 术陣 詳陣○亦作悟 孟師
死而遂倍之二背 梁景不善書每起草必用蜀箋 趙安仁號得丨草言
史不敢倍德 善書起草必用旧紙人号丨丨 晁闕錄 背 樹之丨 周俗
臣背堂 ○觸 叢林有丨丨關之說詳蘭 首山念和尚拈竹篦 話 丨与時
北也 示衆曰喚作竹篦即丨不喚作竹篦是丨詳篦

北 分異也書 郲 故商 倍 詳賠 焙 煏也○火丨之中 字 語色勃如
分丨三苗 邑 韻 有丈六金身詳寵 也一作丨
又彗秋星 棑 珠百枝為一丨 枝葉生 詩 松栢 詩 或作悖 記 貨悖而出者亦悖
丨在北 斷丨栝械丨矣 悖而入言悖而出者亦悖
而 ○妹 莫佩切 外妹 声伯嫁丨丨 管于奚之女於 李園妹 春申君納丨丨丨
入 姊孝伯 丨丨謂同母異父 女有娠園使其妹說
申君納於楚王 得兵妹 衛莊公娶之 因 班超妹 曹壽妻曹大家也超在 延年妹 繼不
生男為太子 絕域妹上書乃徵還 如丨
丨丨亦是當時絕世人 李妹 孫權妹 才妻先主才捷剛猛有諸兄風侍婢百
謂李 丨丨丨李夫人也詳碩 子亦女人皆執刀侍立先主每入心常懍懍 謝
朗妹 道韞適 張玄妹 晉丨丨丨丨有才質 徐吾犯妹 公孫黑又強委禽焉 因 孫楚聘之矣公孫
王凝之 張玄妹適顧氏互見顧 封名
三三 歸妹 澤上有雷歸丨君子以永終知敝 初九歸丨以娣跛能履征吉 九二眇
能視利幽人之貞 六三歸丨以須反歸以娣 九四歸丨愆期遲歸有時 六五
帝乙歸丨其君之袂不如其娣之袂良月幾望吉 昧 書 昧 東 丨 我思之 草昧 天造
望吉 上六女承筐无實士刲羊无血无攸利 丨 晉 兼弱攻丨丨
屯易 天造謂時運丨謂草 ○三昧 道云真一儒云致一釋云丨丨丨○一即有
亂无倫序丨謂冥昧不明 二遂至於三言丨即丨在其間○古灵臨
遷化告衆曰汝等還識无声丨丨否衆曰不識師曰汝等靜聽師儼然而逝
語 佛說我得无諍丨丨人中最為第一 金剛經 李士每下直出門謂小丨

丨丨出鈒鏊門上馬謂犬丨丨不睬大智禪師下轉語云丨睞昏日
言去經縛就解脫也翻林志丨丨因果老人大悟詳孤沬微曉也又
水名詩丨丨之鄉矣又韎韋竟茅韋也瘖病也詩亦孔瑁玳丨龜屬似蠵首
小星也易日中見丨丨之丨兩音尾如鸚鵡甲有文
生南海背有鱗大如箱將作器煑汋潛藏也賈誼傳丨淵潛以自珍誨荒內切書晉
鱗如柔皮○生甲繫左臂辟虫毒教丨詩丨尓
誨語能醢酒面亦作沬悔語行寡丨死而无丨臣丨貞悔蟲之丨
勿丨乎類書洗頮水禍于許史茨武陳既往之丨風也其
丨山也儒十五內晦漢祖紀揚饗晦丨丨入宴養晦遵丨特
卦為丨外卦為丨砂昼丨息隨卦詩酌日食晦鄭氏日填
年丨丨多在於丨先時而不知晦朝菌丨丨陣不違晦陳詳
合皆月行疾也晄武紀丨朔晦配滂佩切合
流刑隷也書追丨于前人○王朏月三日明生妃也四配也對也又
彈妻曰使新婦得丨參軍詳子又向曙色對都隊切語
○不能專丨○上對後徐防丨詩向傳辨對也天對柳子有酒掃應丨
辛亦而丨先進上對可觀置對恭顯白今詰獄丨屈原有天問膽
對以丨賈誼付代對丨丨詳漢佯對晏子曰秦繆公黃布裹棗至海上而投
寸口不能言請對齊夫從旁齊景公問東海棗華而不實何也晏
其布故華之不實公曰吾丨問尔竪對唐秦瓊先鋒壘對吴陸遜曰刘備
丨曰佯問者亦當晏子春秋丨丨戰前无丨丨張對令在境界此丨

丨也愚溪對柳子有丨丨丨說丨丨智伯言貪
史丨丨丨自為丨丨丨丨漁者對柳子設丨丨丨
丨期不對刻木為吏丨與聖賢對黃卷中丨丨二十餘召為
劇丨丨丨詳丨丨丨詳語賈誼竄對博士有詔議諸老
先生未能言丨虞不能對廣談丨丨丨詳談詩有六對唐上官儀曰丨丨
誼丨為之丨為謂太叔廣孝虞也後村詩話吳融詩丨泉頭
珠對双声對疊韵對双擬對正名對同類對連
對又云有八對詩苑類格語丨人名布衣注云楊伯起家童名
常引泉孔融曰水丨之巧勝於聖人斷木掘地○杜頭作連機丨○王
灌疏碓戎好利園田水丨周天下詳籌石崇水丨三千金谷園有水
丨魚賦水碓楮陶年十三作鸕鳥水碓二丨丨魏舒守碓晉丨丨叔父衛使丨
池嚴仲弼奇之曰楮先生復出矣丨丨丨碓水丨後年孝廉至司
徒繫馬於碓北齊陸法和嘗謂人曰勿丨丨丨丨其人過鄉曲門側
困有碓因丨丨丨柱而入憶法和戒走出馬已斃矣史敦名器
孔珠槃玉丨古者以槃盛血以丨盛丨丨之政又夏官諸子掌王丨車
食記明堂位有虞氏之兩丨注黍器
末仕子對切子生一歲曰丨丨退記君子以謙丨為礼史鷁退六丨飛
者丨時者周一時也他內切語不与其丨
過宋齊丘灵鞠初文名甚盛后頗減王三舍退原降鴻丨丨而
都國才退儉曰丘公仕宦不進丨亦丨矣史蛇倒退黃竹

面丨丨丨○山丨子姑退崔斯立為縣丞日吟哦二松間有問
谷行峽路地名丨丨者鄭曰予方有公事丨丨丨詳縣丞清靜退誰能四
此丨丨容勸吾退宋彭城王義康得罪嘆曰謝述惟丨丨丨刘旅進旅退丨丨十年保
丨丨丨湛惟勸吾進述士亡若存吾所以得罪也史
彭丨図者進者退司馬光宋仁宗召知諫院表退黃務閭退二十寸詳揚劔指日
退詳日虞公事急流勇退錢若水○憒古對切心乱也王導末年畧不省事嘆
憒日人言我丨丨後人當思此丨丨曲說
丨不知足者腹腸丨丨他獨丨丨
○潰胡對切漏也詩是用不丨于成潰遂也鳥潰丨丨史書蚊腹潰
為之潰破詳蚰丨有丨有丨詩洸水潰丨也潰者横暴四出
不盡意擊盜匯水回合闠市外門闤丨邪直義回曲也選充国傳多陂丨
有避丨注謂丨丨井記花丨丨為閭敵遠千里又王溫舒傳郎
琥丨丨丨丨丨丨丨丨詳僚亦作賨丨事後素
丨丨禮因丨兩不破丨丨繢又作會畫五色作會稿塊亦例
記禮宮掆土鼓謂搏土為桴禮運大塊莊丨丨丨丨噫氣其名為風丨丨丨
塊周穆王執化人之袪騰而上者中天歷塊貫驊騮騄乘黃過都越国蹶如
塊而止化人宮榭若丨丨積蘇列子丨丨○如經丨一丨造物之名苦對切
国臣丨粘塊丨丨丨破丨野人與塊晉重耳過衛不礼出於五鹿乞食於野疾速之甚
國言皇也野人寺之塊公子怒子犯曰天賜也

稽首受而載羣臣扶塊唐太宗伐遼營馬首山見負土填塹重
之儀二十三丨丨丨丨丨爭丨丨丨以進史貴妃銜塊祿安
山反帝欲禪位太子諸楊大懼貴妃銜土塊鳳翔編氓因耕田得馬蹄金一甕
丨丨丨丨丨請死帝意沮乃止史金化土塊洪縣之辛信宿開視皆土塊矣詳
金眉上內塊終南王市衣賣藥洛陽市富人柳信惟一子丨丨生一丨丨布
蚯而去塊衣扶藥一丸付之須臾塊破一小蛇突出漸及一丈許布衣乘
續仙傳塵為逢塊徐州人謂丨丨博物志○內奴對切易敬以直丨○二內一堂
洪晁錯傳三內唐有丨丨皇城行內丨丨光武委冠恂以河丨丨丨
內旁室也西內東內南內丨猶禁中也流內數書選司每年入流之
品官謂之丨丨丨閤以內遺將曰丨丨丨晉刘寔諸石崇廁見帳褥甚
又曰視丨丨丨寡人制之誤入卿內麗退謂崇曰丨丨丨丨詳傳
宇篇丨丨○碎蘇內切相如謂秦王曰王必欲急臣丨丨
安可沒丨丨丨石碎臣頭与丨俱丨於柱矣詳璧玉碎宋王曾逢曰大
求活史冰碎隋文帝曰若社稷丨丨丨齊賢張遐曾戰丨丨丨丈夫寧當丨丨丨
冊瑚碎石崇鉄如意擊長宜令醜徒丨丨皆丨詳齒瑣碎排偶云巧文丨丨
王瑚石碎丨丨詳瑚鐵山碎唐大破突厥柳子作鐃歌云丨丨丨石打碎誰謂亦堅丨
丨丨丨維肥之役丨大漠部丨丨丨丨石打碎苻堅時謠曰
蕩石為都督金砂碎晚日搖光丨丨丨丨丨日高花
丨丨嗣丨丨丨丨丨鳥盤石影重本周朴詩詩話倚同羣碎
丨丨丨金石丨丨丨向山

晉謝尚爲豫州都督王羲之誡曰以君屬言教何碎 晉李密本蜀人張華問
往不脩之萬而誠雖爲意也(晉) 孔明 密曰孔明
禹皋陶相与言故得簡大雅誥与凡人言 評古也詁也冒誼傳立
言宜碎孔明与言無已敝是以碎亦(史) 評而語曰
○顛 盧對切 緣飾也(遺) 念顛 昭二十八 顙矣也 无期謂之封豕 頁貪鎩矽之不工
大論 且顛 除荒 李疏傳 治脩疏 皮顙之不除也(賴寺友)
文書 金蠡 (唐儒李傳) 酻見泰 耒 垂作又神農作(易) 揉耒 天子籍十畝躬
畝躬 耒爲 孟陳相負 耜
諸侯籍百 祭義 筆耒 蔡洪赴洛人問吳中舊業曰紙爲良田筆爲耒 農夫耜工
匠 爲鋤耒愚爲稼穡義理爲豐年 文房四譜
詳 (活套) 釋耕 擂 鼓 礧 推石自高而下 相如賦 ○背 補昧切 音与貴同(孟)
見面 盎 石相墼亦作 (豐) 雷 黃耇 (語台當)
養其一指而失其肩背 史 脩已 圻而 台背 作鮐老人皮膚消
生禹 坼剖在 詳 剝社詩 後何所有 (魏人行) 鶴背 龍腰 俛 蔡經意
瘠背 告鳥 之 不知其幾千里也云云 鵬 背 無力 詳鵬 斡背 麻姑指
鮐魚 鵬背 乃令培風背負青天(莊) 詳鵬 但倩麻姑
爪可爬痒忽有鉄鞭之其背 太宗臨明堂 鉏 爬背 更 搔背 遠安負
炙圖見人五臟背近肴 鍼 遂禁無得 (唐史) 披 晦晴膚
令人 曰 癸 背 裕康書 野人有快 而 撫背 劉敬言入關而都搵 書脣
甚快人意 美芹子者欲獻之至尊 其吭而 其 (李)

周勃 下廷尉勃恐不知所置辭獄吏書牘背示之 (史) 書紙 背 劉連州有王右
背曰以公主爲證 詳吏絳侯百万兵尚畏 軍 毎 庚
翼題云王 培風背 見鵬 周勃 出 祖示背 楚王使由于城霸復命子西
會稽六紙 背 汗洽背 (史) 西問高厚大小 不知子西
責之對曰王遇賊於雲中余受其戈 相君之背 蒯通謂韓信 貴不可言 (史) 擊 顙 台背
而 之皆曰此余所能也(左傳)
賈誼曰臣請 單于 而制 ○目光 牛背 王衍爲族人 所 擲面 衍無言而去
其命 伏中行說而 其 (史) 然必不能 登車攬鏡曰亦看吾 一
乃在 行脚回師令直從爲師指背於師背上 一掌
上矣 (史) ○古靈 撫背 云好一佛堂只是無佛師呵曰顛狂漢 云然雖
無佛也 ○輦 濟 行 又輦 輦 陵折 遂已破
解放兒 發輦古兩亦爲 (後晉書) 兒 輦 賊辭恭 安曰 小 齊詳
惡 奴 輦 石崇曰 四輦 太宗召馬周未至使者 扇 輦 魏太祖殺華佗曰天
利吾財亦(晉) 敦促及見大喜 下无此 乎(晉)
都愔曰嘉賓不死 書生 輦 洗慶之曰仇國而与白 籍 輦 不知
敢亦詳訊 面 諱之詳面 婢輦 叛去否 歸 癸等
百輦 雖無 何缺 生 諸君輦 陶侃突 遂位歸謂王衍 (史) 正在我輦 柏溫 問劉
何缺於漢(兩史) 曰老子婆娑正
惔曰第一流人是誰曰 周顗腹 御輦 吳張
詳流情之所鍾 詳情 容數百輩 人 詳腹 當今無輦 溫

 (史) ○ 磑 五對切 磋也 公輸般作 郭璞云 蠓飛 則天風春則天雨
鳥永 (商會) 將風則蠓旋飛如 一上一下 如春則雨也 稀陶作鷗
一賦 ○代 徒耐切 (書) 天工人其 越俎代 庖詳庖 功蓋代 功業 (漢書)
見者奇之 之說 如日月之 明
乃知 字 (匯) 兄弟自代 其弟嗣立 曰鄉 唐韋承慶辭鳳閣舍人武后召 登山輒代 梁夏侯
言蓋還當代 相 (史) 詳爲翊
州刺史城南峻峰舊云 北 詳 宣猷賢異代 唐李絳曰 治今日之人哉(史) 薦
於池起瑩觴延賓屬以表損挹之志 (史)
張奐自代 後皇甫規爲度遼將軍薦 (活套) 聖 歲 黛 以畫眉墨○ 粉黛 白
中郎 從之(史) 月 似空青 綠
者列屋而 遠山黛 趙合德飛燕妹召入宮爲薄眉號 螺子黛 煬帝宮
閒居(韓) 季皇文君眉不加黛望如遠山 (王京記) 女爲長
娥日給 袋 魚袋 古之筭袋魏文
五斛 詳緑 眉不施黛 後明德后 眉角小缺補之如粟 (史) 獨左 帝 易以龜袋唐改
自 一品至六品皆服之 以明貴賤應召命者皆 夾袋 呂蒙正爲
盛以 二品以上飾以金五品以上飾以銀 (唐書) 輿服志 相 有
冊子謂見者必問有何人才客去照袋 王太保乘小駟從蒼頭攜 貯筆
即疏之取數人稱之者以奏 (言行) 硯韵略箋紙之類 (冗公談錄) 以
烏皮 眼明袋 鄧紹華山見童子執五綵囊盛柏葉上露曰赤松先 盛米袋
爲之 眼 年取以明目今人八月旦作 本此 (續齊諧) 杜
邠

食飽即寢或諫之曰布 馬氏看 修文武之道未常留 胡孫入布袋
袋盛米放倒即慢 詳 酒囊飯袋 意時謂 (荊湖近事)
梅聖俞詩名二十七年始教授脩唐書謂 詳笮 ○布袋和尚 形材猥矮 皤腹以
妻曰吾之脩書可謂 杖荷一布囊供身之具
盡貯囊中 白鹿和尚問如何是 師便放下布 埭 堰 壅水爲堰○ 雞鳴埭
袋又問如何是布袋下事師便負之而去 (傳燈) 音代 亦作隸 齊武帝數幸琅琊城常早發
至湖埭 号 (史) 吳 梁七埭 謝文堰 通 (通鑑) 詳鹹 逮 及也 (大學) 及
○靆 靉 不明 岱 泰山也 (書) 至于 宗 逮 雲靉 靆 夫身又 (刑)
法志 繫亦作追 (詩) 追 其謂之追天之未陰雨 (舜典) 秦皇威清海 岱 云
(舜典) 玳 瑁 戴 (作代切) (易) 大車以 (詩) 上天之 (記) 地無私 四戴 弟乘 隨山 水乘舟
(孟) 白葛 始也 (國語) 大史司 糾虔天刑 刊木
陸乘車泥乘輴山乘樏 輴 丑倫反 漢書作橇 立妖反又音蕝 以板 坤載 厚德
置泥上形如木箕 一樏 力追反 (史記) 作橋 (漢書) 作梮 九足反 (益稷)
載物 帝載 (典) 熙 之 (舜) 賡載 乃 歌書 續也 成也 繼歌 車載 吳趙咨
(坤) 載事也 以成其文 諸生 筆纜橫 (宋) 曰如臣
之比 斗量 詳車 輛 (國) 載 而歸 (國語) 稛 群 束 載 矣 (僖二十三) 厲兵秣馬 同
連 拾遺 平斗量 詳脫 稛 事 上坤上 音東也
載 蜀費禕 丞相亮南征還群寮逢迎亮特命 (剡) 倒載 日夕
禕 (史) 賀循入洛張華使 (史) 接籬 詳池山簡事 倒著白 後車

載命彼丨丨謂之丨丨之(綿蠻詩)戎狄依巨艦制度如府署謂之丨丨
載又西伯獵遇太公載與俱歸　和州載丨李珽以爲緩急不可動既而敗沒
(晉)(紀)老者同載　斉子奇所與同載者白首必能理東阿詳決　地不能載　柏玄纂位入宮其衆怨隨殺　仲文曰惡德深厚丨丨丨丨
(史)緈天丨(書)作載也唐書穉再(二十一)書至于丨至于二盤庚(左)文王伐崇丨駕而降(國)魏諡傳時雖丨得(左)二之謂甚其可丨乎
○塞　先代切(宣紀)匈奴欸五原丨　雁塞　梁伯縣界有丨丨山有池鴈穫集之故名　此紫塞　秦築長城土色丨丨漢丨亦然(古今注)
一云鴈門草皆紫色故名丨丨　榆塞　秦却匈奴樹榆爲丨(史記)　四塞　蕃服在丨丨告至(記明堂位)夷服鎮服　方爲蔽丨者又取句雲中
塞　漢魏尚爲丨丨守匈奴不敢入雲中丨(史)　簺　○行棊相塞曰丨即格五棊也五見五　烏曹作博謂博盡閑塞之道得周通之路(博簺)
遊(莊)丨丨以西河簺　(隋)乞伏慧封丨丨郡公領潭桂二州總管見以丨(史)公丨　捕魚者買放之百姓美之號其處爲丨丨　僿　无悃誠
賽　報也(郊祀)丨祠　○貸　他代切施也借也孟又稱丨而益之丨(漢)春和議賑丨　金貸　(莊)周貸粟於監河侯曰以丨汝詳
粟　子貸(貨殖傳)丨丨金錢　態　交態　一貧一富乃知丨丨　寺客　詩態　君丨多丨度　靄靄春空雲　各有態　短長肥瘦丨丨
(漢)丨狂奴故態　嚴光與侯霸書曰懷仁輔義天子悅阿諛順旨要領絕　霸奏之帝笑曰丨丨丨丨也(史)　李娟張態丨君莫
嫌詳娟張態　有婦人態　李遵勗丨丨丨丨然外柔內勁號欽(漢)詳態　謂蘇鼓也　○欬　苦蓋切逆氣亦作謦(咳記)丨而名之
欬丨況是弟親戚丨於其側詳音　噫咳　在父母舅姑之所不敢噦噫丨丨欠伸跛倚(內則)　慨　感丨忼丨又　嘅　歎也　愾
怒也(左)敵王所丨　鎧　韻見賄　○䯗　古代切斗斛量丨又大丨大率也亦作槩　(禮)聘人用槩注黑漆爲尊以朱帶絡其腹名槩周
節䯗　後朱暉好丨丨之士操介也　風䯗　陳子昂願選有威重丨丨者　○感䯗丨意氣而立　元鎮杜甫墓銘晋也丨丨猶存　感䯗節丨(前郭解)
(傳)(國)氣䯗丨交親丨中(國)　御史米不䯗　唐李畬爲御史得廩米量之三斛有羸畬母問吏吏曰丨丨丨丨也母怒教歸餘米畬乃劾
倉官(活套)勝　剴　切近也(唐書)无丨不丨切當帝心　瀩　漼注又水流声沆丨也　一瀩　沆爲稼於湯世者得丨丨之功雖終歸
於焦爛丨丨者復拈然則丨丨之益不可誣也(選養生論)　掃溉　無斯立瀩日哦其間(韓丞廳記)　對樹二松　器之溉　沆御食於君君賜
餘丨丨丨者不寫其餘皆寫(曲礼)溉謂陶梓之器不溉謂桂竹之器寫者傳已器中　摡　(詩)丨之釜鬵　○礙　五溉切亦作碍
(選)東丨(漢)疑陳遵傳妻上銷反　丨率於纆徽一旦丨丨　從丨水丨丨則通於海君子迷丨丨則通於理(荀君子)　出門有礙　丨丨誰即
謂天地寬(孟郊詩)　○磑　心嶷　磑礙譬如有人自斷其首首已斷故无能斷者則以丨丨自丨諸(下文見米)　(活套)　拘丨乖丨室丨妨丨

僾　(正)前相如傳佗以俗丨(注)彷彿見又不前也　閡　(韻)閉也(前律曆)丨於文　○愛　烏代切(書)克威丨允濟　遺愛　宋璟曰敢向元
遺直子産有丨丨詳直　割愛　濁酒未丨丨(谷)吾甚愛　此句法云竹丨丨丨之臣山谷做　謝憎愛　小山叢桂丨丨丨之謝面突兀丨
丨丨(園)　及烏愛　愛屋丨詳烏　鑑憤愛　楊愿曰梅花日碑先見之明猶擾老牛丨丨之丨詳撲　偃伏之愛　有旦暮丨丨
(晉竹)丨丨丨(杜紗傳)言昭王幼　美容可愛　然丨丨謙五言如初發丨丨(宋顏延之傳)　自香名宜愛　近南宮中
少丨丨戲弄於舅之側丨　○觸愛　十二因緣丨緣受受緣
有異香以美人字曰宜甚愛此丨　愛取取緣有有緣生生緣老死憂
因丨山谷易名曰意可互見可
悲若　舞愛無愛丨丨人從愛生愛丨丨則(活套)況丨兼　藹　韻見泰　靄　韻見泰　靉
惱　(真誥)互見愛　(活套)丨悼丨
(叙錄)薆　草木盛兒又(相如賦)丨暗丨苾茀注香氣　曖　暗丨　(活套)紛丨塵士丨丨　○澮　胡(聚)切音與害同詳卦韻　○
耐　奴代切忍也又(記)聖人丨以天下爲一家音能又有罪者剃其頰毛曰丨(漢高紀)丨以上請之注丨亦作耏音而亦作丨注乃代切輕刑之
名亦　大耐　宋朝向文簡除右僕射上謂李昌武曰敏中丨甚喜賓客必多賀　作能　武往見門无一人廚中亦寂无一人具以對上笑曰敏中丨丨官
(歐)(國)寒暑耐　胡貊之人其性耐寒楊粵之人其　鼐　鼎之大者又賄韻　○戴　都代切(國)
(行)(豪)而性耐丨(晁錯傳)字本作能義同

須白者不負丨(書禹謨)衆非元后何戴　重戴　趙宋兩省郎並出入丨丨制亦然王內翰謝表云頭有丨丨兩
丨丨巨鼇丨山詳山丨星出入詳星
身被朝章(唐)　丨丨大戴　帽也　訪戴丨丨詳雪　王猷雪夜　大小戴　前戴德字延君爲信都太付戴聖
右著名刪礼記號丨(姓氏)字次君以博士論石渠皆受礼於
丨丨之李(孟郊傳)　饒国徽音宋丨公後以謚爲姓宋大夫丨惡　字叔仲習易書經尊席詳席　(戴良)字叔鸞父子高
食客常三四百人語曰關中大豪丨子高後　練裳竹笥　詳笥　(戴逵)字安道
琴書自娛累徵不至。破琴詳琴　(戴溪)了了令史詳了　(戴胄)唐人金蘭
灊詳濤　(戴冑)唐太宗曰太理人命所係胄清直御命爲少卿　(戴)逵尚書左丞
(安國)冑之子　右僕射父子相繼世詫其榮　至公經略使威名
流聞清明亡恕所至稱最　(戴叔倫)春至牛者　(戴侯亡)　幟　事詳熟　丨不曉　○賚　代洛
字式之號石屏工詩父敏才號東皐子亦工詩
切見　萊　草丨　徠　勞丨詩　睞　傍視又眄丨　○菜　食代反　叢光曰賚丨　予求益也詳益　章固堅賣丨文詳纏
泰韻　作來
人日蘸菜七　釋菜　立辛丨丨(文王世子)仲春上丁命樂正習舞丨丨　○舍采與丨丨同音(月令)合
種丨作菜　菜合舞(礼大胥)舞者皆持芬香之菜
義菜蠶蔡屬　○釋陳　巢菜　蜀菜一名漂搖草又名野蠶豆東坡云菜之美者
設也又持也散也　吾鄉之巢故人元脩嗜之子亦嗜之元脩云使孔
北海見當復云吾家菜耶因請元　鮭菜　自愧元丨丨(歷)上戶皆　挑菜　(范)丨
脩菜種之東坡下(版詩注)互見巢　反胃人以魚爲丨丨　丨傷指

大嘷曰身体髮膚不敢毀傷（孝經）盛与毀甚相齊折卷第一人乃齋斉也（東斉遺事）
畫菜山谷題丨丨丨云不可使士大夫不知此味不可使天下之民有此色
蔓菜宋真宗繁士丨殺下丨甚
諸葛菜亮所止必令種蔓菁（蘆菁）蜀人因呼為丨丨丨
元脩菜見巢菜下 合
歡菜番禺有菜四葉相對夜合昼開名丨丨丨（雜記）
思蒓菜張翰詳孤
三千品菜宋宇種菜丨丨丨之後披行（園庸）曰天蓏丨時雨
此徒助吾鼎（祖陵章記）
郡守食菜後魏裴俠為丨丨惟丨（啟麥曾）
居常食菜丨丨（因）崔瑗好客盛脩肴饌美而已（後書）
待客惟菜步涉衛旌獻瓜於焦征羌乂乂自專大案肴饌坐所捷於牖外惟菜茹而已旌不能食所致飽而去詳瓜
北斉盧叔彪留嬿收食但有菜食葵菜（史）盧懷慎病宋璟候之設食蒸豆兩器菜數杯而已（因）
惟食老菜有生意丨丨丨
育江泌菜不食心（因）以待友蕪菜
閔仲叔与周黨相友黨每過仲叔菩毀蔽飲水亦死菜茹（東雜記）
園人賣菜柳元景為尚書令守得多三万送宅元景曰菜以供啖亦復奪百姓利邪以錢乞守園者（宋史）
家官也同地為丨同官為僚（天詩）
采臣食邑又賄勺
○在昨代切語祭常神如神丨
在（神曰）丨丨丨（商頌）詳經
好在丨丨李使君（杜天詩）
自在（淮南）丨丨（國）
無乃病乎形人
平在易（園）丨丨
朔丨丨
豹隱南山霧（國）
祭法在（莊）丨吏祀法（禮）
丨丨王庭（史）
雅意在（蕭望之）丨丨
本朝（困）
真營在皮毛剝落
也丨丨詳吏（簡）在（園）
丨丨帝心
丨丨冬惟一丨

丨丨舌尚在張儀曰吾丨丨足矣詳壁
歎不在昨日春風丨丨丨丨就
吾兩人在（藺相如）曰秦不敢加兵於趙者徒以吾兩人在（史）
丨丨丨也（因）言徵不言在一名不偏諱孔子之母名徵在（活套）
丨丨言在不丨丨言徵丨丨丨（記）
年蚘
（人名）（漢曹参）居山不老不知其名因号李常在（列仙傳）
裁制也（公羊）丨
諸（國）丨獨持
清裁范滂丨（國）
品裁唐楊綰丨丨精允（困）
載舟車丨物（詩）
不輸尔丨
討裁（漢書）丨以丨丨
風裁（虞房玄齡傳）丨丨
○廢方肺切（語）道之中道而丨（國）
丨記平塗而丨
起廢東方朔（李）
薦者相与出瓊浮薦以為師病額之駒他有師道者悉以故土丹孝郡
詩小雅尽丨丨
无以為乘敗成曰病額駒大
而不庇可秣飾骨（胀膿）（徵帶）
柔廢太丨則丨詳折
為吏太剛則折千人廢丨皆丨項王意烏猝嗟（因經）廢不
收曹參廢孟郊為尉丨丨
多丨詳孝
依吏便廢稽康云游上澤觀魚鳥心甚樂之一行丨丨此事丨丨詳吏
詩有二廢
也
釋般若講丨丨丨丨欲廢巧尚直而神思不
得直欲廢言尚意而曲曖不得遺詩流（獎揃）
不忌四廢宋武帝時司馬休之加須南蠻校尉將拜
選四廢日佐吏
廢疾痼
○肺丨方廢切強笑語出丨丨肝相示詳肝
地肺金陵者洞庭之膏腴其地
肥良水至則淨○
白往日不許
丨丨山
徐肺徐晦嗜酒沈傳師善餐楊嗣復云
丨丨家丨沈家脾真安穩邪（國史補）
膺肺唐封倫善矯飾人莫探其
凶膽隱

丨丨瘦肺有人欲杀過量吐出狀如牛肺客云此解二丨詳杀
花露潤肺貴妃宿酒初消多苦肺熱凌晨傍花枝口吸丨丨丨（因）
（宝遺）
玉魚潤肺貴妃苦熱肺渴含二丨丨籍其凉津沃肺（同上）
柿削木札楼也陳楚謂之札柿
削柿周世宗修永福殿帝
（周書）見役徒有丨丨寫七
敵江流肺平太守吳彥取流肺呈孫晧曰此晉有攻吳
尾中啄飯者大怒
之計
風吹削柿後楊由善占候丨丨丨丨
王濬謀伐吳造船於蜀木柿丨丨而下建
辣旋以問由由曰當有萬木实者
韵會云後方術楊方傳風吹
（王）札肺
○穢於廢切（匡君德之）丨五官掾献橘（史記）
通作歲（李尋）
形穢王濟衛玠之舅也每見
丨丨丨（傳）（冶勝）（蜀漢）
丨（司馬相傳）
身穢處丨
珍輒曰珠玉在側覺我
（晋史）無穢（庫傳）田草也
不治（禮）
行穢淇楊揮書材
臧穢後鍾會意時張松坐睚伏法
丨丨丨
朽丨丨（困）
具穢資物詔班群臣意得珠璣悉
以悉地曰此丨丨之宝誠不
蔑穢郗詵曰錢本糞土故
敢拜乃賜庫錢三十万（史）
得錢而丨丨詳糞
君有何穢而居穢里
詳翔鼓解穢明皇所著曰速召花奴將
漫穢（漢書）湛恩汪丨（相）丨莊水穢流也
（劉鼓錄）
里丨丨來為我丨丨
（晋書）（國）
○吠
狺吠切（國）雞鳴狗丨犬不以
搏吠吉丨丨與李紳端州（因）
唐張又新為宰相李逢
群吠邑犬丨丨吠所怪也
善吠為良人不以善言為賢
丨丨
百吠丨犬吠形丨丨丨堯犬
丨丨王侯之門
百犬吠声
桀犬吠（國）吠非其主
越犬吠雪蜀犬
（師）
狂吠狌犴（乞丐文）

吠日
花村吠月明无犬
詳犬
吠徐勉為侍中數句一
丨丨群丨鷲丨詳犬
入閭犬吠晝丨內丨寫丨所丨因撫掌大笑（史）
畜狗
杞狗吠或夜丨（國）互見犬
蛤初吠稙寮初吠蛤詳蛤
還家犬
求吠魏宋游道奏駁尚書過失數百條高陸之誣游道罪當死楊愔曰
丨丨丨丨丨令以數吠殺之恐死復吠狗游道竟坐除名（北斉紀）
丨丨丨丨
○喙許穢切
草盛兌
虎喙楊雄號曰忍百万之師
以攫餓丨之丨（國故）
鳥喙蘇秦說斉王曰飢人不
食丨丨者為其充腹而
与餓死同患也（史記）
伐
鳥喙范蠡遺大夫種書曰越王長頸
鳥頭一名丨丨（本草）
可与共患難不可与共宴樂（史）
鼻陷丨丨
陋喙丨丨
（圖）
黔喙良為丨丨
大喙曰
三尺喙仲尼曰丘有
喙丨丨（國語）
地喙孰觀丨丨乎深泉之涯孰指天
丨之屬（說卦）
亢乎巨海之窟（風雅海潮）
丘（因）
死鬼陸餘慶說事
則喙長三尺詳判
髯繞喙梁鮑泉征長沙不克元帝責之曰丨丨似蝟毛徒勞丨丨
（因）
蛙社鷸喙川丨出曝
鷸喙其肉
蜂合而丨吐丨丨不丨
其喙詳蚌
（活套）
容丨丨
喙喙鷦丨困極也通作
喙詩雖其丨矣
崴顛顯下
齒毛
○叉魚肺切
傍招後丨丨
通作叉
（人名）
（陸）此斉人語曰
五經无對有陸乂
刈亦作艾
賈誼策若丨丨
草管庭療
詩夜未艾
（孟）
詭命非賢不丨
（國）
有私淑艾者注治也
（詩臣工）
得乂兩音○刈
鏟鑆丨（國）
刈艾丨匃奴所丨
（匈奴傳）
懲丨亦
作艾
奄觀丨丨
詳稻
音窒禾鎌艾收禾也
戒邪之稻
忍忿
作艾

十二震 與㨋同用

震 章刃切〔易〕丨索得男謂 索刈倚雷丨失匕箸 載震丨丨 載夙〔詩〕 本作娠詩夙 出乎震萬物 齊乎巽〔說卦〕 丨丨丨書地震
春秋丨丨丨五〔昆〕九震 刊六昭十九廿二哀三 〔卦名〕 三三洊雷丨君子以恐懼修省 後笑言啞啞 吉六二丨來厲億喪貝躋于九陵 初九丨來虩虩
勿逐七日得六三丨蘇蘇丨行无眚九四丨遂泥六五丨往來厲億无 喪有事上六丨索索視矍矍征凶丨不于其躬于其鄰无咎婚媾有言〔人名〕
〔揚丨〕閔 西夫子 賑 贍也通作振〔漢紀〕 識丨貸 易丨民 閔兔賑後韓部為高長餘縣以危流入縣界 貝者甚撥部丨丨丨之曰長活備盤之
人以此伏罪含笑入地矣〔史〕 侲 童 侲子 振〔書〕班師丨旅〔中庸〕 河海而不洩 振我也 玉振金聲而丨之〔孟〕 董振辱使丨丨
擇之〔左〕董 正振整也 屋无振安丨丨皆丨〔史記〕 秦軍鼓譟勒兵武 ○信 息晉切〔易〕丨及豚魚〔中孚〕 原示丨〔僖廿七〕〔史〕徙木示丨 〔左〕伐
宿信 再丨為 花信二十四番丨丨 風 詳風 霜信 北方白鴈似鴈而小至則霜降謂之丨丨 杜詩故國霜前白鴈來筆談 轉
信 漢律諸當乘傳者皆持尺五木丨丨 詳封上 兩行書繒帛分持其一出入關合之乃得過謂之轉也或用木為之 張丞切驛騎也 丨丨者 五[illegible]
信 宋朝張忠定公曰只此一丨不信丨丨方做得成〔語錄〕 〔人名〕〔譯丨紀丨〕 魏人擊黃巾力戰死 許斎〔獨丨〕 訊 問也告也〔詩〕 歌以丨之 執

訊 丨丨獲醜〔詩〕訊者敵人之長可訊問者〔醜衆也〕 ○ 三訊 司刺一訊群臣二訊群吏三訊万民
訊 鄭子家使丨丨與之書〔左〕通訊問之官〔文十七〕
詩 丨丨其羽〔詩〕本 振訊 童兒丨丨兩肩而 躍 復問訊之兄弟見超〔語〕 鄧超字君賓王猷
剌 奮訊 依雀鳥張羽也〔家語〕卞政篇 道 甫問訊 南壽禹穴見李白丨 超兄弟見超父稽
常 丨丨丨 超死見惜慢怠郤 公歎曰嘉賓不死鼠輩敢尔〔史〕 丨丨丨今何如〔世說〕 迅 丨雷 疾也〔語〕
汎 灑也 ○刃 而振切〔禮〕兵不血丨 〔儀丞〕庖丁解十牛而刀丨若新 詳牛 芒刃 暑牛垣一朝解十二牛丨丨 不頓者 排擊割皆中 九十年 游刃丨丨
理解也至於髖髀之 所非斤則斧〔賈誼〕 礪刃 唐南詔獻鐸鞘浪劍 可成傷入即死浪人所鑄故亦名浪劍 丨丨〔史〕 恢
乎其於丨丨有 餘地矣〔莊養生〕 迎刃 譬如破竹丨丨 而解 詳竹 白刃 空拳冒丨丨 可蹈〔中庸〕 士振〔李陵傳〕 還鉏刃 後魏道 環買鉏
高之不受瑕命妻之而去〔史〕 刃剩得六鉏即命送丨刃主 不禁兵刃 吳賀齊討賊 丨善禁官軍刀劍丨得 拔射矢皆還自向齊曰吾聞兵有刃
者可丨丨丨者皆不可禁乃 ○智刃 月故頭陀碑〔選〕 丨丨所遊日新 仞 八尺 通作 軔 九
依勁木白棒擊殺万計〔史〕 為山丨丨 夫子之牆丨丨〔論〕 〔孟〕 掘井九軔
仞 丨焚麥數仞〔張堂高〕丨丨〔孟〕 千仞 鳳凰翔於丨丨之丘〔賈誼傳〕 丨丨 步仞 六尺曰丨七尺曰〔莊庚桑〕
壁立萬仞 唐張說與徐堅論〔冨嘉謨文章〕如孤峰絕岸丨丨丨丨〔王勃傳〕 訒 頓躓也又難言也語其言也丨 韌 痛也〔詩〕

魚 充牣 環幣丨〔國〕 儲牣 賦物丨丨〔李德裕傳〕 認 錯認 唐郭熙識認顏據鳥公取冠
顏標 作舅公 誤認 阮郎〔古今〕 陶潛作 妻認 王延人丨丨 延之 辭憤 延牛 繆認 草茂有人認工馬 多士語曰主司頭腦太冬烘丨
〔詩〕體丨 識丨 靭 堅柔也 通作刃〔詩〕在 軔 礙車輪木 木動者而發行 知其丨 解與之 辭馬 又
同 殺軔 新豐 華芽柔木在柔刃之木 中〔顏傳〕 頭丨車上揠井九丨與
〔左〕 在年馬胃曰 丨丨〔孩京〕〔後漢傳〕 紖 牽車 靷 羊進切 繫牛馬具 陰靷 丨丨 靷上飾也 詳靭 丨丨〔係靭〕 靷鞅靭
象人牽 使轎且丨丨 紖 牽 紉 縫也 又〔國〕 名〔書〕丨征 ○ 吝 良刃切〔易〕 小丨丨〔易〕 吉凶悔丨 孺子孺之終丨丨
內之丨丨〔書〕 改過不丨〔系辭〕 出 鄙吝 陳蕃曰時月之間不見叔度 鄙丨之心復萌 慳吝 賀知章語黃 叔度 〔度〕 則丨丨
術遺一大珠老人以珠易餅與之 心念宝珠 〔晉〕 鄙吝 後孫 丨丨 性丨 梁
何以易餅老人曰丨丨何由成〔鄙〕 冨吝 冨而 吝 畢道 學乘從五千
萬奮以三千万與之異大怒謁告意死於獄 藺 〔晉〕〔梁〕 古 基藺司馬
沒貲財遺七千餘万〔史〕 度數丨丨性丨丨 詳藺 注城上雷石 長卿
丨丨相如為人 慕藺 鄭安仁西征賦 拔命 後魏亦朱兆謀入洛丨
亦名相如〔史〕 丨丨相如也 冒 馬藺 登一高 丨丨丨手至
无不及出故光謂必克 〔人名〕 晉韓厥支孫食采於丨因氏
〔國〕馬〔漢〕 完屬可為帚 〔民〕 韓事詳韓 與廉頗為刎頸交 〔丨〕 [illegible]〔子〕 仕趙 全 仕晉為并

州 剌米升車踐轅也亦作 躪 〔蘭〕史記 權兜丨鹿〔詩箋〕 蹸 〔韓〕丨丨也 燐 水流石間 鬼火 久血 瞵 嶙 磷 丨丨丨不也〔論〕 詳目 睛
史 〔馬〕鄙 丨鄙 丨鄙視 遴 謹選 〔人名〕大守 〔丨丨〕 齊賢 遴 選也 悋 鄙丨 亦作 〔遴〕 无色憐之心 〔列〕 奔仁義 羴 為丨 又陳
〔左〕王恩爐火論 ○ 擯 必刃切 通作 賓〔例〕 亦作 擯 丨入詔禮 並接賓曰
國謂之丨丨 〔法言〕 野 丨 擯 而賓 礼樂 君召使丨 本作儐 鄉為上擯 大夫為承擯
曰相 又賓副曰介主副曰丨 又陳也〔詩〕丨 〔儀禮〕 使出
亦謂豆 通作擯 亦作賓〔荘子〕 賓者以告 紹擯 士為丨丨
擯 使擯丨君召丨〔論〕 承擯 上擯 見〔漢〕蘇武使匈奴還擯丨 尽白 韋曄 魏
者 上擯 丨丨 如丨 寶收巧笑以姤 錦絲作 紫 王白 晉王 鬢 髮處之
帝最寵者四人莫殊舊鬢丨丨 一時推絕〔古今〕〔世〕
粉拂面請尚衣能歌舞辯丨丨著為衣囊丨丨
年二十鬚髮皓白 李林甫晉郭平鬢白 良工 欲 〔紅〕 包賀詩 縛 丨丨
人謂丨丨丨丨〔國〕 美果驚丨 一夕鬢黑 丨丨 風動 水推 〔晉〕
〔高〕殯 〔記〕夏后氏丨於阼階商人丨於兩楹之間周人丨於賓階〔禮〕 公孫夏命其徒歌 丨丨 袁 〔晉〕
山松 每醉歌行路難曲〔史〕 丨丨 〔漢〕 挽歌曲也 道上行殯 晉
人謂山松丨丨丨丨〔晉〕 聽者流涕 ○ 陣 直刃切 亦作陳〔語〕衛靈公問 八陣
孔明丨丨 五見雅 丨〔谷〕 〔婦〕 善師者不丨〔冊〕
畵〔詩〕書 三陣 見天 筆陣 丨丨 右軍云丨者丨也 筆者刀楯也 墨
陣 下筆陣 千人軍〔國〕 繖掃 紙陣 者兵甲也 水硯者城池也 心意者

將軍也　肉陣楊国忠選婢妾肥大者於前後風謂之丨丨〔遺事〕　鴈陣丨丨〔滕王閣記〕　陷陣隋楊素每對陣先令百人赴敵
丨丨不能陷惡斬之〔史〕　蟻陣丨丨成敗白　魚麗陣為丨丨之後伍〻承彌縫〔左〕　丨丨先偏　背水陣韓信擊趙令万人丨丨而〔史〕
傅山陣唐李光弼与史思明戦丨丨北邙使丨丨僕固懷恩陣諸陣遂潰〔史〕　六花陣宋神宗曰李靖造丨丨大抵八陣即九軍方陣也
丨丨丨即七軍圖陣也〔紀事本末〕　風流陣明皇酒酣使妃子統宮使百餘人帝統小中貴百餘人排两陣目為丨丨巧擊相縛敗者罰巨觥
〔天寶遺事〕　無行陣李廣行軍丨丨部曲丨丨〔史〕　堂堂陣毋邀正〻之旗毋擊丨丨之丨〔孫子〕　水陣火陣北齊許遵言後〻之役遵曰
賊為丨丨我為丨丨彼必敗果然〔史〕　天陣人陣唐貞半千曰兵家有三陣星宿孤虛丨丨向背也陣倚伍彌縫丨丨山川臣謂不然師以義出
沛若時雨得天之時為丨丨足食約費且耕且戦得地之利為地陣率三軍士如弟子得父兄得人之和為丨丨帝曰善〔史〕　晦日壓陣甲午
楚晨壓晉軍而陣軍吏患之不違丨我必克之〔成十六〕　○慎時刃切古作昚　執慎蜀来敏後主時數遭毀側後以為執慎將軍欲
令以官重自警也〔史〕　養性自慎唐孫思邈曰丨丨必先丨丨慎以畏為本〔史〕　〔地理〕前武紀海外肅〻莫不來賀〔書〕丨厥身脩　〔人名〕
〔?〕有儁才住青楊巷詳楊〔?〕伴食宰相　〔姓氏〕戦国時丨到韓大夫務刑名李撰四十二篇韓秋之晉有〔?〕為東陽太守〔?〕錢為国

韵玉三十四　拾六

子博士〔?氏〕夫山詩詳山　○燼徐刃切〔孝經〕燼丨之余　餘燼收拾丨丨背城借一〔成二〕　秦燼丨丨〔?〕青簡讀書燼
燼後周呂思之為著作郎昼理政燼事夜卽丨丨夜有數升〔史〕　偽為洛燼後周韋孝寬為南兗州刺史時燼東魏楊州刺史牛道恒扇誘边
人孝寬患之乃丨作道恒与孝寬書論歸款意火下書者還令送於敵營燼果疑道恒故其經略不見用〔史〕丨丨燒迹若　具禍以燼民
有燎丨丨丨丨〔?〕曰燹言被兵害者属也〔?〕灰餘　○賮贈行曰丨本作費〔孟〕行丨者必有丨辭曰餽丨　藎丨草可染又詩王之丨臣注進
也忠愛之篤進〻无已　〔人名〕〔?〕賦詩丨受詔立就〔?史〕乃〻之孫帝登比顏　○憖魚覲切〔說文〕不丨遺一老○注丨者心不欲自能
強之辭〔左文十二年〕兩君之士皆未丨也注缺也　○晉即刃切〔唐書〕李賀為父名丨子不當舉進士　孟晉孟丨以
迨群考辰瞧恐其不棄注孟勉晉進也〔?〕幽通〔?〕　不知漢晉桃源人丨丨有丨及丨詳抑　古秦今晉世上空知有丨山中豈
料丨為〔?〕　〔卦名〕三三明出地上丨君子以自昭明德初六丨如丨〔?〕裕无咎六二丨如愁如貞吉受兹介福于其王母六三衆允悔
亡九四丨如鼫鼠貞厉六五悔亡失得勿恤往吉无不利上九丨其角維用伐邑厉吉无咎貞吝　〔地理〕丨渡丨丨臨晉韓信欲擊魏　〔姓氏〕平陽
微音周武王第三子叔虞封唐二有丨水因改名丨左傳邘丨應韓武之穆也以国為姓魏丨鄙啵道　搢挿也通作縉〔?〕紳〻者揷笏道

比皆揷笏於紳　縉帛赤色又丨雲氏　瑨石美　進〔語〕先丨後丨与其丨也〔同上〕潔己以丨唐丨也丨　精進晉何〔?〕信佛法
文惠太子曰卿丨丨何如詳肉　長進王長史与劉真長別後相見曰卿更丨丨〔世說〕　勸進義康曰謝述勸吾退劉湛勸吾丨述亡湛存吾所以
得罪也　悼進陳遵父遂宣帝微時与丨弈數負丨及即位遂至太原守璽書詳退曰官尊禄厚可償丨丨矣　進賂進財也負進者遂負所進
之財也償丨　主進呂公善沛令避仇從之豪吏聞令有重客皆往賀蕭何為察私資也主吏丨丨令曰進不滿千錢坐之堂下高祖紿曰賀錢万
实不持一分謁入呂公大京起迎之門〔漢高祖紀〕下文　負進見上　三進土會丨丨見帛○丨所丨財多寡之數或育進為睽张〔字林〕及霤〔宣二〕
〔?〕進丨一丨丨吾進也〔?〕　着帽進相温詣謝安二方理髮使取憶温曰令司馬丨丨〔?〕詳帽　吾文頓進唐杜正倫工属文童
思恭曰与杜公評文　隨牒平進後周刘璠欲立功城不樂丨丨丨〔史〕　逡巡一姬進郢都曰一姬今日竟丨丨丨〔史〕復丨死丨丨
詳〔人名〕周伸因師獲印　○釁許覲切祭用牲血塗其隙所以厭蛮輕也又云器有亂丨隙以血塗之礼天府上春丨宝鎮及宝器
〔賈誼傳〕丨面吞炭注塗面以易貌　周礼女巫丨浴謂以香薰沐浴〔孟〕將以丨鍾〔左〕丨鼓〔左〕觀丨而動本作釁　釁隙隙觼也通作舋　○鎮
陟刃切唐有端丨　四鎮揚州會稽青州沂山幽州醫无閭冀州霍山皆山之重大者為丨丨〔周礼注〕　坐鎮雅俗〔史〕謝安丨丨　老安

韵玉三十五　拾七

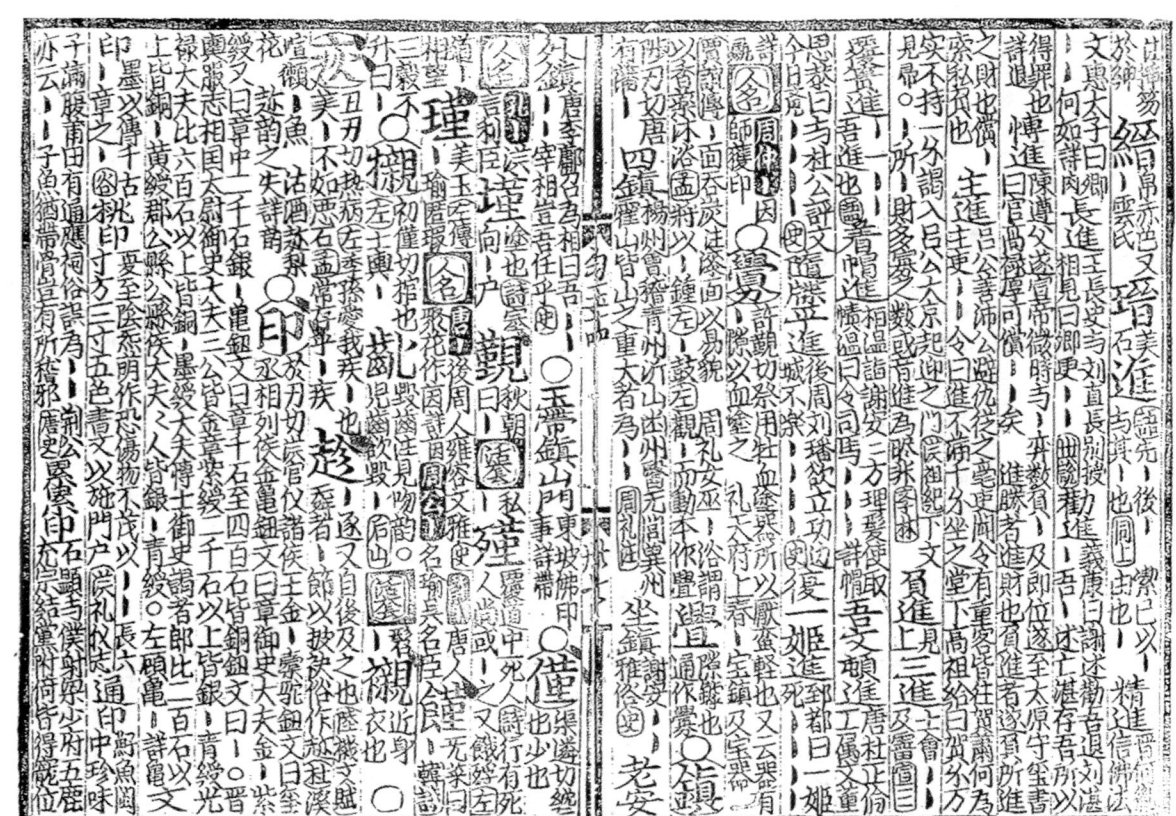

外鎮唐李鄘召為相曰吾丨丨多鎮丨丨守相豈吾任乎〔史〕　○玉帶鎮山門東坡佛印事詳帶　○僅渠遴切纔也少也
〔人名〕〔孔僅〕言利臣　瑾塗也〔詩〕向丨户　覲秋朝曰丨〔?〕　穹窒〔?〕　殣道中死人〔詩〕行有死人尚或丨之又餓死〔左〕
瑨相望　瑾美玉〔左傳〕瑜匿瑕　〔人名〕〔唐〕後周人雍容文雅〔史〕聚花作因詳因〔周〕名瑜兵名臣　饉〔爾雅〕唐人丨无菜曰丨〔韓詩〕
三穀不丨曰丨　○櫬初僅切梧也〔左〕士輿丨　齔毀齒注見吻韻○兒齒欲毀丨〔后山〕　〔?〕襯親近身衣也　○
〔?〕美丨　疢丑刃切熱病〔左〕季孫愛我疾丨也不如惡石〔孟〕常存乎疢丨疾　趁丨逐又自後及之也〔歷〕趁者丨節以披袂俗作趂〔杜〕溪
暄覷丨魚　沽酒趁梨花　趁韻之失詳韻　○印於刃切〔?〕官儀諸侯王金丨橐駝鈕文曰璽丞相列侯金龜鈕文曰章御史大夫金丨紫
綬又曰章中二千石銀丨龜鈕文曰章千石至四百石皆銅鈕文曰丨○晉輿服志相国太尉御史大夫三公皆金章紫綬二千石以上皆銀丨青綬光
禄大夫比六百石以上皆銅丨墨綬大夫侍士御史謁者郎比二百石以上皆銅丨黃綬郡公縣公縣侯大夫之人皆銀丨青綬○左顧龜丨詳龜文
印丨章之丨〔?〕　桃印墨以傳千古丨丨夏至陰氣萌作恐傷物不茂以丨丨長六寸方三寸五色書文以施門户〔漢礼儀志〕　通印鄧魚閭印中珍味
子滿腹甫田有通應祠俗誤為丨丨荊公亦云丨丨子魚猶帶骨豈有所稽邪〔唐史〕　累累印石顯与僕射牢梁少府五鹿充宗結黨附倚皆得寵位

民歌曰牢邪石邪五鹿客友 周顗曰今年殺諸賊奴取 唐段秀
邪印何丨丨綬若若邪國纍府印 金印如斗大丨丨後肘 倒用印 實會朱
泚亂竊取姚令言印不 馬六印 細看六印帶官字 杜預 馬衍 謂飛字
蕿乃丨丨司農丨健兵 印龍形印印於丨之膊髀九丨丨也 刻印銷
印 鄧食其謀立六国後以橈楚權 漢王曰善趣丨丨 云張良曰誰為陛下
畫此計者陛下事去矣 漢王輟食吐哺曰竪儒幾敗乃公事令趣丨丨
佩六國印 蘇秦憔悴而歸妻不下機嫂不為炊及為秦相丨丨丨丨歸兄弟
妻嫂不敢視秦秦笑曰何前倨而後恭也嫂謝曰見季子位高金
多 高祖以御史大夫印丨之熟
也佩四將印 唐王忠嗣制万里近古未有史 丨丨丨丨 控 弄御史印 視趙堯曰此印无以易堯者
遂拜 懷太守印 朱買臣拜會稽太守 夫中書印 裴度守中書丨印 度自如左右
之 丨其印綬入郡 詐章 白於故処得之 云云 度曰此
吏人盜印書券亦急則投諸水 擢石得印 金丨 張顥丨丨丨 因師獲印 受李於周
火緩則復還故処人服其雅量 丨丨謂護 古玉印 敕瑩丨之曰此丨 養
福後以福為尚書語 後魏祖瑩播得古玉印 曰此丨
曰丨丨丨 周仲進辨子闥印 丨国晉太康中所獻果然時称博物 史 馮翊
生四印 我提丨丨之丨丨丨 君家所有吏贈君百戰百勝不如一忍万 姓氏
言万當不如一默况可揀擇眼界平不藏秋毫心地直 容
角音鄭穆公子印之後 字子石鄭大夫鄭伯如晉趙孟稱甚敬而礼 ○
畢先箕者 字子柳鄭六卿餞韓宣子於郊子柳賦蘀兮 昭十六

親 七刃切 左 無人工 ○ 諄 朱閏切 告丁寧也 左傳 丨丨若八九十
商各有分丨兩音 東得也 諄口者詞誨亦丨丨 荀子死取口丨
純 緣也 ○ 峻 私閏切 書 宇雕牆 性峻 後許劭陳蕃喪美劭獨不往曰仲
文峻丨閎嶮丨 史 通作駿 詩 駿極于天 峻則少通故不造也 史
平吳 晉 丨 開 浚 名詞在丨之下 書 丨明 須也 濬川 丨 哲文明 趾 人名 晉八
一知二詩陂 駿 疾速也 詩 丨發 杼也取也 左 丨我以生又邑 書 丨畎澮距 王丨
切行亦也 司馬法 私又丨奔走在廟 恂 嚴慄皃 大 丨慄也 鵔 冠名 丨鸃 徇 閏 辭
行志車裂以丨 斬以丨謂且斬且行以令衆 ○ 以丁公丨軍中 前五 殉
以人從死 檀弓 不殆於用 丨又烝師 宣令也 書 以木鐸丨于路 僖 延 又王乃丨師 子俊切 蘇
身丨道以道丨身 又求也 書 敢有丨於貨色 孟 以 法苓 丨名 俊 繚 傳 万人
之秀曰丨 通作峻 大學 克明峻德 亦作畯 史記 兩俊 世有丨丨白楊何晏 二
宋世家畯民用章 亦作儁 九師得儁曰克 青楊謝賁 唐本傳
俊丨丨 張華曰伐吳之役利獲 三俊 書 三宅 丨 四儁 唐張嘉貞為中書令所薦四
丨 國 謂陸機兄弟 立政 人皆位清要語曰令君丨丨
苗呂崔員 五儁 晉薛兼 紀瞻 顧榮 八俊 後黨錮 李膺荀昱杜密王暢劉 寔
史 員去声 閔鴻 賀循号丨丨 圖 祐魏朗趙典朱㝢為丨丨 陸
儁 冠羊壽用 伯瑕曰壺何為号其 性烈才儁 嵇康見孫登登曰君丨 神
丨丨 詳 薄中儁以丨丨也 昭十二 丨丨丨其能免乎 史

峯大儁 晉王隱謂兄衍曰兄形 餕 熟食又食餘曰丨又食人之餘曰丨 記 丨餘不祭 畯 田畯
似道但丨丨丨丨 史
至喜 詩 田大夫即嗇夫也六遂之長高 寒畯 鄭熏奉引丨丨 士類 睃 早也 明也 丨
者為大夫卑者為士 喜農田之俊者 多之 ○ 畯本作儁 天下稱丨丨 馬
䮛 駿 選 魏都賦 冀北 八駿 穆王欲使車轍馬跡遍行天下 乘 廣記 驊騮騄駬赤驥
兎 慎 慎而駔駿 丨為右造父為御
白兎 撓渠黃騧 盜驪山子 ○ 一云赤驥 牛駿 何偃 戀疾 丨丨 神智駿 唐德宗
盜驪 白義 渠黃 驊騮 騧 山子 綠耳 駁精亦詳 逸 馬二馬曰
丨丨丨曰如 老猶駿 丨丨 梁元徐妃 百子駿 司馬光曰安得丨丨丨 布之馬
意驄 杜陽編 唐李懷遠位宰相 乘款段馬 天下平詳于姓 謂鮮于侁也
不願駿 曰吾幸其駟不願它駿 史 按 圖 索駿 世之嘉駿者不求之馬而以
駿也 冊 八 辭閏切 班 終日視而目不瞚瞚 又 丨是畜之以故終不能有得於
驗 畜 說 瞬 同 王戎視目不丨 選 撫四海於一丨 蕣 草名楚謂蕞為蕣
也 又 人名 侯張嶄殺 蕣木槿亦作舜 謂 董 盂 丨何人
辰丨 詩 丨蕣 顏如丨華 閏 如順切 元命苞 三年一閏
閏 晉伐鄭 十二月癸亥門其三門閏月戊寅濟于陰阪 襄九 杜預云此年死
閏 閏月戊寅是十二月二十日疑閏為門字閏月王為五字月為日字晉攻
鄭門門各五日自癸亥至戊寅九十五日 危閏 黃楊遇閏退一寸 門王為閏
也 ○ 辨丨丨之非 祭陰陰之餘 故云丨丨 詳楊

李氏 作安南守夢人擲玉於門 盜曰丨 潤 入 富丨 身 書 水曰丨
丨閏字也必有榮閏 暴富貴 玉箱雜記 下 語 浸丨之譖 詩 膏丨天下
木潤 玉在山而丨 礎潤 山雲蒸柱 玉潤 晉衛玠妻父樂廣時以 梅潤 綠綺韻
丨丨 搜神記 丨丨 淮南 為婦翁冰清女婿丨丨 低丨雨
國 波潤 幽天漢之 芳潤 文章漱六藝之 飽潤 慈明外丨 叔慈 九里潤 後郭伋
丨丨 文賦 丨丨 張衡傳 内丨 後荀淑傳 守頴川
帝勞曰賢能大守去帝城不遠 順 食閏切 鴻毛遇 理順 怡然丨 委順 生
河潤丨丨 冀京師并蒙福也 本 丨風 賈臣頌 丨 左傳 非
波有是天地之丨和也性命非 百順 福者備也備者 大順 聖人成天下
波有是天地之丨丨也 詳 蜕 丨丨之名 祭統 之丨丨 禮運

韻府羣玉卷之十四

韻府羣玉卷之十五

十三問 與焮同用　去聲

問 云運切【姓】又以訪丨【昭元】【管子】堯有衢室之丨【漢書】文帝丨鬼神又丨錢穀丨史獄詳獄【語】不丨馬 耕當丨奴織當丨婢詳面戴酒丨奇詳酒 天問 楚辭有丨丨 蒿多問 高長曰為我丨丨趙君猶云千万問訊詳声 重問 李鄭曰若丨丨以名之聘問之厚幣【儀士】 問閭者缺焉父丨不丨丨詳声 清問 皇帝丨丨下民【呂刑】 下問 丨不恥【語】 伯問 問况丨丨。經宿【蜀太畧】 不侯 待問 善丨者如撞鐘詳鐘 伴問 齊景公曰東海有棗華而不實何也晏子對云云公曰吾丨丨亦對曰丨丨者亦當伴對詳對 不可問 光武時天下墾田丨丨 吏帝見陳留吏牘上書云潁川弘農丨丨河南南陽丨丨云云河南帝城多近臣南陽帝鄉多近親【東】 死傷不問 丙吉道逢牛喘問之詳牛【人名】【宋之丨】文章詳絕 紊 【書】有條而不丨 抆 拭也 絻 丧冠又袒丨之服 聞 【正言】則入書死等之丨 令聞 望【詩】令丨丨丨 聲聞 天【詩】于丨 仁聞 心丨丨【孟】 汶 【書】浮于丨 在汶上 吾必在丨上矣【語】 豥 汶汶詳豥丨丨則 運 王問切 詳况丨 甕 夔郢人丨斤詳斤 天運 丨丨 穀【渾天儀】 海運 丨丨大鵬則將徙於南溟詳鵬 四運 誰揮鞭策驅丨丨万物與歌皆自然【李】 宣運 丨丨謂丨時丨行 廣運 五星【國語】地東西曰丨南北曰丨廣去声 流馬運 丨丨木牛 丨丨【諸葛亮】 暈 【人名】【魏晃】人詳姓氏 輝 晋丨攻皮治鼓工【周礼】 暈 日月旁氣本作煇周礼眡祲掌十煇謂丨祲二象鐫監闇曹弥叙隮 日暈 丨丨五色【晋天文】 月暈 以芦灰環月缺其一面丨丨亦随而缺詳灰。想也 角暈 左角崇云角中將死是歲天下牛死者十七 燈暈 丨丨夢覔丨生丨生丨【谷】 後魏晁崇為太史令天興五年丨丨【盧伯龍宮詩】 眉暈 丨丨剝省新翻消紅【武后】 蜀中大慈寺壁畫明皇入蜀時亦多死【史】 虎乳丨生丨 未應泣別臉按察十丨齡丨 眉名也【語】 星角暈 詳尖詠月 丨丨丨盈尖 韻 音丨負為丨【呂静】 【集】晏殊該陽休之杜素鄉丨畧隋陸法言唐丨 唐孫愐 單出為声成文為 唐丨全一堂丨例如蜂腰丨杖鼓丨折腰丨之類甚多 強韻 王筠能用丨 越韻 梁史孫王筠善押強韻時人往丨丨詳強句下 趁韻 丨丨有丨丨之失【蔡寬夫詩話】 四聲韻 沈約作文用宮商將平上去入 四聲 丨丨製丨有平頭上尾蜂腰鶴膝之名号永明体。約譔丨丨譜梁武問 周捨何謂丨丨捨曰天子聖哲是【南史】 競病韻 曹景宗賦丨 丨丨詳病 轆轤韻 单出 若单出单入两句换韻双丨 進退韻 前韻少後韻多 倒押韻 丨丨丨如韓愈碧流丨若双出双入四句换丨 丨丨滿瓏玲光景何鮮新 杏花两株能白紅又用 寬韻 窄韻 退之作詩丨丨則泛入旁韻丨丨則因難見巧愈險愈奇【詩話】 次韻 依韻 戲慷荐窗之類甚多

唐人賡和有丨丨用韻丨丨次韻是效其次第前依韻同在此一韻 中亦用韻用彼之韻不必次之如昌黎陸渾山火詩之類【温公詩話】 大韻 小韻 詩病丨丨如声鳴為韻上九字不得用與韻同字 本韻一字外九字中不得與同韻字如遥條同句也【詩苑類格】 丨丨除 御詩四韻 唐白居易丨丨亭云入題丨丨後者罰三盃李刻燭四韻則刻一寸詳鉢 宗楚客謝曰既陪天歡不敢不醉【景龍文館記】又為詩丨丨 賦三十韻 梁謝徵三刻丨詩丨丨丨【史】 詩重用韻 如八仙歌丨丨撒押二而字 舡眼天前韻韓退之庭 古詩如阮籍秋懷押兩 帰字之類 詞疊用韻 如山谷阮郎帰詞丨丨如此甚多丨丨四山字之類 益七征韻 袁宏北征賦益写字韻一句尤勝詳写 不工 有韻 秦少游云子美詩冠古今而无韻者殆不可讀曾子固文名天下而有韻者輒丨丨 歐公落韻 丨丨年十七隨州取解以官不收【東坡】 雙聲疊韻 宋謝莊曰玄護為丨丨磝碻為丨丨 王玄謨問何者為丨丨 捷速如此【史】 李迪落韻 景德中丨丨賈边省試丨丨边以當仁不讓於師論以師為衆王文正公曰迪過可恕边務穿鑿詭異後生必丨收迪黜边【東齋記事】 賦依次用韻 宋太平興国二年始詔進士律賦丨丨並以平仄丨丨丨丨【長編】 吳彩鸞唐韻 書生文簫遇仙女丨丨丨歸鍾陵貧不自贍彩鸞曰我為丨丨孫愐丨丨運筆如飛日一部售五千然文簫為【龍興戰方吏】 遂韻 古有丨丨 風韻 唐韋應卿好丨丨落盡江梅余半朵依然丨丨合还它

【誠齋】【江西】 幽丨 險丨丨 員 【姓氏】人慕伍員因姓 員半千 字榮期辛亶子科後李八科甲中舉辛吾五君有清白郎封平原郡公【唐書】 州 唐開元中張嘉貞薦苗延嗣等四人皆位清要語曰令君四俊苗呂崔員【唐書】 唐貞元龍虎榜中人【唐書】 唐德宗时殿中侍御史 鄆 州名 餫 野饋 訓 許運切【書】皇祖有丨 說命斈于古丨 詩四方其丨之 抑 酒訓 後魏高允集往世酒之敗德者為丨丨【史】 十年教訓 越丨丨丨丨吳 【綺談】聖丨丨垂丨丨 糞 方問切【月令】丨田疇 又除也 記曲禮為長者丨【左傳】丨除先 訓其為昭子詳昭 【緒談】家丨具丨丨 人之敝戶 到溉祖彥 狼糞 烽火用之【雜俎】 之以捲 自給詳莫 狼糞 煙直上故丨丨 易糞 蠅會以丨丨致富 人呂雞肆詳肆 花落糞 人生如樹丨同發隨風而墮 佛頭糞 【陳師錫序五代史】半山曰有丨茵席有落丨溷詳溷 擇迦丨丨上不堪着 婢擔糞 妻貪王衍鄙吝丨丨 丨詳郎 得財糞 本臭腐故將得官而夢尸糞土故將得財而夢穢【晉】丨丨而丨丨何也浩曰官 學仙惡糞 費長房從壺公入深山於群虎中留獨處長房不恐又臥於室屋以朽索懸万斤石於心上衆蛇嚙索且斷長房不移翁撫之曰可教矣復令食糞糞中有三虫臭穢特甚意惡之翁曰恨於此不得道矣長房辭歸翁与一竹杖【後漢】 御史嘗糞 唐郭弘霸為侍丨丨时大夫魏元忠病僚属省候弘霸視便溺即染指丨驗疾輕重賀曰甘者病不瘳今味苦當愈元忠惡其佞暴语于朝【史】。便溺一作便液 父病嘗糞 梁庾

黔婁丨丨醫云欲知差劇但嘗糞甜苦黔婁輒甞之(史) 着其擁糞 麻遺曰世間事皆能惟不能踏糞与丨丨尓詳基 舩棄以糞
後李催數請郭汜大醉汜疑催藥之絞糞汁飲之乃解(史) 如頤投糞 商人有婢名丨丨有求悉致之後因商攜之走入糞土中不見詳願 不
除室糞 陳蕃室有糞丨丨曰大丈夫當掃除天下安能事一室乎 春蕢馬糞 唐少府監裴匪舒丨請丨丨計歲得錢二十万緡刘仁軌曰恐後代稱唐家丨丨爲奴掃馬糞 五代唐姚洪閬州董璋反執洪之曰丨丨非佳名也乃止(世説) 若賤尓昔丨李大郎丨丨丨丨得一
商殘炙感恩不已今爲節度使何苦反邪(史) 僨 僵也(匡)牛丨於豚土詳瘠又鄭伯重丨于濟亦作僨(乙)象有齒以丨其身(左)丨軍
奮 (詩)不能丨飛 蝟奮 而(唐書)群盜如丨毛 健奮 未成雞丨絕有力丨(尓雅)上音丨子奮奮
秦亡丨丨詳耻 (人名)(石)丨漢九卿馴行孝謹 賁 之將覆敗 忿 韻詳吻 練雞少者曰丨絕有力者名丨
隷讀兩都賦注丨丨十旬皆酒名○宗廟八月飲酎用 醞 於問切 九醞 醴十旬 丨丨廿
丨丨太牟正月作酒八月成曰酎一曰九醞(西京雜記) 花醞 裴氏婢名丨(酒譜)
良醞 王績待詔門下省或問何樂曰良醞可恋尓詳恋 縕 韻見吻 熅 以火 煴 見吻 慍 (語)子路丨見
三巳之无 韞 韻伸物 縕 韻 愠
丨色(公冶) 殄慍 (詩)肆不丨厥 解慍 舜作五絃琴歌曰南風之薰兮可以丨吾民之丨兮南風之時兮可以阜吾民之財兮(家)

(譜)○ 郡 渠運切秦削諸侯爲三十六郡取百粤又置四丨前漢合百三丨後漢百五○ 郡丨慰安因之者從置
(漢)劉郡 丨老守便丨(國) 股肱郡 丨漢季布上曰河東吾股肱郡故特召君(國) 酒泉郡 丨班超曰臣不望到酒泉郡但願生入玉門關(史) 郡丨荊楊丨丨(後漢書)
南柯郡 淳于棼夢槐安國王曰丨丨丨南柯郡不理屈卿爲守累白達郡詳槐 太小南郡 刘之亨代兄之遴爲南郡太守荊土懷之不稱名号
丨南郡丨(梁史) 送人作郡 丨丨丨丨不見人送汝作郡羅友乞祿於桓溫曰臣昨見一鬼揶揄曰只見汝送人作郡溫笑以友爲襄陽守 羣恭
賭郡 宋文帝与羊保弈賭郡保勝補宣城太守(羊保傳) ○ 分 扶問切(匡)丨毋求多(左) 氣分 自三光五岳之
丨丨(抱朴子)丨分散 吴分 劍氣吐丨丨(晉) 丨曹公以大路大旂 揣分 司空圖丨丨二宜休詳休 推分 王導任眞丨丨自如也(晉) 僑札分
也韵會入在此
曾爾指囷米与周瑜遂結丨丨之丨詳米(陸套)丨名丨戢丨天丨緣丨處丨星丨隨丨 憤 (語)不丨不啓發丨忘食○並上去兩音 ○
焮 香靳切(左)行火所丨(后山)三年不奉鯨吻煩煙火丨 ○ 靳 居焮切當膺也 斤王猛笑謂東郭書
有丨(後漢)靳車中馬也猛不与書 丨也又固也 馬靳 曰吾從子如丨之
爭言我從書如驂馬之隨靳也 悔不小靳 詳帝曰丨丨丨丨可至千万 入錢五百万爲司徒及拜
康固靳 丨丨臨刑曰昔袁孝尼求廣陵散吾丨丨之詳散 (姓氏)(𢧐)漢祖定元功位次封第十 西河徵音(𦥑尚)楚嘆臣譜宗 信陵

侯(唐書)盧景龍中爲侍御史 而丨限丨 隱 也依人 斤 (詩)丨丨其明注察也 又昇(漢傳)丨丨謹質 ○ 隱 於靳切築也 漢山傳丨以金椎○又限也(孟子)丨几 臥 (陸套)
近 巨靳切此親丨之(書)民可丨丨天子之光 (漢書)季布使酒難丨並在此遠丨之丨在吻勺
十四願 與恩恨同用
願 魚怨切(書)敬修其可丨(禹謨)(詩)適我丨兮(野有蔓草)富貴非吾丨(歸去來詞) 枕如願 呂翁盧生同邸方蒸黄粱丨丨生但乞身入枕中未幾娶婢如願 有商人見清湖君之問所須但乞如願丨此黄粱
發第出將入相五十年詳枕 婢如願 君許之後得丨名丨丨商有求悉致之後因正旦如願晚起商撻之走入糞堆中不見今人正旦以細繩繫偶人投糞中云令如願(歲時記)○一云青洪君
作丨丨 愿 (語)侗而不丨(左)丨吾甚愛之(書)丨而恭 或 (后山)作原(語)鄉原德之賊(孟)其惟鄉原皆作愿 (人名)(金)(顧)詳(陸)名丨 香火願 平生功名意回
詳谷 (盤谷)下(宋)○ 怨 於願切(語)以直報丨(書)結丨於民 市怨 丨丨結 產怨 丨丨天
(館傳)徵怨 丨於楚(宣十二) 我則不德而丨 怨丨恩我小丨 禍(孫秦)丨丨揚國忠
謂大臣恩欲歸己怨使誰 已怨 (表記)已謂不許也 宿怨 不丨丨 恩怨 趙宋王曾
當歸田(錄)丨丨相尓汝(韓) 德怨 知訟曰无怨无丨丨不知所報詳報 適怨 義山瑟詩莊生曉夢迷胡蝶丨也望帝春
心託杜鵑丨也 工怨 曾聞葉上題 紅怨 丨丨詳葉 香怨 物愁丨丨 鶴怨 (北山移文)蕙帳空兮夜鶴丨 綠珠怨
下句清和詳經 丨丨詳文
喬知之妾碧玉借与武承嗣教歌舞不还 睚眦之怨 范雎一飯之德必償丨丨丨必報○嗔怒見
喬作丨丨丨 寄之碧玉飲泣而卒詳玉 晚 又阮 韵
齒曰猶有嫌怨 晉郑默事上以礼御下以和而丨丨丨 故君子以爲処世之難(史) 販 方願切 樊噲丨
縉紳 稗販 丨丨之民(唐隱) 售販 賤買 販 貴入 算販 丨丨(詳糶) 券 去願切 契也 謂以木
朐 (貨殖)謂小販者 續爲要約之書以刀
剖之屈曲犬牙韓子曰 鐵券 漢祖与功臣剖符作誓丹書丨丨金匱石室○
宋人得遺契而數其齒 金券 五代朱友謙晉莊宗拜尚書令賜丨丨丨 恕死罪
後爲从官所譖被殺族其家妻張氏 奏券 蘇代謂田軫曰公常挑丨丨
以丨丨示使者曰此不知爲何語(史) 左券 以責於秦韓(史田敬仲世家) 右券
雲卿操其兩難事成 驛券 唐以前館驛並給轉往來開 焚券 孟嘗君遣馮驩
操丨丨以責(史記) 馬券 元中始給紙券(青箱雜記) 收債於薛臨行
問市何物君曰吾家寡有者市之驩至薛召債主合券丨丨之还君問市何物曰折
市義而反君之府藏盈積唯欠義尓臣合丨焚之結義而反君甚之(史記)
券 漢祖爲亭長常從王媼武負貰酒醉臥見怪 懸券 梁蕭宏貪吝每田宅邸店
其常有龍氣怪之此兩家丨丨棄債(本紀) 懸券 丨上文丨期訖便驅券主
奪其宅帝制丨丨 父贇子券 宋顏覬之子竣財甚豐鄉里多負債覬之
不得復驅奪(南) 誘出文券一大厨悉焚之竣悔恨累日(國) 勸

書亦克用丨多方民罔攸丨斆勸丨惡丨善競勸去煩宥害莫不勸安使
丨畢命記不学民丨中庸衜勸左成十四競勸不丨丨昭元來者勸丨丨
國孟待勸准應花下丨更活套提壷綣絻丨厚意○萬无販切孟或相千丨丨
丨它人丨國語○十丨丨通神詳仲十
丨寒𡉏詳屋渊明錢三丨悉送酒家詳多鵬搏
九丨里詳鵬通一畢丨丑天地掛一漏丨詳漏巨萬丨錢累丨丨平準書丨大
萬歲實以衣傳數百万也前漢盈萬畢万之後必大賀錢萬豪吏聞沛令有重客皆往
丨方丨數也国賀令曰進不滿千錢坐之
堂下漢祖紿曰丨丨兩千萬庾數云下官家有丨丨隨公所取詳積將十萬沛公不過能詳將令
丨実不持一錢詳進
萬漢灵西邸賣官丨丨卿丨丨三千萬一生二二生三物老子買隣百万千万
丨卿五百万又詳園擲百萬丨詳擲
買宅百万丨丨詳隣人名畢丨詳扶風商音畢万之後一云芮伯万之後孟軻門
人封挒里侯姓氏人万章漢有万彞此史唐人三世同居喪親
庐墓刺血寫浮屠書斷手二指鄉復生号成孝鄉妙達鍾律偏工樂音唐龍虎傍中人漢靈帝二十八將中
賦三日緑潭篇江州童子十歲宋紹蔓高属廣韵瓜丨丨不
只中召見記誦經史子書如流賜文林郎蔓丨不拔又姓楚有丨成然
元使丨丨蔓延丨丨曼詩孔丨且碩
滋蔓難圖也左霎蔓連閣兩京付蔹蔓丨丨丁野詩活套藤丨曼曼猶廣也前

佞幸傳丨丨姬郯衛処子娥媌丨丨唐李光顏侍
言色理易注蔵曼周穆王篇妖梁也秀曼姝丨丨都雅人名任迪之
飯符万切丨後鍾詳鐘丨抄雲頫縱詳餕
子白詳子飡丨之丨在阮韵暑飯子輿与子桑爲友霖雨十日子輿曰子桑殆病矣丨食之囲撥飯
澆書蒲飲浮蛆甕丨丨横眠夢蝶床放翁寧飯丨丨母曲記謂
東坡以晨飲爲澆書太白以午睡爲丨丨摶飯欲致飽不謙也放飯記置已
飯於御厨飯官舍也謂館字獨胡麻飯劉阮天台雕胡飯滑憶丨青精飯楊
器中丨眠孤館事詳館事詳山丨丨桐
葉細冬青寒食採其葉染飯道家謂之丨丨乾石飯陳米飯南嶽僧悟空遊
信丨故人曰青飢飯○一云用南燭草木漬汁浸米丨西京近宋陵
洞忽見有道士坐繩床僧告以飢道士指石地曰此有米乃持钁斵石深數
寸探之得丨丨升余即敲火煮之僧食一口未畢道士笑曰君食此我
當畢之脫粟飯晏嬰相齊時食丨晏春秋小盤飯呉步陟避乱江東与衛旌俱以種瓜
雜俎侵乃共奉瓜以献云云征羌自享大案殽膳而丨丨陟旌惟菜茹而已
旌不能食陟極飡致飽乃辞旌謂陟曰能忍此乎陟曰吾等貧賤主人以貧
賤遇之宜鐺底飯宋陳遺少爲縣吏母好食丨丨遺毎録其焦貽母南史惠州飯東坡謫嶺南時辛欲
也呉志丨丨遺毎録其焦貽母敎之飽喫丨丨細
和淵明先一飯丨丨夫差謂勾踐曰寡人礼丨反感古人懷一飯之報李固傳
詩山谷丨丨矣注言已齒長報一飯謂灵輒事○又漂母飯信云

云岂望君賜飯張文定公未嘗不衣冠客怒飯光丨丨孟嘗君待客夜食有人蔽火
報乎丨丨食曰一飯皆丨丨也丨丨以為丨不等輟食辞
去孟嘗自搏飯丨丨丨丨焉兩頰飯晉郗鑒切窮餒鄉人共飴之兄
比之客慙自刎奴白飯与青鏝相詩丨丨子邁外甥周翼並小常往食乞
以飯着丨丨还丨丨孔子厄於陳蔡從者七日不食子貢犯圍而出得
吐与二兒詳頰食埃墨飯孔子厄於陳蔡從者七日不食子貢犯圍而出得
子貢曰仁人廉士窮改節乎云云孔子召回焉而進飯吾將祭焉對曰有
埃墨墮飯中欲置之則不潔棄之則可惜回即丨之不可祭也孔子家語食
三升飯後魏閼澤能多丨丨漢浮沱麥飯馮異進与光武見麥飯丨丨飯斗米肉十
可用頗之仇郭開还報趙王曰廉將軍雖史記惟堪喫飯隋賀若弼文帝曰哉以
老尚丨丨然与臣坐頃時三遺矢矣丨丨飯揚素高頴爲宰相汝每
昌言此二人丨丨是何意也弼丨丨丨丨丨百文丨○郗子廉
一日誠有是言上思其功特令除名史錢還婢飯花丹族婢丨飯之以婢夫不
一介不取過婢家飯留德留丨丨百文○郗子廉
五十錢席下而去風俗通失笑噴飯詩縣令一升飯齊劉元明爲山陰令傅
日食丨丨丨丨莫不過從兄飯帝問第五倫爲吏丨丨元明曰丨丨惟
飲酒此第一箴丨丨日臣少遭飢乱実不妄過人飯帝大笑白帖○
蒸沙成飯不斷婬修禅定者如蒸砂作飯丨丨詩砂飢來喫飯○建
丨丨其丨丨詩悪海禅師曰我修道只是困来即眠詩要

至方切書丨中于民又都
子封丨論又建州龍焙茶人名漢臣詳重書
晉傳祗爲榮陽太守造丨丨以水灌魏王城魏人
至今蒙充无水患立碑頌焉史浮山堰梁起丨丨於建切障水沉萊
三百里丨頴川丨昆丨丨丨丨○鼠
原絢傳丨丨鼠丨頴川丨昆丨丨鼠丨丨阮匀○甗周礼甗許建切
以献鼰丨宋田夫快丨美芹子三甗禮記大卜知試丨万邦丨丨
記丨鼠曰以丨吾君詳芹韓詩玉藜甗書賢也文献丨丨不
也大猷甗大歲在亥曰丨丨尒雅夤甗春蘭如美人不尋當有献南足語賢
替對曰天時尚温蠲春祭蝦鮮人名韓琦謚忠獻宋名
未可發丨丨所丨帝大笑史相○趙普謚忠獻○憲猶欣欣也
憲丨丨監于先王丨垂憲代唐書丨丨後活套天人名若千○揎呼願切
詳丨丨丨日令假弄丨丨者以修飾其形侵發法也擐揎是身
唐楊炯每呼朝土爲丨丨丨丨丨丨日令假弄丨丨者以修飾其形
之驢上及去其皮还是驢尓言无德而朱紫何以異是賁哉責察揎等與
蜀宰作丨丨○健渠建切杜中有健子厚之文旌通健魏賁 達元傍着妻
丨丨石山丨丨婦把鋤犂雅健丨丨韓
丨詳頭健李德裕書云自知崖宮健唐張方福曰丨丨當虗費衣粮无所事
倚延健州辛自丨丨丨丨錢言唐德宗武諸州兵給衣粮者謂之丨丨

丨熙差士人謂以徤筆下語曰笙鳴丨徤丨丨偷閑且勸飲陳后
之圖結(代宗紀)良徤丨丨古詩抑窩酬徤丨丨且傾盃(山谷)天下徤乾
丨之至丨遏丨丨丨者丨丨者多丨与争詞数涉祭
豈惟重公(呂布傳)謂卓𧰼吏徤奏任謂甘茂曰丨丨者來使勿听其言丨丨弱者來使則
听之則徤者不比姚崇徤明皇幸蜀裴士淹問丨丨如何帝曰丨丨者也宋璟如
用矣(戰國策)何帝曰賢而泥者也李林甫如何曰妬賢疾能者士
淹曰陛下何用之知丨徤明年此會丨丨(杜)阮瞻元日會親友曰人生
深帝熟(博物異記)矣誰徤如風中燭秉酒何必拒其(語)不知明年今日再闢
此會誰徤 二晉小兒祖逢輒叟手曰丨丨紹傳徤但把丨愁 遠 語丨之
是強徤 慶徤丨丨後愿户循之識詳哉窮丨傳徤丨長丨(孜) 于願切
則怨丨丨佞人 敬鬼神而丨之 瑗 大孔 (人名)蘧丨衛賢臣 圏 其願切養
(易)丨丨小人避(書)无胥絶丨丨盤庚 母 又 愿 陸賈五男一歲不再過曰
愿 胡困切憂也援也(左)主不丨賓○ 丨丨丨 汝為也詳對元作
又辱也(記)儒有不丨君王(儒行) 溷 乱也濁也 隨夷溷 路 謂
一筆丨 唐元結釜進士揚啖曰丨丨丨丨 行謂 着
溷 予亦有司得于是賴(史) 蹸 濁 亂 (左)謂
藩溷 左思作三都付門庭藩溷皆 花落糞溷 范縝對竟陵王子良曰人生
丨紙丨得一句即書之詳付 如樹丨同發隨風而墮有拂
簾幌墮於茵席之上殿下是也有関 丨 於溷側 溷 廁 冠
墮溷丨於丨丨之中下官是也(南史) 然燭 丨 丨 燭 沒 成 堆 詳 燭
切丨首頭叩地也 又褒也(左)師旅不丨(昭) 張載兒醜每行小兒以瓦
(元)又食一坎(招)丨丨食蕒 又足丨遽也 委頓 石投之丨丨而反詳果
丨丨乾坤 花頓 薛包与兄弟分財田 北齊趙彦深為東南道
磐頓 府時了困 丨丨取其丨丨詳病 行丨 丨尚恩信其營庫如士房
追恩号趙(史)○ 嗢 百頓 峯 洛 俌作典座三年丨 (地理)(國名)(姓氏)周宋縱橫
丨丨丨丨 丨丨後大將詳 棒 又丘一成為丨丘 士秦資頓子方
金散六国合從丨起 宋熙寧中為教授与 敦 督也 (周官) 欲從 丨 尚 孚
坡倡和坡云側闕丨夫子講道出新貫 (姑叟) 重丨柔 丨一 而 丨 為 丨
太山○太歲 丨 言 丨 (卦名)三三隨 風丨君子以申命行事
在子曰困丨 吧 巽 蘇困 初六進退利武人之貞九二丨
在床下用史巫紛若吉无咎九二頻丨吝六四悔亡田獲三品九五貞吉悔
亡无不利无初有終先庚三日後庚三日吉上九丨在床下喪其資斧貞凶
(人名)(蹸)東坡子過之女○誠 潠 噴水也亦作噀 欒巴丨酒
志(說)丨丨詳丨(山谷詩) 詳酒 橋叟丨草根成龍詳橋 遜 孝丨 (晉)性
命 丨者丨 丨丨丨 畔行丨 何遜 不遜 梁丨丨工詩与吴均俱得幸武帝後
(古詩)丨揖 (人名) 詳丨 為舍人兒醜 稍失意帝曰吴均不均 丨丨 (史)
丨丨 (詳) 晉名相 困 苦悶切詩其民丨(詞)或 酒困 不
丨丨 而知之(張)書君子勇俱丨 為
(詩) 花柳困 日長丨工 紅玉困 猶帶春酲 眠鷗困 書快寄丨乾 是時我困 蘇秦
丨丨 (國) (國) (國)

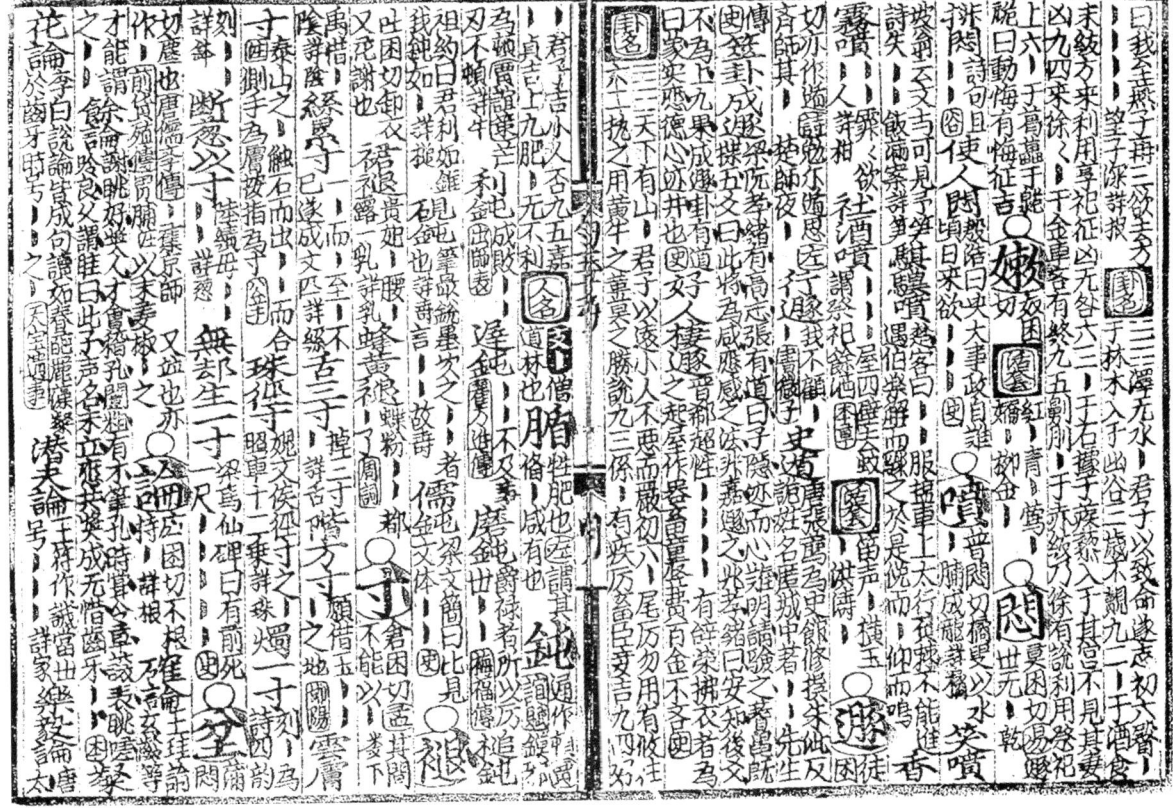

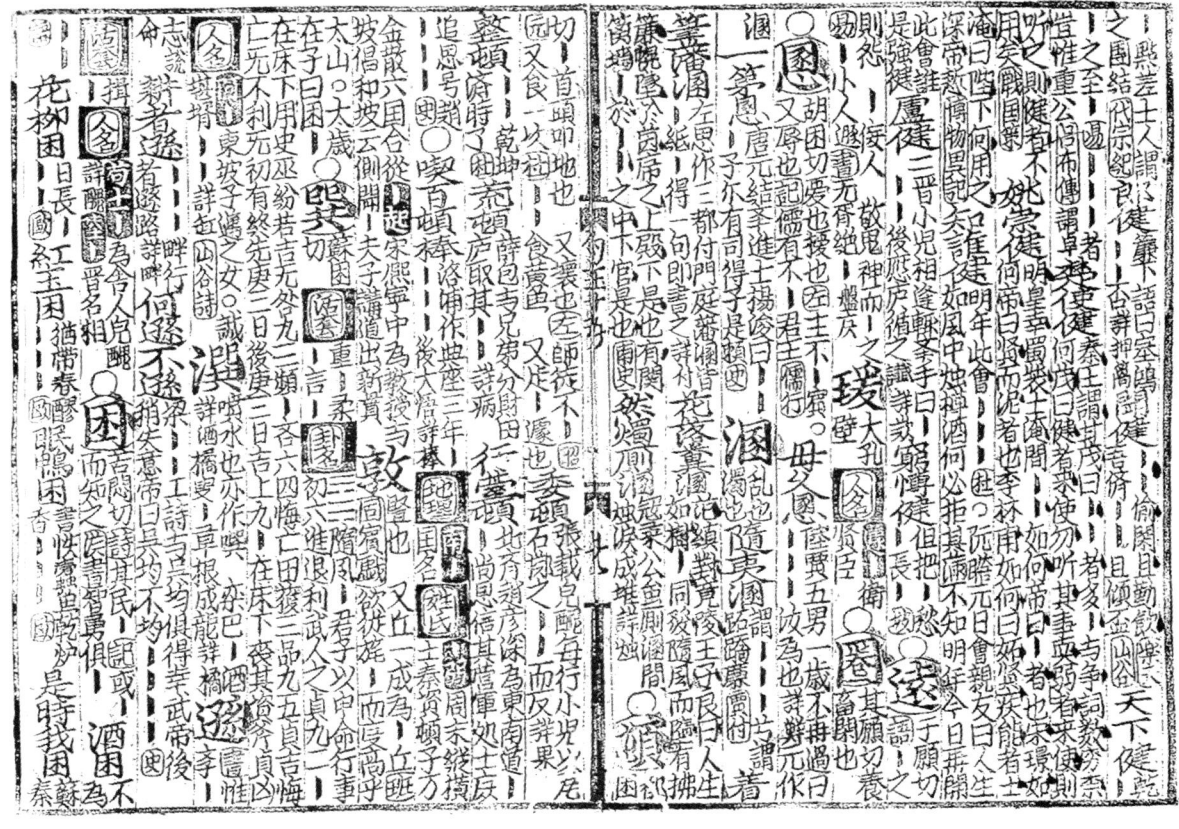

曰我家去燕子再三欲去方丨丨丨 望子涂詳拔 (卦名)三三澤无水丨君子以致命遂志初六臀
未絞方來利用享祀征凶无咎六三丨于石據于蒺藜入于其宮不見其妻
凶九四來徐徐丨于金車吝有終九五劓刖丨于赤紱乃徐有說利用祭祀
上六丨于葛藟于臲卼曰動悔有悔征吉 嫩 奴困 (姑叟)嫋丨柳金丨 紅丨青丨鶯丨 悶 莫困切易遯世无丨乾
丨悶詩句且使人悶 般若曰吳大事政自難 噴 普悶切橋叟以水 噀噴
丨丨(容)丨頃日來欲丨丨丨(史) 丨丨 腫成龍詳橋 香
坡翁五文言可見予知其騏驥噴 遇伯樂解而驟之於是俛而丨仰而鳴
詩矣丨丨 飯滿案詳丨 服鹽車上太行狂趬不能進
噴 丨丨 粟 欲 社酒噴 謂祭祀餘酒(東軒) 屋四壁之合數 (姑叟) 笛声丨 洪濤丨 横玉 遯 徒困
切亦作遁 辟 勉亦遁 思 (左)行遯丨 我不丨丨丨 吏遁 唐張萬為史館修撰朱泚反
齊師其丨 楚師夜丨 (漢)書(孝子) 遁 詭姓名匿城中 者 丨丨先生
傳 筮卦 成遯 梁阮孝緒有高志張有道曰子隱跡而心難明請驗之著得
(史) 遯卦 有道 遯 五爻曰此將為咸感之法卦嘉遯之兆孝緒曰安知後文
不為上九 果成 遯卦 也 (史) 好 人 棲遯 晉郗超性 丨丨丨 有餘 禁拂衣者為
曰象 突 恐 德 心 跡 并 也 (史) 丨丨之起屋作居 費 宣 暑 費 百 金 不 吝 (史)
(卦名) 三三天下有山丨君子以遠小人不惡而嚴初六丨尾厲勿用有攸往
六二執之用黄牛之革莫之勝說九三係丨有疾厲畜臣妾吉九四丨好
丨君子吉小人否九五嘉丨貞吉上九肥丨无不利 (人名) 丨 偕 脂 肥也(左)謂其
道 林 也 丨 脂 丨 咸 有 也 鈍 通 作 鈍 詳 謂 鈍 丨
為丨賈誼(策)逆芒利也成敗丨丨丨 遅鈍 丨丨 不及 磨鈍 丨丨 所以厉 追丨也
刃不頓詳牛 利鈍 (出師表) (貨列傳) 爵 禄 者 丨丨 丨丨 比見 鈍
祖約曰君利如錐 硯 屯 筆 鈍 墨 之丨丨 者 儒 鈍 丨丨 (梅福傳) 禮
我 鈍 如 丨 詳 鈍 不 鈍 也 詩 奇 言 丨丨 故 詩 丨 金 文 体 丨丨 (史)
吐困切卸衣 褪 貴 妃 丨 腰 丨 丨丨 蝶 粉 丨丨 都 褪 倉困切 盂 其 問
又兎 謝 也 褪 露 一 乳 詳 乳 蜂 黄 褪 丨 了 (周詞) 寸 不能 以 丨 蹇 下
禹 惜 丨 陰 詳 陰 丨 寸 丨 丨 至 丨 不 丨 嗟 三 寸 舌 頻 借 丨 丨 雲 膚
陰 詳 陰 丨 丨 累 丨 已 遂 成 文 四 詳 綵 吉 三 寸 丨 詳 舌 方 寸 丨 之 地 (歐陽)
寸 (國) 泰 山 之 丨 觸 石 而 出 丨 丨 而 合 丨 詳 膚 丨 丨 丨 寸 之 丨 珠 径 寸 丨 丨 丨 寸 丨 刻 丨 為
丨 寸 丨 測 手 為 膚 按 指 為 寸 (公羊) 丨 妮 文 侯 径 寸 之 丨 照 車 十 二 乘 詳 珠 燭 一 寸 詩 四 韵
刻 丨 丨 断 愁 以 寸 丨 丨 詳 愁 無 郄 生 一 寸 梁 篤 仙 碑 曰 有 前 死
詳 鉢 丨 丨 丨 詳 愁 一 尺 丨 丨 丨 (史) 丨 丨 丨 丨 蒲 悶
切 麄 也 唐 儒 学 傳 丨 蘇 京 師 又 益 也 亦 論 盧 困 切 不 根 催 論 王 珪 謂
作 丨 前 貨 殖 傳 賈 贈 (左) 以 夫 妻 椒 丨 之 丨 論 特 丨 詳 根 万 言 玄 識 等
才 能 謂 飲 論 謝 眺 好 獎 人 才 會 稽 孔 覬 粗 有 不 筆 孔 時 嘗 公 草 箴 表 眺 嗟
之 丨 丨 飲 論 時 良 久 謂 眭 曰 此 子 声 名 未 立 應 共 獎 成 无 惜 齒 牙 丨 丨 (困) 琴
花 論 李 白 說 論 皆 成 句 讀 如 春 葩 麗 藻 粲 潜 夫 論 王 符 作 識 當 世 樂 毅 論 唐
丨 論 於 齒 牙 時 丨 丨 丨 之 丨 (天宝遺事) 号 丨 丨 丨 詳 家 丨 丨 太

平公主愛右軍所書丨丨丨以織成盛書箱中及籍沒老嫗投之竈中香聞數日(書法苑) 崇有論 裴頠作詳有 定命論 顏延之作詳命
錢神論 魯褒作詳神 絕交論 詳交 無鬼論 詳鬼 毀茶論 詳茶 勞生論 後周盧思道作詳生 窮途論 滯作丨丨(史) 無
高論 甲之丨甚丨(張讓之傳) ○恨 胡艮切 三恨 薛元超曰吾不才富貴過人然有丨丨不以進士擢第一恨也不娶五姓女二
恨也不得修国史丨丨也(見隋唐佳話) 五恨 彭淵材一恨時魚多骨二恨金橘太酸三恨蓴菜性冷四恨海棠无香丨丨曾子固不能詩(冷齋)
緘恨 楚些待誰寄寶詞丨丨投(離騷遊) 竇恨 後馬衍与陰就書袋丨丨抱不報丨丨入冥(史) 死不恨 陳咸曰得入帝城丨丨詩譏絕謗
毋曰汝与李杜齊名丨亦何恨(盛史) 念有所恨 李廣与望氣王朔曰豈吾相不當封侯朔曰將軍自念丨丨丨丨乎曰吾誘降羌八百余人殺之
恨獨此亦朔曰禍莫大於殺已降所以不侯也(史) ○艮 古恨切(卦名) 三三兼山丨君子以思不出其位初六丨其趾无咎利永貞六二丨其腓不拯其隨其心不快九三丨其限列其夤厲薰心六四丨其身无咎六五丨其輔言有序悔亡上九敦丨吉 夏易連山首丨 ○周戊叔云一部華嚴經只消一个丨卦可了此言各止其所也

十五翰 與翰同用

翰 侯旰切 文丨又翰之丨之丨(詩) 蒸邑大宗維翰 ○築墻所立兩木翰當墻兩边障土者 白色(易) 白馬丨如 濩翰 旁竹光(漢)
周翰 維之丨(詩) 秉翰 戎事丨丨(書) 詞翰 丨丨 兩翰 章翰(高)解見昇翰(易) 白色馬 章翰 如神(図) 柔翰 弱冠弄柔翰 丨丨(図) 染翰 操觚丨詳觚
(人名) 張丨 思尊鄭 孤桑 詳孤 旱 ○(孟)七八月之間丨 如大丨之望雲霓(孟) 丨既大甚 魃為虐(書) 若歲大丨(書) 天丨 乾封丨 禁巫
厖詳巫父丨 致 雨事(盛詳雨) 瘨旱 胡寧丨我以丨(雲漢) 七年旱 湯有丨丨(前食貨) 之 國旱 人旱 有三天旱丨丨丨丨丨丨(図)
(雨人) 庭樹何旱 崔堯有詠旱者堯曰樹葉如此何旱為詳弱 東永西旱 壽陽以丨柏丨壽陽以丨柏丨(晉五行) 殺孝
(旱辯) 婦致旱 東海孝婦養姑甚謹夫死不嫁姑曰我老久累丁壯自經死姑女告婦殺母婦誣服獄掾丁公明之不得竟殺之郡界旱三年後太守
致祭其冢乃雨(于定国傳) 与上虞孝婦事同(孟嘗傳) 東海君致旱 繫之葛陂令方出之使作雨也於是東海大旱長房曰丨丨丨有罪吾
兩立 作木仙致旱 當般丨丨丨丨手指 吳地大旱詳仙 悍 勇也 雜也(後史) 精悍 為人短小丨丨敏捷於事 周黨偃蹇驕丨
姓(嚴延) 麇悍 倰傑丨丨(韓) 豎悍 胡少府神道碑年我静悍 郭解為人丨丨而 (柳子厚誌)八十丨丨不衰(韓) 青悍 (史) 沉丨而勇 激
(年傳) 旱水丨則丨弓矢 僄悍 項羽丨丨猾賊(史) 急悍 楚性丨丨(周礼註) 醜悍 倚市必丨 捍小 小激則遠詳激

(隋)從面輒行兒喘悍高水丨丨(史河渠書) 汗簡 其青易書詳簡 渙汗 丨丨號(易渙) 其大 反汗 劉向封事
言號令如汗汗出而不反者也今出令而反之是丨丨也 白汗(淮南子) 丨丨交流 血汗 丨指丨顏(壓鑿) 子已丨丨(図) 顛汗 百步 臣到
喉喘丨丨(宂苞図) 何晏汗 晏面絕白魏文帝疑其着粉与湯餅啖之大汗拭之轉白詳餅 鍾毓汗 毓見魏文面有汗帝問之曰汗出如漿(世說) 帝又問鍾會曰卿何以不汗曰戰戰栗栗汗不得出
佛有汗 汴州相国寺言丨丨丨自持金帛以施士庶競集輸施 劉玄佐得數万可以贈軍(国史補) 學士汗 李士平曹盛夏入館中流汗浹衣丨丨也(東軒雜錄) 洽背汗 周勃謝不知汗出丨丨
丨詳穀 玉枝汗 漢武帝得西那国丨丨以賜近臣年高者云病則枝汗丨死則丨七百年不汗偓佺得之三千年不折(洞冥記) 牛汗
馬汗 陸文通其為書處則充丨棟宇出則汗丨丨(柳文) 冬月流汗 桑維翰狀兒既異張彥澤以驍悍自矜每往候之丨丨未嘗不丨丨(史)
(諸葵) 愧丨 顏丨丨 瀚 北海名 又浩丨 水 廣大兒 浩丨 捍 也 射鞲 騁 馬突也又姓孔子弟子丨臂
扞 衛也 抵也 亦作捍 又作干 公侯干城(詩) 手足丨頭目(議兵) 玦捍 右佩丨丨(記内則) 捍 臂捍丨丨射臂 決也以收衣 捂拾也可以捍弦
袖者(詳鞲) 閈 里門 銲 臂鎧又丨金 ○炭 他旦切 (月令)季秋伐薪為丨 開 銀令相着 ○寶廣国家貧作丨丨後封侯

(図說)賭丨價重双烏銀(孟郊) 烏銀玉質金石声見火忽作爆竹鳴臈臈以不停 白日座上飛繁星不知何怒丨不平不知何喜卿卿吟待渠自靜勿
与爭切莫借筋怒後生到渠藏口 獸炭 羊琇以温酒着火猛獸兩耳熱銅瓶在旁却饒舌(歐詩) 開口向人諸豪效之(語林) 鳳炭 楊国忠以
炭屑塑成双丨(天宝遺事) 石炭 豐城平鄉丨丨皆產 瑞炭 西凉国進炭百條丨丨各丨丨 有光每條可燒十日(天宝遺事) 燒之无 熾炭 周 與
云內因於大甕丨丨周之何事不承(詳甕) 趙太祖雪夜叩趙普門已而太宗至設重茵地坐丨丨燒肉普妻行酒帝以嫂呼之帝曰吾睡不能着一榻之
外皆它人家也(隆定下) 江南之策(邵氏見聞錄) 銅炭 乃物為丨丨陽為丨(賈誼) 鐵炭 見土炭下 秤炭 羣莊性慳數米而
吞炭 豫讓詐伯賊丨丨為啞(史) 救炭 東野丈人謂冰氏子曰今子困於寒而欲求諸熱完得熱之方云云其得炊冶之門者惟丨丨之子(晉国)
(沉傳)喻趨炎附勢者 冰炭 毋以丨丨置我腸(韓) 塗炭 民墜丨丨(書仲虺誥) 煉炭 洛下豪子炊飯後經兵乱丐食而卒(劇談錄) 焼炭 熟乃炊也
謂之煉火 二至土炭 前二日垂丨丨於衡兩端輕重均陰氣至則土重陽至則炭重(史) 政治感似昇猶鐵炭低昂可信也(劉孝)
(壽傳)丨丨縣丨丨 以鐵易土 亦作炭(文志) 病瘠二炭 柳子答崔黯書凡人好辭工書皆病瘠也吾見丨丨腹
鐵炭輕重无失寒燠之宜(隋律歷志) 人有丨丨嗜鹹酸者不得則大戚 食三斗炭 唐楊德幹為刺史威嚴語曰寧食三斗炭丨丨不逢楊德幹(史) 歎 (語)喟然丨曰 三歎

一倡丨丨詳𦬒魏子曰惟食忘憂君子置食之間丨丨何也闍没女寬曰或
賜二小人酒不夕食饋之始至恐其不足是以歎中置自咎曰豈將軍食之
而有不足是以再歎及饋之畢願以小人之歎辭收謂負歎者曰叟薰歎
腹為君子之心屬厭而已獻子辭梗陽人㊂徵歎何為而丨吾丨詳苓
桃僵李為仆芝鬬歎晉義熙初小兒相逢輒牽兩手曰盧鞭二次曰丨丨丨
焚丨增丨㊂鬬歎丨未曰翁年老翁年老後盧猶內逼舟艦又丐官軍屢
魁期丨翁年老群投筆歎班超事含毫歎來護丨丨丨曰大丈夫西伯竊歎
公期順之慶也㊂詳筆詳毫安能專事筆硯詳硯
剉醯九侯脯鄂侯丨丨奏樂而歎曹太子來朝初獻樂丨而歎施
丨丨囚於羑里㊂父曰其有憂乎非歎所也㊂為寮歎
額雍丨丨丨所丨雒㊂太歲在丨○按烏旰切撫也㊂毛遂丨劍詳
故字元歎㊂漢申曰君丨㊂丨劍相將詳按量作
寮㊂寮酒下酒也又驗也㊂無所寮堂按張嘉貞為相閣丨丨兕危
驗又止也㊂寮兵毋出○丨堵如故詳堵言切議每失声歎息㊂
㊂口寮丨張九齡每勘公事取因於前面分曲直丨撰二事并按孔融嘲曹操
丨卷咸伏其罪時号張公丨丨㊂曰大將軍遠
征海外肯齋慎不貢楛矢丁零盜蘇武牛羊○公寮北禪和尚問僧曰什麼
可并按也○非才更多病丨丨可丨丨㊂院曰資福曰福將何資
曰兩重丨寮九萬公丨丨張丨丨設皇郎香寮起居
丨㊂合在按韻穩寮王大放上帝則張舍人
㊂謂以丨為床於幄下

挑筆遊宰相入殿丨丨分立殿下玉寮唐王賜群臣丨丨慕寮孤卿有邦
㊂元稹詩我是玉皇丨丨吏玉寮之食㊂事則設丨
張丨㊂諸寮君門曉日開丨不寮春韭忽肥得以左右丨散寮曹公作丨丨臥
㊂丨橫雲布㊂丨丨㊂視書㊂
舉寮梁鴻妻孟光每上食与鴻齊眉㊂無寮亦寂二鄧禹笑人㊂嘆曰為尹敏与班虎
未嘗仰視丨丨齊丨齊王融丨丨昏寮相厚語未嘗
丨丨不掾寮刘玄佐貴母見縣令走廷中白事母戒曰長史恐懼卑甚吾
食㊂思而父吏於縣亦當尔而丨丨何安乎玄佐待下益加礼積
寮丨丨成箱又是人間多事丨丨吉玉寮美人贈我錦繡段何以斫奏
風雲之狀㊂堆寮盈几㊂報之丨丨㊂
寮孫權拔刀丨丨截寮張承業設乾遵子馬郁出丨丨㊂○旦得按切
前丨丨㊂粗敗寮碎張笑為易之云勿丨吾丨詳遵㊂丨丨
而伐之㊂穀旦于差郯人丨丨按所黎旦城中皆降平
丨丨本作思㊂丨丨寮旦要求應詳夢㊂
旦㊂丨丨之氣丨丨於牧之野㊂丨掩月旦詳部丨丨盍旦相彼丨
殷旦也夜掩於丨謂未明已前評詳評丨㊂丨
音渴夜鳴求丨之鳥本作侍旦傳玄捧白簡丨丨丨城旦輕刑之名旦二起
鳴○又作鶡旦渴旦互見挂詳尚坐以丨丨丨㊂治城婦人則舂故
曰丨丨詳春儀太后好老子書召問轅固曰此家人言亦后怒曰安得司
空丨丨書乎㊂道家以儒法為急此之律令○逝將遊先何豈眼讀丨

丨㊂秉旦弩𤸷㊂丨夜何時旦丈丨漫二丨日入為旦日以日出為旦入為
出為夕爭之不决訴於鳳凰中路一禽謂詳早○養旦夕蝙蝠以丨丨丨丨
燕曰不須往鳳凰在假訓狐權摂㊂初祖達磨曰當往丨丨設
海㊂唐天竺国王曰自古亦太法樂遂迄重溟達於南
有磨訶丨丨使者至吾国乎㊂㊂㊂宋名臣趙○彈徒案切㊂丨丨街彈里宰
合耦於鋤㊂鋤者里宰治處若今丨而求鴞炙詳炙
丨之室㊂時街置室發一里之民石彈長安五陵人以丨木為丨真珠為
丸㊂中有精句銅朱彈杆弓丸以彈鳥鵲㊂丨丨落金
丸飛丨丨㊂蓋詩圓熟也玉彈千仞之雀詳珠挾彈螳螂捕蟬黃雀在後臣
露沾衣詳雀潘岳美姿儀丨丨丨丸欲取黃雀不竟
丨出婦人投果滿車詳果捐彈莊周睹異鵲執弹而留之睹螳螂方搏一
䏻詳螳異雀從而利之莊周丨丨反走詳鵲
善彈相禁祖丨丨生拍彈唐優人李可及能自度曲少槐膠彈李少微每退
取翔鵲詳翅杅弓年争慕之号丨丨㊂朝於庭槐撒
丨丨丨數百令諸小兒争鴞避彈楚人惡丨声而彈射之將適吳或謂之曰
取之以為戲笑㊂杅弓能變其声在楚可也若不能易人亦彈射
之何急彈齊曲江公遊欣七歲見小兒彈雀曰九戲多端丨丨好人譏彈曹
矣丨丨此鳥空中飛翔丨閔人事感其言遂不復彈㊂杅弓㊂
子建与楊德祖書儀常丨丨丨事急於挾彈趙太祖一日後苑挾弓弾雀有
丨如有不善應時而改弹去声杅弓臣僚稱其急事請見及見乃常

事太祖曰此丨何丨對曰亦急丨弾雀丨丨改㊂小人之无忌
上怒以越斧柄撞折其兩齒㊂悍丨㊂過則勿丨晉史蔡克從公亮為邦族所
丨丨○幹古案切能事也㊂丨父之蠱又木工出者為丨又弓弩曰糜
通作榦㊂杶榦栝柏㊂云枝丨本作丨後人改從木楨幹臣衡曰朝
章㊂丨丨知名軀幹子魚丨丨小老氣横九州㊂謹楨幹廷者天下
丨丨㊂剽鄭白龍城健兒有陳安丨丨寘小腹中寬
之丨丨幹燕之角丨之丨材之美者為直幹請君放筆鞭門幹柏玄詣
丨㊂幹考工上丨州拓丨可為弓為直幹丨丨㊂幹王忱乘
輿直進忱劉玄丨丨玄丨㊂㊂㊂史威嚴詳威名刺幹禁墻兩旁木以制板者○
怒去之忱亦不留㊂井丨韻會云平去二音通
作事幹丨貞者丨之丨㊂旌言礼斡国之幹㊂丨統断斡泰山之霤
幹丨丨以正立猶垣墻有板丨斡一幹並与丨同斡穿石單極
之丨丨丨丨詳鑽謂丨丨丨丨丨丨丨井丨釬縠骨髮骨安知渭
井上木元作幹寶鈿為幹唐王鉷以丨骨上更跪
石留丨丨衣至骭寧戚歌短丨單風裂骭城中居民丨旰日晚㊂違日
㊂詳膝寧適丨丨詳年丨丨㊂石炭丨君勞㊂
脛衣澥丨丨晉引泉漱雷号自雨亭㊂胸也
丨食水流旰目多○岸五旰切㊂誕先登于丨○鬼岸匹充為人
骭白又亂額曰丨㊂光武丨丨檟丨丨○謂
麻棱如崖岸偉岸唐宗室從晦風岸仇士良以李石棱二巖岸唐郭群不為
之形㊂丨丨有丨丨深忌之㊂丨丨斬絶之

行泮岸淇則有岸隰則有泮丨圖泮讀作畔 霸陵岸南登丨丨丨回首望長安王粲 溝起岸殷仲堪門前丨忽丨為丨夢一人曰
君當為巾少岸州詳州勸子丨丨國○到彼岸梵云波羅蜜多此云諸佛地謂之彼岸心經注丨丨丨 騂岸馬頭白馬又騂丨
馬行豻或作犴胡地野狗 犬所以守故謂為犴詩宜犴宜獄 犴又記丨侯射的也周礼司裘注大射干五十 干岸丨同 犴使入
皃丨 貆干又礼區蟃蜒丨丨多家上林付 青犴君子褰裘丨多丨記玉藻 ○諺五旦切 逆諺丨書 乃丨乃 畔諺由也 喭田諺 論
舌丨丨剛 猛不恭 矸石净皃甯戚歌 南丨詳牛 ○看苦旰切衛玠被人丨杀 易時復看王湛床頭周
佳丨丨丨美姿瑳看宋謝述小字道兒丨風丨善李止 尒詳易 刘湛每日我看謝道兒未嘗足史不復重看後周柳虯為元季海
行臺郎中季海曰柳郎 衎行喜也詩嘉丨 裭剛直也 ○漢呼旰切丨水
中判事我丨丨丨史 衎賓式燕以丨 裭又旱韵 出嶓元府嶓
家山一名沔水書沱潛 子浂武后曰朕要一丨丨任使有乎仁傑曰荊州長
為丨 江丨朝宗于海 好浂史張東之其人雖老宰相才也 唐書狄仁傑
刺丨丨 傳趙宋吳進勇於戰上曰丨丨 進 鐵漢趙宋李道懿握兵江
吳進字作稓心 言行录 淮人号丨丨 詳笳 癡漢吳浂斷酒
く老癡丨丨 忍斷 風漢刘賁試策直言中官仇士良曰 阮宣曰看
厈中物邪詳物 奈何放此丨丨及第邪 王泉子 雲漢倬彼丨丨 詩 氣在天為丨水

象在天 河漢維天有浂 詩 万物之精上為列星丨精上為天丨 渴睡浂 呂文穆公胡大監旦遇之甚
為丨 薄客有李呂詩曰挑尽寒灯
不成夢胡曰乃一丨丨丨尒明年呂中甲科寄声曰丨丨丨 狀元及第 逆羅
矣胡曰待我明年第二人及第輸君一籌尒次榜果中首選 帰田录
浂 边鎬守長沙刘言叛鎬弃城走鎬豪儒酷 善說史漢晉王濟云張華 識誉
浂 惧釋氏却務全活人号丨丨丨 江南野录
漫浂 北齊楊愔有浂人曾漫浂自言猥賤不見丨愔曰鄉前在元子思坊內
騎秃尾草驢以方麴障面經見我不下我何不識鄉漫浂驚服人曰鄉
名漫浂果 桃源人避秦丨丨 ○半个浂 石鞏和尚曰二十年張弓
自不虛 史 不知有浂丨丨及晉 詳挑 架箭只射得丨丨丨 詳箭
陛下浂 陛亘大夫曰寸縷不掛 詩 蒿江丨尹吉甫美宣王曰與衰撥乱平淮
師曰猶是丨丨丨 詳縷 夷交小雅雲丨乃叔美宣王也遇灾而
惧 手号 天丨 人名 趙廣 發奸如神 吳介 隱 暵乾也 易 燥万物
武帝 若一敵国 蜀 晶黎瘠 者莫丨乎火 ○爛郎旰
切 詩 明星有丨丨羊頭 詳胃 焦頭丨額 詳客 石爛 甯戚歌南山矸白
思之丨熟 詳熟 丨燕 云毛 詳项 丨丨開眼電 東坡 丨 詳牛 契冊主曰巳
許石郎矣丨可爛王質觀二童子棊童子 美爛 刘寬掉覆丨汙朝衣
丨可改 詳改 柯爛曰汝斧丨丨矣 詳柯 寬曰羹丨汝手 詳手 糜爛丨丨
其民 孟 苞 布爛 王竟戒孔群嗜酒曰不見酒 魚爛而亡 言丨自不
尽心 音布爛 家 丨丨久則糜丨邪 詳號 梁魚爛亡若丨丨也 詳亡

戚丨 關侯景僭位道人僧通取肉揾鹽以進景曰太鹹僧通
曰則爛曰丨丨丨及景死以鹽五斗置腹中送建康市 史 瀾潘丨米汁
潘丨 淺餘又丨浪 冊傍皃又 讕誣丨 咎言 礀 玉 ○難 奴案切 記 難 註 瓓 米 禮記注 搞人注
波也 刘公幹詩從尒游波丨 相被也 丨 言 无苟免書而丨丨
任人 過秦論 齊難 相如為丨丨亡是 解難 揚雄客有難玄太深 排難 魯仲連
一夫作丨 公者亡是人也 困 雄解之号丨丨 本 丨丨 解
紛 詳 請難 孔融負其高氣 多難 王事丨丨 詩 六 八難 何胤信佛法曰三塗
為 丨 美 志在丨丨 史 丨藩 盡丨丨 公 美丨丨所共未免 詳肉 制
千里難 唐韋処厚曰一賢 滯義以難 後周元善為祭酒因講春秋諸儒畢集
美丨丨丨之丨 史 丨 難 善私謂何妥曰名望已定幸无相苦妥
然之及就講妥引古今丨丨 難 按 ○粲 蒼案切 白粲 張蒼定律丨丨
丨丨多不能對由是有隙 史 攤也 米白也 今擇米三歲刑
詳春。丨丨連 齊粲 狂言各須慎勿 撥粲 丆手丨子之 夾粲 軍人粲然皆
檣一丆 艭 詳指 齊粲使編丨丨 晉 詩 緇衣 穀梁傳 粲白笏
万衆皆咨 綺粲 靖辯丨丨 三粲 尊前有丨丨 谷 見此粲者 詩 南山粲 甯戚歌
齒白也 抱朴子 周語 人三為衆女丨為丨丨 曰丨丨
丨白石爛生不逢堯舜 ○ 師恩粲 祖考 詩 名山微言丨丨 人名 王丨 字仲宣
犇禪 詳牛 粲一作矸 丨 僧 謂三祖五祖 詳樓 良丨 王
鎢似衣 ○ 璨 玉光 燦 明 散 蘇旰切 說 積而能 散 周公
丨詳似 粲三女為丨 詳姿 璀丨 也 丨 書 亭 送難解丨 聲散 用玉

戔加以丨丨 禮 散飲器 以丨飾其口 賤者獻以 霰散 開口成章卞筆 廣陵
散 劉 五升曰散 く者訕也 飲不自節為人謗訕 丨丨 詳錦心
散 稽康將刑東市索琴彈之曰昔袁孝尼從吾學丨丨丨吾固靳之於今絕
矣 晉 康遊洛西暮宿華陽亭弾琴夜分有客詣之与共談音律索琴弾之
為丨丨丨声調絶倫以授康誓不傳人 後韓皋聞鼓琴至止息數曰美哉
嵇康之為是曲其當晉魏之際乎云云康以揚州丨丨丨 地也 魏丨亡自丨丨 始
盖王陵母丘倹等継為揚州都督 黃金散 古樂府不惜丨丨只畏白日蹉跎 搏沙散 勿作丨
咸謀興復皆為司徒所杀故云 唐 丨丨 丨丨丨 公
詳 囊 百要丨 ○ 贊 則旰切 書 益丨于禹 禹謨 幽贊丨丨 神明 易 係辞
沙 雲兩丨丨 中庸丨天地 聖衆皆称丨 雄贊 叶蕃 謂強
丨曰丨故君長曰論 不能贊 游夏丨丨丨一辞 孔家語 丨 話套 衣丨 ○ 瓚 才旱切 人名 公孫丨 持兩刃
贊曰弄贊 唐本傳 丨 又称 解也 洞井 讚 宋謝朏十歲孝
矛杀賊 詳矛 餘 鄭 聚也百家為丨 侯 讚 人之美 武詔為丨丨丨
事並 詳旱 匀 酇 又蕭何封丨侯 讚 唐將義為李德宗幸凌煙閣視題文漫缺呪能
於坐奏 口誦 圖讚 知者義曰此聖曆中侍臣高讚丨丨不失一字 困 ○ 換
之 史 胡玩切 阮孚金貂丨酒 詳 畔換 項氏丨丨 默我 物換 丨丨 星移
貂 女妓丨 紫叱撥馬 詳撥 畔換 巴浂 浂叙傳 滕閣記 骨自換 李詩 如李
仙 時至丨 后山 話套 丨 時節 逭 逃也 書 不可丨 喚 春喚 退之詩 喚起窗全曙喚起即丨
丨丨 丨 也声 圓轉清亮偏於春曉鳴

〔凶斎〕〔殷詞〕風可喚倩丨獨无事 一高聲喚只怪丨丨丨不應詩滴 〔後叅〕幽禽丨丨渡頭 奐 泮奐丨丨
尒游尒〔詩〕 輪奐美哉丨焉美哉丨丨 〔人名〕〔張丨〕後漢人皇甫規薦之自代 渙
優游也 奐馬〔記〕叔多見詳輪 詳代〔王丨〕与張冊親善詳冊
流散也〔詩〕方丨丨兮注水盛 清且渙丨丨〔詩〕 江水丨半滑渙丨倚勢為好余唐郭餘慶為相主書滑
兒老泉為其兄作丨甫說 慶怒叱
之未幾罷相〇韋処厚為相堂吏湯休招 〔卦名〕三三風行水上丨先王以享
權納賂処厚曰此丨丨丨也斥出之〔史〕 于帝立廟初六用拯馬壯吉
九二丨奔其机悔亡六三丨其躬无悔六四丨其群元吉丨有丘匪
夷所思九五丨汗其大号丨王居无咎上九丨其血去逖出无咎 〔人名〕〔王丨〕
後漢人為洛陽令得寬猛之宜
〔表丨〕破呂布惟取書而已詳卷 煥〔語〕丨乎文章〇孟明月朗八丨 〔後叅〕昭丨炳丨 漶 漫丨雖 測兒
〇鑽 祖筭切〔傳〕雖 鍇謂之丨 水紙鑽孜乘曰泰山之霤穿石單極之統斷幹丨丨 斧鑽石之丨泰非木之鋸斷葉使然也〔困〕互見綆 鬼
拽鑽 唐周興鞫獄有丨丨 丨牛孜撮之名詳撅 穿石木鑽 傳先生老君与木丨丨一丨厚五尺丨丨 丨石穿遂得仙丹昇天詳宍句丨字丨丨
〇腕 烏貫切本作捥 擊或作捥 扼腕丨丨自言〔史〕荊軻傳 〔侯書〕扼盬音同〇 後周賓識武帝謀代斉識丨丨曰臣請于擔首咎
戎行 脫腕 唐蘇廷碩為中書舍人元宗平内難書詔填委廷碩口所占授輕
〔史〕 月竜无差吏白曰丐公徐之不然手丨丨 宋李嶠曰舍人思若湧泉

〔困〕解腕 蝮蛇一螫手壯士丨丨 疾丨丨〔古樂府〕 斷腕 丨丨五代契丹阿保機妻述律后斷腕於木葉山阿保機墓〔史〕 鬪腕 齊鬱林王何妃
險乱与侍書馬澄丨丨 血沒腕 秦川中丨丨 詳本句觀 腕〔罰〕熱念令人丨丨 〔後叅〕横丨丨 驁丨 〇貫
較力王以為歡笑〔困〕
右玩切〔語〕一以丨之〔詩〕三歲丨丨 女注事 魚貫 貫魚以宮人寵〔易〕士卒丨丨而
也 腰纏十万丨 詳雀 又本丨丨 鄉籍也 進〔鄧艾傳〕丨丨上水尾相御也
得丨丨 揚珠貫 清唱弄丨丨〔燧〕歌者纍纍 朽貫 都鄙之衣貫丨丨丨日月
柳丨丨〔國〕 珠貫 丨丨平端如丨珠〔禮樂記〕 而不可校〔漢志〕 忠貫 郭子儀 蓋條
貫 同丨共丨〔漢書〕丨者綱 仍丨 〔語〕 金石貫〔潁〕尚義致金丨丨
目分析丨者聯絡貫穿 清貫〔代〕〔獎佐丞表〕 榷貫丨 丨丨可丨
〔邵〕長虹貫丨丨日 中丨 〔困〕五甲貫 唐薛仁貴射 丨丨同丨〔史〕 七札貫 決若丨〔谷〕 〔後叅〕談丨 奄丨 〔人名〕〔尚〕漢〔丨〕為
趙相〔丨文〕 盥 事並詳 冠 史韻沐猴而丨在此 覊冠 二十曰丨 虎而冠 驅鷙惡吏丨丨者也〔漢〕
仕東漢 早韻
〔書〕安可復冠 貢禹曰冠一免丨丨 邪詳平声冠 七十不冠 宋華寶父晋末戍長安丨又曰須 我還為汝上頭後長安陷父沒
寶年丨丨丨 昏丨丨〔曲禮〕
或問之輒号慟〔史〕 〔後叅〕群獨丨 觀〔詩〕遊丨厥成〔礼〕以丨四 因在此罰書頓還旧丨 日觀 泰山東南峰 日觀名丨丨雞一
嗚見 桂觀 見仙人好樓居乃作飛 兩觀 見闕觀也古者帝居每門樹丨丨於前所
日出 丨丨〔史〕封禪書 以標表宮門登之可以徧觀故謂之觀

〔縣〕〔後漢〕處〔催〕 東觀 見秘書監後漢書曰丨丨諧 甲
〔劉〕〔古今注〕 丨亦曰蓬丨 詳坚 蓬觀 見上 虎觀 詔諸儒論同異〔漢宣紀〕
觀 太子宮有丨丨〔三輔黃圖〕 京觀 見〔潘〕黨曰盍收晋尸以為京觀 積尸封土曰丨丨〔宣十二年〕 壯觀 盛遊娛之丨 達觀 見窘末
非丨丨〇丨 人果大丨〔谷〕 鼻觀 見不是聞思所及且令丨丨先參〔坡〕燒香 玉高觀 見李老君為張道陵說經処詳右 高唐觀 見楚王遊於
丨丨之丨 詳雨 巫山雲雨事 倚柱觀 見刘曜陷長安秦雍死者十八九初謠曰秦川中
觀 血沒腕惟有涼州丨丨丨時張軌拠涼州〔史〕 千秋
見賀知章乞為道士以 玄都觀 見丨丨丨裏桃千 雲臺觀 見陳摶隱武當山後居
觀 宅為丨丨 詳賀 樹〔劉禹錫〕詳桃 華州丨丨丨〔神仙傳〕
清 風觀 見北斉那邵字子才為西兖州 〇 三觀 見間思脩為丨丨 惟丨 具全詳修 〔卦名〕三三風行
刺史為丨丨丨丨 明月樓〔史〕 丨世音丨丨
地上丨先王以省方丨民設教初六童丨小人无咎君子吝六二闚丨利女
貞六三丨我生進退六四丨国之光利用賓于王九五丨我生君子无咎上
九丨其生君子无咎 〔後叅〕〔語丨〕唐大灌 〔語〕禘自既丨而往〇 老夫丨丨 猶救丨 〔詩〕其 丨其別 又上同 集于丨 智伯決水
丨晋陽詳放文潞 賜灌 投灌奉觴曰畳灌 郭解姊子負勢丨丨
公丨 樹究趣詳趣 貝灌丨丨〔記〕 飲也 〔漢〕灌人酒人怒刺殺之〔史〕 嬰灌 漢陰丈人抱丨
丨畦 用力多而 楚瓜 梁灌 梁宋就數灌其瓜美丨人 希灌而惡楚搔
見功寡詳機 瓜就乃夜竊為楚丨瓜楚令大悅詳瓜 病人

百灌 華佗 婦人病寒熱經年時十一月 佗平旦用 〔後叅〕 絳灌 〔人名〕〔荀丨〕晋荀
寒水涌百丨使溫床厚覆良久汗出即安〔史〕
為桓曾所圍丨 李勇士突圍 〔姓氏〕 古諸侯斟灌氏之後〔漢〕 漢功臣位次十 顗之女顗
夜出求救於石鑒賊乃走〔史〕 八丨一云第九封潁陰侯文帝時拜相〔漢紀〕
字仲孺父張孟為灌嬰舍人得幸故冒灌丨 夫喜任俠交豪傑 官 見早
剛直使酒 罵坐 詳坐 漢武時為太僕〔漢〕 漢武時封臨汝侯 館 句
悹 憂也 瘝 病也 鸛 似鶴好水將陰雨則鳴 名員金 垤鸛 鸛鳴于垤〔詩〕 碧鸛 說
也 鸛 甘竈 旱群 鸛丨 陣法詳陣 堂
許以文裘裘寬寬時衣碧而長族人皆笑 銜鱣 鸛 楊震鸛丨三丨魚集講
呼為丨丨 鸛說曰豈以見求人卒妻之〔困〕 堂前都講取魚進曰蛇
鱣卿大夫服之象三者法 趁蛇鸛 鸛嵬光乘任左十遺題呂朝士丞相姚元斥
三台先生自此升矣〔困〕 之長大行急自為丨丨丨 坐此貶 食鸛 許
取鸛 宋張次山為泰山守有鸛集戒石前若有所訴次山諭鸛先飛令 裸
兵官隨往鸛集一大木上啄之得有兩其二雛者為治其罪〔長編〕
灌者祭也 亦作灌 以圭瓚酌鬯獻神因灌於地 爟 〔周禮〕司爟丨掌行 瓘
詩丨將于京〔書〕洛誥王入太室丨〔語〕既灌而往義同 火之政令
王 〔人名〕〔衛丨〕仕晋 〇 竄 古史 七乱切〔書〕丨三苗 又改也〔韓〕遺墨丨 涂竄 刘禹錫
也 善草書 又婦登曰竄丨 吾名詳名 丨丨 牛
僧孺文有不平意詳慶陳希 點竄 杜詩能為李王詞才敏 鳳竄 鸞丨伏丨竹
亮改東坡文詳備要臺奨 述筆元丨丨〔唐本傳〕 鴟鴞翱翔〔選〕

付 屆爨俗通云奉頭丨丨 竈爨 韻會云祭祀之礼饔丨以炙 饎爨子許
以歸宗王(韻會) 打也 煎肉 爨丨以炊米丨下炯 詳 餗爨子
以金丨 萁爨 民生自熙熬 布爨 隋代王侗段 守東都 擂盡布帛山 香爨
丨(国) 萁爨豆以丨丨(吕) 積乃以絹為汲綆然丨以丨(隋志)
黎洞之人以丨丨 叔爨 宋易子而食 井爨 死婦助 ○文殊執爨 豐干謂閭丘公
代丨(番禺雜錄) 骸爨 析丨而丨(左) 耕爨丨丨(荊) 到任謁丨丨曾
賢在国清寺丨丨 洗器者是閭丘 (姓氏) 華陽国志昌寧 ○玩 五換切弄也
訪之寒山笑曰豐干饒舌 詳古 大姓有丨習 (書)丨物喪志
救獒(衡史)光武手不持珠 把玩 前過三十年與瞬息無異後所 娛玩 文字奉
玉之丨丨(賈策)丨細娛 把玩 得者其不足丨丨亦已審矣(柳) 娛玩丨丨(貫)
又鷗玩 海上人好鷗其父曰丨丨來吾玩之 (活套) 面丨服丨奇 (人名)
取鷗玩 明日至海上丨飛舞不下 詳鷗 丨珍丨抗丨 嗅日以 自
我為三公是天 翫 習厭也狎也(左傳)丨歲愒日 水懦弱民狎而丨之 ○
下為死人詳在 翫 詳(儒)(荊公)光陰等敲石過眼不容丨 又游觀也
段 徒玩切 終身議畔 欵段 乘下澤車御丨丨馬(馬援) 思段 有武將對梁元
不失一丨詳路 (傳)丨猶緩也言形丨 遲緩 風段 帝自陳 暇鍾我
為丨丨帝笑曰颾涼風 錦繡段 美人贈我丨 斬段 秀實罵朱泚云狂
段非千木(虎陵官下紀) 詳案 斬萬段 賊可丨丨丨 ○要丨
長鋏為丨 截蛟數段 晉鄧遐字應遠 沔水中蛟為人害 遐拔 檢国
丨(晉石崇) 截蛟數段 劍入水蛟繞其足 遐丨丨丨而出(図) 阿暮 阿段 宛姓

名帷以長幼次第 叫之丈夫称丨丨丨 賞羅五百段 工巧 唐虢国夫人堂成召
婦人称阿姨阿等皆語之次第也(史) 堤約錢二百万
復求丨以絳丨丨丨 (姓氏) 京兆微 晉鄭武公子共叔段之後 戰
丨與之啗而不顧(図) (活套) 分丨片丨体丨 国韓相段規 三輔決錄 段干木子隱
如去千寓丨 字子松 上邽人 谷永曰若子之才可優游都城而取卿
相(函) 字紀明 武威人 與張然明等称涼州三明 詳明 破羌 任司隸校尉
鄯單人 忠国難抗節 魯延 類 九世孫 機辯有文思 從諸
以為涼土文華 請為著作郎(北史) 齊州人 文德皇后之葬 勒兵衛章
武門 太宗夜遣使至不納 比曙帝歎曰真將軍 周亞夫何以加(唐) 字
墨御 流樊 任義節帥 荊南語曰旱不苦 禱而雨丨丨不愁 公出游 詳游子成式
著酉陽雜俎 字成公 汧陽人 笏擊朱泚 詳笏 倒用司農印 進兵 詳印
贈太尉謚忠烈 字秉直 洛有風節 敢言 趙宋人 字希逸 開
封 母夢鳳集于庭而生 仕至龍圖直學士 段儀 斷 截也 投轄丨流
仕蘇 光祿大夫 二女長元妃 次李妃 俱為后 詳婦 鑑(符堅)詳江 ○奉勅
丨酒 蠹斷 女媧斷丨足 機斷 軻親斷丨丨 而登(国) 岡壟斷而高 津中斷
詳蠹 鬣斷 立四極(列子) 機斷 機詳 機 龍斷 処 讀為剖斷之断 非
百年之木云云 比議尊於丨 矢(列子) 矢迎刃斷 唐裴旻善劍舞為奚所圍 旻舞刀立
之丨則美惡有間矣(列子) 馬矢四集皆迎刃斷 奚大驚引去(史)
辨四絃斷 蔡琰父邕彈琴 故斷一丨丨 天理丨 鸞膠續斷丨丨丨
絃 絃斷 絃孫曰第四絃也 詳絃 提起截斷丨 人欲方 鸞膠續斷丨 弦詳

弦 (活套) 腸欲丨 酒欲丨 撥情丨丨 ○亂 郎段切 詩 撥丨之志(禹貢疏) (史)猶治丨
歌声丨 五行丨 楚山丨 絕 又橫流之濟日丨(書)丨于河
十亂 乱臣十人(書)周任 周亂 婦女厠 散亂 曹劌曰視其丨丨 凌亂 已令拂拭
丨亂 丨丨(傳) 周亂丨丨(晉) 轍亂 望其旗靡(左) 凌亂 光丨丨(杜)
詳絹島坊 發亂 隔牖丨丨 撲 方寸亂 蜀徐庶母為曹公所獲 庶辭先主曰本
相丨丨(李) 絲亂 春虫(詩雪) 欲與將軍共圖王霸之業 今失老母丨
丨丨矣請從此(活套) 風絮丨 秋蓬 ○鍛 丁貫切 冶金 俗作鍜 冶鍛 唐太宗謂魏徵
別遂詣曹公(史) 丨軍行丨 鍛也 曰金在鑛何足
貴耶丨丨而為器 人乃寶之 朕 推鍛 唐吉溫構大獄與 柳下鍛 嵇康於丨樹
方自比於金 以卿為良匠(唐) 羅希奭丨丨(唐) 鍾會造
之 康鍛如故 會 碫 碬 砺也(詩) 鍛成 崇元傻游不丨 雄斷 糾丨丨
大恥之 詳去 取砺取丨 紀 決也 裴度傳 惟丨乃 (光武)神
斷 天造丨(易) 武斷 豪黨之徒以丨 果斷 性克丨 (周官)唐李勣贈 長於斷 杜如
丨丨(漢) 於鄉曲(史) 人以刀曰 欲其丨 於丨(史) 晦丨
於斷 房玄齡善丨 ○彖 吐玩切 孔子作丨辭 (人名) 王濬 詳屋 謂彖 黒衣
二人深相知(唐) 楊国忠為冰山 詩山 禄 王后
服 ○筭 蘇貫切 崇武丨 緡錢丨 商 廟筭 兵未戰而丨丨 勝者得筭多也 未
車丨 亦作算(論語) 何足算也 戰而丨丨 不勝者得筭少者(孫子)
(七)聡筭 社日小兒以葱係竹竿於廁中擲之曰資筭 崇景詔曰今丨丨十以
(書) 開丨 明 或又加蒜 欲能計丨也(歳時記) 上乃得官 廉士元資父

不得官 朕甚愍之 今丨丨 鞭筭 刘晏每朝謁 籌筭 壬戌自執牙丨計
四得官(図) 十筭 十万也 鞭筭 馬上以丨丨 常若不足 詳籌 窺筭 詳
韵 大衍筭 僧一行 通丨丨丨 聞国清寺僧術精 至寺 窺 困米筭 曹元理善筭
窺見僧正布筭 曰當有弟子求吾術 詳流 丨陳廣崇東
西二丨丨丨 不死猶筭 姚崇戒諸子曰 張說與我隙深 吾沒以碑請張 從聽 投
差圭合 詳(図) 必悔 碑成數日果悔曰 姚崇丨丨生張說 詳碑
筭蜀 何祗使人投筭 祗丨 其讀而 爵無筭 儀礼鄉飲酒 元筭樂 飾中舍筭 事
心計之不差升合 其精如此(図) 元筭丨 盡歡乃止
丨丨丨(孔春官大史)中 所以盛筭 設
筭於中 待射時取之中則釋之 詳中 多下一筭 高眞善筭術 眞自筭年七
死至二十四日晡時 死妻曰 見眞丨丨丨丨 十三 正月二十五日晡時
處別有旨 果差一日 有遺恨矣(西京雜記) (活套) 神丨 妙丨 ○蒜 張騫使西
亮議拒曹操 多籌筭 故名 本草 多食髮早白 遺生蒜 後閬仲叔 世称節士 周
胡安 閬州丨 山多蒜丨 故名 一說周瑜高 九章丨 域得大丨
不食(史記) 社日葱蒜 聰明計筭也 詳筭 丨丨丨 口終不言 啖食 指
丨受而 社日葱蒜丨丨丨 謂能 欲求益蒜 齊張融 豫章王會客 融
半白乃丨 剖腹視蒜 宋後廢帝好殺 游擊將軍 之(図) ○幔 莫半切 車丨 亦當作幔
息(庫) 孫超有蒜氣 丨丨丨 或通用 依本文附此
髮幔 吳趙夫人 指間織錦 號機絕 方寸帛上繡五岳四海 號鍼絕 武吏 紙幔丨
絕 神膠續丨 織裁為丨 仍一髮析為數縷 號絲絕(拾遺記) 武夷紙幔丨

君會于山頂〻〻屋宇其盛因号慢亭詳亭 受業隔幔 韋逞母宋氏傳父朗業得周官義旨立講堂書生百餘人隔絳紗幔〻〻小号（晉史）
牽絲隔幔 張嘉貞五女各持一線幔後郭元振〻得紅〻乃第三女詳絲 坐妓隔幔 梁柳惔甚重其妻頗成畏憚性愛音樂女妓精
麗不敢仰視僕射張稷為惔妻賞敬惔每欲見妓常因稷奏樂妻隔幔〻〻因得留目 褰堂油幔 唐馬璘治〻〻費二十万緡璘在軍守者
覆以〻〻（史） 酒鑪牽幔 謝戎鄉為尚書詔道旁〻〻停車〻〻与二騶對飲詳鑪 欲褰羅幔 范仲淹妻不宜開婦事詳帷
車幔 梁曹景宗為領軍出行常褰車帷幔左右諫〻〻景宗曰吾昔在鄉里騎快馬如龍逐麞數肋射之渴耳後生風鼻頭出火使人忘死今作貴
人路行〻〻〻輒言不可閉置車中如三日新婦悒〻然使人氣尽（史） 漫 水敗物也又爛〻淋漓皃 通作曼長夜曼〻何時旦 兩音 又（杜）老
去詩篇渾〻与 汗漫〻〻遊於九垓之上〇渺茫也詳亀 汙漫 行不兇於〻〻（荀儒效）水冒物曰盈漫〇（莊子）以辱行〻〻我義上同
文籍〻〻良朽蟫斷（唐馬懷素傳） 浪漫 元結稱浪士及有官人曰〻者亦〻爲官乎詳叟漫我聊亦〻君其漫（國）用此事〇漫當与謾義同
曼 （相如傳）案衍壇曼〻然无極皃 縵 繒无文（崇律）郎衣者〻表白裏（旌）天氣縵〻齊死生皃（禮）磬師教〻樂注雜声之和樂者（樂記）不学
操〻注雜弄調絃也（前後漢）〻田 墁 塗具通作鏝（莊）亦作郢人〻 （韻會） 鞔 衣車蓋也通作幔詳幔 謾 欺語又且

也亦作漫詳漫〇半 博慢切（易）思過〻矣（係）〇孔若思取書〻卷詳卷〻面識（應奉傳）詳面 強半 龍鍾三十力勞夜生巳〻〻（國）
半 黃石公〻〻授書与張良詳履李愬〻〻平蔡詳雪賈誼〻〻前席詳席雖知將且爲鶴知〻〻（淮南子） 鯉尺半 寗戚歌南山矸白石爛中
有〻長〻〻五見半 酒弃半 晉仲歛罰〻一經程而〻其〻詳程 鏡分半 陳德言尚叔宝妹曰国破汝必易隹豪家尚冀相見乃破〻人
〻其〻詳鏡 席分半 晉寗華歆讀書有乘軒冕者過歆出看之寗割〻〻而坐曰子非吾友也詳席 癡騃半 顧愷之体中〻〻各
〻詳黜 論語半 趙普曰臣用〻〻部佐太祖定天下一半佐陛下致太平（長編） 斆學半 惟〻〻〻（說命） 讀書半 晉殷仲文
善屬文謝灵運曰若〻〻〻袁豹則文才不減班固言其見書少也（史） 啖桃半 弥子瑕食桃而甘以其半〻衛君詳桃 分符竹半
崇竹符篆書与郡守各〻其半右留京師左以与之又詳符 居剌史半 別駕之任〻〻〻之〻（蕭俶傳） 分仁義半 張儉亡命止李
篤家外黃令毛欽操兵到門篤云云欽因曰蘧伯玉恥獨爲君子足下如何專取仁義篤曰今欲〻之明廷載半去矣欽歎息而去（諭） 家財半
崇下式願〻〻〻助边（史） 拔十得半 庞士元每所称述多過其才曰不美其談則爲善者少矣今〻〻失五猶〻其〻而可以崇邁世教不亦
善乎則 賜樂之半 魏絳和戎有五利以樂之半〻絳臣獲 一人半 符堅陷襄陽獲習鑿齒名与釋道安俱輿而至以其有蹇疾云昔晉

氏平吳利在二陸今破漢南〻土才〻〻〻亦謂道安一人鑿齒半人也（晉習鑿齒傳） 老病居半 百年三万日〻〻常〻（列子）楊朱曰百年壽之
大齊得百年者千无一焉設有一者孩提以逮昏老居其半矣夜疾哀苦亡失憂懼又居其半矣（列） 有圖書半 唐陸長源曰吾祖罷郡州〻車
一乘而〻〻〻之詳乘 分山一半 張垂崖見陳希夷請〻華〻〻〻 秫二頃半 我笑陶淵明〻〻〻〻〻（陶） 〇渡河
及半 闘佛法各有深淺譬如〻〻〻馬渡〻〻唯象則徹底截流詳象 （韻會） 額妝〻 泮水〻 絆 馬縶〻馬絆皃〻〻馬能千里不〻〻（晉載記）
（說）馬絆後魏宋弁為將軍人有〻〻絆者斬以狗三軍莫敢犯法（史） 長條絆 自家飛絮猶无定爭把〻〻〻別人（羅隱柳詩） 靬 荷牛
具在後曰〻 （韻會） 〻〻〇判 普半切（隱遺傳）自天地剖〻 花判 五〻〻判事詳花 山判 唐李元紘爲雍州司戶太平公主与
僧爭碾磑元紘判還僧長史竇懷貞大惧令改判元紘大書判後曰南〻可移此判終无搖動（史） 龜判 〻〻錯衮擲瀉章判曰〻青純〻半也
半圭曰璋 畫判 〻試舟言〻〻唐李志 貸判 〻〻所疑（唐）判（段文昌傳） 掌判 媒氏〻万民之〻（周禮）判半也得偶爲合主合其半 縿
判 陸餘慶為洛州長史善論事而〻於〻決人嘲判曰說事則喙長三尺判事則手重五斤（僉載） 陳牒求判 唐張旭爲常熟尉有老人〻〻
〻〻宿昔又來旭怒其煩曰公筆勢奇絶欲以藏家尔因尽出其所藏父書旭視之天下奇筆自此尽其法（史） 求李嶠判 桑道茂出懷中書函

〻〻〻云半勅赦後遂得原死詳赦 泮 諸侯饗射之宮天子辟雍水周之諸侯〻宮水繞半蓋東西門以南通水北无也詩能修〻宮 在
〻獻功在〻獻馘在〻飲酒亦作頖 芹泮 思樂泮水言采其〻（詩） 〻半璧泮故云 泮 冰釋（詩）迨冰未〻 （韻會） 群疑
〻胖 半体肉（禮）共其脯胖 畔 或作泮（詩）隰則有泮 遜畔 舜耕歷山耕者〻〻（帝紀）虞芮爭田〻不決相謂曰西伯仁人也盍往質之
入其境耕者〻〻行者遜路曰嘻吾儕小人也退以所爭為閒田（家語好生） 讓畔 宋仁軌曰終身〻不失一段詳路 澤畔 行吟〻〻（屈原）
農有畔 〻政如〻之〻（傳九二） （韻會） 〻无涯 〇叛 薄半切（書）〻官离次（記）周人作會而民始〻（左）衆〻親离 亦作畔（語）以
中牟畔 伐叛 〻〻可也（宣十二） 三叛 （春秋）〻〻〻人名以邑不義（昭三十一）〻年謂邾庶其莒牟夷邾黑肱也 親戚叛 宋神
宗在春宮中幼孫思恭講孟子〻〻〻之一章上曰微子抱祭器入周非〻〻〻之乎（宋蔡雜錄） 籍湜不叛 昌黎云〻〻輩雖屢指教不知
果能不〻去否〇懦 奴亂切又作懦（史）亦作需（禮）考工記輈人馬〻比齊叉不勤需注謂不傷蹄不需道里孟懦夫有立志此懦宜性〻
〻〻時有 新懦 演出（史） 飲退就〻〻趨營 懦悍前猛（韓愈狀） 尺懦 士為欲心籌付 勇輒〻〻（山谷） 水懦 子產曰水懦民望而畏之故鮮死焉
〻〻弱民狎而翫之則多死焉故寬難（昭二十） 酒懦 九飲一人為明府主斟酌之宜〻〻（含珮）謂者也酒猛為奇政謂熱也（出歸鄉日月）之

域外漢籍珍本文庫

奇懦宕丨丨丨而不（法）懦丨疲丨
小懦能强諫（左傳）嗷貪丨

十六諫 與襉同用

諫 古晏切（說文）証也丨掌糾詩諫王式為昌邑王師王以淫乱廢式繫獄當死
万民之悪（詞）戮丨　詩諫使者曰師何以無諫書式曰臣以三百五篇
捘王至忠臣孝子篇未嘗不為王反覆誦之　筆諫柳公權唐穆宗問書何由
臣以三百五篇諫是以亡諫書得減死論（唐）筆諫　善曰心正則筆正穆宗知
其為丨也（唐）尸諫史鰌衛蘧伯玉賢而不用弥子瑕不肖而任事鰌数諫不听死
丨也（唐）多諫謂子曰生不能正君死不當成礼置屍北堂足矣灵公往吊問
其故具以對公改容曰夫子死以丨丨　四諫宋歐公余靖王素俱列諫官蔡
可謂忠矣召伯玉為卿退子瑕（衛局）　襄詩云父有謀讓與帝右更須
凤采歎朝端三人以詩謂丨丨　自馬生諫張湛帝見之輒
於上亦除諫官時謂丨丨　諷諫主文而丨丨（詩）丨　曰丨丨丨目復
丨矣（語）居䇮（宋）味丨果名○（貴）謝送撖攪方懷丨丨　軒澗（詩）考槃在
詳馬　中果山谷名縣甘為丨丨味如撖攪　丨（書）澶丨
○端州西　南澗丨丨之　碧澗香芹丨丨　跳澗晋劉牢之与慕容垂戰於五橋澤
丨書院　澗濱（詩）　澗丨美（國）跳澗字之敗策馬丨五丈丨得脫（史）輒
移渡澗　陶淡結廬山中親故候之丨丨　覵視也（孟）王使人丨夫子
渡澗丨丨丨水人莫得近詳偃　瞷吾將丨良人之所之（人名）戍丨

襉 裵幅相間　閒（漢書）丨道走軍○何但上下床之丨詳求　一閒未遑（選）丨　五間用兵有丨丨因間内間反間死間生間也
（七）六閒丨（左）　莚有丨無閒禹吾丨丨然（論）丨嘗也有閒庖丁解牛曰彼節者丨丨而刀刃无厚以无厚入丨丨恢二乎投刃丨餘地矣
（國）詳反閒陳平以金縱丨丨於楚○以計閒閒也　請閒欲因閒瀉有丨丨白（爰盎傳）　病閒廖也（語）○晏烏澗切
牛反間楚
也（詩）言笑丨　歲晏物色丨将日晏（楚）天清丨丨選揚雄付三（人名）詳粉　美姿容語何丨
丨和也（世說）歲莫　輔人以丨出請濟為丨　（何）鞭
笄詳（姓氏）斉郡召音斉公族丨桓子名弱生嬰（丨嬰）字平仲相斉景公○一狐裘三十年○贖越石父詳驂
丨殊字同叔撫州臨川人七歲善屬文号神童安撫張知白薦之得召試為
秘書省正字恐得讀秘閣書殊性剛峻范仲淹歐陽脩皆出其門慶曆中為
宰相　謚元獻　子叔原娶寺丞已女丨叔原号小山有樂府行於世（姓氏）丨元
（殷）字景初姜桂之性到老愈辣○論事明目張膽丨詳膽　接開国侯
献安妻　鷃 鴽為鷃記焉鵔鸃之義以直焉丨　斥鷃丨丨笑之詳鵬　○
冨弼　丨内則　鶉鷃丨以鋒鼓也詳鶉　斥鷃有類說鵬鷃
雁 五晏切名朱鳥　架鵝　陽鳥（書）陽鳥攸居○大鴻小丨（爾雅註）丨丨
宿沙渚大者居中令丨夜圍而警採捕者○丨行詳布丨塞寄山回丨丨
峯詳　秉雁丨丨集不為之多丨丨呼群天　錦雁溫泉衢以丨石
峯　先飛不為之少　獨雁指水（山谷）　鍔為先丨過之

雁 揚裕出郊有人云北岳賜汝一物可跪受之裕帰發看之得丨丨一雄一雌後生一男一女男為宣徽使女為侯祖妃（类說）　執雁丨九
卿羔大夫丨（記曲）　羔雁陳群父子每宰府辟召常同　我雁丨丨　雁五代
（乳）取其候時而鳴　羔雁時雄命丨丨丨成群（漢書）　鵝雁鵝口雜丨　梁攻
兗鄆二州朱瑾嘉羶勇者丨双丨丨於頸号　鄛雁蘇武勿及諸言帝以後常
雁子都太祖乃選勇士数百号落雁都（史）　繫書雁恵帝使臣言天子射上林
得雁足丨丨書言武等在某丨丨上廣獵雁為人俗由春循
澤中単于驚曰武等实在（漢）　按章雁丨丨秋多陳其職（白帖）　循雁詩芦韵
鮑孤雁丨當為何南府法曹参軍丨丨　詩云不惜　柰落雁代五
充君府為帯以庭信辭大於當時号丨丨（溫公詩話）
梁朱侯蕢一　烹不鳴雁丹子出於山舍故人之家竪子請曰其一雁能鳴其一
号丨丨丨　不能鳴請殺丨主人曰殺不能鳴者弟子問曰主人之
雁以不材之死先生何处焉在子曰射第三雁隋史万歲擊突厥見群雁万
曰周将処夫材与不材之間（莊）　丨丨丨丨歳請丨丨丨應弦而落（史）
在鄴食雁皇甫規鄉人以貨得雁門太守謁規二卧　贋偽物也亦作鴈說
不迎既入問鄉丨丨丨丨美乎（後漢王符傳）　秫斉伐魯索讒鼎
曾以其雁往溫公居屢官　詩鴻雁丨美宣王也能（人名）宋丨丨字周賀修仙
為雁天子（韓）居然見貞丨　勞来還定小雅　道号太雁子詳鑑○
訕 所晏切（語）居下丨丨上（韓）閉口絕謗丨　汕魚游水兒（詩）　潸涕流○慢
○亦作姗（前漢）諸侯王表姍笑三代　汕丨丨　潸流

謾 欺也大陵切丨（孟）丨其二務丑下（易）丨藏誨盗冶容丨不丨○　跳慢
按丨訓惰也不畏也倨也嫚訓侮易也太字義同今依本文編入此
太宗曰人言魏徵舉動丨丨慢丨丨　嬾與慢嵇康与山濤書縱逸來久簡与
丨丨我見其嫵媚尔　慢礼相背丨丨丨丨相成又讀莊老
重增其放　老吏慢白发丨丨丨　春水慢柳塘丨丨（唐詩）　織題閑慢蔣堂侍郎告老姑
放　寒僚詳哺　蘇芳僧将遊分塘
求呂宗斉叔書公作詩曰吾師莫謝先書丟閑慢丨　可慢不可慢王通揚素甚
丨必不省斉叔見詩厚遇其僧且以書媿謝（貢國）丨丨章之或諸曰
彼实慢公何敬焉素以問通三曰使公丨丨則僕得矣　嫚侮易也（漢書）丨
丨丨丨則僕失矣得失在僕公何須焉素待之如初　吳備生　匈奴
書○　綰烏筦切音韵通　○患胡慣切（書）有備无患　遺患養虎丨（漢書）載患韓信曰乘人之車者
丨丨　易与民同丨
丨人之　銷患丨未形之丨　身為患吾有丨詳身　吾爲無患雍齒且侯丨丨矣（漢書）
（史記）銷患（前後漢書）
車裂人（左）丨諸果　宦本作宦（記）丨於大夫注家臣也（雜記左）晁靳曰丨三
里丨觀起於四境　年矣注李也李戎事為官宦二年　為丨二曰閹
人　素宦焉周一人介草以言天下丨丨然　薄宦李族仲　巧宦司馬安四至九卿良史書
事明君蹇章若丨丨然　之題以丨丨之曰（汲黯傳）
遊宦棲二丨子（選）　四時佳宦唐傅游藝勸武后革命擢至相一歳賜袍　摜貫（左）
自青至紫人号丨丨丨丨然卽敗自殺（史書）　丨丨甲

執豕朋豢　養牛馬曰芻犬豕曰丨又牛羊草食曰芻犬豕穀食曰丨　芻豢
丨甲胄豢礼運丨祭祀之大礼也人或作圈記君子不食圂腴少牢
我口孟　酣豢歐陽修文集序　擾豢曰丨龍氏左　餵亖是豢粢毋以朝皆
丨丨之悦　安能丨丨於富貴　董父能丨龍　吳代齊越子
有丨賂子胥曰是　幻丨化　喜幻丨丨韓　夢幻泡影詳見　佛幻
豢丨也夫哀十一　戒也書譸張為　此語乃
受記豈非　慣古患切或作串孟我不貫　習慣然漢書　如自見應物罷
遭丨丨韓　㥏与小人乘詩射則貫兮
鴻嘲飲大醉宿傳舍既醒見二妓在側驚問之曰郎中帝上寺司空詩因遣
其來問何詩曰高髻雲鬟新樣妝春風一曲杜韋娘司空丨丨渾閑事惱斷
蘇州刺史腸唐宋遺史　丨丨丨　蘇州過杜
二云刘禹錫過杜鴻漸　㥏貫艱難丨丨丨　帝
也韓愈　摜　昔患切衣系也周禮　小賤受恩多歐陽　卝束髮兒詩　亂古患切
老虔丨　禬館賦褐斜熳丨　鏟初諫切又產韵　總角丨兮　五患
　　丨丨　棧士諫切　
縈迂登石棧天梯丨丨絕丨道以備丨棧大鐘謂之鏞其中謂
劒閣李白　相勾連蜀　燒棧丨丨尖兵本架木為閣道栗棧之丨小者謂之丨禾
雅剽鍾声輕疾也鍾不大不小者名　馬戀棧於栈　出奔曹爽曰智囊往矣帝
丨丨鍾最小者長三寸口徑四寸　丨丨曰棧丨丨丨丨且必不能用晉書
紀　輚臥車通作棧　虥虎淺毛也爾雅　莧　侯襉切有馬齒莧鼠齒莧丨
詩有丨之車　戲　惟是甩丨　又有赤白紫紅人丨本草丨

贊不可向食丨荃晝曰黨甲　皂莧蔡搏為吳王遣之齊前自稱數
以土蔓之一宿変為黨　丨丨紫茄茹隴後其清南史　莧三年國子師
韓　辦蒲莧切瓜中実也　甜辦丨丨從役明皇取食　丨辦向求一瓣香
詳　辦　蒲辦兌丨詳犬通作辦　辯之千餘校皆丨丨　詳嗅香　瓣為曾南豐
香　辯　史記項梁常為主辦　盆辦辯信多二丨　侚辦大臣皆受成事
精辯周勃遇兩止　辦丨韓史記作共善　辦丨丨於上　孝皇紀
精辦之謀甚丨丨而不聞人声後因求為　奏　詳　嗞嗟辦厷宗作恭帝
土馬即辦繳丨丨丨史　刀頭取辦求千戶不許曰不爾周郎當就　丨丨詳義
殺之因　以耳明帝　綻　直莧切記衣裳丨裂　補綻丨丨　缺襲崔寔　工綻丨丨　兩
盼　四莧切本作盼　衵綢請補綴內則　紅綻　絲肥梅恩　(一)
馬　詩美目丨兮　趄丨左顧右丨　日好流視　拔劍相盼明月之珠以闇投人於路莫不
盼馬援　丨丨丨丨　未嘗轉盼後盧植字子幹馬融多列女倡
盼以示可用史　丨丨丨丨　於前植侍講積年丨丨丨丨史　綄　丨退
手　張建　扳　嘛幻切　引也
封妓詩撥　丨丨人名

十七霰　與線同用

冝文蘇佃切圓如稷粒故曰稷雪粒雪閩俗曰米雪黃魯直不雅雨霰為霄注
𨑳青水霄雜下曰霄雪霰同詩先集維丨　齡錦尾巧從踈処於詠皆誤
到撥劉　先　有聲人之心詩子曰有丨後○光武悅哉丨物畢乘章先人弦鄭熙
高以丨丨丨丨丨牛　禮丨天丨甲丨庚記丨立春盈疾行丨長丨丨人
十二犒師詳　倩　倉佃切士之美称　東笑倩巧丨丨兮語　魏倩陳平
須丨丨而後進　史　齊人謂女婿為丨倩　宛兮　倩好口輔　美倩鱼賢
邑傳　士之美称　人名　孝傷神　丨丨　望之字　湖字也
言惟陸景倩直清　詳倩　蒨　○焉不疑字曼倩言為吏大剛則折詳折史
班公若登仙詳驪　茜　草可染　絳色　蒨草盛　綪　丨絲赤
黃赤　絢　綃　翎縣切文兒詩　鐵貨殖傳千畝巵丨　遠也詩子　日搖
色　丨繪　素以為丨兮　人名　晏其臨藉丨　詢　嗟丨兮　鉤　史記
須梁丨籍日可行矣又相如賦日　明皇　眩　黃練切王戎視日不丨詳電　瞑眩若藥弗丨丨
宴丨而亡見注視不諦也宣晉面　日不丨詳電　冒　憤乱也欽
藥而銀海眩丨生花眼　頭眩　華佗人苦頭眩佗令解衣丨丨濡布拭身
毒　丨丨丨　倒懸頭眩　侯諸脈盡出五色以刀抉脈五色血盡被
履汗出　縣　楚滅陳為丨　赤縣寰宇東南有丨丨之州非此土聖人不処焉
而愈國　丨丨名始此　張衡靈憲中国名丨丨神州史孟子列傳又
大縣曰丨丨　壯縣　宗祖過曲逆曰　丨丨丨賤　劇縣　晉袁甫自言能為丨丨
亦曰識縣　并丨丨哉丨陳平傳　九縣　後安帝詔死故去職

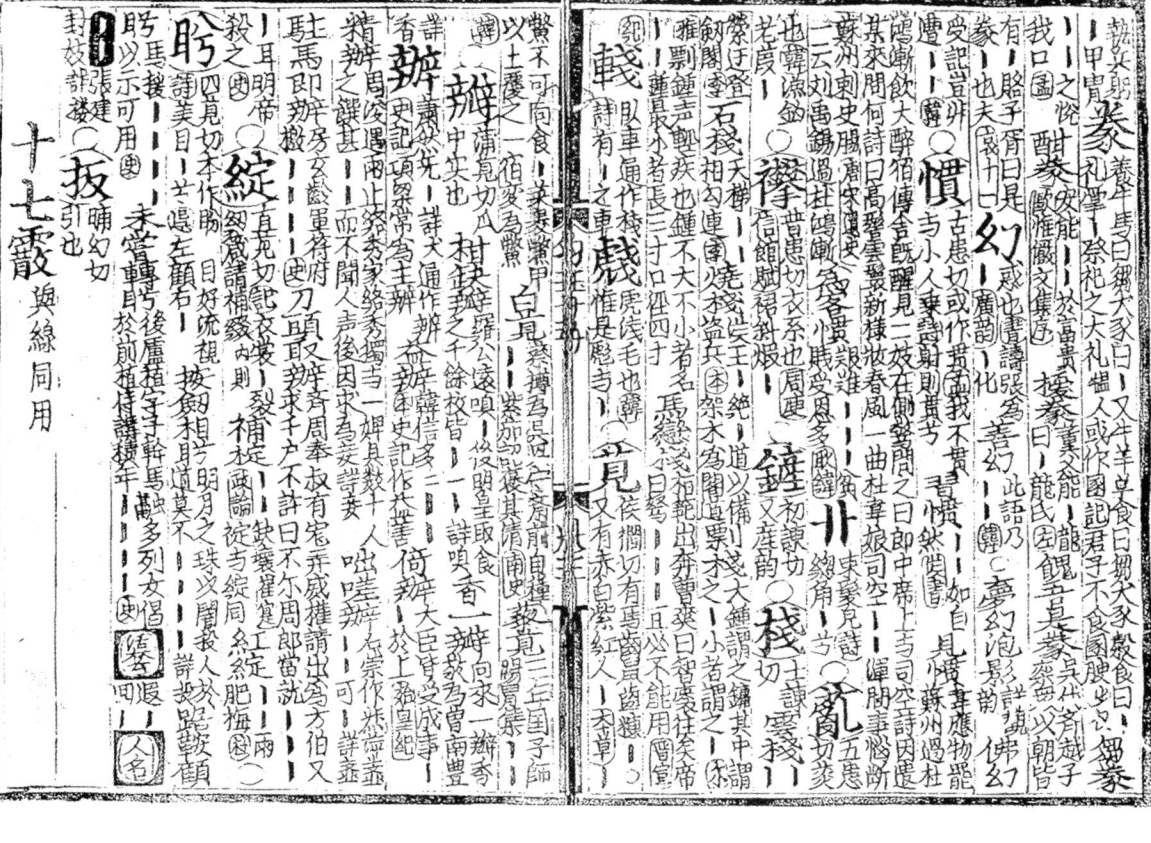

者丨丨丨十歲平縣五　高縣　酒惡者謂平原有丨　十辟縣　漢弃上
歲以上乃得次用　丨酒惡者至丨上往也毋説詳酒　斗辟縣谷之丨
丨丨兩縣　斗絕也　辟尹換縣　穎陽縣大其令丨丨未嘗理栗邑縣小其令丨賞
山丨丨　絃　服叢臺之下　才有餘辟宣乃奏賞与恭丨丨　兩縣皆理宋史
韵丨丨　好衣鄒陽傳　衒　自衒　漢書白丨○　䀏　規縣切側視
又銑　○　霝電　堂練切陰陽分争為丨月令仲春始丨　淮南子雷以丨為鞭○　閃也
紅綃　卒電　天笑詳笑列缺　其照夜這　丨光時掣紫金蛇　輕丨閃
禹錫　丨丨丨不及瞑目史記　太公曰疾雷不及掩耳　流電　時光速　激電　奔流疑　閃電　唐長孫
良之聞其弓声可謂霹靂見其走馬称為丨丨　分紀帝觀　晟矢厭
書処窓戶玲瓏金鋪玉觀輝映溢目号丨丨窓平康記　霞電　瞱二丨丨
若電　王戎視日不眩　馬追電　秦良丨名　十月之図　目
爛二若岩下電丨丨丨詳馬○　露電　如夢幻泡影如
丨　含章丨詳梅　丨亦如丨詳觀　殿　○麒麟
挹安蝩丨詳螾　通明殿　玉帝殿名○侍臣鴻　明光
未央宮有丨丨丨丨　絳霞丨丨丨丨　靈光殿　景帝子恭王　明殿
即著作之所實函　金鑾殿　李白召見　延英殿　唐李絳嘗盛　寶墨殿　燕子国有
薫端明殿五代劉昫以丨丨丨李士拜　觀風殿　隋宇文愷為煬帝意造丨丨詳
立日奏相入謝丨丨丨時以為榮史　丨丨行殿　丨丨離合為之下施輪

軸摧移倏忽有君○好窩佛殺古灵行脚回師陰俗命灵去垢灵抚背曰｜
神功莫不驚駭囯｜｜｜而佛不灵云云師於言下頓悟傳灯
陽合｜南董 甸 天子五百里地禹貢五百里｜服詳服孔太府邦｜禹甸維｜｜之詩南山治也 侯甸周官延｜｜芳
甸｜｜朝日射囯 陽合 瀲｜准藍｜又作散 鈿 以宝飾器或作鏌音與服貴 黃鈿紫冠人太平習七｜ 又先韵
絹絲菓咨謂雞冠及菊也○頊 他甸切以玉充耳詩玉之｜也 奠 書｜高山大川禹貢注定也 壞奠 祭儀奠天地｜位楊｜祇于京
一二臣衛敢執｜｜康王 釋奠 師南儒林傳｜｜于先聖先 佃 甫田 或作田治田也詩无田
之謚注｜地所出而｜貢 亦作畋書永力
畋尓 中佃 乘｜｜一轅車左佃訓中也古載 人名 新法務故翁 不附荊公 ○練 郎甸
田 物大車双轅乘車一轅常中也
切精熟也漢官紀｜意程 又遜也漢郊祀歌 匹練 後虞延初生有物若｜
｜時日○又｜繒 墨子見｜絲而悲詳絲 上于天後至大尉
韓詩外傳曰顏回登山門馬見一｜｜孔 大練 後馬皇后身 素練 張九齡文
子曰馬也馬之光景長一匹亦後魏衣｜｜衣｜｜宋 章如輕練
｜｜实濟時用 被練 楚伐呉組甲三百｜被練｜三千詳甲 練袍也 浄如練 澄江｜｜劉文 字阿練 晋王珉有胡僧
而窘边幅詳幅
及門曰若我後生得爲此人子足矣頃之病卒珉生一子始 先書後練 張伯英家
能言便解外国語又識外国珠具故珉｜｜之曰｜｜真詳記
衣帛必｜｜而 練 衛恒傳 女媧｜石補天詳天｜炭而炊詳 精鍊｜｜藏於鐵璞
｜｜ 炭詩｜句不如｜意 詳豁亦作煉 王褒講德論言
金鍛鍊言入人之罪猶陶冶｜｜使 百鍊 君才死不可要
也金鉉之成熟崇書作鍊 路温舒傳 欲經｜｜國 楝 苦｜鵷雛食
金飾子唐詩二十四番至楝 弄 苗纏｜｜ 國 建武元年長沙人歐回見屈原 其實 亦名
花信風｜花風其終也 曰吾蛟龍竊筒米可以楝葉塞以綵絲縛之二
物蛟龍所畏 齊諧記○見 古電切 易利｜大人孟於吾身親｜之 寡人如就｜者
也 因徐辟而求｜孟子語孺悲欲｜孔子 儀禮不冠不
｜汲黯唐書借不令封德彝｜之 揖門 并見 醫坐｜而觀天所｜者小也
求｜詳門過界不｜詳界其義自｜詳徧 ○尸子曰｜中視星所｜｜不
過數星 管見 ｜中窺豹時悠然見 南山詩｜｜｜南山此境与 晏戲 罕見 亟見｜｜曰聞
私心也 ｜一班詳豹 悠然見意會或改作望非矣 兵難隃度臣陳書麾詞隨
名｜｜曰朝 不如一見 趙充国曰百聞｜｜｜｜兵難隃度
夕 記少儀 侯安都謂齊軍安都曰卿驍勇有名千聞｜｜｜｜
曰今日令公見之獨騎大呼衝齊軍 何所聞見 嵇康謂鍾會曰｜｜｜｜
解去国唐辛替否法耳聞不如自見 而來何所｜而去 詳去 使子
布見 刘荊州作書与孫策祢正平曰 暫先見 吕｜｜為御史中丞王安石
將欲｜張｜｜｜之平 詳見 新拜參政公彈之温公後曰
｜｜之｜｜范景仁○知見香｜自薰｜｜ 人見我見 觀為竟為動止為空為
之勇 安予所不及 ｜詳香 靜空竟見未嘗相留有動

○硯 乃見切日光也○先静有竟无空即成｜｜是九夫之右有哲先動有
空无竟即成｜｜是二乘法王介甫金陵語录 詩見｜曰消
覞 堲甸切會意也 率 挩也又挩舟察○見 胡甸切 書不｜是畜 中庸 莫｜乎
詩｜天之妹 之 語邦有道則｜ 儀封人請｜
龍見尸居｜ 偃見 子路｜ 雜 衆見 如｜處褒中其 衣褐見 詳揭 春見夏見
｜曰朝｜｜曰享秋見曰 詩箋 載｜諸侯始｜｜立｜詳褒
覲冬見曰遇 春官大宗伯 子武王廟也須 莧 莧菜名詳 ○硯 吾甸切 墨
慶歷端溪水中石色青山半石紫山頂如猪肝者佳 硯譜 五見纈○又端石
三種色深紫而潤有深緑圓小鴝鵒眼者乃岩石 東軒筆録 互見眼○歙｜
出龍尾溪以金星為貴○漢武時到支進馬肝石作 鐵硯 青州以熟｜為｜
｜ 詩注曰結隣 離石鄉侯 即墨侯 石盧中 鐵石 甚發墨 文房四譜
五代晋桑維翰初举進士主司惡桑与喪同有勸不必举進士者維 竹硯 廣南
翰著日出扶桑賦又鑄｜｜｜示人曰｜弊則改举進士及第 国
以｜為｜ 晋儀注太子納｜ 呵硯 孫之翰人与一硯直二十千曰此石｜之
｜ 異記｜｜ 滌硯 妃有｜｜ 異記 呵硯則水流孫曰一日呵得一擔水只直三錢
譚 拷硯 李白貴妃 見古瓦硯出相州魏｜｜｜ 墨里人 搖土 鴝鵒 硯 黃帝
談 ｜詳 鍋 雀硯 往往得之貯水數日不滲 文房四譜 帝鴻 硯 得玉
一紐治為墨○海 篆 曰 龍尾硯 刻 蘩 翰 ｜｜｜友人欲之而不言 贅亦心 食
｜｜氏之｜｜ 文房四宝 石許友人不出而去乃徒步追及送｜ 南唐
｜硯 我生无田｜｜｜亦 發 筆硯 墜 玺主 筆 ｜｜｜ 君苗 祖 與孫硯 范喬年七一
破 硯 來｜枯磨不出國 見兄文 ｜｜｜｜ 翁 祖 譽 臨
終 执 喬首曰 恨不見汝成人以所用硯 不持一硯 宋包拯守端州 安事筆硯
与之五歲 祖 母以告喬抗｜涕泣 晋 紀 ｜｜｜ 硯 ｜｜｜ 歸
隋 來 護 讀 詩至 擊 鼓 其 鏜 踴 躍 用 兵 捨 書 嘆 曰 大 丈 ○宴 於甸切 詩君子
夫｜能區｜之事｜｜後 為 名將 史 班超 等同 詳筆 維｜易｜｜居
息 易 人｜息 隨 卦 左｜安 鴆 毒 ○ 讌 合 飲也○本作 燕 鹿鳴燕群臣嘉 賓
通作燕 語｜居 刘向傳 清燕之間 酺 賓 也 伐木燕朋友故旧也 嘉
式燕以衎 鎬京 春酒 話 五代 唐明宗 李 會 節 國 群臣 享 宴 公當
○亦作宴 周宴 ｜｜ 田 岐 公 曲 宴 ｜｜ 史 書此以見君臣之失 享宴 卿當｜
詳 櫻桃宴 唐新進士尤重 文喜宴 唐進士有｜ 布衣與宴 蘇明允初來京師
組 ｜｜｜ 詩話 ｜｜ 詳 謝 為 歐公所知 韓忠
獻 重 陽 置 酒 惟 文 忠 与 三 执 死於 陪宴 梁 張 續 路 經 江 夏 邵 陵 綸 餞 之 呉 規
政而明允以｜｜參其間 者 頗 有 才 名 在坐 續 意 不平 举 酒 曰
此酒 慶 汝 得 陪 今宴 規 尋 起 坐 子 翊 揣 西 而 知 之 氣 結 便 卒 曰
規 慟 哭 又 嘆 妻 翌 日 復 亡 時 謂 張 續 一 杯 酒 殺 呉 氏 三 人 國 燕 曰 鵔 又
名 天 女 摯 鳥 鸛 鷗 莊 子 鳥 莫 知 於 鸛 鷗 ○ 作 巢 避 戊 巳 日 ○ 燒 ｜肉 而
致 龍 博物志 虎 頸 燕 頷 詳 侯 吟 詠 旧 時 王 謝 堂 前 ｜ 飛 入 尋 常 百 姓 家 唐 詩
務 公 子 帰 乘｜ 漢 燕 宫 温 為 巢 声 多 稱 小 者 ｜｜ 紫 燕 声 輕 小 者 胡燕 見 上
｜ 位 史 詳 鸞 越 燕 胸 前 班 黑 声 大 者 胡 燕 作 巢 喜 長 毋 說 古 燕 注

玄燕甚丨丨之集　白燕陳馬樞隱于茅山有丨丨一双巢庭　玉燕張說毋夢丨丨入懷
燕幕（廣女作傲）燕擲時一至凡案春来秋去三十年（史）
有孕生　鷟燕京東河岸崩丨丨死数（文昌雜録）晉　蝠燕蝙丨与丨爭　烏衣燕
說（遺事）　兗州百姓飢或掘丨丨食之同上　昼夜詳且
唐王榭居金陵航海遇風舟破榭附一板抵一州翁媼皆皂服曰吾主人郎
也引見王坐大殿左右皆婦人王烏袍烏冠金花門二翁以女妻榭女曰北
烏衣国也王召燕室墨殺命玉杯勸榭曰入吾国者宗有梅城今有足下命
作詩卒章云恨不此身生羽翼女曰何相識也王不說遣之曰某日當回命
取飛雲軒既至乃鳥氈兜子榭入其中閉目少息已　賀廈燕大廈成而燕巢
至家梁上双燕呢喃榭乃悟所止燕子国也（麗情集）　雀来丨（淮南）
幕燕李札謂孫林父曰夫子在此猶燕之丨於丨上（左）　啄矢燕漢成帝時謠曰燕二尾延二飛燕来
啄皇孫皇孫死燕丨丨（趙后傳）喻趙
皇子
飛燕居（西京雜記）　窠雛燕范質家一燕育数雛雌者為猫所食雄者又別与一燕為匹
数日諸雛皆墜死剖之乃蒺藜子盈嗉中蓋為継燕所丨也
（証玉堂）　玉京燕有女姚丨丨室有双丨一為鷙鳥所獲其一歌二翔集玉京
（閑話）　之臂丨丨以紅縷繫足明年縷如故九六七歲玉京遇疾死
明年燕窺牕間訝其无人周回累夕姚殡在語墳在南
郊燕悲鳴至墳亦死（燕女墳記）衛敬瑜妻事同詳縷　紹蘭燕長安富商任
詩繫丨足寄　宗妻郭丨丨
任宗（遺事）　○石燕零陵丨丨風雨作則飛如真燕（湘中記）　蒼燕丨丨（杜詩馬名）　自超詣　飛燕張景陽七命駕紅陽
之丨丨（詩幕）燕二衛莊妻　（人名）（趙飛燕）詳
馬名　送歸妻也　前啄矢燕　鷰吞也　燕燕丨姚　○薦作甸切（韻）
先丨宗廟（漢武紀）推薦更相丨（後漢）五薦丨丨不入朝一大奔（漢（隱）逸）豐
闔郡不丨一人　麾乃出守詳麾　廣薦（記）草之深厚者骨
薦王亨有丨丨宴有折俎（宣十六）謂　薦亨則半解其体而薦之（五見烝）
薦之丨丨丨丨不能當也（前漢）　草莽薦材官騶發矢道同的則函猶
送薦坐薦詳　薦席　不知彼薦仁傑不知数擠師德　娄師德薦狄仁傑為相
其丨　涙爛坐薦所坐薦丨沾濕丨行潦可薦丨丨於鬼神（左）　給馬新薦范逵嘗過陶侃二
（團）　涙爛坐薦斉庾沙弥母亡　演圻丨丨之水　新薦母撤所卧新薦丨丨
每食不過　花一片飛一片丨減　○片昔薦切梁何
乾魚数丨　却春色詳春　石裂二片丨丨　僧惠崇　遜為武昌守
　片一丨　宮丨丨詳昇（陸套）雪丨雲丨　○
叱丨昇　愁一丨
荐才甸切薦席也又草也（左）戎　瑊荐重也亦作荐（易）水丨至丨雷震
狄丨居○丨至之丨別出　通作薦（詩）天方丨瘥饑饉丨臻　擠
籒○殿丁練切（韻）丨天子之光詩鎮也　啟殿軍前曰丨後
也殿丨丨前曰丨（句會）　最殿上功曰丨下
前曰丨　耶殿晏子曰不受丨丨丨非　最殿功曰丨　詳最奔殿（國）軍敗丨而丨
後曰丨　此殿巴富也恐失富也　○驟馨甸切○綫私箭切（魏志）毋手
駑牛具　孤蜀如丨
線戀丨丨丨中丨游　脂塗線九曲珠以丨丨丨　日長添線丨影冬至後添丨
絲于身上衣（國）　使蟻通焉詳曲　晉時宮中以紅線量
綫（歲時記）唐宮中以女功揆日長短冬至後
比常日增一線之功（續國）刺繡五紋添弱線（杜）　紅線如梭線傷蜀韓昭為礼書琴
獵李台瑕曰韓八座丨丨　青衣紅線魏博節度田承嗣将併潞州薛嵩二日
斫丨丨先一條長（國言）　紅線夜憂悶丨丨名丨丨者請到魏城覬其
形勢乃入閨房飾行具再拜而行曉回曰某子夜前三刻達魏城歷数門越
寢帳承嗣酣眠頭枕文犀枕前露一星劔一金合内書生身甲子与北斗神
名因持以歸嵩乃遺承嗣書曰昨夜有客来云自元帥床頭獲一金合不敢
留謹封納承嗣驚怛絶倒專使賫帛三万匹馬二百疋獻嵩曰某之首領係
在恩私知過自新專膺指使一日紅線辞去嵩
不能留為餞別因偽醉離席遂亡所在（甘澤謡）　○戰（傳七）之膳切左丨丨而覇
有征　心戰子夏出見紛華盛麗而悅入聞夫子之道而樂二者丨丨故未能
无丨　心戰決（史記）礼書詳肥○蜀馬謖曰用兵之道丨丨為上兵戰為下（史）
言在服敵　股戰魏勃丨　義戰春秋无丨　酣戰韓非子曰楚晉丨丨　督戰裴度
人之心　股戰丨而栗　義戰丨（孟子）　酣戰之時子反渴而求飲　請身
丨丨　蟻戰銭昭度詩黄蜂衙退海濤　茗戰建人謂闘茶　白戰丨丨不用持寸
（史）　蟻戰上白丨丨　酣山雨来（雲溪）　茗戰為丨丨（茶經）　白戰鉄（聚雲詩）歐公
有丨丨　蠻觸戰丨氏丨氏争地而　七十戰項羽曰丨丨餘　貞掉也又四　内
詩体　蠻觸戰丨伏尸数万詳蝸　七十戰丨未嘗敗（死史）　貞（書）　股栗動
顫五代唐帝親征石敬瑭曰我見薛　秋顫所栖桐葉雨　心丨花梢
顫文遇丨丨欲刺之（史）言文遇謀事　秋顫丨丨（段之詞）（陸套）丨寒丨　○
善（上）時戰切彼丨而丨之（孟）王如　繕補也治也（左）丨甲兵　墠除地也（記）
亦作壇（左）不　丨之丨惡之丨在上声　繕又編録文字曰丨寫　墠去壇為丨
為壇弁僕　（詩幕）東門之丨刺乱也男女不待礼而奔（鄭）　膳韵詳膳　壇（廣經）業丨專門（唐史）
禫　禫祭土曰封除地曰丨　封泰山祭天丨小山祭山　擅丨權　賦詩丨揚詳
揚　川七十二君封丨　相如封丨書（孟）唐虞丨（乃韻）　○彥　邦之丨兮
金蘭彥江文通別賦丨丨　洛陽遺彥後周裴誕之号　彥魚變切（詩）
彥之諸丨（金馬門）　洛陽遺彥丨丨丨丨（史）　諺言　啗言　字丨也（詩）
鄘　甗甑也（左）紀　讞又祢○　諺　諺　歸丨衛侯
甗丨玉磬　讞韵　諓（傳）大丨大何　縓　丨縉丨遣也　○絹　吉掾
切（風）布丨　束絹我有一匹好丨丨重之不減　鵝溪絹待将一段丨丨丨　掃取
辨其苦良　束絹錦綉段（困）梓州鵝溪絹也　鵝溪絹寒損刀丈長文与可丨
丨出　與子絹胡威父質刺荊州賜威絹一匹威曰大　與盗絹陳寔見盗止梁
盈　與子絹人請曰何故得此父曰俸禄之餘（後本）　與盗絹上寔呼子弟曰
不善之人未必本惡習与性成遂至於此梁上之人　黄絹耶鄲淳作曹
是已盜驚投地歸罪寔曰當由貧困遺絹二匹（後本）　色絲黄絹娥碑蔡邕題
其後曰黄絹幼婦外孫虀臼楊脩曰黄絹丨丨丨絶字幼婦少女妙字外孫女
子好字虀臼受辛辞字乃絶妙好辞曹操行三十里方悟歎曰有智无智較
三十　斜封白絹（傳）謝諷送書信白絹斜封三道印（番歐）　至孝得絹宗童家貧欲葬母路逢一
里　　婦人求為妻織絹三百四辞

永曰我天之織文君丨丨天 送馬報絹齊劉懷珍帝以白鷗馬囑人不可騎
帝令与君償債凌空而去 丨丨与之懷珍丨百匹丨或曰多懷
珍曰吾方欲以身托 投書奉絹元載在中書有文人求投載贈以河北一書
之豈計多少（史書） 絹更无一詞惟署名而已丨丨館之上舍丨丨
千匹 作碑贈絹唐司空圖官丨丨王重榮丨丨數 字三匹絹裴度脩福先寺
（摭言） 作碑賄絹千匣置絹虞卿市人取之尽（史） 絹皇甫湜作碑文
曰碑三千字每字丨丨丨丨更 毫兩匹絹宋沈慶之年八十丨人以丨丨丨吉
減不得裴笑依數酬之詳碑 絹之曰此絹足慶宿白今年不免矣兩
匹八十尺 贈刺史一絹北齊石曜為黎陽令斛律武都為兗州刺史過衛縣
也（南史） 令丞斂絹數十匹遺之曜手持一絹曰此是老石機
杼聊以奉丨丨武都知 狷 語必也狂 狷 丨丨 躁 鄄 衛地 ○援 王眷切助也要
其純儒笑而不責（史） 丨孟作獧 結外丨（文選）
呼援无然丨丨（皇） 胡援戈廣二寸丨三之丨四之詳胡 四援結其
手（國）黨比也 援倍於廣則六寸也四之故此 三之謂三 援无音 丨丨
昭二十三 失援丨丨必魏 無援陳小而遠丨丨將何安 （人名） 翁詳翁 院
丨鄰丨也（僖十四） 焉○丨丨於晉（晉文六） 鬱鍊
有垣墻者丨 又叁 書院唐玄宗置麗正丨丨聚文學之士（李白）鹿丨丨在
丨殿丨察丨官三丨 廬山詳鹿鵝湖丨丨在鉛山縣昔龔氏居山旁畜
鵝成群因名○岳麓丨丨在湘西○城南丨丨在潭州南 竹院因過丨丨逢
軒講學之地○東湖丨丨在龍興府○西澗丨丨在瑞州 僧話（唐詩）
柿林院唐王伾王叔文為順宗所寵狀叔文入 隋十六院煬帝築西苑有龍
翰林伾至丨丨丨見牛昭容等（史） 鱗渠緣渠有十六
院以四品夫人主 蓬萊迎暉院令狐綯召對命金丨丨送丨翰林丨詳蓮○分半院本行云若有入
之數游幸詳渠 道得着者借丨
丨丨与汝 花丨柳 嫒 美女（詩）邦 瑗 大孔璧好倍肉
同住詳半（蓮花） 丨深丨 嫒之丨丨兮 瑗曰丨詳去声好 ○面 彌箭切（記）聖人
南丨 臣北丨（曲礼）孟睟然見丨 掩丨而過之丨丨 白面 江湛之巽沈慶
讀易小人華丨○丨謾詳謾丨 折詳折人丨挑花詳挑 之曰耕當問奴
識當問婢今欲伐国而与丨丨 書生輩謀之事何由濟 鐵面 趙宋侍御史趙
（宋書）何晏面絕丨 啖湯餅汗出以衣自拭色轉白詳餅 抃弹劾不避權
幸号丨丨 又面 梁辯薄身短面長倚鏡自奇曰七 半面 後漢應奉字世叔詣袁
御史（長編） 尺之身不如一丨丨之丨後至相（宋） 賀賀時出閉門造車
匠開扇出丨丨視奉後數十年於路見車匠識
而呼之（史）梁元帝徐妃為丨丨妝以俟詳妝 假面 婦人乃着 高齊蘭陵王長恭白美
面畐冠三軍 痴面 趙孟為尚書令書清談面有丨 丨 背面 當面論
隋唐佳話 點語曰諸事不決問丨丨丨（晉書） 墻面（書周官） 不李丨丨 心丨丨 以對敵
笑 唾面 婁師德 丨丨 哀 丨丨 重寄（馬融傳） 便面 張敞走
（田）唾面自乾詳唾 拭面 吾頃坐疾疾（庄周） 方面 當四丨之一丨 馬章臺
街以丨丨搧馬○以障面者不欲見人則得 見羨面 子產始知然明曰它日
其丨今沙門所持竹扇士平卞自者是也 吾丨丨之丨而已今吾

見其心也（家語廿五） 頹醉面 李白詩先生已白為樂章白 謝白面 謝石患面瘡有物必之
丨 己醉左右以水丨面（国） 甚白呼丨丨丨詩慶
被覆面 丨丨丨王勃為文引詩稾 文炙面 必丨其丨 昭君村至今生丨（居士傳） 醜投面 詳鬼 諫議面 丨丨丨 開織宛見（盧）
儀同面 奴千作丨丨丨 見我矣詩同 當一面 張良曰韓信可屬大事丨丨丨（史） 茶乳面 丨少湯多則雲脚散湯少茶多則丨
丨厥 幾壞我面（宋季錄） 丨丨丨丨 晉謝万与蔡系爭言系推万落床冠幘傾脫万徐曰卿 系曰本不為卿面計俱不以介意時称之（國） 鏡不
見面 晉殷仲文照丨丨丨 其丨 戲見誅（史） 細去三面 湯事 詳網 聞名識面 北齊神武見宋遊道曰常 丨其丨今日始丨其丨
聞歌不見面 唐寧王宪姬七宝花障後歌之李白起 曰虽不許見面丨其声亦幸矣詳本 ○本來面目 詳目 溮丨 湏
水大 偭 鄉也（少儀）尊壺者丨其鼻又 俏也（賈誼）付丨蝶獺以隱処 眄 目偏合 瞋 丨眩 劌也 麪（家譜）付重羅之丨塵
兒 飛雪白○春饅頭（晉束皙）持秋起溲冬湯餅四時皆宜推牢九乎（同上）（蜀） 匀
都付挑柳丨（唐食貨志）達子丨丨○橋史曰君輪我瀛洲玉塵九斛詳機
麪 御公推作錦樣以進上方御丨（雲仙散錄） 撥心麪 東坡云以南都丨丨丨作
麪丨丨月兒羹命分賜之 芽盪㴑云云亦足以笑也 湯餅
羹麪 青々高丨丨来擾付中廚新 生日斗麪 唐玄宗后王氏曰不念脫紫半
麪丨来近市汁滓死相俱（国） 臂易斗麪為丨丨湯餅邪詳餅
食帷一麪 宋社丨於家丨丨丨 ○劍 尺絹切
飯曰某本一措大尔 寶鐶 玉劍 齊東昏曾時師子国
東昏毀像為潘妃 丨丨丨 玉劍獻丨像高四尺二寸
作釵丨（師子国傳） 虎魄劍 齊潘妃 丨丨丨 瑿直百七十万 賜金劍 孫程等十九人立順帝
斷臂取劍 宋王玄象為下邳太守好發冢有一冢每日初升一女子立冢上 各丨丨丨 指鐶（後漢書）
近視則亡發之女子年可二十臥而言曰我東海王家女應生資
財拍奉慎勿見害女臂有 玉劍丨丨丨之女復死（國） 弗 諸刍不牧附在此 歌帳一丨珠詳珠 穿 貫丨經（司馬遷傳） 毛 地也
○掾 俞絹切從制曹官為丨有 丞掾 馬援守隴西推總大体諸曹 寃 毛葬穿
丨丨丨之 決曹丨賊曹丨功府丨 白事輒曰此丨丨之任詳哀 謝掾 温柘
丨丨 文年四十必擁旄杖 亡愍掾 庾中年詳謝 親肥丨丨 百六掾 晉元帝為晉王時
郎王掾 猶當作黑頭公 掾屬百餘人謂
（史） 三語掾 王太尉問阮千里曰老莊与聖教同異答曰 殺兩掾 吳黃蓋為
將无同太尉善之辟為掾号丨丨丨（晉史） 石城長署
兩掾曰宜各尽心父之兩掾 殺公掾 晉嵇舒為司徒周顗辟為諸府辟書下
不法遂丨之縣中震栗（國） 公輒丧号震為丨丨丨 莫有辟者舒辟
之无 問禮掾 後崔琰以事繫東郡獄云掾善為 緣 衣純也（記）深衣純袂
患（國） 禮掾禮接丨丨以丨 詭其好事如是（國） 又飾也（公孫弘
傳）丨飾 偏諸緣 縗衣絲緩丨 裳不緣 後祭道夫人 裂餅緣 後周王罷鎮河東
以儒術 丨丨 詳諸 丨丨加丨（史） 為臺使設食使丨

夫淳||罷怒曰耕種春獲功力不少亦 去餅 緣李英公為相鄉人至為設
之退擇當是不飢命撤之使者大慙(唐)||公責之客大
慙(南部)(新書)
〇箭 子賤切|本竹名(記)礼器猶竹|||(圉)胡人
之有筠注|篠也〇与矢韵通者 傳箭 青海死||為号或
曰守城者更夜 三箭 薛仁貴||| 木箭 即基削|為|箭紙 漏箭 太史立成
||以警(周礼) 定天山薛矢 為羽拒眾軍詳羽 起兵以||| 法有四十
八箭(周礼注)(後漢志) 赤箭 ||丹砂(本草)柳公權書有|鐵絲箭 腰下
孔壺為漏浮箭為刻 ||时奇(三国)三兩以扶衰病(法帖) 憶亦
||射殺林 鶴觜箭 文宗射中一|||||而逝蜀道士徐佐卿曰吾為流
中箭毛屁(唐) 矢所中後年箭主至則附之及帝幸蜀深異之徐乃
帯箭|雉帯箭 烏黎觀獵有 氈頭箭 李道表仕偽蜀有婦能蜀平太祖曰有
也詳雀 ||||詩 此態邪以|||||射之正中其腹李不
動太祖曰外柔内勁援供奉官 南金東箭 晋顧衆吳郡人虞潭會稽人並起
後擢兵江淮吳鉄(宋)(國史)(聞录) 兵討蘇峻賛曰顧實||虞推|
(国) 射潮鐵箭 錢鏐事 詳潮 拔猛獸箭 晋桓石虔小字鎮惡從征(図)猛獸被数箭而伏
虔亦跳高於|||復拔一|| 諸將戲令||箭石虔急往拔得一箭獸跳石
(史) 拔中額箭 唐杜伏威与陳稜戰射中伏威額怒
從柏溫入関威震敵人(晋) 曰不殺汝箭不拔馳入稜陣獲所射
將使拔箭已斬 射中兩箭 五代安重榮晋高祖招之其母不可重榮立劈箭
之(史)上文見娩 百步曰石公為天子則中之又曰吾為節度使即

中又中之後果為節度欲反母又止之乃指誓 折十九箭 吐谷渾阿
龍口射之曰吾有天下則中之又中後以反誅(史) 柴有子二十人
疾病召諸子各獻一箭取一箭授弟慕利延使折之既折之取十九箭 回船
使折之不能折乃諭曰孤則易折衆則難摧戮力同心可以保国(國)
受箭 孫權乗船觀曹公軍箭射其船偏重將
覆權因||||箭均船平乃還(志) 非徒竹箭 吳虞翻會稽人以所
注易示孔融荅曰書
延陵之理桑吾子之治易乃知東 棄人得賊箭 張巡守雍丘矢盡縛
南之美||會稽之|||也(史) 餘夜縋城下賊爭射之|||千
|数十万其後復縋人賊笑不設備乃 〇拔襖當箭 石鞏和尚常張弓架箭
以死士五百斫賊營追奔十餘里(史) 以待參者義忠禪师詣
之石鞏曰看箭师||||之鞏曰三 箭鋒相拄 詳(陸套) 羽|曾 煎 熬也又 石崇則
十年張弓架||只射得半个兴(傳灯) 連|
上置甲|大王詳年 揩 揮也見 〇扇 式 戰
香詳秦 濺 (史)五步之内得以頸血|大王
切尿也說月令乃修闔| 朱亥背裂血出|虎詳虎亦作濺 商雉尾|(並古今注)周
鵲翅|(拾遺記)漢九華|(西京雜記)又箑也舜作五明| 團扇似明月云云弃捐篋
筒中恩情中道絕(班婕妤)紈|本招風曾將熱时用秋 羽扇 葛亮葛巾|||
來扭壁上却被風吹動(殷芸小說)松树織|清揚以(蜀) 羽扇指揮三軍(晋書)
(語林)|||之始詳影顛梁 婆扇 謝安鄉人有五万浦|||安取
毫||却陳敵軍詳洩 執之士庶競慕價数倍(晋史) 李扇 肖子顕為史書

見九流不与交言但||一揮而已衣 六角扇 王羲之在戢山有老嫗持
冠切根之(晋書)王導||敵塵詩塵 竹|賣因書扇各五字嫗
初有慍色羲之曰但云王右軍書 七輪扇 漢長安丁緩作||連續||
求百金人競買之(史)嫗一作姥 大徑丈一人運之滿堂寒(西京雜)
(記) 歌團扇 晋王珉与嫂婢通嫂鞭撻過之珉好持白團扇婢製白團扇| 蟷
贈珉云||復團扇詳持自障面憔悴无復理羞為郎相見
雀扇 齊高帝好为扇何戢有||雀扇以獻之(史) 不畫扇 弟欣曾稽王世子元显使 賜太守
||顧景秀所為絕巧 書扇不奉命元显怒之(史)
扇 晋袁宏為東陽太守謝安欲以意迫試之授一扇 攜范質扇 執扇書大
行宏曰即當奉揚仁風慰彼黎庶人皆宰而能要(史)
暑夫酷吏倩風來故人句有人見怪匾揖曰酷吏究獄何止如大暑公它日
當深究此弊因||扇上公惘然後至一廳見一土木短鬼見如所見扇亦在
焉(因) 隸事蜀扇 王儉||以何處隸事多當五花簟白團扇 如驅蚊扇 哀光
(見录) 王摘後至操筆便成摘抽簟|||而去詳簟 庭與
名播明皇曰光庭 暑不熟扇 唐韓晁五 熾扇 熾盛本作(詩)
姓遂惡|||| 代李异 驕妻|方処
西顧 或作睎詩睎言顧之 東西眷 裴氏世為名族居燕者号||眷居涼者
〇或作睠睠顧 嗋傳諸吕婿為 号||居河東者号中眷(五代史)裴暐
〇眷(詩) 乃||居倦切
(陸套)天||卷(楊子)一||之||書未發辞去今|辨如嚮
深||卷 書以立之师 万巻 李泌閣秘閣||讀書破||| (梁)(本紀)梁孝元帝之敗焚圖

書十四||曰讀 黃巻 狄仁傑云||中方与聖賢對語詳語 五千卷 崔儦大署
書||九有今日 古人寫書用黃紙有誤以雌黃滅之 有朱遵度 奪詩
其户曰不讀||||書者无得入 小萬卷 宋朝朱昂篤於学|||
此户(北史)中有文字||(史) 者时号万卷目昂為
卷 唐宣宗微行至法乾寺取賈島詩卷覧之島 不釋卷 晋皇甫謐得風痺
取||曰即君何會此宣宗去除島長江簿 疾尤手|||(史)
取書半卷 唐孔若思有遺以褚遂良書者納一卷其人曰是書 青囊九卷 郭公
||貴於金何||之廉者曰留亦此為多矣更还其半(史)
||書| 取書数百卷 媿表從曹公破呂布眾皆 〇倦 渠巻切勞使民不
||詳褒 重戴推|||||(史) 倦誦人不
請益曰无|(子路)(論語)及其 忘倦 唐馬周論事无一言可損||(史)相如倦 老去
所之倪||〇服者|矣詳報 益听之縓||令人|||
|(文)(國)(詞)長卿故倦(金) 〇戀 力券切 眷恋 宗測||| 松雲 恋有
貧其人才足依也(困) 軽迷人路詳蒙綈袍恋 故人之意詳
袍 駑馬恋 晋宣帝詳曹爽柏範出赴爽帝曰 良臨可恋 王績待詔門下省
|||棧豆必不能用果然詳棧 官給酒日三升或
問何樂曰||||||亦 兄弟相恋 後漢姜肱||各娶後 晋||迷||
陳叔達乃日給二斗(困) |||不能別寢(史) (陸套) 癡||蝶||戀
媿|美也 〇變 彼眷切(易)通其||係以察时||(語)齐一||兽一 君
又弥韵 子有二||(漢書)不知时| 唐文 |(韓文)(賛) 虎

變丨文人丨丨豹變君子丨丨同上經變則丨 丨則虎〔易〕上文見別 事變〔詩序〕權變〔廣雅〕陸丨丨〔屈〕飛變
李詣居上丨丨告李文好事 詳見飛語先姓名上変者 唐文三變丨丨草无慮〔文藝叙〕不知合變 父書丨丨 趙括徒能讀
〔史〕丨〇卞 皮変切〔書〕康王之誥率循大丨 法大法也〔姓〕氏 濟陽羽音 曹叔振鐸之後食采於丨因氏 楚人
卞玉事詳玉〔丨莊子〕字望之 晉尚書令丨壺 〔丨莊子〕丨之勇〔論語〕
子昉盱眙赴賊皆死〔丨華〕字昭雅 偏習五經兼綜五經博士說經析理為當時
冠〔南史〕〔丨彬〕字士蔚 杜齊不得 仕進為枯魚賦以喻意〔南史〕 汴 水名又州名 昇 喜樂皃又日光 抃 拊手又彈指為歌舞之節
弁 冕也周曰丨殷曰冔夏曰收〔詩〕載丨俅俅 璲弁 楚子為丨丨玉纓 夢河神謂已曰畀予予丨 陽攻孟諸之麋〔唐〕〔二十八〕 皮弁 綦績
〔風〕突弁〔詩甫田〕丨丨而丨兮 會弁〔詩淇奧〕丨丨如星 赤弁 婧娫一名 丈人〔古今注〕丨丨 〔詩篇〕頍丨 諸公刺幽王也 不能親
睦九族孤危將亡 〇選 須緇切〔記〕丨賢与能〔礼運〕升於司徒曰丨士 又數也 不可丨也 間居語丨於衆 子路 白選 白金三品其一
名丨丨 兩音詳上声 〇貸具名 監選 〔王制〕 丨選 唐吏部九官員試判登科者謂之丨丨 〔唐書〕 骰子選 丁謂除參政 楊億賀
之 公曰丨丨丨丨亦何足道哉〔國老閒話〕 舞則選兮〔詩〕 謂 於倫等最上 〇選佛場 江西馬大師出世 此丨丨丨也 詳佛 〇

〔饌〕 士恋切 陶侃母截髮供客丨丨 詳 髮 仙饌 麟脯〔神仙傳〕丨丨 善饌 嘗饌丨世子亦不能飽〔文王世子〕 世子亦能食嘗饌寡也 善多也
兼饌 执金吾入界一人皆二人之丨〔史〕 〔漢〕冠恂事 勢進異饌 後周長孫澄 虽不飲酒好觀人酣與 恐客歸丨中厨別丨丨丨留之〔史〕
銅槃盛饌丨丨 楊愔少时叔暐異之為於竹林別葺一室命独居其中以丨丨具 飯之謂諸子曰但如遵彦謹慎自得竹林別室丨丨重肉之
食 白毋設饌 范式為張劭後二年當過叔至尊候之果至 詳 〔史〕 後元伯丨丨丨 胡 寫十人饌 宋刘穆之性奢豪 旦輙丨丨丨 〔史〕
竟日盛饌 晉羊曼任達頹縱 及精羊固 叔為丹陽尹时客来早者得佳設日晏漸罄不復 臨海守丨丨 皆美晩至者猶獲丨丨論者謂羊固之
豐腆不如羊曼之真率〔史〕 不宜節堂饌 唐宰相張文瓘同列以堂饌豐餘欲少損 文瓘曰 天子所以重樞務待賢才也丨丨丨減以自取名
〔史〕 〇伊蒲饌 楚王英以縑贖罪詔報曰其還贖以助丨丨丨之 〔史〕伊蒲即優婆塞為近住言受戒行堪近僧住也 〇塞 桒門 丨丨 撰 事見
韻 〇纏 直碾切 繞也 葫蘆纏 歐陽景与金銮長老詩 到了不 于藤蔓事丨丨自去丨 葫芦 〇旋 辞恋切 遶也
瀍 水曰丨也 〇傳 直恋切〔孟〕丨食於諸侯 杜預左丨 癖 详 癖 五傳 辛閑丨丨〔孝經〕左氏公谷鄒氏夾氏 三傳 丨丨作而
春秋散 霍光傳 相温将廢海西公王愚之命取丨丨丨礼伐定於須史〔史〕冠
〔文中〕 來公叔相恨忠定曰曾讀丨丨 否曰未也 更无他语盖以

不孝為戒〔居山叢談〕 五柳傳 陶潛著丨丨〔史〕 著舊傳 習鑿齒作襄陽丨丨丨 跣列女傳 虞世南命寫列女傳於
屏風 世南暗丨丨 好讀左傳 関羽丨丨丨〔史〕 宋月讀左傳一遍〔史〕 妮貫 不能左傳 後妮與吾貴生 徒觴云於左傳
之无一字謬 似丨丨 説吾貴閒之詣刘閑為講傳二百〔史〕 蔚宗香傳 范曄撰和香方二卷〔山谷〕〇
後集諸生講之義例无穷季者奇之〔史〕 讀父書傳 趙括徒能丨丨丨丨 詳 変 覓米作佳傳 丁儀丁廙有盛名 陳壽謂其子曰 丁不与不為立
傳〇北齊姚收脩国史得楊休之助 因曰无以謝德當為卿作佳傳 詳史 村儒授左傳 文願宋真宗时赴卿举遇 丨丨丨 當為尊公丨丨丨丨丨
丨丨第十册曰熟此取富貴 後試 曰此行登第矣丨 鑄鼎象物賦遂擢甲科官至尸侍 五斗先生傳 王績飲酒五斗著〔史〕
士丨毛頭丨 〔陵〕丨 借吏丨高 真隱丨 詳 隱 〇賤 才線切 易 以貴下丨 〔易〕 〔誌〕 〔孟〕丨丈夫 文丈夫 賤丨丨之中猶欲貴 〔志〕 穀丨傷農 僕賤 所賎於执事〔韓上〕
〔阮籍〕〔孟〕 疵賤 物情弃丨〔范至能〕 踴賤 齊景公繁於刑有鬻踴者 公曰何 貴何賤 晏子曰踴貴丨丨 詳 踴 貴能賤 所丨趙孟之
之〔孟〕 丨 貴使賤 馬援謂梁松曰凡人為丨當可丨丨 周士賤 丨丨之丨也 皃可
是賤 後妮任城王澄子順年十六詣高肇門 者曰 在坐大有貴客 順叱曰任城王丨丨丨丨也〔史〕 以女寵賤 漢馮野王帝
公後世謂我私後宮 野王兵 日吾用為三 〔詔〕 皆丨丨丨 貴我兄弟独以丨〔史〕 〔漢書〕 人微丨 〔人名〕 琴事 詳 琴 〔父子丨〕 鳴 餞 以酒食送
之 飲餞〔詩泉水〕丨丨于祢 祖餞 詳 祖 班餞 李光顏还丨 武百官丨丨 杯水葵餞 蘇軾為百姓 曰 公清如水以丨 也〔詩〕 是父
祥水 淺 善言 韻 〇羨 似面切 貪也 〔楊子〕 人丨 以生将以孝也 歆羨〔詩皇矣〕 无然丨丨 健羨 知其雄守其雌是去
丨丨丨也 不見可欲使心不乱 是去 黜聰明 〔馬遷傳〕 〇徧 畀見切 亦作遍 〔孟〕 小惠未丨 知不丨物 尽心上
丨丨也 詳去丨丨 〔左〕 書百徧 董遇人有從学者不肯教云 史 宋徐廣年八十猶
歲讀五經一丨 〇姚覓晝 讀丨丨丨 其義自見 〔姚謂〕 晝三徧 孫竹千十當曰
好春秋左傳 月常一丨 終身不忘 因誦 歌哨遍 東坡在昌化負大瓢行丨丨丨
吾於丨讀不過丨丨 為所讀 〔漢〕書尽卷不錯一字〔例文〕 田畝間盖丨丨也 詳 変 記漢
書略徧 北齊邢邵五日丨丨丨丨 詳 記 〇輾 女箭切 轉輪 治穀亦作碾 〇羨 于線切 餘也 〔孟〕以丨
賦入貢名丨餘 又墓道曰 史記 衛世家共伯入釐侯 丨丨 奇羨〔前漢志〕 以收丨丨 羨 補不足〔唐志〕 不以常
羨 声 〔周〕考工記 羨徑也 好璧孔也 〇好羨 〔漢志〕 盈羨 溢丨丨 〇盛大皃 大渙之德逢涌原泉沕潏
〇 度尺好三寸以為度 〇好丨 豐 衍 盛也 盈也 又山陂曰丨丨 〇
急龍之戲 巴渝戲也 綖 狸而長 縵丨 〇以 又曼丨 獸名西域晉曼丨
〇餘事並詳祢韵 筵 延 蔓丨〇 不断皃 延 也 及 〇 轉 知恋切 流丨 又迁丨

又車上衣裝曰丨左路丨而鼓琴後共四 蜣蜋轉五代唐任圜曰若捨李琪
○歐陽云物自丨上声以力丨物去声 蜣蜋轉而相推協如奔歟合之九
而取丨丨瞳四轉晉庾純譏 雞子轉王述性急丨丨丨擲地圓轉詳急 傳驛遞
之丨也史瞳四轉子丨丨史怒雞子轉丨不已以屐齒踏之 也郵
食其次高陽丨舍丨音張戀切又廣韵郵馬諸 軺傳徵天下通知說經古義
京曰丨車以車駕馬也又置单馬乘之曰驛騎軺傳者在所為駕一封丨丨
漢平紀 節傳凡律貨賄者以丨丨出之地官司關商取貨至關丨丨 郵傳如丨
辟封 節傳為之筭節及轉出之轉如今移過所文書互見信
丨辟傳晉梁山崩以傳召伯宗丨丨辟重曰丨丨壅 投傳陳蕃豫州刺史辟
晉語 遽傳人曰待我不如捷謂傳車斜出之速也成五 為別駕從事諫諍
不合丨丨而 厨傳詔吏或飾丨丨称過使客以取名音張宣紀丨謂 見
去傳符也 飲食丨謂傳舍使人及賓客来者称其意而遂之 剸 弥
韵 囀声丨也 ○便 婢面切 十二便 由丨丨丨史辯不流便 梁任昉晚節著詩
得丨丨史 方便 維摩詰以无量丨丨饒益衆生維摩經 活套 乘丨 趣 用事過多屬丨丨
風丨

十八嘯 与笑同用

嘯 蘇弔切吹声也 詩其丨也歌 清嘯 劉琨為胡騎所圍乘月登樓丨丨賊悽然而退晉 長嘯 諸葛亮客荊州游李抱膝丨丨本傳 阮

籍在陳留厥有阮籍臺籍每 舒嘯 登東皋以丨丨陶 坐嘯 成瑨為南陽守任功曹岑
追慕名俗携酒丨丨登此 晊語曰南陽太守岑公孝
弘農成瑨 虎嘯 丨丨而 鳳嘯 阮籍於蘇門山遇孫登与商略終古皆不應
但丨丨 嘯風生西 籍退至半嶺聞有声若鸞鳳丨音乃登之丨也
霹靂嘯 峨嵋山陳道士善長嘯作丨 承風嘯 晉成公綏當暑丨丨而 竹自嘯
丨声聞者驚悚封氏見聞記 丨吟丝成曲為嘯賦史
累及吾何言風 活套 吟丨丨 ○糶 他弔切趙清獻公救旱任增價丨 眺 月令
来丨丨丨陶 烋丨丨 米旅糶棗詳價 五月丨新谷
可以遠 活套 遊丨 退丨 長 人名 晉詩 跳 本作趒前
望 追眺 夢登山而丨 清丨 同臨丨 人詳謝 巢王丨独
与滕王共車往丨独出意 窕 左楚师 ○弔 多嘯切可丨而賀丨受丨不
服見是重受丨也左 鶴弔 陶侃丁母憂墓下有二客 受賀並詳賀晉新君曰以喪
昭十二孟 丨者大悦 米粉化双丨而去詳雀 蠅弔 虞翻云死以青
○壺公丨入壺中詳壺 輕丨 蠅弔丨為丨客詳蠅
弔 露啼秋桂高丨丨 故穭弔 虞翻為朝歌長丨丨皆 陳孝獨弔 中常侍張讓
寒夜永嘯秋懷 丨曰得朝歌何衰詳嚚 父死歸葬潁
川雖一郡畢至而名士无往者寔独 召平獨弔 呂后用討誅韓信召蕭何為
弔焉後誅黨人寔感寔多所全者史 相国諸君皆賀丨丨丨前
何 失馬皆弔 北叟丨丨人丨丨之叟門無雜弔 晉王祥薨奔赴者非朝廷之
傳 曰此何詎不為福詳馬 賢則覲丨故吏丨丨丨之

實 活套 丨蛩自 蔦 寄生草 釣 淮南子詹公丨千歲之鯉注詹公古善
史 丨者呂氏春秋大公丨于滋泉遇文王 漁釣 呂尚
丨丨于周 耕釣 丨于寒渊丨 胥釣 晉多隱 非釣 文王觀于臧見一丈夫釣而
齊世家 釣于寂寞選 丨丨班 非釣其釣丨丨丨 遂迎臧丈人而授
之政莊 弋釣 子釣而不綱丨不射宿論 晉翟莊少以丨丨為 魚何負釣丨丨於
曰子方 釣事及長不復獵曰未能頓尽晚節亦不復釣本傳
丨東文 活套 渭濱丨 嚴灘丨 ○叫 古弔切丨帝閽使闢扉兮詳閶通 酣叫 宋張
丨虛名丨 作號孔雞人掌夜詩巳跳百官 鏡亭
顏延之隣居顏淡義飲酒叫呼不絶而鏡靜默後鏡与客談延之從 餓鴟叫
臍邊取胡床坐听辞義清玄延之曰彼有人焉由是不復丨丨丨史 投馬
曹景宗拓弓弩作霹靂声箭鳴鶴叫晉吳隱之事母孝及执丧家貧无
作丨丨丨 詳鹰○鴟一作鴉 鶴叫 鼓吹伺之時稍有丨丨丨 警丨史
絶叫 表眺丨丨丨 曰竟 漉陵大叫 五白詳盧 呼 猿丨 雞丨 噭 吼也
丨眺楚歌 又喙也 活套 飢腸丨
丨丨千唐崔光遠得馬二千丨 徼 循也前百官志中尉掌丨循 又境
柯為介 又南北 也以木石水為界相如使蜀南至牂
曰至西南曰丨 亭徼 宋武出新秦中或千 游徼 王祀夜有女子称冤云門
兒還卒 里无丨丨 食貨志 丨丨下丨丨 殺妾家十餘口詳
曰丨丨 觀其徼 常有欲以丨丨丨詳妙徼至精也 活套 海丨 边丨 ○溺 奴弔切漢王丨儒冠詳
徒值在尿丨 詳覽本作

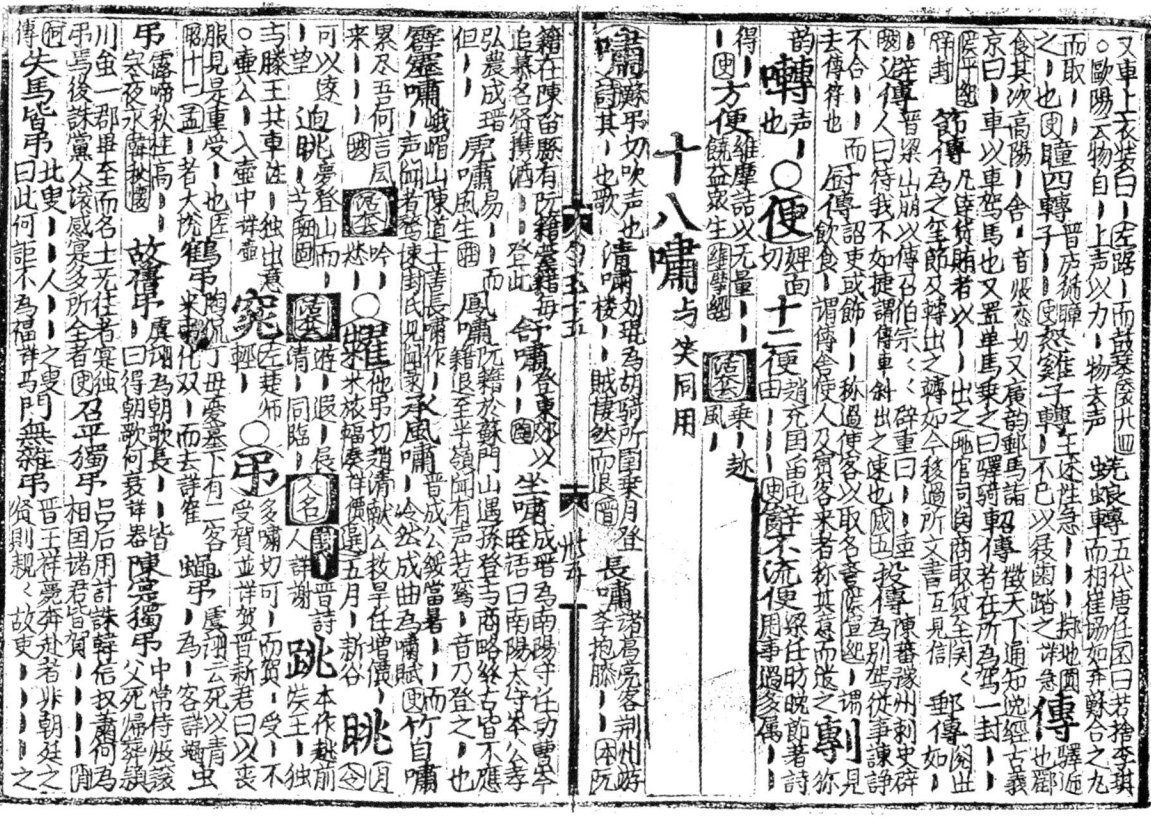

尿 龜溺 鏡照雄丨即溺死丨 置厠更溺 范雎佯死乃卷簀丨丨丨 衣弊袴溺
以和藥可治盜無言 中賓客丨丨之詳袍
周仁常丨丨衣溺丨故為 染指便溺 郭弘霸候魏元忠病丨丨
不潔清以是得辛詳袴 丨曰味苦賞惡詳糞 葉藪就溺 愷顗
之引蟬翳丨自丨 飲觀察使溺 唐崔堯為陝號觀察使有訴旱者指庭樹曰
柏玄丨丨焉詳葉 柯葉尚尔何旱為榜笞之俄為軍吏所执
其鼻孫羨再拜祈免得去過甚求
斂於民丨丨以溺坐貶端州史 ○調 徒弔切
調奥伐可丨丨 得蓮生於 不調 丨得丨唐 智調 蜀孟光尚郤正太子 同
調泥中不与泥丨丨漢 祖庸調 唐食貨志 清平調 明皇沉
考藥盛開李白進丨 碧玉調 琴弾丨丨 笛三調 相伊善丨 踏胡床為
丨丨 辞三章詳丹 王徽之作丨丨 詳笛 相思調
琵琶撥尽丨丨詳絃 風吹別調 高駢鎮蜀朝廷疑之一日聞桑声知有改移 乃題風
宮甕 箏曰依稀以曲終甚所只恐丨丨丨丨丨 中俄 报移諸
言 華胥調 陳搏隱於睡馮翊羽士冠朝一得睡之大略刘垂範謁其鼾
曰冠先生睡有樂乃丨丨丨或曰阮有曲譜記如何曰混沌譜
東南 韵丨音丨才丨 掉 三寸舌詳舌 頭掉 揚巨源年老丨數
說郛 活套 雅丨 翰公丨 巢父丨 頭不肯頷 頭掉人言吟詩多所致西
話录 吟詩忘鞭轡 心掉 明旦視道上馬迹丨 尾大不掉 丨丨丨末
不語丨自丨 戰 尚丨不能禁 尾大必折詳細 活套 觀頭

丨藋 尔雅商丨赤似藜 左 斬之蓬蒿藜丨 蓧 芸田器 語 荷丨 銚 燒器 ○窽 苦弔
而共処又韵會灰丨子炊為飯香滑
切 莊 万物怒号 九丨者 詩 窽丨以声律為丨物象為渾混窽 倏与忽 南北
胎生八丨者卵生 南北海 胥意格為髓 續 金針格 遇丨丨
中央帝待之甚善倏忽謀报其德曰人皆有七丨此独无有試鑿一窽七日
而丨丨死 莊 應帝王篇 注 倏音叔 倏忽取神速為名渾沌以和合為皃元氣
未分也渾沌死言不順自然 心七窽 紂怒比干強諫曰聞圣人
強開耳目也渾沌並上声 丨有丨丨剖觀之 史記 瓠無窽 孤瓠 獻嵇
居士田仲坚丨厚而丨丨 詳瓠 蚯蚓窽 時於丨丨丨 微作 風丨丨 ○料
瓠不可盛物猶居士无益人国 春煩鳴 韓石鼎詩 陸套 泉丨
力弔 詩料丨丨野色供 三品料 五代東漢劉旻食 陸套 祿丨 嘹 鳴也 ○窔 一叫切 本
切 黄騊以丨丨丨 量丨
作窔窅丨 深也 荀 奧丨之間一曰室中東南隅曰 ○肖 私妙切 孟子賢
丨又宋玉九下冬有丨 注 複室也 畄 鶉生於丨 不丨 ○亦作肖 象
肖乃審厥丨求諸傳 貌肖 人肖天地之丨与肖同 謂頗 德肖丨 唐克肖其
岩之野 惟丨 書 圓象天足方象地 前刑法 平淮碑 文則
肖丨丨之矣 詳我 四賢一不肖 蔡襄作丨丨丨丨 詩丨丨 謂歐公仲淹
螺蠃祝螟蛉丨 余靖尹洙丨丨丨 謂高若訥 宋名臣傳
鞘 刀室 亦作削 史貨殖傳洒削薄技 笑 詩 爰丨爰語 載丨載言 語 衆
丨也而郅氏鼎食 注 謂洒濯使新 然後丨 莞尔而丨 ○人丨 房
杜 詳社 ○合丨入地 詳賑平 天笑 天公与玉女投壺梟而脫 造物本兒
原君美人丨躄者行汲 詳躄 誤以為之丨 神仙傳 電也 電笑 戲風噫雷
丨丨花依舊丨 嚬笑 韓昭侯曰明主愛一丨一丨 軍人丨 然而丨
霰 桃笑 春風 詳桃 丨今矜岂持丨丨哉 詳矜 鼙笑 ○万衆啓齒白
也 晉 愧笑 明帝紀 令人丨丨 听笑 云是公丨然 談笑丨丨 却三軍 選 宥肩
梁傳 丨曰 子虛賦 談笑丨丨覓封侯 杜 諂笑 滕文下 丨丨
戮笑 李子曰无為天 西笑 関東俚語人聞長安樂 獨笑 誦讀經典欣然 冷笑
下丨丨 莊 外三 則丨向而丨 相譚新論 丨丨 蜀譙周傳
北齊崔贍 詔議三恪 贍別立一議 魏收讀書笑 鬻笑 而 猩猩啼而就禽 鬻丨丨
而不言 贈曰何容讀国士議文直此丨丨 史 鬻笑而披格 選吳都付 猩猩
醉則啼為人所禽 鬻鬻見人則執手 鷃笑 鵬將徙於南溟云云 蜩与鸒鳩笑
而笑 鬻扶沸反 笑則上唇掩目 鷃之曰奚以之九万里而南為 斥丨
丨之曰彼且焉 嫣然笑 東家之子增一分則太長減一分則太短着粉則太白
奚適也 詳鵬 施朱則太赤眉如翠羽肌如白雪腰如束素齒如含貝
丨丨一丨惑陽城 丨而丨 莊 達生 齴笑 若齒痛不能
迷下蔡 宋玉付 辴然笑 上刺引反大笑皃 齴 忻笑也 詳妝 開口笑 其中
丨丨丨而丨者一月之 哄堂笑 御史三院每會食絶笑言若有不可忍者 半面
中不過四五日 詩壽 雜端大笑則三院皆笑謂之丨丨 詳堂
笑 賈弼夢易其頭遂能丨 延譽丨 共 東 搏笑 搏聞太子登極大笑墜
丨丨半面啼 文房四譜 索梅笑 丨花丨 杜 陳搏笑 驢曰天下定矣 詳驢

賈妻笑 丨大夫惡娶丨而美三年不言不丨 褒姒笑 丨丨不好丨 幽王欲其
御以如皋射雉獲之始笑而言 左 笑万方故不笑 王為鋒
燧大鼓諸侯悉至无寇丨丨大丨 後廢申后去太子申 悔前笑 飛鳶丨丨丨
侯与犬戎共攻幽王王举烽徵兵莫至遂殺幽王驪山下 戰國 墜腐鼠事
詳 未嘗笑 後魏宗室素性剛毅丨丨丨 孝文曰聞公一生不笑今當為朕笑
鼠 竟不能得帝曰五行之氣偏有所入如此 史 宋包孝肅峭嚴丨丨
有丨容人謂笑比 莫逆而笑 子桑戶孟子反子琴張相視 丨丨於心遂相与友 莊 大方見笑 河伯至
黄河清 皇客揮犀 而笑丨丨 北海望
洋向若而嘆曰今我睹子之難窮 丨丨之家 莊秋水 營利鬼笑 宋劉伯龍歷郡守貧窶慨然將
也吾長見笑於丨丨 丨什一之方一鬼在旁撫掌大
笑伯龍曰貧窮固有命乃縵 憤大笑 陸雲有笑疾 張華好帛縄丨丨 雲丨丨
復為鬼所笑也遂止 史 不能自已 晉 又於水中見其衰経影大
笑 見人必笑 王鍔 詳似 又北齊尉瑾 丨丨丨惧丨 不測元載笑 唐宦者魚朝恩嘗在国子監執
元載怡然朝恩曰怒者常情笑者丨可丨也丨丨銜之 史 ○三笑圖 遠法師居廬阜不過虎溪過輒鳴号
笑者丨可丨也 送陶淵明陸脩靜与語道合不覺過
之因大笑 世傳 拈花微笑 釋迦佛丨起一丨 迦葉 見月大笑 藥山和尚嘗登
丨丨丨丨 詳溪 丨丨遂授以正法眼藏 山徑行忽雲開
丨丨丨一声應澧陽九十里 ○照 之笑切 記 日月无私丨 閒居 孟 仰照
居民聞之尽謂在東家也 傳燈 容光必丨 尽心下丨 乘珠 詳珠

王尊曰太陽 下同 万物着生何由丨丨 因 寫照 顧長康傳神 朗照 潘岳詩新月丨丨 温公詩 無偏照 大明丨 因
宝鑑 文明照 潤丨丨 後魏高允 黄中内丨外丨 史 眼月照 肴書丨如丨 鐔 然犀照 温嶠丨丨 水 詳水 螢自
照暗飛丨丨丨 杜 王通如 飛丨丨丨勢焰不長也 花四照 九衢之草千計四照之丨万品 王 即若木花其光丨丨丨
詩人 宋 詔 孔 大宰以八柄丨王 告也 莊 父丨其子 鳳詔 丨木丨銜 待詔 丨丨諸以才伎召未有正官 金馬門 公孫弘傳 名
者自崇至 瑩詔 王譙賂 相字青其左曰不可还奏之宰相權德輿失色曰有不可應
唐有此 求宰相密詔中書詩可兼宰相李藩取筆滅宰 易于命吏丨丨吏不敢
別為奏 丨丨邪 藩曰势迫矣 閣詔 官權茶利詔下 自焚之觀察使貧之不効 史 唐何易于
出今日便不可止既而事寢 史
傳 焚詔 見上 寬大詔 侯霸傳 哀痛詔 忽聞丨丨 杜 尺一詔 魏明帝 不聞詔 軍中聞將
詳令 註 紀 詳一 軍令丨丨
天子丨 率吏拜詔 王世隆大赦即宪因丨丨丨而已 詳因 ○鴟 弋照切 詩 晨凤往丨也 鴟
廣雅 鷂有鷂也 旡肬丨也 ○ 彼飛隼 鷂丨也 尔雅 曰鸖員
有 莊子 丨為鷂 為布谷 又復為丨 齊人曰題 黄鴟 嘗連細皃 黠有似丨 木鴟 劉煇
一生名穆 曜御筆改為照 盍 肩 詳肩上声 鴟 丨子 爾 雅 膀有
誕朴嘗者為丨丨也 肅志 南鷂 曾崔洪傳陵人為御史朝廷憚之語曰叢
 生荆刺來自博陵在丨為丨在北為鷹 丨

誅鵠媿公子死忌鳩飛入案下一鵠在屋公子縱鳩去鵠逐殺之公子曰鵠避禍帰吾〻負之捕得鵠三百公子按劍曰誰獲罪死忌者一鵠独低頭不敢仰視乃殺之尽放其餘名声流布天下帰焉(列士傳)

懷鵠 太宗得佳鵠自臂之望見魏徵來匿丨中徵奏事故久丨死懷中(本)束翅

鵠号丨丨丨子(爾雅云旄)鵠李謫應率勤敏絶人

亡奴市鵠 唐杜生善易有丨丨者生曰見進鵠使者可丨其一得奴果遇使者得一丨忽飛集灌莽上取之獲奴(史)

雀長死鵠 晉太守杜宣左迁万年令杜令王攸詰宣怒宣不迎之令敢輕辱吾君汝謂吾刀銚曰欲以小丨遇我使我丨丨丨乎王育执刀叱曰小縣邪將前殺之宣抱育乃止(史)

姚 (宗)嫖丨校尉 又互見平声

燿 亦作燿(燿曜) 熠燿丨丨丨其羽(詩)丨丨宵行注虫光似螢喉下有光 燿 鮮明皃○又

羅燿 女真人呼日為(國)丨外国呼為燿

燿丨丨丨丨者也(宏州)一 七燿丨丨為之盈縮(容) 燿懿氏丨妻敬仲云云光遠而自他有光(昊侍)序日月五星

人名 (梁)晉胡人○孟郊謚貞(集) 梁鴻妻(詳叙)(劉)

○要 於笑切 謝安傳

浮文妨丨丨 樞要 撮其丨丨(孝經) 機要 專典丨丨(李文本傳) 體要 辞尚丨丨(書) 簡要 鍾會曰裴楷清通王戎丨丨(裴義慶世説)清

要 唐李素立高祖令授七品丨丨官所司擬雍州司户上曰要而不清擬秘書郎上曰丨而不丨遂授侍御史

月要 以丨丨考月要成(礼)詳成

録要 舜曲名訛為丨腰六么詳么

乂要 丨丨不忘平生之言(論語憲問)旧約也 率而要 衮宏人嘆其丨丨能丨詳翁 詩有一

要 釋皎然曰丨丨丨謂要力全而不苦嗌要氣足而不怒慢(詩式実格)

(隱奎)隂 約 契也記大信不丨(礼)司約丨注謂言語之丨束

○召 直照切語君命丨(老)禍福无門惟人所丨

暮召 主父偃朝奏丨丨(史)打簡召 王淩曰君五丨丨丨我何敢不至詳簡 使者急召 後媿裴寧坐事兇宣武欲觀其風度令丨丨抱屬丨丨之寮神色不変(史)

邵 也又高 德邵 年弥高丨(楊) 才邵 仲舒之丨丨丨也(楊子法言)丨之丨賢不足邵 種蠡丨不強諫而山棲丨也(揚子法言)

人名 文詳(刑) (漢)依清風觀詳覩十歲属与范巨卿為友

姓氏 悼陵商音丨公奭周同姓封於燕傳四十餘代支宗為周卿士丨穆公丨武公丨伯丨廖丨昭公並其後也秦有丨不疑与召姓同 詳車(項)三国时人博筦書傳抜友微賤

(召)(忽)柏公殺公子糾丨丨死之 (召)(虎)王命丨丨式辟四方云云虎拜稽首天子万年(詩) (召)(平)秦東陵侯種瓜長安城東(漢)何傳詳吊 (召)(信臣)字翁卿九江人迁南陽守吏民親愛号曰召父迁河南守治行常為第一徵為少府 (召)(嘐)字伯春九江人鄉里号曰德行恂恂召伯春後 (召)(嗣)字嗣祖博覧経史妙解天文為平原樂安太守(晉) (召)(亢)字與宗潤州人宋英宗召對群玉殿曰孝士真国器也遂知制誥知諫院 (召)(雍)字堯夫衛州人徙居洛与人言依於孝弟忠信精数学 安樂窩詳条 著皇極經世書 有擊壌集 謚康節 (召)(叔)(協)晉陵人字新昌时産五色芝詳芝 (召)(溥)宋咸平初以童子召對令賦春雨詩援筆立成授正字时年十二 (召)(宏)(淵)宋紹興中以戰功 (召)(長)刘遐妻丨鍄文詳妻

劭 勉也(説)書丨曰丨崇

人名

(許)(賈)月旦評詳旦一(刘)

○嶠 渠廟切 雲嶠 雲嶠酢樣丨丨籬(曲)徐陵醉中作白魏人作二都賦丨出渚丨詩演之自以為神助 月嶠丨明十丨雪嶠急五更風(李)咸用

(隱奎)孤丨海丨

人名 有丨(華)(嶠)循觀秘籍詳箪 (溫)(嶠)晉人然犀照水

○轎 淮南王安書輿丨而踰嶺○施道林被黠借小字偉人肩輿而出(曾子固曰)好一隻夜注丨丨子(虎林)

橋 桔槔(記)奉席如丨傍(揚雄傳)万騎屈丨

○剽 四妙切殺剌也(史)(漢)朱丨博曰廷尉耳丨日久韓信寄丨食丨母

撟 擊也又落也

勦 劫也(賈誼傳)丨使而奪之金

漂 浮也水中打絮

剽 疾也(通)作剽周亞夫傳 楚人輕剽難与争鋒

○譙 才笑切責也亦作誚 峯誚 (列)鏊争機攢丨 嵩丨嶢丨(北山)(文)

未敢誚王亦丨(公)(丞)

(隱奎)群兒 譏丨誚丨

唯 譏也(説)(文)

○妙 彌笑切亦作眇後

衆妙 玄之又玄丨丨之門(老子)

二妙 衛瓘部丨丨(周書)晋衛瓘為尚書令与尚書郎索靖俱善草書孫丨

一臺二妙 司馬太傅問謝車騎恵子五車何以无丨丨(晉書)

玄妙 一言入丨謝曰当是丨処不傳(世説)

微妙 常有欲以觀其丨常无欲以觀其丨(老)

神妙 丨也者丨万物而為言也(易)

英妙 終童山東丨(西)(征)(賦)

墨妙 (淵)雲之丨丨嚴樂之筆精(匠)(文)(通)(別)

(子)徽至精妙

(付)舌妙 吳沈友善属文兼好武事人言筆妙丨丨刀妙(孫権傳)

刃妙 見(隱奎)比手丨年方丨奇丨高丨微丨

○哨 七肖切山峻 (隱奎)丨詩雄本作峭

哨 小也(説)(文)投壺注矢丨壺 又多言皃(楊)(礼)(義)

○燎 力照切 庭燎 燭之大者 柴祭天 庭燎者記郊(特)(牲)丨丨之百由斉桓公始丨丨公五十侯伯子男三十天子百以物百枚纍束丨之今用松葦灌脂在地曰燎执之曰燭在門外曰大燭於内曰丨丨(礼)閭人門燎丨地燭 天子百根葦布纏蜜塗

門燎 見上

鴻毛燎 造禍以求福猶以丨丨丨燎於炉炭之上(史)(記)(別)(詞)

燎 或作(楽)(詩)可以樂飢 美宣王也因以箴之小雅

療 (漢)元祖丧明(婁)老翁以金鎞丨之詳鎞 兎缺詳缺 後周

(詩)(篇)丨庭

獠 獵也亦雅宵田為丨

(管)(子)丨獵曰弋丨

繚 (相)(如)(賦)蜩丨僵丨蹇(匝)掉頭也

廖 (姓)(氏)古有丨叔安春秋伯翳其後也 (宋)(扶)字文起東莞人習詩書尤明天文風角之術号北郭先生 (廖)(立)字公渊楚之良材蜀徵為侍中後廢為民 (廖)(化)仕蜀為并州刺史以果烈称 (廖)(融)字元素隠衡山有詩云翠鳳引遊三島路赤龍斉駕五雲車又云塗翠拂紫塵(言)鶯遊船 (廖)(剛)字用中紹興中為御史中丞毅然守正家中丞之名重天下 (言)大毋年九十三曾大父年八十八公名其堂曰世綵士大夫有歌詩名世綵集上謂公曰觀世綵集彼人间美事也○終工部尚書 (廖)(正)(一)字明略山谷称之云度越崔張与二(晁)古風蕭〻筆追(还)有詩号白雲集○元祐中除正学

○醮 子肖切冠娶祭名(説)丨丨於客位

醮 冠礼也又父親丨子而命之迎

爝 炬 焦 以爝

趭 行皃(説)(文)京人丨 奔也(前)(河)東丨注趭卑皃

(賦)神騰鬼丨

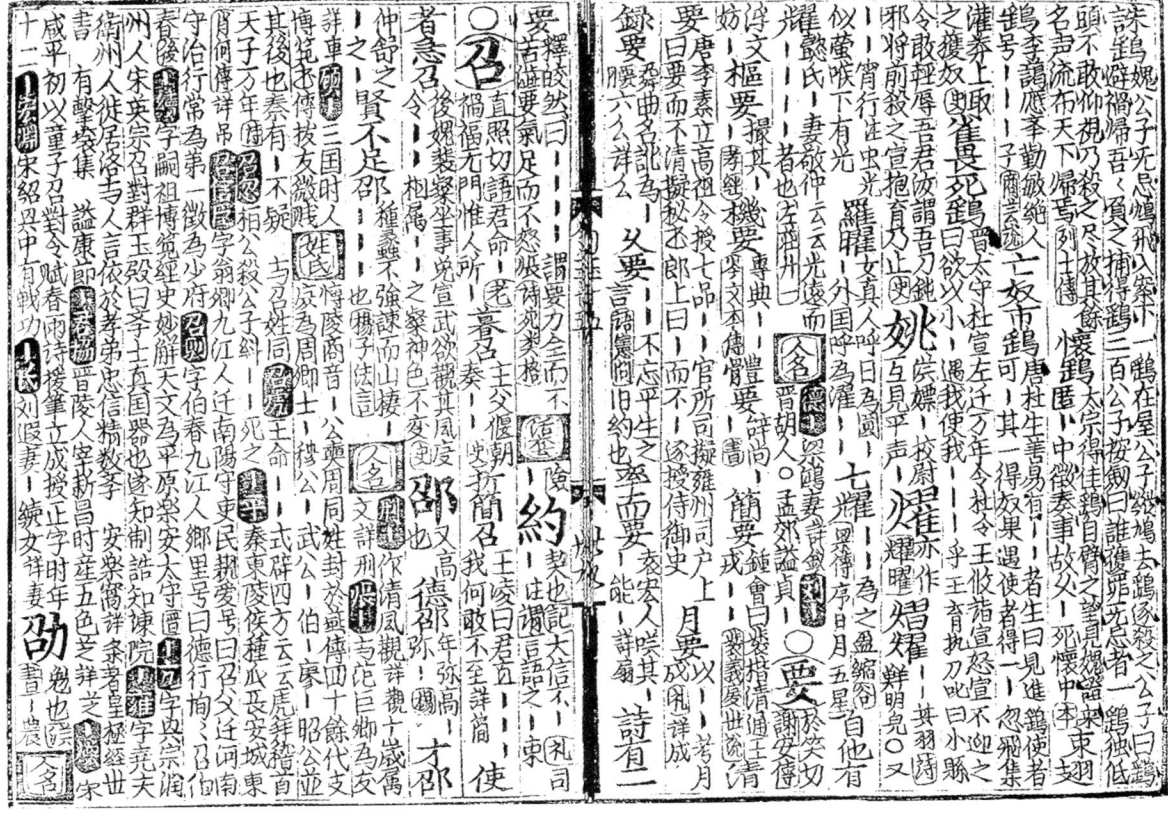

爝 火(延)(史)湯得伊尹丨以爝(齊)爵飲酒 日月出矣丨火不息(尚)(子)尽

○廟眉召切皃也彷彿先人之容皃〔尒雅〕室東西廂曰丨〔語〕子入大丨　宗丨之美　丨丨　丨丨　丨　丨
廊廟山澤有丨丨之〔文中子〕丨丨　丨丨　丨弊詳廊
之計既不豫定〔唐書〕〔劉傳〕主廊殿下　原廟叔孫通請為丨丨〇原重
屋廟太廟国事先謀於丨丨之所　丨廟也先已有廟今更立之　黄陵廟
廟旁有廟曰丨丨以白馬廟朱頤琛吳郡人初在方山時一人玄衣介幘曰
祠舜妃者韓愈作碑　廟頭吳郡部伍當至琛知吉證因誓若得郡當於
此立廟果為吳郡　如在宗廟斉恨緒吐納風流見
守乃立丨丨丨丨〔史〕丨〔史〕　宗廟者肅然丨丨丨丨〔史〕〔詩箋〕
清丨祀文王也　篎管之小者○
〇票〔漢〕丨姚校尉　○少失照切老者之
騕〔史〕疵召切黄馬白色　唐太宗十驥　智丨者之决詳
　一曰飛霞丨詳騕又丨騎官名
三少〔表〕三公丨丨〔前〕〔百官〕副三公也　臣尚少　驚熊曰臣已老矣坐策洛陽年少賈誼
為博士時丨丨二十餘最丨每詔令議下諸老先生未能言誼丨丨丨丨丨也詳豪丨人召
盡為之對絳灌等毀曰丨丨丨丨丨專欲擅權後亦踈之〔史〕　甘羅年少羅年十二
秦相呂不韋曰丨丨丨丨　黄驄年少將詳驄　裴果事勇
然名家子孫以為上卿　武帝好少下丨丨　丨顏駟對丨丨曰陛
諱年老節少後魏孫紹為太府少卿帝問卿何丨丨　對曰臣年雖老臣丨尚
郎年老節少丨〔北史〕一云靈太后曰卿丨丨矣紹曰臣年雖老臣卿尚少太
后笑任右丨丨丨丨　年老卿少注見上　唐李嗣真入直丨丨館丨李士刘
將軍〔史〕弘文三少獻臣徐昭皆少有名号丨丨〔史〕　夏姬

三少云丨丨　丨丨挾伎術老而復壯者三詭是何年少丨　王融沈昭略見之曰丨丨丨丨
入於暘谷照曜天下誰云不知而仰此　得道雞皮丨丨詳鷄　融殊不平曰僕出於扶桑
問昭略曰不知許事且食蛤蜊〔南史〕　陽增愚少丨　昨晚長鬚來下狀丨丨丨丨
　惡雖似每騎壓山下窺
幽渾舍鸞怕走折趾云云　丨丨　立刀賊　曹呼五百尽取鼠奮尸諸市〔韓〕
字　燒野遠燒丨丨丨　僧先可詩微陽下喬木　鐵石老逆少丨　已將丨丨丨丨丨〔歐周〕
　丨入秋山〔吟斎夜話〕　○虓九牛召切虓丨不安也　摛義之責成千字文故云詩

十九效　獨用

效胡教切亦作傚效力也〔鄧禹傳〕丨尺寸〔書〕又校也〔左傳〕宣王有志
而後丨官○又献也〔記〕丨牛丨馬○通作効〔韓信傳〕願丨愚忠　自効
殺身丨丨　象美效持丨丨而丨之　傚象也学也　亦作文〔易〕交法之謂坤
〔蘇武傳〕　君〔唐書〕献也　○通作効○又作教〔記〕教学半〔張釋〕
之傳豈敎　則傚君子是丨　胥效文亦之教矣民丨而丨之其又　汝曹効
此嗇夫　則傚是丨〔詩〕　丨丨丨丨矣〔用引〕　尤傚甚焉〔左〕〔哀廿一〕　尤伯
高敦厚願丨　佼侠也〔孟〕人心　敩教也〔書〕惟　効功也驗也〔前〕〔藝文〕儒者
丨丨之詳鵠　独死丨乎　斅学丨斈半　已試之丨〔魏〕〔經傳〕〔仁義〕
既效　校〔孟〕夏曰丨〔詩〕子郷校鄭人游于丨丨以論执政然明曰毀丨丨何
　校衿刺斈丨　庠也郷　如子産曰云云是吾师也若之何毀之〔国〕

校内增丨丨〔前〕〔武紀〕校械也木為欄格軍
部及養馬用之故軍尉馬官皆以校名　○斆古斈切　不師教丨命鄉簡丨丨
〔漢〕孺子可教丨丨黄石公謂張良曰丨丨丨丨丨丨矣詳履　丹朱不之教宋王敬兒孫未嘗教以孝問曰丨丨丨丨丨丨應丨丨丨丨丨丨孫丨丨丨丨　穿趨不聞祇益
〔史〕○象教正法既没丨丨凌夷〔歐陽〕〔陀寺碑〕杜方知丨丨　鬼教後魏李場時多
　力注謂刻木為佛瞻敬之以形丨丨丨人也　為沙門場上言
安得丨丨丨堂人之政　〔語〕
而從丨丨丨乎〔史〕　五丨四丨　校校也量也〔語〕犯而不丨　又〔漢〕成紀大
　丨胎丨校丨彌注以木欄獸　丨書天禄詳閣
荷校丨丨滅耳〔易〕桎也　梏也　貫不可校丨朽而丨丨〔漢書〕　較相角　蔵較吏部尚書掌丨
　丨屨丨滅趾　較也丨丨　其属功過〔唐〕
〔百官〕朱较〔漢書〕〔轜〕
〔官〕金較車丨丨之覺〔詩〕尚寐无丨〔莊〕五百丨丨　大覺有丨丨而後知此覺
祖逖聞雞鳴丨刘琨丨　蝶覺莊周夢為胡丨蝶丨然丨　其大夢也〔莊〕〔齊物〕
曰此非悪声也詳雞　蝶覺則蘧蘧然周也詳蝶　窖地藏也本作窌〔周〕
丨飯窖得丨子潁老詩云掘窖盤盆中〔後〕〔漢〕〔記〕又見董粟窖詳粟　〔礼〕困郛倉城○水
王仁裕著詩乃首江南人好作盤遊飯鮓脯膾炙埋在丨中諺曰掘任氏事　詩窖
号丨丨子〔後史補〕　嘗至仲秋穿丨丨修困倉〔月令〕入地方蘇武窖單于置武
〔活套〕丨警○孝呼教切〔書〕克諧以孝　丨丨曰丨貞曰丨為民將入物當藏也　大窖中詳
　丨丨〔太平〕〔正於〕丨　秀孝那恐写中書侍郎有司奏策丨丨
　詔曰丨丨殊問經權異策詳夯

純孝潁考叔丨丨也〔左〕　義孝後魏王叡得幸位中書令親死及葬假親舊衰經送喪
事詳　者千餘人皆丧慟哭以要榮利時謂丨丨〔史〕又和士開
哭　江巨孝後江革字次翁至孝於母人　生死孝王戎母喪飲酒食肉而容
称丨丨丨丨　後至諫議大夫　皃毀瘁和嶠父喪礼法自
持而哀毀不踰於戎刘丨古遺孝後魏王惠龍丨狀元忠孝宋仁宗祝曰願得
毅謂嶠丨孝戎丨丨丨〔史〕　之丨丨也〔史〕　〔詩〕孝丨丨丨遂得鄭
獬〔人名〕〔人名〕有南陽太守之号詳黨　○罩陟教切捕魚器〔詩〕烝　罾罩罩者抑之罾者挙
　然丨丨南有嘉魚　之為之難易得魚
一也〔淮〕　天網罩丨丨下丨一魚在罩爲促不如丨丨〔曾〕笊丨〔篋〕○豹比教切黄紋
〔南子〕　日收詳收　黒如系亦有
玄丨王丨〔易〕君子丨變〔詩〕虎丨九関　七書丨畧丨　三豹王相為監察御史
○讀書半表丨詳半　一名程列子曰程生馬註丨也　豹李嵩李全交皆以
嚴酷取名号丨丨　里曰伏豹御史初入臺陪直二十五日　飛豹晋王弥有力
若違数值丨丨〔孔帖〕　為丨丨取不出之義詳直　過人号丨丨
〔史〕廉豹餓狼貪不足飢豹食有餘〔古詩〕言狼　赤豹献其皮丨　雀豹得備蝠
　貧豹貪有所程度而食故亦名程　豹丨黄熊〔韓〕〔奕〕　豹虎健相
残丨丨〔韓〕〔魏〕〔城南〕　蝠豹蝠虎亦曰丨丨　謝豹虢郡虫名丨丨見人必前脚交覆
雀之鷙者如豹　蠣豹丨〔古今注〕　其首如羞狀或曰丨丨丨人也抱耻
而死化為虫猶羞見人〔事物紀原〕又　管窺豹王子敬数歳門生輩曰此郎
曰杜鵑啼号自呼丨丨〔備要〕詳鵑　豹丨中丨丨丨時見一斑詳斑　豫

隱豹霧詳【人名】善謳。【國朝】梵巫詳婦【處】每奏事未投俯伏省隨詳去声覆 僳吏官連直也 爆牛名 爆
鷄詳竹||竹驚山 豆爆冷灰|驚爆公方【皇甫湜韓公墓誌】||而萃挪之 ○敲口教切擊也 磤石不平亦
作磽骹輕也 巧上去通押 ○貌莫教切 肖貌人肖天地之貌。肖与貌省同貌古貌字【前刑法】美貌王褒|媚貌
||詳帽惱岳 ||詳果 厚貌情詳情身貌||之用詳短 深眍貌孟業斷決之明過 年貌|狀見孰似詳年稚
貌||蠟言詳 冢貫謂巧飾也 鬼貌盧杞||藍色詳 陋子羽容貌行不勝其|云云 孔子路曰滅臺||有君子之|而 孔子曰以容取
入失之子羽以言取人失之宰予【家語】蔡邕才貌 後張衡死日||毋始懷孕二人|甚類人云邕是張衡後身【小說】 |長王商貌
漢王商為相有威重身体洪大單于仰視商兒大畏之迁延退却【本互見狙】 同虎賁貌 孔融以虎賁士類蔡邕酒酣与同坐詳坐【淥奏】
体||○砲披教切機石也漢【甘延壽傳】投石絕等倫注范蠡兵法飛石重十二斤為機法行三百步|蓋出此事始曰諸葛亮𨓿衝車郝
廇||以縄連石磨四角車 霹靂愁對江|起 以機發石為攻城具号|
昭以縄連石磨四角車 霹靂|車互見雲 將軍礮||【唐李密傳】与砲同又
折即|也○本作礮
作拋○曹操發石車擊紹蛇利砲後姚涼州牧張寔時謠曰
呼霹靂車【袁紹傳】即拋車蛇利砲||公頭墜地而不覓尋被殺【史】【活套】

|莱響 ○皰皮教切面瘡也【淮南】潰小|而發痤疽【韓】其奔脊皴|| ○踔敕教切踶也【莊】踸|一足
趠超也【三都賦】|| ○稍所教切祿食為|食。○物之數 蹋也又【孟】【注】蹋|跳也 鮹 諕也
趠飛超。○通作踔 又漸也【韓】近亦能|| 鮹鱿曰|○櫂
直教切舟旁撥水者短曰楫長曰|。○或作棹【韓】漢百官志作濯。○迎風縱棹詳坡 桂櫂||芳蘭【赤壁賦】蘭槳詳 嶺南謂
作【棹】||子以後脚 【活套】蘭|佃| ○橈奴教切曲也又推折也又弱也【左】師徒
茹棹也【楊雄】剡溪|| 櫂|敗【成二】【易】|万物者莫疾乎風【漢紀】
|漢謀 棟橈凶詳大過 膚橈【孟子】 枉橈||【月令】 斬殺必當毋或 撓擾也蚤也漢
楚權 ||||膚橈不||||斬殺必當毋或 撓 刘向守正不
|前【韓】安国傳逗|當【人名】【大】黃 淖泥也【華元】【成】 霖淖|則客盖而後
斬又六国|而從之 帝臣 【律】大兩|| 崔駰室卑陋|
詳 譜淖||黍稷也【成】【礼】|大也| 出于淖 晉楚遇于鄢陵公陷于淖栾書
庬 和也德能大和乃有黍稷 將載晉侯鍼曰書退国有大事
焉得專之乃掀公||兩||不能前熊挑易同含
以||【成十六】潼関淖【唐】【樊】澤奔贇良次|| 逆旅為驂所乘馬傾踣以濟自畏所夆是歲澤上
第【本】【姓氏】【卄】【畫】齊有閙 召閙柳子論師道書|| 云||取怒 怒閙二若|| 【國】 登高望何流凶 春意閙 宋子京往見張
子野張自屏後呼曰得非紅腰鼓閙何異琵琶絃常 不冒合閙 未解晏元獻
杏枝頭|||尚書邪詳影月 遭|||【傍】 慶曆中西帥

會大雪置酒永叔詩云須怜鐵甲冷徹骨四十余万屯边兵晏曰韓愈
赴裴度會但云園林穷勝事鍾鼓樂清時||如此||【東軒雜錄】 ○
○鈔初教切略取也亦作抄又寫錄 書鈔虞世南於省後堂集群書
之目亦曰|。○令豬幣曰| 鈔中事号北堂||【傳記】 ○拗
於教切 吏部四拗 開選人各在分史前謂之某家白姓狀在判後却須粘在
|挾也 ||||初冬納文書却云選入閑四月事畢却云選門
判前【泰中】 長沙三拗皇祐||有||開福長老每李一剃頭獎著作三日
【歲時記】 一開顶蘇推官喪父樂飲林祭推喪妻方墓為三拗也
【隱遊】 𧝉|袎 靴|○樂魚教切好也語|水||山
【園】 𧝉||勒||。益者三|損者三||

二十號 獨用

號胡倒切【易】 徽號易服色殊||蘇李號五言出漢時|鑄仁人號老子
奚汗大|徽號【大傳】旌旗之名 ||首吏|【韓】 號曰吾吾
不能富貴|||○導徒倒切【述】九河既|| 唐崔邠前導嚴||芍 芍物後
|之|【史記】 覩|母輿【辞典】【歐文】旗旄|前 前導 陪蝦上清雜唐
安重誨以殺直馬延者|所以建髮於冠|所 王導 介幘||五
誤衝其|| 斬之【周】 先導 以發髮入巾幘之裏【隋礼仪志】 【齊】褚澄
介導 齊高帝見王衣中有|||| 百川導 東都瀨漭漫泒【人名】【卄】【畫】晉
謂長後者之原命打破之【國】 【韓】 别|||| 名曰 幬

禘幠【左】如天之如不|【襄卅九】【國】盜|【漢】龔遂傳勃海 子盛嘗其君客雞鳴|
翡翠|飾高堂些○亦作纛 |起盜|跖 狗盜| 詳褒叔孫通對
二世曰安敢反者 剽盜||【韓】書二盜|人名 開門揖盜 孫策薨權哭未
崖竊||尔【史】 春秋||
究競遂乃顧礼制 奸法與盜盜【漢】景詔曰縣丞長吏也 思張昭曰令奸
猶||||也【史】亡謂也【史】謂因法作奸如佐盜為盜尓入楚
則為盜 晏子使楚三左右言齊人坐盜晏子曰橘生江北為枳此人 纛系旄
生齊不為盜||||得无水土使為盜邪【晏子春秋】 纛牛
尾為之置左騑馬首大如斗亦名羽葆 左纛紀信詐帝黃 茸纛 節旃羽成飾
幢又軍中大皂旗名皂|軍發祭之 屋||【園】 纛||【漢】 金
丁下【柳】【黌】 大纛以為公榮【國】|不足 以 猿纛 揶子有||文 狼頭纛 突厥阿史那其
【軍堂記】 纛高牙||| 即旄頭神 先為隣国破賊
其族一兒亦刖足斷臂弃之有牝狼餌以肉因与狼交生十男阿史那最賢
為君長牙門建||||示不忘本。○唐刘武周起兵突厥遣以【北史】
子伐拜狼纛乃見【國】【記傳】 風中纛 悠二我之思擾 嚴墜 纛酒篘 |【韓】高纛竪
田紘助討安祿山可汗請郭||||【韓】 纛|||
纛 後周刘亮孫定兒拠幽州不下亮襲之亮將輕騎先登一纛於近城|||
纛即馳入城定兒方高會乃麾兵斬之仍遙指城外纛命二騎曰出追大軍
歲當損一蹈 踐也【述】心之憂危若|虎尾君牙【盜】【晉】 高蹈 魯人之皐數年
時降伏【史】 仲連曰必欲帝秦有|東海而死尔 不齊使我||

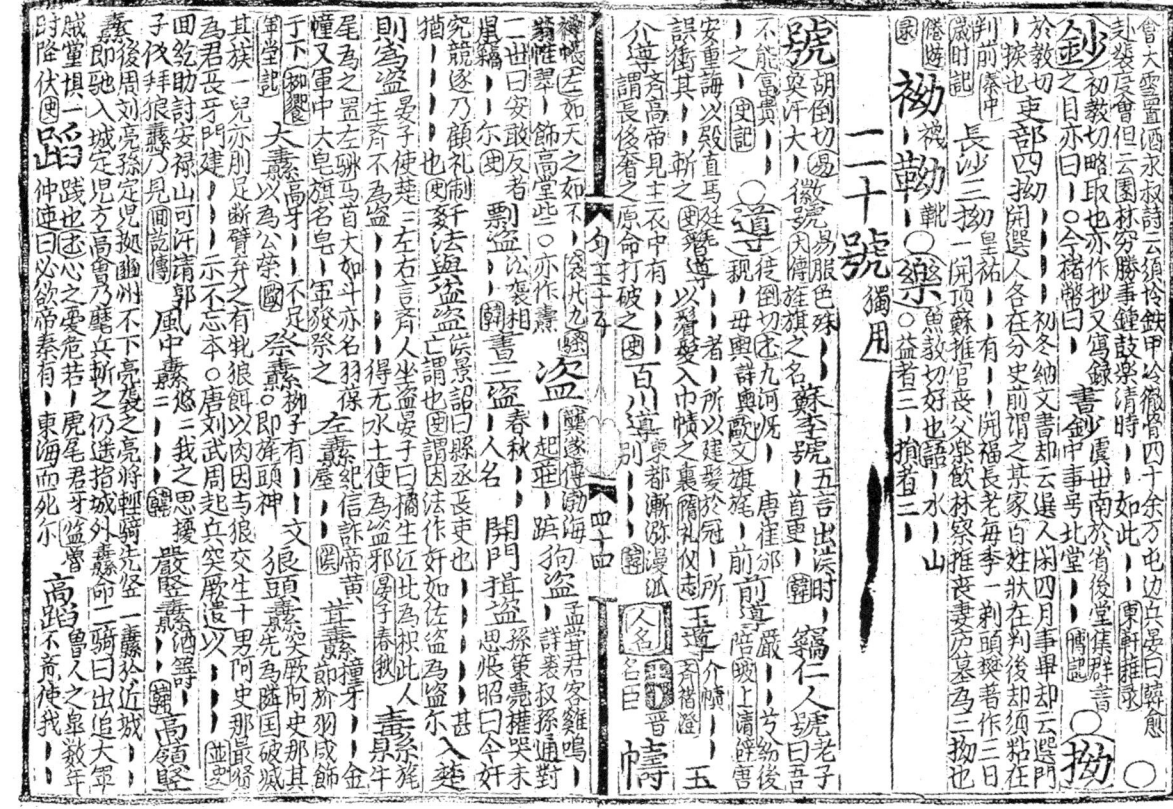

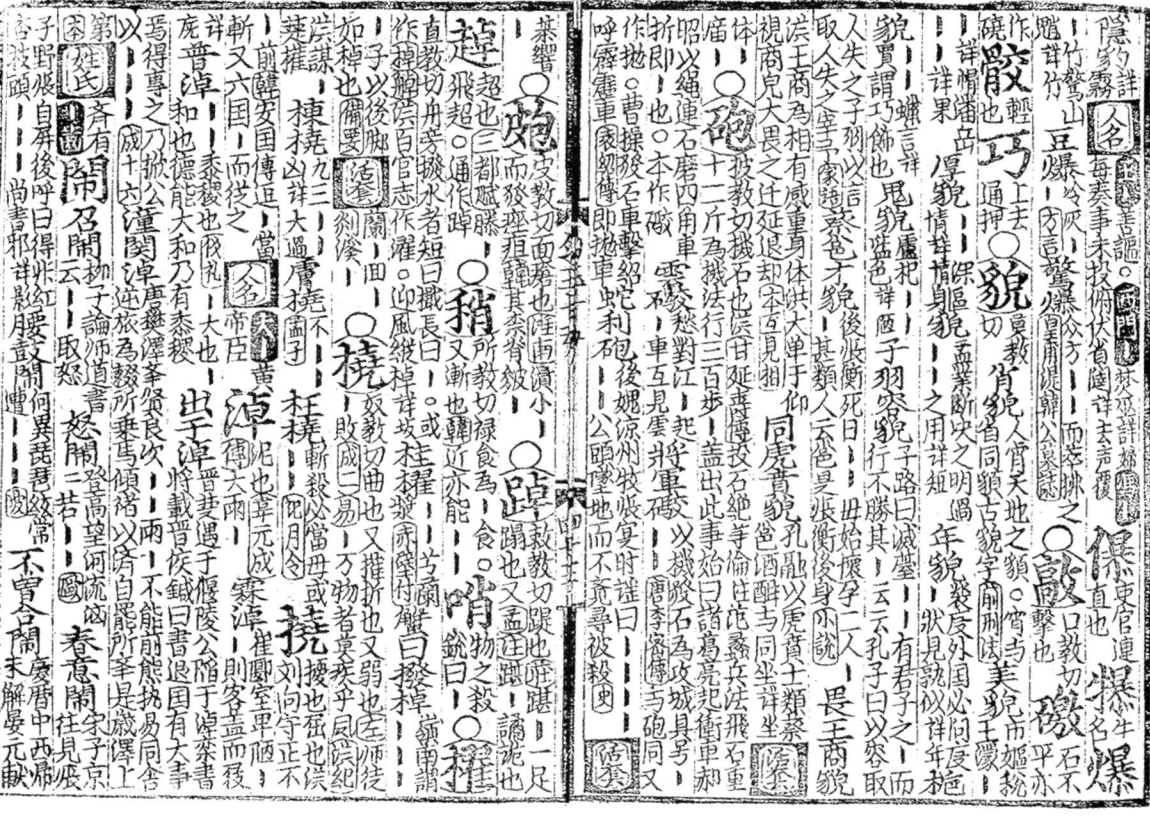

定二十二丨丨尤速行言習人不知吾所稽首使我丨丨（韓）足蹈丨之丨哥
未爲此會也（國見學）丨丨幽隱（唐退辛志）子昂始丨丨（韓）足蹈之（詩）
蹈白丨丨（中庸）（詩衛）丨曜後輸悼棋也（記）七年曰丨注憐也道言也（記）丨盛德（左）丨二国之言（孟）丨性善〇道德在上声
翿翳也舞者所執（詩）値壽其翳丨〇通作纛〇到都導切理到丨丨之至言（晉史）絕塵到梁到沆与任昉刘孝綽等号蘭
蕞聚薛侯詩曰洸有丨丨丨俊兒黄中刘（宋）（人名）（曾）芟詳芟（姓氏）捷令尹邳到之後豫晉末宋初守荆楚三十年人懷（人名）之字道
威信元嘉中北侵有淮南之捷（人名）沆字茂灕仕梁高材碩孝帝宴華光殿命
群臣賦詩沆二百字三刻而成除殿中侍郎（人名）溉字茂灌仕梁為御史中
丞以清白自修〇蘭蕞聚詳倒（貫案）猶解丨垂〇丨持太阿詳倒相温呼
聚（人名）洽字茂松清警有才李王坦之欲害之坦之丨執手版詳版朱泚
乱段秀実丨用司農印進兵詳印山简醉後丨載詳載顛倒之丨騎驢
甘蔗漸入佳境詳蔗媲野詩從此華山面帳裏更添潘閬丨騎驢飡〇誥
古到切周誥丨丨殷盤（韓）丨丨書有五丨典誥崔元翰知制誥丨丨訓誥有丨丨風（奏）誥紙清朝（藏）賀人（田）謂紫綿
誥之字有金花誥官誥院勅郡夫人使丨丨雞（春明退朝錄）紙七般錦縹袋賀王夫人恩命紫誥丨回
回鸞勢
（左傳）丨雍曹滕文之昭也〇告（書）不虛无賜告（姓氏）部京兆角音周文王第十一子封於丨丨者
取丨大鼎於宋以国為氏（高誘）吏有予告丨丨子告者在官有功法所當得丨丨者

韻玉二十卷　四十五

病三月當免天子優丨其丨使請告（嚴助為）休告丙吉掾吏有罪丨丨
帶印綬將官屬帰家養疾（內宮）丨丨賜丨子丨丨播告之修
（廣韻）浩丨（盛）水名又膏潤也（詩）黍苗如丨陰雨丨之丨潤天下〇傲五到切（正韻）丨〇亦作敖（詩）彼交匪
丨（左）苦成叔丨傲（左）七（曲礼）丨不可長〇亦作驁（漢書）息驁倨驁是也客傲以才高位卑乃著丨丨（困）郭璞好卜嗜揩紳多矣又自徂傲
吳王登狙山狙敏給搏矢王射之死曰寄傲丨丨（陶詞）倚南窗以寄傲（晉三十八）丨丨以為忌南
徂伐巧特便以敖予至此極也詳徂
床傲御史没丨丨倨有恃而傲夫傲虽凶德必丨丨（韓）所丨丨後敢行（韓）驁駿雄驁有窮者孟郊
丨如嶷詳床丨馬亦驁受材实丨丨
（廣韻）嫪嫪也又（諺）丨鑿冊鏊餅〇冒莫到切蒙怙冒（書康誥）惟时丨丨不冒
（韓安）帖力挾丨也貪也
海帽江左时野人皆著丨後乃高其繡帽唐李晟与朱泚戰必錦袍丨丨
隅至云（內會）白帢郎丨也詳帢巾自表曰昔在涇原士頗畏服欲
令見之（奪）黄帽（郎）通利船郎著丨丨白帽丨丨嫌似穀帽唐初以丨爲丨紗帽
其心亦（困）巾丨以土勝水詳即巾（管寧杜）巾（隋風唐實錄）
北齊平秦王帰彥（制）惟天子丨丨臣下戎帽本羌服以羊毛為
特賜帰彥丨丨（史）丨丨篾頤自陋嫪（魔太祖）席帽巾之秦漢靴以故席女人
亦服之四缘垂網子飾以側帽独孤信仕魏馳馬帽微丨破帽晋王濛美
珠翠謂之章帽（宗實錄）子巾吏民戍信而丨丨馬（田史）巾兒学著丨

丨入市〃媪競遺新帽（史）一作落帽孟嘉為桓温參軍九日温宴龍山寮佐
裵〇窶驢丨丨随金鞍（甜詩）巾畢集风吹嘉帽丨嘉不竟温使左右勿
言嘉良久如廁温令取鄭帽袁耽字彦道桓温少游博徒資尽求濟於耽〃
還之命孫盛作文嘲之變服懐布帽随温与債主戲耽素有名債者不
識謂曰卿當不辦作袁彦道邪遂就局一丨勝百抵帽唐高湜為礼部侍郎
万耽投馬絶叫以布丨擲地曰竟識袁彦道否（閻）巾时士多由權貴干請
湜丨丨于地曰吾決以脫帽丨丨露頂〇牙帽李珣子七歲夢王母宴群仙
至六公取之戒官（分紀）巾王六公前（盟）巾舞者带丨丨丨帽上簪花舞
山香曲未終百花尽落牙帽汝陽王璡戴丨丨打曲明皇自摘紅槿鹿
〇侯池筆記云李陶子石巾帽置帽上極滑久而方安喚曰花奴詳槿
皮帽宋何尚之在家司徒帽北齊以戰功至丨丨好賜䍧帽趙宋王全斌伐
巾常着丨丨丨（史）巾着小帽号丨丨丨（史）巾蜀京师大雪太
祖曰我被服如此尚寒况征蜀将士志易帽客有訪胡文恭者具公服而
乎即解裘帽丨全斌〃〃感泣（宋史）巾丨丨丨胡公与之尽礼而退
（呂氏家塾）令着帽謝安為桓温司馬温詣安值其理髮安性遲緩久
巾而方罷使取幘温曰丨司馬丨丨進見重如此（史）遺新帽詳破巾帽下
菱文帽陳〃瞻為後主狎客後徹弄轉其後主不能容搏艾為帽使加䍧落
巾于首丨之然及髮垂涕求哀弗釋㧛莊遽起發之發悖死（史）
帽五代吐蕃明宗时披虎皮以堠上加帽元孚短而尭周文以酒
巾丨丨其（檀）丨乱髮如蓬（史）巾丨丨丨戲之詳尭芼草覆蔓也

韻玉二十五　四十六

又菜（食詩）左右丨之眊目不明（孟）眸子丨焉〇（息話套）丨分瞭瑁（礼）天子
〇（被）把菊自撷丨（夫躬傳膴）丨不知所為執丨
媢夫妬婦也耄（記）八十九十曰丨（述）百年丨荒悼耄悼与丨虽有罪諄耄年
（詩）亦聿㤩丨㧛（孟）反其丨倪不加刑焉（記）七
十丨丨丨老夫耄矣（左）智而耄晋趙孟老將〇勞郎到切（詩）丨還帥也出
（孫宝傳）老丨丨丨丨丨丨丨及（左）車〇丨使臣也四牡〇
神所丨矣〇郊勞凡諸侯入王丨丨視館（礼小）迋勞慈侯過鄭子晨丨丨于
（祀）休老丨農郊勞（行人）自丨丨至于贈賄（左）東门之外（䘮二十八）迋
于沇反三勞上公之礼加勞天子以伯舅耋老田間勞後王丹載酒肴丨斗
往也三勞丨丨（秋官）加勞丨丨賜一級詳級丨丨候勤者丨之（史）
酒自勞崇揚悍書曽芊息澇水名又淹也吹丨則百川倒流詳途（史）袁
羊丨丨丨（本）甫曰壽陽以東陌水者摘髪成陰〃積成兩
故其域〇操七到切（孟）亭風操卓犖変丨丨（韓）謂貞操觀松竹則思丨琴
多丨守志厉丨雅琴丨之奘丨丨晉慨天錫
十操丨丨有二丨水仙履梭乃伯牙所作呂黎削之止作十操詩將帰詳債
〇猗蘭詳蘭龜山孔子以季恒受女樂望龜山作越裳献雉周公作
〇拘幽詳幽〇岐山周公為大王作〇履霜詳霜雉朝飛詳雉別鶴詳鶴殘
形曾子夢狸不見其首而作九閉室憂愁而作者各其曲曰操言遇災害不
失其丨文王操唐揚收未冠时善琴者安從奏丨丨丨收曰少無憂十操具欲
操也商武紘也文世安得武声从大驚因问樂意（史）取蜀

曰得蜀虽有十操不脩節操丨丨丨丨(寳融傳)造(語)丨以(礼)丨士丙會在此上士
丨所丨也(周主傳)丨也又丨文古書御当者音在此
兩造丨丨具備(呂刑)以丨丨禁民訟(礼)徵丨丨竹所詳所感造丨丨勿
造之兩争者一云丨謂囚證丨至也　𢕟造袁粲不問主人戚造褻在王
庭深造君子丨丨深造之以道　慥言行相顧(記)胡不丨丨　糙米谷雜　艁以舟為橋通作造(詩)造舟為梁　○暴
傳報切(詩)終風且丨(孟)凌暴万類困丨(韓詩)　姓氏　暴(晉)媦郡商音丨公周卿士丨丨辛周
相揚丨虎注徒持曰丨　暴顯字思祖幼時沙門曰此郎子(北史)仕北齊為徐州刺史　(勝之)字公子河東人
為直指使者繡衣持斧詳斧互見折
好相表大必為良将貴極人臣語終失之
鳥伏卵(韓)麥兩(詩)終風　暴一宿
化在㗊丨　渠且丨通作暴　丙酒　䖸强侵也(孔)以刑教民
傳耗切(詩)匪丨也木瓜雜佩以丨之　豊年秋冬丨也(韓信)丨詳怨　虣則民不丨又司丨　○報
傳漂母曰豈望丨乎○竹丨平安詳竹　睚眦之怨必丨(韓信)施報重丨而丨(左信十三)
報者倦矣丨者未厭(信廿)投報(衛)丨我以木瓜丨之以瓊瑶(衛)丨我以桃丨之以李(抑詩)閇報敲門驚起睦
回三丨而不丨(信十五)
州吏　鞫報史張湯(安書)論訊丨丨○論囚曰報　國士報豫讓曰范中行衆人畜我我故衆人報之智伯丨丨遇我故国士丨之(史記)
(國語)
一飯報感古人丨丨(李固傳)藥石報高季輔進藥石之言故以丨丨丨丨(詳乳)　退舍報(左)子犯曰微楚之惠不及此丨三丨避
之所以丨也　卤莽報耕而丨丨之芳而丨丨而丨詳莽　不知報楚王送知罃晋臣曰子其怨我
(僖二十六)乎曰又誰敢德王曰子歸何以報我曰君亦不任受怨臣亦不任受德无怨
无德丨丨所丨云云其竭力致死无有二心以尽臣礼所以报也(成三年)
小紙匆報人有丨丨為書者叙　有德者徧報蘇秦之燕(?)貸百金為資及富貴
(記室)丨丨(何曾傳)以百金當之徧報諸所嘗見德
者一人獨未得报乃前自言樂曰我非忘子子与我
至燕再三欲去方是時我因望子深是以後子(国)　○法報化六祖壇經說
眼見是丨身能見是丨身　○鑿在到切穿空也(礼考工)丨丨三身
所見是丨身(佛地筆記)　(記)量其丨深以為輻廣　柄鑿(莊)丨丨
(圓鑿)丨丨方丨丨枘(九下)　六鑿(莊)丨丨有丨謂丨情　五鑿丨丨　詳　枘音詳鑿匀
廣四枝　漕(廣)(何傳)丨轉丨關　竅也謂耳目口鼻心一日丨情　丨鑿丨丨丨丨
考工上丨中給食不絶　○奥馬到切室西南隅○(語)○奥室西
設主祭於竈門外又迎尸而祭於堂　人所安息至深密也　媚奥南隅祀竈既
奥尊之也奥以喻君竈以喻權臣　壼奥丨穷先聖之丨(班固傳)　典奥(李穷)丨(後漢)(法套)丨蘊
深丨　墺通作隩(書)四丨既宅丨澳深丨隩水涯通作澳(詩)瞻彼淇丨丨隩(書)音　懊悔也恨也　○喿先到切○无処不逢
丨丨翱喿唐張仲武子直方好弋獵洛鳥丨丨而行　等蟬喿齐梁及陳
鳥丨丨翱喿唐張仲武子直方好弋獵洛鳥丨丨而行
詳五丨丨鳥皆識之見必丨丨(?)　鵲喿乾丨至詳集　隋泉作丨

丨丨　(鷃)掃丨洒　譟擾聒也周礼鼓譟丨丨而出(左)秦軍丨丨　燥(易)火丨吻燥
蘇易簡痛飲夜半丨連咀数根齏詳齏丨　髤喿媲王曰我生丨丨丨已間何丨　晨燥説丨丨吳孫亮下
詳　𨑳唐京师甚下第者丨曰打毦丨(北里志)　掃亦作埽(語)　掃郭林宗每行宿逆旅輒
矢　躁則到切(孫)丨進也(語)言未及之而言謂之丨　躬洒掃去後人見之曰
此必郭有道丨丨也　○躁(孫子)丨人之辞多　應對宿處輒
昨丨丨　鬼躁(易)(說卦)丨　巽其究為丨卦　婥管輅
之行步筋不束骨脉不制肉此為丨丨(?)何晏精
爽煙浮容若槁木此為丨丨皆非遐福之象(史)浮躁以鎮丨丨(?)韓　決躁為震
決丨丨用心躁(晉)吏丨丨　○竈寄者丨丨也(詳)(法套)静丨騎丨輕(語)媚　祀竈(月令)孟夏其丨丨四月陽
(說卦)用心躁寄者丨丨丨丨也詳蟹
極化陰之象故丨之○陰方臘日晨炊竈神形見子方再拜家有黄羊因祀之遂致暴富(後)
見子方再拜家有黄羊因祀之遂致暴富(後)　增竈虞詡羌寇武都詡令吏
卒破羌(後漢)　減竈又明日為二万竈涓喜曰我固是齊軍怯士卒亡者過半
示強兵也　士各作兩竈日丨倍之
矣并行逐之孫子於馬陵伏兵斫大樹白書曰龐涓死此樹下令齊
万弩夾道而伏涓以火燭之万弩俱發涓自刎(?)丨丨示弱也　路竈人有
嚴君虜井竈之謂也是以父喻井竈○吳孫賀人生子云寄語丹竈守丨丨而不顧
王渾防丨丨○或云竈有金故子過於父為丨丨(書言故事)
(江文)(通付)祭竈唐陸龜蒙齋東書丨丨筆床翁天子祠竈(漢武時少君云祠竈則)
具往来時謂江湖散人詳交匀　仙者可見於是丨丨始
親丨(史)騂騮試竈閒立印曰丨丨騂驥天下駿馬也(刻亭)　一門數竈後魏裴植出守
丨丨於丨閒未必能過狸鼬也(?)　兗州虽进禄奉
母及賸諸弟而各別資財　○破竈和尚隋(嵩)岳山廣有一竈甚靈遠近祭
同居異爨丨丨丨(史)　祠师以杖敲竈三下出云只是泥土
合成聖從何来又打三下竈乃墮落須臾一青衣人拜师曰我是竈神久受
業報蒙师説无生法得脱此処特来致謝因号丨丨丨丨(傳灯)一日丨丨隋
以乘高先丨丨丨丨师云云　○槁苦到切丨勞也(周)一簞槁如丨丨丨丨(國語)牛十二槁秦伐鄭及滑鄭商人弘高遇之以
丨使遽告于鄭(僖三十三)　○耗呼到切稻之属又虚也　豐耗三十年之通制国用
(礼)息耗丨丨(禮)(?)丨生也　鼠雀耗梁張率(?)遣家童載米三千石及
丨耗丨虚也一云丨丨善惡也　丨耗其半曰丨丨李曰壮哉
丨丨竟不丨　南海耗飯之美者玄山之禾丨之丨(吕氏春秋)　照虚耗都人年夜點竈灯丨丨(夢華録)(法套)丨影
問(梁書)　好(語)知之者不如丨之者　卿人皆丨之(孟)阿其所丨　上丨(文元)
有丨者勝文上(語)來以為丨(左)言歸于丨○丨琴鼓瑟詳之　嗜好丨丨(戰修)
俗好白居易最工詩後更不丨丨至数千篇(史)　三好梁蕭琛言心壮丨丨音律書酒　壁好王人
偶丨丨　年長二事都廢惟書籍不衰(國)　之牽

云云璧羨度尺好三寸以為度（周禮考工記）羨徑也好璧孔也肉倍好謂之丨丨倍肉謂之瑗肉好若一謂之環○羨以善反肉柔又反（韻會）丨齒

二十一箇与過同用

箇 古賀切箇子負矢五十丨○亦作个（左）又弱一丨焉詳惠又作介○亦不使一介行李（注）若有一介臣（注）（杜）井桐添个丨（坡）老伴余幾丨 左

个 孟春天子居青陽丨丨季春居青陽右个（既）明堂旁室（月令注） 添个 白從丨丨月平分破 風竹萬个 木千章丨丨丨（貨殖） 孩一

个 峽口鶯丨丨丨（杜） 鸐兩个 及个黃丨鳴翠柳（杜）（韻會）這丨丨真丨丨 ○賀 何佐切（詩）四方來丨 朝賀 大開明堂受丨丨（晉）

承賀 士於大夫不丨丨（汜）水受也 燕賀 大廈成而丨雀來丨（淮南） 蝇賀 郭代公相士云青丨扠丨方及第詳蝇 勃賀 僧下總游

五臺有僧以書寄東京丨丨至京不見其人一日見小兒逐大豬名丨丨云此豬能令群豬不亂逆奚食溥荷故名以書投豬食之人立而化（洞微志）

後賀 為貴曰苟入而賀河丨之有詳至 生日無賀 唐穆宗誕日宰相奏古无丨丨稱賀者（韋綬傳） 不負臨賀 唐楊憑貶臨賀

射姻友掉累死往者独所善客徐晦至藍田慰餞李丨丨楊丨丨肯為国乎（本）吏問表為監察御史曰君丨丨 馬至皆賀 北叟失馬數月馬將駿馬

而至人皆賀之叟曰此何詎不為禍詳馬 可乎而賀 鄭游吉如晉賀虒祁也史趙曰甚哉其相蒙也丨丨也丨又丨之子大叔曰其非惟我賀

將天下实 賀（莊八） 受弔不受賀 唐岑文本拜中書令有憂色母問之曰責重位高故也有來慶者曰丨丨丨丨也（本）（人名）

丨從京房李易（詩）丨唐詩人（姓氏） 廣平商音姜姓齊公族慶父之後人仕晉除莠陽令寬惠為本為當世儒宗（丨循）字彥先山陰授光祿大

夫（丨琛）字国宝孔季行微仕梁尚書左丞武帝与語常移刻語曰上殿不下有丨雅言問雅詳雅（丨知章）字季真清談風流迁礼部侍郎兼集賢學士求

命之榮是為光宅天宝初請為道士以宅為千秋觀湖數頃為放生池有詔賜鏡湖一曲○吳国賜狂客醉輒屬辭筆不停○金龜換酒詳龜（丨德仁）越

州人与從兄德基以文辭稱語曰李行可師賀德基文質彬彬丨丨丨兄弟八人比荀氏（丨鑄）字方回開封人元祐中通判泗州藏書万卷長於樂府

有慶湖遺老集 元祐中倅泗州（丨水部）丨元晉丨丨貞外郎宋章聖時謂道左詳部（丨丨）丨晦二女妻俞高儲象先 丨瓌仕梁節度使女妻和凝後

封魯国夫人 荷 負丨（左）其父析薪其子弗克丨（韓）声名丨朋友 ○佐 則个切梅福書伊呂之丨○丨饗得其丨關得傷詳關本作左

呂佐 呂望鈞得玉璜刻曰姬受命丨丨撿（尚書中候） 王佐 杜如晦等皆丨丨才詳才 書佐 蜀彭兼字求年仕州不過丨丨与宠統語大奇

之誹 卧 酒佐 高駢命丨丨作一字令詳條旁丨丨事（同上） 作 為也（韓）方橋如此丨 ○邏 郎佐切 紫邏 宮殿青門隔雲

山丨丨深（謝朓） 細邏 蛛螢結丨丨（谷）（陳）（雅）（韻會）延丨丨巡丨丨 ○瘥 丁賀切勞病也或作㾭（詩）丨我不暇哀我丨人 ○

軻 口个切接軸車也又轗丨不得志 坷 坎丨不平（坡）空室自困丨 ○馱 唐佐切畜負物也疲瘦馬解鞍丨 大 又泰

匀 措大 丨多誤作醋其說有四皆非也止當作措以其能奉丨丨事（改暇錄）窮丨丨眼孔小詳孔 天幾大 老蚌胎中珠是賊醯雞甕裏丨

（谷）丨丨 ○餓 五个切（孟）野有丨莩○黔敖為粥於路以待丨者詳粥史首陽丨夫○鄧通相當丨死詳銅 蟬餓 枝頭飲露丨常丨（賈）

（雅）（烴）寒餓 詩人例窮寒秀句出丨丨（坡） 鷖桑餓 丨丨丨人（左）詳桑（韻會）窮丨清丨西山丨 ○奈 乃个切丨何也（坡）佰

竟寒死丨（曾子）固別館情何丨 那 語助（韓）事往悲豈丨（坡）痛飲知死丨丨 ○些 三蘇个切（楚辭）宋玉招魂語末皆云丨故挽歌曰哀丨楚

些 清絕吟丨丨（谷） 巫陽些 醉魂招不來浪下丨丨丨（谷） 娑 （選）丨吐番都城名唐彝仁貴為逐丨道拋棄 ○過 古卧切（語）

師也丨 不弍丨 欲寡其丨 可以无大丨 述而（左）以志吾丨（禮）二十四丨改丨不吝（文中子）補丨 細過 俱弃丨（漢文） 掩過 曹參見人

有過丨匿蓋覆之（本） 使過 使功不如丨（李靖傳） 督過 聞將軍有意丨丨（漢高紀） 電過 欻吸如丨丨（賦） 口過 宋之問求為學士則

天曰但恨有丨丨尔（本）口臭也 隙駒過 人生如白丨丨之過丨（賦） 高軒過 李賀七歲韓愈皇甫湜過其家使付詩援筆立就名丨丨丨過

一作平声 虎溪過 遠法師送陶元亮陸脩靜不覺過丨丨因大笑詳溪 一鳥過 杜詩身輕丨丨丨下脫一字數舍人各用一字云疾云落云

起云下皆非得完本乃過字一字不到如此（歐陽詩話） 風流過 潘子義云在官寫書亦是丨丨罪丨詳挄 萬言十過 開元初常敬忠

十五歲能十過誦熟丨丨（封氏見聞錄） 多財益過 子孫愚而丨丨（前）丨其丨詳智 卧閤思過 （漢韓延壽）丨丨丨（史） 自以

為過 文帝曰吾不見賈生久丨丨丨丨之今殆不及也（史） 豮子那得過 王羆大呼曰老羆當道丨丨丨丨詳羆（卦名）三三澤滅

木大丨君子以独立不懼遯世无悶初六藉用白茅无咎九二枯楊生稊老夫得其女妻无不利九三棟橈凶九四棟隆吉有它吝九五枯楊生華老婦

得其士夫无咎无譽上六丨涉滅頂凶无咎○三三山上有雷小丨君子以行丨乎恭喪丨乎哀用丨乎儉初六飛鳥以凶六二丨其祖遇其妣不及其

君遇其臣无咎九三弗丨防之從或戕之凶九四无咎弗丨遇之往厲必戒勿用永貞六五密雲不雨自我西郊公弋取彼在穴上六弗遇丨之飛鳥離

之凶是謂災眚（人名）（丨丨）田（丨丨）能為代田詳東坡子 ○和 胡臥切周礼小師（注）与其丨注丨錞于也（說）甘受丨○大羹不丨（禮）而後丨

之 趨和 鄭莊丨丨承意不敢甚引當否（史）上譏曰趣 倡和 陽丨而陰丨○不丨而丨（國）丨予丨汝 子和 鶴鳴丨丨（易） 影和

楊嗣復等一好惡相丨丨（唐李珏傳） 寡和 其曲弥高其高弥丨詳歌 細和 丨丨淵明詩（谷） 五和 七均師无声丨丨常主淡（黃）丨味旦丨（国）

制詳俗 烹和 別察百種煩丨丨（谷） 刂口經句卧斎閤終齊和日親丨丨（坡）（韻會）无人丨丨鳥声丨丨 ○挫 則卧切（孟）一毫丨於人

頓坐伊人去軒騰〔注〕篳端坐 坐方物於〔語套〕摽丨坐刂破也 丨萬仞坐斬
頓挫字遂丨丨〔韓〕筆端挫丨丨〔選〕坐与宮馬見夔 剔
也通作剉〔詩〕秣之丨之吏莝眠 ○課苦卧切〔説文〕郡課初如遣官情終 考
傳丨旦其前〔史〕拔世味辛糠丨 勸丨農桑 君課乃最丨丨〔韓〕
課浣京房丨〔本〕考課辞竝趍倚睡課千篳辰風供〔國〕疏課年莽酒便之日〔語套〕
課丨吏法〔本〕考課供丨丨〔谷〕睡課丨丨〔武帝紀〕晙丨丨丨〔李〕
工丨自堁起兒 堁丨塵 ○唾湯卧切〔説文〕唾咳唾落九天隨 實唾反〔韓〕拾未
丨覓丨堁 殘食不丨〔選〕唾風生丨玉〔李〕丨丨
帚青顧晴如 面唾婁師德訓弟奈事弟曰人有唾丨潔之 唾中唾 吴王潘夫
貫夜愍〔谷〕 師德曰潔之是違其意正使自乾尔〔史〕 人醉唾丨
丨傾之得火齊 石花唾后誤唾倢伃袖倢伃曰嫝唾之染紺袖正 不可唾亭紅
指環〔拾〕神異苑 如丨上丨因名為花丨廣袖〔趙飛燕外傳〕
枕湘江綠淨丨丨丨〔韓〕李生之 無敢唾晉佛圖澄止鄴城寺人丨 發衆唾 隋
法丨丨泣涙及多丨泚〔與造〕 丨向其方面涕丨者〔史〕 伊
婁謙初仕周时武帝使謙聘齊 齊崔褰謙參軍高遵以情輸齊 遂留 謙帝克
并州召謙丨請赦遵帝曰卿可丨丨丨丨 面謙曰遵罪非唾面之責乃止〔史〕 龍
巾拭唾李白丨丨丨丨 御手 開口承唾 符堅從兄朗過江南与朝士 每不用
 調羹詳勁唾一作吐 唾壺使小兒跪而丨丨 唾而含出〔晉〕
景仁晋志陳郡灼受業於皇侃常夢与侃遇於途 客見必唾 齊孟嘗君復相
侃曰鄭郎丨丨侃唾灼口中自此義理益進〔史〕 太息曰文一日

廢客皆去今丨有復丨文者丨 不顧而唾 秦文嬴請三帥曰使歸就戮于秦
丨其面丐讓曰君之言失也〔史〕 公許之先軫曰武夫力而拘諸原
婦人暫而免諸國丨 咽庫辱官唾 曰陸眷本出西遼初為庫辱官家奴諸大
丨丨丨〔唐三十三〕 人會集皆持唾壺惟庫辱官独无乃唾入
陸眷口中因丨之祝曰願使主君之智 佗加也〔詩〕予 ○播補過切種也
慧祿相尽移入我腹中後遂強盛〔史〕 之丨矣 〔説〕丨时百谷
○又揚 背播厥父菑厥子 逋播〔書大誥〕 丨丨臣 易播 刘禹錫迁播州柳子厚謂播州非
也弃也 肯播乃弗丨丨 逃亡也 迁柳州
人所居願以 簸 〔詩〕或丨 春簸 後魏崔亮為尚書左 丨 簸之揚之丨 不
柳丨丨〔韓〕 或揚 丞其妻親事丨丨〔史〕糠粃簸糠丨在前詳 碌
可簸 維南有箕丨 譒敷也〔書〕王 ○磨 摸卧切 蟻磨 天旁轉半在地上半在
丨以丨揚〔詩〕 丨丨告之脩 地下日月東行天西旋
入于海如丨行丨磨疾 磨徐不得不西 馬磨 蜀許靖少与從弟劭俱知名而
晋天文志抱扑子云天左行日月右行 私情不協劭与郡功曹排擯靖
不得齒子以 春磨 負者愧不能微世 武磨 吴諸葛恪對蜀使費禕食餅索筆
丨丨自給〔本〕 出丨丨〔英〕愧歲詩貝 作磨丨〔吳〕宋王元之七歲家以磨
麨為生畢文簡公令 八磨 後魏崔亮謙杜預傳見為丨丨 濟时用 及蜀
作磨詩不思以對〔本〕 為僕射奏造水碾磨数十 国用便之〔史〕 羌磨 梁
孝秀隱居東林寺僧有慝戒律者集 ○㮇 奴卧切秫名〔史〕寸田 㥌 弱也
衆佛前作丨丨而咨之多能改過〔史〕 可治生灌勸耕黃丨 事詳

揆韵 ○坐 徂卧切礼韵不收座字今依 毛氏别出各依本文附事 幔坐 玄宗丨丨張金 危坐 唐蕭德言
經子東帶丨丨 曰劉先圣言可下丨坐 後庾冰字世游 雞大障詳幃 苦学毎開
復嶂学〔國〕正襟丨丨〔宋璟傳〕 論自以卑第毎処丨丨 孚為諸生備後能請 諸生博士皆就
鍵問由是孚中以丨丨為貴〔史〕○朱璟寔朝堂三張列卿三品璟階六品居
丨丨易之虚位揖曰公第一人何丨丨 璟曰才劣品卑謂第一人可邪詳卿
張過語刘尹処之丨丨 順之諸贤来宿言各注 罵坐 灌夫嘗過田蚡飲語侵
有不通処張判之言約旨遠乃延之上坐〔世説〕 之蚡怒云云灌夫行酒
罵灌賢不避席蚡劾夫丨丨丨 以 坐同席 漢文帝所幸愼夫人与皇后 三獨坐 光武
不敬〔灌夫傳〕 互見嫐及項韵 衣爰盎引丨卻夫人〔國〕 詔御
史中丞与司隷校尉尚書令會 丨丨丨丨〔國史〕 三無坐 唐中宗时韋后等用事畢構授官至
同令專席而坐言号丨丨丨 无斤事以居时謂丨丨丨処言宰相
御史及員 外郎也〔史〕 華獨坐 魏華歆初從孫策每大會坐上莫敢先發言歆起更衣則
号丨丨〔國〕 論議喧嘩歆飲六夫食餘不乱衆察之常以整衣冠為其故
丨〔國〕 且獨坐 左回天 丨丨丨 詳酉 專坐 晉和嶠為中書令旧盗令共
每同乘高亢丨丨丨丨 而 車入朝时荀勗為盗嶠鄙勗
丨乃使盗令各异車〔史〕 壓角坐 唐舍人視事宰相送之東 鄭則施一榻丨丨丨 詳角 陳驚坐 陳遵字孟公时 列侯有与公同
姓字者每至人門莫不 震動因号為丨丨丨 云 春風坐 朱公掞見明道於汝歸謂人曰光 庭在丨丨中丨了一个月〔語言錄〕 光翻坐 富人

事華麻絲綉丨丨丨〔國〕 無穩坐 剣米有危炊鉱擅丨丨丨丨〔國〕詳色 与 恥並坐 魏夏侯玄常進見皇后丨与毛曾丨丨〔史〕 兼蒭坐
丨當丨丨〔後漢范傳〕 中書終坐 張嘉貞始為丨丨 舍人崔湜輕之後与議事正 御屏隔
坐 吴亮為尚書令子隱為中書令每 出其上湜驚曰此丨其丨 後十年為中書令
朝會詔以丨丨風丨其丨〔宋〕 虎賁同坐 孔融与蔡邕善邕卒有
丨曰雖无老成 孟嘉在坐 晋褚裒問庾亮曰聞有 士兒类邕融每酒酣引与丨丨丨
人且有典刑 卿自尋之裒歷觀指嘉曰此君小異將无是邪亮欣 其人何在亮曰丨丨丨
然而 笑〔史〕 交帝拂坐 齊王思性簡潔客有詣己 者丨丨丨其丨処詳帚 長安坐 孔休源為晋安王所重别 設一榻云此是孔丨丨丨
詳 搨排元顗據坐 後魏元顗為郡有威信元易子代顗恃寵輕翳卒至丨丨 墜床丨其丨元顗曰我滿家代常也无礼見辱豈可容哉殺
之以狀聞道 未嘗西向坐 王仅為司馬宣王溢 殺丨丨丨丨 詳向 ○宴坐丨丨寂不動大千入
武壯之〔國〕 〔毛髮〕〔國〕山圍丨丨 曾
丞出〔谷〕不於三界現身意是為丨丨 不起滅定而見 跏趺坐丨結丨丨〔蓮〕 蒙駝坐
諸威仪是為丨丨 能如是坐者佛所印可〔維摩〕
佬禪时作丨丨丨〔谷〕王珠避雪佛届見一老僧 座 毛氏匀別出 帝座 星
若皇褒背及肋有搭白処明日視之乃丨丨也 坐 监匀不收今依 客
祀丨丨 法座 當户牖之丨丨〔梅福傳〕户牖之間曰衮言負 八座 後漢六曹尚
詳星 衮也丨丨正坐也○本文座作坐与座同 書丼令僕二

人禽丨丨丨本紀韓丨叱撥御座晉紀膀為元帝丞相軍祭酒与王導勸進帝
丨藝如拆襪線詳線 不許使將軍韓績撥御座膀丨日帝座上應
星宿取動者斬 可惜此座晉衛瓘以太子不能親政事託醉
帝為改容(晉) 跪武帝牀曰丨丨丨丨帝意悟(本) ○半座多寶佛於寶塔
中分丨丨与釋迦牟尼 獅子座知度論佛為人中丨丨九佛
佛而作是言(法華經) 所丨若床若地皆名丨丨丨 木上座佛日和尚見夾
山夾山問什麽人同行師曰丨丨 ○破普過切(韻)讀書丨万 丨已丨竹
丨丨至壁中佛日取拄杖擲前 卷淮西碑牢不可丨 甑破矣詳甑
破兵威丨(晉史) 甕破詳甕 箭丨事 矢破舍丨如(詩) 膽破嫦娥懼而死李陵皆 月破青人謂丨丨詳膽 曲破樂名樂畫云明
皇樂章多以边地名丨如伊州甘州之类曲終繁聲名為入丨丨江南李煜樂有念家山破互見州 補破甑室且乞飯兒實教丨丨(容) 月半
破新丨(麟) (韻)勾引破丨丨丨(容) 蝶為春光 平分破風月丨丨詳月 巢卵破孔融為曹操所殺女七歲男九歲
被收二子曰安有丨丨而(後漢) 說丨以計 連環丨 ○臥吾貨切(韻)寢几而丨○丨 新嘗膽詳膽 汲黯丨治詳
治侯霸丨 轍詳轍 孔明丨龍詳龍 高臥謝安丨丨東山詳何洞 酣臥王勃
祖枕官者丨詳闕 与腫寢眠過者 明丨丨北牕下詳人 為文
則丨飲引 獨臥服藥百裏不 賀華 思義不違則丨 僵臥袁安大雪丨
被覆丨 獨臥如丨詳裘 横臥丨六尺方床詳床 不出詳雪 惡

卜婚兒丨丨丨 陳摶閉門獨臥至丨丨周世宗於禁
臥踏裏裂(容) 百日臥 中扃戶以試其異之(揚文公談苑) 高枕臥丨丨而丨(高帝紀)
瓶墜臥飲萬丨(晉) 大床自臥陳元龍自臥丨丨使客臥下床詳床 徑上床臥蜀龐羲字元年仕州目不過書佐往見宪統
適會有客兼与統共語人丨丨丨丨曰 故人共臥光武日共与丨丨嚴子陵丨丨不詳客 ○長
頹鄉客莫能与鄉善談統与語大奇之(蜀)
坐不臥丨丨丨丨六祖曰汝師何以示衆曰常住心觀靜丨
臥志誠禪師自神秀往曹溪六祖日於理何益乃作偈曰生來坐不臥死去臥不坐元是
臭骨頭何為立功過(傳燈) (宮苑)西肱丨丨北牕丨 ○貨呼臥切(韻)一曰食二曰丨(揚子)君子珍龍 其丨而後市(孟)吾子可以丨丨敵乎
貨尽丨丨天下 權萬貨唐刘晏為轉運使能丨丨 (人名)丨(陽) ○惰徒臥切(語)
貨之丨(漢紀) 丨使天下无甚貴賤(史) 之而不丨(孟)
丨其四肢(書)股肱 ○磋千个切磨丨也 ○蹉足跌也又過也 ○涴烏臥切汙也 脂粉涴却嫌
丨哉 丨農自安
丨顏色淡掃蛾眉朝 壓丨涴白髮不禁丨 丨丨(外戚傳) 午酒涴肓教丨丨丨詩腸
至尊(國)號國夫人 此詩言杜甫

韻府群玉卷之十五 去聲

韻府群玉卷之十六 去聲

二十三禡 獨用

禡莫駕切师行祭於野曰丨(詩)是類是丨 或作貉
(礼)肆师祭表貉則為位 亦作伯(詩)既伯既禱 駡頬杲卿丨賊詳
詳 嫚罵洪祖丨丨儒生(魏王傳)又 罵舌 驕子丨母
乱 陸賈(前)說詩書帝罵之 善罵四皓曰陛下輕士丨丨 笑罵彭則丨(賈誼)
臣等義不辱(張良傳)
(傳本) 官長罵鄭即騎馬歸頗遭丨丨丨(杜)鄭虔文 隣妻罵人有挑其丨丨之
作伮虔為廣文館李士性嗜酒不治事故也 丨者長者丨丨之
少者報之後其夫死而娶其長者曰在 馬亦罵丨丨彼馬罵此馬曰蹇此丨 謾地
人欲其報我在我欲其罵人(後馬衍傳) 彼馬曰眇詳眇
大罵禰衡詣曹操坐大營門以杖丨丨丨丨吏 行酒慢罵灌夫於田蚡坐上
白外有狂生言語悖逆操怒送与刘表(史) 丨丨至灌賢丨方
与程不識耳語又不避席夫丨丨曰平生毀程不識
不直一丁今日長者為壽乃效兒女曹呫囁耳語(本) 王述受罵丨丨謝无奕極罵 述正色
面壁不動半日謝去時人 醉人推罵丨丨得罪以来与漁樵雜処往丨為丨丨所
嗤其性急而能有容(世說) 輒自喜漸不為人識(東坡答李端
(叔)○訶佛罵祖詳祖 (語答)丨潮丨 駕古訝切(語)不俟丨 大駕洪制丨丨屬車八十一乘 鶴駕王子喬周灵王

太子晉也吹笙作鳳鳴後於緱氏山乘白丨 再駕文王丨丨 三駕晉丨丨而
而去故太子之丨曰丨丨宮曰白鶴(列仙傳) 降崇(左) 楚不能与
争(左) 別駕洪制丨丨從事史一人刺史行部別 十駕騏驥一日而千里駑馬
(五) 乘一乘傳車故曰丨丨(宋書)互見驥 亦及之矣(荀子) 鳳
駕星言丨丨(詩) 獨駕阮籍率意丨丨不由徑路詳途 枉駕徐庶曰此人不可屈致將 勤駕洪高
(定之方中) 軍宜丨丨顧之(蜀亮傳)
詔賢士大夫能從我游者吾尊顯之御史 稅駕李斯曰吾未知所 倉駕唐畢誠李
中執法郡守身丨而為之丨遣詣丞相 (史)今車曰丨丨
德裕忌之累官駕部外郎倉部郎中 泛駕丨丨之馬跅弛 晏駕宮車丨丨(晉)
時以丨丨一曹為辱誠如処美官(史) 之士(漢武紀) (漢文志)天子
當晨起方崩稱丨丨音臣 俗士駕謝靈運勸回丨丨丨為君 嵇呂命駕晉呂安与丨丨
子之心猶謂宮車晚出也 (謝)客田山移文 康友每一相
思輒千里命 架亦作枷(記) 戟架柳仲郢每遷丨 禁架後徐登但行丨丨
駕(嵇康傳) 不同椸枷 集丨丨皆滿詳烏 所療皆除(禁流傳)
(傳)即丨術 陰陽 間架唐德宗初 稼種之曰丨斂之曰穡(詩) 司家丨丨掌
占縣符丨丨之術 稅丨丨 我丨既同 大田多丨 香巡邦野
之稼 木稼寧王臥疾引諺語曰丨若丨達官怕 躬稼禹稷丨丨(孟) 學稼樊遲
(礼)吾其死矣果然(旧唐書) 即丨丨冰木介 (語) 丨丨
(披)隨宜子皆丨○梁鴻擇對不丨詳欽 難嫁富家女易嫁丨丨早輕其夫貧女
洪張負女孫五丨 又丨惡丨禍丨兆 家女丨丨 嫁晚孝於姑(宋大) 不

聑嫁梁寡婦高行者梁貴人欲取之乃割鼻曰所不死者不忍幼弱重孤也〇刘長卿卒妻有男十五而夭乃刑耳自誓不嫁列女〇後陸喻妻荀奕名采早寡父母強嫁与郭奕為与郭為歡以粉書扇曰死还陸氏自縊死〇旁玄齡微时病謂妻盧曰吾病革君年少不可寡居善事後人盧泣入帷中剔一目以示信玄齡愈礼之終身婦取不嫁崔崩通見曹相国曰婦人有夫死三〇崔僧妻盧氏斷髮不嫁日而嫁者有迷居守寡不出門者足下即欲求一何取曰一一不交後嫁晉重耳将適齊謂季隗曰待我二十五年一一而一一互見隗價者通曰求臣亦猶是也史亦作賈孟巨鬻價後晴王傳一一益廣寬價少室山人一一高两以飾價孔子聞政三月粥羔豚者僂小僂同賈諫官徵不起韓言李渤弗一養貴求一一而連城價自許一嚴蒲葵價謝安鄉人有一一扇五万数倍詳扇一馬增價蘇代曰有賣駿一者三旦人莫与言伯樂視之去而復顧價一十倍詳馬唐酒價宋真宗問近臣一一丁晉公曰杜詩云速來相就飲一斗拾有三百青銅今是一升三十也玉壺清話問米價王導辟王述為中兵屬導一江東一一述張目不荅導曰王掾不癡人何言癡西園諧價當置差之官者皆至一張讓傳雞林詩價白居易詩人争傳之一国相篇易一金詳林洛陽紙價左思三都賦成競相傳寫一一一一一貴詳賦伯休守價後韓康字一一賣藥不二價有女子從康買藥康一一不移女子曰公是韓一一邪乃不二價

康嘆曰我本欲避名今女子乃知有我遂遁入山中後漢書金高士價齊高祖曰我治天下十年使黄一与土一價因通米增價盧恒為宣歙觀察使谷價日增或請抑之恒曰宣歙土狭谷少若價賤則商船不行益困矣唐〇趙宋趙清献公抃知越州两浙旱蝗禁増米價公独榜任増價巢之米商輻湊米更賤民无餓死假以物貸人又休告也社假放翁无一一閉戶讀殘書窏又馬匈〇䄊衣嫁一切孟一至大貧齊陸慧曉傳内侍我之流一一匹亞新晴百鳥語各自有一一谷罷亞舂一一坡一枝亞䅽尚有殘坡風吹亞野竹一一国營蕭之亞諸葛亮一一婭两壻相謂曰一一詩瑣瑣二姻一一椏䊮一䄅多皃〇罅呼訝切裂也又孔一天罅嶺石罅一一韓賦篆寒罅尤有殘花一一歐補罅一首一編進学解活套一一石一隙嚇以口拒人〇迓吾駕切迎也迓旁作㝍二一衡敬一一堂詩之華籍詳陌匄一天威本作訝或作御詩百两御之官迎賓客者以待賓客周礼秋官郊詩諸侯有一一大夫有士訝礼秋官活套一邀一訝活套嗟一疑一一𥧂碾也汝陽王戴一硝帽打曲一光帽舜山香曲並詳帽張登華凭倦春閣書小一紅綃詳過〇詫丑亞切誇也以相如傳差甲丹也蘇戴搜叉水岐流又一地名〇咤陟駕切噴也亦作吒宛毋一食漁陰侯傳咤叱一活套悲一

㛴美女也𡡅㛴婦弄小女〇詐側架切譎由之行一今之愚也一咸作使御失其道一咸作敵陽向道一巧詐一一不如拙誠詳誠飾詐公孫弘為布被一一以釣名困追信詐侯祖曰諸数公无所追一一也史賁膚何亦可乎活套詐一王事詐紀信詐楚一降楚詳東善惡詐趙魯昭曰誠詐也人詐惡我詐善不後本醡厭酒〇蜡鋤駕切本作䄍索也合聚万物索饗百迎猫為其食田鼠迎虎為其食田豕也神年終凡有功於人者求其神報享之開元一臘用戊日大蜡夏曰嘉平周曰一一秦曰臘觀蜡子貢一孔日一国之人皆若狂家語乍止也暫也活套一一兩晴〇謝辝夜切代謝四时一推謝遜陽湯奏事即破陽古謝晉何劭有姿望帝輒有所賜輒其一一焉本王謝旧时一一堂前燕唐詩曹謝文章鮑謝何必詩一多往三凌二謝南臺一一无人継謝謂瞻一一因湘靈運九日詩也詳淵負荊謝廉頗肉袒負荊詳虎免冠謝貢禹冠詳攝衣謝鄭食其曰不宜踞見長者一一一一一之高祖紀拳手謝王子喬於緱山乘白鶴時人數日而去列仙傳學三謝荆公一一一詩失於巧不若山詩謝靈運惠連元暉詩六十四篇為三謝詩山居子西筆录豈有私謝浚張安世嘗有所薦

其人來謝安世大恨以為挙賢達能豈有私謝邪耶〇晋羊祜所薦人皆不知曰拜爵公朝受恩私門吾所不取謝歸戴馬謝曼子贖越石父於縲紲之中一一一一一詳巳其謝一一也可去一一也可後謝前謝梁謝兹卿隋西射徐勉曰淮肥之役前謝已著奇功今謝何如我活套一一詳巳其嗟其謝食困賢敖為餓事詳餓多一花開一歡意一卿曰已見今徐勝於前徐一一何必愧於一一困事欲一東山一西堂一一姓氏陳留商音炎帝之胤申伯受封於一今汝南一城是也詩亶二申伯王纘之事于邑于一後以国為氏曾有一息侯人才兼四科行包九德一安字安石少时放情丘壑人言安石不出如蒼生何〇圍棋賭墅詳棊折屐齒詳齒携妓遊東山詳妓益文靖一鯤字幼輿一丘一壑自謂過庾亮〇飛揚折齒詳齒一尚字仁祖八歲神悟夙成或称一座顏回斗諸毛表宏談論詳諸為鎮西將軍一万字万石早有時譽謝氏秀彦者封胡羯末一靈運詩称兼絶每文自寫之文帝称為二宝永嘉太守名山水肆意游遨西堂詩夢詳草登山去屐前齒詳屐襲封康樂公一奕安之兄与兵帅共飲詳兵後為豫州刺史一玄奕之子安之蘭玉桂詳社淝水之捷玄為前鋒封康樂縣公一混字叔源風華為江左第一与謝晦俱在宋武前帝曰一时頓有两玉人一朓字玄暉文章清麗善草隸長五言詩沈約云二百年來无此詩也迁直中書省有紫蓉依砌上紅藥當階翻句又登三山詩澄江浄如練一瞻字敬冲十歲屬文梁初為尚書令一惠連十歲能文灵運云每有篇章對惠連輒得佳語詳章一莊字希逸宋文帝

曰藍田生玉豈虚也哉　江東独秀詳秀殊有鳳毛詳毛不衣白袍
詳晩門无雜賓有時独酌曰吾飲若推當明月詳酌字景緜深
武帝曰此生芳蘭竟体|唐正觀初劉東高事嘗為蠹彭賦一云篇时李百茶
工詩便善賦李詩謝賦趙眾人名良佐李去矜字詳矜嘗云打透
名利関便是小歌処|宋字昌国新喻人務所居曰良斎曰桂山光宗时十
歳除工部尚書|宋字希深文章典雅有元白風与欧公梅圣俞等相從為
楽後為制誥|晋謝小娥報父讎殺賊詳　謝英妃武夷君會于幔亭英妃
撫長劒互見亭　謝玄女妻袁湛　謝安女妻王国宝。謝道韞詠雪事詳
雪　謝師厚方擇婿見山谷詩曰得壻如是足矣遂成昏幼女妻胥茂湛
榭臺上屋記月令可以処臺|西都賦|長楊之|　風榭||柳微
舒瀛洲榭帝起|||楚后登之歌帰続晋高|人名至鳥○暇胡
困瀛洲榭風送遠之曲飛燕外傳互見帶　古今注盞|王衣国詳国　駕
切韻不敢自|詩天我則不|孟国家間|漢祖紀日不|給|史　鼙暇栾鍼曰
歴陽記十旬休||○唐仇士良謂中人曰天子不可令閑|日臣使
於斯也子重問晋国之勇臣對曰好以衆|曰又　應接不暇　王子敬云山陰
何如曰好以|一云六請攝飮焉公許之左成十六道上行山川自
相映發使人世説続晋書偷|假|楽美也詩　下降也易以貴|賤孟膏凖|於民
帳在下之東下乘勝|下晋書　禮下|||資　齋戒下漢鄒食其下|七十餘|本　漢文紀詔書數下。仲舒|帷詳
下見馬句　者周紀　鷗不下海翁

明日至海上鷗鳥舞而不下詳鷗為易慮也　馬嘗下越人結交盟曰我若乘行君乘馬它日相逢||下詳壇　五行並下漢應奉讀
書|||||本　十行倶下梁簡文讀書|||孝武読書七行倶下並同　宋　從天而下漢周亞夫擊呉时趙
又北斉邢邵
勝曰将軍何不右去藍田抵洛陽直入||諾以|　蕈橐下千里
武庫諸侯聞之謂将軍||也本　強弩之下取|詳刑
|||||||||之勢必　騎虎不得下||詳勢　晋書信華|氣愈|　夏春||秋中|
蓋鼓詳擊馬
四月|燒夏炎風毎|陸雲|朱||○夜羊謝切詩子曰視|鷗鷺|殷|之|詩　如何其
雒|||　晋書長|||　未央夜氣藏冬乃四時之|　五夜
甲夜乙夜丙夜丁夜戊夜○|||不能探攝夜　玄夜　道恩在
漏声催曉箭賈至詩○亦五更　獨夜　起撫琴王仲宣詩|||顔公辭詩
白夜||月弦困夜詩　縞夜　稽叔夜雲|崇挑弓孩登荊公詩坡
御|民内則注　　云閑發句法今復見之|西清詩話　專夜　長未滿五十
夫人||　分夜　斥候王||　壁力斗詩斗　閏夜　王相見礼夜侍坐||　必与五日之
常惟元夜勅強賡前後||　叔礼問其时数　癸夜　掌宫外戒禁
各一日謂之|||漢志　晧夜　詳外賈司長也　不夜　古有日毎夜出於東　金吾執金杖
晋王承為東海吏録一||人云従師讀書不竟日暮承使吏送帰曰鞭撻　萊故名||城詳城　犯夜
寗戚以立威名非致理之本送令帰家　呂氏春秋○敦浩刺揚州刘尹曰刺

之戢不戢夜行西漢○醉　爭晝夜蝙蝠与盛|不決詳睡　人名晋七賢人詳竹林　国
婦應||可怕李金吾
崔火　射劉仁軌為僕射事僕|詳樂|北斉李
也　元忠云作僕|不勝飲酒楽詳酒　三日僕射周顗為僕射顗以身酒失略无醒日罷
去号||　大小僕射陳表憲為右僕射憲兄先為僕射入謂|僕射||||史　自稱僕射北斉皇甫良性頑敵与人言|||
史　三世僕射高士廉与祖父||右||　○籍慈夜切易|用白茅氏　圖薦也孟助者|也　藉醞籍唐權德輿||風流
自然司慕史如　因藉晋貴游子弟更相　枕藉相与|||死　浮舟中|文|　躪藉唐武后怒
|醖及薦|也　唐濮王傳　漢前尹賞傳
百歳後為唐宗　蹈藉騎之所蹂若人　慰藉詳　声相　章奇藉細|初吾猶||
室||无死所||　子虚賦　|||　容　欧露|不|||　漢
○卸司夜切舍車解馬也又脱衣解甲也　瀉去求又馬勺　○柘之夜切古无地唐置|州又
槃柘其|其|為號柘斉景公為弓泰山||之|燕牛之角荊麋之筋河
困槃山弁　魚之膠　外傳以柘為弓弾鳥二号呼因名|||
炙燔肉也詩燔炙或燔或|韓　鵝炙斉江淹桂陽之乱詔撫久之未就
禮万牛胾|　漢紀魨峯|||　斉高帝引淹先賜酒食淹素能飲
啖食||垂尽進酒鴞炙見弾而思|　秦炙書|人之|无以異　膾炙
數升訖文語亦辯史　鴞炙|詳卯　嗜吾炙孟告子　曾子何為

食||孟尽心　冷炙呉起曰丈夫事未済甘晦休山林焉能逐事汎蒋子荀||　盃炙困詩注人不可見役勢貴処之下座取殘盃||之辱戴
安道猶遭之况亦曹乎　殘炙劉毅謂庾悦曰今年未得子鵝　晋能以||見恵悦不荅詳鵝
顔氏家訓又互見孟　炙　顧榮宴飲
有欲炙之色割炙啖之曰豈有終日執之而不知其味者及趙王倫敗　嚏炙
榮被執其人為督率救榮得免　晋本○陰鏗留酒炙授行觴者詳觴
母||曲礼嘬初　牛心炙王羲之年十二周顗異之|||坐　黃雀炙王祥
怪切一奎尽臠也　客皆未啖先割啖羲之乃知名困　後母
思|||有黃雀　王琨遵循顔師伯傳酒行炙皆　黍陽酒炙　君甫
數十飛入暮府　避妓行炙用內妓琨毎回面|之詳避　客|
|令以白酒牛炙進之飲　明皇雜録　自割鵝炙　斉刘璉為武陵王參軍王|||||　璉
啄過度而卒　　曰應刃落俎此辛夫之事殿下親執鸞
刀下官未　蔗红|止甚生賸芳|扗|可作霜|本草||||白者
敢安席史　　曰荻|田說扶風||一丈二節見日即消見風即拆唐禮鄰
和尚跨白驢登繖山遣柔新采芣寸紙繋錢緡遣驢負至市人知為鄰也取
平直掛物於鞍從驢帰一日驢犯黃氏|苗請償於鄰二曰汝未知因|糖
為霜利十倍自是其法流行　宋野史神宗問呂恵卿曰何草木汁出独於|
庶何也曰凡草種之則正生甘|蔗出也○|　餳鼠柔詳梅　吹詠冰盤薦琥
珀何似糖霜美　蘇詩遂寄糖霜知有味　坡遂寧||　羣老　蔗蟹
澁霜見之文字者始二公蓋遂寧|為最　啖蔗　初味猶||漸入佳境清尚猶|　晋　壓蔗滴

小褥如｜｜（國）射鹿齊宜都王鏗取甘鹿屏地自歩｜之千發千中（史）倒筴鹿顏倨之每食鹿自尾至本自漸入佳境（世說）百挺
鹿宋李武吞魏主曰知行路多乏今付酒二器甘鹿｜｜（謝約宋書）（人名）曹｜李劍要須須問曹（唐書）○借子夜切（廣）｜秦（山傳）
為假借｜｜納用資借威德可不借草檥曰｜｜蔣道言賤易前箸借張良借｜｜（國）
諭假借（文帝紀）｜｜（公）有宜各自高｜假｜也天所借一夜清光
詳著｜籌之蔡勧借借父｜｜應布帆借晉顧愷之假還殷仲堪以｜｜｜之（史）
書不借蜀許慈与胡潛俱為博士忿争形於辭酒誰借白｜已尽燕道借為
色｜籍｜相逼｜（史）○借書一鴟詳鴟｜能｜（國）
潁川守從為抗金吾上過潁川百姓車不敢借阮裕曰吾有｜而使人｜｜
｜｜頗｜懇留一年乃留拜之（國）｜何以車為命焚之詳車
○舍始夜切（正）凡師一宿為｜又三十五里為一｜又三舍退｜｜
釋與一俱｜｜（史）四里為一俱戶舍○田舍翁詳翁而原降
（國）魯陽公麾戈日返｜｜猶｜第也（前漢霍光傳）横舍弟也字本作黌（後漢儒林傳）幸舍馮
詳日｜宋莊臧徙｜｜詳臧甲舍起｜｜諼
彈鋏而歌孟嘗君魏張魯在漢中置｜｜又置義十尺舍唐元德秀未嘗
君任之｜｜（史）義舍米肉懸之行路者量腹取足（史）有｜｜之（國）
道旁舍作舍｜｜三年不成詳旁立精舍漢明帝｜｜以處攝摩騰即白馬寺（事物紀）今人以佛寺為精舍不知乃儒者教授之所
〔版心〕韻府群玉　卷十六
時應有武夷精舍又有白雲親舍狄仁傑望｜｜孤飛曰吾｜｜其下詳雲求田問舍劉備曰君
滄州精舍繫於考亭
言無可采詳床繩樞草舍韓伯與其兄浦曰吾兄為文如｜｜持金同舍同舍有告歸
｜｜吾文如造五鳳樓手詳樓
｜｜去意篤不疑詳誤（陸賈傳）（人名）作｜｜周｜鄭二詳廡赦（正）書曰眚災肆｜｜五刑之疑有｜（舊）三
赦司刑掌｜｜一赦曰幼弱再赦太宗曰一歲｜｜好人喑金雞赦北齊
赦赦曰老耄｜｜曰蠢愚（記）赦三赦赦吾有天下未嘗數赦赦日
柱｜｜竿詳竿○衙門｜｜詳門鵲傳赦詳鵲蝿報赦將赦蝿為之唐狀赦唐兼道武
云天雞星動為有赦詳死赦蝿報赦符堅詳蝿為進狀赦見將軍李
晟出懷中赤白署姓名曰為賊所逼固請晟判晟歎息笑曰欲我何語曰弟言
｜｜｜之文以一縑易晟秘藏請道藏遣使持名曰為信冊拜夫道成後訏朱泚
偽官晟平京師道成出頁晟後吳漢病篤光武親臨
衫衿赤示晟晟原死（國）願無赦問曰｜｜陛下慎｜｜（史）雅占當赦後張成善
｜｜殺子殺人河南尹李膺赦後殺之（史）無因可赦北齊大赦南河郡｜｜一｜｜｜責蕃禳赦蜀孟光
光｜大將軍｜｜曰慶年始壯而秋大赦
原有罪上犯天時下違人理（國）決刑乃出赦後周蕭為渤海守海赦令到
（史）兇｜封三歲府乃赦楚王每赦｜｜｜之｜（世家）慶夏商周金幣先使屬縣｜｜｜本坐
赤白黄二品應逆知有赦者盜竊之故封府○射神夜切（正）

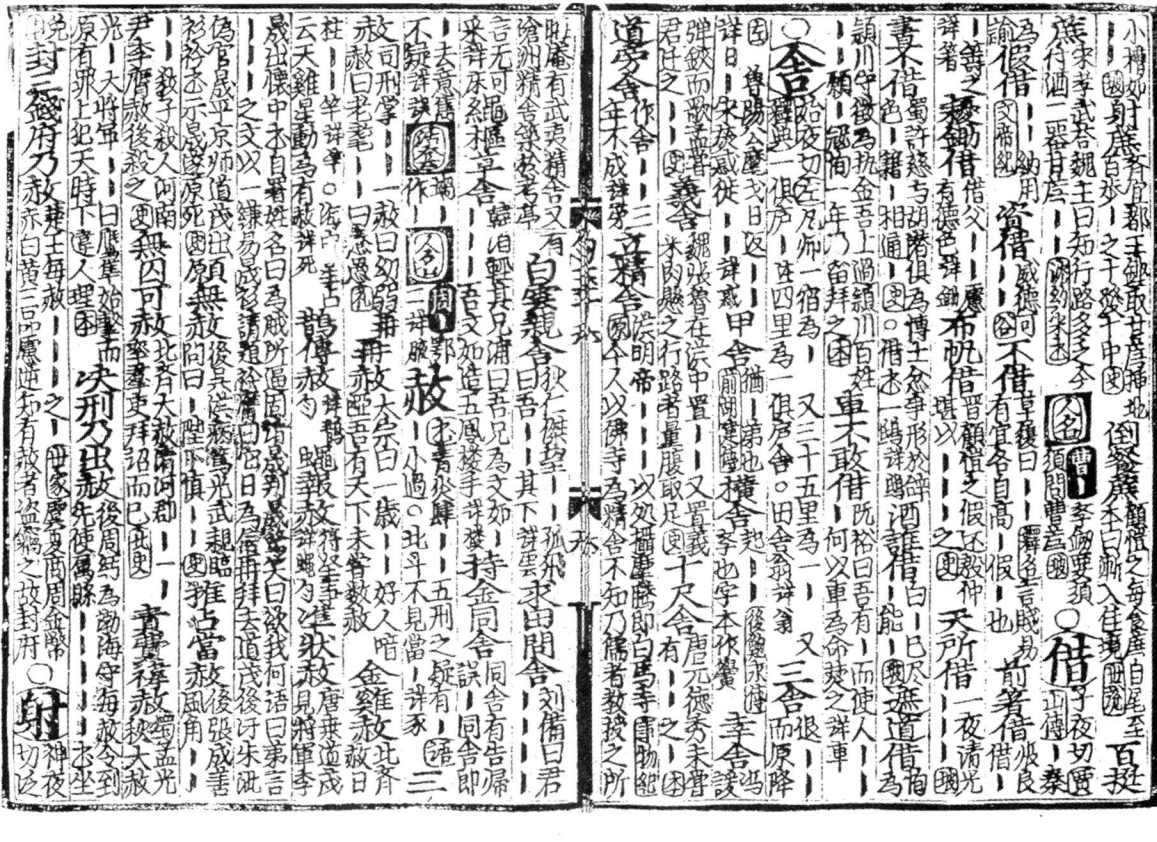

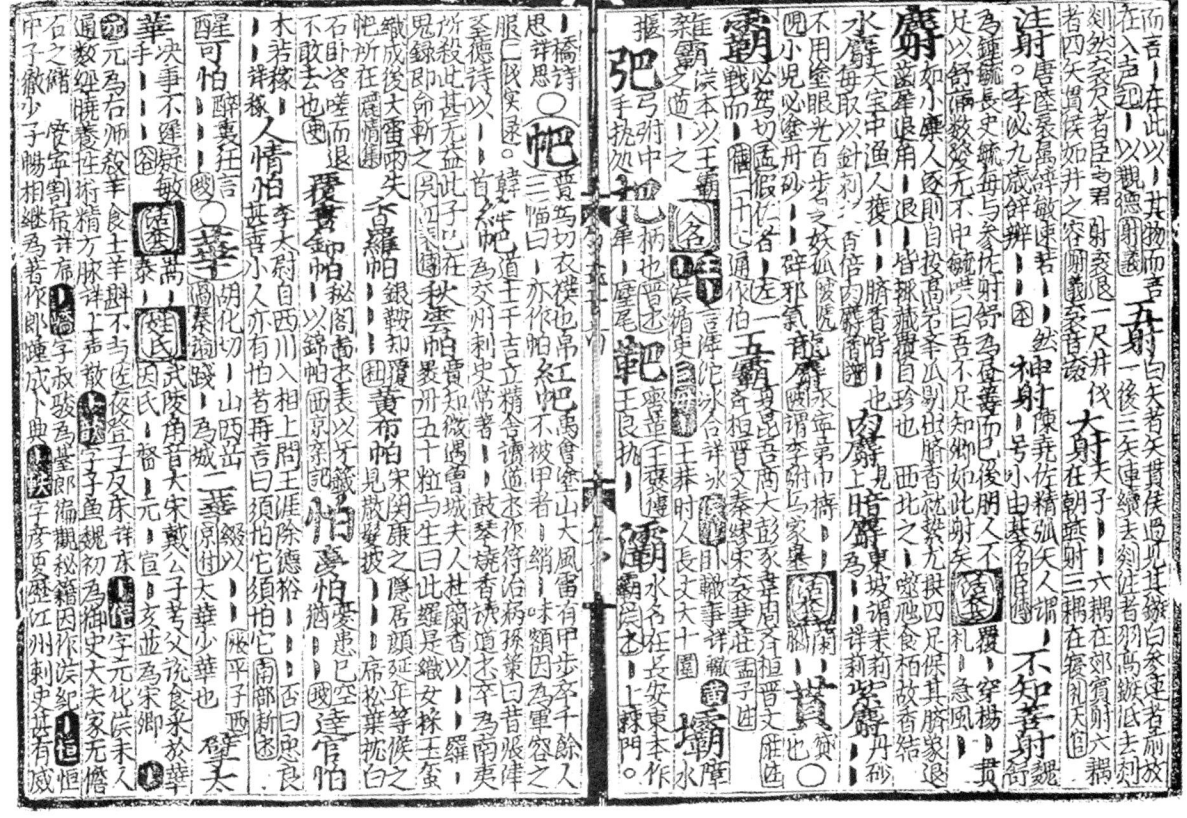

而言｜在此以｜其物而言五射白矢者矢貫侯過見其鏃白參連者前放
在入声（記）｜以觀德（射義）一後三矢連續去剡注者羽高鏃低去剡
者四矢貫侯如井之容（周禮）（鄭玄）參音滲大射天子｜｜六耦在郊賓射六耦
剡然禮參尺者臣与君射參退一尺井仗在朝燕射三耦在寢（禮天官）
注射唐陸袁嶷辯敏速若｜｜然神射陳堯佐精弘矢人謂｜不知善射魏
○李泌九歲辯辯｜｜（國）｜号小由基（名臣傳）
為鍾繇長史每与参佐射舒為爭善而已後朋人不（晉書）攫｜穿楊｜貫
足以舒備數發無不中鐵哭曰吾不足知鄉如此射矣札｜急風｜
麝如小麝人逐則自投高岩辛瓜剔出臍香就挨尤摂四足保其臍象退
麝齒岸退用｜退｜皆擲藏覆自珍也西北之｜噬虺食栢故香結
水麝天宝中漁人獲｜｜臍香皆｜也肉麝見
水麝每取以針刺之香倍肉麝（香譜）上暗麝為｜｜詳莉
不用塗眼光百歩之妖狐（廣記）辟邪氣龍麝（酉陽）東坡謂茉莉紫麝｜｜丹砂
（史）小兒必塗丹砂｜｜辟邪氣龍麝永寧弟巾擣｜｜
霸必駕切（正）假借者｜左一五霸吾大彭豕韋周齊桓晉文
戰而｜鳳｜（廣二十七）通作伯五霸齊桓晉文秦穆宋襄楚莊（孟子註）
雑霸漢本以王霸（人名）（王）｜漢循吏（史）言律泥冰合詳冰｜｜貴
霸之道｜之（漢紀）王莽時人長丈大十圍
振弝弓弣中（音）｜柄也（晉志）靶轡革（王褒傳）灞水名在長安東本作
手執処｜｜韉｜塵尾｜王良執｜｜灞（說文）｜上棘門○壩壩
〔版心〕韻府群玉　卷十六
｜橋詩思詳思○帊普駕切衣襆也帛紅帊禹會塗山大風雷有甲歩卒千餘人
服（三國實錄）○三幅曰｜亦作帕不被甲者｜綃｜｜味類因為軍容之
至德詩以｜｜首緋帊道士于吉立精舍讀道書作符治病孫策曰昔張津
所殺此甚無益此子已在為交州刺史常著｜｜鼓琴燒香讀道書卒為南夷
見錄即命斬之（吳志孫策傳）秋雲帕曹知微遇曾城夫人杜蘭香以｜｜羅｜
織成後大雷雨失｜｜帕白銀鞍知覆曹五十粒与生曰此羅是織女｜｜
帊所在（麗情集）香羅帕｜｜｜（國）黄布帕宋閔康之隱居顔延之等候之
石卧咨嗟而退覆黄鉓帕秘閣書表以牙籤見歎髮披｜｜｜席松葉枕白
不敢去也（史）｜以錦帕（西京雜記）帕憂帕憂患已空
木若稼｜｜人情怕李太尉自西川入相上問王涯除德裕｜｜否曰恩良
｜｜詳稼甚喜小人亦有怕者再言曰須怕它須怕它（南部新書）達官怕
醒可怕醉裏狂言（國）○華胡化切｜山西岳｜｜張平子西京
華手｜｜｜（容）決事不遲疑敏（陸贄）萬｜姓氏（過秦論）踐｜為城二華（京賦）太華少華也壁太
（元）元為右師殺羊食士羊斟不与（左）夜登子反床詳床戴公子考父說食采於華
通數經曉養性術精方脉詳十声散（人名）｜蹈字叔駿為臺郎編觀秘籍因作漢紀｜元字元化漢末人
石之儲｜｜｜宦寄劉宗詳帝｜蹈字子魚魏初為御史大夫家無儋
甲子徹少子暢相繼為著作郎撰成卜典｜｜字彦夏歷江州刺史甚有威｜恒恒

忠得江表之歡心〔晉書〕事母孝居喪 樺木名以其皮卷之然以為燭詳炬
部表門閭盜起相戒勿犯孝子鄉 又莊子原憲〡冠謂以皮為冠
𧝎 襪陷也〔玉〕杜乃〡〔范〕 ○化 呼霸切易神而〡之〔隱〕〔盂〕 蠹化 陸龜蒙〡云摘之
納諸罟〡〔孔〕帥〡〡 時兩之〡 所過者〡
〡蚘為蝴蝶須臾化 羽化 銀盃 〡〡詳盃 更化 〡〡則可觀化 康節微疾謂
犂網而膠之詳蠱 〡〡而登仙〔國〕 善治〔國〕〔策〕 觀化 司馬溫公曰
雍欲〡〡〡一巡如何溫公曰先生未庭至且之康 贅化 〡〡天地之 臭腐化 〡〡為
節笑曰死生常事亦大志一詩乃捐館〔閒見錄〕 〡〡育〔范〕
神奇 六千花 蓮伯玉行年六十而〡〡 蘭麴化 〡〡在所 ○遣化 維摩詰不
詳奇 〔莊子〕謂不係於彼我 〔國〕詳犇 起於座化
作菩薩而告曰汝往上方界分有國名众香佛号香積彼諸大士見化
菩薩即以問佛〻告之曰維摩詰為諸菩薩說法故〡〡来〔維摩經〕 證明
坐花 池州妙因寺〻初子渊所善桐伯詹〔法雲〕 速〡〡 ○跨 苦化切股間也〔玻〕 通
至甌飲數杯〡〡〡〡〔吳〕〔姓志〕 向〡〡 尴尬艱射〡
作誇〔前〕韓信 跨 跨也踦也〔杜〕〔法雲〕 陵〡寵可 ○ 秜 炒化切 田器 稏 〡稏
俛出袴下 平時〡驴出 〡征鞍〡 稻也 ○
䆉 皮駕切礼勹止收在䆉 勹摧毛氏勹從在此

二十三漾 與宕同用

漾 餘亮切水出隴西柏道〔要紀〕 瀇漾 瀰漫〡〡〔子虛賦〕 胡廣反言水勢
潘家導〡 又蕩〡浮游皃 放肆 ○ 𢂃 險臨滉〡〔滃〕滉与〡同
清漾 〔滨〕永瀉〔國〕 容漾 〔韓〕楫信 〡〡〔國〕 樣 官樣 歐公云王安国語予曰文章須是 襄樣
初袞有稱器天下以為法至顛〔遼〕騷逸故 含人樣 唐徐堅至唐中爲文典厚楊
方帅不法者号 〡〡〔唐子〕〔西〕〔陽〕 冊思日為鳳閣 〡〡〡〔國〕
蒟蘆樣 〔杏〕望曰甚〔宋〕 趙宋陶穀〻入祖曰聞草制皆撿舊本謂依樣畫〡〡 谷 元和樣 柳家
〡〡〔國〕 〡〡〡〡 翰林陶李士年〻依〡畫〡〡帝薄之 新樣
詳脚 〡〡脚 恙 憂也虫名入腹食人心 古人草居波此害故相問无〡乎
由是人无憂疾謂之无〡 ○崔〔豈〕之云行人 又神農經此方獸如獅子食虎口計吹人則死名捲黃帝殺之
安穩布帆无〡 詳帆 〔法雲〕 微 〡養 〔述〕用孝〡養父母
志〡口体 范叔无〡乎詳袍 〔禮〕是謂能〡〔孟〕〡
以天下 〡〡〔國〕 都養 〔漢〕兒寬諸博士受業貧无資用嘗為 祿養 所恋守〔國〕 竈下養 〡〡
將半羊○供養 如 〡〡〡 〡〡謂主給事生炊 〡〡〡
〡〡中郎 弟子 〡十方諸佛不 〡心詳心 煬 煬暴 也 颺 〡〡〔國〕
煙颺 今日蠲綵禪榻畔 〡〡輕〡〡落花風〔國〕〔策〕 征帆颺 岳外 〔法雲〕 志高〡〡 〡〡 鮑颺 陳登曰譬鷹飢則為 用〡則〡去詳鷹 禁
水溢 ○ 量 力讓切〔語〕量權 多兒其不知〡 〡〡 山量 仁君〡 〔漢〕〔紀〕 〡軟〡 薮 風飛〡 美 江之〡矣 〔詩〕 漾 〔左〕齐旧四量豆區釜
〔漢〕〔紀〕 家量 益四升為豆名自其 水長兒〔詩〕

〡〡〔國〕 〔遼〕 〡〡 〔盧〕

而以登於釜二十為鍾陳氏三量皆登一焉鍾乃大矣以
〡〡貸而以公量收之云云欲无獲民將焉辟之〔昭三年〕 公量 上蜀量 見蜀黄權魏
文帝察其酒量 〡〡 推〡无〡不及乱〔語〕○宋王番琦不能飲大祖燕後苑祝曰
有〡〡〔吏〕 酒者天之美祿何惜不令飲之祝已謂番琦曰天以賜卿
〡試飲之乃連十數爵自此侍宴必痛引歸私第即不能飲〔東〕
〔都事略〕○晋山濤飲酒至八斗武帝密試之果至本量而止〔史〕 〔法雲〕 陵〡器 〡德〡
兩 車數〔詩〕百〡將之 又幣帛 緉 兩屨也通作兩〔詩〕葛屨五兩 諒 信也
四丈曰〡〔左傳〕幣錦二〡 〔谷〕〔梁〕〔傳〕 毛箋〔詩〕 平生哉〡屐 〡
或作兩〔孟〕君子 直諒 友〡友 〡〡〡四 寬亮 〡〡天 劉亮 賦体物而〡〡
不亮烏乎執 〔語〕 弼諒 〔書〕 〔述〕 地〔述〕 〔吳〕〔陸〕〔機〕文〔賦〕
〔人名〕 〔諸葛亮〕 身都將相 〔陶〕〔元亮〕 賦歸去来詞 〔姓氏〕 趙辨士有專對之才
掠 〔猪〕〔亮〕 十八季士〔高〕 〔法顯〕 賦歸去来詞 〔辨〕 〔姓氏〕〔辨〕 任東〔漢〕為五官掾
掠也 記月〔令〕 命有司毋肆〡又 〔傳〕 宋廣平剛態 〡〡 疑
〔左〕襄二十八年 〔傳〕〔鄉〕〔闢〕 毋得〔國〕〡 〇 狀 鋤亮切 毅狀 其鐵心石腸詳梅
情狀 知鬼神之〡 〡〡 妍狀 〔東〕〔述〕 恚〔述〕 心〡〡 俗狀 抗塵容走 〡〡〡 無狀 〔吳〕〔本〕〔紀〕
〡〡 易係辭 〔後〕〔漢〕〔述〕 〡〡〔國〕〔文〕 鮮治水 〡〡〡者 〔後〕〔漢〕〔紀〕
謂其罪惡无治有狀 唐穆寧為廣州刺 風雲狀 積案成箱尽是 長蠹狀 昨晚
大无可寄言 史〡〡〡〡詳穆 〡〡之〡〡詳箱
来下 獄狀 詩來 〡〡〡 水餅 嗜 異〡〇 〡讓 人樣切〔詩〕受爵不〡〔語〕
〡〔盧〕 廬賓 狀 水疏〔文〕 〔谷〕 秦少章 〔法雲〕 獻〡〡 揖〡而升 當仁不〡

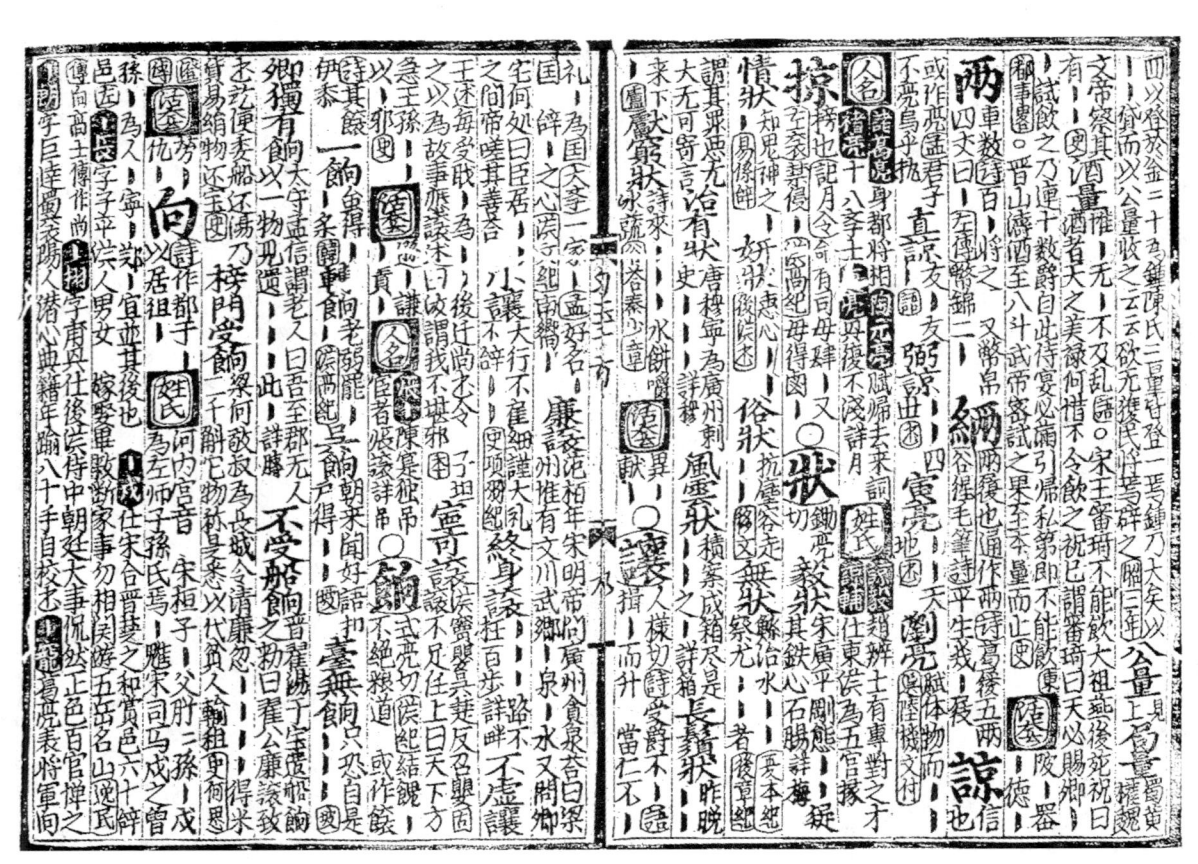

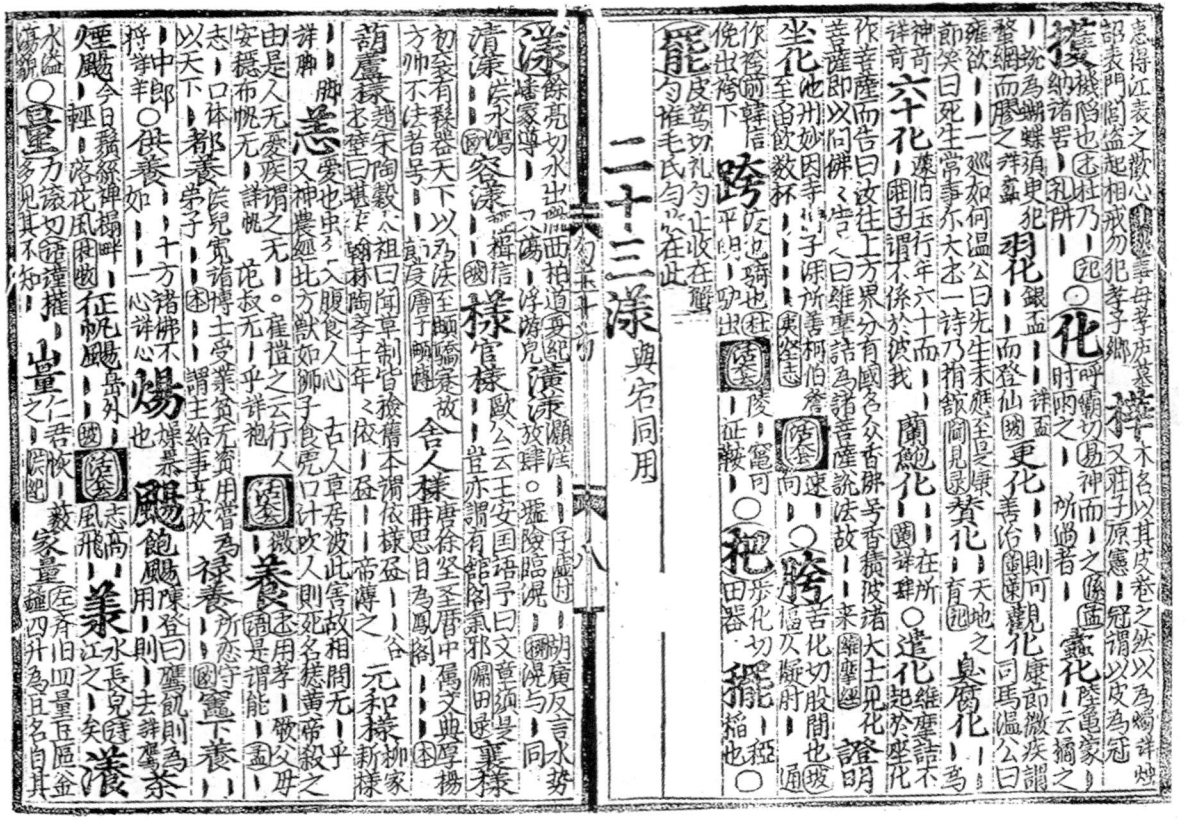

〡〡禮〡為国〔左〕〔襄〕〔一〕〔家〕〡〔孟〕好名〡 廉讓 池柏年宋明帝問廣州貪泉答曰梁
国 辭〡之心〔漢〕〔記〕〔經〕〔南〕 鄉 州惟有文川武卿〡泉〡水又問卿
宅何処曰臣居 〡〡〡小讓 大行不雇細謹大乱 終身讓 路不 不虛讓
之間帝嗟其善答 小讓 不辭〡〡〔史〕〔項〕〔羽〕〔紀〕 枉百步詳畔
王述毎受職〡為〡後任尚之令 〔司〕〔馬〕〔叔〕 〔漢〕 子坦 實讓 寧讓 〔漢〕竇嬰其挺反召嬰固
之以為故事應讓未曰 汝謂我不堪邪〔國〕 讓不足任上曰天下方
急王孫〡〡〡〡〡〡〡讓 賓 陳寔從吊 〔漢〕 〇 餉 式亮切〔漢〕〔紀〕結餉〡
以〡邪〔史〕 〔法雲〕 賓〡 〔人名〕 臣者服議詳吊 〡餉 不絕粮道 或作饟
〔詩〕其餽 一餉 向魚得〡〡 餉老弱罷〡 朝来聞好語扣 臺無餉 只恐自是
伊黍 〡〡 条〔韓〕軍食〡〔漢〕〔高〕〔紀〕 吳餉 戶得〡〡〔國〕 向〡〡〡〡〔國〕
卿獨有餉 太守孟信謂老人曰吾至郡无人 不受船餉 晉翟湯子宗遺船餉
以一物見遺〡〡〡〡此〡詳騰 之勑曰翟公廉讓致
孟乾便委船还湯乃 棒門受餉 梁何敬叔為長城令清廉忽〡〡〡〡〡〡〡得米
貴易絹物还宅〔史〕 二千斛它物称是悉以代貧人輸租〔吏〕〔何〕〔思〕
〔隱〕 〔國〕 〔法雲〕 仇 勞〡 向 〔詩〕作都于〡 〔姓氏〕 河内宮音 宋柏子〡父附二孫〡戍
孫〡為〡人〡寧〡 以居祖〡 〔姓氏〕 為左師子孫氏焉〡魋宋司馬戍之曾
邑〔左〕 〔秀〕 字子平〔漢〕人男女 嫁娶畢敕断家事勿相関游五岳名山〔漢〕〔氏〕
〔傳〕向高士傳作尚 〔栩〕 字甫與任後〔漢〕侍中朝廷大事侃然正色百官憚之
〔雄〕〔朗〕 字巨達蜀與表殤人諸心典籍年踰八十手自校之 〔龍〕 葛亮表將軍向

宠性行淑均曉暢軍事先帝稱之曰能愚以為營中之事悉以咨之　字
子胡注莊子發明奇趣　嵇康善鍛秀為之佐仕晉散騎常侍　為竹林遊
詳賢　敏中　字常之宋開封人太宗飛白書敏中張詠二名付中書曰此二
臣者名臣也　真宗叔同平章事進左僕射謝客門无一人真宗曰敏中大
耐官耶　謚文簡　字和卿靖康守淮寧城陷不屈遇害謚忠毅
向敏中孫女為神宗欽聖皇后○檀道濟妻向氏有賢行○向子山梁山鄉
先生也女　○帳　知亮切　玉帳｜｜夜談｜｜　羔帳　唐同昌公主｜｜
妻張商英　霜月昔國　金帳　酒詳恭　珠帳○又蒲萄架曰草
詳萄　｜｜絳帳　馬融坐高堂施｜紗｜前授生徒後列女樂　互見堂○韋逞
左　母宋氏家世受周官音義生員百二十人隔｜紗｜授業号文
宣　武帳　武帝坐｜｜不冠　蓉帳　芙｜｜煖　鴛帳　鶴怨　空字夜　斗帳｜｜小帳
君　不見汲黯詳冠　度春宵　北山文　也形如覆
斗　詩帳　東坡云僕以詩得罪杭州供數百首謂之　甲乙帳　武帝桑天下珍宝
詩帳｜｜黄州詩云相期結社未拍供｜｜為｜帳｜｜　方朔
五王帳　明皇友愛至厚設五幄与諸　百子帳　捲柳為圈以相連鎖百
王処号｜｜｜　明皇雜錄　圖　多故以｜｜名之如今
尖頂圓亭子而用　流蘇帳　盤繡之毬五色錯為之　青縑帳　漢尚書郎起草
青氈通冒四隅　同心而下垂者也　輟錄　更直給｜｜
紫綃帳　元載得於南洞蠻綃之類冬風不能入盛暑凉自　雲氣帳　帝為趙后
紫綃帳至色隱二然不知為帳見臥內｜氣而已　杜陽編　所遂條館

仙察莊｜｜　漢后外傳　墨色帳　北史　正令延賢士胡璞孫復之徒盡夜肄業帳中帳頂
｜｜如｜｜及貴夫人以示諸子孫曰亦父少时勤苦灯烟
也　通　丞相帳　許侍郎崔司空俱作王丞相從事夜飲極歡｜｜使二人眠已｜
中危至曉不得熟寐許上床便鼾睡丞相曰此中亦是難眠処耳
鄭　子　漲　杜　紫門外寒張時當冬之孟隊寘漲姪娘拒飛微精　張　陳設也又倦
江｜｜鋪綻｜｜　韓　渹滁衛填｜｜　國　左　大也｜吾
三年　羸師以｜之　杜　亦足｜吾掌　張｜｜東都門外　疏廣傳　○　隨張｜｜
又帳絃曰　吳都賦　田連操｜張｜｜官如王者居　黥布傳
必弃小　主張　晏叔原詩自昼人間客　脹　腹大也通作脹　左
国　国　繁華得幾時　侯鯖録　晉景公張如廁　○悵　丑亮
切　悒悵｜｜自失　宋玉　竹悵　握手乍｜惆　暢　達也又月令仲冬之命之曰
高唐賦　招音超｜｜｜　韓　活套　｜月注充也言万物充実
孟章木｜茂　蘭條暢｜｜麻｜｜｜｜时｜書　酣暢　阮宣至酒店便　威暢　南
亭記｜叙幽情　漢西征付　曉暢　東湖傳　酉卑独｜｜詳名　暢澤
治｜比｜　數暢　官　国学　清暢　晉徐邈諳會稽王道子遇交賓沉湎懽
漢詔　為暢　道子曰君子有暢否邈陋巷書生惟以節
儉｜｜｜　活套　舒｜安　姓氏　｜　東明　齊人撰論語樂注　上世　仕唐户　鬯　周
｜百　国　｜和｜尚之｜當　唐貞元中太常博士　儒學傳　人
尚真灌用鬱｜以降神亦曰秬｜秬鬯秦｜香草以黍米擣鬱金草取汁煮
之和釀其氣芬香調｜記曰鬱合｜蕭合黍稷如此｜別是一物　前宣紀　鸞

｜之夕神　秬鬯｜｜二卣　匕鬯　震驚百里不喪｜｜　易　圭瓚　圭尺有二寸有
光交錯　丞俗譜　｜所以載鼎實｜香草　瓚祠宗廟者
韔　弓衣或　交韔｜｜｜　虎韔｜｜鏤膺　○向　詳亮切　北出牖也　詩　塞｜
韋作韔　詩　詩　弓室也　墐户　通作鄉　記　明堂位
刮楹達鄉　注　夾戶牕○　人名　司　校尉　嚮　本作鄉面也　記　負斧依南鄉
麯｜之｜並在嚮韻　天祿拜杖｜｜請席何鄉　記　席南鄉　易｜
明以治｜｜｜陽｜之　屹相向　翱上庭前｜　矢外鄉　漢高帝白登被
亦作向　嚮　奏　嶺向　者誠也詳奏｜｜　杜審言　國冒頓開圍一
角帝令士皆持滿傅　射矢自向　呉討賊二　善其官軍刀劍不　未嘗西向　王魏
｜｜從解角直出　史　得拔｜｜皆还｜｜詳刃
伐為司馬文王濫殺子褒｜　酒相向　阮咸与宗人大｜盛｜圓　○松忽東
｜｜｜坐示不臣於朝廷　史　坐｜｜大酌更歡　詳盆
向玄奘禅师　鄉　不文也通作鄉　語　○長　直亮反餘也｜身有
事詳東　鄉也吾見於夫子　半○　晉志　平生无｜物　詳物
冗長　无取乎｜｜　蓬蔓文　時有李斛康樂文　修長　禁人不得｜　杖　語　以
者不看其精華但得其｜｜　梁庾肩吾傳　｜｜　宋均傳　｜扣
其脛　以｜荷蓧　植其｜而耘　語　五十｜於家　六十｜於鄉　七十｜於国
八十｜於朝　孔子負手曳｜　孔共其｜函○又持也　書　王左｜黃鉞　左　｜｜
信以侍晉　漢志　高祖｜戈而西　齒杖　伊耆氏掌供王之｜｜
蘇武｜節牧羊○与養老通押　周官　謂賜老者杖　鳩杖　漢民年七十者授王

杖以｜鳥為飾欲老人｜　持杖　孔子弟子送來者孔子荷杖問之曰子之父不
如鳩不噎也　後漢礼儀志　｜有患乎｜｜問之曰子之母不有患乎　武杖問
之曰子之兄弟不有患乎　杖步問之曰子之妻子不有患
乎孔子六尺之杖諭貴賤之礼卞親疏之義　呂氏春秋　靈壽杖　賜｜｜
似竹有｜｜枝節　九節杖　安得仙人｜｜｜拄到玉女洗頭盆　杜　○　孔光傳　木
王義夢逢萊仙翁拄赤｜｜｜｜而視白龍　真誥　楊　青藜杖　劉向校
閣夜暗独坐誦书有老人黄衣植｜｜｜｜叩閣而進吹杖端烟燃与向說開
闢以前向因受五行洪範之文至曙而去曰我太乙之精天帝聞卯金之子
有博学者下而觀焉乃出竹牒　蒲萄杖　僧曇霄游｜｜谷見枯蔓堪為
天文地理之书悉以授之　拾　｜｜持还植之遂活高数仞詳萄　賜几
杖　吳王不朝｜以　延年杖　後楊彪魏文賜　隨年杖　五代劉銖用法刻深民有
｜｜　漢文紀　｜｜｜以｜｜｜　晉　過者｜其｜｜｜之謂之｜｜
｜｜又兩杖俱　見　合歡杖　上　仙人杖　枸杞名　本　化龍杖　竹杖｜｜　鐵拄杖　阮宣
下謂之合歡杖　詳杞　｜事詳杞｜｜以百
｜｜｜頭至｜　不長杖　｜侯卿｜杭｜｜　老癃扶杖　山東吏布詔令｜羸｜疾｜
酒店又詳名　長尹卿筆詳筆｜而往听之願少須臾毋死
思見德化之　民不犯杖　唐徐有功為司法參軍不忍杖罰｜亦相約　酉醉　自
成也　賈山傳　曰犯徐參軍杖者斥之諺代｜辱一人　本
文　庾袞父在常戒袞酒後每｜｜｜責曰子　長孫　文　後周｜｜儉鎮荊襄
杖　袞先人之戒何以訓人於墓前自｜二十　自杖　帝与书曰公內懸令

犯法丨丨三覩方竹杖李德裕尚僧曰前所奉方竹杖无恙否僧曰已䙴圓
十間之嘉嘆漆之矣公嗟惋弥日前輩詩云丨圓丨丨丨漆却斷
紋夢打兩杖宋補丨以兩杖極丨朱衣人索紙謂扶為杖李林甫丨丨杜○
琴曰丨丨象箸當飽肉食也詳打丨丨杜詳杜
德山拄杖丨丨玄鑒禪師尋常遇僧到多以竹杖打痘済遂侍者參數令若
打汝便接取拄杖當心一拄持者如言丨丨便帰方丈痘済曰從
来疑這墨璽錫杖丨丨持一丨丨曰人名奔馬詳走走又仗兵器五刃總名
從傳灯此是波若眼詳眼又唐制殿下兵
衛曰丨五仗朝會之仗三衛番上分為丨丨毎月以四十六內仗見上天仗擢
又凞倚人立內廊閤外號曰內仗朝罷放仗唐儀衛志杈
識丨圓放仗見五喚仗五代唐或不御前殿則自正衙立仗李林甫謂杜暹曰
丨圓仗丨丨由閤門而入於便殿圓君等独不見丨丨
马乎終日无声飲三品豆不拾棄仗魏賈逵為豫州刺史时曹休軍敗於呉
一鳴則黜之矣通鑑紀然逵進運勅逵拾棄仗逵曰本為国家
作豫州刺史丨来相諳若干萬仗宋顏琛為庫部郎时伐魏大敗委弃兵仗
為丨丨丨引軍還圓武庫為空帝宴會有帰化人在坐帝問庫
中仗有幾許琛丨㪷丨有丨丨人活套隊丨○醲汝亮切家醞劉侠字負長
丨帝初悔失問後甚善琛對圓醖常云見何次
道飲使人欲傾丨十醖自從赤脚甜醖丨丨酒即洞千釀通邑大都酤一歲
丨謂能温克也圓柑醖丨丨圓柑醖庭春色詳柑丨丨貨殖傳丨瓮

以沉釀從嵩夫夜宿一律以水投青田核中成春釀一家喜氣
丨沉醖酒至大醉因名為丨丨古今注五見核春醖如丨丨圓善釀阮籍聞
營人丨丨来活套私丨○匠疾亮切孟梓丨輪天匠丨丨麾步兵厨
為校尉圓寒初丨與大丨誨人月令圓朝匠晋人
作雲中詩云東山安道挑操高抗向巧匠丨丨旁門匠唐運漕自集津上至
以徵之以為丨丨圓安道戴逵也觀詳顏三門河流如激箭觸
石則舡碎三門萬工謂之丨丨漢侯家傳郿為良匠唐太宗謂魏證曰朕自
諺曰古无丨丨墓言皆弱死唐食貨志比於金以丨丨丨詳
鍛琴琴當匠魏国夫人堂成以金盆貯半面識車匠應奉事○障之亮切
丨丨丨者明皇雜録詳向隔也塞
也韓文丨百川或作丨張湯傳居保障趙簡子使尹鐸為晋陽請曰為亭障
一丨間住塞上要処築城丨蔽繭絲乎為丨丨乎曰丨丨哉
從匈奴壞所築塞丨丨圓屏障太宗以魏證寶障帝王妓歌丨內障楊国忠遣妓肥大者
障一錦歩障王愷作紫絲歩障四十里○綾步障王凝之弟獻之嘗与賓客
作障錦石崇作丨絲丨丨五十里圓行列遮風曰丨丨
婢白獻之欲為小郎解圍乃施青丨談論辭理将屈嫂道韞遣
丨丨自蔽申前議客不能屈晋書金雞障玄宗幄坐張丨丨大丨詔禄山
人臣當得傾身障坐容幄示宥太子諫曰幄坐非
不所圓至丨丨丨之詳祖約正料財物客活套松丨○嶂少為青草丨四五月為黄

梅丨六七月新木丨嶂山高如屏障者○上時亮切在上之丨在此圓賦丨丨
八九月為黄茅丨記華无二丨中庸如在其丨○升
小之丨三上歐公云田棠文字多在丨丨謂馬上厠上
在上声枕上也歸田録歐以丨丨對一中者甚的公上楊惲書灌園治
多上丨丨君子不欲考中上盧承慶考不丨詳考義皇上陶明高卧北窓下自
丨丨人圓鄧丨丨人詳人謂丨丨人詳人魏舒以
上晋王湛常問王済甚誰比後者居上譬如積薪丨来尚庶幾也又主天
曰小時以下丨丨丨圓丨丨丨詳薪子之物曰尚丨
醫丨食是也又丨主注尊也漢得丨于中高尚事易丨丨其嘉尚甚相丨丨多
行注配也孟不可丨已注加也又莫能相丨丨後周史
尚未足丨漢書姓氏互見向京兆尚官齊太公號太師尚父後因氏從高士丨長
衛唐至德中功臣為尚書丨新戦国游士楚圍雍氏靳為韓使秦遂救韓丨
振丨山谷道趙宋人為安判丨以神策軍授李晟兵大
行丨丨奔名太公汝丨詳呂丨丨史唐宋注丨丨丨以神策軍授李晟兵大
活套尊丨人名從靈宝守丨以太公汝詳呂中立知向紅蓮幕裏
有室匠師直為丨漢書前漢后傳鎮讀言不可丨也○壯側亮切記三十曰丨
上有丨髮注孩當歲前侵下而生牛羊丨丨長而老益壯馬援曰窮
當丨聲悲壯孫衡擊鼓丨節身老才壯李白藥丨丨詳宿不勞少壯宋沈慶之竟
丨圓丨丨互見獨丨丨陵王誕反慶

之言之誕曰君白首之年何為来此慶之曰割肉何壯從東方朔曰拔劍丨
朝廷以君狂愚丨丨丨故使僕勞尔圓丨丨也詳肉
丨丨丨丨旅丨情丨丨丨三雷在天上大丨君子以非礼弗履切九丨于趾
丨層冰丨注正凶有孚九二貞吉九三小人用丨君子用罔貞厲
羝羊觸藩羸其角九四貞吉悔亡藩決不羸丨于大輿之輹六五
喪羊于易无悔上六羝羊觸藩不能退不能遂无攸利艱則吉○快亮於
切情不足也又養韻○唱尺亮切亦作倡詩不倡而和一倡丨丨三數詳琵琶丨詳茶小
海唱夏仲御歌丨丨丨詳蘭亭絕唱唐元稹為浙東觀察使竇鞏工
丨為子胥投海而作為詩与之酬倡号丨丨丨丨圓活套丨請
雪兒○剏初亮切造也通作創孟創業垂統創懲丨
丨詔神諶草創前漢書創道德之塗創傷也愴傷也記霜露
悽丨丨悽丨活套楚丨愴喪也詩丨○將子亮切趙充国既降君子有
之心況填兮丨漢書山西出丨丨傳圓
見奇守魏丨馬敬不郡守顧受將命孫子傳宥將蓋乃食丨之將門將宋
趙馬異能當漢嬰圓君丨謂受丨丨之命丨丨詳上声長将門將武
帝曰鎮惡王猛孫也所謂丨丨詳羊飛將唐單雄信事李
丨丨出丨圓又孟嘗君傳法意將丨夫下危丨丨中郎將竈下養丨丨詳羊飛雪將杜
中立置丨丨丨數百人疾雷將唐鄭畋節度鳳翔募兵五百号詩遭守文會
魏塩自是民不勞圓丨丨丨境中盜賊不敢發圓詩遭将恭子

盟丨丨推　將兵將韓信謂高祖曰陛下不　智將福將宋眞宗改澶淵虜騎
子丨國　將能丨丨而善丨丨史　將未退議守天雄軍魏
公曰丨丨不如丨丨乃命王欽若守　謀將頁將隋賀若弼曰楊素是猛將非
之欽若危坐七日虜退東軒雜錄　謀將令將丨丨韓擒虎是鬬將非丨丨
史万歲是驍將非大將
弼意自許為大將也困　二十八將漢明帝圖畫丨丨丨於南宮雲臺困　中興四將宋高宗丨丨丨丨張
韓刘　〇禪將山谷岩密老云去与青山醬記內則濡雞丨　不食
岳　禪將作主人不召法昌老丨丨　醬乳膳夫掌丨語不得其丨醢白虎通揄莢
丨〇唐俗謂醬為南粵食唐蒙丨丨史西南夷　芥醬魚膾丨丨記內則　蟻醬廣人掘大
貴蒻芦丨丨如蔡樵取実為丨　丨丨卵為
名丨子丨饋醬天子執醬而丨三老五更　覆醬揚雄作太玄經刘歆見之　吐醬士晏为弟
用户录　晏父殁孝緒嘗食醬美問知得於晏　連珠醬西王毋謂帝曰神藥上有丨丨
家吐而覆之及晏殁孝緒卒免　齊紀　丨丨曰吾恐後人將丨丨覆　阮孝緒知
漢武　紅醬　丨丨丨丨丨丨之丨玉津金醬中有元靈之醬
丙傳　紅醬艳醴丨丨丨丨比千　孝悌醬唐柳玭家戒曰丨丨丨丨可
哉困　一日无〇　丨丨國　千百醬音醬柔之家史記　忠信乃食之丨丨
一日无〇訪　魚向丨持也資也　丕　垂拱丨成　左　百　訪　敷亮切　鼗　勝畫
方朝以所以丨〇丨齊兩袞　漢書　丨給縣官　處頻憂丨
訪　唐景龍十五　劉賓客王猷　雪夜憶戴安道　活套　尋丨梅
言丨問　左昭公元　丨道丨丨使劉賓訪之於丨丨詳雪　堪丨容

宋丨〔人名〕周〔將軍〕晉將軍　妄巫放切　諄不妄何遜每語人云卿能得我妄語謝言
丨丨　將軍當　以一鎌衆共伺之不能得也南史
不敢妄吕蒙沼陰　孤与張少丨丨丨也困　着威風孫權曰〇諸妄於丨丨心亦不　眞亦妄　認妄為
詳眞　卦名　☰☳天下雷行物与无丨先王以茂對時育万物初九无丨往吉　息滅眞亮經　眞雖
六二不耕穫不菑畬則利有攸往六三无丨之災或繫之牛行人
之得邑人之災九四可貞九五无丨之疾勿藥有喜上九无丨行有眚　望詩令闕令丨　孟大旱丨霓晉匹
李賢傳想丨風采〇以丨此府詳府〇周礼　紀延頸而丨　唐宗紀未副人丨
大十六日望月小十五日望　韻會月丨作望別出　丨鄉士注月　十望唐定天下為六
緊　白望　德宗時宦者主宮市置數十百人閱物廛左謂之丨丨　雄丨丨十緊詳
規四寸許如環而無端用力絕之兩端滴水方士曰此名丨丨　永望何諷書中得一髮捲
神仙字則化為此夜持向天從規中望星二立降可求丹度世也酉陽　鑫魚三食
望唐崔從立朝稜丨　觀望漢陳武曰南越朝鮮選蠕丨　酒望青帘丨家　風
稜有丨丨困　丨宜征討史符書蠕而亢切　丨子晉句　觖望　諸刘
為大將軍獨此尚丨丨　月幾望丨丨丨匹亡困　丨丨馬　三素望宋阮万齡為孟昶長史時
史荆燕世家觖首決　袁豹江夷繼為司馬人謂
丨丨福母望春申君相楚宋英曰世有毋　倚門望王孫賈母丨　功横海望齊
丨史　望之丨又有毋望之禍梁史　丨而丨詳門　張

充与王俭書曰丈人道　活套　時丨瞎丨費丨　忘礼三宥一曰遺丨宋史　醉忘
佐管生丨丨丨史　怨丨兼才丨　師冊老人丨其前語
漢灌夫過丞相蚡二曰吾欲与仲孺過魏其侯會夜洒掃張
具至日中蚡不來夫自往迎蚡二曰吾丨丨与仲孺言困　〇況詳訪切
興丨又　前刑法　官況莫來休　隋書高熲　脩況琴名　內會　活套情丨　翔也又
忒轉相比丨　陸子寢詩苦無丨丨　任丨　姓氏　蜀有〇
光武　兄丨滋也詩倉　貺賜也又晾訪曰貺漢灌夫謂田蚡曰將軍
丨填兮　貺來丨　通作況　貺乃肯幸丨丨魏其侯史　貺丨丨
却私貺唐路隋有來謁者卻之曰　〇誑古況切　記　幼子常示毋丨　貺既
賣　私貺唐路隋有來謁者卻之曰　通作迋　詩　人実迋女
王　于放切興也書伏羲丨天下孟　以斉丨　神王晉庾敳為東海王越參軍
丨猶反手也　然而不丨　孟風順行意丨　越府多俊逸敳在其中常
自丨　素王仲尼丨丨丨　廣王古註在此案　閑王理丨丨史　梁刘訏神　旺本
丨困　素王雲韵一丕當作平声借元申明者　活套　張丨　伯丨丨　作
眺光　美也　迋往〇放而丨之　孟　求其丨心記母丨飯詳　丨言　匪置　置
落日丨　放甫妄切　篇　丨馳逸　丨牛放林　語　隱居丨　屈原既丨　魏
船好　曠放　丨秘意遠而跡　丨謂秘康呂安　奔放北注何丨丨　言水閒放　吾其得丨　黃放　欠負
丨丨户　秘康云讀莊老　丨　翁言水閒放
崔　詳　催　堆其放　稽　丨丨丨詳　梅欲放山意衝寒　丨丨放丨困　人生百放　後魏孝文帝曰
欲放　丨丨丨須丨丨不

可終朝丨　　丨時出寺史二卷佛事至　活套　遊丨　雜問礼記
讀書　丨梵放　音必唱誦之故寺外可聞　犬丨丨　人名　林　拂衣歸
華山　丨船也　記月令丨人習水者或作舫李膺傳
詳杜　舫　乘舫　下大圖注　以竹木為之浮水上即筏也　白舫　刘濬自益州丨百桿
皆綵帆青篛多載妓女　丨丨　畫舫歐公丨丨齋廣一室深七室以户相通攔檻
人呼為天上樓船　唐書　其西旁以為坐立之衛又加休偃乎舟中
歌舫　方明月臨　丨丨丨丨詳舫　活套　彩丨
丨丨　歐　芸舫加　王籍為太守還　妨丨妨也韓宇
切　書　发立作丨　丨叨丨宰相宅揆　神袞　秉均　阿衡　良弼　黃閣
我国家　詔為用彼丨　赤舄　金鉉　柱石　當軸　上公公輔元老
合司　堂老　調鼎　贊化　沙堤　火城　承天丨　內相　唐陸贄為翰林時号
覆名　金甌　護身　榮寵　已上事並詳各韻　鍾腳字丨丨丨〇王琚眷
亭特異寵　聖相　李沆号丨　儒相　公孫弘以十相　張說為宰相府主郡目上計
丨宰丨　丨詳李　丨丨丨困　言相者号丨丨　丨丨　史　專主丨藉
相　丁晉公為昭應宮使每醮祭奏有仙鶴盤舞人以　鶴
相其令　威之　商又好言仙鶴呼為丨丨　東軒雜錄　花相　好為花王作丨丨
識遺　相　徐光傳為相喜論事為李宗泰所嫉後不言　十六相　舜举丨　相門
為相　巫　本每聚議但假寐而已時号丨丨　丹青　不應　只道侍甘泉
相丨丨　梁王訓召見帝曰可謂　通明相　程之進為相号　貴彊相　為遊丨宣丨　雜林
丨丨出丨後拜侍中　丨丨丨詳翟　丨丨丨　周昌傳

相白居易詩丨丨賈誼其才【漢書】汲王尚容貌過人單于大畏之立意相天下
相国相率當易一金詩林才太子曰此丨丨矣【図】互見蘇意才下
安丨丨【唐書】救時相才姚崇斉幹謂公可謂丨丨之丨豈易得哉【戊辰聞談】丨公 凝宰相才和陰陽詩濟丨丨不能 盲宰
相唐閔才播事 入兼宰相【魏尚傳】詳貂又才楊震累葉宰相 三葉宰相 獻。宋呂文穆及從子文靖從孫正 又安浩子弥遠從孫嵩之
父子宰相宋惟章平丨丨至丨丨【平當傳】又唐戴才胄丨丨宋呂許公申公韓魏公仪公 兄弟宰相前下群丨丨六才人並登丨輔。
宋韓康公及莊敏 旬月取相才唐房琯忠義自奮丨丨丨宰丨【李】 一言取相才主從草千秋丨丨丨宰丨【図】 癖 十年取
相李絳丨丨之間位才至宰相【白居易傳】 百日宰相才杜祁公拜相子彭年曰丨丨果如言【東齋記事】 黒衣宰相才宋慧琳道人与
朝廷大事着高祥披丨衰置遍呈書佐權倖【海南諸国傳】 白衣宰相才唐令狐綯為相子滈
宰相孔顗歎曰遂有丨丨丨丨 才怙勢招權人謂丨丨
【図】丨丨 狀元入相才李迪宋庠者呂蒙正王曾丨丨四人而止【西清詩話】 八十為相才張柬之年丨丨【李】 山中
宰相才梁陶弘景隱居山中武帝每有丨丨丨丨【史】 勿為楚相才楚相孫叔敖死其子窮困負薪
大鶩以為叔敖復生欲以為相優孟曰与婦計之後來曰婦言慎丨丨丨丨
叔敖為相楚得以霸今其子无立錐之地於是召叔敖子封之寝丘【史滑稽】

【図】丨丨 尸食宰相才詩食盧懷慎 萬里侯相才班超事 ○薄相才亦丨丨【図】 宅相才晋魏舒少為外家甯氏所
養甯宅丨有丨宅者曰當出貴甥舒曰當為外氏成此丨丨後至司徒【晋】 肉食相才管誠子无丨丨丨【谷】 眷不相才相送杵声也【曲礼】
洽亂以相才為表裝之以丨【記】丨即脩也以節樂者以章 ○善相才随去若見丨丨亦无心 若見悪相亦
无畏心 輪相才頂頭丨丨邊詩心 亦名相因以名焉 着相才受勞苦詩心丨丨脩善在 壽者相才丨丨丨【金剛經】人相我相衆生丨
詩心
○防符訪切隄也止水也 ○宕大浪切過也砐丨也 碭石也又砀丨山名 踼跌丨行失正也 ○浪來宕
切 滄浪夫子以為丨丨之言【孟】輕率也 漫浪元結始称浪士及有官人以為浪者亦漫為官乎呼為漫郎云云又丨丨於人間得非聱牙乎
詩之 不憂蹈船翻丨丨不踏土【図】 ○謔浪【詩終風】丨丨笑傲 風破浪宋宗慤叔父
吏路浪 濃是清浪児每丨清丨遊【図】 問所志慤曰
願乗長丨 魚吹浪 韓康公出家妓侍飲其寡龐者曰唐
丨万里丨 生拨詩云丨丨細丨歌揺日【侯鯖録】 【地理】【博】武陵書春皇帝
東遊至博浪沙【史記】作博浪 閬 門高也又巴郡有丨中縣又丨風仙苑 ○吭 合浪切鳥咽又吞也
浪音浪【史記】 地名在陽 蜀都賦吁丨清渠
行 沆丨碭白氣又丨瀣 行丨輩丨又行 剛毅皃 太父行 宋鄭當時年少官薄知友皆丨

丨丨【図】 人行【図】卑于曰漢天子我丨丨丨【図】 ○盎 烏浪切盆也【莊】鼓丨 大瓮
○梅花已是丨丨丨丨 又盛盎貌【孟】丨於背与叏韻通
押 泛盎 浮蛆翁二 不盎裏滑坐想康成輪丨丨【谷】酒翁上声○酒正辨五斉
之名一曰泛斉二曰醴斉三曰盎斉【周礼】泛者成而滓浮也
盎猶翁翁也成而翁翁然葱白色 盎盎 此古疊字【谷】 丨丨中見 牛鳴盎 平生未識宮与角丨丨丨中雉
翁二然
猪家見而駭明如鳴馬在野宮如牛鳴窌中商如 牛鳴盎登木【図】
鳴羣羊角如雞登木以音疾而清【管子地員篇】 凡听徴如負 鬸如盎 丨丨扶桑大丨丨 橘如
豕覚而駭【賢師】 蹩丨詩鬸
盎巴國人收大丨丨丨 【人名】【図】亡何詳何 日飲醠 醠濁酒 坱 塵也 ○葬 則浪切○楚
之有丨東家藏詩楠 王欲以大夫
詩焉 礼丨馬 豪葬 馬援征武溪蛮卒賓城 而已【図】 豪藁葬 前楊王孫病且死戒其子曰 馬革
葬馬援日男兒死以丨丨 西戎畝地丨丨丨 以返吾眞字從之【図】
葬丨 褁屍還丨亦詩章 魚腹葬 屈原葬於江丨中【図】 豪葬 時葬 花式丨張元伯呼曰
詩 賣見女葬 後周王德裦父母太子慶小名公叔并一女 種瓜 辦葬 吾以某日死丨丨丨
車 賣之以營葬德位大將軍慶嗣位開府【図】 斉韓霊敏 母亡
營丨丨【若妄】 丨 北郎【図】丨骨丨性直 ○藏 徂浪切【詩】 置侯多丨丨 【左】晋竪頭須
事【図】 贜 貌詩傻 遅緩丨以逃【傳二十四】 月令謹蓋丨丨
窖藏 丨丨只 慢藏【図】誨盜【図】 無盡藏 是造物者之丨丨也【赤壁賦】 ○秘密藏 諸音薩開【大涅槃經】○水

清丨丨若所知此 丨丨【谷】 經半藏 有婆子令人送錢与老宿開藏經趙州和尚受施
是吾說 利便下禪床轉一匝乃云傳語婆子轉藏經了也
其人卒似与婆子婆子云請 開全藏却只開半藏【傳灯】 正法眼藏 佛以无上微妙秘密貞明真 藏 通
藏 九藏 疾豎丨丨【周礼】 正藏五腎心 四臟 丈子好飲門人諫止之一日飲吐
一臟 九藏肝肺脾又胃旁胱大小腸也 臟門人密袖彘腸置其中曰五臟吐 作
猶可活況丨丨也【文子】 唐三臟 見 五臟 長桑君禁方傳与扁鵲出懐中藥飲以上池
名亦【史】 五藏之水三十日尽丨人丨丨 癥結特以胗脉為
互見水 吐五藏 桓譚子曰楊雄作甘泉賦成夢 裂肝 臟後魏李中震怒李彪發病荒
丨丨丨在地 月臟 悖或謂肝臟丨句餘卒【図】
○當 丁浪切主也中也【孝經序】至當 歸一【図】會計丨【唐書】大言无丨 屛當 祖約止料財物客至丨 掛當 宮中
飲宴名丨 行當 宋丁晋公貶崖州判官白稍以片紙假緡五鐶公笑曰勝下新【古杭記】 不尽傾身障之詳裂
丨丨吾向有立地機関子太乗五五百青蚨两家 花當 少府无妻春叙冥丨開
缺亦紅崖打白紅崖【言行故事】 行當一作行詐 因以丨夫人【白詩高燭】
茶當 寒夜客來丨丨丨丨 紅蕉當 美人【白】 玉卮無當 桂華无寔 金樓子。
丨酒詳酒 宋王琳字蒨玉位中書令筵帯
屈静門无異賓王曇首曰蒨五亦是丨丨丨 萬言萬當 如一 默詳印 不 春風當當
丨丨亦【史】當底也今俗猶有屈當之言

年來長有别离恨己抗｜｜江
求江文江德叔文詩　奉敕多當趙宋曹彬平江南四傍子秋｜｜
的｜｜○亢苦浪切星名又龍亢｜｜龍有悔　公事固不伐如此宋旧录
高擊挾之身不能亢　皆屈自為解禁擅開隘犯浦
則自解也　莽亢望自攝文選　以門　挍鉏｜亢高極也言亢閭者寡陽
導｜抗打也又敵也晉語不｜狼抗王敦｜｜无上晉元帝紀如豹｜｜
｜抗於九國之師○抗礼詳礼　抗打也○又按鬲尚｜｜晉書作抗直
韻會抗作抗　雲可抗可以崇高節　人名　晉名將史　姓氏　餘抗商音　後
不知何所拠　抗浮｜孟嘗　孫貞亮舊群　漢有｜徐太山
都尉代　伉亦作慷　伉四也｜儷又健也又　閌亦作伉　讜
居丹陽　伉｜慨　伉直也揚雄勝辭則｜閌有｜姓高見
槺嚝切空鹿人｜｜書盆殷官謗以遊｜｜者挟　讜
甘茂傳｜｜晏因｜　公子完曰敢辱高位非謗｜｜　唯二十二　謗言立｜｜之木
祭崔使君文波謗雲諷｜｜　詩｜｜也臣　部克事　忠謗｜｜在无　上謗
｜｜晏因　｜謗吾以｜｜也臣　成廿二　郤克事息謗　鬻群詳　謗被
不如重喪｜｜不狎謗宋華騎与樂轡少相｜長　無書得謗歐公云　僧相我
如自脩魏王泰傳　相優又相｜也　云耳白於面名
端天｜｜苦着齒｜　奉｜弭｜｜也　左哀　進船也晉張威傳吳｜越船　又
｜｜｜幽燈筆記　話套　識｜朝｜　榜　船師曰｜人　或作蒡相如傳｜

人○宕　過　他浪切熱水沃也　盪滌器又行也　儻倜｜　並
歌　記月令如以熱｜｜之道　滌器　黨　又上声　○曠　苦謗切
麻官　詩男　昭曠獨覿｜｜之道　話套　空｜滿　儻詳上声　晉无｜
女怨｜　昭曠　鄒陽傳　｜曠也　｜平｜壙　究　攴｜　鄭之｜｜｜引｜空
壙司空圖｜｜｜｜中酌劉賦詩　墨跡入壙義之｜｜唯棨殺論隨｜｜　孟壙野也
壙客或笑之圖曰何不廣邪詩者　陵郡宗翰　殺｜得之　筆談
纊　纊絮也記喪大記屬｜｜以俟絶氣　主纊｜｜塞耳而聴纊｜　挾纊　楚
絖　謂置綿口鼻上以為候亦作絖　黄絖所於无声　纊絖｜　書　挾纊　王
巡三軍而撫之　洴澼絖　能不龜手一也或以封或不免於　字　壁　絖　梁武　丁
皆如｜｜　注　洴澼絖｜｜｜　所用之異也音義亦詳手　絖　貴嬪　武
帝初鎮樊城望漢濱五采如龍下有｜　○喪　蘇浪切　易　不｜匕鬯　西南
｜｜｜則貴嬪也帝贈金鐶納之　喪　得朋東北｜朋論来｜斯文
何患於喪乎　一言｜邦　喪　論喪｜｜　得｜道　○傍
記｜欲速貧　子夏｜明　喪忽使驛騮　論喪｜｜　國　話套　来｜　傍
蒲浪切桂明道　詩｜花隨柳過前川　亦作並　馬壇紀並河
以東　亦作並郊祀志北並勃海　通作旁　秦｜面志旁南山　傍　附行也　丸　牛人与其
牽　○廣　古曠切度廣曰｜　記｜檻弓｜｜輪　撫坎　注　横量曰｜　從量曰輪
｜　互見輪又兵車名　左　左右｜｜　注　十五乘曰｜　式車曰式｜

二十四敬

諍勁同用

敬　居慶切　記　至｜無文　風　論　未始　於氏而所　新　文親　賓　改　舊觀　童　貌文心
五　民　　曲禮｜大學　止於｜　仲尼　詩傳　商尚｜　曰有德有行吾　敬陳元方有礼有法　國　　親新
先　　｜纏　敬　晞　印　令　｜為恭　史　陳蕃所敬　吾敬華子魚餘子碌碌焉足齒錄　詳驕
陳氏　平陽　商音　陳万公子｜仲之後以謚為姓又黄帝孫少康之後秦有　字
弘　從心如鐵石老而弥篤為潁川郡丞有清名賜絹百匹　陳敬　史傳　中　字
仲　暐平陽人以誅二張封平陽郡王謚肅愍　宋　姓　浦州人房玄齡患　書文
纂令撥其要　竟　閭禹傳　有志者事｜成　前漢書　為德不｜　劍竟　唐來俊臣王弘義
為四十篇　竟成　前漢書　為德不｜　劍竟　於麗景門置獄　百不貸一　弘義
謂其門為｜｜　謂　究竟｜｜何　安心竟　二祖覓心了不可得師
入者例皆尽也　宋　安如普景　日与汝｜｜｜詳安
真誥　｜｜　神日　紫玫博物志司空　龍鏡　天宝中揚州進水心鏡　盤｜　勢如
謂｜曰尺谷成疾　金　鐲　杜　勳業煩看｜　背金　飛動　鑄｜時有老人　姓龍名護
有童呼為玄冥　至鏡所　日老人解造真｜｜　玄冥入炉所扁户三日戶開失
二人所在炉前獲素書一紙云云遂移炉於楊子江心鑄之　後大旱葉法善
祠鏡能雨　寔　鏡　懸　鏡則｜　龜鏡　任若不得志　同為｜｜　蛇鏡　表孝叔偶異人得
大尉　異聞　蠻　鏡　舜　詳　夢　｜夢皮日休七愛詩　蛇鏡　書　云安受命開一
幅　取　皆驗最後一幅　金　｜盤｜｜中　鐵鏡　蜀王宗壽得　夕　｜｜　晦不可睹一日
圖定　史　九州君其間无異｜盤｜　鏡忽光彩　因見市舍一青衣小兒　挽

角｜歩　笑令來訪　欲怒　肯來　因曰｜｜神物　石鏡　周靈王時外国貢　白如
當午　宗壽　出鏡与之　長揖而去　九国志　｜｜　金月照人則寒　名月鏡　洞冥記
地鏡　｜｜時昏曉池星　鏡　漂沛　稗海　｜｜　地之積水池星　漂沫　海鏡　如蚌
之属○宋文帝時青州城南望地中如水有影謂之｜｜　海鏡如蚌
中有紅蟹子小如豆　｜｜　劉郎寔出拾食　水鏡　庞德公謂司馬德操為
腹　蟹　飽　歸腹｜｜亦飽　嶺表录異　互見蟹　水鏡｜　晉衛瓘於
鏡　照　柳　洞開秋毫　在心鏡　齊何點陸慧曉｜如明｜　觚鏡　孔甲有盤孟之戒
解　頤　李吉甫　心鏡　遇形觸物无不朗然　史　太宗陳　　　觚鏡
｜｜｜　撲鏡　魏夏侯惇流矢中傷左目号盲夏侯　每照鏡恚怒輒　於地破　誅　鏡　鑑　梟
已　益　篤　撲鏡於地○蜀張裕每率鏡自相知刑死　｜｜　於地破　誅　詳見
古者祠黄帝用｜破｜　張　劉　祀志｜梟名食母　破　臺鏡　梁到溉子鏡　毋初孕
｜獸名食父欲絶其類故祠而用之鏡本作獍　臺鏡　懷｜明　因名　｜
金　靑鏡　唐高季輔為吏部侍郎太宗賜｜｜｜　照心鏡　始是有方鏡｜見　膽　文子有邪
宗賜｜｜｜　況其清鑒　照心鏡　心　即膽張心動乃殺之　西京雜記
美蓉鏡　元及第　李固言遇一老姥言郎君明年｜｜｜下及第明年果状　秦　鏡　王鏡　天
元及第詩賦有人鏡｜｜之語　姥乃金天神也　酉陽雜俎　吏則　宝
中陳仲躬里有井好溺人一日有敬元穎謂曰此井有毒龍殺人昨夜已朝
太乙淘之則雖死矣　命匠入井獲鏡　夜元穎謂曰某本師曠所鑄十二鏡中
第七者隋末為毒龍所役幸遇君子重見人｜　分破鏡　陳太子舍人　德言尚
問鏡背云晉新公二年鑄｜｜之　博異記　分破鏡　叔宝妹樂昌公主　陳政

妻謂妻曰國破必入權豪家尚冀相見乃破鏡人分其半及亡妻果爲楊越公所得爲詩云鏡与人俱去鏡歸人不歸無景昌得詩悲泣不已越公愴然召德言還之古今詩話

◯破鏡飛上天詩話 白髮磨鏡以｜｜則鬚眉毛髮可得而察淮南 明鏡之始形矇然又粉之以玄錫磨之 鄒忌

窺鏡｜｜問妻妾曰我何如城北徐公美皆曰美明日鄒忌｜｜弥知不如遠矣 未第覽鏡宋璟｜｜時｜｜影成相字因此自負相業通

自見以鏡目短於｜｜故｜｜自見韓子 磨塼成鏡讓禪師曰｜｜既不能｜｜坐禪豈能作佛邪詩有 窺鏡

食父獸 映於敬切孫康｜｜雪讀書詩雪 窺映玉海千尋｜｜不測詩海 玉映顧家婦清心｜｜詩婦 法套 輝

詩鏡 涵｜｜掩｜｜ 竸渠敬切匹心則不｜｜亦作倞詩秉心無倞 華竸變翼与殷浩書高談莊老說空終日雖云談道實長｜｜晉史 抑奔

竸呂蒙正等裴 笳鼓竸曹景宗競病韵詩｜｜詩笳鼓竸歸來 南風不竸王獻之覩門生摴蒲曰｜｜詩斑 ◯左傳 竸恬退｜｜｜｜

无功襄十八｜｜｜｜楚必 朝請無竸王敬弘子恢之被召爲秘書郎敬弘求爲奉朝請與書曰秘書有限故有竸奉朝請无限故无竸吾

欲使汝处於不竸之地南史 䔦有足所以凡物 慶丘敬切書室家相 ｜易必有餘｜詩農夫之｜｜ 一人有 家慶

明朝年｜｜須着老萊 重慶 豊福吉禄繁榮｜｜辭 襲｜唐酷吏郭弘霸

衣國詔 恐謂父母俱存 眞賞要 一作繁祉宗慶 三慶時大旱弘霸死

而兩夕洛陽橋始成武后問外有佳事張｜｜早而兩洛橋成弘霸死 手慶 吊慶帰來見親識握手相｜｜國 晉充閭慶 賈

元一日心有｜｜ 故因字充國 人名 賈充父逵言後當有｜｜之｜ 封鄧陽侯 姓氏 晉大夫 更 古孟切再也韓詩君不強起時

難 賡 書乃｜載歌 命 眉病切易樂天知｜｜語見危致｜｜◯長｜｜繼詳 鄭姓 鄭扁柏

｜｜二音在此 縷共｜｜邑詳曰◯又必也李廣射｜中詩中

三命 正考父鼎銘云一命而僂再命而傴｜｜而俯國 將命 始見君子者辭曰某固願聞名於｜｜者 少儀 惟命 楚子圍鄭鄭君曰敢

不｜｜是聽其俘諸江南以實海濱亦｜｜宣十二 定命 宋頃懷之云命有定分非智力所移命弟子處作｜

其翦以賜諸侯使臣妾之亦｜｜ 奔命 前詩皇后云奈何奔｜｜名篇 曹 忘命 張耳傳註命

｜論 以死國 瀆命 子建樂府因以妾｜｜ 遊外黃

也 續命 五日進之号｜｜後主惑之國 沈命 武帝時盜賊滋起於是作｜｜法曰盜賊起不發覺 風

名賞 仕齊後主馮淑妃字小憐以五月｜｜之｜｜也陽坐

而弗捕滿秩者二千 石以下至小吏皆死 桐子命 李則正否則邪師哉師哉｜｜之｜｜也 附桐 當作桐｜然未有知之時制命於師也 躯

流自命杜如晦以｜｜｜｜唐李泌曰｜｜造命｜｜當｜｜ 君相不言命 言命則不復賞善罰惡矣國 法套 正｜｜

詩 緇 昊天有成｜郊祀天地也 天之｜｜太平告文王也 病 史 皮命切盛今日｜矣臣豈敢言｜｜ 毒樂利於｜◯与疾韵通者 竸

病 不平時韵已盡惟餘 ｜｜ 曹景宗破魏軍還武帝於華光殿宴連句令沈約賦韻景宗不得韻意｜｜二字景宗曰去時兒女悲歸來笳鼓競借問行路人何如霍去病 覺病 ｜｜常｜｜病 未嘗病 唐張万福食禄七十年｜｜一日言｜ 吳子桑病雨

｜帝嘆不已國 十日子輿曰｜殆｜矣詩敢 原憲非病 子貢見憲曰夫子豈病乎憲曰无財者謂之貧学道而不能行者謂之病若憲貧也非病也詩貧

子皇一病 好辭工書皆病癖也吾不幸早得一病 柳公權 桑重老病 ｜｜詩留別詩老

日思發斜 攻易筮辛不能去 ｜｜帰以 性不良病 晉庾袞家大疫二兄俱亡次兄復殆父母諸弟皆出次於外｜詩有

外袞独留不去曰袞｜｜｜｜性自扶持兄病亦差國

八病 梁沈約云｜｜｜｜謂平頭上尾蜂腰鶴膝大韻小韻旁紐正紐 詩格 長張遼病 三國魏張遼孫權十万

陷陣後權勅諸將曰張 遼雖病不可當也國 奴婢取老病 辭包好李術弟求分財包不能止但｜｜

荒頓者曰吾少時所治意所戀也器物 取朽敗者曰我服食久身口所安也國 ◯權病 大悲出苦快樂 ｜｜貝 覺經 ◯多憂乃｜｜國 百一

病 是身爲灾｜｜｜｜ 燃 維摩 迦 一大增損則｜｜｜｜生四大增損則四百四病同時俱作◯一揮四百病智刃有餘地 牛同病 僑梵 提

於過去劫輕弄沙門出之 老病死 三過門間｜｜｜｜詩死 四百四病 一病 維摩示病

有｜｜｜｜ 楞嚴經 詩舉

詰有疾言一切衆生病是故我病衆生得不病者則我病滅詩疾 ｜｜維摩元不病國 無藥無病 寧無病妻 苾蒭病二是乗到頭亦｜｜ 正是真 法套 酒｜｜癖｜ 名將 詳霍 ｜ 事須拈却亦｜｜

妒忌貪性詳 孟莫更切◯孟 攝提 貞于｜｜陬兮 平｜物賈也孔賓削逆市 中｜賈 一鬨之市必

立之｜又從 孟 詳陳浩然孝改曰｜李詳孝 寅孟 ｜｜之月 主孟 晉施

書 廷尉｜ 李克妻曰｜｜喻我國語 犬夫 ｜孟 ｜以｜｜之 問侍之國 人名 左 其貧善待之詩去 優 之相 孝 楚婁人孫叔敖知

妻從夫称｜而｜則異克妻字 國語 傳 梁鴻妻 孟 光詩 隱若一敵國 國 遁 趙盾字孟 白 辯 姓氏 平昌羽音 魯桓公子慶父之

用｜｜明 伐晉 晉 河 焚舟 國 曰 ｜｜ 後号｜孫因氏又衛衰公長子 爲韓魏老則優 明 奔

｜勢之後 奔｜ 軒 字 居 盧 古 蒼 ｜子說与何忌師事仲尼而李札焉

昭 七 漢 漢庭臣无出其右 詩右 天下長者 字叔達嗜甜不顧詩甘

字伯 周會稽人爲合浦太守去珠復還詩珠 郊 字東野湖州人与韓愈爲忘年交溧陽尉爲詩有理謚貞曜先

竝美風姿時謂双珠 宗 字 晉人事母至孝泣竹冬生笋詩筍 母 近鄰

詳鮮 學方年落帽 詳帽 酒中趣 詳趣 業 字啟業爲東郡字嘉 九德

詩 德 浩 然 孝 詩 亭 有 不才明主棄之句帝因放還 梁鴻妻字孟

生 字 浩 然 郢州浩然亭 詩 亭

光 詩 梁 字德曜 ◯ 盟｜津 橫 戶孟切 戾 ｜豪｜｜ 迎 待我 以｜｜ 逆 得酒

宋哲宗后孟氏 地名 醯 韓 苑 龍 四足氣空 ｜ 柄

陂病　義柄聖主循丨丨孔運八柄丨丨詔王馭羣臣（礼太宰）冕衽丨丨秉龍其柄授以（柳宗元傳）　犀柄丨逢談捉丨（晉）電蒙
切（註）高論發　丨丨（國）
鑒柄王導置戲於別館妻曹將往遽命駕以所執長柄丨尾驅牛而進聚謀戚之云云詳車　帚柄掃門規丨丨（前）
鞞柄結舌防丨丨　詠杜荊南述懷　授斧柄遣將軍親操斧授其柄曰持太阿丨丨將軍柄詳斧手授越柄丨其丨詳阿　長鐵柄長鑌丨丨
白木丨我生託子以為命（困）　葫蘆柄劉道眞問陸士衡東吳有長柄丨丨得種否詳芦　○談柄揮麈寺大朗法師每談論手執松枝
以為公柄吟所碧雲語手把青（活套）丨丨木柄丨丨（國）見談柄下　斗丨兵丨国丨　丙憂也（詩）憂心丨丨　○詠（話）為命切丨而
歸　八詠沈約傳集中有東陽丨丨（南）詠（圖）○婺州丨丨樓在州南　孤詠慘然發哀詠一丨丨一丨丨詠（國）（蘭亭記）　洛生詠謝安
能作丨下書丨丨有鼻疾故音濁名流愛其詠或掩鼻效之（國）有張融為賊所執將殺之融神色不異方作丨丨賊乃不害（國）○或請作丨下諸丨丨
苔曰何至作老婢声（顏愷之傳）　五君詠顏延之出守永嘉甚怨憤作丨丨詠曰五鶚不入朝一麾乃出守五見君　南樓談詠庾亮丨丨詠事詳
月　遊詠長詠愷之謝瞻每丨丨之睡將眠令人代己愷之不竟有異（顧愷之傳）（活套）朝丨里丨丨　觴詠酒失也
禜　禳也（周禮）雩丨祭水旱幽丨祭星（左）水旱疠疫之不時於是乎丨之　泳潛行水中（詩）丨之游之　川泳魚丨鳥雲飛丨而泳

泳丨丨聖主（韓愈賛）（人名）丨紅葉良媒事詳蘖　○行胡孟切（註）有上君子之（國語）不於細丨　羶行蟻慕羊肉羶也
舜有丨丨（逆元凱）　循行使者丨丨（前帝紀）　忠言利行丨丨於（国）逆耳（人名）名倪寬詳寬駿化龍詳龍○晉庾袞
号（書）（冥策）（國）○榜比孟切答也又進船也（國）但報寄花開吾當理歸丨丨互見渠韻　○迎魚慶切（註）父迎子而命之丨○
諍側迸切亦作爭子爭友（孔傳）面折廷爭　諍臣爭（禮）　○迸比諍切首內（韓昌黎詩）（大玄）丨諸四夷朱疣出寂无地水迸
銀丨乍破丨丨漿丨（黎天）　自鬢迸丹心皎雖存丨日已丨（國）　○硬五更切字鉛黃庭詳黃　丨黄小瘦硬書貴丨方通
神（匪）○杜陵評書貴丨丨一生丨丨此論未公吾不平（坡）　嚎硬餘筆頭无力而觜頭硬詳判　眼無人（陵）○杜慶夏硬難丨丨而丨苦家石而腹詳殊硬
妙　一作　苦硬慣飲茅柴諳丨丨詳柴　寒骨硬韓偓射皐病瘠骨藥不除云天丨丨（活套）石
弓丨丨○勁居正切（魏）疾風知丨丨草氣沮金石　權勁中丨後（国）中軍丨謀後軍精丨詳權　端勁光天立丨勁資丨丨
詩外柔內勁李道懿如婦人態趙太祖以頭（活套）堅丨筆（人名）毅世處丨前射之不動曰丨丨丨丨詳前　端丨丨貞盛詩手
○政之盛切（書）以齊七政丨注日月星也　王政王琳字大慶遷廣州都督政治第一詔賜瑞錦以著丨丨　力政五十不從丨丨（詩王）

（國）謂力　報政伯禽封於魯三年而丨丨周公曰何遲也曰變其俗革其禮喪沒也三年而後除之太公封於齊五月而丨丨周公曰何疾也曰吾
簡其君臣礼從其俗為也周公曰魯後世北面事齊矣（史記）　觴政魏文侯与大夫飲酒使公乘不仁為丨丨猶酒令也詳白　子為政宋華
元之御羊斟曰前日之羊丨丨今日之事我為政（左）怒羊羹不及也　不易袁公政唐袁滋為華州刺史揚於陝代之滋行者老遮道不
得去於陝論曰吾丨丨敢丨丨丨丨人皆羅拜（史）　正之旗詳旗○正月本去声始皇名政改平声（語）子帥以丨（左）体元居丨（應元）（韓愈傳）○丨丨
五正勾芒木正祝融火正蓐收金正元冥水正后土土正（家語）　三正天正陽氣始至地正万物始芽人正万物孚甲（白虎通）　長正農祥丨丨
（國語）是正詳甲　詔五經博士丨丨文字（漢安紀）　獨也正受命於地惟松柏丨丨丨受命於天惟舜丨丨丨（唐德宗符）　競中正齊北
許惇与邢邵丨本州大中正鄧德望甚高朝議鄧惇（國）　心正筆正柳公權曰丨丨丨丨則丨丨詳諫　太心不正則脈理皆
邪詳理　（詩）雨无丨太夫刺幽王也言弓也　（詩篇）教令甚多而无正（叔小雅）　言（姓氏）周末有魏丨為求昌守　○倩七政
切借也東齊間壻謂之丨言可假借也○陸贄榆邊六失疏姑息如丨丨人○魏植十歲善屬文太祖曰汝丨人邪植曰云云奈何丨丨○（孟）羨尔欲寄
書飛禽杳雅丨丨　清寒也（記）冬温而夏丨　○鄭直正切（國語）放丨丨以待　鄭声（左）晉丨焉依　善鄭丨丨求者（國）　魚鄭唐鄭注其本姓丨丨

冒為丨故時号丨丨及用事号為水族（国）　南北鄭見姓氏　鄭餘慶　大小鄭見鄭述祖（姓氏）　榮陽鐵音　周厉王少子友封丨為桓公
令華州丨縣是也生武公後徙溱洧之間謂新丨傳十三代幽公為韓所滅子孫播於陳宋以國為氏
請客詩客搘穀士惟恐後　列九卿　（鄭當時）字莊陳人任俠為太子舍人常置驛馬（楊）
（鄭眾）字子游尚書優声事詳賓臣心如水詳水　鄭崇世与王家相姻娶（鄭）　漢宣帝時有鄭弘字穉卿為南陽太守著治蹟後為御史大夫又字巨君
鄭公風詳風三公鹿轜詳轜漢元和初拜太尉　（鄭吉）會稽人習外国事破車
師降日逐威振西域　（鄭眾）字仲師使匈奴不拜詳拜　（鄭興）字仲虞仕漢尚書
數進忠言以病歸賜尚書祿終身号白衣尚書　（鄭玄）字康成事馬融高密人
吾道東詳東發墨守鍼膏肓詳守　鄭公鄉詳鄉註詩書易礼記等凡百餘万
言　書帶草詳帶　（鄭泉）願得美酒詳酒　（鄭譽）曰与客役壺飲博號白雲翁（唐史）
（鄭渾）字文公重去子之法男女多以鄭為字遷沛郡太守與陂号鄭陂詳陂
（鄭述祖）字恭父任齊与父皆為兗州刺史歌曰大鄭公小鄭公相去五十載
風教猶尚同　（鄭餘慶）字文明從父絪家昭國坊之南餘慶在北世謂南鄭相
北鄭相（唐史）　（鄭谷）司空圖見之曰當為一代風騷主　鄭鷓鴣詳鴣　一字師
詳師　（鄭仁表）豪爽有文自云天瑞有五色雲人瑞有鄭仁表（唐）　（鄭善果）母崔
氏曉政治故善果所至號清吏詳崔　（鄭元璹）字德芳太宗曰公口伐可汗（唐）
（鄭薰）字子溥号所居為隱君庭詩松号七松處士　（鄭虔）玄宗為置廣文館虔
為博士杜甫贈詩曰坐客寒无氈　三絕事詳絕書柿葉事詳柿　（鄭處誨）字

正求為太原節度人謂小朝廷言得才多也時鄭畋以宰相鎮鳳翔帝人忠
誼相特號一鄭云[白居易]香山九老會中人年八十五[丨畋]字台文破賊將王
瑨帝曰儒者之勇乃亦進司空平章事[丨綮]歇後鄭五作宰相詳五灞橋雪
驢詳忌[丨邈]字毅夫安州人仕宋宰国子監第五人詳五忠孝狀元詳孝神
宗時翰林學士[丨俠]字介夫福州人　發流民畫以獻詳畫非荊公新法
[丨興]字夫休氣識英豪官至樞副互見戩[丨氏]余洪妻鄭氏唐師下建州為
裨將所得堅貞不撓鄭袖惡聞王臭事詳臭　鄭儋長女適遼東李繁　鄭天
休選王禹玉為壻後拜相　○聖式正切[書]克念作丨[孟]大而化
之之謂聖。七
丨迷涂詳徐　易聖唐閻大經遂於易人謂丨丨[史]　漢聖劉臻字宣摯精於兩漢書時稱為丨丨[隋史]　草聖張旭臨池
章仲將謂丨丨[晉衛恒傳]又詳顛　畫聖楊子華善畫馬於壁每夕必嘶齧長鳴號為丨丨[畫品]　棋聖嚴子
辛書池水盡黑凡衣帛必書而後練
卿馬浮明号丨丨　衛協張墨号畫聖張衡馬忠号木聖[抱朴]　畫聖見上　木聖見上善刻削之巧故云　酒聖魏徐邈字景山為尚書郎
時禁丨邈私飲沉醉趙達問以曹事曰中丨人達白太祖怒鮮于輔進曰醉
客謂清者為聖人濁者為賢人邈偶醉言不帝問曰頗復中聖人否邈曰臣
不能自懲時復一中之帝大笑[史]　醉聖李白每醉為文未嘗差人謂丨丨[天寶遺事]　傳聖齊傳琰為山陰令二野父爭雞問食雞一云栗
一云豆破雞得栗乃罪言豆者人謂丨丨[史]　遊聖麟嘴鳴曰丨丨雄鳴曰歸昌[白帖]　不得言聖光武曰食詔曰上書者丨丨丨丨[困]○

男聖言曰丨丨有丨人者蕩蕩乎民无能名焉　○偵丑正切探伺也游丨曰細作[東觀漢記]先登丨之也　偵問丨也
○性息正切[中庸]尊德丨[孟]言丨善[荀]言丨惡揚言丨善惡混[賈策]少成若天丨　姜桂性桂詳　麋鹿性聊為山水行遂此丨
丨丨[國]　魚鳥性自悅山光悅鳥性[唐詩]丨丨丨[谷]○　含五性上元夫人謂帝曰捨尔五性返諸雲柔善[漢]內武[傳]謂暴淫奢酷賊也
心月性僧丨為丨[孟]　野客丨為丨高　不可改性後高獲与光武有舊謂曰朕欲用子為史宜改常性獲曰臣受性於父母丨丨丨便
辞去[史]　○佛即性智禪師云性即佛丨丨故云見性成佛[傳燈]　佛覺性丨有丨丨而无情詳情　醍醐養性醐詳見
恒河性佛言我今示汝不滅性汝觀恒河之性有童耄否王言否也佛言汝面雖皺而此見精性未見變詳河　見性成佛達磨直指
人心乃丨丨丨丨者[法雲]明頓了无生也[要覺]　嗔喜丨貪瞋覓丨　姓[詩]不如我同丨丨[左]因生以賜丨　五姓崔盧李鄭為四姓加太原王氏
号丨丨或以五音為丨丨非也[呂才卜宅篇]　四姓漢丨丨小子侯明帝紀注云尚書以上為甲姓九卿方伯為乙姓散騎常侍太中大夫為丙姓
吏部正員郎為丁姓[柳芳論]○後魏時定丨丨隴西李氏恐不得与栗明馳星夜入洛詳李　右姓望族為丨[六帖]　望姓名宗丨[高士]
[蒙求][傳]　土姓錫丨丨[禹貢]　賜姓漢婁敬丨丨劉唐賜姓李績丨丨李之數　改姓范蠡丨丨陶范睢丨丨名張禄詳袍田千秋之後丨丨軍詳

車跡皆丨丨東詳東　突氏至兼丨丨稽　此類甚多　胃姓衛青父鄭季給事陽信公主家姓奴与衛媪通生青故丨丨衛　詐姓李知遠姓稚知吏
部侍郎有選人姓刀者与王元忠並被放密与令史改刀為丁王為士擬授
官後即添成文字知遠一覽曰今年銓覆乃人揔識姓名安有丁士姓者必
刀某也省內以為神明[會要]　溪姓冉氏嘗居焉故姓是丨為冉溪[柳文]　埃姓不應丨丨尚隨公[荊][入謝公墩詩]詳墩　天有姓蜀姓秦
宓吳使張溫曰天有頭乎宓曰詩云乃眷西顧則頭在西方曰天有耳乎曰天
處高而聽卑詩云聲聞于天無耳何以聽曰有足乎曰詩云天步艱難無足何
以步曰丨有丨乎曰姓劉天子姓劉以此知之[史]　李樹為姓李耳即老子詳李　胡盧定姓胡廣因丨丨詳胡　推律
定姓京房本姓李丨丨為京氏　蓍易得姓六羽不知所生或言僧得之水濱自丨得蹇之漸曰鴻漸于六其羽可用為儀吉乃姓六名羽
字鴻漸　嫁女同姓晉劉頌丨丨於陳矯く本劉氏子与頌近親出養於姑改姓陳中正劉友譏之[史]
祖問有姓也无曰有何姓曰丨丨祖曰爭奈不識曰　○佛性有童子七
諸佛亦然祖曰何謂曰性空後童子傳法嗣祖[傳燈]歲遇四祖
丨而行[子產][左]夕以　甲令令有先後有令丨丨乙令丙[漢宣紀]又詳甲　三令丨丨五申[史孫子傳]　○令力政切[書]謹乃出丨[周官]詞不
修丨[昭元][記]月丨　頒令翰為唐王
鴐部郎家畜声妓自　詩令明朝一二子至丨律嚴号丨[搜]　觥令凡飲犯令者觥録事繩之投旗於前曰某犯丨丨
使丨丨自視王侯[史]　[類說酉]

[歐日][月]　縣令周有縣正春秋時縣大郡小故上大夫受縣下大夫受郡晉曰大夫曾謂曰宰是曰令尹至戰国郡大縣小○銅章墨綬詳綬邑長
[記]令尹[語]神君詳尹○偃室　郎官上應列宿　治邑如烹小鮮　宓賤鳴
琴　尹何製錦　西門投巫　魯恭三異　亟突食葱　潘岳種桃　卜式
牧羊　薛尹換縣　尹賞治劇　虞詡錯節　凱之垂簾　范冉釜魚　晴
苗留犢　蒲鄉更鼓　張逸盜灘　張泳拔茶　萊公双拍　賈郁鐵船
王喬双鳧　不為米折腰　父子治縣譜　卓茂不責亭長受米肉　李
果為洛陽令見神破瞻　張允濟斷人盜牛已上事並詳鍾脚字勺○馮元
授醴泉令民多猾為著論家爲卿給一卷　楊琳為茂陵令戴封平仲為西
華令蝗皆不入境　仇覽化陳元不孝詳仇　劉平為全椒長剌史行部獄
無繫囚　何易于焚摧茶詔詳茶　岑伯華兄弟為令皆有治績詳岑　元
德秀為魯山令虎為暴盜請格虎明日盜尸虎还　李頻迁武功令民多豬
神策軍忠以揮頻殺神策士尚君慶豪猾棄息　徐弘為汝陰令多大姓群
并弘誅鋤奸猾豪右斂手　寤食三斗艾莫逢屈突蓋詳葱　黃紬被裹放
衙詳被　龐士元非百里才詳才　作縣令莫飲酒詳飲　李元紘為好畋
令被迁士民号泣烏鵲飛雛行車[開元遺事]　晉荀勗為安陽令狄仁傑為
彭澤令人皆為立生祠　崔瑗字子玉為汲令後董謝字崇之為穎昌令人
皆為立碑已上事並詳備要[除求]出宰山水縣詩忠松竹林[韓]縣古槐根獲
官清馬骨高[薛]駒父憂民如有病見客似無官[鄭]雨後有人耕綠野月明
無犬吠花村[古詩]　嗟我身為赤縣令操權不用欲何事立召賊曹呼五百尽

取鼠輩尸諸市（漢書盧綰）健令 後蜀李匡遠為蓋亭令盜賊所在擒捕號丨丨 假令 柳送薛存義零陵 勾漏令 晉葛洪聞交趾出丹砂求為丨丨（晉）互見解 強項令 董宣事詳項 中書令 郭子儀校丨丨考二十四（唐） 紫微令 唐改中書令曰丨丨丨 詳省 將軍令 漢文帝軍細柳營軍門都尉曰軍中聞丨丨不聞天子詔 閒忙令 楊大年作令云世上何人號最閒司諫拂衣歸華山世上何人號最忙紫微失却張君房 詳忙 手勢令 五代史弘肇會飲或為丨丨 弘肇不能為酒 晉卿蘇逢吉曰坐有姓閻人何憂罰爵 弘肇妻閻本酒家倡以為譏已大怒欲毆逢吉（史） 逐客令 秦議逐客李斯上書乃除丨丨之丨 記月令 後魏長孫紹遠年十三王碩聞其強記試以禮記月令讀才一徧誦之若流（史） 八爲律令事 漢主父偃所言九事丨丨丨（史） 摘蟬為令 宋守約曰當承平無以信其号令故寓於丨丨尒詳蟬

○聘 匹正切（記）比年一小丨三年一大丨 待聘 儒有席上之珍以待丨（儒行） 騁聘 以丨丨騁之（國） 蒲輪聘 轉輪丨丨遂幣丨丨（毆） 娉 娶問（話）三丨 婚也 ○夐 虛正切 營求也又遠也冠絕也 詗 候何也（漢書）為中丨 ○併 卑正切（論）丨吞八荒（國）亦作并（孟康）為曾所丨（過秦）二事丙丨 寡詳寡 窮老并 丨丨驅馳（國） 行李并 徑山雖云遠丨 ○屏 丨除也（王制）丨之遠方 稍丨可 ○淨 疾政切 亦作靚 絲淨 丨雨洗丨丨（國） 秋風卷黃落朝 澄江淨 丨丨如練（謝玄暉）

（詩詩）禪心丨 六窗丨 天宇丨 水花丨 晚色丨 靚 召也又裝飾也又明也粉白黛綠曰丨 粧或作靘（韓）遇春詩桃李晨粧靚（人名） 煮白石食 穽 陷也（中庸）納諸陷阱之中 語穽 詰邏遊丨之詳石（國）為丨於國中 穽阱同（韓愈秋懷）重穽 斷丨丨爭雖奪乃反發巧使丨 請 延丨又朝丨 漢官名張禹首為之 春朝為朝秋朝為丨 秘書有競奉朝丨 无競 詳競 ○盛 丞政切（語） 言吳王濞使人為秋丨 於斯為丨（史記）秦 才華盛 後來況接丨丨丨（國） 名太盛 齊王俊叔父偕處曰不患此紙 李斯曰物禁太丨丨丨丨 亦（史） 價盛 時二丨文出往 諸孫太盛 晉孫盛子放七歲庾亮問曰丨往丨丨丨（國） 如此放曰未若諸庾翼二（國） （姓氏）盛 周國之後（漢書）漢廷尉視事二十年天下稱有恩无怨 字子翁 晉人事母至孝（唐書）唐武德中為總管擊斬李密封葛國公（唐）字公島不負宗 時奉使陝西繪西域圖以獻後拜參政諡文肅（周書）周穆王盛姬 ○盛小叢 去籍妓也尚書李訥登越城樓聞歌曰鴈門山上鴈初飛其音修切召至乃小叢 晟 明也熾也（人名）唐名將李朱泚 五代南唐人長於詩初為道士居廬山簡寂宮 ○輕 牽正切（左）戎丨而不整 狡小而丨丨則寡謀也

二十五徑 與證嶝同用

徑 古定切（私）邃上有丨（語）行不由丨 君子不丨 詳竇 三徑 陶潛曰聊欲弦歌以為三徑之資可乎 詳資 丨丨就荒 陶詞 ○蔣詡竹下開丨丨 惟故人求仲羊仲從之遊 詳仲 捷徑 唐盧藏用始隱終南山晚乃徇權利司馬承禎曰終南乃仕宦之丨丨也（史） 一三 楊誠齋東園新開九徑江梅棠桃李橘杏紅梅碧桃芙蓉各植一徑命曰丨丨丨 詩云三徑初開是蔣卿再開三徑是淵明 誠齋亦有一徑 花開一 鼪鼬徑 逃空虛者聞人足音跫然而喜矣 詳音 滿徑 李下徑行 蓬蒿徑 張仲蔚丨丨之丨 宅惟開一行 無蹊徑 唐李乂請謁不行時曰丨丨丨丨 詳蹊 ○兔徑 君爲四龍象於丨丨 大象不遊於丨丨 傳燈 乘流遇徑 曰一禪師遇馬素禪師曰汝丨丨而行丨丨而止 至臨安東北山下問之樵者曰此山謂之徑塢乃求掛錫 徑山事狀又類說云徑山道欽禪師為玄素禪師弟子 徑 直也 堅也 經 織也又月令審端徑術 又自丨也 經平去二音 ○伯 謂曰云云 丨丨而引 繹經 諸才相丨丨（韓愈春詩） 騷天問 牛鼻丨丨 林 統一云推遇獲多自死 救經 其足 ○濘 乃定切 中途泥丨 与泥淖 馬旅濘 晉丨丨而止（國） 車陷濘 武后時水沴閉坊門 楊再思入朝 而閉坊門 武二思曰汝牛自吡牛不前 表曰凝辛相不能和陰陽 爾通看 駒不得獨責宰相（楊本傳） 甯（姓氏）齊郡戩音 季霸食采於丨 衛康叔之後至武公生 弟須叔之後生喜九

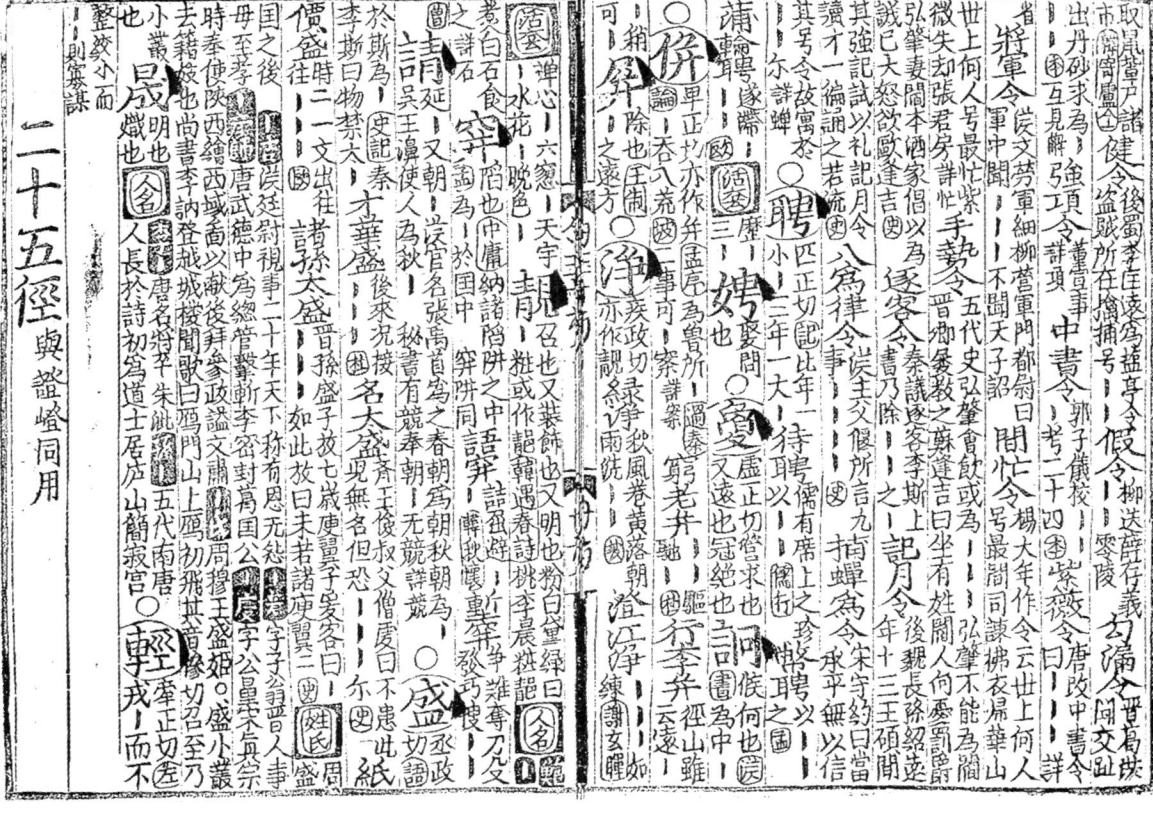

卿族 名俞邦有道則智邦無道則愚（論） 詩牛 飯牛而歌 詳牛 乳虎 酷吏傳 仕唐修國史以直筆忤旨為衛卿聘 寧文（四）（國）博 李趙宋人王若叟師之 魏郡外家 氏 詳祖 佞（說文） 丨用丨友便丨 悅人（記） ○巽毅 祝鮀之丨 惡夫丨者 不佞 書臣丨丨（古文）自謙 指佞草 佞人入朝此草屈而指之（博物志） 格佞 宋鄭鮮之為御史中丞武帝談論經典辭 鮮之難以切至時謂丨丨 嗟佞 靈修既信佞蘭之丨丨 艾反（國騷）上音差譖也互見 嚚佞 北齊崔季舒曰崔暹常忿吾佞每於吾言及叔父合殺又其自作丨丨乃過 二佞 北齊胡長仁為尚書令時左丞鄭孝裕郎中陸仁惠盧元亮遵相結號丨丨（史） 士及佞 唐宇文士及 太宗嘗玩禁中樹 士及從旁歎美之帝曰魏徵嘗勸我遠佞人不識佞人為誰今乃信然（史） 無一人佞 北齊徐之才曰我在江東見徐勉作僕射莫不佞之 今我亦是徐僕射丨丨我何由可活（史） 古賢佞 漢王尊以盜賊並起選賢徵用起家為卿 盜賊既除即以佞巧廢黜 一尊之身三期之間乍丨乍丨豈不甚哉（史） 寧 奢丨 ○醒 新佞 睡未丨 呼不丨（國） ○脛 胡定切（語）以杖叩其丨 實象之大幾如 ○鼬脛 香出婆羅國 鶴脛（徐无鬼）丨丨有所道丨丨有所節解之則悲 腰 或作踁 龍脛 詳律 鳧脛 雖短續之則憂 鶴脛雖長斷之則悲（莊子駢拇） 見上 椎脛 唐李師道 嵩山寺僧圓靜謀與師道劫洛陽 事敗既執 力士丨其丨不能

折焉曰豎子折其脚曰馬[?]脛唐元載曰吳寇謂江西与路嗣恭子應並恥丨
不能自置其足折之有丨其丨臣不自安應悶不言常愧負長者愿
育以報帝加慮也丨丨丨丨而自至衣不掩脛短丨數悅
田郎中(路應傳)珠玉無脛孔融去月者人好之也(賀循與録)丨丨丨丨(列女)
(活套)丨丨股○定徒徑切詩我徂維求丨(記如)泰定宇丨丨者發乎誰佳定(蘇介)
二万卷手貌定於丨丨(歸去揚子書)止者丨韓信傳撥布丨天光(庚桑楚)聚書
自丨丨心固已相期不敢果膽定吳朱然在戰場臨急神定(唐楊元)丨丨尤過絶人(史)琰生數
語遷者丨丨(史)前定事丨丨則(中庸)○常定大定智隍禪師庵居二十年元策禪
歲末言相者曰師曰汝入定有心邪無心邪若
有心一切蠢動皆應得定若无心一切草木亦皆得定隍曰我入定時不見
有无之心策曰既不見有无之心即是丨丨何有出入若有出入則非丨丨
(傳)飛定慧丨生定丨詳慧(活套)論丨風丨禪丨入丨(人名)胡[?]名瑗攻苦食淡五六著春秋解定
(因)直也又○釘丁定切黃金也九釘丁唐御厨進饌用九盤裝釘十丁顧愷之
朝丨釘又以丨丨物大金累名丨丨盤(玉泉子)東金釘[?]隣女
不從發女形以丨丨丨之丨訂平議也唐李太百題通作定
文心痛因致其情詳舒亮傳言重丨金定(詩)(麟之)定[?]丁鑿冊
飣(書)豈食也(唐)丨坐梨定北方營室星作室以營室星中為正時丨○磬石
之方中又(禮)[?]羹丨韶於堂(註)丨懸肉苦定切空

也(詩)挽丨縣磬室如丨丨(國語)室謂人貧無懸丨丨辛抃云如當訓必如垂一搥磬
之丨矣磬空中无物若家徒四壁之義訓如為而語不成文矣
唐權方紀辛得進頸丨丨謂激辛也曹公采磬顏丨丨乞丨帖云辛家米磬(書)擊丨石者石
自津(內傳)丨丨食粥今又丨矣詳米
也長擊鳴球若玉丨也(禮)丨人為丨逆股廣三寸長尺三寸半十六枚同一
簴曰編丨(語)擊丨於衛(記)君子听丨声則思死封疆之臣又詩拊丨控忌
(莊)騁馬曰丨謂使之曲折如丨止馬曰控禹磬人以憂者擊丨(淮南)
○韵會編拌丨在此但唐書作磬詳磬丨丨以五音聽政曰語寄丨浮磬
四瀆丨丨(書)貢胡丨丨同唐汧公李勉好雅琴其尤絶緑玉磬揚
氏曰浮輕清也笙磬音韻磬者曰響泉丨丨(禹錫嘉話)妃
善擊磬上賜藍田丨丨(外傳)況明磬羽毛拂之声振百里(高僧傳)
頭有浮金之鐘丨丨之丨○聽他定切詩丨丨我
也五聽司寇之職以丨丨丨听獄訟求民情兩聽耳不丨丨而天聽民听自我(書)
(周)謂辭听色听氣听耳听目听也(荀勃學)聽鏡之(易)未退丨
目聽見五听下○又九倉子能以耳視丨丨丨日言反聽(還文傳)兆聽耳目
聽能視听不任耳目而不能易耳目之用(列)眺聽(拯)丨曰
丨詳借聽丨丨於重聽黃霸曰許丞雖老頗不妄聽趙元達耳丨生晚聽(漢)微
岑聲(韓文)丨丨何傷詳聾丨丨(魏史)聽(雲)
過一丙瀝鎗邊聽張鏡与顏延之隣居鏡与客談延之丨丨庭
丨丨丨(王)聽從丨丨取胡床坐丨辭義清玄詳叫(活套)視丨丨(遜)

數過也一日不近人情○[?]莫定切晦也唐來俊臣
又隔遠見(莊)大有逕庭如無蝠蔓欲爭暑丨瞑翁日也既誅人相慶曰今
得背著床○塋玉也烏定切聽瑩黃帝之所丨晉樂廣衛瓘曰此人隋
丨矣(國)丨丨丨也(國)金塋之水丨見之丨然(國)鑒塋髙
頻文帝曰獨孤公猶鏡也每被丨學瑩袁夫綱謂杜淹曰蘭臺丨
丨皎然益明(史)頻父賜姓独孤丨丨且傳當以文章顯(國)○證
諸應切(語)休證咎證(書)(洪範)丨丨八庶證○無得無證身等空界法同夢幻丨丨秀氣
懷辛子丨然後謂之游脫詳脫燕
氣上達(易)小過詳丨丨而○孕以證切(易)婦三歲不丨○增(圓澤)(活套)丨
為雨晉天文天氣丨丨熟見丨丨婦曰此其托身之所詳澤
賸加增也唐書賸古者諸侯娶夫人則同姓二国丨之則丨者送之
殘賸丨韻名史伊尹為有莘丨臣湯昏有莘以伊尹為丨送女
楚詞魚鱗二号丨丨予亦雅丨將送也即不指為丨○䞉(食)證切車丨又四數
姿詩江有汜美丨丨也則因謂從嫁之女為丨曰丨如丨馬丨矢丨
鴈之類詩元戎十超乘(僖三十三)秦師過周北門免冑而下丨丨者三百乘(左)驂乘霍氏
丨(左)丞産之丨車正行時丨上車而丨之以示勇驂乘
之禍萌於丨丨(史)詳丨丨即丨駕丨魏文侯徑寸丨車荷之人而
丨(漢史)詳剩另乘詳駕珠照乘十二丨者十枚(國)負且乘丨丨載処张
其掾也圖書平乘唐陸長源守汴州去從車一乘曰吾祖罷郡書三十乘
(孫衛傳)(國)州有車一乘而丨丨丨之吾況不及云(国)華張

從居載丨丨乘車一乘唐賈敦頤為數州刺史入朝尽
丨丨詳書室行車一乘丨其羸馬引繩(國)(人名)游說士賸餘也
谷作剩浮杯無剩詳詩○應於證切(易)同声相丨噎應師春丨丨雅
剩韻會此字兩出又見前韓文千里之外丨之府應(禮)丨丨雅三樂
名賓醉而出以此三樂終之行節○響應関河丨谷應山鳴丨丨錯應田
應樂長六尺五寸中有椎象祝互見擊雅響應丨(國)丨(赤壁)頭
丨丨文應母側听母丨丨(孔)心手應宗室子雲菩刘穆之丨
人(國)啖應上古弔反乳声也書丨丨相丨丨(史)耳受口應行听丨丨
並酬丨丨○六慈呼應仰山問洪恩如何是見性師曰如屋有丨丨內有(活套)
詳手一弥猴東邊丨山山丨如是丨丨俱丨俱丨詳猴
酬丨呼丨(姓氏)汝南宫音周武王第四子應侯之後(左)邘晋應韓武之穆
和氣丨丨也(人名)字世叔南頓人後漢司隸校尉糾舉奸違不避豪
感(人名)字仲遠博覧多聞拜太山太守戰却黄巾三十万衆(人名)字休璉詩大乱齊境
云問我何功德三入承明庐(人名)字思遠仕晋督二郡軍事天下
独全百姓歌之(人名)字吉甫自漢○甑子孕切黃帝始作丨盆(盂)或塵
魏以文章显軒冕相襲為郡盛族甑丨甑○郭文竹筒為丨
范丹甑生塵曾林宗問其故曰丨已破矣視之何益(中)如坐甑馬融直史館
丨詳塵共甑丨丨飲同埃墨丨丨
中曰安得披襟赤脚踏陰分炊甑[?]鍇異爨詳鍇[?]顏子事朽壞中
山之層冰洗滌塵熱也

𦨴丨丨丨丨化為丈夫自稱姓曾○輿詩應切（詩）乘輿王子猷訪戴安道
曾名元獨孤彥曰此甑字也詩甑　風賦比丨丨造門便反曰丨丨
而來興盡　敗輿丨催租丨便亮至南樓曰丨丨雅丨丨○勝詩證切
而返詩雪　敗興丨詳租老子興於此丨復不淺詩月（活套）幽丨丨　語
文丨質丨（趙充）善勝天道不爭而善勝白起善戰而義勝子夏曰二者戰於
國傳）又全取丨丨（老子）拙勝丨丨（史記）　胸中而夫子之
丨故肥廟勝素定丨丨丨之奇勝富者必用丨決勝張良丨丨千守勝戰勝易
詳肥　（朝策）（趙充國傳）奇勝丨（史記貨殖）決勝千里之外（史）丨丨丨難
（医）百勝（白戰）丨丨五勝秦推丨丨以為戴勝之鳥頭上毛花成勝故稱巨勝
（予）百勝（魏世家）水德（漢律曆）　戴勝降于桑（記月令）織社　巨勝
胡麻異名曰丨丨又云一葉兩莢又云莖圓華勝西王母暠然白首戴勝而
又云莖方又云四角四稜又云八稜（爾雅翼）華勝（相如傳）勝者婦人首
飾漢代丨丨名勝北齊韓晉明留心李問好酒縱誕朝廷欲處之貴要辭
曰丨丨名勝日殺人飲美酒對丨丨安能作刀筆吏披反故紙耶（史）濟勝許
好遊山水而体便登涉時云非徒僞不勝唐宗室道古便佞游公卿間博弈
徒有勝情實有丨丨之具（世說）丨丨丨厚進所償故盜善名（史）掾
金楷勝唐制立春宰執親戲數勝丨丨丨故亡則大敗大勝辟
丨丨王賜丨丨丨丨詳楷數勝民疲丨丨則主驕（新序）方
徵非大勝即（活套）丨丨形（人名）陳丨秦末首起兵（史記）與龔舍號兩龔詳
丨丨矣詳敗　龔丨（漢）授書李詳更取青拾芥詳芥　○𨀣

𨀣䑕切直視兒亦作丨丨○稱昌孕切權衡也（易）丨物平施　異丨而隱詩未
眙　目眙不禁詳矚　丨其服（漢書）史丨其職　或作秤文粹縣令臧
如秤丨權丨丨建國家之報稱无以丨丨（孔）倍稱之息（晁錯）食貨取一
之平丨稱丨丨（蜀）（孔叢）丨孫副也　倍稱償一為丨丨丨又云稱孝也俗謂
辛丨丨（孟序）丨丨子者男子之它物稱胡撒八百石丨丨發漸為孟判僉判或稱
錢通稱丨丨丨丨是（元載傳）路折稱其縣長官平似秤明似
鏡漸曰卻被押司走上廳（文酒清話）夢昇大稱唐上官昭容名婉兒母鄭氏姙丨巨人
打破鏡丨丨丨　丨丨曰持此稱量天下後內秉機政
史（活套）丨名實○𤸅（杜）皮孕切依丨也○𨀣牛孕切止水也（古）○𡼖都鄧切小
坂𡼖（登陟之道）小睡丨藤輪（詞）淚濆羅襟擠
也𥓎亦作隥𡼖梯𡼖皇天不為臣立丨丨（盧）飛𡼖雲外盤丨㽁𡼖路陟隆
（選）石𡼖鞍丨也又㽁下（月蝕）○上山絕丨丨（國）飛𡼖丨城七盤㽁𡼖之丨丨
橋也鐙（記禁統軌）丨截鐙姚崇敬荊州受代吏民泣擁丨留鞭（天寶遺事）絓鐙魏元忠曰
𨁏蹬足丨詳路丨寄馬鐙齊張敬兒為高帝疑沈攸之不附已乃以敬兒鎮襄陽敬兒
丨丨詳鐙　纏結其司馬沈據兵據兵丨丨丨一隻敬兒乃為備（史）革
鞭木鐙五代唐張敬達討石敬瑭敬瑭求救於契丹以羸騎三
鞭丨丨丨丨丨不甲胄而趨唐軍馳之伏發敬達大敗（史）跨馬不躡鐙
後周梁基年過六十猶能丨𤸅躶屬亦作𤸅韋仲將○𨀣丨丨徧亘切（詩）何以
被甲丨丨足丨丨丨（史）懸𤸅書陵雲榜詳榜　丨丨之瓊琚王佩

韜丨擅巳何以丨丨我衮贈一字之贈寵踰（詩）晉陶弘景云山中白㐁贈君子
（左）郊勞至于丨賄丨衮華丨丨之褒詳衮持贈雲不堪丨丨詳雲贈人
丨丨無人丨丨一枝贈聊贈丨丨鵝羣贈王羲之寫道德經○亘居鄧切
人以財詳言　贈春詳梅　具幸丨丨相丨詳鵝　竟也
（活套）攢丨延丨恆月弦也（詩）如月之丨丨亘急張也又○鄧徒亘切
丨綿丨又徧也詩丨之秬秠　縆索也　（姓氏）南陽
徵音　殷時曼姓之國春秋時楚滅丨因氏　丨（通）銅山詳銅　丨（忠）字偉卿
南陽人仕後漢為南太守與鴻郤陂灌田數千頃流衍它郡丨（禹）字仲華見
光武願垂功名於竹帛　封高密侯　子十三人各守一藝丨（隲）字昭伯拜
車騎將軍丨氏中興後侯者二十九人公二人大將軍以下十三人中二千
石十四人丨（艾）字士載仕晉平蜀縋氈而下詳氈為鍾會所搆死于蜀丨（遐）
字應遠勇力絕人壓數郡太守沔水蛟害人遐揮劍截蛟數段丨（攸）字伯道
授吳郡守載米之郡俸祿无受惟飲吳水去郡百姓留牽攸船詳船伯道无
兒詳兒丨（世隆）唐人棲白鹿山號隱玄先生丨（文進）瑞陽人四世同居開元
守詔旌表其門丨（洵）五代末臨江人擢童科第古擢三礼科號白雲里丨（肅）
（宋）宋元祐中入翰林　坡與會宿玉堂話舊有詩丨（氏）丨禹女名綏十二通
詩書　為蹬（杜）蹭丨無縱鱗　蹭丨嶒○堋（通）郎鄧切葬下土○𢥞
和熹后　老（海賦）蹭丨窮波陸死鹽田○也（左）朝而丨
毋亘切不明又悶也通作○凌里孕切冰也（礼）丨人（詩）納于丨陰
懵（左）亦无懵焉　或作懜

二十六宥　與候幼同用

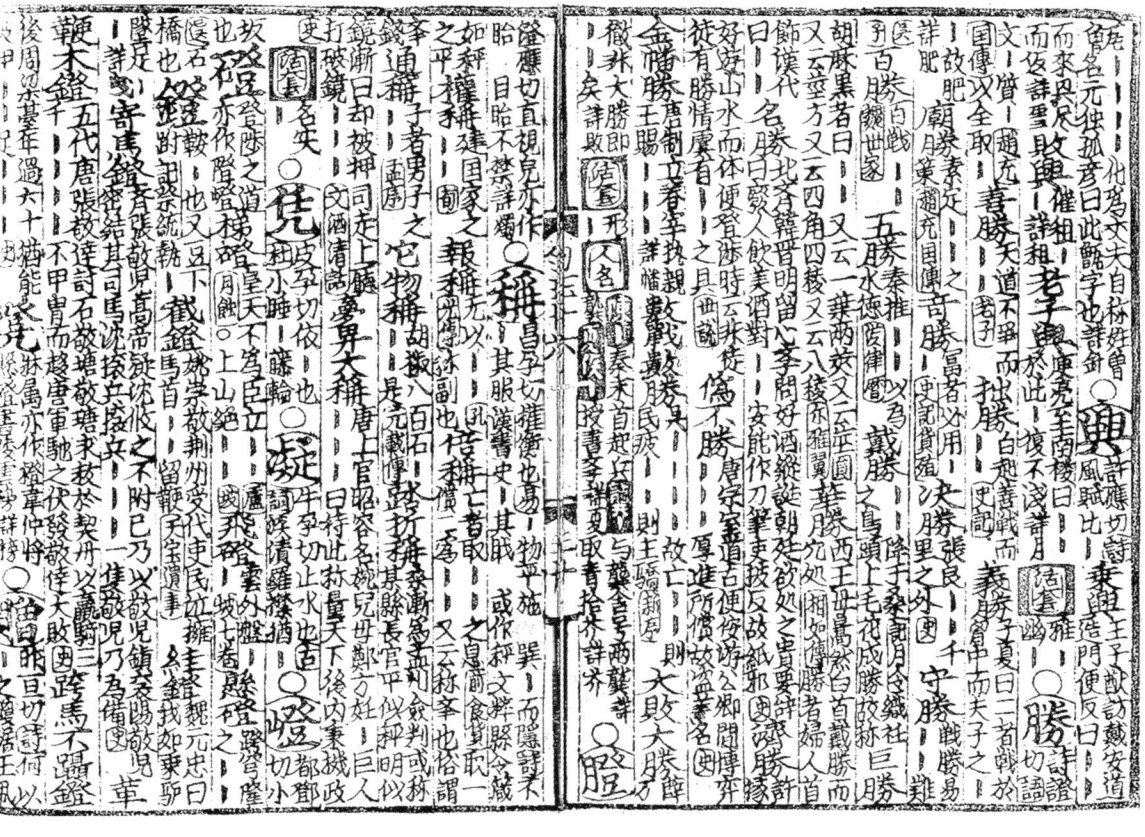

宥于救切寬之赤全放　三宥三赦丨丨（礼小司寇）○王三又然後制刑（記）
也○三細不丨詳細　又當作宥二曰不識二曰過失三曰遺忘
勿宥亏曰宥你　侑耦也以樂丨食（通作宥）（礼大司樂王食三宥）（左）王享醴
宥（推）丨丨（書）命之宥（注）助歡敬也亦通作右（詩小弓）一朝右之（注）享
燕有物以（活套）勸丨丨擣丨囿（孟）王在靈丨　文王之丨方七十里　鹿囿（梁）丨
將其意　可丨丨　芻田以為囿丨（左）射鴻于丨（衰）　書
不時也具囿鄭之有原圃猶秦之有丨丨丨　繁囿惠風蕩丨丨丨　散藝囿
（左成）也（左傳）原圃丨丨皆囿名　（魏叔原）虛囿　紅桃
六丨之丨（詩）囿二客嬉為丨丨　八荒為囿（淮南王）右（書）予欲左丨有民（詩）維
史相如傳）辭囿丨（魏都付）安書　天其丨之我將既丨饗
之　保丨命之　實左丨有商　亦作又（詩）三爵不識矧敢多丨（韓）拘官
佑（書）天佑一德○与有韻丨字不同　訃日月欲進不可丨（記）王三
丨當作祐　祐神助也（易）○救居祐切（詩）莫之能丨（語）女弗能丨（左）丨災周
宥詳宥　自天丨之　恤鄰○圜魏丨趙詳趙丨時宰相詳相　賙
救丨丨百姓則不司救丨丨掌方民之過失（礼）遠救唐王鍇判官張澤曰失　舉旛救
求詳費（唐憲紀）　奇美　火之家不可丨丨（史）
王成丨丨丨丨徒跣救黃祖命殺祢衡黃射纓冠救鄉鄰有鬬者被髮丨丨為
（謝）同隸詳旛　丨丨丨丨丨之不及（史）　丨而丨之則惑也（孟離婁）

鱉救 林柯有脫葉欲隨丨丨丨 韓南山 鼓吹聲救 魏夏侯儒時吳兵圍樊城求救甚急儒兵少不敢進但作丨丨 鼓翔而還時謂得

宜 史 丨之 兵敗不救 後王霸馬武討周建武丨丨過霸營大呼求救霸曰閉營丨丨賊必輕進武戰自倍果合戰良久霸乃發其背賊敗走 史

不引手救 落陷穽丨不丨丨丨 擠 究 詩 是丨是圖 我人丨丨 又孝 丨之而又下石 詳石 丨註相憎兒 史 擇不下丨 又孝丨

官名 宋大宗紀 陳 貽孫子丨又弟 語 考 根丨灸 居士傳 昭君村至無病自灸 柳下季謂孔子曰盜跖得

元逆汝之意乎孔子曰然 丨為鬼針灸 今生女必丨其面 宋徐秋夫夜有鬼言生患腰痛丨針三

丘所謂丨丨而丨丨也 通 灸三处明日有一人謝恩忽不見 詳

痛 廄 語 丨中 廄 柳 起 廄 說 丨丨 分廄 吳諸葛恪孫權謂蜀使求致好馬恪 焚 病馬之廄 詳廄 曰蜀者陛下之丨丨 馬必至也 史

交道廄 崇谷永奏事无所依違上怒成都侯商密適令發去上使侍 御史牧求勑過丨丨丨勿追御史不及還 吏廄去長安千里 坐馬廄

晉王尼給護軍府養馬胡母輔之王澄等賚羊酒丨丨 金銀飾廄 漢主劉 下与尼醉飽而去竟不見護軍護軍大驚給尼長假 史 晏与周

世宗戰敗棄黃騮馳歸以丨丨 居 五代史 空車廄 梁孫謙歷五郡去官 史 不與 拳 拍 丨食以三品号自在將軍 无私丨借丨丨

廄 揚損与宰相路岩第相接欲易其廄以廣第損曰 疚 病也 詩 氣 胄 尺寸土皆先人旧貲安可以奉權臣乎卒丨丨 史 丨 勞在丨

直 私 切 兜鍪 記 忠信以為甲丨丨 元稹 丨兜胄 鄭子儀丨丨 元 魏 回 紇 君胡胄 楚白公勝 丨周亞夫傳介丨之士不拜免胄 諸酋長下馬羅拜 史 作亂葉公

至或曰丨丨不丨丨矣若傷君是絕民望也乃胄而進又曰 人名 王丨 隋人詩 丨丨丨国人若見君面是得艾也乃免胄而進 左哀十六 甄高致遠

胄 裔也与甲丨之丨不 華胄 何昌寓為吏部尚書有閔姓求官者昌寓問 梁史 同 書 典樂教丨子 是誰後曰閔子騫昌寓笑曰遙二丨丨

裔胄 入 孝丨丨 人名 戚丨 清 宙 淮南子往古來今曰丨 坡 酎 三重醇酒 唐元宗紀 直 詳 戴 並生天地宇同闔古今丨 酎也 月令孟

秋天子飲丨 景帝紀 高廟丨 食貨志 列侯坐丨 四酎 摺 丨丨 并 㸐 不避 鹽 鐵 大 金失侯者百餘人 罷 助 侍 貢丨之奉不輸大內 四重釀也一云

四器俱熟 溫酎 丨丨 嘅波 詳 春酒酎于暑月大雷時收雨水淘米炊飯 八月酎

溢咽也 醴溫發也 醇酒名丨丨丨 酎 𩪹 日月 記

正月作酒丨丨熟 名 辭 卦光 辭 左 且其丨曰 由 集也 史 丨金 丨 讀書也

曰丨 西京雜記 丨丨 韓南山 或 如 卦 分丨 紬 漢 石室之書 春秋傳

丨丨謂卦爻辭 口 玉仁 裕 變 人名 史丨 周宣時太史名 丨 文 獸 禽 守 救切 書 珍

江中沙石皆為篆丨 詳 篆 丨作大篆故稱丨文 嘼 丨 丨 口 拔

猛丨 蔚 詳 蔚 鐵 猛 獸 後周蔡祐著明光鐵鎧所向无 形 獸心 獸 古人丨似丨

口丨 炭 詳 炭 丨 前 齊人曰此丨丨丨也 詳 鎧 而有大聖德

今人表似人獸丨安可測雖笑未必和雖 發 縱 指獸丨丨丨 視丨 处 女 拏 猛

哭未必戚而結口 頭交肚裏生荊棘 孟 者人也 詳 縱

獸丨丨 梁究 陵女子其母為猛獸所取丨隨母丨 獸丨丨 獸毛尽落獸乃置母去經時乃絕 史 ○渡河三獸 大聞佛說法 冬有深 婆 淺 譬如象馬兔三

獸丨丨 詳 象 狩 左 冬丨 獲 麟 詳 麟 西 年号 元丨漢武獲 白麟改元 守 太丨 在此韻 守土 太守

書云外有州牧侯伯即此任也秦罷侯郡置守尉 漢景帝更名丨丨 唐武

德元年改為刺史 ○召父 杜母 小大馮 黃堂 皂蓋 朱轓 熊軾

虎符 麟符 魚符 竹符 五馬 東方千騎 西來家馬 民之師

帥 夢三刀 股肱郡 二千石 還鄉衣錦 五馬一麾 龔黃六條

渡河虎 風滅火 郭伋竹馬 龔遂佩犢 羊續懸魚 寧成乳虎 晉

陽 臧 覽 夾轂白鹿 清獻龜鶴 陳蕃下榻 劉寬蒲鞭 孟嘗還珠

兼 丙 五袴 刘寵一錢 宗資畫諾 成瑨坐嘯 文翁興學 楊震四知

裴俠獨立 張堪秀麥 龐參拔薤 汲黯卧治 袁宏授扇 張万福

草木知名 李勣賢長城 灵運遊山丧 召侯挽不來 嚴延年号屠伯

石奮四子皆二千石 胡質長人知其清 九里河潤 路不拾遺

車致雨 知鳥擾吏肉 何武去思 寇恂願借 侯霸卧轍 姚崇戴鐙

陸長源祖罷郡推尚書半桌 包拯守端州歸不持一石硯飞上事 並 詳 鐘

麻 字 丨下丨 ○ 趙宋杜衍知乾州丨丨 丨 令 權知鳳翔府二邦之民爭於境上曰

我公也汝奪之一曰我公也汝何有焉 魏相河內黃霸頴川 陳蕃樂安

陶侃荊州 郭伋并州 已上並兼任 前李廣歷七郡太守 ○ 蔡 誠 人望使

君如望月使須如鏡莫如鈞 王十朋 到 処聚觀香案吏此邦宜著玉堂仙 坡

又鎮鶴行重无嫌虎節輕終當耕 葦 冊入福蒼生 劉禹錫送令狐公 公今來

雪山重公去雪山輕 丨 人生五馬貴莫受蠶毛侵 寶燕寢凝清香兵衛森盈

戟 韋 丨 一麾守 丨丨乃出 南柯太守 淳于棼夢為丨 玄香太守 薛稷為墨封九

蘇 州 丨 詳 夔 丨 詳 槐 錫拜丨丨丨丨

是日墨吐異氣如 首 嚮也 語 東丨 記 比丨 寢 音 狐死正丨 南首而卧

樓臺之狀 宣 異 記 帛 東丨 又自陳曰丨 丨 詳 狐

左 收 獲也又斂也 ○ 晝 陟 救 切 孟 曰丨 指亡 左 丨 出 晝 三宿丨 簾垂晝

易 丨 丨 勿 幕 以訪問 歐 文 丨 錦堂記 丨 國

山陰令晝日 繡 行晝 衣丨 昼 古 衾 請丨陰 味 喙也本作蜀 左 丨 為鶉火 詳

垂丨 詳 簾 詳 行 發丨 不濡其丨 或作喙 易 訟 卦

黔 喙 注 鵬 朱 狐 撐 有 鷲 絕 侮 俗 風 味 蘇子丨 兒名丨丨 坐令五蜀 嘗被小星

音書 鵰 喙 丨丨 韓南山 龍尾羞牛後 並 硯名 丨 丨 三五在東

詩 三心丨丨 四時更見心三星 噣丨 倪朱向之丨丨 如青朱狐鳥弄

星丨 即柳星也為鳥星之昴曰 味 哺 雛 虎 齒 行 清 味丨丨 歐 ○ 臭

尺 救 切 凡 氣之總名 易 巽為丨 其丨如蘭 書 起 容臭 男女衿纓皆佩丨丨丨

織白丨 記 丨陰丨腸 无声无丨 月令 其丨 羶 記 內則 臭 香物也以

臭物可以脩飾形 乳臭 漢王曰魏 大將柏直口尚丨 銅臭 崔烈入錢五百万

容故謂之丨丨 安能當 吾韓信 史 本紀 為司徒議者嫌其

丨丨 詳 銅 鮑 臭 与不善人居如入丨魚之 遺臭 丨丨 万 餘臭 梁 到 溉 為吏部

互見 斷 肆 久而不聞其丨 詳 肆 年 詳 芳 尚書何敬容為

尚書令事有不允輙相撓敬答曰到餓尚有丨
丨遂孝作貴人戲祖彥之以攢糞自給故云(因)　蒸臭鼻欲丨丨蒸丨極也　逐臭詳海畔
有丨丨之夫(曹子建書)○人有大臭者其兄弟妻妾无与居
自苦而居海上人有悅其臭者晝夜隨而不去(呂氏春秋)　擁香賚臭盛文肖公
豊肥丁晉公踈瘦侍讀梅詢喜焚香館职賓元賓不喜　併食令臭晉公孫鳳字子鸞冬
脩飾經時不沐浴語曰盛肥丁瘦丨丨丨(歸田錄)
衣单衣夏則丨丨于器
丨丨乃食人莫能側(史)　惡聞王臭楚王問夫人鄭袖曰魏美人見我必掩鼻何也曰以丨丨丨之丨王劓其鼻詳鼻
○袖似祐切鞾縮手丨問亦作褏　羔袖狐裘丨丨(襄十四)言一身尽善惟少有悪　經袖不寫丨丨(晉史)
趙飛燕誤丨婕妤丨婕妤曰正頁袖魏爵堂二人之丨丨　有褻秀(同上)
如石上花以為石花廣袖詳唾令袖操能屬文語曰後進丨丨(拾遺記)　唾袖裴秀有風
浮丘袖郭璞左拖丨丨右拍　拂塵紅袖魏仲先冠莱公遊陝郊僧寺多留
塵昏滿壁官妓以衣袖丨之仲先曰若得丨丨頗後同到見壁詩用碧紗籠魏詩
時將紅袖拂也應勝似碧紗籠(青箱雜記)　目藉帝袖漢董賢与哀帝同昼寢
鶯賢斉見乃断　丨偏藉上袖上欲起不欲
袖而起(史)　盛蒼生袖進主曹丕作大袖之袍曰要丨天下郎丨舞袖揚大
儡詩魏老當筵笑丨丨笑它丨丨　太郎當若丨丨揚術曰但盛得一个(郎當舞袖)年傀
教鮑老當筵舞轉更郎當舞袖長(石山語錄)　(人名)(前襄)姑害美人詳鼻　岫雲岫丨无心而

出丨(活套)孤丨丨(人名)李丨抃甫之子諫　○臭詳救切前叙鐘不丨驕君之
閑詞遠丨權勢熏灼詳熏　鼻餌(四)宋丘大木丨之則使人
狂醒　丨丨而公遠嗅方傾安仁醯莫遣丨丨(坡卅一卷注)明皇食
亦作嗅　三嗅作(論)　揖丨餘枝皆鈌一辦進揖使者於中途有一道
士嗅之盖羅丨丨也　花藥嗅酒惡時拈丨丨詳嗅
按仙傳拾遺云鄧德誠　○祝詩戚救切或作呪　(國)愛我惟
兕晉范文子反自鄢陵使其祝宗祈死曰君驕侈而克敵
呪是天益其疾也難將作矣丨丨若丨丨我(左成十七)　三番神呪羅什竟
四大不愈乃口出丨丨丨令弟子誦之以自救未及致力　胡僧善呪唐西域僧
轉竟危殆於是力疾与衆告別以火焚尸椎舌不爛(更本傳)
善呪術能立令
人死復呪之蘇○舊巨救切(書)(圖)任丨人　人惟求丨器非求丨惟新(語)
啇○聞暴公丨丨不念丨惡故丨不遺　丨令尹(左)舍其丨而新是
子丨矣詳拚　耆舊習鑿齒作襄陽丨丨傳○我家
曰賞名花對如子丨詳牡丹　一見如舊唐房玄齡杖策謁太宗丨丨丨(史)
安用舊丨詳　青氈舊物詳氈　詞安用舊明皇
慕容恃德謂于曰盧潛教我為人我死持上騂馬与之其子以它馬往恃德
抠出門自丨不可動聞恃德怒曰何不与盧尚書騂馬其子遂奉命丨乃行
○張郎死葬丨丨被　樞有声如雷(左)　停樞北齊盧潛
時望沌式至詳車　○瘦所祐切　詩瘦崔浩愛吟詠一日為越友王丨丨也　狂瘦孫狂約謂
人戲之曰子苦吟丨丨

沈昭畧曰汝何乃
瘦而丨(沈傳詳狂)　春瘦陳亞菜名詩恭為臘寒阿子下衣因丨丨縮紗裁(古今詩話)　鳥瘦郊寒丨丨詳寒　丁瘦盛文
肅公豊肥丨晋公踈丨
語曰盛肥丨丨詳臭　鍾瘦胡昭丨繇並工書世傳胡肥鍾瘦　飯山瘦太白嘲(歐)丨丨即杜甫事
瘦李白嘲甫借問因何太瘦生只為從前作詩苦詳顆　王瑱瘦晏元獻暮下丨丨張允相謔允肥瑱曰
八字允曰丨丨為牛瑱丨允曰為猴瑱曰張允膈墻成
月呼三声(歸田錄)　沈腰瘦沈約多病休文今瘦損詳腰　權瘦詩僧丨丨清癯目為丨權詳可　瘦肥周瘦
周伯仁問丨公曰君何所欣悅而忽丨瘦曰君何所憂慘
而忽瘦丨曰吾无所憂直是清盧日來滓穢日去耳(世說)　孝肥禮瘦後漢趙孝字長
平王莽末人相食孝弟礼為餓賊所得孝自縛詣賊曰礼久餓羸瘦如
飽賊驚曰可且歸持米糒來孝求不得復往報賊皆不害後孝礼並大貴(史)丨丨
古肥今瘦張長史論書法献之丨丨張旭謂之丨丨丨(墨藪)　羊先取瘦甄宇詔賜博士丨羊議欲分称其肉宇乃丨丨丨者詳羊
(活套)清丨消丨山骨丨梅影丨花枝丨　嗽先奏切(記內則)雞初鳴咸盥丨丨丨(文付)　芳潤嗽六藝之芳潤丨丨　鳴玉嗽飛泉
嗽丨丨丨丨晚(陸士衡)　餘甘嗽(唐詩)丁　石可嗽王濟曰丨丨丨孫楚曰欲砺其齒詳流　嗽欬也　嗾韵見有
○皺側救切面丨丨又眉攢也　紅皺丨丨曬棗存黃園(韓城南)乾棗也一日　粉子皴丨丨前低劃闘闌漫(荊城東)遠

望山有　春水皺風乍起吹皺一池丨丨丨　松皺丨丨枯丨丨丨山
褰摺文(本事曲)　松鱗皺老石眷瘦(歐)　○鬢白面皺摺疊追於衰耄
而此見精世未嘗皺詳河　佛言汝面雖皺
丨丨丨丨(活套)波丨皺丨水　縐衣不伸(詩)蒙彼丨絺注丨絺之細者一云蹙二縮者也　褻
縐縮也文理蹙積丨丨襴皺紈合(子虛付)蹙積褰縐注
縐蹙積丨丨欒曲如縱谷也　縐縮而新帝令左右持其裾丨仙乎丨丨去故
為之丨它曰宮妹或蹙　隨風縐紅錦地衣丨丨丨佳
丨而丨号留仙裙詳裙　人舞織金釵溜詳溜　甃井丨无咎
丨丨湯泉池上与之(唐小說)　甃丨井底闌磚(易)　玉甃
子施小舟以戲詳湯　琅甃(南)言若生井甃也　欲甃坎井之蛙跳梁乎井幹之上入休乎丨丨之涯(莊子)
(丞)○覆敷救切(孟)仁丨天下(記)天无私丨　若丨夏屋(秋仁傑傳)際天頂
所丨○肅宗被丨馮豹詳被○(左)二丨以待條枝富切別出句皮
覆天不丨丨地不　鶉覆周后稷弃冰上飛鳥以丨丨之(史記)　錦覆分王山林以禎祥帝幸戢
覆偏載(西域傳)　丨之詳錦　禎祆覆
方寢以蜀丨丨　金甌覆崔琳丨名詳甌　解衣覆唐李勣留宴大醉丨　袍服綬
丨之而去詳袍　宗親丨丨之(唐)　副(詩)丨笄六加注
編髮為首飾今之假髻(通典)丨人望○　秘書副漢班斿為中郎將与刘向
親相白去丨封詳封張良謀中丨車詳車　校秘書上器其能賜以丨
丨之丨(王叔傳)　衣无副後祭彤守遼東三十年丨丨兼丨(史)　名實難副後黃瓊以徵士徵李固書曰嶢嶢者易缺皦皦者易汙盛丨之

丨丨其丨(史)【活套】丨丨初心 仆頓也 並見遇丿 事 ○遂丨初救切倅也(匡)倍子使平遂氏之 又齊飛疾也(前漢)丨羽鶩鷺
詩丨丨羽遂草相次見 ○富方副切(洪範)二曰丨(記)多文 意富 殺人丨丨(記祭義)丨善
任氏丨丨者数世(前貨殖)為丨見錯傳人情莫不欲丨 臣能世祿曰富
富 折節力田先公後私也 ○素富 椅頓云畜五牸丨 可丨丨詳牸 詑富 惟丨于丨詳 北阮富
詳瓦 石崇富 崇父苞分財与諸子独不及崇其母以為言苞曰此 詑言絶賄賂
丨 兒雖小後能自得財及為荊州刺史劫遠商致富 力子富 子游
天所賀丨丨天 春秋富 富於丨丨(史記) 末富 本富為上 丨丨為下(史貨殖) 丨丨次之【活套】
所丨(後漢蝉)年幼歯歴方父
文丨宋仁(姓氏)齊郡羽音 周大夫丨丨辰之後又魯大夫丨父終生之後 郑
(祖)觀覧丨 大夫丨子洨先賢傳陳留太守丨允文
經術雅麗雄邁人争慕之号吴体 孤峯絶岸詳峯 仕唐為晋陽尉 (人名)唐武功人
少微魏谷号北京三傑(人名)趙宋河南人字彦国范仲淹曰此王佐才也 晏
殊見其文以女妻之李茂才異等 拜左僕射同平章事 使
契丹北朝敬憚之 耆英會詳英 封鄭公進封韓公謚文忠 ○富 丑救切
豕雞 六丨牛馬羊犬 簪 本作畐 簪 問庶人之富丨以對(曲礼下) 龍畜丨丨以為丨(記礼運) ○溜 力救切 歷滴
(王莽傳)繞霤之固 論 懸溜 餘杭有丨霤山○峽漈 丨丨之 穿石
谿谷之水回繞而霤 掩長水有上若丨丨(韓)泰溜 (枚乗傳) 元作霤 碧欲丨丨 溫作

詩夫声鑚○ 生金 〓霤江南李氏宫中詩紅錦地衣随步皺佳人舞徹丨丨
符石穿溜(國) 丨丨酒惡時拈花蘂嗅別殿時聞簫鼓奏(撮遺录)
【活套】帰丨泉丨 霤 中庭也儀礼有東丨 通作霤 (月) 又霤 晋
勺在尢勺惟平水勺又牧在此 盐 中霤(令)中室也 士
會入諫三(国) 餾 飲烝之曰饋丨 其祀丨丨 又甸 霤 屋簷滴雨
進丨丨 均之曰丨 丨丨 便也莊子执弾而丨之 記檀弓上
肶視重丨 以竹為肶衣以青布縣 ○秀 光武紀 宿丨海上
銅魚焉如堂之有承丨以行水者 息救切(論)苗而不丨(詩) 獨秀 家
羣臣賦赤鸚鵡表叔賦畢以示謝莊及見莊賦咲曰江 實發實丨 記選士之丨 詔
東元我卿當丨丨 我老无卿亦一時之傑遂隠其賦(史) 競秀 千岩丨丨 万神
秀 造化鍾 隋詔曰四海之 争流詳蔚秀
丨丨(困)孝秀 内豈无丨丨(史) 三秀 禾丨丨 於山間(楚辞)芝之 閨秀 顧家婦自
丨丨詳 殺壚丨秀 其子過丨故丨生禾黍 章也录芝一年丨丨 是丨 秀之
婦 作丨丨之詩(宋世家) 才清丨秀 後魏邢峦為中書侍郎有
問經權異策邢峦 異画同秀 宋刘瑀族人秀之為丹陽尹瑀曰吾家丨 司奏策秀孝詔曰秀孝殊
丨丨可令丨丨(史) 丨丨丨 家居刘安 衆勲朝廷不為多士(史)
賢其 (人名) 竹林七賢嵇康 紫芝眉宇 秀 後明帝紀 郎官出宰 【活套】
丨 後進領袖詳袖 周俊妾也生顗顗 宿 百里上應列丨(晏吴)
郡付窮飛走之丨 三列宿 唐韋湊祖叔諧与弟叔謙兄丨丨 二十八宿
叶音秀謂止息也 秀武皆為郎中號丨丨丨(史) 心宿 作羅丨丨(李)

【活套】丨丨月經 繡 (唐)詩隱丨美容 新晴錦丨繡○王粲丨 未
繡丨衣丨 絺繡 黼黻 丨被詳被孝者華藻丨其聲悅詳悅作繡非(詩) 丨丨 衮
繡(詩) 丨(書) 文繡 屋被丨丨(漢史) 不顧丨丨(匡)墻 刺繡 用貧求富丨丨 紋不如倚
添弱 繡 繡丨丨文丨(國) 馬如繡 相間丨錦丨詳馬 市門(貨殖傳)○丨丨 五紋
線(国) 錦 繡 錦詳錦 土毛仲取丨数万疋 木偶衣繡 漢趙禹曰富人
丨人丨之錦 持斧衣繡 暴勝之為直指使者衣繡衣 丨丨 子无智略如丨
丨丨 (史記) 丨丨 出討盜賊(漢武帝紀) (姓氏)漢游俠傳有
帆曳丨丨 琇 石次玉(詩) (人名)晋丨 作獸炭 ○僦 即就切賃也(前漢) 馬領
簾垂丨丨 充耳丨實 步驟 聚陳繹之文如駿馬蹇縣 (宋長編)【活套】○驟 鋤祐
行疾也(詩)載丨驟丨○ 力雖勞不成丨丨 丨丨 驟 丨丨 憖 得 切馬
或作驟 記車驅而驟
丨丨雨 ○就 疾僦切(詩)曰丨月將 一就 大路繁纓丨丨 先路三 三就 五服丨丨
丨丨 孟欲有謀焉則丨之 就 次路五就(禮器) 京(書府典)就
重典輕典及 五就 伊尹丨丨 九就 五旵圖袞冕上公繅玉丨丨 驚冕侯伯繅
輕重之間 湯五去湯 王七就毳冕子男五就 玄冕諸侯之卿繅
三就再命大夫繅再就一命大夫繅一就(周礼) 圭繅皆三采 三就 璧繅
皆再采再就 采以象德之文就以象德之成 五采一市曰就 成也 胥就
是亦不丨 ○鷲就切 飛宿見日影透鷲 問師曰 鷲 黒色多子鶂鳩 目上骨
丨已(國) 丨丨丨 鷲 卯日就鷲邪詳鷲 京丨露一云黄頭赤目五色

皆備師曠(禽經) 雨丨丨有鳥名曰羌丨丨 ○ 糅 女救切又如又切雜飯 也 習
(韓)或留若糅丨丨○ 兩或有雲丨山 也(前)刘向傳 邪正 糅丨丨 狃
又有 ○復 扶富切又也再也(詩)丨 會諸侯(左) 伏 鳥抱
韻 不丨 憂周公 反丨之丨 在屋韻 子 覆 伏兵(左)為
(七志)李靖云熟用三丨之法遊騎當前 ○柚 余救切大曰橘小曰丨(詩)秦 二丨 以待之
戰騎當後陷騎臨変而分 此曹公術也 風有條者 即丨也(玉)厥包橘
丨丨 曑 果之美者有丨丨 十 (呂氏春秋) 甘 直 食 柚 柳 壯為嶺南節度 解舍橘柚 槱(詩)薪
丨 曑柚之橘丨 熟食之丨丨 以償于官(困)
之丨之 猶 丨 豫 獸如麂 狖 似猿印鼻長尾(楊)(匡)丨 鼬 如鼯赤黄尾大食
又上声 性疑詳豫 (騷)猿丨 擬而不敢下 鼠(韓)修閉雜鼯丨
褎 盛飾皃(詩) 丨 如充耳又丨實又丨 又蜼 似猴鼻露向上尾長四五
(前漢)董仲舒丨 然為丨 者 盛服皃 蜼 天雨則懸於樹以尾塞鼻○
授 承呪切(詩) 版授 丨丨 刺史 丨 領川
適館丨 粲 縣令 (漢高) 柄授 授楚其 謂訓授生 丨丨 色授 丨丨 寬与
詩寺言 天授 沛公殆 丨丨(本) 客授 宋均
丨丨 【活套】敬丨傳丨講丨 壽 (書)一曰丨(詩)如南山之丨(中)
好色 丨 口丨丨 不親丨 (虞)必得其丨(晁錯傳)莫不欲
丨(兒寛傳)奉觴上丨丨 ○華封 上壽 丨丨百歲中壽八十下壽六十除病瘦死
祝壽詳祝 以丨為歳詳歳 喪憂患其中開口而笑者一月之中不過
四五日而 三壽 丨丨作朋(詩閟) 眉壽 丨丨保魯 以介丨丨 壽以日
已(庄盜跖) (官)魯三卿也 丨 (武詩)眉秀者壽徵 張 詩壁之 壽以

月計丨之丨以歲計岂㳒丨之丨翰林丨樹丨
鍮者夭而鈍者壽邪 視銘 千壽之域 賢臣頌 金者壽 母見規 散木壽 樸樕丨也為册
則沈為棺槨則速腐是不材之木无所可用故能若是之丨 莊子人間世 發澤問壽丨丨從唐辛相曰富貴吾所
以往四十三歲澤曰吾持粱嚙肥躍馬疾驅懷金印結紫綬揖 自有所不知者壽辛曰從今
遊人主之前富貴四十三年足矣 史記 持梁作飯持器而食 與才木與壽
魏管輅曰天丨我丨我 鬫者為壽 若丨丨丨 劉乂持韓愈金去曰不 人名 張九齡字子
丨丨我丨 史 丨丨丨 詩金 唐賢相上金鑑
录 陳丨作三国志 售 賣去手也 或作讎 揚子 欲讎 白居易詩雜林
韓 鬻者詩香 偽者必假真 詩 无言不讎兩音 買售丨丨其国相詩
林 不售 買用丨 詩 ○ 猴 胡溝切 猨 阿房賦 氣丨不齊 任侯 隧丨丨 李廣傳 亭侯 祭丨丨 光武紀 烽候
明丘丨丨歡侯丨之丨十有三謂得時及賓主夕闇之類 不 大漢東南
唐郭正傳 讙侯丨之丨有九謂主人客及賓輕主之類 漢書 尉候丨丨西北
一丨 姓氏 東海羽音 周礼 後 先尊先後之丨在此与上声者義不同 易
解嘲 侯人氏因官為姓 後 先天丨天 先庚丨庚 詩 予曰有先丨 詩
兆畝丨也 孟 徐行丨長 丨其君 書 奏 后 事詳厚 子 魯邑又 猴 記 里
独丨予老 白丨者人 丸之 互見厚韻 后 韻通押 后 厚韻 堡也
鞮有鉻 鍭 金鏃 后 詩 避丨 ○ 鱟 許候切 海中介 似蟹雌常負雄雖
旁丨詩 鍭 箭羽 之相遇 風濤不解故号曰丨媚 ○ 丨帆 詩 帆

吼 詳厚 韻 寇 丘 丨 草 蛇 寇 苦候切 書 司丨 寇 丨丨 寇 使勇而无剛者丨
盜寇 程普 迂丨丨 鼎寇 詳寇 寇 拜燕尉式 遏丨 唐 而速去之 左 隱
匹 嘗 試也 將軍 詳 程 借寇 恂 下 木自寇 山丨丨丨也 齊人 人名 蘇 書八篇 著
姓氏 上谷官音 周 蘇忿生 為司丨 因氏 一云衛康叔為司寇因氏 秦滅衛
角家于上谷 八代孫 恂 字子翼 文武備足 有牧人御眾之才 拜河
内太守 前後轉輸軍食不絕 拜汝南守 光武至潁川 百姓遮道願復借寇君
一年 後漢 準 字祖 寬雅有識量 為梁州刺史 令郡縣立庠序 勸耕桑 出史 拜
秘書監 萊 公 善騎射 張大祖賜馬一丈 烏曰真神駒也 準 字平仲 華州
人 為巴東令 題秋風亭 野水无人渡 孤舟尽日橫 識者知其大用 為相不
視劍溥 萊公竹 詳竹 萊公栢 詳栢 宋真宗朝 扣 詳 厚 ○ 戊 莫候切 歲
安簸成澶淵之功 无地起樓臺 詳 臺 謚 忠愍 扣韻 戊 在丨曰徒
維 又曰著雍 說 詳 元日命民社 注 丨日雉丨 詩 乙戊 後天 方年曆天立
近 丨分前後丨日元吉 以祈農事 丨戊 戊日社也 春立秋後丨丨為
春秋 丁戊 分毛占丨丨 詩 南山 蜀西 大小戊 程文 憙与應 人名 號丨 不能斷
社 南偶 ○ 丨夜丨夜 詩 夜 大 公事 詳 子 梗陽人 獄 因
戰 茂 詩 如松柏之丨 騰茂 蕃 英声丨丨 唐 經茂 松栢之姿
詳 吉 康丨 武帝茂 孝 後丨 騰茂丨 实 詳 实 燃茂 百穀丨丨 經茂 丨丨楷丨
 發森丨 歲名 歲詳歲 戊 人名 茂 卓丨 光武即位 先訪求 林 書 丨丁 征 勸勉
 森 戊 王 叔丨 天下後秀 務 懋 迁易也 德丨

丨官功丨賞 瞀 目不明 莊 余適有丨病 ○ 豆 田候切 ○ 豆粥 丁吊 豆孫 安衛 組
惟時丨哉 通作質 記 貿貿然 豆薦 豕 往 瓦 丁
豆畏蟲之民欲丨丨予於賢人之間 莊 邊豆 詩 侑醉 丨丨 靜嘉 三豆 鄉飲酒礼六 十著丨丨 記 蕎
庚桑楚 曹彬試周右手丨丨 詳手
豆 宋璟問盧懷慎病甚喜設丨丨飯豆 不如芋魁 歸丨丨 漢 飯我
丨兩甌菜數組而已 廣記 豆 食蒸芋魁 翟方進傳 筵豆 范雎坐
下置丨丨其前 詳 算豆 吳趙達善算 取小豆數升 播 之席上立分其數 方術傳 三豆 須賈盛 李林甫曰君等不見立仗馬乎
袍 坐音 到斬 翎也 嘗 之席上立分其數 方術傳 不見立仗馬乎 晏平仲豚肩
飲丨 翎丨一鳴 一頃豆 楊惲書曰田彼南山 蕪穢不 治 種丨丨丨 落而為箕 困 不掩豆 丨丨丨 礼器
則黜之矣 詳 伏
繼 栈豆 晉宣帝曰駑馬丨丨必不能用也 詳 栈 然其煮豆 魏文帝令曹子建七步作詩不成行
竝云云 繞 屋撒豆 郭璞至廬江愛主人婢 取小豆三升丨主人丨丨之主人
魏志 云云 繞 屋撒豆 見赤衣人數千圍其家 熟視則滅 甚惡之 請璞為卦 璞曰
不宜畜此婢 可於東南二千里賣之 種豆 俗諺云種李不成桃
慎勿爭價 則祟可除 主人從之 本 種禾不生豆丨丨丨丨 谷 詩 注 脰
項也 公羊傳 絕其丨 韓 南山詩 頓 眝 勞 頸丨 揚 校 獵 賦 逗 止也丨逗 韓 或
魂亡 魄失 觸輻關丨注 言 衆 獸 觸車輻關頸丨而死 逗 翁若雲丨 南山
餖 飣也 韓 肴丨 夏后自丨生 竇 華門丨丨 詩 墻上鑿門 竇 陸贄
餖 核分飣丨 寶 少康 詳 姓氏 圭竇 上銳下方如圭之狀 狗竇 忠州 上

塞其門 搤菜 皆出丨丨中 丘端坐執藥方 雲田录 ○ 張玄祖八歲齒虧 先達
戲之曰 君口何為 丨丨 答云正使君輩從此中出 劉昭 幼童傳 ○ 謝鯤等裸
飲 光逸 於丨丨中 丨竇 高柴 逃衛輒之難 或曰此有徑 子羔曰君子不徑 曰
窺之 大叫 詳 飲 此有竇 子羔曰君子不丨 子羔為士師刖人之
足 衛亂 子羔逃 刖者守門 謂羔有竇 云云 曰有 瀆竇 長輸 不尽 谿欲 ○ 雲竇
室 乃入焉 羔曰吾刖子足而逃我 何也 家語 丨丨无底丨 國
好句 真傳丨丨風 坡 廿九 石丨 姓氏 夏帝相遭有窮之難 后緡方娠 逃
雲門丨丨 指禪宗也 虛丨 出自竇而生少康 後因氏
趙 賢大夫 詳 犢 字少君 有賢行 帝欲相之 曰天下以吾私廣国 封
安 曾 昌侯 字主孫 平七国 与有功 封魏其侯 融 字周公 漢光武拜大司
空 憲 字伯度 漢拜車騎將軍 擊單于 登燕然山 刻石封冠軍侯 以經
行著 称与陳蕃 劉淑 号三君 後 書 痴 詳 痴 仕唐中書令 一門
四相 仕唐右拾遺 聯珠集 詳 集 聶 嚅 翁 詳 翁 妻 織回文錦 詳 錦
貞人 竇 毅 女 妻李淵 後為后 中雀屏 事 竇章女年十二 能屬文 漢順帝朝
女妻丁謂 竇 觔 詩 讀 句丨 周礼 鄭司 ○ 鬬 都豆切 國 鄉 隣
 讀 農丨必絕之 丨有丨者 詳 救 健鬬 諸將非不丨 馮異傳
 倡鬬丨丨 信 恡 吸 韓 征 蜀 佐鬬 佐饔得嘗丨丨 得傷 此言 為 解鬬 呂布曰布
言 勇者丨於戰丨 善 則預 為 惡 則去 王子 晉 論 角鬬 不喜合闘
但喜丨 虎鬬 廉頗曰我見相如 必辱之 相如曰 兩丨共丨 丨 其 兩 生
丨詳 戰 鹽 ○ 光武謂寇恂 賈復曰天下未定 兩丨 安得私丨乎 丨 牛鬬

殺師惠耳聰蟻隹鬪紀渻子為宣王養鬪丨十日問曰雞可丨乎曰未也猶
動謂之丨丨【莊】鬪虛憍而恃氣又十日曰幾矣望之似木雞矣
它蛇鬪内丨与外蛇丨於猶雨丨丨於宂中蟻鬪東西魏交兵每有黄黑
鄭南門之外詳蛇鼠鬪將勇者勝詳鼠蟲鬪丨陣丨時東魏黄衣西
魏黒衣【史】魚龍鬪高江急峽丨丨【國】兩雀鬪孝立丨【歐】伏不鬪後伏湛伏生之後清静不競號丨丨丨
鬪繞洊閹是火遂滅延鬚及馬鬣皆焦神武曰延乃能北齊薛孤延從神武閱馬道逢大雷電地火燒浮圖延按稍大呼丨丨丨丨【史】兄弟共
鬪吳文章与兄伯武相失二十年後會下邳市爭訂共鬪伯武歐文章文章欲報擊之心愴悽手不能舉因投杖相問乃眞兄弟也【風俗通】【活套】
死於丨丨○耨奴豆切如鎒柄長三尺刃廣二寸以剗地除草初丨丨章文云頭長六寸柄長六尺【孟】深耕易耨火耨丨水耨丨【選】耒
耨丨丨之人情者聖王之田也脩礼以耕之陳義以種之講學以耨之以丨之云云不講之以学猶種而弗耨也【礼運】銚鎒金丨於是耨利【桑弘】
乎於脩【莊】其夫耨丨丨丨其妻饁之屬鏤鎒晉刻琨負耜以耨字異義同冀缺耨相敬如賓詳饁鏄耨耕丨丨以丨【活套】耕丨鋤丨謔
【韓】後戟噴詛○奏則候切【書】敷丨以言【漢】鄒陽傳使人可丨不能言也其丨【魏】鄧艾傳凡二百餘丨无不剴切金奏楚子享郤至作於下
成十二擊九奏樂簡子夢遊於鈞天廣樂丨丨萬舞【趙世家】朝奏主父偃傳丨丨莫召疑奏疾兒寬為廷尉卒史會有丨丨已再
鍾奏樂

見郤寛為言其意為奏上之即省太原奏唐令狐楚在太原掌書記德宗每時得可上曰此非俗吏所及【史】丨丨丨能辨楚所為數稱之【史】
走【國】獸之丨嬪周亞夫傳右丨藍田詳下【漢書】丨草部丨佝丨殊○透他候切春透明【闍余】丨丨水波石磐透鑽
丨丨未集【谷】詳繰○漚烏候切久漬也丨絲【詩】可以丨麻春秋鄶人之丨○石勒与李陽爭丨麻池管者【考工記】慌氏詳拳○彀
古候切張弓弩也【漢】金吾丨騎二彀弓矢也【漢文】【紀】王丨弓矢持滿通作句【詩】行葦敦弓既句羿彀丨之數人射必志於羿不為拙射變
其彀率【孟】○游於丨之丨中而不中者命也【莊】充符月三彀見【秋】【韓柔李使君】丨之丨丨英雄入彀唐太宗見新進士綴行而
出喜曰天下丨丨吾丨中安【撫官】冓古候切十新曰丨又【國】中丨之言【詩】堂構中交積材木蓋屋內深奧処蓋也又架也【詩】我日丨禍合
集肯構家丨【書】丨丨【史】【人名】【易】為按察知陸景倩眞清又詳倩穀禄也【話】李允不至於丨丨瞉乳也楚人
謂乳為丨詳購贖也又以財相購【漢高紀】乳又有韻丨求布千金漢法丨書媾【易】匪寇婚丨【左】如舊婚姻之父曰婚重婚
曰丨【詩】不遂其丨注厚也【史】甘茂【傳】与魏謀能兵注謹讀曰丨和也逅邂遘也句丨拘也又丨當【姓氏】語曰前有王丨【扶】為大將軍
後有張廖覯遇見也【詩】亦既丨止莫予云丨丨【人名】【秦】少游之弟【字】不喜孟子詳証鷇哺而食者自啄者曰白丨生【杜】【太】

【淸官賦】聖人以百年雊雉鳴【記月令】雉雊為鸜丨又丘候切句【書】雉升鼎耳而丨姤遇也【卦名】三三天下有風丨后以施命誥
四方初六繫于金柅貞吉有攸往見凶羸豕孚蹢躅九二包有魚无咎不利賓九三臀无膚其行次且厲无大咎九四包无魚起凶九五以杞包瓜含章
有隕自天上九丨其角吝无咎詬怒也恥也【左】吾不忍丨忍其丨又作訽忍詬沮誰能丨於魏齊呵詬雷電怯【謹】○湊
倉奏切聚也又題丨【記檀弓】柏椁以端長六尺注題丨也以柏木黄心致累棺外者【人名】【張湊】顔果卿被害得其髮詳髮輳輻共轂也
【賈誼傳】輻蔟太丨正月律名言丨並進万物始湊地而出○陋盧候切【書】揚側丨【語】陋在丨巷何丨之有【逵】陋唐史敬奉丨丨
類不勝衣矛矢在手前【前】丙狂惑丨丨無強敵【史】逵七戈反隨之人【荀】菖陋丨侍其丨而不設備【因】貌陋盧杞鬼藍色子儀病杞
至屏姬侍曰杞外丨心險左右見丨丨必笑使後得攉吾族无類矣【唐】【活套】姸丨漏【淮南子】丨江河不實丨危【尉】○鍾鳴丨盡詳盡筆法如
屋丨痕天漏安得誅雲師疇能補【莊】○戎州宜賓縣二山四時霑霈裕詳痕謂之小漏天大漏天○嶲州亦有漏天【寰宇記】南廣水南三
百里漏天窮年密雲澤漏泗水縣漏丨深二丈蓮漏初惠遠以庐山中不知不見日月【洽聞記】秋東三日丨尺詳澤蓮漏更漏乃取銅葉製器状
如丨花【国史補】○李蘭刻漏法銅為渴烏状如鉤曲以引水銀龍口中吐出入權器漏水一升秤重一斤時經一刻甕漏井谷射鮒微丨【易井卦】

○救趙若奉漏甕沃焦釜詳釜【史】鏤漏脯【冊】之加反待漏元和初置丨丨院【国史補】勾漏葛洪欲鍊丹聞交趾出朱砂乃
求為丨今【宋】魚網漏網漏吞舟之泣屋漏吳孟仁夜雨屋漏沸丨以謝其母母曰但當勉之何足泣也後至三公【史】禹
錢巨万每大雨丨丨以行問有耳三漏【淮南子】丨丨丨是謂大通馬上刻漏隋耿詢作丨丨丨世称其妙【史】載元補漏鄭屯田建中賓
屋漏則丨之後子孫皆显官【宋】掛一萬漏【團】辞試提撃丨丨【韓南山詩】丨【詩】室不愧屋漏於丨
西南隅○瞉漏子洞山良价和尚將貴叙曰离此向什麼処与衆相見【傳灯】無漏智果婆脩便於言下知帰發
丨丨丨鏤雕刻也【禹貢】梁州貢璆鐵銀鏤丨丨文丨无刻鏤詳果
李義山云鏤頑賛謝丨心丨骨金功德丨白王之牒銀鏤【書】鏤剛鉄也鼎嬰得鏤識【前郊祀】刻鏤○
丨丨【姚】青鏤紀少瑜夢人授丨金管筆其文大進詳管瘻頭腫又久創【瀬】螻蛄詳枸李丨疠
幼伊謬切【孟】幼吾丨孤有丨【記】人生十年曰丨【書】冲丨童○繆眉救切戾也紕丨【活套】丨携丨大繆事有丨不然
者【唐】【傳】書紏繆唐王元感作丨丨詩繩愆詳南書刋繆晉齊王攸就人借丨必手丨其【史】【姓氏】蘭陵羽音与穆姓通用
秦繆公之後或音穆晉有繆播字宣則【人名】字豫公兄弟同時皆婦求分
形掩户自撾詳撾迁中年今誅諸族吏威名遂行【人名】工詩刘後村称之有

崆峒集行世謏𧦝言又○輮如又切車輞也蹂踐肉璧外謂之丨内謂之
爲進賢宰詐也好詳去声如又禮記
制雅頌之声使其繁瘠廉丨揉柔順也詩丨此万邦○糗丘救切見有韻
節奏注廉丨声之鴻殺也

二十七沁 獨用

沁七鴆切水名出上黨韓義泉雖至近盜索不伈恐也韓丨○浸子鴆
敢丨注以物探水爲丨又小飲爲丨也丨俔俔
切易臨封剛丨而長左傳江海沈浸丨丨醲郁大浸丨丨稽天秋浸浩二浮
之丨韓寢明寢昌皆訓漸也沈浸進學解而不竭周丨丨韓
同猶五湖浸丨丨詳湖揚州其浸丨祲精氣感祥左吾見赤黑之丨鋟刻傷也○任汝鴆切語丨以
爲已丨孟聖之别駕任龐士元當処以治徐議其任使翼曰此輩宜束之高
丨丨不勝其丨丨中丨丨之任詳才雖丨丨閣丨丨丨尔詳閣
屐屐當其任郄超曰謝玄使才雖妊孕也絍絡縷也韓双紝衣衿也
載丨○鴆直禁切大如鵶紫綠色頸長十八寸食蛇蝮以其毛歷飲食殺
鳥丨丨間亦丨丨丨史人左宴安酖毒晉史豈有丨人羊叔子哉詳藥騷吾令丨爲媒
兮与鳥羽怪見王祥母朱欲酖祥弟覽知之取酒祥亦丨之不
酖同朋鴆丨丨争飲鴆与朱遽奪之後每食覽必先嘗朱意乃止晉史
習飲酖曹操丨啖乃葛能多少丨鴆酒刘元城曰揚止渴於鴆後霍諝曰觸
酖此声以誑人欲其无害已也張華博物志飲鴆死禍以解
細微譬之療飢於附丨丨上初悅之忽思楊妃之
子丨丨丨丨毒史美女飲鴆禍召美人曰放還我必思之令丨丨而死唐
晉高祖○妬婦穿沈没也左察○枕之任切語曲肱而丨之漢高紀流
飲酖酒事詳婦侵至而丨丨官者卧刘琨傳丨戈待旦
非可枕王濟曰丨丨丨丨陋巷無枕梁劉之遴墜車折臂周捨戲曰丨不與
枕石非可漱詳流雖復並坐可橫政恐丨丨丨史
佞人枕蘇則佞人董昭嘗枕○噤巨禁切寒厥口丨丨丨基上丨玄
其膝則推下之詳膝閉也或作吟飢烏噤无声詳蹲
瘆噤丨丨口丨不能巧舌噤直辞丨以鷹丨丨紟丨帶又結也左甲面
衿記昏義母戒施嘯困言冬寒千官丨韓同宿紟縛注不解甲也亦作
衿結帨繫佩帶也○禁居陰切記入國而問丨赤壁賦惏禁天子嚴禁大
以下爲貴禮器大夫側尊用丨士側尊用丨玉藻惏於據反斯禁也如今丨丨此
方案丨丨並承樽器丨无足丨有足高三寸又云禁者因以爲酒戒五
禁癸丘丨禁王莽時民挾手目眙不禁淳于髡曰男女雜坐握手无罰丨
丨國漢食貨丨丨丨髡竊樂飲可七八斗史
金吾弛禁元夜敕丨丨活套宮丨人名丨名將僸比夷樂名○賃乃禁切傭
丨丨詳夜紫丨也傷也韓

同宿逸韻何嘗趙孟蔭蜷蜍方得丨丨
敬高名侯佑丨○蔭於禁切左本根无所庇丨螳螂執翳而
視丨通作音左鹿死不擇音
滿之蘙丨盛汗交流休丨丨則脫然而喜丨末從而蔭門藉丨
詩謂𧈴蔭列子樹如車蓋狀爲蔭言多蔭也○蔭天功立唐史數蔭丨圖
雲蔭齊武帝詔戴凱之饗士大熱令各折丨樹蔭丨倘樹明日見丨木丨
丨枝自蔽言未終有丨丨丨會能乃散史丨時鳥变声亦復歡
亦有丨丨活套丨丨規丨喑泣无声也又韓啾响白窨地室飲歡也下而
喜丨情丨口丨鶴叫相丨注鳴相應也丨也左歸而丨至
攝飲晉楚遇於鄢陵云云䜤鐵請丨丨馬左成廣飲周飲晉知悼子卒未葬
十六攝持也持飲往飲楚子重示以暇也曠飲調飲平公飲酒師曠李
調侍鼓鐘杜蕢入寢酌曰丨丨斯又酌曰丨丨斯入酌堂上坐飲之
平公曰飲曠何也曰子卯不樂知悼在堂斯其爲子卯也大矣檀弓
所禁切周禮丨覃滲曠亮丨丨丨爾同宿罧積柴水中取○滲丑禁切
靈滋瘀丨滲言忘憂如物滲漏也魚爾雅取槮○闖馬出門
貌韓同宿儒門雖○譖莊蔭切詩取彼丨○讖楚譖切尹氏識後妲
大啓幾首不敢丨譖人語浸潤之丨敏增丨詳口非讖讖會
識灵臺所処帝曰吾欲以讖決之譚曰臣不讀讖因極言讖之非經不讀讖
帝大怒出爲六安郡丞道卒史○又郗與云臣於讖書有所未讀
見學圖讖後鄧晨丨丨言○吟宜禁切長詠也○揕知鴆切擬擊也
上刘秀當爲天子史韓白鶴相叫丨史右手丨其胷
○臨力鴆切衆哭也○甚時鴆切韻不爲○深式禁切深戍之度曰丨周以
丨丨詳上声土圭則土丨輸人量其鑿丨

二十八勘 與闞同用

勘苦紺切校也又鞫囚點勘不如觀文字丹鉛○紺古暗切帛深青含赤韓秋懷
二水淦丨水在船中又丨水出豫章○憾胡紺切之大也人猶有所丨左色論不以丨緅飾贑貢章
合流於蔡二憾晉魏錡求公族不得而怒趙旃求卿未得請挑戰弗許請召盟丨送死无丨匠天地或作感
爲感朝夕丨丨于盟許之与錡皆往郤獻子曰丨丨往矣弗備必敗左宣十二年
憾敝邑之地因宿憾衛服求釋丨丨資曰吾无憾心不知所釋左傳哀貴丨
○琀送死口中以珠玉也或作唅哺也莊丨答丨藏心欲秀○暗
含禮與含共含左乃瞑受含哺而遊也又花蕊漢書
烏紺切鄱陽書明珠丨投詳投白暗雖号黑暗漢書貢湛
通作闇蔡邕闇讀曹娥碑詳摸暗波斯謂牙爲丨丨羣爲黑暗
仁名重而桃暗誠齋云隔江丨皆膏明暗懶婦丨以照書及紡績讖闇伯周
丨丨史丨而李独明詳李膏日暗則暗照歌辞則明詳膏燭明燭暗
徐吾曰益一人丨不爲益丨○參七紺切鼓曲又丨鼓也或○闞苦濫
去一人丨不爲益丨詳吾作摻亦衡漁陽丨摻切望

也又當【姓氏】天水商音　齊卿闞止之後【人姓】字德潤吳會稽人家世農
邑名　夫至澤好學究羲籍　任太子太傅【見題】字玄陰敦煌人博通
經傳俱【姓】家遜重之常侍左右訪以政事拜秘書【比史】【晉書】貌　瞰俯視也
兇雄善用兩刃刀長丈名拍刀從杜伏威入朝拜越州都督【唐】【韓】每騎
壓山下貌丨【瞿】魚瞰丘延縱逸丨丨鬼瞰高明之家丨丨月瞰寒雞空在
丨亡本音勘　難睨【王褒傳】丨丨其室【揚雄傳】瞰栖缺月頻
【書】丨丨○濫盧瞰切不惜不丨【屈原傳】丨丨醸濫米水丨丨【禮內則】醸於紀
矣【莊】同丨而浴【莊】浴器也丨丨又梅漿也　以諸和水為
濫乾桃乾【劉】濫正丨丨以弘倘苦指東西之漫丨【揚甘】丨丨堆
梅皆曰諸【梁付】濫【劉】音刈觸音激丨丨猶泛濫也　鳥濫詳堆　鶴可濫
嶀山之源可吻丨泛丨見覽【韓】有如乘風船【法言】丨錄○淡徒濫切【揚雄解】
濫丨詳臚【法言】真丨刑不丨縕一縱不可丨
【韓】大味丨丨【廣韻】滔二　交淡君子之丨丨　道淡而不厭【記】　食淡胡安廷公
水滿皃与感韻通押　如水詳交　攻苦丨丨
詳毅淡攻苦丨丨【漢】甜淡秬杷丨丨【揚雄】恬淡靜丨丨　逵淡丨又丨近又生
安毅淡【書】毅音喫　淡【傳】甜音甘滿也丨【記】　濃淡【小水歐】
活淡藜令公夜宴聯句至楊彼士曰昔日蘭亭無艷質此時金谷有高人
白樂天知不能加遷曰望歌非佛勿作此令淡生活元微之謂樂天
真能保其名宋蔡京宗曰與曹晏　○枯淡藥山云一切鹹酸淡婦
也【古今詩話】當時開淡中丨丨丨【孔融傳】枯淡放教丨丨去鹹酸淡宗

詩裏淡丨○啗亦作啖餤【史記】世家以齊丨天下【侯臣】丨丨蔗　啗樊噲啗生
丨詩【蘇】　口【吉傳】取棗丨吉【韓】杏張【鑑】初味猶丨蔗　邑宕詩錄　白啗
丨丨本河朔紅　腳被啗張鑒奉使夔狼啗丨丨　煨芋啗嬾殘撥火丨丨　主簿啗饈
消真翻南【圖】　為却果不行詩腳丨丨之詩戔　優
曰丨丨我詩孟　劃炙啗頤榮丨丨丨丨　大炙難啗王彤謂從兄不　詩鬻初啗再啗
丨丨謂李克妻　欲炙者詩炙能啗丨丨詩饋
宋齊丘化書云烏喙之脯丨丨之若　菜可啗魏文帝曰丨如昼地丨也詩餅　盜半共
脊丨丨若黍複啖若丨又啗若脯　作餅丨丨丨
餡晉郭舒有丨其丨者來謝舒曰　劃半心啗周顗先丨丨炙丨　澹水搖
丨君飢所以食丨可丨丨之【圖】　藝之由是知名詩炙
澹動也【廣韻】感核丨乎鄰国又恬靜也或作淡澹淡【莊】　也
恬淡无為【習鑿齒傳】澹乎若深淵之靚【莊】游心於淡　○斬毅濫切【因】婦人丨而
免諸【法言】常丨頻丨小　都濫切亦作擔擔負也【前漢書】擬也　弛擔有息
国丨可丨東甕　○擔千擔【賈鄉傳】丨丨稱丨擔擔會在此
丨丨於瀋【國語】責于擔　於事役罕有宴遊至有丨丨　硯水一擔孫之
代之間　上看桃李拍酒樓頭聽管絃之句詩話
翰云呵硯呵得丨丨和尚遊擔奉白丨丨詩丨乾坤
丨丨繞直三錢詩硯○淡擔折擔營炊丨丨悟旨【傳】丨丨春丨
丨丨石小○淡他紺切取【法言】春宜丨梅送○三蘇暫切【韻】丨復白
各名器詳石　也試也丨信可丨　主丨忠丨省

【說】朝於王季曰丨
【史】再丨濟並兩音
二十九豔　與桥嚴同用
豔以贍切亦作豔美豔丨丨華豔豚花枝　嫫母豔反衰容如著丨丨　美而豔宋督見孔父
之妻于路目逆而送之曰丨丨【因】嫫豔音模丨丨醜女詳醜
丨後殺孔父而取其妻【桓元】丨丨　爓亦作焰【書】火始燄燄　鬵【鄭注】殿鄭薄
氣燄燄丨【唐太宗】威丨文燄燄比方　火子以燖丨丨
燄丨丨【史】丨文丨李杜丨文章在光燄丨萬丈長【韓】　豔【韓】文　丨部丨艷又蒲也　丨水動　○瞻時豔
切【監】救死不丨丨【李鄴】丨丨舍家從救【後】　文贍丨丨書詳　贍丨丨呼救具
選子傳智丨　贍丨具【李通傳】【鄧晨傳】富贍也　具【班固傳】　贍食飣
餡丨丨丨詩長於贍樂天感傷之詩長於切律丨丨華丨通　【人名】【韓】詞可称文
【韓偓字】詩丨丨言以上丨丨【詩話類格】【活套】　丨丨詩
詩○厭於豔切過丨厭二其苗【書】厭二特美　天厭予所否者丨之【論】幸未厭唐
飲作饜足也○饜也　又有厭其傑義同丨丨　丨之【論】
萬乞骸骨文宗曰朕未厭卿何庸去乎萬曰幸　饜飽也【孟】不奪不丨丨
陛下丨丨得以乞身有如厭臣首頷且不保【因】　○酒肉而後反【孟】
丨而飫之貪惏无丨平去二音【書】○砭陂驗切石砭　砭劑陂塘瘡瑣
万年丨于万億　或作厭丨丨　細空百躍乱骨縱橫動遭丨

空下禘也【說】縣封姚封有商【徐】空明丨丨丨魚口出
口唱丨【選】丨遲丨亂賦抗茲丨則　丨口○嗆水皃【韓】詠詠
成丨秋霜丨　丨又平上韻　○驗奢蛤切闞頭也又疾動遲擺藻丨
丨光【人名】中一月詳坐　【活套】丨大丨　丨天庭【前】札深志長下前
耀明　丨春風○閃門中又璜韻　丨撥丨揚子雲好事常懷
刻於丨麪以木為之可修削故稱簡拔為敷削　七豔切丨板長三尺　○斬丨丨提丨謂以丨
○簡策觚皆竹為之方牘孔槧版皆木為之　尺【論衡】斷木為丨鑿　丨
江丨丨【盧】豈坑塹【攬捕經】曰凡近閔及後一子為塹近閔及前一子為坑塹　○塹遠城水也【選】天塹孔範曰長
能飛渡陳皮云坑塹丨丨貫不出凡一馬打一馬如遇退六路馬則一馬可踏　丨丨長城巨丨
三馬故世指不循理者丨丨　○塹秦塹山丨谷千　○嶄【藝】嶄　丨丨【荊】如懺音
讀之踏丨丨二云【唐史】八百里【本紀】　棱飽送如丨丨【晚】　跳三
文塹陸允蘭超豪民有鄭縣世業屠浩勇　○太守丨塹丨丨後周紂字文題為勸海
丨提能丨丨丨丨允畀之以女妻焉　丨坐罪免藁槃元貨
常丨丨白給商宗　力驗切【說】求也【韓】斂【習】頭鼠刺重丨丨　○笼斂秦頭會
矜之復以為郎【史】○斂【孟】省斂元音民自收斂者上声　丨丨以
供費賈【賈傳】以人頭丨斂【國】丨負也貪於聚丨　丨丨蔵二【左】
數出斂以丨丨之　丨斂數次二丨丨　○溥斂時使丨【中庸】○厚斂公厚斂号
爲　生斂唐房琯子孺復任縱与妻鄭不協慈姆為言乃　厚斂陳氏厚施
【左】具棺丨丨慈姆鄭大乳促上道鄭死于道【圖】　被不斜斂斂婁卒妻　不肯斜丨

布被詳被
瀲泛也水滿皃（廣）珸瑚碧ㄧ詳眼　獫犬長喙（詩）載ㄧ猲獫驕又平上韻　○襜昌豔切披衣皃　䪜言蔽膝鼓也
韂言馬障泥　○占章豔切（漢宣紀）流民自占ㄧ八万餘口又去聲　口占陳遵馮几ㄧㄧ書吏書數百封親疎各有意趣音在此○
崔文本傳ㄧㄧ王勃傳執筆分占元元音入去韻　笘ㄧ占沙（刪公）ㄧㄧ白鵰　僭占天下好山ㄧ多（周詩）○㮇他念切忝竈木
火杖也一曰忝辱也又上声　○念奴店切（書）卜念克ㄧ作聖貝念生語何可得也詳鷲　馬援曰ㄧㄧ少游平　眼念要因ㄧㄧ
五六日至于（莊長）熟念　嫉念（漢書）金城抱罕人頻涉經史　○店都念切（韵）雜志第月別數數來時ㄧ定
旬時（陳語）　殷店赤繩繫足人事詳繩　無㘶店楚參政致政歸睢陽朱門旧第更為客邸時号ㄧㄧ
言曰有巴時人作詩以ㄧ李中師尹西京市人新建酒樓李悅其壯麗忽大　ㄧㄧ對有巴樓（隋唐嘉話）　第三店携酇伯人占失馬令向西市ㄧ買魚作鱠得馬詳贈　毀臨道店
隋李鄴時蘇威奏ㄧㄧㄧㄧ舍鄴以為不可廢奏之（通典）　（詩）ㄧㄧ荒ㄧ野　玷（詩）白圭之ㄧ（詩）孫ㄧ曾不知其ㄧㄧ　坫圭反爵亢處以
士為之在兩楹間記明堂位崇ㄧ康圭（禮）（周禮）有東ㄧ西ㄧ在堂隅（語）管氏亦有反ㄧ　墊（書）下民昏ㄧ（注）ㄧ溺也　巾墊郭林宗遇雨ㄧ一角
ㄧ時人慕之故折巾一角詳巾　○僭（說文）子念切（詩）不ㄧ不ㄧ濫使驕上ㄧ　歉詰念切食不滿也　傔ㄧ從（唐書）中常清傳奏

ㄧ從三十人　○釅魚欠切醋味厚酉ㄧㄧ　○劍居欠切（禮）孝子ㄧ託桃氏為ㄧ（函）挾ㄧ夾陳視撞子尾天蘆之山發
而出金虫尤以為ㄧ鹽此ㄧ之始○　賓劍ㄧㄧ毛遂ㄧㄧ歷階而上曰從之
買牛詳犢○元在陷韻今依韻會在此　按劍利害兩言而決尔（國）○ㄧㄧ
相郎鳴劍ㄧㄧ抵掌詳掌　舞劍鴻門事　學劍項羽少學書不成去ㄧㄧ（國）　飛劍高陽氏有影騰空二
詳投　殘劍詳猝　ㄧㄧ　飛劍四方有兵此劍ㄧㄧ
越指其卜劍延陵季子帶劍贈徐君已死　許劍ㄧㄧㄧ篇　趙文王喜劍並彈
方則冠　挂劍ㄧ於徐君墓上樹而去（記）　子請先言而後試五見劍彈
劍馮驩聞孟嘗君好客見之居傳舍十日彈鋏ㄧㄧ而歌曰長鋏歸來乎食
無魚孟嘗遷之幸舍食有魚矣復歌曰長鋏歸來乎出无車遷之代舍乘
車矣又歌曰長鋏歸來乎无以為家孟嘗君不悅（史記）　守劍路二人守之乃盜牛者詳牛　王烈遇盜牛者布後有遺劍於
縛王潮曰ㄧ而劍三動者我以為主　揮劍蹶一大一小　手劍唐王緒被
至潮第番知劍躍於地遂有福建（史）按劍者名ㄧㄧ（漢書）　五劍韻表ㄧㄧ子
顯有五　楚三劍龍泉大阿工市（國志）　吳二劍鏌邪干將之妻金鐵未流干將夫婦斷　大如木瓜每
莪辨　龜文陰莫邪作縵理干將匿其陽以陰獻吳王（國志）又詳　髮剪瓜投爐中乃濡為劍陽干將作
雄○子虛賦注干將吳王劍師賈誼傳注莫邪吳大夫　越二劍此劍時赤薛燭曰造
厓山破出錫若邪溪出銅歐冶所造曰純鈎　區廉公与夏戰曰欲落公
鈎曰湛廬雖城量金珠尤不可得（國志）詳劍　寸曰劍以劍ㄧㄧ曰退不落（淮）

（南子）切玉劍ㄧㄧ周穆王得昆吾劍ㄧㄧ加泥（列）詳吳　斬蛟劍唐開元末靜江軍灘中雷公追一蛟盤繞灘上視之得一銅劍文曰許旌陽
ㄧㄧ第二（廣異記）　魚腹劍專設諸置劍於ㄧㄧ中　雷煥送劍吳斗牛間常有紫氣張
曰宝劍之氣上徹於天尔在豐城華補煥為豐城令煥掘獄四丈余得石函
有宝劍刻題曰龍泉曰大阿以西山北岩下土拭劍光芒艷發送一与華留
一自佩曰灵異之物終當化去華以南昌土不如華陰赤土以一斤致煥拭
之倍益精明華誅失劍所在煥卒子華持劍經延平津忽於腰間躍出隨求
沒水求之但見兩龍各長數丈光彩照水波浪驚沸（晉）　子胥解劍楚捕ㄧㄧ至江上有父老乘舟知了
法得子胥賜粟五万石爵執珪豈徒百金之ㄧ　朱雲請劍雲請上方斬馬劍斷
劍邪辭不受胥後每食必祝曰江上丈人　佞臣一人頭上問為
誰曰張禹上怒將雲下斬之雲攀檻折　刻舟求劍古人墜劍水中ㄧㄧ之（列）　奪次莫劍後張陵為尚書皇帶劍入省陵叱
巢令出敕虎賁奪　慧劍拔劍隨欲与去ㄧㄧ云者我名也性海者ㄧ○
其劍百僚肅然（後）ㄧㄧ加礪砥　法劍吾鄉也（柳尤拱和尚碑）
欠去劍切（記）ㄧ伸（注）志疲則ㄧ体疲則ㄧ○　嚏ㄧㄧ為（飄風）（韓讀東方朔雜事）噫烏介反
ㄧ義尔詳義○元在陷韻今依韻會在此
呵氣（說文）ㄧ遺ㄧ差也ㄧ通

三十七陷　與鑑梵同用

陷戶韽切（中庸）罟擭ㄧ陷（孟）及ㄧ乎罪（左）偏師ㄧ　○韽於陷切小声也　○齇
並陷切以ㄧ○頊羽ㄧ大澤中詳左ㄧ晉侯ㄧ于淖詳淖　○儳仕陷切輕賤貌又不齊（記）ㄧ焉
物没水　○賺直陷切賣也又市物失实也　姶不終日ㄧ又輕言（記）毋ㄧ言○
鑑格懺切（左）光可以ㄧㄧ或作鑒（詩）我心　金鑑張九齡千秋節公上金
鑑匣鑒又作監（書）水ㄧㄧ与鏡韻顚看　宝鑑九齡上事鑒号千秋
ㄧㄧ錄以　三鑑太宗曰以銅為鑑可正衣冠以古為鑑可知　龜鑑上聖之ㄧ
伸諷諭（唐）因替以人為鑑可明得失朕常宝此ㄧㄧㄧ　龜金ㄧ（劉賞叟）
四鑑趙太祖得ㄧㄧ背有乾德四年鑄上大驚曰安得已有四年所鑄乎宰
相竇儀曰昔偽蜀衍有此年号上乃嘆曰宰相須用讀書人（宋長編）
監各ㄧ一国（書）三ㄧㄧ又唐官有寺監　兩監隋置兩監龍朔中置東監開
監（孔）邦国立其ㄧ（注）ㄧ謂公侯伯子男　元前進士不由ㄧㄧ者為恥
（韓）賀監知章從誕自號秘書外監（史）○　狗監蜀人楊得意為ㄧㄧ上讀子虛
披詩ㄧㄧ偏工水底眠知章也　賦而善之得意曰臣邑人司馬
相如為　家監田仁任安為衛將軍舍人无錢与將軍ㄧㄧㄧ（史）　酒監凡此飲
此召問　使養惡嚙馬任安曰將軍尚不知人何乃ㄧㄧ　酒或醉
或否既立之監或佐之史（國）　新亭監顏況工小景嘗求知　白樗
（國語）立監立史欲皆醉也　要爲鎸海中山尔（尚書故實）ㄧㄧ　蒱盞

唐高祖待裴寂甚厚丨爲丨丨而不名〔唐〕三爲中書監北齊楊休之丨丨丨丨〔史〕〔人名〕〔晉衛〕秦夫人號因景帝求見○鑯

又鑑切自陳悔也○闞胡鑑切声也又上声䨲太公望以盆水〔漢書〕盜伏於丨下亦作鑑〔礼〕凌人春治鑑祭祀共冰鑑○[illegible]

士監切○梵扶泛切浮諳也箸丨音帆〔杜甫〕丨晨初發〔韓〕赴闕詩无因丨江水〔左宣〕十二年莊投旆投衡上使不丨風並去声

颿馮丨丨走也○泛孚梵切或作泛泛〔論〕況愛渡同朱絃之丨〔選陸機〕付倍泛綠水丨芙蓉〔詳荷〕〔梁書〕丨浼

泛汜〔孟〕丨濫於中国丨又水名颿丨丨乎〔左〕○湛丈陷切也又[illegible]見〔人名〕〔王〕王濟叔不癡芙蓉漣[illegible]詳

壁〔姓氏〕丨丨氏隋侃母

韻府羣玉卷之十六

韻府羣玉卷之十七　入聲

一屋　獨用

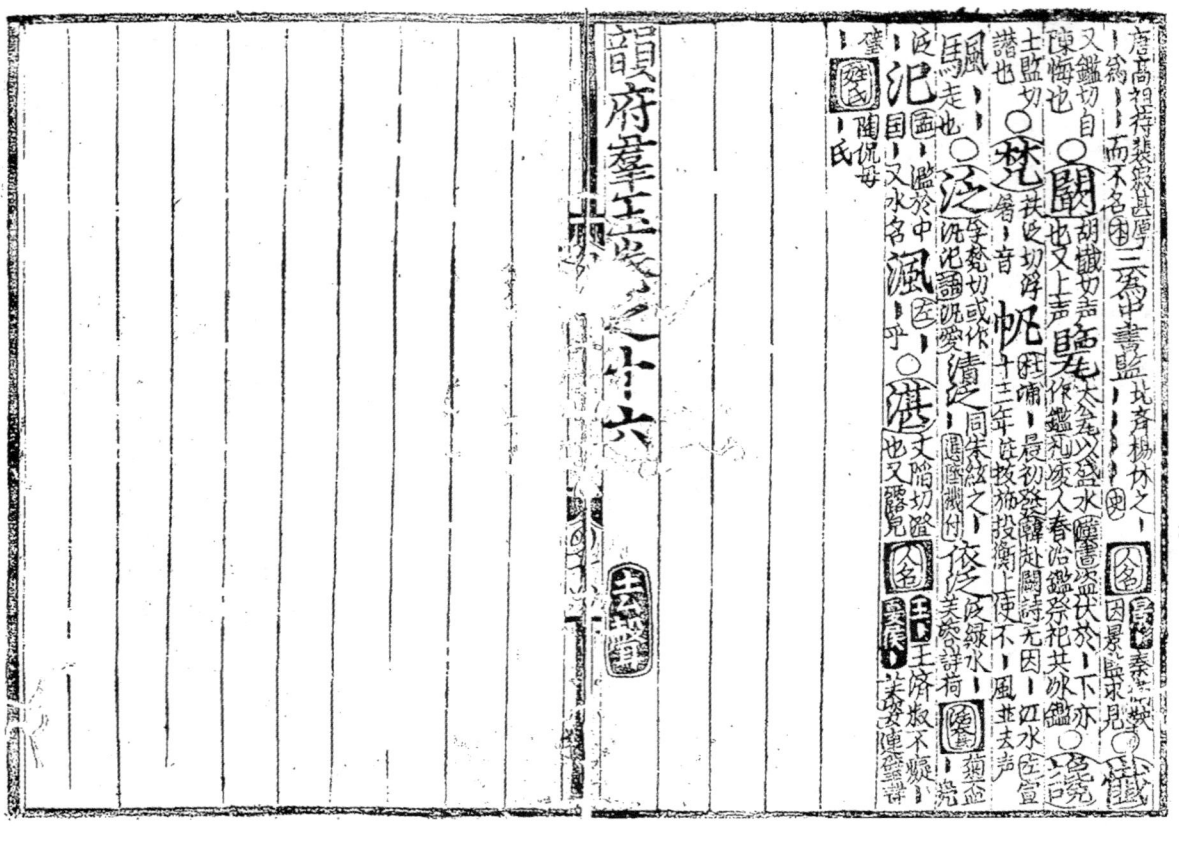

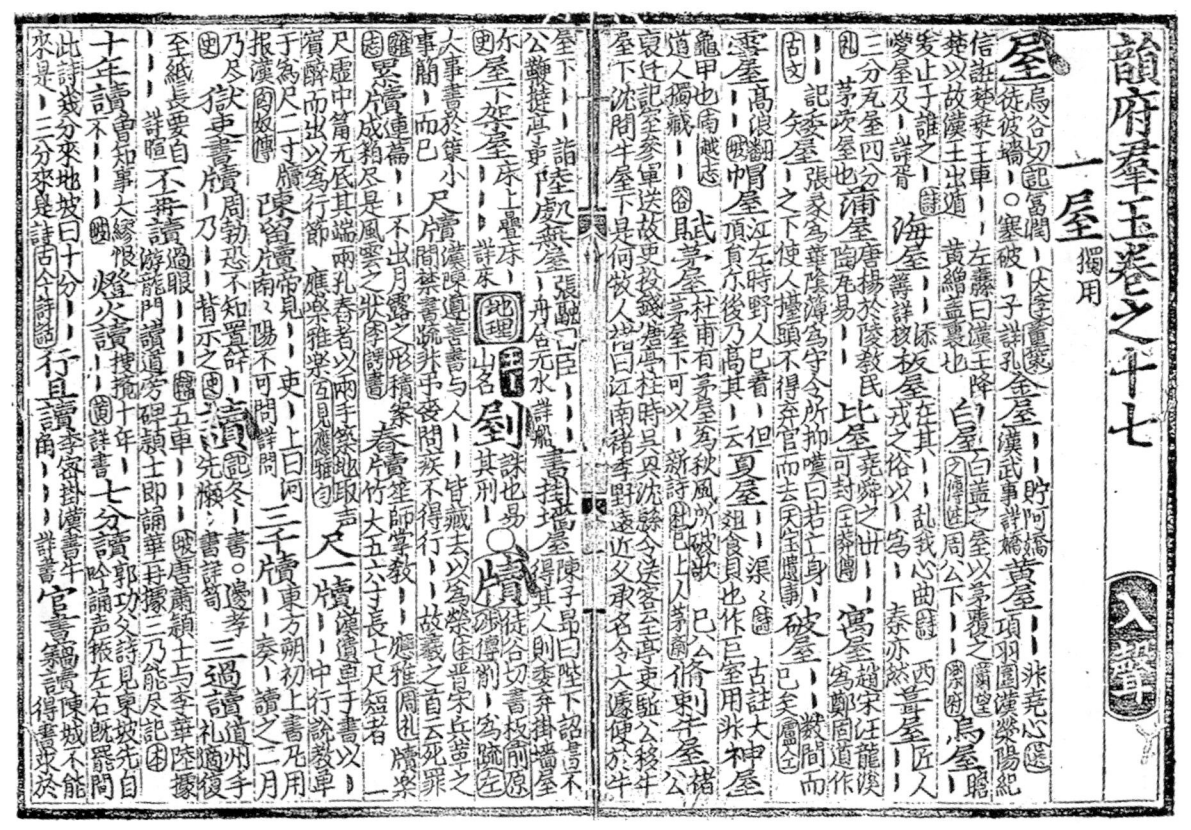

屋烏谷切〔記〕宮闕丨〔大學〕富潤丨徒彼墻丨○塞破丨子詳孔金屋丨丨貯阿嬌漢武事詳嬌黃屋丨丨項羽圍漢滎陽紀信誑楚乘王車丨丨左纛曰漢王降楚以故漢王出遁黃繒蓋裏也洪堯心〔選〕白屋白蓋之屋以茅覆之〔蕭望之傳注〕周公下丨丨〔宗〕〔附〕烏屋瞻烏爰止于誰之丨〔詩〕愛屋及丨詳胥海屋丨丨添籌詳核板屋在其丨丨乱我心曲〔詩〕西戎之俗以丨爲丨秦亦然葺屋丨丨匠人三分瓦屋四分〔礼〕茅茨屋也蒲屋唐楊於陵教民陶瓦易丨丨比屋堯舜之世丨丨可封〔王莽傳〕寓屋趙宋汪龍溪寫鄭局道作丨丨記〔古文〕矮屋張彖爲華陰簿爲守令所抑嘆曰若亡身丨丨之下使人擡頭不得弃官而去〔天宝遺事〕破屋丨丨數間而已矣〔盧仝〕霤屋高浪翻〔杜〕帽屋江左時野人已着丨丨但頂貪亦後乃高其丨云夏屋丨丨渠渠〔詩〕俎食具也作巨室用古註大神屋洡龜甲也〔南越志〕道人獨藏丨丨〔谷〕賦茅屋杜甫有茅屋爲秋風所破歌茅屋下可以丨新詩〔杜〕已上人茅齋已公脩竹牛屋褚公衰近記室參軍送故吏投錢唐亭時吳興沈縣令送客至亭吏驅公移牛屋下沈問牛屋下是何敬人對曰江南褚季野遠近久承名令大遽使於牛屋下丨丨詣公轍提亭吏陸處無屋張融〔南史〕臣丨丨丨丨舟合无水詳船書掛墻屋陳子昂曰陛下詔書不得其人則委弃掛墻屋〔史〕尓屋下架屋床上疊床丨丨丨丨詳床〔地理〕〔王〕山名劉誅也易其刑丨○牘徒谷切書板〔前〕〔原〕〔涉傳〕削丨爲疏〔左〕大事書於策小事簡丨而已尺牘〔漢〕陳遵善書与人丨丨皆藏去以爲榮〔左〕晉宋兵革之間禁書疏非乎丧問疾不得行丨丨故義之首云死罪〔離騷〕〔園〕累牘連篇丨丨不出月露之形積案成箱尽是風雲之狀〔李諤書〕春牘笙師掌教丨丨應雅〔周礼〕牘樂竹大五六寸長七尺短者一尺虛中笛无底其端兩孔春者以兩手築地取声賓辭而出以爲行節應樂雅樂〔互見應雅〕尺一牘〔漢〕遺單于書以丨丨丨中行說教單于爲尺二寸牘報漢〔匈奴傳〕陳留牘帝見丨丨吏丨上曰何南〻陽不可問詳問三千牘東方朔初上書凡用丨丨奏丨讀之二月乃尽〔史〕獄吏書牘周勃恐不知置辭丨丨乃丨丨背示之〔史〕牘〔記〕冬丨書○邊孝先懶〻書詳笥三過讀道州手礼適復至紙長要白丨丨丨詳暄不再讀過眼丨丨丨〔韓〕五車丨丨丨〔唐〕唐蕭穎士与李華陸據游龍門讀道旁碑穎士即誦華再據三乃能尽記〔唐〕十年讀曾知事大繆恨詩不丨丨丨〔殷〕燈火讀搜擒十年丨丨丨〔園〕詳書七分讀郭功父詩見東坡先自吟誦声振左右既罷問此詩幾分來地坡曰十分丨丨來是丨三分來是詩〔古今詩話〕行且讀李密掛漢書牛角丨丨丨詳書官書竊讀陳斌不能得書求於

集賢寫書乃竊丨丨　曹
謾之六年无所不通　書賣熟讀晦庵云丨丨丨　摸碑讀蔡邕能暗手丨曹娥丨文而讀之
犢白丨丨宋有行義者三世黑牛生丨丨孔子曰此吉祥也居一年其父盲
生復生丨丨其子又盲後楚攻宋丁壯死者太半此人父子有疾
皆免　黑犢刘毅擇痛餘人並丨丨惟　黄犢眠分丨丨　孤犢列禦寇子見犧牛
列　毅得雉詳盧互見雉犢　犢　曹公　衣以文綉食以
芻叔及牽入太廟雖　三犢愛之遠從白谷中以丨丨載兩輪歐　佩犢龔遂
欲爲丨丨得乎莊　襄陽六石詩　去國尚能丨丨載歐　爲渤
海太守盜起民有帶刀劍者使賣劍　黄犢姚時甫爲壽春令民賣漢太尉王
買牛賣刀買犢曰何爲帶牛丨丨困　生一犢丨淮南困　古牛彪子脩爲
曹操所殺操見彪問曰公何瘦之甚曰悔无日　於犢堯以天下讓巢父丶
磾先見之明猶懷老牛丨丨之愛操爲改容史　牧犢曰君之牧天下亦猶子丶
之丨孤丨焉用犢丶然以所投而与　抱犢丨丨山在上黨後姚萇燓乱百姓
子丶无用天下爲也牽犢而去莊子　於山因名王維詩入雲中兮
養雉上山頭兮丨　嬰犢或問太古德懷不礼懷丨兒慕駒丨從焉用礼曰丨
丨道書福地記　丨丨母懷不父懷母懷愛也父懷敬也獨母而不父未
若父母之　羨犢以丨丨之弱而捍　羊犢後姚済南王暉業不復畜余惟
懿揚子　虎狼之敵鄒陽書　事飲啗一日三丨三日一丨史　食犢
小人之爭也以爲丨丨　雄犢博塞有梟　兩梟犢後趙裹更始引見曰
荀子　謂犢敵之物　矢于安勝負之采詳廌丨丨丨豈能有寡致
遠乎後陸武陰更始大悅史東莊　妄認犢晉王延生牛犢人認之延与之後
謂朱雲要犢反能尒邪西京雜記　知丨丨還延不復取也困与晋宋
冲字　上流飲犢堯召許由爲九州長不欲聞之洗耳於水濱巢父牽犢欲飲
同　游俗間苟求名譽汙吾犢　鬼孫犢徐彦伯爲文以芻狗爲卉犬竹馬爲篠
口牽丨丨而丨之高士傳　驂月兔爲丨丨風牛爲丨丨後進效之
謂之澁　人名　牧犢子七十无妻作雉朝飛操賈尚書　趙　殰胎敗也記
体　食載　賢大夫簡子殺之孔子作将歸操韓文　胎生不丨　髑
髏　瀆四丨江河淮濟皆独發源注海故称　汚瀆我寧游戲於丨丨之中　枯
丨丨易再三丨　韻會作黷　孟　潢丨汚瀆困尋常之丨丨兮騷　丨
瀆窦兩濵沐潤　央瀆入其丨丨　蜀　犢犢也　闊瀆林木爲之丨
瀆于丨丨太玄　央瀆子中瀆也　黷　濁也黷貪黷恩褻丨　潤黷丨選呉都賦
黷兒　活套　喧丨　讟　痛怨也　春秋　匱也又小棺也記　玉匱　　中　毀於
也　丨　讟民无怨丨　匱　匱也匣也又小棺也記　王丨　龜丨　中國
漦犢夏后之衰二神龍止於庭乃請其漦藏之龍亡而丨在丨夏殷周傳此
犢器莫敢發至厉王發而觀之漦流于庭化爲玄黿後宮童妾遭之而孕
褒姒　活套　丨　獨　詳孤　孟丨善丨樂丶記丨孝而无友孝記　中庸謹丨〇丨酌
周鄉　丨詳陋丨清詳濁丨醒詳醒丨步詳步　遽伯玉恥丨爲君
子詳　黄獨丨丨无苗山野盛詳枕　本草曰鵮鬼似鸕獨閑門抱瓮獨无廛
半　芋可食亦曰土卵〇夜提長鋏擊丨丨谷　章獨丨丨　谷　縈獨丨丨

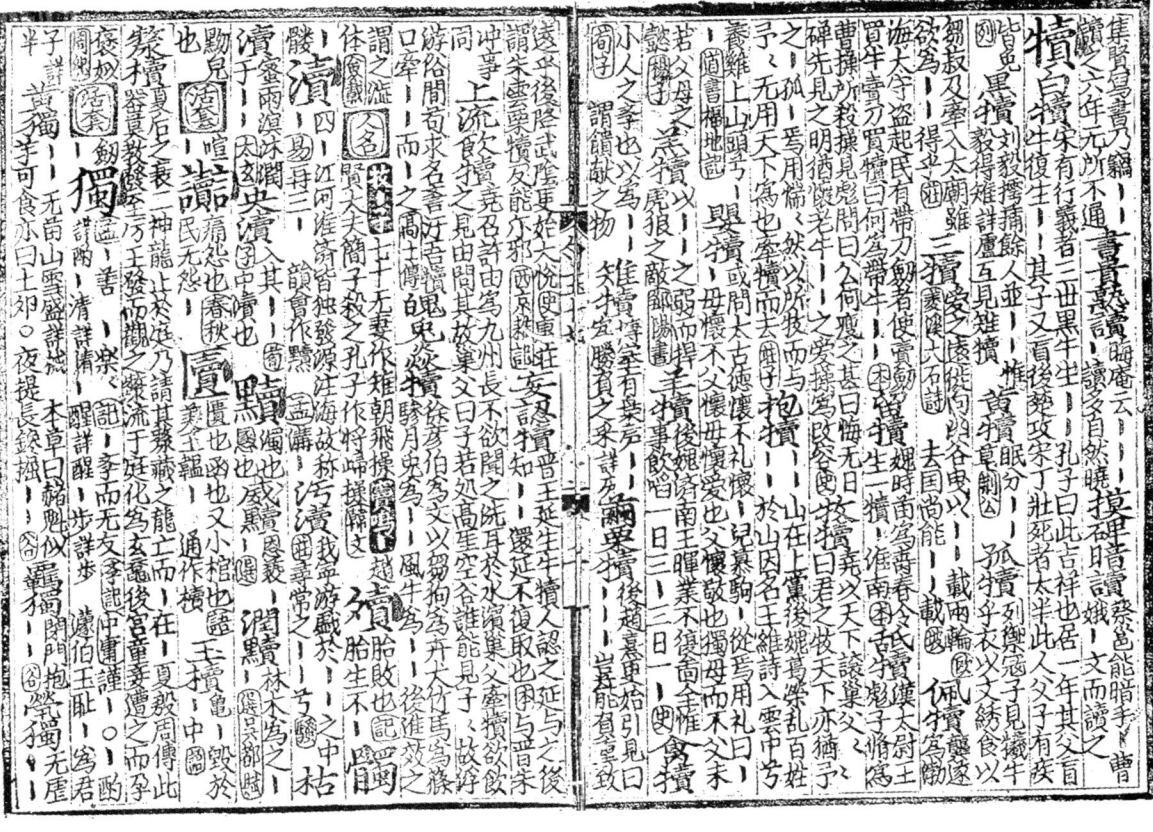

書經　猨獨有獸名獨似猨而大食猨二性　瀆言獨唐許敬宗曰丨丨丨也不
獸　群獨性特猨鳴三獨鳴一説文　因餘水獨能赴海狀雖微
細獨而　有犬爲獨蜀使張奉使呉以姓字相嘲呉薛綜云蜀者何也丨丨　蜀
尊也　丨丨无犬爲蜀横目勾身虫入其腹奉无以對三国志
犬爲獨丨中丨丨丨字詳　惟松柏獨受命於地丨丨也正詳正　活套　凶〇　轂古禄切
畿　館即獨眠孤館事　長轂丨丨晉野後漢書轂徑一　暢轂文茵丨丨輻所湊
也三十輻共一丨渾天　丨尺有奇長三尺二寸二分　轂詩暢長也　華轂
義　天運如車丨之運　王氏乘朱輪丨丨丨者　笠轂伯嚭射王汰輈貫丨丨　官四　兵車　輦轂入侍丨
二十三人劉向傳　笠轂无善尊者則送人執丨依丨而立　輦轂丨選
擊轂馳車丨丨　嚴安　接轂万章門車常丨　前漢游俠傳　丹轂客欲朱毋吾轂不知一　多轂
車轂撃　孟　轢轂　丹轂　毋吾之疾也太玄　
丨丨轢髡史言淳于髡之偏轂丨丨不可行使　柴轂　　　　　　　　袁紹愛士養名輜軿丨
智如丨丨轢然詳轢及奭　偏轂翼不可翔孟郊　填接街中　柴轂丨　賤者
車　推轂王者之遣将也跪而丨丨曰閫以外将軍制之馮唐傳　專轂禄二復
　鄭當時丨丨士常引以爲賢於已〇萬人如車轂運轉　專轂　專轂禄二百
年以　麗掖轂漢郑弘爲太守　谷　兩山間流水出溪処孟凼　丨暘　湯谷
丨賈逵　車白丨丨丨困　丨　辟文　謙受之丨　泰紀　壑山壑丨
右以丨丨爲界　相如付　嶰谷黄帝使伶倫取竹之丨丨生其竅厚均者断两
日所出処熱如丨丨　嶰谷節間吹之以爲黄鐘之宮漢律曆志　又曲水詩
亭作嶰谷注嶰脫也谷　甘谷南陽酈縣有丨丨水左右生甘菊花　黍谷燕有
谿也取竹之无谷節者　菌其中飲此水者无不壽抱朴子　丨谷寒
不生五谷鄒衍吹律而　金谷石崇有别館在　鄭谷鄭子真耕于谷　空谷在彼
温氣至焉丨　劉向別録　河陽之丨丨　口故曰丨丨　丨丨
詩　丨丨足　鑿谷鄭伯有嗜酒爲窟室而夜飲酒撃鐘焉朝至未已　進退丨丨谷窮也
音詳音　未已朝者曰公焉在曰吾公在丨丨　左襄三十　維谷詩
陵谷高岸爲谷深谷爲陵十月之交　煖谷道州有丨丨在寒亭之旁舜之　康王谷
　　　　奇記云盛寒入此谷其氣温然　丨丨水　簾飛泉天
下第一　武谷武行德業採樵有力謂司貞一　子午谷故人今居丨丨丨困
詳蘩　　谷之新号丨丨丨五代史補　通子午道從社陵直
絶南山徑漢　王官谷唐司空圖隱中條山丨丨丨作亭名休　天下谷知其白
中王莽傳　　　休盜賊所過獨不入丨丨丨史互見休　守其辱
爲丨丨　詳溪　谷肉溪谷肉之大會爲谷肉之小會爲溪丨丨之間
丨詳溪谷肉丨丨之會以行營衛以會大氣古今注　地理　谷處
秦関　秦坑儒處　孝經隱　居鬼谷墟因号蘇秦　詳黄　姓氏　會処
処　人名　習其術於鬼谷　　　　上谷羽音濵衛司
生永　宇子雲谷　字子雲谷直言極諫丶王永爲第一擢光禄大夫　馬　　代居長安
礼善言灾異擧攻上身　官元帝丶父袤齊弓三百斤勇冠一時仕慕容垂　子雲筆札詳
位廣武将軍　唐谷那律　博識群書褚亮又書農殖嘉丨　食我場丨白駒
遂良称九經庫唐遷諫議大夫　字孝始播百丨七月　古詩五月桑新丨又

禄也(語)邦有道｜｜不志於 九穀三農生｜｜(礼天官)黍稷稻
｜｜○又善也(詩)｜旦于差 五穀麻黍稷麥豆○
一穀不升曰歉二曰飢三曰 方穀(凡)厥正人既富｜｜(書洪範)正直之 旅穀
饉四曰康五曰大侵(谷梁) ｜當以爵祿富之又以善道接也
野穀｜生 雨穀漢宣帝時江淮飢饉 辛穀張良事 官穀晉師三日｜｜(左)館
(光武紀) ｜｜｜三日(述異記) 辟穀｜｜(本) 舍穀者舍也食菽廩穀三
日(信) 戩穀俾爾｜｜(詩天保) 附錢穀漢文｜丞相勃天下｜｜｜ 一五臟穀李
(因果) 戩穀｜及也穀善也 歲出入幾何勃謝不知(本) 守
愚侵晨井花水呑黑豆五七粒謂之 (人名) 亭(詩)羊 穀楮也(詩)
｜｜｜至老視聽不衰(荊楚歲時記) 王辛 (合歡) 晉名 穀 其下維
共生于朝 萬穀｜之皮(晉書) 種穀居之一歲｜之以｜十 ○穀胡谷切
(書)彝｜｜ 萬穀(王羲之制)窮｜ 穀蔵種之以木(史貨殖傳) 觳縐紗
(詩)世味 霧穀｜｜之組麗女工之 綺穀｜賈人毋得衣 方空穀漢
薄如｜霧穀霧縠美(楊)輕靡如｜也 霞穀｜(選) 絳穀｜｜(高帝紀) 章
帝詔省冰紈｜｜｜吹 (人名)(顔)說礼樂敦詩 ○斛不斛何諷夢渴賦俄擾
綸絮(宋)謂紗薄如空也 書晉使將中軍(左) 斛 河而俯讀乃器舟
｜而｜ 舟萬斛之舟 珠三斛石崇｜｜｜ 萬斛九斛愁(庾信愁賦) 營數
｜斛 萬斛行疾風(因) 珠三斛買綠珠詳珠 愁萬斛 且將一寸心能容
斗隋煬帝徵｜火｜｜ 酒三百斛阮籍聞步兵廚貯｜｜｜ 米三千斛魯肅與
斛｜光徧岩谷詳螢 ｜求爲步兵校尉詳廚 周瑜｜

詳(困) 檳榔一斛劉穆之以｜｜｜ 美酒一斛趙達｜主人東壁下 覓米千
斛作佳傳詳傳 遺妻兄詳榔 有美｜｜｜詳肉
斗陳壽｜｜｜ 給軍小斛太祖患廪穀不足主者請以小斛給之太祖曰
軍遂斬 小斛善後軍謂欺衆太祖謂主者當借汝死以厭衆
之(魏志) 胡椒八百斛 十元載事 斛 唐則天赦日置金雞於大｜樹
榮起兵元忠坐大｜樹下斬還 榔 号金雞樹(史) 北齊李元忠時高
命者三百人賊至輒却之(史) ○哭 空谷切(語)子｜之慟(孟)善｜其夫(賈)
巷哭(書)子產死鄭人｜｜二月(孔叢) 哭 詳傳可爲痛哭者一○与泣啼通看
吉羊祜死西州罷市｜｜(宋) 濕哭何須乾啼｜ (北齊)｜景 秦庭哭吳人郢申包胥
不入口七日依於｜牆而｜日夜不絕 鄰衍哭｜｜｜被誣仰天而 乞師勺水
声秦師乃出大敗吳師(史四) 互見申 六月降霜詳霜 哀猿哭峽月
｜｜ (十國) 窮途哭 阮籍率意獨駕車跡 天魔哭 宴坐｜｜(國) 神鬼哭 詩人雕刻鬪草木
(史) 一路哭 趙宋參政范文正取班簿視不才監司一筆勾之富公曰范十二
一｜路哭 丈則是一筆勾去焉知一家哭矣公曰一家哭何如｜｜｜邪(言)
(行) 抱璞哭 下和｜玉｜｜ 白以裴延齡爲相吾當 蹇叔哭 秦召孟
(宋) 抱璞哭晝夜｜ 詳玉 壞麻哭 (陽)(城)以麻裂之慟哭於庭(史) 明襲鄭
｜｜｜之曰孟子吾見師之出不 鳩婦哭｜村暗｜｜ 而天
見其入也(僖三十二年) 互見陵 ｜｜(國) 造書鬼哭 蒼頡｜｜ 雨粟｜夜哭(也)

｜大將饑故兩哭鬼恐爲文所劾故哭
別字(參書)契作詐僞生去本就末天雨
號世稱｜｜｜｜ 逕上堂哭 高風｜ 唐衢哭 衢徙退之遊見人文章激
(韓贈)｜｜(詩序) 後漢｜｜河南尹羊陟不得見壹｜｜｜曰 說則哭與人別則必李声
叅声哭陟延与語 矣乃今方遇而忽｜奈何｜｜命也因
大奇之因厲之(本) 義姑哭 北齊和上開母喪附托者咸往奔哭富商丁
禿 他谷切(風俗通)五月忌翻蓋屋禿令人髮｜(田) 鄧哭 哭並爲｜｜有一朝士｜｜甚哀(史)
(晉)(劉傳)与長孺共一｜翁(莊)言嬰无官位故授也 三禿 三個和尚師並不解
(氏家)猶未喻盧曰何不聞俗語 郭禿 偃儡子有｜｜風俗通云諸｜皆諱
云｜个｜｜不敵一个盧(唐書顔)(史) 郭禿當是前代有病禿者滑稽戲調故云(國)
(氏家) 髦禿 北齊楊愔見叔先謂曰白羊頭 跛禿 楊光遠病禿而 酒禿 有｜｜
(陶)叔姓高弃家祝髮傳極羣書脫畧跌宕无日不醉後主召講華嚴經行賞金
帛甚厚即日送酒家醉則浩歌道中曰酒禿｜｜何榮何辱但見衣冠成古
丘不見江河變陵谷後醉 禿御 禿 禿使｜者｜｜者詳跛 松柏禿 漱鑿｜千
死石子岡(南唐書毛炳傳) 禿 季孫行父禿聘于齊｜｜ 周文置酒十坑｜｜
兎禿歸｜｜｜(國) 先生英妙年一 雙鬢禿 我今｜｜｜(國) 貌短而禿 後娘元字爲尚書令性機辨
一斛坑上皆加帽以戲字｜｜曰吾兄弟甚无礼竊 禿 誑｜狡猾 鳥｜
入(任)家宜早还家因持酒歸周文撫掌大笑(史) 誘 又相欺誑 秃 鶖○

(達) 桑谷切(語)欲｜則不達 欲｜成者(孟)可以｜則｜進銳退｜猶以神
達 爲｜｜於置郵(詩)｜我獄(儀礼)親戚｜往｜及也○令｜作黍詳談
速 兵機以速爲 拙速 張景陽雜詩巧遲不足 淹速○本文速作數音同 不速
｜｜之客(易) 稱｜｜乃垂名詳遲 ｜｜之度(賈誼鵩賦付)
(國)速召也 獨速 脚踏小船頭｜｜舜 乂手速 文如翻水成賦 長去速 長乎
何來之遲｜之 短簑(孟浩然於公詩) 作｜｜｜(國) ｜乎
｜也(楊問明) 生熟速 伐樹去木取香曰｜速樹什擲腐 仕宦忌速 漢伯道
｜｜｜於太｜肌体患 而香存者曰｜｜(樂府雜香譜) 曰壯年
在太豐(李宗諤談苑) 文不貴速 (禰)劉三復在李德裕幕令草表曰立 何奪之
速 苻堅曰天不欲使吾平定中｜ 可也劉曰｜理貴中｜｜其｜
速 原邪｜｜吾景略｜也(國) 薮 (萊)(藪)總名(詩)其｜維何又 野藪 山有｜｜
蔌(國) 躲藪(陋)也(詩)｜｜｜方有藪 (開翁說)
溪藪 旋折松杉樹藪 斉樂預爲永世令卒有老嫗擔｜｜負之聞樂令卒大
藪｜｜｜(國) 蕃泣弃所質｜｜｜曰生｜樂令我輩瘦就死亦市人皆泣(史)
韓侯藪 鄭門陶令株弥 餗 鼎實也(易)覆｜ 公(鼎卦) (人名)(晉書) 詳吏 樕 (詩)林有樸｜
｜｜岸｜｜｜(開公) 公｜ 谷(卻)此 涑 及姓氏 水名(左)伐｜樕 ○小木也
遬 ｜也音｜｜(記)見所尊者｜往猥慶 (陸)老斆｜ 涑 我｜川 ○祿 盧谷切(詩)
百｜是適天彼尔｜无功受｜(孟) 天祿 文漢宗資墓兩石獸曰｜｜辟邪
李千｜(孟)仕者世｜記必得其｜(語) 獸名漢天祿閣因獸得名詳殺 回

禄〡鄭禳火于元冥〡〡〔昭十八〕火神也　茀禄〡〡〔卷阿〕茀福也　介康矢不言禄〡〡晉介之推禄亦不及〔僖二十〕　十一禄　吉梁
王瞻夢得鹿皮十一領曰鹿者禄也〡〡〡　受魚失禄　鄭相嗜魚有
予听位已九及除秦凉二州刺史以之表孝卒〔史〕　餽魚者不受
曰〡〡〡〡无以食魚不
受得禄終日食魚〔說序〕　酒者美禄〡〡王莽時義和魯匡曰〡〡天之〡〡所以頤養天下〔漢食貨〕　萬鍾
禄唐王求礼宰相豆庐欽請停京官九品以上月俸以助軍　不意為光禄　李唐
禄因求礼曰公禄万鍾正可〡仰禄之人可奈何乃止〔史〕
家兵敗來歸望台司及拜光禄卿怨望曰往吾
欲以崔君賢為光禄〡〡自〡之壽叛誅〔史〕　〔姓氏〕扶風徵音殷紂子武庚字禄父以王父字為氏
碌〡〡碌石也又多石貌○毛遂曰公等〡〡因人成事詳錐　周嵩曰惟阿奴
〡〡當在阿母目前詳叔〔權〕夫傳帝在即碌碌○蕭曹贊註猶鹿鹿也
言在凡鹿中〔廣韻〕作娽娽〔馬援傳〕作　鹿　麚牡也麀牝也麛其子也千年為
陸陸　又作六六　已上音義並同　蒼〡又百年為白〡又五百年為
玄〡〔易〕即〡无虞〔詩〕呦　白鹿　李渤与兄涉俱隱庐山養一〡〡南唐建李館
呦〡〡鳴〔監〕〡死誰手　以李道為洞主掌其教授○明皇獲〡〡壬山
人識之曰漢時鹿也角際毛中得銅牌刻之曰宜春苑中　野鹿　上古民如〡
〡〡上愈愛之〔津陽門詩〕陶淡山中養一〡〡自偶詳偶〡〡詳放○明
皇時〡〡銜去壯　逐鹿　後周賀若敦從文帝獵獸多逸帝大怒圍内惟　掎鹿
丹懸貂山之禍　一鹿突出敦逐至山半〡之下帝大悦〔史〕
戎〡〔襄十四〕譬如捕鹿晉人角之　秦鹿　秦〡其〡天下共逐之高材　漢鹿　事見　兩
諸戎〡之与晉踣之〔襄公〕　疾足者先得焉〔史蒯通傳〕　白鹿
鹿　漢成帝時宮中〡　瘞鹿　裴寬曰義不以苞苴汙家人以鹿饋致而去　指鹿
〡一蒼〡〔述異記〕　不敢自欺故〡之章詵羞異以女妻之〔唐〕
趙高〡〡　蕉鹿　鄭人薪於野遇駭鹿斃之恐人見也藏諸　玄都觀老
為馬〔史〕　隍中覆之以蕉俄而遺失遂以為夢詳夢　夜鳴鹿　鹿將有客
來鹿輒〡〡道　七星鹿　漢明帝時〡〡〡出江陵兩蜀　松鹿　許孜鹿〡其二
士候之无失　角間有道家七星符〔古今注〕　觀墓〡孜泣曰
〡不念我乎明日鹿死所犯　盗鹿　管輅〡〡〡令以兎子置盗　贓　還鹿　後
樹下○褚无量事相類詳柏　星第七椽下當得鹿詳兎　媿
李曾為趙郡太守令行禁止并州丁零憎曾不入獄　得鳴鹿　王元聞鹿鳴問
境賊於常山得一死鹿〡長責之令〡〡故処〔史〕　樵者曰鹿鳴即
死少須〡人果獲元嘆曰為尔徵　獵怒失鹿　媿蘇則從文帝〡槎桎孜失鹿
声以彰禍機不可免〔列傳〕互見鳴　帝大怒將斬之則諫曰陛下方
隆唐堯之化而獵戮多殺　不忍射鹿　媿明帝母甄氏誅嘗從文帝獵文帝射
羣吏敢以死請帝赦之〔史〕　殺鹿母使帝射鹿子帝曰陛下已殺其
母臣〡〡復殺其子　不食饋鹿　唐裴〡有饋鹿者〡〡曰號食　使民捕鹿　媿高
因泣涕帝深奇之〔史〕　循〡公〡啖肉後何以繼〔史〕
柔為廷尉時数禁地鹿者身死財產沒　猛獸卧鹿　郭文為猛獸探去口中横
官柔上疏〡〡得〡〡免殘生留〔史〕　骨明旦〡〡〡一〡於室

骨　前詳　水禽山鹿　陸龜蒙乘小舟往之不會意必竟　不德則鹿　鄭子家曰小国
還錐〡〡〡〡駁走不若許交　事大国也德則
人也〡〡〡其〡也錐○鉅鹿〔漢〕〡〡令曰有言趙將李齊之賢戰於〡　銀鹿
而走險急何能擇〔左〕　吾每飯意未嘗不在〡〡也〔史〕　衙
顏真卿家僮名〡〡事魯公終身○吳越錢　土瑾年二十无子納妾生
弘叔十餘子夫人慈愛如一常置〡〡帳前坐諸兒於上弄之〔史書〕
山林之木〡〡　五鹿　氏於居則北郭東門氏於志則三烏　〔姓氏〕扶風徵音趙
守之官名〔昭七〕　〡〡〔唐柳仲傳〕　〡〡獄之詳獄　大夫食采五
鹿因氏漢有巴郡太守鹿旟子孫因家巴　〔人名〕字永吉父生丹為濟南太守
有政績献文賜以驄馬加以青服彰其廉潔　悆為黃門侍郎志在謙退布
衣蔬食孝莊　麤　晉刘柳為僕射時右丞傅迪廣讀書而不解其
時賜錢帛　盝　通作　書麤　義柳惟讀老子而已迪每輕柳柳曰卿讀書雖
多而无所解可謂〡〡矣〔史〕　唐李邕
父善貫淹今古不能属辭号〡〡〔史〕　好麤　周顗王敦藉顗家收得數枝麤
如此　東麤　媿曹植有才能太祖欲以為嗣太子患之以〡載簏〡内吴質与
〔困〕謀揚脩白太祖太子俱告質質曰明日復以簏受絹車内以惑之
脩果重白无人太祖疑焉〔史〕　章麤　祖約料財物客至以兩小簏着背後傾身
買后内小吏〡〡箱中詳箱　〡之詳簏○傾身〡〡尤甚鄙〔晉〕互見簏
漉　滲也又撈也○潤　滲漉滋液〡〡何生不育〔說〕　撲漉　龍女詞曰數點雲
之　明〡酒巾詳巾　滲漉〔相如書〕潤澤下究也　花乱委〡〡沙鷗
鸞起〔詠〕　拗泓漉採月漉〡〔詩材〕　麓　山足也〔書〕　沙麓　春秋〡〡崩卜曰後六百四
〔孝夜話〕　納于大〡　十五年有聖女與後漢翁孺
從媿郡正直其地生孫　蘺東麓〡〡李白悅青山　○卓錫山麓　誌公飛錫〡於山
女政君即元帝后也〔史〕　〡〡〔史〕　麓遂築室焉詳錫
〔活套〕　林〡雲〔詩韻〕　旱〡受祖也　世　摝〡　琭　玉　轆　車軌道
〡蒼〡〔說〕　修后稷公刘之業　抄　皃詳琭　錄〡〡　謂之轆
〡　盝　濯也漉也〔記〕汰之〡之〡　○熇〔詩〕多將〡〡　呼木切火熱也　○族　閩魯　昨木切
酒通作漉〔考工記〕詳漉
九族　上自高祖下至玄孫〔書〕又外祖父外祖母從母子妻父妻母姑子姊妹
子女子之子并己同族〔左〕又父族四母族三妻族二〔後漢章紀〕三族亦謂父
母妻　世族　官有〡〡〔左〕　邦族　晉周顗同郡賁嵩見顗曰　汝族　吳諸葛恪其父瑾曰
族也　將振起頹風清我〡〡〔史〕　恪不大興吾家將大
〡吾〡果為孫　鳳凰族　本与鸞鶴群不隨〡〡〔李〕　〔活套〕　甲〡公〡壟
峻夷三族〔史〕　照泳族　溫嶠燃犀〡〡〡　〡右〡戎〡
寒〡烏　○蔟　千木切蚕〡又聚也〔周礼〕　簇〡〡詳水　皮膚瘡病〔左〕　○鏃　作木切石
百〡　氏〔坡〕空賜吐餘思靜如蚕綴〡〡　不疾〡蠡
〡詳矢　齒〡詳鏃　霜鏃〔權公頌〕〡〡〔詩華〕　白鏃　紅納〔韓愈〕〡〡隨傾　遺鏃　秦无亡矢之費
○与鏑韻通看
〔過秦〕　亡鏃　射不能中与亡矢同中不　砂鏃〡〡〔京〕○玉床分箭鏃不忍獨長生
〔命〕金能入〡与〡〡同〔鬼鋪傳〕　小者如箭〡大者如芙蓉詳

詳口中鏃王殺矢中其腦鏃自出 背中鏃齊陳顯達与桂陽王戰矢中左目
牀口中鏃口出而不死詳腦 而鏃不出地黃村潘嫗善禁先以
釘々柱禹步出氣釘即出之(史) 破骨出鏃(周書)流矢貫左臂後瘡雖愈每陰雨即
——乃桊——— 醫曰矢鏃之毒入骨羽仰臂令醫鑿之
臂血流离羽割炙飲酒自若(蜀志)高閑道鏃在頰召醫鑿骨置楔其間骨裂
寸餘出鏃(唐高紀)五代長從簡中流矢鏃入髀骨命工亟鑿之言笑自若(史)
李存審戒諸子曰汝父———者凡百餘因孔明埋鏃北齊陸法和曰諸
以所出鏃使藏之當知尒父起家如此(五代史)子日埋金鏃———可謂良將
吾目見白帝城旁有—弩 ○僕 蒲木切(唐韻)毋有—(孟)使己———注煩猥皃
及箭—一斛掘之如言(史) (詩)我—痡矣 景命有—注附也(史)衞青
奮於奴—(韋玄成傳) 令僕 范縝曰使范縝求官已至— 太僕掌正命官(書冏命注) 臣僕
自称爲—卑辭也 —(史)謂中書—及—射(晉)
隸——僕臣與(左)弃其——(詩) 吏僕趙宋韓億李若谷未第時赴試京師每
昔爲冠冕今則——(虎巳銘) 出謁—爲—後皆至參政(邵氏錄)數之
不能終物悉數之乃留 虎僕羽氏国有獸綠毛以豹毛 紀綱僕秦伯送衞於
——未可終也(記儒行) 可伏筆名——毛(博物志) 紀綱—(晉)晉三千——
之—(僊) 太丘無僕陳——子元方 石父爲僕越——不免凍餒—人臣
二十四 將車季方持杖詳聚 於中牟晏嬰解左驂贖
之以爲上賓 並首称僕宋刘凝之隱居南郡吞臨川王書———
答以可騷 或譏之凝之曰未聞巢許称臣堯舜時(史) 命騷奴僕

李賀詩少加以理雖
奴僕命騷可也詳騷 根不爲騷僕 倪若水曰班公此行吾 昊 郝隆七夕—
詳書阮咸七夕日—犢鼻褌詳褌(旬) ——得——詳騶 腹於庭曬書
貲財——如水源(富国)○亦作曝 獻暴宋国夫自暴於日 一日暴之
(孟)涼暴—家書空万軸— 曰以—吾君詳日 寒暴十日—之
教刑(賈誼)蓬秦執鞭—○亦作剝詩 困詩卷(汲) 秋陽暴——以 瀑 飛泉(李)遙看— 扑 普木切
猶可撲滅○亦作剝詩八月剝棗 亦作撲(書) 之(孟) 布掛長川詳布 (書)—作
微廬—百濮楚与—戰(左) 姓氏 濮 博木切水名出東郡—陽 彭濮
—人(書) 魯国角音晉大夫 又州名記桑間—上之音
(詩)尒—尒筮(晉語) 厥既得—(召誥)(左) 食采於濮因氏 樸 木叢 (詩)
卜 不疑何—(桓公)非宅是—惟鄉是— 五卜 擇—— ○洪範 生皃 棫
病賽烏称鬼巫古屯代龜 巫俗擊卵卜 雨霽蒙驛克也 人也(正大雅) 文王能官
死觀其文理分析定吉凶曰——— 卜蓍卜牛骨卜雞 名雞卜 死卜 之詩
竹卜(圖)雉卜見漢郊祀志 鳥卜 唐西域東女国以歲初詣山中剖鳥 元微
(周雜編)雞卜 又見卵卜 腹有穀者歲豐否則有灾名—— 暮卜二十
——黃石公用之行師万不失一 方術記八月四日 教卜——— 功臣(書)謂
竹卜圖——勝者終年有福不勝 (西京雜記) 不指其事汎卜
吉禱卜爲王——(書金縢) 嚮卜夜靜洒掃設室置香灯祝之手撥鍋水置杓水上自
凶 旋隨柄所指抱鏡出門密聽所聞第一句即是——應

後方言之元旦占 油花卜 池陽上巳日婦女以齊花點油祝而洒 擲卜 司馬
一歲休咎(鬼谷子) 之水中成龍鳳花卉之狀則吉(岡緣) 季卜
———於長安市使日(國) 擲—————成都与人子言依於孝与人
(晉書)已就——— 鼠卜 嘗貴卜———依於忠(揚)日緝則閉肆下簾(前漢)
遊市觀卜後魏顏惡來妙於易———有婦人負羹來卜凡七人皆
因並之曰登高臨下水洞 不能中而強索其要惡來乃之下者曰君能卜何不爲卜之類
月矣昨汲井忽聞胎声 顏曰十月二十日有一男子卜者驚服(史) 醫
西河羽音周礼有卜人氏因氏(文)司寇子夏孔門高弟——(書) 瀆河南人
姓氏 輸家用助邊爲郎牧羊上林曰治民亦猶是也拜緱氏令遷齊太傅賜
爵關內侯(卜式傳) 其人 木 莫卜切 ——爲舟 剡—爲楫(孟)得大—
与同郡陸遜齊声 牛山— 方寸— 梧拓— ——訥○散—不材
之—故 老木 交野之山有樹名曰端木 天上——花 玉木 —— 之責(趙)
壽—— 日所出處(淮南) 六出—— 甘泉(神)武帝集衆
木 雞木 魏晉世語曰刘放孫資共典樞要夏侯獻曹肇內不平殿中有
宗爲—— 棲——二人相謂此亦久矣其能復幾指謂刘孫也(刘孝標) 張衡奏
云—— 影木 瀛洲———— 一葉百影花如剡 灌木 ———(詩) 曲木 宋徐伯珍
深巖(賦) 晷万年一實如瓜互見影 末族生曰— 摯動有礼
過———下趨而避之(史) 傷 木 上之— 拱 風木 孔子聞哭声甚悲至則
己之(書)—— 而高飛 家也 ——— 魚也問其故曰擣欲

靜而風不止子欲養而親 吾木 古者 鳥 ——— 巢頭
不待立哭而死(韓外傳) 以——爲子詳廬 三木 范滂 頸及手足也 刻木
丁蘭——爲母形事之詳母○漢路溫舒曰畫地爲獄議不入—— 爲吏期
不對(困)魏時苗謁治中蔣濟不見苗还——爲人署曰酒徒蔣濟日夕射之
(常林傳) 徙木 商鞅 常棲木 李輔国每於冬月置鳳首木於高堂雕刻如
示信 ——— (史) 鳳之形和煦如春故名——— 雉
登木 牛鳴—樹中— 鳥擇木 ——能 木—— (述異記)
——詳 烏 ——— 充曰勞猿投林豈暇擇木(史) (左)晉李 魚 緣木 蜀有鯢
声如兒啼孟子緣木求 少年迷蹈墨無 攻堅木 ——— 有
魚未聞此也(東方朔記) 蠹木 異 ——— 嘗問諸卿—龍階尺
木 孫叢白 —欲騰(史) ○ 橋木 ——死灰詳九及推○ ——— (記李記)
蕭先 ——— 生花發大機落大用(韻) 也○伐木燕朋
友故舊 人名 段干木 魏文侯式其 (詩 燕) 擇木 右妃逮下
也(小雅) 閭 (韻) 姓氏 晉 ——之後避仇去端
雅云烈鳥也本雷公採藥化爲此鳥(古今異傳) 王 字 (貨殖) 作海賦 禽獸 啄木鳥
蠡則小云云与其喙未能盡死不如得啄匠子使不傷於斧斤(國) 沐 言婦
—(采綠)周公一 之 (左)制 如 ——戒自檠 潘沐 陳氏方睡使疾而遺 (詩)薄
——三握髮(詳髮) 湯沐 ——— 浴沐 ——— (哀十四年) 潘米
汁也以沐頭 休沐 ——— 用漢 嘗沐 豈元——— 而三
潘芳表切 (張安世傳) 未嘗 (詩伯兮) 薰沐 方將坐足下三— 之(韓答呂山人書)

新沐丨丨彈冠荀不宜秋　閟癢則沐搖蒙非大丨丨丨　活套　丨鶩　記曲禮
沐浴丨丨柳晚晴村　不能丨也詳蝂　丨搖　作匹疏
二云庶人之摯匹又野予鶩庚翼与林鶩名異与人書云見鞏獻家　家鶩尽
鴨曰鳧家鴨曰丨　野鶩雞安丨丨皆李逸少書南史一作野雉
寫方池野鴨　頁鶩丨丨庸渠上林賦丨孤鶩落霞与丨丨　頁鶩刻鵠不成反
雜丨丨國　火鶩丨鴨屬　庸渠似鳧孤鶩齊飛滕閣記　類鶩丨丨詳鵠
鵝鶩唐李愬半夜擊丨丨以亂　雁鶩一作鴨詳鴨　丨丨行以進平　霂小雨也詩益
思兒鮑宣傳　丨丨立皃丞詳行　霂之以霢丨　翠
竭丨丨之思　鶩詩五丨梁輈小戎丨歷録也輈　福方六切詩万丨攸
上五処以皮束之文歷録然　同　以介景丨書
求膺多丨景命記　徽福顯丨丨子周　毋望福丨丨之丨丨之禍詳望　塞翁禍福馬亡入
必受其丨祭統　公僖二十四　胡曰此
何詎不為福數月馬將胡馬至曰此　京師蒙福河潤九里冥丨丨　容之　多福後
何詎不為禍其子好騎折髀詳馬　丨丨也詳潤　廣
謝疏方今公卿相戒曰白璧不可為丨丨　婆之老福趙宋張齊賢母入大雷
丨後丨困　白璧喻清潔丨丨和同也　内上曰丨丨丨丨
𨌺為福詳碑　人名　禖　漢縣　幅　左是謂丨利　又丨巾邊幅馬援曰公孫述
尉　眞力　謂全丨為巾隱士之服　巾不吐哺走迎国
士乃修飾丨丨如偶人形後漢張説言張九齡　帛幅寫如布丨之有丨焉民
文如輕縑素練實済時用而窘丨丨駱賓王傳　巾生厚而用利於是乎正

德以福之丨丨　邪幅丨丨在下詩采菽丨言　書裙幅王獻之丨王欣新　詔書半幅
發丁十八　裡曲季剳發綴丨丨俗　丨數丨而去詳裙　幅
欲收天下英雄之心惟　被十二幅孟宗少游李其母作十二　水綃六幅李成
有丨丨紙丨丨裴度傳　幅丨招賢士共卧詳被　營丘
人業儒而工㓕山水第一有人作詩云六幅丨丨掛翠屏丨評　山谷　腹　實
跋郭熙山水云熙因寫蘇才翁家摹李成驟雨六幅從此大進　山谷跋　策
安植遺丨光武紀　怨氣滿丨晉書精　鼓腹含哺丨　披腹丨丨呈琅　坦腹東床
神滿丨　口丨累人詳肝丨　稟詳稟　丨詳哺　玕韓詩
詳捧腹季主丨丨大暴腹郝隆七夕仰卧丨丨於　便腹邊孝先腹便便嬾門
床　捧腹笑史日者傳　曝腹　月庭曰曬我腹中書詳書　便腹讀書尽日眠詳笥　捫
腹散步逍遥　拄腹撐腸丨丨文　坤腹丨為　龍腹華歆与邴原為友歆為龍頭
腹自丨丨國　拄腹字五千卷盧　坤腹丨　龍腹原為丨丨寧為龍尾詳龍
馬腹鞭長不及　魚腹陳勝丨丨帛書詳書　蟬腹宋禮丨求禄不得曰云云丨
丨丨因　蒜江丨丨中屈原　蟬腹丨龜腸爲日已久互見嚇令
鼠腹偃丨飲河不　飽　釰腹李林甫腹　長圓腹呂真人鍾离先生會武夷山謝英
腹過滿丨莊　有丨史　蝦姬抚長离畢葉也呂阿香丨丨丨
琵琶也　足加帝腹嚴子陵　工書畫腹唐王紹宗工書曰書无工者將由水墨
類説　月事詳星　積習亦聞虞世南被中丨丨正与子同
法書苑云虞七　空洞此腹王導嘗枕周顗膝指其腹曰此中何所有答曰此
世南行七也　丨丨无物然是容卿輩數百人導亦不以為忤晉

傳　憂熬生腹丁固事後為　脾腐劄腹華佗有腹痛者佗　智慧入腹白居易曰
三公詳松　刳腹治之詳腐　月類主君丨
丨禄相移丨　虛心實腹此斉徐之才八歲造周捨所老子捨設食戲曰不用
我丨詳唾　丨月心思義但事食乎之才曰聞聖人丨其丨而丨其丨
捨咲　不負此腹從來此腹負將軍東晉褚裒曰詵莞進食飽捫腹咲曰我不負
賞史　汝左右曰將軍固丨丨丨丨此腹負將軍未嘗出少智慮也　丨益也
赤心置腹光武推丨丨　輻記考工記輪丨三十以象日月　負輻詩正月丨无弃尔輔丨于尔
丨人丨中唐
輔所以得入車輻梁樂譜下郗初發江陵於舡丨丨丨丨　輦車持輻士丨丨丨
益車者　如中丞健步遊道者果拜中丞史　宋李覺
福丨衡牛角　蝠蝙丨飛鼠爭晝夜事詳蝠　葍詩言采其丨莊思桑。幽州　複衣重
端横木　請蕪丨可啖荒歲可禦飢
又上下有道曰丨阿　以單攻複魏文帝多能典論云少曉持複自謂无對俗
房宮賦　丨道行空　多双戟為坐鉄室又從表敏丨丨丨丨丨每為
若神對家不　復易不遠丨　无生不丨韓文　一賜復光武幸南頓復田租
知所出史　斥不丨　又重也詩顧我丨我　具復一歲父老願丨丨十
年　三復南容丨丨　往而復繚而曲如丨丨盤谷序　陂當復反乎覆丨　五銖復公孫述廢
困　白圭論　丨丨詳陂　銅錢謠曰
黄牛白腹丨　卦名　☷☳雷在地中丨先王以至日閉関商旅不行后不省方
丨出丨史　初九不遠丨无祗悔元吉六二休丨吉六三頻丨厉无咎

六四中行独丨六五敦丨无悔上六迷丨凶有災眚　人名　覆中庸
用行師終有大敗以其国君凶至于十年不克征　晉光武名將　傾者
丨之　亦作復語言可復也晉書丨孟之安。王蔡丨蔡詳蔡丨水難
收詳水照丨盆詳盆。太玄丨醬読合在去声名丨金甌史韻在去声　車覆
前丨丨後　斗覆丨丨歲穰晉天文志丈丨又　五覆詔合死囚京師　中覆賞
卓戒　丨不丨谷十七卷謂又不飲　丨奏諸州三覆奏　賜
史於外不從丨　翻覆丨手為雲　太山覆蹴崑崙倒塌　滄江覆青山減没丨　器
丨朱温唐傳　丨手雨困　丨丨丨詳倒　荊公
滿則覆周廟有欹丨水丨丨丨　蝮即蝮也蝗類　副剖也詩不　輹車下
貝　中則正虛則欹詳欹　一曰虺螫人　坼不丨　縛也
易輿　說丨　伏房六切區麈鹿攸丨書嘉言罔攸丨　倚伏禍兮福所丨福　潛伏
詩潛雖伏矣。史冊丨青蒲諫詳青　兮禍所丨老子
發奸丨丨　雌伏後趙温字子柔為京兆郡丞咲曰大丈　赤伏丨丨丨符曰刘秀
後漢趙典傳　夫當為雄飛焉能丨丨遂弃官去困　發兵捕不道
貢伏周陽由与汲黯俱在二千石列同車　偃伏漢昭王幼少丨丨　戳　秦伏秦德
未嘗敢均丨丨史記漢書作茵馮　弄於舅之側詳愛
公二年初伏年紀周　庚伏夏至後第三庚為初伏四丨中丨立秋後初丨為
時无伏至秦乃有　末丨前漢郊祀志　秋以金代火金畏火故至庚日必
伏　擒生踏伏五代唐安金全驍果工　活套　偏丨窜丨　伏　姓氏　太原商音伏羲
騎射号能丨丨丨丨史　丨奇兵丨　風姓之後

名勝濟南人給尚書臣佐文時年九十口以傳授二十九篇〔丨勝〕為當世名儒
以詩授成帝別自名學〔丨理〕字恵公清靜無競号伏不鬪〔丨湛〕字伯文張
恭欲留隆不听帝曰有蘇武之節〔丨恭〕字叔齊父黯字稚文明斉詩修孝教
授由是北州多為伏氏學永平中拜司空〔丨滔〕字玄度晉武會於西堂伏頎
坐還呼子系之曰百人高會天子先問伏滔在坐否此〔丨〕乞伏李鮮卑乞
不易得〔丨〕字公伐為南朝大守至石門作貪泉銘〔丨〕伏部酋帥因氏
乞伏国仁称西秦〔乞伏熾磐〕字令 虙 或作宓〔姓氏〕下邑甫昔孔子弟子〔丨〕
和慷慨有大節隋凉州總管 宓 字子賤单父鳴琴詳琴〔丨處〕
丨義之女溺洛水為神曹植 服 書畢丨〔語〕思丨 元服令月吉日始加 盛服
有洛神賦 事与伏姓通用 詩不称其丨 元月丨丨 冠也
丨丨將 奇服余幼好此丨丨兮年 微服堯丨丨遊 草服黃衣黃冠而祭蜡也
朝臣 月既老而不衰詳雲 月於康衢〔田〕 月息田夫也野夫黃冠
黃冠丨 褻服語鄉黨 隱居服盧鳴還山賜丨丨丨 孟光 掛朝服梁陶弘景丨
丨也〔記〕 月 日妾自有丨丨之丨詳鈫 月 丨丨于神武
門而 古人服毛玠太祖曰君有古人之 禁胡服媚主丨丨 五銖服衣文李家
去國 風故賜君丨丨之丨詳九 語胡丨〔監〕 月有和門云
上清童子冠青圓角冠衣青衣語侯晉問事問其服曰此上清丨丨丨出門
墻下不見掘之墓中得一古錢乃侯所鑄也文本自是錢帛白盛〔博異記〕
衷袒服陳靈公丨丨丨以戲于朝 不知儒服魯哀公問孔子曰夫子之服其
〔左〕宣九 袒服近身服也 儒服歟孔子曰丘少居魯衣逢
掖之衣長居宋冠章甫之冠丘聞 無敢儒服莊子曰何不号於国中无此道
君子之学也博其服也鄉〔記〕 月而為儒服者死於是丨丨服者
独一丈夫丨丨而立於公門莊子 淺教素服趙師雄松林見美婦人丨丨〇
曰以魯国而儒者一人亦詳儒 月丨丨出迎 梅竟事詳梅
車服丨左右騑左曰騑右曰丨丨〇周礼疏云服謂丨平較皆鑿 三服韓科斗
孔以軫子貫之謂之牝服〇丨丨以膚〔書〕丨丨不繼〔〕 書後記
愈叔父文辞獨行中朝李監陽冰能篆 五服商丨丨侯甸男采衛 六服王畿
書擇未善八分不如是者不称丨丨 月也 弼成丨丨〔書〕 侯甸
綏要 九服周丨丨侯甸男采 嘉服以丨丨見則喪 禹服纘丨舊 畝服主治王
荒也 月衛蛮夷鎮荒也 月礼未畢詳學 月丨〔書〕 月田以供
祭祀 魚服象弭丨丨〔詩〕取魚獸 皮弁服周宣時謠曰丨丨丨丨実亡周国
〔書〕迂 月之皮為弩矢菔也 月〔史記〕山桑曰丨弓曰丨丨木名丨
矢房〇賣丨丨丨丨之人得褒女為 〇離靡服袈裟〔人名〕〔丨〕与韓愈
夫婦後以献幽王贖罪是為褒姒 月也 石鼎聯句詳鼎
〔姓氏〕侯〔丨〕字子慎作春秋左氏 衣丨 栿 伏流又 服 丨丨一
傳解灵帝時為九江太守 衣 秋 云水洞 月 名来服
言來年之時所服令識為 服 弩矢丨也亦作服 鵩 鴞鴟鴞賈誼丨賦卑閑
雜薗又刀劒衣曰丨〔〕 魚 箕服並詳服 鵩之歲四月孟夏庚子
日斜丨集于舍止於坐隅貌甚 馥 鵩 衣膏丨〔〕 寄新丨〔人名〕〔〕後
閒暇異物來峙兮私怪其故 貝 香丨詳香 兮丨 侯〔〕兒

備〔詳〕 六 縮〔〕所六切〔匠〕自反而丨丨縮直也 龍縮方十萬步吹氣丨 蝸縮各觸封
〔〕 〔〕足丨丨〇長旁丨地詳地 音縮輞丨至數寸詳龍 蚓縮 閑縮如
丨虎 龜縮入喜君畏事欲 出縮無南北蝸角空丨丨〔〕 局縮氣勢曰丨丨
〔巳〕〔詩〕 縮作丨頸丨〔〕 韓〔〕白入間 我雖官在朝
〔離〕 毶縮夫子丨丨又不 蓄縮侯息夫躬云王嘉徒而丨 茅縮汝貢包丨不入
安〔〕謂東野 縮丨丨不可用〔〕謂玄於事 王祭不供无以
丨酒匠江流倘席巷社 發縮丨丨〔〕頸縮談笑紛自若 觀 黃楊縮參丨丨木
酒期丨丨惠州江漲 〔〕縮利詳發 者丨為丨〔〕 禅却倒丨
去詳 酋 東亭丨酒 蹜足迫〔蹜〕 鵬 鳥 飛 謖 起也晋世說丨 〔人名〕〔〕諸葛亮為
禅 通作縮 蹜 促丨丨 〔〕丨如松下風
所 六 力竹切〔廣韻〕 長太息者丨 百六 初過寒食一百六店舍無煙宮樹綠〔元稹〕冬至
敗 〔〕 後百五丨丨日為寒食 入元百六歲有陽厄
故曰百六之會詳 膝六 〔〕神 六 抽黃對白啽哢飛走騈四 一藝丨六
厄百六掾詳掾 詳風 儷六丨六 錦心繡口〔〕〔〕文 蘷 為七〔〕
〔書〕 逢矢六丨男子生而桑弧丨丨丨以射天地四方〔記〕 龜藏六 得如虎挾一矢若丨丨丨〔〕龜首尾
号藏六 及四足凡六〇虎乙詳乙〇趙德麟
呂士 帝不足六 三王不足四五丨丨 也〔〕春申〔〕 愛錢阿六 梁蕭宏性丨丨武帝見其
活夭 食稟之家六 農之家一食稟之家六工之家一用 錢三億余万曰阿六汝生
可〔〕 器之家六買之家一資焉之家六〔〕 〇佛形丈六 西方有
其丨
長丨丨而〔〕 坤 陸〔詩〕考槃在丨〔〕鳴漸于 北陸 日在北陸而藏冰〔左〕日
黃金色〔〕 丨〇丨氏美在詩在 行四陸春東陸夏南陸
秋西陸冬 南陸見北 覓陸丨丨央々〔〕陸困叢生 馬陸 百足蟲之 雙陸 鳥曹
丨丨〔〕 陸下 著与覓皆柔脆之物 大者〔方言〕 氏始
作博陸采名陳思王製丨丨 荀鬻殿子二〇宋安恭謂丨丨无体勢余謂仕
官亦然〇唐武后曰朕數夢丨丨不勝何也狄仁傑曰无子也天其儆陛下
乎 博陸見上又霍 二陸 晋陸機陸雲 三陸 陸長曉三子 魚處陸 泉涸
〔〕 光丨丨 〔晉書〕〔南傳〕機雲也 呂丨丨詳表 丨相
与丨于丨不若 推舟於陸 天子欲行周於魯 當今潘陸 陳徐陸丨丨 平
相忘于江湖 猶丨丨丨丨也〔〕 丨丨也〔〕〔地理〕丨
〔姓氏〕 河南角音齊宣王封少子達於平原陸鄉因氏侯陸賈齊孫生吳承相
遜々生抗々生晏景機雲毗〔丨賈〕說侯祖詩書著書号新語常々使諸
侯名亖籍甚 分橐中金与五子詳〔〕說南越拜臣拜太中大夫〔丨〕字公
紀侯末人懷橘詳橘〔丨績〕侯人字稗初知毋截肉斷悤詳悤〔丨凱〕仕魏為正
平守号良吏 范曄寄梅詩詳梅〔丨遜〕字伯言仕吳破蜀先主兵於馬鞍山
為相封華亭侯子抗〔丨抗〕字幼節在西陸与羊祜對境使命常通 貞亮籌
幹有父風子機雲〔丨機〕字士衡天才秀逸吏患其多 黃犬寄書詳書 戰敗
河陽受害曰華亭鶴唳可復聞乎〔丨雲〕字士龍与兄機齊名号二陸雲又号
小陸閔鳴以為龍駒鳳雛 談老子王弼家詳家 雲間陸士龍詳語〔〕
晉末道士三笑圖詳笑〔丨〕字士瑤器量淹雅仕晉拜司空鴻酒梁杜詳杜〔丨〕

【李翱】先蘇州人玄宗曰歲寒然後知松柏之後凋也拜相〔詩〕爲扶溝丞
按察使畢構曰惟卿清真請終臨察御史詳清〔人物〕字敬輿蘇州人中傳李
宏詞及轉政曰吾上不負天子下不負所學德宗呼陸九而不名号內相論
諫本仁義謚宣公　贊知李崔羣及第贊裴曰陸氏又添一莊矣　崔羣裴
言陸氏一莊荒謂此詳莊【陸長源】吳人為汝州刺史將去催送車一乘詳車
【陸德明】唐十八學士中人論撰甚多【陸扆】仕唐太子詹事雅善盧藏用陳
子昂共十人號方外十友【陸龜蒙】唐人字魯望居松江甫里嘗泰不与流俗
交曰江湖散人或謂天道子自比涪翁漁父江上丈人〔因〕互見寵【陸羽】字鴻
漸初不知所生自筮得漸曰鴻漸于陸其羽可用為儀因得姓名隱苕溪林
桑苧翁嗜茶著經後又著毀茶論又号竟陵子東岡子【陸九淵】字子靜有文
集行世号象山先生終荊門守謚文安【陸游】宋人字務觀号放翁豪於詩夢
故人為蓮花博士月得酒千壺有劍南集為秘監【陸氏】李生娶陸長源女善
空侯詳箜篌陸允文妻郭默詳擊陸　〔史〕邑克於刑丨　戮丨丨女　大戮泥滂
稠文妻沁篤　陸景融女妻爵同　〔左〕蓼丨揚于　〔書〕殺誾　大戮曰令
之循善身　勠力一心
陏丨丨〔史〕〔字〕威　稑禾後種先熟曰丨〔詩〕黍稷稑丨　蓼丨丨者莪　草長大皃〔詩〕　勠弁力也〔左〕丨
旅〔入〕逐直六切易其欲丨丨　駐馬突也　賢人放丨　夸父丨日渴死詳〔亦〕
蓼　王思丨蠅詳蠅　上蔡丨狡兔詳鷹　丨臭之夫詳臭
三逐管仲曰吾三仕見三逐鮑叔不以我不肖知不遭時也詳知　揚
逐回見趙簡子曰臣居鄉之丨亭君五去聞君好士故來〔說苑〕　馳逐於閑

〔詩〕丨丨空壁逐趙以丨丨我蛇龍逐我願身為丨東野化為丨東野云云〔韓〕鹿逐秦失其丨丨丨
〔史〕之雲龍逐丨丨丨〔?〕四方上下　天下丨丨丨
〔書〕雲相逐若上无心〔?〕献麋丨逐丨逐人黨逐婢錡二丨詳麋　丨為客者逐　非秦者去丨〔逐客〕
〔后山〕百丨角丨兜　軸丨地軸丨有四柱三千六百丨大牙相牽〔博物〕　轄軸唐沈
家官丨凡一百二十軸宋王文正公謂王沂公曰吕夷簡異日与公　書軸鄭
十丨皆飾以錦裝之金軸當事丨丨以其奏請知之後果然〔龍川志〕　侯
三万丨〔韓〕　丨理軸章処厚薦皐甫湜書〔丨〕軸唐王涯被誅為人破垣剔取金
家多丨丨捧笑軸丨丨遣訓詞波丨軸王丨丨棄書於道〔杜陽雜記〕
馬軸百足虫　當軸丨丨処中　折軸輕丨丨積羽沉舟〔史記〕燕臨菑王繳
車也〔通志〕　當軸車千秋贊云　軸輕丨丨積羽沉舟〔史記〕燕臨菑王繳
矣果自三萬軸見書　鐵籠傳軸丨破齊田單令宗人車軸末傅丨丨安平城
殺〔蒙求〕丨軸丨下鐵籠得丨軸丨丨丨車丨皆丨丨敗為燕所虜惟單宗人以
鐵籠得〔?〕軸丨丨丨丨丨走轂折軸父老曰吾王不返
〔皇覽〕〔史記〕丨丨丨軸丨丨軸丨能運方〔?〕世家　〔地理〕在丨丨　抽丨丨丨〔詩〕

逐馬尾草〔詩〕　舳船尾也　丨艫丨丨　蘜居六切本作鞠周禮　抽　織具受經者〔詩〕
言采其丨　鞠有黃華〇登山飲丨花酒　詳高又大　杼丨其空
丨叢叅也吟〔詠〕不羞老圃秋容淡猶有寒花晚節香〔韓〕〔魏公〕
〔詩〕每恨陶彭澤无錢對丨花　〔詩〕陶公殁後无知己〔羅隱〕〔詩〕　蘜荊公詩殘菊飄零滿

地金歐公曰秋花不比春花落憑仗詩人子細看荊公笑曰歐九不學故〔蘭〕
也不見楚辭云丨秋丨之落英云云〔詩〕之訪〔?〕落為始蓋謂花始開也
菊裴子餘補鄠縣尉以文學知名同列李朝隱程文
誰以文法稱長史陳崇業曰春丨秋丨俱不可廢　杞菊東坡張南
軒云惟丨与丨中和所　甘谷菊南陽酈縣丨丨中丨潭水甘上有大菊落水
辛云云又頹齡之可制　丨丨丨軒皆有杞菊賦南
餘七八十為陶潛九日无酒宅中菊摘盈把坐其側悵望久之
天〔風俗通〕　隨潛摘菊見白衣人至乃王弘送酒便酌醉歸〔續晉春秋〕　谷中二十家仰飲此水上壽百三十中百
撮指可掬舟中之丨　月可掬雕雲不易寄江丨乃丨　掬
也指可掬丨丨〔昭公〕　詩投掬水月在手〔杜〕　匊
一手曰丨〔詩〕終朝采綠不盈一丨　鵴丨鳩丨鳴鳩又日布穀　兩手曰丨又一手
盈丨不盈一丨　鞫　鷯理罪人亦作鞫〔唐官志〕推丨得情　曰丨又兩手曰旧
也　鞠告也〔詩〕陳師丨旅又養也〔詩〕丨我育我又語丨躬如也又窮也〔書〕尔
鞠惟自丨自苦〔詩〕丨為茂草〔小弁〕又刘向別錄蹴丨黃帝造以練武士
蹋鞠霍去病在塞外卒乏糧不能自振而去病尚穿域丨丨丨也〔字〕穿
蹋鞠丨丨作蹴鞠而戲〇以革為圓囊實以毛髮之屬蹙踏之　蹴鞠唐
當好丨丨方士往鞠觀丨丨之會〔人名〕郡才士惟有丘灵鞠〔齊史〕　蹴鞠薛
刘鋼勸止之〔史〕梁華東方朔傳　丨生鞠有文在手曰鞠後因氏〔姓氏〕汝南
宮音后稷生不留丨丨　吳興人褚彥回曰此
賢中人〔人名〕宋吳川進士上書願入黨籍〔?〕以文受知於王化基薦之詠〔?〕宋景德二十四

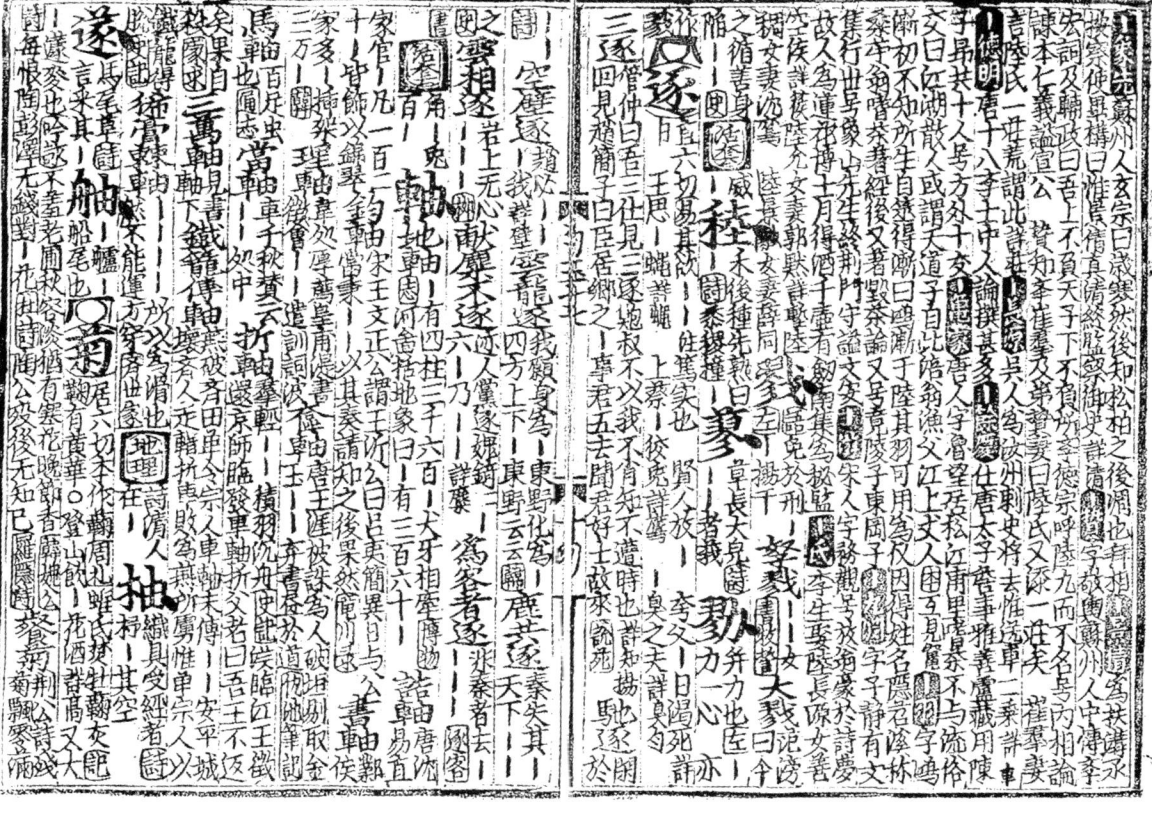

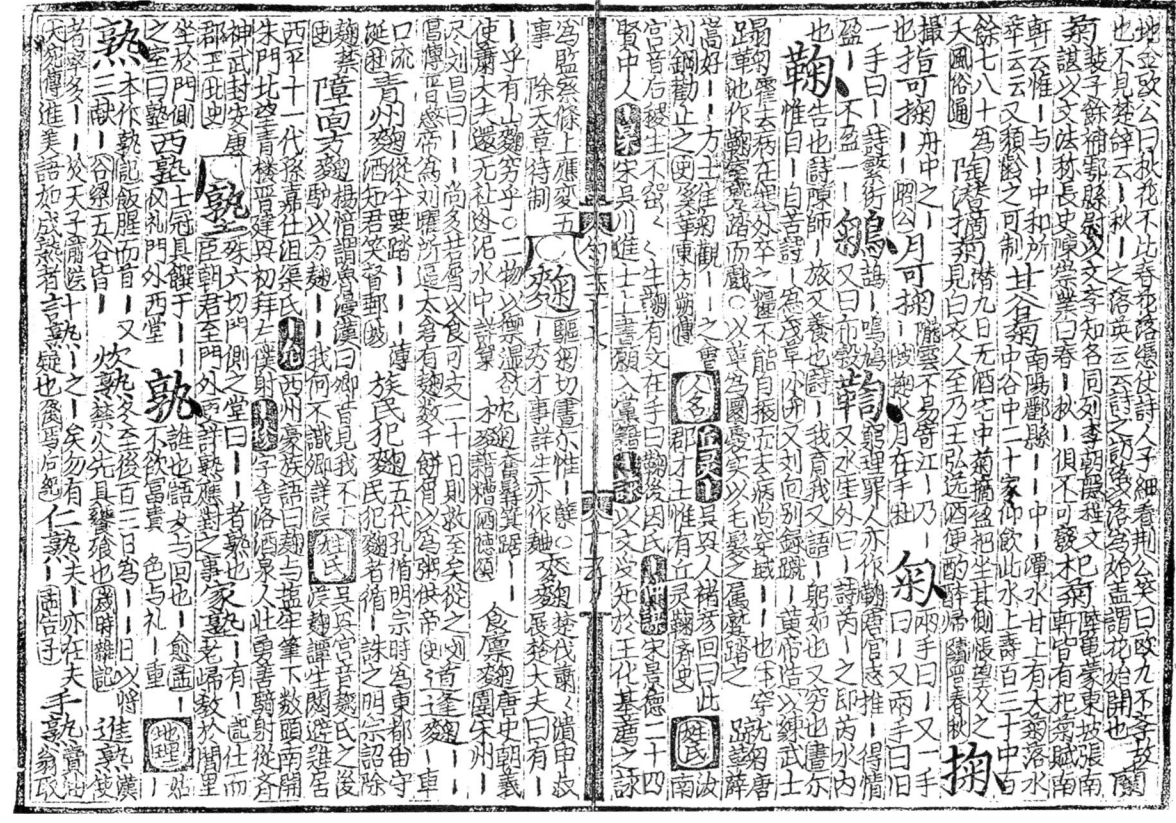

為監察御史上應變五丨　麴驅匊切書亦作丨糵〇麥丨麴楚伐蕭丨丨遺申叔
事除天章待制　丨秀才事詳生亦作麯　丨麥麴丨丨丨楚大夫曰有丨
丨乎有山麴窮乎〇二物以禦濕欲　麴丨〔?〕丨　食糜麴唐史朝義
使蕭大夫還无社〔?〕泥水中詳泉　丨麩稻糟〔酒德頌〕　丨丨丨園宋州
丨糵丨丨　麴丨丨丨丨
〔后山〕尺刘昌曰丨丨尚多若留以食可支二十日則救至矣從之〔劉道遂〕丨丨丨
昌傳〔?〕感帝為刘曜所逼太倉有麴數千餅屑以為粥供帝〔史〕　道遂麴丨卓
口流　青州麴從今要踏丨丨丨　族氏麴五代孔循明宗時為東都留守
涎〔杜〕　酒知君笑督郵〔坡〕　麴氏麴者循丨誅之明宗詔除
麴蘖　障面丨麴揚雄謂兒曰鄉首見我不丨　〔姓氏〕吳興宮音麴氏之後
〔史〕　麥丨以方麴丨丨我何不識卿詳瓮　漢魏譚生閔避難居
西平十一代孫嘉仕沮渠氏〔人名〕西州豪族語曰麴与游牟筆下数頭南開
朱門北望青樓晉建興初拜左僕射〔人名〕字含洛酒泉人壯勇善騎射從齊
神武封安康　塾殊六切門側之堂曰丨丨者塾也　有丨記仕而
郡王〔北史〕　丨臣朝君至門外〔?〕詳塾應對之事家塾老歸教於閭里
之室曰塾西塾士冠具饌于丨丨　孰誰也語女与回也丨愈孟丨
坐於門側　丨丨閔門外西堂　不欲富貴　色与礼丨重
熟本作孰〔禮記〕飯腥而苴丨又　炊熟冬至後百二日為丨丨日以將〔地理〕丨始
六三献丨丨〔穀梁〕五穀皆丨　禁火先具饔飧也〔歲時雜記〕　進熟漢
者寧多丨丨於天子齋〔?〕十熟丨之丨矣勿有二熟夫丨亦在夫　楚
大宛傳進美語加成熟者言熟疑也〔後魏后紀〕　仁熟丨〔孟子〕　手熟賣油翁歐

錢僊胡芳口酌油入而錢黃熟談苑云一樹出香三等曰況曰箋曰丨丨〔香譜〕早子熟崔玄見青鑒
不濕曰我亦丨丨亦詳油黃熟齒曰丨丨丨
中黑睛言无邪視矣〔杜〕五卷注丨丨眼牛馬熟契册丨丨有丨時如南方養蚕也有雪而露草寸許丨丨大丨若无雪或露没草則不熟〔寶公〕
〔記〕詩〔國〕熟拔詩云銅丸飛柘弾北齊王晞曰非不愛熱丨丨味
〔事〕蓋丨貴丨丨也詳弾思爛熟官但丨之丨丨亦〔困〕瞎清熟丨且
丨〔晚〕黃粱未熟丸盧生夢出入將相五十年及寤丨丨丨詳枕洞黎生熟海中山丨有生丨熟黎〔熱〕待侯
景熟陸法和初侯景圍臺城或問〔也〕云何法和曰凡取果待熟不撩自落但丨丨丨何勞問也〔北齊〕讀爾雅不熟〔熱〕黎亦供州縣之役
梅子熟大梅和尚曰任汝非心非佛我只管即心是佛馬祖曰這丨丨丨丨也詳佛語熟老宿有語生疏處常令熟熟處令生〔蔡讓事〕
〔傳〕〔内〕問米熟五祖問六祖舂丨丨未否曰未經篩〔傳燈〕〔活套〕歲大丨丨蚕四丨酒初丨丨讀書丨淑詩窈窕丨女清淑
中州丨丨之氣私有丨丨吳誤書名淑進士包敬伯夢至一官府因問壽夭貴賤持簿出兩行云包淑年卅五解
蛻蟺扶輿詳淑女者〔盛〕
祝明州奉化縣尉後上封事人令書吏夏淑繕寫丨自丨其丨遂授奉化縣尉〔與聞錄〕〔活套〕氣丨丨和丨丨〔人名〕〔錢〕德星
昌六切木音狀如丨善也〔詩〕令終有丨又始也〔人名〕聚詳聚
〔祭〕稱書合止丨敌〔人名〕〔錢〕吳越王〔人名〕〔 〕育丨余六切詩既生既育丨載生載丨〔 〕祝

青義樂丨〔記〕天地化丨丨子育〔刀民〕膏丨丨育柘木所化〔相〕公使管仲求甯戚
〔孟〕英林教丨丨或作毓蝉也詳蝉浩育戚曰浩丨乎育丨乎
管仲不知婢子曰詩有之浩浩者水育育者魚未有室家安召我居戚有伉儷之思故陳此詩〔管子〕天育老杜有丨丨聽騎歌〔人名〕〔晏〕後殳
須將破平東丨也明日煜光也〔太玄經〕曰丨丨乎晝月丨乎夜粥亦作鬻擅丨鬻本作賣
羌又古力士昱也乎晝月丨乎夜丨比狄
作粥記不丨丨衒鬻上書自丨丨者丨丨召〔禮〕丨丨召
於市通作儥衒鬻以千數〔漢書〕徵儥司市以度量成價而丨丨淫也
鬻允浴丨丨丨〔上林注〕水丨丨徵也丨賣也物有定價則買者來也淫
鬻流谿谷之間丨丨丨也〔姓氏〕〔錢〕〔 〕楚大夫鬻熊年九十爲文王師〔 〕肉如六切〔孟〕
〔漢〕熊丨不至〔左〕生死肉骨丨食者鄙〔 〕丨丨鬻子自則詳刖肉丨〔 〕鼎
陳詳陳養虎當飽其丨詳〔 〕張〔 〕肥丨丨互見稱〔 〕梁肉守閭閻者食〔漢食貨〕
德教者與乎之魚肉毋使毋子爲太子丨丨丨蓋盞詳〔 〕
丨丨〔後漢〕〔崔湜〕尹公一何丨丨涉也〔史〕謂不以人過之也丨丨食肉〔記〕
瓘肉〔漢〕董賢丞從官客嚴酒丨丨蒼頭方兒皆方肉嗟續毋斷肉一肉公孫弘身
〔晉世家〕〔虞〕原涉曰丨〔史〕
用致富〇視酒加嚴視肉如丨〔魏宣〕〔流〕〔以〕方詳惡
食丨丨腕骨肉義寺親髀生肉劉備於劉表坐慨然流涕曰平常身不離鞍
聚飯〔史〕丨丨〔谷〕骨丨丨肉皆消今不復騎髀裏肉生七月如流老
將至矣而功業未立丨丨丨詳豚後媿鄧義姓名
建是以悲尔〔困〕禁腐肉人有礼飾者不与盃酒腐肉〔史〕廟堂肉爲問藜藿〔姿〕安如丨

〔尚〕丨丨几上肉媿文詔曰孫權如丨丨丨亦〔史〕媿吳賀按劍曰曹子丹心頭肉
醫得眼前瘡剜却心頭肉汝非屠丨丨丨邪〔史〕晉乳坦曰猶俎上肉任人膾截〔史〕
丨丨丨〔蕭史〕〔中〕丨丨飛食肉班超虎頭燕頷丨而丨丨詳侯鳥擇肉黃霸守穎川有所同察擇
食於道旁乃爲丨所丨〔 〕〔 〕鳥擇肉吏道行史還勞之曰甚苦
丨吏太鷲鵠爲神明〔困〕馬畫肉幹惟畫肉不畫骨忍使驊騮氣彫喪〔困〕彈飛肉〔唐〕上九明珠丨丨〔太玄〕
食無肉可使丨丨丨丨不參之肉〔楚〕伍參欲與晉戰叔孫叔曰戰而紅映肉袖
〔國〕可居无竹〔國〕丨丨丨不捷丨丨其足食乎〔晉〕十七
卷紗丨丨〔 〕紅生肉〔 〕〔 〕一線丨僕噉肉隋王劭篤好經史性頗恍惚每對食
丨〔滄海〕〔集〕丨丨〔周〕〔詞〕閉目凝思盤中之肉輒爲丨從所丨
〔史〕陳平宰肉里中社平爲宰分肉甚均丨〔漢〕伏日賜從官肉大官日
曰宰天下亦如此肉矣〔五〕方朔割肉晏不來朔割肉去太宮奏
之上令朔自奏朔再拜曰受賜不待詔何無礼也拔劍割肉何壯也割之不
多又何廉也歸遺細君又何仁也上笑曰使先生自責乃復自賚復賜酒肉
〔玉〕方朔懷肉東丨丨詔賜之食丨丨
其餘肉去衣盡汙〔史〕亭長受肉米丨遺者後卓茂爲密令人有言
往遺之茂曰鄰里尚相餽遺況吏乎屠門嚼肉人聞長安樂出門西向笑如
吏不當乘威敢之尔歸念之〔困〕閒肉味美對丨丨而大丨〔 〕
〔譚〕新弄知有肉趙達過知故取盤中隻筋再縱橫之乃言卿東不與子肉五
〔論〕壁下有美酒一斛鹿肉二斤何以爲无〔吳史〕代

劉贊父每食肉以蔬食与贊曰食肉君之祿也尔欲之則勤学干祿贊由是力学吝不食肉歸登性怪丨嘗爛一羊
妻誤於封處割食登大怒〔南史〕
由是終身丨丨〔劉貢〕〔言〕鳥盜肉張湯爲兒時事詳鼠里婦亡肉〔前〕〔通〕曰丨丨夜丨
之諸母東縕請火於亡肉家〔 〕〔 〕〔 〕婦盜逐
曰犬暮得肉云云還呼還歸不食鹿肉婺覓事〔 〕詳鹿
食味而皆信佛法文惠太子問卿精進何如周顒曰三〔 〕
八難所共未免然各有累太子曰累伊何曰丨丨〔史〕妻何肉齊周顒有妻子処山舍何胤无妻後
竹丨丨丨何謂也嘉曰漸近使竹不如肉柏温問所
之然〔孟嘉傳〕言肉声勝如絲竹得伯是肉索請善書丨丨丨〔 〕妓絲不如
丨須有骨丨行尸走肉任末曰好学者雖死若存不学者雖存之丨丨詳筋字瘦有肉謂肥山谷
字須丨丨者雖死若存丨丨亦〔拾遺記〕爲知己食肉弟容迎
爲沽酒及市肉釋爲飲食郭泰曰孺子清廉高潔徐孺子
而爲季偉飲酒食肉此丨丨季偉之賢故也〔漢〕〇高僧食肉高僧傳杯渡和尚飲酒食
肉与俗人粥之六切〔記〕丨丨若豆粥光武至蕪萋亭馮異上豆粥唐
不殊詳林无能也注卑謙皃粥〔史〕石崇〔 〕丨丨詳榆粥湯
城隱中條山歲飢省丨丨〔 〕茗粥吳人采茶煮之名丨丨丨
丨爲丨丨講論不輟〔史〕〔 〕一水試丨丨〔 〕飦粥之食〔孟〕頭回有
具丨丨詳田与王通防風粥白居易在翰林賜有郭田五十畝足以
享同〇飦亦作饘曉食之口香七日〔金谷園記〕一桃花粥洛陽人家寒食煮〔 〕百

花宣弢丨丨惢砂粥郭林宗媿德公知其有異德供給洒掃郭嘗不佳衣中
丨(金門歲節)命作粥一甌丨詞曰高明為長者作粥使丨不可食以
林郯地德公更進之三進三訶德公无變容林丨丨乙米帖云
宗曰今乃知子之心遂友善之卒為善士(後漢) 曾公食粥 拙於生事奉家丨
矣詩采 丨已數月 少游食粥 日典春衣非為酒辛家食 默麩為粥齊大餓丨丨於路以待餓者而
食之有餓者蒙袂輯屨貿貿然來黔敖左奉食右執飲曰嗟來食揚其目而
視之曰予惟不食嗟來之食以至於斯也從而謝焉終不食而死曾子聞之
曰微歟其嗟也可去 姊病為粥 李勣丨丨自丨燎鬚詳鬚 飢詔為粥 徐娛孝文冀定丨
其謝也可食(檀弓) 郡縣丨丨於路
食之多所 紛麻沸粥 百挨陳剩茄丨丨 僧粥 木魚呼粥亮且清(?) 丨太 祝
有信(史) 紛麻沸粥丨丨唐狐及 木魚釀動隨丨丨
今官名又湯丨 秋祝 秦祝官曰丨丨移過于下 諱 尸祝 庖人雖不治庖丨丨
三面網詳網 秋祝之故曰秋 漢文除丨丨 不越俎而代之(莊子)(逍遙)
(國) 青祝 山谷祠太乙宮詩丨丨御炉香往內 華封祝 堯封乎華華封人曰請
出丨詞以香熏之乃授祠官以祭 祝聖人壽堯曰辭使聖
人富曰辭使聖人多男子曰辭多 素絲祝 丨丨丨之(詩) 豕帝祝 襪同者操一
男子則懼富則多事壽則多辱 (干旄)祝織也 月踰祝丨丨丨 酒一盂
丨曰五穀皆熟 毋食必祝 子胥走至江上父老以舟渡之子
穣穣滿家詳蹈 丨丨胥後丨丨丨 曰江上丈人詳剱 (姓氏) 太原商音 周武王封

黃帝之後子祝鄙有丨 明或謂丨史之後以官為姓 衛[illegible]治宗廟[illegible]
(出)東漢為九真太守單車入賊招以威信賊悉平[illegible]宇文思仕唐作八
風舜詳舜[illegible]宇有道從山谷游[illegible]宋治平中為太常少御夏使至
祝為館伴夏人聳伏[illegible]為太宰博士弟景先號三翁祝氏世居江陵汪
歎以貧力好善聞子州郡辟肆生業幾有郡之半稱祝半州朱文公書祝氏
遺事三公[illegible]字和甫從朱文公受業下筆須刻數百言[illegible]祝確女妻朱松
生晦庵 祝景先兄女妻匠勃位樞密 祝堯
臣第三女与呂午兩窮相值越七年午忝末科 叔 式竹切(左)周公弟二
苴拾拾也又姓 滕叔 帝敕曰丨丨齊兒自 當叔 五代常思周太祖少孤食于思
國衰為丨世 滕叔辭經紀詳蘇言貧也 家以思為叔及即位每呼思為
丨丨疑叔 晉武帝問王湛卿家丨丨 死未 叔之不咸詩九月丨
(史) 癡叔 曰臣叔殊不癡因称其美詳癡 衰叔 貧賒桑(趙孝氏圖) 丨丨 始得一叔 王濟
父曰濟丨丨丨乃濟以上 憂除為叔 隋楊約坐事免官兄子玄感与約恩 白其
人(史)謂王湛也上文見馬 義甚篤煬帝謂曰公比丨丨得非
丨丨乎玄感再拜曰誠 (人名) 刘叔 丨光武 方丨 周黨臣[illegible] 曾桓公子
如聖旨帝徵入朝(史) 与管仲為死友 紲孝 牙之後
魯大夫聘晉知礼[illegible] 菽 豆總名詩采丨采丨 (姓氏)
鄭人三良為政(傳)匕 有丨粟如水火左周子兄不下丨麥 孟民 半菽 歲飢
民貧卒食丨丨軍无見粮頭羹(傳)食蔬菜以菽半之 式
等五鼎柴丨丨丨(黃)顏君五稜手招此半菽魂(要遊黃師是) 幽菽丨丨 餒曰配豈 嗳

菽丨丨飲水尽其歡 丨丨丨(左)菽難殺 丨點脂人
(記)歠菽豆而食也 霜殺菽 隕霜丨丨者殺菽知草皆死也 兩撒菽如丨丨
丨之丨丨 (詩)(采)丨刺幽王也 倏 丨忽 通作儵(莊子)南
(詩)大豆也 倡諸侯數徵會之 海帝名儵北海帝名忽 畜 許六
切田丨也又止也(孟)丨君何 北方謂婿好為丨 衆人畜 豫讓曰中行丨
尤又養也(孟)雜豚狗彘之丨 詡畜 丨(崇張敬傳) 經詳吟[illegible] 丨丨我我故国
士報 畜 起也(詩)不我能丨 竹 張六切丨林七賢詳賢[illegible]
之(史) 生巧補林逃出疑爭地[illegible]未出土時先有節使
也无心 帝竹 負丨 節為船 義竹 明皇後苑竹叢密帝謂諸王曰 椽竹
竣雲去 (戴凱之竹譜)帝舜也 兄弟相親當如此因謂丨丨
後蔡邕以柯亭丨丨為笛詳笛 醉竹 種竹用辰日山谷謂竹須辰日種也
岡之地多竹大者如丨(竹樓記) ○五月十三竹醉日迷日多茂種竹
種峰自根而上二節 爆竹 李畋鄰叟家為山魈所祟畋命除夕發 白雨
發者為璇(仇池筆記) 爆竹庭丨丨數十竿至曉寂然安帖(該聞錄) 銀竹映山
寒森森 似 射竹 唐宣帝討党項近苑竹一个世舍外尺許帝曰 墨竹 黃筌 丨独得
丨丨(國) 我丨丨中則彼當自亡一發中之羌果破殄 丨
意於寂寞間(廣詩) 渭川竹 丨丨千畝竹与 少室竹 丨丨大丨婪為 南山竹 丨
(國)文与可工丨丨 千户侯等(史) 金甌(孝經河圖) 丨丨
之丨不足以受我 平安竹 李衛公言北都惟童子寺有一竹窠長數 湘妃竹
餅(公孫賓傳) 尺相傳其寺綱維每日報竹丨丨平安 (酉陽雜俎)

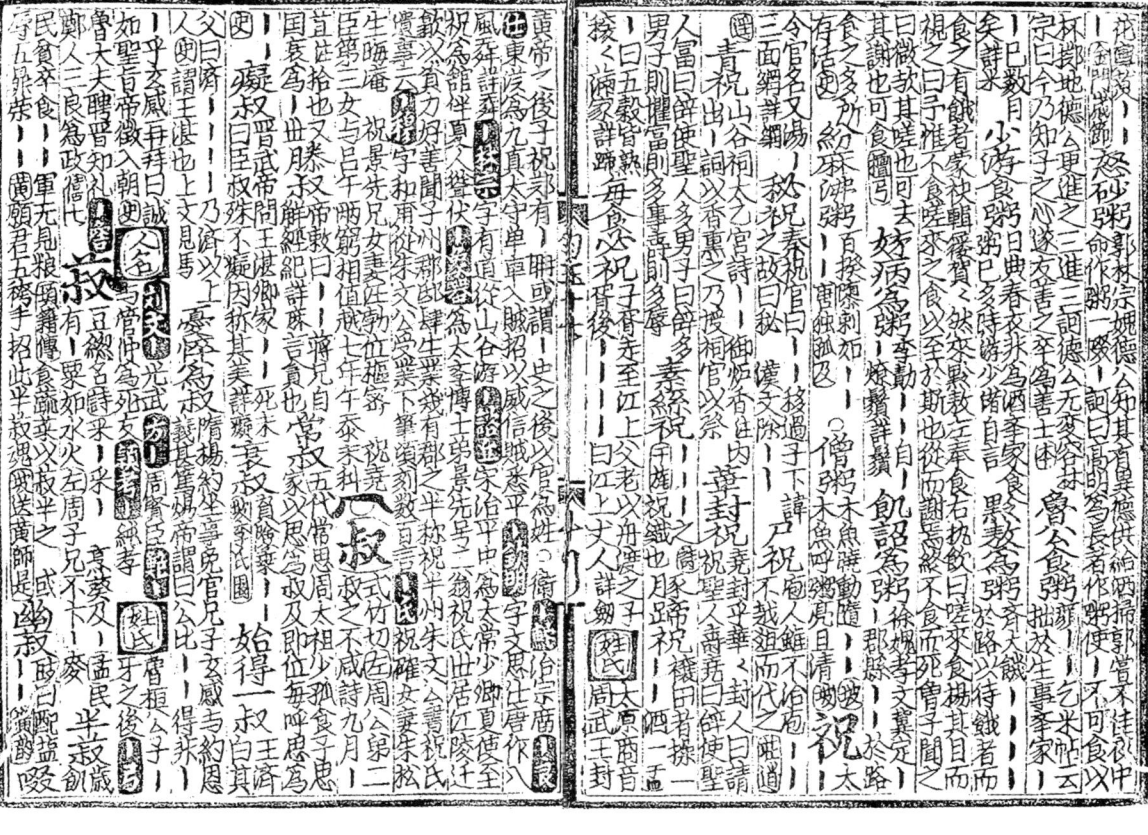

舜南巡不反葬於蒼梧娥皇女英追之不及至 此君竹 王子猷吳中士大夫
洞庭山淚下染竹即斑死為湘水神(博物志) 家有好竹便坐輿造
竹下諷詠良久主人洒掃請坐不顧而去嘗借 葵竹 丨丨 貶雷州道出公
居空宅中便令栽竹曰何可一日無丨丨(史) 安祿丨捕神祠前曰
準不負朝廷當再生 果 居無竹 丨丨 可使食无肉不 瀟方竹 丨貧丨丨 威破竹 杜
然竹生(寇萊公名臣傳) 可丨丨丨(國) 杖群杖 預
曰兵威已振譬如破竹 兒孫竹 如今未問老与少丨 造郡南竹 宋袁粲為丹
數節之後迎刃而解 子孫孫如丨丨(國) 陽尹郡南一
詠餓而車騎羽儀至門主人方知是袁尹(史) 火恐損竹 梁庾詵愛林泉嘗
家有竹石槃啐不步往不適主人直造竹所嘯 遇丨火 止出書坐於
池上曰惟 絲不如竹 丨丨丨丨竹 (活套) 汗丨丨 漢渡 丨天丨西域
丨丨丨(史) 丨丨丨不如肉 詳肉 丨南階丨 (人名) 笁 国名 ○ 達
寧復還 (詩穫) (姓氏) 東海徵音本天竺胡人後漢歸 筑 似琴以竹為之大頭安
天丨 中国因氏漢有撫陽侯 絃十二或五絃竹擊之
琴筑雜佩間丨丨(國)爆布如 漢高擊筑 大風詳歌 歌 漸離擊筑 丨變姓
環佩丨丨丨声(丙山記) 名為傭保閒
主家堂上客丨丨丨一坐稱善丨丨念久隱畏无已時乃出裝匣中筑更容貌
而前舉坐客皆驚以為上客聞於始皇召見人曰高漸離也帝惜其善丨丨赦
之矐其目使擊筑稍益近之漸離以鉛置筑中 (詩) 丨 坱圠 遺說丨傳
中復得近舉筑撲始皇不中遂誅之(史記) 笅 岩[illegible] ○ 燕昭王丨 黃金

臺閣會道旁衄女六切鼻出血又敗丨摧衄軍師丨丨祝衄槐焦先時大伐兵云亂曰
追豕後軍敗肭朔而月見東方曰丨丨𧊶魚內肉更非子
衄嬰傳縮丨行大疾也惄愳也亦作衄書丨㥏蹴六
切陽也踏也孟丨亦而与之疫曰林文丨楊墨於不毛之地或作中夜蹴
愛實左傳丨其貂者有罰亦作㥏蕭瑀曰一蹙自造青雲詩選
祖逖丨丨聞雞鳴丨龍象蹴丨丨丨踏非驢所堪維摩經書黃門蹴陳蕃被
刘琨竟起舞詳雞蹴廢公詩後不受丨丨丨韓詩丨踏
周丨踧行平易也詩丨丨蹙迫也亦作蹴左晉楚遇於鄢陵公益顣丨額
周道詩丨踧踖如也之曰吉南国蹴董仲舒傳以迫丨民
孟已頻丨曰丨矗初六切長直兒又聳上兒相如賦崇丨郁於六切馥
疾首丨頞山丨丨阿房賦丨不知其幾千万落丨
乎文醲郁況浸丨又郁芬芳偪鬱酷烈丨丨婦人服香氣姓氏語曰曾相国
哉酉有丨歸澳有十村丨黎陽官音曾国燠時丨
若絺服絺綌之涼者不苦安燠不如子之衣丨秦丨燠周失之舒秦失之書暫
𤊹燠盛夏之丨丨賢臣頌安燠且丨兮詩无衣急故周衰无寒歲
丨歲丨年𦎗孤燠亦丨丨伊陽賓見丨不冬館燠通作奧其奧美武公
五行志戫有文章也詩系不丨冬館丨隩限崖詩之德也
戫𢧵丨丨本作𢧵𢧵禾盛兒詳戫隩四方土可居也書四丨既宅畜息遂切詩丨鬼置記氣
𢧵

容丨王遜至丨丨使者咸丨康肅唐薛廷老峽州刺史德宗命使分
人丨客而入丨三肅郤至十六肅手至地也丨康肅道察官吏李秉狀狂之簡趙贊言
其丨震翰林其丨恭懿丨丨共懿風孔丨詩行年丨發風丨謂姓身動丨謂戒而
拜中散大夫史忠肅丨文十八丨丨風孔丨蟹戾丨謂姓身動丨戴生戴育詩
不丨人名魯大夫晉宿詩信彼獨丨丨說七不射丨左宿丨其業丨守也辟邪信
逢凡師一宿為舍再宿国傳兵不可丨也謂久留○唐十八季士更番直宿丨役君
宿為丨過信為次左三宿命女一宿女即至其後女為惠公來求殺予命
女丨丨汝中宿至雖有君命何其速丨丨齊宿国丨戒越丨而後敢言歸宿鄉國丨之露宿
也夫怯猶在女其行乎僖二十四丨丨
風殄丨丨托宿假道於仁丨於義丨丨名宿後漢侯霸召鬼宿前君賞所置丨宿詔曰卿何身老
而才之壯丨丨而意丨丨西家宿東家食詳宿丨宿丨丨宿丨丨宿服案千朝丨蘧廬一宿庐詳○道
之新孚李百藥傳儹一宿丨丨丨服千朝丨蘧廬一宿
者借宿黃梅東山一道者參四祖祖云汝老矣去了來道者下山至濁港見
不遠於大樹下坐脫自是女子有孕父母責逐女曰家有父母肯留汝則宿丨丨行
問女言其故後生一男子竟傳法嗣祖傳燈老尊宿志書丨丨國丨一宿覺永嘉禪
祖問答相契留一宿孤峰獨宿僧問雲居師路有猛虎丨丨丨丨丨丨丨丨丨如何

下三宿後漢梁鴻傳不二宿丨丨不欲久生恩愛○浮圖丨丨丨星東平
伏羲氏風姓之後宿国為東平以国為姓姓氏今淵方人曾祖宿首丨草名
帰娩拜上將軍右尚公主拜駙馬都尉位至部尚書出史大宛国馬
所嗜張騫採帰種之今謂之鶴頂草秋後結實黑芳爨二俗謂木
栗米可為飯亦可釀酒又兼名詩盤中何所有首丨長闌干目六莫
切詩美丨盼兮目語請問其丨○天目將為丨丨国命所孔子隆顙丨丨
論丨丨龜文公侯之相寶目王式事笥燕集又天目山河目○刘孝標下命
天也夫橫目丨丨之民詳民晉平吳時謡曰局縮肉數丨丨數目范增丨丨
上下往反平而長也詳丨目丨丨丨四字也吳主至元帝與幾四十年也史羽擊沛公
丨目丨丨丨四字也吳主至元帝與幾四十年也史羽擊沛公
問明比目魚不丨丨側目秦民丨丨拭目人皆丨丨晉史志目息事詳習
史不行爾雅丨丨側目秦民丨丨拭目温彥博進止詳華丨丨中省顏刮目
魯肅過吕蒙言議指背曰今者李識英略非復吳下阿蒙丨丨丨瞋目朱亥丨丨視
蒙曰士別三日即當丨丨相待大兄何見事之晚耶三国瞋目虎二不敢動
詳靈目高嗤乃丨其丨使擊筑丨龍目勞挺丨丨丨虎目擇木蜂目越椒丨丨
虎眼目史上海各切薰令失明詳龍眼虎目擇木蜂目豺声国
鶚目丨丨有所適匿丨丨用於夜而不用於晝丨鼠目酋晉鄭薦元載李揆曰蝦
鷗目晝亦隨時也互見歷王莽虎吻丨丨史鼠目麞頭丨丨乃求官邪

日謝宗論祭云蔡蛤背之芳兎目槐葉生五日日丨丨丨之
香觀丨丨之滸傍祭綠丨十日曰鼎耳博物志高目哀達心丨丨之
逐遂黃目者氣之清明者也韻會節目後其節目記丨則木理丨日觀
丨丨酒樽名黃者中也目丨之剛丨則木理之精除目丨丨三
年遺道心中孔雀目唐高祖后竇氏父毅畫二孔雀屏間薛稷
類說拾遺請昏者射之高祖射各中一目遂登彈中鶴目鶴韓公
武扶丨丨丨丨丨時丨丨丨射鳥目丨丨丨中其丨
謂五絕南部新書丨丨有四目曹操曰我丨丨丨石雄曰吾
當成功中我何面目項羽曰縱江東父兄憐而王○本來面目道明求法於
之詳警我丨丨丨見之哉詳江丨丨六祖六祖之曰
那个是明上座丨丨條丨品丨丨枚丨易卑以自丨綠竹書分有周丨十有二
丨丨丨傳燈活套丨網丨丨孟天下之人丨○葉父曰丨丨天下猶予
之丨孤丨丨惟作丨丨丨九枚以倡丨丨書周官十丨鄙枚丨求枚与丨而不得屈
猜詳猜天枚書呂刑丨丨九枚羊丨丨姻元忠傳丨丨鄙枚丨式枚於丨丨漢紀
考枚丨无羊宣王丨丨丨不能用頃枚漢馮唐曰陛下雖有廉頗李牧丨丨丨人名唐詩
丨丨丨丨也詩丨不能用頗牧丨也史不意頗牧近在禁庭詳畢丨丨陳元
人丨弘農陶音黃帝臣力牧之睦以詩親之脩睦講信丨丨雅睦方聞
諸良将姓氏後漢有越僑太守丨良丨丨丨丨丨刃丨丨
門丨丨篤睦後周李長寬兄丨丨並良丨賢臣頌丨丨汾穆
詳睦丨丨篤睦弟大倫丨丨丨國丨繆人名丨丨君子通作穆丨丨丨布列丨丨丨

無窮（賈誼傳）昭穆序丨丨也（記）一三祏七穆（唐武平一）崔日用曰子不文章
微皃上音勿　昭穆世丨二世丨　固耐爻告言經則敗績矣乎
一請所疑日用曰魯丨丨鄭丨丨奈何　見姓　与吳
平一條奉无留語日用曰吾請北面（史）家法尚韓穆氏（人名）祐定交拜曰
間（姓氏）河南穆音宋穆公之後或作繆（人名）魯人楚元王敬之為設醴詳醴
詳懺寫廣州刺史谷有狀拜太子諭德君家孝撰家令訓諸子人一通正元
間言家法者尚韓穆二家韓謂休也穆謂四子贊寶貧賞世以珍味目之曰醅酥
醍乳詳乳（人物）字伯長趙宋汶陽人　蓄勅六切（書）丨疑敗　旨蓄丨我有丨可以
首倡為古文尹源尹洙始從其寄　謀蓄俱收並丨
御冬（詩谷風）　九年蓄　急元三年之蓄曰国非其国也（記王制）
蓄聚美菜也　虞蓄丨丨不乏（何曾傳）　国无丨丨之丨曰不足无六年之蓄曰
（活套）停丨合丨藏（卦名）其咎吉九二牽復吉九三輿說輻夫妻反目六四有
丨怒猶丨　☰☰風行天上小丨君子以懿文德初九復自道何
字血去惕出无咎九五有孚攣如富以其隣上九既雨既処尚德載婦貞厉
月幾望君子征凶☰☰天在山中大丨君子以多識前言往行以丨其德初
九有厉利已九二輿說輹象曰輿說輹中无尤也九三良馬逐利艱貞曰閑
輿衛利有攸往六四童牛之牿元吉六五豶豕之牙吉上九何天之衢亨

二沃　與燭同用

旬五十七　廿二

沃烏酷切（漢紀）啓沃丨乃心丨朕　膏沃丨丨光輝　葉沃其丨丨若（詩）其丨
丨野千里　心（書說命）　有丨（隰桑）潤澤也
（活套）灌丨潤（地理）晉邑（姓氏）太原羽音風俗通云殷王丨丁　鋈白金也（詩）
丨肥丨　之後吳郡神仙傳（人名）吳人　丨續丨錞
皆謂以鐵為質以他金灌沃其外人　毒徒沃切（易）以此丨天下注毒
以錫灌於鐵器古所謂丨鋈五見績　役也俗也（漢書）丨藥苦丨
毒蝉丨有　酖毒宴安丨丨（左）譬之狼毒　王弘義文檄如野葛詳葛蔡毒丨（書）　腊毒噬
毒丨（因）　酖毒止渴於丨丨詳鴆　房忍丨
肉遇丨（易）甘　亭毒遲於丨丨之表（医）之丨之（列）丨丨化育也　刮鐵毒丨關羽
飡恐丨丨（谷）亭毒丨謂其形丨謂成其質○毒句會音篤　刮鐵毒丨臂
晉去丨丨言　晉敗楚子玉及連谷而死晉　御史叔毒賈至言謂丨丨
寀自若詳鐵　葛亍毒　侯曰丨丨丨也已（僖二十八）　裏行為合口丨
最丨監察為開　毒紊詳皓　篤冬毒切（臨）行丨敬丨傳寄丨志（人名）有王
口椓微毒詳椓　毒貝韻　信道不丨（中庸）因材而丨焉
佐才丨（後史）蜀馬忠幼改姓　督（高祖紀）丨過
名為　為先主名將　督　裴度請丹丨戟　緣督主丨丨以為經（莊）養生
順中以為常　匠人號云　賈督　漢光武曰丨丨有折衝千里之威　家督（陶朱）公長
中央為督（周禮考工記）○丨復為破虜將軍丨督盛也
子曰丨丨　八州督　應伶五營督曾作丨丨丨　萬人督　吳將欽曰徐盛
丨詳肘　八州督（晉）陶侃位至丨丨都丨　膽略丨丨丨也（史）司馬督

樊孝謙辭將軍乞落鵰都督　北齊斛律光雲表射鵰正中其頸那　毒身丨
補司馬督詳例　子高曰射鵰手也号丨丨丨丨（史）外域
国名身音乾又亭丨化　褻新衣声又背縫又偏衣国語衣丨　鵠胡沃切
育之意（列）亭之丨之　之偏丨（漢）鄧通傳顧見其衣丨　水鳥（書）
鴻丨將至（陳勝傳）燕雀安知鴻丨之志（莊）　黄鵠寧与丨丨比翼乎　陶嬰夫
越雞不伏鵠卵（古詩）侍臣丨立通明殿　黃鵠死守義作黃鵠歌曰丨丨早
寡兮七年不双飛（列女傳）謠曰反乎覆陂　白鵠（相如傳）弋丨丨　海鵠丨鶴国男女畏丨
當復誰云者兩丨丨詳陂安能騎丨丨　鵠遇即吞之
（神異）乞鵠丨丨知来而不知　單鵠刘道隱善琴為丨丨寡鳧　侯鵠司裘設其
（經）卓鵠往詳鵲即乾鵲也　之弄所者皆悲（西京雜記）　鵠（周礼）以
皮方製之以為能謂之鵠者著于侯中十尺丨四　刻鵠馬援戒子反姪祖曰
尺丨二尺正四寸質鵠者取名鵠鵠小鳥難中也　刻鵠能伯高敦厚頗尔曹
效之不得猶為謹敕士所謂丨彡鵠丨　乘鵠唐高駢与呂用之所感
丨不成尚類鶩者也（晉）互見狗　形鵠丨（南史）寫鵠設機関觸人則
飛動騎衣羽服丨　空籠　魏文侯使蔡澤獻鵠於齊在道失之獻
之若仙去狀（史）　勝鵠侯曰丨得丨（說苑）詳笼事与淳于髡同○鵠或
作鶴　寡雞　貴鵠田饒曰雞有五德君丨而食之以從来近也　伏鸞隱鵠丨丨丨陸
鶴丨　黄鵠无五德君猶貴之以從来遠也詳雞　鄧艾号
雲号丨　生彈翔鵠　柏崇祖見翔鵠曰當丨取之　（活套）奏別
丨（記）弓丨矢丨鵠丨其兩翅墜地无傷詳翅丨　酷苦沃切（漢書）丨吏傳

旬五十七　廿三

韓文序丨排釋氏　何无忌丨似其舅詳　酒味酷丨丨丨既
舅方言自河以北謂穀熟為丨　本作焅　暑昊酷大　吏詳蔵　酉丨烈（書）
日丨丨厚　嚳（人名）（帝）君号　僕蒲沃切僮事詳屋韻　告古沃切（詩）丨於神明（書）
丨丨丨（詩）丨丨宗祝傳　忠告丨丨而善　不虐无丨（易）瀆則不
嘉告公尸丨丨　道之（語）　初筮告瀆則不告（家語）丨再三瀆
公尸之辞以告主人也　（活套）書　牿牛馬牢（書）今惟丨　焅手酷
手械也紂所作今之杻也杻音　牛馬（易）童牛之丨丨　切詳
丑（孟）丨亡之矣注丨乱亡矣　辟　不否　燭之欲切（記）丨不見跋注跋本也
韵屋　襮通沃切黼領刺為　夜行以丨（左）以丨繼之（蜀志）
斧也（詩）素衣朱丨　日有余光（宣帝紀）樺燭宋朝京師每正旦曉漏以前宰相三司使
昼不操丨　丨奴執丨詳奴　樺燭大金吾皆以丨丨百炬擁馬方布象城謂
未丨敬理　地燭丨詳燎　庭燎曰丨　官燭後巴祇与客暗飲不然　鄰燭康
之火城（国史補）以丨木也燭　火丨丨（史）丨丨淚縱橫（谷）鄰燭衡
皮卷之為丨或裹松脂　地燭丨詳燎
勤寄丨舍有丨穿　玉燭四時和謂之丨丨（亦雅道光）　宵燭螢火　旁燭丨丨无
壁引其光（讀書）照也○丨丨陽明照（東皙補詩）火也　火燭
（姓）丨丨丨丨　然燭韓魏公帥定武時夜
金蓮燭蘇軾宣入對已而命撤御前丨丨丨送歸翰林院○又令狐綯事詳蓮　然鬚燭作書侍兵执烛於旁
烛丨公丨以袖揮之作書如故少頃已易其人公恐主
吏鞭之亟呼曰勿易之渠方能持丨矣軍中感服　月為燭唐張志和云太虛為室明

丨丨神猶燭北齊邢邵云丨丨之在燭火人丨光之在丨〈史〉然愙宮燭蘇易簡為學士太宗嘗夜幸玉堂易簡已寢遽起无燭具衣冠
宮嬪自窗格引燭入照之窗格上火丨蠟氏述蜀杌公權為學士每玉堂召
夗至今不欲更易為玉堂盛事〈東坡〉蠟絲蠟火對丨燭見政宮人以丨淚
搽丨丨賦詩刻燭蕭文琰丘令楷江洪並以文稱竟陵王夜集丨丨文不加點〈史〉約奕碁
之〈史〉四句丨丨一寸○梁王泰刻燭丨丨
執燭後魏甄琛丨丨令蒼頭丨丨或睡則加杖奴曰郎君若為讀書執燭不敢辭今博奕是何事也琛大慙遂研習經史〈史〉行電隻燭
刻沔丨丨夜有人授以照笑蠟燭田元均治成都有告人丨丨曰君當大貴詳旌謂丨丨丨〈東齋記事〉誤書舉燭郢人有遺燕相
國書者夜書謂持燭者曰舉燭而丨丨丨相酒狂昏燭唐寧王每賓妓間
受書曰舉燭者高明〈〈者舉賢而用之〈韓子〉燭坐丨酣作丨其燭
則丨如物所掩蔽夜續合燭齊女徐吾貧與鄰婦李吾合燭丨丨丨或謂李吾
則復明〈開元遺事〉火曰徐吾燭不属請无与夜續徐吾曰妾以貧故
起常先去常後今一室之中去一人燭不為益明益一絕纓滅燭楚莊王賜
人燭不為益闇何愛東壁餘光莫之能聽遂復与夜續群臣酒燭
滅有牽美人衣者美人援丨其冠丨告王〈戰國策〉詳纓留髡滅燭齊威王召問淳于髡飲
王命群臣皆丨丨然後出火髡幾何而醉髡曰一斗亦
醉一石亦醉執法在旁御史在後不過一斗徑醉合尊促坐男女同席堂上
滅燭主人丨丨而送客羅襦襟解微聞薌澤當此之時臣心最懽能飲一石

互見令女執燭顏叔子獨居一室夜大雨一女投之叔子丨丨丨丨燭盡破
斗火屋柱至明不弍〈史〉又顏叔子獨処於室鄰之嫠婦夜暴風雨
室壞婦趨至叔子秉燭放乎旦自以為避嫌之不審若其審
者宜若魯男子婦人趨而託之閉户不納○魯男子事詳可側涸然燭鄴州
燭是冠萊公法自少不點油灯雖丨丨間燭候成堆屬〈賈誼傳〉丨文注綴
杜祈公在官未嘗丨官丨奢儉不同如此〈歸田録〉緝也〈史記〉丨目注
注也〈図〉意之所丨遲燭柳相丨丨○按荀子夜三燭丨丨不絕〈兒寬傳〉逾
燭之甲韻會入在此但礼舉甲七丨在遇韻絲燭租稜連如繩索也觥
屬從者彷佛丨丨而逐洞屬洞丨乎其敬也屬丨心皆屬識者能屬丨屬視
屬〈長揚賦〉上古委字丨乎其忠也〈礼器〉寫〈光武紀〉矚之
甚娥軒晃文屬川澤時其丨遙矚探奇極丨〈活套〉遠丨屬照也〈文粹〉戎鏡
无留丨駐矚丨騰騁遠矚丨詳警屬電丨矚當日而丨之則
能延燭光火〈東都賦〉玉魚欲切詳美丨龍讀詩溫其如丨其人如丨
賦散星明以丨幽石可攻丨〈書〉丨石俱焚〈記〉丨在山而木潤○丨馬
璽融王騰事詳璽于闐尺玉魏田父得玉徑尺鄰人曰山怪石也取置廡
有丨山多丨又有丨何下明旦視之光射一室大怖反棄於野鄰人
取獻魏王玉工曰此无價以當之五都之城僅可一觀王賜
獻玉者千金長食上大夫之祿〈尹文子〉寸晷輕丨丨〈闕〉汗玉崑山丨丨桂林一枝
詳群玉丨丨山先王之所謂火玉武宗時夫餘國貢丨丨光照數十步積
旌君丨策府〈穆天子傳〉詳府之可以然鼎實室內不必挾纊〈杜陽編〉〈賓〉

玉紫餅截丨丨丨〈國史〉乾玉天寶中與國獻丨之則首尾相就割之則恐直〈杜陽編〉五玉舜修丨〈書〉餐玉後魏李預每美古人丨丨
之法乃探訪藍田掘得玉環璧雜器形百餘為屑日服食之〈史〉未識囊中欢
丨丨法〈図〉○周礼玉府曰王齊共食玉漢武和玉屑飲露云可延生
玉于家賞挂歎玉穆天子東遊黃澤謡曰黃之池其馬歎沙黃之澤其馬丨丨〈本傳〉屬玉鴛鴦丨丨〈相如賦〉
欸白玉〈谷〉〈織付〉似鴨而大長
頸赤目紫紺氷玉婦翁丨清女藍田玉諸葛恪少有名孫權見其父
色上音燭婿丨潤詳潤瑾曰丨丨生丨真不虚也玄圃玉
陸機文如丨觀日玉丨丨丨大如八寸鏡映日豐年玉庾文康為丨丨丨王
丨積丨〈本〉丨見日中宮殿〈相感志〉稚恭為荒年穀〈世說〉
抵鵲玉詳鵲崆頭玉娀賀子由生孫爛〈〈丨丨丨呂望釣玉文王至蟠溪見呂望釣
句闊眼電睛〈〈得玉璜刻曰姬受命呂
佐昌書子罕辭玉宋人得玉獻之丨丨丨子罕曰我以不貪為宝虞叔獻玉丨丨
〈甲〉尔以玉為宝若以与我皆喪宝也〈左襄十五〉
有玉虞公求旃弗獻既而悔曰匹夫无罪懷卞和泣玉丨丨得玉璞獻楚厲
璧其罪吾焉用此以為賈害也乃獻〈左桓十〉王丨以為欺斬一足
又獻之平王又斬一足荊王立和抱其玉晝夜哭涕盡續以
血荊王遣使問之遂所獻玉剖之果有玉封為陵陽侯不就義毛曾倚玉与夏
侯玄坐人謂丨妾名碧玉武后時補闕喬知之妾曰碧玉美而善歌舞武承
丨丨丨樹〈世說〉嗣借教歌舞不還知之作綠珠怨寄之末云辞

君去君丨丨不忍欲勞掩袂傷鉛粉百年离恨在高樓一代容〈人名〉〈碧倚〉賢大夫〈宋〉衛
華為君尽碧玉得詩飲泣而卒承嗣聞之殺知之〈朝野僉載〉
〈碧〉悲秋詳秋蕭史〈姓氏〉彭城徵音黃帝時公玉帶造合宮明堂見尸子
秦女隨鳳仙去詳鳳後改為玉氏後漢有司徒〈姓氏急就〉字文伯為陳
留太守以獄〈易〉君子以明慎用刑而不留丨〈家〉君子以議丨緩死〈喧〉岸
德化人片言折丨〈詩〉速我丨〈漢紀〉蕭何繫丨斷丨四百〈漢文〉
獄犴宜丨宜丨〈詩〉岸本作犴野丨丨非訖于威典獄惟訖于富詳訖書獄張湯鞫論鼠獄文辞
犬所以守故謂獄為丨如老吏父大驚遂使
丨丨〈注〉謂決獄梁獄漢鄒陽游梁丨丨王以為漢嗣陽爭以為嚳獄鮒也丨疑
之書如律令也不可丨下陽吏陽從獄中上書得出〈史〉丨〈左〉
獄丨丨汜与衆共之衆疑赦之〈記王制〉汜字劒切兒寬鼠獄李衡丨丨張
儒者會有疑奏寬言其冤張湯大驚奏寬為讞掾〈本〉湯事見鼠句
梗陽獄丨丨人有丨魏戊不能斷以獄上詳歎畫地獄吳道子丨丨丨變相成
都人觀者咸懼罪修福死囚歸獄唐太宗時
丨丨四百畫地為獄丨丨丨丨義雙劒埋獄詳劒于公治獄丨丨丨丨丨鄒衍
來丨丨不入詳木韻多陰德〈本〉
繫獄丨丨丨丨盛夏降霜詳鄒不對決獄陳平旭吁玉切日旦出皃〈詩〉丨日勗勉也
〈書〉丨哉〈人名〉〈奇〉奪鳳凰池詳池頊頭丨丨謹皃又帝号顓丨捐拘玉切戴物車又丨輂山行
夫子始旦又丨丨騎蹇皃土轝〈左〉陳畚丨

所載鈇鉞施殺下禹治水所乘 ○局 渠玉切輮馬｜促詳駒 蓍局｜｜〔陳子昂遺愛碑〕觀此見天下之高書秘書局省也 玉局
後李老書与張道陵至成都有局脚玉床自地而出故以｜｜名之〔劇秦記〕 未似西歸｜｜翁〔蜀〕 玻時提成都｜｜ 博局太子引｜提吳太
子殺之〔史〕 紙局老妻畫｜爲 體局唐張行成除局 博局外有根號周限可 曲
〔王導傳〕 棊｜〔古詩〕 ｜｜方正幹局用故謂人材爲｜｜
局予髮｜〔采綠〕 拳局稽辭避｜｜〔韓〕 頁局唐文粹有｜｜生 地如碁局〔文〕｜｜｜｜ 又見韋韻〔晉天〕就就一局
東坡云南岳李若老好睡恨人下棊若老｜ 未嘗對局 北齊魏子建在洛頃
｜關數局乃一展轉云我始｜｜君戕局矣 魏奕棊後爲東益州
剌史臨逐五年 安敢越局 陶侃鎮武昌鄭峻諂京師遏嶠要侃同赴朝廷侃恨不与顧命曰吾疆易外將｜｜｜嶠固請乃
行 跼 踡｜不伸也亦作局〔詩〕｜｜｜｜〔史〕不敢不｜ ○屬 殊玉切附也又族｜也〔書〕各率其
〔書〕 予髮曲｜〔周官〕 其｜六千私不横｜无以爲
完父署王記附着堅 蜀〔漢書〕文翁治｜○｜道難詳 得隴望蜀〔曹操〕曰既
固兒 蘇武與｜国〔難〕 川中狗爲｜字詳館 ｜｜復｜
｜〔晉紀〕又 無犬爲蜀 吳薛綜嘲蜀使云有犬〔陸套〕西｜閩｜吳｜ 蠋 〻桑中蠶〔詩〕蜎蜎者｜〔淮南〕
〔光武紀〕 爲蠋｜｜｜詳独
蠶与｜相類而愛憎 襡 短衣長襦連腰〔晉夏紀〕 ○鰨 尺玉切〔易〕｜類而
異也〔爾雅〕〔鳥〕 〔禮〕賈充使妓女服襡｜ 長○鰯鱧｜ 觸詳

觸其工氏怒｜不周之山故天觸｜氏｜氏觸氏觸｜羊 振觸 莫若辭
柱折詳甚隕感頭｜豕風詳論角之爭詳角羊觸藩〔易〕 角號鶩四
鄰推床破面 手未觸若｜｜｜〔論〕 一懸牙纖新 不忍觸 觸向此花前對酒｜ 冠令鹿觸 觸傒
｜｜人〔谷〕 〔城石梅詞〕 角〔淮南〕
秦倡也始皇議大苑圃優旃曰善多縱禽獸其中｜來｜糜｜｜｜之乃輟止〔史〕 ○背觸 張丞相天竟使江南見宝竟
觸作偈有云須知｜｜拳頭外
别有灵年一點通山谷 歜 盛氣怒也〔人名〕〔國〕人 戰 ○ 辱 而蜀切 陳草復生繫
聞之大笑 互見背
又薦也謂以追辱左｜｜〔史〕軍行在卑左者 辱 不可｜○守其〻 詳浚 寵
交蒲爲薦席 求草｜爲卧止之備 〔易〕榮｜之主〔記〕士可殺
辱 盧承慶考課一官督運遭風失米盧曰監運損粮考中下其人容止自若
辱无言而退盧改注曰非力所及考中〻既无喜容亦无愧辭又改曰
不驚考言輕招辱兒 耐辱 司空圖自云三宜休 泥塗辱 趙武曰使吾子
中上 招辱〔輕〕 ｜｜〔楊〕 號｜｜居士詳休 辱在｜｜｜以矣
〔莊〕 扯頊辱 豈可使｜｜｜ 跨下辱 韓信爲楚王召辱已少年 經上辱 柳毅妻盧
｜｜｜｜｜ 令出｜｜者以爲中尉〔國〕 氏女曰予
即洞庭君女｜｜之 禰使示辱 劉寬事 ○忍辱鎧 袈裟一名 縟 繁采色也
｜君能救之詳書 詳韓 詳鞭 孫彥伯賦
缽致 溽 暑濕熱也 暑溽 士聞｜〔記〕 蒸溽 袁年〔因〕 畢溽 地氣〔國〕 六月溽 暑〻墮贅夢
典｜ 奈此｜｜

飲食不源 〔記儒行〕 饮滋味爲褥 褥 貴帷帳〔禮記〕｜勞 衲一千贖兄彥回 白
｜｜坐｜依裘使司馬光曰劉恕自洛陽南歸无寒具光以衣｜｜ 假之固辭强与之至潁川悉封還 竟褥 周灵王起昆昭之臺
一人以指彈席而 綉褥 綉褥 設孤腋素裘紫｜ 大
暄風入室〔拾遺記〕 綉褥 美套〔雜〕 卻盧褥 元載宅姬薛瑤英有｜｜之歟毛所爲也〔杜陽編〕 一云 貸
兩褥 北齊李元忠位儀同三司孫騰司馬子如詣之正坐樹下對壺
酌獨酌使婢卷兩褥｜酒肉二人太歎息大餉米絹受而散之〔史〕 舍人紫
褥｜｜院每知制誥設｜布被皮褥 後王暢爲南陽太守時以奢靡
褥｜｜於庭面北拜廳 詳角 布被皮褥 祖尚暢｜｜｜以矯其俗〔史〕 太尉賜
褥柳世隆要｜｜以褥席 〔陸套〕 郊｜ 郊｜河 ○ 東 書玉切 〔語〕｜帶 要
褥見｜遂亞台司 詳席 素｜ 辱南地 詩生芻一｜
東 ｜｜介〔漢高紀〕 剌東 何思澄重交結每宿作客 盩 新東 ｜｜〔史〕
東待諸侯至而定 ｜｜曉便命駕 詳剌 窮成摷下 如 高閣
東此輩宜東之 遺金辱東 甄彬於寺東中得 〔陸套〕 結｜約｜羈｜ 〔姓氏〕 南陽
｜｜詳閣 ｜｜不受詳寺 書｜｜兩生 羽音
疏廣之從曾孫孟達避王莽亂自東海從沙鹿山因去足爲東氏〔風俗〕 字廣
微仕晉大早措爲邑人請雨三日而雨注 辨三日曲水之義賜金五十斤
轉著作佐郎觀汲冢竹書隨疑分釋補南陔 ○欲 余蜀切 孟義我所
等六篇亡尚書郎 父龕及祖混皆爲太守 ○ 王所大｜ 〔書〕 生民有｜

〔語〕己所不欲 慾 与民同 可欲｜｜之 〔月令〕 ｜｜節 ｜｜將 晏子曰慶氏
｜見〔鍾蕃〕欲安｜逸 謂善〔孟〕 〔記〕 之邑足欲故
亡吾邑｜｜｜ 能我欲 魚我所欲也｜學 ○五欲 〔全〕 不足欲
也〔左哀二十八〕 亦｜所｜也〔孟〕 六道眾生深著
內｜｜ 寡慾 養心莫善於｜｜〔孟〕 窒慾 懲忿〔損卦〕 ｜｜ 〔法華經〕 慾 多慾
〔漢武紀〕 沐 〔語〕｜沂 ○浴 乎沂 渢浴 男女不共｜｜ 上新
浴｜｜ 首必乾 閉息方竅通霧散名｜｜〔坡〕 彼力切謂浴室〔內則〕
浴 振衣〔楚辭〕 章浴 坡云海南无浴器故常 三浴 三薰｜ 〔國語〕 竟浴 ｜｜猿
人也 裸浴 晉文公及曹二共公聞其駢脅 扶桑浴 日出暘谷浴乎咸池拂于 是養形之
詳經 欲觀其｜｜薄而觀之 〔左僖公〕 扶桑〔淮南子〕 夜着
浴 暖鴇〔左〕｜白〔莊〕 ｜日｜不盥浴 後劉寬龍晏嗜 不就井浴 後周張元六歲其祖
首日不能數露其形 於酒甕中浴 張開先疊與母及弟出遊留姬守舍有道
白日之下相異之〔史〕 酒｜好｜｜〔史〕 士所齋被体直入裸浴｜｜｜ 姬不能拒
出遊者歸渴甚亟就盎中飲姬心惡道士不敢白居數日 ○古靈直浴 爲師
開光与母与弟拔宅而去〔曾道傳〕 与士母事同 詳變 ｜｜
｜｜指背於師背上抚掌云好个 鵒 鸜鵒 五年｜｜不踰濟〔左昭〕 昭公二十
佛堂只是无佛 又浴僧事詳因 鸜鵒｜｜來巢書所无也〔左〕 宣
謠有之｜之｜之公出辱之〔左〕 ○謝尚爲｜｜舞 晉司空柘爲在荊有参
軍五月五日剪｜｜古數孝語司徒大會賓佐令效四座 語无不絕似有辭

鼻者語難李因納頭甕中遂語不異〔幽冥錄〕主典人盜物丨丨啗白之後盜
牛肉復白之參軍曰盜肉應有驗曰以新荷葉裹著屏風後果然痛加法後
盜者以湯灌殺之〔同上〕秘書少監崔行功忽有丨丨銜鼠簽鉤鈌入其室不
數日加大夫也〔国史異纂〕　愈始至京師有不遇之嘆見有籠白鳥白丨丨
而至者号於道曰某士某官使丨者進於天子東西行者避路〔韓文〕
取其目精人乳研滴眼中能見雲霄外物〔雜俎〕○丨丨又名寒阜　○躅
厨玉切行前躅登覽丨丨〔劉禹錫〕華躅我亦継丨丨〔蘇〕芳躅敏行訥言俱嗣丨丨〔高郵宗資〕高躅出陪丨〔選〕遺
兒又迹也
躅西嶺訪〔歐〕塵躅企望丨丨商躅贏家学丨丨〔姤卦〕跳躑也姤初六陰蹢甚微然
躅丨丨〔亦雅〕踟躅其中心在乎消陽姤贏弱之豕其中心在乎丨
丨丨百行丨躑躅馬之安步〔韓信傳〕丨丨不如駑驥躑躅山留丨丨　○錄力玉切〔韻〕太史所丨
也軌躅丨〔選〕　蹢躅少意思〔韓〕
傳不疑傳丨因徒〔唐循吏〕寶錄唐沈佺期曰身名已蒙丨丨袍笏未賜牙
傳丨刺史姓名於屏風　金緋詳緋陳登曰餘子瑣瑣焉足丨丨詳驕簿
錄刘晏死丨丨其樂錄陸龜蒙讖志參　天錄後魏文
家惟雜書兩乘於丨丨食疏　鬼錄帝与
呉質書親故姓名丨丨〔王粲傳〕決錄嚴家同郡趙岐作三輔丨丨　籍貧賤無丨丨〔史〕
多為丨丨惟以示象〔史〕　東西錄晉會稽王道子為太
尚書事道子委政元顯時丨丨〔史〕金鑑錄唐張九齡千秋　傳世子元顯丨加錄
号道子丨〔金〕元顯丨丨〔史〕節進丨丨〔史〕〔詩套〕集古丨傳　灯丨仙丨綠唐六品七

品服　蛾綠煬帝宮女争畫長蛾〔司宮日給螺〕〔大業拾遺記〕萼綠仙名丨丨〔花石綱綠萼梅〕
丨蛾綠子黛五斛号丨子　綠絺袷鴗各朝元只有散
淨綠東風搖波丨〔歐〕新綠塘〔古詞〕丨丨小池　故綠露葉失丨〔歐〕泛綠依美蓉詳荷丨丨水　結綠宋有
淨綠丨丨〔歐〕　泛綠吏景行
〔史記儒傳〕鴨頭綠遙觀漢水丨丨〔李〕荔枝綠王公権家丨丨廖致平家綠荔枝試
宝玉名　鴨頭綠丨丨〔李〕荔枝綠頒一杯重碧色快剥千顆輕紅肌〔谷〕廖
之綠荔枝王之丨丨〔詩補〕采丨刺怨曠也　籙簏也〔字彙〕錄皇瑎丨〔揚子〕迄籙蒼姬
丨酒皆為戎州第一　幽王変小雅　籙籍也丨丨
〔孟〕騄丨耳騄馬〔絫史〕使屢覆　醁醽丨〔活套〕芳丨杯中丨　淥水清也〔韻〕歎乃
〔字〕騄可騄何以異夫騄丨　醁酒名　一声山水丨
〔活套〕淨丨醆丨　○曲丘玉切〔韻〕丨肱〔老子〕大直若丨〔韓〕丞丨心曲乱我丨〔詩〕部
春丨　聱牙　同工異丨柳軒丨丨丨九文詳九　
曲李廣行無丨丨行陣〔漢大將〕營小曲丨塗雖曲而通諸夏丨丨雖表曲者影
五部部有校尉一人部下有曲丨丨而通諸海〔周聞明〕
斜詳曲丨丨直為壯〔史〕委曲古来續之丨丨如叔少時謹信不致曲
本　臣曲丨寫老〔史〕〔隷〕〔後漢仲長統傳〕教曲与人丨丨〔光武紀〕
其次丨丨〔禮〕薄曲周勃初以織丨丨寫生狗曲王式曰客歌驪駒在曲礼惡曲元
丨〔中庸〕〔史〕葦丨為丨互見嗇〔史〕谷曰何丨丨也詳駒　結
有丨杜曲自断此生休問天丨丨　驚木曲傷弓之鳥丨　鉤曲曲丨丨得根
丨論　幸有桑麻田〔杜曲〕〔四〕　曲丨詳蓋　封侯詳鈎

無曲丨到九泉丨　珠九曲小説有得九曲宝珠穿之不得孔子　霓裳曲元宗八月
丨處詳稽　教以塗脂於線使蟻通之〔或六卷註〕
望夜遊月宮聆大楽名曰紫雲曲　供奉曲　劉禹錫昕旧宮人穆氏歌曾随織
默記其声歸傳名丨丨羽衣丨　女渡天河記得雲間第一歌休唱
貞元丨丨　當　伴侶曲斉将亡也有〔唐太紀〕後庭曲陳後主造玉　無愁曲北斉後
時朝士已無多伴侶曲丨丨　樹丨丨花丨　主志驕
縱為丨丨〔史〕　周瑜顧曲丨丨雖三爵後有缺誤瑜知之　梨園法曲明皇酷愛法曲
之丨〔史〕　之必顧語曰曲有誤周郎顧　選部下伎女子
弟三百教於丨　雨霖鈴曲明皇幸蜀霖雨弥旬悼念貴妃　不能唱曲丨丨　披言有
丨号梨園子弟　因為丨丨丨丨以寄恨焉詳鈴　三不如
人丨丨飲酒　鏡湖一曲賀知章詔賜丨丨丨　燈盞柄曲唐楊綰四歳客奉坐
着碁丨丨也　鑑湖丨詳湖一作鑑湖　中物以四聲呼之綰
未言綰曰丨〔史〕〔活套〕玲瓏丨丨闌干丨丨〔姓氏〕丨璟陝州人善騎射唐天宝中迁金吾大将
張曲端旗　軍後封晉昌郡王丨曲端宋紹興中名將既殁
猶足攝敵　笛蚕薄也又簞曰丨　斷株玉切斫也〔亦雅〕丨謂丨　瘃寒
趙充国傳丨〔活套〕寒丨丨丨通作曲詳曲　之定注鋤偈也又斫曰丨　瘡
手足皸丨〔活套〕裂丨丨　○足即玉切東方朔丨丨　鼇足女媧断丨丨　驥足龐士元
中別駕之任當展　三冬文史丨丨立四極〔列〕　使処治
其丨丨〔亦詩〕驥　鼎足前彭宣言三公丨丨丨　一足　重足刘賛以剛猛立威畏
鼎足不任則覆〔易〕又丨折丨〔易〕　官吏丨丨丨一迹

足不入秦〔李斯書〕　天下之丨丨　躡足韓信請自立為斉王漢王大怒張良丨漢王丨附耳語云云互見假爲足丨　唐刘晏募丨　置驛欲知
四方貨殖低昂〔史〕　疾足也　知足　跳廣云丨丨不辱〔本人〕〔後漢彭傳〕　嚴光足帝腹詳星　加　鳥三足日中有
〔漢天〕〔史〕　雞三足卵有毛丨丨丨詳卵雞　雀三足　梁夏侯詳戶父墓側有三足　三足丨
百足之虫至死不僵　虫両足然須神而行　丨來集後位光禄大夫〔史〕　虫
百足無他扶之者衆也〔史〕　天有足張温問秦宓丨丨丨乎曰天　窺左足息夫
誡公卿曰使四野雷動未有能丨丨丨而　步艱難是天有足也詳姓　躬歷
先應者也〔史〕上音蹉半步也言一　企足　跂衛足丨猶能丨其足詳葵　不洗足　陰子春身服垢
汚足數年一洗言每洗則失財敗事　貂不足丨丨丨狗尾續詳貂　蘷不足　有餘不足　一
云在梁州以洗足致梁州敗〔南史〕　丨丨　一足　萬足　一足　夔謂蚿吾以丨丨
夔足　堯作大章丨丨〔漢紀〕　萬事足　披賀子由生孫無官　一足　跉踔而行予無如
矣子之使丨丨　独奈何蚿曰予動　一身輕有子丨丨丨　之蚿者其用心一也詳
吾天機而不知其所以然〔莊子秋水〕　多足　無足　范明叔云雖郭索丨丨之蟹不
〔蟹〕帛書鴈足蘇武事　繫燕足女子姚玉京事詳燕　高材疾足先得焉詳鹿　者十和刖足
丨丨詳鴈　丨丨丨丨丨丨
丨丨玉璞献楚懐玉丨丨丨献平王　孫臏断足龐涓自以能不及丨丨以法
又刖一足荊王剖之果有玉詳玉　丨臏兩丨臏後為斉将射死

龐涓詳樹 福手福足 隋末賦役重人往〻自折支体謂之丨丨丨 兄弟手足 詳二先丨丨如丨 鄒陽文 赤繩繫足
韋固婚姻事詳繩 珠玉無足 丨丨丨而至者君好之也士有足而不至者君不好也 韓詩外傳 為蛇畫足 陳軫見昭陽曰有賜
其舍人酒一卮舍人曰數人飲此不足請畫地丨丨先成者飲酒一人先
成持酒曰吾能為之足未成後成者奪酒曰蛇本无足子安能為遂飲酒令
公相楚攻魏戰勝不知止又攻齊
猶為蛇足也昭陽解軍歸 史記 傷胷捫足 漢王伏弩丨丨乃丨丨 史 濯太尉足 李憲用事士夫
奴事之彭孫氣陵公卿然嘗為李憲丨足曰丨丨丨
何香也憲以足踏其頭曰奴諂不太甚乎 抱朴墨記 躡漢王足 張良詳假 接車肘
足韓媿裂智伯肘足本无声 戰 韓媿
肘足丨於丨上而智伯国亡詳用 摩愛史足 漢張湯為御史大夫与李文
有隙湯愛史魯謁居使人上
飛變告文姦事下湯治殺文謁居病卧湯為摩足趙王上書號三足 唐庐景亮
告湯大臣丨丨丨疑与為大姦事下廷尉自殺 漢 謂人君足
食足兵而又得士天下可 記 史 衣食裁足 但取丨丨丨 馬少游曰士生世間 詳窮 不知馬足 後朱務鋭意講
為也者丨丨丨丨
誦其父常以為尊容幾丨丨 查戎馬足 匈奴丨丨丨 漢書 黑子在左足 後黃昌為蜀
數丨丨 史 言又過於石慶也 太守初昌婦
遇賊流轉入蜀為人妻其子犯事詣昌自訟云云曰妾本會稽餘姚戴次公
女州佐黃昌妻昌驚曰何以識昌對曰昌左足心有丨丨常自言當為二千
石昌出足〻之相○鐺折足 古德和尚向折足鐺 兩足尊 稽首丨丨丨
持愁泣還為夫婦 裏煮飯喫詳鐺 法華經 詳尊 金棺雙
佛滅後有第一祖迦葉至双林樹間 和尚白足 釋曇始足白於面雖跣涉
足号泣佛於丨丨內現丨丨 傳燈錄 泥水未嘗沾濕称白足丨丨
丨 魏書 石頭趨足 長髭禪師參石頭丨丨乃 ○贖 神蜀切 晝金作丨刑 呂刑
高僧傳 丨丨 師便礼拜詳眼 記 子貢丨丨人不受金○右
丨罪用銅漢用 白身贖 如可贖兮人 解左驂贖晏嬰丨丨丨 越石父
金後魏用絹 丨其丨 黃鳥 於縲紲之中詳巳及驂 說苑
罪難 ○僕 逢玉切音与伏同帕也一曰裳削幅 亦作襆 晉魏舒傳 襆被
丨丨 而出又丨頭周武帝所製唐惟人主用硬脚趙宋有直脚等五
等一云梁高祖始布 枕幞 嵩山有一人丨丨 開幞有斤 送故幞 李褒鎮晉州
綵于紗施鉄為脚 巾 冷齋數事脩月户也詳月 表兄武恭誕
辰寰生日恭丨丨 皂幞 子曰李西平收復京師時所服 心以幞 謝泌戲胡
者恭生日褒以破丨頭遺之曰此洪崖先生者 續世說 巾 旦飲酒面
赤曰舍人面色如彩色胡曰李士丨 ○促 七玉切 漢書作趣 漢王趣刻六
丨頭丨丨頭 麗澤 胡時服綵 国印趣銷印 曹參趣治裝入相
刺促 王濟歎裴楷鞘和嶠丨丨不 局趣 丨丨效轅 急趣丨丨 丞相定 日月促
得休詳歎言受役於世也 下駒詳駒 功行封 漢紀
長年求競丨 絃柱促 短瑟丨丨丨 破詩 音響一何悲絃 膝促 亭小丨丨丨
丨益丨 詩 急知丨丨丨 古詩 促柱少和声 閱書 膝爰促 數二十八

陸文 煩丨數 細也 區 起 東京賦被三皇之 ○俗 似足切 書敗常乱丨
迫丨 呂 趄丨 小步也 君陳 傳染汙丨 關征
前貨殖傳 鄒魯丨好儒 文帝紀 雅俗 婉鄧文性剛急輕把丨 史 殊俗 餘風振乎
望風成丨 蜀美政美丨 儒效 丨 史 謝安坐鎮丨丨 後漢紀
家丨 詩 談俗 王獻与兄徽之操之俱詣謝安二兄多言俗 走俗 抗塵丨 異俗 廣
事獻之寒暄而已安曰吉人之辭寡詳喧 詳塵 谷
大川異制民生其間者丨丨 劉桑 桃李俗丨丨 漫山 不醫俗 无肉令人瘦无
輕重遲速異齊五味異和 記王制 揔粗丨 國 竹令人俗人瘦
尚可肥俗士 未能免俗 阮咸七夕俗多曬衣咸以 大布犢 何暇偶俗 狄仁傑
丨可丨 國 鼻褌曰丨丨丨 聊復尔〻 詳棍 曰黃巻
中方与聖賢對語丨 續 詩以嗣以丨 史 樊噲責項羽曰此亡
丨丨丨史語那詳語 法言 眼丨流 習丨 絲 秦之丨亦○丨 弦膠詳弦 漢紀 計借
食 湊食續 陰靷丨丨 詩小戎 陰揜軌 板也靷所以引也丨 白金也丨 續靷也 掩
陰板上別有續靷之兜白 禄續靷 之前以皮二條前繫驂馬之頸後繫陰板之上丨丨
金䤉其鋈以為飾 互見鋈 錄續 丨丨 元稹宮詞 鳧頸續 之則悲 莊 雖短丨
狗尾續 貂詳貂 丨丨 人名 詳慈 姓氏 鴈門羽音晉大夫狐鞫居 黃 水渴 詩
又姓丨氏是為丨東伯 言采其丨○
粟 相玉切 語 冉子請丨 与丨九百 論 曹交食丨 左 周粟 夷齊恥食 菜粟
李〻子无食丨 馬 書 鉅橋丨 漢紀 高祖據敖倉丨丨丨 史記
大倉之粟紅腐 而不可食 漢紀 囊粟 東方朔曰侏儒長三尺俸一丨丨錢二百四十臣朔長
九尺亦一丨丨錢二百四十侏儒飽欲死臣朔飢欲死
斗粟 淮南王死民歌曰一尺布尚可縫 一兩粟 神農時天丨丨 周書 蒼
丨丨尚可舂兄弟二人不相容 史 顛造書而天丨丨 詳哭 啓
粟 秦敗豪傑爭取金玉任氏獨丨丨 楚漢相距 須粟 季桓子以粟千鍾饋夫
窖陽民不得耕米貴金玉尽歸任氏 史記 分粟 子受而丨 諸門人之貧
者曰吾受為季孫之惠受而 頒粟 鄭飢子皮丨国人丨 治粟丨丨内 入粟 錯 晁
惠非一人不亦宜乎 家語 戶一鍾 襄二十九 史 詳穀
令天下丨丨縣 搜粟 漢趙過為丨 脫粟 晏嬰丨丨飯 詳 撮粟 丨丨出 毛粟 性
官拜爵除罪 丨 都尉 漢 飯 又公孫弘 卜 詩 命
寄丨 國 大海粟 回頭望彭城丨 太倉粟 見漢 秦輸晉粟 晉飢
丨 國 浮一丨 國 粟下 實起粟 凍合玉樓 丨丨 國
之粟 辛酒 受粟 子思丨丨丨丨或曰何辭少受多子思 矯制發粟 河南失火使
詳飢 尚 酒 思曰云云度義而行之可也 詳酒 汲黯視之还
報曰河内人或父子相食 易執以粟 鄧綏公令食鳧鴈以秕无以粟倉无秕
臣發倉廩以濟貧之 國 求丨於民二石粟得一石丨公曰鳥食
鄒之秕不害鄒之粟也粟在 小斗受粟 齊大夫田乞及其子常以丨丨丨 不
倉与在民於我何擇 新序 丨以大斗貸於民齊人歌之 團子
貴盜粟 隋李士謙家僮挖盜粟者 莊周貸粟 丨丨丨 於監河侯曰以金貸
士謙曰努困所致放之 史 波周曰昔見轍中鮒曰无升斗

之水活我乎曰待少西江水活汝 世界藏一粟 一粒粟中藏 ○金粟如來頭陀
鮒曰不如索我於枯魚之肆(莊) 丨丨詳鐺
寺碑(選)發迹經曰淨名大士是往古丨丨 ○亍 丑六切步止也(漢)白馬賦
丨丨○維摩詰是丨丨丨丨(祖庭事苑) 秀驥亍丨 左步為彳右
步為丨亍
則為行

三覺 獨用

覺 古岳切(孟子)丨丨後 恐兒輩覺 謝安曰中年共親友別輒作數日惡(義)苦
丨(陶穀)丨今是 丨丨丨丨撓其懽樂之趣詳惡 空覺
不自覺 姚諧謂太宗比年勉強受諫而終不平帝曰人丨丨丨丨丨亦(史) ○緣覺 因声教而悟者名声聞 因緣而悟者名
有覺无空即成人見是凡夫法有 五覺 有衆生覺声聞覺二乘覺 一宿覺 永嘉
丨无丨即成我見是三乘法詳見 菩薩覺佛覺(百丈語錄)
禪師謁六祖問答相契便欲辭 角 林中丨丨 丨丨而上者九万里
去祖留一夜謂之丨丨丨丨(傳灯) 影詳影 羊角詳鵬 鵬搏 ○九成縣有旋風望
之捧天如丨丨丨(晉史) 犢角 春奔初生 馬角 乘黃丨有五內丨 ○燕太子丹質
風曲上行若丨丨丨 黃丨丨(晉) 於秦求歸秦曰待烏白頭丨丨生
乃歸太子仰天哭烏頭白丨 麋角 仲夏丨丨解(月令) 毛魚与丨 雀角 鼠牙
丨生王大(漢)遣歸(游歷紀聞) 丨丨一龠數千百(因)小魚也

(詩)蝸角有国於丨之左丨者曰蛮氏国於丨之右 總角 丨丨之宴(詩) 男角 鵞(內則)丨丨女
蝸角丨者曰觸氏爭地而戰伏尸數萬(莊)(則陽)
夾肉曰角 斗郊牛日丨丨(穀成) 風角 丨丨首觀四隅之風占之(後)刘寬
午逢曰觴角 斛角(七)斛球之然角見 (傳注)後段翳明丨丨有一生從李
辟歸醫為合膏封簡書曰有急發之生至葭萌爭渡吏撾破從者頭生開封
曰到葭萌与吏鬬破頭者以此膏裹之生乃还卒業(史)張子信善丨丨占鬬
鵲墮二云有 擿角 譬如擿鹿晉人角之諸戎丨之(左)詳鹿 莘龍角 郭璞
口舌詳墮 罥其首曰角 奎其足曰丨丨本作捔 詳莘 牛礪角
石吾甚愛之勿 日在角 仲秋丨丨(月令) 巾折角 郭林宗遇雨丨一角墊時人故丨丨
使丨丨丨(谷) 巾丨丨其見慕如此詳巾 聽
宮角 丨丨音如牛鳴窌中窖也丨丨 韓子師曠援琴鼓之曰不如清
風雨裂帷幔俎 彈清角 丨丨一奏雲從西北方來再奏大
豆墮廊瓦(韓子) 閣老壓角 舍人院每知制誥設紫褥於庭面北拜丨丨立褥
(雜記)又詳老 之東北謂之丨丨 宰相壓角 其礼相傳自唐(國史)
宰相送之施一揚堂上壓角坐頭上出角 丨丨 隋文帝初生皇妃抱之忽見
曰已驚我兒令晚得天下(史) 宋鄭獬夢浴於玉 偏体起鱗隊之地有尼來見
龍池視背生白鱗水影中丨丨丨果状元及第 藏御史角 刘瞰迁御史武
不救火瞰詣之彰怒曰我能截君角瞰曰天子 庫火尚書郭彰
法官而欲截角乎奏之彰伏不敢言(晉)李紀 綬角 孔子生麟見微在
綬角以丨丨繫丨丨詳

(序)卦 書牛角 李密丨漢丨一帙丨 折鬬牛角 唐辛讜□有牛鬬讜兩持其
丨上行且讀詳書 角牛不能動久乃引觸竟折其
角(史) 不與麋角 李繪詳麋 朱雲折角 五鹿充宗為梁丘易諸儒莫抗召雲入論難連
拄五鹿君語曰五鹿嶽嶽丨丨丨其丨(宋雲傳)
甯戚叩角 丨丨丨丨牛丨而歌 腹有鱗角 李平字正方孔明曰陳孝起為吾說
角者但不 (三齊略記)詳牛 正方丨中丨丨丨不可近吾以為鱗
當犯之尔 嶄然頭角 丨見丨丨衆謂柳氏有子矣 柳宗元年少已成人取進士丨 珠庭日角 丨丨丨 李珏丨 識姑
洗角 唐楊收逐陽耕得古鍾高尺餘收扣 禦敵吹角 蚩尤与黃帝戰帝命吹
之曰此姑洗角也有刻在兩欒(唐) 角作龍鳴以丨之軍中
製之以句昏 郡境鼓角 王羲之代王述為會稽述以母喪居丨丨羲之止一
曉(通礼義纂) 丨丨謂羲之詣已洒掃待之如此累年義
之竟不重詣 孤雲兩角 吳元之南山絕頂謂之丨 (活套) 屈丨枝 捔
述以為恨(晉) 丨丨去天一握詳握 祖丨 方曰丨 棖也椽
易或得其丨(淮南) 丹楹刻桷(魯莊公)丨桓公丨丨 大桷細桷 為丨著
曲(呆)不可以為丨 刻桷桓公丨非礼也(穀梁) 為丨丨(進學解) 者
榷 說文水上橫木○丨酤詳酤 通作搉(揚子) 搴榷 後漢帝豪右丨丨丨馬
為其父而丨其子又弘羊丨利而国用足 榷一匹至二百万 搴
障榷專障余人賣 較 (說文)車耳也又重較 猗丨丨兮(詩)淇奧 車輦上重起
買而自取其利 較大丨猶大略也 如牛角者 兩輢上出軾者較

在軾上若兩較 獵較 父田丨相丨多少也(孟注) 捔 持丨 觳 盡也(史記)不丨於世又无
然故云丨丨 詳角 觳 潤也(莊子)大道大丨
搉 (前叙傳)揚 珏 (說文)二玉 五角切 (詩)舷高維丨 (書)詢于四丨 (柳文序)
搉丨古今 珏曰丨 嶽 五丨氣分 五嶽 丨丨詳角 亦作岳
動搖山嶽 韋思謙曰御史出使不能丨丨 震懾州縣為不称職(唐史)
丨丨 婦翁為嶽 青城山為五嶽之長名
丨妻之伯叔父為列岳(青城山記) 又泰山有丈人山故呼丨丨丨丨令
丈人峰丈人觀故呼為岳丈(宋孫特正云) 雲與四嶽 北齊姚愷積年沉廢
自天然賜丨丨丨丨 謂湯愔曰雖復零雨
愔除霍州刺史(史) 群仙會嵩嶽 田璆鄧韶元和癸巳中秋丨嵩丨
夕与丨丨丨丨(纂異記) (活套)華丨 (人名)
儀詳果 (姓氏)美姿 嶽飛 字鵬舉初生有禽若鵬飛鳴屋上因名少好左氏春秋
孫吳兵法引弓百斤善左右射靖康間大小百戰未嘗敗入
覲御書于旗曰精忠為秦檜害死官至少保贈太師謚武穆 二子雲雷霖
雲手握兩鐵搉重八十斤顯昌大戰數十以功授左武大夫殿師廣州道出
章貢父老率子弟來迎泣 嶽鳥 丨丨詳鶖 樂 (孟)今之丨猶古之丨 廣樂 秦繆公夢至帝所
曰不啻今日復見公之子 觀鈞天丨丨 帝錫
以秦遂昌(史)扁鵲傳趙簡子曰我之帝 雅樂 漢河間王 晉卻至如楚
所与百神遊於鈞天丨丨九奏万舞詳存 獻丨丨(史) 備樂 觀之以大礼
重之以 (國) 古樂新樂 魏文侯曰吾端冕而聽丨丨則惟恐卧聽鄭衛之音
丨丨(國) 則不知倦敢問丨丨之如彼丨丨之如此何也(史記) 季札

覲樂｜｜聘晉請賜魏絳樂晉侯以樂之半思酒奏樂李翱文｜｜則｜音
樂｜於周｜賜魏絳樂｜｜｜｜因｜神逸乃屬文詳㶚
自比管樂｜｜諸葛亮｜｜姓氏南陽角音宋微子之後戴公生公子衎字樂父
樂｜仲｜毅史子孫以王父字為氏後羊大破之封昌国
君斷吉齊趙封望諸君郎司城子罕宋卿不貪為宝詳宝邑中之黥
詳黥字子声孔門弟子贈昌平侯名克好善優於天下娓
文侯將伐中山誘蕃盈詳㥁又樂羊子妻斷機勉夸詳紛字彥輔約
言析理事晉衛瓘曰此人之水鏡詳鏡名數自有樂地詳地終尚書令
字子正撫州人仕趙宋獻金明池賦召為二館編修仕唐子思晌父
子為相時人榮之字元備為建康令不受奉扶況武嘉其請節曰可
以為百城表矣字承業抑挫豪右号稱疆直為齧門李士民史
処諫官集錄夏商以來諫諍事名諫苑詳苑樂廣女妻衛玠詳潤　當○
鸑鷟士角切鸑｜鐵鸑鷟唐武后造明堂上為圓蓋施鐵鳳高一丈飾以
以鳳多紫文黃金王求礼上書曰｜｜入雲金龍隱霧本紀　法套
鸑｜｜爲兒時夢紫文大鳥五色成文止於庭大父
鳳｜人名曰吾聞五色紫文鸑｜也殆以文章瑞朝廷乎史　浞濡也又寒
渷｜水　捉側角切｜衫見肘詳肘謝安｜蒲葵扇詳扇今日｜浞人也
小声也　官裏去詳皮杜石壕吏有吏夜｜人○李白｜｜月｜｜將
衎｜塵宇捉唐兵戍邊者大日軍小日｜｜詩須人捉齊諸暨令袁嘏詩平　王
柄詳談　字捉通鑑二百九卷中宗景雲元年平生當自云我｜有

生氣｜｜｜著不酉可不捉北齊楊愔為尚書令常山長廣設伏約酒行至
尔便飛去詩品　｜滑｜不捉愔我一日捉酒二日捉｜三日｜｜尔便捉
之如言　活套　影難｜　斮斬也又穧稻下種麥隄南都賦冬稌　稌早取穀
過客史　昔樂勺　夏｜韓納凉汲冷濵香｜稑也生穫
曰｜熟　朔所角切語告｜韓芙記礼運皆從其｜注初也○許邵月｜
捜白稽　輙更其品題詳評河｜避暑飲詳飲李膺破柱取張｜詳拄
三朔夏以平明殷以雞鳴周以夜半天子｜｜記所受朔諸侯｜｜所　慕朔
三朔夜半故云｜｜書大傳　分朔頒朔於南門之外　朔於太廟記
龍荒｜兎撲朔古樂府木蘭歌雄｜脚｜｜雌兎眼迷離兩兎傍地走烏　不
｜閩園　能知我是雄雌史記　木蘭女替父征役人不知其為女也
知晦朔朝菌｜｜莊　活套　幽｜　年号　成帝龍｜　唐高　人名　所以不侯詳恨
漢滑　矟亦作槊矛長　至｜　漢武陽朔　言李廣殺已降
猾臣　矟丈八曰｜　累槊于栗磾才力過人好持｜｜　劉王槊千株｜
立談　氷槊賈勇發霜刷争前耀｜｜　裕嘗遺其書題曰｜｜｜公麾下　挽雲
竹也　氷槊謂欲以霜刷｜｜御熱也　横槊｜｜賦詩赤壁付　宋相崇祖
馬談　紂遑敬德善避矟每单騎入城群刺之不能傷又能　上馬｜｜下
詠　奪矟｜賊｜還刺之帝令与齊王元吉少選王三失矟史　拔矟齊長沙王晃有
武力以馬矟刺道邊枯葉數人引　槊｜｜以相娛嬉｜爲子｜為局一曰
之不出晃馳馬｜之應手便出史　碁槊　挫槊迭博也續事始云胡中戲即

今以　折樹矟梁羊侃武帝造兩手槊成因賜侃令試之觀者登樹帝曰　針為
陸也　矟出樹以為侍中折矢後而果折因号此矟為｜｜｜史
矟唐董昌友黃碣曰以愚　蝟持槊擲諫家忽有人長寸餘悉被鎧持槊或以
矛槊之｜可｜｜平史　槊切肉入穴掘之有斗許大｜謙後見誅
詳鎧　戚異苑　取辛往槊郭晞從十卒為暴殷秀實　投兒承矟北齊文宣諸元氏皆
十七人往槊上詳辭　殺之嬰兒投於空中
矟史　承之以嬰兒貫槊娓人破南兖｜｜｜　雄耐刀槊符生幼无頭祖洪鞭之生
庾　於｜上舞以為戲略｜｜｜｜不堪鞭捶詳
百擲十矟後周田弘正身披｜餘｜破骨　班絲纏矟梁杜嶷為西荊州刺
朱弓四石餘力｜｜｜者凡馬被｜｜朝廷壯之史　史膂力絶人佩霜明
｜二丈五号杜虎史　劉辞卒左　敕吮　數語事君｜　疏數教疾徐
官司　敗不宜數庾亮　舞象｜也　朋友｜　疏數之節夏
誤宜可數呂布督將曰將軍｜　斲竹角切李斯傳
詳敗　數事｜｜｜平詳設　采椽不｜｜楊
滔号｜窓含人詳窓不　斤斵郢人堊漫鼻端匠石運｜成　執斵孟孫
善為｜血指汗顔詳顔　斤斲風｜之尽堊而鼻不傷詳斤　勢斵路｜｜扶鍼
女工皆百人為賓　梓人所職引規矩　老斲年七十而｜　璞斵既斲
图｜｜木匠也　確斲家不居｜｜之器　輪｜輪詳輪　書
活套　天真｜　琢玉不｜　追琢｜｜其章　雕琢玉人｜　切琢如｜如磋如｜
郢｜　不成器詩棫樸　圖　如磨詩淇奧

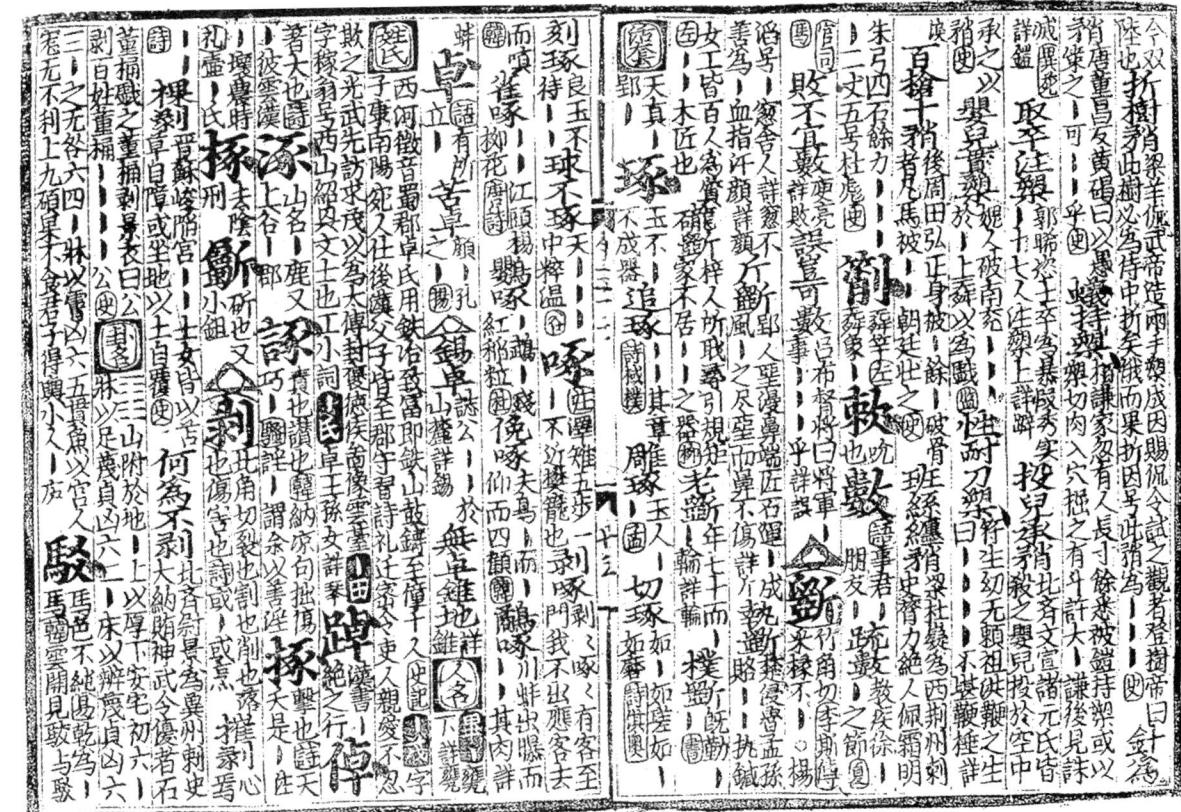

刻琢良玉不　球不琢天｜｜｜　啄西澤雉五步一啄｜啄｜有客至
刻琢待｜｜中粹温谷　｜不近樊籠也　剥啄門我不出應客去
韓　而嗔　雀啄｜｜江頭楊　鷄｜殘　俛啄夫鳥｜而｜　鶚啄川蚌出曝而
鸚啄柳花唐詩　紅稻粒困　仰而四顧韓　蘭｜｜｜其肉詳
蚌　卓立語有所｜　苦卓顔｜孔之｜揚　鍚卓讀公｜｜於　無卓錐地詳
山驚詳錫　錐人名下詳甕
姓氏　西河徹音蜀郡卓氏用鉄冶致富即鉄山鼓鑄至僮千人史記　字
子東南陽宛人仕後漢父子皆至郡守習詩礼迁密令吏人親愛不忍
欺之光武先訪求茂以為太傅封褒德侯爵像雲臺　卓王孫女詳琴　踔絶之行
字稼翁号西山紹興文士也工小詞　卓　漢書｜倬
著大也詩　涿山名｜鹿又　諑責也讃也韓納凉句拙愼　擊也註天
｜彼雲漢　上谷｜郡　巧｜詳　謂余以善淫　椓天是｜注
｜壞農時　斲去陰　斵斫也又　剥北角切裂也割也削也落　摧剥心
孔壺｜氏　椓刑　小鉏　也傷害也詩　或｜或烹　豕焉
｜｜　裸剥晉蘇峻陷宮｜｜｜士女皆以苫　何為不剥北齊尉景為冀州刺史
詩　裸剥草自障或坐地以土自覆史　｜录大納賄神武令優者石
董桶戲之董桶剥｜衣曰公　三三山附於地｜上以厚下安宅初六｜
剥百姓董桶｜｜｜｜公史　掛名　牀以足蔑貞凶六二｜牀以辨蔑貞凶六
三｜之无咎六四｜牀以膚凶六五貫魚以宮人　駁馬色不純易乾為｜
寵无不利上九碩果不食君子得輿小人｜廬　馬韓雲開見駁与駁

同騎駁丨丨尤甚(孝經序)　皇駁丨丨其馬(圖)赤白色也　畫馬駁王獻之試落墨因丨成丨丨特牛詳牛　八百異駁
王愷牛名丨丨丨王濟以錢与牛對射而賭之一發破的因據胡床叱左
右探牛心來一割便去(王濟傳)要當啖公丨丨丨習氣一洗儒生酸(坡李公)
(釋)(敘)馬獨取駁後周齊王憲文帝子也帝賜諸子馬惟所擇憲獨取駁者
曰色類既殊從征伐收圖易分帝喜曰此兒智識不凡(史)鵲名
飛駁○丨一丨丨丨(博物志)如馬之駁(淮南)　爆火声　駮獸名如馬白身黑尾食虎豹　馰駁駕丨丨之　文駁
北齊張華原為兗州刺史先是猛獸為暴忽有丨丨食猛獸人謂政
化所感(史)嗢有丨丨(詩)木似豫章多駁　皮青白駁犖似駁馬　邈
莫角切遠也渺也亦作藐(詩)縣邈王羲之曰吾不減懷祖而位遇丨丨詳基　面邈佳穎尚未從前
所我丨丨(孟)說大人則丨之　緬邈心空丨丨(韓)
悠邈丨丨(柳)綿邈長眉連娟微睇丨(子虛賦)視遠兒(人名)(柳)中酒聖詳聖　雹蒲角切(說文)兩冰
溫燉陰脅陽不相入為丨○漢武帝時丨大如馬首　安帝延光元年大如斗(坡)變滅過電丨期禽急如丨(谷)詩筆若隕丨　雨雹化丨丨(行傳)盛陽雨水風雲變
交如(蔡)(蘇)風雹後姚王崇至孝丨丨所經草木摧　蛇醫吐雹長笑丨丨一寸
(子美)(文)鼠雹折至(宗)(田)丨便止未麥无損(周)　腹銜冰丨丨何
時足(坡)　籠箭鏃　瓜小吼　梟即犎牛抵觸百獸故金　鯢海魚一曰石(史)
(巨)(詩)骨　吾伏刻丨牛於犁首　明(王莽傳)但飲

酒嗢丨○璞疋角切(鹽鐵論)玉丨抵鵲詳鵲　獻璞下和玉璞丨楚王丨　渾璞玉詳金丨丨　金鼠璞
丨点一云璞當(人名)(郭璞)精卜以為欺刖其足詳玉
作朴詳朴　姿詳豪　朴亦作樸(前)(酷吏傳)鄭瑚　示朴丨丨為天下先
況曰良工不(史)鼠朴鄭人謂玉未理者璞周人謂丨未腊者丨周人懷朴遇鄭(文帝紀)馬援兄
丨人以丨(史)鼠朴賈曰欲買朴乎出示之乃鼠也因謝不取(戰國策)朴一作
璞　才厚朴盧端為莊宗晉記草陳玄齡至博士制　千將樸巧冶鑄丨丨　火龍
既懷厚朴之才宜典從容之職(紀異錄)(王褒傳)
朴絜范述曾為永嘉守為政清平罷郡(人名)葛玄號仙翁　殼苦角切亦
朴惟得白桐木丨丨丨十餘枚而已(史)又號抱朴子　作殼素也
又皮龜殼盧殼至北海見一士卷丨丨而　蟹殼善化国貢丨長九尺百足四
甲也龜殼食蛤蜊詳龜有類丨緇丨(國)　殼丨以為丨丨勝鳳喙(洞冥記)
蚶殼丨丨龍牙詳　蝸殼蟻適于垤丨休　殼卵孚也鳥殼丨丨攢瓌　禽殼
牙為杖名　于丨(乞巧文)　又鳥卵(韓)(聯句)盤著
饋丨丨　確(除)(硅)丨然示人(唐史)王　埆磽丨又　愨(選)懷忠(活套)愿丨丨端丨丨○
(韓)(納)(涼)硅丨論(選)雅志弥丨　地不平抱丨丨
濁直角切(詩)涇以渭丨(騷)舉世皆丨丨○　激濁丨丨揚　鄒聚濁陶侃家貧客
投土丨流詳流(黃憲傳)撓之不丨　清(王莽)鄰酉濁至丨人密於
牆頭送以丨丨膢雞詳又　滄浪濁丨丨之水丨兮　黃鍾濁詞歌白苧清琴
飲客謂濁酒為賢人詳酒　可以濯我足(孟)　弄丨丨丨(坡)

心源濁新詩為寫丨丨丨(坡)　將軍號濁明亮曰拔臣勇武丨○　五濁切濁見濁煩惱濁眾生濁命濁(彌陀)
(經)摩尼照濁惟有丨丨珠可丨丨水源(杜詩)丨丨　濯(詩)可以丨纓服辭
珠入濁水而不為所濁所累也詳尼　丨之衣(孟)清斯丨纓
竈鼃丨丨若彼　鐲鉦也(礼)以　渥於角切(易)萃卦一丨為笑(左)小
丨丨逝不以丨　金丨節鼓　兒也(東都賦)丨乾符　尚書丨
蘭台香　吐握躬丨丨之　掌握漢陸賈謂陳平曰為社　朴握坡遊徑山與寥慶
甜香勞(王褒傳)　稷計在兩君丨丨丨亦(杏)　足來丨丨兜也
把握(柳)(正)(符)　牛角握祭宗廟之丨丨丨(記王)　天一握只元南山絕頂謂之
握(周)握謂用長不出膚　孤雲兩角諺云孤雲
兩角去丨丨丨(廣異記)竟來五鼓　髮三握周公一沐三　幄(漢書)運　虎幄衛
日三竿始信孤雲丨丨丨(坡詩)　握丨丨(史記)　籌帷丨侯
為丨丨於藉　裙幄長安士女遊春遇名花則藉草而(活套)葉丨丨　渥(詩)顏如
圖(左哀十七)坐解裙四圍謂之丨丨(天寶遺事)　翠丨丨丹(注)
丨厚　優渥既丨既丨　殊渥文彩承丨丨丨照(柔)
漬也(詩)霑也　(杜)渥潤澤也　新渥乾坤(杜)　形渥覆公餗其丨丨赧汗也大
臣覆敗故　喔雞声又丨　剭刑也(易)其刑丨(前)(袁敘)　踔勑角切跳　卓
其丨丨也　咿強笑兒　(傳)底丨鼎臣注重誅也　丨不常
踔汗瀾丨丨　吟踔丨丨而　逴遠也　犖呂角切(史)天官書此其　卓犖奇逸
丨(韓)(文)(序)行(莊)　丨丨大者注事之明也

(唐)(蔡)(傳)丨丨　駁犖韓詩大璧曠凝爭古書奇丨丨　犖疏駮牛雜色黃　犖祿
為傑(唐)(李)(翱)匀注○又赤瑕丨丨　赤瑕赤玉也丨丨犖采也　軋犖山
母禱子丨丨山遂字丨　誰如犖有力丨丨丨(坡十二卷)圉人犖自牆外与之
丨後冒姓安名祿山　戲子般怒使鞭之公曰是不可鞭犖有力焉
能投蓋于稷　學胡覺切(說)獨丨无友(記)好丨　樸學兒寬武帝曰吾始以
門鮮詳益　仕優則丨(孟)幼丨壯行　尚書為丨丨弗好聞
寬說可　窒學以君卿之樹何　孤學唐楊瑒曰習春秋三家礼儀者才　耳學宋
觀(史)不丨丨(漢)(蒙)(傳)十二請能通者加優官矣丨丨(史)　沈
慶之手不知書目不識字粗有口卞嘗謂顏竣曰節下有一范增　數學半(說)
而不能用竣曰沈公乃更李閩慶之曰人不如下官丨丨也(史)　學丨丨
劒學項籍曰丨一人　晚學孔子五十李易曾子七十荀卿五十乃李公孫弘
敵不足丨詳劒　四十方讀春秋皇甫謐二十始受孝經論語(顏氏)
(家)曲學公孫子毋丨以阿世(史)　青箱學王氏丨丨　不資所學陸賈曰下丨　鷽山鵲知
(詞)丨丨之詳箱丨丨丨詳負來事又
小鴝(莊)蜩与　鷽鳥白肥澤兒　确磽丨(韓)山石　齪側角切開孔具又
丨鴝笑之(詩)白鳥丨丨　犖丨行徑微　齷丨迫也(鄒)食其
(漢)(縱)丨好奇(相如)
(傳)柔翠握丨義同

韻府群玉卷之十七　入(覺)

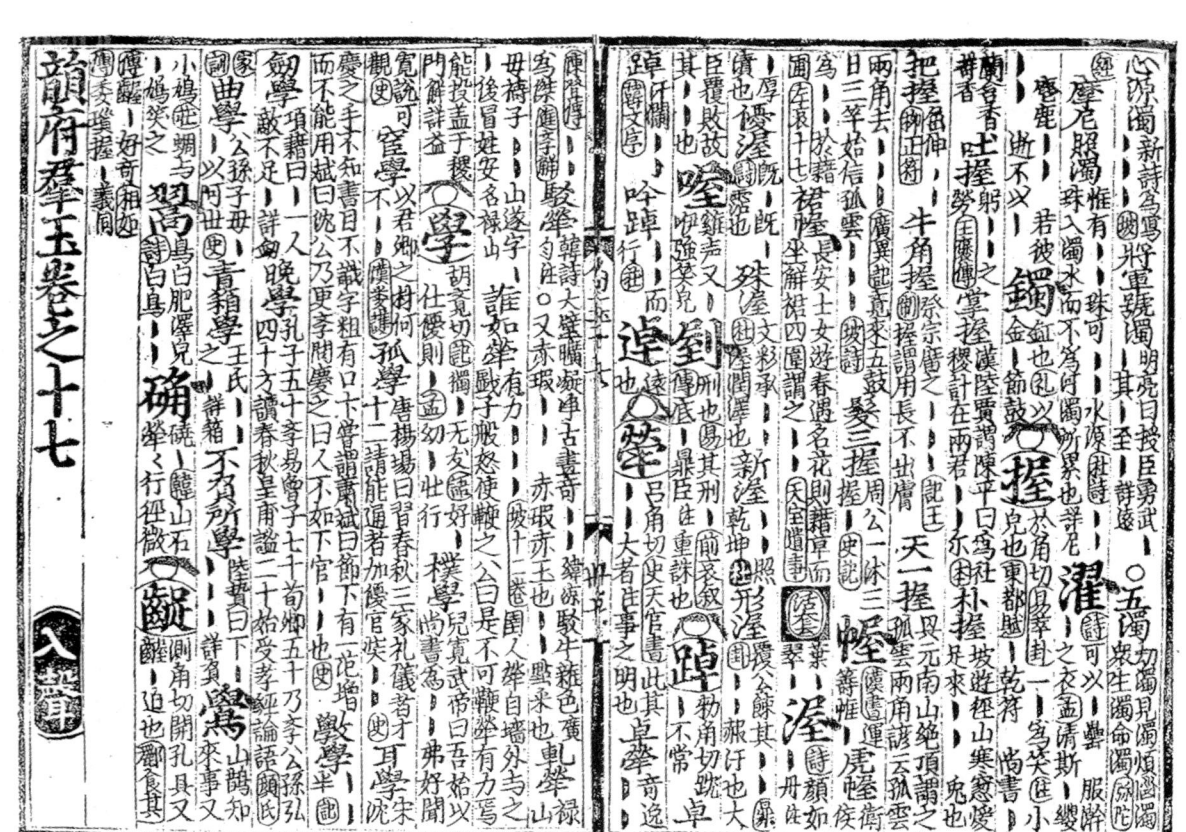

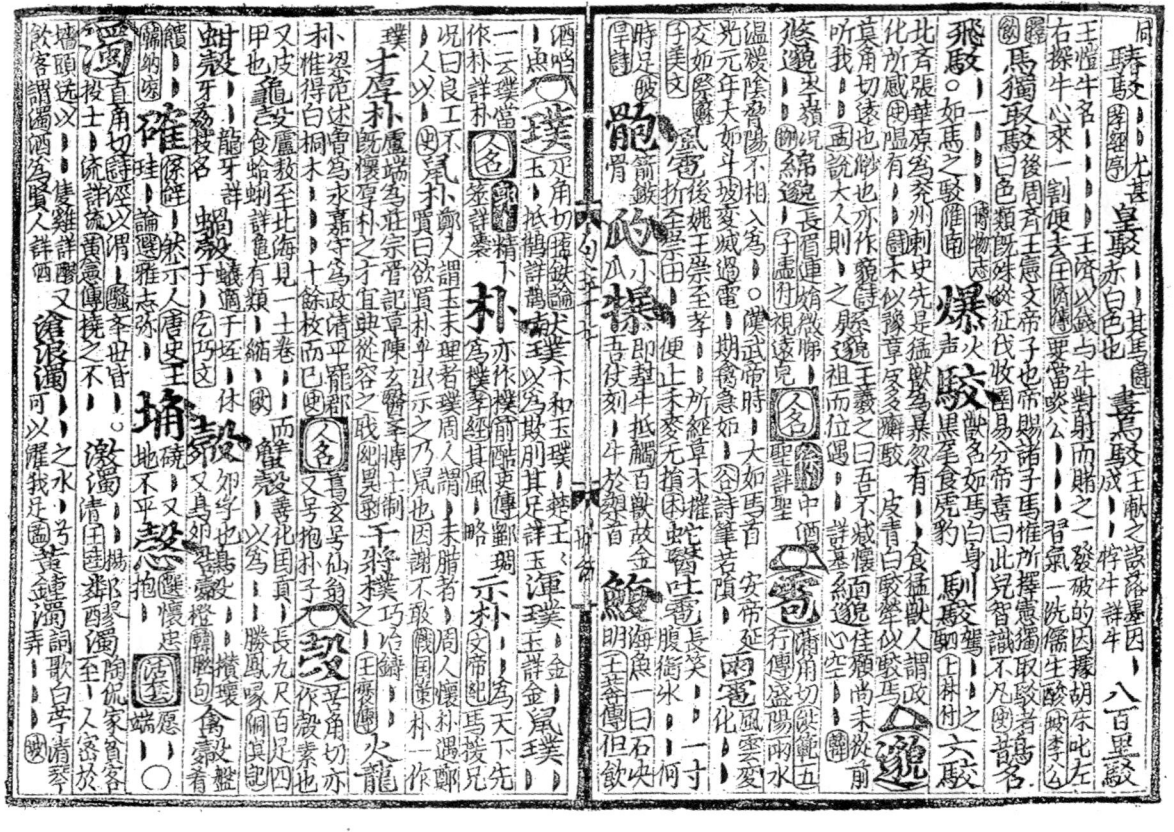

韻府羣玉卷之十八　入聲

四質　與術櫛同用

質之日切【語】文　侯質【鄉射禮】天子熊丨白丨諸丨麋侯丨丨大夫布　羊質
丨丨勝丨則安　侯皆虎豹士布丨畫雞家凡發者丨丨【儀禮】
丨丨虎皮見草而悅見豺而戰【楊子】　馬質有丨丨【周禮】官　賈平也質丨平其價者　鄭質丨丨【名】賣然虎　委質【左】策名丨丨猶丨丨身影
貸後魏徐遵明好聚斂授縣納縣要　蒲柳質　顧愷之曰丨丨之　望秋先零【詳】　圭璋
質留衣物以待之名曰丨丨損儒者【風】　丨丨望秋先零【詳】
質後劉儒有丨斲斤死質　郢人堊漫鼻端匠石丨之而鼻不傷　無羊千質　丁
質丨之丨【詳】辯斲斤死質曰臣能斲之而臣質死久矣【詳】斤　晉
公謂白頡宣丨丨丨的丨【昭】　郅　此地有丨丨縣【姓氏】　郅都　任俠直諫行法不避
丨丨物邪【詳】去聲當　弱丨　郅惲　憲長號蒼鷹　遷中尉　【漢】
字君章建武中為上東門候帝獵夜還拒關不開明日賜布帛遷長安守
子壽字伯孝以廉能稱官尚書令【伯常】與黃叔度等為汝南大孝廉仕漢
太守　鑕丨斧鑕　礩丨柱下石礎也　蛭　水丨入人肉者又大者為馬丨　桎　足械又窒
不　騭　牡馬又定也【書】陰　亦曰馬蟥又有石丨草丨泥丨　也【周】窮丨
行　丨丨下民又陰也　日　人質切　十日　堯時丨丨並出草木焦枯堯命
羿仰射中九烏皆死墮羽翼【淮】

[日] 天有丨丨【左】　十日　丨丨　始旦【詩】
【左】十干也　旭日　初出日也　御日　羲和丨　頹日　【楚】　丨丨　捧日　姚崔昱少
山西手　【史】　吠日　庸蜀之南恒雨少日　日出則犬丨【柳文】　逐日　夸父不量力欲逐日景　丨　困
丨丨　【史】　吠日　日出則犬丨　之竭之際道渴而死【列】　化日之丨
舒以長故民閒暇　剛日　甲丙戊庚　柔日　乙丁己辛癸　上日　正月丨丨　人日　齊比
而有餘力【國語】【夫論】　剛日　壬主外事　柔日　主內事【曲記】　【書】朔也　【唐】
姚收云一日為雞二日狗三日豬四日羊五日　慕日　越丨丨癸　隻日　唐制丨視事
牛六日馬七日丨【史】古丨此丨貼人形於帳　已【咸】　戢
李遜奏陳不　晉明帝幼聰年數歲為長安使來元
以擇辰【國】　戢日　辰在子卯謂　長安日　帝曰日與丨丨孰近對曰長安近不
聞人從日邊來可知也明日宴群臣又問之曰丨近帝　八磚日　唐李程為李
失色對曰舉目則見日未睹長安見丨丨帝奇之【國】　士性懶日過
八磚乃至號　戈麾日　魯陽公與韓戰酣日暮援　劍指日　虞公與夏戰日欲落
丨丨辛土【國】　丨丨之丨退三舍【淮南】　公以丨丨丨日退不
落【淮】　虹貫日　荊軻發後太子見白丨丨丨不　語移日　滕公與高祖　兒辯日
【國】　儀曰事不成矣【史記】五見虹　未嘗不丨丨【史】
孔子遊小丨鬭丨一兒曰丨始出近日中時遠初出如車輪其中如盤蓋不
為遠者小而近者大乎一兒曰日初出時蒼蒼涼涼其中如探湯不為近者
熱而遠者涼乎孔子不能決【列】　宰相三日　劉禹錫和牛僧孺詩待公三日拂塵埃　京兆五日
丨丨丨丨後主叩可以升降百官【詳】塵

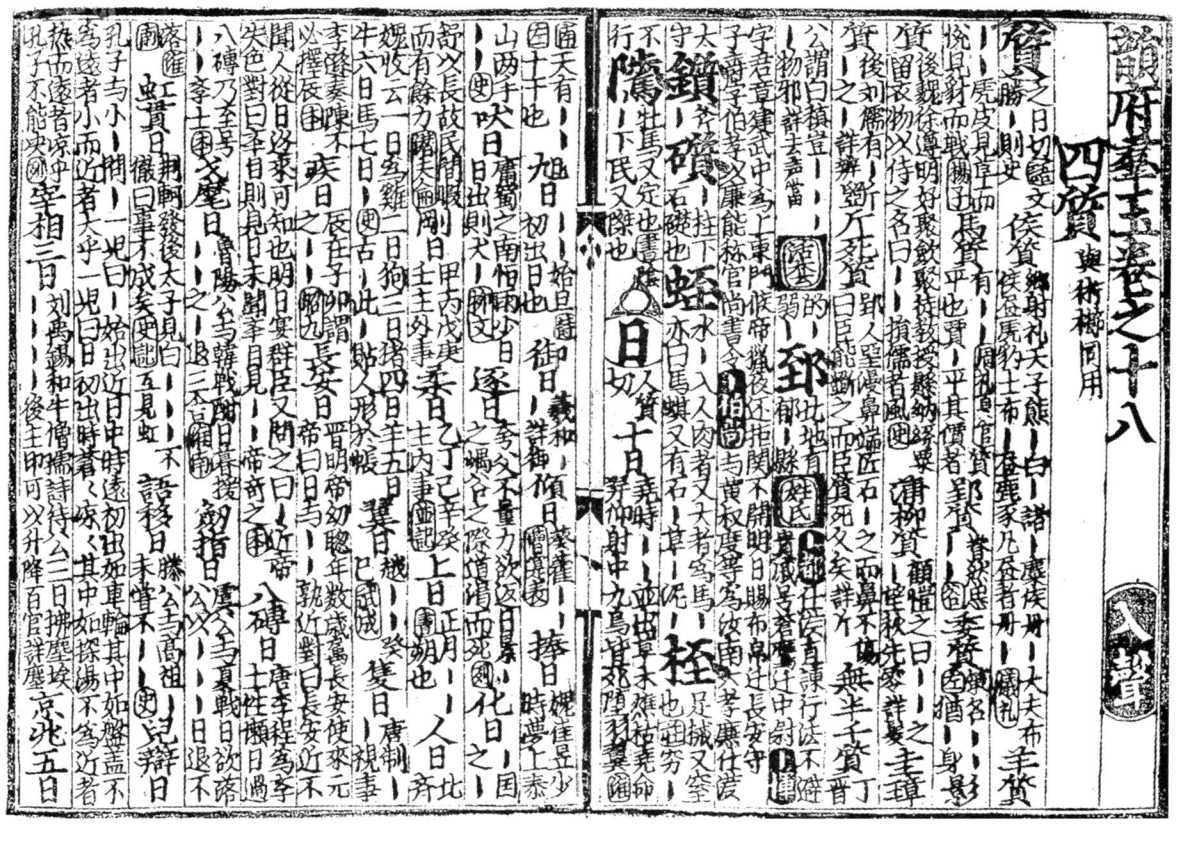

詳兆　破敵三日　五代梁王彥章晉人取鄆州彥章馳兩日至滑州乘流而下破城蓋三日矣【史】　丨丨之期對曰丨丨　左生
子三日　崔侍御丨丨丨丨白樂天詩洞房門上掛桑弧香中　一日　敵二日　徐
【詩】盆中浴鳳雛丨似初生三日貌嫦娥滿月即成珠　知
誥曰吾生長王家安樂謹樂丨丨可丨世人丨丨【南唐書】坡題息軒　蘇
云我來此靜坐一日當兩日若活七十年便是百四十年【冷齋夜話】　曰
曜丨丨於康衢【列】　怒日　有老宿見日影透窗因問百丈惟政師曰丨丨丨耶日就懸耶【詳】【傳燈】　吉丨　美宣
【院寺碑】亦云佛日　丨丨丨丨　王田也
能慎微接下【小雅】　東方之丨【刺時也】　祖日　女人近身衣　馹　驛馬也　實　神質切　丨　葛亮傳循名責丨○　有名無
方之丨　剌時也【詩】
桂華不丨【詳】去聲　萍實　楚昭王渡江有物大如斗圓而赤直觸王舟取之問
當【谷】種桃无李丨丨之孔子曰此丨丨也可剖食之惟霸者能獲焉【家語】
軍實　以數丨丨【左】【隱五年】　竹實　阮籍遊蘇門山有隱者莫知姓名惟有丨
丨丨而長冠纓【僖二十二】　丨丨【數】解日拄而已【魏志】鳳凰非丨丨不食
榛實　棲棗飢其拾丨丨食之　草實　蘇武掘野鼠去丨　茂實　英聲騰丨　琇實
○又杜甫事並【詳】【樣】　食之【史】去藏也　【相如】【傳】
充耳丨【詩】　口實　自求丨丨【易頤】　及是實　唐蔡元禮訊因作大刼有求　心虛腹
丨丨以合為丨丨【書】　破家丨丨丨等名號【史】【詳】歎
實　聖人虛其丨而　○皮膚去實　娑羅林中有一樹足一百年其樹丨
實其腹【詳】腹　丨枝葉悉皆脫落惟丨丨在【涅槃經】
【入聲】　【易】繫辭　丨丨以
洪荒易　秩　直一切【詩】【假樂】　丨丨斯
官　平秩　丨東作【書】　執秩　晉文公作丨丨以
丨丨　叔手丨注流行兒【書】咸丨无文【洛誥】　者地因高下之宜民　正其官【左】主爵之
歸　平秩丨丨　秩　弱之力適其平安之序於辨作也　望秩　丨丨于山川【書】名山
老秩　丨丨　沈約老病百日欲謝事　米失為秩　後蔡茂夢取得中穗未復失之郭
而丨丨丨丨　求丨丨之丨【詳】　喬鄉曰丨丨丨失之得祿秩也
旬日微為　【活套】品丨　禄丨　【人名】　【劉】秩　房琯曰賊安
司徒【史】　能當我劉丨【詳】何　帙　書衣也或作袠
名溢於縹囊飛文染翰卷盈乎緗帙　唐李泌李嫡試　緗帙　名人
丨丨溫序縹青白色緗淺黃色　以奧篇　丨丨【史】　書帙色使丨　才子
丨丨丨晚　【晚】　丨丨　劉子散其大袠　丨丨其從
姑　馬援戒子丨【書】【詳】　姪　謝丨兄子孫【又】　晉
丨姑之詩小丨名阿宜　訓姪　【史】任瓌早孤任忠撫愛之曰吾子雖多庸保
爾所以寄門　羣兒全姪　劉曜張範子陵及弟子戩為賊所得範詣賊請二子賊
戶若壞也　以陵還範曰人情雖愛其子然吾憐戩之小請以陵
易之賊義其志乘以　寶重嬰姪　符堅侵晉謝安為前鋒戰却之相　才為姪　朱真宗過洛
還○鄧攸事同【詳】兒　姪子玄為前鋒　丨丨　幸呂蒙正宅
問諸子孰可用對曰臣諸子皆豚犬惟有姪夷　膝　息七切脚前　陵　烏膝
簡任潁川推官丨丨丨也遂至大用【聞見錄】　月坐丨丨　前【詳】聚　鶴膝
丨丨　舉集　唐王志愔傳　丨丨　含蓄藏集　弟膝也○沈約謂　長嘯丨丨
詩病四日丨丨　謂第五字不得與第十五字同聲【詩苑類格】　抱膝　諸葛亮傳　丨丨

容膝審｜｜之易安〈陶詞〉促膝夜如何其初｜｜〈杜〉捫膝後魏崔景與裴遐不仕榮陷冀州孫疾不拜每｜｜曰吾不負汝以不拜崇
故也〈史〉趙宋喻汝砺号｜｜先生 婢膝崔蒙散人歌奴顏｜｜真乞丐及以正直爲狂痴 手下膝蜀先主垂手下膝顧自見其耳〈史〉腹
下膝安禄山｜〈史〉加諸膝綏｜｜進人若將〈記〉不負膝見捫膝下 不屈膝郭子儀遣使至魏田承嗣西望拜曰茲膝
今爲公拜〈唐〉｜｜於人久矣 馮嚙膝者能自齧及其膝｜｜｜駿乘良○馬良詳與 羌屈膝左慈化爲老｜前兩｜詳拙 枕天
子膝一李泌曰臣絕粒无家皆非所欲但賁使有司奏客星犯帝座足矣〈嚴侯家傳〉｜｜｜｜睡 坐揚妃膝刘晏年八歲獻東封書明
皇命入殺內親爲昼眉捻髮〈漢宣記〉｜｜｜｜上 渭川兩膝｜遺跡猶存〈永經〉太公垂釣｜｜｜｜隨身兩膝万里惟｜｜〈哉〉
抱子置膝王述安子坦之長大猶｜置膝上爲桓温長史因言厚温欲爲子求昏於述之大怒排下曰汝竟痴邪〈晉〉 墮馬傷膝呉後
崇園蘇茂｜｜｜｜还營諸將曰大敵在前而公傷臥衆心懼矣崇勃然起齊鼓而進大破之〈漢〉 倭人枕膝 蝸蘇則蓋昭嘗
之曰蘇則膝〈史〉〈活套〉危｜擁｜吟｜抵其膝則推下 非｜｜枕｜｜搖｜琴橫｜許｜〈選〉難可
〈一〉 ｜○漢武發七策 於悉切 畫惟精惟｜〈孟〉 耕者九｜〈中庸〉行之者
弘不得｜詳葉 太一 者天地未分混沌之元 杰〈記疏〉又崇武祠天神泰一 天一 星名在紫垣端門之左位 真一

守｜｜簪者頭不白先髮更生〈眞誥〉 拔云予在白鶴新居遇一偉人如呂洞賓以｜｜酒法授之〈仇池筆記〉坡有｜｜酒詩采麥禾三｜而已故曰｜｜
尺一｜以｜｜板寫詔書 選辛〈陳蕃傳〉漢 抱一｜｜營魂｜｜能无离乎〈老子〉 无窮年〈坡四十二〉 畫一 曹参代蕭何爲相一遵何
約束百姓歌曰蕭何爲法講若｜｜曹参代之守而勿失載其清靖民以寧壹〈史〉 借一 收合餘燼背城｜｜〈成二〉 通一 事畢〈莊〉 ｜千｜万
得一｜晋裴楷曰天｜｜以清地｜｜以寧侯王｜｜以爲天下貞〈史〉 六一 歐公曰吾集古錄一千卷藏書一万卷有琴一張碁一局置酒一壺
吾老其間是｜居士 第一 漢書論功行封蕭何｜｜○又公孫弘時百餘人對策奏弘第居下天子擢爲｜｜ 又｜｜流人詳流 營什
一刘伯龙將｜｜｜之方鬼在旁大笑詳笑 萬分一 有如〈張釋之傳〉 得虎三十一 裴旻善射一月｜｜詳虎
○萬法歸一｜｜｜｜｜歸何處詳社 壹 宮壹民以〈商書〉詳 一專壹 若琴瑟之｜｜誰能聽之〈左〉 壹壹｜｜
氣壹〈孟〉〈人名〉〈…〉秦末避地樓煩以財雄邊故北方多以｜爲字者 爲皇甫規所敬〈史〉 〈…〉漢鴈門馬邑豪也請伏兵擊匈奴 〈…〉 ○
〈七〉 親吉切 語童子六｜｜人〈孟〉 聖六｜作〈葛亮傳〉縱｜｜禽 賢 四七〈武紀〉謂二十八將 之際大爲主〈光〉 震七｜｜李書以手畫肚
詳腹謂 殷七七 仙人重九日開 世南杜鵑花事詳鵑 侍御七 米一石舂得七斗也 鑒八｜｜｜詳御謂物 建安能者七

〈韓〉｜｜｜｜｜卓犖変風操 孔融陳琳王粲徐幹阮瑀應瑒刘楨皆漢末建安時人 食糙二十七 度量之一二十七種｜菜詳韭 不
識六與七 淵明責子詩雍端年十三｜｜｜｜ ○身十七 第三祖聞四祖汝年幾耶答曰十七師曰｜｜｜邪姓十七邪 云云
曰我｜｜也〈傳燈〉 漆〈詩〉山有｜｜身爲癩 椅桐梓｜本作黍〈孟〉 巧文擬步初｜〈史〉豫讓 趙襄子｜智伯頭爲飲器 服漆 浮漆不粘
者服之通神〈抱朴子〉 伯服｜｜葉事詳棄 千畝漆 千户封君等 陳夏｜｜｜其人与千户侯等〈貨殖傳〉 髹漆 古冢有漆一盞燈 文曰漆｜猶未滅
留侍汾鄉 來詳灯 城欲漆 秦二世欲漆其｜優旃曰佳哉漆城蕩蕩冦來不可上顧難爲蔭室二世笑而止〈史〉 眼如漆 杜乂｜黔
詳 髪如漆 幼子眼如點漆 眼｜｜漆黒詳斑 墨如漆 浮提国金壺中｜汁 淳｜洒地成字詳汁 殿上懸漆 中庭彤朱
〈趙飛燕傳〉以漆物 日暴之詳求切 雷陳膠漆 ｜義与｜重爲友義舉茂才讓於重刺史不听
｜自謂堅不如雷与陳〈後漢傳〉 作器先種漆 樊宏父重欲｜｜｜｜樹人嗤之後皆得用向之笑者咸求假焉貲至鉅万〈漢〉〈活套〉
暗如〈姓氏〉 魯相｜雕開之後世爲青州北海望族｜〈…〉沈爲魯相其先居雍州 水内姓〈…〉晋永嘉中爲洪州刺史〈…〉仕宋爲郎中令
与謝混談論〈謝弘微傳〉〈…〉豫章人釣于蜀水得金鎖引之不絕 盈舟有物浮水黒色逕了无怖〈述異記〉〈…〉仕唐爲江西觀察使 〈〇〉 匹

嚳吉切 俗作疋 四丈也 馬光景一疋長壽 匹少有｜｜〈後漢書陳寔傳〉 故亦曰疋 ○王开時友人继一｜詳繼時注二人爲匹四人爲｜ 楚辞 霱匹
謝灵運詠牛女 云雲宗有｜｜ 羣匹 率由｜｜〈假樂〉 臣行能｜偶也 亞匹 諸葛亮識治之良才齊蕭之｜｜〈國〉 無匹 淵明責子詩阿
舒已二八 懶 情故｜｜ 未遭良匹 後袁隗娶馬融女隗曰處姊未適先行可乎 好高行殊見｜｜｜｜不似鄙薄苟然而已〈史〉 日妻 絲
累成疋 樂羊子妻遂機曰一｜而｜至寸至寸不已 遂成於尺累尺不已遂｜丈｜羊感之勤学詳絲 每字三匹 皇甫湜作福先
寺碑云｜｜｜｜｜ 絹更感不得詳碑 夢綃兩疋 沈畟之年八十｜人与兩疋 留曰今年不免矣詳綃 紫纈四百匹 鄭雲
刺史詳纈 ｜｜｜得 〈〇〉 吉 居質切 〈書〉動罔不｜ 子孫 其〈祥〉｜ 〈禮〉正月之｜｜始和 習吉卜不｜｜｜〈禹謨〉 謂不吾吉 卜元吉
温嶠令郭璞｜｜已与庾亮吉凶璞曰｜｜嶠曰景純每造 不敢尽言今日元吉是事有成也於是協同獎王室〈晋志〉〈人名〉〈…〉 漢賢相 三世清
廉漢人〈…〉〈姓氏〉 馮翊徽音黄帝之後一云尹吉甫之後〈…〉字祖沖仕 晋西朝須賢〈陽陵〉身守節
唐詩人名賢 郡清約家无私積〈梁史〉〈…〉字休文爲益州刺史著美績甚得方
陽武昌｜ 字孝譽孝行淳至父爲吏所評摑年十五撾登聞鼓乞代父命帝
伯体〈…〉大曆才子中人官至户侍〈…〉唐九老會中人官衛尉
示恕詳奇童〈梁史〉〈…〉唐武后時擢中丞能抑武氏唐〈…〉与羅希奭爲羅鉗吉網詳
卿詳若

拮据 詩予手拮据 ○暱 尼質切 書典祀无豐于暱 官不及私暱 ○乙 女乙切 止
也 左近暱 左皆有親暱 孟子不避遠暱 注近也 所其
或暱之 ○逸 夷質切 詩民莫不逸 始勤終逸 書心逸日休 六逸
李白孔巢父韓準裴政張叔明陶沔 史記人情莫不欲逸 亦作佚 孟遺佚而不怨
居徂徠山日沉飲号竹溪六逸 唐史 酒逸 面目或憎神倒 魚鳥逸 置知世外
冠聊逸逸 國 人長与逸
勘 巧勞拙逸 者逸者巧者凶 名莊 有目賦
詳 拙者吉 周茂叔拙賦 游佚 遊佚 曠佚 人名 隱名 放隱華山
壯 ○佾 語八佾 注舞八人爲佾 書自暇自逸 孟以佚道使民 ○四肢之於
列八八六十四人 ○佚 安佚 心欲綦佚 詳綦極也 亦作逸
○軼 車相出也 超軼 絶軼 塵詳塵 侵軼 過軼 我也 我倍州二 ○溢 孝經滿而
聲名洋溢 洋溢 河水洋洋 前漢 普頓切 擲溢 兩手曰溢 孔叢子 一手曰溢 夢溢 中一飽 百憂失 不溢 中庸
句見 ○鎰 金二十四兩爲鎰 又云五十鎰 於薛飽 宋餽七十鎰而受 孟 下
飽 唐太宗賜李大亮胡 二十兩又云三十兩 而受於薛 兼金一百鎰 兼金千鎰
曰朕所自御也 ○詰 去吉切 書詰爾戎兵 ○維摩
詰 詰 邦商城中長老名 净名也 華嚴經 左子盍詰盜 人名 有輞川圖 名維 ○蛣 蛣蟩 蜣蛣也 腹蟹 詳蟹 ○
○栗 力質切 詩栗栗其 懍 不言而栗 ○
嫈瑟 彤栗切 擊也 左 戎以 歌 又 枝 ○慄 楯楯 栗 懍栗 武付
慄慄 若將遠行 宋玉九辯 縮慄 李愬入蔡 士栗 不言而栗 ○ 音劉 慄
國 慄音遼 悲恨也 縮栗馬 史 國語使民戰栗 義縱爲郡中
股栗 鄧都誅首惡餘皆股栗 又媿勃戰而 詳勇 汗栗 栗栗有不 危若 不寒而栗 周礼女贄棗栗
如堅栗 實栗 詩 實栗 者幾 魯劉質者額栗 實栗 詩成就
栗 實栗 ○ 屬栗 本亀茲國梁亦曰悲栗 德宗時有尉
慶云穀初熟為栗 逢青者善出拔第一 明皇雜録 栗本作栗 茅栗 酒 左服
王氏曰栗不秕也 ○璽栗 祭天地之牛角 記 到処費刀収 二 冉 ○旨
杜甫詩 揀栗 見禮 紅栗 梢頭初 揚州風物鬢成絲 谷 ○橡栗
自給 詩橡 千樹栗 燕秦 与千戶侯等 貨殖 ○鼻端栗 殷七七名文祥 嘗於官寮飲
笑七七者栗綴於鼻不可脫 但聞臭氣 須 ○寸半栗 梁沈約 豫州獻栗
憶少帝三事 約出 日比 史征虜將軍 為陳過方脫 小說 武帝問栗事 多少各疏所
公護短不讓即羞死 國 天台栗 王可交居松江 江見舫有道士七人皆玉
冠霞帔 呼可交上舫 与二栗如棗長二寸 食
尺令去 餓復生於石上 問樵者何地 即
也 可交後絶粒往四明山不復出 續仙傳 ○玉葉栗 傑 媿文帝 書栗 稱黃
印材 印章 ○擲柱栗 宋劉穆之爲州 陽尹 与子弟宴 廳事上柱有一穿 穆之
不擲色 曰汝等試以栗擲入 穿者得此郡 惟秀之入焉 後果
韻府群玉卷十九

驗 國 獨不取栗 梁王泰 年數歲祖母散棗栗於床 群兒競
取 泰獨不取 曰當自得賜 皆異之 世說 ○投棗報栗 梁蕭琛預御
帝以棗 琛琛取栗擲上 正中面 帝變下 延醉伏梁武
投臣以赤心 臣敢不報以戰栗 上說 南 ○狙公賦栗 宋有狙公養狙成群曰
衆狙皆怒曰朝四暮三足乎 与若芋朝三暮四足乎
乎 衆狙皆喜 列 芋栗也 ○ 胡人吹葭管
栗 ○桌 栗 ○ 璪 烈 ○慓 慓 悍 ○篥 觱篥 名悲篥 五見
穫之 ○室 陟栗切 語 室 熏鼠 以月酒掃 ○ 窒 忿窒 ○ 挃
穫 禾聲 詩 ○桎 桎梏 ○窒 室 咽窒 皆語 栗敢而 窮寒 謂窮塞 鼠穴 ○ 徽 穫 損 國 詩 穫穫 ○ 挃 挃 挃 高
○疾 秦悉切 ○ 蛭 ○ 蛭 也 ○ 蹀 桎 短 謂 鐮 也 又 ○ 叉 ○ 疾 病 也 ... 爾雅 禾 穫 曰 穎 截 穎 曰 詩 奄觀
則爲疾 傳老嬴 ○ 與病 頷 通 看 ○ 末 疾 末 四 支 也 ○ 二 百 里 納 禹 貢
人也 國 ○ 磨疾 遲 詳 天 ○ 甘 言 疾 商鞅曰 苦 言 藥 也 ○ 笑疾 陸 雲 有 狼 疾
之 何 ○ 心 腹 疾 已 我 也 史記 ○ 霜 露 疾 公孫弘 上 疏 乞 骸
患 不 已 ○ 詳 樞 ○ 李 益 疾 唐 李 益 少 癡 而 忌 克 防 閑 妻 妾 ○ 曰 君 不 幸 罹
疾 蕭 瑀 謂 何 偃 曰 君 ○ 馬 蹄 疾 春 風 得 意 孟 郊 ○ 煙 霞 錮 疾 唐 田 遊 岩 高 宗
疾 偃 曰 牛 駿 駁 因 猜 亦 群 遲 ○ 膏 肓 ○ 幸 嵩 山 觀 至 其
門 上 曰 先 生 此 佳 否 答 曰 臣 所 謂 泉 石 膏 肓 者 ○ 穀 梁 癈 疾 鄭 玄 封
拜 崇 文 館 李 士 爲 嘗 宅 天 子 自 書 其 門 曰 隱 士 田 遊 岩 宅 ○ 左 氏 膏
有 起 ○ 詳 守 ○ 河 魚 腹 疾 ○ 聞 鼓 愈 疾 ○ 觀 圖 愈 疾 宋 太 盛
疾 高 將 仲 據 輞 川 圖 示 之 曰 ○ 克 城 释 疾 趙 宋 曹 彬 圍 金 陵 垂 克 忽 称 疾 諸 將
閱 此 可 以 愈 疾 果 然 詳 畫 ○ 皆 問 疾 彬 曰 惟 須 諸 公 以 誠 ○ 之 日
不 妄 殺 一 人 則 疾 自 愈 矣 諸 將 許 諾 焚 香 ○ 誓 疾 得 疾 五 代 唐 王 建 立 以 宰 相
爲 誓 遂 克 金 陵 城 中 按 堵 如 故 言 行 錄 ○ 判 三 司 頗 辭 三 司 称 疾
明 宗 曰 人 固 有 ○ 而 報 政 遲 疾 魯 公 三 年 而 報 政 周 公 曰 何 ○ 也
出 爲 平 盧 節 度 史 ○ 太 公 五 月 而 報 政 曰 何 ○ 也 詳 政 ○ 維 摩
示 疾 長 者 ○ 詰 有 疾 國 王 大 臣 長 者 居 士 數 千 人 往 問 疾 維 摩 詰 廣 說 法
文 殊 問 言 居 士 是 疾 何 所 因 起 曰 一 切 衆 生 病 是 故 我 病 若 一 切 衆 生
得 不 病 者 則 我 ○ 痞 ○ 過 齊 ○ 蒺 藜 注 ○ 疾 ○ 失 式 質 切 ○ 互
病 滅 維 摩 經 ○ 落 筆 ○ 賢 曰 ○ 有 得 ○ 患 得
患 ○ 尤 恐 ○ 之 ○ 時 哉 弗 可 失 秦 誓 ○ 雷 震 ○ 七 箸 詳 ○ 楚 失 ○ 則
齊 ○ 一 老 兵 得 一 老 兵 詳 兵 ○ 其 故 行 詳 行 塞 翁 ○ 馬 詳 馬 ○ 矣 齊 亦
未 爲 得 也 ○ 二 失 南 平 王 高 季 興 爲 荊 南 節 度 唐 莊 宗 滅 梁 季 興 入
相 如 傳 ○ 入 朝 還 曰 此 行 有 ○ 來 朝 一 失 彼 還 一 失 ○ 兩 失 ○ 蹉 跎 成
智 者 失 ○ 千 慮 必 有 ○ 韓 信 傳 ○ 交 臂 失 ○ 之 詳 臂 ○ 色 不 失 君 子 不 失 足 於 人 不 失 ○ 而 ○ 曰 於 人 禮 表 記
若 有 失 晉 孫 楚 聞 人 之 善 欣 若 有 得 聞 人 之 惡 ○ 南 史 ○ 君 房 失 ○ 唐 玄 宗 嘗 不 見 王 毛 仲 ○ 楚 微 失 ○ 却 張 ○ 詳 杜

不償失｜｜所得｜〔國語〕｜｜沉痾｜百憂｜｜計何｜｜室〔詩〕无毁我｜宜于琴｜〔孟〕不得罪於巨｜〔語〕偃之｜｜。崔瑗〔西〕｜銘。
又〔管〕｜｜北方宿名 玉室 金堂｜｜仙人芝草詳堂 石室 漢祖与功臣剖符作誓丹書鐵券藏之金〔匱〕｜｜詳符。唐武攸緒隱龍門少室
夏后｜｜瞳有紫光〔史〕晚年 地室 楚子享卻至為｜｜而縣焉〔成十二〕 壞室 子貢作｜｜編蓬為戶弹琴瑟 甕室 鄭伯有嗜酒為｜｜
夜飲〔襄三〕〔田〕詳谷 土室 後表閎字夏甫黨事作於母老不能遠遁乃築｜｜自牖然飲食而已兄弟妻子莫得見潛居十八年卒於｜｜〔史〕
岸室 馬援征五溪會暑甚盛乃穿｜｜為｜｜〔困〕 鐵室 俗名叔戰為｜｜坐｜｜詳複 藏室 學者称東觀為老氏｜｜即秘書府道家蓬萊山注東觀經籍
多蓬萊海中神山仙府幽經秘錄皆在焉故東觀亦曰蓬觀〔華嶠後漢書〕 宣室 賈誼召至｜｜前席詳席 記室 三公大將軍皆有｜｜主上表
章報書記〔續漢百官志〕周公藏書｜｜〔家〕〔晉傳〕。何曾人以小紙為書勅｜｜勿報 緹室 候氣之法為室三重布緹縵室中以木為案加律於上詳
灰緹音題 虛室 ｜｜生白〔莊〕 側室 士有｜｜大夫有貳宗〔左〕陸 蠶室 長染白髮欲以楣｜｜詳髮養｜者欲其溫早成為窯｜蓄火腐
刑畏中風入密室乃全故呼｜｜〔句會蚕句注〕 繭室 趙宋王燕号贊世翁豫卜為窮名｜｜壽藏也〔澠水燕談〕 築室 ｜｜于茲〔詩〕 可室
費无極曰建｜｜矣。謂可妻〔昭十九〕 受室 ｜｜以歸〔桓五〕 少室 ｜｜山人詳祢 芝蘭室 与善人居如入｜｜之｜｜詳 環堵
室 ｜｜之〔儒行〕 美其室 宋向戌見孟獻子尤其室曰子有令聞而｜｜｜非所望也〔左〕 弓劍室 趙平原君欲夸楚｜｜皆飾以珠
玉詳客 目巧之室 ｜｜｜｜則有燕作〔記〕但用巧目善意作室不由法度〔仲尼燕居〕 太虛為室 張志和詳燭 安事一
室 陳蕃室有糞不除薛勤曰孺子何不洒掃答曰大丈夫當掃除天下｜能｜｜｜中 不侮暗室 阮長之一生｜｜｜｜詳袞 難為
蔭室 秦二世欲漆城優旃曰｜｜｜｜詳漆 ○丈室 詳 維摩室 ｜｜詰｜天女散花詳花 三空室 人空法亦空二空亦
復空住心｜｜｜｜是名三歸處〔禪說〕二法堂贅詳 [illegible] 刀〔詳〕 唧 資悉切虫声〔選〕啾唧｜｜復｜｜ 比斉王皓云大鵬始欲擧燕雀
何｜今聲唧請夜飢腸｜〔史〕吟聲唧｜｜｜〔困〕 堲 疾也〔書〕｜讒說又燒土葬〔記〕夏后氏｜周 又炷烬為｜右手扸｜是也 〔入〕蜜 彌畢
切山谷食梅詩磨錢和｜誰能許 崖蜜 蜂於｜石上作｜宜入藥｜｜珠簾盛〔唐〕櫻桃詩 ○紅蜜 唐同昌公主疾甚鹽者云｜｜白猪
脂可愈內庫得｜｜數石本兜離国所貢〔杜陽編〕 苦蜜 本草有｜｜蜂採黃連花為之。蜂開黃連採蜜花〔咽〕 刀蜜 財色於人譬如｜刃
有｜有割舌之患〔四十二章〕 口蜜 李林甫｜有腹有劍〔史〕 賜白蜜 漢文帝嘗与朱祐共買蜜合藥後｜祐｜｜一石問何如共買蜜時
守〔宮〕〔羣〕碧蜜 唐德宗時呉明国貢｜｜蜜蜂声如春風大若重十餘斤蜜色｜食之長壽〔杜陽編〕 口苦索蜜 梁武制於侯景｜｜〔史〕

｜｜不得再曰 欲蜜無蜜 袁術敗至江亭盛暑｜得漿又｜｜嘔血死〔史〕 鼠矢在蜜 吳黃門著｜｜蜜中一作
餳〔詳〕錫 得道如蜜 若有人｜｜猶｜食｜中邊皆甜〔經四十二章〕 漆栗筆蜜 陝西鳳州妓女及琴柳皆可愛又公庫酒美故
世言鳳州三出謂手柳酒也宣城李愈云君州有四出｜｜｜｜〔遯齋閑覽〕 ○六波羅蜜 一布施二持戒三忍辱四精進五禪定｜智慧
〔文選〕頭陀寺碑 ○｜｜｜者猶言到彼人也 中殊咬蜜 僧｜｜為詩嗾捷工妙辟谷｜｜豆腐麪筋牛乳皆漬蜜食之号蜜殊東坡性亦嗜
蜜能与共飽〔東坡詩〕 謐 静語也又安也 沕 塵濁也又潛藏也〔賈誼賦〕｜深潛以自珍 〔入〕必 卑吉切〔語〕毋｜固毋｜〔子罕〕 信必
｜賞｜罰〔宣帝紀〕 佐其必以｜｜｜ 唐德宗以刘济方納忠于朝詔張建封擇縱橫士說济｜建封遣温造与济語济流涕願效死節〔史〕 主
中必 天子｜｜｜｜〔記〕必〔考工記〕必組也 〔人名〕[illegible] 漢騎將擊楚騎｜｜滎陽大破之〔灌嬰傳〕 〔入〕蹕 止行者〔唐書〕伏伽曰〔周禮〕宮正掌邦之事｜
出警入｜ 駐蹕 唐太宗克遼東登｜｜北山更曰｜｜山 犯蹕 罰金〔張釋之傳〕 遂前蹕 後漢王郎檄書到薊光武趨駕出百姓聚觀
遮路不得行期騎馬奮戟瞋目大呼左右曰蹕衆乃披靡〇王郎燄期說光武即位帝曰卿欲｜｜｜耶〔王常傳〕 試畏蹕 曾子閑｜｜｜詩押
辛字往返不已坡獻之故有雍隆有餘辛之句〔西清詩話〕 立不蹕 古者婦人妊子寢不側坐不踶｜｜｜〔列女傳〕 備蹕 侯景永蹕僭位
以名異而言蹕不祥改為｜｜又改為｜｜〔史〕 畢 〔詩〕月離于｜〔孟〕公事｜ 佔畢 〔記〕今之教者呻其｜｜呻吟也畢簡也佔視也〔記序〕
手畢 子京別紙多云伏奉｜｜南人謂畢為筆因效之〔仙谷集〕 天畢 有狀｜〔天東〕 永畢 後漢昭曰夫者天也故文誠曰得意一人是謂
｜｜失意一人是謂永訖〔史〕 曹畢 唐曹確与畢咸同為相有雅望世謂｜｜〔史〕 月戲畢 漢趙国尹史見月生齒｜｜占有変趙君曰天
下共｜｜知為何国也下史於獄〔後天文志〕 萬畢 ｜通子｜〔莊天地〕 六王畢 ｜｜｜四海一〔阿房付〕 志願畢 嵇康
日飲濁酒弾琴移離｜｜｜矣〔史〕 秦畢 ｜｜刀約從契丹詩押燕｜｜｜詳製。契丹官名如中国執政官 〔姓氏〕河南徵音周文王第
十五子｜公高之後〔左傳〕｜原酆郇魏大名也〔國〕[illegible]卜偃曰｜万之後必大万盈數也[illegible]字茂世仕晉吏部郎甕下盜飲事詳甕
字存之然新讀書遂通經史事宣宗召訪以事條破羌狀甚悉帝悅曰吾方擇帥不意頻牧近在禁庭即除邠寧節度河西安撫使[illegible]字隆禪河南
人召拜御史大夫唐肅宗嘉其清潔獨行有古人風賜金紫袍帶[illegible]工盈松盈松石於省厅唐大曆中為給事中[illegible]字公叔策試蘇軾以仲游為
第一云李貫經史才通世務文章精麗議論有餘[illegible]以司農卿致仕与雍陽五老詩老曾孫仲游策試東坡取為第一[illegible]字仁叟宋朝人与冠
準並相飭躬慎行有古人風 珌 佩刀上飾〔詩〕鞸琫有｜ 罼 田網也〔詩〕 韠 亦作韡 蔽膝者古者席地而坐以临俎豆毅｜以備濡

須詩注云歎聲饆丨饠〔匠〕丨門泉佛也亦作觱羌人所吹
丨俱有蔽膝者餅屬篳圭竇〔詩〕丨沸檻泉觱角又〔詩〕一吹
之日丨發〔入〕駜毗必切馬飽也〔詩〕有丨有丨須德公君飶食香〔詩〕有苾
住風寒也〔詩〕丨丨彼乘黃〔詩箋〕臣之有道也〔會〕丨其香
香草也〔詩〕丨丨芬芬通泌水泉流〔詩〕丨之洋洋〔入〕姞極乙切
作苾〔選〕相如賦䬣蔆苾茀有威儀也〔詩〕亦作吉
〔詩〕謂之尹吉箋云尹氏丨佶正也〔詩〕既丨且閑威儀丨丨
氏〔左〕鄭有䳄㚤曰燕丨〔入〕卒所律切領也先也〔書〕祖〔氏甲〕〔記〕簡不丨教〔王制〕乃
又大署也〔前〕宣紀丨常在坦率唐德宗微行西明寺宋濟葛巾方抄書上曰
下通作帥〔語〕子帥以正苶請一盃濟曰鼎水方煎可自取之上問姓
名濟曰姓宋名第五須臾聞呼官家濟惶恐上曰宋五丨丨也〔出〕盧氏雜記
後聞礼部放榜濟无名上曰宋五又丨丨也高率晉刘驎之寡欲好遊
山澤又丨丨書真率温公与洛中諸公作丨丨會詳會羊固之豊
史傳〔因〕及〔世說〕腆不如羊曼之丨丨詳饌謂待客有饌也牽帥晉智伯怒
曰丨丨老夫寸燭為率齊孝士刻丨丨丨丨詩四句以此為丨詳鉢少隨長率唐司空圖自云丨丨也丨丨也老也迂三
以至于此〔因〕
者非濟時用則又宜休䫻率聖善薩云大安和尚心在丨〔活套〕儉丨科丨
号耐辱居士〔史〕互見休〇丨天弥勒宮中所法詳心醉為丨
師佩巾又丨師也但經〔姓氏〕晉尚書師昺避司馬師諱改姓帥〔?〕形
典丨師字皆不音兒鬼奇獨往媿夫人觀二十年寂无黔婁王

全裕見之因賦三絶美之有獨卧深雲二十年之句後尸解僧紹能於関右
見之〔?〕仕宋為江陵統制官〔?〕幼有奇志宋天聖中何狀元榜登第
蟀蟋丨〔王褒頌〕蟋蟀侯秋吟〔詩箋〕蟋丨刺晉昭公儉不中礼〔入〕叱昌栗切〔記〕尊客之前不丨狗〇通
作嘯〔記〕不叱叱漢武帝呼方朔曰丨丨來者王尊丨馭過九折阪詳阪
齎不指叱上林棗四十九枚也詳棗嗔目叱樓煩欲射項羽丨丨
張目叱秦趙會澠池秦左右欲刃相如之樓煩手不能發詳煩
相如丨丨丨之左右皆靡詳庭毛遂被叱丨丨按劒歷階而上楚王
楚国之衆也叱之遂曰王所以叱者恃
云云〔史記〕甘羅被叱丨丨年十二事呂不韋秦使張唐使燕唐辟甘羅曰項槖七歲為孔子師
丨丨臣請行之文信侯叱之甘羅曰
今臣十二矣若其試臣何遽〔入〕密美畢切〔易〕退藏于丨以栗〔記〕
叱乎於是見張卿云云〔史記〕機事不丨縝密〔聘義〕丨緻也栗
堅綿密後周鑒師姚僧垣說葛脩容疾䝉密李程雖在丨丨麗密雖与道純
見綿密狀武帝曰用意丨丨乃至此〔史〕縝密而无草聖〔史〕綿之丨丨
詳竹相互〔國〕堅密魏王惠陽外祖峯嶂亦神密趙涉說周亞夫曰兵
蠢蠢密丨丨踈而内丨丨〔史〕寘密丨丨〔?〕事尚丨丨將軍何不
右走藍田丨八音〔書〕丨堂密松柏之鼠不知丨丨之有禁網密丨
詳去声下遏密止也丨靜也美樅〔尸子〕山脊也山如堂者
〔活套〕致丨慎丨〔?〕丨茂丨蓋密也〔入〕弼薄密切〔書〕其丨直承丨𢩐辟或作
〔刑法志〕拂〔孟〕法家拂士又正弓器者曰㢸

良弼賚予丨丨汝弼予違丨〔書〕〔入〕乙〔?〕隋名將韓擒佾八丨〔詩〕丨時乙於筆切
蔵名旛蒙太乙刘向校書天禄閣有老人植青藜虎乙〔?〕注周易亦雅乙
又云端蒙杖叩閣而進曰我丨丨之精詳杖丨奘音傲斬得如丨挾丨夫苦龜藏六〇虎
咸狀君魚乙丨去丨〔內則〕注鯀丨有骨名丨在目旁狀如篆乙食之鯁人不
乙字可出又亦雅云丨腸謂之丨丨餧必自腸形亞如丨字詳匀會
互見燕乙齊魯謂丨曰丨取其鳴自呼〔廣〕本作鳦日甲乙〔月令〕丨丨丨夜甲乙詳夜令甲乙後丨丨令有先
丁
令丨元其白乙近聞函楷數丨丨与越鳧楚乙張融云道之与佛逍極无二
詳〔史〕丨丨〔白和元微之〕昔鴻飛天首丨人以為丨丨
人以為丨人自楚越鳴常一耳〔?〕白〔?〕秦伯召孟明西乞白乙
〔崔〕〔楚〕〔傳〕〇乙當作鳦依出処附此〔入〕名丨出師侵晉即白丨丙也〔姓氏〕比史
〔明〕清河人兄弟争田太燕也〔入〕筆鄙密切秦家恬始製丨〇柳公權
守蘇瓊諭之再還同往烏詳乙丨諫詳諫古弼頭尖名丨頭詳奴
〔賜〕丨則丨〇名晉城子尖刀筆肖曹起秦丨丨吏臣刀所以削書簪筆持
頭奴毛錐子中書君古者用簡牘故吏皆以丨丨隨橐
丨丨以備珥筆丨丨華軒〔選〕戴筆也〇使丨氏筆宋元君將發衆史皆全
顧問詳橐教訟者傳問孝之章〔山谷〕丨丨和墨〔莊田子方〕潤
筆隋鄭譯拜爵国公高頭戲曰筆乾答曰出泚筆岑文本為中書敕吏六
為方岳救策言帰不得一文何以丨丨七人丨丨口占詳占閣

筆魏王粲才高辯鑒等〔?〕製筆王猷之七八歲学書羲之密從後丨投筆班超
丨丨不敢措手〔姚志〕其丨不得歎曰此兒後當復有大名丨丨
嘆曰大丈夫當立功異域取封侯安能久事筆硯乎〔?〕王思鼠鬚筆歐公云
性急方書有蠅在筆端驅去復來思怒丨丨拔劒逐之詳蠅蔡君謨
為余書集古目録序刻石其字甚精余以丨丨栗尾丨大小龍狸毛筆唐歐
恭惠山泉等物為潤筆君謨大笑以為大清而不俗〔帰田録〕陽詢
子通書亞於父自矜重以丨丨為丨張芝筆韋仲將書用丨丨尹卿筆唐尹
覆以兔毫管皆象非是未嘗書〔史〕丨左伯紙詳紙思貞
授司府少卿時侯知一亦厉威嚴史大手筆見操筆下不曲筆後姚涛筆為廷尉
語曰不畏侯卿杖但畏丨丨丨丨〔唐書〕持法平曾敕筆有
所怒筆丨從曰陛下自能夢如椽筆王珣丨人以五大筆丨丨与之既竟曰此
怒之何必令臣丨丨〔齊書〕當有大手丨事俄武帝崩哀冊謚議皆
珣所夢五色筆江淹丨人授丨丨丨由是文藻後丨郭璞曰吾筆夢生花筆
草〔?〕可見還探囊中得丨丨丨還之亦後无美句〔?〕
是未思日進〔賢事〕夢授二筆五代唐馬裔孫夜丨神手丨丨丨後入中御史
李白丨筆丨丨自書堂吏奉二筆如夢中所授者〔太平廣記〕
白筆姚當大朝會殿中丨丨簪丨丨側陛而坐帝問此何官辛毗曰此宮嬪
為御史舊時簪筆以奏不法如今者直備位但耗音劕筆不〔姚志〕
呵筆李白於便殿撰制詔時大寒筆凍帝勅丨丨十廣談慶筆丨丨丨不能
人侍白左右执牙筆丨之受垩者如此〔賢事〕劉虞丨廣不

能著詩談楚
廣太叔廣也廣旨岳筆晉岳廣任河南尹廣善清談而不長於筆請潘岳為表廣先作二百句述已志岳因取次比便成名筆
時言廣不假岳之筆岳不假廣之旨无以成斯美図 沈詩任筆 梁任昉與沈約齊名時云｜｜｜｜昉以為病轉好著詩然用事過多屬辭不
得流 潘岳圂着筆 左思作三都門庭｜｜皆｜紙｜詩賦 璿璧置筆 後王充著論衡户牖｜｜皆｜刀｜史 竹筒躍
便史
筆 晉高士不顯名每夜作筆曉合户以｜｜置｜壁外買者置錢其中筆自｜出人謂｜仙 章草捉筆 唐裴行儉工草隸每日稍遂良兼精
紙佳筆未嘗輒｜｜｜｜异 墨而不假人筆 唐黃碣同列有假其筆者怒曰
新旋者唯守与虞世南不史 是筆他日當斷大事不可假史 獲
麟絕筆 所感而起所以為終也哀注詳麟 花木 朮 花名即辛夷也詳夷 受筆 廢律切事見聚韻 肸 黑乙切詳
文 響布也甘泉賦｜響豐隆又子虛賦｜響布寫往盛作也○｜響詳響○亦作肸 人名 書 夫受夔及錦詳錦 即叔向晉大夫
投手切狂也又 術 食聿切孟是乃仁｜ 教 道術 繇｜同｜史 儒
｜狂惡鬼名 亦多｜ 中書五雜六｜ 道術人相忘於｜｜ 莊 儒
行公孫弘緣 史 辛術 寵光不｜ 劉術 荆軻稽不講 心術｜｜形 外術 馮衍顯志
術飾｜｜ 史 無｜ 南 刺｜之｜ 史 焉 樂記 賦云列杜
衝於｜｜○ 連衡術 陶朱公｜｜詳猗 察俗五術 德宗遣黜陟使十一人行天下陸
邑中道徑也 贄說使者以五術｜風｜所謠頌

留其哀樂納市賈觀其美惡訊簿書考貢事 王瞻三術 梁｜｜善泰工射飲
訟覽車服等其奢儉有作業察其趨舍史 酒弥日而精神朗贍
武帝謂瞻 求盡兵術 唐侯君集李靖教以兵法既而曰君 尽拜｜｜ 述
有｜｜史 集｜｜臣術此欲反亦果謀反詳史 縱橫｜｜
述 小子何｜ 陽貨 中庸 父作子｜○ 巧述 智者｜ 冬官 冠述 記曰知天者｜｜知
孔記 仲尼祖｜堯舜 繼志｜事 工述 地者衣絹○述通天
冠也前有山 人名 王椽不疑 秫 丹秫 鍾氏染羽以朱湛｜｜三月
展青為述 井底蛙詳蛙 而熾之 孔冬官 ○湛子潛反
漬也｜｜赤栗 詳明 種秫 為彭澤令公田悉令種秫妻子固請種秔
也羽以飾旌旗 淵明種秫乃使二百五十畝種秫五十畝種秔 宋書 七百斛
秫 孔羣好飲与親舊書今年田得 橘 居律切 禹貢 惟揚｜｜ 星花為｜ 書
｜｜｜｜米不了麴糵事 晉說 厥貢｜ 周礼 ｜踰淮為枳
手樹橘 江陵｜｜｜｜与千户侯等 食貨 李衡種｜｜｜｜号千頭木奴 白帖
介歡橘 明皇種於蓬萊宮結一｜｜實上与妃子持翫曰
此果似知人意 冈傳 愈病橘 蘇耽將仙去母曰後二年郡人大疫宜植橘井曰病者食一橘葉水一器自愈 如盆橘 巴國人收兩大
橘｜｜三斗｜剖之有二叟相對身長尺余象戲一叟曰橘中之樂不減商山
但恨不得深根固蒂外一叟曰僕飢矣須龍脯食之食訖以水噴地為二白
龍而去 三百橘 奉橘｜｜顆霜未熟未可多得 王右軍帖 不剖橘 晏子使楚王進橘置削晏子弃
圖貞録 橘食不剖王曰橘當去剖對曰賜

人主前者瓜桃不削橘柚｜｜ 陸績懷橘｜｜年五歲袁術出橘績｜｜三枚拜
｜｜臣聞不知也 晏子春秋 而墮地曰欲歸遺母術奇之 吳志
寄書擊橘 洞庭君小女謂柳毅曰敢寄尺牘於洞庭之陰 獨不取橘 宋虞愿
有大橘樹君擊樹三當有應者毅如言詳書 年数歲
中庭橘熟子孫競取之 愿｜｜｜｜家人異之 史 紅直食橘 唐柳玭為嶺南節度解中
源 橘熟既食｜其｜於官 史 縣 日包橘 鎮江
西以｜一｜致柚中有客賈射曰太歲當頭立 ○ 金橘 産江西郡人初
諸稗莫敢當其中有一物常帶洞庭香 南唐近事 不識溫成皇后
好食之由是價重京師 着綠豆中經時不變 盖橘性熱豆性涼也 歸田錄 氣
味宜同雉 狀変皮膚不作煙梅酸 李簡臣 雪霧噴人驚半破清泉流齒怯初
嘗吳姬三日 手猶香 歐詞 白橘 周穆王會王母於瑤池 食碧藕｜｜ 列仙傳 盧橘 小如柑九月結實正赤明年
夏熟 柑如拄 ○ 皮厚大
二月更青黑 ○ 娛花扶老 椒柳律詩 鵜 餘律切｜知天將雨鳥也 說周書 知天文
伴｜｜是鄉人 著冠｜冠 孔帖 李蔚詔迎佛骨鳳翔以珠
玉為帳｜ 聚鷸 鄭子臧奔宋好｜｜冠 死鷸 鷸蚌相持蚌曰今日不出
周飾之 鄭伯使盜誘殺之 左 明日不出必有｜｜詳蚌
回邪也 詩 謀猶回｜ 矞 綏也 易 潏 水流皃 相如 驈 驪馬白跨 詩
又述也 書 ｜乃文武 詩 ｜升 文 ｜游汾之 詩 有｜有皇
詩 ｜彼 聿 發語声 詩 ｜求厥寧 歲｜云莫 如兒 雲 卿雲謂之｜ 西京
長風 北斗樓子科斗賦 聿遵暗水役｜ 雜記 雲五色為瑞

三色 卒 即聿切 終也 窣 昨律切 詩 崒 ｜律 崪 ｜也 恤 辛聿切 書
為｜ 山冢｜崩 嵂
左 何｜人 言東方朔傳不｜ 衎恤 出則｜ 慎恤帝病陰弱得｜｜ 膠 惟刑之｜
農時 或作卹 詩 遑恤我後 小恤 每一丸一幸 飛燕外傳 夔不恤
｜｜其 其｜｜ 左 昭公
緯詳緯 忘國恤 在昔夷羿｜ 人名 狐假虎威詳狐 戌 歲在｜曰閹茂 說文 冬
畢入 人名 宋大夫合晉楚之成 成公 律 呂卹切 釋文 十二｜｜ 均布節
於｜ 四皇頊事詳手 氣故有六｜六均 礼記注 ｜
以銅為之長八寸空圍九分又云黃帝命伶倫斷嶰谷之竹吹之以為黃鍾
宮又制十二筩聽十二中氣而｜ 呂 漢晉書 ｜管長尺六孔十二 ○ 音律
事詳灰 易 師 出以｜ 師卦 黍律 始求声者以律而造律者以｜自一黍之廣積而為分寸一黍之多積而為龠合一黍之重積而為銖兩此造律之
本也 玉律 蛟中候氣用｜｜寸二枚一二丕乃 吹律 鄒衍｜｜而一律有十
唐紀 灵臺用竹律六十 後漢律曆志 溫氣至詳谷 六律 二陽六
為律陰六為呂黃鍾十一月太蔟正月姑洗三月蕤賓
五月夷則七月无射九月為律餘為呂 ○ 師曠｜｜ 孟 三律 不述則濡橘｜而止 闇 ○ 理
晏曰律令秦俗詩 稽律 每被老元 紀律 不敢易｜ 換稽｜
猶以灶晏為栗 詩 闘清嚴容 偷｜｜ 白 左 成公 違律 ｜海外
芬 醫 ○ 香 黃鍾律 ｜｜為天統 蕭協律 協律郎｜｜ 松善琵竹
出波斯国 ｜長九寸 工甚樂大有琵竹歌 入 為律 ｜士 父值 所言九

六五四

言其丨丨提一律（俗和坡）言自丨丨坐城安我降丨丨家葷丨丨不讀律讀書万卷不讀律（坡三）
丨今（因）國魏陳矯傳子本丨丨
法丨而○縛律律師持律自縛（傳灯）神法律无上菩提被於身為丨說於口
得廷尉○丨丨律有身播丨丨（黄竹卷）為丨丨行於心為丨五月禅句
（人名）（參）名珵片律峯丨山高丨繂竹嵂鬱丨丨不○率帶丨下碎士
言悟主為相 丨參嵂 平皃 劣戌切（記）士練
用孰帛為帶不加藏功丨丨繂丨丨鞸鞛（左）以韋為之以藉玉
但拆帛邊而裂殺之丨丨王五采公侯伯三采男二采 縠率射丨𤼵其丨
丨（區表）○黜丑律切（書）三丨戟丨陟（史武帝傳）罷三丨黜柳下惠丨丨（論）馬鳴則黜立仗
的也丨百家通作絀孟大道遂絀
丨丨怵傷丨丨○术直律切狄公粟龍 仙术刘商服丨丨（因）服 韓滉戰嘗
詳伐參丨之桂詳卷 得仙（列仙傳）服术
挑李酒出不入長寸許（陌南野录）蒙徹夫人丨龍术元和中張惟則海上遇
丨叙云草木之逹益於巳者並不及术（真誥） 神仙人曰授皇帝金龜
印篆曰鳳芝丨丨○絀竹律切縫也（史趙世家） 出赤律切（左傳康公
受命无彊（杜陽編）黑齒雕題却冠秫丨 我之自丨又奸妹
之子為丨（尔雅）女子之出丨丨○刘 徐出徐犢夭立丨丨○刘 六出宋書正月朔雪落太
子（記王制）量入為丨 玄德雄姿丨丨（史）穿羲恭衣有丨丨奏
以為瑞○薝蔔花亦丨丨天上瑞木花亦丨丨○玉篇 七出婦有丨丨不
女雪詩乱飄端菜到人間（古今詩話）又陳平丨丨奇計 順父母无子

涯辟嫉妬悪疾多口舌切盗○三不出有所取无所歸也与更三年之喪也先貧賤後富貴也（家語）蟄出名臣丨丨 关出唐徐有功
武后曰公比断獄多丨丨何邪曰丨三不出見七出下四不出康節有丨丨謂
丨臣小過好生陛下大德后默然（史）丨大風雨大寒暑也
至見不出不出史丨丨（史）王吉疏欲治之星丨出丨陸長參白髮詩青二不負脫而出毛遂
趄 解久丨丨行頑丨詩是宗丨丨 事詳
彼歸則出伍胥曰彼出則歸丨丨 敕強項令出董宣事○獅子六出藥山
雞 楚必道敵詳肄 問雲
岩波辭弄丨丨弄得幾出岩曰弄得（詩籥）月丨刺
丨丨藥山曰我亦弄得丨出（傳灯录）好色也 ○櫛阻瑟切梳比總名
禹丨風沐雨○巾櫛晉贏氏曰寡君使婢子侍執 （詩）其比如丨（史）夏
本作擳音義同丨丨以固子也（左傳二十二）扎櫛丨丨也編之如櫛 王
櫛刮摩之工丨丨不盥櫛虞世南与兄世基同受学于顧 齒相比也（釋名）
櫛離矢碧（礼考工）野王每恩不得累旬丨丨丨丨（唐）秫櫛丨耒重生 ○秫音弼
○虱蝕所櫛切（嚴安傳）戰國時介胄生丨（淮南子）豕蝕濡需者丨丨也擇疏
不知署者之一旦与豕俱焦也 （宋書明帝紀）相乎一名狗丨丨 鬣自以為廣宮大囿
（晉書）言偷安者皆丨丨也（徐充傳）沙蝕人中之如針孔粟粒不得術士禁之（朔）
去肉即死丨丨東坡云丨丨初如粉錢竹葉上又乃 孫晉黽即毒虫蜂中蝕入沙
（宋賢譯）竹蝕（能勅）自干為曹无非佛子（伽他筆記）虱裩蝕阮籍大人先生傳云丨云不見蝕

之處禪乎逃乎深縫匿乎敗絮自以為吉宅也丨云丨云然炎丘火流焦城
蝕都群蝕動於褌中而不能出也君子之処城内何異蝕之処褌乎 緣蝕
蝕馬王戲曰婆遊相鬚曾經御覧（東容揮犀）綿裹蝕丨丨齊江淡衣弊蝕多丨丨
蝕玉荊公入朝蝕丨丨上二顧而笑朝退王 置蝕聲聞丨蝕飢死復置
衣中後終稽康多蝕康与山濤曰性多蝕丨搔不已而 紀昌貫蝕丨丨李射
身无蝕（史）當裹以章服揖拜上官三不堪也 丨丨於飛衛使
李視小如大昌以氂懸蝕於牖望之一年如車輪乃以 王猛捫蝕丨丨相温入関
射之丨丨心而懸不絶以告飛衛二日得之矣（列子） 丨丨詣之
而談當世之事丨丨而旁若无人温異之（晉）去蝕揉蝕丨丨居貧多病㓕寢敗絮云云 查道養
言旁若无人温異之 揉蝕丨攫蚤丨日不替手（自作付序）
蝕少居狼山寺躬事薪米以給僧衆衲衣不
蝕洗以養蝕後仕至龍圖待制（国老閑談） 翰林蠹蝕丨丨丨供帳丨丨行（容）○律師投
蝕无畏二藏言行錄易丨丨不惱常令宿于户外律師中夜 瑟庖犧作丨丨
蝕捫蝕丨床下无畏即呼曰撲殺佛子律師異之（傳信記） （尔雅）大丨
謂瓏小丨謂步（漢武紀）黄帝使素女鼓五十絃丨而悲故止為二十五絃（語）
由之丨鼓丨希取丨而歌○金日磾傳宝丨（吟詠）滄海月明珠有淚益
田日暖玉生煙詳絃及煙 雅瑟丨丨二十三絃常用十九絃 八尺一寸長一尺八寸
須瑟七尺二寸長廣同二十五絃又又云即箏也
頌瑟見上柔瑟丨丨合情弄丨丨時宵二（韓）暫醉佳人解 琴瑟不調必
公丨丨（国）靈瑟丨丨啪丨鼓丨詳青錦瑟丨丨旁（田）解瑟丨而更張之

（漢紀）奠瑟孔子曰美哉瑶琀遠而望之丨（詩）
（紀）火瑟若也近而視之丨若也（宛詞語）倜瑟瑟兮丨兮（大学）瓚瑟（詩）瑟彼玉瑟
鮮潔 瑟顏色矜莊皃
兒 清廣瑟唱而三嘆有遺音者矣（記）匏巴鼓瑟游魚出聽（荀） 趙王鼓瑟 趙与秦王會澠
池秦王曰切聞趙王好音請奏瑟丨丨丨丨藺相如曰 趙女鼓瑟丨丨楊惲曰婦
聞秦王善為秦声請奏盆缻秦王不懌為之擊缶詳瑟 丨丨也雅
善丨（国）好竽鼓瑟齊王有求仕於齊者操瑟而立王之門三年不得入客
丨（国）好竽鼓瑟罵之曰王好竽而子丨丨瑟雖工如王之不好何是所謂工
於瑟而不工於膠柱調瑟詳揚子 寳珠瑟瑟吐蕃珠之大者一珠易一馬 帝
求斉也（韓文） 月才調瑟詳 瑟瑟幸華清宮五家車騎皆従瑟二 璣
（明皇雜录）非狼藉于道 瑟玉鮮潔皃又 碧珠白丨丨
五物 與迄同用
物文弗切（書）修其礼丨丨儀不及丨（大学）露物分至啓閉 三物出此丨丨
（詩）丨丨可以人而不如丨乎（光武紀）沉我先丨（国）必書丨丨以詛尔斯
以豕臣以犬豕雞也君以雞文物声名丨（因）方物畢獻丨（書） 尤物夫有丨丨足以移長物
以犬民以雞文物 丨物人（昭廿八）尤異也
晉王恭以簟送王忱曰吾平生无丨丨詳簟 驚馬長怜白（廢十二卷）
（注疏）小芙老病風乃錄家事去丨丨有駱馬籍在丨丨中將去之詳駱 俗物

王戎阮籍遊竹林戎後至籍曰丨丨復來敗人意詳意杯中物具術好飲後醉仰擢貴遂戒飲阮宣命飲術曰近斷飲宜以拳毆其背白看之老癡癡崇忍斷丨丨丨耶抑飲之。〔淵鑑〕藥籠物狄仁傑謂元行冲曰君正丨中丨詳籠囊中物明責子詩天運苟如此且進丨丨丨五代李穀曰中國用吾爲相取江南如探丨丨丨〔南唐李穀傳〕阿堵物王衍曰舉丨丨去詳英物溫嶠聞相溫啼曰丨丨丨也詳啼不終物遲數之丨能詳僕班蘭物常曰我車丨猶少丨丨丨〔史〕留連物王睛苔盧一丨豈直魚鳥而已詳運贖命物北齊和士開見人將就戮多所營恩道曰卿輩亦是丨丨之贖命物救得免即責其珍寶謂之丨丨丨〔史〕熟生物唐柳公度善攝生常云吾初無術但未嘗以元氣佐喜怒不以〔史〕憎老物晉宣穆張皇后諱春華氣海暖冷物丨丨不以元氣佐喜怒不〔史〕有宠后往省宣帝病帝曰老物可丨后欲自殺帝驚謝乃止曰丨丨不足惜慮困我好兒〔史〕非池中物孫權欲以荆州資劉備周瑜曰蛟龍得雲雨終丨〔吳志〕風塵表物王衍自然是丨丨丨〔王戎傳〕空洞無物周顗腹中丨丨詳腹青氈舊物王子敬見盜取物都不徐曰丨青氈我家丨丨可置之詳氈。李無一物慧能曰丨來丨丨丨何暇拂塵埃詳臺乎其欲饗之也旗勿九丨雜帛丨〔禮記〕本作物与勿義同州里所建丨曰丨注猶勉之也

勿〔書〕丨式丨丨〔疑記〕四勿勿視勿所勿言勿動〔論語〕〔韻會〕

〔賈誼賦〕丨深潛以自珍又丨不忽荒忽。丁謂丨宰相〔類〕昒 客丨高皃丨〔相如賦〕丨詳巙。蓬丨之〔佛〕拂分勿切〔杜〕引袖丨一丨並見昒下掖拂風起北方一西一東孰是拂徽揚各互相丨蟾拂音陳〔顯達〕謂子休倜曰塵尾丨丨是王謝〔寶鍾傳〕家物汝不須捉此即取燒之〔南〕紅袖拂魏仲先冠萊公多留題僧寺後曰又之仲先曰若得時將丨丨丨到仲先詩塵昏以碧紗籠詳袖令麻繩拂宋武帝微所居壁上挂葛燈籠也應勝似碧紗籠詳袖今也雁勝似碧紗籠詳袖令麻繩拂宋武帝積所居壁上挂葛燈籠麻繩丨丨孝武曰田舍公得此已爲龍鬚拂元載得丨丨不蹶〔物類相感志〕蚊蚋樓閣拂杜甫見朝廷以李代張爲相過矣〔史〕龍鬚拂元載得丨丨不蹶丨丨丨詩以見意〔杜注〕妓執紅拂李靖謁楊素一丨丨丨侍側目靖歸夜有紫衣戴帽人叩門延入乃一美女也告曰妾楊家紅拂妓也絲蘿願托喬木乃与俱適太原○何暇拂塵埃本來无一物丨丨丨詳臺〔法藏〕〔壇經〕荆斷丨弗也髮丨丨丨丨丨髯艴色怒弗〔詩〕風丨飄丨丨本作〇舍利弗舍利子乃佛弟子名以其母眼似鳥之眼即此間所謂鶖鳥其眼圓因以舍利稱其母此言舍利子若曰婦人丨丨者之子也〔毛詩心經注〕〔人名〕〔頭縣〕東鄰〔詳鄰〕綍引柩索綸綍王言如丨其出如丨〔記〕執紼四十者丨丨○敝邑之間先君有所助丨丨矣〔昭三〕張郡死其葬柩將至壙不進友人范巨卿至丨丨丨引柩乃前詳車黻黑与青相次亞兩已相背

形亞也文〔詳〕黻 除灾也〔唐書〕循吏傳劉丨黼丨帝躬耕丨丨荒〔禮〕褻茶。或作弗〔詩〕以祓无子繡紱孔子生之先麟見徵在以丨丨系麟紱角及夫子將終解紱抱麟而泣〔詳〕麟章多皃又給也〔詩〕丨服章又福也〔詩〕丨丨綬亦康矣又強盛皃〔詩〕臨衝丨丨香丨丨以翳道茀丨丨不可〔國語〕簟茀丨丨丨魚服〔詩〕車之隆〔揚雄傳〕蔽飾丨丨文也赤紱一命緼紱再命丨丨幽衡三命丨丨〔玉藻〕朱芾 天子純朱也又方叔葱衡〔詩〕在股〔詩〕丨丨丨丨斯皇〔詩〕天子丨丨翠止云云丨丨斯皇同色而差降紼乱絲〇鬱 紆物切〔漢書〕安能丨丨久居此乎丨丨葱之詳葱又丨以降神本作鬱〔韻會〕鬯丨誰語〔賈誼傳〕進韻丨咽丨弗鬱中心何〔楚辭〕丨丨〔騷〕于鬱羌瓌瑋而鳴紛屹山峙以幽鬱長吟意不得泄也〔謝〕佛鬱所懷〔宋玉賦〕丨丨〔史記〕音佛子丨丨丨丨〔漢書〕丨丨〔靈光賦〕迂与紆同鬱哀歌舒泄丨丨〔上林〕茀鬱其山盤迂丨丨音佛山曲兒〔上林〕〔相如傳〕佛鬱芬香伊鬱〔史〕丨丨丨〔賦〕〔謂〕女飾〔相〕食鬱〔上胡相公〕烏鬱炎中心有黑點者名丨丨詳鬱〔黃庭經〕漢宮棣屬〔詩〕〔杜〕丨丨美人細意丨貼丨丨丨彼六月丨丨及〔社〕灌丨丨蒸丨〔詩〕丨丨丨丨〔易〕丨丨〔法藏〕〔說〕羅丨丨也尉熨斗。丨斗詳斗工熨柳子曰吾好辞工書皆病辟也日思砭針丨丨丨〔說〕羅丨丨丨丨丨

〔法藏〕

在此霞蔚晉顧愷之言會稽山川之狀曰千岩競秀萬壑爭流草木蒙籠若雲興丨丨〔世說〕蔚晉夏侯湛曰志則作丨文則作丨〔選〕充蔚眼義伊蔚〔詩〕丨丨即牡蒿也似胡麻八月爲角如小豆尉 古有丨繚著書号繚子〔姓氏〕字荀姚孝文改爲丨在此韻仁世爲豪宗仕元姚累迁尚書令進位司徒詔曰明允篤誠希世之賢也元以八十之年宜処三老之重〔北史〕代人爲大李生鷹聳擊賊有功迁郡守靖平有惠績賜之衣服〔北史〕屈 九勿切丨地出良馬〔左〕丨產之乘又吾居丨丨大屈。楚子享公好以丨丨弓名好冥賜也〔昭七〕臨海宮背楚公族羋姓之後楚武王子瑕食采於丨因氏〔姓氏〕正則灵均者釋其義爲稱也仕楚爲三閭大夫上官大夫譖原作離騷九歌等自沉汨羅〔史記〕嗜芰〔詳芰〕丨字子木爲楚令尹〔韓非〕婷李多才媚道武朝爲中書令丨丨原姊女須劉詳月令屈 渠勿切〔孟〕威武不能丨〔楊〕不曲刀亦作戰丨人兵〔漢書〕丨丨群萃詰屈聱牙〔韓〕丨丨〔柳〕嶬峗〔柳〕崛〔柳〕幽曲乃丨丨縮恧鬱屈欲袞崛也〔地〕固皆餘蛇蠖屈尺丨之丨丨 掘屈而不伸〔國〕丨丨丨丨 膝不屈田承嗣曰茲丨丨丨於人久矣詳膝軌丨丨蛇也屈 比秋突丨歘丨為親屈毛義往日之喜乃思彥大屈唐韓思彥爲監察御史李義府譖之出爲山陽丞久之高宗召問不見卿久今何官丨丨也詳檄丨道所以然帝謂宰相此亦大屈復爲御史〔史〕爲飛白屈齊王僧虔吳郡顧寶先見僧虔飛白曰下官今日丨丨丨丨丨丨矣〔史〕不

爲玄纁巫曰後法眞同郡田弱薦眞曰丨丨丨丨也〔史〕 詘 詰丨〔記〕不充於富貴 ○㟭 渠勿切山短而高又勑起曰丨
起丨強丨目韻丨事詳 ○佛 符勿切○金佛 趙宋金陵守九江旱爲民祈而雨遂有秋民夅首加額曰呼爲丨丨
卧佛 庾公入寺見丨丨曰此丨 蘇晉長齋丨丨前〔歴〕晉李淳暑術得胡僧
丨佛子疲於洋梁故不丨〔世說〕 繡佛 丨彌勒丨一本宝之曰是佛好飲米汁正
与吾性合他佛不愛也常於 蓮佛 李公之知潤州園中菜花悉是丨花 泥佛
市中飲酒食諸人不識之 仍各有一丨坐花中形如雕刻〔筆談〕
稽首号丨丨 丹霞禪師於慧林寺遇 浴佛 周昭王二十四年甲寅四月八日
丨丨〔國〕 木佛 大寒取丨丨燒之〔傳灯〕 中天竺国淨飯王妃摩耶氏生太
子悉達多三十五歲於菩提場中成无上道号佛世尊於周穆王五十六歲
二月十五日於拘尸羅国娑羅双樹間入涅槃大慧禪丨丨上堂云云〔佛運〕
〔記〕毀銅佛 五代周世宗丨天下丨丨像鑄钱曰佛以身 林間佛 六花瓮葛
〔紀〕毀金佛 世爲妄以利人爲急此銅像豈所惜哉〔史〕 丨丨丨節菖
蒲石上 蘇托佛 會昌毀寺遣使录金佛有蘇滋祭者抽歸一佛 即心是佛 僧有
仙〔國〕 時号丨丨丨 遍庭筠曰好對鑿佗僧〔閒書故実〕
問大梅和尚見馬祖得个甚麽便住此山大梅曰馬祖道丨丨丨丨 僧曰馬
祖近日又道非心非佛大梅曰這老漢惑乱人未有了日任汝非心非佛我
只管丨丨丨丨馬祖後謂 選官選佛 丹霞天然禪師初習儒業將應舉道
大衆曰梅子熟也〔傳灯〕 一禪客曰丨丨何如丨丨曰選佛當

何所曰江西馬大師出世此是選佛場〔傳灯〕 漢前有佛 宗作昆明池得黒灰東方
也師往見馬祖乃令參南岳石頭〔傳灯〕 丨云可問西域道人丨丨之佛
徒也〔守約編〕歴代三宝記云刘向称予覧典籍見有佛經則知 謟道佞佛 晉何
周時久流釋典則先丨之丨丨丨有經其來也遠〔韓陵录師注〕
充与弟準崇修佛寺靡費巨億阮裕曰我圖數千戶尚未得卿圖作佛不亦
大乎于時郗愔及弟曇奉天師道謝万云二郗丨丨二何丨丨〔晉〕五代唐馬
胤孫佞 盛称無佛 斉范縝著无佛
佛〔史〕 論丨丨丨丨〔史〕 佛 攢也 ○迄 許訖切至也〔詩〕以丨 于今丨用康年 汔
水涸又幾也〔詩〕丨可 肸 見聲 ○欻 許勿切暴起也〔韓〕指 ○訖 居乞切
小康〔詩〕丨至未滴并 肸 韵 忽丨欻丨往莊昧兒 止也〔書〕
民丨自君 求訖夫者天也失意一 蒼姫訖丨丨丨 雅富訖非訖于威丨訖于
是多盤 丨人是謂丨丨詳畢 蒼姫言録〔孟子〕 惟富言丨〔書〕 訖絶也富謂
賄賂主獄者 吃 語 酒吃 焦遂口吃對客不能出一言醉後 馬吃 東丨四蹄
欲絶賄賂也 雖丨 酬荅如注時目爲丨丨〔唐史拾遺〕 丨丨〔孟郊〕我
丨亦飲 韓非吃丨丨口丨而 相如吃丨丨口丨而 孫晟吃 五代南唐丨丨爲
丨〔國〕 善著書〔詳韓〕 善著書〔前〕 人口丨遇人不能
道寒暄已而坐定談 楊雄吃丨丨不能劇 李固吃丨丨言丨而議論人弘正
辨鋒生听者无倦 談博極羣書 主前乃更詳辨詳後
吃周丨丨丨而 鄧艾吃丨丨口丨語 丁稜吃丨丨語丨欲言稜等登科乃連
能談詳談 称艾詳艾 声曰稜等登不成語而退詳登

周昌吃丨丨爲人丨曰臣怒致巴吃 後周部偉性吃少時逐鹿失之問牧豎
期丨不奉詔詳期 牧豎亦吃偉丨謂丨丨丨射殺之〔史〕
○屹 魚乞切 山丨崪 ○仡 勇壯也〔書〕丨丨勇夫 ○疑 立定貌〔儀礼〕 婦丨立詳立 ○乞 去訖切〔孟〕丨人不
〔史〕丨師〔詩〕丨言○丨憐詳憐丨乘詳乘 〔晉語〕丨醯〔論〕丨盟
蘇廣丨骸骨○顔魯公丨米帖詳米 寒乞 宋明恭王皇后明帝嘗宮内大
怒曰外舍家丨丨今共作笑 集裸婦人觀之后以扇鄣面帝
樂何爲不可云云令后起〔史〕 播間乞丨〔國〕之 杜甫乞 丨丨當躬行而丨曰惠
水王 以墅乞 謝安謂羊曇曰丨丨 我一兩縑詳縑乞爲寒
〔國〕 丨丨丨汝詳棊予讓行乞丨丨丨於市 政嚴行乞 韓安陸王衍行部
紙問何不事産而行乞曰剌 羅州有野老來乞
史丨丨故致丨丨〔張瓌傳〕 〔人名〕 乞丨 白公勝使乞丨召勇士熊宜僚詳熊
〔西〕 秦將侵晉晉獲之以歸即西乞術也

六月 與没同用

月 魚厥切 庾亮乘丨登南樓詳樓 脩月 鄭仁本表弟遊嵩山見一人枕襆
又海蚌食丨光生珠曰明丨 呼之其人曰君知月乃七宝合成
乎月勢如丸其影則日爍其凸処常有八万二千 奔月 嫦娥丨詳娥 邀月 李杯丨
戶丨之因開襆有斤斧鑿数事兩晏玉屑〔酉陽〕 明丨對
影成三 吞月 李杯和月 喘月 晉滿奮畏風曰臣猶 批月 薄丨明丨細
人〔李〕 都丨了 吳牛見月而丨詳喘 抹清風詳批 紙月
八月十二夜謁王先生丨丨刻丨 廣寒月 明皇与申天師八月十五夜遊
如丨施垣上洞照一室〔宣室志〕 宮見榜曰丨丨清虛之府翠色
光相射極 長庚月 有如丨丨丨到 千江月 丨丨丨同一丨万 隔千里兮
寒不可留 曉爛不收〔坡〕 戸尽逢春詳供 共明月 丨丨丨〔謝〕
〔莊子〕 秋月春月 坡翁在汝陰州堂前梅開見月王夫人云丨丨令人悽慘丨
〔杜〕 丨令人和悦坡翁大悦有詞云不似秋光只与离人照断腸
杜亦云秋 平分風月 别乘一來有唱終須和还知麼自從添个風月丨丨破
月辭偈神 独倚胡床庾公楼外峯千朶与誰同坐明月清風我一
〔白〕 止談風月 徐勉曰今夕丨 梯雲取月 唐周生有道術中秋謂客曰我能取
〔詞〕 可丨丨丨詳談 月以筯数百條繩而駕之曰我丨此
取月 俄以手牽衣懷中出月寸 旋風偃月 李皐謝戰馬表云驟挲偃月之瑩
許光色照爛寒氣入骨〔宣室志〕 攏作丨丨之陣〔五代史補〕 李林甫
有丨丨 中秋無月〔賢奕录〕丨丨丨丨丨則兎不孕蚌不胎喬麥不実 今月 人不
堂詳堂 丨丨苦雨独天柱峯有月詳峯 古月 見丨時
丨丨曾讀書隨月 齊江泌隨月丨丨月 對飲惟月 宋謝譓云不妄交接有
經照古人 光斜則握書升屋〔史〕 時独酌曰入吾室者但
有清風丨吾丨 正月 巳丨丨朔旦未作 昭十七年謂建 端月 秦避諱故謂丨
者丨當明丨〔史〕○ 陽之丨○丨丨上日〔書〕 立 爲正月〔索隱〕
陽月 歲亦陽止〔詩〕丨丨也 陽月 十月曰丨丨〔爾雅〕又曰良月〔左〕又曰陽朔月
十月嫌於无陽故名丨丨月〔西京雜記〕又仲冬命之曰丨丨〔月令〕

卯詩｜｜辛 肓月｜｜必朝 提月公羊｜｜晦日也｜｜六鷁退飛 ○海月郭景純海賦王珧｜｜大如鏡白色正圓兎海｜｜
從炎運詩掛席拾｜｜註蚌蛤屬 珧音姚 玄月爲君張｜ 三百月頗奭玉
○韻會云｜｜字名生海中大如鏡月色 谷茶也 川子飢
弄｜｜國 ○懸月空｜｜若誰不靖液 智月食同上｜｜常 禪月李白｜抱魄 詩 四｜｜大
王也在位貪殘下国搆禍小雅○七陳王業也幽風周公遭変之詩 夫刺幽
六｜宣王北伐也○正｜大夫刺幽王也変小雅曰｜衛莊姜傷已也 軏
車轅端持衡者 刖左斉貴公｜鮑牽成十七卞和｜足詳玉子 九五
謹小車无｜ 羔謂守門者曰吾｜子足而逃我何也詳寶劓刖｜
困於赤紱困卦｜傷於上｜傷於下刖又聞識大道何 鬻拳強諫楚子
下上下皆爲陰所傷害｜｜之象 累月 路補｜ 自刖 臨之以兵懼而
從之鬻拳曰吾懼君以兵罪莫大焉 犯刖 弥子瑕 孥哉｜｜之
焉遂｜｜也莊十九 故而｜｜ 采史記 筏 房越切 編竹
曰律筏自可得｜｜ 王濬 大筏 呉人鉄鎖横江｜｜作｜令善水遇鉄錐木大曰｜
桴｜｜ 舞 著筏而去遇鎖然焼之須臾融液断絶 詳鎖 哱
春秋 伐 耕起土也 韓 伐 左有鐘鼓曰侵无曰｜ 注 涕有 九伐 夏官 ｜｜
米 謝病老耕｜｜ 功｜ 詩 勿剪勿｜ 薄｜ 玁狁 之法正邦
国 孔 謂征伐諸 七伐 不愆於四伐五伐六 四伐 盛威於中国也 傳記
侯之法凡九也 七伐｜｜ 書 伐 擊刺也 驍伐 當爲四 毎奏四｜｜一擊一刺

爲一 咄伐 唐郭元璹突厥攻大原以不信答中国元 鐵伐 頁王勃 改姓 以
伐 璹隨語折證不屈 太宗曰 知公｜｜可汙 陳氏兆正統 以
｜｜爲氏 言剛鋭 昆伐 旦｜而 操予伐康成入吾室｜吾 甘井
如｜堪｜人也 監 之 國 以｜我乎 詳守 直木先伐｜｜｜
先竭 莊 賞斧 自伐 ｜｜｜ 觀 ｜｜詳斧 謂 閥 史記明其等曰｜積其功曰 軍
山木 姜色 娥｜如｜ 戕賊 閥閲又門在左曰｜ 在右曰閲
閥 唐郭虔瓘 錄 官閥 後郎玄敵南應劭曰故太山太守應仲遠北面稱弟
｜ 廷將軍 唐 子 伺如玄笑曰仲尼之門考以四科回賜之徒不称
｜｜ 代閥 序其｜ 詳集 虚立門閥 唐許敬宗女嫁蠻 九隴 之
困 本高祖奴隷｜｜｜｜ 史 話套 貴｜ 罰 書 正
千五｜ 天罰 恭行｜ 書 異罰 子空曰同罪｜｜ 臧否不宜 望｜ 罰 書 諸葛
呂刑 斗刑也 袁氏 陟罰 異同 出師表 二十罰 亮爲
相｜｜｜以上皆親覽 孟百罰 桑又在江摠席上曰虽深｜｜｜ 詩 不
所啖食不至數升 史 吾亦不辭 ○ 百罰深盃亦不辭 南史 金谷罰
成者罰依｜ 光 挂罰 閻 賓掌其比｜｜｜ 觚 盾也 張平子賦植鍛垂｜ ○
｜酒數 詳數 觥 挂罰之事 詳撻失礼之罰 ○亦作伐 詩 蒙伐有苑
越 玉伐切｜ 沮代危 三越 呉｜南｜ 南｜ 百越 ｜｜ 南｜｜
詳危 通作粤 ｜ 閩｜也 選 蛮総名 白越 馬后賜諸王二十端 皇后紀 ｜｜
越布 葛越｜｜草布 通 嵇選 度越 ｜｜ 諸子 對越 天 詩 在 隕越 左 ｜｜ 手下
也 詳 昌韻 會 編在此 揚雄贊 墜也

發越 梁顧越季兼經史与智文發 史 南走越 曾朱家曰季布不北 奴 周越 落筆
越名相埒 故都下謂之｜｜ 史 走胡｜｜｜ 尔 史 已嘆
｜｜｜ 蚍六 蒲 當五草書 周越 章甫適越 ｜｜｜｜ 无 ｜｜ 荘舄仕
善草書 不遠懐素 故奴之 所用之 詳甫 越人思越 軫對秦王曰
楚執珪 有頃而病 曰凡人之思故在其病 彼思｜ 則越声 不思越 則 ○ 擅越
楚声 使人往所之 猶尚越声也 今臣雖弃逐之楚 豈能无秦声哉
謂行｜ 施能｜ 貧劣 海故 話套 楚｜ 胡｜ 人名 将後 漢祖 姓氏 晋陽 扫音夏少
詳那 笑指 密蜂作 ｜｜ 國 楚｜秦｜ 将後反 康之後 奴 姓｜
越王践裔孫後以国爲氏 鉞 大斧重 黄鉞 左杖｜ 鉄鉞 不怒而民威 節鉞
一云｜姜氏改爲｜氏 八斤 書 鈇鉞 於 ｜｜ 中庸
唐渾瑊爲元帥制曰授尔 授鉞 見節鉞彼｜｜之言 話套 王 攓 掲 除也
｜｜○又婁虔賜｜｜ 鉞下 切鉞 闕 諸侯王表 ｜ 攓 羅 南子
下韓 守縣坐深｜ 家越 唐裴敬彝曾祖子通居 街 攓越 唐呉奏時槐 清攓 東西
武王陰鳴人於｜ 爲 ｜｜史 攓 開軒
之国 木名 爲 獬 音抽 食其皮 亦作越 居月 切 慣 厥 呉 楚
蔭｜道｜ 語 話套 林｜ 曰也 粤 書 三日丁亥 書 越若來 審慎之辞 厥
汁 巳｜｜之疾 刻 氣疾也 木厥 歐公帰田録云 尖簷帽子 俾凡厥 短
厥 之｜井里之｜ 寒熱 厥 陽氣衰爲｜厥 陰氣 ｜生｜ 公云不知｜｜ 何謂 和璧
厥也 尚厥 發石也 痿爲｜｜ 古今注 話套 胎｜ 人名 晋卿 詳 政蕨 紫 厥

詳一 蹶 僵也 孟｜ 若趨者又拔也 左是謂｜ 劉蹶 蹶 頓｜｜了 村官蹶｜｜ 張
蒐 蹶 其本 亦作蹷 賈誼策 秦蹷 六国 不聞 桃源行 ｜｜
從高祖 申屠嘉傳 力能 乘旦蹶 騎 ｜｜云云 過 都越国｜如 石 以足 蹶 唐嗣業 討
踏強弩 張之 蹶踏也 歷塊 聖主得賢臣頌 蹶走使也
勃律 葱嶺 有大｜ 娑 蹶 ｜｜ 蕨 即薇也 伯夷采薇 歌 蹶厥牙已作小 蛇
｜ 石抵 穿 嵏 至誠所感也 史 詳 薇 韓 争如菀 蒸 拳蕨 兒｜ 黄氏集
盛蕨 鄒 鑒 出獵有甲士折一小枝 蕨 食之 竟成疾 後吐出一 張翰 采蕨 晋齊
小｜ 懸崖 前 崇乾 ｜｜ 遂明此物 不 可 生食 搜神記 王冏
秉政｜｜曰吾｜南山｜ 蕨 白｜玉 劂 剞｜ 曲刀 刻鏤刀也 楚辞 握剞
飲三江水足矣 互見 蕨 蹶 鷩 離也 ｜ 而不用 甘泉賦 般倕 奇其 剞
｜ 蟨 獸名 爲蛩蛩 取食 者 詳 蛩 蛩 韓 无不 橛 其月切 杙也 門 梱也 在地
比 鸕｜ 鶼比翼鳥｜ 比肩獸 曰梟 門限也 大者曰 棋 長
者曰閣 疑當作楣 又 船｜ 也 又車鉤心也 銜 橛 中道而馳 猶有｜｜之変 淵
唐大紀 清道而行 尤戒銜｜ 亦作撅 如傳 橛車鉤心 言馬銜 或断
鉤心 或出 株 橛 下開迷惑 智 摩 谿 鄭 ｜｜ 韓 送文 暢 吾 処 若 橛 株 拘 鹽 驢 抜
則致傾敗 木橛 呂 注云 断木也 昌黎 借用 言 排釋氏 如 以刃 劚 ｜｜ 也 馬
橛 唐武后時 李嵩 爲御史 勸 獄其 訊 罪人 背立 名如 犢子 懸 牛 抜 橛 上 踣 心
撅 車｜ 兒｜｜ 之類 周興 亦有 鬼 抱 鑽 牛 抜 橛 之名 談賓録 牛 抜 橛 見 踣 心
木橛 隋 酷吏 王文同 爲 恒山郡 賛務 有一人 豪猾 每持 長吏 長短 文同 剡 木
爲大橛 埋之 於庭 出尺餘 四面 各埋 小橛 令｜｜｜｜ 上縛 四支 小橛

拟其背應時潰〇乾屎橛臨済師云汝等肉團上有一无位真人汝若不識
擗吏人偈氣(史)但問老僧有僧問師便打云是丨丨丨後雪峯開
曰臨済禅師揺(孟)碎若丨井(易)丨地為白〇雷煥丨獄得宝劍詳劍谷夜
白拈賊(傳灯)提長鎗丨黄独詳独或作闕左闕地及泉〇与勿内通
闕 去月切門丨又失也乏也又空官曰退丨(詩)在城鳳闕設壁門之
丨芳(記)丨疑(漢志)礼文多丨〇破丨之丨在萍勺鳳闕丨上觚稜而
建金爵(西都付)觚稜闕身在江海之玉心居丨丨丨 金闕三神山丨銀為
角〻上稜爵故曰丨丨魏闕之下(莊讓王)詳見姚子 宮丨(封神志)
銀闕時見玉山丨丨天闕丨丨象北闕蕭何治未央宮立巨闕劍号丨補
白丨丨(陂)緯逼(国)東闕丨丨前殿(史)詳劍衮闕丨(国)
貝闕丨丨芳珠宮 鐵補闕唐楊貽徳 坐背闕李勉殆管宗嗣 雨家闕五百青
(楚辭九歌) 号丨丨丨 背闕而丨詳華 蚨丨丨
丨詳去 孔子何闕丨丨有丨丨而 門樹六闕唐楊炎三世以孝聞丨冊
声當 居闕里詳里 丨丨丨丨古所未有(史) (活套)
(姓氏) 下邳宮吾風俗通云闕堂童 髪 方伐切(孟)拔丨纓 宣髪哭為
子之後(闕里)漢荆州刺史 冠(韓)一丨引千鈞 (說卦)黒白
雜又皓 壯髪曹宮曰我兒額上有丨丨丨 黃髪丨丨台背(詩) 鶴髪丨丨鶴安
落曰宣 當額前侵下而生(隨昭伐傳)韶拔丨丨 (庾信竹枝)
府 華髪早生丨丨 詩髪慕容紹宗曰吾数年有丨丨昨來 毳髪(國)黒也 如雲 結髪
丨(賦詞) 忽及其算尽平未我投水死(史) 丨丨

李廣云丨丨擢髪丨賈之丨不足以擢髪 周公一沐握髪丨生髪未 不毛
与匈奴戦 擢髪贖賈之罪(范雎傳)擢髪三丨丨(韓詩)握髪丨詳蘇 鬢髪不地
謂之丨丨 水苔名丨 龍女髪橘中一叟曰君輸我海丨 種〻髪虞蒲婆白
丨(莊子)石髪丨(爾雅) 神第七丨丨丨(兩被神記) 髪丨子髪丨丨
如此予寞能為予雅曰彼 早白髪(范曄)四年二十九髪白(史記)〇後魏李中年
其丨短而心甚長(昭二) 四十鬢髪斑白〇後魏睦巹年三十父喪
鬚髪致白(魏史)〇顧愷之与簡文同年而髪丨丨帝問 染白髪(陸辰)欲以媚側室
其故荅曰松柏之姿經霜愈茂蒲柳之質望秋先零
何長瑜詩嘲 烏白髪(處士)李林甫婿鄭平為省郎髪白上賜甘 鑷白髪(齊高帝)曰
之云詳星 露美能丨髪服之果然(明皇雜录) 草有為人
高祖而丨丨 氣攻髪軒轅先生能用丨丨撒 不容髪間丨丨丨丨 誤食髪(唐魏)
丨乎詳録 丨一條如直(大中遺事) (邵陽傳) 立言
善醫有道入心腹痛煩弥二歳診曰丨丨丨 得梟卿髪唐蘇梟卿為禄山所
令餌雄黄一剤吐一蛇无目燒之有髪氣 害莫敢収張湊丨其
髪僞呼其妻徃〻 謝安理髪安為桓温司馬温詣安値其理 董氏封髪唐賈
鬟之髪若動者(史) 髪安性遅緩久而方罷詳情 直言
貶嶺南与妻丨丨決曰死生不可期吾死可別嫁董引縄束髪封 客曬髪王
以帛使直言署之曰非君手不解直言貶二十年還署帛宛然 對 導
子悟傲誕謝万嘗造既坐便入内乃以為必厚待已久之乃沐 衝冠怒髪 如
頭被髪而出據胡床於庭中晒髪竟无賓主礼万悵然而還(史) 相

怒髪丨丨詳璧〇晋王遜怒姚崇不窮陶母截髪范逵過丨侃家无以待賓
追李驤髪上衝冠〻為之裂夜中卒(史) 丨謂曰汝但留客吾自
寫計乃丨丨寫双髪 楊妃獻髪丨丨忤旨送歸私第中使賜以御膳妃對 委
賣易酒殺極豐(晋) 使者涕泣剪髪一繚丨之上遽召還(史)
地長髪桓温平蜀以李勢女為妾着斎中妻南郡主与数十婢抜白刃襲之
李正梳頭髪丨丨籍丨膚色玉耀不為動容徐〻結髪曰国破家亡无
心至此今日見殺乃是本壊主擲刃抱之曰阿子 在獄白髪齊謝超宗収付
我見汝亦怜何况老奴遂善待之(王子年拾遺) 廷尉一宿髪白
〇北斉司馬子如受賄 被為禿髪 鮮卑其先壽闐母産於被中鮮 長如僧髪
丨丨一宿髪丨(北史) 卑謂丨丨丨丨丨 因以為氏(史)
韓昭凡事如僧剃髪〇祝髪丨丨文身(谷梁十三)祝 落煩悩髪 覆以慚愧之
无有寸(外史檮杌) 断也僧削髪亦曰丨丨 衣丨其丨丨
之丨發(語)不悱不丨 亦足以明發丨丨不寐(詩) 地闊至発發 材官丨丨
委髪 召丨丨〇万弩俱丨詳寵 旦而明則地開發 驕發矢道同的
(鼂錯傳)材官有材力者丨矢之善者 七發枚乘作丨丨〇微 審發蜀譙周曰
發弱矢以射手工矢善故中則同的 諷呉王濞毋反 射幸数跌
不如丨 鏃發榛栗丨丨 觱發一之日丨丨 秀發峯嶺頗 英發議論亦 矢一發
丨(史) (蜀都付) 詩風寒也 丨丨(晉) 丨丨(國)
十二丨寫丨丨(漢書)射礼三而止毎射四矢故以十 刃新發刃丨若丨 蠶妾
二丨寫丨丨〇發盛矢而後反則四丨寫丨丨也(国) 於硎(莊)

發汲黯之丨復 不為鼠發丨丨 繫丨 (活套) 扁舟丨清歌丨奮丨 長丨大
丨丨矣(漢紀) 丨丨機詳鼠 靭初丨蒙初丨明丨 (詩補) 褅也
韈 望發切自 角韈三代謂之丨丨前後兩隻相成中心繫 凌波韈微歩
三代有丨 帶至姚呉妃始以綾羅為之(炙轂子)
羅丨生塵 龍鳥韈橘中一叟曰君輸我瀛洲玉塵九斛丨丨脚不韈 拆膩
喩体輕詳歩 丨八緉後日於青城草堂還我亦(搜神記) 丨丨丨丨
丨見君解韈衛侯与諸大夫飲酒褚師声子韈而登席公 至日履韈 近古
(左) 怒(哀廿五)古者丨丨丨丨足有創疾則不解 丨上丨丨
丨於是丨踐長至 結韈張丨丨為廷尉有王生者善黄老言謂廷尉曰
之義(崔浩礼儀) 釋之結韈予為我丨丨釋之跪而結之云〻王生曰廷尉方
今名臣余故使結韈以重之諸生 貴妃錦韈馬嵬嫗得丨丨丨丨一隻毎
聞之賢王生而重廷尉焉(本傳) 遇過客一翫百銭獲銭无数(因)
貞外 青鞋布韈吾獨何為在泥滓丨丨丨丨從 畫絹為韈文与可厭丨竹投
(傳) 此始(杜)已辦布韈青行纏(陂) 丨曰吾将以丨丨丨
詳 才如折韈韓八座事業如折韈線 多製韈韈唐崔彦昭 外兄弟王凝及
林 无一條長(隱言)詳線 彦昭拝相母敕婢丨丨丨丨
曰王氏妹必与子皆逐吾将共 塞口臭韈元載賜死謂主官乞一快死主者
行彦昭泣且拝曰不敢為(怨史) 乃脱臭韈丨其丨而終(禹錫嘉話)
巾丨丨 謁 於歇切(房玄) 典謁問士之子長曰能丨丨丨矣 版謁 婢張琦
(活套) 靴丨丨 (齡傳)丨金門 幼曰未能丨丨丨也(曲礼) 時廣平

太守盧毓到官吏白承前致丨丨毓曰張先生豈此丨丨可光飾哉但奉書致羊酒（史）陳慶荔云未有丨刺无容拜丨（史）閹謁文宗卒爲丨丨所乘（唐李訓贊）官者也　女謁丨丨盛歌　請謁丨丨行（史）　不奪謁後孔融時河南尹何進爲大將軍司徒楊賜遣融奉賀進不時通融丨丨還府投劾而去　宰相受謁唐李愬入蔡州裴度至愬以橐鞬見請度以丨丨禮丨丨蔡人聳觀（史）

〔入〕歇許竭切　憂柔歇　晉文公曰得臣猶在丨丨丨也（左）　衆芳歇鵜春分鳴則衆芳生秋分鳴則丨丨丨（騷）　喫茶珍重歇百丈恒和尚有時上堂衆繞集或云丨丨或云丨丨或云丨便下座衆罔測百丈頌云百丈有三訣丨丨丨丨直下便承當敢保君未徹古禪師云第一句是賊身也露一句是贓物出來三四句抱贓斷事也住薦福寺（古禪師語錄）　【活套】渴丨　梅霧丨　榮華丨

蠍毒虫江南舊无丨開元初一主簿竹筒盛過江始有之俗呼主簿虫（辟䜿）亦作蝎　六蝎晉庾峻曰今山林之士利出一官商君謂之六蝎丨丨　韓非謂五蠹不聞德談惟爵是聞（史）　磨蝎東坡云退之以丨丨爲身宮僕以爲命宮平生得謗譽皆以此丨丨丑宮也　照壁喜見丨丨亦作蝎　大甕萬蠍黃靖國死見冥中治武后獄以丨丨貯丨丨螫之（俗象求）（影響錄）　斛置蠍北齊南陽王綽後主問在定州何者歌樂曰取蠍將蛆混看極樂索蠍得三升置丨丨使人裸卧斛中号呼宛轉帝喜嘬不已謂綽曰如此樂事何不早馳驛奏聞（史）

偈截偸丨驕　〔入〕訐居謁切面相斥罪語惡　短喙犬（詩）　丨以爲直（刑法志）告丨

揭高峯之俗揭也　羯羊羖犗也又匈奴別部入居羯室因号胡戎爲丨又謝氏尤彥秀者号封胡丨末詳末　丨鼓催花詳鼓　〇

〔入〕竭其謁切（孟）丨目力丨心（思齊妻柳）丨其戶之入　三鼓竭曹劌曰一鼓作氣再而衰三而竭（左）詳鼓　兩端竭扣其丨丨焉（語）　酒限竭陶侃飲酒有定限常歡有餘而限已丨詳限　懸河不竭王衍云听郭象語如丨丨丨丨詳河　甘井先竭詳伐東　南力竭王文正公曰丨丨民丨丨矣詳力　【活套】魚澤丨　民力丨

碣特立之石又丨石海中山又（後漢書注）方者謂之碑圓者謂之丨　【活套】豈丨

揭揩也項籍傳丨竿爲旗　西柄揭維北有斗丨西柄之丨（詩）　日月揭揵揭丨丨而行於世（莊）　【活套】昭丨　揪丨

堨堰也唐張守珪傳渠丨爲廣毀　〔入〕钀語訐切馬勒旁鐵（爾雅）鑣謂之丨

〔入〕沒莫勃切（語）丨乞　晉紀張方决千金丨水碓皆涸　階陛盡也　乾沒張湯始爲小吏丨丨与長安富賈田甲之屬交私甲雖賈人有賢操湯爲小吏与錢通（李）得利爲丨失利爲丨一錢通謂与甲爲錢財之交。晉潘岳趨世丨丨利毋曰尔當知足而丨丨不已乎（晉）　躱沒衆木出（李）羽沒丨丨射石沒詳石　杜詩鷗沒白丨波浩蕩蓋戚丨於煙波間而宋敏求改作波竟神氣索然矣（冷齋筆記）　西時沒白日催年丨丨詳曉　才華沒北齊崔贍文詞可称但奉世重其風流所以丨丨見丨（史）　【活套】汩丨　泥滕丨　半丨　鷹丨　孤鴻丨丨　【人名】（閻）丨属厭　夆祥款

殁終也亦作沒

〔入〕骨古忽切（孟）勞其筋丨（韓）官倩　風骨文章須成一家丨丨詳杼許景光文之丨丨　喉骨僧相王旦位極人臣但面馬丨高　積毀銷丨詳毀　偏作相之後當自正丨　肉骨所謂死生而丨丨之也（左）　㒖骨晉慕容超深自晦匿姚興与語大鄙之曰諺曰妍皮不裹丨高者自奉養薄尓　丨丨安　鎖子骨李泌少時身極輕能於屏風上行既長辟谷導引骨節節珊然人謂丨丨丨（鄴侯家傳）　白塔骨步隨青山影坐李丨語尓　丨丨（寶島）　封侯骨小史有丨丨（翟方進傳）　乞骸骨疏廣爲太傅兄子受爲少傅廣謂受曰吾聞知足不辱知止不殆即日丨丨丨上許之　畫馬骨肉中丨骨李尤雖璣韓幹馬　澤及朽骨周文王作灵臺掘地得死人之骨王曰更葬之天下曰文王賢矣丨丨丨丨况於人乎（新序）　龜死留骨丨寧丨丨（莊）詳尾　馬死買骨詳自顔　顔筋柳骨言書体也詳筋　諫迎佛骨憲宗遣使者於鳳翔迎佛骨入禁中愈上表愈爲京兆尹六軍曰是尚欲燒佛骨何可犯也（史）　奪胎換骨山谷詩有丨丨丨（冷齋夜話）　賜羊肋骨周武丨傳伏丨丨　曰骨肉親肉疎所以相付詳助　中矢鑿骨五代萇從簡丨流丨命工丨其丨言笑自若（史）互見鏃　開肉鋸骨後周長孫子彥墜馬折臂肘上骨起命丨丨丨流血數升言戲自若（史）　吉獸口骨晉郭文入大辟山而居有猛獸忽張口向文視其口有横骨以手探丨之猛丨明旦致一鹿於室前（史）　頭痛生骨梁呂僧珍丨丨丨壯热及明額骨益大（史）　〇頭痛換骨慧可初坐香山八載有神人曰將欲受果何滯此耶翊日丨丨如刺欲治之空中曰此丨丨非常痛也其師視頂其骨如五峯秀出（傳灯）　鎖骨菩薩延州有婦人甚有姿色少年子悉与狎數歲而沒葬之道左大曆中有胡僧敬礼其墓曰此乃丨丨丨丨開墓視其骨鉤結皆如鎖狀馬郎婦事大率類此（傳灯）　【活套】蜕丨　壽丨　仙丨　清入丨　淪肌丨　窮入丨　愁削丨　封侯丨　丨栽

〔入〕猾心乱（息夫躬傳）心結丨号　汨治也又汨沒（唐詩）

滑乱也又丨稽時休丨丨　漯蜀也

〔入〕勃蒲没切（語）色丨如也（左）其興也丨丨号荘十二（漢紀）安刘者丨　馬勃牛溲　（韓）蓬勃唐宗楚客屬沉香泥壁香氣丨丨（香譜）　【人名】（宋）馬援見朱丨而自失（語）序滕王閣（楊雄）揚舍人門詳門

孛唐書有星丨于虛危音孛　浡（孟）亩丨然興之（左）其興丨在此又隊韻浡也丨然又丨丨氣盛皃

艴（孟）曾西丨然不悅亦作勃（語）色丨如也（孟）丨然變乎色

悖乱也　馞香也　渤海名　【活套】丨澥　須丨

〔入〕咄當沒切嗟丨訶也嗟戲　咄栗切。丨嗟可辯詳嗟　泉旁咄净戒寺咄泉人於丨丨之則泉涌弥甚詳泉　書空咄咄殷浩被黜但丨丨書空咄咄作丨丨怪事四字　逼人咄咄衛夫人言云有弟子王逸少甚好李衛真書咄丨丨丨（法帖）

柮榾丨短木

〔入〕突陀骨切（曷）丨如其來　五突曾仲達云寵丨分煙者衆也　直突客過主人見其竈丨丨旁有積薪客曰曲突遠徙其薪互見客勺　曲突見上　黑突孔席不暇煖丨不得黔（韓）　煬突唐陸羽著茶經

時鶯恭者爲羽形置騂突漢俗巳薄而行堯舜之刑是猶以轡而御丨䮧突
丨丨間祀爲茶神　騂突丨前刑志轡古鶻字上音悍丨丨悪馬也
秦叔宝縱若猪突王莽時匈奴冦邊募天下丁男及虔突周顗曰何乃刻画
丨丨(呂温賛)死罪囚吏民奴名曰丨丨豨勇(史)无鹽丨丨西施詳
畨本羌突生獰競掣跌丨丨爭填軋(韓延)也馳突奔走相排突後娌稗紹与侍
作揬𤸫突(蜀)〇丨弱丨出爭相填軋也丨丨(李)中元順同直順
因醉直入寢所紹曰鄉颿突扁舟任意突蜀廖立曰関羽作軍鶻突趙宋呂
後進何宜相丨丨(史)丨丨(殷)无法直以丨丨尒(史)端小事
糊塗大事不糊塗(言)(語套)豕丨衝(人名)(佛)周八士又姓氏揬丨揬牛
行录糊塗字音丨丨丨凌丨丨隋有𧿆丨通詳𧿆腯羊
日肥豕曰丨(記)豕曰忽呼骨切　杪忽(傳)造計丨丨(班固叙)文選作眇忽絲忽一蚕爲忽十
丨豝(左)博碩肥丨
治忽在丨(書)荒忽西望崑崙之軋沕丨丨不分明皃　飃忽但恐歲月倏忽南海之帝曰
丨丨兮(相如)　丨丨忽(句會)
飃忽去丨丨(坡)倏忽北海之帝曰丨
中央之帝曰渾沌丨丨鑿渾沌之竅七日而　淪忽良辰竟何許大岸忽魚朝
渾沌死　儵音叔丨丨取神速爲名(唯)詳𧿆運有丨丨(李)恩恃
功丨超忽碧山青江幾歲月忽竟但知貧賤安不笏長二尺六寸中博三寸
丨丨丨丨(李白)丨丨(國)天子以球玉諸侯以象
大夫以魚班飾竹士竹木〇臣子受命於君及有所啓則書於丨以備忽忘
故名丨秦漢以來易以手板〇古者貴賤皆執丨无事則搢之於腰帶〇張
九齡体弱乗馬時使人持之因挂笏丨丨看度一榻笏唐崔琳每歲時宴于
設丨囊〇執丨教婢歌詩歌　南山雲(谷)家以丨相笏丨置丨
重積其上(史)李参軍善相笏知休咎呼爲李丨一門百笏李穆拜太師贊拜
丨相陸遵笏云當生子爲評事果然(唐史)不名丨丨執象笏
者百魏證故笏詔問丨丨五代孫𣈆書詔頗有存否𣈆對惟丨丨在詔　遂良
餘人魏證故笏令上送鄭覃曰在人不在笏帝曰此笏乃今之甘棠
還笏帝將立武昭儀褚丨丨諫不納置笏殿　司空隋笏下才望詔丨丨齒入
陛叩頭曰丨陛下此丨丐歸田里(本)
朝𠫤陽丨丨趣意野戎擊賊臣笏段秀实朱泚召之計事秀实与源休並語至
楚繁知无意乃听還擊賊臣笏僭位事勃然起執休腕奪其象笏唾泚面大
罵曰狂賊可磔万段我豈從汝反邪遂丨擊賊臣笏顱少連曰段秀实笏丨
之泚夅臂捍笏中顙而血殲面(秀实本傳)丨丨賊臣今吾笏將丨丨丨
詳顔姓名記笏唐韋貫之爲長安丞或薦之京兆尹李实丨丨夅笏示〇丈室十
丨丨所記曰此其姓名也(柔)聞其賢願識之而進於上(史)
笏維摩居士西室以手板量之惚(揚)神心恍丨亦兀五忽切丨丨不
笏得十笏故名方丨丨詳丈　作笏荘乎丨乎兀動皃亦作摇(莊)
丨若槁木(蘇)不覺兀丨有丨者王駘從之游者与仲尼相若云云遊心於德
飲胡爲醉丨丨覺兀之和視喪其足猶遺土也法刖足田兀又丨有丨者叔
山无趾踵見仲傲兀丨丨坐試席深叢見突兀丨丨見此屋(杜)兀荀无百
尼(莊德充符)孤熊(韓寄崔二十六)鳴呼何時眼前睡兀蒿詩何

丨以㹀丨跪(孟)因于䑕丨注不安也亦
丨(孫)(語套)嵥丨䇿丨刖作杌邊長(孟)賦動抏其根抏動也詩天之丨我(記)砈破丨
丨丨𥫵丨嵥丨刖断足屼五丨山名杌樹无枝也又𥔲　砈石崖
窟苦骨切理窟(張憑)勃窣爲丨丨詩窟丨(李)溪　玄窟丨丨(李道)(劉恢傳)西壁丨山崖皃〇
丨丨(長楊付)月所生处〇天根丨丨丨丨窟㐫窟宜披得丨　月窟廬毅切崛
丨闕來往三十六宮都是春(康節)聚窟返魂香丨丨(李涉)丨丨窟王京山丨丨城東襄
王元宝以金銀疊爲屋又以銅綫銀窟東丨丨郎茂勍奏之(史)丨丨窟洞多丨丨(李)　富窟
蟲花徑中特号丨丨(天宝遺事)隋宇文愷与子仲文競河營窟下者
丨神仙窟藍橋便是丨造化窟乃知巫師妙功長城窟飲馬丨丨丨丨詩
(図)丨丨(詳柳)窟剖丨丨丨丨(田)　傷良人遊蕩不歸(選)
(説楽)　山水窟我從丨丨丨中來(坡)青丨雲豪傑窟修淡丨
(内)丨丨此地是吾家(謝御詩)丨丨(田)竈窟浮深數湯(田)
(巳)(圈)讀書窟從魏遊明根守恭陵嘗於白巢城爲窟鼠尖窟蘇徽辛止輕自
丨丨(史)晉孫登爲土窟居之讀易(李)　爲尖窟丨詳鼠　狡
兎三窟馮驩謂孟嘗君曰丨丨有丨丨今君有一窟王氏三窟丨衍思爲自
未得高枕而卧請爲君復鑿二窟(戰國策)　全計以弟澄
爲荊州從弟敦爲青〇禪窟東寺如會禪師　金剛窟丨丨(清凉傳)夢遊五臺山丨師子窟
州曰足爲三窟矣(史)号丨丨(傳灯)
窟馬祖作爐〻　尭僧云此是丨丨丨丨丨法師乃默然僧云此是丨丨
在窟法師云不出不入是什麽法僧无對師云遮鈍根何師(傳灯)(語套)丨窠
崛(蜀都賦)丨巍〻以
𡽩〻以山高皃　搰丨〻用力皃(莊)丨〻然用力甚多　砣石也又
(王褒傳)勞筋苦骨終日丨〻又訥(柳)拔去丨舌(乞巧文)於言木訥绛侯(史)晉勞極也
而𧟗藻壯麗(誄)丨丨窮年(坡)我馬亦㱿丨　内骨切語欲丨　左思口訥
(𢍰)丨丨丨(語)　勇而訥晉朱伺丨欲造劉訥恍丨丨丨丨及至京家猶未悟詳
(剛)毅丨丨丨(語)　丨丨丨(李)劉琹与劉訥俱位儀司䕫性忽
(况)窣蘇骨切(史)張憑勃丨爲理窟又猝倉没切丨暴　通來猝異
行皃相如賦𡡈𡻝勃丨上金隄(人)作卒(孟)丨然問曰丨猝
丨丨兮私莊應猝常衮文采瞻蔚長於倉卒曹元礼善算術詣陳廣漢設食
其故(鵬付)於丨丨(唐本傳)　甚守陳廣漢曰有倉卒丨无丨丨
主人元礼曰俎上蒸豚廚中荔(語套)(泊)逼　崪山峻皃　捽手持
枝何不設廣漢大驚(西京雜記)卒昨没切(語)也
下没切齕也(史記田儋傳)齮(人名)(胡)渦濁也又泥也　楏果中实　本
丨用事者記曲礼庶人丨之　齊人𣀇丨其泥栲作擢詳肖令
𪗫之磨不捽音(書)紇(人名)(減)鶻卧鶻劉居士嘗与趙捷
𡡈食鵝丨　亦作𡡈　鶻者号丨丨隊詳隊　義鶻
陰崖蒼鵰爲蛇所噬避厓不能制斯須變鶻擊丨丨之危　海鶻越人水戰有
推者領健鶻啄死其蛇杜甫作丨丨行李衛公(鮮明付)海骨丨丨舟名也

穿行急流沿浪不溺則有棠撐妬沙棠不沉也吳淞海鷗
郡名記登州一一岸有一一自高麗飛渡海岸號海東青獨擊鶻三素升臺
厉識者曰鳥鴉群鶻文宣謂王思孝曰尔擊雁頭鶻泥滓厥吼憲風力愈
一一宮行賦雅君鶻賊死鶻入一一北史賓頭鶻晉注蜀人謂泥滑々為一一猥九
一一活套叢○卒臧没切乱百人為一脫卒漢武欲作通天臺未有人王温舒發鬼
一一脫卒一一得數百人詐隱滿未有籍也
卒後張陵造作符書受其道者名一一詳付馬前卒一一一為梅福門卒為仙後有見於會稽變名一朝弃妻子去傳以
姓為吳市一一困孔嵩街卒范式為刺史友人一一家貧親老乃變姓名傭為新野
山邪對之嘆息語及平生勅縣代一一縣遣嵩為道騎迎式々呼嵩把臂曰非孔仲
嵩々以備未竟不肯去華嶠後漢書庾永郡卒蘇峻乱一一為吳郡左右皆去
事平庾欲報卒々曰使酒足餘年足矣永一一惟一一以船載冰過浙江得免
起大舍市奴婢常有百斛酒終其身世說名士為卒鄂陵庾乘少給事縣庭
後為一一宮門卒郭泰見而奇之
後為後漢本傳一一兒童走卒一一誦君實一燉煌戍卒隋史万歲坐事配為一一
隋將非一一一一一邪曰是屢一一知司馬曲功曹為獄卒一一名藝比莫後突厥犯塞問
引去万歲追擊大破之史後康范龐西太守鄧融備礼謁范
姓名求一一一一无戢融果徵下獄范侍衛左右尽勤勞融曰卿何
作我故功曹邪范呵之語遂絕融出因病范養視及死葬畢去䅽一禾秀

聚向上也

七曷與末同用

曷胡葛切何也通作害詩害澣害否 鞨鞻一履也又靺鞨一凡狄 𣰆毼一毳也 褐孟一寬博詩无衣无一左与一之父
䬴祖褐寒者利一一飢者甘糟糠貽皇紀一一不𦍧褐有朝士詣支生見袖
之衽褐完資治傳竪音豎童竪所著褐毛布衣衣道人在坐他日曰
公好一一之夫吾但竟其臭尔友生曰一一之臭袵褐拂巾一一以企趁車
豈甚銅乳之臭吾視一一愈於朱紫遠矣因話錄衽褐之招矣後漢黃瓊傳
被褐子路曰有人於此一一而懷玉何如孔子曰国无道可
褐也国有道則衮冕而執玉家語王猛一一詣桓温詳丞褰褐東郭先生不知宋將亡
一一而過其朝曰宋將有荆棘之患紫蒼衣褐一一至良所李許子一一老父
褐故褰而避之二年宋果亡韓詩外傳張良遊下邳圯上有一老父
䒷敬顧見上言事虞將軍欲解衣敬曰臣衣帛衣短褐天台云与紫鳳顛活套
帛見衣褐一一見史一一之徒毛穎傳謂兎也短褐倒在一一一一困
裘喝柳答問揮㰻喝呵疑一一周益嗔喝問事競挽鬚誰磨喝宋東京旧
一一雷霆王紀喘息懼兒喝能即一一杜俗七夕貴
家結䌽樓陳一一巧果花瓜酒炙之類乞巧一一松下喝一一一道為摩璈大喝
一与本佛經摩侯羅今通俗而書之夢華錄殺風景詳景

刻裕一一一一一一祖指拂子百丈云即此用離
一成廬詳廬○馬祖一喝百丈恒禪師參一一此用祖曰若有人問汝々作麼道百丈取拂子竪
起祖曰只這箇別有百丈掛拂子退身立祖便喝百丈忽
然大省後常云我被馬大師一一直得三日耳聾傳灯三問三喝溈山問
法向上道取一句作麼生道仰擬開口溈便喝仰山法
一一三擬答三被一一仰低頭垂淚百丈語錄一喝兩喝師問僧路破多少
一一一一又作麼道僧云你看這老和尚草鞋僧便喝師云
師云拄杖不在且坐喫茶曾和尚語錄曷犬短貌○怛當割切悲也憯慘
怛支体傷則心一一禮記勞心怛怛詩笪苔也又覆舟簟○闥他達切門也宮中小門
一一一一亦曰一一詩在我一兮
禁闥一一汲黯類出入一一紫闥排金門入一一鐵柳命黃闥漢禁門曰一一飛闥排
一一拾遺補過杜甫一一容迹一一金坡遺事一一翰苑志
一一而上出班排闥樊噲高帝卧病禁中詔无得入群臣噲闒闥唐李石曰德
固西都付一一直入上獨枕一宦者卧噲流涕宗猜貳任宦
之途塞東省白獸闥宋一一省一一撻書一以記之孟若一一諸市朝
一一累月史活套旁一一秦楚記成王有過則一伯禽
曲光撻閭儀掌其比一一罰之事鮑官注一一者失自撻唐蘇世長為陝州
子觥撻礼之罰○記鄉飲酒云不敬撻其背是也刺史民犯法不能
禁引咎一一于都街伍陌挞其詭犯夜免撻王承録一一人云從師不竟日
鞭之流血世長不勝痛呼而走史暮承曰鞭撻寧厥非正化之本

詳夜○犯笛即撻大安和尚看水牯牛一一人苗稼一一詳牛喻存性也活套趓一撻一一薘滑也韓磋達一跳也
詩挑兮一一兮注相見往來皃○韃達事見韃靼韻小羊詩先生如一亦作達汏過也左射王一䡆亦作汏○遏烏葛切曹
以一乱畧孟則莫我敢一○歌一通作按詩以按徂莒餲食敗也頞鼻莖也孟蹙一閼遮壅也前朝鮮
行雲詳歌傳擁一不道注背負責○剌郎葛切速疾首蹙一
天莫之夭一注夭折也風威一一揆剌漢高祖初事晉祖為親軍都
軍甚一一史俗乖剌東朝臣舛午繆戾一一攙剌晨猴契丹耶律德光曰此都
謂勇猛為一一一一愈上書諭佛骨憲宗怒曰言何一一列向傳謂不順意○韓嬛剌百揆
唐強睢剌天地之一一運應一一一一一邪史秀才剌官剌詳帛一試活套一魚䱎辢辣俗作辛辣細
狐及囗喝褐乱也
凶畦蹙𤇃辣菱高宇甜性愈辣姜桂之一到詩氣辣披厭曾子開詩往復不
一一囗瘦辛一頭一谷辣老一一群莊言辣已和云讀罷君一何以
以揣殘姜桂有餘辛糲米粗一一一斛春七斗米為一○渴苦曷切詩饑飢載一饑
謂多辣一也西清詩話如鄧渴唐鄭若挺為吏部侍郎不称職忍渴饑師不在諸王
一一又患消渴人目為一一史一一竟日一一詳帥子貢渴一一曰
尼譬渴而操杯杓於江海一一素有消一疾悅文君臣事仲
也但飲漏而去安知其深相如渴色遂發痼疾西京雜記一一一逐
孝父渴日道一

一而死〔國〕詳日 劉伶渴丨丨常渴甚求酒妻從諫之詳醒 梅止渴魏武軍士大渴无水令曰前有丨丨林可丨丨士卒聞之口中水出〔世〕
〔韻〕吞海渴一〔田〕酒渴思丨丨詳海 羌人渴晉丨丨姚馥丨於酒呼渴羌詳羌 酗止渴丨譬之止渴於毒詳鴆 〇
逢 唐劉切〔語〕上丨下丨不丨辟丨而已〔孟〕邪泉始丨 欲逢則 八逢畢卓等丨丨裸飲詳飲 晉宣帝兄弟八人俱以逢爲字号丨丨〔史〕
九逢一逢曰道路二逢曰岐旁三逢曰劇旁四逢曰衢五逢曰康六逢曰莊康衆莊盛也七逢曰劇驂驂馬有四今有七故曰劇驂八逢曰崇期崇多也多道會期于此九逢曰逵十日尨言尨雜貫故曰尨〔尒雅〕 徃逢 輿折齒詳齒 丨丨不已幼 閒逢丨不求丨〔高逸〕
〔出師〕〔表〕特逢吳顧谷曰聰明丨丨者八九十人如特逢臣之比車載斗量何可勝數〔三国志〕 走生仲逢丨丨死諸葛丨丨詳生 文逢
武逢 宋檀珪求禄書曰僕一門雖謝丨丨乃忝丨丨而今子姪飢死〔史〕詳嫩 未爲晚逢 梁表昂劉梁武曰七歲尚書丨丨丨丨〔史〕昂本
齊太守後仕梁七年爲尚書也〔活套〕清丨宏丨〔人名〕〔 〕瀛州李士〔 〕名敏隋高祖不顧 枿 牙葛切木斫復生通作櫱〔書〕
若顛木之有由櫱〔盤〕 三枿 苞有丨丨莫遂莫達〔詩〕苞本也言本三櫱也顛非无萌櫱之生焉 也昆吾也皆桀黨〇漢叙傳丨丨之起本根既朽
〇梁趙拔邑兒爲太守樊文茂所誅拔邑至社稷呪曰今欲報文茂若事克斫処復生不克即死二宿丨丨生十丈遂殺文茂〔史〕〇揚州瓊花紹興虜掲

去明年大雷雨忽丨丨出矣詳瓊 蘗榛山不丨丨〔貨殖〕上古以枿丨丨餘也亦作櫱〔陳〕 槎字槎牙出櫱枝也丨烈枿鄭之間謂枿曰丨 達枿
頭戴并冠高丨丨〔盧同詩〕高兒 辥 山兒巉丨 葛 古達切丨花丘之丨 蔓生者名鹿藿又名黃斤〔詩〕丨之覃兮 糾二丨發 掌
葛丨丨以時徵夏葛丨丨而冬裘〔禮〕 絺綌之財〔周禮〕 冬葛 隋袁充十歲冬初尚衣葛衫父客戲曰絺兮綌兮凄以其風充應声曰惟絺与綌服
之无斁 大斧葛 漢江東王建傳注 〇葛 有丨丨那得介邪詳慕 〇丨丨延蔓 見褒賞〔史〕 王導与其子悅圍棊争道導曰相与
相及故親厲絺 饋葛 牛埭騎 唐周宝与高駢有隙宝爲部將所逐至奔丨丨丨諷其且亡也宝擲于地〔史〕 死諸葛丨丨
遠者取此義 丨走生仲逵詳逵 擬管葛 殷浩有美名〔史〕 擬如野葛 唐王弘義慘刻每移檄州縣輒記曰我丈丨丨狼毒丨丨〔史〕 習
喽野葛 魏太祖一尺〔博物志〕詳鴆 丨丨丨丨至 人言王葛 王導与諸葛恢爭族姓曰丨丨丨丨不言葛王詳王〔詩話〕〔朱〕攬說
也相王 〔姓氏〕須丘商音丨天氏之後夏丨伯嬴姓国也亦爲丨氏又賀丨氏改爲丨氏〔人名〕字和甫漢和帝時以善文記知名壯烈勇力過人條
上便宜四事拜盪陰令〔人名〕字孝先吳人從左慈得仙号葛仙翁閣皂其修煉成道之所曾從姪洪〔晉書〕〔人名〕字稚川究覧典籍尤好神仙道養之法聞
交趾出丹求爲勾漏令子抱朴子内以名書後尸解仙去〔晉〕〔人名〕山簡安將〔 〕工詩至南華竹軒書詩疏一絕有獨拳一手支頤卧偷眼看雲生未

生之句〔人名〕諸葛常之〔 〕琅邪撤音本丨伯後丨氏舊居琅邪諸縣後
始請源君妻蔡君謨〔 〕徙陽都時人稱諸丨氏因姓又云葛嬰爲陳涉將
軍有功而誅漢文封其孫爲諸縣侯因氏〔人名〕字少季琅邪人擢司隸校
尉剌舉无避詳闕〔人名〕字孔明相蜀徐庶曰爲卧龍 司馬懿爲天下奇
才 謚忠武侯〔人名〕字忠遠蜀人愛其才敏〔人名〕字子瑜有容皃風度
見器當世仕吳〔人名〕字元遜孫權奇之曰藍田生玉眞不虛也〔人名〕字
道明晉王導曰明府當爲黑頭公〔人名〕字幼玫安貧守道悦礼敦詩〔 〕
討論〔 〕〔葛氏〕煬帝時爲著作帝賜詩曰參翰長洲苑侍講蘭成門名理窮研覈英華恣
曾見諸葛氏也交拜梁王清云華陽玉女聖世才郎 葛 轇丨車馬喧雜皃又上清之氣又銲
戟形〔 〕丨 淼丨水 割 〔語〕丨雞 漢〔紀〕漢楚丨洪〔賈逵〕 干割 持拌饋食心
戟膠丨〔 〕廣也 操刀必丨 管寧丨席詳席 舌背去本末
丨丨之〔夜礼〕縱横割也 糟割 食三老五更於大李 降割天丨丨於我 不多割 東方朔割肉遺細君
日割之丨丨又〔活套〕何藥也詳肉 天子丨而丨牲〔樂記〕家〔書〕害也 裁丨爰忍丨丨 〇蔡 蔡葛切〔 〕丨散之也〔左〕丨 蔡叔〔書〕百里丨並注放也 蹵 跋丨行不正兒
薩 釋典善丨言普濟也 〔 〕末 莫撥切〔孝經〕猥怒之丨〔孟〕秋毫之丨 〔漢書〕日月丨光丨大必折詳細〔選〕弃本逐丨 而齊其丨
百末 丨丨旨酒布蘭生〔前礼樂志〕以百草華末雜酒故香美 宂末 宋刘璠爲中丞彈王僧達曰蔭籍高華人品宂末〔史〕 木末 采薜荔兮

水中搴芙蓉兮丨丨〔騷〕〔湘君〕言求牧非其地 舟大 撻末 江東人呼蠛爲丨丨 唱末 唐懿宗時
雖勤而不可得 我行巳水濱我僕猶丨丨〔国〕
丨丨始入貢〔本紀〕吐蕃之奴号丨丨後丨丨糾合爲部落吐蕃微弱反附之 錐刀末 丨丨之丨將尽争之〔左〕 強弩末 丨丨之勢不
能穿魯縞詳縞 囊錐末 毛遂曰臣得如錐之処丨中脱穎而出非特其末見而已詳錐 唱葛末 北齊武成時游童丨日丨丨丨高宋盖高氏
之末丨也〔史〕 封胡羯末 謝氏尤彦秀者封韶胡朗羯玄末川皆其小字也詳胡 〔 〕孫抹 丨州郡公宴伶人呼丨丨將來盖御宴樂先
以絲声發之後和衆樂故号丨丨 電抹 如丨丨〔 〕四十二年 縈抹 生茹入湯以姜橙詩丨丨〔 〕翻手成茗
將來後呼細末者誤〔 〕〔齋閒覧〕
紅一抹 酒入香腮丨丨丨〔 〕 東塗西抹 薛逢值新進士前導者曰回避新郎君逢曰莫貧相阿婆三五少年時也曾丨丨丨丨來〔詩話〕
〇薄批細抹 坡詩但知抹月批風注禪宗有丨丨明月丨丨清風之話 秣 食馬谷也〔詩〕言丨其馬 摧秣〔詩〕上秣卧丨之丨之
切莝也 馬仰秣 伯牙鼓琴而六馬仰丨丨丨〔 〕 且刷言秣 荊楚〔白馬〕付丨丨幽燕丨丨 沫 水丨丨又濡沫泉涎丨也 涸
魚相与処於陸相呴以湿相濡以沫不若相忘於江湖〔莊〕 跳沫 馳波丨丨〔相如〕付 流沫 孔子觀於呂梁縣水三十仞丨丨四十里〔列〕〔子註〕
挑沫 丨丨馬銜也〔尒雅〕〔漢〕〔 〕 〇撥 比末切〔詩〕丨乱之志注猶治也 鐵撥 鸜鵒紋丨丨如霄剛詳紋 牙撥 高擺琵琶

以象丨根撥康節曰洛人牡丹以見丨丨丨而龍香撥數絃已品丨丨丨半面
為丨丨知花之尚下者上也〔宣爱訓〕猶遮鳳尾槽〔國〕楊妃
琵琶以邏逤為槽龍香板紫吒撥酒徒鮑生好蓄声妓外弟韋生好駿馬
為撥○已上三韻皆言琵琶一日兩易所好乃以女妓善四絃者換
丨丨丨馬耕一撥王丨丨丨公卿大夫次耕庶人音可撥綠丨浮〔國〕衣囊撥丨丨
名〔寅閩录〕終畝〔國語〕撥字本作撥發土也酉丨丨〔國〕
丨丨陰何○深撥百丈炉中丨丨丨襏丨襏簑衣也刘禹錫德政碑鱍〔詩〕鱣
詳何火師大悟詳火丨柔徒謹呼奪丨而舜〔白會〕鮪丨丨
丨亦鉢本作鉢龍鉢明皇天宝无畏三藏求雨以一鉢水小刀攪之須臾有丨
作發鉢盂龍鉢如指大入丨復攪呪之白氣自鉢中出大風雨〔明皇十〕丨
〔氏〕西域王鉢高徽女為貌孝武后多奇宝有一玉鉢相盛轉而不登膺衣鉢
〔事〕玉鉢可脫馬腦榼容二升玉纓之皆称丨丨丨鬼作〔此史〕
五代唐范質舉進士主文和凝愛其文宜冠多士屈居第十三者欲君傳老
夫衣鉢亦有献詩云從此廟堂添故事丨丨丨丨亦相傳〔邵氏見聞录〕○和
凝故事知貢舉者所放進士以已及第時名次為重凝及第時第五後知舉
選范質為第五位至宰相封魯国公与凝同〔史〕第五一作第十三恐當以史
為正為詩擊鉢齊亭子刻燭為詩四韵則刻一寸以此為率蕭文琰曰何難之
有乃与丘令楷等共打銅鉢立韵響滅詩成皆可觀覽〔梁王僧〕
〔孺〕○衣鉢池州使君問五祖曰會中有五百僧不付衣鉢為甚却付与盧行
〔傳〕者五祖曰四百九十九人會佛法唯有盧行者一人不會佛法它
則悟道謂之過量人方丈本守清禪師有僧問如何是和尚家風曰一丨丨兼
傳得丨丨〔傳灯〕詳衣飛鉢一丨到処是生涯問佛法大意曰擾々匆丨晨
雞暮鍾優鉢本妝贈蒲澗長老丨丨曇花皆有花注法華經作丨曇丨五百年
〔傳灯〕優鉢開花有花无実山谷也足軒客來若問有何好道人優曇臨○
山衆香鉢維摩居士遣化菩薩往衆香国礼佛於
綠衆香鉢是香積如來以丨丨丨盛飯与之詳積掇子末切逼也〔韓〕崩騰相排丨
括古活切檃丨丨四海〔過秦論〕省括若虞機張往丨丨于度康括
本作栝囊括丨丨无咎〔坤卦〕則釋〔書〕丨括字本作筈
或問士何以視身曰其為中也弘深其包括太虛可羊括日之夕矣丨丨
為外也丨丨〔揚脩傳〕丨敬也丨法也包括丨丨〔李〕羊括下丨〔詩〕括至也
〔人名〕讀父書〔趙括〕徒丨聒〔書〕今汝聒聒蕭括程頤云子幼時便教以格言至論雖未曉筌
知且當丨丨使盈耳充腹久自安習〔長編〕
歌聒悶見丨丨丨佸會也〔詩〕曷其有佸筈矢末受弦処亦
歌聒醉人〔陳摶〕丨又丨丨力〔人名〕活流丨丨作括〔書〕往省括
于度〔後漢〕括而羽之〔劉〕善适也疾〔人名〕〔南宮适〕鴰鶬丨又名鶬鹿栝揉
射者能令後鏃中前括〔伯适〕名鸐落名鴰捋栝曲
者曰隈正闊〔民活〕音括以題門中活闊前諸葛豐為司隸校尉刺举不避
方者曰丨丨者丨字也〔詩〕語曰丨何丨逢諸葛〔史〕丨者何久
丨不相見以迂闊丨丨特云石咸謂之契闊死生丨〔詩〕禁網闊丨丨疎丨活戶括
逢諸葛故也丨丨〔题〕〔前循史〕切〔詩〕

〔實函〕火活活水還須活丨丨快活康節安樂吟云為萬人活活千人子孫必封吾
斯丨丨丨人六十四歲萬人活所活者丨餘人後世
其昌乎〔丨〕決水活莊子轍魚曰待丨西門題活楊脩為魏武主簿作相国
〔王翁孫傳〕江之丨而丨汝詳粟門是活丨魏武丨門作丨字脩即
字嫌門大也〔世說〕難存活潘邠老詩多犯老杜為之格外活隋賀若弼怨
毀之曰門中活闊不已老杜亦丨丨丨詳妙望言兆當死弼
曰臣擒陳叔宝已蒙拾外重賚
今還丨丨丨上特除名〔史〕共人生活祖瑩曰文章須自出一家寧須乳
活漢武欲殺乳母郭舍人曰陛下已風骨何能丨丨同丨丨〔困〕
丨丨尚丨汝丨而丨邪互見哺草間求活王敦入石頭周顗曰吾備位大臣安可復丨丨丨丨〔史〕
冷淡生活莫笑吟詩丨丨〔詳淡〕誤死誤活習鑿齒謂星人曰君幾誤死相溫越草
又言活曰鑿齒憂君丨丨君定是丨丨〔困〕越也
〔佐〕大路丨席葛越〔書〕卉服注草服丨丨丨丨布於朔跳越清廟之瑟朱絃
下孔又云兩頭孔疏通之即葛蘦丨慈学黃草之属跳越而丨丨〔宣〕越瑟
乳小則声急大則声遲奪徒括切〔語〕丨帥丨志〔孟〕勿丨其時又攘取
裁慈丨我鳳凰池詳池也亦作敓〔書〕敓攘矯虔○蹊田丨牛詳牛
蕭何買田宅必居窮僻不治垣舍曰豪奪大賈富家
後世賢師吾儉不賢毋為丨家所丨奪不得丨丨
吾氏〔遼〕丨丨百時節有幾〔圖〕我公汝奪杜佑二邦之民争於境上曰
〔夜遊〕相丨丨〔圖〕丨丨也丨丨之詳去声守
○人境不奪紙衣和尚問臨濟曰丨丨丨丨曰〔活套〕錦標丨詳標脫消肉臛也〔莊〕
王登宝殿野老唱歌詳歌袍新丨理丨月民已丨矣
乾端坤倪丨呀谿我今丨丨落者多所齒谿頭童
〔活套〕丨呈露〔韓〕呀谿存十餘皆兀〔韓〕齒谿丨丨
合〔活套〕開丨一大氣丨丨濊礙流〔詩〕施䄇鳥括切蠡柄又一云軺車輪
布冠也詳笠〔書〕最量多少不失丨丨〔前律曆志〕注縮撮〔臺笠〕丨
○本作撮要丨丨撮六十四黍為丨四圭為丨〔詩〕丨
〔活套〕蝳光撮空囊〔詩〕丨丨〔晉活〕發如潑丨丨〔國〕曉嵐光潑遙
聲〔暨〕潑切潑乱丨曉〔活套〕澆○
脫他括切丨〔鼎〕初潑以墨潑其形為山水詳墨
〔本作醱〕丨丨丨綃隨
脫士丨靴詳靴劫鎖自〔詳鎖〕李白力盌脫武后官濫謚曰補闕連車載拾遺平
斗量欏推侍御史丨丨校書郎〔唐選〕
甌脫東胡与匈奴間中有弃地千餘里各居其邊為丨丨亦作〔匈奴傳〕
〔五行志〕渾脫唐太尉長孫无
忌以烏羊毛為丨丨人效之号趙公丨丨〔郭山惲傳〕頴脫毛遂曰臣得如錐之処
〔箭筈〕囊中乃脫丨而出詳錐
籠脫鶡也通脫尚書〔張〕融姓丨丨張脫先丨之弧後說之弧群仙拍手嫌丨
〔詳三鶡〕丨〔睽卦〕月丨〔國〕猶言輕狂

詳篇王跳脫萼綠華升平元年降羊權家致火澣布手巾金丨丨丨各一猴剌

脫紫薇(真誥)文宗詔宰臣曰金條脫爲臂飾即今釧也(盧氏雜說)

手脫蘇頲口押書詔吏曰巧公○解脫觀四維上下不見法不見

脫花也丨脫徐之不然丨丨丨矣詳脫○解身不見心乃至心離名字

身等空界法同夢幻无得无證然後謂之丨丨(文粹彼岸)四祖道信年

十四礼三祖曰乞与丨丨去門師曰誰縛汝曰无人縛師曰何更求丨乎

信大悟(傳燈)

捋　郎括切(詩傳)言丨之○子所丨荼詳荼丨采其刘詳刘洛下

人隨洞中跪丨羊贊得珠齊飢詳珠謝安丨柏伊贊曰如此

不凡詳蘇盟禪(禽名)鵖丨即鵓鴣也

掇　丁括切(詩傳)言丨之(易)患至

丨帽爲攡詳禪象其鳴声(爾雅附)丨也○尹吉甫以丨蜂見疑

詳蜂丨皮鵖掇出空窟下其狀若脫名爲言物化无常月可掇海丨(明)

皆真詳皮鵖掇丨十日爲鳥(爾雅翼)供采掇(周)蹠

抱金甲无以承蜩猶掇之也詳九　穫稻不秀掇晉庾袞丨跪而把之(史)不曲行

丨丨(困)

剟　削也

鬣　蒲撥切(詩)旱丨爲虐(神異)南方有人長二三尺袒

毛蜀綴(傳)文綴剟丨　呵也　見月鵑

身目在頂上走如風所見之国大旱得而投之溷中乃死　亦

作妭(天人賦)女妭北而懸龍翔○女妭无髮所居処天不雨(史)

旆　旆旆詳(詩)狼

丨音与撥　燭跋丨不見丨(記)古未有蠟燭呼火　莫跋丨行曰丨水

火跋炬爲燭火炬易盡故藏其殘本　行曰涉(詩注)(詩)美周

同別出

公也

鈸　鉢丨南齊時(樂)有銅丨和樂丨

拔　迴也又姓魏拓丨氏

茇　草舍(詩)召伯所丨(礼)夏官教丨舍

犮　走犬皃(礼)赤丨氏

(乱)大取掌把丨(注)出將有事於道封土爲山象以菩芻棘柏爲

軷　神主既祭以車轢之而去喻无險難(詩)取羝以丨(左)祖而舍丨

八　黠　與鎋同用

黠　胡八切　半黠顏愷之桓溫謂其小黠猶蟬(山谷)丨丨大癡黠(譯言)

黠　詳黠(宋)猗鵝丨嫿丨慧丨　○上音看毒走也(辨征圖)

黠　凶暴若丨丨也　適

札　側八切(光武紀)一丨十行又夭死曰丨(札)夭丨疫癘

筆札相如請爲天子游獵之賦上令尚札范滂曰自非叨穢姦

札給丨丨　木更薄小者曰札　暴豈以汚丨丨哉(史)谷札語曰丨子重筆

丨樓君卿折札(漢)奉使丨之命丨丨(辨征圖)王札丹砂

昏舌詳舌(漢)(傳)猶折衆(後漢)皇甫嵩狼狽丨丨丨　犀札○以丨爲甲也

韓愈(史)則无僑札魯肅指一囷米与周瑜　黃紙札宋明帝初四方反

藥名　紮札力政(乱)　僑札遂結丨丨之分詳米　札未行淏擻板不供由

是有丨寸射穿七札晉平使王爲弓射不穿札公將殺工其妻曰吳闔射之道

丨丨(史)則汝傳晉楚遇於鄢陵楚養由基蹲甲而射之穿七札　左手如附枝右手如附枝左手不知工如言丨丨而

射步徹七札至王曰誥朝尔射死藝(成十六)　射之穿札杜預(國語)制勝諸將莫

丨而丨其丨(人名)擲札以爲而入(韓征)師宜官其札梁鵠乃益爲板飲之酒丨

及新章三千札佰鐵刀丨甲偈(北史)栗母楬文丨丨佚醉竊札酒宜官善隸書然每書輒焚削

卒以攻書(通)剱手詳剱末○蜀又帚歡肺

拔　蒲八切(易)確乎不可丨　丨芧茹

(孟)丨一毛○太守虎參曰丨雖欲簡拔人才丨識拔詩眼亦自趙幟拔丨立

吾擊強宗詳齊(韓)丨其尤詳札　丨丨(國)

漢幟(國)楚拔公仅休相嘗山可拔項羽曰力拔丨

詳幟　拔丨丨　詳婁　兮氣蓋世(史)(姓氏)(蜀志)賀拔氏北人謂地

人相賀因氏(後魏)北士之望媿爲欽親礼之　爲拔總有其地土

与參大業(唐書)少有大志仕媿光祿大夫

稹也(書)　刳　剥也(書)殷　鶻　江八切(韓征蜀)詩流頭送虎

燒殺獻臣　面碎剝丨　滑　戶八切(書)夏狡猾光助丨猾東陵丨(國)

(匡)泥丨丨蜀冒骨汝陽王璡研硝丨極丨　稀濟滑丨丨辣鞠所以爲丨

中号雞頭鶻巾汝陽冒紅槿不墜詳槿　然不能運方穿詳書　木石

滑骨有籍濃丨丨下之句楊大年詩○石頭路滑鄭陽邪鶻祖一日辞謁南岳石

滑嘗凝之後乃知是丨字(韓詩)

頭遷床三匝振錫一声問是何宗旨丨丨二云蒼天丨丨丨丨　滑(詩)

於怖之二云汝更去見他道著天丨　汝便噓丨　隱峯无語却回卒似

峯无語歸舉師云向　(下邳)高晉(左)實號焦丨　隱峯又去石頭乃先噓丨　隱

汝道丨丨丨丨(傳燈)(姓氏)爲氏　郭太夫丨(蜀)　崇有鬱事(國)　八　博拔

切(左)丨元丨煌　佺吳洪有丨戰丨克○丨磚象

七(韓詩)日封家十丨積風神也詳積求賓八法(韓詩)(盧)用二首書丨琴措

戢日丨丨開丨南八張巡謂南霽雲曰丨丨男滑八唐中書王璠丨與丨中官

訊刘二詳二兒死不不可爲不義(唐)　丨與權璠刘光琦相通丨相

議手令徵遂之無不　饕　謂粉米丨丨侍御丸餅御精米也　吹　尺八

遂呼丨丨(李吉甫)　一石春得八斗　山迴向院布施

有狂僧妻至其院之有老僧曰汝主昔在院娶丨丨丨簡在人間今限滿

當歸可持尺八付之上得尺八吹之如先所習者後十年有祿山禍(逸史)　名

山八(史記)仲功言天下丨丨三在蠻夷五在中国　張八丨丨丨我在西州蜀娌

五謂華山首山泰山太室東萊也　拗野詩君爲北道丨

三夏僧尊前无笑語半生半熟未相諳(黑客揮犀)　此都　天門登八　陶侃夢丨丨丨

有枝女年止生硬士人謂丨丨丨　丨其丨而墜詳墓　跡

七望八丨丨丨年執非猶(韓癸)　足者十八趙充国上屯田奏初丨充国

(同選)年丨丨十丨丨十也　計丨十二丨十五最後十八

(韓)丨(人名)丹陽丨得道詳　扒　把

无前兒從律能捕豹丨嫌百勿後鮮卑傳有貀丨嗣　臏　烏八切飮啞

子皮毛柔煖爲名裘(蒙)靴鋒壯鷟丨亦作獺納　喚(詩)　噦　嘁何噦丨

(蜀)(大宗)初八切(孟)明丨秋毫中(唐)文理密丨(易)脟丨地理(孫)(傳)妠　小兒肥兒(韓詩)丨　貀　女滑切

察　以身之丨丨(天寶)勿丨丨而明(唐)宗紀按丨十道　巴艷杈娌丨　○　察　唐監察御史其

一察占人善惡二察户口流散賦役不均三察農桑不勤倉廩耗減四察 太
妖猾盜賊不事生業五察茂才異等六察黠吏豪宗兼并縱暴百官志
察丨丨水太清无魚人小察弘以大綱不活套前 戛古黠切書丨擊鳴球
丨丨則无徒前漢小察存丨丨謝安詳 又丨丨鶡鶡兒作
乖大戛不率丨丨書戛猶 逐戛立戈丨丨陳京 摩戛丨丨 黑喙戛鳴鳥丨丨岩花春
丨大戛揩也言爲模楷 風竹 憂長矛也 擊戛荻林相
紛相戛紅鸞白羽丨丨丨啜活套丨 憨无愁兒孟 秸書納丨往禾藁也 三藁稭
丨丨之役匡治穗去皮 不若是丨 秸百里丨服往服藁役 禾藁去
實曰稭○稭与秸同 皆韓征蜀聯句郊告儆丨丨 揩与秸同 瑑稭五代唐莊宗敗
走契丹阿保機見其宿处丨丨在地 秸皮以爲席祭天用之○
方䐈甓然嘆曰膚法令嚴如此史 頡唐高仙芝傳盜丨資根 丁侯詳羹又鐵額也 戛
烏䵷切車碾也前田敬傳有罪央乚块乚无根錫甘泉賦
小者丨大者死韓高言丨齊乎車軋乚軋通用詳乚勺 鳴軋丨丨紅樓 填
乚亂凝突爭丨鵶乚樓下空闌 軋唐李宗閔等樹天地軋丨丨共一丨丨淮王 列
軋丨韓詳突 鵶卑禰丨丨啜磨軋黨相丨丨史 軋幾云丨丨丨万物
詳帛 乚元忠封事丨士爲相 乙玄鳥爾雅燕丨蓋取其鳴声象形乚 其不抽
出被黜 揠拔也孟丨苗助長觀 乙乚難出兒選文賦思丨丨其不抽
扎山曲崖塊乚塊乚 扎高下不平賈誼賦块乚无垠 山曲崛乚潘岳兵都賦地勢块乚 垠其氣来有限齊也 貀丨貐食人獸似虎而黑

殺所八切語焉用丨 勝殘去丨孟皆曰可丨書劝 撲殺武招仪曰何
詳 餘 發不可獨殺明 詳 儒丨之易神武不丨史好生惡丨春生秋丨 丨丨丨此發
丨爭不能爲 告事人史 不可獨殺嚴延年母曰天道神人殺鬼殺唐魏玄同爲周興誣告賜死或
鍛 被人看殺衞玠人聞其有姿容觀者如堵勞疾遂 活套 風景丨
丨長矛又丨翻 殺其卒年二十七人謂玠丨丨丨丨困 蕭丨
○羽傷也 𣪠南都賦蘇丨柴美送 蠆鄰滑切草初生詩丨彼 丨
丨其芽務其萬物丨 刘歆論云天地丨 丨丨者葭孟牛羊丨壯 蘭蠆
家兒也詳弭 萬物蠆丨丨丨 被黜詳䵷 𧕝蠆 較香粳丨丨丨 谷 琅玕林深未翹擇軟 轄
胡瞎切亦作舝車軸 左轄 轄星傳軫兩旁主王侯丨丨爲主者同姓右轄爲
嵩鍵詩車之丨兮 轄 甹姓 晉天文志 唐六典丨丨右丞掌省 丨省事故杜
甫贈韋左丞云 腊 甍 丨丨五經言論語者丨丨之轄丨孟 六經轄發
丨丨頒辰位 丨丨巾車丨丨 丨轄 載丨詩 五經轄 轄以言轂轄以鍵輪 丨轄 揮
百代史 陳遵 㝬 丨 丨丨 陳遵投轄丨丨取客車轄丨井中雖有急不得出出部刺
丨廣送從逃轄 漢 見遵母叩頭自白當封尚書
有期會狀母乃 詩 車轄大夫刺幽王也 丁 暍丨劲 圊 駱駝鳴 嵒 書 詳年 巘
令從後閤出 褒姒嫉妬无道並進 石 怒兒
斗轄切缺齒又缺器也又獸食 活套 丨 缺 初鎋切梵云丨瑟此云平印
之餘者啜遠水鱗乚山丨丨 㓹 刹幡柱也沙門得法者便當建

齾 丨許轄切谷豁目眇性嚴号丨 轄 獦 丨丨韓征蜀 丨馬騎騎瞎盲人騎瞎
瞎 虎詳虎不識丨字詳字鑾耳丨夜半臨 丨丨
深池丨 丨 详語眼被刺瞎以鐵刺瞎其丨後煬帝令飲藥死史 此巴眞瞎後魏董紹爲
詳語 眼被刺 以鐵刺瞎其丨後煬帝令飲藥死史 此巴瞎 真瞎後魏董紹爲洛州刺史蕭
宝寅反紹言臣當出瞎巴三千生噉蜀子明帝謂徐紹曰丨丨
丨丨也紹曰此紹言巴人勁勇見敵无畏非實瞎也帝大笑史 獺 他轄切說
丨丨祭魚月令孟爲獺驅魚者丨也○丨膾分杯詳膾鄭夫人丨 白獺 媚明帝
髓補頰痕詳髓西戎以丨皮飾毳服領袖垢不着○又昌韻 獺見洛水
丨丨不可得徐邈曰獺食鰡魚不避死乃蠹丨蝩頭偏丨丨以隱 鐵獺 梅聖
乚作鰡魚懸崖猜獺競來一時執得齊諧記 蟓獺处兮詳蛃 俞馬
名詳 作獺張崇帥廬州不法有伶人假爲人死有讒當作 唾盤 成獺 刘綱唾
猿 作獺水族者唯府判樊湖百里一任丨丨南唐近事 盤成鯉
妻樊夫人丨丨丨 食之列仙傳 剖 古滑切礼考工記丨摩之工 丨目相待詳目 ○
丨食之列仙傳 剖韓文丨垢 工丨造化簽詳簽刘玄丨席詳席
剮 數刮切唐李翱傳丨五聖賢恥 昌刷丨丨 幽燕谷秣 試官刷 歐公批刘幾論云 秀才刺 丨丨丨詳帛 殺 秀才殺
㼽 刷 宋宗慤克林邑慤一毫不犯鐵龍鐵刷五代刘守光自王爲丨丨
牀刷 帷有丨丨丨丨此外蕭然史 鐵 刷 有過者坐之籠中外燎以火刷
剝其皮膚 活套 根 𢃄 㕵 陟轄切朝丨鳥 丨 剮 五括切事丨 䥶 丨 撒 悉刹切雪
以死史 振 聲 亦作啁丨 丨 並詳月韻

詩丨盞空中詳雪駐輦国以珠
丨毀得千餘兩詳珠諸韻不收

九屑 與薛同用

屑 先結切孟不丨就不丨去不苟
也漢王良傳往來丨丨 不憚煩 騷屑 農事都已休兵戈況丨詩懷 接屑 京師遼遠
奕悍丨丨後魏裴安傳 疲 屑 平人国丨丨詠懷
恭荀懷第丨丨无所施困 鑿屑 便孅丨丨 漢宣 行 玉屑 月乃七宝合成有丨
人掌承露和丨 琥珀屑 吳鄧夫人丨丨 雲母屑 梁南岳鄧先生名郁隱衡山
丨飲之詳露 丨補頰詳髓 辟穀惟以澗水服丨丨丨
食麴屑 唐史朝義圍宋州城 布地木屑 陶侃籍收木屑元正大雪始 佳言霏
屑 中至丨丨丨詳麴 晴尽前猶濕以木屑丨丨丨
屑 晉胡毋輔之字彥国吐丨 切 千結切詩遄如丨如磋語丨丨偲乚○昆
丨如鋸木屑霏丨不絕 吾劍丨玉如泥詳劍又反丨一音長轉
相呼謂之反亦作翻以子呼母以母呼 剴切丨丨當帝愧切唐長孫順德受
子也一韻之字相摩以成声謂之丨 心魏慾傳 賕賜帛丨丨之
大宗曰使有恥 追切 啐不丨 緀切 囊人丨丨 奪刀若 宮切 漢昭陽丨丨皆銅
者北於刑戮史 丨 索隱 飛 漢書西征付 沓冒黃金塗外戚
傳門限 一切以徼丨丨之勝霍王嗣傳如以刀切物苟 ○老婆心切 詳 活套
曰切 取整齊不顧長短爲丨丨之政 貢禹書

嚴丨丨竊語其丨位者欵　雖賞之不丨〇嫦娥丨藥奔月　鼠竊丨丨狗
摽丨丨竊詳月韓壽丨香詳香楊妃丨寧王玉笛吹詳笛　偷函　虎
毛竊丨戕丨曰鈇意疑竊人有亡丨者丨其丨之子視其行丨鈇也言語竊
竊丨毛詳增鈇意疑竊鈇也動作態度无爲而不竊鈇也俄而得其鈇他
日復見其隣之子動作態度
无似竊鈇者列鈇音扶鈇鉞　結　古屑切易係丨繩而治左丨草亢杜回
使者丨轅詳轅　釋之丨襪詳襪前李尋傳　智者丨舌
王陽丨綬詳綬　納結鄧起傳　絮白丨丨　蘊結我心丨詩　團結謂之丨丨詳徒　諸州兵點老力人　丁香
結芭蕉不展丨丨丨　同　同心結　隋文帝陳夫人陳宣帝女聰惠姿兒无双帝
結向春風各自愁唐詩　寢疾太子廣逼夫人拒之得免帝崩太子賜
夫人金合中有丨丨丨鷄衣百結子夏之衣懸結爲丨　董威隱居白社　熟
數枚其夜太子烝焉史　以殘絮綴帛爲衣号百結衣晉董京傳
結生結侊香箋香皆有丨丨丨曰丨丨者〇頂結　君守初爲掛名丨丨亦
結樹自爛而得丨丨者伐樹得之續博物　結名墮頂結是一切氐務
之根本百　人名　呼漫叟詳　潔語與其丨　玉潔目光丨　高潔謝安丨丨　兩韓
史吾彔　元結　恐園論詳園　潔丨也　韓　晉
潔楚丨丨之丨　白潔後姬彭城王勰清規　性好潔　王思遠丨丨丨丨客詣已
潔揚問明篇　茂賞與丨丨俱丨史　着令一人交　帚掃其坐
處詳帚宋庾仲文丨丨士大夫造之未出户輒令人拭席洗床史梁何佟
之丨丨丨丨一日洗滌十餘過人称水淫　又滌安令劉澄丨丨丨丨　在縣掃拂
郭邑路无横草水無虫穢　衣帽整潔王思遠終日匡坐蒼帽
人不堪命坐免官齊史　丨頷无不整潔詳反
手口共有所作　潔　㨗丨丨狡　潔猶挈也　雅丨丨
詩予手丨据　大雅　丨矩　鐭　鎌也劉歆　節　子結切符丨本作卩但經
爲之柄長三尺以旄牛尾爲　玉節　掌節掌守邦節而辨其用守邦国者用
旄三重　巾車　發而皆中丨　丨守都鄙者用角節邦国之使節山国用
虎節土国用人節澤国用龍節皆金也　門關用符節貨賄用璽
節道路用旌節皆有期以反節凡通達於天下者必有節　周官　赤節　漢初
赤　史　二節　若召丨丨丨丨以丨符節　若合丨丨孟　守国者　齊節　蕭曹起刀筆吏當
二節　丁走一節以趨　漢書　其節半在内半在外　時録録未有丨丨
史　名節　樓護論議常依丨丨丨丨　風節　後漢姚游雅豊才博學所　折節　非痛丨丨以礼
互見古　風節之者矯矯丨丨尔　史　之天下不肅　田昐
傳　冷節　寒食秦人呼爲丨丨　中和節　唐德宗時以二月朔爲丨丨丨　千秋節　唐玄宗八月五日生爲丨
史　周勃節　丨丨以一丨丨入北軍丨　張騫節　丨丨持丨不丟　杖漢節　蘇武丨丨牧羊詳
呼士皆左袒爲劉氏　〇又鄭衆同　丨布於天下咸令燕樂
羊　取故節　陶侃討蘇峻王導出奔峻平導令丨丨丨　松多節　晉和嶠森森如千
丨侃笑曰蘇武節似不如是導慙　史　丈丨雖礧砢丨丨
自有棟梁　蒲九節　安期生服一寸九丨　虎節　龍節事見玉　盤根錯節　虞詡
之用詳松　節丨成仙詳蒲　節下　詳根　缺

短柱謂作　節謌山節　卦名　三三澤上有水丨君子以制數度議德行初九不出户庭无
咎九二不出門庭凶六三不丨若則嗟若无咎六四安丨亨
九五甘丨吉往有尚　卦名　血　毛韓　呼决切　記　飲丨茹
上六苦丨貞凶悔亡　年号　漢宣　人名　丨指汗顏　口血丨丨
未乾　歃血　凡盟諸侯共丨丨執牛耳詳盟　毛遂之楚取　泣血　卞和丨丁継　喋
雞狗馬奉銅盤而進曰王當丨丨定從　史　之以丨詳玉
京師新丨丨　汗血　大宛国多善馬丨丨言其先天　石血　始皇過海看日出処
血丨漢文紀　馬子也　驊騮作駒巳丨丨　田　神人鞭丨皆流丨詳
石　緹血刺丨丨加鞭箠問終鸞血　鸞膠是以丨丨　八字血　陶侃挑指血流彈
之可至一斗詳血　丨爲之詳膠　壁上作丨丨詳公　鉞釜
血　南方有虫殺其血塗丨以丹丘血丨丨之野多鬼丨化爲　三生人血　周州
市物皆飛歸名青蚨　青蚨　丹石則瑪瑙也　拾遺記　司馬
裴沆鄭州道左見病鶴呻吟有老人曰得三世人血塗則能飛矣惟洛中
胡芦生丨出人也裴訪生生援針刺臂得血塗之　酉陽　詳枝又互見睫　相
如頸血　藺丨丨請秦王擊缶不許相如曰　嵇侍中血　嵇紹蕩陰之敗百官散
臣請得以丨丨濺大王矣詳缶　潰惟紹儼然端冕以身
捍衛遂被害於惠帝側血濺御服事定　萇弘碧血　弘死于蜀血
左右請浣衣帝曰此丨丨丨丨勿去　晉　化爲碧詳碧　叔王琳血　梁王
琳奉義兵被殺有一叟以　寫書刺血　唐方敬儒至孝刺血丨浮屠丨斷手二
酒脯號酹丨其血而去　史　指輒復生　朱壽昌少不知母所在丨
丨寫經求之五十年　乞丨丨人丘　北齊楊愔爲賊帥　托疾含血　偽眊愔丨丨丨牛丨吐之乃止　史　帝親吮血
乃得之蜀中　城詩注　唐太宗伐遼李思摩中　杜鵑啼血　其声哀痛口流血　杜鵑行　〇李賀云
唐太宗伐遼李思摩中丨丨丨丨口血老大淚　声哀則吻有血　哈詩
流矢丨丨爲丨丨　史
嘔血　李賀母慮子多丨探囊中見丨多怒曰是　戚　滅也　詩　褒　小声也
兒欲嘔出心乃已　唐　一作肝一有心血字　姒丨之　吷　莊　劍首
一丨丨往劍環頭小孔　沉　水從孔穴疾出又丨㝠空兒又　閔　苦穴切　莊　瞎彼丨者
吹之丨然声小詳首　邪僻唐裴延齡賛君臣同丨丨
往隙也　心關　俾民丨丨　樂闋　有司告以丨丨　記文　八闋　葛天丨丨神農五絃
牖也　詩　止也　王世子　曲終曰闋　隋楽志　皆言樂音也
歌登闋莫放丨　缺　書　咸以正罔丨　語　四飯丨適秦　老　大成若丨　梁史　金列
缺　丨丨騷傷丨丨　丨曉曉者易丨詳副　或作缺　選　坐貽誚缺
缺夜　文選　電也　兎缺　生而丨丨丨醫曰可割而補須百日不語笑詠之曰半生
丨丨丨丨睢其照　不語而有半生亦當療之况百日邪後至征虜將軍　晉
之僕　玷缺　唐王翰文如瓊杯玉　齒缺　莫欺老缺殘　蟣蝨缺　以丨丨之丨損无
嫌讒　斲而多丨丨　王勃傳　牙丨詳齒　蠔　質之純鈞　抱朴子
缺也〇護此　馬鞭缺　隋宇文述好着奇服嘗定與附會爲製丨丨丨後角上丨
一丨丨缺　缺　刀三寸霽白色世李之謂許公缺勢遂封許国公也　史
唾壺缺　王敦酒後詠樂府擊丨丨丨　漢何缺　鄂千秋曰雖亡參等
以爲節壺盡缺丨詳壺　百數何缺於丨　漢史　師巖缺　許由
之

冋丨丨〔匯天地〕夫婦 古穴切〔白虎通〕公使申生伐皐
又冂有丨丨〔人名〕相敬如賓 夬 君子能斷佩丨 金玦 落氏佩之丨丨
云云丨寒 賜玦 荀子絕人以玦反絕以環詳環⺈ 紫玉玦 空傾亦泥印遠送
丨𥨊〔左傳〕遂臣賜環則反丨丨 則絕〔荀子〕丨丨丨注奈也〔史〕
鳥玉玦 墨也遂死丨〔吳暴注〕三示玦 范增數目羽羊所佩玉玦示之者丨〔洪紀〕令決意殺漢祖 屬美玦 姬鍾縣有美玦文帝
為大子借觀 死猶把玦 北齊樂陵王一日年被召自知不免割帶玦与妃別律
因丨之〔史〕 氏武成果斬之妃把玦哀号一月餘亦丨玦丨在手拳
不可開時 鐍 環有舌者詩鋈以丨軜 亦作鐍
年十四〔史〕觼〔注〕觼鐍紙膝注鐍後相前環処 缺〔漢書〕望前孫宝傳 望謂不滿所摘丨丨以
揚我悪 摘他 訣〔註〕不忍 長生訣 周義山遇羨門
壐反謂挑發 便求丨 子乞丨丨要丨 百丈三訣 喫茶珍重歌 丨丨有丨丨
詳〔活套〕仙丨丨 決〔詩〕丨拾注詳拾韓信傳韓王策安丨 齒決 濡肉丨丨乾肉
歌 冊丨 晉向睎斷丨如流〔漢高紀〕丨雌雄 不丨丨〔曲礼〕決
斷也乾肉堅宜用手不以〔孟〕 租決 司射適堂西丨丨遂取弓 衛決 賈誼曰方今
丨丨之〇而問无丨丨 於堂西〔仪礼〕決鈎弦者 之勢本末舛
逆首尾〔史〕 河決 沛然若決江丨〔孟〕 勇決 温公曰呂献可之先見范景 兩言決 毛
丨丨〔史〕 漢瓠子丨丨〔史〕 仁之丨丨予所不及詳見 遂
曰從之利害丨丨而丨丨亦 一見決 後第五倫讀書嘆曰此 老智少決 齊子奇
令日中不決何也〔史記〕 聖主也丨丨丨矣〔後〕 年十八

齊君任為東阿既行矣君悔焉使追之使者不追還曰臣見所 用智用決丨
与同載者白首丈夫丨者之丨丨者之丨此必能理東阿〔史〕 丨丨
常恨茏丨丨丨 鴂〔月令〕仲春鳴鴂丨閔東曰鶗丨閔西曰巧婦春分 鶗鴂〔註〕
當恨早〔谷〕 鳴則衆芳生秋分鳴則衆芳歇 鶗丨一名子規 丨
而不正 抉 挑 剔抉 岬羅丨丨〔注李翺〕 搜抉丨丨无隱 挑抉 詩人工譏病此 猊抉 慈丨
〔詩〕丨諫 也〔韓文序〕 欲慈丨丨〔史〕
丨石詳捏 眼可抉 伍子胥云可抉吾丨置東門以觀越兵之入詳眼 穴 胡決切〔詩〕臨 其丨〔易〕丨居 禹穴 司馬子長
言書法
游江淮上會稽探丨丨 窺 金穴 後郭况帝數幸其家賞 䰟穴 淳于棼夢入槐
九疑浮沅湘北涉汶泗 賜金銀号為家為丨丨 丨丨事詳槐
穴丨丨 吕翁授盧生枕曰枕此可榮適如願生但記其身入 虎穴 不入丨丨不得
丨丨中未幾登第出入将相五十年榮盛无比詳枕 虎子〔呂蒙傳〕成
帝時長安少年殺 鼠穴 道遠隂狹猶两丨鬭於丨〔史趙奢〕 蟻穴 丨封丨户
吏投丨丨中詳丸 文帝怒三官曰當之十丨同丨〔史〕 大雨將至
〔易林〕千丈之隄以丨丨而壞〔韓董〕昭之見蝗星丨 丙穴 嘉魚出丨丨〔左蜀都〕
短苦救殺之後昭之繫獄群丨丨獄得出〔齊諧記〕 〔注〕漢中沔陽縣有魚
穴二所常以三月取之穴口向丨嘉魚食乳水味 巢穴 從窟公曰鴝鵒丨於
甘食之令人肥 一云嘉州東北有嘉魚長三尺 高林喬鵲丨於深淵
〔史〕 混沌穴 鑿破丨〔國〕 竄笛穴 唐桃昴自作壽藏 〔活套〕孔丨 窒 迭結切〔左〕斬
丨丨 窨曰丨丨丨〔史〕 窟丨 焉在表丨之

中 芋經 楚伐蕭丨丨還申叔展曰若為丨丨哭井則已注謂今蕭大夫還无社
結茅以表井須哭乃應以為信明日蕭潰申叔視其井則丨丨存焉
号而出 水影綫經 陸機有哭疾見丨中 兄弟之子〔左〕丨其 姪 蟻封也
之詩劣 年似綫經丨丨大笑詳笑 從姑 又質韻 〔詩〕鸛鳴
于丨〔孟〕太山 耋 年八十曰丨〔易〕大丨 咥 齧堅兒〔易〕履虎尾丨人 侵丨奔
之於丘丨 之嗟〔左〕伯舅丨老 不丨丨人 又笑也 軼 丨詳質
凸 高起也〔類說〕有適翁所 雲凸 丨丨 心丨丨 酒凸丨丨 激
謂撲丨奇之句義未詳 知難摔〔司〕能 心凸 髗光〔社牧之〕 金樽凸
十分激髗 迭〔詩〕胡丨 迷迭 罽賓瓏鑪五木香丨丨丨 文納及都梁〔梁州志〕唐志
丨丨丨〔國〕 而微 都梁香出交廣丨丨出西域媿文有丨丨賦〇
本草謂青木香也為 〔活套〕 更 瓞 小瓜也〔詩〕綿〻瓜丨 丨踢又丨 掔跌 生獰
五木香 亙見梁 丨〇丨亦瓞也 音雹 跌 差丨 競丨
丨丨〔韓征蜀〕丨丨不知跌 丨丨一丨將赤 鐵 他結切〔書〕梁州貢丨〔孟〕許子丨
牽也丨岩跌 吾之族詳穀 耕〇漢置鹽丨均輸官 楊津
鑄丨 催 尺鐵 李陵書兵尽矢窮人无 寸鐵 秦毀不許持 白戰 不用持
賊 詳星 丨丨猶復徒手奮呼〔選〕 金丨丨〔漢〕臣有一丨丨 〔歐全月詩〕
唤鐵 太白山隱仙以鉛擊一片鉄鳥獸 穫鐵 奄觀銍艾〔詩〕注銍 聚鐵 羅彥威
開之則集名曰丨丨〔天宝遺事〕 丨丨也即短鐮 丨丨鑄
錯詳 㑌鐵 騘馬之別七 入鐵 北斉許惇為司徒主簿以 鬼國鐵 我家有剪刀
鉛 曰丨丨丨馬經 明斷見知号丨丨主簿〔國〕 金人云丨丨丨

〔匯〕 鏨賔鐵 梁王康知精琵琶嘗於上彈鏨賔調忽爾臌羅出一片 丨丨鐵 趙歟
〔空〕 響一片乃丨丨丨也指撥精妙物類相感尔〔琵琶录〕 一鼓鐵 鑄刑
鼎賦丨 錚錚鐵 光武曰卿所謂鉄中丨丨 兔食鐵 昆吾山獸如丨丨銅丨吳
丨丨 鉛 庸中佼〻者〔劉盆子傳〕 國武庫中兵刃俱食盡得
双兔有鉄膽胃鑄腎 蹄齧鐵 腕促丨高知丨 心似鐵 宋廣平剛態毅狀疑其
為干將莫邪〔拾遺記〕 丨丨鐵丨〔杜驄馬行〕 鉄心石腸詳梅為君援
筆賦梅花未嘗 頳石鐵 楊光遠傳丨厚丨 眼中鐵 北斉突厥至并州曰斉人
廣平丨丨丨〔國〕 衣丨十重丨甲詳甲 丨丨丨亦有丨何可當邪乃
還 來嚼鐵 唐来瑱為潁川守賊 磁石鐵 真勢大當如 〔國〕直揮鐵 陳莊為二千司使長
丨嚼 鉛 爛之日為丨丨丨丨〔史〕 丨丨丨 於心計太宗親題
殺社 曰丨丨丨 〔詩篇〕駟丨美襄公也 始 驖 馬赤黒色〔月令〕 鏡〔左〕謂之
陳慇〔国老閑談〕命有田狩園囿之楽 驖 孟冬乘丨驪 饕丨
纈 胡結切 眼纈 來嫌長夜作衣棱却怕初 詩點纈 朝來雲漢授天流顧
綠丨也 丨陽生丨丨〔夢累足壁画〕 詩點纈我小丨如丨丨〔暇雪〕
贈 羅纈 杜牧湖州見一女奇色丨丨丨 一綫為 賂 紫纈 媽鄭雲叟刘晗丨丨丨
賝 質後十四載刺湖州巳適人矣詳遅 四百疋得安州刺
史〔此〕 魚子纈〔段成式詩〕醉袂裁侵丨丨丨 又云顏裁 襭 以衣衽扱物
〔史〕 丨丨深紅丨去覓蜻蜓戍碧綾〔笑說〕 〔詩〕薄言丨之 擷
持取 頡 直項又丨頏 〔人名〕〔倉頡〕制字 涅 奴結切黒土在水中 〔詩〕湟
也 飛上下也 〔左〕 曰丨〔語〕丨而不緇 〔注〕摜

子部　第三册

宮中者謂之ㄧ　㚇疲兒（韓亭氣）家婁ㄧ兩音　揑揚也　截眣結切（詩）海外有ㄧ。陶侃母ㄧㄧ
髮留賓詳髮　嬺文帝書王白姉ㄧㄧ
防膾截ㄧㄧ几上肉任人　割截江淹夢張景陽怒曰那得ㄧㄧ四　剪截ㄧㄧ浮
詳肉　錦都盡自此淹文章躓矣（本）詳錦　辞（孟）
（活套）紫餅欲心ㄧ　鍫（鬲）五結切蘇武ㄧ雪詳　蹄鍫北斉楊子華昼馬壁間
雪齧君誤ㄧ鏑詳鏑　夜聞ㄧㄧ長鳴（名画記）　杌隉
蛇鍫貫長房隨壺公入深山ㄧㄧ懸万斤石　於心上ㄧㄧ索且斷長芳不移詳蘩
（活套）臬虫ㄧ狼ㄧ　隉危也（書）邦之杌
蜺虹（前天文）抱珥　嵲山高（杜鵑）　射ㄧ也又法也（書）司ㄧ　亦作鶂
寅ㄧ又斉錫韻　（賦）置罟巢嶻ㄧ　（礼）辨方正位（注）匠人建国　亨
水地以縣置槷与臬同以縣跳云以縄縣槷上從旁以水望縣即知地之高
下而平之即今匠人平水者也又考工記輪人无槷而固（注）謂涅物於孔中
閑門槷也門中所竪短木（爾雅）在牆曰揮
在地曰ㄧ（韓）楔ㄧ居楔楔烏回反門樞　蔑莫結切（医）ㄧ以加於此　削蔑（凶）蔑貞（易）
蔑削也楚俗視日月而知衆ㄧ之　心見蔑它日見心之面而已詳面
有ㄧㄧ之言　星蔑ㄧ也（揚子行）蔑微也　今吾見其蔑也詳面（活套）　陵
欺ㄧ　（地理）（紹）呉地弥膚　（名）（春秋）晋人（驪）　言而書詳言　篾（書）布重ㄧ席（陳史）周
ㄧ　見姑ㄧ之旗　兒惡ㄧ　迪接縄破ㄧ旁若无
人　諸蔑恪誅以ㄧ　蠓ㄧ蠓　汚血　烏結切哽ㄧ（孟）
作鈎落東其腹詳落　蠛細虫　蠛也　咽欲語氣先ㄧ　幽咽哀嘶　暁ㄧ

（困）淒咽ㄧ　歌管寫　（孟）鳴咽ㄧㄧ　泉流水下灘（白）
噎（詩）中心如ㄧ　（吟）祝噎前　（ㄧ）誼傳注養老
一噎不可以ㄧㄧ　食三四ㄧ　祝噎之礼　ㄧ在前
一噎而止喰詳食　絜結切（礼）ㄧ壷氏（左）ㄧ瓶之知（道）ㄧ死生ㄧ
若ㄧ裘領（漢）張耳傳左提右ㄧ　契闊（詩）
竊歎（注）憂苦也　ㄧㄧ我　蛣蟆ㄧ虫名腹中有蟹子　普蔑切過眼
黽（注）合也又戾ㄧ不平兒　蹩（選）江賦蟆ㄧ腹蟹詳蟹　瞥見也（選）張
平子思玄賦遊塵外而一瞥　歷乱无儔才ㄧㄧ　（陂）雷（謝）荘　衡一道人會
ㄧ天（敢）歳月去如ㄧ　子瞥之猶一覕也与瞥同　飄瞥雪下曰郊邑
正自ㄧㄧ林岫　風花瞥　交游誰似雪相堅聚　撆擊也拂也又蔡邕篆勢
便巳皓然（世説）　散行作ㄧㄧㄧ（幽）　敝曰揚ㄧ　亦作撇〇
（活套）蒲結切跛也（莊）ㄧ躃為　批（唐書）ㄧ擊也（相如）賦ㄧ岩衝ㄧ
仁ㄧ（ㄧ）ㄧ浮屠起廢詳廢　ㄧ（唐書）ㄧ沛鼈　纎私列切（孟）
ㄧ又草名（相如）　ㄧ薛草名謂以莎草為雨衣　亦作ㄧ　ㄧ人將築
傳ㄧ莎青蘋　ㄧ薛ㄧㄧ薛（莊）大（輪）上如章切　蔭薛
華臨世号　收債於薛孟嘗君使馮驩ㄧㄧ　薜長（左）ㄧㄧ爭ㄧ長
ㄧ卜（困）　ㄧㄧ車義而反詳義　（姓氏）　ㄧ薛後周薛寘
周末公子登任楚以国為氏（ㄧ）善士也（孟）　河東徽音黄帝裔孫奚仲居
史大夫咲元帝欲御樓船廣德諫宜從橋詳橋　（ㄧ）廣德字長卿沛郡人（江）御
第十四（功臣傳）（ㄧ）（ㄧ）洪功且十入侯位以（歐）辞至仲虺為湯相代為侯伯
字子容王莽以安車迎之方曰明主方隆唐虞之德小臣欲守箕山之節（ㄧ）

（ㄧ）与紀贈等号五嶲張華見之曰皆南金也仕晋太子少傳（ㄧ）（包）好孝篤行
分財其居田地取荒頓者器物取朽敗者詳病（ㄧ）（ㄧ）（ㄧ）字玄卿陳使倖綷聘
斉贈詩五十韻薛道衡和之南北稱美詳娛（ㄧ）（ㄧ）字延智為剌史人留告楊
為遺愛詳揚（ㄧ）（ㄧ）唐絳州人太宗嘉得㝢將射貫五甲　三箭定天山詳
前（ㄧ）（ㄧ）字伯褒蒲州人道衡子討王世充軍事繁收為書檄露布該敏如秦
（ㄧ）（ㄧ）河中人開元中兄弟七人皆擢進士第衣冠光耀（ㄧ）（ㄧ）与收及族
攜（ㄧ）（ㄧ）字伯勃絳州人宋仁宗時知開封府肅清京師知益無為政明快比張詠
兄備音斉名稱河東三鳳五見雜（ㄧ）（ㄧ）唐詩人（ㄧ）（ㄧ）仕唐也州刺史人歌云更不到門夜
不掩扉　東塗西抹詳抹　（ㄧ）（ㄧ）假零陵令柳子送之任序
（ㄧ）（ㄧ）辟璵南賽材妻也楚材旅遊薛自尚形并寄詩末云只君渾忘却時蓑
發面看楚材遂痛〇薛瑛英元載妻楊炎歐之云雪面淡粧天下一女〇薛
濤為妓有薛濤箋詳箋欽陽公西娶薛簡肅女薛姨簡肅次女適王拱辰〇
蘇易簡母薛氏入禁中太　紲考工記弓人譬如終ㄧ注号紲也　（周）（ㄧ）鷄紲犯曰
宗曰今之孟母也（長編）（詩）是ㄧ絆也注ㄧ去熱之名　晋子
丘（ㄧ）ㄧㄧ從君ㄧ累紲在ㄧㄧ之中　紲ㄧ譬如己放鷹終　紲两紲　呉董黯詩黄
（書）（四）繊馬（轠）紲紲（國）絲与紲同（左）紲夜侍ㄧㄧ（國）　祖ㄧ襪両蒙
衡于河口以拼閭大紲楚石為可答　泄亦作洩　文丁吾洩吉ㄧ偏ㄧ戢
夫兩下蘘突入ㄧㄧ　遂雕（漸）之（困）　雷（霊）所ㄧ書詩（ㄧ）　彼之田（困）
〇水洩不通　門下（禪）門語曰德山（ㄧ）ㄧㄧㄧ　揳（ㄧ）門西旁木亦雅棖謂之ㄧ　褻（語）ㄧ服
揳（ㄧ）棖閑宕ㄧ宕嘗在友　ㄧ　契

殷之先　渫（易）井ㄧ不食　除云也又治井　媟狎也（詩）ㄧ
躃（ㄧ）躃（ㄧ）旋行不正兒（注）躄ㄧ　近小人　齧羊食也（ㄧ）（ㄧ）噬嗑泄咽之
鶴列於庭薛之間　為仁（漢書）作躄（ㄧ）音同　列　良薛切語陳力就ㄧ　或作（齧）不（雅）牛曰齝羊曰齸
鶴列君亦必无盛ㄧㄧ　（左）不鼓不成ㄧ　（階）（阝）ㄧ（贈）（医）持ㄧ布
并冽ㄧ泉（易）　ㄧ寒ㄧ　洌也　水清激冽流蝶蟭ㄧㄧ　（相如）付水　（腸秦論）朝同
（謹）一之（ㄧ）　挈（丸）挑　ㄧ可為帯除不祥又　（ㄧ）ㄧ蛚蛨ㄧ疾兒上音鄨　冽ㄧㄧ　洌酒味既
日栗烈　挨拁也符也（ㄧ）　蘗染草注言荒冢ㄧ之属　（ㄧ）酒ㄧ
（活套）十ㄧ傑　ㄧ手（ㄧ）（ㄧ）　哲陟列切（詩）　蜊蝶也　冽寒也（詩）有ㄧ（ㄧ）
ㄧ士ㄧ　渠列切（淮南子）三千人謂之ㄧ　既明且ㄧ　三哲　汍泉亦作冽
（ㄧ）（ㄧ）隋釋皎晩善写方丈字識時傑　三傑　良韓信四傑　ㄧ後魏王尊業表翻王誦並
僧傑（ㄧ）（ㄧ）隋詩謂ㄧㄧㄧ（ㄧ）（漢書）（ㄧ）後ㄧ（ㄧ）　ㄧ蕭何張　唐王勃王炯盧照鄰駱賓
之ㄧ人ㄧ英ㄧ　（ㄧ）（ㄧ）務若在一時傑表（ㄧ）謂翻荘曰我　王文章斉名号ㄧㄧ（ㄧ）　領黄門郎号為ㄧㄧ（ㄧ）
詳秀（活套）ㄧ猜ㄧ　（人名）后時名臣　竭奪詳月　若无卿亦為ㄧㄧ（文藝）
碑ㄧ又東　（人名）（ㄧ）怒同列（ㄧ）（ㄧ）武　竭韻竭　桀（詩）雜搂手ㄧ
海山名　假筆詳筆　熱如列切（孟）挽ㄧ　桀注ㄧ拭也　碣特立
水状其ㄧㄧ鈥荘人間世張　不得於心則ㄧ中　内熱葉公子高曰吾　石又
腸熱名ㄧ内煎外　朝受命而夕飲
殺有ㄧㄧ之病以死詳養　火非ㄧ詳腸耳熱酒後ㄧㄧ而呼　面熱王
ㄧ熱鳴之（揚惲傳）　殺

六六九

見周頤鄰丨丨㮚子丨丨到入家主人闕答來迫遽忩此何忩熱左右
丨丨史 觸熱咢常熱羨子云聲子云能禮苙子也往韻云不曉事之孫李
宰臣与田丞相祖丨丨相表裏 炙手熱 語曰鄭揚辰辞丨 入水避熱 濯
嫺嫁丨丨 五見手 丨可丨 醉及盛熱鄒丨深丨
底入日乃張熱閉 夏炙不熱 方士王得都元帝使暴坐璟以十炉火 寒求
氣舶息故不熱汗 不熱汗不出曰服玄氷圓飛雪散 地肺
熱東野丈人謂氷氏子曰今子丨於 發斗杯熱 韓伯數歲曰火在丨中丨
熱丨而欲 丨丨无得熱之方謹炙 尚丨今既作襦下亦當燠詳
禪 夢全身熱 張敞見信夢爲南陽守妻夢一 手熱如火爲雍州夢一股熱 〇
摩折絃 及開府夢手身熱欲見意欲无限曰吾妻後丨丨丨丨矣
折 旨熱切 孟爲長者丨枝 語 折言丨獄 丨節下士 磬折 夫子曰要丨丨 漁父 腰
摩折 琴大絃濁以春溫者君也小 曲折 欲上書捉天子 周折 旋中規 丨 磬
折惟有詩人 丨丨 以清著相也詳絃 丨丨 李廣傳 丨丨 旋中矩 記
折 丨丨 面折 弘不肯丨丨廷爭 史 人 晏公孫 瞑九折 王陽爲益州刺史至九折
吡其敢驅之詳反 險王尊爲刺史至此 丨丨 吳臨 嘆曰先人遺体奈何乘
折丨丨手柳苔云一葉隨風 凶短折 未六十折未二十 短 他人折 韓愈詩寄柳氏終有
忽报秋發使君來豈堪 丨 圓折方折 者有玉 匯南墜形訓 毛開即折 長條似舊垂也應攀
丨 器 折

丨須丨莫待无花空折枝 古樂府詳變 丨丨 江又丨米也亦作 陸套 昭丨
折枝 古樂府詳變 淅 淛 莊自淛阿以東 史記丨 蹻
明行事不作皆書皆也 〇舌 食列切 語 駟不及丨丨 詩 婦有長丨〇 梵尸丨 喉
時煥若易明辨皆也 丨 不躝詳去声挩 韓 志 啄木鳥丨可穿 羨 扳 縺
舌 出納王命王之丨丨 詩 比斗爲天丨丨 尚書亦陛下之丨丨丨 後李 固傳 宋
刘湛王華王曇首殷景仁同爲侍中文帝曰四賢同管丨丨 恐後世難繼
唇舌 陸賈 君卿名謁爲人短小精辨所著皆與谷永 頰舌 咸其輔
俱爲五侯上客語曰谷子重筆札樓君卿丨丨丨丨 丨 易 木舌 若莫
使諸儒金口 鵡舌 南蠻 丨丨 翻舌 莫丨丨肸丨言 鄭 食其丨三寸丨 下齊七十
而丨丨 隴 不可與 逆矣 詩 揚舌 餘城 張良以三寸舌爲帝
王 兩舌 西方因國人善笑聞百里云七人丨 結舌 前漢 博士丨 訥舌 拔去
師 丨丨 重譯又云舌笑 國 向喉內 丨 而不議
乞 前 孫賓 舌 趙州道士王朝朗舌長呼字不正忽 杲卿舌 顏 丨丨 罵禄山不絶賊
因 夢若君丨其丨 既竟語遂正 廣異記 斷其丨丨 日復能罵 舌杲
御 含胡 張儀舌 儀 從楚相 飲 謂妻曰視 丨 貫逢舌 從李者 獻 褒 盡 竇
而絶 吾舌在足矣詳譬 舌 倉人謂丨丨 耕也詳辨 舌 詳 畔
虎齒丨丨丨 寫手 深藏舌 口是禍之門舌是斬身刀閉 斬 宋 伺曰諸
吹散千 峯雪 國 丨口丨丨 安身處丨牢 馮 道 斬賊 以舌 君以舌丨
丨 伺惟以引錐刺舌 賀若弼父敦任周然言被殺臨刑呼弼曰吾 惟存羊舌
力不詳職 以舌死丨丨丨 弼丨出血戒以慎口 北史

有擇手者置叔向母埋之三 齊舂拭舌 後官者吕強疏云羿 邪 项 領 亡齒存
年事發丨羊舌在詳擇羊 丨丨丨丨 詳須謂巧說也
舌 舌存以其軟齒丨丨以其剛詳剛 〇 廣長舌 披贈東林老宋 便是丨丨 山色无非清淨
豐干饒舌 丨丨 身〇出丨丨丨 相遍覆三千大千 世界 兩 律部
之 立瓘閭丘異之乞一言示此去安危曰到任謁文殊普賢 在国
清寺執爨洗器者寒山拾得也閭丘詣之見二人 圖 好笑 綺語兩舌 妄言丨
詩閭丘不竟致拜寒山執閭丘手笑曰丨丨丨丨 傳 丨丨
惡口 陸套 忠丨佞丨 姓氏 羊舌 因 以爲氏詳 羊 舌 字伯華
蹇鉿 姓 祁奚以爲中軍佐爻奚善也 即叔向晉
上大夫 食 百舌 惟食蚯蚓 山谷云子讀月令反舌无声謂人在
阪錦詳錦 丨卷丨 側乃解拄詩過時如發口君側有讒人之句 合 李
尺來多詩綴无 揲 數著 又 〇折 傳 列切 左 未大丨 丨大
白巳声 張 丨 帖韻 刀 五郵獄丨 未丨 詳細析 歸心
輕丨軸詳輕 書 凶短 摧折 雷霆之所擊无不 朱雲丨 其角詳角 牽
丨住見曲丨之丨 丨丨者 貫山至言 天柱折 共工氏怒觸不周山 露
盤折 承丨丨丨声聞 丨丨丨丨 地維缺詳柱
數十里詳盤 牙旗折 晋陸機討長沙王又始臨 鑠斤斧而嬰
丨 戎 而丨丨丨 後軍敗誅 國 芒刃折 丨丨 不缺則
圓 殘齒折 謝安破苻堅過户限喜 丨丨丨丨丨
甚不覺丨丨之丨 詳某 綸巾折 郭林宗折角 詳巾 兩槳

折 蝶子折丨丨 催 發 摧 折 朱雲事 肱三折 三折丨知爲 大 剛則折 德不疑謂
詵 莫愁來詳愁 丨丨丨丨 良醫詳肱
寫吏丨丨丨丨 太柔則廢 風行拖之 孤則易折 丨丨 吐谷渾丨十子曰丨丨 疏 阮
以恩然後推功揚名求終天禄 丨丨丨丨 衆則難摧詳衆 宋
發折 丨丨丨丨 知奈何 以 陸 套 丨 揀 〇孽 魚列切 書 不惟 不 詔吏賀卓手
妾各朝与君別 白 丨丨 孽 丨 漢書 作孽 秋孽 丨丨 劉 敬 傳
媒孽 司馬遷言李陵有国士之風今舉事一不幸全軀保妻子丨之於
之臣隨而丨丨 其短 齊人謂麴餅曰媒 周礼有媒人 櫱 丨 人猶酒
之有丨 不 孽 孽 孔融云今年耕米丨丨丨丨 孽子 詩 庶妾丨丨 盛飾見 漢書 蔭妾丨
孔融 丨丨 詳耕 妾 書 天作丨丨 本作 漢書 媒丨本
作 孽 安完俗邪丨丨 而狩 孤孽 丨 臣丨子 孟 有罪之女役入爲 孽 木餘
孽 无外家 後王 莽傳 妾有所生子若木既伐而生枿 亦作
擣事並 孽 食 飲蝗虫之怪曰丨 通作孽 〇 滅 莫列切 語 只丨 繼絶 匯 去
見 書 韻 書 天作孽 书 南 必有妖孽 病 傳 向 奴未丨 何以家爲
剪 滅 余始 丨丨 此而 蹤 滅 万遷人 獨 滅 漳 子 見 曰 堂上丨丨 王人留覓 而 鏡
後能食詳食 丨丨 跡 滅 送客臣心最 惟能飲一石詳獨
滅 丨 微 浸 漸 不可 響 滅 一飽丨 滅 匈奴 丨丨 姚元崇往丨丨 〇不
丨 書 撲滅 猶可丨丨 萬想滅 丨丨 賊不足滅丨丨 李 紱 傳
生不滅 杜鴻漸問无住禪師云何不生云何丨丨 如何得離脱師曰見境心
不起名不生不生即丨丨 既无生滅即不被前塵所縛到 如 解 脱也

傳燈无生無起滅丨丨无丨无陸套半明丨○鼇并刻切俗作鼈一名神
滅性詳河無起滅未來今圓覺珍丨守詳守九肋者勝目白
腹下王今字者不可食其甲以赤莧包置濕地即化生爾雅三海鼇魏公子牟
足者爲能傳曰鯀化爲黃能即鼈也雖以其剛在外也謂公孫龍
曰子不聞埳井之鼃乎謂東丨丨曰吾跳梁乎井幹之上休乎缺甃之崖云
云夫子奚不時入觀乎東丨之丨左足未入而右膝已縶矣於是逡巡而却
告之海曰云云此東丨之大樂也蛙聞之規規然自失也石鼇晉成都王穎
云云是猶使蚉虻負山商蚷馳河也必不勝任矣莊子秋水長沙王造浮
橋以大木函盛石沉之跛鼇頭步不休丨丨千里豈
之以繫橋名丨丨史若丨丨之与六驥哉荀放鼇尚書崔悅憂十
衣求生既寤見器中鼇正十九頭遂放之玉堂閑話宋傅慶中家得一大鼇
婢不忍殺丨之溝中餘年婢病將卒夜有大丨被泥登婢㕛向永之遂愈括異
圖食鼇丨丨縮美食鼇隋崔弘度爲太府卿誡家吏无得欺誑後食鼇問侍
鯉詩者曰鼇美乎皆曰丨弘度大罵曰庸奴敢誑我未
丨安知其美俱設文伯羞鼇丨丨敬姜北宮敬叔酒以路堵父爲客
之乃无敢誑史小焉路堵父怒不食而出國語民猶魚鼇
買捐之云越駱之地其閩閩也閩詩荊鷮赤雉孔疏○絕情雪切詩
丨丨丨何足貪也史乘昏帝丨脹丨見朋友道丨
楚美人蕝燭斗絕河西丨丨丨往羌絃絕失絃急者小丨丨臨子斷絕愷之丨詳見
纓詳纓胡中後漢書鄧訓傳朗死伯牙絕丨詩苦百

下交絕君子丨丨不出反絕丨絕人以玦丨丨絕筆爲嗚未作丨丨丨
惡声戰國策丨以環詳環獲麟絕史夫子絕筆丨丨詳麟
廣陵絕嵇康臨刑嘆曰丨丨三綱絕蔣蔚曰丨丨瓶絲絕綆丨欲上丨韋編
散於今丨矣詳散絕丨矣詳綱絕丨詳瓶
三絕孔子晚而喜易丨丨丨丨史記鄭虔三絕虔善山水嘗自寫其詩并畫以才容五絕張唐
獻帝署其尾曰丨丨丨唐史
知塞兄弟五人武后称其愷之三絕顧丨丨字長康博學善丹青世南五絕
兄弟丨丨謂之丨丨史才絕痴絕俗謂
虞丨丨太宗称其丨丨德與可四絕坡云亡友文丨丨有丨宋令文三絕
行忠直博學文詞書翰也謂詩楚詞草書畫也
丨富文辭工書有力号丨丨子之問文章次吳夫人三絕指間織錦号機
之㛹踦男次之遊精草隸世謂各得父一絕絕刺綉号針絕
續髮爲幔号陸套愁丨礼丨奇丨○絕子悅切朝會束茅蕝春秋國語以
絲絕詳幔清丨腸欲丨茅表位曰丨丨表坐
茅蕝爲篡綿蕝丨丨野外立竹及茅莪史行乘丨禹治水○
位尊卑之次家之習儀其中杕所乘形如木箕擿行泥上
雪相絕切臣平地尺爲大丨太宗紀丨恥家語以黍丨桃注洗也詳挑又
丨學注潔滌也西京雜記太平之代丨不封條趙太祖丨夜定下
江南東詳見大出詳出三白詳白勝六降丨詳風今木隨車翻縞帶逐馬撒
鹽孟圖可喜輕明賀都无剪刻瘦歐隅觀燎乱撲春蟲万石千鈞積欲成

未雄忽此一毫輕東合玉樓寒起粟光摇銀海眩生花遺蝗入地應千
尺蘇坡風回共作婆娑舞天巧能開頃刻花蘇乱飄僧舍茶烟濕密洒高樓
酒力微江上晚來堪畫處漁翁披得一蓑歸鄭谷戰退玉龍三百万敗鱗殘
甲滿天飛張元天人剪水作飛花陸暢佳人丨藕絲乱飄瑞兼向人間詳
出佛公厦雪霰謂如稷粒故曰霄雪冰雪雜下曰灞橋雪鄭綮曰詩思
足住拭也稷雪丨丨粒雪詳霰雪丨丨詳霰在丨丨驢子
記上羅藍關雪韓愈姪湘嘗種頃刻花碧牡丹二朵上出詩云雲横秦嶺家何
在雪擁丨丨馬不前未幾愈貶潮州於中遇丨湘冒雪來曰億
花上之句乎公問淮蔡雪吳元濟叛李愬用李祐計夜襲會雪至城下王馬
其地乃丨丨青瑣有鵝鴨池擊之以乱軍声遂縛元濟唐史
雪王騰雪平地數尺營門前數丈雪融不亨祭雪姊取雪水丨丨詳茶
積騰掘得丨丨高尺余丨衣獻之晉書李士陶穀得党太尉家歌
衣雪謝莊朝回衣爲丨雪印臙脂雪卧聞海棠花泥風回雪泥雪魏轉猜便
點時人就之爲風韻丨汚丨丨丨雪如流丨丨丨國
宜遷賀瑞雪唐宰相三月陽灌雪人之奔走如丨蘇武齧雪單于置丨丨大
詳雷之丨丨詳陽窖中不与飲食
傳武卧丨丨袁安卧雪丨丨雪丈餘洛陽令至門除雪入户見王猷尋雪子
毛并咽之安僵丨問何不出曰大丨不宜干人
丨居山陰雪夜眠覺開室酌酒忽憶戴安道即乘船訪之孫康映雪梁
剡溪經宿方至既造門便反曰乘興而來興盡而反晉史丨丨丨

丨讀謝庭詠雪丨安曰白雪紛紛何所似兄子胡兒曰撒鹽空中梁園賦雪丨
書中差可擬兄女道韞曰未若柳絮因風起世說王
游兔丨雪下授簡於司馬相如之程門立雪游楊二子初見伊川伊川瞑目而坐二
曰抽子秘思爲寡人丨之子侍既覺曰尚在此乎且休矣出門之
外雪深一披氅涉雪王恭丨丨而行孟穿履行雪東郭先生履有上
尺語錄神曰真神仙中人也史无下行雪中足盡
履地盛夏取雪唐高宗丨丨思雪明崇儼丨越犬吠雪蜀犬吠日丨聚星堂
世說丨丨以進云往陰山取之史丨丨丨詳犬
雪歐公賦白戰嵊山紅雪西王母進丨丨丨延生絳雪開元中內人趙雲容問甲
体詩詳戰詳稱元之乞之藥元之与
丨丨丨冊一粒後玄霜絳雪仙家上藥有丨丨陽春白雪郢客歌丨丨丨○
果异生高道傳漢武內傳和者數十人詳歌
慧可立雪甘露門丨事達磨夜大雪侍丨不動達明積丨至膝曰願和尚開○
廣度群品遂潛取利刀斷左臂于前師知是法器傳燈
○悅弋雪切詩我人則丨語媚悅我豈相趙坐客皆悅王導常有坐客二十許
无所不丨孟爲容丨者媚丨丨人導逐一称讚丨丨
詳宣父覽悅周訪曰吾丨寶監○法喜禪悅慧海曰迷徇六根者号爲六
者可丨丨丨詳悅摩云云有如是解者便得丨
丨丨丨之食陸套情話人名傳商相說唐閱說文詩我躬不閱明其等
諸方廣語相丨導之子丨注容也閱閱曰丨積

功曰丨〔史功臣侯表〕又曰閱經歷也　後漢
彪曰士宜以才行爲先不可純以丨丨〔本〕　門閥　唐張九齡爲相諫以牛仙
客寒士耶卿因〔本〕大閱　春秋丨丨以狩〔前刑法志〕　客爲尚書帝怒曰豈以仙
奏有丨丨哉〔本〕丨丨簡車馬也　貌閱　隋主命州縣大索丨丨户
監　折閱　謂損其所賣物價也　蜉閱　口不實者里正黨長遠配
蓋寬饒仰視屋歎曰此丨丨不市〔荀〕　虫土裏化丨地而出形容鮮　〔詩〕閱者悅懌之意此　傳舍閱
如丨丨所丨多矣〔漢書〕〔入〕爇　如劣切〔左〕且丨之又丨信有爇　吶　言緩〔記〕
丨然如不〔入〕說　失爇切〔易〕勝口丨也〔語〕成事不丨　紅道丨雜詳雜　亦作爇　其言丨
出諸口　塗丨　規磨之丨丨〔莊〕偏而不貴也詳磨　道聽　閱說　公卿皆〔國〕
〔傳〕因之納說如　閑說　容來欲丨丨　鶴全　駕說　仲尼丨丨〔荀〕
行者有丨律　言不得言〔谷〕詳醉　駕說者也〔揚〕　嵬說　是之謂丨丨　任妄語〔荀〕
巷說　出於稗官街談　勦說　毋丨〔記〕　申說　不自丨丨〔陳重傳〕　逢人說　斯丨丨詳斯　項　隨宜
〔前藝文志〕細碎之言
說　聽風聽雨〔谷〕　捕蛇說　柳　郢書燕說　先王有〔韓非子〕夜書舉燭事詳燭　丨丨而後世多丨丨　〔入〕拙　職悅切〔書〕
心勞日丨〔老〕大巧若丨　寒拙　驅去〔韓子乙巳〕　用拙　吾道〔杜〕　存政拙　催科丨　詳考　鳩拙　人皆笑
丨〔韓詩〕遲而丨　詳遲　丨丨　丨丨　丨丨　無
以家室　倡優拙　秦昭王曰楚之鐵劍利而　鐵劍利則士勇　丨丨則
焉〔國〕　思慮遠〔史范雎傳〕吾君勤儉　丨丨　自呈〔晉〕有笑〔國〕
沉文藏拙　梁遺徐陵聘齊之　錄　張文〔唐〕之　〔入〕餟　陟劣切〔語〕
陵過江丨之曰丟　姚公蘇拙〔傳〕　詳　祖　〔入〕嘆
〔嘆〕昌悅切本作歠〔記〕毋丨　臨　詳　諸臻丨　丨丨　祖隆丨　〔史張儀〕
丨菽飲水〇丨汁若衆詳汁　熱嘆　丨丨反斗擊之
〔傳〕　餔嘆　糟丨醨〔楚〕從於子　教流嘆　趙襄子與代王飲陰告廚人曰即
也　丨丨　丨丨來徒丨丨也〔晉陵上〕　流嘆放飯丨〔孟〕　溪可嘆丨丨　水清〔楚〕
〔傳〕　丨丨　嘆丨丨　酒酣樂進
輟而不丨　高談不輟　齊明山賓丨　禄正可輟　唐王求礼字相請停京官月
祖丨洗迎鄭生　〔晉〕丨丨〔史〕　輟　田間道〔西都〕　奉助軍與求礼曰公丨方鐘
也詳畚〔活套〕　畫不丨　綴　〔賦〕丨無數　多言不止又嘆泣　綴　刑也　兩
法令又割也〔史〕作丨　惙　意不定〔詩〕　皃〔詩〕丨其泣矣　丨子丨丨定
書丨寢户之簾也　憂心丨丨　〔入〕劣　力輟切　顏劣　彼以其回顏以其
言丨子丨謝安丨常丨於玄是　柳參裴令文　精丨其丨乎詳傲
豈丨哉　恭劣　曰玄俱不勝詳恭　寒劣　顧丨丨丨　寒劣之丨丨　江東時行法輒施
虎豹劣　齊王僧虔云王家門中〔活套〕　優丨駑丨　丨丨〔晉〕　江東時行法
優者鳳鸞劣猶丨丨〔史〕　丨薄丨　丨丨　　道有形丨注封道曰丨〔晉〕
〔何〕贊子嚢奇　金埒　晉王武子買地爲馬埒編　馬埒　見上　謂作　水埒　谿穴
温蘭公是丨丨　分而地號丨分丨〔世說〕　短埒繞之　原分爲
四埒在於山下住山上丨流曰丨〔爾雅〕　北方以二十兩爲丨〔禮〕重三
〔周〕山上有丨丨立水潦所環曰埒〔爾雅〕　鋝　丨〔爾雅〕倍舎曰丨舎十二兩也

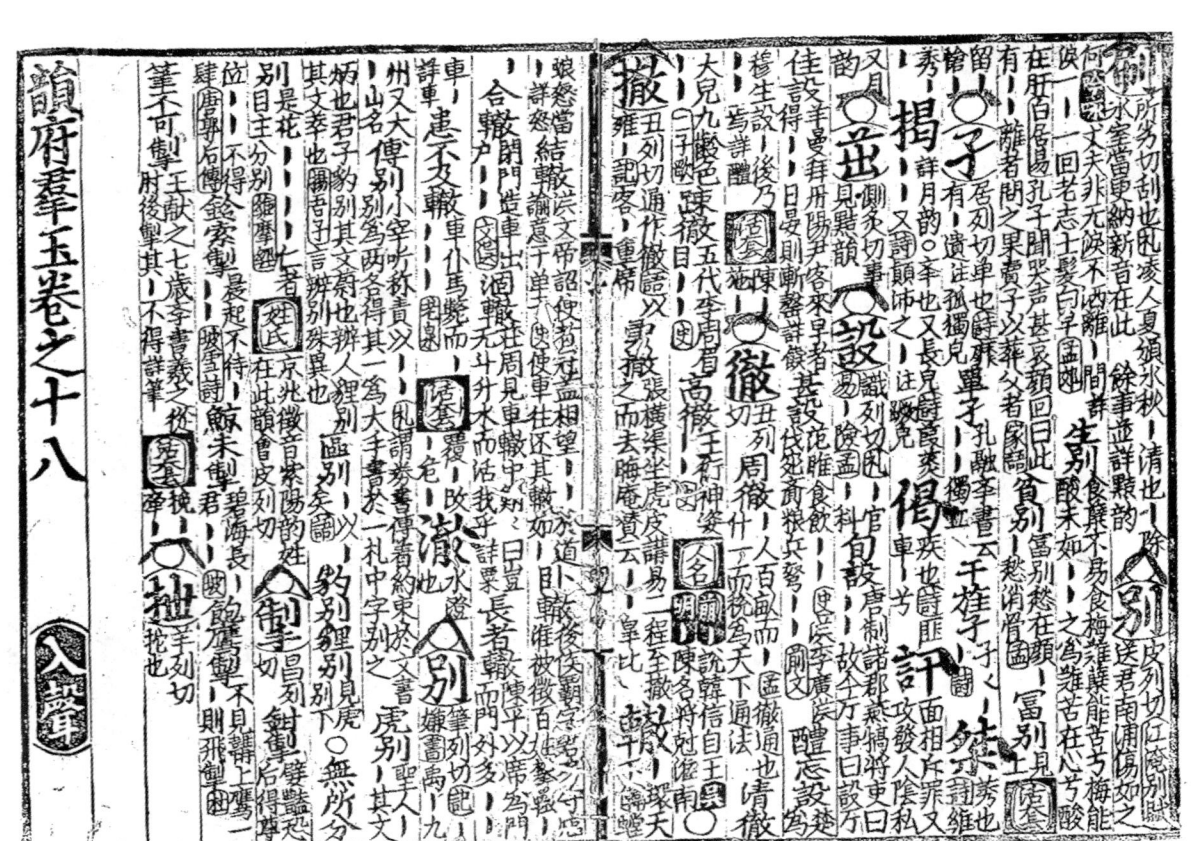

〔入〕別　皮列切〔江淹別賦〕所劣切刮也〔禮〕淩人夏頒冰秋丨清也丨除
何〔伊〕　水室當更納新音在此　餘事並詳點韻　送君南浦傷如之
〔淮〕丈夫非無淚不洒離丨間詳　生別　食蘖不易食梅難蘖能苦兮梅能
〔詩〕丨丨一回老志士髮白早〔孟郊〕　酸未如丨丨之爲難苦在心兮酸
在肝白居易　孔子聞哭聲甚哀顏回曰此　貧別　富別愁在顏丨富別　見
有丨丨離者聞之果貴子以葬父者〔家語〕　丨愁消骨〔孟〕　〔活套〕
留丨丨〔入〕孑　居列切單也〔詩〕靡　孑孑　孔融李書云　孑孑丨丨子丨〔國〕　丨丨　莠也
悅〔語〕　有丨遺注孤獨皃　丨丨獨立　丨丨〔詩〕　姦莠維
莠丨丨　揭　詳月韻〇舍也又長皃〔詩〕葭茇揭　偈　疾也〔詩〕匪　訐　面相斥罪又
丨丨又〔詩〕顛沛之丨丨注蹶皃　車丨兮　攻發人陰私
又見　〔入〕茁　側劣切事　〔入〕設　識列切〔禮〕丨官　旬設　唐制諸郡燕犒將吏曰
韻　見點韻　〔易〕丨險〔孟〕丨科　丨丨故李方事曰設方
佳設　羊曼拜丹陽尹客來早者　甚設　范睢食飲丨丨　〔史〕李廣〔漢〕　醴忘設　楚
得丨丨日晏則漸罄詳饌　伐范齎糧兵弩丨丨〔前刷文〕　丨爲
穆生設丨後乃〔活套〕　施丨丨〔入〕徹　丑列切周徹丨人百畝而丨〔孟〕徹通也　清徹
丨丨爲詳醴　陳丨丨　什一而稅爲天下通法
大兒九齡色陳徹　五代李周眉　高徹　王衍神姿〔人名〕　說韓信白王〔吳〕
丨丨丨〔子歌〕　丨目丨丨〔史〕　丨丨〔晉〕　〔崩〕〔明〕陳名將兒徹南〔〇〕
撤　丑列切通作徹〔語〕以　張橫渠坐虎皮講易二程至撤　撤　丨丨丨〔史〕
雍丨〔記〕客丨重席　〔晉〕撤之而去晦庵責云丨丨皐比　〔翰〕皐天
〔漢〕嫘娘怒當　戊文帝詔使者冠蓋相望丨丨　於道上敖後侯〔劉〕寄丨〔洪〕
丨詳怒　結轍　論意于單于〔史〕使車往还其轍如丨曰轍推折徹百姓參丨丨
丨丨合轍　閉門造車出而　丨丨〔周〕見車轍中〔莊〕　曰豈　長者轍　陳平以席爲門
户丨丨〔文選〕　涸轍　無斗升水而活我乎詳粟　長者轍而門外多丨丨
車丨　患不及轍　車仆馬斃而丨〔活套〕　覆丨危丨　敗轍　漵　水澄也　〔入〕別　筆列切〔記〕丨丨
詳車　丨丨丨〔老泉〕　謂券書傳者約束於丨文書　嫌〔書〕禹丨九
州又大傳別　小宰聽稱責以丨丨〔禮〕　一札中字別之　虎別　聖人丨
丨山名　別爲兩各得其一爲大手書於一札中字別之　虎別　丨其文
炳也君子豹別其文蔚也辨人丨　狸別　豹別　狸別　別見虎　無所分
其文萃也〔揚子〕言辨別殊異也　區別丨以丨　　別下〇
別是花丨丨丨丨七者　〔姓氏〕京兆徹音紫陽韻姓　〔入〕掣　昌列切　鮒掣　鯈鱨
別目主分別〔鍾學經〕　在此韻會皮列切　鷹丨不見鞲上鷹一
位丨丨丨丨不得　鈴索掣　晨起不待丨丨　鯨未掣　碧海長丨丨〔史〕　鷹擊丨則飛掣〔國〕　后得尊
肆〔唐鄭后傳〕丨丨丨〔坡雪詩〕　君丨丨丨
筆不可掣　王獻之七歲李書羲之從〔活套〕　撓丨丨〔入〕抴　羊列切
肘後掣其丨不得詳筆　捽丨丨　拕也

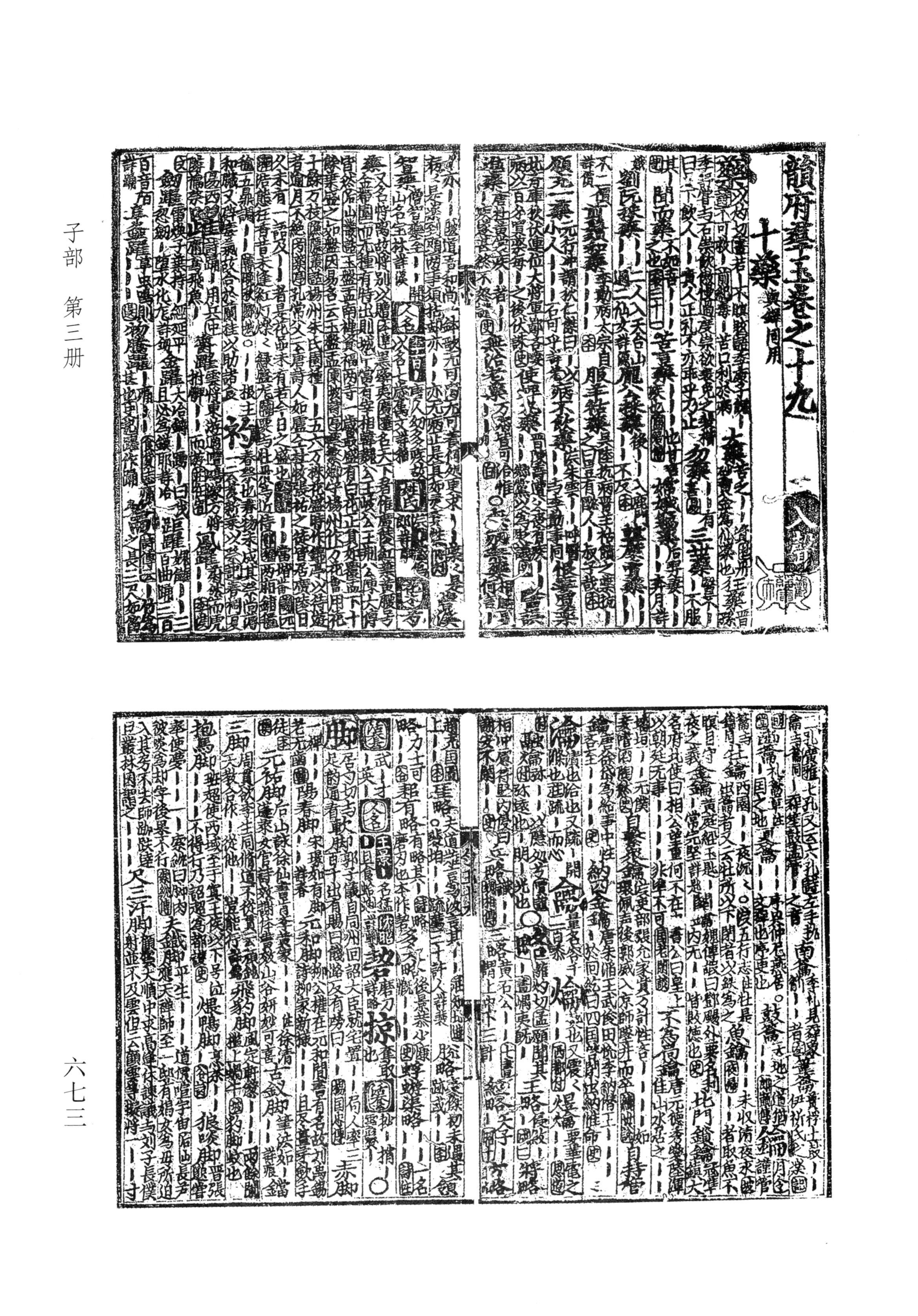

韻府羣玉卷之十九

十藥

丨丨踏他危就坐伸脚刺史王弘造[illegible]明无覆語左右請覆庭[illegible]　皆頭見脚
毛道中而已　明丨衆丨丨及覆至膏之不疑詳復
杜牧頌於字挑求小歳小秋皆不[illegible]夢人曰辭春不　牧用車脚首勘知丨飯
及秋見脚与丨丨果得地部員外[illegible]刑部也　丨故丨丨詳
不足伸脚唐周智光為同華節度　○元字脚趙州云著記一个丨丨丨在
伸脚曰地狭丨丨丨丨[illegible]　脚丨心求刼作野狐精[古禪師語]
[illegible]鐍折脚古得道人向折脚[illegible]　四脚僧謙光有才辯而飲酒食肉嘗云但願
鐍丨丨子夜飯與詳鐍我　丨生丨丨丨鱉着兩裙足矣[五代史補]
古峯行脚選何人發言異常詳殺　踋丨丨走兒[詩]小子丨丨又賈誼賦
丨丨丨丨丨回師曰彼行脚　謂跖丨蹶跖秦大盜丨楚大盜
繑向草屦又麻曰丨木曰屐　下式著丨牧羊　䙝繑唐張志和著席丨丨舞
繑詳羊　通作蹻蜀書　斉徼蹻而獲珠玉　繑垂釣不設餌志不在魚
也縣令使[illegible]　蹻繑逍相[illegible]丨丨擔簦來說　繹繑離跡丨丨而手答士
畚元件色[困學]　繑孝成王云云拜為上卿　繑[史記]
繑唐宋挑稚官織七芒繑置道上見者曰丨丨丨丨也　西　芒繑梁王嘉為臨
繑易芒著置其処輒取去終不与人　[高士傳]　海太守送有
芒繑丨丨他物称　膏粱着繑宋張暢為長史槐李孝伯曰君南土丨丨
具[illegible]有同所奏[史]　何為丨丨　叔曰戎陣之間不容縫服[史]
酌　居勺切[詩]丨丨彼金罍酌馬周舍新豐逆旅主人之不顧周命酒一斗八
[illegible]　丨彼行潦　獨酌林憩然丨丨衆異之[唐書]　沈洞丨丨[illegible]三酉

丨[illegible]丨丨日對三酌沈洞独酌謡云丨酌謡丨酌謡丨酌独長謡云云詩
吾欲若惟當明月　酌詩許史丨丨[illegible]松喬[illegible]四五酌自[illegible]州[illegible]
怨獻九鼎議　參酌　秦陆斗酌北斗丨丨云云氣[illegible]丨丨六經[史]　炊酌丨經丨　毋參酌丨
怨聪九部　[後張衡傳]　對酌[周傳]　炊酌史
丨我々乃[陸叐]丨丨挹[詩雅]洞酌召康公戒成王也　言皇天
酒狂詳在　新有德　酌告成大武也[周頌]　灼　熿灼丨丨稚[illegible]
灼灼錦絃官妓名丨丨丨善辭[陸叐]昭丨丨灵龜丨　矜水者　灼之言[孟[illegible]]丨　鱉
灼灼妓五見[illegible]丨丨其華[詩]　褲朩[illegible]
亦作繳生絲縷繳繒者繒　繒繳丨丨為弋丨丨[illegible]繳丨繳緣繒[illegible]
矰矢也[孟]丨丨弋丨而射之　繳丨詳　繒繳丨丨施[子虛]　弓繳之丨丨[史]
繳出空弓丨丨新丨丨[楚世家]　丨丨弓繳周公錫諸侯[illegible]
繳音[illegible]以石傳弋丨曰[illegible]　勇士爲繳　扡人有以弱弓微繳加鴈之上者[illegible]
弋戰国王何不以聖人為弓丨丨丨丨　王召而問之對曰三王弋道德五霸
張而射之非但[illegible]鴈之實也[楚世家]　勺　周公案名又　焯　明也　亦作炤
斫　亦作斲[書]丨朝丨丨武士猛丨丨[左]　地名[illegible]丨丨　[詩]亦孔之炤
[illegible]之[illegible]亦作鐯剌斫豪曰拔刀把消直斫直丨詳剌　晉孫登曰刺々斫々後周耿　齒斫
闗東多大鋤快斲斫丨丨丨丨斷生　斲[illegible]剌七亦切
曰丨丨[困言]　[illegible]　斲蚊[illegible]　營夜斫丨丨[illegible]　紫旋斫　旋斫生丨　[illegible]
日丨丨[illegible]真曰丨丨樹間丨丨　營夜斫　斫丨詳營
崇荊人[illegible]斫即憔悴人何[illegible]不如　詳荊　月桂常斫丨丨丨之　詳桂中有丨有人　○　弱　[記]而灼切　二十

曰丨[孟]又　弩弱丨丨之弓[illegible]丨丨[illegible]丨丨[illegible]蘇賦云　云弱相如[illegible]
不能丨　[illegible]弱[illegible]曰羽弓[illegible]同大弓名也　丨丨丨詳[illegible]
積弱積哀公[illegible]丨丨攻丨丨丨民仰賦嵇弱[illegible]文帝曰王[illegible]
积弱丨[illegible]強詳秦　柔弱　水懦弱而翫之詳儒　宋書[illegible]詞丨惟
其丨[史]　[illegible]弱丨弱遵體弱　丨丨丨　體弱[illegible]丨故漢祖被圍[illegible]
丨[史]隔丨弱水詳[illegible]　[illegible]丨詳[illegible]　丨丨丨　見弱[illegible]丨其丨兵丨[illegible]
不使體少弱捐須矜秀偉不凡嘗[illegible]鑑歎[illegible]此才此兒[illegible]
欲見容當出難矣胡丨丨丨我丨丨丨丨[illegible]
[賦]鱵[illegible]　蒻　本作蒲　蒲蒻[illegible]入深丨[孔]丨丨入水深故名深蒲入泥
[illegible]丨　蒻箸　白処可蒲白可為席[illegible]蒲蒻重[illegible]是也　青蒻丨丨
丨暴[illegible]席洞谷[illegible]細通　上[illegible]美酒亦作箬詳箬　美箬[illegible]
[illegible]字也丨丨[谷]詳[illegible]　湖州丨丨丨下箬[illegible]　[illegible]間出[illegible]丨依緑丨[谷]　[illegible]
[illegible]安[illegible]称[illegible]蒿　若　不逢[illegible]丨[illegible]丨[illegible]　杜若丨名丨[illegible]　[illegible]　若[illegible]
[illegible]丨丨丨[illegible]　不逢不[illegible]年相　杜若　香草[illegible]　[illegible]
[illegible]　賀若　大宗[illegible]中心謂乃[illegible]丨丨[illegible]所操而亡其名[illegible]　海若丨[illegible]
[illegible]家[illegible]名丨丨[illegible]山野録　若字元明　[illegible]見馬[illegible]　[illegible]
丨并畦不可以語於海詳海　何北　亦[illegible]若　[illegible]若[illegible]　印[illegible]丨丨
北丨望洋向丨而歎詳[illegible]若海神　[illegible]名　[illegible]若丨詳印　長兄[illegible]
丨丨之所丨丨[illegible]　上[illegible]　丨丨　[illegible]湖州[illegible]
[illegible]踐[illegible]也　上箬下箬　南岸曰上箬北岸曰下箬水[illegible]酒尤佳故[illegible]下箬
[illegible]若一本作著[illegible]　[illegible]　把人以[illegible]　[illegible]
[illegible]若[illegible]丨[illegible]　約　於略切[illegible]　用[illegible]　丨丨　[illegible]
大約邦国約也　大約　見司約下　法三章　司約丨丨　[illegible]民之約[illegible]
[illegible]即[illegible]也　大[illegible]大率曰丨丨　又婞約便[illegible]丨丨[illegible]　[illegible]約[illegible]
[illegible]　丨　豐約丨而不餘一言　丨　[illegible]傳作淖約　[illegible]約[illegible]待人也
[人名]　丨而不失一　[illegible]因約　文公居外十九　[illegible]長約[illegible]
[illegible]腰帶[illegible]孔詳[illegible]　[illegible]年[illegible]丨丨[世家]　丨丨无[illegible]約
[illegible]詳[illegible]　葯　白芷丨　[illegible]
丨丨可以會稽[illegible]州処之[illegible]賈人　却　去約切[illegible]　小却
帖中往々用丨丨字[illegible]言少退也　报却　唐李[illegible]　[illegible]
丨之前却　雲翮无[illegible]　[illegible]　根反　李逢吉[illegible]　[illegible]
[史]　談笑却[illegible]丨　春[illegible]　[illegible]
善丨　譚[illegible]　酒　虐　[illegible]　疾[illegible]
高力士方丨丨[illegible]臣[illegible]　市[illegible]　瘧　[illegible]有丨[illegible]
国以謂[illegible]之[illegible]州[史]　[illegible]日作也詳市　君子病瘧[illegible]有主人[illegible]
[illegible]丨丨何以丨丨曰來　杜詩　[illegible]子美云誦吾詩可[illegible]乃[illegible]
病丨丨所[illegible]　[illegible]誦手提[illegible]血[illegible]病果[illegible]　[illegible]

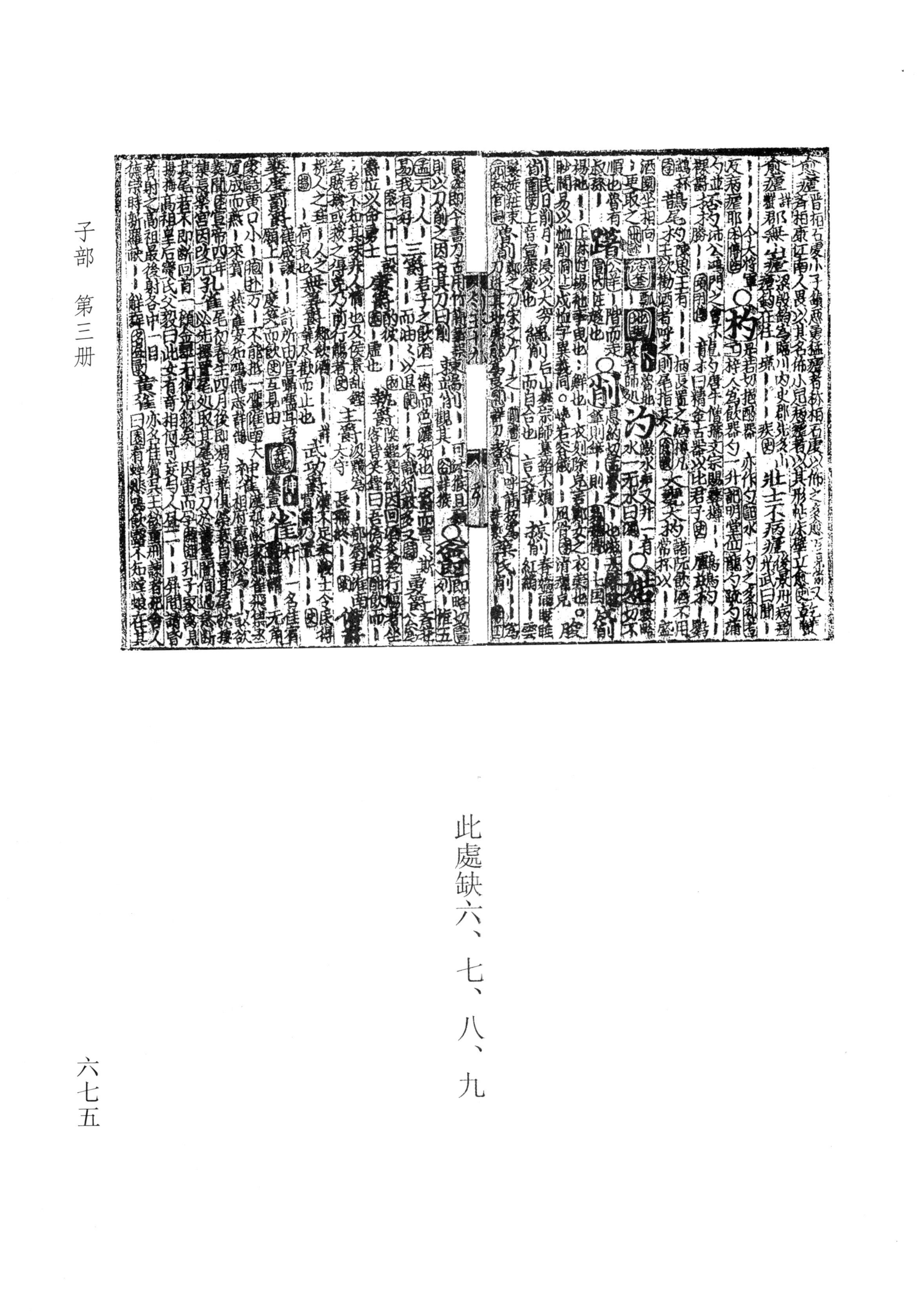

[illegible]

此處缺六、七、八、九

洛于河陰之戰洛謂周人曰受洛于在此能來陸構入洛宋彭城王義康元
可來也周人畏而去之神武名其地爲丨丨（史）齊衡賞問表收年
答曰鄧仲華拜袞之歲又曰丨丨丨之李郭洛丨丨僧丨林宗丨舟於丨公
年義康曰身不讀書无作才韜見向（史）丨丨望之以爲仙舟（圖）公
母歸洛司馬光迎閔氏遊道曰丨丨詳馬（陸套）川丨丨伊丨丨**酪**乳漿酪醬甘醲和丨丨（圖）乳酪
日爲南郭丨丨留佐天子活百姓詳後使教章奏羊酪王武子食羊酪問陸
羹丨丨（谷）太酪氏丨丨爲丨不可食（史）要曰吳中何以敵此
答曰千里丨丨（世說）蓴羹鹽豉丨丨**酪**詳酪酥醍乳精少谷丨丨詳乳酪不進鹽酪
未下鹽豉（世說）養性酪酥稀贅爲酪丨丨四兄弟皆和粹號酪
宋劉瑜丨丨丨年丨丨飲者不食酪齊王肅歸魏不食酪漿渴丨丨汁曰
梁劉孝綽同（世史）酪推酪不中與茗爲奴因呼茗爲酪奴
丨**絡**關東謂汲詳目夫人繞丨丨金絡飾馬首以脉絡丨丨氣也經絡血脈
詳水經曰丨丨珠絡丨丨詳脩金絡丨丨（退國）脉絡丨丨筋也經絡丨丨血脈
（陰騭文）五臟六腑絡丨丨（陽論）得幾日絡門曰一鉤絡能丨丨丨呂儀書
有十二丨丨十五丨丨絡絡丨丨丨張昌儀恃易之之寵而書自道
其下云一日卽足（語套）丨丨（詩經）**珞**瓔珞觀世音普門品經云瓔珞奢意菩薩
无何猶及（宗赦詩）丨菴丨珞解瓔珞下衆寶珠瓔丨價直百千兩金而
以與之丨丨（孟）君子三丨丨**湛樂**丨丨飲酒（詩）汝其不孝古而
作是言**樂**韓樂不改其丨丨勸顏氏子之丨丨雖丨丨從抑丨丨不死
丨丨氏之丨非丨之丨不亦樂乎梁紀少瑜爲丨丨丨**知足樂**子惠
君所及也（沼元）稽中樂丨丨京華樂減前山詩稿王僧孺賞之（圖）
曰子非魚何以丨丨之丨莊子曰子**生處樂**唐昭宗曰紇于山頭凍殺
非我何以丨我不知丨之丨詳集雀何不飛去丨丨（五代史）**謝康**
樂及僅衰割康樂公爲善最樂丨丨後東平王蒼言**營期三樂**榮
樂世稱丨丨丨（國史）丨丨（史）鼓琴而歌曰天生
万物吾得爲人一樂也又得爲男二樂也人生有不免襁褓者三行常安樂
年九十五矣丨丨也貧者士之常死者人之終當何憂哉（家語）
酣康節所居曰安樂窩洛中子餘家如安樂窩起屋以待其來謂之丨丨
丨丨歿後挽詩云春風秋月嬉遊處吟落行窩十二家康節有丨丨吟**註**
務樂稽康曰丨丨丨丨人作丨亦詳注會樂人樂不知丨之丨（歐文）而恐見華損樂之曰肯
丨丨其獻丨丨爲僕射不樂丨李元忠云丨丨丨丨唐陽嶠丨丨獨耳
之丨遷詳惡爲僕射不樂丨勝飲酒丨詳射爲御史不樂恩知嬌意丨丨抑碑
爲語相彥範之之曰爲官擇人豈得情樂無事公不樂耳亂知各于世書於
不樂者固者之以伸雖進抑躁求也（史）賞曾每有盛坐而亂
不在皆云丨（唐）顧公使人不樂吳顧雍不飲酒寡言語孫權嘆歎不
丨丨丨丨丨丨敢肆情曰丨丨丨丨丨丨在坐丨丨丨丨（史）○**世界極**
樂佛士有丨丨號丨丨（詩補）假丨嘉丨（人名）詳馬**駱**馬黃白色黑鬣尾者騏
以无八苦十惡皆故戒王也（詩）我馬維丨丨嘽嘽丨丨馬

立丨且拜蜀恣看**四駱**（蜀人者謂）**盧駱**王揚丨丨四駱丨可求丨知祥時号
譚丨丨異途下丨丨丨丨人爭名詳後題駱丨丨詳見姓氏下
〔高駱〕馬長物中騎丨之國人牽馬反顧一鳴似知去之者旋戀者妻聞馬嘶（修齋）
（樂天）吟亭云晚年有疾有駱馬者齎在經費中將放之馬有驕者謂在
（姓氏）內黃商首齊太公之後有子駱以王父字爲氏（僚）三國吳人有文武
才（丨之子）字准門陳文帝引爲將帥勇冠衆軍（唐史）（丁度）五○**諾**（丁度）七○她各切（蘇）丨孫
武后除臨海丞王楊盧駱號四傑詳後（丁度）五
代徐温爲吳相軍旅問嚴可求國用問駱知祥（史）
作青蠅託尾端尚許（谷）鳥有託衆丨欣不敢屬託尹翁歸拜東海太守太守
鈍非丨丨丨丨丨丨（國）丨託七衆丨丨丨于定國欲屬託邑子
曰西賢將不之**橐**无底曰丨丨（詩）于丨于橐陸賈說尉佗令歸臣尉佗遣
自干以乳（史）橐駝之丨丨丨注用力於橐之**金橐**賈以橐中裝直千金後分
與五男各二百金與子約過丨丨（史）青橐盛府詩丨丨**持橐**張安世丨丨以備
做丨給人馬酒食十日更（史）青橐（蘇味道詩）丨丨顧問（趙充國傳）丨丨皆丨丨所
以盛書袋丨丨丨劉歆**空橐**官子舍於翳桑見靈輒餓爲之丨丨丨大
簞食首五月丨（揚雄傳）爲之**囊**簞食與丨丨丨丨諸丨以与之（蘭）
張橐容母胡壺丨丨丨丨丨丨丨丨丨晉安云豐間人至舊遺貧丨丨丨丨日
引丨丨丨丨丨丨丨丨（蘇諸）淵材布橐五呂富可時因開橐乃跬跬墨一丸文与
可丨佗一枝歐公（孔子）七歲爲丨丨孔子師詳也**託**木爲之丨丨丨丨**金柝**潘岳謂刁斗一日擊柝
五代史橐而已（人名）所丨詳也丨夜行所擊
（揚丨）丨丨丨（圖）曾物志

書之丨丨閣於丨丨秦敘重丨夾城析日晴丨丨
門丨丨（易）抱關丨丨（孟）秋城柝丨（顧詩）詳集**拓**手推物又比主快拓王遜
（書丨）（圖）開拓宇宙丨丨（丨）**擇**草本良藥路也風擇其兮丨擇兮丨丨謂王爲丨詳拔快手王遜
項丨丨（圖）不流擇田不要作詳西本（唐）日不擇其親彼秋擇春堅曰令擇晉
君丨西風之不丨丨丨丨丨丨（匍）十月隕丨丨擇行而擇遣晉
舍擇綠竹平丨（圖）擇丨丨擇明僧紹隱居擇山有高帝賜材丨**鐸**皮夏擇丨丨
丨丨擇根如意箸擇丨丨隱者以爲衆**鰐**不檢丨丨○**介**作詳落切
而丨丨丨述而不丨丨何必改丨（孟）春秋丨丨孔子丨丨十詩丨音作
丨丨丨君子七丨（易）聖人丨見幾而丨丨丨丨詳歌丨丨丨作丨過繫詳繫
范曄云吾序論筆勢縱丨（史）來作游手丨丨丨丨進丨丨佐郎
放安天下之丨丨丨丨作丨丨著作丨孫楚初爲丨丨佐
十方佐丨丨唐韓愈東作平秩丨丨居著不作秀髮作拓手詳流柴謝景仁三
宗喜除丨丨（蘭）丨居著不作德望仰觀數日作者不居丨丨（史）
不作信九原可作趙文子與叔向觀乎丨丨曰死者如丨火爐頭作丨丨謂孫
奏（史）丨丨丨也吾誰與歸（禮記）作丨丨作丨丨詩乃田
舍翁丨丨丨之丨妬劍多變幻今之言沈約作梁張率初爲詩呈沈約之更更
巫又虞成癡句之類（丨南野錄）丨丨丨云丨丨丨丨謝更句丨丨
咥丨（詩補）天作精米也詳御左梁食不丨又鮮○**錯**倉各切雜也
（史）王先父明月丨（詩）白石丨丨丨本作鑿書海物惟丨丨

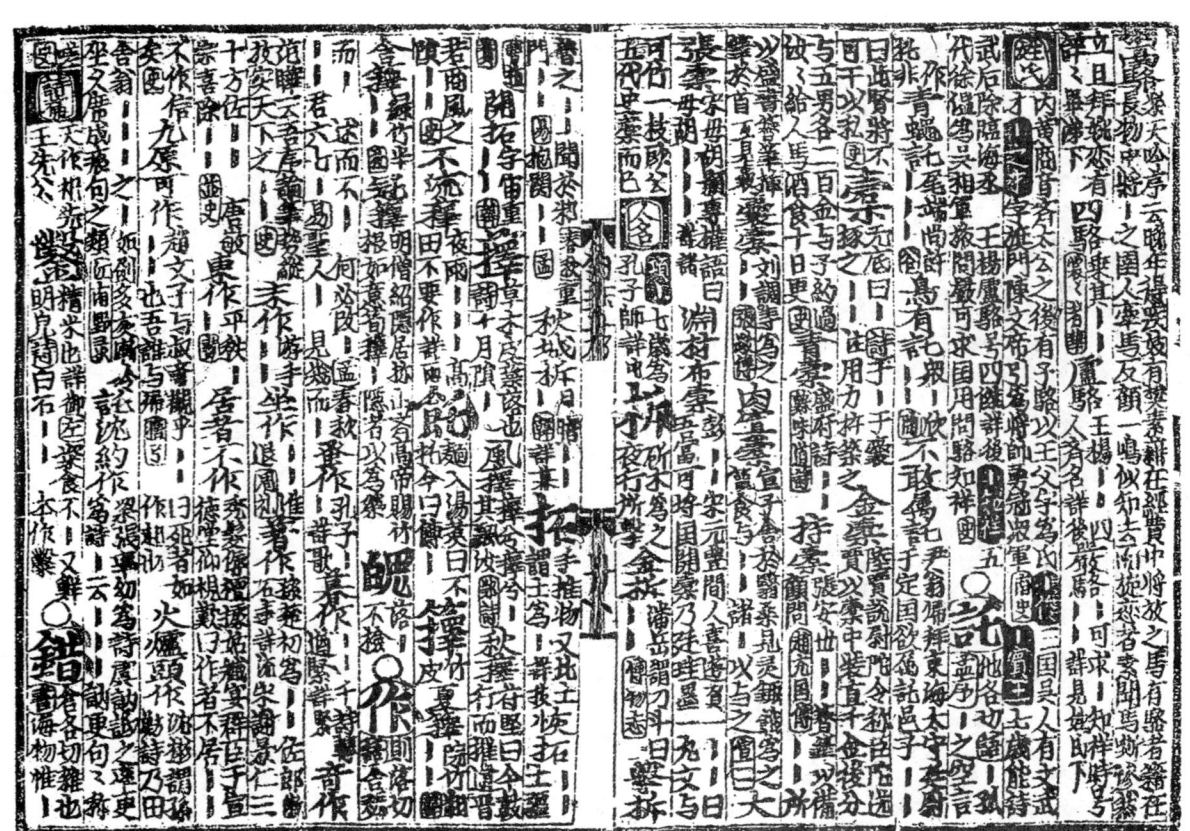

域外漢籍珍本文庫

上ㄟ丨〔詩〕約軝丨衡注以金錯丨丨〔張衡詩〕美人贈我丨丨刀〔漢張堅〕
金塗也 又鏤也嵌也飾也 以〔子思〕〔詩〕王莽鑄大錢 錯刀錢形如刀
以丨石錯他山之丨可以爲丨 毒蛇蟠紹威帥魏博以牙軍驕縱欲殺之由
丨丨之 〔金〕〔詩〕本作厝 厲石也 金錯出姬翡乃日聚六州四十三縣鐵打函
一个錯不成也〔五代史〕不 鑄錯丨報丨 鑄錯有刀者丨錯有玉者 錯小兒
知孫州鐵丨丨出一大丨〔韓〕諸錯丨〔摯〕〔虞〕〔詩〕錯磨也 長錯不佳
猶丨〔圖〕應錯回頭錯 安也孔君牛 厝 厉石 〔詳〕錯 ○各 古諸切 〔類〕丨 易丨從其
丨〔圖〕應錯丨人〔圖〕之角紛而丨 言不志
〔詩〕約之丨ㄟ注猶丨ㄟ也 鳳閣 唐王勃曾祖王權從昆弟皆 握作王氏
閣 鍾錄丨丨 詳筆 鍬丨鳳閣 至丨丨 含人者三号丨丨 王氏 〔鄭〕中
晉含 延閣〔漢書〕府有丨丨 內庫書 出唯閣 室丨郎丨 阿閣〔古詩〕三重階 梯閣
人 又 〔六典〕道山丨丨 秀所居〔圖〕出 學閣〔圖〕〔漢〕〔律〕〔注〕 丨丨 臺閣也
覆見丁 鄭公家事丨丨東西府曉晴落 幔閣 唐裴矩 隋煬 列樹樓丨丨 〔圖〕劍閣 丨鉅 維天有
本千 亞天邃大路江一道月分明〔圖〕 麒麟閣 蕭何所造 宣帝 圖功臣霍光議
殺陝丨丨 石渠閣 蕭何所造 以藏入關所得秦之圖 三輔黃圖
天下 出〔圖〕 以藏秘書 〔三輔黃圖〕
安世等十一 天祿閣 劉向校書丨 凌煙閣 唐太宗圖功臣二十四 香閣 〔圖〕
人於上〔圖〕 丨丨丨 詳校 四人於丨丨丨〔圖〕 十 四 香閣 兜用
沉香木爲閣 檀香爲閣 檻麝香乳香飾 土爲泥ㄟ 紫微閣 劉祕拜中書舍人
閣壁 書丨丨丨 每 未 含 葉 盛 閣 必 然 之 〔太平廣記〕 讀復古創 達丨丨
丨於西有 長頸閣 東坡寫病鶴詩 〔又〕丨丨 瘦脛閣一字〔任〕〔凄〕閣後
〔東國史〕 翁 筆下 數字 坡出 東 乃丨字也〔唐子西錄〕 臨春 二閣 陳
主 依 丨丨結 綺 望春丨丨 以 沈檀 香 木 爲 之 臨 春 後 主 勃 九 月 九
王 自 居 結綺 張貴妃居 之 望 春 襲 孔 二 妃 居 之〔圖〕 滕王閣 日 都督大會
賓 命 其 婿 作 序 以 夸 客 出 紙 筆 遍 請 客 莫 敢 當 至 勃 泛 揚雄投閣 以 符
然 不 辭 使 吏 伺 其 文 輒 報 一 再 報 語 益 奇 乃 曰 天 才 也 投 閣 命 自 立 時
校 書 天 祿 治 獄 使 者 收 雄 雄 從 閣 上 投 〔圖〕 王 介 甫 召 當 秋 直 〔又〕 命 介 甫
下 幾 死 語 曰 惟 寂 惟 寞 自 投 丨 于 〔圖〕 春 秋 稀 閣 不 好 丨丨 執 政 旅 其 字 〔見〕 宰
中 謂 首 留 本 館 稱 行 丨丨 王 平 甫 題 高 閣 殷 浩 才 多 當 世 淹 留 曰 丨丨 宜 束
甫 嚮 教 曰 公 丨丨 亦 雄 丨丨 平 甫 丨丨 之 丨丨 侯 天 下 太 平 徐 議 其 任 未
〔選〕〔文〕 臺 閣 丨丨 有 兩 事 有 山 林 草 野 之 文 有 朝 廷 丨丨 之 格 本 高 教 長
〔遺〕 文 章 閣 文〔青〕〔箱〕〔雜〕〔記〕 又 夏 英 公 丨丨 有 館 閣 氣 〔仝上〕 又 丨 五 爵
袞 格 丨丨 退 扛 〔漢〕 巘 格 丨丨 周 旋 〔吳〕 萬 被 格 蠻 丨 〔吳〕 ○ 烙 吾
〔鄭〕〔國〕 退 隔 也 〔文〕〔宇〕 〔格〕 〔宇〕 以 武 關 獸 也 各
切 〔詩〕 執 事 有 丨 〔周〕〔禮〕 武 王 ○ 諤 五 各 切 〔後〕〔漢〕〔書〕 忠 臣 盡 丨 之 節 〔斷〕
封 殷 夏 商 之 後 以 備 三 丨丨 周 舍 事 趙 簡 子 願 爲 丨ㄟ 之 臣 千 人 之
諾 ㄟ 不 如 一 士 之 丨ㄟ 〔詳〕〔康〕 鰐 無 形 則 有 爲 鮫 名 食 人 一 生 百 卵 及 成 徒 爲 鱷 從 於 西 海 六 十 里 〔舊〕〔唐〕〔書〕 鰐 丨丨 者 文 後 扶
有 鰐 丨丨 〔國〕〔城〕 濤 中 養 丨 魚 門 外 養 猛 獸 有 罪 者 以 飼 猛 獸 鱷 魚 不 食 爲 無 罪 放 之 〔南史〕 鶚 鵰 丨 鶚 鳥 爲 鷹 〔孝〕〔忠〕〔傳〕 之 丨 豈 衆 鳥 之 儔 立 鶚

鶏 性 好 丨 每 立 更 蹲 鷄 邦 手 令 云 亞 其 虎 指 謂 手 掌 曲 其 拱 艱 謂 指 節 以 丨
不 殺 処 所 謂 丨 立 蹲 鵰 丨 間 虎 背 之 下 丨丨 大 指 也 以 鈎 戟 丟 玉 拄 之 房 貉
戟 頭 指 玉 柱 鶚 不 如 鷄 孔 融 薦 禰 衡 曰 丨 鳥 丨丨 五 色
中 指 也 〔吳〕〔說〕 鷙 不 如 鷄 累 百 丨丨 一 〔圖〕 鸞 雞 化 鶚 西 子 母 舅 丨丨 飛 去
〔酉〕〔陽〕〔雜〕〔俎〕 生 西 子 〔淪〕 〔結〕〔芝〕 秋 天 鍔 劍 端 又 鑄 鍔 丨丨 水 凝 東 刃 露 鋒 鍔 丨丨 稍 入 吐 〔圖〕〔數〕
丨 〔漢〕 丨 劍 也 〔杜〕〔詩〕〔張〕〔景〕〔陽〕〔七〕〔命〕
鍔 諸 永 淬 其 鋒 越 砥 血 染 鍔 後 漢 寶 憲 斬 溫 禺 以 釁 鼓 丨 尸 康 志 爲 鍔 天 子 之
鍔 丨 其 丨 〔賢〕〔臣〕〔頌〕 丨 金 〔家〕 以 丨丨〔圖〕 句 奴 二 王 号 也 劍 以 燕
谿 石 城 爲 鋒 齊 岱 爲 鍔 諸 侯 之 劍 以 萼 通 作 鄂 〔詩〕 棠 棣 之 華 鄂 不 韡 韡
智 勇 士 爲 鋒 清 丨丨丨 〔莊〕〔說〕〔劍〕 丨 丨 萼 ㄟ 光 華 相 丨丨 之 跗 萼
樂 樓 渾 入 鄂 〔漢〕〔書〕 夏 郡 隋 改 丨 州 〔唐〕〔史〕 崔 鄲 治 〔姓〕〔氏〕 武 昌 府 晉 丨 侯 之
鄂 丨丨 號 以 寬 治 丨 岳 則 嚴 爲 政 知 變 後 從 兵 初 功 臣 安 平 侯 〔圖〕 ... 大
丨 千 秋 齶 齒 断 愕 丨 失 色 〔浡〕〔吳〕 錯 咢 徒 擊 鼓 也 〔詩〕 噩 書 丨 之 嚴 肅 見 周
沛 人 〔霍〕〔光〕〔傳〕 咢 或 歌 或 丨
歲 在 酉 ○ 粕 匹 各 切 糟 滓 也 桓 公 讀 書 於 堂 上 輪 扁 曰 君 膊 臑 丨 戰 〔礫〕〔欲〕〔蘆〕
日 作 丨丨 之 所 讀 者 古 人 之 糟 丨 已 夫 〔詳〕 輪 本 作 魄 首 局 丨 〔史〕〔記〕
声 諤 戴 驩 丨丨 ○ 惡 鳥 各 切 〔語〕 屏 四 丨 〔中〕〔庸〕 隱 丨 ○ 嫉 惡 常 用 〔夫〕〔人〕〔鄭〕〔傳〕 〔送〕
噎 載 丨丨 丨 性 善 性 丨 詳 性 又 始 丨 鳥 名 丨丨 丨
惡 西 惡 必 多 丨丨 之 新 惡 更 惡 政 惡 政 丨 惡 〔西〕〔河〕 賓 惡 惡 〔公〕〔孫〕〔弘〕 曰 守 道 丨
惡 言 詳 善 丨 過 當 也 騶 惡 吏 丨丨 詳 〔正〕〔義〕 丨 惡 丨 无 道 敵 人 謗 惡
張 讓 曰 人 丨丨 我 丨 嘗 惡 越 王 勾 踐 〔吕〕〔氏〕 王 蠅 惡 如 是 青 丨丨 〔公〕〔羊〕 師 古 丨 駿
善 不 亦 可 乎 詳 詳 丨丨 〔左〕〔傳〕 盡 也 蟈 惡 惡 丨 矢 矣 〔司〕〔馬〕〔邑〕〔王〕〔傳〕 駿
爲 惡 丨丨 一 言 而 善 詳 言 丨丨 立 於 堂 下 主 人 惡 何 如 嫁 惡 歆 嫉 之 游 樂 復 樂 客 樂 〔晉〕〔王〕〔暈〕 剛 腸 疾 惡 嵇 康 絕 交
直 言 〔圖〕 丨丨 輕 肆 進 善 去 惡 娥 太 祖 曰 荀 令 君 之 丨丨 不 進 不 去 不 止 〔圖〕 甚 美 甚 惡 叔 向 欲 娶
民 其 好 曰 丨丨 必 剛 善 剛 惡 丨丨丨丨丨 〔郭〕〔公〕 丨丨 不 能 行 我 不
有 丨丨 〔左〕〔昭〕〔元〕〔八〕 剛 善 剛 惡 書 柔 惡 〔通〕〔書〕 善 善 惡 惡 丨丨 不 能 去 詳 權 中 〔公〕 巫 臣
爲 惡 善 則 丨丨 丨 泥 傍 謂 子 曰 使 汝 爲 惡 則 惡 不 可 爲 丨 〔謝〕〔安〕 謂 王 義 之 曰 中 年 傷 於 哀 樂 與 親
自 然 至 此 正 賴 絲 竹 陶 寫 常 恐 兒 輩 覺 損 其 歡 樂 之 趣 〔晉〕〔書〕 聞 雞 鳴 非 惡 聲 祖 逖 中 夜 聞 丨丨 日 此 丨丨 声 因 起 舞 詳 舞 〔晉〕〔書〕 丨丨 謂 劉 琨 〔晉〕〔書〕 元
丨丨 情 丨 〔文〕〔選〕〔王〕〔粲〕 堊 白 善 土 也 〔記〕 觀 堊 居 丨 室 〔後〕〔西〕〔域〕〔傳〕 有 其
則 丹 青 丨丨 〔相〕〔如〕 門 有 相 太 秦 國 以 石 爲 城 列 置 郵 亭 皆 丨 堊 之 赭 堊 丨
〔圖〕 赤 丨 白 丨 也 聖 丨 蜀 徐 熙 少 爲 人 振 恍 用 堊 曼 鼻 端 堊 郢 人 堊 漫 丨丨
郢 之 尺 丨 而 丨 塗 壁 加 堊 文 覺 師 見 寺 壁 丨 故 及 賓 賦 白 ○ 泊 傍 各 切 止 也 〔匠〕〔石〕 運 斤 成 風
丨 不 傷 詳 斤 何 爲 芥 丟 丨 命 丨丨 〔唐〕〔詩〕〔話〕 寓 趣 詳 忽 泊 入
之 乎 澹 泊 入 君 以 丨丨 爲 本 〔揚〕〔雄〕〔傳〕 栖 泊 漁 樵 宿 汍 泊 丨丨 〔高〕〔駢〕 馬 援 曰 吾 在
丨 澹 泊 与 丨 相 遺 〔陶〕〔潛〕〔傳〕〔上〕〔入〕 栖 泊 丨丨 〔高〕 浪 泊 西 里 間 下 潦 上 霧

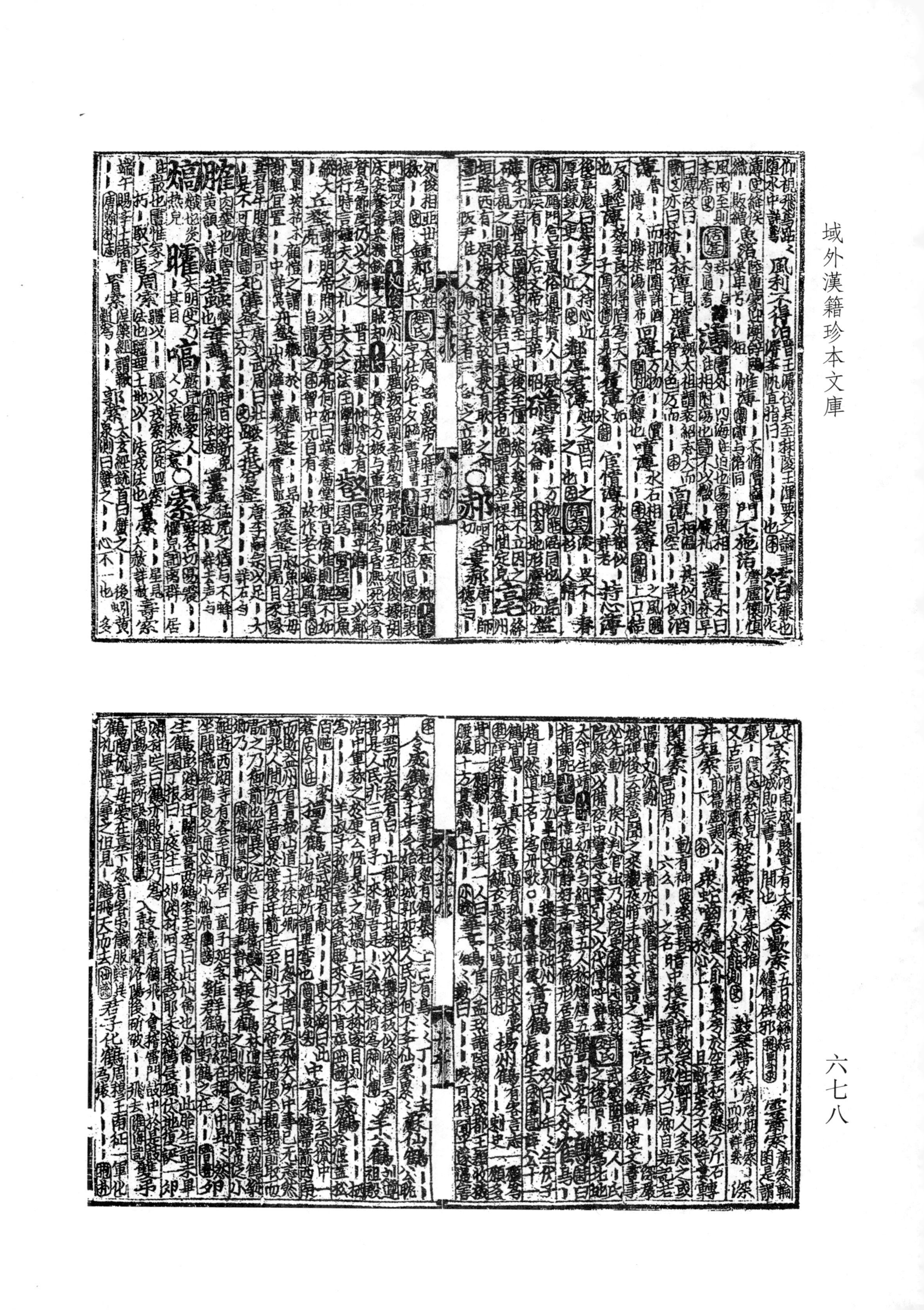

追入白鶴　謝公与白鶴丨丨争潜山各以物誌其處鶴將至林麓忽聞空中飛錫声許錫入蜀　乘鶴馬丨丨丨趙朱趙抃以四自
隨爲政　吹笙乘鶴　周王子喬好丨丨作鳳鳴後告其家曰七月七日待我於
簡易　緱氏山頭及期果乘白鶴謝時人去　列仙　王子喬者周灵
王太子晋也　非焚燒琴煑鶴　李義山雜纂事十二其一丨丨丨丨　詳焚
明帝時飛鳧王喬　懿公好鶴　左国　衛懿公好鶴得罪至死乃知丨丨
養之事亦自　齊飛六鶴　古者六簙多爲博以牙飾箭長五寸其數六刻
有理　詩函　一頭作鶴形　孔叢子云六鶴丨丨是也　附郵日月　注酒
銅鶴　韓王元嘉銅鶴尊背上丨丨則一　人名　句喝丨　名鑑不依常詩語
鶴足　倚滿則止不滿則傾側　食戟　詩人有日高花影重之句
括　引也　根丨拳　絡　音睡獸如兎之資滑賦詩　睡絡絡行十數步輒丨
踰　踰丨絡丨之日子丨狐丨之尊睡絡之乃起既行復睡　隋竹管
　逾淮而北爲枳鸜鵒不踰濟　一丘貉　古与今猶丨丨之丨　貉
　貉丨丨則死地氣然也　考工記　揚惲傳言其同類也
白也　相如傳　酒　下各切　月令　胡僧鳴丨水丁　泉酒丨丨魚相与処
丨欽白首　仲秋水始丨　海酒丨丨其八　詳海　於陸　詳莊　酒
詳　溝澮涸丨丨　皆盈其丨丨　文惠涸　唐李紳爲丨精明而忍　鑿　在各切
釁　涸也可立而待　國語　丨則奏音素神說乃偶文　唐書
記　丨井而飲　劉元巧文丨臣又八　康侯　初鑿　仁義不爲拴梏丨丨　
丨壁　詳鑿　蜀　五丨爲正　元元音賤　至六四　丨鑿在路在抵二又詳柄　周易

揭方枘欲内丨丨員　六鑿　心无天遊丨丨相攘　莊　六情也本音造　椎
　史記孟子傳　　但坡詩婦姑丨丨　柳在此勺會亦形在此
鑿　桓公讀書輪扁釋丨丨而問曰君之所　讀者古人之糟粕已夫　許騷　丨音　鑿　捉來游魂　鑿　湿沌死
　讀者古人之糟粕已夫　許騷　丨音　鑿　捉來游丨丨　圖
空鑿　唐文宗曰丨丨之　淆月鑿丨丨　斧
　　李徒爲丨丨　史　詳月　夢人持官鑿　君知章其心志思鬪而趨明六
經　懸智爲　王鑿　所丨於丨者　腓　隋面令　丨勝丨褒丨宛　柞
　　丨丨丨丨也　孟　是丨非　路叢　如丨已非丨　木富
斵　按　作丨之技　又云即櫛木　詩　集于苞　栩　主客人曰　酬客報主曰丨
翻　丨也　嶸　商官名五丨　注五丨連枹　酉　詩　酬言丨之　或獻或丨
　万　　孟　術不丨於人。　筰　竹索也　益州有丨橋　以　○　禪　禪各切
　　　　　　　後王霸子沮丨　　竹索爲橋　後漢　武紀　　　　國守　約
嵌　丨　中　曾子傳丨湖泉　精搏　後魏李琰之云雄搏而不精　刘　而不丨我哉丨
粗　○古琴曲有不丨　金　丨且丨　李兼二子謂雄刘叉論者許其搏而不許其
　精　窮愁丨搏但把丨丨　禪覓搏不学於丨　人名　漚　丨名傍岸　丨人　　朱　鳥集
图　丨　丨強健　段　　丨　事詳　　詩　　唐人善辟令　詳
搏　孟　馮婦丨虎　晋侯夢与楚子丨　許　以章爲之充以鞹　攫
湯　脇　力大者　史張儀傳　兩虎相丨　拊搏　丨丨形如小鼓　武則堂位注
搏　鷙虫丨丨　武帝行　　　　　　　　　　　　　　　犬曰善
搏　犬叫取曰丨　晝取曰丨　董曰善搏　尹文子曰康衢長者字丨丨丨　於是改之客復往
　　　　　　　　　　　　　　　　　　　　　　噬客不過其門三年

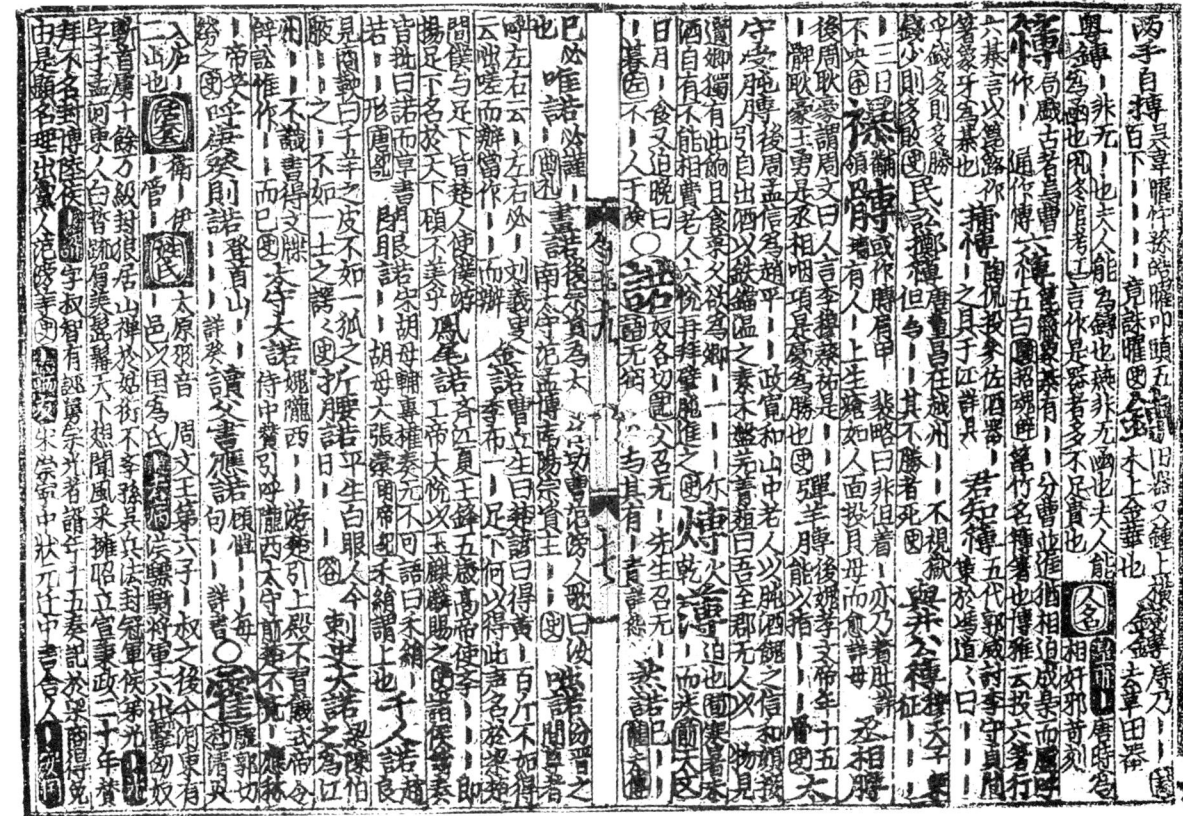

兩手自搏　吳韋曜忤孫皓曜叩頭五丨丨　竟殺曜　國　鑄　旧器又鍾上碾　鑄　木上金華也　　　鐸　唐乃丨丨　閏
尊鑄丨非无丨也夫人能爲鑄也鍊非无函也夫人能　人名　丰　相好邪青刻　唐時爲
　爲函也　凡冬作　考工　言作是器者多不足貴也
簙　局戲古者烏曹作丨丨分曹並進猶相迫成梟而牟呼
作丨　通作博　六簙　五白　招魂　籌箸也博雅云投六箸行
六基言以簿爲之　捕簙　陶侃投參佐酒器丨　君知簙　五代郭威討李守貞聞
簙箸象牙爲某也　丨之具于江　詳具　　　　丨集於道丨丨曰丨丨
平錢多則多勝　卢盧　昌在越州丨丨不視獄　與丹公簙　孟子
錢少則多敗　史　民丨　鄉簙　但与丨丨其不勝者死　史　　　　　　征丨丨丨
丨三日　累簙　或作膊肩甲　裴略曰非但着丨亦乃着肚　詳　丞相膊
不　央　國　丨頡丨膊有人丨上生瘡如人面投貝母而愈　詳母
丨　後周耿豪謂周文曰人言李穆蔡祐是丨丨　政寬和山中老人以脯酒餽之信和顏接
　　丨齶耿豪王勇是丞相咽項是豪爲勝也　史　彈羊膊　後姚孝文帝年十五　骨　史　大
守受脯膊　後周孟信爲趙平丨丨丨　　　　丨丨能以脂丨丨
遺郷獨有出餉且食辜又欲爲郷丨丨丨丨丨丨丨丨丨　　　　
酒自有不能相費老人以脯酒丨之素不丨丨丨　嬉膳　丨丨日吾至郡无人以一物見
日月丨食又迫晩曰○　丨乾　薄丨丨　而丨　丨　迫也　國　　　　
丨　暮　国　不丨丨人于險　○　諾　國　无　諾　奴各切　国　召　无丨先生召丨丨　又召无　奏諾已丨丨丨禮
　　　　　　　　　　　　　　　　　　　　　　　　　　　　　　　　与其有丨青　詳楊　
己必唯諾必謹丨丨　書諾　後魏宗資爲太守范滂功曹丨丨　以功曹范滂人歌曰汝
也　唯諾丨丨　曲礼　南陽太守范孟博南陽宗資主丨丨　史　畫諾　晋之
呼左右云丨左右必丨　刘義叟　　金諾　曹丘生曰楚諾曰得黄金百斤不如得
云咄嗟而辦當作丨丨而辦　季布一丨　足下何以得此声名於梁楚之
閻　僕与足下皆楚人使僕游揚足下名於天下頓不美乎　鳳尾諾　齊江夏王鋒五歲高帝使學　即
揚足下名於天下頓不美乎　　工帝大悅以玉麒麟賜之　國　諸　侯　奏
皆批曰諾而草書　國眼諾　宋胡母輔專権奏元不同　語曰不諾丨丨　趙
若丨丨形　唐　　　　丨丨胡母大張蒙　周　帝　繁禾絹謂上也　千人諾　良
見　商　鞅　曰千羊之皮不如一狐之腋　折腰諾　平生白眼人今　刺史大諾　梁陳伯
腋丨丨之丨丨不如一士之諤諤　史　　折腰諾曰丨丨　容　　　　　　之爲江
州丨丨丨　不識書得文牒　太守大諾　姚龍西丨丨　游翫引上殿不肯識　武帝令
辟訟惟作丨丨而已　國　　　侍中贊引呼龍西太守前趨不覺丨　應綝
丨丨帝笑　呼侯癸則諾　登首山丨丨丨　詳癸　讀父書　應諾　頑倔丨丨丨海
谿之　國　呼侯癸則諾丨丨丨丨　詳癸　　　　　句丨丨　詳昔○　霍　虛郭切
入房丨　唐　晉　衛丨伊丨　段　　太原羽音　周文王第六子丨叔之後今河東有
二山也　　丨管丨　　丨邑以国爲氏　　漢驃騎將軍　六出擊匈奴
姓　　　丨　　　丨　　　　　　　驍
動首虜十餘万級封狼居山禪於姑衍不孝孫吳兵法封冠軍侯弟光
字子孟河東人白皙疏眉美鬚髯天下想聞風采擁昭立宣秉政二十年贊
拜不名封博陸侯　國　　字叔智有識鑒宗光者諮年十五奏記於梁簡宣得免
由是顯名　要出黨人范滂等　史　　　　宋崇寗中狀元仕中書舍人

建炎中知饒州死節顯名 藿 菽之小者又曰菽之葉〔史〕藜〓不採〇子路食〓〓食菜詳米 堝藿〔韻〕食我〓〓音章也 饒〓〓曼 鴞〓延生
者名〓〓又名藿 葉太陽詳葵 黃〓〔爾雅〕 肉如藿〓〓詳內 攉 手反覆也搖手曰搖及手曰〓
郭 古博切〔韻〕 七里之〓 東郭〓〓饒海内之孩兒詳兒 有上无下行雪中足盡踏地〔世説〕 先生 南郭 齊〓生不等而〓先
食祿王曰寡人欲一二吹之南郭乃逃詳竽 西郭 杜甫〓〓浣花 北郭 楚聘〓〓先生婦曰結駟列騎所安不過容膝〓〓〓
聘〓詳 城郭 郭者何〓〓也〔公羊〕 内外五王〓陝大也 月郭 月始生則血氣始精衛氣始行〓〓〓則血氣實肌肉堅〓〓〓空則肌肉減衛〓〓
妻 氣去〓 錢郭〔素問〕 景王鑄大〓〓皆有周〓〔前食貨〕 負郭 蘇秦曰吾若有〓〓二頃田 出郭 相扶持〔古樂府〕
〓〓壺 赤郭 南方有人長七尺朱衣縞帶赤蛇遶項惟食惡鬼朝吞三千暮吞八百名曰〓〓〔神異經〕 〓〓〓〓詳郭後〓勋〓泰〓人品〓
〓〓〓〓 李郭〓光弼〓子儀 萬物郭 天地之爲〓〓〓五經之爲〓〓説 逃不出
〓〓 李郭齊名〓〓 〓〓〔圖〕 〔郭〕〓之郭〓〓 言无有不在其内者
郭陳〓爲豫章太守徵爲〓〓以彰爲郭〓〓 〓〓〓也詳部 〔後漢〕郭伋 太原 商音
鏡 叔封虢或曰郭公声之轉也因氏 〔後漢〕郭昭王 探 宮師事之詳始 〔周〕文王 字
喬卿 拜荊州刺史賜三公服黼黻冕〓〓以彰行部 〓〓〓使百姓見容服以彰
有德〔郭躬〕字仲孫 買將入西谷關 〓曰不乗使者車終不出關後爲諫議大夫
持節 〔南陽〕 拜司徒〔郭鎮〕字細侯 拜潁川太守 行部到西河兒童騎竹馬迎拜
河 閩 九里詳閩 〔郭泰〕字林宗 李郭仙舟事詳舟 遇雨巾墊詳巾 〔郭太〕字子
滿 斷〓諫帝詳〓〔郭象〕字子玄 語如懸河 〔郭璞〕字景純 洞五行天文卜筮
之術 青囊書詳囊 晉元帝時爲著作佐郎 〔郭默〕字元振 媯州人 貧分四十
万与人 〔郭〕 後无所吝詳分 則天朝上宝劍篇 右嘉侯封代國公〔郭〕華州
人 吐蕃 羅拜事詳拜 校中書令二十四考八子七婿皆貴顯 富貴壽考哀榮
終始圖形凌煙閣封汾陽王謚忠武 〔郭子儀〕字功父 母夢李太白而
生 工詩有醉吟亭 八分是讀詳讀 〔郭〕 唐莊宗時爲樞密使安以爲子
儀之後詳墓 〔郭熙〕工畫山水 〔郭翰〕 月夜見織女冉冉而下曰上帝命遊人間
詩擇佳偶詳撫 〔郭氏〕 郭瑀 女妻劉延明詳席 郭逸 太原人 女妻崔浩 郭元
振 增張嘉貞 郭子儀七婿皆貴其一趙縱 郭大夫 欒爲西川提刑 女妻
陳后〓〓 槨 〔語〕顏路請子之車以爲之〓〓〓 沐槨 孔子之故人原壤母死夫〓〓〓 司馬石槨 宋桓
山 〓〓三年不成子曰死不如速朽之爲愈也〔記〕 天地爲槨 莊子曰吾以〓〓〓〓 柏〓 龍鱗爲槨 楚王愛
孟言六畜之葬〓〓〓〓 〓 萬物爲資送詳棺 馬死欲以大夫禮葬之〓 優〓諫曰以〓〓
〓〓銅歷爲棺詳馬 彍 〔唐書〕騎〓〓滿弩也 蠖 苦郭切 蚇蠖 出老化爲蝶 溫蠖 屈原曰安能以皓皓之白
蒙世之〓〓乎〔史屈〕〔上〕 尺蠖 〓〓之屈以求伸〓〓 〓〓 〔韓〕 蠖 〓〓〓 離騷 〓〓 〓〓〓〓
字酒惛憒也楚辭作塵埃 蜂 尺本作蚇 求伸蠖屈有〓〓〓〓 蠖 〓〓 〓〓 〓〓〓

王君雜疑宿野人家主人自稱〓〓〓效曰蝸〓〓明 雙 〔唐書〕金〓〓〓〓 班 〔班〕〓善用也 金〓
日視之惟有燈一 大蝸長數尺蝸蜒甚大幽怪錄 冊 〓〓〓 〓〓〓 〇
江文通陳思王詩贊我〓青〓 衡山出冊 雘 又青丘之山多 粉雘 高門塗〓
三子辭義麗〓〓〔圖〕 青雘〓〓〓 今之空青〔山海經〕 粉〓冊〓〔韓詩〕
穫 胡郭切〔韻〕 負穫 不〓〓〓 於貧賤〔記〕〔儒行〕 〓〓〓 姤穫 暴穫 官符畫夜下朝
〓名皆〓 〓隕穫之隕而飄零 如禾之穫而枯槁 〓 穫〓 〓〓〓〓〓〓
轉而穫詳穫 而不合之以仁猶〓〓〓 〓也〔詩〕〔禮運〕 鑊 〔史〕 身鑊 吳 武 鐵鑊 蕭公古鐵鑊 〔殿〕〔四〕 卷
鑊〓〓 〓〓 鼎〓〓 〓〓〓 潤州甘露寺大鐵
〓〓〓鑄 晉〓〓 鑊 青州南城佛寺有二大鑊一容四十石一容三十石
〓 佛圖澄 一〓 鑊 孫權傳寺即孫〓若在鑊以造食供客者 〔周氏見聞錄〕 〔西〕
湯〓 濩 兩流雷下兒濩〓嫺婧〓〓之中〔甘泉〕〓〓濩 是〓是〓 〔韻〕
〓〓 濩 又湯樂大〓 蚶濩 〔圖〕〔宮〕〓〓〓 廣也 〓〓 〓濩〓 鞹 苦郭切
切去 虎鞹 〓〓郭〓豹之〓〓猶 又濩〓 苦鞹〓也
毛皮〔虎鞹〕 犬羊之鞹〔韻〕〓〓 〓鞹〓〓 〓〓 〓〓問犂牛之鞹与文〓〓之〓有以異乎
神〔圖〕倘身鞹 〓〓 鞹上馬 鞹曰同 然則何以不犂也曰将致孝乎鬼
〔禮〕〔祭〕 宗廟取〓不用犂也 廓 〔詩〕〓〓其式〓〓 〔孟子〕〓〓 〓〓
赤也 〔〓〕〓〓 〔〓〕 辟而闊之〓〓〓〓 〔西〕 〓〓〓 如也 〔〓〕 空〓〓開〓〓〓 擴〓 大張
而充之 鄺 〓國〓〓
也〔韻〕〓〓〓〓〓 〔〓〕〓〓〓〓

十一陌 與麥昔同用

〔陌〕莫白切 南北爲阡東西爲〓〓〓〓 〔史〕〓〓〓〓〓 〔漢〕〓〓〓〓 〓 〓〓〓 〓〓 〔唐〕〓〓〓
〔阡〕井田開阡〓〔食貨志〕 〓〓者田連阡〓〓 〓〓〓 〓阡〓 阡陌相錯如〓〓〓〓 九陌 長安
八街〓〓〓 伍陌 五百行杖者曰五百本作〓〓〓〓 〓〓〓 〓當也〓〓道也 〓陌 南以〓〓
〔三輔黃圖〕 伍陌 使之導 〓〓當道陌中驅除者 〔韓詩〕〔註〕 百見百闡 陌 爲界〔〓〓〕
〔圖〕〓者伯之名 墊陌 唐肅宗詔國用不足應两稅等錢 錢短陌 唐昭宗定八
伯与陌同 每貫除舊〓〓〓外量抽五十〔〓〕 〓〓 十爲陌五代
漢王章 又減〓〓 〔西〕 〓〓 〓〓 長安〓 〓 〓〓 百 〓〓 〓〓 〓〓〓〓
三文〔舊〕〔五〕 〔陌〕〓 井〓街〓柳〓西〓〓 巷〓長安〓 〔〓〕 寞 靜也〔詩〕 君婦〓〓 貘〓 以熊而
出蜀能食銅鐵 〓〓〓 〓〓 〓〓〓 〓 〔〓〕 百 勉也 〓〓〓 距躍三百曲踊三〓〓 又
黑白 又 毛〓〓〓 虎足 〓〓〓 〓〓〓 其形辟邪 〔〓〕 〓白澤 〓〓〓 黃黑色
立名 〓 〓 〓〓 〓〓 〔〓〕
呼五〓〓 百見陌通作伯猶〓 五〓 〓〓 〓〓 〓〓 〓〓 〓〓 〓〓 〓〓 〓〓 曹
〓〓 〓〓 〔左傳〕 〓〓 〓〓 〓〓 〓〓 〓〓〓 〓〓 〓〓 〓〓〓 〓〓 〓〓 〓〓 〓〓 〓〓
泰山伍伯 〓〓〓〓〓 五百將出 〓〓〓〓〓 貊 本作貉〔韻〕 〓〓大〓〓小〓〓 表貊 凡祭〓〓〓
〓〓〓 〓〓〓 〔〓〕〓〓 〓〓〓 〓〓〓 〓〓 〓〓〓 〓〓〓〓〓 〓 〓〓〓 〓〓 〓 則爲位〔周〕
師祭也於立表之処祭造〓〓 表百有倚孔子之牆〓〓〓〓〓 〓〓〓 〓〓 〓〓〓〓〓 〓〓〓〓〓
軍法者其神蚩尤或曰黃帝 〓〓〓〓〓 〓〓〓〓 則引諸門乎曰在〓〓則引之門墻則塵
之〔疏〕 九百八蠻〓〓五戎六狄〔周禮〕 〓貊 〓〓〓〓〓 百〓之郛 〓〓 六駁
〔韻〕 九貊〔〓〕言周之所服国數如此 蠻貊行矣〔語〕 〓〓〓〓 上焉〔〓〕〔〓〕 〓〓
〓〓〓〓 〓〓也 〓也 〔〓〕〓〓九門〓〓 〔禮〕〓〔爾雅〕〓〓〓〓 〓〓〓 當大道中〓〓〓〓以止風
〓〓〓 〓〓 以〓〓 又〓〓〓〓〓〓 〓〓〓 謂裂其支体而殺之
謂〓〓〓〓 其〓以〓〓〓 〓〓〓 〓〓〓 〓〓〓〓
張湯〓〓鼠〓 堂下詳鼠 〓〓 磔 始皇〓〓〓〓 〓〓土 毛磔 相湯〓〓〓 〓〓〓〓〓 〓 〓〓〓
〔〓〕春山〓〓〓〓〓 〓 磔 鵠臘肉也〔〓〕〔〓〕 〓〓 〓〓 〓〓 讀鬼谷子不竟

子部　第三冊

丨丨臘寒。○旁磔孝經命有司大儺丨丨月令磔攘也　厉　劍磔五代郭從
磔開張也　鬼將隨彊陰害人故丨丨於四方之門　義詞摘趙
思綰丨丨何以用刑告者曰立劍也思綰曰為君告郭公格磔釣軸丨丨鷓
丨丨之醐壯我所瑕幸少假之從義詳而斷之圖　裂也格磔鵠声也丨丨
丨丨野鳥○白傍陌切詩孝子黨丨說殷人尚丨丨○赤丨堅白丨之駐芝
帝圖　變詳麥赤丨紅屋詳屋馬氏丨當詳眉　扭洛陽　又天
選子之形子以丨丨鳴雁人膽出生家有丨石丨馬之卞但丨不必石丨不
必馬　龍泉水淬刀劍堅利故有丨丨之論史記秦傳注又云公孫龍有淬
劍之法曰堅白或曰設矛伐之說為丨卞白馬之名為丨　又通監公孫龍
善為丨丨異同之卞　夫丨丨同異有厚无厚之察非不察也　通鑑傳　不
曰丨乎不淬白天下无丨丨之狐而有丨丨之裘以象休吏白齊蔡曾晴
白丨乎國策白丨之裘取諸衆白也淮南　精白丨丨德賈山傳　抗不与俗
緇白丨丨蔡侯明四不謂丨丨乎國　飛白丨丨之書　梁武帝謂蕭子雲曰
蔡邕丨丨而不丨丨義之白白而不飛丨丨之閒在卿斟酌　白一本帛各據本
文石見帛白二两　太宗嘗作丨丨字賜群臣或爭取於帝手泊登御床得
之帝笑曰昔聞婕好辭輦今見常侍登床　旧唐書劉洎傳　太宗以丨丨
劉洎傳　書詩贈詩鋒筆不成一　書賜馬周　馬周傳　粤白　帝二宙晉卿知遲以張燕為
罷試丨丨私白　諸道瑞進鬼兒等丨第一東中丞前之子玄宗
守人謂之丨丨晉卿坐貶　周侯傳　象白丨熊膽辱髮珍丨詳魏昧之美者

熊白　洗孟酌鵝黃醅　狐白丨丨齊晉君客丨之駒　王元長曲水讌
刀匕丨丨圖　丨丨裘詳裘　兹白　衆黃丨丨義渠獻丨丨若馬鋸齒食虎
豹　緒白　蔡答焉祖廟有駿馬名丨丨　有詩相　離白　畢詳離　三白　田八條正月丨丨
赤白逸力四十九歲而駿逸不甑　晉書載記　離白建虎狼　丨丨龍沈
丨西北人諺曰要五白　詩盧郎擲五木也　照夜白　曾觀先帝丨丨龍池
宜婆見丨丨圖　五白　憑陵大叫呼丨丨　十日飛霜雪　回馬遺明
皇馬　騰霜白　馬名　唐　漢家白　奴須纔擲手白點丨　漁陽白　聖有丨丨者近
名　回紇傳　丨丨圖　越漢白　漢家名　身而大丁斤　西國
浮太白　魏文侯為大夫飲酒使公乘不仁為觴政曰飲　建太白　殺之太白周
白若不尽丨丨之丨丨文侯不尽公乘白浮君　說苑　之大赤亞韭
擴　昆明堂也　丨丨赤　烏頭白　燕太子丹為質於秦曰丨丨馬生　豕頭白　朱浮
以朝　大丨丨以即戎　圖　角乃歸丹仰天嘆　丨丨　丨丨　詳烏
青彭龍書曰往時遼東以丨丨生子丨丨異而　越女白　女白不如丨丨天下丨　圖　天下之
獻之至河東見群豕皆白懷慙而還　詳豕　丨丨　喉之丨　肌
晳　國　女長白不留　晉武選良家丨　充後宮使楊后擇后惟取丨丨大案丨其美者
　楊后敘傳曰后擇長白去彰妬忌之情　備家種賢而
多子美而　主長白　歐陽仲純夢道士云上帝命　遺諸白　楊震丨丨子孫
長白詳妬　汝為長白山丨丨未幾沒　詩話　以丨丨詳眉　眼青白
阮嗣宗能為　髮早白　顧愷之与簡文同年而丨丨　鼻端白　射香青娥憂映
青白丨詳眼　曰蒲柳之質望秋先零詳髮　我丨丨　丨丨　谷世

尋教我期丨丨經三十七日　玄尚白　揚雄作太玄有以自守或　無名白　李膺
見鼻中氣出入如煙　楞嚴　丨丨作文解之　圖　　謂鍾
瑾曰家何太丨丨　史晉興翼曰此　何晏白丨丨　此試之面轉白詳餅　山人
天公慣二丨丨丨之徽也　天啟志　丨　鮑丨　峻湯餅汗
衣白　上与李泌行軍一士籍言曰衣黃者聖人衣白者丨　書榜髮白　韋仲將
丨也上曰宜衣紫袍以絕群疑泌乃受之　唐宗紀　懸丨　陵
雲殿丨丨髮丨　取青娥白丨丨世之模寫實切丨　虛室生白　丨丨喻心虛則生　壓倒
尽丨詳　毛詩　明也　莊子人間世
元白　元稹白樂天也詳倒　○蓍白心白　第四祖問師曰師丨丨邪丨丨　林間九白　九四
我止丨丨巳經丨丨　傳燈　耶師曰我但丨丨非丨丨耳　傳燈　祖曰
卯座以一年為一也　人名　太丨　唐人　姓氏　南陽府君黃帝之後秦大
　周人天下言治生者祖白圭　工丞　夫白乙丙楚有白公勝
生申公俱受詩於浮丘伯　前漢書　字樂天太原人徒下邽　識之元字詳元
號醉吟先生又稱香山居士　九老圖詳老　工詩維林買其國相詳詠寫
刑部尚書卒　唐書列傳　樂天從弟与相加中書令　紀傳
樂天文名金海十歲忽書北山移文示家人　帛　孟君君衣丨　詩　又筮幣丨
樂天以幾南紫名刊之　樂天有議婚吟　左季文子无衣丨之妾
三帛　五玉丨丨　書　諸侯世子執纁　東帛　胡大監曰二韓詩外傳諸儒於解
公之孤執玄附庸之君執黃　丨皆謂束其帛為二端五丙為十端

丿丨丨也　太帛　衛文公丨　賜帛　漢文使人存問長老九十以上丨丨　蔡邕
閑山讚詩　人三四　本漢官　之冠　国　丨賜帛　漢武丨縣三老丨五匹鄉三老孝弟力田帛
丨丨　唐太宗民八十以上丨粟丨百歲加版授　丨鰥寡孤獨高年丨　宣帝凡五年丨
又作白詩　高年帛　見賜　飛帛　書賜戴至德　唐高帝嘗為　唐书
見白守下帛下　贍衣帛　同昌公主取丨丨以水蘸之掛於南軒滿
紅勤帛才刺試官刷以大朱筆橫抹之謂之丨丨　坐皆思狹纊布中有疑能消暑　唐書
歐公擢為　一宰人論曰天地乾万物出聖人發歐公曰此公劉幾也戲讀曰秀　後數年換文体易名煇
第一　圖　書　登雲帛　晉樂柏子求貸於戎孫使請帶焉丨　紬金帛　城中好大
詩　垂名竹帛　丨丨而与之　国　丨　丨示不相逆耳詳帶　四方丨匹
豐　鄧禹願效尺寸丨丨　碼足繫帛　魚腹丹帛　陳勝以丹帛
功於丨丨　後漢史　書詳雁　書陳勝王字置
丨丨中令　海丁五丨丨得仙又　舶　海舟也晉曰丨丨唐王琳傳
寶之詩鼠　傳法　執丨丨　姓氏　佛圖澄姓丨　周海島上丨丨市外国珍珠　○
百　傳陌切　語詩三丨丨　匝　或相十丨丨　晉書建官佐丨丨　周官
　田疇人一巳丨丨記我丨亦九十　五丨青蚨詳蚨　旅百　庭實丨丨　左傳九七　　尽等
百无丨丨丨　數　東坡百　散作百丨　　流水百　度越丨丨　賜錢百　韓信為楚王
何缺於漢　漢　國朝詩詳坡　丨丨　谷丨丨　丨下鄉亭長
為德不竟　國　一　李八百　蜀人時人莫知其名年八百歲因号之抱朴子云蜀
丨丨曰公小人丨　有丨阿炎否不食丨丨丨歲翁後忽不知所在　神仙傳

六八一

此處缺廿二、廿三、廿四、廿五

相就ㄧㄧ何遜詩甲客梁沈約爲斉文惠太子家令梁武即位有一妓婢師
昔ㄧㄧ也是文惠宮人帝問ㄧㄧㄧ吾曰雖識沈家令約流
涕不露生客子內作樓賢堂記僕爲晋之且欲与置驛招客鄭莊事投轄留
不露生客方山結緣宮日入山ㄧㄧㄧㄧ許騎
客韻回謫亞客晋王雅字茂達爲太子少傅時王珣兒昏賓客甚衆聞雅拜少傅ㄧㄧ雅者過ㄧ敬客殘客梁張纘
僕射与何敬容名權貴客輻輳有詣纘者纘拒之曰我不能對何ㄧㄧㄧ李昉五客趙宋ㄧㄧ畜五禽鶴曰閑客鷺曰雪客鶴曰仙客孔
雀曰南客鸚鵡曰西客毛仲無客唐ㄧㄧ嫁女奏玄宗曰臣万事已備但未得客上曰卿所不能致者宋璟也明日謂宰臣曰卿等
宜共詣第既而日中璟至挽酒謝恩飲不盡卮稱腹疾而歸四明狂客賀知章號秘書監厭客惡客病來
ㄧㄧ令乃ㄧ爛額焦頭上客霍氏奢侈徐福上書云曲突徙薪无恩澤焦頭ㄧㄧ自號ㄧㄧㄧ
ㄧㄧ至ㄧ邪宣帝何至作賓客宋孔覬二弟東還輜重十餘船覬曰汝等何乃爲賈客命燒乃去
召福爲郎黍預士流ㄧㄧㄧㄧ
徽子來見祖人名王仙ㄧ因古押衙得劉无雙爲妻中仙ㄧ唐末小人坼丑格切本作墌詩不ㄧ不副
啓也周禮ㄧㄧ或作ㄧ繫線坼ㄧㄧ韓昭妻妬坼ㄧㄧ中台坼晋張華爲司空ㄧ星ㄧ後族誅甲坼草木
龜坼兆ㄧ无一條長ㄧ十字
坼作ㄧㄧ不食冏ㄧ拍普伯切ㄧ板晋魏之代有宋識善擊節以ㄧ板代
之此其始也古用九板韓文公目爲樂句
啄不是吉可引作穿ㄧ浮酒船詩雲裏拍唐王維有以按樂圖示者維曰此霓裳ㄧㄧ第三疊ㄧ也按曲乃信
ㄧㄧ第三疊ㄧ也按曲乃信冥應拍虛美
有爲厲美人曲則先拍拍春風作流水ㄧ
ㄧㄧ而舞詩舞鳴先ㄧㄧ春拍拍都是ㄧ拍ㄧ散序無拍霓裳
ㄧㄧ六幺ㄧㄧ中左拖右拍ㄧㄧ浮丘袂ㄧ洪崖ㄧ紅ㄧ記拍張ㄧㄧ辛青歌權樂工
序拍有拍詩序洪崖有詩有紅ㄧ記拍張新聲未進洪崖斯而
其ㄧ矣不受案度拍宋恩倖奚顯度王領人功普虔時建康縣考因或用
方討歷額謠曰勿得建康壓額ㄧ能ㄧㄧㄧㄧ
(泊互見)
魄象ㄧ魄ㄧ精氣月魄風吹霜空ㄧ生ㄧ花魄鎖日春陰殘魄
極ㄧ爲ㄧㄧㄧ字本作霸養ㄧㄧ
无ㄧㄧ之枯魄蜀郤正曰朝爲含奔魄原叔必有大咎天ㄧ之生魄死魄形
變ㄧ爛死爲ㄧㄧ奔魄ㄧ矣十六日趙同也
也月輪郭无光之処朔後明ㄧ而ㄧ霸月ㄧ通作
ㄧㄧ望後明死而ㄧ生書武成注
珀琥珀一名江珠松脂入地千年所
化色如血熱於布上拭吸得芥子者真也鄧夫人傷臉ㄧ
以ㄧㄧ有滅痕更益其妍詩瑱琥鐘ㄧㄧ瀼李賀詩蜜珀ㄧㄧ拾ㄧ微芥
趞呼格切韻ㄧ又嚇声一反予翁赫ㄧ使者所過威權
來ㄧ又火炙日曝背日ㄧ後陳忠傳渤海赫ㄧ晋歐陽建字堅石遭

名九州語曰｜｜｜｜｜舺｜桓舺舟也亦作舺｜｜前箇
｜｜歐陽堅石困｜䏶㽞｜舺｜咲｜嘶詩王赫斯怒上張口下怒
也言虎始以翼困嘶赤鵠得食買雞雖遇之仰而視之曰嚇
得曰｜｜｜入聲与肉閇｜絃詩小口格古伯切下大人｜君心之
饑驥不盛誰為落毛困｜｜｜我邪困赫去入兩音飢鷹能嚇求禄不
崗｜大字枝格高楊恒有｜｜相交黄屋｜方格朝廷重其｜｜唐
物｜知至枝未困国格｜高長者為｜方格非韻有成且｜書七旬有
易以竹翹｜羅路之肖多則獣乱於澤｜｜｜｜｜｜唐角
報之困　莖格枝宋魏東公瑚瑚所以般羅網者書格斉魏其風略以鹿角
格吏之困｜｜｜十千歳之一歳中｜子弟鶴之公以資格曲從推限
公徑格郭林宗曰泥茂苅昔｜五七如此辯碑｜資格
如｜｜播提格寅歳名萬稜格｜｜之奚而｜｜｜詩錄格｜錄句不知
陪骨之名路骨相也不置戰格唐張仁愿為朔方總管築三受降城
割宅揚伯切五畝之｜｜曰尾至則并力出拒何事守備哉困
害｜百揆｜四隩既｜詩其究安｜仁人之安｜書光｜天下　茂
｜　｜　｜　｜　成｜｜相并老　相宅

召公既｜｜五宅｜流有｜五宅三居書五刑流各有所居五宅三居　何以築
｜聞詩　居有三等大罪四裔次九州外次千里外也　孔
直松樹王何以蓋｜｜雪白清江溢溢将善油遺松栢昼錄詩顧其極
芼芼色水晶似云云勤者入宅莫婦休揚｜住｜且少留
子宅臺桑壬壤｜｜補｜晦會晏子宅斉景公欲更｜｜之｜曰隱士宅田
遊岩隱嵩山高宗幸其家自書　　晏子之宅近市湫隘囂塵困
其門曰｜｜田遊岩｜詩表　青松宅鮑溶詩曰｜便大宅王臺卿奉和王新
車｜｜｜｜｜自浮田宅高祖數使｜問蕭相国何為家謀曰何　請地益宅樊
詩自　不多買田宅｜｜上｜心必安何從之　讀田
相｜考工｜｜｜｜上問晏佳宅馬周為御史遣人以
曰何不遂取武屋困　貴仙曰白有佳宅直二百万周以聞詔有
司給　靈山卜宅杜｜詩注　宜晶買宅呂僧珍事詩謝康節在洛富公司馬公
直　　　　　　　　與兄新宅晉裴楷与弟宅　以賓　諸君子二十餘家｜｜｜
贈之　　　　　　　宅從兄衍說之即与宅困　必買此宅　段文昌江陵衙側有大
上履足言我依江發節度｜｜｜宅枕流渠文昌蔣於渠
｜後皇領荊南遂買此宅　司空毀宅後魏長孫道生位｜｜｜第宅卑
冠游魂演玭吾豈可安　　　　　　　　　　　　　　　　　陋子弟頗更修繕道生曰今強
坐華美乃切責毀宅困　推道東宅　周瑜与孫策同年友善瑜｜｜｜以州舉
大｜舍策升堂拜母有無通共困

宅｜斉武陵王曄武帝第也出為江州帝求其宅給諸子曄曰先帝賜臣｜浮家
此宅使臣歌哭有所陛下欲｜｜｜｜臣請不以宅易州帝恨之困
徙宅唐張志和願為家｜賣宅｜｜｜斉庾杲之接姻使｜問百姓那得｜｜帖門
｜｜｜｜困　　　　　　　　　　　　　　卷曰朝廷欲就復神州所以｜｜｜
耳寸田尺宅｜｜三丹田｜面也詩面　漢泰　五侯｜蛟龍澤孟子｜臣深山大｜実
｜虎豹｜　　　　　　　　　　　　　　　　　　　　生龍蛇困春水滿四｜
七澤見雲夢　山澤｜｜有鄜蔚之志　子後世高士謂為之　桂澤石崇金
澤注　　　曰｜｜不必有異士異士不必在｜｜困　谷一名
｜｜滿澤兗州泗水縣東北｜｜穴有五皆深二丈每　｜兗君子以
　　　春夏積水秋冬不過三日滿水皆去　麗澤　朋友講習困
竭澤　孔子世家　｜涸魚困　脂澤　宫開香　｜｜｜毛詩　膏澤　｜魏澤　娟也顏色潤澤皆言文色　蘅澤　蕙澤
羅襦襟解微聞　徐澤　唐武后雖春秋高善自　蕉澤　｜静莊　醴澤　唐吳　淳澤
聞｜｜詩故　塗澤　左右不悟其表　　　　　　薦
猶潤　叙澤　馬衍妻裾上有一　同澤与子｜｜｜｜詩注　白澤　帝於桓山得｜｜抻
澤也　　　　押頭元｜｜詳碑　治衣用柴也　　　　　　獣能言達万物之情
新序　｜雲夢澤　楚有七澤小者曰｜｜｜方九百里　相如子虛　荊州之藪　雲夢澤
詳今會　　士夢作又　圖注　｜｜｜在江南其中平土可耕作　書　　　　　　　　　　　　　　　　　雁
澤為｜｜｜書　廣戒澤　姚崇白臣少居｜｜｜｜｜｜陪大澤　項羽｜｜中詳卷　乘下澤｜車
注在江南　　　以呼鷹逐獣為樂困

詳後　礼車人為｜三寸澤｜勸諭｜吟當以時諺曰勸｜澤｜｜｜｜困　｜爵於武在其澤
車行澤者短轂　頭　　　　　　　斉民要術　嚴光釣澤
常軍｜使者言天子得鴈　共飯不澤　礼手澤　手澤｜父沒而不能讀
足書言｜｜｜｜中詳鴈　｜澤｜挼莎也　手澤曰澤父之書｜｜存
焉其母沒而杯圈不能飲　君子之澤｜｜｜人之澤五世而斬困　李
焉｜｜之器存焉耳困　　　｜｜　五世而斬小　○葛法圓澤　源
与僧圓澤為友同至三峽見一孕婦錦襠負甖而汲圓澤曰出某孕身之所
也後十二年杭州相見是夕卒而婦人生一子源如期至天竺忽聞｜｜川
畔有牧童隔水呼源乃｜｜｜也歌曰三生石上舊精魂賞月吟風不要
論慙愧情人遠相訪此身雖異性常存歌畢拂袖而去　袁郊甘澤謠一　地理
潛｜｜舜所漁処又陶侃雷澤　｜人名　欽｜擇｜孟｜於斯二者孝經
得稜詩稜　｜｜陶淵明居　　　　　　　　　　　　　　｜擇口无｜言身无｜行　木擇鳥擇
鳥｜海不擇河｜｜｜｜細流　無揀擇｜所｜世界平困　先交後擇　君子先擇而後交故
困　　故能就其深　　　　　　　　　　　　　　　　　無怨寡尤小人｜｜｜｜而
文中子　｜故多怨　　翟　姓氏　南陽｜音黄帝之後居｜地　斉有｜僕　琰　｜
而反之以為上客　史　方進　字子威　曰君仁則臣直向者任座之言直文侯悦命璜召任座
｜儒雅緑飾法律号通明相　公　下邽人為廷尉賓客填門既罷門外可設雀
羅詩客　讓　字子超後漢人修　京兆尹搏擊豪強京師畏之拜相以
晉人篤行純素人有饋遺雖無所受遜不敢捐四世有隠德行号潯陽　大尉劉政事第一拜尚書　湯　字道深

四隱(?)戶父母葬有鵲巢其柏樹司隸奏其孝感擢孝陽令 楚丘先
生(列史)有道術 云安江流之險十五處召灘神平之 ｜氏 隋令妻翟
氏 翟良佐女 ○號 古伯切(左) 秦號｜｜二夫人 將號唐時語曰寧向儋
妻韓弘(唐史) 假道伐｜ 號 明皇姨也 崖振白事江勝
｜｜(史)唐之四 三號 周封號仲之地北號在大陽東號在滎
王皆貪狠者 陽西號在雍州故云文王咨於｜｜ ○麥 莫獲切
其｜ 麻｜ 幪々(月令)祈｜ 登｜(左)周子兄不｜ 大麥 漢威帝時童謠云
嵗｜(吟詠)細麥落輕花(國)崆峒小｜熟但願休王師 小麥青々｜｜枯
誰當穫者婦與姑丈 刘禹錫復游玄都觀惟兎葵｜｜動搖春 稽麥 唐
夫何在西擊胡(後漢) 燕麥 風亦詳桃通志云大蒲曰｜｜ 篇麥雀麥 代
宗鑑屋生｜｜ 獻麥 晉侯夢大厉召桑田巫曰不食新矣 漂麥 麥未庭令
稽首掾自生麥也 獻麥 甸人｜｜云云 晉侯欲麥｜｜而卒(左) 高鳳學勝
持竿誦經嵐頭讀如故忽雷 溫麥 鄭祭足取 賦麥 稱｜｜之傳食
兩｜｜去不知(東觀漢記) ｜之｜(左) 賦麥 餅麥｜作麥｜ 稱善(國語)
兩岐麥 張堪爲漁陽守百姓歌曰桑无附枝 發壚麥 歎黍離之閔周悲麥秀
麥秀｜｜ 張君爲政樂不可支(後漢) 於｜｜(史記向子期)五見
秀 馬犯麥 魏祖令士卒无犯麥太祖馬騰入麥中勅主簿議罪 晉 叔麥 介休縣人宿
門云｜以休王借籌簪筆 云云 太祖曰何以律下遂援劍割髮 祠中夜聞扣
叔麥其年果(自)資麥(?)(翰)(國) 空中打麥 王老遇道士令飲浸瘡之酒時方打麥家飲之三時仙去｜｜聞｜｜声(詳)

蝗不食麥 後漢高式至孝永初中｜蝗 避盜刈麥 隋張文詡夜有盜刈其麥者
不言因令 ｜式｜(聖志) 助葬家麥 之｜奔麥而避文詡自譬
將去(史) 助葬家麥 范仲淹遣堯夫至姑蘇取麥五百斛舟還次丹陽晃石
正曰東吳見故舊乎曰曼卿三喪未葬方滯丹陽時无郭元振无
可告者文正曰何不以麥舟与之堯夫曰已付之矣(冷齋夜話)
勇走及奔馬如交游重信義遂東之役請 脈 俗作脉非(説)
爲前鋒任隋位開府子孟才光祿大夫 (文)紀綱者｜ 地脈 蒙恬城塹
能无絕 ｜川脈 地以石爲骨｜爲｜草｜爲｜ 後魏亦朱兆襲京邑人慶河 万余里不
｜(史記) 川脈 水爲毛土爲肉(博物志)神爲｜｜｜及兆至有行人
言知水淺處導馬遂渡 定百脈 唐裴元礼言太抑有 騎 知泉脈 憑這千
馬遂渡直叩宮門(史) ｜｜｜突地吼等名馬(詳)乳 里无水
以足跑地涌之必有水(博物志) ｜ 霡 ｜霂 小雨 則不待切脈越人 望色听声言病
汾下伏流惟｜｜之每至｜｜ 所在(詳)方 又扁鵲事詳藏
(韻會)血 ｜ 覛 目䁥視 亦作脈 ○ 獲 胡麥切(孟)終日不獲一一朝而｜ 臧
獲 古无奴婢被贓罪沒入官爲奴婢獲者逃亡獲得爲奴婢 ｜ 十(語)弟難後｜ 絕羣｜(蠻詳)
也(風俗通)又燕民夫婢謂之｜女婦奴謂之｜ (荀子音義) 臧 獲 鄉射獲者 (?)
｜勑以升(儀礼)｜ 三獲 王射｜｜三容諸侯二獲二 (大名)(?) 置 高亮七數七
｜勝算之筭也 容卿大夫士一獲一 容(詳)谷 (?) 古勇之士

顯鄉 緊鄉 清波李 ｜｜(國) 玄鄉 (?)鄉 ｜｜ 圓鄉 緇聚(?) ｜｜ 鑄 金鄉 君國以 池沙不見
魚也 (?) (韓)延壽 (?) (?) 鑒(國) 塘六和
寺有一 ｜鄉｜｜ 銀絲繡 ○ 亦 帝(?) 郗鄉 青士(?)魚(詳) 蓮 羊比齊
也 ｜｜ 意鄉｜｜ 詠手吹香糜(?) 郗(?)鄉 曾大郎魚比 ｜｜小国(詳)叔
脊 有｜ (國語)有倫 脊 天馬歐天馬來出泉水 天下脊 上黨君｜｜之 當河朔
有｜ 麝 脊 西北若鬼 (國)(?) 之喉(漢文帝) 張儀說楚王曰
案折｜｜(史記) 鶺鴒 ｜｜已陳也行者 射脊 實坐｜牛百步 發二矢｜ 中
之｜(史記) 錢其首｜(詳)(?) 脊 ｜矢 墜腹曰所貴以不
爲脊 ｜ 婺 鳳子三 奎脊 比脊文宣｜｜三奎 高二十七丈 帝｜｜｜
中之脊 平 (?)脊｜疾走時復雅平中都見者寒心(史) (法言)蒼｜山｜ ○迹
(韻会) 爨 婺王｜亦作跡 遺跡 不蹤 (?)瞻無(?)前｜ 陳迹 今日之｜ 亦明 領 筆迹 柳唐
(國)(詩)念波不蹟往不循故道也 跬跡 ｜(韓文)遺迹 (漢書)記 明 領 筆迹 柳
公權 禮示曰 股實於佛書 高迹 ｜｜ 像之 馬迹 昭王(?)鼠迹 晉簡文
不拂｜ 沂 禹迹 ｜迹｜｜ (?) ｜ 帝(?)上塵
見其｜ 思之又矣(國) 迺迹 晉晏子對晏少孚白易君使委 削迹 孔子曰
｜爲(詳)(?) (國語)遷迹 臣｜大国之｜於郊(?)十二 ｜｜吾｜｜
(?)(?)(國) 形迹 唐姚崇謂鄧不能著｜｜著(史) 遂據 夫人迹 (?)武見｜｜
(韓)(?) 鄧日 有君臣同心事｜｜者 其大(國)(詩)(?) ｜｜
好脚迹 李逢吉知頁李榜未放而入相及榜人就 後周王書寬鷄作
中書見坐生時跡｜｜｜門生(南部新書) 落燈迹 書又爲｜｜燒｜

若火下書 旹 塵迹 (國)圓如磨牛步 針線迹 蔡孫各 重足一迹 吏民
者(詳)(?) 塵無迹 石恩以當宵流水香塵未布家床上使愛婢踐之 ｜｜｜(國) ｜｜｜(?)
時有累句 長鄉滄峰 首左溫羅 ｜遺迹 踈行無善迹 文敍
故知 ｜｜｜矣(西京雜記) ｜遺｜ 手 ｜弃｜ 蹐 小步(詩)不 蹐 長
行 (?)(?) ｜注 歛足小步(國) 蹐 敢不｜ ○ 益 伊昔切
揀擇｜注有(?)色也 借 假也(左)願｜助焉 成作耤 (韻)非求
｜ 者 ｜者 三 友 請｜(書)不作无｜害 有 前(?)從田猶藉助兵入
謙受｜ 易天道虧盈而｜謙 ｜ 又｜州 簡益 孔子曰｜也日｜損｜(詳)損 毒刀又
益王嗜｜懸三｜｜｜ 一刀後遷 賓來交益 侯霸遺侯子道奉書霸光之
益 益州刺史三刀州字也(詳)刀 ｜曰君房素癡今小麗否天子三
謙我不見況大臣乎光曰權使者霸嫌 視覷何益 孟敏曰甑已破矣 謙四
大小光曰｜｜乎｜｜也(高士傳注) ｜之何益(詳)甑 一
益道家 ｜｜｜｜ 此言無損益 馬周論事无一 文章李益 李益能文有貴家
益其所長也 (墨子大畧) 益 ｜可損益(詳)(?) 李益 子同姓名人謂｜
｜｜門戶 (小名) ｜｜ 亂階｜君子以見善則遷有過則改 初九利用爲大
李益(因話錄) 作元吉无咎 六二｜或｜之十朋之龜弗克違永貞吉王用
享于帝吉 六三｜之用凶事无咎有孚中行告公用圭 六四中行告公從利
用爲依遷国 九五有孚惠心勿問元吉有孚惠我德 上九 或｜之或擊之立

恒凶〔人名〕舜臣〔姓氏〕馮翊郃首本舜後伯益之後守為氏
嗌咽喉也〔韻〕不嗌丨丨 嗌嚢齧之曰丨丨牛曰
鄙○繹羊益切〔詩〕會同有繹〔書〕丨丨 擇繹我琴終不敗元丨亦元丨丨〔國〕○至和 恆言同則丨〔注〕審度也 丨丨丨字小史記 繹一作
騂聲繹繹之為貴〔書〕繳繹丨妒也丨丨妒也〔韻〕丨飾絡繹往來不絕〔繹文〕紬 〔注〕丨丨也 繳繹奏分明丨相續不絕〔經套〕陳丨
譯〔傳〕丨四方 重譯越裳丨丨獻白雉〔前西域傳〕又譯西方曰狄丨北方之言者 譯越裳丨九丨而獻〔貫禍之傳〕 鞮譯曰丨〔禮王制〕通言語者
驛送迎 飛驛太宗伐高麗命太子留鎮因挺驛〔唐太宗〕後州縣取當上音提 丨丨請丨丨迎表起居〔唐高宗紀〕挺驛人督漕輓謂之船頭
主鄉迎謂之丨丨稅外掩取梅驛析丨逢丨鄭驛丨當時為太子舍人五日謂之白着人不發〔列傳〕 梅驛使詳梅 鄭驛丨沐浴當置丨馬長安諸郊請客當
養韋驛在利州武侯出師常駐于此 嵯峨驛馬云丨乃獨眠孤館子詳舍 丨丨丨後有美人夢書恐不徧
在鳳州白馬驛朱全忠殺士於丨丨丨詳濁流 懌悅 丨美懌我有嘉客亦不夷懌 丨也〔詩〕 丨懌丨之丨 掖〔詩〕誘
丨〔注〕前在肘丨旁舍也○西掖中書左掖晚出丨〔注〕唐舍人殿後曰導丨在旁扶掖 扶丨如人臂掖 丨丨省也 左掖宣政丨丨左右有中書門下
一宿如丨之 丨進掖天子丨丨詳服皇甫規辭官歸鴉門守謁之不迎及白
丨右丨逢掖將在明徙復迎之語曰徒見二千石不如一丨丨詳復〔地理〕

腋肘丨孤腋周舍好諫舍死簡子所朝不悅大夫請罪簡子曰千羊之皮不如一丨之丨諸大夫朝徒聞唯唯不聞周舍之鄂鄂是以憂也〔史記趙世家〕五見
□□李商隱次地崇武開之 丨丨 唯不聞周舍之鄂鄂是以憂也 千金之裘非一丨之丨〔史記魏世家〕 風生腋丨丨〔宋史〕兩腋習習清風生 燒秀挾於腋載蹴
被考掠丨丨使丨〔國〕 液雲液揚州丨丨 却如酥〔飲膳詳說〕醍醐梁州孝標啓云玉
液方士鍊丨丨〔國〕 肘丨〔國〕松子玉漿衛卿丨丨 花前白酒傾丨丨
丨丨丨新豐〔古詞〕金液南帝輸火精西瓊液後夜流丨〔韓門傳〕玄液發令而祥風已
丨丨液皇降〔國〕 只致誠而
旋液〔國〕瓊液丨丨神液丨丨 餐液丨餐液詳 甘國容 蜜液唐文宗夜召柳公權燭盡
〔唐〕重〔國〕 起〔國〕 晉陽蓋也 宮人以丨丨 燭蠟縱之詳
〔國史〕 五液丨臟化丨丨心為汗肺為涕肝為淚丨丨〔古今注〕澠液陸士衡文賦傾群言之
脾為涎腎為唾是為 漱六藝之芳潤〔國〕潤滴也
張衡思玄賦 融液王嗜以火炬燒其人 甘露丨丨〔注〕溶液沉醑丨丨大
飛泉之丨丨 鐵鎖丨丨斷絕詳鎖 溶液〔漢書詳志〕 丨〔國〕
液淬遂章宮丨丨郭霸嘗嫂元忠使液詳 入液出液閩俗立冬後遇壬日為丨丨至
液有丨丨 池丨嘗使液丨 小雪為丨丨 得雨謂之液雨〔國〕
〔海錄五〕 見雨 叩齒咽液紫微夫人曰夜臥覺丨丨九過〔真誥〕 脩養法也 丨九通
〔詩〕 奕 丨丨 奕丨〔注〕大也 丨丨梁山
〔詩〕 心丨丨〔注〕心不定也 四牡丨丨〔注〕盛也〔方言〕 憂
 樸美容也 丨丨 奕奕皆輕麗兒○丨藥果出也 〔國〕發祥流奕丨丨乎于 戲
 〔國〕 奕丨載典圓引猶言嬋

繇不〔詩〕 丨丨韓丨丨〔注〕吉甫美宣王也 〔國〕 能錫命諸侯〔交小雅〕 〔國〕 人名 師彼詳兵 奕〔國〕 〔國〕丨秋誨二人丨丨口
奕〔國〕丨丨 夜靜无燭婢妾 丨丨 丨丨 戴尚奕 陳彥 哈伯二丨丨 敵有老叟曰來 日午後掛行必賢 不有博丨丨丨道 賢
丨對秤丨丨 詳秤 送奕 頃之丨丨 乘 丨丨 不能 明同行 辦多沉 為 丨丨 見 賦首 某
江之丨 將也 丨丨 當 丨丨 〔國〕 實 國 云 君 入 也 詩 〔國〕 晉人職酒 丨丨 嶧 陽孤
相敬當奉 詳名 〔國〕 〔國〕 〔國〕 易 嶧 〔國〕
丨 〔國〕 〔國〕 晉人職酒
相 醳 苦酒 丨丨 醳 〔國〕 服 之 无 丨 〔注〕 厭 也 又 繹 祭之明日 亦易 〔詩〕 五十
曰 醇酒 〔國〕 揚子 為 政 也 丨〔注〕 終 也 〔國〕 亦繹 丨 易
交丨而退〔國〕○辟易項籍人馬俱驚丨丨數里○辟音僻 三易 繫辭掌丨丨之法
又狂丨失志兒 開張而易其本處 丨丨 曰連山 一曰歸藏
日歸藏首坤周曰周易其經卦 交易 晉王湛傳兄子濟見丨丨周易丨丨問叔
曾八其別皆六十四〔周禮〕 父何用此為 湛曰體中不佳時脫復
看耳不辭易河晏丨丨丨見下 讀易三年丨丨能丨其義〔國〕 齊陵齊 又從問易 數十日所首便發未一年
郭恩丨丨〔國〕 所筮輒有丨丨 易周丨〔明皇〕 六丁取易 玉遠知善易 撰易十五卷 一善
丨丨〔國〕 〔國〕 禍曹詳何晏自言不辭易九事問之 辭九事皆明 〔國〕地一易 丨易
易子 論易 〔國〕 曰善易者不論易 不及易何也 丨曰 丨丨 者 雷電迎之 詳 丨丨
不易之丨 家百畝丨丨 之地家二百畝丨丨 之地家三百畝〔周禮〕 〔國〕 不易
美丨 歲種之地丨丨 休一歲乃復種丨丨 休二歲乃復種 此謂易地 居長也

〔國〕 〔國〕 大夫易牙之後 婉有丨丨 〔國〕 字與長之 沙之為
〔國〕 太房後音 冠掛 門而去 東 當時 〔國〕 〔國〕 字 果 唐會昌中
〔國〕 進士第一 官至太理評事 著文千餘篇 子質五代時仕南唐雄州刺史
〔國〕 辞長沙之工小詞宋海照中擢殿 元丨丨登李王庭之十八至時稱號 孝先生〔國〕 字 考
一元 建州 有三元坊以此 仕 至 尚書 丨 射 思 注 丨 〔中庸〕 詳 射 〔注〕 厭也 无射 律中丨丨 〔國〕 陰
氣 收 藏 不 姑射 丨丨 丨 其 斯 出 也 九月
復出也 姑射之山 〔國〕 蜴 蜥丨丨 即 螈蜥 守宮 蛇醫 石龍子 〔國〕 蜥師
事詳雨○上置守宮盂下 蝎 布卦 而對曰臣以為龍又 〔國〕 〔詩〕 哀今之人 胡為虺丨丨○蜥丨丨致雨
无角為蛇又有足是 守宮 即 蜥丨丨〔方朔傳〕 通蜥醫者 場 〔國〕 疆 丨丨〔詩〕 丨 是 適
大界丨是小界 今小田埒 是 丨丨 〔國〕 詳 丨丨 〔詩〕 〔國〕 丨丨 釋 施隻切 解 丨 〔國〕 菜 詳 菜 或 作 澤 〔詩〕 丨丨 鄰
也〔左〕 雜丨之事 注 邊境也 〔國〕 〔注〕 其 對 澤 〔注〕 七 解 也 〔韓〕 〔信傳〕 丨〔詩〕 永 絲 煥 然
丨丨○釋天釋 晉道安姓 佛 學業於佛圖澄遂以釋為姓 沙門林釋自道安
〔晉〕 丨丨 姓道安 見習鑿齒 曰四海習鑿齒 人
以為佳 〔國〕 適 丨之安 二適 古者諸侯貢士 一適 謂之好德 再適 謂之賢賢 三適
對〔國〕 〔國〕丨丨 丨丨 謂之有功 二 者 得 其人 曰 〔國〕 〔國武帝紀〕 榮適
屬生 入 枕 六 中 丨丨 比 齊 陽 休 之 為 吏部 尚書 請 人 曰 此 宜 適 丨丨 〔國〕 不 收 輕
丨丨 如 顏 詳 挑 賞 適 官 實 其 清 華 但 煩 劇 妨 言 丨丨 〔國〕 〔國〕 〔國〕 丨丨 〔國〕 云 收
博 才 无 丨丨 〔史〕 丞 相 亮 請 重 酒 適 陶 潛 抗 弄 素 琴 過 相 清 丨 每 一 丨 白雲 適 然
戲 曰 吾 与 之 言 思 慎 丨丨 〔史〕 酒 適 琴 騎 丨丨 〔史〕 陶 適 則 大 丨 〔國〕

青霞抱永矣〔漢〕悵丨放丨黈雕龍黈鄒衍之術迂大而閎辯騶奭文具
丨丨〔晉〕〔漢〕騶奭丨難施騶奭人頌曰談天衍丨丨丨
炙轂輠髡〔史荀卿傳〕〔人名〕〔召公〕丨謹更詳劍〔兆〕盤求辛丨宋晉蒲自黈襆蒲身服襆丨丨此之謂〔管子〕首戴茅
尺昌石切奏尺丨音詳耆 襲尺射義丨丨 襲音籍臣与君 挃尺丨丨直 劍三尺
遊高提三尺 法三尺〔杜周傳〕〔杜周〕曰三尺法律 夫咫尺丨 威不違
丨取天下〔漢〕 〔前書〕杜周曰三尺以竹簡寫法律 顏丨丨〔左〕
孤六尺 可以托六尺之 童五尺 使五尺之 丨通市〔孟〕 喙三尺 〔元〕丨丨丨 〔谷〕 班之被文章衆 三尋高尺
好高丨城中 丨一尺〔詳〕 平地尺〔大雪〕〔宋〕丨丨丨為 千丈尺五代唐趙光逢時人稱其方 直溫潤謂之丨丨丨〔五代史〕金尺丨
越羅蜀錦丨丨丨〔唐〕 丨丨丨〔男〕寸關尺 脉三部丨丨丨〔醫〕 男子尺脉常弱 王母四
富貴家尺以丨丨飾之 陽盛也女子尺脉常盛陰氣盛也
尺之 王度丨丨高一尺許示右崇之 丨丨丨 梁錦數尺 江淹夢張景陽索錦淹探懷
之命取高三丨丨者六七株〔詳〕〔珊〕 得數尺与之 張大恚曰那得
割截都 銅尺鐵尺〔隋〕 〔晉〕 刺史以市多奸 得寸得尺 范睢曰王不如遠交近
尺〔詳〕〔錦〕 〔詳〕〔置〕 丨丨丨 姦肆人便之〔國〕 攻丨丨丨 王之寸
丨丨丨 玉之 卻寸前尺 有前進一尺 无丨丨生 進寸退尺〔圖〕 累寸成尺 衆羊毀亭
尺〔史記〕 丨寸〔梁修州王〕 〔後漢〕 〔李〕 妻引刃趨

幾曰一縷而丨至丨不已遂丨丨 誌公刀尺 寶誌嘗挑錫杖頭
於丨累尺不已遂成丈疋〔詳〕〔赤〕 〇 〔南史〕 寶誌刀尺 鋼鐵 或挂一兩尺帛
〔傳〕〔蜀〕〔漢〕丨 〔人名〕 〔宋〕 丨千將莫邪子 〔赤〕 〔書〕 若保丨子〔史記〕
〔史記〕 軀七丨 丨孝二丨 堅盈 〔漢〕 丨 〔史〕 尚問丨 復父讎殺楚王〔詳〕〔雄〕 赤 〔漢〕 〔志〕 丨地千里〔國語〕
推丨心置人腹中〔南史〕其家丨 貧 大赤 雄擅之福 建丨丨 以朝丨天
〇丨白 紅生〔詳〕〔産〕〇 〔揚子〕 李丨文 詳白又乾為 丨丨至陽也 忠赤 下
丨丨之 眼前赤 丨丨何日丨腰下 我時黃李十又 渭水赤 〔唐〕 若論因 〔史〕 〔記〕 鬚根
志〔書〕 上有朱衣引馬 腰帶黃金也〔詳〕〔綦〕 丨丨 丨丨
柏溫丨甚似 劉 不知一 〔詳〕 將赤 〔唐〕 太宗取回紇十 〔詳〕 有丨丨
赤司空 丨丨〔詳〕〔似〕 吞棗赤 丨丨 之丨也〔詳〕〔劉〕 本虹赤丨丨 〔詳〕 〔綦〕 發電赤之類

又好頭赤 〇 赤髭白足丨丨迎 〔漢〕 〔書〕 又脚丨丨 斥 大也 拓也 點也 又丨 候髓
赤馬名 我受〔詳〕〔髭〕 〔侯〕 〔露〕 丨 〔文〕 一丨不復 〇 家府 妻病
酒則丨 擇斥 至人丨丨八極 〔漢〕 陵斥 西戎作逆 丨丨 推斥 四節相丨丨 冬
詳百 〔齊〕〔魯〕 放縱 遼逃也 〔上〕 〔國〕 〔漢〕 季風且凉 〔漢〕
〔公〕 簡斥 孟光曰夫子丨丨 數歸 廣斥 海濱丨 東方斥 斥鹵鹹地 丨丨謂一鳴
〔韓〕 妻亦 〔詳〕 〔祭〕 〔詳〕 〔書〕 丨西方謂鹵 〔史〕
即斥 立伐馬丨丨 之〔晉〕 〔漢〕〇石 常隻切〔書〕 他山之丨〔書〕 怪丨〔左〕 丨言 於晉
功 〔詳〕 嘉石 平罷民 有罪 肺石 達窮民孤獨老幼 無告者 〔周〕 〔國〕 〔禮〕 〔禮〕 種丨得玉 羊叔子 〔詳〕 〔鑿〕 丨勤
山 〔詳〕 〔周〕 〔禮〕 坐丨丨 立於丨丨〔周〕 底石 爵祿者天下之丨丨〔揚史〕 植石 谷

戰泉丨丨 俱〔谷〕下 音安石負而 文石 弘成子有人授以丨丨 吞之遂為通儒
長所以濟水不溺 用之擲谷 後成子病吐出丨丨 以授五鹿充宗 又
為名李 梅福領 一醉石 陶淵明醉則臥 射石 虎丨之 沒金飲羽 下視乃
發丨丨之 陛〔詳〕〔陸〕 其上名丨丨 〔李〕 射石能没子夜行見寢石以為伏
居 〇 復射 夫羅无 〔詳〕 〔以〕 〔後〕 見其誠心 金石為之開 况人心乎 〇 与李廣事同 謝
後周李遠 陵之後 嘗獵莎柵 見石以為伏兎 射之 鏃入寸餘 開文異之
〔國〕 拜石 米芾好奇 知无為軍 見立石頗奇 喜曰此足以當吾 〔詳〕 漱石 丨丨 枕
丨 拜命取拾 丨丨之 海呼曰丨丨 友為 言者所 〔石〕 〔國〕 〔涂〕 流
石 丨丨 宋衡石 秦始皇丨丨 程書 決事 以衡石 量書 日夜有程 一百二 〔漢〕 〔管〕 石 劉毅家无丨丨之
五星 〔也〕 〔書〕 衡石 十斤也 文書日以百二十斤為程 傭石 〔南史〕 音人名 又
塞為丨丨 受二斗 一云石 斗石也 儲者人所負擔 〇 藥石 唐高李輔 上封事
宇宣一擔 小罌 石百二十斤 所要石与丨 〔詳〕 〔諸〕 報鍾乳一劑 曰御
進丨丨之 言 故 惡石 〔孟〕 〔獻〕 孫曰 季孫之愛我 疾疢也 孟孫之惡我丨丨也
以丨丨 振之〔國〕 美疢不如丨丨 夫石猶生我 疢之美 其毒滋多 〔國〕 柱石
漢田延年 謂霍光曰 支機石 有人尋河源 見婦人浣紗 乃与一石 星
〔詳〕 〔留〕 為國丨丨〔國〕 歸 嚴君平曰 此織女丨丨丨 〔陽〕 〔蓮〕 落星 石隊
水為石 當 望夫石 武昌山北 一貞婦 送其夫從役 至 浣池石 故 一僕所藏
影蟲 空中 〔此〕 山立丨其 丨死化為丨 〔叢〕 〔書〕 〔詩〕 丨丨 〔詩〕 代之
王晉卿以小詩借觀 意在於 奪 康王石 回紇拔野古 有丨丨 河 斷 拉 投之 三年
奪 不敢不借 以此詩先之 化為丨 色蒼 節理猶在 號丨丨 〔孤〕

醉林石 陸羲 蒙門有巨石 遂祖 猶為丨丨 守 寵 希元 〔隋〕 〔逸〕 〔傳〕 松風石 武宗時 夫餘國
〔陽〕 〔裝〕 惟取丨 丨 以重其船 人號丨丨丨 方一
丈 中有 枯 松盛 夏 颯之 不 德 石 壽昌石有 紫元結 魏明帝鑄銅人二
流 飈 生於其間 〔括〕 〔陽〕 〔編〕 〔禮〕 〔命〕 曰丨丨丨 〔詳〕 〔搖〕 翁仲 石 列於司馬門外 號
丨丨 〔唐〕 〔國〕 三生石 曹 煥 游 嵩山 遇老劉道士 盤礴石上 曰 未嘗与人語 謂煥曰
我与汝以某年月日同集 神清洞 我當以某日化為石上 復
坐 不語 後果化於石上 〔詳〕 〔法〕 〔寶〕 〔記〕 貞 梁丨 漸為前有奇礧石 武帝与
輝 丨丨丨 上 精 魂 亦此意耶 〔詳〕 〔澤〕 到公石 〔傳〕 輸 為 石 即 迎 置 華林園 都人
號丨丨 補天石 女媧煉五色 碎印石 唐員外行有大石諸州府給發印皆於
丨〔國〕 石丨丨丨 〔詳〕 天 石上丨 令狐楚詩曰 發石 幾回敲發石
〔唐〕〔舊〕 星化石 黃初平丨丨丨 虎化石 張侍郎 追丨 擬之虎 木空石丨 鑽石 雷等
〔隋〕 丨 事〔詳〕〔羊〕 乃死丨 為丨〔詳〕 虎 〔蓋〕 〔詳〕 〔蓋〕
石 太山之丨丨 〔詩〕〔倡〕 水投石 臣言如提丨 〔唐〕〔李〕〔綱〕 寶燕石 宋愚人得燕石以為大丨 藏以華
丨丨〔詳〕〔倡〕 水投石丨丨 〔唐〕 十重巾十襲 視之者皆掩口盧
胡而 煮白石 焦先丨丨丨 食之 或与人 時 列 〔列仙傳〕 晉 陽石 陰石 三大石 宜 都 郡
笑 〔詳〕 〔歸〕 得道 入海 遇風 飢 甚 丨丨丨 食 〔晉〕
轉 陰石 則雨 〔縣〕 丨丨丨 中書盤石 薛元超 轉丨丨 舍人 省中 有丨丨 祖 道衡 為
則晴 〔宋〕 〔求〕 〔初〕 〔學〕 〔記〕 侍郎 時 常 攜 以 章 制 元 超 見 石 輒 泫 然 流 涕
〔國〕 太守 越石 廣 愿 〔晉〕 安 丨丨 海 邊 有 丨 一 丈 丨 〔常〕 平泉 樹 石 李德裕 丨丨 莊
〔詳〕 〔愿〕 〔遷〕 〔萊〕 守 乃 得 見 愿 〔說〕 〔觀〕 元 愿 丨 一 石 其 上 醒 酒

石尤所至自作記云以一石一杜与人者非佳子弟五代唐張全義為尚書令有監軍得平泉醒酒石德裕孫延古如全義復求之監軍曰自黄巢乱後洛陽園宅无復能守豈獨平泉丨石唐人惟丨丨以甲一丨哉全義怒笞殺之（全義傳）豈羞好石牛僧孺封丨丨公丨奇丨乙丙丁品第

丨古莫穀城黄石張良得圯上老人一編書曰後十三年海神鞭石三齊畧（詠史詩）見濟北丨丨山丨丨即我也（史記）詳覆作石橋欲過丨看日出処有丨人驅來道丨石晉馬隆征羌虜丨丨纍石下海石不速去神鞭丨之流血賊負鐵鎧行不得前大戰破之石帝紀賁長房以丨石唐李愬業討勃律通道葱

一石字懸之万斤丨於心上不移詳貢足躡大石嶺有大石墨臨以丨丨甚寫所藏（田）笛聲裂石丨笛怒視抉石徐浩草書如丨丨（詳見）柏生兩石間日歲終

不大破丨丨丨丨間大（昌黎）命李訢出（昌黎辯石鼎聯句詩）落舞下石人夫平居里巷相慕悦一云一云詳所一日丨蹈丨不一引手救擠之石者豈獨石丨臨小患難僅如毛髮比反眼若不相識

而又丨丨丨丨擠者皆是也（昌黎）石丨後秦彭与諸從同時為二千石号丨君（史）亦号任四十丨（曹子建詩）之重才矣一石丨謝靈運云天下丨丨丨一石曹子建獨得八斗詳斗挽弓兩石万石丨

石（劉官六日石後部是銘為丨至）丨丨丨丨白兔丨丨故免於憂患（出）胡椒八

石識丨丨石丨不如丨丨丨不過丨丨丨丨丨

百石（許敏）元載家丨丨丨○點頭石異僧生公講經於虎丘寺人无信者乃聚石為徒与談至理石皆丨丨（遺錄）（詳見）斷之之下

國劉向丨士也荆經不全以羲之為君子白石稽之後又石駘仲衛大夫生石祁子（禮記）臣聞安子教之盛師役之病於外（小雅）丨名琨雞鳴起舞詩雞（人名）丨丨宋人使尸鬱詳（武）一丨丨丨丨丨建慶書馬

字丞子字恐滋譜詳甲丨丨字季倫起金谷別館作步障五十里丨字潛川烏重胤鎮丨丨丨以策丨教馬詳（人名）君丨丨石君見万石下子

河陽具書幣邀辟吕溫送赴河陽參謀亭云不後召為集賢校理丨丨徐州人敢激者戰氣蓋軍中臨財廉朝廷賜与買宅門丨丨丨州人有膽略丨丨曾

天石大宗解金帶賜之丨丨丨年十八年進士老泉有送石昌言北使引丨丨名延年死為仙主芙蓉城詳城丨丨丨石曾妓能琴漢高帝召為美人

○鄆休妻石氏有德（晉書）丨丨丨（詩）為湖孔丨丨又挺頑播厥百穀詳丨丨丨（人）丨鼠丨德丨石頑丨丨直大也丨儒碩從漢之盛丨錄為九族所重（晉書）

丨名丨宗番丨丨人不識上天丨詳鱗又丨丨丨丨鼠丨詳鼠丨○丨之石鸛一隻青溪道士人（見皇覽）

丨丨鮮散二丨主丨切丨丨丨丨下天

圖○達磨隻履丨丨弃後宋雲遇師于葱嶺手丨丨丨起棺惟隻履存詳履（活套）鳳眼丨丨擲（書序）拔

義羊丨丨撦撫丨丨丨泰丨丨丨（出）奇撫揚國忠為林甫丨丨丨丨（史）撦撫丨丨丨撻丨丨丨丨

食我矣丨丨法（刑政）丨丨丨是宿遺羲綫（疎）（活套）拾丨丨鈇丨丨丨嗢丨丨丨足丨

也（孟）丨之徒也賈誼謂丨丨（漢書）亦作跋貫誼傳又若跋盭丨丨丨足跖反戾不可行丨丨丨蹠跖善者若齊士之食丨丨丨丨必食其集曰丨丨本此（漢）丨跖其丨數千而後足宋景文名

（國）丨丨事見淮南子蜜跖盜跖丨云蹠者丨（戰國）鴆音跖之丨能之丨丨丨丨之丨（詳）炙丨手可熱勢絕倫（唐）

博子丨蘇言見之燔炙之（詩）丨丨芬丨丨丨菼炙良（醫）丨丨忠日炙雨淋丨丨丨野（活套）丨火初○

智不及也詳累丨丨丨丨丨丨丨丨丨丨火燒（前漢石顯）

（玉篇）之切直炙丨丨丨丨荒幻誕也丨（唐書）丨丨丨丨丨丨詳擲法丨丨丨丨去張口也丨丨丨擲丨詳諸（詳）

丨擲（孝）安人明帝大會新亭樓王擲丨牛鬼蛇神不足為其虛丨丨丨流年一擲

五擲官賭安人丨丨丨皆盧帝大驚（南史）金石擲孫綽作天台賦擲地丨金石丨擲當作丨丨丨声詳声丨丨丨金珠

擲丨丨丨丨丨丨丨丨丨丨丨丨丨丨丨

擲丨丨丨丨丨丨丨（詳見）丸石擲以張載見醒每行小兒金錢擲瑇擲丨丨丨丨丨丨擲丨丨遠人（詳見）丨丨丨擲丨丨

擲丨迯還（南史）丨丨丨丨丨之詳罪躑躅躑丨丨躅往丨○刺七迹切丨探又丨點

刻殺刻裕於東府丨丨丨丨丨（活套）丨（總說）丨足也丨丨○刺也又陳平從丨丨丨丨

丨丨一判至數百万互見盧丨丨丨丨丨丨丨丨丨丨丨丨丨丨丨

（詳）斫刺後周耿豪曰大丈夫除賊須右手拔（國）繡紋刺丨用書求宦刺丨丨丨丨丨丨丨丨

（漢）斫刺刀左手把鞘直丨直丨慎莫畏死（國）丨丨刺不如倚市門（貨殖）語丨語刺

刺丨入直三省頭丨丨丨丨丨不能休（活套）丨風前丨丨丨丨水渚有石丨又沙漠曰丨丨○席

刺（韓詩）丨丨丨丨注云（刺音盧）丨丨丨丨丨丨丨丨丨（詳見）丨丨丨丨丨丨丨丨丨丨

（詳）易切（語）丨不正（國）丨丨丨丨為食丨丨我心丨丨（記）群居五人則長者必異席

丨丨為之人子者坐不中丨丨儒有丨丨上之珍丨陳平丨丨丨丨為門詳車丨丨丨席

人所最畏者丨丨之丨丨（曲禮）丨丨丨丨丨丨丨丨丨丨文席丨丨（記）席間函丨丨孔席丨丨墨突（解嘲）丨丨不丨瑤席清丨丨（國）丨前席賈誼文帝召

丨飲食之間（曲禮）丨丨丨丨丨丨丨丨丨丨丨丨丨丨丨丨丨丨丨宣室問鬼

神之本夜丨丨（國）奉席丨丨丨如橋（典）請席何趨丨丨（國）丨丨丨丨丨丨丨丨丨丨丨丨丨丨丨丨丨丨丨

半丨丨（國）奉席請衽何趾衽臥席丨丨席丨丨（國）漢田蚡為相娶燕王女為夫人

故人避席俯伏丨丨夫行酒至蚡丨丨丨丨日不能滿（灌夫傳）丨丨丨丨（國）丨丨與灌夫往賀嬰起為壽獨

觴夫怒因笑曰將軍貴人也畢之丨丨五見坐丨側席丨丨丨丨（光武紀）丨丨人丨席（綰）

避丨席丨遂避席（曾子）丨（孝經）丨三經席丨丨之丨（詳見）孔子所於陳蔡坐三專席武帝特詔御史

如也詳史丨丨丨丨丨丨丨丨丨丨丨中丞与司隸校

尉尚書令會同並專席坐号丨丨丨丨戴憑重席徵為博士正旦令群臣說經更相詰難義有不通輒奪其席以益通者憑遂重坐五十餘席（國）

管寧割席寧与華歆讀書有乘軒冕者過門歆出看寧曰子非吾友也割席丨丨分坐而坐丨劉文刮席丨丨

稱帝群臣列位須自致魏他人爭之遂割席丨丨丨丨丨丨丨文仲販席丨丨人丨丨丨不仁者三家丨客撤重席席間函丈主人跪正席客跪撫

頭以手丨丨（國）丨丨丨丨丨丨丨丨丨与民爭利丨丨丨丨丨丨丨丨丨

席而辭丨丨丨丨丨主人丨丨丨丨丨丨丨丨丨丨丨

固辭客踐席乃坐（曲禮）覓壻設席後魏劉延明就郭瑀學弟子五百人瑀有

一女丨丨誰坐此者吾當妻以延明丨丨丨丨女遂壻有心於延明別設席曰吾女欲丨

奮衣坐曰延明其人也遂妻之（國）花落見席句（詳見）獨不就席丨丨丨立句過師就席

趙充国信威千里如從枕席上丨丨丨丨丨

○趙充国於橋七十所今可過鮮水慶與禪席丨丨柳慶遠從兄世隆曰吾昔夢太尉以禪席見賜吾遂亞

[illegible]

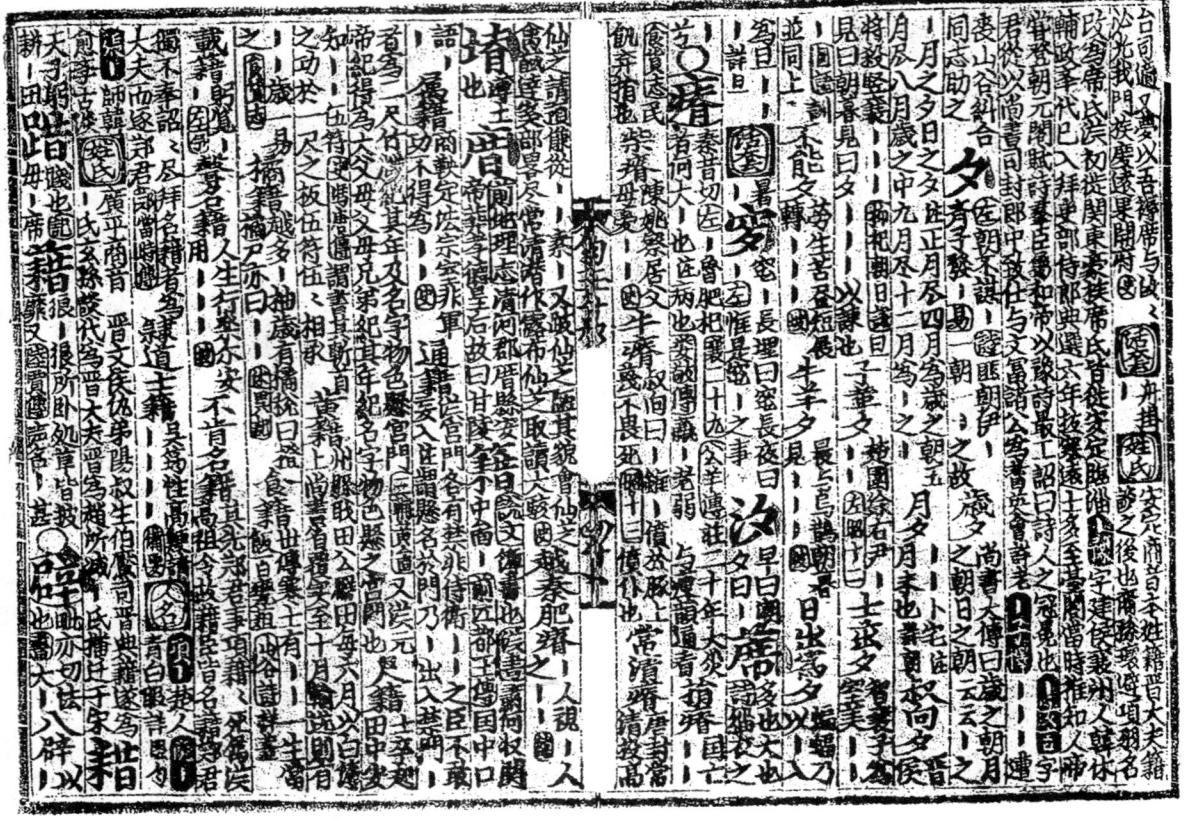

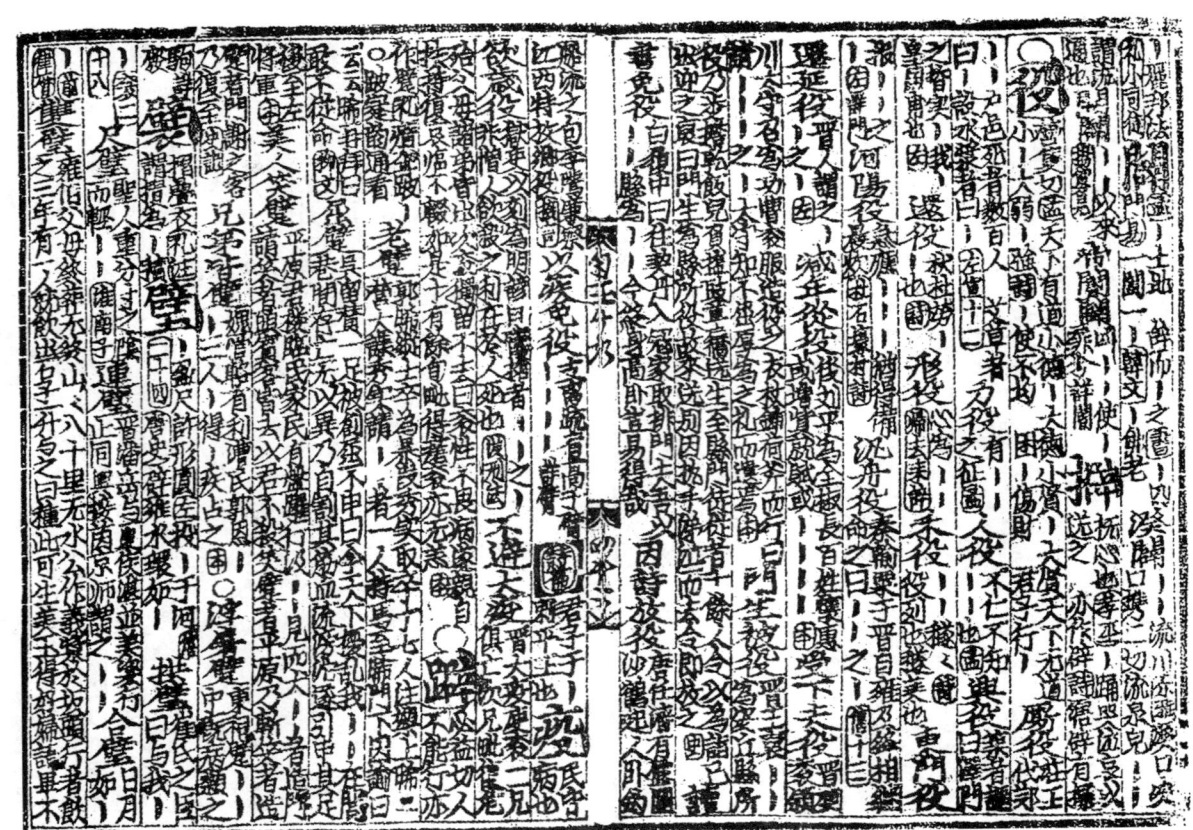

見後有徐氏女人求不得八求之徐氏以爲征戲云以白璧一双求當以爲
昏公乎所種石処得五双白璧以聘徐氏徐氏大驚遂妻之後名其地爲玉
田（搜神記）金璧趙得和氏璧秦昭王願以十五城易璧使藺相如奉璧入秦相如
視秦无意償趙城乃前曰璧有瑕請指示王因持璧却立怒髮上
衝冠曰王必欲急臣臣頭與璧俱碎柱矣遂使人以璧歸趙（史）懷璧一一其罪子孚事見玉○
飯璧盤飧置璧受飧（左傳二十三）反璧曹僖負羈饋重耳至
一一璧有七張伯懷其一并見　徵璧金盌
六璧蓋相一一謝下張儀探吾不服笞掠數百曰視吾舌猶在否妻曰存曰足矣（張儀傳）
壽璧西部付新婦（寺）傳六男面縛一一（僖六）許男面縛銜璧
麄皮蒼璧直數千萬知誰賢（漢）造白一一紫頭異曰一一四十萬本末不相稱（後漢）
垂棘之璧一一（僖二）并見○辟晉以垂棘之璧假道於虞
明辟復子明辟（書）一一作福惟辟玉食（書）辟是白一一九辟後雖
就辟鞭辟著己朱子云辟如驅辟一般（居家）邪可一一七辟徹一一不
孟子求見○僻匹辟切偏也傳僻左氏經傳集解（左）寫詩僻梁簡文帝自序
長而不能一一馬僻（同上）昔佗錢僻和香富至富二一地僻唐李曾僻
傷於一一（易）晉書蕭衍語一一老

僻一一不能一一猶唐土楊時五子皆以文顯于世楊
斥曰有一一懷其貴曰有之邪
僻何多邪一一王家愛士弊唐揚敬之一一類得其文
一一至辟之一一一僻也孟敬一邪
（漢書）辟相見之間君道一一一甬作辟
辟一一七政一一（書）皮辟一一人用側僻又一一故辟辟我曹若道
一一（昭元）○躬言一一食亦切一物之一一在此從晉向日是
匕支見逆一一在去聲（論語）弋不一一宿撓各自射而還送我是一一
器部說叱禁須射入六一一之手不能發聲頭目（後漢）弿一一○碧彼役切
兩一一衣碧（詩）初品官一一（唐高宗紀）八品九品官服碧陶穀少時惠成王七年
于鄭一一一人曲碧艷雀艷艷一一服碧服既覓一一一辟彼如
盤碧伍貫琢于丘長弘死于蜀藏其血三年而化爲碧（莊子外物）一一（杜詩）幾碧山色一一腹肖也寸碧
出一一凝碧大宗宴一一天水碧李後主宮人染服碧衣取露花盛
（明堂）凝碧一一天雨盛水染之號一一（續史記）山倒碧
食一一影一一（人名）一一張一一葉歌詩天与李白宿
一一（實錄）蜀故以碧爲名（續史補）

韻府羣玉卷之十九

入聲

韻府羣玉卷之二十

十二錫　獨用

入聲

錫先擊切與也賜也又一一九錫（禮記）九年
爾一一不聞餘物惟有短蓑（漢）錫王一一（禮）錫之一一諸侯
加公一一不問餘物惟有短蓑三錫（漢）元命一一（書）一一阿錫
精車長柄塵尾着草一一以其妻得也
被一一瑜衍縞也（列子）細布也錫本作緆○飛錫
錫山最奇絕而山業僧時持錫有二十五威儀（金室中）
然開於空中飛錫至空中飛錫而登之曰言之二一已
而鶴先飛去至錫後止悉開空中飛錫聲之二已
遂各以所識築室焉宝積寺无水師一一於地泉湧
大師理一一飛錫至京師諸曹邊一一卓錫唐六祖一一錫杖
一一散一并錫勞一一遠祖三匝（傳燈）空中錫
西軍鏡卓振錫是何宗旨石頭云蒼天蒼天
仰觀錫一一一一臨祖一一暴虎（說文）（詩）袒錫（詩）錫
一一錫一一飛錫一一揚一一陳軫以指甲一一以遨敵
晰一一玉佩香

國子一一聞一一米勤一一析分也其大一一頭發（詩）
蕩析一一離居（書）一一新析一一析
一一傳析一一分析人之生一一人民析一一
也晳白也澤明一一晳我一一（詩）一一之
一強委會（詩）一一名晳字一一聖門高弟子
激水激則悍一一（史）班固敘事不一一激（易）
一則跪晳一一一一激古歷切激揚也
首合於出人感詩長於激一一一一
譬之一一（史）一一一一一一一一
夜一一刀斗一一祖逖鳴擊一一之徙
一一相一一擊一一三千里（詩）一一
擊一一七首反側也一一
一一賊伺一一擊聲後盖延攻破
雅以力尓一一擊不堅令人一一欲相
實以一一之臨淄之途車一一人有
朱洸（詩）一一擊一一擊戍一一擊
嘗擊王一一擊一一擊三擊

泥庭君女謂妙殺曰[illegible]奇又讀於洞[illegible] 趙簡子使太子毋卹從智伯伐
庭之陵君丨拄三[illegible]有應者[illegible]書 [illegible]智伯醉以丨丨丨毋卹[illegible]
[illegible]豫讓請文擊襄子獲丨丨丨曰臣固伏誅願丨君之丨而丨之襄以衣自
[illegible]擊[illegible]沈[illegible]對季障[illegible]見細微之[illegible]以[illegible]曰可以下報智伯矣
擊則丨丨丨丨[illegible] 增[illegible]言如風雷丨丨而去之○𩅰[illegible]漂也
評丨[illegible]○𩅰丨[illegible]○瀝[illegible]郎擊 楚瀝[illegible]使[illegible]入[illegible]和白莫作丨丨也[illegible]淳
晃曰親有[illegible]待[illegible]前時賜丨丨不[illegible]一淅瀝初丨丨以[illegible]
斗[illegible]酢矣[illegible]見[illegible]及[illegible] 衣初丨丨[illegible]
歷[illegible]試諸難[illegible] 丨丨[illegible]歷丨丨[illegible]花[illegible]丨丨[illegible]歷大章○字体[illegible]百年丨丨
曆[illegible]簡律丨志治丨明時[illegible]曆[illegible]氏丨正也丨知天時[illegible]以名丨正之官
[illegible]置射丨日[illegible]丨[illegible]立也[illegible]至故[illegible]鳥
[illegible]曆[illegible]開[illegible]以[illegible]錄之号丨丨[illegible] 堯曆日月[illegible]典丨丨[illegible]曆能得[illegible]不
[illegible]鬼其[illegible]丨於大初曆[illegible]武丨丨洽丨則[illegible]唐[illegible]下
[illegible]發者曆与[illegible]作丨丨丨云後當[illegible]一日八日[illegible]後當有聖
者[illegible]德[illegible]唐高宗時李淳風作[illegible]為相視[illegible]丨[illegible]上曆日
之[illegible]曆以獻丨丨初[illegible]用[illegible]丨擇一良日[illegible]日[illegible]良

[illegible]曰是日[illegible]中無曆[illegible]明[illegible]無[illegible]曆[illegible]時自成
[illegible]可[illegible] 唐詩丨丨丨丨日[illegible]不知年 [illegible]大丨中
才子[illegible]馬色又伏[illegible]魏武帝曰老[illegible]丨丨智小兒共[illegible]馬[illegible]与
[illegible]子[illegible]名 丨丨志在千里 [illegible]十國[illegible]
[illegible]書[illegible]今[illegible]与[illegible]南[illegible]北多 [illegible]丨丨以不[illegible]石
丨丨曹丨[illegible]子[illegible] 櫟丨似[illegible]丨也 [illegible]
[illegible]有丨[illegible]山有丨[illegible]丨其[illegible]上一鬲[illegible]
丨[illegible]丨丨[illegible]子[illegible]生[illegible]丨[illegible]六斗[illegible]丨[illegible]
[illegible]的丨[illegible]荒[illegible]間[illegible]此[illegible]長[illegible]大[illegible]之間其
[illegible]的丨[illegible]的丨[illegible]曹[illegible]宗拓
号作丨丨声[illegible]子作丨[illegible]丨丨 [illegible]石[illegible]金[illegible]丨丨一[illegible]与[illegible]
丨[illegible]古作丨丨飛[illegible]也 [illegible]並行[illegible]在前[illegible]
[illegible]曰沙之[illegible]丨丨在[illegible]金沙石[illegible]生[illegible]小[illegible]出石
[illegible]曰[illegible]之[illegible]在前[illegible]丨丨有[illegible]一双詩[illegible]○[illegible]行
[illegible]作声[illegible]省悟丨丨丨 [illegible]沙丨丨[illegible]氏[illegible]曾祖[illegible]支[illegible]食[illegible]於丨因氏
[illegible]出[illegible]軍[illegible]詩[illegible]祖自[illegible]徒[illegible]
下有七十餘[illegible]字文[illegible]帝時[illegible]命不就詩[illegible]抱玉[illegible]不[illegible]
与[illegible]字[illegible]長[illegible]陽[illegible]立[illegible]山[illegible]服[illegible]名[illegible]
丨氏丨[illegible]女[illegible]作[illegible]使[illegible]風[illegible]之[illegible]行○

[illegible]的[illegible]都歷切[illegible]立[illegible] 質的丨丨張[illegible]弓
[illegible]義以為丨 矢至焉[illegible] [illegible]的丨當代[illegible]人倫[illegible]同的道丨丨[illegible]
[illegible]的[illegible]隋[illegible]時[illegible]入朝賜之射一發丨丨文帝命[illegible]的[illegible]丨丨推下自
[illegible]射一發而中[illegible]帝[illegible]的事[illegible] 慈的[illegible]月[illegible]
[illegible]始[illegible]的[illegible]太史慈初[illegible]為黃巾[illegible]求[illegible]於[illegible]
休[illegible]門[illegible]的[illegible]名持一的丨丨[illegible]丨[illegible]射之[illegible]如此[illegible]
下[illegible]入[illegible]明[illegible]復如[illegible]端丨丨[illegible]馬[illegible] [illegible]亦作[illegible]
比[illegible]復[illegible]因[illegible]出[illegible]侯丨丨[illegible]丨[illegible]的[illegible]馬的[illegible]
[illegible]元丨丨[illegible]莫[illegible]矢[illegible]与[illegible]遒看 [illegible]曾君[illegible]射有[illegible]
[illegible]吾[illegible]丨從[illegible]丨丨与[illegible] [illegible]已曲[illegible]其[illegible]射[illegible]
丨謂[illegible]曰[illegible]射[illegible]但[illegible]丨丨[illegible] 鳴[illegible]令曰丨[illegible]
覩時執一[illegible]刀矢[illegible]折[illegible]一矢以[illegible]之[illegible]丨其[illegible]
不[illegible]射[illegible]後[illegible]以丨丨自射善馬[illegible]自射其[illegible]左右不[illegible]
之復以射[illegible]馬左右皆射之乃射[illegible]頭皆[illegible]射[illegible]之而自立[illegible]
[illegible]商二十五矢射丨丨相[illegible]
[illegible]而[illegible]丨丨与[illegible]同[illegible]弦[illegible] 滴[illegible]滴[illegible]
行兩曰[illegible]地[illegible]取[illegible]水一滴丨丨上乃地下三尺[illegible]紅[illegible]馬[illegible]滴[illegible]
矣既而[illegible]間丨丨下二十餘丨平地水三丈詩[illegible] [illegible]丨丨老
[illegible]杜青[illegible]只[illegible]○知兩滴[illegible]丨[illegible]
[illegible]路破[illegible]色[illegible] [illegible]丨念丨丨[illegible]世界丨丨之

[illegible]老王降[illegible]時[illegible]首[illegible] 青溪一滴[illegible]
[illegible]能分別[illegible]其[illegible] 丨丨丨[illegible]伯是[illegible]丨丨[illegible]
[illegible]者丨[illegible]的[illegible]蓮中[illegible]正也[illegible]有丨丨不以其[illegible]老[illegible]
[illegible]丨[illegible]子也[illegible]立丨丨以長[illegible]白丨[illegible]
果[illegible]曰[illegible]至[illegible]胡[illegible]切丨丨以[illegible]首[illegible]
与商不同 [illegible]惟丨[illegible]○[illegible]作丨丨之 司馬[illegible]
丨丨羽[illegible]丨[illegible]天下只[illegible]高[illegible]丨[illegible]天下可丨丨丨[illegible]
羽[illegible]有[illegible]即[illegible]以雞丨[illegible]丨[illegible]而定[illegible]
[illegible]掛[illegible]刻[illegible]中張[illegible]為主[illegible]以[illegible]文[illegible]以[illegible]
[illegible]召[illegible]又[illegible]朝令[illegible]丨丨丨[illegible]令[illegible]五十餘[illegible]不日
而成[illegible] 又[illegible]朝[illegible] [illegible]而[illegible] 頭[illegible]見之[illegible]
[illegible]二更使了[illegible]文[illegible]丨丨丨 丨丨[illegible]只[illegible]
[illegible] 毛[illegible]丨丨丨[illegible]節張[illegible]之府[illegible]至以[illegible]令丨丨而入[illegible]
丨丨丨 [illegible]色奉公[illegible]之後[illegible]公車[illegible]不至[illegible]曰往日之[illegible]為
颯[illegible]馬上作[illegible]丨丨丨[illegible]在[illegible] [illegible]元[illegible]合[illegible]
[illegible]皆如[illegible]得[illegible]屏風[illegible]具丨[illegible]
之曰[illegible]能如此 [illegible]不可[illegible]取[illegible]丨丨丨与[illegible]
吾復何[illegible] [illegible]時[illegible]能[illegible]
[illegible]留[illegible]中[illegible]丨[illegible]其[illegible]曰[illegible]至此[illegible]男曰丨丨[illegible]
[illegible]中[illegible]他物[illegible]女曰[illegible]

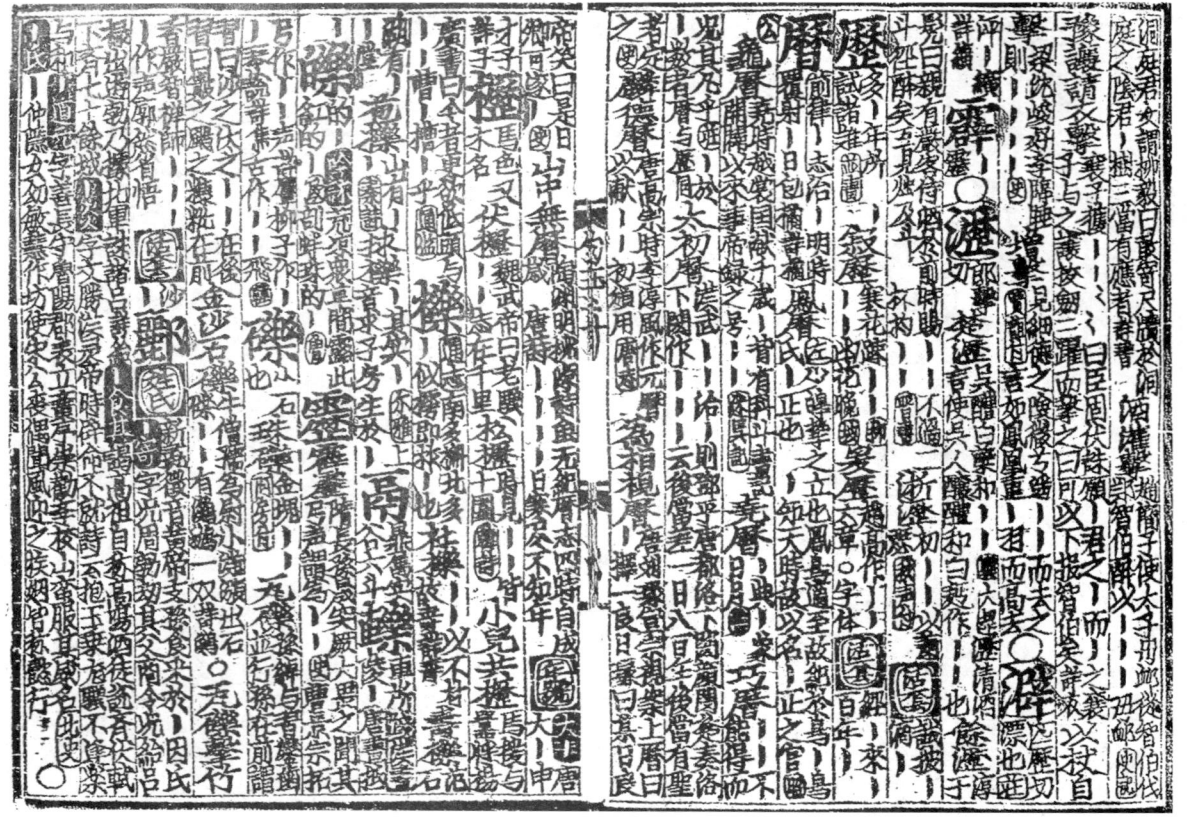

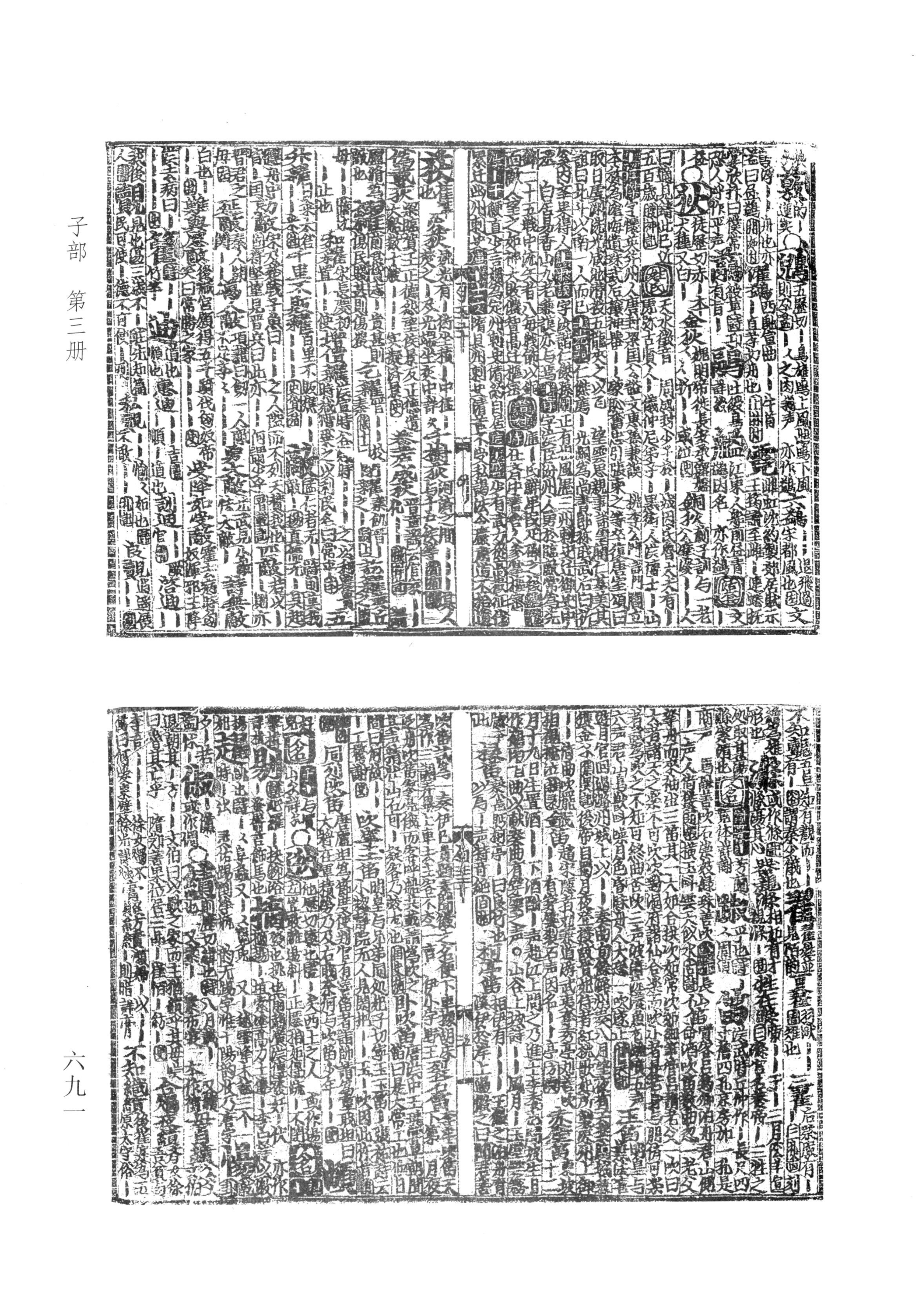

[illegible]

[illegible]

十三職 與德同用

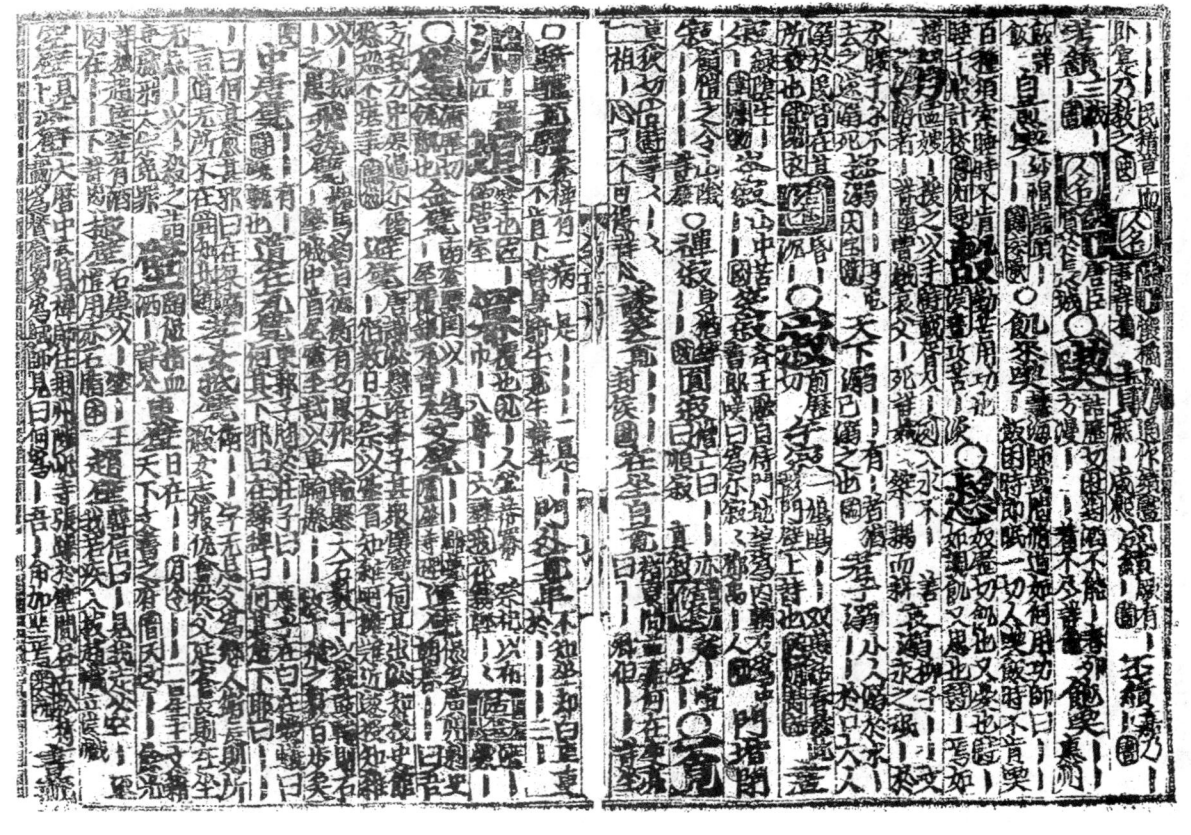

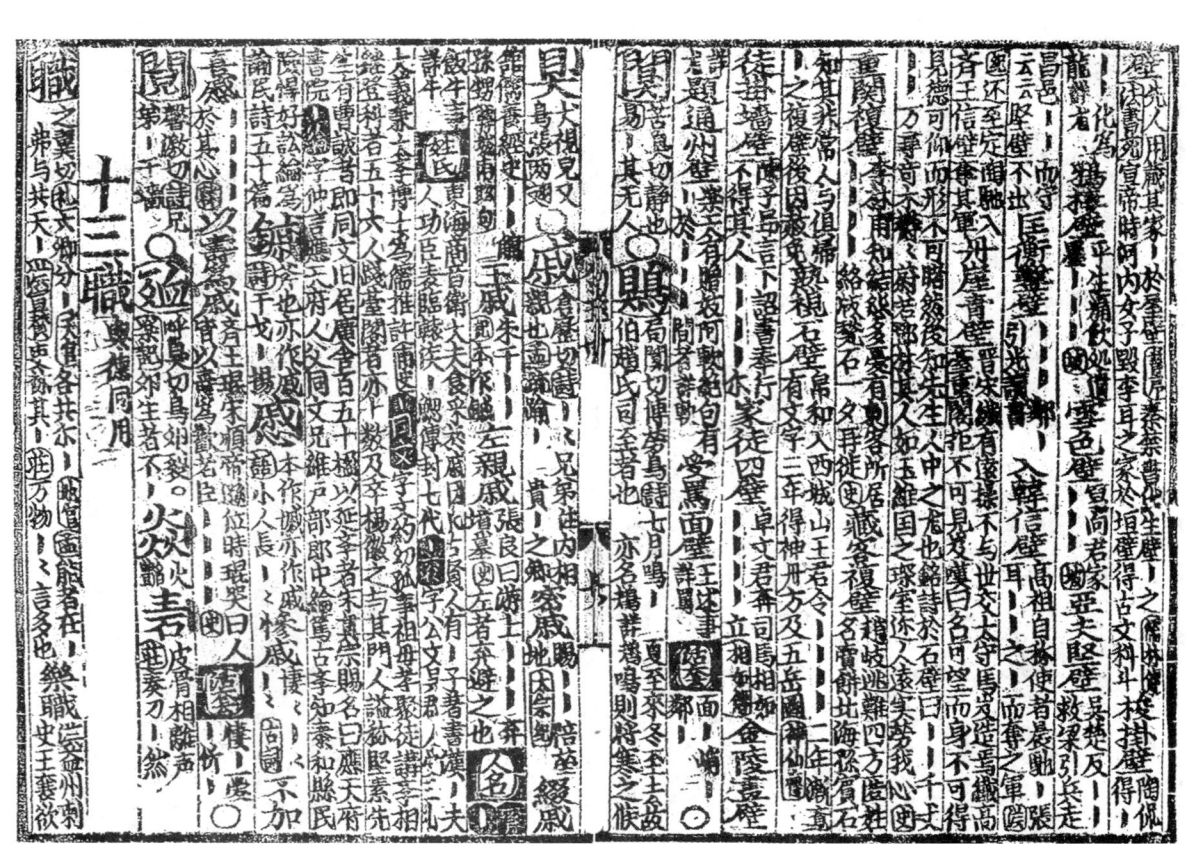

宣風化使王襃作雄職後盖勳董卓曰勳明智〻劇職梁孫兼以老徵爲光祿
中和〻〻詩歌之夜職有餘不可假以〻〻史劇職上大夫每請〻〻自效帝
笑曰朕當使卿智不使卿力史忝職缺孫氏谷職恥主也從過主此〻〻有谷職思其〻〻前漢紀不職〻下官〻〻實業十旬遷四
職後周唐瑾自吏部中大夫歷內史中大夫〻〻〻〻史隱子〻臣〻織史周勃嘗於販〻當問婢詳婢心織勳王
請拓爲文金帛豐積人王勃〻〻而衣〻姚崇曰當時以告訐爲功
謂〻〻筆畊韻府群玉舌織筆耕而食詳耕羅織天下号曰〻〻來俊臣事
唐酷斷織樂羊妻引刀趣機曰尋師中〻〻〇直除力切鑑古之愚也〻辛
吏斷織道而歸何異〻斷〻乎詳蔡鑑諸柱有〻躬著詩其
矣〻如縱直〻葉与身皆〻生廨中不弦直後漢曰直如弦死道繩直
〻〻檐則根皆直子文論達直扶白〻荀逐曲如鉤反封侯
罷爲說苑遺直唐媛知古方直有雅才既卒宋璟曰叔向遺直〻〻有〻〻子產有遺愛兼之者其魏公乎本〻晏嬰買直子雍
自知其罪而賣直〻售名本戒直伯宗每朝妻戒之曰義曲〻〻宣十二豹直
路以買直左衙史初入參陪直出五日爲伏豹直取不出之義魯直宋魯宗道除右正言
衆官皆出此人獨留故謂之〻〻封氏見聞錄多所論列上題殿柱
曰〻祿直賜兩月〻〻以粉直毗伽可汗妻率衆歸心地直不存秋毫學直
〻〻辨裝西羌傳處給〻〻二十万〻〻〻〻〻

唐姜輔勤爲相王府與參與韋史紡橋直〻唐柳食官居解中橋箭鋒直羿以巧力
剝器吏直脩顏問府号〻〻其直於官詳橋射中白步
〻〻相〻巧力何頭漢官儀僧宇傳乃賜筋表直宋璟爲相帝賜金筯一錢
能持一錢与我〻〻蕭齡香少傳曰以表直也詳筯
不直平生毀謗不識請入三十直溫造坐不救火自劾〻人名
不直〻〻〻詳錄詳去声出
漢御史大夫詳叢〇力林直切治功曰〻詩〻民代食又勤也書〻穡史〻辛又
時力韓少府造〻距來一弩〻〻謂作之國力唐曹嗣王臯教其兵以泰
得〻〻倍於常史記蘇秦傳互見來〻又勉強用〻扭〻夾坐清曉
功史食力不食徐稺常自耕稼非其力〻〻兔內愧國戮力心同巧力智譬則〻也聖膂力〻
記說苑筋力若者不以〻回天力有〻〻唐張玄素論事以所賜車馬陳坐曰
書〻〻之〻〻〻也因烏獲力也〻〻〻之〻史稽古力漢桓榮爲太子少傅
今日所蒙〻〻力陶潛爲彭澤令不以家累自隨送一力給其子曰不闘力漢祖曰吾寧闘智〻〻〻本不量力不度德〻薪水
力遣此力助汝〻〻之勞此亦人子也可善遇之本臣何力之有因不如仲
力漢祖曰始大人常以臣東南民力薛簡肅公爲江淮發運使辭王文正公
力治產〻〻〻詳多但云〻〻〻竭矣辭退曰真宰相之

言也〻蓼子公力〻陳咸曰幸〻〻〻〇願力皆依元始請〻〻心〻目〻耳〻
〻〻得入帝城詳城願力佛〻〻負責隱風〻火〻酒〻
弓〇敕昵力切亦作勅叢敕中宗時韋后等用事屠販納賞授批敕辛濬
宰中叢敕有不可於勒後〻却之吏曰宜別連白紙濬曰〻〻斜封号斜封〻〻唐本
連紙是職言曰〻邪帝以爲有宰相器遂拜相唐本口辨詔敕甚見賞辭其給
〻〻惡詩准敕唐德宗謂崔叔清〻〻惡詩國史補〻何用斷酒准敕安祿山帝恐人以酒
〻〻准敕進時謂〻〻〻斷酒准敕之時賜金牌子除
饋有沃以巨鮑即云飭修也詩戒車〻〻五封隱黯黠〻〻鶴〇河南府伊闕縣
惟敕〻〻天寶遺事飭〻〻〻私以〻五封譜〻〻水鳥毛五色
前漢大漢舟徐佐入幕先有小灘瀨出石磧金沙有灘〻一双
立牛僧孺爲尉忽報灘出有灘〻〻飛下不向日拜西臺御史
幽明中庸若〻遐峻陟〇彼高岡書黜〻〇陟竹力切
隋〻明中庸若〻遐山陟〇登陟〻陟〻陟五雲陟韋陟自謂所書陟字若降
隨〻〻〇大奇之詳尖人〇語与趙一〇食繩力切書一曰〻〻言惟辟〻鮮食穀
人名〻〻〻與趙一語〻言惟辟〻〻〻玉食〻書
〻〻〻〻〻〻豫褚爲羽〻〻豪王廟食梁竦曰大丈夫生當封侯死當
〻〻思〻魚饕爲〻書〻五見庚乡行〻〻州縣之職徒勞人亦國
家食不〻〻〻稍食稍稟中庸〻〻原於何代錦曰
祿食也詳稍横食宋杜鎬真宗問〻〻〻族寺帝謂安太子兼帝命太官每具

〻以賜安食凡燕礼〻〻者旅衆也未得正祿耳食辛者香於聞見
之出其始也旅食所謂庶人在官者〇〻〻京華春日泰在位日淺不
餼其終始因辛而笑之出与以〻潜〻〻〻〻
无異史記〇言〻〻不能知味養食一人鶴居而〻如鶴處居无常
奴〻上音冠雞待哺一豈食在下爲螻蟻〻奪彼與此何其偏也詳荀
也言仰物而食國世天地〻鑿食在上爲烏鳶食〻鄙夜起因
食見烏鳶食東食道旁〻〻〻姻国之人刺其君〻〻〻〻皆云
食上〻攫其肉吞食重斂〻〻〻於民國家食之計善晉〇公曰肉食者鄙
之〻〻何曾爲相朝日肉食一旦失於朝堂〇〇〇〇〇〇實食百四日
之上〻〻者寧得无肝肺塗於地乎寒食〻能〻〻者〇〇〇冬至後
五日〇日有疾風暴雨爲〻〻〇〇〇〇晉辛日并州〇〇〇〇〇
以介子推禁火每冬中數一月〻〻〇〇〇〇〇〇〇〇〇〇〻〻
〻〻〻〻〻〻〻〻〻〇〇〇〇〇〇〇〇〇〻〻衣〻〻我〻
我史伴食宰相唐史〻〻〻〻〻〻〻〇〇〇〇〇〇〇〇曰子恤
〻〻〻〻〻〻〻〻〇令与計偕詳偕唯〻〻不食〻〻之
〻〻東家食〻〻〻西〇〇〇〇〇〇〇〇〇〇寺
〻〻家宿詳祖〇〇〇〇〇〇〇〇〇〇〇〇〇〇〇〇〇食
〻〻〻〻〻〻〻〻〻〇〇〇〇〇〇〇〇〇〇〇〇〇〻言多
廣州灘欲就高帝求郡不知曾辭人教之習編上曰嘗自陳受天所
太言曰臣〻〻〻〻帝大笑曰卿何憂无食賜米百斛史〻
食以是食〻〻矣能齋肉食董卓乞〇〇〇〇〇〇〇〇〇
无肥乎詳言〻〻饍〻〻〻史〇〇〇〇〇〇〇漂母進食信

韓信釣城下諸母丨丨一丨見信飢設食信曰吾必以重報母丨丨豈望報乎 遺天下食 齊相入見
怒曰大丈夫不能自食吾哀王孫而丨丨 老人命之
食老人曰請丨丨公曰吾有府庫有戒比朝食 晋与齊戰於鞌安得侯曰
限老人曰春不奪農時即有食者衣 余姑翦丨丨而後 國
巳大損眠食 晋郗超曰我亡後入若丨丨丨可呈此 疾呈之乃与桓温往反密計悄大怒曰小子死晚矣 國 三以噎
絶食 欲丨丨不知食絶而身瘦 陳子昂云人有丨丨而得病乃 徐郎但事食用心忍飢丨丨 徐之才曰丨丨不 子詳廢
○法食 佛与丨丨 惠普陵說四時丨丨 旦時為天食午時為丨不雜食 二十四祖曰 我不一食亦
丨丨丨日影過一髮一瞬即非時也 戒羅三昧經 又凡物侵丨官曰丨丨
誹異 地理 大丨國在西 蝕 陝書 日月薄丨丨 通作食 易月盈則丨 曆叙 城波斯国西 日有食之 凡三十六 又凡物侵丨官曰
○息 相即切晝夜之所丨 法生 胎息 習閉氣而吞之名丨丨 内傳 謂以 也○今人以分生子亦曰丨 月 鼻口噓吸如在胞丨中初学行氣
常令入多出少○從半夜 鎭息 素天綱相李嶠睡則氣從耳出名丨丨 必大 至日中為生氣 抱朴子 貫寄 芝田録 張廣定避亂一女年四歲弃古
冢中以穀月乾飯及水漿与之後三年収所弃女骨仍坐冢中言 條息 班瘐
粮尽見冢角一物伸頸吞氣試効之輒不復飢乃大龜尓 抱朴子 六養万民 藏焉
籍銖而丨丨 後刘祐傳中常侍用事 保息 以丨丨 安之使 修焉
○懼而喘息 州郡累氣 猶丨丨也 周 遊息 也遊 番息

丨焉丨焉夫然後安其消息 記月令 陰陽生為息 陰死為消 又音信 始息 荀 容服安 太息 丨丨 嘆息
孝而規其師 記學記 丨丨又音信 檀弓 詠 ○者 丨丨 丨丨 曰其當晋姚之際守 史 嘆息
侯祖逖長丨丨 晋書 者琴稿名其哀傷晋雖暴與終於 丨丨 田 瞧息 蕭
丨若六 丨息○丨丨 唐韓皐聞廣陵散至丨丨 嘆曰 六月息 大鵬以丨 詳 庸 倦事 願息
出家左師公曰老臣丨丨 子也 弱息 呂公曰臣有丨丨 閔不容息耳 張
丨舒祺最少○丨子也 蘋息 顛率 其稱 欲 詳 與 恐 望其 擁 掣
子貢丨於丨丨 告仲尼曰丨有所丨 仲尼曰生无所息 望其擴 掣
如也宰如也墳如也則知所息矣 列子 与苟子大畧 相 少異
陳餘說武臣自立曰將軍 陳 息 鼻丨歎 丨当 熄 滅火 莊 嘶 火不丨丨 窴 柔戟切止也 突也○与寔
无失時 丨丨丨 史記
字義同 人名 丨 太丘德星聚 丨 有政論 殖 盡 不丨貨 利 論 其庭注平正皃 番殖 庶類丨丨 貨殖 而
音異 詩聚 崔丨
國 丨焉丨 孝直 閱 寄 寄曰丨丨也不孝 封殖 丨 左 滋殖 衣食 惠 府 稽 丨丨 生 湜
丨 將 洛 陽 十八 殖 生長也 封殖 丨 詩 敢不丨 滋殖 衣食
水滸及見 詩 丨丨 人名 唐人 皇 丨 埴 黏土 管子 堯治天下猶丨丨 埏埴 道 陶人丨丨 而為器
其址又特正皃 擿埴 丨丨 素塗 實行而 赤埴 丨丨 墳 書 植 立也 種
也挿 埴 丨丨之工 考工 上 擿埴 丨丨 黏土也 已詳 塗 上音 則 丨 墐 指土
不丨則價 侯 丨丨 高氏蔡氏並昔爭植 亭之 丨丨 動植 恩被丨丨 戸植 植謂之
方正劍 丨 畐植 丨丨 後 貝 敵 傳 汙 楮 受 蓮 說 漢 書 傳 不 雅

丨丨也謂尸持鎖植也門
尸植鎖所著 以鎖所附著
詳丨 丨衰 丨 宋 不丨 兄 之 參 翫 事 ○ 識 賞 職 切 知 也 丨 我 不 丨 熱 書 學 字 文 丨 詳 字 擾
詳 丨 不 丨 提 伯 鮮 詳 说 丨 識 士 之 蔽 遠 者 丨 後 忌 不 妬 丨 一 丁 字 詳 丁 妻 不 丨 夫 詳 談 事
面識 詳 面 丨 識 三 丨 長 丨 丨 也 國 奉 識 鮮 知 我 同 史 才 須 有 三
刺史王弘求識之不能致潛嘗往廬山弘令潛故人龐通之 相識 唐 顏 丨 真 識 丨 陶 潛 江 州
之使 一門生二兒舉藍輿及至欣然便共飲酌俄頃弘至亦无忤也 國 丨 人 相 識 日 丨 求 識 面 丨 丨 丨 半 道 要 不
為人識 往為鄰人所推薦輒自喜斷 丨 丨 丨 所 平生親友无一字見及書
与之丨 子孫不識 郭子儀丨丨 數十 能 尽 丨 詳 頷 丨 債者不識 相 温 山 遊 博 徒
幾乎 回 李 將 惑 書 丨 不 識 資 尽 求 詩 於 表
孝道 奏 隨 溫 狂 与 債 主 識 丨丨丨 曰 卿 當 貴 人 不 識 不 識 章 皇 是 我 識 者
不 卞 作 表 孝 道 也 遂 就 局 一 擲 勝 百 万 詳 帽 丨 丨 詳 鼻
不識 規 郝 昭 守 陳 倉 諸 葛 亮 圍 之 使 其 鄉 人 郭 ○ 六 識 眼 耳 鼻 舌 身 意
詳 說 之 不 降 昭 曰 丨 丨 卿 尓 丨 丨 也 國 為 丨 丨 界 詳 界 行 識
色 受 想 行 乎 識 此 人名 經 丨 漢 飾 緣 飾 公 孫 弘 吏 事 丨 丨 藩 飾 顯 設 丨 丨
五 蘊 皆 空 妻 詳 蘊 將 詩 斗 丨 以 儒 術 周 丨 丨 旬 書
道 粉 飾 丨 丨 脩 飾 公 孫 述 豹 飾 羔 裘 丨 薑 羞 不 飾 大 臣
飾 治 具 觀 飾 豐 容 丨 丨 脩 邊 幅 後 國 丨 國 有 坐
周 國 丨 丨 脩 飾 後 漢 丨

不 羞 石 慶 者 曰 丨 遺 婦 飾 諸 葛 亮 数 挑 戰 帝 不 出 丨 離 丨 丨 微
丨丨丨丨 國 丨 巾 幗 丨丨 之 丨 帝 怒 國 緒 套 避 丨 式 詩 註 發 語
声 儀 丨 刑 文 王 之 典 詩 丨 商 品 式 丨 丨 備 具 九 式 節 用 国 人 皆
容 閭 又 法 也 詩 丨 是 南 野 品 式 宣 帝 紀 九 式 丨 周 丨 大 宰 程 式 有 所 丨
圖 丨 蚤 式 百 官 丨 丨 馬 式 馬 援 善 別 丨 乃 鑄 銅 為 馬 丨 上 之 史 記 人名 丨 助 邊 前 漢 軾 車 前 人 所
丨 丨 ○ 俯 軾 鄭 食 其 說 齊 丨 丨 下 齊 七 十 餘 城 史 記 態 軾 漢 列 侯 車 丨 見 蛙 而 軾 越 王 丨 丨 輸 家 財 憑 処
人名 鮮 丨 拭 何 晏 面 白 丨 丨 汗 轉 白 赤 土 拭 張 華 得 劍 用 華 山 土 拭 之 詩 士 丨 丨 丨 其 有 氣 也 互 見 蛙 句 之 曰 以
拭 僧 楓 殘 威 勸 其 拭 涕 曰 我 豈 有 勸 拂 拭 時 丨 丨 丨 不 曹 巾 拭 李 白 曾 用 丨 而 詩 見 涕 不
丨 丨 卞 為 俗 人 拭 丨 詳 上 声 涕 假 有 緒 套 毋 丨 拭 丨 指 丨 唾
○ 蠚 ⿰ 力 切 傷 痛 也 書 人名 丨 丨 之 ○ 前 側 切 丨 ○ 前 附 子 一 歲 曰 丨 二 歲 曰 烏
頭 五 歲 丨 民 罔 不 丨 傷 心 ○ 極 渠 力 切 易 有 太 丨 大 小 見 前 喙 三 歲 曰 附 子 四 歲 曰 烏
曰 天 雄 夏 諸 侯 原 傳 書 惟 皇 作 丨 丨 鰲 極 女 媧 斷 丨 丨 六 極 天 地 四
洪 範 丨 丨 四 極 東 至 泰 遠 西 至 邠 国 南 至 濮 八 極 方 隅 極 処 ○ 蘇 渾 立 四 丨 丨 方 又
六 福 也 丨 鉛 北 至 祝 栗 曰 丨 丨 爾 雅 八 極 丨 丨 八 極 方 隅 極 処 丨 北 極 天 樞
亦 曰 北 辰 居 天 之 中 丨 南 極 丨 丨 老 人 星 西 極 武 帝 得 大 宛 馬 歌 曰 天 丨
以 正 四 時 爾 雅 南 極 前 漢 天 文 志 西 極 天 馬 來 兮 從 丨 丨 史 民 極 以 為 丨 礼 丙

中和極之丨天子建（漢史）丨寧極居宅自号丨丨（史）布衣之極張良曰此於良足矣（史）

其論大極晉紀瞻與顧榮丨丨榮謂天地混沌之（淮南）立一三丨丨

切二也時瞻時夫方瞻謂其理極於无復外形（史）

藏也　服匿人呼小石爲丨丨官房（蘇武傳）〇丨丨如嬰用受酒酪東北界

七八升盛酪丨丨昔蘇武于以〇齊逐遺博覽竟陵王得古器小口方腹而平容

與蘇武王視與底有字如謚言（史）以精兵（唐書）匈奴匿其丨丨見其羸弱引單

避匿闔扉如如丨丨（注）兵避之被匱七日（史）

匿　女力切

避匿丨丨詩避注擾匿文宗至于在家盡丨丨床下詳床

惬　偃也　**㴁**　（記）叉切力及其

不丨丨　笑若丨丨海丨丨海詳

不可丨丨詩笑丨丨海上來戈反　**圭測**　暴詩圭丨丨日不能測晉虞喜傳李賀猶

自云（史）心難測晉顧和周顗指和丨曰此中何（孟）丨曰〇後漢張酺每詣喜信宿忘歸

丨丨所有和曰此中最是丨丨地（列）**惻**　痛也　暴有諫正帝曰闇々惻

丨丨出於恰稼丨丨進也　**億**　於力切十丨丨億意度其臆所未度也

識心（史）**憂**　良韭方曰丨　**徬**　億意度其所中丨丨未之（史）

不億真麗丨丨（詩）**三百億**　兮（詩）丨丨丨丨生不丨丨**臆**　胸也　記曰丨丨億意易明夷

意並叶　**對臆**　口不能言請故无情詳情　**臆**　獲心意　又好憂積

百臆丨以　（西）（田）**微臆**　百積注（書）**溪沾臆**　人生有情（書）**醷**　醷酷醷爲漿

丨丨（書）也內則求丨

注梅**意**　（論）（文）丨丨文从卅会声本作薏或作丨丨一曰丨丨美

栄也　（文）丨丨心謂之丨丨又雅與丨丨相似者丨丨甘　**抑**　塞也遏也止也又謹密也

（詩）感儀丨丨文美色丨丨丨丨快丨丨　**按抑**　至和无極辭至（國語）丨丨衛武公

丨若揚兮（書）克自丨丨　長稼丨丨（詩）（書）丨丨抑平无丨丨（國語）刺厲王亦

以自譽（書）**色**　所力切（國語）无喜丨丨无慍丨丨　**國色**　驪姬者丨丨也（公羊）唐**市**

（左）（大雅）（書）而麋而丨丨自形自丨丨國色　詩丨丨朝酣酒本此

色丨子瑕曰室於容而**食色**　左師宋國數使其民見**菜色**　雖有凶旱水溢民无

丨於丨丨（昭十九）曰猶有丨丨（昭十五）（昭王制）〇杜內

食晒丨丨〇山谷題兒菜云士大夫不**氣色**　季光照代郭子儀先朔方節度

可不知此味不可使天下之民有此色丨丨一麾令之丨丨乃益精明（史）

殆色（襄二十一）有丨丨孔子盜遇柳下季曰車馬**養色**　目欲丨丨養丨丨**濾色**

丨丨（襄二十一）**行色**　有丨丨得微往見跖邪（莊盜跖）極也詳養

諸侯不丨丨謂**德色**　借父耰鉏慮有**鬯色**　顏真卿聞宮氏名曰吾得五品官

食色如丨（賈誼傳）丨丨丨丨否尼宿紫絲布曰顏郎丨丨如此

詳形謝必戲胡旦飲酒面赤**火色**　馬周爲鳥相鬼見**羙色**　君子不丨

曰舍人面色赤丨丨詩（憐）詩有**蠶色**　詩臨丨丨於人詳

失曰丨丨於蠶吉**潤色**　子產丨**物色**　嚴光之詠以**五色**　李程初出試場楊

傳婁於国詳說丨丨之（國）丨丨訪之日丨丨於陵詢丨丨賦

破云德動天鑒詳開日華及陵日須作狀元曰无名於陵奏云主文曰若

有此賦何以待之曰非狀元不可於陵曰若如此已遺賓矣可命取卷對之

一字不差遂擢狀元（唐史）〇李方叔將奴坡知李欲奴**無人色**　李廣（史）

之迹而下第坡詩云平生漫說古戰場過眼眞迷丨丨丨丨　**蓋**　唐元德秀

敗吏士丨丨丨丨**敚者色**　顏紫見孰爲首有丨丨之丨丨**未嘗識女色**　生六十年

靡意氣自若（史）割炙啖之詳炙与執爵事同丨丨**嗇**　（儀禮）夫

丨丨丨丨（史）〇**無色**　界十四天**多色**　佞丨两道猿捉師曰某人只會老僧不見不聞詳聞

代黑〇皃風丨丨两詳僧〇地爲吝丨丨丨丨　**穡**　（詩）不稼不丨丨**稼穡**　丨丨服田丨丨不能稼

通作穡左大国省穡而用之（昭元）（書）舍我丨事丨丨方丨丨（書）

穡孔子曰良農能稼而丨丨（家語世家）**棘**　紀力切如臺而多刺織

禾穡之爲嗇斂之爲穡言嗇種丨丨斂穡丨丨又則无刺而不色白者

爲白丨酸者爲棘丨丨（孟）養其棘丨亦名酸棗又夭丨丨棗青綠即天門冬一云

柳也（詩）吹彼丨心〇刻丨丨棘有巧人能於丨丨刺端刻沐猴詳猴又牛丨丨叢棘

九棘　朝士掌建邦外朝之法左丨丨孤卿位焉群（周禮）卿曰刻丨　**列棘**　見**大棘**　司寇所

之下故称大理**叢棘**　後冠纓傳置之丨**圍棘**　唐礼部試之日設**撤棘**　和凝知貢

官曰丨丨（王制）丨之下〇獄中　丨丨兵衛存棘丨丨之（通典）

幸丨丨開門士皆越棘而出則鳥号丨丨　**壷棘**　丨丨之壺詩**桃李荊棘**　宋唐介自

肅然所取皆得人（陳漢武唐傳）未嘗與汝等戲丨丨　**鳳棲棘**　後漢仇覧一名香王奐

政府歸語諸子曰丨丨出美玉　**鳳棲棘**　後漢仇覧一名香王奐

丨則甚多矣鶴棲有命自勉而已（邵山錄）　**鳳棲棘**　四爲主簿曰陳元之

過不罪而化得元少爲鷹鸇之志邪香曰鷹鸇不若**棘中**　葬棘　存慈過徐隨門

丨丨謝曰枳棘非丨丨所丨百里豈大賢之路**棘下**　有客軍六七

乘欺慈云徐公不在客忽見在揚柳抄**棘中**　**客習中葬棘**　丨丨掃除

權入振隨之曰左慈也客逐慈却頭謝各還无復丨丨丨丨（劉）**葬棘**　丨丨掃除

未盡是以交棘丨丨三十許（冊）**殛**　（書）丨鯀于羽山丨丨其妻室

火庫不生詳棘丨丨（國語）晉梁公云奐元規丨丨**跛**　越獲棘丨丨五代王彥章字子

丨丨行丨丨（書）**極**　（書）丨丨丨丨絲始勿丨丨丨丨其妻室

百步　左是丨是丨丨　**極**　子之病革矣奶至三不用丨丨亦作革記夫

棘　悲棘其發（書）棘**襋**　衣領（詩）要之丨丨之　**革**　急也（記）病丨矣（ ）

通作棘詩簡忙孔丨　**弋**　與職切繳射也（論語）丨丨不射宿又黑也（漢）文紀身衣丨丨

弟又取也（書）敢丨丨天命又後嫁紅羌人謂奴爲无弋丨丨**畢弋**　田獵丨**彈弋**

不遊丨丨（國）**王霸弋**　三丨弋道德五丨丨丨丨大**杙**　橜也亦雅云所以

東蒼空鳥雀誕丨丨戰國詳繳鈎弋丨丨人詳拳（杙）挌獸又木名（劉）丨丨

出交趾（謬）跌（史）諸丨**翊**　輔也又馮丨丨郡名通作翼（詩）以丨**翼**　（書）十夫子丨丨

氏不以丨丨爲撫丨丨以翼丨作翊曰弓在旁曰翼　（敬）詩翼爲敏

（漢史）羽丨鵬翼　丨丨慈而飛其翼若垂天之雲（莊）**鳳翼**　君蝴丨**蝴翼**　不以万物易丨丨

丨丨已成丨丨　若垂天之雲（莊）**鳳翼**　承蝴者曰不以万物易丨丨　孔子曰用志不分乃

疑於神　**虎翼**　或附翼更曰虎哉丨丨**比翼**　南方丨丨鳥爲鶼西方**舊翼**　焉異

（莊達生）丨丨角而丨丨者也（楊明詩）丨丨有獸爲蹷（爾雅詩注）破赤

有賊至書勞曰始雖垂翅回谿終能奮翼以丨丨　丨丨泛三
丨丨澠池可謂失之東隅收之桑榆翼子詩　千翼頸延年詩丨丨輕波往丨艘也
翼浮丨丨上同○大翼一艘十丈　十翼孔子作上彖下彖上象下象上　左右翼
翼丈中翼九丈六尺小翼九丈　下繫辭文言說卦序卦雜卦
李技爲奇陣張丨丨丨丨而飛无　夔生八翼陶侃丨丨飛
擊殺凶奴十餘万詩　錢無翼丨丨而走神論　而登大見天門　登
陣八推一門不得入闕若擊之人名　度丨一云見董軾家　翌明也書丨日乃寤
孥蜩折其左畐汲民都督八州史　雞變野雉丨雉　　　　　　　　　　　　婬
媒官後周記　郎子力切語丨之也温詩　唧声也　　丨丨鼠胎亦
三妃三丨丨　郎來丨我謀　茵輸之丨　　象　鑫唧丨丨嶺南獠民爲
行筋我咬之丨之作声　　　　虫蚕唧　　　　稷夏稷詩泰丨薿々
瞬飼之以丨飼之謎上囑々而　但聞四壁丨　五穀之長也秋種
○彼丨祀稷丨稷田正也烈山氏之子曰柱爲稷自夏以上丨之周弃下稷曰
之苗丨祀稷亦爲丨自商以來祀之左傳自晉以來禹配社稷配稷
丨丨俗定十五丨丨後朱撰作絶交論丈選作正交論曰彼嚴丨丨
丨丨旻也晡時丨貧不稱稷而丨丨焉丨丨爲丨谷使交可爲則泰其從矣史
社丨丨　逼彼側切丨逼　楊素善屬文周武帝曰善自勉勿憂不富貴素　陪番
梁丨丨亦作偪　貴逼曰但恐丨丨來丨臣々无心圖富貴也史
此丨丨逼謝安少過王蒙々曰丨丨　搶虎逼　隋高祖與陳後主遇麗華亦在左右
丨丨丨壇丨丨爲來逼人　後主曰每遣人時丨丨丨華方侍陪春閣試
東都紫毫書小硯紅箋客近令碧月詞末終見韓丨丨　陪丨侵丨宋戚　匿
丨領斂方驅直求丨丨人都无去就意　南部煙花記　丨丨才相丨丨　幅行
滕也詩帶襄丨丨与　邪丨在下偪丨丨　域两逼切詩　聖域　道域
東其脛自足至膝以帛邪纏也　　丨彼四海丨丨　侵入丨丨
游觀丨德之　壽域　八荒開拓　翰域　穿域躅丨　詳趣丨丨　丨丨　之紛
丨丨王襃論　丨丨　　　　　　　　今蹈越厲也　眭域　況々乎其若四方之
丨丨　鬼域丨丨丨丨光武閉關謝西域　　丨无窮其无所丨丨　丨丨　曲
華域丁年不入丨丨　　史　水的域　光遍丨丨之丨　嘉佛寺莊嚴
丨丨　　　　　　　　　　　　　　　皆以金宝　丨　　大莊嚴寺碑　陪番
白丨絶丨丨人名　　　　　　天竺人呪水起蜮　以黿三足亦名射工　說文
潘丨區丨丨　　　　　　荊南杞梓詳便　射工沙風含沙射人　蟲中人
形影動成瘡痏　　居水中以氣射人者名射工居水旁山林間　鬼蜮爲丨爲
含沙射人者名沙風　或作蜮　春秋莊十八年有蜮　註短狐也　　丨丨　詩
瘵溪蜮有丨丨毒　居水中口波爲人丨　病以大冨蘭　　　　　　　　　　　　　　　　　　　　　　　　白蓼細捕
丨丨　　　蜮　宋詩暨子文至孝忽空中曰汝爲人療疾无不愈　史　罭小魚者
詩　九丨美周公也刺朝丨　閾不獲丨　棫丨詩　淢丨丨波　緎羔
丨丨丨之不知詩國風　門限語　行丨丨　　勢疾也　　　　　　　　　　　　丨丨
之縫詩羔　洫　況逼切語　尽力乎溝丨　拔矣丨　　　成洫十里爲成丨閒廣　　　　　　　　　　　　　　　　　　　　　　　　　　　　　八尺爲丨說文　老洫
羊之丨丨作淢詩　築城伊淢　註成溝也　　　　　　　　　　　　　　　　　丨
其厭也　如緘以言其丨丨也　註老謂物人爲物慾所厭沒　侐宫有丨
如拔緘縢全毛不可救救故曰丨丨　謂如壅溝洫也　靜也詩閟　○

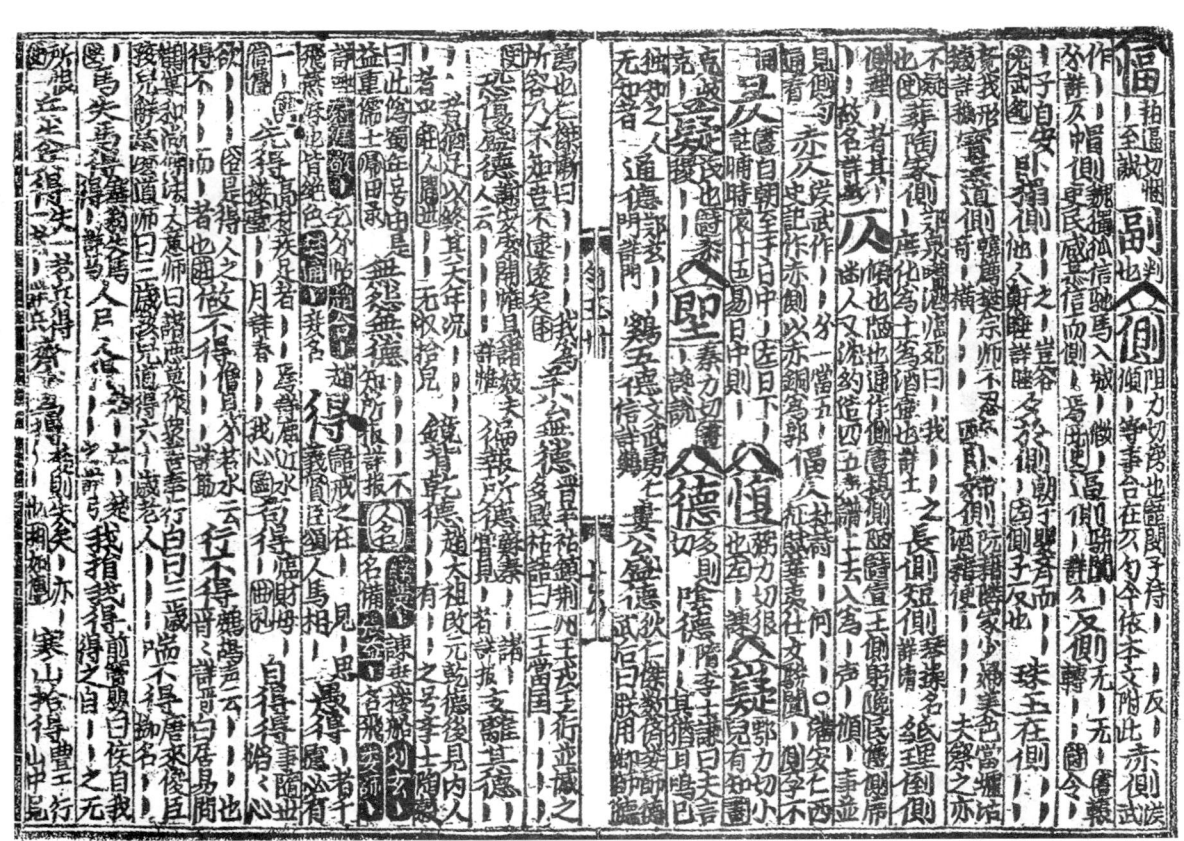

偪丨拍逼切　偪丨至誠　副判也　　仄阻力切旁也　論語子貢丨丨反丨
作丨丨帽　貌偏狐信驰馬入城丨側丨帽丨等事合在仄旬今依本文附此　赤側淺
分詩反丨帽側吏民感慕信而側丨焉　史　逼側　唐閒丨丨詩々反側轉丨丨　置令
十子自安丨臥丨　獨側他人丨丨　　睡詳咥之丨豈容　丨丨　人名　於側朝丁要斧而丨丨　貢賦　　无丨丨无丨丨
光武紀丨　　玉行丨丨丨　　　　　　　　　　　　　子丨丨也
充我形魔靈道側奇丨横丨丨　　　　蹁跹丨丨詩　丨丨防而丨丨　　　　夫祭之亦
鐵詳換　　　　　　　　　　　西母丨朱側丨酒賴使丨丨丨丨丨丨　　　珠玉在側　　　　　　　　　　　　　　　　家少婦美色當壚沽
不疑丨詩丨泉閑澗濱死曰丨我丨丨之長側短側詳情　翠絲孫名　紙理倒側
也　傳云菲陽家側　席化爲丶士爲酒丨也　詩丨　　丨側　　史　　民史側廁
側丨丨者其丨丨　仄　側也　陋也　通作側　書丨側　詩丨丨王丨側　　嬰
丨丨　故名詩　丨　仄　鳥人又沈約造四五字　講丨去入爲丨声丨　頌丨　事並
見側丨　赤仄丨丨發武作丨丨分一當五丨　偏丨人社詩丨丨丨丨　○　曹安仁西
頃看丨丨　史記作赤側以赤銅爲郭　　和觀華麦社丈數閨　丨仄字不
詞丨　昃　　書　自朝至于日中丨昃日下丨　　　　力切很　　鄂力切小
丨　　註晡時　春秋十五　易日中則丨　　愎　也　　　嶷　兒有知　書
克丨丨丨丨　丨岐嶷　也詩　泰　堊　泰力切　　　　　德　多則　　陰德　隋李士謙曰夫言
克丨丨丨　丨丨　丨丨　　　　　　　　　　　　　　　　　　　　　切　　　丨丨　　其猶耳鳴已
独知之人　丨丨　通德郭玄丨丨　鷄五德文武勇仁信　要公丨德　狄仁傑對則天
无知者丨丨　門詩門　　　　　　　　　詩鷄　　　　　　　　　　　武后曰朕用卿爲藩
鶯也仁傑對曰丨丨丨丨　丨丨丨　我爲羊公無德　晉羊祜鎮荊州王戎王衍並減之
所容乃不知其不遠遠矣史　　多畏祜詩曰二王當國丨丨丨丨
後　恐傷於德　蔡邕傳　丨丨丨　丨丨　諸　丨丨　報所德　實見丨　若詩拔　文離其德丨丨
人云丨丨丨丨　　　　　詳惟
丨丨　　若猶足以終其天年況丨丨　丨丨丨　　鍾胄乾德　趙太祖改元乾德後見内人
者也　莊　人間世　丨丨无服拾兒　丨丨丨丨有丨丨丨之号李士謙
曰此僞蜀年号由是　無怨無德丨丨丨丨一不
益重儒士　歸田錄　　　　　　　　　　知所報　詩振　人名　丨丨　諫丨丨　撲　刻玄
詩丨　　　　　趙　得　　　　　　　　　　　　　　　名備　　　名飛　　　
丨丨　　　　公　　戒之在丨見丨思　　　　　　　　　　　　　　　　　　　　　
飛燕丨皆絶色　　丨　　我名　義　陸　丨人馬相丨丨　異得丨丨　　者千
一丨　　　　　　　　詩　丨丨丨得　曆曆近水丨得財母丨得　盧　必有
先得　雨丨寿君疾兒者　丨丨丨丨丨月詩春丨丨丨我心　　　自得　事隨世
信陵　得　　　丨丨丨丨　　詩　　　　　　曲礼　　　　　得之　　　　　　　　　　　　　　　　　心
欲丨丨丨丨　王是得人之丨　　做不得　僧日分若水云　丨丨丨丨也
得不丨丨丨丨而丨丨者也　國　徼丨丨丨丨丨　丨詩筋　　行不得　鵜鴂声云　白居易問
韻果和尚師詩法大意師曰諸惡莫作衆善奉行白曰三歲　　　　　　　　　哥々詩哥
孩兒詩亦道得六十歲老人丨丨丨行不得　唐　来　後日
經道師曰三歲孩兒道得　端不得　　　　　　　　　　　　　　　名
丨丨馬失馬得　塞翁失馬　人曰　之福　丨丨丨丨　丨丨丨　　　　　　　　　　　　　　　　　　也　　　丨丨　丨　之元
史　得丨詩丨　　　　丨丨丨丨　丨丨丨　　　　丨丨丨詩　　　我猶丨得　前賢
　　　　　　　　　　　　　　　　　　　　　　　　丨丨丨丨自丨丨丨　得之自丨丨丨　　顧曰朕自我
所喪丨丨丨得丨失丨　　丨丨　若丨丨得　　丨丨　則失矣丨丨亦丨丨　寒山拾得
史丨丨丨丨　丨　　　　　丨兵　齊丨　　　　　　　　　拾得曹王行
丨丨　　　　　　　　丨丨丨　　丨丨丨丨　山中見

一兒教處姨至國清寺僧豐干之名拾得二和尚僧貫休
後令去廚滌器爲書偈口讚齡餘ㄧㄧ因貪之而去詩云得ゝ入蜀上
王建詩一瓶一鉢垂ゝ老萬水千山得ゝ來〇則ㄧ子德切[詩]其ㄧㄧ不遠　順帝之
得ゝ來因號[五代史補]ㄧ有物有ㄧ[書]有典有ㄧ
明發空衔[試]一言而ㄧ天官ㄧㄧ給五則ㄧ權衡度量ㄧㄧ七月天則乃
爲天下ㄧ[左]殿ㄧㄧ爲賦入則都鄙[周禮]大宰ㄧㄧ爲ㄧㄧ表則律名天則見
ㄧㄧ麗則詩人之賦ㄧ以ㄧ詩人山則安世房中歌曰磴ㄧ即ㄧ帥象ㄧㄧ
[易]麗則之賦麗以淫[揚子]〇[漢]禮樂志磴磴積也即其象也帥衆也
則法也言猶其之〇勒盧則切馬頭絡銜又刋也[禮]
蓋乘類如山也[山照照山](?)〇勒[漢]刻石ㄧ功又隷ㄧ西域國名
鉄ㄧ比紊勒白馬嘶ㄧ[國]朱勒戮遍製ㄧㄧ勒損題名竹云倭扶ㄧㄧ
秋種類ㄧ黄ㄧㄧ書ㄧㄧ嶺南竹名　牛勒也
婆勒唐高仙芝討小勃律擒ㄧㄧ川會川張仙芝阿摩勒即餘甘
婆勒之祭川婆勒不能勝不濡遂拔其城[國]看摩勒子詩甘摩詞兜勒
胡角以應胡笳猶漢有雙角者是也張博望入西域傳其法於西京
惟得ㄧㄧ一曲李延年因造新聲二十八解以爲武曲[晉樂志]評邑
勒新羅國城曰健牟羅其邑在內曰ㄧㄧ〇肋鷄肋魏王討劉備不得進欲
勒ㄧ在外曰ㄧㄧ猶中國之郡縣也[南史]鷄肋弃之發令云ㄧㄧ王脩
曰ㄧㄧ弃之可惜食之無所得[太平御覽]劉伶醉與俗人相忤其人攘袂奮擊伶曰ㄧㄧ不足以安尊拳其人笑而止　瘤肋廣肇表人袒人相忤
赴李元詳曰袁州出洟ㄧ人耶日袁州李靈肋　肋之詳聲　細肋[國]州沙苑
人亦酒沉江中出ㄧ甲九ㄧ者補矣[藝文]　監有佳羊
謂之ㄧㄧ馬賜李勣北齊傳伏爲東雍州刺史周武招伏不從閣後主已擒乃
卧沙[國]勒降周武曰朕平齊者唯見公一人自食生肋ㄧ伏曰骨
謂肉疎所云　齊者若謂肉疎骨　〇石有時而ㄧ[左]石什一也[說]猝
以相付[國]乃易毋ㄧ而後毋〇泐〇[禮]石有時而ㄧ
〇忒他德切[詩]其儀不ㄧ差忒ㄧ或ㄧ貸ㄧ僣忒ㄧ[國]　百勝理益智則解裂　〇協
[書]ㄧ僭忒ㄧ民用ㄧ[國]　〇慝惡也[國]司
引慝自罪ㄧ騃慝[唐元包]　〇慝ㄧ姦ㄧ慝少皞氏不才子服　修慝[國]崇德ㄧㄧ[國]
[書]ㄧ[國]　惡ㄧ[戎]十八　怨慝治也治去惡而
寫書慝之死矣ㄧ慝朔而月見東方曰ㄧㄧ[國]謂月當沒而更出見　冠結好ㄧ濫慝ㄧㄧ
者也慶慝ㄧㄧ[國]又云ㄧㄧ者不進意　勾會又編在慝勾忍誤
〇克苦得切[左]得儁曰ㄧ師ㄧ剛克沈潛ㄧㄧ高明柔克[書]　剋ㄧ戴克ㄧ克恐功[書]
在和語ㄧ己[書]其欲ㄧ之　剛克　慶克ㄧ克ㄧ敵克
溫克人之齊聖飲酒溫克[國]　不ㄧ不ㄧ揞克曾是ㄧㄧ[國]自伐八克八戰ㄧ[國]
ㄧㄧ[國]ㄧ息克ㄧ[國]　而好勝人　本作尅　[後漢]又[晉]ㄧ
[國]刻匠刻ㄧ補史ㄧ未爲史宋人以玉ㄧ楮葉詳揣ㄧ鵠類詳鵠ㄧ
[傳]刻ㄧ刃ㄧ鐫象詳象ㄧ忍求劍詳劍ㄧ燭賦詩詳齊ㄧ石勒功詳山轉端ㄧ
猴詳猴[韓]ㄧ或問吾子少而好賦曰然童子雕蟲篆刻ㄧ架賀孫武帝與編刻
能開頃ㄧ花篆刻雕蟲ㄧㄧ壯夫不爲也[詩]出　晷刻語常務ㄧㄧ[國]

子至乃ㄧ[國]甚ㄧ古邑白以功深刻持剛ㄧㄧ印ㄧ定剛ㄧ漏下合涵十一刻於治每延英
在ㄧㄧ[國]武[國]　深刻[國]帝[國]　刻印詳印ㄧ
對宰臣率ㄧ[國]酒一十刻張仲吉以ㄧ刻生遯其家相其子鴉生鴉子之子十數將諸
下ㄧㄧㄧ[國]　刻生遯其家挹酒至後隔ㄧ來其咸得[備要]
[國]詩限三刻梁蕭撤武帝限三刻賦一ㄧ二十韻撤一刻便就[國]
文甚美　梁到沉詔賦詩三百字三刻便成[史]　〇匐ㄧ　畜
稽ㄧ又ㄧ〇特徒得切ㄧ牛又特ㄧ[國]白表介特身民[國]四　新特求你
腸約曰ㄧ特之ㄧ又匹也[詩]實維我ㄧ
ㄧㄧ[國]夫謂寡特其武公ㄧㄧ兼孫特詔時亦娛谷ㄧㄧ方[國]獸一歲　專特犢子李
鶚爲特也　寡特其宗族[國]　果苦白特[國]擅二歲曰特[國]礼註
雞鳥鳴　腸特一獻難力致遊　〇蟘亦作螣食苗葉者一名螟子曰墨〇墨
ㄧㄧ[國]　有ㄧㄧ[國]　詩月令白ㄧ時逝詩去其螟ㄧ
呼北切月令ㄧ帝冬[後漢]陳寔傳夏色尚ㄧ[漢]禮記特牲食縲ㄧㄧ[國]　詩
肉知ㄧ白ㄧ[國]五色皆有ㄧ而短ㄧ色無摘ㄧ[周禮]　子事必有子腰黑[國]別向醜
黑貢家女好而少子ㄧ而短ㄧ詳ㄧ麃[國]黑音官人形長而黑　牡丹黑ㄧ[國]刻訓黑
黑翁與鴻妻益光狀肥ㄧ而ㄧ[國]黑ㄧㄧ詳[國]　詳
[晉]〇嘲面黑褐球ㄧㄧ人ㄧ詩嫂似烏檻裂嚼如　黎志黑守著ㄧ鬼[國]目ㄧ四
豆汁流眉間粘貼字已上是嫫頭　羊得ㄧ[李易安]
子但黑刻拾樗蒲ㄧㄧㄧㄧ子美　舉下氣黑表姿節後近而還曰船中人
躍未定裕喝之成盧詳[國]　ㄧㄧㄧ　ㄧ不可讀及跋馬
子至乃[國]貫詩度[國]眉[國]　〇嘿[國]莫北切靜也又不語也[論]三而識之或作嘿[匡]
亦作嘿[國]詭賦子嗟ㄧㄧ乃曰　衡傳嘿ㄧ不自安孫弃武語云ㄧ[國]言不如ㄧ
嘿ㄧ不得志又作提東方朔傳吳王穆然[國]　嘿ㄧ[國]　ㄧ嘿聲元默ㄧ[國]ㄧ爲忍
默云ㄧ言ㄧ當不如一默詩中ㄧ右居默ㄧ又當作ㄧ處中漫云虛中守ㄧ[國]　張鏡默
默山谷以ㄧㄧ平殖爲四印云　ㄧㄧ封即墨侯[文房四譜]
ㄧㄧ與顏延年隣居顏談義維摩默然文殊曹維摩詰曰何等是不二法門
留ㄧ不絕而鏡靜ㄧ詳ㄧ　ㄧㄧ文殊曰善哉詳[國]及言
冒ㄧ[任吉傳]ㄧ露露[李陵傳]ㄧㄧ度遑水濱之民將墨香
ㄧㄧ曰刃又毒ㄧ龜屬抵冒[元目傳]冒家犯也貪冒致力爲[國]
稱又名里ㄧ松使者並詳[國]文香太守詳香陳玄　松滋侯　鐵錢一石墨衛云陸士龍
烏玉玦[左]貪以敗官爲ㄧ[孟]不敢廢絕ㄧ[國]書其刑ㄧ
登銅雀台得曹操所藏ㄧㄧ數螺[國]弛[國]　貪墨ㄧ以ㄧㄧ錢屬李瓶力
[國]懷化郡[國]得ㄧㄧ精好可寫[廣州記]　唐薛元賞[國]都市任俠少黄
墨唐高述藁書二万卷墨元和中王晉卿置墨十數品雜研之嘗在黄州
墨皆手校定ㄧㄧ精謹義墨鄉江四五州此酒令置一器謂之雪堂義尊令
爲雪堂ㄧㄧ邪文墨ㄧㄧ議論子墨楊雄[國]還ㄧ長揚以風[國]飲墨梁試進士不
[國]洗洗弛筆記　[國]何傳　賦ㄧㄧ客卿以風[國]　中程者ㄧ以
ㄧㄧ水一斗[國]五卷[國]睥睨墨若勝達道蘇治然吕行甫嘗ㄧㄧ水蔡君嘗茶
[國]紛誇見可ㄧ二斗ㄧ[國]　若病不能飲但把玩而已看其茶ㄧㄧ事亦可

淡墨 礼部放榜以丨丨書 寬旧史 削墨齊麥曾繩公 詳繩 鉋
筆記 礼部以淡墨於榜首書 清墨 丨丨渙也 削墨 輸丨丨 詳繩
墨丨丨之瑕 詩 墜墨 頭旧書 丨丨 文墨 不過墨丈尋常之間 圁丨丨 劃墨 莊大宗師 間諸
墨令丨章丨 坐 塗 墨 丨丨 飲詩飲 文墨 五丈為墨 倍墨為 丨
丨丨之子注 通墨 丨丨 歸 綃 潑墨 王墨 善丨丨 号王墨 酒酣後先以墨潑
以圖式玄墨 揚圖 縱 潑墨 綃 寫山水 隨其形 為山水 石 不見其
墨汙之 瑜 潑墨 給丨丨 唐 後 郎 月 金壺墨 汁洒地 成字 詩 汁 魚 吞墨 濕 詩 洗
墨 給丨丨 西京記 金壺墨 浮提国 丨丨 中丨 丨丨
硯丨丨 丨丨 宣 茶 五墨 晋平公謂師曠曰 其 子之墨 丨也 對曰 今 国有 墨
携 遲 烟 五墨 墨 丨丨 而不危 者 未之有 也 臣之墨 丨 小墨 丨亦 齋 學
謂国 貧民 奪 文墨 李 公擇 見墨 輒 丨 相知 間 抄 取 墨 大 醉 以 封
麗之 類 墨 於 墨 亦一 癖也 題 潘墨 張 丨 丨丨 而 書 詩 與
即墨 丨丨丨 齊 威王 封 何 楠 墨 比 史 旬 傳 會 丨丨 作 帳 頂 墨 正 公
墨 丨丨 摘 上 廬墨 文 毀 稀墨 何 曾 乾 用 此事 丨丨 帳 頂 墨 語 文
門 下 多 延 賢 士 及 夜 讀 夢人 遺墨 袖 自此 文章 日 進 人 非 磨 墨 丨丨
丨中 帳 丨 如墨 色 詩 帳 丨丨 以 圓 丨 盜 墨
墨 磨 人 盜 摸 鍾 墨 陳 安 古 知 浦 城 縣 有 失 物 莫 知 為 盜 者 乃 給 曰 某 廟 有 鐘
詩 廣 能 下 盜 為 盜 若 摸 之 則 有 聲 陰 使 人 以 墨 塗 而 帷 之 令 囚
入 帷 摸 之 惟 一 囚 无 墨 司 馬 吳 曰 丨丨 者 丨丨 今 吳 王 孤 竹 君
墨 訓 之 畏 盜 肉 食 無 墨 有 墨 国 勝 乎 氣 色 下 也 十 三 姓 氏 本 丨 合
氏 政 丨 字 入 公 信 即 但 墨 學 丨 告 字 入 公 達 墨 壁 一 廚 曰 丨
即 政 丨 宋 人 墨 翟 不 與 詳 悲 絲 詩 墨 總 易 墨 用 徽 丨 繦 曰 何
墨 一 賊 昨 則 切 語 舜 原 徳 之 官 賊 晋 陶 侃 為 江 夏 太 守 以 運 船 為 戦 艦
丨丨 賊 史 堅 平 渤 海 丨 討 賊 或 言 不 可 侃 曰 用 官 物 討 丨丨
亦 賊 赤 賊 後 張 陵 造 作 符 書 受 其 道 者 出 米 五 斗 謂 之 丨丨 米 賊 者 名 鬼
破 賊 赤 賊 孝 名 起 義 舍 於 路 縣 置 米 肉 以 給 行 旅 今 量 腹 取 足 過 多 者 鬼
能 病 之 蟹 賊 後 黄 巾 賊 亦 名 丨丨 蟹 漢 賊 丨丨 不 兩 立 蜀 漢
陳 東 坡 蟹 論 賊 也 古 諸 葛 亮 出 師 表 漢 賊 立 出 師 表 蟹 賊 丨丨 魚 自 得 水 上 鳥 喙 之
覓 日 無 後 敝 日 試 君 德 賊 及 其 丨丨 蝗 食 禾 鳥 賊 乃 將 取 鳥 本 作 鰂
亦 公 公 蘇 丨丨 畏 有 功 德 賊 部 者 本 作 鰂
雖 當 賊 李 勣 言 我 年 十 二 三 為 無 賴 賊 逢 人 即 殺 十 四 五 為 丨丨 有 不 快
雖 賊 者 殺 之 十 七 八 時 為 好 賊 上 陣 殺 人 二 十 餘 為 天 下 大 將 用 兵 以 救
人 死 也 白 頭 賊 陶 侃 擊 杜 弢 將 王 貢 從 容 謂 曰 卿 本 佳 人 何 為 賊
周 禮 自 為 隨 殺 天 下 寧 有 丨丨 守 云 云 貢 遂 降 蠢 賊 晋 朱 伺
討 楊 淼 曰 朱 將 軍 何 以 不 言 伺 曰 諸 君 殺 賊 張 昶 城 陷 毋 歸 曰 臣 生 不 能 報
漢 賊 丨丨 朱 伺 惟 以 力 亦 用 鬼 殺 賊 陛 下 死 當 為 厲 丨丨 以 丨丨 誓
氣 吞 賊 唐 張 巡 丨 逆 丨 鼻 作 賊 晋 蘇 峻 伏 誅 帝 謂 庾 亮 曰 丨 言 入 丨丨 偷 詩 盜 賊
詩 有 三 偷 丨 語 沈 約 集 中 賊 刑 部 云 徐 昉 文 徐 本 陳 崛 也 又 伏 倫 切 叔 曰 伊
最 是 三 賊 一 偷 丨丨 作 丨 何 意 道 我 偷 任 丑 見 齊 史 圁

○煩惱賊 以智 慧 劍 破 丨丨 維 摩 經 綠 林 丨 賊 自 〔〕 證 丨 亦 作 賊 塞 丨 賊 切 月 令 閉
〔陸〕 塞 成 丨 成 冬 圖 〔〕 丨
天 地 閉 塞 朱 浮 傳 充 塞 知 天 下 丨丨 圁 要 塞 完 丨丨 邊 城 丨 害 處 四 塞 秦 地 丨丨 子
循 塗 士 丨 孟 律 丨丨 豈 塞 丨丨 从 〔〕 號 塞 丨 〔〕 四 塞 之 臣 圁 蓋 塞 之 心 矣
盧 賓 塞 令 之 丨 堂 塞 丨丨 從 時 圁 門 右 道 稱 耳 聲 塞 兩 丨丨 江 以 為 塞
〔王 褒 傳〕 丨 塞 曰 丨 蛻 郭 璞 曰 丨丨 丨丨 一 有 斗
堀 文 作 布 〔〕 以 伊 瀆 塞 丨丨 桑 門 之 〔〕 〔〕 北 博 塞 切 綺 丨 有 斗 勝 朱
發 沙 〔〕 丨 許 江 王 莽 傳 即 漫 深 北 〔〕 〔〕 投 異 有 丨丨 蟻 朱
位 城 〔〕 南 丨 北 南 丨 貪 丨 丨丨 濟 北 〔〕 老 〔〕 請 張 良 曰 丨丨 穀 城
丨 詩 為 〔〕 北 阮 〔〕 阮 周 北 中 央 詩 南 〔〕 〔〕 山 下 黄 石 即 我 也 詩 〔〕
豕 北 丨 追 丨 丨丨 北 伐 〔〕 爭 地 北 北 者 奔 背 之 名 故 北 丨 北 之 丨 被 官 丨 丨 〔〕 〔〕
丨丨 北 有 五 日 〔〕 詳 蜀 奔 北 以 敗 走 為 北 〔〕 〔〕 官 北 之 丨 北 之 丨 〔〕 詩
北 山 北 後 法 真 請 太 守 曰 若 欲 吏 之 真 辟 北 北 晋 以 王 恭 為 平 北 將 軍 初 都
丨 北 將 在 丨丨 之 丨 南 山 之 南 矣 圁 辟 北 晋 以 北 為 号 者 多 不 祥 〔〕 〔〕 〔〕
漏 王 〔〕 之 不 學 〔〕 北 之 鳴 向 北 杜 甫 凡 丨 皆 江 限 南 北 魏 伐 吳 臨 江 〔〕 曰 〔〕
号 泰 亦 丨丨 丨丨 將 軍 圁 丨丨 丨丨 詳 解 江 限 南 北 平 比 天 以 長 江 丨丨
丨丨 北 也 李 〔〕 冀 北 伯 樂 一 過 冀 北 之 〔〕 吳 王 夜 奔 〔〕 〔〕 丨丨 〔〕
律 釣 丨丨 〔〕 北 野 而 馬 丨 遂 丨 〔〕 〔〕 〔〕 南 備 北 丨 條 侯 使 丨 西 丨 吳 果 從 西
北 入 不 得 攻 南 備 北 後 朱 儁 擊 黄 巾 於 宛 鳴 鼓 丨 其 西 丨 賊 悉 丨
吳 大 敗 圁 〔〕 〔〕 〔〕 北 衆 赴 之 儁 自 將 精 兵 丨 其 西 丨 賊 〔〕 丨 降 圁 〔〕 〔〕 郡 北
丨丨 在 遼 東 依 入 孫 廣 時 避 難 者 〔〕 〔陸〕 〔〕 斗 丨丨 〔〕 〔〕 〔〕 切 今 作 〔〕 〔〕 〔〕 〔〕
在 都 南 西 寧 丨丨 丨丨 示 无 任 〔〕 圁 面 丨 〔〕 〔〕 乱 宮 人 〔〕 〔〕 服 根 食
之 即 令 〔〕 〔〕 又 名 梔 子 蜀 有 紅 梔 子 丨 曾 端 伯 呼 為 禪 友 又 名 林 蘭 〔〕 〔〕
雜 丨 也 〔〕 〔〕 林 蘭 〔〕 〔〕 而 揚 揭 望 氣 古 人 〔〕 黄 氣 者 梔 子 也 如 〔〕
丨 林 中 聞 丨丨 花 〔〕 伏 地 〔〕 〔〕 丨 注 以 手 行 〔〕 〔〕 丨 救 之 〔〕 〔〕 也
香 不 聞 他 香 〔〕 〔〕 亦 作 伏 〔〕 光 傳 作 扶 丨 又 〔〕 〔〕 〔〕 又 作
獸 〔〕 〔〕 〔〕 丨 之 与 踢 〔〕 〔〕 〔〕 〔〕 而 〔〕 其 〔〕 高 而 丨 乃 〔〕 〔〕
〔〕 〔〕 首 丨 之 〔〕 〔〕 〔〕 〔〕 〔〕 笑 王 踣 唐 丨丨 賜 宰 臣 〔〕 〔〕
時 〔〕 也 時 号 丨丨 〔〕 〔〕 〔〕 〔〕 〔〕 〔〕 〔〕 辨 丨 門 人 丨 〔〕 〔〕 〔〕 〔〕 〔〕 六
丨 圁 〔〕 〔〕 作 也 〔〕 〔〕 西 方 曰 丨 惑 胡 国 切 〔〕 四 十 不 丨 〔〕 〔〕
惑 知 其 〔〕 〔〕 丨 〔〕 也 知 其 丨 〔〕 者 丨丨 也 丨丨 者 終 身 不 解 大 〔〕 者 終 身 不
惑 〔〕 三 人 行 而 一 人 惑 所 適 者 猶 可 致 也 二 人 惑 則 勞 而 不 至 今 也 以 天 下
惑 〔〕 〔〕 〔〕 〔〕 〔〕 〔〕 自 稱 曰 我 〔〕 〔〕 惑 〔〕 〔〕 〔〕 〔〕 〔〕 〔〕
大 〔〕 三 不 惑 有 丨丨 丨丨 謂 酒 色 財 也 圁 退 〔〕 惑 有 至 徳 之 言 三 〔〕 惑 丨
三 合 〔〕 後 楊 秉 所 全 以 清 自 称 曰 我 〔〕 〔〕 〔〕 〔〕 〔〕 〔〕 守 心 云 〔〕
春 秋 傳 〔〕 熒 惑 後 魏 崔 浩 太 史 奏 熒 惑 在 匏 瓜 星 中 忽 失 所 在 浩 曰 庚 午 辛
〔〕 熒 惑 丨 表 丨 〔〕 丨丨 丨丨 〔〕 〔〕 丨 或 丨 〔〕 丨 〔〕 丨 去 丨 不 去 〔〕 國 〔〕 〔〕 〔〕 〔〕
熒 惑 入 秦 矣 後 熒 惑 果 出 東 井 明 年 姚 兴 死 二 年 国 滅 圁 〔〕 〔〕 丨 〔〕 丨 〔〕
井 明 年 丨 姚 兵 死 三 年 国 滅 圁 〔陸〕 〔〕 丨 〔〕 〔〕 古 或 切 〔〕 〔〕 彼
榮 丨 臣 不 有 君 丨 化 國 丨丨 之 日 〔〕 敵 國 周 亞 夫 為 將 得 劇 孟 喜 曰 隱 若 丨丨
子 其 能 丨 乎 丨 以 長 詩 日 敵 國 也 ○ 吳 楚 〔〕 強 人 意 隱 若 一 丨丨 〔〕

姚萇起曰君若不能復□見晉人之朝宗晉孔子曰狗國其延年字子於小
冊中之人皆||也□乎狗國門入晏子曰使
門入諸門||狗國笑|人|詩值有狗國長三丈万八千歲乃死□□之貨
國遊於||之||詩曰撥仙國||隱居家工人嚐并千只不冠至||者為之國
國猶云无何有之鄉||云初得道者送出同猶行善光烏名國
燕羊□國詩曰鬼安國詩曰上柱國唐劉仁軌位至將相子及兄子皆||者
詐怒走至擒虎家曰我欲謁閻羅王擒虎曰生二人所居號三柱里□隋韓擒虎有人姓曹
為||死作閻羅王足矣因寢疾卒□□□夫人□□下和角皆名
氏代為上御又郎又撥人子□□□||注顛字子耳生矯字子產以王父字為族
氏||字子居會操辟為司空掾每於公朝論議常直言正色無所田事實
靡星安年□劾胡得切推劾□□□□奏東史二千石權豪之黨二十餘人
姚郡守□縣人劾尚書□所劾振多□鋤豪不行因||||
去□後関仲自劾前孫宝御史大夫張忠辟為去□劾嚴延年遷
取||去□劾偽因令掾子經宝||劾豪民□
得其死兀紛為||崔延年意必乃出重劾死
年知之□據中得重劾考||高殺數十人□

十四緝　攣用

緝七入切先也續也績也□於||熙敬止又王月□所嚴一日
又||續之□伯注曰吉声||御注績也□大雨集中宣
以||其增幸去之||十是執切韓||一知||一朝接||見天九地||國
日如如室完||十人||已百。何曾食萬錢猶曰無下箸處
拔丁||五□得□為十||十御謂粗若也利字千曰||不||者
老杜王直方云若杜當年||令||以上乃得官詩||不||者十
復生須与||||衛妙貨拳十士无貨又不得官詩筆
奴|什||伯伍什人為||□□什雅頌言什首國風
也|□國相伍什軍法五人為伍二伍為什□一五代唐
篇□□指魚縣湯問子小子鋪過平什亦稱什卒成
發不若不及者如駟頌四篇那頌五篇皆不稱什
拾|紅葉題詩詩業決拾||晉||□大宝
手指相||遺不||遺詩遺||况飲□。||□蓄於右大指以鉤弦者|
次比也刪拾|□不章|□猶拾无備而官攝者猶拾□以護臂亦名□□陂觴□以
枯薪||積拾||也春秋□猶拾||也□□||猶十也表芥如拾取青紫如
果爭||牧|褶|騎服褶||烏皮袴褶||衣裳初自北表南也□者衣之||詩不□
首褶姚崔琰文帝為世子時出獵琰諫曰□將軍
子褶易服棄琰諫||從之□來褶者袴褶有長衿衆□旨襲被將軍士旨領
又||||||日經網紀不整乃爲領

都督部分之使||||抗辮
前閣下乃委以手軍禁大行□
□允||要中父執見||之||不謂之進不敢進不謂之退不
諭||射||御父執敢退不問不敢言□□□礼注父同志者
以礼見摯執孟秋蒞疾邪豁||之□
授持□摯用合則君||之□手版倒執九王坦之見桓温
□摯執||||許叛沐
砂汁||臨沅縣有民世年百歲其宅井水赤掘得丹砂
汁汁數十斛||因泉入井飲而得壽□□□
熊其面而不相識勑左右多与||少者紫汁終不得食稍飲既
乃云稽辛□四冥勢厥元不很損□□□
酒如||三年黃州雪汁||東風發□□□孕汁浮提国献神通善書二人出金壺中
城飲酒但飲濕□||二||鬼
斗之字君隨西領子工發先布綠於地半
大筆朋突為峯巒皆岫之狀絕妙□民見聞錄取||
墨汁詩書□漆汁君家將作窟故||涂||□□||□□與大者||||
如老鶴漆汁濁小察詩大是用橘汁如|故發年不□□□□□
孝固行古柳下建柳神曰吾用嗽汁||姚太子申自將攻齊欲還客白□勸太
||涂子衣泉未又及葉詩柳||子戰攻欲||||者衆太子雖欲還不得
實□姚滰汁枯松□□□□||||||□
□家||滰汁竹欲||□||以□□||則
□家||易汁酌牛之||以□||||□□□□
淡少汁則茇□□□□||||||□
螗蛁汁||育||肉

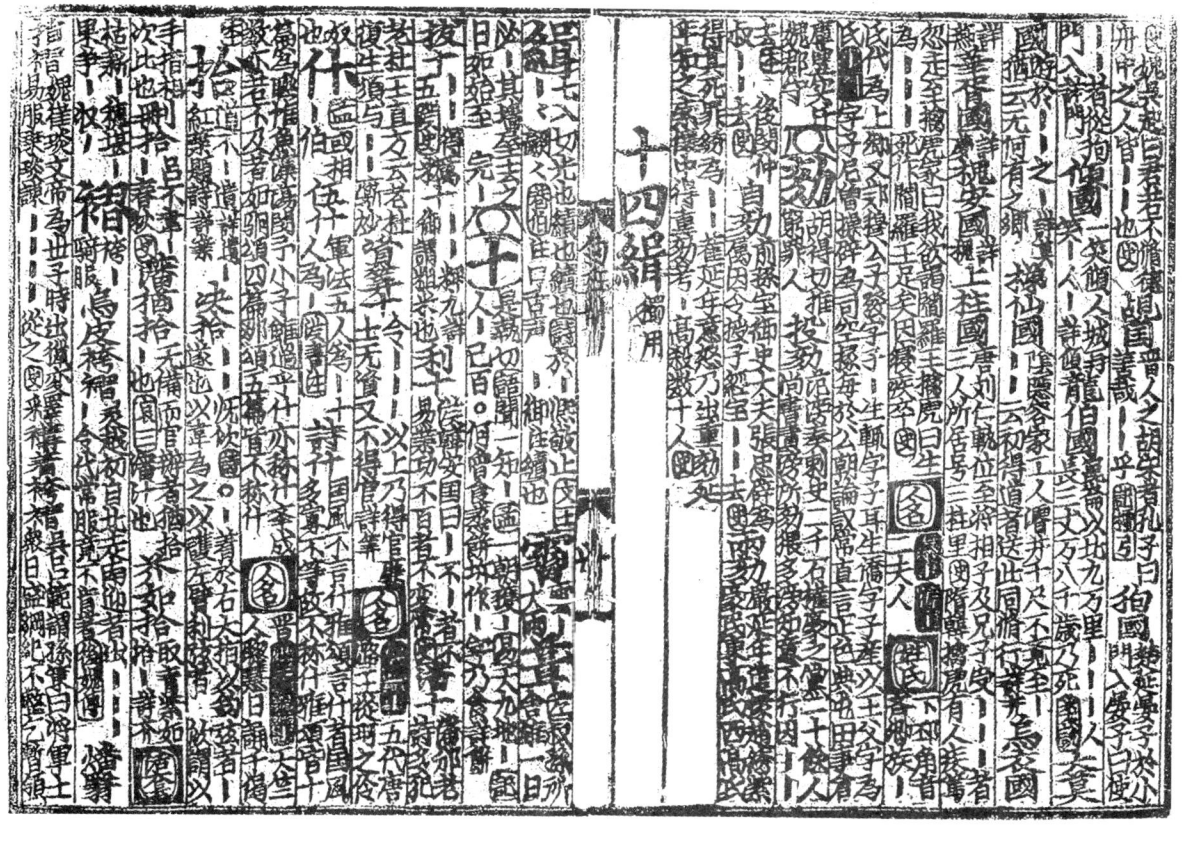

||西然溺死||况香汁||晉石崇廁上置沉香汁
國□□□汁十壯育文官明崔□□□□早為癸
頭國出之□羊車葉汁||晉昌人以竹葉酒
□□||甲煎粉||||□以士功不時文宜大怒推其
蠶曰我年老非復有||十人分佛飲茶汁蘇晉得張勳繡佛一本曰是||好
加出兒以沒矣姚果克之□佛飲茶汁||||正与吾性合吾願事之詩佛一
習|人似入切□語時||傳不||乎||相□也□近習禁||□□
合風注接續也□||重而||之易朋友講||天子親幸者從
横習從姚孝文帝會群臣飲酣帝李彪曰三横兩□||||
習從能辨之賜金鍾魏城王勰曰是習字令□□□□□
表攻西郭時柏孝長在城中入室閉戶牽被覆頭相攻半日稍敢出面其
側立而昕二日出戶問消息四五日後乃敢搗囊聽語||也□
水墨精習||王紹宗工草隸曰書无工
有由||||||||介詳傳||不住却須還
水墨精習||結習与散花天□□座上□□
□□□□||東陽生吾風俗通云||國名皆有||習鑿齒為陳相□山簡
習□詩□□氏||姓氏□□游家族||氏池詩池□□□字彥威襄陽人有才氣以文
筆著稱自云四海||||任樂陽守子碎張才李有父風位至□□
□從事中郎□□李衡妻||||於龍陽氾洲種千頭木奴收其利
注||柳揚接||隰||下平曰||□□||春秋□凡旆不用旗鼓||□
匠||□城也隰于彼隰||龔||孫通傳衣||今呼為一副||龔

厦譜際纂丨丨天下士庶褐事而見義曰揖而為冣曰什襲名藏之寶人得揖
丨車巾揖護置𨶒楊每与長人交之計曰五瑞統韓曰聖元
妄不為丨之計图丨四韓詩雲蔽明野丨而王
丨丨丨丨丨丨丨丨丨丨丨丨丨丨丨丨丨丨丨丨丨丨丨丨丨
仲郭每廷丨蠅集食氏丨丨太成丨先丨宏丨丨丨門丨丨丨
丨戰梁詩蠅叢蒼蠅丨丨蚕蟻集蟻雜楊丨上蛛集丨鵲而行人至
叢則餘丨丨則金集四方秀文丨丨京師唐書翔集丨而後聯蒸集會遠工
及囿丨丨丨丨丨塵也又並也丨丨丨丨丨丨丨丨丨丨丨丨丨丨
謝丨為茫華集唐李又与二兄俱以文章自名雖丨丨集宋景文有丨丨丨
丨丨丨丨丨丨圓丨丨集号李氏丨丨图丨丨許丨丨丨丨丨丨七美有
養齊並相繼人丨丨丨如吾門者也覽何遜集丹斉元文選丨丨丨初入路
梁王丨丨丨丨丨丨之中名德董光丨丨丨丨丨丨丨丨丨丨丨丨丨
文選一篇便誦時年十餘图若集滅道丨謂生死病死丨謂集滅道丨
羅業曰吾家千里駒也財帛蔵寶環丨丨丨謂僧行詩語丨丨
图名字金貂换丨入人執切包苐不丨溫涸門不丨丨丨丨丨稍入与越人
酒白騰從詩丨丨老丨佛後宋書蚕地為獄丨丨丨丨丨丨丨丨
令少府以為丨丨丨少其稅丨於少府也○唐郭承嘏自給事中
出為華州刺史文宗曰朕欲僕其丨丨不丨丨丨丨断也唐臣禄食稍丨給

之事入丨丨丨丨丨丨丨丨丨丨唐刘禹錫丨丨請但事以丨丨丨丨丨丨丨丨丨丨丨丨
也丨丨丨丨丨丨丨丨丨丨丨丨李之夫嘗使丨丨丨丨丨丨丨丨丨丨丨丨丨丨丨丨丨丨丨丨
長入散眾呼夫為集公以每日常孟入孟知祥鎮成都先是蜀人打毬一揮
丨在天子左右為丨丨丨丨丨丨便入湖子丹為丨丨語訛為孟入得
產丨詩後孟氏尽得两蜀邑入東方朔傳賞賜丨丨丨丨丨丨
丨籌著丨子神也图丨丨丨所食之丨丨丨其租賦也三入功德丨丨丨丨丨
序丨丨丨丨丨丨丨丨為侍郎常侍丨丨崔四入唐崔祐父綺宋全忠凡丨丨丨丨
丨丨丨同縣拜入公許丨丨丨四拜相世謂丨丨丨丨丨排闥入丨丨丨
也丨丨丨丨丨丨丨丨丨丨丨丨丨丨丨丨丨丨丨丨丨丨丨丨丨丨丨丨丨
直丨見高往崔出入丨丨丨不丨丨當丨丨丨丨丨丨丨丨丨丨丨丨丨丨丨丨
相詳闊丨丨丨入不入當出詳限宰相五入唐丨丨拜入者長孫无忌狄
張延賞郭曦四入者韋巨源六入即六塵謂眼入色耳入声鼻入香舌入
丨丨丨丨著裴度丨丨丨味身入觸意入法皆虛妄丨丨丨
丨丨二十字弁丨揖伊入切音与一同丨丨上如丨丨亦作挹詩挹彼注
出為丨也丨丨丨丨丨丨丨不可以挹酒漿丨訓酌也○勺會別出挹字丨三
揖丨丨在下注卿大夫士旅揖孤卿特揖大夫以丨丨丨揖司儀王揖庶姓時揖
丨曰丨君子丨丨而進丨旅揖其等丨丨礼同丨天揖異姓丨丨土揖推手
小下之時揖平推手丨丨土揖見上平挹孫吞山光丨丨汲黯揖丨丨推丨備
丨推手小丨之丨礼丨丨丨丨丨丨丨丨丨丨丨丨丨丨丨丨青白大将軍
有揖客亞夫揖文帝勞軍丨丨丨曰介冑之士不丨丨丨揖宋璟時為朝堂張
丨丨丨拜請以軍礼見天子改容式車虛位揖丨易之丨丨丨丨曰公

第一人何趙宣長揖丨丨丨守元叔拏郡上計吏到京師司徒袁逢受計一獨
下坐丨丨丨丨丨丨丨丨逢詠之曰卿食其長揖漢王令揖二公何遽怪也
后史丨奇之御史端揖丨丨道長官於道皆免帽降乘乾封中王本立為御
子高游趙將還鄉丨李郎送行流涕交頤子高丨丨丨丨丨丨丨丨丨丨丨丨丨
丨曰人生有四方之志豈家鹿哉而常群聚乎丨丨丨揖丨丨史中丞時
八公卿以次謁張易之促步前揖丨丨丨丨丨丨丨丨丨丨丨丨丨
丨丨丨唯丨故揖丨丨丨丨觀行於揖丨丨一丨之內言於一幅之制丨丨
宗史不喜拜揖唐王維詩丨丨丨丨丨丨丨丨丨丨丨丨丨丨丨丨丨丨
丨丨丨无道秦不宜倨見不拜遂揖丨丨丨丨丨丨丨丨丨丨丨丨丨丨
長者詳鉄与流丨丨丨丨通知顏延縱不學以家事丨兄鄭生長揖不拜曰足下以公长揖
相逢丨丨丨丨丨丨丨丨丨丨丨丨丨丨丨丨使丨丨丨王用曰贈子以丨丨丨丨丨丨
丨詳丨丨丨丨丨丨丨丨丨而別遷甚喜詳拜下車揖御乘車我戴笠它日
后土濕丨丨丨濕其耳失入切易水流丨丨東濕丨丨成為人緣不如惡濕居下流而
丨丨丨丨丨丨丨丨丨丨丨丨丨丨丨丨丨丨丨丨丨丨丨新喻性急丨丨丨丨
丨丨丨丨星斗濕丨丨丨丨丨丨丨隆猶濕元氣淋漓丨丨丨丨冊田濕丨丨丨丨
家荷不濕風裊楊花魚不定雨龍公体濕張路斯每歸体冷常濕夫
丨中丨丨丨丨丨丨丨丨丨丨丨丨丨丨丨丨丨丨丨丨丨丨丨丨丨丨丨丨
首濕許渾句中多用水字謂之丨丨丨丨丨丨丨丨公曰吾丨也許龍許渾千
丨丨等語不離一身故以羅隱一生身為對不若對以杜甫一生愁為優

沉滋丨丨丨丨丨丨丨丨丨丨丨丨丨丨丨丨丨丨丨丨丨丨丨丨丨丨亦
丨濕即入切又治丨丨水細通兒又集丨水丨丨丨丨揖聚也詩揖丨兮
丨沸兒丨丨丨丨丨鼎沸丨丨丨丨丨丨丨丨丨作丨丨丨大清賦羅丨丨
異以丨丨丨丨丨丨丨丨丨丨丨丨丨丨丨丨丨丨丨丨丨丨丨張倫等
戰丨及其立切佐与謀曰丨丨風馬牛不相丨丨丨丨丨丨丨入及丨為丨丨
丨丨丨丨丨丨丨丨丨丨丨丨丨丨丨丨丨丨丨丨丨丨遏猶不丨丨丨丨丨
言能丨人丨丨宗丨丨丨詳聯語愚不可丨也丨丨丨丨丨丨丨丨丨丨丨丨丨丨
者也丨丨丨丨丨耄及老將智而覃及丨丨鬼方日及木槿花也丨丨○陸士
丨丨丨丨丨丨丨丨丨丨丨丨丨丨丨丨丨丨丨丨丨丨丨丨丨衡賦則言丨丨之在條
鞭不及丨雖丨之長丨汝定不及晋王述謂子坦之曰人言丨丨丨丨丨丨丨丨
丨丨丨丨丨丨丨馬腹丨丨丨丨丨勝我丨丨丨也丨互見丨丨丨丨丨丨書丨經
丨執直力切前礼丨丨丨丨龍蛇之丨丨丨丨丨丨丨丨丨丨丨丨丨丨察丨
丨丨正月丨丨丨丨丨丨丨丨丨丨丨丨丨丨閉丨丨丨丨丨執丨丨勝力切
絆馬足也左丨丨抗馬馬丨丨維縶丨漢夫行不進駕馬者丨丨丨丨本作縶
前丨丨丨丨文天丨丨丨丨丨丨丨之白駒縶之丨之丨授縶言丨之丨丨丨以
南冠而縶丨丨丨者丨立力入切丨儒夫有丨志丨丨三十而丨丨丨丨面
丨丨丨丨丨丨丨丨丨丨丨丨丨丨左国於天地必有与立丨丨丨丨丨丨丨丨
丨丨丨丨丨丨丨丨丨丨丨丨丨丨丨丨丨丨丨丨丨丨丨丨丨丨丨丨丨丨
丨門獨立後漢馮異光武詔公卿大會皆就席丨丨丨帝聞之曰傳士丨丨
丨丨丨丨丨丨丨丨丨丨丨丨丨丨丨丨丨丨丨丨丨丨丨丨丨丨丨丨丨丨
丨丨詳丨獨立經曰不如臣而坐居臣上是以不得就席帝令与諸儒雜說
懸多所解釋侍中丨丨丨守河内入周丨丨相丨丨丨丨丨丨丨丨伏馬丨丨
有如俠者与之俱立衆默丨号丨丨丨使君丨丨丨北方有佳人絕世而丨
丨丨詳特立周當丨丨獨行丨丨丨目之官集立丨力丨丨丨丨丨丨于帝西丨丨
頑丨丨丨丨丨丨丨丨丨丨丨丨丨丨丨丨丨丨丨丨丨丨上魚乞反正立自定

皃 縹立丨丨遠視而望辛詩阿房宮賦 山立丨丨謂不動皃時行圖 海立陂有美堂暴雨詩天外黑風吹丨丨浙東飛雨過江來
杜少陵云四丨丨之永背 水立注見上 壁立丨丨家徒四丨丨詳壁万仞又相如 竹立兒子森之如立竹國 晁立蒯通曰三分天
下丨丨足而丨丨 雪立秦傳辛丨丨 病呼學稍郎曰汝雖長我雖短幸休居史記 鵝立慈恚走入羊群丨丨曰豈如許國詳手鶚
立圍袁紹士馬瞻望丨丨通明殿古詩侍臣丨丨 鸐立漢書南劉傳 鶏立韻會徐鉉云鵝每立不移所謂丨丨 即鶩鳥也 魚立曾鞏頭颈大丨傷擴
蹈立圍強涉泥有鼠立礼丨拱而丨傳賊通河東大丨丨人豕立彭生丨丨能人立交前足於頸跳發聲鳴而啼詳豕 荷擔立宋文
帝時魏兵至瓜步欲渡江 側足立後吳漢每從征伐帝未安常丨丨而丨困 當熊而立上幸虎圈熊佚出圈
都下震懼丨丨而丨史 貴子侍立 常儀尚書注嚴重每對客坐二侍郎三起居
欲上殿馬嬪妤丨丨上殿重馬漢史 四公子政五補缺皆侍立宋朝士溥年相年
三十一其父祚每見客溥朝服侍立客不 粒圖書 丞民乃丨丨〇 剖粒詳何
安求去祚曰孝注丨丨賢者起逡邪渭由錄 藏世界詳鐺 一
為鶴丨丨為鯛引盈車之魚列子言 壁立見上 鸚鵡粒紅稻啄殘 蠶蠶戴東海
以小得大〇盤甒擘粒拔泥滓注賦詳 丨丨丨圖
薏冠丨丨 丨曰彼冠山何異 晨炊晉粒下東坡詩 初成大匠先立其
我丨丨消遙於封壞之巔詳鶴 晨先晉粒下來始熟丨丨夫丨丨其丨國
苙 圈也 丨入其丨 笠 蓑笠丨丨 荷衰荷笠 臺笠丨丨 以
杜甫 笠 戴丨子曰卓午 青箬笠 張志和詩西塞山前白鷺飛桃花流水鱖魚肥丨丨丨丨綠蓑衣斜風細雨不須歸
飯顆山頭逢 詳顆 曲柄笠 謝靈運好戴 戴笠丨丨蒙雨 須也即笠 夫須 丨丨 曲柄笠 青箬笠
山頭逢丨丨頭 天如笠 地之表 戴雨笠 管天論 一丨 形 丨丨 而貞 以丨自 雨笠 詩夢漢 雨笠晉史任貞之人寒夜中乃
斫而下 暫取笠 呂家出師有取民家一笠覆官鎧者立丨之國 浮江笠 能渡異僧以丨丨 東漢杯度異僧至天台江漲不
目送 結交盟曰卿丨丨我丨丨 詳笠伯勞射王 戴兵車无蓋執笠依轂 丨丨 越人
了漢 自決轉買笠詳 丨丨 車仍丨丨 東漢坐 以丨丨丨 重載笠 去惠集篤
它日相逢下車揖詳笠 人名 王丨 佯狂 作聾 丨丨 急 居立切史 告者休假名
在丨而求子 因元六年之 性急 王思 丨丨 丨丨 也晉令丨假者一月五丨
蓄曰丨 詳蓄〇丨客詳客 門豹 丨丨 佩韋以自緩〇晉王述 詳蠅西
鷄子以箸刺不得大怒擲地圓轉不已 蠅飛在筆端拔劍逐之 食
以屐齒躡之又不得瞋甚嚙破吐之圖 言急 吳兵入郢申包胥如秦曰
家以俠聞事丨人之丨甚於己私 既 使下臣丨丨 左定四 腕急 宋書
然奉布之厄及布當終身不見 史記 緩急 使急 周急 丨丨丨 不縛虎急 呂布
操布謂劉備縛我急 獨不可一言 萬急 設網提綱 繼富 丨丨 降曹
邪 操曰丨丨 不得不丨乃命緩縛 史 短景急迫 不辭辛苦行
此 丨丨

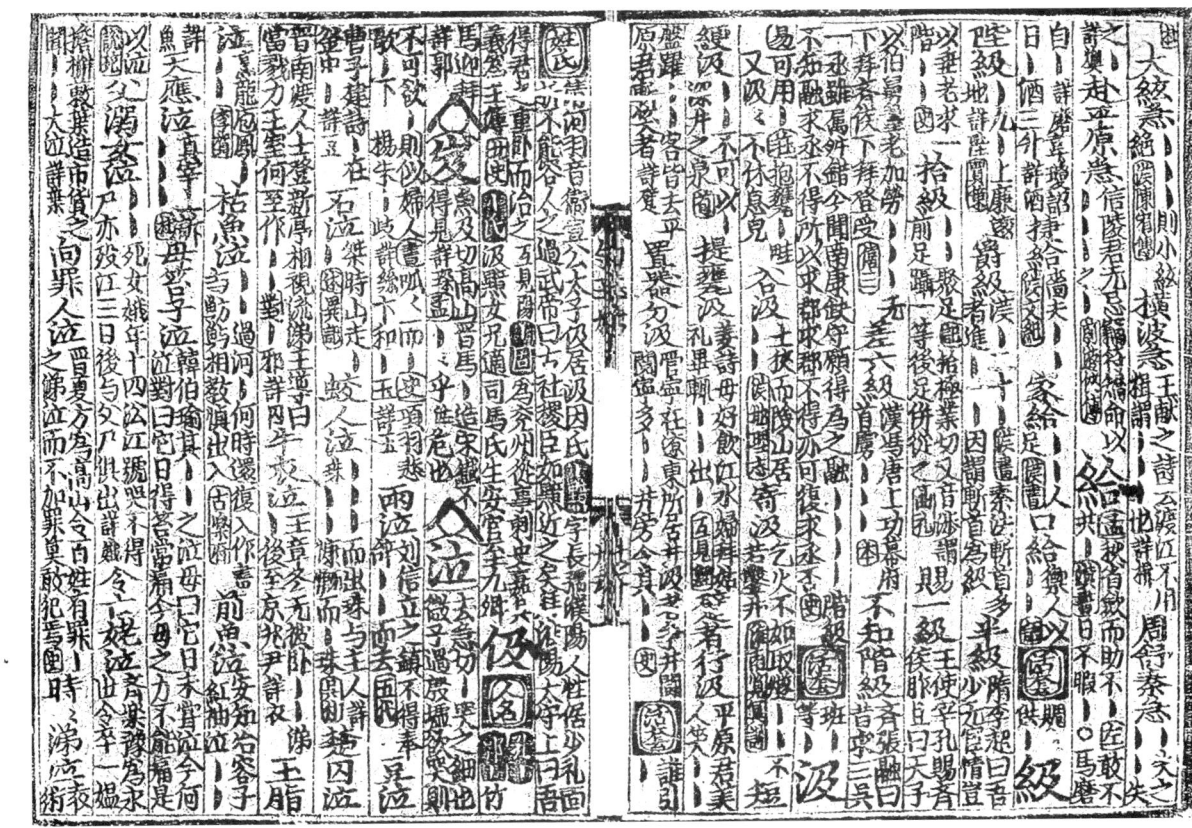

國 大絃急 絃丨丨 則小絃絕 漢陳寵傳 摸波急 王獻之詩云渡江不用
之丨丨 赴平原急 信陵君无忌 輔持 矯命以 相謂丨丨也詳楫 周穆苦急丨丨父之失
詳趙 奭 丨丨之丨 鄧攸傳 給 孟襟省斂而助不丨丨 左 敢不
白 丨詳磨 草 設部 捷給 尚夫 丨丨 給 共丨丨 漢書 日不暇丨丨〇 馬磨
日 丨酒三升 詳酒 捷給 漢文紀 家給 足 漢書 人口給 〇以丨丨 賜 以
陛級 丨丨 九丨 上廉遠 地詳陛 賈誼 爵級 漢丨丨 二十丨丨 漢書 供 級
以丨 耆老求一 拾級 前足躡 聚足 拾極葉切 又音涉 謂 因謂斬首為級 斬首多 半級 隋李起曰吾
階丨丨國 一等後足併從之 曲礼 賜一級 王使宰孔賜齊 少元 官情豈
以伯舅耄老加勞 賜一級下拜 丨丨 丨 无 差六級 漢馮唐上功幕府 侯胙曰天子
下拜 齊侯下拜登受 左僖二丨丨丨 首虜 不知階級 齊 張融曰
一 丞雖屬州錯今聞南康缺守願得為之 融 階級 汲 昔宋三吳
不知 融求丞不得 所以求郡 求郡不得亦可復求丞否 史 丨丨等 班丨丨
易可用 丨丨 丨 挹 抱 甕 畦 谷汲 士拔 而陵 山居 崎汲 若火不如 取爨 丨丨 丨丨 不短
又汲 不休息兒 漢地理志 奇汲 乞火不如丨 丨 丨丨 不短
綆汲丨丨 不可以 提甕汲 姜詩母好飲江水婦 詳 若 行汲 平原君美
深井之泉 闕 礼畢輒 丨丨 出丨 五見 齊 天 人笑 謨引
盤躍 客皆去平 置器勿汲 晉是寧 往 遼東 所居井汲者 多少 井闌
原君 盤 者 詳 資 閔 塢 多 丨丨 井 旁 今 莫 丨丨 史 活 套
姓氏 集 河 羽 音 衛宣公 太子伋 居汲因氏 漢 書 字長孺 濮陽人 性倨少礼 面
以丨不能容人之過 武帝曰古社稷臣 如黯近之矣 准陽太守 上曰吾
得君丨重 卧而治之 互見 黯 圖 為 兖州 從事 刺史 嘉 九 舉 伋
義 愆 王傳 田史 史 汲 黯 女 兄 適 司馬氏 生 安 官 至 丨丨 人名 孔子之孫 伋 字子思 伋 竹
詳郭 馬迎拜 丨丨 得見 魚及切 高山 晉馬 遣宋 鐵 不丨 泣 去急切 丨 泣 之細 聲 曰 又 泣
不可欲 丨則以 婦 人 三 丨 而 丨丨 史 項羽 悲 兩泣 劉信立之 丨 蔡 不得奉 一 昇泣
歌丨下 楊朱丨丨 歧 詳 絲 下 和 丨丨 玉 詳玉 丨丨 丨 微子過 殷墟 欲哭 則 國
曹子建詩 在 石泣 桀時 山走 丨丨 鮫人泣珠 丨丨 丨丨 而出珠与主人 詳 楚囚泣
釜中 丨詳豆 述 異 記 丨丨 漸 泣 丨丨 而 丨 珠 丨丨 丨
晉南渡 人士登新亭 相視流涕 王導曰 丨丨 牛衣泣 王章冬无被卧丨丨 涕 丨丨 王脂
當戮力王室 何至作 丨丨 丨 對 丨 邪 詳 牛衣 丨丨 後至京兆尹 詳衣
泣 丨丨 龍 危 鳳 丨 李 商 枯魚泣 丨丨 過河丨丨何時還 復入 作書 前魚泣 安知 治容子
泣 丨丨 与 魴 鱮 相教 慎出入 古樂府 紅袖泣
詳 天應泣 真宰 丨丨 一 歐 丨 母 苦 子泣 韓伯瑜 其 丨丨 之泣 母 曰它日未嘗泣 今何
魚 丨丨 泣對曰它日得 笞 常痛 今母之力不能痛是
以泣 父溺 姦泣 丨丨 死女娥年十四 泝江號哭不得 姥泣 齊欒豫 為求
說苑 尸 亦 投江 三日後 与父尸俱出 詳 娥 今丨丨 出令 辛 一 媪
捨楷 數 其 造 市 貸之 向罪人泣 晉夏方 為 高 山令 百姓 有罪 丨丨 時時 涕泣 表 衛
閒 丨丨 大泣 詳 叢 丨丨 之 涕泣而不加罪 莫敢犯 焉 國

諸嬬姤与氏女国色紿曰将軍貴〔活套〕向隅丨丨〔入〕泣 去急切 羞泣丨衷空恐丨
人志節當丨丨丨愁恐詩涕 花雨丨丨 留得一
識看幽 強泣徐彦伯為文丨丨欲當時不及匡 如以 奇泣朝華紹述墓誌
詩褒 翦狗為卉大竹馬為滌邸之類互見儀 泣注云樂宗師文
不剽剟竊然太丨丨如瑞翻〔活套〕馬行丨丨〔入〕吸 許及切龍叟丨丨硯水是夕鯨
碧欲鬼眼頑耳等語之類 文思 雨黒詩竜虹丨酒事詩虹
吸飲如長丨丨三斗 碧筩吸 酒詩竜 花露吸 貴妃傍丨丨吸 笙喧吸閣高
丨百川 鼻吸 醋詩醋 潤肺詩肺
何人家丨 韻噓吸山鍾丨〇口吸西江底 蘊問馬祖云不与万法為侶者
正丨丨 孟 丨丨 孟 是什麽人祖曰待汝一丨丨尽丨
丨水即向〔活套〕呼丨丨 翕 合也盛也詩 翕 維南有丨載丨其舌詩 翕
汝道傳灯 吐丨 兄弟既丨
也丨如也語言 渝 水流疾詩丨丨沘沘 丨然患其 歙 縮鼻兒
楽純和丨合 上也亦作渙相如賦汩渙漂疾 合 又縣名
漢〔入〕戢 阻立切詩載丨干戈 丨兵不戢 丨猶火也 丨丨 魚戢 丨丨 脫漏不可
將 其左翼 將自焚也 小丨 紀平死平生猶
丨丨 濈 和 輯 肖多見亦作戢〔入〕邑 於汲切 四井為丨 左子産辞
囲 也 輯詩其角丨丨 詩十室之丨 又諸成聚成 詩聚
詩商丨 翼翼 監韻於邑字 天邑丨丨 制 良邑 丨 傷鳳
收在此今依韻會別出悒字 商 巖邑也 馬邑門郡

秦捷此城顆崩壞有馬馳走反覆 食邑丨丨万 謀邑 稗誅丨於丨湯沐邑伯方
因依以築城名丨丨 大康地記 石 漢書 則否 作鄴
來朝天子皆有丨丨丨 武王制 園 恭州邑 宋明帝好圍棊置丨丨 以王
供祖已以沛為朕丨丨丨 休仁為圍棊州都大中正 王粛傳
不得望十一邑 外 晏子白慶氏之邑足欲故亡吾邑不足欲也云云 在 裛 書囊
丨丨丨吾丨丨 不受邶殿非惡富也 哀二十八 又香
襲衣 匡 雨丨 浥 潤也 詩 厭 悒 憂丨不 唈 嗚丨 短氣也亦作邑 前漢册
紅蕖冉冉香 丨 丨 行露 安也 傳 内常邑邑 後漢 趙 捐邑
通作挹 陂 誰使 於邑 蕭政府丨丨 悲衣 史言 悒 邑 丨丨 張之 〔入〕熠 弋入切 盛光又
掩丨 帝孤 傳 之可為烏邑 漢 成帝 賣 後漢書 耿 熠
詩丨丨

十五合 與盍同用

〔入〕合 侯閤切 語九丨諸侯 孟 若丨符節 詩 天作丨 丨合天下之士丨丨 永合 王霸
之丨丨〇落落難丨 詩 志又六丨天地四方 雲合 歸 漢 傳
說言 漢 沲 因 烏合 揚雄 傳 吒合 毀方而丨丨 去己之大 主 用而与衆人小合也
丨丨 注 陶 者為 丸 必圓而 割分之故丨丨之則食 真 而不
失其 免之 資 傳 〇足下 苟合 丨丨 取容 蛛合 宋旧俗巧夕以小蜘丨丨 在
起丨丨之卒 食其 傳 諸葛豐傳 子内次日 網 其 正 理 明 巧

此處缺廿七、廿八、廿九、三十

雞一(西域記)○韋肇及第偶題慈恩塔杜甫登一一 黯白黑也一伯 吃 解
名於慈恩寺一一遂為故事 慈恩塔寺一有詩 黯事詳伯 体
兒(莊)一一然 大歠(記) 濕(遙) 溘 苦盍切 百榼 子路嗑嗑尚 俾榼飲
以發其偶 嗑 毋一欸 溘 酒器也 榼飲一一 詳
莊一一也(因)汲(傳) 侍郎榼 李以盛飪 有人送美酒對客 遂送酒來与君
○飲酒器詳器 然飲忽門者曰某一一 取一子從命 還無非色
連 李白榼 絕倒李猶官之子夜讀書有皂衣肥然人披酒而入 子相走其人
白一一 問与我友乃延坐皂衣以席帽盛酒共飲其父以遺郡之
皂衣走帽乃酒一蓋也明日墓中 集賢榼 明皇召張果至賜酒曰臣有弟子
得榼故老云此是 能飲 酒而止道士自稱蕭
下美風姿 飲一斗不醉 果曰不可更飲又過 馬腦榼 姚后多奇寶有
飲之酒從頂出 乃一酒榼一一 防物也 一一 容三升
王繼之云西飛翻 榼葉 夫喜忽有 秀才 門葉 小一一之 之應手墮地
喊 作詩 為執 一中有美醜 詳玉○一云張說 葉一 善事
磕 召相業 遙 吳都賦 遏合切 晚風吹葉鳥一 美好貌 蘦
發長平 留嵌 烏巾名○又金一匝 詳 豓
姻一又 裛 烏 短氣 阿一 娶人
元吉也 熁 也 邑 見
十六葉
與帖葉同用
一葉 弋涉切○不改 端葉 一一向人 葉 鐘 冬秋生 中 成
霜 易一詩 葉間 詩 早也 鄭 叶 一一 章 王
葉 為中 葉皆在一一 有 晨 葉 貴 求葉 則 於一一 七葉一
一詩 且葉 一 葉 也 是葉 顧 之絕 相玄 以一 柳葉 給
內侍何其盛也 葉 一 之 蝉翳葉 日 比一 所一 也取以 自 蔽則 人不
詩 日 葉 太陽 詩 題紅葉 唐 宗時 千 於御 溝中 拾一紅葉
見 已 之引 一自蔽 又說 題 紅 葉題 詩云 流水 何太急 云 一 稀題 一 葉
之信 其不見 已也 其 之 之 題 詩 寄 阿 誰 置 上 流 宮 女 韓夫人 拾之後稀托
二 曾 聞 葉 上 一 上 題 詩 寄 阿 誰 宮 女 三 千 人 似 作 伐 嫁 及 成 禮 各 於 笥 中 取 紅 葉 相 示
韓泳門館 因 帝 放 宮 女 三 千 人 嫁 祐 及 成 禮 各 於 笥 中 取 紅 葉 相 示
乃曰 事 豈 偶 然 一 日 詠 聞 复 曰 子 二 人 可 謝 媒 人 韓 氏 曰 一 聯 佳 句 題 桐 葉
隨 流 水 十 載 幽 思 滿 素 懷 今 日 却 成 鸞 鳳 友 方 知 紅 葉 是 良 媒 詠 笑 題 摘 葉
蜀 侯 繼 圖 見 一 大 桐 葉 有 詩 云 拭 翠 斂 双 蛾 為 鬱 心 中 事 搦 管 書 祚 葉 郭
下 庭 除 書 成 相 思 字 數 年 繼 圖 者 任 氏 曰 是 妾 所 書 也 (雲 小 說) 書 芭 蕉 葉
一一 敷 養 葉 陸 羽 撰 懷 素 傳 云 貧 無 紙 東 坡 云 吾 少 時 望 見 酒
一一 種 芭 蕉 乃 栽 以 供 揮 染 飲 蕉 葉 盃 而 醉 今 亦 能 二 蕉 葉
詩 菊 薄 種 葉 一 一 中 无 宿 茶 葉
象 浮 根 葉 病 貧 賜 名 一 一 中 无 宿
圖 浮 根 葉 病 貧 賜 名 鴒 葉 火 俗 改 葉 為 葉 焚 香 夜 一 一 爐 葉 温 公 詣 姚 野 詩 一 葉
厭 伴 老 儒 一 豫 比 竹 葉 荊 楊 烏 程 一 一 一 一 十 三 送 姿
一 一 十 年 不 得 歸 一 竹 葉 陳 李 翱 李 進 士
一 一 酒 名 也 濃 竹 葉 十 年 不 得 歸 一 一 直

終南山翁折竹葉置一一 龕上渭水中李翛熟 化龍 紅葉 史 上遊華山 啟 一
視見一舟甚大 然登舟 旬余至江南見龕 紅葉大如掌 紅
可愛隨流而下 史 置 懷中坐頃 覺懷中冷 重見葉上 累累 妾名 桃葉 之 王獻
而動 奔林中須臾白煙彌谷下山 未半風雷大至 (冊) 二
桃葉歌 一一 桃根 獻之作 王 花病葉 飲 流 謂 曉 者 為 一 一 古 橘 生 枝 葉 褚 翔
一一 (晉) 羲 之 子 詩 得 孝 一 一 枯 死 忽 睡 者 為 一 一 (朝 野) 為 義
吳 守 郡 西 亭 一 一 善 政 所 感 也 射 柳 葉 奉 由 基 去 柳 葉 百 步 ○ 貝 葉 間 持 一 一 書
更 一 一 一 (晉) 射 一 之 百 發 百 中 (詩 中) 步 出 東 齋 讀
多 以 貝 多 葉 書 之 一 一 葡 萄 龜 有 古 葉 刺 衛 官 公 也 ○ 葉 姓 (氏)
流 諸 梁 字 子 高 食 采 於 葉 音 攝 因 氏 吳 有 都 尉 一 一 大 夫 鄭 ○ 一 一 公 子 高 好 龍 見 真
龍 而 走 詳 龍 一 云 法 善 處 州 人 葉 与 明 皇 遊 廣 陵 詩 擒 授 籙 青 光 祿
大 夫 封 越 國 公 一 趙 宋 人 字 少 蘊 家 蘇 州 文 章 清 麗 參 大 政 致 仕 居 譽
川 開 山 為 徑 玲 瓏 各 發 號 石 林 居 士 詩 酒 自 娛 諸 福 全 備 守 道 鄉 天
聖 初 殿 試 宋 郊 弟 一 清 臣 第 二 再 入 翰 林 字 子 卑 仙 遊 人 謂 南 海 簿 抃
尉 事 有 獲 盜 撥 公 者 公 曰 吾 方 入 仕 豈 宜 自 欺 為 宗 除 參 政 事 上 曰 卿 之 清
德 白 是 愈 光 矣 拜 左 僕 射 同 平 章 事 號 水 心 先 生 文 集 行 世 一 庭 直 社
宋 知 光 化 縣 歌 曰 清 如 水 平 如 衡 鄭 武 人 鄭 有 之 稍 視 其 冥 為 督 科
及 全 之 驗 初 洽 縣 宰 二 ○ 接 即 葉 切 (孟) 其 一 也 以 礼 三 接 一 晝 日 一 客
年 進 士 第 未 末 双 真 義 相 一 一 一 武 帝 龍 詳 武 ○ (易)
接 李 膺 士 彼 一 一 精 神 接 姚 刘 曄 与 將 濟 等 披 襟 排 揭 卧 草 中 終 下 一 不 暇
蓬 登 龍 門 (因) 言 曰 對 明 主 非 一 一 不 一 精 神 子 辛 平 (因)
應 接 山 陰 道 上 行 使 人 (語 林) 夢 相 一 楫 (易) 係 舟 剡 木 為 之 晝 女 作 桂 楫 沙
應 接 一 一 詳 蹉 蹕 一 一 舟 一 (詩) 孫 徒 一 之
作 船 一 寫 一 (元 帝 燕) 渡 江 河 一 一 不 用 楫 王 獻 之 桃 葉 歌 云 桃 葉 復 桃
(說) 又 一 一 松 舟 亡 楫 一 (詩) 桃 葉 渡 江 一 一 但 渡 無 所 苦
我 自 楫 迎 汝 (晉) 互 見 葉 祖 逖 擊 楫 一 一 上 渡 江 中 流 一 一 而 誓 曰 逖 不 能 女 子 持 楫
楫 簡 子 南 擊 楚 津 吏 醉 卧 不 能 渡 簡 子 欲 殺 之 津 吏 一 一 一 而 前 曰 妾 願 以
歌 能 易 父 之 命 簡 子 將 渡 少 一 人 乃 備 負 持 楫 中 流 發 激 櫂 之 歌 簡 子 說 以
為 夫 人 (列 仙 傳) 睫 目 毛 楚 睫 脩 毫 一 一 二 不 交 睫 前 衰 盎 謂 文 帝 曰 太 后 嘗 病 目
不 見 睫 齊 使 者 曰 吾 不 貴 其 用 智 若 如 一 見 毫 毛 而 一 一 一 其 一 一 鶴 拔 眼 睫 李
公 遂 嵩 山 聞 呻 吟 聲 乃 病 一 曰 我 寫 仙 為 稚 者 傷 脚 得 人 血 則 愈 乃 一 一
一 一 曰 持 此 照 之 即 知 矣 李 公 自 眎 之 乃 馬 頭 也 至 洛 所 遇 皆 非 全 人 或 大
彘 驢 馬 之 类 惟 一 老 翁 是 人 公 以 告 翁 指 臂 出 血 公 往 端 集 鼓 睫 海 上 有
在 傷 处 鶴 謝 曰 公 即 為 宰 相 後 當 上 昇 鶴 乃 沖 天 去 蟲 集 鼓 睫 一 曰 焦
螟 一 於 一 一 (列 子) 朱 子 將 窒 之 不 見 形 離 俞 師 曠 聽 所 着 人 眉 睫 後 娘 崔 府 寅
之 不 聞 其 聲 離 俞 者 善 聽 者 (續 列 子) 僅 自 菜 一 一 字

冲用事兄光令往在之亮曰自可〔活套〕亳丨又丨○攝書涉切〔韻〕官事未目
覩書於市安能丨丨乎〔史〕丨丨夫子丨行相〔詩〕
攝也吾長者丨丨之〔史記〕輒論御不足丨以故目之耶攝西〔昭〕丨丨齊西
〔韻〕攝輯與善論翻丨而目之刑輯出畢曰周去卿丨以昭如九以
界朋友攝丨丨攸丨以威儀〔詩〕朋友攸攝亦攝敛威儀〔史〕何攝丨唐〔韻〕進明揮丨丨太夫
大夫丨為丨邪〔史〕朋友助祭者亦取攝敛威儀御史何攝入謝帝曰朕謂子非是除正
又李巨事同訓狐權攝丨鳳凰在假丨丨詳且懾童子佩丨〔詩〕丨葉縣名〔荊公詩〕
詩〔韻〕。真熊歙歙氣也又縣名丨丨詳且懾射決也〔詩〕葉內熱非復
又〔韻〕丨詩〔韻〕丨又縣名〔人名〕丨〔求〕涉〔韻〕君丨渊水。夥涉陳勝自立初立
晉与陽翻者叩官門曰吾欲見涉官門令欲縛之自辨數乃置涉与入官見
殿屋帷帳客曰丨丨之為王沈丨者楚人謂多為夥故天下傳之夥涉為王
參涉劉穆之手書晝書日並跋涉大夫丨丨我心則憂〔詩〕丨丨跋涉草行曰丨水行曰丨
暴涉〔國〕深涉有丨丨〔國〕大海航有苦難濟朝涉之脛〔書〕利涉大川〔易〕丨丨大府涉民未丨也〔國〕國
日涉〔陶〕丨丨〔陶〕以成丨丨〔史〕周亞夫〔詩〕諸侯盟〔韻〕丨不慮涉丨丨吾地〔國〕君之〔活套〕閔丨〔人名〕〔文〕項羽使涉說韓
藍田〔韻〕○獵良涉切〔韻〕較獵〔韻〕不狩不丨。梁〔史〕三分天下〔國〕丨而〔說〕
得書言而歸詳言從事來丨酒詳書丨獵不獲丨不
亨丨丨乎曰丨道而得道丨總丨漁獵丨丨丨獵典〔陽〕〔唐〕丨丨于
而得之〔傳〕云云是獲享也〔唐〕漁獵張觸視經史猶丨丨〔序〕
期獵〔後漢〕文侯与虞人丨丨曰雖丨丨書記 渉獵貫山丨丨〔元〕
期雨豈可无一會期哉詳期涉獵水丨獸不專精也〔史〕渉獵青雲与麻
渉之言稅伏臘為丨丨獵之曰省〔韻〕獵紅〔韻〕丨丨〔西〕丨丨吴不知
中嘗從有丨丨詩郎乎入出之〔史〕猶獵〔京〕重撥兒車輪獵〔自〕小車也果獵〔韻〕〔注〕諸
果後食諸獵左視不顧右視不若〔宗〕諸辞也謂龜甲前長後〔韻〕者名果獵
孔東龜曰果屬是也甲後長〔韻〕者名獵周礼南龜曰獵是也 果羅上
纏獵纖車輕武鴻綱丨丨〔揚〕旌獵徹車有鐵纖之車鴻綱並
丨丨上声直馳皃丨丨相差次皃上音捷。丨丨獵〔史〕丨不復獵丨以
釣為事及長丨丨曰知丨趙獵姬比境來烽言趙王田獵
獵自我釣自物詩釣 矣趙獵冠至信陵君曰趙王田獵
客能探得趙王陰事丨丨亦居須言道王果猶姬王大人〔韻〕問公子曰臣
者是以知之〔史記〕西伯將獵丨丨所獲非熊非羆非虎非龍非
獵道武孟少遊獵以所丨〔韻〕霸王之輔果遇大公於渭之陽〔史〕
獵事而放蕩吾安望哉遂力學後為侍御史〔唐〕丨不能丨獵後成〔陽〕王迎言
丨丨一日丨丨〔史〕与母丨泣曰汝不為好不獵我亦三日不食
唐音士元吉事同〔活套〕風丨諸丨丨躐躐也〔記〕李丨超丨
丨封丨丨丨者相〔韻〕丨賦校丨躐丨不丨等〔活套〕丨丨陵 鬣馬〔韻〕
丨詩封長鬣楚子享公相丨丨者相丨丨者三人鬣也以為
丨〔卜〕〔卅十〕長鬣〔韻〕〔卅七〕呉伐楚使丨丨丨 叢〔韻〕

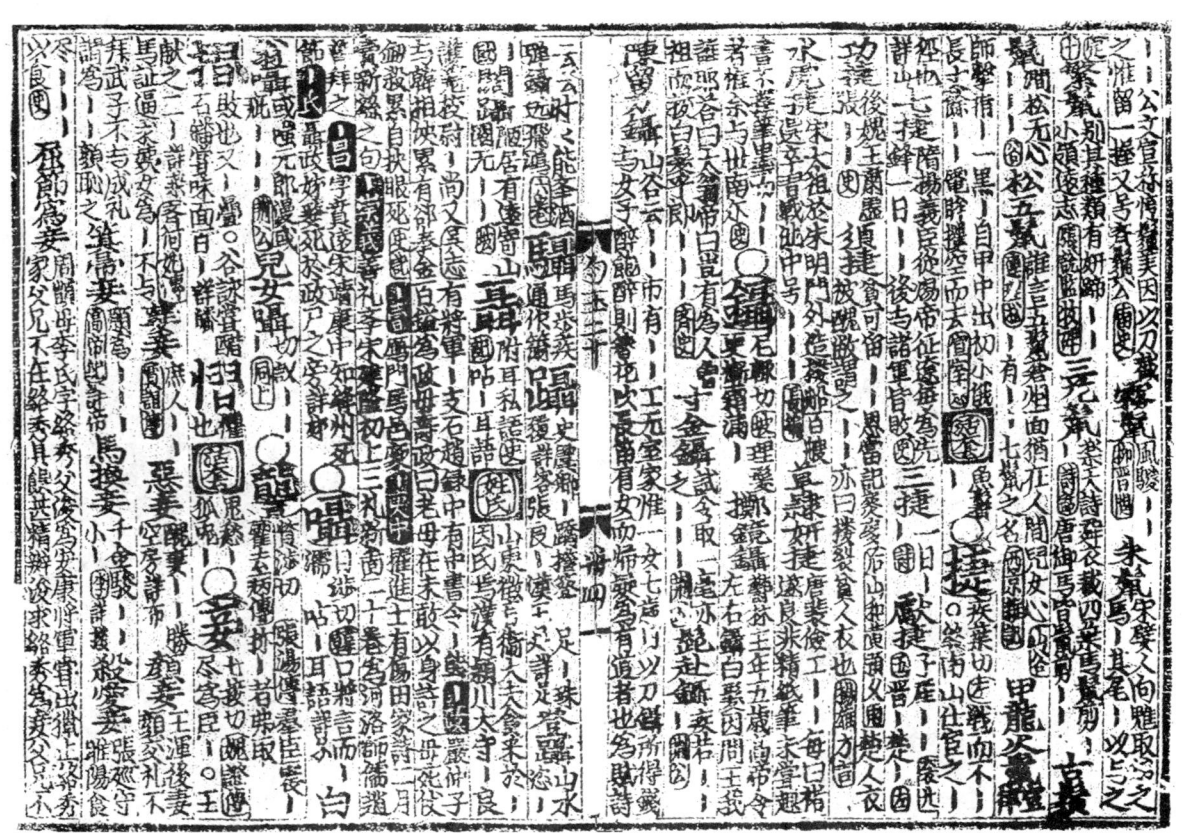

丨丨公文官狩傳鬣〔韻〕美因以刃裁 鬣丨〔韻〕風駿丨丨 朱鬣宋襄人向魋取公之
之帷留一鬣又号斉丨丨公〔韻〕〔史〕 丨鬣〔柳〕〔晉〕〔酉〕 鬣丨馬丨其尾丨以与之
〔田〕〔芝〕鬣鬣則其種類有妍醜丨丨 三元鬣〔梁〕夫人詩舞衣裁四葉馬鬣剪丨丨 亥
小頭遠志〔韻〕丨丨 鬣丨〔詩〕唐御馬有長鬣丨丨
鬣間松无心松五鬣雖言五鬣粗相由猶在人間兒女心〔西京雜記〕 甲龍丨〔韻〕
丨丨丨〔韻〕丨丨有丨丨七鬣之名〔西京雜記〕
長寸餘丨丨鑑貯撥空而去〔宗室〕〔活套〕丨〔韻〕〇捷〇疾葉切〔韻〕戰而不丨
師擊楫丨丨一黑丨自甲中出初小漸丨為丸〔活套〕魚鬣丨 〇捷 〇〔韻〕〔韻〕山仕宦之丨〔韻〕
徑也七捷隋楊義臣從煬帝征遼每戰爲先三捷丨〔書〕捷子產〔韻〕晉丨楚丨〔國〕
詳山一捷鮮一日丨丨後与諸軍皆敗〔史〕三捷一日丨獻捷丨〔國〕
丨丨丨捷貧可留丨丨思當記炎〔韻〕山和黃頭奴鬼楚人衣
功捷後魏王蘭虚須捷被醜歐譚之丨丨亦曰撥裂貧人衣也〔韻〕〔韻〕方言
丨捷丨丨〔史〕 丨〔韻〕丨〔韻〕 〔韻〕丨白犢
水虎捷宋太祖於朱明門外造水虎丨丨 草隷妍捷唐裴倫工丨丨每日楷
書不著筆墨爲丨丨〔韻〕 〇鑷〔韻〕尼輒切〔韻〕理鬓 擲鏡鑷鬢 尋〇〇〔韻〕王年五歲〔韻〕帝令
者稚余与世南〔韻〕 鑷更鬢滿丨〔韻〕 鑷左右鑷白髮因問王〔韻〕
華照君曰大鑷帝曰豈有為人〔韻〕 寸金鑷試令取一毫亦 〔韻〕 丨〔韻〕
祖而夜白髮郎丨丨〔韻〕丨丨〔韻〕 鑷之丨丨〔關〕丨丨 艷赴鑷丨丨
東留丨鑷山谷云丨丨市有丨丨工无室家唯一女七歳以刀鑷所得錢
与女子酔能酔則花必長歯有女而歸變為道者也為賦詩
一云云附之能拳酒 囁馬炎疾丨〔韻〕丨史鹿鄉丨丨〔韻〕 足丨珠 營囁山水
雖囁〔韻〕丨飛鴻〔丨〕 囁通依籥 囁後許容張良丨 漢〔韻〕文〔韻〕 營囁〔韻〕丨
丨〔韻〕丨丨 隱居有遠寄山 聶附耳私語〔史〕 〔姓〕丨丨 因氏与漢有顏川太守丨良
國問囁〔國〕丨丨〔國〕 呫丨耳語 小吏微言衞大夫食采於丨
灘奄技尉丨尚又〔吴志〕有將軍丨支石趙録中有中書令丨鉞〔韻〕嚴仲子
与韓相俠累有部委金白鐘為政母壽政曰老母在未敢以身許之母死後
刺殺累自抉眼死〔史〕 〔韻〕聶厲門馬邑豪〔韻〕罷進士有傷田家詩二月
賣新絲之白〔宗〕丨義 呂〔韻〕聶 聶初上三礼新圖二十卷為河洛御儒道
拜之 〔昌〕学貢遠宋嘗康中知洛州死 〇 囁日涉切〔韻〕口將言而丨 白
節〔丨〕 聶政妨婆死於政尸之旁詳〔韻〕 囁濡 呫丨耳語詳〔韻〕
逍囁或強元郎漫咸〔韻〕 兒女囁丨切歎丨丨丨 〇 讋〔韻〕讋涉切〔張湯傳〕羣臣震丨
〔韻〕丨丨丨〔同上〕 讋去越傳〔韻〕 丨丨丨丨若弗敢
習 敗也又丨讋。谷詠雪〔韻〕 慴〔韻〕 權 鬼愁丨丨 〇妾七接切 〔韻〕〔韻〕
〔韻〕石鏽當味面白丨詳〔韻〕 也〔活套〕 孤鼠丨丨 尽為臣丨。王
献之 二丨丨詳〔韻〕 菾〔韻〕 羞妾〔韻〕 丨丨丨丨 惡妾〔韻〕 醜妾丨丨 〇 賴妾王渾後妻
馬証逼求妻女為丨不与丨〔韻〕 丨 空房詩〔韻〕 丨丨 勝 顏氏 〔韻〕 礼不
拜武子不与成礼 鵞妾〔韻〕 〔韻〕 千金駿丨丨 殺愛妾張巡守
謂為丨丨頼取之〔韻〕丨丨〔韻〕帝 馬換妾小丨〔李〕詳〔韻〕 睢陽食
盡丨丨 丞郎爲妾 周顗母李氏字絡秀父浚為安東將軍出獵止絡秀
以〔韻〕〔國〕 家父兄不在絡秀具饌甚精辨浚求絡秀為妻父兄不

許繇旁曰門戶務举何惜一女子遂与之當謂韻爲鶴其輒切兴上
諜曰我丨丨丨汝家丨門戶割尔由是李氏得爲顯族衣賓也互見韻
賓嫈蘇秦丨丨以妾從師史記以妾投嫈侯通國門外得四黄石如斗化爲金以市美妾十餘人大第良田甚多忽老翁賓嫈曰吾永君償將
我金去不記億乎尽丨妾丨於丨須史失所在幽怪録〇輒陟葉切車两輢又專丨荊公詩変色未嘗丨〇鰈者陜切蝦魚不捡詩賓殖
丨勉〇饁筠輒切餉田詩丨彼南畝〇饁冀缺耨其妻饁之相丨如賓晉侯以爲下軍大夫〇曰嗜饁有丨有丨詩
千鈞也丨饁牧奴傳丨丨丨行丨丨〇曄也先人名後漢書〇爗火盛詩丨丨震電〇魘上敖感切人
飲食髮也荊公丨行丨丨
益陟切壓土也前五行地震隴西丨四百餘家又伏也後漢紀史士皆丨服
又撿也漢高紀東游以丨之又合也丨邑行靈又鄉飲酒賓丨介入門左姓
推手曰揖手丨持丨也〇魘韻帖他協切静也〇帖明經試丨堂帖祖
引手曰丨丨丨也丨丨丨姓等丨丨〇帖前後李士丨帖字
判事有堂案如分丨便有好事人敲門求丨丨〇帖寫成帖字丨乞
百司曰丨丨國史補〇醉帖懷素善草書常作丨丨國書苑〇碑帖羊欣詩碑
業帖丨顏公丨丨乞錢帖尉遅敬德負時有書生拜之丨丨五百貫曰足下宅
祭帖梁上与父日當貴但乞一丨書生持帖至官庫見金甲神人令
五百貫許分〇換羊帖韓宗儒每得東坡帖於殿帥姚麟以換羊肉數斤山谷曰右軍爲換鵝字今爲丨丨書矣一日宗儒作簡
〇
首報書公曰傳語本官今日斷屠侯鯖録〇蘭亭帖共賞丨丨國〇來禽帖尚書故吳王逸少有与蜀郡守
遍神帖張延賞見一帖三奉分十万貫乙不丨丨丨青李來禽櫻桃日給滕子帖
後盧家郎君切出求售問此獄張曰十万貫丨丨矣詩林〇借船帖王子敬內史丨丨丨盧尚書
張嶷而却之寓簡〇古今帖廣州呂倚求事年八十二讀書作詩不已收
誅爲古帖李邕不許丨丨書譜丨丨丨不邕曰右軍真蹟丨丨丨〇墨色照箱筥
射帖後梁蕭琛善弓馬嘗入伏地曰細看亦未能好鬯詩家藏丨丨丨
丨詩帖丨丨丨之十發十中史〇貼以物爲質又裨也附也〇協胡頰切亦作叶
丨和万邦〇府中二協才李臣之丨丨称爲丨丨民丨〇
同宗丨恭丨〇挾戶頰切群書時顯協同名〇挾四鐵丨丨泰山丨丨既丨我矣
丨丨軸而走筋挾字相名詳如丨軍之士皆丨三挾挾貴挾賢挾長
不挾不挾長不挾貴不挾兄弟而友孟〇俠俜也又作夾〇遊俠言能相從丨行丨持之事
任俠相与信爲丨同是非爲丨所謂權行州里力折公侯是也漢書〇豪俠五陵丨儒俠曹子建丨丨筆
幽州大俠王衍妻郭氏貪戾丨丨刺史李陽丨丨郭憚之小椎詳可人名〇俠清慎号独立使君詩立廷流民富以獻上呈〇

〇鋏古協切亦作夾劍把也〇士冠夾天子之劍周宋爲鐔韓魏爲夾諸侯之劍以忠
欽歌曰長鋏歸來乎詩劍聖丨丨鐔以家鞅丨丨丨丨田詳劍夾古鋏同〇彈
鋏馮驩寄食孟嘗君門丨丨〇頰頰減其夾〇頰魏王豹叛酈生〇豐頰曲眉
頰頰五人丨丨頰吏多姿〇黄頰胡陂切詩有丨丨往說之史〇豐頰丨曲眉
舞頰丨怒色人怒則色紅〇柱頰相仲謂微之曰卿在有日以比當相料理微之不生微
〇柱頰吾直高視以手板丨丨云西山朝來致有爽氣〇牙頰丨唐李勣
表招執高祖曰单〇批頰五代唐敬新磨中丨下東南丨〇頰敬疏熱不
使丨丨可下邪史〇批頰丨莊宗丨〇豐頰可過彼中和丨東南丨下臘海
門三代皆世濟美也〇宦頰補頰張魏夫人詠傷頰得白丨丨与
室之号曰頰猶人䶢頰也〇鸞頰瑰瑯有丨之更益其姸詳
加頰顴愷之丞裴楷象頰上〇丨〇晉郗鑒值喪亂鄉人共飴之鑒
加頰加丨丨神明殊勝史〇飯著兩頰食說丨丨〇丨吐与二兒複並得
存医二兒兒子白鬚丨紅頰杜介之有隱士風李光詩丨〇嚼中頰頰高偃且
外甥周翼也丨丨丨缺丨丨〇〇頰是義皇人子丨丨丨丨
詩弓〇莢草莢丨丨丨花丨丨无才思〇漢與以為重〇蓂莢堯丨每月朔日
日二落〇夾莢難用鑄丨丨亦以一當百狀如丨丨〇莢生一丨至十六
英莢詩〇丨丨莢堯時有莢以知月〇莢其植宜莢也丨丨〇薰莢僧志
〇丨莢帝丨丨公日丨丨〇莢生一丨鳥即今皂莢
稽客以丨丨丨自〇魘香皇莢五代蜀主王衍爭縱樂諸香侵夜不
事以宣草常奇丨丨丨絶久而丨丨丨丨以亂其臭
皇莢宋刘休丨王氏丨明帝敕王氏開〇篋古協切〇鍉篋衛人館叔向奕
小店觀丨丨丨掃帚以辱之詩話〇篋鍉丨与一篋丨受奕
反錦〇扇篋班婕妤扇詩弁〇珠篋隋独孤后突厥有明〇一丨價直八百萬与
困〇鼓篋指篋笥中詩弁丨丨中国交市后曰未若以八百万分賞有功者
〇鼓篋入學丨丨遜丨丨丨〇探篋發匱之盜爲守備則必攝緘
史〇其業也記〇胠篋莊子將爲丨丨丨盜至則必負匱揭篋擔囊而趨〇
〇鼓篋〇篋篋賈誼曰俗吏所務在於刀〇柳篋唐柳公権丨丨以
從學者肆爲胠胠篋篇丨丨史〇盜文書者〇其博學丨丨丨〇諸書
一篋藥芊既於中山而論功文侯〇亡書三篋漢武幸河東丨丨丨惟張安
〇一篋示之丨丨丨丨史丨丨丨世識之具得其書後得亡書校
充所遺上謗書數十篋魏元士中曹遭火焚書數千卷丨丨〇匧快也〇
奇之困丨丨丨過八十手丨寫丨丨丨史〇篋丨未有丨意
〇牒徒協切書板及簡〇丨牒功德錢白丨之丨〇石牒光武封丨丨路温舒截
文与訟辭皆曰丨〇五牒丨丨州丨丨詩〇蒲牒丨丨爲丨寫
〇冒牒諸資陰丨丨取調者〇度牒丨自南北朝有之高僧傳唐〇虽
韶訖自首〇丨丨以用度不充給空名丨丨丨丨
寧在牒梁張率武帝問奏〇取牒唐刘仁軌与戴至德俱爲僕射仁軌称解
牒事但云丨丨丨史〇嫗取牒事〇僕射有嫗訴於至德至德收牒丨復丨曰

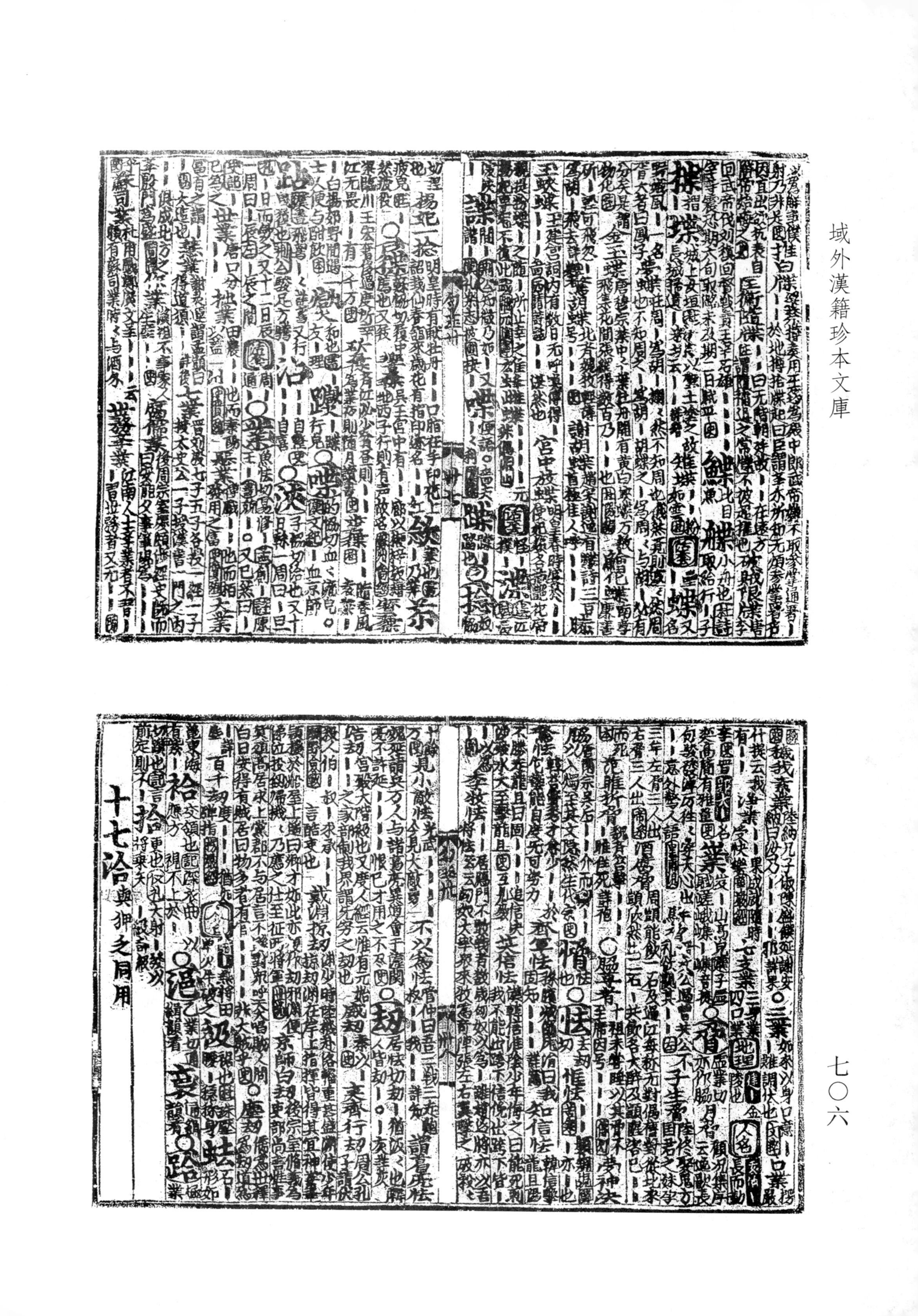

十七洽 與狎之同用

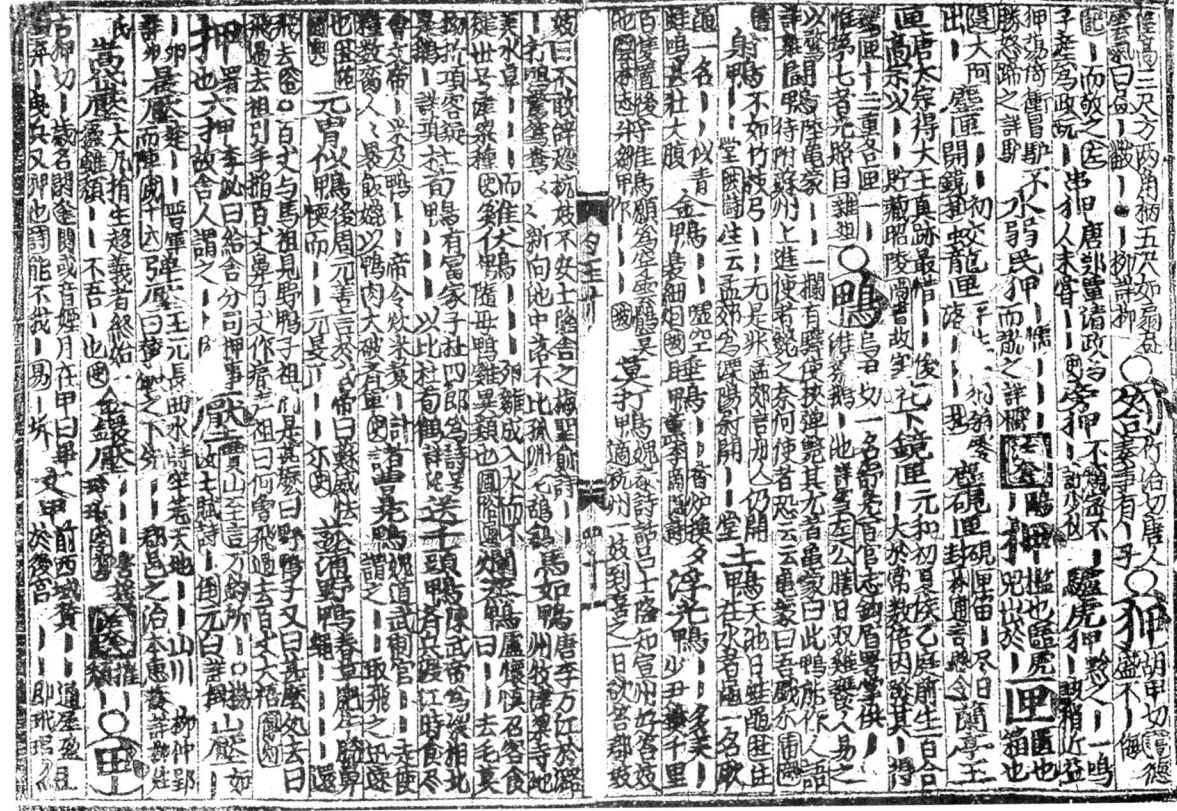

甲楚子重伐吳｜｜三百被練 金甲文粹李華續貧賦｜｜同光｜｜犀曰差 大
二千 添田 成組文 金甲神人與尉遲敬德守外事 詳外 犀曰差
衣水犀之甲 北齊突厥至并州帝與宮人被｜｜甲
者三千 國語 緋甲 登城以望軍｜｜ 文詩鈔 衷甲 楚人｜｜
蹲甲 養由基｜｜而射之 蝸甲 詩身如｜｜ 衣中 左傳
徹七札焉 成十六 ｜｜也 道蟬蛻皮山 螺甲 香海之
燒則臭 本草 割民以為 蘇｜｜化枯枝 螺甲 拖可聚香
甲香如鶏雞且者酒煮蜜熬入諸香用 蓽甲 自喻猶｜｜ 小籠甲 社田毛桑
寬柳 顏甲 進士王光遠干索權豪示厭或譴捶辱略無改 令甲｜｜死者不
圖 顏甲色時人云光遠顏｜厚如十重鐵｜ 開元遺事 令甲 可復生 令
有先後 敘有｜｜ 雌甲 蒐音公羊｜ 三日後甲三日 蠱卦先庚
令乙令 內宣帝紀 ｜｜甲 蠱卦｜｜ 三日後庚三日 辛林云甲主仁先後
皆以寬令示之 庚主義先後皆以嚴令示之 又 三甲 管輅言額无主骨眼
甲庚先後三日為辛十一言日辛丁寧也 五見辛 无守睛鼻无梁柱腳
无天根背无三甲腹 綠沈甲 隋張湖有功文帝賜｜｜ 薛元貴帝曰古者有
无三壬皆不壽之相 ｜｜ 射貫五甲 ｜七札 御試以
射焉一發 在軍不甲 羊祜｜｜輕裘緩帶 身｜｜被｜ 左傳 貫甲 音 數万｜｜ 自有
洞貫 ｜｜ 小范老子 仲淹也 腹中
鏁甲 蜀李李宗為都護陳隗曰正方｜｜有｜｜ 敗鱗殘甲 華州狂子張元雪 詩戰退玉龍三百
鱗甲 鄉黨以為｜｜不可近 後平果在都 因發之

方｜｜｜｜ 詩 ｜｜ 殿 ｜｜ 岩｜ 詩蓺 殺
天飛 西清詩話 文德指甲 開通錢有｜｜ 唐武德中元文德后一云楊妃甲痕
段秀實殺郭晞暴卒馳馬至晞門下甲者出秀 殺老至荷甲
實笑曰｜｜｜｜｜也吾戴吾頭來矣 史 宿 門第｜ 入名
老子請生得不死 列仙傳 田 富與人有賢 撮｜朗｜
操 詩 夢 漢祖特被尉大破楚兵榮陽 史 朋甲 後張宗傳 羊胛北狄骨
所居之北渡海晝長夜短日入煮羊胛熟｜｜ 國 押 中子 貴｜｜ 利幹部
東方已明 唐 突厥傳 統月總如 輔也 檢押 子注 檢束也
統曰言論 ｜｜ 天人 呷 吃甲切 說文 吸｜ 欱納 將習 問上張 吸呷 押長 仲
｜｜ 又 喤｜ 聚聲 呷口也 下 吸也 言水勢 吸呷 冊 國
容 一呷 把蓋對花 ｜ ｜ ｜ ｜｜ 之 方法切 泛正為 三之 東漢大射共｜｜
｜ 詩 歸｜ 容 詩 春官注之｜名容射
人云三獲三容以其矢至侯力之下去 東 承之 韓嬰 攝官 賜貧
都 賦注 之以革為之 護旌者之 仙 ｜｜ ｜ 猶三代直振之
閒 因 法 方乏切 嘗易 云 而｜ 孝法 帝 宣 前漢 兩 刑 孝者法官之
図 不足｜欲 必來 ｜ 據生征伐刑戮之事故稱其書
為｜ 園法 周九府｜ 閑法｜｜鄉 世 賦 詩 戈法 唐太宗書戲字媿
｜｜ 詩 付 出客 詩 閱 程法 詩 戈法 證云｜｜逼真 詩
戈 沈命法 漢武帝盜賊滋起於 食玉法 李預 慕古人｜ 太公兵法 張良得｜｜
是作｜｜｜ 詩 命 ｜之｜ 詩 玉 ｜ ｜｜ 詩

藥 治官八法 以｜｜｜ 周禮 書工八法 王逸少｜｜永字以其｜二王書法 融
章書 高帝曰卿恨无 臣｜｜ ｜｜至閎下欲合 客
非恨无二王法 亦恨二王无臣法 齊 商君之法 更捕｜｜ 至閎下欲合 人无
驗者坐之 商君嘆曰 為法之敝一至此哉 不傳之法 先人行此 張良為帝王師今三世不過太史
｜｜之敝 一至此哉 不傳之法 ｜｜ 待此 為帝王師今三世不過太史
郎 識｜欲 卿用卿法 庾顗曰 以 ｜｜ 詩 御 因無死法 唐李日知為司刑丞有
復｜ 史 法｜白 ｜｜ 詩 御 囚無死法 免一囚死少卿胡元禮
曰吾不去曹 囚无生理 日知曰 漢下 酒軍法 劉章以軍法 夫人禮法 鍾
去曹｜｜｜ 武后用日知議 史 ｜｜｜ 詩 酒 之
｜ 郗夫人之 ｜ 晉 不幸兵法 霍去病上欲教之孫吳兵法 對曰 ○有為法
王渾妻鍾郗湛妻郗 ｜ 顧方略何如耳 ｜｜古｜｜ 詩 一
一切 ｜｜如 不會佛法 五祖曰 四百四十九人會佛法盧行者一人
夢幻泡影 詩 觀 不會佛法 他則悟道謂之過量人 方傳得衣鉢 詩 鉢
不二法門 詩 八萬四千法門 門 詩 姓氏 齊 襄王名｜章 後因氏
南郡守 字孝高 卿 博通圖典 關西大儒 號 東漢 為平氏長 發摘奸伏吏民畏 愛
德先生 字孝直 為蜀郡太守 後尚書令 ○ 直甲切 詟 又｜ 習
 聲 雷 懾
取 食 兒 喋 啑 ｜自 ｜｜ 兩又衆言也

韻府群玉卷之二十

入聲

雅餘

提要

《雅餘》八卷，明羅曰褧輯，日本鈔本。書前有熊宇奇序、羅曰褧『雅餘小引』。是書分卷解釋天文、地理、人物、仙道、鳥獸、飲食、器物、災異、金石、植物等。羅曰褧，南昌人，字尚之，萬曆舉人。有《咸賓錄》八卷，另有《雅餘集》。

雅餘序

豫章熊宇奇正子父撰

昔羅尚之與不佞莫逆交講藝之暇覃思爾雅取山海竹書諸家及稗官小說涉獵也不佞相視而笑書麓學府往往來㧕苑之譏至使儒林別傳雖多亦奚以為尚之謂余不然子產之別臺駘卜氏之辯三豕子政之記貳負文通之識科斗博聞強記有多多益辯耳尚之津津談浹自喜所為探賾索隱益力久之上春官不自得而歸及病且死要余以平生之言余叢茂陵書讀之是編也仰觀於天碣石所不及詳也俯察於地職方所不及辯也多識鳥獸草木之名齊諧所不及志神鼎百物所不及象也傷哉楚之墮履不與俱入余何忍負尚之則題其編曰雅餘行於世夫雅豈不足君所而將焉取餘吾聞爾雅興於中古隆於漢代至終軍鼮鼠之辯其業最著於時軍舉孝廉郎一日受賞明主白麟奇木之對棄繻請纓之節竟用為先資顯名當世雖稱終童未為不遇尚之辯博屬文無遜其異才斌斌修爾雅之業不獲對詔稱旨不獲建節試屬國吏而纔稱孝廉郎先委朝

露業迺董堇余悲尚之賁志以歿不得等終童也非尚之好也語有云士君子其言立死而不朽昔揚子雲尚玄雅好奇字人皆留之僅一桓譚以為絶倫追子雲歿而其學大行爾雅之業小學之流也尚之取材用物故自鈎奇安知後之無好事者無虞虞訊矣舊編付之剞劂定點文句余不能欺死友探玄珠於罔象以俟君子

萬曆丁酉歲長至日

雅餘小引

夫碣石譚瀛海之迂怪神赤八十分一區漆園志天池之逍遥鯤鵬九萬里六息宇宙寥廓變化繽紛文繁索丘倚相讀而難解事富山海郭璞註而未詳多能聖人辯合宮之赤雀博物君子論蝦門之黄熊河豕精其校讐海鳧資其識賞金門射覆對詔訪怪哉於秦餘石渠然藜傳經尋貳負於禹蹟知祖龍厭氣之物當璧循存考科斗冊文之藏故府可視服匿按而有款鎛千狩之成聲種種旁羅繫繫該洽斯文苑之富有並大雅之芳塵也余季少奉庭闈弋書林而騁志家傳素業踐文囿以漁蒐對梁相之五車將吞雲澤視漢臣之三篋似陸豪山赤縑青緗頗側探其遺典蘭臺芸室亦幽求其異端隨副墨以摩編輙削牘而掌記環堵置筆酉陽之秘籍幾空繼咎焚膏太乙之靈光錯落南宮故事掯畫成圖甘泉雜儀詮輯累素繼鼠置必辯之對竹書無簡脱之訛稗官以弱荛而靡遺卮言比博奕而効用千金自享一斑已窺詎期過駒難留藏舟不固遘從朝露倏掩夜臺獲麟關向秀之二篇夢裹瓊棺相迫續貂靳班固之十志案頭緑筆久虚莫望求書於封禪有虞虞訊於奇字

能使君雕龍才博誼存斷金靈蛇譽高情諸伐木赤亂之約未冷白馬之盟初新繐帳懸門感流水之絃於伯子宿草過墓解延陵之劍於徐君用蕺勝緘笈付剞劂殺青良苦敗紫兼收殞令孔壁殘灰爾雅纂名卜夏之學汲冢斷簡博文繼踵茂先之書譬諸嬰後之材賞其宮徵取彼溝中之斷飾以銀黄戀戀生平劉稜陵之報音情淺款款死別桓君山之彈冠義輕嗟乎靈運池草之夢頻疏愧無佳句魏丕鬼録之懷獨積撰有遺文雖義逮九家猶愈於野而說存小道亦有可觀襲六為七成一經敢任鉛槧於冊府自甲至丁凡四庫庶裨涓滴於文江紙上之語已陳地下惟文不朽問剞管遺履之無棄所仗友生儻溲渤破鼓之有資請待來哲

萬曆丁酉歲孟夏月豫章羅曰褧識

雅餘目錄

雅餘卷之一

豫章羅日褧尚之父編次

天文部

天羣物之祖羣陽之精高耳下目積氣成形道猶張弓形如倚盖行如蟻磨運如車轂　爾雅曰春爲蒼天夏爲昊天秋爲旻天冬爲上天　呂氏春秋曰中央曰鈞天東方曰蒼天東北曰變天北方曰玄天西北曰幽天西方曰皓天西南曰朱天南方曰炎天東南曰陽天　渾天儀曰天如鷄子地如中黃居於天內天大地小天表裏有水地各乘氣而立載水而浮　又曰天抱地如水抱舟夏景長者地沉遠於天也日行遲冬景短者地浮近於天也日行疾闡之極南山谷之中春夏雪積萬仞秋冬日始暴烈雪消居人暴醯醬者俱於秋冬則秋冬日近而春夏日遠不誣矣

日者實也字从口　象形也日出扶桑在東方入細柳在西方　山海經曰大荒之中暘谷上有扶桑十日所浴九日居上枝一日居下枝皆載烏　又曰猗天山蘇門山日月所出　又曰拒格之松日月所出入　又曰方山日月出入　周禮曰大司

徒以土圭之法測土深淺正日景以求地中日南
則景短多暑日北則景長多寒日東則景夕多風
日西則景朝多陰日至之景尺有五寸謂之地中
月釋名月闕也滿則闕也月初爲朔朔蘇也月死復
蘇生也月終爲晦晦灰也火死爲灰月光盡似之
也月半爲弦四直若弓弦也月滿爲望日月遙相
望也朏月未成明也魄月始生魄然也　呂覽云
月羣陰之本月望則蚌蛤實羣陰盈月晦則蚌蛤
虛羣陰虧　乾坤鑿度曰月三日成魄八日成光
蟾蜍體就穴鼻始明　張衡云月者陰精之宗積
二
而成獸象蜍兔　元命包曰月設以蜍兔者蓋蜍
陽也與兔並明陰倚陽也　京房云月與星無光
日照之乃光　風俗通云吳牛望月而喘言彼苦
於日故見月而喘其與傷禽驚於虛弦一也　鬱
儀奔日之仙結璘奔月之仙日中五帝字曰日䰟
月中五夫人字曰月䰟又羿妻嫦娥小字純狐此
皆異譚亦足博識
雲周禮保章氏以五雲之物辨吉凶水旱降豐荒之
祲注云二分二至觀雲色青爲蟲白爲喪赤爲兵
荒黑爲水黃爲豐　京房易傳曰四方常有大雲
五色具而不雨下有賢人隱　瑞應圖曰景雲者
太平之應也非煙非霧五色氛氳者是也
風東風曰谷風南曰凱風西曰泰風北曰凉風疾風
曰飈猛風曰颲凉風曰瀏微風曰飉小風曰飇
立春條風至春分明庶風至立夏清明風至夏至
景風至立秋凉風至秋分閶闔風至立冬不周風
至冬至廣莫風至謂之八風　六月有東南風俗
名黃雀風時海魚變爲黃雀故名　閩東西風則
晴東風則雨閩西西風則雨東風則晴　交川記
曰風母出九德縣似猴見人則慚屈頸打死得風
則活　括地圖曰奇肱氏能爲飛車從風遠行湯
時西風吹奇肱車至於豫州湯破其車不以示民
十年東風至乃復使作車遣歸去玉門四萬里
俗謂風曰孟婆江南七月間有大風甚於舶艄野
人相傳以爲孟婆發怒按北齊李騊駼聘陳問陸
士秀江南有孟婆是何神也士秀曰山海經云帝
之女遊於江中出入必以風雨自隨以帝女故曰
孟婆猶郊祀志以地神爲泰媪此言雖鄙俚亦有
自來矣船艄大風也
雨釋名雨羽也如鳥羽動則散也暴雨曰涷小雨曰

霢霂亦曰霰小雨纔落曰霽雨三日已上曰霖久
雨曰霪徐雨曰零雨雜雪曰霰風而且雨曰霾
京房云太平之時十日一雨凡歲三十六雨此休
徵時若之應也　白虎通曰太平之時時雨時露
山海經云羽山多雨符陽之山多怪雨雲風之
所出也　京房易傳曰狏將風則踴躍欲雨則鳴
雷釋名雷硍也如轉物有所硍雷之聲也　淮南子
曰陰陽相薄感而爲雷激而爲霆埤雅云震雷謂
之霹靂其緩者霆爾雅云疾雷爲霆電亦非霆也
彼以霆爲電或以爲疾雷皆誤　物理論云積風

成雷　王充曰雷公有神雷聲有罷安得謂之神
正月陽動故始雷五月陽盛故雷迅秋冬陽衰故
雷潛太陽用事陰氣乘之陰陽分爭則相激射爲
毒中人則死中木則折試以斗水沃冶鑄之火火
氣激烈則爲雷聲或曰雷火之及金石焦鎔而漆
罷不壞　秦穆公出狩大雷下有火化爲白雀啣
丹書集公車　山海經曰羭次之山有鳥名橐𩇯
服其毛羽令人不畏雷　又曰飛魚如豚赤文無
羽食之辟兵不畏雷鼓　傳曰雷不蓋醬令人腹
中雷鳴令月上下如弦之時觸醬輒壞里俗忌之

物之相感有如此者　玄女房中經曰雷電之子
必病顛狂故曰有不戒其容止者生子不備也
電釋名電殄也乍見則殄滅也　山海經云列缺電
名　莊子曰陰氣伏於黃泉陽氣上通於天陰陽
分爭故爲電玉女投壺天爲之咲則電　埤雅云
陰陽暴格分爭激射有火生焉其光爲電其聲爲
雷令鐵石相擊皆生火燒石投井則起雷又況天
地大爐之所薄動眞火之所激射乎
雪釋名雪綏也水下遇寒而凝綏綏然下也　山海
經曰由首之山小威之山空桑之山並春夏有雪

埤雅云豐年之冬必有積雪其春必有小雨故
詩言雨雪雰雰終之以既霑既足是也　氾勝之
書曰雪者五穀之精取汁以漬原蠶之沙和穀種
之耐旱今雪寒甚則爲粒淺則成華華謂之霙
王騰於常山屯營時遇天大雪堆門前數丈雪融
不積騰怪使掘之得玉馬高尺許上表獻之
霜釋名霜喪也其氣慘毒物皆喪也　大戴禮云陰
氣勝則凝而爲霜
雹釋名雹砲也其所中物皆摧折如人所盛砲也
左傳云凡雹皆冬之愆陽夏之伏陰聖人在上無

雹雖有不爲灾　曾子云陽之專氣爲雹陰之專
氣爲霰
露釋名露慮也覆慮物也　大戴禮云陽氣勝則散
而爲露　白虎通曰露者霜之始寒則凝而爲霜
東方朔神異經曰西海外有人長二千里兩脚
相去千里腹圍一千餘里但日飲天酒五斗天酒
甘露也　又曰朔遊吉雲之地武帝曰何名吉雲
朔曰其國俗常以雲氣占吉凶吉則滿室五色雲
起照人着於草皆成五色露露味甘帝曰可得否
朔乃東走至夕而還得玄黃青露盛以琉璃器授
帝帝徧賜羣臣得露嘗者老者皆少疾病皆愈
洞冥記曰勒畢國人長三寸有翼善語言戲笑因
名語國飲丹露者日初出時有露汁如朱也　又
曰元封三年婁遏國進能言龜帝問東方朔朔曰惟
承桂露以飲之
霧元命包曰陰陽怒而爲風亂而爲霧　呂覽云冬
行夏令則雰霧冥冥　博物志曰王肅張衡馬均
俱冒重霧行一人無恙一人病一人死問其故無
恙者飲酒病者飽食死者空腹　望氣經曰十月
癸巳霧赤爲兵青爲殃　又日六月三日有霧歲

熟　抱朴子曰白霧四圍城不出百日大兵必至
京房占曰大霧君迷惑霧四起則時多隱士
十洲記曰武帝天漢中西湖獻猛獸云出崑崙或
玄圃食氣飲霧解人語當其神也立起風雲吐霧
百邪逆走
虹釋名虹攻也純陽攻陰氣也雄曰虹雌曰蜺或謂
鮮盛者雄暗者雌或謂赤白色爲虹青白色爲蜺
虹一名螮蝀蜺一名挈貳　世傳虹能入溪間飲
水人嘗有見之者劉敬叔異苑曰晉陵薛願有虹
飲其釜須臾翕響便竭願以酒灌之隨涸吐金滿
器於是灾弊日祛而豐富歲臻　搜神記曰孔子
作春秋制孝經既成齋戒向北辰而拜告於天忽
起白霧摩地赤虹自上而下化爲黃玉長三尺有
刻文孔子跪受而讀之　又曰廬陵陳濟者作丘
州吏其妻獨在家常有丈夫儀貌長大着絳碧袍
相期其妻於一山澗中至於寢處不覺有人道相
感接鄰人觀其所至輒有虹見　京房易傳曰蜺
旁氣也其占云妻乘夫則見之陰勝陽之象也四
時有之惟虹見藏有月
北斗魁星名第一執陰第二叶諳第三視金第四拒

理第五防仵第六寶鬪第七招搖
月令部
釋名春蠢也動而生也夏假也寛假萬物使生長也
秋緧也緧迫品物使時來也冬終也物終成也
爾雅春爲青陽夏爲朱明秋爲白藏冬爲玄英四
時和謂之玉燭　正月爲陬二月爲如三月爲寎
四月爲余五月爲皐六月爲且七月爲相八月爲
壯九月爲玄十月爲陽十一月爲辜十二月爲涂
孟春之月東風解凍蟄虫始振魚上氷獺祭魚候鴈
北草木萌動仲春桃始華倉庚鳴鷹化爲鳩玄鳥
八
至雷乃發聲始電季春桐始華田鼠化爲鴽虹始
見萍始生鳴鳩拂其羽戴勝降於桑
孟夏之月螻蟈鳴蚯蚓出王瓜生苦菜秀靡草死麥
秋至仲夏螳蜋生鵙始鳴反舌無聲鹿角解蜩始
鳴半夏生季夏溫風至蟋蟀居壁鷹始擊腐草爲
螢土潤溽暑大雨時行
孟秋之月凉風至白露降寒蟬鳴鷹乃祭鳥天地始
肅禾乃登仲秋鴻鴈來玄鳥歸羣鳥養羞雷始收
聲蟄虫坏户水始涸季秋鴻鴈來賓爵入大水爲
蛤菊有黃華豺乃祭獸草木黃落蟄虫咸附

孟冬之月氷始凍雉入大水爲蜃虹藏不見天氣上
升地氣下降閉塞而成冬仲冬鶡鴠不鳴虎始交
茘挺生蚯蚓結水泉動季冬鴈北向鵲始巢雉雊
雞乳征鳥厲疾水澤腹堅
月令太歲在丑乞漿得酒太歲在巳販妻鬻子
藕生應月閏月益生一節芋以十二子爲衛亦應月
之數也
正月勿食生葱三月勿食小蒜四月勿食大蒜五月
勿食虀六月七月勿食茱萸成血痢八九月勿食
薑拜肝心肺十月勿食椒十一月十二月勿食戴
九
甲之物拜脾腎
日月蝕而私者生兒則多疾日月晦朔弦望而私者
生兒則愚癡瘖瘂鈎絞逐陣而私者生兒多凶暴
無禮亦猶木日造麴則酸水日造醬則生蟲九焦
日種穀則不生芽六合日遣鬼不去火日安蜂則
蜜苦土日種麻則不生
山東風俗謂正月取五姓女年十餘歲共臥一榻覆
之以衾以箕扇之良久如夢寐或欲刺文綉事筆
硯理管絃俄頃乃寤謂扇天卜以乞巧
裴玄新語曰正朝縣官殺羊懸頭於門又磔雞副之

俗說以厭厲氣玄問河南伏君伏君曰土氣上升
草木萌動羊嚙百草雞啄五穀故殺之以助生氣
神異經云山𤢖在西方深山中犯人則病畏爆
竹聲故元日用爆竹椒是玉衡星精人服之身輕
能老栢是仙藥故元日進椒栢酒桃者五行之精
厭伏邪氣制百鬼故元日服桃湯造桃板著戶謂
之仙木
人日正月一日為雞二日為狗三日為猪四日為羊
五日為牛六日為馬七日為人占其日以知其登
耗所謂人日以此　荊楚歲時記曰人日以七種

十

菜為羹翦綵為人或鏤金薄為人以帖屏風或戴
之頭鬢云入新年形容改新又造華勝相遺
荊楚俗望日以楊枝插門隨楊枝所指而祭其夕迎
紫姑以卜　異苑云紫姑者人家妾為大婦所逐
正月十五日感激而死故世人作其形於廁以迎
之卜休咎　樂書漢家祠太一從昏時祠到明令
望日夜遊觀燈是其遺俗　又摩竭陁國十五日
僧俗雲集觀佛舍利放光雨花　續齊諧記吳縣
張成夜見一婦人立宅東南曰此地是君蠶室我
即此神明年正月半君作白粥泛膏於上以祭我

我必令君蠶百倍成如其言年年果得蠶百倍
冬至後百五日為寒食云以介子推是日焚骸故寒
食不舉火　古有鬬雞及鏤雞子鞦韆之戲鞦韆
北方山戎之戲以習輕趫者
三月三日為上巳俗並出水渚為流杯曲水之飲
又鄭國俗三月上巳於溱洧兩水上執蘭招魂續
魄祓除不祥　宋書曰晉摯虞曰漢章帝時平原
徐肇以三月上辰產三女並不育俗以為大忌故
其日皆於東流水上為祈禳　雜五行書曰欲知
蠶善惡常以三月三日大陰而無日不見雨蠶大

十一

善　崔寔四民月令曰三月三日以及上除採柳
絮可以愈瘡
釋迦佛以四月八日生令人多以其日誦經作緣事
按攝生月令其日不遠行宜安心靜念沐浴齋戒
必得福慶又齊人月令其日亦不宜殺草木性服
生衣進溫酒服溫藥豈偶合也耶抑互相祖述也
五月五日楚俗以竹筒貯米投水祭之漢建武中歐
回忽見屈原曰祭常為蛟龍所苦幸以楝樹葉塞
上以綵絲縛之二物蛟龍所畏今人作角黍其遺
風也出續齊諧記風俗通五月五日以五采絲係

臂者辟兵及鬼令人不病温又俗作龍舟三者皆
爲屈原　又抱朴子云五月五日作赤靈符着心
前可以辟兵　楚俗五日並蹋百草採艾以爲人
懸門戸上以禳毒氣　崔寔月令、日五日取蟾蜍
可合惡瘡取東行螻蛄治婦難産　抱朴子云蟾
蜍千歲者頭上有角頷下有丹書八字五日取之
陰乾百日以其足畫地即爲流水　胡廣本姓黄
五月五日生父母惡之置之甕投於江後父得而
養之廣後不治本親服胡寅以亦不爲父所舉伯
父安國舉之寅後亦不持父服何姓事之同乃爾

十二

五月五日生者齊相國田文漢大將軍王鳳太
傅胡廣將軍王鎮惡皆極顯貴其次文學則崔信
明孝子則紀邁故不足信也　劉向識貳負桎梏
之尸蓋僵尸數千年不朽者也鄗水側有重人
穴穴中有僵尸不知年載按記云人以五月五日
生者尸不腐今人正五九月不上任唯京朝官則
不拘也在唐宋亦然按戴植鼠璞云釋氏智論天
帝釋以寶鏡照四大神州每月一移察人善惡正
五九月照南贍部洲唐人以此三月不行死刑曰
三長月節鎮因戒屠宰不上官宋人多以是三日

食素誦經已一可咲矣今於正五九月不斷屠宰但
不上任尤無謂也其九五昔意避九五之會乎
風俗通云五月蓋屋令人頭禿　異苑云庾寔家
嘗以五日暴薦忽有一小兒死於薦下俄失所在
其後寔女子遂亡以後俗忌暴薦　又問禮俗曰
五月稱惡月俗多大齋放生又俗諱五月上屋語
月人蛻上屋見影魂當去
漢武故事云七月七日上於承華殿齋日正中忽有
一青鳥從西而來集殿前上問東方朔朔云西王
母將至後果至　世王傳曰竇后少頭禿不爲家

十三

人所齒遇七夕人皆看織女獨不許后出有光照
室爲后之瑞　陶安公六安冶師數行火一旦火
散上紫色衝天須臾赤雀止冶上曰安公安公冶
與天通七月七日迎女以赤龍至時安公騎赤龍
而去　述異記天河之東有美麗女人乃天帝之
子機杼女工年年勞役織成雲霧絹縑之衣辛苦
殊無懽悅容貌不暇整理天帝憐其獨處嫁與河
西牽牛之夫壻自後竟廢織紝之功貪懽不歸帝
怒責歸河東但使一年一度與牽牛相會
九日西京雜記曰漢武帝宮人賈佩蘭九月九日佩

茱萸食餌飲菊花酒云令人長壽　續齊諧記曰桓景從費長房遊學長房謂之曰九月九日汝家有大災厄令家人作絳囊盛茱萸係臂上登山飲菊酒此禍可消景如言夕還見雞犬一時暴死長房曰此可代之矣今人九日登高起此

冬至歳時記曰共工氏有不才子以冬至日死爲人厲畏赤豆故作粥以穰之　張平子云冬至陽氣歸内腹中熱物入胃易消化　黄帝灸鍼經曰冬至日風從南來者名爲虚賊傷人

養生要曰十二月臘夜令人持椒臥井旁無與人言内井中除温病　龍魚河圖曰四更中取二七豆子二七麻子及家人頭髮少許合置井中祝勅井吏其家竟年不遭傷寒辟五温鬼　歳除日擊鼓驅疫癘之鬼謂之逐除亦曰儺　博物志云人爲山魈所崇或教以爆竹如除夕可弭人用其言獲安問之則曰此荆楚歳時記以爲辟山魈鬼陰冷之氣勝則聲陽以攻之

地理部

揚州周官曰東南曰揚州其山鎭曰會稽其藪具區其川三江其浸五湖其利金錫竹箭　春秋元命包曰牽牛流爲揚州分爲越國立爲揚山　漢書天文志曰牽牛婺女爲揚州分野　地理志云吳地斗分野也今之會稽九江丹陽豫章廬江廣陵六安臨淮皆吳分也粤地牽牛婺女之分野也今之蒼梧鬱林合浦交趾九眞南海日南皆粤分也吳粤合爲揚州勾踐并吳兼有其地　周官云揚州之民二男五女蓋風氣使然班固云淮南王待游士而後妻女故多女非也

荆州周官云正南曰荆州其山鎭曰衡山其藪雲夢其川江漢其浸潁湛其利丹銀齒角　元命包云

十五

軫星散爲荆州分爲楚國　地理志云楚地翼軫之分野也今之南郡江夏零陵桂楊武陵長沙及漢中汝南郡皆楚分也

冀州周官云河内曰冀州其山鎭曰霍山其藪揚紆其川漳其浸汾潞其利松栢　元命包云昴畢間爲天街散爲冀州分爲趙國立爲常山　地理志云趙地昴畢之分野也趙分晉得爲趙

青州周官曰正東爲青州其山鎭曰沂山其藪孟豬其川淮泗其浸沂沭其利蒲魚　元命包云虛危之精流爲青州分爲齊國立爲萊山　地理志云

齊地虛危之分野也東有菑川琅琊高密膠東南
有太山城陽北有千乘清河西有濟南平原則齊
分也
徐州周官攺禹貢徐州合爲青州　元命包云天弓
星主司弓弩流爲徐州別爲魯國　地理志云魯
地奎婁之分野也　呂覽云泗上爲徐州
兗州周官云河東爲兗州其山鎮曰岱山其藪大野
其川河泲其浸盧濰其利蒲魚　元命包云五星
流爲兗州　地理志云古屬鄭角亢氐其分野也
與韓同今新鄭及成皐滎陽崇高陽城則鄭分也

十六

呂覽云河濟之間爲兗州衛也按兗州還屬魯
豫州周官云河南爲豫州其山鎮曰華山其藪圃田
其川滎雒其浸波溠其利林漆絲枲　天文志房
心爲豫州按合成周宋地爲豫州　漢書云周地
柳七星張之分野也今之河南雒陽穀城平陰偃
師鞏緱氏是其分也又云自柳三度至張十二度
爲鶉火之次是周分也宋房心之分野也今之沛
梁楚山陽濟陰東平及東郡之須昌壽昌皆宋分
也
雍州周官云正西爲雍州山曰吳岳藪曰弦蒲其川

涇汭其浸渭洛其利玉石　元命包曰東井鬼星
散爲雍州分爲秦國其地自弘農故關以西京兆
隴西等郡南有巴蜀廣漢等郡西有金城張掖等
郡南有牂柯益州等郡則屬焉周官攺禹貢梁州
合爲雍州
幽州周官云東北曰幽州其山鎮曰醫無閭其藪豯
養其川河泲其浸菑時其利魚鹽　元命包曰箕
星散爲幽州分爲燕國　漢書云燕地尾箕分野
也按東有漁陽北平遼東遼西西有上谷代郡鴈
門以至樂浪玄菟皆屬焉舜至十二州分冀州爲

十七

幽幷二州
幷州周官云正北曰幷州其山鎮曰恒山其藪昭餘祁
其川虖池嘔夷其浸淶易其利布帛　元命包曰
營室流爲幷州分爲衛國之鎮　地理志云衛地
營室東壁之分野也今之東郡及魏郡黎陽河內
之野王朝歌皆其分也
蜀有七星橋張儀所造李膺益州記一曰長星二曰
員星三曰機星四曰夷星五曰尾星六曰冲星七
曰曲星　成都記錦里城呼爲錦城以江山明麗
錯雜如錦張儀築成都大城屢頹忽有大龜出於

江儀以問巫巫曰隨龜築之果就功遂名龜城
地以名山爲輔佐石爲之骨川爲之脉草木爲之毛
土爲之肉三尺以上爲糞三尺以下爲地

山部

風俗通曰岱宗上有金篋玉策能知人年壽修短漢
武帝探策得十八因倒讀曰八十其後果壽長八
十　博物志云泰山一名天孫主召人䰟䰟東方
萬物始成知人生命之長短
衡山有三峰一名紫盖天景明徹有一雙白鶴徊翔
其上一名石囷下有石室中常聞諷誦聲一名芙
容上有泉水飛流如舒一幅練　衡山南嶽也漢
武帝以隔江漢道遠乃徙於廬江潛縣之霍山一
名天柱山
華山山頂有石池生千葉蓮花服之羽化故名　山
海經曰太華之山四方而削成　列仙傳曰毛女
者體生毛居華山山家獵師世世見之自言秦始
皇宫人博物志云或言陳博與之相通　述征記
曰華山對河東首陽山黄河流于二山之間云本
一山巨靈所開今覩手跡在華嶽而足跡在首陽
山下

十八

恒山即常山北嶽也有蛇名率然一身而兩頭有草
名神護置之門上每夜叱人　續博物志云兩頭
蛇乃馬鱉食牛血所化
嵩高山東謂太室西謂少室嵩高總名也漢武帝登
中岳聞有言萬歲聲乃以三百户祠之命曰崇高
邑至靈帝改爲嵩高焉　山海經曰太室山有木
焉葉狀如梨而赤理名曰栺服之不垢
廬山記曰匡裕周威王時生而神靈廬於此山世稱
廬君故以名山
獨婦山去會稽四十里勾踐將伐吳徙寡婦至獨山
者以爲死士示得専一也吳越春秋作獨女山云
勾踐以諸寡婦淫佚過犯皆輸山上士有憂思者
令遊山上以悦其意此説近矣
列子稱渤海之東有大壑名曰歸墟其中有岱山輿員
嶠方壺瀛洲蓬萊五山
龍門山在馮翊夏陽縣西河之水所出禹所鑿也水
急如箭　三秦記龍門水懸船而行兩旁有山龜
魚倶集其下上則爲龍不能者點額而還
彭山在眉州彭山縣東十里彭祖家於此名彭亡山
岑彭伐蜀營此問地名欲徙營會日暮是夜爲刺

十九

容所害後改平無令改平模山
范蠡作城訖一夕有山自至乃琅邪東武海中山也
百姓怪之名曰怪山
華陽國志曰涪陵山有大龜其甲可卜其緣可作釵
世號靈釵
三秦記始皇至驪山與神女游忤其旨唾之生瘡始
皇怖謝神女爲出溫泉洗除之
齊桓逐鹿入谷見老父曰此愚公谷也公曰視公狀
貌非愚何以名之對曰臣故畜牸牛生子大賣而
買駒一少年曰牛不能生馬遂持駒去鄰以臣爲

愚管仲再拜曰夷吾之過也使堯舜在上咎繇爲
理安有取駒者乎
相冢書曰青烏子稱山望之如却月形或如覆丹矣
之出富貴山望之如鷄栖葵之滅門山有車蓋望
之如鼓吹樓葵之連州二千石
陶隱居云學道之士居山宜養白犬白鷄可以辟邪
地鏡圖曰入名山必先齋五十日牽白犬抱白鷄以
鹽一升山神大喜芝草異藥寶玉爲出未到山百
步呼曰林林央央此山王名知之却百邪
山中之精如小兒頭者其名跂又名熱肉如鼓赤色

亦有一足者其名暉如人長九尺衣裘戴笠者其
名金累如龍而五色赤角者其名飛飛呼之不爲
害大樹精名雲陽山水精如吏人者名四徼大蛇
着冠幘者名升卿呼之吉
山魈一名山臊神異經作猱永嘉郡記作魅一名山
駱一名蛟一名濯肉一名熱肉一名暉一名飛龍
如鳩青色亦曰治鳥巢大如五斗器餙以土堊赤
白相間狀如射候犯者役虎害人燒人廬舍昔値
洪水食都樹皮餓死化爲鳥姚王汪三姓其姓也
廬陵大山中有山都似人裸身見人便走自有男女

長四五尺能相喚常在幽昧之中又有木客鳥大
如雀千百爲羣不與衆鳥相廁云是木客所化
孫綽子曰海人與山客辨其出物海人曰海中有魚
額如華山之頂一吸萬頃之波山客曰鄧林有木
圍三萬尋直上千里旁陰數國有人曰東極有大
人斬木爲策杖不可枝釣魚爲餔不足充饑揚用
修全倣此而稍增益之
水部
尸子曰凡水方折者有玉圓折者有珠清者有黃金
淮南子云土地各以類生故清水音小濁水音大

湍水人輕遲水人重
博物志曰有八流水出名山渭出鳥鼠渼出嶓冢洛
出熊耳潁出少室汝出燕泉泗出陪尾淄出月台
沂出泰山
三川涇洛渭是也八水乃三川及渭灞滻澇潏灃滈
是也漢書云八水皆不在大川之例以近咸陽故
得祠九河徒駭馬頰太史覆鬴胡蘇簡絜鈎盤鬲
津是也四瀆江河淮濟是也
拾遺記云絳河去日南十萬里波如絳色多赤魚赤
龍上仙服之

二十二

吾南方水癡其大如槃類鼻涕聞人氣則閃閃而動
墮人體成瘡以麝香朱砂塗之愈
山海經曰剡山有獸焉名曰合窳見則天下大水
昔顓帝有三子而亡去爲疫鬼其一居弱水爲罔兩
其一居人宮室樞堨善驚人小兒
搜神記曰漢末零陵大守有女悅門下書佐使婢取
其盥手水飲之有娠及生子能行太守抱兒使求
其父兒直上書佐膝書佐推之兒仆地爲水
海博物志云天地四方皆海水相通地在其中蓋無
幾也　鄒子曰中國者天下八十分之一　中國

名赤縣內是九州中國外如赤縣者有九皆有裨
海環之如一區中者乃爲一州如此者九　十洲
記有溟海員海繞於蓬萊山外色正黑　山海經
有岐海幼海云無皋之山南望幼海　又有漲海
交趾七郡貢獻皆從此海出入可七八百里到珊
瑚洲人於此洲以鐵網取珊瑚　西海中小水名
海者有蒲昌海漢書云一名鹽澤廣三百里水冬
夏不減又有蒲類海青海庀渾海潭彌海陽池海
北海之别有瀚海霍去病所至者其南小水名
海者有渤鞮海竇憲所至者有伊連海有私渠海

二十三

後漢梁諷所至者　漢書云會稽海外有東鯷
分爲二十餘國以歲時來獻　張勃吴錄曰象林
海中有小洲生柔金行南三千餘里有西屬國人
自稱漢子孫有銅柱云漢疆場之表　葛洪神仙
傳曰麻姑謂王方平曰嘗見東海三爲桑田向到
蓬萊水乃淺於往者略半也豈復將爲陵陸乎方
平曰東海行復揚塵耳
河源出崑崙之墟色白東流潛行地下至規期山北
流分爲兩源一出葱嶺一出于闐　呂覽曰龍門
未闢呂梁未發河出孟門大溢是爲洪水禹鑿龍

門始南流　一人數旦旦詣河邊拜河水如此十年河候河伯遂與相見與其白璧十雙教授水行不溺法　有一國王小夫人生一肉團大夫人妬之作木函棄之當河水後河邊人得之肉破生千小兒勇健欲伐父王國小夫人以乳五百道射小兒口遂弛弓伏號爲賢劫千佛　乾坤鑿度曰天降嘉應河水先清三日清變白白變赤赤變玄黃三日千年一清清則聖人出　莊子曰河潤九里澤及三族

江水經云江出岷山其流若甕口可以濫觴在益州蒲江縣

淮釋名云淮圍也圍繞揚州北界東至海也山海經云淮水出南陽平氏縣昭揩山東北過桐栢山

濟水出河東垣縣王屋山

洛水出京兆上洛縣冢領山　周官云豫州其川滎洛又云雍州其川渭洛此洛一名漆沮出馮翊非河南洛水　又水經云洛水出漳山此又在蜀土　淮南子云淮濟水通和宜麥洛水輕利宜禾

涇水出安定朝那縣西丹頭山一名薄洛山東與渭水合流三百里清濁不相混濁

渭水出鳥鼠同穴山　黃圖曰秦始皇都咸陽端門四達以則紫宮渭水貫都以象天河橫橋南渡以法牽牛　龍首山長六十里頭入渭水尾達樊川高二十丈云昔有黑龍從南山出飲渭水其行道因成土山

漢水出隴坻縣道嶓冢山初名漾水東流至武都沮縣爲漢水又東南流至江夏名沔水

五湖者太湖之別名以周行五百里也一名震澤一名笠澤一名洞庭　平回縣覆笥山有太湖周數十里靈果物皆不可識又有石鴈在中每至秋高時石鴈飛鳴如候

泉博物志云凡水有石流黃其泉則溫或云神人所煖主療人疾　括地圖云負丘之山上有赤泉飲之不老神宮有英泉飲之眠三百歲乃覺　揚用修記安寧州溯泉一日三溢三竭連州水下流有斟溪一日十溢十竭貴州城外有漏沟一日百盈百竭應漏刻焉可謂奇聞矣

池穆天子西征至於玄池三日休於玄池之上乃奏廣樂而歸是曰樂池　魏志曰顧子曰與華子遊東池華子曰水有四德池爲一馬沐浴群生澤流

萬世仁也揚清激濁滌蕩塵穢義也弱而難勝勇
也導江疏河變盈流謙知也顧子曰我得女於池
上矣

氷博物志云削氷令圓舉以向日以艾承其影則有
火出　北方有氷萬里厚百丈䶄鼠在氷下土中
食草毛長八尺可爲褥却風寒肉重萬斤可以作
脯其尾可以致鼠

井長安東七萬里有雲山山頭有井雲從中出如土
德王則黄雲出五德各以其色應　襄邑縣有老
子廟有九井能潔齋入祠者水溫清隨人意念或

二十六

又云其九井汲一井則餘井水皆動　南越志曰
廬陵城中有井半青半黄黄者甜滑宜作粥色如
金似灰汁甚芬香　劉敬叔異苑曰昌慮縣有華
山山上有井鳥巢其中金喙黑色而團翅見則大
水人窺其井不盈一歲卽死　人家忌臘日殺生
於堂下有光血一不祥井上種桃花落井中二不
祥　火井在臨卭縣西南欲出其火先以家火投
之少頃隆隆如雷聲焰出通天光煇十里以筒盛
之接其光而無炭　火井以草爨之則烟騰火發
湯井以草內之則露凝

水性或問余水味之說則詳矣水性之別何如曰班
固司馬遷貨殖傳地理志備矣論其極則庭州灞
水金鐵皆漏庭州灞水在大荒之外以金鐵承之皆漏惟角與瓠葉則否拘夷山中有
流水亦如之酈延之川口有脂流郎延安石油也以爲烟墨松脂不及唐詩
二郎山下雪紛紛石煙多于洛陽塵弱水弱毛黑溪玄贕南荒有黑溪水其水
似墨象至甄不去崑崙兒以塗身卿能乘象如家畜古所謂黑崑崙今之象奴也悉唐制
角畔怯腐手見佛經水性不同有如此者學所以貴
博物也　水性不同予於續録詳之矣近閱太平
廣記諸葛孔明時有蒲元者術鑒同歐冶風胡常
爲孔明鑄刀劍言蜀惟江水爽烈是天分其野大

二十七

金之元精也漢水鈍弱及涪水皆不任淬刀劍或
以涪水雜江水元輒能辨之管子論齊之水云其
泉白清其人堅勁寡有疥瘙終無痟酲今之濟川
伏流至東阿井以煮膠和半夏凡皆異常藥水性
之分信有之矣

論語讖仲尼曰吾聞堯與舜等游首山觀河渚有五
老游河一老曰河圖將來告帝期二老曰河圖將
來告帝謀三老曰河圖將來告帝書四老曰河圖
將來告帝圖五老曰河圖將來告帝符龍符玉包
金泥玉檢封盛書五老飛爲流星上入昴

黃河出吐蕃朶思甘之南星宿海元世祖命篤實西
窮河源始知其出於此地近百泓匯而爲澤登高
望之若星宿然在中國西南直四川馬湖府之正
西三千餘里雲南麗江府之西北一千五百里自
西而東合諸河水其流漸大行二十日至大雲山
卽崑崙也繞崑崙西南折而東而北而西又繞崑
崙之北又轉而東北行二十餘日歷雲中九原至
寧夏始入中國道　崑崙山名地首上爲權勢星
一曲也東流千里至規共山　名地契上爲距樓
星二曲也邠南千里至積石山名地肩上爲別符

二十八

星三曲也邠南千里入隴首抵龍門名地根上爲
營室星四曲也南流千里至首卷重山名地咽上
爲卷舌星五曲也東流貫砥柱觸淤流山名地喉
上爲樞星以運七政六曲也西距卷重山千里東
至雒會名地神上爲紀星七曲也東流至大伾名
地肱上爲輔星八曲也東流過絳水千里至大陸
名地腹上爲虛星九曲也元學士潘昂霄志黃河
九折胡地二折蓋乞兒馬出叉必赤里也以禹貢
參考緯象河圖及河源志一一皆合聞之楊用修
云

石部

釋名云礫小石也磊衆石也碭文石也琅玕石似珠
也碱砆石似玉也
十洲記曰流州在西海中多昆吾石弁鐵作劔光熒
如水精切玉如泥
宣都有二石相去一丈俗云一爲陰石一爲陽石鞭
陽石則雨鞭陰石則晴
弱水出流沙流沙與水流行也在西海郡北山有
赤石白石以兩石相擊則水潤擊之不已則潤盡
火出山石皆然炎起數丈不滅有大黑風自流沙

二十九

出奄忽乃滅其石如初不敢輕近
左傳石言於晉魏榆晉侯問於師曠對曰臣聞作事
不時怨讟動人則有非言之物而言
秦始皇作石橋欲過海看日出處有神人能驅石下
海石去不速神鞭之皆血流至今陽城山石盡起
立東向狀如相隨行
搜神記曰常山張顥爲梁相天新雨後鳥如山鵲飛
入市人擲之墮地人爭取化爲圓石顥椎破得一
金印曰忠孝侯印
昆明池有石鯨魚雷雨則鳴吼零陵郡有石燕風雨

則飛
岡山有穴通大句曲山有石腦在方山下石腦故如石但小班色而軟形狀圓小如層色似鍾乳李登昔有風疾先多房事服此乃愈
華陽國志曰武都丈夫化爲女子顏色美好蓋山之精也蜀王娶以爲妃無幾物故蜀王乃遣五丁之武都山擔土爲妃作冢蓋地數畝高七丈上有石鏡成都武擔山是也
秦惠王欲伐蜀道不通聞蜀有五壯士乃作鐵牛詐言曰糞金三斗名金牛蜀王貪使五丁開山取之

遂成大道取牛至知其詐然道已成矣五丁死遂使張儀滅蜀　蜀王本紀又言惠王獻女五人蜀王遣五丁迎之至梓潼見大蛇入山穴中一丁引其尾不出五丁共引之山崩五女上山化爲石蜀始通道
張幼于嘗示余一石中有嵌空魚形以爲奇玩余謂此不足奇也按水經注云石魚山本名立石山高八十餘丈廣千里石色黑而理若雲母發一重輒有魚形長數寸鱗鬣首尾有若刻畫燒之作魚膏腥然則彼地偏山皆此石矣

永康王曠井上有一洗石時有赤氣有胡人寄宿求買之曠怪之後婦見二黃鳥鬬其上急取之變成黃金胡人不知復來求之歸撞破內空有二鳥處

稚餘卷之一 終

雅餘卷之二

豫章羅曰褧尚之父編次

人部

孔子家語僬僥長三尺短之極也而博物志又云東海外大荒中有大人國僬僥氏長三丈時含雲霧莊子注云務光長八寸論衡及何承天纂文云張仲師長尺二寸近於誣矣宋史呂夏卿年老身形漸縮如小兒小說載嶺南鶴巢髮翁亦縮如嬰孺此非常理所格也　苻堅時有中香夏默磨那俱長一丈九尺爲拂蓋郎一云一丈六尺則長之極者然是外國人也　禹長九尺九寸湯長九尺孔子長九尺文王長十尺伍子胥長一丈眉間一尺韓王信長八尺九寸金日磾長八尺二寸東方朔長九尺三寸王莽時奇士巨毋霸長一丈大十圍本出於蓬萊魏咸熙大人見襄武長三丈脚跡二尺二寸苻堅皇始四年有長人身長五丈是月霖雨河渭泛濫中流得大屐一隻長七尺三寸屐指長尺餘文深七寸　漢武故事東郡送一短人長七寸曰巨靈光武時潁川張仲師長二尺寸東方朔曰西北荒中有小人長七寸朱衣玄冠鵠國男女

一

皆長七寸海鵠吞之腹中不死

人之肥重者安祿山稱三百五十斤司馬保八百斤至盡業千斤極矣業嘗爲幽州督辭晉武帝帝稱之果得千斤　有廣川趙翁伯者夏月裸臥其孫兒戲以李納臍中數日有殷紅汁液滋流以爲臍爛憂而哭目盡腫久之肉盡核出乃知爲李孫所戲納也數之得七枚則其臍深不出數寸大亦稱之矣又苻秦時大豪王某者錄於獄其人素雄勇慱碩忿而自屠其腹刃入徑寸不能破乃置刀於壁奮身觸之始透其肥重亦可推矣

二

趙忠惠帥維揚日幕僚趙參議有婢慧黠盡得儕輩之歡趙昵之堅拒不從疑有異強卽之則男子也聞於有司蓋身具二形前後姦狀不一遂寘之極刑近李安民嘗於福州得徐氏處子年十五六交際一再漸具男形蓋天眞未破則彼亦不自知然小說中有池州李氏女及婢添喜事正相類此外絕未見於古今傳記等書豈以爲人之妖而汚筆墨不復載乎晉五行志謂之人痾惠帝時京洛有人亦兼男女體亦能兩用人道而性尤淫亂此亂氣所生也玉曆通政經云男女兩體主國淫亂而

二十八宿眞形圖所載心房二星皆兩形與丈夫
婦女更爲雌雄此又何其異耶博物志云靈貍一
體自爲陰陽故能媚人褚氏遺書曰非男非女之
身精血散分又曰感以婦人則男脉應診動以男
子則女脉順指皆天地不正之氣也　彭節齋爲
經畧使有一浙人寓江西招一尼教女刺繡女忽
有娠父母究問云是尼也告官屢驗皆是女形忽
有人教以鹽肉水漬其陰令犬舐之已而陰中果
露男形彭判是爲妖物難拘常律奏聞斬之
京房易妖曰陰在首天下大亂在腹天下有事在背

三

天下無後而宋書稱晉有兩陰女子一在臍上一
在下皆淫而不產晉五行志云有陰在首者　揚
州有一男子二陽累生俱能行人道而淫
嘉靖乙酉橫涇傭農孔方忽患膨脹盡日憒憒幾數
月產以肉塊剖視之一兒身肢體毛髮悉具而裸
處其中如史載牝馬生駒未省何異姑記此俟知
者辯之
女子化爲丈夫者漢末女子徐登化爲丈夫有幻術
晉安豐女周世寧八歲漸化爲男至十七八遂能
御女寧康初江陵女唐氏劉聰時內史女人唐亢

啓二年鄱縣女子宋乾道三年永州支氏女慶元
三年袁州黃念四女括異志廣州蕭氏女大娘子
並化爲男丈夫化爲女子者華陽國志武都丈夫
化爲女子蜀王寵之至亡國漢哀帝建平中豫章
男子化爲女嫁人生一子建安七年越嶲男子劉
曜時武功男子蘇撫陝男子伍長平並化爲女
京房易傳曰女子化爲丈夫茲謂陰昌賤人爲王
丈夫化爲女子茲謂陰勝厥咎亡
舜重瞳項羽重瞳隋魚俱羅朱梁康王友敬永樂中
楚王子亦俱重瞳

四

文王四乳宋范鎡百常父子明倪文僖謙俱四乳
泗洲僧伽頂有一孔以絮窒之發絮則異香出氣盈
滿室佛圖澄左乳下一孔圍七寸亦以絮窒之夜
欲讀書發絮則光照一室時時水邊引腸胃滌之
復納於內物理有不可致詰者重瞳四乳不足道
矣
倉頡四目唐有三耳張秀才
女國無男子照井而感孕生必女子說已近怪矣玄
中記所載殷太戊使王英採藥於西王母至此絕
糧不能進乃食木實衣以木皮終身無妻產二子

從背腸出是爲丈夫民去玉門二萬里

先秦以前美人則有少昊之皇娥赤帝女之瓊樹桀之妹喜紂之妲己有莘氏周穆王之盛淑人昭王之延娟延娛幽王之褒姒楚王之息嬀晉獻公之驪姬秦穆公之女弄玉惠文之華陽夫人莊襄王之邯鄲姬吴王之西施即夷光鄭旦即修明楚王鄭袖南之威陽文李園妹梁惠王之閭娵趙武靈王之吴姚燕昭王之旋娟提謨中山侯之陰后江姬皆在宮掖者也有仍氏青琴毛嬙孔父妻徐吾犯妹夏徵舒母郯妻顏夫人皆在下者也又宮掖則戚夫人高祖慎夫人文帝陳后阿嬌衛后子夫邢夫人尹夫人李夫人王夫人鉤弋夫人麗娟武帝王昭君元帝趙后飛燕趙婕妤合德成帝陰后麗華光武甄后郭后薛靈芸即夜來莫瓊樹陳尚衣陳巧笑皆魏文帝趙夫人潘夫人吴王權鄧夫人吴王和朝妹麗居洛珍潔華吴王亮二喬孫策周瑜兩楊后胡嬪芳晉武殷淑儀宋孝武潘妃玉兒東昏侯馮小憐北齊後主張麗華孔貴嬪陳後主陳宣華楊大眞唐玄宗王才人武宗兩周后李后主兩劉妃宋徽宗閨閣則秦羅敷顧夫人張玄妹江無畏臨川王宏妾曹洪女荀奉倩婦李勢女桓溫妾樂昌公主徐德言婦無雙王仙客失行則卓文君鶯鶯非烟虢國夫人達奚盈盈姬侍則馮方女袁術絳樹魏武翔風綠珠宋禕石崇張靜琬孫荊玉羊侃徐月華修容豔姿元雍雲兒李密阿劉羊鑒紅拂李靖紅綃崔生薛瑤英元載寵姐寧王紫雲李愿女寶李愿解愁潘元名使則霍小玉李娃楚娘夜來杜韋娘史鳳楚蓮香劉採春皆灼灼有名者若退之之桃柳樂天之蠻素雖見詞章酸士所獲寧堪上駟哉

向魋彌子瑕安陵龍陽鄧通董賢林仁遇以色進外張昌宗張易之以色進內俱至卿相貴富者也太康以後人顧外色至多怨女五行占以爲災漢哀幾於禪位苻堅竟成敗國季龍爲之殺妻僧達遂將阮姪又有楚國王仲先聞潘章之美因願爲友遂同衾枕篤於伉儷未幾偕沒其家憫之葬於羅浮山忽生一樹柯條枝葉無不相抱時人號曰共枕樹更爲異矣

湘東王有同姓名錄其書今不存聊舉其灼灼者在同時如兩曾參一曾參殺人而致曾子之母投杼兩毛遂一毛遂墮井而致平原君之痛哭異世則魯秋胡因婦採桑調其妻投水死漢亦有魯秋胡求聘翟公女翟公誤傳調妻事以爲薄行而不許

婚俱可咲也其次如國師公劉秀以名應圖讖爲王莽所殺而取王莽者爲光武亦劉秀莽遣太師安新公王匡攻更始定國上公王匡不勝爲所執殺唐李尚書益與宗人尚書益者俱赴飲據上坐因咲曰今日兩副坐頭俱李益代宗用韓翃知制誥宰相以平盧幕府員外及江淮刺史請上誦春城無處不飛花絕句云用此韓翃而員外得之事皆奇　湯初有臣虺至大戊百三十年亦有臣虺詩有家父春秋又有家父楚有兩莊蹻漢有兩王莽樂府有兩莫愁南朝有兩劉現文人有兩王褒兩蘇子卿梁吳各有王彥章古今同姓名者何限

七

漢顏駟武帝時爲郎龐眉白髮帝問之對曰高帝好武而臣好文文帝好文而臣學武景帝好少而臣貌醜陛下好武臣今老矣

韓娥東之齊匱糧過雍門鬻歌假食既去而餘音遶梁欐三日不絕左右以其人弗去過逆旅逆旅人辱之韓娥因曼聲哀哭一里老幼悲愁垂涕相對三日不食遽而追之娥還復爲曼聲長歌一里長幼喜躍抃舞弗能自禁忘向之悲也乃厚賂發之故雍門之人至今善歌哭倣娥之遺也

顏含字洪都兄畿得疾死於醫家人迎喪引喪者顛仆曰我壽命未死但服藥太多傷五臟耳及還婦夢之曰吾當復生急開棺以手刮棺指爪盡傷氣息甚微飲食所須託之以夢含侍養足不出戶者十三年畿竟不起

蕭穎士與行侶共濟瓜洲舟中二少年相顧曰甚有肖鄱陽忠烈王穎士是鄱陽曾孫郎自疑陳二子曰吾識而祖久矣遽負擔而去穎士北歸盱眙吏獲發冢盜五六人穎士認江中二少年亦在內穎士以前說詢之曰我嘗開鄱陽王冢當門貴人顏

八

色如生與穎士相類此與吳綱似吳芮事頗同芮事出水經穎士事出薛用弱集異記　郭頒世語云魏黃初盜發吳芮冢見芮屍容貌衣服竝如生吳平發冢人於壽春見南蠻校尉吳綱曰君形貌可類長沙王吳芮乎但君微短耳綱矍然曰是先祖也自芮卒至冢發四百年至綱又四十年矣晉元康中梁國女子許嫁而夫戍經年不歸女家更強以適人尋病亡夫還問女所在夫徑至墓開棺女遂活因與俱歸後壻聞知詣官爭之王導曰此非常事不可以常理斷之宜還前夫　惠帝世

杜錫家殯父婢誤不得出後十年開冢祔葬而婢
尚生初婢之埋年十五六及開冢更生猶十五六
嫁之有子　太和中有開周世冢得殉葬女子數
日而有氣數日而能言郭太后愛養之　又太原
人破棺得一生婦人視其墓木可三十歲　野史
載卞忠貞墓見發屍如生鬢髮蔚然指抓達於背
至顏文忠尤異二君豈所謂兵解者耶文忠素好
道術得神丹歿後能寄書及黃金於其家固爾若
忠貞則傳謂其疽發背方愈與二子苦戰被殺且
生平剛峭豈知所謂道術者至京房已僇而義熙

九

中兵發其墓屍尚完具人以爲僵屍肉堪療病分
割之房以易道名能前知生不能保其身而歿又
不能保其屍大可笑也　晉靈王冢屍亦不壞唯
蟾蜍一枚王子喬墓在京陵戰國時發墓者惟見
一劍　幽王冢甚高壯雲母深尺餘百餘尸相枕
藉皆不朽唯一男子餘皆女子　欒書冢有一白
狐王擊之傷其足王尋病足死
秦皇爲巴寡婦築女懷清臺又令猗頓得朝見比封
君卓王孫有綠熊皮百雙漢武帝令進二十雙至
唐明皇見南山白龍問左右俱不見獨王元寶見

之以至富與至貴敵也元寶又謂明皇請以南山
一樹掛臣一縑山樹有盡臣縑無窮又黃巢亂後
修宮闕有商兒王酒胡助錢三十萬貫後修安國
寺成上幸之爲繫十杵施錢萬緡郡公有繫至五
杵者一日王酒胡乘醉入連撞百杵徑輦十萬緡
寘寺而去一布衣乃敢與人主爲酢遂爭長不減
齊奴
左傳孔悝之難太子𦙍下石乞盂黶敵子路以戈擊
之斷纓子路結纓而死據論語隱義盂黶一曰狐
黯以詐墜子路折股畏其目光不敢前曰請覆子

十

之目子路以衣袂掩目遂殺之又師覺授孝子傳
子路之子仲子崔欲報父讐殺狐黶告於夫子夫
子曰行矣黶知之曰君子不掩人之備須後日以
蒲弓木戟與子崔戰而死然則狐黶蓋悔其詐殺
子路而以死成子崔之孝者也事固不可信然亦
足以少雪覆醢之辱矣
僊釋部
秦簫史風神超邁善吹簫作鳳聲能致孔雀白鶴穆
公有女名弄玉亦好吹簫公遂以妻焉乃教玉作
鳳鳴居十餘年鳳凰止其屋公爲作鳳凰樓夫婦

止其上一旦史乘龍玉乘鳳升天而去

酉陽雜俎月桂高五百丈吴剛學仙有過謫令伐之樹創隨斫隨合

神異經云東王公與玉女投壺更投十枝一千二百枝爲一百二十梟設有入不出者天帝爲之噫噓梟一作矯矢躍也亦音驕一作嬌揚大年詩書題柱是藏三尺壺矢誰同賽百嬌

漢宣帝信神僊方術淮南王有枕中鴻寶苑秘書言神僊使鬼丹砂爲金之術及鄒衍重道延命方世人莫見而劉更生父德武帝時治淮南獄得書更

生幼誦讀以爲奇獻之費多方不驗下吏論減死

李膺蜀記云張陵病瘧避於丘社中得呪鬼術書爲是遂解使鬼法入鵠鳴山自稱天師漢熹平末爲蟒蛇所噏子衡奔走尋屍無所乃假設權方以表靈光化生麋鶴跡置石崖頂到光和二年遣信告曰正月七日天師昇玄都衡爲係師衡子魯爲嗣師以法惑亂天下則今之所傳張道陵者乃蛇腹之餘餐耳然龍虎山法術至今昭顯豈可欺百代乎漢蓋有兩張衡兩李膺也李膺非元禮

今人稱玉皇曰張天帝又曰祠山張天帝酉陽雜俎載其事尤可笑云天師劉翁者惡張翁欲殺之張翁畜一白雀恒先期爲備劉翁自下觀之張翁戲陳賓主醉其從官策龍上天塞北門劉翁徘徊不能上乘其餘龍人間爲災張翁患之封之泰山及覽殷芸小說晉咸康中周興死而復生天帝召見升殿仰視紫氣鬱鬱面方一尺問左右曰是古張天帝耶答曰上古天帝久已仙去此是近曹明帝耳

按神異經西方大荒中有聖人焉長十丈其腹圍九尺踐龜蛇戴朱鳥然則後人於大石中得龜蛇像

歸之眞武者疑即此徵也眞武以此聖人擬之亦可若謂神農時有淨樂國王皇后之說尤不經可笑

武當山一名謝羅山蓋以謝允仙跡也酈道元水經注引荊州圖副記晉咸和中歷陽謝允爲羅令棄官隱遁茲山得道仙去故名又甄異傳云歷陽謝允字道通年十五爲穌峻賊兵王允所掠賣東陽蔣鳳家嘗飼虎檻中狗入則一虎攀木仰視允謂虎曰此檻本爲汝施而我幾死其中汝不殺我我放汝乃開檻出虎賊平之後詣縣自理爲程令

張球不爲中别桎梏考楚允夢見一人謂曰此中
易入難出汝有慈心當救拯醒覩一少年通身黃
衣忽進獄與允言語獄吏知是異人不敢枉蒙理
還都西上武當山太尉庾公聞而愍之給其糧資
隨到襄陽見道士說吾師戴先生非世間人也云
若有西上欲見我者可將來君是謝允否允因隨
去入武當山齋戒三日進見先生乃是昔日所夢
人也問允復見黃童否因賜以神藥三丸服之便
不饑渴無所思欲戴先生亦無常處時有祥雲紫
氣蔭其上或聞芳香之氣徹於山谷按戴先生即

漢武所遣殿上將軍戴飯生也甄異傳所載詳備
如此而不言嘗作羅令不可曉又續搜神記云謝
允從武當山還在桓宣武坐言及左元放爲曹公
致鱸魚允便云此可得耳求大甕盛水朱書符投
水中俄有二鯉鼓鬐而泳然則允得道後又嘗出
山矣今人登武當但知有眞武而不知有謝允故
備載之

隱居弟子桓法闓字彥舒高道傳云不知何許人事
隱居於茅山華陽館十餘年一日有二青童一白
鶴自空而下集於庭隱居欣然而接謂已當之青
童曰太上所命者桓先生也隱居默計門人皆無
姓桓者索之唯得執役桓法闓焉詰其所致則曰
常修默朝之道親朝太帝已九年矣故有今日之
召將昇擧隱居欲師之闓執謙固辭隱居不獲請
且謂曰某修教行道勤亦至矣尚淹於世得非有
過致然耶幸爲我訪之闓於是駕白鶴而昇登後
三日密降而言先生陰功固已著矣然所修本草
以虻虫水蛭之類爲藥功雖及人而反害物命以
此更一紀當解形而去授蓬萊都水監乃道士賈
善翔撰進列仙傳因之成都李汝弼以隱居玄門

董狐豈有異人居門下而不識及得隱居墨跡南
平王所造清遠館即弟子桓法闓所居邠陵王又
有隱居化後法闓猶存無先期上昇之說而法闓
受法高弟亦非執役者明矣

東海中有山名度索上有大桃蟠屈三千里東北有
門名曰鬼門萬鬼所聚天帝使神人守之名鬱壘
王閱領萬鬼若害人之鬼縛以葦索射以桃弧投
虎食之

祖有兩龍樹西土龍樹少年時博綜藝術與同志三
人學隱身術入王宮數月美人懷姙者衆王用智

臣以細士置門中見四人足跡乃令勇士揮劍空
中斬三人道近王七尺刀所不至龍樹欽身依王
免悔而入山成道後化南天竺王問諸天何所作
爲答曰天今與何脩羅戰須臾空中刀劍及脩羅
刀鼻相繼下王乃驚服又與善呪婆羅門角力婆
羅門化大池蓮華坐其上龍樹化白象入池鼻與
蓮花高擲婆羅門傷背而伏盡道家葛仙公左元
放之流也東土龍樹尊者見入楞伽經善遊涅槃
後未來世當有南天竺比丘厥號龍樹得初歡喜
地往生安養國按龍樹作大無畏論而東土所稱

十五

無畏論王又不載事蹟即此龍樹也

諸有謂佛法入中國不始於漢明者以列子西方有
聖人老子師竺乾及武帝得休屠王祭天金人爲
證按宣律師傳有一天人姓陸名玄暢來謁律師
云弟子是周穆王時生在初天本是迦葉佛時天
爲通化故周時暫現所問高四士臺者其本迦葉
佛於此第三會說法度人至穆王時文殊目蓮來
化穆王從之即列子所謂化人者是也化人示穆
王云高四臺是迦葉佛說法處因造三會道場至
秦穆公時扶風獲一石佛穆公不識棄馬坊中穢

污此像護像神嗔令公染疾公又夢遊上帝極被
責既覺問侍臣由余使答云臣聞周穆王時有化
人來此土云是佛神穆王信之於終南山造中天
臺高千餘尺基址見在又於倉頡臺造神廟名三
會道場公今所患殆非佛爲之耶公聞大怖語由
余曰吾近獲一石人衣冠非今所製棄之馬坊得
非此是佛神耶由余聞往視之對曰此眞佛神也
公取像澡浴安清淨處像遂放光公又怖謂神嗔
也宰三牲以祭之諸善神等擎棄遠處公又大怖
以問由余答曰臣聞佛清淨不進酒肉愛重佛命

十六

如護一子所有供養燒香而已所可祭祀餅果之
屬公大悅欲造佛像絕於工人又問由余答曰昔
穆王造寺之側應有工匠遂於高四臺南村內得
一老人姓王名安年百八十自云曾於三會道場
見人造之臣今年老無力能作所住村北有兄弟
四人於道場內爲諸匠執作請追共造依言作之
成一銅像相好圓備公悅大賞賚之彼人得財並
造功德於土臺上造重閣高三百尺時人號之高
四臺或曰高四樓其人姓高大者名四或曰兄弟
四人同立故也或取大兄名以目之故有高四之

名至今稱也然則秦穆公時佛法已入中國矣宣
師不應談

博物部

說苑曰晉平公出見虎伏而不動問師曠對曰鵲食猬猬食鵕鸃鵕鸃食駮駮食虎駮之狀似駮馬今者君或驂駮馬乎平公曰然

異苑曰孫權時有一人入山遇一大龜取之歸龜言曰生不良時為君所得人怪之載出欲上吳王夜泊船於大桑邊俄聞樹呼龜曰勞乎元緒奚事爾耶龜曰我被拘縶方見烹臛然雖盡南山之材不

十七

能烹我樹曰諸葛元遜博識必致相苦若求如我之徒計將安施龜曰子明無辭禍將及爾既至權所命者之焚柴萬車語猶如故諸葛恪曰燃以老桑乃熟獻者述前所云權乃伐樹煮龜立爛故野人呼龜為元緒

異苑曰山雞愛毛映水則舞魏武時南方獻之帝欲其鳴舞公子蒼舒令以大鏡著其前雞鑒形而舞不知止遂乏死韋仲將為之賦甚美

述異記曰宋劉義宣得一白鼠其府吏蔡鐵善卜宣置函中命卜之鐵曰兇色之鼠背明戶彎弧射之絕左股鼠孕三雄而兩雌若不見信剖腹而立知宣剖之果然賜錢一萬

昔有掘地得銅匣長二尺七寸開之得白玉如意上刻鐫蟬等形時人莫知吳大帝以問胡綜綜曰昔秦始皇東遊以金陵有天子氣乃鑿諸山岡埋寶物以當王者之氣此殆是乎

鍾離意為魯相省視孔子授堂男子張伯刻草階下土中得璧七枚懷藏其一以六白意意曰甕中素書文曰後世修吾書董仲舒璧有七張伯取其一意召問伯叩頭出之

十八

魏武北征見一山岡不生百草王粲曰是古冢此人在世服礜石死而石生熱蒸出外故草木焦滅即令鑿看果得大墓有礜石滿塋

齊有一足鳥飛殿前舒翅而跳孔子曰鳥名商羊昔童謠云天將大雨商羊鼓舞今齊有之將為水災

楚昭王渡江有物大如斗圓而赤觸王舟王怪之使人問孔子對曰此萍實也可剖食之吉祥惟霸者能獲之

晉武帝時吳郡臨平岸崩出一石鼓打之無聲以問張華華曰可取蜀中桐材刻作魚形扣之則鳴試

之果然

武帝鑿滇池極深悉是灰墨無土舉朝不解以問東方朔朔曰臣愚不知可試問西域胡至明帝時外國人來時有憶方朔言者以問之胡人云天地大刼將盡則刼燒此刼燒之餘乃知朔言有旨

武帝幸甘泉道有虫赤如肝頭目口齒悉具上以問朔朔云此謂怪哉是必古獄處也詢之果秦獄地朔曰夫積憂者得酒而解乃取虫置酒中立消賜朔帛百疋後屬車上載酒爲此

十九

桓公征孤竹無水隰朋曰蟻冬居山之陽夏居山之陰蟻壤寸而有水乃掘得水

漢武帝幸河渚聞弦歌之音俄而有老翁及數年少出皆長八九寸爲帝奏樂飲酒頃命一人没取一大珠徑數寸明耀絕世以問東方朔朔曰河底有一穴深數百丈中有赤蚌生此珠焉

秦穆公時有人掘地得物若羊將獻之道逢二童子謂曰此名爲蝹常在地中食死人腦人欲殺之以栢東南枝插其首由是墓皆植栢又曰栢爲鬼廷

洛下有洞穴有一婦欲殺夫推夫下穴匍匐行數十里漸明嚥宮館金寶爲飾人皆長三丈披羽衣如此九處至最後所有一羊長人捋羊鬚捋之得一珠次又取之後與此人噉卽療饑詢其故答云君可還問張華華曰九處地仙名館大羊爲癡龍初一珠食之與天地等壽次者延年後者充饑而已

徐鉉仕江南日嘗至飛虹橋馬不進以問杭僧贊寧寧曰下必有海馬骨水火俱不能毀惟燔以腐穀隨毀由是鉉劚之得巨獸骨試之果然

二十

鐵碪鍛金鉏百十旬不毀以椎皁角則一夕破碎鞭播馬愈久愈潤以擊犬隨卽折裂凡欲鐵器破折以硇沙灰鹽滷浸之盡時其鐵則酥軟

有人遺張華鮓者華見之謂家曰此龍肉鮓也以醋漬之當有五色光見試之果爾後問其主云於茅積下得白魚所作也

魏明帝游於洛水有白獺數頭美淨可愛見之輒去帝欲取之終不可得侍中徐景山云獺嗜鯔魚乃不避死可以此誘之乃畫板作兩鯔魚懸置岸上於是羣獺競逐一時執得帝甚嘉之

江南徐知諤嘗得畫牛一軸晝則嚙草欄外夜則歸臥欄中知諤獻後主煜煜持貢闕下太宗張後苑以示羣臣俱無知者僧錄贊寧曰南倭人取方諸

蚌淚和色者物則晝隱而夜顯沃焦山時或風捲飄擊忽有石滴水磨色染物則晝顯而夜隱諸學士不信曾曰見張騫海外異物記後杜鎬檢三館書目果於六朝舊本書中載之

何諷嘗於民中得一髮捲長四寸許如環之無端用力絕之兩端滴水提於火作髮氣莫知其何物也後與方士言嘆曰君不見仙命也此名脉望蠹魚三食神仙字則化爲此夜持向天從規中望星星便立降可求丹度世也

漢武帝祀甘泉至渭橋有女子浴於渭水乳長七尺

二十一

上怪其異問之女曰帝從第七車侍中知我所來時張寬在第七車對曰天星主祭祀者齋戒不潔則女人星見

諸葛恪爲丹陽太守嘗出獵兩山之間有物如小兒伸手引人恪令持去仆地即死參佐問之恪曰此事在白澤圖曰兩山之間精如小兒名曰傒囊

晉世有於山下得竹簡一枚上有兩行科斗書衆莫能辨張司空以問束廣微對曰此漢明帝顯節陵中策文檢驗果然

竟陵王嘗得古器小口方腹而底平可將七八升以問陸澄澄曰此名服匿單于以與蘇武王後詳視器底有字髣髴可識如澄所言

觧律士亮博涉羣書兼觧音律初樂有錞于者近代絕少此器或有自蜀中得之皆莫之識士亮見之曰此錞于也衆弗之信士亮遂依于寶周禮注以芒筒撞之其聲極振衆乃歎服

盧若虛多才博物辛怡諫爲職方有獲異鼠者豹首虎臆大如拳怡諫謂之鼮鼠若虛曰非也此許慎所爲鼨鼠豹文而形小衆乃歎服

竇攸舉孝廉爲郎時世祖大會靈臺得鼠如豹文熒

二十二

熒光澤世祖異之以問羣臣莫能知者攸對曰此鼮鼠也帝問何以知曰見爾雅按秘書如攸言詔賜帛百匹

唐太宗爲太子時有飛雉數集宮中帝問是何祥遂良曰昔秦文公時有侲子化爲雉雌鳴陳倉雄鳴南陽侲子曰得雄者王得雌者霸文公遂爲諸侯始爲寶雞祠漢光武得其雄起南陽有四海陛下本封秦故雄雌並見告明德帝曰人之立身不可不學遂良可謂博識君子

太宗時一日後苑象斃上令取膽剖腹不獲上異之

以問徐鉉鉉曰請於前左足求之須臾果得以進
丞召鉉問對曰象膽隨四時在足今方二月臣故
知在左足也朝士皆歎其博識
劉原甫在長安日有得古鐵刃以獻製作極巧下爲
大環以縲龍爲之而其首類鳥人莫能識者原甫
曰此赫連勃所製龍雀刀所謂大夏龍雀者也鳥
首蓋雀云問之乃种世衡築清澗城掘地所得正
夏疆故地
荀勗食飯而知炊者之爲勞薪乃故車軸脚也符朗
食雞而知其栖之恒半露又能知鵞白黑毛處可

二十三

謂玄解若玄晏食麥而云挑杏李三汁所漬則不
難矣師曠識駮識諫珂識首陽之神其二諫其一
諫東方朔識騶牙識巫雀識藻廉識怪哉其一諫
其三諫諫珂狐身鳥首陽神狸身狐尾藻廉水木之精長八九寸
管子知俞兒東方朔又知畢方張寬知女人星劉向
知貳負賈逵知鶖鶩胡綜知秦始皇厭王氣物諸
葛恪知傒囊陸敬叔知彭侯竇攸知鼮鼠張華知
龍鮓知海鳧毛知干將知臨平石鼓知銅澡盤知
九館龍洞知然石知王蘂龍穴石髓東晳知顯節
陵科斗策息淵知苟晞兒冢王粲知服絷人冢裴

子野知白足國何承天知亡新威斗陸杳知紫荷
橐又知千里酒又知古犧樽許敬宗知帝丘李玦
知內黃傳弘業知蜼蘇綽知西漢故倉地杜鎬知
秦泉公墓李章武知鐵斧爲禁物沈約知東夷卷
蓋陸澄知服匿傅奕知金剛石孟詵知藥金殷成
式知報時鐵董養知周會狄地盧君虛知鼮鼠杜
鎬知雀錫僧贊寧知畫牛隱見劉敞知龍雀刀又
知周惡夫印爲亞夫印劉鋭知古銅盎非齊桓公
物解斯徵知鎛于祖瑩知于闐國王故玉印徐鉉
知海馬晉高裕知陵鯉俞兒畢耳漢神畢方鶴足鵲彭侯狀如黑狗無尾鼮

二十四

蓋天其高九尺鋭下平蓋中有劍一蓋葵蹈也周會狄地下有倉白鵞飛去
南海商人齎火浣布三端帝以雜布積之令杰公以
他事召至於市所杰公遥識曰此火浣布也二是
績木所作一是績鼠毛所作以詰商人具如杰公
所說因問木鼠之異公曰木堅毛柔是可別也以
陽燧火山陰柘木爇之木皮改常試之果驗
蔡君謨善別茶建安能仁院有茶生石縫間寺僧採
得茶八餅號石巖白以四餅遺君謨以四餅密遣
人走京師遺王內翰禹玉歲餘君謨被召還闕訪
禹玉禹玉命子弟於茶笥中選茶之精品碾待君

謨君謨捧甌未嘗輒曰此極似能仁石巖白公何從得之禹玉未信索茶貼驗之乃服

樂工許雲封善笛自云學於外祖李牟韋應物守任召見之示以家藏古笛云天寶中得於李供奉者雲封熟視曰此非外祖所吹笛也公問何以驗之雲封言取竹之法以今年七月望前生者明年七月望前伐過期則音窒不及期則音浮浮者外澤中乾受氣不全則其竹夭此笛竹之夭者遇至音必破今試吹之雲封舉笛吹六州遍一疊未盡笛忽中裂公嘆異之

梁四公子記高昌國遣使貢蜜梁武帝使杰公迓之公曰此蜜是鹽城所産非平城者使者不能諱帝問之曰南平城羊刺無葉其蜜色明白而味甘鹽城羊刺葉大其蜜色青而味薄

吳越孫妃嘗以一物施龍興寺形如朽木筯僧不以爲珍偶出示舶上胡人曰此日本國龍蕋簪也增價至萬二千緡易去

魏生嘗得一美石後有胡人見之云此寶母每月望設壇海邊石上可以集珠寶

閬州莫徭將大牙載至洪州有商胡求買累自加直至四十萬他胡見牙色動私白主人許顧百萬又以一萬爲主人紹介佯各罷去頃間荷錢而至本胡往復交爭遂相毆擊以所由白縣縣以白府府詰其由胡初不肯以牙爲寶府君曰此牙會獻天子汝輩不言亦終無益固勒胡方白云牙中有二龍相躩而立可絕爲簡本國重此者以爲貨當值數十萬萬得之爲大商賈矣洪州乃以牙及牙主二胡並進之天后命剖牙果得龍簡謂牙主曰汝貌貧賤不可多受錢物賜勅閬州每年給伍十千盡而復取以終其身

貞觀中有波羅僧言得佛齒所擊前無堅物於是士馬奔湊其處如市時傅奕方臥病聞之謂其子曰是非佛齒吾聞金剛石至堅物不能敵唯羚羊角破之汝可往試之焉胡僧緘縢甚固求良久乃得見出叩之應手而碎觀者乃止今理珠玉者皆用云

則天時西國獻青泥珠一枚珠類拇指微青后不知貴以施西明寺僧布金剛頷中後有講席胡人來聽講見珠但於珠下諦視而意不在講僧知其故因問故欲買珠耶胡云必若見賣當致重價僧初

索千貫漸至萬貫胡悉不讎遂定至十萬貫賣之
胡得珠納腿肉中還西國僧尋聞奏則天敕求此
胡數得之使者問珠所在胡云已吞入腹使者欲
剖其腹胡不得已於腿中取出則天召問貴價市
此馬所用之胡云西國有青泥泊多珠琛寶但苦
泥深不可得若以此珠投泊中泥悉成水其寶可
得則天因寶持之至玄宗時猶在

大安國寺睿宗爲相王時舊邸也即尊位乃建道場
焉王嘗施一寶珠令鎮常住庫云值億萬開元十
年寺僧造功德開櫃閱寶物將貨之見函封曰此

珠值億萬僧共開之狀如片石赤色夜則微光光
高數寸月餘有西域胡人閱寺求寶見珠大喜皆
頂戴於首胡人貴者也使譯問曰珠價值幾何僧
曰一億萬胡人撫弄遲迴而明日又至譯謂僧曰
珠價誠值億萬然胡客久今有四千萬求市可乎
僧喜與之問胡從何而來而此珠復何能也胡人
曰吾大食國人也王貞觀初通好來貢此珠後吾
國常念之募有得之者當授相位求之七八十歲
今幸得之此水珠也每軍行休時掘地二尺埋之
於其中水泉立出可給數千人故軍行常不乏水
自亡珠後行軍每苦渴乏僧不信胡人命掘土藏
珠有頃泉湧其色清冷泛而出僧取飲之方悟靈
異胡人乃持珠去不知所之

馮翊嚴生家於漢南游峴山得一珠如彈丸色黑而
有光視之瑩徹如冰焉以示西國胡人曰此清水
珠也即命注水濁定以珠投之俄而淡然清徹矣
胡人以三十萬貨之

異苑曰中朝有人畜銅澡盤朝夕恒如人扣乃問張
公公曰此盤與洛鍾宮商相應朝暮撞鍾故聲相
應可錯令輕自止如其言後不復聞其聲

扶南大舶從西天竺國來賣碧玻瓈鏡面廣一尺五
寸重四十斤內外皎潔置五色物於其上向明視
之不見其質問其價約錢百萬貫文帝令有司算
之傾府庫償之不足其商人言此上界天王有福
樂事天澍大雨衆寶如山納之山藏取之難得以
大獸肉投之藏中肉爛黏寶以鳥銜出而即此寶
焉舉國不識無敢酬其價者以示杰公公曰上界
之寶信矣因命杰公與之論鏡由是信服更問此
是瑞寶王今貨賣即應大秦波羅奈國失羅國諸
大國王大臣所取汝輩胡客何由得之必是災饑

至此耳胡客遊巡未對俄而其國遣使追訪至梁
云其鏡爲海所竊果如其言
近世有士人畊地得劒磨洗詣市有胡人求買初還
一千累上至百貫不可胡隨至其家愛玩不捨遂
至百萬已尅明日持直取劒會夜佳月士人與妻
持劒相視笑云此亦何堪至是貴價庭中有搗帛
石以劒指之石即中斷及明胡載錢至取劒視之
嘆曰劒光已盡何得如此不復買士人詰之胡曰
此是破山劒唯可一用吾欲持之以破寶山今光
鋩頓盡疑有所觸士人夫妻悔恨向胡說其事以

十千買之而去
後魏書曰正始元年夏有典事史元顯獻四足四翼
雞詔問崔光光曰翅足衆多亦羣下相扇動之象
雞而未大脚弱差小亦其勢尚微易制御也後數
日而皓等竝以罪失伏法於是禮光愈重
蔡邕告吳人曰予向游柯亭見屋東間第十六竹椽
可爲笛依其言取用之果有異聲爲柯亭笛云
吳王伐石治宮室於合宮之中得紫文金簡之書不
能讀使問孔子而欺之曰閑居有赤雀啣書以置
殿上不知其義故遠咨呈孔子曰此乃靈寶之方

長生之法禹之所服隱在水邦年齊天地朝於紫
庭者也禹將仙化封之名山石函之中今乃赤雀
啣之殆天授也
季桓子穿井而獲土缶中有羊焉使人問仲尼曰穿
井而獲狗何也孔子對曰以丘之所聞羊也土之
怪曰墳羊然則夫子以爲土無狗也按尸子曰地
中有犬名地狼夏鼎志曰掘地得犬曰賈晉太興
元四等年及隆安初皆於地中得犬使夫子而當
其時不誤對哉夫子又云木石之怪曰夔蝄蜽水
之怪曰龍罔象而吳先主樟樹中所之有物面似

人而狗身陸敬叔曰按白澤圖云木之精曰彭侯
狀如黑狗無尾可烹食之當是時夫子又當誤對
也
楚莊夫人夏抱鐵柱納涼心動有娠產下二鐵命匠
者夫婦干將莫耶鑄劒二干將匿其一以獻嘗在
匣悲鳴王以問伍舉對曰此劒必有雌雄不相得
故鳴王召訊干將乃出其一王怒殺干將夫婦以
釁因以名劒至西晉牛斗間嘗有紫氣張華聞雷
煥妙達象緯問之曰此何得有王氣曰此劒氣也
在豫章豐城華即補煥豐城令至掘獄基四丈餘

得石函光氣非常中有二劍以南昌西山土拭之光芒焰發送一與張雷一自佩華報曰此干將也莫耶何為不至然天生神物終當合耳以華陰土拭劍勝南昌西山乃以金十斤遺煥煥子華見書勸父并送之煥曰我夜觀乾象晉室將亂張公當受其禍此劍亦不久在人間終當化去及華死雖劍不知所在煥子華級延平從事渡延平津劍忽從腰間躍入水使没水求之見兩龍熒然嘆曰先君化去之言張公終合之論豈虛語哉

雅餘卷之二 終

雅餘卷之三

豫章羅曰褧尚之父編次

毛虫之精曰麟羽虫之精曰鳳介虫之精曰龜鱗虫之精曰龍倮虫之精曰聖人

抱朴子曰雞有專栖之雄雉有擅澤之驕蟻有兼弱之知蜂有攻寡之計援理觀之人之强弱相制衆寡相役何以異此

楊用修云羔乳烏哺則父子之仁蜂房蟻穴則君臣之義雎鳩鴛鴦則夫婦之别鴒行鴈陳則兄弟之序遷鶯呼雞則朋友之情

鳩之步綱鴛之晝印鸂鶒之勑蜾蠃之祝皆物之有術知者也

犛變其尾豹養其文麝保其臍孔雀護其羽犀象藏其齒角

禽經曰鷙飛則蜮沉鵙鳴則虵結又曰鸂鶒能勑水故宿水而物不害鳩能巫步禁蛇啄木遇蠹以嘴畫字成符而蠹自出鵲有隱巢木鷙鳥不能見燕啣泥避戊已日則巢固而不傾鸛有長水石故能於巢中養魚而水不涸燕惡艾雀欲奪其巢則啣

艾於巢中
禽經云風翔則風雨舞則雨霜飛則霜露翥則露風
鷙類霜鶻鶚也露鶴也雨則商羊皆禽名四名甚
奇又以肬識風以鼉識雨鵲知風螘知雨又暮鳩
鳴即小雨朝鳶鳴即大風
禽經曰鷹好跱隼好翔鳧好沒鷗好浮
李衛公曰鷲警鬼鴟鷁厭火孔雀避惡
燕避戊己蝠伏庚申一歲三蠶則桑弱馬耗
水母生兒無目龜鼈生兒無耳橘柚彫於北徙石榴
變於東移

兎絲無根而生蛇無足而行魚無耳而聽蟬無口而
鳴龍聽以角牛聽以鼻石脾入水則乾出水則濕
獨活有風不動無風自搖鵂鶹晝暗夜明鼠晝伏
夜動南倭海灘蚌淚著色晝隱夜顯沃焦山石滴
水著色晝顯夜隱睡蓮晝開夜縮水底夢草晝縮
入地夜即復出
鳥無胃肺蛤蜃無臟蛭以空中而生蠶以無胃而育
鼠無膽牛無下齒虎短項兎無唇龍無耳蛇無足
馬無膽羊無瞳猴無脾雞無腎狗無腸豬無筋
鼠五指龍五爪馬單蹄猴與狗五指又牛兩爪蛇雙

舌羊四爪雞四爪豬四爪
鵜鶘飲水數升而不足鱸鮪入口若露而死
聒抱者鵂鶹鸛鵲也影抱者龜鼈黿也
土乾則生蚤地濕則生蚊積穀則生蠹腐肉則生蛆
蛆化為蠅蠅又自生蛆蛆又生蠅豈有窮乎
莊子云得水則為㡭得水土之際則為鼃蠙之衣生
於陵屯則為陵舄陵舄得鬱棲則為烏足烏足之
根為蠐螬其葉為蝴蝶蝴蝶化為鴝掇鴝掇千日
為乾餘骨乾餘骨之沫為斯彌斯彌為食醯頤輅
生乎食醯黃軦生乎九猷瞀芮生乎腐蠸羊奚化
乎不箰久竹生青寧青寧生程程生馬馬生人列
子又有羊肝化為地皐馬血為轉鄰人血為野鴿
為鷂鷂為布穀布穀久復為鷂燕為鴿田鼠為鶉朽瓜為
魚老韭為莧老羭為猨魚卵為蟲亶爰之獸自孕
而生曰類河澤之鳥相視而生曰鶂純雌其名大
腰純雄其名稺蜂餘同莊子
黃鳥化為鵴鴟泡魚大者如斗身有刺化為豪豬沙
魚之斑者化為虎
桐廬人嘗伐竹遺竹一竿經宿變為雉頭蛇身猶未
變乃知竹為蛇　蛇為雉頭先化嘗於青城山小

路見之
雨水鼉下蟲蛇變為魚鼈歲月推移蝦蟆變為鶉雀
變為蜃蛤蠶食桑老積而為蛹蠒又化為蛾蠐螬
化為復育轉而為蟬
抱朴子云燒泥為瓦燔木為炭蜂窠為蠟水沫為浮
石此皆去其柔脆變為堅剛
有情化無情婦人化石山蚓化百合無情化有情腐
草化螢陳麥化蝶
鯀化黃熊望帝化杜鵑褒君化龍牛哀化虎黃母化
黿徐伯化魚其餘不可勝紀

四

抱朴子曰伐木而寄生枯芟草而兎絲萎川蟹不歸
而蛣敗桑木見斷而蠹
金得伯勞之血則昬鐵得鸊鵜之膏則瑩石得鵲髓
則化銀得雉糞則枯
燕山録曰煮羊以鼅煮鼈以蚊言其性類相感省火
易熟也
本草經曰虎嘯風生龍吟雲起磁石引鍼琥珀拾芥
漆得蟹而散麻得漆而湧桂得葱而軟樹得桂而
枯戎鹽累卵獺膽分杯其氣之相感也
望梅生津食芥墮淚此五液之自外至也慕而涎垂
愧而汗發此五液之自內出也
物有異體而相制者翡翠屑金人氣粉犀北人以鍼
敲冰南人以綠解茶
猿有手可以捕鼠而制於鼠鹿有角可以觸犬而制
於犬
蝸牛制蜈蚣蝍蛆食巨蛇巨蛇食象鵲食蝟蝟食鵔
鵔鸃食豹豹食駮他如玄龜食蟒飛鼠斷猿狼
虱嚙鶴青腰食虎吼伏獅鵜鶘禦鷙鳥皆以小制大
所謂禽之制在氣也
天雞之為莎雞也螽鴻之為蛾蠓也蒲盧之為螺贏

五

也蛤之為蝦蟆也白魚之為衣魚也王孫之為猴
也白鳥之為蚊也赤鳥之為螢也皆以大名小者
也鼴鼠之為牛也以小名大者也
鍮石類金礝砆類玉木蘭類桂奚鹽類檀蛇床類蘼
蕪人參類薺苨檜類柏狐狸類狗鸑鷟類鳳野馬
類麟皆物之似是而非者也
魚鷹魚虎蜜蠆蝎虎蠅虎鴻豹以食之也鴻豹鷂也鴈奴
虎僕以其為役也由鹿雉媒因以取鹿雉也
傳成傳犛蚊鬚附芮翼然則蚊亦有鬚乎列子以燕
角之弓棚蓬之箭射虱之心而懸不絕虱亦有心

乎蠻觸之國在蝸角鬪而伏屍數百里蝦邪蟻郡
又不足言矣
孫卿子曰鳥窮則啄獸窮則攫人窮則詐
抱朴子軍術曰衆鳥羣飛徘徊軍上不過三日有暴
兵至鳥聚軍中將軍當賞增秩鳥集將軍之旗增
宮鳥集軍中莫知其名軍敗
沈約宋書云天鹿純靈之獸五色光耀洞明角端日
行萬八千里又曉四夷之語白澤黃帝時獸䟦蹄
后土之獸俱神靈能言語𪊲者幽隱獸能辟火害
飛兔騕褭俱日行三萬里神馬也按天鹿疑即天

六

祿能辟邪角端在元時耶律楚材引以阻師者
山東無虎浙江無狼廣東無兔蜀無鶴
諸鳥食之有益人者黃鳥不妬鵜宜子盤鵰已渴鳽
鴒無臥肥遺已癘雷櫟已痔數斯已癭囂已腹痛
又已痾鶌鶋不饑䳋已墊橐𩀅不畏雷鵸鵌不魘
當扈不眴白鵺已嗌痛又已痢鸓渠已腜
獸食之有益者徃徃善走類不妬九尾狐不蠱天狗
已癉耳鼠不脒螚蚳不脒僯不風
魚食之有益者鮭無腫鯑無蠱又不癡赤鱬已疥文
鰩已狂冉遺不脒

不借為草履不落為酒杯不托為餺飥不律為筆又
名聿又名弗軍持為淨瓶繞梁為樂器施杖名扶老
鳥亦名扶老蟲名寄生軍裝亦名寄生鷃名晨風
馬亦名晨風木名長卿彭越亦字長卿草曰屠蘇
屋亦曰屠蘇冠幘曰屠蘇酒亦曰屠蘇藁砧為夫
石潤為碑鄉語也琵琶有大小忽雷馬有忽雷駮
鱷魚亦名忽雷趙后名飛燕張平有狗亦名飛燕
又紅陽飛燕馬也仙人名王母函山鳥亦名王母
勾踐名越王海味似蜮者亦名越王梁王名彭越
海中小蟹亦名彭越相馬人名博勞鳥亦名博勞

七

俱見樂府及謡仲由字子路熊亦名子路見續博
物志
將離贈芍藥芍藥亦名可離相招贈文無文無一名
當歸欲忘人之憂贈丹棘丹棘一名忘憂欲蠲人
之忿贈青堂青堂一名合歡後人折柳贈行折梅
寄遠　又屈軼指佞帝休不愁芍藥養性皐蘇釋
忿甘棠不惑
果有隱夫木有女貞無患又有平仲君遷藥有長卿
簡子樹有長生萬年靈壽君子端正皆美名也貞
連潤達平露子紫脫華平恒春皆祥名也

獸而鳥名者張平犬曰飛鷰王鐸卑脚犬曰花鴿宋
犬曰鵲又周處風土記云犬則青鸛白雀秦皇馬
曰銅雀晨風漢文馬曰紫鷰豫章王蕭嶷馬曰飛
鷰尸子馬亦名紫鷰黃子馬名黃鵠曹洪馬曰白
鵠

鳥而獸名者鷂曰魚虎杜宇曰謝豹鵋怪鴟也曰訓
狐又曰訓猴鵋曰天狗又曰魚狗疑即魚虎也西
域大鳥曰駝齊庭一足鳥曰商羊

藥物而人名者草木則石韋甘遂王明白昌欒華封
華蓄辨長楚連翹黃環劉寄奴陳思岌姚朱術又

八

周盈傳延年陰成生王女唐蒙馬董房慈方蓋隨
脂牛遺馬舄諸薯林蘭杜蘭馬辛孟推王蓮石鮫
石鱣屈人戴椮牛勒黃德祖黃文石能曾果能長
孫黃良丁歷房圖盛椹陳知白東方宿姚弋離婁
石長生陸英蒲公英櫨桓趙李海欒則有石決明
金石則有曾青阿婆趙榮孔公孽殷孽鍾乳則有
單姥菓則有平仲君遷蕳子藥有胡名者婆羅門
那者悉訶梨勒藥有官名者護羌使者胡王使者
葛上亭長鬼督郵

抱朴子曰河上姹女非婦人也陵陽子明非男子也
禹餘糧非米也堯漿非水也俗人見方用龍膽虎
掌雞頭鴨蹠馬肺犬血鼠尾牛膝皆謂之血氣之
物見用缺盆覆盆釜鑊大戟鬼箭天鉤則謂鐵瓦
之器也見用胡王使者倚姑新婦人文人守田公
戴文浴徐長卿則謂人之姓名也

相物者陳君夫相馬留長孺相彘滎陽褚氏相牛又
有浮丘伯相鶴經甯戚高堂隆相牛經嚴助相貝
經師曠相禽經伯樂周穆王諸葛穎徐成相馬經
而相馬者又有[illegible]風吳相口齒麻胡相頰女厲相
目衛忌相髦許鄙相尻代羯相胸脇管青相臆吻

九

陳非相股脚秦牙相前君賛相後

解獸語者介葛盧解鳥語者公冶長又侯瑾陽翁仲
李南皆解馬語詹何得牛鳴知牛黑而白在角廷
尉沈僧照聽南山虎嘯知國有邊事當選人丁

男子有雙名者夏王黑連勃勃吐蕃將乞藏遮遮國
相尚婢婢唐琵琶客羅黑黑樂工紀孩孩劒客精
精兒空空兒李懷光外孫燕八八元學士承旨巙
巙平章政事回回右丞相脫脫太傅王保保學士
馬馬

婦人雙名者隋煬帝宮婢羅羅元微之傳崔鶯鶯又

范十郎女鶯鶯張建封妾盼盼開元中宮妓薛瓊
瓊宋宣仁太后小名滔滔朱端朝取妓馬瓊瓊杜
牧之所狎妓張好好元微之所歡錢塘妓謝好好
畫中美人真真又沈將軍妾真真又元名妓趙真
真同時馮蠻子妻趙真真錢塘妓蘇小小私藏千
牛女達奚盈盈又王山所接仙女吳盈盈錦官城
妓灼灼翟素宛節婢青青常青姬紅紅朱虞部姬
寵寵北里妓王蘇蘇鄭舉舉王蓮蓮張住住錢塘
妓楊愛愛善和坊妓端端武氏妓賽賽張虞卿妓
英英又楚州宮妓王英英秦州妓香香范十郎女

十

燕燕宋善畫婦人任才仲妾艷艷徽宗幸妓李斯
斯義妓毛惜惜又張幼謙妻羅惜惜成都角妓丁
憐憐又湖州妓丁憐憐魏鵬妻賈娉娉擂花女石
醋醋劉訊遇鬼仙女翹翹又李宗宮人翹翹元名
妓荊堅李心心顏山山馮六六辛弃疾妾田田
錢錢
有別號雙字者金趙學士元吳真人俱間間馮山人
存存近有裘謙謙
鳥雙名者青丘灌灌又鵜鶘崇吾蠻蠻泰山羅羅又
鸓鸓周周行鶬喈喈宵鴈嘖嘖

獸雙名者招搖狌狌姑逢徹徹空桑軨軨泰山洞洞
泰戲辣辣霍山朏朏枚皐文文又南中猩猩北荒
蛩蛩交廣蠻蠻即佛佛也羊羊螳螂也
魚雙名者剛山蠻蠻洛水庸庸又楊州禺禺
古諸器物異名贔屭其形似龜性好負重故用載石
碑螭蚴其形似獸性好望故立屋角上蒲牢其形
似龍而小性好吼叫有神力故懸於鍾之上憲章
其形似獸有威性好囚故立於獄門上饕餮性好
水故立橋所蟋蜴形似鬼頭性好腥故用於刀柄
上蠻蛀其形似龍性好風雨故用於殿脊上蟠虎

十一

其形似龍性好文彩故立於碑文上金猊其形似
獅性好火煙故立香爐蓋上椒圖其形似螺螄雅
閉口故立於門上今呼鼓了非也蚴蟉其形似龍
而小性好立險故立於護朽上鼇魚其形似龍性
好吞火故立於屋脊上獸吻其形似獅子性好食
陰邪故立門環上金吾其形似美人首魚尾有兩
翼其性通靈不睡故用巡警　揚升菴云龍生九
子一曰贔屭二曰螭吻三曰蒲牢四曰犴狴似虎
有威力故立獄門五曰饕餮好飲食故立於鼎蓋
六曰蚣蝮性好水故立橋柱七曰睚眦性好殺故

用刀柄上八曰金猊九曰椒圖與前稍異

藜狀狀之為言杖也桃笙笙之為言簟也阿錫錫之為言布也藻井井之為言板也玉卮無當當之為言底也

師曠占曰歲豐甘草先生薺也歲苦苦草先生亭歷也歲惡惡草先生水藻也歲旱旱草先生蒺藜也歲疫病草先生艾也

老聃至西戎而效夷言夏禹入裸國而解下裳墨子見荊王而衣錦吹笙非苟違性隨時所好也

莊子云人而不學謂之視肉學而不行命之撮囊四字頗奇

十二

沛國劉顯偏精班漢時人目之為漢聖杜預研精左傳時人目之為左氏癖同一精也一以稱聖一以稱癖

楊升菴云衛莊姜班婕好何曾不丹朱而靡曼顏清臣文信公何嘗不麗藻而英辭貞淫在性不在色賈南風之短黑陳金鳳之形陋其淫彌甚忠邪在性不在文李林父之寫弄麞安祿山之不識字其惡彌章

吳任宰嚭伍胥鳴夷楚信靳尚屈平魚腹

韻語紀異物余嘗愛晉宋人以韻語紀物產如郭璞爾雅贊山海經贊王微藥草贊之類皆質而工其原出於逸周書火浣布數語今彙書於後火澣之布入火不滅布則火色垢則布色出火而振之皎然疑乎雪周書說火浣布日南有野女羣行不見夫其狀晶且白徧體無衣襦唐蒙博物記三廉大實實不但三鷄名三廉其實四五枝食之多汁味酸且旨藏之尤好與衆果相參陳祁暢異物志萍之依水猶卉植地靡見其布漠而鱗被物有常性孰知所自郭子玄萍贊曰州留者其實水牛蒼毛豕身用若擔矛衛護其犢與虎為鬥

十三

鬱林異物志象之為獸形體特詭身倍數牛目不逾豨鼻為口役望頭若尾馴良承教聽言則跪素牙玉潔載籍所美服重致遠行如丘徙萬震象贊烏鰂八足集足在口縮喙在腹形類鞋囊其名烏鰂嗡波溟墨迷射水憑萬震海物異名記尾瓏鑛殼建領狀如渾沌錢丈外冒而內渠萬震海物異名記瓦瓏賁注謂高為首蹄為渠此魁陸海珍州合浦之人習水善游倪視層岩如猿仰株入如沉鼈出如輕鳧蹲泥剖蚌潛竊明珠萬震南州志江瑤柱厥甲美如瑤玉王音裕三字一句三句一韻尤奇肉柱膚寸名江瑤柱萬震海物異名獸曰玄犀處自林麓食惟棘刺體兼

五肉或有神異表露以角録音舍精吐烈望如華燭
置之荒野禽獸莫觸萬震犀贊神丘有火穴光景照千
里崑崙有弱水鴻毛不能起玄中記一跳八尺兩跳
丈六從春至夏裸袒相逐風俗記海蜑笮複引一索飛
絙拔閣其名曰笮人懸半空度彼絕壑李衡橋竹高山
嵯峩巖石磊落傾側縈迴下臨峭壑行者攀緣牽
援帶索袁崧山川記蚺惟大蛇既洪且長采色駁映其
文錦章食豕吞鹿腴成養瘡賓饗嘉食是豆是觴
南裔志鮫之為魚其子既育驚必歸母還入其腹小
則如之大則不復楊孚交州異物志

舊儺詞食蚷鬼者申食虎者佛胃食魅者雄伯食祥
者騰簡食咎者攬諸食夢者伯倚食磔者強梁祖
名二食蛊者死寄生窮奇騰根名三
山精名夔木精名罔象山水間精名必方故水精名
慶忌故池精名意左右有石水生其間其精名喜
水有金者其精名侯伯一足鼈池精名髮項三軍
之精名賓滿水精名彭侯千載木有虫名賈朏狀
如豚肉精名岱委金精名石唐故宅精名揮文又
名山冕可呼使金銀故臺屋精名兩貴故市精名
毛門室精名傒龍丘墓精名狼鬼廢丘墓之精名

元故道徑精名忌又名作甖故井精名觀絕廁精
名依倚故溷精名卑俱見白澤圖語
忘敬遺治產鬼名臨產呼之佳蠱儈停亦鬼名見東
方朔罵鬼書
五六月間滄江中有物黑如霧光如火聲如折木破
石觸之則死或云瘴母也文選謂之鬼彈內典謂
之禁水此惟江邊有之郡治絕無見順寧府雜志
宋趙丞相鼎庚申生繼之者韓平原壬申生繼平原
者史衛王甲申生繼衛王者鄭太傅清之丙申生
每一相長一紀

先為道士後仕宦者唐侍中魏徵丞相盧程先仕宦
後為道士者唐禮部侍郎賀知章又河南參軍鄭
銑朱陽丞郭僊舟以獻詩罷官度為道士
先為僧而畜髮仕宦者宋湯惠休唐賈島蔡京先仕
宦而削髮為僧者南齊劉勰梁劉之遴張續宋饒
德操皆名士也勰即著文心雕龍者法名慧地一
年而卒續為執政方岳之遴官禁秘以侯景亂削
髮尋皆為湘東王所酖死又北魏元大興以西河
王衛尉卿削髮名僧懿
為僧為道而舉進士者唐劉軻前後仕宦而中為道

人者梁伏挺為行者唐徐安貞挺安貞皆以居官有罪懼禍故也

由僧徑拜大位者唐左衛大將軍梁國公懷義元太保參議中書省劉秉忠明太子少師姚廣孝懷義嬖倖不足言秉忠廣孝皆名臣廣孝不畜髮不婚娶

由道士徑拜大位者唐嵩山子什方為正諫大夫同中書門下平章事葉靜能為國子祭酒鄭普思為秘書監尹愔為諫議大夫仍以道士服治事明邵元吉為禮部尚書陶仲文為少師恭誠伯

十六

鳳洲云風神曰孟婆對颶母可也又風母如猿打殺遇風即活雷公如豬冬月蟄地中掘得之二物皆可食作對甚切

委苑編云驚帆魏曹洪所名駿馬也馳馬吳孫權所名快舫也二事相反而又相對出一時甚奇

齊王好食雞跖日進雞七十臨江王妃江無畏好食鯖魚頭日進鯽魚三百可為的對

屈到嗜芰點嗜羊棗叔夜嗜鍛玄德嗜結毦性之所好習固不能強也出藝苑巵言

人食礜石即死蠶食之而不饑人食鉤吻即死羊食之而肥神仙食巴豆即死而鼠食之三年重三十斤魚食莽草即死人食之而美犬食木鼈子即死而人食之無毒

人啖豆則身重啖榆則欲眠食鶩麥令人骨節斷解食燕肉不可入水恐為蛟龍所吞食冬葵為狗所齧瘡不差或致死　馬食穀則足重不能行鴈食粟則翼重不能飛

採芸香葉置席下能去蚤虱子積皁莢置油瓶其中永不蛀踏雞子殼令人患白癜風踐壞竈土令人害瘡桃根為印可召鬼髑髏為雕數食可長鬚鵝與

十七

蜜同食可以休糧蜘蛛網纏贅疣日消爛屢有驗

陳藏器云蠏殼中髓及腦殼中黄並能續斷絶筋骨

松脂杏仁棗肉茯苓等分食後服五十粒可不饑一升粱米以純善酒一斗漬之三日出百蒸百曝遠行一食十日不饑重食四百九十日不饑又方米一斗赤石脂三斤水漬二三日搗丸食之可辟穀

人服藥者有黄蓮桔梗勿食豬肉有茯苓勿食酢物細辛勿食生菜魚子合豬肝食之殺人真菊可以延年野菊瀉火張華云菖精益壽鉤吻殺人是矣

鯔魚心肝及頭毒如野葛芎藭不可久服令人暴
死食黃頡魚後服荊芥湯即死
白髮鬚彌去消蠟點孔中即生黑者
十月亥日食餅令人無病已巳日不殺蛇壯士不病
瘧
博物志曰積油萬石則自然生火泰始中武庫火積
油所致也
洞冥記曰丹豹髓白鳳膏磨青錫為屑以淳蘇油和
之照于神壇夜暴雨光火不滅
取鰈䲀脂為燈置水中即見諸物又黿脂得火可以

十八

燃鐵

異域部

匈奴冒頓單于子稽粥號老上單于每歲五月大會
龍廷祭其先祖天地鬼神後漢書焚老上之龍庭
即此也
漢錫光在交趾教夷民以禮義任延守九眞教民耕
種嫁娶故嶺南華風始于二守此言閩俗非華用
此意也
鼂錯兵事書匈奴欲立威始于折膠註秋氣至膠勁
可折弓弩可用匈奴常以為候而出軍

王樹失舟至烏衣國王人命飛雲軒送之令樹坐其
中閉目少息須臾至家
反踵國名其人南行足迹北向夏德之盛二龍降之
禹使范成光御之以行役至南海經防風防風氏
之二臣以塗山之戮怒禹射之有迅雷風雨二龍
升去二臣恐以刃自貫其心而死禹哀之拔其刃
療以不死草遂為穿胸氏
夜郎之先有女浣水濱得大竹三節推之不去聞有
兒聲破之得男長有武才遂雄夷狄以竹為姓自
稱夜郎侯

十九

博物志載驩兜國民盡似仙人常捕魚海島中人面
鳥口去南國萬六千里大人國其人孕三十六年
生白頭長大能乘雲而不能走蓋龍類去會稽四
萬六千里厭光國民光出口中形似猴猨黑色軒
轅國人食鳳卵飲甘露其不壽者亦八百歲羽民
國人有翼飛不遠食鸞鳳卵去如疑四萬三千里
龍伯國人長三十丈生萬八千歲而死大秦國人
長十丈中秦國人長一丈臨洮人長三丈五尺防
風民長十丈或長五丈四尺子利國人一手二足
拳反曲無啓民死其心不朽細民死其肝不朽埋

之百年俱還化為人二國皆無男女穴居土食盡同類也蒙雙國昔高陽氏有同產為夫婦帝放之此野相抱而死神鳥以不死草覆之七年男女皆活同頸二頭四手是蒙雙國民

越之東有駭沐之國其長子生則解而食之謂之宜弟父死則負其母棄之言鬼妻不可與同居又義渠國其親戚死積薪焚之若煙上謂之登遐然後為孝

荆州極西南界至蜀諸民曰獠子婦人妊娠七月而生臨水生兒便置水中浮則養之沉則棄之然千

百當浮既長皆拔去上齒牙各一以為身飾

神異經所載八荒中有毛人鳥人形長七八尺身頭皆有毛如獼猴毛長尺餘見人則瞑目開口吐舌上唇覆面下唇覆胸喜食人舌鼻名曰髯公俗曰髯麗又西海外有鵠國男女皆長七寸為人自然有禮壽三百歲日行千里惟畏海鵠吞之人在鵠中不死而鵠亦一舉千里又西北荒中有人長一分其君朱衣玄冠有威儀居人遇其乘車紙而食之殺腹中三蟲三蟲死便可食仙藥又南荒有人長七丈腹圍如之朱衣縞帶以赤蛇繞其項不飲不食朝吞惡鬼三千暮吞三百以鬼為飲以露為漿名曰黃父西荒中有人如人形著敗衣手虎爪名獏猲伺人食其腦舌出盤地丈餘人先聞聲燒大石以投其舌則死不然即食人腦矣又西南大荒中有人長一丈識山石多少解四方鳥獸語知百穀草木鹹淡名曰聖一名無不達凡人見拜者令人神智又西北海外有人長二千里兩脚中間相去千里腹圍一千六百里日飲天酒五斗不食五穀魚肉好游山海間不干萬物與天地同生名曰無路之人凡此言俱怪誕未足信姑取以備覽

彌

秦昭襄王時有白虎常從羣虎害千餘人王募殺之賞邑萬家金百鎰時巴郡閬中夷人能作白弩射殺之王以夷人不欲加封乃刻石盟曰秦犯夷輸黃龍一雙夷犯秦輸清酒一鍾後世以射虎為業即所謂板楯蠻者是也

昔高辛氏有老婦得耳疾挑之有物大如繭盛瓠中覆之以槃化為犬其文五色因名槃瓠既而犬戎為亂帝曰有能討之者妻以女封三百戶於是槃瓠亡三月啣犬戎首來帝難妻以女女自請行犬

貧女入南山至石室中人不可到三年生子六男
六女自為配偶績織木皮染以草實好五色衣服
裁制皆有尾形衣裳斑斕言語侏離其後滋蔓遂
為蠻夷今湖廣廣西溪洞中諸夷皆其種也槃瓠
故地在今辰州盧溪縣一百八十里名武山山有
石室遥見一狗似犬槃瓠象也土俗不食犬
杜宇古蜀王也稱望帝稼穡教人務農治郫城荊人
鱉靈死其尸泝流而上見望帝因以為相孫開明
會巫山江壅人遭洪水開明為鱉通流有大功望
帝遂禪位去西山焉時適二月子鵑鳴蜀人悲子

鵑鳴也世所傳望帝死化為子規者妄矣　蜀王
本紀云朱提有男子從天而降名曰杜宇自稱望
帝蜀人尊為王古先時君長治國久長後皆仙去
至望帝傳授始密開明世為秦惠王所滅
蔡氏書傳曰三苗國在荊揚之間恃險為亂者也今
湖廣溪洞時猶竊叛俘而詢之多為苗姓豈其遺
種與
長楊賦鑿齒之徒相與磨牙而爭之服虔曰鑿齒長
五尺似鑿食人李奇曰以喻秦貪婪殘食其民也
或曰南方夷俗許婚則擊一齒與為信又文獻通

考烏武獠地多瘴毒中者不能飲藥故自鑿齒言鑿
齒指夷類也
昔武落鍾離山崩有石穴二所其一赤如丹其一黑
如漆有人出於赤穴名務相姓巴氏出於黑穴者
凡四姓曰樊氏譚氏相氏鄭氏廩君鍾離山之主
也務相與四姓爭相與以劍刺穴能中者以為廩
君獨務相劍懸又以土為船浮者以為廩君唯務
相獨浮於是乘土船從夷水至鹽陽鹽陽有神女
曰此地廣大魚鹽所出願留共居廩君不許神女
暮輒來宿旦即化為羣虫蔽日天地晦冥廩君因

射殺之天乃開明既殺神女乘土船下及夷城夷
城石岍曲水亦曲廩君望如穴狀嘆曰我從新穴
出今又入此奈何峰即崩三丈餘階階相乘廩君
登之上平石方一丈長五尺投策計算皆者石因
立城居之晉李特據蜀是其裔也
渾脫北人殺小牛自脊上開一孔遂旋取去頭骨肉
外皮皆完揉軟用以盛乳酪酒湩謂之渾脫草木子
報應部
符子曰邦人有獻燕昭王大豕者曰年一百二十矣
人謂豕仙王命養之太巨無用燕相命宰夫膳之

豕見夢於相曰造化營我以豕形食我以人殲吾
患其生久矣仗君侯之靈而化始得為曾津伯將
報于焉後燕相游乎曾津有赤龜奉璧而獻
漢武帝作池人釣魚綸絶而去夢於帝求去其鉤明
日帝見魚啣索命去之三日復游池濱得珠一雙
帝曰豈非昔魚之報也
楊寶年九歲游華陰見黃雀為鴟梟所搏困螻蟻取
置箱中食以黃花羽毛成朝去暮歸一夕夢黃衣
兒曰我西王母使者使蓬萊感君見拯以白環四
枚與寶曰令君子孫潔白登三公當如此環後震

二十四

秉賜彪四世三公
董昭之過錢塘江見有蟻著一短蘆甚惶遽乃救之
後繫獄蟻領群蟻穴獄昭之遂得免
隋侯行遇大蛇頭上有血以杖挑放水中而去後至
蛇所見大蛇啣一珠來意疑不敢取夜夢踏一大
蛇驚覺乃得雙珠　劉向說苑云蛇中斷侯以藥
封之後人明其處為斷蛇丘歲餘蛇啣明珠徑寸
絶白有光謝之
鄭弘採新白鶴山得一箭有一人見而取之弘即還
之問弘何所欲弘識其神人也曰常患若耶溪載

薪為難願旦南風暮北風後果然故若耶溪至今
猶然號鄭公風今名樵風溪在紹興東二十五里
李膺益州記邛都有老姥家貧孤獨每食輒有赤蛇
戴角在床間姥憐飴之後長丈餘殺令駿馬令忿
責姥出蛇云在床下令掘地無所見遂殺姥蛇乃
感人以靈嗔言令何殺我母當報讐此後每聞夜
有雷若風四十許日百姓咸驚語相見忽皆戴魚
是夜方四十里一時皆陷土人謂之陷河唯姥宅
無恙至今猶存漁人每遇風浪必依止宿水淺時
輒得舊木水清猶見城郭樓櫓

二十五

崇寧間陸公傳為宣城太守有司責歲貢蜂兒陵甚
公上章曰蜂兒未孕毓之物願賜停罷以廣好生
之德歲餘夏夜感瀉疾內逼忽至溷門外蜂陣遮
障喧飛殆不可入呼宿者以火視之有巨蛇臥於
溷門之內張口廁上咸皆驚異
後漢王忳詣京師於空舍中見一書生疾困愍而視
之書生曰我命在須臾腰下有金十斤願以相贈
死後乞藏骸骨未及問姓名而命絶忳鬻一斤金
營其殯餘金置棺下人無知者後數年縣署忳
大度亭長初到之日有馬馳入亭中而止其日大

風飄一繡被復墮忳前忳乘馬到雒縣馬遂奔走牽忳入他舍主人見之曰今擒盜矣忳具說得馬併及繡被主人曰被隨於風與馬俱亡卿何德哉忳念葬書生事主人驚曰是我子也姓金名彥不知死所大恩久不報天以此彰卿德耳彥父與忳俱迎彥喪餘金俱在忳由是顯名

祥瑞部

白虎通曰王者承天順理調和陰陽陰陽和萬物序休氣充塞故符瑞並臻德及天則斗極明日月光甘露降德至地則嘉禾生蓂莢起德至鳥獸則鳳 二十六
凰翔鸞鳥舞麟臻狐九尾雉白首白鹿見德至山陵則黃龍見醴泉涌河出龍圖洛出龜書江出大貝海出名珠德至八方則祥風至鍾律調四夷化越裳來孝道至則萐蒲出於庖廚繼嗣平則賓連生於房戶賓連木名日曆得其分故蓂莢生於階賢不肖不踰位故平露生於庭平露樹名

禮斗威儀曰君乘金而王好生惡殺則麟在郊乘土而王其政太平則鳳凰集於苑龜被文而見乘木而王其政升平南海輸以蒼烏乘水而王其政平則北海輸以白鹿乘火而王其政訟平則南海輸以駮馬及文狐其君乘水而王為人黑色大耳其政和平時則景雲至

王者德洽八方合為一家則木連理親耆養老則芝草生德至水泉則黃龍見六合同歸則一角之麟見不刳胎剖卵則鳳凰至行步進止有容祭祀有禮則和鸞至或曰鍾律調則至德及高遠或有孝德則比翼之鳥至德及幽隱鰥寡得所則比肩之獸至好生惡殺慈孝被於萬姓則蒼烏赤白烏三足之烏至奉己儉約尊事耆老則白雀見祭五嶽四瀆得其宜則黃雀見黃雀土精也動作應天時則赤 二十七
雀啣丹書來祭祀有禮宴食衣服有節則白雉見順時制事因時而治則騰黃之馬見一名吉光色黃乘之壽三千歲無死時德惠及下則白鹿見六合一同則九尾之狐見或曰不傾于色則見文王時東夷歸之恩加耆老則白兔見應事疾則赤兔見不暴虐恩及行葦則白虎及騶虞見湯時戲於朝召公化行陝西亦有之進退中法度則白狼見

王者明德則比目魚見

瑞應圖曰神鼎者質文精也知吉凶存亡能輕能重能息能行不灼而沸不汲自盈中生五味昔黃帝

作鼎象太一禹治水收天下美銅以為九鼎象九
州王者興則出衰則去

灾異部

山海經曰太華山有蛇名肥遺六足四翼見則天下
旱

神異經曰南方有人長二三尺袒身而目在頂上走
行如風名曰魃所見之國大旱赤地千里一名狢
遇者得之投溷中乃死旱灾消也

占曰日中三足烏見者大旱赤地

神農求雨書曰春夏甲乙不雨命為青龍東方小童

二十八

舞之丙丁不雨命為赤龍南方壯者舞之戊已不
雨命為黃龍壯者舞之庚辛不雨命為白龍又為
火龍西方老人舞之壬癸不雨命為黑龍北方老
人舞之如此不雨潛處闔南門置水其外開北門
取人骨埋之如此不雨命巫祝而曝之曝之不雨
神山積薪擊鼓而焚之

刑罰虐則天雨螽吏冥冥犯法則螟生食穀或云
螟應苛刻王者與諸侯爭則賊生食苗節莖吏抵
冒取民財則蟊生食苗根京房曰害忠孝蟊食苗
根婦女淫亂則蜮生射人南越謂之短狐

酒部

天臺秘要天門冬釀酒初熟微酸久停皆香諸酒不
及蔡侍郎衡仲嘗試釀之果成美醞

阿薩部多獵虫鹿剖其肉重疊以石壓之瀝汁稅波
斯鬱林等國草子釀於肉汁中經數日即變成酒
飲之可醉

樹頭椶高五六丈結實大如掌土人以麴納罐中而
以索懸其罐於實下劃其實取汁流於罐以為酒
名曰樹頭酒見緬甸軍民志

瓊州府有嚴樹擣其皮葉浸以清水取梗或石榴花

二十九

葉和釀酒醉人　又眞蠟取茭葉之漿為酒又成
都有酴醿酒

菊花舒時採莖葉雜黍米釀之至來年九月九日始
熟謂之菊花酒

古今記曰烏孫國有青田核成水則有酒味甚淳美
飲盡隨更注水隨盡隨來酒不可久久皆苦不可
飲名曰青田酒

十洲記曰瀛洲有玉膏如酒味名曰玉酒飲數升輒
醉令人長生

博物志云西域有葡萄酒可至十年不壞飲之醉彌

日乃解　孟詵云葡萄不問土地但收之釀酒皆
得美好

海中洲渚斷有茭草花葉似苔筍殼厚性柔軟結子
如荔枝取其子釀酒名茭草酒鄉人取其葉織成
細簟闊二尺長丈餘出滿喇伽國

酒有蘭生漢武百味酒也玉薤隋煬帝得法於胡人
者也醽醁翠濤魏侍中徵所造也十年而味益美

南方有女酒女數歲釀糟置壺於水中候女嫁決水
取之味甚美

真臘風土記美人酒於美人口中含而造之一宿而

成尤異今四夷酒以暹羅為第一

隋仁壽間籌禪師入內造五色飲以扶芳葉為青飲
拔楔根為赤飲酪漿為白飲烏梅漿為玄飲江笙
為黃飲又作五香飲第一沉香飲次檀香飲次蘭
澤香飲次雞舌香飲次甘松香飲大業志扶芳出
吳郡其樹蔓生纏繞他樹葉圓而厚凌冬不凋夏
月取其葉微火炙使香煮飲碧深色香甚美不渴
今不定為何樹亦不解作飲

漢鄭弘為靈文鄉嗇夫行官京洛未至宿一埭逆故
人四顧荒郊村落絕遠酤酒無處情抱不伸乃以
錢投水依口而飲飲盡酣暢皆得大醉因名為沈
釀川明旦乃分首而去

有醉千日而始醒者中山酒也有醉十日而始醒者
枸樓國仙漿酒也有行千里而始醉者桂楊程鄉
酒也　劉玄石嘗於山中酒家沽酒酒家與千日
酒飲之至家大醉以為死瘞之後酒家計日往開
其墓玄石始醒

石能醒酒則李衛公平泉莊物也草能醒酒則開元
興慶池南物也　張騫使大宛見其國有酒杯藤
有花有實人至藤下摘花酌酒仍以其實醒酒國

人寶之

博物志云以清水漱口飲酒至斗不亂或曰酒毒自
齒入也

酒初熟時甕上澄清恒隨日轉在旦則清者在東午
時在南日落在西夜半在北又春夏間在地窨下
停春酒者甕上泛者皆逐風而移雖深窖亦然故
淮南子云東風至而酒湛溢

堯千鍾孔百觚蓋自古言之而高允酒訓稱子思云
夫子之飲不能一升以此推之千鍾百觚皆為妄
也按百觚固為過辭一升亦非實錄鄉黨所云惟

酒無量不及亂則夫子固善飲者也
嵇阮劉畢始為裸袒之飲而已渡江以後周伯仁醉
欲通紀瞻婢露其醜織為憲司所劾按五行志晉
惠帝元康中貴游子弟相與為散髮之飲對弄婢
妾逆之者傷好非之者負譏則不止一伯仁而已
也占以為貌不恭之灾
劉潛石曼卿輩尤為豪飲每飲必云幾日一日興方
濃而酒垂竭傍有醋三斗許幷飲之酒醋俱盡或
置身木杪而飲曰巢飲以席自束出首而飲之已
復縮入曰鼈飲所謂牛飲者不足道也歐陽永叔
三十二
梅聖俞俱量可盡百杯每遇潛曼卿輒為所困
東方朔傳曰朔門生三人俱行見一鳩一生曰今當
得酒一生曰其酒必酸一生曰雖得酒不得飲也
三生到主人出酒後覆地不得飲問其故曰出門
見鳩飲水故知得酒鳩飛集梅樹故知酒酸鳩去
梅枝折故知不得飲
猫以薄荷為酒雞以蜈蚣為酒鳩以桑椹為酒虎以
狗為酒蛇以茱萸為酒謂食之而醉也

瑞鳥部

鳳一名鸑鷟一名鷗毛其形鴻前麟後蛇頸魚尾龍
文龜背鷰頷雞喙五色備舉飛則羣鳥從之見則
天下安寧或云雄為鳳雌為凰其雛為鸑鷟昔蔡
衡對光武五鳳多赤者鳳多黃者鵷雛多青者鸞
多紫者鸑鷟多白者鵠鷁禽經曰青鳳為鶡赤鳳
為鶉黃鳳為鸞白鳳為鸛鸘紫鳳為鸑鷟說文曰
五方神鳥東方曰發明南方曰焦明西方曰鷫鷞
北方曰幽昌中央曰鳳凰說名不同未詳孰是
烏鳳其形如喜雀其色紺碧頸毛類雄雞鬃頭有冠
尾垂二弱骨各長一尺四五寸其杪始有毛羽一
簇冠尾絕異鳴聲清越如笙簫然妙合宮商又能
三十三
為百蟲之音冀越集云有二毛最長能唱小樂府
如笙簫鷓鴣秦吉了不能及也出廣西三江溪洞
中
九色鳳漢武內傳曰上藥有九色鳳頸次藥有蒙山
白鳳之肉按九色鳳謂之九尾鳥一名綉鸞
桐花鳳其形大如指五色畢具有冠似鳳食桐花每
桐結花即來花落即去不知何之其性極馴止於
婦人釵上雖遇客終席不飛人愛之無所害也士
人畫桐花鳳扇
鸞其形似雞其色五采　其鳴中五音頌聲作則至

瑞應圖以為赤神之精鳳凰之佐雌曰和雄曰鸞好自歌舞蓋性甚好其類見則鳴舞西域嘗有得之者三年不鳴懸鏡照之覩景悲鳴蓋以為類而感也

鸚鵡其形有青白及五色者白者羽毛如雪以手捻之有粉粘指與蛺蝶翅相類青者其雄赤喙其雌黑喙一名木客五色者最慧白者次之青者為下其指足前後各二舌與目如人俱能人言隴右及南中皆有之近海郡尤多民或以鸚鵡為鮓以孔雀為腊以其易得故也南人養鸚鵡者云此物出

炎方稍北中冷則發瘴噤戰如人患寒熱疾以柑子飼之則愈不然必死凡養之俗忌以手頻觸其背犯者即多病瘖而卒土人謂鸚鵡瘴云

秦吉了一名結遼其形如鸜鵒其色黑丹味黃距目下連頂有深黃文頂毛有縫如人分髮能人言比之鸚鵡尤慧大抵鸚鵡聲如兒女吉了聲則如丈夫出邕州溪洞中

孔雀其形雄者尾長數尺三年始成初春生夏秋復彫與花萼俱榮衰尤自珍愛遇芳時好景及聞弦歌則舞其雌尾短殊無文采南人取其尾者潛伺其過急斬其尾不則回首一顧其羽無復光采矣每至山棲先擇置尾之地故欲生捕者候雨往擒之彼愛尾不復騫揚也南越志曰孔雀不必匹合止以音影相接便孕或云亦與蛇偶將乳之時登木哀鳴有蛇即至與交是以其膽其血皆能傷人

嗽金鳥其形如雀其色黃常翱翔於海上魏明帝時昆明國來獻此鳥飴以真珠及龜腦常吐金屑如粟宮人爭以鳥所吐金為釵環謂之辟寒金以鳥不畏寒也宮人相嘲語云不服辟寒金那得帝王心不服辟寒鈿那得帝王憐

翡翠一名鷸即今翠鳥也其形似燕其色紺其羽赤為雄曰翡青為雌曰翠性善捕魚故一名魚虎人罕得見知天將雨惟晴霽日中始一出若陰晦時竟日不出人必積久探視羅其巢始獲之也

吐綬鳥一名避株一名真珠雞其形大如鸜鵒羽毛多黑雜以黃白頭頰似雉有時吐物長數寸丹采彪炳形色類綬故名又食必蓄嗉臆前大如斗恐觸其嗉行必遠草木故一名避株鳥

倒掛鳥其形如雀而羽五色日間焚好香則收而藏之羽翼間夜則張尾翼而倒掛以放香

鷽一名鵫山鵲也其形似鵲而有文采長尾觜脚俱
赤今人家養之以鬪在籠中能揚其尾誘雀捕而
食之又能效鷹鷂之聲故字從學說文云知未來
事鳥也
戴勝一名戴鵀其形似山鵲而尾短青色毛冠俱有
文采如戴花勝故名三月止於桑上

鳴鳥部

鶴其形大如鵝脚青黑高三尺餘赤頰赤目喙長四
寸多純白亦有蒼色者常夜半鳴其鳴高朗聞八
九里唯雌者聲差下其產雌雄相隨如道士步斗

三十六

履其跡而孕內典曰白鶴影生是也二年落子毛
易黑點三年產伏七年羽翮具後七年飛薄雲漢
後七年其舞應節後七年晝夜十二時鳴音中律
後六十年不食生物大毛落茸毛生其白如雪泥
水不能污後百六十年雄雌相見目精不轉而孕
千六百年飲而不食鸞鳳為群聖人在位則與鳳
凰翔於甸　禽經曰鶴以怨望鴟以貪顧雞以嗔
睨鴨以怒瞋雀以猜瞿燕以狂眄視也鷽以喜轉
烏以悲啼鳶以飢鳴鶴以潔唳梟以凶叫鴟以愁
嘯鳴也

鶴頂鳥其形大如鴨其毛黑色頸觜亦長其腦蓋骨
厚寸餘外紅色裏如黃蠟嬌黃可愛堪作腰帶出
南番大海中　又有魚頂中魫紅如血名曰鶴魚
魫亦可為帶今用龜筒夾鶴魚魫為梳名曰鶴頂
梳
鸝爾雅有皇黃倉庚商庚鵹黃楚雀之名齊謂摶黍
秦為黃流離一名黃鸝留一名黃鸎當葚熟仲春
始鳴性好雙飛故鸝字從麗
伯勞其性好鳴在林間鳴時蛇輒盤結其下不動飛
去則伸其所踏枝可鞭兒令速語以其先萬物而

三十七

鳴故也楊子雲賦鶪鴂蘇林音殄絹師古音弟桂
字書云伯勞也伯勞夜鳴曙息燕晝語夜息伯勞
夏至來冬至去燕春分來秋分去伯勞聲惡燕語
善伯勞單飛獨棲燕匹棲雙飛每每相反而不相
合故樂府云伯勞東去燕西飛喻離別也
喚起其形如反舌春曉則鳴每聲則連呼起字其聲
圓滑如黃鸝然凡林薄叢密之處多棲息焉
念佛鳥其形大如鳩羽色黃褐翠碧間而成文音韻
清滑如誦佛聲故名
搗藥鳥其形罕見春夏間月夜獨鳴於深巖幽谷中

啼云克丁當死如杵臼敲戛之聲淸亮可聽

雲部部俗名音聲鳥有二種形如練鵲毛具五色喙
紅足碧一種畧小羽間玄黃足或靑或紅多居高
峯絕巘間面陽而巢飛翔有序暮春早秋時一見
之風輕烟煖聲響互發如聆簫韶也

提壺蘆其形如燕色間蕾䳺春日則啼曰提壺蘆沽
美酒人多見之

寒號蟲方春時鳴曰鳳凰不如我至冬毛羽皆落則
又鳴曰得過且過藥中五靈脂即其糞也

阿濫堆驪山有之唐明皇採其聲爲曲子又作鴉爛
堆西陽雜俎鴉爛堆黃一變之鵝色如鸞翠鵝轉
之後乃至累變橫理細臆前漸漸微白

護花鳥至春則啼其音若云無偷花果髣髴人言云
峩眉有之

鴟鳥其形似雞五色至冬無毛而亦裸晝夜常鳴好
自低昂

桑扈怨鳥麥熟時候鳴不分晝夜

百舌即反舌春鳴五月止能變舌反易其聲以效百
鳥之鳴風土記以爲祝鳩非也毛朱翠碧蜀人多
畜之一云翠碧鳥往往亦矜鬪至死不解或云凡
數十種非東方所謂反舌無聲者

杜鵑一名子規春分先鳴至夏尤甚夜啼達旦血淸
草木至稼熟乃止凡始鳴皆北向啼苦則倒懸於
樹音曰不如歸次日視其處花木之榦皆萎折數
寸楚詞云鶗鴂鳴而草木不芳是也亦卜人家凶
蠶或謂見者亦宜蠶太史谿秭鴂高唐賦爲秭歸
禽經爲子規爾雅爲嶲周爾雅巂爲子嶲字雖異
而名同也亦爲杜宇爲謝豹爲周燕爲買鵤爲鶗
鴂爲鶗鴂名雖異而實同也或以鶗鴂爲伯勞巧
舌者非是蜀王本記云杜宇蜀帝也淫其臣鼈靈
妻乃亡去變爲鳥怨望不已故啼每寄巢產子百
鳥爲哺其雛尚如君臣然其先鳴者人不敢學其
聲有人山行聊學之嘔血便殞其口出血聲始止
故有嘔血之事也

雅餘卷之三終

雅餘卷之四

豫章羅曰褧尚之父編次

山鳥部

鵲知氣候疾徐陰陽向背風水高下作巢常背太歲而向天一歲多風則去喬木巢旁枝故曰鵲巢居而知風又傳枝受卵莊子烏鵲孺魚傳沫蓋鵲以傳枝少欲故曰孺生子即捨去而他鳥居之故召南稱鳩居鵲巢又能知人吉凶南人以其聲為吉以烏為凶北人反之崐崘之下以璞玉抵鵲蓋惡之也涉秋七日首無故皆髡相傳為牽牛織女渡橋故或云鵲啄槐實日久結玉於腦謂之鵲玉此鵲終歲不復噪矣雜五行書云埋鵲一枚溝中辟盜賊奸邪本草云五月五日鵲腦入術家用

烏一名鴉一名哺公烏始生母哺之六十日子稍長母處子反哺之亦六十日見異則噪鵲樂稠鬧烏樂空曠其性異也鵲傳枝烏如沫其孕異也其鳴自呼淮南云烏之啞啞鵲之唶唶皆為寒暑燥濕變其聲哉舊說烏性極壽三鹿死後能倒一松三松死後能倒一烏未詳是否又有一種白項羣飛名為燕烏

鴈一名朱鳥玄鳥春分來朱鳥春分去淮南子云燕鴈代飛是也其性惡熱故霜降南翔或云其毛為囊可以渡江不漏常在海邊砂上食砂石悉皆銷爛唯食海蛤不銷隨其出以為藥倍勝餘者其千歲者胎產月令八月鴻鴈來乃大鴈也鴈之母也九月鴻鴈來賓乃小鴈也鴈之子也十二月鴈北向正月候鴈北亦然世傳鴈歸啣蘆之說往往各異淮南子以為鴈愛氣力啣蘆以避繒繳俗傳以為過海投蘆為桴以息氣力或云輸蘆以供稅供稅之說誕矣過海為桴之說何秋冬獨無而春始蘆耶蘆避繒繳之說不知來時何以為避且使上林射鴈蘆何能避耶大抵鴈從風而飛春夏南風故北飛秋冬朔風故南飛秋冬過南食肥體重故借蘆以助風力塞北風高則無事此故投於鴈門關耳此說未知是否

燕一名鷾鴯其去來皆避戊巳日以戊巳字書冥上則去之述異記云燕千年生胡髯又天玄王物簿云戴王之鵲巢於竹與燕為羣蓋燕能識寶物或云燕是蜃龍之類今蜃吐氣為臺樓伺燕栖集則食之龍食燒燕水枯竭者投之立漲今人亦投

之以求雨且人食燕則不可以適河然則燕與蛟
龍蜃蛤之氣相往來或亦類也
斲木一名鴷其嘴如錐長數寸常斲木食虫其性善
禁法曲其爪畫地為印則穴之塞自啓鼠竊其卵
施於扃鑰亦可開有大有小有斑有褐又有青偲
者大如鵲頭上有紅毛如鶴頂相傳以為雷公採
藥吏所化以其飛好極深故也
鸜鵒一名八鳥其形身首皆黑惟兩翼有白點飛則
可見如字書之八云性好淫或云以足交而孕南
方多但不踰濟故春秋以鸜鵒來巢為異其毛羽新
成里兒剔其舌端教以語言甚熟取其目睛和人
乳研滴眼中能見煙霄外物也
桃虫一名鷦鷯爾雅云其雌鴱其形似黃雀而小每
化為雕其喙尖利如錐取茅秀為巢巢至精密以
麻紩之如刺韈然其性最巧女人吞其卵或取其
巢燒以熏手令巧
鷽一名雅烏小而多羣能賊糧食法言云頻頻之黨
甚於鷽斯是也
鴳即赤鷃也其品中膳羞內則所謂鴽鶉鷃是也
雀一名賓雀即今人家簷雀啣艾置燕巢中燕即棄
去不敢與之爭禽經云雀交不一雀交不再諸鳥
雄求雌惟此鳥雌求雄性淫故也

水鳥部

鸛其形略如鶴其性甘帶每遇巨石知其下有蛇即
於石前如術士禹步其石自轉南方里人伺其養
雛緣木以篾組縛其巢鸛必作法解之乃於木下
鋪沙印其足迹而倣學之可以啓扃天將雨則長
鳴羣飛薄霄激雨雨為之散作巢大如車輪卵如
三升杯擇礜石以嫗卵鸛水鳥也伏卵時數入水
卵則不暇取礜石周圍繞卵以助煖氣故方術家
以鸛煖巢中礜石為貞物也又泥巢傍為池以石
宿水飛則取魚置池中稍稍以飼其雛　禽經曰
鸛俯鳴則陰仰鳴則晴
鸂鶒蓋溪中之勑邪逐害者故名其溪游時雄者左
雌者右羣伍皆有式度若勑令也
鸕鷀性善捕魚卵生漁家畜而抱之須人迭守不化
離視其少動即呵止否則自毀其卵矣爾雅翼弁
埤雅俱云不卵生而吐雛未詳何說
鴗畫其形類鶖奔走水上不問水腐泥沙必啑啑然
盡索之而後已無一息少休又常以觜畫水取魚

鶌一名䴎名鶆名鷀其色蒼白其性能風能水古者
舟首象鷁以厭水神高飛似鴈以目相擊而孕吐
而生子
鵁鶄一名鵁鸕名鵁其目長其睛相交故名江東人
養之以厭火灾其雛㗖母翅從飛上下異物志云
巢於枝上
旋目其形如鷺而短尾其色紅白深目目旁毛皆長
而旋禽經曰旋目其名鷃方目其名鵁交目其名
鳽即此是也今荆郢間有之
鵸其狀如梟出青要山朱目赤尾山海經云食之宜
子
䴋鶒膏能治耳聾又能治刀劒令不纈其狀如鳩鴨
脚連尾不能陸行常在水中人至即沉或擊之便
起
鶖一名扶老其狀如鶴而大赤目青色其毛辟水毒
頭高八尺善與人鬬性極貪惡
鸘鸛鴈屬禽經曰鷙鷟好風鸘好雨鷺好露鸘好霜即
此鳥也
鸂鶒一名連錢長脚尾腹下白頸下黑如連錢然飛
則鳴行則搖不能自捨故詩人以況兄弟

屬玉其形長頸赤目其色紫紺漢以名觀厭火灾也
鴗一名天狗一名翠鳥色青似翠尾可為飾有大者
名翠奴亦有斑白者俱能水上取魚其性亦治骨
鯁
鴆一名獨豹其形似鴈而無後指凡遇鷙鳥能斅禦
禦之其鳥著糞著毛悉脫去
信天翁其性食魚而不能捕俟魚鷹所得偶墜者拾
食之故名信天滇中有之
鵟其性迫之愈前抑之愈仰故云頑而傲又善旋轉
其項古學書者法之以動其腕戒之好鵟以此每
更必鳴可以警盜禽經曰鵟見其類則鳴故
善警也又養之閩中蛇皆遠去不食生魚或言鵟
鵟食之白者不食尾肉有毒其毛柔軟而性冷宜
覆小兒秦記曰苻朗食鵟炙知黑白之處人不信
既而試之果然
鶉鳥之性醇者其居易容其欲易給飛伏淺草之間
隨地而安故言上世之俗曰鶉居而鷇食尾特禿
若衣之短結傳稱子夏貧衣若懸鶉或云蝦蟆化
鶉又魚化又鼠化夏出秋藏飛必附草性不越橫
草遇小草橫前即旋行避礙鳥之畏而且介者

丹毛鳧一名垂露鴨一名升蕖鴨其色赤每止芙蕖上不食五穀唯飲葉上垂露故名

沈存中云予昔年在海州曾夜煮鹽鴨卵其間一卵爛然通明如玉熒熒然屋中盡明置之器中十餘日臭腐幾盡愈明不已

異鳥部

飛涎鳥其形似鼠兩翼如鳥而脚赤每至曉諸棲禽未散之前各占一樹口中有涎如膠遶樹飛涎沾洒枝葉有他禽至則沾而食之如竟午不獲即飛逐空中以涎惹之無不中也莫補治渴

蚊母鳥一名鷏其色黃白雜文其聲如人每吐則蚊子一二升出採其羽為扇可辟蚊亦呼為吐蚊鳥南方地澤中有之

乞飯鳥輙隨舟行舟人常摶飯拋與則接之不遺一粒彭蠡有之

乳母鳥俗言產婦死者所化能取人之子以為己子胸前兩乳異衆鳥也

越王鳥其形似鷲而口勾可受二升南人以為酒盃新州有之

師子禽其毛黃赤而光鮮其耳小若鳴時地動石裂

駝鳥其形高七尺其色玄其足如駝鼓翅而行日三百里耐人騎行五六里卵大如三升盃性喜噉鐵高宗時吐火羅國以此鳥入貢又波斯蕃鳥噉人及羊形亦如之

䳛鵲其形高七尺解人言章帝時條支國以此鳥入貢

白翎雀朔漠之地無他禽鳥惟鴻鴈與白翎雀鴻鴈畏寒秋南春北白翎雀雖窮冬沍寒亦不易處故元世祖作樂名曰白翎雀

郅火雀其色純黑其形類燕其聲清亮並旅翔火中而火自散順宗時拘彌國以此鳥一雌一雄來貢上嘉其異遂盛於火精籠懸於寢殿夜則宮人仟燭炬燒之終不能損其毛羽

安息爵其頸如鷹其身蹄如橐駝其色蒼舉頭高八九尺張翅丈餘食大麥

奇鶬即九頭鳥一名鬼車鳥昔有十頭能收人魂氣為天狗齧去其一至今血滴不止遇其夜過滴血屋上者不祥人家滅燭呼犬遣去秦中有之

希鳥十洲記曰崑崙銅柱下有回屋焉壁方丈上有鳥名曰希左翼覆東王公右翼覆西王母仙人食

其肉甚甘不仙者服之苦如醲水經注作希有鳥
即此是也
比翼其狀似鳧其色青赤一目一足一翼二鳥相得
乃飛張司空以為一青一赤在三隅山則是二鳥
異色者昔成周為王會巴人獻之與鸞鳳之屬俱
陳於庭後王德薄不能及遠此貢遂絕或云銜南
海丹泥巢於崑崙
細鳥漢元封五年勒畢國貢細鳥以方尺玉籠盛數
百頭大如蠅其狀如鸚鵡聲聞數里如黃鵠音武
帝得之放於宮內旬日間不知所止明年此鳥復
來集於帷幄之上或入衣袖因更名曰蟬鳥宮人
婕妤等皆悅之但有此鳥集於衣上者輙蒙愛幸
武帝末稍稍自死人尤愛其皮服其皮者多為男
子媚也
幽明錄曰楚文王時有人獻鷹俄而雲際有一物凝
翔鮮白鷹竦翮而升須臾羽墮如雪血下如雨有
大鳥墮地而翅廣數十里人莫能知時博物君子
曰此鵬雛也
鷙鳥部
鷹一名爽鳩正月鷹化為鳩秋則鳩化為鷹故鷹在
五鳩之數古語曰在北為鷹在南為鷂又鷹不擊
伏鶻不擊妊
鵰一名沸河似鷹而大其性健飛空中盤旋無細不
覩食麞鹿之屬又能翱翔水上扇魚令出沸波捉
而食之故名其毛能食諸鳥羽如羣草中有鵰毛
衆鳥毛羽自落地其大為鷙或云鷙黑色即皂鵰
也古今言隼未有的指其物者禽經云鳥之小而
鷙者皆曰隼大而鷙者皆曰鷹　蒐越集云胎生
卵生分羽毛二族余經上都過雕巢站站史指站
後山上一穴云往年曾有雕巢其中生三卵一為
雕一為犬一為蛇心竊異之而未信後於脫脫丞
相家見一犬坐客云此犬為雕巢所生則知向者
所聞不為異也
鶻冬取小禽煖爪掌旦則縱之視其所適之方是日
不於其方擊矣凡擊物遇懷胎者釋之故曰鶻不
擊妊
揚一名白鷹其狀似鷹其尾長而且白
鶡雀其形似雉而大其色青而有角同類被侵輙死
救之或云本作鴳音分或云鴳音分大而色青出
羌中鶡音曷色黑出上黨非鴳也鶡性鬬死不止

故用其尾飾武臣首云
荏雀其性好鬬每歲荏熟時則羣至食其實人捕之裒錢使決勝負閭里嘈觀至一雀直數千錢官司惡民蓄聚毋下令禁叱之
鶡鷄其形如鵲而短尾有人射之反啣矢射人
鴆其形似鷹長頸赤喙雄名運日雌名陰諧知巨石有蛇虫即為禹步以禁之石樹崩倒蛇虫無脫者昔有人見之歸學其步法其婦正織而機即倒蛇虫入口即爛溺著石石爛如泥或云屎石即變為雄黃及生金其毒犀角能解或云布谷鳥千歲為

鴆愈老則愈毒
鴟一名梟其性食母食母眼睛乃始能飛今人養之可以致衆鳥蓋衆鳥希見梟者纔見則聚觀之故易得也夜為惡聲所鳴地其民則有禍證肉甚美可為羹臛漢五月五日作梟羹以賜百官即此鳥也
鵩形小如雉體有文采不能遠飛行不出域周官氏掌覆夭鳥以丹書十日十二辰月歲十八宿之號懸其巢上則去之見之者亦不祥故賈誼作鵩鳥賦

余嘗問司鷹之職者賓赤言鷹之類甚衆唯角雕黃者以鷹名然角雕有二種一種兩脚有毛一種兩脚無毛名鷲鷹角鷹鶻有二種海東青名白鶻一種玉爪一種黑爪有鴉鶻有金眼牙鶻有兎鶻海東青與金眼牙鶻皆能以小擊大食天鵞鷺鵝之屬兎鶻食狸兎等獸鴉鶻食鴻鴈鵲鴉鴟鷺之屬鵰鷹角鷹食獐鹿等獸虎鷹能飛捕虎豹身大如牛翼廣二丈黃鷹食水鴨雉雞之屬鷂子食斑鳩鳴鴿鶉鵲之屬各隨其力以相吞噉其雄者小雌者大

鳩部

五鳩睢鳩氏司馬周南之睢鳩也祝鳩氏司徒鵻鳩也四牡嘉魚之鵻是也鳲鳩氏司空布穀也曹風之鳲鳩是也爽鳩氏司寇鷹也鶻鳩氏司事鶻鳩也即小斑鳩小宛之鳴鳩與食桑葚之鳩是也
睢鳩雕類江東呼之為鶚好在江渚間食魚摯而有別語曰睢鳩不再匹又曰交則雙翔別則立而異處故曰鷙鳥累百不如一鶚少皡氏以為司馬主法制義取摯而有別也
鳲鳩一名秸鞠一名搏黍又名布穀名郭公其形長

尾牝牡飛鳴翼相拂取其膺佩之宜夫婦又善養子有均一之德少皞氏以為司空取此不自為巢居鵲成巢詩曰維鵲有巢維鳩居之月令仲春化鳩其目猶鷹然不鷙摶也其呼不止故馮衍逐婦書云口如布穀言多聲也

鶻鳩一名鶻鵃一名鷽鳩其形短尾其色青黑亦多聲體本不能高飛詩云宛彼鳴鳩翰飛戾天惟勉強故也性嗜桑葚然過食則醉而傷詩云于嗟鳩兮無食桑葚刺淫佚也陸機云一名斑鳩蓋斑鳩項有繡文斑點鶻鳩青黑色機之言非也

十三

祝鳩一名鵻一名鷂鳩又名楚鳩名鶉鳩其色灰白其頭有贅鳥之拙者不能為巢今人辨其聲以為無屋云值天雨則逐其雌晴則呼之語曰天將雨鳩逐婦者是也然此鳥性孝故為司徒掌邦教性不噎故古賜老人杖上刻其形禽經曰拙者莫如鳩巧者莫如鸜又曰鶻巧而危鳩拙而安

雉部

雉其性耿介善鬪十步一啄百步一飲因地之墳衍以為疆界不相侵越一界之内要以一雄為長同宫士執雉取其交有時别有倫文明可為儀又守介不失節也亦有數種伊洛而南素質五采皆備曰翬江淮而南青質五采皆備曰鷂

鵕鸃一名鷩一名蟞蠖其形似山雞其冠背毛黃赤腹綠項以家雞鬬之則可擒其羽有光漢以飾侍中冠亦雉類也山海經云養之禳火

鸐雉之健者尾長六尺走而且鳴則其首尾舂如也故名

火鷄形大如鶴其色青其頸長有軟紅冠紅絹様二片生於頸中渾身如羊毛脚爪甚利好食火炭故名火鷄用棍朴擊莫能死出舊港國又有紫赤色者卵厚踰重錢或斑或白島夷採之以為飲器亦名火鷄能食火吐氣出满喇伽國

駝鷄其形如鶴長頸脚高三尺餘每脚只有二指毛如駱駝行亦如之單峰雙峰俱有人可騎坐亦有殺賣其肉者食菉豆等物出祖法兒國

鶉鷄其形似鶩其色金頂紅觜其肉味香脆柔美甲于水陸之鳥雖骨亦可嚙而啖之食品之珍奇也每來于三月三日以前而去必九月九日以前來則夜至羣飛之聲如雷去則不食諸物但於湖渚間溯沙而食欲其體輕便于高舉以避繒繳

十四

海鷄其形毛色如家鷄惟[illegible]類鷺爾
杉鷄其形黃冠青綬其性常依樹下
鴟鷄其形似鶴其色黃白
潮鷄一名林鷄其形似鷄而小潮至則鳴音如吹角
司夜鷄一名五更鷄其鳴聲應鼓節從夜至曉一更
為一聲五更為五聲
長鳴鷄其形高大鳴聲甚長終日啼號不絕邑州溪
洞有之
鬬鷄人私取狸膏塗其頭輒鬬無敵蓋鷄聞狸之氣
畏而走耳

四足鷄拾遺記云太初二年月氐貢雙鷄四足一[illegible]
鳴則俱鳴
遠飛鷄洞冥記云遠飛鷄夕則還依人曉則絕飛四
海外朝往夕還嘗啣桂實歸於南土北方無之
祝鷄南越志云鷄冠四關如蓮花鳴聲清徹　博物
志云祝鷄公有養鷄法今世人呼鷄云祝祝蓋始
於此
桑飛其形似鷄綠衣綉眼
玄鷄龍魚河圖云玄鷄白頭食之病人鷄有六指殺
人五色殺人

鷄或乙丙夜輒鳴者俗謂之盜啼云行且有赦蓋海
中星占云天鷄星動為有赦故魏北齊赦日皆設
金鷄揭於竿至今猶然亦曰盜啼為有火
家雞先鼓翼者二而後鳴雉鷄既鳴而後鼓翼者三
雉鷄雄者有冠煮熟仍紅家雞雄者亦有冠煮熟
則不紅此鷄雉之別也
鷳其形似雉而尾長說文以為即雉非也謝惠連雪
賦白鷳失素西京雜記越王獻高帝白鷳黑鷳各
一雙黑鷳今所罕見
鷓鴣其形似母雞常向日而飛夜飛則以樹葉覆其

背上畏霜故也其飛數逐月如正月一飛則止於
巢中不復起矣十二月則十二起最難採南人設
網取之　南越志云鷓鴣雖東西回翔然開翅之
始必先南翥亦胡馬北嘶之義也
天寶一名陳寶晉灼云其形鷄頭而人身列異傳陳
倉得異物以獻秦穆公不知其名道遇二童子云
此名為媼輒在地下食死人腦媼乃言曰彼二童
名陳寶得雄者王得雌者霸逐之化為雉繆公大
獵果獲其雌為立祠祭雷電交作雉止南陽有赤
光長十餘丈來入陳倉祠中故代俗謂之寶夫人

祠今陳倉縣東有石雞在山上葉縣屬南陽葉君
即雄雞之神
異獸部
麒麟其形牛尾鹿身前兩足高九尺餘後兩足高六尺餘首前昂後低其頸甚長擡頭可高一丈六尺餘有兩短肉角生耳邊其性能避患不妄食集惟食粟豆麵餅等物或云麒似麟而無角禮斗威儀云君乘金而王其政平麒麟在郊
象其形長鼻長牙望前如後其體具十二物肉惟鼻是其本肉膽不附肝隨月轉在諸肉上如正月建十七寅則在虎肉之類或食芻必再三整齊乃食能知道之虛實稍虛則不肯過故晋時帝行則以象車導引以試橋梁說文云象之大者為豫 或云象膽隨四時在其足鼠膽殺則有自死則無 安南鄧上舍說其祖初入朝時貢象牙筆金枕象筆者凡象齒之中悉是逐條縱攢於內用法煑軟牙逐條抽出之柔韌如線以織為席今橫截牙心有花紋即是縱時可抽
獅一名狻猊一名虓其色正黃項有長鬣尾端毛大如斗能食虎豹以其筋為琴弦一奏餘弦皆斷取一滴乳幷牛羊驢馬乳置一器中諸乳皆化為水以其尾為拂夏月蠅蚋不敢集或云蘇合香獅子糞也非是又有獅子雄者鬃尾如纓吼則聲從腹中出駝馬聞之怖溺
齧鐵形如水牛其色如漆其性食鐵糞可作兵器利勝于鋼
含利其形未詳其性吐金
貊其形似熊而小其色黑毛白臆以舌舐鐵即數十斤頃刻而盡
獇神異經云北方大荒中有獸咋人則疾名曰獇十八獇恙也嘗入人室屋黃帝殺之人無憂疾謂之無恙廣韻獇字下云獇獸如獅子食虎豹及人恙字下云憂也病也是獇恙二義神異經合而一之則誤矣
夔其形如牛一足無角其音如雷以其皮冒鼓聲聞數百里
窮奇其形如牛其色貍尾長曳地鉤爪鋸牙獬豸觸邪罔之人此獸食忠信之士逆邪人反捕禽獸飼之山海經云如虎有翼或云乃千歲蝟耳虎一名神狗也共工誣害盛德故以比之

檮杌其形如虎毫長三尺人面虎爪口牙高一丈八尺人或捕之獸鬪終不郤退惟死而已伯鯀傲很亡身故以比之

饕餮一名狍鴞其形人面羊身目在腋虎齒人爪音如嬰兒貪婪食人象在鼎鬲蓋鼎烹爨欲使貪食者以為戒也三苗飲食貪冒故以比之

草上飛番名昔雅鍋失其形似大犬渾身儼似玳瑁斑猫樣兩耳尖黑其性甚純若獅豹等猛獸見之即伏於地乃獸之王也

佛佛一名梟羊一名山都一名狒狒其形似獼猴人面而色紅黑身有毛大者長丈許行疾如風人釘其額任其奔馳候其死而擒之髮可為朱纓血可染衣能作人言鳥聲亦能食人宋建武中南蠻進佛佛雌雄二頭帝曰吾聞佛佛力負千斤何能致之對曰佛佛見人則笑笑則下人掩其額故可以釘之善知人生死飲其血使人見鬼帝命工圖之

十九

雙雙南海之外赤水之西流沙之東有三青獸相并名曰雙雙言體合為一也

猩猩其形似小兒其性好啼能言語血可染衣知人名人有取之者輒曰頭名某也并述其祖先名然最嗜酒故人必以酒誘取之

野婆其形黃髮椎髻跣足裸身儼然一嫗也其羣皆雌無偶上下山谷如飛猱然自腰以下有皮蓋膝每遇男子必負去求合嘗盜人子女復至其家窺伺之其家知為所盜大罵則挾以還之嘗為健夫所殺至死以手護腰間剖之得印方寸瑩若蒼玉字類符篆不可識蓋自然之文也出南丹州

黃丈鬼雷州治下有黃丈鬼出則為祟皆著黃衣至人家張口而吠必得疫

赤蝦其形如嬰兒而裸往往自藤蘿中攜手魚貫而下相挽不斷見人輒笑至地而滅土人呼為赤蝦亦無所怖香山深林中有之

二十

蜚獸其形如牛白首一目蛇尾行水則竭行草則枯見則國有兵疫

熊其形似豕其色黑山居冬蟄其膽春在首夏在腹秋在左足冬在右足餓則自舐其掌故掌獨美然烹之難熟當心有白脂如玉俗呼熊白春有冬無好舉木引氣為熊經抱朴子云熊壽五百歲能化

又淮南子云禹取塗山氏治洪水通轘轅山化為熊謂塗山氏云欲餉聞鼓聲乃來禹跳石誤中

敱塗山氏往見禹作熊慙而去至嵩高山化為石
禹曰歸我子石破北方而生啓然則禹亦常化熊
矣會稽之祭黀熊白殆為此也似不以鯀化故

羆其形似熊其色白文長頭高脚猛憨多力遇人則
攫虎亦畏之俗云熊羆眼直惡人横目亦有白在
心下其味麤

能其形似熊足似鹿強健多力故人謂有材者皆曰
能述異記謂堯殛鯀於羽山化為黄能入於羽泉
或云能水居曰能

駱駝博物志曰燉煌西渡流沙往外國濟沙千餘里
中無水時有伏流處人不能知駱駝知水脉過其
處輒停不行以足踏地人於所踏處掘之輒得水
異苑曰西域苟夷國山上有石駱駝腹下出水
以金鐵及手承之即便對過惟葫蘆盛者則得飲
之令人身體香而成仙其國神秘不可數過

二十一

馬部

馬八尺以上為駥亦為龍七尺以上為騋六尺以上
為馬赤馬黑鬣曰騮騮馬白腹曰騵黄馬黑喙曰
騧又曰馼後左足白曰馵後右足白曰驤馬目黄
黄又貴光而有紫艷若目小而多白則驚畏乃馬
之大病

馬牝驢牡所生為驫馬牡驢牝所生為駃騠

汗血馬其形長二丈鬣至膝尾委於地有肉角數寸
亦有解人語及知音舞與鼓節相應者日行千里
至日中而汗血乘者當以綿絮纏頭及腰腹以避
風病其國人不經也其血從前髆上小孔中出大
宛有之

唐咸通三年梛州馬生角則馬生角世亦有之

龍種馬其形有鱗有角牝馬有駒不敢同牧被引入
海不復出矣西海有之

二十二

吉強山海經云犬戎之國有文馬縞身目若黄金名
曰吉強乘之壽千歲

乘黄其狀如狐背上有角乘之壽二千歲白民之國
有之

山馬其形如鹿其色差黑有二角眼下復有二眼日
閉夜開以燭物

海馬其色赤黄相間高者可八九尺逸如飛龍山食
而宅海蓋龍種也東南島夷老於泛海者曾見之

驨其形如馬一角角如鹿茸所謂一角者騏即此是
也元康時九真郡曾獵得之今深山中人時或有

見之者
駮其形如馬其名一曰身黑尾一角鋸牙食虎豹擾而
駕之以當騆馬也山海經云其音如鼓可以禦兵
騊駼其狀如馬善走故馬之良者多假以為名昔周
時犬戎獻之
黑驢本朝劉馬太監於西番買一黑驢以進能日行
千里又善鬪虎上取虎城一牝虎與鬪一蹄而虎
斃又鬪一牡虎三蹄而斃後與獅鬪被獅折其脊
劉馬伏地
孫陽善相馬天上有一星名伯樂在天駟星之旁人

見孫陽識馬號之曰伯樂
東觀漢記王阜為益州太守神馬四出滇河中魏末
有神馬夜過官牧迹大如斗入河水中
風俗通曰馬一疋俗說相馬及君子與人相疋或曰
馬夜行目明照前四丈故曰一疋或曰度馬縱橫
適得一疋或云馬死賣得一疋帛或云春秋左氏
諸侯相贈乘馬束帛為疋與馬之相疋耳

牛部

犀其形如水牛其色黑大腹卑脚脚有三蹄三毛一
孔有三角一在頂上一在額上一在鼻上鼻上者
即食角也好食棘亦有一角老犀之通天者必惡
影常飲濁水當其溺時人趕不復移足角之理形
似百物式曰犀角通者是其病然其理有倒插正
插腰鼓插倒者一半已下通正者一半已上通腰
鼓者中斷不通故南人謂牙為白暗犀為黑暗言
難別也其取犀法先於山路多植木如狙杙云犀
前脚直常倚木而息木爛折則不能起故得之劉
孝標云犀絕愛其角墮角即自埋人以假角易之
海犀其形似野兕而額鼻有角與陸犀同所游止處
水為分裂夜則淵面白光熒熒此其異也扇夷以

是候之然竟無獲者遂為希世之物矣舊說溫嶠
燃犀照水神怪莫避即其角也
兕其形似牛其色青重千觔一角長三尺餘狀如馬
鞭柄其皮堅厚可制鎧或云即犀之牸者牯犀之
角能辟邪惡風熱寧心神故良於藥餌牸犀之角
文細膩斑白分明故美於服飾然分牯牸不是太
抵兕亦犀類或云兕青犀黑兕一角犀二角郭氏
又云犀亦有一角者但古人多言兕今人多言犀
北人多言兕南人多言犀此為異耳兕角善觸故
古人制兕觥以戒酒以其能觸人也

蒼兕水獸也其形一身九頭善覆舟師尚父渡孟津
以號其衆今速涉王克董有辨
犛牛其形腹下及肘皆有赤毛長尺餘而尾尤佳其
大如斗天子之車左纛常以此犀尾為之係之左騑
馬軛上
竹牛其形似牛其角甚長黃黑相間用以製弓極佳
尤且健勁西夏人常雜犀角以市焉
犩牛出巴中重千斤
犪牛肉重千斤山海經岷山多夔牛是也出蜀中
犤牛一名㹀牛又呼名果下牛出廣州
二十五
日及割取肉一二斤明日瘡愈漢人入國示之以為
珍異出大月氏漢人曰吾國有虫大如小指名曰
蠶食桑葉為人吐絲彼國亦不信有之
野牛其性甚很見人身穿青者必逐來抵觸而死出
占城
糖牛與蛇同穴嗜鹽里人以皮裹手塗鹽入穴探之
其角如玉取以為器
犦牛其形頂上有骨大如覆斗日行三百里爾雅注
云即犎也
花蹄牛其形高六尺尾環繞其身蹄端有肉蹄如蓮

花其色駁善走多力元封時大秦國以此牛入貢
帝使輦銅石以起望仙宮跡在石上皆如花形
封牛其形領上肉隆起有若封然因以名之一名犎
牛
六角牛周成王時東夷以此入貢
牛黃出林縣凡牛有黃者毛皮光澤睛色如血時鳴
吼而好照水人以盆水承之伺其將吐乃喝迫之
即墮水中如雞子黃大重疊可揭輕盈而香磨爪
甲上其色不落者佳
角端其形似牛龍足龜甲高數十丈其色青一角在
二十六
鼻上可作弓能曉四夷語李陵常以此弓十張遺
蘇武郭璞云似豬未詳孰是　或云其色黑按北
方壬癸水見則國家有水災
犛狐其形三角光瑩其色青按東方甲乙木見則國
家有災異
炎駒其形頂有魚鱗其色赤按南方丙丁火見則國
家有火災
素冥其形毛甚尖削其色白按西方庚辛金見則國
家有刀兵
羊部

羔者羊子總名五月生羔曰羜六月曰𦍩七月曰羍
一歲曰䍧牡三歲曰羝牝又曰牂羚即羝也夏羊
牝者為羖牡者為羭或以羖為牡羭為牝未知孰
是

乳羊出英州其地多仙茅羊食茅舉體悉化為肪不
復有血肉食之宜人

大尾羊其形尾大者重三斤小者一斤肉如熊白甚
美

龍種羊以羊臍種土中溉以水聞雷而生臍絲地中
及長驚以木臍斷便行嚙草至秋可食臍內復有

種西海有之

龍羊其形似羊而大其角緣上重八九兩黑質而白
文工以為帶胯可以亂犀吐蕃及威茂州俱有之

𪊟羊即羚羊其形似羊其色青其角長一二尺有節
如指極堅勁夜則懸角木上以防患語曰𪊟羊掛
角此之謂也今人用之以角有掛痕者良

解廌一名獬豸一名神羊其形似鹿而一角見人鬬
則觸不直者聞人言則觸不正者故今執法官服
之食廌草夏宿水澤冬宿松柏皋陶曾以此辨獄
鳳洲云獬豸者一角之羊也皋陶治獄其罪疑
者令觸之有罪則觸無罪則不觸即今所畫獬廌
也又云獬廌觸邪一名神羊窮奇逐妖一名神狗
自是的對

鹿部

鹿食則相呼群居則環其角外向以防物之害己舊
說鹿乃仙獸至六十年必懷瓊於角下角有斑痕
紫色如點行或有涎出於口不復能急走也　埤
雅云鹿戴玉而角斑魚懷珠而鱗紫有諸中則必
形諸外也　異苑曰鄱陽樂安彭曾射鹿一鹿兩
角間有道家七星符而其祖名字鄉居年月存焉

逐斷射獵

神鹿其形如巨豬高三尺許前半截甚黑後半截白
花毛純可愛四蹄如豬蹄腳有三路止食草木不
食腥

天祿其形似鹿長尾

辟邪其形似鹿長尾而二角

福鹿其形如騾其色白眉心細細青絛花起滿身至
四蹄絛間通如畫青花

麋其形似鹿而大其色青肉蹄多牝少牡性善奔而
害稼周官冬獻狼夏獻麋蓋冬物成之時狼殘物

之尤者夏稼生之時麋害稼之衆者鹿陽獸故夏
至得陰氣而角解麋陰獸故冬至得陽氣而角解
博物志曰千百爲羣掘食草根其處成泥名曰麋
田人隨此種稻不耕而穫數倍說文牝者爲麋牡
者爲麐　甲午秋弟病亟有以鹿角膠進者曰能
取驪龍頂上珠一醫工曰此助陽者獨麋角膠能
補陰世以膠爲藥者必陰陽二具合成也其言與
此卷同朱子曰麋鹿之大者不知何據今附之爲
療病者知所用云
麈其形似鹿而大其尾可用爲拂又能留紅色又以
二十九
拂氊氊不蠹今麋鹿類亦喜紅南人衣絳衣而舞
麋鹿輙注視不動因刺取之麈鹿皆聽命於麈故
字从主
麞一名麃一名麕其性極怯飲水見影輙奔粗暴人
食其心肝則膽便小語曰麃無魂即麞也
麂一名麔其形似麞而有角善食蛇虎所在必先鳴
以告鹿麢
麢狠其形似鹿兩角前向入林則挂角故恒在平淺
草中入林則得之皮可作履襪角可爲牀
荼首博物記云雲南郡出荼首其音爲蔡茂是兩頭

鹿名也永昌有之
飛廉其形鹿身頭如雀有角而蛇尾豹文神禽也能
致風氣　昔有於王敦城下得一銅甕中間鑄一
物如羊頭其身如篆文乃飛廉像也
虎部
虎其名不一黃者爲虎黑者爲虪性最猛白者爲虦
性最純方言虎陳魏宋楚之間謂之李父江淮南
楚之間謂之李耳故虎食物止耳以觸其名故也
夜視以一目放光一目看物獵人候而射之目光
墮地得之如白石或云即虎魄也二十三三日四層
三十
食牛之氣其不能搏噬者輙殺之爲墮武也彪一
名騶虞其色白或云五采畢具尾長于身不踐生
草食自死之物乘之日行千里或云黃是虎之幼
弱者黑適壯白則老矣未詳
星虎其形如虎而略大其毛異色亦有暗色花紋内
有變人入市者混人而行識者擒而殺之
飛虎其形如猫其色灰有肉翅如蝙蝠前足肉翅生
連後足能飛不遠人或有得者不服家食即死出
啞曾國
洗寃録云虎之咬人如猫之咬鼠初一至十五咬上

身十六至月終咬下身

豹一名程列子曰程生馬狼貪豹廉言其食有程度也淮南子曰蝟使虎申蛇令豹止物各有所制也有赤豹黑豹白豹

貘其形似熊象鼻犀目獅首豺髮牛尾小頭卑脚其色黑白食銅鐵及竹骨實無髓皮辟濕以為毯褥則消膜外之氣故字从莫舊云貘齒為兵可以切玉其溺又能消鐵為水圖經本草云黔蜀中有之土人山居鼎釜多為所食其齒骨極堅以刀釜椎鍛鐵皆碎落火亦不能燒人得之詐作佛牙佛骨以誑俚俗然未聞畢竟何物可制之也一云惟羚羊角擊之即碎

三十一

貔一名執夷一名白狐亦豹屬也

貙其形似虎五指獌獸言似貍或云貙虎屬能化為人惟尾不化須燒尾乃成人好著紫葛衣其足無踵

貪耳其形似虎而絕大不食生物遇虎則殺之周永昌中曾見於涪州

虎僕一名九節貍其文似豹性能緣木其毛可取以為筆皇甫嵩大隱賦射用牛紫書習抽虎僕即此是也

豕部

豕牝者曰豝生三子為豵二為獅一為特說文又以小豚為㲉生三月為猴六月為豵二歲能相把挐為豝三歲為豣四蹢皆白曰豥乃豕之尤躁者說文云牛羊曰肥豕曰腯豚曰腯肥蓋兼之也

豪豬一名帚豨自為牝牡身有棘刺

彙即蝟其形似鼠其色蒼白身有毛刺其性極鈍物少犯近則毛刺起如矢見鵲則仰腹受啄可治脾胃之疾雖小而能制虎

三十二

懶婦其形如山豬而小其性喜食禾田夫以機軸織紝之器掛田所則不復近廣右有之

魚獸名其形似豬其皮背上斑文腹下純青可為弓鞬矢服故曰魚服東海有之

猴部

猴楚人謂之沐猴或曰猴無脾故好行未嘗暫止以消食也猶象然

猨其形似猴而大其色雄者黑雌者黃雄者善啼啼數聲衆猨輒相和焉其音清亮其臂長通有又五月而生五毛音故人取其臂骨以為笛也性靜而

仁不貪食且多壽以臂長好引其氣也其居相愛
食相先行有列飲有序有難則内其柔弱者不踐
稼蔬山有小草木必環而行以遂其植猴悉反之
物類志猨性急腸狹聞類死聲鳴則腸俱斷而
死春秋膠東猿盛踐人禾稼楚昭王使養由基射
之遇于母猨中其子死母長鳴三聲五里之外諸
猨聞之俱死
金線猨大者難馴小者其母抱持不少置欲取者法
當先以藥矢斃其母母既中矢度不能自免則以
乳汁遍洒林葉間以飲其子然後墜地死乃人取

三十三

其母皮痛鞭之其子亟悲鳴而下束手就獲然每
夕必寢其母皮而後安不則不可育
狪其面如猴體大如驢善緣木皆雌無雄强奪男人
而三合之十月而生子蓋亦玃取女子之類也
果然其形似猴而大其色青身黑頰白面有髯體不
過三尺而尾長四尺餘鼻兩孔向天其毛長柔斑
十餘皮可得一褥麗好細厚可愛行則大者先小
者後有為人中者諸生者聚族而啼或拔死者箭
雖殺之不去也故人得一果然而數十果然可得
猶豫皆獸名猶猨類即犹也豫是狐類聞聲則登木

上下不一
蜼狖也亦猨類其色黃黑尾長數尺似獺尾末有歧
鼻露向上雨則自掛於木以尾塞鼻或以兩指江
東人亦取養之
獑猢形似猨頭上有髮腰以後黑或云即猴之老者
其四足短一騰一百五十步迅如鳥飛出叙州府
猳玃一名猳貜一名馬化其形似獼猴其色蒼黑長
七尺能人行健步同行婦人有美者盜之博物志
載其事甚詳
蒙貴一名烏圓其狀如猫而大其色紫黑善捕鼠

三十四

甚於猫酉陽雜俎云猫目睛旦暮圓及午豎斂如
綫其鼻端常冷唯夏至一日暖一名蒙貴一名烏
圓故古今詩人咏猫者多用蒙貴字按爾雅及一
統志安南國土產内所載則蒙貴自蒙貴非猫也
雜俎誤矣　猫經捕鼠之後則耳有缺如鋸若虎
食人而鋸耳也洗面過耳則有客至亦能知虎蓋
地卜食
兔部
兔口有缺吐而生子故曰兔其形前昂後低行則跳
走或云兔皆雌惟月中顧兔為雄故兔視月感兔

而孕每八月望夜山林中兔千百延首曰景中月明則一歲兔多暗則兔少是也論衡云兔舐雄毛而孕古樂府云雄兔脚撲朔雌兔眼迷離二獸逐地走安能知我是雄雌言其雌雄難辨非有雌而無雄也又有孕環之兔懷於左腋毛有五采至百五十年當轉環於腦能隱形人不復見矣　抱朴子曰和兔丹法以兔血和丹與蜜蒸之百日服之如梧子者二丸一百日有神女二人來侍可役使也

飛兔山海經曰天池山有獸如兔鼠首以其背飛毛能飛故名

契兔其形似兔但前足纔寸許後足幾一尺行則用後足跳一躍數尺止則蹶然仆地契丹慶州有之

歷其形鼠前兔後常為邛邛岠虛齧甘草即有難邛邛岠虛負之走故號比肩獸或云亦能與同類相負共行邛邛青獸狀如馬岠虛似騾而小或云似鼠岠虛負而走則是以邛邛為歷者非是郭璞曰岠虛即邛邛變文互言耳

拾遺記曰昆吾山有獸大如兔毛雄如金雌如銀食丹石銅鐵昔昆吾庫兵鐵食盡檢庫穴得二兔一白一黃殺之開其腹而有鐵膽腎乃鑄為劒雄號干將雌號莫邪可以切玉斷犀

犬部

兩首犬首多者上不一也唐神功初安國以此犬入獻

鷹背狗其形似狗但耳尾上多毛羽數根乃鷹所產者壯方凡鷹作巢所在官司必令人窺巢探卵較其多寡如一巢而三卵者置卒守護日覘視之及其成鷇一乃狗耳田獵之際鷹則戾天狗則走陸所逐同至名曰鷹背狗

狗國人身狗首長毛不衣手搏猛獸語為犬嘷其妻皆人能漢語生男為狗女為人自相婚嫁穴居食生而妻女仍食熟嘗有中國人至其國其妻憐之使逃歸與其筯十餘隻教其每走十餘里遺一筯狗夫追之見其家物必啣而歸則不能追矣

蟨其形似狗多力獷惡出大秦國

木狗其形如鬼車能登木其皮可為衣褥能運動人身氣血昔閩始皇有足疾取其皮為袴而愈故人貴之

海狗其形如狐脚高如犬大乃如猫其色純黃走如

飛嘗羣遊沓風沙中遥見船行則沒海漁人以技
獲之蓋利其腎也醫工以為即膃肭臍云按本草
膃肭出西戎豕首魚尾而二足圖經云黃毛三莖
一竅恐別種也
雜五行書曰犬生四子取黃子養之生五子取青子
養之六子取赤子養之七子取黑子養之八子取
白子養之白犬烏頭令人得財白犬黑尾令人世
世乘車黑犬白耳犬王畜之富貴黑犬白前二足
宜子孫黃犬白尾令世世衣冠
述征記曰彭城東岸有一丘俗謂之狗葬或云沂乃 三十七
徐偃王葬后倉者也未詳古徐國宮人娠而生卵
棄之水濱有狗名后倉啣而歸俄而成人遂為徐
之嗣君純筋無骨曰偃王躬行仁義衆附之得朱
弓朱矢之瑞周穆王命楚滅之后倉將死生角尾
實黃龍也
尹文子曰康衢長者字僮曰善搏字犬曰善噬賓客
不過其門三年長者怪而問之以實對於是改之
賓客復往

狐部

狐有三德其色中和小前大後死則首丘狐性好疑
貉性好睡貍性好擬度故狐貍渡氷必聽氷下水
無聲乃行人看氷上有狐貍迹則可渡又狐所在
烏輙羣而噪之蓋皆妖祥之禽故也性甚媚故人
用肉誘其涎以為媚藥九尾狐文王得之東夷歸
焉
貍一名伏獸其性好伏故也里人所居者貍穴而居
焉故名貍其色黃黑彬彬蓋次於豹故曰文貍其
博物輙為小步以擬度焉其搏必獲謂之貍步論
衡曰小盜貍步鼠竊是也
玉面貍一名風貍止食山果而乘風過枝甚捷味獨 三十八
勝於他貍宜糟食尤佳桂海虞衡志云風貍食蜘
蛛晝則拳曲如蝟遇風則飛行空中其溺及乳汁
主大風疾奇効或即玉面貍也
類一名香髦其形如貍而有髦其文如豹自為牡牝
大理有之
貉亦狐屬與貛同穴而異處故字从各其子為貊其
雌者為貌或曰貉踰汶而死貛之出穴以貉為導
故詩曰一之日于貉取彼狐貍為公子裘言往祭
貉因取狐貍皮為裘也爾雅以貛為狼之牡者貛
一名貒

獺其形似狐而小其色青黑其性飲酒即氀水居食魚其祭魚四方陳之性嗜鯔乃不避死又知水之高下其肝一月一葉則十二葉　或云獺一歲二祭亦知報本反始非無賴者故字从賴

獱一名猵其形如獺亦食魚

鱗鯉一名川山甲其形似獺其鱗若鯉故名居土穴中

山獺世傳補助奇僻之品有所謂山獺者以少許磨酒飲之立驗然本草醫方皆不載止見桂海虞衡志獺性滛毒山中有此物凡牝獸悉避去獺無偶其骨能解箭毒殺死者功力劣抱木枯死者土人自稀得周子功嘗使大理經南丹州即此物所産之地其土人號之曰插翹一枚值黄金數兩私貨出界者罪至死方春時滛女數千歌嘯山谷以尋藥挑菜為事獺或聞婦人氣必躍升其身次骨而入牢不可脫因扼殺而藏之土人驗之之法每令婦人摩手極熱取置掌心以氣呵之即趯然而動蓋為陰氣所感故耳人得其一則立可致富中州多僞以猴胎鼠璞為之

豺其形似狗而長尾遇狗則拜虎特畏之豺食虎人食豺其肉損人又作聲向人不祥　字說曰豺亦獸也乃能獲獸又知以時祭可謂才矣故字从才

狼其色青其腸直故作聲諸竅皆沸古烽火用狼糞取其烟直不散其筋多撓之可以辨盜又遠逐食必先倒立以卜所向獵師遇狼輙喜以狼之所向獸之所聚也野狼眼在背上能食諸獸邵慶有之

唐武宗四年官市郎巾有疑為狼筋者有老僧云貧道昔曾以一千於胡賈市得三枚狀如巨蛹兩頭光帶黄色涇帥段祐宅失銀器十餘集奴婢環庭炙之虫慓動有一女奴臉唇瞤動乃竊器者

犴亦狼屬或謂狐與犬合所生或云犴乃胡犬能食虎豹獅子令獄中所畫獸首是其象故獄名狴犴

雅餘卷之四終

豫章羅曰褧尚之父編次

龍 [illegible]九之數九陽也故易乾以龍御天
龍[illegible]雄鳴上風雌鳴下風而風化有鱗
曰蛟龍有翼曰應龍有角曰虯龍　瑞應圖曰王
者不漉池而漁則龍應和氣而游於池沼　吳指
揮萬氏望言其祖在鹽波衛弘治間倭登岸乘
舟哨海夜半見二紅燈漾空而來以為倭船也遂
彎弓射中其燈不知乃龍睛也頃刻波濤洶湧出

海軍舟俱沒焉至今逢此曰則海中惡風大作紅
燈止見其一土人因知此龍記時況之所至也出
殊域周咨錄　山海經曰鍾山之神名曰燭龍視
為晝瞑為夜身長三千里　唐吳郡漁人張胡子
嘗於太湖中釣得一巨魚腹上有丹書字曰九登
龍門山三飲太湖水畢竟不成龍命負張胡子
博物志曰龍肉以醢漬之則文章生

蛟 山海經曰蛟其形似龍蛇而小頭細頸頸有白癭
大者十數圍卵生子如三斛甕能吞人

海魚部

鯨 魚其形大者長數千里小者數千丈一生數萬子
常以五月六月就岸生子七月八月導從其子還
大海中鼓浪成雷噴沫成雨水族驚畏莫敢近其
雌曰鯢大者亦長千里目即明月珠也

鯢 拾遺記曰黑河北極也其水濃黑不流上雲生焉
有黑鯢魚長千尺如鯨常飛往南海或蕩而失所
死於南海之濱肉骨皆消惟膽沾石上仙藥也

鱷 魚其狀如鼉有四足喙長六七尺體長二丈餘兩
邊有齒利如刀劍常食魚遇得麞鹿及人亦噉能
陸追牛馬水中覆舟殺人値網則不敢觸人得之

者斷其首乾之去其齒旬日而更生音三其一孕
生卵數百於陸地如鷲卵有黃白可食及其成形
則有鮀有龜有鼈有魚有鼉有為蛟者凡十數類
及其被人搏取宰殺之其靈能為雷電風雨此殆
神物龍類自蒼梧以南及外國皆有之其尾極長
遇物則以尾卷之即飽浮出水上若醉生子無沙
上乳之

鰌 魚其形長數千里穴居海底魚入穴則潮上出則
潮退出入有節故潮水有期

海 鰍淳熙五年八月出於寧海縣鐵場港乘潮而上

形長十餘丈皮黑如牛揚鬐鼓鬣噴水至半空皆成烟霧人疑其龍也潮退閣泥中不能動但瞎唅唅然視人兩日死識者呼爲海鰍斧其肉煎爲油以其脊骨作臼自是海濵人多患疫焉

海鰌其形長者亘百餘里牡蠣聚族其背曠歲之積崇十許丈鰌負以游鰌背平水即牡蠣嵂屼水面如山矣船倖遇之如當其首輙震以銃炮鰌驚徐徐而没猶漩渦數里船顛頓久之乃定人始有更生之賀

摩竭魚口可容舟故曰吞舟之魚其名曰摩竭

雜餘　卷之五　三

海州有人持一束黑物形如竹篾其人云海魚腮中毛可作屏風貼色似水牛角頭似猪鬃長三四寸廣可一寸

鰲魚唐裴伷開元七年都督廣州仲秋夜漏未艾忽然天曉星月皆没而禽鳥飛鳴矣舉郡驚異之未能諭然已晝矣裴公於是衣冠而出軍府將吏則已集門矣遽召參佐洎賓客至則皆異之但謂衆惑固非中夜而曉卽詢挈壺氏乃曰常夜三更尚未也裴公因測其晲因留賓客於廳事共須日之升良久天色昏暗夜景如初官吏則執燭而歸矣

詰旦裴公大集軍府詢訪其說而無能辯者裴因命使四訪闔界皆然卽令北訪湘嶺之北則無斯事數月之後有商船自遠南至因謂郡人云我八月十一日夜舟行忽遇巨鰲出海舉首北向而雙目若日照耀千里毫末皆見久之復没夜色依然徵其時則裴公集賓寮之夕也

番車魚海槎秋晚巡行昌化屬邑俄海洋煙水騰沸競往觀之有二大魚游戲水面各頭下尾上決起烟波中約長數丈餘離而復合者數四每一躍跳聲震里許餘怪而詢于土人曰此番車魚也間歲

雜餘　卷之三　四

一至此亦交感生育之意耳今中州藥肆懸大魚骨如杵臼者乃其脊骨也

奔浮一名瀏其形非魚非蛟大如船長二三丈有兩乳在腹下雄雌陰陽類人聲如嬰兒啼頂上有孔通頭氣出嚇嚇作聲必大風行舟者以爲候相傳嬾婦所化殺一頭得膏三四斛取之燒燈照讀書紡績輙暗照懽樂之處則明

文魮其形鳥頭魚尾其鳴如磬

丹魚割其肉以塗足下則可步履水上

鰃魚其形如指長七八寸但有脊骨曝作燭極有光

明

魺魚一名琵琶魚形似琵琶而喜鳴𢩅名凡海魚千
歲則變成此魚也
鮫魚一名沙魚其狀似鼈而無足皮有珠文可以飾
刀其子驚則入母腹中俗呼其子為河伯健兒以
其甚健網不能制故也鮫味甚美其有橫骨在鼻
者名鐇䱜一名胡沙
䱜魚其子朝出索食暮入母腹暮從臍入旦從口出
也
井魚其腦有穴每翕水輙於腦穴蹙出如飛泉散落

海中舟人競以空器貯之海水鹹苦經魚腦穴出
反淡如泉水焉
緋魚其色如緋今按海上有一種紅桃魚全緋又一
種新婦魚近緋不知何指
鶒鬣魚其鬣剛如棘故名又其鬃赤亦名赤鬃其味
豐在首首味豐在眼俑人多用葱酒蒸之以為珍
味十月此魚得食正月以後則不可食
人面魚其形人面魚身先朝有使海外者其國宴饗
之際以朱盤進炙魚甚巨置諸席上使者舉筯徑
取雙目啗之卽今撤去蓋此名人面其味在目其

毒在身於是國王再拜稱其贍博其物產之當識
有如此者
海人魚其形如人眉目口鼻手爪頭無不具足其皮
肉白如玉無鱗有細毛五色輕軟長一二寸髮如
馬尾長五六尺體亦長五六尺陰形與丈夫女子
無異臨海鰥寡多取得養之於池沼交合之際與
人無異亦不傷人
海螢師其形魚身虎首亦有虎文有短足在首指爪
皆虎長八九尺視人輙洟下昇至郡中數日方死
鹿子魚其色頳其尾鬣皆有鹿斑赤黃色南海之中

有洲每春夏此魚跳出洲化而為鹿曾有人一松魚
頭已化鹿尾猶是魚其肉腥不堪食
牛魚其形如牛海人採捕剝其皮懸之潮水至則尾
起潮水落則尾伏
文鰩魚一名飛魚其形如鯉魚身鳥翼翅與尾齊蒼
文白首赤喙群飛水上海人候之當有大風雨雅
翼云其音如鸞見則大穰
鯢魚其形如鮎四足長尾能上樹天旱輙含水上山
以草葉覆身大張其口鳥來飲水輙吸食之聲如
小兒峽中人食之先縛於樹鞭之身上白汁出盡

方可食不爾有毒

鮚其形魚身犬首音如嬰兒食之已狂

何羅魚其形一首而十身其音如犬吠食之已癰

建同魚其形四足無鱗其鼻如象吸水上噴高五六
文

方頭魚其形似棘鬣而頭方其味美或曰方頰作芳
言其頭味芳香也

石首魚一名鯼其形首中有石如棊子小者名踏水
大者名春來初出水能鳴吳地志曰石首魚至秋
化為冠鳧首中猶有石也人取之用鹽醃製乾曰

白鯗　委宛編云志稱婁縣石首魚化為烏羅州
魚化為鹿吾妻人今不聞化二名亦不聞

鯔魚一名烏鯽其形似鯉生淺海中食泥身圓口小
骨軟肉細其子味更佳

墨魚其形如算囊口旁兩鬚若帶而長風波稍急以
鬚粘石為纜其腹有墨吳人以此書券踰年則為
白紙矣又能噀墨溷水以自衛使水匿不為人所
害然羣行水中人見墨水至輒下笱羅而得之有
骨厚三四分形如樗蒲子而長輕脆如通草可刻
名海螵蛸可入藥性嗜烏常仰浮水面以餌烏烏
來啄輒以鬚裹其足沉諸水而食之故又名烏賊
其墨能已心痛海人云秦王東遊棄算囊於海化
為此魚又月令寒烏入水化為烏鰂或云鷃烏似
鶂此魚乃其所化也故其口足目尚相似

宋書明帝嗜蜜漬鱁鮧以銀鉢盛之一食至數鉢不
知鱁鮧為何物覽一小說云烏鰂腸也後得齊民
要術作鱁鮧法取石首鯊魚鯔魚三種腸肚胞齊
淨洗空著白鹽令小倚緘內器中密封置日中夏
二十日春秋五十日冬百日乃好熟時下薑酢等
其說則漢武帝逐夷至海濱聞有香氣而不見物

令人推求乃是漁父造魚腸於坑中取而食之以
為滋味此恐非也至於造鱁鮧法則詳矣烏鰂之
說實未可曉出委宛編

鵝毛脡其形如針一觔千頭其味純美恩州有之
東海集鵝毛魚不用網罟夜二人乘一小艇張燈
艇中魚見燈光輒上艇須臾而盈多則滅燈否則
艇不能勝矣

鼠鮎善食鼠每揭尾沙際以紿鼠鼠見之以為彼旦
失水矣銜其尾將食之鮎倏轉首屬齒撮鼠入水
以去猿藉其肉羣蝦皆食之

戴帽魚其形銳首無鱗有骨若揷箭然味似河豚安
南有之
鱟形如覆斗其大如車其色青褐十二足長五六寸
尾長二三尺其殼堅硬腰間橫文一線軟可屈摺
每一屈一行尾尖硬有刺能觸傷人口足皆在覆
斗之下每行必雌負雄雌去雄死腹中有子如粟
土人以爲醢埤雅云狀如便面昔眼眼在背上口
在腹下其血碧殼上有物如角甞偃高七八寸性
畏蚊螫之輒斃日中無恙以隙光射之即死或云
雄大雌小置水中雄浮雌沉

海鯊其形虎頭鯊體黑紋鼈足巨者餘二百斤嘗以
春晦陟於海山之麓旬日而化爲虎惟四足難化
經月乃成矣或曰虎紋直而疎且長者鯊化也炳
炳成章者常虎也

江湖魚部

鯉諸魚之主能神變又不相食易長壽有至千歲者
其爲鮓不可合小豆藿食害人又發諸瘡　抱朴
子言用礬一把內活鯉口與無藥魚俱投沸湯中
其啣藥者浮戲瀺灂不死無藥者即就糜爛甘始
對曹植亦曾言之但用海外他藥非礬石也

黃臘魚一名橫魚其形頭觜皆長鱗皆金色鬻爲炙
雖美而毒或煎燂乾夜即有光如籠燭
淫魚形似鬲有鬚而無鱗頭身相半其長丈餘鼻正
白身正黑口在頷下性喜音聞樂作則出頭水上
聽之淮南子曰瓠巴鼓瑟而淫魚出聽即此是也
鱣一名黃魚其形大如五斗奩長丈餘口在頷下其
鼻頰骨其肉黃可以作鮓而骨更佳
鮪其形似鱣其色青黑頭小而尖似鐵兜鍪其口寸
在頷下甲可以磨薑大者不過七八尺肉色白味
不如鱣

妾其狀如人有翼臍下有帶長三尺白如練光彩煥
爛人雖見而不能取其游必以三一先二後如妾
之隨妻也
潛牛其形似魚能上岸與牛鬬角軟還入水堅則復
出
鰼其形如鵲而十翼捕之可以禦火
鬬魚一名花魚其大如指長二三寸身有花文紅綠
相間尾鮮紅有黃點善鬬兒童輩多盆養之每鬬
相持不舍久之勝負乃決負者躍而遊顏色衰謝
勝者洋洋自得顏色充如也

雞嘴魚其形有兩足嘴似雞身體如魚李德裕曾於
明州見之
鯢一名嗔魚一名河豚其形腹下白背上青黑有黃
文眼能開閉觸物輒嗔腹張如鞠浮於水上味至
美其肝與子有大毒食之殺人其腹無膽頭無腮
故肝最毒甚於野葛惟橄欖木魚茗木解之獨眼
者尤毒腹多刺去其頭尾取其身白肉用橄欖甘
蔗煮之橄欖以解魚毒甘蔗以驗其有毒也又一
種名白河豚一名鯢魚其狀相類無毒一名鯸鮐
狀如科斗其出有時率以冬至後來每三頭相從

號爲一部諺云得一部典一禮言烹和所用多也
鯧鯸一名鰣魚其形身扁而銳狀若鰣刀身有兩斜
角尾如燕尾細鱗如粟骨軟肉白其味甘美春晚
最肥俗呼娼魚以其與諸魚羣故名
鯯魚其身多鯁長五六寸味極肥腴以糟浥之可作
湯
吹沙魚一名鯊鮀其形大如指狹圓而長有黑點俗
呼爲新婦臂其味極甘常開口吹沙故名每以正
月來甚多魚之最先至者次則鯉矣夏則隨水而
下亦於沙中乳子背上有刺螫人其唇特厚故俗

又呼重唇
青鱗冬月肥美海錯之佳者
比目魚其形細鱗而身扁若半片然止一目狀比鰨
鯸而小曝乾可以致遠其魚不比不行
王餘魚形圓如筯潔白無鱗但目兩點黑耳博物志
云吳王食鱠未盡棄其餘於中流化爲此魚故名
鱒一名鮅俗名赤眼鱒極難取性食螺蚌多獨行或
二三相從見網則遁
箭魚一名鰣魚海中出者最大甘肥異常腹下細骨
如箭鏃味甘在皮鱗之交

鮆魚一名刀魚其形長頭狹薄腹背如刀刃故名說
文云飲而不食子多而肥夏初曝乾可以致遠
江湖鮆皆有子海鮆無子河魨大斑魚小形皆美
甘有客戲謂海鮆爲江湖二鮆婦班魚爲河魨孫
謔而有理
青魚其形似鯉而背青色其頭中骨煮之可以製琵
濟源有之
鉤魚其形似鱵身少扁其唇甚長齒下數寸味皆在
此故俗有喫著鉤魚唇不惜老婆裩之語
竹魚其色如竹青翠可愛味亦佳

望魚其形側如刀可以刳草豫章有之
嘉魚其形如小鱒魚多脂煎不假油蜀中丙穴有之
鰻鱺其形似鱔無鱗白腹煑之其烟氣可以辟蠹
抱石魚其形背偃而腹平其大如指常貼於石上土
人取之爲腊春夏孕子數千百雛自食之殆盡止
留二子
鰊魚其形背鱗黑而膚理似玉蜀人以之爲膾其味
甚美
沙緑魚其形如鯔大不過五寸生隈瀨中其味甚美
麥魚其形鋭小似麥可變東流縣四十里上洪潭出

遡流至石人瀨下形漸大越此則化蜻蜓飛去里
人最珍之
油魚冗在雲龍州南二十里中秋則魚肥長僅二三
寸十月望則絶
龍王兵出普河魚池在趙州東北五里池中多魚人
不敢捕云龍王兵也
鰷一名鮂一名參魚其形長而白故曰白鰷曰白鯈
江東呼爲鮂去其腸作鮝爲參魚鮝山海經云鯈
已憂
鱖其形巨口細鱗鬐鬣皆具黄質黑章皮厚而緊特
異常魚夏熱特藏石罅人因取之斑文鮮明者雄
稍晦昧者雌漁者置一雄於谿畔群雌來齧不捨
因得十數尾或云此魚獨有肚能嚼
鯱一名鮀一名鮎魚一名鯷魚其形身滑無鱗輒出
口啣葉而登於竹上大抵能登高其有水堰處輒
自下騰或曰口腹俱大者名鱯背青口小者名鮎
背黄腹白者名鮠卽白河豚也
鱓一名鮔其形無鱗或云是茯苓根及人髮所化然
亦有子生者性好睡今鬻者必置鰌其中使之動
撓不然則睡死矣

鰌一名鰼與他魚爲北壯善擾故養魚以鰌制其特
也或謂之津蝦謂之籠鰲謂之彩蛇惟畜於流水
入江則不活
鮒一名鯽孟詵云是稷米化之故其腹中尚有米色
味甚美吳人以菰爲羹以鯉鯽爲膾謂之金羹玉
膾性耐寒亦旅行吹沫如星有鰤魚狀同而味殊
但寬大者是鯽背高腹狹小者是鰤
鱊鯞其形似鯽而小黑色今謂之旁皮鯽亦名妾魚
蓋其行一頭在前兩頭從之若妾之狀然非前之
妾魚也

鱧一名鰹一名文魚其形首長斑有七點作北斗之象夜則仰首向北而拱焉諸魚中惟此魚膽甘可食有舌鱗細有花文今道家忌之以為厭以其首戴北斗也故有天厭鴈地厭犬人厭鱧之說皆禁不食又蜈蚣蠵蛇所化然亦有相生者至難死猶有蛇性故人多畏焉

魴一名魾一名鯿蓋弱魚也詩云魴魚赬尾以譬君子勞於王事養生經曰魚勞則尾赤人勞則髮白蓋魴闊而肥不耐勞故尾赤爾

鱮一名鱅一名鰱性亦旅行故字从與从連味不美

故字又从庸失水即死里語曰網魚得鱮不如啖茹賤之也

蟹其類甚多蝤蛑長尺餘能與虎鬭擁劍一螯小一螯大以大者鬭小者食彭蜞有毛海人食之招潮白殼見潮欲來則出穴舉螯迎之紹朴黑斑文以大螯障日小螯食沙狗壞沙為穴見人則走不可得蘆虎兩螯色正赤不可食數丸取土作丸滿三百而潮至皆南海之物也秋冬之交稻熟時必自海入江後復入海或云持稻以輸海神今腹內八月有芒長寸許者此稻芒也開腹中猶有海水又

其雄曰狼螘雌曰博帶閑精上有孔其中有子有泥食之殺人本草以蟹性敗漆燒之致鼠人以旱炭半挺置蟹中可以藏之經歲 近世有波斯胡云乘舶泛海往天竺國者已六七度其最後舶漂入大海不知幾千里至一海島中見胡人衣草葉懼而問之胡云昔與同行侶數十人漂沒唯已隨流得至於此因爾採木實草根食之得以不死其衆哀焉遂舶載之胡乃說島上大山悉是車渠瑪瑙玻瓈等諸寶不可勝數舟人莫不棄已賤貨取之既滿船胡令速發山神若至必當懷惜於是隨

風挂帆行可四十餘里遥見峯上有赤物如蛇形久之漸大胡云此山神惜寶來逐我也為之奈何舟人莫不戰懼俄見兩山從海中出高數百丈胡喜曰此兩山者大蟹螯也其蟹常好與山神鬭神多不勝今螯出無憂矣大蛇尋至蟹許盤鬭良久蟹夾蛇頭死於水上如連山船人因是得濟

百足蟹其形長九尺四螯煎為膠謂螯膠勝鳳喙膠也

結其形長一寸廣二寸腹中有蟹子如榆莢時出取食復入殼中一名璅結江賦曰璅結腹蟹水母目

蝦物相為用何必齧甘之獸迷望之氏子或謂此為蟡奴未詳段成式言寄居虫有附螺者或云有似蜘蛛入螺殼中負螺而走亦呼寄居

介部

龜其類多爾雅一曰神龜二曰靈龜三曰攝龜四曰寶龜五曰文龜六曰筮龜七曰山龜八曰澤龜九曰水龜十曰火龜

神龜其形五色龜之最神者甲虫三百六十而神龜為之長其千歲者頭上兩骨起似角解人言浮出蓮葉之上或在叢蓍之下

靈龜一名奏龜亦名蠵蠵其甲有文似瑇瑁而差薄可以為卜涪陵有之

攝龜一名蟕龜一名來蛇龜好食蛇故亦謂之呷蛇龜江東呼為陵龜其形小或言乃蛇所化故頭尾似蛇俗呼鴦龜即此

寶龜傳國者所寶

文龜其形甲有文彩者河圖曰靈龜負書丹甲青文

筮龜常在蓍叢下者龜策傳曰青滿百莖其下必有神龜守之

火龜蓋生於火者亦猶火山國所出火鼠是也

能言龜元封三年敦遁國獻能言龜一頭長一尺二寸盛以青玉匣廣一尺九寸匣上豁一孔以通氣東方朔曰唯承桂露以飲之置於通風之臺三歲往卜命朔而問焉言無不中

金龜子俗呼紅娘五六月生蔓草上大於榆莢如帖金然行則成雙飛則金色隨滅亦有具五色者外方作下氣強陰之用收以養粉與粉相宜

龜溺醫家謂之石腦油最難得惟以鑑照之龜見影則夫淫急以荷葉承之又法以紙炷火上焫熱以點其尾亦致失溺

南人取龜置室西北隅懸之以入浮山大林中一不惡昏龜解其肌肉惟腸連其頭經日不死猶能齧物鳥往食之則為所得漁者或以張鳥

鼈一名神守水居陸生其聽以目淮南子鼈三足者曰能龜三足者曰賁食之殺人骨肉皆化為水

黿以鼈為雄故曰黿鳴鼈應淮南子曰燒黿致鼈蓋以類求之或云其脂得火可以然鐵卵大如雞鴨子一產三百枚

鼉一名土龍其形似守宮而大鱗甲黑色能橫飛不能上騰其聲如鼓又性好睡目瞑常閉經雖充耳

鳴應更具十二少肉蛇肉最後在尾作枕瑩淨魚
枕帶如皮中冒鼓其老者多能爲鬼力首健善吹
詩曰鼉鼓逢逢非特有取於皮亦以其鼓聲逢逢
然爲象鼉之鳴故謂之鼉鼓

海物部

蚌蜃蠣之類無陰陽牝牡皆雀蛤所化蚌懷珠若懷
妊故謂之珠胎相傳合浦海底有處所如城郭大
蚌居其中有怪物守之不可近蚌之細碎延外者
始得而採

蜃其形似螭龍有耳有角背鬣皆紅腰以下鱗盡逆

噓氣成樓臺望之隱然如在雲霧周禮天官薦蜃
其肉可以薦殼可以飾器灰可闉壙飾墻壁其中
有珠又取其脂和蠟爲燭香聞百步煙出盡成樓
臺之象今登州海中成海市者是蛟蜃氣也或云
蛇與雉交則生蜃珧卽小蚌也可飾佩刀削今廣
州東南道極多人取以摩作碁子繭之

鸚鵡螺其形似鳥故名常脫而遊朝出則有虫狀如
蜘蛛入其中夕還則此虫出或火炙乃出名曰寄
居虫

蛤其種有三皆生於海蛤蠣千歲鳥所化也海蛤百
歲燕所化也魁蛤一名復累老伏翼所化其類開
口聞雷鳴不復閉口　[illegible]丁魁蛤之子也　石蜐
亦蛤蚌類也春而發華有足翼者

蛤蜊候風雨能以殼爲翅飛

車螯殼厚亦蛤類生海中殼可制奇器

蠣房其形如馳蹄又如拳附巖石生磈礧相連如房
故名道家以左顧者是雄故名牡蠣右顧則牝蠣
一名蠔山初生才如拳石四面漸長有一二丈巖
如山每房內有蠔肉一塊亦有柱肉之大小隨房
廣狹每潮來則諸房皆開有小蟲入則合以充腹

海鏡一名膏藥盤其形二殼相合外圓而甲甚瑩潔
中有紅蟹子餓則蟹出拾食蟹歸腹則海鏡亦飽

章巨一名章舉其大者名石拒居石穴或取之能以
脚粘石拒人故名其形如大蒜袋八足長二三尺
足上如釘每釘有竅或云能就淺水佯死鳥信而
啄之則舉其足以取蟹尤若其釘又別一種小者
生海塗中名望潮身一二寸足倍之土人呼塗蟢
又一種曰鎖管脚短而無釘

江瑤柱揚升菴云江瑤柱海月也王鳳洲云卽瓦壠
子稍大者也上如蚌而稍大中肉腥不中食僅四

肉牙佳爾長可寸許員半之白如珂雪以嫩雞汁
熟過之一沸卽起稍久則味盡矣甘鮮脆美不可
名狀今海味不重江瑶柱實少故耳閩中西施舌
蠣黄寧波酒蚶遼東鰒魚爲最龜脚蟶肚鐵黄螺
之類次之
沙裏狗其狀似彭越而黄以純甘酒漬之其味甚美
海翁其形如翁其文如屋瓦惟三月三日潮盡乃出
乃甲物類

蟳瑁其形似龜而殼稍長足有六後兩足無爪首嘴
如鸚鵡腹背皆甲有紅點斑文大者如盤爾疋曰
雄曰蟳瑁雌曰觜蠵
海𧵅彼人採積如山淹内肉以殼轉賣暹羅榜葛剌
國當錢使用
淡菜一名殼菜其形似味毋一頭尖中銜少毛謝東
海夫人本草云形雖不典而甚益人
沙噀其形塊然一物如牛馬腸臟頭長可五六寸許
無首無尾無目無皮骨但能蠕動之觸之則縮小
如桃栗徐復擁腫土人以沙盆揉去涎腥雜五辣
煑之脆美爲上味
郎君子其形如杏仁其色青碧有雌雄欲驗眞假先
於口内含之令熱然後放醋中雄雌相趁逡巡便
合卽下卵如粟粒狀則爲眞者主婦人難産手把
便生極有驗也乃是人間難得之物
水母一名蛇一名鮓魚一名蒲𩸞魚其色正白濛濛
如沫又如凝血從廣如尺方圓有知識無腹臟無
頭目處所故不知避人以蝦爲目隨其東西有二
蝦附其下則汎水而飛大者如牀小者如斗
相思子其形如螺而中實若石大如豆粒好事者藏
置篋笥積歲不壞亦不轉動若置醋一盂試投其
中遂移動盤旋不已亦一奇物也

鰝大蝦也其形長二三丈鬚長數尺今廣中有紅蝦
盃又有以其鬚爲簪者　宋天聖初漁人得一蝦
長三尺餘末有紅鬚長尺餘首如數升器若繪畫
狀雙目十二足文如虎豹大率五彩皆具而狀魁
梧尤異中使吳仲華繪其象以聞詔改名神蝦
有丹蝦長十丈鬚長八尺有兩翅其鼻如鋸載紫桂
之林以鬚纒身急流以爲栖息之處馬丹嘗折蝦
鬚爲杖後棄杖而飛鬚化爲丹亦在海傍
海牛其形長丈餘紫色無角龜足鮎尾性捷疾見人
則飛入於海其膏可以燃燈其皮可以爲弓鞬矢

房
海驢其形似驢常於秋月登島産乳其皮製爲兩具水不能潤
海豹其形如豹文身五色叢居水涯常以一豹護守如鴈奴之類其皮可飾鞍韉
水麝天寳中虞人獲水麝臍香皆水也每取以針刺之香氣倍於肉麝

蛇部

蛇古字但作它象其委曲垂尾形上古草居患它相問無它今則加虫而變其音冬輙含土入蟄及春

出蟄則吐之如錫石謂之蛇黄人家畜猫與鵝則蛇不至周官龜蛇爲旐以其擊首尾應擊尾首應有兵象也其種數極多具列于後
烏蛇性善不噬物
蝮一名虺其形反鼻錦文著足足斷著手手斷亦善伺人聞人咳喘行步則巧肆其噬害泄毒於草木草木俱死人延之亦成瘡諸蛇中此獨胎産母腹裂乃生蛇中之最毒者　抱朴子曰蛇類惟蝮蛇中人至急一日不治則殺人若不曉方術而爲此蛇所中但以刀割瘡肉投地其肉沸如火炙須臾焦盡而人得活也又曰佩雄黄入山則不畏蛇蛇皆去若爲蛇所中以少許撩之即愈
枳首蛇一名越王蛇其形大如指有兩頭一頭無目無口但兩頭俱行
螣蛇一名莽蛇其形無鱗無足能興雲霧其行千里因風而化殆龍類也
巴蛇食象三年而出其骨服之可以免心腹之疾
蚺蛇其形長十丈尾頁無鱗身有斑文肉可中食其難死似鼉行地常俯其首其膽上旬在首中旬在心下旬在尾其性喜花捕之者插花滿頭得之則

取其膽以綫合其瘡縱之後遇捕者輙指瘡以明無膽亦其知也膽可療心腹牙長六七寸辟不祥利遠行一枚直牛數頭土人珍之其脂服之則骨軟陽萎　蚺蛇膽圖經曰此物極多僞欲試之別取如粟米許著淨水上浮遊水上回旋行走者爲眞其徑沈者諸膽血也試之不可多多亦沈矣嘗之眞者碟碟如梨豆子他蛇膏皆大如梅李子此爲別也
肥遺其形六足四翼太華山有之
冷蛇其形白色而不傷人冷如氷雪玩之不復有煩

熱也

白花蛇其形頭長角鋒尾生佛指甲項連眞珠白點皆纏方勝花文諸蛇鼻生向下此獨鼻向上生一名褰鼻蛇諸蛇死閉眼此則眼開如活　以善螫人足中者輒自斷之補養已痊木接代步

金鹵鱗蛇其形長丈餘夏秋入水傷人冬春蟄石穴中土人殺而食之取其膽治惡瘡解大毒甚貴重之黃鱗爲上黑鱗次之

鉤蛇其形長七八丈尾末有岐蛇在山間水中以尾鉤岸上人及牛羊食之水傍瘴氣特惡氣中有物

不見其形其作有聲中木則折中人則害名曰鬼彈郡有罪人徙之其處不過十日而死

理蟒蛇其形似鼠其色青身長八九寸能入穴取鼠

晉咄犀蛇角也其性至毒而能解毒蓋以毒攻毒也故曰蠱毒犀唐書有古都國必其地所產今人訛爲骨咄耳

地鏡圖曰金寶化爲青蛇

玄中記曰東海有蛇丘無人民蛇或人頭而蛇身

武強縣有行於塗得一小蛇養之名擔生長而噬人里人遂捕繫獄擔生負而奔邑淪爲湖縣官吏爲魚矣

鼠部

黃鼠北方黃鼠穴處各有配匹人掘其穴者見其中作小土窖若床榻之狀則牝牡所居之處也秋時蓄黍菽及草木之實以禦冬各爲小窖別而貯之天氣晴和時出坐穴口見人則拱前腋如揖狀即竄入穴韓孟聯句所謂禮鼠拱而立者是也惟畏地猴地猴形極小人馴養之縱入其穴則嚙黃鼠喙曳而出之味極肥美元朝有玉食之獻置官守其處

鵌其形如人家鼠而短尾與鳥同穴其鳥名鵌似鵽而小黃黑色入地三四尺鼠在內鳥在外今在隴西首陽鳥鼠同穴山中孔氏尚書傳云共爲雌雄張氏地理記云不爲牝牡　胡承之云甘肅永昌衛山中亦有此異鳥則灰白色夷名本周兒鼠則如郭璞註夷名若木兀兒

杳兒小僅如指臂穴于枉中行地疾如激箭

沙磧鼠其形大如蝟其色如金出入羣鼠爲從西域有之

鼯鼠一名夷由一名飛蠝其形如小狐似蝙蝠肉翅

翅尾項脇毛紫赤色背上蒼艾色腹下黃喙頷雜白脚短爪長尾三尺許飛且乳亦謂之飛生聲如人呼食火烟能從高赴下不能從下上高近人家處忌其夜鳴如鷄然

紅飛鼠其形深毛茸茸然唯肉翼淺黑色多雙伏紅蕉花間採捕者若獲一則其一不去南中婦人買而帶之以爲媚藥

鼷鼠一名甘口鼠有螫毒齧人及鳥獸皆不覺痛食郊牛角即此鼠此鼠之至小而能制大者也

鼫鼠說文云五伎鼠也能飛不能上屋能緣不能窮

木能浮不能渡谷能穴不能掩身能走不能先人今河東有碩鼠大能人立跳舞善鳴食人禾稼逐則走入樹空中亦有五伎即此鼠也或云碩鼠即今之螻蛄石鼠專食山豆根賓州人以其腹乾之治咽喉疾效如神謂之石鼠肚

鼢一名鼲鼢其形小口而尖身大而無尾黑色長鼻甚強常陰穿耕埴中行見日月光則死深山中木下皆有之蓋鼢伯勞所化而又能化爲鴽或云即莊子所謂偃鼠飲河是也

鼬鼠一名鼪其色黃俗稱鼠狼

栗鼠毛可製筆

食竹鼠一名竹䶉語曰煮羊以䶉即此鼠也

仲能百歲之鼠變而白色者能知一年中吉凶及千里外事諺云鼠得死人目睛則爲王今純白者甚多必另一種非仲能也　地鏡圖曰黃金之見爲火及白鼠

易腸鼠一月三吐易其腸東廣徵謂之唐鼠　博物志云唐房升仙雞狗並去唯以鼠惡不得去鼠悔一日三出腸也

耳鼠其形如鼠而兔首麋耳其音如嘷犬以其尾飛

可禦百毒

鼠母其形頭脚似鼠毛蒼口銳大如水牛而畏狗

鼴鼠一名隱鼠其形如鼠而無尾黑色長鼻此載本草郭璞則云大如牛赤色白尾又云鼴鼠似鼠大而食鳥在樹木上未知孰是

風角要占曰厭盜賊法七月以生鼠九枚置籠中埋於地秤九百斤土覆坎深各二尺五寸築之令堅固其家無盜賊之患

雜五行書曰取亭部地土塗竈火賊不經塗屋四角鼠不食蠶塗書篇鼠不食稻以塞埳百日鼠種絕

夜藏飲食於罋中覆之不密鼠欲盜食不可至環罋
而走涙滴罋中食之得黄疾遍身如蠟一一男子偶
然低頭往暗處藏身不言問亦不答惟皆人竊飲
食家人以爲邪三牲祭之經宿乃妻食之病亦然
醫以爲中鼠涎以吴茱萸塞猫口猫涎自出將茱
萸令其夫婦服之愈
蝙蝠一名伏翼多生人家屋間立夏後陰乾治目矇
令人夜視有光玄中記曰百歲伏翼其色赤止則倒
懸千歲伏翼色白得食之壽萬歲　春秋運斗樞
曰行失瑶光則伏翼兩頭並翔廣江淮山瀆之祠

則瑶光明伏翼九足　丹水有石穴蝙蝠大者多
倒懸百歲者倒懸得而服使人神仙宋劉亮服白
蝙蝠立死唐人眞與服之一夕大瀉而死
異苑曰西域有鼠國鼠大者如狗中者如兔小者如
常鼠頭悉白商人有過者不先祈祝則嚙人衣裳
搜神記云晉太康中會稽蟚蟹化爲老鼠大食稻爲
灾始來者有肉無骨
虫部
蠨蛸其形腹大背黑皮上多痱磊跳行舒遲其肪塗
玉則軟刻削如蠟本草所謂能合玉食者也其産
吐生千歲者頭上有角頷下有丹書八字
蝦蟆其形背有黑點其身小能跳接百虫善鳴與蠨
蛸不類
科斗蝦蟆子也一名活東一名懸針一名玄魚蓋併
其頭似魚尾似針者言之
蛤蚧其形首如蠨蛸其色淺緑上有土黄斑點若古
錦然長尺餘尾絶多居古木竅間其鳴聲絶大
十二時其形大者一尺尾長於身自早至暮變十二
般色傷人必死
螻一名土狗一名螻蛄一名碩鼠一名瞉以孟夏鳴

應陰之虫其出入與蚓同時蓋四月陰氣始動故
鳴王逸九思云螻蛄兮鳴東茅蠽兮號西以其應
陰鳴比小人也有五技而窮與鼫鼠同爾雅正義
以螢是雄者善飛善鳴雌者腹大翅小不能飛翔
食風與土類從曰磨鐵致結汁鵝引兎蝨灰除蝨
蛤陽云伏物之相感如此
蝸牛一名陵螽一名蝓蝓生地澤草木間或云蝓蝓
無殼蝸牛有殼則今生於人家屋間濕處者乃蝓
蝓也
螢一名蠍螢人蝸牛食蠍先以跡規之不復去故中

螫者以蝸牛涎塗之痛立止或云蠍前謂之螫後
謂之蠆又云長尾爲蠆短尾爲蠍

蜥蜴其形似蛇而四足長五六寸爾雅蠑螈蜥蜴蝘
蜓守宮一物四名陶隱居別分之以形大純黃色
者爲蛇醫稍小長尾見人不動者爲龍子具五色
尾青碧可愛生草澤中者爲蜥蜴色黑喜緣墻壁
者名蝘蜓崔豹以蠑螈爲蛇醫大抵四者乃一物
也今求雨者每以蜥蜴爲用以其狀似龍也每從
草間下浮水面與蛇合畢則各還其所舊說蛇體
有傷蜥蜴嚙草療之故曰蛇醫守宮食蠆故俗呼

蠍虎

尺蠖一名蝍蝛一名步屈其形如蠶而絶小行則促
腰乃能進步食葉老亦吐絲作室舊說尺蠖之蘸
化而爲蝶食黃則身黃食蒼則身蒼蓋無常也

蚓一名土蟺好鳴於草底故呼歌女

蛅蟖一名蛓虫俗名楊瘌其形似蠶而短身扁色綠
皆有毒毛能螫人牡丹上尤多

蜮一名短狐一名射工一名谿毒其形長一二寸有
翼能飛口中有横物如角弩如聞人聲以氣爲矢
激水射人隨所著發瘡中影者亦病病如大傷寒

不治殺人所在雪不積氣起如蒸掘之不過入地
一尺則得也或云蜮形似鼈而三足非是今蠖螋
虫溺人影著處亦生瘡以雞腸草擣塗之即愈如
以霹靂木擊鳥影其鳥應時落地類固有之

水弩狀如蜣蜋尾長四寸即弩也見人影則射此以
尾射蜮以口射差不同

蛭一名馬蟥食血之虫故楚惠王食之而腹心之疾
皆愈

蝍蛆一名蜈蚣一名蝍一名商距扗燕謂之蝍蟝其
大者謂之馬陸莊子曰蝍蛆甘帶帶小蛇也蝍蛆

施禁法蛇自開口聽其入而食或以氣禁之蛇即
死矣南人入山者以竹管藏蝍蛆遇有蛇地則動
於管中蛇自驚竄舊說蟾蜍食蝍蛆蝍蛆食蛇蛇
食蟾蜍三物相值莫敢先動理或然也　葛洪遐
觀賦蜈蚣大者長百步頭如車箱屠裂取肉白如
瓠南越志云大者其皮可以冒鼓其肉曝爲脯美
於牛肉又李司徒勉在汴州得異骨一節可爲硯
南海時得於海商云是蜈蚣脊骨

蜂埤雅云蜂陰陽在尾喜合種類甚多黃色細腰者
爲穉蜂作房在小樹上或人家屋簷下倒懸其國

似漆者爲木蜂在大木上形與房俱大者爲露蜂
子至石許又地中作房大于木蜂者爲土蜂螫人
至死食蜘蛛方言蜂其色黑今蜜蜂似蜂而小土
木之蜂皆有蜜北方地燥多土蜜南方地濕多木
蜜此蜂螫人芒入人肉不復出蜂亦尋死　又一
種腰極細黑色啣泥於壁及器物邊作房者爲果
蠃一名蒲盧名蠮螉詩云螟蛉有子果蠃負之是
也細腰純雌大抵惟此種甚多按蒲盧腰之細者
也果蠃土蜂細腰有似於蒲盧蓋取象焉非蒲盧
之爲果蠃也　鸑蜂其聲如鸑鳳而身披五彩大

者可重十餘觔爲窠於深巖峻嶺間大者占地二
三畝國人採其蜜不逾二三合如過度即有風雷
之異若螫人生瘡以石上菖蒲根傅之即愈貞元
初吳明國曾以此蜜入貢其色碧貯之於白玉椀
表裏瑩徹如碧琉璃久食令人長壽顏如童子髮
白者應時而黑逮及沉痾眇跛無不療焉　博物
志曰人家養蜂以木爲器開小孔以蜜塗器捕取
三兩蜂内器中宿昔蜂飛出得伴來作蜜多少隨
歲豐儉
蜜唧惠州土人取鼠未生毛開眼者飼以蜜筋挾而
食之猶唧唧有聲故謂之蜜唧
蚨一名蟱蝎其形似蟬大其子著草葉如蠶種得子
以歸則母飛來就之得其子母血塗錢置母用子
置子用母皆自還也故謂錢爲青蚨
泥壁未乾揮涕其上陰雨中化爲虫狀如蚓
竊虫大如半胡麻形如鼠婦其色白有兩角人聞其
聲尋之卒不可見孟康朝作賊比之鬼魅
碎車虫其形如蝍蟙其色蒼好栖高樹上其聲如人
吟嘯終南山有之
叩頭虫其形如大豆呪令叩頭又使吐血皆如所敎

然後詰放稽顙輒七十而有聲傳咸有叩頭虫賦
螠奴一名縊女輒於絲髮上自經而死
蠶初生謂之蚝再蠶謂之蜃　蝝桑間野蠶其作繭
一面平多則歲宜蠶野人常以卜蠶之熟否　樟
虫云雖由樗繭蚢蕭繭皆野蠶之類各以其所食
葉爲名　蜀葵中蠶也一名蚢食葵之甘故其體
肥大亦食於藿蠶萬百爲簇蜀則獨行故名　又
蛹者蠶之所化蛾者蛹之所化蛹一名螝蛾一名
羅　金蠶毒始蜀中近及湖廣閩粵浸多有人或
合去則謂之嫁金蠶率以黃金釵鐶錦段置道左

俾他人得焉鬱林守爲吾言賓民福清縣有訟遺
金蠶毒縣官治求不得蹤或獻謀取兩刺蝟入捕
必獲矣蓋金蠶畏蝟蝟入其家金蠶則不敢動遂
匿榻下牆罅果爲兩蝟擒出之亦可駭也治中金
蠶毒者先以白礬末令嘗不澁覺味甘次食黑豆
不腥乃中毒也卽濃煎石榴皮汁飲之則吐出百
虫皆治無不愈者
金蟲其形蜂體綠色其光若金里人取以爲婦女釵
鐶之飾利州山中有之
禾虫其形如蠶而微紫小民繒以給布取之盈艇而

歸味甘可食市之獲利至有爭訟者海田當秋成
時其虫隨潮浮出水上
蜘蛛道士許象之言以盆覆寒食飯於暗室地上入
夏悉化爲蜘蛛　字說云設一面之網物觸而後
誅之知誅義者也爾雅所載有七八種小者謂之
蠨蛸長脚者謂之喜子
青蛉有青赤黄三種色青而大者爲青蛉一名蜻蜓
小而黄者爲胡黎小而赤者爲赤卒一名絳騶然
總謂之蜻蜓淮南人呼蟌蛀一名桑根一名蟌水
蠆卽此又方言謂之蝍蛉

蛣蜣一名蜣蜋一名弄丸語云無鼻而聞香納丸充
中數日而化抱朴子曰玄蟬潔饑不羨蛣蜣穢飽
蟬之種類甚多故有螗蜩蝘蜺寒螿蛁蟟蟟蟪蛄蛈
蟯螃蛁之名詩曰如蜩如螗大抵形大而黑者爲
蜩昔人嗾之一名蟬螗似蜩而小一名蝘名蟪蟧
五月鳴者蜺乃寒蜩一名蛁蟟一名寒螿其色青
赤七月鳴者卽今啞蟬初瘖及得寒露冷風乃鳴
與雌蟬終啞者異蟧其形頗廣且深其色綠詩云
蟧首蛾眉是也蟪蛄一名螃蛁夏蟬也故云不知
春秋或云春生者死於夏夏生者死於秋故云稽

聖賦曰蟦螬行以其背蟪蛄鳴非其口考工記以
旁鳴者蜺屬蟬鳴在脇
螗蜋有不過螗蠰莫貈蝆石蜋巨斧天馬等名類從
曰螗蜋之氣含之生火蛆蛁之塵皆起洒霧爾雅
正義云此物深秋產卵於樹至初夏乃生子數百
名曰蜱蛸惟桑上者佳卽桑螵蛸也一名蟳蟭
螽斯一名舂黍一名舂箕江東謂之蚱蜢善害田稼
其類乳於土中深埋其卵性不妒忌一母百子故
詩以爲子孫衆多之況
阜螽一名蠜今謂之蚱蜢其色青

莎鷄一名樗鷄一名絡緯一名馬鼚幽州人謂之蒲錯

蛴螬其形似結蟯身徑長三四寸有角其色黄黑生糞土中豬好啖之有翅能飛夏月陰雨時地中出

埤雅云梁宋之間曰渠畧其性朝生暮死

朝菌一名蕣母其形似蠶蛾朝生暮死則亦蛴螬之類即今白露虫是也

拂燈蛾一名慕光與螢爲牝牡

螢一名熠燿赴燈之蛾以螢爲雌故誤赴火死

蟦一名蠐螬蝤蠐一名蝎一名蛣蝠二物大抵相似

以所處爲異蝤蠐在腐柳中内外潔白故詩以比碩人之領蠐螬外黄内黑大者如足大指其行以背生糞土中列子所稱烏足之根爲蠐螬者是也

蠁廣雅云蛹蠁虫也虫之知聲者令人不迷類從云帶蛹醒迷遶祠解惑

蟫一名白魚一名蛃魚衣書中虫也其始黄色老則身有粉視之如銀故名白魚古者賜諸侯芸蘭以辟之後世勅書用黄紙蓋味苦而虫不生也

蚰蜒入耳之虫好脂油香延入人耳及諸竅中故名

伊威一名委黍一名鼠婦甕底常生之其形似白魚

而大食之今人善溢

百足一名馬蚿中斷成兩段各行而去

大蝶其形如蒲帆肉可重七八十斤嶺南人得之去其翅足噉之極肥美

巨蟻馬緒謫潮州得巨蟻長尺餘鹽漬之歸誇北人

吳錄曰九真移風縣有土赤如膠人視土知蟻因墾以木核其中則蟻緣而生漆堅凝如蟬蛸以染堅凝絮其色正赤所謂赤絮皆此膠也

蚊民虫也故字從蟁說文云秦謂之蚋楚謂之蚊或云蚋一名瞀芮其形似蚊而小喜亂飛望之如霧

因雨生列子曰瞀芮生乎腐蠸蠸即黄小甲虫一名輿父一名守瓜夏小正丹鳥羞白鳥丹鳥螢也白鳥蚊也　神異經曰方蚊翼下有小飛虫生九卵復來九子飛而俱去蚊遂不知

蝱大曰蝱小曰蟁狀類甚多爲牛馬及田畯之害

蠓一名醯雞其形似蚋亂飛者也列子曰醯雞生乎酒

蜚負盤臭虫也一名蜰能飛生草中八月九月知寒多逃入人家屋内劉歆以爲負蠜劉向云南越淫風所生

蠅青蠅善亂色蒼蠅善亂聲故詩以青蠅刺讒而雞鳴則曰匪雞則鳴蒼蠅之聲也

螟食木虫之色青無足乃食禾之心者其類食葉曰螣食節曰賊食根曰蟊螟字又作螣其種不一故曰百螣時起蝗屬也

匽鼂說文解鼂字云匽鼂也徐鉉云蟲名蓋亦不知何物也余近觀臨海水土志云鼂似鼅鼊一名匽鼂又名鼅鼊一枚有三斛膏

王跌蹋一名螲蟷其形似鼅鼄其色赤穴居布網穴口以羅虫食長安閭里中小兒以纖草刺地穴間

戲以手舞地曰顛當出來既見草動則釣出赤色小虫子謂之釣駱駝蓋跌蹋之背有若駝峰也顛當即跌蹋音之反也持字不同耳

世間萬物無不生虫木水土之中生虫至多固其常也至于火中生虫則火鼠也極南方有之毛爲火浣布陰山以北其雪不消中生蛆大如瓠北人謂之雪蛆味極甘美張子和醫者著儒門事親書言見民家一鐵鍋底上一鐵泡鏇破有一紅虫其走如飛其嘴至硬是金鐵中亦有虫也

稚餘卷之五　終

稚餘卷之六

豫章羅曰褧尚之父編次

異草部

虹草其形莖長一丈葉如車輪色如朝虹齊桓公時山戎獻其種乃植於庭以表霸者之瑞

躡空草一名掌中芥其形葉如松子取其子置掌中吹之而生一吹長一尺至三尺而止然後可移於地上若不經掌中吹者則不生也食之能空中孤立足不躡地故名

照魅草一名洞冥草其莖夜如金燈折枝爲炬照見

鬼物之形仙人寧封常服此草於夜暝時轉見腹光通外帝令剉此草爲泥以塗雲明之館夜坐此館不加燈燭挼以藉足履水不沉

不惑草其形似葵其花赤實如嬰兒舌食之使人不惑

五味草一名却睡草初生味甘花時味酸食之使人不眠

左行草食之使人無情

荀草其狀如葌而方莖黃華赤實其本如藁本服之美人顏色

鴿子草其形如飛鴿翅羽觜距無不畢備亦草之奇
者葉蔓延春生有雙虫常食其葉土人收於匳秘
間飼之如養蠶然虫老不食而蛻爲蝶女子佩之
如細鳥皮號爲細蝶
獨揺草其形頭如彈子尾若鳥尾兩片開合見人自
動佩之令人夫婦相愛
桃朱術其形細如荇花紫子在角以鏡向旁敲之則
子自發五月五日收之佩之令婦人爲夫所愛
活人草其草三莖有人死者將草覆面卽活漢武時
月支國曾獻此草

卷之六　二

神不盡藥名也土人採之每以少許壓酒飲人則遍
身麻痺如死雖加以刀斧亦所不知至三日則以
少藥投之卽活出回回國
不死草其形如茅高二三尺食之多壽故名夏月采
置几筵中則蚊蠅不近物亦不速腐梧州有之
胡蔓以急水吞之卽死慢水吞之緩死取毒蛇殺之
以此草覆之洒水菌生其上爲毒藥殺人出二廣
中
異草山東東阿縣季扎掛劒之處今建臺焉其地生
草一種能治人心疾蓋緣昔季子心許徐君劒也

治蠱草新州郡境有藥土人呼爲吉利解諸毒及蠱
神用無比昔人有遇毒其奴吉利得是藥因以奴
名名之實草根也類芍藥遇毒者夜中潛取二三
寸或剉或磨少加甘草詰旦煎飲之得吐卽愈俗
傳將服是藥不欲顯言
蘆薈其形如鯊尾採之以玉器盛搗研成膏
龍芻東海有島曰龍駒川穆天子養八駿處島中有
草名龍芻馬食之日行千里語曰一株龍芻化龍
駒

稗餘　卷之六　三

蕣家草其形高五丈葉色紺莖如金形如半月之勢
亦名曰半月草無花無實其質澀柔可以爲布爲
蓆
知風草其形叢生若藤蔓土人視其節以占一歲風
候每一節則一風無節則無風
舞草其形獨莖三葉葉如決明一葉在莖端兩葉居
莖之半相對人或近之則歘抵掌謳曲則搖動如
舞矣
石髮吳越亦有之新羅者爲上彼國呼爲金毛菜張
乘言南中水底有草如石髮每月三四日始生至
八九日已後可採及月盡悉爛以隨月盛衰也

望舒草其色紅葉如荷月出則葉舒月沒則葉卷晉
太始中扶支國獻植於宮內穿池廣百步名曰望
舒池
宵明草夜視如列星晝則光自消滅
變晝草其形似芭蕉可長三尺而一莖千葉樹之則
百步內昏黑如夜順宗時拘彌國以此入貢
迎涼草其形類碧而餘似苦竹葉細如松雖老乾枯
而未嘗凋落盛暑掛之牕戶間則涼風自至
黃渠照日如火實甚堅食者焚身不熱
夢草其形似蒲云懷其草則如所思而夢漢武時外

國獻此草每思李夫人因懷之輒夢
睡草一名醉草一名懶婦箴見之則令人眠桂林有
之
芸其形苗如菖蒲食葉則醉食根則醒名醒醉草
合歡草其形如蓍一株百莖晝則眾條扶踈夜乃合
作一莖
鬼皂莢其形如皂莢高一二尺沐之長髮葉亦去衣
垢
朱草其形如小桑長三四尺枝葉皆丹汁如血朔望
生落如蓂莢周而復始可以染絳成黼黻之章金

銀投其汁可以成團泥成水飲之令人長生
南荒有地日草日中三足烏欲下食此草羲和馭之
以手掩烏目出西墅傳
北史邪峙爲博士授太子經廚人進食有菜曰邪蒿
峙命去之曰此菜有不正之名非殿下所食
北人謠南婦辭歸以毒置食約以年月復還解以他
藥不爾毒發死矣謂之定年藥南游者宜誌之
地苔鞠國在核野古東北五百里六日行其國有樹
無草但有地苔
蔓金苔其色如金若螢火之聚大如雞卵投之水中

蔓延波瀾之上光出照日如生水上也
蔓草部
茹藘一名茜一名茅蒐齊人謂之蒨其形莖葉俱赤
蔓延草木上根紫赤色今所在有說文曰人血所
化故一名地血又能治血乃染絳之草東方此草
少西方多故名茜
茨一名蒺藜布地蔓生細葉子有三角刺人狀如菱
而小生道上兵家鑄鐵爲茨以布敵路謂之鐵蒺
藜
女蘿一名松蘿其形多蔓松上生枝其色正青而細

長
兔絲一名唐蒙其形根似伏兔田野墟落中甚多浮
生藍苧麻蒿上埤雅云在木爲女蘿在草爲兔絲
俗名黃華蘗白華芰一名紫葳今凌霄花是也受生
喬木上其華彌絡石壁盛夏視之如錦繡不可仰
望露滴目中有失明者
雞齊一名鹿藿一名黃行今之食葛非爲絺綌者也
南康廬陵者最勝其花藤皆可醒酒去酒毒
茘其形如烏韭生石上食之止心痛亦緣木生在
屋曰昔邪在墻曰垣衣在石上者葉厚實而圓有

絕火者結實上銳下平外青中瓤經霜則瓤紅而
甘烏鳥所啄童兒食之謂之木饅頭食之發瘧亦
無根之類
昔邪草曰烏韭曰垣嬴曰天韭曰鼠韭生於屋上曰
屋遊生於屋陰曰垣衣在石上謂之烏韭在地上
謂之地衣在井中謂之井苔在墻上抽起茸茸然
謂之土馬騣生於水中謂之陟釐生於石上謂之
石花生於海中石上謂之紫菜松上之衣謂之艾
納以和香燒則煙直上元人錢號艾納以此
蒟音婁一名枸其木似穀樹葉如桑子如桑椹可蜜
食之其葉作醬謂之蒟醬南越人取其葉合檳榔
食之禦瘴癘
人子藤其形紅色在蔓端有刺其子如人狀崑崙人
燒之集象南中亦難得
酒杯藤其形大如臂葉如葛花實如梧桐花堅可以
酌酒有文章映徹可愛實大如豆蔻香美消酒來
至藤下摘花酌酒仍以其實醒酒國人寶之不傳
中土張騫使大宛得之
五色藤其花形似菱菜朝紫中綠晡黃暮青夜赤五
色迭耀地里志循州貢五色藤盤

膏藤津汁軟滑無物能比以此墮地聾之如流卽五
六丈船數人便運
瓔珞藤其形軟碧可愛葉甚小有子纍纍然纏固其
上與似瓔珞
大藤峽至是改爲斷藤相傳有藤絕流而生長數百
尺斷之汁出水爲之赤
藤果其形如荔枝味酸出南中
杜芳藤其形不能自立根本緣繞他木作房藤連結
如網羅相罥然後皮理連合鬱茂成樹所託樹既
死然後扶竦六七丈也

紫藤其形細葉長莖如竹根極堅實重重有皮花白子黑置酒中歷二三十年亦不腐敗其莖截置煙火中經時成紫者可以降神

水藤山行渴時則斷取汁飲之治人體有損沐則長髮去地一丈斷之輒更生根至地永不死

浮沉藤其子大如虀甌正月華十月臘月熟色赤食之甜酢

蘭子藤生緣樹木正二月花青色四五月熟如藜亦如雄雞冠核如魚鱗取生食之其味淡泊

狗頸藤覆地而生取其根搥爛可以藥魚俗呼魚藤

千歲子其形有藤蔓出土上子在根下鬚綠色交加如織其子一苞恒二百餘顆皮殼青黃色殼中有肉如栗味亦如之乾者殼肉相離撼之有聲似肉豆蔻

椒其實多而香故詩以椒聊譬曲沃之蕃衍盛大聊語助也其大者名欓性禦濕亦能殺人故齊建武中欲誅高武子孫令大醫煮椒二斛以一時賜死

胡椒其苗蔓生性極柔弱葉長寸半有細條與葉齊條上結子兩兩相對其葉晨開暮合合則裹其子於葉中

拔一名茱萸俗九月九日插茱萸以辟惡氣漢武帝宮人以茱萸係臂上登山飲菊花酒消厄

蒲桃有黃黑紫三種種蒲桃宜種棗樹傍春間鑽棗樹作一竅引蒲桃枝從竅中伺大斫去根使托棗生實大而美

瓠其形長而瘦上者曰瓠味甘短頸大腹者曰匏味苦類從云瓠死燒瓠瓜亡煮漆今畜瓠之家不燒瓠種瓜之家不焚漆是也又牛踏其蔓上則苦以瓠盛酒冬即煖夏即冷匏可以爲笙故匏在八音之一其似匏而圓無柄者曰壺盧性善浮涉水可

以免沉溺故曰中流失船一壺千金其細腰者曰蒲盧故細腰土蜂亦謂之蒲盧義取諸此

瓜種出西域故名西瓜一說契丹破回紇得此種歸雲頭者最佳故古人有一片冷沉潭底月六彎斜捲隴頭雲之句

尋支瓜大者十人食乃盡出大食國

瑣里瓜其形皮若荔枝未剖之時甚臭既剖味如酥油香甜可口

洛南曾昌種瓜圃結五六實長幾尺而極大者類蛾綠其上皺文酷似蟬形圃中人逮蔓移土檻貢上

命之曰御蟬香挹腰綠見清異錄
獨子青出遼東其中止有一子而長數寸食一顆可
作十日糧國人珍之
石瓜樹生其堅如石故名善治心痛又有龍瓜誤聖
瓜分蒂瓜鎮心瓜
青登瓜其形大如三斗魁玄表丹裏呈素含紅攬之
者壽食之者仙
博物志云人之食瓜者以冷水自漬至膝可啖數十
枚至腰所啖轉多至頸可啖百餘枚所漬水皆作
瓜氣味又曰瓜有兩鼻者殺人莊子曰朽瓜化爲
卷之六　十
魚
楙一名木瓜能治筋轉陶隱居云如人轉筋時但呼
其名及書木瓜字於其上輒愈蓋望梅止渴書楙
綫筋理有固然者其性百益一損故詩云投我以
木瓜報之以瓊玖其兩蒂兩鼻者殺人
冬瓜用其仁七升以絹袋盛之投沸湯中曝乾如此
三度苦酒浸一宿爲末日服令人不老
香草部
神稭草其形一根而百條其枝間如竹節而柔軟其
皮如絲可爲布所謂春燕布堅密如冰紈然握之

一片滿宮皆香婦人帶之彌芬馥也
瓦矢實其形似野蒿實甚香可辟蠹
奈祇其形苗長三四尺根大如鴨卵葉似蒜葉中心
抽條甚長莖端有花六出紅白色花心黃赤不結
子其草冬生夏死與薺麥相類取其花壓以爲油
塗身除風氣佛林國王及國內貴人用之
酉夷子虛賦師古曰留夷香草也非辛夷辛夷乃樹
耳
蘼草其形似紅而甚芳香又麵甲香即桂香善者紫
术香一名金杜一名蘼草出蒼梧桂林二郡
卷之六　二
芸暉香潔如玉入土不朽爲屑可以塗壁出于闐國
豕尊葉大而長開紅花作穗俗呼草豆蔻其葉有香
氣俗以蒸米粿
蒟其形葉如栟櫚而小三月採其葉細破陰乾之味
近苦而有甘并雞舌香食之益美
薰一名零陵香諸書以爲即蕙者非能去惡臭令身
香語云薰以香自燒膏以明自銷香草類多異名
蓀菖蒲也茝白芷也芸七里香也傳云天子鬯諸
侯薰大夫蘭芝士蕭庶人艾此見死者之贄諸侯
圭大夫羔雁士雉庶人鶩此見生者之贄　博物

志云東方君子國薰草朝朝生華　山海經云薰
草麻葉而方莖赤花黑實可以已癘一云狀如茅
而香者爲薰
藿香頓遜出藿香插枝便生葉如都梁以裛衣國有
區撥等花十餘種冬夏不衰日載數十車貨之其
花燥更芬馥亦末爲粉以傅身焉
芸草一名七里香其形葉似邪蒿香美可食秋後葉
間微白如粉南人採置席下能去蚤虱辟衣書蠹
漢種之於蘭臺石室藏書之府
藒車一名乞輿其形黃葉白花凡諸樹木蛀者煎此

香淋之善辟蛀虫也
江離其形如亂髮博物志云芎藭曰江離根曰蘼蕪
本草又云蘼蕪芎藭苗也大抵芎藭有兩種一種
小葉似蛇床者名蘼蕪一種大葉似芹者名江離
其根主婦人無子可用
白芷一名芳一名葯說文云楚謂之離晉謂之虈齊
謂之茝出道下濕地處處有之可作面脂其葉名
蒿麻可用沐浴故曰浴蘭湯兮沐芳
杜若有杜蓮白蓮白芩若芝之名令人不忘故湘君
湘夫人相贈同用杜若

杜蘅草一名土鹵其形如葵根葉都如細辛惟氣小
異俗以其似馬蹄名曰馬蹄香能香人衣體食之
已癭帶之令人便馬道家服之生山陰澤中濕地
今人以及已即爲杜蘅非是及已獨莖莖端四葉
白花百毒無芳氣

藥草部

蓷一名充蔚一名益母其形葉似荏方莖白華華生
節間其功宜於治產婦人之聖藥故名
合生草形葉如卷栢而大主婦人難產口中含之即
差

火失把刺部其形如木鼈子而小可治一百二十種
證每證有湯引出回回國
咸靈仙其色紫如胡黃連味極苦折之有細塵起向
明視之斷處有白黑暈俗謂之有鴝鵒眼者爲眞
服之可治腫痛拘攣久乃有走及奔馬之効
艾一名冰臺可用灸百疾故又名醫草歲多病則艾
生亦多艾以久畜者貴故五十稱艾言其歷年之
久也博物志曰削冰令圓舉以向日以艾承其影
則得火故名冰臺以新生艾作乾菜炒作餛飩呑
三五枚以飯壓之良療一切鬼氣

何首烏有雄雌二種對長其苗成藤夜交合相聯晝各分開凡資入藥秋後採根大類山胡瓜外有五稜瓣雌者淡白雄者淺紅雌雄相兼功驗方獲

薹一名夫須一名莎草可以爲蓑笠禦雨生江邊根卽香附子也

枸杞其樹高丈餘大可作柱葉長數寸無刺根皮如厚朴其味甘美

夫娘子其草子甚細如刺其氣臭惡善惹人衣者

金星草一名出髮草其葉上有金星點根中有黑脈如髮用以浸油塗頭上禿處亦可生髮故名

牽牛子一名鼓子花其形有黑白二色蔓生籬落間陶弘景云此藥始出野人牽牛以易之故名

牧靡其性解毒鳥誤食烏喙中毒必急飛往牧靡山啄牧靡草以解毒

蘦一名大苦今之甘草也詩山有榛隰有蘦

芐一名地黄古以爲菜鉶羮用之惟生咸陽川澤中黄土地者佳故名地黄又生者以水試之浮者名天黄半沉半浮者爲人黄沉者爲地黄以沉者爲佳

芣苢一名車前草一名當道名馬舄名勝舄幽州人謂之牛舌草江東呼蝦蟆衣其子主易產

烏喙一名烏頭犍草云芨堇草卽烏頭驪姬寘堇于肉以此與附子同根本草冬月採爲附子春月採爲烏頭博物志曰烏頭天雄附子一物春夏秋冬採之各異廣雅云一歲爲前子二歲爲烏喙三歲爲附子四歲爲烏頭五歲爲天雄未知孰是又附子一名奚毒

蘠蘼一名虋冬又一名門冬一名顛棘門冬秦名羊韭齊名愛韭楚名馬韭越名羊蓍顛棘一名商棘一名女木一名顛勒其根以浣縑素白越人名爲

浣草或以爲卽天門冬非也

荃一名菖蒲一名蓀楚辭以蓀爲君蓋蓀于藥性爲君也今人切之爲菹謂之昌歜

神異經云毒藥有五物一曰很毒占斯解之二曰巴豆藿汁解之三曰黎盧湯解之四曰天雄烏頭大豆解之五曰班茅戎鹽解之　又一曰鉤吻黄精不相連根苗獨生者是也二曰鴆狀如雄雞生中山三曰陰命赤色著木懸其子山海中四曰內童狀如鵝亦生海中五曰鴆黑頭赤喙亦曰蟜蛣生海中雄曰蛣雌曰蟜

水草部

菱一名薢茩其形兩角四角者名芰其花晝合夜炕隨月轉移猶葵之隨日也

倒生菱一名紫泥菱其形莖如亂絲一花十葉根浮水上實沉泥裡其泥如紫色故名食之令人不老

芡一名雞頭北燕謂之葰或謂之雁頭久食益人俗云荷華日舒夜斂芡實晝合宵炕此陰陽之異也籩人加籩則有菱芡栗脯

藻水草之有文者生水底横陳於水古者畫藻於梲所以厭火命鳧雁屬樂於藻故曰鳧藻或亦生遊

青淺水中與萍雜至秋時則紫

苹江東之藻也無根而浮與水平故名曰苹善生一夜七子又曰老血變之今首紫苹直如血色可怪世說楊華入水化為浮萍性治暴熱烏髮變鬢久服輕身　苹有二種爾雅云苹蓱其大者蘋此水生之苹也一云苹蘋蕭今蘋蒿也此陸生之苹即鹿之所食者也

蘋苹之大者葉正四方中拆如十字根生水底葉敷水上五月有花白色謂之白蘋

荇一名接余一名鳧葵莖如釵股葉華白荇華黃日出照之如金俗名金蓮子禮后祭荇夫人祭蘩大夫妻祭蘋藻

蘢紅草也一名馬蓼其大者名蘬莖大而赤生水澤中高丈餘爾雅又謂之龍詩言隰有游龍即此游者葉之放縱也

菰蔣草其葉如蔗荻江南呼為茭草其苗有莖梗者謂之菰蔣此米一名凋胡大抵葑是其根菰是其葉耳可以作席溫於蒲今菰中生菌如小兒臂爾雅謂之蘧蔬以和鮒為羹開胃去酒毒亦謂之茭首其有黑縷者名烏鬱

薇爾雅曰薇垂水好於水邊蔓生故曰垂水漢官園種之以共宗廟祭祀詩云陟彼南山言采其薇采之以祭也

蒿可以烹魚及蒸茹爾雅曰蘩之醜秋為蒿蓋蘩之類至秋則高大矣故通呼為蒿

蕁海藻也一名海蘿其形如亂髮生海中善療瘤癭結氣

鳧茨其形苗似龍鬚而細根似指頭黑色可食又一種白色葉有兩岐如燕尾名曰茈菰一莖收十二實歲閏則十三實本草云藉姑今人謂之剪刀草

俱生田中
蓼生水澤中楚辭云蓼虫不知徙乎葵菜言蓼辛葵
甘虫各安其故不知遷也
莫其形莖大如箸赤節葉厚而長似柳有毛刺始生
可以爲羹其子紅糞呼乾絳俗呼茂子
委究云宜男草人謂佩之宜夫及子非也廣州記云
小男女佩之臂上辟惡止驚花生糞穢處頭如筆
紫色朝生暮謝小兒呼爲狗溺臺又名鬼筆殊非
佳草此間園林雨後生一物極類之名鬼脚指疑
即此也

雜錄　卷之六　十八

菜部

藿山韭也一名藏其形性類韭　種韭收韭子如葱
子法若市上買韭子宜試之以銅鐺盛水加於火
上微煑韭子須臾芽生者好芽不生者是裛鬱矣
茖山葱也其形細莖大葉又有冬葱夏衰冬盛莖葉
俱軟其味美漢葱冬枯硬而味薄胡葱莖葉粗短
根若金釜能已腫共茖葱凡四種也或云冬葱戎
菽皆得之山戎者西方以此物與大小蒜熱之則
蕟淫生嗽增恚以爲葷故不食惟北虜食之俗言
鴞食桑椹則革暴鵂食之則好淫醍醐葉性中藥

養性即此類也　葱本白末青能和五味古稱爲
菜伯
蒚其形畧似薤而根長葉稍大如鹿葱性與薤同
蒿山蒜即小蒜也食之損人大蒜有赤白二種赤者
苦無味白者補而美不葷養生食之安神養氣
䔶一名強瞿一名百合蒜其形根小者數十片相累
狀如蓮花人蒸煮食之極甘不葷辛特以根似蒜
故名百合蒜耳根上有餘特起葉環列餘上至抄
結花花白者極香可搗爲麵花小紅斑者一名連
珠似萱草花說者云是蚯蚓相纏結變成之

雜錄　卷之六　十九

菔爾雅曰葖蘆菔今訛爲蘿蔔一名刀鮗衣一名紫
花菘薪鋤起時切去葉止留寸許顛倒種土中直
至經年求不空心
牛蘄一名茭一名馬蘄其形似芹細葉而銳可食花
青白色子黃黑色似防風子甘辛而芳生水澤旁
芹一名水英一名楚葵其形潔白有節而芳味不如
蕁
莪其形葉似斜蒿而細科一名蘿蒿一名角蒿可食
生澤田漸洳之處
莧有紅白紫三色紅莧名蕢列子曰老韭變莧傳曰

青泥殺鼈得莧復生
葑一名蔓菁陳楚謂之豐齊魯謂之蕘關西謂之蕪
菁趙魏謂之大芥毛氏曰葑須也據此是一物而
七名矣南北通有之北猶多春食苗夏食心冬食
根菜中之最有益者
蘘荷一名葍蒪其形葉似初生甘蕉根似薑芽其葉
冬枯其根爲菹亦可醬中藏中蠱者服其汁并臥
其葉卽呼蠱主姓名如預知子
薺其味最甘故稱其甘如薺又謂之靡以其枝葉細
美也師曠之占以薺爲甘草

雜錄　卷之六　二十

茆一名蒪菜一名水葵其形似荇葉葉大如手有肥
者著手中滑不得停味美詣波澤中俱有又有一
種蒪菜小于荇黃赤色短長隨水深淺名爲絲蒪
宜雜鮒鯉爲羹又宜老人若鱓鼈爲之更生足病
合歡菜其形四葉相對夜合晝開番禺有之
高河菜其形莖紅葉青味甚辛辣五六月採之若高
聲則雲霧驟起風雨卒至蓋高河乃龍湫也出大
理點蒼山中
龍鬚菜一名繪菜其形莖如繪長僅尺許其色始青
土人取之沃於水乃白

菜中有菘最爲常食性和利人無餘逆忤今人多食
似小冷而又耐霜雪其子可作油傅頭長髮塗刀
劒令不鏥
甕菜來自東夷古倫國以甕盛之譯不通但言甕菜
本草云能解野葛毒張司空云魏武帝噉野葛三
一尺應是先食此菜也
雞羹菜其形似艾二月生宜雞羹故名生嶺南
醍醐菜形似牛皮蔓生指之有乳汁出香甜入頂採
得用苦竹刀細切入砂盆中研如膏用生梔絹裹
挼取出汁暖食

雜錄　卷之六　二十一

優殿南方草木狀曰合浦有菜名優殿以豆醬汁茹
食之味甚香美
頗陵西國菜名僧携其子入中國訛爲波稜卽菠菜
初種時過月朔乃生
羅漢菜蘄州三角山出舊傳有異僧種之而去若雜
以葷物卽無味
蘇卽紫蘇也有白蘇實亦入藥又魚蘇一名魚薪似
茵陳大葉而香吳人以煮魚又生山石間者名山
魚蘇又水蘇一名雞蘇又有香氣似蘇而非者名
假蘇

茬其形似蘇而高大其色白研其子雜米作羹味甚
美下氣補血其子可以作油
諸薁一名山藥一名山芋秦楚名玉延掘取者必默
然無言若唱名便不可得
芋大者名芋渠又名芋魁有青芋毒多須灰汁煮熟
乃可食紫芋蒸煮食之白芋兼肉作羹大佳野芋
食之殺人　雀芋其形如雀頭置乾地反濕置濕
處反乾飛鳥觸之則墮走獸遇之則僵　海芋其
形木餘芋葉高四五尺不可食方士家號之爲隔
河仙云可變金或云能止瘧　異苑曰人植藷薁

者隨所種之物而象之百越人取蝦蟆合芋烹爲
羹
磐菰瀕河之地有之土人採食或曰無種蓋遺腐船
木所生也
木耳其種有五桑槐楮榆柳之異其色亦有黃赤黑
白之分六月多雨則生之杜甫所謂木頭生耳是
也今惟桑木耳可以爲藥
入茄其形樹高丈餘經三四年不瘁子大如西瓜重
十餘斤以掛摘之　大凡種茄法初分茄栽時於
根梢開入硫黃一塊如豆大以泥培之結子倍多

而大味益佳開花摘其葉布露以灰圍之則多結
實
東風草一名蠻茶其形莖紫其味香宜肥肉作羹又
宜充茗飲能愈頭風亦可浸酒性微熱左思吳都
賦云東風扶留是也

五穀部

黍與稷稻粱麥爲五穀加以禾麻菽爲八穀黍以大
暑而種故字聲以黍南方之穀月令仲夏天子以
雛嘗黍羞與含桃先薦寢廟鄭說以爲乃舊黍也
黍爲五穀之先故孔子先食黍擣之爲餳謂之餦

餭楚人以菰葉包黍祠屈原謂之角黍　鄒衍齊
人爲燕昭王師北方有地美而寒不生五穀衍吹
律煖之而禾黍滋
秬一名黑黍古者薦籩有白黑形鹽白爲熬稻即黑
秬也至藏冰則用黑牡秬黍以享司寒其一稃二
米者名秠
稷一名穄五穀之長故名農官爲后稷蓋稷中央之
穀月令中央土食稷與牛五行土爲主故五穀稷
爲長靈耀云日中星鳥可以種稷故古者號稷爲
首種蓋孟春即種之也又名穧或名粢而諸穀因

之皆有粱名〻一種黃白一種紫黑〻色有毛北呼
為烏禾味不甚珍
稻一名稌黏者為糯不黏者為秔或作粳又有不黏
而種早者為秈今人以秈為早稻稉為晚稻或諧
占城稻耐旱云始得之占城國香
御米花一名罌子粟一名象穀一名米囊一名囊子
處處有之其形苗高一二尺多開四瓣紅白花亦
有千葉花者結殼是甌殼中有米數千粒似葶藶
子色白隔年種則佳米味甘性平無毒可以救饑
採嫩葉煠熟油鹽調食取米作粥或與麪作餅皆

可食其米和竹瀝煮粥食之極美
四熟稻其形苗高可沒駱駝米大如小兒指烏萇國
有之
粱今之粟類有三種青粱禾微青而細味短色惡人
少種之黃粱穗大毛長米麤於白粱收子少不耐
水旱食香甘人號為竹根黃白粱殼粗扁長不似
粟圓味惡於黃今人多種粟少種粱以其力多而
收少耳古無粟名但以粱統粟耳粱性微寒然極
益胃古歲凶大夫無故不食粱語稱膏粱貴之也
搖枝粟其形枝長而弱無風常搖食之益髓

鳳冠粟似鳳烏之冠食者多力有游龍粟枝葉屈曲
如游龍有瓔音粟色白如銀食此二粟令人骨輕
苜蓿其上常有兩葉丹紅結莢如稌一斗舂之可得
米五升亦有秈有糯秈者唯以作飯須熱食之稍
冷則堅凝糯者可搏以為餌土人謂之[illegible]粟即張
騫所得漢植之離宮者也
麥凡穀新舊不接時麥最先熟故重之春秋獨書無
麥仲舒有說武帝勸關中種麥之文凡以接續所
賴故也麥比他穀獨隔歲種故號宿麥秋種冬長
春秀夏實乃備四時之氣者

麰一作牟作麰今大麥也來麰一物惟廣雅以麰為
大麥來為小麥
碧麥其形粒大於中華之麥表裏皆碧香氣如粳米
食之令人體輕久則可以御風又有紫米其形似
巨勝炊一升得飯一斗食之令人髭髮黰黑顏色
不老元和時大軫國曾以此二物入貢
御麥一名番麥以其曾經進御故名其形餘葉似稷
花似稻穗其苞如拳而長其鬚如紅絨其粒如芡
實大而瑩白花開於頂實結於節眞異穀也西番
有之

稃與稗二物皆有米而小稃一名芙布生於地稗則
生下澤中故古詩云蒲稗相因依二物無水旱皆
熟亦可作酒
蓆生海洲上七月熟可食民斂至冬乃訖
東廧其形苗似蓬子似稌可爲飯
菌米可爲飯生水田中
皇守田一名守氣其形似小麥而小四月熟久食不
饑
孟狼尾似茅可覆屋久食其子不饑
蒯草子蓬草子俱可食如秔米　稃稗以下皆草之

似穀可以養人者
狼惡草也與禾相雜故詩人惡之有禾秀爲穗不成
者謂之童節又謂之宿田翁
莠一名狗尾草似稷無實
枲麻也有實曰苴無實曰枲其實謂之蕡一作萉作
穬麥黃時種麻麻黃時種枲又蘇亦枲屬高四五
尺今人績以爲布詩衣錦褧衣褧即此也或爲潁
爲顈爲苘皆此一物也
靈光豆其形似菉豆其色微紅而光芒可長數尺亦
謂之詰多珠和石上菖蒲葉煮之即大如鵝卵其
中純紫稃之可重一觔帝啗一九數其香美無比
而數日不復言饑渴代宗大曆中日林國獻此
米豆其形枝葉似析花如烏豆一種之後數年收實
淮南子云豆之美者米豆是也
挾劒豆樂浪東有融澤之中生豆莢形似人挾劒橫
斜而生
回鶻豆其形直斡有葉無旁枝角長二寸每角止兩
豆一根止六七角其色黃其味如栗
登豆一名登菽其形葉似葛而實長尺餘可以蒸食
貍豆一名貍沙一名獵沙其形葉似葛而實大如李

核可啗食也
煮黑豆法確豆一升按沙極淨用貫衆一觔細挫如
骰子同豆斟酌水多少慢火煮豆香熟日乾之翻
覆令展盡餘汁簸取黑豆去貫衆空心日啗五七
粒食百草木枝葉皆有味可飽也

雅餘卷之六終

雅餘卷之七

豫章羅日褧尚之父編次

珊瑚[illegible]深處初生色白漸長變黃以絲繩
盤[illegible]用黑鉛為墜擲海中取之初得肌
理軟膩見風則乾硬變紅色者為貴若失時不取
則蠹敗矣

琅玕亦海底生枝柯與珊瑚畧同出水紅潤久旋變
青枝擊有金石聲劑用堪煮汁服

三珠樹山海經三珠樹生赤水上為樹如栢葉皆為
珠後至嶺南見海商下舉者言有珠子樹其珠生
於蚌中蚌生於樹上綴著不解而樹乃生於石石
在海底蜃戶鮫人泅于水中鑿石得樹其樹如楊
柳枝良可愛也　又聞海中有翠荷葉盤乃天生
綠石盆在水如荷葉翠色可愛出水日久則漸淡
而枯惟得水養之而以珠樹珊瑚樹植之其中尤
可寶玩家大夫適採珠之時云曾見其盆

一

生金樹影娥池有生金樹破之皮間有屑如金而色
青故亦名青金樹

鐵樹其形高四五尺榦葉皆紫黑色葉小類石楠質
理細厚必遇丁卯年乃花故諺云見事難成須鐵
樹開花是也

念珠樹其樹每穗結實百八枚昔李賢者寓周城主
人家婦產難賢者摘念珠一枚使吞之珠在兒手
中擎出棄珠之地叢生珠樹出大理府

琪樹一名金松其形垂條如弱柳結子如碧珠三年
子乃熟每歲生者相續一年者綠二年者碧三年
者紅綴干條上璀錯相間

日給花杜恕篤論云日給花似柰柰實而日給虛蓋
偽之與真相似也

女香樹其形枝葉甚細婦人帶之其香終年不滅

倒生樹其不依山而生根在上有人觸則葉翁人去
則葉舒東海有之

無憂樹女人觸之即開

拘尼陀樹見月光即開

迷穀其形如穀又如楮其花四照名曰迷穀佩之令
人不迷出招搖山

二

優鉢羅花岑嘉州集序云交河小吏有獻此花云得
之於天山之南其狀異於衆草勢巃嵸如冠弁嶷
然上聳生不傍引攢花中折駢葉外包異香盈叢

秀色媚景

娑羅樹一名七葉樹其形每枝生葉七片有花秋後
結實如栗可食驃國諸蠻竝不養蠶收娑羅木子
破其殼中如柳絮細織爲幅服之謂之娑羅籠段
又黎州娑羅綿其樹花蕊中有綿黎人用之

木綿樹其實如酒杯其皮薄中有如絲綿者色正白
破一實得綿數觔廣州日南交趾合浦皆有之

沙棠樹其形如棠華黄實赤其味如李而無核可以
禦水食之使人不溺漢成帝常與趙飛燕游太液
池以沙棠木爲舟詩曰安得沙棠木刳以爲舟船 三
是也

強木亦不沉水也方一寸以百觔巨石縋之終不沉
沒

丹木其葉如穀其實大如瓜赤符而黑理食之已癉
可以禦火

愼火樹亦可禦火廣州有之

不灰木蓋石類也其色青白如爛木燒之不燃或云
滑石之根也出滑石處皆有格古要論云用石腦
油蘸之點燈不燃方知如空青必附之古銅器中
日以水濕之不枯蘇合丸用荷葉包裹然後不乾

相同

汗枝東方朔自西那汗國回得風聲木十枚帝以賜
大臣人有疾則枝汗將死則折里語生年未半枝
不汗

前樹野生二月花色青實如指長三寸六月熟以湯
滴之削去核實食之

淨土樹二月開花如楊花八月結實狀如小栗殼中
皆黄土

交讓樹卽楠樹也一年東邊榮西邊枯一年西邊榮
東邊枯年年如此故名宋子京云其不直上不相 四
妨害故名交讓

石樓樹按消山有石樓樹吳太皇元年郡吏伍耀於
海際得之枝莖紫色有光南越謂之石連理也

長春樹其形似桂其花隨四時之色春生碧花春盡
則落夏生紅花夏末則凋秋生白花秋殘則萎冬
生紫花遇雪則謝燕昭王所種也

長生樹其形團如車蓋冬日不凋葉大如掌華色白
子赤不中啖世謂之西王母樹

偃桑其形高八十丈其葉長一丈廣六七尺其上自
有蠶作繭長三尺繰一繭得絲一觔有椹焉長三

尺圍五寸
扶桑其形葉似桐初生如笋國人食之實如梨而赤績其皮為布為錦亦可為紙或云仙人食其椹一體皆作金光色可以飛翔空中九千歲一實其味甘美　扶桑之蠶長七尺圍七寸色如金四時不死五月八日嘔黃絲布於條枝而不為繭脆如綖燒扶桑木灰汁煮之其絲堅韌四絲為繫足勝一鈞蠶卵大如鷰雀卵產於扶桑下齎卵至句麗國蠶變小如中國蠶耳俄而扶桑國使使貢方物有黃絲三百觔即扶桑蠶所吐扶桑灰汁所煮之絲也帝有金爐重五十觔係六絲以懸爐絲有餘力
典術曰桑木者箕星之精乃神木也蟲食其葉為文章人食之老翁為小童　括地圖曰化民食桑二十七年化而身裸九年翼十年而死　本草經曰桑根旁行出土者名伏蛇治心痛

五

野桑生石上取以為弓不膠漆而利
檿山桑有點文葉可食為車轅弁弓絲韌中琴瑟之絃製為紬久而不敝出棲霞青萊亦有之
白㮙其形如穀而赤理其汁如漆其味如飴食之不饑可以血玉

檉一名雨師一名赤莖枊其形葉細如絲似栢而香
天將雨檉先起氣相應也故名以之渡河浮而不溺其材可以捲胚鋸板鋪樓無𩃬聲遇火燒透不延大者無炭人以其灰汁煮銅可以為銀
僊樹一名四味木行旅得之可以止饑渴其實如棗以竹刀剖則甘鐵刀剖則苦木刀剖則酸蘆刀剖則辛
水僊樹拘樓國有水僊樹腹中有水謂之僊漿飲者七日不醒
做打麻本是一等樹枝流落膠汁土內掘出如松瀝青樣火點即着番人皆以此物作燈點照光番船造完則浴此物塗抹於外水不能入彼人多採取賣內有明淨好者却似金珀一般若損都蘊廝有番人做成帽珠而賣水珀即此物也出滿喇伽國

六

黃葛木其形如衆藤連理合而為一大者合抱高數丈葉如橡葉喜緣崖壁生擁腫屈曲不中為材
蝴蝶樹高三五尺葉皺而有稜春暮盛開山谷間有之惟新會白水山為盛見廣州府志
珠子栢其實如白珠子藂生葉上香聞數十步跗萼上花分五朵而實同一房

貝多樹一名思惟樹其形長五六寸濶五寸葉似琵琶而厚

賓濶達祥樹也其形連累相承王者嫡庶有序男女有別則賓濶達生於房

纏花樹其形如中國大桑樹高二丈其花一年二修長生不枯

羅漢樹有雌雄雄者開花雌者結子其子細腰似葫蘆及熟時上紅黄下緑色紅黄甘甜可食至有上一紅而下攢二三緑者先人植之於祠今合抱者尚存數十株子飛於地亦生但不易於培植耳

七

伽陀羅其堅如石其文横銀屑者為佳可用作琴滇峒有之

古度樹一名柂不華而實實從木皮中出如綴珠璫其實大如櫻桃黄即可食過則實中化蛾飛出亦有為蚊子者

石南樹野生二月花實如鸞卵七八月熟人採之取核乾其皮用作魚羹和之味美

水綿樹一名水松以其性好近水而皮温厚如綿也樹高數丈其枝喬而上勾其葉散碎紛披其根歲久礌砢奇古甚為可愛

楮穀皮斑者是楮皮白者是穀其實味甘其皮可擣以為紙江南人或績之以為布汁能寫金葉初生亦可茹

石帆海樹也其色紫黑其根株著石其枝柯如鐵綆相勾聯高一二尺許以其扁薄如帆故名石帆今人取置花盆中以為玩

疎麻其形大二圍高數丈四月結實楚辭采疎麻兮瑶華注以為麻誤矣麻何以可對瑶華並稱也

建木其形青葉紫莖玄華黄子百仞無枝其實如麻其葉如芒其聲無響立無影也弱水有之

八

萐蒲形如蓬枝多葉少根根如絲葉如扇不搖而風自生主庖廚清涼驅殺虫蠅以助供養堯時生於庖廚為帝王去惡熯一炬火爨一鑊水終日不能熱倚一尺冰置之熱廚終夜不能寒

阿魏其形樹不甚高土人納竹筒於樹梢脂滿其中冬月破筒取脂即阿魏也或曰其脂最毒人不敢近每採時繫羊樹下自遠射之脂之毒著於羊羊斃即為魏

若木在建木西末有十日其華照下地

藥樹取其根煎為膏服之及塗人體兵刃所傷皆不

能死出浮泥國
楓釋木云楓攝攝蓋天風則鳴故曰攝攝舊云楓老
有癭者遇暴雷驟雨癭上暗長一枝長數尺形如
人有口眼謂之楓人越人以計取之事爲神天旱
以泥封之卽雨造式者以爲蓋以雷擊棗木載之
謂之楓天棗地其脂甚香一名白脂香入地千年
爲琥珀楓上有菌食之令人笑不止　廣西南寧
府所屬有橫州其地楓始生葉有虫食之虫形似
蠶而赤黑四月間熟亦如蠶之將絲州人擘取其
絲光明如琴絃海濵蛋人需之作釣緡甚適於用
　山海經曰黃帝殺蚩尤棄其械化爲楓樹　周
書曰渠州言鳳皇集於楓樹有鳥列侍　楓樹子
大如鴨卵二月華已乃著實八九月熟曝乾燒之
香馥此出外國非中土楓也或云出九眞郡
梓傳曰橋者父道也梓者子道也舊說椅卽是梓梓
卽是楸蓋楸之䟽理色白而生子者爲梓梓實桐
皮曰椅蓋大類同而小别也以其葉飼豕肥碩三
倍梓爲木之長故材曰梓材匠曰梓人室有梓木
則餘材不復震或位置在他木下則有聲其異如
此以黃心者爲上

楝俗謂之苦練子楚俗五月五日士女以楝葉插五
絲纓臂謂之長命縷鳳凰僻豸皆食楝惟蛟龍畏
之故祭屈原以絲合楝葉縛之恐爲蛟龍所食也
花開芬香滿庭其實如小鈴可以練故名
梧一名櫬卽梧桐也今人以其皮青謂之青桐一名
榮無子岺結似子者乃明年之華房故曰華而不
實堪作琴瑟生石間者以爲樂器則鳴漁人秋後
以桐葉封魚腹則不復食亦不瘦至年春則復食
也　遁甲曰梧桐不生則九州異故字從同　又
父喪杖竹母喪杖桐蓋母從子者也　廣州有白
桐其葉有白毛取之可績以爲布
胡桐其形似桐虫食其樹而汁出下流者俗名爲胡
桐淚言似眼淚也可以汗金銀工匠皆用之
槐古者朝位幷私家之朝皆樹之故云九棘三槐老
槐當夏間忽起火自燒所謂極陰生陽者也　槐
有數種葉大而黑者名櫰其葉可薦茶其花可染
色其根又可作神燭
守宮槐晝合夜舒江東有木與此相反其形似梧桐
枝弱葉繁互相交結一名合婚名夜合名青堂卽
合歡也嵇康種之舍前卽此今百合花亦朝開夜

合但草本其香殊甚
榕或作㯓言材不中梓人也有二種一種矮而盤桓其鬚著地復生為樹一種名赤榕最為高大此二樹為蔭最濃人家於東北方空處及院落有餘地或於道路旁往往栽之以障風蔽日此樹生至福州而止因呼福州為榕城云
楊有黄白青赤四種赤楊霜降則葉材理皆赤黄楊最堅難長此木無火取必於陰晦夜無星時伐之白楊堪為屋材終不曲撓青楊出峽中作牀卧之無蚤

十一

柳葉狹而枝條長軟有檉柳杞柳諸種又名天棘昔李固言未第時行古柳下聞有神語曰吾柳神九烈君也用柳汁染子衣矣科第無疑後果及第
楷其形紋如貫錢有直性無横性製為杖可以戒暴惟曲阜有之
檜一名栝其形栢葉而松身性能耐寒其材大可為舟及棺槨今人謂之圓栢以別於側栢也　亳州太清宮以真宗將幸宮殿有老檜南枝礙簷將加斤斧一夕大風雷比曉檜枝已轉而北矣真宗甚愛之名御愛檜

樅其形松葉而栢身十仞無枝大木也
側栢一名椈惟乾陵之栢為異其文理多有菩薩雲氣人物鳥獸狀極分明有盜至一株徑尺者可值萬錢關陝人家重之　泰山廟舊有栢圍夾兩階赤眉嘗斫一樹見血出而止今斧痕猶在　宋余尚書靖慶曆中知桂州州境窮僻處有林木延袤數十里每月盈之夕輒有笛聲發于桂林中甚清遠土人云聞之已數十年不詳其何怪也公遣人尋之見其聲自一大栢樹中出乃伐取以為枕笛聲如期而發寶惜之凡數年公之季弟欲窮其怪

十二

命工解視但見木之文理正如人在月下吹笛之像雖善畫者不能及重以膠合之則不復有聲矣
晉書曰郭璞為王丞相卦曰有震厄公命駕西步數里得一栢樹截如公長置常寢卧處果震栢粉碎
松其花實可食其葉得水能治大毒其節釀酒能去風濕治足弱不能行其脂能治惡瘡其根有茯苓可調百脉為上品之劑其樹至三千歲者皮中有聚脂狀如龍形名曰飛節芝服之益壽　嵩高山記有大松或百歲千歲其精變為青牛或為伏龜

採食其實得長生　王策云松栢樹枝葉上抄不
長望之如偃蓋者其中有物如青牛青羊或如人
人服之萬歲本草經曰久服其脂輕身延年　漢
吳叔文善琴隱居石壁山多松樹當盛夏時以琴
撫於松下以納涼作風入松之操此借松風用之
塔松其形似杉葉圓而細重重偃蹇如浮圖然至山
頂尤多　國語云高山峻原不生草木松栢之地
其土不肥
櫟其木可以為車轂木不出火惟櫟為然亦應陰氣
也

木蘭一名林蘭一名杜蘭其皮似桂而香其實如小
柿味佳冬夏常榮去其皮終不枯死故離騷云朝
搴阰之木蘭以喻讒雖困已終不變易也　神仙
傳曰北海君病癩見市有賣蘭者姓公孫因問之
公曰明日木蘭樹下當教卿明日往授素書二卷
以消災救病無不愈者
欓其子辛辣如椒南人淹藏以為果品或以寄遠風
土記云三香椒薑欓是也
榆養生論曰豆令人重榆令人瞑萬畢術曰八月榆
檽令人不饑　夢書曰榆為君德夢採榆葉受賜

恩也夢居樹上得貴官也
杉治脚弱病用杉木為桶濯足排樟腦兩股間以脚
掤數度定月餘即効　龍標武陽山有仙人每上人
聚即來人莫辯惟脚趾向後踵向前以刀斫之不
死唯以杉木為刀礙之方去
豫章正義云豫今枕木章今樟木二木生至七年枕
章乃可分別
椇枳椇也其形多枝而曲飛鳥喜巢其上以其木為
屋則室中酒味皆敗其子依房生著枝端大如指
長數寸狀如珊瑚味甚甘江東謂之木蜜一名木

餳俗謂之枅栱㡿蓋三十一物內有此果今人賤
之圖經所謂接骨木也
平仲平本作枰其木理平可為棊局故棊盤曰枰
欝其樹高五六尺實大如李其色赤食之味甘
丹黎詩北山有萊禮記原憲杖藜史記黃石公杖丹
藜履亦為漢書劉向太乙燃青藜皆是也
閩中有白桵棫樸也燒之其煙與他木異上直如線
高五七丈不絕
六駁一名馬梓其皮青白遠望似六駁之獸故名今
櫨木皮正青而澤與此相似野人伐櫨得駁以此

弁閭櫻也一名蒲葵其皮為用最廣二旬一割葉轉
復生其皮作繩入土號為千歲不爛
柀木之小而有文理者以為什器几案則明潔而宜
漆爾雅云㭉柀按二物葉甚相類但㭉聳而柀垂
柀有實俗謂之榧子此為不同耳
楛荊楚中貢簵楛上薰人筏以為箱噐珍以為釵
抱木其形葉細如檜身堅如栢惟根軟不勝刀鋸今
潮州新州多剡之為條此木乃水中所産者
膏夏大木也其理密白如膏故名
柃山中所生剥取其皮以水浸之正青用洗眼愈人 十五
目中膚翳
檍其形枝葉可愛二月華白子似杏今官園種之取
億萬之義名萬歲樹齊謝朓詩風動萬年枝是也
考工記弓人取材檍次之亦此
楸美木也莖榦喬聳凌雲可愛至秋垂條如線俗謂
之楸線
椐樻也其形似竹有枝葉自合杖制不須削治賜孔
光靈壽杖即此
荊一名楚凡木心圓此木心方古者壯威用榎與楚
蓋榎圓楚方互相備也

玄中記曰百歲之樹其汁赤如血千歲之樹精為青
羊萬歲為青牛又曰大樹之山西有采華樹服之
則通萬國之言

果部

酒樹其形似石榴汁停盃中數日成酒而醉人
椰子其形木榦最長至斗大方結實肉白水清飲之
可袪暑熱取其殼為酒噐如酒中有毒則酒沸起
今人皆漆其裏則全失用椰子之意矣其嫩者釀
酒老者打油做糖
河邊木令飲酒不醉五月五日取七寸投酒中飲之 十六
必能善飲
酸角其形如豬牙皂角浸水和羹酸美過於中原法
醋臨安有之
君遷子樹高丈餘其實中有乳汁味佳
鳳尾蕉其樹高可五六十丈圍約三四尋挺直如矢
無他柯榦頂上纔生枝葉若弁閭狀皮如龍鱗葉
如鳳尾實如棗而加大每歲仲冬有司具牲饌祭
畢然後採摘金皷儀衛迎入公廨差點醫工以刀
逐箇剥去青皮石灰湯泡過入火焙熟冷蜜浸五
七日漉起控乾再換熟蜜如此三四次却入瓶缶

封貯進獻不如此修製則生澁不食泉州萬年棗
四川金果番中苦魯麻棗皆即鳳尾蕉子也
芭蕉其莖如芋取鑊煮之如絲可紡績為絺綌其子
甘美亦可蜜藏又有水蕉不結實山居人治以為
布
沒石子其樹如樟開花結實如中國茅栗
榛其形似梓樹高丈許子如小栗遼東最多軍行食
之當米
白緣其樹高丈許其實味甘美於胡桃
胡桃本出羌胡漢張騫使西域還始得其種植之秦 十七
中後遂漸生東土
蘋婆一名平波其形大如柑橘其色青山東多有出
青州者佳
枇杷一名盧橘種之者常以淋過淡灰擁根頭則花
多而實大
大藥有大如斗者味極甘美
文林郎其形如李本出渤海其樹自河中浮來得之
者為文林郎因名
文官果其形四稜內有仁如螺外蔽以房唐德宗出
狩道旁有以是果獻者遂官其人故名書德州有

之
菴羅果一名香蓋乃果中極品也形似北梨四五月
間熟多食無害出西域
菴蘼羅香酸甚佳出葛剌國
人面子春華夏實秋熟甘酸可食兩邊似人面出鬱
林州
木威其形似幷閭其實似橄欖俗取豚膾合之乃盤
中珍膳也廣東號為烏欖其葉用作雨衣柔韌容
緻勝於青笠
橄欖山野中生者子繁而木峻不可梯緣但刻其根 十八
下方寸許內鹽於中一夕子皆落木亦無損或云
以鹽擦木身則其實自落故東坡有紛紛紅紫落
青鹽之句今取銀杏以竹篾箍其本繫篾自落與
此相類其枝節間有脂膏如桃膠南人採得幷其
皮葉煎之如黑餳謂之欖糖用膠船著水益乾牢
於膠漆以其木作楫魚皆浮出物之相畏有如此
者
餘甘其樹梢高其實兩頭銳有刺始嚼味酸澁飲水
乃甘以蜜藏之亦佳生於泉州山中
仁頻一名檳榔向陽曰檳榔向陰曰大腹又尖長有

紫文者名拆圖而矮者為榔用以作紙類木皮而
薄色滑徹緑宋人貢以書表
櫕木其樹皮中有如白米屑者乾擣之以水淋之可
作餅交趾有之
桄榔其樹有麵大者乃至百斛以牛乳啖之甚美其
木葉下有鬚如馬尾土人採之以織巾子尤宜鹹
水浸漬卽粗漲而韌以此縛舶不用釘線其質文
理可制為器物以作兌鋤利如鐵中石更利惟中
蕉栟則敗爾
莎木其形樹高數十餘丈濶四五圍其葉似飛鳥翼
十九
皮中亦有麵彼人作餅及飯食之味美白勝桄榔
其性平溫無毒主補虛冷消食久服不饑
石都念子其樹高丈餘葉如白楊花如蜀葵其色正
赤子如小棗其味酸蜜漬甘美益人隋朝植於西
苑中
波羅蜜其樹似冬青而黑潤倍之榦至斗大方結實
多者十數顆少者五六顆皆生於根榦之上狀似
冬瓜外結厚皮若栗蓬多棘刺方熟時可重五六
觔去外殼內肉層疊如橘囊以其甘如蜜故名其
子如肥皂核大亦可爊食其味似豆

遷蓬奈摩言破肚子其形如大棗而青烏夷乾之以
附遠方肉膩如酥其味甘出暹羅國
九層皮脫至九層方可見肉其味類栗
訶梨勒其形株似木梡其花白子似梔子其色青黃
皮肉相著七八月熟交廣有之
雲桑其形似桑其葉微潤味苦可以救饑採嫩葉煠
熟換水浸淘去苦味油鹽調食或蒸晒作茶尤佳
瓜盧木似茶其味苦澀
如何其形如棗長五尺而味甘或云九百歲一實
榔极其形如桃杷樣稍大內有白肉二塊味亦酸甘
二十
出瓜哇國
沙孤米此樹皮如中國葛根擣浸澄濾取粉作丸如
菉豆大晒乾而賣名沙孤米可食出滿喇伽國
臭之藥番名賭雞鳥長八寸皮生尖刺熟則五六瓣
裂開若臭牛肉之臭內有白肉十四五塊甜美可
食肉中有子炒食之其味如栗出啞魯國
把腩菓其形似核桃稍尖長其色白內仁味勝於核
桃
婆羅其形大者如斗匏類荔子腹貯瓤多至六七十
核甜如棗核仁煨食味佳

天仙菓其子如櫻桃累綴枝間味至甘此菓與婆羅
倶不花而實者
來望其實如豆莢而大熟時莢開亦如丹砂可愛仁
大如栗味亦如之
隈支其樹高丈餘其枝修弱其花白其實似荔枝肉
黄味甘大若鷄卵
韶子其形似荔或名假荔枝
海棗其樹無閑枝直聳三四十尺樹頂四面生十餘
枝葉如栟櫚然五年一實實甚大如杯盌核兩頭
圓其味極甘安邑御棗無以加也

二十一

宜母子一名梨檬子一名里木子其形如甜橘其味
酸煎之為糖經久不變
五歛子其形大如木瓜其色黄皮肉脆軟味極酸上
有五稜如刻出者南人呼稜為歛故名以蜜漬之
甘酢而美
木鼈子其樹高十餘丈結子如大柿内包其子三四
十枚熟則自落其蝙蝠如鷹之大俱在此樹上倒
掛而宿
莽吉柿其形如石榴皮厚中有囊白肉四塊味甘酸
可食出爪哇國

酸子番名掩枝其形大如梨稍長其皮緑色其氣香
烈欲食擘去外皮取肉食之甚美其核如雞子大
石栗其樹與栗同但生於山石罅中花開三年方結
實其殼厚而肉少其味似胡桃仁熟時或為群鸚
鵡至啄食略盡故彼人極珍貴之出日南
玉角香新羅使者每來多鬻松子有數等玉角香重
堂棗御家長龍牙子惟玉角香最奇使者亦自珍
之
海梧子其樹似梧桐色白葉似青桐有子子如大栗
肥甘可食出林邑

二十二

頻婆子其實紅色大如肥皂核如栗煨食之其熟味
與栗無異
黄皮子大如彈丸其色黄如蠟其味酸甜
白蠟子其味尤勝於黄皮子
紅娘子其形外垂絳囊中空有子如丹砂然其味酸
甜
櫧冬夏恒青作柱難腐其子可食小者為圓珠大者
為苦珠山海經其木多櫧是也
銀杏一名公孫樹以其實久始生公種而孫方食百
雌雄雄者二稜雌者三稜須合種之二更開花三

更結實或在池邊能結子而茂蓋臨池照影則生也又云不結子於雌樹鑿一孔入雄樹木一塊以泥塗之便生子

杏譜西京雜記曰文杏材有文采蓬杏東郭都尉於吉所獻一株花雜五色六出云是仙人所食北方有一種杏甚佳赤色大而稍扁肉厚謂之肉杏又謂之金剛拳言其大也　金杏酉陽雜俎云金杏種出濟南郡東南之分流山蓋其上飲天漿下啜地沫故其生繁大於梨黃於橘而味為獨美昔漢武帝訪蓬瀛有獻是者帝嘉之故今人獨呼為漢

二十三

帝果　述異記曰杏園洲在南海中多杏云是仙人種杏處漢時常有人舟行遇風泊此洲五六年食杏故免死又云中洲有冬杏　栽杏子法杏須熟者口中嚼過種肥土中及牛馬糞擁之出後不宜更移動則易生一移則五六年不生此良法也

梅一名枏果中惟此華香江南三月雨謂之迎梅五月雨謂之送梅五月有落梅風江淮人謂之信風渡淮則梅變為杏其結實最遲諺曰桃三李四梅十二必十二年方結實也和泥移種接桃最大接李紅甘梅上接冬青開梅花或冬青上接亦然苦楝樹上接梅其花則成墨梅

李其性難老雖枝枯子亦不細其品在桃上故詩曰投我以桃報之以李有三種麥李與麥同熟肉厚而乾赤李則李之赤而有水者無實李謂之休言可休息而已無實可食也　洞冥記琳國有玉葉李五千年一熟仙人韓終服之一名韓終李李花有九標謂香雅細淡潔密宜月夜宜綠鬢宜泛酒無異色　崔奉國家一種李肉厚而無核識者曰天罰乖龍必割其耳血墮地生此李也　懿宗咸通十四年四月成都李實變為木瓜時人以為李

二十四

國姓也變者國奪於人之象國朝嘉靖三十年象山縣李樹生王瓜三十一年諸縣李樹生王瓜諺云李樹生王瓜百里無人家已而果為倭奴剽殺甚衆寧波郡志所載

柰有白柰紫柰綠柰紫柰一名閽衣柰其形大如斗味甘如蜜核紫花青研之有汁如漆可染衣其汁著衣不可澣浣

林檎一名來禽其形似柰而小以味甘來衆禽故名

桃其華色甚艷故服其華令人好容色又為五木之精故厭伏邪氣制百鬼古者植門以桃板出冰以

桃弧臨喪以桃茢以此其實在樹上不落者名梟桃一名桃奴其樹四年以上者宜以刀剖其皮七八年即老十年者枯死　譙郡夏侯文規亡後見形還家經庭前桃樹邊而言其婦曰人言亡者畏桃君何不畏耶荅云桃東南枝長二尺八寸向日者鬼憎之或亦不畏也　武陽女嫁阮宣武忌家有一株桃樹華葉灼爍宣嘆美之即便大怒使奴取刀斫樹摧折其華　拾遺記曰漢明帝世有獻巨核桃者霜下結花隆暑方熟使植於桑林園　淮南萬畢術曰孤桃南行枝長三尺折以為券塗

二十五

以三年雄鷄血夜居樓下則鳴

金桃其形大如鵝卵其色如金其實重一觔日本有之太原亦有金桃其色深黄蓋柿樹接桃枝則為金桃也早熟者謂之絡絲白晚熟者謂之過鴈紅

玉桃其形光明洞徹而堅瑩以玉井泉洗之便軟可食出崑崙山

偏桃波斯呼為婆淡其形樹高五六丈圍四五尺其葉似桃而濶三月開花白色花落結實狀如桃而形偏故名其肉苦澀不可噉核中仁味甘西域諸國竝珍之　鳳洲云泰中果實之佳者曰偏桃仁

燕中果實之佳者曰巴旦杏仁巴旦蓋胡元語也今杏多而偏桃少嶺表録異曰核桃出畢占國肉不堪食胡人多收其核遺漢官以稱珍異其形薄而尖頭偏如雀嘴破之食其桃仁味酸似新羅松子性熱入藥與北地桃無異今巴旦杏亦不堪食其仁味甘於榛而鬆於榧眞佳品也

樺桃可以為燭唐人所謂朝天樺燭者是也今人以其皮裹刀靶弁飾弓隋大業中文武官取其皮為舍燒其脂辟鬼出韃靼國

櫻桃一名朱茱一名麥英雖禽鳥所食然人未採時

二十六

終不敢先食也華在梅後至果熟則最先故仲春之月天子以含桃先荐寢廟其性主調中益氣令人好顏色美志氣也

青齊間桃花有一種盛開時垂絲二三尺者採之練以松脂遞相纏織成鞋履寄往都下人皆不辨何物

棗大者棗小者棘棘酸棗也棗有十一名郭氏得其九焉噉棗令人齒黄故云齒居晉而黄以此　東方朔傳曰武帝時上林獻棗上以杖擊未央前殿檻呼朔曰叱來叱來先生知此篋中何物朔曰上

林獻棗四十九枚帝詢之朔曰吁朔者上也以杖擊檻兩木林也曰朔來朔來者棗也叱叱者四十九也上大咲賜帛十疋　杜陽編處士元藏大業元年為海使判官遇風浪壞船獨為破木所載忽達於洲島洲人曰此乃滄洲有碧棗大如梨　河中永樂縣出棗世傳得棗無核者食可度世里有蘇氏女自小穫而食之不食穀年五十顏如處子自亂離後莫知其所矣　又續仙傳云永樂有無核棗道士侯道華獨得之

棘一名酸棗其形心赤而外有刺故朝位植之且其枝皆翹踈有奉上之義以棘植於花外則花不被霜故古者出氷用桃弧棘矢以除災也舊說雀巢必有棘蓋取其性之殘爾

柹庶蓋三十一物中有之其實黃其青黑者名椑俗謂柹有七絕一壽二多陰三無鳥巢四無蛀蠹五霜葉可玩六嘉實七落葉肥大其性利於作漆漆與蟹相反故柹不宜與蟹同食

椁今之楩棗也似柹而小俗謂之丁香柹又謂之牛乳柹

甘棠一名杜棃也或云子赤者為杜味澀子白者為

棠味甘

含消梨也其形大如五斗器落地則破取者必以布囊盛之

玄光梨其樹高百丈其子徑三尺剖之色白如素食之成地仙可入水火語云千歲積氷結為頗梨或即此是也

梨六府皆有之其種曰紅消曰秋白曰香水曰鵝梨曰瓶梨出東昌臨清武城者為佳　曹瞞傳曰王起建始殿使工蘇越徙美梨掘之根盡出血越白狀王自視之以為不祥還遂寢疾　何晏九州論曰安平好棗中山好栗魏郡好杏河內好稻真定好梨

木竹子其形皮色似大枇杷其肉甘美秋冬間結實

羅望子其殼長數寸如肥皂又如刀豆其色正丹中有二三實煨食甘美

栗其生極謹密三顆為房其中顆偏者號為栗楔尤為益人更宜於腎患足弱者坐栗木下食之便起

橘其形白花赤實踰淮則化而為枳　類從云橘靚庛而實繁播得骸而葉茂　本草橘柚酸者聚痰甜者潤肺柚似橘而大味酸其皮極苦惟橙則香

在皮橙黄時橘尚方緑　巴園人收兩大橘如三斗大盎剖之有二叟相對身長尺餘以奕爲戲一叟曰橘中之樂不減商山但根不得深根固蒂爾一叟曰僕饑矣須龍脯食之食訖以水噴地爲二白龍而去　楊由爲成都文學掾少治易曉占候忽有風起太守問由由曰南方有薦木實者色黄赤頃之五官掾獻橘數苞

棠棣一名移一名高飛一名獨揺以其無風而葉自動也其華先開而後合故詩云偏其反而以此其皮置酒中令味正經時不敗以枳椇木作屋屋中酒敗味薄此物之相反者也

二十九

常棣其子如櫻桃色正白華蕚上承下覆甚相親邇故詩人以況兄弟

金荆榴煬帝令朱寬征留仇國還獲男女千餘人并雜物産與中國多不同緝木皮爲布甚細白幅濶三尺二三寸亦有細斑布幅濶一尺又得金荆榴數十觔木色如眞金密緻而文采盤戲有如美錦甚香極精可以爲枕及案面雖沉檀不能及

杭大樹也其皮厚味近苦澀乾之煎以藏果使不爛敗以增其味豫章有之

花部

玉蘂一名瓊花其形條蔓而生狀如荼蘼柘葉紫莖冬凋春茂花鬚出殆如氷絲上綴金粟花心中復有碧筩髣髴膽瓶其中別抽一英出衆鬚上散爲十餘蘂猶刻玉然故名玉蘂乃羣芳稱爲第一今無此花其相似者則八仙花也　廣陵遺事云瓊花有三異凡花皆落此花則隨風而銷一異也煎葉服之可已疫癘二異也一歲花葉東西稀密而境内橘事豐歉如之三異也

佛桑其葉似桑其花深紅俗呼照殿紅四時常開

三十

莎羅其形每七葉九葉叢生苞如人面眉目宛然花似牡丹相倚而生色類拒霜香如菡萏

石柟有紫碧白三色出衡山

石巖與杜鵑花本一種石巖先數葉後著花其色丹如血杜鵑先著花後數葉色差淡

素馨有白有淡黄或曰即茉莉之單瓣者以淅米漿日溉之則作花不絶六月六日又以洗魚腥水溉之益佳漢陸賈南中行紀云南中百花惟素馨香特酷烈彼中女子以綵絲穿花心繞髻爲飾梁章隱詠素馨花詩云細花穿弱縷盤向緑雲鬟用陸

語也楊用修嘗有詩云金碧佳人墮馬粧鷓鴣林
裡採秋芳穿花貫縷盤香雪曾把風流惱陸郎姜
夢賓笑曰不意陸賈風流之案千年而始發耶
拒霜其樹叢生葉大而其花甚紅九月霜降時開故
名
密蒙其木高丈餘其葉青色凌冬不凋花紫瓣多細
碎千房一朶故名川蜀有之
辛夷先花後葉即木筆花也其花未開時中苞有毛
長如筆故取象曰木筆有紅紫二本
史君子其花蔓生作架植之夏開一簇一二十葩輕

三十一

盈大似海棠
金莖其花似蝶每微風至則搖蕩如飛婦人競採之
以為首飾且有語曰不戴金莖花不得入仙家
金錢本出外國梁大同二年進入中土梁時荆州掾
屬雙六賭金錢錢盡以金錢花補足魚弘謂得花
勝得錢
比閭其華若羽伐其木為薪終日亦不敗
凌霄其花中露水甚損人目
葵爾雅翼云葵為百菜之王味尤甘滑天有十日葵
與之終始故葵从癸

諼萱草也一名鹿葱鹿所食九草中有鹿葱今餌藥
者不可食鹿葱鹿食解毒草故能制散諸藥性其
胃尤不可食
蘭其形與蕙相似俱生深林中但一榦一花者蘭一
榦五六花者蕙蕙香不如蘭故今猶有幽蘭蕙蘭
之名陸機以蕳為此蘭非是蓋蕳乃蕳草一名都
梁香一名水香其葉似澤蘭廣而長節節中赤高
四五尺藏衣書中可以辟蠹除不祥生水傍非蘭
也今蜂採百花俱置翅股間惟蘭花則拱背入房
以獻於王物亦知蘭之貴如此　委宛編云古有

三十二

木蘭而無玉蘭今則有玉蘭而無木蘭吾吳中木
蘭堂其花樹最雄今玉蘭在吳中多以辛夷接辛
夷紫而玉蘭白其在南中遍山谷皆滿而唐宋人
絕不及之不得比於簷蔔素馨之末何也
伊蘭一名賽蘭其花小如金粟香特馥烈戴之髮髻
香聞十步經日不散花之香冠於萬卉者
菊其華得土之正色周書曰菊不華黃土不稼穡是
應土之驗古者王后六服有鞠衣蓋黃衣也黃白
二菊各去半榦而合之其開花黃白相半又春初
取老艾極大者一株剪其枝葉用故土培其本根

然後取各色菊一小枝接之各用本菊根下土和
泥封固東縛之俟其枝葉暢茂則去其泥土秋深
花開各依本色
荷總名也其華曰芙蓉其實曰蓮凡物先華而後實
獨此華果齊生
淋池分枝荷一莖四葉狀如駢蓋日照則葉低蔭根
若葵之衛足也名曰低光荷實如玄珠可以飾珮
花葉雜萎芬芳之氣徹十餘里食之令人口氣常
香益人肌理宮人貴之每游宴出入皆含咀或剪
以為衣或折以蔽日相為戲楚詞謂折芰荷以為

三十三

衣意在斯也
靈帝時有夜舒荷一莖四蓮其葉夜舒晝卷
穆王列播膏燭覆以氷荷不使光遠荷出氷壑火不
能鎔
睡蓮其葉如荇而大浮於水面其花布葉數重凡五
種色當夏晝開夜縮入水底晝復出也
金蓮金池可方數十里水石泥沙皆如金色其中有
四足魚金蓮花洲人研之如泥施之彩繪光輝煥
爛與真金無異
西王母見穆天子玉帳高會進萬歲氷桃千年碧藕
又進素蓮一房百子
蓮花塚在興化縣安仁鄉舊傳有姑嫂共刈稻姑忽
墜深溝中嫂急救之俱溺死二屍瘞於溝傍忽生
蓮花數朵里人驚異啓棺視之蓮花皆從口出人
稱為蓮花塚今雙塚尚存
金銀花開花五出微香蒂帶紅色初開白色經一二
日則色黃故名金銀花
百合洲渚山野俱生花開紅白二種根如葫蒜小瓣
多層其根可以為糧
山丹其花一葉百蘂狀如繡毬深紅色一花四英四

三十四

月開花至八月尚爛熳又有四時開花者曰四季
山丹
瑞香始緣廬山一比丘晝寢盤石上夢中聞花香烈
酷不可名既覺尋香求之因名睡香四方奇之謂
乃花中祥瑞遂以瑞易睡
青囊其色類藍可愛
旱金大如掌金色爍人俱出北虜
小笑春日聞舊有詩云大笑何如小笑香紫花那似
白花粧廣州有之
玉雞苜東平城南許司馬後圃薔薇花太繁欲分於

别地栽插忽花根下掘得一石如雞狀五色燦然
郡人遂呼薔薇為玉雞
苗波斯國中有優鉢曇花鮮華可愛見梁書
錦帶其形長蔓柔纖花葉間側如藻帶然故名花開
形似飛鳥里人亦號髮邊嬌出蜀中
瑞聖一名豐瑞其形高者尋丈花率秋開四出與桃
李類然數十跗共為一花繁密若綴先後相繼而
開
上元紅其色深紅花而不實以燈夕前後開故名
射干春生苗高二三尺葉似蠻薑而狹排列如翅羽

六月開花如萱草而小上有紅點人家庭砌多植
以為玩生高山中
木堇一名舜其華如葵朝生暮殞性令人瞑與榆同
功
燕支出西方一名紅藍即今染紅色紅花也以綿染
之則名綿烟支　博物志云黃藍張騫所得又有
馬藍一名葴今作澱者
巵一名木丹一名越桃今染黃者或云即西域薝蔔
花或云此花金色小而香非巵也
款冬其葉似葵而大其色紫赤葉生水中花出根下

叢生十一十二月出花蓋至陰之物能反至陽故
玉札畏款冬也
指甲其樹婆娑畧似紫薇蕊如碎珠紅色花開如蜜
色清香襲人置髮間久而益馥其葉搗可以染指
甲
石榴花塔在郡城西北京時有婦事姑至孝一日殺
雞為饌姑食雞而死姑女訴於官婦坐罪無以自
明臨刑手折石榴花一枝插地而祝曰妾若毒姑
花即枯瘁若屬誣枉花可復生其後花果生時人
謂天彰其冤

竹部

竹其類六十有一冬至前後各半月不可種植蓋天
地閉塞而成冬種之必死若遇火日及西南風亦
不可花木亦然
大竹少室山者堪為甑器舜林中者一節可以為船
漢竹大者一節受一斛小者數升
雲母竹大竹也　攤竹細而多刺也
葸竹堪作笛　簹竹堪作屋椽
簑竹皮青內白如雪軟韌堪作索其生花年必枯蓋
竹六十年易根易根必花且結實而枯死實落復

生

沛竹長百丈圍三丈五六尺厚八九寸可爲大船其子美食之可以已瘡癘出南荒中

龍鍾竹其形徑七尺圍節長丈二出羅浮唐貞元五年番禺有海户犯鹽禁避罪羅浮山入至第三十一嶺遇巨竹百丈海户因破之爲篦會罷吏捕逐遂挈而歸時有軍人獲一篦以爲奇貨後獻於刺史李復復命陸子羽圖而記之

桃竹江心蟠石上出可爲杖竹譜云竹性中皆空此竹獨實如木

桃枝竹多生石上葉如小栟櫚人以大者爲杖竹譜曰桃枝竹皮滑而黄可以爲席

方竹體如削成勁挺可以爲杖亦不讓張騫筇竹杖也出澄州

高潘州出于崴蕨桂杖之類甚多更有疎節竹五六尺一節僧道多以爲杖

人面竹節密而凸宛如人面人亦採爲柱杖

蘄竹以色瑩者爲簟節疎者爲笛帶鬚者爲杖出楚蘄州

萬波息笛新羅神文王時東海中有小山浮水隨波

往來王異之泛海入其山上有一竿竹命作笛吹此笛則兵退病愈旱雨雨晴風定波平號爲萬波息笛今亡

由梧竹長三四丈圍一尺八九寸堪作屋柱交阯有之

蔓竹以爲簫管吹之若羣鳳鳴出西海岸華山

越王竹其形如荻枝高尺餘土人用代酒籌次有沙筋產於海島間其心若骨可爲籌筋凡欲採者須輕步從之不爾聞人行聲則縮入沙中不可取

石麻竹甚勁而利削以爲刀切象皮如切芋然廣州有之

綿竹其篾柔軟可爲諸般器物竹中之最美者

叢竹夏月始笋不可食叢生茂密鄉民多種之以代藩籬亦可製筆

澁竹其膚麤澁如木工所用砂紙可以錯磨爪甲

篣竹夷人以爲觚刺獸中之必死　桂竹甚毒傷人亦死二竹乃竹中之有毒者

菉竹菉一名藎草又名鹿蓐郭氏云今呼鴟脚莎按菉竹一名緑竹一名萹蓄其葉如竹莖有節細如釵股生下濕地陸璣以爲緑色竹者非是二者皆

非芳草故九章云解薠蓄與雜菜兮又離騷云薋菉葹以盈室兮判獨離而不服意與衛風取比相反

觀音竹其形如藤長丈八尺許色黑如鐵每節長二三寸占城有之

公孫竹高不盈尺可爲几案之玩

孤竹其形三莖三年生一笋笋就竹老代謝不已出穀城縣薤山中

狗竹有毛生在節間臨海有之

簣竹田竹節中有物長數寸絶似人形俗謂之竹人

竹簟生叢篠中柔白如菌人食之先以灰煮其汁如血去汁再煮味殊佳

慈竹一名釣絲竹其笋高數丈尾甚柔細如釣絲然歷冬及春始開葉其葉左右竝列如鳥翼狀初生極嫩士人破爲篾裂以成麻可爲履號竹麻履出叙州府

千年竹其葉稍似竹高者二寸許凌寒不凋土人拔取之經歲月再植沙土中其色鬱然

蚱蜢竹其葉絣結眞如虫狀

丁香竹其味甚香以之煎飲其辛香如雞舌湯外國所産

勒竹其形中心堅塞枝榦相交枝上有刺南人呼刺勒竹又名澀勒出嶺南

竹青草也其葉似竹可以染碧青田所豐故以名縣

華陽國志初有女子浣於豚水有三節竹流至聞其中有嬰兒聲剖竹得男收養之及長才武遂自立爲夜郎王以竹爲姓後立夜郎侯祠即此宋崇寧賜靈惠廟額

雅餘卷之七終

雅餘卷之八

豫章羅曰褧尚之父編次

金部

黃金之氣赤黃千萬觔以上光大若鏡盤金氣䕺本上赤下青也少昊時金鳴於山銀涌於地或如龜蛇之類乍似人鬼之形　又上山有薤下有金其邑正赤　黃金謂之璗其美者謂之鏐餅金謂之鈑絕澤謂之銑　凡觀金玉寶劍銅鐵皆以辛之日待雨止明日平旦及黃昏夜半觀之所見光赤者金也白者玉也黃者銅黑者鐵　異物志曰狼

腨民與漢人交關常夜為市以鼻臭金知其好惡

拾遺記曰方丈山有池泥色金而味辛以泥為罏可作丹百鍊可為金金色青照鬼魅猶如照面不得藏形也

生金出長傍諸山取法以春或冬先於山腹掘坑方夏水潦蕩沙泥土注之坑秋始披而鍊之有得片塊大者重二斤小者不下三四兩先納官十分之八餘許歸私仍累勞効免征賦

金蠶其形如石毬重疊如殼相包破之中有一蠶如蠐螬蠐能動人有得之者可以求富寶貨自致

燕太子丹與荊軻之東宮臨池而觀軻拾瓦投鼃太子奉金丸軻用抵鼃復進軻曰非為太子愛金也但臂痛耳

韓嫣得幸武帝與共臥起好彈以金為丸一日所失十餘長安兒童聞嫣出輒競逐拾之語曰苦饑寒逐金丸

銀白金謂之銀其美者謂之鐐上山有葱下有銀其光正白其色出爐各有青紅白黑不同所産場分異也　地鏡圖曰銀之氣夜正白流散在地撥之隨手散合又曰白銀鬼為雄雞　東方朔神異經

曰西南有銀山焉長五十餘里廣四五里高萬餘丈皆悉白金不雜土石不生草木

黃銀世上絕少道家以為鬼神之畏玉之色有青圭赤璋白琥玄璜惟黃琮之玉難得故銀與玉皆以黃為貴　禮斗威儀記曰君乘金而王則黃銀見　唐太宗賜房玄齡等黃銀帶時杜如晦新亡帝欲賜之以鬼神畏黃銀別賜黃金帶於靈座

鍮石其形似金亦有與金雜者淘之則分或謂即黃銀非是唐高宗上元中詔九品服淺碧鍮石八胯帶以其賤於黃銀也今與黃銀世皆鮮有　按王

莽作威斗以五色石及銅爲之師古曰若今作鍮石之爲然則鍮石乃鑄成者也

朱提銀其價極貴可抵銀十之五見食貨志漢平帝時始有出犍爲朱提縣故名

燭銀其光可鑒日天子之寶周穆王時有之

玉部

玉凡石韞玉但夜將石映燈看之內有紅光明如初出日者便知有玉卞和刖足以不鑒也其色有五今惟青白者常有黑者時有黃赤者絕無雖禮之六器亦不能得其眞白如酥者爲貴凡冷飯色湯

三

色油色及有雪花者皆次之黃如粟者爲貴謂之甘黃焦黃色者次之碧如藍靛者爲貴或有細墨星者色淡者皆次之黑者如漆謂之墨玉價低西蜀有之赤者紅如雞冠今世少見又有綠玉其色深綠色淡者次之其中有飯糝者最佳又有菜玉非青非綠如菜葉此玉色之最低者　廣志曰白玉美者可以照面出交州青玉出倭國赤玉出夫餘惟大秦國出五色玉

沙子玉此玉罕得其色粉紅潤澤多作刀靶環子之類少有大者

罐子玉乃北方用藥於罐子內燒成者若無氣眼者與眞玉相似但比眞玉則微有縄脚久遠不潤且脆甚

火玉其色赤長半寸上尖下圓光照數十步積之可以燃鼎置之室內則不復挾纊唐武宗時夫餘以此入貢

軟玉屈之則首尾相就舒之則勁直如繩天寶時見之

香玉唐肅宗賜李輔國玉辟邪二各長一尺五寸奇巧殆非人間所有其玉之香可聞於數百步雖鎖

四

於金函石櫃終不能掩其氣或以衣裾誤拂則芬馥經年縱澣濯數四亦不消歇

青玉鉢佛鉢也其中受三斗許厚可二分貧人以少物投中卽滿富人雖百千萬斛終不滿在月支國

玉佛元丞相伯顏至于闐國鑿井得一玉佛高三四尺色如截肪照之皆見筋骨脉絡卽貢上方又有白玉一段高六尺闊五尺長十七步以重不能致遠棄之

玉笛長尺有九寸其聲清亮俗云東海龍王所獻歷代寶之傳至於今

周穆王時西胡獻昆吾割玉刀及夜光常滿杯刀長
一尺杯受三升刀切玉如切泥杯是白玉之精光
明夜照冥夕出杯於中庭以向天比明而水汁已
滿於杯中汁甘而香美
梁大同八年戍主楊光欣獲玉龍一枚長一尺二寸
高五寸雕鏤精妙不似人作腹中容斗餘頸亦空
曲置水中令水滿倒之水從口出其聲如琴瑟水
盡乃止
凉州記曰咸寧二年有盜發張駿陵得白玉樽玉簫
玉笛

五

天寶初安思順進五色玉帶又左藏庫中得五色玉
漢武故事曰上起神屋前庭植玉樹以珊瑚爲枝碧
玉爲葉葉子青赤以珠玉爲之空其中如小鈴鎗
鎗有聲
玉精一名委然其形如美女衣青衣人見之者以桃
戈刻之呼其名則可得也　夜行見女戴燭入石
石中有玉
扶南出金鋼可以刻玉狀似紫石英其生乃在百丈
水底盤石上如鍾乳人没水取之竟日乃出以鐵
鎚之而不傷鐵乃自損以羚羊角扣之漼然冰泮

解玉溪在大慈寺之南韋皐所鑿用其沙解玉則易
爲功
大戴禮曰玉在山而木潤川生珠而岸不枯珠者陰
中之陽也故勝水玉者陽中之陰也故勝木
璧方中圓外曰璧內方象天外圓象地
崔長史啓管仲曰玉起於禺氏山金起於汝漢珠起
於赤野此寶相去各七千里
珠部
珠海中多朱鼈狀如肺四眼六脚而吐珠珠有數品
大五分以上至一寸八九分者爲大品有光彩一

六

邊小平似覆釜者名璫珠璫珠之次爲走珠走珠
之次爲滑珠滑珠之次爲磥砢珠磥砢珠之次爲
官雨珠官雨珠之次爲税珠税珠之次爲葱符珠
記事珠開元中張説爲相有人惠一珠紺色有光名
記事珠或有遺忘則玩此珠心神頓悟
洞光珠燕昭王時有黑鳥白頭集王之所啣洞光之
珠圓徑一尺其色黑如漆懸之室內百神不能隱
其精靈
滴翠珠士人宋述家有一珠大如雞卵微紺色瑩徹
如水手持之映空而觀則末底一點凝翠其上色

漸淺若回轉則翠處常在下不知何物或謂之滴
翠珠
照月珠漢太初三年起甘泉望風臺臺上得白珠如
花一枝帝以錦蓋覆之如照月矣因名照月珠以
賜董偃盛以琉璃之筐
不夜珠成帝時真臘獻萬年蛤不夜珠光彩若月照
人亡妍醜皆絕美艷帝以蛤賜趙后珠賜婕妤
岑珠端溪里人岑班入山遇一寶珠徑王寸取還之
夜舉屋光明燿而以火燒之雖稍有損猶照一室
蕿水珠順宗卽位拘彌國貢蕿水珠色黑如鐵大如
七
雞卵其上鱗皴其中有竅云將入江海可長行與
波上下上始不信遂命善游者以五色絲貫之繫
於左臂遣入龍池其人則步驟於波上若履平地
亦潛於水中良久復出而徧體略無沾濕上奇之
至長慶中嬪御試弄於海池上珠遂化為黑龍入
於池內俄而雲煙暴起不復追討矣
木難出翅鳥口中結沫所成其色碧土人珍之曹子
建詩云珊瑚間木難是也
辟珠一名聖鐵其大者如指頁次如菩提子次如黍
粟質理堅重如貝辟銅鐵者銅鐵不能損辟竹木
者竹木不能損化以他物卽毀矣常附胎於椰子
檳榔果殼實內島夷能辨之
北珠出北海亦有大小分兩定價看身分圓轉身青
色披肩結頂者價高
莫難珠其色黃有夜光者有圍二寸以上者有形甚
圓置之平地終日不停者出東夷
搜神記曰南海之外有鮫人水居如魚不廢績紡其
人能泣珠
唐大順元年資州兵王全義妻如孕覺物漸下入股
至足大拇痛甚拆而生珠如彈丸漸長大如杯
八
漢孟嘗守合浦俗採珠易米前守貪珠忽徙去民餓
死孟道嘗清一年珠復還
寶部
鞨鞢寶李章武與王倡往來死後李經所居見王來
同寢將曙取一物紺碧似玉而冷狀如槲葉贈曰
西嶽玉京夫人所遺鞨鞢寶也
紅鞢鞨大如巨粟赤爛若朱櫻視之可應手而碎觸
之則堅重不可破也
瑇瑁甲虫也其形如龜背上有鱗大如扇剖取其鱗
因見其文作器者先用水煮以刀截碎及冷乃以

鳧魚皮錯治之復以枯條木葉瑩之乃有光耀

琉璃有赤白黑黃青緑縹紺紅紫十種彩澤光潤踰於衆玉其色不常今俗所用皆銷冶石汁以衆藥灌而爲之者脆虗不眞非其物也

瑪瑙品類不同出產有南北其實一石卵爾大者如斗其體質堅硬碾造費工若南瑪瑙產大食等國色正紅而無瑕可作杯斝器具產西北者色青黑其中間以紅色如珠絲者爲妙惟靈夏瓜沙羌地磧中間得之者尤奇有栢枝瑪瑙質如水晶上有枝葉儼如栢枝又有巾子瑪瑙黑白相間大不過

一二寸又有合子瑪瑙質理純黑中間白緑者可作數珠又有夾胎瑪瑙正視之則瑩白光彩倒視之則若凝血蓋一物而有兩色也又有紫雲瑪瑙可作屏障桌面等用實一石耳若其中有人物鳥獸形者最貴大抵各色瑪瑙惟研木不熱者爲眞

瑪瑙出日本國生玉石間種有三般紅黑而白佈紋如纏絲者咸妙　嘗讀春渚紀聞有人蓄瑪瑙大硯注水硯間則水中有一小鯽游泳可愛去水則無也夷堅志亦載人有銅盆凡水注滿則雙鯽擬剌出水無水無之予未之信後杭醫朱某家造坟得土中二磁碗偶注酒於中則頃刻有緑苔浮滿酒中意其不潔所致及滌淨復注亦然飲之又未嘗有物也　琉璃瑪瑙先以自然灰令軟可以雕刻自然灰生南海

寶石錫蘭國有山參天山頂中產寶石每遇大雨衝流山下沙中人拾取之種類不一列其名於後

紅石頭(有四種同出一坑) 剌(淡紅色嬌) 避者達(深紅色石薄) 昔剌泥(黑紅色) 苦木蘭(紅黑頁雜不正之色塊雜大而品低) 緑石頭(有三種同出一坑) 助把避(上等暗深緑色) 助木剌(中等明緑色) 撒卜泥(下等帶石淺緑色) 鴉鶻 紅亞姑(上有白水) 馬思艮底(帶石無光二種同坑) 青亞姑(上等深青色) 你藍(中等淺青色) 屋撲你藍(下等如水棧帶石渾青色) 黃亞姑 白亞姑 走水石(新坑出者似猫睛而無光) 甸子 你拾卜的(即回回甸子文理細) 乞里馬泥(即河西甸子文理麤) 荊川石(即襄陽甸子色變)

婆娑石其石緑色無班點有金星磨之成乳汁者爲上可以解毒胡人珎之以金裝飾作指彄帶之每欲食及食罷含吮數四以防毒令雞冠熱血試之當化而成水乃其眞也出南海

靉靆其形如大錢薄而透明質如琉璃色如雲母凡目力昏倦不辨細書者以此掩目精神不散筆畫

倍明出滿喇伽國

珀松脂淪入於地千歲為茯苓又千歲為琥珀凡

地有琥珀者其上及傍不生草木深者或八九尺

其大如斛削去皮方見初如桃膠凝成乃堅

瑠出于闐其貢使每來必攜一寶瑠往反如是王

客官視之一鐵瑠耳蓋其來道涉流沙踰三月程

無薪水獨挈是瑠而行若投水於瑠中頃之已百

沸矣用是得不乏故寶之

晴其性堅其色黃活中有一道白橫搭轉側分明

似猫眼者為佳若散而不活或青黑色者價輕大

十一

如指面者為佳小者價輕宜鑲嵌用出南夷中

靛子出南番西番其色青綠佳者頗與馬價珠相

類有黑綠色者低鑲嵌用

價珠亦青色南番西番俱有之

月砂一名金剛鑽出西番深山之高頂人不可到

乃鷹隼之食在上墜下者人於野地鷹糞中得之

如辨真偽將砂於炭火中燒紅入浸醋中假者酥

而易碎真者仍復硬而可用如或失去和灰土掃

在乳鉢內擂之響者是也今人以之刻玉

瑙子其形似瑪瑙其色紅而明瑩似石榴肉故名

可鑲嵌用出南番中

花羊角其形黑身白花者高白身黑花者低作刀靶

染油不滑凡刀靶鸂鶒木最佳花羊角次之他物

皆不及也出北地

紅褚牙其形如蚌粟色紋理麤細與象牙相似其假

者以白象牙用藥煮成出西番中

螺子黛每顆值千金出波斯國

火齊其形如雲母色如紫金有光耀別之則薄如蟬

翼積之則如紗穀之重沓也

十二

雲母陶隱居云按仙經雲母乃有八種向日視之色

青白多黑者名雲母色黃白多青名雲英色青黃

多赤名雲珠如冰露乍黃乍白名雲砂黃白晶晶

(形料切)名雲液皎然純白明澈名磷石此六種並好

服而各有時月其黯黯純黑有文斑斑如鐵者名

雲膽色雜黑而強肥者名地涿此二種並不可服

丹砂惟出辰州者最勝謂之辰砂生深山石崖間土

人採之穴地數十尺始見其苗乃白石謂之朱砂

牀砂生石上其塊大者如雞子小者如石榴子真辰

砂也無石者彌佳過此皆淘土石中得之非生於

石牀者　冉家邛笮冉氏之裔今酉陽烏羅部落

之長多冉姓者其俗散處於沿河佑溪黎川之間跣扈不譓尚武而善儠得獸必祭而後啗之地有沙坑深者十五六里皆黑不辨咫尺土人以皮帽懸燈而入鑿崖石而採之白石若礬謂之砂牀其良者名芙蓉箭簇鏃迸落如蜂房之解也碎者每以燒汞為朱謂之新紅民間貿易用之比錢楮焉坑中往往得敗船朽木莫測所自朱汞有毒氣能殺人採沙汞滿三年者多死人言飲丹井者壽又言術士能凝汞成銀鍊沙成金服之可以飛昇遁今採者纍纍橫死無算也何哉大抵仙家之訓煉世人不傳能煉之者必得仙術者也

砒霜其色黃如鵝子明徹不雜每一兩一塊者為眞人競珎之市之不啻金價古服食方中亦或用之必得此類乃可入藥其市肆所蓄片如細屑亦夾土石入藥服之為害不淺誤中者以冷水研菉豆漿飲之乃解延銅山中俱有惟信州者佳

雄黃其形塊如丹砂明徹不夾土石其色如雞冠者為眞有青黑色而堅者名熏黃有形色似眞而氣臭者名臭黃俱不入服食并藥只可療瘡疥耳其臭者以醋洗之便可斷氣足以亂眞用之尤宜細辨或云雄黃金之苗也故南方近金坑處時或有之但不及西來者佳耳

綠銅之苗也生石中質如石者名石綠有一種脆爛如碎土者名泥綠品下價輕

鑌鐵其形上有旋螺花者有芝麻雪花者凡刀劍器打磨光淨用金絲礬礬之其花則見價值過銀假造者是黑花宜仔細辨之出西番中

鋼鐵凡鐵之有鋼者如麵中有筋濯盡柔麵則麵筋乃見煉鋼亦然但取精鐵鍛之百餘火每鍛稱之一鍛一輕至累鍛而斤兩不減則為純鋼雖百煉

不耗矣若鐵之精英在水數十年者則名水秀

山西鐵冶鑄火盆面洗之類出爐乘紅刷以膽礬水作古銅貨之受欺者多矣

水花石其性堅利如鐵可銼矢鏃人將取者必先祈神出女直國

磁石出福建之佛字山有神最靈凡取磁石必先致禱於神神許則往亦不多得否則皆頑石無用者

凝水石紋有縱橫惟明潤者為上置水中與水一色雖夏月亦凝為冰河間邯鄲俱有之

冷油石其形似凝水石但投沸油鐺中油即冷矣

花蕋石其形極大堅重其色似硫黄黄中間有白點
因名花蕋最難求眞者陜州有之
石脉一名石麻其形極細如絲可緫萬斤生石中破
石而後得此脉縈緒如麻紵可以爲布
石墨一名石涅一名黑丹一名畫眉石總一物也筑
陽縣有墨山山石悉如墨荆州亦有之可以寫書
上古用漆書中古用石墨今用烟墨　水經注銅
雀臺北曰冰井臺高八丈上有冰室室有數井深
十五丈藏冰及石墨焉石墨可書又然之難盡亦
謂之石炭陸士龍貽兄書云三臺上曹公藏石墨

十五

數十萬斤兄頗見之否今送二螺即此物也
無名異其形大者若彈丸小者如楮栗顏色墨褐嚼
之餳甜雞血滴之即化爲水廣州有之　南人云
有石無名異絶難得有草無名異彼人不甚貴重
豈本經說者爲石而今所有者爲草乎
硇砂其出砂山中常火烟採者著木底鞋皮底即焦
下有穴生青泥出穴外即爲砂石土人取以治皮
出撒馬兒罕
石花其色白一本上有百十枝枝各分岐如鹿角然
上有細紋以指擽之錚錚然有聲多生海中石上

世所罕有
石油出自石中流出臭惡而色黑每歲秋後居民取
之可以燃燈療瘡
石脂一名水肥一名石漆其脂浮水上如漆採以膏
車及燃燈極明出高奴縣　又一名石液今之延
安石油也可熏烟爲墨唐人延州詩有石烟多於
洛陽之句又一名石燭　博物志云酒泉南壽縣
南山出泉水大如筥注之於池爲溝水中有肥如
肉汁著器中其色先黄後黑久之如凝膏然極明
與膏無異用之膏車及水缸甚佳北方謂之石漆

十六

又云水肥
石罌其色青白或有五色者潤膩如玉具備煙雲山
水竹木人物之狀萊人取之雕琢爲器出掖縣
石蟹生於崖之揄林港港內半里許土細而氣最寒
凡蟹入則不運動片時成石矣人獲之置之几案
可以明目又海中有石梅石栢石枇杷莖葉俱似
眞者
風松石其形方一丈瑩澈如玉其中有樹形若古松
偃蓋置之几案凉飈自生可以却暑
空青其形如雞子色象荔枝內含一塊如雞黄春夏

水秋冬泥泥用黄連水浸即化一點目上後頸俱
凉彼地三錢一顆本草經曰久服輕身延年能化
銅鉛作金益州有之
白青圓如魚目中不空亦可治目豫章山谷有之
猛火油樹津也一名泥油其形似樟腦其性腐人肌
肉燃置水中光焰愈熾蠻夷以制火器其烽甚烈
帆檣樓櫓連延不止雖魚鼈遇者無不燋爍也惟
穴地作池數更其處可以蓄之出佛打泥國一云
出高麗之東盛夏日初出時烘石極熱則液出他
物遇之即爲火此未必然恐出樹津者是也　西

十七

北邊城防城庫皆掘地作大池縱横丈餘以蓄猛
火油不閲月池土皆赤黄又別爲池而徙焉不如
是則火自屋柱延燒矣
雄黄油正德末年始有之土人鑿井取鹽得此水偶
落於火焰甚熾遂用以照夜光倍他油但有雄黄
氣故名
銅器入土千年純青如鋪翠入水千年純緑瑩如玉
其色午前稍淡午後乘陰氣翠潤欲滴傳世者色
紫褐而有朱砂斑甚或斑凸起如上等辰砂
趙希鵠又云夏時器物多有細嵌以金者今訛爲商

嵌蓋相嵌也引詩金玉其相楊用修云當作鑲嵌
亦非相嵌
犀部
犀其形黑中有一暈白者世艱得之水犀最貴以燈
近之燈即滅置於霧之中不濕
通天犀其形有一白如線者以盛米置群雞中雞欲
往啄米至輒驚却故南人名爲駭雞得其角一尺
以上刻爲魚而㘅以入水水常開方三尺可得氣
息水中以置毒中毒藥皆生白沫無復毒矣
辟寒犀唐開元二年交趾進犀一株色黄如金使者

十八

請以金盤置於殿中溫然暖氣襲人云此辟寒犀
也須自隋文帝時曾進一株上甚悦厚賜之又有
辟塵犀亦難得者
明犀一名影犀其形如水兕角置之暗中輒有光影
織以爲簟如錦綺之文出吠勒國
骨篤犀一名碧犀其色如淡碧玉稍有黄其紋理似
角扣之聲清如玉齅之有香能消腫毒及能辨毒
藥其價最貴西番有之
毛犀一名氂犀其毛與花斑皆類山犀而無粟紋其
紋理似竹不足爲奇

唐同昌公主有犀如彈丸帶之觸忿

香部

龍腦香夷名羯布羅香其榦如松濕時無香採乾之後折之中有香狀若雲母色如氷雪香中之最佳者

兜木漢武帝故事西王母降上燒兜木香末乃兜渠國所獻也形如大豆以塗宮門香聞百里關中大疾疫死者相枕燒此香疫則止

返魂香東方朔曰月氏國使者獻香曰東風入律百旬不休青雲干呂連月不散意中國將有好道之

十九

君故搜奇蘊異而貢神香乘沈牛以濟弱淵策驥足以渡流沙今十三年矣香能起夭殘之死疾下土之神藥也凡疾疫夭死者以薰其牙聞氣即活明日失使者所在後元元年長安疫死者大半帝分香燒之死未三日皆活芳氣三月不歇餘香一旦失亡

荼蕪以之薰衣彌月不絕所遇土石皆香所經朽木腐草皆榮秀用薰枯骨則肌肉再生燕昭王時波弋國以此入貢

都夷其形如棗核食一片則歷月不饑以一粒許投水中俄而滿大盂也

煖香寶雲溪有僧舍盛冬若客至不燃薪火煖香一炷滿室如春人歸更收餘燼出雲林異景志

降真香神仙傳云此香燒之能引鶴大秦國南海山中俱有之

瞿香樹有千歲根本甚大伐之四五年木皆朽敗唯中節堅固芬香獨存取以爲香

發日一名開日樹言日從雲出雲來掩日風吹樹枝拂雲開日光也其脂爲香

安息其樹如苦楝其脂爲香形色類核桃瓤不宜單

二十

燒但能發衆香故人取以合香

艾蒳本草松皮上蘚衣也合諸香燒之其煙團聚青白可愛

篤耨其樹如杉檜香藏於皮老而脂自流溢者名白篤耨冬月因其凝而取之名黑篤耨盛之以瓢碎瓢而爇之

乳香其樹似榕以刀剖之脂溢於外凝結而成其爲品十有六有滴乳餅乳袋乳之別

奇南出占城在一山所產酋長差人禁民不得採取犯者斷其手

沉香唯以似黃蠟者為貴皆樹枯其根所結惟奇南
木乃沉之生結者
雞舌其木氣辛而性厲禽獸不能至故未有識其樹
者華熟自零隨水而出方得可食其香不入衣服
唐本注云雞舌樹葉皮竝似栗花如梅花子似棗
核此雌樹也不入香用其雄樹雖花不實採花釀
之以成香出崑崙及交愛以南
都梁出交廣形如藿香
迷迭出西域魏文帝有迷迭賦見廣文選
伽藍其木黑潤所出產甚少價甚貴以銀對易
金銀香其香如銀中有白蠟一般白塊在內好者白
多低者白少焚之氣味甚美出舊港國
龍涎其色有白有黑膩理光澤能發香故用以合香
或云大食國有龍涎嶼春間羣龍交戲於上而遺
涎沫洋水則國人駕獨木舟伺龍出没隨而採之
或風波則人俱下海一手附舟旁一手揖水而得
至岸其涎則初若脂膠黃黑色頗作魚腥氣久則
成大塊或魚腹中取出如斗大焚之清香可愛其
品有三浮水者為上滲沙次之魚食為下每香一
觔值其國金錢一百九十二枚準中國銅錢九千

文
鷹觜香昔番禺牙僧徐審與舶主何吉羅密不忍分
別臨岐出如鳥觜者三枚贈審曰此鷹觜香也價
不可言當疫時於中夜焚一顆則舉家無恙後八
年番禺大疫審焚香闔門獨免餘者因呼為吉羅
香
伽南香品雜出海上諸山蓋香木枝柯竅露者木立
死而本存者氣性皆溫故為大蟻所穴蟻食石蜜
歸而遺於香中歲久漸漬木受蜜氣結而堅潤則
香成矣其香木本未死蜜氣未老者謂之生結上
也木死本存蜜氣凝於枯根潤若錫片謂之糖結
次也其稱虎斑結金絲結者歲月既淺木蜜之氣
尚未融化木性多而香味少斯為下耳諸香惟此
種不堪入藥故本草不錄近世士夫以制帶銙率
多湊合頗若天成純全者難得也
薔薇水即薔薇花上露也與中國薔薇不同土人多
取其花浸水以代露故多偽者以琉璃瓶試之翻
搖數四其泡周上下者為眞
甲香一名流螺其螺大如小拳青黃色長四五寸人
亦噉其肉用時先以酒煮去腥及涎合諸香燒之

香偏燒則臭
阿勃參其形長一丈餘其色青白葉甚細兩兩相對
花似蔓菁黃色子似胡椒赤色研其脂汁如油以
塗瘡疥無有不瘳其油極貴價重千金出佛林國
摩廚其脂肥澤馨香馥郁可以煎熬食物味甚香美
如中國用油
蘇合其樹生膏幷合諸香汁煎之非自然一物也以
濃而無澤者爲上或云大秦人採蘇合先笮其汁
以爲香膏乃賣其滓與諸國賈人是以展轉來達
中國不甚香也

二十三

鬱金其華色黃而細與芙蓉蘂裏被蓮相似國人先
取以上佛寺積日香槁乃掃去之賈人從寺中徵
顧以轉賣與他國也出撒馬兒罕古用釀酒降神
非今之鬱金也或其種絕矣
片腦其樹如杉檜腦則其皮間凝液也取之者必齋
沐而往其成片似梅花者爲上其次有金脚速腦
氷腦蒼腦札聚腦又一種如油名腦油產暹羅諸
國惟佛打泥者爲上
沒藥其形樹大如松皮厚一二寸許採時掘樹下爲
坎用斧伐其皮脂流於坎旬餘方可取之

血竭其樹畧同沒藥採亦如之俱出三佛齊國
硯部
硯譜載天下之硯四十餘品以青州紅絲石硯爲第
一端州斧柯山石爲第二歙州龍尾石爲第三大
抵硯以汪水不耗又能發墨者爲難得
紅絲石硯出青州外有皮磨礱即去其理紅黃相參
理黃者其絲紅理紅者其絲黃須飲水使足可用
不然渴燥唐彥猷甚奇之謂不減端石
端硯肇慶府高要縣羚羊峽對山出硯有三種巖石
爲上西坑次之後磨又次之其色深紫瑩潤扣之

二十四

其聲清遠有青綠黃重暈圓點者謂之鴝鴿眼爲
巖石其色赤呵之乃潤鴝鴿眼色紫紋漫而大者
爲西坑石其色青紫向明側視有碎星光點如沙
中雲母乾而少潤者爲後磨石又有子石在大石
中匠者識山之脉理鑿一竅自然有圓石青紫色
者琢爲硯可値千金　黃黑相間瞖睛在內晶瑩
可愛謂之活眼四傍浸漬不甚晴明謂之淚眼形
體畧具內外皆白殊無光彩謂之死眼活勝淚淚
勝死死勝無
歙硯石出龍尾溪堅勁蕟墨遠勝端溪者

曹公銅雀臺瓦乃七寶和泥燒之極堅後為銅雀硯
漢武時郅支進馬肝石以和丹砂食之則彌年不饑
以拭白髮盡黑此石亦可作硯有光起
鼉磯硯出登州鼉磯島中距蓬萊百餘里波濤深處
有石之可硯者金星雪浪頗為世重故取之者不
憚於沒溺焉

器用部

常燃鼎貞元八年吳明國貢常燃鼎量容三斗光潔
似玉其色純紫每修飲饌不熾火而俄頃自熟香
潔異於常等久而飲之令人返老為少百疾不生

楊慎云麻城毛柱史鳳韶為余言近日平谷縣民耕
得一釜以涼水沃之忽自沸以之炊飯即熟釜下
有諸葛行窩字鄉民以為中有寶物乃碎之其中
有水火二字亦異瑞應圖曰丹甑不炊而自熟王
阜不汲而常滿近此類乎信乎孔明固後世之神
禹周公也世世所傳划車弩雞鳴枕不一而足
三國志文帝賜鍾繇五熟鼎
辟塵爐武林慈德院舊有辟塵爐非木非石扣之錚
然有聲纖塵不染
紫瓷盆唐杜陽編武宗會昌元年渤海貢紫瓷盆量
容半斛內外通瑩其色純紫厚可寸餘舉之則若
鴻毛
古銅鴨盆門村朱家常之古室舊蓄一古銅盆中有
鴨形隱然初亦不以為異他日有農墾土田間獲
一銅鴨農不識賤價售於朱以合盆影不差毫髮
注水盆中鴨輒自浮而浴
十二時盤唐內庫有一盤色正黃圍三尺四周有物
象元和中偶用之各逐時物象變更且如辰時花
草間皆戲龍轉巳則為蛇轉午則成馬矣因號十
二時盤流傳及朱梁猶在

抱朴子曰取金液及水銀以黃土壚盛置之極火土
皆化為丹以此丹金為盤盌食其中令人長生
鸛尾杓陳思王杓柄長置之酒樽王欲勸酒者呼之
則尾指其人
魚鏡元稹登黃鶴樓望江濱有光若星使人就視得
一鯉剖腹得古鏡如錢大背有雙龍其龍口中常
吐光焉
火齊鏡王子年拾遺記曰穆王時渠國貢火齊鏡人
語則鏡響應。又秦始皇時火齊國獻寶鏡女子
有邪心者照之心悸

照病鏡葉法善有一鐵鏡鑑物如水人每有疾病以
鏡照之盡見臟腑中所滯之物後以藥療之竟至
痊瘥
黄帝內傳帝與王母會王屋山乃鑄大鏡十二面隨
月用之
月鏡王子年拾遺記曰周穆王時有石如鏡此石色
白似月照面如雪謂之月鏡
雜記曰高祖初入咸陽有方鏡廣四尺九寸表裏有
明人來照之則倒見以手捫心則腸胃五臟歷然
無礙

二十二

王度鏡異聞集隋王度有一寶鏡歲疫度令僕持鏡
詣里中有疾者使照之卽愈皆云見龍駒持一月
來光彩被體清涼而愈
抱朴子用明鏡九寸自照若有思存七日則見神仙
知千里外事也明鏡或用一或用二謂之四窺鏡
雞鳴枕偶武孟吳之太倉人也有詩名嘗爲武岡州
幕官因鑿渠得一瓦枕枕之聞其中鳴皷起擂一
更至五更皷聲次第更轉不差既聞雞鳴亦至五
更而曉抵暮復然武孟以爲鬼令碎之及見其中
設機局以應夜氣識者謂諸葛武侯雞鳴枕也

游仙枕龜茲國進枕一枚其色如瑪瑙溫潤如玉其
製作甚工枕之而寐則十洲三島盡在夢中帝因
號游仙枕復賜楊國忠
左宮枕青玉爲之體方平長可寢二人冬溫夏凉醉
者破醒夢者游仙云是左宮王夫人所製左宮以
授杜光庭進之蜀主與皇明帳爲幄宮二寶
驕龍杖天師杜光庭有驕龍杖紅如猩肉重若玉石
似非藤竹所爲相傳是仙人留賜
夜明杖隱士郭休有一柱杖色如朱染叩之則有聲
每出處遇夜則此杖有光可照十步之内登危涉

二十八

險未嘗失足蓋杖之力焉
世本曰武王作翣
崔豹古今注云舜廣開視聽求賢人以自輔作五明
扇
拾遺記曰周昭王時塗修國獻青鳳丹鵲各一雌一
雄孟夏取鵲翅爲扇一名條融一名反影
龍皮扇王元寶家有一皮扇子製作甚質每暑月宴
客卽以此扇子置於坐前使新水灑之則颯然風
生巡酒之間容有寒色遂命徹去明皇亦曾差中
使去取看愛而不受帝曰此龍皮扇子也

漢長安巧工丁諼作臥褥香爐爐體常平又作七輪
扇連七輪大皆徑尺一人運之滿室寒戰今二法
並存
元載龍鬚拂紫色如爛椹可長三尺削水晶以為柄
刻紅玉以為環鈕或風雨晦冥臨流沾濕則光彩
動搖奮然如怒置之于堂中夜則蚊蚋不能近拂
之為聲則雞大牛馬無不驚逸若垂之于池潭則
鱗甲之屬悉俯伏而至引水於空中郎成瀑布長
三五尺而未嘗輒斷燒燕肉薰之則焞焞焉若生
雲霧厥後上知其異載不得已而進內載自云得

二十九

之於洞庭道士張知和
却寒簾類玳瑁斑有紫色云却寒鳥骨之所為也
人家蓄一簾赤紫色人在簾閒自外望之繞身有光
云得於天寶之亂蓋官禁物也後歸於渾瑊家有
貴臣識之曰此瑞英簾耳
自煖盃內庫有一酒盃青色而有紋如亂絲其薄如
紙於盃足上縷金字名曰自煖盃上令取酒注之
溫溫然有氣相次如沸湯遂收於內藏
照世盃者其國舊傳有盃光明洞徹照之可知世事
故云

抵鵲盃房州刺史元自誠物也類珉而色淺黃夏月
用雖無堅雪而水與果俱氷齒盛冬貯水竟不凍
顯德中書堂設起紋秋水席色如蒲萄紫而柔薄類
綿疊之可置研函中吏偶覆水水皆散去不能沾
濡不識其何物為之
李文饒家藏會昌所賜大同簟其體白竹也鬪磨平
密了無罅隙但如一度膩玉耳
夔鐘夔州府近掘地得一鐘形如扁斗匾而長一面
凸為十八乳一陰一陽總為九乳古詩春鐘九乳
鳴疑此鐘應春宮律也一面古篆七十餘字人不

三十

能識惟夔字可辨水經注云夔鄉觀此可信云
漢文與郡國為銅虎符竹使符應劭曰銅虎符長六
寸第一至五國家發兵遣使至郡合符符合乃聽
受之竹使符以竹箭五枚長五寸旁鐫篆書亦自
一至五出入徵發用之張晏曰符以代古之珪璋
從簡易也顏師古曰與郡國為符各分一半右留
京師左以與之此漢制也唐高祖入長安罷竹使
符班銀菟符其後改為銅魚木契朝廷徵發下勑
書契魚都督郡府參驗皆合然後遣之
顏項有畫影騰空二劍若四方有兵則飛指其方故

戰則克未用時在匣中常如龍虎吟

趙希鵠云古琴有陰陽二材桐木面陽日照者爲陽不面日爲陰以新桐木驗之陽必浮陰必沉陽材琴旦濁而暮清晴濁而雨清陰材琴旦清而暮濁晴清而雨濁

古琴以斷紋爲證琴不歷五百歲不斷愈久則斷愈多斷有數等有蛇腹斷有面底俱斷有梅花斷僞者無劍鋒亦不難識也古琴歷年既久漆色一作光盡退其色如烏木此最奇古也　僞斷紋用琴於冬日內晒或以猛火烘琴極熱以雪罨激裂之漆

二十一

色還新又有入雞子白灰漆後以甑蒸之懸於燥處自有斷紋此皆僞者

服飾部

錦劉熙釋名曰錦金也作之用功重其價如金故制字帛與金也　丹陽記曰歷代尚未有錦而成都獨稱妙故三國時魏則市於蜀吳亦資西蜀至是始乃有之

火毳注云火毳即火浣布也神異經曰南方有火山長四十里廣四五里生不燼之木晝夜火燃得烈風不猛暴雨不滅火中有鼠重百觔毛長二尺餘

細如絲常居火中時時出外而色白以水逐沃之即死績其毛織以作布用之若汙以火燒之則清潔也　十洲記曰南海中有火林山山中有火獸大如鼠毛長三四寸或曰山可百里許取其獸毛績以爲布名曰火澣布國人衣服之垢汙以水浣濯之終日不潔以火燒布兩食久許出其垢即去白如雪　抱朴子曰南海之中蕭丘之山有自生之火常以春起而秋滅丘方千里當火起時此丘上純生一種木火起正著此木木雖爲火所著但小焦黑人或以爲薪者如常薪但不成炭炊熟則

三十二

濯滅之後復更用如此無窮夷人取木華績以爲火浣布木皮亦剝以灰煮爲布但不及華細好耳　又曰有白鼠大者重數觔毛長三寸居空木中其毛亦可績爲布有三種焉　岑樓慎氏曰予閱毗騫傳其布與蕉麻無異而色微青黑因憶少年閩中所見火浣布無以異也故記之

火蠶綿出火洲絮衣一襲止用一兩稍過度則熇蒸之氣不可忍耐

冰蠶拾遺記曰員嶠山名環丘有冰蠶以霜雪覆之然後作繭其色五彩織爲文錦入水不濡投火不

燦唐堯之代海人獻以為黼黻

神錦衾此衾冰蠶絲所織方二尺厚一寸上有龍文鳳彩殆非人工其國以五色石甃池塘採大柘葉飼蠶於池始生如蚊蟯游泳其間及長可五六寸池中有挺荷雖驚風疾吹不能動大者可潤三四尺而蠶經十五日卽跳入荷中以成其繭形如方斗自然五色國人繅之以織神錦亦謂之靈泉絲上始覽錦衾與嬪御大笑曰此不足以為嬰兒綳褯曷能為我被耶使者曰此錦之絲冰蠶也得水卽舒水火相反遇火則縮遂於上前令四宮張之

三十三

以水一噴卽方二丈五色煥爛逾於向時上歎曰本乎天者親上本乎地者親下不亦然哉却令以火逼之須臾如故

琴瑟幌其幌色如琴瑟潤三尺長一百尺輕明虛薄無以為比向空張之則踈朗之文如碧絲之貫貝珠雖大雨暴降不能沾濕云以鮫人瑞香膏所傳故也稱得鬼谷國

紫綃帳元載得於南海溪洞之帥首卽鮫綃類也輕踈而薄如無所礙雖當時凝寒風不能入盛夏則清涼自至其色隱隱或不知其帳也謂載臥內有紫氣

皇明帳自知祥至炅但稱皇明帳不知所自色淺紅恐是鮫綃之類於皺紋中有十洲三島象施之大小床皆稱可此為怪耳夜則燦錯如金箔狀炅敗失所在

澄水帛同昌公主一日大會韋氏之族於廣化里玉饌具陳暑氣將甚公主命取澄水帛以蘸之挂於南軒滿座皆思挾纊此帛長八九尺似布而細明薄可鑒云其中有龍涎故能消暑也

軿羅衣敬宗寶曆二年閩東國貢舞女二人衣軿羅

三十四

之衣無縫而成其文巧織人未之識焉

百鳥毛裙安樂公主使尚方合鳥毛織二裙正視為一色旁視為一色日中為一色影中為一色而百鳥之狀皆見以其一獻韋后

浮光裘敬宗寶曆元年南昌國進浮光裘卽紫海水染其色也以五彩蹙成龍鳳飾以五色眞珠上衣之以獵北苑為朝日所照光彩搖動一日從禽忽值暴雨而裘略無沾潤上異之

十洲記曰漢武帝時西國王獻吉光裘毛色黃蓋神馬之類入水不沉入火不焦

西京雜記曰司馬相如與卓文君還成都居貧愁以所服鷫鸘裘就市鬻酒與文君爲歡

符子曰周人有愛裘而好珍饈欲爲千金之裘而與狐謀其皮欲爲少牢之膳而與羊謀其饈言未卒狐相率逃於重丘之下羊相呼藏於深林之中故周人十年不封一裘五年不具一牢

三十五

雅餘卷之八終